SEDER TEFILOS MIKOL HASHANA

Sixth Printing—2012
by
KEHOT PUBLICATION SOCIETY
770 Eastern Parkway / Brooklyn, New York 11213
(718) 774-4000 / FAX (718) 774-2718
editor@kehot.com

ORDERS DEPARTMENT
291 Kingston Avenue / Brooklyn, New York 11213
(718) 778-0226 / FAX (718) 778-4148
www.kehot.com

ISBN 978-0-8266-5574-5

Library of Congress Catalog Card Number: 80-84683

Printed in Israel

סדר

תפילות מכל השנה

עפ"י נוסח האריז"ל

עם פירוש המלות עפ"י דא"ח

ספרי׳ – אוצר החסידים – ליובאַוויטש

קובץ
שלשלת האור

היכל שלישי — שער ששי

סדר
תפילות מכל השנה

עפ״י נוסח האריז״ל

עם פירוש המלות עפ״י דא״ח

מאת

קדוש עליון אדונינו ומורינו ורבינו הרב הגאון הגדול
החסיד והעניו אור עולם מופת הדור איש
אלקים קדוש וטהור כ״ק שם תפארתו

מוהר״ר **שניאור זלמן** נבג״מ

– אדמו״ר הזקן –

(בעל התניא והשו״ע)

הוצאה ששית

יוצא לאור על ידי מערכת

„אוצר החסידים"

770 איסטערן פאַרקוויי — ברוקלין, נ.י.

שנת חמשת אלפים שבע מאות שבעים ושתים לבריאה
שנת המאתיים להסתלקות (הילולא) של רבנו הזקן

מפתח כללי:

ב״ה

פתח דבר

להוצאה דשנת תשכ״ה

על פי הוראת כ״ק אדמו״ר שליט״א הננו מו״ל בזה — בהוצאה חדשה ומתוקנת עם הוספות — את הסידור עם דא״ח אשר לכ״ק אדמו״ר הזקן.

הסידור הלזה כולל: א) נוסח התפלה — עפ״י נוסח האריז״ל — כפי שנסדר ע״י כ״ק אדמו״ר הזקן. ב) דיני ופסקי רבנו הזקן שבסידור. ג) דרושי דא״ח שנאמרו ע״י רבנו הזקן ונכתבו ע״י כ״ק אדמו״ר האמצעי והוגהו ע״י כ״ק אדמו״ך ה„צמח צדק״.

* * *

א) נוסח התפלה:

כ״ק אדמו״ר הזקן „בירר וליבן הנוסח [של התפלה] עפ״י כוונה הרצוי׳ להאריז״ל, ועוד זאת דרש במשפט המלות להעמיד עפ״י דקדוק אמת״[1]).

„מסופר מפי חסידים בשם הצ״צ אשר רבנו הזקן כשתיקן הסידור היו לפניו ששים סידורים מנוסחאות שונות ומכולם בירר וליבן את הנוסחא שבסידור שלו״[2]).

רבנו הזקן „לא הביא בהסידור רק מה שמקובל עפ״י כתבי האריז״ל ומתאימות עם מה שלמדו הפוסקים מהגמרא והכריעו כן להלכה, ודקדק שהתיבות יכילו את הסודות שבהן, אבל לא באר את הסודות והכוונות כדי שיהי׳ יד הכל ממשמשין בו״[3]).

---

1) מהסכמת כ״ק הרה״ק וכו׳ מהרי״ל זצ״ל מיאַנאָוויטש, אחי רבנו הזקן (נדפסה להלן בשער ההוספות).

2) בית רבי ח״א פכ״ז. ראה שם פ״י.

3) הקדמה לשער הכולל. עיי״ש בארוכה. ראה גם שיחת כ״ק אדמו״ר שליט״א עד״ז (לקוטי שיחות כרך ד׳ ע׳ 1149).

„זה מקרוב הדפיסו סדורים*) בנוסח אדמו״ר והעמידו שם באשרי ובכל התפלות את האזכרות בנקודות שונות עפ״י הסוד. ושמעתי שאדמו״ר רמ״מ מליבאוויטש בעל צ״צ ז״ל התרעם ע״ז ששינו־מאשר יסד אדמו״ר הזקן באופן שהסדור יוכשר גם למי שאין לו יד בחכמת הקבלה וגם לנערים, לכן השמטתי אותם מן הסדורים הללו**). וכתוב במט״מ סימן קי״ד וז״ל יש חסידים ואנשי מעשה בעלי הקבלה המכוונים בכל שם וכינוי למדה המיוחדת לה אבל מי שלא ידע זאת החכמה המופלאה כתב הר״א מגרמיזא (הוא בעל הרוקח הגדול) שאל יהרהר למי יתכוין אלא יכוין לאביו שבשמים. וכתב שראה כמו כן כתב ששלח ר׳ יהודה החסיד לבנו״ (שער הכולל פ״ו ס״ט).

להנ״ל „אבל מי שלא ידע״ כו׳ — מועתק בזה מה שהובא מכ״ק אדמו״ר (מוהריי״צ) נ״ע בהיום יום ע׳ כז:

ידוע ומקובל בענין הכוונות שבתפלה, אשר אלו שאין דעתם יפה לכוון, מפני העדר הידיעה או מפני שאין בכחם לזכור כוונות הפרטיות בעת התפלה, מספיק שיכוונו כוונה כללית: להיות תפלתו נשמעת לפניו ית׳ עם כל הכוונות המבוארות בספרי קבלה. ע״כ.

באופן יוצא מן הכלל מצינו אשר רבנו הזקן הכניס כוונות אחדות בהסידור, ומהן: א) ב„אנא בכח״ העמיד השמות של פסוקים אלו (וההוראה בזה „שצריך לראות — או לצייר במחשבה השמות, שהם הר״ת, אבל לא לאמרם״, היום יום ע׳ לט). ב) בהלל הגדול (דתפלת שבת ובההגדה) — שיכוונו מספר הפסוקים במספר שם הוי׳.

---

*) כנראה הכוונה להוצאת דיטאָמיר, תרכ״ג. מפני סיבות טכניות נדפס בהוצאה הנוכחית ג״כ כזה.

**) כוונתו לסידור תורה אור שנדפס על ידו.

ידוע אשר בין העשר זכותים שהחסידים הראשונים יחסו לרבנו הזקן, הי' זה שתיקן נוסח התפלה [4].

„הסדור הזה נדפס פעם הראשון בחייו בשנת תקס"ג בשקלאָוו ויצא מן הדפוס בכמה שבושים וחסרונות וכו', ונדפס [עוה"פ] בחייו בקאָפּוסט שני פעמים וכו', והנה מחמת שא"א דפוס בלא טעות, מצא אדמו"ר הזקן לתקן על הגליון בסדור קאָפּוסט, ואח"כ העתיקם אדמו"ר מוהרמ"מ זי"ע בעל צ"צ" [5].

מני אז נדפס סידור נוסח התפלה של רבנו הזקן כו"כ פעמים.

* * *

ב) דיני ופסקי רבנו הזקן בסידורו:

בכמה מנהגים ודינים אשר הנהיג רבנו הזקן בסידורו, הכריע נגד השו"ע שלו — אבל כבר מבואר [6]) שיש לנהוג כהסידור מפני שהוא חובר באחרונה [7]).

* * *

ג) דרושי דא"ח שבסידור:

כ"ק אדמו"ר האמצעי בהקדמתו להסידור כותב, אשר דרושי הדא"ח שצירף לנוסח התפלה הם מאלה שרבנו הזקן הי' אומרם מדי שבת בשבתו ביחידות לבניו ולקצת יחידי סגולה [8]) „ולקטתי מכמה קונטרסים . . הנצרכים לכללות ענין התפלה". וכפי שכותב שם — נכתבו הדרושים על ידו (אדמו"ר האמצעי), וחלק מהם הי' למראית עיניו של רבנו הזקן, וכשנמסרו אח"ו, לדפוס הוגהו ע"י כ"ק אדמו"ר הצ"צ.

* * *

הסידור עם דא"ח — נדפס לראשונה בקאָפּוסט בשנת תקע"ו. אח"ז נדפס פעם שני' — עם דרושים נוספים [9]) — בברדיטשוב בשנת תקע"ח. ואח"כ עוד כמה פעמים [10]).

* * *

ג) בהגדה — באמירת דם ואש וכו' ישפוך כו' ויכוין; באמירת עשר מכות ישפוך כו' ויכוין; בספירת העומר — יכוין לספירה וכו' — וי"ל אשר כוונות אלו שייכות לרבים (ראה בהגש"פ עם לקוטי מנהגים וטעמים אשר לכ"ק אדמו"ר שליט"א).

4) לקו"ד כרך ד' ע' תשי"ח, ב.

5) הקדמת שער הכולל. תיקונים אלו נדפסו בהוצאה זו להלן בשער ההוספות.

6) ראה שו"ת צ"צ חאו"ח סימן יח אות ד. שו"ת דברי נחמי' חאו"ח סימן כא.

7) בארוכה עדכ"ז — ראה שער הכולל פ"א ס"ק א. והקדמת הרב א. ח. נאה לס' פסקי הסידור.

8) ע"ד זמנים אלו והסדר בזה — ראה לקו"ד כרך ב, ע' רעד, ב ואילך. ספר המאמרים ה'תש"ח ע' 232 ואילך. ספר המאמרים ה'תש"ט ע' 91 ואילך. ועוד.

9) בשער דהוצאה השני' (שג"כ נדפסה בחיי אדמו"ר האמצעי) איתא: „. . ובתוספות מרובה עשרה בויגין מדברי קודש אדונינו מורינו ורבינו נשמתו' עדן מעניני תפלה שלא נדפסו בסדורי הקודמין". להלן בהערות וציונים ציון לדרושים אלו הנוספים שלא נדפסו בהוצאת קאָפּוסט.

10) רשימה קצרה מהדפוסים שראינו, וכן פאַקסימיליות משערים דהוצאה הראשונה — נדפסו להלן בשער ההוספות.

הוצאה זו היא פוטוגרפיא — ברובה — מהוצאת זיטאָמיר, תרכ״ג, ודפים אחדים — מהוצאת ווארשא, תרכ״ז (שנדפסה עפ״י תבנית דפוס זיטאָמיר).

* * *

נוסח שער הראשון: „סדר תפלות מכל השנה, עפ״י נוסח האריז״ל״ — הועתק מהשער דהוצאה הראשונה.

„קדוש עליון . . נבג״מ״ — הועתק משער לקוטי תורה דפוס זיטאָמיר, תר״ח, אשר נערך ע״י כ״ק אדמו״ר הצ״צ.

נוסח שער השני „סדר תפילות . . כפי אשר נדפס . . כיר״א״ — הועתק מהשער דהוצאה הראשונה. „ובתוספות מרובה . . בדפוס הקודם״ — הועתק מהשער דהוצאת ברדיטשוב.

* * *

לתועלת המתפללים ומעיינים בסידור זה: א) תוקנו בפנים הסידור כמה מטעויות הדפוס. ב) תוקנו בפנים הסידור נוסחאות התפלות עפ״י הנדפס בסידורי תורה אור ותהלת ה׳. ג) ציוני העמודים של שני החלקים, באו בהמשך אחד.

* * *

הוספנו: בראש הסידור — א) מפתח פרטי מכל התפלות, הדינים ודרושי הדא״ח שבסידור זה. בסוף הסידור — ב) מי שברך לעולה לתורה, ליולדת, לחולה. ג) הרחמן לברית מילה. ד) ברכות הדלקת הנרות. ה) כוונת המקוה מהבעש״ט ז״ל. ו) כוונת התקיעות מהבעש״ט ז״ל. ז) הגהות כ״ק אדמו״ר הצ״צ לנוסח התפלה. ח) הגהות כ״ק אדמו״ר מהורש״ב לנוסח ופסקי הסידור (בתוספת הערות וכו׳). ט) מכתבו ע״ד קריאת התורה. י) הסכמות הרבנים שנדפסו בדפוסים הקודמים. יא) מודעה — ע״ד הדפסת הסידור (שבהוצאת זיטאָמיר, תרכ״ג). יב) מפתחות להל׳ נט״י וברה״נ — סודרו ע״י הרה״ג וכו׳ רא״ד ז״ל לאוואוט. יג) מפתח ענינים לדרושי הדא״ח (נערך ע״י הרב התמים הר׳ אלי׳ חיים שי׳ קרלבאך). יד) הערות וציונים (נערכו ע״י הרב התמים ר׳ יהודא לייב שי׳ גראָנער). טו) לוח התקון. טז) רשימה קצרה מדפוסי הסידור עם דא״ח. יז) פאקסימיליות של השערים דהוצאה הראשונה.

מערכת „אוצר החסידים״

יו״ד שבט, ה׳תשכ״ה, ברוקלין, נ. י.

להוצאה שלישית — שנת ה׳תשמ״א
של ההוצאה החדשה והמתוקנת

באשר ההוצאות הקודמות של הסידור עם דא״ח — הוצאת „קה״ת״ — אזלה מן השוק, הננו מדפיסים בזה סידור הנ״ל בהוצאה שלישית.

בהוצאה זו הוספנו (בסוף הספר) שינויי נוסחאות לדא״ח מכמה כת״י, ובעיקר: א) מגוכתי״ק כ״ק אדמו״ר האמצעי. ב) בוך 1146 כת״י מעתיק עם תיקונים והוספות בגוכתי״ק כ״ק אדמו״ר הצ״צ. ג) מסה״מ תקס״ב ותקס״ח שבחלקם נדפסו מגוכתי״ק כ״ק אדמו״ר האמצעי. כן תוקנו כמה טעויות בה„הערות וציונים״.

מערכת „אוצר החסידים״

עשק״מ כסלו, ה׳תשמ״א
ברוקלין, נ.י.

ב"ה.

פתח דבר להוצאה החדשה

– שנת ה'תשס"ב –

באשר ההוצאות הקודמות של הסידור עם דא"ח – הוצאת „קה"ת", אזלו מן השוק, הננו מדפיסים כאן סידור זה בהוצאה חמישית.

בנוסף להוספות בסוף הסידור, שכבר הופיעו בהוצאות קודמות, הוספנו בהוצאה זו גם „מראי מקומות ומקורות כתבי-היד", של דרושי דא"ח המופיעים בסידור זה. וכן רשימת מאמרי הסידור ע"פ סדר השנים (תאריכי אמירתם ע"י כ"ק אדמו"ר הזקן), כמו"כ באו כאן איזה תיקונים של טעויות הדפוס.

ההוספות כאן, נערכו על ידי הרה"ת ר' אלי' שי' מטוסוב והרה"ת ר' גבריאל שי' שפירא.

מערכת „אוצר החסידים"

מוצש"ק פ' ויצא, ט' אור ליו"ד כסלו, ה'תשס"ב
שנת המאה להולדת כ"ק אדמו"ר זי"ע
ברוקלין, נ.י.

מפתחות
לסידור עם דא״ח

חלק ראשון

מפתחות

חלק שני

מפתחות

ספרי׳ — אוצר החסידים — ליובאוויטש

קובץ
שלשלת האור

היכל שלישי | שער ששי

סדר
תפילות מכל השנה

עפ״י נוסח האריז״ל

חלק ראשון

כפי אשר נדפס מקודם בתוספת הגהה מדויקת בדקדוק היטב ובתוספות מרובה דבר חדש אשר לא הי׳ מעולם פירוש המלות על פסוקי דזמרה משוכלל ומיוסד עפ״י כוונת האריז״ל

מכבוד קדוש אדונינו מורינו ורבינו הגדול הגאון האלקי
אור עולם מופת הדור נזר ישראל ותפארתו קדוש ה׳
מרנא ורבנא **שניאור זלמן** נבג״מ

וכוונת ק״ש בכללה ועניני התפלה בכלל וענין ציצית ותפילין ובהמ״ז ומילה וחתונה הכל כיד ה׳ הטובה עליו השכיל לזכות את הרבים לעשות נח״ר ליוצרם בעבודה שבלב עפ״י כוונת אמיתיות יסודתם בהררי קדש ותמלא הארץ דעה את ה׳ ויהיו תפלתם מקובלת לרצון כמארז״ל ע״פ אשגבהו כי ידע שמי ואז יקראני ואענהו. ובזכות זה יעלו לציון ברנה, כן יהי רצון אמן.

ובתוספות מרובה עשרה בוגין מדברי קודש אדונינו מורינו ורבינו נשמתו עדן מעניני תפלה שלא נדפסו בסדורי הקודמין, והוגה הטיב מהטעות שנמצא בדפוס הקודם.

הוצאה חדשה ומתוקנת עם הוספות

הוצאה ששית

יוצא לאור על ידי מערכת
„אוצר החסידים״

770 איסטערן פּאַרקוויי
ברוקלין, נ.י.

שנת חמשת אלפים שבע מאות ששים ושמונה לבריאה

הקדמת והסכמת

ארונינו מו"ד הרב הגדול המפורסם כש"ק מ' דוב בער בהגאון הרב המחבר נ"ע

הן אמת ניתן לכתוב ולהודיע מודעא רבא לאורייתא זו תורת אמת כתמים דעים כבוד א"א מו"ר נבג"מ שניתן לדפוס כפי הסדר בסידור הנדפס כעת. היות נודע לכל באי שערי אור תורתו מימים הקדמונים זה יותר משלשים שנה שהיה אמרותיו הטהורות זקוקים דנור מגר ישראל נאמרין באמירה נעימה לרבי' המתאוים וכו' מדי שבת בשבתו. ובפרט בתי מילי מעליות' ברזין וסודות מתיקות התורה באר מים חיי' נוזלים ממעיין המתגבר בכל שבת אלינו בניו ביחידות ולקצת יחידי סגולה עמנו. ולא היה דבר וחצי דבר שלא חזרנו עליו כמה פעמים בעיון ועומק היותר אפשרי ובפרט להביאו בכתב ולשון מדברת שיהיה מובן לגדולים וקטנים ובפנים מסבירות ומאירות לכל עיני רואה. וטועמיהם חיים זכו ברם כבר להאיר נפשם באור עולם בכמה קונטריסים שנתפזרו בכמה העתקות שונות שהעתיקו מכת"י כידוע לכל הנמצאים בידיהם. אמנם לא כל אדם זוכה לנפשו לקבוע אמיתת האור מתוך הכתב לבד בלתי קבלה בלב שומע ולב רואה וכו'. ולזאת נסוג אחור לבבי מלהביא בדפוס. עד עתה אשר ראיתי את העם המשתוקקים והמתאוים שכבר הורגלו בקבלה שבלב ומוח ורגילין ברם ובשמותיהן. אך מפני צוק העתים וטרדת הזמן ובלבול הלב ומוח בדוחק עסק הפרנסה לעשירי' ועניים הכל שוין ובפרט לרחוקי' אשר לא ראו ולא יכלו להשיג מרגוע לנפשם כ"א בהפקירות שביותר מכפי המדה והמה צמאים ורעבים להחיות נפשם בחיי עולם וערבים עליהם דברי סופרים בספר וסיפור נכספה וגם כלתה נפשם וכו'. הנה לזאת אמרתי בלבי עת לעשות לה' כי ה' חפץ למען צדקת עבדו ידידו וכו' יגדיל תורה ויאדיר להביאם בדפוס ולקטתי מכמה קונטרסי' מהעתקו' שיש בידי שהעתיקו רבים מכת"י וגם הרבה קונטרסי' מגוף כתיבת ידי ממש הטובים וישרים בעיני מהני מילי מעליותא הערבים ומתוקים עלי כעל כל הון. ואמרתי טוב ללקט באמרים הנצרכים לכללות ענין התפלה ובפרט קונטרסים שנמצאו בכת"י שלי כפי' המלות בתפלה מהשמים מספרי' וכו' עד ויברך דוד שאאמו"ר נ"ע הגיהם בכבודו ובעצמו והוטבו בעיניו מאוד (בהיותם דברים כהוויתן בלי תוס' ומגרעת) ומועטי' הם מחזיקים המרובים למבינים. וטעמי ונימוקי בזה להיות שידעתי במכאובים של כל החפצים בקרבת אלקים בתפלה שלא יוכלו להביא הכונה שבמוח ולב בענין ההתבוננו' וההשכלה האלקית לחברו עם הדבור במה שמוציא מפיו כמו פסוקי דזמיה. ויצאו מפורדים. בפיו ושפתיו יכבד בשבח הנאמר בפסוק ולבו רחוק ומוטרד בענין אחר. ואם גם הוא בשבח וגדולת ה' בהתבוננ' אבל לא קרב זא"ז כלל. ולזאת יעצוני כליותי לטובתם האמיתית שירגילו א"ע כפי' המלות הללו שיכונו לבם ופיהם כא' לאביהם שבשמים והיו לאחדים ממש וקול הדבור מעורר הכונה ויאיר אור האלקי בנפשו ע"י כוונה שבלב ומוח בקול ודבור דבר ה' הנאמר מתוך הלב והמוח וכו' ולא צריך לבאר גודל התועלת בזה לכמה אנשי' החפצים קרבת אלקים באמת ובתמים. ולזאת צויתי להמדפיס הנ"ל להדפיס קונטרסים הללו וגם עוד קונטרסים שלקטתי לידיע' כללית בענין התפילה ותפילין וציצית ושבת ויו"ט וכו כפי המבואר במפתחות משני החלקים של הסידור. ויש כמה קונטרסים שהמה מוגהים מכבר וגם בהיותם נכתבים בלשון למודים בסוד אלוה עלי אהלינו אהל תורתו אשר לא זזנו מחבבם בחיבת הקדש עלינו כי זה חיינו ובנפשינו נביא לחמנו לחמה של תורה זו המאירה לנו בפנים מאירות מאור ישראל וכו'. ואם יש איזה מקומו' שאינם מוגהי' בתיקון הל' או באיזה שגיאה ואני איני מופנה מכל צד להגיהם בעיון הראוי לתקן כפי הצריך. לזאת הבטיחני חתני ב"א הרב המופלג מ' מענדיל נ"י לרשום בכתב את כל המקומות הצריכים תיקון וכשנתקן אי"ה אזי יורפס לוח התיקון אי"ה כי צריך שימת פנאי הרבה לזה וכו' וזכרה לי אלקי אבי לטובה אשר ה' יודע ועד ובוחן לבבות כאב את בן ירצה בכונתי זו הרצויה לה' ולחסידיו ולכל דורש אלקים באמת ובתמים ובאמונה. ועוד מאשר ידעתי נאמנה שברגלות נגלות אור תורתו בלב שומע ומקבל בכללות אנ"ש החפצים להגות בהם ללכת בכל דרכיהם ודאי יהי' ה' אלקים עמנו כאשר היה עם אבותינו אל יטשנו ואל יעזבנו לרומם קרן ישראל בכל אשר יפנו לעשות פרי למעלה ולמטה כל ימי עולם לפי שידוע לכל יודעי חן אשר צדיקים גדולים יותר במיתתן באור פני מלך חיים המשתעשע באור תורת נשמתם עדן. וכל ההוגה בלבו ומוחו בעבודה תמה וברה בין בתפילה בין בכל עת ושעת הכושר ובפרט בשבת וי"ט יעלה לרצון לפני ה' באור פני מלך חיים ולהיו' דובב שפתי ישני' להאיר אור מנשמתו עדן בכל המתקשרי' באורו יראו אור עולם ולשומעים יונעב דברי אמת האלה ובפרט לרחוקים שנוגע זה לחיי נפשם באמת. והי' אם יהיה עם לבבם נאמן לעסוק בהם באמונה ולהגות בהם ללכת בזה בכל דרכי ה' להטות לבבם לה' ויהיו נא דברי קדש הללו המיוסדים על אדני פז מעוז מתיקות התורה קרובים אליהם בנפשם ולבבם למען ידעו לרדוף לדעת את ה' כל ימיהם ולזרעם אחריהם. ודאי לא אמנע טוב כיד ה הטובה עלינו להביא בדפוס כל הכתבים שנאמרו בפי' מאמרי הזהר וכל כתבי התורות וביאורים טובים הנאמרים מדי שנה ושנה בכמה חלקים ומכלל הן וכו' ולחו"נ אין מפרשין יותר. ובהיות שהמדפיסים הנ"ל נתנו לכסף מוצא ובפרט בעתי יוקר הללו הוכרחו להזיל זהב מכיסם להדפיסם וחוששני לחטאת הצבור והיחיד פן ימעלו מעל לגרום היזק ח"ו ולזאת באנו להטיל גודא רבא בגזירת נחש שלא ירים איש את ידו להדפיס בעצמו או ע"י גירא דילי' לא מיניה ולא מקצתיה לא במדינה זו ולא במדינה אחרת משך עשרה שנים מיום כלות הדפוס. כי מה שנתפשט ההיתר אצל המדפיסים להדפיס חוץ למדינה היינו מטעם שאין אדם אוסר דבר שאינו שלו וכו' משא"כ בחיבורי קדש אאמו"ר זצוק"ל שזכינו מאבא מארי ז"ל והרי יכול האדם לאסור הנאת ספרו על אחרים אפי' בסוף העולם ולזאת חל חד"א על העוברים על דעתינו והשומע לדברינו יחולו ברכות על ראשו. דברי המדבר לאמיתת אהבת אור תורת אמת אשר הנחילנו לזכות לכל דורשי ה' באמת ובתמים אוהב דבק מאח לכל אוהבי אור תורה ועבודה האמיתית.

דוב בער בא"א מו"ר הגאון החסיד קדוש ישראל מרנא ורבנא שניאור זלמן נבג"מ:

מודעת זאת מעלת קימת חצות לילה שהיא עת רצון למעלה. ומי שאינו יכול לקום בחצות בכל לילה עכ"פ יתאמץ לקום בחצות באיזה לילה שיוכל ולהיות מכלל עבדי ה' וכמה שכתוב כל עבדי ה' העומדים בבית ה' בלילות דייקא· ובאיזה לילה שאינו יכול יתאמץ עכ"פ לקום איזו שעה לפני ע"ה כת"ש אעירה שחר ומיד שיתעורר משנתו כדי שלא יחזור ויישן ירגיל א"ע להתבונן מיד לפני מי הוא שוכב לפני ממ"ה הקב"ה כמ"ש הלא את השמים ואת הארץ אני מלא וגו' ואילו היה שוכב לפני מלך ב"ו היה מתחייב בנפשו וכו'· וטוב להרגיל עצמו לומר מיד שניעור נוסח זה מודה אני וכו' ועי"ז יזכור את ה' הגדול עליו ויקום בזריזות :

מוֹדֶה אֲנִי לְפָנֶיךָ מֶלֶךְ חַי וְקַיָּם שֶׁהֶחֱזַרְתָּ בִּי נִשְׁמָתִי בְּחֶמְלָה · רַבָּה אֱמוּנָתֶךָ :

לפי שבנוסח זה אין בו שם מז' שמות שאינן נמחקין אין איסור לומר קודם נט"י בעוד שאין ידיו נקיות אבל להזכיר את השם בברכות או להוציא ד"ת מפיו אסור עד שינקה ידיו · ולהרהר בד"ת מותר · מי שישן במלבושיו מותר שיטול להיות שלא נגעו ידיו במקומות המכוסים שבגופו שדרכן להיות מכוסים לעולם. הרי סתם ידים אלו כשרות להזכיר את השם בברכות ולדבר ד"ת מדין התלמוד וא"צ ליגע במלבושיו קודם נטילה אע"פ שרוח רעה שורה עליהם אך בזוהר החמירו מאד שלא להזכיר השם בברכות ולא ללמוד וכן שלא ליגע במלבושיו וכן שלא לילך ד"א בעוד רוח הטומאה שורה על הידים קודם נט"י שחרית. ומ"מ אם אירע מקרה שאין לו מים ליטול ידיו ג"פ כראוי כשמשכים בלילה חלילה לו ליבטל מד"ת עד שיאיר היום ויטול ידיו כראוי אלא יטול ונוגע או ינקה בכל דבר שמנקה כדין התלמוד רק יזהר שלא ליגע לעין ולא לאוזן ולא לחוטם ולא לפה ולא לאמה כגון מעטרה ולמטה או לצורך זיווג וכן יזהר שלא יגע במים תוך הכלי ויטמאם·וכ"ש שצריך ליזהר מאד שלא ליגע בשום מאכל או משקה שלא לטמאם וצריך להזהיר ע"ז הנשים ביותר כי רוב תקון המאכלים על ידם :

סדר הנטילה

לכתחלה יטול כלי מלא מים בימינו ויתנו מימינו לשמאלו ואח"כ ישפוך משמאלו על ימינו ויזהר מאד אפי' לעכב ליטול בסירוגין כי כן קבלו חכמי הקבלה שאין רוח הטומאה עוברת לגמרי מכל וכל עד שיטול ג"פ בסירוגין וגם ליטול כל פרק כף היד עד חיבורו לקנה הזרוע כי עד שם הטומאה מתפשטת על הידים·ואם אין לו מים רבים כל כך ליטול ידיו ג"פ כראוי יטול פ"א ויברך ענט"י כי הברכה לא נתקנה בשביל העברת הטומאה מעל ידיו בלבד אלא לפי שצריך להתקדש בקדושתו של הקב"ה ולהעביר הטומאה מעל ידיו ע"י זריקת מים טהורים מן הכלי ככהן שמקדש ידיו מן הכיור ולכך מברכים אשר קדשנו כו' ולקידוש הידים די בפעם אחת · ומ"מ צריך שיזהר לשפוך רביעית על ב' ידיו כאחת מאחר שאינו נוטל ידיו אלא פ"א · גם צריך ליזהר אפי' לעכב שיהיו מים הכשרים לנט"י לסעודה·ושיבואו על ידיו מכח כלי ומכח אדם וגם שלא ליגע בידו הנטולה בלחלוחית המים שעל פי הכלי שנטמאת בנגיעת היד שאינה נטולה וכן צריך ליזהר מדברים החוצצים וכל דבר הפוסל בנט"י לסעודה לפי שכל נטילה הפסולה לסעודה אין לברך עליה בשחר :

אם ניעור כל הלילה או שהיה ישן פחות פחות מששים נשימות לא שרתה עליו רוח הטומאה כלל וא"צ ליטול ידיו ג"פ כ"א פ"א לתפלה ולא יברך ענט"י ולא ברכת אלהי נשמה אבל אם ישן יותר מששים נשימות אפי' ישן שינת עראי צריך ליטול ידיו ג"פ ומ"מ ימשמש במקומות המכוסים שבגופו קודם הנטילה כדי שיברך על נט"י לד"ה :

אם עשה צרכיו קודם התפלה או נגע במקומות המכוסים שבגוף או חיכך בראשו אחר שנטל ידיו כראוי ובירך כבר ענט"י צריך ליטול ידיו שנית במים לתפלה פ"א · ומצוה לחזור אחר מים עד מיל לק"ש ולתפלה בין בשחרית בין במנחה וערבית (משא"כ לת"ת והזכרת השם בשאר ברכות די בנקיון בכל דבר שמנקה) וסמך לנטילה זו שנאמר ארחץ בנקיון כפי ואסובבה את מזבחך ה' לשמיע בקול תודה וגו' · וצריך ליטול עד הפרק דהיינו עד חיבור האצבעות לכף היד ויקח עוד מים בכפו וישפשף כפות הידים זו בזו לנקותם לקיים ארחץ בנקיון כפי · אך אין צריך כלי ולא כח נותן ולא מים כשרים ולא שאר דברים המעכבים בנט"י לסעודה וא"צ לברך על נטילה זו·ומ"מ לכתחלה כשניעור משנתו וצריך לנקביו ודעתו לפנות מיד יתתין מלברך עד יציאתו מבה"כ אבל אם א"צ לנקביו ולא יפנה עד לאחר זמן מרובה יברך מיד ובלבד שיהא מחצי לילה ואילך כדין שאר ברכות השחר ואפילו אם דעתו ליישן שנית שינת קבע קודם אור היום ויצטרך לחזור וליטול ידיו ג"פ בסירוגין אעפ"כ יכול לברך על הנטילה הראשונה ולא יצטרך לברך על הנטילה השניה כי לא תיקנו לברך על נטילת ידים אלא פ"א בשחר בשעה שנעשה בריה חדשה וכמו כל ברכות השחר :

המהלך בדרך ואין לו כלי מטביל בתוך מי גבאים שיש בהם ארבעים סאה או במי מעין אע"פ שאין בו ארבעים סאה ויברך ענט"י ואח"כ כשיזדמן לו כלי ומים ישפוך עליהם ג"פ ובשעת הדחק כשאינו מצפה להיות לו כלי ומים קודם שיעבור זמן ק"ש ותפלה מטביל במי גבאים אע"פ שאין בהם ארבעים סאה ומברך על נטילת ידים :

צריך להיות צנוע בבית הכסא שלא יגלה בשרו אלא כמה שצריך ובעת שצריך ולא קודם לכן אפי' רגע ולכן לא יגלה עצמו עד שישב · ולא יגלה כ"א טפח מלאחריו ומלפניו טפחיים וכ"ש שלא בבית הכסא צ"ל צנוע שלא לגלות בשרו שלא לצורך והכרח ואפילו בלילה כי עיקר הצניעות הוא מפני הבושה מלפני ממ"ה הקב"ה אשר מלא כל הארץ כבודו ולפניו כחשכה כאורה :

הנפנה במקום מגולה לא ישב ואחוריו למערב או למזרח או אפילו לדרום במדינות אלו שהן בצפונית מערבית לירושלים אלא יהיה אחוריו לצפון אבל במקום שיש מחיצות ואפילו מחיצה אחת יושב בצד המחיצה בסמוך לה ונפנה ואחוריו למחיצה ואפי' היא למזרח או למערב ודרום·ולהטיל מים מותר בכל ענין ומותר להטיל בפני רבים מפני חשש סכנה ומ"מ יש להסתלק לצדדין : הקינוח בימי חכמי המשנה היו מקנחים בצרורות שהן כמו אבנים קטנות חלקות ואפי' הן גדולות קצת כאגוז וכביצה שאינו יכול להכניסן לתוך פי הטבעת בעומק כי לוחה הגשארת בעומק פי הטבעת

אינה

אינה אוסרת לקרות ולהתפלל כשאינה נראית לחוץ כשהוא יושב שאז פי הטבעת פתוח ואפי' בשבת התירו לטלטל האדורות לקנח בהן אף שהן מוקצה שמשום כבוד הבריות לא גזרו ומידת חסידות לרחוץ במים ומי שאינו אסטניס ומקנח באצבעותיו ממש לא יקנח ביד ימין אלא ביד שמאל ולא באצבע האמצעי שבה שכורך עליה הרצועה של תפילין :

ולא ישהה נקביו שלא לעבור על בל תשקצו מד"ס והוא שהרגיש כבר בנקביו ומעמיד עצמו אך לא העמידו דבריהם במקום כבוד הבריות כגון עד שימצא מקום לנוע וכן במקום הפסק בתפלה אפי' בברכות ק"ש או באמצע פסוקי דזמרה מב"ש ואילך אין להפסיק כשיכול להעמיד עצמו עד שיסיים התפלה ולהעמיד עצמו מהפס' אין בה משום ב"ת בכל ענין אף אם מרגיש בנקביו וי"א שבקטנים אין בהם משום ב"ת אלא שאסרו משום סכנה וגם שלא יהיה עקר-וי"א שכל שיכול להעמיד עצמו עד כדי הלוך פרסה אין בו משום ב"ת ולא משום סכנה בין בקטנים בין בגדולים :

נוסח הברכות על הסדר

בָּרוּךְ אַתָּה יְהֹוָה אֱלֹהֵינוּ מֶלֶךְ הָעוֹלָם אֲשֶׁר קִדְּשָׁנוּ בְּמִצְוֹתָיו וְצִוָּנוּ עַל נְטִילַת יָדָיִם :

בָּרוּךְ אַתָּה יְהֹוָה אֱלֹהֵינוּ מֶלֶךְ הָעוֹלָם אֲשֶׁר יָצַר אֶת הָאָדָם בְּחָכְמָה וּבָרָא בוֹ נְקָבִים נְקָבִים חֲלוּלִים חֲלוּלִים גָּלוּי וְיָדוּעַ לִפְנֵי כִסֵּא כְבוֹדֶךָ שֶׁאִם יִסָּתֵם אֶחָד מֵהֶם אוֹ אִם יִפָּתֵחַ אֶחָד מֵהֶם אִי אֶפְשַׁר לְהִתְקַיֵּם אֲפִילוּ שָׁעָה אֶחָת : בָּרוּךְ אַתָּה יְהֹוָה רוֹפֵא כָל בָּשָׂר וּמַפְלִיא לַעֲשׂוֹת :

אֱלֹהַי נְשָׁמָה שֶׁנָּתַתָּ בִּי טְהוֹרָה הִיא אַתָּה בְרָאתָהּ אַתָּה יְצַרְתָּהּ אַתָּה נְפַחְתָּהּ בִּי וְאַתָּה מְשַׁמְּרָהּ בְּקִרְבִּי וְאַתָּה עָתִיד לִטְּלָהּ מִמֶּנִּי וּלְהַחֲזִירָהּ בִּי לֶעָתִיד לָבֹא : כָּל זְמַן שֶׁהַנְּשָׁמָה בְקִרְבִּי מוֹדֶה אֲנִי לְפָנֶיךָ יְהֹוָה אֱלֹהַי וֵאלֹהֵי אֲבוֹתַי רִבּוֹן כָּל הַמַּעֲשִׂים אֲדוֹן כָּל הַנְּשָׁמוֹת : בָּרוּךְ אַתָּה יְהֹוָה הַמַּחֲזִיר נְשָׁמוֹת לִפְגָרִים מֵתִים :

כל הברכות הללו מברך אפילו לא נתחייב בהן כגון שניעור כל הלילה ולא פשט בגדיו ולא לבש אחרים אלא שאם ניעור כל הלילה ולא נתחייב בהן אינו מברך אלא אחר שיעלה ע"ה אבל אם ישן בלילה ונתחייב בהן יכול לברך מיד שנתחייב בהן ובלבד שיהיה מחצות לילה ואילך ואם ניער כל הלילה ושמע קול תרנגול מחצות ואילך יכול לברך הנותן לשכוי בינה אבל על שמיעה שקודם חצות לא יברך אלא ימתין עד אחר שיעלה עמוד השחר :

בָּרוּךְ אַתָּה יְהֹוָה אֱלֹהֵינוּ מֶלֶךְ הָעוֹלָם הַנּוֹתֵן לַשֶּׂכְוִי בִינָה לְהַבְחִין בֵּין יוֹם וּבֵין לָיְלָה :

בָּרוּךְ אַתָּה יְהֹוָה אֱלֹהֵינוּ מֶלֶךְ הָעוֹלָם פּוֹקֵחַ עִוְרִים :

בָּרוּךְ אַתָּה יְהֹוָה אֱלֹהֵינוּ מֶלֶךְ הָעוֹלָם מַתִּיר אֲסוּרִים :

בָּרוּךְ אַתָּה יְהֹוָה אֱלֹהֵינוּ מֶלֶךְ הָעוֹלָם זוֹקֵף כְּפוּפִים :

בָּרוּךְ אַתָּה יְהֹוָה אֱלֹהֵינוּ מֶלֶךְ הָעוֹלָם מַלְבִּישׁ עֲרוּמִּים :

בָּרוּךְ אַתָּה יְהֹוָה אֱלֹהֵינוּ מֶלֶךְ הָעוֹלָם הַנּוֹתֵן לַיָּעֵף כֹּחַ :

בָּרוּךְ אַתָּה יְהֹוָה אֱלֹהֵינוּ מֶלֶךְ הָעוֹלָם רוֹקַע הָאָרֶץ עַל הַמָּיִם :

בָּרוּךְ אַתָּה יְהֹוָה אֱלֹהֵינוּ מֶלֶךְ הָעוֹלָם הַמֵּכִין מִצְעֲדֵי גָבֶר :

בתשעה באב וביום הכפורים אין אומרים ברכה זו :

בָּרוּךְ אַתָּה יְהֹוָה אֱלֹהֵינוּ מֶלֶךְ הָעוֹלָם שֶׁעָשָׂה לִי כָּל צָרְכִּי :

בָּרוּךְ אַתָּה יְהֹוָה אֱלֹהֵינוּ מֶלֶךְ הָעוֹלָם אוֹזֵר יִשְׂרָאֵל בִּגְבוּרָה :

ברוך

בָּרוּךְ אַתָּה יְהֹוָה אֱלֹהֵינוּ מֶלֶךְ הָעוֹלָם עוֹטֵר יִשְׂרָאֵל בְּתִפְאָרָה :

בָּרוּךְ אַתָּה יְהֹוָה אֱלֹהֵינוּ מֶלֶךְ הָעוֹלָם שֶׁלֹּא עָשַׂנִי גּוֹי :

בָּרוּךְ אַתָּה יְהֹוָה אֱלֹהֵינוּ מֶלֶךְ הָעוֹלָם שֶׁלֹּא עָשַׂנִי עָבֶד :

בָּרוּךְ אַתָּה יְהֹוָה אֱלֹהֵינוּ מֶלֶךְ הָעוֹלָם שֶׁלֹּא עָשַׂנִי אִשָּׁה :

בָּרוּךְ אַתָּה יְהֹוָה אֱלֹהֵינוּ מֶלֶךְ הָעוֹלָם הַמַּעֲבִיר שֵׁנָה מֵעֵינַי וּתְנוּמָה מֵעַפְעַפָּי :

וִיהִי רָצוֹן מִלְּפָנֶיךָ יְהֹוָה אֱלֹהֵינוּ וֵאלֹהֵי אֲבוֹתֵינוּ שֶׁתַּרְגִּילֵנוּ בְּתוֹרָתֶךָ וְתַדְבִּיקֵנוּ בְּמִצְוֹתֶיךָ וְאַל תְּבִיאֵנוּ לֹא לִידֵי חֵטְא וְלֹא לִידֵי עֲבֵרָה וְעָוֹן וְלֹא לִידֵי נִסָּיוֹן וְלֹא לִידֵי בִזָּיוֹן וְאַל יִשְׁלוֹט בָּנוּ יֵצֶר הָרָע וְהַרְחִיקֵנוּ מֵאָדָם רָע וּמֵחָבֵר רָע וְדַבְּקֵנוּ בְּיֵצֶר טוֹב וּבְמַעֲשִׂים טוֹבִים וְכוֹף אֶת יִצְרֵנוּ לְהִשְׁתַּעְבֶּד לָךְ וּתְנֵנוּ הַיּוֹם וּבְכָל יוֹם לְחֵן וּלְחֶסֶד וּלְרַחֲמִים בְּעֵינֶיךָ וּבְעֵינֵי כָל רוֹאֵינוּ וְתִגְמְלֵנוּ חֲסָדִים טוֹבִים׃ בָּרוּךְ אַתָּה יְהֹוָה הַגּוֹמֵל חֲסָדִים טוֹבִים לְעַמּוֹ יִשְׂרָאֵל :

יְהִי רָצוֹן מִלְּפָנֶיךָ יְהֹוָה אֱלֹהַי וֵאלֹהֵי אֲבוֹתַי שֶׁתַּצִּילֵנִי הַיּוֹם וּבְכָל יוֹם מֵעַזֵּי פָנִים וּמֵעַזּוּת פָּנִים מֵאָדָם רָע וּמֵחָבֵר רָע וּמִשָּׁכֵן רָע וּמִפֶּגַע רָע מֵעַיִן הָרָע מִלָּשׁוֹן הָרָע מִמַּלְשִׁינוּת מֵעֵדוּת שֶׁקֶר מִשִּׂנְאַת הַבְּרִיּוֹת מֵעֲלִילָה מִמִּיתָה מְשֻׁנָּה מֵחֳלָיִם רָעִים וּמִמִּקְרִים רָעִים וּמִשָּׂטָן הַמַּשְׁחִית מִדִּין קָשֶׁה וּמִבַּעַל דִּין קָשֶׁה בֵּין שֶׁהוּא בֶן בְּרִית וּבֵין שֶׁאֵינוֹ בֶן בְּרִית וּמִדִּינָהּ שֶׁל גֵּיהִנֹּם :

ברכת התורה צריך ליזהר בה מאד ואסור לדבר ולהוציא ד"ת מפיו עד שיברך ומי שישן בלילה מברך בקומו מחצות הלילה ואילך ואם ניעור כל הלילה מברך כשיאור היום כמו כל ברכות השחר :

בָּרוּךְ אַתָּה יְהֹוָה אֱלֹהֵינוּ מֶלֶךְ הָעוֹלָם אֲשֶׁר קִדְּשָׁנוּ בְּמִצְוֹתָיו וְצִוָּנוּ עַל דִּבְרֵי תוֹרָה :

וְהַעֲרֶב נָא יְהֹוָה אֱלֹהֵינוּ אֶת דִּבְרֵי תוֹרָתְךָ בְּפִינוּ וּבְפִי כָל עַמְּךָ בֵּית יִשְׂרָאֵל וְנִהְיֶה אֲנַחְנוּ וְצֶאֱצָאֵינוּ וְצֶאֱצָאֵי כָל עַמְּךָ בֵּית יִשְׂרָאֵל כֻּלָּנוּ יוֹדְעֵי שְׁמֶךָ וְלוֹמְדֵי תוֹרָתֶךָ לִשְׁמָהּ׃ בָּרוּךְ אַתָּה יְהֹוָה הַמְלַמֵּד תּוֹרָה לְעַמּוֹ יִשְׂרָאֵל :

בָּרוּךְ אַתָּה יְהֹוָה אֱלֹהֵינוּ מֶלֶךְ הָעוֹלָם אֲשֶׁר בָּחַר בָּנוּ מִכָּל הָעַמִּים וְנָתַן לָנוּ אֶת תּוֹרָתוֹ בָּרוּךְ אַתָּה יְהֹוָה נוֹתֵן הַתּוֹרָה :

וַיְדַבֵּר יְהֹוָה אֶל מֹשֶׁה לֵּאמֹר : דַּבֵּר אֶל אַהֲרֹן וְאֶל בָּנָיו לֵאמֹר כֹּה תְבָרְכוּ אֶת בְּנֵי יִשְׂרָאֵל אָמוֹר לָהֶם : יְבָרֶכְךָ יְהֹוָה וְיִשְׁמְרֶךָ : יָאֵר יְהֹוָה פָּנָיו אֵלֶיךָ וִיחֻנֶּךָּ : יִשָּׂא יְהֹוָה פָּנָיו אֵלֶיךָ וְיָשֵׂם לְךָ שָׁלוֹם : וְשָׂמוּ אֶת שְׁמִי עַל בְּנֵי יִשְׂרָאֵל וַאֲנִי אֲבָרְכֵם :

אֵלוּ דְבָרִים שֶׁאֵין לָהֶם שִׁעוּר הַפֵּאָה וְהַבִּכּוּרִים וְהָרְאָיוֹן וּגְמִילוּת חֲסָדִים וְתַלְמוּד תּוֹרָה : אֵלוּ דְבָרִים שֶׁאָדָם אוֹכֵל פֵּרוֹתֵיהֶם בָּעוֹלָם הַזֶּה וְהַקֶּרֶן קַיֶּמֶת לָעוֹלָם הַבָּא : וְאֵלּוּ הֵן כִּבּוּד אָב וָאֵם וּגְמִילוּת חֲסָדִים וְהַשְׁכָּמַת בֵּית הַמִּדְרָשׁ שַׁחֲרִית וְעַרְבִית וְהַכְנָסַת אוֹרְחִים וּבִקּוּר חוֹלִים וְהַכְנָסַת כַּלָּה וְהַלְוָיַת הַמֵּת וְעִיּוּן תְּפִלָּה וַהֲבָאַת שָׁלוֹם שֶׁבֵּין אָדָם לַחֲבֵרוֹ וּבֵין אִישׁ לְאִשְׁתּוֹ וְתַלְמוּד תּוֹרָה כְּנֶגֶד כֻּלָּם :

נר דיני ציצית מצוה

כל איש ירא ה' וחפץ במצותיו לקיים מצות ציצית כל היום לדברי הכל צריך ליזהר בטלית קטן שלא להיות פתוח לגמרי מצדי צדדיו ולא יחבר שם אפי' בקרסים ומכ"ש בתפירה אפי' מקצתו ולמעלה ואנ"ל שלא לעשות בתי זרועות · ורוחב הט"ק צ"ל אמה של תורה

תורה שהיא רוחב כ"ד גודלין מרווחים מאדם בינוני והאורך שלאחריו מבית הצואר ולמטה צ"ל ג"כ אמה של תורה מרווחת בכדי שיהיה שם אמה על אמה שלם עד תחלת נקב בית הצואר שמלאחריו והאורך שמלפניו מסוף נקב בית הצואר עד למטה צ"ל ג"כ אמה של תורה ורוחב אמה ונמצא כל האורך ב' אמות לבד מבית הצואר שהוא נקב שיש בה חסרון ואינו עולה למדת שיעור טלית ובזה מקיים המצוה לד"ה· ובקטנים שהגיעו לחינוך דהיינו מבן שש שנים עד בן י"ג אפשר להקל ולסמוך ע"ד האומרים ששיעור בגד להתחייב בציצית הוא אמה על אמה בלבד· וכל השיעור הזה של הרוחב ואורך הט"ק צ"ל טלו תופסנו ומלביש את האדם בכל השיעור הזה כולו כמ"ש אשר תכסה בה דייקא· ולא יתקפל ולא יתקמט כלום משיעור הזה כי מקום הנקפל או הנקמט אינו עולה מן המדה וצריך להשגיח ע"ז תמיד כל הזוהרים לקיים מצות ציצית כל היום· וגם צריך ליזהר להיות שיעור זה בריווח עם עודף מעט ברוחב הט"ק ולא בצמצום כי זהו דבר הקשה להזהר שיהיה תופסנו כ"כ כל השיעור כולו ברוחב וגם נכון ליזהר להיות פ' צידי בית הצואר למעלה אצל הצואר תכופים זה לזה ע"י קשירה במשיחות או ע"י קרסים בכדי שיהיה החזה מכוסה ממש כמ"ש בכאר"י ז"ל· הנקב שמכניס בו חוטי הציציות צריך שיהיה רחוק מסוף הכנף כאורך מלא קשר אגודל עד סוף הצפורן דהיינו כל אורך פרק ראשון אגודל מאדם בינוני בריוח ולא בצמצום עד רוחב ג' גודלין ולא עד בכלל אלא פחות מעט· והרחקה זו לצאת לכל הדעות צ"ל מסוף רוחב הטלית שהוא לקומת המתעטף וגם מסוף אורך הטלית שהוא רוחב המתעטף בט"ג שמתעטף בו כמו שית'· וכן צריך להרחיק בט"ק באורך וברוחב רק שבט"ג יעשה נקב א' לבד ויכניס בתוכו הד' חוטין ויקפלם לח' ויתחם לאורך הטלית שהוא לרוחב המתעטף ויקשרם שם על צדי הטלית למעלה ממלא קשר גודל מזוית הטלית שלמטה שנאמר ועשו להם ציצית על כנפי ולא בכנפי אלא בגובה הכנף למעלה ממלא קשר גודל מהזוית" ולא די במה שהנקב שבו מכניס החוטין הוא למעלה מקשר גודל שנאמר גדילים תעשה לך על ארבע כנפות שיהא הגדיל תעשה בגובה הכנף ומהנקב עד הקשר הראשון אינו נקרא גדיל עדיין (שלכן אינו עולה בחשבון מדת אורך הציצית שהוא

הגה"ת

"וגם צ"ל הציצית תולה ומנטפת פי' נוגעת ומכה על קרן הזוית ולכך לא יקשרנה על שולי הטלית למטה שהוא אורך הטלית שנמצאת תלויה כלפי הקרקע ולא על הקרן בכנפות התחתונות אבל בכנפות העליונות יש נהן חלוקים לפי העטיפה כתשי"ת:

רחב י"ב גודלין אחר שנכפלו לח' חוטין וצ"ל שיעור זה מלבד מה שמהנקב עד הקשר) ואם הטלית דקה ורכה ואין תפור התיטות בגד (שקורין כנפות) בכנפותיה להקשותה ולחזקה כנהוג מקדם ולזאת גם אם יהדק וידחוק קשר הראשון על צדי הטלית לא יועיל כלום שלא תרד הציצית אח"כ ממקומה למטה ממלא קשר גודל בקל ומתילא וטורח הוא לעיין ולהשגיח ע"ז תמיד ובפרט בשעת התפלה אזי עצה טובה לו לעשות עוד נקב קטן סמוך לשפת הטלית שמצדה לרחבה למעלה מקשר גודל מהזוית שלמטה ולהעביר שם חוט הכורך שהוא הארוך אחר שעשה הקשר העליון כראוי קודם שיתחיל לכרוך. ובדורות המשנה והגמרא היו עושים הנקב סמוך לשפת הטלית מצדה וע"י היתה הציצית מהודקת לשפת הטלית ולכן היה די להם באורך ד' החוטין ברחב כ"ד גודלין לבד לפי שמהנקב ואילך נחשב מהגדיל מאחר שהיה הקשר מהודק כשאר הקשרים· ברם כגון דא צריך לאודועי שזה שנתבאר כאן בסתם שקשירת הציצית על הכנף הוא על צדי הטלית ברחבה באין הפרש והבדל בין כנפות התחתונות לעליונות· זהו לפי מנהג שנתפשט בינינו להגביה צידי הטלית על הכתף מכאן ומכאן כדי שיהיה ב' ציצית לאחריו וב' לפניו להיות מסובב במצות ואזי גם ציצית העליונות הקשורות על רוחב הטלית הן נוטפו' ותלויו' על הקרן ולא כלפי קרקע אבל לפי מנהג העולם שאין מגביהין הצדדין על הכתפות אם יקשור הציצית על צידי הטלית ברחבה תהיה תלויה כלפי קרקע ולא על הקרן לכך צריך לקשור ב' ציצית העליונות על עליונית הטלית שהיא ארכה למעלה ממלא קשר גודל מהזוית באורך הטלית-אמנם דרך הטוב והישר הוא לנהוג כמנהג האריז"ל בס' עגיד ומצוה והובא ג"כ במ"א וגם עפ"י הנגלה הנה אמת נכון הדבר שלא להיות עיקר עטיפת הטלית באחוריו לבד אלא להיות מסובב במצוה גם מלפניו עד למטה מהחזה כמו מלאחריו כמו שהוא דרך רוב המלבושים· וככה היה המנהג בימי חכמי הגמ'· וכן היה המנהג עדיין בימי רמ"א כמ"ש המ"א· והיינו ע"י שיעטוף ראשו בחצי השמאלי של אורך הטלית וכנף השמאלי העליון יהיה על החזה או סמוך לו וחצי אורך הטלית הימני יסבב לפניו עד למטה מהחזה ברוחב אמה שיעור רוחב הטלית החייבת בציצית צ"ל טלו תופסנו ומלבישו כנ"ל וכנף העליון הימני ישליך ע"ג כתפו השמאלית לאחוריו (כדאי' במדרש הובא בב"י) וכנף התחתון הימני יגביה ע"ג ידו הימנית בענין שהציצית הקשורה על שולי הטלית למעלה ממלא קשר אגודל מהזוית תהא תולה ומנטפת על הקרן ולא כלפי קרקע· וכן יקשור ציצית העליונה הימנית על עליונית הטלית שהיא ארכה למעלה ממלא קשר גודל מהזוית ותהיה תולה ומנטפת על הקרן מאחריו למטה מכתף השמאלית וככה יקשור ג"כ ציצית העליונה השמאלית התלויה מלפניו אבל ציצית התחתונה השמאלית יקשור על צדי הטלית ברחבה (כמ"ש בהג"ת ב' מהר"ם שיש כנף שתולה בו הציצית ברוחב הטלית כפי עטיפתו) שתהא תולה ומנטפת על הקרן כי כנף התחתון השמאלי הוא משולשל ותלוי למטה מידו השמאלית ולא ע"ג ידו ככנף התחתון הימני ושתי ציצית שמלפניו לפי סדר עטיפה א הן העליונה השמאלית ותחתונה הימנית ושתים שמלאחריו הן העליונה הימנית שלמטה מכתפו השמאלית והתחתונה השמאלית שהוא משוך קצת לאחריו ומתילא ע"י משיכת כנף העליון שמושכו ומשליכו לאחוריו ע"ג כתפו השמאלית ונמצא מסובב במצוה ככה יהיה מעוטף כל שעת התפלה אמנם תיכף אחר ברכת להתעטף בציצית עד כדי הילוך ד"א יהיה עטוף כעטיפת הישמעאלים ממש כמ"ש בכאריז"ל דהיינו להגביה גם כנף תחתון הימני ולהשליכו על כתף השמאלית לאחוריו רק שיזהר גם אז להיות עטוף מלפניו ברוחב אמה תופסנו ומלבישו כנ"ל ולזאת בטליתות שלנו שאינן ארוכות כ"כ א"א אז להגביה גם כנף התחתון השמאלי להיות לפניו מלד שמאלו ע"ג החזה או סמוך לו כדי הילוך ד"א אחר הברכה כמ"ש בקצת כאר"י ז"ל (כמ"ש לקמן) אא"כ יגביה שולי הטלית ע"ג כתפיו מלאחריו ויכרכוה סביב צוארו כמו שנוהגין קצת וזו שגגה גדולה כי עטיפת הראש בלי עטוף הגוף לא שמה עטיפה לד"ה לענין ציצית ואין בה שום מצוה כלל לד"ה: ובט"ק יש לעשות ב' נקבים מרוחקים כמלא קשר גודל באורך ורוחב ויכניס הד' חוטין בנקב זה ויוציאם בנקב זה ויכפלם ויקשרם ויהדקם סמוך לבגד ממש כדי שיהיה הקשר הראשון למעלה מקשר גודל וצריך

ליזהר

ליזהר. להיות הציצית תלויות על צד העליון שהוא צד החיצון של הבגד כשהוא לבוש בו ולא על צד התחתון הפנימי שנאמר וראיתם אותו וזכרתם וגו' למען תזכרו וגו'. ואותם המחבים אותם בכנפות טועים הם ויש מדקדקים לעשות הנקבים באלכסון קצת בכדי שכשתהא הציצית תלויה למטה לשולי הבגד תהא נוטפת(פי' טוגעת)ומכה שם אף מלא קשר גודל מהווית בשולי הבגד לרחבו לחוש לדברי המצריכי' כן · ואם לאחר שהטיל ציצית בריחוק מלא קשר גודל באורך ורוחב כדת נפסקה זוית הבגד מלמטה לגמרי מן הבגד אפי' נפסקה סמוך להנקב שהציצי' תלויה בו ולא נשתייר אלא משהו עד הנקב כשרה כי לא הקפיד הכתוב על שיעור מלא קשר גודל אלא בשעת עשיית והטלת הציצית בבגד לבד שנא' ועשו להם ציצית על כנפי וגו' · וכן אם נקרע בטלית גדול מהנקב ממש שהציצית תלויה בו ולמטה עד שפת הטלי' ולא עד בכלל בין באורך הטלי' בין לרחבו וירדה הציצית למטה כשרה וא"צ לתפור הקרע כל שנשתייר משהו אבל אם נפסקה ציצית הראשונה וצריך לעשות ציצית אחרת צריך לתפור הקרע תחלה ויתפור בחוטי משי ולא בחוטי צמר · וכן אם נקרע למעלה מהנקב שהציצית תלויה בו אפי' קרע ארוך מאד לארך הטלית רק שנשתייר כל שהוא שלם בשפת הטלית מצדה לרחבה כשרה וא"צ לתפור וכן אם נקרע כמין גא"ם ונשתייר כל שהוא שלם בב' שפתי הטלית דהייט מצדה ומשוליה אבל אם הקרע מפולש מצדו הא' ועד השפה ועד בכלל בין שהקרע לאורך הטלית ומתחיל משפת הטלית שמצדה תוך ג' אצבעות לשוליה ובין שהקרע ממטה למעלה ומתחיל משוליה תוך ג' אצבעות לשפת הטלית שמצדה לרחבה אע"פ שמקום הציצית שלם נפסלה הציצית הואיל ואין לה כנף שלם כשיעורו שהוא ג' על ג' אצבעות והוא שאורך הקרע יותר מרוחב אצבע ומחצה שהוא רוב שיעור הכנף וכאילו נקרע כולו ואם חזר ותפרו אינו מועיל להכשיר ציצית הראשונ' מאחר שנפסלה כבר והתורה אמרה תעשה ולא מן העשוי בפיסול אבל להתיר הראשונה ולחזור ולתלות' או ציצית אחרת יש מכשירים ויש פוסלים ואומרים שאין תפירה מועלת בקרע מפולש בצידו א' שבתוך ג' אצבעות שיעור הכנף ויש לחוש לדבריהם במקום שאפשר אבל אם הקרע הוא למעלה מג' אצבעות לשוליה והולך לאורך הטלית וכן אם הולך משוליה ממטה למעלה ברחוק ג' אצבעות משפת הטלית שמצדה ואפילו הוא כמין גא"ם ונפסק הכנף לגמרי מהטלית מועלת תפירה לד"ה מאחר שאין הקרע בשיעור הכנף עצמו ואם לא נקרע ונפסק הכנף לגמרי מהטלית אלא נשאר מחובר משהו מצדה למעלה מג' אצבעות לשוליה או מחובר בשוליה ברחוק ג' אצבעות מצדה לא נפסל' הציצית הראשונה ויחזור ויתפור הכנף עם הציצית להטלית בחוטי משי אבל אם נפסק לגמרי י"א שנפסל' ציצית הראשונה ויש חולקין וי"א שאפי' חיבור משהו אינו מועיל להכשיר הציצית הראשונה על ידי שיחזור ויתפור עד שיהיה מחובר כשיעור רוחב ג' אצבעות ואזי כשרה אפי' בלי תפירה ויש לחוש לדבריה' במקום שאפשר · וכל האצבעות הן ברוחב גודל ואם הציצית ארוכה יותר מי"ב גודלין נ"ל הגדיל שהן הכריכות והקשרים יותר מד' גודלין כי לכתחלה נ"ל הגדיל שליש וענף ב' שלישים · אם נפסק אפילו חוט א' מעיקרו דהיינו על הכנף או אפי' תוך הגדיל פסולה אבל אם נפסק אחד מן הראשין היוצאין חוץ לגדיל כשרה אפי' נפסק לגמרי ואם נפסקו ב' ראשין אפי' יוצאים מצד א' של הקשר אם לא דקדק בשעת עשיית הציצית שיהיו ד' ראשין עומדים לשלם מצד א' פסולה אם לא נשתייר בהן כדי עניבה וכ"ש אם א' יוצא מצד זה וא' מצד השני ואם נפסקו ג' ראשין פסול בכל ענין אפי' נשתייר בכל א' מהן הרבה יותר מכדי עניבה וכן הדין אם נתפרקו החוטין משזירתן :

בכל יום כשמתעטף בהם קודם הברכה יעיין ויבדוק בחוטין אם הם כשרים ובפרט על הכנף והגדיל · גם צריך להפריד החוטין זה מזה קודם הברכה · ואם נשהה' לצאת לבהכ"נ ובעוד שיבדוק או יפריד החוטין יתבטל מלהתפלל עם הצבור א"צ לבדקן ולא להפרידן :

בשעת בדיקת הציצית יאמר זה :

בָּרְכִי נַפְשִׁי אֶת יְהוָֹה יְהוָֹה אֱלֹהַי גָּדַלְתָּ מְאֹד הוֹד וְהָדָר לָבָשְׁתָּ : עֹטֶה אוֹר כַּשַּׂלְמָה נוֹטֶה שָׁמַיִם כַּיְרִיעָה :

בהתעטפו יכוין שצונו הקב"ה להתעטף בו כדי שנזכור כל מצותיו לעשותם שנא' וראיתם אותו וזכרתם וגו' :

העטיפה צריך להיות מעומד וגם הברכה צריך להיות מעומד לכתחלה :

וקודם שיתחיל להתעטף יברך

בָּרוּךְ אַתָּה יְהוָֹה אֱלֹהֵינוּ מֶלֶךְ הָעוֹלָם אֲשֶׁר קִדְּשָׁנוּ בְּמִצְוֹתָיו וְצִוָּנוּ לְהִתְעַטֵּף בְּצִיצִית :

ויכסה ראשו ויתעטף כעטיפת ישמעאלים דהיינו שיכרוך הטלית עם הב' כנפות של צד ימין סביב צוארו ויחזירנו לאחוריו דרך צד שמאל וב' כנפות האחרים של צד שמאל יהיו דרך הפנים ונמצאו כל הד' ציציות מצד שמאל שתים לפניו ושתים לאחריו וצריך שיהא מעוטף מלפניו ומלאחריו עד החזה (וא"צ לכסות ראשו עד פיו)*) ויעמוד כך מעוטף לפחות כדי הילוך ד"א אחר הברכה ואח"כ יפשילנו כמנהג המקום ומ"מ מצוה להיות עטוף בט"ג כ"ז התפלה שיכסה בו ראשו וגופו מלפניו ומלאחריו סביב הזרועות שיהא מונח צד ימין על שמאל וטוב יותר להשליך כנף הא' של ימין על כתף שמאל לאחוריו ונמצא כולו מעוטף בעטיפה גמורה כעטיפת הישמעאלים קצת :

ובשעת עטיפת הטלית גדול יאמר זה

מַה יָּקָר חַסְדְּךָ אֱלֹהִים וּבְנֵי אָדָם בְּצֵל כְּנָפֶיךָ יֶחֱסָיוּן : יִרְוְיֻן מִדֶּשֶׁן בֵּיתֶךָ וְנַחַל עֲדָנֶיךָ תַשְׁקֵם : כִּי עִמְּךָ מְקוֹר חַיִּים בְּאוֹרְךָ נִרְאֶה אוֹר : מְשֹׁךְ חַסְדְּךָ לְיֹדְעֶיךָ וְצִדְקָתְךָ לְיִשְׁרֵי לֵב :

וכן בטליתות קטנים שלנו אם רוצה לברך עליו טוב שיניחנו רחבו לקומתו ויתעטף בו כנ"ל כדי לברך להתעטף ויעמוד כך מעוטף לפחות כדי הילוך ד"א ואח"כ ימשכנו מעל ראשו וילבשנו · ואם לובשו מיד בקומו בעוד שאין ידיו נקיות כדי שלא ילך ד"א בלא ציצית מברך על ט"ג ויכוין לפטור גם את זה וכן אם לובשו קודם אור היום שאינו זמן ציצית : והמדקדקים נוהגים לישן בט"ק כדי שאם יישן על היום לא יהיה ערום בלא מצות וגם לא יצטרך ללבשו קודם נט"י לעבור על קדושת הזוהר שנתבאר בדין השכמת הבקר · ואף אם פשטו מעליו וחזר ולבשו בלילה אין בו משום בל תוסיף מאחר שיש אומרים שכסות יום חייב בלילה וכן ע"פ הסוד יש מצוה בלבישת טלית קטן גם בלילה :

צריך

*) ומנהגנו לכסות בחלקו העליון של הט"ג גם העינים.

צריך להזהיר לנשים העושות ציצית שתאמר בפיה בפירוש בהתחלת הטוייה שהיא עושה כן לשם ציצית וכן בהתחלת השזירה: מלבושים שלנו שיש להם ב' כנפות מלפניהם למטה וב' כנפות למעלה בבית הצואר צריך ליזהר לעשות הכנפות שלמעלה עגולות כמו שנהגו עכשיו מקרוב ולא מרובעים כמקדם כדי לפטרם מציצית לד"ה · וכן המכסה (שקורין קאלדרע) שמתכסין בו כשישן ביום אף אם עיקרו מיוחד ללילה יש לעשו' בו קרן א' עגולה לפטרו מציצית לד"ה · אין לעשו' טלית של פשתן כלל ובשעת הדחק הגדול יעשה בה ציצית של פשתן טוויות ושזורות לשמן כהלכתן ויוכל לברך עליהן וכן בט"ק: מותר להתיר ציצית כשרה מבגד זה כדי לתלותה בבגד אחר וכן כדי לתלות ציצית חדשה במקומה אך לא יפסיקנה אלא יתירנה שאין לפסול ציצית כשרה בידים משום ביזוי מצוה: אין לברך על הציצית בשחר עד שיכיר בין תכלת שהיתה בציצית ללבן שבה וי"א שהוא כדי שיראה את חבירו הרגיל ואינו רגיל ברחוק ד"א ויכירנו ולא בערב אחר התחלת השקיעה שאז הוא תחלת ביה"ש · הפושט טליתו לפי שעה ע"ד לחזור וללבשה לאלתר א"צ לחזור ולברך בכל ענין ואפי' פשטה ע"ד שלא לחזור וללבשה לאלתר ואח"כ נמלך לחזור וללבשה לאלתר אם נשאר עליו ט"ק א"צ לחזור ולברך אבל אם בא ללובשה אחר כמה שעות משפשטה צריך לחזור ולברך אפי' נשאר עליו ט"ק ואפי' היתה דעתו מתחלה לכך · השואל טלית מחבירו יבקש ממנו שיתן לו במתנה על מנת להחזיר כדי שיוכל לברך עליה לד"ה כי מהיות טוב כו':

תורה **שער הציצית** אור

ועשו להם ציצית על כנפי בגדיהם כו' ונתנו כו' וראיתם אותו וזכרתם את כל מצות ה' כו' ולא תתורו אחרי לבבכם כו' למען תזכרו ועשיתם את כל מצותי כו' · ויש לדקדק למה אמר בזכירה ראשונה את מצות ה' ובזכירה שניה אמר מצותי כו' · וגם י"ל כל עיקר ענין מצות ציצית איך ע"י הראיה שיראו אותה יזכרו על כל המצות · והגם שציצית בגימ' תרי"ג מ"מ למה דווקא במצות ציצית ולא בחר במצוה אחרת כו' · הנה כתיב נעשה אדם בצלמנו כדמותנו · ויש להבין איך שייך באלקים חיים ענין צלם ודמות ח"ו הלא אין לו גוף ואין לו דמות הגוף כו' ולא נערוך אליו קדושתו כו' · וא"כ א"א שיתהווה בחי' גבול מאתו ית' מאחר שהוא בחי' א"ס כו' · וגם אם נתהווה אדם בע"ג אין בצלמו ודמותו כו' · וגם שידוע שהשתלשלות העולמות הנבראים מאין ליש אינו מבחי' עצמותו ית' אלא מבחי' לבושיו שהן מחשבתו ודיבורו כמ"ש בדבר ה' וכו' ובמחשבה אחת הוא צופה ומביט עד סוף כל הדורות בבחי' סובב כו' · עכ"ז יש להבין זה גופא איך יתכן אלו ית' בחי' מחשבה שהוא יש ודבר מה כו' והוא ית' פשוט בתכלית ולית מחשבה תפיסא ביה כי הוא למעלה ממחשבה ושכל כו' כידוע · אך הענין הוא דכתיב עוטה אור כשלמה נוטה שמים כיריעה כו' פי' עוטה שהוא מלביש ומעטה את האור להיות נעלם בתחלה בשלמה ולבוש וכמ"ש ישת חשך סתרו כו' ואח"כ יבקע האור מתוך החושך וההעלם של אותו לבוש ויצא ויאיר אור זה הנולד מתוך הלבוש בנאצלים ונבראים ואח"כ נוטה שמים וכו' · ובאור הדברים הנה מדברי אחזה אלוה שאנו רואים במחשב' האדם שהוא בחי' לבוש לנר"נ שהרי השכל הוא העיקר והמחשבה מצד עצמה אינה כלום רק שדרך אותיות המחשבה יאיר אור השכל מן ההעלם לגילוי השגה · ובלתי התלבשות השכל במחשבה לא היה יכול לבא לידי גילוי אור כי היה נשאר בהעלמו העצמי · והנה כמו שדרך המסך יחשך האור ויתעלם תחילה ואח"כ יבקע האור מתוך נקבי המסך ויצא' נק' אור של תולדה בחי' הארה דהארה כו' · כמו כן מה שהשכל מושג ומובן אחרי התלבשות המחשבה שהעלימו בתחילה נק' אור של תולדה ולא אור השכל כמו שהוא בעצמו ומהותו · ואמנם אם לא הי' אור המהות נתעלם ונתלבש בלבוש המחשבה לא היה יכול כלי המוח להכילו כו' וד"ל · ועד"ז יובן למעלה דבאמת מאח' שהוא ית' א"ס אין לו תחלה ואין לו תכלה כו' ואין ערוך אליו כלל · גם להיות נאצל מאתו מחשבה וחכמה וכדומה כו' אין זה כ"א בהתעטף אורו העצמי במלבוש המכסה ומעלים לגמרי והוא מ"ש לבושיה כתלג חוור כו' וישת חשך סתרו ואח"כ בוקע האור ויורד דרך אותו העלם הלבוש אז יוכל להאציל מאור של תולדה זו הנקרא הארה דהארה אור חכמה דאצי' ומחשבה · וכדומה לזה יש פרסא בין אצילות לבריאה כו' כמ"ש במ"א וד"ל · וזהו עוטה אור כשלמ' מפני שנ"ל כאור המאיר מתוך השלמ' כו' לכך עטה והלביש את האור בבחי' לבוש והעלם ואח"כ בוקע ומאיר כו' · והנה כתיב ותורה אור וידוע דהתורה ניתנה אש שחורה ע"ג אש לבנה דהיינו שיש בה פנימיות וחיצוניות · ועל פנימית וסודות התורה כתיב ארוכה מארץ מדה כו' לפי שבחי' א"ס מאיר בפנימי' התורה לכך אין לה שיעור למעלה כו' והחיצוניו' יש לה שיעור שהן ההלכות דש"ס משנה כו' שבאו לשיעורים וגבולים דווקא · וכללותם רמ"ח מ"ע ושס"ה ל"ת ג"כ בחי' שיעור וגבול הוא כו' · והיינו מ"ש הנסתרות לה' אלהינו פי' בחי' סתום וגלי' שבתורה הנסתר שבה הוא פנימית התורה לה' אלהינו הוא בבחי' א"ס ממש כמ"ש ארוכה מארץ כו' · והנגלות הוא בחי' החיצוניות שניתן לשיעורי' לנו ולבנינו הוא לעשות את כל דברי התורה בבחי' עשייה דווקא במצותיה בדיקדוקי סופרים כו' · ופי' לעשות שישראל הם עושים את התורה כו' ע"י הכלים דרמ"ח פקודין עבדין כלים למעלה כו' וכמ"ש במ"א וד"ל · וזהו ותורה אור פי' אותו האור דעוטה אור כשלמה היינו אור דתורה מאחר שהיא אש שחורה ע"ג אש לבנה דהיינו שמתעלם בלבושין דאורייתא החיצוניות אור

אים

א"ס שבבחי' פנימית שלה · וע"י החיצונית יאיר אור א"ס למטה בכלים מכלים שונים דרמ"ח מ"ע בעשיה דווקא כו' וד"ל · והנה אין כח זה להמשיך ולחבר אור א"ס מבחי' פנימית התורה לחיצוניות שלה בכלים מכלים שוני' אלא לישראל לבדם כמ"ש לעשות את כל דברי כו' מפני שישראל עלו במחשב' · וכמ"ש במ"א על פ' יפה את רעיתי כתרצה וכפי השני פרושים דרעיתי הנ"ל · והנה היופי דרעיתי כלול מד' גוונין לבן ואדום וירוק ככרתי כו' והן ד' חיות שבמרכבה פני אריה פני שור פני נשר פני אדם כו'· ופי' פני אריה ידוע שהוא בחי' האהבה לדבקה בו בתשוקה נפלא' כו' כמ"ש אחרי ה' ילכו כאריה ישאג כאותו האריה דשאוג ישאג תמיד באה"ר כו'· פני שור הוא מהשמאל שמאל דוחה להשפיל א"ע כמ"ש ויראו מגשת כו' · פני נשר הוא בחי' הרחמי' כמ"ש כנשר יעיר קנו על גוזליו ירחף כו' יפרוש כנפיו ישאהו על אברתו פי' על דייקא כמ"ש ואשא אתכם על כנפי נשרים ואביא אתכם אלי דייקא · לפי שע"י מדת הרחמים יכולה כ"י להתעלות עד רום המעלות בבחי' עצמות אור א"ס שלמעל' מבחי' כנפי נשרי' כו'· מפני שבריח התיכון מבריח מן הקצה לקצה כו' כמ"ש בסמוך· ופני אדם לארבעתן פי' אדם אדמה לעליון כו' כמ"ש נעשה אדם בצלמנו כו' לפי שכאשר יקשר האדם ג' לבושיו מחשבה דבור ומעשה לה' דהיינו כמ"ש אליך ה' נפשי אשא מחשבה במחשבה דיבור בדיבור דבר ה' זו הלכה כו' ולבטל כל רצונותיו הזרות להיות רק לבבו אחד לה' כמו שאמרו בטל רצונך כו' אז הוא בדומ' לעליון אור א"ס ב"ה שבדבר זה נכלל במחשבתו ודיבורו ית' ע"י לימוד התורה וע"י מעשה הצדקה שנותן שפע לנצרכי רוח כו' דומה הוא במעשיו למעשה ה' שהוא בחי' השפעת שפע אלקי' לכל הנבראים הנק' דלים שנקראו למעלה בשם צדקה כי ירידה גדולה היא לגבי עצמותו ית' שהוא בבחי' א"ס כו' ונקרא בשם מעשה כמ"ש והיה מעשה הצדקה כו' לפי שבחי' עשיה בלבד היא נחשבת · ועד"מ כתיבת האצבע דברי שכל שהכתיבה בחי' עשייה לגבי גוף השכל כו' כמו כן אפי' ההתהוו' שע"י חכמה דמלכו' דאצילות הוא בחי' עשייה לגבי עצמות דאצילות כמ"ש כולם בחכמ' עשית שהחכמה המהווה נקרא ג"כ בחי' עשייה שהוא כמשל השכל הנגלה במעשה הכתיבה כו' וד"ל וזהו פני אדם שע"י תורה ומצות דומה לעליון והוא לארבעתן וכו'· והנה יש מרכבתא עלאה ומרכבתא תתאה כמה שכתוב בזהר· ופי' מרכבתא תתאה היינו בחי' ד' גוונין הנ"ל דפני אריה פני שור כו' דיפה רעיתי בהם מלמטה למעלה וכנגד זה יש למעלה בחי' מרכבתא עילאה מלמעלה למטה להאיר בד' גוונין כאלו· וזהו מ"ש יאר ה' פניו אליך כו'· וביאור ענין זה הנה באתערותא דלתתא באהבה דכ"י בבחי' פני אריה הנ"ל מעוררי' אתערותא דלעילא שיאר ה' פניו אליהם

בבחי' אהבה שלו שהוא בחי' א"ס ממש וכמ"ש וימינו תחבקני כו' והיא אהבה רבה שלמעלה מבחי' אור האהבה וחסד עליון שמלובש בכלי כו' וע"י יראה דפני שור כו' מעוררי' למעלה בחי' יראה עילאה הנקרא פחד ה' שנופלת על האדם פתאום מלמעלה כו' · וע"י הרחמים דפני נשר כו' יעוררו בחי' רחמים רבים העליונים דכנפי נשרי' כו' עד שישאם על אברתו כנ"ל מפני שבריח התכון דמדת יעקב ברחמי' מבריח ומחבר מן הקצה לקצה פי' קצה העליון הוא בחי' הארת עצמו' אור א"ס שבפנימית התורה דכתיב בה ארוכה מארץ כו' וקצה התחתון הוא בחי' מלכות דאצילות שרש כנ"י עד לקטני הערך בנש"י הדיוט שבהדיוטים הנקרא עקביים כו' וע"י הרחמים רבים העליוני' יתפשט אור א"ס מקצה העליון עד קצה התחתון כו' וד"ל : ופני אדם העליון היינו רמ"ח פקודין רמ"ח איברין דמלכא ושס"ה ל"ת שס"ה גידין כו' בציור אדם והוא תורה שבכתב ושבע"פ וזהו שלמד משה בהר ארבעים יום אע"פ שכבר נאמרה כל פרשה בזמנה ובמקומה כו' וד"ל · וזהו ועשו להם ציצית על כנפי בגדיהם וכו' וכתיב גדילים תעשה לך על ד' כנפות כסותך אשר תכסה בה· כי הנה הארת ד' גוונין העליוני' שמאירים מלמעלה למטה א"ה להאיר בכנ"י כ"א בבחי' מקיף דווקא כי לא יוכלו להתלבש בבחי' אור פנימי בכנ"י במוחם ולבבם כו' מפני שהן בבחי' א"ס כו' וכמו וימינו תחבקני דכתיב באהבה העליונה לשון חובק בבחי' מקיף דווקא וכן בארבע כנפות הטלית העליון דעוטה אור כשלמה בבחי' מקיף כו' כתיב אשר תכסה בה בבחי' מקיף דווקא יאירו בכנ"י וזה אשר תכסה בה בבחי' לבוש ומקיף כו'· וענין הציצי' שהן ל"ב חוטין הנמשכים מן הכנף כו' הוא להיות כי א"ה למקיף להאיר אורו למקבל כ"א דרך צמצום הקו והחוט בלבד כמו ענין בקיעת האור דרך שערות באדם כו' כן ענין חוטי הציצית הן המשכו' מצומצמות מאד כמו חוטין דקין שמאירים בצמצום מן המקיף העליון לכנ"י כו' וכל חוט שזור וכפול מד' כו' כי כל גוון מבחי' ד' גוונים הנ"ל כלול כ"א מד' גוונין כמו אהבה באברהם פני אריה כלולה גם מיראה אלא שהיראה בה בהעלם והאהבה היא בהתגלות· ובמדת היראה דיצחק פני שור כו' הוא בהיפוך שהירא' היא בגילוי והאהבה בהעלם כו' · וכן אנו מוצאים במחנה המלאכים דבמחנה מיכאל באהבת רשפי אש כו' כתיב ויראה להם כו' וד"ל · ומנין החוטין ל"ב כנגד ל"ב נתיבות חכמה שמאיר במלכות דאצילות שהיא שרש כנ"י כידוע והן כולן בבחי' נימין ושערות בלבד בוקעין ויוצאין מאור מקיף העליון וכמ"ש בזהר ע"פ ופרשת כנפך על אמתך כו' וד"ל : וענין פתיל התכלת שנתנו על הציצית כו' הוא כמו אשא תכלא לשון כליון דאכיל ושצי כו' והיינו לבער הרע בדרך כפי' לאכפיא לס"א כו' והוא בחי' המלכות שיורדת

לברר

לברר בירורי' בעס"ד נו"ר ונקרא תכלת מלשון תכלה כמ"ש כי ה' אלהיך אש אוכלה הוא דאכיל ושצי כו' וכן באדם התחתון הוא לאכפיא לס"א וכמ"ש בסמוך ולא תתורו אחרי לבבכם כו' · משא"כ בחי' החוטים הלבנים הוא למעלה באצי' שאין רע יורד כו' כי לא יגורך רע כתיב והיינו כאשר נהפך הרע לטוב לגמרי שלא בדרך כפי' כמ"ש לאהפכא חשוכא לנהורא כו' וד"ל · וזהו וראיתם אותו וזכרתם את כל מצות ה' פי' ע"י ראיה דתכלת' דהנה מי שלא ראה אור מימיו שם חושך לאור ולא ידע כי בחשך הוא אך מי שראה אור יכיר וידע את החושך כו' · כמו כן ע"י מצות הראיה דתכלת הנה יזכור על מצות הוי"ה בבחי' הארה אלקית הבאה מלמעלה ע"י אותיות שם הוי"ה לצמצום והמשכה כו' והוא ע"י קבלת מ"ש הנקרא מצות המלך כמ"ש שום תשים עליך מלך כו' והנה ענין א' שמצות המלך נקרא מצות ה' וכו' ואז יכיר וידע איך שהוא בהפך פי' שלא ירצה לקבל שום תענוג זולתו ית' היינו לא תתורו אחרי לבבכם אשר אתם זונים פי' זונה נקרא' כשמקבלת שפע תענוג ממשפיע אחר ולוקחת לעצמה משפיע זולת בעלה כו' · וכמו"כ אחרי אשר קיבל מ"ש בהתבוננ' כי הוא חייך כו' במצות התכלת לא ירצ' להיות לו משפיע אחר דהיינו מבחי' כתרין דמסאבותא שהם כחות שמשפיעים תענוגים זרים שלא לה' המה כו' ולהיות מרכבה לקבל שפע מהם כו' · ואמנם אם לא היה רואה אור האלהי במצות המלך לא היה מרגיש בעצמו לתת לב לזה לבלתי יקבל רצון ותענוג אר כו' כי דרך האויל ישר בעיניו ולא יכיר בפחיתת ערכו כלל כל שרואה א"ע נקי מעבירות חמורות אך כל מה שיתפעל ביותר במצות הוי' יותר ירגיש בנפשו שלא יהיה כמו זונה אפי' בדקות הענייני' כמו בתאות היתר וכדומה כו' וזהו תכלת דאכיל ושצי כו' גם דקות החומריים דנפש הבהמית כו' וכ"ז בחי' אתכפייא וכמו כן למעלה בחי' מלכות דאצילות נפש כל חי כשמאירה אור בבחי' תכלת מבררת בירורי נוגה אכיל ושצי כו' וד"ל : והנה עתה י"ל ההפרש שבין זכירה ראשונה שאמר מצות הוי' לזכיר' שני' שאמר מצותי כו' הנה כתיב אני הוי' יש להבין מה שאמר אני כאלו הוא ידוע מי הוא ובאמת לית מחשבה תפיס' ביה וכו' ולא ידוע רק מצד התפשטותו בנאצלי' ונבראים כידוע · אך הענין הוא דיש בחי' נר"נ באדם ובחי' חיה ויחידה וידוע דנר"נ יש להם כלי' משכן השכל שהוא הנשמה במוח ומשכן הרוח בלב ומשכן הנפש בדם כו' אבל בחי' חיה יחיד' שהם בחי' רצון ותענוג כו' אין להם בחי' כלים כלל שישכנו בהם אלא משכנם בכל הגוף בהשואה א' כו' כמ"ש במ"א והן בחי' מקיפין של הנפש שאינם מתלבשים בכלי הגוף כלל·ועד"ז יובן למעלה דידוע דבחי' אורות וכלים שבנאצלים הם רק מבחי' נר"נ ואילך שהם בחי' או"א זו"נ כידוע כמו החכמה דאצילות יש לה כלי ונקרא מוחין דאבא

וכדומה לזה למטה במידות דאצילו' בלב אדם העליון כו' אבל בחי' כתר עליון שהוא בחי' תחתונה שבמאציל וראש כל הנאצלים כידוע הוא כמו בחי' חיה יחידה שבאדם שאין להם בחי' כלים כלל בשיעור קומה של יוצר בראשית דאבי"ע כו' וצריך שיעוררו בהעלאות מ"נ שיומשך מן הנעלם של כ"ע להיות מאיר תוס' אור א"ס בנאצלים כו' וזהו אני הוי' פי' אני הוא בחי' כתר שנקרא אין ואני כמ"ש בע"ח דכשאור הכתר מאיר בנאצלים נקרא אני וכשהוא מופלא ונעלם מהם נקרא אין וכמ"ש והחכמה מאין תמצא וזהו אני ראשון ואני אחרון פי' בחי' הארת הכתר בנאצלי' הוא הראשון שלפני האצילו' והוא האחרון שלאחר האצילות בהשואה אחת הוא כי אין לו כלי מיוחד שיאמר בו מעלה ומטה כו' וכמאמר איהו תפיס בכלהו עלמין ולית מאן דתפיס ביה כו' · וזהו אני הוי' פי' אני הוא שהשפלתי א"ע להקראות בשם הוי' בבחי' אורות וכלים כי שם הוי' הוא אותיות הצמצום כידוע וד"ל · ואני הוי' אלהיכם פי' מי הוא הגורם לזאת השפלות והירידה להיות במקום גדולתו ענוותנותו כו' הוא מפני שאני אלהיכם כי ישראל עלו במחשבה כו' אתם ממשיכים ומורידים בחי' אני לבחי' הוי' כו' וד"ל · וזהו ג"כ פי' והייתם קדושי' לאלהיכם פי' שתורידו ותמשיכו בחי' עצמות אור א"ס שיקרא בשם קדוש ומובדל בבחי' סובב כו' כי באמת אין לשון קדוש' שייך אלא בדבר שהוא מופלא ונעלם כו' ואין זה אלא כשבא אור א"ס לכלל השתלשלות באו"כ עכ"פ כו' אבל קמי' עצמותו ממש גם קדוש לא יתכן לקרותו · ועל כן אנו אומרי' נקדישך פי' נמשיך אותך שתרד לבחי' קדוש כו' · וזהו והייתם קדושי' שתמשיכו ותורידו בחי' קדושה האלקית שיקרא אלהיכם קדוש כו' וזהו לאלהיכם וד"ל · ועד"ז יובן ג"כ ענין מצותי פי' התחברות והתקשרות עצמותו ממש בנאצלים בתוספת אור ע"י בחי' כ"ע הממוצע כו' הרי אין זה ע"י שם הוי' בבחי' אותיות יוד הא כו' לצמצום והתפשטות שכ"ז אינו אלא בבחי' אורות וכלים והוא הנקרא מצות הוי' בזכירה ראשונה אבל בזכירה שניה כתיב את כל מצותי דוקא דהיינו להמשיך עצמות אור א"ס מבחי' חיה יחידה שלמעלה מבחי' כלים באו"כ כו' וד"ל· וזהו למען תזכרו את כל מצותי כו' פי' למען קאי אדסמיך ליה שכאשר תעשה כסדר הזה דוקא אז תוכל לבא למדריגה זו דמצותי כו והיינו כאשר תקבל מ"ש תחלה במצות המלך היא מצות הוי' דבציצית הכנף פתיל תכלת כו' ואח"כ תזכרו על כל מצותי שהן בחי' החוטים הלבנים שבציצית כו' · וביאור הדברים הנה כתיב עבדו את ה' בשמחה וכו' תחת אשר לא עבדת וכו' בשמח' וטוב לבב דוקא כו' וכתיב עבדו את ה' ביראה' דוקא כו'· אך הענין הוא דמצות המלך בציצית התכלת הוא כדי לבער הרע ע"י ראיה דתכלת דאכיל ושצי כנ"ל אין שם שמחה אדרבה ביראה

ופחד

ופחד דווקא שום תשים עליך מלך כו׳ אבל לאח״כ באבוד רשעי׳ רנה נ״ל שמחה וטוב לב אשר יצא מאפלה לאור גדול וכו׳ והעבודה שאח״כ הוא רק להוסיף אור א״ס ע״י מצוותי שיקרא קדוש ושיקרא הוי׳ כנ״ל אין זה אלא בשמח׳ וטוב לב דייקא כי אין עצבות לפני המקום כו׳ וזהו בחי׳ חוטי הלבן שבציצית שהוא בחי׳ לובן העליון כו׳ מקור כל התענוגים כו׳ כי אין שם רע כלל כי לא יגורך רע כתיב וע״כ אין שם אלא חדות ה׳ דווקא כו׳ וד״ל · וזהו למען תזכרו שאם לא ביער הרע שע״י תכלת לא היה מגיע לשמחה זו וד״ל :

להבין שרשי הדברים הנ״ל · הנה שרש ענין הציצית ידוע בכהאר״י ז״ל דל״ב חוטין הם ל״ב המשכו׳ המקיפים ממוחין דאו״א במלכות דאצי׳ והמה כדוגמות השערות לפי שא״א להיות המשכה מאור המקיף לפנימי המצומצם אם לא שיוגבל בתחלה בצמצום גדול כמו דרך שערה בלבד כידוע בענין י״ג תיקוני דיקנא דז״א שהם ג״כ מבחי׳ אורות המקיפין שמאירי׳ דרך שערו׳ מטעם זה כו׳ וד״ל · ושרש ענין הד׳ כנפות הוא בחי׳ חגת״מ שהן פני אריה ושור ונשר ופני אדם דכליל כלהו כו׳ · והנה הד׳ חוטין שזורין היו לפי שכל א׳ כלול מחבירו. ולכך גם בכל כנף היה ד׳ חוטין כו׳ · ואמנם התכלת היה מלמעלה כו׳ כי פני אדם שבמרכבה הוא האדם אשר על הכסא שהוא בחי׳ מלכות דאצי׳ הרוכב על הכסא דבריאה כו׳ · ויש מרכבה עלאה יותר והוא מרכבה דאדם קדמאה הנקרא אדם הראשון שהוא אבא שרש כל האצי׳ הרוכב על הכסא דבינה עילאה אם הבנים כו׳ והמרכבה הוא בחי׳ חגת״מ דז״א · פני אריה הוא חסד דז״א ופני שור הוא גבורה דז״א כו׳ · ולהיות כי אבא יסד ברתא דווקא לכך ע״י מצות התכלת שדומה לים כו׳ יזכרו על כל המצות כו׳ ושקולה כנגד כל המצות כו ולכך התכלת מלמעלה על ג׳ החוטין כו׳ וד״ל · וביאור הדברי׳ מבואר במ״א שזהו שאמרו אם אין חכמה אין יראה אם אין יראה אין חכמה דיראה חיצונית הוא בחי׳ מל׳ דאצי׳ ושום תשים עליך מלך כו׳ דהיינו רק לקשר מחדו״ת במחדו״ת כו׳ שהוא רק בחי׳ חיצוניות ההשתחוואה בפ״מ כו׳ · אבל יראה עלאה הוא חכמה דבחי׳ אבא שהוא ביטול במציאות כח מ״ה כו׳ ונעוץ סופן בתחלתן שאם אין יראה אין חכמה כו׳ · ועד״ז יובן למעל׳ דבחי׳ אדם תתאה הוא בחי׳ מלכו׳ דאצילו׳ איכו אלא התפשטות מדת המלכות להיות ראש לשועלים כו׳ אבל שרשה ויסודה בבחי׳ אבא דווקא הנקרא אדם קדמאה ואדם הראשון כי ראשית הגילוי מאור המאציל הוא בחכמ׳ ואחרון בהשתלשלו׳ הוא המלכות סופא דכל דרגין כו׳ ונעוץ תחילתן בסופן כו׳ וד״ל · והנה אעפ״י שהתכלת נק׳ אש אוכלא בזהר ע״ש שמכלה ומבער כו׳ וחג״ת הוא אש הלבן שלמעלה הימנו כו׳ היינו לפי שהמלכות ירדה בסחר המדריגה להיות ראש לשועלים כו׳ ויש שם תערובות טו״ר כו׳ וע״י המלכות נתבררו כנודע דבהמה רבה הוא שם ב״ן דמלכות רביעא על אלף טורין וכל הר יש בו אלף נמתים של בחי׳ האלהכי׳ כמ״ש אלף אלפין ישמשוני׳ כו׳ והיא אכלת לון בגמיעא חדא כלומר שנכללים ברוח פיו יתברך ומתבררים בזה כו׳ · אבל בעולם האצילו דלא יגור שם רע כי אין רע יורד מלמעלה כי אין שם כלל ענין הבירורים בעה״ד טו״ר כו׳ עד שתקרא בשם תכלת אשה תכלה אשא אוכלה לבער ולכלות כו׳ אלא ענין המצות שם הוא רק להוסיף ולהרבות האורות בכלי׳ ברבוי ותוספת מוחין חדשים מאו״א כו׳ · ולזה מרמזים הג׳ חוטין שהם לבנים הכוללים כל המצות וכמו שאמר את כל מצותי כו׳ דהיינו רק להמשיך אור א״ס בנאצלי׳ בתו׳ גלוי אור בלבד כו׳ · והוא שרש ענין הג׳ גוונין של יופי העליון מלמעל׳ למטה באמרו הנך יפה פעם שנית וכמ״ש במ״א · והיינו ג״כ ענין יאר ה׳ פניו לשון רבים שהן ד׳ פנים העליוני׳ דהארת פנים דא״א באו״א וזו״נ להוסיף האור כו׳ וזהו אליך שהוא ז״א שנק׳ בן לא״א כמ״ש מה שמו ומה שם בנו כו׳ בנו הוא ז״א דכתיב בני בכורי ישראל ואשר בו אתפאר מהארת פנים דא״א האב הוא אבא בחי׳ אדם קדמאה הנ״ל · וזהו שורש ענין עוטה אור כשלמה נוטה שמים כיריעה פי׳ שמים הוא ז״א שכלול מאש ומים בחי׳ מוחין דאבא שבו בחי׳ מים הוא ובחי׳ מוחין דאימא בחי׳ אש דגבורה כו׳ וד״ל · וכל בניין ז״א באורות פנימים ומקיפים לנטותו כיריעה כו׳ היינו אחרי אשר עוט׳ האור כשלמה פי׳ כידוע שיש בחי׳ פרסא המפסיק בין המאציל לנאצלים ועליו נאמר ישת חשך סתרו ואם לא הפרסא לא הי׳ מתצמצם אא״ס כ״כ בנאצלים · אך דרך מסך הפרסא שבוקע האור ונעשה אור של תולדה בלבד או יוכלו הנאצלו׳ לקבל השפע כו׳ וזהו עוטה בלבושים והעלמות דשלמה כו׳ ואח״כ נוטה שמים כו׳ וד״ל· ועד״ז יש פרסא בין האצי׳ לבריאה ג״כ מזה הטעם לפי שאין ערוך כלל בין האצי׳ עם הבריאה בע״ג כו׳ עד שאין התהוותם אלא מבחי׳ אור של תולדה כו׳ כידוע · וזהו ענין הטלית עם הד׳ כנפות שהוא בחי׳ לבוש והעלם האורות דאו״א במ״ל ואין מאיר רק דרך החוטין בלבד בלב דנו״ק שעומדת בחזה דז״א כידוע וד״ל · וזהו שרש ענין ועשו להם ציצית על כנפי בגדיהם כו׳ ונתנו על ציצית הכנף פתיל תכלת כו׳ וראיתם אותו וזכרתם את כל מצות ה׳ כי המ״ל כלול מכל האורות שבעולם הנאצלים ולכך נקראו מצות הויה או מצות המלך כידוע דז״א נקרא הויה לפי שמהוה את הכל באצי׳ עצמו מאורות לכלים כו׳ · ואמנם בזכיר׳ השניה אמר

את

את כל מצוותי שהוא ענין הנ"ל בהמשכות אא"ס עצמו בנאצלים בנר"ן דאו"א וז"א כו'· כי הנה ידוע דנר"נ יש להם כלים אבל חיה יחידה אין להם כלי' כלל ע"ד שאנו רואי' משכן השכל במוח והמדות בלב כו' אבל משכן הרצון והתענוג אין לו מקום וכלי מיוחד בגוף כו' וע"כ יש בחי' קטנות וגדלות בנר"נ מצד מיעוט או רבוי האור כו' מפני שכבר משכנם המה בכלי הגוף משא"כ בבחי' חיה יחידה לא יגרעו ולא יתוספו לעולם מצד ריבוי או מיעוט הכלים מאחר שאין משכנם בכלי הגוף כו' וא"כ יובן עד"ז למעלה מעלה בהיו' דבחי' ע"י וא"א הם בבחי' חיה יחידה שאין שם כלי' כי הם עדיין מבחי' א"ק הנקרא אדם דבריאה ואמנם ביצירה ועשיה הוא עולם הנקודים ועולם התיקון דז"א כבר יש שם כלים מכלים שונים כו' וכדי להמשיך להם תוספ' אור בבחי' גדלות המוחין גם באבא שמשכנו במוח כו' צריך לעורר בחי' הארת פנים דע"י וא"א כו' שימשיכו מהארת אא"ס עצמו מבחי' יחידה כו' להיות תוספת האורות בנאצלים עי"ז והיינו הנקרא מצותי כלומר התחברו' עצמות אא"ס בנאצלים כו' ולא נקרא מצות הויה מאחר שהוא מבחינת העלם עצמות שלמעלה מבחי' כלים עדיין כנ"ל ושם הויה הוא בבחי' כלי לאור כידוע שאינו אלא בז"א ואו"א שהן מבחי' נר"נ בסדר ההשתלשלות כו' וד"ל· ובכ"ז יובן פי' כי אני הוי"ה אלהיכ' דיש להבין לכאורה מהו שאומר אני במשמעו' ענין שהוא הידוע כאדם הידוע אומר לחבירו אני צויתי בכך כו' ובאמת אינו ידוע בהשגה כלל מהארת הא"ס בעצמו רק כאשר בא בבחי' השתלשלו' האורו' בכלים שיקרא בשם הויה ואדני כי אז הוא בבחי' השגה כמו הנה אשתמודע אדון על כולא כו'· אך הענין הוא דכך אומר אני מי שאני דלא אשתמודעי כלל באבי"ע כו' והוא בחי' אין דכתר עליון שנאמר אני ראשון ואני אחרון פי' בהשוואה אחת לפני האצי' ולאחר האצי' כו' אך אני הוא אשר נקראתי בשם הויה בהמשכות האורות בכלים ע"י מצותים רבים כידוע ואין זה אלא מסיבת מעשה המצות במה שעשיתם את כל מצותי כו' והוא ענין הנ"ל בהמשכות ריבוי האו' בנאצלים כי רמ"ח פקודין רמ"ח איברים דמלכא כו' וד"ל· ועתה יובן סדר הפסוקים וראיתם את התכלת המברר ברורים במצות המלך שום תשים עליך מלך בבחי' יראה תתאה וזכרתם את כל מצות הוי"ה דתורה שהיא בז"א מימינו אש דת למו באש שחור' ע"ג אש לבנה כדוגמת התכלת ע"ג הלבן כו' ואח"כ מפני שנעוץ סופן בתחלתן תזכרו זכירה שניה לעשות את כל מצוותי מהארת הא"ס בעצמו בנאצלי' כנ"ל שאינו אלא ע"י שמחה וטוב לב דוקא כי אחר שביער וכלה את הרע דאתם זונים ע"י התכלת כמ"ש ולא תתורו כו' מפני עולם הביטול דזלע"ז כו' ולפי גודל הביטול כן ידחה הזנות כו' אז יגיע לעבוד בשמחה ותענוג דהיינו להוסיף ולהרבות את האור בבחי' האצילו' עצמו שאין שם בירורים דעה"ד טו"ר כו'· והן ענין ג' החוטין הלבנים דהוא בחי' חג"ת פני אריה פני שור פני נשר כו' וידוע דהמרכבה דפני אריה כו' הוא עד רום המעלו'· שהרי גם בא"א וע"י בחי' חג"ת שלהם יקרא מרכבה לגבי מלכות דא"ס שנקרא רוכב על הכסא ופני אדם שבמרכב' שבא"ח אדמה לעליון לאדם העליון הרוכב כו' וזהו בחי' הלבן שבציצית דלבושיה כתלג חיוור כו' וד"ל· ושורש ענין התורה בפנימית וחיצונית כו' היינו כמ"ש בע"ח דפנימיו' אבא הוא לעולם פנימיות ע"י כו' והיינו הנסתרות לה' אלהינו שארוכה מארץ מדה בבחי' א"ס ממש מפני דפנימית יסוד אבא יש בו מבחי' פנימיות ע"י שבו הארת עצמיות הא"ס מסתיי' והוא למעלה מבחי' כלים כלל כנ"ל התורה כבר נתנה לשיעורים וגבולים כמ"ש מימינו אש דת כו' כמו הציצית בד' חוטין דווקא ולא יותר ושיהיו שזורי' ויקשרו ויכפלו אותם בבחי' האחדו' וההתכללות דווקא כו' וע"כ התור' נקרא נובלת חכמה של מעלה כי בחי' חיצוניות יסוד אבא הוא במדידות השפע כו' משא"כ בחי' הפנימיות דיסוד אבא לא נמדד לשיעורים וגבולים כלל מפני הארת א"ס כו'· וזהו הנסתרות שהוא פנימיות התורה שהוא בבחינת פנימיות יסוד אבא לה' אלקינו שבעצמות א"ס שלמעלה מגדר כלים כו' אבל הנגלות הוא נובלות שפע חיצוניות דיסוד כו' והוא לנו ולבנינו המה בחי' זו"ן בהמשכות אורות בכלי' מכלים שונים כו' והיינו הטעם ששפע ג' העולמות דבי"ע הוא רק מחיצוניו' התורה שבאה לשיעורים כו' וד"ל· ושורש ענין ישאהו על אברתו כו' על דווקא כי' לפי שקו האמצעי הוא דת"ת עולה עד הכתר ובכתר מאיר מבחי' הארת הא"ס ממש משא"כ הקווין חח"ן מימין כו' שאינם עולים עד הכתר כמ"ש בפרדס ולזה הטעם ע"י הרחמי' שבבחי' ת"ת כידוע מבריח מן הקצה לקצה העליון שהוא בחי' כתר ושם הארת א"ס ממש ולכך כתיב ואביא אתכם אלי דווקא למעלה מעלה בבחי' עצמיות אור א"ס כנ"ל וד"ל :

נר **דיני תפילין** מצוה

אחר שלבש הט"ג יניח תפילין כדי שיהיו עליו לפחות בשעת ק"ש ותפלה ויכוין בהנחתם שצונו הקב"ה לכתוב ד' פרשיות אלו שיש בהם יחוד שמו ויציאת מצרים כדי שנזכור נסים ונפלאות שעשה עמנו שהם מורים על יחודו ואשר לו הכח והממשלה לעשות בעליונים ובתחתונים כרצונו וצונו להניחן על הזרוע כנגד הלב ועל הראש כנגד המוח כדי שנשעבד

שנשעבד הנשמה שהיא במוח וגם תאוות ומחשבות לבנו לעבודתו ית׳ שע״י הנחת תפילין יזכור את הבורא וימעיט הנאותיו :

יש נוהגין להניח תפלה של יד מיושב מטעם שמבואר בזהר ומברכין ג״כ מיושב :

מקום הנחת תפילין של יד ביד שמאלו בגובה הבשר שבפרק שבין המרפק (שקורין עליינבויגי״ן) להכתף וזה המקום נקרא קיבורת ולא יניחנה למעלה מחצי הפרק ולא למטה בתחתיתו ממש למטה מן הקיבורת שנאמר ושמתם את דברי אלה על לבבכם צריכה שתהא שימה כנגד הלב וזהו קיבורת שהוא מכוון ממש כנגד הלב ולכן צריך שיטה את התפלה של יד לצד הגוף מעט בענין שכשיכוף את זרועו למטה תהא התש״י מכוונת נגד לבו ממש · יזהר שלא יהיה דבר חוצץ בין התפילין לבשרו :

אסור להסיח דעתו מהתפילין כל זמן שהן עליו והיינו נקרא היסח הדעת אלא כשעומד בקלות ראש או שחוק ושיחה בטלה שהרי זה מפיר יראה אבל אם מתעסק בצרכיו ויראת ה׳ היא תקועה בלבו להזהר מכל חטא ועון בעסקיו שלא למרות עיני כבודו ח״ו לא נקרא היסח הדעת אע״פ שאין דעתו ממש על התפילין ולכן מצות תפילין להיות לבוש בהן כל היום כולו וחייב אדם למשמש בתפילין בכל פעם שנזכר מהם שע״י יהא נזכר על האזכרות שבהם ויזכור את ה׳ לשעבד לו הלב והמוח ולא לבא לידי היסח הדעת גמור שהוא קלות ראש ושיחה בטילה אך מצוה מן המובחר שלא להסיח דעתו כלל מהן ולמשמש בהן בכל עת גם בעוד שדעתו עליהן בכדי שלא יבא לידי היסח הדעת כלל וכלל זולת כשעוסק בתורה ובתפלת י״ח שאז אין בהם משום היסח הדעת ואעפ״כ בכל פעם שנזכר מהן ימשמש בהן:

ואחר הנחת התפלה של יד על הקבורת קודם שמהדקה יברך

בָּרוּךְ אַתָּה יְהֹוָה אֱלֹהֵינוּ מֶלֶךְ הָעוֹלָם אֲשֶׁר קִדְּשָׁנוּ בְּמִצְוֹתָיו וְצִוָּנוּ לְהָנִיחַ תְּפִלִּין :

ויכוין לפטור גם את של ראש ואח״כ יהדק הרצועה בתוך הקשר כדי לקיים מצות וקשרתם לאות על ידך שהיא מצות ההידוק על היד עצמו בקשר זה שהרי הידוק זה על היד נעשה עם הקשר · ויזהר שלא יזח הקשר של יו״ד מן התפלה של יד ורשאי לכרוך הרצועה סביב התיתורא כדי להזקה על היד אבל לא סביב הקציצה (ויש טורכין ב״פ סביב התיתורא בכדי שיהיה כמין שי״ן עם הרצועה המהדקת את התפלה על היד) ואח״כ עושין ז׳ כריכות על פרק הזרוע המחובר אל היד · ואח״כ יניח את של ראש בגובה הראש ויזהר שיהא באמצע רוחב הראש ממש שהרי אמרו קדש והיה כי יביאך מימין ושמע והיה אם שמוע משמאל ובתפילין דרש״י שהפרשיות כסדרן אין בין ימין לשמאל אלא משהו דהיינו החריץ שבין והיה כי יביאך לשמע ע״כ צריך ליזהר בזה מאד · וגם צריך להשגיח ולראות בהריצים שבין הבתים אם נדבקו מעט בדבק בשוגג הסופר יזהר להפרידם בנחת ברא״ש סכין דקה וחדה שיהיו נפרדים בין בית לבית עד למטה ממש ולכן מעבירין גיד התפירה בין בית לבית למטה ממש בכדי להבדילם בטוב ושלא יתדבקו כדאיתא בגמרא ופוסקים הובאו בב״י ובכאריז״ל · וצריך שיהיה הקשר של תש״ר מאחורי הראש בגובה העורף באמצעו נראה כעין ד׳ נגד חוץ שהיא לעין הרואה מלאחריו כעין ד׳ נכתיבתו :

ואם שח בין תפלה לתפלה יברך על של ראש :

בָּרוּךְ אַתָּה יְהֹוָה אֱלֹהֵינוּ מֶלֶךְ הָעוֹלָם אֲשֶׁר קִדְּשָׁנוּ בְּמִצְוֹתָיו וְצִוָּנוּ עַל מִצְוַת תְּפִלִּין :

בד״א כשדבר בענינים שאינן לצורך תפילין אבל אם הפסיק בענינים שהם נצרכים לו להנחת תפילין א״צ לחזור ולברך על של ראש ולכתחלה אין להפסיק כלל אלא א״כ א״א בענין אחר ולכרוך הרצועה סביב הזרוע לא הוי הפסק כלל שזהו מענין המצוה עצמה אבל בענינים אחרים אפי׳ הפסיק בדברי קדושה הוי הפסק· אעפ״כ אם שמע קדיש או ברכו או קדושה בין תש״י לתש״ר מותר להפסיק ולענות עם הצבור ואע״פ שגורם ברכה אחרת על ש״ר ואסור לגרום ברכה שאינה צריכה לפי שי״א שמברכין לעולם על של ראש על מצות תפילין אף אם לא שח בינתיים ואף שאין לנהוג כן לכתחלה דספק ברכות להקל מ״מ לענין איסור גרם ברכה שא״צ כדאי הם לסמוך עליהם שלא לבטל מעניית דבר שבקדושה :

אחר שהניח תפ״ר יכרוך ג׳ כריכות על אצבע האמצעי בתחלה כריכה א׳ על פרק האמצעי ואח״כ ב׳ כריכות על פרק התחתון· (ומורך המותר על כף היד) ובסוף הכריכות יקשור :

כל אשר נגע יראת ה׳ בלבו יניח תפילין דר״ת בלא ברכ׳ אחר התפל׳ בביתו וללמוד בהן שעה א׳ אם חושש להניחן בבהכנ״ד מפני היוהרא או מפני שנוח לו יותר ללמוד בביתו ולא יפסיק בשום שיחה כלל בין תש״י לתש״ר אף שאינו מברך עליהן אבל מפסיק לענות אמן ואנ״ל לקדושה וברכו ואיש״ר כו׳ וכן המניח תפילין בחול המועד בלא ברכה :

אין להניח תפילין אחר תחלת השקיעה ואם היו עליו מקודם א״צ לחלצן כ״א בערב שבת ובעי״ט שצריך לחלצן לפני השקיעה וזמן מנה קודם שמדליקין הנרות בערב שבת :

המהלך במבואות המטונפות או במבואות שיש שם חזירים ותפילין בראשו כגון ההולך מביתו לביהכ״נ כשהוא לבוש בתפילין או שמתפלל בדרך בהליכתו או בנסיעתו בין כפרים שיש שם חזירים ואין העגלה גבוה י״ט כגון עגלות של חורף צריך לכסות התפילין שלא יראו החולה מגולים וכן לענין התפלה שצריך להפסיק בתפלתו שלא להוציא דבור מפיו כשרואה חזירים מלפניו כמלא עיניו· ונדדין שלפניו כלפניו דוני׳ ואפי׳ אם מעצים עיניו אינו מועיל אם אין העגלה גבוה י״ט ואין מכסה על העגלה אבל אם יש מכסה אפי׳ פתוח מלפניו יכול להפוך פניו לצד המכסה · וה״ה אם צואה בבית לענין תפלה ותפילין וכן הדין לענין שאר ספרים שאם יש צואה בבית אסור להניח הספרים מגולים אא״כ מונחים על שלחן או דף שגבוה י׳ טפחים מן הקרקע אבל בפחות מי״ט צריך לכסותם :

מי שאין לו תפילין והצבור מתפללין מוטב שיתעכב אחר תפלת הצבור לשאול לו תפילין מחבירו כדי שיקרא ק״ש ויתפלל בתפילין ממה שיתפלל עם הצבור בלא תפילין· אבל מי שמתירא שמא יעבור זמן ק״ש עד שימצא תפילין קורא ק״ש בלא תפילין · ואם מתירא שמא יעבור גם זמן תפלה מתפלל ג״כ וכשיבואו תפילין לידו אח״כ יניחן במנחה או יניחן באמצע היום ויאמר בהן איזה מזמור · ואם באו לידו בין ק״ש לתפלה אפי׳ באמצע הפרק יכול לברך עליהן אבל לא בין גאולה לתפלה אלא לובשן בלא ברכה :

תגא

זהר פ׳ ואתחנן דף רסב ע״א

תנא ברזא עילאה בספרא דצניעותא תלת חללין דאהוון רשימין אתגליין בה בגולגלת׳ דז״א ותנינן תלת מוחין אינון דסתימין באינון חללין:

פי׳ ג׳ חללים עד״מ באדם התחתון הנה ידוע דיש בראשו ג׳ חללים ממש ובתוך כל חלל וחלל יש מוח גשמי המונח בתוך החלל כדבר המונח בקופסא · והנה המוח עצמו אעפ״י שהוא בחי׳ גשמיות מ״מ הוא כלי לאור השכל השורה עליו בתמידות כמו שיאיר אור הראי׳ בכלי העין אבל החלל שבו מונח המוח איננו גם בחי׳ כלי כלל לאור השכל אלא שהוא בחי׳ היכל בלבד להיות המוח מונח בו ואינו שייך כלל למהות השכל אבל נ״מ יש תועלת מהחלל בזה שהמוח מונח בו שיוכל האור לשכון בכלי המוח (וה״ז כמו שמונח אור השכל בכלי תוך כלי והחלל הוא הכלי החיצון שמקיף לכלי הפנימי כו׳) וכך יובן בדוגמא דדוגמא בבחי׳ מוחין העליונים דז״א דאצי׳ שנק׳ אדם דאצי׳ ואעפ״י שאין לו גוף ולא דמות הגוף כו׳ אבל כיון שנא׳ נעשה אדם בצלמנו כדמותנו הרי יכולים להביאם בדרך דוגמא עכ״פ · והענין הוא דבחינת אורות להמוחין דז״א עצמם שנמשכי׳ לו מאו״א הם עד״מ כמו בחי׳ אור השכל שבמוח שהוא בחי׳ רוחניו׳ והמוחין עצמם הם בחי׳ הכלי שלהם דוגמת גשם המוח באדם כו׳ והחללים המה בחי׳ ג׳ חללי גולגלתא דז״א הם בחי׳ כלים החיצונים להיות המוחין דז״א מונחים בהם כו׳ · והענין הזה יובן בתפילין דמארי עלמא שהן בחי׳ מוחין דז״א שמדבר כאן במאמר זה שהוא דוגמת התפילין שלנו שהוא ג״כ בג׳ מדריגות הנ״ל אורות וכלים פנימי׳ וכלים חיצונים · דהנה בחינת האורות הוא בחי׳ אור החכמה המאיר באותיות דפ׳ קדש כידוע דפ׳ קדש והיה כי יביאך הן בחינת חו״ב שבתפילין ופ׳ שמע והיה אם שמוע הן בחי׳ חו״ג ואור הבינה מאירה באותיות דפ׳ והיה כי יביאך שהרי באותיות הללו מלובש וגנוז אורו׳ דחו״ב ממש · אמנם האותיו׳ הללו דפ׳ קדש ופ׳ והיה עצמם הם בחי׳ כלים לפי שהם בחי׳ דומם בקלף ודיו גשמיות ה״ז כמו שבחי׳ המוחין הגשמיים הם בחי׳ כלים לקבל אור השכל השורה עליהם כנ״ל כך האותיות דפ׳ קדש הם בחי׳ כלים להיו׳ אור החכמה מלובש בהם ממש הגם שמצד עצמם הם רק בחי׳ דומם וכו׳ אבל בחי׳ הבתים שהפרשיו׳ מונחים בהם הרי אין להם שייכות כלל עם אורות דחו״ב שמלובשים בפרשיות אלא הם רק כמו בחינת היכל להיות הפרשיות מונחי׳ בהם וה״ז כמו ג׳ החללי׳ גשמיים שבגלגלתא שהמוחין מונחים בהם וד״ל · וכך מובן למשכיל בתפילין דמארי עלמא דהיינו בחי׳ תפילין דז״א המונחים בתלת חללי גולגלתא כו׳ דאורות דאו״א כמו שמאירי׳ בפרשיו׳ למטה כך הוא למעלה · וז״ש כאן דאתוון רשימין אתגליין בה פי׳ אתוון הן בחי׳ אותיות הפרשיות שבתפילין דמארי עלמא שהן כדוגמת המוחין עצמן שמקבלי׳ בתוכם הארת השכל כנ״ל ונק׳ אתוון רשימן להיותם באים בבחי׳ הגשמ׳ ובבחינת הגבלה באותיות ממש כו׳ משא״כ אורות דאו״א עצמם המה נבדלים מערך הגשמה והגבלה זו כו׳ · וז״ש דאתוון רשימין אתגליין בה מבחינת ההעלם לגילוי אותיות כו׳ · ופי׳ ג׳ חללי היינו בחי׳ כלים היותר חיצוני׳ והם הבתים דתפילין שהפרשיו׳ מונחים בהם ואותיות הפרשיות נעשו בהם כערך אור לגבי כלי כו׳ וזהו פי׳ תלת חללי דאתוון רשימין אתגליין בה בגלגלתא דז״א וד״ל · ומה שחזר והזכיר עוד לומר בגלגלתא דז״א הגם שכבר ביאר בפרט ג׳ חללי׳ כו׳ · הענין הוא משום שיש בז״א ג׳ מדרגו׳ עיבור יניקה ומוחין כידוע בבחי׳ עיבור הוא רק תלת גו תלת כו׳ וביניקה מתגדלים המדות להיות ז׳ מדות כל א׳ כלולה מז׳ והוא ענין הספירה שבעה שבועות תספר לך כו׳ ובימי הגדלות ניתוסף בחי׳ חב״ד בכל מדה ואז נקרא כבן שבעים שנה כמ״ש ראב״ע הרי אני כבן שבעים שנה כו׳ · והוא להיות כי כל מדה מאיר בה מבחי׳ מוחין דאו״א בצלם בצ׳ דצלם מאיר בחי׳ נה״י דאבא כו׳ כמ״ש בשער הצלם והוא הנקרא מוחין דגדלות כידוע · וביאור הדברי׳ הנה מבשרי אחזה כו׳ דהנה ידוע שיש ב׳ מדריגות בשכל הא׳ מוח החכמה להשכיל כל שכל ומדו׳ בכלל ולא בשביל איזה מציאות טעם דבר מה במדות אבל הטעם והשכל למדות הוא מדריגה השנית בשכל והוא מדריגה נמוכה ממהות כח השכל עצמו כידוע · והנה זה השכל הוא המאיר במדות ומגדל אותם מעט מעט בימי היניקה של התינוק שמדותיו מתפשטים עפ״י השכל שמאיר בהם ואז נעשים כלולי׳ מז׳ כמו חסד שבחסד וגבו׳ שבחסד כו׳ אמנם הארה זו של השכל עדיין בהעלם בימי היניקה דהיינו בחי׳ חב״ד של כל מדה הוא בהעלם בתינוק רק בחי׳ הארה בעלמא מן המוחין מאיר במדות להגדילם והוא ע״י היניקה דחלב כו׳ אך בימי הגדלה הוא שנתגלה בחי׳ חב״ד של כל מדה כנרא׳ בחוש שהתינוק בהיותו כמו בן ד׳ וה׳ שנים כו׳ שמדותיו מתנהגים עפ״י גילוי השכל ממש דהיינו שמוצא טעם ודעת לכל דבר אשר יחפוץ בלבו ואם לא יחייבנו השכל והטעם לא יחפוץ בדבר כלל כו׳ ואז המדות כלולים מי׳ ונקרא כבן שבעים ולא בן שבעים ממש לפי שהארת השכל מתגלה במדות הרי יש בחי׳ חב״ד בכל מדה וכל מדה כלולה מי׳ שמספרם ע׳ · אך עדיין זהו הכל בבחי׳ השכל השייך למדות ע״ד דוגמא ההתפעלו׳ בעבודת ה׳ אשר באה מצד ההתבוננו׳ הנה התבוננות זו אינה אלא מקור להתפעלות בלבד דמאחר שמתבונן עד שמתפעל מן ההתבוננות הרי ההתבוננות מלובשת בהתפעלות ממש אבל

ההתבוננות

ההתבוננות הזאת כינו שהיא מלד עלמה גם מבלתי יתפעל ונונה כלל הרי הוא ענין השג' אלקות מלד אלקות עלמו ובחי' אלקות הוא ממש שהוא במדרגה העליונה למעלה הרבה מבחינת ההתבוננו' שמלובשת בהתפעלו' הלב מזאת ההשגה כו' והרי עד"ז הם כל רזין וסודות התורה הכתובי' בתורה שאין נוגעים כלל לענין בחי' התפעלות אהבה אלא הם רק השגות גבוהות ועמוקו' באא"ס כו' · וא"כ יובן מכל זה הדוגמא בבחי' ז"א למעלה שיש בו ג' מדרגות הללו במוחין שבמדותיו הא' בחי' מוחין דקטנות דיניקה שהוא כלול רק מז' כו' והוא שבחי' חב"ד מאיר בהעלם בלבד והב' בחי' מוחין דגדלות בהתחלתו שהוא בחינת גילוי שכל במדות להתפעל כל מדה דווקא עפ"י השכל כו' והג' בחי' שלימות המוחין דגדלות כמו בהיותו בן שבעי' ממש והוא שיאיר בו מבחי' או"א ממש דהיינו הארת השכל והתבוננות מלד עלם השכל ולא אור השכל ששייך להתפעלו' המדו' בלבד עד"ת מהשגת הסודו' כו' · אך גם בחינה זו השלישית עדיין אין לה ערך לבחי' מוחין דאו"א עלמם כמו שהם שהרי גם הארה זו שמאיר ממוחין דאו"א בז"א בשלימות הגדלות אינה אלא הארה המלובשת בז"א בלבד עד"ת האדם שלבו מלא חכמה ושכל מהארת והמשכת המוחין שבראשו כו' שאין לו ערך עם עלם כח השכל שבמוחו שמשכיל כל השכלות כו' וד"ל · ובכל זה יובן לשון המאמר ג' חללי כו' בגולגלתא דז"א · פי' אעפ"י שכבר נשלמו הגדלת המדות דז"א במוחין דגדלות להיות כל א' כלול מי' וגם בשלימות היותר גדול שמאיר בו מבחינת המוחין דאו"א עלמן כמו בהיותו בן ע' שנה ממש עד"ת הנ"ל: עכ"ז אין זה רק בבחי' ז"א ונקרא גולגלתא דז"א והיינו שסיים ותיקן ג' מוחי אינון דסתימי באינון ג' חללין דהיינו מאורות דאו"א שאינם שייכים כלל להתפעלות כנ"ל · וע"כ הוא נקרא מוח סתום · ואמנם ג' מדרגות הנ"ל נגדלים בז"א מג' פרקין דנה"י דאבא כו' ודרך כלל מפרק עליון נגדל בחי' חב"ד ומפרק אמלעי נגדל בחי' המוחין שהם האותיו' כנ"ל · ומפרק התחתון נגדל החלל · נמצא הג' חללין שרשן מבחי' נה"י דאבא בכללות · והאמון דרשימין מבחי' תג"ת דאבא' והאורו' מבחי' חב"ד דאבא: והיינו ענין פ' קדש דאור אבא ממש מלובש בה וד"ל:

ומשירותא וממשיכותא דמוחא עילאה סתימאה דעתיקא קדישא דאתמשך בההוא ז"א אשתכחו ד' מוחי בההוא ז"א ואלין ד' מוחין משתכחין ומתפשטין בכלא:

פי' בחי' מוח הדעת שבז"א הוא הכולל חו"ג וידוע דפ' קדש והיה כי יביאך הן חו"ב ופ' שמע והיה א"ש הן חו"ג מפני שהדעת הוא המתחלק להחו"ג ונעשים ד' מוחין · ואמנם בתחילה אין בז"א רק ג' מוחין חב"ד וסיבת ההתחלקות מן הדעת לחו"ג הוא בא מבחי' קולי דשערי שנמשך מבחי' מ"ס דא"א ומכה באחורי מוח הדעת דז"א ומתחלק לב' מוחין חו"ג כו' וזהו מ"ש כאן דמשירותא וממשיכותא דמ"ס כו' אשתכחו ד' מוחי בההוא ז"א כו' וד"ל · ולהבין ביאור הדברים הנה עד"מ באדם התחתון שאנו רואי' בחוש שכל השפעת שכל שמשפיע האדם לזולתו ימצא בה תוספת דברים פרטי' יותר מה שלא היה נמצא בהיות עדיין השפעה זו במוח המשפיע כי היתה כלולה בקולר דברים בלתי פירוד ופיזור לחלקים רבים · והנה אנו רואים שיש אדם שיוכל להשפיע שכל וסברא לזולתו הקטן ממנו להלביש השכל בכמה לבושים שונים כמו משלים וחידות עד שיסביר לו אור אותו השכל על בוריו · ויש אדם שלא יוכל להשפיע אותו השכל שהוא משיג אע"פ שמשיגו בכי טוב על בוריו אך להלביש הדברי' לזולתו לא יוכל · ולאמר לו הדברים כמו שהן במוחו לא יבין המקבל כו' · והטעם הוא ידוע שזה תלוי בעומק המושג שבאותו השכל שמי שיש לו עומק גדול בהשגה זו יוכל להוריד ולהשפיל בחלקים רבים אותו השכל כמו בלבושים דמשלים הרבה וכיוצא · ומי שאין לו עומק כלל בהשג' שכל זה אלא רק שמשיגו כמו שהוא לא נתפס אצלו רק בדברי' כהויתן ע"כ הגם שמבין לעצמו היטב אבל מפני שנתפס אצלו השכל בקיצור דברים בלתי ימצא בו חלקים רבים כלל אלא רק הדברים כמו שהן ע"כ לא יוכל להוריד ולהלביש הדברים לזולתו בחלקים רבים וצירופים שונים כו' · נמצא מובן לפי"ז שסבת הריבוי של ההתחלקות בדבר שפע השכל בא רק מצד בחינת עומק המושג שהוא בא מבחינת כח המוליד כל ההשכלו' מצד זה השכל שמשפיע כו' והוא הנקרא משכיל והיינו כל מי שהוא חכם ביותר בעמקות השכל יוכל להשפיע גם לתינוק קטן וכל מי שאינו חכם בעומק ההשכלו' לא יוכל להשפיע ולחלק השפע לחלקים רבים מפני שנתפס אצלו בקיצור דהיינו בבחי' התכללו' ולא דרך פרטות כו' וד"ל · והדוגמא מזה יובן למעלה ג"כ דמבחי' מ"ס דא"א שהוא כמו כח המשכיל באדם למטה שמשיג כל עומק אשר בשכל כידוע נמשך ההארה בבחי' הדעת דז"א שהוא דעת המתפשט במדו' אבל בתחיל' עדיין הוא כוללם יחד חו"ג בבלתי התחלקו' כלל וכלל מפני שלא יכול להביא לידי גילוי התחלקות פרטיו' כלל מפני מיעוט אור ההשגה של דעת דז"א שהוא מקבל רק בבחי' קטנו' ההארה מאורו' דאו"א כנ"ל · אך כאשר נמשך בו ההאר' מלמעלה מעלה דהיינו ממ"ס דא"א ע"י הכאת קולי דשערי כו' אזי נחלק הדעת לב' מוחין פרטיין חו"ג והוא הטיית השכל לזכות מטה כלפי חסד או מטה כלפי דין אבל בלתי הארת קולי דשערי בדעת לא היה נחלק לב' מוחין אלא היה כוללם יחד כמשל מי שתופס את הדברים כמו שהן בקולר ובהתכללות בלתי ימצא בו פרטי התחלקות כלל אבל ע"י הכאת קולי דשערי בדעת מתחלק לב' מוחין וב' המוחין

מתחלקין עוד עדיין לל"ב שבילין כו' וכ"ז סיבת הארת משיכותא דאתמשך מת"ס דעתיקא דווק' כמבואר ממשל הנ"ל וזהו דאשתכחו ד' מוחין בההוא ז"א משירותא ומשיכותא דת"ס דע"ק דאתמשך בההוא ז"א וד"ל :

ואלין ד' מוחין משתכחין ומתפשטין בכלא · פי' משום דלפי ערך עומק המשיג כך הוא יכול להשיג ולירד ולהתפשט ע"י למט' מטה כמבואר ממשל הנו' וכך בחי' המוחין שברהם להיותם ברום המעלות מכל הכוחות ע"כ ביכולתם לירד עד סוף כל המדריגות והוא מה שאנו רואים שהמוח ירגיש כל האברים עד עקבי הרגל והוא מפני העורקים שמתפשטי' מן מוח הדעת שברהם דווקא עד עקבי הרגליים כמ"ש בספרי הרפואה ומה שיש בכח מוח הדעת להתפשט בעורקי' עד למטה מטה כ"כ הוא מפני שמקבל מבחי' ח"ס הנו' שמחלק אותו לב' מוחין ונעשין ד' מוחין ע"כ יכוליה הד' מוחין להתפשט עוד ע"י הדעת עד למטה מטה בכל האברים כו' וכמובן מתוך משל הנו' דכל מי שהוא משיג עומק הדבר יוכל להשפיל הדבר ולחלקם ברבבות מדריגו' חלקים עד שגם התינוק קטן יבין כי להיות יודע ביותר תוכן נקודה הפנימיות ימצא אופן לבושים רבים ביותר כו' · והנה סיבת הרגשת הדעת כללות כל האברים יחד ברגע א' הרי מובן מפני שהוא הכוללם יחד בתחל' ומתפשט בהם אח"כ כו' · והדוגמ' מזה מובן למעל' באינון ד' מוחין דז"א שהם מתפשטין גם בכל פרטי האורות וכלים דאצילות עד למטה מטה דהיינו גם בסוף כל דרגין דאצילות שנקרא נה"י דנה"י כו' וההרגשה להיותו כוללם יחד ג"כ בבחי' מוח הדעת דז"א הוא מטעם המבואר במשל הנ"ל וז"ש כאן ואלין ד' מוחין משתכחין ומתפשטין בכלא עד סוף האצילו' והכל ע"י מוח הדעת דוקא מטעם הנ"ל וד"ל:

ואינון ד' ריהטי דארבע בתי דתפילין דאנח קב"ה דבעי ב"נ לאנחא בכל יומא בגין דאינון שמא קדישא עילאה באתווי רשימן דכתיב וראו כל עמי הארץ כי שם ה' נקרא עליך ותנן שם ה' ממש :

פי' ד' ריהטי מלשון להשקות את הצאן ברהטים שהם כלים חיצונים לקבלת המים בהם· כך הבתי' דתפילין הם רק בחי' כלים חיצוני' להנחת הפרשיות בהן· והן הנק' ג' חללין דאתוון רשימין אתגליין בהו כמ"ש בתחלת המאמר וכמבואר ענינו למעלה וד"ל· ומ"ש דד' ריהטי כו' דאנח קב"ה · הוא כמאמר חז"ל מנין שהקב"ה מניח תפילין כו' · והענין הוא דפי' קב"ה הוא בחי' ז"א דאצילות שנקרא קודשא בריך הוא שנקרא קדוש וגם ברוך וזהו קב"ה מטעם דלגבי בחי' השתלשלות העולמו' דבי"ע נקרא קדוש ומובדל להיותו בחי' סוכ"ע כידוע ולגבי אורות דאו"א וא"א וע"י כו' נקרא ברוך כלומר שמקבל מהם הברכה והמשכה בתוס' אורות ומוחין מפני שנקרא לגבי בחי' שלמעלה הימנו בחי' מקבל בלבד כו' ואמנם ע"י הנחת תפילין בד' רהיטי דד' בתים הוא מקבל בחי' תוספ' המוחין מבחי' מקיפי' דאו"א מה שלא היה ביכולתו לקבל מצד עצמות המוחין שלו כמו שבאדם התחתון ע"י הנחת תפילין שם הוי' דז"א נקרא עליו עכ"פ בבחינת מקיף וכו' וכמ"ש במ"א בענין בליעת· התפילין כך למעלה באדם העליון שעל הכסא ע"י בחי' הנחת תפילין שנקרא תפילין דמארי עלמא נמשך במוחין דז"א תוס' ברכה בבחי' העלם אור מקיף ששורה בד' בתים שהן ד' רהיטי לפי שהבתי' דווקא גורמים המשכות אורות מקיפי' כידוע וז"ש ד' רהיטי דד' בתי דתפילין דאנח קוב"ה בכל יומא כו' וד"ל : בגין דאינון שמא קדישא עילא' באתווי רשימין פי' בא לתרץ קושיא א' למה צריך להמשכת ברכה מאו"א דהלא ז"א מקבל בכל יום הארת מוחין מאו"א כידוע לזה תירץ דהמוחין דאו"א שמלובשים בד' פרשיות אינון שמא קדישא עילאה באתווי רשימין · דהנה בחי' שם הוי"ה עצמו מובדל משאר השמות כמו שם אלהים ושם צבאות או שדי וכיוצא בהם · שהוא בחי' הפנימית ביותר וכולל הכל וכמאמר שם מ"ה מלגאו דאיהו אורח אצילות כו' וכמ"ש במ"א שהוא בחינת כח המרגיש באדם כו' שמרגיש כל כחות נפשו המלובשי' בכל האיברי' כאחד וכוללם יחד בהרגש' זו משא"כ כל אבר אינו מרגיש אלא אור החיות המלובש בו בלבד כו' וכך ע"י בחי' הדעת הרי מרגיש כללו' הכל כא' בסקיר' אחת כנ"ל והוא מפני שמקבל מת"ס דא"א והיינו ההפרש שבין הוי"ה לשאר השמות דשאר השמות כאו"א הוא בחי' כלי מרגיש באור המיוחד אליו לבד שם אלהים לאור הגבורה כו' ועד"ז פרטי השמות הכל בבחי' כלי' מיוחדי' המה לבחי' אורות מיוחדי' כידוע משא"כ שם הוי"ה הוא בחי' אור כללי שכולל הכל כא' וכמ"ש דאיהו אורח אצילו' לפי שהוא מקבל מבחי' היחידה שבכתר הכולל לכל כאחת כו'· ובזה מובן התירוץ שאמר בגין דאינון שמא קדישא עילא' פי' ממו"ס דא"א שמחלק לד' מוחין באתוין רשימין בפרשיות שבתפילין כו' וע"כ אמר בהם כי שם ה' נקרא עליך שם הוי"ה ממש מבחי' הפנימית ביותר הכולל הכל כא' כנ"ל ובזה ממילא מתורץ הקושיא למה אנח תפילין בכל יומא בכדי להמשיך בדעתו בחינת שמא קדישא עילאה שהוא בהנחת תפילין דווקא ולא בזולת זה וד"ל :

ואלין תפלין דרישא מוחא עילאה דאתמשיך במוחא תתאה אקרון תרין מוחי ואינון דכתיב חכמות בחוץ תרונה ומתפרשן בחד :

פי' מוחא עילאה הוא בחי' חכמה שבכתר ומוחא תתאה הוא בחי' חכמ' דז"א ואמנם יש להבין בכוונת מאמר זה למה דווקא כאשר נמשך מוחא עילאה במוחא תתאה אז נקראים

חכמות

חכמות שני חכמות כמבואר מתוך דברי המאמר והלא
גם כאשר עדיין לא נמשך ח"ס בז"א הרי הם שני מיני
חכמות א' חכמה שבכתר והב' חכמה דז"א כו' · אך הענין
הוא משום דחכמה שבכתר הוא הכולל מבחי' אחרונה
שבעצמו' המאציל והוא מבחי' כתר שבכתר וגם הוא שרש
וראש לנאצלים ולפעמים כאשר יאיר למטה הוא נמנה בכלל
הנאצלים וכאשר לא יאיר למטה ונכלל בבחינת כתר שבכתר
אינו נמנה כלל בכלל האצילות גם מהיות להם לראש ושרש
כו' כידוע · והטעם הוא ידוע לפי שאין ערך כלל וכלל בין
האצילות לגבי עצמות המאציל כו' וע"כ כשבחינת ח"ס עולה
ונכלל בבחי' עצמו' המאציל אין לנאצלי' ערך עמו כלל ואז לא
נחשב בשם ח"ס אחר שמעולם לא היה למטה· כמו עד"מ
שיאמרו על השכל אשר האיר בהשת' עומק המושג שהוא
סתום ונעלם שאין זה אלא כאשר אפס קצהו היה מושג לפעמי'
נתגלה גם אותו העומק אך כאשר אין לו גילוי כלל לא נקרא
סתום כי אין לשון סתום מורה רק כשפעמים היה בגילוי ·
ועיקר הענין הוא שכאשר אמרו סתום רק מצד המקבלים שלא
ישיגוהו אזי לפעמים מתגלה להם אבל כשהוא סתום מצד
עצמו הוא בחי' העלם העצמות שלעולם א"א לבא לידי
גילוי וד"ל · וכן יובן למעלה בבחינת חכמה שבכתר שכאשר
נחשב מבחי' עצמות המאציל אז לא נקרא בשם ח"ס שהרי
לעולם אינו בא לידי גילוי ואז אינו נמנה עמה' כלל והאיך
יתכן לקריאת חכמות ב' חכמו' אחר שאינה נחשבת במנין
כו' אבל כאשר בחי' חכמה שבכתר מאיר למטה בנאצלים
אע"פ שלפעמי' יתעלם האור ולפעמי' יגלה האור עכ"פ אקרון
תרין מוחין ושני מוחין הללו נבדלים הם בערך כי ח"ס הוא
בחינת המשפיע לחלק הדעת דז"א לשני מוחין ומוחין דז"א
שנעשין ד' מוחין עי"ז נקרא מוחא תתאה בחי' מקבל· וז"ש
בחון תרונה קאי על ב' המוחין מוחא עילאה ומוחא תתאה
ור"ל שכאשר השפע יוצא לחוץ דווקא היינו בחינת ההמשכה
למטה בפרטות מפני שמתחלקת מאור הדעת לחלקים רבים
כו' זה נקרא חוץ והוא ענין התהוות עולמות רבים מנוק'
דז"א בבי"ע כידוע אז נקרא חכמות דווקא היינו בחי' חכמה
עילאה ומוחא תתאה כי בהתעלם אור ח"ס אין בחינת הדעת
אלא בחי' מוח א' בלבד וד"ל· ומ"ש ומתפרשן בחד כלומ' במקו'
א' הוא שמתחלקין לשנים והוא במוח הדעת שהיה כולל חו"ג
כא' וכאשר האיר בו ח"ס הרי חלקו לשנים וקודם שחלקו
הרי היה כולל בעצמו גם בבחי' מוחא עילאה וגם בבחינת
מוחא תתאה ובמוח הדעת הוא שמתפרשין ומתחלקים להיות
נגלים לשנים וד"ל ועל כן התפשטות דתרין מוחין הללו בכל
האיברים הוא בחד דהיינו ע"י מוח הדעת שהרי הוא דווק'
המרגיש כל ההרגשות כו' וד"ל:

רבי יצחק אמר הוא דכתיב קדש לי כל בכור דהיא
כתרא דכליל ואסתים כל אינון אחרנין · כל בכור
כל בכור סתם לאעלא משיכותא דלעילא סתימא
דכלא ודא אקרי פטר כל רחם פתיחותא דכל
משיכותא ויסודא דלעילא· אמר ר"ש וסתים ביו"ד
רשמא קדישא יו"ד חד ביתא דתפלין דהוא קדש לי
כל בכור סתם מוחא עילאה חכמה חד ביתא :

פי' ר"י בא לפרש פרטיות ענין ד' הפרשיות שבד' בתי' ואמר
דהא דכתיב קדש לי כל בכור קאי בכור זה על ענין אור
החכמ' והוא מ"ש קדש לי כי כל קדש בחכמה כידוע אך הטעם
שנקרא חכמה בשם קדש ובכור דווקא הוא מפרש והולך
דהיא כתרא דכליל ואסתים כל אינון אחרנין פי' כי הבינה
נקר' אם הבנים כידוע והיינו ענין תולדות התהוות המדות
מן השכל ואור הבינה מאיר בכל מדה ומדה בפרט כמו חסד
דאימא מוליד האהב' והוא השכל שנוטה לחסד כו' ואמנם
בבחי' אור אבא שהוא בחי' כ"ח מ"ה המשפיע לבינה מאין
ליש כידוע אינו נקרא מוליד ממש בגילוי כמו אם הבנים
שמוליד הבנים אלא שהוא הכח המוליד והוא כולל כל מה
שמוליד הבינ' עד"מ הטיפה דאב כו'· וז"ש כתרא דכליל ואסתים
בבחי' העלם בעצמו' כל מה שישפיע ויוליד בגלוי מבחי' ז"ת
דאימא כו' וד"ל: כל בכור סתם לאעלא משיכותא דלעילא
כו' · פי' בא לפרש למה אמר כל בכור כי בכור הוא בחי'
אור אבא דאצילו' לפי שהוא ראשית הגילוי מן ההעלם דכתר
וכמו שעד"מ הבכור למטה שהוא יציאת כח הראשון מן
המשפיע כמ"ש ראובן בכורי אתה כחי וראשי' אוני כו' כך
בחי' אור החכמ' יצא ראשונה בבחי' הגילוי מן עצמות המאציל
וכמ"ש ראשית חכמה בראשית ברא כו' וכמו שעד"מ הבכור
כולל בעצמו מכל האורו' שיוצאים מן האב אח"כ באחיו
וע"כ נוטל פי שנים כידוע כך למעלה בחי' חכמה נקרא
כתרא דכליל בעצמות ואסתים כו' כנ"ל וד"ל· אך כשנשכיל
ענין הבכור אין ניכר רק שיצא בבחינת הגילוי הראשון והיינו
בבחי' התולדה שנולד ראשון והוא בכור לאם דוקא כו'
לזאת אמר כל בכור לאעלאה משיכותא דלעילא סתימא דכולא
פי' כל בכור בא לרבות גם בחי' ח"ס דא"א שהוא בבחי'
העלם כנ"ל שגם בו יתכן ענין הבכורה והיא כמו ענין הכח
שיוצא ראשונה במשפיע למטה והוא שנקרא פטר כל רחם· פי'
בחי' מקור כל ראשית הגילוי דחכמה בבינה הוא בחי' ח"ס
דא"א ועד"מ כח היוצא באב ראשונה שנקרא בכור לאב ולאם
משא"כ בכור לאם ולא לאב דהיינו שכבר הוליד האב מאם אחרת
בנים רבים כידוע · וכך חו"ב נקראו אב ואם עד"מ ויציאת
כח זה הראשון בבחי' אור אבא הוא בא מבחינת ח"ס דא"א
שהוא כח המוליד באבא בהעלם הרי גם הוא נק' בכור
כמ"ש ראשית אוני אלא שנק' כל בכור לרבות משיכותא
דלעילא סתימא דכולא דהיינו המשכת אור ח"ס באור אבא
כו'

כו׳ כנ״ל · (ונמצא שלא בבחי׳ הלידה בלבד נק׳ בכור שהוא בכור לאם אלא גם ביציאתו מהעלם דח״ס נקרא בכור והוא בכור לאב) · ועוד יתפרש והוא הסמן יותר דגם על בחי׳ ח״ס עצמו אומר כל בכור לאעלא משיכות׳ דלעיל׳ משום דגם בחי׳ ח״ס נקרא ראשית הגילוי לגבי עצמות המאציל הנעלם בתכלית כו׳ והוא בחי׳ הכתר שבכתר · ואמנם בחי׳ ח״ס עצמה נקרא כל בכור מפני שכולל הכללות של כל בחי׳ גילוי העלם דכתר בחו״ב כו׳ וזהו לאעלא משיכותא דלעילא ר״ל המשכת ח״ס מבחי׳ כתר שבכתר· ודא איקרי פטר כל רחם פתיחותא דכל משיכותא ויסודא דלעילא · פי׳ ח״ס הוא בחי׳ מקור כל היסודות הנפתחים מן ההעלם לגילוי גם בבחי׳ האב המוליד כמו גם בחי׳ יסוד אבא ומכ״ש יסוד אימא ולפיכך בחי׳ פתיחת ח״ס מהעלם דכתר נק׳ פתיחותא דכל משיכותא להיות מקור כל הפתיחות וע״כ הוא מקור כל היסודות וההמשכו׳ גם ביסודות דלעילא והוא בחי׳ יסודות דאו״א כו׳ וזהו פטר כל רחם וד״ל · אמר ר״ש וסתים ביו״ד דשמא קדישא פי׳ ב׳ החכמות הנ״ל מרומזים יחד ביוד דשם הוי׳ עצמו דיו״ד הוא בחי׳ אור החכמה וקוץ״י הוא בחי׳ חכמה שבכתר כידוע וז״ש דסתים בהעל׳ דיו״ד כו׳ ועי״ל דר״ש קאי על מאמר דרבי יצחק דאמ׳ כל בכור לאעלא משיכותא כו׳ שהוא בחי׳ ח״ס ולזה אמר ר״ש וסתים ביו״ד דהיינו בקוצ״י שהוא ג״כ פתח הראשון לגילוי אור כמ״ש פתיחות׳ דכל משיכותא כו׳ וד״ל :

תנינא והיה כי יביאך ה׳ אלהיך א״ר יהודה מוחא דתרעוי נפקין לחמשין תרעין סגיאן ואינון לקבל זימנין סגיאן דכתיב אשר הוצאתיך מארץ מצרים כו׳ ואינון חמשין לקבל חמשין ותנינן בספרא דרב המנונא סבא דאמר תרעין סגיאן דלעילא ותתא תבר קב״ה דהוו סתימין ומתקטרין בשלשליהן בגין לאפקא להו לישראל דהא מאלין תרעין דההוא מוחא מתפתחו ומשתרו כל שאר תרעין ואלמלא דאתערו ואתפתחו אינון תרעין דהאי מוחא לא הוו מתפתחין אינון אחרנין למעבד דינא ולאפקא לון לישראל מן עבדותא :

פי׳ רבי יהודה בא לפרש ביתא תנינא שהוא מוח הבינה כידוע והנה ידוע בענין נשע״ב שפרשם מבחי׳ ה״ח כמאמר דבינה עד הוד אתפשטת וכל א׳ כלול מעשר כו׳ · וביאור ענין השערי׳ דבינה היינו עד״מ השער בחצר שהוא פתוח פתח רחב להיות נכנסין ויוצאין בו כל מי שירצה והכל נכנסין בשער כקטן כגדול כו׳ כך בחי׳ ההשגה דבינה נק׳ שער שהוא פתוח לכל מי שירצה להשיג השגה ישיג כי כל הברואים כקטן כגדול יש להם השגה בחלוקות כל חד לפום שיעור דמשער כו׳ · נשמות לפי ערכם · ומלאכים לפי ערכם כמ״ש שאו שערים ראשיכם וכן באו שעריו בתודה כו׳ וע״כ בנשע״ב הכל נכנסין מקטן ועד גדול אבל ל״ב נתיבו׳ החכמה לא יכנסו בהם רק נשמו׳ הגבוהים והמלאכים הנכבדי׳ ביותר עד״מ השביל הקצר שאינו עשוי להילוך רבים אלא למקצת יחידי סגולה בלבד וכך בנתיבות דחכמה כתיב נתיב לא ידעו עיט כו׳ להיות כי החכמה בחי׳ כ״ח מ״ה שלמעל׳ מן ההשגה כידוע · ע״כ לא יכנסו בשביל החכמה רק הנשמות הגבוהות בלבד · וזהו ההפרש שבין ל״ב נתיבות חכמה לנשע״ב מה שזה נק׳ שביל וזה נק׳ שער לפי שהחכמ׳ נק׳ אין והבינה יש כמ״ש להנחיל אוהבי יש והכל ענין א׳ וטעם א׳ כמ״ש במ״א · וז״ש דביתא תנינא דוהי׳ כי יביאך שהוא מוח הבינה מוחא דתרעוי נפקין לחמשין תרעין כו׳ כלו׳ להשיג בהשגה דבינה יש נ׳ שערי בינ׳ כדי שהכל יכנסו בה עד״מ בשער הגשמי וכו׳ משא״כ במוח החכמ׳ שאין שם בחי׳ שער כלל אלא רק שביל ונתיב בלבד וכו׳ · וז״ש מוחא דתרעוי כו׳ וד״ל פי׳ דוקא מוחא דא דבינ׳ כו׳ וד״ל · ואינון לקבל חמשין זמנין דיצ״מ כו׳ פי׳ ענין יצ״מ ידוע דהחכמה נק׳ ים והבינ׳ נק׳ נהר כמ״ש ונהר יוצא כו׳ ואמנם פי׳ מצרים הוא מצר ים דהיינו כשהים דחכמה בא בבחי׳ לצמצום ומיצר גדול והיינו כשהבינה מקבלת מהחכמה בבחי׳ פנימי׳ שבה אז נעשה הים דחכמ׳ בבחי׳ מיצר בבינה ונק׳ הבינ׳ אז בשם מצרים מצר ים וכו׳ וז״ש בצאת ישראל ממצרים מצר ים דבינה כידוע · וביאור הדברי׳ הנה אע״פ שמבואר למעלה בענין נשע״ב שהוא בחי׳ התרחבות ההשגה לקבל כל מי שיכנוס היינו דוקא בבחי׳ חיצונית דבינה שבבחינת חיצונית היא מתפשטת עד למטה מטה לקבל הכל אבל בבחי׳ הפנימי׳ שבה היא מתצמצמת בצמצום ומיצר גדול ונעשית למעל׳ מן ההשגה ע״ד ענין בחי׳ מהות החכמה שנקרא כ״ח מ״ה והיינו דוקא בשעה שהבינה מקבלת בעצמה מן החכמה שאז היא מתייחדת בחכמה ואז גם החכמה בא בבחי׳ מיצר בצימצום הזה דבינה ונקרא מיצר ים שהים דחכמ׳ בא במיצר דבינה אבל כשהבינה באה להאיר למטה הימנה נפתחת בנ׳ שערים והתרחבת דוקא היפך בחי׳ המיצר והצמצום כנ״ל וד״ל · ויובן זה עד״מ בחו״ב שבנפש האדם דאנו רואי׳ שכאשר אור השכל שנק׳ כ״ח מ״ה שופע כברק חיצו ועדיין לא בא בהשגה גמורה דבינ׳ להשיג היטב באותיות במחשבתו אז גם בחי׳ כח ההשגה דבינה נעשה בצמצום ומיצר דהיינו בהעדר מהות השגה שכליית אלא מצומצמת רק בהבנת תוכו ותמצית הענין בקצרה בלבד ואח״כ תתפשט מוח הבינה ותתרחב באורך ורוחב השגה גמור׳ · והטעם הוא לפי שעלה כח פנימי׳ ההשגה ונכלל לקבל בכח החכמה ובזה הרי גם החכמה מתצמצמת ומתקצרת לפי אופן קבלת כח ההשגה בלבד על ד״מ משמיעת התלמיד דבר שכל וחכמה מרבו שכח השגת התלמיד עולה ונכלל בהיותו מקבל החכמה הנשפעת לו וגם

אור

אור שפע חכמה זו מתצמצמת בהתייחדה להכנס בכח השגת התלמיד בכלו"א לפום שיעורא דיליה כו׳ וד"ל · אך מן המצר הזה דבינ׳ בא אח"כ בהתרחבו׳ המרחב וההתפשטות וזהו מן המצר קראתי י"ה ענני במרחב י"ה כו׳ וכמ"ש בת"א וזהו ענין יצ"מ כלו׳ לצאת מן המיצר דים החכמ׳ להתפשט במרחב בנ׳ שערים ולכך חמשין זמנין אדכר יצ"מ כנגד נשע"ב וד"ל : ותנינן כו׳ תרעין סגיאן דלעיל׳ ותמא תבר קב"ה דהוו סתימין ומתקטרין בשלשליהון פי׳ הן נ׳ שערים דטומאה וקליפה כידוע דזאת זלע"ז עשה אלהי׳ וכמו שיש נ׳ שערים בקדוש׳ והן חמשין זמנין יצ"מ שנזכר בתור׳ כך יש נ׳ שערים דקליפה בבינה דקליפה וכאשר נתגלו נשע"ב דקדושה אז מתיל׳ נפלו ונשברו נ׳ שערי׳ דטומאה והן נ׳ שערי׳ דטומא׳ דקליפת מצרי׳ ממש כנרשה שם · והוא ענין יצ"מ גם ע"ד הפשוט דהיינו ההעלאה מנ׳ שערי טומאה דמצרים · אך זה היה דווקא בסיבת פתיחת נשע"ב דקדושה ולזה הטעם נזכר בתורה נ׳ פעמי׳ יצ"מ כדי להוציא בנ"י מנ׳ שערים דקליפה דכתיב ולאום מלאו׳ יאמץ כו׳ כשהקדוש׳ בגילוי אזי מתחילה יש נפילה לסט"א כמ"ש כהמס דונג מפני אש כן יאבדו כו׳ וד"ל · ומ"ש תרעין סגיאן דלעיל׳ היינו גם לבחי׳ קליפה דאצילו׳ כי מחיצוניות הכלים דע"ס דבינה דאצילות מקבלים יניקה היכלות החיצונים דבי"ם דקליפת נוגה דאצילות · וז"ש בסמוך לפרש הדבר דהא מאלין תרעין דההוא מוחא מתפתחו ומשתרו כל שאר תרעין כו׳ וד"ל · ומ"ש ואלמלא דאתערו ואתפתחו אינון תרעין דהאי מוחא לא הוו מתפתחין אינון אחרנין למעבד דינא כו׳ הענין הוא לפי שיש בבחי׳ הנשע"ב בחי׳ ה"ח וה"ג · בחי׳ החסדי׳ הוא ההשגה באלקו׳ כמ"ש זה השער לה׳ כו׳ ובחינת ה"ג היינו על המנגד לקדושה אלקית דבינ׳ מינה דינין מתערין · עד"מ מי שמשיג ההשגה בכי טוב דווקא אז לא יוכל לסבול דבר המנגד לאותה ההשגה כו׳ וגם לבחינת גבורות הללו יש שערים רבים ואינון תרעין אחרנין למעבד דינא במצרי׳ בבחי׳ ה"ג ולאפקא לון לישראל מן עבודתא כמו לסתור טענת המקטרג מה נשתנו אלו מאלו כו׳ כמ"ש בת"א וד"ל :

וכלא סתים בהאי דאקרי אימא עילאה דמינה אתער חילא לאימא תתאה ומאי איהי דכתיב בה ולאמי אלי האזינו אל תקרי לְאֻמִּי אלא לְאִמִּי דלא זז קב"ה מחבבה לכנ"י עד דקראה אמי והאי נפקא מאימא עלאה :

פי׳ ה"ג דבינה הנ"ל יורדים ומתלבשים במלכות שהוא מקור הגאוה והגבורו׳ כידוע דה"ג מנצפ"ך דאימא יורדים דווקא בבחי׳ מלכות לחלק הבל ה׳ מוצאות הפה כו׳ · ועד"מ ממחשבה של השכל הבא בהשגה כל בחי׳ דין ומאוס אשר יש שם מתגלה הכל בדיבור והלב בו משכן המדות ונקר׳ בחי׳ ז"א כידוע· ואע"פ שהמדות גבוהים מבחי׳ הדבור אך בחי׳ ה"ג מנצפ"ך דאימא שמלובשים בדבור המה גבוהי׳ גם מבחי׳ ז"א כי הם ממש בחי׳ ה"ג דאימא כו׳ · וע"כ כאשר הלב רואה אע"פ שהוא המשפיע לדבור בחי׳ ה"ג הללו דאימא שהיא בחי׳ אם לז"א כמ"ש אם הבנים שמחה אזי לא זז מחבבה לדיבור עד שקוראה ג"כ בשם אימא ואע"פ שע"פ הרוב קוראה אחות כידוע אך כשרואה בה אותם בחי׳ ה"ג דאימא ממש ע"ד המבואר במשל הנ"ל אזי קורא׳ אמי וכמ"ש ולאמי אלי האזינו כו׳ מפני שהי׳ דומה לאימ׳ כמבואר בת"א בענין המאמר דאימא אוזיפת מנהא לברת׳ כו׳ ע"ש וד"ל · וז"ש דכלא סתים בהאי אימא עלא׳ ומינה אתער חילא לאימ׳ תתאה שהוא בחי׳ מלכות כידוע וד"ל :

ומהאי נפק רוחא לחד נוקבא דפרדשקא דחוטמא ותנינן יובלא דנפקין ביה עבדין לחירו בהאי מוחא אתאחד דאינון חמשין שנין דיובלא כו׳ דבהו נייחין רוחא דעבדין ומפקי רוחיהון לנייחא כמה דכתיב ביום הניח ה׳ לך מעצבך ומרגזך כו׳ ובג"כ ה"א נייחא דרוחא ולאפקא רוחא לחירו והאי ביתא יצ"מ בה תלייא כו׳ :

הנה בתחלה דיבר בבחי׳ ה"ג דבינה למעבד דינין במצרים כו׳ ועתה מדבר בבחי׳ ה"ח דבינה לאפק׳ עבדין לחירו כו׳ כי הנה בחי׳ בינה נקרא יובלא עולם החירות · והיינו כי בבחי׳ פנימית בינה כשמצמצמת׳ לקבל מחכמה נק׳ מצרים · וההתפשטות והמרחב שמתרחב אח"כ אור הבינה בנ׳ שערים ה"ז כמשל העבד שיצא לחירות חפשי או כמו שיצא מבית האסורין שהוא מן המיצר למרחב כמ"ש מן המצר קראתי כו׳ ענני במרחב כו׳ והיינו בחינת ה"ח משום דבינה עד הוד אתפשטת בנ׳ שערי׳ של חסד ומפני בחי׳ החירות דבינה יוצאין עבדים לחירו׳ בשנת היובל שהו׳ לנגד שער החמשים דנשע"ב כמ"ש וקראתם דרור כו׳ · והטעם הוא. כי מ"ט שערי׳ עדיין יש לחיצוני׳ כניסה ואחיזה מפני שנפלו ז"ת דבינה בשבירה והוא ענין מ"ט ימי הספירה ובחג שבועות זמן שער הנ׳ כמ"ש בת"א · וז"ש ותנינן יובלא דנפקין ביה עבדין לחירו כו׳ דאינון חמשין שנין דיובלא ואינון חמשין יומין דחושבנא דעומר ביה אתאחדו כו׳ וד"ל · ומ"ש ומהאי נפק רוח׳ לחד נקבא דפרדשקא דחוטמא כו׳ שרש הענין הוא כמבואר באד"ר שיש ב׳ נקבי׳ בחוטם הא׳ נקרא חיי׳ והב׳ חיין דחיין · והענין הוא כי ב׳ נקבים שבחוטם הם בבחי׳ אור ישר ואור חוזר הא׳ שבבחי׳ חסדים הוא הנקרא חיין והוא בא ונמשך מלמעלה למטה דרך ירידה והמשכה אמנם המשכתו אינה באה אלא בבחי׳ חיצוניות בלבד אבל נקב השני

הוא

הוא בבחינת הגבורות שהוא בחי' העלי' מלמטה למעלה מעלה בבחי' א"ח והוא עולה בבחי' הפנימי' דוקא · והדוגמ' בזה אנו רואים בחוטם האדם שיש בו ב' עניינים הא' ענין הנשימה שמכנסם בנקבי החוטם מלמעלה למטה ונשימ' זו היא רוח החיי' שמגשמת מן המוח שבראש דוקא כי הבל הפה יוצא מהבל רוח חיים שבלב והבל החוטם יוצא מן המוחין דוקא ואותו הבל דחוטם שרשו מתחיל במוח הבינ' שבראש ונמשך מלמעלה למטה מבחי' ה"ח דבינה כו' והיינו נקב הא' אבל נקב הב' הוא מבחי' ה"ג להיותו עולה בהעלאה מלמטה למעלה והיינו ענין בחינת הריח שיריח בנקבי החוטם שבו עולה הריח שמריח בדבר עד המוחין שבראש כידוע בענין הריח דשרשו מבחי' הגבורות דוקא · והעלאה זו ישנה בנשימה שינשום מלמטה למעלה והריח הוא בנקב מיוחד · ואמנם הנה מובן שבחי' העלאת הריח וכיוצא יגיע ודאי בבחי' פנימיו' המוחין שהרי אנו רואים שמתחזקי' המוחין שבראש ע"י הריח או הנשימ' שתבא מלמטה למעל' עד שתשוב אליו רוחו כו' כמו בנשימות דברים חריפים ביותר שעלו למות עד שתשוב רוחו אליו כמ"ש במ"א וא"כ מובן שבחי' העלאה זאת מבחי' פנימית הנפש הזה · ובחי' ההמשכה וירידה מנקב החוטם בהבל הנשימה מלמעלה למטה אינה אלא מחיצונית הנפש שהרי אין בכחה כדי להחיות את הנפש אלא רק שמתקיימת הנפש על ידי יציאת הנשימה מהבל החוט' ביותר משא"כ אם היו סותמי' הנקב לא הי' קיום לנפש בגוף כו' כידוע · והנמשל מכ"ז יובן היטב בהיות שבבחי' חוטמא דז"א דאצי' יש ג"כ ב' נקבים כי בצלם אלהים עשה האדם התחתון כידוע · הא' שנמשך שרשו מבחי' ה"ח דמוח הבינ' בא בכל עולמות בחי' החיצוניות רוח החיי' בלבד להיותו בא ונמשך מחיצוניות דמוח הבינה וכמשל מנשימה הבאה מלמעלה למטה כו' והוא הנק' נייחא דרוחא להיות שאינו אלא בחי' קיום הנפש בלבד כנ"ל כ"א היה הנקב סתום לא היה נייח' לרוחא· וז"ש כאן ומהאי נפק רוח' לחד נקב' דפרדשקא דחוטמא פי' מהאי הייט מה"ח דבשע"ב יוצא ונמשך לבחי' נקב א' דחוטם שהוא בא שם בדרך ירידה' והמשכ' מלמעל' למט' והוא הנק' נייחא דרוחא כמו היוצ' מן המיל' עד"מ והוא ענין כ' שנין דיובל' כנ"ל דמפקי עבדין לחירו לנייח' דרוחא כמ"ש ביום הניח ה' לך מעצבך ומרגזך פי' להמתיק בזה הגבורות והדינין שיש בנקב החוטם כמו בשעת רוגז וחרון כמו וחר' אף ה' כמ"ש באד"ז לפי שזה הרוח דחסד הוא היפוך בחי' הכעס ורוגז שבאף וד"ל· אך הנה אע"פ שנקב זה דחוטם שבבחי' החסדי' הוא היפוך הדין והכעס והיינו היפוך ענין ה"ג דבינה שהוכיר מקודם למעבד דינין במצרים וכיוצא מ"מ אין לו דמיון וערך כלל וכלל לבחי' נקב הב' שבבחי' א"ח בבחי' ההעלאות עד"מ הנ"ל מן העלאת הריח וכיוצא · כי הנה המשכה זו שמנקב דחסדים היא באה רק מחיצוניות דבינה וע"כ השפעתו בעולמות אינו אלא בבחי' שפע חיצוניות והוא רק בשביל קיום העולמות לכן נקרא חיין סתם כלו' חיות חיצוניות אבל בנקב השני דבבחי' הגבורה בבחי' א"ח שם נמשך בחי' חיין דחיין כלו' מקור כל החיין דהיינו מפני שבחי' החיות הנמשך בעולמות לא נחשב בחי' חיות כלל וכלל לגבי בחי' חיי החיי' כמשארז"ל מחיה חיים כו' הרי יש מקור לחיים כמו שיש מקור לכל מציאות התהוות דבר מה · והטעם הוא כי בנקב זה השני כשעול' למעלה הרי עולה לבחי' פנימית הנפש שהוא בחי' יחידה ע"כ משם יוכל להחיות את הנפש דהיינו כמו שתשוב רוחו אליו ע"י הריח בדברי' החריפים וכיוצא לכי שבחי' יחידה נקרא חיין דחיין כמו עד"מ השתלשלו' כחות הנפש מעצמות הנפש נקרא כחות הנפש בשם חיים נגלים ועצמות הנפש נקרא בשם חיי חיים שלהם כו' · וכך יובן הנמשל למעלה בבחי' נקב הב' דחוטם דז"א שם הוא בחי' ההעלא' מלמטה למעלה וכמו ענין הקרבנות שנאמר ריח ניחוח לה' וכו' וכמו וירח ה' את ריח כו' והרי עולה ריח זה עד רום המעלות דהי' ט בעצמות המאציל דווקא עד שמשם נמשך למטה בחי' חיין דחיין דהיינו הארת עצמות א"ס שנקרא חיי החיים דרך כלל כידוע והוא אור עליון פנימי' מפנימית אור א"ס וד"ל · והייני מ"ש במשיח והריחו ביראת ה' כו' שיאיר בו בחי' אור הנמשך ע"י העלאת הריח כו' וכמ"ש דמורח ודאין דווקא דמורח ודאין ולא למראה עיניו ישפוט כו' כי הוא למעלה גם מבחי' החכמה שהוא למראה עיניו כו' אלא שהוא מבחי' חוטמא דעתיק' כמאמר לבעל החוטם כו' והארה זאת מאירה גם בחוטם דז"א בנקב הב' שמשם נמשך חיין דחיין מטעם משל הנ"ל · והנה עתה בזמן הגלות אין הגילוי בעולמות רק מנקב הא' דחסדים בבחי' או"י ולעתיד לבא בזמן משיח יתגלה האור שבבחינת נקב הב' והוא הארת בחי' חיין דחיין דהיינו מ"ש דמורח ודאין כמ"ש והריחו ביראת ה' וד"ל· וז"ש ומהאי נפיק רוחא לחד נוקבא לחד נוקבא דייקא והוא נקב דבחינת החסדים אבל בחי' נקב הב' אין לו גלוי עתה כלל אלא לעתיד דווקא מפני שאז בחי' זמן ההעלאות מלמטה למעלה והוא לאחר שיושלמו הבירורים דרפ"ח כו' כענין שנאמר במי נח וירח ה' את ריח הניחוח וכמ"ש במ"א וד"ל:

תא חזי מסטרא דאבא נפיק חסד מסטרא דאמא נפיק גבורה וכולא אחיד קב"ה ומתעטר בהו אות וי"ו :

פי' מסטרא דאבא היינו מבחי' אור החכמ' שהוא מקור כל החסדים העליונים כמ"ש בע"ח בפי' כי אתה אבינו דאבא

נקרא

נקרא ע"ש שהחכמה הוא בחי' אב הראשון כטבע האב שמרחם כו' · והטעם הוא כמ"ש והחכמה תחי' כו' שהחיות והשפע של כל החסד וטוב הכל נמשך מבחי' החכמ' דווקא משא"כ מבחי' בינה נמשך בחי' הגבורו' והדינין כמ"ש בע"ח ואע"פ שמהות הבינה עצמה נק' בבחי' חסד שהרי נאמר בה אם הבנים שמחה והשמחה באה מצד האור והחסד דייקא כמ"ש באור פני מלך חיים שהוא בחי' הארת פנים של חסד שבא בעת שמחת לב כו' ולכך נק' הבינה בחי' אלקים חיים או מלך חיים וגם בזהר אמר בכמה דוכתי שכל חירו וכל חידו בבינה שנקרא יובלא עלאה כו' וגם העו"הב שהנשמו' נהנין בקיבול שכר הוא מבחי' בינ' דווקא כידוע · אך הנה כ"ז בבחי' פנימיו' דווק' אבל מבחי' חיצוניו' שבה נפק' דינין וכמ"ש בזהר דבינ' מינה דינין מתערין פי' מתערין בסופה והיינו דמסטרהא בלבד נפקא דינא וכמ"ש כאן דמסטרא דאימא נפיק גבורה אבל מבחי' אור אבא אפילו מסטרא דיליה נפיק רק חסד וטוב וכמ"ש החכמה תחי' כו' וכנ"ל · ולהבין ביאור כ"ז הנה יש להקדים פי' הפסוק וירא און ולא יתבונן פי' הפשט כך הוא דאעפ"י שכל מעשה אדם להרע לא נעלם מאתו ית' כי לפניו נגלו כל תעלומות שבסתר והרי השגחתו בפרטות בכל פרטי מעשה הרע שבבני אדם וכמ"ש משמים הביט ה' ראה את כו' השגיח על כל כו' וכמ"ש עיניך פקוחות על כל דרכי איש כו' שכ"ז משמעו כמו ענין הבטה וראיה גשמית באדם כך בחינת השגחה העליונה על כל דרכי בנ"א וזהו פי' וירא און בבחי' ראי' ממש · אך עכ"ז אינו משלם להם כגמולם וכפעלם אלא אעפ"כ משפיע להם כל טוב וחסד בפרנס' וחיים כו' · מפני דאעפ"י שהוא רואה העוונות של כולם בפרטיות מ"מ אינו מתבונן להם כלל ומפני שאינו מתבונן עליהם ע"כ אינו משלם להם כפעלם כו' · וזה לכאורה כדבר פלא דמפני שאינו מתבונן ימחול על רב פשע כו' · אך הענין הוא כמ"ש טהור עינים מראות ברע · ולכאורה זהו סותר למ"ש עיניך פקוחות על כל דרכי כו' · אך התירוץ הוא דהוא טהור עינים מליתן עיניו בהתבוננות והסתכלות יתירה על כל עוונות אלא עושה א"ע כאלו אינו רואה אותם כלל · ע"ד שאדם יוכל לראות גם דבר שנגד רצונו מאד · אך אעפ"כ אינו מתבונן כלל על הדבר ועושה א"ע כאלו אינו רואה כו' · והיינו דווקא כשאינו מתבונן כי בחי' התבוננות בענין הרואה הוא הנק' טביעת עין שהוא לפקח ולעיין היטב באיכות הדבר איך הוא ומה הוא כו' אבל בלתי התבוננו' אעפ"י שהעין רואה הרי הוא כאלו אינו רואה כלום אחר שאינו נותן לבו לעיין בהתבוננות כו' · והיינו פי' הפסוק דוירא און ולא יתבונן דמפני שאינו מתבונן כלל בראי' זו לעיין היטב בדבר רק בדרך מעבר בעלמא · ע"כ אין ענין הרע תופס מקום כלל וכאלו אינו ולכך אינו משלם להם כפעלם כאלו לא עשו רע מעולם והרי משמע מכ"ז דמצד בחינת התבוננות הוא בא לכלל דין ורוגז לשלם להם כפעלם דווקא וכל שמסלק ההתבוננות ביותר יותר יסולק מהם הדין והרוגז כו' וא"כ הרי מוכח מזה דמצד בחי' הבינה דווקא יבא סיבת הדין והרוגז אבל בבחינת החכמ' שהוא למעלה עדיין מבחי' התבוננות שנק' בינה לא יבא משם בחי' דין כלל וז"ש וירא און ולא יתבונן בבחי' בינה ע"כ יסולק מהם כל הדין ויוכל להשפיע להם כל טוב וחסד והיינו מפני שבבינה דייקא דינין מתערין כנ"ל אבל לא בחכמה לפי שהחכמה תחי' בבחי' מקור החסדי' כנ"ל · אך עדיין יש להבין דטעם הנ"ל עדיין אינו מספיק רק לענין שליטות הדין בחכמה להיותה עדיין למעלה מבחי' עיון ההתבוננו' דבינה כו' · אבל מפני מה ימצא בבחי' החכמה גם בחי' מקור להשתפעות מדות החסד היפך הדין · אבל הענין הזה הנה יובן ע"ד ענין אחר דהנה ידוע דהשגת והבנת השכל והסברא כשמבינ' היטב הוא הנק' בינה ואז דווקא לא יוכל לסבול כל דבר המנגד לשכל ההוא עד שיקפיד ויכעוס לבעוט למנגדו כו' דהיינו מפני שכבר בא הדבר בגילוי אותיות השגה כו' אבל הנה בחינת החכמה הוא הנקרא כ"ח מ"ה שעדיין אינו מושג בהבנה רק הוא בחינת כח היולי של אותו השכל והסברא מש"ה יש מקום לסבול גם לדברי המנגד ולא די שלא יהיו דברי המנגד סותרי' אלא אדרבא יקבלם באהבה וברצון כו' והדוגמא מבעל תבונות רב שיסבול כל דבר המנגד לרצונו לפי שיש בכלי מוחו הרב למצוא מקום וטעם לסברא המנגדת ג"כ כו' והרי זה כמו המים שאינם גוון עצמי אלא משתנה לפי גוון הכלי מאדום ללבן כו' הוא כמו כן בחי' כח היולי דחכמה משתנית מגבורות לחסדים כו' · וגם טעם זה עדיין אינו מספיק להיו' המשפעו' לחסד דווקא · אך עיקר הטעם מפני שהחכמ' הוא בחי' כח ומקור הראשון לקבל מעלמות הנפש ועל ידה דווקא יושלח כל תוספ' אור כדמיון גידי המוח שמשלחים כל אור וחיות ללב וכל האברים כו' · וז"ש החכמה תחי' כו' · וזהו מ"ש כאן דמסטרא דאבא דווקא נפיק חסד כי החכמה נק' מקור כל החיים והחסדים וכמ"ש החכמה תחיה כו' כנ"ל · אך הנה לכאורה יש סתירה גדולה ע"ז שהרי מצינו בזהר בכמה דוכתי דבחי' ח"ס הוא בחי' מקור הגבורו' והוא הנקרא קו המדה שמודד כל אור ושפע כו' ונק' בוצינא דקרדוניתא כידוע וכמ"ש בע"ח בענין התלבשות הפרצופי' דב"ז דבחי' חסד דע"י מתלבש בגלגלתא דא"א שהוא בחי' כתר שבכתר ובחינת גבורה דע"י מתלבש בח"ס דא"א ובחינת גבורה דעתיק זה מתמו נמצא בחי' מקור הגבורו' הנקרא קו המדה כידוע · אך הנה הענין יובן בהקדים מאמר הידוע באדרא דמוחא סתימאה דא"א שקיט ושכיך באתריה כחמר טב על

דורדיא

דורדיא כו' · וביאור הענין מבואר באריכות בת"א דבחינת השמרים הללו הן באין מבחי' רפ"ח גנוזין דתוהו שמתבררין כולם בבחי' שם מ"ה דחכמה כי בחכמ' דייקא אתבררירו וה"ז כמו משל היין המשומר שהשמרי' כבר הובדלו והופרשו לגמרי מן גוף היין ונעשה היין צלול מאד בהמשך זמן רב שהיין עמד · אמנם גם שהשמרים הובדלו ונפלו למטה בשולי הכלי ואין ביין שום ערוב מן השמרים כלל עכ"ז אם יסירו השמרים ויוציאו היין מהשמרים ויעמוד זמן מה לא יתקיים כלל בחוזקו ותקפו אלא מיד יחלש כחו ויפיג טעמו לגמרי כידוע וא"כ הרי גם בהבדל השמרים מן היין מ"מ בהיותו צף על השמרי' הנה השמרים נותנים ביין כח וחיזוק גדול תמיד וכל שיעמוד זמן יותר על השמרי' הרי יותר יתחזק כח היין כידוע ואם היה היין מעורב עם השמרים לא היה כחו חזק ולא היה בו טעם ערב כלל כי זהו נק' יין תוסס כידוע אך בהיות השמרים נבדלים לגמרי ממנו והיין צף עליהם מלמעל' דווקא אזי יתנו השמרים כח ביין מלמטה למעל' · והטעם הוא כי גם שיש פסולת רב בשמרים מ"מ יש בהם כח חזק מבחי' הטוב שבהם רק שהטוב מעורב ברע אמנם כאשר הובדלו ונפלו למטה הנה יעלה מהם בחי' הטוב לבדו ויתן תוס' כח ביין תמיד אבל אם היו השמרים מתערבים ביין הרי היה גם חלק הרע מתערב ביין ופוגמו כו' · והנמשל מכ"ז יובן בבחי' יין המשומר למעלה והוא בחי' ברורים דרפ"ח כו' שמתבררי' ונופלים למטה ובחי' ברור זה הוא הנק' דורדיא ושמרים ובחינת ח"ס דא"א הוא הנקרא מוחא דשקיט ושכיך בלתי מתערב עמהם כלל אלא עומד ומאיר עליהם מלמעלה כו' · והענין הוא כי בחי' ח"ס הוא מקור כל הברורי' דרפ"ח כו' והוא הנק' קו המדה כנ"ל עד"מ מי שכח שכלו חזק ביכולתו לברר בחכמתו את הטוב מהרע ולהבדיל ביניהם כו' וד"ל' והיינו הטעם שבחכמ' אתבררירו דייקא כידוע אך לאחר הברור הנה הגם שכבר הובדלו בחי' הפסול' ונשארו למטה והיינו בבחי' ח"ס דווקא לפי שמשם הוררו כל רפ"ח כו' לגמרי אבל מ"מ מתחתם יתוסף כח בתוס' אור בבחי' ח"ס שעומד ומאיר עליהם כו' כדמיון השמרי' שמוסיפין כח ביין באופן כאשר הם למטה דייקא כנ"ל · והיינו פי' מאמ' הנ"ל דמו"ס שקיט ושכיך באתרי' כחמר טב על דורדייא וד"ל · וכ"ז הבירור דייקא בבחי' ח"ס שנקרא קו המדה דהיינו לברר היטב וליתן מדה וקצבה לדבר שזה יוכשר וזה לא יוכשר כו' · וכמו עד"ת אם יביא אדם איזה דבר מה לעיון השכל לדקדק בו איך ומה הנה לא יוכשר כ"א באופנים שוני' ברבוי דקדוקי' והוא הנק' דינין וצמצו' וכל ששכלו חזק לפקח ולעיין יותר לעומק · יותר ירבה דקדוקים ע"ד · הנה שמים לא זכו בעיניו כו' · אבל בחי' החסדי' היינו עד"ת כאשר אין האדם מביא הדבר למשקל מאזני העיון בשכלו לדקדק בו כו' מפני העדר תפיסת מקום שאין הדבר תופס מקום כלל אצלו וכל הגפין שוין בו לפי שאינו כדאי כו' והיינו מפני רב חסדו וטובו הגדול ע"כ אין זה תופס מקום כשמתית בהיכל המלך וכיוצא ויכול להיו' טוב ורע שוין כמו להטיב לרעים כמו לטובי' וכיוצא · והנמשל מזה למעלה היינו בחי' חסד דע"י שמלובש בגולגלתא דחפיא על מו"ס כו' דהיינו שהוא למעל' הרבה מבחי' ח"ס הבא למדוד בקו המדה כו' ושם נאמר אם צדקת מה תתן לו כו' מפני העדר תפיסת מקום כו' כי הוא למעלה מבחי' חכמה וטעם לפקח ולעיין כו' להיותו מובדל בערך מכל השתלשלות דאבי"ע משא"כ בחי' ח"ס להיותו מקור להשתלשלו' ע"כ נק' קו המדה בבחי' דין וצמצום כנ"ל וד"ל · והנה בחי' קו המדה הנ"ל בח"ס היינו מפני הארת בחי' גבורה דע"י דייקא ליתן דין עפ"י העיון כו' וכתיב אני בינה לי גבורה דבחי' גבורה מתלבש בבינה והוא שורש קו השמאל דאצי' בג"ה כידוע וכנראה בחוש שדייקא בהשגת שכל' דינין וצמצומי' על המנגד להאמת כנ"ל באריכו' · והיינו מ"ש דבינ' מינה דינין מתערין בבינה דייקא מתגלה בחי' קו המדה שבח"ס כמ"ש בת"א בפי' מי מדד כו' · דבחי' בינה שנק' מי הוא המודד בפועל כו' · ובבחי' ח"ס עדיין המדה בהעלם כו' משא"כ בחינת חסד דע"י שמלובש בגלגלתא שהוא מקור כל החסדים הנה הוא מתלבש דייקא בגולגלתא בחכמה דאצי' שנק' אור אבא וכמאמר דאבא בחסד אחיד ותליא והיינו דוקא בבחינת רב חסד דע"י כידוע שהוא ענין ירידת אור ושפע בלתי דקדוקי' ודיני' כלל כנ"ל במשל והוא בחי' אור חסד בגילוי יותר מהעלם החסד שבע"י כמו שבבחי' בינה דאצי' מתגלה יותר בחי' הדין והצמצום שבהעלם בח"ס שמקבל מגבורה דע"י כנו' וד"ל · ובכ"ז כבר מתורץ הקושיא הנ"ל דהגם שמבואר בכמה דוכתי דבחי' ח"ס מקור הדינין היינו דייקא בבחי' ח"ס מפני הארת והלבשת גבור' דעתיק כנ"ל כדי לברר בירורין דרפ"ח · אבל בחינת חכמה דאצילות הבאה בגילוי מהעלם דחכמה סתימאה כמ"ש והחכמה מאין תמצא כידוע הנה אדרב' בה מתגלה דווק' מבחינת החסדי' עליוני' דבחי' חסד דע"י המלובש בגולגלת כנו' וד"ל · ואחר כ"ז הרי מובן דברי המאמר הזה דמסטר' דאבא נפק חסד פי' מסטרא אפילו מבחי' הסתעפות ענפים כמו החסד שהוא ענף החכמה והגלח שהוא ענף החסד וכל פרטי קו הימין כולם נקראו מסטרא דאבא וכולם בבחינת חסדים לפי שהחכמה מקור כל החסדים מטעם שרשה בחסד דעתיק יומין שמלובש בגולגלתא כנ"ל ומסטרא דאימא נפיק גבורה פי' אפילו ענפים של בינה כמו גבורה והוד וכל פרטי קו שמאל מבחי' גבורות ודינין להיות שרשם מבחי' גבורות דע"י כמ"ש אני בינה לי גבורה כו' ואע"פ שהבינה

נקרא

נק' בשם אלהים חיים כו' וכל חירו וכל קידו מבינה כו' היינו דווקא בפנימיות בינה ולא בחיצוניות בינה כנ"ל · והענין הוא דבחי' קו המדה דח"ס הנ"ל אינו מאיר בבחי' פנימיות בינה כלל אלא דוקא בבחי' חיצונית שבה והיינו בבחי' אותיות המתהווין בהשגה ונק' ה"ג מנצפ"ך דאימא ונק' פתוחי חותם כידוע שמהם נמשך כל עיקר המדידה לחלק לחלקים רבים כו' · וכנראה בחוש שעיקר הקפדה לכעוס על דברי המנגד אל האמת הוא דווקא באותיות המחשבה שנקרא לאה שמקבלים מאותיות השכל המושג כו' וכמ"ש במ"א וגם זה הדין שנמשך אל המנגד אינו דין אמיתי כי הרי אינו נמשך רק למנגד בלבד אבל למי שראוי אדרבה יאיר לו כל טוב וחסד כו' משא"כ בחי' חסד דאבא שמאיר לכולם בשוה וכנ"ל בפי' וירא און ולא יתבונן כו' וד"ל :

וכלא אחיד קוב"ה ומתעטרא בהו אות וא"ו

פי' קוב"ה הוא בחי' ז"א דאצילות כאשר בחי' מוחין דאבא ואימא מלובשים בו בבחינת מוחין דגדלות דווקא וזהו פי' קודשא לשון הבדלה דווקא והיינו מבחי' קדש העליון דחכמה כידוע · ופי' ברוך הוא היינו בחי' המשכו' המוחין דאו"א בז"א כידוע · וז"ש וכולא אחיד קב"ה פי' לכל בחי' חו"ג שמתשכים מסטרא דאו"א כמ"ש מסטרא דאבא נפיק כו' וכו' לכולא אחיד ז"א שנקרא קוב"ה · והענין הוא כי הנה ידוע שיש ב' מיני מדות הא' בחינת מדות טבעיות שנולדי' באדם מבטן אמו כמו טבע הרחמנות או האכזריו' או מדת הקמצנו' או הפזרנות וכיוצא וכל אלה אינם נתהווים מן השכל והטעם כלל אלא מתילא הם באים מצד טבע תולדותם ואין השכל מאיר בהם כלל · אך הנה יש עוד בחי' מדות ונקרא מדות שכליים דהיינו שנולדים רק מן השכל והתבוננו' כמו כאשר יתבונן באיזה דבר שהוא טוב ע"פ איזה טעם ושכל אזי יולד בלבו התפעלות בלב ואין ההתפעלות רק לפי ערך אופן השכל והטעם בלבד ולא באופן אחר כידוע וגם מיד שיבטל הטעם והשכל יתבטל ההתפעלות כו' · והנמשל מב' מיני מדות אלו למעל במדו' דאצילות שנק' ז"א כידוע · הנה בחי' ו"ק דז"א כמו שנאצלו מתחילה אצילותם הוא בלתי הארת מוחין כלל מבחי' חו"ב שבז"א רק קצת הארת השכל יש גם במדות הטבעים ג"כ ונק' מוחין דיניקה כידוע אבל בחי' מוחין דגדלות בז"א היינו כאשר עיקר התהוות המדות דאצילות נמשך רק מבחינת מוחין דאו"א שמלובשים במוחין דז"א ע"ד דמיון התפעלות הלב מצד הטעם · ואמנם גם בזה יש ב' מיני מדרגו' הא' בחי' מוחין שבמדות שהוא הטעם והשכל שנמשך רק לפי אופן ערך התהוות המדה בלבד כנ"ל · והב' שורש המשכות המוחין הללו ממקורם דהיינו מבחי' מוחין דחו"ב עצמו שהוא עיקר מהות כח השכל שהוא מהות נבדל בערך לעצמו גם מבלתי המשכת טעם ושכל למדות והמשכת השכל אל המדות אינו אלא אפס קצהו מהארת עיקר השכל שבמוח כידוע · והנה בחי' הארת מוחין בז"א באים בשני המדרגו' הללו א' בבחי' או"פ שהוא מצומצם לפי אופן המדה בלבד כנ"ל והב' הוא בבחי' הארת או"מ דהיינו מעצמות המוחין דאו"א שבלתי מתלבש במדות ומאיר עליהם בבחינת העלם ומקיף בלבד כמ"ש במ"א בפי' אך בצלם יתהלך איש דאיש הוא ז"א כשמוחין דאו"א מלובשי' בו בבחי' או"פ (והיינו פי' איש · שין ג' קווין חג"ת · וא' יו"ד הן מוחין דאו"א כמ"ש בזהר ההפרש בין אדם לאיש) ופי' צלם היינו בחינת צלם דאבא כו' · וזהו שורש ענין התפילין שנק' מוחין מקיפים דז"א כידוע בענין ד' בתים דתפילין שבראש שהן ד' מוחין דז"א כי הדעת נחלק לב' מוחין חו"ג והיינו שמע והיה א"ש · וזהו תפילין דמרי עלמא שנקרא קב"ה כמאמר רז"ל מנין שהקב"ה מניח תפילין כו' פי' הקב"ה הוא בחי' ז"א כנ"ל · והקב"ה מניח תפילין בראשו היינו בחי' אורות מקיפים שעל הראש שהוא למעלה מהלבשת האורות למוחין שבמדות שבאים בבחי' או"פ מן המוחין' שבראש כנ"ל · וזהו הטעם שהתפילין מונחים על הראש בבחי' בליטה דייקא וכמ"ש וראו כל עמי הארץ כי שם הוי' נקרא עליך · עליך דייקא בבחי' או"מ כמ"ש במ"א באריכו' וד"ל · ומעת' יובן דברי המאמר דקוב"ה שהוא בחי' ז"א כאשר מוחין דאו"א מלובשין בו בבחינת או"פ כנ"ל · לכולא אחיד · פי' לכל בחינת המשכות מוחין שמתחלקים לחו"ג מסטרא דאו"א לכולה אחיד קוב"ה שהוא בחי' ז"א והיינו ע"י הדעת שמתחלק לב' מוחין חו"ג כו' וכידוע דבריח התיכון הוא בחי' ז"א והוא כולל לב' הקווין חח"ן בג"ה שהן כללות דאו"א דאבא מקור החסדים ואימא מקור הגבורה · וגם ידוע דז"א נק' בן לאו"א וכמ"ש בני בכורי ישראל ברא בוכרא דאו"א כו' וכלול בו מגבורה דאימא ומחסדים דאבא כו' · אך הנה כ"ז הוא רק בבחי' או"פ ע"ד משל התפעלות המדות שנולדו מן השכל וכנ"ל · אבל הנה בחי' האורות מקיפים שמאירים מחו"ב על המדות כנ"ל היינו מה שאמר עוד ומתעטרא בהו אות וי"ו · פי' מתעטרא הוא בחי' או"מ בחי' כתר ועטרה על הראש שזהו ענין התפילין שהמה בבחי' בליטה על הראש כנ"ל · וז"ש ומתעטרא בהו פי' בהו בחו"ג שיוצאים מסטרא דאו"א מתעטרים בבחינת או"מ על המדות שנקר' וי"ו שהוא בחי' וא"ו קצוות דזעיר אנפין מתחלת אצילות' שאינו אלא בעל ו"ק וכאשר נמשך בו המוחין הוא בעל ע"ס חב"ד חג"ת כו' · ואמנם דווקא כאשר מאירים בבחי' מקיפים על המדות מאבא ואמא אזי מתעטרה אות וי"ו בבחי' מקיף שהוא למעלה מהלבשת המוחין בבחי' אור פנימי כנ"ל שזהו פי' מארז"ל שהקדוש ברוך הוא מניח תפילין כו' וד"ל :

ביתא

ביתא תליתאה שמע ישראל ישראל סבא :

פי׳ זה המאמר קאי אדסמיך ליה שאמר תחלה מסטרא דאבא נפיק חסד כו׳ שזה המאמר קדם בשביל הבנת ענין שמע ישראל שהוא ביתא תליתאה כו׳ דהיינו בחי׳ ז״א שנקרא ישראל· ואמנם הנה ידוע שיש ב׳ מיני ישראל האחד הנקרא ישראל זוטא והב׳ הנקרא ישראל סבא ולזה דקדק כאן לומר שמע ישראל ישראל סבא דוקא· וביאור ענין ישראל סבא הנה פי׳ ישראל היינו יש״ר א״ל פי׳ אל הוא בחינת חכמה כמ״ש בזוהר בכמה דוכתי דאל נהירו דחכמתא יש״ר הוא בחי׳ בינה כמ״ש כי שרית עם אלהים כו׳· ויש או״א תתאין והן הנקרא ישראל סבא ותבונה ואו״א תתאין הללו הייט בחי׳ נה״י דאבא ונה״י דאימא וכאשר מלובשים נה״י דאבא בז״א אז נקרא ישראל סבא· כי הנה פי׳ סבא הוא בחי׳ אור אבא עצמו שנקרא זקן שקנה חכמה והוא בחי׳ או״א עלאין דהיינו בחי׳ עצמות חו״ב· אך בחי׳ נה״י דאבא המלובש במדות הרי המדות קנו לבחי׳ החכמה ואז נקרא ישראל סבא כלומר מדות שבחכמה ואין ערכן כמו עצמות מדות שבחכמה כמו חסד שבחכמה אלא רק מבחי׳ נה״י שבהם בלבד וגם זאת בהיותם יורדים למטה במדות דז״א· אבל בחי׳ ישראל זוטא היינו בחי׳ מוחין דז״א שמלובשים במדות גם בבחי׳ מוחין דגדלות כו׳ מ״מ עדיין אין בהם מבחי׳ או״א עצמן גם לא מבחי׳ נה״י שבהם ע״כ נקרא ישראל זוטא כו׳· וביאור הדברים הנה כאשר המדות נולדים מן השכל נקר׳ ישראל זוטא והוא בחי׳ חו״ב יש״ר א״ל שבמדות בלבד· וגם שמאיר עליהם בבחי׳ מקיף מאורות דאו״א כנ״ל עכ״ז הינו אלא מהארת המוחין השייכים למדות בלבד אבל בחי׳ עצם האורות דאו״א מובדל לגמרי מבחינ׳ המחות גם בחי׳ נה״י שבהם והיינו בחי׳ עצם המושכל כמו שהוא בלתי התהוות ממנו התפעלות כלל בלב וגם בחינת השפעתו והתגלותו שנק׳ נה״י דאבא מ״מ נחשב עדיין מבחי׳ עצמותו כו׳· וזהו ענין יש״ם שהוא בחי׳ נה״י דאבא שלמעלה גם מבחי׳ מוחין דגדלות שבז״א כנ״ל· והמופת לזה הנה יובן ממה שאנו רואים שגם אם יבא אדם לכלל ימי הגדלות כמו בן ג׳ שהוא לאחר תשלום ימי היניקה עכ״ז עדיין אין בו כח המוליד להוליד ולד בגלמו עד היותו בן ט׳ שנים שביאתו ביאה להוליד בגלמו כידוע· וא״כ אנו רואים שגם אם יש בו בחי׳ מוחין דגדלות שהוא התפעלות המדות ע״פ השכל דווקא כמו בהיותו בן ג׳ ד׳ שנים וגם בן ז׳ וח׳ שבודאי כל התפעלות מדותיו ע״פ השכל כמו גדול ממש עכ״ז עדיין אין בו כח להוליד ולד· והיינו מפני שסיבת התולדה בא מנה״י דאבא דווקא כי הנה טפה רוחניות שבמוח שמתהווה מעצם כח המשכיל שבמוח שנקרא חכמ״ה אין רוחניות טיפה זו ראויה להוליד בלתי אם לא שיש בחי׳ נה״י דחכמה בכלי המוח ע״ד דמיון מנה״י הגשמיים כמו היסוד והכליות מבשלות הזרע ויורה כחץ לצאת לחוץ כו׳ כך יש בחי׳ נה״י שבחכמה שיורה כחץ טיפה הרוחניות שבמוח· וגם שבהיותו בן ז׳ וח׳ מתהוה טיפה רוחניות במוחו אבל אינה ראויה להוליד מפני שעדיין אין בחי׳ נה״י דחכמה נשלמים עד היותו בן ט׳ דווקא כו׳· והנמשל מזה יובן למעלה שזהו ההפרש בין ישראל סבא לישראל זוטא כי גם שבישראל זוטא יש בחי׳ מוחין דגדלות מחו״ב כנ״ל עדיין אין בו כח התולדה להוליד נשמות בגלם אלקים שנולדים בבחי׳ יחוד זו״נ כידוע אלא דווקא בבחינת ישראל סבא שהוא בחי׳ נה״י דאבא שמלובש בז״א אז יש בו כח המוליד להוליד נשמות כו׳· וז״ש כי אתה אבינו דקאי בבחי׳ אור אבא דווקא שנקרא אתה אבינו כו׳ לפי שמשם דווקא נחצב מקור נשמות ישראל ביחוד דזו״נ מטעם הנ״ל· ובזה יובן הטעם שאין יחוד זו״נ דאצילות להוליד נשמות חדשות רק בליל שבת דווקא וכמ״ש בזוהר ובע״ח בענין חטא אדה״ר שלא המתין עד הלילה כו׳ לפי שבשבת דווקא מאיר מבחי׳ נה״י דאבא בז״א וכידוע בפי׳ קדש מלה בגרמיה כו׳ ובחי׳ נה״י דאימא נקרא מקרא קודש כמ״ש בע״ח באריכות· וז״ש בשבת שאות היא ביני ובין בנ״י כו׳ כי שורש נשמות ישראל מבחינת נה״י דאבא שהוא שורש המוחין דז״א להוליד נשמות כו׳ וד״ל· והטעם לזה הענין דהגם שיש מוחין דגדלות במדות מ״מ לא יוליד· הנה מבואר בע״ח משום שההולדה שרשה ממקום גבוה יותר וכמשל הלבשת השכל להסביר לקטנים כו׳· וזהו אל עליון קונה הכל פי׳ כדי שיהיה בחי׳ כל שהוא בחי׳ יסוד להוליד נשמות צריך שיבוא האור ממקום עליון ביותר והייט מבחי׳ נה״י דאבא שנקרא אל עליון כידוע ומבואר בע״ח וד״ל. וזהו ענין המאמר ביתא תליתאה שהוא בחי׳ ז״א שמע ישראל פי׳ שמע היינו ש״ס ע׳ רבתי שס הוא בחי׳ המלכות שמבררת רפ״ח כו׳ ושם ב״ן הוא המברר כנודע וב״ן עם רפ״ח עולה ש״ס· ופי׳ ע׳ רבתי הוא ע׳ רבתי דבינה כי המלכו׳ עולה בבינ׳ כמ״ש כלמה בתה כו׳ ואח״כ בינה מתיחד׳ באבא והיינו פי׳ ישראל שהוא ישראל סבא דווקא כנ״ל דהיינו או״א תתאין שהוא בחי׳ נה״י דאבא כנ״ל באריכות· וכ״ז נכלל בביתא תליתאה שהוא בחי׳ ז״א שנק׳ קוב״ה ולכך הקדים המאמר הראשון ת״ח מסטרא דאבא נפיק חסד ומפרש שם תחילה ענין המקיפים דמוחין דז״א וכמ״ש ומתעטרא בהו אות וא״ו כנ״ל· ואח״כ מבאר לבחי׳ שורש האמתי דז״א כמו שהוא באור אבא עצמו שנק׳ ישראל סבא כו׳ כי בריח התיכון מבריח כו׳ והוא קו האמצעי דת״י כידוע והיינו כללות ענין סדר הד׳ בתים דתפילין קדש והיה הן חו״ב עצמן כמ״ש במאמרים הקודמים וביתא תליתאה פ׳ שמע הוא שורש בחי׳ ז״א באו״א כשנק׳ ישראל סבא ח״ש שמע ישראל יש״ס דווקא

ופ׳ והיה אם שמוע בבחי׳ נה״י דבינה שמאירים בז״א כמ״ש בסמוך שמסטרא דאימא נפיק דינא כו׳ והוא שמסיים המאמר ואילין ארבעה נטיל לון וא״ו שהן או״א עלאין ואו״א תתאין יש״ס ותבונה כו׳ וד״ל :

ואהבת את ה׳ אלהיך תאנא רבי שמעון דא הוא רזא עילאה דישראל עילאה אתעטר בסטרא דאבא ומאי איהו אברהם ואתעטר בסטרא דאימא ומאי איהו יצחק כו׳ :

פי׳ אברהם היינו אב״ר מ״ה דהיינו אבר מה דחכמה שהוא בחי׳ נה״י דאבא כנ״ל שמשם שורש כל הנשמות והיינו שאמר ישראל שהוא ז״א אתעטר בסטרא דאבא דאיהו אברהם ופי׳ אתעטר היינו מבחי׳ מקיף כמ״ש אך בצלם יתהלך כו׳ וכנ״ל · וכמ״כ אתעטר בסטרא דאימא מבחי׳ נה״י דבינה שהוא בחי׳ יצחק כמ״ש צחוק עשה לי אלהים פי׳ אלהים דבינה כו׳ כמ״ש במ״א דבינה יש בה חסדים וגבורות חסדים כמו הצחוק והחדוה וגם בחי׳ דינין מסתעפין ממנה וכמ״ש בסמוך בביתא רביעאה דפ׳ והיה אם שמוע ובכאן הכוונה על בחי׳ ז״א שהוא ביתא תליתאה שכלול בחי׳ חו״ג דאו״א וכנ״ל והוא ע״י הדעת שמתחלק לחו״ג וד״ל · והיינו פי׳ ואהבת את הוי״ה אלקיך פי׳ אהבה וחסד דאבא שמאיר בז״א שמתעטר בה בבחי׳ מקיף כו׳ וד״ל :

תנינן ואהבת מאן דרחים ליה למלכא עביד יתיר טיבו חסד עם כלא וחסד יתירא ההוא דאקרי חסד דאמת דלא בעי אגר עליה אלא בגין רחימותא דמלכא דרחים ליה יתיר וברחימותא דמלכא תליא חסד וע״ד אקרי אברהם אוהבי ובגין דרחים ליה יתיר אסגי חסד בעלמא וע״ד הכא ואהבת וברחימותא תליא חסד ודא הוא ביתא תליתאה :

הנה לכאורה פשט דברי המאמר אין להם הבנה דמאחר טעם תלה ענין השפעות החסד עם הבריות ברחימותא דמלכא בגין דרחים למלכא עביד יתיר טיבו עם כולא כו׳ · אך הענין הוא דאברהם היה בחי׳ מרכבה לבחי׳ חסד עליון דאצי׳ כנודע וידוע דכל בחי׳ מרכבה הרי דומה הוא לאות׳ המדריגה העליונה ממש שהוא נעשה שם בחי׳ מרכבה וע״כ היה בטבע אברהם להסגאה חסד בעלמא לרעים כמו לטובי׳ בחסד גשמי מפני ששורש נשמתו בחסד עליון דאצילות ורוח אייתי רוח ואמשיך רוח כידוע · אך הנה מה שנק׳ אברהם אוהבי משמעו עוד ענין א׳ שהוא מעלה ומדריגה יתירה מלבד שהיה בחינת מרכבה לחסד דז״א כו׳ כי הנה פי׳ אוהבי שהוא מ״ש דהוה רחים ליה למלכא כו׳ היינו שהיה ממשיך בחי׳ אהבה וחסד במלכא מלמעלה דהיינו מבחינת חסדים דאבא דווקא עד״מ אוהב נאמן למלך שממשיך לבו אליו באהבה כו׳ · וכך ענין רחימותא דרחים למלכא עילאה שהוא בחי׳ ז״א כידוע היינו בחינת המשכת אור החסד בז״א מאור אבא וכמ״ש במאמר הקודם לזה דישראל אתעטר בסטרא דאבא ומאי איהו אברהם שהוא אבר מ״ה דחכמה כו׳ ולכך נק׳ אברהם אוהבי וכו׳ · וז״ש ואהבת מאן דרחים ליה למלכא שהוא בחי׳ המשכות מקור החסדים דאבא ע״כ עביד טיבו יתיר עם כולא פי׳ יתיר יותר מכפי המדה של חסד שע״פ שכל וטעם המצומצם במדות מחו״ב כו׳ ולכך עביד אברהם חסד וטיבו יתיר לכולא מצד מקור החסדי׳ דאבא כמ״ש כי אתה אבינו והוא הנק׳ חסד יקירא חסד אמת בלא אגרא כי הנה מצד עצם החכמה נשפע אור החסד מצד אמיתת הענין ולא בדרך קבלת שכר לאיזה טעם ושכל המצומצמים בדבר החסד אלא רק בגין רחימותא דמלכא בלבד דהיינו מצד עצם החסד שבאור אבא שנק׳ חסד אמת וחסד יקירא כי הנה תיקון ואמת שבי״ג תיקונין הוא הארת תרין תפוחין כו׳ שהוא הארת רב חסד בחכמה ונק׳ חסד יקירא להיותו מבחי׳ הכתר שנקרא יקר כידוע · וז״ש וברחימותא דמלכא שהוא חסד דאבא תליא חסד שהוא חסד יקירא דאור הכתר בחכמה שהוא בחי׳ רב חסד דביה אחיד אבא כו׳ וד״ל · והנה שתלה ענין השפעות החסד עם הבריות ברחימותא דמלכא דבגין דרחים ליה יתיר שרשו בחסד דביה אחיד אבא ותליא כו׳ ע״כ אסגי חסד בעלמא במדה מרובה בלי שיעור להיות בא ממקור החסדים שנקרא רב חסד כנ׳ וע״ד ואהבת פי׳ עתה מפרש לביתא תליתאה שהוא בחי׳ ז״א דמה שנאמר בו ואהבת את הוי״ה היינו שיהיה נמשך בו אהבה וחסד ממקור כל החסדים דווקא כי בחינת החסדים גוברים בז״א כמ״ש כי גבר חסדו שז״א רובו חסדים וע״כ גם שבחינת נה״י דבינה ג״כ מתעטר בו כמ״ש למעלה אתעטר בסטרא דאימא כו׳ מ״מ עיקר התגברות מבחינת חסדים דאבא כמ״ש וז״ש ואהבת כו׳ בפ׳ שמע ישראל שהוא בחי׳ ביתא תליתאה ששם עיקר הארה מאבא משא״כ פ׳ והיה א״ש ששם עיקר הארה מנה״י דאימא וכמ״ש בסמוך בפ׳ ביתא רביעאה והיינו שדקדק כאן לומר ודא הוא ביתא תליתאה :

ביתא רביעאה והיה א״ש · השמרו לכם · וחרה אף ה׳ כו׳ גבורה תקיפא ודינא קשיא היא ונפקת מסטרא דאימא עילאה ותנינן דאע״ג דלית היא דינא מסטרה׳ נפקא דינא גבורה עילאה וא״ת והיה א״ש דלאו איהו דינא לית כתרא מכל כתרי מלכא דלא אתכלל דינא ורחמי וכל שכן גבור׳ דאתכליל טב וביש:

הנה מבואר למעלה בשרש סדר הד׳ בתים דתפילין דפ׳ קדש ופ׳ והיה הן בחינת חו״ב שנקרא או״א עילאין ופ׳ שמע והיה א״ש הן בבחי׳ או״א תתאין והן יש״ס ותבונה ובכלל היינו

בחי׳

בחי' נה"י דאבא ובחי' נה"י דאימא המלובשים בז"א ובחי' נה"י דאבא מקור החסדים שבז"א היינו פ' שמע ישראל ישראל סבא דייקא כנ"ל · אך פ' והיה א"ש היינו מבחי' נה"י דאימ' שמאיר בז"א שהוא מקור הגבו' כמאמר הידוע דבינה מינ' דינין מתערין · אמנם אין הדינין מתערין רק בחיצוניות דבינה אבל בבחי' הפנימיות אדרבא הרי הוא נקרא בינה עולם החירות וכל חדוה וכל שמחה בבינה כמ"ש אם הבנים שמחה וגם מקור כל השפעות חיים נמשך מבינה שנקרא אלהים חיים כנ"ל באריכות · ולזה הטעם מתחלת פ' והיה א"ש בבחי' חסדים כמשמעות פשוטו והיה א"ש כו' ונתתי מטר ארצכם ואספת דגנך כו' אך מיד מפרש לבחי' הדינין והגבורות באמרו השמרו לכם פן יפתה לבבכם וחרה אף ה' · וזהו שהקשה כאן במאמר זה בביתא רביעאה שאומר והיה א"ש וכו' ואח"כ השמרו כו' שהוא גבורה דינין קשין · והקושיא הזאת הוא בדרך ממ"נ אם שורש זאת הפ' בבית הד' מבחינת החסדים למה אמר השמרו וחרה כו' דינא קשיא ואם שורש בית זה מבחינת הגבורות למה מתחיל בברכה של חסד כמו ונתתי מטר כו' · ולקושיא זאת תירץ תנינן דאע"ג דלית איהו דינא מסטרה' נפקא דינא פי' דבחי' פנימיות דבינה לית איהי דינא אלא דווקא בחינת חסדים כנ"ל אך בחי' חיצוניות שבה שהוא בחי' נה"י דבינה שנקרא מסטרהא כלומר מעפיה בלבד נקרא דינא גבורה עלאה · והטעם מבואר למעלה משום דבהשגת השכל דווקא אזי לא יוכל לסבול דבר המנגד כו' וכמ"ש למעלה בפי' וירא און ולא יתבונן כו' · וחזר והקשה ואי תימא כו' פי' כי לפי תירוץ הנ"ל הרי לא היה מהראוי לזכור בפ' זאת רק בחי' גבורות ולמה הזכיר בתחלתה מבחי' חסדים דהיינו והיה אם שמוע דלאו איהו דינא · ותירץ דלית כתרא מכל כתרי מלכא כו' פי' כי ידוע בבחי' התיקון שאחר התוהו שאין לך כל ספירה וספירה שאינה כלולה מזולתה כמו חסד כלולה מגבורה כי יש גבורה שבחסד וכן יש חסד שבגבורה כו' כידוע בענין י"ב גבולי אלכסון והיינו עיקר פי' בחי' התיקון · אך מ"ש דלא אתכלל מדינא ורחמי היינו דווקא מבחי' חו"ג בתערובת ולמטה נק' טו"ר ולמעלה נק' חו"ג וכמ"ש והייתם כאלהים יודעי טו"ר וכו' שהוא.בחי' התיקון כנ"ל · וז"ש וכ"ש גבורה כו' להיות כי אין רע יורד מלמעלה כו' וכמ"ש מפי עליון לא תצא וכו' ואח"כ בחי' גבורה שבאצילות בהכרח כלולה מבחי' הטוב והחסד רק בבי"ע נעשה רע גמור כמ"ש במ"א · ומ"ש במכ"ש דווקא כי חסד שכלול בגבורה מתכלל עם גבורה שבחסד כמ"ש במ"א שהרי כאן מ"ש השמרו כו' הוא בחי' גבורה שבחסד ומ"ש והיה א"ש הוא בחי' חסד שבגבורה והתכללות כזאת דהיינו בחי' גבורה שבחסד עם חסד שבגבורה אינו אלא במדת הגבורה ולא בשאר כתרי מלכא אע"פ שכ"א כלול מיו"ד כו' ·

ודוגמא לזה מדברים החריפים שרשם מבחינת הגבורות כמו צנון והמתוק של הצנון הוא כשמבשלים בדבש דווקא מפני שהדבש מתוק בעצם וחריפות הדבש יוצא לחוץ ומתערב בבישול עם מתיקות הצנון שיצא בבישול הרי המרקחת כלול מב' דברים הפכים מתיקות וחריפות שנתחלפו מעצם שלהם דהיינו שהדבש הוציא חריפות והצנון הוציא מתיקות היפך עצמותם אבל בלתי זה החילוף לא היה שום טעם ערב לנפש כלל · וזהו דמיון אמיתי לבחי' התכללות הנ"ל דחסד שבגבורה שנמשל למתיקות הצנון עם גבורה שבחסד שהוא מחריפות הדבש · והיינו ענין חידה דשמשון מעז יצא מתוק כו' וד"ל · ובזה יובן מ"ש וכ"ש גבורה דהיינו בחי' גבורה שבחסד שנקרא גבורה עם חסד שבגבורה שעקרה גבורה שבהם דווקא יש התכללות מטב וביש יותר כו' וד"ל · וזהו שהקדים בחסד והיה אם שמוע ואח"כ השמרו כו' וד"ל · (משא"כ התכללות חסדים וגבורות בעצמן דהיינו עד"מ אם עצם חריפות הצנון נמתק בעצם מתיקות הדבש ועצם מתיקות הדבש נהפך לחריפות מפני חריפות הצנון עד שיבא האמצעי ממזיגתם מפני שמתבטלים זא"ז שהוא דמיון לבחי' התיקון שיש בכל מדה ומדה בחינת התכללות זאת משא"כ בחי' התכללות הנ"ל שבא מב' הפכים מחולפים מעצמותם כנ"ל וד"ל) · אך עדיין אינו מובן מ"ש וכ"ש גבורה כו' שהרי גם ע"י החסד יוכל להיות התכללות הנ"ל דגבורה שבחסד עם חסד שבגבורה מטעם שבגבורה שבחסד עיקרה חסד וחסד שבגבורה ג"כ חסד הוא אלא שנכלל בגבורה כו' · אלא הכוונה באמרו וכ"ש גבורה כו' משום דבחינת הגבורה צריכה לבחינת המתקה בחסדים יותר משאר כתרי מלכא מפני שבחי' הדינין מסתעפים ממנה בדינין קשים ביותר וע"כ צריכה להיות בה בחי' התכללות הנ"ל דווקא שהוא יותר טוב כי מתותק הדין עי"ז בעצם ע"ד זדונות נעשו כזכיות ע"ד דמיון הנ"ל ממרקחת הצנון עם הדבש בבישול כו' · משא"כ בחי' התכללות מחו"ג סתם הנקרא בחי' התיקון כו' שאין הדין נמתק בעצם רק שנתבטל כחו מנגד המנגדו ולכך אמר דבגבורה דווקא צ"ל בה בחי' התכללות מחו"ג באופן היותר טוב וקאי על כל בחי' גבורה גם על בחי' גבורה שבחסד שמתכלל בחסד שבגבורה כנ"ל ואמנם אין הכוונה לשלול לבחי' החסד לגמרי רק שבחי' הגבורה צ"ל בה התכללות יותר גם גבורה שבחסד כו' וד"ל:

ואלין ארבעה נטיל לון וי"ו ואתעטר בהו ואלין אינון תפילין דאנח קוב"ה:

פי' וא"ו הוא בחי' ז"א שהוא בעל ו"ק מצד עצם תולדתו מאימא עילאה · אך בתפילין דאנח קוב"ה שהוא ז"א הנה הוא מתעטר בבחי' מקיפים דהייט בפ' קדש והיה מתעטר במקיפין שנמשכין במדות מאו"א עלאין שהוא בחי' חו"ב

עלמן כנ"ל ובפ' שמע והיה א"ש מתעטרים במקיפים דאו"א תתאין שהן בחי' יש"ס ותבונה והיינו בחי' נה"י דאו"א בדרך כלל כנ"ל והיינו פי' ואלין ארבעה נטיל לון וא"ו פי' ד' מקיפים שבמוחין דז"א הן הנמשכים בד' בתים שבתפילין בד' פרשיות הללו כו' כנ"ל דתפילין דמארי עלמא היינו דווקא בבחי' מקיפים דמוחין ולכך הן בבחי' בליעה על הראש כו' וז"ש ואלין ד' נטיל לון וא"ו והן הנה שורש ענין התפילין דאנח קוב"ה וד"ל :

תנינן האי וא"ו סליק ואתעטר בעטרוהי ואחיד להאי ולהאי ואתעטר בכלהו וע"ד וא"ו אמצעיתא דכלא דעילא ותתא :

פי' כל הנ"ל בענין התפילין הוא בא דווקא בדרך ירידת האשכה והשפעה מלמעלה למטה דהיינו מבחי' או"א לז"א · וזהו שאמר למעלה דאלין ד' נטיל לון כו' שלקח אותו בדרך קבלת השפע · אך הנה בדוגמ' ואת נמש יש בבחי' עליה ג"כ והיינו כאשר בחי' ז"א עולה למעלה בהיכלות דאו"א ומפני ששרשו מבחי' עצמות דאו"א כו' כי נק' ברא בוכרא לאו"א כו' ע"כ בעלותו שמה מתעטר ג"כ בבחי' מקיפים דאו"א הנ"ל והיינו שאמר דהאי ו' סליק למעלה באו"א ואתעטר כו' ואחיד להאי ולהאי פי' לב' הקווין חח"ן בג"ה כי הוא בחי' בריח התיכון הכולל שניהם להיותו עולה עד הכתר וכמ"ש וא"ו אמצעית' דכלא לאחזאה חכמתא שלימתא מכל סטרוהי פי' כי הבירור מכל צד הכולל מהכל חו"ג יחד נקרא חכמתא שלימתא מכל סטרוהי משא"כ בקו הימני חח"ן שאין בו שלימות הבירור כו' וד"ל · ויובן כ"ז עד"מ עליות המדה בשכל שמחמת זה יוסיפו אור המוחין אח"כ בבחי' מקיפין כידוע בענין המאמר הקב"ה רוכב על כרוב קל ושט בח"י אלפים כו' שהוא בחי' עליות ז"א · וכמו בגלותא שאמר קוב"ה אסתלק לעילא לעילא שהיא כדמיון השיל' שהמדות מסתלקי' למעלה בשכל ומן השכל למעלה מן השכל שעי"ז מוסיפי' תוספת אור במדות אח"כ כשיורדים מן בחי' ההעלם הזה כמ"ש בת"א בטעם אריכות הגלות עכשיו שהוא כדי להמשיך אור היותר נעלה כי לפי ערך בחי' ההעלאה כך ערך בחי' הירידה וכמ"ש שמים לרום כו' וד"ל :

תאני רבי אבא כתיב רק באבותיך חשק ה' מכאן אר"ש אבהתא אינון רתיכא קדישא עילאה וכתיב חשק ה' ת"ח כמה דאית רתיכא קדישא לתתא כך אית רתיכא קדישא לעילא כו' וכלא אתקשר דא בדא וכלא חד :

פי' כידוע במארז"ל דהאבות הן המרכבה שהוא בחי' חג"ת דז"א שנקרא מרכבתא עלאה שבבחינת האצילות משא"כ בחינת חג"ת דעוק' דז"א נקרא מרכבתא תתאה וזהו ב' מיני כסא הכבוד כסה"כ דמל' דאצילות וכסה"כ דז"א כו' · וז"ש דכמה שיש רתיכא קדישא לתתא במל' כך יש רתיכא קדישא בז"א למעלה · ולפי שהארת ז"א במל' תמיד ביחוד עליון ע"כ אמר דכלא אתקשר דא בדא וכלא חד וד"ל · והנה במאמר זה הוא בא לפרש זה הפ' רק באבותיך שהן בחי' מרכבתא עלאה דאצילות חשק ה' · אך עדיין אינו מובן מ"ש חשק ה' חשיקה ואת מה היא · אך הענין הוא משום דבחי' חשיקה הוא דוקא בבחי' הרצון והתענוג והיינו כמו בחי' אהבה רבה שברצון ותענוג שנקרא אהבה בתענוגים כו' וכידוע ששרש בחי' חג"ס דז"א הוא בבחינת חג"ת דא"א וע"י ונק' ימי קדם או הררי קדם · וז"ש ושמר לך את הברית ואת החסד אשר נשבע לאבותיך דהיינו מימי קדם שבע"י וכמ"ש אשר נשבעת לאבותינו מימי קדם וכמ"ש ביאור זה בת"א · וז"ש כאן רק באבותיך חשק ה' ותיבת רק בא למעט זולת האבות כי ישראל דווקא עלה במחשבה דא"ק בבחינת הפנימי של העונג כו' והיינו שאמר רק באבותיך חשק ה' ולא בזולתם מטעם כי חלק ה' עמו יעקב חבל נחלתו וכמ"ש כי יעקב בחר לו יה וכפי' הזהר בריש פרשת תרומה ע"ש וד"ל :

רק באבותיך תלתא ורתיכא ארבעה ד' מנלן דכתיב ויבחר בזרעם אחריהם מאי משמע לאכללא בהון דוד מלכא דאיהו רביעאה לאתתקנא ברתיכא קדישא כו' :

פי' עתה בא לתרץ קושיא אחת דלכאורה פסוק זה יסתור ענין הידוע בע"ח דבחי' בנין המל' נבנה דווקא בבחי' פרצוף בפ"ע ונחשב במדריגה רביעית בפ"ע כמו ג' מדריגו' דחג"ת דז"א וא"כ למה אמר רק באבותיך חשק הוי"ה למעט זולתם לגמרי והלא יש מדריגה רביעית כו' ולזה הקדים לתרץ קושיא זאת דרתיכא ארבעה פי' דהגם שבנין המלכות נבנה בפרצוף בפ"ע דווקא כנ"ל הנה מ"מ עיקר שורש בנינה אינו אלא בבחי' המלכות שבט"ס דז"א וכידוע בע"ח דמבחי' מלכות דחסד דז"א נבנה בחי' חסד שבמלכו' כו' וכיוצא בזה · וא"כ הרי כל בחינת המלכות כלולה בחג"ת דז"א דהיינו בבחי' המלכות שבהם · וא"כ כאשר רק באבותיך חשק ה' לא בא כלל למעט בחי' המלכות אחר שהיא כלולה במדות ומתאחדת עמהם ואדרבא כאשר אמר באבותיך כולל הוא גם לבחי' המלכות גם כאשר תהיה במדריגה בפ"ע כי דווקא או נקרא בחי' המדות דז"א בשם רתיכה דהיינו כסא של ד' רגלים כידוע משא"כ טרם בנין הנוקבא בבחינת המלכות לא נקרא חג"ת דז"א בשם רתיכה כלל · וז"ש רתיכא ארבעה דווקא והיינו מטעם שלא נקרא אדם אלא כשנכלל מדכר ונוקבא כו' וזהו שאמר מנלן והשיב מ"ש ויבחר בזרעם

אחריהם

אחריהם שהוא מלכות דאצילות מקור כללות נש"י בס"ר נגזות וא"כ בבחי' בחירה שבחר באבות נכלל גם בחינת המלכות כמאמ' ז"ל (פי"ד דבבא מ"ד) כ"י בני מלכים הם · והיינו מ"ש ויבחר בזרעם אחריהם להכללא דוד מלכא שהוא בחינת המלכות כנאמר (ר"ה כה א) דוד מלך ישראל חי וקים כו' וכידוע דאיהו רביעאה לאתתקנא רתיכא' פירוש לאתתקנא כי הנה להיות הכסא הזאת נק' כסא מלכות דוקא להיות ראש ומקור לבי"ע הוא ע"י בחי' המלכות דווקא וכמ"ש וישב ה' מלך לעולם וכמ"ש וישב שלמה על כסא ה' כו' · וזהו פי' לאתתקנא רתיכא דאבהן כו' · ומעתה מתורץ הקושי' הנ"ל דגם שמתמעט בתיבת רק זולת האבות אבל בחי' המלכות נבחרת ג"כ עמהם כי בלעדה לא נק' רתיכא עדיין כי כל רתיכא ארבעה דווקא מטעם הנ"ל וגם עליה אומר באבותיך כי נכללת עמהם כנ"ל וד"ל · וכל ענין מאמר זה ומאמרים הסמוכים שאומר בסמוך אינו אלא עניני הקדמות לבאור שורש תש"י שהוא בבחי' המלכות כמש"ת בסוף המאמר וע"כ מתחיל להקדים בביאור שורש ענין בחי' המלכות שהיא מתאחדת עם ז"א ואעפ"כ נחשב למדריגה ד' בפ"ע והוא ענין ש"ן דד' קשרין שית' בסמוך והיינו שאמר כאן עוד לבאר בטוב טעם יותר לשורש בחי' המלכות :

דתנינן אבהתא תיקונא ושלימותא דכלא וגופ' בהו אשתכלל ואתבני ובהו אתעביד אתא דוד מלכא ושכלל כלא ואתקין גופא ואשלמיה בה :

פי' אבהתא הוא בחי' חג"ת דז"א שהוא בחי' התיקון שיומשכו האורות בריבוי כלים דווקא והיינו שאמר שהאבות מפני שהן המרכבה לבחי' ז"א נק' תיקונא ושלימותא דכלא ובחי' הכלים של האורות הנקרא גופא דמלכא כידוע בהו אשתכלל בחב"ד ואתבני בחג"ת ואתעביד בנה"י והיינו בחי' ג' מיני מדריגות שיש בכלים בבחי' ראש תוך סוף כמ"ש אתה סתר לי כו' וכמ"ש בע"ח שזהו ענין פנימיות הכלים וחיצוניות הכלים והמלבושים כו' שגרשם בחי' חב"ד חג"ת נה"י כו' וכמ"ש ביאור כ"ז בת"א וד"ל · אתא דוד מלכא שהוא בחי' בנין הנוקבא מגלגליות דט"ס דז"א ושכליל ואתקין ואשלים הנה ג' אלה הלשונות ג"כ מדברים בג' מדריגות הנ"ל דחב"ד חג"ת נה"י שבכלים דז"א · אך משום שכל הברכות והמשכות שנמשך לז"א הכל ע"י בחי' המלכות דווקא ע"ד שארז"ל ע"פ להניח ברכה אל ביתך שאין נותנין פרנסה לאדם אלא בשביל אשתו דווקא וכמ"ש בת"א ז"ש ושכליל כלא להיות על ידה דווקא נמשך כל בחי' המוחין שבחב"ד דז"א · וגם ע"י דוקא יומשך בחינת תיקון גופא שהוא בחי' חג"ת בכלים רבים והיינו ואתקין גופא ואשלמיה בה היינו בבחי' תולדות הנשמות שמבחינת נה"י דז"א בברכת פרי הבטן כו' שהוא עיקר השלימות שאז נקרא אדם שלם כמ"ש ויברך כו' פרו ורבו כו' וכל אלה ע"י בחינת הנוקבא דווקא כמ"ש להניח ברכה אל ביתך ביתו זו אשתו כו' וד"ל :

אמר ר' יהודה כתיב ביה בדוד והוא אדמוני עם יפה עינים וטוב רואי מ"ט אדמוני משום דחולקא דעדביה גרמא ליה אדמוני דינא וודאי עם יפה עינים דינא ברחמי כמה דכתיב חסדי דוד הנאמנים :

פי' כי דוד המלך היה בחי' מרכבה לבחי' המל' כנודע והיינו מ"ש בדוד והוא אדמוני כי מראה האודם מורה על בחי' הגבורות כידוע וכמ"ש בת"א ע"פ ודלת ראשך כארגמן כו' ואיתא בזהר סומקא גו סומקא כו' לפי שעיקר בנין המלכות מבחינת הגבורות ולכך דינא דמלכותא דינא · וידוע דדינא אותיות אדנ"י וע"כ אמר כאן לפרש מ"ש בדוד והוא אדמוני משום דחולקא דעדביה גרמא ליה פי' מגד שרשו במלכות שהיא מלאה דינין וגבורות גרמא ליה להיות גם הוא אדמוני דינא וודאי · עם יפה עינים דינא ברחמי כו' פי' בא לדקדק בפסוק זה במ"ש עם יפה עינים עם זה משמעו שהוא דבר המנגד לבחי' האודם · לפי שכל בחינת יופי והידור אינו אלא כשיש התכללות משני דברים הפכיים כמו העירוב מגוונין הרבה או עירוב הקולות משני הפכים יחד כמו השמחה והמרירות וכיוצא וגם כאן הנה הרי האדמומית מורה על בחי' הגבורות אמנם בחינת גבורות הללו היו בחינת גבורות ממותקות בחסדים וזהו עם יפה עינים · כי הנה ידוע דהעינים הן בבחי' נו"ה דחכמה והארת התענוג אשר בחכמה ג"כ נמשך בעינים ואז נקרא טוב עין דהיינו בבחי' הטוב ורב חסד שבתענוג ולהיפך יש עין רעה מבחי' הגבורות ונקרא עינא בישא מבחי' גבורות הקשות · אך הנה בדוד נאמר יפה עינים שהיה מאיר בעינים מבחי' רב חסד שבתענוג שמלובש בחכמה והוא הנקרא חסדי דוד הנאמנים · כי יש חסדים שאינם נאמנים דהיינו בחי' החסד שנולד מן השכל שכלה כחו וכוזב מי שפעו לפרקים · וכמו שיש נהר אשר לא יכזבו מימיו שאינו נפסק ויש נהר שנפסק כך יש מי החסדים שנפסקים וכוזבים והיינו בחי' החסד שנולד רק מן השכל· ויש מי החסדי' שאינם נפסקים לעולם והן הנק' חסדים הנאמני' כי כל אמונה היינו כאשר אין לו הפסק כמאמר דאיהו אמת ואיהי אמונה · וכמו שפת אמת תכון לעד כך האמונה בלתי נפסק ולכך נקרא אמונה מלשון חווק בל תמוט כמו ותקעתיו יתד במקום נאמן כו' וכידוע · וז"ש חסדי דוד הנאמני' שהוא בחי' רב חסד שבתענוג שמאיר בעין טובה כמ"ש טוב עין הוא יבורך כו' · וזהו עם יפה עינים שהוא היפוך הגבורות של האדמומיות למתק כל דינין קשין כו' כנראה בטבע הבטת העין טובה של המלך וכיוצא שמאיר בלב העבד רבוי אור וטוב וחסד יותר מן שפע חסד רב בגשמיות ומובן זה מן ההיפוך בעין רעה שפועל הדין הקשה ביותר כו' וד"ל · וזהו אדמוני עם יפה עינים דינא ברחמי פי' גבורות ממותקות ברחמי שהן חסדי דוד הנאמנים שמאיר בעינים דווקא כנ"ל וד"ל · ועי"ל דמ"ש דינא ברחמי קאי על מ"ש יפה עינים בלבד דגם בעינים יש דינא ורחמי והן חו"ג שברצון כנראה באדם שירגז ברצון על שונאו

שלא

שלא יוכל להביט עליו בעין טובה אלא בעין רעה ולהיפך על אוהבו יביט בעין טובה · ואמנם יפה עינים היינו כאשר הדין כלול בחסד וגובר החסד על הדין והוא הנק׳ יפה עינים כי כל יופי הוא מחוור וסומק ביחד והחסדים גוברים · והיינו חסדי דוד הנאמנים לפי שגוברי׳ על הדינין ואינן נפסקי׳ בעבור כחות הדין כי כל נאמנות היינו כאשר אינם נפסקים מל׳ אמן כידוע וכל חסד שמנגדו הדין יפול בו שינוי אבל חסדים הנאמני׳ אין בהם שינוי מצד המנגדו לפי שגוברי׳ על הדין כו׳ וד״ל :

אמר ר׳ יצחק חסדי דוד באתרי׳ אוקימנא אלא והוא אדמוני כדאמרן עם יפה עינים אלין אבהתא ת״ח ירושלים וציון דינא ורחמי אעפ״כ כתיב עיר דוד היא ציון וכתיב בקרבך קדוש ולא אבא בעיר נשבע הקב״ה שלא יכנס בירושלים שלמעלה כו׳ :

הנה רבי יצחק לא הוכשר בעיניו פי׳ דר״י ביפה עינים דקאי ג״כ בבחי׳ המלכות ונקרא חסדי דוד כו׳ מאחר שהאדמונית מורה על עצם בחי׳ המלכות שעיקרה מבחי׳ הגבורות איך יתפרש במלכות יפה עינים בבחי׳ החסדים ע״כ אמר ר״י דחסדי דוד אוקימנא באופן אחר ובכאן הכוונה ביפה עינים בעינים דז״א דווקא דהיינו שמבחינת החסדי׳ שבעינים דז״א מקבלת המל׳ ג״כ הארת החסדים ואז נקרא דוד יפה עינים למתק כל בחי׳ גבורות ודינין שבמלכו׳ שבעבורם נק׳ אדמוני · ו״ש והוא אדמוני כדאמרן בבחי׳ הגבורות אך המתקתם באה מלמעלה דווקא דהיינו מאבהתא שהוא בחי׳ המדות דאצי׳ וכמ״ש עיניו כיונים כו׳ וזהו עם יפה עינים אלין אבהתא׳ והדין נותן כך שכל מיתוק צ״ל מעליון לתחתון ולפי׳ ר״י בחינת המיתוק במלכות עצמה ואיך אפשר שיהיה הדין ומיתוק הדין הכל במקום א׳ כו׳ · והביא ראיה לפי׳ זה ממ״ש עיר דוד היא ציון ת״ח ירושלים וציון דינא ורחמי כו׳ פי׳ ירושלים הוא בחי׳ יסוד שבמלכות וציון הוא יסוד ז״א · וידוע דז״א רובו חסדים ומיעוטו בחי׳ הגבורות וכמ״ש כי זכר חסדו שבדכר עיקרו חסדים והחסדים גוברים על בחי׳ הגבורות ובנוקבא להיפך שעיקרה בחי׳ גבורה ומיעוט בחי׳ חסדים כו׳ · ומכ״ש בבחי׳ יסוד שיסוד דדכורא עקרו חסדים אלא שבחינת גבורות נכללים בו וביסוד דנוקבא עיקרה בחינת גבורות ונכללין בה בחי׳ חסדים וזהו עיקר ההפרש בין בחי׳ מ״ד לבחי׳ מ״ן כמ״ש בע״ח · אמנם בשעת היחוד דדכר ונוקבא שמתחברים מ״ד ומ״ן אזי גוברים בחי׳ החסדים דמ״ד על בחי׳ הגבורות דמ״ן וממתיקין לגבורות דנוקבא · וז״ש מלפני אדון חולי ארץ דאתבסמת נוקבא ועביד נייחא לה כו׳ ונעשה מגבורות דמ״ן בחי׳ חסדים · וז״ש ההפכי הצור אגם מים כו׳ כמ״ש בנ״א· וז״ש כאן ירושלי׳ בחי׳ מ״ן שביסוד דנוקבא דינא וציון בחינת מ״ד דיסוד דז״א רחמי אעפ״כ כתיב עיר דוד שהוא בחי׳ מלכות היא ציון דהיינו בחי׳ חסדים דמ״ד דז״א לפי שנמתקו ונהפכו להיות בבחי׳ חסדים דיסוד דז״א ממש · ולזה רמזו רז״ל ע״פ בקרבך קדוש כו׳ שלא יכנס בירושלי׳ של מעלה ביסוד ז״א עד שתבנה ירושלים של מטה שהיא עיר דוד בחי׳ יסוד דנוקבא שנק׳ בת ציון דכתי׳ בה ערו ערו עד היסוד בה כו׳ כידוע בענין תיקון חצות וד״ל · ובזה יובן ג״כ פי׳ הפסוק דיפה עינים הנ״ל שהוא בחי׳ הארת חסדים שבמלכות הנמשך מעינים דז״א דייקא כמ״ש פקח עיניך וראה כו׳ שעי״ז נמתקים כל בחי׳ הגבורות שבמלכות כנ״ל · וזהו פי׳ אדמוני עם יפה עינים הממתיקי׳ לגבורה כו׳ ולא יפלא למה נק׳ דוד יפה עינים אחר שמדבר בעינים דז״א · כי הכל א׳ וראיה ממ״ש עיר דוד היא ציון אע״ג דירושלים וציון דינא ורחמי ב׳ הפכים · אך מפני שנמתקי׳ גבורות דנוקבא ונעשים כמו בחי׳ חסדים דז״א ממש כנ״ל גם כאן מפני יופי עינים דז״א נקרא גם דוד יפה עינים אחר שנמתקו הגבורות ונהפכו גם הם לחסדים כמ״ש עיר דוד היא ציון ממש כנ״ל וד״ל :

ר׳ יצחק אמר ש׳ דרשימא בתלת קשרי ש דארבע קשרין רמיזא הוא לתלתא ורמיזא הוא לארבעה תלתא הא דאמרן ארבעה למהוי רתיכא קדישא כחדא דהא הוא כללא דתיקונא עילאה :

פי׳ אחר שביאר למעלה בשרש בנין המלכות שהוא מבחי׳ ז״א עצמו ואעפ״כ נחשבת במדריג׳ רביעית בפ״ע דרתיכא הוא מארבעה דוקא כנ״ל ועתה בא לפרש ביאור דשי״ן דתלת קשרי ושי״ן דד׳ קשרי שיש בתפילה של ראש דוקא כידוע ושי״ן של ג׳ ראשין לצד הימין ושי״ן של ד׳ ראשין לצד שמאל כידוע מפני שהוא ענין ושרש א׳ עם מה שאמר למעלה בשרש בנין המלכות · כי הנה ידוע דתש״ר הוא ד׳ המוחין דז״א שמתחלקי׳ מחו״ג והן ד׳ בתים כידוע ומבואר למעל׳ והנ׳ שי״ן דתלת קשרי הוא רק בחי׳ חג״ת דז״א שהן ג׳ קווין בג׳ יודי״ן בראשם אך מתחלק לד׳ מוחין להיות כי הדעת נחלק לחו״ג ומבחי׳ גבו׳ שבביתא רביעאה משם בנין הנוק׳ כי עיקר בנין המ״ל מבחי׳ הגבורות שבקו השמאל בג״ה כו׳ · וזה ענין השי״ן דד׳ קשרי אשר בצד השמאל דתש״ר דז״א להיות כי שם בנין המ״ל וע״כ הוא בד׳ ראשין כי אז נק׳ רתיכא רביעאה כמו כסא של ד׳ רגלים כו׳ ומפני שמתחלק לד׳ מוחין ע״כ תפילא מתחלק לד׳ בתים ולהיות בחינת שי״ן דז״א בד׳ ראשים דווקא אך תחלתו הוא רק בג׳ קווין כמ״ש יקוו המים וכן זה ה׳ קוינו לו כו׳ · וז״ש שי״ן דרשימא בתלת קשרי רמיזא הוא לתלתא כדאמרן דהיינו בחי׳ אבהתא שהזכיר למעלה ורמיזא לארבעה למהוי רתיכא קדישא כחדא פי׳ ע״י בנין המ״ל שנבנה מבחי׳ ז״א שנעשה רתיכא רביעא׳ והו הרמז לארבעה קשרין בשי״ן · ומ״ש דהא הוא

כללא

כללא דתיקונא עילאה כבר מבואר למעלה בפי' אתא דוד מלכא ושכליל כולא כו' שע"י בחי' הת"ל דוק' ניתקן כל המשכות אורות בכלים דז"א כו' שנק' תיקונא עילאה כו' וד"ל :

ומהכא מתפרשין ואתמשכן תתאי באורחייהו ברצועיהון דתליין בהנהו שערי רדיש' דתליין בהו ואתמשכן מינייהו כל אינון אחרנין עד דאתקשרן באתרייהו :

פי' אחר שביאר שרש השי"ן של ד' ראשין דנוקבא שבלד שמאל דתש"ר עתה מתחיל לבאר שורש בחי' הרצועות דתש"ר המונחי' על שערות הראש ותליין ונמשכין למטה מטה כו' · דהנה ידוע עניין הרצועות שהן של עור גשמי שהוא כמו דבר זר נבדלין לגמרי מעצם התפילין שהן הפרשיו' עם הבתי' כי הפרשיות הן בחי' המוחין שהן בחי' האורות והבתים הן בחי' הכלים והכלים מתאחדי' עם האורות כידוע · אבל הרצועות של עור פשוט אין להם שייכות וערך עם עצם התפילין · וגם עוד זאת שהרצועות מונחים על שערות הראש וידוע בבחי' השערות שהן ג"כ דבר נבדל מערך העצמות כי היניק' שבשערות בחינת מותרות הוא כו' · ויובן כ"ז עד"מ הידוע באור שכל עמוק שא"א להביא אותו לידי גילוי בדיבור הנה צריך שילבישנו בלבושי' כמו משלים רבים המעלימי' האמת עצמותו וכל זה כאשר צריך המשפיע שיבא אור שפעו למקבלי' נמוכים דווק' אך אם המקבלים ערכם ערך גבוה וקרוב בערך אל המשפיע אינו צריך שילבישנו במשלים אלא מאיר כמו שהוא כו' · והדוגמא מזה יובן ג"כ למעלה דגם שבחי' המלכות כבר נבנה כל בנינה בבחי' האצילות והוא בבחי' ביתא רביעאה דתפילין שהוא דוד מלכא ובפרט באותו שי"ן דד' קשרי כנ"ל · הנה כל זה עדיין בבחי' האצי' אך כדי שירד אור שפע המל' בבי"ע עולמות הנפרדים בע"ג ותכלית צריך שיבא האור בבחינ' לבושין והעלמות רבות דוקא כמובן ממשל הנ"ל · וזהו שרש ענין הרצועות שבתש"ר כי הרצועות של עור נמשל להעלמות השכל במשל וחידה וכיוצא · כך בחי' אורות וכלים דאצילות שבד' בתים דתפילין נמשכים בבי"ע ע"י הרצועות דווקא כי מעצם האצילות לא יוכלו המקבלים לקבל וכמשל הנ"ל · וז"ש ומהכא אתפרשן ואתמשכן תתאי פי' תתאי הן ג' עולמות בי"ע שמקבלים מבחי' המלכות והיינו שאמר מהכא שהוא שי"ן דד' קשרי שבבית הרביעי שהזכיר קודם מתפרשן ענפי השפע לבי"ע ע"י הרצועות דוקא מטעם הנ"ל · וז"ש ברצועיהון דתלייא בהנהו שערי כו' כי השערות גם הם בחינת דבר נבדל מעצם המוחין כנ"ל והרצועו מונחים על השערות · והענין הוא כי גוף הבית של תש"ר מונח על עצם המוחין שבראש במקום שמוחו של תינוק רופס כו' בבחינת בליעה בבחי' מקיף כנ"ל והרצועות נמשכים לאחורי תש"ר לנגד העורף להמשיך שפע לעולמות וגם זאת ע"י אמצעות בחינת השערות דייקא כי לא יוכל לקבל מעצמות בחי' המוחין דז"א הללו כ"א ע"י השערות וגם זאת רק ברצועות דתליין בהני שערי כנ"ל וד"ל :

תנינן וא"ו נטיל אלין עלאין דאמרן ואינון תפילין דאנח קוב"ה בג"כ בעי בר נש לאתפארא בהו עליה כתיב וראו כל עמי הארץ כי שם ה' נקרא עליך שם ה' ממש :

פי' וא"ו הן בחי' המדות דז"א נטיל לאינון עילאין שהן ד' מדריגו' דאו"א עילאין ותתאין כנ"ל באריכות בבחי' מקיפים ולכך הן בבחינת בליעה ע"ג הראש כנ"ל · ומ"ש לאתפארא בהו כי כל תפארת הוא בא מלמעלה ממדריגה יתירה שלא לפי ערך דווקא כמו המתפאר בשכל וחכמ' שהשכיל שמתפאר בשכל עמוק שאינו לפי ערך המקבלים וא"כ גם אינו לפי ערכו שאם היה לפי ערכו לא היה מתפאר בו לעצמו עכ"פ וכן כל תפארת בגופו של אדם כמו הכבוד והממון והלבושי' וכיוצא הכל מדבר שלמעל' מערכו הוא מתפאר שהרי לא נקרא בשם תפארת אלא כשמפאר ומהדר לאדם דהיינו שהאדם נעשה הדר ומתרומם עי"ז · ואין זה אלא בדבר שהוא נעלה במדריגה יותר מגופו של אדם · אבל בדבר שהוא בערך האדם לא שייך לומר שיתפאר בה דהיינו שיפאר לאדם שיתעלה במעלה על ידו כנ"ל · וכך יובן בתפילין שנקרא פאר כידוע לפי שהן נמשכים מבחינת מקיפים דאו"א על מוחין דז"א הפנימים ולהיותן נעלי' הרבה במדריג' מגופו של מוח האדם ע"כ נקרא תפארת למוחין בבחי' בליעה לפאר למוחין שבראש כעטרת תפארת שבראש שמתפאר בה האדם כנ"ל · וז"ש כי שם ה' נקרא עליך ממש בבחי' מקיף שהוא לעטרת תפארת כו' · וז"ש ישראל אשר בך אתפאר בחי' ישראל סבא שהוא כללות ד' מוחין מקיפים דתש"ר כנ"ל בך אתפאר להיות לבחי' ת"ת למוחין שבז"א בבחינת או"פ וד"ל וזהו ואינון תפילין דאנח קודשא בריך הוא שהוא בחי' ז"א כנ"ל וד"ל :

ואלין אינון תפילין דרישא תפילין דדרועא היא שמאלא דאקרי עוז וירת' מעוז הה"ד והיה לאות על ידכ"ה בה' כו' וע"ד ה"א בתראי נטלא תפילין דהיא שמאלא ומאן אינון אלין ארבעה דאינון חד גופא וע"ד כלולין בחד ומאן אינון ת"ת נה"י והיא ה"א דידכה וכולהו אהידן בה כו' עד סוף המאמר :

והנה בפרי עץ חיים מבואר באריכות בשורש תפילין של יד אך בקצרה הוא מ"ש כאן דתש"י בבחי' המלכות שמקבלת משמאלא שהוא הנק' עוז כידוע ובמלכות נמשכין כל האורות והמוחין מקיפים שבד' בתים דתש"ר דהיינו מוחין דז"א כנ"ל · וז"ש דה' בתראה שהוא המלכו' נטלא תש"ר דהיינו ד' מוחין וכשהן בכלים אקרי גופא והיינו ת"ת נה"י דהוין חד

גופא

גופא והמלכות מקבלת מכללותם · וזהו דכלילן בחד כי הנה בית של תש"י הוא בית א' ואינו מחולק לד' לפי שהמדות דווקא מתחלקי' בהתחלקות לו"ק וכאו"א מתחלק ליו"ד כו' וכללותם ד' בתים · אך במלכות מתאספים כולן ונעשים כמו דבר א' בלתי התחלקו' כלל וכלל · והמשל בזה מאותיות הדבור שמתקבצים בו כל המשכות המדות שבלב והגם שבלב הן מחולקים אהבה בפ"ע כו' · אך בדבור מאירים כולם יחד כי צרופי אותיות הדבור סובל את כולם יחד מטעם שבחי' המקבל סובל בעצמו כל חלקי אורות המשפיע הנשפע בו · כמו עד"מ התלמיד שמקבל בכלי א' כל חלקי השכלות מחולקות ששומע מרבו כו' · וזהו שכתוב כל הנחלים הולכים אל הים · וגם כאן לפי שהמלכות מקבלת מהכל יחד ע"כ הבית דתש"י בית א' לכלול כל האורות שבז"א בכלי אחד דווקא וזהו שאמר וכולהו אחידן בה וד"ל :

תורה

שימני כחותם על לבך כחותם על זרועך וכו' הנה כחותם על לבך זהו ענין תפילין ש"ר וזהו על לבך שהן הרצועו' דתפילין ש"ר התלויין ונמשכים על לבו של אדם כמבואר בזוהר דהרצועות תליין על לבא · וכחותם על זרועך אלין תש"י שהיא על זרוע השמאלית · וכ"ז בקשת כ"י למעלה להיות כחותם על לב וכחותם על הזרוע וכמארז"ל מנין שהקב"ה מניח תפילין כו' ותפילין דמארי עלמא מה כתיב בהו ומי כעמך ישראל גוי אחד ומי גוי גדול כו' והיינו שכנ"י חקוק' כחותם על לבו בתש"ר שהקב"ה מניח והוא על הרצועות דתליין על לבא · ולהבין ביאור הדברים הנה יש ב' מיני חותמות האחד הוא חותם הבולט והוא אותיות הבולטים בחותם וכשחותמין בהן בשעוה נעשה בשעוה אותיות הללו משוקעים והב' חותם השוקע שאותיות שבו שוקעים וכשחותמין בו נעשה בשעוה אותיות הללו בולטין כידוע הרי מבליעה נעשה שקיעה בחותם הבולט ומשקיעה נעשה בליט' בחותם השוקע · והיינו פי' ב' חותמות הללו כמ"ש כחותם על לבך שהוא תש"ר בבחי' חותם הבולט שנעשה משקיעה דלמטה · וכחותם על זרועך שהיא תש"י הוא בבחי' חותם השוקע שנעשה מבליעה דלמטה וכמבואר במשל ב' חותמות הנ"ל וד"ל · אך הנה להבין זה למעלה י"ל תחילה ענין ב' חותמות הללו למטה בעבודה שבלב ומזה יובן ג"כ למעלה · דהנה נודע שהניצוץ האלקי שבאדם מתלבש בנפש הבהמית דנוגה דעשיה ברצון ושכל ומדות מדו"מ כו' · ואמנם יש בנפש האלקי' עצמה רצון ושכל ומדות אוי"ר אלקית רק שהמה בהעל' וצריך להביאם לידי גילוי כידוע · והנה אהבה שבניצון אלקית כשבא לידי גילוי הוא ענין העלאה כי האהבה היתה בהעלם תחילה ונקרא אהבה מוסתרת ואחר כך עולה היא בגילוי ברשפי אש התשוקה והר"ז כמו אותיות הבליעה שבולטים מן החות' כו' · והיינו שאמרו רז"ל לא כאברהם שקראו הר להיות שזהו דמיון ההר שבולט ונראה בגובה על פני שטח הארץ המישור וכמו חותם הבולט · והכל ענין א' לפי שאברהם היתה עבודתו במדת אהבה כמו שנקרא אברהם אוהבי כו' וכידוע · והאבות הן המרכבה והיה בולט גילוי אור אהבתו כלפי מעלה

אור

והר"ז כדמיון ההר שעולה ובולט · וכן בכללות נש"י בכאו"א כשאומר ואהבת בק"ש הר"ז בחי' העלאה בבחי' גילוי מן ההעלם האהבה המסותרת ונמשל להר או לחותם הבולט כו' וד"ל · ואמנם מהיכן יבא סיבת ההתפעלות באהבה הוא ע"י ההתבוננות בפסוק ראשון דק"ש · וזהו פי' שמ"ע לשון התבוננות וישראל הוא ניצוץ האלקית המלובש בנפש הבהמית· וזהו פי' שמע ישראל ל' אסיפ' וקיבוץ ג"כ שיתקבץ למעלה מפיזור הנפש שנתפזר' ברצונות זרות כאשר מלובשת בנפש הבהמית ברצון ושכל ומדות ומדו"מ גשמיים כו' אל שרשו למעלה והיינו לפי שישראל עלה במחשבה והוא ענין יחוד חו"ב תרין ריעין כו' · והיינו פי' הוי"ה אלקינו · כי הנה הש"י מחדש בטובו בכל יום תמיד מעש' בראשית ופי' חידוש זה היינו בחינת ההתחדשות מאין ליש · וביאור ענין מאין ליש ידוע שאין השתלשלו' בדמיון שכל האנושי כמו שידמה האדם בנפשו כח הפועל בנפעל שכמ"כ כח האלקי בנפעליו הנבראי'· שהרי אין ערך כלל בין נברא עם הבורא וכמ"ש כי לא מחשבותי מחשבותיכם כו' ובכח הפועל בנפעל הרי יש ערך כו' · אלא באמת אין השתלשלו' מאתו ית' באה בבחינת התלבשו' כמו כח הפועל שיתלבש בנפעל כי אין שינוי לפניו בין קודם שנברא כו' כמ"ש אני ה' לא שניתי · אלא עיקר התפשטות החיות מאתו הוא בא רק מבחי' מדת מ"ל שהוא בחינת אותיות כידוע וכמ"ש מלכותך מלכות כ"ע כו' כמ"ש בע"ח דהארץ הלזו הגשמית מקבלת מבחינת מ"ל די"ס דעשיה וג"ע התחתון שבארץ הוא מקבל מבחינת מ"ל דיצי' וג"ע העליון ממ"ל דבריאה ונמצא הכל מתהווים מבחינת מ"ל בלבד · וזהו פי' מלכותך מכ"ע וכן ומלכותו בכל משלה · וגם הצדיקי' שנהנין מזיו השכינ' הרי אינם מקבלי' רק מבחינת מ"ל שנקרא שכינה שהוא בחי' שם ומ"ל בלבד וכמאמר יחיד חי עולמי' מלך שכל חי עולמים כולם הוא רק מבחי' מלך וכידוע · וזהו פי' ה' אלקינו חו"ב שבאצילות שמחדש מאין ליש תמיד כו' · וע"כ ממילא יתפעל בזה באהב' בכל לבבך כו' ובכל מאדך פי' בכל מאדך בלי גבול וכמ"ש כלה שארי ולבבי כו' מי לי בשמים כו' כי לעולם התשוקה לדבקה במקור החיים עצמו דוקא שהוא עצמות אא"ס הנק' חיי החיים

אין לו כלי להגביל אור אהבה והתשוקה וע"כ נק' מאד בלי גבול כידוע וד"ל · ואמנם האיך יבא למדריג' זאת הנה לזה הטעם סדרו אנכה"ג פסד"ז מקודם · והענין הוא דכתיב רוממו' אל בגרונם וגו עי"ז נעשה חרב פיפיות להפריד יניקו' החיצוני' ולכך נק' פסוקי דזמרה מל' זמיר עריצים להכריתם כו' ואח"כ ברכת יוצר מדברים באיכו' בחינת הביטול של המלאכים והשרפי' והאופני' · ויש בזה ג' מדריגות· המלאכים אומרים ביראה קדוש הוי' צבאות היינו שמשיגים שגם ה' השוכן בצבאות הוא קדוש ומובדל כו' מתבטלים במציאות כו' · והב' השרפים דכתיב בהו שרפים עומדים ממעל לו ממעל לשכינתא ואינם משיגים כ"כ בקדושת ה' אין בהם בחינת הביטול כ"כ · והג' מדריגות האופנים שאומרים ברעש גדול כו' לפי שהן רחוקין יותר הם בבחי' יש ודבר וע"כ התפעלותם ברעש גדול כו' משא"כ העומד מקרוב מפני בחי' הביטול אין רעש כלל בהתפעלות שלו כו'· וא"כ לפ"ז בגלגלים שלמטה שבעולם העשיה שלמטה גם מהאופני' יש רעש גדול יותר בהתפעלו' שלהם אחר שהמה רחוקים יותר כו' · וכ"ז הכנה לבא בק"ש במס"נ באחד בואהבת בכל מאדך כו' דהיינו למסור נפשו באחד וכמו שמסיים בק"ש אני ה' אלהיכם · והנה התפעלות אשר הוא ברעש עד אני ה' אלהיכם שבסוף ק"ש היינו בחינת חותם שמלמטה למעלה בבחי' אותיות בולטים נעשה אח"כ אתערותא דלעילא בבחי' חותם שוקע והיינו בש"ע שנקרא צלותא דבלחש דווקא ולא ברעש כמשל מי שמדבר דבר באזני המלך בלחישו כמ"ש בזוהר · וע"כ אומר ה' שפתי תפתח שאתה תפתח כו' וגו ופי יגיד תהילא ולא ע"י הכנה מלמטה בהתפעלות כו' והן בח"י ברכאן דצלותא ברוך אתה ה' שכל אלה הן רק המשכות גילוי והתלבשות אור א"ס באורות וכלים כו' · וזהו ג"כ שרש ענין התורה ומצות שנזכר בפרשה ראשונה דק"ש אחר ואהבת בכל נפשך כו' והיו הדברים כו' ודברת בם כו' · הנה אהבה זאת שבכל נפשך היינו לאדבקא רוחא ברוחא מחשבה במחשב' ודבור בדבור כו' והיינו להמשיך אור א"ס בדבר ה' זו הלכה כי אורייתא מחכמה עילאה נפקא · ופי' חכמה הוא בחינת ביטול כי זהו חכמה שבתורה דווקא משא"כ סתם חכמה כמו בחכמה דעשי' כו' כי כל חכמת התורה הוא רק לבא לבחי' ביטול באחדות ה' כמו להבדיל בין הטמא להטהור כו' שמפריד מהטוב הטמא שהוא הרע ויוכל להיות עולה לה' · ולהיות כי בחכמה אתבירירו דייקא ע"כ זהו עיקר ענין חכמה שבתורה להבדיל ולהפריד הרע מן הטוב לבררו· וזהו כללות ענין של רמ"ח מ"ע להיות בהם בחי' כלי מוכן לשבתו ית' ברמ"ח מ"ע נעשה רמ"ח אברים דמלכא שהוא התלבשות האורות בכלים למעלה · כי מצד עצמיות המאציל הרי אמר לאו דאית לך צדק ידיע כו' ולאו מכל אלין מדות כלל אלא שע"י תורה ומצות ממשיכים מעצמותו שיתלמדם ויקרא חכם ומבין כו' כמו ע"י שעוסקי' בתורה לשמה שממשיך אא"ס בחכמה · כי ע"י אתדל"ת אתדל"ע גם הקב"ה יושב ושונה כנגדו שהוא ענין התלבשות אור א"ס בחכמה שבתורה ונק' חכים כו' · ועד"ז בכל המצות ממשיכים אא"ס בכלים מכלים שונים כי המצות נקר' רמ"ח אברים כו' · וכמו שאנו אומרי' אשר קדשנו במצותיו מצותיו דייקא וזהו מה שאמרו רז"ל ועשיתם אותם אתם · שישראל הן עושין המצות למעלה · וכן ענין לעשו' ולקיים את כל דברי התור' כו' שהם מקיימין ועושין שרש התור' והמצות למעלה להיות כן נקרא אתד"לע זאת שע"י התורה ומצות בשם חותם שוקע · כי עד"מ החותם שאותיות שלו שוקעים הרי הן חלולים לקבל בתוכו דבר מה כך הן בחינת כלים מכלי' שונים שבתורה ומצות שאור א"ס מתלבש ומתקבל שם בהעלם· וכענין וירד ה' על הר סיני שירד מן ההעלם עצמותו ונתלבש בהר כו' וכך הוא מתלבש בכל המצות · וחותם זה נקרא חותם שוקע שנעשה ע"י חותם הבולט מחמת אהבה בהתפעלו' מלמטה למעלה עד סוף ק"ש כענין לא כאברה' שקראו הר כו' כנ"ל· ועי"ז נעשה אתדל"ע מלמעלה למטה כמו חותם שוקע · והוא ענין הר ההר שהוא הר ע"ג ההר כך כפה עליהם הר כגיגית מלמעלה למטה כמ"ש וירד ה' על הר סיני כו' · וזהו כחותם על זרועך שהוא תפלה ש"י ונק' תפלה מיושב שהוא מברכת יוצר עד סוף ק"ש שנק' תפלה מיושב כידוע · והענין הוא משום דבפסוקי דזמרה וק"ש וברכותיה הוא רק בחי' העלאה מלמטה למעלה ברעש גדול כו' · והיינו תפילה של יד בד' פרשיות שבה פרשה ראשונה קדש לי כל בכור פטר כו' פי' בכור הוא בחי' חכמה שנק' ראשית וכמ"ש בני בכורי ישראל בשביל ישראל שנקראו ראשית כו' וזהו מלמטה למעלה בחכמה דכ"י · וכנגד זה מלמעלה למטה נמשך ג"כ בחי' חכמה והוא בחי' חכמה שבתורה וכמו שאמר בפ' זו למען תהי' תורת ה' בפיך וידוע דאוריית' מחכמה עילאה נפקת ובפיך היינו שיהיה הדבר נמשך בפי הקורא והשונה כנ"ל שהוא בחינת שוקע להיו' גילוי אא"ס בכלי החכמה כו' · ופ' שניה והיה כי יביאך נזכר בה יצ"מ· וענין יצ"מ היינו לצאת מן המצר והוא מצר ים דבינה · כי הנה אהבה המסותרת עדיין במוח בינה בהתבוננות ואינו בא לידי גילוי בלב נקרא מצר ים או מצר מי· והאהבה אשר עלדה מן השכל וההתבוננות ובאה בגלוי בלב נק' לידה כמו שהבן נולד ויוצא מבטן האם כך בחי' בינה נקרא אם הבנים והאהבה נקרא בן והלידה הוא בחי' גילוי אהבה בלב כשיוצא מן המצר שבמוח וכמ"ש ביחזקאל מכורתיך ומולדתיך ביום הולדת כו' · והיינו פ' שמע והא"ש שהן אהב' ויראה שנולדים ממצר המוח דבינה שבפ' והיה כי יביאך כידוע דקדש והיה כי יביאך הן חו"ב תרין ריעין כו' ושמע והא"ש הן חו"ג כו' כי בפ' שמע אמר ואהבת את ה' כו' ובפ' והא"ש אמר לאהבה וגם לעבדו ביראה וכמו שאמר שם השמרו לכם פן יפתה לבבכם כו' · וגם הנה בפ' שמע

מדבר

מדבר במצות אהבה ובפ' והא"ש מדבר בעסק המצות והיה אם שמוע תשמעו אל מצותי כי המצות תלוין ביראה כו' כמ"ש בזאת יבא אהרן כו' · והנה אהוי"ר הן שרש לכל המצות וכאשר נולדים מן השכל כנ"ל אזי כתיב אם הבנים שמחה והיא השמחה שהוא בא מצד הבינה שנקרא אם הבנים אמנם דווקא כשנולדים ממנה המדות נק' אם הבנים · ויש בזה ב' מדריגות א' השמחה באהבה שבלב בפ' שמע והב' במעשה המצות והוא הנקרא שמחה של מצוה במעשה דווקא וכמ"ש תחת אשר לא עבדת את ה' בשמחה כו' ועבודה זו היינו עבודת מעשה המצות וע"ז נאמר ג"כ אם הבנים שמחה שהוא מן ההתבוננות כו' · ונמצא ב' פרשיות אלו דשמע והא"ש נמשכים מפר' שניה והיה כי יביאך דהיינו בחי' בינה כו' וכמו שהוא מלמטה למעלה כך נמשך מלמעלה למטה והן כלליות ד' פרשיות דתפילה ש"י למעלה כו' וד"ל · והנה כשם שע"י פ' ראשונה נמשך תורה כמ"ש למען תהיה תורת ה' בפיך כנ"ל שנקרא ראשית כך ע"י פ' האחרונה פ' והא"ש נמשך הצדק' שהוא בחי' ומדרג' האחרונה להחיות רוח שפלים כו' · כי כללות ענין המצוה נק' בשם צדקה וכמ"ש וצדק' תהיה לנו כו' שהוא הנקרא מעשה כמ"ש והיה מעשה הצדקה כו' · והטעם הוא כי המצות בכלל הוא רק בחינת עשיה למעלה כי באמת הרי לאו דאית לך צדק ידיע כו' ולאו מכל אינון מדות כלל כו' אלא שמתלבש במדות בבחינת עשיה בלבד כו' · והתלבשות זו נקרא צדקה מטעם שבא מסיבת הרחמנו' כמו שהצדקה למטה להחיות העני בא מצד הרחמנות · להיות שאין ערך כלל מן האצי' לתאציל אלא שמתלבש בהן לצורך שפע וחיות העולמות מצד הרחמנו' · אך הנה בחי' הרחמנות לא שייך למעלה בבחי' עצמות המאציל כי הרחמנות הוא התפעלות שהוא שינוי ובעצמות המאציל אין שינוי כלל וגם איך יתפעל ברחמים אחר שאין ערך כלל כו' · אבל הנה לזה צריך שימשיכוהו שיתלבש במדת הרחמנות כמו ע"י מעשה הצדקה למטה באתדל"ת שיהיה כמו כן אתדל"ע · וז"ש כן צדקה לחיים פי' כן צדקה הוא בסים לאא"ם ב"ה שנקרא חיי החיים שיתלבש במדת הרחמנות כו' להיות מכון לשבתו עי"ז בהתלבשות בכלים כנ"ל · וזהו ענין כללו' המצות שנק' בשם צדקה כנ"ל וד"ל · וזהו כחותם על זרועך שהוא תש"י שמלמעלה למטה בבחי' שוקע שנעשה ע"י ק"ש וברכותיה שנק' חותם בולט כנ"ל · וזהו מ"ש שמאלו תחת לראשי שמאלו היינו כחותם על זרועך שהן תש"י אשר בזרוע השמאלי שלו והוא אשר תחת לראשי הוא תיב' ישראל · והענין כי ע"י חותם השוקע הזה מתעלת כללות כנ"י וזהו תחת לראשי שמאלו מעל' את ישראל ומגביה למוחין שלהם לפי שעל ידי הבליעה נעשה שוקע כו' וד"ל :

ועתה י"ל ענין החותם השני שהוא חותם בולט שנעשה למעלה הוא ענין תפילין ש"ר למעלה כנ"ל שזהו פי' כחותם על לבך כו' · דהנה מבואר למעלה במשל ב' החותמות שהחות' הבולט למעל' אינו נעשה אלא כשלמטה למעלה הוא בחי' שוקע כמו שמשימין חותם שוקע בשעוה שנעשין האותיות בשעוה בולטין כו' וענין השקיעה מלמטה למעלה הוא בש"ע דווקא שאחר ק"ש דהנה בש"ע הוא בחי' ביטול הרצון מכל וכל כידוע שזהו ענין הכריעות וההשתחוואות שבש"ע שהוא רק בחינת ביטול העצמי כמאמר בטל רצונך מפני כו' אלא שצריך להיות גם זה בגלוי בגופו להרכין הראש אבל העיקר הוא ביטול הרצון כו' · וע"ז אמרו ז"ל הלואי שיתפלל אדם כל היום כולו פירוש שיהיה לו ביטול רצון כל היום וזהו עיקר של התפלה כו' והוא בחינת הרשימו שנשאר מן התפילה כל היום להיות ונפשי כעפר לכל תהיה כו' בביטול רצון · דהנה במל"ת יש בחינת ביטול זה יותר מבמ"ע כו' · וזהו הטעם שמל"ת גבוהים בשרש יותר ממ"ע שהרי שמ"י עם י"ה בגימט' שס"ה וזכר"י עם ו"ה בגימ' רמ"ח כידוע וי"ה גבוה מו"ה כו' לפי שבחינת י"ה הוא הצמצום בחכמה שהוא בבחי' ביטול המציאות וכל עניני המל"ת הוא רק בהעדר בשב ואל תעש' שהוא הלאו פקודים להן כמו לא תלבש שעטנז לא תאכל כו' לפי שלא יכול להתלבש כ"א בלאו ולא בהן כו' וכמ"ש במ"א ע"פ בארץ לא זרועה · והיינו כמו ענין הביטול דכריע' שלא יוכל להשיג אלקו' בדביקות בהשג' אלא רק בבחי' הביטול כו' · וזהו ענין ההפרש בין תש"י לתש"ר תש"י הוא כמו במ"ע לדבקה בו בבחי' יש ודבר מה כמו באהבה שנק' הר כו' שהוא ענין העלאה יש ודבר מה · אבל מל"ת הוא בחינת הביטול שאינו יש ודבר מה כלל אלא אדרבה בחי' ביטול עצמותו מכל וכל והוא בחי' שוקע כמו עד"מ החותם השוקע שהאותיות שבו שקועים כו' כך נתצמצם וביטל א"ע ונעשה כמו שוקע כו' ועי"ז מעורר למעלה בחי' חותם הבולט כפי משל הנ"ל והן ענין תש"ר למעלה שהן בולטין על הראש · וביאור ענין בליעת תש"ר הנה בזמן הגלות כתיב אותותינו לא ראינו כו' שאין גילוי אלהות למטה אלא רק בא בבחי' העלם והסתר בכמה לבושים שונים כו' אך לעתיד כתיב לא יכנף עוד מוריך כו' שלא יסתתר עוד בבחי' לבושים אלא יבא אורו למטה בבחינת גילוי ממש לעין וכמ"ש והיו עיניך רואות את מוריך כו' · וזהו ענין החותם הבולט דתש"ר שהוא בולט בגילוי בלי לבוש המעלים כו' · וביאור הדבר הנה מבואר למעלה בענין החותם השוקע למעלה בתומ"צ שבאו האורות בהתלבשות בכלים מכלים שונים כמו למען תהיה תורת ה' בפיך להמשיך אור א"ס בחכמה שהחכמה מלביש ומעלים לאור א"ס ששורה בה כדמיון האותיות השקועים שמוסתר בהם האור כו' וכמ"ש עוטה אור כשלמה שהחכמה הנק' אור נקרא לבוש ושלמה להעלים ולהסתיר הא"ס ב"ה · וכך הוא בכל המצות שנק' כלים ואברים כו' הנה האור דא"ס

מוסתר

מוסתר ונעלם בהם כמשל אור חיות הנפש שמוסתר באברים כו' אבל לעתיד כתיב ולא יכנף עוד מוריך שלא יבא בבחי' העלם בלבושים כמו במעשה המצות אלא יהיה עיניך רואות כו' עין בעין נראה אתה ה' כו' כי חשף ה' את זרוע קדשו וראו כל אפסי ארץ כו' לעיני הגוים גילה צדקתו וכו' כמבואר בהרבה כתובים וזהו היפוך גילוי אלהו' אשר עכשיו שהוא בא רק בהעל' וכמ"ש אותותינו לא ראינו כו' · ואע"פ שבודאי כל העוסק בתורה ממשיך אוא"ס בחכמה כו' אבל ממשיך בבחי' לבוש ולעתיד יהיה גילוי אוא"ס בלי לבוש מעלי' כלל וכלל ויהיה למטה כמו שהוא למעלה ממש כו' וד"ל· וזהו ענין בליעת החותם דתש"ר שבא אחר בחינת חותם השוקע מלמטה למעלה בש"ע הנ"ל שמשקיעה דלמטה נעשה בליטה למעלה כו' וד"ל · וזהו שימני כחותם על לבך כו' ואמרו ז"ל מנין שהקב"ה מניח תפילין כו' ותפלין דמרי עלמא מה כתיב בהו ומי כעמך ישראל כו'· דהנה הקב"ה הוא סובב כ"ע ותש"ר שלו היינו בחי' גילוי אא"ס במדות דאצי' חכים או מבין כו' כאשר יבא בבחינת גילוי ולא בבחי' לבוש מעלי' כמו במצות אלא כמו לעתיד דכתי' ולא יכנף עוד מוריך כו' וכנ"ל · ומה שאמרו שבתפילין ש"ר נזכר ומי כעמך ישראל כו' לפי שע"י בחי' ביטול רצון שלהם שהוא בחי' השקיעה נעשה בחינת בליטה דתש"ר כנ"ל וד"ל· ומה שאמר בזוהר כחותם על לבך דהיינו רצועות של תש"ר דתליין על לבא כו' הענין הוא כי אותיו' הכתובים בפרשיות אמרו ז"ל דכל אות שאין גויל מקיף לה מד' רוחותיה פסולה · והענין הוא כי הקלף הוא פשוט והאותיות הנכתבי' עליו הנה הקלף נושא וסובל אותם · ולהיות כי הקלף הוא בחי' מקור שבו נכתבו האותיות ע"כ צריך שיהיה גויל חלק מן הקלף מקיף כל אות כו' והוא כמו ענין בחינת אור מקיף לפנימי וכל שאין הגויל מקיף מד' רוחות של אות פסול כו' · וכך יובן בענין הרצועות דהנה הרצועו' הן ג"כ מעור בהמה שהקלף נעשה ממנה והוא ג"כ למעלה מבחי' האותיות שבפרשיות מטעם הנ"ל · והנה ענין תש"ר הוא בחי' בליעת גילוי אא"ס ב"ה שלמעלה מבחי' התלבשות האורות בכלים כנ"ל והארה זאת הנה מתלבשת בד' פרשיות שבתש"ר שמניח הקב"ה כו'· אבל בחי' מקיף של הפרשיות הללו הוא כמו הגויל כנ"ל הוא אשר נמשך ברצועות של תש"ר הללו והן הרצועות דתליין על לבא כי הרצועות נעשין ג"כ מהקלף דפרשיות כנ"ל· וענין דתליין על לבא היינו על לבא דווקא בבחי' מקיף על הלב כי הנה בחי' חותם הזה דבליטה שנעשה ע"י חותם השקיעה הכל הוא רק בבחי' אותיות כי אין החותם נעשה רק באותיות ושרש האותיו' הוא מגיע רק בהשגה רבינה ובינה מקבלת מחכמה מאין ליש כו' כידוע · אבל ברצון שלמעלה מהשכל והשגה אין שם בחינת אותיות עדיין והוא אהבה רבה שלמעלה מן השכל שנקרא הר ההר כו' שלמעלה מן האותיות והוא אהבה שברצון שבבחינת מקיף כמ"ש כצנה רצון תעטרנו כו' וע"כ לא תוכל לבא כ"א בבחי' מקיף על הלב לפי שאוי"ר שבלב שנולדים מן השכל לא יכיל אור אהבה רבה זו וז"ש וימינו תחבקני היינו רצועות דתליין על לבא בבחי' מקיף תחבקני כאדם שמחבק לחבירו מאחוריו לבלתי יוכל לפנות אנה כו' כך נאמר כחותם על לבך · ואי' בזוהר כהאי חותם אע"ג דאזיל הכא והכא דיוקנא אשתאר בך פי' אע"ג דפונ' האדם לצרכי עסקו בעניני העוה"ז מ"מ ביטול הרצון בש"ע בחי' שקיעה הנ"ל גורמת בליעת תש"ר להיות כחותם על לבך למעלה והוא ברצועות דתליין על לבא שהוא בימינו תחבקני לבלתי יוכל להפרד מפני שדיוקן החותם אשתאר בך ואעפ"י שאחר התפיל' חולפת ועוברת האהבה מ"מ הרשימ' נשאר כנ"ל כמ"ש כי עזה כמות אהבה כו וד"ל· וזהו שימני כחות' על לבך כחותם על זרועך שזהו בקשת כנ"י שתהיה כחותם על לבו של הקב"ה בבחי' תש"ר וברצועות דתליין על לבא כנ"ל וכמ"ש וימינו תחבקני בש"ע וכחותם על זרועך שהוא בחי' תש"י שהוא ענין שמאלו תחת לראשי בק"ש וברכותיה שנקרא תפילה מיושב כנ"ל· אך הנה מה שהקדי' המאוחר והל"ל תחיל' כחותם על זרועך כמו שק"ש קודם לש"ע · הענין הוא לפי שזה הפסוק מדבר לעתיד שלא יהיה אז המשכה מלמעל' מגד אתדל"ת בלבד כו' אלא מגד עצמו בלבד ומלמעלה למטה תש"ר קודמין לתש"י כו' וע"כ אמר תחלה שימני כחותם על לבך ואח"כ על זרועך וד"ל :

להבין שרשי הדברים הנ"ל הנה כתיב והחיות רצוא ושוב ויש כאן ב' מדריגות בעבודה שבלב מלמטה למעלה הא' בחי' רצוא והב' בחי' שוב · והנה בחינת רצוא הוא ענין הנ"ל בחותם על זרועך שהוא בחי' הבליטה מלמטה למעלה כענין אברהם שקראו הר כו' · וביאור הדברים הוא כי הנה בחי' הרצוא הוא בחי' התפעלו' אהבה ברשפי אש מלמטה למעלה והוא מורגש ליש ודבר דוקא שיש מי שאוהב כו' והיינו כמו בחי' בליעת החותם וידוע דרוח אייתי רוח ואמשיך רוח כו' מלמעלה ממש כמו רוח מהתעוררות התחתון · ואמנם בחי' רוח הנמשך מלמעלה למטה שבא ג"כ מבחי' התעוררות אהבה דהיינו בחי' המשכה מאצי' לבריאה הנה בא בבחי' שקיעה דהיינו בחי' התלבשות האורות בכלי' שהכלי מגביל ומעלי' את האור כידוע וכמו אותיות השקועין שהן חלולים כו' והוא ג"כ בחי' יש ודבר מה שהכלי הוא בחי' יש כידוע וד"ל · וע"י מדריגה השני' בעבודת ה' מלמטה למעלה בבחי' שוב דהיינו בחי' הביטול בלתי הרגשת עצמותו כלל כנ"ל שהוא בחי' שקיעה נעשה עי"ז מלמעלה למטה בחי' בליטה כנ"ל · וביאור הדברים כי הנה בחי' הביטול במציאות הוא בחי' יו"ד דשם הוי"ה שהוא בחינת הצמצום והעדר התפשטו' דוקא כידוע בפי'

ד'

ד׳ אותיות דשם הוי״ה דיו״ד ה״א היינו יראה עילאה ירא בושת ואהבה עילאה ונקרא דחילו ורחימו שדחילו קודם לפי שהיראה הזאת באה מצד בחי׳ הביטול דחכמה ונק׳ ירא בושת כו׳ והוא יראה שלמעלה מן אהבה אבל אהבה שנולדה דוקא בגילוי יש ודבר מה הוא בבחי׳ בינה בהשגה דוקא והוא אהבה עילאה דה״א שהוא בהתפשטות אורך ורוחב היפך היו״ד שהוא נקודה קטנה ואח״כ ו״ה ו׳ היא אהבה שנולדה מן השכל וה״א אחרונה הוא בחי׳ יראה תתאה יראה חיצוניות שלמטה מן אהבה הזאת רחימו ודחילו שרחימו קודם · והנה ג״כ בדמיון י״ה שהיו״ד נצמצם וה״א התפשטות כך הוי״ו נצמצם לגבי ההתפשטות ה״א האחרונה כו׳ · והנה מאחד דרוח אייתי רוח כנ״ל א״כ מבחינת הביטול דלמטה למעלה נמשך מלמעלה למטה ג״כ בבחי׳ זו והוא בחינת עצמות הארת אוא״ס שאיננה מתיישב בכלי להגלות בבחינת יש כ״א עי״ז נמשך האור מבחינת הצמצום שלפני השתלשלו׳ והוא ענין אותיות הבליעה שאינם כמו בחינ׳ כלים המעלימים האור · אלא אדרבה מגלים כל עיקר האור בבחינת בליעה וזה יהיה לעתיד דווק׳ דכתיב ולא יכנף עוד מוריך כו׳ · דהנה עכשיו כל המצות מעשיות הן רק בבחי׳ כלים מכלים שונים לגילוי אא״ס כידוע דרמ״ח פקודין רמ״ח איברים שהאור מלובש ונעלם בכלי מעשה המצות להיות כי באתדל״ת אתדל״ע · ולפי שמלמטה למעלה נתעורר בבחי׳ יש כך נמשך האור מלמעלה למטה בבחי׳ כלים שהוא בחי׳ יש · וע״ד דוגמ׳ מצות הצדקה למטה הוא להחיות רוח שפלים ע״י מדת הרחמים שעי״ז נתעורר מלמעלה מדה״ר דאצילות להחיות רוח שפלים בחסד עליון דאצילות הנקרא דרועא ימינא דקב״ה כו׳ וכיוצא בזה · הרי אור חסד הזה הנמשך הוא מתלבש בכלי דווקא · עד״מ שנק׳ דרועא כמו היד למטה שהוא האבר להלביש ולהעלים האור והחיות כו׳ · וידוע דבאמת אא״ס מובדל ומושלל מכל הי״ס דאצילות כמאמר אנת הוא חד ולא בחושבן כו׳ ולאו מכל אלין מדות כלל · אלא ע״י אתדל״ת במצות שהן בחי׳ כלים לאורות נעשה ונמשך אא״ס ג״כ למעלה להיות התלבשות אורות בכלים דווקא עד שהוא נקרא בשם חסד דרועא ימינא כו׳ אבל באמת לאו דאית לך צדק ידיע כו׳ · ועד״ז בכל המצות כמו בציצית המשכת אור מקיף כו׳ וכיוצא בזה · וכ״ז נמשך האור בכלים ע״י בחינת הכלים דמצות ע״י אהבה דרצוא הנ״ל שהוא שרש כל רמ״ח מצות עשה אבל בחי׳ השוב דביטול הנ״ל שמרשו למעלה מעורר בחי׳ המשכה מאא״ס עצמו שלמעלה מלהיות אור זה מלובש בכלי המעלי׳ כנ״ל · והיינו מ״ש לעתיד ולא יכנף עוד להתלבש אור בכלים כמו ע״י המצות כי האתדל״ת היא בבחי׳ ביטול היש שהוא העדר הכלי כו׳ והן שרש שס״ה ל״ת שגבוהי׳ מרמ״ח מ״ע מטעם זה כידוע כפי המאמר דרז״ל שמי עם י״ה שס״ה כו׳ שמורש הל״ת

ב״ה שלמעלה מו״ה והיינו בצמצו׳ דיו״ד הנ״ל לפי שהלאו קודם להן להיות כי הלאו הוא בחינת העדר הכלים ואין עצמות אא״ס שוכן אלא בדבר שהוא בבחי׳ ביטול והעדר הכלי דוקא כי כולא קמי׳ כלא חשיבי כו׳ ע״ד הל״ת שהם מלובשי׳ בלאו לא תלבש שעטנז לא תאכל חלב וכיוצא כמ״ש בת״א באריכות וד״ל · ובכל זה יובן מה שאנו אומרים וזוכר חסדי אבות ומביא גואל לבני בניהם למען שמו באהבה · דהנה מבואר למעלה בבחינת הרצוא מלמטה למעל׳ שמעורר כמ״כ מלמעלה למטה כו׳ · והיינו ענין ואהבת בגימטריא ב״פ אור · אור ישר ואו״ח שהוא בחי׳ ב׳ אהבות הללו אהבה מלמטה למעלה נק׳ או״ח ומה שנתעורר עי״ז אהב׳ מלמעלה נק׳ או״י כידוע · וז״פ הבוחר בעמו ישראל באהבה דהיינו אור אהבה העליונה כמ״ש אהבת עולם אהבתיך ובק״ש אומרים ואהבת כו׳ ואח״כ אמת ויציב שהוא היכל הרצון ביחוד נשיקין וכמ״ש וישק יעקב לרחל שהוא אתדבקות רוחא ברוחא בבחינת נשיקין בב׳ מדרגו׳ אהבה הנ״ל מלמעלה למטה ומלמטה למעלה וד״ל · וזהו פי׳ וזוכר חסדי אבות פי׳ אבות היינו בחי׳ או״א מקור המדות והוא הנק׳ חסדי אבות · ומפני שמחו״ב נמשכו מוחין למדות אמר ומביא גואל כו׳ פי׳ מביא המשכות מוחין מיסוד דאו״א לבני בניהם · פי׳ כי המדות חג״ת נק׳ בנים ובחי׳ נה״י נק׳ בני בנים שהן תולדות המדות כידוע · ואמר שגם עד בני בניהם של האבות הנ״ל דהיינו גם לבחי׳ נה״י מביא גואל כו׳ · וכל זאת ההמשכה הוא רק למען שמו פי׳ שמו הוא בשביל המשכת המוחין למלכות דאצילות שנקרא שמו כידוע · ופי׳ באהבה היינו כנ״ל לפי שע״י ב׳ אהבות הנ״ל נמשך המוחין גם לאו״א להיותו נקרא חסדי אבות כנ״ל לפי שנמשך האור בכלי להיות נק׳ חכים ומבין כו׳ · וכל התלבשות אורות הפרטי׳ בכלים כו׳ עד לבני בניהם וגם למען שמו הכל באהבה דרצוא הנ״ל משום דרוח אייתי רוח כו׳ כנ״ל וד״ל · והנה מכ״ז נתבאר ענין ב׳ החותמו׳ הנ״ל ע״ד העבודה דהיינו בבחי׳ רצוא ושוב כנ״ל · ולהבין שרש ענין ב׳ חותמות הנ״ל ע״ד הקבלה למעל׳ הנה צריך להקדים תחילה מ״ש בע״ח שיש ב׳ בחי׳ בהעלאה · א׳ הנקרא עליות העולמות וענין העלאה זאת מבואר בע״ח בכמה דוכתי דהיינו כמו עליות העולמות בשבת שעולם התחתון עולה ומלביש לעולם העליון שפנימי׳ עולם התחתון מלביש לחיצוני׳ דעולם העליון כמו כחב״ד דנוקבא דז״א מלביש לנה״י דז״א כו׳ ועי״ז נמשך אח״כ עולם העליון בעולם התחתון והיינו שחיצוניו׳ עולם העליון נעשה בחי׳ פנימית לעול׳ התחתון כו׳ · וזו ההעלאה של עולם התחתון נק׳ בשם בליעה כמו בליעת אותיות החותם כנ״ל אחר שהוא עולה מלמטה להלביש עולם העליון הרי ענין יציאתו נראה בולט כו׳ · עד״מ בליעת ההר על שטח הארץ כו׳ · אבל בחינת התלבשות חיצוניות דעולם העליון שמתלבש אח״כ ונעשה בחי׳ פנימית לעולם התחתון הרי הוא בבחי׳

שקיעה ולא בבחינת בליעה שהרי התלבשות זו באה בבחינת העלם וצמצום דהיינו שמתעלם האור ונכנס ומתלבש בתוך עולם התחתון להיות שם לאור וחיות בבחי' פנימית כו' · והוא עד"מ אותיות השוקעי' כנזכר לעיל · והוא כמו ענין התלבשות האורות בכלים שהוא שורש ענין התורה והמצות וכמ"ש ושמרתם כו' אשר יעשה אותם האדם וחי בהם פי' שממשיך חיות אא"ס בכלי' מכלי' שונים כו' · ולפי שההעלאה של עולם התחתון היא בבחי' יש להלביש בהלבשה כענין הרצוא הנ"ל ע"כ רוח אייתי רוח כו' מעולם העליון בתחתון ג"כ בבחי' יש דהיינו בבחי' לבוש וצמצום כדמיון אותיות השקיעה כנ"ל וד"ל · ובהקדמה זו נתבאר בחי' חותם הראשון אשר מבליעה דלמטה נעשה בחינת שקיעה מלמעלה ושרש ענין החותם השני שהוא בהיפוך דמשקיע' דלמטה נעשה בחינת בליעה מלמעלה · הנה יתבאר עפ"י הקדמה השנית בענין העלא' השנית שנזכר בע"ח והוא ענין העלאת מ"ן כשהז"א בבחי' עבור בבטן אימא כו' שהוא שם בבחי' ביטול בתכלית שהרי אינו אלא תלת כלילן גו תלת חב"ד וחג"ת מתעלמים בנה"י כו' ועי"ז עולה ונכלל בעליון ממש · ולא שהוא מלבישו בלבד כענין העלאה הנ"ל אלא התחתון עולה ומתבטל ונכלל ממש בעליון כו' ועי"ז נמשך אח"כ בחי' מוחין חדשים לגמרי מן העליון ולא בא האור בבחי' לבוש והעלם אלא אור חדש לגמרי כענין לידת הולד אחר העלמו ט' חדשים בעיבור כו' · וזהו ענין יציאת מצרים כי מצרים הוא מצ"ר מ"י כשהיה ז"א בחינת עיבור במעי אמו כו' ויצ"מ היינו בחינת הלידה שנולדים המדות במוחין חדשים לגמרי כו' ונק' לידת המוחין כידוע ומבואר במ"א · וכך הוא ענין החותם השני שע"י בחינת השקיעה דלמטה שהוא בחי' הביטול שנכלל ובטל כו' נעשה בחי' בליעה מלמעלה דהיינו בחי' גילוי אור חדש מאא"ס שאינו בא בבחי' כלי ולבוש כלל וכמו שיהיה לע"ל דכתיב ולא יכנף עוד כו' וכנ"ל שהוא לתעל' מאור הגנוז ברמ"ח איברי' ע"י מעש' המצות כו' · וכ"ז לפי שהעלא' זו אינה בבחי' יש אלא בבחי' ביטול המהות ע"כ רוח אייתי רוח כו' להמשיך אור שאינו מתלבש בבחי' כלי כו' וכנ"ל בענין רצוא ושוב וד"ל · והנה ידוע שפי' חותם בכל מקום הוא בחינת יסוד ויש יסוד דדכורא ויסוד דנוקבא ושניהם נקרא חותם אלא שיסוד דדכור' נקרא חותם בולט ויסוד דנוקב' נק' חותם שוקע לפי שיסוד של המשפיע הוא בולט ויסוד של המקבל הוא בחלל בית קיבול בשקיעה כידוע · ואמנם ארז"ל אשה מזרעת תחלה יולדת זכר איש מזריע תחלה יולדת נקבה והענין הוא כנ"ל דאם האשה שהיא בחי' מקבל בחותם השוקע מזריע תחלה בהעלאת מ"ן שהוא בבחי' ביטול היש אזי יולדת זכר פי' שנמשך מלמעלה המשכת המ"ד ג"כ בבחי' הנ"ל אור בלא כלי בית קבול להעלים כו' והוא הנקרא זכר בחי' משפיע בלא מקבל כו' · אבל כאשר האיש מזריע תחילה דהיינו שנמשך מלמעלה בבחי' שקיעה מפני שבאה ההעלאה מלמטה בבחי' בליעה אז יולדת נקבה פי' שנולד אור מבחינת המשכת מ"ד דווקא בבחי' כלי בית קיבול הנקרא נקבה שהוא להעלים אור כענין השקיעה כנ"ל שהוא התלבשות אורות בכלים כו' וד"ל · ועתה יש לבאר שרש ענין ב' חותמות הנ"ל שהוא מ"ש כחותם על לבך וכחותם על זרועך שהם תש"ר ותש"י כנ"ל דהנה ארז"ל בפרשיות שבתפילין דכל אות שאינו מוקף גויל מד' רוחותיו פסול כו' · ויש להבין הטעם לזה והנה תחלה יש להקדים בשרש ענין האותיות מה הן · להיות ידוע דפי' אותיות היינו ביאה כמו אתא בקר כו' והוא ענין גילוי מן ההעלם כמו כאשר יבא האדם מחוץ לבית שבא בגילוי כו' וכך הוא ענין האותיות למעלה כמו אותיות יהי אור יהי רקיע כו' שהן אותיות שנבראו בהן האור והרקיע מבחי' חסד דאצילות כידוע והענין הוא בחי' התפשטות וגילוי אור האלקי לבא מהעלם עצמותו להיות הרקיע והאור כו' · וזהו בחי' האותיות דיהי אור ויהי רקיע לחבר ולקשר תמיד שפע האור אלקי בהתהוות זאת דאור ורקיע והם כמו בחינ' ממוצע כו' · וכך הוא הענין בכל התהוות עילה ועלול כמו השכל שנמשך ממנו המדה כמו אהבה שהמשכה זו היא על ידי אותיות השכל שמתפשטים במדות להחיותם ובחינת גילוי זה מן השכל להחיות המדה נק' בשם אותיות השכל לפי שבא לידי מהות מדה ואות זה הוא כמו ממוצע כו' וכמ"כ עד רום המעלות כמו כדי שיתהווה גם החכמה צריך להיות ע"י אותיות שבאו מלמעלה מהשכל דהיינו מאא"ס שבכתר עליון כמ"ש והחכמ' מאין תמצא · מאין דכתר כידוע דאור אבא יונק ממזל הח' דא"א והוא מזל ונוצר כו' · אך הטעם שנקרא מזלות שהן יוצאין מבחי' שערות · הענין הוא לפי שבחי' אורות של עצמות המאציל שמאיר בגלגלתא דא"א בוקע ומאיר ג"כ באותיות אלא שהאותיות הללו הן הנה בחי' השערות די"ג תקונין הנק' י"ג מדה"ר · והטעם לפי שאין ערוך כלל בין הנאצלים עם עצמות המאציל כידוע אשר ע"כ בירידת אורו ממהותו למהות הנאצלים אין זה רק בדילוג גדול כמו יניקת השערות עד"מ שאין בחיות זה הנמשך בחלל השערה שום ערך לגבי עצמות האדם כנודע וכנראה בחוש שבחיתוך השער לא ירגיש האדם במהותו כלל כי אין להם שייכות עם מהותו ועצמותו כו' · כך יובן למעלה בענין אור אבא שיונק ממזל הח' רק מבחי' שערות דמזל ונוצר לפי שאין לחכמה ערך כלל עם עצמות אא"ס שבגלגלתא דא"א כו' וד"ל · והנה מקור ושרש כל המשכות אותיות דשערות הוא בחי' גלגלתא דא"א עצמו עד"מ גלגלת עצם הראש שממנו צומחי' השערות כו' וכך הוא למעלה בבחינת גלגלתא דא"א כו' · וזהו בחינת החיוורתא שבגלגלתא שממנו נצמחו השערות הנק' אורחין כו' כמבואר באד"ר והוא בחינת חסד דעתיק המלובש בגלגלתא דא"א כו' שהוא בחינת הלבנונית העליון ונק' חוורת' שממנו נעשה מקור בבחי' מזלות דא"א כמו

ממזל

מזל ונוצר נמשך אור אבא כו' · ונמצא מקור הראשון לכל הנאצלים הוא בחינת חסד דע"י הנקרא חיוורתא · והיינו כמו ענין לובן הקלף שעליו כותבין האותיו' שהקלף הוא בלובן פשוט והאותיות נחקקים בדיו עליו כך אור החכמה נאצל ע"י בחי' אותיות בלובן העליון הנק' חיוורתא ועד"ז כל שאר אורות דא"י כו' · ונמצא הלבנונית דגלגלתא מקפת את הכל עד"מ גולגולת הראש שמקפת גם המוחין שבתוכו כו' וד"ל · וזהו ענין הד' פרשיות וענין הגויל המקיף לכל אות כו' דהנה האותיות של הפרשיות הכתובים בדיו כו' הן כמו בחי' האורות עליונים הנאצלי' כמו אור חו"ב שנאצלים ע"י אותיות מא"א כו' · וכידוע דפ' קדש הוא באור החכמה כי בכור הוא בבחינת חכמה כידוע והרי בסוף פ' זו אמר למען תהיה תורת ה' בפיך כו' דאורייתא מחכמה עילאה נפקת שהוא דוקא בבחינת ביטול כמ"ש ואשים דברי בפיך וכענין המגיד משנה של הרב ב"י שאמר לו אני המשנה המדברת בפיך כו' · ובפ' והיה הוא בחי' אור הבינה שנזכר בה יציאת מצרים שהוא מצר מי דבינה כו' ופ' שמע והא"ש הן מוחין דחו"ג וכללותם הן ד' מוחין דז"א כידוע · ואמנם הקלף של הפרשיות שהוא אור הפשוט שע"ג ככתב הוא כמו בחי' לובן עליון דגלגלתא שהוא מקיף על מוחין כו' וכנ"ל · וזהו הגוויל הלבן המקיף לכל אות בד' פרשיות הללו ופי' המקיף זה היינו כמו המקיף העליון שבגלגלתא כו' והיינו שאחז"ל דכל אות שאין גוויל מקיף לה מד' רוחותיה פסולה כו' · וזהו בין בתש"ר ובין בתש"י · אך יש הפרש בין תש"ר לתש"י בדין הרצועות שנמשכים מתש"ר ותליין על לבא כו' וידוע דהרצועות כשרים גם מן הקלף כמ"ש בס' התרומה · והענין הוא כי הרצועו' הן ג"כ המשכות מבחי' לבטני' דגלגלתא שהוא אור הבתים המקיף לד' פרשיות שהן כמו בחי' המוחין למעלה ולכך תליין על לבא וכמ"ש בעוזר"ה כו' וד"ל · והנה אמר בספר יצירה דבג' דברים ברא כו' בספר וספור וספור פי' ספר הוא בחינת בינה ששם מתהוים האותיות שהוא פתוחי חותם כו' דהיינו כשנבקע בחי' יסוד אימא נפתח ונתגלה בחי' האותיות · והענין הוא כנראה בחוש שכאשר האדם טרוד בהשכלת המושכל אין שם בחי' אותיות באותו השכל אך אחר שנבקע יסוד אימא שהוא התקשרות המושכל כידוע אזי יחשוב במחשבה בבחי' אותיות · והשרש להתהוות האותיות במחשבה הוא הנקרא פתוחי חותם שהוא ענין בקיעת ופתיחת החותם דאימא וכמ"ש במ"א · והנה מאותיות דבינה נמשכי' במדות כנ"ל והוא ענין ד' פרשיות הכתובים בבחי' אותיות שנק' ספר כו' אבל עור הבתי' הוא למעלה מבחינת האותיות והנה משם נמשך הרצועות של תש"ר שהן ג"כ מעור והרצועות תליין על לבא וזהו כחותם על לבך כו' כנ"ל · וביאור הדברים דהנה באמת שרש חיות המדות הוא מבחי' האותיו' דבינה שמתפשטת במדות להחיותם והמופת לזה הדבר אנו רואי' בחוש שלפי שכלו יהולל איש דהיינו לפי ערך השכל

כך ערך המדות שהרי התינוק שדעתו קצרה מדותיו קצרים ומצומצמים מאד כמו לאהוב דברי' קטנים כו' וכשיגדל שכלו יגדלו מדותיו כו' · אך הנה אנו רואים סתירה גדולה לזה דאם לא היה ערך גידול המד' רק לפי ערך גידול השכל א"כ לא תתפשט התפעלות המדה לעולם יותר מהתפשטות התפעלות השכל וא"כ למה אנו רואים לפעמים שיש התפעלות המדה בלב בהתגברות ההתפעלות בתשוקה נפלאה מה שלא נמצא כלל בערך התפעלות כזאת בשכלו תחלה ואיך יהיה הנולד גדול מן מקור המוליד · וכמו שאנו רואים באדם שלא ראה לאוהבו זמן רב שבראותו פתאום יתפעל בלבו באהבה ובשמחה בהתפעלות גדולה מאד שלא לפי ערך השכל כלל· אלא מוכרח לומר מחמת זה שאין התחלת עיקר המדות רק מן השכל בלבד שא"כ לא היה כחם רב מכח השכל כנ"ל אלא שרש המקור הראשון של התהוות מציאות המדות הוא מלמעלה מן השכל דהיינו הרצון והתענוג אלא שעוברים דרך השכל דרך מעבר בלבד דהיינו שלא יתפעל האדם במדות שבלבו בלתי השכל תחלה שישכיל ויתבונן תחלה אח"כ נולדה ההתפעלות אבל מ"מ עיקר מהות המדה באה מן הרצון שהמשכות המדות משם הוא ע"י השכל כו' · ולזה הטע' אנו רואי' שלפעמי' יתגברו התפעלות המדות מצד עצמם מלמעלה מן השכל יותר מכפי ערך כח השכל המוליד כנ"ל וד"ל · ובזה יובן הנמשל למעלה ג"כ בבחי' מדות דאצילות הנק' ז"א דאע"פ שנמשך לו המוחין מאו"א כידוע מ"מ עיקר שרש הראשון למדות דאצילות הוא בבחינת א"א וע"י שלמעלה מאו"א · וכמאמר הידוע באדרא דז"א בעתיקא אחיד ותליא · פי' אחיד ותלי' היינו דאחיד ותליא ברצון בבחינת העלם · אבל בבחינת גילוי הם נמשכים דרך השכל כנ"ל וד"ל · וזהו ענין הרצועו' דתליין על לבא · דהנה מבואר למעלה בענין הגויל המקיף לאות כו' שהיא בחי' חסד דע"י כו' · וגם הרצועו' שהם מעור וכשרים גם מקלף כנ"ל הרי הם נמשכים מבחינת עתיקא שלמעלה מן הד' מוחין שבד' פרשיות · וע"כ הרצועות תליין על לבא למעלה מן המדות ששוכנין בלב בבחי' או"ת · כי א"א שיתלבשו במדות בבחי' או"פ דהיינו כמו שהמדות מקבלים מהשכל · כי זהו בחי' השרש של המדות כמו שהן ברצון ותענוג שהן למעלה מן השכל כו' שזהו פי' המאמר דז"א בעתיקא אחיד ותליא וד"ל · והנה אמרו רז"ל (שבת דכ"ח ע"ב) דרצועות שחורות הלכה למשה מסיני · ולכאורה אין זה מובן למה הן שחורות אחר שנמשכים מבחי' חסד דע"י כנ"ל · אך הענין הוא לפי שאין ערך כלל בין הארה שברצועו' הנמשכים מע"י למדות להיות שורה עליהם בבחי' או"ת כנ"ל · לגבי עצמו' אור דע"י כמו שהוא למעלה מבחי' אחרונה שבא"ס כידוע · והוא בחי' א"ס ממש· משא"כ בירידת התלבשותו במדות שלמטה גם כן מן השכל צריך שיתעלם האור ויתלבש ג"כ בלבוש שחור · והן רצועות

השחורות

השחורו'· וגם עור הבתים מבואר בפוסקים שצ"ל שחורות· הגם שהן למעלה ממש מד' המוחין שבד' פרשיות שבתוכן· מ"מ המקיף שבהם הוא בא בהתלבשות בבחי' חיצוניות· משא"כ בחינת הגויל שבפרשיות המקיף לאותיות הפרשיות הוא בחינת מקיף לבחי' הפנימית· וע"כ הוא לבן ממש בדוגמת בחי' לובן העליון דחוורתא דע"י כנ"ל וד"ל· ואחר כל זה יש לבאר שרש ענין ב' אותמות הנ"ל שהן תש"ר ותש"י כנ"ל· דהנה תש"י הוא נק' תפלה מיושב מיוצר אור עד ש"ע· ותש"ר הוא בש"ע שנק' תפלה מעומד כמבואר בפע"ח כו'· וביאור הדברים הנה כתיב שמאלו תחת לראשי· וזהו מיוצר אור עד ש"ע· ובש"ע וימינו תחבקני· דהנה מבואר למעלה בענין הרצוא דאהבה מלמטה בבחי' בליעה שימשיך מלמעלה בחי' שקיעה שהוא התלבשו' אורות בכלים· וזהו כחותם על זרועך והיינו בחינת תפלה מיושב ג"כ· שהרי ביוצר אור הוא העלאות האהבה כמ"ש שמאלו תחת לראשי להעלות מ"ן כו'· ועי"ז נמשך מ"ד בבחי' שקיעה· שהוא התלבשות אורות בכלים כנ"ל· והיינו בק"ש שיש בה רמ"ח תיבין שהן רמ"ח אברים דמלכא והוא בחי' בנין פרצוף ז"א באורות וכלים מכלים שונים· וכידוע בענין האברים במשנה דגם בראש יש ט' כמו שאמרו תשעה בראש כו'· והם בחי' כלים למוחין· ועד"ז נעשה רמ"ח כלים לאורות והן רמ"ח תיבין כו'· ע"כ נק' תפלה מיושב כי אין ישיבה אלא בבחי' מלכות וכמ"ש רז"ל באשה קרא מושב· וכמ"ש וישב ה' מלך לעולם כו'· והיינו בבחי' אותיות שהן בבחי' נוקבא כו'· ודרך כלל היינו ענין התלבשות אורות בכלים שהוא בחי' שקיעה· והוא מ"ש כחותם על זרועך שהן תש"י· דהנה תש"י מיושב ג"כ· וגם הנה בתש"י נאמר והיה לך לאות ולא לאחרים לאות שצריכי' להיות מכוסים ולא מגולים כידוע לפי שבהם הוא בחי' התלבשו' האורות בכלי' דוקא שהן בבחי' שקיעה שהאור נעלם ולא מגולה כנ"ל וד"ל· אבל בחי' תש"ר נק' תפלה מעומד· דהנה בש"ע הוא בחינת ביטול היש דווקא כמו בכריעות והשתחויות שבכל ברכה· כידוע בענין כל הכורע כורע בברוך כו'·

וע"כ נקרא צלותא דבלחש שהוא בחשאי וכמ"ש בחנה וקולה לא ישמע· וכל המשמיע קולו כו'· לפי שזהו כמשל המדבר עם המלך ולחש לו באזנו בסוד שמדבר בחשאי מאד שאז הוא בוודאי בתכלית הביטול במציאות בלתי הרגשה בעצמותו אחר שניגש מקרוב כו' לדבר באזני המלך כו'· כך למעלה הוא בחי' ביטול הרצון מכל וכל בש"ע בבחי' שקיעה כנ"ל בכריעות שבש"ע· ע"כ התפלה דש"ע בלחש ונק' תפלה מעומד להיות' בהעדר ההתפשטו' היפך הישיב' שהוא בחי' יש כו'· וגורם למעלה עי"ז בחי' בליעה כו' והוא בחי' גילוי אור שאינו מלובש בכלי· והוא ענין וימינו תחבקני דהיינו בחי' חסד דע"י שהוא בחי' חוורתי דע"י שנעשה כתר דא"א כמ"ש בע"ח וכו'· וזהו הנקרא ימינו והוא מתפשט יותר עד למטה מטה כמו ברצועות דתליין על לבא כו' והוא אינו שור' כ"א בבחי' ביטול היש כמו בש"ע כנ"ל· וכמו במצות ל"ת שזה בחי' ההעדר בלאו שקודם להן וכמ"ש במ"א ע"פ בארץ לא זרועה כנ"ל שהל"ת גבוהים ממ"ע שהל"ת הן ביו"ד והמ"ע בה"א כו'· ולכך נקרא תפלה מעומד בלי ישיבה להתלבש בכלי כו'· והיינו שרש ענין תש"ר שהן מגולין דווקא ולא מכוסין כמ"ש וראו כל עמי הארץ כי שם ה' נקרא עליך ואחז"ל (ברכות דף ו) זהו תש"ר שצריכין להיות מגולין דווקא· דהיינו בבחי' הבליעה על הראש· והן כמו בחי' אותיות החותם שהם בבחינת בליעה כמו שעתיד להיות בימות המשיח דכתיב ולא יכנף עוד מוריך כו'· והיינו מ"ש כחותם על לבך שזהו תש"ר כנ"ל· והוא מ"ש וימינו תחבקני והיינו בחינת החותם דתש"ר ברצועות דתליין על לבא וד"ל· ובזה יובן מאמר רז"ל לע"ל הקב"ה מוציא חמה מנרתקה· פי' לפי שנא' אז ולא יכנף עוד מוריך כו'· דהיינו שיהיו האורות מגולים בלתי התלבשות בלבוש וכלי כנ"ל· וזהו שאמרו ז"ל לעתיד שיוציא האורות דז"א שנק' חמה וכמ"ש כי שמש ומגן הוי"ה אלהי' כידוע· מנרתקה שהוא בחי' שם אלהים הכלי ולבוש להעלים כי לא יכנף עוד כו' וד"ל:

שער התפלה

הנה קול יעקב וגו' כתיב ואתה מחיה את כולם ובטובו מחדש בכל יום תמיד כו'· מחדש ממש מאין ליש בכל עת ורגע כמאמר ברוך עושה בראשית אומר ועושה כו'· ודברה תורה כלשון ב"א· כמו שגילוי אור וחיות וכח הנשמה משכל האדם הוא מתגלה ומשתלשל בג' מיני מדרגו' זו למטה מזו שהם בחי' מחשבה דבור ומעשה לבושי השכל· כך כביכול אור פני מלך חיים מחיי החיי' א"ס ב"ה מתגלה ומאיר להחיות העולמות בג' מיני לבושין אלו כמה שכתוב לבושין תקינת לון דמנייהו פרחין נשמתין

כו' רק כי לא מחשבותי מחשבותיכם וגו' וכדכתיב ולכבודי בראתיו יצרתיו אף עשיתיו· פי' כי מהיות הקב"ה רם ונשא ומתנשא רבבות מדרגות עד אין קץ ותכלית ומעלה מעלה אפילו מבחינת השכל וחכמה עילאה ואצ"ל מבחינת מחשבה דו"מ· ובתחלת ששת ימי בראשי' כשעלה ברצונו לברוא העולם במחשבה אחת נבראו כל העולמות בדרך כלל ונפרטו אח"כ בט' מאמרות בששת ימים· הרי מחשבה זו וכל המאמרות הן כמוס גדול ועצום מאד מאד ובפרט לומר יהי רקיע וגו' דכלא קמי' כלא ומילין דהדיוטא ולאו אורחיה דמלכא כו'·

הך

אך הנה למטס זה לגילוי והמשכות אור פני מלך חיים מחיי החיים א"ס ב"ה היה או בתורת חסד חנס מרצון העליון ב"ה בלי אתערותא דלתתא כלל · אך אחר שנברא האדם כתיב ויניחהו בג"ע לעבד' אלו רמ"ח מ"ע כו' פי' כי ג"ע הוא גילוי אור פני מלך חיים המאיר ומתגלה לשכל והשגת הנשמות ולכן נהנין מזיו השכינה הוא בחי' גילוי השכינה ומתענגים על ה' מקור החיים והתענוגים · אך מי הגורם המשכות האור והחיות לירד בצמצומים עצומים לבא לידי גילוי והשגה הנה הוא ע"י אתערותא דלתתא עסק התורה והמצוה כי כל מצוה היא כלי לרצון העליון א"ס ב"ה שלכן נקראות איברין דמלכא ונר מצוה עד"מ כמו שהנר הוא כלי לאור הגשמי · והנה ע"י קיום מצות מעשיות · ממשיכין חיי החיים ואור ה' בג"ע התחתון בבחי' גילוי · וע"י קול ודבור בת"ת ממשיכין לג"ע העליון כי כל קול הוא בחי' המשכה מההעלם אל הגילוי דהיינו השכל שבמוח או תשוקה שבלב באים לידי גילוי בדבור שבפה ע"י הקול היוצא מהבל שבלב · וכשאדם התחתון מוציא מפיו ד"ת שהן רצונו וחכמתו המיוחדות במאצילן ב"ה בתכלית כמ"ש ה' בחכמה וגו' (וכמ"ש בלק"א בפ"ה בתניא) אזי גם שורש נשמתו למעלה מעלה המושרשת בי"ס דבי"ע ג"כ מדבר וממשיך דבר ה' ממש למטה כביכול וכמ"ש ואשים דברי בפיך ודברי אשר שמתי בפיך · ושארז"ל כל הקורא ושונה הקב"ה קורא ושונה כנגדו וכמ"ש את ה' האמרת היום · האמרת הוא פועל יוצא שאתה עשית אותו אומר ד"ת כביכול כדי להיות לך לאלהי' כו' · וכמ"ש בזהר ע"פ ועשיתם אתם כתיב כאלו עשאוני כביכול · וזהו ברוך אומר ועוש' עושה בראשית · ע"י התורה שנק' ראשית בא"י נותן התורה בכל יום לכן מברכין כן בכל יום ויום · כי כלם בחכמה עשית היא תורה שבכתב · מלאה הארץ היא תורה שבע"פ · קנינך הן קנה חכמה קנה בינה · והן הן טעמי ההלכו' שבגמ' מ"ע דר"ת קסבר כו' שהן נמשכות מחו"ב עילאין וכל המשכה כן בשם קנה עד"מ כמו קנה הגשמי המוציא הקול מהלב וגם התפשטות והילוך כח השכלי מהמוח אל הלב הוא דרך גידין דקין מאד המובלעי' בקנה כידוע לי"ח · אך כדי שיוכל האדם לעורר דבור העליון כביכול ע"י קולו ודבורו צריך לקשר נפשו האלקית תחלה (בבחי' העלאת מ"ן כי אונטיפה יורדת מלמעלה כו') לה' אחד בק"ש שחרית וערבית (ושאר התפילה הוא ביאור הק"ש כנודע) ברעותא דלבא שיהיה לבו חפץ באמת לדבקה בו כי רוח אתשיך רוח ואייתי רוח וכמ"ש אם ישים אליו לבו רוחו ונשמתו אליו יאסוף כמ"ש בזה"ק · וז"ש ואהבת את ה' אלהיך פי' שתאהוב ותחפוץ שה' יהיה אלהיך ואתה תהא מרכבה ובטל לו מחשבתך למחשבתו ודבורך לדבורו וכן לבטל ולהפך כל המדות למדותיו יתברך כנודע שאו הוא אלהיך ובקרבך קדוש · וכשתחפוץ כן יהיה כך באמת כשיהיו הדברי' האלה כו' ודברת בם כו' · וזהו הקל קול יעקב הקל הראשון מתתא לעילא מה שישראל מעיקין ה' אחד בק"ש ותפלים לדבקה בו ברעותא דלבא ולא להיות בפרוד' ח"ו בשום אופן מחמת אהבה הטבעית עכ"פ · ועי"ז האלהים יעננו בקול מלמעלה למטה וקורא ושונה כנגדו להיות דבר ה' ממש בפיו ולכן קול זה מלא וי"ו כי וי"ו מורה על המשכה מלמעלה מיו"ד שבראשה היא בחי' חכמה עילאה כו' · אך לפי שמודע' זאת מדת הקדושה היא אחדות והתכללות ונעוץ תחלתן בסופן וסופן בתחלתן ולא בפרודא ח"ו לכן א"א ג"כ לקול התחתון מתטה למעלה לקשר נפשו בה' אחד בק"ש בקשר אמיץ וחזק ולדבקה בו באמת לאמיתו בלי המשכות קול העליון מלמעלה למטה ע"י קנה העליון קנה חכמה קנה בינה כו' · וכנודע ג"כ שלכן נקראו חו"ב עילאין בשם או"א שהן הן התולדות המדות אהוי"ר כו' · (גם נודע מהאר"י ז"ל שאפי' בעליות עולמות עליונים א"א לתחתון לעלות למעלה בבחי' מ"ן עד שתרד תחלה הארה מלמעלה) · אך בהיות כי תכלית בריאת עוה"ז כדי להיות לו דירה בתחתוני' דייקא כמ"ש ומלא כבוד ה' את כל הארץ דייקא בבחי' גילוי אחדותו ויחודו יתב' כמ"ש ונגלה כבוד ה' וראו כל בשר יחדיו וגו' כי עין בעין יראו וגו' וכמו שהי' מעין זה במתן תורה שעל כל דיבור פרחה נשמתן · אבל לימות המשיח ותחיית המתים שיזדכך חומריות עוה"ז יוכלו לסבול לקבל הארה יותר גדולה לאין קץ בבחי' גילוי לעין כל בשר והשגתם · שכל א' לפי השגתו מראה באצבע עד"מ ואומר הנה אלהינו זה קוינו לו וגו' · אך מי הוא הגורם המשכות וירידת אור ה' לתחתונים ממש בבחי' גילוי כזה · הנה הן הן כל המצות מעשיות בכלל כנ"ל (וכמ"ש בפל"ו ול"ז) · ובפרט מצות הצדקה השקולה כנגד כולן שלכן נקראת בשם מצוה סתם בירושלמי לפי שעניינה ומהותה היא השפעת חיים חן וחסד למאן דלית ליה מגרמיה ולהחיות רוח שפלים כו' · ובאתערותא דלתתא זו היא אתערותא דלעילא להמשיך הארת אור פני מלך חיים מחיי החיים א"ס ב"ה לעוה"ז השפל והתחתון שבכל המדרגות בתורת חסד חנם מרצון העליון ב"ה כאור ז' הימי' של ימ"ב שהאיר בחסד חנם כנ"ל:

ובזה יובן מ"ש במשלי כן צדקה לחיים · פי' כן הוא לשון בסיס ומכון כדפירש"י במלכים · ר"ל שהצדקה היא מכון לחיים עליונים הנמשכים מאור פני מלך חיים א"ס ב"ה לעה"ז הגשמי להחיות רוח שפלים כו' · וז"ש בצדקה תכונני פי' שתהיה מכון לשבתו ית' רק שבעת הנה חומריות עוה"ז הנמשך מקליפת נוגה מסתיר ומכסה על אור פני מלך כו' עד עת קץ אשר שם לחשך ויצא כברק חצו · כלומר כמו שהברק יוצא מתוך עבים חשוכים שהיה גנוז בתוכם ומבריק ומאיר בכל העולם כן יצא אור ה' הזרוע וגנוז בחשכת חומריו' עה"ז ע"י מעשה הצדקה הנק' בשם זריעה זורע צדקות וכמ"ש אור זרוע לצדיק · וז"ש הקל קול יעקב יו"ד עקב היא בחינת החיות והאור המלובש בעה"ז השפל המכונה בשם עקב ע"י

מעשה

מעשה הצדקה במדת הרחמים שהיא מדתו של יעקב כמ"ש וצדקה ביעקב אתה עשית · והנה קול הוא בחי' המשכת החיות מאור פני מלך לפנימית ורוחניות העולם ע"י קול ודבור בת"ת · ויעקב הוא בחי' ההמשכה בבחי' גילוי לחיצונית עה"ז וחומריותן ע"י השפעות החסד והרחמים להחיות רוח שפלים כנ"ל כדי להיות לו דירה בתחתונים דייקא כנ"ל · וז"ש בגמרא (פ"ק דב"ב דף י) ר"א יהיב פרוטה לעני והדר מצלי שנאמר אני בצדק אחזה פניך אחזה דייקא הוא בחי' גילוי אלקות בנפש השכלית המשכלת ומתבוננת בגדולת ה' השורה במוח ומנפש השכלית אל נפש החיונית שבלב ע"י מעשה הצדקה כי נפש החיונית היא בחינ' חיצונית לגבי נפש השכלית · וזהו לשון מצלי שהוא לשון הטי' והמשכות אלקות מלמעלה מהעלם אל הגילוי בנפש ובעולם · וזהו בא"י שיתגלה שם הוי"ה ב"ה בעולם ובנפש השכלית והחיונית שבלב כאלו הוא לנוכח ממש · וזהו אתה · ובחי' גילוי בנפש היא התהפכות המדות שבלב לה' לבדו זהו לשון אלקינו כמו אלקי אברהם שהיא בחי' מרכבה כו' · וזהו ענין כללות התפילה כולה שהוא ביאור הק"ש להתגלו' הוי"ה המורה על יחודא עילאה · כי להיותו מהוה הכל מאין ליש תמיד בכל רגע לזאת כולא קמיה כלא ממש והוא היה הוה ויהיה בלי שום שינוי כו' · וזהו ענין כל ברכת השחר ופסוקי דזמרה וברכת ק"ש ותפילה דרך כלל · ודרך פרט הוא מבואר במלת ברוך לשון בריכה והמשכה מהעולם עד העולם מעלמא דאתכסיא לעלמא דאתגליא הנקרא אתה · ורופא חולי עמו ישראל ומברך השנים עד"מ הוא הכלי שבו מתגלה אלקותו ית"ש למטה בגשמיות כשנותן חיים ובריאות לחולים וברכה ע"פ האדמה כו' (וכמ"ש בזוהר דלית ברכתא שריא באתר ריקניא) · וזהו הקל כו' בה"א הידיעה וחסר וי"ו שהוא קלא פנימאה שבלב כמ"ש בזוה"ק דהיינו התפילה כולה שכל כוונתה היא בקשת גילוי אלקותו ית' כנ"ל בקשה זו מעומקא דלבא כמ"ש ממעמקים קראתיך ה' · פי' קראתיך כאדם הקורא את חבירו לבא אליו עד"מ · אך עצה היעוצה להיות קריאה ובקשה זו מעומקא דלבא להיות מתארי דחושבנא בכל לילה בתיקון חצות או בק"ש שעל המטה לטעום מרירות בנפשו מכל מעשיו ודבוריו ומחשבותיו אשר לא לה' המה מיום היותו · ויוסיף דעת והתבוננות בגדולת ה' יוסיף מכאוב בנפשו על אשר בהבל בא ובחשך וצלמות ילך רוב הזמן כולו · אך הסבה לזה היא ודאי מחמת בחי' גלות השכינה כביכול היא בחי' הסתר אור פני מלך בלבוש שק כביכול כמ"ש אלביש שמים קדרות ושק וגו' וכתיב ואנכי הסתר אסתיר פני וגו' . וזהו שארז"ל במשנה (ר"ה דברכות) אין עומדין להתפלל אלא מתוך כובד ראש · פי' ע"ד שארז"ל (פ"ו דסנהדרין משנה ה') שכינה מה לשון אומרת קלני מראשי ופירש"י ראשי כבד עלי . ומתוך כובד ראש יבא אח"כ לידי שמחה היא שמחת הנפש המשכלת ומתבוננת בגדולת א"ס ב"ה ע"פ עצה היעוצה בלק"א פל"א ופל"ג וכמארז"ל (ברכות דל"א ע"א) בברייתא אין עומדים להתפלל אלא מתוך שמחה כי ב' המאמרים שבמשנה ושבברייתא עולין בקנ' א' הכובד ראש עם השמחה שלאחר כן כמבואר בלק"א שם באריכות · והנה בשומו זאת אל לבו קודם התפלה ודאי שיתפלל ויבקש מעומקא דלבא על בחינת גילוי אלקותו בנפש ועולם · ועי"ז יכול ג"כ לכוף יצרו ללמוד הרבה יותר מרגילתו וכן בכל עת ובכל שעה שאפשר לו כמארז"ל (סנהדרין דצ"ט ע"א) כל שאפשר לו לעסוק ואינו עוסק עליו נאמר כי דבר ה' בזה הכרת תכרת הנפש וגו' היינו הסתלקות אלקות ח"ו כנ"ל · וכן בצדקה כי הן הן המשכת גילוי אלקותו ית' בפועל ממש בפנימית ובחיצונית שהן דיבור ומעשה כנ"ל · והתפלה הוא רק בקשה שיהיה כן בפועל ממש וא"כ אם אינו עושה כן בפ"מ ה"ז תפלת שוא ח"ו וזהו ענשו שמזמינים לו כל המניעות סבות הטורדות ומבלבלות אותו ברבות מחשבות של הבל הבלים כי קרוב ה' לכל קוראיו לכל אשר יקראוהו באמת כתיב · ובזה יובן מ"ש במשלי מסיר אזנו משמוע תורה גם תפלתו תועבה כי דובר שקרים לא יכון כו' · וזהו הקל קול יעקב שהיא מדת אמת וכמ"ש תתן אמת ליעקב וגם מדתו היא מדת הרחמים לעורר תחלה רחמים רבים בתקון חצות וכה"ג במרירות נפשו ועי"ז בא לבחי' הקל שהוא קלא פנימאה עומקא דלבא כמ"ש בזה"ק :

מזמור שיר חנוכת הבית כו' · להבין למה עושין משתה ושמחה בחנוכ' הבית · הנה יש ג' מדריגו' מזון ולבוש ובית · והנה המזונות הן יותר בזול מן הלבושים כידוע שהמזונות נקנין במעט כסף והלבושים יקרים לקנותם בכסף הרבה · והבתים יקרין לקנות יותר מן הלבושין שהבית נקנה בכסף הרבה כידוע · ולכאורה אין לזה טעם שהרי אדרבה מהראוי היה שיהיה המזון יותר ביוקר מלבושים ובתים אחר שהוא חיות פנימית להחיות את האדם ולחזק כחות נפשו הרוחנית · והלבושין הן המה רק להקיף ולהלביש גופו של אדם בחיצונית בלבד והוא רחוק מאד מבחינת פנימית החיות כמו המזון · וכן לפי ערך זה למה הבית יותר ביוקר מן הלבוש אחר שהלבוש עכ"פ מקיף לאדם תמיד וקרוב הוא לגופו עכ"פ בחיצוניות אבל הבית רחוק הוא יותר מגופו של אדם ואין לאדם שייכות עמו בתועלת תמידי כמו הלבוש אלא כשצריך האדם לדירה ידור בבית אבל אינו בבחי' קירוב לאדם בתועלת תמידי כי יכול לדור גם בבית זולתו · משא"כ תועלת הלבוש תמידי כי צריך כל אדם ללבוש לפי מדותיו בתמידות כידוע · וכערך מדריגת ומעלת המזון על הלבוש בבחי' הפנימי יותר כנ"ל · כך ערך מעלת ומדריגת הלבוש על הבית כו' · אך הענין הוא ע"ד הפשוט לפי שהמזון אע"פ שהוא חיות פנימי הנה הוא רק לפי שעה בלבד ואיננו מתקיים הרבה · כי גם כשאוכל לשבעו בעוד ו' שעות בשיעור עיכול יחזור להיות רעב ונפשו ריקן · וא"כ לא החי' נפשו רק לפי שעה בלתי קיום כלל · אבל הלבוש

הגם

הגם שהוא רק בתועלת חיצוניות כו' · מ"מ הנה הוא דבר המתקיים הרבה בערך שנה ויותר · ע"כ הלבוש יותר ביוקר מן המזון · ולפי ערך זה הוא הטעם שהבית יותר ביוקר מן הלבוש · כי הגם שהבית. יותר בחיצוניות אבל הבית הוא דבר המתקיים הרבה יותר מן הלבוש כידוע שהבית מתקיים לכמה שנים ע"כ הוא ביוקר הרבה גם מן הלבוש כו' · וכמו שהענין הזה הוא ע"ד הפשוט בג' מדרגות הללו מזון ולבוש ובית למטה · כך הוא ממש למעלה · דהיינו בשרש המזון והלבוש ובית למעלה בבחי' ההשתלשלות דאבי"ע בממכ"ע וסוכ"ע · דהנה ידוע שיש בכל עולם מד' עולמות דאבי"ע ג' מדריגות הללו בחי' מזון ולבוש ובית כמ"ש בע"ח שיש בכל עולם אורות וכלים ולבושים והיכלות כו' · וביאור הדברים הנה בחי' מזון למעלה היינו בחי' אורות המתלבשים בכלים והוא בחי' ממכ"ע הנקרא כח הפועל בנפעל · דהנה בעולם האצי' יש אורות וכלים כמו חכים ומבין כו' וחסד ודין כו' · הנה כולן מתלבשי' בכלים דהיינו כמו חסד בדרועא כו' וחכים במוח · ועד"ז כל פרטי הי"ס דאצילות ואם לא התלבשות בכלים הרי אמר בסוף המאמר ולאו מכל אלין מדות כלל · וע"כ נקרא ע"ס עשר תיקונין לאנהגא בהון עלמין כו' וכידוע · והמשל בזה הוא מכחות נפש האדם המתלבשים באברים כמו כח הראיה בעין וכח השמיעה באוזן ובפה הדיבור ובחוטם הריח והמוחין בראש כו' · ואח"כ מתפשטין עוד למטה ונמשך כח החיות יותר חיצונית והן כח המעשה שבידים ובגוף · ואח"כ בכלי הכרס והקיבה לבשל המאכל ומשם נתפשט עוד לבחי' היותר חיצונית כמו ברגלי' להילוך כו' · וכל זאת ההתפשטות שבאה בירידה מדריגה למדריגה ממוחין שבראש עד הרגלים הוא ע"י בחי' הצמצומים והן בחי' הגבורו' המחלקות אור השפע מן הנפש להתלבש ולבא בפנימית וחיצונית וחיצוניות דחיצונית עד לפרטי הרגל כו' · והנמשל מכ"ז מובן למעלה באורות המתלבשי' בכלים באצי' שתחלה מתפשט האור בבחינ' פנימית כמו בחי' החו"ב במוחין להיות נקרא חכים ומבין כו' · ואח"כ בידים חסד דרועא כו' עד בחי' נה"י · ועד"ז הוא התלבשות מ"ל דאצי' בבי"ע אורות בכלים ג"כ בפרצוף אדם למטה · וכ"ז ההתחלקות בא ע"י בחי' הצמצומים והן בחי' הגבורות כמ"ש כבוד מלכותך יאמרו וגבורתך ידברו · שע"י בחי' הגבורות דאימא נתחלק לפנימית וחיצונית בז"א · וכן במלכות בבי"ע ההתחלקות שבא משם במלאכי' שנקראו אברים דשכינתא כו' הכל ע"י בחינת הגבורות דז"א · וז"ש להודיע לבני האדם גבורותיו ואח"כ נעשה כבוד הדר מלכותו כו' וכמ"ש במ"א וד"ל· והנה כ"ז הוא בחי' ממלא והוא הנקרא מזון למעלה כמו המזון שמחיה לכל אבר לפי מזגו כו' · וכמו שיש כמה מיני מזון כידוע כך יש כמה מיני המשכות אורות בכלים למעלה כמו חסד שבחסד וגבורה שבחסד כו' · אך אין זאת השפע בא שם רק לפי שעה כמ"ש אכלו ריעים כו' · ועד"מ המזון הגשמי

שאינו מתקיים הרבה וע"כ נקנה בזול כנ"ל · אבל בחינת הלבוש למעלה הוא בא מבחי' סובב בכלל דהיינו מבחינת אור הכתר שהוא בחינת מקיף בכלל לכל האורות וכלים דאצי' · וכן ממלכות דאצי' בבי"ע כו' · וכמאמר אנת הוא דאפיקת עשר תיקונין וקרינן לון עשר ספירן כו' · פי' אנת הוא בחי' עצמות המאציל שהוא בחי' סובב ומקיף לכל הע"ס דאפיק מן ההעלם לגילוי אור כו' והוא בחי' כתר עליון · והארת הכתר אינו בא בבחינת חיות פנימי בע"ס דאצילות אלא רק בבחי' לבוש להלבישם מבחוץ כי לא יוכלו האורות לקבל מעצמות המאציל ממש וכמאמר לאו מכל אלין מדות כלל דקאי על עצמות המאציל דאפיק י' תיקונין כו' אלא רק בבחי' לבוש מאיר עליהם כו' ועד"מ הלבוש למטה שמקיפו ומלבישו מבחוץ כו' · ולהיות כי שרש הלבוש מבחי' אור הכתר המקיף מפני שלא יוכל המקבל לקבל בבחינת אור פנימי כו' ע"כ הלבושין הן יותר ביוקר מן המזון לפי שיתקיים הרבה מטעם שרשו למעלה וד"ל · והנה בבחי' הכתר דאצילות יש ב' מדריגות והוא בחי' א"א · ובחי' ע"י כנודע · להיות כי בחי' הכתר הוא בחי' ממוצע בין עצמות המאציל לנאצלים ויש בו מבחי' האחרונה שבמאציל והוא בחי' הפנימית שבו · וגם הוא שרש וראש לנאצלים והוא בחי' חיצונית שבו · כי הממוצע יש בו מבחי' האחרונה שבמשפיע ומבחי' הראשונה שבמקבל אשר ע"כ נק' ממוצע להביא ולחבר אור שפע המשפיע במקבל כידוע · והנה בחינה הראשונה שבנאצל שבו הוא הנקרא בחינת א"א · שהוא בחי' מקיף לעשר ספירות דאצי' כו' וכידוע דא"א דוקא הוא הנקרא כתר ועליו אמר אנת הוא דאפיקת עשר תיקונין וכו' · אבל בחינת ע"י שהוא מבחינה האחרונה שבא"ס נבדל בערך לגמרי מלהיות סובב ומקיף עליהם כי כל מקיף הוא בערך קצת עם הפנימי כו' אלא הוא בבחי' מקיף למקיף כו' וד"ל · והנה שרש הלבושים הוא מבחי' א"א שהוא שורש וראש לנאצלים ונקרא מקיף לעשר ספירות · אבל שרש הבית הוא מבחי' ע"י שלמעל' מבחי' מקיף ולבוש לע"ס כנ"ל · וע"כ הבית למט' ג"כ יותר רחוק מגופו של האדם כנ"ל · אבל הבית מתקיים הרבה יותר והוא ביוקר יותר כו' לפי ששרשו למעלה הוא מבחי' מקיף למקיף כו' וד"ל · ועפ"י זה יובן ג"כ מה שאנו רואים שהלבוש יותר נצרך לאדם בתמידו' בקיץ וחורף משא"כ המזון שיוכל לאכול פת חריבה ומעט כו' והבית יותר נצרך לאדם מן הלבוש שא"א לאדם לדור בשוק אפילו רגע · אבל בבחי' מהות התועלת והחיות נהפוך הוא שהמזון יותר חיות פנימי מן הלבוש והלבוש מן הבית כו' כי הנה מצד שרשם למעלה כל הגבוה גבוה יותר בא למטה בהתלבשות בחיצונית יותר וע"כ הבית חיצוני יותר מכולם לפי ששרשו מבחי' מקיף למקיף כו' אבל הוא יותר ביוקר ויותר מתקיים מזה הטעם עצמו כו' וגם מזה הטעם עצמו הוא יותר נצרך לאדם מן הלבוש והלבוש

יותר

יותר מן המזון כו' · וגם מזה הטעם הבית מאותו גשמי יותר מאבנים ועפר בחי' דומם והלבוש מבחי' צומח והמזון מבחי' חי כו' וד"ל · והנה ככל הנ"ל בג' מדריגות דלמעלה באבי"ע במזון ולבוש ובית כמו שהן למטה יש ג' מדריגות הללו ג"כ בתומ"צ כי הרי התורה הוא מקור כל הברואים כמאמר אסתכל באורייתא וברא עלמא כו' · א"כ כמו שיש ג' מדריגות הללו במזון ולבוש ובית בעולם שנה נפש דאבי"ע כו' כך יש בחי' מזון ולבוש ובית בתומ"צ מאחר שהן מקור כל ההשתלשלות · וביאור הדברים איך יש ג' מדריגות בתומ"צ · הנה ידוע דהתורה נק' מזון לנפש בג"ע והמצות הן נעשי' בחי' לבוש לנפש בג"ע כמ"ש בע"ח · ומבואר למעל' בהפרש שיש בין מזון ללבוש שהמזון יותר חיות פנימי ואינו מתקיי' והלבוש חיצוני יות' ומתקיי' הרבה להיות זה מבחי' או"פ · וזה מאו"מ כו' · כך התורה בחינת מזון כמ"ש לכו לחמו בלחמי כו' · והמצות המה בשרש מבחי' או"מ דכתר עליון כידוע שנקראים המצות הרמ"ח עמודי אור כו' · וכידוע בפי' מה שאנו אומרים אשר קדשנו במצותיו וצונו כו' · בבחי' קודש העליון דכ"ע שהוא בחי' א"א ראש ושרש לנאצלים כו' · וע"כ המצות אע"פ שהן באים בחיצונית יותר מ"מ מצד שרשם מבחי' מקיף הן לבושין לנפש בג"ע · וכמו הלבוש שמתקיים הרבה וע"כ הוא יותר ביוקר מן המזון כנ"ל וד"ל · ובזה יובן עוד מה שלפעמים מצינו שהתור' למעלה במדריג' מן המצות · ולפעמים מצינו שהמצות למעלה במדריג' מן התורה · כי הלא התורה הוא פי' על המצות איך לעשותם · הרי התורה למטה מן המצות בין בנגלה שבתורה בין בנסתר כו' הכל הוא פי' למצות · ולפעמים אמרו תלמוד גדול שמביא לידי מעשה · וכמו מי שתורתו אומנתו אינו מפסיק כו' · אך הענין הוא דמצד שרש המצות בבחי' מקיף ולבוש דכתר הן גבוהי' מהתורה כנ"ל · אבל מאחת שהמזון דתורה הוא בחינת חיות פנימי' יותר · ולכך אמרו תלמוד גדול כו' והוא עצמו הטעם · דלפי ששרש המצות גבוהים יותר ע"כ ירדו בחיצונית יותר · והנה הלבוש יותר נצרך לאדם כנ"ל · משום דבמזון יחיה האדם אפי' במעט פת וחרבה · אבל הלבוש שהוא להגין מן הקור וחום כו' הרי מבלעדם אין קיום כלל לאדם אפילו שעה אחת · משא"כ המזון יכול לאכול לעתים רחוקים כמו פ"א ביום וב"פ די לכל אדם דהיינו פ"א בבקר ופ"א בערב וג"ז יכול להיות פת חריבה ומעט כו' · והנמשל מזה יובן ג"כ בתומ"צ דהנה ארז"ל (מנחות דצ"ט ע"ב) בתורה אפי' לא שנה אלא פרק א' שחרית ופרק א' ערבית יצא י"ח · ורשב"י ס"ל דאפילו בק"ש שחרית וערבית יצא י"ח · משום דק"ש ג"כ ד"ת היא · והנה במצות החמירו ז"ל הרבה מאד כמו שאמרו בירושלמי (פ"ק דשבת שלהי הלכה ב'.) ולית ליה לרשב"י הלמד שלא לעשות כו' · והרי אמרו גם במי שתורתו אומנתו דאינו מפסיק אפי' לק"ש · אבל למצות לולב וסוכה וכדומה וודאי דחייב להפסיק כו' · שהרי אמרו רז"ל (חולין דקל"ב ע"ב) במ"ע מכין אותו עד שתצא נפשו כו' (נזמן שיד ב"ד תקיפה) א"כ אנו רואים להדיא דבמצות החמירו הרבה יותר מבתורה · והטעם הוא כנ"ל · לפי שהתורה נקרא מזון · והמזון די לאדם במעט כמו גם האוכל פת חריבה כו' שיחיה ויתקיים גם כן · על כן בפ"א שחרית ופ"א ערבית יצא י"ח וקיים מצות לא ימיש כו' · משא"כ המצות שהן בחי' לבוש להגין כו' שמבלעדם אין לאדם קיום אפי' שעה כו' כנ"ל ע"כ החמירו בהם יותר עד שמכין אותו עד שתצא נפשו אם אינו רוצה לקיים סוכה ולולב גם במי שתורתו אומנתו כו' · והוא מצד שרשם למעלה שהן בבחי' מקיף הן יותר גבוהים כנ"ל · ואע"פ שבאין בחיצוניות יותר · אבל הן יותר נצרכים לנפש האלקית להיות לה ללבושים להגין כו' וד"ל · והנה במצות עצמן יש ב' מדריגות · כי הנה רוב המצות הן עפ"י דעתו ורצונו של אדם וכמ"ש תחת אשר לא עבדת כו' בשמחה ובטוב לבב מרוב כל דוקא בטוב לב מרצון הנפש בשמח' ותשוקה גדול' שעי"ז מעורר למעלה בחי' רצון העליון כידוע · דע"כ אמרו רז"ל (פ"ד דאבות) יפה שעה א' בתשובה ומע"ט בעוה"ז מכל חיי העוה"ב · לפי שעה"ב הנק' רוב כל הוא מזיו השכינה בלבד · אבל מצות שרש' מגיעים למעלה בבחי' כתר · שהוא רצון העליון כידוע וכנ"ל · דלזה הטעם נק' המצות בחי' לבוש · להאתם באים מבחי' מקיף דכתר כו' · אך הנה יש הרבה מצות שהן דוקא שלא עפ"י רצון האדם · וזהו עיקר המצוה כשהוא בלתי רצונו · וכשרצון האדם בזה אינו מצוה כלל · וכמו שמצינו בתוספתא דפאה בחסיד א' ששכח עומר בשדהו · וציוה לבנו להקריב פר לעולה · על שזיכהו ה' במצוה כזאת · ואמר לו בנו למה תשמח במצוה זו יותר מבשאר המצות שנעשים בשמחה דווקא כמ"ש בשמחה ובטוב לבב כו' · והשיב לו בני מצוה זו אינה דומה לשאר המצות · כי שאר המצות תלויים ברצונו דוקא · ומצוה זו תלויה דווקא שלא ברצונו · שאם לא הייתי שוכח על העומר אינה מצוה כלל ליתנה לעניים כו' · ועל מצוה שהוא שלא ברצון האדם צריך לשמוח בה הרבה יותר כו' · והטעם הפשוט הוא לפי שהמצות שתלוים שלא ברצון האדם · הנה אור האלקי הנמשך ע"י מלמעלה הוא בא בבחי' מתנה מלמעלה אחר שלא הכין האדם רצונו כלל לדבר · משא"כ המצות שתלויים ברצון · שכח השפע האלקי אינה באה במצות אלא על ידי הכנת האדם ברצונו דווקא · שאין לזה האור ערך כלל עם שפע האור הנמשך מלמעלה מצד עצמות אלקות כו' · ושרש הדברים הוא לפי שהמצו' שתלויין שלא ברצון האד' דוקא הם נמשכי' בשרשן מבחי' האחרונה שבמאציל שהוא בחי' ע"י בכלל · שהוא הנק' מקיף למקיף להיותו מובדל בערך מהנאצלים גם מהיות להם למקור וראש כנ"ל כידוע באריכות · והענין הוא כידוע שהכתר

נק'

נק' רצון העליון · אך המצוה שאינה אלא כשהוא שלא ברצון כמו שכחת עומר כו' הרי שרשה ג"כ למעלה מהרצון עליון · והיינו בחי' ע"י שנחשב מבחי' עצמות אור א"ס שהוא למעלה גם מבחי' הכתר שנק' רצון שלא יוכל לבא אלא בבחי' מקיף ולבוש · כמו ענין כשעלה ברצונו להאציל שנק' כתר ומקיף והוא בחי' א"א שרש כל הנאצלים · אבל בחי' מלכות דא"ק שלמעלה מבחי' א"א הוא הנקרא בעל הרצון · כמו שאנו מבקשים יהי רצון כו' כמ"ש במ"א · ובחי' המצות שתלוין שלא ברצון שם הוא שרשם אשר ע"כ לא יוכל להגיע מהם האור למטה ברצון האדם כ"א כשהוא למעלה מרצונו ודעתו דוקא כמו מצות שכחת עומר שתלויה בשכחה דוקא ואם אינו שוכח אינה מצוה כלל · וכיוצא בזה יש הרבה מצות · כמו שמצינו בנשיאו' יהודה ב"ט שברח למצרים ועשו כמה יגיעות עד שהעלוהו משם לארץ ישראל לנשיאות · וגם שבוודאי מצוה גדולה היא · אבל היא מצוה התלויה דוקא בהיותה בע"כ של אדם שהרי הרודף אחר הכבוד הכבוד בורח ממנו · ואם הי' הוא רוצה בנשיאות לא היו הם מתרצים · וכן בנשיאות יהושע בן פרחיה · גם מרע"ה אמר שלח נא ביד תשלח · ואיך נמנע ממצוה גדולה כזו להוציא בני ישראל ממצרים · אלא מפני שהוא מצוה מאותן המצות הנ"ל שבמדריג' העליונה שלמעלה מן הרצון כו' כנ"ל · ונמצא יש ב' מדריגות למעל' בשרש המצות הא' בבחי' כ"ע שהוא בחי' מקיף דא"א שנק' ראש לנאצלים · והב' מדריגה העליונה מזו הוא בבחינת ע"י שהוא מבחי' אחרונה שבמאציל ככ"ל שיש בכתר ב' מדריגות הללו להיותו בחי' ממוצע כו' · והוא הנקרא מקיף למקיף וד"ל · והנה מבואר למעלה דמבחי' מקיף למקיף זה נמשך למטה בחינת בית · והגם שהוא יותר חיצוני מן הלבוש אבל הוא יותר ביוקר ויותר מתקיים כו' · וגם הוא נצרך לאדם יותר וכו' וכנ"ל באריכות בהפרש שבין לבוש לבית · והטעם הוא לפי שכל הגבוה גבוה יותר בא יותר למטה בחיצוניות כו' . אבל יש לו קיום יותר ונצרך יותר כו' · וזהו ענין המצות שתלוים שלא ברצון שמגיעים ג"כ בבחי' מקיף למקיף הזה כנ"ל · והיינו בחי' מדריגה הג' שבתורה ומצות . שהמצות הללו הן בחי' בית והיכל שלמעלה גם מהמצות שהן בחי' לבוש מטעם הנ"ל · ונמצא שיש כל ג' מדריגות הנ"ל דמזון ולבוש ובית בתומ"צ ג"כ וד"ל · ובזה יובן שרש ענין המשתה ושמחה שעושין בחנוכת הבית . דהנה מבואר למעלה בג' מדריגות הללו דמזון ולבוש ובית שבחי' הבית גבוה בשרשו מכולם · כי דרך כלל ג' מדריגות הללו הנה בחי' המזון הוא בבחי' או"פ · ובחי' הלבוש הוא בבחי' או"מ דכתר ובחי' בית עולה על שניהם יחד שהוא מבחי' מקיף למקיף · (והיינו מ"ש בע"ח דבחי' ההיכלות שרשם נמשך מבחי' שיורי אור המקיף דהיינו מה שלא יוכל לבא גם בבחי' לבוש ומקיף על הנפש הוא נעשה כמו היכל ובית וסובבו מרחוק · וזהו פי' שיורי אור המקיף שהשיורים הללו יותר גבוהים דכל מה שיוכל האור לבא למט' בחיצוניות יותר הוא יותר גבוה בשרשו כו' כמ"ש במ"א ביאור זה על פסוק מה יפו פעמיך בנעלים כו' ע"ש וד"ל) · והנה נמשך מזה האור דמקיף למקיף למטה בחי' הבית שהוא ג"כ מרוחק מגופו של אדם אלא שהוא שוכן ודר בו ומתהלך בו ואין לו שייכות עם הבית כלל · כדוגמא של אור זה הנקרא מקיף למקיף כנ"ל שאין לנאצלים שייכות וערך עמו כלל כנ"ל · דאין ערך כלל בין בחי' אחרונה שבמאציל עם בחי' ראשונה שבנאצלים כו' והוא הטעם עצמו שבא בבחי' גשמיות ביותר כמו האבנים והעפר דבית חומה כנ"ל וד"ל · ובזה יובן מ"ש בדוד והקמותי לך בית נאמן דזה קאי על בחי' המלכות שלו . ולכאורה אין זה מובן למה קורא למלכות בשם בית וכו' וכן אמרו עוד עשה יעשה ה' בית נאמן כו' · כי הנה המלוכה היא מן המצות התלויה שלא ברצון האדם כמ"ש בענין נשיאות דיהודה בן טבאי וכו' · וכמו שאול בחיר ה' שנחבא אל הכלים כו' . וכך דוד היה אומר תמיד לא גבה לבי כו' והיה משפיל א"ע מאד ולא רצה בהתנשאות המלוכה · וע"כ כאשר הבטיח לו על שלימות המלוכה שלו אמר לו והקימותי לך בית נאמן · מפני שמצות מלוכ' היא בבחי' ומדריג' הג' הנ"ל שהוא בבחי' בית שלמעלה מבחי' לבוש כי לא תמשך מלמעלה רק כשהיא דייקא כנגד רצונו ודעתו כו' וכנ"ל · וע"כ קורא המלוכה בשם בית והוא נקרא בשם בית נאמן כלומר המתקיים הרבה לפי ששרשו למעלה מבחי' מקיף למקיף כו' וכמו שהוא מאבנים ועפר שמתקיים הרבה וכנ"ל וד"ל · ובזה יובן עוד מה שאמרו רז"ל (זבחים קיט) אל המנוחה זו משכן שילה ואל הנחלה זו בנין בהמ"ק שנקרא בית עולמים כו' · ולכאור' אין זה מובן למה יקרא לבנין העשוי מאבני' ועפר בשם נחלה ובית עולמים · ומשכן שילה שהיה מיריעות שהם יקרים הרבה יותר לא נקרא נחלה · וגם הלא לא היה הפרש בין משכן שילה ובית עולמים רק בתקרה כדאיתא בגמרא · אבל הענין הוא מטעם הנ"ל דשרש בחי' בית הוא בבחי' מקיף הנ"ל אשר בירידתו למטה יותר הוא בא בהגשמה כמו אבנים ועפר שהוא בחי' דומם בלבד כי סוף מעשה דוקא במחשבה תחלה כידוע · והדומם הוא בחי' היותר אחרונה ע"כ נעוץ בו דוקא התחלה כי נעוץ תחלתן בסופן · והיינו ששרשו בחינה אחרונה שבמאציל שלמעלה גם ממחשבה דא"א · וז"פ מחשבה תחילה תחילת המחשבה כמ"ש במ"א · ולכך נקרא בנין בהמ"ק מאבנים דייקא בשם נחלה · כי בבית חומה שם שוכן בקביעות מבחינת עצמות המאציל מה שלא היה שוכן במשכן שילה כמ"ש ואהיה מתהלך מאהל לאהל כו' מטעם הנ"ל וד"ל · ובזה יובן מה שמנה הרמב"ם לאו דלא תטע לך אשרה כל עץ דהיינו בנין עץ בבהמ"ק שאסור לבנותו מעצים שהוא בחי' צומח רק מאבנים דייקא ואם בונה בו מעץ אפילו כל

שהוא

שהוא עובר בלאו דלא תטע כו' כל עץ כו' · והנה כורש המלך שאמר לבנות בהמ"ק נדבכין די אבן גלל תלת ונדבך די אעא חדא · מה שצוה לבנות חלק הרביעי מעץ · לא משום שהאבן נקנה יותר ביוקר אלא לפי שידע שרש הבנין שנ"ל מן האבנים דווקא מטעם הנ"ל לא נתרצה שיהיה כל הבנין מן האבנים כו' · לכן אמרו רז"ל (ר"ה דף ג ע"ב) דכורש החניף כו' וד"ל · אבל הנה עץ שוקע ולא בולט מותר כדאיתא בגמרא שלמה שקעיה בבנינא וכמבואר ברמב"ם · לפי שהשוקע הוא בחי' או"פ וזה לא היה פוסל כלל וכלל בבנין בהמ"ק אלא דווקא עץ הבולט לפי שהוא בחי' או"מ כידוע · ועיקר הארת המקיף הנ"ל אינו אלא על האבן דווקא שהוא דומם מטעם הנ"ל ולא על העץ שהוא בחי' צומח וע"כ עץ הבולט דוקא פוסל בבנין בהמ"ק ועובר עליו בלאו דלא תטע כנ"ל וד"ל · וזהו מזמור שיר חנוכת הבית דהרי מבואר מכל הנ"ל דהשרש של בחי' הבית הוא מלמעלה מן הרצון והדעת שהוא בחי' מקיף למקיף כנ"ל · ושם אין שייך ענין השמחה כלל כי השמחה אינה אלא בדבר שהוא נמשך מרצון האדם שיש בו עונג כו' · וכמו המצות שתלויין ברצון שנאמר בהם שמחה כמ"ש תחת אשר לא עבדת כו' בשמחה כו' · אבל מצוה זו דבנין בהמ"ק היא למעלה מן הרצון כמו שנתבאר למעלה בענין והקימותי לך בית נאמן במלכות דוד כך הוא ממש מלכות דא"ס שוכן בבית חומה בבהמ"ק כו' וד"ל · ולזה הטעם צריך לעשות חנוכת הבית במשתה ושמחה כמבואר בכתוב מגודל השמחה ששמחו ז' ימים כו' כדי להמשיך מלמעלה בחי' השמחה להיות גם בבנין בית שמחה אע"פ שמצד שרשו אין שם בחי' שמחה אלא שעושין משתה וממשיכים בו שמחה כו' ולכך צריך לעשות משתה ובלא זה אין שם שמחה כלל וזהו מזמור שיר להמשיך השמחה ע"י שיר כו' וד"ל · ובכ"ז יובן מ"ש ויהי ביתך כבית פרץ כו' · ולכאורה יפלא מה זה שקרא לבנין התולדה בשם בית · אלא הענין משום דבני חיי ומזונא לאו בזכותא תליא אלא במזלא תליא ושרש המזלא הוא בחי' מקיף למקיף הנ"ל ולכן נקרא בשם בית ששרשו ג"כ בחי' מקיף למקיף כנ"ל אבל בחי' זכותא הוא למטה מבחי' מקיף זה אלא ששרשו הוא מבחי' א"א שהוא מתפשט בג' קוין חח"ן כו' חסד לזכות והו הנקרא זכותא כשבחי' החסדים דקו ימין גוברים על הגבורות דקו השמאל כו' · משא"כ בחי' ע"י שהוא מבחי' אחרונה שבמאציל כנ"ל שמובדל ומרומם לגמרי מע"ס דאצי' גם מלהיות להם למקיף וזהו הנקר' מזלא שהוא מקור כל המזלות דא"א כו' וכמ"ש במ"א · ולזה אמר ויהי ביתך כבית פרץ כו' משום דבני תלוי במזלא ולא בזכותא ע"כ נקרא בית דוקא כנ"ל וד"ל · ובכ"ז יובן עוד מ"ש אבן מאסו הבונים היתה לראש פנה דהנה פי' אבן הוא א' ב"ן והיינו בחי' אותיות שנק' אבנים בס"י והנה בחי' מלכות עיקר בנינה מהאותיות שנק' אבן וזהו א' ב"ן כו' · וידוע שיש כמה מלכיות כמו מלכות דאבא היא בינה והיא ה"א ראשונה דשם הוי"ה · וכמ"כ תבונה נקרא מל' לגבי ישראל סבא הנקרא או"א תתאין כו' עד בחי' מלכות דאצילות לגבי ז"א שהיא ה"א אחרונה דשם הוי"ה בכלל · ועד"ז משתלשל עוד מאצילות לבריאה והיינו בחי' מלכות דאצילות כשמסתתרת בבי"ע שנקרא מלכות דבריאה כו' . והנה שרה אמרה אל אברהם בא נא אל שפחתי אולי אבנה גם אנכי ממנה כו' ושרה היא בחי' בינה ורצתה שילך אור אבא דאברהם אב"ר מ"ה להגר שפחתה וע"י תבנה גם היא · וכן רחל מל' דאצילות אמרה ליעקב שהוא בחי' ז"א שיבא אל בלהה שפחתה אולי אבנה גם אנכי כו' . ונמצא שהאבות נקראי' בונים שבונים בנין המלכות כמו אברהם ושרה ויעקב לגבי רחל כו' . אך הנה כל בנינם היה לבחי' המלכות כמו שהיא בבחי' אצילות · אבל לבחי' מל' דאצילות שבבריאה להיותה ראש לשועלים בתכלית הקטנות לא רצו כלל לבנותה · וזהו אבן מאסו הבונים פי' אותו אבן א' ב"ן שמוסתר בבריאה שמאסו כל הבונים הנ"ל מלבנותה מפני עוצם מיעוט ערכה כנ"ל· היתה לראש פינה·דהיינו שמכ"מ כאשר נבנה בנין זה (ע"י ישי כו' שהיה סבור שהיא שפחתו כו' כידוע) בנצ' דוד מרות המואבי' בסוד שפחה כי תירש כו' לפי שסוף מעשה דווק' במחשב' תחלה ע"כ היתה לראש פינה דהיינו בבחי' מקיף למקיף הנ"ל וד"ל . ובכל זה יובן עוד מה שארז"ל (ב"מ נט ע"א) אין הברכה מצויה בביתו של אדם אלא בשביל אשתו כו' כי היכי דתתעתרו·דאע"פ ששרש הזכר מבחי' החסדי' יותר כידוע אבל כדי שיומשך החסד העליון בבחי' הגשמה ביותר דהיינו כמו פרנסה הגשמית · הוא בשביל אשתו בחי' נוקבא שהוא למטה יותר מבחי' דכורא כידוע שנוקבא דז"א מתלבשת בבי"ע והיינו כענין אבן מאסו הבונים הנ"ל . וז"פ אנא אפלא ואוקיר להמשיך החסדים מאצילות אבל כדי שיתלבש בהגשמה · באשתו תליא מילתא והיינו שאמר אוקירו לנשייכו כדי שתתעתרו כו' וד"ל . ובכ"ז יובן סדר התפלה שהוא ג"כ בנין הנוקבא שתחילתה רק נקודה תחת היסוד כידוע דהיינו רק בחי' אותיות והן אותיות ותיבות דק"ש אח"כ נמשך בה מוחין ונבנה כל פרצופה בש"ע כו' · וזהו ויקח אבן וירימה מצבה פי' אבן הוא בנין הנוקבא וירימה באצילו' כו' וכתיב ויצוק עליה שמן כו' שהמשיך בה המוחין כו' . וכן ענין מ"ש ויקח מאבני המקום פירוש מאבני מאותיות ותיבות דק"ש כשהית' רק נקודה באצילו' וישם מראשותיו שהמשיך לה מוחין ובנה אותה בבנין פרצוף שלם וכמ"ש בזהר · אך אבן היותר אחרון שמוסתר בבי"ע מאסו כל הבונים והיא מלכות דוד על כן אחר כך היתה לראש פינה פירוש ראש פינה היינו בחינת כתר לכתר דא"א כמו אבן הראש' שעל ראש פינת הבית לעטרת תפארת כנ"ל וד"ל :

אני בצדק אחזה פניך הנה ארז"ל (ב"מ ד"ל ע"ב) לא חרבה ירושלים אלא מפני שהעמידו דבריהם על ד"ת · הנה לכאורה אינו מובן דמשום חטא קל כזה תחרב

ירושלים

ירושלים · ועוד מהו החטא שהעמידו דבריהם על ד"ת וכי דיני תורה אינם ישרים ואם מפני שלא עשו לפנים מש"ה מפני זה לא יגיע להם עונש גדול כ"כ · אך הנה הענין הוא דדין התורה הוא מדת הדין עכ"פ ומדת הדין נקרא אמת· וידוע דאמת אמר אל יברא לפי שכולו מלא שקר כו' וחסד אמר יברא לפי שכולו מלא חסדים כדכתיב חסד ה' מלאה הארץ שכל העולם מלא חסדים · והאמת שהוא מדה"ד אינו נסבל בב"א · כמו שאנו רואים בד"ת שגם אם יתחייב אדם עפ"י דין הנה אינו מקבל עליו החיוב ברצון כי אע"פ שיודע האמת שמה"ד חייבו מ"מ אין לבו שלם בזה כי אין מדה"ד אהובה אע"פ שהוא אמת כו' · וע"כ חרבה ירושלים לפי שהעמידו על מה"ד שהוא האמת ואין למדה זו קיום · אלא צריך להיות ההנהגה במדת החסד לפנים מש"ה ואע"פ שאין זה אמת לפי שהחסד אמר יברא כו' וד"ל · וביאור שרש הדברים הנה איתא בזהר דרישא דעשו בעטפוהי דיצחק כי יצחק שרשו הוא בחי' גבורה דקדושה בבחי' האצי' ויצא ממנו עשו למטה שהוא פסולת הגבורה ונקרא התוכא דדהבא פסולת הזהב לאחר שנברר הנקי כו' · והוא בחי' רע דנוגה כמו הרציחה וכה"ג שנולד מן הכעס והכעס נולד מן פסולת החמימו' דרשפי אש דקדושה כמו ההתלהבות וכה"ג כמ"ש במ"א · וכיוצא בזה יובן למעלה דרע דעשו היה הרציחה שיצא למעלה מבחי' פסולת הגבורו' דיצחק דקדושה · כי הגם שאין רע יורד מלמעלה כמ"ש לא יגורך רע כו' · אבל בהשתלשלות מגבורות דקדושה למטה נעשה מזה רע כו' · והיינו שאמר דרישא דעשו כלומר שרש מקור מוצאו למעלה הוא מעטפא דיצחק מבחי' פסולת שנפל מגבו' דקדושה והיינו הנקרא התוכא דדהבא כלומר פסולת מדה"ד דקדושה כו' כי בדין עצמו דקדושה אין בו רע ח"ו · אבל מבחינת הפסולת שבו נעש' רע בהשתלשלות למטה כו' וד"ל · ולכך חרבה ירושלים ומפני שהעמידו הכל על מה"ד אע"פ שמה"ד עצמו אין בו רע כלל אפי' שמץ מיני' אבל עי"ז נתנו מקום ליניקת החיצוני' לקבל מבחי' פסולת זה הדין שהוא כמו רע דעשו כו' וד"ל · והנה יש עוד דבר במה"ד שהוא הגורם בחינת הפירוד וההתחלקו' כי במדה זו יובדל לב אדם מחבירו · כי בהיותו מדקדק עליו במה"ד לא ימצא כשרון מעשה גם בעובד ה' · וכענין זה למעל' כאמר הן שמים לא זכו בעיניו כו' שהוא דווק' ע"פ מה"ד שהוא מדת האמת כי במדת האמת לא יצדק שום אדם כו' · ונמצא ע"י מדה זו יובדל לב האדם מחברו בחשבו עליו במדה זו וכן חבירו עליו · וז"ש חלק לבם עתה יאשמו פי' חלק לבם ע"י מה"ד ואזי ממילא יאשמו ברע גמור וז"ש עתה יאשמו עתה דווקא לאחר שחלק לבם במה"ד ומטעם הנ"ל וד"ל · והנה ההיפוך ממדה זו הוא מדתו של יעקב שנק' בריח התיכון כו' כידוע · והוא ענין מדה"ר שהוא עושה וגורם בחי' האחדות היפוך בחי' הפירוד כו' · ושרש הדברים

הנה ארז"ל (תענית ד"ה ע"ב) יעקב אבינו לא מת פירוש מפני שבמדתו של יעקב אין סיבה ליניקת החיצונים שזהו הנפילה שנקרא מיתה כי בחינת יעקב הוא שרש התיקון בבחי' התכללות היפוך הפירוד ואין יניקת החיצונים אלא מפסולת הדין שבא מבחי' הפירוד כנ"ל · וביאור ענין מדת יעקב מה שנקרא בריח התיכון כו' אין זה מצד שהוא אמצעי בלבד נקרא תיכון אלא מלשון תכנת עמודיה סלה כו' · דהנה כתיב כל דרך איש ישר בעיניו ותוכן לבות ה' פי' ותוכן זה היינו ג"כ מלשון תכנת כו' · והענין הוא כי הנה ארז"ל בענין חכם הרזים כו' מה שנאמר ביהושע איש אשר רוח בו שהוא כולל מכל מיני דעות ורוחות ב"א · המה בחי' הדעות והשכליים של כאו"א שאין חכמת א' דומה לחבירו ואינם נמצאים שנים שוין בהשגתם אלא זה משיג כך וזה משיג כך וכאו"א מובדל מחבירו בהשגתו ושכלו שהרי אף בענין א' ששנים שומעים מרב א' זה משיג כך וזה משיג באופן אחר וזהו מחמת שגוף ועצם השגת שכל זה אינו דומ' להשגת שכל חבירו כו' · וכן בהתפעלו' הלב מחולקי' ומובדלים המה כל א' מחבירו יש מתפעל כך ויש מתפעל כך באופן אחר לפי שהלב בהתפעלותו הרי נולד מן השכל וכפי השגת השכל כך יתפעל הלב כידוע · ע"כ כמו שבשכל מובדל מחבירו · כך בהתפעלות שנולדה מן השכל ג"כ אין א' דומה לחבירו כו' · וזהו כל דרך איש ישר בעיניו פי' כל א' וא' כפום שיעורא דיליה בשכלו דמשער בלבי' כך הוא מתפעל כמ"ש בזהר ע"פ נודע בשערי' בעלה כל חד וחד לפום שיעורא דיליה דמשער בלבי' כו' · וע"כ מובדל כאו"א מחבירו וכל דרך איש ישר מאד בעיניו ודרך השגו' והתפעלו' זולתו זר בעיניו מאד ולא יוכל לסובלו כלל· אבל ותוכן רוחות ה' וכן ותוכן לבות ה' פירוש ותוכן הוא המשווהאותם ומקים אותם להיות כולם בהשוואה אחת כללים לכלול כל הנמצאים יחד בלי פירוד והתחלקות כלל כמו תכנת כו' · וכמו ושמים בזרת תכן כו' שהוא ענין קיום כו' כך ע"י שם הוי"ה שהוא מדת ת"ת דיעקב הנק' בריח התיכון שהוא הכולל כל הרוחות וכל הלבבות וכל מיני השגות ב"א וכל מיני התפעלותם משווה לכולם יחד כו' ועי"ז יש להם קיום חזק בלא נפילה כלל וכמ"ש אל אלהי הרוחות לכל בשר כו' · וכענין חכם הרזים כו' · וכענין יהושע שנאמר בו איש אשר רוח בו · וארז"ל שיכול להלוך נגד רוחו של כאו"א כו' · והוא מדת ת"ת שהוא קו האמצעי הכולל הכל כו' והיינו ותוכן רוחות כל הרוחות דס"ר נשמות ישראל וכן ותוכן לבות כל התפעלות דס"ר כו' הוא ע"י שם הוי"ה דווקא וד"ל · ומטעם זה צריך לקיים מצות ואהבת לרעך כמוך קודם התפלה כידוע כדי שיכלול עצמו בבחינת התכללות והאחדות אחת עם כללות נש"י וישכון עליו שם הוי"ה שהוא התוכן כל הרוחות כו' · והוא בחי' יעקב שהוא היפך מה"ד הגורמת פירוד והתחלקות להיות דרך זולתו זר בעיניו אבל

ע"י

ע"י מדה זו נהפוך הוא שם דרך וולתו יוכשר בעיניו כמו דרכו · ולכן ארז"ל יעקב לא מת לפי שאין ממדה זו סיבת יניקה לחיצונים כלל אחר שאין נעשה מזה שום פירוד והתחלקות כי מדה זו היפוך הפירוד כו' וד"ל · אך כדי שיגיע האדם למדה זו אין זה אלא ע"י מדת השפלות שמשפיל א"ע מאד וכענין ונפשי כעפר לכל תהיה כו · שע"י זה יכול להתאחד גם עם הפוכו ונמשך עי"ז מדת הת"ת דיעקב שהוא מה"ד הכולל כל ההפכים כו' · ומה שנ"ל השפלות קודם התפלה דווקא לפי שבתפלה הוא צריך למלאות חסרונו כי ענין התפלה הוא ענין בקשה ואין שייך בקשה אלא כשחסר לו איזה דבר מה ואין מילוי אלא על ידי מדת הת"ת שאינו בא כ"א על ידי השפלות שגורמת האחדות כנזכר לעיל וד"ל :

וזהו ואני תפלה פי' אני הוא בחי' מלכות שנק' אני · ולהיותה בבחי' התפשטות למט' להחיות רוח שפלים נקרא תפלה · שתמיד מבקשת לעלות למעלה למלאות חסרונה · ותפלה לשון דיבוק ג"כ כמו נפתולי אלהים נפתלתי עם אחותי כו' · ואין עליות המלכות כ"א ע"י אתדל"ת בכנ"י בתפילתם כשמבקשים למלאות חסרונם · אבל אין זה אלא כשיכירו חסרונם מצד שוולתו משלימו ואין לו שלימות מצד עצמו והייט ע"י מדת האחדות שבאה ע"י השפלות כו' כנ"ל וד"ל · ובדוגמת ענין זה הוא מ"ש שימני כחותם כו' · ומבואר במ"א שהוא כמו החותם שוקע שעושה חותם בולט כו' · כך ע"י השפלות גורמת הבליטה שהיא גילוי מדת יעקב הנ"ל · וזהו פי' גואל ישראל שאומרים בתפלת י"ח וכמארז"ל (פ' ערבי פסחי' דקי"ז · ע"ב) דצלותא גואל ישראל לשון הווה שתמיד הוא גואל · משא"כ גאל ישראל דקודם ש"ע לשון עבר · דקאי בגאולי' דיצ"מ · אבל גואל ישראל דצלותא היינו עניין גילוי אלקות ברוחניות תמידית בכל דור ובכל זמן · כי בכל שעה שמתפללין כנ"י יש בחי' גאולה ברוחניות כללות כנ"י שהוא ענין הארת משיח ממש · אלא שהיא ברוחניות ולא בגשמיות · ואם היו כל ישראל מתפללין בכוונה ולא היה אור האהבה חולפת ועוברת אחר התפיל' היה בא משיח גם בגשמיו' · אבל ברוחניות יש בכל תפילה בחינת גאולה דמשיח למעלה כו' · והטעם הוא כי התפיל' הוא ענין הארה א' עם בחי' הארה דמשיח · כי מלכא משיחא הוא בחי' מלכות · והתפילה הוא בחי' מלכות כמ"ש ואני תפלה כנ"ל וד"ל · וז"פ גואל ישראל דצלות' · דתמיד הוא גואל לכללות כנ"י שעי"ז יומשך גלוי אלקות דמדת יעקב הנ"ל ע"כ אמר גואל ישראל דווקא וד"ל · והנה כתיב לכבודי בראתיו יצרתיו אף עשיתיו · וידוע שהן ג' עולמות בי"ע ששרשם מנר"ן דאצי' ולא מן האורות אלא מבחי' הכלים ראש תוך סוף כו' · עשר כלים הפנימים נשמה בבריאה כו' · עד שיו"ד כלים החיצונים נפש בעשיה כו' · וביאור הדברים הנה מבשרי אחזה כו' דכח הפועל בנפעל הוא בחי' הארה חיצונית באדם · אך ישנה בג' מדריגות במחשבה בדבור ובמעשה · הנה במחשב' הוא אותיות המחשב' שפועלים דבר מה בגוף כידוע כמו שיוכל המחשב' לעצור הבני מעיים כו' · וכיוצא כח הדבור שבא בבחינת פעולה היינו הבל הדבור שהוא רוחני כו' · אך הוא יותר מגושם מאותיו כח המחשבה · ובמעש' הוא כח הפועל בנפעל בפעולה גשמית כו' שהוא מגושם יותר כו' · כך יובן למעלה דבי"ע שבאצילות היינו כמו שרש למחשבה דו"מ דבי"ע ממש · והמה בחי' כלים שנמשך מהם אור וחיות לי"ס דבי"ע כו' ע"ד דוגמא מכח הפעולה של מדו"מ הנ"ל שהוא רק בחי' עשיה בכל א' וא' מהם שהעשי' הוא מדרגה החיצונית הנבדלת מן האדם אלא שבחינת עשי' הנבדלת ישנה בכאו"א לפי מהותה כמו במחשבה לפי מהותה כו' וד"ל · ועפ"ז נחלקו המדריגות בג' עולמות · די"ס דבריאה למעלה מי"ס דיצירה כו' כערך כח המחשבה עם הבל הדבור כו' · עד שי"ס דעשי' הוא כמו בחי' העשי' באדם בכח הפעולה הגשמית כו' ונקרא עשיה דעשיה כו' · ובאדם הוא ג"כ דרך כלל ג' מדריגות דחב"ד · חג"ת · נה"י · חב"ד במוח · וחג"ת בלב · ונה"י בתרין ירכין כו' · כידוע · שהוא ענין א' עם ג' מדריגות דבי"ע · כי חב"ד בבריאה · וחג"ת ביצירה · ונה"י בעשי' כו' וד"ל · והנה לנגד אלו ג' המדריגו' יש ג' מדרגות דתורה ותפלה וצדקה · תורה בחי' חב"ד · תפילה בבחי' חג"ת · וצדקה בבחי' נה"י · שהרי הצדקה הוא בבחי' עשיה כמ"ש והיה מעשה הצדקה כו' · והתפילה בהתפעלות הלב כו' · והתורה בהשג' שבמוח כו' · וכתיב בצדק' תכונני הרי הצדקה בבחינת נה"י שהוא בחינת רגל אחר שבצדקה נעשה כן ובסים כמ"ש תכונני · והנה תורה ותפלה וצדקה שלשתן קשר א' הם · דהנה כתיב זאת התורה אדם · הרי אדם שכולל רמ"ח איברים הוא בתורה כו' · לפי שהאדם הגם שיש בו חילוק מדריגו' בין האיברים המוחין בראש למעלה והמדות בלב כו' · מ"מ יש בהם בחי' ההתכללו' וההתאחדות להיות נעוץ · תחילתן בסופן וסופן בתחילתן דהיינו שהראש מקבל מן הרגל אור וחיות שהוא מסופן לתחילתן שהרי ירפאו לכאב שבראש ע"י הקזה ברגל כידוע ונבואר במ"א · וא"כ יובן מ"ש בצדקה תכונני שהוא דוקא ע"י הצדקה שהוא בחי' רגל כנ"ל כי נעוץ תחילתן בסופן כו' וע"י בחי' הסוף יתחזק בחי' התחלה שהוא בחי' חב"ד שבתורה כי קשר א' הם · וזהו צדקה תרומם גוי כו' · פי' תרומם לבחי' המוחין שבראש כמשל הנ"ל וד"ל · וזהו אני בצדק אחזה פניך · פי' כמו שאמרז"ל (ב"ב ד"י ע"א) ר"א יהיב פרוטה לעני והדר מצלי משום דכתיב אני בצדק אחזה פניך כו' · דהנה ע"י בחי' גילוי אלקות שבמדריגה התחתונה מכולם דווקא שהוא מעשה הצדקה בזה תרומם גוי לבחי' המוחין ולבחי' המדות שבתפלה · וע"כ יהיב פרוטה תחילה · וזהו אני בצדק אחזה פניך · פי' אחזה פניך היינו בחי' גילוי אלקות במוחין ומדות כענין גואל ישראל הנ"ל ·

שהוא

שהוא ע"י התפילה וגם השגת המוחין בתורה שאחר התפילה הכל נקרא אחזה פניך כי הפנימית הן בחינת המוחין כו' · וכ"ז החזיון פנים אינו אלא בצדקה דווקא מטעם הנ"ל · משום דנעוץ תחילתן בסופן דווקא · וכמ"ש בצדקה תכונני כו' וכן כתיב ומעשה ידינו כוננהו וד"ל · ובזה יובן מ"ש והבאתי את השלישית באש וצרפתים כצרוף את הכסף ובחנתי' כבחון את הזהב כו' · וכתיב וישב מצרף כו' · והיו לה' מגישי מנחה בצדקה · דלכאורה אין זה סמיכה לענין הבירורים שאחר תחילה · אך הענין הוא דכנ"י בגלות נקרא סכת דוד הנופלת · פי' הנופלת לשון הוה שתמיד היא נופלת ממדריגה למדריגה יותר תחתונה כו' · ואנו רואים שעיקר גילוי אלקות בימי תנאים ואמוראים היה בלמוד התורה בנגל' דלא פסיק פומייהו מגירסא · ובתפלה היו מקצרים כמ"ש (שבת ד"י) מניחין חיי עולם כו' ובדורות שלאחריהם היה עיקר גילוי אלקות בתפלה כו' עד שבזה"ז שהנשמות מבחי' עקבות משיחא דהיינו מבחי' נה"י עיקר גילוי אלקות הוא במצות מעשיות שעושין · שכללותן הוא מעשה הצדקה · לפי שגילוי אלקות הוא בא ע"י בחי' בירורין לאהפכא חשוכא לנהורא כו' ותחילה היו בחי' הבירורים בחב"ד דהיינו כמו בנשמות התנאים שהן בחי' המוחין שבתורה כו' ואח"כ נפלה סוכת דוד למטה והוא להיות בחי' גילוי אלקות ע"י הבירורים רק בחג"ת שבתפילה כו' · ואח"כ נפלה עוד לבא בבירורים דנה"י בלבד והוא כמו מעשה הצדקה · וע"כ עיקר הבירורים בזה"ז הוא במצות מעשיות בלבד וגם בתפילה אינו עיקר גילוי שכינה אלא דוקא במצות מעשיות וכמ"ש בצדקה תכונני וכן בצדק אחזה פניך כנ"ל · וז"ש ועמדו רגליו ביום ההוא על הר הזיתים רגליו דייקא שהוא בחי' נה"י שבזמן עקבות משיחא והיינו ענין עד דמטו רגלין ברגלין פי' רגלי הנוקבא שהוא בחי' נה"י דכנ"י בצדקה מעוררים רגלי דדכורא שהוא מ"ש ועמדו רגליו כו'. ולזה הטעם אמרו שבצדקה נגאלין כו' · והנה בענין הבירורין יש כמה אופנים אם לברר הפסולת אם לברר הנקי · ועכ"פ עיקר ענינו הוא להפריד הרע מן הטוב גם לאחר שיצא נקי כו' בבירור אחר בירור · וזהו והבאתי את השלישית באש הייט בתורה דכתיב הלא כה דברי כאש כי בחכמה דוקא אתברירו גם הבירור דעשיה היותר אחרון וכמשל האש שהוא המברר הכסף כו' · וצרפתים ובחנתים וכו' · ואחר כל הבירורים דחב"ד וחג"ת כו' בבירור אחר בירור אמר שיהיו מגישי מנחה לה' בצדקה כי הצדקה הוא בבחי' רגלין שהוא בחי' הבירור היותר אחרון כנ"ל · והיותר אחרון הוא יותר גבוה מכולם לפי שנעוץ תחילתן בסופן דווקא · וכמשל הנ"ל ממאמר הראש שמרפאין ע"י הקזה ברגל כו' · והייט ענין מאמר דמטו רגלין ברגלין לפי שבירור דרגלין יותר גבוה גם מבירור דמוחין כמ"ש למעלה בפי' אני בצדק אחזה פניך · בצדק דווקא אחזה פניך בחי' המוחין כו'. ומ"ש אני בצדק אני זה הוא מ"ש ואני תפלה שהוא בחי' מלכות שנקרא דינא דמלכותא כו' כידוע וד"ל :

אשר לקחתי מיד האמורי בחרבי ובקשתי · ותרגומו בצלותי ובבעותי · ויש להבין מהו ענין חרב וקשת לכנות בהם ענין תפלה ובקשה · גם מהו ההפרש בין צלותא ובעותא אשר זה נמשל לחרב וזה לקשת · אך הנה כתיב כי תצא למלחמה על אויביך · ואמרו בזהר דשעת צלותא שעת קרבא משום דמאן דקטיל ליה לחויא יהבין ליה ברתא דמלכא דא צלותא · פי' חויא הוא נפש הבהמית שנלקחה מהיכלות דנוגה שנק' משכא דחויא · ולהפוך חשך לאור בשעת התפלה ה"ז כדמיון המלחמה לנצח את שונאיו ולכך שעת צלותא שעת קרבא כו' · והנה במלחמה יש ב' מיני כלי זיין · א' הוא החרב שהורג לשונאו כשעומד מקרוב ולא מרחוק · והב' הוא הקשת שהורג לשונאו העומד מרחוק מאד כידוע · והנמשל יובן במלחמה שבשעת התפלה יש ג"כ ב' מיני כלי זיין הללו להפוך חשוכא לנהורא כו' · הא' להפוך לבו מן הקצה אל הקצה כו' שלא יחפוץ רק באלהים חיים ויבטל כל רצונות זרות זולת זה · והייט ע"י האהבה בהתפעלות גדולה בנקודת הלב עד שמגביר כח הנפש האלקית על כחה של נפש הבהמית ולאהפכא חשוכא לנהורא כו' · וההתהפכות הזאת יוכל האדם לשער בנפשו שנעשה כאיש אחר להיות סור מרע או מואס ברע אשר היה בו עד הנה · והייט כדמיון החרב שהורג מקרוב כך הרג להרע שיודע בנפשו · אך יש בחינת רע בנפשו הבהמית בהעלם ואינו יודע שהרגו ע"י התפלה ולא ירגיש בנפשו כלל שנפטר ממנו להיותו עומד מרחוק בבחי' העלם בנפש · ע"כ לזה לא יועיל החרב אלא הקשת · והן האותיות שבתפלה שנקרא חיצי קשת וכמ"ש בזהר ע"פ וישטמהו בעלי חצים · לפי שהאותיות שבתפלה דוקא הורגי' לחיות האותיות דקליפ' דאת זלע"ז כידוע בענין הוידוי כו' עד שלא נשאר בהן חיות ושפע מהטוב דקדושה ואזי ממילא נופלים כו' · וה"ז כדמיון הקשת שהורג מרחוק כו' וד"ל · והנה לכאורה יפלא מאין יש כח לאותיות להרוג ולהכניע כח החיצונים העומדים מרחוק הלא האותיות אינם רק בחי' דומם בלבד · אך הנה הענין הוא מובן בהקדם תחלה ענין הקרבנות שהיו מקריבין ע"ג המזבח שצריך להקריבם בבהמ"ק דוקא שהרי נאסרו הבמות משהוקם המשכן וחזרו והותרו עד שבאו לשילה חזרו ונאסרו כו' · ולכאורה אין טעם כלל לאיסור הבמות דמה יתרון מעלה יש להקרבן אם נקרב ע"ג מזבח בבית דוקא · הלא עיקר הענין הוא רק גופו של מעשה הקרבן ע"ג המזבח · אך הענין הוא דידוע שיש ד' מדריגות דצח"מ בכלל · ובדרך פרט גם באדם שהוא בחי' מדבר יש דצח"מ · בחי' אותיות הדבור הוא בחי' הדומם בלבד כידוע · ובחי' הצומח הן המדות כי הן נגדלין מקטנות לגדלות כידוע כמו הצומח · ובחי' החי הוא השכל כמ"ש והחכמה תחי' וכו' · ובחי' מדבר הוא הרצון ותענוג שלמעלה מן השכל כו' · והנה

זהו

זהו דווקא מלמטה למעלה הדומס למטה במדריגה מן הצומח והצומח למטה מן החי כו' · אבל מלמעלה למטה נהפוך הוא שהדומס יותר גבוה מן הצומח והצומח למעלה מן החי כו' לפי שנעוץ תחילתן בסופן וסופן בתחילתן ואע"פ שבחי' הדומס הוא הסוף בבחי' ההתחלה ממטה למעלה אבל מלמעלה למטה הדומס תחילה כו' · והמופת לזה ממה שנברא אדם שהוא בחי' מדבר באחרונה כנאמר יתוש קדמך כו' וגם מ"ש הכל היה מן העפר כו' וד"ל · ובזה יובן מ"ש ואחר הרעש אש כו' ואחר האש קול דממה דקה ואמרו בזהר דתמן קאתי מלכא · פי' דממה היינו מבחי' הדומס · להיות כי בש"ע הוא בבחי' הביטול במציאות כאבן דומס · וע"כ צלותא בלחש דווקא משום דתמן קאתי מלכא כמאן דמליל עם מלכא באודנוהי בלחש כו' וד"ל · והטעם לכ"ז הנה מבואר במ"א שיש ג' מדריגות מזון לבוש ובית · ובחי' בית גבוה מכולם להיותה בבחי' דומס באבנים ועפר שמטעם זה נקרא בהמ"ק הבנוי מאבנים דווקא בשם נחלה כו' · להיות כי בבחי' הדומס שורה מקיף למקיף שהוא בחי' האחרונה שבמאציל כו' · וככ"ל באריכות בענין ג' מדריגות שבתורה ומצות שזהו בחי' המצות שתלוין שלא ברצון האדם כמו מצות שכחת העומר כו' וכיוצא בזה שהוא בע"כ שזהו פי' מעשה הצדק' לשון עישוי וכפיה כמו שאמרו ממשכנין על הצדקה בע"כ וכן התמנות הדיינים כמו נשיאות דר"י בן פרחיה ויהודה בן טבאי כו' · ולהיות כי בחי' בית גבוה מכולם מטעם שהוא דומס ונעוץ תחלתן בסופן כו' עד שבו דווקא שורה בחי' מקיף הכללי מעצמות אא"ס ע"כ נאסרו הבמות משהוק' המשכן · כי בבית דוק' שוכן ממיל' מבחי' עצמו' אוא"ס בהשראת מקיף למקיף הנ"ל וכמ"ש שלמה בבית אשר שמי שם כו' עד שבהקריב שם קרבן שוכן ממילא השראת אא"ס משא"כ במקום אחר שלא בבית כמו בהמ"ק · ועיקר הטעם להיות כולם מבחי' דומס ולכן משכן שילה היה במעלה יותר ממשכן משה · ובהמ"ק של שלמה יותר במעלה ממשכן שילה · כי משכן משה היה מקרשים ויריעות · ומשכן שילה מאבנים ויריעות · ובהמ"ק של שלמה כולו מאבנים וד"ל · ובזה יובן מה שאז"ל (ברכות דל"ד ע"ב) חציף עלי מאן דמצלי בבקתא · וכבר נתקשו המפרשים במאמר זה דהל"ל אסור להתפלל בבקעה · ולמה אמר לשון חציף עלי מה ענין חציפות לכאן · אך הענין מטעם הנ"ל דבבית שוכן בחי' מקיף למקיף להיות כי בחי' הדומס גורם המשכת המקיף מלמעלה למטה כנ"ל · ומלמעלה למטה ממילא ומאליו הוא בא כי לא ישיגנו עבודת האדם כלל

גם במס"כ מאחר שהוא בחי' מקיף למקיף כנ"ל באורך · וכמו הקרבנות שהיו מקריבים ע"ג המזבח שאע"פ שהיו מקריבין דרך העלאה מלמטה למעלה אבל המשכת גילוי אלקות מלמעלה היה בא ממילא מצד קדושת הבית שכבר הוכן בו גלוי אלקות מטעם שבדומס שורה המקיף כנ"ל · אבל מאן דמצלי בביקתא הנה הוא סומך להמשיך אור המקיף מצד הכנת עבודתו שישיג להמשכה זו כו' וזהו ענין חוצפא כלפי שמיא לעמוד על דעתו כ"כ כו' · וכענין איסור הבמות שנאסרו מטעם זה וד"ל · וזהו בחרבי ובקשתי ותרגומו בצלותי ובבעותי · דהנה בק"ש יש רמ"ח תיבין ונקרא רמ"ח ובפסוקי דזמרה נעשה חרב פיפיות לעשות נקמה בגוים · וידוע בפי' מאמר הזהר דבקרבא יש חר"ב ורמ"ח · בחי' החרב הוא להרוג יניקת החיצונים בשם הוי"ה שבחרב יש ב' פיות כו' וברמ"ח תיבין דק"ש נעשה רומ"ח והיינו בחרבא וברומחא שהוא מקרוב דווקא כנ"ל · אבל ש"ע שהוא בחי' השתחוואה וביטול במציאות בכריעות והשתחוואות שבכל ברכה כו' ה"ז בחי' קשת שהורג מרחוק כו' · כי הנה בבחי' ביטול זה הרי נעשה בחינת דומס כנ"ל בפי' דממה דקה דתמן קאתי מלכא דהיינו מבחי' מקיף למקיף כמו בבית כנ"ל ועי"ז יכול להיו' הכנעו' החיצוני' גם העומדי' מרחוק · וכמ"ש וישטמוהו בעלי חצים דקאי על אותיות שבתפלה · ודווקא אותיות כנ"ל להיותם בבחי' דומס ע"כ נק' חצי קשת להרוג החיצונים גם מרחוק כידוע בענין הוידוי וכנ"ל וד"ל · וזהו בצלותי ובבעותי פי' בעותי כמ"ש אם תבעיון בעיו שהוא לשון בקשה · אך הנה הוא לשון גילוי ג"כ כמו שאז"ל בב"ק בד' אבות נזיקין שהמבע' הוא האד' להיו' אדם מועד לעול' משום שנא' אם תבעיון בעיו שנא' על התפלה כו' להיות כי בעיות לשון גילוי כמו נבעו מצפוניו וע"כ יש מ"ד בגמ' שם דמבע' זה השן שהוא מגול' כו' · ופי' מבעה ל' מפעיל שעושה הגילוי וממשיך אותה מן ההעלם · והיינו פי' אם תבעיון בעיו להמשיך מן ההעלם לגילוי ע"י אותיות התפלה מבחי' מקיף למקיף הנ"ל · והמשכת גילוי זה תלויה באדם · ע"כ נקרא האדם מבעה שעושה הגילוי כו' · וענין זה הגילוי היינו מלמעלה מן הרצון לרצון כו' שהוא בחי' מקיף למקיף הנ"ל · וזהו ע"י בחינת ביטול הרצון בכריעה והשתחויה בש"ע · וזהו בצלותא דק"ש עד ש"ע ברומח · ובבעותי' בש"ע בקשת · להמשיך מבחינת העלם המקיף ע"י בחי' הביטול במציאות רק באותיות שנקרא דומס משום דתמן דווקא קאתי מלכא כנ"ל וד"ל: סליק

ביאור על אחרי

להבין שרשי הדברים הנ"ל שרש ענין עילוי אחר עילוי עד כ' אלפים יובלות עד שאמר לעולמו די כו' · הנה ידוע

אחרי ה' תלכו כו' · כתיב ימינך ה' נאדרי בכח ימינך ה' כו' · ויש להבין ענין ב"פ ימין הנ' כאן · הנה יש ג"כ ב"פ שמאל · הא' מ"ש שמאלו תחת לראשי · והשני מ"ש שמאלו תחת ראשי כו' · והענין הוא דיש בחי' שמאל דוחה במקבל ושמאל דוחה במשפיע כמו שיתבאר בסמוך ·

בהיות ידוע דבחינת שמאל דוחה במקבל היינו שמשפיל א"ע בתכלית ודוחה א"ע למטה להיות מאחרי דחושבנא כשיחשוב ויתבונן עולם ריחוקו מה' אחד · וגם הטוב שעוש' דוחה ומשפיל בלבו שאיננו כלום מטעם שאינו אמתי כלל · שהרי נאמר שפת אמת תכון לעד ועד ארגיעה כו' · דכל שהדבר אמתי אין לו שינוי והפסק כלל וזהו תכון לעד · משא"כ שיקר' לא קאי · וזהו ועד ארגיעה כו' · וכתיב קרוב ה' כו' לכל אשר יקראוהו באמת דהיינו בשפת אמת שתכון לעד בלי שינויי' · אבל כשתעש' הטוב חולפת ועוברת לפעמים אין זה קרוב לה' · אלא רחוק מה' · וכשמתבונן בזה ומשפיל את הטוב שבו אזי הוא בתכלית השפלות בנפשו · וכל המשפיל א"ע הקב"ה מגביהו שנאמר אם נבלת בהתנשא כו' · וגורם נשיאת ראש והגבהת המדרג' בנפשו בעבודת ה' ע"י שפלות זו כו' · וכמשל העיגול שאין בו מעלה ומטה וכאשר נדחה למטה בתחתית העיגול הנה הוא למעלה כידוע · והיינו שיוכל לידבק בבחי' סוכ"ע שאין בו מעלה ומטה ע"י שפלות זו · וכמ"ש ומתחת זרועות עולם שבחי' סוכ"ע מקיף עליון ותחתון בהשוואה א' ועל כן המשפיל א"ע הקב"ה שהוא סוכ"ע כידוע מגביהו כו' · וזהו ויצעקו אל ה' בצר להם דייק' וכן ממעמקי' קראתיך מבחי' עומק השפלות הנ"ל · ולכך ארז"ל (רפ"ה דברכות) אין עומדין להתפלל אלא מתוך כובד ראש שהוא ההכנעה דווקא · לפי שהתפלה הוא ההתדבקות בבחי' הוי"ה סוכ"ע · ולא יוכל להגיע לדביקות זו כ"א ע"י הכנעה בתכלית הדחיה · כמשל העיגול הנ"ל וד"ל · וזהו אחרי ה' תלכו בבחינת אחוריים בבחי' השפלות דשמאל דוחה הנ"ל · ועיקר הענין בפי' אחרי ה' · היינו עפ"י הידוע בענין התפלה ופסוקי דזמרה שכל מה שנאמר שם משבחי הבורא ית' · הכל הוא רק בבחי' שמו ית' איך שמהוה כל הנבראים מאין ליש כו' שאין זה אלא מבחינת התפשטות מדת מלכותו ית' שנקרא בחי' אחוריים לגבי עצמות א"ס ב"ה · ונקרא כסא הכבוד כמ"ש וישב ה' מלך כו' · דהנה בברכ' שלפני פסוקי דזמרה דהיינו ברוך שאמר כללו' ענינו הוא רק איך שאמר והיה העולם בבחי' דבור והאמירה בלבד ובמאמר א' נברא העולם בכלל ונתחלק אח"כ לפרטות הי' מאמרות · וזהו ברוך שאמר כו' · ואח"כ אומר ועושה מאמ' דבראשית שהוא בכלל המאמרות וזהו עושה בראשית כמ"ש במ"א · ופי' ברוך בכולם היינו בחי' גילוי אור המשכת א"ס ב"ה להיות כי בהעלם עצמות א"ס לא יתכן כלל בחינת האמירה ודבור אלא ע"י צמצו' נגלה מן ההעלם כו' · וע"י התפעלות הנפש בכללות כנ"י בהתבוננות זו הרי גורמים למעלה תוספת גילוי אור זה בכל יום כידוע שבאתערות' דלתתא אתערותא דלעיל' · וכן בהיפך מבחינת גילוי אור הנעלם למעלה נמשך בחינת התפעלות בכנ"י כו' וד"ל · ברוך מרחם על הארץ · פי' הארץ הוא בחי' עלמא דאתגלי' כידוע ומסיבת הרחמנות על הארץ בלבד הוא ברוך ונמשך להוות עלמא דאתגליא כו' · וכן פי' מרחם על הבריות שהן הנשמות ומלאכי' דבי"ע חיים וקיימים תמיד מאין ליש מסיבת הרחמנות בלבד · ברוך משלם שכר טוב ליראיו · פי' טוב הוא האור

והזיו

בכתבי האריז"ל דבבחי' מ"ל דא"ס שהוא בחי' גלגלתא דא"ק כו' אין אנו רשאים לדבר כי הוא למעלה מבחי' תפיסא דלית מחשבה תפיסא אפי' מחשבה דא"ק כו' כי רק מבחינת נה"י דא"ק שרש ההתחלה בהשתלשלות הפרצופים עד רגלי הא"ק בעולם העשיה וכל בחי' האצי' הוא רק מבחי' נה"י דא"ק ולמטה כו' · וטעם הדבר הוא לפי שבדרך כלל הנה בחי' האור והגילוי מן העצמות דא"ס הוא בחי' הקו והחוט כו' שנעשה לאחר לצמצום מקום חלל כו' הוא הנקרא בשם מלכות והוא בחי' שם בלבד שאינו מעצמות האדם כידוע דבחי' גילוי אור ובחי' שם הכל ענין א' הוא שמורה ענין התפשטות בלבד מן העצמות ואין לו ערך כלל לגבי העלם העצמות · ולהיות כן אין לנו רשות לדבר רק בבחי' הגילוי מאור א"ס שהוא בחי' שמו בלבד דהיינו בבחי' גילוי הקו והחוט כו' שאינו אלא מבחי' נה"י דא"ק ולמטה ולא משם ולמעלה בבחי' העלם עצמות א"ס קודם שנעשה חלל ומקום פנוי כו' וד"ל · והנה מלכותך מלכות כל עולמים כתי' פי' דמ"ל דא"ס שבקו וחוט כו' נקרא מלכותך והוא מלכות של כל עולם ועולם ע"פ סדר ההשתלשלות דאבי"ע שמתחיל שרשם מבחינת נה"י דא"ק ולמטה כידוע דמ"ל דא"ק משפיע לע"י ולא"א כו' ומ"ל דא"א משפיע לאו"א כו' עד שמל' דאצי' משפיע לבריאה ומל' דבריאה ליצירה ומל' דיצירה לעשיה ומל' דעשיה לעה"ז השפל ונמצא כאשר יהיה עלי' לע"ל במל' דעשיה כמ"ש ישכיל עבדי כו' וגבה מאד היינו עד בחינת מל' דא"ק שבבחינת קו וחוט הנ"ל לפי שאין העליה אלא בשרש מקור חוצבה בלבד דהיינו בבחי' האור והגילוי בלבד ולא למעלה ממנה דהיינו בהעלם העצמות · וזהו שרש ענין שאמר לעולמו די פי' שהעולם הוא העלם וצמצום המקום חלל כו' עד שיהיה קו וחוט בצמצום כידוע · וא"כ הרי אמר לעולמו די גם בבחי' העליות שיהיו עד כ' אלפים יובלות בלבד ולא יותר כי לא יגיעו רק בבחי' האור וגילוי בעלמא מעצמות א"ס כנ"ל וד"ל · ואמנם ענין פרטי העליות בעילוי אחר עילוי עד כ' אלפים יובלות כו' יובן ע"ד דוגמא שאנו רואים בחי' העלם וגילוי גם עכשיו בהיות שיוכל אדם להכיר את בוראו ואעפ"כ יעבור עבירה כמו גנבא אפום מחתרתא רחמנא קרייא · אין זאת אלא מפני שההשגה שהוא משיג אלקות הוא רק בבחי' העלם גדול אללו וכמו שאנו רואים שגור ש"ש בפי כל הבריות נשים וקטנים כו' בבלתי שום התפעלות כלל אלא הוא אלם בבחינת העלם גדול לפי שהמאציל העליון שלמעלה מבחי' גילוי אור הרי הוא בבחי' השוואה א' בכל ההשתלשלות דאבי"ע למעלה ולמטה בשוה ממש כידוע ע"כ יוכל להיות שגור בפי כל גם בקטנים ונשים שאינם משיגים מאומה כו' · אך בבחי' גילוי אור הוא הלוק למדרגות מעלה ומטה שאצל הגדולי דעת כמו נשמות הצדיקים הוא יותר בבחינת גילוי אור כו' · והוא בבחינת ההתפעלות ביותר ואצל הקטנים מהם שאינו מתגלה בהתפעלות כ"כ בהם הרי הוא אלם יותר בהעלם עד שאצל קטנים ונשים הוא בהעלם גדול כו' · ועד"ז הוא ההפרש בין בריאה ליצירה שבעולם הבריאה בג"ע העליון הוא בבחי' אור הנגלה ביותר דהיינו בבחי' התפעלות יותר מבעולם היצירה כו' · ועד"ז יובן

פרטי

פרטי העליות מג"ע לג"ע שיש ריבוי רבבות מדרגות בזה בבחי' גילוי האור עד רום המעלות בבחי' גילוי אור הראשון המרומם מכל האורות דאבי"ע והוא שרש ומקור כלם שהוא בחינת הקו והחוט הנ"ל וד"ל · וכל הג' אלפים יובלות שהן בעילוי אחר עילוי אינו אלא ע"ד הנ"ל שגילוי שבנשמות דבריאה יתעלו להיות בבחי' גילוי אור דאצילות · וממילא מה שביצירה יהיה במדרגת הבריאה וכו' · ובשמיטה השניה יהיה עוד עלי' שניה כו' כמ"ש במ"א והכל לא יגיעו רק לבחי' האור וגילוי הראשון מאחר שאמר לעולמו די כנ"ל וד"ל · ושרש ענין ימינך ה' נאדרי בכח כו' ב"פ ימין כו' הנה ב"פ ימין וב"פ שמאל הם ענין ד' הידות כו' · והוא מ"ש ברע"מ על נר שבת תרין דרועין דילי' ותרין דילה כו' דאתחבקת בימינא ושמאלא כו' והוא ענין ותו תדבקון שיתבאר לקמן · וביאור הדברים הנה עד"מ בחו"ג דאש ומים אנו רואים שטבע האש להסתלק מלמטה למעלה וטבע המים שיורדים מלמעלה למטה · והנה יש ג"כ בהיפוך שהימין דחסד היא מלמטה למעלה והשמאל דגבורות מלמעלה למטה והוא אשר אנו רואים ששמאל דוחה מן המשפיע למקבל כענין הידוע דיצר תינוק ואשה שמאל דוחה כו'· ודחי' זו הרי היא כדוגמת דחי' הגשמיות בידו השמאלי' שידיח ויפול הדבר ממנו כמו משא כבד שיורידנה ממנו למטה לארץ כו' · וכמו שיש בשמאל דגבורות ב' מינים מלמעלה למטה ממשפיע למקבל ומלמטה למעלה ממקבל למשפיע · כמ"כ בימין דחסד יש ב' מינים מלמעלה למטה אשר ירד אור החסד מן המשפיע למטה למקבל להיות לו לעזר ולסעד למטה שלא יפול וכדומה והוא ימין מקרבת והוא מ"ש וימינו תחבקני כו' והוא ימין דדוכרא · ויש ימין דנוקבא מלמטה למעלה והוא אשר אנו רואים בימין האדם יוכל להגביה דבר ולא בשמאל שנמנא הגבהה זו אף שהיא מלמטה למעלה כטבע האש כו' עכ"ז הוא נעשה בבחינת חסד דימין דווקא שבכח הימין להגביה גם את השפל ביותר כו' וד"ל · וע"ד כל זה יובן למשכיל למעלה בהיות ידוע שבכל יום מו' ימי המעשה יורד אור חסד עליון דאצי' כדי לברר ברורים למטה בבי"ע כמ"ש בלק"ת בענין י"ב אלפים היוצאים בצבא תמיד על מדין כו' · וכמ"ש במ"א שהוא ענין מאמרם ז"ל (יבמות סה) האיש דרכו לכבש כו' · והיינו מ"ש ששת ימי' תעבוד כו' פי' ו' יומין עילאין דאצי' דווקא יורדי' להאיר בכח חסד עליון למטה לבי"ע לברר בירורין בל"ט מלאכות חורש וזורע כו' מפני שאין כח למל' דאצילות הנקרא אשה לכבש את המלחמה לברר בירורין כו' שהרי מתנה ימצאו הנבראים במציאות היש והפירוד כו' · ואיך תברר להפכם מסדר ההשתלשלות שהרי צריכה ליתן להם שפע בתמידות דמלכותו בכל משלה · אך ההארה דו"ק דאצילות שלמעלה מבחינת כח שפע האלקי בנבראים כו' משם יוכל להיות בחי' הבירור בבי"ע לכך האיש דוקא דרכו לכבש המלחמה דבירורים שהוא בחי' דכר ולא בחי' נוקבא כי דרך הזכרים לצאת למלחמה · כמ"כ למעלה בז"א דאצילות שנקרא איש מלחמה וכמ"ש זכר חסדו כו' בכל יום יוצא הארה מיוחדת ביום א' מבחי' חסד דז"א וביום ב' מבחינת גבורה דז"א כו' אבל בשבת אין עבודה כלל בבירורים לכך הוא עליית המלכו' ולא דז"א כו' · וכבר ידוע הקושיא מאחר ששבת

גבוה

והזיו של השכינה בג"ע שנקרא טוב · והנה מחדש בטובו בכל יום כו' · פי' מחדש מוחין חדשים בהאי טוב שהוא זיו השכינה בהארה והמשכה חדשה וראשון למעשה בראשית הוא ג"ע העליון כמ"ש ויטע ה' אלהים גן בעדן מקדם כו' · והתחדשות הראשונה למעשה בראשית הוא בשכר טוב זה שבג"ע בכל יום · וזהו ברוך משלם שכר טוב ליראיו הן הנשמות הנהנין מזיו השכינה כו' · ברוך חי לעד · פי' חי החיות שבעצמו' ולא כמשל חיות הנפש בגוף שאינו אלא בחי' גילוי התפשטות הנפש ולא מעצמותה כו' · כמ"כ חיות האלקית בעולמות בי"ע הוא רק בחינת התפשטות החיות בלבד אבל בעצמו נקרא ח"י העולמים וכמ"ש כי עמך מקור חיים כו' וכמ"ש במ"א · ולהיות כן הוא חי לעד וקים לנצח · פי' שיוכל להיות תוס' הארה עד אין קץ ותכלית מחיי החיים עצמות אור א"ס ב"ה בעילוי אחר עילוי כו' עד שיהיו כ' אלפים יובלות כידוע · וביאור ענין העילוי אחר עילוי כמו שאמר הכל ירוממוך סלה בבלתי הפסק כו' יובן ע"ד מ"ש וישם מדברה כעדן כו' שיהיה לע"ל המדבר השממון דא"י בתכלית העלוי מכל טוב כמו הג"ע התחתון דעשיה דעכשיו כו' · וא"כ בוודאי יתעלה אז ג"ע התחתון דעשיה להיות בבחי' ג"ע העליון דעכשיו · וג"ע העליון בעלוי יותר נעלה · וכן עד"ז עד רום המעלות · וזהו עלי' א' · ועד"ז יהיו כ' אלפים יובלות כו' · וכל זה מפני שעצמות א"ס למעל' עד אין קץ ולמט' עד אין תכלית · פי' למעלה בענין העליות שיהיה דהיינו בחי' תוספת הארה חדשה מעצמותו בעילוי אחר עילוי אין קץ לזה · כי כמו שהוא בעצמו א"ס כמ"כ א"ס להתפשטות ההארה מעצמותו כו' · עד שאמר לעולמו די פי' מספר זה דכ' אלפים יובלות הוא רק מפני שאמר לעולמו די בעליות הללו בלבד והיינו ע"י צימצום העצמות כו' וכמ"ש במ"א · אבל מצד עצמותו לא היה מספר כלל להעליות כו' וד"ל · ברוך פודה ומציל · פי' מציל ע"ד מחז"ל (פסחים נ) כל מה שהסוס רץ ומציל יהיה קדש לה' וכו' · לפי שנמשך בכל יום הארת האצילו' בעולמו' לפדות ולהציל מתה שנפלו נצוצי קדושה בהיכלות הקליפו' ונתקשרו שם · וכנרא' בחוש אצל האדם שאלמלא הקב"ה עוזרו היה היצר מתגבר עליו כו' · והיינו לפי שפודה ה' נפש עבדיו ומציל אותם מבחי' נפילה · וגם מה שכבר נתפזרו מנצוצי נפשו ברע דקליפה ונתקשרו שם הוא מציל ומעלה אותם משם כמ"ש אם יהיה נדחך כו' משם יקבצך והיינו כל מה שהסוס כו' · וזהו ברוך ע"י המשכות הארות חדשו' מעצמות המאציל כדי לפדות ולהציל כו' וד"ל · ברוך שמו פי' חוזר על כל שאמר שכל זה אינו אלא בבחינת שם וזיו בלבד שהוא הגילוי מן ההעלם כו' · ומסיים הברכה ג"כ ישתבח שמך כו' · וכללות ענין פד"ז עד"ז הולכים להיות הארה והמשכה מן ההעלם לגילוי וכמו שאמר ארוממך

אלהי המלך · פי' המלך הוא מעלה כ"ע שהוא אלהי כי כח הפועל בנפעל כידוע · ארוממך בעילוי היותר נעלה כמ"ש כי עמך מקור חיים כו' לגבי בחי' חי החיים כנ"ל · וז"ש (ר"ה כה א) דוד מלך ישראל חי וקיים כו' וכנ"ל וד"ל · וזהו פי' אחרי ה' וכמ"ש

וראית

ורחית את אחורי כו' · פי' שכל גילוי זה מן ההעלם אינו
אלא אחרי הוי"ה בחי' אחוריים בלבד · ובו תלכו תחילה
בהתבוננות הנ"ל בפסוקי דזמרה · וענין ההליכה ידוע ע"ד
שנאמר באברהם הלוך ונסוע · ופי' בזהר מדרגא לדרגא ·
וכענין הנאמר באופנים שהם מתנשאים ברעש · פי' מתנשאי'
ממדרגה למדרגה עד רום המעלות כו' והליכה זו אחרי ה'
הוא כדי להיות אח"כ בק"ש ההתפעלו' בפנימית הוי' וכמ"ש
ואהבת את הוי' פי' את הטפל כו' כי אותיות הי' מאנורות
שבללותם כ"ב אותיות שמא' עד ת' הוא בחי' הטפל לגבי
העצמות דשם הוי' · וזהו ואהבת את הוי' דווקא וכמ"ש בנים
אתם לה' אלהיכם ברא כרעא דאבוה בבחי' ביטול רצון כו'
לגבי עצמותו ית' דווקא וכמ"ש אשרי הגוי אשר הוי' דווקא
אלהיו כו' וד"ל · ואחר ההליכה זו ע"י האהב' וההתפעלות
כתיב ואותו תיראו · פי' דכתיב והחיות רצוא ושוב דלאחר
שרץ לבך באהבה והתקרבו' כנ"ל · שוב לבחי' היראה שהוא
בחי' הריחוק כמ"ש וירא העם וינועו ויעמדו מרחוק · כי
מפני עוצם רוממות ה' בלבו נופל בלבו שפלות עצומה לומר
מי יערב לבו לגשת מקרוב כו' · ומי אנכי כי אבוא למדרג'
כו כו' ויעמדו מרחיק בבחינת ביטול העצמות וזהו וינועו
ויעמדו מרחוק · והנה הוא בחינת שמאל דוחה שבמשפיע
שמגד המשפיע כשירותם ויגביה יהיה יראתו נופלת על
המקבל להיות ממנו בריחוק מקום והיינו שמאלו תחת לראשי
כו' שמאל העליון הדוחה כמאמר יצר תנוק ואשה תהא שמאל
דוחה כו' וכמ"ש בת"א · וזהו ענין ב"פ שמאל הנ"ל · שמאל
המקבל הוא מה שמשפיל א"ע כנ"ל · ושמאל דוחה דמשפיע
כאשר מגד המשפיע יפול הפחד על המקבל ויעמוד מרחוק
כו' וד"ל · וזהו ענין ב' הפרשיות דק"ש דרך כלל · בפ'
ראשונה בחי' הרצוא כמ"ש ואהבת כו' · ובפ' השניה מקבל
עליו עול מצות כו' · וזהו ואת מצותי תשמרו אחרי ההליכה
ברצוא ושוב כנ"ל וד"ל : ובקולו תשמעו · פי' אחרי העבודה
במצות וההליכה באוי"ר הנ"ל אמר במצות ת"ת ובקולו תשמעו
כו' · דהנה אמרו במצות ק"ש השמע לאזנך מה שאתה מוציא
מפיך · פי' אתה אותיות שמן א' עד ת' שמחי' כללות הנבראים
כו' וה' מוצאות הפה הוא הכולל יחד · וזהו אתה כו' וכידוע
שזהו שנאמר ואתה מחיה את כולם פי' ואתה · כ"ב אותיות
מא' עד ת' עם ה' מוצאו' הכוללם כו' · וכן אתה הוא ה'
לבדך אתה עשית את השמים כו' · והנה כשאומרים אתה ה'
או אתה עשית זה המאמר הוא לנוכח לפי שהאותיות שנבראו
בהן שמים וארץ כו' הן בבחי' גילוי אור האצילות לכך אומר להם
לנוכח כו' וד"ל · והנה בזה יובן ג"כ פי' השמע לאזנך מה שאת'
כלומר כ"ב אותיות עליונות דאצילות מא' ועד ת' עם ה'
מוצאות הפה העליון שבדבר ה' שמים נעשו כו' הוא אשר מוציא
בפיך · פי' כי היושב ושונה הקב"ה יושב ושונה כנגדו וכמ"ש את ה' האמרת היום כו' · וביאור הדברים הנה ידוע דדבר ה'
זו הלכה וכמ"ש ודברי אשר שמתי בפיך · וכשהאדם מדבר דבר ה' עליו נאמר את ה' האמרת היום כו' · שגרם לו להיות

מדבר

גבוה מחול למה בחול מאיר בחינת ז"א שהוא יותר עליון ובשבת בחינת
המלכות בלבד · והתירוץ האמת הוא שבחינת ירידת האורות בשביל
מלחמת הבירורים הנ"ל אינו אלא זו"א דוקא שהוא דרגו לכבש כו'
אבל בשבת שהוא בחי' העליה שלאחר הבירור הוא במלכות דווקא
לפי שבה דווקא נעשה הבירור לפי שמלכותו בכל משלה ורגליה
יורדות מות · כענין אשר שלט האדם באדם לרע לו לברר מהם
הטוב כו' כי גלו לאדום שכינה עמהם כו' כידוע · וא"כ כאשר תעלה
המלכות תגביה כל הניצוצות הקדושות שנפלו עמה בקליפות כו' וד"ל·
ועד"ז יובן ג"כ בענין תרין דרועין דיליה ותרין דילה כו' דהיינו
אור ימין עליון דדכורא שנמשך ויורד למטה כדי לאהפכא חשוכא
לנהורא כו' · ולנגד זה יש ימין דנוקבא שהוא דרועא דילה כשעולה
המל' בשבת ומגבהת דבר השפל מלמטה למעלה כו' · והוא ב"פ ימין
ימינך ה' נאדרי בכח מלמעלה למטה כמ"ש וימינו תחבקני שהוא
בחי' חסד עליון שנשפל למטה כנ"ל · וימינך ה' תרעץ אויב הוא
בחי' ימין דנוקבא שעולה ומגבהת כל הניצוצות עמה בעלותה כו'
ואתחבקת בתרין דרועין דיליה · כי גם בשמאל יש ב' מדריגות בחינת
שמאל דיליה בחינת שמאל דוחה מלמעלה למטה כנ"ל ובחינת שמאל
דילה הוא אל אישך תשוקתך בחי' גבורות רשפי אש העולה בבחי'
העלאת מ"ן כו' · (ולפי שהוא כמו חותם המתהפך כו' ימין המשפיע
לגבי שמאל המקבל וכמ"ש במ"א וד"ל) · והנה המשכת ימין דדכורא
כמ"ש וימינו תחבקני כו' הוא ע"ד המצות שנקראו רמ"ח איברים
דמלכא דווקא ולא דמטרוניתא כידוע · וביאור הדברים הנה מבואר
בספרי הקבלה הטעם שהוא מספר רמ"ח דווקא לפי שז"א הוא בעל
ע"ס מבחי' כתר עד מלכות או ממלכות עד הכתר כו' ולא עד
בכלל וכל ספירה כלולה מע"ס הרי מספר פ"א וכל ספירה יש לה
ראש תוך סוף בבחינת עיבור יניקה ומוחין הרי מספר רמ"ג כו'
והגדלת האבר הוא ע"י ה"ה המגדילים כמו נויא דאשקי לאילנא כו'
שנזכר בזהר · הרי רמ"ח · וביאור הענין הנה בכל מצות מעשיות ידוע
שנמשך המשכות אלקות ע"י מעשה המצוה · ולפי אופן מעשה המצוה
כן תהיה אופן ההמשכה או מאור חכמה דאצילות או מאור חסד
דאצילות וכדומה כגון ע"י מצות תפילין נמשך הארת המוחין עליונים
דאו"א דאצילות ונתלבשו בפ' קדש שכתובה בקלף הגשמי כו' · וע"י
מצות הצדקה בנתינתה בכסף הגשמי נמשך מהארת החסד עליון
דאצילו' ע"י מעשה הצדקה הגשמיות כו' כידוע · והנה מי הוא הגורם
השפלה וירידה זו מאור א"ס שבנאצלים הו"ב וחסד וכדומה שיתלבשו
כ"כ למטה בענינים הגשמיים דמצות מעשיות · אין זה אלא שנמשך
בתחילה כח חסד עליון מאד מעצמות אור א"ס שיגרום התלבשות
זו דאורות עליונים במצות והן הן בחי' ה"ח כללים שנמשכו מבחינת
עצמות המאציל שנמשלו למים המגדלים האילן ומצמיחים אותו ביתר
שאת כמ"ש בזהר כמיא דאשקי לאילנא כו' · כמ"כ בחי' הגדלת
האיברים דמלכא שהן מצות מעשיות שנק' איברין דמלכא כידוע
הוא ע"י ה"ח הכוללים בתחלה דהיינו שיגרום התלבשות האורות
בכלים כמו שיגדל האבר מפני ריבוי המשכת חיות הנפש כו' · ולהיות
כי מן הה"ח הנ"ל נמשך בכל אבר להגדילו ע"כ הוא במספר רמ"ח
כי רמ"ג הוא מגד האבר עצמו וה"ה מגד המשכת החסד עליון

להגדיל

להגדיל בתוכו השפע והחיות כו' וד"ל· ולכן נקרא איברים דמלכא דווקא כי המצות הם למעלה בחי' כלים ואיברים דז"א כו'· וזהו וימינו תחבקני ע"י מעשה המצות דוקא וד"ל· ועתה יובן ג"כ שרש ענין ובקולו תשמעו הנ"ל שיש הפרש בין איברים פנימים לאיברים חיצונים כו'· דהנה כתיב כי נר מצוה ותורה אור פי' המצוה נקרא בשם כלי בלבד כמו הנר שהיא רק בחי' כלי לקבלת האור והשמן בתוכה והתורה היא כמו האור והשמן שבתוכה וכו'· וטעם הדברים הנה ידוע דהמצות הם רק בחינת כלים מכלים שונים עד שאינן כלל מעלמות האדם· שהרי בתפילין שנמשך ונתלבש בחי' מוחין עליונים בפ' קדש וכדומה הנה אנו רואים שלא תרגיש הנפש שום תוס' השגת אלקות כשמניח התפילין מקודם שהניח כי התפילין שעל הראש אינן פועלים במוחין שבראש בחינת גילוי שפע מוחין כלל· הגם שבוודאי מלובש בהם מהאר' או"ס שבחכמ' עילא' אדהוא בבחי' העל' גדול באופן שאיננו פועל כלל בנפש כו'· וכן כל המצו' מעשיו' כלולב ואתרוג ומזוז' ומעקה וכדומ' לפי שכולן בבחי' מקיפין בלבד· דהייט כמו שאור' אור המקיפים על הלבושים שידוע דהייטו בבחי' העלם גדול ולא בגילוי אור· כמ"כ בליט' התפילין על המוחין שבראש שורה בהן בחי' אור מקיפי' למוחין הפנימיי' שבראש כו'· ועד"ז בכל המצות הן בחי' לבושין· וידוע דבחי' הכלים ובחי' הלבושים קרובים לענין א' ובראש יש ט' איברים כמ"ש תשעה בראש כו' הרי בלבוש התפילין נמשך בכלים הללו שבראש תוספת מוחין בהעלם בלבד כו'· אבל ע"י התורה הנה מאחר שהנפש משכלת בשכל והשגת חכמת התורה· הגם שנתלבשה בענינים גשמיים א"כ נעשה לה חכמת התורה למזון ושפע בבחינת גילוי אור ממש עד שנבלע בה השכל וחכמה שבתורה והיו לאחדים ממש כמו שמתאחדת הנפש עם מזון המאכל והיו לאחדים כו'· שהרי הנפש מתפעלת בפעולה ניכרת מהשגתה בתורה מפני שנתפסת בשכלו כו'· א"כ המוחין עליונים שנמשכו בנפש ע"י התורה הם בבחינת פנימית אור ולא בבחינת העלם המקיפין שע"י התפילין וכדומה· וזהו ותורה אור שהתורה היא האור והשפע לט' איברים שבראש בבחינת גילוי אור ממש כדוגמת המוחין גשמיים המונחים בעצם הגלגולת כו'· אך להיות כי התורה נתלבשה בלבושים הרי היא בעה"ז בבחי' כלים ג"כ אבל היא בחינת כלים פנימיים כמו ט' איברים שבראש שהן בחי' כלים להמוחין שמונח בתוכם· אבל המצות מעשיות הן בחי' לבושי' המלבישין לאור התורה כו' והן בחי' איברים החיצוני' כו'· והייט מ"ש בלק"ת דבג"ע נעשה מן המצות לבושין ומן התורה נעשה מזון לנשמות כו'· ובשרש התורה והמצות למעלה באצי' ג"כ עד"ז כי הנה רמ"ח איברים דמלכא הן בחי' כלים והדברים החיצונים דז"א ומלבישים לאו"א שבהם המוחין כו' ומהמוחין דאו"א נמשך להיות מוחין לז"א להגדיל האיברים בגדלות ראשון ושני כו'· והוא ע"י התורה· דאורייתא מחכמה עילאה דאו"א נפקת להיות מוחין בז"א· וזהו ובקולו תשמעו בקול דאורייתא' שנמשך מקנה חכמה עילאה ואח"כ במצות מעשיות יהיה הארת המקיפים והיינו מצותי תשמרו שהלבוש הוא השומר מפני הארת התלבשות המקיפים בו כמ"ש במ"א מפני שהתורה מבחינת איברים פנימיים והמצות מבחינת איברים חיצוניים כנ"ל ולכך מצות ת"ת כנגד כולם וכמ"ש במ"א וד"ל :

ושרש

מדבר גם הוא בדבר ה' זו הלכה וכמו שאמר שהקב"ה יושב ושונה אותה ההלכה כנגדו כו'· וזהו ובקולו תשמעו· פי' קול ה' שיושב ושונה כנגדו וא"ל רק השמע לאזנך מה שאתה מוציא מפיך את דבר ה' דברי אשר שמתי כו'· ואין זה אלא שנעשה בחי' כלי לקבל דבר ה' וכו' והוא איש עושה כלום וכענין שכינה מדברת מתוך גרונו של משה וכמ"ש במ"א וד"ל· והנה לזה הטעם מצות ת"ת כנגד כל המצות כידוע דרמ"ח פקודין הן רמ"ח איברין דמלכא כו' וכידוע· אמנם אינם אלא בחי' אברים החיצונים בלבד כי מנין רמ"ח ידוע במשנה שלשים בפסת היד כו'· אבל איברים הפנימים אינם מן המנין לפי שהם המקוריים הפנימיים לכללות רמ"ח אברים החיצונים· וכנראה בחוש שעיקר החיות המקוריים בלב וריאה כו'· וזהו ובקולו תשמעו בבחינת דבור העליון שנמשך מן הריאה והבל הלב העליון שהוא בבחי' איברים הפנימיים הנק' איברי הנשימה כו' והוא יחודא עילאה דאתדבקות רוחא ברוחא כו' חב"ד בחב"ד שע"י לימוד התורה דווקא· משא"כ במצות· לפי שהיחוד הוא בבחי' קול ודבור ומוחין שבראש כמו שנמשכו דרך קנה הלב והריאה· כמ"כ נמשכו מוחין עליונים בקול דתורה שהרי אורייתא מחכמה עילאה נפקת ע"י קול ודבור· וזהו ובקולו תשמעו אחר מעשה המצות דאת מצותי תשמרו ובהליכה דאוי"ר כו'· ואמנם ידוע שיש אברים חיצונים גם מראש והם המנויים במשנה תשעה בראש כו' אבל הם כלים לקבלת מוחין שבראש כו' וד"ל : ואותו תעבודו· הנה עבודה שבלב זו תפלה· וידוע שניתקנו י"ח ברכות ש"ע כנגד בחי' ח"י חוליות שבשדרה ונק' ח"י ברכאן דצדיק ח"י עלמין· וידוע שבחי' מוחין עליונים נמשכו דרך ח"י חוליות השדרה וכו' וכמ"ש במ"א· וביאור הדברים הנה כתיב לחמי לאשי כו' כמו עד"מ מן הלחם נעשה דם והדם נהפך לחיות רוחני ועולה למוח ומתחזקו ואח"כ נמשך המוח דרך ח"י חוליות כו' וח"י חוליות הן בחי' מעמד ומצב כל הגוף כמ"ש במ"א· כמ"כ מאחר שהתפלה כנגד קרבנות תקנום נקרא לחם אשה ריח ניחוח לה' כו' בבחי' העלאת מ"ן דכנ"י כו'· ועי"ז נתחזקו בחי' המוחין עליונים דדכורא כו' ויורדים ונמשכים דרך בחי' ח"י חוליות דצדיק ח"י עלמין בח"י ברכאן דצלותא להיות בחי' גילוי חיות ושפע לבי"ע· והברכות שבש"ע המה בחי' כלים מכלים שונים לבד להמשכת המוחין עליונים כו' כמו שח"י חוליות הן בחי' כלים בלבד כו'· והוא כמו רופא חולי עמו ישראל ומברך השנים שבנוסח זה ודוגמא זו יש למעלה רפואות חולי נצוצי קדושה שנפלו כו' וכדומה· והנשי כה"ג תיקע כדוגמת ח"י ברכאן דלעילא בבחי' האצילות גם למטה בכנ"י כדי שיעוררו למעלה כנ"ל וד"ל· ולפי שהמשכות המוחין עליונים נמשכו דרך ח"י חוליות מעלמות אור א"ס הנקרא סתימו דכל סתימין כידוע ע"כ התפלה בלחש דייקא· לפי שלא יוכלו לקבל הברכות רק בבחי' ביטול גדול כו' וכמ"ש במ"א וד"ל· וזהו ואותו תעבודו להמשיך מוחין עליונים מסתימו דכל סתימין בח"י ברכאן דצלותא שהוא כמו עבודת

הקרבנות

הקרבנות שעל ג"ד העולם עומד וא' מהן העבודה והוא
מצות הקרבנות כידוע · ועמוד הראשון הוא התורה דבקולו
תשמעו הנ"ל · ועמוד הג' הוא את מצותי תשמרו וצדקה וגמ"ח
שקולה כנגד כל המצות כי כללות ענינם הוא להחיות רוח
שפלים כו' · ושרש ענין הרמ"ח מ"ע הוא ג"כ רק בחי'
המשכות אלקות מלמעלה למטה כידוע וד"ל : ובו תדבקון
כו' · פי' מדריגה זו הוא היותר נעלה גם מתפלת ש"ע והוא
סוד ענין נפילת אפים שאומרים אליך ה' נפשי אשא · אשא
ממש ליכלל באחד במס"נ גמור · והוא בחי' ההתכללות
דכנ"י במקור חוצבה בתכלית היחוד וההתאחדות עד שכגוף א'
ממש נחשבו כו' · עד"מ כשמדבקים ב' דברים נפרדים
בדבק (שקורין קלייא) הנה תועלת הדיבוק בדיבוק זה
שדבוקים יחד הוא להיות מתאחדים ממש להחשב כגוף א'
ולא יוכר כלל לשני גופים מחולקים · ועוד זאת פעולת הדבק
שלא יפרדו לעולם זה מזה כי אם היו דבוקים בלי דבק היו
מתפרדים לפעמים כו' · וכל זה משל גשמי להבין למעלה
שבשעת נפ"א הוא כמו מס"נ בפ"ת כמ"ש כלה שארי ולבבי כו' ·
וכאלו ממש נדבק בה' כו' · ובחוזק ההתדבקות בלי יפרד
לעולם · דהיינו שלא יפול מזה ברצון זר אלתו לאחר התפלה
ג"כ · ואע"פ שיעסוק במו"מ כל היום ויקרבו אלו יניקת
חיצונים מתאוות זרות לא יפרידוהו כלל מאחדות ה' · מפני
שנתאחד בתפלה ונתדבק כ"כ עד שלא יפרד מאחד לעולם
כו' · וזהו ובו תדבקון בדביקות האמת להיות אחדים ממש ·
משא"כ בש"ע עדיין לא נעשה רק בחי' הכלי לקבל השפע
כו' וד"ל · וזהו ימינך ה' נאדרי בכח ימינך ה' תרעץ אויב ·
ב"פ ימין הללו · ימין הראשון מבואר למעלה שהוא בחי'
ימינו תחבקני שע"י מעשה המצות שנעשה היחוד עליון על
ידם כנ"ל · אבל בשעה שנעשה היחוד וכנ"י מתדבקת כבר
בבעלה כמו בשעת נפ"א כנ"ל · אז ימין השני דימינך ה'
תרעץ אויב · ואז דווקא זמן בירורי הניצוצות שנפלו ברע כל
היום שג"כ עולים לה' ונכללים ביחוד עליון הנ"ל וכו' · שע"י
הדביקות האמתית בתפלה מצלת הנפש מיד החיצונים ותרעץ
אויב שלא יפרידו בין הדבקים כלל · וכמ"כ מה שגם כבר
נדבק בנפש האלקי' שמן דבר רע נתפרד ונופל בשעת היחוד
דנפ"א והוא בכדי שלא יפריד בין הדבקים וזהו תרעץ אויב
בימין שני וד"ל · וזהו בך ה' בטחתי אל יעלצו אויבי לי · פי'
בטחתי לשון בטוחות חכמה ענין טח ומודבק בטוחות כו'
והוא בחי' הדבוק הנ"ל · שעי"ז דווקא אל יעלצו אויבי לקחת
יניקה ממנו כי יתפרדו כל פועלי און וד"ל · והנה עיקר
ענין ההפרש שבין מס"נ דק"ש וש"ע · ומס"נ דנפ"א · הוא
שמס"נ דק"ש אינו אלא בכח ולא בפועל ממש · ומס"נ
דנפ"א הוא בפ"ת · ואע"פ שאינו בפועל ממש יכוון עד שיהיה
נכון לבו ליפול באש על קידוש ה' אם היה מתרחש הדבר וידמה כאלו הוא צריך למסור נפשו בפ"ת כו' · אבל בק"ש
אין המצוה רק להתפעל ע"י התבוננות דשמע ישראל כו' · שהוא רק בכח ולא בפועל · וידוע מאמר ר"ע מתי יבא
פסוק

ושרש ענין ובו תדבקון שהוא בבחי' נפילת אפים כו' הנה
עד"מ דביקות היחוד זכר בנקבה הוא בתכלית היחוד
וההתכללות זה בזה והיו לבשר א' ממש כו' · ולהיות כי בחטא אדה"ר
נאחזו אחיזת החיצונים ביחוד זה דדו"נ כידוע · ע"כ הגם שקודם
שהטא כתיב ולא יתבוששו אחר החטא נמשכה הבושה · וכן בכל יחוד
התן וכלה מתביישים בזיווגם וצריכין לצאת כל אדם מחדר ואין הזווג
אלא בהצנע מאוד כו' · וכמ"כ בחי' נפילת אפים שאז מתייחדים כנ"י
היא בחי' מלכות דאצילות בבחי' דכר שהוא בחינת סובב ז"א דאצילות
והיו לאחדים בתכלית היחוד וההתכללות שלא יחשבו לשני דברים
נפרדים כלל · והיינו כמו שאנו רואים כאשר ידבק האדם בה' ויהיה
ערב לו תכלית הערבות והמתיקות עד שיבלע בתוך לבבו כו' כבליעת
החיך הגשמי והוא דביקות האמתית מאחר שנעשה עצם א' עם אלקות
שנבלע בתוכו בלתי יפרד ליחשב לדבר בפ"ע כלל · וזהו ובו תדבקון
ממש כו' · ויובן דוגמתו במשפיע ומקבל של הרב עם התלמיד · דהנה
ידוע דמה שהרב שופע שכל לתלמיד נקרא בחינת יסוד דדכורא
שבו · כי הנה יש חכם אחר ואין לו כח השפע הזאת בהיות שאין לו
הצעת דברים ושינויי צירופים להשפיל ולהוריד את השכל שבמוחו
כ"כ להתלמיד כו' · ומי שיש לו כח זה להשפיל ולהוריד שכל וסברא עד
שיוכל התינוק להבין נקרא בשם יסוד דדכורא כו' · ובחי' יסוד
דנוקבא היינו כלי הקבלה של התלמיד שיש תלמיד שאין לו כח
הקבלה והקליטה במוחו לתפוס ולהבין ולזכור מה ששומע מרבו · ויש
מי שיש לו כח הקבלה בכי טוב להשיג עומק המושג כו' וה"ז
כדוגמת חלל כלי קבלת יסוד דנוקבא כו' · וכאשר הרב משפיע
לתלמיד הנה בזה יובן התחברות והתדבקות בחי' יסוד דדכורא
בבחינת יסוד דנוקבא והיו לאחדים כו' ויובן דוגמתו ביחודים רוחניים
למעלה למשכיל כו' · והנה בחי' יסוד דדכורא ארוך פי' עד"מ
שיוכל הרב להשפיל כ"כ השכל עד שיוכל גם התינוק היותר קטן
בערך להשיג עומק שכל מופלא וכדומה הרי באה שפעו מבחי' היסוד
שבו בתכלית הירידה כו' · והוא ענין אריכות היסוד להגיע שפעו עד
למטה מטה · ואמנם בחינת יסוד דנוקבא קצר לפי שכל מקבל לא
יגיע לעומק המושג שבשפע הרב וכמאמר לא קאים איניש אדעתא
דרבי' כו' · וכאשר יש עומק יש ירידה יותר כו' וד"ל · ושרש ענין
בך בטחתי אל יעלצו אויבי לי כו' שבשעת נפ"א מתברר הרע כו' ·
הנה ידוע ענין מ"ן ומ"ד דסיבת העלאת מ"ן באה מסיבת התשוקה
שקדמה בתחילה בתיאובתא דנוקבא לגבי דכורא עד דאשדי מיין
לקבליה כו' כמ"ש אשה כי תזריע כו' וכנזכר בזהר · ואמנם גוף המ"ן
הוא מן המאכל שאכלה ונהפך לדם וחיות במוח ומן המוח ללב עד
שנעשה זרע כו' והוא האודם כו' · וכן ענין הלובן דוכר בא מברורי
המאכל כו' · ועוד זאת ידוע שהמ"ד מברר מ"ן דוקא בעת הזווג
כאשר עולה המ"ן דאשדי לקבליה נמשך המ"ד בהמ"ן כדוגמת
הקיבה בחלב המקפיא החלב ומברר היצוניות שלו שיבדל בפ"ע
ומולך רק מתליא כידוע וכמ"ש במ"א בארוכה · כמ"כ המ"ד מברר
חיצוני' המ"ן מגשמיות המאכל כו' והתמצי' ממנו מתייחד עמו ומצטייר
בצור' ולד כו' ויש כאן ב' בירורי' הא' בירור המ"ן מצד עצמו והב' בירור
שלה ע"י המ"ד דווקא בעת הזווג כו' · וע"ד כל זה יובן למשכיל למעלה
דבשעת

דבשעת נפ"א להיות אז היחוד והזווג · אז דווקא מתבררי' הניצוצו' שנפלו בנוגה ונתקשרו שם והם חיים וקיימים ממל' דאצילות שרגלי' יורדות כו' ונדבקו בה מפני שאז הוא זמן בירור המ"ן מלד עלמו כד אסדי מיין לקבל דטרא יסוד דז"א כו' והוא בירורי רפ"ח ניצוצות כו' · ועוד ע"י בירור המ"ד דז"א שמברר המ"ן בשעת זווג דווקא כו' · וז"ש בך בטחתי בבחי' הדביקות ביחוד זיווג עליון דזו"נ כו' אז אל יעלצו אויבי לי מפני שמתבררים בתכלית מטעם הנ"ל וד"ל · וזהו ג"כ ענין בפ"פ ימין ימינך ה' נאדרי בכח ימין דדכורא המ"ד שמברר מ"ן ומימין הב' דנוקבא כשמתברר המ"ן מלד עלמו והכל בשעת היחוד דווקא כמו בכל מלוה שאנו אומרים לשם יחוד כו' וכנזכר לעיל וד"ל :

פסוק זה לידי ואקיימנו כו' · הגם שבודאי נכון לבבו היה במס"נ דק"ש ותפלה · אבל מס"נ שבפ"ת היא ענין הדביקות היותר אמיתית · כי בהכלל הנפש עם הגוף יחד לגמרי באחדות ה' והיו לאחדים ממש כו' אין דבר רע שיפריד עוד מאחר שהגוף גם כן כלה בהם · מה שאין כן מסירת נפש בכח יש עתים שהוא נופל ממדרגתו ונפרד מייחודו יתברך ולכך אמר מתי יבא לידי ואקיימנו בפ"ת כו' וד"ל · וכדוגמת הפרש זה יש בין מס"נ דקריאת שמע ותפלה · למס"נ דנפ"א · ולכך דווקא בשעת נפ"א מתברר הרע שבגוף לגמרי כי הוא כדוגמת מס"נ

בפ"ת ואז אל יעלצו אויבי לי כו' · וכדוגמא זו יהיה לע"ל שיבוער הרע מכל וכל ולכך פסוק זה דימינך ה' תרעץ אויב נאמר דווקא לע"ל · דתרעץ להבא משמע וכמה שכתוב בזהר וד"ל :

באתי לגני אחותי כלה אריתי מורי עם בשמי אכלתי יערי עם דבשי כו' · הנה פי' באתי לגני זה ג"ע התחתון שבו גילוי אלקות בכל חצות לילה דווקא שאז זמן שעשועי הקב"ה בנשמות הצדיקים כמבואר בזהר בכמה מקומות ע"פ היושבת בגנים חבירים מקשיבים לקולך השמיעני כו' · והיינו אחר שזוכר הקב"ה על החורבן ומקרקר כו' ותהי זאת נחמתו בשעשועיו ע"י עסק התורה דנשמות הצדיקים כו' · ויש להבין למה בחצות דווקא ואחר שזוכר החורבן כו' · הנה כתיב ויניחהו בג"ע לעבדה ולשמרה · פי' להוסיף תוספת גילוי אלקות בג"ע וזהו העבודה של אדם כל ימי חייו להמשיך גילוי אלקות כידוע · ולהבין זה הנה ארז"ל גלו לאדום שכינה עמהם · וידוע דמל' דאצי' הוא הנקרא עלמ' דאתגליא ושכינה · שבמדה זו מתגלה כל נעלם כדי להוות הברואים יש מאין כו' · ואם בזמן הגלות ג"כ שכינה עמהם יש להבין ההפרש בין זמן בהמ"ק לזמן הגלות · אך הענין הוא דהגם שבזמן הגלות ג"כ מלכותו בכל משלה להחיות רוח שפלים ותתן טרף לביתה כו' · וכמו שאנו רואים העולם שעולם כמנהגו נוהג בכל מיני שפע כו' גם עתה · אבל מ"מ הפרש גדול יש והוא בבחי' התגלות הפנימי' שבזמן הגלות בחי' הפנימית מוסתר ונעלם מאד ואין הגילוי רק בחיצוניות וכמ"ש ואנכי הסתר אסתיר פני ביום ההוא · פי' ביום ההוא בעלמא דאתכסיא מוסתר ונעלם בחי' הפנימית שבעלמא דאתגליא כו' · ובזמן בהמ"ק היה מאיר בחי' הפנימית · וביאור ענין הפנימית וחיצונית ידוע עד"מ הדבור עם המחשבה · שהמחשבה מלובש בדבור והוא בחינת פנימית · והדבור בחי' חיצונית · וכן כל דבר המלביש נק' חיצונית כידוע · שכל בחי הלבושין דנפש נקרא חיצוני' לגבי עצמות כו' · וה"ז ממש כדוגמת החושך והאור מאחר שהמלבוש מכסה ומעלי' את הפנימיו' נקרא חשך והפנימיות נקרא אור · והנה ידוע דחשך ואור בעה"ז מתחלפים לעתים · שבלילה מאפיל החשך ומתחיל להאפיל מבערב מעט מעט עד חצות לילה · ומחצו' לילה

ואילך מתחיל האור להאיר מעט מעט עד הבקר אור המאיר בכי טוב כו' · כמ"כ בחי' הלבושין והעלמות השכינה שמתלבשת בהם בבחי' חיצוניות הוא מבעוד לילה שתתן טרף לביתה כו' כידוע · ומחצו' לילה ואילך מתחיל להאיר בה בחינת הפנימית מעט מעט והיא מתפשטת מן הלבושים והחשך מעט מעט כמ"ש פשטתי את כתנתי כו' עד זמן היחוד בבקר אור שמאירה בשלימו' האור כו' · וכשבא עתותי ערב תחזור לירד ולהתלבש בחיצוניות ואז כתיב ותפול לפני רגליו ותבך כו' · ובחצות לילה תחזור ותקום ותתרומם מעט מעט ע"י עסק התורה דנשמות הצדיקים כמ"ש חצות לילה אקום כו' וכמ"ש בזהר דבתפלה דשחר יש לה קימה מעלייתא כידוע בכתבי האריז"ל וד"ל · והנה להבין ענין עלמא דאתכסיא ועלמא דאתגלייא הנ"ל דהיינו בחי' העלם וגילוי כידוע · הנה מבשרי אחזה כו' שיש באדם שכל ומדו' כידוע · והנה אנו רואים שהשכל כאשר הוא בעמקות המחשבה אז הוא מלובש ונעלם מאד בתוך המדות · עד"מ המלך שיושב ודן את העולם במשפט · אם בחסדים · אם בגבורות כו' · הרי השכל והמחשבה נעלמת לעין הרואה · כי אין ההתגלות לבן אדם רק המדות לבד אם חסד או גבורה כו' ובתוכם מלובש ונעל' הטעם של המשפט שהוא השכל כו' · כמ"כ יובן למשכיל למעל' בהיות ידוע דהגם דכתיב כי לא מחשבותי מחשבותיכם כו' · עכ"ז הרי בצלם אלהים עשה את האדם · ויוכל להבין דוגמת צלם האדם למעלה דכתיב מאד עמקו מחשבותיך כו' · פי' מאד עמקו בבחי' עלמא דאתכסייא כו' · להיות כי הנה ידוע דששת ימי בראשית הן ששת מדותיו ית' הגדולה והגבורה והתפארת כו' שבהן עיקר הנהגות העולמות דבי"ע ונקרא עלמין דאתגליין בבחי' האצילות להיות שהמה בבחינת גילוי אור להשפיע מאין ליש בנבראים ונוצרים כו' · והן המאמרו' ויאמר אלהים יהי אור כו' תדשא הארץ וכדומה · וראשיתן הוא מדת החסד דאצילות כמ"ש אמרתי עולם חסד יבנה והוא מאיר מאליו לבריאה ביום ראשון מהשבוע · ומדת גבורה דאצי'

מאיר

תאיר ביום ב' וכו' · וידוע דבשבת הוא בחי' מנוחה לחיי העולמים ע"כ הוא זמן עליות העולמות לפי שהמדות עליונות הנ"ל מתחדשי' במקורם וחוזרים ויורדים להאיר בעולמות דבי"ע · וא"כ הרי ששת ימים השניים הן עצמן ששת ימים הראשונים הנק' ו' ימי בראשית רק שנתחדשו כו' · וכמ"ש בת"א שכל עיקר ימות עולם מדי שבת בשבתו מתחדש רק מששת יומין עילאין שבבחי' האצילות שהוא בחינת ו"ק הנקרא מדותיו ית' · והתנס כמו שהשכל מלובש במדת האדם · כמ"כ למעלה החכמה והטעם של מדות עליונו' מלובש ונעלם מאד בהם ונק' חו"ב עלמא דאתכסיא כו' · ע"ש התלבשותן במדות כי עיקר הגילוי בעולמות אינו אלא המדות כנ"ל · וזהו מאד עמקו מחשבותיך בבחינת העלם גדול הוא בבחי' עלמא דאתכסיא כו' הנסתרות לה' אלהינו הן חו"ב כמ"ש בדע"ת וד"ל · וזהו שנאמר בכל מאמר מהי' מאמרות שם אלהים דווקא שהוא בחי' הצמצום וההסתרה כידוע · להיות שהחכמ' מוסתרת במדות על ידי צמצום דשם אלהים כו' · אבל בשבת בכלות השפע מו' המדות ומתחדשים במקורם בחכמה דאצילות עצמה · הנה מובן שאין ערך כלל בחי' הצמצום דחכמה כשמתלבשת במדות למהות החכמה עצמה שלא נקרא עלמא דאתכסיא כלל כו' · והוא בחינת גילוי מוחין דאבא עלמו בשבת כו' · לכך נאמר אז ויכל אלהים כו' פי' שכלתה ובטלה בחי' הצמצום דאלהים לפי שנתגלה מהות החכמה כו' · אבל אח"ז כתיב ביום עשות הוי"ה אלהים כו' בצירוף הוי"ה דחכמה עם הצמצום דאלהים כו' להיות כי בחכמה דווקא התלבשו' אור א"ס כידוע הטעם · וכמ"ש בראשית ברא ותרגומו בחוכמתא שהחכמה היא שרש המדות וחיותן בעצם רק שנתצמצמה בהן כנ"ל וד"ל · והנה זה כל עבודת האדם להמשיך מעלמה דאתכסיא לעלמ' דאתגליא דהיינו מהעלם החכמה שבמדות הנעלות שיהיה תוס' גילוי אור החכמה במדו' · וזה תלוי באתערות' דלתתא דווקא כמאמר לאו דאית לך צדק ידיעא כו' אלא לאנהגא בהון עלמין כפום עובדיהון דבני אנשא כו' · שכפי מעשה התחתונים בהעלאת מ"ן כן יתעורר למעלה המשכת החכמה במדות להיות חסד דרועא ימינא כו' ע"י הצדקה · וכדומה לזה בכל המדות וכידוע ומבואר בת"א וד"ל · וזה מה שאנו אומרים סלח לנו אבינו כו' וכן אבינו אב הרחמן וכדומה כו' כי החכמה נקרא אב כידוע ובהיות ידוע שהחכמה תחיה וכו' וגם כל מיני רוב שפע הרחמים והחסדים אינו אלא מן החכמה כנראה לעין שהתינוק להיותו קטן השכל יהיה אכזרי וכעסן ביותר · משא"כ הגדול מפני התרחבות השכל ירבה לסלוח ויסבול כל מה שיהיה נגד רצונו כו' וכמ"ש בת"א · ולכך אנו מבקשים סלח לנו אבינו דייקא שהוא גילוי מהות בחי' החכמה שלמעלה מעלה מבחי' צמצומים במדות עליונות כנ"ל · ואז הוא ית' מרבה לסלוח מטעם הנ"ל · כי אין הפגם והחטא ועון מגיע במדרגת התרחבות החכמה כו'

וכמ"ש אם צדקת כו' משא"כ כשאין נגלין בעולמו' רק בחי' המדו' עליונות ע"י צמצומים והעלם החכמה אז יש מקום לפגם העונות ולא ירבה לסלוח כ"כ כו' וד"ל · אך הנה יש להבין דמאחר שמהות החכמה עצמה מתגלה ע"י העלאת מ"ן א"כ מוכרח לומר שיהיה בזה כח יותר נעלה גם מן החכמה עד שמסיבת כח זה יהיה ירידת אור החכמה לבא לידי גילוי למטה כו' · ומאין יש לכנ"י כח זה שגדול גם מן החכמה כו' · הענין הוא דכח זה שגדול מן אור החכמה היינו עסק התורה · להיות כי ידוע דהתורה נק' שעשועים של הקב"ה כמ"ש ואהיה אצלו אמון כו' שעשועים יום יום כו' · וכתיב ושעשועי את ב"א כו' · דהיינו שעשועי הקב"ה בנשמות הצדיקים כשעוסקין בתורה כו' · והנה השעשועים הם למעלה הרבה מן החכמה · ונקרא החכמה יש לגבי השעשועים כידוע · וכמ"ש כולם בחכמה עשית שהחכמה רק בחי' עשיי' לגבי עצמות אור א"ס שבבחי' השעשועים · וכאשר נאמר ואהיה אצלו שעשועים הייט שנשתעשע עצמות אור א"ס בחכמה · דאורייתא מחכמה עילאה נפקא ונמשך בה בחי' עונג העליון שלמעלה מן החכמה · ועי"ז נא' והחכמה מאין תמצא כו' · וזהו אריתי מורי עם בשמי כו' · פי' מורי הנה ידוע דריח זה של המור נעשה מדם חיה טמאה לאחר שנקרש כו' · והנה הריח הנערב יערב לנפש ויתחזק' עד שיחזק בכחו גם את השכל שבמוח · כמו המתעלף שישיבו את נפשו ורוחו אליו יאסוף ע"י ריחו החזק כידוע · וכל זה משל להבין איך שסיבת התלבשות אור א"ס להתעסק בחכמה כדוגמת חיזוק המוח למטה נעשה ע"י בחי' הריח שירח ה' את ריח הניחוח מבירורי רפ"ח ניצוצות שנפלו בנוגה · וה"ז כדוגמת דם החיה הטמאה שממנו עושים המור כו' וד"ל · וביאור הדברים הנה ידוע ענין לאכפיא לס"א לאהפכא מרירו למיתקו כו' דהיינו לכוף את הטבע של נפש הבהמית שלא תמשך אחר טבעה הבהמית ולעשות הכל נגד רצונה וטבעה בסו"מ ועו"ט כו' · והרי זה כמשל הקרישה שנקרש דם החיה הטמאה ונעשית לריח ערב כו' כן מתהפכות הגבורות קשות דנוגה הבהמיות ועולה לה' לריח ניחוח בקרבנות הבהמות כו' · וזהו וירח את ריח בגדיו ויברכהו כו' · פי' ריח בגדיו דוקא להיות כי בגדי עשו נפלו בעה"ד טוב ורע כו' ושרשם מאד נעלה ולכך נק' החמודות · אך כשנפלו בקליפת נוגה נקרא בגדיו מלשון בגד בוגדים בגדו כו' והן בחי' לבושי נוגה ששרשם בבחי' מקיפין כידוע וד"ל · וכאשר נתבררו ונתהפכו ממרירו למיתקו ע"י כפי' כנ"ל כתיב וירח ריח בגדיו כמו שהן היו לפני השבירה דכתיב בהן לפני מלוך מלך וכמ"ש בת"א · ועי"כ ויברכהו ויאמר ויתן לך האלקים מטל השמים · פי' שמים הוא בחי' חכמה שם מים כי היא משכנה בבחי' מים ולחלוחית הרוחני מקור הלחלוחית שבמוח הגשמי כו' וכידוע · ובחי' טל השמים הייט עוד למעלה הרבה במדרגה ממקור הלחלוחית אלא הוא

בחינת

בחי' מקור מוגא לתוגא הלחלוחית הרוחניות והיא כדוגמת הטפה רוחניית שבמוח האב כו' · והיינו המשכת בחי' הטוע והשעשועים הנ"ל · והוא בחי' טלא דנטיף כו' שיש בו מהארת אור א"ס ממש כו' וד"ל · וזהו אריתי מורי ע"י בחי' ריח הניחוח מבירורי נוגה נמשך השעשועים להשיב את הנפש ולחזק כח החכמה עליונה מן ההעלם לבא לידי תוספת גילוי אור למטה כנ"ל וד"ל · ומה שאמר עם בשמי הענין הוא דיש ב' מיני ריח הא' הוא המור הנ"ל · והב' הוא ריח כל עצי בשמים כידוע · וה"ז משל לב' מיני כפיות · הא' לאכפי' לס"א בשמירת ל"ת שהוא כמשל המור כנ"ל · והב' לאכפי' לס"א בשמירת מ"ע כמו לכוף טבעו ללמוד יותר מן רגילותו או בנתינת צדקה לפזר יותר מכפי הטבע שלו כו' · וכדומה לזה בזריזות מעשה המצות הגם שיהיו מונעים לפי טבעו כו' · וזהו כמשל ריח עצי בשמים לפי שהמ"ע הן בבחי' המשכת אלקות למעלה בעץ החיים וכמ"ש כימי העץ כו' וד"ל: אכלתי יערי עם דבשי · הנה המלאכי' נקראים יער כמ"ש אז ירננו כל עצי יער כו' · וכמ"ש בזהר שנקר' ג"כ עצי שטים עומדים כו' · וכמו שרפים עומדים כו' · ועליהם נאמר ויצמח ה' כו' · בג"ע· כל עץ נחמד למראה וטוב למאכל כו' · וביאור הדברים הנה ידוע דאין לך עשב ועשב שאין לו מזל שמכה אותו ואומר לו גדל כו' · וכמ"כ בכל מיני השפעות דנח"ס שאנו רואים בעולם הכל בא ע"י כחות רוחניים המשפיעים והם המלאכים עליונים שהם נק' שלוחי כל שפע הן ברוחניות הן בגשמיות כו' · וכמו שידוע שמות ג' המלאכים המשפיעים חכמה בינה ודעת בנפש האדם בג' חללי גלגלת' כו' · והגם שבוודאי ה' יתן חכמה כו' · אבל ידוע שמעצמות אור א"ס ב"ה לא תבא השפע כ"א בבחי' ממוצעים רבים בריבוי רבבות מדריגות בהשתלשלות מעילה לעלול וכמה דרגין על דרגין כו' · וזהו עצי שטים ע"ש שמיחת השפע ע"י המלאכים · וזהו ויצמח כל עץ נחמד כו' וטוב למאכל שמזא על ידם השפע הנקרא מאכל כו' וד"ל · והנה בברכת יוצר אור אנו מזכירים איך שהמלאכים עונים באימה וביראה כו' · הענין הוא כדי להמשיך לנפש האדם מיראה של המלאכים שעונים ביראה כו' מאחר שהן שלוחי כל שפע· א"כ גם למדת היראה בכנ"י המה שלוחי השפע · וכן בהתפעלות האהבה בברכת אהבה כו' אשר קרבתנו לשמך הגדול דישראל עלה במחשבה בעמקות החכמה שלמעלה מן המלאכים וכידוע וד"ל : וזהו יערי עם דבשי כי כמו שהפירות הנומחין מן האילן שהם בבחי' מתיקות וטעם כו'· כמ"כ בחי' השפעת ההתפעלו' אוי"ר בכנ"י נק' דבשי כמ"ש במלאכים וטוב למאכל כו' · ולהיפוך יש מלאכי' רעים שמשפיעים אוי"ר רעות והן בבחי' היכלו' הטומאה כי אולע"ז עשה האלהים כידוע· והאדם בעל בחירה כאשר יבחר בטוב ונעשה מרכבה בבחי' העלאת מ"ן לסטרא דקדושה האלקית ממשיך עליו השפעות קדושו' ממלאכי' דקדושה חב"ד ומדות כו' · וכשיבחר ברע ונעשה מרכבה להיכלות הקליפות נמשכו עליו בחי' השפעות זרות חכמה זרה או מדה זרה ותענוג זר כו' וכידוע וד"ל · ופי' אכלתי יערי כו' כלומר שנבלעו ונכללו באיברים עליונים כדוגמת המאכל שנעשה דם ונהפך לחיות ונכלל בחיות הנפש שבתוך האיברים כמ"כ מאחר שהמלאכים נאמר בהם וטוב למאכל יתכן בהם לשון אכילה אכלתי יערי כו' כשנשתאבו בגופא דמלכא בבחי' העלאת מ"ן כו'· וזה נעשה להם ע"י כנ"י דווקא· להיות ידוע שהמאכל אע"פ שיחיה את האדם הנה עכ"ז האדם גבוה מדצ"ח ומעלה את המאכל להיות בבחי' אדם כו' · וכמ"כ נשמות ישראל שנק' אדם ואוכלין בחי' המאכל דכל עץ נחמד שהן המלאכי' כנ"ל אע"פ שמקבלין מהם· לאחר שקיבלו הרי כנ"י הנק' אדם מעלים את המלאכים להיות כי ישראל עלה במחשבה ע"י מס"נ באחד למהוי אחד באחד ממש משא"כ המלאכים שלא היה ביכולתם להגיע לשם כידוע וד"ל : שתיתי ייני עם חלבי · פי' ייני בחינת יין המשמח אלקים כו' דהיינו בחינת אלקים ומטם שבכל מדה ומדה ממדותיו ית' המסתירים את אור החכמה הנ"ל נכנס יין המשמח אלקי' ויצא לאור הסוד שבעלמ' דאתכסיא בבחינת גילוי אור כנ"ל וד"ל· ופי' חלבי היינו עד"מ החלב שיונק הולד הוא להגדיל את איבריו כנרא' בחוש שהתינוק כל ימי יניקת חלב אמו הוא גדל מעט מעט בכל איבריו כו'· כמ"כ עד"מ למשכיל למעלה יובן ענין בחי' הגדלת איברים עליונים שהוא בחי' המדות עליונות הנ"ל להיות בהם בחי' גילוי אא"ס בתוספ' ברכה והמשכה מן ההעלם כו' והן בחי' הברכו' האמצעיו' דש"ע ברוך חונן הדעת ברוך רופא חולים וכו' וד"ל · ופי' שתיתי שנבלעו תחילה במקורם בבחי' העלאת מ"ן כענין אכלתי יערי הנ"ל ואח"כ נמשכו ממעלה למטה בשביל גידול מוחין למדות וד"ל : אכלו רעים שתו ושכרו דודים·הנה ישראל נק' ריעים למקום כמ"ש למען אחי וריעי אדברה נא שלום כו'· והטעם לזה הוא בהיו' מבואר למעלה דהתלבשות אור א"ס בחכמה היינו ע"י בחי' השעשועים כמ"ש ואהיה אצלו כו' · וכמ"כ נפש האדם הלומד דבר הלכה הוא ממשיך מבחי' השעשועים הנ"ל בתורה והיינו עוסק בתורה לשמה לשם התורה כו' כמ"ש במ"א · והיינו מ"ש ובשעשועי את ב"א וא"כ נעשה ריע ממש להקב"ה היושב ושונה כנגדו כו' שאור א"ס שוה למעלה ולמטה בהשוואה ממש· וכמו שנמשך ונתלבש אא"ס בחכמה למעלה ע"י שעשועים כו' כמ"כ נמשך ונתלבש בדבר ה' זו הלכה שהאדם לומד בעוה"ז כו' · וידוע ומבוא' במ"א ע"פ ודברי אשר שמתי בפיך דמתני' מלכתא כו' שהוא דומה כמלך הגוזר ואומר כו' וכמארז"ל יהא בעיניך כאלו קבלת היום כו' כמ"ש והודעתם לבניך כו' וסמוך ליה יום אשר עמדת כו' · וע"כ נעשה האדם בשעה שלומד ההלכה בחי' ריע ממש להקב"ה מפני שדבר ה' הוא המדבר כו' וכמ"ש

בס בארוכה וכו' וד"ל · ומה שאמר אכלו ריעים היינו לפי
שנעשה התורה בחי' מזון לנפש כמ"ש ותורתך בתוך מעי כו'
וכמ"ש במ"א וד"ל· שתו ושכרו דודים פי' ההפרש בין ריעים
לדודים ידוע שאהבת הריעים הוא בבחי' עצמיות ולא מאיזה
סיבה וע"כ לא תמוט אהבתם לעולם והיא נצחית ותמידית ·
אבל אהבת דודים היא אהבה הנקנית בהם מסיבת איזה דבר
מה שאינה אלא לפרקים ולא בתמידו' אלא רק כשיתעוררו
באהבה כו' · וכמ"כ למעלה בחי' החו"ב נק' תרין ריעין דלא
מתפרשין לעלמין כו' · והיינו מארי דאורייתא שבחי' היחוד שלהם
להמשיך מבחי' השעשועים עליונים הוא בתמידות בלי הפסק
לעולם · ולכך מי שתורתו אומנתו פטור מן התפל' כו' שתמיד
הוא עסוק בהמשכות והתלבשות אור א"ס בחכמה ונק' ריע
כו' · משא"כ בחי' התפלה שהוא התעוררת אהבה על ידי
התבוננות כידוע ולא בתמידות יעמוד בעוז האהבה אלא
לפרקים ולפעמים חולפת ועוברת כו' ולכך נקרא התפלה חיי
שעה בלבד ומי שתורתו אומנתו פטור ממנה וד"ל · וע"כ
אומר באהבת דודים דתפלה שתו ושכרו · פי' שתו כמו השותה
מים לצמאו שמרווה· הוא בחי' יסוד האש שבלב הצמא והיינו
בחכמה דאורייתא שמרווה לצמאון שהיה לו בתפלה כמ"ש הוי
כל צמא כו' · אבל בלמוד התורה לא שייך צמאון כלל מאחר
שהאהבה והתענוג בבחי' עצמיות כנ"ל · אלא הוא בבחי' שמן
בחשאי כו' · ומה שאמר ושכרו ביין היינו בחי' יין המשמח אלהים
הנ"ל שצריך מוח בהתבוננות בתפלה כו' · משא"כ בחי' ריעים
א"צ לכל זה · וד"ל :

להבין שרשי הדברים הנ"ל · הנה שרש ענין שעשוע
הקב"ה בנשמות בחצות לילה דווקא כו' ידוע היות
כי אז מתחלת המלכות לעלות במעלות ומדריגות מן ההסתר
והצמצום שנתצמצמה בעוד לילה ליתן טרף לביתה כו'
להיות ראש לשועלים כו' · וענין עליה זו הוא שתאיר אור
בבחי' גילוי יותר מעט מעט עד השחרית שתתייחד פב"פ
כו' · ובמנחה חוזרת לירד מעט מעט עד שנסתרת ונתצמצמת
מאד עד חצות לילה שתחזור ותקום כו' וכמ"ש חצות לילה
אקום להודות לך כידוע · והנה ידוע דהקב"ה נקרא בחי'
ז"א דאצי' שהוא בחי' המדות עליונות דאצילות חסד דרועא
ימינא כו' כידוע · שבהן עיקר הנהגות העולמות דבי"ע ·
ובחי' המוחין דאבא ואימא בהסתר והעלם גדול מלובש בהן ·
ומטעם זה נקרא חו"ב בשם עלמא דאתכסיא · וזו"נ בשם
עלמא דאתגליא כידוע · ואמנם אין הטעם משום עצמות חו"ב
כלל אלא מפני בחי' התלבשותן בז"א שנעלמים בו מאד אז
נקרא אותה קצת ההארה שנתלבשה בז"א בשם עלמא דאתכסיא
שהרי החכמה נעלמה במדות ועיקר הגילוי בעולמות הן המדות
בהנהגת העולמות בחסדים או בגבורות כו' · וידוע דבכל
עילה ועלול יש ב' הפכים מן המקבל למשפיע שבכלי המקבל
נדמה הארת המשפיע לבחי' אין מפני ההעלם שנעלם
ונתלבש בו בצמצום גדול כו' · ואצל המשפיע נהפוך הוא שהשפע
שיוצא מאתו לכלי המקבל הוא בחי' אין באמת כי כלא חשיבא
לגביה שהרי מבחי' התחתונה שבמשפיע לבד נשפע להיות
התהוות כל מהות המקבל כענין מאמרם ז"ל רגלי
החיות כנגד כולם שוקי החיות כו' · והמשפיע בעצמותו
הוא היש באמת וכמ"ש במ"א · ועד"ז גם כאן מה שנתצמצם
ונעלמה ההארה ממוחין דאו"א להיותם מוסתרים ונעלמים
בז"א אינו אלא בחי' התחתונה שבחו"ב רק נקודה והארה קטנה
מאד ואינה ערך לגבי עצמו' חו"ב כו' · וא"כ מה שנקראי' חו"ב
בשם אין היינו מצד אותה ההאר' בלבד שנתלבש' בז"א והוא הנק'
עלמא דאתכסיא כו' · אבל בחי' עצמות חו"ב בבחי' המוחי'
שלהם לא נקראו בשם עלמא דאתכסי' כלל בבחי' אין אלא הם
בחי' יש באמת כו' רק בחי' המוחין המתצמצמים מהם בז"א
נקרא עלמא דאתכסיא · וזהו שרש ענין בחי' שם אלהים
הנזכר בכל מדה ומדה מששת ימי בראשית כמ"ש למעלה
בפ' ויאמר אלהים יהי אור כו' כי אלהים הוא בחי' הצמצום
המסתיר המוחין דאו"א שבמדה זו דחסד כו' וד"ל · והנה
ע"ד הנ"ל הוא ענין מצות לימוד התורה לשמה · בהיות ידוע
דאורייתא מחכמה עילאה נפקא והנה נמשך לז"א מוחין מאבא
עילאה על ידי קריאת התורה והיינו השמיעני את קולך כו' ·
והטעם הוא לפי שהקב"ה שהוא ז"א יושב ושונה כנגדו דבר
ההלכה שהוא שונה· ודבר ההלכה שרשה בבחי' מוחין דאבא
עצמו שהוא הנקרא חכים ולא בחכמה ידיעא כמ"ש לעיל ·
וזהו ענין העוסק בתורה לשמה · פי' כדי להמשיך מוחין
לז"א הנקרא תורה כידוע · ועוד פי' לשמה לשם ה"א והוא
כדי להמתיק דיני לאה כמ"ש בכהאריז"ל שלואת עיקר המשכת
מוחין לז"א ע"י קריאת התורה כו' · וביאור הדברים הוא
להיות כי בחי' אותיות הם מלאים גבורות וצמצומים כידוע ·
וכתיב בבועז ויחרד האיש וילפת כו' כי בחצי הלילה הנה אשה
שוכבת מרגלותיו כו' פי' שמתעוררים דינים קשים שנאחזים
בנוקבא דז"א הנקרא איש· ולכך ויחרד בחצי הלילה כשמרגלותיו
נאחזים בו יניקת דינים קשים דנוקבא · וכשעוסק אז בתורה
נמתקו הדינים כי החכמה ממתיק הדינים והצמצומים כידוע
וכמבואר למעלה דהחכמה מחי' כו' · ופי' דיני לאה שהן בחי'
אותיות המחשבה וגם אותיות הדיבור נמתקים שהרי נמשכים
מחכמה אך אותיות המחשבה מלאים גבורות יותר כמ"ש במ"א
וד"ל · ואמנם בריבוי המשכת מוחי' לז"א על ידי עסק התורה
בחצות לילה דווקא אז נמתקו כל דיני לאה וזהו לשמה לשם
ה' ראשונה דשם הוי"ה כמ"ש ושם הגדולה לאה וכמ"ש
במ"א וד"ל :

ושרש ענין אריתי מורי עם בשמי הנ"ל · הנה יש להבין
תחילה בענין הנ"ל איך שנמשך מוחין דאבא לז"א
ע"י עסק התורה כו' שמוכרח לומר שיהיה מתעורר דבר
הגבוה גם מן מוחין דאבא עד שמחמתו ימשכו מוחי' דאבא
למטה

למטה למדות וכדומה ועד"ת כשהרב משפיע איזה שכל עמוק לתלמידו הרי מאחר שביכולת הרב להשפיל אותו השכל ולהמשיכו בהשפעה לתלמידו מוכרח לומר שהשכל הרב בעצמו גבוה הרבה במדרג' מאותו השכל דאל"כ לא היה לו כח זה להוריד ולהשפיל את השכל ההוא כו' . וכן כאן אם בכח האדם להמשיך בחי' מוחין דאבא לז"א ע"י התורה · מוכרח שימשיך בבחי' הגבוה יותר ממוחין דאבא שממנו באה סיבת המשכות המוחין כו' וד"ל · והנה ענין אותו דבר הגבוה מבחי' מוחין דאבא היינו בחי' הריח דהנה אנו רואים בבחינת ריח שהוא גבוה הרבה במדרגות ומעלות גם מן הטעמים שהרי הטעם והמתיקו' הוא בחיך שבפה · והנה אנו רואים שא"א לחיך לטעום הטעם בלתי שילעוס תחילה את המאכל ואם לא ילעיסנו היטב לא ירגיש באותו הטעם כי לא יצא כלל מהעלמו כו' · וגם עוד זאת אנו רואים שכח בחינת הטעם יכלה מיד ויפסק כאשר יעיד ע"ז החוש שכאשר יטעם הרבה ויתמלא כל הטעם והמתיקו' שבמאכל שוב לא ימצא במאכל שום מתיקות וטעמים כלל ולא יהיה ראוי ללעוס כו' · והנה כל זה אינו בבחי' הריח שבחוטם דהנה הריח שיש בדבר המבושם הרי לא יצטרך האדם לכתוש הבושם בחוטמו עד שיקבל הריח כי תיכף ומיד יגיע הריח לחוטם בלי שום עשי' והכנה כו' · וגם אנו רואים שהריח לא יכלה גם כשיריח כמה פעמים כו' לפי שהוא בחי' נצחי שלא יופסק ויכלה כמו שיכלה כח הטעמים שבמאכל כו' · ושרש הענין הוא לפי שבחי' הטעמים הוא בחכמה שהוא בבחי' אור פנימי מלובש בכלי והוא במדה וקצבה כו' · וכידוע דבחי' טנת"א · הטעמי' היא בחכמ' כו'. אבל בחינת הריח שרשו מבחי' הכתר בבחי' אור מקיף . ע"כ לא יכלה ולא יצטרך לכלי כ"כ כו' וד"ל · והנמשל מכל זה יובן למעלה למשכיל בהיות ידוע דאבא הוא שרש כל האצי' ובחי' הראשית של כל האצילות כמ"ש בראשי' ברא בחוכמתא כו' והוא בחי' טנת"א ובחינת ע"ב ס"ג כו' כידוע שהן בבחינת התיקון התלבשות האורות בכלים כו' בבחינת מדה וקצבה כמ"ש מי מדד בשעלו מים כו' וה"ז כמשל הטעמים שבמאכל כו' · אבל בחי' הריח הוא בבחינת חוטמא דע"י שהוא בבחינת המקיף שלמעלה מהתלבשות אורות בכלים כו' והוא מאיר קצת מבחי' אורות דא"ס בעצמו לכך הוא נצחי כו' · ולזה הוסד גם סדר הציור באדם החוטם למעלה מן החיך כו' וד"ל · ולכך יש בכח הריח לחזק את המוחין דאבא ולגרום לו המשכה וירידה מלמעל' למטה בהתלבשות אורות בכלים כו' לפי שהוא גבוה הרבה ממנו מטעם הנ"ל וד"ל . והנה שרש מהות בחי' הריח הוא מבחי' גבורות ממותקות ובחינת גבורות ממותקות ידוע ענינם עד"מ המתיקות והחמיצות הגשמיות ידוע שהן מבחינת חו"ג · ואמנם לא יערב לאדם גם המתיקות היותר נעלה אם לא שיתערב דבר המתוק בדבר החמוץ או החריף ויוכללו יחד ויקבל החריף טעם

המתוק והמתוק יקבל טעם החריף כמו מעשה מרקחת אז יערב מאד הטעם היוצא מבין שניהם · ונקרא טעם זה בשם עריבות ולא בשם מתיקות כי הנה יערב מאד לנפש עד שישיב את הנפש (בל"א עס קוויקט כמ"ש במ"א) והוא לפי שבחי' גבורות דדברים החריפים נמתקו במתיקת דבר המתוק · ובהיות ידוע שהגבורות מצד עצמם כמו שהיו קודם שנפלו בשביר' הכלים היה במדרגה גבוה מאד · וע"כ הדם הוא הנפש שהוא עיקר המחי' כו' כידוע ומבואר במ"א שבחי' הגבורות המה מקוריים אמתיים יותר להשפעת שפע מן החסדים לפי שיש בהם חיות ושפע רב בתגבורת רשפי אש ביותר כו' · אך כשנפלו למטה נעשו דינין קשין מאד והוא כדוגמת הדברים החריפים או החמוצי' כו' · ואמנם כשנמתקו בחסדי' המה עריבים מאד בבחינה ומדרגה גבוה יותר מכח החסדים המתוקים כנ"ל ונעשים מהם מאכלים מוטעמים ביותר עד שישיבו את הנפש כו' · כמו כן למעל' כתיב וירח את ריח בגדיו כו' הן בגדי עשו שנפלו בשבירה בעה"ד טו"ר ונעשים דינים קשים וגבורות קשות דקליפת נוגה · אך כשנמתקו ע"י המשכת המוחין דשם מ"ה החדש כו' יריחו בהן בחי' הריח הנערב לאדם בבחי' גבורות ממותקות כנראה בחוש שהריח הנערב הוא בבחי' גבורות · אך הוא מבחי' גבורות ממותקות דהיינו בעריבות והשבת הנפש כו' (וזהו ענין הקטרת ישימו קטורה באפך כמ"ש וירח ה' כו' כמ"ש במ"א באריכות) · והיינו כמו שהבגדים הן בשורשן לפני מלוך מלך לבנ"י כו' שהיו גבוהין יותר מבחי' התיקון דנקודים כידוע וד"ל · ומ"ש בגדיו דווקא לפי שהריח הוא מבחי' מקיפים כו' והמקיפים שורים על הלבושים דוקא כידוע ומבואר במ"א · וגם להיות שבגדי עשו הן בחי' לבושים הגואים דז' מדות רעות שבלבושי נוגה כו' · אמנם כשנמתקו נעשה מהם כדוגמת מאכל ערב ומוטעם ביותר והוא ריח בגדיו שנעשה כריח שדה כו' וד"ל · וזהו אריתי מורי הוא בחינת הריח דחוטמא דע"י כו' שמריח מבירורי נוגה ע"י סור מרע כו' · ובשתי הוא בועשה טוב להגביר ולעמוד על הנפש כו' וד"ל · וזהו שיאמרו לע"ל ליצחק כי אתה אבינו כי אברהם לא ידענו כו' ויקרא אז בשם ישחק בשי"ן כו' להיות כי יתבררו אז כל בחי' הגבורות הקשות הנאחזים ויונקי' ביצחק ויהיו בבחי' גבורות ממותקות הנ"ל ויקרא ישחק בבחי' שחוק ועריבות התענוג שיצא מבחי' גבורות ממותקות כנ"ל שהוא למעלה ממדרגת החסדים דאברהם כנ"ל · משא"כ עתה יתצא בו עדיין בחי' דינים קשים וכידוע שצריכים לתקן ליצחק בענין תקיעת שופר דר"ה כו' וד"ל · ושרש ענין אכלתי יערי עם דבשי כו' · הנה מ"ש למעלה שהנשמות מקבלים שפע התפעלותם ביראה מן המלאכים · יובן עד"מ כשהאדם נכנס להיכל המלך ויראה שרים רבים גדולים ונכבדים נופלים לפני המלך ומשתחוים אפים ארצה תפול עליו אימה יתירה

הגם

הגם שלא הכיר עדיין במהות המלך כלל ולא ראהו מימיו וא"כ לא באה ונמשכה היראה בו רק מסיבת היראה של השרים הגדולים כו' · וה"ז כאילו נמשך ונשתטף היראה בו רק מן השרים ולא מן המלך כו' · וכמ"כ ענין קבלת היראה בנשמות ע"י התבוננות במלאכים העליונים שעונים ואומרים ביראה כו' שתפול עליהם אימה רק מחמת זה ה"ז כאילו נמשכה בהם היראה מן המלאכים כו' (ועד"ז באהבה כו' ע"י התבוננות שלהם איך שהמלאכים הם היצוני' וישראל עלה במחשבה שנתעורר כמי' הפנים כו') א"כ ה"ז כמו המאכל שיחיה את האדם ויקבל האדם ממנו שפע · אמנם אח"כ המאכל נתעלה ע"י האדם כשמתפלל ומוסר נפשו באחד כידוע · כמ"כ אחר שנתפעלו כנ"י מן המלאכי' ומוסרים נפשם באחד הרי בהעלאת מ"ן זה שעולים המלאכים ונכללים באחד נבררו ע"י המ"ד דנשמות והיו לבשר א' ברחם הנוק' · כי המ"ד ומ"ן נכללים יחד ונעשים א' ברחם הנוק' · וידוע דשרש הנשמות ממ"ד דשם מ"ה המתברר כו' · וזהו שרש ענין אחור וקדם צרתני וכמ"ש במ"א באריכות וד"ל · וזהו אכלתי שנבלעו ישראל ומלאכים בבחי' מ"ן ומ"ד · וידוע דאכילה הוא ל' זווג כמ"ש אכלה ומחתה פיה כו' וד"ל · ושרש ענין שתיתי ייני עם חלבי כו' הנה ייני הוא בחי' מוחין דאימא וחלבי הוא בחי' מוחין דאבא · והענין הוא כידוע דז"א מצד עצמו בתחילה אינו אלא בבחי' נה"י תלת כלילן גו תלת כו' דהיינו כשהוא בבחי' עיבור ראשו מקופל ומונח בין ברכיו כו' ולאחר הלידה מתחילין ימי היניק' ואנו רואים בחוש שהולד נגדלים כל איבריו ע"י יניקתו חלב אמו ומזון זה דחלב אמו אינו בשביל היות ושפע מזון כמו המאכל אלא רק כדי להגדיל איבריו כו' · והענין הוא דהמדות נגדלים ומתרחבים להיות בבחי' ו' קצוות ולא בבחי' נה"י לבד ע"י חלב דאימא שנכנסים בהם ונתלבשו בו בבחינת העלם גדול כי עיקר ההתגלות לעין הרואה אינו אלא גידול האיברים וגידול המדות ומבלי נודע שסיבת הגדלתם אינו אלא מפני התלבשות המוחין בהם וכמ"ש במ"א באריכות · ועדיין לא נגדל ז"א בבחי' ג"ר להיות כלול מעשר עד שבאו ימי הגדלו' לאחר היניקה כו' שאז נשלמו בז"א כל הי"ס כו' וכידוע · ואמנם מובן למשכיל שכל אלו המשכו' בז"א ממוחין דאו"א בעיבור יניקה ומוחין אינו אלא בשביל הגדלתו בלבד וא"כ אין זה מבחינת פרצוף אבא בעצמו כלל רק בחי' הארת התפשטותו והתלבשותו במדות להגדילם גם בג"ר חב"ד ואין להם ערוך כלל לגבי בחי' אבא עצמו וכנ"ל · וידוע המשל בזה מבשרי אחזה כו' דנפש השכלית באדם הוא פרצוף נבדל בערך בפ"ע · ונפש הטבעיית במדות ורוח החיים הוא פרצוף בפ"ע והוא בא מראשי' תולדתו · אבל הנפש השכליית באה ונמשכת בבחי' התלבשות בנפש הטבעיות מעט מעט בהמשך הזמן דבחי' יניקה ומוחין הנ"ל עד שנעשה בעל שכל · וגם זאת לא נמשך במדות הטבעיים רק בדרך התלבשות בלבד · אבל לא שהוא מבחי' הנפש המשכלת במהותה ועצמותה כי מהות ועצמות הנפש השכליית הוא נבדל בערך כו' · רק שכל בחי' י"ס דנפש השכליית מתלבשים ונעלמים במדות הטבעיים להיות גם הוא כלול מעשר וכו' וד"ל · וזהו שתיתי ייני בחי' מוחין דאימא שהולד אוכל מה שאמו אוכלת כשהוא בבחי' עיבור כו' · וגם ימי היניקה מחלב אמו דעי"ז נמשך מוחין דאבא מעט מעט עד שכלול מי"ס כנ"ל · הכל שתיתי שנבלעו ונכללו בחי' מוחין דאו"א שבז"א בעצמות אור המאציל בבחי' העלאת מ"ן כו' ובתחילה עלו יערי עם דבשי הן נשמות ומלאכים שנולדו מזווג זו"נ כנ"ל · ואח"כ עלו גם מוחין דזו"נ כו' וד"ל · ושרש ענין אכלו ריעים כו' · הנה יש להבין מפני מה נק' ישראל אחים וריעים להקב"ה כמ"ש למען אחי ורעי כו' · כי הנה מבואר למעלה בענין עסק התורה לשמה דהיינו להמשיך מוחין דאבא לז"א כו' · ומוכרח שבעל ההמשכ' הוא גבוה ממוחין דאבא כו' · והיינו בחי' עונג העליון הנקרא שעשוע· שעשוע המלך שנמשך באבא שהוא החכמ' ואז נק' החכמה עדן שהוא התענוג כידוע ומבואר במ"א באריכה · והן הן טעמי המצות וסוד פנימיו' · שהוא בבחינת שעשוע המלך כמ"ש ואהיה שעשועים יום יום כו' · וכדי להיות מתגלים שעשועים אלו במוחין דאבא עד ז"א הייט ושעשועי את בני אדם · דהיינו בחי' מוחין דאו"א שנמשכו בתורה שנקרא ז"א ע"י שעשועים העליונים שגורמים המשכו' לפי שהוא בעל ההמשכה כו' וד"ל · ולזה הטעם מי שתורתו אומנתו פטור מן התפל' · לפי שהוא ממשיך מעצמות אור א"ס ממש מבחי' שעשוע המלך לתורה שהיא מחכמה נפקת כו' · וזהו תורתו אומנתו כו' וכמ"ש במ"א · וע"כ נקראו ישראל בשם ריעים להקב"ה שהוא ז"א כו' מאחר שאור א"ס נמשך בבחי' שעשועים הנ"ל על נפש האדם הקורא בתורה בהשוואה אחת כמו שנמשך להקב"ה שיושב ושונה כנגדו · כי מטה ומעל' אינו אלא בסדר ההשתלשלו' הייט מבחי' ז"א דאצילות בלבד כידוע אבל כשבא האור והשפע מבחי' עצמות א"ס ב"ה בז"א הרי הוא בא ונמשך בהשוואה אחת וד"ל · אמנם מה שלפעמים נקראים ריעים ולפעמים אחים כו' · הענין הוא דידוע מאמר הזהר ע"ז אכלו ריעים לעילא שתו ושכרו דודים לתתא כו' · וביאור זה ידוע להיות כי חו"ב המה בחי' תרין ריעין דלא מתפרשין כו' ווזוגייהו תדיר כו' כידוע · ולכן גם כנ"י כשעוסקים בתורה וממשיכים מעצמות א"ס בחכמה נקראים גם הם בלשון ריעים כו' כמו ריעים דלעילא כו' · וכאשר המה ממשיכים בעסק התורה לשמה להיות תוספת מוחין לז"א נקראו אחים לז"א כנ"ל וד"ל ·

ושרש ענין שתו ושכרו דודי' כו' · הנה פי' דודים הייט כמו יחוד זכר ונקבה שאהבתם אינה מצד התולדה רק שנקנית בהם ואין יחודם תמידי רק לפעמים מתייחדים

ולפעמים

ולפעמים לא ואין זה כדוגמ' תרין ריעין דלא מתפרשין כלל כו' והוא בחי' זו"נ שאין יחודם תמידי כידוע · ולהיות כי האהבה והתשוקה מנוקבא דז"א כמ"ש ואל אישך תשוקתך הוא בבחי' גבורות רשפי אש כמ"ש רשפיה רשפי אש כו' עד דמוקדין ליה בשלהובין דרחימות' כו' · צריך לזה שתיית המים כדי לקרר ולצנן את הגבורות כמשל השותה מים לצמאו שהצימאון הוא מיסוד האש והמים מקררים אותו כו' · כמ"כ כלה עליונה דנקראת כלה מפני שכלתה נפשה וצמאה לאל חי כו' צריכה לשתות מים עליונים בחי' מוחין דחסדים עליונים להמתיק גבורות שלה וכענין מלפני אדון חולי ארץ כו' כמ"ש במ"א וד"ל · והטעם לזה הוא לפי שנאחזים ויונקים מגבורו' הללו דנוקבא בחי' גבורות הקשות דנוגה שהוא דין קשה כו' לכך צריכה מיתוק · וכמ"כ בחי' גבורות דז"א צריכים מיתוק בשתיית מים כו' שלא יאחזו בהם גבורות הקשות כו' וד"ל · אבל ושכרו הוא בחי' גבורות עליונות שאין יונקים שום דבר רע ח"ו והוא בחי' יין המשומר בענביו מו' ימי בראשי' והוא

חמרא דמנטרא הנו' בזוהר שלא נפל בעץ הדעת טו"ר כו' · ע"כ הוא יין המשמח אלקים · פי' שגורם התגלות שעשועים העליונים עד שנקרא שמח' כמ"ש במ"א על ענין אשר ברא ששון ושמחה כו' · והוא בחי' גבורות דאימא שנעשים חסדים למטה בז"א כו' · וכדי שיהיו נמתקים הגבורות דזו"נ מכל וכל · כתיב בהם שתו ושכרו דודים כו' וד"ל · וזהו המאמר הנזכר לעיל דשתו ושכרו לתתא דווקא שיש שם יניקת גבורות קשות · מה שאין כן לעילא בתרין ריעין חכמה ובינה לא נזכר שתייה כלל לא לקרר וגם לא להמתיק על ידי שמחה כו' אלא בחינת אכילה בלבד אכלו ריעים כו' לפי שהוא בחינת שמן שלמעלה מיין המשמח כו' · אלא הוא בחינת ביטול במציאות מגד החכמה כ"ח מ"ה כידוע וכענין מאמר רשב"י בחד קטירא אתקטרנא כו' · והוא ענין ההבלעה שנבלע ונכלל בעצמות אין סוף בבחי' עצמות ולא בדרך ההתפעלות בענין השמחה כו' וזהו אכלו ריעים לעילא וד"ל :

שחרית

נכון לומר קודם התפלה: הריני מקבל עלי מ"ע של ואהבת לרעך כמוך.

מַה טֹּבוּ אֹהָלֶיךָ יַעֲקֹב מִשְׁכְּנֹתֶיךָ יִשְׂרָאֵל : וַאֲנִי בְּרֹב חַסְדְּךָ אָבוֹא בֵיתֶךָ אֶשְׁתַּחֲוֶה אֶל הֵיכַל קָדְשְׁךָ בְּיִרְאָתֶךָ : וַאֲנִי תְפִלָּתִי לְךָ יְהֹוָה עֵת רָצוֹן אֱלֹהִים בְּרָב חַסְדֶּךָ עֲנֵנִי בֶּאֱמֶת יִשְׁעֶךָ :

אֲדוֹן עוֹלָם אֲשֶׁר מָלַךְ בְּטֶרֶם כָּל־יְצוּר נִבְרָא : לְעֵת נַעֲשָׂה בְחֶפְצוֹ כֹּל אֲזַי מֶלֶךְ שְׁמוֹ נִקְרָא : וְאַחֲרֵי כִּכְלוֹת הַכֹּל לְבַדּוֹ יִמְלוֹךְ נוֹרָא: וְהוּא הָיָה וְהוּא הֹוֶה וְהוּא יִהְיֶה בְּתִפְאָרָה : וְהוּא אֶחָד וְאֵין שֵׁנִי לְהַמְשִׁיל לוֹ לְהַחְבִּירָה: בְּלִי רֵאשִׁית בְּלִי תַכְלִית וְלוֹ הָעֹז וְהַמִּשְׂרָה: וְהוּא אֵלִי וְחַי גֹּאֲלִי וְצוּר חֶבְלִי בְּעֵת צָרָה : וְהוּא נִסִּי וּמָנוֹס לִי מְנָת כּוֹסִי בְּיוֹם אֶקְרָא: בְּיָדוֹ אַפְקִיד רוּחִי בְּעֵת אִישַׁן וְאָעִירָה : וְעִם־רוּחִי גְּוִיָּתִי יְהֹוָה לִי וְלֹא אִירָא :

ביום שא"א תחנון א"א זה

אֱלֹהֵינוּ וֵאלֹהֵי אֲבוֹתֵינוּ זָכְרֵנוּ בְּזִכָּרוֹן טוֹב לְפָנֶיךָ וּפָקְדֵנוּ בִּפְקֻדַּת יְשׁוּעָה וְרַחֲמִים מִשְּׁמֵי שְׁמֵי קֶדֶם : וּזְכָר לָנוּ יְהֹוָה אֱלֹהֵינוּ אַהֲבַת הַקַּדְמוֹנִים אַבְרָהָם יִצְחָק וְיִשְׂרָאֵל עֲבָדֶיךָ וְאֶת הַבְּרִית וְאֶת הַחֶסֶד וְאֶת הַשְּׁבוּעָה שֶׁנִּשְׁבַּעְתָּ לְאַבְרָהָם אָבִינוּ בְּהַר הַמּוֹרִיָּה וְאֶת הָעֲקֵדָה שֶׁעָקַד אֶת יִצְחָק בְּנוֹ עַל גַּבֵּי הַמִּזְבֵּחַ כַּכָּתוּב בְּתוֹרָתֶךָ :

וַיְהִי אַחַר הַדְּבָרִים הָאֵלֶּה וְהָאֱלֹהִים נִסָּה אֶת־אַבְרָהָם וַיֹּאמֶר אֵלָיו אַבְרָהָם וַיֹּאמֶר הִנֵּנִי : וַיֹּאמֶר קַח־נָא אֶת־בִּנְךָ אֶת־יְחִידְךָ אֲשֶׁר־אָהַבְתָּ אֶת־יִצְחָק וְלֶךְ־לְךָ אֶל־אֶרֶץ הַמֹּרִיָּה וְהַעֲלֵהוּ שָׁם לְעֹלָה עַל אַחַד הֶהָרִים אֲשֶׁר אֹמַר אֵלֶיךָ : וַיַּשְׁכֵּם אַבְרָהָם בַּבֹּקֶר וַיַּחֲבֹשׁ אֶת־חֲמֹרוֹ וַיִּקַּח אֶת־שְׁנֵי נְעָרָיו אִתּוֹ וְאֵת יִצְחָק בְּנוֹ וַיְבַקַּע עֲצֵי עֹלָה וַיָּקָם וַיֵּלֶךְ אֶל־הַמָּקוֹם אֲשֶׁר־אָמַר־לוֹ הָאֱלֹהִים : בַּיּוֹם הַשְּׁלִישִׁי וַיִּשָּׂא אַבְרָהָם אֶת־עֵינָיו וַיַּרְא אֶת־

המקום

המקום מרחק: ויאמר אברהם אל־נעריו שבו־לכם פה עם־החמור ואני והנער נלכה עד־כה ונשתחוה ונשובה אליכם: ויקח אברהם את־עצי העלה וישם על־יצחק בנו ויקח בידו את־האש ואת־המאכלת וילכו שניהם יחדו: ויאמר יצחק אל־אברהם אביו ויאמר אבי ויאמר הנני בני ויאמר הנה האש והעצים ואיה השה לעלה: ויאמר אברהם אלהים יראה־לו השה לעלה בני וילכו שניהם יחדו: ויבאו אל־המקום אשר אמר־לו האלהים ויבן שם אברהם את־המזבח ויערך את־העצים ויעקד את־יצחק בנו וישם אתו על־המזבח ממעל לעצים: וישלח אברהם את־ידו ויקח את־המאכלת לשחט את־בנו: ויקרא אליו מלאך יהוה מן־השמים ויאמר אברהם | אברהם ויאמר הנני: ויאמר אל־תשלח ידך אל־הנער ואל־תעש לו מאומה כי עתה ידעתי כי־ירא אלהים אתה ולא חשכת את־בנך את־יחידך ממני: וישא אברהם את־עיניו וירא והנה־איל אחר נאחז בסבך בקרניו וילך אברהם ויקח את־האיל ויעלהו לעלה תחת בנו: ויקרא אברהם שם־המקום ההוא יהוה יראה אשר יאמר היום בהר יהוה יראה: ויקרא מלאך יהוה אל־אברהם שנית מן־השמים: ויאמר בי נשבעתי נאם־יהוה כי יען אשר עשית את־הדבר הזה ולא חשכת את־בנך את־יחידך: כי־ברך אברכך והרבה ארבה את־זרעך ככוכבי השמים וכחול אשר על־שפת הים וירש זרעך את שער איביו: והתברכו בזרעך כל גויי הארץ עקב אשר שמעת בקלי: וישב אברהם אל־נעריו ויקמו וילכו יחדו אל־באר שבע וישב אברהם בבאר שבע:

ביום שא״א תחנון א״א זה

רבונו של עולם כמו שכבש אברהם אבינו את רחמיו מעל בן יחידו לעשות רצונך בלבב שלם כן יכבשו רחמיך את כעסך מעלינו ויגלו רחמיך על מדותיך ותתנהג עמנו יהוה אלהינו במדת החסד ובמדת הרחמים ותכנס לנו לפנים משורת הדין: ובטובך הגדול ישוב חרון אפך מעמך ומעירך ומארצך ומנחלתך וקים לנו יהוה אלהינו את הדבר שהבטחתנו בתורתך על ידי משה עבדך מפי כבודך כאמור וזכרתי את בריתי יעקוב ואף את בריתי יצחק ואף את בריתי אברהם אזכר והארץ אזכר: ונאמר ואף גם זאת בהיותם בארץ איביהם לא מאסתים ולא געלתים לכלותם להפר בריתי אתם כי אני יהוה אלהיהם: ונאמר וזכרתי להם ברית ראשנים אשר הוצאתי אתם מארץ מצרים לעיני הגוים להיות להם לאלהים אני יהוה: ונאמר ושב יהוה אלהיך את שבותך ורחמך ושב וקבצך מכל העמים אשר הפיצך יהוה אלהיך שמה: אם יהיה נדחך בקצה השמים משם יקבצך יהוה אלהיך ומשם יקחך: והביאך יהוה אלהיך אל הארץ אשר ירשו אבתיך וירשתה והיטבך והרבך מאבתיך: ונאמר יהוה חננו לך קוינו היה זרועם לבקרים אף ישועתנו בעת צרה: ונאמר ועת צרה היא ליעקב וממנה יושע: ונאמר בכל צרתם לו (לא כ׳) צר ומלאך פניו הושיעם באהבתו ובחמלתו הוא גאלם וינטלם וינשאם כל ימי עולם: ונאמר מי אל כמוך נשא עון ועבר על פשע לשארית נחלתו לא החזיק לעד אפו כי חפץ חסד הוא: ישוב ירחמנו יכבש עונתינו ותשליך במצלות ים כל חטאתם: תתן אמת ליעקב חסד לאברהם אשר נשבעת לאבותינו מימי קדם: ונאמר והביאותים אל הר קדשי ושמחתים בבית תפלתי עולתיהם וזבחיהם לרצון על מזבחי כי ביתי בית תפלה יקרא לכל העמים:

לעולם יהא אדם ירא שמים בסתר ומודה על האמת ודובר אמת בלבבו וישכם ויאמר:

רבון כל־העולמים לא על־צדקותינו אנחנו מפילים תחנונינו לפניך כי על רחמיך הרבים: מה אנו מה חיינו מה חסדנו מה־צדקנו מה־כחנו מה־גבורתנו: מה־נאמר לפניך יהוה אלהינו ואלהי אבותינו הלא כל־הגבורים כאין לפניך ואנשי השם כלא היו וחכמים כבלי מדע

ונבונים

ונבונים כבלי השכל כי רוב מעשיהם תהו וימי
חייהם הבל לפניך · ומותר האדם מן־הבהמה
אין כי הכל הבל: לבד הנשמה הטהורה שהיא
עתידה לתן דין וחשבון לפני כסא כבודך וכל
הגוים כאין נגדך שנאמר הן גוים כמר מדלי
וכשחק מאזנים נחשבו הן איים כדק יטול:

אבל אנחנו עמך בני בריתך בני אברהם
אהבך שנשבעת לו בהר המריה זרע
יצחק יחידו שנעקד על גבי המזבח עדת יעקב
בנך בכורך שמאהבתך שאהבת אתו ומשמחתך
ששמחת־בו קראת את־שמו ישראל וישרון:

לפיכך אנחנו חיבים להודות לך
ולשבחך ולפארך · ולברך
ולקדש ולתן־שבח והודיה לשמך:
אשרינו מה־טוב חלקנו ומה־נעים
גורלנו ומה־יפה ירשתנו · אשרינו
שאנו משכימים ומעריבים ערב
ובקר ואומרים פעמים בכל־יום:
שמע ישראל יהוה אלהינו יהוה אחד:

ברוך שם כבוד מלכותו לעולם ועד:

ואהבת את יהוה אלהיך בכל־לבבך ובכל־
נפשך ובכל־מאדך: והיו הדברים האלה
אשר אנכי מצוך היום על־לבבך: ושננתם
לבניך ודברת בם בשבתך בביתך ובלכתך
בדרך ובשכבך ובקומך: וקשרתם לאות על־ידך
והיו לטטפת בין עיניך: וכתבתם על־מזזות
ביתך ובשעריך:

אתה הוא עד שלא נברא העולם
אתה הוא משנברא העולם
אתה הוא בעולם הזה ואתה הוא
לעולם הבא קדש את־שמך
בעולמך על־עם מקדישי שמך
ובישועתך מלכנו תרום ותגביה
קרננו והושיענו בקרוב למען שמך:
ברוך המקדש שמו ברבים:

אתה הוא יהוה האלהים בשמים ובארץ ובשמי
השמים העליונים: אמת אתה הוא ראשון
ואתה הוא אחרון ומבלעדיך אין אלהים · קבץ
נפוצות קויך מארבע כנפות הארץ יכירו וידעו
כל־באי עולם כי אתה־הוא האלהים לבדך לכל
ממלכות הארץ · אתה עשית את־השמים ואת־
הארץ את־הים ואת כל־אשר בם ומי בכל־מעשה
ידיך בעליונים ובתחתונים שיאמר לך מה
תעשה ומה־תפעל: אבינו שבשמים חי וקים
עשה עמנו צדקה וחסד בעבור שמך הגדול
הגבור והנורא שנקרא עלינו וקים־לנו יהוה
אלהינו את־הדבר שהבטחתנו על ידי צפניה
חוזך כאמור בעת ההיא אביא אתכם ובעת קבצי
אתכם כי אתן אתכם לשם ולתהלה בכל עמי
הארץ בשובי את שבותיכם לעיניכם אמר יהוה:

להבין ענין תרומת הדשן הנה התפלה היא במקום קרבן ונקרא ג"כ עבודה שבלב ועיקרה היא בחי' קו השמאל דהיינו בחי' שמאל דוחה כו' בהיות שכל מה שיתפעל בהתלהבות יותר מהתבוננות אחדות ה' · יותר ירגיז ויתמרמר על נפשו מפני שרואה את עצמו בתכלית הריחוק מה' אחד והיינו שמאל דוחה שמפני גבורת רשפי אש שלהבת י"ה שמתלהב לה' יתמרמר וידחה את עצמו בתכלית השפלות כו' · וזהו ענין שמאלו תחת לראשי שע"י השמאל דרשפי אש כו' לפי שהוא בבחי' הסתלקות ועילוי אחר עילוי מתעלה כו"י למעלה למעלה · וזהו תחת לראשי להגביה את ראשי כמ"ש במ"א וד"ל · וז"ש מצרף לכסף וכור לזהב ואיש לפי מהללו פי' כמו המצרף שבוחן ומברר את המובחר וכל מה שיוסיפו בו שלהבת יותר יבחין ויברר את היותר נקי להוציא גם את הפסולת הדק כו' ככה איש לפי שכלו ותבונתו כשיתפעל ברשפי אש ביותר יבחן לבבו להתברר בבירור היותר טוב והוא להיות שמאל דוחה ביותר להשפיל א"ע כנ"ל וד"ל · וזהו שאומרים

שאומרים בש"ע סלח לנו אחרי שנתעורר בק"ש באוי"ר באמרו ואהבת כו' לפי שהיא הנותנת מאחר שנתפעל ברשפי אש אוי"ר כו' יהיה יותר חוטא בעיניו ע"ד שמים לא זכו בעיניו וסביביו נשערה כו' כמ"ש במ"א שכל זה דווקא מפני בחי' ההסתלקות וההתלהבות כו' בעילוי אחר עילוי כו' וד"ל · ועד"ז ניתקן בקרבנות מצות תרומת הדשן בהיות שריפת הבהמ' הוא ע"י אש של מעלה אריה דאכיל קרבנין כו' שהוא המברר כו' כמו עד"מ המצרף לכסף כו' · והיינו כמו ההתלהבו' בנפש הבהמית בעבודה שבלב כנ"ל · והאפר הנשאר ממנה הוא בחי' השפלות דשמאל דוחה כנ"ל · ולכך מצוה לשומו אצל המזבח כמ"ש ושמו אצל המזבח ונבלע במקומו כידוע לפי שע"י הדחיה הזאת יוכל אח"כ להתקשר יותר באא"ס · אבל מה שלא יוכל ליבלע במקום המזבח הוציאוהו מחוץ למחנה הוא העצבות שלא יגיע ממנה תועלת לעבודת ה' כלל רק שתשפיל את האדם להיות כאבן דומם להיות מתייאש בעצמו כו' · שזהו אסקופה לדריסת רגלי החיצונים כו' וד"ל · ובכדי להבין שרשן של דברים הנ"ל יש להקדים המבואר בכהאריז"ל שיש ב' מיני בירורים · הא' מה שנברר ונתעלה ונכלל באותו עולם · הב' מה שא"א לו עוד להתברר נדחה ויוצא לחוץ בבחי' פסולת לעולם שלמטה הימנו ושם יוברר ממנו עוד ע"ד הזה עד שמה שלא נברר ביצי' נדחה לעשיה ומה שלא נברר מעשי' הוא תכלית הגסות כו' · ועד"ז במצות תרומת הדשן יש ב' בירורים הללו · הא' מה שיוכל להתברר מן אפר הבהמה וליכלל וליבלע במזבח בבחי' העלאת מ"ן · והב' אשר לא יוכל ליבלע נדחה ומוציאים אותו חוץ למחנה כו' וד"ל · אך יש להבין כל עיקר שרש ענין אפר הבהמה הנשרפת ע"ג המזבח מהו עד שיהיה מהצורך לבררו בב' מיני בירורים הנ"ל · הנה ידוע דז' מלכין קדמאין דתהו דבחי' עקודים שלפני האצילות הם מבחי' מלכות דשם ב"ן כמ"ש וימלוך וימת כו' שהוא בגי' בהמ"ה · ושרש הבהמה הגשמית הוא מבחי' בהמה רבה הנ"ל שלפני האצילות · אך ע"י שבירת הכלים נפלו בבריאה עד שנתהוה בריאת בהמה גשמיית כו' כמ"ש במ"א ששרש נפש האדם ממלך השמיני הדר וכו' והוא בחי' ברודים בחי' התיקון כו' ושרש הבהמות מז' מלכין קדמאין לפני מלוך כו' · ולהיות כן צריכים לתקן ולברר רפ"ח ניצוצין שנפלו בשריפת הבהמה ע"ג המזבח דווקא · וטעם השריפה יובן עפ"י הקדמה בתחילה להבין כל ענין עיקר השבירה איך נתכן בבחי' אצילות דעקודים כו' · ומכ"ש להמצא הרכבת טו"ר בהם כו' שהרי אין רע יורד מלמעלה דלא יגורך רע כו' · אך הענין יובן עד"מ הידוע שמסיבת ההתלהבות באדם לה' בשעת התפלה מתהוה אחר התפלה כעס וקפידא שהוא רע גמור ובוודאי בשעת התלהבות לבבו לה' לא היה בו אפי' שמץ דבר זר בלתי לה' לבדו · אך מסיבת רתיחת דמיו יתחמם וכאשר נפסק אור ההתלהבות יתאחז בגבורות דקדושה הללו שנסתלקו · בחי' הגבורות הקשות דיצה"ר

שהוא הכעס כו' כמ"ש במ"א בארוכה · וגם אנו רואים שגם קודם שיסתלקו גבורות רשפי אש דקדושה יהיה בהם מקור ושרש לסיבת יניקת הכעס אח"כ כשיסתלקו כו' · שהרי מבואר הוא שמסיבת הגבורות הוא לדקדק עד כחוט השערה כו' . וע"ד כל זה יובן לדוגמא בבחי' גבורות העליונים דז' מלכין קדמאין דבחי' עקודים כו' שהיו מבחי' שם ב"ן דקדושה האלקית לה' לבדו ואין זר אתו ח"ו כענין אנא אמלוך כו' · להיות שהיו נכספי' בגודל התשוק' להכלל בעצמות אא"ס ב"ה כמ"ש במ"א · ואמנם מפני שבחי' תו"ג דעולם התהו בבחי' עקודים כו' הן בלתי גבול ומצר כלל מפני שהן למעלה מהשכל כידוע שלכך נקרא בהמה רבה כו' ע"כ כח החסד היה רב טוב חסדו מאד בלי עכוב ומעצור כלל עד שנמשך ממנו המותרות בקליפת נוגה דישמעאל · וכח הדין והגבורות היה ג"כ רב כחו מאד עד שנמשך ונסתעף ממנו הגבורות דעשו הקשות שהוא כמשל הכעס כו' · וזהו ענין סיבת ענין תערובת טו"ר בספירות דבי"ע שהוא כח הדין ממש כמ"ש ויחר אף ה' וכו' ושרשו ומקורו בבחי' האצילות היינו ע"ד הנ"ל לדקדק כחוט השערה שימצא מסיבת גבור' דקדוש' דווקא כו' · והוא מפני ריבוי תגבור' הכח של הגבורות דתהו שאם היו במדה ובמשקל כמו שהוא בבחי' התיקון לא היה מסתעף כ"כ הדקדוק באצילו' עד שיהיה שרש ומקור לבריאת מקטרגים ממש בבי"ע ע"י חרון אף ה' כו' וכמ"ש ובורא רע כו' וד"ל · אך גם זאת הסיבה שנעשה תערובת טו"ר ברבוי כחות הדין כו' לא היה אלא מצד ההתגברות של ז' מלכין קדמאין שנתגברו לעלות ולא יכלו הכלים להכילן ונשברו ומסיבת השבירה והנפילה הוא שנתערבו טו"ר בבי"ע כו' ולא מצד עצמות הז' מלכין כו' דלא יגורך רע כלל כו' וד"ל · והנה הבהמה הגשמיי' שנמשכה מתחת בחי' גבורות הקשות דנוגה דאבי"ע ע"י השריפה שנשרפה עלה הלהב ע"ג המזבח כדוגמת ההתלהבות רשפי אש י"ה דז' מלכין קדמאין כו' הנק' גבורות ממותקים דשם ב"ן כו' · והאפר הנשאר ממנה הן מותרות רבוי כחות הדין שנסתעפו אחרי הסתלקות רשפי אש כנ"ל במשל · וכמו שנראה בחוש שהאפר לא נשאר בו רק מן פסולת החמימות בלבד כי עיקר יסוד האש וחמימות התאוה שבבהמה כו' נשרפה בשלהבת י"ה בחי' עילאה דאכיל קרבנין כו' · כמ"כ נבדל ונתברר למעלה הגבורות הקשים דכחות הדין מפנימיות הגבורות דקדושה המתוקות וזהו אפר א' פ"ר כמ"ש במ"א . ואמנם גם באפר הזה יש עוד בירור והוא שגם האפר עדיין יוברר ממנו המובחר ויוכל להכלל ולבלע במזבח עילאה בחי' מלכות דאצילות בחי' העלאת מ"ן והנשאר ממנו שלא יוכל להכלל יוציאוהו חוצה כו' · וענין העלאת מ"ן של האפר שהושם אצל המזבח איך ומה הוא · יובן ע"ד דוגמא מהעלאת מ"ן האשה שמת"ן שלה נוצר חומר הולד שלו בלבד והצורה שלו יצטייר ממ"ד וה"ז כמו חומר הכסף שאינו אלא כלי לקבל הצורה כו' · כמ"כ והעלאת מ"ן של בחי' הפסולת

דאפר

דאפר שנעשה מ"ן במזבח (ונבלע בבחי' רחם המזבח שהוא ג' טפחים כו') יולד חומר הולד של הגשמות ומלאכים כו' ואח"כ נמשכים מ"ד דז"א לצייר הצורה שהוא עיקר הולד כו' וד"ל · ואמנם מה שלא יוכל להיות מ"ן להכנת חומר כו' · נדחה ויוצא לחוץ להחיות החיצונים שמחוץ למחנה שכינה כו' · וזהו כל עיקר מצות תרומת הדשן בב' מיני בירורים הנ"ל וד"ל . ועד"ז יובן שרש ענין שמאל דוחה הנ"ל בהיות שכאשר יתלהב לבבו בתפילה מיד ידקדק ע"ע ביותר עד כחוט השערה לבער גם חלקי הרע הדק שבגופו כי סביביו נשערה כו' וכל מה שיתלהב יותר ירגיז יותר ויתמרמר בנפשו על ההיפוך והוא בחי' שמאל דוחה כו' לדחותו ולהפיל לבבו בהתבוננות על ההיפוך כו' · אך מה שיוכל להתברר מתמרירות זו להכלל באחדות ה' בבחי' העלאת מ"ן כענין תרומת הדשן ליבלע במקום המזבח כו' היינו מה שמתבונן אחר השפלות וההכנעה איך דגם חשך לא יחשיך כו' · וגם מרחוק ה' נראה לי כו' לפי שהוא סובב כ"ע · בזאת יהיה מן השפלות בחי' העלאת מ"ן לאחדות ה' להכלל בו כו' וד"ל . ושרש ענין שמאל דוחה כו' . הנה אברהם יצא ממנו ישמעאל לפי שמטבע הטוב להגביר חסדו וטובו לכל גם למי שאינו ראוי כלל ומסיבת זה יורד מותרי השפע מקו הימין דחח"ן באצילות גם לבחינת נוגה כו' · אמנם הגבורות דיצחק לא יהיה מחמתו שום מותרות למי שאינו ראוי כי טבע הגבורות לדקדק מאד עד כחוט השערה אם ראוי לקבל שפע כזו כו' עד שלא ישפע כ"א לראוי ולא ישפיע כלל למקום שאינו הגון כו' · אך מסיבת הגבורות יוצא מותרות גבורות קשות דעשו לקטרג ביותר כו' כמ"ש במ"א · ולזאת ע"י שמאל דוחה הנ"ל יתעורר בחי' דרועא שמאלא דיצחק להבדיל הפסולת כו' ותרומת הדשן ענינו הוא להוציא הגבורות קשות כו' וד"ל :

נכון מאוד לומר בכל יום פ' תרומת הדשן וסידור המערכה ויכול לאמרה אפי' קודם אור היום בחורף ובקיץ יאמרנה קודם פ' התמיד :

וַיְדַבֵּר יְהֹוָה אֶל־מֹשֶׁה לֵּאמֹר: צַו אֶת־אַהֲרֹן וְאֶת־בָּנָיו לֵאמֹר זֹאת תּוֹרַת הָעֹלָה הִוא הָעֹלָה עַל °מוֹקְדָה עַל־הַמִּזְבֵּחַ כָּל־הַלַּיְלָה עַד־הַבֹּקֶר וְאֵשׁ הַמִּזְבֵּחַ תּוּקַד בּוֹ: וְלָבַשׁ הַכֹּהֵן מִדּוֹ בַד וּמִכְנְסֵי־בַד יִלְבַּשׁ עַל־בְּשָׂרוֹ וְהֵרִים אֶת־הַדֶּשֶׁן אֲשֶׁר תֹּאכַל הָאֵשׁ אֶת־הָעֹלָה עַל־הַמִּזְבֵּחַ וְשָׂמוֹ אֵצֶל הַמִּזְבֵּחַ: וּפָשַׁט אֶת־בְּגָדָיו וְלָבַשׁ בְּגָדִים אֲחֵרִים וְהוֹצִיא אֶת־הַדֶּשֶׁן אֶל־מִחוּץ לַמַּחֲנֶה אֶל־מָקוֹם טָהוֹר: וְהָאֵשׁ עַל־הַמִּזְבֵּחַ תּוּקַד־בּוֹ לֹא תִכְבֶּה וּבִעֵר עָלֶיהָ הַכֹּהֵן עֵצִים בַּבֹּקֶר בַּבֹּקֶר וְעָרַךְ עָלֶיהָ הָעֹלָה וְהִקְטִיר עָלֶיהָ חֶלְבֵי הַשְּׁלָמִים: אֵשׁ תָּמִיד תּוּקַד עַל־הַמִּזְבֵּחַ לֹא תִכְבֶּה:

ביום שא"א תחנון א"א זה

יְהִי רָצוֹן מִלְּפָנֶיךָ יְהֹוָה אֱלֹהֵינוּ וֵאלֹהֵי אֲבוֹתֵינוּ שֶׁתְּרַחֵם עָלֵינוּ וְתִמְחוֹל לָנוּ עַל כָּל חַטֹּאתֵינוּ וּתְכַפֶּר לָנוּ עַל כָּל עֲוֹנוֹתֵינוּ וְתִמְחוֹל וְתִסְלַח לָנוּ עַל כָּל פְּשָׁעֵינוּ וְשֶׁיִּבָּנֶה בֵּית הַמִּקְדָּשׁ בִּמְהֵרָה בְיָמֵינוּ וְנַקְרִיב לְפָנֶיךָ קָרְבַּן הַתָּמִיד שֶׁיְּכַפֵּר בַּעֲדֵנוּ כְּמוֹ שֶׁכָּתַבְתָּ עָלֵינוּ בְּתוֹרָתֶךָ עַל יְדֵי מֹשֶׁה עַבְדֶּךָ מִפִּי כְבוֹדֶךָ כָּאָמוּר:

וַיְדַבֵּר יְהֹוָה אֶל־מֹשֶׁה לֵּאמֹר: צַו אֶת־בְּנֵי יִשְׂרָאֵל וְאָמַרְתָּ אֲלֵהֶם אֶת־קָרְבָּנִי לַחְמִי לְאִשַּׁי רֵיחַ נִיחֹחִי תִּשְׁמְרוּ לְהַקְרִיב לִי בְּמוֹעֲדוֹ: וְאָמַרְתָּ לָהֶם

וידבר ה' אל משה לאמר צו את בני ישראל ואמרת אלהם את קרבני לחמי לאשי ריח ניחוחי תשמרו להקריב לי במועדו ואמרת להם זה האשה אשר תקריבו כו' · וי"ל מה ענין הכפל שכפל ב"פ ואמרת הל"ל תשמרו להקריב כו' וזה האשה כו' · אך הנה ידוע דכל המצות צריך שיבואו לידי קיום בג' מדריגות מחשבה ודיבור ומעשה · וביאור ענין ג' אלה איך שימצא בכל מצוה . הענין הוא · דבחי' מדריגת המעשה היינו עסק כל המצות שתלויים במעשה בפ"מ · ובחי' הדיבור היינו בעסק התורה בדיבור כידוע מאחז"ל כל העוסק בתורת עולה כאלו הקריב עולה וכו' וה"ה לכל מצוה ומצוה שלומד בתורה שבכתב ושבע"פ · ובחי' המחשבה הוא חפץ וכוונת הלב שעולה למוח להרהר מיד דלכך מצות קרבן עולה על הרהור הלב כו' · וזהו בעבודה שבלב זו תפילה שכנגד קרבנות תמידין תיקנום · תמיד של שחר נעשה בתפילת שחרית דאברהם ותמיד דבין הערביים בתפילת מנחה דיצחק כו' כידוע · וזהו ענין ב"פ ואמרת · ואמרת הראשון לבחי' מחשבה שבלב כו' ודיבור · ואמרת הב' לבחי' המעשה בפ"מ וזהו באמרו ואמרת להם זה האשה אשר תקריבו כו' ב"פ · ולהבין כ"ז בתוס' ביאור הנה תחלה יש להבין ענין הקרבנות מה הן בשרשן ומהו ענין ריח ניחוח שאמרו

°ע"פ מסורה

לָהֶם זֶה הָאִשֶּׁה אֲשֶׁר תַּקְרִיבוּ לַיהוָה כְּבָשִׂים בְּנֵי־שָׁנָה תְמִימִם שְׁנַיִם לַיּוֹם עֹלָה תָמִיד׃ אֶת־הַכֶּבֶשׂ אֶחָד תַּעֲשֶׂה בבקר

שאמרו ז"ל נח"ר לפני שאמרתי ונעשה רצוני . ולמה ענין ריח ניחוח זה שייך דווקא במצות הקרבנות ולא בשאר המצות שגם בהם יוכל לומר נח"ר זה שאמר ונעשה רצונו כי כולן רצונותיו כו' · וגם למה הקרבנות תלויים בזמן בהמ"ק דווקא ולא שאר המצות והרי ת"ת שכנגד כולן מתקיימ' גם עכשיו בזמן הגלות כו' · ויובן כ"ז בהקדים ענין א' והוא במה שארז"ל היום לעשותם ולא למחר כו' וכיון שמת אדם נעשה חפשי מן המצות כו' · ולמה לא יועיל תשובה ומעשים טובים בעולם הבא כמו שמועיל בעולם הזה · ואם מפני שאין הבחירה לאדם וכאן יש בחירה כו' · היא גופא קשי' · דהנה באמת יפלא זה מאוד כי בהיות ידוע דכל המחשבות והדיבורים אשר לא לה' המה דהיינו אחרי מה שנמשך בעניני עוה"ז חומריים במדות רעות ואפי' בדברים המותרים הנה אותו הכח המתאוה שהוא רוחני ומחשבות ודיבורים שהן בחי' לבושיו שמתלבש בו אותו הכח המתאוה תאות היתר שנקרא לבושים צואים כמ"ש הסירו הבגדים הצואים כו' והן לבושי מחשבות' כו' · כולן אין נפסדין וכלין במות האדם · שכל רוחני אינו נפסד אלא הולכי' ומשוטטים אחרי נפש האדם בצאתם מהגוף ומלבישין אותה מראשה לרגלה כמו שהיה בעודנה בגופה ממש . ושאמרז"ל עבירה מלפפתו כו' וכולן עומדים בנפשם במעמדם ממש· מחשבה עומדת בבחי' לבוש פנימי כו' כמו שהיה בגוף . ולכך יכול להיות שהנפש תלך ותשוטט בעולם העליון אחרי צאתה מהגוף בכל דרכה והילוכה בעוה"ז עד שנדמה לה כאלו היא בעוה"ז ממש לחשוב ולעסוק בכל עניניס חומריות דעוה"ז · וזהו הנק' כף הקלע כידוע שהוא ענין מה שמתלוצצים מנפש האדם למעלה להוליכה בחושך על מקום מדריגתה שהיתה בעוה"ז כו' וזהו ואת נפש אויבך יקלענה בתוך כף הקלע כו' · והנה לכאורה יפלא זה מאד היאך תוכל להתמשך שם אחרי חומריים בלבושים צואים כו' מאחר שמשגת ורואה שם בעולם העליון גודל בחי' גילוי אלקות אשר שם · כי גם בהיכלות הקליפות ועולמות הנפרדים התחתונים מאד כמו ע' שרים וכיוצא הנה ידוע שיש בהם בחי' ביטול לאלקות כי הרי קרו ליה אלקא דאלקיא ואומרים שירה בכל יום וכמאמר שרו של עשו ליעקב כו' · ומכ"ש צבא השמים מלאכים העליונים מהם שהן מסטרא דקדושה ממש דכתיב בהם וצבא השמים לך משתחוים ממש כו' וכמבואר במרכבת יחזקאל בפרטות · וא"כ היאך יתכן שתראה הנפש כ"כ מבחי' גילוי אלקות והיא תלך בלבושיה הצואים אחרי חומריות כמו שהיה מנהגה בעוה"ז כנ"ל · ולא תוכל להתבטל מתאוות החומריות כלל ולשלוט בנפשה לצאת מתחשך ותאסר הלבושים הצואים שלה אלא תלך ותתנהג בלבושיה כמו שהיתה כאן ממש וזה פלאי לכאורה · וגם יותר מזה יפלא מה שבעוה"ז אנו רואים שיש בנפש ענין ההיפוך מזה לגמרי שהרי תוכל הנפש לחטוא באיזה חטא ועון חמור ולהתמשך לגמרי בחומריות ולמחר תשנה טעמה ותעשה תשובה שלימה ותצא לגמרי ממחשך העון והחטא' · הרי יכולה להחליף את כחותיה ולבושיה מרע לטוב מן הקצ' לקצה ממש וכמ"ש (שובו בנים שובבים) שובה ישראל עד ה' אלהיך דע"י התשובה האמיתית יוכל להיות מן הריחוק הגדול תכלית הקירוב עד שיהיה ה' אלקיך ממש כו' · ולמה אין הענין כן בעוה"ב שאין הנפש יכולה להחליף כלל אפילו אפס קצהו מרע לטוב כנ"ל · ואע"פ שמשגת ורואה בעיניה עולם גילוי אלקות היא במקומה עומדת להתמשך בחומריות כו' . ואם מחמת שאין ענין הבחירה שם · היא גופא קשיא למה יש בעוה"ז הבחירה ובעוה"ב אין בחירה כו' · אך הענין הוא לפי שבעוה"ב הוא עולם הברור (כמאמר ריב"ל לבנו עולם ברור ראית ולא עולם הפוך ט') וע"כ הרע מן הטוב מובדל שם ואין לרע מקום בטוב ואין לטוב מקום ברע אלא כאו"א יש לו מקום מובדל ומיוחד בפ"ע כענין אין לך דבר שאין לו מקום כו' · וע"כ אין למלאכים דמסטר' דקדושה עם מלאכי' דמסטרא דקליפה שום שייכות והתחברות כלל עד שזה יתפעל מזה · לכך אע"פ שמלאכים רעים דקליפה רואים ומשיגים בחינת הביטול דמלאכים דקדושה · הן במעמדם עומדים בסטרא דרע ואינן יכולי' כלל להחליף א"ע מרע לטוב מפני טעם הנ"ל · שבמקום רע אין טוב · ובמקום טוב אין רע · וכמו עד"מ שלא יוכל הרגל לראות ואין העין יכולה לילך כי כ"א על מקומו יבא כו' · וכ"ז מפני שכבר נתברר שם הכל · וז"ש שם הסירו הבגדים הצואים מעליו דהייט ע"י יסורין דגיהנם וכף הקלע ולא ע"י תשובה כי אין תשובה מועיל שם מטעם הנ"ל וד"ל · משא"כ העוה"ז שאינו עולם ברור כבר אלא הוא עדיין צריך להתברר · ולכך ע"י התשובה וע"י התורה והמצות מתבררים כל הז' מדות רעות וג' לבושים הצואים כו' ומתהפכים מרע לטוב מן הקצה לקצה כי יכולים להחליף א"ע להיות מחושך אור וממר מתוק· מטעם שע"י כח עליון המברר אותם הוא יכול להחליף בכאן מרע לטוב ולשנות את סדר מעמדם כו' וד"ל · ולהבין זה בתוס' ביאור צריך להקדים ענין הידוע בבחינת ממכ"ע ובבחינת סוכ"ע · דהנה ידוע להבין המשל והדוגמא למעלה בבחינת ממלא הוא מענין התפשטות הנפש תוך כלים ואברים של הגוף · שהגם שבנפש עצמה אין בה שום ציור התחלקות כלל להיות מתחלקת לכח ראי' בפ"ע וכח שמיעה בפ"ע כו'

אלא

אלא כל הכחות כלולי' בה בבחי' כח א' היולי כו'. ובבואה להתלבש בגוף אז היא מתחלקת בכחות שונות כח הראי' הוא מובדל בפ"ע ומתפשט בעין וכח השמיעה בפ"ע באזן כו'· ועד"ז בכל כחות האברים חיצונים ופנימיים כו' וכמ"ש בת"א באריכות·

בַּבֹּקֶר וְאֵת הַכֶּבֶשׂ הַשֵּׁנִי תַּעֲשֶׂה בֵּין הערבים

והנה בהיות כבר בחי' ההתחלקות באברים אנו רואים בחוש שא"א שיהיה אבר א' פועל פעולה של זולתו וגם אין לו חיבור כלל עם זולתו שהרי אין אבר הרגל רואה ואין הראש מהלך וא"א להיות מראש רגל ומרגל ראש כו'· וגם כל פרטי חיטוני' האברים כאו"א על מקומו הוא בא ופועל פעולתו ואין לו שייכות כלל עם זולתו הגבוה ממנו· שהרי יוכל האדם להשכיל השכלות ובצפרני רגליו לא יהיה מזה שייכות כלל ויפעלו פעולתם בפ"ע מובדל מערך פעולת השכל לגמרי כו' וכיוצא בזה· והנה בעצמות מהות הנפש כמו שהיא קודם שתתפשט באברים הרי נהפוך הוא שיכול להיות מאבר רגל הרוחני שבנפש בחי' אבר הראש הרוחני וכן מעין אוזן וכיוצא· והוא לפי שעדיין אין בעצמות הנפש ענין ציור התחלקות הכחות כלל כנ"ל אלא היא כלולה מכל הכחות יחד ואינה אלא בבחי' כח א' פשוט בתכלית הנק' היולי כו' וכידוע. וא"כ מחמת זה יכולה להחליף מכח לכח מן הקצה לקצה עד מבלי ימצא ראש וסוף כו' וכמ"ש בת"א וד"ל· והנמשל מכ"ז יובן ההפרש למעלה בין בחי' ממלא לבחי' סובב דבחי' ממלא הוא ענין התחלקות כח האלקי בציור אברים דהיינו לרבוא רבבות עולמות ומלאכים עד אין קץ ושיעור וכמ"ש היש מספר לגדודיו כו'· ויש מלאכים שנקרא עיני ה' כו' עד שהע' שרים למטה מקבלים רק מבחי' רגלים כמ"ש רגליה יורדות כו' ובודאי כאו"א על מקומו יבא ואין זע"ז חיבור כלל (ולכך אין התשובה מועיל בעוה"ב כנ"ל) עד שע' שרים הם בבחי' פירוד לגמרי. ובג"ע העליון נהנין מזיו כו' בתכלית הביטול ואין להם שייכות זע"ז כלל· וה"ז כמשל הנ"ל בצפרני רגל עם השכל שבראש וכיוצא וד"ל· אבל בחי' סוכ"ע הוא כמשל עצמות הנפש כמו שהיא קודם התלבשותה כו' דהיינו שהאור האלקי הוא המקיף וסובב כל סדר מעמד ומצב ההשתלשלות דכל העולמות מריש כל דרגין עד סוף כל דרגין יחד בהשואה א' כו' עד שיכול להיות מבחי' רגל ראש ומראש רגל כו'· והיינו ענין המאמר נעוץ סוב"ת ותחב"ס כו' מבלי שימצא ראש וסוף כלל מטעם הנ"ל במשל. והוא להיותו בחי' א"ס בתכלית כו' וזהו שנא' בו אני ה' לא שניתי כו' כי שוה ומשוה קטן וגדול כו' כמ"ש קטן וגדול שם הוא כו' והרי נאמר שם דוקא. וכן מ"ש כחשיכה כאורה כו' גם חשך לא יחשיך ממך כו' אם אסק שמים כו' ואציעה שאול הנך כו' כידוע וד"ל. ולזה הטעם ענין התשובה כאן דוקא בעוה"ז לפי שפירוש וענין התשובה הוא להשיב את החיות שנמשך ונתקשר בע' שרים דנוגה ולהעלות אותו למעלה ה"ז כמו שיהיה עולה חיות הרגל לראש וכיוצא שזה א"א כ"א ע"י בחי' סובב שלפניו כחשיכה כאורה כו'· לכך גם מה שירד לבחי' רגלים כמ"ש רגליה יורדות כו' יכול להתעלות ולשוב לבחי' הראש והמוחין כו' כי נעוץ סוב"ת כו' ובכאן הרי הארת סובב כ"ע הוא שמאיר ובא למטה בבחי' גילוי אור ע"י התשובה ומע"ע כדי לברר כו'· וזהו היום לעשותם היום דוקא יש תשובה מטעם הארת בחי' סובב כו'· ולא למחר בעוה"ב שהוא בבחי' ממלא כו' שאין לך דבר שם שאין לו מקום בפ"ע וכנ"ל ולכך אין התשובה מועיל שם כנ"ל וד"ל ובזה יובן מארז"ל יפה שעה א' בתשובה ומע"ע בעוה"ז מכל חיי העוה"ב דהנה מבואר למעלה דשרש בחי' העוה"ב הוא מבחי' ממכ"ע· והיינו ענין מה שהנשמות נהנין מזיו כו' שאינו אלא מבחי' הארה בעלמא דשם ומלכות דמ"ל ית' נקרא בשם אור וזיו בלבד כמ"ש הודו על ארץ כו'. וכמשל התפשטות אימת המלך על אנשי מדינתו שאין זה רק מה ששמו נקרא עליהם בלבד וכמ"ש בת"א· וזהו ענין מה שאנו אומרים יחיד חי העולמים מלך פי' מה שהוא ית' חי כל העולמים עליונים ותחתונים אינו אלא מבחי' מלך ממה ששם מ"ל עליהם כו'· וגם בזה הוא המשובח והמפואר עדי עד להחיות עולמות עד אין קץ ושיעור בזמן ומקום כידוע· וזהו משובח ומפואר עדי עד שמו הגדול פי' מה שמשובח ומפואר בכל ההשתלשלות אינו רק מבחי' שמו בלבד שאינו אלא הארה בעלמא מבחי' מלך וכמ"ש מלכותך מלכות כל עולמים וכידוע וד"ל· אבל הוא בבחי' עצמותו נקרא בשם יחיד כלומר בחי' אח"פ בתכלית שהוא בחי' סוכ"ע וכנ"ל במשל עצמות הנפש כו' וזהו פי' יחיד חי העולמים כו' וד"ל· וידוע ומבואר למעלה דבחי' התשובה הוא ע"י בחי' סוכ"ע דוקא מטעם ששם נעוץ סוב"ת כו' וא"כ גדול מעלת התשובה ממעלת עוה"ב בערך מעלת בחי' הסובב על בחי' הממלא וד"ל. וזה שארז"ל יפה שעה א' בתשובה ומע"ע בעוה"ז דוקא מכל חיי העוה"ב שהרי ע"י התשובה מגיע האדם לבחי' סובב דוקא כמ"ש שובה עד ה' אלקיך· וידוע דעל בחי' שם הוי"ה שהוא בחי' סובב אומרים המלאכים איה מקום כבודו ומשיבים להם מכה"כ מפני שהוא בחי' יחיד דהיינו אח"פ שאין לפניו מעלה ומטה כלל והוא למטה כמו למעלה בהשואה א' ולכך אומרים מכה"כ כי כמו שהוא למעלה אינו מושג גם למטה כן וכמו שהוא למעלה מושג הוא למטה כן וא"כ אין שאלה כלל איה כו' וכמ"ש ביאור זה בת"א באריכות וד"ל. והנה אין ענין התשובה בבחי' סובב דוקא רק כאשר התשובה היא לחזור דבר מה דוקא כפי' הפשוט של תשובה שהוא ענין השבת דבר

מה

מה כו' והענין הוא להשיב אותו כח המתאוה תאוה זרה באש תשוקות הזרות שיחזור וישוב להיות תשוקה זו למעלה בבחי' רשפי אש התשוקה לה' אחד וכמ"ש ואל אישך תשוקתך וכדוגמת תשובת ר"א בן דורדי' שהיה מחזיר כל תשוקותיו הנכריות לה' לבדו עד שיצאה נשמתו מגודל התשוקה ונמצא החזיר הדבר שנפל בתחתית המדריגות בע' שרים דנוגה למע' ממש וזהו מ"ש באש"ה לזאת יקרא אשה כי מאיש לוקחה זאת אי"ש הוא בחי' אש יו"ד כו' ומשם ירדה הנשמה בעוה"ז ונק' אשה אש ה"א. וכאשר אל אישה תשוקתה חוזר האור למקור חוצבו בתחלה כי מאיש לוקחה כו' והיינו ענין נעוץ סוב"ת ככ"ל וד"ל . אך בתנאי שלא יהיה לה עוד תשוקה לאיש זר בלעדי איש"ה והוא מ"ש ולא תתורו אחרי לבבכם כו' אשר אתם זונים אחריהם פי' זונים מפני שזהו ממש כמו הזונה שיש לה צירוף תשוקה זרה לאיש זר מבלעדי אישה כו' רק יהיה לנפש לב א' בלבד דהיינו רק לה' לבדו ואין זר אתו וכמ"ש מי לי בשמים כו' וכמ"ש במ"א . וזה א"א כ"א כאשר לא יתנהג אדם בנפשו כבהמה לרדוף אחרי תאוות נפשו בתמימות התאוה כמו השור לאכול כו' אלא יתנהג בעניני גופו בבחי' הקרירות וכמ"ש במ"א ע"פ כי פנו אלי עורף כו' וד"ל :

הערבים : ועשירית האיפה סלת למנחה

וזהו וידבר ה' אל משה לאמר צו את בנ"י ואמרת אליהם את קרבני לחמי לאשי ריח ניחוחי כו'. דהנה מבואר למעלה דכל עיקר ענין תשובה ומע"ע בעוה"ז הוא להיות בחי' סוכ"ע בגילוי למטה עד שיברר ויהי' נעוץ סופן כו' . ועל קוטב זה הוסדה כל התור' דלכך לא ניתנה למלאכי השרת אלא בעוה"ז דוקא כי עיקר ענין התורה הוא ר"ל לחבר בחי' סובב בבחי' ממלא וזה א"א כ"א ע"י תורה ומצות. אך כללות כל המצות שבתורה הוא מצות הקרבנות דוקא וכמש"ת בעזה"י . וזהו צו את בנ"י ואמרת אליהם את קרבני כו' פי' מי הוא הגורם שיהיה התחברות וקירוב של בחי' סובב למטה הוא ע"י הקרבנות וזהו את קרבני לקרבני להתחבר למטה כו' הוא לחמי לאשי כו' . והטעם שהוא ע"י הקרבנות דוקא יותר משאר המצות . הנה תחלה י"ל כללות ענין הקרבנות . דהנה ידוע שיש ד' מדריגות דצח"מ והוא כנגד ד' יסודות ארמ"ע . עפר הוא בחי' הדומם ממש כאבן וכיוצא ויסוד המים הוא לבחי' הצומח כי הנה אנו רואים שהמים מצמיחים כל מיני צומח וכמ"ש זורעי על כל מים כו' . וכנראה בחוש שהאילן וגם התבואה והעשבים כולם נצמחים סמוך לשפת הנהר ביותר מבשאר מקומות . ויסוד האש הוא לבחי' החי כנראה בחוש שהחי עיקר מהותו מיסוד האש שהוא החום הטבעי כו' כמו הבהמות והחיות וגם בחי' החי שבנפש השכלי' דאדם כולן מבחי' יסוד האש דוקא וגם למע' בעולמות העליונים בחי' החי הוא מיסוד האש שהרי נא' במלאכים עליונים שנק' בשם בהמות וחיות כמ"ש פני אריה אל הימין ופני שור מהשמאל כו' משרתיו אש לוהט כו' וכן כתיב בהם ומראיהן כגחלי אש בוערות כמראה הלפידים כו'. ויסוד הרוח הוא לבחי' המדבר כי הנה כתיב בנפש האדם ויהי האדם לנפש חיה ותרגומו לרוח ממללא הרי הדיבור מיסוד הרוח דווקא כו' וד"ל . והנה הקרבן היה שלקחו בהמה ושרפוהו על גבי המזבח הענין הי' שהיסוד של אש שהוא יסוד החי של מטה נכלל באש שלמע' דהיינו מפני שור אשר מהשמאל שהוא שרש הבהמה למטה כאשר שרפוה נכלל באש שלמע' (והוא ענין אריה דאכיל קרבנין כמ"ש בזוהר וכמ"ש ענינו במ"א וד"ל. ועד"ז תיקנו תפילות במקום תמידי' כידוע והוא לנגד תמיד של שחר תיקנו ברכת יוצר שלפני תפלת השחר שהענין הוא שמזכירים בברכת יוצר אור מענין התפעלות רשפי אש תשוקת המלאכים עליונים ליכלל באלקים חיים כמאמר יוצר משרתים ואשר משרתיו כולם עומדים כו' והאופנים והחיות ברעש גדול כו'. וזהו כדמיון קרבן הבהמה ע"ג מזבח כן נכללים בחי' בהמות וחיות דעולמות עליונים באש של מעלה שהוא הנק' אש אוכלה כמ"ש כי ה' אלהיך אש אוכלה כו' . וזמן ירידת אש שלמע' לאכול הקרבן הוא בשעת תפלת ש"ע דוקא באמרו ברוך אתה ה' אלקינו להיות המשכה מלמע' למטה כו' אבל קודם ש"ע מצוה להביא אש מן ההדיוט תחלה והוא התפעלות אש של מטה דמלאכים כו' ועד"ז בנפש האדם שנפשו הבהמית נשרפת בתשוקת רשפי אש של מטה דהיינו אור האהב' שנלקחה מההתבוננ' להיות בבחי' רצוא כו' ובש"ע הוא שיורד עליה אש שלמע' ואז כתיב ואחרי האש קול דממה דקה כו' וד"ל . וההפרש בין התפעלות אש שביוצר להתפעלות שבש"ע ידוע כמו שיש הפרש בין אתכפיי' לאתהפכא כו' וד"ל :

וזהו את קרבני לחמי לאשי' לחמי הנה עד"מ כשהאדם רעב בלא אכילה ג' ימים וכדומה הרי תחולק חיות נפשו ויתעלה ויתכווץ כלפי מע' ולא יתפשט באברי הגוף ויחלש כח השכל במוח וכח הראיה בעין כו' ואח"כ כשיאכל מאכל הנה תשוב נפשו עליו מלמע' למטה ותתפשט בכל אבריו ויתחזק כח השכל במוח וכו'. הרי אנו רואי' שהמאכל הוא סיבה הגורמת השבת הנפש בגוף . כמ"כ יובן ע"ד דוגמא למע' דהנה עד"מ ידוע שכל ההשתלשלו' עולמות נמשך בציור אדם בגוף ונפש וכמ"ש ועל הכסא דמות כמראה אדם כו' . וכמ"ש בזהר כמה גופין תקינת לון שכל העולמות נק' בשם גוף ואור החיות האלהי מתפשט בהן להחיותם מאין ליש והוא הנק' בחי' ממכ"ע כידוע . ואמנם

באמת

צאמת כתיב כי לא אדם הוא להנחם וכמאמר לאו דאית לך לדק ידיעא כו' ולאו מכל אינון מדות כלל והוא הנק' בחינת נשמה למעלה דהיינו בחי' סוכ"ע כידוע · וא"כ כדי שיקרא בשם אדם בציור נפש באיברים צריך שימשיכו הנפש לאברים וזהו כמשל השבת הנפש ע"י המאכל דוקא ·וזהו שרש ענין הקרבנו' שנקרא בשם לחמי עד"מ הלחם שגורם השבת הנפש כנ"ל · כמ"כ הקרבנות גורמים שיתפשט אור האלהי' בעולמות הנק' גוף בדרך כלל וזהו מארז"ל ישראל מפרנסים לאביהם שבשמים כו' וכמ"ש בת"א וד"ל · וזהו לחמי לאשי פי' ע"י הקרבן שנקרא לחם גורם ג"כ שנמשך למעלה בחי' אשי והוא א"ש יו"ד · כי הנה מבואר למעלה דבשריפת הקרבן אז יורד אח"כ אש של מעלה הנקרא אש אוכלה כו' וכתיב בה לזאת יקרא אשה כי מאיש לוקחה זאת דהיינו שבחי' אש אוכלה הנ"ל היא בחי' אשה דבחי' ממלא בלבד · ואח"כ יורד עליה אש שלמעלה דדכורא והוא אש יו"ד כי מאיש לוקחה כו'· והענין הוא למעלה מ"ש שמאלו תחת לראשי כו' שלפני היחוד דקוב"ה ושכינתיה הוי"ה אלהים כתיב שמאלו תחת לראשי לעורר את היחוד בשמאלו דהיינו מה שמעורר את המקבל להיות עולה ולא תשאר למטה וזהו שמאלו תחת לראשי להגביה ולנשאות את ראשי מלמטה ולהתעלות עמו למעלה להתייחד כו' וזהו בא ע"י התעוררות המשפיע ברשפי אש יו"ד מלמעלה למטה כו' · וזהו ענין אתדל"ע שנעשה ע"י אתדל"ת מבחי' אש ה"א ואל אישך תשוקתך וזהו כמ"ש למעל' בענין התשובה·וזהו ואחרי הרעש אש לא באש ה' ואחרי האש קול דממה דקה כו' פי' לא באש ה' דדכורא היינו לפני ש"ע אבל בש"ע אש ה' הוא אבל גם הוא עדיין לפני היחוד דבחי' היחוד עצמו הוא בא בבחינת קול דממה כו' והוא מ"ש בסמוך בענין ריח ניחוחי וד"ל · ומ"ש למעלה דבש"ע הוא אש אוכלה כו' זהו במלאכים לגבי השכינה ועד"ז מובן ביחוד זו"נ וד"ל) · וזהו לחמי לאשי א"ש יו"ד להתעורר להמשיך מהארת בחי' סובב כ"ע להתחבר להיות בבחי' ממלא כ"ע בציור נפש וגוף כנ"ל· וזהו ריח ניחוחי פירוש הריח יובן עד"מ מריח הגשמי שעולה למוח מלמטה למעלה ומחזקו כי הרי בעת התגברות השינה כאשר יריח ריח טוב וחזק יתעורר משינה ויתנלחלח שכלו ויתחזק אח"כ בתוספת חיזוק כו' · ועד"מ זה יובן למעלה כמ"ש וירח ה' את ריח כו' שהקב"ה עולה מלמטה למעלה בבחי' ריח עד שגורם בחי' השבת הנפש למטה כנ"ל במאכל והוא ענין ניחוח לשון נחות דרגא וג"כ ענין מנוחה ונייחא דרוחא · וזהו מארז"ל נח"ר לפני שאמרתי ונעשה רצוני בקרבנות דוקא ולא בשאר מצות מטעם זה כי פי' נח"ר הוא ענין הנחת רוח והשבת הנפש מלמעלה למטה אחרי סיבת העלאה מלמטה כמשל הריח כו'· וזה אינו כ"א בקרבנות דוקא · והגם ששאר מצות ג"כ נק' רצוני אבל אין נעשה ונמשך רצונו העליון הפשוט הנק' רדל"ר כידוע למטה בבחי' גילוי כ"א ע"י הקרבן מטעם הנ"ל וזהו שאמרתי ונעשה רצוני · וידוע שבחי' ההה"פ הוא למעלה הרבה מן החכמ' וכמ"ש והחכמה מאין תמצא פי' מבחי' אין זה דרצון העליון תמצא החכמה מבחי'

לְמִנְחָה בְּלוּלָה בְּשֶׁמֶן כָּתִית רְבִיעִת הַהִין

ההארה וההתפשטו' בעצמא כו' וכמ"ש בת"א · וזהו שאמרתי בחכמה שבתורה במצות הקרבנות ועי"ז נעשה רצוני ונמשך למטה מטה להיות יחוד עליון דסובב בממלא והן ממילא יהיה נעוץ סופן כו' כנ"ל וד"ל · תשמרו להקריב לי במועדו פי' תשמרו ידוע דשמור זו משנ' וידוע דשמור לנוקבא והוא תורה שבע"פ מ"ל קרינן לה · והטעם הוא לפי שאותיות דיבור ההלכה היא בגזירת מלך כמאמר מתניתי' מלכתא כמלך שגוזר ומכלכל דבריו במשפט זה יהיה כך ולא כך כו' כמ"כ תושבע"פ גזירת חכמים לשער שיעורים באיכות המ"ע ול"ת כך וכך יכשר ויכול לעלות לקדושה וכך לא יכשר כו' זה טמא וזה טהור וזהו שמור זו משנה לפי שבזה יהי' השמירה ליחוד העליון דריח ניחוחי הנ"ל בכלל שהוא בחי' גילוי סובב בממלא שלא יושפע למי שאינו ראוי כו' וזהו ריח ניחוחי תשמרו כו' וזהו ודברי אשר שמתי בפיך בפיך דוקא זו תושבע"פ דשמור לנוקבא דוקא · וזכור לדכורא היינו תורה שבכ' שהוא המקרא כמו עד"מ אדם שקורא לחבירו כו' כמ"כ כתיב קורא הדורות מראש כו' פי' שקורא ונמשך בחי' סובב למטה אך בחינת הכלי והבית קיבול לזה הוא השגת הרצון בתושבע"פ ועי"ז הוא שמור מן החיצונים ועי"ד מארז"ל (חגיגה ד) איזהו שוטה המאבד מה שנותנין לו פי' מה הוא בחינת שם מ"ה דסובב שבא ונמשך על ידי הקריאה שלא יאבד וישאר למטה בהיכלות החיצונים והוא ע"י השמירה של גזירות ודקדוקי סופרים בתושבע"פ דוקא ומטעם הנ"ל וד"ל · (וזהו ע"י שמאלו שתחת לראשי כו' בחי' הגבורות שמגביהים ובזה נשמר בחי' לאשי אש יו"ד כו') · להקריב לי במועדו · פי' במועדו ענין יעוד והתחברות הוא כמו הילכו שנים בלתי אם נועדו וכן כי הנה המלכים נועדו כו' דהיינו כל שני ב"א מתחברים יחדיו לפרקים במקום וזמן מיוחד נק' זה בשם ועד כידוע וגם ג' רגלים נק' מועדי הוי' לפי שבאין בזמן מועד מיוחד דוקא (וגם פי' במועדו לשון עדי וקישוט כמ"ש ככלה תעדה כליה ומבואר הוא לי"ח וד"ל)· והענין הוא דבכל יו"ט דוקא הוא זמן מיוחד להיות בחי' התחברות סובב בממלא ולא בזמן זולתו ע"כ נקרא בשם מועד· וזהו אלה מועדי הוי"ה פי' מועד ענין יעוד וחיבור דשם הוי"ה באלהים דהיינו סובב בממלא כידוע ודרך כלל הנה לא יש רק ג' זמנים מיוחדים ליחוד וחיבור הזה והוא פסח שבועות סוכות כמ"ש ג"פ בשנה יראה כו'

ונדרך

ובדרך פרט נמשך בכל יום ג' מועדים הללו והן ג' תפילות שחרית מנחה ומעריב · והנה יו"ט דפסח הוא לנגד תפילת שחרית דאברהם איש החסד כו' ושבועות לנגד מנחה דיצחק שאז הוא לנגד אילו של יצחק כידוע וסוכות לנגד בחי' ערבית דיעקב וכמ"ש ויעקב נסע סוכות' כו' וביאור הדברי' הנה ידוע דיש בחי' רו"ש בחי' הרצוא מפני ההתבוננות דאיתא ובחינת השוב מחכמה וכמ"ש במ"א באריכות וד"ל וביו"ט מתחברי' שניהם אבל בשבת אין ההארה רק מבחי' החכמ' עצמה שהיא בחי' הביטול דשוב כמ"ש כי קדש היא לכם ומהארת השבת נובע עיקר מקור כל הג' תפילות · ומשום דשרשם ג' רגלים כנ"ל ע"כ ג' מועדי הוי' הן בחי' ממוצעים שע"י מעבור השפע מן החכ' להיות מציאת ג' תפילות הללו מסתעפים ולכך נקראו המועדים מקראי קדש כו' (וע"ד המבואר במ"א בפסוק ושמרו דרך הוי"ה כו' כן הג' רגלים הן כמו בחינת דרך להוי"ה שיהיה נמשך מח"ה דחכמה שם הוי' בגילוי למטה מפני שאז זמן המועד בפסח בבחי' החסד כו' וד"ל) ונמצא שבדרך פרט נמשך בכל יום ג' התפילות ודרך כלל הן ג' רגלים · ולעגד ג' אלו הנה יש ג' מדריגות ג"כ מחשבה דיבור ומעשה והנה התפיל' עיקרה במחשבה שהוא כוונת הלב והתפילות כנגד תמידין הן' וזהו להקריב לי במועדו דוקא פי' להקריב להיות בחינת חיבור ויחוד דסובב וממל' וזהו ל"י (כי להקריב לשון התקרבות המשפיע למקבל וגם התקרבות המקבל למשפיע) וכן את קרבני סובל ב' הפירושי' לקרב אותו וגם הן קרובים אליו · במועדו דוק' דהיינו בזמן מועדי הוי' לפי שעל ידם מעבור השפע דוקא להיות החיבור הזה דאת קרבני כו' לפי שע"י העלאת מ"נ ואתדל"ת אתדל"ע כו' ואין הזמן לזה רק בג' מועדי' הללו ודרך פרט בג' מיני תפילו' הנ"ל שחרית הוא מלמטה למעלה כענין יוצר משרתים כו' בבחינת הרצוא ואח"כ השוב כו' ושבועות הוא מנחה מלשון מנוחה (וכמ"ש ירח מנחה) שאין בה אלא מנוחה ונייחא מלמעלה למטה בלא בחי' הרצוא קודם לה והוא עקידת אילו דיצחק כו' וסוכות ערבי' כלול משניה' כמדת יעקב שהי' כלול מאברהם ויצחק כידוע וד"ל · וכ"ז בבחי' מחשבה אבל בבחי' דיבור יש ג"כ ג' אלה והוא בבחינת הדיבור בתורה הנה בפסח זכור לדבורא משב"כ סוכות שמור לנוק' משבע"פ ובשבועות הוא בחינת פנימית התורה ביום חתונתו כו' וד"ל · וגם בבחינת המעשה יש ג' אלה והוא קרבנות דג' רגלים דעל ידם דוקא כתיב יראה כל זכורך כו' והוא בזריקת הדם ע"ג המזבח בפ"מ שעי"ז יהיה בחינת גילוי דסובב למטה ביותר מכל מה שיהיה ע"י מחשבה ודיבור כו' וד"ל · וזהו ענין ב"פ ואמרת עד זה האשה כו' וכנ"ל · ובב"ז יתורן כל הקושיות הנ"ל ג"כ והוא מ"ש רז"ל נח"ר לפני כו' בקרבן דוקא מטעם שהוא לחמי לאשי ולא בשאר מצות כנ"ל · וגם מה שתלויים הקרבנות בזמן בהמ"ק דוקא ולא שאר מצות כמו ת"ת שנוהגת גם עכשיו כו' לפי שבבחי' המחשבה והדיבור יכול להיות גם עכשיו והוא ע"י תפיל' שכנגד המחשב' כו' ות"ת שבדיבור אבל בבחי' המעש' שעי"ז הוא בא לידי גילוי ממש בעשי' זה א"א כ"א כשיש בהמ"ק דוקא שיהיה בנוי במקום מוגבל בעשי' גשמי' דוקא ושיהיה בו מזבח גשמי מאבנים כו' וכל מעשה הקרבן יהיה הכל בבחינת העשי' דוקא כו' · והגם ששולחנו של אדם גם עכשיו מכפר במקום מזבח מ"מ אינו כמו אכילת מזבח ממש שהיה בזמן בהמ"ק וגם אין בחי' אכילת אדם עכשיו כמו שהיה בזמן בהמ"ק וכמבואר במ"א ע"פ כי הוא יברך הזבח כו' ע"ש באריכות :

ההין : עֹלַת תָּמִיד הָעֲשֻׂיָה בְּהַר סִינַי לריח

להבין שרשי הדברים הנ"ל · הנה להבין שרש הטעם למה שמבואר למעלה בענין התשובה שהיא דוקא בעוה"ז ולא בעוה"ב כו' יש להקדים תחלה שרש ענין ג"ע ובמ"ש בו לעבדה כו' · דהנה כתיב להודיע לבני האדם גבורותיו וכבוד הדר מלכותו פי' להיות הנשמות נהנין מזיו השכינה בג"ע עליון ותחתון והוא הנק' הדר כבוד מלכותו כו' אינו בא ונמשך כ"א ע"י בחי' הגבורות והצמצומים דוקא וזהו להודיע לבני האדם הוא ע"י גבורותיו דוקא כו' · ושרש הדברים הללו הנה ידוע בספרי המקובלים (בר"ח ופרד"ס וגם בכתבי האר"י ז"ל) דשרש עוה"ב הוא נמשך ממדת הדין דוקא ושרש עוה"ז הוא ממדת החסד דוקא כמ"ש בבריאת זה העולם כי אמרתי עולם חסד יבנה וכן והוכן בחסד כסא כו' חסד אל כל היום כו' · וכיוצא כאלה הרבה מקראות שמשמעותן שעיקר בנין עולם הזה מבחי' המדה של חסד הוא כו' · והטעם לזה הוא להיות ידוע בענין עצמו' אור הא"ס איך הוא קדוש ומובדל בערך לגמרי מכל ענין השתלשלות כו' ולכך נקרא אין סוף משום דלית מחשבה תפיס' בי' לסופו וגם אין לו תחלה כו' וא"כ א"א הי' שיומשך מאתו אצילות אור שיושג ויתקבל בנשמות מוגבלות מאין ליש עד שיהנו מזיו אורו ממש כו' כ"א ע"י שיתצמצם עצמות האור בתחלה בהעלם וצמצום גדול ואח"כ יומשך למטה האור המצומצם ויוכל להתקבל בנשמות ומלאכים כו' · וזהו להודיע לבני האדם פי' שיוודע ויושג להם ההארה מאור הא"ס אין זה כ"א בחי' הצמצום שהן הן הנקרא גבורותיו כו' כידוע · וזהו ענין מאמרם ז"ל (מנחות כט ב) ביו"ד נברא העוה"ב פי' בבחי' צמצום דוקא כמו צורת היו"ד שמורה ענין הצמצום מפני שאינו אלא נקודה חדא כו' כידוע ויובן זה עד"מ מבהירות אבן טוב שלא יוכלו להסתכל בו כ"א ע"י צמצום כלי ההבטה

כו'

כו׳ וד״ל · ואמנם התהוות זה העולם שהוא היפוך ענין הג״ע הנ״ל שהרי עולם זה הוא עולם הפירוד כמ״ש ומשם יפרד כו׳ ונקראת עלמין דפרודא לפי שהן באו ונמשכו מאין להיות בבחינת יש ודבר מה בבחינת נפרד דוקא כו׳ · הרי בהכרח

לְרֵיחַ נִיחֹחַ אִשֶּׁה לַיהוָה : וְנִסְכּוֹ

רביעת

לומר שבא שרש ענין המשכה הזאת מבחי׳ אור החסד דוקא דהיינו מפני שנתפשט וירד אור האלהי כ״כ בירידות המדריגות למטה מטה עד שתהוה גם בחי׳ יש ודבר נפרד כו׳ ואין ירידה זו רק מצד אור החסד שטבעו לירד למטה כמים היורדין מגבוה לנמוך כו׳ וכידוע · וע״כ נאמר בעוה״ז כי אמרתי עולם חסד יבנה ע״י חסד דוקא משא״כ עוה״ב או ג״ע העליון שהוא בחי׳ ביטול הנשמות מפני השגתם בהארה קצת מעצמות אור האין סוף כנ״ל· הרי בהכרח שצריך להיות המשכה שלהם ע״י בחי׳ גבורות וצמצומים כנ״ל הטעם · וזהו שרש הטעם שאמרו בספרי הקבלה שעוה״ב שרשו ממדת הדין דוקא ושרש עולם הזה ממדת החסד דוקא וד״ל · ובהקדמה זו יובן מה שמצינו בדרז״ל ביסורין שבאין על האדם בעולם הזה שקוראין להם יסורין של אהבה כמ״ש אשרי הגבר אשר תייסרנו י״ה כו׳ · וכידוע זה בכמה מקומות בדבריהם ז״ל· ולכאורה יפלא מאד האיך יתכן שיקראו לעונש ודין גמור בשם יסורים של אהבה שהרי האהבה באה מפנימית מדת החסד כמ״ש כי חפץ חסד הוא כידוע · אך הענין הוא מטעם הנ״ל בהיות ששרש ענין עוה״ז הוא מבחינת מדת החסד כנ״ל ושרש ענין העולם הבא הוא ממדת הגבורה והדין · והנה ידוע שכל מדה כלולה מחברתה כמו מדת החסד הנה היא כלולה גם מגבורה ונקראת גבורה שבחסד וגם מדת הגבורה כלולה מבחי׳ החסדים ונקר׳ חסד שבגבורה וא״כ לא הי׳ הפרש ביניהם כלל · אך הענין ידוע דעיקר ההתגלות במדת החסד הוא החסדים והגם שכלול גם מגבורה אבל מעט מזעיר הוא ואינו דין קשה כ״כ ובמדת הגבורה הוא להיפך שעיקרו בחי׳ גבורות והגם שכלול גם מן החסדים אבל הם בטלים ומעט מזעיר הם כו׳ ובהיות כן ההפרש גדול מאד בין חו״ג עד שיוכל להיות שיהי׳ בחי׳ גבורה שבחסד יותר חסד מבחי׳ חסד שבגבורה כו׳ · ומובן זה עפ״י הקדמה א׳ דהנה אצל מי שהוא חסדן בטבעו גם כאשר ירגז ויקצוף על עבדו וכיוצא ויפסוק עליו עונש לא יהיה עונש חמור להכותו בלי חמלה אלא יהיה עונש קל מאד כו׳ · מפני שלעולם טוב לבבו יהי׳ תגבורת גדול לחסדיו על הגבורות עד שגם העונש הראוי לבא לא יהי׳ חמור כי גם עונש קל מאד לגבורות ודין גדול יחשב אצלו לפי ערך גודל חסדו וטובו כו׳ · אבל במי שהוא אכזרי בטבעו מבחי׳ הגבורות הנה כאשר ירגז ויקצוף יהיה עונשו חמור מאד להכות בלי חמלה מפני שעיקרו בחי׳ דין לא יהיה נחשב עונש קל לעונש כ״א עונש חמור מאד

דוקא כו׳ וד״ל· ולפ״ז יובן גם כן שיוכל להיות עוד שגם בחי׳ החסדים של מי שעיקרו דין נחשבים לבחי׳ גבורות לגבי מי שעיקרו חסד ובחי׳ הגבורות של מי שעיקרו חסד יותר טובי׳ מן החסדים של מי שעיקרו דין (והדוגמא לזה ידוע מגבורות גשמים שהתחלקותם בחי׳ נמצום הוא ונק׳ גבורה שבחסד והוא יותר טוב מבחי׳ חסד שבגבורה כמו במחנה סנחריב שהשמיע ה׳ הוד קולו כו׳ ונאבדו עי״ז כו׳ וכמ״ש במ״א באריכות) ומכ״ז יובן גם כן הטעם שקראו רז״ל ליסורי עולם הזה דוקא בשם יסורים של אהבה דוקא כי הנה בודאי עונש הגיהנם חמור מאד מאד ואין ערך והשוואות לדמות יסורי עולם הזה מאפס וקנה יסורי הגיהנם וכף הקלע כו׳ והוא לפי ששרש עולם הבא היא ממדת הדין כנ״ל על כן בחי׳ הגבורות הנמשכים שם הן קשין מאד מאד אבל עולם הזה ששרשו ממדת החסד בחי׳ הגבורות שיש כאן הוא מעט מזעיר ואינו קשה כ״כ כו׳ ולזה הטעם נקרא ג״כ יסורי עולם הזה יסורין של אהבה פי׳ לפי שהן מבחי׳ גבורות שבחסד וזהו של אהבה ששרשו מבחי׳ החסד כנ״ל· ובחי׳ יסורי הגיהנם בא ונמשך מבחי׳ חסד שבגבור׳ כי העונש בגיהנם בא רק כדי לתקן נפש האדם ולטהרו מכל סיג ופסולת שנדבק בה ואינו ענין דין גמור אמיתי כו׳ ומבואר למעלה שיכול להיות שיהי׳ בחי׳ הגבורות שבחסד יותר טובים מבחי׳ החסדים שבגבורו׳ כו׳ · וע״כ באמת מה שבאין לאדם מעט יסורי׳ בעולם הזה הוא חסד גדול יותר מעונשו של גיהנם כי גם בזה המעט ניתקן יותר ממה שהי׳ מתוקן על ידי הגיהנם מפני ששרשו חסד עליון יותר כו׳ · ולזה כיונו חז״ל בכמה מקומות בדבריהם שהעונש של יסורין באין על האדם בעולם הזה שהוא כדי לפוטרו מעונש הגיהנם כו׳ ואין הכוונה רק באיכות היסורים שהוא מפני שיסורי גיהנם קשין יותר ובכאן נפטר בעונש קל שהרי מלבד זאת הטובה יש טובה וחסד רוחני יותר בתיקון הנפש ביסורי עולם הזה מיסורי גיהנם והוא מטעם הנ״ל כמו שבחי׳ גבורה שבחסד גדול יותר מחסד שבגבורה כו׳ וד״ל · והנה מאחר שנתבאר למעלה ששרש עוה״ב וג״ע הוא מבחי׳ מדת הדין הנה מזה הטעם יובן למה יש ריבוי ההתחלקו׳ כ״כ בגן עדן לנשמות ומלאכים אין מספר כידוע דלמחנה מיכאל הימנה מאת אלף וכו׳ כמבואר בהיכלות דפ׳ פקודי לפי שמבחי׳ הצמצום יצא ענין ההתחלקות דוקא כידוע · וזה הענין יובן עד״מ בנפש האדם שהיא מתחלקת בכלי ואברי גופו כח הראי׳ בעין וכח השמיעה באזן וכח הדיבור בפה דהנה אנו רואים בכ״ז ענין התחלקות חיות וכחות הנפש דהיינו שיתחלק חלק קטן ממנה לכלי האזן ולכלי העין יתחלק ממנה חלק גדול יותר ובכלי הדיבור בפה מתחלק גדול יותר ועכ״ז יש לאזן כח מעלה בפ״ע שאינו בעין שהרי העין

לא

רביעת ההין לכבש האחד בקדש הסך

לא יוכל לשמוע וכדומה לזה בכל חלקי האברים הפנימים כמו קרביים ובני מעיים זה משמש לכך וזה לכך וכאו"א מצומצם כדי שיעור קבלתו בלבד · וכ"ז מסיבת התחלקות הנפש דהיינו מה שנתמעט אורה למיעוט אחר מיעוט כדי להיות ריבוי החלקים כו' וד"ל · וגם בצמצום זה של ההתחלקות יש בחי' קטנות ובחי' הגדלות כידוע דאין האברים נגדלי' רק אחר שנשלם ג' המדריגו' עיבור יניקה מוחין ולנגד ג' אלה עי"ת הן בחי' התכללות ראש תוך סוף שבכל אבר תחלה עד שנעשה אבר שלם בבשר גידי' ועצמות שהן ג' מיני כלים אמצעי פנימי חיצון שהן רמ"ח כו' ולהיות רמ"ג לטפ"ט בעיבור גי' פ"א וכן ליניקה וכן למוחין וג"פ פ"א גי' רמ"ג וה"ח התגדלים רמ"ח אברים דגדלות כו' · והנה בדרך כלל נק' בחי' התחלקות הזאת באברי' בחי' או"פ דיושר בצורת פרצוף כנ"ל אבל בחי' עצמות הנפש כמו קודם שנתמעט ונתחלק לחלקי' קטנים עדיין היא בחי' עיגולים דמקיפי' ואין שם ציור התחלקות כלל ואין לשום אבר שום קדימת מעלה ומדריגה על זולתו עד שכח השכל עם כח הילוך שוים שם כי האור הזה מקיף לראש ורגל בהשואה א' כו' וד"ל · והנמשל מכ"ז יובן למעלה דבחי' מ"ל דאצי' שנשמות ומלאכים לאין מספר מקבלים ממנה כל חד לפום שיעורא דילי' בלבד · מלאכים מארי דעיינין מבחי' כח הראי' ומלאכים מארי דאודנין כו' עד שיש מלאכים שנק' קרביים וכמ"ש וכל קרבי כו' הכל הוא מבחי' או"פ דיושר שהוא בצורת פרצוף אדם והוא בא מסיבת הצמצום שנתמעט אור האצי' כ"כ עד שבא לריבוי החלקים קטנים כ"כ וכנ"ל במשל · אבל עצמות אור האצי' הוא למעל' הרבה מבחי' התחלקו' הזאת ועדיין אין שם בחי' מעלה ומטה במדריגו' כלל ושם נאמר כחשיכה כאורה קטן וגדול שם הוא כו' ונק' בחי' סובב בדרך כלל והוא בחי' מקיפי' דעיגולים כנ"ל · והנה זהו בדרך כלל אבל גם בדרך פרט בכל השתלשלו' השפע מעילה לעילה יש בחי' עיגולים ויושר שהוא ענין או"ת ואו"פ ואור המקיף יבא בתחלה מן המשפיע ומבחי' התחתונה שבמקיף בלבד יתצמצם להיות בבחי' או"פ · וביאור הדברים יובן עד"מ הידוע ממה שאנו רואים שלא יוכל איש להוצי' לידי גילוי בדיבור כמו שהשכיל השכל בהשכלתו להיות ממש בדיבור כמו שהוא בכח השכלתו וא"כ מוכרח שאותו אופן המצויר בהשכלתו ממש נשאר בבחי' העלם על הדיבור ונקר' מקיף וסובב לדיבור כי הרי איננו בא ונמשך ונתלבש בדיבור כלל כי אינו מושג כלל בדיבור רק אפס קצהו דהיינו מבחינה התחתונ' שבאותו שכל המושכל הללו הוא אשר מושג ומתלבש ממש בדיבור וגם הוא מתחלק להרבה חלקי' קטני' דהיינו באותיות וצירופין הרבה שבדיבור כו' · ונמצא מובן מזה למעלה שבחי' אור המקיף הוא אשר איננו נתפס כלל בכלי ולא יוכל להתלבש בו ע"כ יהיו מקיפות מכל צד · אבל מבחי' התחתונה שבמקיף הוא בחי' או"פ אשר יוכל להתלבש בכלי' ואותיות וגם הוא מתחלק לחלקים רבים כו' · ועד"ז יובן מן השכל למדות גם כן שיש שם בחי' או"ת ואו"פ על אופן הנ"ל שהרי אנו רואי' שלא יוכל אדם להתפעל בלבו באהבה ע"י ההתבוננות לפי ערך התבוננו' ממש כמו שהיא נתפסת בהרחבה במוחו אלא רק אפס קצהו ממנה מתלבש באורות המדות אהוי"ר והוא בחי' או"פ כו' כנ"ל וד"ל · ואחר שנתבאר גם בדרך פרט ענין מקיף ופנימי יובן מזה לכללות השתלשלות של העולמות כולן · דהנה ידוע דבכללות ההשתלשלות נק' כל הנ"ל רק בחי' מ"ה וב"ן דכר ונוקבא ופי' ב"ן דנוק' הוא בחי' או"פ בדרך כלל ופי' מ"ה דדכר הוא בחי' או"מ בדרך כלל · והגם שיש בחי' אורות פנימים גם בבחי' מ"ה כידוע מ"מ לגבי בחי' ב"ן דנוק' גם בחי' או"פ דמ"ה יקראו בשם מקיפים לפי שבדרך כלל כל בחי' מ"ה נק' מקיף לגבי בחי' ב"ן · וגם בדרך פרט הנה ידוע דמבחי' או"פ דמשפיע נמשך מקיף למקבל וכמבואר עפ"י משל הנ"ל כמו דמן מקיפים מתלבש רק בחי' התחתונה שבו להיות בבחי' או"פ · כמ"כ מעצמות המשפיע קודם שהתחיל להשפיע גם בחי' המקיף שיבא ממנו למקבל אינו נמשך רק מבחי' התחתונה שבעצמות והוא הנק' בחי' או"פ הללו כו' וכמ"ש במ"א וד"ל · והנה ידוע דשם מ"ה הוא המברר ב"ן דבחכמה דוקא אתבריר"ו והענין של הבירור בב"ן הוא להפריד בין טוב לרע או להעלות ולתקן מרע לטוב כו' · ואופן פרטי הבירורים על ידי שם מ"ה הנה ידוע דההתחל' של הבירור הוא בעולם האצילות על ידי חכמה דאצי' ומה שלא יוכל להתברר באצי' נדחה ויורד לבריאה ומה שלא יוכל להתברר בבריאה נדחה ליצי' ומיצי' לעשי' עד דמה שלא יוכל להתברר גם בעשי' נדחה לגמרי ונעשה פסולת ורע גמור כו' · וביאור הדברים הנה ידוע דבחי' גילוי אור א"ס אינו אלא מה שהוא בחי' ביטול דוקא ולכך אין התגלות אור א"ס אלא בחכ' דוקא כו' · אבל מה שהוא בחי' יש ודבר הוא בחי' מסך מבדיל שאין אור א"ס מתגלה בו כו' · וידוע דערך בחי' הביטול היינו בכל עולם ועולם לפי ערכו דוקא ומה שנק' ביטול באצי' נק' יש למעלה מעולם האצי' ומה שנק' יש באצי' נק' ביטול ואין בבריאה וכיוצא בזה · וא"כ ענין הבירור בעולם האצילות הוא מה שיכול להיות שם בבחינת הביטול שלפי ערך עולם האצי' הוא מתברר ושורה בו אור הא"ס ומה שלא יוכל להתברר שם להיות בבחי' ביטול אלא הוא בבחי' יש בערך עולם האצי' הוא נדחה למטה בעולם הבריאה ושם יקרא עדיין בבחינת ביטול ואין כנ"ל · ולכך יוכל להתברר בבריאה להיות אור הא"ס שורה בו לפי ערך בחי' ביטול דעולם הבריאה · כי הנה ידוע דאור א"ס הוא

יורד

יורד ומשתלשל ושורה בכל עולם לפי ערך בחי' ביטול שימצא בו כו' וד"ל · ומה שלא יוכל להיות בבחי' ביטול גם בעולם הבריאה נדחה לעולם היצי' · ועד"ז מיצי' לעשייה עד דמה שלא נתברר גם בעולם העשייה האחרון בהשתלשלות נדחה לגמרי ויוצא חוץ למחנה שכינה בבחינת פסולת ורע גמור · והענין הוא ע"ד מארז"ל דתנן דלא כרע במודים נעשה נחש כו' · ובזהר אמרו דלא יקום בתחיית המתים כידוע לפי שבחי' הביטול שבעולם העשיה האחרון היא בחינת מדריגה התחתונה שבאמיתי' הביטול · והוא רק ענין הכריעה לכוף ראשו בבחי' חיצונית בלבד מפני שעולם העשיה הוא מתדריגה התחתונה שבהשתלשלות כידוע ואין ערך בחי' ביטול נמצא בהם רק בבחי' כריעה חיצונית כו' וע"כ מי שאינו כורע במודי' בבחי' חיצוני' ההכנעה ג"כ · מה שאינו אלא לפי ערך העולם השפל הזה א"כ אין לו תקנה עוד להתברר להיות בו בחי' גילוי אור האלקי מפני שמה שלא מתברר בעולם העשי' האחרון שוב אין לו מקום עוד יותר נמוך שיפול שמה כו' . ולכך נעשה נחש דקליפה שזהו מקומו לפי סדר השתלשלות כידוע וכן לא יקום בתחיית המתים מזה הטעם כי ענין התחייה הוא אחרי היות הבירור בעולם העשיה כידוע . וזה אין לו בירור מפני שלא כרע במודים גם בחיצונית ההכנעה כו' (ואין לאותו הגרמא שמתנו התחיה שום בירור כו' וד"ל) · והנה עיקר סיבת המשכת שם מ"ה המתברר בכל עולם ועולם לפי ערכו אינו אלא מפני שיש בחי' שרש ומקור לשם מ"ה ממקורא דכולה והוא מבחי' שם מ"ה שבמצחא דא"ק ומה שיוצא משם ההארה הנקרא שם מ"ה החדש וכידוע בע"ח . וזהו מ"ש באהרן והיה על מצחו לרצון כו' פי' לפי שבבחי' מצחא דא"ק הנ"ל נתגלה שם ההארה מבחי' רדכ"ר שהוא בחי' רה"פ שלפני כל ההשתלשלות כידוע וזהו והיה על מצחו לרצון כו' וד"ל . ומשם מאיר אור להיות כח ועוז לשם מ"ה שבחכמה שבכל עולם להיות מברר בירורים . וביאור הדברים הוא לפי שבאמת קמיה ממש דהיינו קמי עצמותו אור האין סוף הפשוט שלמעלה גם מהתחלות בחינת הקו והחוט כו' אין תופס מקום כלל כל ההשתלשלות דמ"ה וב"ן בכלל ובפרט הנ"ל א"כ מהיכן יהיה סיבה שיהיה רצון לזה היחוד וזה הבירור דשם מ"ה בכלל ובפרט כו' · אמנם כדי שיהיה לו הרצון לזה היחוד דמ"ה וב"ן זהו הנקרא רצון שעל מצחא דא"ק כו' וכמ"ש והיה על מצחו לרצון כו' דהיינו שיהיה רצונו הפשוט שאין טעם לרצון כידוע להיות שרש ומקור ליחוד מ"ה וב"ן ושיברר מ"ה וב"ן וכיוצא · וזהו ענין מארז"ל על מצות הקרבנות דכתיב בהו לריח ניחוח נחת רוח לפני שאמרתי ונעשה רצוני פי' שאמרתי היינו בחי' האמיר' שבחכ' שהוא שם מ"ה המברר כידוע·ועיקר הנחת רוח הוא שאמרתי ונעשה רצוני· פי' שנתגלה רצוני הפשוט הנקרא רדכ"ר במצחא דא"ק · ולהיות שאין טעם לרצון כלל כי הוא פשוט בתכלית ההעלם בבחינת העצמות אך מזה נחת רוח לפני מה שאמרתי וצויתי בבירור דשם מ"ה ונעשה רצוני פי' ונתגלה רצוני שיהא מסכים לזה והוא מסיבת בחינת ריח הניחוח שעלה לרצון הפשוט· וזהו פי' נחת רוח לפני שאמרתי ונעשה רצוני כו' וד"ל · אך הנה אחר שנעשה הבירור ע"י היחוד דשם מ"ה וב"ן צריך שמירה שלא יושפע מזה היחוד לחיצונים שאינם ראויים לכך כו' · וביאור הדברים הנה זהו הענין ב' התורות תורה שבכתב הוא מבחי' שם מ"ה דדכורא המברר וזהו זכור לדכורא כו' ותשבע"פ הוא בחי' שם ב"ן המקבל וזהו שמור לנוקבא כו' כידוע דתורה שבע"פ מל' קרינן לה כו' · והענין הוא כך דבהיות שע"י הקריאה בתשב"כ הוא כאדם שקורא ראובן כו' . היינו בחי' שם מ"ה כו' שהוא בחי' סובב כו' בכלל כנ"ל הוא נמשך ונקרא למטה וזהו זכור לדכורא המברר כו' והבירור נעשה בשם ב"ן דנוקבא הוא בחי' תושבע"פ · והענין הוא לפי שאנו רואים שעיקר תושב"כ הוא צורת אותיות בלבד גם מבלתי שידעו רצון מעשה הדבר כלל כמו מצות תפילין וקשרתם לאות כו' שאין יודעים בזה כלל איך לעשות תפילין ועכ"ז פסוק זה דוקשרתם הוא עיקר התורה דאפילו ע"ה עולה לקרות בתורה אע"פ שאינו יודע מה שקורא כי עיקרה אינו אלא האותיות בתמונתם בלבד משא"כ תורה שבע"פ הוא בהיפוך שעיקרה הוא השגת הרצון מעשה המצוה איך תהיה בפ"מ ולא איכפת לן אם הדין וההלכה כתובה בה באיזה לשון שיהיה ואפילו בלשון לעז רק שידעו וישינו מזה היטיב גמר דין המעשה בפרט איך תהיה ואיך לא תתכשר המעשה כמו ד' בתים דתפילין דוקא ולא באופן אחר זולת זה · וכיוצא בזה בציצית הרבה פרטים כו' · והטעם לזה הוא לפי שעיקר ענין תורה שבע"פ הוא שיבא דבר המצוה לשיעורין וגבולין לדקדק באופן המעשה איך שתהיה ולמה ומאיזה טעם כי צריך שיותפס הענין בהשגה דוקא משא"כ בתשב"כ כו' וד"ל · ולהיות כן עיקר השמירה הוא בתשבע"פ דוקא ולא בתשב"כ כו' כי מפני שבתורה שבעל פה בא הדבר במדה ושיעור כך ולא כך לא יוכל לקבל מזה היחוד מי שאינו ראוי כו' משא"כ אם היה אופן המעשה מתכשרת בלי שיעורים ודקדוקים היו הכל יכולים לקבל כו' . וזהו ערבים עלי ד"ס כו' כמ"ש במ"א · ולכך שמור לנוקבא דוקא כו' כי עיקר השמירה ליחוד מ"ה וב"ן הנ"ל אינו אלא בתורה שבע"פ דוקא כו' וד"ל . (והן ענין דקדוקי סופרים כמו עד ד' אמה הסוכה כשירה ולא ביותר וכיוצא וד"ל) · והנה השרש של הענין ההפרש בין עוה"ב לעוה"ז הוא כך שהעוה"ב הוא לאחר הבירור דהיינו

הַסֵּךְ נֶסֶךְ שֵׁכָר לַיהוָה: וְאֵת הַכֶּבֶשׂ הַשֵּׁנִי

לאחר

השני תעשה בין הערבים כמנחת הבקר

לאחר שכבר נגמר אופן הבירור דשם מ"ה וב"ן הנ"ל כי בבחי' הגילוי או"ת למטה כדי לברר יש לזה שיעור ומדידה איך וכמה כו' · וכבר נמדד אופן הבירור בכל דבר כמו שכך וכך יומשך התענוג לנשמות וכך וכך למלאכים · ועד"ז בכל פרטי פרטיות לכל הנבראים דמסט' דטוב והיפוך למלאכים רעים דמסט' דקליפה כמו מלאכים מקטרגים ולמטה מהם מלאכי חבלה כו' ג"כ הן מקבלים כבר לאחר שנשלם הבירור ע"י שם מ"ה וב"ן · והוא עפ"י אופן הידוע במדידה איך וכמה יפרד הרע מן הטוב ויובדל אם אופן ההבדלה מעט במקום זה לא יהיו מעורבים בחלק הרע כ"כ ובמקום אחר נבדל הטוב הרבה ויהיו רעים ביותר וכיוצא· ועכ"פ אין לאחר המדידה באופני ההבדלה שום שינוי בדבר כלל אלא כאו"א על מקומו יבא תמיד בל ישונה מטוב לרע ולא מרע לטוב וע"ז נאמר לא יחליפנו ולא ימיר אותו כו' · אבל עוה"ז נקרא עולם התמור' ועולם השינוי שהרי מתהפך בו מרע לטוב ומטוב לרע תמיד ואין כאו"א עומד על מקומו בלתי שינוי כו'. והטעם הוא לפי שהעוה"ז עדיין הוא מתברר משם מ"ה ולא נשלם עדיין הבירור וכל זמן נקרא עולם הבירור כלומר שעדיין אינו ברור אלא עומד תמיד להתברר דהיינו שמאיר בו תמיד משם מ"ה המקיף להיות מתגלה למטה ע"י תורה ומצות כנ"ל · ולכך אמרו היום לעשותם דוקא שהתשובה מועיל בעולם הזה דווקא. ולכך יכול לשנות ח"ע ולהתהפך מרע לטוב ולהיות נעוץ סופן כו' משא"כ בעולם הבא וכו' וד"ל · ועתה אחר כל הנ"ל י"ל שרש ענין את קרבני לחמי לאשי כו'. דהנה כתיב שמאלו תחת לראשי וימינו תחבקני· ומבואר בזוהר בזה במה ששאל ר"א לר"ש כו'. ותוכן התשובה שזהו הענין של שמאלו תחת לראשי כו' הוא עדין קודם הזיווג והוא התעוררות להיות תאובתא דדכורא לנוק' ותאובתא דנוקבא לדכורא ובסיבת זה יוכל להיות הזיווג אח"כ (ולכך נק' זה החיבוק בשם יחוד יותר עליון והוא בבחינת המקיפים ולכך אין הולדה כלל מזה כמבואר בע"ח וכמ"ש במ"א). ולהיות שזה הענין דשמאלו תחת לראשי כו' קודם היחוד והזיווג דמ"ה וב"ן אח"כ לכך נאמר את קרבני לחמי לאשי פי' לאשי א"ש יו"ד הוא בחינת שמאל דדכורא שמתעורר בתיאובתא וכמ"ש שמאלו תחת לראשי ובזה צריך תנאי דהיינו שיהיה התעוררות אש יו"ד מתחת אש ה"א דנוקבא תאובתא לגבי דכורא בתחילה וכמ"ש ואל אישך תשוקתך והוא בחי' ה"ג דנוק' שעולה מלמטה למעלה גבורה שבחסד שבמ"ל לגבורה שבת"ת כו' כי מאיש לוקחה זאת · ועי"ז יורד אח"כ א"ש יו"ד מלמעלה למטה להיות שמאלו תחת לראשי כו'· וכמו שהוא על דרך דוגמא למטה ביחוד זכר ונקבה הגשמית כידוע · וגם בשעת היחוד והזיווג כן הענין שהרי ידוע בשפע ירידת גשמים ארז"ל שאין לך טיפה יורדת מלמעלה שאין טפיים עולין כנגדה מלמטה למעלה ·

וגם בבחי' יחוד א"כ אין טפה דדכורא יורד בלתי שיוקדם לעלות כנגדה ב' טיפיי' דנוקבא מאו"נ הנק' תעלות מ"נ · והדוגמא מזה נמצא גם בעבודת ה' בתפילה ברשפי אש התשוקה שיש ב' מיני התלהבות העולה מלמטה למעלה הא' בבחי' האהבה והב' בבחי' היראה והן נקרא ב' טפות דנוק' מאו"נ שעולין מלמטה למעלה וכיוצא בדוגמא זו יובן ג"כ למעלה בבחי' יחוד עליון דמ"ה וב"ן בכללות כו' וד"ל · וזהו פי' לאשי פי' והוא ע"י הקרבנות דווקא כי הנה בקרבן הבהמה ע"ג המזבח היה תחילה ענין התכללות אש שלמטה באש שלמעלה והוא בארי' דאכיל קרבנין · ושרש הבהמה באתא מבחינת פני השור אשר משמאל כמבואר למעלה דיסוד האש בחי' דבהמה גם למעלה במלאכים כו'. ובזה נמשך וירד אח"כ מבחי' אש י' הנ"ל. וזהו לאשי והוא כמ"ש שמאלו תחת לראשי · וידוע דשמאלו זה מתפשט למטה גם במרכבה דפני שור כו' שהרי הכל הוא מבחי' קו השמאל כו' וד"ל · והנה אנו רואים בעבודת ה' שיש ב' מדריגות הא' ענין ההתלהבות כנ"ל ואחר ההתלהבות יבוא למדריגה יותר גבוה ממנה והוא בחי' הביטול כידוע · והנה בחי' הביטול היא באה מלמעלה למטה דהיינו בדרך ירידה למטה היפוך בחי' התלהבות העולה כו' כידוע בענין רו"ש דשוב הוא בחי' המשכה מלמעלה למטה כו' · ומזה יובן הדוגמא גם כן לבחי' מ"ה וב"ן בדרך כלל שההתלהבות הוא בבחי' ב"ן דנוק' שרשפיה רשפי אש כו' כנ"ל בענין אין לך טפה כו' · ומ"ה הוא בחי' הביטול שיבא אחר כך מלמעלה למטה וזהו אין לך טפה פי' טפה דשם מ"ה שאין טפיים דב"ן כו' וד"ל · ובזה יובן גם כן הפסוק ואחרי האש קול דממה דקה ואמרו בזהר תמן קאתי מלכא פי' באש דנוק' עדיין אין שם רק העלאה ולא בחי' המשכה מבחינת הביטול עד שאחרי האש יבא קול דממה דקה שהוא בחינת ביטול כמו בגלותא דבלאש כידוע · ותמן קאתי מלכא פי' בחינת טפה דדכורא דשם מ"ה כו' וד"ל (ומ"ש בזוהר בתיקונים לא באש ה' אית אש ואית אש כו' הענין הוא דגם מה שיש בחינת אש גבוה שנק' אש הוי"ה גם בהעלאת מ"ן עכ"ז בחינת קול דממה דקה דדכורא גבוה הרבה ממנה וע"כ הוא בא אחרון להיותו יורד ונמשך מלמעלה למטה דווקא כנ"ל וד"ל) · וזהו פי' לחמי לאשי פי' לחמי הוא עד"ת מן הלחם שמתשיך הנפש בגוף כנ"ל כך סיבת המשכת טיפת אור אבא מלמעלה הנק' קול דממה דקה שהוא כענין המשכת ביטול הנ"ל זהו הנק' לחמי וכענין ישראל מפרנסין לאביהם שבשמים· וידוע דאביהם שבשמים היינו אור אבא שבז"א הנק' שמים והפרנסה לאביהם כו' היינו שיתעורר מאור א"ס להתמשך למטה בבחי' היחוד דמ"ה וב"ן כנ"ל וזה אינו אלא ע"י הקרבנות שנק' לאשי פי' שמעלין מ"נ מאש ה"א להיות אש יו"ד ואז אחרי האש יוכל לבא קול דממה דקה כו' וד"ל · והמשך דברי הפסוק

כך

כך הוא את קרבני לחמי לאשי את מצירופי אותיות התורה מא' עד ת"ו לפי שבהם ממשיך א"ס בחכמה שבתורה לכך הוא קרבני פי' להיות התקרבות והתחברות להיות היחוד דמ"ה וב"ן ולהיות לחמי לאשי כנ"ל וד"ל · ואח"כ מפרש והולך שזה הענין דלחמי לאשי הוא ענין ריח ניחוחי כו' · כי הנה ידוע בפי' ריח שהוא העול' מלמטה למעל' דוקא כמשל הריח כו' ושהוא

הַבָּקָר וּבְנִסְכּוֹ תַּעֲשֶׂה אִשֵּׁה רֵיחַ

משיב את הנפש ומחזק השכל להתיישב יותר בבחי' הרחבה כו' · והענין הוא דכמו שבזמן הגלות ידוע שהוא בחי' הקטנות של המוחין מאד למעלה כדוגמת ענין השינה באדם למטה וכמ"ש במ"א וכך למעלה בי"ס דז"א כאשר מסתלקים כל המוחין כמו בבחי' השינה וצריך להמשיכם במדות בהרחבה עד שיהיו בבחי' מוחין דגדלות · אין זה אלא ע"י הקרבנות שהן נעשים לריח שיעלה ויעורר למעלה שיומשך בחינת מוחין דאבא בבחי' הגדלות במדות והרי זה כמשל הריח שמחזק השכל כנ"ל · וזהו פי' ריח ניחוחי שמחמת הריח נעשה ענין ניחוח לשון נחת דרגא דהיינו מה שיתיישב בחי' אורות דאבא בהרחבה מלמעל' למטה · והוא כענין המנוחה באדם שתשוב נפשו עליו מלמעל' למטה ונק' נייחא דרוחא כידוע כמ"כ פי' ניחוחי מלשון מנוחה ונייחא כו' והיינו כמו ענין המשכת בחינת הביטול הנ"ל שהוא בדרך ירידה להנחת רוח מלמעלה למטה כנ"ל · הדרך כלל הנה זהו ענין יחוד מ"ה וב"ן כאשר יתחברו יחדיו אז נקרא ריח ניחוחי כו' כי בחי' הריח הוא בחי' הרצוא דב"ן ובחי' ניחוחי הוא המשכת בחי' השוב דמ"ה כו' וכאשר מתחברים לאחד שזה עולה מלמטה וזה יורד מלמעלה נקרא ריח ניחוח כו' וד"ל · ומה שהקדים לומר לחמי לאשי לריח ניחוח הענין הוא לפי שמבואר למעלה בענין לחמי הוא בחי' הפרנסה לאור אבא בימין כו' ולאשי הוא בחי' אש יו"ד בבחי' שמאל כו' והכל עדיין הכנה וסיבה ליחוד וזיווג שאח"כ · וכענין הנ"ל בפסוק שמאלו תחת לראשי כו' שכ"ז הוא קודם היחוד ואח"כ נעשה היחוד עצמו וזהו שאמר לחמי לאשי תחילה ואח"כ מתילא נעשה ריח ניחוח כו' וד"ל: ריח ניחוחי תשמרו · ענין השמירה לריח ניחוח מבואר הוא למעלה הטעם דשמור לנוק' לפי שע"י השיעורין דד"ם שכך וכך ישרה אור א"ס דוקא ובאם לאו אינו שורה הרי השיעור הזה הוא בחי' כלי בית קיבול לרה"ע הנק' רעוא דכל רעוין כו' שבזה הוא מתקבל ולא בזולת זה השיעור · ע"ד דוגמא ד' בתים דתפילין ובתפרן והלכסונן וכו' בכך שיערו חכמים שיתגלה אור א"ס בחכ' שבפ' קדש וא"ל אינו שורה וכיוצא כו' · וזהו תשמרו שמור זו משנה דהיינו לנוקבא תשבע"פ וזהו ודברי אשר שמתי בפיך כו' בפיך ממש וד"ל · ופי' ודברי היינו בחי' הדיבור שבא משם מ"ה דחכ' המברר כו' וכענין כל הקורא בתורה הקב"ה קורא ושונה כנגדו · ופי' הקב"ה ידוע שהוא בחי' ז"א וכאשר הוא קורא ושונה הענין הוא שנמשך בהדיבור הזה משם מ"ה דאור אבא דווקא ולכך נק' דברי דבחי' יו"ד כו' (וכמבואר למעלה דהדיבור מיסוד הרוח דחכמה וכתרגום לנפש חיה לרוח ממללא כו') ואשר שמתי בפיך היינו בתורה שבע"פ מ"ל קרינן לה שהוא שם ב"ן שהיא בחי' בית קיבול לשער בשיעורים כנ"ל והוא יחוד מ"ה וב"ן · וזהו ג"כ פי' ענין את קרבני את א' עד ת"ו שבדיבור בתורה זהו הגורם להיות קירוב מ"ה וב"ן יחדיו וזהו פי' קרבני כו' וד"ל · וזהו המשך דברי הפסוק את קרבני כו' ריח ניחוחי תשמרו פי' יחוד הזה דמ"ה וב"ן שהוא ריח ניחוחי תשמרו שיהיה בבחי' שמור לנוק' בתושבע"פ דווקא ומטעם הנ"ל וד"ל · ושרש ענין התחלת הפ' צו את בני ישראל ואמרת אליהם את קרבני כו' הנה פי' צו מלשון צוותא וחיבור כמבואר · והענין הוא בהיות ידוע בשרש מדריגת משה שהיה מבחי' שם מ"ה בשרשו וכמ"ש ונחנו מ"ה · והנה הגם שניתנה התורה על ידו זה היה לו בדרך ירידה מעלמות מדריגתו כו' כי הלא נאמר במשה שהיה כבד פה וכבד לשון · וידוע הענין שהיה שרשו גבוה מבחי' אור שמלובש בכלי כי היה מבחי' אורות המקיפים שאינם מתלבשים כלל בכלים ולכך היה כבד פה שלא היה יכול להביא בדיבור כלל מה שהיה אצלו במושג כו' ולהיות כן היה לו ירידה כשהוצרך להיות שליח בנתינת התורה שעיקרה אינה אלא בשביל המשכת האורות בכלים מכלים שונים כידוע דמשנה ביצי' חסד סדר זרעים כו' וד"ל · וזהו צו את בני ישראל שישפיל א"ע ויומשך למטה להיות ממשיך בחי' מוחין דאבא במדות · וזהו אל בנ"י שהן המדות עליונות כידוע · וידוע דהאבות הן המרכבה דהיינו בחי' מרכבתא עילאה והוא בחי' חג"ת דז"א חסד דאברהם הוא בחי' חסד דז"א והוא כדוגמת פני אריה להימין למטה כו' והרוכב על המרכבה הוא כמ"ש ועל הכסא דמות כמראה אדם כו' שהוא בחי' אבא שנק' רוכב על הכס"א · והענין הוא דבחי' ביטול דשם מ"ה דחכמה הוא למעל' מבחי' התפעלות אהבה דנדת אברהם כו' אלא הוא בא ונמשך על האהבה מלמעלה למטה כדוגמת הרוכב על המרכבה כי אחרי האהבה האדם בא לבחי' הביטול כנ"ל וד"ל · וזהו פירוש צו את בני ישראל ואמרת אליהם ענין האמירה הוא באבא דהיינו שיומשך מאור אבא במדות הנ"ל והוא כמו ענין הארת והמשכת בחי' קול דממה דקה שאחרי האש כו' וכנ"ל וד"ל: להקריב לי במועדו · הנה הטעם שנקראו ג' רגלי' בשם מועדי הוי"ה מבואר למעלה לפי שפירוש מועד הוא לשון יעוד וחיבור כמו הילכו שנים בלתי אם נועדו וכן הנה המלכים נועדו כו' וכן ונועדתי כו' וכן אשר לא יעדה והפדה כו' ובדבריהם ז"ל גם כן הרי את מיועדת לי פי' מחוברת ומתקשרת וכו' ועיקר ענינו הוא היחוד כידוע וגם כאן הוא אומר להקריב לי במועדו פי' דווק' בזמנים בחי' מועד והיא בחי' היעוד והיחוד עליון למעלה · וביאור הדברי' הנה ידוע ההפרש בין שבת

ליו"ט

ליו"ט דשבת נק' קדש ויו"ט נק' מקרא קודש. והענין הוא דבחי' החכמה נק' קודש העליון כידוע. כמ"ש והחכמ' מאין תמצא וכל שיש בו מבחי' האין נק' קדש·ע"ש בחי' ההבדלה בערך כידוע והנה הבינה נק' יש כמ"ש להנחיל אוהבי יש **וכמ"ש** הטעם במ"א· ובכל שבת עיקר ההארה רק מבחי' האין שהוא בחי' הביטול שבא מחמת הארת אבא בלבדו

רֵיחַ נִיחֹחַ לַיהֹוָה :

ושחט

כמה שכתוב כי קודש הוא לכם קודש לבדו · וביו"ט הוא בחי' התלבשו' נה"י דאבא במוחין דאימא ועיקר היו"ט הוא בחי' מוחין דאימא אך בחי' נה"י דאבא מתלבשים בה ע"כ נקראו המועדי' מקראי קודש פי' שיש בהם בחי' הקריא' וההמשכ' מאור אבא בלבד והוא בחי' נה"י שלו כמ"ש במ"א וזהו שנק' הרגלים בשם מועד דהיינו כמ"ש ונועדתי לך שמה כו' שהענין הוא שהיה זמן מועד שהיה נועד שם בארץ להיות מתגלה למטה וזהו פי' ונועדתי כידוע·וענין יעוד ומועד ונועד הכל ענין א' הם כידוע ע"כ נק' גם הרגלים בשם מועד לפי שאז זמן שיהיה אור א"ס שבאבא יורד ומתגלה במוחין דאימא שנק' יש שהוא בבחי' הגילוי ממש והיינו שאז הוא נועד שכמ"ש בענין ונועדתי לך כו'· ונק' קבלת אור זה כשהוא בבחי' היחוד בשם מועד שהוא ענין היעוד והתחברות כמו אשר לא יעדה כו' וכענין הרי את מיועדת לי כו' וד"ל · וזהו להקריב לי במועדו דייקא פי' שכל מה שהזכיר תחלה בענין מצות הקרבנות שהוא לחמי לאשי ריח ניחוחי כו' שהוא מעורר למעלה בחי' הקירוב והחיבור של אור א"ס עצמו עד שיהיה מתחבר להיות בבחי' מ"ה וב"ן כנ"ל אין זה אלא בזמן מיוחד שיהיה חפץ או ברצונו הפשוט · ולהיות כי גם ענין החפץ והרצון לזה היחוד אינו אלא במועד ידוע לו והוא אשר בחר בג' זמנים והן ג' רגלים פסח שבועות סוכות ולא בזולת זמנים הללו והיינו להקריב לי פירוש שיהיה התעוררת בחי' הקירוב בעצמותו אינו אלא במועדו דווקא והוא בג' המועדים דכתיב בהם אלה מועדי הוי"ה כו' אלה דייקא וד"ל · והטעם שבחר בשלשה אלה דייקא הנה ידוע בע"ח בהתחלתו כשעלה ברצונו הפשוט כו' היה זה מצד עצמו כי חפץ חסד הוא ואחר כך תלוי במעשה התחתוני' בהעלאת מ"ן כו' (וזהו אמיתית הטעם לענין הנ"ל שעולם הזה הוא ממדת החסד ושרש הג"ע מבחינת הגבורות לפי שכשעלה ברצונו כו' עד סוף ההשתלשלות בעולם הזה הכל נמשך מצד החסד דווקא' כי חפץ חסד הוא כנ"ל אבל מה שאח"כ יהי' הרחבת אופן ההארה בג"ע להנות מזיו שהוא ענין לעבדה ולשמרה כו' אינו אלא מבחי' הגבורות לפי מעשה התחתונים על פי אופן העלאת מ"ן דיומין דחול לפי ערך הבירורים כו' וד"ל) · והנה יש ג' מיני העלאת מ"ן הא' בפסח ממדת החסד דאברהם אוהבי כו' והוא ענין תפלת שחרית בפרט · ואמנם להיות כי החסד כלול מכל המדות כידוע ע"כ יש ג"כ בתפלת שחרית מבחי' הגבורות והוא בחי' הרצוא בק"ש ואהבת בכל לבבך כו' במס"נ ואחר כך בש"ע בחי' השוב מלמעלה למטה והוא מבחי' החסד שיורד מגבוה לנמוך כו' או בש"ע הוא

זמן היחוד דהיינו זמן המועד הנ"ל והוא בחי' המשכת אור אבא בהיותו בא מלמעלה למטה להתלבש במדות דז"א·ובשחרית הוא מתלבש במדת החסד · דאברהם תיקן תפילת שחרית והוא היה איש החסד כידע וכמ"ש חסד אל כל היום · ולפני הק"ש ברכת יוצר שהוא בחי' הרצוא של המלאכי' דעולם הבריאה ובפסוד"ז בחי' הרצוא דמלאכים דעולם היצירה כידוע· ועד ב"ש עליות מלאכים דעולם העשיה כו' · כי כדי שיוכל להיות היחוד אח"כ בש"ע צריך להיות מתחיל' עליות העולמות מבי"ע בבחי' הרצוא והעלאת מ"נ כו' כי החסד כלול גם מהגבורה · וכענין העקידה דיצחק שהיה עקוד יד ורגל שהוא ענין התכללות גבורות בחסדים כדי שיוכל להיות אחר כך בש"ע בחי' הביטול דחכמה והוא בחי' קול דממה דקה כו' וכמ"ש למעלה · והשני בשבועות והוא לנגד תפילת המנחה שתיקן יצחק· והנה פי' מנחה מלשון מנוחה ונייחא כו' שהוא רק ענין ההמשכה מלמעלה בלבד בלתי העלאה מלמטה כו' כלל וכלל · וכמו שהוא הענין בתפלת המנחה שהרי אין לפני ש"ע דמנחה שום ענין העלאה קודם כלל כמו בברכת יוצר שלפני ק"ש וגם לא ק"ש עצמה אלא צ"ל שמונה עשרה ברכות בלבד · והוא לפי שעל ידי יצחק נשלם הבירור הוא כענין העולם הבא שהוא כבר לאחר הבירור כנ"ל וד"ל · וכמ"ש לעתיד ליצחק דווקא כי אתה אבינו ואברהם לא ידענו כו' מפני שאז יהיה בחי' מנוחה לחיי העולמים כו' וכמ"ש במ"א · וזהו שהיה מ"ת בחג השבועות שהיה מעין ההארה שיהיה לע"ל כמ"ש חרות אל תקרי חרות אלא חירות ואם לא חטא העגל לא היה שעבוד מלכיות כלל כידוע וד"ל · והג' בסוכות שלנגד תפלת ערבית והוא בחי' יעקב כמ"ש ויעקב נסע סכותה כו' פי' יעקב הוא בחי' ת"ת שכלול מחו"ג אברהם ויצחק ומה שיש בו ממדת אברהם הוא מה שיש בו שמונה עשרה וק"ש קודם לה במס"כ דוקא כמו בשחרית ומה שיש בו ממדת יצחק הוא מה שאין אריכות כ"כ במה שלפני שמונה עשרה כמו בשחרית רק בקצרה · וגם נזכר בהתחלתה ענין ההתכללות כמו ענין גולל אור מפני חושך כו' לפי שהאמת הוא שהערב קודם לבקר כבריאתו של עולם כמ"ש ויהי ערב ואח"כ ויהי בוקר כו' וכמאמר **ברישא** חשוכא כו' וכמ"ש וחושך על פני תהום· אך מה שהיה ערב לפני בוקר אינו עדיין בתכלית השלימות כמו הערב שהוא אחר הבוקר שבין שניהם בהתכללותם נק' יום א' כו' והוא מ"ש לעת ערב יהיה אור כו' וד"ל · וכמאמר למהוי אחד באחד דהיינו כשיתחברו דוקא מדת יום עם מדת לילה · והוא ענין מועד דסוכות כמ"ש ויעקב נסע סכותה כו' וד"ל · ולנגד שלש אלה המועדים מלמטה נמשך מלמעלה זמן היעוד והחיבור ולכך גם פי' מועד יתפרש מלשון עדי וקישוט כמו ככלה תעדה כו' וכן ויתנצלו בני ישראל את עדיים כו' והוא לפי שבחי' הכתרים מאירים בכל יו"ט דוקא וידוע דהכתר הוא עיקר העדי והקישוט כו' וד"ל :

וְשָׁחַט אֹתוֹ עַל יֶרֶךְ הַמִּזְבֵּחַ צָפֹנָה לִפְנֵי יְהוָה וְזָרְקוּ בְּנֵי אַהֲרֹן הַכֹּהֲנִים אֶת־דָּמוֹ עַל־הַמִּזְבֵּחַ סָבִיב:

אַתָּה הוּא יְהוָה אֱלֹהֵינוּ וֵאלֹהֵי אֲבוֹתֵינוּ שֶׁהִקְטִירוּ אֲבוֹתֵינוּ לְפָנֶיךָ אֶת־קְטֹרֶת הַסַּמִּים בִּזְמַן שֶׁבֵּית הַמִּקְדָּשׁ קַיָּם כַּאֲשֶׁר צִוִּיתָ אוֹתָם עַל־יְדֵי מֹשֶׁה נְבִיאָךְ כַּכָּתוּב בְּתוֹרָתָךְ: וַיֹּאמֶר יְהוָה אֶל־מֹשֶׁה קַח לְךָ סַמִּים נָטָף וּשְׁחֵלֶת וְחֶלְבְּנָה סַמִּים וּלְבֹנָה זַכָּה בַּד בְּבַד יִהְיֶה: וְעָשִׂיתָ אֹתָהּ קְטֹרֶת רֹקַח מַעֲשֵׂה רוֹקֵחַ מְמֻלָּח טָהוֹר קֹדֶשׁ: וְשָׁחַקְתָּ מִמֶּנָּה הָדֵק וְנָתַתָּה מִמֶּנָּה לִפְנֵי הָעֵדֻת בְּאֹהֶל מוֹעֵד אֲשֶׁר אִוָּעֵד לְךָ שָׁמָּה קֹדֶשׁ קָדָשִׁים תִּהְיֶה לָכֶם: וְנֶאֱמַר וְהִקְטִיר עָלָיו אַהֲרֹן קְטֹרֶת סַמִּים בַּבֹּקֶר בַּבֹּקֶר בְּהֵיטִיבוֹ אֶת הַנֵּרֹת יַקְטִירֶנָּה: וּבְהַעֲלֹת אַהֲרֹן אֶת הַנֵּרֹת בֵּין הָעַרְבַּיִם יַקְטִירֶנָּה קְטֹרֶת תָּמִיד לִפְנֵי יְהוָה לְדֹרֹתֵיכֶם:

תָּנוּ רַבָּנָן פִּטּוּם הַקְּטֹרֶת כֵּיצַד שְׁלֹשׁ מֵאוֹת וְשִׁשִּׁים וּשְׁמוֹנָה מָנִים הָיוּ בָהּ. שְׁלֹשׁ מֵאוֹת וְשִׁשִּׁים וַחֲמִשָּׁה כְּמִנְיַן יְמוֹת הַחַמָּה מָנֶה לְכָל יוֹם פְּרַס בְּשַׁחֲרִית וּפְרַס בֵּין הָעַרְבַּיִם וּשְׁלֹשָׁה מָנִים יְתֵרִים שֶׁמֵּהֶם מַכְנִיס כֹּהֵן גָּדוֹל מְלֹא חָפְנָיו בְּיוֹם הַכִּפּוּרִים וּמַחֲזִירָן לְמַכְתֶּשֶׁת בְּעֶרֶב יוֹם הַכִּפּוּרִים וְשׁוֹחֲקָן יָפֶה יָפֶה כְּדֵי שֶׁתְּהֵא דַקָּה מִן הַדַּקָּה: וְאַחַד עָשָׂר סַמָּנִין הָיוּ בָהּ וְאֵלּוּ הֵן א הַצֳּרִי ב וְהַצִּפֹּרֶן ג הַחֶלְבְּנָה ד וְהַלְּבוֹנָה מִשְׁקַל שִׁבְעִים שִׁבְעִים מָנֶה ה מוֹר ו וּקְצִיעָה ז שִׁבֹּלֶת נֵרְדְּ ח וְכַרְכֹּם מִשְׁקַל שִׁשָּׁה עָשָׂר שִׁשָּׁה עָשָׂר מָנֶה ט הַקֹּשְׁטְ שְׁנֵים עָשָׂר. י קִלּוּפָה שְׁלֹשָׁה. יא קִנָּמוֹן תִּשְׁעָה. בּוֹרִית כַּרְשִׁינָה תִּשְׁעָה קַבִּין יֵין קַפְרִיסִין סְאִין תְּלָתָא וְקַבִּין תְּלָתָא וְאִם אֵין לוֹ יֵין קַפְרִיסִין מֵבִיא חֲמַר חִוַּרְיָן עַתִּיק. מֶלַח סְדוֹמִית רֹבַע. מַעֲלֶה עָשָׁן כָּל שֶׁהוּא. רַבִּי נָתָן הַבַּבְלִי אוֹמֵר אַף כִּפַּת הַיַּרְדֵּן כָּל שֶׁהִיא וְאִם נָתַן בָּהּ דְּבַשׁ פְּסָלָהּ. וְאִם חִסַּר אֶחָד מִכָּל סַמָּנֶיהָ חַיָּב מִיתָה: רַבָּן שִׁמְעוֹן בֶּן גַּמְלִיאֵל אוֹמֵר הַצֳּרִי אֵינוֹ אֶלָּא שְׂרָף הַנּוֹטֵף מֵעֲצֵי הַקְּטָף. בּוֹרִית כַּרְשִׁינָה שֶׁשָּׁפִין בָּהּ אֶת הַצִּפֹּרֶן כְּדֵי שֶׁתְּהֵא נָאָה. יֵין קַפְרִיסִין שֶׁשּׁוֹרִין בּוֹ אֶת הַצִּפֹּרֶן כְּדֵי שֶׁתְּהֵא עַזָּה וַהֲלֹא מֵי רַגְלַיִם יָפִין לָהּ אֶלָּא שֶׁאֵין מַכְנִיסִין מֵי רַגְלַיִם בַּמִּקְדָּשׁ מִפְּנֵי הַכָּבוֹד:

תַּנְיָא רַבִּי נָתָן אוֹמֵר כְּשֶׁהוּא שׁוֹחֵק אוֹמֵר הָדֵק הֵיטֵב הֵיטֵב הָדֵק מִפְּנֵי שֶׁהַקּוֹל יָפֶה לַבְּשָׂמִים פִּטְּמָהּ לַחֲצָאִין כְּשֵׁרָה. לִשְׁלִישׁ וְלִרְבִיעַ לֹא שָׁמַעְנוּ: אָמַר רַבִּי יְהוּדָה זֶה הַכְּלָל אִם כְּמִדָּתָהּ כְּשֵׁרָה לַחֲצָאִין וְאִם חִסַּר אַחַת מִכָּל סַמָּנֶיהָ חַיָּב מִיתָה: תַּנְיָא בַּר קַפָּרָא אוֹמֵר אַחַת לְשִׁשִּׁים אוֹ לְשִׁבְעִים שָׁנָה הָיְתָה בָאָה שֶׁל שִׁירַיִם לַחֲצָאִין. וְעוֹד תָּנֵי בַּר קַפָּרָא אִלּוּ הָיָה נוֹתֵן בָּהּ קָרְטוֹב שֶׁל דְּבַשׁ אֵין אָדָם יָכוֹל לַעֲמוֹד מִפְּנֵי רֵיחָהּ וְלָמָּה אֵין מְעָרְבִין בָּהּ דְּבַשׁ מִפְּנֵי שֶׁהַתּוֹרָה אָמְרָה כִּי כָל שְׂאֹר וְכָל דְּבַשׁ לֹא תַקְטִירוּ מִמֶּנּוּ אִשֶּׁה לַיהוָה:

יְהוָה צְבָאוֹת עִמָּנוּ מִשְׂגָּב לָנוּ אֱלֹהֵי יַעֲקֹב סֶלָה: ג״פ
יְהוָה צְבָאוֹת אַשְׁרֵי אָדָם בֹּטֵחַ בָּךְ: ג״פ
יְהוָה הוֹשִׁיעָה הַמֶּלֶךְ יַעֲנֵנוּ בְיוֹם קָרְאֵנוּ: ג״פ
וְעָרְבָה לַיהוָה מִנְחַת יְהוּדָה וִירוּשָׁלָיִם כִּימֵי עוֹלָם וּכְשָׁנִים קַדְמֹנִיּוֹת:

אַבַּיֵי הֲוָה מְסַדֵּר סֵדֶר הַמַּעֲרָכָה מִשְּׁמָא דִּגְמָרָא וְאַלִּבָּא דְאַבָּא שָׁאוּל מַעֲרָכָה גְדוֹלָה קוֹדֶמֶת לְמַעֲרָכָה שְׁנִיָּה שֶׁל קְטֹרֶת וּמַעֲרָכָה שְׁנִיָּה שֶׁל קְטֹרֶת קוֹדֶמֶת לְסִדּוּר שְׁנֵי גִזְרֵי עֵצִים וְסִדּוּר שְׁנֵי גִזְרֵי עֵצִים קוֹדֵם לְדִשּׁוּן מִזְבֵּחַ הַפְּנִימִי וְדִשּׁוּן מִזְבֵּחַ הַפְּנִימִי קוֹדֵם לַהֲטָבַת חָמֵשׁ נֵרוֹת וַהֲטָבַת חָמֵשׁ נֵרוֹת קוֹדֶמֶת לְדַם הַתָּמִיד וְדַם הַתָּמִיד קוֹדֵם לַהֲטָבַת שְׁתֵּי נֵרוֹת וַהֲטָבַת שְׁתֵּי נֵרוֹת קוֹדֶמֶת לִקְטֹרֶת וּקְטֹרֶת קוֹדֶמֶת לְאֵבָרִים וְאֵבָרִים לְמִנְחָה וּמִנְחָה לַחֲבִתִּין וַחֲבִתִּין לִנְסָכִין וּנְסָכִין לְמוּסָפִין וּמוּסָפִין לְבָזִיכִין וּבָזִיכִין קוֹדְמִין לְתָמִיד שֶׁל בֵּין הָעַרְבָּיִם שֶׁנֶּאֱמַר וְעָרַךְ עָלֶיהָ הָעֹלָה וְהִקְטִיר עָלֶיהָ חֶלְבֵי הַשְּׁלָמִים עָלֶיהָ הַשְׁלֵם כָּל הַקָּרְבָּנוֹת כֻּלָּם:

אָנָּא בְּכֹחַ. גְּדֻלַּת יְמִינְךָ. תַּתִּיר צְרוּרָה: אב״ג ית״ץ
קַבֵּל רִנַּת עַמְּךָ. שַׂגְּבֵנוּ טַהֲרֵנוּ נוֹרָא: קר״ע שט״ן
נָא גִבּוֹר דּוֹרְשֵׁי יִחוּדְךָ כְּבָבַת שָׁמְרֵם: נג״ד יכ״ש
בָּרְכֵם טַהֲרֵם רַחֲמֵי צִדְקָתְךָ תָּמִיד גָּמְלֵם: בט״ר צת״ג

חֲסִין קָדוֹשׁ בְּרוֹב טוּבְךָ נַהֵל עֲדָתֶךָ : חק"ב טנ"ע
יָחִיד גֵּאֶה לְעַמְּךָ פְּנֵה זוֹכְרֵי קְדֻשָּׁתֶךָ : יג"ל פז"ק
שַׁוְעָתֵנוּ קַבֵּל וּשְׁמַע צַעֲקָתֵנוּ יוֹדֵעַ תַּעֲלוּמוֹת : שק"ו צי"ת
בָּרוּךְ שֵׁם כְּבוֹד מַלְכוּתוֹ לְעוֹלָם וָעֶד :

ביום שא"א תחנון א"א זה

רִבּוֹן הָעוֹלָמִים אַתָּה צִוִּיתָנוּ לְהַקְרִיב קָרְבַּן הַתָּמִיד בְּמוֹעֲדוֹ וּלְהַקְטִיר הַקְּטֹרֶת בִּזְמַנָּהּ וְלִהְיוֹת הַכֹּהֲנִים בַּעֲבוֹדָתָם וּלְוִיִּם בְּדוּכָנָם וְיִשְׂרָאֵל בְּמַעֲמָדָם וְעַתָּה בַּעֲוֹנוֹתֵינוּ חָרַב בֵּית הַמִּקְדָּשׁ וּבֻטַּל הַתָּמִיד וְהַקְּטֹרֶת וְאֵין לָנוּ לֹא כֹהֵן בַּעֲבוֹדָתוֹ וְלֹא לֵוִי בְּדוּכָנוֹ וְלֹא יִשְׂרָאֵל בְּמַעֲמָדוֹ : לָכֵן יְהִי רָצוֹן מִלְּפָנֶיךָ יְהֹוָה אֱלֹהֵינוּ וֵאלֹהֵי אֲבוֹתֵינוּ שֶׁיְּהֵא שִׂיחַ שִׂפְתוֹתֵינוּ חָשׁוּב וּמְקֻבָּל לְפָנֶיךָ כְּאִלּוּ הִקְרַבְנוּ קָרְבַּן הַתָּמִיד בְּמוֹעֲדוֹ וְעָמַדְנוּ עַל מַעֲמָדוֹ וְהִקְטַרְנוּ הַקְּטֹרֶת בִּזְמַנָּהּ כְּמָה שֶׁנֶּאֱמַר וּנְשַׁלְּמָה פָרִים שְׂפָתֵינוּ : וְנֶאֱמַר זֹאת הַתּוֹרָה לָעֹלָה לַמִּנְחָה וְלַחַטָּאת וְלָאָשָׁם וְלַמִּלּוּאִים וּלְזֶבַח הַשְּׁלָמִים :

אֵיזֶהוּ מְקוֹמָן שֶׁל זְבָחִים קָדְשֵׁי קָדָשִׁים שְׁחִיטָתָן בַּצָּפוֹן פַּר וְשָׂעִיר שֶׁל יוֹם הַכִּפּוּרִים שְׁחִיטָתָן בַּצָּפוֹן וְקִבּוּל דָּמָן בִּכְלֵי שָׁרֵת בַּצָּפוֹן וְדָמָן טָעוּן הַזָּיָה עַל בֵּין הַבַּדִּים וְעַל הַפָּרֹכֶת וְעַל מִזְבַּח הַזָּהָב מַתָּנָה אַחַת מֵהֶן מְעַכָּבֶת · שְׁיָרֵי הַדָּם הָיָה שׁוֹפֵךְ עַל יְסוֹד מַעֲרָבִי שֶׁל מִזְבַּח הַחִיצוֹן אִם לֹא נָתַן לֹא עִכֵּב : פָּרִים הַנִּשְׂרָפִים וּשְׂעִירִים הַנִּשְׂרָפִים שְׁחִיטָתָן בַּצָּפוֹן וְקִבּוּל דָּמָן בִּכְלֵי שָׁרֵת בַּצָּפוֹן וְדָמָן טָעוּן הַזָּיָה עַל הַפָּרֹכֶת וְעַל מִזְבַּח הַזָּהָב מַתָּנָה אַחַת מֵהֶן מְעַכָּבֶת · שְׁיָרֵי הַדָּם הָיָה שׁוֹפֵךְ עַל יְסוֹד מַעֲרָבִי שֶׁל מִזְבַּח הַחִיצוֹן אִם לֹא נָתַן לֹא עִכֵּב · אֵלּוּ וָאֵלּוּ נִשְׂרָפִין בְּבֵית הַדָּשֶׁן : חַטֹּאות הַצִּבּוּר וְהַיָּחִיד אֵלּוּ הֵן חַטֹּאות הַצִּבּוּר שְׂעִירֵי רָאשֵׁי חֳדָשִׁים וְשֶׁל מוֹעֲדוֹת שְׁחִיטָתָן בַּצָּפוֹן וְקִבּוּל דָּמָן בִּכְלֵי שָׁרֵת בַּצָּפוֹן וְדָמָן טָעוּן אַרְבַּע מַתָּנוֹת עַל אַרְבַּע קְרָנוֹת · כֵּיצַד עָלָה בַכֶּבֶשׁ וּפָנָה לַסּוֹבֵב וּבָא לוֹ לְקֶרֶן דְּרוֹמִית מִזְרָחִית · מִזְרָחִית צְפוֹנִית צְפוֹנִית מַעֲרָבִית · מַעֲרָבִית דְּרוֹמִית · שְׁיָרֵי הַדָּם הָיָה שׁוֹפֵךְ עַל יְסוֹד דְּרוֹמִי · וְנֶאֱכָלִין לִפְנִים מִן הַקְּלָעִים לְזִכְרֵי כְהֻנָּה בְּכָל מַאֲכָל לְיוֹם וָלַיְלָה עַד חֲצוֹת :

הָעוֹלָה קֹדֶשׁ קָדָשִׁים שְׁחִיטָתָהּ בַּצָּפוֹן · וְקִבּוּל דָּמָהּ בִּכְלֵי שָׁרֵת בַּצָּפוֹן וְדָמָהּ טָעוּן שְׁתֵּי מַתָּנוֹת שֶׁהֵן אַרְבַּע וּטְעוּנָה הֶפְשֵׁט וְנִתּוּחַ וְכָלִיל לָאִשִּׁים : זִבְחֵי שַׁלְמֵי צִבּוּר וַאֲשָׁמוֹת · אֵלּוּ הֵן אֲשָׁמוֹת אֲשַׁם גְּזֵלוֹת אֲשַׁם מְעִילוֹת אֲשַׁם שִׁפְחָה חֲרוּפָה אֲשַׁם נָזִיר אֲשַׁם מְצוֹרָע אָשָׁם תָּלוּי שְׁחִיטָתָן בַּצָּפוֹן וְקִבּוּל דָּמָן בִּכְלֵי שָׁרֵת בַּצָּפוֹן וְדָמָן טָעוּן שְׁתֵּי מַתָּנוֹת שֶׁהֵן אַרְבַּע · וְנֶאֱכָלִין לִפְנִים מִן הַקְּלָעִים לְזִכְרֵי כְהֻנָּה בְּכָל מַאֲכָל לְיוֹם וָלַיְלָה עַד חֲצוֹת :

הַתּוֹדָה וְאֵיל נָזִיר קָדָשִׁים קַלִּים שְׁחִיטָתָן בְּכָל מָקוֹם בָּעֲזָרָה וְדָמָן טָעוּן שְׁתֵּי מַתָּנוֹת שֶׁהֵן אַרְבַּע · וְנֶאֱכָלִין בְּכָל הָעִיר לְכָל אָדָם בְּכָל מַאֲכָל לְיוֹם וָלַיְלָה עַד חֲצוֹת · הַמּוּרָם מֵהֶם כַּיּוֹצֵא בָהֶם אֶלָּא שֶׁהַמּוּרָם נֶאֱכָל לַכֹּהֲנִים לִנְשֵׁיהֶם וְלִבְנֵיהֶם וּלְעַבְדֵיהֶם :

שְׁלָמִים קָדָשִׁים קַלִּים שְׁחִיטָתָן בְּכָל מָקוֹם בָּעֲזָרָה וְדָמָן טָעוּן שְׁתֵּי מַתָּנוֹת שֶׁהֵן אַרְבַּע וְנֶאֱכָלִין בְּכָל הָעִיר לְכָל אָדָם בְּכָל מַאֲכָל לִשְׁנֵי יָמִים וְלַיְלָה אֶחָד · הַמּוּרָם מֵהֶם כַּיּוֹצֵא בָהֶם אֶלָּא שֶׁהַמּוּרָם נֶאֱכָל לַכֹּהֲנִים לִנְשֵׁיהֶם וְלִבְנֵיהֶם וּלְעַבְדֵיהֶם :

הַבְּכוֹר וְהַמַּעֲשֵׂר וְהַפֶּסַח קָדָשִׁים קַלִּים שְׁחִיטָתָן בְּכָל מָקוֹם בָּעֲזָרָה וְדָמָן טָעוּן מַתָּנָה אַחַת · וּבִלְבָד שֶׁיִּתֵּן כְּנֶגֶד הַיְסוֹד · שִׁנָּה בַאֲכִילָתָן הַבְּכוֹר נֶאֱכָל לַכֹּהֲנִים וְהַמַּעֲשֵׂר לְכָל אָדָם וְנֶאֱכָלִין בְּכָל הָעִיר בְּכָל מַאֲכָל לִשְׁנֵי יָמִים וְלַיְלָה אֶחָד : הַפֶּסַח אֵינוֹ נֶאֱכָל אֶלָּא בַלַּיְלָה וְאֵינוֹ נֶאֱכָל אֶלָּא עַד חֲצוֹת וְאֵינוֹ נֶאֱכָל אֶלָּא לִמְנוּיָו וְאֵינוֹ נֶאֱכָל אֶלָּא צָלִי :

רַבִּי יִשְׁמָעֵאל אוֹמֵר בִּשְׁלשׁ עֶשְׂרֵה מִדּוֹת הַתּוֹרָה נִדְרֶשֶׁת

נדרשת

נִדְרֶשֶׁת: מִקַּל וָחוֹמֶר וּמִגְּזֵרָה שָׁוָה · מִבִּנְיַן אָב מִכָּתוּב אֶחָד וּמִבִּנְיַן אָב מִשְּׁנֵי כְתוּבִים: מִכְּלָל וּפְרָט · וּמִפְּרָט וּכְלָל: כְּלָל וּפְרָט וּכְלָל אִי אַתָּה דָן אֶלָּא כְּעֵין הַפְּרָט · מִכְּלָל שֶׁהוּא צָרִיךְ לִפְרָט וּמִפְּרָט שֶׁהוּא צָרִיךְ לִכְלָל: כָּל־דָּבָר שֶׁהָיָה בִּכְלָל וְיָצָא מִן הַכְּלָל לְלַמֵּד לֹא לְלַמֵּד עַל־עַצְמוֹ יָצָא אֶלָּא לְלַמֵּד עַל־הַכְּלָל כֻּלּוֹ יָצָא: כָּל־דָּבָר שֶׁהָיָה בִּכְלָל וְיָצָא לִטְעוֹן טַעַן אֶחָד שֶׁהוּא כְעִנְיָנוֹ יָצָא לְהָקֵל וְלֹא לְהַחְמִיר: כָּל־דָּבָר שֶׁהָיָה בִּכְלָל וְיָצָא לִטְעוֹן טַעַן אַחֵר שֶׁלֹּא כְעִנְיָנוֹ יָצָא לְהָקֵל וּלְהַחְמִיר: כָּל־דָּבָר שֶׁהָיָה בִּכְלָל וְיָצָא לִדּוֹן בְּדָבָר חָדָשׁ אִי אַתָּה יָכוֹל לְהַחֲזִירוֹ לִכְלָלוֹ עַד שֶׁיַּחֲזִירֶנּוּ הַכָּתוּב לִכְלָלוֹ בְּפֵרוּשׁ: דָּבָר הַלָּמֵד מֵעִנְיָנוֹ וְדָבָר הַלָּמֵד מִסּוֹפוֹ: וְכֵן (נ״א וְכָאן) שְׁנֵי כְתוּבִים הַמַּכְחִישִׁים זֶה אֶת־זֶה עַד שֶׁיָּבֹא הַכָּתוּב הַשְּׁלִישִׁי וְיַכְרִיעַ בֵּינֵיהֶם:

יְהִי רָצוֹן מִלְּפָנֶיךָ יְהוָה אֱלֹהֵינוּ וֵאלֹהֵי אֲבוֹתֵינוּ שֶׁיִּבָּנֶה בֵּית הַמִּקְדָּשׁ בִּמְהֵרָה בְיָמֵינוּ וְתֵן חֶלְקֵנוּ בְּתוֹרָתֶךָ:

קדיש דרבנן

הוֹדוּ לַיהוָה קִרְאוּ בִשְׁמוֹ הוֹדִיעוּ בָעַמִּים עֲלִילוֹתָיו: שִׁירוּ לוֹ זַמְּרוּ־לוֹ שִׂיחוּ בְּכָל־נִפְלְאֹתָיו: הִתְהַלְלוּ בְּשֵׁם קָדְשׁוֹ יִשְׂמַח לֵב מְבַקְשֵׁי יְהוָה: דִּרְשׁוּ יְהוָה וְעֻזּוֹ בַּקְּשׁוּ פָנָיו תָּמִיד: זִכְרוּ נִפְלְאֹתָיו אֲשֶׁר עָשָׂה מֹפְתָיו וּמִשְׁפְּטֵי־פִיהוּ: זֶרַע יִשְׂרָאֵל עַבְדּוֹ בְּנֵי יַעֲקֹב בְּחִירָיו: הוּא יְהוָה אֱלֹהֵינוּ בְּכָל־הָאָרֶץ מִשְׁפָּטָיו: זִכְרוּ לְעוֹלָם בְּרִיתוֹ דָּבָר צִוָּה לְאֶלֶף דּוֹר: אֲשֶׁר כָּרַת אֶת־אַבְרָהָם וּשְׁבוּעָתוֹ לְיִצְחָק: וַיַּעֲמִידֶהָ לְיַעֲקֹב לְחֹק לְיִשְׂרָאֵל בְּרִית עוֹלָם: לֵאמֹר לְךָ אֶתֵּן אֶרֶץ כְּנָעַן חֶבֶל נַחֲלַתְכֶם: בִּהְיוֹתְכֶם מְתֵי מִסְפָּר כִּמְעַט וְגָרִים בָּהּ: וַיִּתְהַלְּכוּ מִגּוֹי אֶל־גּוֹי וּמִמַּמְלָכָה אֶל־עַם אַחֵר: לֹא־הִנִּיחַ לְאִישׁ לְעָשְׁקָם וַיּוֹכַח עֲלֵיהֶם מְלָכִים: אַל־תִּגְּעוּ בִּמְשִׁיחָי וּבִנְבִיאַי אַל־תָּרֵעוּ: שִׁירוּ לַיהוָה כָּל־הָאָרֶץ בַּשְּׂרוּ מִיּוֹם־אֶל־יוֹם יְשׁוּעָתוֹ: סַפְּרוּ בַגּוֹיִם אֶת־כְּבוֹדוֹ בְּכָל־הָעַמִּים נִפְלְאֹתָיו: כִּי גָדוֹל יְהוָה וּמְהֻלָּל מְאֹד וְנוֹרָא הוּא עַל־כָּל־אֱלֹהִים: כִּי כָּל־אֱלֹהֵי הָעַמִּים אֱלִילִים · כאן צריך להפסיק וַיהוָה שָׁמַיִם עָשָׂה: הוֹד וְהָדָר לְפָנָיו עֹז וְחֶדְוָה בִּמְקֹמוֹ: הָבוּ לַיהוָה מִשְׁפְּחוֹת עַמִּים · הָבוּ לַיהוָה כָּבוֹד וָעֹז: הָבוּ לַיהוָה כְּבוֹד שְׁמוֹ · שְׂאוּ מִנְחָה וּבֹאוּ לְפָנָיו הִשְׁתַּחֲווּ לַיהוָה בְּהַדְרַת־קֹדֶשׁ: חִילוּ מִלְּפָנָיו כָּל־הָאָרֶץ אַף תִּכּוֹן תֵּבֵל בַּל־תִּמּוֹט: יִשְׂמְחוּ הַשָּׁמַיִם וְתָגֵל הָאָרֶץ וְיֹאמְרוּ בַגּוֹיִם יְהוָה מָלָךְ: יִרְעַם הַיָּם וּמְלוֹאוֹ יַעֲלֹץ הַשָּׂדֶה וְכָל־אֲשֶׁר־בּוֹ: אָז יְרַנְּנוּ עֲצֵי הַיָּעַר מִלִּפְנֵי יְהוָה כִּי־בָא לִשְׁפּוֹט אֶת־הָאָרֶץ: הוֹדוּ לַיהוָה כִּי־טוֹב כִּי

לְעוֹלָם חַסְדּוֹ: וְאִמְרוּ הוֹשִׁיעֵנוּ אֱלֹהֵי
יִשְׁעֵנוּ וְקַבְּצֵנוּ וְהַצִּילֵנוּ מִן־הַגּוֹיִם
לְהוֹדוֹת לְשֵׁם קָדְשֶׁךָ לְהִשְׁתַּבֵּחַ
בִּתְהִלָּתֶךָ: בָּרוּךְ יְהוָה אֱלֹהֵי יִשְׂרָאֵל
מִן־הָעוֹלָם וְעַד־הָעֹלָם: וַיֹּאמְרוּ כָל־
הָעָם אָמֵן וְהַלֵּל לַיהוָה: רוֹמְמוּ יְהוָה
אֱלֹהֵינוּ וְהִשְׁתַּחֲווּ לַהֲדֹם רַגְלָיו קָדוֹשׁ
הוּא: רוֹמְמוּ יְהוָה אֱלֹהֵינוּ וְהִשְׁתַּחֲווּ
לְהַר קָדְשׁוֹ כִּי קָדוֹשׁ יְהוָה אֱלֹהֵינוּ:
וְהוּא רַחוּם ׀ יְכַפֵּר עָוֹן וְלֹא יַשְׁחִית
וְהִרְבָּה לְהָשִׁיב אַפּוֹ וְלֹא יָעִיר כָּל־
חֲמָתוֹ: אַתָּה יְהוָה לֹא־תִכְלָא רַחֲמֶיךָ
מִמֶּנִּי חַסְדְּךָ וַאֲמִתְּךָ תָּמִיד יִצְּרוּנִי:
זְכֹר רַחֲמֶיךָ יְהוָה וַחֲסָדֶיךָ כִּי מֵעוֹלָם
הֵמָּה: תְּנוּ עֹז לֵאלֹהִים עַל־יִשְׂרָאֵל
גַּאֲוָתוֹ וְעֻזּוֹ בַּשְּׁחָקִים: נוֹרָא אֱלֹהִים
מִמִּקְדָּשֶׁיךָ אֵל יִשְׂרָאֵל הוּא נֹתֵן עֹז
וְתַעֲצֻמוֹת לָעָם בָּרוּךְ אֱלֹהִים: אֵל־
נְקָמוֹת יְהוָה אֵל נְקָמוֹת הוֹפִיעַ: הִנָּשֵׂא
שֹׁפֵט הָאָרֶץ הָשֵׁב גְּמוּל עַל־גֵּאִים:
לַיהוָה הַיְשׁוּעָה עַל־עַמְּךָ בִרְכָתֶךָ
סֶּלָה: יְהוָה צְבָאוֹת עִמָּנוּ מִשְׂגָּב־
לָנוּ אֱלֹהֵי יַעֲקֹב סֶלָה: יְהוָה צְבָאוֹת
אַשְׁרֵי אָדָם בֹּטֵחַ בָּךְ: יְהוָה הוֹשִׁיעָה
הַמֶּלֶךְ יַעֲנֵנוּ בְיוֹם־קָרְאֵנוּ: הוֹשִׁיעָה

אֶת־עַמֶּךָ וּבָרֵךְ אֶת־נַחֲלָתֶךָ וּרְעֵם
וְנַשְּׂאֵם עַד־הָעוֹלָם: נַפְשֵׁנוּ חִכְּתָה
לַיהוָה עֶזְרֵנוּ וּמָגִנֵּנוּ הוּא: כִּי־בוֹ יִשְׂמַח
לִבֵּנוּ כִּי בְשֵׁם קָדְשׁוֹ בָטָחְנוּ: יְהִי־
חַסְדְּךָ יְהוָה עָלֵינוּ כַּאֲשֶׁר יִחַלְנוּ לָךְ:
הַרְאֵנוּ יְהוָה חַסְדֶּךָ וְיֶשְׁעֲךָ תִּתֶּן־לָנוּ:
קוּמָה עֶזְרָתָה לָּנוּ וּפְדֵנוּ לְמַעַן חַסְדֶּךָ:
אָנֹכִי יְהוָה אֱלֹהֶיךָ הַמַּעַלְךָ מֵאֶרֶץ
מִצְרָיִם הַרְחֶב־פִּיךָ וַאֲמַלְאֵהוּ: אַשְׁרֵי
הָעָם שֶׁכָּכָה לּוֹ אַשְׁרֵי הָעָם שֶׁיהוָה
אֱלֹהָיו: וַאֲנִי ׀ בְּחַסְדְּךָ בָטַחְתִּי יָגֵל לִבִּי
בִּישׁוּעָתֶךָ אָשִׁירָה לַיהוָה כִּי גָמַל עָלָי:

מִזְמוֹר שִׁיר חֲנֻכַּת הַבַּיִת לְדָוִד: אֲרוֹמִמְךָ יְהוָה
כִּי דִלִּיתָנִי וְלֹא שִׂמַּחְתָּ אֹיְבַי לִי: יְהוָה
אֱלֹהָי שִׁוַּעְתִּי אֵלֶיךָ וַתִּרְפָּאֵנִי: יְהוָה הֶעֱלִיתָ מִן
שְׁאוֹל נַפְשִׁי *חִיִּיתַנִי מִיָּרְדִי בוֹר: זַמְּרוּ לַיהוָה
חֲסִידָיו וְהוֹדוּ לְזֵכֶר קָדְשׁוֹ: כִּי רֶגַע בְּאַפּוֹ חַיִּים
בִּרְצוֹנוֹ בָּעֶרֶב יָלִין בֶּכִי וְלַבֹּקֶר רִנָּה: וַאֲנִי אָמַרְתִּי
בְשַׁלְוִי בַּל אֶמּוֹט לְעוֹלָם: יְהוָה בִּרְצוֹנְךָ הֶעֱמַדְתָּה
לְהַרְרִי עֹז הִסְתַּרְתָּ פָנֶיךָ הָיִיתִי נִבְהָל: אֵלֶיךָ יְהוָה
אֶקְרָא וְאֶל יְהוָה אֶתְחַנָּן: מַה בֶּצַע בְּדָמִי בְּרִדְתִּי
אֶל שָׁחַת הֲיוֹדְךָ עָפָר הֲיַגִּיד אֲמִתֶּךָ: שְׁמַע יְהוָה
וְחָנֵּנִי יְהוָה הֱיֵה עֹזֵר לִי: הָפַכְתָּ מִסְפְּדִי לְמָחוֹל לִי
פִּתַּחְתָּ שַׂקִּי וַתְּאַזְּרֵנִי שִׂמְחָה: לְמַעַן יְזַמֶּרְךָ כָבוֹד וְלֹא
יִדֹּם יְהוָה אֱלֹהַי לְעוֹלָם אוֹדֶךָּ:

יְהוָה מֶלֶךְ יְהוָה מָלָךְ יְהוָה יִמְלֹךְ לְעוֹלָם וָעֶד: יְהוָה
מֶלֶךְ יְהוָה מָלָךְ יְהוָה יִמְלֹךְ לְעוֹלָם וָעֶד:
וְהָיָה יְהוָה לְמֶלֶךְ עַל כָּל הָאָרֶץ בַּיּוֹם הַהוּא יִהְיֶה יְהוָה אֶחָד
וּשְׁמוֹ אֶחָד: הוֹשִׁיעֵנוּ יְהוָה אֱלֹהֵינוּ וְקַבְּצֵנוּ מִן הַגּוֹיִם

*נ"א חִיִּתַנִי מִיּוֹרְדֵי כ'

להודות

לְהוֹדוֹת לְשֵׁם קָדְשֶׁךָ לְהִשְׁתַּבֵּחַ בִּתְהִלָּתֶךָ · בָּרוּךְ יְהוָֹה אֱלֹהֵי יִשְׂרָאֵל מִן הָעוֹלָם וְעַד הָעוֹלָם וְאָמַר כָּל הָעָם אָמֵן הַלְלוּיָהּ: כֹּל הַנְּשָׁמָה תְּהַלֵּל יָהּ הַלְלוּיָהּ:

*לַמְנַצֵּחַ בִּנְגִינֹת מִזְמוֹר שִׁיר · אֱלֹהִים יְחָנֵּנוּ וִיבָרְכֵנוּ יָאֵר פָּנָיו אִתָּנוּ סֶלָה: לָדַעַת בָּאָרֶץ דַּרְכֶּךָ בְּכָל גּוֹיִם יְשׁוּעָתֶךָ: יוֹדוּךָ עַמִּים אֱלֹהִים יוֹדוּךָ עַמִּים כֻּלָּם · יִשְׂמְחוּ וִירַנְּנוּ לְאֻמִּים כִּי תִשְׁפֹּט עַמִּים מִישֹׁר וּלְאֻמִּים בָּאָרֶץ תַּנְחֵם סֶלָה: יוֹדוּךָ עַמִּים אֱלֹהִים יוֹדוּךָ עַמִּים כֻּלָּם: אֶרֶץ נָתְנָה יְבוּלָהּ יְבָרְכֵנוּ אֱלֹהִים אֱלֹהֵינוּ: יְבָרְכֵנוּ אֱלֹהִים וְיִירְאוּ אוֹתוֹ כָּל אַפְסֵי אָרֶץ:

לְשֵׁם יִחוּד קוּדְשָׁא בְּרִיךְ הוּא וּשְׁכִינְתֵּיהּ לְיַחֲדָא שֵׁם י״ה בו״ה בְּיִחוּדָא שְׁלִים בְּשֵׁם כָּל יִשְׂרָאֵל:

בָּרוּךְ שֶׁאָמַר וְהָיָה הָעוֹלָם · בָּרוּךְ הוּא

ברוך שאמר והיה העולם וכו׳ · מבואר בסידור האר״י ז״ל הכוונות בפרטיות · ברוך שאמר רדל״א דאצילות · ברוך הוא גלגלתא דא״א · ברוך אומר ועושה מוחא סתימאה דא״א · ברוך גוזר ומקיים אבא דאצילות כו׳ · הנה כדי להבין פרט ענין בחי׳ רדל״א צריך תחלה להבין בחינת כתר דא״א שע״ז אמר ברוך הוא כו׳. דהנה ידוע ההפרש בין אתה להוא דאתה מורה על בחי׳ הגילוי כי אמירת אתה מורה לעומד לנוכח בגילוי ואמירת הוא מורה על מי שהוא נסתר ונעלם ואינו ידוע מהותו בגילוי כו׳ · וע״כ תיבת אתה מורה על ג׳ מדריגות שהם כולם בחי׳ הגילוי והמדריגה היותר תחתונה הוא בחי׳ מלכות דאצילות הנקרא סופא דכל דרגין דאצילות שנאמר בה ואתה מחיה את כולם כמ״ש ומלכותו בכל משלה והיינו בחי׳ כ״ב אותיו׳ מא׳ ועד ת״ו כידוע שהיא בחי׳ ההתגלות דווקא מאין ליש כמו אותיות הדיבור למטה שהן גילוי המחשבה· ומדריגה הב׳ הוא מ״ש ואתה כהן כו׳. ומבואר בזוהר דקאי על בחינת אור החסד שהוא שרש מדריגת הכהן כו׳· ולהיות כי במדות דאצילות ראשית בחי׳ גילוי האור הוא בחי׳ החסד כמ״ש יומם יצוה ה׳ חסדו והוא יומא דאזיל עם כולהו יומין כו׳ וכמ״ש כי אמרתי עולם חסד יבנה שעיקר הבנין דז״א הוא ע״י בחי׳ החסד וכמ״ש זכר חסדו כמ״ש בע״ח שז״א רובו חסדים כו׳ ולהיות כן נקרא גם החסד בשם אתה וזהו אתה כהן כו׳ · והמדריגה הג׳ הוא בחי׳ החכמה שהוא בחי׳ אור אבא מקור כל האצילות והוא השרש הראשון באצילות לבא בבחי׳ הגילוי שנאמר בו ג״כ אתה כמ״ש כי אתה אבינו· וידוע דאבינו הוא בחי׳ החכמה שנק׳ אב כו׳ · ולהיות כי החכמה הוא בחי׳ ראשית הגילוי נקרא אתה לנוכח אבל בחינת הכתר נקרא אין וכמ״ש והחכמה מאין תמצא לפי שהוא בבחינת ההעלם וההסתר כידוע אינו נקרא אתה אלא הוא דתיבת הוא קאי על מי שהוא בבחי׳ העלם דוקא כנ״ל · והמשל בזה מובן בנפש האדם שכח השכלי שבמוחו משכיל כל חכמה ושכל בגילוי אור· וידוע שהשכלות הללו יש להן שרש ומקור הנקרא משכיל לשון מפעיל מפני שמשכיל כל ההשכלות והרי כח המשכיל הזה בשעה שמשכיל אור השכל בגילוי אעפ״י שאור השכל בא בגילוי ממש אבל כח המשכיל אינו ניכר ונגלה מציאתו כלל כי אין האדם מרגיש אלא גילוי אור השכל במוחו בלבד אבל מה שלמעלה מן השכל אינו מורגש כלל בנפש אלא הוא בבחי׳ העלם על המוחין שבראש · ועדמ״ז יובן למעלה שזהו ההפרש בין אור אבא לבחי׳ כתר בכלל · שהכתר הוא בבחי׳ ההעלם בכללי׳ והחכמ׳ דאור אבא באה מן ההעל׳ לגילוי ממש וד״ל · ואמנם הנה מובן מתוך זה המשל עוד ענין א׳ · דאע״פ שהכתר הוא בבחי׳ העלם · אינו בבחי׳ העלם ממש עד שלא נודע כלל מציאותו · אלא נודע מציאותו · רק מפני שאינו בא לבחי׳ גילוי מהות ממש כמו השכל · לכך נק׳ העלם כו׳ · שהרי כח המשכיל הנ״ל בוודאי נודע מציאותו · כלומר שיש איזה מציאות שהוא כח ומקור שממנו אור השכל זה בגילוי ואם לאו מהיכן בא שפע השכלה זו . ובוודאי יש בבירור מציאות כח השופע השכלה זו גם עתה בשעה ורגע שמשכיל את השכל הזה · א״כ הרי נודע מציאותו אלא שאינו בא בבחי׳ גילוי ממש · וה״ז ממש כמו שאומרים הוא על אדם שנסתר ונעלם אעפ״י שיודעי׳ מציאותו · וא״כ מובן דאעפ״י שתיבת הוא מורה על הנסתר דווקא · אבל מ״מ מציאותו ידוע אלא שאינו בגילוי · וא״כ מובן גם בנמשל בבחי׳ אור הכתר דאעפ״י שהוא בבחי׳ ההעלם וההסתר מ״מ נודע מציאותו כלומר שנודע שיש בבירור מציאות כח ומקור לגילוי אור החכמה הזאת דאצי׳ כו׳ · וה״ז עד״מ הידיעה שיודע האדם בנפשו מציאו׳ כח המשכיל הנ״ל ואע״פ שאינו מרגיש בהרגשה ממש כמו שמרגיש את השכל כו׳ · וידוע שזה נקרא ידיעת המציאות ואע״פ שאינו יודע המהות כו׳ · משא״כ בחי׳ רדל״א שהוא בחי׳ פנימיו׳ אור הכתר והוא בחי׳ עתיק שהוא מקבל מבחינת מלכות דא״ק גם בבחי׳ ידיעת המציאות איננו בא כי הוא מבחינה תחתונה שבעצמות המאציל · וידוע שאין ערוך כלל בין עצמות המאציל לנאצלים עד שנצרך המאציל להתצמצם בכמה רבבות מדריגות כו׳ · וא״כ הגם שהוא מבחינה אחרונה שבעצמות המאציל · מ״מ מובדל בערך הוא הרבה גם משרש וראש הנאצלים שהוא בחי׳ כתר דא״א עד שהכתר בא בבחי׳ ידיעת המציאות · ולזה הטעם

*) בחול יאמר זה ובשבת וביו״ט אומרים למנצח מזמור לדוד השמים מספרים וכו׳. תמצא להלן

הוא בָּרוּךְ אוֹמֵר וְעוֹשֶׂה · בָּרוּךְ גּוֹזֵר וּמְקַיֵּים

הנעלם נקרא שרש ומקור לנאצלים בכלל ובפרט · הוא בחי' מקור לאור אבא הנקרא ראשית הגילוי כנ"ל · אבל בחינת רדל"א גם בבחינת ידיעת המציאות אינו ונקרא סתימא דכל סתימין · ולא שהנאצלים בלבד אינם יודעים מציאותו אלא שגם הוא בעצמותו הרי נק' רישא דלא ידע ולא אתיידע דהיינו מפני שאינו בחי' מהות ידוע וניכר כי הוא בבחי' אין המוחלט בבחינת עצמות המאציל (ואמנם בבוא ההארה מבחי' רדל"א לפעמים ע"ז נאמר מתן בסתר יכפה אף כמ"ש באידרא דאף וחמה שהם מסתעפים מכ"ד בתי דינין אתכפייא כו' כי סתר זה מבחינת רדל"א הוא וזהו מתן בסתר עד"מ מצדקה שאין המקבל יודע גם מציאות הנותן כלל כו' וכמ"ש במ"א) · וזהו פי' ברוך שאמר והיה העולם פי' שאמר הוא בחי' אותיות דמלכות שנקרא אמירה ויש בזה ב' מדריגות אמירה דבינה ואמירה דמלכות וכל אלה הם עדיין בבחי' א"ק שהוא בחינ' בינה ומלכות דא"ק שמתלבשים בי"ס דעתיק שממנו שרש בנין עולם אצילו' כידוע · וזהו שאמר מלכות דא"ק והיה בנין העולם דז"ת דעתיק ואח"כ אומרים ברוך הוא שהוא בחי' גלגלתא דא"א שנקרא ראש ושרש לנאצלים כו' כי בכלל נקרא הכתר בחי' ממוצע בין עצמות המאציל לנאצלים ומה שיש בו מבחינת המאציל הוא מבחי' ג"ר שבו והוא בחינ' עתיק בכלל שנקרא רדל"א שמקבל ממלכות דא"ק · וזהו שאמר והיה העולם כו' וכל בחינת ממוצע הרי יש בו גם מבחינה התחתונה שבמקבלים והוא בחינת גלגלתא דא"א שהוא נעשה שורש וראש לנאצלים · מה שאין כן כשאמר והיה העולם בבחינת רדל"א הנ"ל עדיין מובדל הוא בערך גם מהיות בחינת מקור ושרש לנאצלי' כמובן ממשל הנ"ל מפני שהם כתר א' הסמיכו ב' מדריגו' הללו כא' · אך בתחילה אומר ברוך שאמר כו' דהיינו בבחינה כמו שהוא בעצמותו שלא נודע גם המציאות ואח"כ נמשך עוד למטה ובא להיות מקור לנאצלים דהיינו בבחינת ידיעת המציאות עכ"פ והיינו ברוך הוא שנקרא העלם אבל נודע מציאותו עכ"פ כנ"ל וד"ל · ופי' ענין ברוך בב' מדריגות הנ"ל באמרו ברוך שאמר ברוך הוא כו' הענין הוא להיות מקור לגילוי אורות ב' מדריגות הללו בתחילה כא' מן העלם עצמיות ממש כו' · דהנה עד"מ המבריך את הגפן שעושה מקור ושרש לנטיעה זו ממקום אחר וכן העושה מקור לבריכ' של מים ממקור המעיין כו' שכל אלה בלה"ק נק' ברוך להיות כי ממנו בא מקור הברכה וההמשכה כו' · וגם למעלה יובן שכדי שיומשך בחי' רדל"א להלביש מאמרות דא"ק כו' צריך שיומשך מהעלם עצמיות א"ק מקור ושרש לזאת ההמשכה עד שתהא אח"כ ביכולת' לבא מההעלם אל הגילוי להיות אמר והיה העולם וזהו ברוך רדל"א בתחיל' מעצמות א"ק ואח"כ יוכל להיות שאמר כו' ופירוש ברוך בחי' הכתר דעתיקא · וכן פי' ברוך הוא הנה פי' הוא בחי' ההעלם דא"א שהוא שרש הנאצלים כנ"ל · ופי' ברוך הוא היינו שיתברך מהעלם עצמית שיהיה משם שרש להתהוות בחי' העלם זה שנקרא הוא והוא בחינת כתר דא"א בכלל · ויובן ענין זה למטה בעבודת ה' דהנה הנפש האלקית ידוע שהיא מקבלת גילוי אור אלקי מבחינת העלם אור אלקי ונקרא מה שבא בבחינת הגילוי בנפש בשם ברוך כמ"ש ברוך ה' מן העולם ועד העולם כו' כידוע · ולכאורה ענין ברוך זה הוא היפוך לענין ופי' ברוך בדרך הקבלה למעלה בסדר ההשתלשלות שהרי עפ"י דרך הקבלה בחינת ברוך למעלה הוא ענין מקור והעלם הברכ' שמשם נמשך כו' וע"ד העבודה פי' ברוך הוא בחי' גילוי אור למטה · אך הענין הוא דשניהם אמת משום דהא בהא תליא דכאשר יומשך ויתרבה השפע דעצמות אא"ס ב"ה בתוס' מרובה בבחינת הכ"ע שזהו כפי' חכמי הקבלה במל' ברוך הוא כנ"ל אזי ממילא תתגל' ותתפשט השפע למטה בנפש האלקית מן ההעלם לגילוי אור ונקרא ברוך מפני הגילוי כו' · ויובן זה עד"מ מחבית מלאה מים שכאשר תתמלא החבית כולה דוקא אזי מתגברים המים שבה ויוצאין ונוטפין לארץ מפי החבית מאחר שנתמלאה עד שאין להם מקום עוד בחבית בהכרח שיצאו מפי החבית למטה · וכענין המאמר אגברו מטרא אדרדקי כי היכי דלימרו מלתא דכאשר המשפיע נתמלא ברוב שפע יותר מכפי המדה אזי בהכרח שיתגל' ממנו למקבל עד"מ מה שנוטפין מים מפי החבית המלאה ביותר כו' · וכך יובן למעלה דכאשר יצוה ה' את הברכה ממקור הברכות למעלה עד שנק' ברוך למעלה אזי ממילא בא ונמשך מה שיוצא העודף והיותר שלא לפי המדה שנמדד בבחינת קו המדה וכו' ומאיר ובא למטה וזהו שנעשה בחינת ברוך למטה ע"י בחינת ברוך שלמעלה דווקא כי הא בהא תליא מטעם משל הנ"ל וד"ל :

ברוך אומר ועושה ברוך גוזר ומקיים כו' · הנה ב' מאמרות הללו ענין ושרש אחד להם דהיינו הכל בבחי' החכמ' בלבד אלא שאומר ועושה הוא בבחינת ח"ס דא"א כמ"ש בסידור האר"י ז"ל · וענין גוזר ומקיים הוא בבחינת חכמה דאצילות שנקרא אבא סתם אבל שרש א' להם כי בחינת חכמה דא"א הוא המקור והשרש לחכמה דאבא וכידוע דאור אבא יונק ממזל הח' דנוצר חסד שהוא נמשך מח"ס דא"א · כמבואר בהאד"ר · אך בכאן בא לומ' בענין חדש והוא בענין הבירורי' דגם בזה אין הבירור בחכמה אלא ע"פ ח"ס דא"א · וזהו שאמר ברוך אומר ועושה פי' עושה הוא בחינת התיקון לבירורים דתוהו כו' שהשרש נמשך תחלה מח"ס ואח"כ בחכמה אתברירו דהיינו באור אבא וזהו גוזר ומקיים כו' · וביאור הדברי' הנה תחלה יש להבין פי' גוזר ומקיי' שע"י

הכמה

חכמה סתם · דהנה ידוע דאורייתא מחכמה עילאה נפקת ואנו רואים בבחי' החכמה שבתורה שהיא באה בבחינת דין וצמצום דוקא שהרי בכל מצוה ומצו' יש כמה דיקדוקי דינים לפסול ולאסור שהוא בחינת דין וצמצו' כמו סוכה שחמתה מרובה מצילת' פסול' וכיוצא ואין זה אלא עפ"י החכמה דוקא דהיינו מפני שכך גורה החכמ' שלא יוכשר באופן זה אלא באופן זה דוק' וה"ז כמשל החכ' שמשכיל על דבר מה איך לעשותו שימצא בכח שכלו ותבונתו צימצום אופן כשרון המעשה כך וכך דוקא שנראה לעין שהשכלתו זאת הוא בחי' דין וצמצום כי השכל מצד עצמו בא בבחי' גבורות דינין להיותו מודד הדבר בשכלו שכך לא יוכשר מזה הטעם וכך לא יוכשר מזה הטע' עד שמוצא כשרון מעש' להיות כך וכך דוק' וע"כ נקרא החכמה דין לפרקים כמ"ש בפרד"ס והוא בחינ' חכמה שבתורה שהיא באה בבחי' מדידה למדוד כל דבר · ועיקר שרש המדידה הזאת היינו באופן המשכות אורות בכלים דהיינו בחינת האורות עם בחי' ־הכלים המה ב' הפכים ממש כי האור הוא בלתי מוגבל מצד עצמו להיות מאיר ובא מאא"ס שבקו וחוט כו' שהאא"ס בלתי הגבלה הוא בודאי וא"כ כאשר היה בחינת האור מאיר ובא מצד עצמו בלבד לא היה הפסק כלל להתפשטות אורו . וכמו שביום הא' בו' ימי המעשה האיר אור החסד אך בחינת הכלים של האורות המה דווקא בבחי' הגבול להגביל כ"ד שפע דווקא היפוך בחי' האורות · ולהיות כי הכלים המה כוחות מגבילים היפוך האורות צריך שיבא בהם בחי' ממוצע להכריע ביניהם כי מצד כחות הכלים היה כולו גבול וצמצום ומצד האור היה כולו בחינת התפשטו' בלתי מוגבל·והממוצע הוא שיהיה ממוזג אור השפע במזיגה נכונה באופן ההגבלה ובאופן ההתפשטות . וזהו שרש ענין התיקון שע"י הח"ע לעשות בחי' הריבוי אורות ודווק' בהרחבת הכלים שיקבלו רבוי אורות ואז יתקיימו כו' כמ"ש בע"ח . וזהו פי' גוזר ומקיים פי' ע"י החכמה שבתורה דוקא להיות' באה בבחי' המדידה כנ"ל הרי נמדד ע"י אופן הגבלת הכלים ואופן התפשטות האורות בהם עד שיהי' בגדר המתקיי' ולא יהיה ב' הפכי' מנגדים והוא ע"י כח הממוצע דווקא שיש בכחו לחבר ב' הפכים · וזהו גוזר שמצמצם האור וחותכו לפי המדה הנכונה ומקיימו בהרחבת כלי המגביל שהוא ג"כ כפי המדה כו' וד"ל · אך הנה שרש ומקור יש לחכמה זו שבתור' המודדת אורות וכלים והוא בחינת ח"ס דא"א לפי שהם שרש ומקור לכל הבירורים שמתבררים · דהנה כפי אופן הבירורים דרפ"ח כו' כך צריך להיות התלבשו' אורות בכלים כידוע דבכל ו' ימי המעשה מתבררים רפ"ח כו' והוא הנקר' למעלה ל"ט מלאכות חורש וזורע כו' · וזהו פי' אשר ברא אלקים לעשות כלומר לתקן כמ"ש בת"א · ולפי רצון המאציל בבירורים דרפ"ח למטה בו' ימי המעשה כך הוא בבחינת קו המדה שבח"ס דא"א הנק' בשם בוצינא דקרדוניתא' להיות מקור לחכמה סתם להיות התלבשות אורות בכלים כך וכך · כי ידוע דקו המדה הוא שרש בחי' המדיד' שכבר נעשית בחכמה סתם כמ"ש בת"א באריכות· וזהו פי' אומר ועושה אומר בח"ס דא"א ועוש'

וּמְקַיֵּם · בָּרוּךְ עֹשֶׂה בְרֵאשִׁית ·

כי שם הוא בחינת שרש התיקון שבחכמה איך יהיה ואז ממילא אח"כ ברוך גוזר ומקיים דהיינו שגוזר ומקיים בחכמה עפ"י הרצון שמלובש בח"ס דא"א שמשם אומר ועושה שרש לאופן התקון הנק' עשיה כידוע וד"ל. עוד יש לפרש עפ"י הידוע בע"ח דיש ג' מדריגות עקודים נקודים וברודים והוא בי"ע דאצילות בכלל ובחי' עשיה דאצילות היינו בחינת התיקון של אורות בכלים הנק' ברודי' ויצירה הוא בחינת נקודים ששם מיעוט הכלים כו' ודרך כלל נקרא ז"א אדם דעשיה וכו' וזה פי' אומר ועושה בח"ס נגמר איך שיהיה בחינת התקון בבחי' אדם דאצילו' באורות וכלים שזה נק' עשיה בכלל כידוע והכל ענין א' עם הנ"ל וד"ל :

ברוך **עושה בראשית**. פי' אימא דאצילות כמ"ש בסידור · והענין הוא כי הנה בחי' בינה דאצילות הוא הנקרא אם הבנים כלומר שממנו נולדו המדות מן ההעלם לגילוי ממש אבל שרש עיקר התהוות המדו' הוא דוק' מאור אבא שנשפע באימא כמשל הולד הנולד במעי האם מטפת מ"ד דזכר שאעפ"י שעיקר גידול הולד ובירורו הוא במעי ובטן האם אבל שרש תגלותו מת"ד דאב מזריע לובן כו' כידוע אלא שבחי' שפע דאבא מכוס' ונעלם הוא באימא · וזהו שאמר בת"ז בראשי' ברא אלהים בחכמה ברא שם אלהים שהוא בינה את השמים הן המדות כו' וכן פי' כולם בחכמה עשית והיתא בזהר עשית בבינה שהעשי' בבינה בגילוי מאין ליש כדרך כל תולד' אבל מקור האמתי הוא בחכמה שמלובש בבינה פי' כולם בחכמ' עשית ע"י החכמה עשית הכל בבינה כו' · וגם בענין הבירורי' כך הוא מאחר דהבירורי' באורות וכלים נקרא עשיה כנ"ל עיקר שרש העשיה הוא בחכמה אך בחי' גילוי הדבר בפי' הוא בבינה שמגלה כח החכמה כנ"ל · וז"פ עושה בראשית פי' עושה הוא ע"י בחי' בינה דוקא אך במה כחה לעשות' ולתקן הוא ע"י אור החכמה שמלובש בה כנ"ל וזהו בראשית וד"ל · ומה שסמך ואמ' זה לגוזר ומקיים הענין הוא כי אחר שבחכמ' אתברירו פי' בבחי' התיקון אח"כ נתבררו ז' המלכי' דתהו ג"כ·והנה ידוע שעיקר השביר' הי' בשם ס"ג דביג' דנקודין והן שרש ז' מלכין בלע ויובב כו' . ולפי שנפלו ואין מיתוק הדין אלא בשרשו דווקא כידוע ע"כ עיקר בחי' התיקון שלהם ג"כ ע"י אור אימ' דוקא וזהו עושה בראשית הבינה עצמה מתקן לז' מלכין מפני שהן מז"ת דאימא בשרש; ובמה הוא התיקון בראשית בחכמ' שהוא העיקר הכח המברר כנ"ל בפי' גוזר ומקיים ומקום הבירור הוא בבינה מטעם הנ"ל ·וע"כ סמך

ענין

בָּרוּךְ מְרַחֵם עַל הָאָרֶץ · בָּרוּךְ מְרַחֵם עַל הַבְּרִיּוֹת : בָּרוּךְ מְשַׁלֵּם שָׂכָר טוֹב לִירֵאָיו · בָּרוּךְ חַי לָעַד וְקַיָּם לָנֶצַח ·

בָּרוּךְ

ענין עשה בראשית לענין גוזר ומקיים כי הא בהא תליא שלאחר שהוא גוזר ומקיים הכל בחכמה כנ"ל אח"כ מתילא הוא עושה בראשית לגמור התיקון גם בבחי' התהו שיבואו גם הם לבחי' התיקון כו' וד"ל:

ברוך מרחם על הארץ · פי' ז"א דאצילו' כמ"ש בסידור. והענין הוא כי ארץ היא בחינת מלכות כידוע בפירוש והארץ הדום רגלי להיותה הבחי' היותר אחרונה להוות מאין ליש בע"ג כו' · והנה ידוע שעיקר גלוי דאצילות הוא ע"י בחינת הצמצום דשם אלהי' כמ"ש כי שמש ומגן ה' אלהים כמ"ש בלק"א · וע"כ עיקר בנין המלכות היא מבחי' הגבורה דווקא כמ"ש בע"ח בענין הדלקת נרות המנורה · וזהו להודיע לבני האדם גבורותיו ואח"כ וכבוד הדר מלכותו אין מלך בלא עם פירוש כבוד מלכותך יאמרו אזי וגבורתך ידברו כו' · וכמ"ש במ"א ודינא דמלכותא דינא כו' · ולהיות כן כל בחינת דין וצמצום נמשך בעולמות מבחינת מלכות דווקא כמו שמצינו שגם השירה של המלאכים לפעמים לא יעלה לרצון כלל וכמ"ש הן שמים לא זכו בעיניו ובמלאכיו ישים תהלה כו' כי מפני צמצום הדין שבמלכות מתגשא בעצמותא ואזי כולא קמיה כלא חשיבי וגם כל מה שיעשו הנבראים בהעלאת מ"ן אין תופס מקום כלל כו'. ולזאת צריכים גבורות הללו מיתוק בחסדי' טובים ורחמי' רבים והמשכת הרחמי' למתק הגבורות הללו מבחי' חסדים דז"א בא ונמשך כי ז"א רובו חסדים כידוע וכמ"ש כי זכר חסדו וכמ"ש בע"ח דנ"ד ממתיק בחי' גבורות דנוקבא וזהו פי' ברוך מרחם על הארץ להמתיק ברחמים דז"א גבור' דנוקבא שנק' ארץ וד"ל:

ברוך מרחם על הבריות · פי' בחי' נוקבא דאצי' כי הנה ידוע דבחי' מ"ל דאצילות נעשה בחי' עתיק לבריאה וידוע די"ג מכילן דרחמים הרי הם נמשכים דוקא מבחי' הכתר בכל מקום · להיות כי בחי' רחמי' דז"א הרי המה עדיין בבחי' א"ס כי באצי' איהו וחיוהי וגרמוהי חד כו' וא"א שישיגו אותן הרחמים ויאירו בנבראים שהן בע"ג בתכלית · ע"כ מתלבשים ומאירים דרך בחי' המ"ל שלמטה ממדות דז"א והוא ע"י שנעשית המ"ל בחי' כתר לנבראים כנ"ל · ונמנה יאירו י"ג מכילן דרחמים ואז נקרא הרחמים ע"ש בחינת המ"ל · והן ענין הכרוזים שב"ק מכרזת בכל יום כו' לעורר בעולמות הנפרדי' העלאת מ"ן · וזהו ברוך מרחם על הבריות פי' בריות בחי' נפרדים דווקא שאינה המקבלים רק מבחי' המ"ל כי בחי' רחמים דז"א לא יוכלו לקבל מפני עוצם הרוממות שמובדל בערך מהם כנ"ל הטעם וד"ל:

ברוך משלם שכר טוב ליראיו · פי' בחי' א"א דבריאה כמ"ש בסידור. והענין הוא כי פי' שכר טוב הוא ענין הנאת הנשמות בג"ע מזיו השכינה מדי שבת וחודש כמ"ש והיה מדי חודש כו' ושבת כו' · וכפל הענין לקרותו שכר טוב להיות כי הזיו הזה מבחי' עתיק דבריא' נמשך · וע"כ נקרא שמו זיו כי הוא בחי' זיווא עילאה דעתיקא והוא בא ונמשך בב' מדריגות זא"ז גן ועדן וכמ"ש ויטע ה' אלהים גן בעדןמקדם פי' מבחי' הכתר נמשך האור וזיו בתחילה בבחי' עדן כמ"ש בעדן עין לא ראתה כו' אבל גן הוא נק' שכר שנתקבל עכשיו בנשמות כמ"ש שנהנין מזיו כו' נהנין ממש · והטוב הוא אור הגנוז בעדן לצדיקים לעתיד אך אפס קצהו מאיר בגן ע"כ נק' שכר טוב וע"ז אומר ברוך משלם שכר טוב ליראיו כי מדי חודש ושבת מתחדש העונג העליון להאיר בזיו ג"ע והארת הכתר הנ"ל משלם שכר טוב הנ"ל ליראיו · וזהו שהוא מבחי' א"א דבריאה דוקא וד"ל:

ברוך חי לעד וקים לנצח · פי' בחי' אבא דבריא' כו' הנה מבואר בחי' אבא שהוא החכמה נק' חיה כמ"ש החכמה תחיה כו' · ונקראת החכמה מקור החיים להבינה הנק' חיים סתם כי הנה ידוע דבינה נקרא אלהי' חיים ועל החכמה נאמר כי עמך מקור חיים כו' · כי החכמה הוא נמשל למעיין הנובע שהוא בבחינת ההעלם עדיין כמ"ש במ"א ע"פ באר מים חיים וע"כ הבינה נק' חיים כי כבר בא האור שם בבחי' גילוי השגה משא"כ בחכמה שהאור עדיין שם בבחי' העלם ולא בבחי' התפשטו' השגה עדיין נקרא מקור לחיים כו' וזהו ברוך חי לעד כי פי' חי הוא על החיות אשר הוא בכח העצמות עדיין למעלה מבחי' התפשטות גילוי אור החיות כו' · עד"מ שקורין לאיש שנפשו החיוני' מלובשת בגופו בשם איש חי שאין הכוונה על בחי' התפשטות גילוי חיות איבריו כשמתפשטין בתנועה וכיוצא אלא הכוונ' על עצם החיו' של נפש החיונית גם מבלתי יתפשט עדיין בגילוי שהוא הנקרא חי כלומר חי בעצם כו' · וכך יובן מזה האנשל למעלה בבחי' אור אבא דבריאה שהענין היא בחי' מקור כל החיים דבריאה שנמשכו ממנו כל השפעות בכלל ובפרט כשבא אח"כ לידי גילוי אור בבחי' הבינה שנקרא אלהים חיים להיותו כבר בבחי' גילוי להחיותו בחיות ואור גילוי ממש כו' · ולפי שא"א לומר שם למעלה חי בעצם עד"מ הגשמי באדם אבל מ"מ דוגמת ענין זה הוא שהחיות בחכמה דבריאה הוא בבחי' העלם קודם שיתפשט בגילוי ונקרא מקור חיים כו' וד"ל. וזהו פי' חי לעד כי פי' לעד מורה בחי' התפשטות עד אין שיעור למטה מטה כו' · ופי' לנצח הוא בחי' התפשטות עד אין שיעור קצב כלל

לזמן

לזמן כידוע דמקום וזמן הרי באו בבחי' גבול ומדה מלמעלה
למטה · והיינו דוקא מבחי' בינה דבריאה מפני שמאיר במדה
וגבול גילוי אור החיות האלהי . משא"כ בחכמה שנקרא מקור
חיים הרי ידוע דבמקור אין שיעור וגבול עדיין להתפשט גילוי
האור בין בבחי' מקום ובין
בבחי' זמן כו' · והיינו שאמר חי
לעד וקים לנצח פי' בזמן
ומקו' אין שיעור ומדה כלל לפי
שהוא בבחי' חי בעצם כנ"ל וע"כ ממילא נקרא חי לעד כו' וד"ל
משא"כ מתכת' דאור אבא דבריאה ולמטה יש שיעור ומדה בקו
המדה דאלהים חיים דבינה כנ"ל הטעם וד"ל :

ברוך פודה ומציל · ברוך שמו :

ברוך פודה ומציל · פי' בחי' אימא דבריאה כו' דהנה
ידוע פי' המאמר דאימא עילאה מקננא בכורסייא
דהיינו בחי' ו"ק דבריאה שנקרא כורסיא לבינה דאצילות
ושיורדת להאיר בעולם דבריאה נקרא שם אימא דבריאה
כו' · ופי' ענין ו"ק דבריאה ידוע שהוא בחי' המדות דאצילות
שמאירים בעולם הבריאה ונקרא ע"ב סנהדרין שלמעלה
ויושבין בהיכל לשכת הגזית לדון העולם נשמות ומלאכים
דבי"ע וכמ"ש וה' פקד כו' הוא ובית דינו . ויש ב' ב"ד
שלמעלה א' ב"ד דז"א והוא הנקרא הוי"ה והב' ב"ד דנוקבא
דז"א והם ע"ב צירופים דמל' שמאירים בעולם הבריאה ונק'
ע"ב סנהדרין שלמעלה ויושבין בהיכל לשכת הגזית שבבהמק"ד
שלמעלה דהיינו הנקרא היכל הזכות והוא היכל הגבורה כו' ·
ולפי ששם משפט כל מלכי הארץ על האדמה כו' ומכ"ש
נשמו' ומלאכים העליונים דכל העולמות כמבואר בהיכלות
דפרשת פקודי שבהיכל הזכות שם דנין כל הנשמות כו' ויש
שעונש משפט' בגיהנם שולחין ומוסרין אותה לדומה שר
הגיהנם וכמ"ש שכנה דומה נפשי כו' · אך הנה כ"ז בצירופי
דע"ב שמות דמ"ל מהם ע"ב סנהדרין יושבי' בהיכל הזכות
ושופטי' את הכל וע"ב צירופים הללו מקבלים מו"ק דבריאה
שהוא בחי' הורות המדות בכלל לחיוב ולזכות כו' · וכל מי שיצא
זכאי הרי הוא לפי שנמשך שורש זה הזכות מבחי' חסד שבו"ק
וכל מי שיצא חייב שרש זה החיוב נמצא מבחי' גבורה כו' ·
אבל למעלה מבחי' מדות הללו עדיין לא נגזר שם בחינת
המדות לזכות ולחיוב כלל כמ"ש במ"א בביאור ענין דנה"י
דאימ' הוא שנעשו מוחין למדות אבל בבחי' אור אימא עצמה
עדיין היא למעלה מבחינת התחלקות חיוב וזכות והרי משם
יוכל הדבר להתהפך מחיוב לזכות גם שכבר יצא לחוב מבחי'
המדות כי עד"מ השכל עצמו יוכל להפוך המדות ולמצוא שכל
לזכות גם שכבר יצא לחיוב וכיוצא · וכדוגמ' זו יובן למשכיל
למעל' בבחי' אימא דמקננא בכורסייא שהן ו"ק דבריאה משם
יוכל להיות ההפכות מן הקצה אל הקצה גם במדות דו"ק
כו' וד"ל · וזהו ברוך פודה ומציל ענין הפדייה ע"ד הפשוט
הוא לפדות ולהציל את החייב שכבר נתחייב · וכמו ושפטו העדה
והצילו העדה שהצלה זו לזכות את החייב הוא כמו שאמרו
עדה שופטת ועדה מצלת כו' וה"א להיות פדייה והצלה
להנשמות שכבר נגזר דינם לגיהנם ביד דומה וכיוצא אלא
ע"י בבחי' בינה דבריאה' מטעם
הנ"ל . ומלבד הפדייה והצלה
זו כנ"ל עוד יש בכח אור
הבינה שלא להביא את הנשמה
בתחילה למשפט ודין בהיכל הזכות אלא פודה אותה מן הדין
ושומרה בהיכל אור הבינה עצמו שלמעלה מהיכל הזכות
והוא הנקרא היכל ק"ק כו' וד"ל . ועוד יש טעם מה שהבינה
פודה ומצלת לפי שאין מיתוק הדין אלא בשרשו דייקא והבינה
מינה דינין מתערין בסופה ולכן כשרוצה לפדות ולהציל
דייקא מן הדין עצמו יתהפך לזכות כמו ויאמר ה' לא
כו' כי יצר לב האדם רע מנעוריו כו' וכמ"ש במקום
אחר וד"ל :

ברוך שמו · פי' שם הוי"ה ז"א דבריאה · בא"י כו'
מלך העולם בחינת נוק' דז"א דבריאה כו'
פי' ו"ק דבריאה שהם כלים המקבלים מדות דאצילות
נקרא ז"א דבריאה ועדיין שם הוא בבחי' שם הוי'
שהוא שם העצם כו' להיות עדיין בבחינת העלם
העצמות שהוא פי' שם הוי"ה היה הוה כו' משא"כ בחי'
נוקבא דז"א דבריאה שהוא בחי' מ"ל הנה הוא בגילוי
אור והיינו ברוך שמו לשון נסתר ונעלם מטעם הנ"ל
וד"ל · והנה כללות ענין ברוך שאמר הוא ענין
התפשטות מ"ד מכל הפרצופין להיות בכח למטה להנשמות
ומלאכים להעלות מ"ן בפסוקי דזמרה · דהנה ידוע ענין
פסוקי דזמרה הוא רק ענין העלאת מ"ן בשיר וזמרה
לשבח ולפאר כו' בהללויה דייקא כמו ארוממך אלהי
המלך כו' וכיוצא בזה · וה"א להיות התעוררות לעלות
מעצמן בשיר וזמרה כי אם על ידי אתערותא דלעילא בתחלה
ע"ז · וע"כ צריך בתחלה להמשיך מבחי' הכתר שבכל פרצוף
כמו ב"ש וברוך הוא כו' · מפני שמן הכתר דווקא יאירו
י"ג מכילין דרחמי כו' ולהיות ע"י רחמים רבים הללו כח
ועוז להנשמות ומלאכים לשבח ולפאר בפסוקי דזמרה ·
ולהיות ידוע שכל שצריך האור לבא למטה ביותר מוכרח
שיהיה נמשך ובא ממדריגה היותר עליון ביותר כמ"ש בס"י
עומק רום ועומק תחת כו' ע"כ נמשך גם מבחי' רדל"א
ומבחי' ח"ס והכל מבחי' הכתר שבהם עד נוקבא דז"א
דבריאה כדי שגם יאירו י"ג מדות הרחמים · והיינו באמרו
בא"י כו' כדי לעורר ולעלות מ"ן ממקום ליתלוס ירידתן
בתומריות גופם כו' והאר פסוד"ז יוכללו בבחי' מ"ן ממש
והיינו באמרו בק"ש ואהבת כו' בכל נפשך ממש וד"ל :

ברוך

בָּרוּךְ אַתָּה יְהֹוָה אֱלֹהֵינוּ מֶלֶךְ הָעוֹלָם
הָאֵל אָב הָרַחֲמָן הַמְהֻלָּל בְּפֶה עַמּוֹ
מְשֻׁבָּח וּמְפֹאָר בִּלְשׁוֹן חֲסִידָיו וַעֲבָדָיו
וּבְשִׁירֵי

ברוך אתה הוי"ה כו' האל אב הרחמן המהולל בפה עמו · הנה פי' אל הוא בחי' ל"א קוצי דשערי שמאירי' מא"א דבריאה או דיצי' באבא דבריאה או דיצירה וזו נקרא אבא דיצירה או דבריאה אב הרחמן להיות מהולל בפה עמו ע"י אימא דיצירה בנשמות דבריאה או דיצירה כמבואר בסידור וזהו תוכן הכוונה הכללי' במאמ' זה·ולהבין ביאו' הדברים הנה תחלה יש להבין מהו ענין ל"א קוצי דשערי כו' דהנה ידוע דשרש היניקה של השערות נמשך מבחינת מותרי המוחין בלבד וע"כ אין לשערות חיבור כלל עם גוף האדם מצד עצמם ומהותם שהרי כשחותכן אין האדם מרגיש כאב · אך הנה זהו דוקא מצד עצם גוף השערה אבל מצד בחינת החיות והאור אשר יש בה והיינו בחלל השערה שגם יש בה חיות קצת ממותרי המוחין הנה יש לחיות זה אשר בחלל קצת חיבור וקשר עם האדם שבהמשך אותם יכאיב לו כידוע ונמצא מזה מובן שהשערה עצמה כמו בחי' כלי ולבוש בעלמ' הוא להאור והחיות אשר עובר בתוך חללה · ויובן דוגמת בחי' השערות באור שבחלל ועצמות השערה עד"מ מהשפעת שפע אור שכל וסברא מן הרב לתלמיד ·דהנה כשרוצה הרב להשפיע איזה שכל לתלמידו וא"א לתלמיד לקבל השכל והסברא כמו שהיא מפני עומקה הנה אז ימציא לו הרב איזה משל לזה השכל בכדי שע"י אותו המשל יובן השכל והנה כאשר התלמיד כבר הבין השכל מתוך המשל אזי א"צ כלל למשל והנה הוא אך למותר . והטעם מובן לפי שצירופי אותיות המשל המה ענינים זרים לגמרי כי מצד עצמם דברי הבל ומהו הם אך שעשה אותם כמו לבוש וכלי להלביש ולהעלים בהם אור אותו השכל כדי שיובן מתוכם ע"כ לאחר שכבר הושג השכל אין המשל כלום ונשאר במאות דברים בטלים כשאר דברים הבטלים כו'.כמ"כ הם בחי' השערות למעלה שהם מצד עצמם רק כמו בחי' צירופי אותיות המשל לגבי השכל· והאור והחיות שבתוכה הוא האור אשר מלובש ונעלם בהם כמו שהשכל מלובש ונעלם במשל כנ"ל · וע"כ אין לעצם השערות חיבור כלל עם האדם אלא רק מצד החיות ואור שבתוך החלל שלהם מפני שהוא כמו בחי' אור ושפע השכל הנשפע מרב לתלמיד כנ"ל וד"ל . והנמשל מכל אלה מובן ג"כ למעלה שהרי השערות למעלה נק' קוצי כמו קוצין דווי"ן שהיו"ד בראשו והוא הולך ונמשך מלמעלה למטה כמ"ש קווצותיו תלתלים כו' · והענין הוא שנמשך בחי' אור ושפע למקבלים דווקא דרך התעלמות האור בלבוש זר בשערה כמו אור השכל שמלובש במשל כנ"ל · והטעם הוא כי הנה הנשמות הגם שהם בחי' חלק אלהות ממש והם בבחי' פנימיות האצילותית מ"מ המה בע"ג ותכלית וא"כ לכאורה יפלא איך ישיגו השגות באלהות שהוא בבחי' א"ס כידוע שאין נברא יכול להשיג בבלתי בע"ג כו' · ועוד דבהכרח לומר שא"א להם להשיג שהרי ממך הכל כתיב דהיינו שגם לאחר שחידש הבריאה יש מאין אין דבר נבדל ממנו כידוע שאין הבריאה יש מאין כמו החיות של הנפש בחיבורים בחומר הגוף שאע"פ שהנפש מתפעל מתאורעות הגוף מ"מ אין לה חיבור וקשר עם הגוף כי הגוף יש לו מציאות עכ"פ גם בלתי הנפש וגם לא כמו כח הפועל בדב' הנפעל שהנפעל יש לו מציאו' בלתי הפועל כו' ·אבל הבריא' תמיד יש מאין ממש הוא כלו' בבלתי מציאו' נפרד ודבר יש בפ"ע גם לאחר הבריא' כמו קודם הבריא' והוא משום דאין הבריאה בזה מיש ליש כמו בחיות הנפש בגוף אלא מאין ליש· ואם כן לכאורה יפלא זה מענין השגת האדם ·ולפ"ז הרי אין כל חדש בבריא' זו ואיך נבדל מאין ליש נפרד כו' מאחר דממך הכל גם לאחר הבריא' כמו קודם הבריאה כנ"ל אך באמת נפלאה השגה זו מהשגת בע"ג ותכלית שכבר נברא יש מאין דכאשר יבא עליהם אור השגה זה האלקית דהיינו איך שמופע עליהם אור האלקי מאין ליש להיותם רחוקים מאד מערך השגה אלקית הזאת היו מתבטלים ממציאותן לגמרי והיו נכללין במקור חוצבם כו' ·אשר לזאת נמשך להם הארה אלקי' הזאת ע"י העלם בלבוש וכלי דווקא והוא כדמיון השערה שהחלל יש בו האור והחיות בהעלם גדול והשערה מלבישו ומעלימו לגמרי כמו שהמשל מלביש ומעלים לאור השכל כו' וע"י בחי' הכלי והלבוש של השערות דוקא הוא שיכולים הנשמות לקבל אור השגה האלקית הזאת כאשר יבין התלמיד אור השכל מתוך המשל כנ"ל · וזהו הטעם שבא שפע האור להם דרך התעלמות בלבוש השערות כו' וד"ל · אך הנה הנשמות המשיגים אלקות הרי הם מבחי' בינה דבריאה או בינה דיצירה דוקא שהוא שרש גילוי הויו בג"ע העליון והיינו המהולל בפה עמו כו' כי בחי' השגה הוא בחי' בינה דווקא · ולכאורה אינו מובן למה אמר אל אב הרחמן של"א קוצי דשערי דא"א יאירו באבא ומשם ילך שפע האור לבינה עד שיהיה מהולל בפה עמו . דלפי טעם הנ"ל בענין לבוש השערות הרי היו הנשמות יכולים לקבל גם מבחי' א"א עצמו· אך הענין הוא דיש להבין פי' בחי' מותרי מוחין תחלה דהנה עד"מ כשאדם הוא גדול בדעת ובחכמה יכול להמציא לו אופן איך להסביר השכל והסבר' גם לפחות הערך בחכמה כמו גם לקטן· וכל שאינו חכם כ"כ לא יוכל להסביר לתנוק כי די לו להפקיע א"ע שיוכל להבין בעצמו · כך וכך מריבוי המוחין שבא"א הנקרא ח"ס אזי יצאו בחי' מותרי המוחין · וענין בחי' המותרות הללו הוא כאשר צריך לירד אור השפע למט' אבל לעצמו אין צריך כלל

להשפעת

להשפעה זו ונק' מותרות לפי שמתלבש האור והשפע בבחי' ירידה והשפלה גדולה להעלים ולצמצם האור וכדרך המשל הנ"ל שמולה נמצום דבר לצמצם השכל גם לתינוק שזהו בחי' מותרות ונובלות חכמה העלמית בזה · אך לערך גודל החכמה כך יהיה ערך הנובלות כענין שיחת תלמידי חכמים צריכים לימוד שנאמר ועלהו לא יבול וכמ"ש במ"א וד"ל · והנה להיות כי מותרי ח"ס דא"א דבריאה או דיצירה אשר נמשכים ויורדין עדיין הם מבחי' המוחין דא"א עצמו אלא שיכולין לירד מטה מטה להאיר גם ביותר תחתון כפי משל הנ"ל וע"כ תחלה יאירו בסמוך להם והוא בבחי' או"א דבריאה או דיציר' כמבואר בזוהר במה דוכתי · דא"ל נהירו דחכמתא יש בזה ב' פירושים א' נהירו דחכמת' שמאיר למטה ממנו והוא בבחי' החסד כמ"ש חסד אל כל היו' כי החסד ענף החכמ' בלבד והפי' הב' דא"ל הוא בחי' ל"א קוצי דשערות שנק' נהירו דחכמתא לפי שמאירי' האור בחכמה וכמ"ש והחכמה מאין תמצא · וכידוע ביאור הענין דאבא יונק ממזל הח' דנוצר ואימא יונק ממזל הי"ג כו' והמזלו' הם בחי' השערות כנ"ל· וע"כ אמר האל אב הרחמן פי' מבחי' א"א יאיר ל"א קוצי דשערי באבא דבריאה ואז נקרא אב הרחמן דוקא לפי שבחי' החסד שמקבל מחכמה אינו מקבל אלא במדה נכונה אבל להאיר בתוס' ובפרטיות בבחי' התחלקות יותר לרבוא רבבות השגות בנשמות ומלאכים דבריאה ויצירה צריך שיאיר אור מא"א לאבא תחלה דרך המזלות והן השערות דא"א שנקרא אל ואז נמשך בחי' רח"ר מאבא דבריאה ונק' אב הרחמן עד"מ האב שמרחם על בנו להוסיף לו יותר על המד' הראוי לו כו'· כך אע"פ שהנשמות א"א להם להשיג מצד עצמם כנ"ל הטעם אבל מפני הרחמנות דאבא יאיר להם השגה זו· והמכוס מבחי' א"א עצמו עדיין לא היו יכולים לקבל אלא רק מקבלים דרך מעבר כשעובר השפע דרך בחי' אור אבא לאימא ובאימא שהוא בחי' בינה בא להם ממש בבחי' השגה ממש לפי בחי' הכלים שלהם ממש כי או"א תרין ריעין כו' וד"ל · וזהו המשך ענין המאמר האל אב הרחמן מבחי' א"ל שהן ל"א קוצי דשערי שהן נהירו דאבא נקרא אב הרחמן להיות ע"י מהולל בפה עמו בנשמות שמקבלים מבחי' בינה כ"א לא היה יורד. דרך או"א לא היו יכולים לקבל האור אבל עיקר המקור לזאת ההמשכה הוא מבחי' קוצי דשערי דא"א ומטעם משל הנ"ל בפי' ענין מותרי המוחין וד"ל : משובח ומפואר בלשון חסידיו ועבדיו · פי' משובח ומפואר קאי על בחי' ז"א דיצירה שכללותו הוא בחי' ת"ת כידוע · והטעם שנק' מפואר כי הנה בחי' התפארת הוא דוקא בדבר מעורב מכמה הפכים יחדיו כמו בגוונין הרי ידוע שגוון א' כמו הלובן או האודם אינו יפה אלא דווקא המעורב בכמה גוונין יחד אודם ולובן כו' וכך בקול הניגון כשמעורב דוקא בכמה הפכים יש בו יופי ונעימות כו'· וכך הוא הענין של התפארת והיופי במדות שבאדם דהנה

בפי' אמר במשנה איזהו דרך ישרה כו' כל שהיא תפארת לעושיה וכו' · והענין הוא לפי שבמדה אחת בלבד אין בה התפארות כמו מדת החסד והטוב כמדת אאע"ה היש החסד הרי שיצא ממנו ישמעאל והוא להיותו רק בבחי' קו א' בלבד והוא קו החסד בלתי ממוזג מהפכו כלל וכן יצחק בקו הגבורה בלבד שיצא ממנו עשו כו' · אבל יעקב נקרא בחי' ת"ת כמ"ש ישראל אשר בך אתפאר לפי שהי' כלול מב' הפכים דחו"ג דאברהם ויצחק במזג נכון שהוא ענין היופי וההידור דוקא· וע"כ נק' בחיר שבאבות שלא יצא ממנו שום פסולת כו' לפי שהוא דרך הממוצע כו' ונקרא בריח התיכון כידוע · וע"כ גם למעלה בחי' ז"א דאצילות נקרא בשם תפארת בכללות הקו האמצעי שבו להיות כלול מהכל והוא בחי' ישראל דלעילא שנאמר עליו אשר בך אתפאר כידוע וד"ל · והנה בחי' התפארת הזה הוא נקרא בזהר יקרא דמלכא והאור והשפע מאיר מבחי' התפארת הזה בנשמות ומלאכי' דהיינו כשמסתכלין ביופי והדר וזה ע"ד המאמר להסתכלא ביקרא דמלכא כו' או נקרא בשם מפואר בענין פועל יוצא לזולתו שהוא מהודר ומפואר במקבלים שלמטה מלבד בחי' התפאר' אשר יש בעצמו כמשל המתפאר לזולתו שגם לפני הגלות נגלות לזולתו יש בו הפאר הזה אלא שהפאר הזה בבחי' עלם הוא בו ולא נתפשט עדיין אלא כשבא אחר להסתכל בו אז יתפשט אור תפארתו ונקרא הארת התפאר' כו'· וזהו אשר בך התפאר למטה דהיינו בלשון חסידיו ועבדיו וד"ל· וענין חסידיו ועבדיו הם נשמות ומלאכים אך בכאן מיירי בנשמות שנולדים מיחוד דזו"נ שהן למטה הרבה מאותן הנשמות שנולדו מיחוד דאו"א. ולמעלה באומרו המהולל בפה עמו מיירי בנשמות הגבוהים כנשמת משה וכיוצא שהן מבחי' יחוד דאו"א וכמבואר בלק"ת דלכך אמר משה לישראל הוי' אלהיך אלהיך דייקא של ישראל והינו אלוה של משה כי הוי' הוא בחי' ז"א שנק' בעלה דמטרוניתא כידוע· וגם משה נקרא איש האלהים כי נק' אח לז"א להיותו נולד ג"כ מיחוד דאו"א וכמ"ש בו כי מן המים משיתיהו כו · וכמ"כ יש הרבה נשמות שנקרא אחים וריעים להקב"ה שהוא בחי' ז"א וכמ"ש למען אחי וריעי כו' · וזה באמר המהולל בפה עמו דהיינו בנשמות הללו הגבוהות כי בפה בגימט' פ"ז והוא בבחי' אימא דיצירה שנקרא אם הבנים לבחי' ו"ק דיצירה כו' אבל בכאן מיירי בנשמות שנולדו מזווג זו"נ שהן למטה הרבה ומקבלים ההארה מבחי' ז"א כשמסתכלין ביקרא דמלכא ע"ד הנ"ל וזהו משובח ומפואר בלשון חסידיו ועבדיו וד"ל · וענין ועבדיו הם המלאכים שנקר' בשם עבדיו דוקא והטעם הוא מובן ע"ד שאמרו על רחב"ד שהוא כעבד לפני המלך וריב"ז כשר לפני המלך · דהנה העבד לפני המלך יש בו בחי' הביטול בתכלית לגבי המלך עד שאינו נחשב כלל למהות דבר בפ"ע אלא רק בחי' טפל למלך· והנמשל מזה למעלה הנה בזאת המדריגה גבוהים הם המלאכים על היותם בבחי'

הביטול

הביטול ביותר מן הגשמות · וע"כ מלינו שיוכל המלאך לומר שם אלהים על עצמו ואינו נחשב זה לבחי' פירוד כלל כי מפני שעולם בחי' הביטול אינו אומר שם זה על עצמו אלא על בחי' אור אלהי השוכן בו כמ"ש בי נשבעתי נאם הוי"ה הרי שאומר המלאך נאם הוי' נאם ה' מתש וכן שם ה' הדובר אליה כו' · וכן הרבה כיוצא באלו לפי שהם בבחי' הביטול מתש וה"ז כאדם שאומר אני על חיות נפשי שבו וכיוצא· אבל הגשמות אין להם מדריגות הביטול כ"כ ע"כ יתחשב זה לבחי' פירוד שהרי גם שאול הנביא כשאמר אנכי הרואה נענש ע"ז כידוע · ואמנם אעפ"כ יש יתרון מעלה בנשמות על המלאכים מצד אחר והוא בזה שהנשמות נמשלים לשרים וכמו שאמר כשר לפני המלך ואע"פ שאין לו בחי' הביטול כ"כ אבל חשיבתו יתירה עד שיש לו דעה בהנהגה עם המלך. ויש עוד יתרון מעלה במה שהנשמות נמשלים לבנים כבן לפני אביו שנשרשו נמשך ממוח האב ממש וע"כ מ"ש מחלה האל אב הרחמן על הנשמות דוקא אמר שהוא להם לאב ולא מלך וע"כ הרחמנות גם היא תגדל עליהן ביתרון גדול מן הרחמנות אשר על המלאכים. כי מצד שמעלתם גבוה בשרשם יותר עי"ז תגדל הרחמנות עליהן ביותר · ויובן ד"ז עד"מ שאנו רואים בחוש הטבעי שעל איש שהיה עושר גדול ונכבד מאד וירד מנכסיו ונעשה עני חסר לחם שתגדל הרחמנו' עליו ביתר שאת הרבה באין שיעור וערך מן הרחמנות אשר על עני מיום הולדו כו' וד"ל · והיינו שאמר האל אב הרחמן דוקא לנשמות לפי שהיו במעלה עליונ' ביותר דהיינו במוח אבא וירדו למטה כ"כ בעולם הפירוד כו' וד"ל · אך מצד בחינת הביטול מעלת המלאכים נכבדת כנ"ל וע"כ אמר משובח ומפואר בלשון חסידיו ועבדיו · מפואר בלשון חסידיו ומשובח בלשון עבדיו מטעם הנ"ל · כי הגשמות שרשם מבחינת מוח האב והרי נאמר כי תפארת בנים אבותם . אבל המלאכים אינם אלא בבחינת עבד אך מצד ביטול הוא משובח בהם ביותר אבל לא נק' מפואר אלא בנשמות ישראל וכמ"ש ישראל אשר בך אתפאר בך דייקא מטעם הנ"ל וד"ל :

ובשירי דוד עבדך· פי' זה המאמר ובשירי דוד עבדך קאי אדלעיל מיני' וסיום דברי המאמר הוא ומאמר נהללך הוא מאמ' בפ"ע כמ"ש בסידור הכוונות (ולכך גם בסידור הנדפס הרי נקוד ב' נקודות להפסיק בין זה המאמר לנהללך שהוא התחלת ענין אחר) שנהללך מתחיל בבחי' עולם העשיה ומאמר זה ובשירי דוד עבדך קאי בבחי' מ"ל דיצי' שהוא סוף כל המדריגות שביצירה · והרי התחיל המאמר באל אב הרחמן שהוא בבחי' א"א דיצי' ובשירי דוד כו' הוא סיום עולם היצירה כי גם עד סוף כל המדריגות

וּבְשִׁירֵי דָוִד עַבְדֶּךָ: נְהַלֶּלְךָ יְהוָה אֱלֹהֵינוּ בִּשְׁבָחוֹת וּבִזְמִירוֹת: נְגַדֶּלְךָ וּנְשַׁבֵּחֲךָ וּנְפָאֶרְךָ

יאיר אור הכתר דיצירה והוא גם בשירי דוד עבדך · וזהו ובשירי דוד עבדך כלומר גם בשירי דוד אע"פ שאין לו דמיון וערך עם מדריגות שלמעלה היינו הנזכר למעלה והם בחי' חג"ת ונה"י דיצירה שנקרא חסידיו ועבדיו כי ידוע דהאבות הן המרכבה כו' · ולהיות כי בחי' קוי' דשערי דא"א יורדין ונמשכים עד למטה מטה ע"כ יוכלו להאיר גם בבחי' מ"ל דיצי' ג"כ להיות בחי' העלאת מ"ן גם בנוקבא דז"א דיצירה· ומ"ש לשון ובשירי דוד ענין השיר הזה הוא כמ"ש למען יזמרך כבוד ולא ידום כו' ואמרו בזהר דהיינו בחי' המ"ל שנק' כבוד מתאה וכתיב ביה אלהים אל דמי לך קארי תדיר לנהורא עילאה ולא שכיך כו' ע"ש · אך להבין ביאור הדברים איך שייך בחי' השיר והזמרה בבחי' מ"ל כי הרי בחי' מ"ל הוא בחי' מדה מתדות דאצילות · ואיך שייך בחי' העלאה בשער בבחי' עלמות אלקות כי אין השיר יתכן אלא בדבר נפרד כאדם אל זולתו כו' · אך הענין הוא דיש הפרש גדול בין בחי' האורות לבחי' הכלים דבבחי' אורות הכל עדיין נחשב בבחי' עלמות א' גם לאחר שמלובשים בכלים וכמאמר דאיהו וחיוהי וגרמוהי חד· פי' עד"מ השכל אשר משכנו במוח והמדות אשר משכנם בלב הנה השכל והמדות עלמם נק' בחי' אורות אע"פ שהמה מלובשים בכלים שהן המוח והלב · מ"מ המה כולם מתאחדים עם עלמות הנפש והיו לאחדים · אבל כלי הדבור אשר בפה שמאירין שם המוחין והמדות ומשפיעים בו להיות בחינת כלי נבדל מן המאיר שהרי כשאין האור מאיר בו הוא נבדל ונשאר מהות בפ"ע בו יתכן בחינת העלאה בשיר וזמרה כמו בבחינת דבר נפרד והיינו מה שיקרא לאור שיאיר בו ויתאחד בו כנ"ל וד"ל· והנמשל מובן למעל' בבחי' מ"ל דיצירה שהוא בחי' הכלי שמקבל אורות המדות דיצירה שנקרא חסידיו ועבדיו כו' ובכלים להיותם כבר בחינת נבדל שייך לומר בחינת השיר והזמרה · וכמ"ש ויקרא אלקים לאור יום וכמ"ש בזהר דקארי תדיר לנהורא עילאה כו' · והיינו פי' לבחי' המוחין והמדות שנקרא עילאה שיאירו בנהורא תתאה שהוא בחי' מ"ל שנק' עולם הדבור כידוע · וז"פ ובשירי דוד עבדך לפי שדוד הוא בחינת מ"ל דיצירה הוא שמרנן ומזמר בבחי' דבור וקארי תדיר לנהור' עילאה כו'· והוא ענין כל ספר תהילי' כידוע . אך כדי שיוכל לזמר ולרנן כלפי מעלה להעלות מ"ן · זה בא מהארת הכתר דיצירה ג"כ והוא בחי' אל אב הרחמן שהוא בחינת ל"א קוצי דשערי שמתפשטין עד בחי' מ"ל דיצירה ליתן כח להעלות מ"ן בשירה וזמרה כו' וד"ל :

נהללך ה' אלהינו בשבחות ובזמירו' נגדלך ונשבחך ונפארך כו'· הנה מאמר הזה מתחיל בהתחלת עולם העשיה כי בחי' מ"ל דיציר' נעשה עתיק לעשי' וכבר

דימר

וּנְפָאֶרְךָ וְנַמְלִיכְךָ וְנַזְכִּיר שִׁמְךָ מַלְכֵּנוּ אֱלֹהֵינוּ : יָחִיד חֵי הָעוֹלָמִים מֶלֶךְ ·

משבח

דיבר בבחי' מ"ל דיצירה באתרו ובשירי דוד עבדך כנ"ל· ועתה מדבר בבחי' כתר דעשיה שנעשה מבחי' מ"ל דיצירה וע"כ יש בכאן הפסק ענין כנ"ל · וז"ש נהללך בלשון המדבר כנגד עצמו כלומר מה שאנחנו מהללים כי מתחיל' סיפר בהלל והודאה שהעליונים מהללים ומשבחים כמ"ש למעלה משובח ומפואר בלשון חסידיו עד ובשירי דוד כו' אך להיותו מבחי' עולם היציר' שגבוה מאד נעלה מתדריגה שלנו מפני שאנחנו עומדים בעולם העשיה בבחי' מ"ל שבת"ל כידוע· וע"כ אמר עד כאן היה ההילול מן העליוני' ממנו אבל מכתר דעולם העשיה ואילך שייך השבח וההילול גם אלינו כלומר שגם גם אנחנו נהללך ונשבחך וזהו נהללך ה' שאנחנו נהלל אותך · הטעם פירוש נהללך לשון עתיד הענין הוא משום דבכאן מיירי בבחי' א"א וע"י דעשיה שהוא עדיין בחי' המקור והוא בחי' ההעלם דאורות וכלים דעשיה על כן אמר נהללך לעתיד · דהיינו שעתיד לגלות ההלל והשבח מן ההעלם לגילוי והיינו שאמר סדר הגילוי מן ההעלם דכתר דעשי' נהללך ה' אלהינו בשבחות ובזמירות השבח הוא להוריד האור עי"ז מלמעלה למטה והוא מבחי' ה"ח והזמרה הוא בחי' ה"ג העלאה מלמט' למעלה וע"י אמצעית שניהם יורד אור הכתר לחו"ב שבעשי' שנק' הוי"ה אלהינו וד"ל :

נגדלך ונשבחך ונפארך · הן בחי' חג"ת דעשיה אך מ"ש נגדלך הכל קאי בבחי' הארת הכתר דעשיה שממנו יורד ונמשך לג' קוין חח"ן מימין בג"ה משמאל דת"י באמצע· על בחי' קו הימין אמר נגדלך כלומר נמשיך אותך בבחינתו הגדולה להיות נקרא בשם גדול בכל בחי' הימין שהיא מבחי' קו החסד שהוא בחינת ההתפשטות חח"ן כידוע דאבא מקור החסדי' כו' · והוא להיותו בחי' גילוי אור שחסד הוא התפשטות גילוי יותר והכל נקרא בשם גדולה כי ענין גדולה הוא בחי' ההתפשטות והגילוי כידוע וד"ל · ועל בחינת קו השמאל אומ' ונשבחך להיותו בבחי' העלאה מלמט' למעלה והיינו בחי' בג"ה כו' ועל בחי' קו האמצעי אומר ונפארך בבחינת הת"ת להיותו כלול מהכל כנ"ל בפירוש משובח ומפואר כנזכר לעיל וד"ל עד ונמליכך בחינת מלכות דעשיה שהוא סוף כל ההשתלשלות כו' :

ונזכיר שמך מלכנו אלהינו כו' הנה ע"כ דיבר בסדר כל ההשתלשלות מריש כל דרגין מהאל אב הרחמן כו' עד סוף כל הדרגין כו' ואח"כ חוזר לעורר בחי' השורש והמקור לכ"ז מלפני ההשתלשלו' שיאיר משם הארה בתמידות ולא יהיה שכחה בדבר עד"מ כשאדם מבקש מן המלך דבר מה ופועל אצלו כו' אח"כ מבקשו שלא ישכח מלעשו' הדבר ההוא והוא מטעם שמתירא פן ישכח המלך כאשר יטרד בעניני עצמותו ולא יהי' מי שיעוררנו לדבר ע"כ מבקשו בתחלה שלא ישכח על הדבר אלא יזכרנו תמיד כו' · כך הגם שכבר המשיך מאל אב הרחמן כו' עד מ"ל דעשי'· חוזר ומבקש שיאירו האורות הללו בתמידות ולא יפסקו לעולם מפני בחי' שכחה על היות שאין ערך כלל לנבראים עמו והיינו ונזכיר שמך שהוא בבחינת מלכות דאצילות · מלכנו אלקינו יחיד הן ג' פרקין דיכוד ז"א שהוא בחי' המשפיע שלא יופסק אורו להאיר מלמעלה מן ההשתלשלות דאבי"ע וגם עד רום המעלות הענין של זכיר' הוא לעורר תמידו' השפע מלמעלה מן ההשתלשלות כו' וד"ל · ועוד יש לפרש בפי' ונזכיר כאדם ששכח הדבר כבר על היותו מרוחק מן הדבר מאד מפני ריחוק הערך או מפני ריחוק הזמן מפני שכבר היה הדבר ולא נזכר מעולם על אותו הדבר שכאשר מזכירים אותו על ענין אותו הדבר הרי זכירה זו אצלו מרחוק מאד מפני שנזכר על הדבר שנתרחק מאוד ממנו · וזהו כל ענין זכרון שהוא מרחוק כידוע· וכך יובן מלמעל' דכאשר צריך לעורר למעל' מעלה מכל ההשתלשלו' שיאיר בסדר ההשתלשלות דאבי"ע נקרא זה בשם זכרון כלומר שיזכרהו על ההשתלשלות לפי שנתרחק בחינת ההשתלשלות לגבי עצמות המאציל אם בריחוק הערך או בריחוק בחינת זמן ומקום כו' וכאלו מזכירין לאדם על דבר המרוחק ממנו כו' · וזהו ונזכיר שמך מלכנו לעוררו על דבר ההשתלשלות להאיר להם מרחוק מחדש כי לולי זכרון זה כבר נשכח הדבר והי' נפסק הארה הראשונה כו' · וע"כ אמר לשון הוה ונזכיר שתמיד נזכירנו ולא כפירוש הא' שזכירה זו על להבא בלבד אלא על העבר ג"כ מפני שכבר שכח וגם להיותו לזכרון תמיד כו' וד"ל :

יחיד חי העולמים מלך · פי' יחיד הוא בחי' יסוד ז"א שנקרא יחיד לפי שיוסף שהוא בחינת צדיק חי עלמין הרי הוא נקרא ג"כ יחיד לאמו כידוע · והטעם הוא כי קו האמצעי כלול מב' הקוין ומתאחדי' בו בתכלית היותר עד שלא נחשב רק בבחי' יחידות והיינו מטעם בחי' ההתכללות אבל בתרין ירכין נצח והוד הרי המה מחולקים ומפורדים שבחי' נצח היפך בחינת הוד · כי הוד מניעת השפע דנצח וכנגדו ולעומתו· ואע"פ שכלול הנצח גם מהוד כו' מ"מ אין בהתכללות זאת בחי' היחוד באמת דאע"פ שכלול הנצח מהוד מ"מ הם מחולקים זה מזה כו · אך כשצריך לבא ההשפעה בבחי' יסוד אזי באה ההתכללות של נצח והוד בתכלית ההתכללות עד שנעשים עצם אחד· והדבר יובן עד"מ בירידת השפע שצריכה להיות באופן א' בלתי נראה כמתחלק לב' אופני' ולא יהא משתמע לתרי אפי שאז לא יוכל המקבל לקבל משא"כ בנו"ה שהן כליות יועצות איך להשפיע השפע כידוע · או השפע

מחולקת

מְשֻׁבָּח וּמְפֹאָר עֲדֵי־עַד שְׁמוֹ הַגָּדוֹל: בָּרוּךְ אַתָּה יְהֹוָה מֶלֶךְ מְהֻלָּל בַּתִּשְׁבָּחוֹת:

א״א מזמור לתודה בע״פ ובחוה״מ של פסח ולא בערב יו״כ

מִזְמוֹר לְתוֹדָה הָרִיעוּ לַיהֹוָה כָּל־הָאָרֶץ: עבדו

מתולקת בב׳ אופנים · אך כשצריך לגמור גילוי השפע במקבל מתייחדים בהכרח מטעם שהמקבל צריך לקבל בחי׳ א׳ · וא״כ מובן הנמשל למעלה דבבחי׳ יסוד שהוא גילוי האשפיע בהכרח שבו נתכללי׳ והם מתייחדים בתכלית היחוד מטעם הנ״ל ולכך נק׳ יסוד בשם יחיד כיוסף שהוא יחיד לאמו ולא היה לו חבר מה שאין כן נלח יש לו חבר והוא ההוד כו׳ וד״ל· ומה שסיים הדבר בבחי׳ יסוד לפי ששרש ההשפעה המתחלת מאל אב הרחמן כו׳ עיקר תכליתה הוא כשמתקבלת במקבלי׳ דוקא כי לולי שתתקבל לא הי׳ יורד האור בתחילה וע״כ בהכרח שיבא ויגיע אור השפע בבחי׳ יסוד שהוא בחינת גילוי השפע למקבלי׳ ולהיות כי נמצאת ממנו קיום חיותה ממש ע״כ נק׳ מלך·וד״ל :

משבח ומפואר עדי עד שמו הגדול · פי׳ עדי עד הוא בלתי הפסק ושינוי כלל כי כ״מ שנאמר נלח סלה ועד אין לו הפסק כידוע · והענין הוא דבחי׳ אור א״ס עצמו ודאי שאין לו הפסק עדי עד כידוע וא״כ כאשר נגלה א״ס בנבראים על זה הסדר שאמר האל אב הרחמן המהולל כו׳ היה צריך שלא יהיה נפסק מאתם אורם · אחר דמה שמשובח בהם הוא הארת א״ס כו׳ · והלא ראה ראינו היפך זה כמו בזמן בהמ״ק שהיה עליות וירידות כו׳ וגם עכשיו מחול לשבת ויו״ט כו׳ · וע״כ אמר לנגד זה שיהא משובח ומפואר עדי עד בלתי שינוי כלל בעליו׳ וירידות כמו לע״ל שיהיה בחי׳ מנוחה לחי העולמים ואז נקרא שמו הגדול שהוא בחי׳ מלכות דא״ס עצמו דהיינו כמו שהיה הוא ושמו בלבד לפני ההשתלשלות כו׳ וד״ל :

ברוך א״י מלך מהולל **בתשבחות** · הנה שם הוי׳ זה שבחתימת הברכה בניקוד סגול הוא · וידוע דהוי״ה בניקוד סגול הוא בחי׳ כללות ז״א דוקא · והענין הוא דב״ש זה מפרש מראש עד סוף בדרך הפרט ובחי׳ ז״א הוא בחי׳ כללות וע״כ אמר בחתימת הברכה על בחי׳ הוי׳ דז״א שיהיה מהולל בכל התשבחות הפרטים ויהיה כוללם יחד בבחי׳ ההתכללות דז״א שהוא כלול מהכל דלכך נק׳ אדם כידוע · וזהו למעלה מבחי׳ יסוד ז״א שהוזכר סמוך לחתימה כי גם בחי׳ יסוד צריך קיום וחיזוק מלמעלה והוא באומרו מיד מלך מהולל כו׳ :

מזמור לתודה הריעו לה׳ כל הארץ · הנה פי׳ הכוונה במזמור לתודה היינו בחינת או״א דילי׳ כמ״ש בסידו׳· והנה יש להבין מה ענין קרבן תודה ולמה בחי׳ ההודאה דוקא בבחי׳ או״א כו׳ · דהנה ידוע בפירוש כי אל דעות הוי״ה שיש ב׳ דעות בהוי״ה · הדעה הראשונה שאל האשפיע שהוא מלמעלה למטה שהשתלשלות העולמות כולא כלא חשיבי · למעלה בחי׳ יש האמיתי דהיינו בחי׳ המקור של כל השפעות · ולמטה הוא בחי׳ אין דהיינו בחי׳ אין ממש והוא מ״ש דקמיה כלא וכאין חשיבא · והדעה הב׳ אל המקבלי׳ שהוא בהפוך מזה כי להיותם בחי׳ מקבלים הרי הם בבחי׳ יש נפרד כי כח האלקי השופע עליהם הוא בבחי׳ אין כלומר בהעלם וא״כ אלגם בהיפוך שלמעלה בחי׳ אין ולמטה בחי׳ יש כי א״א שישיגו בהשגה בבחינת אלקו׳ איך שהוא בחי׳ יש באמת כי שופע אורו עליהם בבחי׳ מקיף עליהם · ואמנם אעפ״י שא״א לנבראים להשיג בהשגה כמו בדיעה הא׳ שמלמעלה למטה · מ״מ בבחינת ההודאה יוכלו להודות ע״ז כי ההודאה למעלה מן ההשגה דוקא כאדם המודה שאין הענין כפי השגת שכלו וכך בחינת הודאה למעלה הוא דוקא בדבר מופלא ונעלם מן ההשגה שאעפ״כ הוא מודה בהודאה שכן הוא · ולכן גם בענין הדעה הא׳ שמלמעלה למטה יוכלו הנבראים להגיע אליו בבחינת הודאה עכ״פ אע״פ שאינם משיגים בהשגה ממש וד״ל · ובזה יובן גם כן ענין ההודאה על הנס כענין ד׳ צריכין להודות יורדי הים כו׳ מפני הנס שאירע להם · ולכאורה אינו מובן טעם בחי׳ ההודאה דווקא על הנס · אך הענין הוא דבחי׳ אלקים בגי׳ הטבע לפי שבשם זה בחי׳ כח אלקי ממש אשר מלובש בנבראים ונקרא כח הפועל בנפעל ולכך נקרא אלקים מלשון כח כמו יש לאל וכו׳ ואת אילי הארץ כו׳ כידוע והוא שרש בחי׳ הטבע · ושם אלקים זה מנהיג כח הטבע בכל פרטיה · ואמנם הנס הוא בא מבחינת אור אלקי שלמעלה משם אלקים והוא להיותו בא מלמעלה מכח הטבע כידוע בכל נס · וא״כ הרי אנו רואים שלפעמים יתגלה אור שם הוי״ה שלמעלה משם אלקים גימט׳ הטבע גם בעולם הטבע למטה כמו לפעול גילוי הנס ממש בטבעיות כמו להפוך ים ליבשה כו׳ · והרי מזה יובן שעולם הטבע כולו מתנהג דווקא מלמעלה מן הטבע אע״פ שאין גילוי שם הוי״ה למטה בהנהגת הטבע מ״מ מוסתר הוא ונעלם גם בכל הנהגת הפרטיות · אך בפועל הנס הוא בא לידי גילוי מן העלם בלבד ולכך נק׳ נס לשון הרמת נס להיות כי אור הטבע מתבטלת ועולה ונכללת להתנהג ע״פ האור האלקי שלמעלה מן הטבע וזהו עליה גדולה לבחינת הטבע · והיינו ענין עליי׳ שם אלהים בשם הוי״ה · וזהו דעו כי הוי״ה הוא האלהים פי׳ האלהים בחי׳ הטבע · הוי״ה הוא כח ומקור לשם אלהים זה

בכל

בכל דרכי הנהגו' הטבע אלא ששם הוי"ה מוסתר ונעלם בשם אלהים זה כי הנהגת הטבע אינו אלא בחי' לבוש בעלמא להלביש ולהעלים שם הוי' שלמעלה מן הטבע כמו עד"מ הלבוש באדם שטפל ובטל לגבי האדם והעיקר הוא גופו של אדם שכלו ומדותיו · ובלבושיו הוא שנגלה לזולתו בלבד כו' כך כתיב כי שמש ומגן הוי"ה אלהים ששם אלהים הוא כמו מגן ונרתק לשמש דהיינו כמו לבוש להלביש לשם הוי"ה משום דהטבע בטל וטפל לגבי שם הוי' שהוא היה והוה ויהיה כו' גם בכל דרכי הנהגות הטבע כי אלהים אינו מתנהג רק עפ"י שם הוי"ה שמוסתר בתוכו · ואמנם הנה שם הוי' זה אינו מושג ונראה לנבראים כי אין משיגים רק בלבושים בלבד והוא שם אלהים המתלבש להיות בבחי' כח הפועל בנפעל כפי ההטבעה כו' · ע"כ אמר דעו כי הוי"ה הוא האלהים שבשם אלהים אין העיקר אלא שם הוי"ה וידיעה זו א"א להיות בנבראים בבחי' השגה ממש כהרי הוא כמו דעה העליונה שמלמעלה למטה כנ"ל שאין הנבראים משיגים אותה אך בבחי' הודאה שלמעלה מן ההשגה יוכל להגיע אליו כנ"ל. וזהו ענין ההודאה על הנס דוקא להיותו למעלה מן הטבע דהיינו בשם הוי"ה שלא יוכלו להשיגו בהשגה אלא רק בהודאה בלבד כנ"ל וד"ל · וזהו מזמור לתודה שהוא יחוד או"א דילירה כו' כי הנה בחי' או"א ידוע שהן חו"ב שנקרא תרין ריעין דלא מתפרשין והחכמה נקרא אין והבינה יש והוא כמו הדעת שמלמטה למעלה · וזהו דווקא בקבלת השפע מחכמה לבינה · אבל מלמעלה למטה דהיינו באור אבא עצמו כאשר עדיין אין החכמה שופע בבינה הרי השפעה זו כלא וכאין חשיבא · כי מה שהחכמה נקרא כ"ח מ"ה שלמעלה מן ההשגה היינו בבוא האור שלה בבינה שאז לגבי ההשגה נקרא אין כלומר בהעלם אבל במהות החכמה עצמה הרי הוא דווקא בחי' היש האמיתי וכמו עד"מ מוח החכמה באדם שמשכיל כל שכל שהוא בחי' עצם כח השכל כו' וא"כ לגבי החכמה ה"ז כמו דעה הראשונה שהחכמה נקרא יש כו' · ואמנם בנבראים א"א להיות בהשגה כ"א ע"ד הדעה שבבינה לפי שנשפע אליהם האור בבחי' יש והחכמה נקרא אין אבל עכ"פ בבחי' הודאה יוכלו להגיע לדעה זו שהחכמה נקרא יש כו' כי לא יוכלו להשיג השגה בחכמה עצמה רק בבחינת הודאה בלבד מטעם הנ"ל · וזהו פרש ענין מזמור לתודה כי ההודאה הוא ביחוד דאו"א דוקא · ופי' היחוד הוא כאשר בחי' בינה נכללת בחכמה דוקא וזה א"א לבא בנבראים כ"א בבחינת הודאה בלבד דהיינו שיודו בהודאה בלבד שלמעלה היש ולמטה האין כנזכר לעיל · וע"כ כל הודאה בבחינת החכמה דוקא ולא בבינה כמש"י בפירוש מזמור שיר ליום השבת כו' אלא שבו' יומין דחול הוא בבחינת או"א דילירה בלבד לפי שבחינת שם הוי"ה דחכמה דילירה מתלבש בשם אלקים דבינה דילי' כו' וד"ל · הריעו לה' כל הארץ : ר"ת הלכה כידוע דהנה ידוע דשרש התורה הוא להבדיל בין הטמא לטהור כו' משום דבחכמה אתבררו ואין עיקר הבירור שייך בדבר הנגלה לעין מיד כמו עד"מ בתערובות פסולת הנראה לעין מיד כשורקו אין זה נקרא בירור כ"כ · אלא עיקר הבירור שייך בדבר פסולת הדק מאד ומעורב ואינו נראה כלל רק כשמרקדו בנפה וכיוצא עד שנובדלו לחוץ וזהו נקרא בירור ממש · וכך בדיני התור' בטומאה וטהרה ואיסור והית' לא שייך לומר הבירור בחכמה בין טמא ממש לטהור ממש כמו בין נדה לטהורה או בין דבר אסור ממש כחזיר וכל בהמה טמאה ובין דבר טהור וכיוצא בזה אלא דוקא בדיני דקדוקי טומאה וטהרה בדבר הנראה לטהר והוא טמא וכיוצא שזה צריך עיון רב בחכמה ולהבין בדקדוקי הדינין שלא לטהר את הטמא· וחכמה זו בתורה שבע"פ הוא לעמוד על עומק הדבר עד שיבין ויברר כל דבר ודבר ויהי' בירור נכון גם בדקות הענינים הפרטים שיהיה הטהור טהור ולא טמא וזהו להבדיל בין הטמא לטהור שאין זאת ההבדלה אלא בחכמה דווקא וזהו בחכמה אתברירו וד"ל · והנה מצד עומק החכמה היא הנותנת גם בהיפוך למצוא טעם ושכל גם לטהר את הראוי להיות טמא כענין שהיה תלמיד אחד יודע לטהר את השרץ בק"נ טעמים · ואעפ"י שזהו נגד הדין מ"מ הרי יוכל להיות עכ"פ בכח החכמה שבתורה לטהר ולהתיר ולזכות גם עפ"י הדין כידוע לכל מעיין בפלפול התלמוד שנפסק הדין להתיר ולטהר עפ"י טעמים רבים גם מה שנראה לטמא ולאסור ע"פ הכתובים שבתורה כו' וד"ל · והנה הדוגמא מחכמה שבתורה יובן למשכיל למעלה דבחכמה דאצי' מתברר הכל משום דבחכמה אתברירו דוקא · הרי מתברר גם מבחי' הרע שבעה"ד טו"ר דנוגה דבי"ע ויוכלו לכלל בקדושה האלהית להיות בחינת טוב · כי מה שבכע' דקדושה לא שייך בירור דחכמה כי אין שם בחי' רע אפילו בתערובות · וגם להבדיל בין הרע הגמור דסט"א לסט' דקדושה שהוא הטוב הגמור גם לזה א"צ בירור כנ"ל בחכמה שבתורה שא"צ להבדיל בין דבר טמא ממש לטהור ממש · אך עיקר הבירור הוא בחכמה דוקא בבחי' התערובות טוב ורע בתכלית הדקות כמו בעה"ד דטו"ר דנוגה מה שיוכל לברר מהם עפ"י החכמה לטהר את הטמא ע"ד הנ"ל בפלפול חכמה שבתורה בעניני היסור והיתר דבלתי גילוי אור החכמה לא היו יוצאים מטומאתם כו' וד"ל · וזהו הריעו לה' כל הארץ ר"ת הלכה פירוש כמו בהלכה שבתורה כל שיוכל לעלות עולה בטהרה ע"פ החכמה אעפ"י שאינו ראוי כו' כך למעלה יוכלו לעלות בקדושה האלהית גם מי שאינו ראוי והוא כמו מהלכות דעה"ד טו"ר · וזהו כל הארץ כל ריבוי הוא לרבות גם מי שלא הי' עולה ומתחבר בלתי החכמה · ופי' הריעו מלשון תרועם בשבט ברזל ולשון הרועה ממש והכל ענין א' הוא שהוא לשבור הרע ולהפריד ממנו הטוב שזהו בחכמה

דוקא

דוקא לפי שתלד עונק החכמה יוכל לברר ולתלא טוב הגנוז גם במה שנראה רע כו' · וזהו הריעו היינו לשון שבירה על דרך בירור פסולת מן האוכל והרי זהו עלייתן כי הרי הטוב מתעלה עי"ז וזהו ענין הריעו ולשון שיר תרועה ממש וכמו ותרועת מלך בו כו' וד"ל · והיינו שאמר להוי"ה דהיינו לשם הוי' דבחכמה דוקא משום דבחכמ' אתברירו הכל כל מה שאפשר לברר כו' · וזהו כל הארץ כי הכל מתבררין על ידי החכמה וע"כ ר"ת הריעו לה' כל הארץ הלכה וד"ל · ועתה עדיין יש להבין מה שייכו' יש להריעו לה' כו' עם התחלת המזמור שאמר מזמור לתודה הריעו לה' כו' מה ענין קרבן תודה לענין בירור החכמה · אך הענין הוא דקרבן תודה הוא ממש כדוגמת בירור דחכמ' שמברר הכל כנ"ל · דהנה אמרז"ל במשנה כל המנחות באות מצה חוץ מתודה ושתי הלחם כו' כידוע · ולכאורה באמת אינו מובן הטעם למשנה זו למה בכל המנחות לא היה חמץ כלל רק בב' מנחות הללו מנחת תודה ומנחת שתי הלחם דכתיב חמץ תאפינה כו' · אך בתחלה יש להבין שרש ענין חמץ ומצה דהנה בר"ת דפרשת פנחס איתא דעיקר ההפרש בין חמץ למצה הוא באות החי"ת ואות הה"א דחמץ אות החי"ת בתחלת התיבה ובמצה אות הה"א בסופה של תיבה · וההפרש בין אות החי"ת לאות הה"א אינו אלא ברגל השמאל שבה"א מובדל הוא מגגו כי באות הה"א יש נקב חלול פתוח בין הגג לאותו רגל הקצר ובאות חי"ת נסתם ונמשך אותו הנקב עד שנוגע בגג כו' · וביאור הדברים הנה ידוע דבכל אות מכ"ב אותיות יש לכלל בו י"ס בכלל בציור תמונתו ודרך כלל ראשו של אות בחינת חב"ד וסופו בחינת נה"י ואמצעו בחינת חג"ת כו' ובאות החי"ת והה"א הרי ראשו ואמצעו הרי הן קו העליון וקו הימני שהן מציור דלי"ת ודאי שראשו העליון בחי' חב"ד וקו הימני הולך למטה בחינת חג"ת וקו השמאלי שהוא רגל השמאל בחינת נה"י כו' · והנה באות החי"ת הרי סתום האות מג' צדדין דהיינו מצד ראשו העליון ומב' צדדיו קו הימין וקו השמאל מבלתי יתצא מהם פתח פתוח כלל לא למעלה ולא לשום צד אך בתהוותו של אות החי"ת הוא פתוח חלל ריקני ואותו הפתח פתוח הוא לצד מטה דוקא משא"כ באות הה"א שהפתח יתצא בו בעליונה ג"כ והוא בפתח הנקב התפסיק בין גגו שהוא ראשו העליון לרגל השמאלית אשר בתוכו כו' · וכדוגמת תמונה זאת הגשמית בחי"ת וה"א יובן ג"כ למעלה · בהיות שבחי' המ"ל יש בה ג' קוין מג' צדדין הוא כענין תמונת החי"ת והה"א אך בחינת נה"י שבה שהוא קו רגל השמאל הנה ידוע דע"ז נאמר רגליה יורדות מות כמ"ש לפתח חטאת רובץ כמ"ש בזהר · והיינו דיניקת החיצונים מתחלת מחלל הפתוח למטה שהוא כדוגמא של רה"ר שמקבל דרך חלל ופתח פתוח מרה"י ואין זה אלא בחלל שלמטה דווקא כי החיצונים עומדים למטה מבחינת נה"י שבמ"ל והיינו כתמונת אות החי"ת דוקא שג'

לדדי האותיות סתומים מכל צד שלא יתצא משם כלל שפע לחיצונים אך בחלל שלמטה יכולים הכל לקבל · אבל באות ה"א יש גם כן חלל הפסק בין גגו לרגל השמאלי והפתח הזה מורה על בחי' החכמה דוקא כי זה הפתח הוא כדוגמ' לפה שבאדם שהוא פתח לגילוי אור החכמה שבמוח כו' כך פתח הזה הוא פתח פתוח לבחי' חב"ד שבקו וגג העליון וע"ז נאמר במ"ל פיה פתחה בחכמה מפני שפיה העליון הזה הוא גילוי אור חכמ' שבמלכו' דאצי' · וידוע שאין אחיזה כלל לחיצונים בבחינת החכמה דהא כתיב ימותו ולא בחכמה לפי שלא הי' בחי' שבירת הכלים שמשם שרש המיתה אלא במדות ולא בחכמה כמ"ש בע"ח וע"כ אין מפתח זה שום יניקה כלל לחיצונים · ותלבד זה גם בחלל שלמטה שבה"א אין החיצונים יכולים לקרב ה"ע שם מפני הארת אור החכמה שמאיר בפתח הנ"ל כי בהכמה אתברירו להבדיל בין הטמא לטהור כו' כנ"ל וד"ל · אך כאשר יש עלייה ובירור לחיצונים שנאחזים בחי"ת דחמץ מלמטה היינו ענין קרבן חלת חמץ שהיה קרב בקרבן תודה דוקא וקרבן שתי הלחם דווקא ולא בקרבנות זולתם וכמ"ש במשנה כל המנחות באות מצה כו' · אך להבין ההפרש בין ב' קרבנות הללו לשאר הקרבנות · הנה יש להבין תחלה מהו ענין איסור הטעם להביא כל מנחה זולתם חמץ אלא מצה דוקא · הנה חמץ הגשמי ענינו הוא בחינת התנשאות עד שהעיסה החמוצה תתפח ותעלה בעילוי וכל דבר חמץ יגשם ויגבה לב האדם והוא למעלה בחינת גסות הרוח שהוא חולפא דקליפה שנק' מלכותא בלא תגא כו' כידוע שמקבלת יניקה מחלל של חי"ת מלמטה · וזהו מסיבת סתימת הפה בין הגג לרגל השמאל בחי"ת ע"כ רגליה יורדות מות כנ"ל · אבל מצה בהיפוך זה בגשמיות שאין בה טעם ולא תגביה הלב כלל והוא בחי' שפלות ונק' לחמא עניא כו' כמ"ש בת"א · ולמעלה הוא בחינת ביטול דחכמה שמאיר בנקב הפתוח שבין הגג לרגל השמאל שאין שם יניקה לחיצונים כלל כנ"ל · והיינו הטעם מה שכל המנחות אינו באות אלא מצה ולא חמץ לפי שהמנחה היא בבחינת מ"ל למעלה · וכדי להפריד ממנה יניקת החיצונים בהעלותה על גבי המזבח ע"כ א"א להיות נקרבת חמץ לפני ה' כדי שלא יתאחזו בה החיצוני' אלא נקרבת מצה שהמצה יכולה ליכלל בקדושה אלקית מפני שאין בה יניקת החיצונים מטעם הנ"ל וד"ל · אך זה דווקא בכל המנחות אבל במנחת התודה ליוה ה' שיהיה בה עשר חלות של חמץ גם כן כידוע וכן בשתי הלחם כתיב חמץ תאפינה כו' · והטעם לעשר חלות של חמץ בתודה ושלשי' חלות של מצה ידוע לפי שהמלכו' נק' כסא וכמ"ש והוכן בחסד כסא ובכסא יש ד' רגלים והן י"ס שבמ"ל בכלל ורגל הימיני אברהם איש החסד כו' עד שרגל הד' הוא בחי' מ"ל דמ"ל והוא בחי' דוד · ושלש הרגלי' הן חג"ת הכל עדיין הם בבחינ' האצי' שאין בהם אחיזה כלל לחיצונים דמגה דבי"ע · אך רגל הרביעי שהוא מ"ל דמ"ל הוא כלול מי"ס ג"כ

שהרי

עִבְדוּ אֶת־יְהוָה בְּשִׂמְחָה בֹּאוּ לְפָנָיו בִּרְנָנָה : דְּעוּ כִּי יְהוָה הוּא אֱלֹהִים הוּא עָשָׂנוּ וְלֹא (ולו קרי) אֲנַחְנוּ עַמּוֹ וְצֹאן מַרְעִיתוֹ : בֹּאוּ שְׁעָרָיו בְּתוֹדָה חצרותיו

שהרי שרשה הוא בחי' נה"י דז"א שממנו בנין המלכות מהחזה ולמטה כו' ושם עה"ד טו"ר · וע"כ יש עשר חלות של חמץ נגד י"ס דמ"ל שנאחזי' בה החיצונים בי"ס דנוגה כמ"ש רגליה יורדות כו' כנ"ל בפי' אות החי"ת דחמץ · ושלשים חלות של מצה נגד בחי' חג"ת שאין בהם שום צד יניקה כלל בעה"ד טו"ר כנ"ל בפי' מצה וד"ל · ואמנם הנה הטעם להפריש בין מנחות קרבן תודה ושתי הלחם לשאר המנחות הרי יובן על פי הנ"ל בענין הבירור דחכמ' כו' · דהנה מבואר למעלה בענין הבירור דחכמה שיוכל להיות ע"י החכמה בירור הכל גם מעה"ד טו"ר כו' מטעם המבואר למעלה וא"כ הרי גם בחי' החמץ שיש בו אחיזה לחיצונים כנ"ל יוכל גם הוא לעלות וליכלל בקדושה ע"י הבירור דחכמה · וזהו שבקרבן תודה היה קרב עליה גם מבחינת החמץ בי' חלות נגד י"ס דנוגה והוא לפי שקרבן התודה הוא בא בבחי' ההודאה ששרשה הוא בבחי' החכמה דווקא כנ"ל וד"ל · וע"כ אמר במזמור לתודה הריעו לה' כל הארץ משום דקרבן תודה היה קרב גם י' חלות דחמץ לפי שבחכמה אתבירירו הכל גם החמץ כנ"ל ע"כ הריעו לה' כל הארץ משא"כ בקרבן זולת התודה שלא הי' קרב בה שום מחמצת כמ"ש כל שאור וכל כו' לפי שאין יכולת להעלות ולברר את החמץ רק בחי' אור החכמה מטעם הנ"ל ובחי' החכמה אינו מאיר אלא רק בבחי' הודאה בלבד ולא בשום ענין גילוי השגה כנ"ל שזהו בקרבן תודה דוקא והיינו שסמך וחיבר מזמור לתודה הריעו לה' כל הארץ כו' וד"ל · וכן קרבן שתי הלחם בשבועות הוא בבחי' החכמה דוקא וע"כ נאמר במנחת שתי הלחם חמץ תאפינה כו' · כי הנה ידוע דבזמן מ"ת אז עלה ישראל לקבל מבחינת חכמה עילאה כי אורייתא מחכמה עילאה נפקת ובכח החכמה שבתורה לברר הכל כנ"ל וע"כ אמר חמץ תאפינ' שגם החמץ יוכל לעלות לרצון · וכענין וירד ה' על הר סיני ירידה זו בהר הי' בבחי' בירור לברר בכח החכמה שנתגלה בי' הדברות כמ"ש קול ה' יחיל מדבר קול דתורה דווקא ומטעם הנ"ל וד"ל · ובכל זה מובן טעם ההפרש שבין שאר הקרבנות לקרבן תודה ושתי הלחם וזהו שאמרו כל המנחות באות מצה חוץ מתודה ושתי הלחם מטעם שהן בבחי' החכמה כנ"ל וד"ל :

עבדו את ה' בשמחה כו' · פי' אחר שדיבר בבחי' החכמ' שהיא בחי' ההודאה מטעם שהיא למעלה מן השגה כנ"ל ועתה מתחיל לדבר בבחי' בינה שהיא היפוך החכמה להיותה בבחי' ההשגה דוקא כידוע · וההפרש העיקר שיש ביניהם ידוע שזהו ההפרש שבין שבת ליו"ט לפי שהחו"ב מסתעף מהם שני דברים והוא העונג והשמחה · העונג מסתעף מן החכמה והוא בחי' ביטול והעדר הרגשה בעצמותו והבינה נסתעף ממנה השמחה שהיא דוקא התפעלות מורגשת בהתלהבות גילוי אור כו' וכידוע · ע"כ בשבת שהוא בבחי' החכמה דווקא כנ"ל אין עיקר הענין אלא בבחי' העונג וכמ"ש וקראת לשבת עונג ואין המצוה בשמחה בשבת כלל אלא דווקא בעונג · ואמנם ביו"ט להיותו בבחי' הבינה אז זמן השמחה ונק' מועדים לשמחה כידוע ומבואר במ"א באריכות · וזהו עבדו את ה' בשמחה בבחי' בינה שממנה מסתעף השמחה דווקא כנ"ל כי אחר אור אבא דהודאה הנ"ל מתחיל אור הבינה בבחי' השגה שמזה נולד התפעלות השמחה כידוע וזה נק' עבודה אבל בחי' העונג דחכמה אינו נק' עבודה כלל · ולפי שמזמור לתודה א"א אלא בחול ולא בשבת לפי שהוא בבחי' או"א דילי' כנ"ל ע"כ גם בחי' ההודאה דחכמה נמשך בבחי' השגה דבינה להיות התפעלות השמחה · משא"כ בשבת שא"א מזמור לתודה אלא מזמור שיר ליום השבת שהוא בבחי' אור אבא דאבי' כנ"ל לא נזכר שם רק בחי' ההודאה בלבד כמ"ש טוב להודות להוי' וכמשי"ת שם רק מזכיר באחרונה לפרש הטעם על בחי' הודאה זו ואמר כי שמחתני ה' בפעליך כו' דהיינו בו' יומין דחול שאז אומרים עבדו את ה' בשמחה מטעם הנ"ל וד"ל :

באו שעריו בתודה **חצרותיו** בתהלה· פי' תודה זו אמר שבאין בה לשעריו היא למטה מבחי' הודאה שאמר בתחילה מזמור לתודה כו' לפי שבהודאה שאמר למעלה הוא בחי' הוד דאבא והודאה זו שאמר באו שעריו בתודה הוא בחי' הוד דאימא כו' · וביאור הדברים הנה ידוע דנ' שערי בינה הם בבחי' חג"ת ונצח והוד דאימא בבחי' ה"ח דאימא שמתפשטים עד הוד כמאמר בינה עד הוד אתפשטת · ולהיותם חמשה מדות חג"ת ונצח והוד וכאו"א כלול מי"ם ע"כ הם חמשים שערים וכמו שהן באין מלמעלה למטה הרי החסד קודם בי"ש ואח"כ הגבורה בי' שערים כו' עד שערי ההוד באחרונה אבל לבאין בנ' שערי בינה מלמטה למעלה הרי פוגע ליכנס תחילה בי' שערים דהוד דאימא ואח"כ נכנסין בי' שערים דנצח כו' · וזהו שאמר בואו שעריו בתודה פי' שעריו בחי' שערים דבינה שהרי הוזכר תחילה עבדו את הוי' בשמחה כו' ואמר שנכנסין תחילה בי' שערים דהוד דאימא וזהו בואו שעריו בתודה · אמנם התודה שהזכיר בתחילה מזמור לתודה הוא בחי' הוד דאבא · וביאור ענין ההפרש בין בחי' הוד דאבא לבחי' הוד דאימא למעלה יובן ע"ד דוגמא למטה בעבודת ה' · דהנה אנו רואים שיש ב' מדריגות בהודאה הא' ההודאה שאדם מודה מצד ההשגה דוקא דהיינו לפי שהוא משיג בכי טוב איך שכולא קמי' כלא ולמעלה הוא ולמטה האין כנ"ל אזי מצד השכל והדעת מודה ע"ז כמו

שאדם

שאדם יודה בהודאה לחבירו באיזה סברא שמכיר בהשגת שכלו שכדברי זולתי כן גם השכל שלו נוטה לזה כו׳ · אבל מדריגה השניה בהודאה הוא אשר אין השכל מודה על הדבר אלא ההודאה הוא למעלה מן ההשגה כי לא מצד ששכלו משיג שכן הוא אלא אדרבה הוא מופלא מהשגתו רק שמודה בהודאה בלבד שכן הדבר אע״פ שאינו משיגו וכנ״ל בפי׳ מזמור לתודה

חֲצֵרֹתָיו בִּתְהִלָּה הוֹדוּ לוֹ בָּרְכוּ שְׁמוֹ: כִּי טוֹב יְהוָה לְעוֹלָם חַסְדּוֹ וְעַד דֹּר וָדֹר אֱמוּנָתוֹ:

ואז ישתוק מלשבח ולהלל אלא יכלול השבח בהודאה כללית כענין לך דומיה תהלה כידוע · וזהו ההפרש בין שבח ותהלה פרטית להודאה כללית כענין לך דומיה תהלה כו׳ · ולכן בחצרות הוי׳ שלפני הנ׳ שערי׳ שהוא בחי׳ מ״ל דתבונה שנש״ב מלובשים בה כידוע בענין ד׳ רבתי דאחד׳ שם יתכן בחי׳ השבח והתהלה · להיות כי בבחי׳ מ״ל דתבונה בא אור

שהוא בחי׳ ההודאה דחכמה שהוא למעלה מן ההשגה · וזהו הנק׳ בחי׳ הוד דאבא פירוש ההודאה שמצד החכמה שלמעלה מן ההשגה כו׳ וזהו מלמעלה למטה ואח״כ אמר מלמטה למעלה באו שעריו בתודה בבחי׳ הוד דאימא תחילה כו׳ ואח״כ הודו לו ברכו שמו כו׳ וד״ל:

חצרותיו בתהלה · הנה החצר הוא לפני פתח שער ההיכל של הבית והוא בחי׳ מ״ל דבינה שהוא חצרות הוי״ה שהוא לחוץ יותר מנ׳ שערים דבינה · והנה ענין השבח והתהלה בהכרח הוא אשר בא בהשגה ממש לכוין על הדבר בהשגה כמו שהוא ממש עד שישבחנו בדבר הראוי ולא יטה ימין ושמאל בשבח מכמו שהוא · אבל אם הדבר מופלא קצת מערך השגתו לא יכוין בשבח ותהלה כמו שהוא

האלהי בהשגה ממש לכוין הדבר בשבח ותהלה פרטיות · והיינו מ״ש נודע בשערים בעלה ואמרו בזוהר באינון שיעורין בכל חד לפום מה דמשער בלבי׳ וכו׳ · ואמנם הינם אותם שערים דבינה ששם אין התהלה מגעת רק ההודאה כנ״ל אלא מדבר בשערי החצר החיצונים וכמ״ש בזוהר דאית תרעין עילאין ואית תרעין תתאין כו׳ ועל תרעין עילאין דבינה אמר באו שעריו שעריו דוקא המיוחדים לו לבדו וכמ״ש שאו שערים ראשיכם כו׳ ויבא מלך הכבוד כו׳ אבל על תרעין תתאין דחצר אמר נודע בשערים בעלה שנודע ונתגלה לכל בהשגה ממש וכמ״ש בזוהר דבי׳ מלכא בתרעא יתיב כו׳ שהוא שער החצר החיצונה דוקא כנ״ל וד״ל:

יְהִי כְבוֹד יְהוָה לְעוֹלָם יִשְׂמַח יְהוָה בְּמַעֲשָׂיו: יְהִי שֵׁם יְהוָה מְבֹרָךְ מֵעַתָּה וְעַד־עוֹלָם: מִמִּזְרַח־שֶׁמֶשׁ עַד־מְבוֹאוֹ מְהֻלָּל שֵׁם יְהוָה: רָם עַל־כָּל־גּוֹיִם ׀ יְהוָה עַל הַשָּׁמַיִם כְּבוֹדוֹ: יְהוָה שִׁמְךָ לְעוֹלָם יְהוָה זִכְרְךָ לְדֹר וָדֹר: יְהוָה בַּשָּׁמַיִם הֵכִין כִּסְאוֹ וּמַלְכוּתוֹ בַּכֹּל מָשָׁלָה: יִשְׂמְחוּ הַשָּׁמַיִם וְתָגֵל הָאָרֶץ וְיֹאמְרוּ בַגּוֹיִם יְהוָה מָלָךְ: יְהוָה מֶלֶךְ יְהוָה מָלָךְ יְהוָה יִמְלֹךְ לְעוֹלָם וָעֶד: יְהוָה מֶלֶךְ עוֹלָם וָעֶד אָבְדוּ גוֹיִם מֵאַרְצוֹ: יְהוָה הֵפִיר עֲצַת גּוֹיִם הֵנִיא מַחְשְׁבוֹת עַמִּים: רַבּוֹת מַחֲשָׁבוֹת בְּלֶב אִישׁ וַעֲצַת־יְהוָה הִיא תָקוּם: עֲצַת יְהוָה לְעוֹלָם תַּעֲמֹד מַחְשְׁבוֹת לִבּוֹ לְדֹר וָדֹר: כִּי הוּא אָמַר וַיֶּהִי הוּא צִוָּה וַיַּעֲמֹד: כִּי־בָחַר יְהוָה בְּצִיּוֹן אִוָּהּ לְמוֹשָׁב לוֹ: כִּי יַעֲקֹב בָּחַר לוֹ יָהּ יִשְׂרָאֵל לִסְגֻלָּתוֹ: כִּי לֹא־יִטֹּשׁ יְהוָה עַמּוֹ וְנַחֲלָתוֹ לֹא יַעֲזֹב: וְהוּא רַחוּם ׀ יְכַפֵּר עָוֹן וְלֹא יַשְׁחִית וְהִרְבָּה לְהָשִׁיב אַפּוֹ וְלֹא יָעִיר כָּל־חֲמָתוֹ: יְהוָה הוֹשִׁיעָה הַמֶּלֶךְ יַעֲנֵנוּ בְיוֹם־קָרְאֵנוּ:

אשרי יושבי ביתך כו׳ תהלה לדוד ארוממך אלהי המלך ואברכה שמך לעולם ועד כו׳ · הנה פי׳ אשר הוא בחי׳ כתר מלשון באשרי כי אשרוני בנות כו׳ שהוא בחי׳ התענוג · ואשרי ב׳ מיני הארות עונג דכתר שמאירין בחו״ב תרין ריעין והן נקרא יושבי ביתך כו׳ · אך כ״ז הקדמה לענין תהלה לדוד ארוממך כו׳ · להיות כי עיקר ענין תהלה לדוד הוא מדבר בשרש המלכו׳ בדוד איך שהוא בבחינת הכתר משום שנעוץ תחלתן בסופן וסופן בתחלתן כידוע · וזהו

אַשְׁרֵי יוֹשְׁבֵי בֵיתֶךָ עוֹד יְהַלְלוּךָ סֶּלָה: אַשְׁרֵי הָעָם שֶׁכָּכָה לּוֹ אַשְׁרֵי הָעָם שֶׁיְהוָה אֱלֹהָיו: תְּהִלָּה לְדָוִד אֲרוֹמִמְךָ אֱלוֹהַי הַמֶּלֶךְ

ארוממך אלקי המלך · דהנה בתיבת ארוממך יש ב׳ פרושים שהמה ב׳ הפכים ממש כי אמיתית פי׳ ארוממך משמע בבחי׳ עצם רוממות האל והוא בבחי׳ אור הכתר עצמו שהוא מובדל ומרומם הרבה מבחי׳ ע״ס הנאצלים ואינו נמנה עמהם בכלל כידוע · והוא נגד בחי׳ התחתונ׳ שבעצמו׳ המאציל שיש בכתר שהוא בחי׳ כתר שבכתר · וזהו ארוממך ברוממות עצמות אא״ס ואין ערוך לו כלל בנאצלים לא מיניה ולא דוגמתו כלל וכלל וא״כ קאי פי׳ ארוממך על בחי׳ הכתר עצמו

וַאֲבָרְכָה שִׁמְךָ לְעוֹלָם וָעֶד: בְּכָל־יוֹם אֲבָרְכֶךָּ וַאֲהַלְלָה שִׁמְךָ לְעוֹלָם וָעֶד:

גדול

שמרוממ אותו לבחינת העצמות דא"ס · אך כאשר אמר ארוממך לנוכח משמע היפוך זה לכאור' דהרי ענין לנוכח ידוע שהוא בא בבחינת הגילוי ממש שהוא בחי' היותר אחרונה שבכתר · אך הענין הוא דשניהם אמת ואינם תרתי דסתרי כלל דהנה במה שהפי' לנוכח הוא באות ך' דארוממך דקאי לנכח דווקא והרי אות הכ' הוא בראש אותיות דכתר שהוא מל' כותרת ומקיף כו' וגם זה לכאורה תרתי דסתרי אבל באמת בך' דארוממך דוקא הוא בחי' כ' דכתר שהוא בחי' פנימיו' הכת' להיו' כי הכלל הזה דנעוץ תחילתן בסופן כו' בכ"ת הוא וגם בבחי' הכתר עצמו בחי' תחילת הכתר אינו מאיר אלא בסופו דוקא והוא בחינת מלכות שבכתר שהוא בחינה אחרונה שבכתר וזהו פי' אלקי המלך שהוא בחינת מלכות שבכתר ע"ז אומרים לנוכח ארוממך אלקי המלך כי בחינ' מלכות שבכתר הוא שרש וראש לנאצלים ונמנה בכלל י"ס וע"כ הוא בכ"ף פשוטה ולהיות כי נעוץ תחילתן בסופן דוקא ומאיר בה בחינת כתר שבכתר הנ"ל ע"כ אמר ארוממך אלקי המלך שמרוממם לבחי' המ"ל דווקא לרוממות עצמות א"ס כי כמו שנעוץ תחילתן בסופן כך נעוץ סופן בתחילתן וע"כ הכ' דכתר נק' כתר מ"ל כו' · והטעם שהוא במספר כ' לפי שהכתר כלול מב' מדריגות או"י ואו"ח וי"ס דאו"י הוא שם מ"ה וי"ס דאו"ח הוא שם ב"ן וע"כ בעליית ב"ן דכתר בי"ס דאו"ח כמ"ש ארוממך וכנ"ל אזי נעשה כף כפופה בראש הכתר לכלול י"ס דאו"י וי"ס דאו"ח יחד מפני שנעוץ סופן בתחלתן ממש וד"ל :

ואברכה שמך לעולם ועד · פירוש כי עיקר התגלות בחי' י"ג תיקוני דיקנא דא"א הוא רק בבחי' ב"ן דכתר שהוא בחי' מלכות שנק' שם וזהו ואברכה שמך דוקא · וברכה זו באה בתוספת אור מרובה להיותה מבחי' הארת פנים דא"א שהוא כללות ענין י"ג מדה"ר כידוע בפי' ויעבור ה' על פניו ויקרא ה' ה' אל כו' · והנה הטעם לענין התגלות י"ג מדה"ר במ"ל דווקא הוא מפני ענין כלל הנ"ל ג"כ משום דנעוץ תחילתן דווקא בסופן · דכמו שמבואר למעלה בענין עליית המ"ל דכתר דווקא לכתר שבכתר מטעם דנעוץ סופן בתחילתן · כך הוא ענין טעם התגלות כתר דכתר במ"ל דווקא מטעם דנעוץ תחילתן בסופן דווקא · והענין הוא כי לעולם הרוממות דכתר שבכתר שהוא נעלם ואינו מושג כלל להיות שהוא נחשב מבחי' אור א"ס · ע"כ לא יוכל להתלבש כ"א בבחי' אותיות דמל' דוקא כי כל הגבוה גבוה ביותר הנה לא יוכל לבא לידי גילוי כ"א במקום היותר נמוך כידוע · עוד יש טעם מלבד זה והוא מצד בחי' המ"ל עצמה שמפני שמד' המ"ל הוא מדה היותר אחרונ' שהוא בחינת התגלות שמתגלה ויורד למטה מטה ע"כ צריכה מדה זו דוקא להארה היותר עליונה בכדי לחזק כח מדה זו ומה גם שלא תשאר בחושך בהיות' יורדת עד למטה מטה כו' כי בירידת המ"ל עד היכלות החיצוני' ג"כ כמ"ש ומלכותו בכל משלה וכו' יכול להיות התערבו' החושך באור המ"ל כידוע בענין פגימת הלבנה · וכמ"ש אל תראוני שאני שחרחורת כו' וכן שחורה אני כו' · בגלותא להחיות ע' שרים · וגם מצד עצם מדת המ"ל מלבד עולם ירידתה הנה היא בחינה האחרונה ביותר מכל מדריגות אורות העליונים כמו בחי' ז"א ואו"א כו' ע"כ צריכה חיזוק להאיר לה פנים מהכח היותר גדול דוקא כמו בחי' כתר שבכתר בהארת הפנים בי"ג מדה"ר שמאירים במ"ל שבכתר ולא במדות כי המדות נק' ז"א א"ל כ"כ להארת פנים זה כי חזק כחם מצד עצמם וגם א"צ לירד כ"כ אבל בחי' המ"ל מב' טעמים אלה כחה חלש להיותה בחינה היותר אחרונה וגם לעולם הירידה צריכה לבחי' הארת הפני' מכתר שבכתר דוקא ע"כ י"ג מדה"ר דכתר שבכתר מאירים במלכות דווקא · וזהו עד"מ בתינוק קטן שכאשר יאיר לו איש הגדול הארת הפנים שוחקות יתחזק בעצמו ולא יפול ממדריגתו אבל הגדול א"צ חיזוק הארת פנים כלל וד"ל · ובזה יובן ענין בחי' קשוטי כלה למעל' כמאמר בקשוטין אזלא וכו' כמ"ש בע"ח בענין תכשיטי כלה עליונה שהוא בחי' הארת א"א במלכות לפי שהיו החיצוני' מחשיכין אור המלכות ע"כ צריכ' לקישוטין שיאירו פני' והקישוטין ההם נמשכין מאור הכתר בכלל ובכתר עצמו היינו הארת כתר שבכתר במ"ל שבכתר כנ"ל · והיינו שאמרו ז"ל דאין אשה אלא ליופי פי' אשה יראת ה' היא בחי' מ"ל דאצי' ואין אשה אלא ליופי היינו רק לקבל הארת פנים דא"א בעצמה מחמת שצריכ' לקבל' זו מטעמי' הנ"ל · וגם על דרך הפשוט דאין אשה אלא ליופי לפי שהנשי' יפות מן האנשים בדרך הבריאה בטבען כידוע הרי זה מופת להבין גם למעלה בענין הנ"ל דלכך יפות יותר בטבען מפני שנעוץ סופן בתחילתן ומקבלים מאור הכתר כו' כנ"ל וד"ל · וזהו ואברכה שמך לעולם ועד ארוממך אלקי המלך מתחילת הכתר לסופו במ"ל דכתר ואז מתילא ואברכ' שמך לעולם ועד בהארת י"ג מה"ר משם נמשך לעולם ועד בחי' בי"ע דאצי' כו' וד"ל · ועל דרך זה יובן פי' גם במ"ל דאצילות שנעשה כתר לבריא' ע"ד הנ"ל במל' דכתר שנעשה כתר לנאצלים כו' כידוע וד"ל :

בכל יום אברכך כו' · פי' קאי על בחי' הימים העליונים שבחינת ז"א כלול מימים הרבה וכמ"ש ויקרא אלהים לאור יום ויש רבוי התכללות אורות בז"א כו' וזהו בכל יום בפרט מאיר ונמשך ברכה הנ"ל מי"ג מדה"ר בז"א וזהו ואהללה

סמך

גָּדוֹל יְהֹוָה וּמְהֻלָּל מְאֹד וְלִגְדֻלָּתוֹ אֵין חֵקֶר: דּוֹר לְדוֹר יְשַׁבַּח מַעֲשֶׂיךָ וּגְבוּרֹתֶיךָ יַגִּידוּ: הֲדַר כְּבוֹד הוֹדֶךָ וְדִבְרֵי נִפְלְאוֹתֶיךָ אָשִׂיחָה:

ועזוז

שמך לעולם ועד דלכאורה א"א שיאמר דוד ע"ע שיחיה לעולם ויהללו אלא הכוונה על בחי' מלכות העליון שיתקיים קיום נצחי בלתי יחשך האור שלה מבחי' הגבורות קשות דנוגה שנאחזים בה בירידתה שם וכנ"ל · אך ע"י הארת י"ג מדה"ר דכתר שנמשך למל' ע"י התלבשותו בבחי' החסדים דז"א שנקר' ימים דווק' וכמ"ש תהלה בכל יום אברכך בכל יום דווקא · אזי ממילא נמתקי' גבורות הקשות שהיו מחשיכין אורה בתחל' · וזהו ואהללה שמך מלשון יהילו כו' שהוא ענין הבהקת אור כשמבהיק להיות בבחי' אור בהיר ואור נח · והיינו בהסרת בחי' החשך שלא יחשך בה אזי ממילא יבהיק אורה וזהו דווקא ע"י בחי' הרבוי של אורות החסדים דז"א שמבהיק אורה משום שדוחין הגבורות לגמרי · וזהו ואהללה שמך שם ב"ן שיבא אורו בהבהקה ע"י המשכת ברכה בכל יום והבהקת אור זה משמך בא ונמשך אח"כ בכל העולמות מראש כל דרגין עד סוף כל מדריגות וכמ"ש והשביע בצחצחות נפשך אור נח ומצוחצח דווקא וד"ל :

גדול הוי"ה ומהלל מאד כו' · הנה הוי"ה בנקוד פתח מורה על בחי' החכמה כי הפתח בחכמה להיות החכמה בחי' ראשית גילוי האור כו' וכמ"ש בת"א שזהו מ"ש פיה פתחה בחכמה · ובכאן שאמר גדול הוי"ה גדולה זו קאי על בחי' החסד שנקרא גדולה בכל מקום לפי שענינו הוא בחי' ההתפשטות אור לאורך ורוחב גדול שהוא בחי' החסד · וידוע דבקו הימין חח"ן הרי החסד ענף החכמה וכאשר החכמה מקור לחסד הרי אז נקרא הוי"ה זה דחכמה בשם גדול להיותו מתפשט בבחי' גדולה דחסד שהוא ענף החכמה אבל הוי"ה דחכמה למעלה גם מבחי' התפשטות אור החסד וכמ"ש לך ה' הגדולה כו' והתפשטות אור החסד הזה בא ונמשך למטה בעולמות רבים בנשמות ומלאכים עד אין קץ ושיעור כמ"ש היש מספר לגדודיו כו' ואזי הוי"ה זה הוא מהולל מאוד בריבוי מיני מדריגות שונות וכמאמר ז"ל אימתי נקרא גדול כו' · והיינו לפי שבא החסד לידי גלוי בכלים מכלים שונים אבל עצמות החסד והטוב קודם שנתפשט אין לו שיעור בעצם כנ"ל לפי שההתפשטו' החסד עכ"פ בחינת נמצא הוא מן החכמה כנ"ל אע"פ שמתפשט עד אין שיעור מ"מ מצד הכלים המקבלים מוגבל הוא · אבל מדת גדלות העצמיות קודם שנתפשט מן החכמה שנק' גדול מצד עצמו הרי כמו שהוא א"ס כן מדת גדולתו בחי' א"ס ממש וזהו ולגדולתו העצמית אין חקר כלל שאינה מוגבלת בכלים כלל כנ"ל וד"ל :

דור לדור ישבח מעשיך כו' · פי' כמ"ש דור הולך ודור בא והארץ לעולם עומדת כי הארץ הוא בחי' מלכות דאצילות וכמ"ש והארץ הדום רגלי כו' וכאשר בחי' מלכות נעשה כתר לנבראים בבחי' הדבור כמ"ש דבר נוה לאלף דור נמשך אלף דורות בזמן מהארה והמשכת דיבור א' דמל' כו' ועד"ז ממל דבריאה ביצי' ומיצי' לעשי' · והגם כשדור בא או הולך עולה הוא ונכלל מעשי' ליצי' ומיצי' לבריאה ואחר כך נמשך דור חדש בבי"ע · עכ"ז והארץ לעולם עומדת להחיות עוד עד אין שיעור כי בחי' מל' דאצילות הרי אין סוף להתפשטותה ואין בה שינוי כלל מהתחלפות רוב הדורות בזמן כי היא למעלה מן הזמן כו' · וגם כאן אומר דור לדור פי' מחילוף דור לדור הבא מחדש הרי יתחדש אור השפע האלקי בי"ס דבי"ע · וזהו ישבח מעשיך בין בהעלאת דור שעבר שישבח את כח האלקי כאשר עולה ונכלל באצילות ובין בירידת אור שפע מלמעלה למטה בדור הבא מחדש כולם ישבחו י"ס דבי"ע שנק' מעשיך · וגבורותיך יגידו פי' בחי' הצמצומים הרבים עד שבא לכלל התהוות הדור כו' · ועי"ל ישבח לשון תיקון כי מתבררים מרפ"ח ניצוצי' דתהו בכל דור ובכל זמן וכו' כידוע וד"ל :

הדר כבוד הודך ודברי נפלאותיך אשיחה · פי' כל רבוי זה של התהוות הדורות בזמן ובמקום שהוא בא מבחי' רבוי הצמצומים דהיינו בבחי' הגלוי מאין ליש להיות כי אין מלך בלא עם · והנה כתיב ברוב עם הדרת מלך דהיינו דווקא כשיש רבוי צמצומים עד שמהוה רבוי העולמות אז נקרא הדרת מלך : וכל זה בא בבחי' הגלוי מפני שגם בשרש הוי"ה השרש של רבוי הצמצומים הללו כמו שהן למעלה היינו במל' דאצילות כשמקבלת מבחי' ת"ת דז"א כתר מלכותה שנק' הדר כבוד מלכותו ואין הדר כבוד כתר מלכות אלא כשהכתר ברבוי אורות מכל מיני גוונין כו' · וזהו הדר כבוד הודך בחי' הוד מלכות שעל העטרה והכתר שבראש כו' ומשם נמשך בגילוי ההשפעה ג"כ ריבוי רבבות התחלקות כו' מאין ליש ממש · אמנם לפי שבחי' שרש ההעלם של הדר כבוד המלכות שהוא שרש ההתחלקות למטה כנ"ל א"א שישיגו זה הנבראים אחר שהם כבר באו מבחי' הגילוי איך ישיגו בהעלם כח האלקי ע"כ אמר הדר כבוד הודך ודברי נפלאותיך אשיחה פי' מפני שזה ההידור הוא ענין נפלא ונעלם מעין ההשגה ונקרא דברי נפלאותיך כלומר שנעלמים ונפלאים העלם העצמי ועד"ז אמרו במופלא ממך אל תחקור כו' אלא בחי' המלכות עצמה בלבד הוא שמשיג הפלא וההוד הזה והיא דווקא יכולה להלל ולשבח בזה וזהו השיחה אני בעצמי אשיחה בנפלאות הללו

הללו אבל לנבראים אין שם השגה כלל וקאי אדסמוך ליה דור לדור ישבח כו' אבל הדר כבוד הודך כו' אשיחה בעצמי דווקא וד"ל:

וֶעֱזוּז נוֹרְאוֹתֶיךָ יֹאמֵרוּ וּגְדֻלָּתְךָ (וגדולתך קרי) אֲסַפְּרֶנָּה: זֵכֶר רַב־טוּבְךָ יַבִּיעוּ וְצִדְקָתְךָ יְרַנֵּנוּ:

חנון

ועזוז נוראותיך יאמרו וגדולתך **אספרנה**· הנה ידוע דבחי' הת"ת נק' נורא לפי שהת"ת מחבר ב' הפכים חו"ג אש ומים וכדי שיהיה בבחי' לסבול ב' הפכים בהכרח שיש בו מהארת הכתר שהוא נבדל בערךלגמרי מפני היותו מבחי' אחרונ' שבעצמות המאציל שלמעלה מי"ם שאין שם הפכים כלל מאד שאין הספי' שם בהתחלקות נגלית כידוע· ונקרא הכתר נורא לגבי י"ם משום דאפי' אור לא שהיא בחינת חכמה אתחשיך קמי עילת העילת שהוא בחי' הכתר ע"כ נקרא נורא· וכאשר בכחו מאיר ובא בכל קו האמצעי דהייט דת"י אוי יש גם בכח דת"י לחבר ב' הפכים כמו הדעת מחבר חו"ב והת"ת מחבר חו"ג והיסוד מחבר נו"ה כו' ע"כ גם הת"ת נק' נורא מפני הארת הכתר שיש בו והייט הארת בחי' עצם השלימות הנק' שלימותא דכולא שלמעל' מי"ם שמאיר בת"ת לחבר ב' הפכים חו"ג וכן בכל קו האמצעי בפרט ונק' דרך כלל כל פרטי הקו האמצעי בשם נוראותיך ריבוי נוראות לפי שכאו"א שבקו האמצעי נק' נורא ובהתחבר כולם יחד נק' נוראותיך וד"ל·וזהו ועזוז נוראותיך יאמרו פירוש עזוז הוא ענין החוזק והתוקף של הנוראו הללו שבקו האמצעי במה שיש תמיד בכחם לחבר ב' הפכים כו' הרי הוא בא מהארת הכתר שהוא מאיר לכולן כנ"ל הנה זה העוז והתוקף גם הנבראי' יוכלו להכיר ולהשיג· והיינו ועזוז נוראותיך יאמרו לפי שע"י חיבור וקישור הי"ם כמו ב' הפכי' דחו"ג ע"י קו האמצעי למעלה בעולם האצי' הרי ע"ז גם למטה מטה בעולם הבריא' ויצי' מתחברים ומתקשרים כולם ומתייחדים גם ב' הפכים כמו מיכאל וגבריאל וכמבואר בזוהר פ' פקודי בענין התכללות והתאחדו' בהיכל דבריאה מהיכל להיכל כו' ע"ש· וכל זה בא מסיבת ההתכללות למעלה באורות העליונים דאצי' ע"י קו האמצעי המחבר שמשם מאיר גם למטה בעולמות הנבראים וא"כ הרי גם הנבראי' בהתאחדותם והתכללותם מכירים הם ומשיגים עזוז נוראותיך שבקו האמצעי כו' וד"ל· אבל וגדולתך אספרנה אספר בעצמי ואין הנבראי' מכירים כלל בגדולתך· וע"ד הנ"ל בפירוש אשיחה דקאי על בחי' מ"ל דאצילות גם כאן בחי' מלכות אומרת דגדולתך אספרנה בעצמי דוקא וא"א לזולתם להשיגו כלל וכלל· והטעם הוא לפי שיש ב' מדריגות בכתר עליון הא' מה שמאיר ובא בי"ם להיות להם ראש ושרש כו' וכמו הארת כח החיבור והקישור בקו האמצעי שנמשך מאור הכתר דרך ציור קו האמצעי וכמ"ש והבריח התיכון כו' מבריח מן הקצה אל הקצה כו'· והמדריגה הב' הוא בחי' פנימיות ועצמות אור הכתר כמו שהוא מצד עצמות המאציל שנקרא שלימותא דכולא כנ"ל שלמעלה הוא גם מהיות כח ועוז לקו האמצעי לחבר ב' הפכים כו'· אלא הוא נק' אור פשוט בתכלית הפשיטות עד שנבדל מערך התחלקות י"ס כו'· וזהו הנק' גדולתך בחי' גדולת עצמות המאציל שבו א"א לנבראים להשיג כלל כי אין משיגים רק במה שבא ממנו בהם הארת כח היחוד וההתכללות כנ"ל· אבל בחי' עצם השלימות שלמעלה מהיות כח לחבר כנ"ל· זה א"א כלל לנבראים להשיג משום דלית מחשבה תפיסא בי' כו' אלא בחינת הנ"ל בלבד יסכר בו להיות כי נעוץ תחילתן בסופן דוקא וזהו וגדולתך אספרנה בעצמי דוקא וד"ל:

זכר רב טובך יביעו כו'· הנה פי' טוב בכל מקום הוא בחי' יסוד שנקרא צדיק עליון כמ"ש אמרו צדיק כי טוב והוא בחי' אור ירידת ההשפעה מן המשפיע אל המקבל שזהו מחמת כי מטבע הטוב להטיב כידוע· והנה פי' רב טובך הוא בחי' יסוד דא"א שהטוב ההוא נק' רב טוב וכמ"ש ורב טוב לבית ישראל פי' כי בחי' א"א הוא בחי' כתר דאצי' שהוא מרומם ונבדל במעלה רבה מכל ספי' דאצי' וכל הגבוה גבוה ביותר יותר תרד אור חסדו עד למטה מטה ביותר עד"מ אשר גדול ביותר שמפני עוצם רוממותו תגדל ותתפשט חסדו למטה ביותר· וכל שאינו שר גדול כ"כ אין בו רבוי הטוב והחסד כ"כ כו'· וכך יובן למשכיל למעלה דמפני רוממו' אור הכתר ע"כ בחי' היסוד שהוא נק' טוב תרד עד למטה מטה מאד· ונק' רב טובך שמרובה מדת טוב זה דא"א עד שמגיע לסוף האצילות וע"ד מ"ש ורב טוב לבית ישראל שר"ל שמפני גילוי רצון העליון שהוא מלובש במצות למט' ונמשך ומאיר בכנ"י למטה ע"כ נמשך להם גם בחי' רב טוב דא"א· וכך הענין כאן דרב טובך הייט בחי' יסוד דא"א ויביעו קאי על כנ"י שמגיע עליהם האור בסופו לפי שיסוד דא"א מתפשט עד למטה ביותר מטעם הנ"ל· שהרי ידוע דאו"א מלבישין זרועות דא"א בלבד אבל נה"י דא"א מאירי' עד סוף האצי' שלמטה הרבה מאו"א וגם מבחי' ז"א דא"א מסתיי' אורו בין פרסא שבין אצילות לבריא' לפי שאור הכתר מבריח מן הקצה לקצה· וכידוע דא"א מלובש ועובר תוך כל עולם האצילות מראשו לסופו כו'· והיינו לפי שכל הגבוה יותר תרד אור שפעו למטה כנ"ל וד"ל· וזהו זכר רב טובך יביעו פי' בנשמות דנהנין מזיו השכינה כו' וע"כ זכר רב טובך דא"א מאיר שם עדיין· אך ורק שאין האור שם עצמו במהותו כמו שהוא למעלה

בבחי'

בבחי' א"א עצמו אלא רק בחי' הארה והארה דהארה כו' לפי שילה ונמשך ברבוי השתלשלו' מעיל' לעילה בכל האצי' מראשו עד סופו כנ"ל ולכך נקרא זכר כמו ענין זכרון דברי' שהוא רק ראשי פרקים וסימנא בעלמא בלבד כו' כך רק בחי' זכר דרב טובך מאיר בנשמות שיביעו בג"ע מהארת זיו השכינה כו' מפני שכבר ירד האור ברבוי ירידות וצמצומים עד שלא הגיע אליהם רק בחי' זכר בעלמ' · ולדקתך ירננו פי' ולדקתך הוא בחי' מ"ל כמ"ש לדק דאיהו דין דינ' דמלכות' קדישא וכתיב לדק מלאה ימינך כו' · והנה כתוב בזהר רננה ברמשא ושמחה בצפרא והענין הוא דמדת לילה הוא בחינת מלכות דאצילות כשמסתתר' ברא"ש הבריאה' וכמ"ש ותקם בעוד לילה כו' ואז כל העולמות כולם מתהווים ממנה בבחי' פירודי' יש מאין ושייך בהם הרננה דהיינו שירננו בתענוג להתענג על ה' להיות כי הם בחי' יש נפרד · ויש מי שמתפעל כו' והתפעלות הוא רק בצדקתך שהוא בהארת מדת מלכו' עליהם שמהווה אותם מאין ליש כו' אבל בחי' האצי' דאין שם בחי' פירוד כלל וכלל דהרי אמר איהו וחיוהי וגרמוהי חד פי' גם בחי' הכלים הם בבחי' הביטול בתכלי' וא"כ לא שייך שם הרננה אלא רק השמחה שהוא התפעלות בעצם בלתי מורגשת ליש ודבר מה כו' · וזהו שאמר בהשמחה בצפרא דהיינו במדת יום דאור האצי' והוא מ"ש תחילה זכר רב טובך יביעו וכנ"ל· אבל הרננה דוקא ברמשא במדת לילה דמ"ל בהיותה ראש לשועלים שהוא לאחר הפסק הפרסא כידוע וזהו ולדקתך ירננו· אבל מ"מ כ"ז בא מאור רב טובך רק מה שבא ממנו בהתלבשות בצדקתך לאחר הפסק הפרסא כשהמ"ל בוקע המסך כו' מזה נמשך הרינה בהתפעלות מורגשת וד"ל :

ועוד יש לפרש זכר רב טובך יביעו ולדקתך ירננו · ומקודם יש להבין פי' אור דא"ס הנזכר בספרי הקבלה ויש להקדים תחלה שיש הפרש גדול בין בחי' עצם והתפשטות לבחי' העלם וגילוי כו' דהנה לשון התפשטות ידוע שהוא כמו דבר מה המתפשט מכאן לכאן כמו מים המתפשטי' ממקום זה למקום אחר שבודאי יש שינוי בזה בין קודם שמתפשט לאחר התפשטותו שקודם שמתפשט אין מציאות אותו הדבר כמו המים וכה"ג נמצא כלל במקום הזה שנתפשטו לשם אח"כ ואחרי התפשטותם לשם נמצאו המים שם הרי יש באותו המקום שינוי גמור · וכך הוא בענין התפשטות אור כמו אור הנר שמאיר למקום הרחוק שהרי לא יגיע שם האור בלתי שיתפשט לאותו המקום הרי גם זה נקרא התפשטות ממקום למקום (רק שאינו נק' המשכה והילוך כמים ההולכי' ונמשכים אבל האור מתפשט בכל השטח בבת א' כו') ואין זה נקרא בחי' גילוי אור בלבד אלא נופל ע"ז ל' התפשטות אור ובכל בחי' התפשטו' נתפס בבחי מציאת דבר מה עכ"פ עד שיקרא שינוי לגבי העצם בין קודם שיתפשט לאח"כ · וכמו התפשטו' הפעולה מן כח עצם הפועל שעושה שינוי והתחדשו' בעצם כח המניע במה שבא לכלל תנועה שנק' התפשטות והיינו מפני שתנועה זו נתפס בבחי' מציאת דבר מה עכ"פ שהוא ענין הפעולה והתנועה ממקום למקום שלא היה זה בעצם כח הפועל קודם שיפעיל ויניע כו' · וזה דמיון אמיתי לכל בחי' התפשטות · גם בבחי' התפשטות אור שהוא כמו ענין הפעול' והתנועה כי הרי עצם האור אינו נק' הארה (לייכטן בל"א) אלא הרי הוא עצם ממשי מלבד מה שמאיר אור (לייכטן) שהוא פועל יוצא לחוץ העצם שיסתירו אותו כו' ומה שמאיר אור נק' הארה מן העצם המאור שזה ממש כדמיון התפשטות הפעולה מעצם כח הפועל רק שמ"מ אינו דומה לו בענין השינוי בעצם · שהפעול' עושה שינוי בעצם ואין ההארה עושה שינוי בעצם המאור כלל ומכל' אין זה התחדשו' כ"כ כו' · (והנה מ"ש במ"א בענין ההפרש בין אור לשפע היינו שהשפע נקרא המשכה שהוא למטה גם מתנועה ופעולה· שבתנועה ופעולה אין שם מהות ממש רק בחי' הארת כח העצם (עד שקרוב לבחינת גילוי האור מן המאור רק שעושה שינוי בעצם ונתפס בקצת מהות כנ"ל) ונמצא יש כאן ג' מדריגות זו למעל' מזו בחי' שפע והמשכ' כמים ובחי' התפשטו' דפעולה ותנועה ובחינת התפשטות דאור השמש) אבל בחי' העלם וגילוי היינו דאין שינוי כלל בין קודם שיתגלה לאחר שיתגלה (מלבד שאין הגילוי עושה שינוי כלל בעצם כמו אור הנר כנ"ל) דהיינו גם במה שהוא מתגלה אין באותו הדבר שבא שם הגילוי בחי' שינוי בכח העצם שצורה בו וישנו לכח העצם שנקרא העלם בכל מציאותו ומהותו כם גם בטרם שיתגלה כמו לאחר גילוי ואין הגילוי בחי' התחדשות כלל שם ולא כמו בחי' התפשטות הנ"ל שיש שינוי בין קודם שיתפשט לאח"כ · לפי שנופל בו לומר ענין התפשטות מכאן לכאן כנ"ל · אבל בבחי' הגילוי מן ההעלם אין נופל בו לשון גילוי המשכת דבר מכאן לכאן עד שאין בחינת חידוש כלל וכלל בגילוי זה כו' וד"ל · ולהבין ביאור זה דהעלם וגילוי הנה יש לזה ה' משלים הא' משל חיות הנפש בגוף שנק' ג"כ אור וחיות והיא רק בבחי' גילוי ההעלם ולא בבחי' התפשטות · והב' במשל כח הראיה בעין שאור הראיה בעין נקרא גילוי העלם ולא בחינת התפשטות כאור הנר · והג' אור השכל שמאיר בהתחכמות דבר מכח עצם השכל שהוא רק גילוי ההעלם ולא בחי' התפשטות · והד' אור וניצוץ היוצא מן הצור ע"י ההכאה שהיה בהעלם תחלה בצור ויצא מן ההעל' לגילוי או כשלהבת הקשור' בגחלת כו' · והה' כמו גילוי המחשבה שבהעלם כאשר בא בגילוי הדבור כידוע · וכל הה' משלי' הנ"ל הוא דמיון אמיתי לבחי' גילוי והעלם למעלה ונק' חשך ואור כמ"ש יוצר אור ובורא חשך שהחשך למעל' מן האור דהיינו בחי' ההעלם והאור הוא בחינת גילוי כו' · וז"ש ישת חשך סתרו ברישא חשוכא בהעל' העלמו' ואח"כ בא לידי גילוי אור כו' ואין זה בחי' שינוי כלל וכלל וכמ"ש אני ה' לא שניתי כלל בין קודם שיצא

לידי

לידי גילוי לאח"כ והוא פי' דאור א"ס שבא בגילוי מהעלם עצמותו כו' וד"ל :

ולהבין כ"ז בתוס' ביאור הנה תחלה יש להבין במשל דאור וחיות הנפש באברי הגוף דהנה ידוע בענין הגלגולי' שנפש האדם מתגלגלת בבהמה וכיוצא א"כ יש להפלי' למה אין לבהמה זו שכל כאדם בכל הדברי' ואנו רואים שאין לבהמ' זו שינוי בטבע' כלל בנפש' וגם בתאוות הגשמי' כאכילה ושתיה אוכלת כבהמה ולא כאדם שיש לו גם בתאוות המאכל טוב שכל להכיר באיכות טוב טעם המאכל כו' · ואם נא' מפני שאין חומר אברי גוף הבהמה מוכנים לקבל צורות וכחות הנפש השכלי' דאדם משא"כ בחי' חומר אברי האדם שמוכנים לקבל כו' א"כ למה זה נק' גלגול נפש האדם בבהמה מאחר שאינה נמצאת בה כלל · אך הענין הוא כך דזה אמת שאין חומר מוח הבהמה מוכן לקבל רק צורת נפש הבהמה הגשמית שבלי דעת כלל ע"כ בבא הארת נפש השכלית המגולגל בה לא תוכל להתפשט ולהיות גם היא כמו צורה לחומר במוח דבהמה רק שמתלמלמת בעצמותה דהיינו שלא תבא לבחי' התפשטות אור כלל וכלל רק כמו שהיא בעצם מהותה מתלבשת בלבוש דנפש הבהמה ממש כמו שמתלבש הרוחני בגשמי או כמו שיתלבש אדם בלבוש וכה"ג כי אין זה דומה להתלבשות נפש האלקית בנפש החיוני' דאדם אע"פ שגם נפש החיונית שנקרא שכלית לגבי נפש הבהמה נקרא טבעיית ובהמיות לגבי נפש אלקי' דמ"מ שוין הם בבחי' אדם בחי' דעת ומדות רצון כו' שנעשה בצלם אלהים כו' ע"כ כל כחות פרטיים דנפש האלקית מתלבשים בכחות פרטיים דנפש האדם החיונית רק שהוא בדרך התלבשות צורה בחומר כמו התלבשות הנפש החיוני' בחומר הגוף וכיוצא · אבל גלגול נפש האלקית בנפש הבהמה הגשמי' שאין לה ערך כלל גם מהיות כמו חומר לצורה כו' ע"כ ענין התלבשית זאת אינו רק כמו התלבשות הרוחני בגשם ממש שלא בבחי' צורה וחומר כעשב הגדל מכח הצומח כו' אלא כמו התלבשות בלבוש נפרד לגמרי כלבוש אדם או כבית שאדם דר בו כו' וד"ל · והנה מעתה יש להבין בנפש הזאת המגולגלת בנפש הבהמה אם יש בה שינוי מכמו שהיא בגוף האדם ולכאורה יש שינוי שהרי באברי אדם באה בגילוי בבחי' צורה לחומר במוח מאיר כח השכל כו' משא"כ באברי הבהמה שהיא רק במהות' כו' כנ"ל· אבל באמת אין זה שינוי כלל וכלל דמה שנעשית כמו צורה לחומר אין זה נק' בחי' התפשטות אור כמו מים שמתפשטים מכאן לכאן כנ"ל עד שנאמר שבבהמה לא תתפשט ובגוף האדם היא מתפשטת שמזה ההכרח לומר. שיש שינוי בין קודם התפשטות לאח"כ כנ"ל אלא הוא הנקרא רק בחי' גילוי העלם עצמותה בלבד ובגוף אדם באה לידי גילוי באברים המוכנים לכך ובגוף הבהמה היא בהעדר הגילוי בלבד שאין זה · שינוי כלל בין קודם הגילוי לאח"כ כנ"ל · וראיה לדבר זה הוא ממה שאנו רואים שקודם התלבשות הנפש בגוף כלל לא היתה בגדר גשמי כמו להתאוות תאות גשמיות לאכול ולשתות וכה"ג רק בבואה לגוף תבא הנפש לכלל הגשמה זו באמצעות גשם חומר הגופני וא"כ ודאי א"א לומר שתתפעל הנפש הרוחני מצד עצם מהות' מן התאוה גשמית דמאכל מאחר שאין זה ממהותה כלל · ואעפ"כ הרי ממנה מתפשט הארת אור וחיות בתאוות המאכל רק שבהכרח לומר שלא תתפעל ותשתנה כלל וכלל מפעולת תאוה גשמי' זו אעפ"י שמאיר' בה לעשות' וא"כ אם היה זה בבחי' התפשטות כמו בחי' התפשטות הפעולה מכח הפועל איך לא תתפעל ולא תשתנ' שהרי כל פועל יפול בו שינוי והתפעלות מפעולתו כנ"ל אך מזה הורא' גמורה שאין זה בחי' התפשטות אלא רק בחי' גילוי ההעלם כנ"ל ע"כ לא יפול בה שינוי כלל מזה שמתגל' אורה בפעולת הגשם הזה שהיא שוה בבחי' עצם א' אחר הגילוי הזה כמו קודם הגילוי · ולפי"ז גם בנפש אדם המאיר בגוף לא נופל בה שינוי כלל בהיותה מתגלית בכחותיה בחומר הגוף האדם מכמו שהיא בגלגול בבהמה ממש רק שבבהמה מצומצמת היא בהעדר הגילוי בלבד מטעם הנ"ל ואין זה שינוי והתפעלות כלל בעצמותה ולא בחי' התחדשות דבר מה כלל כנ"ל וד"ל · אך הנה עדיין יש להבין בעיקר טעם ההפר' בין בחי' התפשטות לבחי' התגלו' במה שאין בגילוי בחי' התחדשות כלל וכלל כנ"ל דלכאורה גם בגילוי אור מן ההעלם זהו עצמו מחודש במה שבא לידי גילוי ומתחלה לא נגלה כמו שנקר' בחינ' התפשטו' דבר חדש מטעם זה שהוא עצמו מה שבא לידי התפשטות זהו דבר חדש וא"כ מהו עיקר ההפרש בין התפשטות להתגלות כו' · אך הענין הוא דאין זה עיקר ההפרש ביניהם רק בב' דברים עיקר ההפרש · הא' במה שבהתפשטות נופל בעלם שינוי והתפעלות כנ"ל משא"כ בגילוי כו' · והב' והוא העיקר שבהתפשטות יש כאן דבר חדש בעיקר העצם דהיינו כמו במה שבאו המים בהתפשטות למקום זה שלא היו שם תחלה כלל וכמ"כ בחי' התפשטות הפעולה עצמה ומהותה דבר חדש כו' משא"כ בחי' התגלות שעצם הגילוי אינו דבר חדש כלל מאחר שלא נסתלק מעולם עיקר העצם שממנו בא הגילוי וישנו במציאותו ומהותו באותו מקום מכבר רק שנגלה לעין הרואה בלבד כמו שנגלה המטמון המכוסה בתיבה שאין בגילוי זה התחדשות דבר כי המטמון כבר ישנו במציאות גם קודם שנגלה לעין כמו לאחר שנגלה ממש וא"כ גם גוף הגילוי לעין אין דבר חדש כלל משא"כ הפעולה בגילוי שזהו דבר נוסף ומחודש על העצם הכח כו' וד"ל · ויובן זה עד"מ הידוע בדם הוא הנפש שחיות הרוחני דנפש מלובש בדם הגשמי ומזה נמצא כח התנועה וההרגש כו' והנה כאשר לפעמים יקרה קלקול בדם כמו שנתקרר ביותר מפני הקרח או ששכב על ידו הרבה ונעדר

ממנו

ומתנה כח התנועה לגמרי עד שאינה במורגש כלל וכלל כאבן דומם כידוע· הנה ודאי א"א לומר שנסתלק כל עיקר החיות הרוחני שבדם זה שבידו והלך לו לגמרי וע"כ נעדר בה כח התנועה לגמרי שא"כ זה נק' מיתת האבר של היד שצריך לחתכו כידוע ואין זה בקרירות הדם שע"י קרח או מסיבה אחרת שהרי נקרא אבר חי כמו שחי תחלה רק מפני קרירות הדם אין החיות הרוחני מאיר בו בגילוי רק בהעלם בלבד ע"כ לא יפעול הדם הפעולה והתנועה לגמרי עד שנראה כמת אותו אבר · אבל באמת במעט רגע הרי יחזור להיות בתנועה ופעולה כמו ע"י שיתחמם הדם באיזה רפואה וכה"ג · וא"כ בהכרח לומר שגם מקודם שנתחמם הדם לא היה הסתלקות החיות לגמרי שא"כ לא היה מועיל החימום או השפשוף ביותר כמו שלא יועיל למת כו' אלא שהחיות ישנו במציאותו ומהותו ממש כמקודם גם עכשיו בשע' זו שנתקרר הדם רק שהוא בהעלם אבל שוכן מהותו בו רק שאינו שוכן בגילוי בלבד וע"י החימום יתגלה בדם וממילא יחזור כח התנועה · ונמצא דגם שיש כאן שינוי גדול שתחילה חסר התנועה ואח"כ נמצאת התנועה אין זה שינוי כלל להיות נק' חסרון תנועה בעצם מפני הסתלקות החיות לגמרי מאחר שלא נסתלק כלל · רק חסרון תנועה זו הוא חסרון הגילוי אבל יש כח תנועה זו בעצם רק שאינה באה לידי גילוי בלבד ואין זה נק' חסרון בשינוי וא"כ אין זה דבר חדש כלל גם לענין גוף גילוי התנועה אע"פ שלא היתה קודם כו' כי מיד בהסיר התניעה שנתגלה החיות בדם לגילוי זה אינו דבר חדש כלל במהות חיות הדם מאחר שכבר ישנו במציאות בדם וזה רק הוא כמו מטמון המתגלה כנ"ל וד"ל · ומעתה יש להבין במשל הב' שהוא כמו כח הראיה בעין שאור הראיה בעין אינו נקרא בחי' התפשטות דבר עד שנאמר בהעדר הראיה בעין מפני מכה וכה"ג שנסתלק כח ואור הראיה לגמרי דהיינו שנסתלק כח התפשטותו · שא"כ כאשר ירפאו המכה ויסירו דבר המונע האור היאך מיד יחזור כח הראיה לראות בכלי העין מאחר שכבר נסתלק אלא מוכרח לומר שלא נסתלק אור הראיה אלא ישנה במציאותה ומהותה בעין וגם בהיותה בהעדר הראיה מפני המכה וכה"ג רק שאינה אלא בהעלם שם ולא בגילוי שאין זה שינוי כלל גם בבחי' גילוי הראיה מאחר שישנה בעצם מצד כח הראיה רק שלא נגלית כנ"ל בחסרון התנועה. וע"כ לא יפול שינוי כלל באור הראיה קודם הראיה לאח"כ וה"ו כבחי' גילוי המטמון הנ"ל או כלי ע"י הדלקת האור בבית כו' (משא"כ האור דנר הוא בבחי' התפשטות כנ"ל כי העין אינו נקרא עצם דבר המאיר כמו גוף השמש רק שבו נגלה כח הראיה · וראיה ממה שאין העין רואה בחשך שאינה דבר המאיר מצד עצמה שיתכן לומר בה בחי' התפשטות כאור השמש רק בחי' גילוי כח הראיה כו') · והמשל הג' כמו ענין גילוי הארת השכל שנקרא התחכמות מעצם כח השכל כנ"ל אע"פ שהחכמה נקרא אור כמ"ש יהי אור כו' אין זה בבחי' התפשטות אור כאור השמש עד שבהעדר ההתחכמות יקרא העדר ההתפשטות כו' ויהיה שינוי כו' שהרי א"א לומר בעצם כח השכל שיתייחס לו ההתחכמות כמו שיתייחס האור לגבי המאור מפני שהוא עצם דבר המאיר כנ"ל· שהרי אין בעצם כח השכל שום הוראה שמורה על בחי' התחכמות לא מינה ולא דוגמתה כלל רק שייך לומר בו בחי' גילוי העצם בלבד כשמתחכם כו' · ואין בהעדר הגילוי בחי' חסרון כלל כמו שאין חסרון בהעדר הראיה כו' ואע"פ שנקרא עצם כח השכל להשכיל כל מיני שכל אין זה כמו עצם כח הפועל לפעול כל מיני פעולה· שבפעולה זו יש בחי' התפשטות הכח עכ"פ כו' · משא"כ בחי' ההתחכמות אין זה כח התפשטות מן העצם רק בחי' גילוי כמראה גוון בעלמא · (וראיה ממה שאין בו שינוי כלל בין קודם שיתחכם לאח"כ כידוע ובין מי שהוא חכם בכל החכמות למי שאינו חכם רק בחכמה אחת כמ"ש במ"א באריכות' אך יש ראיה להיפך ממה שביגיעת המוח דוקא תתחכם שאין זה רק בהיות כלי המוח בחוזק ולא בחלישות או בהיותו לאחר הזדככות כמו אחר השינה וגם הרי ביגיעתו בחכמה יותר מדאי לא יוכל להתחכם עוד עד שיבולבל וכיוצא ונמצא יש מיעוט ההתפשטות וריבוי ההתפשטות כו' כמו יגיעת כלי התנועה שממעט כח התפשטותם · ולהיפך כמו בכח הדם שבה שתתחזק כח התפשטותן וכה"ג כו' · הענין הוא שמיעוט וריבוי זה אינו בבחי' ההתפשטות אלא בבחי' הגילוי בלבד כמו בראיה בכלי העין אם בהירה בחומרה יותר· יותר יגלה בה כח הראות ויראה העין בבהירות יותר ולהיפך כשלא יזוכך חומר העין לא יראה בה כ"כ אע"פ שאין ערך להזדככות העין לגבי אור הראיה הרוחניות מ"מ היא בחי' כלי וחומר שילובש בה כח הראיה לפי אופן בחי' ההזדככות שלה דווקא וכמו בהירות הזכוכית שמקבלת אור השמש ואע"פ שג"כ אין ערך ויחוס ביניהם כו' · וכך הוא בכלי המוח שמקבל צורת אור ההתחכמות שבזה בבחי' גילוי הארה מעצם כח השכל לפי אופן טוב הזדככות שלו כמו לאחר השינה · ולהיפך כשמייגע כלי המוח או שיחלש המוח שלא יוכל לקבל הארת אור השכל ה"ז כמו סיבה המתהוה בכלי העין שלא יוכל לראות כמו אונס שינה שסוגר עיניו · וזהו שהסתלקות אור השכל והסתלקות אור הראיה שניהם יתהוו מסיבה אחת ובבת א' כמו באונס שינה ששניהם בבחי' א' שהוא בחי' גילוי עצם השכל וע"כ נקראו החכמים עיני העדה כו' וכידוע דב' עינים שרשן במוח ונק' בחי' ע"ה דחכמה ע"כ מדחיקת המוח יצאו הדמעות כמ"ש במ"א וד"ל) · והמשל הד' כמו ענין הניצוץ היוצא מן הצור בהכאה כו' הרי מהות הניצוץ הזה הנראה לעין כשהיה בצור לא היה שם במהות שלהבת ניצוץ כלל וכלל אלא רק שהצור יש בו חמימות בהעלם · ובהכאה על הצור יוצא גילוי

העלם

העלם התחתונות ונראה בנור שלהבת · וכמו כל עיקר מציאת האור מאש היסודי אינו רק גילוי ההעלם ולא כמו ההארה דאור מן השמש ואור הנר שנק' בחי' התפשטות כנ"ל וע"כ אין שינוי והתחדשות כלל בין קודם שיוציאו השלהבת מן הגחלת לאח"כ · (וגם הרי אין שיעור לגילוי הניצוצות מן הנור מאח"כ בחי' התפשטות כח הפועל שיש בו שיעור וכן כל בחי' גילוי מראה אין לו שיעור מאחר שהוא בחי' נפרד מן העלם כו') · וכן שלהבת הקשורה בגחלת נק' גילוי ההעלם וזהו פי' קשורה בהעלם כמ"ש במ"א וד"ל · וזה המשל אינו משתווה עם המשל הה' שהוא ענין גילוי העלם המחשבה בדבור אע"פ שאין במחשבה מתהות הדבור כלל · אך אין מהות האותיות דמחשבה נגלים המה בדיבור ואין זה כמו שהשלהבת זו עצמה היתה כלולה בנור כו' · רק ענין התגלות המחשבה בדבור הוא כמו אור הנגלה בתוך החשך שהמחשבה בהעלם נק' חשך והדבור בגילוי נק' אור והוא כהתהוות האור בגילוי מהעלם אש היסודי וכיוצא· וז"ש ישת חשך סתרו כו' · וכתיב יוצר אור כו' שהגילוי בדבור נק' צורה כמו ציור הכלי שאין דבר חדש בעצם הכלי ע"י הציור רק שנגלה בה ציורים שונים בעצמה ומהותה כו' · כך אותיות הדבור אינו רק כמו גילוי אור וציור לזולתו מהעלם המחשבה כו' · (וכך העדר גילוי אור כח השכל כשאינו משפיע אותו השכל לזולתו אין זה שינוי כלל רק נשאר בו בהעלם כמו שאינו נגלה בדיבור מה שחושב במחשבה וכה"ג וזהו פי' מאיר עיני תמים בבחי' גילוי האור ולא בבחי' התפשטות כנ"ל) וזהו שהמחשבה הוא בעולם הבריאה והדבור בעולם היצירה כו' כמ"ש ובורא חשך כו' · אך כח המוליד שבטיפה שיש בה כל ציור רמ"ח האברים בהעלם ואח"כ יוצאים לידי גילוי מן העלם או גרעין שנצמח מכח המצמיח א"א לומר בזה רק בשם גילוי ההעלם אלא בחי' התפשטות תצרף לזה כמו אילן הגדל שעקרו בו בחי' התפשטות כידוע שהצמיחה נקרא התפשטות ולא גילוי בלבד · וכך הוא ענין הגידול של הולד בציור רמ"ח איברים גשמיים כו' רק בעוד שכלולים רמ"ח האיברים בטיפה או כל מהות התפוח בגרעין נקרא העלם וגם העדר ההתפשטות כו' · ולכך צריכים למים לעשות התפשטות הצמיחה וכמו והרוה את הארץ והצמיחה כו' · וכן בחי' מ"ן דנוקבא לעשו' בחי' התפשטות לטיפת הזכר שיבא בציור רמ"ח איברים גשמיים כל זמן העיבור כמ"ש במ"א וד"ל) · והנה מכל דמיונות המובן מתוך כל הנ"ל בהפרש שבין בחינת התפשטות להתגלות · הדמיון היותר אמיתי להבין בדוגמתו למעלה מעלה בפי' בחי' אור דא"ס או בחי' אורות המאירים מעצמותו שנק' ע"ס בלימ' כו' אינו רק כינו בחי' גילוי החשך לאור כמ"ש ישת חושך סתרו וכמו ציור הכלי או גילוי המחשבה בדבור כו' · וז"ש יהי אור אור קדמאה הוא בחי' ראשית הקו שאחר הצמצום שנק' בחי' יצירה כו' וכמ"ש בס"י כשלהבת הקשורה בגחלת או נור כו' · אך והו העלם

הע"ס הגנוזות בהעלם שבאו לידי גילוי . וז"ש אור החכמה היינו בחי' גילוי אור מההעלם שיהיה מציאת חכמה וכן פי' אור החסד גילוי הארה שיהי' מציאת חסד ובחי' מציאת החסד עצמו הוא נקרא כלי לגבי אור זה משום דפי' אור זה הייט בחי' הארת אור המאציל להאציל בחי' החסד כו' כמ"ש במ"א ע"כ נק' בלי מה בלי מהות חכמה וחסד כו' ואין אור זה שינוי והתחדשות כלל ואינו נק' בחי' התפשטות · וז"ש אני הוי"ה לא שניתי כלל בין קודם שהאציל ע"ס לאח"כ כמובן מכל ה' משלים הנ"ל בבחי' גילוי העלם (ומבחינת הכלי' דע"ס דאצי' בבי"ע נק' בחי' התפשטות אור כו' וכמ"ש במ"א) · אך מ"ש אני ה' לא שניתי קאי בבחי' עצמות אור א"ס שאין בו שינוי והתחדשות מקודם הצמצום הראשון הנקרא מקום פנוי ישית חשך סתרו כו' לאחר הצמצום שנכלל האור במאור · מאחר שאין אור זה הראשון בבחי' התפשטות אלא רק בחי' גילוי גוון וכה"ג שלא יפול בזה שינוי והתחדשו' כלל וכלל וע"כ קודם הצמצו' ואח"כ הרי הוא ושמו בלבד אין שינוי כלל וכלל וכמובן מתוך כל הנ"ל וד"ל · ופי' הצמצום הזה אינו העדר ההתפשטות אלא העדר הגלוי בלבד כמ"ש במ"א באריכות ולא שנכלל אור זה כמו שנכלל כח המתפשט כו' אלא רק כמו שלא האיר הכח השכל וכח הראי' בגלוי כמו כאשר פוסק מללמוד או לראות וכן כמו העדר גילוי כח התנועה ביד כנ"ל וד"ל :

ומעתה יש להבין במ"ש זכר רב טובך יביעו כו' כי הנה ידוע שבחי' יסוד שנק' צדיק עליון נקרא טוב כמ"ש אמרו צדיק כי טוב וכן האור נקרא טוב כמ"ש וירא אלהים את האור כי טוב וגם החסד נקרא טוב כמ"ש כי טוב חסדך מחיים· אך טוב והחסד כו' · וכ"ז מטעם א' והוא לפי שכל בחינת השפלה וירידת עצמות מגבוה לנמוך נקרא טוב כמו שמטבע הטוב מפני שהוא טוב בעצם יחפוץ בטובו לזולתו שיומשך רבוי טוב לזולתו · והיינו ענין טבע הטוב להטיב יותר מכפי המדה דהיינו יותר מכפי מדת האהבה בלבו לזולתו במהמתו מסתנף החסד והטוב שאין זה רק במדה ושיעור דייקא לפי שיעור השכל והטעם המוליד את האהבה בלב בלבד · וכאשר יבטל הדבר תבטל האהבה או כמו למי שאינו ראוי לאותו החסד כלל ע"פ השכל אז יופסק החסד מתילא אבל מצד טבע הטוב שהוא בחי' הטוב שיש בלבו בעצם הבריאה שנקרא לב טוב אז לא יופסק ממנו החסד כלל גם שהוא לנגד השכל והאהבה או שעושה לפנים משור' הדין וכיוצא. וא"כ הרי מוכרח מזה לומר שזה הטוב שבעצם הוא מהות דבר טבעי בפ"ע מלבד מדת החסד שנולד בלבו מצד השכל עד שגובר עליו בתגבורת כח להטיב יותר מכפי השכל והאהבה כו' · ואין זה רק שטבע הטוב הוא בחי' שפלות עצמותו להיות מטיב לזולתו שהרי כל בחי' השפלה מגבוה לנמוך ג"כ אינו רק מצד בחינת טבע הטוב וכמו שאנו רואים גם במלך גדול שהוא בהתנשאות גדולה

גדולה אם הוא טוב לב משפיל א"ע לדבר עם האמון ממש הרבה ולהטיב גם לרעים כו' · שאין השפלה זו באה רק מצד עצם טובו כמו אם על המלך טוב כו' וע"כ נקרא האור ג"כ טוב מפני שמאיר לזולתו· כי כל בחי' התפשטות לזולתו נק' טוב וכן החסד נק' טוב מפני שהוא בחי' השפלה והתפשטות לזולתו כו' · וז"ש כי טוב חסדך כו' וזהו טוב ה' אמרו צדיק כי טוב כי כל עיקר צדקת הצדיק לזולתו הוא והוא מצד בחי' עצם בחי' הטוב שבו שלמעלה מן השכל והאהבה כנ"ל וד"ל· ומזה יובן ג"כ למעלה בבחי' צדיק עליון שנקרא יסוד דז"א שהוא נמשך מבחי' הטוב בעצם שלמעלה גם מבחי' המוחין שבחסד העליון כמ"ש טוב ה' לכל · וזהו כי טוב חסדך מחיים פי' גם מבחינת הבינה שנקרא אלהים חיים ומלך עולם המלובש במדות כי הוא גובר על השכל והחכמה שבמדות להשפיע גם לשאינו ראוי והוא גורם ענין השפלה וירידה ממהות האלקי בלתי בע"ג להחיות רוח שפלים בע"ג גם שאין ערוך ביניהם כלל והיינו כמשל המלך שמשפיל א"ע ביותר רק מצד בחי' הטוב שבו בעצם כו'· ומזה בא ג"כ סיבת בחי' ההתקשרות דמשפיע במקבל שזה בא ג"כ מבחי' יסוד כמ"ש כי כל בשמים ובארץ כו' דאחיד בשמיא וארעא מפני שבזה הטוב בא בחי' חיבור והתקשרות שפע במקבל· והוא במה שחפץ המשפיע להשפיע למקבל שהמקבל יקבל הימנו רבוי טוב שהוא בחי' מדה וכח בפני עצמו מלבד בחי' החסד שמצד האהבה והשכל· וכמו יותר משהעגל רוצה לינק הפרה רוצה להניק כו' שדבר זה כמו טבע בכל בחי' משפיע להיות בו בחי' עצם הטוב הזה שלמעלה מבחי' החסד שנקרא ענף החכמה אלא הוא בבחי' עצמות ופנימיות הרצון והחפץ שהוא בחי' פנימי' הנפש כידוע· כי הרי לפי המדה לא היה סיבה לירידת המשפיע אל המקבל מאחר שאין ערוך כלל למקבל אליו רק מצד בחי' עצם הטוב הזה בלבד כו' ·· וז"ש אך טוב לישראל וכן אבקשה טוב לך בחי' יסוד וכמ"ש בפי' אם יגאלך טוב כו' וד"ל· והנה כ"ז הוא בדרך כללות בכללות ענין ובחי' יסוד ודרך פרט יש בחינת יסוד בכל שפע פרטי מעילה לעלול הימנו (והן ע"ו יסודות לנגד ע"ו ווין דאמת ויציב וע"ו דיינו שנק' טובה כפולה כו' ואנו אומרים אלף אלפי אלפים רבבות פעמים הטובות כו') · וכמו עד"מ בהשפעת שכל מרב לתלמידו שצריך לעיין תחילה בעצמו באותו השכל ועיון זה אינו בשביל עצמו כלל כי לרוחב תבונתו שכל זה קטן הוא ומבינו ברגע א' וא"צ לעיין בו כלל רק העיון בו הוא איך להשפיע אותו לכלי השגת התלמיד בלבד וא"כ הרי בהכרח שיצמצם הרב כל מהות רוחב שכלו באותו השכל כדי להשפיע אותו לתלמידו ויש כאן שפלות וצמצום עצמו כדי להבין באותו השכל בשביל ההשפעה ואחר כך כשמבינו ומעיין בו לצורך ההשפעה צריך עוד פ"ב להשפיל עיון אותו השכל באותיות מחשבתו לסדרו בסדר נכון כפי המצטרך רק לפי קבלת המקבל · וכ"ז עדיין הכל בבחי' עצמותו שנשפל ויורד ממהות למהות עד שכאשר צריך להשפיע ממש בגילוי הדבור יש עוד ירידת ושפלות מהות השכל הזה כמו שהוא במחשבה ולצמצמו בדבור · וכן גם כאשר בא השכל בדבור וצריך להביאו לידי מעשה צריך עוד צמצום המהות רק כדי הצורך לבחינת המעשה · וא"כ הרי היה כאן בשכל זה ד' צמצומי' הא' צמצום מהות השגת עצמו לעיין רק בשביל המקבל כו' והב' צמצום עיון זה להביאו במחשבה והג' צמצום השכל מן המחשבה אל הדבור והד' מן הדבור אל המעשה (ואם השכל מתלבש במדות שבלב ומן המדות במחשבה יש עוד צמצום שמהשכל במדות כו') · וכיוצא בזה גם מלמעלה מן השכל אל השכל דהשגת עצמו ועד"ז עד למעלה מעלה גם בלמעלה מן הרצון והתענוג כו'· וכל בחי' צמצום והנחת העצמיות בשביל ההשפע' מגבוה לנמוך כמו מן השגת עצמו לעיין כפי הצורך להשפעה נקרא בחי' יסוד שהוא בחי' עצם הטוב דוקא כנ"ל · וכן מן העיון המצומצם הזה למחשבה נקרא יסוד ב' ומן המחשבה לדבור נקרא יסוד ג' ומן הדבור למעשה נקרא יסוד ד' כו' · ועד"ז מובן שיוכל להיות כמה מיני מדריגות צמצום אחר צמצום הכל בעצמותו עד שיבא לידי ההשפעה בגלוי בדבור ומעשה· והוא בחי' רבוי יסודות שכל זה הוא בחי' רבוי הטובה בכמה מיני טוב וכל שהוא משפיל עצמו יותר כמו בבחי' יסוד היותר אחרון שם הוא עיקר עצם הטוב שמחמתו ירד כ"כ למטה כמשל המלך שמשפיל א"ע ביותר כנ"ל (וז"ש צדיק כתמר יפרח כארז בלבנון ישגה כו' משום דנעוץ תחילתן בסופן דווקא כמו כשעיקר הטוב בירידה היותר אחרונה כו') · והנה הנמשל מכל זה למעלה יובן איך שהיו כמה רבבות צמצומים וירידת עצמות המאציל לצורך שפע האורות דאצי' כמשל צמצום השגת עצמו דרב בשביל עיון הצריך להשפעה בלבד וגם אחר העיון הזה כו' כנ"ל· אך הנפש מוגבלת וכחותיה מוגבלים ע"כ יש מספר למיני צמצומים· אבל בעצמות המאציל אין שיעור לצמצומים הללו כי האור דעצמות המאציל יורד בכמה רבבות מדרגות מעילה לעילה עד שיהיה מקור לאצילו' שצריך להיות כמה רבבות פעמים בחי' השפלה וצמצום ממהות למהות כי לפי ערך גדולתו כו' מאחר שלגדולתו אין חקר כו' וד"ל· וזהו כללות ענין רב טובך שבחי' הטוב שבעצמות המאציל הוא ברבוי גדול מאוד מפני שצריך להיות רבוי צמצומים ממהות למהות שכל אחד מהן הוא רק מבחי' הטוב כו' ע"כ בחינת רבוי היסודות נקרא רב טובך · (ויסוד ז"א דאצילות המשפיע בבי"ע נקרא יסוד אחרון ומקורו הראשון הוא בחי' יסוד דמ"ל דא"ס שלפני הקו כו' וז"ש כארז בלבנון כו' מטעם הנ"ל מפני שנעוץ תחילתן בסופן כו')· ואע"פ שפי' הפשוט דרב טובך קאי בבחי' יסוד שבעצמות המאציל כמו ובטובך הגדול דבחי' שמו הגדול בחי' מ"ל דא"ס אבל עיקר סיומו הוא בסוף מעשה שנתהוה יש מאין מבחי' דבור העליון וע"כ על המלאכי' דווקא אנו אומרים זכר רב טובך יביעו (משום דנעוץ תחילתן בסופן דוקא ומטעם הנ"ל וד"ל)·

אך

אך מ"ש זכר רב כו' רק זכרון אפס קצהו בלבד כו' הענין הוא לפי שא"א למלאכים שנבראו יש מאין מבחי' דבור העליון וכמ"ש וברוח פיו כל צבאם להשיג לבחי' רבוי הטוב שבעצמות המאציל · וגם מה שהיו בחי' נאצלותים דיסודות בא"י בחכמה ומדות עד בחי' יסוד ז"א כו' ועד בכלל עד גם מה שנתלבש האור בבחי' המ"ל שהוא בחי' הדבור מאחר שמן הדבור נתהוו אין להם השגה כלל למעלה מבחי' האותיות שמהווה אותן כו' · ויובן זה עד"מ בתלמיד שמקבל השפע מרבו שלא יוכל התלמיד לידע ולהשיג בכל השכל שנעלם ביום הרב א"ע בשכל זה עד שהביאו לדבור אל התלמיד מאחר שאין כל עיקר השגת התלמיד בשכל זה רק ממה שמקבל בשמיעתו מקול ודבור של הרב בלבד ודאי אין לו השגה במחשבה של ה"ב איך שהיה השכל הזה מושג במחשבה ואיך שעלמו להביאו בדבור · ומכ"ש למעלה מעלה עד עצמות השגת הרב דלא קאים אדעתא דרביה כו' גם באותו העיון שלצורך השפעה זו עד מ' שנין שיוכל לעמוד במה שהיה נעלם בדבור זה כו' וכמ"ש במ"א וד"ל · וכך יובן למעלה דרק זכר רב טובך יביעו (וקאי גם באורות דא"י גם בבחינת או"א שרשי הא"י דרק זכר רב טובך בחי' יסוד דע"י וא"א יביעו ועד"ז עד רום המעלו' מטעם זה עצמו ששייך בכל עילה ועלול עד בחי' עילת העילות קדמון לכל הקדומים כו') וכידוע דכל עלול אינו מקבל רק מבחי' הבל וקול העילה כמו ויפח באפיו כו וכמ"ש במ"א · והנה מ"ש זכר לי' זכרון הענין יובן עד"מ אדם שסופר מספר רב עצום כמו י' רבבו' וכה"ג שמתחיל לספור מא' עד שמגיע למאה וממאה לאלף עד י' רבבות ולפי שסופר א' א' עד שנמצאו רבוי האחדים בסך הכולל שהוא י' רבבות פעמים א' ע"כ יגדל מאד בעיני הסופר מספר זה לפי שיגדל החשבון ביותר עד י' רבבות מטעם שסופר מא' עד תשלום כל הסך וצריך שהות רב מהתחלתו לספור מא' עד כלותו · אך זהו דוקא כשסופר לעצמו אבל כאשר כבר נודע לו המספר הכולל שיש כאן בקופסא זו י' רבבות וא"צ רק להודיע המספר לזולתו אז יאמר דרך קצרה יש כאן מספר י' רבבות ודבור א' זה שיאמר י' רבבות כולל הוא כל פרטי המספר שספר תחלה לאחדים מראשו לסופו · והנה גם שלא יהיה דבר חדש כאשר יספור לאחדים שבוודאי לא ימצא לא פחות ולא יותר מי' רבבו' מ"מ אין זה הדבור שאומר י' רבבות בחי' מספר עצמי ואמתי כמספר סופר לאחדים רק כמו קריאת שם בלבד לזכרון דבר · כמו ע"ד דוגמא שעושה אדם סימן לזכרון על איזה ענין גדול שאין באותו סימן שום הלבשה והורא' מאותו הענין כלל וכלל רק שעי"ז יזכור עליו בלבד או כמו קריאת שם לאדם כדי שיהיה לו זכרון לזכור את גופו ומהותו ע"י אותו השם בזכרו אותו בשמו שאין מהות האדם בשם זה רק שהשם הוא לסימן וזכרון על מהותו כשיזכרוהו בשמו ואם לאו לא היה

נזכר עליו כלל כו'· וככל זה הוא ענין זכרון המספר בדבור לקרותו י' רבבות וכה"ג שאין בזה מספר אמתי בעלס הדבר הנספר כמו שסופר א' א' כו' מאחר שאינו סופר כלל רק הוא נקרא בחי' זכרון של המספר האמתי שספר תחלה מא' עד תשלום כל הסך וד"ל · והנה יש בזה ב' ענינים הא' ענין הקטנת גדולת המספר כמו עד"מ לקרותו בדבור א' י' רבבות אשר היה גדול המספר לעיני הסופר שספר א' א' כו' ששכלו השיג רבוי האחדים ביותר כנ"ל והשומע מתנו מספר הכולל די' רבבות הרי נתפס כללות המספר אלו רק כמו מספר יוד א' וה"ז ע"ד דוגמא י' רבבות ספורים שמונחים בכלי א' ואח"כ סופר עוד י' רבבות ומניחה בכלי הב' עד שמתלא י' כלים שאח"כ קורא למספר הכלים רק עשרה כלים · כך לי' פעמים י' רבבות קורא עשרה מאות אלפי' במספר י' בלבד ועד"ז מעשרה מאות אלפים שנעשה מהם במספר א' הנקרא מיליאן קורא לו י' פעמים כמספר זה י' מיליאן הרי עד"ז הוא הנק' הקטנת גדלות המספר ע"ד הקטנת הגדלות עד למעלה שמן הגדול נעשה קטן לגבי הגדול הימנו עד שנים מיליאן נחשב ונספר כמספר האחדים לספור רק י' מיליאן וכה"ג וגם שהיא תכלית הקיצור אך הוא באמת תכלית ההגדלה והריבוי כל שמתקצר יותר כמובן ממשל זה המספר וד"ל · והענין הב' הוא ענין להיפך מזה שנקרא הגדלת הקטנות של המספר כמו לעשות הגדלה במספר הקטן דרבבות שבמיליאן א' שהן רק מאה רבבות לספור כל רבבה לאלפי' שיגדל החשבון ויהיה מספר אלף דהיינו אלף אלפים ולעשות הגדלה עוד במספר אלף זה לספור כל אלף לי' מאות ויהיה מספר י' אלפים מאות וכל מאה לספור לי' עשיריות יגדל עוד המספר להיות מספר ק' אלפים עשיריות והעשירית לאחדי' יגדל יותר להיות אלף אלפים אחדים שנקרא מיליאן במספר הכולל הרי ממיליאן א' נעשה רבוי אלף אלפים אחדים כו' ומספר הראשון נקרא מלמטה למעלה לעשות הקטנה מן הרבוי עד י' מיליאן וכה"ג ומספר זה הב' הוא הנקרא מלמעל' למטה לעשות הגדלה מן הקטנות לאחר שהוקטן הרבוי מלמטה למעלה כו' וד"ל · והנמשל מזה יובן למעלה מה שלפעמים מצינו שהאחדים בכתר והאלפים ורבבו' במ"ל שזהו מספר שמלמעלה למטה לחלק המספר דרבבה או מיליאן לי' וי' לי' עד שימצאו מכפר של האחדים במספר רבבה והוא בבחי' המ"ל דוק' ולהיפך מלמט' למעלה להקטין הגדלות דהיינו ממספר כמה אחדים שנתרבו במ"ל נעשה מספר א' לגבי העליון כמו מי' רבבות אחדים שנחלקו לעשיריות ולא נעשה רק מספר י' אלפי' עשיריות ומי' עשיריות נעשה ק' הרי אין המספר רק מספר אלף פעמים ק' ומי' פעמים ק' אלף הרי רק ק' אלף עד מספר י' רבבות מספר י' בלבד שהן בבחי' ע"ס דכתר בבחי' מספר דאחדים

אך

אך נק' רבבות בכללות ובמ"ל נחלקו לרבוי מספר א' א' כו' וד"ל · (ובזה מתורץ מה שלפעמים אלפים ורבבות בכתר שאין הכוונה בזה במספר האחדים אלא במספר הכולל דהיינו רק י' רבבות בלבד וז"ש ואתא מרבבות קדש ובמ"א מבואר תירוץ אחר) · וזהו זכר רב טובך יביעו רק בחי' זכרון וקריאת שם של המספר האמתי דרב טובך שהן בחי' רבוי בחי' היסודות שזה כמה מיני טוב כנ"ל אבל עצם רבוי הטוב הוא א"א להם להשיג כנ"ל· וזהו ענין שלישי מלבד ב' ענינים הנ"ל והוא אשר לא ישיג ויכיל הקטן במהות עצם המספר רק קריאת שמו וזכרונו בלבד · אבל אינו יודע מהותו כלל כמו שאינו מכיר במהות האדם רק יודע שמו בלבד אף שבשם זה יש קצת ההארה מן העצם ומהות ולמעל' הוא בחי' שמות ומילוים שעל ידם יש חיבור האור בכל משפיע במקבל אבל לא מן המהות כו' · וכך זכר שם דרב טובך הוא אשר יש ביכולת המלאכים להביע אומר רק בדבור בלבד אבל אינם משיגי' כלל מהית של רב טוב הזה כו' ויתכן זה בין מלמעלה למטה שלא נתפס למקבל מהות המשפיע רק בחינת שם שלו בלבד כנ"ל ובין מלמטה למעלה שזהו כמו ענין המילוי דאות ה' וכיוצא שכל מה שיתפרש באל"ף הללו במילוי דמלוי עד סוף כל המלואים נכללו כולם באות א' או באלף · וכך כל מה שמשתלשל משם א"ד רבוי רבבות עולמות ע"י המלואים שבו כולם נכללו רק בשם זה א"ד כו' ונמצא בחי' שם דא"ד הוא העליון יותר הכולל כל הפרטים המשתעפים ממנו במילוי' · ויש בחי' מילוי להיפוך שהפנימי שבו נעלם ולא נשאר רק החיצוניות והוא כמו שמו של אדם או קריאת שמות לכל האותיות הנכתבים בציור תמונתו שהשם כזה הוא בחי' החיצונית היותר אחרון להיפוך מבחי' שם א"ד לגבי העולמות שהוא בחי' פנימיות היותר עליון והיינו כדוגמא ב' עניני המספר הנ"ל די' רבבות בכלל שכולל כל פרטי המספר שבהם לאחדים הוא כמו האותיות שכוללים כל פרטי המלויים שלהן שהן בהעלם באותיו' ולהיפך כשנחלקו לפרטי האחדי' ולמעלה למטה כנ"ל ה"ז כמו גילוי המלויי' שהפנימי' שבהם בהעלם כו' · והוא ענין השמות שהן בחי' החיצוניות כו' כך לאחר שספר הרבבה לי' אלפים קוראם בשמות אלפים כו' עד שמספר אחדים הוא בחי' מילוי היותר אחרון שהוא בחי' שם היותר חיצוני כו' · ולפי זה יתפרש זכר רב טובך בין מלמעל' למטה בין מלמטה למעלה כמו גם אור הכתר שהוא בשם אהי' בב' אופנים הנ"ל בחי' פנימית שלו בהעלם ולא נתפס רק בשם זה לגבי העלולים ולהיפך שכל מה שמסתעף משם הזה למט' הוא בהעל' והפנימי' הוא האותיו' הללו כנ"ל בשם אד' כו' וכמ"ש במ"א שיש בשמות ב' ענינים הפכי' הנ"ל·וז"ש ויקרא האד' שמו' וכל אשר כו' דגם שהשם הוא רק החיצוני'גם זה אמת שהוא המורה על בחינת היותר פנימי' שבו ע"כ יקרא בשם זה דווקא וכמו גם קריאת שם לנצ"ס

הא' באלף ג' אותיות הללו דווקא משום דמורה לי' אולפנא אאלפך חכמה כידוע ה"ז שורש בחינת הא' כמו שהוא בבחינ' פנימיותו שהוא בבחי' הכתר וזהו ענין הגי דרדקי שפי' טעם קריאת שמות האותיו' כו' וד"ל · ומעתה יש להבין מ"ש יביעו ולא אמר ידברו כמו וגבורתך ידברו וכה"ג · אך זה יובן עד"מ הנ"ל מהשפעת הרב לתלמיד שאין התלמיד יוכל לידע ולהשיג כל בחי' הצמצומים שמצמצם הרב א"ע עד שהביא שפע זו בדבור אליו ובחי' הצמצומים הללו הן בחינת רבוי הטוב בחינת יסוד כנ"ל· כך א"א שיושג להם גם בדבור מבחי' הצמצומים דרבוי הטוב העליון שהוא עליון מקבלת השגה שהרי אין ההשג' באה אליהם רק מבחי' דבור העליון כמשל שקבלת התלמיד אינו רק מבחי' קול ודבור של הרב אבל מה שמצמצם השכל קודם בואו לדבור אינו מאיר בבחינת א"פ בגלוי גם בבחי' קריאת שם וזכרון כי דוקא מבחי' גילוי אור השפע יוכלו לדבר וגם זה בבחי' זכרון בלבד אבל לא מה שמשפיל ומניח א"ע שזה ודאי מוסתר ונעלם לגמרי רק עכ"ז בבחי' מקיף יביע אליהם וז"ש יביעו גם לבחי' הצמצומים שבבחינת מקיף על גילוי השפע והיינו מפני שמקבלים דין מן דין כו' · הרי יש גם בהם בחי' הטוב שנק' יסוד להשפיל א"ע כו' כי בכל משפיע ומקבל עד למטה מטה הוטבע טבע הטוב להטיב שהוא לצמצם א"ע וא"ל לא היה מסתעף ונמשך כלל מעילה לעילה כו' · וגם שבחי' טוב זה שבהם הוא מצומצם ביותר רק לפי כלי הגבלת שפעם מזה לזה · מכל מקום הרי זה בחינת כלי לשכון בו בבחינת מקיף עכ"פ מבחי' טוב העליון שבאצי' שנקרא צדיק עליון או בחינת יסוד העליון כמ"ש ברכות לראש צדיק גם שהוא צדיק להשפיע מזון גשמי וכיוצא עי"ז יוכל לשכן בו בחי' יסוד העליון דחו"ב וא"א וע"י ולמעל' מעלה עד בחינת עצמות הטוב העליון שבעצמות המאצי' כו' וכמ"ש צדיק כתמר יפרח כו' כנ"ל וז"ש ועמך כלם צדיקים · וזהו זכר רב טובך גם בחינת יסוד שבעצמות יביעו שנובע עליהם בבחי' מקיף כו' וד"ל : וצדקתך ירננו · פי' צדקתך הוא בחינת המ"ל כי כללות ענין זה הפ' מדבר בבחינ' יסוד ומ"ל ומ"פ זכר רב טובך מדבר בבחי' יסוד שהוא עדיין בחי' המשכת האור והשפע מן המשפיע אל המקבל ומ"ש וצדקתך כו' מדבר בבחי' המ"ל המקבל בבחי' גילוי אור השפע שנמשך מבחי' יסוד כמשל גילוי אור ושפע שכל שמקבל התלמיד מרבו וכיוצא כידוע והנה ידוע שבחינת ההארה והשפע שבמ"ל הוא בא בבחי' יש ודבר מה שיש מה שנתפס במציאת דבר וע"כ המל' נק' דבר כמו ודבר דבר וכן דבר מלך שלטון כו' כי המלוכה נק' דבר להיות כי אין מלך בלא עם נפרד כו' רק שבחי' היש והדבר בא בבחי' הביטול במציאו' לאין ונק' ביטול היש אבל אין זה ערך כלל לגבי בחי' אין שמצד עצמו שבבחי' אור הזורע לצדיק בחי' יסוד כמו שהוא טרם שיתגלה בכלי המקבל שבא בחי' המ"ל · ועד"מ בחי' המשכת האור מן

חַנּוּן וְרַחוּם יְהוָה אֶרֶךְ אַפַּיִם וּגְדָול וגדל ק' חסד

המשפיע שהוא ג"כ בערך דקות השגות עלם השכל של המשפיע גם שבא בגלוי אבל מה שהמקבל משיגו לפי ערכו הוא בשטי המהות לגמרי מצד כלי המקבל שאין לו ערך לכלי המשפיע וגם לגבי בחי' גלוי אורו אל המקבל כמו שהוא טרם התלבשותו בכלי המקבל וע"כ לא קאי אדעתא דרבי' גם במה שבא אל התלמיד בדבור כו' וד"ל · והנה מלבד קבלת המקבל הנה גם עלם אור השפע המגיע למקבל נק' בחי' יש ודבר מה לגבי אור השפע כמו שהוא במשפיע עלמו טרם בואה בגלוי אור אל המקבל כו' · ועד"ז גם בחי' ומדריגה שהוא במשפיע בשביל הגילוי הזה נק' יש לגבי עלם אור זה כמו שהוא אללו במחשב' טרם שילמלם המחשבה בשביל הגלוי בדבור כו' ועד"ז עד רום המעלות בעלמות כנ"ל בד' למלומים שבעלמות עד שבא אל המקבל כו' וד"ל · אך הנה ידוע שגם בחי' המ"ל נקרא משפיע לגבי המקבלים המוגבלים דעולמות הנפרדים בבחינת יש מאין ממש כמו ד' מחנות שכינה מחנה מיכאל כו' · וגם בזה יש ב' מדריגות הנ"ל הא' בחי' המשכות אור ושפע האלקי הבלתי בע"ג טרם הגבלתו בבחי' גבול דכלי המקבלים הנבראים בבחי' יש מאין כו' ונקרא יסוד שבמ"ל · וכאשר נגבל האור והשפע הזאת במוגבלים הוא בבחי' יש ודבר הפועל כמו גילוי השכינה בג"ע העליון לנשמות ומלאכים שנהנין ומרגישין בהרגשת כליהם המוגבלים כו' · וזהו הנק' כח האלקי אשר בנפעל כו' כידוע · וז"ש על הרי בתר טורי דפרודא עלמין דפרודא שנפרדים מאין ליש גמור רק שמ"מ יש בהן בחי' הביטול לאין ונק' ביטול היש לאין ואין לו ערך לגבי בחי' האין דאור אלקי שבמ"ל הנמשך אליהם כנ"ל ביסוד ומ"ל וד"ל · ומ"ש על הרי בשמים הן בחי' העולמות עליונים שהן בחי' היחוד העליון האלקי בתכלית בחי' הבטול דאין מצד עלמו ולא בחי' ביטול היש בלבד (והיינו בין בבחי' השפע מיסוד למ"ל בין בבחי' השפע ממ"ל לנבראים כמובן מכל הנ"ל) · וזהו מ"ש גדול ה' כו' בעיר אלקינו ואז"ל אימתי הוא גדול כשהוא בעיר אלקינו דוקא פי' עיר הן רבוי לירופי האותיות דמל' כמו ה' אבנים בונות ק"ך בתים כו' וכידוע ושם נראה הגדולה שבעלמות אור האלי' בבחי' יש ודבר מה כנ"ל · אבל טרם בואו ללירופי אותיות הללו אינו נקרא גדול בגילוי רק הגדולה היא בעלמות · וז"ש לך ה' הגדולה כו' ועד"מ הגדולה הגשמי במלך ב"ו שעלם גדולתו הוא בעלמותו דוקא לפי ערך רוממות מלכותו אך היכן נכרת בבחי' יש ודבר דוקא אין זה רק בבחי' ביטול היש של אנשי המדינה כשמשתחווים ומתבטלים לפניו אזי נראה גדולתו בבחי' יש דהייט מה שהיש בטל וכל שיש יותר ביטול היש ניכר בזה יותר עלם גדולתו שבעלמותו כו' · וכך הוא במלכותא דרקיע שבבחי' הארת מלכות דאלי' בבי"ע שם ניכר בחי' גדולתו העלמי שלגדולתו אין חקר והוא בבחי' בטול היש של הנבראים כו' · וז"ש רז"ל אימתי גדול כשהוא בעיר אלקינו שמהם מתהווים כל העולמות שיש מהות נבראים מקבלים והמה בטלים מיש לאין כו' ובזה ניכר יליאתו מן ההעלם לגילוי בחי' גדולתו העלמי כו' · אבל טרם שנמשך האור במקבלים להיות ביטול היש כו' לא נק' גדול בגלוי רק כלולה הגדולה בעלמותו וכמ"ש לך ה' כו' וד"ל . וזהו ולדקתך ירננו כי הנה פי' לדקה הוא בחי' גילוי אור השפע מן המשפיע אל המקבל כמו לדק' גשמי לעני · אך זהו דווקא כשנתקבל במקבל ולא בטרם בואה אל המקבל גם שהפריש מעות ללדקה כו' · כידוע שלדיק הוא בחי' יסוד ולדקה היא בחי' המלכות המקבלת השפע · ועד"ז מהשפעת המל' לנבראים כנ"ל · וההפרש בזה מבואר למעלה שבחינת ההשפעה למקבל טרם קבלתו כו' הוא בבחי' האין דעלם המשפיע עדיין משא"כ בקבלת המקבל שהוא בחי' יש רק שבטל לאין כו' · וזהו ולדקתך דווקא הבאה בבחי' קבלה למקבלים אז ירננו כי הרנה הוא בחי' ביטול כידוע שאין רנה בלא התפעלות וביטול עלמות כמ"ש וחסידיך ירננו וכן לבי ובשרי ירננו אל כו' · אמנם עיקר הרנה הוא דווקא לאחר ביטול היש שכאשר כבר היה מחלה יש ונפרד גדול ומתבטל כו' אז יתפעל ברנה וכמו נלחון המלחמה להיות בה ביטול שכנגדו אז ירונו המנלחים כמו כל תרועת מלחמה לאחר הנלחון וכך כל בחי' ביטול יש ודבר יריעו המריעים וירימו קול בכלי שיר בקול רנה וישועה כו' וכמו באבוד רשעים רנה כו' · וז"ש בזוהר שמחה בלפרא ורננה ברמשא שמדת לילה הוא בחי' ביטול היש אבל בלפרא מדת יום חסד דאברהם כו' הוא השמחה מצד עלמות אלקות (וביה"ש כהרף עין חיבור חו"ג שזהו חיבור אין ויש ע"כ אינו מן היום כו' ומפני שעקידת יצחק היה בחי' התכללות חו"ג כו' . לכך אמרו אילו של יצחק נברא ביה"ש כו') וזהו ולדקתך בחי' ביטול היש כנ"ל ירננו בחי' רנה שהוא בחי' התגלו' של ביטול היש שהוא בא במורגש גדול לפי שהיה כבר יש גדול ונתבטל כו' משא"כ מי שלא היה יש כלל מתחילה לא שייך בחי' רנה כו' וע"כ בבחי' השפעות דאין דבחי' יסוד אמר זכר רב טובך יביעו בבחי' העלם דאור המקיף כנ"ל ולא בבחי' גילוי או"פ במורגש אך הא בהא תליא דאחר שזכר רב טובך יביעו ולדקתך ירננו מן ההעלם לגילוי כנ"ל וד"ל :

חנון ורחום ה' ארך אפים ונדל חסד · הנה כל הנ"ל בפסוק הראשון הי' בשביל ירידת האור עד בחי' מ"ל שמתלבשת בנבראים שנקרא לדקתך כנ"ל וע"כ הארך להיות השפעת האור מבחי' יסוד דא"א שנק' רב טובך כדי שיוכל להיות ירידת האור בריבוי ההשתלשלות ולמלומים כ"כ אבל

בשביל

בשביל ירידת האור להתהוות שם הוי"ה שהוא בחי' ז"א דאצי' שהוא אינו יורד כלל בבריאה אלא רק ע"י התלבשותו בנ"ל ונק' קוב"ה לשון קדוש ומובדל כו' א"ל שיאיר האור מבחי' יסוד דא"א אלא מבחי' האור דמדות דא"א שנקרא חנון ורחום כידוע דיש מדות בכתר כמו שיש מדות למטה בז"א אלא שהמדות שבא"א הם בבחי' התפשטות עד אין

חֶסֶד : טוֹב־יְהֹוָה לַכֹּל וְרַחֲמָיו עַל־כָּל־ מַעֲשָׂיו

שיעור ברוממות מדת הכתר ונקרא החסד דא"א רב חסד והמדות דז"א המה מצומצמים ע"י הארת השכל · אבל מ"מ בהיות המדות דכתר מאירים במדות דז"א אזי מתרחבים המדות דז"א ומתפשטים ומאירים עד למטה מטה בבי"ע ע"י התלבשות דז"א בנ"ל כמבואר באד"ר במאמר דאינון יומי קדם כו' עיין שם · וזהו חנון ורחום הוי"ה פי' כדי שיאיר שם הוי"ה דז"א בהתרחבות בבי"ע אזי צריך שיאיר האור בו מחנון ורחום דא"א כמ"ש ויקרא ה' אל רחום וחנון כו' · ואזי כל מדה ומדה דזעיר אנפין מקבלת הארה מן המדות דא"א אלא שכללות ההארה המה ב' מדות הללו חנון ורחום ולכך נתחלפו כאן בז"א בתחילה חנון ואח"כ רחום והי"ג מדות הרחמים בפרשן כמו שהן כא' תחילה רחום ואח"כ חנון כי בקבלת השפע נתחלף מכמו שהיה אצל המשפיע כמ"ש בת"א וד"ל · ולהיות כי בחי' הוי"ה דז"א אינו יורד למטה כ"כ כמו בחי' מ"ל ע"כ אינו צריך לקבל רק מבחי' חנון ורחום שבכתר אע"פ שאינם יורדים למטה כ"כ כמו בחי' יסוד דא"א כנ"ל וד"ל · ארך אפים וגדל חסד פי' ארך אפי' הוא ענין האריכות של ירידת אור השפע כי הוא מבחי' הפנים שמאירים ומתפשטים עד למטה מטה מאד ונקרא מפני זה בזוהר א"א כידוע . ועל דרך משל מלך גדול מאד מפני עוצם רוממות גדולתו יוכלו לקבל ממנו שפע רב טוב ועושר גדול גם פחותי הערך כעבדים הקטנים כו' כי לעוצם גדולתו כלא חשיב כל העושר ההוא · וגם אנו רואים שלפי ערך העושר כך לא יתפס מקום כלל כל הוצאות פיזור גם בדבר המותר ההולך לאיבוד וכמו פירורים הפקר יחשב לעושר הגדול הוצאות ממון רב גם על דבר ההולך לאיבוד לגמרי כי לפי ערך עושרו אין זה תופס מקום כלל וכלל · וכמו מלך גדול שמוציא הון רב לבנין גשרים שאינם מצטרכים כלל וכיוצא וד"ל · וכן יובן הנמשל למעלה דבחי' הכתר להיות כי הוא מבחי' האחרונה שבעולם האין סוף ע"כ יכול אורו להתפשט עד למטה כי אין האור אלא בחי' הפסולת הנופל כמשל הנ"ל מפני דכלא נחשב לגבי עוצם רוממותו · ואמנם גם כמו בחי' הפירורים הפקר שלו יכולים להחיות עולמות עד אין שיעור למטה כו' וכל זה בבחי' הכתר להיותו בא בבחי' גילוי אור להיות ראש ושרש לנאצלים · אבל בבחי' עצמות אור אין סוף גם משל זה לא יתכן להיותו למעלה גם מהיות ראש ומקור להשתלשלות וע"כ מעלה ומטה שוין לגמרי לגביה ולא שייך לומר בו כלל ירידת אור שפע למטה. כו' וד"ל · והנה זהו הארת בחי' א"א כשמאיר בז"א שנקרא ארך והוא בגי' רכ"א כי קנ"ה אורות דאבא מאיר בז"א בקביעות תמיד וכמאמר קנה חכמה קנה בינה כו' וכמ"ש בע"ח בענין כי יקרא קן לפור כו' ובאסתכלותא דא"א בז"א נתוסף עוד רכ"א ונעשה שע"ה נהורין כמ"ש בזוהר · וידוע שזהו פי' ולתפלתם שעה כו' והייט הארת פנים שיאר ה' פניו בתפלת כאו"א מישראל כמ"ש יאר ה' פניו אליך ואע"פ שנק' ז"א אבל מפני אסתכלותא דאריך אנפין בו מתפשט ומאיר פנים גם למטה מטה מטעם הנ"ל וד"ל · והו ארך אפים וגדל חסד פי' ע"י בחינת הארת א"א בז"א נקרא גדל חסד שהרי חסד דז"א היה מצומצם אורו ע"י הפסקת ג' מסכים שיש באבי"ע· בין אצי' לבריאה מסך א' ובין בריאה ליצירה מסך ב' ובין יצירה לעשי' מסך ג' עד שבהגיע האור בעה"ז השפל היה החסד מצומצם בתכלית . אך ע"י אור הבוקע ומאיר בתוספת הארת פנים בז"א מהארת פנים דא"א משע"ה נהורין כנ"ל בחי' ז"א מתלבש במלכות ובוקע המסך שבין אצילות לבריאה עד שבא האור גם בעוה"ז להאיר פנים בחסד אלקי בתוס' גילוי אור ויתר מכפי הצמצום שראוי להיות על פי סדר המשכה הנ"ל · וזהו מ"ש באור פני מלך חיים שהוא בחי' ז"א שנקרא מלך והארת פנים דא"א מאירים בו בתוס' עד שההארה מאיר באור פניו ג"כ בתוס' ואז נאמר בו באור פני מלך חיים דהיינו שמקבלים כל העולמות תוס' אור חיים כו' וד"ל· וגם בבחי' מ"ל כשמקבלת אור פני מלך חיים דז"א אע"פ שנקרא המ"ל אספקלריא דלא נהר' בכ"ת אך כשמאירים בה הארת פנים דא"א שמאיר בז"א אז נאמר בה כוסי רויה פי' כוסי הוא בחי' מ"ל כמ"ש כוס ישועות אשא פי' כוס מלא ישועות הרבים מאור הכתר ופי' רויה הוא מדת ארך אפים ממש כי רויה בגי' עולה רכ"א כמספר ארך · וע"כ אמרו ז"ל ע"ז הפסוק דכסא דמלכא משיחא מאתן ועשרין וחד לוגין הוה שנאמר כוסי רויה רויה בגי' כוהכוונה על הארת אור הכתר בכלל שיאיר במ"ל שהוא בחי' משיחא לעתיד כידוע וכמ"ש בת"א וד"ל · וזהו ארך אפים בירידת הארתו להאיר בזו"נ עד שהחסד נעשה גדול למטה כמו למעלה והוא מטעם הנ"ל דכל הגבוה יותר יותר יתפשט אור חסדו למטה כידוע דערך עומק תחת לפי ערך עומק רום כמ"ש בת"א וד"ל:

טוב ה' לכל ורחמיו על כל מעשיו · (יסוד דז"א דעשיה)

פי' ע"י שנעשה גדל חסד בעומק תחת עד למטה מטה הרי גם בסוף העשיה יאיר אור החסד וקטן כגדול שוין בחסד זה וזהו לכל בלתי הפרש בין הגדול שבכול' להקטן שבכול' מאחר שזה בא מצד עוצם הרוממות כנ"ל הרי הכל שוין · וזהו ורחמיו על כל מעשיו משום דהארתו כולא מתפשט גם על כל מעשיו גם על

סוחר

מַעֲשָׂיו : יוֹדוּךָ יְהוָה כָּל־ מַעֲשֶׂיךָ וַחֲסִידֶיךָ יְבָרְכוּכָה: כְּבוֹד מַלְכוּתְךָ יֹאמֵרוּ וּגְבוּרָתְךָ יְדַבֵּרוּ: לְהוֹדִיעַ

היותר אחרונה בהשתלשלות וגם כרעים וכטובים הכל שוין · וכענין שבשעת קריעת ים סוף אמר מעשה ידי טובעים בים כו' מה נשתנו אלו מאלו כו' וכענין הרחמנות שעל נינוה העיר הגדולה כו' · וכל זה בא ע"י בחי' רב טובך הנ"ל שמאיר ובא עד בחי' יסוד ז"א שנקרא טוב הוי"ה וכנ"ל וזהו טוב הוי"ה לכל כנ"ל וד"ל :

יודוך ה' כל מעשיך וחסידיך יברכוכה פי' קאי אדלעיל מיניה שאמר זוכר רב טובך מתפשט ומאיר עד סוף עולם העשי' כמו שסיים טוב ה' לכל ורחמיו מתפשטים על כל מעשיו אשר לזה יוכל להיות אור החסד ניכר ונגלה בכל הברואים עד שהכל יכולים לומר שירה והודאה על זה האור · כידוע בענין פרק שירה שכל הברואים אומרים בפרט וגם בכלל הוא אומר על זה דיודוך הוי"ה כל מעשיך שהכל מודים להוי"ה ע"ז האור והחסד כי להיותו מתגלה לכל מעשיו כנ"ל על כן הכל יכולין להודות עליו בהודאה וד"ל. וחסידיך יברכוכה פי' יברכו כ"ה שהוא שם א"ד להאיר במ"ל י"ג מדות הרחמים שהוא דווקא ע"י חסידיך ולא ע"י כל מעשיו כו' · וביאור הדברים הנה תחילה יש להקדי' בענין מדת ארך אפים הנ"ל דהנה מבוא' למעלה דשרש מדה זו הוא בחי' התפשטות אור החסד מגד עולם בחי' הרוממות דלפי ערך הרוממו' כך לא יתפס מקום כלל אור ההשפעה כו' וע"כ יוכל להיות ע"פ מדה זו שיהיו הכל שוין בקבלת אור החסד לרעים כמו לטובים כנ"ל · וזהו ענין מאריך אף לרשעים כי מגד מדה זו שהיא מדת ארך אפים בהכרח שיאריך אפו לרשעים כמו לצדיקים אחר דכולא קמי' כלא כו' כחשיכה כאורה כו' דהיינו שאין הפרש גם בין סטרא דקדושה שנק' אור ובין סטרא אחרא דקליפה שנקרא חושך כו' וע"כ בקש משה ונפלינו אני ועמך כו' שלא תשרה שכינה בעכו"ם כי מגד מדה זו הי' אור מאיר גם בעכו"ם · ולזאת צריך להמשיך המשכת אור אין סוף בסט' דקדושה שיהי' מיוחד בו בלבד והיינו ענין המשכת י"ג מדה"ר במ"ל דאצילו' מיוחד בסטרא דקדושה בלבד וזהו אינו כ"א ע"י חסידיך · וכמארז"ל איזהו חסיד המתחסד עם קונו פי' כמ"ש בזוהר דשכינה נק' קן דילי' כו' · והענין הוא דחסד זה אשר מיוחד ונבדל מאור א"ס באורו' וכלים דז"א להמשיכה בקדושה דוקא נקרא חסיד המתחסד עם קונו מפני שכל האורות דאין סוף מתייחדים אליו לבדו כמ"ש יאר ה' פניו אליך אליך דוקא כו' וד"ל :

כבוד מלכותך יאמרו וגבורתך ידברו · פי' וגבורתך לנוכח היינו בחי' ה"ג דז"א שמהם נבנה בנין המ"ל כי עיקר בנין המ"ל הוא מבחי' הגבורות כידוע ועל כן אמר לנוכח וגבורתך ידברו כי בחי' ז"א נק' בחי' עלמא דאתגליא לגבי עלמות דאצילות · ועל כן חסד דז"א נק' אתה וכמ"ש אתה כהן לעולם והוא מגד בחי' החסד שהוא בא בבחי' ההתגלות דווקא ושרש כל המדות דז"א הם על פי החסד דוק' וכידוע בענין יומם יצוה ה' חסדו שהוא יומא דאזיל עם כלהו יומין כו'·וע"כ גם בבחי' הגבורות דז"א אומר וגבורתך לנוכח דווקא · וזהו ענין וגבורתך היינו בחי' ה"ג מנצפ"ך שבה' מוצאו' הפה המחלק את הקול לחלקים הנה הקול הוא מורכב מאש רוח מים רוחניים בהבל הלב וכאשר מתפשט בכלי הדבור הוא מתחלק לחלקים בתיבות מיוחדים כידוע · והנה באותו הקול שנמשך מהבל הלב הרי יש בו גם כן מבחי' המדות אהבה או יראה כי בדבור הוא מגלה מצפון המדה שבלבו כידוע ·אך בהקול הוא מחיצוניו' הלב והמדות מפנימיותו · אבל כאשר הקול מתחלק גם המדות מתחלקים בו בהכרח כי בהתחלקו' הקול לתיבה מיוחדת הרי באותה התיבה מיוחד ג"כ איזה חלק מיוחד מהארת המדה של אהבה שמלובש' בקול הבל הלב שיוצא ונמשך בפה הדבור כשמדבר תיבת הדבור ההוא וכנראה בחוש שכאשר האדם רוצה לגלו' האהבה אשר בלבו בהכרח שידבר כמה דבורים שבכללותן יחד נגלית אור האהבה כמו שהיא הרי בכל תיבה מיוחד חלק אחד מן האהבה וא"כ גם האהבה נתחלקה כפי חלקי הקול בדבור וגם דרך כלל הרי המה מיוחדים ונבדלים המה הדבורים של מדת היראה מן הדבורי' של מדת האהבה כי דברים היוצאים מן הלב בהתפעלו' אהבה המה באופן ומהות אחר מן הדברים היוצאין מן הלב בהתפעלות היראה וכיוצא ונמצא יש התחלקות במהות ואיכות גם במדות אוי"ר וכיוצא עכ"פ · וזהו הנק' פנימיות ז"א למעלה כידוע דהייט גם הפנימיות של המדות אוי"ר ונלח והתפארות מתחלקים בה"ג מנצפ"ך שבה' מוצאות ומתגלין ובאין בדבור העליון שהוא בחי' מ"ל דאצילו' למעלה ומזה בא בחי' בנין הנוק' ברבוי ההתחלקות באותיות כו' עד שאין מספר ושיעור לצרופי אותיות דמ"ל שנבראו בהם כל העולמות כמבואר בס"י שתי אבנים כו' מכאן והילך צא וחשוב כו' וכידוע וד"ל · וזהו כבוד מלכותך יאמרו הייט בחי' בנין הנוקבא דז"א ברבוי התחלקות האותיות שזהו נקרא כבוד מלכותך כי כבוד הוא ל"ב נתיבות חכמה שבמלכות דאצילות כידוע והוא בחי' ההתחלקות במ"ל דוקא דרך כללות ואח"כ מתחלקים מל"ב נתיבות הללו לפרטי פרטים עד אין שיעור וכידוע של"ב נתיבות הללו הן ל"ב ויאמר אלהים כו' שכוללים כל הבריאה וד"ל וזהו כבוד מלכותך יאמרו וגבורך ידברו שעיקר בנין מ"ל

מהגבורות

מהגבורות דז"א מהתחלקות הבל קול המדות שמתחלק בה"ג מנצפ"ך כנ"ל שנק' גבורתך לנוכח מטעם הנ"ל וד"ל · ומה שנקראו האותיות דמלכות בשם אמירה ואותיות התחלקות דז"א בשם דבור כי מבחי' הגלוי שבעליון נעשה בחינת העלם לתחתון ואמירה בחשאי כמו במחשב' שבלב ודבור בקול ולפי שמהתחלקות הקול דז"א נבנה בנין המל' ע"כ אמר דהאמירה דמל' נעשה מדבור דז"א שמתחלק בה"ג כנ"ל וד"ל .

לְהוֹדִיעַ לִבְנֵי הָאָדָם גְּבוּרֹתָיו וּכְבוֹד הֲדַר מַלְכוּתוֹ:

מלכותך

להודיע לבני האדם גבורותיו וכבוד הדר מלכותו · הנה בפסוק שלפניו אמר וגבורותיך לנוכח וכאן אמר גבורותיו דרך נסתר לפי ששם דיבר בבחי' ה"ג דז"א שהוא נקרא בחי' עולם הגילוי כנ"ל וכאן מדבר בבחי' ה"ג מנצפ"ך שבאימא שנק' עלמא דאתכסייא כידוע בפי' ועבד הלוי הוא שבחי' בינה נקרא הוא כו' · וביאור ענין התחלקות ה"ג מנצפ"ך דאימא יובן ע"ד הנ"ל בה"ג דז"א · כי הנה כמו שאנו רואים בחי' מדות אוי"ר בלב כך יש מציאות מדות בשכל ונקרא מדות שבשכל והן מהות שכלי ממש אלא שנקרא מדות לפי שהשכל הוא דן לחיוב או לזכות או לאהוב או לשנוא שאין זה מעצמות השכל אלא הוא בחי' מדות שבשכל דהיינו מה שיגזור השכל במדו' כו' · ולפי אופן הגדלות מדות שבשכל כך ערך גידול המדו' בלב שהרי אנו רואים שלפי שכלו יהולל איש כידוע דהיינו שלפי ערך גידול השכל כך יגדלו המדות שבלב שנק' איש כי התינוק שדעתו ושכלו קצרה אינו מתפעל במדות שבלבו רק לדברים ועניינים קטנים וכאשר יגדל אור שכלו ותבונתו יתפעל לבו לדברים גדולים יותר לפי שהמדות שבשכל נגדלו ע"כ ממילא נגדלו המדות שבלב · וא"כ מובן שיש עכ"פ מציאות מדות בשכל ממש אך בתינוק הן בבחי' קטנות עדיין ובגדול המה מתרחבים יותר ובהן תלוי עיקר גידול מדות שבלב כו' · וגם בהכרח לומר שסיבת גידול המדות שבשכל הוא בזה מצד גידול אור השכל עצמו שעי"ז נגדלו ממילא המדות שבשכל כי מפני שאור השכל בעצמו בהתרחבות יותר יתחייב השכל לאהוב דבר בטוב טעם ודעת שלימה ביותר וכו' וד"ל · והנה מן המדות שבשכל הנ"ל ג"כ בא בבחי' התחלקות בה"ג מנצפ"ך להיות בצרופי אותיות מחשבה ע"ד הנ"ל באותיות הדבור ממש · כי כאשר יתפעל במוחו במדה לאהוב בשכל הנה יחשוב ויהרהר בדבר בצירופי אותיות השייכים למדה זו דווקא' ולמדת היראה שבמוח יתהוו צירופי אותיות אחרים וה"ג מנצפ"ך היינו המתחלקים הצירופים והן הנק' פתוחי חותם כי חותם הוא בחי' יסוד אימא כידוע והוא בחי' שפע המדות שבשכל הנ"ל · פתוחי חותם הן ה"ג שמתחלקים לכ"ב אתוון ומתפתחין מיסוד אימא והן הנק' גבורותיו דרך נסתר כי בחי' אימא נק' עלמא דאתכסייא ע"כ גם בחי' ה"ג מנצפ"ך שביסוד אימא נק' גבורותיו לשון נסתר וד"ל · ומ"ש להודיע לבני האדם דווקא גבורותיו דאימא כו' הענין הוא כי פי' בני האדם הן בחי' נשמות שנולדו מיחוד זו"נ שנק' אדם כללי דדכר ונוקבא כו' והן נמשכין ממוחין דאימא שבז"א והוא ענין בחי' מדות שבשכל הנ"ל שנק' גבורותיו כנ"ל וכמאמר ישראל עלו במחשבה וכן מאמר במי נמלך בנשמתן של צדיקים כו' דהיינו במחשב' שנק' עלמא דאתכסיי' והוא בחי' מ"ל דתבונה שמלובש בה מדות שבשכל כנ"ל שהוא צירופי אותיות המחשבה כו' · אבל המלאכים נבראו מבחי' הדבור די' מאמרות שלמטה מן המחשבה וכידוע דרשת רז"ל בפי' ועוף יעופף עוף זה מיכאל יעופף זה גבריאל ועוף יעופף נאמר ביום החמישי ולכ"ע המלאכים נבראו או ביום ב' או ביום ה' · אבל הנשמות עלו במחשבה שהיתה קודם הדיבור בי' מאמרות כידוע שזהו פי' המאמר במי נמלך כלו' במי נמלך לברוא במאמרות · וזהו שאמר כבוד מלכותך יאמרו הן המלאכים שנבראו מבחי' הדבור די' מאמרות כו' · ואח"כ אמר עוד למעלה יותר דהיינו בעלמא דאתכסיא שהוא בחי' בינה שמלובשת במ"ל דתבונה אמר להודיע לבני האדם גבורותיו שהן הנשמות שנק' בני האדם שעלו במחשבה דבינה כנ"ל · ששם מודיעין להם בחי' אורות התחלקות דמחשבה שהוא מבחי' ה"ג מנצפ"ך דאימא כנ"ל כמו שכבוד מלכותך יאמרו המלאכים על בחי' גבורותיו דז"א שאז אומר וגבורתך ידברו כנ"ל וד"ל · וכבוד הדר מלכותו · פי' בחי' נשמות להיותם מבחי' יחוד זו"ן הנקרא אדם כנ"ל והוא בחי' שם מ"ה דהיינו בחי' עתיק הנק' הדר שהוא מלך השמיני המתקן ז' מלכים דתוהו כידוע ע"כ נאמר בהן וכבוד הדר · משא"כ המלאכים שנבראו מבחי' מל' בלבד בלא יחוד דז"א לא נקרא הדר אלא כבוד מלכותך סתם כו' וד"ל · ומ"ש כבוד הדר מלכותו דמשמע שיש גם בנשמות ענין בחי' מל' אלא שנק' הדר מלכותו · הענין הוא לפי שבחי' מלכות דתבונה ששם שרש הנשמות כמאמר הנ"ל דישראל עלו במחשבה וכן במי נמלך כו' נק' ג"כ בשם מל' . אלא מפני שהוא בחי' לאה שנק' מלכות עילאה בבחי' ההעלם דבינה שנק' עלמא דאתכסייא ע"כ נק' מלכותו לשון נסתר כו' · ואמנם לפי ערך עצמות מדריגו' הנשמות כמו שהמה בשורשן במחשבה עלאה הרי לא יתכן בהם כלל ענין קבלת מ"ש בעבודה מאחר שהמה בבחי' עצמות א' עם בחי' אותיות המחשבה העליונה כלשון המאמר ישראל עלו במחשבה עלה וכלל ממש במחשבה והיו לאחדים כו' · אך אעפ"כ יתכן גם בנשמות ענין קבלת מ"ש לפי שירדו הנשמות מעולם המחשבה לעולם הדבור בבחי' יש ונפרד עכ"פ עד שנקראו בשם עבדים כמו שנא' במשה משה עבדי אע"פ שבודאי היה שרש נשמת מבחי' חכמה דאצי' ממש וכמ"ש במ"א ע"פ כי מן המים

מַלְכוּתְךָ מַלְכוּת כָּל־עֹלָמִים וּמֶמְשַׁלְתְּךָ בְּכָל־דּוֹר וָדֹר: סוֹמֵךְ יְהוָה לְכָל

משיתהו וכיוצא בזה וכל נשמות ישראל שנא׳ בהם ולקחתי אתכם לי לעם וכן כי לי בני ישראל עבדים כו׳ וכיוצא באלה. הענין הוא שלקחם להיות לו בבחי׳ עם ובבחי׳ עבד להיות בהם קבלת מ״ש ממש כמ״ש שום תשים עליך מלך כי אין מלך בלא עם כידוע אבל זהו מצד הירידה שירדו הנשמות משרשם העליון במחשב׳ בעולם הדבור אבל מצד שרשם במחשבה לא היה שייך עליהם ענין קבלת מ״ש רק מצד שירדו ועברו דרך בחי׳ מלכות להיות נמשלים לעבדים שמקבלים עליהם עול המלך כנ״ל אך אע״פ שירדו למטה מ״מ עיקר קבלת מ״ש שלהם ומאיר עליהם מבחי׳ מלכות עילאה שהוא בחי׳ מלכות דלאה עולם המחשבה וזהו וכבוד הדר מלכותו דוקא כנ״ל וד״ל:

מלכותך מלכות כל עולמים · פי׳ מלכותך לנוכח קאי בבחי׳ מל׳ דאצי׳ מפני שהוא בבחי׳ ההתגלות כידוע · ומ״ש מלכותך מלכות היינו לרמז על בחי׳ לאה בחי׳ מלכות דתבונה שנק׳ מ״ל סתם· והמשך הפסוק כך הוא כמלכותך שבאה בגילוי מן ההעלם דמחשבה לגילוי כך הוא הולך ומשתלשל עוד מלמעלה למטה עד למטה מטה ממש · דהיינו לפי שמבחי׳ גילוי העליון נעשה בחי׳ העלם לתחתון · והענין ידוע דמבחי׳ מלכות דאצי׳ נעשה עתיק לבריאה ומת״ל דבריאה נעשה עתיק ליצי׳ ומת״ל דיצירה נעשה עתיק לעשי׳ עד בחי׳ מ״ל דמ״ל דעשי׳ וזהו מלכותך מלכות כ״ע וד״ל · ורבוי דכל עולמים מרבה ברבבות השתלשלות שיש בהיכלות דבי״ע שגם כן הוא ע״ד הנ״ל דמ״ל העליון נעשה העלם לתחתון כו׳ וד״ל:

וממשלתך בכל דור ודור · פי׳ ענין הממשלה הוא מבחי׳ נה״י שבמ״ל בלבד כי המ״ל כלולה מי״ס כחב״ד וחג״ת נה״י והמלוכה כלולה מבחי׳ כחב״ד חג״ת אבל הממשלה הוא מבחי׳ נה״י בלבד · וביאור הדברים יובן בהקדים ענין ההפרש בין מלוכה לממשלה גם ע״ד הפשוט דידוע שהמלוכה היא ברצון המקבל שהרי המקבל מקבל עליו עול מלכות ברצון ורצון זה בא ע״י התלבשות בטעם ודעת א״כ היראה שנופל עליו יש בה מהארת הרצון והטעם וכן האהבה והביטול במציאות כו׳ · אבל הממשלה שהוא הנק׳ שליטה הוא בלתי רצון המקבל אלא ע״פ הכרח ובע״כ של המקבל הוא שולט עליו ומתנשא עליו והיראה שמתייראה המקבל הוא יראה בלתי טעם ורצון אלא כמו שהבהמה יראה מן האדם בהכותה בשבט ומנהגה שיראה זו בבהמה אין בה דעת לקבל ברצון וטעם ההתנשאות של האדם עלי׳ אלא רק יראת ההכאה בשבט כו׳ · כך יש יראת עונש שבט אדם המושל והשולט שאין בה בחי׳ טעם ודעת לקבל היראה מצד האדם עצמו וכמו יראת מלך אלא רק מצד יראת ההכאה בלבד · וזהו הנק׳ ממשלה בלה״ק שיוכלו אף פחותי הערך למשול בגדול הערך · וכך יובן למעלה בבחי׳ מ״ל דאצילות שכלולה מי״ס שבעולמות העליונים מתפשט בחי׳ קבלת מ״ש ברצון וטעם ומדות של אוי״ר נמשך מצד הרצון נק׳ כחב״ד וחג״ת שבמ״ל · אבל בחי׳ הממשלה שלא יוכל המקבל לקבל ברצון וטעם היינו בעולמו׳ התחתונים ששם אור האלקי בא במיעוט ההארה במקום אחר למקום אחר כמה העלמות עד שאין מדת מ״ל דאצי׳ מתפשט שם בבחי׳ מלוכה בכחב״ד וחג״ת אלא רק בבחי׳ נה״י שהוא בחי׳ הממשלה שהיא בלא טעם ורצון אלא בע״כ כמו יראת הבהמ׳ בהכאת שבט כנ״ל וד״ל · וזהו וממשלתך בכל דור ודור שע״ם דמ״ל מתפשטין בכלל בכל העולמות מראש הבריאה עד סוף העולם העשי׳ · וע״ז אמר מלכותך מלכות כ״ע · אך בעולם העשי׳ ששם ג״כ יש י״ס דהיינו י״ס דמ״ל דעשי׳ כידוע שבינה שבמ״ל דעשי׳ משם נמשך הארת האור ג״ע דעשי׳ ובהיכל בהמ״ק היה מאיר מבחי׳ יסוד שבמ״ל דעשי׳ וירושלי׳ עצמה בחי׳ מ״ל שבמ״ל דעשי׳ כו׳ · כך למעלה בעולמות שמקבלים מי״ס דעשי׳ יש בהם הגבוהות במדריגה שיכולין לקבל בבחי׳ מלוכה מבחי׳ כחב״ד וחג״ת ויש בהם היותר שפלים במדריגה שאינן יכולין לקבל בבחי׳ מלוכה רק בבחי׳ ממשלה דהיינו מבחי׳ נה״י והן הע׳ שרים דנוגה דעשי׳ ע״ד יראת הבהמ׳ מהכאת שבט כו׳ והוא האור המאיר בעוה״ז השפל שהוא מבחי׳ מ״ל דמ״ל דעשי׳ המושל על כל העמים בבחי׳ ממשלה כי אין בהם דעת לקבל עול מלכות ברצון וטעם וזהו שאמר על מלכי האדמה באדמה שהן ע׳ שרים שלמטה כידוע וד״ל:

סומך ה׳ לכל הנופלים · פי׳ אחר שירדה המ״ל כ״כ בירידת המדריגות להיות מושל על ע׳ שרים דעשי׳ ג״כ כנ״ל · הנה זהו בחי׳ ירידה ונפילה עצומה ונק׳ או סוכת דוד הנופלת שנפלה עד שנתלבשה בע׳ שרים להחיותם שזהו ענין גלות השכינה וכענין גלו לאדום שכינה עמהם שהשכינה מתלבשת בשר של אדום להחיותו כו׳ וע״כ אמר סומך ה׳ לכל הנופלים שסומך ומעלה לנפילה דמ״ל · ולעתיד תהיה ההעלאה וההקמה הזאת בתכלית העילוי כמ״ש והיה אור הלבנה כאור החמה כו׳ וכתיב אשת חיל עטרת בעלה נקבה תסובב גבר שהוא עילוי המ״ל יותר מז״א שנקר׳ בעלה · אך עתה הסמיכה היא בהעלם דהיינו שלא תפול ותשאר למטה לעולם כנ״ל וד״ל · ומ״ש לכל הנופלים לשון רבים הענין הוא כי גם בחי׳ ז״א נקרא נופל אע״פ שלא ירד למטה ממש להחיות רוח שפלים מאין ליש עד רגלי עולם העשי׳ כמו בחי׳

המ״ל

לְכָל־הַנֹּפְלִים וְזוֹקֵף לְכָל־הַכְּפוּפִים :

עיני

המ"ל · אבל מ"מ הנה ידוע דבחי' ו"ק דז"א יורדים מאצי' לבי"ע בכל ו' יומין דחול לברר בירורים דרפ"ח ניצוצין דתהו ביום הא' יורד אור החסד דז"א לברר בירורים דרפ"ח בעולם הבריאה מבחי' חסד וביום הב' יורד אור הגבורה לברר בבי"ע כו' ונק' ל"ט מלאכות בכלל מפני שעובד עבודה ומלאכה לתקן ולהפוך חשיכ' לנהורא כו' · והנה אחר שחסד דז"א ירד מאצי' לבריאה הרי ירד ממש ונתלבש בלבוש זר כמו ענין ההתלבשות בחסד דבריאה · ואע"פ שאין זה בחי' נפילה ממש כמו חסד שבמ"ל שמשפיע מאין ליש ממש עד שנעשה בבחינת בעל גבול ותכלית אבל מ"מ בחינת ירידה גדולה היא לבחי' ו"ק דז"א ונק' ג"כ בשם ענין נפילה כי הרי ירד ונפל ממדריגו' האצי' להתלבש בלבושין דיומין דחול כו' וד"ל · וזהו סומך ה' לכל הנופלים גם בחי' ז"א יסמוך ובכלל זה יהיה ענין העלאת הנוק' מנפילתה כי לע"ל יתבררו כל הבירורים דרפ"ח כו' כידוע. וידוע דעיקר הבירורים הוא בשם מ"ה ולא בשם ב"ן כמאמר האיש דרכו לכבוש ולא האשה כמ"ש במ"א וא"כ כאשר יבוררו הכל ויהיה עליית העולמות ה"ז עילוי כללי לבחי' ז"א המברר בכל ו' אלפי שנין דהוי עלמא שהן בכללות בחי' ו' יומין דחול כידוע ומתילא יהיה עלייה וקימה לבחי' מלכות כמאמר עולה עמו ואינה יורדת עמו כו' · וזהו שאמרו סומך ה' לכל הנופלים דרך כלל לכלול כל הנופלי' דרפ"ח על ידי בחי' זעיר אנפין שיתעלה אחר שישלים כל הבירורים כנ"ל וד"ל :

וזוקף לכל הכפופים · פי' שהכפיפה הוא עד"מ השפעת שכל שמשפיע הרב לתלמידו שמוכרח לצמצם שכלו ולהוריד מעצמות השכלתו לפי אופן כלי קבלת התלמיד שירידה זו שמוריד השכל ההוא לפי אופן קטנות שכל המקבל הרי זה ממש כמו ענין הכפיפה בהרכנת הראש בגשמיות שמשפיל ומוריד את הראש מגובהו להיות נמוך בכדי להגיע למקום השפל · כך הוא ממש ענין ירידת אור השכל שבראש בגובהו ברוחניות השכל לבחי' קטנות השגת שכל התלמיד אע"פ שגם הראש עומד במעמדו כו' וד"ל · והנה מן כפיפת הראש בגשמיו' נוכל להבין פרטי הכפיפה הרוחניו' דהנה בכפיפה הגשמיו' הגם שראשו כפוף למטה בהרכנה ממש מ"מ גופו ורגליו הרי המה עומדים על מעמדם ומצבם בגובהם הראשון בבלתי הכנעה וכפיפה כלל למטה רק שראשו הוא מוריד ומרכין למטה אבל כל גופו ומכ"ש רגליו אין בהם כפיפה כלל רק עומדים כמקדם בלתי הראות בהם שום שינוי תנועות כפיפה והרכנה · וכך יובן ענין הכפיפה הרוחניו' במוחין שבראש דהגם שיוכל להיות כפיפת וירידת אור השכל בעצמו כנ"ל · מ"מ לא ירד למטה לקטנות השגת התלמיד רק אור השכל עצמו והוא בחי' חב"ד שבחכמה אבל בחינת רג"ת ונה"י שבו נשארו במשפיע על עמדם ומצבם הראשון בלתי ניכר בהם ירידה למטה כלל וכלל · והיינו כמו שגם אם ירכין הראש מ"מ כל גופו שהוא חג"ת ומכ"ש הרגלים שהן נה"י עומדי' על מעמד' הראשון כנ"ל· והענין הוא ברוחניות השפע' השכל שלא זז המשפיע ממקומו ומעמדו העצמי רק בבחי' חב"ד ולא זז כלל מעצמותו בבחי' חג"ת ונה"י שבו אלא נשארו הכל בבחי' עצמותו כמקדם רק בחי' החב"ד שבו יורד ממקומו למקו' מדריגת התלמיד שעומד למט' מטה כנ"ל וד"ל· וכך יובן למעלה בענין מוחין העליונים דזו"נ דאצילות שירדו בבי"ע לברר בירורין דרפ"ח ניצוצין כו' כידוע דבחכמה דווקא אתבריר ה"ז ממש כמשל הכפיפה הרוחני באור השכל כנ"ל שהרי אין ערך כלל בין בריאה לאצילות וה"ז כמו משל השפלת השכל לתינוק כו' · ואמנם בחי' חג"ת ונה"י נשארין למעל' על מעמדם הראשון שהוא בבחי' האצי' ולא ירדו מעולם למטה כמבואר מתוך משל הנ"ל וד"ל · ולפעמים בחי' חג"ת דאצי' נכפפין ויורדין למטה וה"ז כמו עד"מ השפעת אהבה למקבל שהיא באה ג"כ אליו לפי צמצום קטנות המקבל כו' שזהו ג"כ בחי' הרכנה וכפיפה כנ"ל בירידת אור השכל כו' וכמ"ש שמאלו תחת לראשי כו' וכיוצא בזה · וכמ"ש בע"ח · אך הנה מ"מ יובן שאין כל בחי' כפיפה הנ"ל ענין נפילה ממש שהרי בחי' הנפילה היינו שנשאר כולו כמו שהוא למטה כמשל הנופל מגג גבוה לארץ שנשאר כולו בארץ וכיוצא · משא"כ בחי' הכפיפה מאחר שנשאר למעלה חג"ת ונה"י שהן כל גופו ולא הרכין למטה רק הראש וגם אם כופף גם בחינת חג"ת אחר שבחי' נה"י שבו עומדים למעלה לא ירד היורד עדיין מגבוה לנמוך אלא נשאר הוא בעצמו' רוממותו שהרי יוכל בקל לחזור כל מה שהרכין למטה ולעלות כולו מכפיפתו שזהו הנקרא זקיפה שא"צ סמיכה מזולתו כמו לנופל שצריך סמיכה וסיוע מזולתו וכו' וד"ל · וזהו וזוקף לכל הכפופים פירוש וגם לבחי' הכפיפה הרוחניו' דזו"נ שנכפפו למטה בבי"ע יזקפו למעל' בסיוע המאציל לעתיד כשיושלמו כל הבירורי' דרפ"ח ויהי' עליי' לזו"נ כידוע · והיינו שאמר וזוקף אחר סומך ה' לכל הנופלים משום דבחי' הנפילה דזו"נ היינו כענין גלו לאדום שכינה עמהם כנ"ל וכן ירידת ונפילת הורות דז"א בו' יומין דחול ללקוט ניצוצות דתוהו כנ"ל שנשארו כולם כמו שהם למטה שזה נקרא נפילה ממש וצריך סמיכה ממש · וזהו סומך ה' לכל הנופלים ואח"כ אמר שגם לבחינת הכפיפה דזו"נ כנ"ל שאינה בחי' נפילה ממש ג"כ יזקוף וזהו וזוקף (ה') לכל הכפופי' וההפרש ביניהם הוא מה שא"צ לזקיפ' סמיכה וסיוע ממש רק סיוע בעלמ' מן הצד כידוע במשל הזקיפה גשמיות וד"ל ·

עיני

עֵינֵי כֹל אֵלֶיךָ יְשַׂבֵּרוּ וְאַתָּה נוֹתֵן־לָהֶם אֶת־אָכְלָם בְּעִתּוֹ : פּוֹתֵחַ אֶת־יָדֶךָ וּמַשְׂבִּיעַ

עיני **כל אליך ישברו** · הנה מבואר בסידור דהיינו בחי' ה"ג דיסוד דנוקבא הנק' כל שעליהם אומר אליך ישברו להמתיקן כי הגבורות דביסוד בלתי ממותקין הם ומבקשין בחינת ה"ח דדכורא שממתיקין הגבורות וזהו אליך ישברו להמתיקןכו' ע"ש· וביאור הדברים הנה בחינת הצמצום דשם אלקים הוא המצמצם לגמרי אור אלהי ולא היה משתלשלת השפע כלל מעילה לעיל' וזהו שאמרו בתחלה עלה במחשבה לברוא את העולם במדת הדין ראה שאין העולם מתקיים שתף עמו מדת הרחמים כו' · ובמדת החסד בלבד ג"כ לא היה מציאו' נבראים ב"ג אלא הכל היה בבחינת אלקות וכמארז"ל היה העולם מתפשט כו' עד שאמר לעולמו די דהיינו בבחי' הדין והצמצום · וא"כ מובן שהיה בסיבת הבריא' שיתוף וחיבור מב' מדות הללו יחד דהיינו הצמצום וההתפשטות אך בתחלה הצמצום ואח"כ ההתפשטות כמאמר הנ"ל בתחלה עלה במחשבה כו' ואח"כ שיתף כו' · והנה בחינת הצמצום אשר בתחלה הוא הנקרא בחי' גבורות דנוק' ובחינת ההתפשטות שאח"כ הוא מבחי' החסדים שיורדין מגבוה למטה דוקא ובגבורות אין להם קיום בלתי החסדים הבאין אח"כ וממתיקין הגבורות דהיינו שיהא האור והשפע במזיגה נכונה לא בצמצו' לגמרי ולא בהתפשטות לגמרי אלא בבחינת ממוצע מבין שניהם יחד · וזהו הנקרא בחי' גבורות ממותקות כנודע ממשל מזיגת דברים החריפים עם דברים המתוקים שהגבורות שבדבר החריף נמתק בדבר המתוק במזג נכון משא"כ כולו חריף אינו טוב וכן כולו מתוק אינו טוב · וכך בחי' הגבורו' בלא חסדים אינם טובים והחסדים בלתי גבורות אינם טובים אלא דווקא כשהגבורות נמתקו בחסדים במזיגה נכונה אזי נקרא גבורות ממותקות שנמתקו ונעשו טובים כו' וכמ"ש במ"א וד"ל · וזהו עיני כל פי' כל הוא בחי' יסוד דנוקבא שכוללת בתוכה ההשפעה מחמשים שע"ב שנק' כל כידוע · והנה ידוע דבחי' המ"ל נק' כלה והיינו דוקא כשמקבלת משפע מ"ד דדכורא מבחי' ה"ח שביסוד דדכורא שהן כ' ש"ב דביכ' עד הו"ד מתפשט ובחי' יסוד מקבל את כולם וזהו פי' כלה כל ה' שמקבלת ה"ח דדכור' אבל עד לא קבילת דכר נק' כל בלא ה"א כי אין בה בחי' ה"ח דדכור' עדיין אלא רק קיבל' השפע בעצמותה שהיא מלאה גבורות ודינין כנ"ל בפי' שם אלקים המצמצם לגמרי כו' · וזהו עיני כל אליך ישברו להמתיקן פי' בחי' הגבורה דנוקבא שנק' כל בלא ה"א אליך ישברו שממתינים שיבואו אליהם בחינת ה"ח דדכורא להמתיקן ולהיות ממוזגים בחסדים כנ"ל ולהיות נקרא כל ה' כנ"ל וד"ל ·

ואתה **נותן להם את אכלם בעתו** · פי' ואתה הוא בחי' החסד בכ"מ כמו ואתה כהן כו' ובכאן כולל כל בחי' קו הימין דהיינו אח"כ שממנו נמשך בהיכ' ה"ח דדכורא ביסוד דדכורא כדי להמתיק בחי' גבורות דנוקבא ע"ד הנ"ל · ואומר לפרש מה שאומר תחלה אליך ישברו להמתיקן דהיינו לבחי' מ"ד דז"א וחוזר וקאמר דבחי' ז"א הוא ממשיך לה מקו החסדי' מקו הימין שלו אחר בקשת הנוק' להמתיקה וזהו ואתה נותן להם את אכלם בעתו כלומר בחי' הזיווג נק' אכילה כמו אכלה ומחתה פיה כו' והוא בחי' המשכת מ"ד להמתיק הגבורות כנ"ל וד"ל · ומה שאמר בעתו דוקא הענין הוא משום דכתיב ודבר בעתו מה טוב · ועד"מ גם החסד הגשמי הנשפע שלא במיזוג ועתו הראויה לכך אינו חסד כלל · וכך גם למעלה לא כל העתים שוות לענין המשכו' בחי' החסדים דז"א בנוקבא להמתיק' אלא דיוקא בעת מיוחד ולא בכל עת וזמן וגם בעתים המיוחדי' יש בהם שינוים רבים לפעמים יאיר באופן כך ולפעמים באופן אחר כו' הכל לפי המצטרך כדי שיהיה חסד גמור · ובכללות הענין הן הנה העתים שנקרא עת דודים למעלה כמו בשבתות וג' רגלים שבהם היחוד דזו"נ בקביעות וגם בכל יום בעמידה דתפילת השחרית יש קצת מעין זה אך גם בעתים המיוחדים הללו מלבד שבשבת ההארה כך וביו"ט הוא כך הנה גם לא כל השבתו' שוין ולא כל הי"ט שוין אלא לפעמים באופן זה ולפעמים באופן אחר כו' וזהו בעתו דווקא אתה נותן להם את אכלם להמתיקם משום שנאמר ודבר בעתו דווקא מה טוב ואם אינו בעתו הראוי לזה אינו נקרא טוב וחסד כלל כו' וד"ל :

פותח **את ידך ומשביע לכל חי רצון**. פי' חוזר אל סיום הפסוק שאמר ואתה נותן להם את אכלם בעתו שהוא מבחי' המשכת החסדים מקו הימין אח"כ כנ"ל · ועתה חוזר לפרש מאין יש גם בבחי' החכמה בחי' החסדים הללו ולזה אמר דשרש מקור כל החסדים נמשך מבחי' יודי"ן ווי"ן שזהו פי' פותח את ידך א"ת ידך אלא יודיך והן בחי' השערות די"ג ת"ד שנקרא בשם יודי"ן ווי"ן והיינו מבחי' הארת הכתר בחכמה כו' · וביאור הדברים הנה תחילה יש להקדים ההפרש אשר יש בין בחי' החכמה לבחי' הכתר דהנה החכמ' נק' ראשי' הגילוי ועד"מ המוחין שבראש האדם שנמשכין מהם חיות אל כל האיברי' שמפני זה ירגיש האדם גם כאב הרגל במוח לפי שאחוז וקשור הרגל במוחין בערך ויחס זע"ז אחר שמסתעף החיות מן המוח שבראש אל כל האברים כו' · וכך הוא למעלה בבחי' חכמה דאצי' שהוא שרש וראש כל האצי' שאעפ"כ יש להורות הפרטים כמו הבינה ומדות ערך ויחס עם אור החכמה מאחר שנסתעפים כולם ממנה בדרך השתלשלו' מעילה לעילה · משא"כ בחי' הכתר הוא

מרומם ונבדל בערך מכל השתלשלות דאצילות עד שאינו נמנה בחשבון י"ס כידוע · והוא מצד בחי' אור א"ס שיש בו להיותו בחי' ממוצע כידוע וכל ממוצע בהכרח שיש בו מבחי' האחרונה שבעליון ושרש וראש הוא לתחתון· וכך בחי' הכתר יש בו מבחי' האחרונה דא"ס אשר בו הוא נקרא מובדל ומרומם ונקרא עתיק יומין מל' המעתיק הרים כו' וד"ל · וא"כ יובן שבשביל טעם זה יש הפרש בין אור השפע שבא מחכמה לבינה ומבינה למדות כו' ובין אור השפע שבא מכתר לחכמה· כי הנה הכתר אין לו ערך ויחס כלל עם האצילות מצד בחינה האחרונה שבמאציל שיש בו כנ"ל כמו שיש ערך ויחס לחכמה בנאצלים כו' · וא"כ גם אור השפע אשר נשפעת מאתו לנאצלים הוא בא בדרך דילוג גדול ולא בבחינת השתלשלות ממש מעילה לעילה והיינו שבא אור השפע מאתו בבחי' שערות שהן בשינוי מהות נבדל שהרי לא יכאוב לאדם בגזיזתן כו' משא"כ מחכמה לבינה באה השפע מעילה לעילה וכו' · וזהו מפני טעם הנ"ל דלעולם רוממות עצמות אור המאציל שבכתר הוא מובדל ומרומם מן האצי' כנ"ל ע"כ לא יבוא מאתו ההשפעה רק בלבוש זר כמו לבושי בחי' השערות בלבד משא"כ ממוחין שבראש שיושפע מהם החיות באיברים כדרך עילה ועלול כו' וד"ל . ועיקר הטעם כי החכמה אע"פ שנקרא משפיע לבינה נקרא מקבל לגבי הכתר ואז בהכרח שיתפעל גם הוא מהתפעלות המקבלים מאתו אחר שגם הוא בחי' מקבל מלמעלה הימנו ע"ד דוגמא מכל מניע דבר שהוא מתפעל מזה ומתנענע גם הוא כו'· אבל בחי' הכתר מצד בחי' אחרונה שבמאציל שיש בו לא נקרא מקבל כלל מלמעלה הימנו אלא רק משפיע לחכמה ע"כ לא יתפעל כלל בהשפעתו להם כי אין לו ערך ויחס עמהם ולזאת לא תבא השפעתו להם רק ע"י צמצו' גדול בדילוג גדול והוא ההשפע' העוברת דרך בחי' השערות כנ"ל וד"ל·וזהו פי' פותח את ידך שפותח את האור והשפע להיות באין ונמשכין ע"י בחי' שערות שנק' יודין ווין כי השער' ראשה כמין יוד והוא הגומא שבראש שמהם שרש יניקתה והולכת ונמשכת בחלל השערה שהוא כמין ווי"ן בהיות שהשפעה זאת באה ממקום הגבוה מאד נעלה עד שלא תוכל להתלבש רק בבחי' לבוש בחי' השערות בלבד שהן יודין ווין שאין להם שייכות לגוף כלל ולא יהיה ביכולת לירד ולבא לבחינת החכמה ממש בלתי לבוש השערות ועד"מ הידוע כמו שא"א לאדם להסביר לתינוק כ"א ע"י משלים וחידות וכמ"ש במ"א וד"ל :

וּמַשְׂבִּיעַ לְכָל---חַי רָצוֹן :

קרוב

ומשביע לכל חי רצון · פי' ואחר שנמשכים י"ג ת"ד שהוא פתיחת היודין הנ"ל מן אור המאציל עצמו שמכתר כנ"ל אזי המה יורדין עוד ונמשכי' עד למטה מטה ומאלה יאירו בחכמה וכמאמר הידוע דאור אבא יונק ממזל הח' כו' ואח"כ מתפשטין ויורדי' עוד החסדי' הללו מחכמה ולמטה מטה ממש דהיינו גם בבחי' המדות דז"א עד שבחינת יסוד דז"א מקבל בתוכו כל החסדים הללו· כי עד בחינת יסוד יש בכאו"א חלק מיוחד מהארת החסדי' וכידוע דמחסד עד הוד יש ה"א פרטים חסד שבחסד וחסד שבגבור' עד חסד שבהוד ובפרט יותר הן נו"ן שע"ב וכמאמר דבינה עד הוד אתפשטת כו'· אבל בחי' היסוד הוא הכוללם יחד שהרי בחי' היסוד הוא בחי' המשפיע למטה וצריך שיקבל בעצמו כל אורות הנשפעין כולם יחד ואח"כ ישפיע למט' כמשל השפעה גשמית למטה ביסוד שבאד' התחתון כידוע ונק' כניסו דכל נהורין כו' לפי שבו מתקבצין כל החסדים יחדיו וד"ל· וזהו בדרך כלל· ובדרך פרט הנה ידוע שיש ע"ו יסודות כי בה' פרצופים בכאו"א יש ג' יסודות מחב"ד חג"ת נה"י שבו כו' והן ע"ו ווי"ן דבאתת ויליב וע"ו דיינו כמבואר בכוונת הסידור דפסח· וזהו שאמר ומשביע לכל חי רצון פי' חי הוא בחי' יסוד בכלל לפי שהוא בחי' המשפיע שיש בו חיות רב ע"ד דוגמא מאיש שמדבר דברים היוצאין מן הלב דווקא שיתפעל זולתו מפני שיש בהן חיות רב ואם לאו לא יתפעל וכן זרע שיורה כחץ מוליד ואם לאו אינו מוליד כו' · והטעם הוא לפי שמקבל בתוכו מכללות כל בחי' החסדים דיודי"ן שהן מקור וחיות לכל המקבלים ולכך נקרא ח"י ומה שאמר לכל חי היינו לכלל בחי' כללות כל היסודו' שהן ע"ו יסודות וזהו לכל חי · והכוונ' הוא קיבוץ כל החסדים בבחי' יסוד בפרט ובכלל לכל חי וכל זה הוא בא ונמשך מפתיחת היודין הנ"ל· וזהו ומשביע לכל חי רצון כי הנה בחי' הארת הטוב והחסד הזה שנשפע בבחי' יסוד למקבל הוא מטעם כלל הידוע דמטבע הטוב להטיב וכידוע דמה שקורין לאדם בשם איש טוב דהיינו לפי שמטיב עם הבריות אעפ"י שאין מגיע לו כלום מזה רק מצד טובו מטיב לאחרים ויש אדם שאין לו רצון ותשוקה כלל להטיב לאחרים ואינו נקרא איש טוב כו' · וכך יובן למעלה בחינת יסוד שנקרא טוב כמ"ש אמרו צדיק כי טוב וכן אבקשה טוב לך אמ' יגאלך טוב יגאל וכידוע שזהו מפני בחי' הרצון שיש בו להשפיע בחי' החסדים שקיבל בעצמו למטה · ומאין יש לו הרצון הזה הנה גם הוא בא משרש מקור כל הטוב והחסד והוא מבחינת פתיחת דיודין ווין הנזכר לעיל שמשם נובע מקור כל החסדים· והרי יובן דפתיחת היודין ווין גורם ב' דברים א' להביא כל החסדים לבחינת יסוד והב' להשביע אותו מבחינת החסדים עד שיתגלה בו רצון להשפיע למטה מחמת רוב טובו וחסדו · וזה הרצון הוא בחי' הרצון העליון הנקרא בחי' כתר עליון כידוע אלא שירד ונתלבש בלבושי' רבים מי"ג תקונין עד שבא לבחינת יסוד ונגלה שם להיות אור השפע בא מן ההעלם לגילוי ממש למטה בעולמות אבל

בחינת

באמת הוא אותו בחי' רצון העליון שלפני האצי' והיינו ומשביע לכל חי רצון סתם וד"ל

צַדִּיק יְהוָה בְּכָל־דְּרָכָיו וְחָסִיד בְּכָל־מַעֲשָׂיו : קָרוֹב יְהוָה לְכָל־קֹרְאָיו לְכֹל אֲשֶׁר יִקְרָאֻהוּ בֶאֱמֶת :

רצון

צדיק ה' בכל דרכיו · פי' קאי אדלעיל מיניה דמיירי בבחי' הטוב והחסד שבבחי' יסוד שנק' משפיע ואמנם הנה זאת ההשפעה היא בבחי' הפנימיות דוקא כידוע ובחי' צדיק הוא ג"כ בחי' יסוד כידוע בפי' צדיק עליון וצדיק תחתון אך שאינו בבחי' הפנימיו' אלא רק בבחי' החיצונית בלבד כו' · וביאור הדברים הנה תיבת צדיק מל' צדק שהוא מדת הצדקה שנמשכה מצדיק ונק' בעל צדקה והצדקה הרי היא בגשמיות דוקא כמו הנתינה לעני כסף גשמי או לחם ולבוש גשמי · והענין הוא משום דהא בהא תליא דהנה בחי' יסוד היינו בחי' אור השפע שנמשך מעצמות פנימיות המשפיע למקבל מעילה לעילה שזה נקרא בשם יחוד משפיע ומקבל כמו משפיע שכל לתלמיד או השפעת זכר לנקבה שהשפעה זו באה מבחי' יסוד דדכורא אלא שבשכל נקרא יסוד שבחכמה ובמדות יסוד שבמדות עד בחי' נה"י כו' · אבל כ"ז הוא בבחי' יחוד שהוא בחי' התקשרות המשפיע עצמו במקבל משא"כ ההשפע' מבחי' יסוד בחיצוניו' המשפיע כמו נתינת כסף הגשמי זה ודאי אינו מבחי' יסוד שבו אחר שאינו בא מבחי' פנימיות המשפיע אבל בחי' חיצונית זו מלבשת לבחי' הפנימיו' דיסוד משום דהא בהא תליא שהרי סיבת היחוד הנזכר לעיל דמשפיע במקבל הוא לפי שמטבע הטוב להטיב · וע"כ נקרא בחי' יסוד בשם טוב כנ"ל אך שהטבע זאת בפנימיות הוא ואח"כ היא באה גם בחיצוניות דהיינו להטיב בהטבה גשמית והיינו הצדקה בהשפעת כסף גשמי ואם לא שהוא טוב בעצם להשפיע בבחי' הפנימיות שבו לא היה נותן צדקה לעני ג"כ דערך הטבע הגשמי הוא לפי ערך הטבע הרוחניות משום דהא בהא תליא והכל א' אלא שזה בפנימיות וזה בחיצוניות ולכך נקרא גם הצדיק בשם טוב לפעמים וכמ"ש אמרו צדיק כי טוב כו' · וזה שאומר פסוק זה דצדיק ה' וכו' אחר הפסוק שלפניו שאמר פותח את ידך ומשביע לכל חי שהם בחי' ט"ו יסודו' כנ"ל בפנימיו' שמזה נמשך גם בבחי' חיצוניות להיות צדיק ה' כו' וד"ל · ומ"ש בכל דרכיו הענין הוא לפי שבחי' החיצוני' דהשפעת צדיק היא מתפשטת עד למטה מטה מאד תמעט משל הנ"ל דהצדק' באה בהתלבשו' גשמיות מאד עד שיוכל להחיות גם רוח שפלים ביותר מפני שיגיע להם ההטבה בהגשמ' לפי ערכ' וזו מצד השפעה החיצוני' דצדיק משא"כ מבחי' יסוד שהוא בחי' פנימיות המשפיע הרי לא היה ביכולתו להלביש ההשפעו' עד שיוכלו לקבל גם השפלי' בערך אלא רק הראוי לקבל בלבד כו' · וזהו צדיק ה' בכל דרכיו ריבוי הוא לרבו' את הכל שכולם יכולים לקבל החסד מבחי' צדיק מטעם הנ"ל וד"ל · וזהו בכל דרכיו דווקא כי פירוש דרך למעלה הוא עד"מ הדרך למטה כמו דרך המלך שבדרך זה יעבור המלך ממקום עיר מלכותו למקום הרחוק חוץ ממדינתו ועכ"פ ענין הדרך הוא בחי' הירידה שבו ירד המלך ויעבור חוץ למקו' מלכותו וכן הדרך לאדם סתם הוא אשר יוצא מביתו למקום רחוק לסחור שהדרך הוא מקום מעביר להעביר האדם ממקומו העצמי למקו' נבדל ומרוחק כו' · וכך יובן בבחי' דרך למעלה כמ"ש הנותן בים דרך שהוא כמין ירידת אור מז"א למלכות שנקרא ים להיות בה ג"כ דרך ומעבר לכניסת אורות עליונים כו' · וכן כתוב ושמרו דרך הוי"ה שיש דרך גם להוי"ה שהוא בחי' ז"א כידוע וזה הדרך נקרא ג"כ אורח כמ"ש ארחות הוי"ה כו' ודרך זה נמשך לז"א מבחי' ע"י וא"א כידוע בפי' ושמרו דרך הוי"ה בת"א בענין המצות שנקראו דרכי הוי"ה כו' · ועד"ז יובן שיש עוד בחי' ירידה מאצי' לבריאה ומבריאה ליצירה ומיצירה לעשיה והכל נק' דרכים כי ענין דרך הוא ההעברה שיעבור האור ממקומו למקום נבדל ומרוחק כמו מ"ל דאצי' שנעשה עתיק לבריאה וכן מ"ל דבריאה עתיק ליצירה כו' · וא"כ מובן גם כאן במה שאומר בכל דרכיו שרצונו לומר שבחי' צדיק זה שהוא בחי' חיצוניות השפע הולכת ועוברת בירידות המדריגה בבחי' דרך מלמעלה למטה מטה ברבוי הדרכים הנ"ל עד שגם בעוה"ז השפל יגיע אור שפעו בלבוש גשמי ממש שהוא הדרך היותר אחרון · והיינו לפי שהוא מקום היותר רחוק בסדר ההשתלשלות שאין עוד למטה הימנו כו' כי בחי' חיצוניות דמדת הצדקה דצדיק יוכל להגיע למקום היותר שפל בערך כנ"ל וד"ל . וזהו שיש קשר וחיבור לענין זה עם מ"ש תחלה דמשביע לכל חי רצון העליון בבחי' יסוד בפנימיו' וכך יש חיבור לחסד עליון ביותר גם בעוה"ז השפל הגשמי ע"י בחי' צדיק בחיצוניות · וזהו וחסיד בכל מעשיו שיוכל אור החסד העליון שבבחי' הכתר דשם בחי' פתיחות היודין ווין הנ"ל לבא ולהגיע גם בכל מעשיו דהיינו אפי' בחיצוניות דעולם העשיה כמו העוה"ז השפל וכנ"ל · וזהו וחסיד חסד יוד והוא היודין שביודין ווין הנ"ל שמתלבש גם בחסד שבת"ל דמ"ל דעשיה שהוא שרש חיות הגשמיות בד' יסודות דעוה"ז כו' דהיינו בתחתית העשי' · וכמו שמשביע לכל חי שהוא בחי' פנימיות ההשפעה כנ"ל בחי' רצון העליון דהיינו בחי' פנימיות האור שבכתר שמאיר בי"ג תיקונין כנ"ל עד בחי' יסוד היותר אחרון וכמ"ש לכל חי רצון · כך יגיע בחי' חיצוניות האור שמאיר ביודין ווין דהיינו בחסד דיודין והיינו בחי' ורב חסד שבי"ג תיקונין גם עד רגלי העשי' שהוא מ"ש בכל מעשיו כנ"ל וזהו וחסיד חסד יוד מגיע בכל מעשיו אלא שבאה בהתלבשו' בבחי' חיצוניות ע"י בחי' צדיק כנ"ל וד"ל :

קרוב ה' לכל קראיו לכל אשר יקראוהו כו' . פירוש

אחר

אחר שכבר ביאר בענין בחי' פנימיות ההשפעה דיסוד וגם בענין חיצוניות ההשפעה דצדיק העליון שיגיע הכל גם לתחתית העשיה וכנזכר לעיל א"כ הרי נעשה מעלה מטה שוין ממש אחר שאור המאיר בבחי' הכתר הוא המאיר גם בסוף עולם העשיה כנזכר לעיל הרי אין הפרש כלל בין גבוה לנמוך וכולן שוין בזה גם בחי' האצילות עם בחינת העשיה שוין · ולא יתכן לומר שהאצילות גבוה מן העשיה אחר שאור א"ס מלובש למטה בעשי' כמו באצי' אלא שבא לעשיה יותר בהתלבשות ועד"מ מלך שעובר בדרך הגם שנתרחק מאד ממקומו העצמי מכל מקום כל גופו של מלך במקום המרוחק אלא שהולך שם בלבושיםאחרים כו' וד"ל · וזהו קרוב ה' לכל קוראיו שיכולין הכל לקרוא את אור אין סוףכקטן כגדול שוין לכולם קרוב כו' הוא בהשואה א' כיון שהוא למטה כמו למעלה האיך יתכן לומר שלגבי העומדים למעלה הוא יותר קרוב כו' אלא קרוב ה' לכל קוראיו בהשואה א' לכולם · וכפל הענין עוד לכל אשר יקראוהו באמת משום שיש ב' קריאות א' קריאה חיצוניות והוא בתפלה שיומשך השפעות והמשכות גשמיות בשאלות צרכיו בש"ע ע"י שמייחד יחודים בק"ש וכו' והוא כדי להיות צדיק ה' בח"י ברכאן דצלותא · והא שאמרו ר"א יהיב פרוטה לעני והדר מצלי משום דשרש ענין התפילה עם הצדקה א' הוא בבחי' ההשפעה הבאה מלובשת בחיצוניו' כמו רופא חולי עמו ישראל ברך עלינו · אבל קריאה השנית הוא קריאת התורה שהוא בחינת השפעה פנימיות כמ"ש קול קורא במדבר כו' וכמארז"ל הקב"ה יושב ושונה כנגדו שהוא בחי' פנימיות גילוי אור האלקי בדבר ה' וכמ"ש ואשים דברי בפיך כו' · וזהו לכל אשר יקראוהו באמת ואין אמת אלא תורה כידוע וע"כ כפל ענין ההשואה לכולם בקריאת הפנימיות שהוא קרוב לכל אשר יקראוהו באמת דהיינו בדבר ה' זו הלכה כמו שקרוב ה' לכל קוראיו בתפילה משום דהא בהא תליא הפנימית מלובשת בחיצוניות אלא שבתחילה דיבר מלמעלה למטה שהפנימיות בא תחלה להשביע לכל חי רצון ואח"כ צדיק ה' בכל דרכיו ואח"כ מדבר מלמטה למעלה שהוא בהיפוך שתחלה קרוב ה' לכל קוראיו בחיצוניו' בתפלה ואח"כ לכל אשר יקראוהו בתורה בפנימיות וכמארז"ל דהאומר אין לו אלא תורה אפילו תורה כו' כי התפילה צריכה להיות קודם לתורה וכמ"ש במ"א בפי' מאמר דאבא בנימין על תפלתי שתהא סמוכ' למטתי שלא ילמוד קודם שיתפלל ועל כן אמר שתהא סמוכ' למטתי מיד כשיקום · ומטעם המבואר שם כנ"ל כו' וד"ל :

רְצוֹן יְרֵאָיו יַעֲשֶׂה וְאֶת־שַׁוְעָתָם יִשְׁמַע וְיוֹשִׁיעֵם : שׁוֹמֵר יְהוָה אֶת־כָּל־אֹהֲבָיו וְאֵת כָּל־הָרְשָׁעִים יַשְׁמִיד : תְּהִלַּת יְהוָה יְדַבֶּר־פִּי וִיבָרֵךְ כָּל־בָּשָׂר שֵׁם קָדְשׁוֹ לְעוֹלָם וָעֶד : וַאֲנַחְנוּ נְבָרֵךְ יָהּ מֵעַתָּה וְעַד־עוֹלָם הַלְלוּיָהּ : הַלְלוּיָהּ הַלְלִי נַפְשִׁי אֶת־יְהוָה :

אהללה

הללויה הללי נפשי את הוי"ה כו' · פי' תיבות הללו שנזכרות בכל פסוקי דזמר' היינו בחי' ההילול ליה שבשם הוי"ה שהן בחי' המוחין דאו"א שבז"א שנקרא הוי"ה סתם כו' · וביאור הענין הנה תחלה יש להבין מהו לשון הילול סתם שהוא כללות ענין פסוקי דזמרה שהוא להלל ולשבח שבח זה לאיזה ענין הוא · להיות כי פי' יהלל הוא מלשון בהילו נרו כו' יהיל אורו כו' כי הנה עד"מ כשמזכירין לאדם שבחיו איך שהוא חכם או חסדן גדול וכיוצא בשבחי' כאלו הנה הוא מתפעל מאד מן השבחים הללו · והנה ההתפעלות שהוא מתפעל הוא באותו דבר שמשבחים אותו דווקא והיינו שמתעורר בו אות' המדה שמשבחי' אותו בה כמו כאשר משבחין אותו שהוא חסדן ורחמן יתפעל להיות חסדן ורחמן באותה השעה · וכן אם משבחין אותו בחכמה יתפעל ויתעורר בו כח חכמתו להשפיע שכל וכיוצא בזה · ונמצא מובן שעל ידי השבחים יצאו המדות בלבו מן ההעלם לגילוי כי גם קודם השבח היה רחמן וחסדן או חכם רק שע"י השבח נתעוררו לצאת בו מן ההעלם לגילוי להיות חכם או חסדן בפ"מ משא"כ בתחלה הי' אור מדת חסדו גנוזה בו בהעלם כו' והיינו הטעם שנקרא השבח בלשון הילול כמו יהל אורו שהוא בחי' הבהקה ובהירות אור כי הרי המדות יוצאין מן ההעלם לגילוי אור ע"י השבח כנ"ל · וכך ממש יובן למעלה דהנה בעצמות אא"ס הרי אמרו שהוא אור פשוט בתכלית הפשיטות ואין בו בחי' התחלקות עדיין להיות יוד ספירות חכים ומבין וחסדן וכיוצא רק שבבחי' ההעלם הוא שנקרא חכים וכמאמר חכים ולא בחכמה ידיעא מבין ולא בבינה ידיעא אבל מצד עצמותו אמר לאו דאית לך צדק ידיעא וכו' ולאו מכל אינון מדות כלל אך ע"י השבחים שמשבחין בפסוקי דזמרה וכיוצא שהוא חסדן ורחמן וגדול וכיוצא נתעורר בו בחי' המדות הללו לצאת מן בחי' ההעלם לבא בבחי' גילוי אור להקרא' חסדן בשפע גילוי אור ממש כו' ובאותה המדה שמשבחי' אותו בה הוא מתעורר להביאה ולהמשיכה מן ההעלם לגילוי אור כנ"ל במשל והיינו פי' יהללו מן לשון בהילו נרו כו' וכנ"ל · והיינו שרש כללות ענין פסד"ז שנק' הילול סתם · אך הנה פי' הללויה דוקא מפני שההילול הזה במדות הוא לבחי' יה שבמדות

שהן

שהן או"א · כי הנה עיקר תכלית השבחים הוא להוציא המדות דאצילות בגילוי אור בבי"ע בהשפעה ממש ככ"ל · והרי ידוע שיש יניקה גם לחיצונים במדות דאצי' כשמתפשטים בבי"ע כענין המאמר רישא דעשו בעטפיה דיצחק כו' כי מותרי הגבורות דעשו יונקין מגבורו' דקדושה וכן מותרי החסדים דישמעאל מאברה' איש החסדי' וכמ"ש במ"א ולהיו' שצריך שלא יקבלו גם החיצונים יניקת אור מן הקדושה האלקי הנה לזאת עיקר הכוונה בהילול ושבח הנ"ל הוא דוקא בבחי' חו"ב שבמדות שנק' יה כי השבירה בז' מלכים היה רק בבחי' המדות אבל לא בג"ר כידוע וכמ"ש ימותו ולא בחכמה · וגם מטעם שבחי' חו"ב המה קרובים יותר לבחי' הארת אור א"ס כי אין התלבשות א"ס אלא בחכמה מצד שבחי' הביטול הוא בחכמה כו' והכל ענין וטעם אחד הוא שמחמת זה א"א לחיצונים לקבל יניקה מן המדות כי לא יגורך רע כתיב וזהו פי' הללויה דווקא לבחי' מוחין דאו"א שמלובשין במדות דאצילות כו' וד"ל :

הללי נפשי את הוי"ה · פי' נפשי הוא בחי' נפש דוד שהוא בחי' מ"ל דאצי' שנקרא נפש כמ"ש נשבע ה' בנפשו וכידוע · ופי' הללי נפשי שיהיל ויבהיק אורות דמ"ל הנק' נפשי ע"י שתקבל הארה מבחי' ז"א שנק' הוי"ה כידוע וזהו הללי נפשי את הוי"ה · והיינו שעולה ונכללת תחלה להיות נקודה תחת היסוד וזהו את הוי"ה טפל להוי"ה ואח"כ היא עולה למעלה יותר עד שמתייחדת בבחי' פב"פ כידוע וד"ל :

אהללה **הוי"ה בחיי אזמרה לאלהי בעודי** · הנה יש להבין למה אמר שם הוי"ה בחיי ושם אלהי' בעודי אך הנה פי' חיי הן הנה בחי' אורות דע"ס דמלכות שנק' חיים ופי' עודי הוא בחי' הכלים דע"ס דמל' שנק' עוד כו' · וביאור הדברים הנה בחי' אור הוא בחי' גלוי התפשטות החיות ונק' חיים · והאור א"ס ב"ה בכלל נק' חיי החיים כו' כי בחי' האור הוא נמשך בכל מקום מבחי' גלוי אור א"ס ובחי' הכלי הוא היפוך זה שהוא דוקא בחי' הצמצום להעלים ולהסתיר והוא כח המגביל את האור כו' · והב' כוחות הללו בחי' אור ובחי' הכלי שניהם נמשכים מאור א"ס שהוא כל יכול כמ"ש במ"א ע"פ כי שמש ומגן הוי"ה אלהים שב' שמות הוי"ה אלהים· הוי"ה הוא בחי' אור והאלהים הוא בחי' הכלי המגביל האור שניהם כא' נמשכו מאור א"ס ונק' שמש ומגן כו' · וגם כאן בחי' המ"ל מקבלת בחי' האורות משם הוי"ה שהוא ז"א וגם מקבלת בחי' הכלים · אך בחי' האורות דע"ס שבה מקבלת משם הוי"ה ובחי' הכלים מקבלת משם אלהים · וזהו שאמר

אֲהַלְלָה יְהֹוָה בְּחַיָּי אֲזַמְּרָה לֵאלֹהַי בְּעוֹדִי׃ אַל־תִּבְטְחוּ בִנְדִיבִים בְּבֶן־אָדָם ׀ שֶׁאֵין לוֹ תְשׁוּעָה׃

תצא

אהללה הוי"ה בחיי בבחי' האורות שבה כח"ב כו' · ושם הוי"ה דז"א המה מהללים ומאירים כו' והזמרה לאלהי בעודי בבחי' הכלים דע"ס שנק' עוד כמו כיהודא ועוד כו' שהוא טפל כמו מגן לשמש להסתיר ולהגביל כו' · וכדי שיהיה בחי' הכלים המגבילים אזמרה לאלהי לשם אלהים שבז"א כו' מטעם ששם אלהים הוא המצמצם כנ"ל וד"ל :

אל **תבטחו בנדיבים בבן אדם שאין לו תשועה**· פי' נדיבים יובן ע"פ מ"ש בזוה' פ' תרומה(דקכ"ח ע"א) דרוח מסאבא איהו אזדמן תדיר במגנה ובריקנייא ואזדבן בלא אגרה ואנס לב"נ למשרי עלייהו ומפתי לון לדיירא עמהון בכמה פיתויין כו' ורוח קודשא לאו הכי בעי אלא באגרא שלים ובאשתדלותא רב וסגי ובאתדכאותא דגרמיה ובאתדכאותא דמשכניה וברעותא דלבא ונפשיה ולואי דיכול למרווח ליה כו' ע"ש · והנה מובן מזה המאמר דמע"ס דקדושה אינו בנקל לאדם להמשיך בגילוי אור בנפשו כ"א באשתדלותא רב ובמס"נ ובהזדככות החומר בהתפשטות הגשמי כו' · וההיפוך מזה בסט"א בע"ס דקליפה שבחנם ובלא עמל ויגיעה ממשיך האדם מהם שפע כמו שהיו כל עובדי ע"ז שמיד שהיו מזבחין ומקטרין למלכת השמים היו פועלים מהם מיד בחי' המשכות והתפעלות רבות וכמו שטעטו ומאז חדלנו לקטר למלכת השמים כו' וזהו היה טענת ישראל זכרנו את הדגה אשר נאכל במצרים חנם כי פי' חנם בלא עמל ויגיעה כלל כמ"ש במאמר הנ"ל דרוחא מסאבא אזדמן תדיר במגנא ואזדבן בלא אגרא וכך בקליפת מצרים הי' מגיע להם השפע בחנם בלא דכיותא דגרמיה ומשכניה כו' · וזהו היה ג"כ טענת כל עע"ז שטוב להם יותר לקבל השפע מכוכבים ומזלות שאין צריך להכניע א"ע במס"נ וכו' שלא רצו להכניע א"ע במס"נ בדכיותא דגרמי כו' לגבי הקדושה לקבל משם השפעה גשמיות כי בסטרא דקדושה אי אפשר בלתי הכנעה גדולה במס"נ כו' וד"ל · והנה ב' מדריגות יש בקליפות הא' בחי' רע גמור דקליפה כמו ג' קליפות הטמאות לגמרי כידוע והב' בחי' קליפת נוגה שמעורבת טו"ר כו' כידוע וגם בענין פעולת השפע מהם יש הפרש בין ג' קליפות הטמאות לגמרי לקליפת נוגה כמו שיש הפרש במדריגות עצמותם שזה רע גמור וזה מעורב טו"ר כו' · וההפרש אשר ביניהם בענין פעולת המשכות שפע מהם הוא כענין מ"ש במאמר הנ"ל דרוח מסאבא אזדמן תדיר במגנא ובריקניא ואנס לב"נ ומפתי לון שזהו דוקא בסט"א דרע גמור שהוא מ"ש זכרנו כו' אשר נאכל חנם כו' ומלבד שנותן בחנם הוא משתדל לפתות לב"נ כו' אבל בחי' נוגה אינו כן שאינו משתדל לפתות לב"נ כו'

ואמנם

ואמנם מיד שמבקשים ממנו הוא נותן וא"צ עמל ויגיעה עד שיפעול ההשפעה מאתו כי בנקל יפעלו וה"ז כמו עד"מ איש הנדיב בטבע שהגם שהוא נדיב לב בטבעו מ"מ לא ישפיע מעצמו בלתי בקשה כלל אך כשמבקשים ממנו יפעלו אצלו מיד וזהו מ"ד שאין בחי' נוגה רע גמור אלא מעורב בטוב כו' וזהו שנקראו נדיבים והן ע"ס דקליפות נוגה · ועליהם הוא אומר כאן אל תבטחו בנדיבים כלו' אל תבטחו שיבא לכם השפעה גשמיות בלא עמל במס"כ מ"ד אחר והוא ע"י הכנעה לקליפות נוגה שנק' נדיבים שמיד פועלים מהם השפע כו' · כי הוא ב"א שאין לו תשועה פי' תשועה הוא בחי' החסדים שנק' ישועות כמ"ש במ"א בפי' כוס ישועות אשא שהן ה' עלין דסחרין לשושנה כמ"ש בזוהר בהקדמה · והגם שלפעמים נק' ישועות כאשר בא מצד הגבורות וכמ"ש במ"א הנה מ"מ שרש הישועה מן החסד שבקו הימין וכמ"ש הושיעה לו ימינו כו' אך הוא לפעמים מבחי' חסד שבגבורה ולפעמים מבחי' גבורה שבחסד ויהיה איך שיהיה מבחי' החסדים יש בו · משא"כ שרש יניקת הקליפות הוא רק מבחי' הגבורות בלתי ממותקות בחסדים כלל וכידוע בענין בא נחש על חוה שהוא בחי' אחוריים דשם ב"ן שנק' אלהים אחרים כו' ועי"כ נקראו בן אדם שאין לו תשועה · פי' שאין להם בשרשם מבחי' החסדים שנק' תשועה כלל וא"כ אין לסמוך ולבטוח בנדיבים לקבל חסדים טובים בזה שפועלין מהם המשכות גשמיות כמ"ש חסד לאומים חטאת דכל חסד דעבדין לגרמייהו עבדין כו' ואיננו חסד אמתי מצד שנחסר מהם שרש הטוב והחסד כנזכר לעיל וד"ל :

תצא **רוחו ישוב לאדמתו כו'** · פי' בא ליתן עוד טעם נכון שאין לסמוך ולבטוח בנדיבים הנ"ל · דהנה שרש קליפו' נוגה נפל מז' מלכין קדמאין דמהו דכתיב בהו וימלך וימת כו' וכל עיקר חיותן הוא מבחי' רפ"ח ניצוצין שנפלו בשבירה ונתלבשו בהן והוא בחי' הטוב שבנוגה כו' · ועי"כ יש בהם גם מבחי' אור ושפע האלקי מצד רפ"ח ניצוצין דמהו דקדוש' כו' · אך זהו דוק' קודם הבירור שמתבררין רפ"ח ניצוצין כו' אבל לאחר שיתבררו מהם רפ"ח ניצוצין כו' כמ"ש ייתבררו ויתלבנו כו' ויצרפו כו' הרי אז לא ישאר בנוגה שום אור וחיות מסטרא דקדושה האלקית כו' כי יצא מהם כל הטוב שנפל בהם בשבירה כו' וא"כ אין לבטוח בהם כלל · וזהו תצא רוחו · פי' רוח הקדושה מרפ"ח ניצוצין שנפלו בהם ישוב לאדמתו שישוב אל עצם מדריגתו שהוא בלי טוב כלל כו' והוא הנקרא אדמה ה"ג דמלכות הבלתי נמתקות מלשון אודם והן ה' דמים

תֵּצֵא רוּחוֹ יָשֻׁב לְאַדְמָתוֹ בַּיּוֹם הַהוּא אָבְדוּ עֶשְׁתֹּנֹתָיו: אַשְׁרֵי שֶׁאֵל יַעֲקֹב בְּעֶזְרוֹ שִׂבְרוֹ עַל־יְהוָה אֱלֹהָיו: עֹשֶׂה ׀ שָׁמַיִם וָאָרֶץ אֶת־הַיָּם וְאֶת־כָּל־אֲשֶׁר־בָּם

שמאין שבאשה כו' והיינו ג"כ מ"ש ביום ההוא אבדו עשתנותיו · פירוש ביום ההוא לאחר תשלום כל הבירורים דרפ"ח וכו' דהיינו לעתיד כמו דכתיב ביום ההוא יצאו מים חיים כו' ואת רוח הטומאה אעביר כו' ואזי אבדו עשתנותיו שמלובש בו מבחי' הטוב כו' וד"ל :

אשרי **שאל יעקב בעזרו שברו על ה' אלהיו** · פי' אחר שהזהיר ואמר אל תבטחו בנדיבים דנוגה מטעם שאין להם אור וחיות אלא לפי שעה בלבד דהיינו קודם הבירור אבל לאחר הבירו' אז תצא רוחו וישוב לאדמתו כנ"ל · ואח"כ אמר דבסט' דקדושה היא ההיפוך מכ"ז דיש לבטוח ולסמוך על קיום אור וחיות שבה מע"ס דקדושה מפני שע"ס דאצי' הם בבחי' התיקון שמתקנים לבחי' התהו והוא בחי' יעקב שנקרא בעל עולם האצילות הוא בחי' התכללות אורות בכלים מכלים שונים ע"י שם מ"ה כו' וכידוע ופי' אל יעקב היינו בחי' פנימיות אור אבא שנקרא אל שהוא נהירו דחכמתא כו' כידוע · ויעקב הוא בחי' אחוריים דאור אבא ולכך נק' יעקב י' עקב שמלבים לנה"י דאבא · אך בשבת מתגלה בחי' פנימיות אבא הנקרא אל יעקב כי בחול הוא זיוג יעקב ורחל שהוא מבחי' אחוריים דאב' בלבד כו' · וזהו אשרי שאל יעקב בעזרו דהיינו בחי' פנימיות שם מ"ה דאבא שהוא מקור בחינת התיקון שבו התגלות אור א"ס בתמידות וד"ל :

שברו **על ה' אלהיו** · פי זהו קאי אדלעיל מניה והוא על בחי' אל יעקב שהוא אלהיו דאל יעקב דהיינו בחי' המקור ליתן כח ועוז לאל יעקב כו' · והענין הוא כי הנה כתיב והחכמ' מאין תמצא שהרש יניקת אור ושפע דחכמה דאצי' בא מבחינת אור הכתר שנקרא אין והוא מבחי' המזלות דא"א וכידוע הנאמר דאור אבא יונק ממזל הח' דנוצר חסד כו' ומזל זה שהוא בא בבחי' נתגוס שערה נקרא אלהיו לאל יעקב שהוא בחי' פנימיות דאור אבא כנ"ל וז"ש שברו על ה' שהוא אלהיו לאל יעקב ג"כ כו' וד"ל · ומ"ש שברו שהוא כמו לשבור אוכל ומזון כו' משום דאמרז"ל בני חיי ומזוני לאו בזכותא תליא אלא במזלא תליא שהוא מזלא דא"א וכידוע בזוהר הכל תלוי במזל אפילו ספר תורה שבהיכל כו' וד"ל :

עשה **שמים וארץ את הים ואת כל אשר בם** · פי' עשה שמים כו' קאי אדסמיך ליה והוא בחי' אלהיו דאל יעקב הנ"ל שהוא העושה שמים וארץ להיותם בבחינת המקבל שיקבלו השפע כו' וכידוע · ופי' עושה שמים וארץ עשי' הזאת הוא בחי' התיקון וכמ"ש ועשתה את צפרניה ותרגומו ותתקן כו' והיינו שנמשך בחינת התיקון ביחודים דזו"נ וכמ"ש

בָּם הַשֹּׁמֵר אֱמֶת לְעוֹלָם: עֹשֶׂה מִשְׁפָּט לַעֲשׁוּקִים נֹתֵן לֶחֶם לָרְעֵבִים

וכמ"ש ויאמר ה' לאדם פרו ורבו כו' ויברך אותם כו' והיינו מטע' הנ"ל משום דבני חיי ומזוני במזל' דא"א דוקא תליא והיינו דקאי אדסמיך ליה וה"ק דה' אלהיו הזה הוא העושה בחינת התיקון ביחוד דזו"נ שנקרא שמים וארץ כו' וד"ל · את הים ואת כל אשר בם · פי' בחי' המ"ל לפעמים נק' ארץ ולפעמי' נקרא ים וכמ"ש כל הנחלי' הולכים אל הים כו' · והענין ידוע דארץ היינו כד אולידת ועביד פירין כמו הארץ שמצמיח תבואה' כך למעלה בבחי' מ"ל כשמולדת יש מאי"ן הנשמות והמלאכים כמ"ש תוצא הארץ נפש חיה תדשא הארץ כו' וכמ"ש בזוהר וכל מה שיש ביבשה יש בים והוא בחי' המלאכים שהן בעלמא דאתכסייא בחי' ההעלם שיש במלכות עצמו שהוא למעלה הרבה מבחי' הגילוי שבה להוליד יש מאין כו' והמה המלאכים העליונים שנקראים נוני ימא עילאה בזוהר וגם יש שנקראים ארבין · וכמ"ש בזוהר · ועד"מ הדגים שבים שהמה מובלעים ונעלמים בים והים מכסה עליהם מלמעלה כך המלאכים הללו המה מובלעים בתוך אור האלהי שבבחי' מ"ל בבחי' הביטול כו' וגם בהם יעבור אור השפע מז"א דאצי' וז"ש את הים ואת כל אשר בם וכמ"ש כל הנחלים הולכים אל הים כו' לפי שמ"ל מקבלת השפע מז"א בין בבחינת ההעלם שבה בין בבחי' הגילוי שנק' ים וארץ כנ"ל וד"ל:

השומר אמת לעולם · פי' אמת הוא חותמו של הקב"ה שנקרא אמת כידוע והיינו בחינת שרש האותיות הנחתמים כולם בחותם זה הנק' אמת שהם ראש תוך וסוף שלהם אל"ף בראש ומ"ם באמצע ות"ו בסוף כידוע · וזהו שכתוב אתה סתר לי כו' · ובחותם זה נמשך השמירה לעולם האצילות שנק' בשם עולם מלשון העלם כי הרי המדות מלבישי' ומעלימי' לאור א"ס כי מצד עצמותו לאו דאית ביה מכל אינון מדות כלל כו' כידוע · והנה להבין ענין השמירה מחותם האמת לעולם האצי' יובן בהקדם ענין הדבור שהוא בא בתינוק לאחר תשלום ימי היניקה דווקא כידוע ואעפ"י שיש לו הבנה ושכל לכל דבר ודבר בימי היניקה לא יוכל לדבר אותו הדבר שהוא רוצה והגם שיצעוק בקול ליתן לו הדבר ההוא שנמצא מציג הוא בטוב הדבר ההוא ויש לו קול לצעוק להביא לו כו' ואעפ"כ לא יוכל להביא בדבור בפה לומר שיביאו לו הדבר שרוצה וכיוצא בזה · ומוכרח מזה לומר שאין עיקר הדבור תלוי בחכמה בלבד אלא בבחי' הארת הכתר בחכמה רק דאבא יסד ברת' בצירופים בלבד וכמ"ש במ"א באריכות · וכך יובן הנמשל למעלה בבחינת אותיות הדבור למעלה באדם דאצי' דהגם דאבא יסד ברתא אינו אלא בצירופים בלבד אבל בשרש התהוות מציאות הדבור בז"א הנה הוא בא מהארת הכתר הנקרא עתיקא שלמעלה מן החכמה והוא הנקרא חותמו של הקב"ה שנקרא אמת כי הקב"ה הוא בחינת עצמות המאציל וע"י הארת הכתר בז"א נמשכו שרש האותיו' בז"א · והוא כמו חותם עד"מ שהחותם הוא ציור גשמי שאינו בערך העצמות אבל מ"מ שמו הוא מצויר שכשקוראין לו אברהם יחתום אברה' וה"ז ציור דוגמת העצמו' עכ"פ וכך בחינת אמת שנמשך בז"א שנקרא עולם מעצמות המאציל הוא הנק' חותמו של הקב"ה עכ"פ וד"ל · וענין השמירה לעולם שהוא ז"א ע"י חותם המאציל שנקרא אמת היינו כמ"ש ויהי האדם לנפש חיה ותרגומו לרוח ממללא כו' שהוא בחי' אותיות התורה שנק' דבר ה' כמ"ש ואשים דברי בפיך כו' ותורה מגינא ומצלא כו' כדמיון החותם המצוייר שלא יגעו בו זרים וכך אמרו אין אמת אלא תורה וכמ"ש קרוב ה' לכל כו' אשר יקראהו באמת דוקא וכמ"ש במ"א וד"ל:

עשה משפט לעשוקים · פי' עשוקים יש בו ג' מדריגות הא' ניצוצות דקדושה שנעשקו מצד השבירה והן רפ"ח ניצוצין שנפלו כו' כידוע והב' הן הניצוצות שנעשקו ונפלו למטה בחיצונים ע"י חטא אדה"ר בעה"ד טו"ר ובכל אלה באה הנפילה והעשיקה מצד ההשתלשלות ומדריגה השלישית היינו הניצוצות דקדושה שנעשקים ע"י מעשה הרע דבנ"א בעבירו' בפ"מ כמו מוציא זרע לבטל' וכמ"ש בספרי הקבל' ובסבא דמשפטי' מבואר בענין דמעות העשוקים כו' ועיין בס' הגלגולים · והנה לכל אלה העשוקים בג' המדריגו' אמר שהוא עושה משפט לעשוקים פי' משפט היינו בחי' התיקון כידוע דמשפט איהו רחמי כמ"ש מלך במשפט יעמיד ארץ כו' וזהו עושה משפט עושה הוא בחי' התיקון ג"כ כנ"ל וקאי אדלעיל מניה שהזכיר בתחיל' שברו על ה' אלהיו דאלהיו זה היינו בחי' מזלא דא"א שהוא עושה שמים וארץ כו' · ואמר שגם הוא העושה משפט לעשוקים שמתקן אותם ומעלה את כל הניצוצות דקדושה שנעשקו ונפלו ביד החיצונים בג' מדריגות הנ"ל והעלאת הניצוצות נקרא תיקון לפי שבחי' מזלא הנ"ל הוא מקור לשם מ"ה דאבא שממנו בחי' התיקון כנ"ל וד"ל:

נותן לחם לרעבים כו' · הנה בעשוקים הנ"ל יש הרבה מדריגות כי יש ניצוצות דקדושה שנפלו בהיכלות החיצוני' ונק' נופלים ועליהם נאמר סומך ה' לכל הנופלים ויש שנקראו כפופים ועליהם נאמר זוקף כפופים · ויש שנקראו אסורים ועליהם נאמר מתיר אסורים. ויש שנקראו רעבים וע"ז נאמר נותן לחם לרעבים כו' · וביאור כל אלה המדריגות יובן ממה שאנו רואים בנשמות ישראל דקדושה המלובשים בגופים גשמים דהנה אנו רואים בנ"א שמתבוננים בגדולת הבורא ואינם מתפעלים כלל וכלל גם בהודאה במוח כו' זה הנקרא נפילה

אבל

יְהוָה מַתִּיר אֲסוּרִים: יְהוָה | פֹּקֵחַ עִוְרִים יְהוָה זֹקֵף כְּפוּפִים יְהוָה אֹהֵב צַדִּיקִים: יְהוָה | שֹׁמֵר אֶת־גֵּרִים יָתוֹם וְאַלְמָנָה יְעוֹדֵד וְדֶרֶךְ רְשָׁעִים יְעַוֵּת:

ימלך

אבל אסורים הן המתפעלים מהתבוננות בשכלם עכ"פ רק מצד התקשרות נפשם הטבעית בעוה"ז אסורים ומקושרים המה מדותיהם או"ר מבלתי יתפעלו בהתפעלות השכל וה"ז כאסור בב' ידיו שאינו מתנענע כו' · והכפופים הן יותר למטה מבחי' אסורים הללו כי הנה הכפופים ראשם כפוף לארץ כבהמה שראשה כפוף לארץ על היות שרש רוח הבהמה שיורדת לארץ כו' · וכך יש ניצוצות שנשקעו בעניני חומריות עולם הזה עד שמוח השגתם מגושם מאד ולא ישיגו רק גשמיות אבל בהשגה האלהית לא ישיג מאומה וה"ז כמו רוח הבהמה שאינה משגת רק בעניני עצמה כאכילת עשב וכיוצא וה"ז כמו הולד המקופל במעי אמו ראשו בין ברכיו כו' לפי שהמוחים חב"ד שלו נעלמו בבחי' נה"י והיינו תלת גו תלת כו' כך בחי' המוחין בהשגות אלהות בין ברכיו נעלמים הם והוא בהשגת ענינים החומרים בלבד והן הנקרא כפופים · אבל בחי' רעבים הוא למעלה גם מבחי' אסורים דהנה אסורים הוא שאיננו מתפעל בהתגלות באוי"ר כמו שמתפעל בשכל אבל הרעבים והצמאים ליוצרם היינו שמתפעלים גם בלבבם אך מ"מ אינו מתענג לקבל אור וחיות בנפשו מהתבוננות זאת אלא הוא רעב וצמא בלבד דהיינו שיש לו תשוקה להתקרב לה' ואין אור אלהי שוכן בנפשו להיות לו לאור וחיות ממש שא"כ לא היה רעב כו' · וזהו פי' נותן לחם לרעבים וכמ"ש להחיותם ברעב ורעב זה הוא בחי' כליון התשוקה לאלקים כו' וד"ל · ואח"כ אמר ה' מתיר אסורים לניצוצי דקדושה שנפלו עוד למטה ונקרא אסורים והן כמו המתפעלים במוח ולא בלב כנ"ל · ואח"כ אמר ה' פוקח עורים פי' עור הוא שיש לו כח הראיה הרוחניות ואין לו כלי העין להביא בו אור הראיה הרוחניות לידי בחי' ראי' גשמיות · כך יש ניצוצות שמשיגים בנפשם בבחי' ראיה שבחכמ' שבנפשם כמאמר איזהו חכם הרואה את הנולד פי' הרואה ומשיג את הנולד יש מאין כו' וכידוע אבל אין להם בחי' כח הראיה שיהיה בהם ראיה זאת בהתגלות בהשגה ממש אלא מרחוק ה' נראה לו בראיה רוחניות בלבד כו'. וע"ז נאמר ה' פוקח עורים שמפקח עיניהם לראות בהשגה גמורה · אך כ"ז במי שיש לו השגה עכ"פ באלהות: אבל אח"כ אמר על המדריגה היותר תחתונה שנקרא כפיפה ראשו בין ברכיו כנ"ל שאין להם השגה כלל באלהות שהשם זוקף כפופים ג"כ וד"ל. וכדוגמת כל אלה יש בניצוצות רבות שנפלו מלמעלה ועליהם הוא אומר ה' מתיר אסורים כו' וד"ל · והנה הזכיר כאן ד' מדריגות בניצוצות רעבים ואסורים ועורים וכפופים רעבים בנוגה דאצילות ואסורים בנוגה דבריאה ועורים ביצי' וכפופים בעשיה וכו' וכל אלה הניצוצות מתחברים בנוגה דבריאה ע"י יחוד דזו"נ דאצילות שנק' צדיקים צדיק וצדק כידוע · וזהו שסיים ואמר ה' אוהב צדיקים פי' ממשיך אהבה ויחוד בין צדיק וצדק וכענין הא"ל בפי' עושה שמים וארץ משום דבמולא תליא מילתא כו' ועי"ז פודה ומציל כל הניצוצות האלה להיות מתיר אסורים וכו' כי אחר שיש בחי' גילוי אלקו' ביחוד זו"נ אזי ממילא יתעלו כל העולמות ויתבררו הכל העורי' והכפופים כו' וד"ל:

ה' **שומר את גרים יתום ואלמנה יעודד כו'** · פי' גרים המה הניצוצות שנפלו בנוגה בע' שרים ונכנסו תחת כנפי השכינה ממש ונקר' גרים · וע"ד דמיון מבעל תשובה בהתפעלות גדולה מנקודת לבבו מ"מ צריך שמירה שלא יחזור לסורו כי מפני שהיה פעם א' בפועל הרע אעפ"י שחזר בו בנקל מאד להמשיכו למקומו הראשון · כך הניצוצות שנקר' גרים אע"פ שנכללו ונדבקו בשכינה מ"מ הואיל שמקומן הראשון הוא בבחי' נוגה צריכין שמירה מעולה שלא ימשכו למקומן הראשון בנוגה וזהו ה' שומר את גרים כו' וד"ל:

יתום **ואלמנה יעודד ודרך רשעים יעות** · הנה פירוש יתום היינו בחי' יסוד ז"א שנקרא יתום ר"ת יפה תואר ויפה מראה שהוא בחי' יוסף שנקרא צדיק עליון ובזמן הגלות שבחי' מוחין דאו"א נסתלקו ממנו נקרא בשם יתום וגו' · וביאור הדברים הנה אמרו ז"ל היתה כאלמנה ולא אלמנה ממש אלא כאשה שהלך בעלה למדינת הים פי' בעלה הוא בעלה דמטרוניתא שהוא בחי' ז"א דאצילות וכידוע · ובזמן הגלות נסתלקו ממנו בחי' המוחין והוא בבחי' שינה כמ"ש עורה למה תישן ה' כו' והעלאת המוחין הוא בי"ס החכמה שהוא בחי' אור אבא שלמעלה מן המדות כי ז"א הוא בחי' מדות וכידוע והמוחין שבמדות נסתלקו ונכללו בחכמה שהוא מקור הראשון לתולדות המדות · וזהו פי' שהלך בעלה שהוא בחי' ז"א למדינת הי"ם פי' ים החכמה נק' מקור השכל הוא בחי' ח"ס ואור אבא נק' מדינת הים שבא אורו מן ההעלם לגילוי כו' וד"ל · והיינו ג"כ מ"ש בזהר בכמה דוכתי דקוב"ה בגלותא אסתלק לעילא לעילא פי' דקוב"ה הוא בחי' ז"א אסתלק לעילא לעילא היינו במדינת הים דחכמה. וז"ש אלכה ואשובה אל מקומי כו' וכמ"ש במ"א ע"פ ה' יחתו מריביו כו' · ולהיות כי מוחין דז"א עלו למעלה באור אבא ע"כ ממילא אין לבחי' יסוד ז"א מהארת המוחין דאו"א שבז"א ונק' יתום מאביו ואמו כי אין לו מבחי' מוחין דאו"א שמלובשין בז"א ואין בו ממילא כח להוליד נשמות ביחוד וכו' כי עיקר כח המוליד

הוא

יִמְלֹ֤ךְ יְהוָ֨ה ׀ לְעוֹלָ֗ם אֱלֹהַ֣יִךְ צִ֭יּוֹן לְדֹ֥ר וָדֹ֗ר הַֽלְלוּ־יָֽהּ׃
הַ֥לְלוּיָ֨הּ ׀ כִּי־ט֭וֹב זַמְּרָ֣ה אֱלֹהֵ֑ינוּ כִּֽי־נָ֝עִים נָאוָ֥ה תְהִלָּֽה׃
בנה

הוא מבחי' המוחין דאו"א שמלובשין בז"א כידוע ומבואר במ"א· וע"כ דווקא בזמן הגלות נק' צדיק עליון שהוא בחי' יסוד ז"א בשם יתום כו' וד"ל· והנה מלבד זה שנסתלקו אורות דאבא ואמא מיסוד ז"א הנה יש עוד סיבה להעדר התולדה ביחוד דזו"נ מפני ריחוק המקבל שהוא מ"ל דאצי' שנק' אשה שהרי נמשלו לאשה שהלך בעלה למדינת הים כנ"ל ואחר שבעלה הלך ונסתלק למעלה במדינת הים דחכמה הנה גם היא ירדה למטה מטה בירידות המדריגות בבי"ע· וזהו שאמר היתה כאלמנה כדמיון האלמנה שמת בעלה שהולכת מביתה ומתרחקת למקום שפלים ורחוקים אבל באמת כתיב כאלמנה בכ' הדמיון שהרי אינה אלמנה ממש כי בעלה שהוא בחי' ז"א עלה באור חבא רק מפני שאינו מתגלה למטה להתיחד עמה נמשלה כאלמנה שהלך בעלה ועתיד לחזור אליה כידוע· ועכ"פ בזמן הגלות יש ריחוק גדול בין זו"נ דאצילות מב' צדדים הא' מצד התרחקות המשפיע במה שהלך בעלה למדינת הים מאד הגבה למעלה ונתרחק מאד מבחי' מ"ל והב' מצד התרחקות המקבל שהוא בחי' מ"ל שירדה מאד בירידת המדריגות בגלות בע' שרים כו' ונתרחקה מאד מבחי' ז"א· ובאמצעות שניהם יש ריחוק גדול מאד בין המשפיע מהמקבל מפני שזה בתכלית העילוי וזה בתכלית הירידה· וזהו שאמר יתום ואלמנה יעודד פי' בזמן הגלות נקרא יסוד ז"א יתום כנ"ל ובחי' מ"ל נקרא אלמנה בבחי' הריחוק עכ"פ לירד למטה מטה מחמת שהלך בעלה כו' ואע"פ שעתיד לחזור אליה מ"מ עכשיו יש ריחוק גדול ביניהם כו'· ועכ"ז גם יתום ואלמנה הללו יעודד פי' יעודד מלשון חיזוק שיחזק ויעורר אותם בבחינת היחוד· וקאי אדלעיל מיניה כמ"ש שברו על ה' אלקיו שהוא עושה שמים ושומר אמת כו' וגם הוא המעודד ומחזק ליתום ואלמנה שיבאו לידי בחי' קירוב וייחוד והיינו מבחינת מזלא דא"א דבני חיי ומזונא תליין בו כנ"ל· אך מהיכן יהיה באפשרי ליתן להם כח ועוז ליחוד זה אחר שיסוד נקרא יתום ומ"ל ירדה למטה כאלמנה כו'· אך הענין הוא דבזמן הגלות ג"כ יש יחוד גם שלא ע"י מוחין דאו"א והוא כמ"ש בזהר כהאי גננא כו' שהוא בסוד ספיחין שנשארו בארץ שחוזרין וצומחין בה לשנה הבאה גם מבלתי זריעה וכמ"ש במ"א כך למעלה בבחי' צדיק עליון הנקרא דכתיב אור זרוע לצדיק כו' שהוא מאיר בבחי' זריעת אור במ"ל דאצי'· זהו דווקא בזמן בהמ"ק וכיוצא שמוחין דאו"א מאירין בז"א ואז נקרא יסוד יפה תואר כו' ולא יתום כנ"ל וכתיב בו אור זרוע לצדיק· אבל בזמן הגלות אין אור זרוע לצדיק מפני הסתלקות המוחין כנ"ל אבל גם מבלתי זריעה מקבל המ"ל הארה ושפע מן הספיחים שנשארו מזריעה הראשונה כו' וכמשל דהאי גננא הנזכר בזהר· וזהו פירוש יעודד לחזקם ביחוד שע"י בחי' הספיחים עכ"פ כו' וד"ל:

ודרך רשעים יעות. פירוש הגם שבזו"נ דאצילות יש יחוד תמיד בבחי' הספיחים על כל פנים גם בזמן הגלות כנ"ל אבל בזו"נ דקליפה דהיינו ס"מ ונוקביה אין בהם יחוד כלל וכלל וזה דרך רשעים שהן ס"מ ונוקביה יעוות שלא יתייחדו כמאמר אל אחר אסתרס ולא עביד פירין וכן בדברי רז"ל מבואר שצינן את הזכר והרג את הנקבה כו' הרי צינן הזכר עכ"פ מבלתי יתייחדו לעולם כי ביחודא היו מולידים תוספת אורות בקליפה והיו מחריבין כל העולמות כו' ולכך ודרך רשעים יעות לגמרי ודרך לשון זיווג כמו דרך גבר בעלמה כידוע וד"ל:

ימלוך ה' לעולם אלהיך ציון לדור ודור הללויה· פי' ימלוך הוי' הוא בחי' ז"א שנק' הוי' סתם כידוע· לעולם הוא בחי' מ"ל דאצי' שנקרא עלמא דאתגליא· והענין הוא דלעתיד כתיב ונגלה כבוד ה' דווקא שיתגלה בחי' סובב להיות ממש בבחי' ממלא כו' וזהו ימלוך לשון עתיד והיינו בחי' יחוד דזו"נ למהוי אחד באחד ממש· והנה בד' תיבות הללו אלקיך ציון לדור ודור ר"ת שלהן אללו· והענין הוא כי פי' אלקיך ציון הוא בחי' יסוד דנוק' כידוע ורצונו לומר דבחי' הנוקבא תהיה לעתיד שוה בקומתה לקומת ז"א ממש ושניהם כא' יקבלו ממוחין דאו"א ולא כמו עכשיו שנוקבא מקבלת מז"א וז"א מקבל ממוחין דאו"א אלא זו"נ יהיו שניהם שוין בקומתן שנא' והיה אור הלבנה כאור החמה ממש כו'· ושניהם כא' יקבלו בהשואה א' מבחי' המוחין דאו"א וכמ"ש ביאור דבר זה באריכות· וזהו שאמר אלקיך ציון לדור ודור הללויה ר"ת אללו שתהיה עומדת אצל ז"א בהשואה א' ושניהם כא' יהללו יה לבחי' מוחין דאו"א וכמ"ש ביום ההוא יהיה ב"פ י"ה ויומשך א' לז"א וא' לנוקבא והיינו עליה הבנית לנוקב' כי בימות המשיח כאמר ימלוך הוי' לעולם שהוא יחוד פב"פ אך לאחר ימות המשיח תתעלה המ"ל עוד ותקבל מאו"א כמו ז"א· והיינו מ"ש אלקיך ציון לדור ודור ר"ת אללו ממש והיינו הללו יה וקאי על שניהם כא' זו"נ שיהללו ליה שהן מוחין דאו"א וחוזר לתחלת המזמור שאמר הללויה הללי נפשי את הוי' דהיינו שמפרש והולך איך יהיה בחי' עליי' המ"ל כ"כ· בתחילה הללי נפשי את הוי' בלבד ואח"כ אהללה ה' בחיי כו' עד ודרך רשעים יעוות שיבוררו הקליפות מכל וכל אזי ימלוך הוי"ה לעולם ואח"כ אלקיך ציון כו' ויהיו שניהם שוין בקומתן והיינו הללוי' שאמר בתחלת המזמור וד"ל:

הללויה כי טוב זמרה אלהינו כי נעים נאוה תהלה·

הנה

הנה יש לדקדק במ"ש כי טוב זמרה אלהינו ולא אמר זמרה לאלהינו כמשמעות פשוטו שהזמר' הוא לפני אלהינו ולמה אמר זמרה אלהינו כו' · והנה הענין יובן עד"מ כשמזמרין לפני החתן וכיוצא שמעוררים חדוה ושמחה בלבו ע"י זמרה זאת והכוונה הוא כדי לעורר בלבו חדוה ושמחה מתקור השעשוע והחדוה כו' והרי הזמרה היא פועלת בגופו

בֹּנֵה יְרוּשָׁלַ͏ִם יְהוָה נִדְחֵי יִשְׂרָאֵל יְכַנֵּס:

התעוררת חדוה ועונג שיתגלה בו מן ההעלם הנקרא מקור התענוגים כידוע · והנמשל מזה יובן ג"כ למשכיל למעלה דע"י הזמרה בשירים של המלאכים והנשמות בג"ע מעוררים בחי' שמחה וחדוה בבחי' בינה שבת"ל דאצילות הנק' אם הבנים כידוע וז"ש אם הבנים שמחה כו' · והיינו בחי' אלהינו שאמר כאן כי אלהינו הוא בבחי' בינה כידוע בפי' אלהים חיים כו' · והתעוררת זאת החדוה והשמחה בבינה דת"ל דאצי' הנה היא באה מן בחי' ההעל' לגילוי דהיינו מתקור התענוגי' הנק' עתיק · כי הנה ידוע שיש ג' מדריגות כח"ב שבת"ל בחי' כתר שבה הוא בחי' עתיקא דנוקבא והוא הנק' מקור התענוג שממנו מסתעף הארה בעלמא בג"ע להנות מזיו הארה הזאת כו' · ובחי' חכמה שבת"ל נק' עדן וכמ"ש ונהר יוצא מעדן ואע"פ שנק' עדן עדיין אין שם בהתגלות מבחי' הכתר הנ"ל אלא רק בבחי' ההעלם עדיין דלכך נק' שכל הנעלם מכל רעיון כמ"ש בפרדס· ואע"פ שנק' עדן אין הכוונה בו בבחי' גילוי עונג למקבלי' אלא שהוא מקור העדן והעונג למקבלים והיינו בבחי' בינה שמקבל מחכמ' שם הוא המתגלה בחי' העונג העליון למקבלי' שהן הנשמות והוא הנקרא עוה"ב שהוא בבחי' בינה דווקא וכמ"ש להנחיל אוהבי יש כו' וכמ"ש במ"א · וז"ש ונהר יוצא מעדן ונהר הוא בחינת בינה שנקרא רחובות הנהר כו' וכידוע · וביאור ענין זה הנה ידוע שהוא עד"מ שאנו רואים שלא יתפעל האדם באיזה דבר שכל בעונג וחדוה כ"א כאשר מבינו ומשיגו בכי טוב דוקא · אבל כל זמן שאינו משיגו היטב אינו מתפעל בעונג כ"כ ואע"פ שבכח החכמה הוא משכיל את אור השכל אך מפני שעדיין אינו משיגו בהשגה דבינה אינו מתפעל בעונג בהתגלות· ונמצא אנו רואים בחוש שעיקר גילוי השעשוע מתקור התענוג הוא דוקא בהשגה דבינה ובחכמה עדיין השעשוע הוא בהעלם · ונמצא מובן שעיקר התגלות הכתר למעלה הנקרא מקור התענוג העליון הוא בבחי' בינה דווקא ולא בחכמה כידוע בע"ח דהתגלות עתיק הוא דוקא בבינה וזהו פי' תקע בשופר גדול כו' וכמבואר במ"א בענין תקיעות שופר כו' וד"ל :

וזהו הללויה כי טוב זמרה אלהינו · פי' כאשר נמשך בחי' כתר בבינה כנ"ל היינו פי' זמרה אלהינו שבחי' בינה נקרא אלהינו כנ"ל וכדי שיבא בה גילוי עונג העליון דעתיקא הוא ע"י הזמרה שמעוררין בה בחי' התגלות החדוה ועונג מתקור השעשוע כנ"ל· ולכך לא אמר לאלהינו אלא זמרה אלהינו כי צריך לזמר כדי לעורר החדוה בתוך אור הבינה שנקרא אלהינו מתקור התענוג כו' · ז"ש כי טוב זמרה פי' טוב הוא בחי' אור העונג העליון המלובש בזמרה והיינו מה שיש בכחו לעורר החדו' והשעשוע מתקור התענוג לבא לידי גילוי בבינ' שנק' אלהינו כנ"ל וד"ל · שהא ג"כ מ"ש לפרש דבר זה

הרופא

בתוספת ביאור באמרו כי נעים נאוה תהלה פי' תהלה הוא דוקא בבחי' בינה שהרי התהלה הוא השבח שאינו אלא לפי ערך ההשגה דווקא כי מה ישבח אם איננו משיג במהותו כו' וההשגה הוא בבינה דוקא כידוע· וגם הנה פי' תהילה הוא מל' גילוי אור כמו בהלו נרו כנ"ל · וגם זה דוקא בבחי' בינה הוא שהוא בחי' גילוי מן ההעלם כידוע· פי' נאוה תהלה היינו שהתהלה נאוה בו פי' לפי ערך מי שמשבחים אותו שנאוה לו התהלה משא"כ למי שאינו ראוי לשבח זה אין זה אלא גנות לו כו' · וכך למעלה היינו בחי' התגלות בחי' עתיקא אשר בבינה שאליו דוקא נאוה תהלה אשר באה בהשגה דבינה כמו העוה"ב שהנשמות נהנין ומשיגין בבינה באור א"ס להבין איך הוא ומה הוא כו' אע"פ שמשבחים לפי ערך השגתם בלבד· וע"ז נאמר כי נעים נאוה תהלה· פי' מפני מה נאוה התהלה בבינה גם לפי ערך גילוי אור א"ס אשר מלובש בבינה מפני כי נעים הוא וכמ"ש ויהי נועם ה' אלהינו עלינו פי' כי בחי' מלכות דא"ס מתגלה ומאיר בבחי' פנימית דעתיקא הנקרא נועם ה' כידוע בפירוש לחזות בנועם ה' כו' כי כל נעימות ומתיקות הוא בבחי' מקור התענוג הנק' עתיקא כידוע · ולהיות נעים זה בבחי' הארת א"ס ממש ע"כ ממילא נאוה לו תהלה גם בהתגלות בבינה שנקרא תהלה וה"ז כמו נתינת טעם למה שקדם ואמר כי טוב זמרה אלהינו כלו' למה יזמרו לעורר העונג העליון בביג' מפני כי נעי' הוא ועיקר גילוי עתיקא הוא בבינה מטעם הנ"ל וד"ל :

בונה ירושלים הוי"ה נדחי ישראל יכנס · פי' ירושלים הוא ע"ש היראה כמ"ש בהר ה' יראה כו' וכידוע ונק' יראה שלם כידוע בתיקונים ובזהר · ויש להבין למה נקרא יראה שלם דוקא אך הנה הענין הוא דיש ב' מדריגות בירושלים דרך כלל הנקרא ירושלים שלמעלה וירושלים של מטה וכמ"ש רז"ל נשבע הקב"ה שלא יכנס בירושלים של מעלה כו' · והענין הוא דבחי' מ"ל דאצי' נק' ירושלים של מטה ובחי' מ"ל דא"ס נק' ירושלים של מעלה כי נעוץ סופן בתחילתן כידוע · והנה ידוע דמדת הפחד והיראה באה מסיבת הגילוי דווקא וכמו שנראה בחוש בכאשר יתראה המלך בהתגלות ברוב עוזו וגדלו כו' יתפעלו הכל בפחד ואימה גדול' וכאשר מסתתר בהיכלו מתמעט הפחד כו' · ונמצא עיקר

התגברות

הָרוֹפֵא לִשְׁבוּרֵי לֵב וּמְחַבֵּשׁ לְעַצְּבוֹתָם: מוֹנֶה מִסְפָּר לַכּוֹכָבִים לְכוּלָּם

התגברות הפחד הוא בא רק מחמת בחי' התגברות גילוי אור של מי שמתפחדים ממנו שנק' יראה · וכך למעלה הנה ידוע בפירוש וי"ו דוהטרא שהוא בחי' אור גילוי המשכה מאור א"ס שיהיה נק' נורא בהתגלו' ואזי מתילא בא הפחד בנבראי' ונאצלי' כו' וכמו שנזכ' במלאכים והחיות זעות מחיל כו' וכמאמ' מזיעתן של חיו' כו' שהוא מרוב אימה ופחד. ואימה ופחד הזה הוא רק מחמת תוקף גילוי אור מ"ל דאצי' וכך יובן למעלה בבחי' מ"ל דא"ס מאחר שנעוץ סופן בתחילתן דהנה בחי' מ"ל דא"ס נק' ג"כ יראה כמו בחי' מ"ל דאצילות שנקרא יראה לגבי ז"א שנקרא נורא כידוע אחר שבחי' מ"ל הוא בחי' גילוי בכ"מ והוא בחי' מקבל כמו שהנבראים הן בחי' מקבל לגבי בחי' מ"ל ונקראת מקור כל המקבלים וכמ"ש כי עמך מקור חיים כו' וכידוע וא"כ גם מ"ל דא"ס נק' יראה לגבי עצמות הא"ס שנקרא נורא אלא שנק' יראה שלם דהיינו מפני שבאה מבחי' התגלות שלימו' דא"ס עצמו שמתגל' · וזהו פי' יראה שלם שהירא' באה מצד גילוי בחי' השלימות דא"ס וכך לפי ערך יובן בבחי' ירושלים שלמטה בבחי' מ"ל דאצי' שנק' ג"כ יראה שלם מפני בחי' גילוי אור דז"א שנק' שלם ונק' שלמה מלך שהשלום שלו וכידוע · וזהו פי' בונה ירושלים הוי"ה פי' הבנין הוא בנין מ"ל דאצי' מהרבה צירופי אותיות כמ"ש בס"י ג' אבנים כו' ה' אבנים בונים ק"כ בתים וידוע שהאותיות נק' אבנים והמ"ל נבנה מהם וכדמיון עיר שנבנית מבניינים הרבה של אבנים כו' · וזהו שאמר בעיר אלהינו כו' ודרך כלל היינו עשר קדושות דירושלים · ובע"ח מבואר בכמה דוכתי שגם בנין ע"ס דמ"ל היינו מע"ס דז"א · כי מבחי' מ"ל שבכתר נמשך כתר שבמ"ל ומבחי' מ"ל דחכמה נמשך בחי' חכמה שבמ"ל כו' וכיוצא בזה בכל פרטי פרטיהם דאורות וכלים דמ"ל הכל נבנה מבחי' ז"א שנק' הוי"ה סתם מפני שכולו הארת מוחין דאו"א שנקרא י"ה וז"ש בונה ירושלים הוי"ה וד"ל:

נדחי ישראל יכנס · פי' ישראל הוא בחי' הז' מדות כידוע ונדחי ישראל היינו בחי' ז' מדות דתהו שנק' ז' מלכין קדמאין כמו בלע בן בעור כו' עד בעל חנן בן עכבור שנפלו בבי"ע בבחי' שבירה כידוע ומהם נסתעף שרש חיות הע' שרים דנוגה דבי"ע כידוע · והנה ידוע ומבואר במ"א בענין לא גלו ישראל בין האומות אלא כדי שיתוסף עליהם גרים כו' שהענין הוא על היות בנ"י משועבדים תחת ע' שרים דנוגה ומולידים שם בנים שממשיכים נפש דנוגה והמה הנק' גרים כו' והיינו נדחי ישראל יכנס דלעתיד יבואו הכל ויתקבצו מכל בחי' הניצוצות דתהו שהיו מלובשים בגופים כל ימי הגלות כו' ויעמדו בתחיה · וזהו שרש ענין קיבוץ גליות ותח"ה וזהו שאמר אם יהיה נדחך בקצה השמים בע' שרים משם יקבצך כו' וכ"ז מטעם בחי' גילוי אור הכתר בבינה שהוא בחי' עוה"ב כנזכר לעיל וקאי אדלעיל מיניה כי נעים כו' בונה ירושלים ה' שהוא קודם לקיבוץ גליות ותח"ה כידוע וכנ"ל וא"כ נדחי ישראל יכנס כנזכר לעיל וד"ל:

הרופא לשבורי לב ומחבש לעצבותם· פי' קאי אדלעיל דלאחר כי טוב זמרה אלהינו ויהיה בחי' גילוי מקור התענוג העליון בבינה כו' אזי יהיה רופא גם לשבורי לב כו' · וביאור ענין שבורי לב הנה ידוע בענין לב ומוח בע"ח שהטעם שנק' ל"ב הוא מפני בחי' גילוי אורות תל"ב נתיבות דחכמה וד"ל · והיינו מפני שגם במדות שנקראים לב יש התלבשות מבחי' המוחין דאו"א ממש אלא שההתלבשו' הוא רק מבחי' אחוריים דאו"א וכנראה בחוש בתינוק קטן שבהיות דעתו קצרה יאהב קטני הערך וכשיגדל ותתרחב דעתו יאהב דברים גדולים · הרי לפי ערך שכלו כן ערך המדות·ונמצא יש באהבה הלבשה מאור השכל ממש·וגם מבחי' עצמות ההתפעלות של המדה אנו רואים שמלובש בה מאור השכל שמיד שיתבונן בשכל באיזה דבר יתפעל באהבה ואם לא היה מאיר מן השכל באהבה לא היה לזאת ההתבוננות קשר וחיבור להתפעל ע"י האהבה אלא מוכרח לומר שמלובש במדה מן אור השכל ממש אלא שאין זה גופו של עצמות השכל אבל בחי' חיצוניות שבו מלובש עכ"פ וזהו הנק' בחי' אחוריים דאו"א. א"כ הרי יובן בענין השבירה ג"כ אחר שבחי' המדות נפלו כנ"ל בהכרח שגם מבחי' חיצוניות דאחוריים דאו"א שמלובשים בהם נפלו גם המה עמהם · וזהו שאמר הרופא לשבורי לב פירוש גם לבחי' אחוריים דאו"א שנק' שבורי ל"ב ששבירתן ונפילתן הוא מצד בחי' המדות ולא מצד בחי' עצמם כי הרי בג"ר לא היה שבירה וכמ"ש ימותו ולא בחכמה כו' אבל אחוריים דאו"א נפלו כמ"ש בע"ח · ואמנם לא מצדם אלא מצד התלבשותם במדות כנ"ל וד"ל · ומחבש לעצבותם פי' הגידים הנק' עצבים המה העורקים שאין בהם דם רק לחלוחי' בלבד והיינו מבחי' אור אבא · והנה הגם שבהם יש אור ומוחין המלובש במדות מאו"א אבל הם נק' כלים להורות בלבד לכן גם להם הוא מחבש ומרפא כו' וד"ל · וכ"ז מטעם שהקדים תחילה כי טוב זמרה אלקינו שנמשך אור דע"י בבינה כו' שעי"ז יברר גם בחי' המוחין דמדות שנפלו בשבירה כו' וד"ל:

מונה מספר לכוכבים לכולם שמות יקרא · פי' כוכבים הם בחי' ניצוצי אורות החסדים הבוקעים ומאירים מבחי' יסוד אבא שנק' שמשא ונקרא כוכבי אור או כוכבי בקר כו' כמ"ש בזוהר ע"פ ברן יחד כוכבי בקר כו' · והענין הוא עד"מ השמש הגשמי הנה כ"ז היותו מאיר ביום

לא

לְכֻלָּם שֵׁמוֹת יִקְרָא: גָּדוֹל אֲדוֹנֵינוּ וְרַב־כֹּחַ לִתְבוּנָתוֹ אֵין מִסְפָּר: מְעוֹדֵד עֲנָוִים ה'

לא נראה אור מן הכוכבים כי נכלל אורם במאור השמש אך הנה כשהשמש שוקעת במערב ומגעת וסובבת מתחת לכדור הארץ אזי יקבלו הכוכבי' אור מהארת השמש שמתחת לנגדם בבחי' הארת אור החוזר בלבד כידוע בספרי התכונה כו' · וכך יובן למשכיל למעלה דהנה אור החכמה נקר' כח היולי ונכללי' בו כל האורות והשפעו' פרטים המאירים ומתפשטים במדות ועי"כ נק' אור אבא מקור כל החסדים כו' · וזהו דרך כלל קו הימין חכמה שכולל חסד נלח אך בהסתלק אור החכמה אזי יתגלו הארות . חסדים מתחתיו רק בקבלת אור חוזר כמשל הנ"ל וכוכבי בקר שמאירים בבחי' אור חוזר מן השמש כו' אזי המה בבחי' מספר וקצבה דוקא משא"כ בהיות כל אורות וניצוצים החסדים כולם כלולים באור אבא לא היה להם בחי' מספר כלל כו' · וזהו שאמר מונה מספר לכוכבים שמונה להם מספר כשבאין בבחי' גילוי לאחר הסתלקות אור אבא דוקא כו' וד"ל :

לכלם שמות יקרא · פי' הגם שכבר באו כל אורות וניצוצות החסדי' דאבא בבחי' מספר הכל עדיין אין אחד וא' מיוחד בבחי' כלי בפ"ע אלא כלולים יחד וע"ז לפי שבאי' עדיין איהו וחיוהי וגרמוהי חד כו' · אך בהגיע הארה מכוכבי בקר הנ"ל בבחי' מ"ל דאצי' כשמקבלת אור ושפע מבחי' מוחין דז"א כידוע · אזי נאמר לכולם שמות יקרא שיש בחי' שם לכאו"א והיינו בחי' כלים מיוחדים לכל או"א · אבל מתחילה קודם בואם להאיר בבחי' מ"ל דאצי' עדיין אין לכל או"א שם מיוחד מפני בחי' ענין ההתכללות כנ"ל · וקאי אדלעיל מיני' הרופא לשבורי לב כו' וגם מונה מספר כו' דהכל מטעם א' שבהתגלות אור הכתר בבינה מפני תוקף גילוי האור דא"ס אזי מתבררים כל הניצוצו' ומתרפאי' כנ"ל וגם יש מספר לכוכבי בקר שיבאו להאיר במ"ל בכאו"א מהנבראים עד רגלי העשיה כו' וד"ל :

גדול **אדונינו ורב כח לתבונתו אין מספר** פי' ורב כח אמר בס"ה שעולה רל"ו דהיינו רל"ו אלפים רבבו' פרסאות כו' שהוא שיעור קומה של יוצר בראשית הנק' נמט"ע שהוא הכולל כל הבריאה יש מאין כידוע ונק' אדם דיצי' כו' · ולהיות כי יש שיעור ומדה בכל נברא בפרט בכל המלאכים דבי"ע כמו שיש שיעור ומדה במלאכים דעשי' כמו מהלך ת"ק שנה כו' ועד"ז גם במלאכים דבריא' ככה ישוער לפי ערך וכמ"ש עיניך בריכות בחשבון שיש חשבון ומדה וקצבה לכל נברא ונברא במהותו וגם במספר הנבראים יש חשבון ומדידה כמו אלף אלפין ישמשוני' כו' · הרי עכ"פ ניתן חשבון ושיעור אלף אלפים וכיוצא בזה הרי בהכרח שיעלה מספר הכולל מכל הבריאה איזה מספר קצוב יהיה איך שיהיה אחר שבחי' המ"ל הוא האחי' במדה וגבול וזהו שאמ' עיניך בריכות בחשבון כו' וכמ"ש במ"א באריכות · וזהו שא' גדול אדונינו שהוא שם אדני שהוא בחי' מ"ל כח הפועל האלקי בנפעל כידוע הוא גדול בעצמו בבלתי גבול ומדה להיות בבחי' א"ס אך מתפשט אורו בעולמות גבול ומדה ונק' רב כח בגי' רל"ו כו' וכמ"ש בס"ה אבל מצד עצמותו הרי נאמר ולגדולתו אין חקר כו' וד"ל · וזהו שאמר ולתבונתו אין מספר הגם שאמר תחלה מונה מספר לכוכבי' והרי מספר זה בא בבחי' תבונת ז"א והוא בחי' מוחין דז"א כי תבונה אותיות בן ובת שכוללת זו"נ שנק' בן ובת כו' אבל תבונתו הוא אשר למעלה גם מהיות מוחין לז"א והייט בחי' פנימיות אור הבינה שמתייחדת באור אבא ונק' תרין ריעין דלא מתפרשין כו' ונקראו בזהר או"א עילאין משא"כ בחי' תבונה שמתלבשת בז"א הוא מבחי' או"א תתאין שנק' ישראל סבא ותבונה : וז"ש עושה שמים בתבונה השמים הוא בחי' ז"א כו' ושם יש מספר לכוכבים כנ"ל הטעם אבל באור אבא עצמו שם אין מספר כלל לכוכבים ומתילא אין חשבון ושיעור להארת והשפעות מאצי' לבי"ע ולא שייך לקרותו בשם ורב כח כו' אחר שהוא למעלה מן השיעור והחשבון בשרשו כנ"ל במשל הכוכבי' בשעה שהשמש זורח כו' וד"ל · וזהו ולתבונתו דוק' אין מספר כלל לכוכבי בקר הנ"ל שהן ניצוצי החסדים לפי שנכללים באור אבא שהוא למעלה מן המספר והלה ב' הפסוקים ענין א' הם אלא שמונה מספר מדבר בז"א דאצי' וגדול אדונינו כו' מדבר בבחי' מלכות דאצי' :

מעודד ענוים ה' · פי' קאי אדסמיך ליה גדול אדונינו ורב כח פי' גדול היינו בחינת החסדים ורב כח הוא בחי' הגבורות והן בחי' חו"ג שמתפשטים ויוצאין מבחי' יסוד דתבונה · ולהיות שיוצאין בבחי' התגלות ע"כ יש בהם בחי' המספר וההתחלקות וכמ"ש למעלה מונה מספר לכוכבים כו' · אך לתבונתו הן בחי' מוחין דז"א שבאים מבחי' הפנימית דאו"א תרין ריעין כנ"ל אין מספר והתחלקות כו' וכנ"ל · ומ"ש בס"ה דרל"ו אלפים רבבות פרסאות שיעור קומה של יוצר בראשית כנ"ל הייט בבחי' ז"א דבריאה שנק' יוצר בראשית בבחי' הכלים שבו ששם הוא נק' בלשון שיעור קומה דווקא ואמנם מה שהמדה היא בפרסאות אין הכוונה פרסאות ממש אלא ר"ל לשון חלוקה כמו פריסת מלכותך שהוא ענין התחלקות לחלקים כמו פי' קבלת פרס ופרוסה כידוע · וכך למעלה בבחי' כח האלהי המתפשט בנבראים שהוא נקרא יוצר בראשית והוא בחי' ז"א דבריאה או דיצירה הרי נתחלק אורו בחלקים לפי ערך ההתפשטות וזהו הנקרא פרסאות וכללותו המה רל"ו אלפים שהוא בגי' ורב כח (אך

בכל

יְהֹוָה מַשְׁפִּיל רְשָׁעִים עֲדֵי־אָרֶץ :

ענו

בכל פרסה וחלק הרי יש ח' אלפים אמות כמו פרסה שלמטה ובכל זרת יש ת"ק שנה כו') · והנה כל מה שאמר בסמוך גדול אדונינו היינו שכל חו"ג הנ"ל המתפשטים הוא רק במ"ל דאצילות שנקרא אדני והוא אדונינו ואין זה האור וההתפשטות מצד עצם מדת המ"ל אלא מחמת ההארה וההשפעה הבאה מלמעלה מבחי' מ"ל · וזהו מ"ש מעודד ענוים ה' מפני שהמ"ל לית לה מגרמה כלום ונקר' ענוה · ומ"ש ענוים כי הרי ידוע שהדבור נקרא רחל עלמא דאתגליא' והמחשבה נקרא לאה עלמא דאתכסי' · וז"ש עקב ענוה יראת ה' ואחז"ל מה שעשתה ענוה עקב כו' עשתה יראה עטרה לראשה כי אותיות המחשבה הוא מקור לדבור ועקביים דלאה נכנסה תוך ראש רחל כו' וד"ל · אך הנה אותיות המחשבה ואותיות הדבור שניהם נקראו בשם ענוים כי הענין הוא שאינו נראה לאיזה מציאות יש ודבר מה וכן גם המחשבה לית לה מגרמה כלום כי הרי האותיות של המחשבה המה ג"כ בחי' דומם כמו אותיות הדבור רק שאור השכל מלובש במחשבה כמו כאשר יתלבש האדם במלבוש · כי הרי גם בלתי השכלה יחשוב מחשבות והרי הם רק בחי' דומם לגבי אור ההשכלה כשמשכיל איזה שכל במחשבה כידוע · לפי שאור השכל הוא שמתעלם ומתלבש באותיות המחשבה על כן נקראו אותיות המחשבה בשם דלית והוא דלית רבתי דאחד כידוע משום דלית לה מגרמה כלום כמו הדל רק מה שהארת השכל מלובש בה · והיינו ענין קשר של תפילין שמאחורי הראש וכמ"ש וראית את אחורי כידוע שאינו אלא עור פשוט בעלמא ואין בו מבחי' קדושת הפרשיות כלל לפי שהוא בחי' לאה אותיות המחשבה דלית לה מגרמה כלום כנ"ל וד"ל · וכמ"כ גם הדבור נקרא דלית אך שאינה דלית רבתי והוא משום דגם אותיות הדבור לית לה מגרמה כלום רק מה שהמדות שבלב מאירי' בדבור כנודע וא"כ גם שניהם יחד מחשבה ודבור נקראו ענוים דלית להו מגרמייהו כלום · וזהו פי' גימל גומל דלים ב' אדלתין דלאה ורחל הנ"ל וד"ל · והנה ידוע שיש בחי' פרסא המפסיק בין אצילות לבריאה כדי שיבא האור האלהי בבחי' גבול יש מאין ואם לא בחינת הפרסא הזאת המצמצמת ומבדלת היה הכל בבחי' בלי גבול כו' וכמ"ש במ"א וגם התחלקות הנבראים לחלקים רבים כ"כ אין זה אלא מצד בחינת הפרסא הנ"ל · וביאור ענין הפרסא יובן עד"מ מבחי' אותיות הכתובים שמובן מהם איזה שכל וסברא הרי אין הארת השכל ההוא מתפשט רק במה שגנוז באותיות הכתובים אבל מכתב גופי האותיות עצמם כבר המה בחי' מבדילים ומפסיקים לגילוי אור השכל עצמו שבהם בהיותם בחי' אותיות בכתיבה גשמית · וכמ"כ באותיות הדבור הגם שאור השכל מאיר בהם אבל לאחר הדבור הרי גופי האותיות שהמה בחי' דומם המה בחי' מפסיקים ומבדילי' להעלים אור השכל הגנוז בהם · ולזה הטעם נקראו בחי' האותיות בשם פרסא עד"מ המסך המבדיל בין האור ובין האדם כו' · ואמנם גם אם יאיר קצת אור השכל מהאותיות כבר הוא בא בשינוי המהות מעצם ההשכלה כמו הארת האור דרך המסך כו' ובכל זה יובן למשכיל למעלה בבחי' אותיו' הדבור העליון שנקראו פרסא להפסיק בין בחי' מדות דאצילות לבי"ע כי ע"י בחי' האותיות הללו יבא האור דאצילו' בבחי' שינוי המהות כמשל הנ"ל באותיות הדבור ואותיות הכתב · ויובן זה עוד ממשל הידוע שיש באדם חצר הכבד המפסיק בין איברי הנשימה לאיברי המזון כו' וכמ"ש באד"ר קרומא פסיק במעוהי כו' והוא בחינת פרסא התחתונה ויש עוד בחי' פרסא שנית למעלה הימנה והוא בחי' אותיות המחשבה הנ"ל שהשכל גם כן מתעלם בהם והם רק בחי' דומם לגביו כנ"ל · ועי"ז בא אור השכל בשינוי המהות כמו להיות תולדות התפעלות המדות מן השכל וההתבוננות כידוע אע"פ שאין ערך ביניהם כו' ויש בחי' פרסא ע"ד הנ"ל בין כל עולם ועולם עד רום המעלות מטעם הנ"ל וד"ל · וזהו פי' מעודד ענוים פי' מעודד מחזק כי הענוים הנ"ל שהן אותיות מחשבה ודבור צריכין חיזוק להיותם בחי' דלים דלית להו מגרמייהו כלום כי הם רק בחי' דומם ומקבלי' האור בתוכם שלא לפי ערכם כו' לכך צריכין חיזוק שיוכלו לשאת ולהכיל את האור המתלבש בהם · ויובן זה ע"ד שאמרו ז"ל בא"י שנקרא ארץ הצבי מטעם משל עור הצבי שאינו מחזיק את בשרו כו' כך בחי' האותיות נקרא כמו עור לבשר וכמ"ש ויעש ה' לאדם ולאשתו כתנו' עור וילבשם וכידוע · וכדי שיהי' העור מחזיק לבשר דהיינו בחינת הענוים הנ"ל שיחזיקו ויכילו לבחי' האור שמתלבש בהם צריך לחזקם ממקום העליון ביותר · וזהו מעודד ענוים ה' שם הוי' הוא מחזיק לענוים הנ"ל וד"ל :

משפיל רשעים עדי ארץ · פי' רשעים הן ס"מ ונוקביה כידוע והנה כתיב את זלע"ז עשה האלקים כידוע והנה מאחר דאת זה לעומת זה עשה הי' מהראוי שיהי' ג"כ בחי' פרסא הנ"ל בקליפות אך זהו מה שאמר משפיל רשעים עדי ארץ שאין בהן בחי' הפרסות כנ"ל כמו בקדושה האלקית · והטעם הוא כי ע"י בחי' הפרסא שהן בחי' האותיות הרי יכול האור והשפע לבא בירידת המדריג' עד למטה ממהות למהות כנ"ל וגם בריבוי מיני התחלקות רבות עד אין שיעור כנ"ל · ואם הי' בחי' פרסא בקליפות הרי היו מחריבים כל העולם כי היו נמשכין בירידות המדריגות עד אין שיעור למטה וגם היו מתחלקים לרבבות מדריגות עד אין שיעור ומטשטשים עלמא ולא רצה המאציל שיחריבו כל העולמות בטומאתם ע"כ השפילם לרשעים דהיינו ע"י שלא

יהיה

יהיה בהם בחי' הפרסא המבדלת בין עליון לתחתון בעולמות והיכלות שלהם מעילה לעלול אלא מיד שיבא השפע בעליון שבהם ירד מיד מטה מטה כמו שהוא מבלתי אמצעות בחי' הבדל והפסק מפני שאין מונע ומבדיל כלל · ולהיות כן לא יוכלו לבא לבחי' התחלקו' רבות ולירד בירידת שינוי המהות כ"כ כו' · וזהו ענין השפלתם שאמר משפיל רשעי' שהן ס"מ ונוק' עדי ארץ כלו' מיד שיאיר אורם העליון ירד כמו שהוא למטה עדי ארץ ואין להם אמצע להיות להפסק בין העילה והעלול כנ"ל · ובזה יובן מה שמצינו בנשמות הגרים דמתגיירים מאוה"ע שהיו נשמות גבוהות מאד מאד ויצאו מן גופים חומריים ביותר כמו נשמת עובדיה גר אדומי וכיוצא בו נשמות ר"ע ור"מ והאיך יאיר אור ניצוץ גבוה כאלה מתוך גוף טמא ומזוהם כ"כ כו' · אך הענין הוא לפי שבחי' רפ"ח ניצוצות דקדושה שנפלו בקליפות המה נמשכים ויורדים שם לא דרך בחי' מפסיק ומבדיל בבחי' פרסא אלא כמו שהם במעלתם יורדין גם עד למטה מטה מאד מטעם שאין שם בחי' הפסק והבדל זה כנ"ל ולכך לא נשתנה כלל טוב מעלתם האלקית גם שיצאו מתוך הגופים המזוהמים ביותר כי כמו שהם ממש ירדו עד למטה מטה גם בגופים היותר גסים כו' משא"כ אם היה בהם שינוי המהות דרך הפסק והבדל הפרסא אזי לא היה אור נשמות הגרים מאיר במעלה ומדריגה כ"כ וד"ל :

ענו ליהוה בתודה זמרו לאלהינו בכנור

המכסה

ענו לה' בתודה זמרו לאלהינו בכנור · פי' ענו מל' תען לשוני כו' וענית ואמרת כו' שידוע שהוא ענין עונה אחר הקורא וכמ"ש יעננו ביום קראנו וכל לשון עניה הוא לענות אחר הקורא·והענין הוא למעלה בהיות ידוע דאיהו בגלה ואיהי בהוד פי' בבחי' הביטול וההודאה שלמעלה מן בחי' ההשגה והיינו בבחי' החכמה כ"ח מ"ה מה שאין בהשגה רק שמודה בהודאה בלבד · וזהו ענו להוי"ה שהוא בחי' אור אבא בתודה בהודאה בלבד · ומודעת זאת דבחי' הביטול היה בכללות נשמות ישראל אינו מצד עצמו כי בחי' ההודאה והביטול הזה הוא בא ונמשך רק מלמעלה למטה בכללו' כ"י להיות כי בחי' הביטול הזה הוא רק מצד אור החכמה כ"ח מ"ה שבנפש · וכדי שיוכל האדם לבא לבחי' ההודאה והביטול בכח מה שבנפש צריך שיבא האור והשפע ע"ז מלמעלה והוא לא יודה רק כמו שמודה אדם שצריך להודו' כו' כך יודה בבחי' הודאה לא מצד עצמו אלא מחמת ההודאה שבאה לו מלמעלה וכ"ז מצד בחינת מעלת אור החכמה כו' · ולכך אמר ענו לה' בתודה שאינו אלא כעונה לקורא כמו תען לשוני כו' דהיינו לענות מלמטה בבחינת הודאה רק כמו שבא לו בחי' ההודאה מלמעלה כו' לפי שבחי' הביטול דחכמה א"א לקבל רק בבחי' עניה בלבד להיותו מבחי' הפנימית אבל זמרו לאלהינו בכנור הוא בבחי' החיצוניות דהיינו בבחינת בינה שנקרא אלהינו כידוע ושם הוא בחי' הזמרה בכלי דוקא · ותחלה יש להקדים מ"ש בפרדס שיש כמה שמות לבחי' המלכות לפעמים נקרא משכן או בית או שדה ולפעמים אבן עפר או אתרוג כו' · והענין הוא כי בחי' המלכות יש בה בחי' פנימיות ובחי' חיצוני' ושינוי השמות תלוי לפי מה שהיא מתלבשת אם בבחי' חיצוניות יש לה שמות שמורים על בחי' החיצוניות ואם היא באה להאיר בבחי' הפנימיות שבה יש לה שמות המורים על בחינת הפנימיות כמו לפעמי' שנקראת משכן או בית שהוא כאשר המלכות מאירה בבחי' הפנימיות וכמ"ש בחכמה יבנה בית חכמות נשים כו' · וכשהיא באה בבחי' החיצוניות כמו בחיצוניות העולמות אזי נקראת בשם שדה וכמ"ש ואם בשדה מצאה כו' וכיוצא בזה בכל שאר השמות כמו כשנקרא' אבן היינו כשהיא בבחינת דומם וכשנקרא' אתרוג היינו כשהיא בבחי' צומח כו' · ולפ"ז יובן ג"כ כשהמ"ל עולה למעלה באצילות בבחי' שיר יש בזה ג"כ בחי' פנימיות ובחי' החיצוניות דהיינו כאשר בחי' הפנימית שבה עולה הוא ע"י בחי' השיר אשר בפה דוקא · וז"ש למען יזמרך כבוד ולא ידום פי' כבוד הוא בחי' מ"ל כידוע כאשר עולה בבחי' הפנימיות שבה דהיינו במוחין ומדות וכיוצא והיינו ע"י שירה בפה דוקא · וזהו למען יזמרך כבוד כמו דמיון השירה בפה באדם למטה שהוא ענין העלאת הבל הלב מבחי' פנימיות כו' · וכאשר המ"ל עולה להאי' רק בבחי' החיצוניות שבה הוא ע"י בחי' השיר אשר בכלי דוקא שהוא בא בבחי' החיצוניות כדמיון כלי הזמר שאין האדם המנגן בו משיג בו בחי' פנימיות שבו רק בחי' החיצוניות והוא בחי' העשיה בלבד כנודע · וידוע דעיקר שירה בפה ולא בכלי . וזהו זמרו לאלהינו בכנור פי' כנור ע"ד שאמרו ז"ל כנור היה תלוי למעלה ממטתו של דוד וכיון שהגיע חצות הלילה רוח צפונית מנשב בו ומנגן מאליו כו' כי בחי' עליית המ"ל נקר' זמרה ושיר ובחי' החיצוניות שבה עולה ע"י שיר בכלי דווקא והוא ענין הכנור שלמעלה ממטתו של דוד כי דוד הוא בחי' מ"ל כידוע ובחצות לילה הוא זמן עלית המ"ל בחיצוניות ורוח צפונית היינו מבחי' הגבורות המעוררים בחי' ההעלאה כו' וכמ"ש בת"א ולכך אין העלאה זאת אלא בכנור שהוא רק בחי' כלי גשמי שאין בה רק בחי' החיצוניות בעשיה בלבד כו' · ואמנם גם בחיצוניות יש בדוגמא כמו בפנימיות ממש והיינו כמו שיש בקול השיר בפה בתנועות שונות ברצוא ושוב כו' כך יש בכנור קול ממוזג מרצוא ושוב בהיות שהעלאה א"א להיות כ"א בבחי' רו"ש כידוע ובפה ובכלים ענין ההעלאה צ"ל ע"י רו"ש אך שזה עולה בבחי' פנימיות וזה בבחי' חיצוניות אבל מצד עצם ההעלאה שניהם שוין בכלי כמו בפה כו' וד"ל · והטעם שנקרא כנור דווקא הנה מבואר בכתבי האריז"ל

בתיבת כנור דאותיות כ"ו שבו הוא מספר דשם הוי"ה בעולה כ"ו כידוע ואותיות נ"ר שבו הוא בנין הנוקבא ברמ"ח אברים עם תוספת תרין דרועין דילה דהיינו ימינא ושמאלא דז"א שמתחבק לה וכמאמר ימינא ושמאלא וביניהו כלה כו' שעולה נר · וכללות בנינה עם מספר שם הוי"ה שבה שהוא מספר כ"ו היינו תיבת כנור כו'· וטעם למספר זה משם הוי"ה שהוא בת"ל דווקא הנה הענין הוא כי בחי' המ"ל הוא בא למטה בבחי' התגלות מאין ליש ממש כידוע וכמה שכתוב מלכותך מלכות כו · ולהיות כן א"א שיבא במדה זאת מבחי' עצמות דשם הוי"ה כמו שהוא באותיותיו ממש אלא רק בחי' המספר הכולל והוא מספר כ"ו כנזכר לעיל וכידוע שהחשבון והמספר הוא בבחי' מ"ל דוקא וכמ"ש עיניך בריכות בחשבון מטעם הנ"ל· וגם מטעם שבחי' המספר הוא בחי' ההתחלקות והגבול וזהו אינו אלא בבחי' המ"ל דוקא כנודע ולכך אין במ"ל רק בחי' המספר דשם הוי"ה שהוא כ"ו וזהו פי' כנור · והזמרה בכנור זה היינו בחי' העלאה חיצוניות בנין המ"ל עם מספר כ"ו דשם הוי"ה דז"א שבה · וזהו זמרו לאלהינו דוקא בכנור כי הנה בחי' בינה דאצילות נקרא יש וכמ"ש להנחיל אוהבי יש · והחכמה נקרא אין כידוע לפי שהחכמה היא למעלה מן ההשגה כמ"ש מה פשפשת והבינה היא בבחי' השגה כידוע · וזהו פי' אלהינו המושג לנו כי בכ"ח מ"ה דחכמה אין אור א"ס מושג עדיין כו' וזהו פי' הוי"ה אלהינו שבק"ש שהן חו"ב כידוע · ובהיות כן לא שייך בחי' הזמרה בכלי הכנור שהיא בחי' עליית המ"ל בחיצוניות בלבד כנ"ל אלא בבחי' בינה דאצי' דוקא להיותה מקור לבחי' המ"ל לבא בבחי' התגלות מאין ליש (וז"ש כאמה בתה כו')· והיינו זמרו לאלהינו שהוא בחינת בינה שאור א"ס בא שם בהשגה· בכנור בחיצוניות דהעשייה בבינה דוקא וכידוע בפי' אומר ועושה דאומר באבא ועושה בבינה דאבא אמר לאימא כמ"ש בהקדמת הזהר · וכן פי' כולם בחכמה עשית פי' עשית בבינה כמ"ש בזהר ולכך עליית הכנור שהוא רק בעשיה כנ"ל הוא בבינה דווקא להיותו בחי' ההעלאה בחיצוניות המ"ל כנ"ל אבל בבחי' אור אבא דהיינו כ"ח מ"ה דחכמה אשר שם אין אור א"ס מושג עדיין לא שייך שם בחי' ההעלאה בחיצוניות אלא דוקא בבחי' הפנימיות· והוא מ"ש ענו לה' בתודה פירוש להוי' שהוא אור אבא ענו בבחי' קול שירה בפה דווקא ולא בכלי הכנור כי החכמה הוא בחי' אין ושם אין להעלות ולבא רק בבחי' הביטול וההודאה שהוא בבחי' הפנימיות דוקא וזהו ענו לה' בשירה בפה דוקא וד"ל · וכל זה הפסוק דענו לה' בתודה קאי על דסמיך ליה שהוא מעודד ענוים ה' · ואמר עוד ענו לה' כו' פי' ענוים הללו שהן בחי' רחל נלאה שעולין תמיד בהעלאה כידוע שיענו להוי"ה שהוא אור אבא בתודה דווקא ויזמרו לאלהינו שהוא בינה בכנור דווקא מטעם הנ"ל וד"ל :

הַמְכַסֶּה שָׁמַיִם בְּעָבִים הַמֵּכִין לָאָרֶץ מָטָר

המכסה שמים בעבים המכין לארץ מטר · הנה יש להקדים ענין א' והוא ענין הגשמים שנקראו גבורה כמשארז"ל מזכירין גבורות גשמים בתח"ה כו' וא"כ לכאורה יפלא למה נקראו בשם גבורות גשמים ואחז"ל הטעם לפי שיורדין בגבורה והלא הגבורה מדת הדין היא והגשמים הן ברכה ושפע גשמית להצמיח תבואות·אך הענין הוא דבאמת הגשמים הן ברכה ושפע של חסד כמ"ש גשם נדבות תניף כו · אך שהחסד הזה הוא בא ע"י מדה"ד והצמצום הנק' גבורה כי בלתי צמצום ודין לא היה ההשפעה הגשמי' ברכה לארץ כלל·וענין הדין והצמצום הוא מה שהגשם בא בהתחלקות טיפין טיפין דוקא ואין יורדין בשטף · וזהו שאמרו שיורדין בגבורה כלומר בהתחלקות טיפין דוקא ולולא ההתחלקות הזאת היו שוטפין הארץ ולא היתה הארץ מקבלת שפע זאת להוליד ולהצמיח כלל אך בסיבת זאת ההתחלקות שמקבלת הארץ טיפין טיפין כתיב במטר והרוה את הארץ והולידה והצמיחה · ונמצא סיבת הדין והצמצום לחלק השפע הזאת הוא רק בשביל המקבל שיוכל לקבל ואיננו בחי' דין וצמצום אמתי מצד עצמו לסלק השפע ממש אלא אדרבה בשביל חסד וטוב כדי שיתקבל במקבל ונק' גבורות ממותקות דהיינו בחי' גבורה שבחסד וכמ"ש במ"א וד"ל . ועד"ז ממש יובן הטעם שאמרו חכמי הקבלה ששורש המזונות הוא בבחי' הגבורות וכידוע הטעם שהשולחן בצפון ששם הדין והצמצום כי הנה אנו רואים שהמאכל אשר ניזון ממנו האדם ויחיה על ידו הנה הוא צריך לבא בהתחלקות לחלקים דוקא כי אם יבלע אותו האדם כמו שהוא שלם יחנק בגרונו והראשון בהתחלקות הוא בשינים הטוחנות המאכל ואח"כ בקיבה יתחלק עוד בבישול ואח"כ יתברר עוד ומוציאים ממנו הטוב והמובחר ואז נעשה מזון וחיות כו' וא"כ נמצא שא"א להיות המאכל לחיות ומזון כמו שהוא אלא ע"י צמצום והוא הבירור וההתחלקות וכמו שמבררים המאכל כך מבררים תחלה התבואה עד שיעשה מאכל כו' · וכמ"כ בראשית המשכת שרש המזון והוא הכח העליון הרוחני שיגדל ממנו התבואה למטה בהכרח שיבא מבחי' הגבורות שבצפון להיות שצריך לחלק אור השפע להיות מזה מזון לכל הברואים כו' · וז"ש אתה פוררת בעוז ים שצריך שפע העליונה לבא לידי פירור לחלקים רבים כו' וכמ"ש במקום אחר · וא"כ הרי גם המזון כדוגמת ברכת שפע הגשמים שהוא בבחי' גבורה שבחסד להיות כי הצמצום הזה אינו אלא כדי שיתקבל במקבל ויהיה להם למזון וחיות כו' והיינו שאמרו הטעם לשלחן בצפון מפני שהוא בא מבחי' הגבורות שבצפון וכמ"ש מצפון זהב יאתה כו'

וכידוע

מָטָר הַמַּצְמִיחַ הָרִים חָצִיר : נוֹתֵן לִבְהֵמָה לַחְמָהּ לִבְנֵי עֹרֵב אֲשֶׁר יִקְרָאוּ : לֹא בִגְבוּרַת הַסּוּס יֶחְפָּץ לֹא

וכידוע וד"ל ואחר הקדמ' זאת יובן הפסוק הזה המכס' שמים בעבים פי' כי העבים המה המעלימים אור השמש לבלתי יזרח בארץ וכמ"ש ויהי הענן והחשך כו' שהענן העב הנקרא עבים המה בחי' חשך ממש ההיפך לגמרי מן האור וגם הנה הגשמים שיורדין אח"כ מן העבים מתעלמי' בתוך העננים שהענן שהוא בעצמו האתי' וכידוע וכל זה ענין צמצום והעלמה בתחיל' כדי שאח"כ יבא השפע מהם במטר לחלקי' טיפין טיפין דווקא להיות יורדין בגבור' שהוא גבורה שבחסד ככ"ל · וזהו המכסה שמים בעבי' דהיינו להסתיר אור השמש שלא יזרח כלל כי הנה בחי' אור השמש מורה על בחי' התפשטו' החסדי' כי גילוי השמש למטה הרי שרשם למעלה המה בחי' גילוי אורות החסדים דאבא או דז"א שנקרא שמש כידוע בזהר ובע"ח ואם לא היו בחי' מסתירי' לגילוי החסדי' הללו לא היה ביכולת המקבלי' לקבל אור ההשפעה מטעם מ"ל הכ"ל במזון וגשמים אלא צריך לכסות ולהסתיר בחי' גילוי השמש בעבים וגם צריך שהעבים יעלימו ויעצרו הגשמים בבחי' הצמצום בעצמותו כדי שאח"כ יוכל להיות ירידת השפע טיפין טיפין בהתחלקו' · וכל זה בשביל המקבלים בלבד כדי שיהיה להם לברכה ושפע ואם לאו לא היה השפע הזאת להם לברכה ושפע ככ"ל · ובכל זה יובן מה שאנו מוצאים גם במזון הרוחני המן שירד לישראל בימי משה שהוצרך לבא ע"י צמצום בתחלה מטעם הכ"ל שהרי נאמר בו וחם השמש ונמס כי בהאיר בו אורות גילוים דחסדים דשמשא לא נקרא בשם מזון כלל גם בבחי' מזון רוחני אלא נמס לגמרי והיה כלא היה כי מגד תגבורת החסדים לא היה המן מזון וחיות כלל גם שהיה מזון רוחני שהיה נבלע באיברים ונקרא מזונא דחכמתא כמ"ש בזהר וז"ש וחם השמש ונמס · אלא דוקא בבקר לקטו אותו וכל זה מטעם הכ"ל שהמזונות צריכין לבא מבחי' גבורות וכמו שולחן בצפון ככ"ל וד"ל (דהגם שהיה שורש המן רוחני מאד אבל מאחר שבא למטה בבחי' כלי בהגשמה כמ"ש או דכו במדוכה כו' צריך לבא ע"י בחי' צמצום כשאר המזונות ככ"ל וד"ל) · וזהו המכסה שמים בעבים להסתיר תחלה אור השמש ואחר כך המכין לארץ מטר פי' שתתחלק השפע אח"כ לחלקים קטנים טיפין טיפין הנק' מטר · ופי' המכין כי בלתי בחי' הצמצום וההעלמה אשר בתחלה בכסותו בעבים לאור השמש וכיוצא בזה בהעצר בו הגשם כו' לא היה ביכולת להתחלק אח"כ בצמצום גדול כ"כ ועד"מ מי שמצמצם א"ע להשפיע כפי המדה הצריכה לתינוק בלבד שצריך להיות מתחלה בבחי' הצמצום וההעצרה בעצמותו כו' וד"ל · ופסוק זה יש לו חיבור אל הסבה שלמעלה הימנו מונה מספר לכוכבים שהוא ג"כ בחי' התחלקות כנ"ל אלא שהכוכבים הן בבחי' אור אבא או ז"א עצמו וככ"ל וכאן מדבר בבחי' ירידת אורם לבחי' כלים מכלים שונים בבי"ע שהוא הנק' מטר וכידוע בפי' אור מים רקיע כו' וד"ל :

המצמיח הרים כו' · פירוש חציר ידוע שהן המלאכים שנבראו בכל יום כידוע בפי' יוצר משרתי' ואשר משרתיו כו' שיש ב' מיני מלאכים הא' העומדי' מו' ימי בראשית כמיכאל וגבריאל וכיוצא ואין בהן שינוי מדריגות לעולם בלי תוס' ובלי גרעון ולכך נק' עומדים כמ"ש במ"א והיינו אשר משרתיו כו' · ולפי שאין בהן שינוי לא יולידו אור חדש ג"כ וגם לא יגרעו אורם והמה כדמיון הכוכבים שהמה עומדים מו' י"ב בלי שינוי בלא תוס' ובלא מגרעת ולא יולידו דבר חדש כו' והוא מ"ש ברן יחד כוכבי בקר ויריעו כל בני אלהים כמ"ש בזהר שהן המלאכים הנקראי' כוכבי בקר ויש שנקראו כוכבי אור כו' · וז"ש למעלה מונה מספר לכוכבים וככ"ל · והב' הן המלאכים שנולדים בכל יום מאין ליש ואומרי' שירה ובאותו היום המה כלים ונכללים בשרש מקור מוצאם שהוא בחי' מ"ל דאצי' שהוא שם ב"ן בגי' בהמה · וכנודע בזהר ע"פ מצמיח חציר לבהמה שהוא בחי' בהמה רבה דרביעא על אלף טורין ושתית לון בגמיעא חדא והיינו המצמיח הרים חציר שהן אלף טורין דנוגה דבריאה דמגדלים בכל יום מן בחי' החציר שהן המלאכים שנולדו יש מאין מבחי' מ"ל ואח"כ נבלעי' ונכללים בבחי' בהמה רבה זאת שהוא בחי' שם ב"ן שבגי' בהמה כשיורדת להסתתר לברר ולאכול בירורי נוגה · וז"ש נותן לבהמה לחמה שהוא שם ב"ן בגי' בהמה המברר בירורי נוגה שהוא החציר הגדל על אלף טורין דשתית לון בגמיעא חדא וכמ"ש במ"א · ומה שנקראת המ"ל בהמה באכילה זו של המלאכים שבאין מברורי נוגה כו' · כי הנה כתיב ורוח הבהמה היורדת למטה שהמ"ל נק' לפעמים אדם כשהיא למעלה על העולמות דכתיב ופני אדם לארבעתן כו' ועל הכסא כו' · אך בהיותה יורדת למטה להיכלות דנוגה לברר נמשלה לבחי' בהמה · וז"ש ורוח הבהמה היורדת למטה לברר בירורי נוגה כו' וכמ"ש במ"א וד"ל · וזהו נותן לבהמה לחמה לבני עורב אשר יקראו פי' מאחר שגורמת המ"ל הבירורים כמאמר דשתית לון בגמיעא חדא כו' אח"כ נותנת הנותר מזה בבחי' הפסול' והתמצית גם להחיצונים שבבחי' נוגה שצועקים למזון והם הנקראי' בני עורב כידוע (כענין שעיר המשתלח כו') וזהו לבני עורב אשר יקראו למזון כו' ודוקא ההארה וההשפעה נוטע מוטיר רק כפי הקריאה והצעקה שצועקים כו' והוא עפ"י המדה הקצובה ליניקת החיצונים כו' וד"ל :

לא בגבורת הסוס יחפץ כו' · פי' אח"כ אומר אין הדבר תלוי למעלה כלל בבחי' הבירורים שמלמטה למעלה

שהוא

שהוא הנקרא גבורת הסוס כי הסוסים הן האותיות שמגביהים מלמטה למעלה כמ"ש בת"א באריכות · אלא רוצה ה' את יראיו את המיחלים לחסדו פי' מצד כי חפץ חסד הוא ולא בסיבת העלאת מ"ן כמ"ש בת"א וד"ל :

לֹא־בְשׁוֹקֵי הָאִישׁ יִרְצֶה : רוֹצֶה יְהוָה אֶת־יְרֵאָיו אֶת־הַמְיַחֲלִים לְחַסְדּוֹ : שַׁבְּחִי יְרוּשָׁלַםִ אֶת־יְהוָה הַלְלִי אֱלֹהַיִךְ צִיּוֹן : כִּי־חִזַּק בְּרִיחֵי שְׁעָרָיִךְ בֵּרַךְ בָּנַיִךְ בְּקִרְבֵּךְ : הַשָּׂם גְּבוּלֵךְ שָׁלוֹם חֵלֶב חִטִּים יַשְׂבִּיעֵךְ :

השולח

שבחי ירושלים את הוי' הללי אלהיך ציון כי חזק בריחי שעריך כו' · הנה תחיל' יש לדקדק במה שאמר ירושלים לגבי שם הוי"ה וציון לגבי אלהיך ולכאורה היה צ"ל בהיפוך כי ציון וירושלים ידוע שבחי' פנימיות המ"ל נקרא ציון ובחי' חיצוניות המלכות נקרא ירושלים וא"כ לגבי הוי' שהוא בחי' אור אבא היה לו לומר ציון שהוא מבחי' פנימיות המ"ל ולגבי שם אלהים דבינה הי"ל ירושלים שהוא מבחי' חיצוניות המ"ל · אך הנה יש להקדים שרש ענין ציון דהנה ידוע שבחי' יסוד דנוקבא נקרא ציון והוא בחי' פנימיו' המ"ל וידוע שיש בחי' ה"ג ביסוד דנוקבא והוא הנק' חותם והוא אותיות חות"ם חמו"ת תחו"ם כו' כי ענין הה"ג הללו הוא בחי' כח המגביל הארת אור השפע אשר בנוקב' ומעציר וקולט בה לבלתי תהיה פולטת לחוץ כו' והיינו ע"ד דמיון החותם המצויר בדבר מה שלא יגעו בו זרים ויש חותם בתוך חותם (והיינו שאמרו ז"ל שאין לחיצונים שליטה בדבר הצרור וחתום כו' וכמ"ש בת"א) · כי להיות שמצד אור אלקי עצמו היו הכל מקבלים שפע מאורו כי הכל שוין לפניו מצד עוצם רוממותו וכמ"ש שממית בידים תתפש והיא בהיכלי מלך דקמיה כחשיכה כאורה כו' · והיה גם הסט"א מקבל השפע אחר שהחשך כאור כו' לעוצם הפלאת מדריגות אור א"ס שהוא רם ונעלה מכל ההשתלשלו' וע"כ צריך להיות בחינת החותם הנ"ל במלכות דאצילות להגביל את האור והשפע ולעצרו שלא ילך כ"א בסטר' דקדושה ולא ילך לסט"א לחיצונים כלל כו' · וזהו פי' חותם שהוא אותיות תחום כלומר עד כאן ותו לא כו' וכמ"ש בת"א · וגם פי' חומת כמו החומה המגבלת עד פה תבא ותו לא כו' · וזהו שנק' חומת בת ציון · וע"ד זה יובן בבחי' בינה דאצי' שיש שם בחי' ה"ג מנצפ"ך ונקרא פתוחי חותם כו' שהם ג"כ בחי' הגבול והצמצום אך שהמה בחי' מקור לה"ג שבמ"ל וע"כ אותיות חותם הוא אותיות חמו"ת כמאמר ז"ל כלה בחמותה כו' · וכידוע שהשרש של ה"ג דמנצפ"ך ישנם במ"ל כמו בבינה כו' והנה יש ב' מיני חותמו' הא' בבחי' הפנימיות והב' בבחי' החיצוניות וכידוע שבנעילה דיו"כ החותם הוא בא בבחי' הפנימיות בלבד ובהו"ר בא החותם הזה במ"ל בבחי' החיצוניו' מפני שבשמיני עצרת צריך להיות הזווג שתהא קולטת כו' ואסרו חג שאחר החג היינו שלא תהא פולטו' וזהו פי' אסרו לחג כו' וכמ"ש בספרי הקבלה וד"ל · וזהו שאמ' אלהיך ציון כי חזק בריחי שעריך פי' אלהיך הוא בחי' בינה דאצילו' שמבחי' ה"ג מנצפ"ך דאימא עילאה נמשך במ"ל בחי' החותם שהם בחי' ה"ג שביסוד דנוקבא הנקרא ציון והיינו אלהיך ציון ואמר לנתינת טעם משום שצריך להיות השמירה מהיות יניקה לחיצונים כנ"ל · וזהו כי חזק בריחי שעריך פי' בריחי היינו בחי' החותם הנ"ל כמ"ש ועשית ה' בריחים כו' שענין ה' בריחים הן כמו בחי' ה"ג החותם הנ"ל · ועד"ת הבריח לדלת שהוא מונע מלכנוס מי שאינו ראוי לכנוס וכך ביסוד דנוקב' שנקרא שער ופתח וכידוע חוזק בחינת ה' בריחים שבשעריך שהן בחי' ה"ג הנ"ל לבלתי יקבל מי שאינו ראוי דהיינו שלא יומשך יניקה לחיצונים כלל וד"ל · אבל שבחי ירושלים להוי"ה דוקא פירוש ירושלים הוא בחינת חיצוניות המ"ל עולה דוקא לבחי' אור אבא שנק' הוי' ולא לאלהינו שהוא בחי' אור אימא · והטעם לכל זה כי הנה א"א להיות בחי' הגבלת האור במ"ל מבחי' אור אבא להיות ידוע שמבחי' ה"ג דאבא נעשו בחינת ה"ח דאימא ולאחר שנעשו בחי' ה"ח דאימ' א"א שיהיה החותם הנ"ל וד"ל · ולכך אמר שבחי ירושלים להוי"ה שהוא אור אבא דוקא כידוע דאבא יסד ברתא כו' · וזהו שדקדק לומר ירושלים שהוא חיצוניות המ"ל להוי"ה שהוא החכמה וציון שהוא בחי' החותם לאלהינו שהוא בחינת בינה · וזהו הללי אלהיך ציון כי חזק בריחי שעריך ברך בניך בקרבך פי' בקרבך דוקא כי ע"י בחי' החותם הנ"ל הרי נשמר השפע דדכורא לנוקב' בתוכה ונקלטת ואינה פולטת כו' ומן השפע דדכורא נולדו הנשמות דווקא כידוע · והיינו ברך בניך שהן הנשמות בקרבך בתוכך ובפנימיותך בלתי יהיה מהם התפשטות לחוץ בבחי' מותרות כו' · וכ"ז נעשה על ידי החותם וכמ"ש גן נעול אחותי כלה כו' וד"ל · והגם שמתחילה אמר נותן לבהמה לחמה וגם לבני עורב אשר יקראו דהיינו החיצונים שנקראו בני עורב היינו רק בבחי' חיצוניות והאחוריים בלבד היוצא ונופל בבחי' פסולת אבל מבחי' פנימיות אור השפע לא יגיע רק לנשמות ישראל בלבד ולא לזולתו וזהו ברך בניך דוקא וד"ל :

השם גבולך שלום חלב חטים ישביעך · פי' שלום הוא בחי' יסוד בכל מקום ובכאן מדבר בבחי' יסוד אבא שמלובש ביסוד ז"א כמ"ש אדברה נא שלום בך כמו שאנו אומרים שים שלום כו' · וכידוע בפי' כונת ברכה זאת

ואז

הַשֹּׁלֵחַ אִמְרָתוֹ אָרֶץ עַד־מְהֵרָה יָרוּץ דְּבָרוֹ : הַנֹּתֵן שֶׁלֶג כַּצָּמֶר
כפור

ולז חלב חטים ישביעך · פי' חטה כ"ב אותיות בגי' חטה כידוע ועד"ת החטה יש בה ג' מדריגות הא' בחי' הפסולת שבה והוא המוץ והתבן והב' גופה וגשמיותה של החטה עצמה והג' בחי' המובחר והטוב טעם וחיות שבה שמוציאין ממנה ע"י כתישה ובישול ונק' חלב חטים מלשון חלב הארץ כו' והמשל מזה יובן גם למעלה להיות כי כתיב אור זרוע לצדיק שהוא בחי' האור הנשפע מבחי' יסוד שנק' צדיק והוא הנק' שלום ג"כ כנ"ל·ויש באור זה הזרוע ג' מדריגות כדמיון החטה הזרועה והיינו בחי' הפסולת הנדחה לחוץ כמוץ ותבן בחטה ומשם שרש יניקות הקליפות שנק' מוץ ותבן וכמ"ש כמוץ אשר תדפנו רוח כו' ולכך מוץ ותבן פטורים מן המעשר כנודע · והב' בחינת גוף האור הזרוע שמהם נחצב שרש התהוות המלאכים שבבחי' האצי' כו' · והג' הוא בחינת המובחר הנברר מאור זה והן הנשמות שנק' ולד ואין הולד נולד אלא מן הברור שבטפה כו' · וזהו חלב חטי' ישביעך שהן הנשמות שנולדו ברחם הנוקבא מאור הזרוע לצדיק שהוא מ"ש השם גבולך שלום ועניין א' הוא עם מ"ש קודם ברך בניך בקרבך כנ"ל וד"ל :

השולח אמרתו ארץ עד מהרה ירוץ דברו · הנה פי' אמרתו ידוע שהאמירה היא בלב ושרשה בבחי' אור אבא כמ"ש יום ליום יביע אומר שהוא בחי' אש מים רוח הכוללים מוחין דאבא כמ"ש בזהר וכידוע בהקדמת הזהר בפירוש ויאמר אלקים דאבא אמר לאימא כו' הרי האמירה היא באבא והעשיה באימא · וזהו פי' ברוך אומר ועושה אומר בחכמה ועושה בבינה וכן פי' בחכמה עשית עשית בבינה כידוע וא"כ פי' אמרתו הוא בחי' מלכות דאבא · וביאור דבר זה יובן ע"ד שאמרו ז"ל לבא לפומא לא גלי כו' הרי גם כשנגמר הדבר בלב ומוח עדיין לא יוכל להבי' הדבר כלל בהתגלו' בדבור בפה ומכ"ש לעשות מעשה משא"כ כשבא הדבר מן הלב להתגלו' בדבור בפה אזי מיד נעשה המעש' ולא יחזור בו · ואמנם בדבר שנגמר בלב ולא יוכל לגלותו בדבור יוכל לחזור בו לגמרי מדבר זה ולהיות רוצה בהפכו כו' · וכך יובן למעלה כמו שאנו מוצאים בכמה מקומות בכתובים שחזר בו ה' מן הדבר שחפץ לעשות וכמ"ש וינחם ה' על הרעה כו' אע"פ שבודאי עלה דבר זה במחשב' במוח אבא ומשם האיר לבחי' המדות דאצי' הנק' לב אך לבא לפומא לא גלי ומאחר שלא יוכל להביאו לידי דבור העליון ממילא יכול גם לחזור בו ולהנחם על הרעה כו' משא"כ כשבא בדבור העליון הרי נאמר ההוא אמר ולא יעשה כו' וכן כתיב כן יהיה דברי אשר יצא מפי לא ישוב אלי ריקם כ"א עשה כו' וכן אשר נחתם בטבעת המלך אין להשיב כו' וד"ל ·

ויובן ענין זה בדרך משל אחר ממשל הטפה היורדת מן המוח שכאשר כבר נעקרה מן המוח אין להשיבה ותצא עד למטה ביסוד כו'·אך כאשר עדיין היא כלולה במוח יכול להסיח דעתו ולא תצא ותומשך למטה כלל כידוע · והנה מב' משלי' הנ"ל יובן עכ"פ שקודם שיגיע לסוף מעש' הולך ויורד הדבר בנחת ובהדרג' אך לאחר שבא לדבור הולך במרוצה לעשות מעשה כו' · ובכל זה יובן פי' השולח אמרתו פי' שליחות זאת הוא ירידת אור ושפע ממקור הראשון שהוא בחי' טפת אבא והולכת בנחת ממדריגה למדריגה וכמ"ש יום ליום מעוקא לעוקא כו' בכל חלקי י"ס דז"א עד שבא לבחי' המ"ל שנק' דברי אבל משם ולהלן יומשך השפע במרוצה כמ"ש ההוא אמר ולא יעשה כמו דבר המלך וגזירתו שמזרזין שריו ועבדיו לקיים מיד משא"כ השליחות שהמלך שולח להשר הולך בנחת ולא במרוצה כו' וזהו השולח אמרתו שהוא מבחי' מ"ל דאבא עד לבא דז"א אבל לפומא עדיין לא גלי הולך בנחת ואחר שבא לדברו שהוא בחי' מ"ל אזי עד מהרה ירוץ וד"ל :

הנותן שלג כצמר · הנה כתיב לבושיה כתלג חיור ושער רישי' כעמר נקא וזה הפסוק נאמר בדניאל בעתיק יומין כידוע ופי' עתיק יומין ידוע שהוא מלשון המעתיק הרים וכו' שהוא נעתק מבחי' יומין עילאין שמתלבשים באצי' · כי הנה ידוע דבחי' ז"ת דע"י מתלבשים בבחי' א"א · בחי' חסד דע"י מתלבש בגולגלתא דא"א והוא בחי' החוורתי כו' ובחי' גבורה דע"י מתלבש במ"ס דא"א וכו' אבל בחינת ג"ר דע"י מובדל ומרומם מבחי' ההתלבשות שבג"ר שבו שורה בחי' מ"ל דא"ק שהוא מ"ל דא"ס כו' · והנה באד"ר מבואר בפי' לבושיה כתלג חיור שלבוש זה היינו בחי' י"ג תיקוני דיקנא ע"ש ולכאורה יפלא זה הפי' מאחר דמפרש ללבושי בי"ג תיקוני דיקנא ששרשם רק מבחי' מ"ס דא"א והרי מבואר וידוע בע"ח בכמה דוכתי שבחי' חסד דע"י מתלבש בגלגלתא דא"א שהוא בחי' כתר שבכתר שלמעלה מבחי' מ"ס דא"א שהוא רק בחי' חכמה שבכתר וא"כ שער רישיה דגלגלתא גבוה מבחינת שערות דדיקנא ואיך אמר דלבושיה כתלג חיוור בשערו' דדיקנא והלא הלובן דשלג יותר עזה מלובן דצמר לבן כמו שמצינו בהרת עזה כשלג כו' והשאת כצמר לבן כו' וידוע סדרם שהשלג עזה בלובן ואחריו צמר לבן ואחריו סיד ההיכל כו' · ולפ"ז נמצא מובן דהל"ל מראה לובן השלג שהוא כתלג חיוור בשער רישיה דוקא שהוא בחי' חסד דע"י והאיך אמר שער רישיה כעמר נקא שהוא כצמר לבן שלמטה בלובן מן השלג הרי כל שהוא עז בלובן יותר · יותר מראה על בחי' החסדים וכידוע · אך הנה הענין יובן בהקדם פי' ענין שלג מהו דהנה כתיב על ראשי החיות רקיע כעין הקרח הנורא · ויש להבין ענין ההפרש בין שלג לקרח דהנה עצם השלג

הוא דק מאד מאד ועצמו וטבעו הוא מים ממש אך שנגלד קצת מפני האויר הקר ואמנם גילודו קלוש וחלש וע"כ הוא דק מאד לפי שבא סיבת גילודו ממעט קור ולזה בנקל מאד שימס והיה למים במעוט אויר חום כמו כשבא לארץ או כשיונח בכלי וכיוצא · אבל הנה הקרח גילודו עבה וגסה מאד עד אשר יהיה קרח עב כמה אמות וגם בקרח דק כאצבע הרי יסבול משא כבד לעבור עליו בעגלה כי קשה הוא כברזל כידוע · וכל זה הוא מפני ענין עוצם תוקף הגילוד כי נתקררו המים מאד מפני האויר הקר ביותר ונתעלמו המים ונתכווצו עד שנעשה כמו גשם עב וקשה מאד וקשיותו ביותר מורה על עוצם הכיווץ של המים כו' · ומבואר בזהר דרוח צפון אגליד מיא להיותו רוח קר ביותר ורוח דרום אשתרי מיא כי הוא רוח חם כו' · והנמשל מכ"ז יובן למשכיל למעלה בבחי' שלג העליון בהיות ידוע שהחכמה נקרא מים וכמ"ש בזהר בפי' אור מים רקיע כו' · והנה ענין הצמצום של החכמ' כשמתצמצם ומתעלם אורו הוא נמשל לדמיון השלג שהמים שבו נגלדו ונתעלמו כנ"ל · וענין הצמצום יובן ע"ד דמיון התלמיד היושב לפני רבו ללמוד ולהבין איזה שפע שכל מרבו שאז כששואלין אותו דבר חכמה לא יוכל להשיב מאומה אע"פ שיודע מה להשיב והיינו מטעם שיש בו בחי' הביטול בעצמותו באותה השעה שמקבל מרבו ע"כ לא יוכל להשפיע אז כי איידי דטריד למיבלע לא פליט · להיות כי הקבלה הזאת בעצמות באה דוקא ע"י בחי' ביטול עצמותו כנודע ולכך א"א לו להשפיע כי ההשפעה היא בחי' התפשטות למטה היפך הצמצום והביטול והיינו איידי דטריד למיבלע ולקבל בבחי' ביטול ע"כ לא פליט להשפיע לשואלו דבר כו' · ונמצא יש כאן ב' דברים · הא' הצמצום והביטול בעצמותו · והב' העדר התפשטותו למטה כו' · ואמנם מובן שאין העדר התפשטותו למטה מצד בחי' הצמצום האמתי שהוא במניעת רצון המשפיע אלא רק מצד בחי' הביטול והכיווץ אשר בעצמותו לקבל כנ"ל וד"ל · והדוגמא מזה יובן למעלה בבחי' צמצום שפע החכמה כמו כשנגלדו המים עד"מ כנ"ל דהיינו בחי' העלם וכיווץ שבעצמות החכמה ומחמת זה לא תתפשט למטה והוא מצד בחי' הביטול שבה לגבי עצמות המאציל שמשם נחצב מקורה וכמ"ש והחכמה מאין תמצא וכדמיון המים שאע"פ שמטבע המים לירד מגבוה לנמוך כידוע מ"מ בסבת הקור יגלדו כנ"ל · וענין הגלד היינו בחי' העדר ההתפשטות בלתי ירדו מגבוה לנמוך כו' וסיבת העדר התפשטות זאת באה מצד בחי' הכיווץ אשר נעשה במים מחמת אויר הקר ביותר כנ"ל וד"ל · ומזה יובן איך שמתגבלות חכמה שלמעלה שבאלקות נמשך כמה מיני שפע חכמה בעולמות עד שבעולם שלנו יש מציאת חכמה גשמית כמו חכמת הניתוח באיברי האדם באופן מהלכם שהיא חכמה גדולה והיא ירדה מלמעלה מאין ליש מבחי' חכמה שבמ"ל דעשי' שבתוכה מלובש חכמה שבמ"ל דאצי' שבה מלובש חכמה דאור אבא שמקבל מבחי' ח"ס דא"א כמ"ש והחכמה מאין תמצא כידוע · והענין הוא כי ע"י בחי' צמצום וכיווץ החכמה הרי מתעלם ומתכווץ בענין שיתהווה בחי' חכמה גשמית מחכמה רוחנית והוא כדמיון השלג שימס והיה למים אחר העלמו בתחלה שהוא בא בשינוי המהות כו' וד"ל · ומעתה יש להבין בהפרש אשר בין שלג לקרח כנ"ל כי הנה בחי' השלג הוא רק צמצום קטן בערך צמצום הקרח ע"פ המבואר למעלה בענין הקרח שהוא ענין הגלד העב וקשה כו' שזהו בא מצד עוצם הכיווץ הגדול כו' : כך יש למעלה בבחי' צמצום וביטול כמו משל דאיידי דטריד למבלע כנ"ל שהוא בטל כ"כ שהוא בא בבחי' עוצם ותוקף כ"כ עד שיתעלם לגמרי כל בחי' החכמה והוא מ"ש בזהר דרוח צפון אגליד מיא פי' בחי' הגבו' דצפון שהוא כדמיון אויר הקר המקרר ומגליד המים ולפי תוקף הקור כך תוקף הגלד כנ"ל וד"ל · ולהבין כל זה בתוס' ביאור הנה יובן דוגמתו ממה שמצינו במשה שהיה כבד פה וכבד לשון וידוע הטעם שהוא מפני שהיה בו בחי' הביטול בתכלית כמ"ש ונחנו מ"ה והוא בחי' מ"ה שבחכמה ומצד עוצם בחי' הביטול לא היה יכול להתפשט למטה לבא לידי גילוי בדבור בפה ולכך היה כבד פה וכבד לשון וכנ"ל במשל התלמיד היושב לפני רבו כו' וד"ל :

וזהו על ראשי החיות רקיע כעין הקרח הנורא פי' כדי שיתהווה מציאות התפעלות המדות או"ר וכיוצא מבחי' החכמה צריך להיות ע"י בחי' צמצום והעלם באמצע והוא בחי' הקרח אשר על ראשי החיות · כי החיות הן בחי' המרכבה לפני אריה פני שור כו' שהוא בחי' המדות וידוע שאין ערך כלל בין מהות המדות עם מהות השכל כו' אך ע"י שנתצמצם השכל בבחי' פרסא כעין הקרח (והוא מיצר הגרון שבו מתעלם השכל תחלה בבואו להאיר בלב וכו' וד"ל) אזי יבא אור תולדות המדות מן השכל וע"ד דמיון מבשרי אחזה כו' כמו חצר הכבד שמפסיק בין איברי הנשימה לאיברי המזון · והנה איברי הנשימה כריאה ולב המה דקים ביותר אבל איברי המזון כקיבה וכרס המה גסים הרבה מהם כידוע · ולכאורה אין לזה השינוי טעם שהרי הקנה והושט שבריאה ולב וכו' המה עצמם הוא שמתפשטים אח"כ בכרס וקיבה וכידוע אך מפני סיבת הפסקת חצר הכבד נשתנה מעלת ומדריגת רוחניות הקנה והושט מכמו שהוא בלב וריאה בבואם לכרס וקיבה כו' · והנמשל בדוגמא יובן למשכיל למעלה בענין שינוי מהות משכל למדות וכיוצא שהוא בא מפני סיבת הפסקת בחי' הפרסא שנק' קרח וזהו ועל ראשי החיות שהן בחי' מדות כעין הקרח הנורא שהוא בחי' הפרסא המבדלת לשנות המהות מחכמה למדות כנ"ל וד"ל · (והיינו מ"ש בהאד"ר דהאי פרסא נטיל לג' הגשמות כו' וכמ"ש בת"א וד"ל) · וזהו כעין הקרח כי אותיות קרח היינו אותיות חרק וידוע שהחירק נקודה א' שתחת אתוון והוא בחי' הביטול במציאות והעדר

ההתפשטות

התפשטות כנ"ל כדמיון הקרח הגשמי ממש וד"ל · והנה יש כמה מיני מחיצות והבדלות שנק' פרסא כידוע כי כמו הפרסא שבין בחי' השכל למדות כך יש בחי' פרסא בין המדות דאצילות לבי"ע· כי הנה אנו רואים שהמדות בלב המה לפנים ונעלמים ומתגלים בדבור לזולתו והרי אותיות הדבור עצמם ומהותם רחוק ונבדל ממהות השפעות איזה מציאות דבר מה כאהבה ויראה וכיוצא שהרי הם רק בחי' דומם כידוע אך שהאותיות הם בחי' פרסא להבדיל האור של המדות ולהעלימם מלד היותם בחי' דומם כנ"ל ונקראו גם הם בחי' קרח על ראשי החיות · אלא שיש ב' מיני מדריגות בחיות הקדש הא' הנקרא בזוהר חיוון עילאין והן בחי' מדות דאצילות והב' חיוון תתאין שבבי"ע כמו מחנה מיכאל ומחנה גבריאל כו' שתחת בחי' ת"ל וכמ"ש והחיות נושאות כו' וכידוע שבחי' מדות דאצילות שהן חג"ת שהאבות היו מרכבה להם נק' מרכבתא עילאה וד' מחנות דמיכאל וכו' נק' מרכבה תתאה ובשניהם יש על ראשי החיות כעין הקרח שהוא כמו בחי' ב' פרסות הנ"ל שבין שכל למדות ובין מדות לבי"ע כו' · וידוע דגם באצי' עצמו יש ב' מדריגות כאלה דהיינו בחי' פנימיות ובחי' חיצוניות כי עולם האצילות מאחר שנק' עולם הרי כלול מכל מה שיש בעולם הגשמי דהיינו ד' חלקי דצח"ס ובכלל הוא אור וכלי ולבוש והיכל כמ"ש כתפארת אדם לשבת בית וא"כ בחי' היכלות דאצילות נק' חיוון תתאין בערך בחי' פנימיות האורות דאצי' שנק' חיוון עילאין · וכמו שיש בחי' פרסא בחיצוניות האצילות להבדיל ולשנות ממהות למהות כמ"כ יש בחי' פרסא בבחי' הפנימיות דאצילות להבדיל כו' · והנה בחי' הפרסא בפנימיות היינו מ"ש מבטן מי יצא הקרח פי' מבטן מי הנה ידוע דפי' מי היינו בחי' בינה דאצי' כמ"ש מי מדד כו' והוא מי דקיימא לשאלה כמ"ש בזוהר בכמה דוכתי להיות כי הבינה בבחי' יש כו'· והנה ידוע בע"ח דמבחי' שליש התחתון דת"ת דאימא נעשה בחי' כתר לז"א והיינו מ"ש בעטרה שעטרה לו אמו כו' מפני שנעשה השליש זה התחתון בבחי' כתר לז"א על ראשו דהיינו בבחי' עטרה על הראש ככתר ונזר ממש שהוא בחי' מקיף על הראש · והנה העטרה הזאת היא כמו בחי' פרסא ממש אחר שמונחת על הראש ומכסה אותו כו' כך הנה בחי' ת"ת דאימא נק' בטן מי כידוע דתרין דרועין נק' חו"ג וגופא הוא ת"ת ועיקר אמצעית גופא היינו הבטן וזהו מבטן מי שהיא בחי' ת"ת דאימא משם נמשך בחי' כתר לז"א והוא בחי' הפרסא להיות ע"ג המוחין דז"א כמו בחי' קרח כנ"ל להבדיל ולשנות המהות מפני שאין ערך כלל בין שכל בינה למדות שנק' ז"א וכנ"ל וזהו מבטן מי יצא הקרח שהוא בחי' הכתר לז"א שנק' בחי' הפרסא כדמיון הקרח שע"ג ראשי החיות כנ"ל וד"ל · והנה מבואר באד"ר ההפרש בין שערות דדיקנא לשערות דרישא דשערות דדיקנא תקיפין אינון ושערות דרישא שעיעין · והענין הוא כי הנה השערות דדיקנא נק' לבוש כמ"ש לבושיה כתלג חיור והן שערות דדיקנא כמ"ש באד"ר כמו משל הלבוש שהוא בבחי' לבוש נפרד ונבדל מעצמות האדם לגמרי שברצונו פושטו מעליו כידוע משא"כ בחי' שערות הראש הגם שהן בחי' שערות ומותרין מ"מ יש להם חיות ויניקה מבחי' פנימיות המוחין שבראש והם יותר בבחי' עצמיות וע"כ הן שעיעין כלו' שכולם בחי' רחמים פשוטים כי בבחי' גלגלתא עצמה כולו חסד וטוב כידוע· והיינו בחי' חסד דע"י שמאיר בגלגלתא אבל בחי' שערות דדיקנא להיות כי שרש ענינם הוא לאכפי' לדינין ולהמתיקם כמו נושא עון וכו' וידוע שאין מיתוק הדין אלא בשרשו כו' ע"כ ממילא מובן שבחי' השערות דדיקנא יש בהם מבחי' הגבורות · ואמנם אינם בחי' גבורות ממש כמו גבורות שלמטה הנמשכים מן המדות שהוא בחי' צמצום ודין ממש שנק' גבורות אלא הם בחי' גבורות ממותקות בחסדים והיינו שממתיקין כל דין וצמצום·וזהו שאמר דתקיפין אינון פי' בכללות בחי' חו"ג שבהן בשניהם הן בבחי' התוקף כי בבחי' החסד באין בהתגבורת גדולה והיינו שהן לבינ' עזה כשלג דוקא כמ"ש לבושיה כתלג חיור לפי שבאים להמתיק דינין שלמטה צריכים דוקא להיות בהתגבורת החסדים בחסדים חזקים ביותר משא"כ שערות הראש שנק' עמר נקא אינו צריך להיות לבן כשלג כי אין באין להמתיק דינין שהרי הן למעלה מי"ג מדה"ר כידוע בפי' ב' הוי"ה שלפני י"ג מדה"ר אל רחום וחנון כו' שהן בחי' ב' פיאות הראש שהן בחי' שערות דראש שתלוין ונמשכים למטה ומהם נמשך שרש המשכות י"ג מדה"ר כמו אל רחום כו' וד"ל· ובכלל זה מתורץ הקושיא הנ"ל למה אמר כתלג חיור בי"ג תיקוני דיקנא הגם שבחי' גבורה דע"י מלובש שם כנ"ל כי הרי הן באין להמתיק דין וז"ש אם יהיו חטאיכם כשנים כשלג ילבינו (ואם יאדימו כתולע בלבד כצמר יהיו כו' וד"ל) משא"כ בחי' שערות הראש הגם ששרשם מבחי' חסד דע"י א"צ להיות לבנים כ"כ אחר שאינן באים להמתי' דינין וז"ש ושער רישיה כעמר נקא בלבד וד"ל:

וזהו הנותן שלג כצמר · פי' זה בא לומר בכלל השבחים שמספר שנותן השלג שהוא למטה במדריגה שיהיה כצמר שהוא למעלה במדריגה · כי הנה מבואר למעלה די"ג מדה"ר הם בבחי' השלג שהוא בחי' צמצום וכווץ המים אך הוא בחי' צמצום קטן בערך צמצום הקרח מטעם הנ"ל שבאים להמתיק דינין וגם להיות ידוע שהחכמה דאצילות הנקרא מים שיורדין ונמשכים כו' בהתפשטות הנה שרשם בא ונמשך מבחי' ח"ס הנ"ל כח המשכיל שלמעלה מן השכל ונקרא מקור החכמה כנודע · ולהיות שאין ערך בינו לבין החכמה דאצילות צריך שיומשך מבחי' ח"ס ע"י צמצום השלג בתחילה עד שיתהווה ממנו בחי' חכמה דאצי' וכמ"ש והחכמה מאין תמצא · וידוע דאור אבא יונק ממזל הח' דנצר שהוא מי"ג תקוני דיקנא שעליהם אמר לבושיה כתלג חיוור כנ"ל · ואמנם הנה מבואר למעלה דבחי' שערות הראש גבוהים

כְּפוֹר כָּאֵפֶר יְפַזֵּר : מַשְׁלִיךְ *קַרְחוֹ
כְפִתִּים לִפְנֵי קָרָתוֹ מִי יַעֲמֹד : יִשְׁלַח
דְּבָרוֹ וְיַמְסֵם יַשֵּׁב רוּחוֹ יִזְּלוּ־מָיִם :

*ג"א קָרְחוֹ

מגיד

הרבה מבחי' שערות דדיקנא להיותם יותר בבחי' עצמיות וגם מיעוטם שהן בחי' צומח עכ"פ והרי י"ג מדה"ר הם בחי' דומם בלבד שהרי נמשלו לבחי' שלג כמ"ש כשלג ילבינו והשלג הוא בחי' מים עכ"פ שהן בחי' דומם שלמטה מן הצומח · ולבד טעם ענין הנ"ל שערו' הפיאות מקור ושרש הם לבחי' הי"ג מדה"ר · ולכל זה הוא אומר דאעפ"כ הוא יתברך נותן שלג להיות במעלת הצמר דהיינו שמתעלים בחי' י"ג מדה"ר שנמשלו לשלג כמ"ש לבושיה כתלג חיור להיות במדריגו' בחי' שער רישיה שהוא כעמר נקא שהן גבוהים הרבה כנ"ל שבחי' חסד דע"י מאיר בגלגלתא שהוא בחי' כתר שבכתר כו' וזה השבח בא לומר שהוא ענין דבר חידוש ונפלא שיהיה בבחי' שלג בחי' עצמות ההארה מאור א"ס כמו בצמר דעמר נקא כנ"ל וד"ל :

כפור כאפר יפזר · פי' כפור הוא כמו הקרח אלא שהקרח עב וגם ביותר כנ"ל והכפור הוא דק ולהיות שדיבר תחילה בבחי' שלג שהוא בחי' צמצום קל מאוד שבא ממעט קור ובמעט רגע ימס והיה למים כנ"ל עתה מדבר בבחי' הממוצע שבין השלג והקרח והיא הכפור שאינו עב וקשה כקרח אלא הוא דק וקלוש אבל אינו דק כ"כ כשלג מפני שבא מסיבת הקור אשר בבקר ובהחם האויר מן השמש גם הוא ימס והיה למים וכמ"ש במן דק ככפור על הארץ משמע שהכפור הוא דבר גלוד כקרח אבל הוא דק על הארץ וכתיב בו וחם השמש ונמס כו' · וגם הברד הוא גלד עב הרבה מן הכפור כי הרי הברד גלדו קשה ועב יותר ממנו ונמצא בבחי' הממוצע הזה שנקרא כפור ג"כ יש בחי' הצמצום וההעלם אלא שהוא בחי' צמצום קל יותר מן הקרח הנקרא פרסא ולגבי בחי' השלג הוא צמצום קשה יותר כו' · ואמר שהכפור הזה כאפר יפזר פי' כאפר היינו אל"ף פר והן רפ"ח ניצוצים דתהו שנפלו בבי"ע שנתפזרו כדמיון פיזור פירורי האפר וכמ"ש אתה פוררת בעוז ים וכמ"ש במ"א · וענין אפר א' פר כשנתתקו הניצוצין בחכמה שנק' אל"ף וכמ"ש במ"א בענין אפר פרה אדומ' באריכות וגם כאן הוא אומר דכפור הנ"ל מחלק הוא לחלקים קטנים ופירורים דקים ביותר כדמיון פיזור האפר הנ"ל וזהו כאפר יפזר והוא משבח זה בשבחי דמאציל העליון להיות כי זהו חסד גדול למעט גם הצמצום דכפור בהתחלקו' לחלקים ופירורים דקי' ולא יצא לידי צמצום גדול כקרח וד"ל :

משליך קרחו כפתים · פי' עוד יש שבח בחסד העליון שגם בצמצום הגדול שנק' קרח שהוא כמו בחי' פרסא להבדיל ולהעלים האור לגמרי כנ"ל בפירוש ועל ראשי החיות רקיע כעין הקרח כו' הנה הוא משליך את קרחו לפררו ולשברו על ידי השלכה זאת להיות כמו פתים דקים וכמו פתות אותה פתים שנאמר במנחה שהעני הוא ההתחלקותן לחלקים קטנים כפרורי הפת כידוע · וגם זה מגד הסד העליון שלא יהיה בחי' צמצום הקרח בגלד גדול אלא בבחי' חלקים קטנים כפירורי הפת בלבד · וזה החסד גדול מכולם שהרי גם לאחר שנעשה קרח גדול יחלקנו בהשלכה כמ"ש משליך קרחו כפתים כו' וד"ל :

לפני קרתו מי יעמוד · פירוש מי הוא בינה כמ"ש למעלה בפי' מבטן מי יצא הקרח כו' והנה הגם שהקרח הוא בא מבטן מי דבינה כנ"ל עכ"ז מפני טעם זה עצמו הוא הגורם שיהיה כל המתקות הדינין בבחינת הגבורות דבינה דוקא כידוע שאין מיתוק הדין אלא דוקא בשרשו וידוע דבינה דינין מתערין מינה מטעם צמצום הקרח כו' וזהו לפני קרתו עד שבא בבחי' הצמצום כגלד הקרח מחמת תוקף הקור שבצפון שהוא בחי' הדין כנ"ל ברוח צפון דאגליד מיא כו' מ"מ בחי' מי דבינה יעמוד בפני הדינין להמתיקם (כמבואר במ"א בפי' הפסוק אם עונות תשמר יה בחי' אד') מי יעמוד להמתיק כו' ומעתה פי' לפני קרתו כלומר גם לפני קרתו בתוקף הדינין שמתעוררים מרוח צפון כנ"ל הנה מ"מ מי יוכל לעמוד גם בפני הקור הגדול הזה ולהמתיקו וד"ל :

ישלח דברו וימסם ישב רוחו יזלו מים · פירוש ישלח שולח מלפניו בבחי' הרחקה למטה מטה כמו שלח לחמך ע"פ המים כו' · והענין הוא כי עד עתה דיבר בבחי' הצמצומים דשלג וכפור וקרח איך שהוא עושה חסד בהם לחלקם לחלקים כו' ומעת' בא לשבח עוד בחסד המאציל שגם לאחר בחי' הפירור כנ"ל הנה עוד יעשה חסד שיגלה בחינת אורו העצמי על הכפור והקרח וימסו עי"ז והיו למים בבחינת חסדי' ממש היורדין מגבוה לנמוך כו' · ופי' דברו יתפרש בב' מדריגות אם בבחי' מ"ל דאצי' שממוצע בין האצילו' והבריאה והיא למעלה מבחינת הקרח הנטוי על ראשי החיות שבהגלות נגלות הארה יתירה ממ"ל דאצי' אז מתילא ימס הקרח והיה למים דהיינו שיבא בבחי' ההתפשטות אור השג' שכלית במלאכי' וחיות ולא יעמוד עליהם כקרח הגלוד כו' · וכמ"כ יתפרש בבחי' מ"ל דא"ק המתווצע בין המאציל לנאצלים ג"כ כאשר ממנה יבא אור נגלה מתילא ימס בחי' הקרח דשם וזהו ישלח דברו שהוא בחינת מ"ל דאצי' או מ"ל דא"ק וימסם · והנה לאחר שאמר ישלח דברו אמר ישב רוחו כי יש ב' מדריגות קול ודיבור וידוע שהרוח גבוה מן הדבור כי

הרוח

מגיד דברו° ליעקב חקיו ומשפטיו לישראל: לא עשה כן | לכל-גוי ומשפטים בל-ידעום הללויה: הללויה | הללו את-יהוה מן-השמים הללוהו במרומים:

°דבריו קרי

הרוח היינו בחינת הבל הלב שממנו נמשך הדבור · וכמ"כ עד"ז יתפרש כאן דמאחר שמן הדבור כבר נמס הקרח והכפור והיו לבחינת מים בחסדים מגולין אזי מחמת בחינת רוח הבל הלב מקור הדבור יעשה בהמים עוד דבר חדש ונפלא יותר דהיינו מה שיהיה מהם הולה למטה· והוא בחינת ירידת אור ושפע עד למטה וכמ"ש ונוזלים מן לבנון מפא"כ בסיבת הדבור לא היה רק ההמסה בלבד אבל לא ניזולו ממקומם למטה כו' ואם פי' דברו במ"ל דאצי' יתפרש רוחו בבחי' ז"א ואם דברו בבחי' מ"ל דא"ק יתפרש רוחו בבחי' מ"ה דא"ק כו' כי בכל מקום יש בחי' קול ודבור שהן בחי' מ"ה וב"ן כנודע · וזהו ישב רוחו יזלו מים כו' וד"ל מלשון יזל מים מדליו טיף טיף כענין גבורות גשמים בטיפין דקים שלא יהיה שטף מים רבי' שלא יוכל כלי המקבל להכילנו כידוע :

מגיד דבריו ליעקב חקיו ומשפטיו לישראל · פי' אחר שניזולו מי החסדים העליונים כנ"ל מה נעשה מהם למטה הנה לזה בא לפרש שנמשך מהם שרש לחכמ' שבתורה שלמטה כמארז"ל נובלות חכ"מ תורה וזהו פי' מגיד לשון המשכה מתהות למהות שלא בדרך עילה ועלול כו' · ומגיד זה הוא חסד נוסף על הולת המים כו' · והנה יש בתורה פנימיו' וחיצוני' נגלה ונסתר כמ"ש בזהר דאורייתא' סתים וגליא ובחי' הפנימיו' שבה נקרא חוקיו ומשפטיו שנמשכי' לישראל דוקא כי ישראל יש"ר א"ל הוא בחי' פנימיות המוחין דז"א כנודע · ובחי' החיצוניות נמשך ליעקב שהוא י' עקב בבחי' עקב ואחוריים דאבא משא"כ ישראל הוא מבחי' פנימית אבא כמ"ש בני בכורי ישראל ברא בוכרא כו' וכידוע · וזהו מגיד דבריו ליעקב חיצוניו' התורה וחוקיו ומשפטיו לישראל בחי' פנימית התורה והכל נמשך מהזלת מי חסדים העליוני' כנזכר לעיל וד"ל :

לא עשה כן לכל גוי · פי' כי דוקא יעקב וישראל מקבלים חכמת התורה בפנימיות וחיצוניות מהזלת חסדים העליונים כנ"ל להיות כי ישראל שרשם בבחי' קו האמצעי דת"י ואין מקום ושרש יניקה לחיצונים כלל מבחי' קו האמצעי כנודע דבב' קווין יש יניקה לחיצונים כענין אברהם שיצא ממנו ישמעאל כו' אבל יעקב נקרא בריח התיכון כו' לא יצא ממנו שום פסולת גם בסופו של קו האמצעי שהוא בחי' יסוד שהיה מקום ליניקות החיצונים מבחי' קליפת הערלה שביסוד אך ע"י מצות מילה הרי נכרתת קליפת הערלה וא"כ אין לחיצונים מקור ושרש אחיזה כלל בקו האמצעי · ולהיות כי התורה ג"כ בבחי' קו האמצעי ע"כ לא ניתנה רק ליעקב וישראל דוקא ולא עשה כן לכל גוי כי שרשם רק בב' קווין ולא בקו האמצעי כנ"ל וד"ל · וזהו לא עשה כן לכל גוי · פי' שלא נמשך להם החסדים הנ"ל להיות מהם חכמת התורה ומטעם הנ"ל וקאי על· כל המעשה שעשה שנתן שלג כאמר וישלח דברו כו' · שכל זה אינו עושה לכל גוי רק לישראל בלבד מטעם הנזכר לעיל ומתילא אין לגוים התורה אלא משפטים בל ידעום פי' בל ידעום לא בבחי' הפנימיות ולא בבחי' החיצוניות כו' וד"ל :

הללויה הללו את ה' מן השמים הללוהו במרומים כו' · הנה פי' שמים ידוע שהוא בחי' ז"א דאצי' להיותו כלול מחו"ג שהן אש ומים וזהו שמים אש ומים · והנה בתיבת שמים יש תיבת מים בשלימו' אבל מתיבת אש אין בו רק אות השין בלבד · והענין הוא בהיות ידוע שבחי' ז"א רובו מבחי' החסדים וכמ"ש בע"ח בפי' כי זכר חסדו שבחי' דכר עיקרו מבחי' החסדים דאבא · וכנראה בטבע הזכר נוטה לחסד יותר מן הנקבה שמלאה דינין ורוגז כו' · וע"כ נק' שמים כלומר מפני שעקרו בחי' מים מבחי' מי החסדים כו' · והטעם הוא כי בחינ' ז"א היינו בחי' המדות דאצילות חג"ת כו' שהמה עיקר המשפיע לעולמות הנפרדי' בי"ע כנודע וכל השפעה נ"ל מבחי' החסד וז"ש כי אמרתי עולם חסד יבנה · וכמ"ש במ"א וד"ל · והנה פירוש הללויה מבואר למעלה שהוא ענין הבהקת אור דוקא כמו בהלו נרו ופי' הללו לי"ה היינו לבחי' אורות דאו"א שהן אותיו' י"ה והבהק' האור בהן היינו מהארת אור א"ס כידוע· ומה שאמר הללויה הללו את הוי' רצונו בזה לומר עוד בשבח והילול אור א"ס בזו"א ע"י שיהללו שם הוי' מן השמים ע"י שימשיכו תום' גילוי אור א"ס גם בבחי' מוחין דזו"א שמלובשים בז"א שנק' שמים כנ"ל וכילד יהיה זה לכך אומר הללו את הוי' שהוא מוחין דזו"א מן השמים ע"י בחי' ביטול דמדות עליונות כמ"ש לך הוי' הגדולה והגבורה והתפארת כו' הנק' שמים וזהו מן השמים כי הרי מגד עצמות אור א"ס לאו דאית בי' מכל אינון מדות כלל כידוע וד"ל :

הללוהו במרומים · פי' מרומים היינו בבחי' מ"ל דאצי' כשמסתתרת בבריאה שאז נקרא מרום כמ"ש שאו מרום עיניכם כי ידוע ההפרש בין שמים למרום שהשמים הן עצם השמים וכמ"ש כעצם השמים לטוהר אבל המרום הוא מה שנראה מן השמים לעין הרואה העומד

למטה

הַלְלוּהוּ כָל־מַלְאָכָיו הַלְלוּהוּ כָּל־צְבָאָו: הַלְלוּהוּ שֶׁמֶשׁ וְיָרֵחַ הַלְלוּהוּ כָּל־כּוֹכְבֵי אוֹר:

צבאיו קרי

לתטה שאינו רואה כלל בעצם השמים אלא רק במה שנתפשט הארתו במראה לעין · ולהיות כי השמים גבוהים מאד מאד כמ"ש כגבוה שמים על הארץ כו' ולכך נקרא מרום לעין הרואה כי לעולם רוממותו אינו נראה ומושג (עצמו ומהותו) ולשון מרום לשון גובה ורום בלבד כלומר שהוא רם למעלה מן הראיה וזהו שאו מרום כו' וכן כל לשון מרום · וא"כ פירוש מרום אינו מדבר רק באופן התגלו' מראה השמים לעין האדם למטה שהוא מרום ממנו בלבד כנ"ל · אבל עצם השמים כמו שהן לא שייך לקרותו מרום אחר שאינו נושג כלל וכלל לעין האדם כו'. וכך יובן למשכיל למעלה כי בחי' שמים שהוא בחינת ז"א דאצי' מאחר דבאצילות הרי אמרו דאיהו וחיוהי וגרמוהי חד בבחי' א"ס להיות כי שם אין בחי' פרסא מפסיק עדיין להארת הקו כו' הרי אין לנבראים שנמשכו מאין ליש מבחי' מ"ל לאחר שבוקע המסך כו' שום השגה ותפיסה שם שיתכן לקרותו מרום מהם כו' אלא נקרא שמים כמו עצם השמים למטה כנ"ל· אך בחי' מ"ל דאצילות לאחר שבוקעת המסך ומהוו' מאין ליש בעולם הבריאה נק' בשם מרום · וע"ז אמר שאו מרום עיניכם וכיוצא להיות קרוב יותר עליהם בבחי' מקור ושרש עכ"פ אלא שאינו מושג להם בהשגה כי איכות ההתהוות יש מאין מכח האלקי לא מושג לשום נברא גם לנשמות ומלאכים העליונים דבריא' · וכמ"כ בחי' מ"ל דבריאה נקרא מרום לגבי עולם היצירה כו' כי הרי באמת א"א להשיג בהשג' איך יתהווה יש מאין מכח האלקי הבלתי ב"ג כו' · וזהו הטעם שבדרך כלל נק' עולם הבריאה חשך ועולם היצירה אור וכמ"ש יוצר אור ובורא חשך כו' כי החשך הוא בחי' העלם ההשגה באיכות התהוות יש מאין כנ"ל וד"ל וזהו הללוהו במרומים גם בבחי' מרום דהיינו בבחי' העלם דבריאה שנק' מרום כנ"ל גם שם יהללו לי"ה שיומשך גם שם הארת אור א"ס ע"י בקיעת המסך והפרס' כו' והיינו כסדר ההשתלשלות מתחילה הללוהו מן השמים באצי' ואח"כ במרומים כו' וד"ל:

הללוהו כל מלאכיו · פי' מלאכיו הוא בבחי' עולם היצי' כמ"ש בסידור דד' עולמות אבי"ע הוא מרמז בד' שבחי' הללו שמים ומרומים ומלאכיו וצבאיו כו' · דהנה פי' יצירה ידוע שהוא עד"מ הציור שמציירין בכסף גולמי לעשותו כלי בית קבול בציורין נאין שבהיותו עדיין בחומר גולמי לא היה ניכר ונגל' בו כלל כל מה שיש ביופי הכסף אך כשציירוהו נגלה יופיו וכל עצמו וכו' · וכך יובן בענין כל חומר וצורה שהצורה הוא גילוי החומר ההיולי וכמ"כ בחי' אותיות הדבור מגלה מלפון המחשבה שנקרא בחי' הוי' בערך הדבור · ועכ"כ יובן גם למעלה שעולם הבריאה שנק' אותיות המחשבה עלמא דאתכסיא הוא בחי' חשך וכמ"ש ובורא חשך כו' וכנ"ל · ואמנם עולם היצירה הוא אור להיותו גילוי הבריאה כצורה לגבי החומר ההיולי כו' והן בחי' אותיות הדבור שנקרא עלמא דאתגליא כמ"ש בדבר ה' ורוח פיו כו'· והוא מה שאמר כל מלאכיו שהן בבחי' היצירה שלמטה מבחי' מרומים דבריא' וכמאמרז"ל בריש' חשוכא והדר נהורא וכמ"ש יוצר אור ובורא חשך וכנ"ל וד"ל · אך הנה הטעם שנק' מלאכיו ביצירה דוקא הענין הוא כי פי' מלאך הוא מלשון שליחות כנודע ובהיות שבחי' היצירה אינו הלא כמו השליח שמביא דבר בהתגלות בלבד ואין לו מצד עצמו כלום כו' וכך בחי' היציר' הוא בחי' גילוי ההעלם בלבד כנ"ל ע"כ נק' מלאכיו ביצירה · ובאמת הנה יש בזה ביצירה יתרון מעלה מעולם העשיה להיותם בבחי' הביטול בתכלית מצד עצמם כמשל השליח וכך המלאכים דיציר' הינם רק בחי' שלוחים להתגלות השפע מן בחי' ההעלם דבריאה כנ"ל· והמופת לזה שהרי גם בחי' המ'ל דאצילות מקור כל הג' עולמות בהיותה בבחי' אצילות עדיין נקרא רק בשם מלאך כידוע בזהר בפירוש המלאך הגואל כו' דשכינת' כד איהי שליחא כו' אקרי מלאך בהיות ידוע שכל עיקר בנין המ"ל בבריאה בע"ס הוא רק מבחי' מלכות דז"א כמו מבחי' מ"ל דכתר דז"א נעשה בחי' כתר שבמ"ל ומבחי' מ"ל דחכמה דז"א נעשה בחי' חכמה שבמ"ל כו' וכמ"ש בע"ח · וא"כ הרי כל בנינה למטה במהות בפ"ע הוא רק בבחי' שליחות מז"א בלבד ולכך נק' מלאך בבחי' אצילות דוקא כי שמה מקבלת עדיין מבחי' מלכות דז"א כדמיון השליח המקבל דברים ממשלחו · וכשבא אל המשתלח או נעשה יש ודבר כאילו אומר דבר עצמו כו'· ולפ"ז בחי' מלאך גבוה מצד בחי' הביטול שבו כשמקבל שליחותו וא"כ בזה יש יתרון מעלה במלאכים דיצירה על מלאכים דעשיה שהמלאכים דיצי' הן בבחי' הביטול לקבל מבחי' העלם דבריאה משא"כ המלאכים דעשיה הן מהות יש ודבר בפ"ע · וזהו הללוהו כל מלאכיו תחלה ואח"כ הללוהו כל צבאיו דעשיה כי פי' צבא הוא חיל המלך שאינם עומדים לפניו לעשות שליחותו הלא יוצאין בצבא כו' והמה כמו הע' שרים דעשיה וכל כוכבי' ומזלות דע' גלגלים שמקבלים מבחי' מ"ל שבמ"ל דעשיה כידוע וד"ל:

הללוהו שמש וירח הללוהו כל כוכבי אור · הנה עד כאן דיבר מלמעלה למטה איך שהמשכת גילוי אור א"ס בהבי"ע בא כסדר תחילה באצילות ואח"כ בבריאה ואח"כ ביצירה עד עשיה שנקרא צבאיו כנ"ל · ומעתה מתחיל לדבר מלמטה למעלה בבחי' העלאה איך שהעשיה

מתכלל

מתכלל ועולה ביצירה ואח"כ שניהם יחד עולין בבריאה ומבריאה עולה לאצילות ומאצילות אל עצמות המאציל כו' עד עצמות אור א"ס ב"ה · וזהו הללוהו שמש וירח פי' שמש וירח הוא בחי' ז"א ונוקביה כי ידוע בזהר בפי' שמשא וסיהרא שהן בחי' זו"נ שנקראי' מאורות הגדולים בתחילה ואח"כ הלבנה מיעטה א"ע כו' וכך בחי' מ"ל נעשית ראש לשועלים כנודע · והנה ידוע בזהר דאור אבא מקנן באצי' ואימא דאצי' מקננת בכורסייא וז"א דאצילות ביצירה ומ"ל בעשיה כו' והמה ד' אותיות הוי"ה בכלל. יוד באצילות הא בבריאה כו' · ואח"כ הרי בחי' ז"א דאצי' ביצירה נקרא שמש ובחי' מלכות בעשיה נקרא ירח · כמו שבחי' ז"א דאצי' באצי' נקרא שמש כך כשהוא מקנן ביצירה נקרא שמש · וכן המ"ל בהתלבשותה בעשי' נקרא ירח והוא בחי' זו"נ דיצירה בכלל כאשר בחי' העשיה עולה וככלל ביצירה בעליות העולמות כמו בשבת (וכיוצא בזה בחול בא"י כו') · ובהיות שהתחיל לדבר כאן בעליות העולמות אמר הללוהו שמש וירח דהיינו העלאת בחי' זו"נ דיצירה כאשר בחי' העשיה נכלל ועולה ביצי' · וביאור הדברים מובן מתוך הנ"ל בפי' צבאיו שהן בחי' נפרד משא"כ מלאכים דיצירה שהן בבחי' הביטול וכאשר מלאכי' דעשיה עולין ביצי' המה באין בבחי' הביטול · והיינו מ"ש והיה מדי חדש בחדשו ומדי שבת בשבתו יבא כל בשר להשתחוות לפני אמר ה' כו' שהוא נשמות ומלאכים דעשי' אשר בגן עדן דעשיה שעולין ביצי' בכל חודש ושבת דוקא וכללות העלאת יצירה ועשי' הוא בבחי' זו"נ הכולל כולם כשעולין והיינו הללוהו שמש וירח וד"ל:

הללוהו כל כוכבי אור · פי' עתה מדבר לאחר העלאות זו"נ דיצירה בבריאה כנ"ל אמר עוד בחי' עליי' יותר מבריאה לאצי' · והענין הוא כי הנה מבואר למעלה דהבריאה נקרא חשך ולא אור כמ"ש ובורא חשך והיינו משום דאימא מקננא בכורסייא שהוא בריאה ובחי' אימא נקרא עלמא דאתכסיא שאינו מושג כמו המחשבה שהיא בהעלם כנ"ל· אך כאשר יעלה אור הבריאה בבחי' האצילות אזי יבקע אור בבריאה בבחי' הארה מצומצמת עכ"פ והן הכוכבים שבבריאה שנקראי' כוכבי אור כלומר אור דאצי' שבוקע הפרסא ומאיר בבריאה כדמיון הכוכבים שמאירים כו' והיינו בבחי' העלאת בריאה באצי' וד"ל:

הללוהו שמי השמים והמים אשר מעל השמים. פי' שמים הוא בחי' ז"א דאצי' שעולה בבחי' המקיף הכללי דכתר עליון הנקרא שמי השמים וכמו שאמר בתחלה הללו את ה' מן השמים וכנ"ל · ועתה אומר שגם בחי' שמי השמים הנ"ל יהללו לה' כו' והיינו כמ"ש הן השמים ושמי השמים לא יכלכלוך כו' כי בחי' כתר עליון הוא רק בחי' מקיף לנאצלים אבל לגבי עצמות המאציל גם הוא יהלל וישבח וכמאמר כ"ע אע"ג דאיהו אור צח אור מצוחצח אוכם הוא קדם עילת העילות כו' וד"ל · ואמר עוד והמים אשר מעל השמים פי' כמו שאמר יהי רקיע בתוך המים ויהי מבדיל בין מים למים כו' והוא בחי' קרומא דאוירא שלמעלה הימנו נק' מים שעל השמים כו' וגם הם יהללו לגבי עצמות אור א"ס כי רק בחי' אחרונה שבא"ס נעשה כתר לכתר הנק' גלגלתא דא"א כמ"ש בע"ח וד"ל:

הַלְלוּהוּ שְׁמֵי הַשָּׁמָיִם וְהַמַּיִם אֲשֶׁר ׀ מֵעַל הַשָּׁמָיִם: יְהַלְלוּ אֶת־שֵׁם יְהוָה כִּי הוּא צִוָּה וְנִבְרָאוּ:

ויעמידם

יהללו את שם הוי"ה כי הוא צוה ונבראו · פי' מעתה בא לפרש כל מה שאמר תחלה בב' האופנים הנ"ל· הא' מה שהתחיל מלמעלה למטה מן השמים ואח"כ במרומים עד צבאיו דעשיה ואח"כ מלמטה למעלה משמש וירח עד המים אשר מעל השמים כו' · וידוע ששני האופנים הללו הם באים למעלה ע"י בחי' רצוא ושוב כי הנה ידוע בענין רו"ש שהרצוא למטה מעורר בחי' אהבה למעלה ג"כ כמים הפנים להיות אהבתי אתכם כו' ואהבה העליונה הנה היא בחי' המשכה וירידה מלמעלה עד למטה מטה וכמ"ש וימינו תחבקני ועד"מ יד ימין מקרבת שיכולה להתפשט עד למטה מטה בצפרני הרגל · כך עד"מ יכולה מדת חסד המאציל לירד ולהתפשט מלפני האצי' באצי' ומאצי' לבריאה כו' עד בחי' סוף העשיה· וכ"ז בא מהתפעלות בחי' הרצוא דהנה בתחלה בהתבוננת הנפש בבחי' שמים שהוא בחי' ז"א דאצילות כנ"ל הנה תתפעל הנפש ועי"ז הרי מתמשך אור א"ס בשמים הללו אחר שמגד עצמו לאו מכל איגון מדות כלל · אך אם ישים אדם אליו לבו בבחי' רצוא בהתפעלות אהבה הטולדה מהתבוננת זאת הרי רוח אייתי רוח וימשיך עוד אור א"ס להיות מתלבש במדות דאצי' הנקרא שמים כנ"ל ואח"כ ימשיך אורו עוד להיות בא בהתלבשות למטה יותר והוא בעולם הבריאה שנקרא מרומים כנ"ל ואח"כ עוד למטה ביצירה עד בחי' העשיה וכמ"ש וימינו תחבקני כנ"ל · וכ"ז מלמעלה למטה אבל הרי אמר בס"י אם רץ לבך שוב לאחד פי' אחרי התפעלות האהבה צריך להיות התפעלות בבחי' הביטול שהוא הנקרא שוב לא' והיינו להתבונן בעצמות אור א"ס איך שהוא לבדו כו' למעלה מאבי"ע וקמיה שוה אצילו' ובריאה אחד שהוא אור פשוט באחדות הפשיטות ולאו דאית ביה מכל איגון מדות כלל כו' א"כ הרי יתפעל מהתבוננת כזאת בהיפוך מבחי' האהבה שהוא ההמשכה למטה אלא יתפעל להיות בבחי' ביטול העצמות מכל וכל כו' · והוא בחי' שוב אשר הוא היפוך בחי' הרצוא וכידוע בענין תורה ותפלה שהתפלה הוא בחי' רצוא והתורה הוא

וַיַּעֲמִידֵם לָעַד לְעוֹלָם חָק־נָתַן וְלֹא יַעֲבוֹר: הַלְלוּ אֶת־יְהוָה מִן־הָאָרֶץ תַּנִּינִים וְכָל־תְּהֹמוֹת:

אש

הוא בחי' טוב · וזהו אדם כי יקריב מכם קרבן לה' מן הבהמה כו' שהוא בחי' שם מ"ה דתורה שמברר ב"ן דתפלה שהוא הרצוא כי אורייתא מחכמה עילאה נפקת וכשאומר דבר ה כמ"ש ודברי אשר שמתי כו' ה"ז בחי' הביטול כו' וד"ל · ואמנם גם בתורה עצמה יש בחי' רו"ש כי הנה יש בתורה ב' מדריגות הא' מצות העיון במחשבה בתורה כמ"ש והגית בו כו' והוא בחי' העלאה ברצוא שהוא העמקת המחשבה והתפשטותה מלמטה כו' והב' מצות הקריאה בדבור וכמ"ש ודברת בם כו' שהוא בחי' ירידה והמשכה מלמעלה למטה מן ההעלם לגילוי כו' · והרי יש גם בבחי' השוב דתורה ב' מדריגות רצוא ושוב לפי שהתורה ג"כ כלולה מבחינת חו"ג שהוא בחי' רו"ש כידוע · וזהו שנאמר בתורה מימינו אש דת למו וידוע שהימין הוא בחינת חסד ואש הוא בחי' גבורות · ומלבד זה הנה זהו מרומז ג"כ בתיבות אש דת עצמו שהרי אש ודת ב' תיבות הן בקריאה ונמסרו בכתב להיות כתיבה אחת אשדת כידוע (והיינו לפי שהקרי והכתיב הן בחינת רו"ש וכלולים יחד בכתיב כו') והיינו שארז"ל דהתורה ניתנה באש שחורה ע"ג אש לבנה שנאמר מימינו אש דת כו' וכמ"ש במ"א וד"ל · וזהו יהללו את שם הוי' פי' כל בחינת ההמשכה מלמעלה ובחי' ההעלאה מלמטה הנ"ל שנכללים בב' בחי' רו"ש כנ"ל הנה תכלית המכוון משניהם יחד הוא במה שיהללו את שם הוי"ה כי הוא צוה ונבראו פירוש שלא בא ההשתלשלות דאבי"ע מאור א"ס בסדר והדרגה מעילה לעילה אחר שאור א"ס פשוט כנ"ל ואין ערוך אליו כו' · אלא רק צוה ונבראו כדמיון המעשה שנעשה ע"י הציווי בפה שהוא בחי' נבדל מן האומר ומצוה · כך כל ההשתלשלות דאבי"ע איך שהוא קמי עצמות אור א"ס לא בא מאתו רק בבחי' דלוג השפע במרחק והבדל דהיינו רק כמו בבחי' עשייה מן הציווי בלבד · וזהו כי הוא צוה הוא קאי על בחינת עצמות אור א"ס שנק' הוא בסתימות ונק' סתימו דכל סתימין כנודע· וכאשר צוה נבראו כולם ולא בא אור השפע בסדר הדרגה מעילה לעילה כי כולם שוין לפניו כמ"ש קטן וגדול שם הוא כו' כחשכה כאורה כו' · והשגה זאת בא אחר בחי' רו"ש הנ"ל דוקא להיותה בבחי' עצמות אור א"ס ולכך אמר יהללו את שם הוי"ה כי הוא צוה כו' אחר שאמר תחלה הללו את ה' מן השמים כו' בהמשכה והעלאה כנזכר לעיל וד"ל :

ויעמידם לעד לעולם חק נתן ולא יעבור · פירוש אחר שאמר כי הוא צוה כו' בבחינת עצמות אור א"ס דוקא כנ"ל והוא רם ונבדל מכל בחי' השתלשלות דאבי"ע ע"כ אמר ויעמידם לעד לעולם פי' כי כל היחודים העליונים דאו"א וזו"נ שנמשלו לשמש וירח או לשמים ושמי השמים וכיוצא הרי אין יחודם תמידי כי יש שינויים בהם כמו בזמן הגלות שאמרו בזהר דיו"ד אתרחק מה"א שהוא בחי' היחוד דאו"א וכן בזו"נ אמרו ג"כ דקב"ה בגלות' אסתלק לעילא כו' וכל זה השינוי אינו אלא בבחי' ההשתלשלות אבל לגבי עצמות אור א"ס אין שינוי כלל אלא ויעמידם לעד שתמיד הן ביחודם בלתי שינוי כלל וד"ל · וכמ"כ חק נתן ולא יעבור כי הנה גם עכשיו יש הפרש בין שבת לחול שבשב' הארת מוחין דגדלות ובחול בחי' קטנות כו' שהוא ענין עליות וירידות וכן משב' ליו"ט. כידוע אבל כ"ז דוק' לפי סדרי ההשתלשלו' מעצמות המאציל אבל קמי עצמותו ממש אין שם בחי' עליות וירידות כלל ושבת ויו"ט וחול הכל חק א' וכמ"ש קטן וגדול שם הוא כו' וזהו חק נתן ולא יעבור לשנות מגדלות לקטנות ומקטנות לגדלות מטעם הנזכר לעיל וד"ל :

הללו את ה' מן הארץ תנינים וכל תהומות כו' · הנה עתה מדבר רק בבחי' מלכות דעשיה שהוא בחי היותר אחרונה כנ"ל · והנה גם בבחי' מלכות דעשי' יש ב' מדריגות הנ"ל מלמעלה למטה ומלמטה למעלה· כי הנה כתיב בראתיו יצרתיו אף עשיתיו הרי אף הפסיק הענין כידוע וא"כ צריך להיות במ"ל דעשי' ג"כ ככל האמור למעלה בהללו מן השמים כו' כי כל כללות אבי"ע יש בעולם העשי' ג"כ בחי' אצילות שבעשי' ובריאה שבעשיה עד עשיה שבעשיה והן הנה הבאין במספר ד' חלקי דנה"מ כנודע · והיינו מה שאמר ד' מדריגות בעשיה תניני' ואש וברד ב' שלג וקיטור רוח סערה ד' ורוח סערה הוא בחי' האחרונה מכולם והוא בחי' רוח דנוגה הנק' רוח סערה שנאחזת בסוף עולם העשי' מבחי' מ"ל שבמ"ל דעשיה ולזה אמר דגם רוח סערה היותר אחרון גם הוא עושה דברו ולא ישנה גזרת מדת מלכותו ית' וכמ"ש ומלכותו בכל משלה וד"ל. וזהו הללו את ה' מן הארץ מבחי' מלכות דעשיה כו' תנינים עד רוח סערה מלמעלמ"ט כמו פי' מלאכיו וצבאיו הנ"ל ואח"כ מתחיל מלמטל"מ ההרים וכל גבעות עץ פרי וכל ארזים בחי' דומם וצומח ואח"כ החיה וכל בהמה כו' מלכי ארץ כו' שרים וכל שופטי ארץ בחי' חי ובחי' מדבר הרי בכאן עלה מלמטל"מ עד בחי' מדבר שנק' שופטי ארץ · ובפרט זה יש הרבה מדריגות מדבר ונוקבא בחורים ובתולות וזקנים ונערים כו'· ולאחר שהשלים גם בעולם העשיה בחי' העלאה ובחי' המשכה בבחי' רו"ש כנ"ל אמר שכולם יהללו את שם הוי"ה כי נשגב שמו לבדו פי' כי נשגב היינו בחי' הפרסא שבין יצירה לעשי' כידוע · והנה בחי' מלכות דיצירה בוקע בחינת המסך והפרסא שבין יצירה לעשיה ונעשה בחי'

כתר

אֵשׁ וּבָרָד שֶׁלֶג וְקִיטוֹר רוּחַ סְעָרָה עֹשָׂה דְבָרוֹ: הֶהָרִים וְכָל־גְּבָעוֹת עֵץ פְּרִי וְכָל־אֲרָזִים: הַחַיָּה וְכָל־בְּהֵמָה רֶמֶשׂ וְצִפּוֹר כָּנָף: מַלְכֵי־אֶרֶץ וְכָל־לְאֻמִּים שָׂרִים וְכָל־שֹׁפְטֵי אָרֶץ: בַּחוּרִים וְגַם־בְּתוּלוֹת זְקֵנִים עִם־נְעָרִים: יְהַלְלוּ ׀ אֶת־שֵׁם יְהוָה כִּי־נִשְׂגָּב שְׁמוֹ לְבַדּוֹ הוֹדוֹ עַל־אֶרֶץ וְשָׁמָיִם: וַיָּרֶם קֶרֶן לְעַמּוֹ תְּהִלָּה לְכָל־חֲסִידָיו לִבְנֵי יִשְׂרָאֵל עַם קְרֹבוֹ הַלְלוּיָהּ:

הַלְלוּיָהּ ׀ שִׁירוּ לַיהוָה שִׁיר חָדָשׁ תְּהִלָּתוֹ בִּקְהַל חֲסִידִים:

ישמח

כתר לעשיה כנודע · ואתנס ע"י הבדלת המסך והפרסא הרי נשגב שמו לבדו פי' שמו הוא בחי' מ"ל דיצירה שנשגב ומרומם מבחי' העשי' לגמרי · ואחר שיהללו את שם ה' שהוא בחי' מ"ל דיצירה קודם ירידתה בעשי' שהוא לבדו כמו שמבואר למעלה בבחי' מ"ל דא"ס באצי"ע בכלל כמ"ש כי הוא צוה כו' אמר אח"כ הודו על ארץ ושמים בעשי' רק בחי' הודו וזיו בלבד שהוא הנק' אור של תולדה כמו בבחי' מ"ל דאצי' כשבוקעת המסך שבין אצי' לבריאה שנק' בקיעת אור זה בשם אור של תולדה כידוע בפי' כי עמך מקור חיים באורך נראה אור:

וירם קרן לעמו תהלה לכל חסידיו כו' · הנה פי' קרן ידוע ומבואר במ"א בפי' מאמר הזהר על מאמר ובא לו לקרן דרומית כו' ע"ש והנה תמצית הדברי' היינו שהקרן הוא בחי' נקודה שהיא בחי' אין עד"מ הקרן אשר בין דפנות שאינו במציאות שטח כלל אך הוא מחבר ב' הדפנים שהן ב' דפנות שא' למזרח והשני לדרום והקרן אשר ביניהם בחי' ממוצע ביניהם לחברם · וכך הוא בחי' נקודה שהיא בחי' ממוצע בין שני קוין שאחת לאורך וא' לרוחב וא"כ הרי יובן מזה השכל שבחי' הקרן הוא בחי' אין ממש וביכלתו לחבר ב' הפכי' כדמיון הנקודה שהיא ראשית הקו וסיום הקו והוא המחבר שני קוין כו' · והדוגמא מזה יובן למעלה בשרש כללות כ"י מאחר שנאמר בהם כי חלק הוי"ה עמו הרי הם חלק מבחי' אור אלקי ממש והיינו מפני ששרש נשמתם הוא מבחי' אין כמו בחי' נקודה שנקרא קרן · וזהו מ"ש בכ"י שנקראו קרן בן שמן וכן כתיב ותרם כראם קרני (וזהו אין מזל לישראל שבחי' האין הוא בחי' מזל של ישראל) · והראיה לזה ממה שמצינו באברהם שאמר לו ה' כה יהיה זרעך פי' כה הוא בחי' מ"ל שהוא בחי' אין מאום דנעוץ סופן בתחלתן בבחי' הכתר שנק' אין וכמ"ש והחכמה מאין תמצא והיינו דכתיב ויוצא אותו החוצה ויאמר לו ספור הכוכבים אם תוכל לספור כו' למעלה מבחי' המספר כו' וכמ"ש במ"א (וזהו ותרם כראם קרני כמו שאמר אל מוציאו ממצרים כתועפות ראם לו עד"מ הראם שבהכנסו תרבנו ירום מאד קרנו פתאום בלי הדרגה וכך ישראל כשעולין עולין עד למרום וכשהן יורדין כו' ולפי שאין מדרגתם בבחי' הדרגה אלא או בתכלית העילוי כו' כמו החירק שתחת האות וכשהיא למעל' ע"ג האות נק' חולם וזהו ותחלימני ותחייני כו' והיינו בחי' נקודה כנ"ל וד"ל) · וזהו וירם קרן לעמו פי' שירום בחי' הקרן שלהם כנ"ל הגב' למעלה בבחי' האין דהיינו בבחי' אור הכתר וזהו וירם קרן וכמ"ש ותרם כראם קרני וכנ"ל וד"ל · ומה שאמר זה אחר שאמר תחל' יהללו את שם הוי' כי נשגב שמו לבדו הענין הוא כי בהיות שנשגב שמו לבדו דוקא כנ"ל אזי יוכל להיות בחי' הבדל' והפרש' מאור שפע מיוחדת לישראל עמו דוקא ולא לזולתם וכמו שאמר תהלה לכל חסידיו לבני ישראל עם קרובו דוקא לקרוב ולא לרחוק כמו העכו"ם שהרחיקו מאחדותו כידוע · והטעם הוא כי ישראל עלה במחשבה קודם שנברא העולם להיותם בבחי' עצמות בבחי' חלק הוי' ממש כנ"ל · וע"כ כאשר נשגב שמו לבדו דהיינו כמו קודם שנברא העולם שאין עוד מלבדו בין באצי' בין בעולמות הנפרדים כנ"ל באריכות אזי דוקא וירם קרן לעמו ישראל עם קרובו דוקא ולא לזולתם וד"ל :

הללויה שירו לה' שיר חדש תהלתו בקהל **חסידים** · הנה פירוש שיר חדש יש להבין תחילה למה נקר' שיר ולמה שיר לשון זכר ולא אמר שירה לשון נקבה · אך הנה שרש ענין השיר ידוע שהוא בחי' ההעלאה מלמטה למעלה כי כל העלאה הוא ע"י השיר דוקא וכמאמר כל בעלי השיר יואלין בשיר פי' יואלין ועולין מעולם התחתון לעולם העליון מהם וכמו המלאכים שאומרים שירה בכל יום כו' · וכמ"כ כתיב בכללות בחי' מ"ל למען יזמרך כבוד כו' וכידוע · אך הנה כל עליות העולמות נקרא שירה לשון נקבה לפי שכל העולמות נמשכו מבחי' מ"ל דאצי' מאין ליש והוא בחי' נוקבא שהרי מקבלת הכל מבחי' ז"א דאצי' כנודע וכמ"כ כל העולמות מקבלים מבחינת מ"ל וכמ"ש מלכותך מלכות כ"ע כו' · ועוד טעם שני לזה שנקרא עליות העולמות בשם שירה דוקא לפי ששרש סיבת התהוות הג'

עולמות

עולמות בי"ע הוא בא מחמת השבירה שאשברו בחי' הכלים דתהו וכמ"ש ואלה המלכים כו' וימלוך וימת כו' ומזה נמשך למטה בחי' עה"ד טו"ר בבי"ע דהיינו בחי' תערובו' טו"ר אשר בכל הנבראים כו' וצריך לברר הטוב מן הרע והן בחי' ברורי דרפ"ח ניצוצין כידוע. וכללות הבירורים האלה נעשה על ידי ל"ט מלאכות חורש וזורע כו' שזהו ענין נפילת אדה"ר לאחר החטא בעה"ד כו' כמו שאמר לו ה' כי שמעת לקול אשתך כו' ארורה האדמה בעבורך כו' עד בזעת אפך תאכל לחם שהוא על ידי העבודה דוקא בחרישה וזריעה כו' ·ולמעלה היא בחינת הבירורים דרפ"ח בל"ט מלאכות כל ימות החול שע"י שם מ"ה דאדם המברר ב"ן דתוהו כו' וא"כ הרי כל עיקר ענין העלאת הבירורים דתהו הוא מבחי' מ"ל דשם ב"ן דתהו המתברר ע"י שם מ"ה והיינו בחי' ז' מלכים דתהו דכתיב בהו בחי' מ"ל כמ"ש וימלך וימת כו' לפי שכולם מבחינת ב"ן דס"ג כנודע · ולזה הטעם אמר בכל מקום שהעלאת המ"ל נקר' שירה מפני שהעלאת רפ"ח הוא מבחינת מלכיות דתהו כנ"ל וד"ל · והנה כל זה הוא בחי' הברורי' דרפ"ח שנק' שירה שיר ה"א עליות הנוקבא כנ"ל · אבל לעתיד דכתיב ובלע המות לנצח כי את רוח הטומאה יעביר מן הארץ לגמרי מכל וכל כידוע · וא"כ לא יהיה אז בחינת ברורים כלל ולא יתכן לקרות אז בחי' העליות בשם שירה לשון נוקבא אחר שכבר יתבררו כל בחי' המלכיות דתהו אלא יקרא בשם שיר לשון זכר כי אין צורך עלייה לבחינת נוקבא אלא לבחי' דכר דהיינו שבחי' ז"א דאצי' שהוא שם מ"ה כנ"ל הוא אשר יתעלה בבחי' העלאה עוד למעלה מכמו שהוא עכשיו כו' וכמו שאמר בע"ח דבחינת כלים דז"א מקבלים בשבת מבחי' אורות דאבא שלמעלה מבחי' אורות דז"א והיינו מבחי' אור א"ס שמלובש בחכמ' שלמעלה מבחי' אור חסד דרועא כו' וד"ל · ואמנם אין עלי' זאת בא בבחי' בירור כלל כעליית הנוק' הנקרא שירה אלא הוא בחי' העלאה מצד עצמותו וכמ"ש והיה אור הלבנה כאור החמה ואור החמה יהיה שבעתים כאור ז' הימים · וידוע דחמה הוא בחי' ז"א ויעלה לבחינת ז' ימים דע"י שנקרא אור ז' הימים וכמ"ש בת"א וזהו הנק' שיר לשון זכר וד"ל · וזהו הללויה שירו להוי"ה שיר חדש פי' שלא יהיה בחי' העלאה על ידי ברורים אלא גם לאחר הבירור יהיה בחי' עליית שם מ"ה דז"א בעצמות המאציל כנ"ל והוא הנקר' שיר חדש · והטעם שאמר שהוא חדש הוא מצד שלא בא אור כזה עדיין בהשתלשלו' מאחר שזהו למעלה מבחי' השבירה והתיקון כנ"ל וכידוע שכל מה שבא בבחי' התיקון אין כל חדש אחר שנפל פ"א בשבירה כו' · והנה הגם שלא היה בחי' העלאה כזאת בבחי' שיר חדש עד לעתיד הנה מ"מ יש בכל שבת קצת מעין ודוגמת אותו שיר חדש לפי שידוע ההפרש בין ימות החול שהוא בחי' הברורים דרפ"ח בל"ט מלאכות כנ"ל ובשבת הוא רק זמן ההעלאות כי מי שטרח בע"ש כו' · אך מ"מ יש בשבת מעין ודוגמת הברורים דחול אחר שהוא בחי' העלאת הברורים כו' · ואמנם בשבת של אלף הז' שנק' יום שכולו שבת הענין הוא שאין בחי' העלאה שבו אחר בחינת הבירורים דחול שלפניו אלא הוא יום שכולו שבת דהיינו רק בחי' העלאה מצד עצמו מפני שהמנוחה בלתי סיבת עבודה במלאכה לפניה אלא המנוחה מצד עצמו כו' וכמ"ש בת"א והרי גם בכל שבת ושבת יש מאותו הארה שביום שכולו שבת האחר שהכלל דומה לפרט ובכלל הן ז' אלפים שנה ובפרט ז' ימים כו' · וז"ש וישבות ביום השביעי מפני שבכל שביעי יש בחי' הארה מיום שכולו שבת שנאמר ע"ז וישבות ביום הז' דהיינו בחי' מנוחה העצמית וכנ"ל וזהו הטעם שאנו אומרים שירו לה' שיר חדש דלעתיד גם בכל שבת ושבת וד"ל :

תהלתו בקהל חסידים · פי' קהל חסידים הוא בחי' קיבוץ כל בחי' החסדים אל מקורם הראשון שהוא בחי' אבא מקור כל החסדים ואזי נק' קהל חסידים כו' · וביאור הדברים הנה יש להקדים תחלה שרש ענין הגליות שגלו ישראל ונתפזרו בין אוה"ע · דהנה שרש הע' שרים הוא ממה שנפלו האורות בבחי' שבירת הכלים כידוע והיינו מבחי' הגבורות דשם ב"ן דוקא וכמ"ש אתה פוררת בעזך ים וכמ"ש בת"א שזהו שרש ענין השבירה מלשון פירור ופירוד לחלקים רבים כו' וז"ש ומאלה נפלה כל הארץ וכמ"ש בזהר פ' נח וד"ל · והנה ידוע ג"כ דשרש ישראל הוא מבחי' שם מ"ה דז"א המברר בחינת ב"ן והיינו בחי' חסדים דדכורא המברר מ"ן דנוק' וממתיק בחי' הגבורות הקשות שבה כו' וזהו שרש הטעם לגליות ישראל בין אוה"ע כדי שיבררו אותם בתורה ומצות שעושין כי שרש השר שהם תחתיו הוא מבחי' אחוריים דשם ב"ן וישראל שתחתיו בחינת שם מ"ה המברר אותו כו' · ולהיות כן הרי בהכרח לומר שיתפזרו גם בחי' החסדים דמ"ה כפי ערך פיזור בחי' הגבורות דב"ן בע' שרים אחר שבחי' החסדי' דמ"ה דדכורא המה באין לברר ולמתק בחי' הגבורות דב"ן כנ"ל והרי בחי' הגבורות נתפזרו בבחי' פיזור ופירוד לחלקים רבים מאד וכמ"ש אתה פוררת כו' כנ"ל · א"כ בהכרח שגם בחי' החסדים המבררי' וממתיקין בחי' הגבורות צריכין לבא בבחי' הפירור והפיזור כמוהם וזהו הטעם לענין הפיזור דבני ישראל שנתפזרו בין אוה"ע וכמ"ש כי כארבע רוחות השמים פרשתי כו' · להיות ידוע ומבואר למעלה שבני ישראל המה בחי' המבררים וממתקין לבחי' הגבורות שרש הע' שרים וע"כ אמרו ז"ל בפירוש הפסוק הזה דכארבע רוחות השמים כו' דכשם שא"א לעולם בלא רוחות כך א"א לעולם בלא ישראל · פי' עד"מ הרוחות שנושבי' חיי אויר מתוזגי' לחיי הברואים וא"א לעולם בלעדם כך א"א לע' שרים בלא ישראל המתקן וממתיק אותן · ולכך נתפזרו ישראל בכל הע' שרים וכמ"ש אם יהיה נדחך בקצה

השמים

יִשְׂמַח יִשְׂרָאֵל בְּעֹשָׂיו בְּנֵי צִיּוֹן
יָגִילוּ בְמַלְכָּם: יְהַלְלוּ שְׁמוֹ בְמָחוֹל
בתף

השמים משם יקבצך משמע שישראל נדחו עד קצה השמים כו' וזהו כארבע רוחות השמים פרשתי אתכם · אך הנה ענין קיבוץ גליות היינו לאחר שיושלם בחי' הבירור דאוה"ע ע"י ישראל והרי או א"צ לפזור דישראל בין אוה"ע · וזהו הטעם לקיבוץ הגליות דוקא קודם ביאת משיח צדקינו ב"ב לפי שצריכין להתקבץ כל בחי' ניצוצי החסדים דמ"ה שהוא בחי' שרש כללות כ"י וכללות הקיבוץ הזה אז הולך ועולה אל מקורם הראשון שהוא בחי' אור אבא מקור כל החסדים אחר שכבר עשו ותקנו מה שביכולתם לתקן כנ"ל · וזהו מ"ש והטיבך והרבך מאבותיך לפי שנלוו אליהם ניצוצות הרבה מבחי' הבירורים דאוה"ע שבררו וכמ"ש והחזיקו עשרה אנשים בכנף איש יהודי כו' · אך לאחר שיתקבצו כולם הרי הן עולין לשרשם הראשון · והוא מ"ש אל הארץ אשר ירשו אבותיך פי' ארץ הוא בחי' מ"ל והאבותיך הוא בחי' אבא שרש בחי' החסדים דאברהם כידוע והארץ אשר ירשו אבותיך היינו בחי' מ"ל דאבא וד"ל · וזהו תהלתו בקהל חסידים דהיינו כשיושלם הבירור ע"י בחי' חסדים דמ"ה שרש כנ"י שאז יתקבצו כל בחי' החסדים אל מקור' הראשון ואז נאמר תהלתו בקהל של כל החסדים יחד וידוע שישראל נקראים חסידים וכמ"ש אספו לי חסידי כו' וד"ל:

ישמח ישראל בעשיו בני ציון יגילו במלכם · פי' ישמח ל' עתיד דקאי לעתיד דוקא שיהיה בחי' הארת אור חדש מאור א"ס באו"א · כי הנה מבואר בע"ח שייחוד או"א תרין רעין כו' הגם שהיחוד תמידי היינו רק לחדש נשמות הישנו' בלבד אבל להיות נשמות חדשו' לגמרי זה לא יהיה אלא לעתיד דוקא כמ"ש כי כאשר השמים החדשים כו' · והנה בחי' מוחין דאו"א הם שנמשכין לבחי' ז"א בשביל היחוד דזו"נ כידוע שאם לא המשכת המוחין בז"א מאו"א לא יוכל להתייחד ולהוליד נשמות מאין ליש · והנה זהו הטעם שנק' או"א בשם עושין לז"א כמו שאמר ישראל בעושיו · כי פי' עשיה זאת היינו בחי' התיקון להוליד ע"י המוחין שמתמשיכים לו וכמ"ש והאדם ידע ואין קישוי כו' · וזהו פי' עושיו שמתקנין לז"א בכל בחי' כלי ההולדה ע"י המוחין שממשיכים לו · ואמנם הנה בחינת המשכת המוחין לז"א עכשיו בזמן הגלות אינו אלא לחדש הישנות בלבד כמ"ש בע"ח ולא הארת אור חדש לגמרי כי גם ביחוד עצמם דאו"א אינו אלא לחדש הישנות כנ"ל · והענין הוא כי כל מה שהיה בבחי' השבירה ואח"כ בא לידי בחי' התיקון וזהו הנקרא חידוש הישנות בלבד כי הרי אין כל חדש לגמרי בתיקון ל"ט מלאכות וכיוצא רק שעל ידי המלאכות יוכשר הדבר למאכל כו' · ולכך כל בחי' יחוד מ"ן ומ"ד בזו"נ ואו"א עכשיו היא רק מבחי' הבירורים דרפ"ח כנודע שאין זה נק' חדש לגמרי אבל לעתיד יהיה בחי' היחוד דאו"א להוליד נשמות ואורות חדשות לגמרי שלא היו כלל עדיין בבחי' שבירה כו' וכמאמ' אור חדש על ציון תאיר כו' חדש לגמרי והיינו לפי שאור א"ס יאיר אור חדש באו"א שלא האיר עדיין מעולם בהשתלשלות גם בתחלת הרצון מקור האצילו' והוי מתחילה גם כאשר יומשך בחי' מוחין דאו"א בז"א יהי' בחינת הארת אור חדש ולא לצורך חידוש הישנות כי כבר יתברר הכל לעתיד כנ"ל · וכמ"ש אז אהפוך אל עמים שפה ברורה כו' ולא יהיה היחוד מ"ן ומ"ד מבחי' הבירורים כלל אלא מאור שלמעלה מבחי' הבירורים כנ"ל וד"ל · וזהו ישמח לשון עתיד שעתיד ישראל שהוא בחינת ז"א דאצילות כידוע לשמוח באו"א שנקרא עושיו כנ"ל · ושמחה זאת היינו מפני שיאירו בז"א מוחין חדשי' לגמרי מאו"א כנ"ל שלמעלה מבחי' הבירורים כו' · וטעם שנק' שמחה כי עד"מ השמחה היא באה מן ההעלם לגילוי כידוע כך בחי' אורות חדשות הללו שהיו גנוזים בעצמו' המאציל תחילה כל ימי הגלו' ולעתיד יתגלו מנוהעל' באו"א ומאו"א לז"א לכך נק' שמח' והיינו ישמח ישראל כו' כנ"ל וד"ל:

בני ציון יגילו · פי' יגילו הנה ידוע שהפרש אשר בין שמחה לגילה היינו בבחי' ההתגלות לעין הרואה שהשמח' היא בלב וכמו וראך ושמח בלבו כו' והגילה הוא התגלות השמחה לעין הרואה כי גיל לשון התגלות כידוע ופי' בני ציון היינו בחי' הנשמות החדשות שנמשכו מבחי' אור חדש מאור א"ס לעתיד כנ"ל וכמ"ש בני ציון היקרי' המסולאי' בפז שהוא הנקרא זהב סגור מעינא כו' ולעתיד שיתגלו מבחינת ההעלם למטה אזי יגילו בני ציון במלכם פי' בבחינת אור א"ס החדש המקור להם יגילו בו כשיבאו לבחי' הגילוי לעין כל וכמ"ש כי עין בעין נראה אתה הוי' כו' וד"ל:

יהללו שמו במחול · הנה פי' מחול ידוע שהוא הריקוד שמרקדין בני אדם בעיגול כמו הבתולות שמרקדין בעיגול כמ"ש אז תשמח בתולה במחול כו' והוא ענין בחינ' עיגולי' ויושר · ולהבין זה הנה ידוע שבחי' היושר הוא מבחי' הרוח אשר הוא בא בבחי' התחלקות בציור אדם כמו בחי' החכמה נחלק לשלשה מוחין בראש חב"ד והמדות המסתעפים מן החכמה נחלקים לששה וכאו"א נחלק עוד עד שיש ציור קומה שלימה עד רגלים כו' אבל בחי' העיגולים דנפש הוא למעלה לגמרי מבחי' התחלקות בג' מוחין וו"ק כו' אלא הוא אור פשוט מבלתי ההתחלקות כלל והוא בחי' מקיף וסובב ראש ורגל כא' כמשל העיגול גשמי הסובב שאין בו מעלה ומטה כידוע · ויובן דבר זה עד"מ מבשרי אחזה כו' דהנה אנו רואים בבחי' אור ושפע שכל הנשפע מרב לתלמיד שנק' עילה ועלול למעלה הרי

בחי'

בחי' העלול המקבל השפע מהעילה המשפיע יש בו שני מדריגו' הנ"ל האחד כאשר המקבל שומע ומקשיב לדברי הרב המשפיע שאז הרי שכל המקבל בטל ונכלל בשכל ואור הנשפע בהתכללות גמורה והרי נראה לעין ששכל המשפיע מקיף וסובב לשכל המקבל בשעה שמקבל ממנו כי ודאי יש די והותר באותו אור ושפע להקיף להשגת שכל המקבל ממנו וזהו הנק' ביטול

בְּתֹף וְכִנּוֹר

העלול בעילה· אך כאשר המקבל כבר קיבל השכל ואינו מקשיב ושומע עוד אלא מתבונן בהשגתו ומעיין בכל הדברים ששמע וכיוצא שאז הוא בחי' נבדל מן אור הנשפע מהמשפיע · והרי יכול להסביר בה סברות ולחלק הדברים לחלקים רבים כי הוא אז דבר בפ"ע כשמתבונן בה לעצמו וזהו מדרגה השנית במקבל הנק' עלול כשהוא נבדל מן העילה · והנה הדוגמא מזה יובן למעלה בבחי' עגולים ויושר דכאשר בחי' העילה מקיף וסובב לעלול המקבל כנ"ל במדריגה הא' · אז נק' בחי' עיגולים שהוא למעלה מבחי' ההתחלקות לחלקים אלא הוא מבחי' מקיף וסובב לכל נד בהשוואה א' כו' ואין בו מעלה ומטה כו' אך כאשר בחי' העלול נבדל מן העילה כנ"ל במדריגה הב' הוא הנק' בחי' יושר למעלה שבא הדבר לבחי' התחלקות מדריגות כמו חב"ד וחג"ת כו' והוא כמו בחי' ציור אדם כנ"ל שכל דבר מחולק בפ"ע הראש בפ"ע והידים בפ"ע כו' אבל בחי' העיגולים הוא בחי' אור פשוט שלמעלה עדיין מבחי' התחלקות כו' וד"ל · והנה יש להקדים עוד ענין א' והוא מ"ש בע"ח בשרש ענין מקור החיצונים שמעמד ומצב החיצונים כולם הוא בין בחי' העיגולים ובין בחי' היושר דקדושה דהיינו פניהם אל אחוריים דכלים דא"פ דיושר ואחוריהם אל בחי' המקיפים דעגולים כו' ע"ש· וביאור הדברים כי הנה בבחי' ההתחלקות הנ"ל הבאה בבחי' היושר כאשר העלול נבדל מן העילה וכמו ציור אדם כנ"ל הרי אנו רואים שיוכל עי"ז להיות האור והשפע בהם בהגשמה מאד עד שיוכל להיות בחי' פסולת השפע כמו הצפרנים באדם שהן מבחי' מותרי החסדים דיד כידוע בענין נט"י וכידוע דאברהם יצא ממנו ישמעאל כו' · וכל זה בא מצד בחי' היושר הנ"ל שבא בבחי' ריבוי ההתחלקות והוא בחי' ההתלבשות בכלים מכלים שונים כו' · אבל מבחי' המקיפים דעיגולים הנ"ל שהוא בחי' מקיף וסובב לכל ההשפעה שהוא עדיין למעלה מבחי' ההתחלקות א"א שיומשך משם אור ושפע בבחי' פסולת אחר שהוא למעלה לגמרי מבחי' ההתחלקות והתלבשות אורות בכלים כנ"ל וד"ל · וזהו שאמר דמעמד ומצב החיצונים פניהם אל א"פ דיושר משם יכולים לקבל מבחי' מותרות ופסולת כמו מבחי' הצפרניים והשערות וכיוצא וכנ"ל · אבל מבחי' עיגולי המקיפים לא יוכלו לקבל כלל וכלל ומטעם שהוא רם ונבדל מהם לגמרי · וע"כ רק בחי' אחוריהם אל המקיף לא בחי' הפנימית שלהם כי לא יוכלו להביט במקיפים דעגולים אחרי היותו רם ונבדל לגמרי מבחי' ההשתלשלות כו' וכנ"ל וד"ל · והנה בזמן הגלות הרי לא נתברר בחי' הרע דנוגה מכל וכל ויש להם עדיין שרש וראש למעלה דהיינו בבחי' אחוריים דכלים דיושר

יְזַמְּרוּ-----לוֹ : כי

כנ"ל · והגם שאין יכולין לקבל מבחי' העיגולים כנ"ל מ"מ הנה המה בחי' מסך מבדיל ומפסיק עכ"פ בין בחי' היושר לעגולים כנ"ל שמעמדם ומצבם שם הוא וא"כ ע"י הפסקה שמפסיקים בין בחי היושר לבחי' העיגולים לא יוכלו בחי' עיגולים ויושר להתחבר לעולם· אך לעתיד דכתיב בלע המות לנצח ואת רוח הטומאה אעביר כו' שיוררו כל החיצונים מכל וכל כנ"ל ולא יהיה אז בחי' מסך מבדיל ומפסיק בין היושר לעיגולים הרי יוכלו להתחבר ולהתייחד וד"ל · וזהו יהללו שמו במחול· פי' שמו הוא בחי' היושר דז"א דתיקון ועיגולים הוא הנק' בחי' מחול עד"מ המחול שמרקדין בעיגול כנ"ל · ועכשיו הרי בחי' שמו דיושר נבדל ומרוחק מבחי' העיגולים הנק' מחול כנ"ל מפני מעמד ומצב החיצונים שמפסיקים ביניהם· אך לעתיד שיתבערו החיצונים אזי יהללו שמו דיושר במחול דעיגולים לפי שיתחברו ויתייחדו להיות שאין מסך מבדיל ביניהם כלל וד"ל · ועד"ז יתפרש גם הפסוק שיהללו שם ה' ברקוד במחול בבחי' עיגולים כמ"ש אז תשמח בתולה במחול· אז דוקא ולא עכשיו לפי שהחיצונים מפסיקים כו'·וזהו שארז"ל דלעתיד יעשה הקב"ה מחול לצדיקים כו' וכאו"א מראה באצבעו ואו' הנה אלקינו זה קוינו לו פי' קוינו לו זהו שעשינו בו בחי' קווין דיושר ע"י תורה ומצות שעשו כו' כמ"ש במ"א וד"ל :

בתוף וכנור יזמרו לו · פי' תוף וכנור המה ב' הפכים בגשמיות דהנה קול הכנור ערב ומתוק לשמוע יותר מכל כלי זמר וכידוע דהנעימות והמתיקות הוא דוקא בכנור וז"ש כנור נעים כו' וכמארז"ל על ים כנרת שמימיו מתוקין ככנור מפני שקול הכנור נעים מאד אבל התוף הוא בהיפך שקולו גס ועב מאד ואין בו נעימות ומתיקות כלל · אך קולו קול רעש גדול והוא עיקר ענין התפעלות שמתפעלים מקול התוף להיותו בקול רעס ורעש גדול להגביה ולנשאות הלב בבחי' גבורות · ואמנם בחי' הקול נעים דכנור הוא בחי' החסדים המתוקים וערבים כידוע · והרי מבואר למעלה דעכשיו בחי' החסדים מבררים וממתיקים לבחי' הגבורות וע"כ ממילא המה מפורדים ומחולקים זה מזה אך לעתיד שכבר יתברר הכל כנ"ל אזי יהיה מבחי' התכללות חו"ג יחד וכמאמר לאכללא שמאלא בימינא וימינא בשמאלא כו' ואז יתחברו גם בחי' חו"ג דתוף וכנור למעלה אע"פ שהמה שני הפכים למטה כנ"ל · וזהו בתוף וכנור בחי' מתיקות דחסדים שבכנור עם בחי' גבורות דתוף יתחברו ויתאחדו יחד לזמר

בבחי'

בבחי' התהללות בקול א' והיינו לפי שיהללו שמו במחול ויתחברו בחי' יושר ועיגולים יחד דהכל ענין א' הוא וד"ל :

כי רוצה ה' בעמו יפאר ענוים בישועה · פי' כי רוצה נתינת טעם הוא לכל הנ"ל דכל זה יהיה לעתיד מטעם שירצה ה' בעמו דהיינו שיהי' אז בחי' הארת הכתר במ"ל וכמ"ש כוסי רויה בגימ' ארך אפים דבחי' ארך דאצילות יאיר במ"ל והיינו בחי' רצון העליון וכמ"ש כי לך יקרא חפצי בה וכן כתיב כי תהיו אתם ארץ חפץ כו' והיינו בחי' מחול דעיגולים הנ"ל · ודוקא אחר כל הבירורים דרפ"ח כו' אז ירצה ה' בעמו בבחי' הארת הכתר כי עליו נאמר טהור עינים מראות ברע כו' כי לא לפניו חנף יבא משא"כ בבחי' החכמה יוכל לסבול תערובות טו"ר כי הרי בחכמה אתבריר · אבל בבחי' התגלות הארת הכתר צריך להיות בירור הרע מכל וכל והיינו שאמר לעתיד דוקא כי רוצה ה' בעמו ולא עכשיו וד"ל: יפאר ענוים פי' ענוים הן בחי' לאה ורחל כידוע מפני שהן בחי' דלית רבתי ודלית קטנה והיינו משום דלית להו מגרמייהו כלום · והענין הוא ידוע עד"ת אותיות המחשבה דלאה שהם בחי' דומם רק לקבל אור השכל בתוכן כו' וכמ"כ אותיות הדבור כו' וכמ"ש בת"א וע"כ נק' ענוים וכמבואר למעלה בפי' מעודד ענוים ה' וד"ל · והנה ידוע בזהר ובע"ח דבחי' לאה נק' דינא קשיא ובחי' רחל נק' דינא רפיא והמה ענין ב' ימים דר"ה כידוע · והענין הוא מובן עד"ת כמו אותיות המחשבה שאנו רואים שיש בהן בחי' גבורות הרבה יותר מבדבור שהרי נראה בחוש שכאשר ישמע האדם דבר שנגד רצונו מאד יקפיד מאד ולא יוכל לסבול במחשבה דוקא כי עיקר הקפידא והרוגז בלה באותיות המחשבה שלא יוכל להכיל מחשבתו לחשוב דבר שהוא נגד רצונו · ומיד שנעשה נגד רצונו הגה תתפעל המחשבה מיד עד שצריך להסיח מחשבתו לחשוב ענין אחר כנודע · אבל בדבור אנו רואים בהיפוך שגם אם ישנע דבר שנגד רצונו מאד ישתוק ויתאפק והרי יוכל להעלים הקפידא לגמרי בדבור ואפשר עוד שידבר בדבור היפך רצונו כו' וכמ"ש בת"א · וא"כ נמצא שיש בחי' גבורות בטבע במחשבה ואינו כן בדבור ולכך נק' בחי' המחשבה בשם דינא קשיא בחי' גבורות קשות כנ"ל · ואמנם מה שהדבור נק' דינא רפיא דהיינו שהגבורות ממותקות בחסדים הענין הוא מובן עד"ת כי אנו רואים גם בדבור בחי' גבורות אלא שהמה ממותקות בחסדים שהרי כאשר ישמע דבר מזולתו נגד דעתו ורצונו ידבר לזולתו דברי טעם ודעת להטותו מהדבר ההוא אל רצונו ודעתו · והנה אם ידבר לו בכעס ורוגז לא ישמע לו זולתו כלל אלא צריך לדבר לו במענה רך ובטוב טעם ודעת עד שישמע זולתו טוב דבריו ויתקבל בלבו · ואמנם גם בדברו רק במדת הטוב במענה רך ביותר לא יפעול עדיין כאשר יקשה לב זולתו באותו הדבר אלא צריך שיערב בתוך דבריו גם מדברי מוסר והטחת דברים קשים להפילו מקשיותו ובתוך רגע יהפוך לדבר דברים טובים במענה רך ועם

כִּי־רוֹצֶה יְהֹוָה בְּעַמּוֹ יְפָאֵר עֲנָוִים בִּישׁוּעָה : יַעְלְזוּ חֲסִידִים בְּכָבוֹד יְרַנְּנוּ עַל־מִשְׁכְּבוֹתָם :

רוממות

הצטרפות המדות ביחד ברך ובקשה אזי יפעול בלב זולתו להטותו אל דעתו ורצונו וכידוע בענין התוכחה לבנו וכיוצא שצריך להיות בדבריו ע"ד הנ"ל מעורב מבחי' חו"ג יחד ואז ישוב מדרכו הרעה משא"כ בחי' הקפידא בלבד כמו הקפידא שבמחשבה לא יבא מזה תועלת ותיקון כלל לשוב מדרכו כו' · וע"כ יובן ממילא שבבחי' הדבור יש בחי' חו"ג מעורבים והיינו בחי' הגבורות שממותקות בחסדים כמו עד"ת שיעלים כעסו ורוגזו בדברים טובים מוסר השכל כנ"ל והוא הנק' למעלה גם בבחי' דבור העליון דרחל בשם דינא רפיא · אבל בחי' אותיות מחשבה דלאה נק' דינא קשיא להיות שאינו לתועלת ותיקון כלל אלא בבחי' גבורות ממש כמו עד"ת הקפידא והרוגז אשר במחשבה שהוא דין גמור כו' וד"ל · והנה הסיב' לזה שלאה היא דינא קשיא הוא מפני שמבואר בע"ח דבחי' ז"א נוטל לעצמו כל בחי' החסדים ולא נשאר ללאה רק בחי' הגבורות דאימא כו' אבל הדבור שרשו מחסדים דאבא כידוע דאבא יסד ברתא וד"ל · וזהו יפאר ענוים בחי' לאה ורחל הנ"ל יפאר בבחי' ת"ת דאימא שנק' ישועה שהוא בבחי' החסדים ולא יהיה בלאה ג"כ מבחי' הגבורות כלל כו' · והטעם הוא כי לעתיד הרי יהיה בחי' זו"נ שוין בקומתן ובחי' ת"ת דאימא יעשה כתר א' לשניהן בשוה ולא יקבל זה לעצמו בחי' החסדים כנ"ל אלא יתחלק בחי' הארת כתר זה לשניהן בשוה וע"כ יפאר ענוים בישועה וכמובן לי"ח וד"ל :

יעלזו חסידים בכבוד ירננו על משכבותם · פי' חסידים היינו בחי' קיבוץ כל החסדים הנ"ל הנקרא קהל חסידים שהיו מפוזרים בכל ע' שרים לברר כנ"ל · ומעתה מפרש דאחר שיתקבצו כל בחי' החסדים לבחי' מקורם הראשון שהוא בחי' אור אבא מקור כל החסדים כידוע אזי יעלזו חסידים הללו בכבוד · פי' כבוד היינו ל"ב נתיבות דחכמה דאצילו' וכמ"ש כבוד חכמים ינחלו וכידוע · והחסידים הנ"ל יעלזו במקורם שהוא בבחי' כבוד העליון דאור אבא כמו עד"ת הבן השבוי שבא אל אביו כו' וד"ל · ואז ירננו על משכבותם פי' משכבות' היינו בחי' שם ב"ן שנקרא משכב וכמ"ש למה יקח משכבך מתחתך כו' וכידוע · והיינו לאחר שיבררו כל בחינת הגילוים דתהו שנפלו בשם ב"ן דבי"ע אזי ירננו בחי' חסדים הנ"ל על משכבותם למעלה מבחי' שם ב"ן זה

הנברר על ידם הנק' משכבותם בתחילה כו' וד"ל:

רוממות אל בגרונם וחרב פיפיות בידם לעשות נקמה בגוים כו' עד בכבלי ברזל · פי' פסוקים האלו המה באין לפרש עיקר כללות הטעם לכל מה שאמר תחלה משירו לה' שיר חדש עד כי רוצה ה' בעמו כנ"ל שכל זה היינו לפי שרוממות אל בגרונם הוא בחינ' חרב פיפיות להרוג בחי' יניקת החיצונים שמעמדם ומצבם בין יושר לעיגולים כנ"ל · ומטעם הנ"ל דכאשר יושלמו כל בחי' הבירורי' דוקא אזי דווקא יהיה שיר חדש בחי' דכר ולא שירה נוקבא וגם יהללו שמו דיושר במחול דעגולים וגם ירצה ה' בעמו כו' משא"כ קודם הבירורי' שא"א להיות כל זה כנ"ל וד"ל:

לעשות בהם משפט כתוב הדר הוא לכל חסידיו הללויה · פי' משפט כתוב לכאורה אין זה מובן היכן המשפט שלהם כתוב · אך הענין הוא דרצונו לומר שמשפט שלהם כתוב בתורה שבכתב שנקרא משפט כתוב והיכן משפטם כתוב שם היינו מה שנא' בתורה ואכלת את כל העמים כו' דהיינו משפט הכתוב בעמי' שיאכלום ישראל · ולכאורה אין זה מובן האיך יתכן שיקרא האכילה הזאת בשם משפט כו' · אך הנה הענין יובן בהקדים תחלה מהו בחי' אכילה זאת שאמר ואכלת את כל העמים כו' · דהנה שרש הע' אומות הן מז' מלכין קדמאין דתהו כנ"ל וישראל שתחתיהם המה מבחי' שם מ"ה דתיקון כנ"ל בפי' תהלתו בקהל חסידים כו' · והנה בחינת התיקון ידוע עד"מ האכילה שהאדם אוכל איזה מאכל שמתחזקים כל כחות נפשו ע"י המאכל כמו שאמר ר"כ עד דלא אכילנא בשרא דתורא כו' כנראה בטבע האנושי שיתחזק אור השכל ע"י המאכל וכענין חמרא וריחנא פקחין וכמ"ש במ"א · והטעם הוא לפי שהמאכל נפל בשבירה מבחינת התהו ששרשו למעלה מבחי' נפש האדם שהוא בחי' התיקון כי בחי' התהו גבוה מבחי' התיקון וכידוע בענין עקודים נקודי' ברודים כו' וכמ"ש לפני מלך מלך לבנ"י וכמ"ש במ"א דהשביר' משם ס"ג שלמעלה משם מ"ה כו' · וע"כ גם בענין הבירורים שמבררים ישראל מאוה"ע מתחזקים נשמות שלהם בתוספת אור עי"ז כמו ע"ד דוגמא איש הישראלי שאוכל מאכל הבא מחמת אותו השר של הגוי ההוא ועובד ומתפלל בכוונה ע"י כח זה במס"כ באחד כו' הרי מתחזק גם כח שרש נשמתו למעלה עי"ז מטעם הנ"ל שבחינת התהו גבוה לאחר הבירור מבחינת התיקון האמררו · וכמ"ש אשת

רוֹמְמוֹת אֵל בִּגְרוֹנָם וְחֶרֶב פִּיפִיּוֹת בְּיָדָם: לַעֲשׂוֹת נְקָמָה בַּגּוֹיִם תּוֹכֵחוֹת בַּלְאֻמִּים: לֶאְסֹר מַלְכֵיהֶם בְּזִקִּים וְנִכְבְּדֵיהֶם בְּכַבְלֵי בַרְזֶל: לַעֲשׂוֹת בָּהֶם מִשְׁפָּט כָּתוּב הָדָר הוּא לְכָל־חֲסִידָיו הַלְלוּיָהּ: הַלְלוּיָהּ ׀ הַלְלוּ־אֵל בְּקָדְשׁוֹ הַלְלוּהוּ בִּרְקִיעַ עֻזּוֹ: הַלְלוּהוּ בִגְבוּרֹתָיו

הללוהו

חיל עטרת בעלה כי ב"ן לאחר הבירור נעשה בחי' ב"ן דס"ג שלמעלה מבחי' מ"ה כו' · וזהו לעשו' בהם משפט כתוב מה שנאמר ואכלת את כל העמים דהנה אכילה זאת היא בחי' הבירורים שמבררים לע' שרים ובזאת מתעלים כללות כ"י כנ"ל · ואמנם קודם שיתבררו הרי ישראל המה מתקנים לע' שרים באכילה זאת והוא בחי' משפט שלהם דהיינו בחי' התיקון שנק' משפט כמאמר משפט דאיהי רחמי כו' והיינו לעשות בהם משפט · לעשות לתקן ואח"כ הדר הוא לכל חסידיו כי הרי ישראל מתעלים במדריגה עי"ז מטעם הנ"ל ונמצא שתיקון זה דאוה"ע נעשה בחי' הדר לחסידיו שהן ישראל כנ"ל וד"ל · אך יש להבין למה אמר שזה הבירור נקרא הדר דוקא מה ענין ההידור לכאן · אך הנה כתיב והדרת פני זקן ויש להבין למה שייך ההידור בזקן דוקא אבל הענין הוא דידוע שהשבירה היה בז' מלכים בלבד · אבל מלך השמיני הנקרא הדר הוא בחי' התיקון ולכך לא נאמר בו וימת כו' · והנה כאשר נפלו רפ"ח ניצוצים מהם למטה ומתבררים ע"י ישראל שהם מבחי' מ"ה כנ"ל אזי מבחינת העלאת הבירורים הללו מבחי' אור חוזר נעשה מזה בחי' התיקון לז' מלכים ואז הוא הנקרא הדר מפני שמזה נעשה בחי' שערות דדיקנא · כידוע שמבחי' א"ח דבירורים דוקא נמשך למעלה בחינת שערות דדיקנא כמ"ש באד"ר בענין סבא דעתו סתים כו' · וז"ש והדרת פני זקן מפני שהזקנ' יש בה מבחי' ההידור להיות' בחי' התיקון וכן מ"ש והדר זקנים שיבה כו' (וכמ"ש במ"א בענין בים נדמה להם כבחור בת"ת נדמה להם כזקן כו' וד"ל) · וזהו הדר הוא לכל חסידיו מפני שבחי' החסדים דמ"ה שישראל מבררים הנק' חסידיו כנ"ל הרי נעשה להם עי"ז בחי' ההידור מבחי' הידור דדיקנא כדכתיב והדר זקנים שיבה וכנ"ל הטעם · וזה ההידור בא להם מצד המתבררי' דהיינו ע' שרים דנוגה שעי"ז ניתוסף הארה בהם מטעם הנ"ל ע"פ ואכלת את כל העמים כו' · ונמצא שבחינת משפט הכתוב בהם כנ"ל שהוא בחינ' הבירור שלהם נעשה עי"ז בחינת הדר לחסידיו כלומר גם לחסידיו יגיע תועלת ופעולה כו' וזהו לעשות בהם משפט כתוב כדי להיות הדר לכל חסידיו וכל זה מחסדי המאציל הוא ולכך הללויה כנ"ל וד"ל:

הללו אל בקדשו הללוהו ברקיע עוזו · פי' בקדשו היינו בחי' אור הכתר שלמעלה מן החכמה

הנק' קדש עליון כי קדשו בוי"ו לשון נסתר ונעלם הוא דהיינו בחי' חכמה שבכתר והיינו פי' קדשו בחינת קדש שלו כו' · וביאור הענין יובן בהקדים תחלה ענין הנזכר בזהר ע"פ יום ליום יביע אמר שהוא אור מים רקיע פי' ע"ד משל הטפה אשר מתהווה במוח האדם קודם ירידתה בשדרה הנה קודם שתתגשם להיות בטפה זרעית במוח ושדרה הוא רק כח רוחני עדיין ואח"כ בהתהוות' לטפה זרעי' במוח ושדרה מתגלת' ובאאת' מהגוף ותוליד ולד בדומה לו שהוא בא ע"י התפשטות כח הטפה במעי הנוק' הוא עוד בחי' ירידה והתפשטות בולד לצייר איבריו וכיוצא שהרי בטפה עצמה עדיין היו כל איברי הולד בהעלם ובכח בלבד כמו שבגרעין התפוח יש בו בהעלם כל מה שתצמיח ממנו אח"כ גשם התפוח בכל פרטי מהותו כו' וכידוע · ונמצא יש כאן ג' מדריגות הא' טפה הרוחנית קודם התהוותה לגשם במוח ושדרה והב' בחי' גשמיותה במוח ושדרה והג' בחי' התפשטו' שלה לצייר איברי הולד · וזהו משל להבין בחי' אור מים רקיע למעלה בבחי' טפת אור אבא דהיינו בחי' האור עדיין הוא בחי' שרש ומקור בלבד לתאיאות התהוות אור חכמה דאאילות הנקרא מים כמ"ש יקוו המים כו' · ובחי' החכמה דאצי' עצמה נק' מים והוא כדמיון גשמית הטיפה והתפשטות החכמה להיות מאין ליש בבינה הוא הנק' רקיע כמו שהמים העליונים שמעל לרקיע עדיין אינם עומדי' ממש בהתפשטות גלוית ליש ממשי כ"כ כמו הרקיע שמתפשט ונגלה ליש ומהות ממשי כו' וכידוע · והוא כדמיון הולד שנמשך מהתפשטות הטפה משא"כ בחי' אור הוא כמו בחי' רוחניות הטפה כו' והוא מ"ש יהי אור דהיינו בחי' חכמה שבכתר הנקרא ח"ס שהוא מקור לגילוי החכמה באאילות כידוע בפי' והחכמה מאין תמצא שהוא מבחי' אין דכתר כו' וד"ל · ולהבין ג' מדריגות אלו דאור מים רקיע בתוס' ביאור הנה יובן בשכל האדם עצמו ע"ד שאנו רואים בכח הטפה שיש בה ג' מדריגות כנ"ל דהנה גופו ומהותו של מציאות השכל הוא נמשך מלמעלה מן השכל כידוע והוא הנקרא משכיל וכנראה בחוש בהולד לאדם במוחו איזה שכל וסברא שזהו בא לו בבחי' שפע מלמעלה והיינו בחי' הכתר שהוא נקרא אין ומושלל הוא לגמרי ממציאות ומהות שכל הנראה במוח כידוע · אלא רק שממנו נמצא מציאות השכל ואופן ההמשכה מאתו הוא כדמיון הטל שממנו יתהווה גשם המים אח"כ · כך בחי' כח המשכיל הוא דק מאד נבדל בערך לגמרי מן גשם השכל אלא שממנו נמצא הגשמת מהות השכל כמים שמתגלמי' מהטל וכיוצא והוא בחי' יסוד לחלוחית הרוחניות שבמוח שמוליד שכל וסברא כמ"ש במ"א · והנה לאחר שנמצא מציאות הגשמת השכל הגס שהוא גשם בערך בחי' כח המשכיל הרוחני הנה מ"מ עדיין גם הוא נקרא בחי' כח הרוחני לגבי בחי' הבנת השכל והשגתו בבינה שהרי שם הסברא באה בבחי' יש ודבר מושג ממש אבל כמו שהסברא בכח ההשכלה עדיין הנק' חכמה הרי הוא בחי' כח היולי עדיין וכידוע שיכולין להסביר אותו במיני אופנים שונים כו' והיינו עיקר ההפרש אשר בין חכמה לבינה דבחכמה שנק' כח היולי הרי יכולים להטותה עדיין ככל מה שירצו משא"כ כשבא השכל לידי השגה ממש א"א להם כלל להטותה לאופן אחר מכמו שכבר הושג כו' · ויובן כדוגמא זאת ממש בטפת המוח הגשמית שכאשר עדיין לא נתפשטה במעי הנוקב' יכולים לצייר ולד ממנו בכמה אופנים שונים משא"כ כשכבר נתפשטה בולד א"א שישונה באופן אחר מכמו שהוא אחר שכבר נתפשטה בכל חלקיו כו' · וכך יובן ג' מדריגות הללו בג' מדריגות דאור מים רקיע בגשמיות· דבחי' האור הוא בחי' כח התהוות הגשמת המים כנ"ל · ועדיין מושלל הוא מבחי' הגשמת ממשו' המים אבל גם המים נק' בחי' כח רוחני לגבי התהוות הרקיע שהרקיע הרי הוא בחי' עומד במעמד ומצב להיותו קרוש וגלוד מן המים משא"כ המים המה מתנענעים לכאן ולכאן ויכולים להמשיכם לאיזה צד שירצו אבל הרקיע עומד מבלי הטייה כלל והיינו להיותו כמו הקרח והכפור שהמים בהם גלודים וקרושים מבלי הטייה ותנועה כלל והוא מורה למעלה בחי' הגשמת המים ביותר כדמיון הולד שנתהווה מן הטפה כו' וכמו מציאות ההשגה שנמשך ומתגלם מן כח היולי שבשכל וע"כ המים אין בהן גוון מצד עצמם רק לפי מראה הכלי אבל הרקיע יש בו מראות וגוונין כידוע · וז"ש על ראשי החיות רקיע כעין הקרח מפני שהוא בא ע"י בחי' הגלדת המים דוקא כמ"ש באריכות בענין הנותן שלג כצמר כנ"ל· וכדמיון זה יובן ג"כ ענין אור מים רקיע ברוחניות בבחי' האצילות דבחי' אור הוא בחי' ח"ס דא"א שממנו נמצא מציאות חכמה דאצי' שנק' מים ואמנם גם בחי' המים דחכמה עדיין הם נחשבים לבחי' אין ואין להם גוון כו' לגבי ההשגה בבינה שנק' רקיע והוא כמו הקרח דאגלידו בי' מיא כנ"ל · ואחר שנתבאר ענין הג' מדריגות דאור מים רקיע כנ"ל עתה יובן שרש ענין הללו אל בקדשו וברקיע עוזו דפי' קדשו היינו בחי' אור ובחי' רקיע עוזו הוא בחי' מים דחכמה למעלה שנתגשם מן האור כנ"ל · ומה שקורא אותו בשם רקיע שהוא בחי' בינה מדרגה הג' כנ"ל הענין הוא לפי שעקר בחי' פסוקי דזמרה הוא דוקא בבחי' היצי' כידוע ומבואר בסידור· וא"כ כאן הרי הוא מדבר בבחי' היצירה דווקא דהיינו בבחי' ע"ס דיצירה ומחל' ונזכיר בחי' ג"ר שבה והוא בחי' כח"ב והיינו הנרמז בג' תיבות הללו קדשו ורקיע עוזו וגבורותיו כו' ופי' קדשו היינו בחי' חכמה שבכתר כנ"ל שהוא בחי' אור כנ"ל ופי' רקיע עוזו הוא בחי' חכמה סתם דיציר' ופי' גבורותיו הוא בחי' בינה כמשי"ת בסמוך · אך הנה כל זה דוקא בבחי' היצירה אבל כמו שהם למעלה באצי' הנה קדשו ורקיע עוזו הם בחי' חו"ב דאצי' בלבד כי הנה זהו כלל גדול שבכל ירידת אור ממהות למהות כמו מאצי' לבי"ע הנה בהכרח שלא יוכל לבא

האור

הַלְלוּהוּ כְּרֹב גֻּדְלוֹ : הַלְלוּהוּ בְּתֵקַע שׁוֹפָר הַלְלוּהוּ בְּנֵבֶל וְכִנּוֹר :

הללוהו

האור למטה כמו למעלה אחר שאין ערך ביניהם אלא מה שבעליון הוא מבחי' מדרגה התחתונה כשבא למטה בתחתון יעשה ממנו בחי' מדריגה העליונה דשם כו' · כמו ע"ד בנין המ"ל מי"ם דז"א שבחי' מ"ל דחסד דז"א נעשה בחי' כתר לחסד שבמ"ל כו' וגם כאן הנה דרך כלל כשירדו י"ס דאצי' ביצירה הנה מה שהוא בחי' חכמה באצילו' נעשה בחי' כתר ביצירה ומה שהוא בחי' בינה באצי' נעשה ממנו בחי' חכמה ביצירה ומה שהוא בחי' פנימיות המדות שהוא בחי' חיצוניו' דבינה באצי' נעשה מזה ביצירה בחי' פנימית דבינה המקור למדות כו' · ועם הקדמ' זאת יובן ג"כ פי' הללו אל בקדשו עד"ז דהיינו בחי' קודש העליון שהוא בחי' חכמה דאצילות הנקרא מים נעשה ביצירה ספי' חכמה שבכתר ונקר' קדשו וכן מספי' בינה דאצילות שנקרא שם בשם רקיע כו נעשה מזה ביצירה בחי' ספי' חכמה · ועד"ז הללוהו בגבורותיו פי' מבחי' חיצונית דבינה דאצי' דהיינו מה שאמר דבינה מינה דינין מתערין בסופה בלבד נעשה מזה ביצירה בחינת דינין הסתומים בבינה בבחי' פנימיות דווקא קודם שמתערין בהתגלות ונקרא גבורותיו לשון נסתר וד"ל · (או אפשר לפרש באופן אחר דהרי גם מלבד גבורותיו יש ג' מדריגות והוא תיבת אל יתפרש בחכמה כידוע דאל נהירו דחכמתא בכל מקום וא"כ א"צ כלל להקדמה הנ"ל אלא יתפרש כפשוטו דקדשו הוא כתר ואל שמקבל הימנו הוא חכמה ורקיע עוזו הוא בינה והיינו אמר דהבא אור מים רקיע שבאצי' וכמ"כ מתלבש ביצירה אלא שבאצי' נקרא קדשו לפי שבאצי' איהו וחיוהי חד כו' וד"ל) · וביאור ענין גבורותיו דבינה הנה יובן בהקדים לזה ג' טעמים. הא' כידוע דאור אבא הוא מקור כל החסדי' מטעם שהרחמנות והחסד הוא באב דווקא כנראה בטבע האב לבנו שימחול לו על כל פשעיו ויטיב חסדו עמו תמיד משא"כ האם תכה אותו בשבט כי האב מצד טבעו יוכל יותר לסבול המנגד כי טבעו יותר מבחי' החסדים מן האם כו' · ועי"כ אנו אומרים סלח לנו אבינו דייקא וכמ"כ אבינו אב הרחמן כו' וכיוצא משא"כ בחי' בינה שנקרא אם הבנים ע"כ מינה דינין מתערין כו' · ועוד טעם שני לפי שהחכמה היא בחי' השכל עדיין כנ"ל אבל הבינה הוא ההשגה וכאשר אנו רואים שבבא הדבר לידי השגה דווקא אזי לא יוכל לסבול הטעו' או מי שיאמר בהיפוך מדעתו משא"כ בכח השכל שלמעלה מן ההשגה יכול לסבול גם המנגד כי לא בא הדבר עדיין בבחי' גמלום ההשגה כו' כי כל קפידא בא מצד בחי' גמלום וקטנות המוח כנראה בתינוק שמלא רוגז תמיד כו' · והטעם הג' שהבינה מצד עצם מהותה בחי' הגמלום הוא להיות כי ההשגה מגמלמת היא עצם השכל כי אינה רק כמו בחי' לבוש להעלים השכל אחר שהחכמה נקרא אין והבינה נק' יש וכנראה בחוש בכל אור שכל וסברא שיוכל אדם להלבישו בכמה מיני אופני השגות כו' וכמ"ש במ"א · ומפני כל אלה נק' בינה מקור הגבורות אלא שיש בה ב' מדריגות הא' בחי' פנימי שבה והוא ההשגה עצמה והב' מה שמסתעפמן ההשגה בחיצוניות שבה כמו במחשבה שמשיג ההשגה שיקפיד שם על המנגד וכיוצא וזהו מה שאמר דבינה מינה דינין מתערין בחיצוניות שבה דוקא אבל בפנימיות שבה אין שם רק בחי' מקור לגבורות בלבד וכנ"ל · ולהיות ידוע כי בחי' חיצוניות דבינה נעשה מקור למדות חג"ת ועי"כ יצא אח"כ הדין והגמלו' במדות בבחי' פסולת ממש כענין אברהם שיצא ממנו מותרי החסד ישמעאל ומיצחק עשו כו' שהן בחי' דינין גמורים כו' · ולכך אמר כאן הללוהו בגבורותיו דוקא כלו' בבחי' הפנימית דבינה שאין שם מציאות דין ממש אלא שהוא בחי' מקור לגבורות המסתעפים במדות שנולדים מן ההשגה דבינה כנ"ל וד"ל :

הללוהו כרוב גדלו · פי' גדלו הוא בחי' חסד כי כל גדולה הוא בחי' התפשטות החסד ובכאן מדבר בבחי' חסד דז"א שמתלבש בחסד דיצירה וכמו שמבואר למעלה דכל ענין ההילול בפסוקי דזמרה הוא בבחי' היציר' · ולהיות כי בחי' חסד דז"א בבחי' האצי' הרי הוא בבחי' היחוד וההתכללות באור א"ס עצמו משום שאור א"ס מתייחד בע"ס דאצי' וכמו שאמר בזהר ובר"ת בכמה דוכתי דבאצי' איהו וחיוהי וגרמוהי חד כו' : ע"כ נקרא בחי' אור החסד באצי' גדלו כלומר שבחי' הגדולה שלו היא להיותה מיוחדת בעצמו' התאצי' וכתאמר ע"ס בלי מ"ה כו' וזהו לך הוי"ה הגדולה כו' וד"ל וכידוע · אך הנה בירידת התלבשות אור חסד דאצי' ביצירה אז נקרא רב גדלו כלו' מפני ששם הוא מתרבה בריבוי המשכות בכלים מכלים שונים והענין הוא כי הנה הרי ביצירה מתהוים המלאכים הנק' מרכבה כמו פני ארי' אל הימין ופני שור מהשמאל כו' והרי המה מקבלים האור ושפע אוי"ר שלהם בבחי' גבול ממש וכתאמר והחיו' זעות כו' וידוע שבחי' היצירה הוא בחי' התגלות לזולתו ובהכרח שבא האור שם לבחי' כלים המקבלי' בגבול כו' ועל כן אמר כרוב גדלו מפני שהחסד הנקרא גדולה מתחלק שם בריבוי רבבות מדריגות כמו במחנה מיכאל ובפני ארי' אל הימין שמקבלים מבחי' חסד דיצירה וד"ל :

הללוהו בתקע שופר הללוהו בנבל וכנור · הנה עד כאן דיבר בבחי' האור האלקי הנמשך מאצי' ליצירה והיינו שאמר בקדשו וברקיע עוזו כו' שהן בחי' כח"ב והללוהו כרוב גדלו הוא בחי' החסד דאצילות ואחריו

מדבר

מדבר בבחי' גבורה דאצי' שמתלבש ביצירה אשר שם נעשה ונמשך בבחי' כלים ממש והוא כמו הכלי של הזומר הגם שעיקר שירה בכלי אבל הכלי הוא בחי' נפרד ונבדל מעצמו' האדם כך בחי' התהוות האור במרכבה דיצי' הוא כמו בחי' הקול שנפרד מן האדם בכלי הזומר כו' וד"ל · והנה בכאן מדבר בבחי' חג"ת דז"א דאצילות שמתלבש בחג"ת דיצירה שהם המקבלים בחי' המרכבה דפני אריה אל הימין ופני שור כו' והיינו מחנ' מיכאל מחנ' גבריאל כו' כידוע בשערי ההיכלות דמרכבה העליונה בזהר דפ' פקודי· והנה בהללוהו כרוב גדלו נמשך בחי' חסד דאצילות לפני אריה מהימין כנ"ל ובחי' גבורה דאצי' נמשך לבחי' גבורה דיצירה לפני שור מהשמאל כו' · וזהו ענין הללוהו בתקע שופר כי הנה קול השופר איננו מין כ"ז אשר הוא בקול נעימות ומתיקות שהרי אין בקול השופר שום ענין קול עריב כלל אלא אדרבה הוא קול המחריד לב השומע כמ"ש היתקע שופר בעיר ועם לא יחרדו וכן ויהי קול השופר הולך וחזק מאוד ויחרד כל העם כו' והיינו להיות כי בחי' קול השופר הוא בא מבחי' הגבורות אשר במדת הגבורה דיצירה שמקבל מבחי' גבורה דאצי' ומשם מקבלי' מחנה גבריאל במדת הפחד והיראה ולכך ענין השיר שלהם בקול שופר המחריד ומטיל אימה וכמאמר והחיות זעות כו' · וזהו הללוהו בתקע שופר וקאי על המלאכים שאו' שירה בבחי' היראה שנמשך להם האור מאצילות בבחי' קול שופר כו' וד"ל :

הללוהו בנבל וכנור · פי' עתה מדבר בבחי' ת"ת דז"א דאצי' שמתלבש בת"ת דיצי' והוא בחי' מחנה אוריאל כו' והיינו בחי' פני נשר כו' · והענין הוא כי בחי' הת"ת הוא כלול מג' גוונין ירוק סומק וחוור וכל אלה המראו' כשהם מעורבים זע"ז ולא כאו"א בפ"ע אזי דוקא הציור נאה ויפה והוא לתפארת לעושיה והוא הנק' תפארת כידוע · וכך גם בקול הנמשך מהבל הלב יש בו ג' מדריגות כמו ג' גוונין הנ"ל והן אש רוח מים שנקראי' חג"ת והיינו קול של חדוה וקול של מרירות והתמוגג כו' ואין נקרא קול-ערב אלא כשהוא כלול ביחד מג' אלה חדוה ומרירו' והתמוגג כו' והוא ענין הנגון שבא בקולות ממוזגות מכמה אופנים אלו קצת בחדוה וקצתו בהפוכו ודווקא שכאשר מיד חוזר להפוכו כו' וה"ז כמו עירוב הגוונין ממש והוא הנק' תפארת בקול · וכמ"כ למעלה כתיב קול ה' בהדר והוא בחי' ת"ת דז"א אך למעל' הרי הן בחי' מדות דאצילות דאיהו וחיוהי חד בבחי' א"ס כנ"ל · אבל כשיורדין למטה ביצירה הוא המתלבש בבחי' כלי והיינו עד"ז כלי הנבל והכנור שהקולות היוצאין מהנבל וכנור הן קולות ממוזגות ומעורבים מכמה אופנים שונים ולכך הקול של הנבל וכנור נעים הוא כמ"ש כנור נעים עם נבל כו' · (ויש בת"ת ב' מדריגות ב"ש העליונים והוא הנבל ושליש האחרון הוא בחי' כנור שנעשה כתר לנוקבא והוא מה שאמרו דכנור היה תלוי למעלה ממטתו של דוד כו' ורוח צפונית דאיתא מנשב' בו כו' · ועי"ז היה עליית בחי' מ"ל בחצות לילה ולזה היה דוד קם בחצות כו' וד"ל) :

כל הללוהו בתף ומחול הללוהו במנים ועגב : הללוהו בצלצלי־שמע הללוהו בצלצלי תרועה :

הללוהו בתוף ומחול הללוהו במנים ועוגב · פי' אחר שדיבר בג' מדריגות חג"ת דאצי' שמתלבשים בחג"ת דיציר' עתה מדבר בבחי' נצח והוד דאצי' שמתלבשת בנו"ה דיצי' והן הנה ב' מיני כלי זמר הללו תוף ועוגב · כי הנה קול התוף בא בבחי' רעש גדול לעורר תגבורת וחיזוק הלב בלבד כנודע והיינו בחי' הניצוח שבלב לעמוד בחזק' בל יפול לבו משום דבר · והנה הגם שהנצח שרשו בקו הימין חח"כ כידוע· אך מ"מ כלול הוא גם מקו השמאל והוא מבחי' הגבורות וע"כ הניצוח יש בו בחי' תגבורת מבחי' הגבורה שבלב כו' ואמנם כלי השני דמינים ועוגב הוא מבחי' ההוד וגם הוא כלול מקו הימין דחסד כו' וכמו שבחו"ג דאצי' יש התכללות זע"ז כידוע בענין אברהם ויצחק שיש גם ביצחק בחי' אהבה דאברהם אלא שהוא בהעלם בו והירא' בו בגילוי ובאברהם היה בהיפוך שהאהב' היה בו בגילוי והיראה בהעלם וא"כ הרי כלולים זה מזה · כך בחי' חו"ג דיצירה כלולים עד"ז וא"כ גם בחי' נצח והוד המסתעפים מהם ונקרא' ענפי' כידוע דנצח ענף החסד' וההוד ענף הגבורה כו' ג"כ המה מתכללים זע"ז ע"ד שמתכללים חו"ג כו' · וזהו שאמר הללוהו בתוף כו' והללוהו במינים ועוגב כלו' בשניהם ביחד בבחי' ההתכללות מטעם הנ"ל וד"ל · ומה שאמר בתוף אחר נבל וכנור הענין הוא כי נבל וכנור הוא בחי' ת"ת כנ"ל שכוללים הכל ע"כ מיד אמר בתוף ובמיני' ועוגב וכנ"ל בפי' יהללו שמו במחול בתוף וכנור יזמרו שבמחול שהוא בחי' עגולים מתאחדים בחי' חו"ג דתוף וכנור כו' · וזהו שאמר בתוף ומחול אחר נבל וכנור (ודרך כלל הזכיר י' מיני כ"ז נגד י"ס הנגונות במאציל שיבאו עי"ז לגילוי באבי"ע וכמ"ש במ"א) וד"ל :

הללוהו בצלצלי שמע הללוהו בצלצלי תרועה · הנה ידוע דכלי זמר זה הנק' צלצלי שמע שהוא כולל כל מיני כלי זמר נבל וכנור כו' להיותו רק בחי' משמיע קול בתגלתיי' והם הידועים שמריעי' קול גדול בכדי שיהא הקול נשמע למרחוק כו' · וכך יובן למעלה שהוא בחי' אור ספי' היסוד שכולל כל מיני שפע מכל הספי' ונק' בזהר כניסו דכל נהורין וכידוע שהוא בחי' אור המשפיע למקבל מא"כ

כֹּל הַנְּשָׁמָה תְּהַלֵּל יָהּ הַלְלוּיָהּ:
כֹּ הַ תְּ יָ הַ:
בָּרוּךְ יְהֹוָה לְעוֹלָם אָמֵן | וְאָמֵן:
בָּרוּךְ יְהֹוָה | מִצִּיּוֹן שֹׁכֵן יְרוּשָׁלָם הַלְלוּיָהּ: בָּרוּךְ | יְהֹוָה אֱלֹהִים אֱלֹהֵי יִשְׂרָאֵל עֹשֵׂה נִפְלָאוֹת לְבַדּוֹ: וּבָרוּךְ שֵׁם כְּבוֹדוֹ לְעוֹלָם וְיִמָּלֵא כְבוֹדוֹ אֶת־כָּל־הָאָרֶץ אָמֵן | וְאָמֵן:
וַיְבָרֶךְ

משא"כ נלא והוד הם כליות יועצות איך להשפיע ועדיין לא נשפע מהם מאומה · אבל ביסוד בא אור השפע לידי גילוי למקבלי' והוא כמו ענין כלי הזמר למטה שנקרא מגלתיים שתריעים קול לשומעים שיקבלו וכו' ולכך נק' בשם צלצלי שמע ע"ש שמיעת המקבלים שהכל מקבלים ממנו כו' ואחר שדיבר בחג"ת ונו"ה מדבר בבחי' יסוד דאצילות שמתלבש ביסו' דיציר' וזהו הללוהו בצלצלי שמע ואח"כ אמר הללוהו בצלצלי תרועה דהיינו בבחי' מ"ל שהיא ספי' האחרונה בכל הספי' דאצי' · והטעם שנקרא ביצי' בשם צלצלי תרועה כי הגה פי' תרועה מלשון תרועם בשבט ברזל וכעניקול התרוע' בשופר שהוא פיזור ופירוד הקולו' כידוע והיינו לפי שהמ"ל נקרא' דינא רפיא כלומר בחי' גבורות ממותקות ולפי שסוברת לבחי' הגבורות הקשות בהמתקת חסדים כמ"ש אתה פוררת בעוזך כו' נקרא תרועה · וזהו רועה התרועעה ארץ פור התפוררה כו' שהוא בחי' מיתוק הגבורות והייט ע"י שבירתן דוקא כי שבירתן לחלקים זוהי טהרתן כידוע בכוונת התקיעות דר"ה בשברים ותרועה כו' וזהו הללוהו בצלצלי תרועה וד"ל:

כל הנשמה תהלל יה הללו יה · פי' עד עתה דיבר בע"ס דאצי' שירדו ביציר' ונעשים אור וחיות למלאכים הנק' מרכבה והן י' מיני כלי זמר הנ"ל עד צלצלי תרועה (שופר נבל וכנור ותוף ומחול מינים ועוגב צ"ש וצ"ת) וכל זה הוא רק בבחי' חיצוניות העולמות כי הרי כל זה נמשך בבחי' כלי זמר · ואמנם הנשמות הם מבחי' פנימיות דהיינו מבחי' האורות וגם הרי הנשמות יש בהם בחי' התכללות מכל הפרצופי' יחד כי הולד נולד ממוחין דאו"א שבזו"נ כו' · וע"כ נקרא הנשמה בשם בחי' כללות כמו שאמר כל הנשמה פי' כל הוא · בחי' כוללת הכל לפי שכל נשמה יש בה מכללות הכל כו' ואחר שדיבר בהתלבשות י"ס דאצילות בחיצוניות במלאכים דיציר' כנ"ל עתה אמר שע"ס דכל פרצוף מא"א וע"י עד מ"ל שכולם כלולים בנשמה הנה גם כל הנשמה תהלל בכל מיני הלולי' הנ"ל לאור א"ס שבאו"א שנק' יה כנ"ל ולכך לא אמר בנשמו' דרך פרט כמו שאמר במלאכים אלא כללם יחד ואמר כל הנשמה תהלל מטעם שהם בחי' כללות כנ"ל וד"ל:

ברוך הוי"ה לעולם · פי' בחי' הוי"ה דאבא יהיה ברוך מבחי' הכתר כמ"ש והחכמה מאין תמצא ואז ממילא יהיה נמשך ברכה ושפע לבחי' ז"א דאצילות הנקרא עולם וזהו ברוך הוי' לעולם ואז יהיה נעוץ תחלתן בסופן וסופן בתחלתן מ"ל בכתר וכתר במ"ל וזהו אמן ואמן כמ"ש בזהר בענין אמן כו' וד"ל:

ברוך ה' מציון שוכן ירושלים · פי' תחלה מתברך אור השפע מז"א ביסוד דנוקב' הנק' ציון ואח"כ יבא השפע לחיצוני' המ"ל הנקרא ירושלים וכידוע בענין עשר קדושות ירושלים והר הבית כו' וזהו ברוך ה' מציון ואח"כ שוכן ירושלים ואז נשלם הבנין דנוקבא בשלימות ויהללו יה כנ"ל וד"ל:

ברוך ה' אלהים אלהי ישראל כו' עושה נפלאו' לבדו· פי' הוי"ה אלהי' הוא בחי' אבא ואימא כידוע בפי' ויבן ה' אלהים את הצלע דה' אלהי' זה הוא בחי' או"א כמ"ש בזהר בכמה מקומו' וגם כאן פי' ה' אלהים הוא בחי' מוחין דאו"א המשכים בז"א שנק' ישראל כנודע והייט פי' ברוך ה' אלהים בחי' מוחין דאו"א בתוך ז"א להיות אלהי ישראל כו' ומז"א יתברך בחי' מלכות והיינו מן העולם ועד העולם כו' וד"ל · ומה שאמר אח"ז עושה נפלאו' לבדו הענין הוא מובן ע"ד כלל הידוע בכל מקום שכל הגבוה גבוה במעל' יותר · יותר יוכל להשפיל א"ע למטה מטה ביותר וכל שאינו גבוה כ"כ לא יוכל לירד מטה כ"כ ונמצא מבחי' הירידה למטה יש להשיג שיעור מעלתו למעלה כו' · וכמו שאנו רואים במי שהוא חכם ביותר יותר יוכל להשפיל א"ע להסביר איזה שכל עמוק גם לתינוק קטן מפני שיוכל להלביש הענין בירידות המדריגות מאד כמו בריבוי משלים משל למשל וכמו משלי שלמה דכתיב בו וידבר שלשת אלפים משל · משל למשל כו' שהוא מפני עוצם מעלת חכמתו למעלה ע"כ יכול לירד ולהלביש החכמה במשלים עד ג' אלפים משל וכמו שאמרו בר"ת שהי' יכול לומר ג' מאות משלים כו' וכמ"ש בת"א · והדוגמא מזה יובן למעלה ג"כ דבחי' ירידת אור א"ס להיות ברוך ונמשך באו"א בזו"נ עד למטה מטה כ"כ זהו מורה על היות האור בא מבחי' ומדריגה הגבוה מאד נעלה משום דערך הירידה הוא לפי ערך המעלה כנ"ל · וזהו ברוך ה' אלהי' כו' פי' סיבת ירידת ברכה זאת למטה מטה עד שאמר בסמוך וברוך שם כבודו לעולם כו' למטה עד אין קץ הייט רק מפני שעושה נפלאות לבדו פי' מפני שהאור בא מבחי' עצמות המאציל אשר בבחי' פנימיות ע"י וא"א שנקרא נפלאות כלומר סתימין דכל סתימין כו' וד"ל:

וַיְבָ֣רֶךְ דָּוִיד֙ אֶת־יְהֹוָ֔ה לְעֵינֵ֖י כָּל־הַקָּהָ֑ל וַיֹּ֣אמֶר דָּוִ֗יד בָּר֨וּךְ אַתָּ֤ה יְהֹוָה֙ אֱלֹהֵי֙ יִשְׂרָאֵ֣ל אָבִ֔ינוּ מֵעוֹלָ֖ם וְעַד־עוֹלָֽם׃ לְךָ֣ יְהֹוָ֡ה הַגְּדֻלָּ֨ה וְהַגְּבוּרָ֜ה וְהַתִּפְאֶ֤רֶת וְהַנֵּ֙צַח֙ וְהַה֔וֹד כִּי־כֹ֖ל בַּשָּׁמַ֣יִם וּבָאָ֑רֶץ לְךָ֤ יְהֹוָה֙ הַמַּמְלָכָ֔ה וְהַמִּתְנַשֵּׂ֖א לְכֹ֥ל ׀ לְרֹֽאשׁ׃ וְהָעֹ֤שֶׁר וְהַכָּבוֹד֙ מִלְּפָנֶ֔יךָ וְאַתָּה֙ מוֹשֵׁ֣ל בַּכֹּ֔ל וּבְיָדְךָ֖ כֹּ֣חַ וּגְבוּרָ֑ה וּבְיָ֣דְךָ֔ לְגַדֵּ֥ל וּלְחַזֵּ֖ק לַכֹּֽל׃ וְעַתָּ֣ה אֱלֹהֵ֔ינוּ מוֹדִ֥ים אֲנַ֖חְנוּ לָ֑ךְ וּֽמְהַלְלִ֖ים לְשֵׁ֥ם תִּפְאַרְתֶּֽךָ׃ וִֽיבָרְכוּ֙ שֵׁ֣ם כְּבֹדֶ֔ךָ וּמְרוֹמַ֥ם עַל־כָּל־בְּרָכָ֖ה וּתְהִלָּֽה׃ אַתָּה־ה֣וּא יְהֹוָה֮ לְבַדֶּךָ֒ אַתָּ֣ה עָ֠שִׂיתָ אֶֽת־הַשָּׁמַ֞יִם שְׁמֵ֤י הַשָּׁמַ֙יִם֙ וְכָל־צְבָאָ֔ם הָאָ֜רֶץ וְכָל־אֲשֶׁ֣ר עָלֶ֗יהָ הַיַּמִּים֙ וְכָל־אֲשֶׁ֣ר בָּהֶ֔ם וְאַתָּ֖ה מְחַיֶּ֣ה אֶת־כֻּלָּ֑ם וּצְבָ֣א הַשָּׁמַ֔יִם לְךָ֖ מִשְׁתַּחֲוִֽים׃ אַתָּה־הוּא֙ יְהֹוָ֣ה הָאֱלֹהִ֔ים אֲשֶׁ֤ר בָּחַ֙רְתָּ֙ בְּאַבְרָ֔ם וְהוֹצֵאת֖וֹ מֵא֣וּר כַּשְׂדִּ֑ים וְשַׂ֥מְתָּ שְּׁמ֖וֹ אַבְרָהָֽם׃ וּמָצָ֣אתָ אֶת־לְבָבוֹ֮ נֶאֱמָ֣ן לְפָנֶ֒יךָ֒ וְכָר֨וֹת עִמּ֜וֹ הַבְּרִ֗ית לָתֵ֡ת אֶת־אֶ֩רֶץ֩ הַֽכְּנַעֲנִ֨י הַחִתִּ֜י הָֽאֱמֹרִ֧י וְהַפְּרִזִּ֛י וְהַיְבוּסִ֥י וְהַגִּרְגָּשִׁ֖י לָתֵ֣ת לְזַרְע֑וֹ וַתָּ֙קֶם֙ אֶת־דְּבָרֶ֔יךָ כִּ֥י צַדִּ֖יק אָֽתָּה׃ וַתֵּ֛רֶא אֶת־עֳנִ֥י אֲבֹתֵ֖ינוּ בְּמִצְרָ֑יִם וְאֶת־זַעֲקָתָ֥ם שָׁמַ֖עְתָּ עַל־יַם־סֽוּף׃ וַתִּתֵּ֡ן אֹתֹת֩ וּֽמֹפְתִ֨ים בְּפַרְעֹ֤ה וּבְכָל־עֲבָדָיו֙ וּבְכָל־עַ֣ם אַרְצ֔וֹ כִּ֣י יָדַ֔עְתָּ כִּ֥י הֵזִ֖ידוּ עֲלֵיהֶ֑ם וַתַּעַשׂ־לְךָ֥ שֵׁ֖ם כְּהַיּ֥וֹם הַזֶּֽה׃ וְהַיָּם֙ בָּקַ֣עְתָּ לִפְנֵיהֶ֔ם וַיַּֽעַבְר֥וּ בְתוֹךְ־הַיָּ֖ם בַּיַּבָּשָׁ֑ה וְֽאֶת־רֹדְפֵיהֶ֞ם הִשְׁלַ֧כְתָּ בִמְצוֹלֹ֛ת כְּמוֹ־אֶ֖בֶן בְּמַ֥יִם עַזִּֽים׃

וַ֠יּ֠וֹשַׁע יְהֹוָ֜ה בַּיּ֥וֹם הַה֛וּא אֶת־יִשְׂרָאֵ֖ל מִיַּ֣ד מִצְרָ֑יִם וַיַּ֤רְא יִשְׂרָאֵל֙ אֶת־מִצְרַ֔יִם מֵ֖ת עַל־שְׂפַ֥ת הַיָּֽם׃ וַיַּ֨רְא יִשְׂרָאֵ֜ל אֶת־הַיָּ֣ד הַגְּדֹלָ֗ה אֲשֶׁ֨ר עָשָׂ֤ה יְהֹוָה֙ בְּמִצְרַ֔יִם וַיִּֽירְא֥וּ הָעָ֖ם אֶת־יְהֹוָ֑ה וַיַּֽאֲמִ֙ינוּ֙ בַּֽיהֹוָ֔ה וּבְמֹשֶׁ֖ה עַבְדּֽוֹ׃

אָ֣ז יָשִֽׁיר־מֹשֶׁה֩ וּבְנֵ֨י יִשְׂרָאֵ֜ל אֶת־הַשִּׁירָ֤ה הַזֹּאת֙ לַֽיהֹוָ֔ה וַיֹּאמְר֖וּ לֵאמֹ֑ר אָשִׁ֤ירָה לַֽיהֹוָה֙ כִּֽי־גָאֹ֣ה גָּאָ֔ה ס֥וּס וְרֹכְב֖וֹ רָמָ֥ה בַיָּֽם׃ עָזִּ֤י וְזִמְרָת֙ יָ֔הּ וַֽיְהִי־לִ֖י לִֽישׁוּעָ֑ה זֶ֤ה אֵלִי֙ וְאַנְוֵ֔הוּ אֱלֹהֵ֥י אָבִ֖י וַאֲרֹמְמֶֽנְהוּ׃ יְהֹוָ֖ה אִ֣ישׁ מִלְחָמָ֑ה יְהֹוָ֖ה שְׁמֽוֹ׃ מַרְכְּבֹ֥ת פַּרְעֹ֛ה וְחֵיל֖וֹ יָרָ֣ה בַיָּ֑ם וּמִבְחַ֥ר שָֽׁלִשָׁ֖יו טֻבְּע֥וּ בְיַם־סֽוּף׃ תְּהֹמֹ֖ת יְכַסְיֻ֑מוּ יָרְד֥וּ בִמְצוֹלֹ֖ת כְּמוֹ־אָֽבֶן׃ יְמִֽינְךָ֣ יְהֹוָ֔ה נֶאְדָּרִ֖י בַּכֹּ֑חַ יְמִֽינְךָ֥ יְהֹוָ֖ה תִּרְעַ֥ץ אוֹיֵֽב׃ וּבְרֹ֥ב גְּאוֹנְךָ֖ תַּהֲרֹ֣ס קָמֶ֑יךָ תְּשַׁלַּח֙ חֲרֹ֣נְךָ֔ יֹאכְלֵ֖מוֹ כַּקַּֽשׁ׃ וּבְר֤וּחַ אַפֶּ֙יךָ֙ נֶ֣עֶרְמוּ מַ֔יִם נִצְּב֥וּ כְמוֹ־נֵ֖ד נֹזְלִ֑ים קָֽפְא֥וּ תְהֹמֹ֖ת בְּלֶב־יָֽם׃ אָמַ֥ר אוֹיֵ֛ב אֶרְדֹּ֥ף אַשִּׂ֖יג אֲחַלֵּ֣ק שָׁלָ֑ל תִּמְלָאֵ֣מוֹ נַפְשִׁ֔י אָרִ֣יק חַרְבִּ֔י תּוֹרִישֵׁ֖מוֹ יָדִֽי׃ נָשַׁ֥פְתָּ בְרוּחֲךָ֖ כִּסָּ֣מוֹ יָ֑ם צָֽלֲלוּ֙ כַּֽעוֹפֶ֔רֶת בְּמַ֖יִם אַדִּירִֽים׃ מִֽי־כָמֹ֤כָה בָּֽאֵלִם֙ יְהֹוָ֔ה מִ֥י כָּמֹ֖כָה נֶאְדָּ֣ר בַּקֹּ֑דֶשׁ נוֹרָ֥א תְהִלֹּ֖ת עֹ֥שֵׂה פֶֽלֶא׃ נָטִ֙יתָ֙ יְמִ֣ינְךָ֔ תִּבְלָעֵ֖מוֹ אָֽרֶץ׃ נָחִ֥יתָ בְחַסְדְּךָ֖ עַם־ז֣וּ גָּאָ֑לְתָּ נֵהַ֥לְתָּ בְעָזְּךָ֖ אֶל־נְוֵ֥ה קָדְשֶֽׁךָ׃ שָֽׁמְע֥וּ עַמִּ֖ים יִרְגָּז֑וּן חִ֣יל אָחַ֔ז יֹשְׁבֵ֖י פְּלָֽשֶׁת׃ אָ֤ז נִבְהֲלוּ֙ אַלּוּפֵ֣י אֱד֔וֹם אֵילֵ֣י מוֹאָ֔ב יֹֽאחֲזֵ֖מוֹ רָ֑עַד נָמֹ֕גוּ כֹּ֖ל יֹשְׁבֵ֥י כְנָֽעַן׃ תִּפֹּ֨ל עֲלֵיהֶ֤ם אֵימָ֙תָה֙ וָפַ֔חַד

*ע״פ מסורה °אתה קרי

בגדל

בִּגְדֹל זְרוֹעֲךָ יִדְּמוּ כָּאָבֶן עַד־יַעֲבֹר
עַמְּךָ יְהוָה עַד־יַעֲבֹר עַם־זוּ קָנִיתָ׃
תְּבִאֵמוֹ וְתִטָּעֵמוֹ בְּהַר נַחֲלָתְךָ מָכוֹן
לְשִׁבְתְּךָ פָּעַלְתָּ יְהוָה מִקְּדָשׁ אֲדֹנָי
כּוֹנְנוּ יָדֶיךָ׃ יְהוָה ׀ יִמְלֹךְ לְעֹלָם וָעֶד׃
יְהוָה ׀ יִמְלֹךְ לְעֹלָם וָעֶד׃ יְהוָה
מַלְכוּתֵהּ קָאֵם לְעָלַם וּלְעָלְמֵי עָלְמַיָּא׃
כִּי בָא סוּס פַּרְעֹה בְּרִכְבּוֹ וּבְפָרָשָׁיו
בַּיָּם וַיָּשֶׁב יְהוָה עֲלֵהֶם אֶת־מֵי הַיָּם
וּבְנֵי יִשְׂרָאֵל הָלְכוּ בַיַּבָּשָׁה בְּתוֹךְ
הַיָּם׃ כִּי לַיהוָה הַמְּלוּכָה וּמוֹשֵׁל בַּגּוֹיִם׃
וְעָלוּ מוֹשִׁעִים בְּהַר צִיּוֹן לִשְׁפֹּט
אֶת־הַר עֵשָׂו וְהָיְתָה לַיהוָה הַמְּלוּכָה׃
וְהָיָה יְהוָה לְמֶלֶךְ עַל־כָּל־הָאָרֶץ בַּיּוֹם
הַהוּא יִהְיֶה יְהוָה אֶחָד וּשְׁמוֹ אֶחָד׃

יִשְׁתַּבַּח שִׁמְךָ לָעַד מַלְכֵּנוּ הָאֵל הַמֶּלֶךְ הַגָּדוֹל
וְהַקָּדוֹשׁ בַּשָּׁמַיִם וּבָאָרֶץ ׳ כִּי לְךָ נָאֶה
יְהוָה אֱלֹהֵינוּ וֵאלֹהֵי אֲבוֹתֵינוּ לְעוֹלָם וָעֶד ׳ שִׁיר
וּשְׁבָחָה הַלֵּל וְזִמְרָה עֹז וּמֶמְשָׁלָה נֶצַח גְּדֻלָּה
וּגְבוּרָה תְּהִלָּה וְתִפְאֶרֶת קְדֻשָּׁה וּמַלְכוּת ׳ בְּרָכוֹת
וְהוֹדָאוֹת לְשִׁמְךָ הַגָּדוֹל וְהַקָּדוֹשׁ ׳ וּמֵעוֹלָם עַד
עוֹלָם אַתָּה אֵל ׃ בָּרוּךְ אַתָּה יְהוָה אֵל מֶלֶךְ גָּדוֹל
וּמְהֻלָּל בַּתִּשְׁבָּחוֹת אֵל הַהוֹדָאוֹת אֲדוֹן הַנִּפְלָאוֹת
בּוֹרֵא כָּל־הַנְּשָׁמוֹת רִבּוֹן כָּל־הַמַּעֲשִׂים הַבּוֹחֵר
בְּשִׁירֵי זִמְרָה מֶלֶךְ יָחִיד חֵי הָעוֹלָמִים׃

בעשי"ת מיום א' דר"ה עד אחר יוה"כ קודם חצי קדיש יאמר זה :

שִׁיר הַמַּעֲלוֹת מִמַּעֲמַקִּים קְרָאתִיךָ יְהוָה ׃ אֲדֹנָי שִׁמְעָה
בְקוֹלִי תִּהְיֶינָה אָזְנֶיךָ קַשֻּׁבוֹת לְקוֹל תַּחֲנוּנָי ׃ אִם
עֲוֹנוֹת תִּשְׁמָר יָהּ אֲדֹנָי מִי יַעֲמֹד ׃ כִּי עִמְּךָ הַסְּלִיחָה לְמַעַן
תִּוָּרֵא ׃ קִוִּיתִי יְהוָה קִוְּתָה נַפְשִׁי וְלִדְבָרוֹ הוֹחָלְתִּי ׃ נַפְשִׁי
לַאדֹנָי מִשֹּׁמְרִים לַבֹּקֶר שֹׁמְרִים לַבֹּקֶר ׃ יַחֵל יִשְׂרָאֵל אֶל
יְהוָה כִּי עִם יְהוָה הַחֶסֶד וְהַרְבֵּה עִמּוֹ פְדוּת ׃ וְהוּא יִפְדֶּה
אֶת יִשְׂרָאֵל מִכֹּל עֲוֹנוֹתָיו ׃

יִתְגַּדַּל וְיִתְקַדַּשׁ שְׁמֵהּ רַבָּא ׳ אמן ׃ בְּעָלְמָא דִּי בְרָא
כִרְעוּתֵהּ וְיַמְלִיךְ מַלְכוּתֵהּ וְיַצְמַח פּוּרְקָנֵהּ וִיקָרֵב
מְשִׁיחֵהּ ׃ אמן בְּחַיֵּיכוֹן וּבְיוֹמֵיכוֹן וּבְחַיֵּי דְכָל בֵּית יִשְׂרָאֵל
בַּעֲגָלָא וּבִזְמַן קָרִיב וְאִמְרוּ אָמֵן ׃ יְהֵא שְׁמֵהּ רַבָּא מְבָרַךְ
לְעָלַם וּלְעָלְמֵי עָלְמַיָּא יִתְבָּרַךְ וְיִשְׁתַּבַּח וְיִתְפָּאַר וְיִתְרוֹמַם
וְיִתְנַשֵּׂא וְיִתְהַדָּר וְיִתְעַלֶּה וְיִתְהַלָּל שְׁמֵהּ דְּקוּדְשָׁא בְּרִיךְ
הוּא ׳ אמן ׃ לְעֵילָּא מִן כָּל בִּרְכָתָא וְשִׁירָתָא תֻּשְׁבְּחָתָא
וְנֶחֱמָתָא דַּאֲמִירָן בְּעָלְמָא וְאִמְרוּ אָמֵן ׃

חזן בָּרְכוּ אֶת־יְהוָה הַמְבֹרָךְ ׃

קהל וחזן בָּרוּךְ יְהוָה הַמְבֹרָךְ לְעוֹלָם וָעֶד ׃

בָּרוּךְ אַתָּה יְהוָה אֱלֹהֵינוּ מֶלֶךְ הָעוֹלָם יוֹצֵר אוֹר
וּבוֹרֵא חֹשֶׁךְ עֹשֶׂה שָׁלוֹם וּבוֹרֵא אֶת־הַכֹּל ׃
הַמֵּאִיר לָאָרֶץ וְלַדָּרִים עָלֶיהָ
בְּרַחֲמִים וּבְטוּבוֹ מְחַדֵּשׁ
בְּכָל־יוֹם תָּמִיד מַעֲשֵׂה בְרֵאשִׁית ׃
מָה רַבּוּ מַעֲשֶׂיךָ יְהוָה כֻּלָּם בְּחָכְמָה
עָשִׂיתָ מָלְאָה הָאָרֶץ קִנְיָנֶךָ ׃ הַמֶּלֶךְ
הַמְרוֹמָם לְבַדּוֹ מֵאָז הַמְשֻׁבָּח
וְהַמְפֹאָר וְהַמִּתְנַשֵּׂא מִימוֹת עוֹלָם ׃
אֱלֹהֵי עוֹלָם בְּרַחֲמֶיךָ הָרַבִּים רַחֵם
עָלֵינוּ אֲדוֹן עֻזֵּנוּ צוּר מִשְׂגַּבֵּנוּ מָגֵן
יִשְׁעֵנוּ מִשְׂגָּב בַּעֲדֵנוּ ׃ אֵל בָּרוּךְ גְּדוֹל
דֵּעָה הֵכִין וּפָעַל זָהֳרֵי חַמָּה טוֹב יָצַר
כָּבוֹד לִשְׁמוֹ מְאוֹרוֹת נָתַן סְבִיבוֹת
עֻזּוֹ פִּנּוֹת צְבָאָיו קְדוֹשִׁים רוֹמְמֵי שַׁדַּי
תָּמִיד מְסַפְּרִים כְּבוֹד־אֵל וּקְדֻשָּׁתוֹ ׃

תִּתְבָּרֵךְ יְהֹוָה אֱלֹהֵינוּ בַּשָּׁמַיִם מִמַּעַל וְעַל־הָאָרֶץ מִתָּחַת עַל־כָּל־שֶׁבַח מַעֲשֵׂה יָדֶיךָ וְעַל־מְאוֹרֵי־אוֹר שֶׁיָּצַרְתָּ יְפָאֲרוּךָ סֶּלָה׃

תִּתְבָּרֵךְ לָנֶצַח צוּרֵנוּ מַלְכֵּנוּ וְגֹאֲלֵנוּ בּוֹרֵא קְדוֹשִׁים יִשְׁתַּבַּח שִׁמְךָ לָעַד מַלְכֵּנוּ יוֹצֵר מְשָׁרְתִים וַאֲשֶׁר מְשָׁרְתָיו כֻּלָּם עוֹמְדִים בְּרוּם עוֹלָם וּמַשְׁמִיעִים בְּיִרְאָה יַחַד בְּקוֹל דִּבְרֵי אֱלֹהִים חַיִּים וּמֶלֶךְ עוֹלָם׃ כֻּלָּם אֲהוּבִים כֻּלָּם בְּרוּרִים כֻּלָּם גִּבּוֹרִים כֻּלָּם קְדוֹשִׁים וְכֻלָּם עֹשִׂים בְּאֵימָה וּבְיִרְאָה רְצוֹן קוֹנָם׃ וְכֻלָּם פּוֹתְחִים אֶת־פִּיהֶם בִּקְדֻשָּׁה וּבְטָהֳרָה בְּשִׁירָה וּבְזִמְרָה וּמְבָרְכִים וּמְשַׁבְּחִים וּמְפָאֲרִים וּמַעֲרִיצִים וּמַקְדִּישִׁים וּמַמְלִיכִים׃

אֶת־שֵׁם הָאֵל הַמֶּלֶךְ הַגָּדוֹל הַגִּבּוֹר וְהַנּוֹרָא קָדוֹשׁ הוּא׃ וְכֻלָּם מְקַבְּלִים עֲלֵיהֶם עֹל מַלְכוּת שָׁמַיִם זֶה מִזֶּה וְנוֹתְנִים בְּאַהֲבָה רְשׁוּת זֶה לָזֶה לְהַקְדִּישׁ לְיוֹצְרָם בְּנַחַת רוּחַ בְּשָׂפָה בְרוּרָה וּבִנְעִימָה קְדוֹשָׁה כֻּלָּם כְּאֶחָד עוֹנִים בְּאֵימָה וְאוֹמְרִים בְּיִרְאָה׃

קָדוֹשׁ ׀ קָדוֹשׁ קָדוֹשׁ יְהֹוָה צְבָאוֹת מְלֹא כָל־הָאָרֶץ כְּבוֹדוֹ׃ וְהָאוֹפַנִּים וְחַיּוֹת הַקֹּדֶשׁ בְּרַעַשׁ גָּדוֹל מִתְנַשְּׂאִים לְעֻמַּת הַשְּׂרָפִים לְעֻמָּתָם מְשַׁבְּחִים וְאוֹמְרִים׃ בָּרוּךְ כְּבוֹד יְהֹוָה מִמְּקוֹמוֹ׃

לָאֵל בָּרוּךְ נְעִימוֹת יִתֵּנוּ לַמֶּלֶךְ אֵל חַי וְקַיָּם זְמִירוֹת יֹאמֵרוּ וְתִשְׁבָּחוֹת יַשְׁמִיעוּ כִּי הוּא לְבַדּוֹ מָרוֹם וְקָדוֹשׁ פּוֹעֵל גְּבוּרוֹת עֹשֶׂה חֲדָשׁוֹת בַּעַל מִלְחָמוֹת זוֹרֵעַ צְדָקוֹת מַצְמִיחַ יְשׁוּעוֹת בּוֹרֵא רְפוּאוֹת נוֹרָא תְהִלּוֹת אֲדוֹן הַנִּפְלָאוֹת הַמְחַדֵּשׁ בְּטוּבוֹ בְּכָל־יוֹם תָּמִיד מַעֲשֵׂה בְרֵאשִׁית כָּאָמוּר לְעֹשֵׂה אוֹרִים גְּדֹלִים כִּי לְעוֹלָם חַסְדּוֹ׃ בָּרוּךְ אַתָּה יְהֹוָה יוֹצֵר הַמְּאוֹרוֹת׃

אַהֲבַת עוֹלָם אֲהַבְתָּנוּ יְהֹוָה אֱלֹהֵינוּ חֶמְלָה גְדוֹלָה וִיתֵרָה חָמַלְתָּ עָלֵינוּ׃ אָבִינוּ מַלְכֵּנוּ בַּעֲבוּר שִׁמְךָ הַגָּדוֹל וּבַעֲבוּר אֲבוֹתֵינוּ שֶׁבָּטְחוּ בְךָ וַתְּלַמְּדֵם חֻקֵּי חַיִּים לַעֲשׂוֹת רְצוֹנְךָ בְּלֵבָב שָׁלֵם כֵּן תְּחָנֵּנוּ וּתְלַמְּדֵנוּ׃ אָבִינוּ אָב הָרַחֲמָן הַמְרַחֵם רַחֶם־נָא עָלֵינוּ וְתֵן בְּלִבֵּנוּ בִּינָה לְהָבִין וּלְהַשְׂכִּיל לִשְׁמֹעַ לִלְמֹד וּלְלַמֵּד לִשְׁמֹר וְלַעֲשׂוֹת וּלְקַיֵּם אֶת־כָּל־דִּבְרֵי תַלְמוּד תּוֹרָתֶךָ בְּאַהֲבָה׃ וְהָאֵר עֵינֵינוּ בְּתוֹרָתֶךָ וְדַבֵּק לִבֵּנוּ בְּמִצְוֹתֶיךָ וְיַחֵד לְבָבֵנוּ לְאַהֲבָה וּלְיִרְאָה אֶת־שְׁמֶךָ וְלֹא־נֵבוֹשׁ וְלֹא־נִכָּלֵם וְלֹא־נִכָּשֵׁל לְעוֹלָם וָעֶד׃ כִּי בְשֵׁם קָדְשְׁךָ הַגָּדוֹל וְהַנּוֹרָא בָּטָחְנוּ נָגִילָה וְנִשְׂמְחָה בִּישׁוּעָתֶךָ׃ וְרַחֲמֶיךָ יְהֹוָה אֱלֹהֵינוּ וַחֲסָדֶיךָ הָרַבִּים אַל יַעַזְבוּנוּ נֶצַח סֶלָה וָעֶד׃ מַהֵר וְהָבֵא עָלֵינוּ בְּרָכָה וְשָׁלוֹם מְהֵרָה׃ וַהֲבִיאֵנוּ לְשָׁלוֹם מֵאַרְבַּע כַּנְפוֹת הָאָרֶץ׃ וּשְׁבוֹר עֹל הַגּוֹיִם מֵעַל צַוָּארֵנוּ וְתוֹלִיכֵנוּ מְהֵרָה קוֹמְמִיּוּת לְאַרְצֵנוּ׃ כִּי אֵל פּוֹעֵל יְשׁוּעוֹת אָתָּה וּבָנוּ בָחַרְתָּ מִכָּל־עַם וְלָשׁוֹן וְקֵרַבְתָּנוּ מַלְכֵּנוּ לְשִׁמְךָ הַגָּדוֹל בְּאַהֲבָה לְהוֹדוֹת לְךָ וּלְיַחֶדְךָ וּלְאַהֲבָה אֶת־שְׁמֶךָ׃ בָּרוּךְ אַתָּה יְהֹוָה הַבּוֹחֵר בְּעַמּוֹ יִשְׂרָאֵל בְּאַהֲבָה׃

להבין ההפרש בין ק״ש לתפל׳ ובין תפלה לתורה שהתפלה נקרא חיי שעה והתורה נקרא חיי עולם · הנה שרש ענין הק״ש הוא בבחי׳ יחוד דאו״א ושרש התפלה בשמ״ע הוא בבחינת היחוד דזו״נ כו׳ וזהו דרך כלל · ולהבין הדברים בדרך פרט · הנה תחלה יש להבין שרש ענין ב׳ פ׳ דק״ש שמע והיה א״ש ומה שי״ל בהם ידוע · א׳ למה נאמר בכל מאדך בפ׳ ראשונה ולא בשני׳ והב׳ להבין בתירוץ קושיא הידוע למה אמר בזוהר דשמע בחסד והיה א״ש בגבורה בענין ד׳ מוחין שבד׳ בתים דתפילין והלא נהפוך הוא דשם מ״ב דגבורה בפ׳ שמע ושם ע״ב דחסד הוא בפ׳ וא״ש כו׳ כמבואר בפע״ח · ויובן כ״ז בהקדים הקדמ׳ אחת כוללת בענין אורות וכלים דהנה ידוע בע״ח דמל׳ כלים דז״א נעשה נר״ן בבי״ע והל׳ כלים הן י׳ פנימים וי׳ אמצעים וי׳ חיצונים וסימן אתה סתר לי אותיות סתר סוף תוך ראש ומי׳ כלים הפנימים נעשה נשמה בבריאה ומי׳ אמצעים רוח ביצי׳ כו׳ וכידוע · ואמנם הנה תחילה י״ל איך ומה הם בחי׳ כלים באצילות להיות ידוע דא״ס עצמו הוא מובדל ומרומם בערך מכל הי״ס דאצי׳ כמאמר אנת חכים ולאו בחכמה ידיע כו׳ עד ולאו מכל אלין מדות כלל מפני שא״ס עצמו הוא פשוט בתכלית אחדות הפשוטה כידוע אשר ע״כ א״א לומר שיוגבל אורו בהגבלת איזה מציאת דבר מה כמו אור החו״ב וכיוצא · וא״כ כאשר נאצלו מאתו בחי׳ האורות דאצילו׳ הרי א״א להתהוות האורות הללו בלתי שיוגבל האור מאור א״ס תחילה דהיינו לצמצם ולהעלים האור העצמי עד שיאצל מאתו רק בחי׳ חכמה בלבד וכיוצא והן הנה בחי׳ שרשי הכלים די״ס המגבילים האור · ולפי שיש גם בהם כח ושרש מא״ס עצמו להגביל ולצמצם כו׳ ע״כ אמרו בזוהר דאיהו וחיוהי וגרמוהי חד · אך מ״מ ב׳ הפכי׳ יש כאן דמצד שרש האורות הן בלתי מוגבלים כנ״ל · ומצד שרש הכלים הן מוגבלים· וכאשר האור מאיר בכלי הרי מתחברים ב׳ הפכים מוגבל עם בלתי מוגבל וצ״ל בהכרח שיש לזה החיבור מיזוג ומילוי נכון באופן שיתקיים האור בכלי עפ״י אותו המיזוג כו׳ · וז״ש בס״ה בשיעור מדתו של עול׳ הוא רל״ו אלפים פרסאות בגי׳ ורב כח כו׳ וזה השיעור היינו בשיעור הגבלת הכלי׳ אבל מצד שרש האורו׳ הן בלתי מוגבלים כלל כנ״ל · ולפ״ז הכלל יובן שא״א להיות עולמות מוגבלים ממש מאין ליש ממש כמו בבי״ע אלא מבחי׳ הכלים דאצי׳ להיותם מבחי׳ כח המגביל האור כנ״ל אבל מבחי׳ האורות מצד שרש האציל עצמו הן בלתי מוגבלים כלל כנ״ל א״א להיות מסתעף מזה בחי׳ מציאת מוגבלת · וז״ש בע״ח דמבחי׳ ל׳ כלים דאצי׳ דווקא הוא שנעשה נר״ן לבי״ע כנ״ל·אך הנה בחינת הכלים הרי יש בהם גילוי אורות ג״כ כנ״ל והרי יש בהם מיזוג ומילוי מב׳ כחות הפכי׳ יחד בלתי מוגבל עם מוגבל כנ״ל · ע״כ בהתכללותם בבריאה יש מאין גם בנבראים יש בהם ב׳ בחות הפכים הללו בלתי מוגבל עם מוגבל כנ״ל · והענין הוא דכתיב במלאכים עושה מלאכיו רוחות משרתיו אש לוהט והגשמה שלו נמשך מבחי׳ כח אלהי שבי״ס דבי״ע שכללותם נר״ן ששרשן נמשך מי׳ כלים דז״א כנ״ל והיינו מי׳ כלים הפנימים נעשה בחינת נשמה כללית לעולם הבריאה לכל המלאכים אשר שם ומי׳ כלים התיכונים נעשה בחי׳ רוח למלאכים דיצי׳ ומבחי׳ י׳ כלים החיצונים נעשה בחי׳ נפש לבחינת מלאכים דעשיה · ואמנם מאחר ששרש התהוות המלאכים דבי״ע הוא רק מבחי׳ הכלים די״ס דאצי׳ בכלל הרי בהכרח לומר שיש במלאכי׳ ג״כ ב׳ כחות ההפכיים שבכלים דאצי׳ וכנ״ל · וענין מציאת ב׳ הפכים הללו במלאכים היינו מה שאנו מוצאין לפעמי׳ שיש במלאכים בחי׳ ביטול במציאות כמ״ש וצבא השמים לך משתחווים וכיוצא בזה ולפעמים הם בבחי׳ הפירוד בבחי׳ דבר ויש בפ״ע עד שנמצא בהן החטא וכמ״ש אפקוהו למט״ע כו׳· אך הענין הוא דמצד בחי׳ החומר שלהם מאש ורוח כו׳ ימצא בהן בחי׳ הפירוד ומצד בחי׳ הגשמה שלהן הן באים בבחי׳ הביטול במציאות לפרקים כו׳ והר״ז מוכרח לומר שבחינת החומר המסתיר עליהם אור אלקי עד שנמצא בהן בחינת הפירוד שרשו נמשך מבחי׳ כח הגבול שיש למעלה בכלים דאצילות להסתיר ולהעלים את האור כו׳ ובחינת הצורה של הגשמה שלהם שמשיגים אור אלקי עד שמתבטלים· כ״ז נמשך מבחינת האורות שבאצילות הגנוז בכלים שהוא בלתי מוגבל כנ״ל · וזהו טעם ענין ב׳ כחות הפכיים בחי׳ ביטול ובחי׳ יש ופירוד אשר נמצא כא׳ בכל המלאכים דבי״ע לפי ששרש חומר וצורה שלהם מבחי׳ האורות המתמזג בכלים שיש בהם ב׳ הפכים וכיוצא בזה כנ״ל בחי׳ החומר מבחי׳ הכלים ובחי׳ הצורה מבחי׳ האורות כי א״א להיות מציאת החומר שלהם מבחי׳ האורות בלבד וא״א להיות הצורה מבחי׳ כלים לבד מטעם המבואר · ואמנם משתתפים ומתחברים בהם יחד ב׳ הפכים הללו ע״י מיזוג ומילוי נכון ממש כפי המיזוג והחיבור שיש באורות וכלים דאצי׳ אחר שמהם נולדו ונתהוו יש מאין כידוע וד״ל· נמצא מובן מכל זה ג״כ טעם לחלוק המדריגות בין מלאכים דבריאה למלאכים דיצירה כו׳ · להיות בחינת הביטול נמצא במלאכים דבריאה יותר ממלאכי׳ דיצירה ובמלאכים דיצירה יותר ממלאכים דעשי׳ כו׳ לפי שבל׳ כלים המגבילים האור יש בהם ג׳ מדריגות י׳ כלים הפנימי׳ להיותם קרובי׳ יותר לבחי׳ גילוי אא״ס המאיר בהם אינם כחות מגבילים כ״כ כי מיוחדים יותר בעצמות אור הא״ס כו׳ · וע״כ יש בחי׳ הביטול במלאכים דבריאה ביותר ממלאכים דיצי׳ שנמשכו מי׳ כלים התיכונים הרחוקים יותר מאא״ס ואין בחי׳ הביטול נמצא בהם כ״כ ובמלאכים דעשיה שנמשכים מי׳ כלים החיצונים הרחוקים יותר· יותר נתמעט בהם בחי׳ הביטול כו׳ · ועיקר ענין הביטול שלהם היינו בחי׳ אור שיוצא למעלה מגדר הכלי החומרי שלהם

בין

בין כגאתם בין בהתפעלותם באוי"ר כי מחנה מיכאל שעבודתם באהבה הרי יש בהם אהבה מוגבלת רק לפי ערך שיוכל שאת החומר שלהם ויש לפעמים בהם אור האהבה שהיא בלתי מוגבלת כלל בחומר שלהם אלא הוא כמו אהבה בכלות הנפש למטה באדם שהוא בבחי' כח בלתי נגבל מפני שהוא בהם מבחי' אא"ס שבחסד דאצי' הגנוז בכלים כנ"ל· וכן מחנה גבריאל ביראה ופחד הרי יש בהם מדה זו בבחי' גבול ולפעמים בלי גבול כמו מזיעתן של חיות כו' כמאמר זעות מחיל כסא ולפי שלא יוכל שאת גודל הפחד והיראה להיותו בא בבחינ' בלי גבול והיינו מצד הארת אא"ס שבכלי הגבור' דאצי' כו' · ועד"ז כל פרטי הנבראים מפרטי הל' כלים דאצי' כשנעשו נר"ן לבי"ע כו'· ובדרך כלל גופו של מלאך בדרך גבול והאהבה שלו מבחי' ביטול וכלות הנפש בבחי' א"ס מטעם הנ"ל וד"ל · והנה בחי' מיזוג ומילוע שיש באורות וכלים דאצי' כנ"ל הוא הנק' בחי' התיקון שהוא להיות התלבשות האורות בכלים במדה השקולה מב' הפכים שיהא בלתי מוגבל ומוגבל ושניהם כא' ישכנו יחד משא"כ בחי' התהו שגבר מדת האור על מדת הכלי כי בחי' הכלים היו קטנים מבחי' האור ע"כ שלט בכלים השבירה והאורות נסתלקו כידוע · אבל בבחי' התיקון שבא במיזוג ומילוע נכון הרי עי"ז יתקיים קיום נצחי וכמ"ש במ"א וא"כ גם מיזוג בחי' הביטול עם בחי' הפירוד שבמלאכים ג"כ הוא בא מבחי' התיקון שם מ"ה דאצילות וכו' וד"ל· וזהו שרש ב' פרשיות דק"ש שמע והיה אם שמוע שפ' שמע באור החסד והא"ש באור הגבורה ובבחי' הכלים נהפוך הוא ששם מ"ב דגבורה בפ' שמע ושם ע"ב דחסד בפ' והיה· וידוע שהשמות הן בבחי' הכלים דווקא וכ"ז ההיפוך מן האורות לכלים להיות אור החסד מאיר בכלי הגבורה בפ' שמע ואור הגבורה בכלי החסד בפ' והיה היינו בחי' התיקון הנ"ל להיות מיזוג ומילוע בהתכללות יחד מב' הפכים הנ"ל וד"ל· ולהבין ביאור כל זה הנה בפ' שמע יש מ"ב תיבות מואהבת עד ובשעריך והוא נגד שם מ"ב וענין שם מ"ב ידוע שעיקרו אינו אלא בחינת העלאה מלמטה למעלה דהנה מ"ב תיבות דאנא בכח שבו שם מ"ב אומרים אותם על כל דבר שצריך עליה דוקא כמו לפני תקיעת שופר שאומרים אנא בכח כידוע לפי שענין תקיעת שופר הוא מבחי' עליית המ"ל כנודע בפי' עלה אלקים בתרועה כו' · וכן לפני קבלת שבת בלכה דודי כו' אומרי' אנא בכח לפי שאז הוא זמן עליית המ"ל ג"כ כידוע בענין הסבת דמעלי שבתא שנק' חקל תפוחין קדישין כנ"ל כמ"ש במ"א · וכן לפני השינה בק"ש שעה"מ אומרים אנא בכח כדי להעלו' נשמתו באומרו בידך אפקיד רוחי אותיות בא"ר כמ"ש במ"א · והרי מכ"ז מוכח בהוראה גמורה שעיקר שם אנא בכח הוא רק בחי' העליה בכ"מ שצריך העלאות כו' · והטעם הוא לפי שיש מ"ב תיבות בכלל וששה תיבות בפרט לכל הו' מדות וע"כ מספרו מ"ב ז"פ ששה וכידוע בענין מ"ב מסעות שבמדבר כמ"ש במ"א וששה תיבות בדרך כלל הוא בששה תיבות הראשונים דאנא בכח כו' הוא נגד מדת החסד · והנה נאמר במלאכים בשתים יכסה פניו ובשתים יכסה רגליו ובשתים יעופף כו' והאתן השתים שמעופף הוא בחי' חו"ג כידוע שהאוי"ר נק' גדפין להיותם בבחי' רצוא ושוב כו' כמ"ש במ"א · וא"כ מאחר שבשש כנפים הללו יש כל שם מ"ב ז"פ ששה שהן שש מעלות לכסא כו' ע"כ אמר שבשתים הוא מעופף לפי שבהן כללות כל השם מ"ב בבחי' רו"ש לפי שהוא הגורם דוקא בבחי' העלאה עד"מ כנפי העוף שמנדנד אנה ואנה בהולכה והובאה שעי"ז יעופף בהגבהה למעלה כו' כמ"ש במ"א וד"ל · ומזה יובן טעם כללי לענין שם מ"ב שבכ"מ שצריך העלאה הוא ע"י שם זה דוקא כמו המלאכי' הנשאים את הכסא בבחי' העלאה כמאמר רוממי שדי נושאים ומנשאי' לפי שבשש כנפים שלהם יש שם מ"ב כנ"ל וכן ענין שש מעלות לכסא·ועד"ז כי להיות העלאה לנפש בק"ש הוא ע"י שם זה וכן בעליות המ"ל בתקיעת שופר ולפני קבלת שבת וכיוצא·והרי מובן מזה עכ"פ שעיקר טעם ההעלאה בשם מ"ב להיות עלייה בבחי' גבורות אבל כלול הוא גם מבחי' חסדים כו'. ועד"ז יובן בפ' שמע מ"ב תיבות שבה הוא בחי' שם מ"ב להעלות הנפש כי באמרו בכל מאדך הרי יש בזה בחי' מס"נ לצאת מהכלי של הגוף שהוא בחי' גבורות והסתלקות כענין העלאת הנשמות בק"ש שעל המטה באמרו אנא בכח כנ"ל . אך זהו רק בבחי' הכלי דהיינו הכוונה בשם מ"ב דפ' זאת שהוא בא באותה הפרשה הזאת אבל בבחי' האור נהפוך הוא שבאומרו ואהבת כו' הרי אור האהבה זאת באה מבחי' החסד כידוע שאהבה הוא מבחי' החסד כמים שיורדים ממקום גבוה כו' וכמ"ש אהבת עולם אהבתיך ע"כ משכתיך חסד כו' ונמצא בפ' שמע התלבשות אור החסד דאהבה בכלי הגבורה שהוא כמו שם מ"ב דאנא בכח כו' · ואמנם בפ' שניה לא נאמר בכל מאדך כידוע לפי שיש בה בחי' כלי החסד דשם ע"ב ובתוכה מלובש אור הגבורה היפך ענין פרשה ראשונה כו' דהנה בפרשת והיה א"ש יש ע"ב תיבות עד ושמתם את נגד שם ע"ב דחסד כו'· והענין הוא דהנה ארז"ל במשנה למה קדמה פרשת שמע לוהיה א"ש כדי שיקבל עליו עמ"ש תחילה ואח"כ יקבל עליו עול מצות כו' · הרי עיקר ענין פרשת והיה היא לקבל עול מצות· והנה ידוע בענין המצות שהן רמ"ח איברים דמלכא דהיינו בחי' כלים מכלים שונים להשראת אא"ס ובפ' ראשונה דק"ש מקבל עליו עמ"ש ופי' מלכות היינו מ"ל דא"ס שממנה נמשך הקו וחוט כו' בבחי' עולמות דא"ס דהיינו עדיין בלתי כלים כמו עולם העקודים נקודים כו' ונק' עולם התהו בכלל שאין שם בחי' התחלקות הכלים עדיין להגביל ולהעלים האור כו' · והיינו שנאמר בכל מאדך בפ' שמע שהוא למעלה מהגבלת כלים כנ"ל וז"פ קבלת עמ"ש · אבל בפרשת והיה היפך מזה·והיינו במה שמקבל עליו עול מצות שהוא בחי' התיקון הנקרא עולם הברודים היפך בחי' התהו דעקודים

כידוע · והענין הוא דהנה כתיב בפרשת והיה ולעבדו בכל לבבכם והרי בפרשת שמע לא נזכר העבודה רק האהבה ובכאן אומר לאהבה כו' ולעבדו וענין העבודה הוא בחי' תיקון כי ענין העבודה הוא עד"מ כענין עבודת עבודה לאדון שאנו רואים שיש כמה מלאכות בעניני תיקון כלים ולבושים כו' וכל צרכי האדון מה שאינו בכח האדון לעשות ולתקן כלל והיה מחוסר תשלימות זו בלתי העבדים · כי אינו יודע איך לתקן הנר והשלחן ושאר צרכי תיקון הבית וכן בתקוני לבושין וכיוצא ונמצא העבדים מביאים בחי' שלימות באדון בתיקון זה מה שלא היה בכחו מצד עצמו כו' . אך הנה המשל לפי"ז לא יתכן לומר למעלה בפי' לעבדו שע"י המצות שעושים כלים ולבושים בבחי' התיקון ג"כ יגרמו למעלה בחי' השלימות מה שלא היה בכח אלהי לעשות שזה א"א לומר שהרי הוא ית' עלם השלימות וא"צ לשלימות ע"י זולתו כמ"ש בזהר שנק' שלימותא דכלא כ' · אך הענין הוא דכתיב אשר ברא אלהים לעשות פי' לעשות היינו לתקן כמ"ש במ"א והיינו שמפני סיבת השבירה שהיתה בעולם התהו הוצרך להיות אח"כ בחי' התיקון הזה להשלים החסרון ולא בשביל שלימות לעצמו אלא לתקן דהיינו ע"י שיהיה מדה נכונה בהתלבשות אורות בכלים רבים דווקא והוא במעשה המצות דוקא וכמו ע"י מצות תרומות ומעשרות שורה אור החכמה בכלי ובאתרוג שורה בחי' מ"ל בכלי וכיוצא בזה בכל המצות · ע"כ לא נאמר בכל מאדך בפ' והיה לפי שעיקרה בחי' המשכת אורות בכלים דוקא שזהו הנק' תיקון כנ"ל וזהו פירוש ולעבדו להמשיך האורות בכלים שנקרא עבודה ושירות והוא בחי' התיקון וכמ"ש ועשיתם אותם כו' וארז"ל כאלו עשאוני כמ"ש במ"א וד"ל · משא"כ בפ' שמע שהוא בחי' הסתלקות מתטה למעלה מהגבלת הכלי אין זה נקרא עבודה ולכך לא נאמר בפ' שמע ולעבדו מפני שנאמר בה ובכל מאדך ובפ' והיה שלא נאמר בכל מאדך נאמר בה ולעבדו כי הא בהא תליא כנ"ל וד"ל · וזהו ענין שם ע"ב דחסד שיש בפ' והיה כי הנה בחי' שם ע"ב הוא ע"ב גשרים דחסד כידוע · ועד"מ הגשר הנה הוא עובר ע"פ המים ועשוי מאבנים ועצים ועפר ויש בו נקבים וחלונות פתוחים שיעברו המים דרך שם כי שטף המים הוא שוטף את הכל אך בהכנסן בחלל העץ והאבן שבגשר ואח"כ יוצאים המים ונובעים אזי נמשכים במדה כו' ונמצא האבנים ועצים הם המה כלים המגבילים למים שנכנסים בהם להקיפם מכל צד בתחילה ואח"כ יצאו דרך הנקבים והחלונו' שפתוחים משם לתוך כו' · ויש כאן ב' דברים א' שהם כלים מגבילים והב' שהם בחי' מקיפים והכל אחד הוא וד"ל · והנמשל יובן בעניני המצות שהם ג"כ בחי' כלים מגבילים האור וגם הם בחי' מקיפים להקיף הא"ס המלובש בתוכן · כי הנה שרש כל המצות כולן הוא נמשך מחכמה שבתורה הנק' ימא עילאה ים החכמה וכ"ד ספרים דאורייתא נמשכים מאותו ים כמ"ש בפי' ותמלא כדה ותעל כו' ולכך נקרא התורה רק נובלות חכמה שלמעלה כו' · והמצות הן בכלל בחינ' כלים ונכלים שונים להגביל אור החכמה שבתורה עד"מ האבנים שבגשר שמקבלים המים בתוכם כו' וגם הם מקיפים לאותה ההמשכה כך ע"י המצות נגבל אא"ס שבים החכמה שבתור' וגם הנה האור מקיף מכל צד וזהו שנמשל לגשר כי הגשר אבנים חלולים כנ"ל · וכן אמרו בפי' ענין אבנים מפולמות דהיינו שהאבנים מפולשות בנקב מעבר אל עבר ובתוכם יש חלל בית קיבול והוא פי' מפולמות · וזה ג"כ פי' אבנין נקיבאן הנזכר בזהר וכמ"ש במ"א · וזהו ענין שם ע"ב בע"ב גשרים של חסד כנ"ל דהיינו שמימי החסדים הנמשכים מים החכמה עוברים ע"י בחי' הנקבי' שבאבנים מפולמות הנ"ל שיש בגשר והן בחי' מקיפים וגם בחי' כלים כו' · והמשל בזה כמו אותיות הדבור באדם האור השכל נובע ע"י שולתם כידוע הנה אור השכל הוא כח היולי ובאותיות הרי מתעלם האור ונוקב וחוזר ומאיר דרך חלל שצריך להיות בין אות לאות כי כל אות מוגבל בפ"ע · וה"ז כדמיון האבני' המפולמות כמ"ש בס"י שהאבנים הן בחי' האותיות כידוע וד"ל · ונמצא מובן לפ"ז דפ' והיה א"ש הוא היפך ענין פ' שמע כי פ' והיה הוא בהמשכת האור בכלים דשם ע"ב וזהו ע"ב תיבות מוהי' עד ושמתם את דברי אלה כו' · אך הנה זהו רק בבחי' הכלי' שהן אותיות הפרשה כו' וכידוע דכל שם הוא בבחי' הכלים ולא בבחי' האור וכאן הרי אמר שהוא שם ע"ב כו' והיינו דווקא באותיות דשם הוי' במילוי יודין שהוא שם ע"ב אתווין כו' אבל בחי' האור הוא בחי' הגבורה שהוא בחי' הסתלקות מלמטה לנועלה והיינו הכוונה שבכל מצוה כמ"ש אם ישים אליו לבו כו' וכמ"ש ולעבדו בכל לבבכם כי המצות צריכין כוונה כידוע · וגם הנה האבנים שנעשים נקיבן הוא ע"י צמצום האור דווקא כשיורד ומתצמצם בכלי ונקרא גבורה שבחסד כו' וכמ"ש לענין ירידת גשמים שנקרא גבורות גשמים מפני שיורדים בגבורה ואע"פ שהן בעצמן חסד וברכה אלא שיורדין בגבורה שהוא צמצום ההתחלקות כמ"ש במ"א · ונמצא בפ' והיה הרי אור הגבורה בכלי החסד ולכך נאמר בפ' זו בחי' דין ועונש כמ"ש השמרו לכם כו' וחרה אף כו' · וזהו היפך פ' שמע שהוא בחי' אור החסד בכלי הגבורה דהיינו בשם מ"ב שנקרא כלי הגבורה כנ"ל · ובכ"ז מתורץ הקושיא הנ"ל למה אמרו לפעמים דשמע בחסד והיה א"ש בגבורה דהכוונה בזה הוא על בחי' האור ולא על בחי' הכלים · אבל בכלים שהם השמות נהפוך הוא דשמע בשם מ"ב דגבורה והיה א"ש בשם ע"ב דחסד כנ"ל וד"ל · ואחר כל זה יובן ענין שרש ההפרש בין ק"ש לש"ע דשרש ק"ש הוא בבחי' יחוד דאו"א ושרש ש"ע הוא בבחי' יחוד דזו"נ · דהנה מבואר בפע"ח בשער הק"ש בכוונת פסוק ראשון דק"ש שעיקר ענינו הוא בבחי' יחוד דאו"א דוקא כי פי' הוי"ה אלקינו הוי"ה הוא באור אבא אלקינו הוא באור אימא והכוונה מב' תיבות הללו הוי"ה אלהינו היינו ענין יחוד

או"א

אז"א תרין ריעין כו' ופי' ה' אחד היינו כללות הי"ס כי האלף דאחד היינו בחי' הכתר שהאל"ף בכ"ת מורה על בחי' הכתר כידוע והח' הן ח' ספי' שמחכמה עד המ"ל והדלית דאחד היינו בחי' מ"ל ותדלי"ת דאחד נמשך בבי"ע והוא ענין בשכמל"ו כידוע · והנה מבואר למעלה דעיקר פ' ראשונה דק"ש הוא בחי' העלאה ממטה למעלה והיינו לעורר מקור הראשון מבחי' עצמות אור א"ס שלפני כל ההשתלשלות דאבי"ע · וידוע שאין אא"ס שורה אלא בחכמה לפי שהוא בחי' הביטול דאין יותר מכולם וכמ"ש והחכמה מאין כו' ע"כ החכמה היא בחי' ראשית הגילוי מאא"ס וכמאמר עושה בראשית · ומן החכמה נמשך השפע בבינה שנק' יש כמ"ש להנחיל אוהבי יש כי החכמה נק' אין והבינה יש וכידוע וע"כ ראשית הגילוי מאא"ס הוא ע"י יחוד דחו"ב דוקא להיות כי בחו"ב נמשך האור והשפע מאין ליש · והיינו הטעם שעיקר יחוד דק"ש הוא בבחי' יחוד דאו"א בשתי תיבות דהוי"ה אלקינו לפי שבק"ש מעוררים בחי' עצמות אא"ס שיאיר מחדש אור ההשתלשלות מאין ליש והיינו ע"י העלאת שם מ"ב באמרו בכל מאדך כו' · וצריך להמשיך מראשית המקור להדש המשכה מאין ליש שהוא ביחוד דחו"ב מטעם הנ"ל · ולהיות כי אור עצמות הא"ס מאיר ביחוד זה ע"כ נמשך אור האהבה בלתי מוגבלת באומרו בכל מאדך בכל ד' העולמות דאבי"ע בכאו"א לפי ערכו עד שגם בעולם העשי' שלנו יש אהבה זו בלתי מוגבלת לפי ערכה דהיינו בכלות הנפש מנרתקת הגוף החומרי כו' ואע"פ שהאור הוא חסד דאהבה זו כנ"ל · אבל מפני שהכלי שהוא שם מ"ב דפר' זו בחי' גבורה להעלות הנפש למקורא דכלא ביחוד זה ע"כ היא בלתי מוגבלת כו' וד"ל · והנה שרש ענין ש"ע הוא בחי' יחוד דזו"נ · ולהבין ביאור הדברים הנה תחילה יש להבין ההפרש בין תפלה לתורה שהתפלה בש"ע נק' חיי שעה והתורה נק' חיי עולם וכמו שאמרו בגמרא רבא חזא לרב המנונא דקא מאריך טובא בצלותא א"ר מניחין חיי עולם ועוסקים בחיי שעה כו' · ולכאורה אינו מובן דהלא גם אפילו בח"י ברכאן הוא בחי' המשכות אלקות למטה בכלים מכלים שונים כמו רפאנו ברך עלינו כו' כמו התורה שעיקרה המשכת אורות בכלים כנ"ל ומה הוא השינוי ביניהם להיות התורה נק' חיי עולם והתפלה חיי שעה בלבד · אך הענין יובן בהקדים מאמר רז"ל דמי שתורתו אומנתו פטור מן התפלה אבל בק"ש הוא חייב וכמו שאמרו מפסיקים לק"ש ואין מפסיקים לתפלה כו' · וגם זה אינו מובן לכאורה אם הוא פטור מן התפלה לפי שהוא חיי שעה והוא עוסק בחיי עולם למה הוא חייב בק"ש ואם מפני שהק"ש היא ד"ת הלא כבר הוא עוסק בד"ת כו' · אך הענין הוא דשרש התפלה הוא בבחי' מ"ל דאצי' שהוא בבחי' זמן ע"כ נקרא בשם חיי שעה כי השעה כוללת עבר הווה עתיד שהוא בחי' זמן וכידוע בכתבי האריז"ל בפי' מ"ע שהזמן גרמא שהנשים דוקא פטורות לפי שעיקר שורש הזמן בבחי' הנוקבא כו' וביאור טעם הדבר לפי שענין המ"ל למעלה היינו מדת מלכותו יתברך שמחיה כל העולמו' דבי"ע מאין ליש וכמ"ש מלכותך מלכות כ"ע וכידוע · והנה במדת המלוכה שייך דווקא בחינת זמן עבר הווה ועתיד כמו מלך מלך וימלוך כו' דהיינו שכבר מלך או שהוא מולך תמיד או שעתיד למלוך וכמ"ש המלך כו' אבל למעלה מהתפשטות המלוכה לא שייך בחי' זמן כמו במדות ושכל לא שייך לומר שכבר אהב או השכיל או עתיד לאהוב ולהשכיל אחר שהמדה והשכל המה בחי' כחות עצמיים כו' הרי הן תמיד בהשוואה אחת במהותן ומציאותן בנפש כמו שהן בלא בחי' זמן משא"כ בחי' מלוכה שהוא בחי' ההתפשטות חוץ מן העצמיות שייך בו שינוי הזמן עבר הווה כו' ולכך עיקר מקור הזמן במ"ל דוקא כו' וד"ל · וזהו הטעם שנק' התפלה חיי שעה לפי שהתפלה היא בבחינת מ"ל דאצילות שיורדת להחיות רוח שפלים בבי"ע שהוא בחי' זמן ומקום וכידוע בענין עולם שנה נפש כו' ולכך נקרא שעה · ומה שנקרא חיי שעה היינו דוקא בח"י ברכאן דצלותא שממשיכים חיות ושפע מז"א דאצי' בשם הוי"ה שבכל ברכה באמרו ברוך אתה הוי"ה כו' כידוע בענין הכורע כורע בברוך וזוקף זוקף בשם כמו שכתבתי במ"א · וזהו פי' חיי שעה שממשיכים בחי' חיים העליונים לשעה שהוא בחי' מ"ל כמו בברכת אתה חונן ממשיכים בבחי' חכמה כו' · וגם להיות כי ע"י יחוד דוקא מתברכת המ"ל מז"א בעלה והיינו ענין יחוד דזו"נ שבתפלה כמבואר בפרע"ח בשער העמידה ולכך נק' חיי שעה לפי שמדת המ"ל יורדת עד למטה מטה כמ"ש ומלכותו בכל משלה ויכול השפע לירד משם גם להיכלות החיצונים כמ"ש רגליה יורדות מות וכדי להציל מיניקת החיצונים הוא ענין בחי' התיקונין והבירור של המ"ל ע"י יחוד זה שבכל ח"י ברכות והיינו שנק' חיי שעה כלומר תיקון המ"ל שנק' שעה · וזהו שאומרים בכל ברכה רק ענין הצלה מהחיצונים כמו ברכת מחיה מתים וברכת רופא חולים וברכת מקבץ נדחים כי יש ניצוצים שנפלו בנוגה שנק' מתים ויש שנק' חולים ויש שנק' נדחים וכיוצא בזה בשאר הברכות וכמובן לי"ח וד"ל · והנה בחי' חיות זה נמשך למ"ל מבחי' המדות דאצילות שלמעלה מבחי' זמן כנ"ל וזהו שרש ענין התפילה שהיא בבחי' יחוד דזו"נ כנ"ל · אבל התורה נק' חיי עולם פי' עולם הוא בחי' ז"א דאצי' שנק' עולם כידוע דהיינו בחי' תיקון המדות דאצילות עצמו להמשיך להם שפע מוחין וחיות דאו"א ולכך נק' חיי עולם וד"ל · וביאור הדברים דהנה ידוע דשית סדרי משנה דסדר זרעים הוא בבחי' חסד וסדר מועד הוא בבחי' גבורה כו' והיינו בחי' ו"ק דנוקבא דיצירה כמ"ש בע"ח דמשנה ביצירה אך אין הכוונה על בחי' ו"ק דיצירה עצמה שהרי בלא"ה מתחילת ההשתלשלות יש ו"ק דיצירה כו' · אלא הענין הוא דאור א"ס עצמו נמשך במ"ק

דיצירה

דיצירה ע"י לימוד ו' סדרים הללו · והענין הוא כי אורייתא מח"ע נפקת ואא"ס שורה בחכמה דוקא · ע"כ בלימודו איזה הלכה במשנה אחד מו' סדרים הללו ממשיך הוא אוא"ס במדות עליונים דיצירה חג"ת כו' כמו באמרו טהור וכאי כו' שהוא מסטרא דחסד ממשיך אוא"ס במדת החסד ובהיפך באמרו פסול וטמא חייב כו' כלומר שלא יוכל לעלות בקדושה העליונה כו' זהו מצד בחי' הגמגום והדין שבבחי' ה"ג ממשיך אוא"ס במדת הגבורה וע"ד זה בכל הששה מדות בפרט כו' וד"ל · וידוע דו"ק דאצילות מלובשים המה בו"ק דיצי' שהרי אדם דאצילות נק' אדם דיצי' בכלל א"כ הרי בזה הלימוד ששה סדרים הוא ממשיך ג"כ אור א"ס במדות דאצי' והרי עי"ז מתקן הוא לבחי' המדות דאצילות להיות גילוי אוא"ס מתגלה בחסד דז"א ע"י לימוד משניות מסדר זרעים שהוא במדות החסד בכלל · וע"י לימוד סדר מועד מתגלה אור א"ס במדות גבורה דז"א כו' · ונמצא עיקר תיקון המדות עצמם דז"א נתקן ע"י לימוד המשנה ולכך נקר' לימוד התורה חיי עולם בחי' חיים של המדות דאצילות שנקרא עולם וד"ל · וזהו שאמר דמי שתורתו אומנתו שפטור מן התפיל' דוקא לפי שהוא חיי שעה והתורה נק' חיי עולם· כי הנה פירוש תורתו אומנתו היינו עד"מ כלי האומנות ממש אשר ביד האומן שאנו רואים עיקר ענין הכלי אומנות הוא רק כדי לתקן ולצייר על ידם את הכלי שחפץ לעשו' שתהא מלאכה מכוונת יפה כמו שמצייר בשכלו לעשותה ואם לא ע"י הכלי' הללו לא הי' מוציא כוונת ציור מחשבתו אל הפועל כו' · כך הנמשל יובן במי שתורתו אומנתו שהענין הוא לפי שע"י לימוד ההלכות הרי ממשיך מאור א"ס במדות דאצילות כנ"ל לתקנם והרי אור א"ס עצמו מובדל ומרומם הוא בערך כו' אלא שההלכות המה כמשל כלי האומנות שעל ידם יתוקן הכלי כנ"ל כך ע"י ההלכות יתוקן בחי' כלי לגילוי אור א"ס כמו בסדר זרעים נעשה ונתקן בחי' כלי החסד דז"א כנ"ל והיינו פי' תורתו אומנתו ככלי אומנות ביד האומן ולכך נקרא ת"ח בונים וכמ"ש ורב שלום בניך ואמרז"ל א"ת בניך אלא בוניך שעוסקים בבנינו של עולם דהיינו בנין ותיקון בחי' המדות דאצי' הנקרא עולם ע"י בחי' כלי אומנתו דתורה שבידם כמובן מתוך משל כלי אומנות הגשמי שביד האומן הגשמי כנ"ל וד"ל . וזהו הטעם דמי שתורתו אומנתו פטור מן התפילה שהיא חיי שעה כי אחר שעוסק בחיי עולם דהיינו בבחי' תיקון המדות עצמם א"צ לעסוק כלל בחיי שעה שהוא בחי' מ"ל דאצילות שמקבלת מן המדות דאצי' כנ"ל כי הרי יש בכלל מאתים מנה וד"ל· אך אף עפ"י שפטור מן התפילה להיותה רק חיי שעה מ"מ חייב הוא בק"ש וכמו שאמרו מפסיקים לק"ש כנ"ל · ולא מפני שהק"ש הוא ת"ת אלא מפני ששרש ענין הק"ש הוא בבחי' יחוד דאו"א כנ"ל והרי מבואר למעלה שא"א להמשיך ראשית הגילוי אור א"ס כ"א ע"י יחוד דאו"א בתחילה לפי שראשית גילוי אור א"ס הוא ביחוד דאו"א דוקא · וענין היחוד דאו"א זה אינו אלא בחי' התעוררות מקור הראשון מבחי' עצמיות אא"ס שיאיר ויאיר אורו מחדש כנ"ל שזה א"א כ"א ע"י אהבת בכל מאדך שיגיע עי"ז לבחי' עצמיות כנ"ל · וע"כ גם מי שתורתו אומנתו בתיקון המדות חייב בק"ש כדי לעורר עצמיות אור א"ס דאו"א ביחוד תחילה ואח"כ יוכל לתקן תיקון המדות דאצי' ע"י המשכות גילוי אור א"ס מאו"א למדות דז"א כו' · כי ידוע שא"א להיות תיקון המדות דאצי' מבלי קדימת יחוד דאו"א בתחילה כי זה סדר ההשתלשלות כו' ובלא זה איך ימשיך האדם מאור א"ס במדות דאצילות בקריאתו בתורה · והגם שיש לו כלי אומנתו לא יוכל לתקן כ"א הכלי אבל לא ימשיך בהן גילוי אור א"ס מבלי קדימות היחוד דאו"א בק"ש ולכך מפסיקים לק"ש גם במי שתורתו אומנתו כמו רבי יהודה הנשיא שהיה מעביר ידיו ע"ג עיניו בפסוק ראשון דק"ש וכידוע וד"ל · ועם כל הנ"ל יובן שלשה מדריגות יש כאן ·ק"ש ותפלה ותורה · מדריגות הקריאת שמע הוא ביחוד או"א כו' ומדריגות התפילה בבחי' מ"ל שנק' חיי שעה כנ"ל ומדריגות התורה בתיקון המדות שהוא בחי' ז"א שנק' חיי עולם · והיינו שאמר לו רבא לרב המנונא דקא מאריך טובא בצלותא מניחין חיי עולם ועוסקים בחיי שעה כי בתיקון המדות ממוחין דאבא ואימא הנק' חיי עולם ממילא נתקנו חיי שעה שבמ"ל מאחר שהבעל חייב במזונות אשתו כו' וד"ל· והנה הדוגמא לדבר כמו אם לומדין בהלכות נגעים כמעשה דרבה ב"נ שלמדו במתיבתא דרקיע אם בהרת קדמה לשער לבן כו' פירוש בהרת הוא נגע הטמא שהוא בא מחמת הסתלקות אור אבא משם וכמ"ש בע"ח בפי' הזהר לרעת סגירו דנהור' עילאה כו' וכמ"ש במ"א ואם אח"כ נמשך בה שער לבן גם בחי' ההמשכה דשער נהפך ללובן הבהרת כו' והפסק בזה הדין אם טמא או טהור הרי זה בחי' תיקון לבחינת ז"א שנקרא אדם וכמ"ש בזהר בפ' אדם כי יהיה בעור בשרו נגע כו' שהן הנקרא נגעי בני אדם כו' וכמ"ש במ"א בע"ח כי באומרו טהור הרי נמשך שם אור אבא כו' וכיוצא בזה כל שאר דיני התורה להבדיל בין טמא לטהור בין כשר לפסול כו' וכללות הכל הוא בחי' תיקון בחי' המדות מאו"א כנ"ל וד"ל :

להבין פ' ראשונה דק"ש שמע ישראל ה' אלקינו ה' אחד כו'· הנה בהתחלת ספר ע"ח מקשה בשם המקובלים למה לא היתה הבריאה בזמן קודם ותירץ משום דלפי סדר השתלשלות מעילה לעילה כו' יצא זמן הבריאה בזמן רב כו' ע"ש ובזה התירוץ אינו מיושב הקושיא כלל דעדיין הקושיא במקומה עומדת למה היתה סדר ההשתלשלות מעילה לעילה בזמן הזה ולא בזמן מוקדם או מאוחר לזה הזמן כו' · אך התירוץ האמיתי ידוע בשם הה"ת ז"ל משום דהזמן עצמו הוא בא ונמשך בבחי' בריאה יש מאין והוא בחי' נברא מחודש כו'

כשאר

כשאר כל הנבראים וכן בבחי' האצי' הזמן דשם הוא בבחי' נאצל מאין ליש כו' והיינו שנמשך ובא מלמעלה מהזמן דאין שם בחי' זמן כלל ׳דהנה בחי' זמן הוא ג' אלה עבר הווה ועתיד ולמעלה מהזמן אין שם לא קדימה בעבר ולא מאוחר בעתיד אלא העתיד והעבר שניהם כא' והמוקדם מאוחר והמאוחר מוקדם אחר שמושלל מבחי' זמן בעבר ועתיד והווה כו'· וא"כ אין כאן קושיא כלל למה לא היתה האצי' או בריאה בזמן מוקדם לזה או מאוחר מאחר שלפני ההשתלשלות דאבי"ע עדיין הוא למעלה מענין הזמן בעבר ועתיד הרי המאוחר מוקדם והמוקדם מאוחר כו' · ואיך שייך לומר בו למה לא ברא בזמן מוקדם אחר שהזמן נברא מחודש כו' וד"ל· והנה אע"פ שהזמן נברא ונאצל כו' מ"מ יש לו עכ"פ שרש ומקור במאציל ובבורא אשר משם נמשך ונתהוה· וביאור ענין שרשו של הזמן מובן הוא ממה שאנו רואים באדם התחתון ומבשרי אחזה כו' · דהנה אנו רואים ברוח החיים שבלב האדם שהוא בחי' רצו"ש תמיד והוא הנשימה שמכניס להוציא הבל ולהכניס והוא בחי' דפיקו דלבא כו' והיינו ע"י שיש בחי' צמצום והתפשטות תמיד ולא ענין א' בהתפשטות או בצמצום אלא הסתלקות ומיד התפשטות ותיכף חוזר ומסתלק וחוזר ומתפשט וכך הוא בתמידות· וזהו הנק' רצו"ש למטה באדם דאצי' בדפיקו דלבא ולמעלה במאציל נק' בחי' מטי ולא מטי כמ"ש בע"ח · ומזה נתהוה שרש לזמן במאציל וגילוי בחי' הזמן באבי"ע כו'· וביאור הדברים דהנה ידוע דסוף מעשה עלה במחשבה תחלה ויש להבין מהו במחשבה תחלה איך שייך לשון תחלה במחשבה· אך הענין הוא שיש במחשבה א' ב' מדריגות הא' הנקרא תחלת המחשבה והב' שנק' סוף המחשבה וכמבואר בזהר בכמה דוכתי שיש סופא דמחשבה· וביאור הדברים היינו כשעלה ברצונו הפשוט להאציל ולברוא כו' וזהו הנקרא תחלת המחשבה עד"מ באדם התחתון כשעלה ברצונו לעשות איזה דבר מה שתחלת עליית הרצון במחשבתו נקרא תחלת המחשבה וסופה דמחשבה היינו כשכבר נגמר במחשבתו מה שיהיה בפועל בהתגלות גמור כו' וסוף מעשה שעלה במחשבה תחלה היינו שבתחלת המחשבה דוקא הוא שעולה סוף הכוונה שבמחשבה והוא סוף מעשה כנראה בחוש כו'· והמשל מובן למעלה דהנה בחי' ז"א דאצי' נקרא סוף המחשבה להיותו בחי' המקור והשרש לפעולת ההתהוות יש מאין בשלשה עולמות בי"ע כידוע שזהו סוף המחשבה כי כשעלה ברצונו הפשוט להיות ההשתלשלות זהו הנקרא תחלת המחשבה וכשנגמר במחשבתו היינו באצי' הספי' כשיוצאים בגילוי והן בחי' ז' ימי הבנין דאצי' גדולה וגבורה ות"ת כו' ונקרא מקום כי בחי' ו"ק מעלה מטה מזרח ומערב כו' ומקום זה דאצי' הוא שורש ומקור לו"ק המוגבלים בג' עולמות עד ו"ק שלנו בעוה"ז השפל מזרח הגשמי מקבל ממזרח העליון דאצילות כו'· והנה כתיב הנה מקום אתי וכמ"ש לך ה' הגדולה והגבורה כו' וידוע שהוא בחי' ביטול הו"ק העליונים שבאצי' לגבי עצמות המאציל דאיהו בחושבן י"ס וכמאמר אנת הוא חד ולא בחשבן כו' · והענין הוא דסוף המחשבה בטל לגבי תחלת המחשבה כי תחלת המחשבה היינו כמו שעלה ברצונו הפשוט כו' שעדיין הוא בבחי' עצמות המאציל ולא הוגבלו האורות עדיין אלא היה הכל בבחי' א"ס וזהו הנק' א"א כלו' אריכות בבלתי הגבלה עדיין · ובסוף המחשבה כשיוצאין המשכות האורות להיות נק' חסד דרועא ימינא וכיוצא נק' בחי' ז"א כידוע והכל ענין א' אלא שבתחילת המחשבה נק' א"א ובסופה דמחשבה נק' ז"א· וסיבת בחי' הביטול הזה בז"א דאצי' הוא עד"מ הדפיקו דלבא באדם התחתון כמ"ש נעשה אדם בצלמנו כו' והוא בחי' רצו"ש שבמדות דאצי'· והטעם לזה הוא לפי שגם בתחלת המחשבה כשעלה ברצונו כו' היה בדרך זה אלא ששם נק' מטי ולא מטי כלומר בחי' צמצום ובחי' התפשטות ותמיד האור מטי ולא מטי ולא ענין א' לבד בצמצום או בהתפשטות כו' והיינו כדוגמת האור שלמטה הנר שעולה ויורד תמיד כו' וכמו שמבואר במ"א בענין יוצר אור ובורא חשך כו' דבחי' החשך הוא העלם העצמית וכמ"ש ישת חשך סתרו ונק' בזהר טורי חשוכא כו' והוא מ"ש דאפילו כ"ע כו' אוכם איהו לגבי עילת כל העילות כו'· ואור הוא בחי' ההתפשטות שאחר הצמצום וכידוע דהאור הוא בחי' חסד וכמ"ש וירא אלהים את האור כי טוב כו' והוא נק' עלמא דאתגליא למטה וכמ"ש חסד ה' מלאה הארץ כו' וכן כי אמרתי עולם חסד יבנה כו' וכמ"ש במ"א · והוא עד"מ הדבור שבא בהתגלות והמחשבה הוא בהסתר והעלם כו' ולכך נק' האור בבחי' יצירה והחשך בבחי' בריאה שלמעלה מן היצירה וכמ"ש יוצר אור ובורא חשך משום דברייתו של עולם ברישא חשוכא ישת חשך סתרו והדר נהורא יהי אור כו'· אך זה החשך והאור הוא בחי' צמצום והתפשטות יחד והוא בחי' מול"ת במאציל עצמו כשעלה ברצונו להאציל כו' ולכך גם בבחי' סופא דמחשבה דהיינו בבחי' ז"א דאצי' שנק' אדם כידוע יש בו בחי' רצו"ש כי נעוץ תחלתן בסופן כו' כמ"ש מקצה השמים ועד קצה השמים כו' וד"ל · ולכך אומר הנה מקו' אתי וכן לך ה' הגדולה כו' מטעם שהדפיקו שבלב עולה ויורד תמיד כמשל הנ"ל מפני שבתחלת המחשבה ג"כ בחי' מול"ת כו' ומזה נמשך ונתהוה שרש ומקור לזמן בעצמות המאצי' ובחי' סדר הזמן באצי' להיות נק' הוי"ה היה הווה ויהיה כו' כי ע"י בחי' רצו"ש מתהוה אופן הזמן עבר הווה כו' וכמבואר במ"א וד"ל· וזהו שמע ישראל ה' אלהינו כו' פי' ישראל דוקא משום דישראל עלה במחשבה כי סוף מעשה עלה במחשבה תחילה כו'. וביאור הדברים מבואר למעלה דדוקא תכלית וסוף הכוונה שבסוף המחשבה עלה בתחלה לפני המחשבה כו' והיינו ענין התכלית המכוון שבסופה דמחשבה כו' עולה בתחלה לפני המחשבה· והנה ידוע מארז"ל במי נמלך בנשמתן של צדיקים פי' במי נמלך להיות עולה רצון זה להאציל ולברוא

שהוא

שאז נקרא תחלת המחשבה א"כ זה שנמלך להיות עולה ברצונו כו' הרי הוא גם לפני תחלת עליית המחשבה · וזהו הנק' במחשבה תחלה פי' תחלה למחשבה כלומר תחלה גם לתחלת העלאת המחשבה והוא הנקרא מחשבה הקדומה כמ"ש במ"א · וזהו דוקא על סוף מעשה אמרו דסוף מעשה עלה במחשבה תחלה ולא על סופה דמחשבה כי סופה דמחשבה אינו אלא בהתחלת המחשבה כמאמר נעוץ תחלתן בסופן וסופן בתחלתן כו' שכל תחלה יש לו סוף · אבל סוף מעשה הוא הענין שבתכלית המכוון שבסוף שזה עלה לפני תחלת המחשבה דהיינו שמזה נתעורר להיות עולה ברצונו כו' כנראה בחוש · וז"ש שמע ישראל פי' דוקא ישראל שעלה במחשבה הקדומה דא"ק שאין שם בחי' תחלה עדיין והתחלה והסוף שוין שם כמשל העיגול שאין בו מעלה ומטה כו' וד"ל:

וזהו שמע ישראל ה' אלקינו ה' אחד פי' ה' אלקינו הנה הוי"ה הוא בחי' ז"א דאצילות ושרשו מתחיל בתחלת המחשבה שנק' א"א כו' · ולהיות כי יש בו בחי' הצמצום וההתפשטות יחד כו' ע"כ נק' בשם הוי"ה כי י"ה היו"ד צמצום והה"א התפשטות כידוע וזהו בחי' מעי ולא מעי שבא"א דכתיב ביה ישת חשך סתרו וגם נק' אור כו' וכנ"ל ובז"א הוא ו"ה כידוע דשם הוי"ה בכללות ההשתלשלות כו' · אך ענין הוי"ה אלקינו הכוונה כך הוא דשם הוי"ה זה בכללות הוא אלהינו כלומר שלנו דהיינו בשורש נ"י שעלה במחשב' תחלה והוא בבחי' מחשבה הקדומה הנ"ל שאין שם בחי' תחלה וסוף · כיסוף מעשה כו' ע"כ ביכולת ישראל דוקא ביחוד שם הוי"ה דא"א והו"א וז"א כו' באמרו הוי"ה אלקינו כלומר שלנו שהוא בחי' עצמיו' א"ס שלמעלה מהכל כו' ואח"כ אומר ה' אחד והוא יחוד עליון בז"א להיות בו ג"כ בחינת הביטול בקצוות שלו וכמ"ש הנה מקום אתי וכן לך ה' הגדולה כו' וכמאמר רז"ל כדי שתמליכהו בשמים והארץ כו' שהן ו"ק מעלה ומטה וד' רוחות כו' · והוא פירוש הא' דהיינו ז' רקיעים וארץ כו' והדלי"ת רבתי הוא בחי' קשר ש"ת שנקרא תבונה כי בן ובת היינו ז' מדות דזו"נ וכמ"ש ואחר ילדה בת כו' והמוחין הפנימים של מדות נקרא תבונה כידוע וד"ל · הכל באין בבחי' הביטול לגבי עצמיות המאציל והוא ע"י אות הא' דאחד שהוא בחי' אלופו ש"ע והיינו ענין תחלת המחשבה הנ"ל וע"ז אמרו כל המאריך באחד כו' · וכ"ז היחוד הכל ע"י ישראל דווקא מפני שעלה במחשבה תחילה כנ"ל הטעם וד"ל · וזהו ואהבת את ה' אלקיך כו' פירוש אהבה בה"א הוא ברעות' דלבא שהוא דפיקו דלבא בהבל היוצא שהוא מקור ה' מוצאות הפה וכמ"ש במ"א וכתיב לאהבה את ה' כו' ולא כתיב לאהוב כו' מטעם שצ"ל יחוד במדו' דאצי' כו' ושרש יחודם הוא עלה בתחלת המחשבה שהוא בחי' כתר עליון הנק' א"א הנ"ל כי נעוץ סופן בתחילתן כו' · לכך נאמר ואהבת שיש בזה פירוש אהבה וגם פי' ענין הרצון שלמעלה מן השכל והלב דהיינו אבה בלא ה' כו' והוא הנק' חפץ וכמ"ש ועמך לא חפלתי כו' והיינו בבחי' הכתר שנקרא רצון וכמ"ש כצנה רצון תעטרנו כו' כידוע · וזהו ואהבת את ה' אלקיך פי' ע"י אהבה ואבה נעשה הויה אלקיך כמו שעלה במחשבה תחילה כענין הנ"ל במי נמלך בנשמתן של צדיקים כו' כי רוח אייתי רוח כו' · וה"ז הי' בעצמות המאציל לפני תחלת המחשב' והרצון כי סוף מעשה דוקא עלה במחשבה תחילה והיינו פי' בכל לבבך ובכל נפשך דקאי על ישראל דווק' שהוא ימסור נפשו באחד ואזי על' במחשבה תחלה כו' וד"ל:

והיו **הדברים האלה אשר אנכי מצוך היום** כו' עד **ודברת בם בשבתך בביתך** כו' · הנה כתיב למען אחי ורעי אדברה נא כו' שכנ"י נק' אחי ורעי כו' ולכאורה יפלא איך שייך לומר ענין אחוה וריעות להקב"ה ולהיות דומה לא"ס עצמו הלא כתיב ואל מי תדמיוני כו' וכמאמר מי ידמה לך כו' · אך הענין הוא דאיתא בזהר פר' תרומה דאורייתא היא היכלא עילאה דקב"ה כו' · וביאור זה הנה עד"מ במלך בשר ודם שיש לו בטרקלין שלו היכלו' רבות מאוד אשר כולם בודאי לתועלת דירתו זה ההיכל משמש לדבר זה וזה ההיכל לדבר אחר אך יוכל להיות שלא יהיה התועלת מהם רק לדברי' הצריכים לתשמישי המלך בלבד כמו למאכל שולחנו ולהעמדת כליו ולבושיו ועמידת משרתיו וכיוצא אמנם אין המלך נכנס בהם מעולם כי לא נעשו לדירתו ויש היכלות פנימיות יותר שנעשים לדירתו אך לא לעיקר דירת קבע שלו אלא רק לפרקים ועתים רחוקים ויבא ויכנס בהם וישב מעט בהם לאיזה צורך כמו לדבר עם השרי' ואנשי ביתו וכיוצא וגם לפרקים יטייל בהן כו' אבל עיקר דירתו שיושב בקביעות תמידי הוא הנקרא היכל הפנימי שלו שהוא חדר לפנים מחדר כו' ושם יושב ואוכל וגם ישן וכל עיקר דירתו שם הוא ולא נמצא ברוב העתים רק באותו ההיכל אלא רק לפרקים רחוקים יוצא מהיכל הפנימי להיכלות החיצונים הנ"ל · והמשכיל יובן למשכיל למעלה דהנה ארז"ל בלילה מה עביד קב"ה רוכב על כרוב קל שלו ושט בח"י אלף עולמות דכתיב רכב אלהים רבותים אלפי שנאן א"ת שנאן אלא שאינן כו' · הנה אותן ח"י אלף עולמות ידוע שהן פרטי היכלות עליונים דאצי' שעשועי המלך בהן ולפרקי' ועתים מזומנים רחוקים כמשל הנ"ל · והיינו שאמר שהוא שט בח"י אלף עולמות פי' שט דרך העברה בעלמא מקבל שעשועים מהן אבל אין עיקר דירתו בהן אלא לעתים רחוקי' כו' (וענין עליות ח"י אלף עולמות הללו מבואר במ"א שהוא ח"י אלף עולמו' והיכלות דא"א שנקרא אין וזהו א"ת שנאן אלא שאינן כו' והעליה לשם לפרקי' הוא שהוא בלילה דו"א עולה בא"א והיינו ענין רוכב על כרוב קל שהוא שם ב"ן כו' וכמ"ש במ"ה באריכות) · אמנם

בחי'

בחי' היכלות הפנימיות שא"ס קובע דירתו בהן בתמידות הן בחי' היכלות דאו"א שנק' חדרל"מ כו' כי אין בחי' התלבשות בקביעו' ובתמידות מא"ס אלא בחכמה רק לפרקים יצא חוץ להיכלות ויטייל בהיכלות זולתם כמשל הנ"ל · והוא לפי שהחכמה נק' כח מ"ה ואין א"ס שורה אלא בבחי' מ"ה כו' וכמ"ש במ"א · והגם שמבואר בכמה דוכתי בפע"ח שא"ס נמשך ושורה גם בהיכלות דבי"ע זהו רק לפרקים · וגם הנה יש כמה מיני מדריגות בין חיצוניות לפנימיות ובין בחי' מקיפים לבחינת פנימית כידוע · אבל בחכמה יש מכל המעלות שאין ההארה מא"ס שורה שם רק מבחינ' הפנימיות ולא מבחינת החיצוניות וגם מבחי' המקיפים כו' · דהנה הכלל הוא בכ"מ שבחי' הלבוש וההיכל יש בו מבחינת אור המקיף אחר שההיכל מקיף מכל צד כו' וכמ"ש אחת שאלתי כו' שבתי בבית ה' לחזות בנועם ה' ולבקר בהיכלו כו' והיינו בחי' היכלא עילאה דקוב"ה שהוא יושב שם בקביעות ובתמידו' והוא התורה דוקא לפי שהתורה נתנה בצירופי אותיות עד שהן בונין בנין היכל כמ"ש רז"ל א"ת בניך אלא בוניך שעוסקים בבנינו ש"ע כו' והנה בהיכל יש ו"ק מעל' ומט' וארבע רוחות ובכללו' הוא מקיף לאדם שבתוכו מכל צדדיו כך בתורה יש בחי' ו"ק ימין ושמאל ואמצע כמ"ש לא תסור ימין ושמאל כו' וכמ"ש מימינו אש דת למו שניתנה בחו"ב ובחינת המכריע וגם יש בה מעלה ומטה המקיף לאדם מכל צד והן האותיות שבתורה שנעשה מהן כמו גג מקיף מלמעלה כו' · וגם יש מהן שנעשי' כמו קרקע מתחת וכידוע דיש באותיות ד' מדריגות טנת"א וטעמי תורה הגנוזים נק' גג כו' וגופי אותיות נק' כמו קרקע כו' · והנה הקורא בתורה מאחר שכל שכלו מתיישב בחכמה שבאותיות התורה ה"ז כמשל איש היושב בהיכל המלך שהיכל המלך מקיפו מכל צד מלמעלה למטה כו' וכשהקב"ה יושב וקורא ושונה כנגדו הרי האדם עם הקב"ה יושבים יחד עד"מ מב' ב"א היושבים יחד באיזה היכל שההיכל מקיף לשניהם יחד מכל צד לזה כמו לזה כו' בהשוואה א' · והנמשל מובן שגם בחי' היכלא עילאה דאורייתא אחר שהיא היכלא עילאה פנימאה דקב"ה שיושב בה בקביעות ותמיד ומקפת עליו מכל צד : הרי גם האדם שיושב בהיכלא דאוריית' מוקף בה מכל צד כשהוא מוקף בהשוואה עם הקב"ה שהוא מוקף בה גם כן ונעשה היכלא דאורייתא מקיף לשניהם יחד כו' · וז"ש למען אחי ורעי כו' דכנ"י בעסקם בתורה בדבור הם נקראים אחים ריעים ממש להקב"ה אחר שיושבים עמו בהיכל א' במקום דירת קבע שלו כנ"ל וזהו בחי' אחוה וריעות שבישיבה זו כו' וד"ל · וזהו פי' והיו הדברים האלה אשר אנכי פירוש מי שאנכי דהיינו עצמות א"ס שאין קביעות דירתו אלא בחכמה דאוריית' · וע"כ כדי להגיע לבחי' אנכי מצוך כו' אזי ודברת בם בשבתך בביתך כו' בקביעות דווק' עד שהיכל דאורייתא יהיה לו קבע לדירה ואזי נקרא אחים וריעים להקב"ה כנ"ל · וזהו פי' בם כלומר בתוכם שיהיו מקיפי' עליך מכל צד מטעם הנ"ל וד"ל · אך א"א לקביעו' זו כ"א אחר שקיים בכל לבבך תחילה שהרי האומר אין לו אלא תורה כו' וזהו והיו פי' אחר בכל לבבך אזי והיו הדברים כו' וד"ל :

זהר פ' פנחס דף רל"ו ע"ב

פתח ר"ש ואמר שמע ישראל ה' אלהינו כו' שמע ע' רבתי ד' אוף הכי וסימנא דא עד הה"ד עד ה' בכם ·

פירוש בא להקשות בתחילה מפני מה הע' דוקא רברבא והד' אוף הכי ולא שאר אותיות זולתם ולא בשאר תיבות זולתם ותירץ משום דאותיות הללו ע"ד דוקא צריכים להיות באותיות גדולים וסימנא עד ה' בכם כו' · דהנה ידוע דאותיות גדולות הן בבחי' בינה ואותיות בינוני' בז"א ואותיות הקטנים במ"ל וכאן שאמר דהע' רברבא מוכרח לומר דהע' זה הוא בבחי' בינה וכן הדלית הכל בבחי' בינה · והענין הוא כי בחי' ז"ת דאימ' חסד אימא גבורה דבינ' כו' כאו"א כלול מי' הרי ע' ולכך הע' רברבא · וענין הד' היא בחי' לאה שהיא בחי' מ"ל דתבונה שמלבשת בחי' נה"י דבינה וגם שליש התחתון דת"ת דבינה וע"כ הדלית ג"כ רברבא כי גם הוא בבחי' הבינה אלא שהוא בחי' המ"ל שמלביש כו' להיותו מלביש ד' מדריגות תנה"י ע"כ הוא באות דלית · וגם נקרא דלי"ת ע"ש הדלות לפי שבחי' המ"ל ל"ל מג"כ : וכמו שהדבור נקרא מ"ל דז"א שהן המדות שבלב ולבוש לתנה"י דז"א ונק' ג"כ דל כמ"ש אשרי משכיל אל דל והוא בחי' רחל כו' · כך בחי' מ"ל דתבונה שהיא בחי' לאה נקרא דלי"ת דל"ל מג"כ אלא שהוא דלית גדול להיותו בבחי' עלמ' דאתכסיא דבינה ובחי' רחל דלית קטן להיותה בבחי' עלמא דאתגליא כידוע וד"ל · ולהבין ביאור הדברים הנה עד"מ האדם כשרוצה להשפיע בדבור בגלוי לזולתו איזה דבר מה שבלבו · יתיישב תחילה איך יהיה אופן הדבור אם בצירופי אותיות כאלה או באופן אחר ונקרא עצה זו איך לדבר בשם נו"ה והוא בחי' נו"ה שבמדות שמתייעצי' בתחילה איך ובאיזה אופן יבאו בגלוי בדבור · הנצח הוא המנגד לעמוד על חלקי הסותר במה שצריך להעלי' בדבור וההוד הוא בהיפך במה שיתכן לגלות בדבור · ובחי' יסוד הוא ההשפעה שבאה בדבור בבחי' ממוצע בין נו"ה כו' וזהו ו' זעירא וכללות כולם נק' נה"י דז"א וגם שליש התחתון דת"ת המכריע מלובש בהם כו' · ובהגיע ההשפע' לדבור הרי נתהווה אותיות הדבור שהם מהות אור נבדל מן הלב והוא בחי' אור דומם וכמו לבוש בעלמא נחשב הדבור לגבי תנה"י דז"א כו' · וכמ"כ מובן בבחי' מ"ל דתבונה שמלבשת לנה"י דבינה בחי' הבינה בעצם הוא אור השכל וההשגה כמו שהוא וכאשר צריכה לבא בבחי' ההשפעה אזי בא לבחי' אותיות והם אותיות המחש' המלבישים את השכל כמו לבוש בעלמא כמו שהדבור מלביש למדות שבלב כנ"ל

כנ"ל· אך הנה כדי שיבא הבינה שהוא עדיין מיפשט מבחי' הותיות לבחי' השפעה נגלית באותיות המח' הרי צריך להיות ג"כ בחי' ט"ה דהיינו ענין העלה בשכל איך יהיה אופן גלוי אור השכל ועלה ז' בשכל הוא נקרא נו"ה דאימא לפי שבזה יש ג"כ ב' מנגדים ע"ד הנ"ל בנו"ה דז"א דהיינו שיתיישב בשכלו ותבונתו איך ובאיזה אופן יתכשר גלוי השפע של השכל אם כך או כך ותחילה עלה בדעתו המנגד באיזה אופן שאינו מתכשר כו' וכנ"ל בנה"י דז"א וזה נקרא תנה"י דאימא· ואח"כ מתלבש אור השפע שבאה בבחי' ממוצע שהוא בחי' יסוד אימא להתלבש במציאות המחשבה ממש שהם בחי' דומם ג"כ לגבי ערך השכל אע"פ שיש בהן היות יותר מאותיות הדבור כו' והוא הנק' בחי' מ"ל דתבונ' שהוא בחי' לאה שמלבים לתנה"י דאימא· והיינו בחי' הד' רבתי דאחד שמלבים לתנה"י דאימא· והע' רברבא הן בחי' ז"ת דאימא בכלל כמו חסד דבינה הייט אור השכל שנוטה לזכות כו' וכמ"ש בת"א שזה נק' מדות שבשכל· ולהיותם למעלה הרבה מבחי' המדות דז"א ע"כ נק' באותיות גדולי' בערך מדות דז"א שהן בחי' אותיות בינונים בלבד כו' וד"ל· וז"ש כאן שמע ע' רברבא שהן ז"ת דבינה כנ"ל דלי"ת אף הכי שהוא בחי' מ"ל דתבונה שמלבים לתנה"י דבינה וגם הוא באותיות גדולים אחר שמלבים אותם ממש אך שנקרא דלי"ת מפים דל"ל מג"כ כי אין אותיות המחשבה רק בחי' כלי קיבול בלבד לקבל התלבשות אור השכל שמאיר בה והאותיו' דמחשבה בטלי' ורקנים כו' וד"ל· וסימנא דא עד כו' פי' עד"ת העדות למטה שא"צ עדות אלא על דבר המוסתר ונעלם דוקא אבל דבר הנגלה א"צ עדות כלל כמ"ש בת"א ע"פ שמם עלו שבטים שבטי יה שהן או"א שנק' נסתרות אזי עדות לישראל שצריכים לעדות כו'· וגם כאן להיותו מדבר בבחי' בינה שנק' עלמא דאתכסיא ע"כ נק' עד ע"ד דוגמא כשאומר אדם על דבר הנסתר ונעלם מלב אדם יהיה הש"ת עד בדבר שהוא הבוחן כליות ולב והוא יודע הנסתרות כך הוא אומר כאן על בחי' בינה דאצילו' שהוא נקרא עד להוי"ה ששם הוא כל נסתר ונעלם כנ"ל כו' וז"ש הה"ד עד הוי"ה בכם פי' בכם בכנ"י שהוא בחי' הוי' דז"א למעל' והבינה נק' עד להוי' לפי שהוא בוחן כליות ולב כו' ע"כ אותיות הללו דווקא דע"ד גדולים ולא זולת' וד"ל:

אישתארון אתוון שי"ן מ"ם מ"ם פתוחה מ"ט לא סתימא בגין דמ"ם סתימא מלכא עילאה מ"ם פתוחה מלכא תתאה:

פירוש בא להקשות למה אותיות ש"ת הם קטנים ואמר אשתארו אתוין ש"ת כו' פי' אשתארו בבחי' הקטנות· והענין הוא כי בחי' מ"ל דאצילות נקרא ש"ת כמ"ש ויעש דוד שם כידוע· והטעם הוא לפי ששם ב"ן הוא היורד בבי"ע לברר בירורים דרפ"ח ניצוצים כו' ומספר כללות הכל מרפ"ח ניצוצים כשעולים וכללים בשם ב"ן עולה ש"ס עם.שם ב"ן עצמו כידוע בפירוש ותקם בעוד לילה ותתן טרף לביתה· ולהיו' כי ירידת המלכות בבי"ע הוא בבחי' הצמצום והקטנות ע"כ המ"ל בבחי' אותיות קטנות באותיות הללו ש"ס שבתיבת שמע כי אינה עולה למעלה בבחי' בינה כמו דלי"ת דלאה הנ"ל וז"ש אשתארו בבחי' הקטנות וד"ל· ואח"כ חוזר ומקשה מ"ם פתוח' מ"ט לא סתימא פי' בשלמא על בחי' המ"ל עצמה בזה שנקרא שם דרך כלל יתכן להיות בבחי' אותיות קטנ' הנ"ל אך מה שהמ"ס פתוחה ולא סתומה זה לא יתכן כלל כי בשעת היחוד דק"ש בחי' המ"ל מתייחדת בז"א עכ"פ והז אינה מסתתרת בבריאה הלא היא בבחי' האצילות וא"כ לא היה מהראוי להיות מ"ס פתוחה כי הנה פתיחות האות הזה במ"ס למטה היא ומורה זאת הפתיחה אשר למטה שיורד אור השפע ממנה ונפתח להיכלות החיצונים ג"כ העומדים למטה ממש כמ"ש לפתח חטאת רובץ כפתח הזה שפתוח מבחי' הקדושה לצאת חוץ ע"ד הפתיחה הזאת שיוצא לחוץ מנקב הקטן שתחת המ"ס בין הנון והוי"ו למטה וכמ"ש רגליה יורדות כו' משא"כ מ"ס הסתומה שאין בה מקום פתח יציאה לחוץ כנ"ל וע"כ הקשה מ"ט לא סתומה· ותירץ משום דמם סתומה מלכא עילאה פי' בחי' בינה דאצי' נקרא מלכא עילאה כי הבינה נק' מלך כמ"ש אלהים חיים ומלך עולם כו' ונק' מלכא עילאה לפי שהבינה נק' עולם החירות ונק' יובלא עילאה כנ"ל מפני שאין שם עדין שרש יניקה ואחיזה לחיצונים כלל כו' כידוע· דלכך נקרא ג"כ בשם יין המשומר כלומר משומר ממגע נכרי לפי שאין לחיצונים שם שום מגע ואחיזה כלל וע"כ נקרא משומר ממגע נכרי וזהו ענין מם הסתומה שסתומה מכל צד ופנה באין מקום פתוח ממנה לחוץ כלל וע"כ א"א שיתקרבו שם החיצונים· וז"ש דמלכא עילאה שהוא בחי' בינה נקר' מם סתומה היינו עלמא דאתכסיא בכלל ומ"ס פתוחה שהוא בחי' מ"ל נקרא מלכא תתאה כשיורדת בבי"ע שמלכותו בכל משלה גם ליתן שפע לע' שרים כו'· ובזה מתורץ הקושי' למה המ"ס פתוחה ולא סתומה דגם שהמ"ל אינה יורדת בבי"ע מ"מ הרי אינה עולה לבחי' בינה דאצילו' עד שתהא בבחי' מם סתומ' להיות משומר ממגע נכרי מכל צד וע"כ אין המם הנכתב כאן בס"ת בסתימות אע"פ שבת"א היא סתומה כמ"ש ויעש דוד שם כנ"ל וד"ל:

אתוון אחרנין אשתארו א"ח כבוד אלקי' הסתר דבר כתיב· אשכחנא בספרא דרב המנונא סבא כל מאן דמיחד יחודא דא בכל יומא חדוה זמינין ליה מלעילא מרזא דאתוון אלין ש"מ מהאי סטר א"ח מהאי סטר ומצריף אתוון למפרע שרי ובמישור סיים וסימן אשמח הה"ד אנכי אשמח בה' בה' ממש דא יחודא קדישא ושפיר איהו והכי הוא בספרא דחנוך:

והנה להבין תחלת ענין המאמ' אשתארו אתוון ש"ת עם סוף המאמר אשתארו אתוון א"ח כו' ומ"ש ע"ז כבוד אלהים

הכתר

הסתר דבר כו' · הנה תחילה יש להקדים כללות ענין המאמר המכוון בזה ובמה שסיבת אותו אח"כ באמרו כל מאן דמייחד יחודא דא כו' · דהנה ידוע בבחי' ז"א דאצילות שנק' א"ח והיינו כשהמ"ל נק' אחות וכמ"ש פתחי לי אחותי כו' וכמ"ש מי יתנך כאח לי · והענין הוא כי בהיות זו"נ בבחי' עיבור במעי אמו ע"כ נק' זו"נ או תאומים והמ"ל כלולה או בז"א דהיינו בכל ספי' עשירי' דז"א אבל ז"א עצמו בבחי' ט"ס שהוא מספר א"ח ואח"כ נבנה המ"ל בבנין פרצוף בפ"ע מי"ס שלימות כו' ואזי מתייחדים זו"נ בבחי' יחוד איש ואשה ולא בבחי' אח ואחות כו' כידוע כ"ז בספרי הקבלה · והנה כללות ענין אלו היחודים ידוע שבכ"מ בחי' היחוד דזו"נ הוא ענין יחוד קול ודיבור פירוש כמו עד"מ קול שיוצא מהבל הלב בדבור בפה הרי בחי' הקול הזה בחי' המשכה והשפעה מהמדות שבלב לדבור והדבור הוא בחי' מקבל ההשפעה וכשהקול מאיר ההשפעה בדבור נק' יחוד · כך למעלה יובן בדוגמא ומשל שזהו ענין יחוד דזו"נ דהיינו אור שפע הו"ק דז"א במ"ל שנק' דבור כו' דהיינו כשהמ"ל כבר בבנין בפ"ע וכו' כידוע וזה נק' זיווג יעקב ורחל · ויש זיווג עליון מזה הוא הנק' יש"ס ותבונה פי' תבונה הוא בחי' מ"ל דתבונה שהוא בחי' לאה והיינו בחי' אותיות המחשבה הנ"ל שמלבישים לו' תחתונים דאימא הנק' מדות שבשכל כנ"ל באריכות ע"ד שמלבישים הדבור למדות שבלב כו' ויחודים אלו לא ישונה סדר שלהם ע"ד הזה לעולם כידוע · אמנם הנה בכאן באותיות ש"מ דשמע ובאותיות א"ח דאחד נשתנה סדר היחודים האלו מן הקצה לקצה והיינו מן העליון לתחתון ומתחתון לעליון כו' · דהנה אותיות א"ח שהוא בחי' ט"ס כנ"ל והיחוד שלו הרי הוא עם הדלית רבתי דאחד שהוא בחי' מ"ל דתבונה הנ"ל · וזהו תיבת אחד א"ח דלית כידוע ולא עם הדבור דמ"ל כסדר של היחוד שלהם בכ"מ כו' ובחי' מ"ל שהוא אותיות ש"מ שבתיבת שמע כנ"ל מפני שעולה מספר שם ב"ן עם דפ"ח ש"ס כו' · הרי בחי' היחוד שלה עולה בז"ת דבינה שהוא ענין הע' רברבא כנ"ל והיינו תיבת שמע שם ע' כידוע · א"כ מובן למשכיל שבב' תיבות אלו דשמע ואחד נתהפך סדר היחוד מעליון לתחתון ומתחתון לעליון שהרי בחי' המ"ל שהיא למטה עלתה להתייחד בז"ת דאימא בע' רברבא שהיא עליון מהבל כנ"ל ומעליון לתחתון היינו בחי' מ"ל דתבונה שיורדת ומתייחדת עם ז"א שהרי זהו בחי' עלייה לז"א להיותו בא למעלה בבחי' עלמא דאתכסיא דלאה להתייחד שם אשר מעולם סדר יחודו בא בבחי' ירידה לבא לידי גילוי כדבור כנ"ל וד"ל :

וביאור ענין היפך היחודים האלו יובן עד"מ באדם למטה עד"מ הידוע שהמדות יכולים ליכלל ולעלות במחשבה כמו שמהרהר אדם במחשבה מה שלבו חפץ ומשתוקק כו' ואינו מביאו לידי דבור כלל וכך הוא בנמשל ביחוד דז"א עם בחי' מ"ל דתבונה שהוא בחי' אותיות המחשבה כו' וגם אנו רואים שיכול להיות חיבור ו"ק דבינה בדבור ע"י בחי' שתיקה שהאדם שותק ואינו מדבר כמו כששואלים לו איזה דבר ואינו יכול להשיב מיד שהדבור הוא שעולה בשכל ומתייחד שם והיחוד שלו הוא שם בבחי' ו"ק דבינה דהיינו אם להטות לזכות ידבר דברי זכות כו' · וזהו משל להבין יחוד העליון דו"ק דבינה בעולם הדבור אשר מרומז בתיבת שמע שם ע' כנ"ל שהוא דרך עלי' המ"ל שנק' שם בע' רברבא כנ"ל וד"ל · ונמצא מובן שיש כאן בחי' עלי' לזו"נ לשניהם יחד ע"י בחי' ענין היפך היחודי' כנ"ל כי הרי בחי' ז"א עולה ומתייחד במ"ל דתבונה והיינו תיבת א"ח דלית ובחי' מ"ל עולה ומתייחדת עם ו"ק דבינה הנקר' שם והיינו שאמר אתוון אחרנין אשתארו א"ח כבוד אלקים הסתר דבר כתיב פי' הדבור שהוא מ"ל מוסתר כאן מכל צד כי ז"א אינו מאיר בה להיות שעולה למעלה להתייחד עם מ"ל דתבונה ומצד עצמות הדבור הרי עלתה לבחי' ו' קצוות דבינה להתייחד שם בבחי' ההעלם דבינ' וא"כ אין הדבור בא בגילוי כלל מזה הטעם וז"ש כבוד אלקים הסתר דבר שהוא בחי' מ"ל הסתר דבר כתיב פי' בב' אופנים שמבוארים למעלה א' מצד הסתרה שלה בבינה והב' מצד שאין לה יחוד עם המדות ויהיה איך שיהיה כבוד אלקי' מוסתר הוא וזהו הסתר דבר שהוא בחי' הדבור כמ"ש ממצוא חפצך ודבר דבר כידוע וד"ל · והיינו שיש לסוף מאמ' ז"ש אשתארו אתוון א"ח כו' חיבור וקשר עם תחילת המאמר אשתארו אתוון ש"מ כו' כי עי"ז דאשתארו זו"נ בקטנות יש להם עליה כנ"ל ואזי מתגלה כבוד אלקים הסתר דבר כו' וד"ל · וזהו ג"כ הטעם שמשבח מאד בספרא דרב המנונא סבא ענין היחודים הללו ש"מ וא"ח להיותם ע"ד הנ"ל דווקא והוא ענין היפוך היחוד מעליון לתחתון ומתחתון לעליון כו' מפני שהוא יחוד חדש ובתכלית העילוי כנ"ל וד"ל · ומ"ש מרזא דאתוון אילין ש"מ מהאי סטרא כו' הנה בא לפרש עוד יותר בהתחדשות שיש בענין היחודים הנ"ל דהנה ע"פ סדר היפוך היחודים הנ"ל הרי יש כאן לבחי' המ"ל עלי' יותר גבוה מלז"א כי המ"ל עולה בו"ק דבינה ובחי' ז"א עולה להתייחד בלאה שהוא בחי' מ"ל דתבונה שמלבש תנה"י דאימא בלבד כנ"ל · וז"ש מרזא דאתוון אלין ש"מ מהאי סטר לפי שהיא עולה בבחינת פנימית דבינה ע"כ בהם מתחלת השיטה בתיבת שמע להיותה מתייחדת בע' רברבא שהן ו"ק דבינה וז"א אעפ"י שהוא למטה גבוה הרבה מבחי' המ"ל למעלה הוא מתייחד רק במ"ל דתבונה והוא אותיו' א"ח דמהאי סטר כלומר בבחינת חיצוניות דבינה במ"ל דתבונה · אך מבין שניהם יחד דהיינו מרזא דאתוון אלין חדוה ומינה כו' לפי שמתייחד עליון בתחתון ותחתון בעליון שמזה בא סיבת בחי' החדוה למעלה בעצמות המאציל להיות דבר חדש עד"מ כאשר יתענג המלך מענין חדש נפלא כו' והעונג בא בחדוה גדולה כו' וד"ל · ומצרף אתוון למפרע שרי ובמישור סיים פי' שרי וסיים היינו ההתחלה והסוף והכל"ל כאשר מתחיל בצירוף האון למפרע וכאשר מסיים

בצירוף

בצירוף אותיות מסיים במישור ולא למפרע ופי' מפרע ידוע שהוא בהיפך אותיות מן השמאל אל הימין כמו תיבות א"ב שמימין לשמאל הא' קודם לב' ובהיפך האותיות משמאל לימין הא' שמימין עומד לשמאל הקורא והב' לימין והוא תיבת בא וכך הוא בכל היפך אותיות מן השמאל אל הימין עד"ז נקרא בלשון הזהר למפרע· וכאן הרי בסימן שנותן לס"ת דשמע וא"ח דאחד הוא תיבת אשמח כמ"ש אנכי אשמח בה' כו' ובתיבת אשמח הא' והשין שבו עומדים בהיפך אתוון למפרע דהיינו להיפך מכמו שהסדר שלהן נכתב בס"ת שהרי בס"ת שין דשמע קודם לא' דאחד ובתיבה זו הא' קודם לשין הרי משמאל נעשה ימין כו' ואותיות מ"ח דאשמח אינן עומדים למפרע שהוא בהיפך אלא עומדים בסדר שהן כתובים בתורה המ' דשמע שקודם בס"ת בימין הקורא גם כאן בתיבת אשמח הרי המם קודם לחית והח' שהוא הח' דא"ח שבאחד כמו שבס"ת הוא לשמאל הקורא באחרונה כך הוא עומד בתיבה זו דאשמח באחרונה והיינו שאמר ומצרף אתוון פי' כשמצטרפי' ס"ת וא"ח יחד· למפרע שרי· בתחילתו הוא למפרע דהיינו באותיות א"ש דאשמח ובמישור סיים ובסוף התיבה דאשמח הוא במישור כסדר שהוא בס"ת והיינו מ"ח דאשמח כנ"ל וד"ל· ודא יחודא קדישא שפיר איהו כו' משום דבסי' זה דאשמח הרי ס"ת עומדים באמצע והוא בחי' מ"ל והסי"ן עומד סמוך לאלף דא"ח בז"א והמ"ס עומד סמוך לח' דז"א ונמצא דמ"ל נכללת בתוך ז"א וניקפת בתוכו מכל צד וע"כ הוא יחוד שפיר משום שאין יחוד אמתי יותר מזה וזהו אנכי אשמח בה' כנ"ל וד"ל :

תו אית בי' ש"מ דאתכלל מע' רברבא אילין שבעין שמהן דרזא דאבהן קדישין ודא הוא שמע שם ע' ישראל הוי"ה אלקינו ה' אילין ד' בתים דתפילין דאחיד לון א"ח ההוא דאמר פתחי לי אחותי כו' ד' דא קשר של תפילין דהיא אחידת בהו כו' :

פי' תו איתא בספרא דרב המנונא הנ"ל פי' היחוד הזה דשמע באופן אחר והיינו שאין הפירוש כנ"ל שהמ"ל שהוא אותיות ס"ת עולה ונכללת בז"ת דאימא שהוא ע' רברבא אלא אדרבה נהפוך הוא שבחי' ז"ת דאימא יורדים למטה ומאירים ונכללים במ"ל שהוא ס"ת והיינו שמע שם ע' דשבעין שמהן דז"ת דאימא שהן מדות שבשכל שנק' אבהן קדישין דחג"ת שסם דז"א אינן נקראין אלא אבהן סתם ולא אבהן קדישין כי כל קדש הוא בבחי' החכמה כידוע וד"ל· ישראל הוי"ה אלהינו ה'· ישראל הוא בחי' החכמה והוי"ה הראשון הוא בחי' בינה אלהינו הוי"ה הם בחי' חו"ג שנחלקין מב' המוחין דחו"ב ע"י הדעת ונעשים ד' מוחין חו"ב וחו"ג והם ד' בתים דתפילין כידוע והכל בחי' מוחין דז"א שמתפשטים בו מאור אימא· וע"כ אמר דאילין בתי דתפילין דהאי א"ח שהוא ט"ס דז"א בכלל אחיד לון להיות לו למוחין כנ"ל ואח"כ בחי' ז"א מתייחד בד' רבתי שהוא בחי' לאה כנ"ל· וז"ש ד' קשר של תפילין דאיהי אחידת בהו פירוש בד' בתי דתפילין שהן ד' מוחין דז"א אחידת בהו בחי' לאה· דהנה הקשר של תפילין הרי הוא משל עור פשוט והוא אחוז בד' בתי דתפילין שבהם הפרשיות· והרי אנו רואים שהקשר של תפילין נבדל הרבה מערך הפרשיות כי הפרשיות אשר כתובים באותיות הרי יש בהם ממש מאותיות המוחין כמו בפרשת קדש מאיר בה מוח החכמה ובפרשת והיה ממוח דבינה כו' אחר שהן נעשין מוחין לז"א ממש ונקראים פאר כו' וכמ"ש כי שם הוי"ה נקרא עליך אלו תפילין שבראש כו' אלא שהאותיות שבפרשיות מלבישים אותם בלבד עד"מ השכל והסברא שכתובה בספר באותיות שמבינים מהות השכל ממש מתוך האותיות כו'· משא"כ קשר של תפילין שאחוז בבתים שבתפילין אינו אלא עור רצועה גשמית ואין כתוב בה אותיות כלל ואם כן אינה בחי' לבוש להלביש המוחין אלא רק כמו כלי תשמיש לבתים בלבד להיותם אחוזים ומקושרים בראש כו'· והדוגמא מזה יובן למעלה שהדלית רבתי הוא למעלה ג"כ בחי' קשר של תפילין דמארי עלמא כו' והוא בחי' מ"ל דתבונה שממנו נמשכין אותיות המחשבה דלאה כי עד"מ אותיות המחשבה באדם הרי הם בחי' כח נבדל לגמרי ממהות השכל והסברא שבמוח הבינה כי כאשר ישכיל האדם איזה שכל גם במחשבה הוא בלא אותיות עדיין ואח"כ מתלבש השכל במחשבה באותיות ממש ואותיות המחשבה הללו שמלובש בהן השכל הרי הן כרצועה ממש של הקשר שאחוז בתפילין שהוא נבדל כנ"ל· כך הרי אותיות המחשבה הם רק כמו כח הדומם ואין ערך כלל עם השכל עצמו כי הרי גם בלא השכלת השכל יחשוב האדם תמיד מחשבו' והם של דברי הבל ותהו ואין בהם שכל כלל· וא"כ כאשר בא אור השכל ומתלבש בהם הר"ז כמו הבית שהאדם ידור בתוכו או ככלי שמשימין בו המים שאינו אלא כלי בית קיבול בלבד ואין לו ערך ושייכו' עם המים כו'· וכך יובן הנמשל למעלה בענין דד' פרשיות דתפילין הם בחינת כלים לאורות ומוחין דז"א כי הפרשיות אורות גנוזין בהן ממש בבחינת אור וכלים שיש לאור שייכו' וחיבור עמהם משא"כ הקשר של תפילין שהוא בחי' לאה שהוא אותיות המחשבה אשר למעלה אין להם ערך ושייכות כלל עם בחינת אורות וכלים דז"א רק שמשמשין להם בדרך כלי תשמיש בלבד כמו בחינת עור הרצועה שעושין בו קשר כו' וז"ש ד' דא קשר של תפילין דווקא שהוא בבחינת לאה אחידת בהו ע"ד הנ"ל בלבד כנ"ל :

רזא לחכימין אתמסר כו' תרין רצועין נפקין מסטרא דא ומסטרא דא רזא דתרין ירכין דלתתא דהאי א"ח דנביאי קשוט אחידן בהו דהא מלעיל' נפקין תרין רצועין רזא דתרין דרועין ימינא ושמאלא ודלית אתאחידת בהו לבתר אתפשטו ירכין לתתא כו' :

פי' תרין רצועין הם בחי' נו"ה שנקרא ירכין עד"מ הירכיי' שהם רק משמשים לאדם להוליכו ממקום למקום אחר אבל

העיקר

העיקר הוא גוף האדם כמו לבו וקרביו כו׳ אבל הירכין אינם נחשבים לגופא אלא לבר מגופא כי אינם רק משמשים כנ״ל · והדוגמא בזה בנצח והוד דמדות שבלב הנה גם הם אינם רק כלי השפע כמו כשצריך לגלות האהבה שבלבו לזולתו או מתייעץ בלבו איך יגלה כנ״ל וכמו שנק׳ כליות יועצות בירכיי׳ כך עד״מ הם בלב וכן עד״ז הם בשכל והוא מה שמתייעץ בשכל עצמו איך יצרף צירופי אותיות המחשבה לגילוי אותו השכל כנ״ל ונק׳ זה נו״ה דאימא כו׳ וד״ל· והנמשל מובן דתרין רעותין שבקשר שרשם הראשון הם בחי׳ נו״ה שבשכל מפני ששם העצה איך להיות צירופי אותיות המחשבה ועצה זה בחו״ג דבינה דהיינו אם כך או כך כנ״ל והיינו מ״ש בסמוך דהא מלעילא ר״ל בבחי׳ אימא עילאה נפקין תרין רעותין שהם בחי׳ נו״ה דלבר מגופא שהן מקבלים רזא דתרין דרועין חו״ג דאימא איך להיות אור השפע כו׳ · ומפני שמשם נמשך למטה אופן צירופי אותיות המחשבה כו׳ לכך אמר דלי״ת אתאחידת בהו ע״ד הנ״ל וד״ל· ואמנם בחי׳ הרצועות שיוצאים מן הקשר של תפילין לחוץ זה מפני אשר אור נו״ה דאימא כבר מלובש בז״א ומז״א מתפשטים נו״ה למטה וזהו הנקרא רזא דתרין ירכין דלתתא דהאי א״ח כנ״ל: דנביאי קשוט אחידן בהו פי׳ מבחי׳ נו״ה שמלובש למטה בבי״ע משם מקבלים הנביאים שפע נבואה כי כל נבואה הוא גילוי אור אלקי בבחי׳ כלי דוקא כמו בכלי הדבור דפי הנביא ממש וכל השפעה בגלוי אינו בא מבחי׳ גילוי עצמיות אלא מבחי׳ נה״י דלבר מגופא עד״מ הנ״ל דהשפעת שכל באה רק דרך כליות יועצות האיך לצרף כנ״ל · וכמו כן השפעת המדות בלב לזולתו כנ״ל · כי לעצמו א״צ עצה זו בכלל אחר שלעצמו אינו צריך לזה ההשפעה אלא בשביל המקבל כנ״ל וע״כ אין שפע הנבואה לנביאים רק מבחי׳ נו״ה שמאיר ובא בנשמות דבי״ע ששם שרש נשמות הנביאים וכמו נשמת ישעיה קבל מנו״ה דבריאה ויחזקאל מנו״ה דיצירה כו׳ · וגם הנה בגופה של הנבואה עצמה יש חילוקים רבים שמי ששרשו מקבל מבחי׳ חסד דאימא שמאיר בז״א מתפשט האור גם בירכין דלתתא דהיינו בנו״ה דבריאה ויצי׳ בנביאים ג״כ מבחי׳ השפעה של חסד כמו ישעיה שניבא רק נחמות וירמיה קבל נבואות מבחינת הגבורות כו׳ וז״ש דנביאי קשוט אחידן בהו וד״ל · ומ״ש תרין רעותין נפקין מסטרא דא ומסטרא דא כו׳ בא לרמוז על בחי׳ ההתכללות דחו״ג לעשות מימין לשמאל ומשמאל לימין ואח״כ בהיפוך כידוע הרבה פעמים בכדי שיהיה קשר ויחוד אמתי כנ״ל · וע״כ הרצועות שבקשר כופלין הרבה פעמים משל ימין עושין ומושכין לשמאל ומשמאל לימין ואח״כ בהיפוך כידוע והיינו מסטרא דא לסטרא דא כו׳ וד״ל :

כיון דהיא אתייחדת לעילא כדקא יאות נחתא לתתא לאתאחדא באוכלסהא וכד איהי אתאחדת אחידין בשיפולי ירכין ורשימו דיוד אות ברית קדישא מלעילא כו׳ :

פי׳ לפי שבחי׳ נו״ה הם רק כליות יועצות איך להשפיע אבל גופא של ההשפעה הרי הוא בחינת יסוד כידוע והיינו רשימא דיוד אות ברית קדישא דאמר בסמוך · והנה כשהמ״ל עולה למעלה ומתאחדת בז״א או באימא ביחו״ע בשית תיבין דפר׳ ראשונה דכלולתן הוא בתיבת אחד א״ח דלי״ת אח״כ חוזרת המלכות ויורדת לבי״ע להאיר למטה וזהו בשית תיבין דבשכמל״ו דלאחר הדלית כו׳ וזה לא נכתב בתורה · והיינו שאמר כיון דאתאחדת לעילא אח״כ נחתת לתתא כו׳ ופירוש באוכלסהא היינו בחי׳ ג״ע שנשמות ומלאכים הרבה לרבבות נהנין מזיו השכינה כנ״ל · ואמנם י״ל מהו ענין גילוי זיו זה הלא בלא״ה מכה״כ אך בחי׳ זיו זה הוא בחי׳ היוד שהוא בחי׳ יסוד כנ״ל ונו״ה נשארו פנימיותם למעלה ואחידת רק בשיפולי ירכין בלבד · וביאור הדברים דאם היה גילוי אור המ״ל למטה ממש בכל פרטיה כמו שהיא למעלה הרי בהכרח שלא תקבל אז הארה עליונה מאחר שאור המ״ל ירד למטה או אינה דבוקה למעלה כאותו אופן שהיתה תחילה דבוקה למעלה · עד״מ שפע שכל שנשפע למקבל אזי במקבל היא נתונה ואין למשפיע בה כח הארתה כמו שהיתה אצלו בתחילה קודם שהשפיע כו׳ אך זהו עצת המשפיע שלא ירד מעצמותו לגמרי רק בסוף מדריגות שלו אבל פנימיותו ישאר בעצמותו ואז גם בירידתו למטה פנימיותו נשאר בעצמותו כנ״ל · והנמשל מובן דבירידת המ״ל אחידת רק בבחינת שיפולי ירכין בלבד אבל בחי׳ הפנימיות נשאר דבוק באצי׳ וזהו כד איהי אתאחדת באוכלסהא אחידא רק בשפולי ירכין דהיינו הארת חיצוניות נו״ה אבל בבחינת הפנימיות נשאר למעלה וד״ל · ומ״ש דרשימא דאות יוד עלה מלעילא כו׳ כי בחינת נו״ה איך להשפיע הרי הם למטה וגופו של ההשפעה מאיר עלה מלמעלה כמובן לי״ח וד״ל:

נר **דיני ק״ש** מצוה

אין להפסיק לענות קדיש וקדושה וברכו ומודים בין גאולה לתפלה כיצד הוא עושה ממתין בשירה חדשה שלעניית קדיש וקדושה וברכו ומודים מפסיק אפילו באמצע הפרק ואפילו באמצע הפסוק חוץ מפסוק שמע ישראל וה״ה לבשכמל״ו · וכן אין להפסיק ג״כ בין שמע ישראל לבשכמל״ו · ומכל מקום יזהר לכתחלה להמתין באיזה סיום ענין שלא להפסיק באמצע ענין כגון פסוק ושמתם וגו׳ יכול להפסיק בין נפשכם לוקשרת׳ שהוא ענין אחר אבל עד מלת נפשכם לא יפסיק בין תיבה לתיבה · אך אם אי אפשר לו יכול להפסיק ולענות אפילו באמצע ענין וכשחוזר חוזר לתחלת הפסוק :

כשמפסיק למודים ישחה ויאמר מודים אנחנו לך ולא יותר וכשמפסיק לקדיש יאמר איש״ר עד יתברך ועד בכלל וישמע מהש״ץ עד ואמרו אמן ויענה אמן ותתקבל ואילך

ואילך לא יענה אמן שאינו אלא מנהג׳ ובקדושה יאמר רק קדוש וברוך וגם ימלוך הוא מעיקר הקדושה · אבל נוסח שמוסיפין בשבת אינו מנוסח הקדושה וא"א אותו במקום שאסור להפסיק · וכשמפסיק לברכו לא יאמר רק ברוך ה׳ המבורך לעולם ועד בלבד ולא יענה אמן אחר ברוך ה׳ המבורך לעולם ועד שאומר הש"ץ כי אין צריך כלל לענות אמן זה שאין הש"ץ אומר ברוך ה׳ המבורך לעולם ועד אלא כדי לכלול עצמו עם הצבור׳ ולכן אין להש"ץ להמתין מלומר ברוך ה׳ המבורך לעולם ועד עד שיסיימו הצבור אלא עונה עמהם ביחד · ועל ברכת התורה יענה ברוך ה׳ המבורך לעולם ועד וגם אמן אחר נותן התורה׳ אבל אחר שאר ברכות אין עונין אמן בקריאת שמע וברכותיה אפילו בין הפרקים חוץ מהאמן שעונין אחר ברכת האל הקדוש ואמן שאחר שומע תפלה שיש להם דין דבר שבקדושה ועונין אותו אפילו באמצע פסוק׳ אבל בפסוקי דזמרה מברוך שאמר ועד ישתבח מותר לענות אמן אפילו באמצע פרק׳ ואסור להפסיק באמצע הברכה של ק"ש אפילו בעניית אמן שאחר ברכה זו עצמה ולכן אין להמתין בשירה חדשה לענות אמן על גאל ישראל אלא אם רוצ׳ לצאת כל הדעות שי"א שאין לענות אמן אחר שאמר ג"י שלא להפסיק בין גאולה לתפלה וי"א לענות יוכל לכוין לסיים עם הש"ץ ואז אינו מחויב לענות אמן אחר הש"ץ לפי מנהגינו שאין עונין אמן אחר ברכת עצמו :

בק"ש יש רמ"ה תיבות והסרו ג׳ תיבות להשלים מנין רמ"ח תיבות לכן נוהגין שהש"ץ חוזר ואומר ה׳ אלהיכם אמת · יחיד המתפלל לעצמו יחזור תיבות אני ה׳ אלהיכם :

זמן קריאת שמע של שחרית שהוא רביע היום צריך ליזהר במאד בקיץ ביותר שלא לעבור הזמן כי הוא יותר מוקדם בקיץ שבמדינות אלו כן החמה בקיץ הוא בערך ג׳ שעות ומחצה אחר חצות לילה ורביע היום ד׳ שעות ורביע נמצא כלה הזמן בג׳ רביעי שעה שמינית·ולפי שמורי השעות אין כולם הולכים באמת והוא ספק של תורה וגם אין ראוי לנתלם לכן צריך ליזהר לגמור ק"ש בסוף שעה ז׳ בקיץ :

שְׁמַע יִשְׂרָאֵל יְהֹוָה אֱלֹהֵינוּ יְהֹוָה | אֶחָד:
בָּרוּךְ שֵׁם כְּבוֹד מַלְכוּתוֹ לְעוֹלָם וָעֶד:
וְאָהַבְתָּ אֵת יְהֹוָה אֱלֹהֶיךָ בְּכָל־לְבָבְךָ
וּבְכָל־נַפְשְׁךָ וּבְכָל־מְאֹדֶךָ:
וְהָיוּ הַדְּבָרִים הָאֵלֶּה אֲשֶׁר אָנֹכִי מְצַוְּךָ
הַיּוֹם עַל־לְבָבֶךָ: וְשִׁנַּנְתָּם לְבָנֶיךָ
וְדִבַּרְתָּ בָּם בְּשִׁבְתְּךָ בְּבֵיתֶךָ
וּבְלֶכְתְּךָ בַדֶּרֶךְ וּבְשָׁכְבְּךָ וּבְקוּמֶךָ:
וּקְשַׁרְתָּם לְאוֹת עַל־יָדֶךָ וְהָיוּ
לְטֹטָפֹת בֵּין עֵינֶיךָ: וּכְתַבְתָּם עַל־
מְזֻזוֹת בֵּיתֶךָ וּבִשְׁעָרֶיךָ:
וְהָיָה אִם־שָׁמֹעַ תִּשְׁמְעוּ אֶל־מִצְוֹתַי
אֲשֶׁר אָנֹכִי מְצַוֶּה אֶתְכֶם הַיּוֹם
לְאַהֲבָה אֶת־יְהֹוָה אֱלֹהֵיכֶם וּלְעָבְדוֹ
בְּכָל־לְבַבְכֶם וּבְכָל־נַפְשְׁכֶם: וְנָתַתִּי
מְטַר־אַרְצְכֶם בְּעִתּוֹ יוֹרֶה וּמַלְקוֹשׁ
וְאָסַפְתָּ דְגָנֶךָ וְתִירֹשְׁךָ וְיִצְהָרֶךָ:
וְנָתַתִּי עֵשֶׂב בְּשָׂדְךָ לִבְהֶמְתֶּךָ וְאָכַלְתָּ
וְשָׂבָעְתָּ: הִשָּׁמְרוּ לָכֶם פֶּן־יִפְתֶּה
לְבַבְכֶם וְסַרְתֶּם וַעֲבַדְתֶּם אֱלֹהִים
אֲחֵרִים וְהִשְׁתַּחֲוִיתֶם לָהֶם: וְחָרָה
אַף־יְהֹוָה בָּכֶם וְעָצַר אֶת־הַשָּׁמַיִם
וְלֹא־יִהְיֶה מָטָר וְהָאֲדָמָה לֹא תִתֵּן
אֶת־יְבוּלָהּ וַאֲבַדְתֶּם מְהֵרָה מֵעַל
הָאָרֶץ הַטֹּבָה אֲשֶׁר יְהֹוָה נֹתֵן לָכֶם:
וְשַׂמְתֶּם אֶת־דְּבָרַי אֵלֶּה עַל־לְבַבְכֶם
וְעַל־נַפְשְׁכֶם וּקְשַׁרְתֶּם אֹתָם לְאוֹת
עַל־יֶדְכֶם וְהָיוּ לְטוֹטָפֹת בֵּין עֵינֵיכֶם:
וְלִמַּדְתֶּם אֹתָם אֶת־בְּנֵיכֶם לְדַבֵּר בָּם
בְּשִׁבְתְּךָ בְּבֵיתֶךָ וּבְלֶכְתְּךָ בַדֶּרֶךְ
וּבְשָׁכְבְּךָ וּבְקוּמֶךָ: וּכְתַבְתָּם עַל־
מְזוּזוֹת בֵּיתֶךָ וּבִשְׁעָרֶיךָ:
לְמַעַן יִרְבּוּ יְמֵיכֶם וִימֵי בְנֵיכֶם עַל
הָאֲדָמָה אֲשֶׁר נִשְׁבַּע יְהֹוָה
לַאֲבֹתֵיכֶם לָתֵת לָהֶם כִּימֵי הַשָּׁמַיִם
עַל־הָאָרֶץ:

וַיֹּ֥אמֶר יְהֹוָ֖ה אֶל־מֹשֶׁ֥ה לֵּאמֹֽר׃ דַּבֵּ֞ר
אֶל־בְּנֵ֤י יִשְׂרָאֵל֙ וְאָמַרְתָּ֣
אֲלֵהֶ֔ם וְעָשׂ֨וּ לָהֶ֥ם צִיצִ֛ת עַל־
כַּנְפֵ֥י בִגְדֵיהֶ֖ם לְדֹרֹתָ֑ם וְנָֽתְנ֛וּ
עַל־צִיצִ֥ת הַכָּנָ֖ף פְּתִ֥יל תְּכֵֽלֶת׃
וְהָיָ֣ה לָכֶם֮ לְצִיצִת֒ וּרְאִיתֶ֣ם אֹת֗וֹ
וּזְכַרְתֶּם֙ אֶת־כָּל־מִצְוֺ֣ת יְהֹוָ֔ה
וַעֲשִׂיתֶ֖ם אֹתָ֑ם וְלֹֽא־תָת֜וּרוּ אַחֲרֵ֤י
לְבַבְכֶם֙ וְאַחֲרֵ֣י עֵֽינֵיכֶ֔ם אֲשֶׁר־אַתֶּ֥ם
זֹנִ֖ים אַחֲרֵיהֶֽם׃ לְמַ֣עַן תִּזְכְּר֔וּ וַעֲשִׂיתֶ֖ם
אֶת־כָּל־מִצְוֺתָ֑י וִהְיִיתֶ֥ם קְדֹשִׁ֖ים
לֵאלֹֽהֵיכֶֽם׃ אֲנִ֞י יְהֹוָ֣ה אֱלֹֽהֵיכֶ֗ם אֲשֶׁ֨ר
הוֹצֵ֤אתִי אֶתְכֶם֙ מֵאֶ֣רֶץ מִצְרַ֔יִם לִהְי֥וֹת
לָכֶ֖ם לֵאלֹהִ֑ים אֲנִ֖י יְהֹוָ֥ה אֱלֹהֵיכֶֽם׃

והיה לכם לציצית וראיתם אותו וזכרתם את כל מצות ה' כו' ולא תתורו וכו' למען תזכרו וכו' והייתם קדושים לאלקיכם אני ה' אלקיכם אשר הוצאתי אתכם וכו' אני ה' אלקיכם·הנה פי' וראיתם או·תו ידוע דקאי על התכלת שהזכיר תחלה ונתנו על ציצית הכנף פתיל תכלת כו' ובראי' התכלת יזכרו על כל המצות וכו' · ויש להבין מהו שכפל עוד ואמר שנית למען תזכרו כו' וגם מהו ענין הקדוש' לפ' ציצי' באמרו והייתם קדושי' ע"י המצות דציצית וכו' וגם למה נזכר ב"פ אני ה' אלהיכם כו' · אך להבין כ"ז יש להקדים ענין אחד ממארז"ל ע"פ קדושי' תהיו כו' כי קדוש אני כו' יכול כמוני ת"ל כי קדוש אני קדושתי למעלה מקדושתכם ע"כ · וביאור זה הנה כתיב ביום ההוא תקראי לי אישי כו' דכנ"י נקרא' אשה וכתיב לזאת יקרא אשה כי מאיש לוקח' זאת ע"כ תקראי אישי והאירוסין והחופה היא במ"ת שהקב"ה הוא החתן כמ"ש והוא כחתן יוצא מחופתו וכמאמר ביום חתונתו זה מ"ת וכנ"י נקראת כלה כידוע · וביאור הדברים כי הנה אותיו' אשה א"ש ה"א והענין הוא למעלה כידיע דבה"א ברא"ס שהוא בחי' ה"א האחרונה שבשם הוי' שמחיה כל העולמו' מאין ליש וזהו בה"א ברא"ס · ולהיות כי בחי' ההשפעה להחיות רוח שפלים בע"ג היא מדריג' התחתונה שבאצילות ואינה אלא מבחי' חיצוניות ולא מבחי' פנימית לכך הוא נמשך למטה באות הה"א דווקא לפי שאות הה"א אינה נרגשת בתבטא כלל כשאר האותיות ולכך נקראת אתא קלילא דלית בה משא כידוע · הוא בחי' הבל הלב שהיא רק הארה בעלמא שאינה נוגעת בנפש בבחי' עצמיות ופנימיות כלל רק בבחי' חיצוניות ההארה וההתפשטות ובזה הוא ית' ממכ"ע וסוכ"ע להיות מתנשא מימות עולם כו' כידוע· והוא בחי' מ"ל דאצי' הנקרא' סופא דכל דרגין שבאצילות כו' והיינו ג"כ מאמרם ז"ל והלא במאמר אחד יכול להבראות כו' שהוא אות הה"א כי בה"א נברא העוה"ז כו' והוא הבל פשוט בלבד ואח"כ נתחלק לי' מאמרות כו' וכמ"ש במ"א

וד"ל · וזהו לזאת יקרא אשה א"ש ה"א פירוש שמבחי' הה"א הנ"ל שנתפשט למטה להחיות כל העולמות כמ"ש בדבר ה' כו' וברוח פיו כל צבאם מזה נמשך בחי' האש בנבראי' והוא בחי' רשפי אש שלהבת התשוקה העולה מאליה בכל הנבראים נשמות ומלאכים העליונים כולם באמרם שירה בכל יום כמבואר הטעם בספרי הקבלה מה שזה נק' א"ש ה"א כו' וד"ל·וגם בנשמות יש בחי' רשפי אש הזה כי כמו שאנו רואים בנפש האלקית שמלובשת בחומר גופני להיותה חלק אלקות ממש מתפעל בתמידות ברשפי אש התשוקה להדבק בשרש ומקור כל החיים כו'·עד"מ נר הדולק שלהבת שלו עולה למעלה מעצמו לפי שהולך אל מקור שרשו אש היסודי כו' ומכ"ש וק"ו בנפש האלקית קודם בואה להתלבש בחומר גופני שבודאי בכל עת רשפיה רשפי אש בבחי' שלהבת העולה מאליה כו' ולכן נקראו הנשמות בשם נר כמ"ש נר הוי"ה נשמת אדם עד"מ נר הדולק שעולה מאליה כו' ועל הנשמות נאמר בהעלותך את הנרות כו' וכמ"ש במ"א · וכמ"כ במלאכי' כתיב והחיות רו"ש כו' בוערות כמראה הלפידים כו'·

אמת

ובכללות כולן נשמות ומלאכים סיבת רשפי אש תשוקתם כלפי מעלה הנה הוא בא מבחי' אש שלמעלה הבוער בקרבם והוא הנקרא אש ה"א הנ"ל · וזהו מ"ש ואל אישך תשוקתך שתמיד תשוקת האשה הנ"ל ליכלל ולהדבק באישה דהייט בבחי' האצילות עצמו כי מאיש לוקחה כו' וד"ל · וכנ"י נק' ג"כ בשם אשה כנ"ל ולכך נקראת כנ"י כלה מלשון כליון כמ"ש כלה שארי ולבבי כו' והוא מפני בחי' יסוד אש הנמצאון והתשוק' שבלב כי משכן יסוד האש הוא בלב דוקא כידוע וד"ל · וזהו ביום ההוא תקראי לי איש"י כו' כי מאיש לוקחה זאת ופירוש מאי"ש לוקחה כו' הנה אותיות אי"ש הוא א"ש יו"ד כו' · והענין הוא דכל בחי' אש ה"א הנ"ל לוקחה מבחי' אש דיו"ד שבאיש העליון כמ"ש הוי"ה איש מלחמה כו' · וביאור ענין אש דיו"ד יובן עפ"י הקדמה בתחלה דיו"ד הוא בחי' החכמה וענין החכמה ידוע שהוא בחי' הארת כח מה שמבחי'

האין

אך דהיינו מה שמבריק בשכל כמו ברק והשגה בעלמא ועדיין אינו מושג הדבר ואח"כ מתפשט הדבר בהבנה והשגה ממש ונקרא בינה כו' וההשגה הזאת להיותה רק בבחי' נקודה חדא עדיין ונקראת בשם אות היו"ד כצורת היו"ד שאינו אלא נקודה א' כו' · והענין הוא למעלה היינו בחי' החכמה והשכל בהתבוננות בהשגת אלקות שמסיבתו עולה רשפי אש התשוקה הנ"ל היא הנקראת בשם בחי' א"ש יו"ד שהוא עד"מ הטיפ' שמתהוה במוח בכללות ומתפשטת אח"כ ברמ"ח אברים של המשפיע כו' וד"ל· וכמ"כ נתפשטה ונמשכה ההארה וההשגה הנ"ל שבנקודת החכמה ומתחלקת לחלקים רבים ושונים דהיינו בס"ר נש"י בקרב איש לכל חד לפום מאי דמשער בלבי' לפי השגתו כו' כי ריבוי ההשגות דכנ"י הן נמשכין אח"כ מנקודה הנ"ל · עד"מ הענפים שיוצאין מן השרשים ולכך נקראת כנ"י נרות בלשון רבים להיותם כמה בחי' נר הוי"ה כי בכל חד לפום שיעור השגתו כן יהיה רשפי אש תשוקתו להקרות בשם נר הוי' כנ"ל · וכמ"כ כאו"א נק' בשם אשה בפרט ואמנם כללות נש"י נק' בשם אשה · וזהו כי מאיש לוקחה זאת מאש דיו"ד דאיש העליון שבחכמה עילאה ונק' בעלה דמטרוניתא למעלה כמ"ש בזוהר וד"ל · אך הנה האיך יהיה אופן זאת ההמשכה מבחי' יו"ד עילאה דחכמ' מאחר דאור א"ס ב"ה לית מחש' תפיסא בי' כלל ואיך יומשך לגילוי השגות רבות וכו' · וגם הלא ידוע המאמר דלאו דאית לי' צדק ידיעה כו' ולאו מכל אינון מדות כלל כו' · הענין הוא דלזה הטעם ניתן כל עיקר התורה והמצות כי ע"י המצות מעשיות נמשך האור והשפע מבחי' יו"ד דחכמה הנ"ל· והטעם הוא לפי שידוע ענין המצות שהן נקראי' בחי' כלים מכלים שונים להיות בהם ועל ידם בחי' גילוי אור א"ס למטה כמו ע"י מצות התפילין והטלית נמשך מבחי' מקיפים ופנימים דמוחין העליונים וע"י מצות הצדקה מבחי' החסד העליון כו' ויש מצות שהן בבחי' רגלים ויש מצות שהן בבחי' ידים כו' וכמ"ש בספרי הקבלה · וזהו מ"ש בזוהר דבדרך כלל נק' רמ"ח מ"ע רמ"ח אברין דמלכא ועד"מ האבר הגשמי הנה הוא בחי' כלי להגביל אור וחיות הנפש בתוכו ובו ועל ידו נמשך אור הנפש כו' · כמ"כ כללות כל רמ"ח מ"ע נקרא רמ"ח אברים דמלכא עילאה שהוא בחי' איש העליון הנ"ל וכמו עד"מ הנ"ל בטפה שבמוח שמתפשטת אח"כ ברמ"ח אברים כו' כמ"כ בחי' מוחין העליונים שמקבלים ההארה דיו"ד הנ"ל אח"כ מתפשטת ההארה הזאת על ידי מצות מעשיות למטה בכל רמ"ח אברים דמלכא למעלה והוא ענין גילוי רצונו וחכמתו בכלל שמלובשת ביו"ד דחכ' תחלה ואח"כ מתפשט ומתחלק בכל רמ"ח אברים דהיינו רמ"ח מ"ע שלמעלה כאמרנו אשר קדשנו במצותיו מצותיו דווקא וכמ"ש בת"א וד"ל · וזהו ביום ההוא תקראי לי אישי כו' ע"י מעשה המצות דעכשיו שממשיכי' מלמעלה למטה להיות נמשך חכמתו ורצונו בפרט ברמ"ח אברים דמלכא ונק' איש אש יו"ד כנ"ל · וכנ"י נק' אש ה"א כי מאיש לוקחה זאת עד שנמשך בה התשוקה ברשפי אש מלמטה למעלה כנ"ל וד"ל · והנה ידוע מאמרם ז"ל דנשי' דעתן קלות כו' והענין הוא ג"כ למעלה בכללו' נש"י דלפי שהם בחי' נוקבא שהוא בחינת א"ש ה"א הנ"ל ע"כ אין להם אלא לב א' לאביהם שבשמי' וכמאמר השבטים כשם שאין בלבך כו' · והטעם הוא לפי שבחי' נוק' שדעתה קלה הענין הוא דדעתה מצומצם מאד ולכך אין ביכולתה לקבל כמה מיני הפכים יחד רק דבר א' בלבד דהיינו או כך או כך ולא ענינים הפכיים דמפני קוצר הדעת לא תוכל להכיל כ"א דבר א' ולא יהיה בשכלה הטייה לכמה ענייניס הפכיים משא"כ באיש גדול הדיעה שיכול בשכלו להבין שכמה דברים יהיו כך וכמה יהיו באופן אחר הפכי ואינו סותר כלל וכו' וכמ"ש בת"א שזהו מפני בחי' גדלות השכל כו' · וא"כ יכול להיות באיש כמה רצונות הפכיי' כך וכך משא"כ באשה שדעתה קלה כו' אין לה אלא רצון א' ולא תוכל להטות רצון לרצון כו' וא"כ גם בהיות לה התשוקה לבעלה כמ"ש ואל אישך תשוקתך ג"כ אינו בבחי' הטיי' לפעמים כך ולפעמי' כך בשינוי' אלא ענין הרצון א' בתמידות בלתי שינוי כלל ולא תופסק לעולם · וזה נקרא למעלה ג"כ בתשוקת כנ"י להקב"ה בשם לב אחד ולא ב' לבבות כטבע הנוקבא כו' וכמ"ש ואל אישך תשוקתך מפני שכנ"י נקרא' אשה כנ"ל וכמ"ש ביום ההוא תקראי לי אישי כו' · והיינו מאמר השבטים כשם שאין בלבך אלא אחד כו' ולא שום רצון אחר זולתו וכמ"ש מי לי בשמים ועמך לא חפצתי כו' כלה שארי כו' דלכך נקרא כנ"י כלה כנ"ל וד"ל · וזהו מ"ש אחרי מצות ציצית ולא תתורו אחרי לבבכם ואחרי עיניכם אשר אתם זונים אחריהם דהנה ענין הזנות באשה הוא שנעשי' בחי' מקבל למשפיע זר זולת אישה כמ"ש כי תשטה אשה כו' ואת כי שטית כו' והיינו במה שתשוקת' לאיש זר כו' · כמ"כ עד"ז בנפש האדם כאשר יש לה נקודת התקשרות ותשוקה לדברים החיצונים בעניני עוה"ז זולת עניני עבודת ה' תקרא בחי' מקבל לדבר זר זולת ה' ונעשה שם בחי' נוקבא כמו הזונה שתשטה תחת בעלה לפי שבחי' ההתקשרות לאותו דבר הרי הוא נעשה כמו בחי' מקבל לאותו דבר שהוא מתקשר אליו כו' וד"ל · וזהו ולא תתורו אחרי לבבכם כו' אשר אתם זונים אחריהם פי' שנעשה כמו הזונה אליהם וע"כ א"א עוד שיהיה לבו א' לאביו שבשמים· ואחר שכבר נעשה בחי' נוק' במקום אחר זולת ה' וטבע הנקבה צריך להיות שיהיה לה רק- רצון ותשוקה א' כי דעתה קלה כו' כי דרך כל בחי' מקבל צ"ל כן ואחר שנעשה לה התקשרו במקום אחר אינה נק' עוד בחי' מקבל כו' וד"ל · והנה תשוקת התקשרות הזאת במקום זר אחרי שהוא ברשפי אש הרי היא נקראת בשם אש זרה והוא מה שלבו בוער בעניני מו"מ וכדומה ולקיי'

מ"ש

מ"ש ולא תתורו כו' צריך שיחזור ויתנתק א"ע ממקום זר שנתקשר שם ברטעת נכריות והיינו להוציא ולבטל כל אש זר ואז לא יהיה רק לב א' ורצון א' כו'· והיינו ע"ד מאמרז"ל עשה תורתך קבע ומלאכתך עראי פירוש שיהיה העסק במו"מ בדרך קרירות ולא בחמימות רשפי אש כו' וזה נקרא עראי כו' וע"ד מאמרז"ל בענין הזיווג שיהיה כמו שכפאו שד כו' · וזה אמיתית ענין סור מרע דהיינו להסיר האש זרה מהרע ואז ממילא יאיר חלק הטוב באור אלהי וזהו ועשה טוב ואין טוב אלא לשון אור כמ"ש וירא אלהים את האור כי טוב · והיינו שהמצות שיעשה יהיו עי"ז נקראים טובים כמו שידוע שנקראים המצות בשם מעשים טובים · והפי' של טובים הוא ענין אור דהיינו שיהיו מאירי' באור ה' אור החיים והוא הנקרא א"ש ה"א הנ"ל וכמ"ש נר הוי' נשמת אדם כו' וכנ"ל וכמ"ש בזהר שאין הנשמה נק' נר הוי"ה כ"א ע"י מע"ע דוקא כמ"ש כי נר מצוה כו'· וזה האור א"א כ"א ע"י סו"מ בקיום הל"ת דלא תתורו אחרי לבבכם כו' בכדי שלא יהיה רק לב א' כנ"ל והיינו שסמך לאו זה דלא תתורו כו' אחרי פ' ציצי' דוקא להיות כי פ' ציצית שקולה כנגד כל המצות כמ"ש בסמוך לו וזכרתם את כל מצות ה' וכו' וד"ל· וזהו למען תזכרו ועשיתם את כל מצותי כו' והוא לפי שאמר וראיתם וזכרתם ולא תתורו כו' ועי"ז אומר למען תזכרו כו'·ולהבין מהו למען דקאמר מה שייך זה לזה כו'· אך הענין הוא בהיות מבואר למעלה דבחי' ההתקשרות לדבר זר כו' נק' בחי' נוקבא לגבי אותו הדבר · והטעם הוא לפי שהוא נהנה ומקבל תענוג מאותו הדבר וא"כ הרי אותו הדבר נק' משפיע לו תענוג והוא נעש' לגביו בחי' מקבל התענוג מאחר שנהנה כו' ומה שמתאווה לאותו דבר נק' אש זרה כנ"ל והנה כ"ז הוא בעולם הפירוד אבל למעלה בעולם היחוד אע"פ שגם שם יש בחי' משפיע ומקבל כידוע אבל אין המקבל והמשפיע נפרדים כלל אלא הן בתכלית היחוד וע"כ יוכל להיות שהמקבל יהיה בחי' משפיע ג"כ מפני שנעוץ סופ"ת כו' כמו שנעוץ תב"ס כו' וזהו כי הוי"ה הוא האלהים שבחי' אלהים הוא בחי' מקבל דהיינו בחי' מ"ל דאצילות סופא דכל דרגין ונעוץ סופ"ת ונעשה בחי' זכר שהרי משפיע למטה בבי"ע כמ"ש ותתן טרף לביתה כו'· וגם למעלה הנה בחינת המקבל דוקא עושה וממשיך אור השפע באורות וכלים בבחינת היחוד כו' . וכמ"כ בכנ"י כי ישראל עלה במח' כו' פי' כמ"ש אחור וקדם צרתני אחור למע"ב דהיינו בששי במאמר נעשה אדם שהוא האחרון וכו' וקדם למע"ב לפי שאדה"ר כלול היה מכל ס"ר נש"י וישראל עלה במחשבה קודם שנברא ונאצל העולם כו' וד"ל · ולפי שנעוץ סופ"ת ע"כ דוקא בכנ"י יכולת יש להשפיע האורות בכלים למעלה ע"י המצות שעושין ולא במעשה זולתם שהרי הגוי שעושה המצוה לא עשה כלום כידוע וכמ"ש בת"א וד"ל · וזהו למען תזכרו פי' שיהיה המקבל נעשה בחי' זכר וזהו תזכרו לשון זכר כו' ואין זה כ"א אחרי שיהיה לו רק לב אחד כנ"ל בסור מרע וע"ט כו' · והוא מה שקדם לזה מצות ראיית התכלת ומצות לא תתורו כו' שעי"ז או בהיות היחוד בבחי' מקבל עם המשפיע למעלה בעולם היחוד יהיה המקבל בחינת משפיע מטעם הנ"ל דנעוץ סופן וכו' וזהו למען דקאמר וד"ל : והייתם קדושים לאלקיכם כו' פי' זה קאי אדסמוך ליה במה שאמר למען תזכרו ועשיתם כו' והייתם ג"כ קדושים לאלקיכם שהכל ענין א' הוא שכמו שע"י ישראל שעלה במחשבה כנ"ל נעוץ סופב"ת עד שהם נעשים בחי' זכר כמ"ש למען תזכרו וכו' כמ"כ יכולים להיות קדושים ע"י המצות מצד עצמן כו' · וביאור הדברים הנה מתחלה י"ל שרש ענין קדושה מה היא . דהנה הנזיר שמגדל שער ראשו נקרא קדוש כמ"ש קדוש יהיה גדל פרע שער ראשו כו' וכמ"כ יובן למעלה בהיות שנאמר ושער רישיה כעמר נקא פי' כי בחי' השערות הוא באדם למטה מה שנובע ממותרי המוחין שבראש ואין זה אלא מבחי' חיצוניות שבמוח ולזה הטעם אין לשערות חיבור עם הגוף בערך כלל שהרי אם יחתוך אותם לא יכאב לאדם כלל · רק קצת שייכות יניקה יש להן בשרש המשכתן דרך בקיעה והעברה בעצמא מנקבי חללי הגוף כו' וכמ"ש במ"א אשר לסיבת זה יומשך הגוף ע"י משיכתן ויכאב לו במקצת כו' · והנמשל והדוגמא מזה למעלה יובן שהוא ענין ההארה והשפע הבאה מלמעלה מעצמות אור א"ס ב"ה שהוא מובדל בערך לגמרי מכל ההשתלשלות עד שגם החכמה עילאה בבחי' עשיה גשמית נחשבת כמ"ש כולם בחכמה עשית כו' וכמאמר אנת חכים ולא בחכמה ידיעא כו' וע"י בחי' ההשתלשלות ממש מעילה לעילה לא היה באפשרי להיות מציאות התהוות החכמה מעצמות אור הא"ס אחר שהוא למעלה מגדר ההשתלשלות ולא בבחינת ממלא וגם לא בבחי' סובב כו' וזהו הנקרא קד"ש לשון הבדלה מפני שהוא מובדל מערך ההשתלשלות כו' · אך ע"י דילוג ההשפעה דהיינו עד"מ משיכת יניקת שערה ממותרות המוח בהיותם אינם מערך והשתוות עמו כלל ואינו נקרא השתלשלות עי"ז הדרך נמשך אור החכמה ושאר כל ההשתלשלות של האורות וכמו החסד והגבורה וכיוצא · אבל מצד עצמו ית' הוא חכים ולא בחכמה ידיעא וכו' ולאו מכל אינון מדות כלל כידוע וד"ל · וזהו ושער רישי' פי' מבחינת השערות דרישי' בלבד הוא שנמשכו כל האורות העליונים ואינם נוגעים ושייכים לעצמותו כלל וכו' · וע"כ נקרא המשכה זו שדרך בחי' השערות בשם קדושה כמ"ש בנזיר קדוש יהיה גדל פרע כו' לפי שעצמי' המובדל נקרא קדש בלא וי"ו ובחי' ההמשכה דרך בחינת השערה הוא בחינת אות הוי"ו שבקדוש כו' וכמ"ש במ"א שזהו בחי' ג"פ קדוש עד שנמשך אור הא"ס למטה להקרות בשם הוי' צבאות בהשתלשלות באבי"ע כו' וד"ל · והנה עיקר ענין המשכת בחי' השערות

משער רישי' הנ"ל הוא ע"י המצות כי הנה בח' הרצון שבמצוה שרשו למעלה בבחינת רצה"ע הפשוט שבעצמות אור הא"ס והוא הנק' רעוא דכל רעוין בזוהר פי' מקור כל הרצונות · ובהיות שהחכמ' מתהוה דרך בחינת השערות כנ"ל היינו שנמשך מבחינת רצה"ע וכמ"ש והחכמה מאין תמצא פי' מאין שברצה"ע הנק' כתר עליון כידוע · ועד"ז גם בחי' הרצה"ע מתהוה מלמעלה מן הרצון כי עצמות אור א"ס מושלל מגדר ההשתלשלות לגמרי גם מבחי' רצון ונק' בעל הרצון והוא בחי' רדכ"ר כו' וכמ"ש במ"א וד"ל · וא"כ כאשר היה חפץ ורצון ה' במצוה מן המצות כמו מצות התפילין בד' בתים הנה לזה הרצון יש מקור ברצון הפשוט כי למה יהיה הרצון כך ולא כך כו' והיתה זאת ההמשכה דרך בחינת שערות לבד והוא מ"ש ושער רישיה כעמר נקא וא"כ מתחלק עוד שער רישא הזה להיות כמה פרטי רצונות בהתלבשות בחכמה ובינה וכו' והוא ענין מדריגה שניה למטה יותר והוא בחי' קדושה שניה כענין ג"פ קדוש כי המשכת בחי' השערות נק' בשם קדוש כנ"ל הטעם וד"ל · וזהו והייתם קדושים לאלקיכם · פי' קדושים היינו המשכת קדושה העליונה מבחי' שער רישי' הנ"ל בשרש המצות כולן שהן בבחי' פנימיות רצה"ע · וזהו אשר קדשנו במצותיו כו' להיות כי ישראל עלה במחשב' יש ביכולתם להמשיך קדושה זו כנ"ל · וזהו אשר קדשנו בקדושתו כו' · ופירוש לאלקיכם אלקים שהוא שלכם דווקא · הענין הוא בחי' מ"ל ית' שנק' אלקיכם דווקא להיות כי ע"י קבלת מ"ש שיש במעשה המצות כמ"ש שום תשים עליך מלך כו' מעוררים בחי' מ"ל דאצילות למעלה להיות בבחי' יחוד עליון לקבל ההארה מקדושה העליונה דהמשכות בחי' שערות הנ"ל ששרשם מבחי' שער רישיה כעמר נקא שהוא גבוה מאד נעלה כו'· וזהו והייתם קדושים שתמשיכו בחי' קדושת השערות לאלקיכם לבחי' המ"ל ע"י המצות בקבלת מ"ש כו' וד"ל . וזהו שסמוך לזה הציוי הקדוש ולא תתורו כו' כי בלתי הסרת האש הזרה לא יוכל להיות בחי' מקבל בתשוקה לה' לבדו כנ"ל· וכאשר יסיר החמימות מדבר זר ויוכל להיות מקבל אז מעורר בחי' יחוד העליון דקוב"ה ושכינתי' דהיינו שיהיה שפע קדושה דשערו' הנ"ל לאלקיכם כו' וד"ל· ועיקר סמיכת זה הפסוק והייתם קדושים כו' הוא לפסוק דלמען תזכרו כו' כי הכל ענין א' הוא לפי שישראל עלה במחשב' יש ביכולתם להיות בבחי' זכר משפיע · כמ"כ יש ביכולתם לעשות המצות מצד עצמן שיהיו נקראי' משפיעים דהייט שיהיה נקרא רמ"ח אברים דמלכא ויהיה נמשך בהם הטפה מן המוח כו' אשר כ"ז הוא ע"י המשכו' בחי' שערות כמבואר בספרי הקבלה · וזהו והייתם קדושים כו' להמשיך קדושת השערות להיות בשרש המצות למעל' כנ"ל מפני שכבר קדם במעלת ישראל כמ"ש למען תזכרו כו' · וזהו ועשיתם את כל מצותי שהן העושין המצות שיהיו נקראים בשם רמ"ח אברים כו' וד"ל ·

ובכ"ז יובן סדר הפסוקים וראיתם אותו וזכרתם כו' . פי' אותו קאי על התכלת כי תכלת עמרא הוא כידוע ולבוש בגוון התכלת כו' · והענין הוא לפי שבחי' שער רישי' הנ"ל הוא ג"כ עמרא כמ"ש כעמר נקא אך שהוא גבוה מאד כי הוא בא ונמשך ממקום שהוא מובדל בערך מכל ההשתלשלות כנ"ל ואין האור והשפע ממנה יכולה להתקבל למטה בהשתלשלו' כ"א שיבא למטה בבחי' ביטול במציאות של העולמות והוא ע"י ענין ההשתחוואה של הנשמות והמלאכי' כמ"ש וצבא השמים לך משתחווים · ואע"פ שהוא בחי' ביטול היש בלבד ובאמת אין עוד מלבדו כתיב ואין מי שיבטל א"ע ס' עכ"ז ההאר' משער רישי' הנ"ל יכולה להתקבל עי"ז הביטול וההשתחוואה והוא ענין התכלת שבציצית כמבואר בספרי הקבלה ששרשו מבחינת שערות דעמר נקא כו' אלא שלבוש בגוון תכלת להורות על בחי' ביטול היש כו' כאשה תכלה דאכיל ושצי כו' שהוא בחינת א"ס ה"א הנ"ל וד"ל · וזהו ארץ אוכלת יושביה שאמרו המרגלי' כו' · וזהו ג"כ מארז"ל תכלת דומה לים וים לרקיע ורקיע לכה"כ כי גם הכסא בבחי' ביטול כלפי היושב עליה ומכ"ש המלאכים הנושאים הכסא שהן בבחי' הביטול בתכלית כידוע ולכך דומה התכלת לכסא הכבוד מצד בחינת הביטול דאכיל ושצי כו' וד"ל · וזהו וראיתם אותו ע"י שיבא התכלת לבחינת הגילוי בראיית העין ואז וזכרתם את כל מצות ה' כו' פי' שיתעורר למעלה שרש כל המצות שהוא בחינת שער רישי' כעמר נקא כו' וד"ל · ולא תתורו ממילא כי מאיש לוקחה זאת עד שיהי' לה רק לב אחד כו' ואז למען תזכרו כו' והייתם קדושים להמשיך המצות למטה כו' וד"ל :

אני ה' אלהיכם אשר הוצאתי אתכם מארץ מצרים כו' אני ה' אלהיכם כו' · ולהבין ענין המאמר הנ"ל קדושים תהיו יכול כמוני ת"ל כי קדוש אני כו' · הנה תחלה יש להקדים שיש ב' מדריגות באתדל"ע·הא' אתדל"ע שבאה רק מסיבת אתדל"ת בלבד כמאמר רוח אייתי רוח ואמשיך רוח כו' · והב' אתדל"ע שבאה מצד עצמה מבלתי אתדל"ת כלל והיא באה למטה רק לעשות התעוררות בעולמות כשאין למטה התעוררות וזהו ענין הכרוזים שבת קול מכרזת בכל יום כו' כידוע וד"ל · והנה בחי' אתדל"ע שבאה מצד עצמה גבוה הרבה מאתדל"ע שאינה באה רק מצד אתדל"ת שאינה אלא לפי ערך ההתעוררות מלמטה משא"כ אתדל"ע שמצד עצמה שהיא בבחי' א"ס ממש (והיינו מה שיש פלוגתא בגמרא אם תמה זכות אבות אם לא תמה ושניהם אמת דמצד העלאת מ"נ שלהם והן הן נשמות בע"ג תמה וכותם אבל מצד שרשם בבחי' א"ס לא תמה כו' וד"ל) וזהו שארז"ל אדם מקדש א"ע מעט מלמטה מקדשין אותו הרבה מלמעלה פי' קדושת האדם והתעוררותו למטה מעט הוא בבחינת גבול אבל מה שעי"ז יש אתדל"ע לקדשו שלא לפי ערך ההתעוררות שמלמט' היא הרבה בבחי' א"ס כו' וד"ל · והיינו ג"כ ענין מאמר הנ"ל קדושים תהיו

יכול

יכול כמוני ת"ל כי קדוש אני קדושתי למעלה מקדושתכם פירוש קדושתכם הוא בחינת הקדושה העליונ' שבאה ונמשכת מלמעל' רק לפי ערך התעוררות כלי ההכנה בקדושת האדם מלמטה שהיא מצומצמת מאד אבל קדושתי היינו מצד עצמות אור א"ס שלמעלה מכפי המדה שמעוררים מלמטה ע"כ קדושתי למעל' מקדושתכם כו' וד"ל · ועיקר הטעם הוא לפי שקדושת א"ס בעצמו מובדל בערך גם מבחי' הקדושה עליונה שנמשך ע"י המצות הנ"ל שהרי המצות הן בשרשם רק בבחי' שער רישיה כנ"ל וד"ל וזהו יכול כמוני ת"ל כי קדוש אני כו' וד"ל · וזהו אני ה' אלהיכם אשר הוצאתי כו' ענין ב"פ אני ה' כו' הראשון הוא בחי' אתדל"ע שמצד עצמה שלפני ההתעוררות למטה שהיא גבוה הרבה כנ"ל · ואני ה' השני הוא אתדל"ע שאחר אתדל"ת כו' · אך א"כ יש להבין למה יהיה ההתעוררות ממקום גבוה כדי שיהיה אח"כ ההתגלות ומדריגה נמוכה יותר וגם הלא כבר אמר והייתם קדושים ומה חידש בזה שאמר אני ה' שנית כו' · אך הענין יובן עפ"י הקדמה בתחלה דכל ירידה היא לצורך עליה דוקא . וגם כאן הנה הוא אומר אני ה' אשר הוצאתי אתכם מארץ מצרים כו' שההתעוררות למעלה הוא רק לעשות למטה התעוררות לצאת ממ"ט שערי טומאה דמצרים שזהו ירידה גדולה כו' והוא ענין לסור מתשוקה זרה להיות רק ואל אישך תשוקתך בחי' לב אחד כנ"ל וכמ"ש מי לי בשמים כו' כלה שארי ולבבי כו' כי גם זה א"א לאדם לעשות מצד עצמו וכחו להסיר התשוקה זרה לחלוטין רק מאת ה' יערה עליו רוח התעוררות לעקור לגמרי התשוקה הזרה לחלוטין כו' · וזהו אני ה' אשר הוצאתי לגמרי ולא אחר כו' וזהו מ"ש אך צור לבבי וחלקי אלקים לעולם פי' צור לבבי הוא לעשות מה שיש ביכולת האדם לעשות והוא בעקירת התשוקה מדברים זרים בלתי לה' לבדו כו' ומשם ולהלן שיהיה לחלוטין יעשה ה' בעצמו דוקא מטעם הנ"ל וזהו וחלקי אלהים לעולם זהו חלקי מאלהים שהוא יעשה מה שיש בכחו מצד עצמו כו' (ולפי הנ"ל פי' חלקי אלהים לעולם הוא קדושת עצמותו שלמעלה מקדושתו שנמשך במצות בעולמו' כו' וד"ל)· ואמנם ירידה זו באני ה' הראשון אשר הוצאתי כו' צורך עלייה הוא והיינו שעי"ז יהיה אני ה' פעם שנית בבחי' הגילוי ביותר והוא ע"ד מ"ש לע"ל דעין בעין יראו כו' וכן והיו עיניך רואות את מוריך כו'· משא"כ עכשיו שהוא יתברך בהסתר פנים גם בהיות הפעולה של המשכת קדושה עליונה ע"י המצו' אבל לע"ל ירד האור ההוא של העצמות שהוא קדושת עצמותו ויתגלה למטה בבחי' ראיה ממש כו' וה"ז למעלה ממדריגה שאמר תחלה והייתם קדושים כו' וזהו לפי שכל ירידה הוא לצורך עליה כידוע וד"ל :

להבין שרשי הדברים הנ"ל · הנה תחלה י"ל שרש ענין התכלת מהו בהיות ידוע מ"ש בזהר בענין ד' גוונין שיש באש אשא אוכמא ואשא חיורא כו' ונהורא תכלא הוא גוון האש הסמוך ממש לפתילה הדולקת שמראהו שם שחור · והטעם לזה הוא לפי שעצם מראה האש הוא מראה לבן והשינוי מראה שבא בו הוא מסיבת דברים אחרים שאינם ממינו שבאים ונכללים בו בשעה שהוא דולק או נשתנה לכמה מיני גוונין שונין והעיקר תלוי באותו דבר שנשרף וכלה בו שלפי אותו הדבר הכלה ונכלל בו כן ישתנה מראה האש · ואמנם זה תלוי בתנאי ג"כ והוא שיהיה אותו הדבר כלה באש ולפי שהאש מכלה אותו עד שכוללו בו ממש לכך ישתנה מראהו למראה שחור בדרך כלל לכל הדברים שאינם ממין האש כי מאחר שהם דברים ממשיים שצריכים כליון והפסד והאש מכלה אותו בהכרח שישתנה בשעה ההיא שמכלהו למראה זר שאינו נמראהו העצמי דהיינו לפי אופן אותו הדבר הזר שנכלל וכלה בו · משא"כ אם לא היה כלה אותו הדבר באש הדולק אלא עומד בקיומו וממשו או לא ישתנה מראה האש כלל ממראהו העצמי כידוע וד"ל· וזה השינוי למראה שחור להיותו רק מסיבת כליון דבר זר באש לכך אינו אלא סמוך ממש לפתילה הדולקת כנראה לכל עין רואה שבמיעוט הדבר הנשרף · ממעט שיעור משך אותו מקום המראה השחור באש סמוך לפתילה וברבוי אותו הדבר ירבה משך שיעור המראה כו' . והנה מראה האש הזה השחור הנקרא אשא תכלא היינו מ"ש בזהר דאכיל ושצי כו' שהוא המכל' דבר הנשרף לכך נשתנה מראהו אבל למעלה ממנו בגובה הוא מראה האש בעצמו ומהותו ונקרא אשא חורא כו' · ויש עוד ב' גוונין ממוצעים והן סומק וירוק ומבואר עניינם גם כן בספרי הקבלה · אך מן הצורך לענין התכלת בלבד הנה יובן למעלה מדוגמת ב' הגוונין הנ"ל לבן ושחור דהנה ידוע דבחי' מלכות דאצי' נקרא נהורא תכלא בכ"מ בזהר והטעם הוא לפי שבחי' המלכות הוא ראש לשועלים כו' להחיות רוח שפלים בעלי גבול נשמות ומלאכים דבי"ע מאין ליש כו' · והנה עד בחי' המ"ל דאצי' עדיין הכל בבחי' האצי' גם בחינת הכלים דאצי' דהא איהו וחיוהי וגרמוהי חד כו' וכולן יש בהן מבחי' הארת הא"ס עדיין בבחי' אחדות פשוט כו' וכמ"ש בת"א משא"כ מבחי' מ"ל דאצי' והילך כתיב משם יפרד והיה לד' ראשים כו' · פי' מבחי' המ"ל מסתעף ונמשך עולם הנפרד בבחי' יש ממש שאינו מבחי' אלקות כלל אלא הוא כמו דבר זר ממש מאחר שהוא יש מאין כו' · ושרש הענין הוא לפי שבחי' האצילות ההשתלשלות שם הוא מניעה לעילה בלתי נמנע גמור להסתיר האור לגמרי ולכך הוא הכל בבחי' אחדות כו' משא"כ מאצי' לבי"ע שמעקה ומסך יש שם להבדיל ולהסתיר האור לגמרי כידוע ע"כ משם יפרד להיות מציאות בחי' אחרת לגמרי והוא עולם הנפרד ממש שיהיה לבחי' יש ודבר ממש כו' והן הנשמות ומלאכים דבי"ע וכמ"ש כ"ז בת"א באריכות· ולהיות כן הרי בבחי' האצי' הוא כמשל אשא חיוורא הנ"ל שמראה האש בעצם מאחר שלא נכלל בו דבר זר חוץ ממנו כו'

משא"כ

משא״כ בחי׳ הת״ל להיות שנכללים בה עולמות הנפרדים בבחי׳ יש תאין כנ״ל ע״כ נקראת בשם נהורא תכלא עד״מ האש השחור הנ״ל שסמוך לדבר הנשרף שמפני סיבת כליון שמכלה אותו הדבר נשתנה מראהו לשחור׳ כמ״כ בחי׳ ת״ל דאצי׳ לסיב׳ התכללות הנבראים כולם בה שהן נחשבים כדברים זרים לגבה שהרי הן נקראים נפרדים כנ״ל לכך נשתנה המראה ונקרא אשא אוכלא · אך הנה זה בא רק מסיבת הכליון דוקא כנ״ל במשל ואם לא היה הכליון לא היה השינוי כלל ע״כ נקראת בשם אשא תכלא דאכיל ושצי כו׳ לפי שזהו בא דוקא מבחי׳ ביטול והתכללות שהנשמות והמלאכים מתבטלים ונכללים ממש באור האלקי בחי׳ ת״ל דאצי׳ עד שנעשה בהם בחינת כליון והפסד לפי שנפשטו׳ מעצמותם לגמרי (וכענין המאמר הידוע בבחי׳ בהמ״ה רב״ה דרביע על אלף טורין ושתת לון בגמיעה חדא שמבואר ענינו במ״א) ולהיות שנקרא עולם הנפרד בבחי׳ יש ודבר מ״ה ומתבטלים ממציאותם נכללין בבחי׳ אין במקור חוצבם בתחילה כו׳ ה״ז ממש כמשל כליון הפתילה באש הדולקת סמוך לה ממש שמראהו שחור וע״כ נקראת אשא תכלא דוקא משא״כ מבחי׳ הת״ל ולמעלה באצי׳ עצמו שאין שם מי שיהיה בחי׳ יש ונפרד עד שיתכן בו בחי׳ הכליון כו׳· ולכך לא נקרא אשא תכלא אלא בחי׳ הת״ל בלבד כשהוא ראש לשועלי׳ ומסתתרת בבי״ע · וכמ״ש כי ה׳ אלקיך אש כו׳ (והוא ענין הסנה שראה משה שהוא בוער באש כו׳ וכמ״ש במ״א וד״ל) והנה לזה הטעם אמרו המרגלים ארץ אוכלת יושביה היא לפי שהת״ל נקרא אשא תכלא דאכיל ושצי כו׳ כנ״ל· ואמנם אע״פ שהמרגלים אמרו זה ללה״ר בגנות אבל מרגלים שקרי הוי כמארז״ל · והענין הוא דהנה שאמת אמרו לענין הכליון שמכלה האש דת״ל את הכל כי כל העולמות נכללי׳ בו כנ״ל אבל מ״מ שקר גמור אמרו שהרי ביטול והתכללו׳ זה שהנשמות והמלאכים מתכללים ומתבטלים בת״ל דאצי׳ אין זה בחי׳ כליון והפסד ח״ו להיות דומה ממש למשל פתילה הדלוקה כו׳ אלא אדרבא נהפוך הוא שמלבד שאין זה בחי׳ כליון והפסד אלא שזה הביטול וההתכללות הוא עיקר חייתם וקיומם בתמידות ונצחיות ואם לא היה להם זה הביטול היו הווים ונפסדים כו׳· וביאור שרש הדברים הנה מבואר בזהר על פסוק ואתם הדבקים בה׳ אלהיכם חיים כולכם היום שזהו לשבח למעל׳ השכינה הנקרא׳ מקור כל החיים כידוע דאתם הדבקים בה׳ ומתכללים בה אין זה ההתכללות לכם לבחי׳ כליוןוהפסד החיות והשפע אור ח״ו אלא אדרבא אתם חיים כולכם היום דוקא בסיבת הדביקות וההתכללות הזאת כו׳· וכמ״ש יראת ה׳ לחיים שבחי׳ היראה והביטול שבאה ונמשכת מבחי׳ מלכותו ית׳ היא מחיי חיים נצחיים לכל העולמות (וכמ״ש במ״א ב׳ הה״מ ז״ל דלכך המלאכים יותר נצחיים מן הנשמות לפי שיש להם בחי׳ היראה ביותר מהנשמות כו׳ ע״ש) וזהו מ״ש יראת ה׳ תוסיף ימים יראה דוקא להיות כי ע״י בחי׳ הביטול וההתכללות דוקא תבא אור השפע האלהי בקיום נצחי יותר למטה בגופי

הנבראים כו׳ משא״כ כאשר אין הנברא בבחי׳ יראה וביטול כ״כ אין לו שפע וחיות כ״כ וכל מה שיש בו בחי׳ הביטול ביותר יותר יקבל אור וחיות ממקור החיים וכו׳ וכמ״ש יראת ה׳ לחיים כו׳ וד״ל· (והטעם לזה מובן לכל משכיל ממשל הנ״ל שכל מה שהפתילה כלה ונכללת באש יותר יגבר בה שלהבת האש ויכנס בה בתוך תוכה כענין עד שילית האור ברובו כו׳) ואם כן גם למעלה כמ״כ באש ה׳ דכתיב כי ה׳ אלהיך אש אוכלה הוא הרי נכנס האור האלקי לפי ערך שיש בו בחי׳ הביטול ביותר כו׳ וד״ל · (וזהו מ״ש להחיותם ברעב כו׳ שהרעב והצימאון של ההתכללות שלהם הוא דוקא עיקר סיבת חיותם וקיומם כו׳ כמ״ש במ״א וד״ל) וזהו שרש ענין התכלת שבציצית דהנה ארז״ל תכלת דומה לים וים לרקיע ורקיע לכסא הכבוד כו׳ . פירוש בחי׳ נהורא תכלא הנ״ל הוא הנקרא תכלת למעלה ולכך דומה לכסא הכבוד לפי שלפני בחי׳ כסא הכבוד שהוא ענין השכינה בחי׳ מ״ל דאצי׳ הנ״ל הכל משתחווים ומתבטלים ממציאותם כמ״ש וצבא השמים לך משתחווים כו׳ ועיקר ההשתחוואה והביטול האמיתי יותר הוא במלאכים הנושאים את הכסא כו׳ כענין והחיות רצות כו׳ ולכך נקרא כה״כ בשם נהורא תכלא דלפי שהכל מתבטלים לפניה ומתכללים בה כו׳ וכמ״ש בזוהר דגם דכל דיוקנין דנשמתין חקוקים בה כו׳ ולכך התכלת שמראהו שחור דומה לכסה״כ וד״ל ולזה הטעם נתנה לנו מצות התכלת בציצי׳ להיו׳ שעי״ז נקבל עלינו בחי׳ היראה׳ עילאה׳ וביטול המציאו׳ כו׳ · ובזמן הזה אין לנו תכלת בציצית לפי שלגודל מעלתו א״א לו לירד למטה בזמן הגלות כ״א בזמן שהיה בהמ״ק כו׳· והטעם הוא לפי ששרש ענין התכלת בא ונמשך מבחי׳ מוחין דאבא דוקא משום דאבא יסד ברתא וכמש״ת בעוה״י כמ״ש בפרע״ח שהתכלת מבחי׳ מוחין דאבא והלבן מבחי׳ מוחין דאימא כו׳ ומוחין דאבא הן בחי׳ גבוה מאד כו׳ · אמנם המשכה זו מאבא הוא מבחי׳ גבורות דאבא דוקא להיות כי הלא המשכה זו הוא בחי׳ ביטול דהיינו שאור האלקי מתגלה להיות בגלוי בנבראים כ״כ עד שיתבטלו ממציאות׳ בבחי׳ כליון כו׳ א״כ בהכרח לומר שהי׳ זה הגילוי שבא ביות׳ למט׳ הוא בא מסיב׳ הצמצום הגדול והוא מבחי׳ הגבורות דוקא כידוע׳ ועיקר שרש הטעם הזה הוא לפי שהביטול הזה הנה הוא נמשך ובא למטה מטה בבחי׳ יש ודבר של הנבראים דהיינו עד שגם בבחי׳ הפירוד ממש יוכל להיות קצת מאותו הארת בחי׳ הביטול שיש למעלה בעצמי׳ האצי׳ שית׳ בסמוך וזה א״א כ״א ע״י הצמצום · וזהו שהתכלת הוא מבחי׳ גבורות דאבא להיות כי המשכה זו עד שהיש יהיה בטל ג״כ בהכרח שיבא זה ע״י צמצום האור כו׳ וד״ל · (ועוד לפי שבכאן הרי החיות והשפע באה ע״י בחי׳ הביטול וההתכללות כנ״ל הנה בהכרח לומר שזה האור בא מבחי׳ שפע הגבורות דוקא כידוע לפי ששפע הגבורות הוא שפע שבאה למטה בבחי׳ או״ח למעלה כענין הנשימה שבאדם למטה וכמ״ש במ״א וגם כאן מאחר שיהיה יש וגם יהיה בטל וזהו חיותו כו׳ אין זה אלא מבחי׳ הגבורות דוקא וד״ל) וזהו

שורש

שרש ענין אשה אש ה"א כו' שהוא אשת תכלת הנ"ל ושרש ענין כי מאיש לוקחה זאת מאש יו"ד כו' · ויובן ע"פ הקדמה בתחלה שיש ב' מדריגות בבחי' הביטול הא' בחי' ביטול היש הנ"ל שהוא בחי' אשת תכלת כו' והיינו בחי' חכמה תתאה וידוע כמ"ש בס"י דיש חכמה בראש וחכמה בסוף והוא בחי' חכמה עילאה שנקרא חכמה בראש דהיינו בחי' אבא שרש כל האצי' · והענין הוא בחי' הביטול האמיתי ביטול ממש ולא שיש הוא בטל אלא ביטול ממש מצד עצמו מפני שאינו נתפס בגדר מהות ויש מתחילתו והוא הנקרא מ"ה כמ"ש מה פשפשת כו' ונחנו מ"ה וכו' · וביאור הדברים הנה כתיב והחכמה מאין תמצא ובינה נקרא יש כידוע · פי' עד"מ באדם שיש לו השגה ותפיסה גדולה הרי הוא מפני שכלי שכלו ומוחו רחב הרבה לקבל הרבה ביחד וזהו הנקרא מוח הבינה כי הבינה נקרא רחובות הנהר לפי שהרחבה ובחי' ההתפשטות הדעת נמצא בכלי מוח הבינה דוקא משא"כ מוח החכמה אדרבא אינו בהתרחבות לפי שהוא ענין עומק המושג דהיינו בחי' עמקות השכל והדעת מה שלא יוכל לבא לידי השגה ותפיסה כידוע · והוא הנקרא ג"כ העלם השכל כידוע · והיינו בחי' אין שנאמר עליו ישת חשך סתרו כו' ולכך נאמר והחכמה מאין תמצא מאין דוקא אבל הבינה נקרא יש להיותו כבר בא בהשגה ותפיסה כו' . וזהו שנאמר בבינה ונהר יוצא מעדן כי נקראת רחובות הנהר ע"ש בחי' התרחבותה והתפשטותה והחכמה נקראת עד"ן שהוא ענין מקור התענוג ולא התגלות השגת התענוג כי בבינה שכבר מושג הדבר הענוג שם בבחי' גילוי והוא הנקרא ג"ן עדן אבל בחכמה עצמה שהוא עומק המושג בחי' עמקות השכל שעדיין לא בא לבחי' השגה כנ"ל · עדיין לא ניכר ונראה שם התענוג אלא הוא בבחי' העלם שהוא בחי' המקור של התענוג הנגלה אח"כ בבינה ונק' עד"ן לג"ן כו' וד"ל · וכמ"ש כ"ז במ"א באריכות ולכך נקרא החכמה אין והבינה י"ש וכמ"ש להנחיל אוהבי י"ש מפני שהוא בחי' ג"ן לעדן העליון שבחכמה שמאין תמצא וכנ"ל · והנה ידוע דאין התלבשות אור הא"ס אלא בחכמ' דוקא וגם בבחי' עולם הא"ק אין התלבשות אור הא"ס אלא בבחי' חכמה דא"ק וכשיורד האור מאור א"ס עד האצי' גם שם אינו מתלבש רק בבחי' חכמה דהיינו ע"י בחי' חכמה דא"ק שמלובשת בחכמה דאצי' כידוע · והטעם הוא לפי שבחי' הביטול האמיתי דהיינו ענין ההעלם והאין שבחכמה הנ"ל להיותו מופשט ומושלל לגמרי מגדר יש ודבר מ"ה כנ"ל ע"כ שורה אור הא"ס דוקא בחכמה כי אינו שורה זולת בדבר שמושלל לגמרי מבחי' יש כו' וכמ"ש במ"א וד"ל · וכ"ז בבחי' חכמה שבראש · והנה ידוע דנעוץ תחב"ס דוקא ע"כ בחי' החכמה שבראש יורד ונמשך למטה בסוף כל דרגין דוקא והוא בחי' חכמה תתאה הנקרא חכ' בסוף והיא בחי' מ"ל דאצילות הנקרא אשת תכלת כנ"ל והיינו ענין ביטול היש בלבד כנ"ל · ולהיות כי אין ערוך כלל בין עצמית החכמה עילאה שבבחי' הביטול מצד עצמו

בחי' מ"ה באמת · לביטול היש שבמלכות שיש מי שיבטל א"ע כמאמר ואנחנו כורעים שיש מציאות אנחנו אלא שהוא מבטל א"ע כו' וכן וצבא השמים לך משתחוים כו' ע"כ נאמר במ"ל דאצי' לזאת יקרא אש"ה כי מאיש לוקחה זאת פי' מאש יו"ד דחכמה עילאה ע"י צמצומים רבים והוא בחי' הגבורות דאבא שהוא ענין התכלת ומשום דאבא יסד ברתא דוקא ע"כ יש הארת מוחין דאבא דוקא בתכלת שבמ"ל · ולגודל מעלת מוחין דאבא אין התכלת מצוי בזמן הגלות כנ"ל · וכ"ז כמו ענין המשכת אשה חורא לאשת תכלת המבואר למעלה במשל הגוונין דאש כו' וד"ל · וזהו ג"כ הטעם שהמ"ל נקרא' אש"ה אש ה"א כו' כי הנה ידוע דהדבור הוא המתחלק מה' מוצאות הפה לכמה רבבות צירופים וכללותן הוא ה' מוצאות המתחלקות והן בחי' ה"ג דנוקבא שנקראת אש ה"א כו' · ושרש ההתחלקות נמשך מבחי' ז"א שנקרא אי"ש שהן בחי' המדות שבלב עד"מ אדם שמדבר ואינו מדבר רק מה שמוטבע בלבו מן המדות אהבות או יראות וכיוצא וכפי ערך התרחבות המדות בלב כן יתרחב הדיבור כי הדיבור מקבל השפע מן המדות כידוע · וע"כ כל סיבת פרטי ההתחלקות שבדיבור בהברה שנמצא נתהתחלקות שבמדות כו' · וכמ"ש במ"א · והנה הגם דאבא יסד ברתא כנ"ל עכ"ז השכל משפיע במדות תחלה ומן המדות נמשך לדבור וגם השכל שבמדות נמשך מלמעלה מהמדות דהיינו מהחכמה עצמה הנק' חכמה בראש כו' וד"ל · וזהו הטעם שנק' המדות בשם אי"ש כי היו"ד שבחכמה מאיר תחלה במדות ונק' אז אי"ש ואח"כ משפיעים המדות לדיבור ונק' אש יו"ד והמ"ל שהוא הדיבור המקבל נק' אשה אש ה"א כי מקבלת סיבת רשפי אש תשוקתם מלמעלה ג"כ והוא מבחי' אש יו"ד כו' וזהו כי מאיש לוקחה זאת להקרות בשם אשה א"ש ה"א כו' וד"ל · וע"ד כל הנ"ל הוא ענין שרש המצות ג"כ · כי הנה ידוע דרמ"ח פיקודין הן בחי' רמ"ח אברים דמלכא והן בחי' ע"ס דז"א שנקרא איש כו' וכל ספי' כלולה מכולם טפ"ע הרי פ"ה וכל א' כלולה מג' בחי' ראש תוך סוף והוא ג"פ פ"א הרי רמ"ג וה"ח המגדילם הוא רמ"ח ובחי' ה"ח המגדילם כו' הן כללות כל המצות כידוע · אמנם מבחי' הגבורות דה"ש יו"ד דאיש זה נמשך למטה במ"ל להקרות אשה אש ה"א והוא מ"ש ואל אישך תשוקתך שיהי' לה כח התשוקה ממטה למעלה ובחי' ביטול היש כנ"ל ואז נקראת בשם נר הוי"ה כמ"ש כי נר מצוה כו' ונר ה' נשמת אדם כו' · והטעם שניתוסף עוד מספר שנים על רמ"ח אחר שנקראת נר שהוא גימט' ר"ן · והענין מבואר בזוהר כשנמשך האורות דז"א בנוקבא אזי מחבק לה בתרין דרועין דילי' כו' ותרין דרועין דילי' הן הנוספים על רמ"ח אברים דמלכא ונעשה נר כו' · וביאור הדברים הנה מבואר למעלה שאין ערוך כלל בין בחי' הביטול האמיתי שבחכ' שבו שורה אור א"ס דוקא · לבחי' ביטול היש בלבד שבחכ' תתאה הנק' תכלת כו' · וא"כ כאשר היה אור א"ס

שבחכ'

שבחכ' עילאה נמשך למטה במל' כמו שהוא בעצמו בבלתי גמצום ועיכוב כלל לא הי' בא במל' אלא בא' מב' אופנים או שלא היה יכול להוות מציאות יש כלל במלכות גם בבחי' ביטול מפני שהוא הכל בטל באור א"ס באמיתות הביטול דחכ' עילאה והי' הכל נכלל בחכ' עילאה וא"כ לא היה מציאת תכלת כלל · או שהיה התגברות שפע האור שירד למטה מטה דוקא עד שהיה יש ודבר במציאות נפרד לגמרי כו' · אבל זה האופן אשר עכשיו ע"י ההכלת דאשא אוכמא הנ"ל שיש מציאות נפרד והוא בבחי' הביטול דיש הנ"ל זה לא היה באפשרי להוות כו' וד"ל · ע"כ בירידת האור והשפע מחכמה עילאה במדות עליונות הנק' איש אש יו"ד ופרטיהם הן ט"ס דז"א שמתחלקים לרמ"ח אברים כנ"ל והמה באין עד למטה במל' אזי איש זה הוא מחבק למל' בתרין דרועין דילי' · פי' שמן ההכרח שיתוסף לזה בחי' הו"ג יחד בכללות והן תרין דרועין יד ימין ויד שמאל ממשיך לחבק בתחלה וכמ"ש שמאלו תחת לראשו כו' ואח"כ וימינו תחבקני כו' · והענין הוא כידוע שביד השמאל הרי הוא שם בחי' הגבורות דז"א ובחי' הגבורות טבעם להגביה ולהעלות כל דבר למעלה כו' כטבע האש וכו' ולא כמים שיורדים מגבוה לנמוך כו' וכמ"כ ברשפי אש התשוקה מתעלה הלב כו' וא"כ בבחי' רשפי אש של מעלה מתאובתא דדכורא לגבי נוקבא שזהו מ"ש שמאלו תחת לראשי כו' בזאת תתעלה הנוקבא ותתרומם לבבה לצאת ממקום שפלותה ולהיות לה ג"כ תשוקה לעלות למעלה וכמ"ש ואל אישך תשוקתך כו' · והוא ענין חיבוק יד השמאל בתחלה לעורר התשוקה ותיאובתא דנוקבא לעלות כו' ואח"כ וימינו תחבקני הייט ענין אור החסדים שיורדים מגבוה לנמוך דוקא היפך העלי' וההסתלקות דיד שמאל כו' · וטעם הדברים בזה שהקדים התעוררות השמאל לימין הוא מפני ענין הנ"ל להיות כי אור א"ס שבאורות שבז"א הוא מובדל בערך מבחי' המל' וכשהיה בא בבחי' החסדים בתחלה היה בחי' ביטול המציאות ע"כ הוכרח להיות בתחלה ענין הצמצום וההסתלקות בעצמו תחלה והוא ענין התעוררות יד השמאל ובירידתו לנוטה לחבק מרומם את המל' ואח"כ ירד אור החסדים לחבקה ע"י המצות ברמ"ח אברים כולם כו' · וגם אחרי ירידת החסדים במל' היה אפשר שיהיה אור החסד מתפשט עד למטה מטה דהיינו להיות גם יניקת החיצונים ע"י היחוד והזיווג העליון כו' וכענין אברהם שיצא ממנו ישמעאל כו' · וע"כ צריך שני ההפכים יחד חו"ג והיינו שמאלו תחת לראשי שלא תפול למטה ביניקות חיצונים כו' ואח"כ וימינו תחבקני להיות השפע מיוחד להקדושה בלבד כו' וד"ל · וזהו בחי' רצוא ושוב יחד שבאמצעות שניהם יחד יתקיים יחוד העליון דוקא וזהו שנקראת נר הוי"ה לאחר היחוד דוקא שמחבק לה בתרין דרועין דילי' ימין ושמאל והן הנוספים על מספר רמ"ח אברים שבהן גופו של יחוד כו' וד"ל · והן ג"כ ענין כהנים ולוים שהמה תרין דרועין הכהנים בימין והלוים בשמאל שבשיר שע"ג הקרבן הם עולין עם המל' ואח"כ הכהן מכפר בבחי' החסד שבימין כו' וכמ"ש במ"א וד"ל · וישראלים הן בחי' גופא דמלכא בחי' רמ"ח אברים כו' שבהן גופו של יחוד דאיש הנק' ז"א והוא הנק' ישראל כידוע וד"ל · והנה שרש ענין ושער רישי' כעמר נקא הנ"ל שהוא שורש כל המצות ונק' קדוש כמשל הנזיר כו' · הנה בתחלה י"ל שורש ענין השערות מהו · בהיות מבואר למעלה המשל בשערות באדם למטה שהן נמשכים ממותרי המוחין וכו' · והנה שרשם נמשך מן האידים שיוצאים מן המוח כידוע בספרי הטבע ואותן האידים הדקים המה כחות חיצונים שיוצאים מן המוח ואין להם ערך והשתוות עם עצמות המוח ונק' לכך מותרי מוחין והשערות שיונקים מהן לכך הן נפרדים במציאותן כנ"ל עד שאינם נוגעים לעצמות האדם כלל עד שאיננו צריך להן כלל כמו שהוא בפ"ע כו' וכמותרות ממש נחשבים לכך יגלחם תמיד כגלוח הציפרנים כידוע · אמנם לצורך תועלת לזולת האדם שחוץ ממנו יקיימם לפרקים כמו הנזיר שיגדל פרע שער ראשו כו' ונק' קדוש כו' לפי שכל מותרות יונקים ממנה החיצונים וכאשר יקיים המותרות ולא יושפע מהם לחיצונים קדוש יקרא כמ"ש בזהר דהאי משיכותא דשערא בקדושתא תלי' כו' · ולמעלה ג"כ יובן עד"ז בהיות שעצמות אור הא"ס הוא מובדל בערך מכל בחי' השתלשלות גם מבחי' עולם הא"ק כידוע דלית מחשבה תפיסה בי' אפי' מחש' דא"ק ומח' דא"ק נק' חכים ולא בחכמה ידיעא לפי שחכמה ידיעא הוא בחי' חכמה דאצי' וכיוצא כידוע · והנה עצמות אור הא"ס אין בו שינוי מקודם שנאצל ונברא כו' כידוע והוא לבדו הוא וכו' ואפי' א"ק נק' אדם דבריאה בדרך כלל כידוע · וא"כ מה שיומשך ממנו להיות מציאת חכמה אפי' חכמה דא"ק עד שנק' חכים ולא בחכמה ידיעא א"א שיבא זה בדרך בחי' השתלשלות אלא מבחי' שלמעלה מן ההשתלשלות והוא מבחי' צמצום דמל' דא"ס בבחי' הארת קו"ח בלבד כדוגמת שערה כו' והוא ההארה מבחי' רצה"פ הנק' רדכ"ר שמאיר במצחא דא"ק כו' וגם מבחי' גלגלתא דא"ק למטה עד שנמשך ממנו מציאת עולם האצילות אין ההארה וההמשכה רק בבחי' שערות וההתחלה מבחי' ח"ס דא"א וע"י שיוצאים ובוקעים ממנו ממותרי המוחין· וזהו ושער רישיה כעמר נקא דקאי בגלגלתא (דא"ק) שלמעלה מבחי' המוחין כמשל הגלגלת באדם שמקפת על המוחין מכל צד כו' ובבחי' המוחין ג"כ לא תצא השפע מבחי' עצמותם רק בבחי' מותר המוחין והן בחי' האידים כחות חיצונים בלבד כנ"ל ועי"ז יהיה פרטי גילוי אור הא"ס בעולם האצי' כמו בי"ס פרטי' דאצי' חו"ב ומחו"ב למדות כו' וכידוע דאבא יונק רק ממזל הח' דנוצר שבי"ג תיקוני דיקנא כו' · ובדרך הזה מתחלקים כל פרטי ההמשכה הכל בבחי' השערות לפי ריבוי השערות כו' · והדוגמא בזה יובן ממ"ש הרמב"ם

בענין

בענין שכליים נבדלים דבמה יבדל מלאך א' מחבירו שהרי אינם גופים גשמיים שיבדלו במקום ושטח מעמדם ומצבם שהרי אינם בבחי' מקום מוגבל בשטח כו' אלא בכחות השגתם באלהות יבדלו שזה יש לו השגה כזו וזה יש לו השגה אחרת ובזאת הם מובדלים זה מזה כמו הבדל הגשמי במקום בב' גופים מחולקים · וכמ"כ יובן עוד למעלה בבחי' ההבדל היותר רוחני והוא בחלוקי רבבות מדריגות אורות הנאצלים כו' כמבואר באד"ר ת' עלמין דכסופין כו' הן הן רק מסיבת ריבוי התחלקות כחות אשר יש בשרשם מבחי' השערות שיוצאים בחלוקי כחות רבות מאידים שונים כו' וכיוצא וכל שערה יש לה מקור ושורש מיוחד אליה בפ"ע כמ"ש לאיוב בשערה כו' בין שערה לשערה לא נתחלף לי כו' וד"ל · ועד"ז יש הבדלים רבים מעולם לעולם ומפרצוף לפרצוף בפרט והכל ע"י שערות כמו שידוע דבחי' קולא דשערי דא"א מכה באחורי ז"א כו' להיות הדעת דז"א מתחלק ע"י לחו"ג אהוי"ר ונעשה ד' מיני מוחין והן ארבעה בתים דתפילין כידוע ומבואר בת"א · ונמצא הריבוי של המוחין והשכלי' גם במדות אהוי"ר הכל ע"י בחי' השערות והוא ע"י קולא דשערי המכה באחורי ז"א בבחי' הדעת כו' וכיוצא בזה משתלשלים עוד השערות מז"א לנוקבא בחזה כו' כמ"ש בכוונות הציצית בפע"ח שהוא ענין ל"ב חוטין דציצית כו' ע"ש וכן עד"ז מנוקבא דז"א לבי"ע כידוע וד"ל · ודרך כלל יש ג' בחי' קולא דשערי נגד ג' עולמות בי"ע שבאצי' בריאה שבאצי' יצי' שבאצי' כו' והן חב"ד חג"ת נה"י ודרך כלל יותר הן ג' הקוצין שביו"ד עילאה נגד חב"ד כו' כידוע דבעטרת היו"ד יש בו ג' קוצין כו' וד"ל · אך הנה כללות הראשון הוא מ"ש ושער רישי' כעמר נקא וסיפא דכל דרגין מסתיי' בנוק' דז"א והוא התכלת דגם הוא עטרא אלא שצבוע בגוון תכלת כנ"ל · וזהו שרש ענין הנ"ל בפסוק וראיתם אותו כו' דהיינו שבחי' שערו' דשער רישי' נמשך למטה בתכלת במ"ל דאצי' שנקרא אשא תכלא כנ"ל וד"ל כו' · וזהו שרש ענין והייתם קדושים פי' בקדושת המשכת בחי' שער רישי' כעמר נקא בדרך כלל ובפרט שיומשך בחי' קולא דשערי בדעת כו' והן ג"פ קדוש כו' · ולפי שהמשכת השערות הוא בבחי' מותרות כנ"ל · ואמנם כאשר יושפע לקדושה האלקית ולא זולת זה יקרא קדוש כמשל הנזיר לפי שמגדל גידול השערות שלו יקרא קדוש כנ"ל הטעם ע"כ אמר והייתם קדושי' להמשיך למעלה ג"פ קדוש מבחי' קדש העליון הכללי והוא בחי' שער רישיה כו' וד"ל · וכל אלה ההמשכות הוא ע"י המצות שהן רמ"ח אברים ושרש שרשן הוא בבחי' רדכ"ר הנ"ל שממנו שרש כל ההתחלקות בבקיעת שערות ע"ד שיוכל להיות רצון כך וכך במטה בפרט כמו ח' חוטין דוקא בציצית כו' ואח"כ מתחלקי' עוד עד שנעשים רמ"ח אברים ע"י הקולא דשערי · כמו שמכה בדעת ומחלק המדות כמ"כ מחלק הרצון העליון הפשוט לחב"ד בתחלה בכלל ואח"כ לד' מוחין ואח"כ לרמ"ח אברים כמשל הטיפה שמתפשטת ברמ"ח אברים כנ"ל וד"ל · וזהו שרש כל ענין וסדר הפסוקים וראיתם אותו לתכלת וזכרתם את כל מצות ה' משרש שרשן בבחי' שער רישי' כו' והתכלת אשא תכלא כו' ולא יצא השפע לחיצונים וגם לטעם הנ"ל בקדושת השערות לכך סמך לו ולא תתורו תמילא כו' ועוד לטעם דנשי' דעתן קלה כנ"ל ואח"כ והייתם קדושים כי הא בהא תלי' דהמצות הן באין ג"כ מקדושת השערות וכנ"ל וד"ל · ועתה יובן פי' וזכרתם את כל מצות ה' כו' שהוא ג"כ כענין פי' למען תזכרו כו' דהיינו שיעשה את המצות שיהיו בבחינת זכרים משפיעים כו' · דהנה לכאורה יש להבין למה לפעמים נק' המצוה בבחי' זכר שהרי רמ"ח מ"ע הן רמ"ח אברים דמלכא וידוע דפי' מלכא הוא בבחי' ז"א שהוא בחי' דכר כידוע לכך גם הרי נק' בשם מצוה בחלוף דא"ת ב"ש בשם הוי' שהוא בבחי' ז"א כו' כמ"ש בת"א ולפעמים המצוה בבחי' נוק' דידוע דהמ"ל נק' מצות המלך כמ"ש בזוהר ור"ת דתורה בז"א והמצוה במ"ל וכמ"ש כי נר מצוה ותורה אור כו' · אך הענין הוא דשניהם אמת · בהיות שענין מצות המלך הוא רק בחי' קבלת מ"ש שיש בכל מצוה בעשותה דהיינו ההכנע' וקבלת עול בלבד מפני שאמר ונעשה רצונו כו' כענין בטל רצונך מפני רצונו וכו' ועי"ז מעורר למעלה שיהיו המצות שעושה בבחי' רמ"ח אברים למעלה ויהיו נקראים בשם הוי"ה כו' · והטעם הוא לפי שע"י אתדל"ת נעשה אתדל"ע כידוע וזהו כמשל מי שנוגע בציפרני רגליו של אדם יכול להרגיש במוחו תנגיעה זו מפני שהכל אחוזים וקשורים זה בזה או כמשל המגביה דבר בכותל למטה מגביה הוא את כל הכותל כו' מפני שהכותל מדובק מחלקים וכשמגביה חלק התחתון ממנו מגביה כולו גם מחלקים העליונים וכו' · וכמ"כ בענין אתדל"ת במ"ל שהוא נק' סיפא דכל דרגין מתעוררים כל המדריגות שלמעלה הימנה ג"כ מתילא והוא הנק' בחי' אתדל"ע דז"א להיות לו רמ"ח מ"ע לרמ"ח איברים ויהיו בחי' זכרים משפיעים למטה כנ"ל שמצוה הוא שם הוי"ה דז"א כו' וד"ל · וזהו מטעם כי מאיש לוקחה זאת שהיא חלק א' מחלקיו כמ"ש צלע מצלעותיו כו' · וכמ"כ בעלייתה למעלה יתעלה כל מה שעליה במדריגה עד רום המעלות וכמו שידוע בענין עליות העולמות בשבת שבעליות המ"ל יש עילוי לכל הפרצופים שלמעלה הימנה כמו בז"א ואו"א וא"א כו' כי כולם מתעלים בהכרח · וזהו עיקר ענין עליות העולמות בשבת דהיינו שכא"א מתעלה ממדריגתו הראשונה למדריגה העליונה הימנה · והסיבה העיקרית היא רק מה שהתחתון מכולם נתעלה וכמשלים הנ"ל אבל זהו אינו בהכרח שכאשר יתעלה העליון שיהיה התחתון מתעלה עמו שיכול להיות שיתעלה העליון למעלה וישאר התחתון במדריגתו למטה משא"כ בהיפוך שכאשר נתעלה התחתון בהכרח הוא שיתעלה העליון · ויובן דבר זה ע"פ משל גשמי בהיות שאנו רואים

שכאשר ידליקו נר למטה ויהיה עומד למעלה הימנו נר אחר הנה יודלק העליון מלהב העולה מנר הדולק למטה הימנו והנר העומד עליון גם מזה למעלה גם הוא יודלק מזה שלמטה הימנו וכן עד"ז ידליקו נר מנר כשעומדים זה למעלה מזה עד אין קץ כו' והוא לפי שטבע האש לעלות למעלה וכשלהב זה העולה מנר הדולק למטה הוא נכלל ועולה בשלמעלה וידליקנו ויעשה ג"כ שיתעלה ויגיע לנר שלמעלה הימנו וידליקנו כו' ועד"ז עד רום המעלות כו' · אבל זהו אינו בהכרח שכאשר ידלק העליון שיודלק ממנו נר העומד למטה הימנו מאחר שטבעו לעלות למעלה ולא לירד למטה כו' · וא"כ מובן ממשל הזה שסיבת הכרח העליון לידלק משלמטה ושאין מהכרח לתחתון לידלק משל מעלה הוא רק מפני שטבע האש לעלות ולא לירד וכל שהוא בדרך עליה בהכרח כן שיהיה העליון מתעלה גם הוא כאשר התחתון מתעלה כו' וד"ל · והנמשל מכ"ז יובן למעלה דכתיב בהעלותך את הנרות כו' דידוע שהוא בבחי' אש ה"א דנוק' דז"א בבחי' ה"ג שבה שעולין למעלה בבחי' הארי' כמשל שלהבת העולה מאליה כו' וכמ"ש רשפי' רשפי אש שלהבת י"ה כו' וכנ"ל בענין ואל אישך תשוקתך כו' ואז ממילא מתעלין כל המדריגות שבארי' שלמעלה הימנו כמשל המדליק נר העליון מנר התחתון כו' · וזהו ענין עליות העולמות בשבת גם כן שכאשר המ"ל מתעלה מתעלין כל העולמות והמדריגו' שלמעלה הימנה עד רום המעלות כנ"ל וד"ל · ועד"ז יובן גם כן הטעם שע"י אתדל"ת בקבלת מ"ש במעשה המצוה שנקרא בשם מצות המלך מתעורר למעלה בחי' אתדל"ע שבבחי' ז"א להיות המצות לו לרמ"ח אברים כו' לפי שהיא כמשל מי שנוגע בציפרני רגליו הנ"ל שמרגיש במוחו· כמ"כ מבחי' קבלת מ"ש מעורר אור הא"ס עד רום המעלות עד שיורד האור ושכון במצוה ע"י בחי' שערות הנ"ל ולהקרות בשם מצוה בא"ת ב"ש כו' שהוא שם הוי"ה כו' וד"ל · וזהו וזכרתם את כל מצות ה' שיהיה למעלה בבחי' זכרים משפיעים כו' ואעפ"כ כמו שהמצוה היא למטה היא בבחי' נוק' שהוא ענין קבלת מ"ש בלבד כו' ושניהם אמת וד"ל · ומה שסמך לפסוק זה וזכרתם כו' פסוק דלא תתורו כו' הענין הוא לפי שידוע דאת זלע"ז עשה האלהים כו' ויש בהיכלות דנוגה דבי"ע בכל פרטיות שיש בקדושה כו' וגם שם יש י"ס אורות וכלים כו' אך שהן מעורבים טו"ר כידוע אבל באצי' לא יגורך רע כתיב שאין רע יורד כלל מלמעלה כו' · והנה ענין הזנות ידוע שהוא בבחי' אשת זנונים דנוגה המעורב טו"ר כו' ויש דבר זה בכל אדם שהוא מורכב ומעורב טו"ר בנפשו כו' וכשמתפלל בהתלהבו' יכול גם בחי' האש זרה דמעורב טו"ר לקבל השפע ומתערב בה להיות בבחי' טו"ר כו' עד שיכול להיות שיתחלף הטוב ברע דהיינו מפני שיש תערובת גדולה לא נדע וניכר כלל מי הטוב ויוכל להיות שישאר הטוב בבחי' רע והרע יהיה טוב מאחר שנתערב כ"כ

עד שלא ימצא כלל וכלל שום הפרש ניכר ביניהם כו' ולזאת צריך לברר את התערובות ולהוציא חלקי הטוב שיהיו ניכרים בפ"ע כו' וזהו שהיה הבדיקה לסוטה במים המאררים שאם לא זנתה ונקתה ונזרעה זרע פי' לפי שילאו חלקי הטוב ולא נפלו ברע וע"כ ונקתה ונזרעה כו' ואם זנתה ונתהפך הטוב לרע ונתחלף וצבתה בטנה כו' ולכך הבדיקה היו במים המאררים כו' שהיו בהם ג"כ ענין החלפת טוב ברע דהיינו ממים חיים וכאפר הפרה שנקרא מי נדה כו' וד"ל · וכדוגמא זו מובן למעלה בבדיקה דאשת זנונים דבחי' נוגה דבי"ע כו' (כמ"ש במ"א בענין המאמר דתרין אחתן כו') . וזהו ולא תתורו אחרי לבבכם כו' לעקר אש הזרה המעורב טו"ר ולהיות רק לב אחד כנ"ל ועי"ז ונקתה ונזרע"ה זר"ע כו' וזו למען תזכרו כו' שתלד זכר דוקא כי לאחר הבירור אז ה"ג דנוקבא הנקרא אש ה"א מעוררים כדוגמת המשפיע דבחי' ז"א שנק' זכר כו' וכמ"ש אשה כי תזריע וילדה זכר כו' כי אשה מזרעת תחלה יולדת זכר כו' והיינו מפני ענין אתדל"ת הנ"ל שכאשר היא מוקדמת דוקא אז עולין כל מה שעליה כמ"ש בהעלותך את הנרות כו' ואח"כ תלד כדוגמת המשפיע כי אח"כ ה"ח דדכורא הם הממתקים ה"ג דנוקבא מלמעלה למטה כידוע ואז תלד מהם כדוגמתן וכללמן וד"ל וכמ"ש למעלה שגורמת אתדל"ע דוקא וזהו ועשיתם את כל מצותי שעושין אותם שיהיו מצות זכרים כו' ולא תתורו כו' למען תזכרו כו' מפני שאשה מזרעת תחלה יולדת זכר כו' וד"ל: והייתם קדושים לאלהיכם כו' אני ה' אשר הוצאתי אתכם כו' אני ה' כו' · להבין פרש ב"פ אני ה' ולהבין המאמר יכול כמוני ת"ל כי קדוש אני קדושתי למעלה מקדושתכם כו' · הנה מבואר למעלה בענין ושער רישיה כעמר נקא כו' דלכך נזיר שמגדל פרע שער ראשו קדוש יקרא כו' וג"פ קדוש הן ג"פ בחי' קוצא דשערי וכו' ע"ש וזהו והייתם קדושים לאלהיכם ופי' לאלהיכם ולא אמר לשם הוי"ה כו' הענין הוא דשם הוי"ה הוא בבחי' זכר דהיינו בבחי' רמ"ח איברים דז"א כנ"ל · ולהיות שזה כבר נאמר בפסוק הקודם ועשיתם את כל מצותי כו' וכנ"ל ע"כ אומר עתה שישראל הם הממשיכים מרמ"ח אברים דז"א הנק' מצותי לבחינת המ"ל הנק' אלהיכם דווקא שהוא ענין בחי' יחוד העליון דקוב"ה ושכינתיה כידוע והיינו שיבא האור עליון בבחי' ביטול היש והוא ענין ההשתחוואה והבריעה שבבחי' יחו"ת בקבלת מ"ש כמ"ש שום תשים עליך מלך והוא בחי' מלכותו ית' כמ"ש מלכותך כו' · והטעם הוא כמבואר למעלה שמפני עולם בחינת מעלת מדריגות המצות בשרשן שהוא בבחי' ושער רישי' כעמר נקא הנ"ל לא ירדו ויתלבשו בבחי' יש ודבר כ"א בבחי' בטול היש והוא בבחינת המלכות כשנקראת אשה תכלה והוא התכלת שאמר בריסא ורואים אותו כו' וד"ל: אני ה' אשר הוצאתי כו' פי' כידוע דיש ב' מיני אתדל"ע הא' אתדל"ע שע"י אתדל"ת והוא כל מה שמגיעו

ביהודים

ביחודים העליונים דמ״ה וב״ן מ״ד ומ״ן שהתוספת והגירעון אור הגילוי תלוי במעשה התחתונים וכמ״ש בע״ח · ויש אתדל״ע שלמעלה מזה הרבה והוא שאינו תלוי במעשה התחתונים כלל ואיננו בא ע״י אתדל״ת כלל והוא כענין שהיה אתדל״ע לפני כל ההשתלשלות דאבי״ע כמו כאשר עלה ברצונו הפשוט כו׳ שלא היה זה ע״י העלאת מ״נ כלל מלמטה כמ״ש בע״ח רק לפי שחפץ חסד הוא כו׳ ע״ש · ועד״ז יש גם עכשיו בחי׳ אתדל״ע שאין העלאת מ״נ ביכולתה להגיע אליה כלל עד שתעורר אותה כו׳ אלא רק מעצמו מתעורר ומעלתו גבוה הרבה מההתעוררות שע״י העלאת מ״נ כו׳ וד״ל· ובזה יובן מאמר הנ״ל קדושים תהיו יכול כמוני ת״ל כי קדוש אני קדושתי למעלה מקדושתכם פי׳ קדושתכם הוא המשכות בחי׳ שער ריש׳ שרש כל המצות כנ״ל שנקר׳ קדוש כו (קדוש בגי׳ ת״י והן ת״י נימין כו׳) ולהיות נמשך המשכה זו למטה במ״ל הנקרא אלהיכם כנ״ל · אבל קדושתי למעלה הרבה כו׳ פירוש קדושתי הוא קדושת העצמות דאור הא״ס שלמעלה הרבה מבחי׳ למיחת השערות ממותר מוחין בלבד כנ״ל באריכות · וזהו כמו ענין אתדל״ע שמצד עצמו בלבד שאין שום העלאת מ״נ מגעת לו לעוררו כו׳ · והייט מ״ש לאיוב אם צדקת מה תתן לו כו׳ אם צדקת היינו רמ״ח מ״ע כו׳ לפי שאין העלאת מ״נ דמעשה התחתונים תופס מקום כלל וכלל לגבי העצמות גם כמו שהם בשרש שרשם בבחי׳ שער ריש׳ הנ״ל וד״ל · וזהו אני ה׳ אלהיכם אשר הוצאתי כו׳ פי׳ כי מבחי׳ אתדל״ע הנ״ל שמצד עצמה באה ונמשכת גם עכשיו כדי לעורר את העולמות והנשמות ומלאכים שיוכלו לעלות ולא ישארו מטה בבחי׳ פירוד כו׳ · וכ״ז מפני הרחמים הרבה שנתעורר עליהם וההתעוררות הזאת באה מלמעלה למטה כמ״ש עד יערה עלינו רוח ממרום והוא מפתלשל ויורד דרך י״ג תקוני דיקנא כי צריך להתלבש ומתעלם תחלה באצילות ואחר כך בבי״ע כו׳ · והן ענין הכרוזים הנזכר בזהר תמיד·וזהו ענין בת קול שיוצאת מהר חורב בכל יום כו׳ · ולכאורה יפלא מה שלא נשמע קול זה דב״ק לשום אדם וגם למעלה איט נשמע רק מה שיוצאת ב״ק מהר חורב הענין הוא יציאת רוח ההתעוררות שמצד עצמות אור הא״ס כדי לעורר למטה בכל ההשתלשלות דאבי״ע ונתלבש על ידי י״ג מדה״ר כו׳ ואח״כ יורד עוד למטה מטה והוא עד הנשמות ומלאכים דבי״ע כו׳ · ועד שנמשכים הרהורי תשובה גם בבנ״א למטה בעולם הזה השפל כו׳ וכמ״ש למעלה וד״ל · וזהו אני ה׳ דוקא אשר הוצאתי אתכם מארץ מצרים הוא התעוררות תשובה שהיתה לכם ממני היא באה למטה ואני הוא אשר הוצאתי כו׳ שלא היה זה הכח לכם מצד עצמיכם כו׳ מפני שלפעמים אין כח למטה להעלות מ״נ כו׳ · ואח״כ אני ה׳ אלהיכם פעם שנית הוא אתדל״ע שלפי ערך העלאת מ״נ· אמנם ירידה זו לצורך עליה כו׳ והיינו שיתגלה קדושת עצמותו למטה שלמעלה מקדושת המצות כו׳·וזהו מ״ש לע״ל עין בעין כו׳ והיו עיניך רואות את מוריך ולא יכנף כו׳ כי לא יתלבש האור עוד בלבושים דשערות כו׳ אלא יהיה גילוי אור הא״ס כמו שהוא ממש כו׳ וד״ל· ואף על פי שאין זה אלא לע״ל דוקא מ״מ מאחר שמעשה המצות המה הגורמים ואת ההארה העצמית שתהיה לע״ל א״כ מוכרח שגם בהם יהי׳ מעט ואפס קצהו מאותו האור שיהי׳ לע״ל כו׳ דאל״כ לא היה המצוה סיבה לגילוי האור ההוא כו׳ · וזהו שארז״ל שגנזו לאותו האור בתורה כו׳ · ואף ע״פ שארז״ל כל הקורא בתורה כאלו קורא בשמותיו של הקב״ה בלבד כו׳ אבל כשקוראים לאדם נפנה הוא לקוראו בכל מהותו כו׳ וכך כשאדם עוסק בתורה נמשך הארה העצמות מאור הא״ס בדבר ה׳ זו הלכה שאומר בדיבור בפה בקריאה כו׳ ולכך ת״ת כנגד כולם כמ״ש בת״א וד״ל · אך זהו בתנאי שיהי׳ בחי׳ ביטול היש בדיבור זה והוא כדי שיהיה יכול להיות בחי׳ כלי לאור הא״ס שבדיבור זה כי אין אור א״ס שורה אלא בבחי׳ ביטול ולא בבחי׳ יש כלל כידוע והיינו ע״י קבלת מ״ש בבחי׳ ביטול היש כו׳ שיהיה רק בחי׳ דיבורו כלי לדבר ה׳ כו׳ וכמ״ש ואשים דברי בפיך כו׳ וכמ״ש בת״א בענין מתניתין תלכתא כו׳ וד״ל :

איתא בספרי מי כה״א בכל קראנו אליו ולא למדותיו וכו׳ יעו״ש · והנה ידוע הקושיא בזה המאמר בספרי המקובלים הראשונים האיך יאמר אליו ולא למדותיו דהיינו לבחי׳ עצמות אור הא״ס שלמעלה מי׳ הספירות שנק׳ מדותיו כידוע · והלא ידוע דבבחי׳ עצמות אור הא״ס הרי לית מח׳ תפיס׳ ביה אפילו מח׳ דא״ק כו׳ וכמאמר אליהו אנת הוא חד ולא בחושבן כו׳ וא״כ האיך יתכן לומר שיהיה דוקא בו הדביקות וההתקשרות באמרו אליו דוקא כו׳ · ויותר יפלא ממה שמצינו מאמר בדברי רז״ל היפך זה המאמר ממש והוא מאמרם ז״ל וכי אפשר לדבקה בו אלא הדבק במדותיו כו׳ ואם כן שני המאמרים תרתי דסתרי אהדדי לגמרי שזה יאמר אליו דוקא ולא למדותיו וזה יאמר הדבק במדותיו דוקא ולא אליו כו׳ · אך הנה התירוץ בזאת הקושי׳ ע״ד הקבלה כבר הוזכרה בספרי המקובלי׳ הראשוני׳ והוא שכוונת אמרו בספרי אליו היינו בחינת אור א״ס בעצמו ומהותו קודם שמתלבש עדיין בי׳ ספי׳ ועי״ז אמר הכתוב בכל קראנו אליו דוקא ולא לי׳ הספירות ומה שאמרו ז״ל וכי אפשר לדבקה בו אלא הדבק במדותיו היינו בחי׳ אור א״ס שכבר מלובש בי׳ הספירות שג״כ הוא עדיין בחי׳ אור א״ס אלא שמלובש בי״ס · ולא על המדות בלבד אמרו הדבק אלא על בחי׳ אור א״ס שמלובש בהן ולהיותו כבר בא בהשתלשלות בי״ס הרי הוא בכלל השג׳ ותפיס׳ למקבלים בנאצלים ונבראים כו׳ עד שיתכן לומר בו בחי׳ הדביקות וההתקשרות · אבל בבחי׳ א״ס העצמי שלמעלה

עדיין

עדיין מהתלבשות בי״ס לא שייך בו בחי׳ הדביקות כי לית מח׳ תפיס׳ בי׳ כלל והאיך ידבק בו וכאמרם וכי אפשר לדבקה בו כו׳ וד״ל · אך הנה עדיין הקושי׳ במקומה עומדת דבספרי אמר אליו דוקא ולא למדותיו והאיך יתכן הקריאה אליו אחרי דלית מח׳ תפיס׳ בי׳ · וגם קשה מ״ש הדבק במדותיו הגם שר״ל על אור א״ס שמלובש בי״ס כנ״ל מ״מ הא גופא קשי׳ למה יסתרו מאמר הספרי דאליו דוקא ולא למדותיו כו׳ · והנה התירוץ האמיתי לכל זה ג״כ מבואר הוא בספרי הקבלה דזהו כללות ענין ההפרש שיש בין ק״ש לש״ע דבש״ע בח״י ברכאן הוא ענין מאמרם ז״ל הדבק במדותיו כו׳ ומה שאמר בספרי אליו דוקא כו׳ היינו בפסוק ראשון דק״ש מפני שזה עיקר כוונת הענין בבחי׳ יחודים עליונים שהן למעלה הרבה מכוונות ח״י ברכות ש״ע ואם לא הקדמת מצות קריאה בפר׳ שמע לא היו פועלים כלום בח״י ברכות דש״ע כי בחי׳ היחודי׳ עליונים שבק״ש הוא בחי׳ המקור והשרש להיות ביכולת אחר כך המשכות אלקי׳ בח״י ברכות דש״ע והא בהא תלי׳ וד״ל · ולהבין ביאור הדברים הללו הנה תחלה י״ל בענין כוונת ח״י ברכות דש״ע · דהנה כללו׳ ענין הכוונות בח״י ברכות הוא רק לכוון דוקא בפרטי כוונת שמות די״ס כו׳ כמו בברכת אתה חונן לאדם דעת כו׳ שרוצה להמשיך חכמה בנפשו כמו דכתיב יהב חכמתא כו׳ הנה צריך שיכוין שיהי׳ התעוררות מדה זו דחכ׳ למעלה דהיינו ספי׳ חכמה דאצי׳ ומשם יושפע לו החכמ׳ אמנם לא בספי׳ אור החכ׳ עצמה תלי׳ מלתא אלא דוקא בבחי׳ אור א״ס שמלובש במדה וספי׳ זו דחכמה · והיינו בחי׳ השם של ספי׳ חכמה דהיינו בחי׳ אור וחיות השפע שנשפע מאור א״ס להיות אור החכ׳ בבחי׳ יש מאין וכמ״ש והחכמה מאין תמצא ומאור החכמה נמשך השפע למטה ועד״ז בכל הספי׳ ענין הכוונה בשמות שבהן היינו בבחי׳ אור א״ס שמלובש בהן וע״ד הנ״ל. ואמנם אם לא יכוין בדבר שמבקש לאותו הפרט בספירו׳ המיוחד למעלה לאותו הדבר לא יפעול כלום כמו אם יבקש לשפע חכמה בכונה לספיר׳ של חסד וכיוצא או לשפע הרפואה ששרשה בתפארת מדת הרחמים ויכוין לספי׳ חכמה וכיוצא ה״ז כמו עד״מ הידוע שמבקש מהמלך דבר ע״י הממונים של המלך שאם יבקש לממונה שעל איזה דבר פרטי דבר שאיננו ממונה עליו לא יפעול כלום אלא צריך שיבקש לאותו שהוא ממונה ע״ז הדבר דוקא כו׳ וד״ל · וממשל זה יובן בכל פרטי הכוונות בח״י ברכות דש״ע כמו רפאנו ברך עלינו כו׳ דלכך יש שם הוי׳ מיוחדת בכל ברכה בפ״ע ויש כמה שמות דהוי״ה שהן מחולקים זמ״ז בניקוד כמו שם הוי״ה דחכמה הוא בניקוד פתח דוקא כידוע לפי שהפתח מורה ענין הפתיחה וההתגלות עד״מ מבטא הפתח הגשמי שצריך שיפתחו השפתים בהוציאו נקודת הפת״ח ובנקודת הקמץ צריך שיסגור השפתים ולכך נקרא קמץ לשון קמילה כידוע מפני שהקמץ הוא נקודת שם הוי״ה דכתר שהוא סתום כידוע ונקודת הפתח בחכמה מפני שהחכמה מאין תמצא בבחי׳ התגלות אור וכידוע שהחכ׳ נקרא ראשית לפי שהוא בחי׳ הראשית בבחי׳ ההתגלות ונקרא ראשית הגילוי כו׳ וכמשי״ת בע״ה וד״ל· ועד״ז יש כמה שמו׳ דהוי״ה שהן בנקודת צר״י ובנקודת סגול וכו׳ וכולן הן נמשכין בח״י ברכות · בברכת רפאנו נמשך משם הוי״ה שבתפארת שהוא בחי׳ הרחמים וכיוצא בזה בשארי הברכות כמו להשפעות עושר וממון וכיוצא מבחי׳ מדת הגבורה ·וכמ״ש מצפון זהב יאתה כו׳ מצפון דוקא שהוא בחי׳ הגבורות והטעם לזה מבואר לי״ח וד״ל ועד״ז כל פרטי הכוונות בי״ס שבח״י ברכות דש״ע וד״ל · ובכ״ז יובן מה שאחז״ל מפני מה ישראל צועקין ואינן נענין מפני שאין קוראין בשם כו׳ פירוש בשם היינו בבחי׳ הש״ם של הספי׳ המיוחד לאותו ענין הבקשה דוקא מטעם הנ״ל · וגם מפני שבחינת השם הוא בחי׳ הפנימית של הספי׳ והיינו שהוא בחי׳ אור וחיות השפע מאור א״ס להמשכת אותה המדה והספי׳ א״כ בשם הוי׳ זה של אותה המדה בו דוקא תלוי עיקר שפע ההמשכה וכנ״ל וע״כ כשאין קוראין בשם שהוא בחי׳ אור א״ס שבי״ס לכך הן צועקין ואינן נענין כו׳ וד״ל · והנה כ״ז הוא ענין כללות הכוונות שבח״י ברכות דש״ע·ואמנם כדי שיהי׳ האור הזה לי״ס דאצילות דהיינו שיאיר בהן אור א״ס ויתלבש בשמות שבהן בח״י ברכות דש״ע כנ״ל אינו אלא מפני סיבת היחוד העליון שנעשה תחלה בק״ש והוא כמ״ש מי כה׳ אלקינו כו׳ אליו ולא למדותיו כנ״ל דמחמת זה יוכל להיות אחר כך בש״ע ענין הדבק במדותיו כנ״ל · וביאור טעם הדברים יובן בהקדים תחלה ענין היחוד שבק״ש בהיות ידוע דעצמות אור הא״ס הוא מובדל ונרומם מכל ההשתלשלות די״ס וכמאמר אנת חד ולא בחושבן כו׳ ונק׳ סתימו דכל סתימין כו׳ מפני שהוא למעלה מערך ההשתלשלות לגמרי · ומה שמאיר ממנו ההארה בי״ס דאצי׳ הוא רק מבחי׳ ומדריגה התחתונה בלבד והוא כוונות הברכות דש״ע הנ״ל · אבל בק״ש עיקר הענין הוא לכוין אל בחינת עצמות אור א״ס שלמעלה הרבה מאותה ההארה שמתלבשת ממנו בי״ס והו אליו ולא למדותיו ור״ל לא לאותה ההארה שמאירה מאתו במדותיו כו׳ אלא אליו דוקא וה״א להיות כונה זו בלתי בחי׳ העלאת מ״נ במס״נ למהותו ועצמותו דוקא והיינו ע״י אהבת בכל מאודך בלי גבול כידוע · ועי״ז גם למעלה מעורר בחי׳ מחד העליון שלמעלה מן לתצום אור א״ס שבי״ס שהוא במדה וגבול כו׳ וד״ל · וא״כ כוונת הק״ש הוא בהיפך ממש מכוונת הש״ע דבש״ע הכונה העיקרית להמשיך אור א״ס בי״ס כנ״ל ובק״ש הכונה העיקרית לבחי׳ עצמותו שמרומם ומובדל מן המשכה והתלבשות מצומצמת בי״ס כו׳ שהוא ענין בחי׳ הסתלקות והתכללות של האורות

במאיל

במאציל שיהיו כלולי' במקורן דוקא כו' וד"ל · וע"כ מסיבת ההתכללו' וההסתלקות הזאת לעצמות המאציל בק"ש יכול להיות אח"כ ענין ההמשכה מלמעל' למטה בח"י ברכות דש"ע· כי הנה ע"י העליה וההסתלקות הזאת נמשך מעצמות אור א"ס אור חדש בתוספת מעלה ומדריגה מן ההארה הראשונה עד שעי"ז מתבטלים כל הי"ס ממציאותן· וכמ"ש לך ה' הגדולה והגבורה כו' כי בבוא האור ממקום שגבוה הרבה מהן לא יתפסו מקום כלל וכלל ויתבטלו בבחי' ביטול גמור עד שגם אורות הפנימיים בהם יתאחדו מחמת זה הביטול כי כל אחדות בא ע"י סיבת הביטול דוקא כמ"ש במ"א· והיינו שרש ענין היחוד העליון אשר בפסוק ראשון דק"ש דהיינו שמתייחדים כל האורות די"ס מפני סיבת אור א"ס שמאיר עליהם מבחי' עצמותו כנ"ל וזהו ענין המאמר אנת הוא דמקשר לון ומייחד לון כו' וד"ל · ואחר כך יוכל להיות מאורות די"ס תוספ' שפע חדשה כמו בח"י ברכות דש"ע רפאנו כו' מפני אור א"ס שנוסף אורו וזיוו בהן על ידי היחוד שהיה בק"ש כנ"ל וד"ל· ודרך כלל נקרא זה היחוד שבק"ש בשם תוספת אור דאצילות שלא לפי ערך סדרי ההשתלשלות · והגם דאו"א זיווגייהו תדיר כו' וכן יחוד זו"נ כו' מ"מ לא יתוסף בהן האור לעולם אלא תמיד הן מאירים ומשפיעים מזה לזה במדריגה אחת ואע"פ שנק' או"א תרין ריעין דלא מתפרשין כו' אבל זיווגייהו אינו אלא להחיות העולמות בלבד כמ"ש בע"ח שהוא תמיד במדריגה א' · אך כשצריך העולם לשפע חדשה משיעור חיותם הקדוש אינו אלא ע"י היחוד אשר בק"ש מפני שהוא ענין הוספת אור חדש מעצמות המאציל שלא היה אור כזה עדיין בראשית ההשתלשלות די"ס כו' · והוא מטעם הנ"ל דהכונה בק"ש הוא אליו דוקא ולא למדותיו כנ"ל · וא"כ נמצא שזה היחוד שבק"ש הוא בחי' המקור והשרש להמשכות תוספות אורות מא"ס בי"ס אשר בח"י ברכות הן יונקין ונמשכין גם למטה באמרו ברוך את' הוי' וכנ"ל באריכות וד"ל · ובכ"ז מתורץ היטיב הקושיא הנ"ל איך שלא סתרו דברי חז"ל מאמר הספרי אליו ולא למדותיו דמאמר הספרי איירי בק"ש ומאמר הדבק במדותיו הוא בש"ע והא בהא תליא כנ"ל · אך הנה עדיין י"ל בשרש ענין היחוד שבק"ש מהו · הנה ידוע דברי רז"ל בכוונת היחוד בק"ש באמרם תמליכהו בשמים וארץ וד' רוחות העולם וכן אמר כיון דאמליכתיה למעלה ולמטה ולד' רוחות העולם תו לא צריכת כו' וגם ע"ד הקבלה עיקר היחוד הוא בבחי' ו"ק העליונים והכל ענין א' אלא שבלשון הגמ' מוסתר הענין ומדברים בו"ק הגשמיו' והכוונה הוא גם לו"ק הרוחניות כי ו"ק הגשמיות מקבלים מו"ק הרוחניות כידוע וזהו פי' אחד א"ת ז' רקיעים וארץ עפ"י הנגלה כמ"ש הטור · וע"ד הקבלה הוא בחי' יחוד ע"ס דזו"א כידוע והכל ענין א' מטעם הנ"ל· ופי' הדלי"ת הוא בחינת לאה או

רחל וגם ע"ד הנגלה יתבאר כן כו' וד"ל · והנה להבין שרש ענין היחוד הנה תחלה י"ל בכללות ענין ההשתלשלות דאבי"ע הנה כתיב והחכמה מאין תמצא פי' החכ' דווקא מאין נמצאת ולא שאר המדות כי החכ' נק' ראשית הגילוי כנ"ל דפתח בחכמ' כו' · אבל מן החכמ' למדות הוא מסתעף בדרך יש מיש כו' שהרי אנו רואים בחוש שהתפעלו' המדות אינם רק לפי ערך אופן השכל והתבוננות בלבד כי הנה לפי ערך העמקת השכל בהתבוננות היטיב באיזה מו"ת טוב וכיוצא · לפי ערך זה תהיה ההתפעלות בלבו להרויח במו"ת · וכדומה לזה בהיפוך בהתפעלות הצער והתבונני' ההיזק במו"מ וכיוצא הוא ג"כ רק לפי ערך ההתבוננו' בלבד וכידוע · וגם הנה אנו רואים שהשכל יגדל התפעלו' הצער וגם ישמרנו מכל צד ובהיפוך בהעדר אור השכל הנה אדרבא לא יתפעל כ"כ בצער ההיזק ולא ישמור א"ע ממנו כ"כ כו' כמו שנראה לעין הרוא' שהפתי מפני שמאמין לכל דבר כידוע יכול הוא להאמין לדברי שונאו ולא יתרחק מהזיקו ולא יתפעל גם כן מההיזק כו' כמאמר אין שוטה מרגיש כו' ומכ"ז הרי הוראה גמורה שעיקר הגדלת המדות או מיעוטן תמיד רק באופן השכל והדעת · וא"כ הרי השכל והמדות ממש ענין ומהות א' רק שיעבור אור השפע משכל למדות דרך העברה בלבד כו' וכמ"ש במ"א וע"כ נק' זה בשם ענין יש מיש ועד"ז ממדות למחשבה דו"מ כידוע · אבל החכמה היא נמצאת יש מאין דהיינו שלא נמצא לה שרש תחלה כמו שנמצא למדות שרש בשכל תחלה כנ"ל אלא מאין ממש נמצאת כו' וד"ל · והנה ע"ד הנ"ל בחכ' כן הענין בכל עולם ועולם מד' העולמות אבי"ע ובכאו"א הרי החכ' מאין תמצא ע"ד הנ"ל והשאר כולן משתעפים בבחי' יש מיש כו' · והנה ידוע סדרי ההשתלשלות דאבי"ע דבחי' מל' שבעליון נעשה כתר לתחתון דמ"ל דאצי' נעשה בחינת עתיק לבריאה וא"כ החכ' שבעולם הבריאה נמשכת מבחי' אין דהיינו מבחי' עתיק דבריאה שנמשך מבחי' מל' דאצי' ועד"ז ממל' דבריאה שנעשה עתיק ליצי' הרי נעשה בחינת אין לחכ' דיצי' ומיצי' לעשי' ג"כ מבחינת מל' דיצי' נעשה עתיק לעשי' דהיינו בחי' אין לחכ' דעשי' כו' עד המדריגה התחתונה מכולם והוא בחי' מ"ל דמל' דעשי' · וידוע שחכמה שבמל' דמל' מקשר לנפשות השכליות דזה העולם השפל וגם היא נחלקת לב' מדריגות פנימית וחיצונית דהיינו מחיצונית הכלים די"ס דמל' שבמל' נתהוו נפשות שכלים האנושים הנקרא נפש הבהמית · ומבחינת הפנימית של הכלים נתהוו נפשות האלהית כידוע · וערך ההפרש ביניהם הוא כערך ההפרש שיש בין מלאכים דעולם העשי' לנשמות דעשי' · כי ידוע דבדרך כלל יש ג' מדריגות נר"ן · נפש בעשי' ורוח ביצירה ונשמות בבריאה כו' והנשמות דעשי' נקרא נפש ודיצי' נק' רוחין כו' · וידוע דחיצונית העליון נעשה בחינ' פנימית לתחתון ע"כ ממלאכים דיצי' נעשה נשמות

לעשיה וכיוצא וא"כ מלאכים דיצירה הגם שהן בחי' נשמות לעולם השפל מהן שהוא עולם העשי' מ"מ אין להם ערךעם נשמות דיצי' שבבחי' פנימית דיצי' ועד"ז בעשיה אין ערך למלאכי' דעשי' עם נשמו' דעשי' מטעם זה· וע"ד אופן ההפרש שיש ביניהם כך הוא ההפרש למטה בנמצאים מהם והן ב' הנפשות נפש האלהית ונפש הבהמית כו' וד"ל· ונמצא מובן מכ"ז שהתהוות שכל וחכמה האנושית למטה הוא סוף כל דרגין שאין עוד למטה הימנה· ואמנם שרשה מגעת מעולם לעולם ע"ד אופן הנ"ל שחכמה דמל' דעשיה תמצא מאין דמל' דיצירה וחכמה דיצירה מאין דמל' דבריאה וחכ' דבריאה מאין דמל' דאצי' עד שגם בעולם האצילות בחי' חכמה שבמל' דאצילות מבחי' אין שבאצילות כו'· אך הנה בכלל מובדל ומרומם ערך מעלת חכמה דאצי' על כל מיני מדריגות חכמה שבג' העולמות· כי ידוע דבחינת הפרסא מפסיק בין האצי' לבי"ע והגם שיש מעקה בין כל עולם ועולם מ"מ אינם דומים לבחי' הפרסא שבין אצי' לבריאה כי הרי ידוע דבאצילו' אין הפרש בין אורות לכלים דאיהו וחיוהי וגרמוהי חד כו' והכל בחי' אלהו' ממש ואין ערוך כלל בין נברא עם הבורא כידוע וא"כ הגם שמ"ל דאצי' נעשי' עתיק לבריאה מאחר שהוא לאחר בקיעת הפרסא כו' אין לחכמה דבריאה שנמצא מאין דעתיק זה ערך והשתוות כלל עם חכמה שבמ"ל דאצי' עצמה מטעם הנ"ל· וזהו מ"ש בזוהר ע"פ אין קדוש כה' אלקינו כמה קדושאן אית כו' וכמ"ש במ"א וד"ל· והנה ידוע דקמי' עצמו' המאציל שוה ומשוה קטן וגדול יחד וכמ"ש קטן וגדול שם הוא כו' והיינו ששוה לפניו תחתית כל המדריגות עם ראש כל דרגין והוא ששוה לפניו חכמה דעשי' התחתונה עם חכ' דאצילות הנקרא ראשית וכנ"ל כי באמת הרי גם החכמ' דאצילות נתהווה יש מאין מן המאציל ע"י כמה צמצומים וירידות המדריגות הרבה כידוע שהיה ריבוי ההשתלשלות שלפני האצי' בבחי' עקודים נקודים כו'· עד שנאצל אור החכמה בבחי' אצי' כו'· והרי לפ"ז הכל שוין לפניו וכידוע דקמי' כחשיכה כאורה כו' רוחניות וגשמיו' שוין ממש כו' וכמ"ש במ"א וד"ל· ואמנם אעפ"כ הנה לפי בחי' סדר ההשתלשלות בתחלה הרי ניתן כבר מדה וקצבה מאור המאציל לאבי"ע ע"י בחי' קו המדה כידוע ולפי אופן אותו הקו המודד אדרבה יש מעלה ומטה במדרגה מעולם לעולם כידוע ואין ערוך כלל בין תחתון עם העליון וכנ"ל· וא"כ כאשר צריך שיהא כולן בהשוואה אחת לפניו אזי אינו אלא כאשר יאיר אור חדש מן המאציל על כל ההשתלשלות שלא לפי ערך המדה הקצובה בתחלה כו' שאז ממילא ישתוו כולן כי הרי מתבטלין ממציאותן וכולא קמי' כלא חשיבי כקטן כגדול כו' וכנ"ל· ואין זאת ההארה באה רק בבחי' היחוד העליון דוקא שנעשה בק"ש ולא בזולת זה· כי הנה הגם דלכאורה בלא יחוד זה דק"ש ג"כ הרי סדרי ההשתלשלות באבי"ע לא נפסק אורם ושפעם אפילו רגע א' וכמאמר הידוע דאו"א זיווגייהו תדיר כו' ונק' תרין ריעין דלא מתפרשין לעלמין כו' ולכך הקשו בגמרא אטו האידנא לאו אחד הוא כו'· אך הענין הוא דמה שאמר דאו"א זיווגייהו תדיר כו' הרי אין היחוד שלהן רק לחדש את הישינות והוא להחיות העולמות במדה הקצובה להן בראשית ההשתלשלות וכמ"ש בע"ח· אבל כדי שיהי' אור חדש נגלה מעצמות המאציל שלא לפי המדה הראשונה כנ"ל וזהו הנק' בל' המקובלים להוסיף אור אינו אלא ע"י היחוד היותר עליון מזה היחוד התדירי· והוא היחוד שנעשה בק"ש בב' תיבות דה' אלהינו שהן בחי' או"א כידוע· וענין זה היחוד העליון היינו מה שנגלה על או"א מעצמות אור המאציל אור חדש לא להחיות העולמות בלבד אלא הוא נמשך ובא מבחי' הפנימית כמשל הטפה ממוח כו' וכמ"ש במ"א וד"ל· וזהו כל עיקר כללות ענין היחוד בק"ש כידוע בספרי הקבלה: אך הנה באמת לכאורה מהיכן יהיה סיבה לגילוי אור חדש כזה וידוע דבראשית ההשתלשלות היה חפץ חסד מצד עצמותו כמ"ש בע"ח אבל מכאן ואילך אינו אלא ע"י העלאת מ"נ ובפרט להוסיף אור חדש כזה שיהיה שוה לפניו הכל כנ"ל· אמנם הענין הוא דזה אינו נעשה ע"י אהבת ודביקות הנפש בבחי' כלות הנפש מאחר שזהו ענין הוספת אור מלמעלה שהוא יורד ובא מלמעלה למטה וההעלאת מ"נ צריך להיות כדוגמא הזאת ג"כ כי ידוע דרוח אייתי רוח ואמשיך רוח כו' וכמ"ש אם ישים אליו לבו כו' וכנ"ל· אלא דוקא ע"י אהבה שהיא בבחי' ההמשכה והירידה ג"כ והיינו בחי' התשוקה שיהיה חפץ ומשתוקק שיהיה גלוי אור א"ס מלמעלה למטה דוקא· וזהו פי' ואהבת את ה' כו' דבאמת לא יתכן דרך האהבה לאלהים חיים ע"ד האהבה הגשמית אלא האהבה אליו הענין הוא שיחפוץ הגילוי אורו וזיוו למטה מטה כו'· וכידוע דשרש בחי' האהבה הוא בחי' אור החסד שהוא ענין ירידת האור מן ההעלם לגילוי כו' ורוח אייתי רוח כו' וגם למעלה מתגלה מעצמות אור המאציל בנאצלים בבחי' הוספת אור כנ"ל והוא עיקר סיבת ענין היחוד שבק"ש הנ"ל וד"ל· וזהו שאמרו ז"ל בענין היחוד תמליכהו בשמים וארץ וד' רוחות כו' או מאמר שאגר כיון דאמליכתיה למעלה ולמטה ולד' רוחות העולם תו לא צריכת כו' כי הנה מבואר למעלה דעיקר ענין היחוד בק"ש היינו שאור חדש יאיר בי"ס הנאצלים ולא לחדש את הישינים בלבד כו' וזהו שאמר תמליכהו בשמים וארץ פי' שיומשך הא"ס מחדש בי"ס בבחי' מלוכה שהוא ענין ההתגלות כנודע ושמים וארץ וד' רוחות העולם הן בחי' ששה קצוות הידועים שהן מעלה ומטה מזרח ומערב צפון ודרום וכו מאמר כיון דאמליכתיה למעלה ולמטה ולד' רוחות כו' ועוד נרמז בתיבת אח"ד א"ח ז' רקיעין וארץ והאלף הוא אלופו של עולם שמנהיג אותן כמ"ש הטור והכל ענין א' עם דעת המקובלים כי הלא נודע שכל דברי חז"ל נבנין ע"פ הסוד של הקבלה

רק

רק שהסתירו דבריהם בלשון הנגלה לכל אדם וכמ"ש הנגלות לנו כו' · וגם עוד הפרש יש מפני שדברי חז"ל שנק' תורה שבע"פ ידוע שנמשכה וירדה למטה דוקא כי באה בהתלבשו' עד עולם השפל הזה וע"כ הכריחו ענין מצות היחוד דק"ש בו"ק הגשמיות דוקא · ובאמת כנראה מתוך דבריהם כוונו גם לבחי' הפנימית דו"ק דגשמיות והן ו"ק הרוחניות דאצי' שהן שרשי' האמיתי' דו"ק דכל עולם ועולם מג' העולמות בי"ע אלא שהסתירו דבריהם מפני כוונת ההמון שאינם יודעים לכוין למעלה ברוחניות רק למטה בגשמיות· ועוד יש לומר שבכוונה אמיתית כיונו במה שדברו בו"ק הגשמיות כי הגם ששרש הו"ק גשמיות הן ו"ק הרוחניות מ"מ בענין היחוד שלהן יותר אמיתי הוא כאשר היחוד בו"ק הגשמיות וכמשמעות פשט הכתוב הנה מקום אתי שר"ל מקום גשמי מו"ק גשמיות מעלה ומטה מזרח ומערב כו' שאותו המקום בטל במציאות לגבי מקור החיים המהווה את כל העולמות מאין ליש ומחדש אותם תמיד כמאמר מחדש בכל יום כו' ובכל יום מתחדש מזרח חדש שלא היה כמוהו ביום אתמול עדיין וכיוצא בזה במעלה ומטה ושארי הרוחות כו · והטעם הוא לפי שנמצאים בשרש שרשן של הו"ק הללו בבחי' הרוחניות דבחי' האצי' שנקרא ג"כ בשם מקום אלא שנקרא מקומו של הקב"ה וכמארז"ל הוא מקומו של עולם כו' · והן בחי' ו"ק הידועים גדולה וגבורה ות"ת ונצח והוד כו' · וידוע שהנצח וההוד הן הנקרא מעלה ומטה (ויש בזה דיעות חלוקות בספרי המקובלים ובפרט בין דעת הרמ"ק לקבלת האריז"ל כמ"ש במ"א באריכות) · ובחי' המזרח דאצי' הוא שרש למזרח הנמצא בג' עולמות עד מזרח הגשמי שבעוה"ז ועד"ז בכל הו"ק כידוע · וכאשר מחדש המאציל ו"ק דאצי' וכמ"ש בהן לך הוי"ה הגדולה והגבורה כו' ופי' לך היינו שבאים בבחינת ביטול המציאות ע"ד פי' הנה מקום אתי הנ"ל אז ממילא נמשך גם למטה ו"ק חדשים מאין ליש והכל ענין א' כי הא בהא תלי' ממש מאחר שהן באין בסדר ההשתלשלות מעילה לעילה כידוע ואם כן בהכרח שנמצא מציאת מזרח חדש בכל יום מזה הטעם כו' וד"ל · ולהיות כן מאחר שמוכרח זה הדבר בדרך ההמשכה מלמעלה למטה מו"ק הרוחניות לגשמיות כנ"ל · א"כ ממילא מוכרח הדבר שגם בדרך ההעלאה מלמטה למעלה יהיה הענין כן שביחוד ו"ק הגשמיות ממילא יהיה גם היחוד למעלה ואדרבא עיקר היחוד העליון תלוי בתחתון כמאמר רוח אייתי רוח כו' וכידוע · וע"כ כיונו חז"ל דוקא לו"ק הגשמיות בענין היחוד וד"ל · אך זהו דוקא בדרך ההעלאה שהוא בחינת הביטול לך ה' הגדולה כו' · אבל בדרך ההמשכה מלמעלה למטה תלוי בו"ק העליונים דוקא וע"כ בפירוש תמליכהו יש ב' אופנים הא' מלמטה למעלה והב' מלמעלה למטה והוא ע"י אלף דאח"ד שהז' רקיעים וארץ הוא נרמז בתיבת א"ח כו' והכל ענין אחד עם מ"ש בספרי הקבלה בכוונות דתיבת אחד שהוא לייחד בחי' ע"ס דז"א שנקרא א"ח ע"י האלף כו' כידוע · וגם פי' הדלית שהוא לאה או רחל גם בדרך הגמ' נמצא כן למעיין היטיב בדבריהם כו' וד"ל: ועתה י"ל שרש ענין יחודא תתאה דבשכמל"ו כו' · הנה אמרו בזוהר דהמ"ל נקרא מאנא דמשתמש בה בעלה כו' · פי' ע"ד המאמר אין האשה כורתת ברית אלא למי שעשאה כלי כו' · כי כל הנחלים הולכים אל הים היינו בחי' מ"ל דאצי' שמקבלת כל האורות העליונים כידוע · והנה סוף מעשה דוקא עלה במחשבה תחלה כידוע כי נתאווה הקב"ה להיות לו דירה בתחתונים דוקא ע"כ האצי' אורות וכלים כו' והוא מפני כי באמת בעצמות אור הא"ס לית מח' תפיסא ביה כלל ואין דבר ערוך כלל לגביו שיומשך ויתלבש בו וכמ"ש איזה בית כו'· אך בבחי' כלים שירדו ונתלבשו דוקא למטה שם יוכל לשכון מטעם המבואר במ"א וע"כ מפני בחי' סוף המעשה דוקא דהיינו בחי' מ"ל דאצי' שהיא נקראת מקור כל המקבלים בכלל ונקרא כל"י בכלל לזאת היתה עיקר הכונה בתחלה כי נתאווה להיות לו דירה בתחתונים דוקא · וזהו שנקרא' המ"ל מאנא לאשתמשא בה בעלה כי לולי בחי' הכלי דמ"ל מצד האורות לא היה אור א"ס מאיר בנבראים ונאצלים כי אין לך דבר שימשיך אותו למטה רק בחי' הכלי דוקא אבל בחי' האורות הרי לית מח' תפיסא ביה כלל כי כלא חשיבא וכל הקרב קרב קמיה יותר יותר כלא כו' וכמאמר הכל ירוממוך סלה כו' וכידוע וד"ל . ולזה הטעם ניתנו כל המצות מעשיות בכדי שיכינו בחי' כלים להיות נמשך בהן אור אין סוף וכידוע דרמ"ח פיקודין נקראין רמ"ח אברים דמלכא ועד"מ האבר שחיות הנפש נמשך בו כו' וכמ"ש במ"א והיינו בחי' כלים בפרט והוא מ"ש והיו הדברים האלה כו' · אך ענין בשכמל"ו הוא בחי' הכלים בכלל וכנ"ל דנקרא מאנא כו' וד"ל . וזהו סדר ענין הכונה בפ' ראשונה דקריאת שמע בפסוק ראשון דהיינו יחודא עילאה כו' הוא ענין הביטול דו"ק וגם ההמשכה בהוספת אור חדש כנ"ל ע"י אל"ף דאח"ד ואחר כך ברוך שם כבוד מלכותו לעולם ועד הוא ענין ההמשכה בכלי דוקא · אך עדיין הוא בדרך כלל ואחר כך חוזר ומפרש בחי' הכלי בפרט באמרו והיו הדברים האלה כו' וכדי להבין ריבוי הכלים בפרט הקדים תחלה פסוק ואהבת כו' מפני שהוא ענין הגורם סיבת ריבוי המשכות אורות בכלים רבים כי פירוש ואהבת מבואר למעלה שהוא ענין התשוקה להיות גילוי אלקות למטה דוקא כו' וע"כ ע"י זאת התשוקה יגרום ריבוי המשכת אלקות בכמה מיני כלים שונים כי כל מה שירבו הכלים יהיה יותר בחי' הגילוי כו' וד"ל . ומ"מ א"א לתשוקה הזאת בלתי העלאת מ"נ אך נעלמת בתוך פנימית כו' והוא אהבת בכל מאדך שהוא מסירת נפש בהסתלקות (כי פרשת שמע הוא בחי' אור הגבורות דשם מ"ב בכלי החסד כמ"ש במ"א וד"ל) · ודברת

גם בשבתך בביתך כו׳ · הנה לאחר שדיבר בבחינת הכלי בכלל באמרו והיו הדברים האלה כו׳ שמדבר במצות שהן כלים בכלל ובפרט הן רמ"ח כו׳ · עתה הוא אומר על תוכן הכונה הפנימית בענין הצטרכות בחינת הכלים הללו כו׳ והוא באמרו ודברת בם בשבתך כו׳ דהיינו מצות ת"ת · ושרש ענין מצוה זו גבוה מכל המצות שהרי ת"ת כנגד כולם והרי אמרו שאין העולם מתקיים אלא בהבל תינוקת של בית רבן ואמר ליה ר"פ לאביי בגין דידי ודידך מאי א"ל אינו דומה הבל שיש בו חטא כו׳ · וי"ל לשון אין העולם מתקיים כו׳ ואיך יתקיים ע"י לימוד התינוק שאין שם כונה כו׳ · אך הענין יובן בהקדים ענין ה׳ הידוע ומבואר בת"א שבחינת הממוצע בין אא"ס לנאצלים ונבראים הוא אור החכמה דוקא לפי שאין התלבשות אא"ס אלא בחכמה דוקא מטעם הידוע להיות החכמה בבחינת הביטול שהרי נקרא כח מ"ה כלומר מה פשפשת כו׳ ע"כ שורה ומתלבש אור א"ס בחכמה דוקא ולא במדה זולתה · והגם שכל המדות והספי׳ בבחי׳ אצילות בחינת אלקות הוא מ"מ הן בחי׳ יש ודבר מה קצת עד שמחמת התראותם לבחינה קצת· היה מזה סיבת השבירה במדות כו׳ וכמ"ש בת"א מה שאין כן בחכמה נאמר ימותו ולא בחכמה שאין בחי׳ המיתה והנפילה מצויה בחכמה להיותה בחי׳ כ"ח מ"ה כנ"ל וד"ל · והנה ידוע ג"כ דאורייי׳ מח"ע נפקת כו׳ ושרשה בבחי׳ חכמה דא"ק וירדה ונתלבשה למטה לפי סדרי ההשתלשלות תחלה בחכמה דאצי׳ ואח"כ בחכמה דבריאה כו׳ עד בתב׳ שבת"ל דת"ל דעשיה והיא התורה הנגלית לנו כו׳ שנק׳ תורה דעשי׳ ולמעלה בעולם היצי׳ נק׳ תורה דיצי׳ כו׳ ועד"ז עד רוש המעלות כידוע · ובכל עולם ועולם לפי ערכו ומעלתו כן מתלבשת שם התורה בבחי׳ חכמה שבו ובה מתלבש אור א"ס והוא בחי׳ הממוצע שעל ידה יאיר אור אלקי באותו העולם בכל פרטי הנמצאים שבו·וע"ד דוגמא הנה בתורה דעשי׳ שלנו כל מה שכתוב בתורה ממציאת הנבראים ומדברת בדיניהם באיסור והיתר טומאה וטהרה וכיוצא זאת התורה הוא הוא בחי׳ החכמה שבה מלובש אור האלקי בבחינת ממוצע כו׳ להחיות אותן הנבראים בשרש שרשן מחיצוניות הכלים דת"ל דת"ל דעשיה כו׳ וכמו אפילו שמנה שרצים האמורים בתורה החולד והעכבר כו׳ זאת החכמה שמדברת בדיניהם על ידה יושפע למעלה שרש חיות מציאות כל מיני שרצים טמאים כו׳ · ועד"ז בעופות ומיניהם ובהמה וחיה ומיניהם וגם בחלק המדבר והצומח וכל פרטי חלקי העולם כל דברי התורה שנאמר בהן אפילו דבור ואות אחת זה האות הוא בחינת החכמה שעי"ז יתלבש אור האלקי ע"י בחינת ממוצע כו׳ וזהו שאמרו דברו חכמים בהווה פי׳ שדברו חכמים סיבת ההוי׳ של כל מציאת דבר כו׳ וכמ"ש בת"א וד"ל . ועד"ז בכל עולם ועולם לפי ערכו בחי׳ החכמה שבתורה דשם הוא בחינת הממוצע בין אור אלקי וביניהם וכן עד רום המעלות כו׳ וד"ל · וזהו ודברת בם כו׳ שתמשיך אור א"ס בחכמה שבתורה שהיא בחינת ממוצע והוא עיקר השרש הפנימית בהצטרכות ריבוי הכלים במעשה המצות כו׳ · ולכך ת"ת כנגד כולם ואין העולם מתקיים אלא בהבל של תשב"ר כו׳ הגם שאין להם שום כונה. כלל כי התורה מצד עצמה היא בחי׳ ממוצע בכל עולם והוא עיקר קיומו של אותו עולם · וזהו אין העולם מתקיים כו׳ כי היא בחי׳ הממוצע הראשון ואח"כ יועיל ריבוי הכלים מכלים שונים ואם לאו אין מי שיחבר אור האלהי במעשה המצות כו׳ וד"ל · ומה שתלה תנאי המצוה דת"ת בדיבור דוקא כי הדיבור הוא בחי׳ ממוצע גם כן בין העצמות לזולתו הנפרד כו׳ וד"ל · ואח"כ אמר וקשרתם וכתבתם כו׳ לפי שמצות ניתנו בבחי׳ המעשה דוקא שהוא ענין נפרד והדיבור ממוצע בין העצמות לנפרד וכידוע דהדיבור ביצירה והמח׳ בבריאה כו׳ · וע"כ אחרי בחינת הדיבור דת"ת צריך לעשות בחינת מעשה והן כלים מכלים שונים כנ"ל דהיינו שיהיה כלי ממש מכון לשבתו כו׳ · מש"כ הדיבור אינו אלא ממוצע המביא ומחבר אור א"ס בנבראים כו׳ · ומה שבחר בב׳ מצות תפילין ומזוזה הוא מפני שהן כללות כל המצות מעשיו׳ כי בפ׳ שמע כתוב אחדות ה׳ ויש בזה עכשיו ג׳ מדריגות ביחוד ה׳ במח׳ ובדיבור ובמעשה הכתב כו׳ · וכמ"ש בת"א וכמ"ש לכבודי בראתיו יצרתיו אף עשיתיו כו׳ · דבי"ע יש בכל עולם בפרט ובכללות אינו אלא ג׳ מדריגות הללו דבי"ע כידוע בספרי המקובלים וד"ל :

אֱמֶת וְיַצִּיב וְנָכוֹן וְקַיָּם וְיָשָׁר וְנֶאֱמָן וְאָהוּב וְחָבִיב
וְנֶחְמָד וְנָעִים וְנוֹרָא וְאַדִּיר וּמְתֻקָּן וּמְקֻבָּל
וְטוֹב וְיָפֶה הַדָּבָר הַזֶּה עָלֵינוּ לְעוֹלָם וָעֶד: אֱמֶת
אֱלֹהֵי עוֹלָם מַלְכֵּנוּ צוּר יַעֲקֹב מָגֵן יִשְׁעֵנוּ לְדֹר וָדֹר
הוּא קַיָּם וּשְׁמוֹ קַיָּם וְכִסְאוֹ נָכוֹן וּמַלְכוּתוֹ וֶאֱמוּנָתוֹ
לָעַד קַיֶּמֶת: וּדְבָרָיו חָיִים וְקַיָּמִים נֶאֱמָנִים וְנֶחֱמָדִים
לָעַד וּלְעוֹלְמֵי עוֹלָמִים: עַל־אֲבוֹתֵינוּ וְעָלֵינוּ עַל־
בָּנֵינוּ וְעַל דּוֹרוֹתֵינוּ וְעַל־כָּל־דּוֹרוֹת זֶרַע יִשְׂרָאֵל
עֲבָדֶיךָ: עַל הָרִאשׁוֹנִים וְעַל הָאַחֲרוֹנִים דָּבָר טוֹב
וְקַיָּם בֶּאֱמֶת וּבֶאֱמוּנָה חוֹק וְלֹא יַעֲבוֹר: אֱמֶת
שָׁאַתָּה הוּא יְהֹוָה אֱלֹהֵינוּ וֵאלֹהֵי אֲבוֹתֵינוּ מַלְכֵּנוּ
מֶלֶךְ אֲבוֹתֵינוּ גּוֹאֲלֵנוּ גּוֹאֵל אֲבוֹתֵינוּ צוּרֵנוּ צוּר
יְשׁוּעָתֵנוּ פּוֹדֵנוּ וּמַצִּילֵנוּ מֵעוֹלָם הוּא שְׁמֶךָ וְאֵין
לָנוּ עוֹד אֱלֹהִים זוּלָתֶךָ סֶלָה:

עזרת

עֶזְרַת אֲבוֹתֵינוּ אַתָּה הוּא מֵעוֹלָם מָגֵן וּמוֹשִׁיעַ לָהֶם וְלִבְנֵיהֶם אַחֲרֵיהֶם בְּכָל־דּוֹר וָדוֹר: בְּרוּם עוֹלָם מוֹשָׁבֶךָ וּמִשְׁפָּטֶיךָ וְצִדְקָתְךָ עַד אַפְסֵי אָרֶץ: אֱמֶת אַשְׁרֵי אִישׁ שֶׁיִּשְׁמַע לְמִצְוֹתֶיךָ וְתוֹרָתְךָ וּדְבָרְךָ יָשִׂים עַל לִבּוֹ: אֱמֶת אַתָּה הוּא אָדוֹן לְעַמֶּךָ וּמֶלֶךְ גִּבּוֹר לָרִיב רִיבָם לְאָבוֹת וּבָנִים: אֱמֶת אַתָּה הוּא רִאשׁוֹן וְאַתָּה הוּא אַחֲרוֹן וּמִבַּלְעָדֶיךָ אֵין לָנוּ מֶלֶךְ גּוֹאֵל וּמוֹשִׁיעַ: אֱמֶת מִמִּצְרַיִם גְּאַלְתָּנוּ יְהֹוָה אֱלֹהֵינוּ וּמִבֵּית עֲבָדִים פְּדִיתָנוּ: כָּל־בְּכוֹרֵיהֶם הָרַגְתָּ וּבְכוֹרְךָ יִשְׂרָאֵל גָּאַלְתָּ וְיַם־סוּף לָהֶם בָּקַעְתָּ וְזֵדִים טִבַּעְתָּ וִידִידִים הֶעֱבַרְתָּ וַיְכַסּוּ מַיִם צָרֵיהֶם אֶחָד מֵהֶם לֹא נוֹתָר: עַל־זֹאת שִׁבְּחוּ אֲהוּבִים וְרוֹמְמוּ לָאֵל וְנָתְנוּ יְדִידִים זְמִירוֹת שִׁירוֹת וְתִשְׁבָּחוֹת בְּרָכוֹת וְהוֹדָאוֹת לַמֶּלֶךְ אֵל חַי וְקַיָּם: רָם וְנִשָּׂא גָּדוֹל וְנוֹרָא מַשְׁפִּיל גֵּאִים עֲדֵי אָרֶץ וּמַגְבִּיהַּ שְׁפָלִים עַד־מָרוֹם מוֹצִיא אֲסִירִים פּוֹדֶה עֲנָוִים עוֹזֵר דַּלִּים הָעוֹנֶה לְעַמּוֹ יִשְׂרָאֵל בְּעֵת שַׁוְעָם אֵלָיו: תְּהִלּוֹת לָאֵל עֶלְיוֹן גֹּאֲלָם בָּרוּךְ הוּא וּמְבוֹרָךְ מֹשֶׁה וּבְנֵי יִשְׂרָאֵל לְךָ עָנוּ שִׁירָה בְּשִׂמְחָה רַבָּה וְאָמְרוּ כֻלָּם:

מִי־כָמֹכָה בָּאֵלִם יְהֹוָה מִי כָּמֹכָה נֶאְדָּר בַּקֹּדֶשׁ נוֹרָא תְהִלֹּת עֹשֵׂה פֶלֶא:

שִׁירָה חֲדָשָׁה שִׁבְּחוּ גְאוּלִים לְשִׁמְךָ הַגָּדוֹל עַל־שְׂפַת הַיָּם יַחַד כֻּלָּם הוֹדוּ וְהִמְלִיכוּ וְאָמְרוּ יְהֹוָה ׀ יִמְלֹךְ לְעֹלָם וָעֶד: וְנֶאֱמַר גֹּאֲלֵנוּ יְהֹוָה צְבָאוֹת שְׁמוֹ קְדוֹשׁ יִשְׂרָאֵל: בָּרוּךְ אַתָּה יְהֹוָה גָּאַל יִשְׂרָאֵל:

דיני תפלה

בתפלת י״ח צריך להחזיר פניו כנגד ירושלים והמקדש · ומה שנהגו לעמוד כלפי מזרח נתפשט המנהג מימי קדם כשהיתה הגולה בצרפת וסמוכות שלה · אבל במדינות אלו הצפוניות ביותר צריך לעמוד כנגד קרן דרומית מזרחית · ולא כנגד הקרן ממש אלא משוך מן הקרן מעט כלפי דרום בענין שאם תחלק רובע העיגול שמאמצע הדרום לאמצע המזרח לג׳ שלישים יהיו פניו מכוונים כנגד רוחק ערך שליש א׳ מאמצע הדרום וערך ב׳ שלישי׳ מאמצע המזרח:

אֲדֹנָי שְׂפָתַי תִּפְתָּח וּפִי יַגִּיד תְּהִלָּתֶךָ:

בָּרוּךְ אַתָּה יְהֹוָה אֱלֹהֵינוּ וֵאלֹהֵי אֲבוֹתֵינוּ אֱלֹהֵי אַבְרָהָם אֱלֹהֵי יִצְחָק וֵאלֹהֵי יַעֲקֹב · הָאֵל הַגָּדוֹל הַגִּבּוֹר וְהַנּוֹרָא · אֵל עֶלְיוֹן · גּוֹמֵל חֲסָדִים טוֹבִים קוֹנֵה הַכֹּל · וְזוֹכֵר חַסְדֵי אָבוֹת וּמֵבִיא גוֹאֵל לִבְנֵי בְנֵיהֶם לְמַעַן שְׁמוֹ בְּאַהֲבָה:

בעשי״ת זָכְרֵנוּ לְחַיִּים מֶלֶךְ חָפֵץ בַּחַיִּים וְכָתְבֵנוּ בְּסֵפֶר הַחַיִּים לְמַעַנְךָ אֱלֹהִים חַיִּים:

מֶלֶךְ עוֹזֵר וּמוֹשִׁיעַ וּמָגֵן: בָּרוּךְ אַתָּה יְהֹוָה מָגֵן אַבְרָהָם:

אַתָּה גִבּוֹר לְעוֹלָם אֲדֹנָי מְחַיֵּה מֵתִים אַתָּה רַב לְהוֹשִׁיעַ: בקיץ מוֹרִיד הַטָּל:

בחורף מַשִּׁיב הָרוּחַ וּמוֹרִיד הַגֶּשֶׁם:

מְכַלְכֵּל חַיִּים בְּחֶסֶד מְחַיֵּה מֵתִים בְּרַחֲמִים רַבִּים סוֹמֵךְ נוֹפְלִים וְרוֹפֵא חוֹלִים וּמַתִּיר אֲסוּרִים וּמְקַיֵּם אֱמוּנָתוֹ לִישֵׁנֵי עָפָר:

מי

מִי כָמוֹךָ בַּעַל גְּבוּרוֹת וּמִי דּוֹמֶה לָּךְ מֶלֶךְ מֵמִית וּמְחַיֶּה וּמַצְמִיחַ יְשׁוּעָה:

בעשי"ת מִי כָמוֹךָ אָב הָרַחֲמָן זוֹכֵר יְצוּרָיו לְחַיִּים בְּרַחֲמִים:

וְנֶאֱמָן אַתָּה לְהַחֲיוֹת מֵתִים: בָּרוּךְ אַתָּה יְהוָה מְחַיֵּה הַמֵּתִים:

כשהש"ץ חוזר הש"ע אומרים זה

נְקַדִּישָׁךְ וְנַעֲרִיצָךְ כְּנוֹעַם שִׂיחַ סוֹד שַׂרְפֵי קֹדֶשׁ הַמְשַׁלְּשִׁים לְךָ קְדֻשָּׁה כַּכָּתוּב עַל יַד נְבִיאֶךָ וְקָרָא זֶה אֶל זֶה וְאָמַר: קָדוֹשׁ | קָדוֹשׁ קָדוֹשׁ יְהוָה צְבָאוֹת מְלֹא כָל הָאָרֶץ כְּבוֹדוֹ: לְעֻמָּתָם מְשַׁבְּחִים וְאוֹמְרִים: בָּרוּךְ כְּבוֹד יְהוָה מִמְּקוֹמוֹ: וּבְדִבְרֵי קָדְשְׁךָ כָּתוּב לֵאמֹר: יִמְלֹךְ יְהוָה לְעוֹלָם אֱלֹהַיִךְ צִיּוֹן לְדֹר וָדֹר הַלְלוּיָהּ:

אתה

מי כמך בעל גבורות ומי דומה לך מלך ממית ומחיה כו'. פי' סומך נופלים ורופא חולים ומתיר אסורים ג' אלה המדריגות בנפילה אחר נפילה כו'. הוא כנגד ג' מדרגות דיניקות החיצונים בג' עולמות בי"ע ובעולם הבריאה נק' נפילה לבד כמ"ש הנפילים היו בארץ כו'. וביציר' נקרא חולים ע"ש חולת אהבה כמש"ת בשה"ש. בעשיה נקרא אסורים כי הוא תכלית הנפילה כשאסור בזיקים כו'. ושרש הדברים הנה ידוע בעולם האצי' עצמו אין רע כלל וכלל והוא כאשר זו"נ הן בבחי' פב"פ שוין בקומתן כו'. וגם כאשר מלבש' עד החזה בלבד עדיין אין רע יונק מתנה כלל אך כאשר מסתתר' מאד ברבוי הצמצומים עד שאינה אלא בחי' נקודה חדא תחת היסוד כו'. אז יש מקיר ושרש ליניק' הרע דנוגה דבי"ע כו' כמ"ש בכתבי האר"י ז"ל בענין תיקון חצות כו' במ"ש ערו עד היסוד כו' והנה בעולם העשיה שיונקים ע' שרי' ממדת מ"ל כתי' בה ואני בתוך הגולה כו' שהוא הנק' גלות השכינה כמו עד"מ אדם הנשב' בין שונאיו ונתפס בהם לישב אסור בזיקי' כו'. כמ"כ עד"מ כשהשפע' האלקית נמשכת לע' שרים שהמה בתכלית הגסות והשמרים כו' ה"ז בבחי' גלות ממש בע"כ כי שונאי ה' נקראים כמ"ש ואת עשו שנאתי כו' וכמאן דשדי בתר כתפיה יומשך להם השפע כו'. וזהו ואני שהוא מדת מלכותו ית' שבכל משלה נק' ואני הוא בתוך הגולה דע' שרי' בעולם העשי' כמו תפיסה נחשב עד שנאמר מלך אסור ברהטים כו'. וזהו דרישא שכיבת לעפר' שהוא עפר דנגה דעשי' וכמ"ש במ"א. וכמו היציאה מבית האסורי' כמ"כ עד"מ נקרא מתיר אסורים כשי"ם דקדושה שבעולם העשיה יוצאים חפשי בכל שבת וחודש כו' שהוא עלייה הראשונה דמ"ל בענין הידוע בג' הברכו' שלא עשני גוי כו' וכמ"כ עד"ז עלייה השנייה די"ם דיצירה. אך שם נקר' חולת אהבה כי אין הירידה כ"כ בעולם היציר' כמו בעולם העשי' רק שמפני גודל הצמצום וההסתר אלקות נתרחק האור דא"ס שבבחי' האצי' עד שמרחוק ה' נראה שם. ולהיות כן התשוקה של העלי' מ"ל מעולם היצי' הוא בחי' חולת אהבה כאדם שיחלה לבבו בהעדר תאוותו כו' הוא מפני שאיננו משיגו. כמ"כ בהתבוננות בנפש האלקות כאשר לא תוכל להשיג מהות אור א"ס יולד בלב חולת אהבה מפני שאינו משיג מאומה ועד"מ בעל השכל ובר דעת כשלא ישיג השכל יחלה לבבו יותר ממי שאינו בעל שכל כ"כ כידוע. וגם כאן יש הורא' בחולי האהב' שיש קצת אהבת אלקי' בלבבו ולהיות כן לבבו במרירות כשאינו משיג כו' וד"ל. ועדכ"ז יובן בבחי' חולת אהבה האלקית די"ם דיצירה כו' שהוא מפני הריחוק והנפילה העצומה וכו' וה"ז כמשל הבן היושב בבית האסורים כשזוכר על אביו יבכה וכששכח ישב בטח בבית האסורים כו' כמ"כ ענין ההפרש בין עולם העשי' לעול' היצי' וד"ל. ועלייה השלישי' דמ"ל הוא ענין סומך נופלים לפי שבעולם הבריא' רובו טוב כו' ומה שיש קצת יניקה לחיצונים אינו אלא בתכלי' המיעוט ע"כ איננו רחוק אור א"ס שם כ"כ שיהיה האהבה בדרך חולי כו' אלא תהיה האהב' בבחי' קירוב אך לפעמים תפול האהבה ונק' נופלים כו' ועד"מ אהבת הבן לאביו שלא תשכון בתמידות כי יוכל לשכוח לגמרי אבל עכ"ז בזכרו תיכף תתעורר כמו שהוא ממש בלתי גרעון כלל משא"כ חולת אהבה של הבן בזוכרו על אביו כשיושב במאסר כנ"ל וד"ל. ואחר כ"ז הוא מפרש סיבת ג' ירידות הללו באומרו מי כמוך בעל גבורות כו' מלך ממית ומחיה כו'. יש להבין איך יתכן בחי' המיתה בלתי מחיה מקודם ואיך אמר ממית כו' כשעדיין לא יש ענין חיות כו'. אך הענין הוא דרומז על ענין שבירת הכלים דידוע שנקרא מיתה ע"ש נפילה מדרגא כו' כמ"ש בזהר ובע"ח וכמ"ש וימלוך וימת כו' ובלתי מיתת הז' מלכי' לא היה מציאות שפע החיות כלל מבחי' התיקון שאח"כ כו' וזהו ממית ואח"כ מחיה דווקא וד"ל. וביאור הדברי' ידוע להיות כי ז' מלכים דתהו היו במדריגה היותר נעלה בבחי' קירוב גדול לא"ס כו' עד שלא היו מסתעפים מהם כלל ההשתלשלות שהן בצמצום שהוא האורות וכלים מכלים שונים שבעולם האצילות כמו חכמה וחסד וכדומה וכאשר נשברו הכלים בבחי' פירוד השפע כמ"ש במ"א אז נמשך בצמצומים במיעוט האור וריבוי הכלים עד שיכול להתהוות מציאות החכמה בעולם הבריאה וכדומה נמצא בחי' מיתת הז' מלכים שלפני מלוך מלך לבנ"י כו' הוא למעלה

למעלה מחיות השפע שמתלמם אח"כ בכלים מכלים שונים בבי"ע כו' וזה היה מחמת חסד עליון כדי שיהיו נבראים מקבלים כו' · וזהו למכה מלכים גדולים כל"ח ככ"ל וד"ל · וזהו שאמר ממית ואח"כ מחיה בבחי' התיקון דעולם האצי' כו' · אך אע"פ שהוא מחמת חסד עליון ככ"ל עכ"ז הנה נמצומים גדולים של המלאכי' שהיו בבחי' השבירו' כו' הן הן גבורותיו שיוכל לצמצם עצמו כ"כ כי איזהו גבור הכובש כחו כו' וד"ל · וזהו מי כמוך בעל גבורות פי' מקור כל הגבורות והצמצומים כי מה שהיה בצמצום בנבראים אחר השבירה הן צמצומים ממש· אך המקור האמתי שיוכל להיות מציאת השבירה הוא הנק' בעל גבורות כמ"ש בת"א על ענין בוצינא דקרדוניתא כו' וד"ל · ומצמיח ישועה פי' בא לפרש עיקר הטעם של המאציל במה שכבש כחו וצמצם א"ע להיות השבירה והתיקון אח"כ הוא בשביל שתצמח הישועה אח"כ בתוספת ברכה מרובה על העיקר כו' וה"ז כמשל הזורע גרעין בארץ שתרקב לגמרי ותהיה לאין לעלות מ"ן לכח המצמיח שבארץ כמ"ש בת"א · אך אחר הרקבון הנה תגדל ותצמח בתוספת ברכה כענין הברכה דזריעת יצחק במאה שערים כו' ואע"פ שיצא לאבוד חטה הזרועה נתוסף אח"כ ק' חטין מחמתה כו'· כמ"כ יובן ענין שרש הטעם של השבירה בפירור אחר פירור כו' עד שיהיה המשכות זרות לגמרי כענין הקליפות גסות דעשי' כו' שכל זה הוא כמשל הזורע כמ"ש אור זרוע לצדיק ח"י עלמין כו' והפסולת דרע נרקב כו' וגם הפנימיות עד שלא ישאר רק בחי' רוחניות כו' ואז יצמח מלמטה למעלה בתוס' ברכה במאה שערים כו'· והוא ענין הבירורים דרפ"ח שהם בבחי' אור חוזר מלמטה למעלה כו' עד שנגדלו כל הפרצופים דאצי' בתוס' הארת המוחין עליונים מחמת העלאת מ"ן של הבירורים כידוע וד"ל · וזהו מצמיח ישועה הצמיחה של הבירורים שאחרי התיקון לזאת היה עיקר המכוון בהשבירה כו' ושלימות הצמיחה יהי' לעת"ל כשנגלה כבוד ה' וכו' · וזהו המשך הדברים מי כמוך בעל גבורות להמית בשבירה ולהחיות בתיקון כדי להצמיח ישועות ממטה למעלה בתוס' מרובה על עיקר הזריעה כו' וד"ל · ועם כל זה ומי דומה לך כענין ואין דומה לך מושיענו לתחיית המתי' פי' גם התוס' ברכה מבירורי' דרפ"ח כו' אין ערוך כלל לגבי עצמותו י"ת ממש דכל ענין הטעם בשביר' ותיקון הוא הכל בחי' תחתונה שבמאציל בלבד כידוע וד"ל :

אַתָּה קָדוֹשׁ וְשִׁמְךָ קָדוֹשׁ וּקְדוֹשִׁים בְּכָל־יוֹם יְהַלְלוּךָ סֶּלָה :

ברוך

אתה קדוש כו' וקדושים בכל יום יהללוך סלה · פי' בכל יום משמע שמלאכים הללו הנק' קדושי' הם מתהווים בכל יום ומהללים כו' וביאור הדברים כי הנה הוא ית' נק' אדון הנפלאות פי' נפלאות הוא מה שאינו מושג ונתפס בשכל והשגה כלל כמו כי יפלא ממך דבר כו' · ואדון הנפלאות הוא למעל' מעלה גם מבחי' ההפלאה וכמ"ש עושה פלא שהפלא ג"כ בחי' עשי' גשמית לגבי עצמותו י"ת · ולהבין זה הנה החכמה מאין תמצא · והיינו ענין שאהוות השכל מלמעלה מן השכל שנק' פלא מפני הפלאת העלם הדבר איך יתהוה היש מן האין כו' וגם זאת בחי' עשיה גשמית נחשבת לגבי עצמות ההעלם שלמעלה מהתהוו' החכמה כו' ולכך נק' עושה פלא · וגם על מה שנתהווה מן החכמה נאמר בחי' עשי' כמ"ש כולם בחכמה עשית מטעם זה שהחכמה עצמה שמאין תמצא היא בחי' עשי' בלבד וד"ל · והטעם שנקרא בשם עשיה דוקא הוא לפי שהמעש' מסתעפת מן השכל וכערך המעשה לגבי השכל שהיא סוף כל דרגין כן ערך התהוות השכל מלמעלה מן השכל בבחי' מעשה סוף כל דרגין של ההעלם העצמי כו' וכמ"ש בת"א וד"ל · וזהו ושמך קדוש פירוש החכמה שנתהוה ע"י שם הוי"ה וממנה נסתעפו כל ההשתלשלות כמ"ש בראשית ברא כו' כידוע גם הוא קדוש ומובדל כו' בהיות שבי"ה הוי"ה צור עולמים כתיב ופי' י"ה הן חו"ב בי' שבחכמה נמשך הוי"ו ממנו ונעשה שם הוי' לצייר עולמים ב' מיני עולמות עלמין דאתכסיין ועלמין דאתגליין כו' · כי הנה ביוד נברא העוה"ב דכתיב בי' עין לא ראתה אלהים זולתך כו' · אינו בחי' ג"ע העליון שהרי הנשמות נהנים מזיו כו' והוא בבחי' גילוי ההעלם אך לגבי עוה"ז הגשמי נקרא עלמא דאתכסיא כו' · אבל עלמין סתימין דבי"ה כו' שעין לא ראתה כו' היינו שלא בא לידי גילוי כלל מן ההעלם ואינו נתפס בשום נברא כלל רק אלהים זולתך כו' והוא היוד שממנו נבראו העלמין סתימין וכמ"ש בי"ה הוי"ה צור עולמים ונמצא שמו י"ת הנק' הוי"ה קדוש ומובדל הוא כאשר הוא בשרשו בי"ה כו' · וזהו ושמך קדוש והיינו ג"כ ענין עושה פלא הנ"ל· וכ"ז נמשך מפני שאתה קדוש בעצמו ומהותו כלו' שהוא אדון הנפלאות למעלה מהתהוות פליאת החכמה מאין ליש ונק' קדוש בעצם שאינו גם בגדר התהוות עלמין סתימין כו' ונק' סתימו דכל סתימין כו' וד"ל · וזהו ענין ישראל מקדשי שמך דלכאורה הלא הוא ית' קדוש מעצמו מצד שהוא קדוש ומובדל בערך מכל ההשתלשלות כמ"ש כי קדוש אני כו' ואני ה' מקדישכם שקדושת ישראל נמשכה מקדושתו ואיך יתכן שתהי' קדושת ה' תלוי' בקדושת ישראל עד שיקראו מקדישי שמו שגורמים להיות שמו קדוש כו'· אך כדי להמשיך מקדושת עצמותו לקדש את שמו להיות עושה פלא וביה ה' צור עולמים ככ"ל הוא ע"י ישראל דוק' לפי שבאתדל"ת אתדל"ע כידוע · והנה המצות מעשיות ידוע בשנס באצי' ולמעלה מן האצי' ג"כ כידוע בענין הקב"ה

בָּרוּךְ אַתָּה יְהֹוָה הָאֵל הַקָּדוֹשׁ :

(בעשי"ת הַמֶּלֶךְ הַקָּדוֹשׁ) :

תניח תפילין כו' · וזהו אשר קדשנו במצותיו מצותיו ממש הם וע"י המצות שישראל עושים למטה עושה הקב"ה מצותיו למעלה מעלה עד שנמשך מקדושתו העצמי' לקדש את שמו שם הוי"ה בכל מצוה לפי אופן המשכתה מאור א"ס ב"ה בעצמו · כמו להיות נק' עושה פלא הוא החכמה אאלפך חכמה ע"י הנחת תפילין דמארי עלמא כו' והתלבשות אור א"ס בחסד להוות עלמין סתימין כמ"ש כי בי"ה כו' · דהיינו על ידי הצדקה · וכדומה לזה בכל המצות מעשיות המה מקדשי שמו יתברך דהיינו להיות נמשך · מאתה קדוש שמך קדוש כנ"ל וד"ל · ועיקר הטעם לזה הוא לפי שהמצות שרשן בבחי' רצון העליון שלמעלה הרבה מן החכמה כידוע · ולכן יש ביכולת מעשה המצות לקדש את שמו י"ת להיות קדוש בקדושת הכתר עליון וזהו אשר קדשנו במצותיו וכמ"ש במ"א וד"ל · וזהו וקדושים בכל יום כו' · פי' להיות כי הוא י"ת מחדש בכל יום מע"ב כי יש ב' מיני השתלשלות הא' להמשיך להנבראים שפע חדשה בלבד והב' להמשיך נבראים חדשים מעיקרם ושרשם והיינו ענין יוצר משרתים ואשר משרתיו כו' כמ"ש במ"א · וזהו במה שהמ"ל יורדת להסתתר בבי"ע להחיות רוח שפלים וכמ"ש ותקם בעוד לילה ותתן טרף לביתה כו' · ולהיותם מתחדשי' ממש מאין הם משיגים ביותר שרש מקור המהוה אותם איך שהוא בחי' אין כו' ואומרים קדוש כו' ונכללים ומתבטלין במקורן וזהו שאומרים קדוש קדוש כו' כלומר שמשיגים בחי' המהוותם הוא מאין שהוא קדוש ומובדל מהם בערך ואו' איה מקום כבודו כו' והיינו לפי שמתחדשי' ממש וקרובי' אל האין ביותר וזהו הטעם שנקראי' קדושים ע"ש צעקתם לומר קדוש וע"ש התקרבותם לבחי' קדושת ה' והכל ענין א' וד"ל · והיינו שהם אומרים קדוש בלי הפסק כלל דהיינו בבחי' עילוי אחר עילוי בבחי' הסתלקות והעלם השגתו באלקו' עד שיהללו סלה מפני שאין קץ ושיעור לרוממות אלקות למעלה מעלה מן החכמה כמו שנק' אדון הנפלאות כו' וד"ל · ואמנם גם היכולת הלז שיוכלו הקדושים הללו לומר קדוש בלתי הפסק ולהבטל ולהכלל במקורם הוא בא ונמשך מקדושה עליונה שישראל מקדשים שמו כמ"ש ושמך קדוש ואח"כ וקדושים בכל יום כו' מטעם הנ"ל וד"ל · ובכל זה יובן יותר הטעם שיפה שעה א' בתשובה ומע"ט בעוה"ז מכל חיי העוה"ב לפי שחיי העולם הבא הוא מן היוד שבי"ה כו' אבל אור אין סוף בעצמו קדוש ומובדל גם מעשו' פליאת חכמה כו' כנ"ל · וע"י המע"ט בא ונמשך קדושת עצמותו להיות קדוש' שמו כנ"ל לכך יפה הוא מכל חיי העה"ב לפי שהן שרשיים ומקורים לחיי העה"ב שנמשך מן היוד והוא אשר עין לא ראתה כו' כנ"ל וד"ל · ולהבין שרשן של דברים הנה ידוע שיש ב' מיני מלאכים יוצר משרתים ואשר משרתיו כו' דהיינו המלאכים שנבראו מש"ב ואשר מתחדשים בכל יום משם ב"ן והוא בהא"ה רבה דרביע' על אלף טורין ושתת לון בגמיעא חדא כו' פי' שמבחי' רוח פיו י"ת מתהווין נבראים חדשים מאין ליש בכל יום ובעוד לילה חוזרים למקורם · ושתת לון בגמיעא חדא כו' כלומר שמתכללים במקורם בבחי' ביטול המציאות כמ"ש במ"א והוא ענין הבירור שלהם מעה"ד טו"ר על ידי גמיעא זו שנכלל הטוב שלהם באלקים חיים ולכך נקר' קדושים שמשיגים בחי' קדוש הוי"ה וצועקים איה מקום כבודו כו' ונכללים בבחי' ביטול כו' וזהו שבכל יום ויום מתחדשים המלאכים הללו הנק' קדושים וע"י בירור דשם ב"ן שמברר' אותם בכל לילה יהללו בכל יום כו' וד"ל · והנה ישראל הם מקדשי שמך פי' שמעלים ומגביהי' את שם ב"ן הנקרא שמך כידוע להיות בבחי' קדושה העליונה דכתר עליון כו' להיות כי הבירור דשם ב"ן במלאכים הנ"ל א"א כ"א בהיות שם ב"ן בעצמו מבורר מקודם בשרשו ומקורו כו' והוא ע"י ישראל מקדשי שמו כי ישראל הוא בחי' שם מ"ה המברר ב"ן כנודע ואח"כ או' המלאכים קדושתם איה כו' וממילא נתעוררו בקדושתם ע"י קדושת ישראל כי בירור שלהם נעשה ממילא אחר בירור דמ"ה כו' וד"ל ועיקר הקדושה הוא שהוא י"ת אדון הנפלאות דווקא דהיינו שהחכמה הנק' פלא אותיו' אלף אאלפך חכמה כידוע ג"כ בחי' עשיה לגבי עצמו' אא"ס ב"ה והוא קדוש ומובדל גם מן החכמה שמחיה כו' וד"ל :

אַתָּה חוֹנֵן לְאָדָם דַּעַת וּמְלַמֵּד לֶאֱנוֹשׁ בִּינָה :

במוצאי שבת ובמוצאי יו"ט אומרים זה

אַתָּה חוֹנַנְתָּנוּ לְמַדַּע תּוֹרָתֶךָ וַתְּלַמְּדֵנוּ לַעֲשׂוֹת חֻקֵּי רְצוֹנֶךָ וַתַּבְדֵּל יְהֹוָה אֱלֹהֵינוּ בֵּין קֹדֶשׁ לְחוֹל בֵּין אוֹר לְחֹשֶׁךְ בֵּין יִשְׂרָאֵל לָעַמִּים בֵּין יוֹם הַשְּׁבִיעִי לְשֵׁשֶׁת יְמֵי הַמַּעֲשֶׂה אָבִינוּ מַלְכֵּנוּ הָחֵל עָלֵינוּ הַיָּמִים הַבָּאִים לִקְרָאתֵנוּ לְשָׁלוֹם חֲשׂוּכִים מִכָּל־חֵטְא וּמְנֻקִּים מִכָּל־עָוֹן וּמְדֻבָּקִים בְּיִרְאָתֶךָ :

וְ)חָנֵּנוּ מֵאִתְּךָ חָכְמָה בִּינָה וָדָעַת ·

בָּרוּךְ אַתָּה יְהֹוָה חוֹנֵן הַדָּעַת :

השיבנו

הֲשִׁיבֵנוּ אָבִינוּ לְתוֹרָתֶךָ וְקָרְבֵנוּ
מַלְכֵּנוּ לַעֲבוֹדָתֶךָ וְהַחֲזִירֵנוּ
בִּתְשׁוּבָה שְׁלֵמָה לְפָנֶיךָ׃ בָּרוּךְ אַתָּה
יְהוָה הָרוֹצֶה בִּתְשׁוּבָה׃

סְלַח־לָנוּ אָבִינוּ כִּי חָטָאנוּ מְחוֹל לָנוּ
מַלְכֵּנוּ כִּי פָשָׁעְנוּ כִּי אֵל טוֹב
וְסַלָּח אָתָּה׃ בָּרוּךְ אַתָּה יְהוָה חַנּוּן
הַמַּרְבֶּה לִסְלוֹחַ׃

רְאֵה נָא בְעָנְיֵנוּ וְרִיבָה רִיבֵנוּ וּגְאָלֵנוּ
מְהֵרָה לְמַעַן שְׁמֶךָ כִּי אֵל גּוֹאֵל
חָזָק אָתָּה׃ בָּרוּךְ אַתָּה יְהוָה גּוֹאֵל
יִשְׂרָאֵל׃

בתענית ציבור אומר הש״ץ כאן עננו

עֲנֵנוּ יְהוָה עֲנֵנוּ בְּיוֹם צוֹם תַּעֲנִיתֵנוּ כִּי בְצָרָה
גְדוֹלָה אֲנָחְנוּ אַל־תֵּפֶן אֶל־רִשְׁעֵנוּ וְאַל־
תַּסְתֵּר פָּנֶיךָ מִמֶּנּוּ וְאַל־תִּתְעַלַּם מִתְּחִנָּתֵנוּ הֱיֵה נָא
קָרוֹב לְשַׁוְעָתֵנוּ יְהִי נָא חַסְדְּךָ לְנַחֲמֵנוּ טֶרֶם נִקְרָא
אֵלֶיךָ עֲנֵנוּ כַּדָּבָר שֶׁנֶּאֱמַר וְהָיָה טֶרֶם יִקְרָאוּ וַאֲנִי
אֶעֱנֶה עוֹד הֵם מְדַבְּרִים וַאֲנִי אֶשְׁמָע כִּי אַתָּה יְהוָה
הָעוֹנֶה בְּעֵת צָרָה פּוֹדֶה וּמַצִּיל בְּכָל־עֵת צָרָה
וְצוּקָה׃ בָּרוּךְ אַתָּה יְהוָה הָעוֹנֶה לְעַמּוֹ יִשְׂרָאֵל
בְּעֵת צָרָה׃

רְפָאֵנוּ יְהוָה וְנֵרָפֵא הוֹשִׁיעֵנוּ וְנִוָּשֵׁעָה
כִּי תְהִלָּתֵנוּ אָתָּה׃ וְהַעֲלֵה
אֲרוּכָה וּרְפוּאָה שְׁלֵמָה לְכָל־מַכּוֹתֵינוּ
כִּי אֵל מֶלֶךְ רוֹפֵא נֶאֱמָן וְרַחֲמָן אָתָּה.
בָּרוּךְ אַתָּה יְהוָה רוֹפֵא חוֹלֵי עַמּוֹ
יִשְׂרָאֵל׃

בָּרֵךְ עָלֵינוּ יְהוָה אֱלֹהֵינוּ אֶת־הַשָּׁנָה
הַזֹּאת וְאֶת כָּל־מִינֵי תְבוּאָתָהּ
לְטוֹבָה וְתֵן בקיץ בְּרָכָה בחורף טַל וּמָטָר
לִבְרָכָה עַל פְּנֵי הָאֲדָמָה וְשַׂבְּעֵנוּ
מִטּוּבֶךָ וּבָרֵךְ שְׁנָתֵנוּ כַּשָּׁנִים הַטּוֹבוֹת
לִבְרָכָה׃ כִּי אֵל טוֹב וּמֵטִיב אַתָּה
וּמְבָרֵךְ הַשָּׁנִים׃ בָּרוּךְ אַתָּה יְהוָה
מְבָרֵךְ הַשָּׁנִים׃

תְּקַע בְּשׁוֹפָר גָּדוֹל לְחֵרוּתֵנוּ וְשָׂא נֵס
לְקַבֵּץ גָּלֻיּוֹתֵינוּ וְקַבְּצֵנוּ יַחַד
מֵאַרְבַּע כַּנְפוֹת הָאָרֶץ לְאַרְצֵנוּ׃
בָּרוּךְ אַתָּה יְהוָה מְקַבֵּץ נִדְחֵי עַמּוֹ
יִשְׂרָאֵל׃

הָשִׁיבָה שׁוֹפְטֵינוּ כְּבָרִאשׁוֹנָה וְיוֹעֲצֵינוּ
כְּבַתְּחִלָּה וְהָסֵר מִמֶּנּוּ יָגוֹן
וַאֲנָחָה וּמְלוֹךְ עָלֵינוּ אַתָּה יְהוָה לְבַדְּךָ
בְּחֶסֶד וּבְרַחֲמִים בְּצֶדֶק וּבְמִשְׁפָּט.
בָּרוּךְ אַתָּה יוהוווהו מֶלֶךְ אוֹהֵב
צְדָקָה וּמִשְׁפָּט׃ (בעשי״ת הַמֶּלֶךְ הַמִּשְׁפָּט)׃

וְלַמַּלְשִׁינִים אַל־תְּהִי תִקְוָה וְכָל־
הַמִּינִים
וְכָל־הַזֵּדִים כְּרֶגַע
יֹאבֵדוּ וְכָל־אוֹיְבֵי עַמְּךָ מְהֵרָה יִכָּרֵתוּ
וּמַלְכוּת הָרִשְׁעָה מְהֵרָה תְעַקֵּר
וּתְשַׁבֵּר וּתְמַגֵּר. וְתַכְנִיעַ בִּמְהֵרָה

בימינו

בְּיָמֵינוּ . בָּרוּךְ אַתָּה יְהוָה שׁוֹבֵר
אוֹיְבִים וּמַכְנִיעַ זֵדִים :

עַל־הַצַּדִּיקִים וְעַל־הַחֲסִידִים וְעַל־זִקְנֵי
עַמְּךָ בֵּית יִשְׂרָאֵל וְעַל פְּלֵיטַת
בֵּית סוֹפְרֵיהֶם וְעַל גֵּרֵי הַצֶּדֶק וְעָלֵינוּ ·
יֶהֱמוּ נָא רַחֲמֶיךָ יְהוָה אֱלֹהֵינוּ וְתֵן
שָׂכָר טוֹב לְכָל־הַבּוֹטְחִים בְּשִׁמְךָ
בֶּאֱמֶת · וְשִׂים חֶלְקֵנוּ עִמָּהֶם · וּלְעוֹלָם
לֹא נֵבוֹשׁ כִּי בְךָ בָּטָחְנוּ . בָּרוּךְ אַתָּה
יוהווהו מִשְׁעָן וּמִבְטָח לַצַּדִּיקִים :

וְלִירוּשָׁלַיִם עִירְךָ בְּרַחֲמִים תָּשׁוּב
וְתִשְׁכּוֹן בְּתוֹכָהּ כַּאֲשֶׁר
דִּבַּרְתָּ וְכִסֵּא דָוִד עַבְדְּךָ מְהֵרָה
בְּתוֹכָהּ תָּכִין · וּבְנֵה אוֹתָהּ בְּקָרוֹב
בְּיָמֵינוּ בִּנְיַן עוֹלָם . נחם בָּרוּךְ אַתָּה
יְהוָה בּוֹנֵה יְרוּשָׁלָיִם :

בת״ב למנחה אומרים זה:

נַחֵם יְהוָה אֱלֹהֵינוּ אֶת־אֲבֵלֵי צִיּוֹן וְאֶת־אֲבֵלֵי
יְרוּשָׁלָיִם · וְאֶת־הָעִיר הָאֲבֵלָה וְהַחֲרֵבָה
וְהַבְּזוּיָה וְהַשּׁוֹמֵמָה · הָאֲבֵלָה מִבְּלִי בָנֶיהָ וְהַחֲרֵבָה
מִמְּעוֹנוֹתֶיהָ · וְהַבְּזוּיָה מִכְּבוֹדָהּ · וְהַשּׁוֹמֵמָה מֵאֵין
יוֹשֵׁב · וְהִיא יוֹשֶׁבֶת וְרֹאשָׁהּ חָפוּי כְּאִשָּׁה עֲקָרָה
שֶׁלֹּא יָלָדָה · וַיְבַלְּעוּהָ לִגְיוֹנוֹת וַיִּירָשׁוּהָ עוֹבְדֵי
זָרִים · וַיָּטִילוּ אֶת־עַמְּךָ יִשְׂרָאֵל לֶחָרֶב · וַיַּהַרְגוּ
בְזָדוֹן חֲסִידֵי עֶלְיוֹן · עַל־כֵּן צִיּוֹן בְּמַר תִּבְכֶּה
וִירוּשָׁלַיִם תִּתֵּן קוֹלָהּ לִבִּי לִבִּי עַל חַלְלֵיהֶם מֵעַי מֵעַי
עַל חַלְלֵיהֶם · כִּי אַתָּה יְהוָה בָּאֵשׁ הִצַּתָּהּ וּבָאֵשׁ
אַתָּה עָתִיד לִבְנוֹתָהּ · כָּאָמוּר וַאֲנִי אֶהְיֶה־לָּהּ נְאֻם־
יְהוָה חוֹמַת אֵשׁ סָבִיב וּלְכָבוֹד אֶהְיֶה בְתוֹכָהּ ·

בָּרוּךְ אַתָּה יְהוָה מְנַחֵם צִיּוֹן וּבוֹנֵה יְרוּשָׁלָיִם :

אֶת־צֶמַח דָּוִד עַבְדְּךָ מְהֵרָה תַצְמִיחַ
וְקַרְנוֹ תָּרוּם בִּישׁוּעָתֶךָ כִּי
לִישׁוּעָתְךָ קִוִּינוּ כָּל־הַיּוֹם . בָּרוּךְ אַתָּה
יְהוָה מַצְמִיחַ קֶרֶן יְשׁוּעָה :

שְׁמַע קוֹלֵנוּ יְהוָה אֱלֹהֵינוּ · אָב
הָרַחֲמָן רַחֵם עָלֵינוּ וְקַבֵּל
בְּרַחֲמִים וּבְרָצוֹן אֶת־תְּפִלָּתֵנוּ כִּי אֵל
שׁוֹמֵעַ תְּפִלּוֹת וְתַחֲנוּנִים אָתָּה ·
וּמִלְּפָנֶיךָ מַלְכֵּנוּ רֵיקָם אַל־תְּשִׁיבֵנוּ .
בתענית אומר יחיד כאן עננו בלא חתימה כִּי אַתָּה שׁוֹמֵעַ
תְּפִלַּת כָּל פֶּה . בָּרוּךְ אַתָּה יְהוָה
שׁוֹמֵעַ תְּפִלָּה :

רְצֵה יְהוָה אֱלֹהֵינוּ בְּעַמְּךָ יִשְׂרָאֵל
וְלִתְפִלָּתָם שְׁעֵה וְהָשֵׁב הָעֲבוֹדָה
לִדְבִיר בֵּיתֶךָ וְאִשֵּׁי יִשְׂרָאֵל וּתְפִלָּתָם
בְּאַהֲבָה תְקַבֵּל בְּרָצוֹן וּתְהִי לְרָצוֹן
תָּמִיד עֲבוֹדַת יִשְׂרָאֵל עַמֶּךָ :

לראש חדש ולחולו של מועד

אֱלֹהֵינוּ וֵאלֹהֵי אֲבוֹתֵינוּ יַעֲלֶה וְיָבֹא וְיַגִּיעַ וְיֵרָאֶה
וְיֵרָצֶה וְיִשָּׁמַע וְיִפָּקֵד וְיִזָּכֵר · זִכְרוֹנֵנוּ
וּפִקְדוֹנֵנוּ וְזִכְרוֹן אֲבוֹתֵינוּ וְזִכְרוֹן מָשִׁיחַ בֶּן דָּוִד עַבְדֶּךָ
וְזִכְרוֹן יְרוּשָׁלַיִם עִיר קָדְשֶׁךָ וְזִכְרוֹן כָּל עַמְּךָ בֵּית
יִשְׂרָאֵל לְפָנֶיךָ לִפְלֵיטָה לְטוֹבָה לְחֵן וּלְחֶסֶד וּלְרַחֲמִים
וּלְחַיִּים טוֹבִים וּלְשָׁלוֹם בְּיוֹם

בר״ח רֹאשׁ הַחֹדֶשׁ הַזֶּה :	בפסח חַג הַמַּצּוֹת הַזֶּה :	בסוכות חַג הַסֻּכּוֹת הַזֶּה :

זָכְרֵנוּ יְהוָה אֱלֹהֵינוּ בּוֹ לְטוֹבָה : וּפָקְדֵנוּ בוֹ לִבְרָכָה
והושיענו

וְהוֹשִׁיעֵנוּ בוֹ לְחַיִּים טוֹבִים · וּבִדְבַר יְשׁוּעָה וְרַחֲמִים חוּס וְחָנֵּנוּ וְרַחֵם עָלֵינוּ וְהוֹשִׁיעֵנוּ כִּי אֵלֶיךָ עֵינֵינוּ · כִּי אֵל מֶלֶךְ חַנּוּן וְרַחוּם אָתָּה :

וְתֶחֱזֶינָה עֵינֵינוּ בְּשׁוּבְךָ לְצִיּוֹן בְּרַחֲמִים
בָּרוּךְ אַתָּה יְהוָה הַמַּחֲזִיר שְׁכִינָתוֹ לְצִיּוֹן :

מוֹדִים אֲנַחְנוּ לָךְ שָׁאַתָּה הוּא יְהוָה אֱלֹהֵינוּ וֵאלֹהֵי אֲבוֹתֵינוּ לְעוֹלָם וָעֶד צוּר חַיֵּינוּ מָגֵן יִשְׁעֵנוּ אַתָּה הוּא לְדוֹר וָדוֹר נוֹדֶה לְּךָ וּנְסַפֵּר תְּהִלָּתֶךָ עַל חַיֵּינוּ הַמְּסוּרִים בְּיָדֶךָ וְעַל נִשְׁמוֹתֵינוּ הַפְּקוּדוֹת לָךְ וְעַל נִסֶּיךָ שֶׁבְּכָל־יוֹם עִמָּנוּ וְעַל נִפְלְאוֹתֶיךָ וְטוֹבוֹתֶיךָ שֶׁבְּכָל־עֵת · עֶרֶב וָבֹקֶר וְצָהֳרָיִם הַטּוֹב כִּי לֹא־כָלוּ רַחֲמֶיךָ הַמְרַחֵם כִּי לֹא־תַמּוּ חֲסָדֶיךָ כִּי מֵעוֹלָם קִוִּינוּ לָךְ :

מודים דרבנן

מוֹדִים אֲנַחְנוּ לָךְ שָׁאַתָּה הוּא יְהוָה אֱלֹהֵינוּ וֵאלֹהֵי אֲבוֹתֵינוּ אֱלֹהֵי כָל בָּשָׂר יוֹצְרֵנוּ יוֹצֵר בְּרֵאשִׁית בְּרָכוֹת וְהוֹדָאוֹת לְשִׁמְךָ הַגָּדוֹל וְהַקָּדוֹשׁ עַל שֶׁהֶחֱיִיתָנוּ וְקִיַּמְתָּנוּ כֵּן תְּחַיֵּנוּ וּתְקַיְּמֵנוּ וְתֶאֱסוֹף גָּלֻיּוֹתֵינוּ לְחַצְרוֹת קָדְשֶׁךָ וְנָשׁוּב אֵלֶיךָ לִשְׁמוֹר חֻקֶּיךָ וְלַעֲשׂוֹת רְצוֹנֶךָ וּלְעָבְדְּךָ בְּלֵבָב שָׁלֵם עַל שֶׁאֲנוּ מוֹדִים לָךְ בָּרוּךְ אֵל הַהוֹדָאוֹת :

בחנוכה ובפורים אומרים כאן ועל הנסים:

וְעַל הַנִּסִּים וְעַל הַפֻּרְקָן וְעַל הַגְּבוּרוֹת וְעַל הַתְּשׁוּעוֹת וְעַל הַנִּפְלָאוֹת שֶׁעָשִׂיתָ לַאֲבוֹתֵינוּ בַּיָּמִים הָהֵם בַּזְּמַן הַזֶּה :

לחנוכה

בִּימֵי מַתִּתְיָהוּ בֶּן־יוֹחָנָן כֹּהֵן גָּדוֹל חַשְׁמוֹנָאִי וּבָנָיו כְּשֶׁעָמְדָה מַלְכוּת יָוָן הָרְשָׁעָה עַל עַמְּךָ יִשְׂרָאֵל לְהַשְׁכִּיחָם תּוֹרָתֶךָ וּלְהַעֲבִירָם מֵחֻקֵּי רְצוֹנֶךָ וְאַתָּה בְּרַחֲמֶיךָ הָרַבִּים עָמַדְתָּ לָהֶם בְּעֵת צָרָתָם רַבְתָּ אֶת־רִיבָם דַּנְתָּ אֶת־דִּינָם נָקַמְתָּ אֶת־נִקְמָתָם מָסַרְתָּ גִבּוֹרִים בְּיַד חַלָּשִׁים וְרַבִּים בְּיַד מְעַטִּים וּטְמֵאִים בְּיַד טְהוֹרִים וּרְשָׁעִים בְּיַד צַדִּיקִים וְזֵדִים בְּיַד עוֹסְקֵי תוֹרָתֶךָ וּלְךָ עָשִׂיתָ שֵׁם גָּדוֹל וְקָדוֹשׁ בְּעוֹלָמֶךָ וּלְעַמְּךָ יִשְׂרָאֵל עָשִׂיתָ תְּשׁוּעָה גְדוֹלָה וּפֻרְקָן כְּהַיּוֹם הַזֶּה וְאַחַר כַּךְ בָּאוּ בָנֶיךָ לִדְבִיר בֵּיתֶךָ וּפִנּוּ אֶת־הֵיכָלֶךָ וְטִהֲרוּ אֶת־מִקְדָּשֶׁךָ וְהִדְלִיקוּ נֵרוֹת בְּחַצְרוֹת קָדְשֶׁךָ וְקָבְעוּ שְׁמוֹנַת יְמֵי חֲנֻכָּה אֵלּוּ לְהוֹדוֹת וּלְהַלֵּל לְשִׁמְךָ הַגָּדוֹל :

לפורים

בִּימֵי מָרְדְּכַי וְאֶסְתֵּר בְּשׁוּשַׁן הַבִּירָה כְּשֶׁעָמַד עֲלֵיהֶם הָמָן הָרָשָׁע בִּקֵּשׁ לְהַשְׁמִיד לַהֲרוֹג וּלְאַבֵּד אֶת כָּל הַיְּהוּדִים מִנַּעַר וְעַד־זָקֵן טַף וְנָשִׁים בְּיוֹם אֶחָד בִּשְׁלשָׁה עָשָׂר לְחֹדֶשׁ שְׁנֵים־עָשָׂר הוּא־חֹדֶשׁ אֲדָר וּשְׁלָלָם לָבוֹז וְאַתָּה בְּרַחֲמֶיךָ הָרַבִּים הֵפַרְתָּ אֶת־עֲצָתוֹ וְקִלְקַלְתָּ אֶת־מַחֲשַׁבְתּוֹ וַהֲשֵׁבוֹתָ לּוֹ גְּמוּלוֹ בְּרֹאשׁוֹ וְתָלוּ אוֹתוֹ וְאֶת בָּנָיו עַל הָעֵץ :

וְעַל־כֻּלָּם יִתְבָּרֵךְ וְיִתְרוֹמַם וְיִתְנַשֵּׂא שִׁמְךָ מַלְכֵּנוּ תָּמִיד לְעוֹלָם וָעֶד :

בעשי"ת וּכְתוֹב לְחַיִּים טוֹבִים כָּל־בְּנֵי בְרִיתֶךָ :

וְכָל־הַחַיִּים יוֹדוּךָ סֶּלָה וִיהַלְלוּ שִׁמְךָ הַגָּדוֹל לְעוֹלָם כִּי טוֹב הָאֵל יְשׁוּעָתֵנוּ וְעֶזְרָתֵנוּ סֶלָה הָאֵל הַטּוֹב : בָּרוּךְ אַתָּה *יְהוָה *(וי"א בניקוד תלפוס) הַטּוֹב שִׁמְךָ וּלְךָ נָאֶה לְהוֹדוֹת :

לש"ץ

אֱלֹהֵינוּ וֵאלֹהֵי אֲבוֹתֵינוּ בָּרְכֵנוּ בַבְּרָכָה הַמְשֻׁלֶּשֶׁת בַּתּוֹרָה הַכְּתוּבָה עַל יְדֵי מֹשֶׁה עַבְדֶּךָ הָאֲמוּרָה מִפִּי אַהֲרֹן וּבָנָיו כֹּהֲנִים עַם קְדוֹשֶׁךָ כָּאָמוּר : יְבָרֶכְךָ יְהוָה וְיִשְׁמְרֶךָ : אמן יָאֵר יְהוָה פָּנָיו אֵלֶיךָ וִיחֻנֶּךָּ : אמן יִשָּׂא יְהוָה פָּנָיו אֵלֶיךָ וְיָשֵׂם לְךָ שָׁלוֹם : אמן

שִׂים

שִׂים שָׁלוֹם טוֹבָה וּבְרָכָה חַיִּים חֵן וָחֶסֶד וְרַחֲמִים עָלֵינוּ וְעַל כָּל־יִשְׂרָאֵל עַמֶּךָ בָּרְכֵנוּ אָבִינוּ כֻּלָּנוּ כְּאֶחָד בְּאוֹר פָּנֶיךָ כִּי בְאוֹר פָּנֶיךָ נָתַתָּ לָּנוּ יְהוָה אֱלֹהֵינוּ תּוֹרַת חַיִּים וְאַהֲבַת חֶסֶד וּצְדָקָה וּבְרָכָה וְרַחֲמִים וְחַיִּים וְשָׁלוֹם וְטוֹב בְּעֵינֶיךָ לְבָרֵךְ אֶת־עַמְּךָ יִשְׂרָאֵל בְּכָל־עֵת וּבְכָל־שָׁעָה בִּשְׁלוֹמֶךָ :

בעשי"ת

וּבְסֵפֶר חַיִּים בְּרָכָה וְשָׁלוֹם וּפַרְנָסָה טוֹבָה יְשׁוּעָה וְנֶחָמָה וּגְזֵרוֹת טוֹבוֹת נִזָּכֵר וְנִכָּתֵב לְפָנֶיךָ אֲנַחְנוּ וְכָל־עַמְּךָ בֵּית יִשְׂרָאֵל לְחַיִּים טוֹבִים וּלְשָׁלוֹם :

בָּרוּךְ אַתָּה יְהֹוָה הַמְבָרֵךְ אֶת־עַמּוֹ יִשְׂרָאֵל בַּשָּׁלוֹם :

יִהְיוּ לְרָצוֹן אִמְרֵי־פִי וְהֶגְיוֹן לִבִּי לְפָנֶיךָ יְהוָה צוּרִי וְגֹאֲלִי :

אֱלֹהַי נְצוֹר לְשׁוֹנִי מֵרָע וּשְׂפָתַי מִדַּבֵּר מִרְמָה וְלִמְקַלְלַי נַפְשִׁי תִדּוֹם וְנַפְשִׁי כֶּעָפָר לַכֹּל תִּהְיֶה פְּתַח לִבִּי בְּתוֹרָתֶךָ וּבְמִצְוֹתֶיךָ תִּרְדּוֹף נַפְשִׁי וְכָל־הַחוֹשְׁבִים עָלַי רָעָה מְהֵרָה הָפֵר עֲצָתָם וְקַלְקֵל מַחְשְׁבוֹתָם : יִהְיוּ כְּמוֹץ לִפְנֵי רוּחַ וּמַלְאַךְ יְהוָה דֹּחֶה : לְמַעַן יֵחָלְצוּן יְדִידֶיךָ הוֹשִׁיעָה יְמִינְךָ וַעֲנֵנִי : עֲשֵׂה לְמַעַן שְׁמֶךָ עֲשֵׂה לְמַעַן יְמִינֶךָ עֲשֵׂה לְמַעַן תּוֹרָתֶךָ עֲשֵׂה לְמַעַן קְדֻשָּׁתֶךָ : יִהְיוּ לְרָצוֹן אִמְרֵי־פִי וְהֶגְיוֹן לִבִּי לְפָנֶיךָ יְהוָה צוּרִי וְגֹאֲלִי : עֹשֶׂה שָׁלוֹם (בעשי"ת הַשָּׁלוֹם) בִּמְרוֹמָיו הוּא יַעֲשֶׂה שָׁלוֹם עָלֵינוּ וְעַל כָּל־יִשְׂרָאֵל וְאִמְרוּ אָמֵן :

יהי רצון מלפניך ה' אלהינו ואלהי אבותינו שיבנה בית המקדש במהרה בימינו ותן חלקנו בתורתך :

שער נפ"א

והא"ש משתאה לה מחריש לדעת ההצליח כו' · הנה משתאה הוא לשון שואה ושממון כפרש"י ז"ל והוא ענין נפילת אפים וגם ענין עליית הנשמות ע"י עמוד א' מג"ע לג"ע כמבואר בספר הבהיר · ובכדי להבין זה נ"ל תחילה כללות ענין פ' זו שהוכפלה וארז"ל יפה שיחתן של עבדי אבות מתורתן של בנים שפרשה זו כפולה בתורה והרבה גופי תורה ניתנו ברמיזה כו' · ביאור מאמר זה הנה עיקר ענין שבדא דאליעזר היה להעלות בחי' ב"ן נוקבא דז"א לגבי יצחק שהוא מ"ה כו' מנוגה דבי"ע שנפלה שם כמשי"ת · ולפי שהוא דבר גדול מאד להיותו ענין כללי בכללות תשבע"פ שבכללות נש"י שילאו מרבק' העליונה בחי' ב"ן כו' לכך היה גילוי אלהות הרבה מאד בעובד' זו דאליעזר שהרי ניכר בה כמה השתחוואות שהשתחוה אליעזר בתמידות מפני גילוי אלקות שהיה בזה וכמו ענין ההשתחוואות שבשמונה עשרה כו' וד"ל · וביאור ענין העלאת שם ב"ן בכללות נש"י הגם שבכל המצות יש שם חיבור מ"ה וב"ן אך הוא בהעלם גדול מאד ובדרך קצרה ביותר כו' · ויובן ע"פ משל מהאברים של אדם התחתון שאנו רואים שכל אבר יש בו ממוזגת וטבעיות כל האיברים שהרי אם יקיז דם ברגל יתרפא הראש מוכרח להיות ברגל מזגת טבעית אבר הראש שאל"כ מה שייכות לראש עם הרגל שיתרפא בהקזת הרגל · וגם כח הראיה ימצא ברגל שהרי ימצא רפואת העין ע"י הקזת הרגל וכדומה לזה בהיפוך יתרפא הרגל ממכתו ע"י רפואת הראש והעין כו' · נמצא מובן מזה שכל אבר פרטי כלול מכל מיני כחות שבכל האברים דהיינו שיש בו כחות כל האברים בהעלם אבל לא בגילוי שאם היה כח העין ברגל בגילוי גמור היתה רואה וכדומה · וגם מוכרחים אנו לומר שאין באבר הפרטי רק הקיצור מכל כח וכח שבכל האיברים ולא כמו שהם ממש במקומן כו' דהייט דוגמת אותו הכח ולא מהותו ממש דאל"כ הגם שהמה בהעלם היה הרגל מתפעל ממש מכח הראיה ודומיהן ואינו כן כו' וד"ל · אמנם המוח והלב והכבד הגם שהם איברים פרטיים יצאו מגדר שאר פרטי האיברים ונקראו כוללים בערך כל האברים בענין ב' דברים הנ"ל · דהייט שבמוח כל מיני כחות שאר האיברים הם בגילוי קצת ולא בהעלם וכן בלב ובכבד · וגם המוח מרגיש כל כאב הפרטי של כל האיברים כו' לפי שימצא בו ממהות הכח של כל אבר פרטי וכמבואר כל זה בספרי הרפואות וכן בלב יש בו כח כל האיברים בגלוי כו' וד"ל · ועפ"י משל זה יובן ההפרש בין מצוה פרטיית שנק' איברי' דמלכ' ממטרוניתא · דהיינו שבמצוה פרטיית הגם שיש בה ההתכללות

התכללות כל האיברים דת"ה וב"ן וגם על ידי עשייתה מתייחדים ת"ה וב"ן קוב"ה ושכינתיה דרמ"ח פקודין הם רמ"ח איברים כו' · הנה יחוד זה הוא בדרך פרטי מן הפרטיות וגם התכללות מכללות רמ"ח איברים הוא בא בהעלם גדול מאד וגם בדרך קצרה ודוגמא בעלמא כמשל הנ"ל · וז"ש רז"ל הרבה גופי תורה ניתנו ברמיזה · פי' כמה מצות מעשיות נכתבו בתורה באותיות וצירופים קצרים כמו פסוק ועשו להם ציצית כו' והגם שהוא מגופי תורה פי' מהאיברים שבגופא דמלכא כו' עכ"ז ברמיזה' ובהעלם וקיצור גדול שורש בה היחוד עליון כו' וד"ל · אבל עובדא דאליעזר היה להעלות כללות ב"ן דאצי' מבי"ע והיינו כמשל איברי המוח והלב שכוללים כל האברים בגילוי ולא בהעלם כו' שאז היחוד עליון דמ"ה וב"ן בגילוי גדול כו' ולכך היה משתחוה תמיד כנ"ל · ולזה אמרו יפה שיחתן כו' שהוכפלו בתורה כל דבריו בדקדוק כו' להיות כי פ' זו תורה היא מתורתן של בנים שהרי היא נקראת בכל שנה והרי בחסרון אות א' מפ' זו אין התורה שלימה כמו בחסרון אות מפ' ציצית ממש וכו' · והיינו מפני שהתורה היא נצחית שבכל דור ודור בכל שנה ושנה יש יחוד עליון דמ"ה וב"ן ע"י מצות מעשיות הפרטי' שבכל"י באותו הזמן כו' ואז ג"כ ע"י פ' זו שקוראים עובדא דאליעזר באותיות התורה מעוררת כלליות היחוד עליון בגלוי הרבה יותר מכמה גופי תורה מטעם הנ"ל וד"ל · ועתה י"ל כללות ענין פ' זו שהיה אליעזר מעלה את רבקה מנוג' דבי"ע כו' · בהיות ידוע ומבואר בכהאר"י ז"ל דארבע אמהות שרה רבקה רחל ולאה הן ד' שמות ב"ן כנגד ארבעה בנים דברה תורה כו' · רחל הוא הדבור העליון עלמא דאתגליא ולאה מחשבה עילאה דאתכסיא ורבקה היא אימא תתאה בינה שבמ"ל כי היא היתה אם יעקב ועשו דהייט עה"ד טו"ר נוגה דבי"ע כידוע ושרה הוא בחי' כתר מ"ל כו' · והנה ידוע דשם וחם ויפת שלשה בני נח ומאלה נפצה כל הארץ דהיינו ג' גווני קשת דנח הוא בחי' יסוד אבא כו' ומתפזרים בנוגה דבי"ע כו' אבל מפני כי שם הי' מבחי' קו הימין שהי' מאיר ומשפיע לנוגה בבחי' גווני הקשת שהוא כנגד ג' קליפות דערלה לכך יצאו ממנו נשמות גבוהות מאד כמו פלג ועבר כו' עד שגם האמהות נמצאו בשרשו · בתואל בן מלכה כו' ולכך נקרא בן מִלכה בחירק ולא בן מַלכה בפתח ע"ש שמ"ל בקליפת נוגה להיותה מעורבת טו"ר בא החירק להקטין הענין כו' ולא לדמותו למ"ל דקדושה האמיתית הנקרא מלכה בפתח כו' וד"ל · וזה שצוה אברהם לאליעזר שלא תקח אשה ליצחק מבנות הכנעני כו' מפני שקו השמאלי דחם אבי כנען להיותו מבחי' הגבורות הוא משתלשל ברע גמור עד שקשה לו הבירור כו' משא"כ בקו הימין דשם שאינו נופל ומשתלשל כ"כ למטה כו' ומה גם שימצא בו ניצוצי הקדושה ביותר כאשר עשה ה' חסדו לאליעזר עבדו ומצא נשמת רבקה בבית בתואל כו' וד"ל · והנה כל עיקר עובדא דאליעזר היה להעלות אימא תתאה רבקה דאצילות מהשפלתה בהיכל הנוגה ולהביאה אל יצחק בעלה שהיה מבחי' קו השמאל דאצילות כידוע והרי היה מעלתו לאחר העקדה מאד נעלה גם מאברהם כמעלת הזהב על הכסף וכמארז"ל לעת"ל יאמרו ליצחק כי אתה אבינו כו' · ובהיות שיצחק היה בחי' מרכבה לבחי' גבורות דאצי' כמ"ש אשר התהלכו אבותי ולא אמר הלכו משמע שהיו בכל פרטי תנועותיהם בבחי' מרכבה לה' לבדו וזהו לשון התהלכו אנה ואנה כו' כמ"ש במ"א וד"ל · ע"כ לא היה ענין גשמי כלל בעובדא זו דאליעזר בהעלותו אל יצחק שם ב"ן דאצי' כי גם רבקה היתה בבחי' מרכבה לבחי' הקדושה דאצי' כו' והיה בעובדא זו בחי' יחוד עליון דמ"ה וב"ן דאצי' ממש ולזאת היה משתחוה כנ"ל · ולהיות שהוא הוצרך להעלותה מן הרע שבנוגה לכך לקח מכל טוב אדוניו דייקא בעשרה גמלים מגמלי אדוניו · פי' טוב אדוניו הוא כל טוב הגנוז באצילות שע"י הארה המופלגת יוכל להעלות גם מק"כ כו' והלבישם בגמלי אדוניו כו' הן בחי' קליפת נוגה דאצי' האחוזים בחיצוניות הכלים די"ס דאצי' וכו' וד"ל · והנה עיקר הסימן שעש' אליעזר להבחין ברבקה שם ב"ן דאצי' אם היא מעורבת טו"ר כו' · הוא אשר אמר אליה הטי נא כדך כו' ותאמר שתה אדוני וגם לגמליך אשקה היא האשה אשר הוכיח ה' כו' · והטעם שניסה בדבר זה דוקא הוא כידוע שעיקר ההפרש בין הקדושה לקליפות הוא בענין ההשפעה דוקא דהיינו להיות שהקדושה הוא בחינת אלהות שאין לו תחילה ואין לו תכלה כו' ואין לך דבר חוץ ממנו שיצטרך הוא לקבל שלימותו ע"י · אך הוא שלימותא דכולא ואין דבר שישלימנו כו' וכמ"ש אם צדקת מה תתן לו וכידוע · ולזאת ימצא בו מדת ההשפעה להחיות רוח שפלים בחי' בעלי גבול כו' דהיינו חוץ ממנו ולא לאהוב קבלת השפע לעצמו כו' וזהו מדת מלכות דקדושה שנותנת טרף לביתה ומשפעת תמיד מאין ליש כו' ולכך נקרא בשם צדק ה' כו' משא"כ מלכו' חייבא דהיכל נוגה הוא להיפוך שצועקת תמיד הב הב כמ"ש לעלוקה שתי בנות כו' · וזה כל עיקר תשוקתה רק לקבל השפע לעצמה ולא להמציא שפע לזולתה וכענין בחי' לגרמיה הידוע שאינו חפץ רק לגרמיה ולעצמו וכל מחשבתו בהשגתו לעצמו ולא להטיב לזולתו כלל כו' שזהו סימן רע מהרע דנוגה להיותו חלל ריקני מכל טוב לכך ירצה לקבל תמיד הב הב כו' וד"ל · ובזאת ניסה אליעזר את רבקה אם יש בה מנוק' דאצי' בלי תערובת רע דנוג' כלל · היינו כשתאמר מעצמה שתה וגם לגמליך אשקה שתבקש השפעתה מצד עצמה גם לגמלים שלא ביקש כלל הוא הוראה על שלימותה מבחי' אצי' כנ"ל שגם במדת מ"ל דאצילות לא תמנע מלהשפיע גם לבחי' הגמלים דאצי' הן הן היכלות נוגה דאצי' כנ"ל וד"ל · ובזה יובן ענין והאיש משתאה לה מחריש כו' הנה טעמו בזקף גדול ולהורות ענין

תכלית

תכלית ההתבטלות מכל מחשבה והשג' כמו אדם המשתומם
בפתע פתאום כשרואה דבר נפלא או כשיעמיק בעומק
המושג ביותר שתתבטל כל מחשבתו וכענין אשתומם כשעה
חדא הנזכר בגמרא והוא ענין השממון שימצא במוח
כשתתבטלת ותתבלבלת המחשבה הקדומה מפני תגבורת
עומק הדבר שצריך להשיג כו' · והיינו מפני שכל עלייה
מתהות לתהות גבוה מאד נעלה ממנו צריך להיות בה
תחילה הממוצע ביניהם דהיינו שעת ההתבטלות והשממון
מן המחשבה והשגה הראשונה שאז הי' בחי' ממוצע למעלה
מן ההשגה הראשונה המצומצמת ועדיין לא הגיע להשגה
הנפלאה העמוקה ממנו כו' ולכך הוא בהשתוממו' · וכדוגמת
השתיק' שישתוק הרב כשישאלנו התלמיד דבר הקשה מאד
מפני שצריך לבטל השכל והסבר' שקדמה ולהמציא שכל
מחודש ועמוק יותר כו' לכך באמצעות שניהם מוכרח להיות
בחי' השתיקה שהוא הביטול עצמו כשעדיין לא הגיע לעומק
הדבר כו' · וזהו ענין ששתק רב לרב אמי ורב אסי
כשהקשו אותו וכי מה בין זה לעגל הנולד מן הטריפה בפ"ק
דביצה וד"ל · וכיוצא בזה הוא ענין עליות הנשמות מג"ע
התחתון לג"ע העליון ע"י עמוד א' · פי' ענין העמוד להיות
ידוע כי אין ערוך כלל בין השגת אלהו' שבג"ע התחתון
להשגת אלהות שבג"ע העליון שזה בעשיה וזה בבריאה כידוע
וא"כ צ"ל ממוצע ביניהם בשעת הליכת הנשמות כמ"ש ילכו
מחיל אל חיל כו' והיינו ההתבטלו' ממציאת השגתם הראשונה
בג"ע התחתון ועדיין לא באו והשיגו לבחי' ג"ע העליון רק
שהם עסוקים בהילוך ועלייה שהרי כבר יצאו מצמצום
הראשון כו' כמשל הנ"ל זהו ענין עמוד הנ"ל וד"ל . (וכיוצא
בזה מבואר במ"א בענין הקרנות שהם בחי' ביטול בלי שטח
כלל לפי שהם ממוצעים בין כותל מזרח שהוא בחינת ת"ת
לכותל דרום בחי' חסד כו' וזהו סימנא לזווג' דיחודא כו'
עלה כו' ובא לו לקרן כו' דהיינו עליות וחיבור העליון
בתחתון ע"י אמצעית הביטול כמ"ש כאן וד"ל) · וז"ש והאיש
משתא' מחריש כו' בהיות שרצה לראות כל סימני הטוב
ברבקה נשתומם בדבר ההצלחה בעובדא שעדיין אינו יודע
איך יוולד הדבר אם לטוב או להיפוך ולכך היה מחריש
בבחינת שתיקה וביטול כל מחשבתו לדעת ההצליח ה' דרכו
אם לא · שזהו כדוגמת הממוצע בבחי' ביטול המחשבה כנ"ל
ולכך טעמו בזקף גדול כו' · אך בשתיקה זו הממוצעת
העלה את התחתון לעליון והנה רבקה יוצאת מהיכלות הנוג'
והשקתה גם לגמלים כו' ונתחבר מ"ה וב"ן בבואה אל
יצחק בעלה כו' אבל זה היה אח"כ אבל השממון של אליעזר
שהיה מחריש הוא ענין ההילוך והעליה הממוצע עד
שנתחברו ונתייחדו כו' וד"ל · וכדוגמת זה הוא ענין
נפילת אפים כמבואר בכהאר"י ז"ל שהוא לאחר צלותא
דבלחש בשמ"ע שאינו עדיין ענין השתיק' כמ"ש וקולה לא
ישמע כו' אבל שיהיה שתיקה ממש משתאה ומחריש הוא
בנפ"א דווקא לאחר שמ"ע כמבואר בזהר לי"ח וד"ל ·
וביאור הדבר קצת מובן היות כל ביטול השגה הנגלית
היינו כענין לית מחשבה תפיסא ביה דהיינו שאין המחשבה
משגת כלל וכלל וכשבאתה להשיג נמצאת בבחי' ביטול גדול
לומר מה פשפשת כו' אך שהוא עדיין מסיבת דבר המושג
בתחילה שנתבטל יתכן לומר מה השגת' כו' אבל כשאין
במחשבתו מתחילה בעיקרה שום השגה ותפיסה כלל גם
הביטול לא יתכן לומר בה מה פשפשת כו' מאחר שלא השיגה
מעולם · וזה ההפרש ימצא הכל בשתיק' · שבתחילתו ביטול
ההשג' ובסופו ביטול האמתי כשמגיע לעומק המושג עד"מ
התחתון העולה להעליון שכבר נתבטל מעצמותו בתחילת
העליה · אכן בהגיע סמוך מאד לעליון יתבטל ביטול שני
אמיתי הרבה יותר דהיינו מפני בחי' עצמותו של העליון
כו' וד"ל · ועד"ז יובן ההפרש בין צלותא דבלחש לנפילת
אפים הנ"ל בענין עולם קירוב המלכות כו' וד"ל עד עת
צאת נפשה כי מתה ואז מלקטת עינוגי' כו' כמ"ש בענין
ויט עד איש עדולמי ושמו חירה שהוא סוד נפ"א לברר בירורי
נוגה הנקרא חירה בחי' אחוריים דיהודה דקדושה כו' וד"ל :

אחר שמונה עשרה בשחרית ובמנחה יאמר וידוי

אֱלֹהֵינוּ וֵאלֹהֵי אֲבוֹתֵינוּ תָּבֹא לְפָנֶיךָ תְּפִלָּתֵנוּ וְאַל
תִּתְעַלַּם מִתְּחִנָּתֵנוּ שֶׁאֵין אָנוּ עַזֵּי פָנִים וּקְשֵׁי
עוֹרֶף לוֹמַר לְפָנֶיךָ יְהוָֹה אֱלֹהֵינוּ וֵאלֹהֵי אֲבוֹתֵינוּ
צַדִּיקִים אֲנַחְנוּ וְלֹא חָטָאנוּ אֲבָל אֲנַחְנוּ וַאֲבוֹתֵינוּ
חָטָאנוּ :
אָשַׁמְנוּ · בָּגַדְנוּ · גָּזַלְנוּ · דִּבַּרְנוּ דֹּפִי : הֶעֱוִינוּ ·
וְהִרְשַׁעְנוּ · זַדְנוּ · חָמַסְנוּ · טָפַלְנוּ שֶׁקֶר :
יָעַצְנוּ רָע · כִּזַּבְנוּ · לַצְנוּ · מָרַדְנוּ · נִאַצְנוּ · סָרַרְנוּ ·
עָוִינוּ · פָּשַׁעְנוּ · צָרַרְנוּ · קִשִּׁינוּ עֹרֶף : רָשַׁעְנוּ ·
שִׁחַתְנוּ · תִּעַבְנוּ · תָּעִינוּ · תִּעְתָּעְנוּ : סַרְנוּ מִמִּצְוֹתֶיךָ
וּמִמִּשְׁפָּטֶיךָ הַטּוֹבִים וְלֹא שָׁוָה לָנוּ · וְאַתָּה צַדִּיק
עַל כָּל הַבָּא עָלֵינוּ כִּי אֱמֶת עָשִׂיתָ וַאֲנַחְנוּ הִרְשָׁעְנוּ :
אֵל אֶרֶךְ אַפַּיִם אַתָּה וּבַעַל הָרַחֲמִים נִקְרֵאתָ וְדֶרֶךְ
תְּשׁוּבָה הוֹרֵיתָ · גְּדֻלַּת רַחֲמֶיךָ וַחֲסָדֶיךָ תִּזְכּוֹר
הַיּוֹם וּבְכָל־יוֹם לְזֶרַע יְדִידֶיךָ · תֵּפֶן אֵלֵינוּ בְּרַחֲמִים ·
כִּי אַתָּה הוּא בַּעַל הָרַחֲמִים · בְּתַחֲנוּן וּבִתְפִלָּה
פניך

פָּנֶיךָ נְקַדֵּם · כְּהוֹדַעְתָּ לֶעָנָיו מִקֶּדֶם · מֵחֲרוֹן אַפְּךָ שׁוּב · כְּמוֹ בְתוֹרָתְךָ כָּתוּב · וּבְצֵל כְּנָפֶיךָ נֶחֱסֶה וְנִתְלוֹנָן · כְּיוֹם וַיֵּרֶד יְהוָה בֶּעָנָן : תַּעֲבוֹר עַל פֶּשַׁע וְתִמְחֶה אָשָׁם · כְּיוֹם וַיִּתְיַצֵּב עִמּוֹ שָׁם · תַּאֲזִין שַׁוְעָתֵנוּ וְתַקְשִׁיב מֶנּוּ מַאֲמָר · כְּיוֹם וַיִּקְרָא בְשֵׁם יְהוָה וְשָׁם נֶאֱמַר :

וַיַּעֲבֹר יְהוָה ׀ עַל פָּנָיו וַיִּקְרָא : יְהוָה ׀ יְהוָה אֵל רַחוּם וְחַנּוּן אֶרֶךְ אַפַּיִם וְרַב חֶסֶד וֶאֱמֶת : נֹצֵר חֶסֶד לָאֲלָפִים נֹשֵׂא עָוֺן וָפֶשַׁע וְחַטָּאָה וְנַקֵּה :

רַחוּם וְחַנּוּן חָטָאנוּ לְפָנֶיךָ רַחֵם עָלֵינוּ וְהוֹשִׁיעֵנוּ :

לְדָוִד אֵלֶיךָ יְהוָה נַפְשִׁי אֶשָּׂא : אֱלֹהַי בְּךָ בָטַחְתִּי אַל אֵבוֹשָׁה אַל יַעַלְצוּ אוֹיְבַי לִי : גַּם כָּל קֹוֶיךָ לֹא יֵבֹשׁוּ יֵבֹשׁוּ הַבּוֹגְדִים רֵיקָם : דְּרָכֶיךָ יְהוָה הוֹדִיעֵנִי אֹרְחוֹתֶיךָ לַמְּדֵנִי : הַדְרִיכֵנִי בַאֲמִתֶּךָ וְלַמְּדֵנִי כִּי אַתָּה אֱלֹהֵי יִשְׁעִי אוֹתְךָ קִוִּיתִי כָּל הַיּוֹם : זְכֹר רַחֲמֶיךָ יְהוָה וַחֲסָדֶיךָ כִּי מֵעוֹלָם הֵמָּה : חַטֹּאות נְעוּרַי וּפְשָׁעַי אַל תִּזְכֹּר כְּחַסְדְּךָ זְכָר לִי אַתָּה לְמַעַן טוּבְךָ יְהוָה : טוֹב וְיָשָׁר יְהוָה עַל כֵּן יוֹרֶה חַטָּאִים בַּדָּרֶךְ : יַדְרֵךְ עֲנָוִים בַּמִּשְׁפָּט וִילַמֵּד עֲנָוִים דַּרְכּוֹ : כָּל אָרְחוֹת יְהוָה חֶסֶד וֶאֱמֶת לְנֹצְרֵי בְרִיתוֹ וְעֵדֹתָיו : לְמַעַן שִׁמְךָ יְהוָה וְסָלַחְתָּ לַעֲוֺנִי כִּי רַב הוּא : מִי זֶה הָאִישׁ יְרֵא יְהוָה יוֹרֶנּוּ בְּדֶרֶךְ יִבְחָר : נַפְשׁוֹ בְּטוֹב תָּלִין וְזַרְעוֹ יִירַשׁ אָרֶץ : סוֹד יְהוָה לִירֵאָיו וּבְרִיתוֹ לְהוֹדִיעָם : עֵינַי תָּמִיד אֶל יְהוָה כִּי הוּא יוֹצִיא מֵרֶשֶׁת רַגְלָי : פְּנֵה אֵלַי וְחָנֵּנִי כִּי יָחִיד וְעָנִי אָנִי : צָרוֹת לְבָבִי הִרְחִיבוּ מִמְּצוּקוֹתַי הוֹצִיאֵנִי : רְאֵה עָנְיִי וַעֲמָלִי וְשָׂא לְכָל חַטֹּאותָי : רְאֵה אוֹיְבַי כִּי רָבּוּ וְשִׂנְאַת חָמָס שְׂנֵאוּנִי : שָׁמְרָה נַפְשִׁי וְהַצִּילֵנִי אַל אֵבוֹשׁ כִּי חָסִיתִי בָךְ : תֹּם וָיֹשֶׁר יִצְּרוּנִי כִּי קִוִּיתִיךָ : פְּדֵה אֱלֹהִים אֶת יִשְׂרָאֵל מִכֹּל צָרוֹתָיו : וְהוּא יִפְדֶּה אֶת יִשְׂרָאֵל מִכֹּל עֲוֺנֹתָיו :

לשני וחמישי

וְהוּא רַחוּם ׀ יְכַפֵּר עָוֺן וְלֹא־יַשְׁחִית וְהִרְבָּה לְהָשִׁיב אַפּוֹ וְלֹא יָעִיר כָּל־חֲמָתוֹ : אַתָּה יְהוָה לֹא־תִכְלָא רַחֲמֶיךָ מִמֶּנּוּ חַסְדְּךָ וַאֲמִתְּךָ תָּמִיד יִצְּרוּנוּ : הוֹשִׁיעֵנוּ ׀ יְהוָה אֱלֹהֵינוּ וְקַבְּצֵנוּ מִן־הַגּוֹיִם לְהוֹדוֹת לְשֵׁם קָדְשֶׁךָ לְהִשְׁתַּבֵּחַ בִּתְהִלָּתֶךָ : אִם־עֲוֺנוֹת תִּשְׁמָר־יָהּ אֲדֹנָי מִי יַעֲמֹד : כִּי־עִמְּךָ הַסְּלִיחָה לְמַעַן תִּוָּרֵא : לֹא כַחֲטָאֵינוּ תַּעֲשֶׂה־לָנוּ וְלֹא כַעֲוֺנוֹתֵינוּ תִּגְמוֹל עָלֵינוּ : אִם־עֲוֺנֵינוּ עָנוּ בָנוּ יְהוָה עֲשֵׂה לְמַעַן שְׁמֶךָ : זְכֹר רַחֲמֶיךָ יְהוָה וַחֲסָדֶיךָ כִּי מֵעוֹלָם הֵמָּה : יַעֲנֵנוּ יְהוָה בְּיוֹם צָרָה יְשַׂגְּבֵנוּ שֵׁם אֱלֹהֵי יַעֲקֹב : יְיָ הוֹשִׁיעָה הַמֶּלֶךְ יַעֲנֵנוּ בְיוֹם קָרְאֵנוּ : אָבִינוּ מַלְכֵּנוּ חָנֵּנוּ וַעֲנֵנוּ כִּי אֵין בָּנוּ מַעֲשִׂים עֲשֵׂה עִמָּנוּ צְדָקָה לְמַעַן שְׁמֶךָ : וְעַתָּה ׀ אֲדֹנָי אֱלֹהֵינוּ אֲשֶׁר הוֹצֵאתָ אֶת־עַמְּךָ מֵאֶרֶץ מִצְרַיִם בְּיָד חֲזָקָה וַתַּעַשׂ־לְךָ שֵׁם כַּיּוֹם הַזֶּה חָטָאנוּ רָשָׁעְנוּ : אֲדֹנָי כְּכָל־צִדְקֹתֶךָ יָשָׁב־נָא אַפְּךָ וַחֲמָתְךָ מֵעִירְךָ יְרוּשָׁלַםִ הַר־קָדְשֶׁךָ : כִּי בַחֲטָאֵינוּ וּבַעֲוֺנוֹת אֲבֹתֵינוּ יְרוּשָׁלַםִ וְעַמְּךָ לְחֶרְפָּה לְכָל־סְבִיבֹתֵינוּ : וְעַתָּה שְׁמַע אֱלֹהֵינוּ אֶל תְּפִלַּת עַבְדְּךָ וְאֶל־תַּחֲנוּנָיו וְהָאֵר פָּנֶיךָ עַל־מִקְדָּשְׁךָ הַשָּׁמֵם לְמַעַן אֲדֹנָי :

הַטֵּה אֱלֹהַי ׀ אָזְנְךָ וּשְׁמָע פְּקַחה° עֵינֶיךָ וּרְאֵה שֹׁמְמֹתֵינוּ וְהָעִיר אֲשֶׁר נִקְרָא שִׁמְךָ עָלֶיהָ

°יתיר ה

כִּי ׀ לֹא עַל־צִדְקוֹתֵינוּ אֲנַחְנוּ מַפִּילִים תַּחֲנוּנֵינוּ לְפָנֶיךָ כִּי עַל־רַחֲמֶיךָ הָרַבִּים: אֲדֹנָי ׀ שְׁמָעָה אֲדֹנָי ׀ סְלָחָה אֲדֹנָי הַקְשִׁיבָה וַעֲשֵׂה אַל־תְּאַחַר לְמַעַנְךָ אֱלֹהַי כִּי־שִׁמְךָ נִקְרָא עַל־עִירְךָ וְעַל־עַמֶּךָ: אָבִינוּ אָב הָרַחֲמָן הַרְאֵנוּ אוֹת לְטוֹבָה וְקַבֵּץ נְפוּצוֹתֵינוּ מֵאַרְבַּע כַּנְפוֹת הָאָרֶץ יַכִּירוּ וְיֵדְעוּ כָּל־הַגּוֹיִם כִּי אַתָּה יְהוָה אֱלֹהֵינוּ: וְעַתָּה יְהוָה אָבִינוּ אָתָּה אֲנַחְנוּ הַחֹמֶר וְאַתָּה יוֹצְרֵנוּ וּמַעֲשֵׂה יָדְךָ כֻּלָּנוּ: אָבִינוּ מַלְכֵּנוּ צוּרֵנוּ וְגוֹאֲלֵנוּ: חוּסָה יְהוָה עַל־עַמֶּךָ וְאַל־תִּתֵּן נַחֲלָתְךָ לְחֶרְפָּה לִמְשָׁל־בָּם גּוֹיִם לָמָּה יֹאמְרוּ בָעַמִּים אַיֵּה אֱלֹהֵיהֶם: יָדַעְנוּ כִּי חָטָאנוּ וְאֵין מִי יַעֲמוֹד בַּעֲדֵנוּ אֶלָּא שִׁמְךָ הַגָּדוֹל יַעֲמָד־לָנוּ בְּעֵת צָרָה: כְּרַחֵם אָב עַל־בָּנִים כֵּן תְּרַחֵם יְהוָה עָלֵינוּ וְהוֹשִׁיעֵנוּ לְמַעַן שְׁמֶךָ: חֲמוֹל עַל־עַמֶּךָ רַחֵם עַל־נַחֲלָתֶךָ חוּסָה־נָּא כְּרוֹב רַחֲמֶיךָ חָנֵּנוּ וַעֲנֵנוּ כִּי־לְךָ יְהוָה הַצְּדָקָה עֹשֵׂה נִפְלָאוֹת בְּכָל־עֵת: הַבֶּט־נָא וְהוֹשִׁיעָה צֹאן מַרְעִיתֶךָ וְאַל־יִמְשָׁל־בָּנוּ קֶצֶף כִּי לְךָ יְהוָה הַיְשׁוּעָה בְּךָ תוֹחַלְתֵּנוּ אֱלוֹהַּ סְלִיחוֹת אָנָּא סְלַח־נָא כִּי אֵל טוֹב וְסַלָּח אָתָּה:

אָנָּא מֶלֶךְ חַנּוּן וְרַחוּם זְכוֹר וְהַבֵּט לִבְרִית בֵּין הַבְּתָרִים וְתֵרָאֶה לְפָנֶיךָ עֲקֵדַת יָחִיד וּלְמַעַן יִשְׂרָאֵל אָבִינוּ אַל־תַּעַזְבֵנוּ אָבִינוּ וְאַל־תִּטְּשֵׁנוּ מַלְכֵּנוּ וְאַל־תִּשְׁכָּחֵנוּ יוֹצְרֵנוּ וְאַל־תַּעַשׂ עִמָּנוּ כָלָה כְּחַטֹּאתֵינוּ בְּגָלוּתֵנוּ כִּי אֵל מֶלֶךְ חַנּוּן וְרַחוּם אָתָּה:

אֵין כָּמוֹךָ חַנּוּן וְרַחוּם יְהוָה אֱלֹהֵינוּ אֵין כָּמוֹךָ אֵל אֶרֶךְ אַפַּיִם וְרַב חֶסֶד וֶאֱמֶת הוֹשִׁיעֵנוּ וְרַחֲמֵנוּ מֵרַעַשׁ וּמֵרֹגֶז הַצִּילֵנוּ: זְכֹר לַעֲבָדֶיךָ לְאַבְרָהָם לְיִצְחָק וּלְיַעֲקֹב אַל־תֵּפֶן אֶל־קָשְׁיֵנוּ וְאֶל־רִשְׁעֵנוּ וְאֶל חַטָּאתֵנוּ: שׁוּב מֵחֲרוֹן אַפֶּךָ וְהִנָּחֵם עַל הָרָעָה לְעַמֶּךָ: וְהָסֵר מִמֶּנּוּ מַכַּת הַמָּוֶת כִּי רַחוּם אָתָּה: כִּי כֵן דַּרְכֶּךָ עֹשֶׂה חֶסֶד חִנָּם בְּכָל־דּוֹר וָדוֹר: אָנָּא יְהוָה הוֹשִׁיעָה נָּא: אָנָּא יְהוָה הַצְלִיחָה נָא: אָנָּא יְהוָה עֲנֵנוּ בְיוֹם קָרְאֵנוּ: לְךָ יְהוָה קִוִּינוּ לְךָ יְהוָה חִכִּינוּ לְךָ יְהוָה נְיַחֵל אַל־תֶּחֱשֶׁה וּתְעַנֵּנוּ כִּי נָאֲמוּ גוֹיִם אָבְדָה תִקְוָתָם כָּל־בֶּרֶךְ לְךָ תִכְרַע וְכָל קוֹמָה לְפָנֶיךָ תִשְׁתַּחֲוֶה:

הַפּוֹתֵחַ יָד בִּתְשׁוּבָה לְקַבֵּל פּוֹשְׁעִים וְחַטָּאִים נִבְהֲלָה נַפְשֵׁנוּ מֵרוֹב עִצְבוֹנֵנוּ אַל־תִּשְׁכָּחֵנוּ נֶצַח קוּמָה וְהוֹשִׁיעֵנוּ וְאַל־תִּשְׁפּוֹךְ חֲרוֹנְךָ עָלֵינוּ כִּי אֲנַחְנוּ עַמְּךָ בְּנֵי בְרִיתֶךָ: עוֹרְרָה גְבוּרָתְךָ וְהוֹשִׁיעֵנוּ לְמַעַן שְׁמֶךָ וְאַל־יִמְעֲטוּ לְפָנֶיךָ תְּלָאוֹתֵינוּ מַהֵר יְקַדְּמוּנוּ רַחֲמֶיךָ בְּעֵת צָרָתֵנוּ לֹא לְמַעֲנֵנוּ אֶלָּא לְמַעַנְךָ פְּעַל וְאַל תַּשְׁחִית אֶת־זֵכֶר שְׁאֵרִיתֵנוּ כִּי לְךָ מְיַחֲלוֹת עֵינֵינוּ כִּי אֵל מֶלֶךְ חַנּוּן וְרַחוּם אָתָּה: וּזְכוֹר עֵדוּתֵנוּ בְּכָל־יוֹם תָּמִיד אוֹמְרִים פַּעֲמַיִם בְּאַהֲבָה שְׁמַע יִשְׂרָאֵל יְהוָה אֱלֹהֵינוּ יְהוָה אֶחָד:

יְהוָה אֱלֹהֵי יִשְׂרָאֵל שׁוּב מֵחֲרוֹן אַפֶּךָ וְהִנָּחֵם עַל־הָרָעָה לְעַמֶּךָ:

הַבֵּט מִשָּׁמַיִם וּרְאֵה כִּי הָיִינוּ לַעַג וָקֶלֶס בַּגּוֹיִם נֶחְשַׁבְנוּ כְּצֹאן לַטֶּבַח יוּבָל לַהֲרוֹג וּלְאַבֵּד וּלְמַכָּה וּלְחֶרְפָּה:

וּבְכָל־זֹאת שִׁמְךָ לֹא שָׁכָחְנוּ נָא אַל תִּשְׁכָּחֵנוּ יהוה

זָרִים אוֹמְרִים אֵין תּוֹחֶלֶת וְתִקְוָה חוֹן אוֹם לְשִׁמְךָ מְקַוֶּה טָהוֹר יְשׁוּעָתֵנוּ קָרְבָה יָגַעְנוּ וְלֹא הוּנַח לָנוּ רַחֲמֶיךָ יִכְבְּשׁוּ אֶת־כַּעַסְךָ מֵעָלֵינוּ:

אָנָּא שׁוּב מֵחֲרוֹנְךָ וְרַחֵם סְגֻלָּה אֲשֶׁר בָּחָרְתָּ יהוה

חוּסָה יְהוָה עָלֵינוּ בְּרַחֲמֶיךָ וְאַל־תִּתְּנֵנוּ בִּידֵי אַכְזָרִים לָמָּה יֹאמְרוּ הַגּוֹיִם אַיֵּה נָא אֱלֹהֵיהֶם לְמַעַנְךָ עֲשֵׂה עִמָּנוּ חֶסֶד וְאַל־תְּאַחַר:

אָנָּא שׁוּב מֵחֲרוֹנְךָ וְרַחֵם סְגֻלָּה אֲשֶׁר בָּחָרְתָּ: יהוה

קולנו

קוֹלֵנוּ תִּשְׁמַע וְתָחוֹן וְאַל־תִּטְּשֵׁנוּ בְּיַד אוֹיְבֵינוּ
לִמְחוֹת אֶת־שְׁמֵנוּ ׀ זְכוֹר אֲשֶׁר נִשְׁבַּעְתָּ
לַאֲבוֹתֵינוּ כְּכוֹכְבֵי הַשָּׁמַיִם אַרְבֶּה אֶת־
זַרְעֲכֶם וְעַתָּה נִשְׁאַרְנוּ מְעַט מֵהַרְבֵּה:
וּבְכָל־זֹאת שִׁמְךָ לֹא שָׁכָחְנוּ נָא אַל תִּשְׁכָּחֵנוּ: יהוה
עָזְרֵנוּ ׀ אֱלֹהֵי יִשְׁעֵנוּ עַל־דְּבַר כְּבוֹד שְׁמֶךָ וְהַצִּילֵנוּ
וְכַפֵּר עַל חַטֹּאתֵינוּ לְמַעַן שְׁמֶךָ:
יְהוָה אֱלֹהֵי יִשְׂרָאֵל שׁוּב מֵחֲרוֹן אַפֶּךָ וְהִנָּחֵם עַל־
הָרָעָה לְעַמֶּךָ:
שׁוֹמֵר יִשְׂרָאֵל שְׁמוֹר שְׁאֵרִית יִשְׂרָאֵל וְאַל־יֹאבַד
יִשְׂרָאֵל הָאוֹמְרִים שְׁמַע יִשְׂרָאֵל:
שׁוֹמֵר גּוֹי אֶחָד שְׁמוֹר שְׁאֵרִית עַם אֶחָד וְאַל־יֹאבַד
גּוֹי אֶחָד הַמְיַחֲדִים שִׁמְךָ יְהוָה אֱלֹהֵינוּ יְהוָה
אֶחָד:
שׁוֹמֵר גּוֹי קָדוֹשׁ שְׁמוֹר שְׁאֵרִית עַם קָדוֹשׁ וְאַל־
יֹאבַד גּוֹי קָדוֹשׁ הַמְשַׁלְּשִׁים בְּשָׁלֹשׁ קְדֻשּׁוֹת
לְקָדוֹשׁ: מִתְרַצֶּה בְּרַחֲמִים וּמִתְפַּיֵּס
בְּתַחֲנוּנִים הִתְרַצֶּה וְהִתְפַּיֵּס לְדוֹר עָנִי כִּי
אֵין עוֹזֵר: ע״כ מה שמוסיפין בשני ובחמישי
אָבִינוּ מַלְכֵּנוּ אָבִינוּ אָתָּה: אָבִינוּ מַלְכֵּנוּ אֵין לָנוּ
מֶלֶךְ אֶלָּא אָתָּה: אָבִינוּ מַלְכֵּנוּ רַחֵם עָלֵינוּ:
אָבִינוּ מַלְכֵּנוּ חָנֵּנוּ וַעֲנֵנוּ כִּי אֵין בָּנוּ מַעֲשִׂים עֲשֵׂה
עִמָּנוּ צְדָקָה וָחֶסֶד לְמַעַן שִׁמְךָ הַגָּדוֹל וְהוֹשִׁיעֵנוּ:

וַאֲנַחְנוּ לֹא נֵדַע מַה־נַּעֲשֶׂה כִּי עָלֶיךָ עֵינֵינוּ: זְכֹר
רַחֲמֶיךָ יְהוָה וַחֲסָדֶיךָ כִּי מֵעוֹלָם הֵמָּה:
יְהִי־חַסְדְּךָ יְהוָה עָלֵינוּ כַּאֲשֶׁר יִחַלְנוּ לָךְ: אַל־
תִּזְכָּר־לָנוּ עֲוֹנוֹת רִאשׁוֹנִים מַהֵר יְקַדְּמוּנוּ רַחֲמֶיךָ
כִּי דַלּוֹנוּ מְאֹד: חָנֵּנוּ יְהוָה חָנֵּנוּ כִּי־רַב שָׂבַעְנוּ
בוּז: בְּרֹגֶז רַחֵם תִּזְכּוֹר: בְּרֹגֶז עֲקֵדָה תִזְכּוֹר:
בְּרֹגֶז תְּמִימוּת תִּזְכּוֹר: בְּרֹגֶז אַהֲבָה תִזְכּוֹר: יְהוָה
הוֹשִׁיעָה הַמֶּלֶךְ יַעֲנֵנוּ בְיוֹם קָרְאֵנוּ: כִּי הוּא יָדַע
יִצְרֵנוּ זָכוּר כִּי־עָפָר אֲנָחְנוּ: עָזְרֵנוּ ׀ אֱלֹהֵי יִשְׁעֵנוּ
עַל־דְּבַר כְּבוֹד־שְׁמֶךָ וְהַצִּילֵנוּ וְכַפֵּר עַל חַטֹּאתֵינוּ
לְמַעַן שְׁמֶךָ: חצי קדיש

לשני וחמישי

א״א אל ארך אפים לא בר״ח ולא בחנוכה ופורים קטן וגדול ב׳ ימים ולא בע״פ וט״ב:

אֵל אֶרֶךְ אַפַּיִם וְרַב־חֶסֶד וֶאֱמֶת אַל־בְּאַפְּךָ תוֹכִיחֵנוּ
חוּסָה יְהוָה עַל־עַמֶּךָ וְהוֹשִׁיעֵנוּ מִכָּל־רָע חָטָאנוּ
לְךָ אָדוֹן. סְלַח־נָא כְּרֹב רַחֲמֶיךָ אֵל:

כשפותחין הארון יאמרו הקהל:

וַיְהִי בִּנְסֹעַ הָאָרֹן וַיֹּאמֶר מֹשֶׁה קוּמָה ׀ יְהוָה
וְיָפֻצוּ אֹיְבֶיךָ וְיָנֻסוּ מְשַׂנְאֶיךָ מִפָּנֶיךָ כִּי מִצִּיּוֹן
תֵּצֵא תוֹרָה וּדְבַר יְהוָה מִירוּשָׁלָיִם: בָּרוּךְ שֶׁנָּתַן
תּוֹרָה לְעַמּוֹ יִשְׂרָאֵל בִּקְדֻשָּׁתוֹ:
בְּרִיךְ שְׁמֵיהּ דְּמָרֵא עָלְמָא בְּרִיךְ כִּתְרָךְ וְאַתְרָךְ
יְהֵא רְעוּתָךְ עִם עַמָּךְ יִשְׂרָאֵל לְעָלַם וּפוּרְקַן
יְמִינָךְ אַחֲזֵי לְעַמָּךְ בְּבֵי מַקְדְּשָׁךְ וּלְאַמְטוּיֵי לָנָא
מִטּוּב נְהוֹרָךְ וּלְקַבֵּל צְלוֹתָנָא בְּרַחֲמִין יְהֵא רַעֲוָא
קֳדָמָךְ דְּתוֹרִיךְ לָן חַיִּין בְּטִיבוּ וְלֶהֱוֵא אֲנָא פְּקִידָא
בְּגוֹ צַדִּיקַיָּא לְמִרְחַם עָלַי וּלְמִנְטַר יָתִי וְיַת כָּל־דִּי לִי
וְדִי לְעַמָּךְ יִשְׂרָאֵל אַנְתְּ הוּא זָן לְכֹלָּא וּמְפַרְנֵס
לְכֹלָּא אַנְתְּ הוּא שַׁלִּיט עַל כֹּלָּא אַנְתְּ הוּא דְשַׁלִּיט
עַל מַלְכַיָּא וּמַלְכוּתָא דִּילָךְ הִיא: אֲנָא עַבְדָּא
דְקוּדְשָׁא בְּרִיךְ הוּא דְּסָגִידְנָא קַמֵּיהּ וּמִקַּמֵּי דִּיקַר
אוֹרַיְתֵיהּ: בְּכָל עִדָּן וְעִדָּן לָא עַל אֱנָשׁ רָחִיצְנָא
וְלָא עַל בַּר אֱלָהִין סָמִיכְנָא אֶלָּא בֶּאֱלָהָא דִשְׁמַיָּא
דְּהוּא אֱלָהָא קְשׁוֹט וְאוֹרַיְתֵיהּ קְשׁוֹט וּנְבִיאוֹהִי
קְשׁוֹט וּמַסְגֵּא לְמֶעְבַּד טַבְוָן וּקְשׁוֹט ׀ בֵּיהּ אֲנָא
רָחִיץ. וְלִשְׁמֵהּ קַדִּישָׁא יַקִּירָא אֲנָא אֵמַר תּוּשְׁבְּחָן
יְהֵא רַעֲוָא קֳדָמָךְ דְּתִפְתַּח לִבַּאי בְּאוֹרַיְתָא: וְתַשְׁלִים
מִשְׁאֲלִין דְּלִבַּאי וְלִבָּא דְכָל עַמָּךְ יִשְׂרָאֵל לְטַב
וּלְחַיִּין וְלִשְׁלָם:
ואומר הש״ץ גַּדְּלוּ לַיהוָה אִתִּי וּנְרוֹמְמָה שְׁמוֹ יַחְדָּו:
והקהל עונין לְךָ יְהוָה הַגְּדֻלָּה וְהַגְּבוּרָה וְהַתִּפְאֶרֶת
וְהַנֵּצַח וְהַהוֹד כִּי כֹל בַּשָּׁמַיִם וּבָאָרֶץ
לְךָ יְהוָה הַמַּמְלָכָה וְהַמִּתְנַשֵּׂא לְכֹל לְרֹאשׁ: רוֹמְמוּ
יְהוָה אֱלֹהֵינוּ וְהִשְׁתַּחֲווּ לְהַר קָדְשׁוֹ כִּי קָדוֹשׁ
יְהוָה אֱלֹהֵינוּ:

אַב הָרַחֲמִים הוּא יְרַחֵם עַם עֲמוּסִים וְיִזְכּוֹר בְּרִית אֵיתָנִים וְיַצִּיל נַפְשׁוֹתֵינוּ מִן הַשָּׁעוֹת הָרָעוֹת וְיִגְעַר בְּיֵצֶר הָרָע מִן הַנְּשׂוּאִים וְיָחוֹן עָלֵינוּ לִפְלֵיטַת עוֹלָמִים. וִימַלֵּא מִשְׁאֲלוֹתֵינוּ בְּמִדָּה טוֹבָה יְשׁוּעָה וְרַחֲמִים:

וְתִגָּלֶה וְתֵרָאֶה מַלְכוּתוֹ עָלֵינוּ בִּזְמַן קָרוֹב וְיָחוֹן פְּלֵיטָתֵנוּ וּפְלֵיטַת עַמּוֹ בֵּית יִשְׂרָאֵל לְחֵן וּלְחֶסֶד וּלְרַחֲמִים וּלְרָצוֹן וְנֹאמַר אָמֵן: הַכֹּל הָבוּ גֹדֶל לֵאלֹהֵינוּ וּתְנוּ כָבוֹד לַתּוֹרָה כֹּהֵן קְרַב: יַעֲמוֹד (פב"פ) הַכֹּהֵן:

בָּרוּךְ שֶׁנָּתַן תּוֹרָה לְעַמּוֹ יִשְׂרָאֵל בִּקְדֻשָּׁתוֹ:

ואח"כ אומרים קהל וְאַתֶּם הַדְּבֵקִים בַּיהוָה אֱלֹהֵיכֶם חַיִּים כֻּלְּכֶם הַיּוֹם:

ברכת התורה לפניה בָּרְכוּ אֶת־יְהוָה הַמְבֹרָךְ:

בָּרוּךְ יְהוָה הַמְבֹרָךְ לְעוֹלָם וָעֶד:

בָּרוּךְ אַתָּה יְהוָה אֱלֹהֵינוּ מֶלֶךְ הָעוֹלָם אֲשֶׁר בָּחַר־בָּנוּ מִכָּל־הָעַמִּים וְנָתַן לָנוּ אֶת־תּוֹרָתוֹ. בָּרוּךְ אַתָּה יְהוָה נוֹתֵן הַתּוֹרָה:

אחר הקריאה מברך

בָּרוּךְ אַתָּה יְהוָה אֱלֹהֵינוּ מֶלֶךְ הָעוֹלָם אֲשֶׁר נָתַן לָנוּ תּוֹרַת אֱמֶת וְחַיֵּי עוֹלָם נָטַע בְּתוֹכֵנוּ. בָּרוּךְ אַתָּה יְהוָה נוֹתֵן הַתּוֹרָה:

ברכת הגומל

בָּרוּךְ אַתָּה יְהוָה אֱלֹהֵינוּ מֶלֶךְ הָעוֹלָם הַגּוֹמֵל לְחַיָּבִים טוֹבוֹת שֶׁגְּמָלַנִי טוֹב: (אמן)

ועונין אחריו מִי שֶׁגְּמָלְךָ טוֹב הוּא יִגְמָלְךָ כָּל־טוֹב סֶלָה:

מי שבנו הגיע לבר מצוה יאמר:

בָּרוּךְ שֶׁפְּטָרַנִי מֵעֹנֶשׁ הַלָּזֶה: אחר קריאת התורה אומר הש"ץ חצי קדיש:

וכשמגביהין הס"ת להראות הכתב לעם כל אדם ישתדל לקרב עצמו לתיבה כדי שיוכל לקרא מה שכתוב בספר תורה בעת הגבהת הס"ת. ויאמר:

וְזֹאת הַתּוֹרָה אֲשֶׁר שָׂם מֹשֶׁה לִפְנֵי בְּנֵי יִשְׂרָאֵל:

עֵץ חַיִּים הִיא לַמַּחֲזִיקִים בָּהּ וְתֹמְכֶיהָ מְאֻשָּׁר: דְּרָכֶיהָ דַרְכֵי נֹעַם וְכָל נְתִיבוֹתֶיהָ שָׁלוֹם: אֹרֶךְ יָמִים בִּימִינָהּ בִּשְׂמֹאלָהּ עֹשֶׁר וְכָבוֹד: יְהוָה חָפֵץ לְמַעַן צִדְקוֹ יַגְדִּיל תּוֹרָה וְיַאְדִּיר: אשרי וכוי תמצא לעיל

מ"מ שבכל יום שאין בו תחנון ונפ"א א"א למנצח יענך ולא תפלה לדוד דהיינו כל חדש ניסן ופסח שני שהוא י"ד באייר ול"ג בעומר ומר"ח סיון עד י"ב בו ועד בכלל דהיינו ה' ימים אחר חג השבועות כי החג יש לו תשלומין כל שבעה וט"ו באב ועי"ה ומעי"כ עד סוף תשרי וט"ו בשבט וכל יום שיש בבה"כ מילה או חתן כל ז' ימי המשתה ואל"ל פורים קטן שהוא י"ד וט"ו באדר ראשון ופורים גדול וחנוכה ור"ח. גם במנחה ער"ח וערב חנוכה וערב פורים גדול וקטן וערב ל"ג בעומר וערב ט"ו באב וערב ט"ו בשבט א"א תחנון ונפ"א אבל במנחה שלפני ער"ה ועי"כ ופסח שני נופלין:

לַמְנַצֵּחַ מִזְמוֹר לְדָוִד: יַעַנְךָ יְהוָה בְּיוֹם צָרָה יְשַׂגֶּבְךָ שֵׁם | אֱלֹהֵי יַעֲקֹב: יִשְׁלַח־עֶזְרְךָ מִקֹּדֶשׁ וּמִצִּיּוֹן יִסְעָדֶךָּ: יִזְכֹּר כָּל־מִנְחֹתֶךָ וְעוֹלָתְךָ יְדַשְּׁנֶה סֶלָה: יִתֶּן־לְךָ כִלְבָבֶךָ וְכָל־עֲצָתְךָ יְמַלֵּא: נְרַנְּנָה | בִּישׁוּעָתֶךָ וּבְשֵׁם־אֱלֹהֵינוּ נִדְגֹּל יְמַלֵּא יְהוָה כָּל־מִשְׁאֲלוֹתֶיךָ: עַתָּה יָדַעְתִּי כִּי הוֹשִׁיעַ יְהוָה מְשִׁיחוֹ יַעֲנֵהוּ מִשְּׁמֵי קָדְשׁוֹ בִּגְבֻרוֹת יֵשַׁע יְמִינוֹ: אֵלֶּה בָרֶכֶב וְאֵלֶּה בַסּוּסִים וַאֲנַחְנוּ | בְּשֵׁם־יְהוָה אֱלֹהֵינוּ נַזְכִּיר: הֵמָּה כָּרְעוּ וְנָפָלוּ וַאֲנַחְנוּ קַּמְנוּ וַנִּתְעוֹדָד: יְהוָה הוֹשִׁיעָה הַמֶּלֶךְ יַעֲנֵנוּ בְיוֹם־קָרְאֵנוּ:

וּבָא לְצִיּוֹן גּוֹאֵל וּלְשָׁבֵי פֶשַׁע בְּיַעֲקֹב נְאֻם יְהוָה: וַאֲנִי זֹאת בְּרִיתִי אוֹתָם אָמַר יְהוָה רוּחִי אֲשֶׁר עָלֶיךָ וּדְבָרַי אֲשֶׁר שַׂמְתִּי בְּפִיךָ לֹא־יָמוּשׁוּ מִפִּיךָ וּמִפִּי זַרְעֲךָ וּמִפִּי זֶרַע זַרְעֲךָ אָמַר יְהוָה מֵעַתָּה וְעַד־עוֹלָם: וְאַתָּה קָדוֹשׁ יוֹשֵׁב תְּהִלּוֹת יִשְׂרָאֵל: וְקָרָא זֶה אֶל־זֶה וְאָמַר קָדוֹשׁ | קָדוֹשׁ קָדוֹשׁ יְהוָה צְבָאוֹת מְלֹא כָל־הָאָרֶץ כְּבוֹדוֹ: וּמְקַבְּלִין דֵּין מִן־דֵּין וְאָמְרִין קַדִּישׁ בִּשְׁמֵי מְרוֹמָא עִלָּאָה בֵּית שְׁכִינְתֵּהּ קַדִּישׁ עַל־אַרְעָא עוֹבַד גְּבוּרְתֵּהּ קַדִּישׁ לְעָלַם וּלְעָלְמֵי עָלְמַיָּא יְהוָה צְבָאוֹת מַלְיָא כָל אַרְעָא זִיו יְקָרֵהּ:

וַתִּשָּׂאֵנִי רוּחַ וָאֶשְׁמַע אַחֲרַי קוֹל רַעַשׁ
גָּדוֹל בָּרוּךְ כְּבוֹד יְהוָה מִמְּקוֹמוֹ :
וּנְטָלַתְנִי רוּחָא וּשְׁמָעִית בַּתְרַי קָל
זִיעַ סַגִּיא דִּמְשַׁבְּחִין וְאָמְרִין בְּרִיךְ
יְקָרָא דַיהוָה מֵאֲתַר בֵּית שְׁכִינְתֵּהּ :
יְהוָה ׀ יִמְלֹךְ לְעֹלָם וָעֶד : יְהוָה
מַלְכוּתֵהּ קָאֵם לְעָלַם וּלְעָלְמֵי עָלְמַיָּא:
יְהוָה אֱלֹהֵי אַבְרָהָם יִצְחָק וְיִשְׂרָאֵל
אֲבוֹתֵינוּ שָׁמְרָה זֹּאת לְעוֹלָם לְיֵצֶר
מַחְשְׁבוֹת לְבַב עַמֶּךָ וְהָכֵן לְבָבָם
אֵלֶיךָ : וְהוּא רַחוּם יְכַפֵּר עָוֹן וְלֹא
יַשְׁחִית וְהִרְבָּה לְהָשִׁיב אַפּוֹ וְלֹא יָעִיר
כָּל חֲמָתוֹ : כִּי אַתָּה אֲדֹנָי טוֹב וְסַלָּח
וְרַב חֶסֶד לְכָל־קֹרְאֶיךָ : צִדְקָתְךָ
צֶדֶק לְעוֹלָם וְתוֹרָתְךָ אֱמֶת : תִּתֵּן
אֱמֶת לְיַעֲקֹב חֶסֶד לְאַבְרָהָם אֲשֶׁר
נִשְׁבַּעְתָּ לַאֲבֹתֵינוּ מִימֵי קֶדֶם : בָּרוּךְ
אֲדֹנָי יוֹם ׀ יוֹם יַעֲמָס־לָנוּ הָאֵל
יְשׁוּעָתֵנוּ סֶלָה : יְהוָה צְבָאוֹת עִמָּנוּ
מִשְׂגָּב לָנוּ אֱלֹהֵי יַעֲקֹב סֶלָה: יְהוָה
צְבָאוֹת אַשְׁרֵי אָדָם בֹּטֵחַ בָּךְ : יְהוָה
הוֹשִׁיעָה הַמֶּלֶךְ יַעֲנֵנוּ בְיוֹם קָרְאֵנוּ :
בָּרוּךְ הוּא אֱלֹהֵינוּ שֶׁבְּרָאָנוּ לִכְבוֹדוֹ
וְהִבְדִּילָנוּ מִן הַתּוֹעִים וְנָתַן לָנוּ תּוֹרַת
אֱמֶת וְחַיֵּי עוֹלָם נָטַע בְּתוֹכֵנוּ הוּא
יִפְתַּח לִבֵּנוּ בְּתוֹרָתוֹ וְיָשֵׂם בְּלִבֵּנוּ
אַהֲבָתוֹ וְיִרְאָתוֹ וְלַעֲשׂת רְצוֹנוֹ
וּלְעָבְדוֹ בְּלֵבָב שָׁלֵם · לְמַעַן לֹא נִיגַע
לָרִיק וְלֹא נֵלֵד לַבֶּהָלָה : וּבְכֵן יְהִי
רָצוֹן מִלְּפָנֶיךָ יְהוָה אֱלֹהֵינוּ וֵאלֹהֵי
אֲבוֹתֵינוּ שֶׁנִּשְׁמוֹר חֻקֶּיךָ בָּעוֹלָם הַזֶּה ·
וְנִזְכֶּה וְנִחְיֶה וְנִרְאֶה וְנִירַשׁ טוֹבָה
וּבְרָכָה לִשְׁנֵי יְמוֹת הַמָּשִׁיחַ וּלְחַיֵּי
הָעוֹלָם הַבָּא : לְמַעַן יְזַמֶּרְךָ כָבוֹד
וְלֹא יִדֹּם יְהוָה אֱלֹהַי לְעוֹלָם אוֹדֶךָּ :
בָּרוּךְ הַגֶּבֶר אֲשֶׁר יִבְטַח בַּיהוָה
וְהָיָה יְהוָה מִבְטַחוֹ : בִּטְחוּ בַיהוָה
עֲדֵי עַד כִּי בְּיָהּ יְהוָה צוּר עוֹלָמִים :
וְיִבְטְחוּ בְךָ יוֹדְעֵי שְׁמֶךָ כִּי לֹא עָזַבְתָּ
דֹּרְשֶׁיךָ יְהוָה : יְהוָה חָפֵץ לְמַעַן
צִדְקוֹ יַגְדִּיל תּוֹרָה וְיַאְדִּיר : קדיש שלם

יִתְגַּדַּל וְיִתְקַדַּשׁ שְׁמֵהּ רַבָּא · אמן בְּעָלְמָא דִּי בְרָא כִרְעוּתֵהּ
וְיַמְלִיךְ מַלְכוּתֵהּ וְיַצְמַח פֻּרְקָנֵהּ וִיקָרֵב מְשִׁיחֵהּ :
אמן בְּחַיֵּיכוֹן וּבְיוֹמֵיכוֹן וּבְחַיֵּי דְכָל בֵּית יִשְׂרָאֵל בַּעֲגָלָא
וּבִזְמַן קָרִיב וְאִמְרוּ אָמֵן : יְהֵא שְׁמֵהּ רַבָּא מְבָרַךְ לְעָלַם
וּלְעָלְמֵי עָלְמַיָּא יִתְבָּרַךְ וְיִשְׁתַּבַּח וְיִתְפָּאַר וְיִתְרוֹמַם
וְיִתְנַשֵּׂא וְיִתְהַדָּר וְיִתְעַלֶּה וְיִתְהַלָּל שְׁמֵהּ דְּקֻדְשָׁא בְּרִיךְ
הוּא אמן · לְעֵילָּא מִן כָּל בִּרְכָתָא וְשִׁירָתָא תֻּשְׁבְּחָתָא
וְנֶחֱמָתָא דַּאֲמִירָן בְּעָלְמָא וְאִמְרוּ אָמֵן :
תִּתְקַבַּל צְלוֹתְהוֹן וּבָעוּתְהוֹן דְּכָל בֵּית יִשְׂרָאֵל קֳדָם
אֲבוּהוֹן דִּי בִשְׁמַיָּא וְאִמְרוּ אָמֵן :
יְהֵא שְׁלָמָא רַבָּא מִן שְׁמַיָּא וְחַיִּים טוֹבִים עָלֵינוּ וְעַל כָּל
יִשְׂרָאֵל וְאִמְרוּ אָמֵן :
עוֹשֶׂה שָׁלוֹם (בעשי״ת הַשָּׁלוֹם) בִּמְרוֹמָיו הוּא יַעֲשֶׂה שָׁלוֹם
עָלֵינוּ וְעַל כָּל יִשְׂרָאֵל וְאִמְרוּ אָמֵן :

בשני ובחמישי כשמחזירין הספר תורה להיכל אומרים זה :
אומר הש״ץ יְהַלְלוּ אֶת־שֵׁם יְהוָה כִּי נִשְׂגָּב שְׁמוֹ לְבַדּוֹ:
והקהל עונין הוֹדוֹ עַל אֶרֶץ וְשָׁמָיִם וַיָּרֶם קֶרֶן לְעַמּוֹ
תְּהִלָּה לְכָל־חֲסִידָיו לִבְנֵי יִשְׂרָאֵל עַם־
קְרֹבוֹ הַלְלוּיָהּ :

ביום שא״א תחנון אין אומרים תפלה לדוד אלא מתחילין בית יעקב:

תְּפִלָּה לְדָוִד | הַטֵּה־יְהוָה אָזְנְךָ עֲנֵנִי כִּי־עָנִי וְאֶבְיוֹן אָנִי: שָׁמְרָה נַפְשִׁי כִּי־חָסִיד אָנִי הוֹשַׁע עַבְדְּךָ אַתָּה אֱלֹהַי הַבּוֹטֵחַ אֵלֶיךָ: חָנֵּנִי אֲדֹנָי כִּי אֵלֶיךָ אֶקְרָא כָּל־הַיּוֹם: שַׂמֵּחַ נֶפֶשׁ עַבְדֶּךָ כִּי־אֵלֶיךָ אֲדֹנָי נַפְשִׁי אֶשָּׂא: כִּי אַתָּה אֲדֹנָי טוֹב וְסַלָּח וְרַב חֶסֶד לְכָל־קֹרְאֶיךָ: הַאֲזִינָה יְהוָה תְּפִלָּתִי וְהַקְשִׁיבָה בְּקוֹל תַּחֲנוּנוֹתָי: בְּיוֹם צָרָתִי אֶקְרָאֶךָּ כִּי תַעֲנֵנִי: אֵין כָּמוֹךָ בָאֱלֹהִים | אֲדֹנָי וְאֵין כְּמַעֲשֶׂיךָ: כָּל־גּוֹיִם | אֲשֶׁר עָשִׂיתָ יָבוֹאוּ וְיִשְׁתַּחֲווּ לְפָנֶיךָ אֲדֹנָי וִיכַבְּדוּ לִשְׁמֶךָ: כִּי גָדוֹל אַתָּה וְעֹשֵׂה נִפְלָאוֹת אַתָּה אֱלֹהִים לְבַדֶּךָ: הוֹרֵנִי יְהוָה דַּרְכֶּךָ אֲהַלֵּךְ בַּאֲמִתֶּךָ יַחֵד לְבָבִי לְיִרְאָה שְׁמֶךָ: אוֹדְךָ | אֲדֹנָי אֱלֹהַי בְּכָל־לְבָבִי וַאֲכַבְּדָה שִׁמְךָ לְעוֹלָם: כִּי־חַסְדְּךָ גָּדוֹל עָלָי וְהִצַּלְתָּ נַפְשִׁי מִשְּׁאוֹל תַּחְתִּיָּה: אֱלֹהִים | זֵדִים קָמוּ עָלַי וַעֲדַת עָרִיצִים בִּקְשׁוּ נַפְשִׁי וְלֹא שָׂמוּךָ לְנֶגְדָּם: וְאַתָּה אֲדֹנָי אֵל־רַחוּם וְחַנּוּן אֶרֶךְ אַפַּיִם וְרַב חֶסֶד וֶאֱמֶת: פְּנֵה אֵלַי וְחָנֵּנִי תְּנָה־עֻזְּךָ לְעַבְדֶּךָ וְהוֹשִׁיעָה לְבֶן־אֲמָתֶךָ: עֲשֵׂה־עִמִּי אוֹת לְטוֹבָה וְיִרְאוּ שֹׂנְאַי וְיֵבֹשׁוּ כִּי־אַתָּה יְהוָה עֲזַרְתַּנִי וְנִחַמְתָּנִי:

בֵּית יַעֲקֹב לְכוּ וְנֵלְכָה בְּאוֹר יְהוָה: כִּי כָּל הָעַמִּים יֵלְכוּ אִישׁ בְּשֵׁם אֱלֹהָיו וַאֲנַחְנוּ נֵלֵךְ בְּשֵׁם יְהוָה אֱלֹהֵינוּ לְעוֹלָם וָעֶד: יְהִי יְהוָה אֱלֹהֵינוּ עִמָּנוּ כַּאֲשֶׁר הָיָה עִם אֲבֹתֵינוּ אַל יַעַזְבֵנוּ וְאַל יִטְּשֵׁנוּ: לְהַטּוֹת לְבָבֵנוּ אֵלָיו לָלֶכֶת בְּכָל דְּרָכָיו וְלִשְׁמֹר מִצְוֹתָיו וְחֻקָּיו וּמִשְׁפָּטָיו אֲשֶׁר צִוָּה אֶת אֲבֹתֵינוּ: וְיִהְיוּ דְבָרַי אֵלֶּה אֲשֶׁר הִתְחַנַּנְתִּי לִפְנֵי יְהוָה קְרֹבִים אֶל יְהוָה אֱלֹהֵינוּ יוֹמָם וָלָיְלָה לַעֲשׂוֹת מִשְׁפַּט עַבְדּוֹ וּמִשְׁפַּט עַמּוֹ יִשְׂרָאֵל דְּבַר יוֹם בְּיוֹמוֹ: לְמַעַן דַּעַת כָּל עַמֵּי הָאָרֶץ כִּי יְהוָה הוּא הָאֱלֹהִים אֵין עוֹד: שִׁיר הַמַּעֲלוֹת לְדָוִד לוּלֵי יְהוָה שֶׁהָיָה לָנוּ יֹאמַר נָא יִשְׂרָאֵל: לוּלֵי יְהוָה שֶׁהָיָה לָנוּ בְּקוּם עָלֵינוּ אָדָם: אֲזַי חַיִּים בְּלָעוּנוּ בַּחֲרוֹת אַפָּם בָּנוּ: אֲזַי הַמַּיִם שְׁטָפוּנוּ נַחְלָה עָבַר עַל נַפְשֵׁנוּ: אֲזַי עָבַר עַל נַפְשֵׁנוּ הַמַּיִם הַזֵּידוֹנִים: בָּרוּךְ יְהוָה שֶׁלֹּא נְתָנָנוּ טֶרֶף לְשִׁנֵּיהֶם: נַפְשֵׁנוּ כְּצִפּוֹר נִמְלְטָה מִפַּח יוֹקְשִׁים הַפַּח נִשְׁבָּר וַאֲנַחְנוּ נִמְלָטְנוּ: עֶזְרֵנוּ בְּשֵׁם יְהוָה עֹשֵׂה שָׁמַיִם וָאָרֶץ:

בראשון בשבת היום יום ראשון בשבת שבו היו הלוים אומרים בבית המקדש:

לְדָוִד מִזְמוֹר לַיהוָה הָאָרֶץ וּמְלוֹאָהּ תֵּבֵל וְיֹשְׁבֵי בָהּ: כִּי־הוּא עַל־יַמִּים יְסָדָהּ וְעַל־נְהָרוֹת יְכוֹנְנֶהָ: מִי־יַעֲלֶה בְהַר־יְהוָה וּמִי־יָקוּם בִּמְקוֹם קָדְשׁוֹ: נְקִי כַפַּיִם וּבַר־לֵבָב אֲשֶׁר לֹא־נָשָׂא לַשָּׁוְא נַפְשִׁי וְלֹא נִשְׁבַּע לְמִרְמָה: יִשָּׂא בְרָכָה מֵאֵת יְהוָה וּצְדָקָה מֵאֱלֹהֵי יִשְׁעוֹ: זֶה דּוֹר דֹּרְשָׁו מְבַקְשֵׁי פָנֶיךָ יַעֲקֹב סֶלָה: שְׂאוּ שְׁעָרִים | רָאשֵׁיכֶם וְהִנָּשְׂאוּ פִּתְחֵי עוֹלָם וְיָבוֹא מֶלֶךְ הַכָּבוֹד: מִי זֶה מֶלֶךְ הַכָּבוֹד יְהוָה עִזּוּז וְגִבּוֹר יְהוָה גִּבּוֹר מִלְחָמָה: שְׂאוּ שְׁעָרִים | רָאשֵׁיכֶם וּשְׂאוּ פִּתְחֵי עוֹלָם וְיָבֹא מֶלֶךְ הַכָּבוֹד: מִי הוּא זֶה מֶלֶךְ הַכָּבוֹד יְהוָה צְבָאוֹת הוּא מֶלֶךְ הַכָּבוֹד סֶלָה:

הוֹשִׁיעֵנוּ יְהוָה אֱלֹהֵינוּ וְקַבְּצֵנוּ מִן הַגּוֹיִם לְהוֹדוֹת לְשֵׁם קָדְשֶׁךָ לְהִשְׁתַּבֵּחַ בִּתְהִלָּתֶךָ: בָּרוּךְ יְהוָה אֱלֹהֵי יִשְׂרָאֵל מִן הָעוֹלָם וְעַד הָעוֹלָם וְאָמַר כָּל הָעָם אָמֵן הַלְלוּיָהּ: בָּרוּךְ יְהוָה מִצִּיּוֹן שֹׁכֵן יְרוּשָׁלָיִם הַלְלוּיָהּ: בָּרוּךְ יְהוָה אֱלֹהִים אֱלֹהֵי יִשְׂרָאֵל עֹשֵׂה נִפְלָאוֹת לְבַדּוֹ: וּבָרוּךְ שֵׁם כְּבוֹדוֹ לְעוֹלָם וְיִמָּלֵא כְבוֹדוֹ אֶת כָּל הָאָרֶץ אָמֵן | וְאָמֵן. ק״י:

בשני בשבת היום יום שני בשבת שבו היו הלוים אומרים בבית המקדש:

שִׁיר מִזְמוֹר לִבְנֵי־קֹרַח: גָּדוֹל יְהוָה וּמְהֻלָּל מְאֹד בְּעִיר אֱלֹהֵינוּ הַר־קָדְשׁוֹ: יְפֵה נוֹף מְשׂוֹשׂ כָּל־הָאָרֶץ הַר־צִיּוֹן יַרְכְּתֵי צָפוֹן קִרְיַת מֶלֶךְ רָב: אֱלֹהִים בְּאַרְמְנוֹתֶיהָ נוֹדַע לְמִשְׂגָּב: כִּי הִנֵּה הַמְּלָכִים נוֹעֲדוּ עָבְרוּ יַחְדָּו: הֵמָּה רָאוּ כֵּן תָּמָהוּ נִבְהֲלוּ נֶחְפָּזוּ: רְעָדָה אֲחָזָתַם שָׁם חִיל כַּיּוֹלֵדָה: בְּרוּחַ קָדִים תְּשַׁבֵּר אֳנִיּוֹת תַּרְשִׁישׁ: כַּאֲשֶׁר שָׁמַעְנוּ | כֵּן רָאִינוּ בְּעִיר־יְהוָה צְבָאוֹת בְּעִיר אֱלֹהֵינוּ אֱלֹהִים יְכוֹנְנֶהָ עַד־עוֹלָם סֶלָה: דִּמִּינוּ אֱלֹהִים חַסְדֶּךָ בְּקֶרֶב הֵיכָלֶךָ: כְּשִׁמְךָ אֱלֹהִים כֵּן תְּהִלָּתְךָ עַל־קַצְוֵי־אֶרֶץ צֶדֶק מָלְאָה יְמִינֶךָ: יִשְׂמַח | הַר־צִיּוֹן תָּגֵלְנָה בְּנוֹת יְהוּדָה לְמַעַן מִשְׁפָּטֶיךָ: סֹבּוּ צִיּוֹן וְהַקִּיפוּהָ סִפְרוּ מִגְדָּלֶיהָ: שִׁיתוּ לִבְּכֶם | לְחֵילָה פַּסְּגוּ אַרְמְנוֹתֶיהָ לְמַעַן תְּסַפְּרוּ לְדוֹר אַחֲרוֹן: כִּי זֶה אֱלֹהִים אֱלֹהֵינוּ עוֹלָם וָעֶד הוּא יְנַהֲגֵנוּ עַל־מוּת: הושיענו ק״י

בשלישי בשבת היום יום שלישי בשבת שבו היו הלוים אומרים בבית המקדש

מִזְמוֹר לְאָסָף אֱלֹהִים נִצָּב בַּעֲדַת־אֵל בְּקֶרֶב אֱלֹהִים יִשְׁפֹּט: עַד־מָתַי תִּשְׁפְּטוּ־עָוֶל וּפְנֵי רְשָׁעִים תִּשְׂאוּ סֶלָה: שִׁפְטוּ־דָל וְיָתוֹם עָנִי וָרָשׁ הַצְדִּיקוּ: פַּלְּטוּ־דַל וְאֶבְיוֹן מִיַּד רְשָׁעִים הַצִּילוּ: לֹא יָדְעוּ | וְלֹא יָבִינוּ בַּחֲשֵׁכָה יִתְהַלָּכוּ יִמּוֹטוּ כָּל מוֹסְדֵי־אָרֶץ: אֲנִי אָמַרְתִּי אֱלֹהִים אַתֶּם וּבְנֵי עֶלְיוֹן כֻּלְּכֶם: אָכֵן כְּאָדָם תְּמוּתוּן וּכְאַחַד הַשָּׂרִים תִּפֹּלוּ: קוּמָה אֱלֹהִים שָׁפְטָה הָאָרֶץ כִּי־אַתָּה תִנְחַל בְּכָל־הַגּוֹיִם: הושיענו ק״י

ברביעי בשבת היום יום רביעי בשבת שבו היו הלוים אומרים בבית המקדש

אֵל־נְקָמוֹת יְהוָה אֵל נְקָמוֹת הוֹפִיעַ: הִנָּשֵׂא שֹׁפֵט הָאָרֶץ הָשֵׁב גְּמוּל עַל־גֵּאִים: עַד־מָתַי רְשָׁעִים | יְהוָה עַד־מָתַי רְשָׁעִים יַעֲלֹזוּ: יַבִּיעוּ יְדַבְּרוּ עָתָק יִתְאַמְּרוּ כָּל־פֹּעֲלֵי אָוֶן: עַמְּךָ יְהוָה יְדַכְּאוּ וְנַחֲלָתְךָ יְעַנּוּ: אַלְמָנָה וְגֵר יַהֲרֹגוּ וִיתוֹמִים יְרַצֵּחוּ: וַיֹּאמְרוּ לֹא יִרְאֶה־יָּהּ וְלֹא יָבִין אֱלֹהֵי יַעֲקֹב: בִּינוּ בֹּעֲרִים בָּעָם וּכְסִילִים מָתַי תַּשְׂכִּילוּ: הֲנֹטַע אֹזֶן הֲלֹא יִשְׁמָע אִם־יֹצֵר עַיִן הֲלֹא יַבִּיט: הֲיֹסֵר גּוֹיִם הֲלֹא יוֹכִיחַ הַמְלַמֵּד אָדָם דָּעַת: יְהוָה יֹדֵעַ מַחְשְׁבוֹת אָדָם כִּי הֵמָּה הָבֶל: אַשְׁרֵי הַגֶּבֶר אֲשֶׁר־תְּיַסְּרֶנּוּ יָּהּ וּמִתּוֹרָתְךָ תְלַמְּדֶנּוּ: לְהַשְׁקִיט לוֹ מִימֵי רָע עַד־יִכָּרֶה לָרָשָׁע שָׁחַת: כִּי | לֹא־יִטֹּשׁ יְהוָה עַמּוֹ וְנַחֲלָתוֹ לֹא יַעֲזֹב: כִּי־עַד־צֶדֶק יָשׁוּב מִשְׁפָּט וְאַחֲרָיו כָּל־יִשְׁרֵי־לֵב: מִי־יָקוּם לִי עִם־מְרֵעִים מִי־יִתְיַצֵּב לִי עִם־פֹּעֲלֵי אָוֶן: לוּלֵי יְהוָה עֶזְרָתָה לִּי כִּמְעַט | שָׁכְנָה דוּמָה נַפְשִׁי: אִם־אָמַרְתִּי מָטָה רַגְלִי חַסְדְּךָ יְהוָה יִסְעָדֵנִי: בְּרֹב שַׂרְעַפַּי בְּקִרְבִּי תַּנְחוּמֶיךָ יְשַׁעַשְׁעוּ נַפְשִׁי: הַיְחָבְרְךָ כִּסֵּא הַוּוֹת יֹצֵר עָמָל עֲלֵי־חֹק: יָגוֹדּוּ עַל־נֶפֶשׁ צַדִּיק וְדָם נָקִי יַרְשִׁיעוּ: וַיְהִי יְהוָה לִי לְמִשְׂגָּב וֵאלֹהַי לְצוּר מַחְסִי: וַיָּשֶׁב עֲלֵיהֶם | אֶת־אוֹנָם וּבְרָעָתָם יַצְמִיתֵם יַצְמִיתֵם יְהוָה אֱלֹהֵינוּ: לְכוּ נְרַנְּנָה לַיהוָה נָרִיעָה לְצוּר יִשְׁעֵנוּ: נְקַדְּמָה פָנָיו בְּתוֹדָה בִּזְמִרוֹת נָרִיעַ לוֹ: כִּי אֵל גָּדוֹל יְהוָה וּמֶלֶךְ גָּדוֹל עַל־כָּל־אֱלֹהִים: הושיענו ק״י

בחמישי בשבת היום יום חמישי בשבת שבו היו הלוים אומרים בבית המקדש

לַמְנַצֵּחַ עַל־הַגִּתִּית לְאָסָף: הַרְנִינוּ לֵאלֹהִים עוּזֵּנוּ הָרִיעוּ לֵאלֹהֵי יַעֲקֹב: שְׂאוּ־זִמְרָה וּתְנוּ־תֹף כִּנּוֹר נָעִים עִם־נָבֶל: תִּקְעוּ בַחֹדֶשׁ שׁוֹפָר בַּכֵּסֶה לְיוֹם חַגֵּנוּ: כִּי חֹק לְיִשְׂרָאֵל הוּא מִשְׁפָּט לֵאלֹהֵי יַעֲקֹב: עֵדוּת | בִּיהוֹסֵף שָׂמוֹ בְּצֵאתוֹ עַל־אֶרֶץ מִצְרָיִם שְׂפַת לֹא־יָדַעְתִּי אֶשְׁמָע: הֲסִירוֹתִי מִסֵּבֶל שִׁכְמוֹ כַּפָּיו מִדּוּד תַּעֲבֹרְנָה: בַּצָּרָה קָרָאתָ וָאֲחַלְּצֶךָּ אֶעֶנְךָ בְּסֵתֶר רַעַם אֶבְחָנְךָ עַל־מֵי מְרִיבָה סֶלָה: שְׁמַע עַמִּי וְאָעִידָה בָּךְ יִשְׂרָאֵל אִם־תִּשְׁמַע־לִי: לֹא־יִהְיֶה בְךָ אֵל זָר וְלֹא תִשְׁתַּחֲוֶה לְאֵל נֵכָר: אָנֹכִי | יְהוָה אֱלֹהֶיךָ הַמַּעַלְךָ מֵאֶרֶץ מִצְרָיִם הַרְחֶב־פִּיךָ וַאֲמַלְאֵהוּ: וְלֹא־שָׁמַע עַמִּי לְקוֹלִי וְיִשְׂרָאֵל לֹא־אָבָה לִי: וָאֲשַׁלְּחֵהוּ בִּשְׁרִירוּת לִבָּם יֵלְכוּ בְּמוֹעֲצוֹתֵיהֶם: לוּ עַמִּי שֹׁמֵעַ לִי יִשְׂרָאֵל בִּדְרָכַי יְהַלֵּכוּ: כִּמְעַט אוֹיְבֵיהֶם אַכְנִיעַ וְעַל־צָרֵיהֶם אָשִׁיב יָדִי: מְשַׂנְאֵי יְהוָה יְכַחֲשׁוּ־לוֹ וִיהִי עִתָּם לְעוֹלָם: וַיַּאֲכִילֵהוּ מֵחֵלֶב חִטָּה וּמִצּוּר דְּבַשׁ אַשְׂבִּיעֶךָ: הושיענו ק״י

בששי בשבת היום יום ששי בשבת שבו היו הלוים אומרים בבית המקדש

יְהוָה מָלָךְ גֵּאוּת לָבֵשׁ לָבֵשׁ יְהוָה עֹז הִתְאַזָּר אַף־תִּכּוֹן תֵּבֵל בַּל־תִּמּוֹט: נָכוֹן כִּסְאֲךָ מֵאָז מֵעוֹלָם אָתָּה: נָשְׂאוּ נְהָרוֹת | יְהוָה נָשְׂאוּ נְהָרוֹת קוֹלָם יִשְׂאוּ נְהָרוֹת דָּכְיָם: מִקֹּלוֹת | מַיִם רַבִּים אַדִּירִים מִשְׁבְּרֵי־יָם אַדִּיר בַּמָּרוֹם יְהוָה: עֵדֹתֶיךָ נֶאֶמְנוּ מְאֹד לְבֵיתְךָ נַאֲוָה־(נ״א נָאֲוָה) קֹּדֶשׁ יְהוָה לְאֹרֶךְ יָמִים: הו׳ ק״י

בר״ח אחר שיר של יום אומרים ברכי נפשי

בָּרְכִי נַפְשִׁי אֶת־יְהוָה יְהוָה אֱלֹהַי גָּדַלְתָּ מְּאֹד הוֹד וְהָדָר לָבָשְׁתָּ: עֹטֶה אוֹר כַּשַּׂלְמָה נוֹטֶה שָׁמַיִם כַּיְרִיעָה: הַמְקָרֶה בַמַּיִם עֲלִיּוֹתָיו הַשָּׂם־עָבִים רְכוּבוֹ הַמְהַלֵּךְ עַל כַּנְפֵי רוּחַ: עֹשֶׂה מַלְאָכָיו רוּחוֹת מְשָׁרְתָיו אֵשׁ לֹהֵט: יָסַד אֶרֶץ עַל מְכוֹנֶיהָ בַּל תִּמּוֹט עוֹלָם וָעֶד: תְּהוֹם כַּלְּבוּשׁ כִּסִּיתוֹ עַל הָרִים יַעַמְדוּ מָיִם: מִן גַּעֲרָתְךָ יְנוּסוּן מִן קוֹל רַעַמְךָ יֵחָפֵזוּן: יַעֲלוּ הָרִים יֵרְדוּ בְקָעוֹת אֶל מְקוֹם זֶה יָסַדְתָּ לָהֶם: גְּבוּל שַׂמְתָּ בַּל יַעֲבֹרוּן בַּל יְשׁוּבוּן לְכַסּוֹת הָאָרֶץ: הַמְשַׁלֵּחַ מַעְיָנִים בַּנְּחָלִים בֵּין הָרִים יְהַלֵּכוּן: יַשְׁקוּ כָּל חַיְתוֹ שָׂדָי יִשְׁבְּרוּ פְרָאִים

צְמָאָם: עֲלֵיהֶם עוֹף הַשָּׁמַיִם יִשְׁכּוֹן מִבֵּין עֳפָאיִם יִתְּנוּ קוֹל: מַשְׁקֶה הָרִים מֵעֲלִיּוֹתָיו מִפְּרִי מַעֲשֶׂיךָ תִּשְׂבַּע הָאָרֶץ: מַצְמִיחַ חָצִיר לַבְּהֵמָה וְעֵשֶׂב לַעֲבֹדַת הָאָדָם לְהוֹצִיא לֶחֶם מִן הָאָרֶץ: וְיַיִן יְשַׂמַּח לְבַב אֱנוֹשׁ לְהַצְהִיל פָּנִים מִשָּׁמֶן וְלֶחֶם לְבַב אֱנוֹשׁ יִסְעָד: יִשְׂבְּעוּ עֲצֵי יְהוָה אַרְזֵי לְבָנוֹן אֲשֶׁר נָטָע: אֲשֶׁר שָׁם צִפֳּרִים יְקַנֵּנוּ חֲסִידָה בְּרוֹשִׁים בֵּיתָהּ: הָרִים הַגְּבֹהִים לַיְּעֵלִים סְלָעִים מַחְסֶה לַשְׁפַנִּים: עָשָׂה יָרֵחַ לְמוֹעֲדִים שֶׁמֶשׁ יָדַע מְבוֹאוֹ: תָּשֶׁת־חֹשֶׁךְ וִיהִי לָיְלָה בּוֹ תִרְמֹשׂ כָּל חַיְתוֹ יָעַר: הַכְּפִירִים שֹׁאֲגִים לַטָּרֶף וּלְבַקֵּשׁ מֵאֵל אָכְלָם: תִּזְרַח הַשֶּׁמֶשׁ יֵאָסֵפוּן וְאֶל מְעוֹנֹתָם יִרְבָּצוּן: יֵצֵא אָדָם לְפָעֳלוֹ וְלַעֲבֹדָתוֹ עֲדֵי עָרֶב: מָה רַבּוּ מַעֲשֶׂיךָ יְהוָה כֻּלָּם בְּחָכְמָה עָשִׂיתָ מָלְאָה הָאָרֶץ קִנְיָנֶךָ: זֶה הַיָּם גָּדוֹל וּרְחַב יָדָיִם שָׁם רֶמֶשׂ וְאֵין מִסְפָּר חַיּוֹת קְטַנּוֹת עִם גְּדֹלוֹת: שָׁם אֳנִיּוֹת יְהַלֵּכוּן לִוְיָתָן זֶה יָצַרְתָּ לְשַׂחֶק בּוֹ: כֻּלָּם אֵלֶיךָ יְשַׂבֵּרוּן לָתֵת אָכְלָם בְּעִתּוֹ: תִּתֵּן לָהֶם יִלְקֹטוּן תִּפְתַּח יָדְךָ יִשְׂבְּעוּן טוֹב: תַּסְתִּיר פָּנֶיךָ יִבָּהֵלוּן תֹּסֵף רוּחָם יִגְוָעוּן וְאֶל עֲפָרָם יְשׁוּבוּן: תְּשַׁלַּח רוּחֲךָ יִבָּרֵאוּן וּתְחַדֵּשׁ פְּנֵי אֲדָמָה: יְהִי כְבוֹד יְהוָה לְעוֹלָם יִשְׂמַח יְהוָה בְּמַעֲשָׂיו: הַמַּבִּיט לָאָרֶץ וַתִּרְעָד יִגַּע בֶּהָרִים וְיֶעֱשָׁנוּ: אָשִׁירָה לַיהוָה בְּחַיָּי אֲזַמְּרָה לֵאלֹהַי בְּעוֹדִי: יֶעֱרַב עָלָיו שִׂיחִי אָנֹכִי אֶשְׂמַח בַּיהוָה: יִתַּמּוּ חַטָּאִים מִן הָאָרֶץ וּרְשָׁעִים עוֹד אֵינָם בָּרְכִי נַפְשִׁי אֶת־יְהוָה הַלְלוּיָהּ:

מן ר״ח אלול עד אחר הושענא רבה אחר שיר של יום ובמנחה קודם עלינו אומרים זה:

לְדָוִד יְהוָה אוֹרִי וְיִשְׁעִי מִמִּי אִירָא יְהוָה מָעוֹז חַיַּי מִמִּי אֶפְחָד: בִּקְרֹב עָלַי מְרֵעִים לֶאֱכֹל אֶת בְּשָׂרִי צָרַי וְאֹיְבַי לִי הֵמָּה כָשְׁלוּ וְנָפָלוּ: אִם תַּחֲנֶה עָלַי מַחֲנֶה לֹא יִירָא לִבִּי אִם תָּקוּם עָלַי מִלְחָמָה בְּזֹאת אֲנִי בוֹטֵחַ: אַחַת שָׁאַלְתִּי מֵאֵת יְהוָה אוֹתָהּ אֲבַקֵּשׁ שִׁבְתִּי בְּבֵית יְהוָה כָּל יְמֵי חַיַּי לַחֲזוֹת בְּנֹעַם יְהוָה וּלְבַקֵּר בְּהֵיכָלוֹ: כִּי יִצְפְּנֵנִי בְּסֻכֹּה בְּיוֹם רָעָה יַסְתִּרֵנִי בְּסֵתֶר אָהֳלוֹ בְּצוּר יְרוֹמְמֵנִי: וְעַתָּה יָרוּם רֹאשִׁי עַל אֹיְבַי סְבִיבוֹתַי וְאֶזְבְּחָה בְאָהֳלוֹ זִבְחֵי תְרוּעָה אָשִׁירָה וַאֲזַמְּרָה לַיהוָה: שְׁמַע יְהוָה קוֹלִי אֶקְרָא וְחָנֵּנִי וַעֲנֵנִי: לְךָ אָמַר לִבִּי בַּקְּשׁוּ פָנָי אֶת פָּנֶיךָ יְהוָה אֲבַקֵּשׁ: אַל תַּסְתֵּר פָּנֶיךָ מִמֶּנִּי אַל תַּט בְּאַף עַבְדֶּךָ עֶזְרָתִי הָיִיתָ אַל תִּטְּשֵׁנִי וְאַל תַּעַזְבֵנִי אֱלֹהֵי יִשְׁעִי: כִּי אָבִי וְאִמִּי עֲזָבוּנִי וַיהוָה יַאַסְפֵנִי: הוֹרֵנִי יְהוָה דַּרְכֶּךָ וּנְחֵנִי בְּאֹרַח מִישׁוֹר לְמַעַן שׁוֹרְרָי: אַל תִּתְּנֵנִי בְּנֶפֶשׁ צָרָי כִּי קָמוּ בִי עֵדֵי שֶׁקֶר וִיפֵחַ חָמָס: לוּלֵא הֶאֱמַנְתִּי לִרְאוֹת בְּטוּב יְהוָה בְּאֶרֶץ חַיִּים: קַוֵּה אֶל יְהוָה חֲזַק וְיַאֲמֵץ לִבֶּךָ וְקַוֵּה אֶל יְהוָה:

קַוֵּה אֶל יְהוָה חֲזַק וְיַאֲמֵץ לִבֶּךָ וְקַוֵּה אֶל יְהוָה: אֵין קָדוֹשׁ כַּיהוָה כִּי אֵין בִּלְתֶּךָ וְאֵין צוּר כֵּאלֹהֵינוּ: כִּי מִי אֱלוֹהַּ מִבַּלְעֲדֵי יְהוָה וּמִי צוּר זוּלָתִי אֱלֹהֵינוּ:

אֵין כֵּאלֹהֵינוּ · אֵין כַּאדוֹנֵינוּ · אֵין כְּמַלְכֵּנוּ · אֵין כְּמוֹשִׁיעֵנוּ: מִי כֵאלֹהֵינוּ · מִי כַאדוֹנֵינוּ · מִי כְמַלְכֵּנוּ · מִי כְמוֹשִׁיעֵנוּ: נוֹדֶה לֵאלֹהֵינוּ · נוֹדֶה לַאדוֹנֵינוּ · נוֹדֶה לְמַלְכֵּנוּ · נוֹדֶה לְמוֹשִׁיעֵנוּ: בָּרוּךְ אֱלֹהֵינוּ · בָּרוּךְ אֲדוֹנֵינוּ · בָּרוּךְ מַלְכֵּנוּ · בָּרוּךְ מוֹשִׁיעֵנוּ: אַתָּה הוּא אֱלֹהֵינוּ · אַתָּה הוּא אֲדוֹנֵינוּ · אַתָּה הוּא מַלְכֵּנוּ · אַתָּה הוּא מוֹשִׁיעֵנוּ: אַתָּה תוֹשִׁיעֵנוּ: אַתָּה תָקוּם תְּרַחֵם צִיּוֹן כִּי עֵת לְחֶנְנָהּ כִּי בָא מוֹעֵד: אַתָּה הוּא יְהוָה אֱלֹהֵינוּ וֵאלֹהֵי אֲבוֹתֵינוּ שֶׁהִקְטִירוּ אֲבוֹתֵינוּ לְפָנֶיךָ אֶת־קְטֹרֶת הַסַּמִּים:

פִּטּוּם הַקְּטֹרֶת הַצֳּרִי וְהַצִּפֹּרֶן הַחֶלְבְּנָה וְהַלְּבוֹנָה מִשְׁקַל שִׁבְעִים שִׁבְעִים מָנֶה מוֹר וּקְצִיעָה שִׁבֹּלֶת נֵרְדְּ וְכַרְכֹּם מִשְׁקַל שִׁשָּׁה עָשָׂר שִׁשָּׁה עָשָׂר מָנֶה הַקֹּשְׁטְ שְׁנֵים עָשָׂר. קִלּוּפָה שְׁלֹשָׁה. קִנָּמוֹן תִּשְׁעָה. בּוֹרִית כַּרְשִׁינָה תִּשְׁעָה קַבִּין יֵין קַפְרִיסִין סְאִין תְּלָתָא וְקַבִּין תְּלָתָא וְאִם אֵין לוֹ יֵין קַפְרִיסִין מֵבִיא חֲמַר חִוַּרְיָן עַתִּיק מֶלַח סְדוֹמִית רוֹבַע. מַעֲלֶה עָשָׁן כָּל שֶׁהוּא. רַבִּי נָתָן הַבַּבְלִי אוֹמֵר אַף כִּפַּת הַיַּרְדֵּן כָּל שֶׁהִיא וְאִם נָתַן בָּהּ דְּבַשׁ פְּסָלָהּ וְאִם חִסֵּר אֶחָד מִכָּל סַמָּנֶיהָ חַיָּב מִיתָה: רַבָּן שִׁמְעוֹן בֶּן גַּמְלִיאֵל אוֹמֵר הַצֳּרִי אֵינוֹ אֶלָּא שְׂרָף הַנּוֹטֵף מֵעֲצֵי הַקְּטָף בּוֹרִית כַּרְשִׁינָה שֶׁשָּׁפִין בָּהּ אֶת הַצִּפֹּרֶן כְּדֵי שֶׁתְּהֵא נָאָה יֵין קַפְרִיסִין שֶׁשּׁוֹרִין בּוֹ אֶת הַצִּפֹּרֶן כְּדֵי שֶׁתְּהֵא עַזָּה וַהֲלֹא מֵי רַגְלַיִם יָפִין לָהּ אֶלָּא שֶׁאֵין מַכְנִיסִין מֵי רַגְלַיִם בַּמִּקְדָּשׁ מִפְּנֵי הַכָּבוֹד:

תָּנָא דְבֵי אֵלִיָּהוּ כָּל הַשּׁוֹנֶה הֲלָכוֹת בְּכָל יוֹם מֻבְטָח לוֹ שֶׁהוּא בֶּן עוֹלָם הַבָּא שֶׁנֶּאֱמַר הֲלִיכוֹת עוֹלָם לוֹ אַל תִּקְרֵי הֲלִיכוֹת אֶלָּא הֲלָכוֹת:

אָמַר רַבִּי אֶלְעָזָר אָמַר רַבִּי חֲנִינָא תַּלְמִידֵי חֲכָמִים מַרְבִּים שָׁלוֹם בָּעוֹלָם שֶׁנֶּאֱמַר וְכָל בָּנַיִךְ לִמּוּדֵי יְהוָה וְרַב שְׁלוֹם בָּנָיִךְ אַל תִּקְרֵי בָּנָיִךְ אֶלָּא בּוֹנָיִךְ: שָׁלוֹם רָב לְאֹהֲבֵי תוֹרָתֶךָ וְאֵין לָמוֹ מִכְשׁוֹל: יְהִי שָׁלוֹם בְּחֵילֵךְ שַׁלְוָה בְּאַרְמְנוֹתָיִךְ: לְמַעַן אַחַי וְרֵעָי אֲדַבְּרָה נָּא שָׁלוֹם בָּךְ: לְמַעַן בֵּית יְהוָה אֱלֹהֵינוּ אֲבַקְשָׁה טוֹב לָךְ: יְהוָה עֹז לְעַמּוֹ יִתֵּן יְהוָה יְבָרֵךְ אֶת עַמּוֹ בַשָּׁלוֹם: קדיש דרבנן

עַל יִשְׂרָאֵל וְעַל רַבָּנָן ׳ וְעַל תַּלְמִידֵיהוֹן וְעַל כָּל תַּלְמִידֵי תַלְמִידֵיהוֹן ׳ וְעַל כָּל מָאן דְּעָסְקִין בְּאוֹרַיְתָא דִּי בְּאַתְרָא הָדֵין וְדִי בְּכָל אֲתַר וַאֲתַר יְהֵא לְהוֹן וּלְכוֹן שְׁלָמָא רַבָּא חִנָּא וְחִסְדָּא וְרַחֲמִין וְחַיִּין אֲרִיכִין ׳ וּמְזוֹנָא רְוִיחָא וּפוּרְקָנָא מִן קֳדָם אֲבוּהוֹן דְּבִשְׁמַיָּא וְאִמְרוּ אָמֵן: יהא שלמא

עָלֵינוּ לְשַׁבֵּחַ לַאֲדוֹן הַכֹּל לָתֵת גְּדֻלָּה לְיוֹצֵר בְּרֵאשִׁית שֶׁלֹּא עָשָׂנוּ כְּגוֹיֵי הָאֲרָצוֹת וְלֹא שָׂמָנוּ כְּמִשְׁפְּחוֹת הָאֲדָמָה שֶׁלֹּא שָׂם חֶלְקֵנוּ כָּהֶם וְגוֹרָלֵנוּ כְּכָל הֲמוֹנָם: וַאֲנַחְנוּ כּוֹרְעִים וּמִשְׁתַּחֲוִים וּמוֹדִים לִפְנֵי מֶלֶךְ מַלְכֵי הַמְּלָכִים הַקָּדוֹשׁ בָּרוּךְ הוּא: שֶׁהוּא נוֹטֶה שָׁמַיִם וְיוֹסֵד אָרֶץ וּמוֹשַׁב יְקָרוֹ בַּשָּׁמַיִם מִמַּעַל וּשְׁכִינַת עֻזּוֹ בְּגָבְהֵי מְרוֹמִים ׳ הוּא אֱלֹהֵינוּ אֵין עוֹד ׳ אֱמֶת מַלְכֵּנוּ אֶפֶס זוּלָתוֹ כַּכָּתוּב בְּתוֹרָתוֹ וְיָדַעְתָּ הַיּוֹם וַהֲשֵׁבֹתָ אֶל לְבָבֶךָ כִּי יְהוָה הוּא הָאֱלֹהִים בַּשָּׁמַיִם מִמַּעַל וְעַל הָאָרֶץ מִתָּחַת אֵין עוֹד:

וְעַל כֵּן נְקַוֶּה לְךָ יְהוָה אֱלֹהֵינוּ לִרְאוֹת מְהֵרָה בְּתִפְאֶרֶת עֻזֶּךָ לְהַעֲבִיר גִּלּוּלִים מִן הָאָרֶץ וְהָאֱלִילִים כָּרוֹת יִכָּרֵתוּן לְתַקֵּן עוֹלָם בְּמַלְכוּת שַׁדַּי וְכָל בְּנֵי בָשָׂר יִקְרְאוּ בִשְׁמֶךָ לְהַפְנוֹת אֵלֶיךָ כָּל רִשְׁעֵי אָרֶץ: יַכִּירוּ וְיֵדְעוּ כָּל יוֹשְׁבֵי תֵבֵל כִּי לְךָ תִּכְרַע כָּל בֶּרֶךְ תִּשָּׁבַע כָּל לָשׁוֹן ׳ לְפָנֶיךָ יְהוָה אֱלֹהֵינוּ יִכְרְעוּ וְיִפֹּלוּ וְלִכְבוֹד שִׁמְךָ יְקָר יִתֵּנוּ: וִיקַבְּלוּ כֻלָּם עֲלֵיהֶם אֶת עוֹל מַלְכוּתֶךָ וְתִמְלוֹךְ עֲלֵיהֶם מְהֵרָה לְעוֹלָם וָעֶד: כִּי הַמַּלְכוּת שֶׁלְּךָ הִיא וּלְעוֹלְמֵי עַד תִּמְלוֹךְ בְּכָבוֹד כַּכָּתוּב בְּתוֹרָתֶךָ יְהוָה ׀ יִמְלֹךְ לְעֹלָם וָעֶד: וְנֶאֱמַר וְהָיָה יְהוָה לְמֶלֶךְ עַל כָּל הָאָרֶץ בַּיּוֹם הַהוּא יִהְיֶה יְהוָה אֶחָד וּשְׁמוֹ אֶחָד: ק״י

אל תירא מפחד פתאום ומשואת רשעים כי תבוא: עוצו עצה והפר דברו דבר ולא יקום כי עמנו אל: ועד זקנה אני הוא ועד שיבה אני אסבול אני עשיתי ואני אשא ואני אסבול ואמלט:

וכתב רש״ל ז״ל פסוק זה

אך צדיקים יודו לשמך ישבו ישרים את פניך:

מנהג להניח תפילין דר״ת אחר התפלה בלא ברכה ולקרות ק״ש בהם ויש נוהגין לומר גם כן פרשת קדש והיה כי יביאך:

וַיְדַבֵּר יְהוָה אֶל מֹשֶׁה לֵּאמֹר: קַדֶּשׁ לִי כָל בְּכוֹר פֶּטֶר כָּל רֶחֶם בִּבְנֵי יִשְׂרָאֵל בָּאָדָם וּבַבְּהֵמָה לִי הוּא: וַיֹּאמֶר מֹשֶׁה אֶל הָעָם זָכוֹר אֶת הַיּוֹם הַזֶּה אֲשֶׁר יְצָאתֶם מִמִּצְרַיִם מִבֵּית עֲבָדִים כִּי בְּחֹזֶק יָד הוֹצִיא יְהוָה אֶתְכֶם מִזֶּה וְלֹא יֵאָכֵל חָמֵץ: הַיּוֹם אַתֶּם יֹצְאִים בְּחֹדֶשׁ הָאָבִיב: וְהָיָה כִי יְבִיאֲךָ יְהוָה אֶל אֶרֶץ הַכְּנַעֲנִי וְהַחִתִּי וְהָאֱמֹרִי וְהַחִוִּי וְהַיְבוּסִי אֲשֶׁר נִשְׁבַּע לַאֲבֹתֶיךָ לָתֶת לָךְ אֶרֶץ זָבַת חָלָב וּדְבָשׁ וְעָבַדְתָּ אֶת הָעֲבֹדָה הַזֹּאת בַּחֹדֶשׁ הַזֶּה: שִׁבְעַת יָמִים תֹּאכַל מַצֹּת וּבַיּוֹם הַשְּׁבִיעִי חַג לַיהוָה: מַצּוֹת יֵאָכֵל אֵת שִׁבְעַת הַיָּמִים וְלֹא יֵרָאֶה לְךָ חָמֵץ וְלֹא יֵרָאֶה לְךָ שְׂאֹר בְּכָל גְּבֻלֶךָ: וְהִגַּדְתָּ לְבִנְךָ בַּיּוֹם הַהוּא לֵאמֹר בַּעֲבוּר זֶה עָשָׂה יְהוָה לִי בְּצֵאתִי מִמִּצְרָיִם: וְהָיָה לְךָ לְאוֹת עַל יָדְךָ וּלְזִכָּרוֹן בֵּין עֵינֶיךָ לְמַעַן תִּהְיֶה תּוֹרַת יְהוָה בְּפִיךָ כִּי בְּיָד חֲזָקָה הוֹצִאֲךָ יְהוָה מִמִּצְרָיִם: וְשָׁמַרְתָּ אֶת הַחֻקָּה הַזֹּאת לְמוֹעֲדָהּ מִיָּמִים יָמִימָה: וְהָיָה כִּי יְבִאֲךָ יְהוָה אֶל אֶרֶץ הַכְּנַעֲנִי כַּאֲשֶׁר נִשְׁבַּע לְךָ וְלַאֲבֹתֶיךָ וּנְתָנָהּ לָךְ: וְהַעֲבַרְתָּ כָל פֶּטֶר רֶחֶם לַיהוָה וְכָל פֶּטֶר ׀ שֶׁגֶר בְּהֵמָה אֲשֶׁר

שֶׁהֵם מִשְׁתַּחֲוִים לְהֶבֶל וָרִיק.

יִהְיֶה לְךָ הַזְּכָרִים לַיהוָֹה: וְכָל־פֶּטֶר חֲמֹר תִּפְדֶּה
בְשֶׂה וְאִם־לֹא תִפְדֶּה וַעֲרַפְתּוֹ וְכֹל בְּכוֹר אָדָם בְּבָנֶיךָ
תִּפְדֶּה: וְהָיָה כִּי־יִשְׁאָלְךָ בִנְךָ מָחָר לֵאמֹר מַה־זֹּאת
וְאָמַרְתָּ אֵלָיו בְּחֹזֶק יָד הוֹצִיאָנוּ יְהוָֹה מִמִּצְרַיִם מִבֵּית
עֲבָדִים: וַיְהִי כִּי־הִקְשָׁה פַרְעֹה לְשַׁלְּחֵנוּ וַיַּהֲרֹג יְהוָֹה
כָּל־בְּכוֹר בְּאֶרֶץ מִצְרַיִם מִבְּכֹר אָדָם וְעַד־בְּכוֹר
בְּהֵמָה עַל־כֵּן אֲנִי זֹבֵחַ לַיהוָֹה כָּל־פֶּטֶר רֶחֶם הַזְּכָרִים
וְכָל־בְּכוֹר בָּנַי אֶפְדֶּה: וְהָיָה לְאוֹת עַל־יָדְכָה
וּלְטוֹטָפֹת בֵּין עֵינֶיךָ כִּי בְּחֹזֶק יָד הוֹצִיאָנוּ יְהוָֹה
מִמִּצְרָיִם:

שש זכירות

לְמַעַן תִּזְכֹּר אֶת־יוֹם צֵאתְךָ מֵאֶרֶץ מִצְרַיִם כֹּל יְמֵי
חַיֶּיךָ:

רַק הִשָּׁמֶר לְךָ וּשְׁמֹר נַפְשְׁךָ מְאֹד פֶּן־תִּשְׁכַּח אֶת־
הַדְּבָרִים אֲשֶׁר־רָאוּ עֵינֶיךָ וּפֶן־יָסוּרוּ מִלְּבָבְךָ
כֹּל יְמֵי חַיֶּיךָ וְהוֹדַעְתָּם לְבָנֶיךָ וְלִבְנֵי בָנֶיךָ:
יוֹם אֲשֶׁר עָמַדְתָּ לִפְנֵי יְהוָֹה אֱלֹהֶיךָ בְּחֹרֵב:

זָכוֹר אֵת אֲשֶׁר־עָשָׂה לְךָ עֲמָלֵק בַּדֶּרֶךְ בְּצֵאתְכֶם
מִמִּצְרָיִם: אֲשֶׁר קָרְךָ בַּדֶּרֶךְ וַיְזַנֵּב בְּךָ כָּל־
הַנֶּחֱשָׁלִים אַחֲרֶיךָ וְאַתָּה עָיֵף וְיָגֵעַ וְלֹא יָרֵא
אֱלֹהִים: וְהָיָה בְּהָנִיחַ יְהוָֹה אֱלֹהֶיךָ לְךָ מִכָּל־
אֹיְבֶיךָ מִסָּבִיב בָּאָרֶץ אֲשֶׁר יְהוָֹה אֱלֹהֶיךָ
נֹתֵן לְךָ נַחֲלָה לְרִשְׁתָּהּ תִּמְחֶה אֶת־זֵכֶר עֲמָלֵק
מִתַּחַת הַשָּׁמָיִם לֹא תִּשְׁכָּח:

זְכֹר אַל־תִּשְׁכַּח אֵת אֲשֶׁר־הִקְצַפְתָּ אֶת־יְהוָֹה אֱלֹהֶיךָ
בַּמִּדְבָּר:

זָכוֹר אֵת אֲשֶׁר־עָשָׂה יְהוָֹה אֱלֹהֶיךָ לְמִרְיָם בַּדֶּרֶךְ
בְּצֵאתְכֶם מִמִּצְרָיִם:

זָכוֹר אֶת־יוֹם הַשַּׁבָּת לְקַדְּשׁוֹ:

שער הת"ת

ביאור לת"ש בלק"א פנ"ב כ"ג ענין היכל ק"ק דבריאה שבחי' חב"ד שבו היינו התלמוד כו' והוא בחינת הלבוש שמתלבש בו בחי' מלכות דאצי' הנקראת שכינה ע"ש באריכה. הנה תחלה יש להקדים ענין א' בשרש ההשתלשלות והוא אשר היה כוונת ורצון המאציל העליון בהשתלשלות שיהי' נעוץ בהן תחילתן בסופן וסופן בתחילתן דווקא כידוע · ויש להבין תחילה הטעם לזה למה עלה ברצונו כך · הענין הוא לפי שבאמת אין ערוך כלל וכלל בין עצמות אא"ס מתש לבחי' התפשטות השפע מאתו להיות נקרא גם בשם מאציל כידוע. והנה אנו רואים שכל שפע מהמשפיע למקבל הית' מיפסקת מיד מפני שאין ערוך לגבי עצמות המשפיע ואין זה התחדשות כלל לגביה ולמה לו הטורח והירידה לצמצם א"ע כ"כ כו' · ולהיות כן היה כל עילה מפסקת שפעה לעלול והיתה נכללת בעצמותה · אך כאשר ימצא בעלול דבר חדש שאינו בכח המשפיע כמו תלמיד המחכים את רבו כו' אז זה יגרום ירידת המשפיע כו' · וכדוגמא זו יובן למעלה שמפני טעם זה הוצב בסדר ההשתלשלות שיהיה נעוץ תחילתן בסופן דהיינו שיצטרך המשפיע לקבל מן המקבל מפני המצא בו כח חדש שאינו במשפיע כדי שיהיה יורד מעצמותו בשביל זה כמו שאנו רואים המאכל יחיה את האדם ואע"פ שאינו אלא בחי' צומח והאדם הוא בחי' מדבר הרי מקבל הגבוה שפע מן הנמוך וכן אנו רואים בציור קומת האדם שהגם שהשכל הוא בראש יצטרך לקבל שפע מגידים שברגל המעמידים הראש כידוע · כמו כן למעלה ניתן כח חדש בנאצלים העלולים מהמאציל שיהיה נעוץ בהן תחילת המאציל דהיינו שיקבל מהן שפע וחיזוק המוחין כמו מן המאכל כו' · והנה מוכרח לומר בהמאכל ששרשו גבוה מן האדם שאם היה באמת נמוך במדריגה ממנו איך יוכל הנפש המשכלת להתחבר עמו ולהכלל בו ולהתאחד עד שיהיה לו לחיות גמור כו' · אך הענין ידוע דהטעם שבמאכל הוא מנפילת רפ"ח ניצוצים דשבירת הכלים שבתהו שקדמו לתיקון כו' · והענין ידוע שהוא מבחי' עולם התענוג כי יש בחי' ענת"א כו' והטעמים בבחי' כתר · ומזה שאנו רואים תענוגי עוה"ז שיש בפירות העריבים ומתוקים יובן מאליו בחי' עונג העליון שמשם נפלו · כי הנה בתפוח יש מהות המתיקות והעריבות הרוחניות שנתגשמה בעולם העשיה אבל בנפש האדם הגם שיש בה בחי' העונג במושכל חדש וכדומה הנה אין מהות התענוג באותו המושכל כי המושכל איננו בגדר וסוג עריבות העונג כלל רק שכל וסברא בעלמא · אך שהעונג נתלבש ויורד להתלבש בו לפי שעה דהיינו רק להשכיל את השכל ממקורו בבחי' אין שהוא התענוג מקור החכ' כו' משא"כ בפרי המתוק יש מהות המתיקות בגופו ומהותו של הפרי כו' וא"כ מוכרח לומר שג"כ למעלה למעלה קודם השבירה בהיות שרש המתיקות בעולם התהו בבחי' טעמים עליונים דכתר עליון כו' היה בהם מהות ועצמות העונג העליון דהיינו בחי' עתיק' דעתיקי' כו' · וזהו ויטע ה' אלקים גן בעדן מקדם כו'

כו' מבחינת קדמונו של עולם הנאצלים כו' ויצמח שם כל עץ נחמד למראה כו' דהיינו מכל מיני פירות ערבים ומתוקים ע"ד פשוט· וע"ד קבלה הנה הוא בחי' צמיחת אורות עליונים מבחי' הטעמים העליונים שבעצמות שעשוע המלך כו' בעדן עילאה כו' כידוע וד"ל · וע"כ יש בכח הטעמים שבמאכל ליתן שפע וחיות לנפש האדם הגבוה ממנו בסדר ההשתלשלו' כי בשרשה כמו שהיתה קודם שנפלה בשבירה היתה גבוהה מנפש האדם כמ"ש בת"א באריכות · ועד"ז הולך בשרש ההשתלשלות למעלה למעלה שימצא מעלה ומדריגה במקבל מבמשפיע מצד שרשו לפני ההשתלשלות עד שיהיה נעוץ תחילתן בסופן ויהי' מקבל הראש מן הסוף כמשל הנ"ל בראש ורגל כו' · והנה בבחי' העגולים אנו רואים בראיה חושיית שלא ימצא בו ראש וסוף כי העיגול בסיבובו יתהפך התחתון לעליון א"כ גם כשהיה תחתון היה בו דבר מעלה שהוא עליון והעליון תחתון כו' · ובראשי' ההשתלשלות בבחי' עגולים ויושר הנה בבחי' העגולים וודאי נמשך מהעצמות בדרך זה שיהיה העליון תחתון והתחתון עליון ולעולם לא ימצא באמת מי הוא הראש כו' אלא אפי' בבחי' היושר שיש בו ראש וסוף בציור קומה ראש ורגל כו' · הנה עכ"ז נמשך בדרך שלא ימצא מי הוא הראש באמת מאחר שנעוץ תחלתן בסופן שהראש יצטרך לחיות הרגל ולא יתקיים בלעדו וכן המאכל יחיה את הנפש ויחזק את המוחין כנ"ל ונמצא התחתון עליון והעליון תחתון גם בבחי' היושר כמו בבחי' העגולים · אלא ההפרש הוא רק שבבחי' העגולים הוא בלתי התלבשות פנימית וחיצונית זה בזה אלא במהות העליון והתחתון כמו שהן מתהפכין הסוף לראש כו' ובבחי' היושר הוא בדרך הלבשה גם כשמקבל הראש מן הסוף כו' שהרי גם כשהראש מקבל מחיות הרגל אעפ"כ לראיית העיניים הראש הוא גבוה בערך מחיות הרגל כו' בבחי' השתלשלות · אך בהיו' ההשתלשלות הוא בבחינ' פנימית וחיצונית יוכל להיות שהגם שבבחי' הפנימית העליון גבוה אבל מצד בחי' החיצוניות התחתון גבוה כי מפני ששרשו בעצמות קודם ההשתלשלות גבוה ירד כ"כ להיות בבחי' חיצוני' בסדר ההשתלשלו' שזהו ענין המאכל שנפל בשבירה כמ"ש בת"א · אך יהיה איך שיהיה אין התחתון עליון בבחי' יושר אלא בבחי' הלבשה והעלם כי בבחי' ההשתלשלות הרי התחתון חיצונית כו' משא"כ בבחי' העגולים דהתחתון נעשה עליון בבחי' גילוי כמו שהוא ולא בהעלם כנ"ל וד"ל · והנה יש להקדים עוד ענין א' והוא בענין שאין ערוך כלל בין עצמות אא"ס לנאצלים ולנבראים כו' ואין זה כמו שיוכל האדם להבין במה שמשיג ערכי הנבראים דצח"מ איך שאין ערוך לדומם העפר לגבי ראשית הבריאה בהשתלשלות והן הנשמות שנהנין מזיו השכינה בג"ע כו' כמו אברהם וכדומה שאמר ואנכי עפר לגבי הארת האצי' כו' שהרי אין המשל דומה לנמשל כלל וכלל בהיות ידוע דאבי"ע הוא ע"ד דוגמא באדם שכל מחשבה דו"מ שמלובשי' זה בתוך זה הדבור מלובש במחשב' והמחשב' בדבו' והשכל מלובש במחש' כו' · והנה התלבשו' זו בבחי' תפיסא והתפעלו' העצמו' הוא שהרי עצמות השכל נתלבש במחשבה כשיחשוב איזה שכל עד שלא יוכל להשכיל שכל וסבר' אחר' באותה רגע שיחשוב שכל א' כידוע שלא יוכל האדם לחשוב ב' מחשבות שכלי' ברגע א' כו' וא"כ הרי זו כמו באד' הנכנס בהיכל זה שהוא נתפס בו בבחי' תפיס' ממש עד שלא יוכל להמצא ברגע זו בהיכל השני כו' וזה נקרא בשם תפיסא והתלבשות כידוע והוא נקר' ג"כ בשם התפעלות דהיינו שזהו מפני שהעצמות נתפעל כמו שכל המתלבש במחשבה לפי שעצמות ומהות השכל יש במחשבה לכך נתפס בה מבלתי יוכל להשכיל בשכל ומחשבה אחרת · משא"כ אם לא היה מעצמו' השכל מתפעל במחשבה היה ביכולת השכל להשכיל בדבר אחר כנראה בחוש שלפעמים הדבור יכול לדבר גם כשיחשוב בדבר אחר מפני שאז אין המחשבה בהדבור רק בבחינת הארה בעלמא לא ממהות ועצמות המחשבה כו' · ועד"ז יובן למעלה שהגם שנז' בספרי הקבלה לשון התלבשות הפרצופים עליונים חכמה מלביש לכתר וכדומה אין הענין בבחי' תפיסא והתפעלות ח"ו שאין שום שינוי כלל בעצמות אור המאציל כי הוא בחי' א"ס ממש ומה שמאציל בבחי' התלבשו' כידוע אין זה מבחי' עצמותו ממש רק מבחי' הארה בעלמא שמתפשטת ממנו כדוגמת זיו השמש כו' עד שאינו בבחי' גדר תפיסא ממש בנאצלי' ונבראים כמאמר לית מחשבה תפיסא ביה כו' וכן מאמר איהו תפס בכולהו עלמין ולית מאן דתפס בי' כו' וד"ל · וכמ"כ סדר השתלשלות אבי"ע אינו בדוגמת שכל מדו"מ ממש רק בשם המושאל שהוא בחי' ההתלבשות אבל לא התלבשות באמת כנ"ל רק בבחי' גילוי אור בעלמ' לא ממהות האצי' כו' · וא"כ איך נדמה המשל דעפר לנשמו' שבג"ע להנמשל דנאצלי' לגבי המאציל כו' מאחר שבחי' השגה האלקית שנהנין הנשמות בג"ע יש לה שייכות וקשר בהשתלשלו' עילה ועלול עד בחי' דצח"מ דעשי' · שהרי ידוע דסדר השתלשלות של העולמות דבי"ע הוא בהדרגה וערך מעילה לעילה ע"ד דוגמת השתלשלות דצח"מ דעשי' כו' אבל מאצילו' לבריאה ומהמאציל לנאציל כו' אינו בדרך הדרג' וערך כלל אפי' בבחי' הלבשה לא יתפס כנ"ל וד"ל · ואחר שכן יובן יותר הטעם דהולך סדר ההשתלשלות מן העצמיות באופן שיהיה התחתון עליון כו' כנ"ל עד שנעוץ תחלתן בסופן כו' לפי שלא היה בערך כלל וכלל שיהיה נמצא עצמות אור א"ס לנאצלים גם ע"י בחי' הלבשה וכנ"ל אך כאשר ימצא במקבל כח עליון מבמשפיע לזאת ירד ויצמצם א"ע · אמנם אותו הכח עליון שניתן למקבל הוא בא ונמשך דרך הלבשה והעלם שלא לפי סדר ההשתלשלו' בוודאי מאחר שלפי סדר ההשתלשלו' המקבל נמוך במדריגה כו' ובפרט בבחי' היושר כנ"ל וד"ל · ועתה יובן שרש הדברים שבפרק זה דבחי' חב"ד דבריאה שהוא התלמוד כו'

כו' הות הלבוש כו' · דהנה ידוע דאבא יסד ברתא פי' כי שרש בנין המ"ל הנק' סופא דכל דרגין באצי' נעוץ בתחלתן הוא בחי' אבא שרש כל האצי' וכידוע · והנה להיות כי הולכ בסדר ההשתלשלות שיהיה נעוץ תחילתן בסופן כנ"ל דאם לאו לא היה יורד מעצמותו כו' על כן כאשר המ"ל דאצי' יורדת בסתר המדרינות בבי"ע שאין ערוך כלל כו' צריך תחילה שיתלבש בבחי' חב"ד שבבריאה מבחי' חב"ד דאבא דאצילות שרש המ"ל הגבוה מתנה · והתלבשות זו היא כדרך התלבשו' הטעמים עליונים דכתר בטעמים הגשמיים דמאכל ומזון הנ"ל שיחי' את נפש האדם מצד שרשם שגבוה מהאדם כנ"ל · כמ"כ בחי' התלבשות התורה ממוחין דאבא דאצי' בחב"ד דבריאה בבחינת לבוש והעלם גדול עד שהוא כדוגמת מאכל ומזון לשכינה היא מ"ל דאצי' וכמ"ש לכו לחמו בלחמי כו' · ויחיה אותה בבחי' מוחין חדשים לגמרי מצד שרש החב"ד שהוא בבחינת מוחין דאבא שרש כל האצילות שגבוה הרבה במדרגה מן המ"ל כידוע וזה נק' בשם היכל ק"ק או כסא הכבוד היכל הו' הכולל ג"ר כו' שבו התלמוד שמתנו הלבוש כו' כמבואר בפרק זה באריכו'· ועיקר הטעם הוא שנותן כח ועוז בדברי' תחתונים שבהן יעלו בהעליון עד שמוסיפים כח בעליון כו' כי בזה האופן נאצל מהעצמות שיהיה התחתון עליון כו' כנ"ל וד"ל · והנה עם כל זה יובן כמה דברים הפוכים שאנו מוצאים שהתחתון עליון כו' כמו שנאמר שמח זבולון בצאתך ויששכר באהליך כו' שברכת זבולון קדמה לברכת יששכר · הגם שבחי' יששכר היה בבחי' חב"ד דתורה כמ"ש בהם יודעי בינה כו' · אך הענין הוא כנ"ל לפי שהולב כח יותר נעלה בתחתון מה שאין בעליון כו' · וכמ"כ בחי' זבולון העפ"י שהוא בגלח והוד ירכי קשוט בחי' תמכין דאורייתא בלבד כמ"ש בזהר ע"פ זבולון לחוף ימים כו' ויששכר בבחי' חב"ד שבתורה עצמה עכ"ז ימצא מעלה ומדרינה בזבולון שאינה ביששכר עד שיהי' ביכולת להוסיף כח ועוז ליששכר ולכך נאמר שמח זבולן בצאתך תחילה ואז יוכל להיות יששכר באהליך אהל דתורה ועד"מ הרגל שמעמיד את הראש וכדומ' וכמארז"ל ליבעי רחמי' איתכלי' על עליא וכידוע במשכ' דשמעון אחי עזריה כו' וד"ל· ובכלל הזה יובן ג"כ מה שאנו מוצאין בענין רשב"י שהי' עד צוארו בחול במערה בצער גדול כ"כ והי' עיקר התועלת מזה מה שנעשה מחודד בפלפול הלכות בכ"ד פרוקי כמבואר במסכת שבת הגם שפלפול ההלכות הוא דבר קטן שמדבר בענייני גשמיים מאד דגזל ורציחה או במ"ע בעשיית עניינים גשמיים אתרוג ולולב כו' וכדומה · אך הענין הוא דבדברים התחתונים שנפלו למטה כ"כ בנוגה ניתן בהם בבחי' התלבשות כח עליון מאד ביותר מה שאינו בעליון הימנו בהשתלשלות כנ"ל אשר מהם יתוסף כח בעליון כו' והן פלפול ההלכות דווקא שבהם יש כחות עליונים שנמשכו מפנימית ועצמות אור א"ס שבאבא דאצי' כו' · ועד"ז יובן הטעם בענין גילוי אלקות בהיכל ק"ק שהיה בבהמ"ק הגם שבאמת מכה"כ ובדרך השתלשלות יש בחי' גילוי אלקות בכל עולם לפי ערכו כידוע ומה הי' היתרון מעלה בהיכל ק"ק · אך הענין הוא מפני י' הדברות שבלוחות אבן שהן בדברים תחתונים דווקא לא תגזול לא תגנוב. כו' והמכתב מכתב אלקים הוא בדברים התחתונים שיש בהן בהעלם מאורות הגנוזים בעצמות א"ס כמו שנזכר למעלה ע"כ היה בהיכל ק"ק בחי' גילוי עצמות אא"ס דווקא משא"כ בגלות הגם שמכה"כ ומלכותו בכל משלה מעילה לעילה כו' מאצי' לבריאה ומבריאה ליצירה כו' עד היכל ק"ק דעשיה כידוע הרי אין זה אלא בדרך ההשתלשלות ברבוי הצמצומים וההעלמות עד אין שיעור כו' משא"כ בהיכל ק"ק דבהמ"ק היה או בבחי' גילוי עצמות אור א"ס בהיכל ק"ק דבריאה עד היכל ק"ק דבהמ"ק מפני הלוחות שהיו שם ומטעם הנ"ל וד"ל · ולזה הטעם כל עיקר ענין ותיקון חצות על חורבן בהמ"ק הוא על אשר נסתר האור אלקי בלבושים והעלמות רבות כידוע · ואמנם עיקר הגילוי היה מסיבת הלוחות שבארון ומטעם הנ"ל וד"ל · והנה משחרב בהמ"ק אין להקב"ה בעולמו אלא ד' אמות של הלכה בלבד במקום היכל ק"ק כו' · פי' אין להקב"ה התחברות להתאחד ולירד מעצמותו להיות ראש ושרש לעולמות הנאצל או הנברא שהרי אין ערוך כלל ביניהם כנ"ל כ"א ע"י בחי' התלבשות בדברים תחתונים שנמשך בהם כח עליון כנ"ל והוא ד"א של הלכה דוקא · ומטעם הנ"ל ברשב"י וכיוצא בזה כל התנאים נק' בשם בונים שעוסקים בבנינו של עולם פי' הבנין הוא ההתחברות מכמה דברים נפרדים כו' · כמ"כ ע"י ההלכות שעוסקין בדברים הנפרדים מוסיפין עי"ז כח בעליון להיות יורד מעצמותו באצי' באורות וכלים מכלים שונים והוא הנק' בנינו של עולם והכל מטעם הנ"ל וד"ל · ושרש הדברים למה ימצא כח זה הנוסף בתחתון ולא בעליון כו' ידוע מפני שיש ג' מדריגות · הא' למעלה מהתחלקות האורות לגמרי לי' והוא בבחי' א"ק בעצמו והב' התחלקות לי' ועקודים כולם בכלי א' והוא עולם העקודים והג' התחלקות לי' כלים וי' לי' והוא בחי' התקון דנקודים וברודים וכו' · וביאור הדברים ידוע שבחי' עצמות אור א"ס שבא"ק עדיין אין הכתר והחכמה ניכרים ליש ודבר מה עד שיהיו נפרדים זה מזה להקראות בשמות מובדלים כו' מפני שאין להעצמות בחי' כלי ותפיס' כלל כו' · אך כאשר נתפס בבחי' הלבשה או יובדלו ועכ"ז כל א' כלול מחבירו החכמה מן החסד והחסד מן החכמה כו' וכדומה לפי שאין לכ"א כלי מיוחד להבדילו בפ"ע עד שבעולם הנקודים שנבדלו בכלים כו' · וידוע ג"כ שהשבירה הי' בעולם העקודים כשהיו עקודים בכלי א' מפני רבוי האור ומיעוט הכלים כו' ומזה סיבת הנפילה בדברים תחתונים כ"כ א"כ כאשר העליון באצי' דנקודים יורד בתחתון ימצא בתחתון יותר כח חזק ממנו

מסיבת

תסיבת שרש נפילתו מעולם העקודים ולמעלה מעלה כו' · ולזה הטעם נעוץ תחלתן בסופן דוקא מפני שיש כח יתיר' בסוף מה שאין בראש מטעם זה וכמ"ש במ"א בארוכה וד"ל · ואמנם איך יהי' העלם גדול כ"כ בדברים תחתונים יובן ע"ד דוגמא מנפש האדם שמתפשטת בגופו בבחי' גילוי אור כמו באלבעו בשעה שכותב וכדומה לזה באלטומכא וקרביי' שפעולתם בגילוי התאוה בדפעת הדקין ממש ובמה שיש בחלל הדפעת כגוזת המאכל וכדומה אין גילוי הנפש כלל לאמר שנתגעל ונתאם הנפש בה כו' ועכ"ז ישנה בהם בהעלם גדול כו' וד"ל · ועם כל הנ"ל יובן ענין גאולה אריכתא שאז"ל בהשכיבנו ותפיל' אריכתא באדני שפתי תפתח כו' כי ע"י התהפכות בחי' חב"ד דבריא' בהיכל ק"ק בבחי' האצי' כו' כתארך בחי' האצי' ונק' גאולה אריכתא והוא יחוד יסוד ומ"ל בהיכל ק"ק כו' וד"ל :

תפלת הדרך

צריך לאמרה משהחזיק בדרך חוץ לעיר ביום ראשון כשנוסע מביתו וטוב לומר מעומד אם אפשר בקל·ובשאר הימים שמתעכב בדרך עד שובו לביתו יאמר אותה בכל בוקר אפילו במלון ויחתום ברוך אתה שומע תפלה בלי הזכרת השם :

יְהִי רָצוֹן מִלְּפָנֶיךָ יְהֹוָה אֱלֹהֵינוּ וֵאלֹהֵי אֲבוֹתֵינוּ שֶׁתּוֹלִיכֵנוּ לְשָׁלוֹם וְתַצְעִידֵנוּ לְשָׁלוֹם וְתַדְרִיכֵנוּ לְשָׁלוֹם וְתִסְמְכֵנוּ לְשָׁלוֹם וְתַגִּיעֵנוּ לִמְחוֹז חֶפְצֵנוּ לְחַיִּים וּלְשִׂמְחָה וּלְשָׁלוֹם (ואם דעתו לחזור מיד אומר וְתַחֲזִירֵנוּ לְשָׁלוֹם) וְתַצִּילֵנוּ מִכַּף כָּל אוֹיֵב וְאוֹרֵב וְלִסְטִים וְחַיּוֹת רָעוֹת בַּדֶּרֶךְ וּמִכָּל פּוּרְעָנִיּוֹת הַמִּתְרַגְּשׁוֹת וּבָאוֹת לָעוֹלָם וְתִשְׁלַח בְּרָכָה בְּכָל מַעֲשֵׂה יָדֵינוּ וְתִתְּנֵנִי לְחֵן וּלְחֶסֶד וּלְרַחֲמִים בְּעֵינֶיךָ וּבְעֵינֵי כָל רוֹאֵינוּ וְתִגְמְלֵנוּ חֲסָדִים טוֹבִים וְתִשְׁמַע קוֹל תְּפִלָּתֵנוּ כִּי אַתָּה שׁוֹמֵעַ תְּפִלַּת כָּל פֶּה · בָּרוּךְ אַתָּה יְהֹוָה שׁוֹמֵעַ תְּפִלָּה :

סדר הטבת חלום

המטיבים יהיו ג' האוהבים אותו אפילו הם הדיוטות :

החולם אומר ג"פ רצופים חֶלְמָא טָבָא חֲזַאי : ועונים המטיבים ג"פ חֶלְמָא טָבָא חֲזֵיתָא : גם עונים פ"א חֶלְמָא דִידָךְ טָבָא הוּא · וְטָבָא לֶהֱוֵי · רַחֲמָנָא לְשַׁוְיֵהּ לְטַב שַׁבַע זִמְנִין לִגְזְרוּן עֲלֵיהּ מִן שְׁמַיָּא דְּלֶהֱוֵי טָבָא וְיֶהֱוֵי טָבָא · טָבָא הוּא וְטָבָא לֶהֱוֵי :

אחר כך חוזר החולם ואומר ג"פ חלמא טבא חזאי ועונים המטיבים ג"פ חלמא טבא חזיתא ופ"א חלמא דידך וכו' ככה יאמרו החולם והמטיבים ז"פ עד שכתגא החולם אומר כ"א פעמים חלמא טבא חזאי וכן המטיבים אח"כ יאמרו המטיבים ג' הפוכות וג' פדיונות וג' שלומות והחולם אומר עמהם בלחש :

הפכת מספדי למחול לי פתחת שקי ותאזרני שמחה: אז תשמח בתולה במחול ובחורים וזקני' יחדו והפכתי אבלם לששון ונחמתי' ושמחתים מיגונם : ולא אבה יהוה אלהיך לשמע אל בלעם ויהפוך יהוה אלהיך לך את הקללה לברכה כי אהבך יהוה אלהיך: פדה בשלום נפשי מקרב לי כי ברבים היו עמדי: ויאמר העם אל שאול היונתן ימות אשר עשה הישועה הגדולה הזאת בישראל חלילה חי יהוה אם יפול משערת ראשו ארצה כי עם אלהים עשה היום הזה ויפדו העם את יונתן ולא מת: ופדויי יהוה ישובון ובאו ציון ברנה ושמחת עולם על ראשם ששון ושמחה ישיגו ונסו יגון ואנחה: בורא ניב שפתים שלום שלום לרחוק ולקרוב אמר יהוה ורפאתיו: ורוח לבשה את עמשי ראש השלישים לך דוד ועמך בן ישי שלום שלום לך ושלום לעוזרך כי עזרך אלהיך ויקבלם דוד ויתנם בראשי הגדוד : ואמרתם כה לחי ואתה שלום וביתך שלום וכל אשר לך שלום: יהוה עוז לעמו יתן יהוה יברך את עמו בשלום :

ויש מוסיפין עוד. החולם יאמר יהוה שמעתי שמעך יראתי : ומשיבין לו· יהוה פעלך בקרב שנים חייהו בקרב שנים תודיע ברוגז רחם תזכור: ככה יאמרו ג"פ : החולם אומר· שיר למעלות אשא עיני אל ההרים מאין יבא עזרי: עזרי מעם ה' עושה שמים וארץ: ומשיבין לו אל יתן למוט רגלך אל ינום שומרך : הנה לא ינום ולא יישן שומר ישראל: ה' שומרך ה' צלך על יד ימינך : יומם השמש לא יככה וירח בלילה: ה' ישמרך מכל רע ישמור את נפשך : יהוה ישמר צאתך ובואך מעתה ועד עולם : ככה יאמרו ג"פ: החולם אומר· תודיעני אורח חיים : ומשיבין לו· שובע שמחות את פניך נעימות בימינך נצח : ככה יאמרו ג"פ· והחולם אומר וידבר יהוה אל משה לאמר : דבר אל אהרן ואל בניו לאמר כה תברכו את בני ישראל אמור להם: והמטיבים אומרים יברכך יהוה וישמרך : יאר יהוה פניו אליך ויחנך : ישא יהוה פניו אליך וישם לך שלום : ושמו את שמי על בני ישראל ואני אברכם : ככה יאמרו ג"פ: ואח"כ יאמרו לו לך בשמחה אכול לחמך ושתה בלב טוב יינך כי כבר רצה האלהים את מעשיך :

(א) גרסינן בגמ' המזלזל בנט"י בא לידי עניות ופרש"י שאינו רוחץ ומשפשף יפה אלא מעט מים כגון רביעית בצמצום אמר רב חסדא אנא משאי מלא חפנאי מיא ויהבו לי מלא חפני טיבותא ועל כן אין ליטול ברביעית מים בצמצום אלא יטול בשפע·גם על חפניו עד הפרק והיינו עד מקו'חבור כףהיד לקנה הזרוע ויזהר לעיין היטב שיגיעו המים בכל שטח היד סביב סביב · וגם בכל אורך האצבעות וברחבן סביב · ויהיה ריוח מעט בין אצבע לאצבע ויהיו מגבהין כלפי מעלה

מעלה קצת כבדי שיגיעו שם המים היטב · וגם על ראשי האצבעות · ואם בשפיכה א' לא הגיעו המים בכל שטח היד · אין תקנה לשפוך על אותו מקום לבדו שלא הגיעו המים שאין נטילה לחצאין · אלא צריך לחזור ולשפוך על כל היד כבתחלה : (ג) הרוצה לקיים מצות נט"י לד"ה צריך ליזהר לשפוך על כל יד ב"פ לעולם אף ששפך רביעית ויותר (ראב"ד רשב"א מהירושלמי וכרבי יוסי רפ"ב דידים דלא כר"מ) ושיגיעו המים בכל שטח היד סביב עד הפרק כמו בשפיכה הראשונה ממש כי המים שעל היד משפיכה הראשונה נטמאו מהיד והמים השניים מטהרים את הראשונים · ולכן צריך לשפוך ב"פ רצופים · ולא יגע בכלי בידו הלחה בין שפיכה לשפיכה פן יגע בידו השניה בלחלוחית זו שעל הכלי שבאה ממים טמאים שעל ידו הראשונה · ואף שיחזור וישפוך על ידו השניה ב"פ אין המים שעל יד זו מטהרים את לחלוחית מים טמאים שנטמאו מיד הראשונה : (ג) ואפילו אחר ששפך ב"פ על יד זו יזהר שלא יגע בה בידו השני' שאינה נטולה ואם נגע בה צריך לנגב' במפ' תחלה יפה מהמים הראשונים שנטמאו בנגיעת יד שאינה נטולה הטמאה ואח"כ חוזר ושופך עליה ב"פ כראוי · וכן יעשה אם נגע בה אחר ששפך עליה פעם אחת · וכן אם נגע בה איש אחר שלא נטל ידיו · וכן אם אחר שנטל ידיו וניגבן נגע ביד איש אחר ששפך עליה פעם א' לבד או בלחלוחית שעל הכלי הבאה מיד האיש ההוא ששפך עליה פעם א' לבד שהם מים טמאים מקנחה היטב · ויחזור ויטול ליד זו שנגע בה נטילה כשרה לשפוך עליה ב"פ כראוי ואפילו באמצע הסעודה וא"צ ליטול ידו השניה וכדין הנוגע במקום הטינופת באמצע הסעודה : (ד) ואחר ששפך ב"פ על יד זו וב"פ על יד זו מצות חכמים לשפשפן יפה זו בזו לטהרה יתירה · ולפי ששפשוף זה הוא מכלל מצות נט"י לכן יברך ברכת ענט"י קודם שפשוף זה · כדי שתהא הברכה כמו עובר לעשיית המצוה כשאר ברכו' המצות אף שאינה עובר לעשייתה ממש · שלא רצו חכמים לתקן לברך קודם הנטילה ממש לפי שמן הסתם אין הידים נקיות · ואם לא בירך קודם השפשוף יברך אח"כ קודם הניגוב · ואם שכח יברך אח"כ : (ה) ועפ"י הקבלה יש להגביה ידיו בשעת הברכה · ואין לומר ואשא כפי כו' כי אין להפסיק בין נטילה לברכה כלל וכלל וצריך לתכפן בכל מה דאפשר · ויש לשפוך על יד ימין תחלה ואח"כ על יד שמאל אך עפ"י הקבלה יקח הכלי עם המים ביד ימינו תחלה ויתננו לשמאלו וישפוך בשמאלו על ימינו תחלה · ואח"כ ישפוך בימינו על שמאלו : (ו) וקודם הנטילה צריך לעיין בידיו אם אין עליהם שום דבר החוצץ וצפורן שהיא גדולה והיא עודפת חוץ לבשר צריך לנקר הצואה שתחתיה חוץ לבשר משום חציצה ובצק אפילו כנגד הבשר חוצץ ואם יש עליהן איזה לכלוך צריך להעבירו תחלה ע"י שפשוף מים יפה . יזהר לקנח ולנגב המים יפה מהיד קודם נטילה כי הם מים טמאים ויטמאו את מי הנטילה וכן היוצא מבה"כ ונוטל ידיו מעט לברך א"צ צריך לנגבן היטב תחלה קודם נט"י לסעודה אך מן הדין יכול לברך אשר יצר אחר ברכת ענט"י ואין בזה משום הפסק בין נט"י לסעודה אבל צריך ליזהר מלהשיח בינתיים אפי' שיחה קלה · ואפי' ללמוד לא נכון : (ז) צריך ליזהר שיהיו המים כשרים לנט"י · דהיינו שלא נשתנו מראיהם · ולא נעשו בהם שום מלאכה שאם נשתנו מראיהם בין מחמת מקומם בין מחמת דבר שנפל לתוכם כגון שנפל לתוכם יין או שכר · וכן אם נשתנו מראיהם מחמת עשן או דבר אחר פסולי' לנט"י · אבל אם נשתנו ונעשו עכורים מחמת עפר וטיט כשרי' · אך אם הם עכורים כ"כ עד שאין הכלב שותה מהם פסולי' · וכן אם אין הכלב יכול לשתות מהם מחמת שהם סרוחים או מרים או מלוחים פסולי' ולכן מי הים פסולים לנט"י : (ח) אבל מותר להטביל ידיו בים · וכן במי גשמים המכונסין בקרקע אף שהם סרוחים ועכורים עד שאין הכלב יכול לשתות מהם והוא שיש בהם מ' סאה שהם ראויים לטבילה וגם יהיו מכונסים באשבורן ולא זוחלין והולכין · שמי גשמים הזוחלין פסולים לטבילה · אבל במעיין מטבילים הידים אפי' בזוחלין ואפילו בפחות הרבה ממ' סאה · אלא שהידים מתכסים בו לבד · ובשעת הדחק יש לסמוך על יש מקילין בנט"י להטבילן במי גשמים או הפשרת שלגי' המכונסים באשבורן אע"פ שאין בהם מ' סאה אלא כדי לכסות הידים בלבד כגון המהלך בדרך והוא רחוק מאוד מהמים ואין עמו כלי לשאוב וליטול ממנו לידיו או שהם סרוחים או עכורים ופסולים לנטילה · אבל אין להקל להטביל בשאובים שבקרקע אפילו יש בהם מ' סאה ולא בשלג שאינו מרוסק שע"פ הארץ אע"פ שמחובר יחד מ' סאה ויותר · אבל מותר ליטול ידיו בשעת הדחק בשכר שלנו או מי דבש שעיקרן מים ואין בהם משום שינוי מראה הואיל ונשתנו לשבח : (ט) וכל המטביל ידיו לסעודה י"א לברך על טבילת ידים או על שטיפת ידים ולא על נט"י וי"א שאין לברך על טבילת ידים אלא על נטילת ידים ולכתחלה טוב לברך על שטיפת ידים ויוצא לדברי הכל אך אם בירך על טבילת ידים או ענט"י א"צ לחזור לברך. והמטביל ידיו דיו להטביל פעם א' לבד רק שיעיין בהם שאין בהם שום דבר החוצץ : (י) מלאכה הפוסלת במים כיצד כגון ששכשך בתוכם איזה כלי הצריך הדחה להדיחו בהן וכן ירקות הצריכים הדחה או ששרה בתוכם ירקות כדי שלא יכמשו או ששרה בתוכם כלים שנתבקעו בימות החמה כדי שיבוצצו וכן שאר כל דבר שנשרה בתוכם במתכוין ולא שנפל לתוכם מאליו וכן אם העמיד בתוכם כלי של מים חמין או של יין לצננם ה"ז מלאכה ופסולה ואצ"ל מים שמדד בהם איזה כלי לידע מדתו · והיוצא מבית הכסא או שנגע במקום המטונף שבגופו שצריך לנקות ידיו ושכשכן תוך כלי של מים נפסלו לנט"י אפי' טבל בהם אצבעו הקטנה לנקותה נפסלו כל המים שבכלי אבל אם חפן מהם בחפניו ומשפשף ידיו לנקותן במים שחפן הרי המים הנשארים בכלי לא נעשה בהם מלאכה וכשרים · ומים כשרים שנפלו לתוכה מעט מים פסולים בטלים ברוב : (יא) בהמה חיה ועוף ששתו מכלי של מים הרי המים הנשארים לא נעשה בהם שום מלאכה וכשרים · אך אם שתה מהם כלב או חזיר או שאר דבר מאוס כל שבני אדם נמנעים לשתות מים הנשארים בכלי משום מאוס יש פוסלין משום שנעשו כשופכין וטוב לחוש לדבריהם : (יב) הכלי שנוטל ממנו לידים צריך שיהיה מחזיק רביעית וצריך להיות

להיות שלם בלי שום נקב או סדק מפולש ואפי' מחזיק רביעי' ויותר מהנקב ולמטה כי מאחר שמהנקב ולמעלה אין תורת כלי עליו נמצא שהמים הבאי' על ידו מפי הכלי ולמעלה אינם באים מכלי ואפילו אותן קנקנים שמתחלת עשייתם עושין האומני' בהן נקב מצדיהם סמוך לפיהם אין עליהם תורת כלי מהנקב ולמעלה ואין נוטלין ממנו לידים דרך פיו וכן אותן קנקנים שיש להם כמין דד בולט בגובה יותר משפת הכלי למעלה שיוצקין ממנו דרך דד הבולט בגובה אין נוטלין ממנו לידים דרך הדד אלא דרך פיו כי מאחר שאינו מקבל משקין למעלה מפיו תוך הדד ואינו עשוי לקבלה אלא ליצוק ממנו אין תורת כלי עליו וכן אם פי הכלי עצמו למעלה אינו בשוה ובישור ע"פ כולו אלא יש בו עולה ויורד מקצתו גבוה ומקצתו נמוך אין נוטלין במקום הגבוה מאחר שאינו מקבל משקין וכן אם יש בו סדקין מפולשים למעלה אין ליטול ממנו אם יש בו בסדק איזה משך אורך קצת אבל בפגימות קטנות אין לחוש: (יג) כלי עץ שניקב או נסדק וסתם הנקב היטב בסמרטוטין או בטיט וכיוצא בו עד שאין המים יוצאין דרך שם כלל אין סתימה זו מועלת לעשותו כלי לנט"י וי"א שאפי' זפת וכיוצא בו אינו מועיל בכלי עץ אלא בכלי חרס לבדי ולד"ה אין שום סתימה מועלת בכלי זכוכית אפילו זפת וכיוצא בו ואפילו בדיל ועופרת וכיוצא בהן: (יד) כל כיסויי הכלים שיש להם בית קיבול אפילו הם מחזיקים רביעית ויותר פסולים לנט"י שמאחר שלא נעשו לקבלה אין עליהם שם כלי לענין נט"י ואפילו אם רגילין ליתן לתוכן מעט משקה לפרקים וכן מיני כובעים של לבדים (סקורין קאפילוס) אפי' הם עבים כ"כ עד שאין המים יוצאים מהם אין נוטלים מהם לידים הואיל ולא נעשו לקבלה ואעפ"י שהולכי דרכים רגילים לשתות בהם לפעמים אין ליטול מהם אפי' בדרך: (טו) נט"י מן הכלי צריך שיבאו המים על ידו מכח גברא דוקא בין מכח הנוטל ידיו עצמו בין מכח אחרים הנותנים מים על ידיו אפילו אם הוא קטן אם הוא מבן שש שנים ולמעלה שיש בו דעת קצת' אבל אם המים באים מאליהם כגון חבית שיש בה ברזא והסיר את הברזא וקירב ידיו לקלוח המים המקלחי' מנקב הברזא הרי המים הבאים בכח ראשון לבדו דהיינו קלוח ראשון לבדו נקראים באים מכח גברא הואיל ובאים ע"י כח אדם שהסיר את הברזא ואפילו היה עכו"ם אבל מים המקלחים אח"כ אינן נקראים באים מכח גברא אלא מאליהם הם מקלחים ופסולים לנט"י ולכן אפילו כשקירב ידיו לקלוח ראשון צריך ליזהר אחר שקבל על ידיו שפיכה א' להחזיר הברזא בנקב ולחזור ולהסירה ולקבל שפיכ' שניה על ידיו מקלוח ראשון אם הקלוח גדול ומספיק להגיע המים בבת א' לכל שטח ב' ידיו כא' עד הפרק מכל סביבותיהן בשפיכ' א' מכח ראשון לבדו ואם אין הקלוח גדול כ"כ יסיר הברזא ב"פ על יד זו וב"פ על יד זו אבל אם הקלוח דק בענין שאינו מספיק להגיע המים לכל שטח היד עד הפרק מכל סביבותיה בשפיכה א' מכח ראשון דהיינו קלוח ראשון לבדו כגון אותן שיש להם כיור קבוע בכותל ובתחתיות הכיור יוצא ממנו דד קטן ועליו סובבת ברזא קטנה לסתמו ולפתחו מאחר שקלות הדד קטן ודק אין ליטול ממנו לידים: (טז) יש

אפילו הם

מחמירים שלא לקבל נטילה מעכו"ם השופך על ידיו ולא מנרה כגון בתו וטוב לחוש לדבריהם: (יז) צריך ליזהר מאד בסעודה שלא ליגע בשוק וירך או שאר מקומות המכוסים שבאדם לפי שיש בהם מלמולי זיעה וכן לא יחכך בראשו שיש גם כן מלמולי זיעה וכן בצואת האף והאזן או שאר טינופת ואם נגע צריך לחזור וליטול היד שנגע בה כהלכ' עד הפרק ולענין הברכה יש מחלוקת אם יחזור ויברך ענט"י ולכן יברך בלא שם ומלכות: (יח) אסור לאכול אפילו פת כל שהוא בלא נט"י כל שצריך לברך המוציא על הפת אבל אם הפת היא טפל' לד"א כגון ששתה י"ש ואוכל מעט פת אחריו שלא יזיקנו כשם שהפת טפלה להמשקה לענין ברכה שנפטרת בברכתו וא"צ לברך עליה המוציא כך היא טפלה לענין שא"צ נט"י אבל אם טועם הפת קודם שישת' כדי שלא ישתה על לבא ריקנא ויזיקנו צריך לברך המוציא וצריך ליטול ידיו כהלכה אלא שלא יברך ענט"י ואפי' הנוטל ידיו לסעודה אם אינו אוכל פת כביצה לא יברך ענט"י אע"פ שמברך המוציא ובהמ"ז והשיעור לצרף לכביצה הוא שיאכל כל כזית בכדי אכילת פרס וצריך ליזהר בזה בסעודה שלישית של שבת: (יט) לא תקנו נטילת ידים אלא לפת שמברכים עליה המוציא ובהמ"ז אבל מיני לחמים שמברכים עליהם במ"מ ואין מברכים עליהם המוציא ובהמ"ז אלא כשקבע סעודתו עליהם כך א"צ נט"י אלא כשקבע סעודתו עליהם: (כ) כל מאכל שטיבולו במשקה בין שמטבלו עכשו כשאוכלו בין שהיה מטובל ומלוהלח מקודם ולא נתנגב עדיין כגון פירות כבושים או שלוקים ומבושלים או בשר מבושל צריך נט"י כהלכתא עד הפרק ולא יברך וששה משקין הן יין דבש שמן חלב מים טלי' וחומץ יין הוא כיין וכן הומץ מי דבש הוא משקה וכן זיעה היוצאת מהמשקין היא כמשקין כגון י"ש ואם נתערב א' מו' משקין במי פירות הולכין אחר הרוב וכל משקה שנקרש עד שאין טופח ע"מ להטפיח בטל מתורת משקה ואם חזר ונימוח חזר להיות תורת משקה עליו' ולכן מיני עיסה המטוגנ' בחמאה צריכים נט"י במקומות שמתיכין החמאה תחלה ואח"כ שופכין אותה לתוך מיני עיסה לטגנה בה אבל במקומות שמשימים החמאה כשהיא קרושה תוך מיני עיסה ושם היא נימוחה אין שם משקה עליה מאחר שנימוחה על האוכל וי"א שהדבש הוא משקה לעולם אפילו כשנקרש עד שאינו טופח על מנת להטפיח ולכן אין לאכול אפי' דבש קרוש אלא על ידי כף או סכין: (כא) ומיני מרקחת המרוקחי' בדבש ויש עליהן טופח על מנת להטפיח צריכים נט"י לד"ה אא"כ אוכל על ידי כף או סכין לפי שמתיכים הדבש תחלה לבדו והוא שהדבש בעין וניכר על המרקחת אבל אם נמחה האוכל המרוקח לגמרי ונעש' גוף א' ממש עם הדבש ע"י הריקוח והטגון או ע"י טירוף בכף יפה יפה (כמו שרגילים לעשות בתפוחים מרוסקים ובגודגדניות מרוסקין) הולכין אחר הרוב ואם האוכל הוא הרוב נתבטל הדבש מתורת משקה ושם אוכל עליו אף שהוא טופח ע"מ להטפיח ואם בשעה שהוציא השעוה מהדבש חישב עליו לאוכלין בלבד ולא למשקין דהיינו שהי' בדעתו כדי לתנו לתוך התבשיל או כדי לרקח בו מרקחת ולא כדי לשתותו כשהוא רך וצלול או לעשות ממנו משקה י"א שע"י

מחשבה

מחשבה זו נעשה אוכל ולא ירדה עליו תורת משקה כלל אף כשהוא בעין לבוד רך וצלול ויש לסמוך על דבריהם במרקחת עכ"פ : (כג) אין כף וסכין מועילין אלא במרקחת וכיוצא בו שרגילין להאכל ע"י כף או סכין פעמים רבות אבל דבר שטיבולו במשקה שאין דרכו לעולם להאכל ע"י כף או סכין אינם מועילים ליפטר מנט"י ובשעת הדחק שאין מים מצויים כגון בדרך אפשר להקל לאכול ע"י מפה לכרוך על ב' ידיו אבל לאכול פת אין שום צד היתר בעולם לא ע"י כף וסכין ולא ע"י מפה ויש מקילים למהלך בדרך ואין לפניו מים עד יותר מד' מילין לכרוך ב' ידיו במפה ולאכול ויש חולקין והמחמיר תע"ב :

תורה שער נט"י אור

להבין ענין נט"י הנה נ"ל מה שראו חכמי ישראל לתקן נט"י בזמנם בכלל הח"י דברים שגזרו ולא קודם לכן דהנה ידוע שאחיזת הקליפה מן הצפרנים כמ"ש בזוהר ע"פ הנה מטתו שלשלמה כו' בטופרהא אחידת כו'. וענין צמיחת הצפרנים אשר בהתחלתם יהיו להם עדיין קצת שייכות וערך לבשר האצבעות כי הצפורן בתחילתו מיד בבשר יש בו טיפת דם כו' ונחשב עם הבשר כדבר א' ולכן ירגיש כאב בחתיכתו כמו שירגיש כאב בחותכו בבשר כו' אבל בצמיחת הצפורן בהגדלה מעט יהי' למהות נפרד לגמרי עד שגם כשיחתוך אותם לא ירגיש האצבע אפי' בעודו סמוך לאצבע אבל מ"מ צואתו עדיין חוצצת מפני שנבלע עם הבשר עד שיכאיב בהמשכתו כמו בשערות וכשיגדלו בהגדלה רבה כענין ועשתה את צפרניה כו' ה"ז בחי' נפרד לגמרי ממש כאלו הוא לבוש לבד כמו המנעול לרגל וכפרסות הסוס כו' וד"ל. משא"כ בשערו' שאף שיגדלו הרבה מאד ירגיש כאב במשכו אותם כסופם כתחילתם כו' אבל הצפורן כל שהולך וגדל מתגשם יותר כו' וד"ל. ועיקר טעם ההפרש בין השערו' להצפרנים הוא לפי שהשערות הם בחי' מותרי מוחין והצפרנים הם מותרי החיות של הדם שביד כי הדם שהוא הנפש המחיה אבר היד הוא כבר מצומצם מן השכל צמצו' אחר צימצו' כידוע והשכל הוא עיקר מקור החיו' לכל האיברים כידוע כו' ע"כ גם הפסולת והמותרו' שלו הם מותרי דקים בערך כו'. והנה הידים אין בכחם למזג אופן חיותם מן הנפש אלא בעשי' בפ"מ דהיינו הפעולה והעסק לצייר ולבנו' או לכתוב או ליתן צדקה וחסד לעני בפ"מ כו' ופעולה זו המשכה היא אבל כבר נתגשמה מן המשכו' חסד רוחני שבלב לעשות דבר פ' או ליתן מעות לעני פ' וכדומה וכידוע בענין כלי החסד דאצי' שהוא הגבלת אור האהבה לעשו' חסד כו' כן עוד יושפל כלי החסד שבלב להיות בפעולה גשמי באברי הידים כו'. ועפ"ז יובן למעלה במדת מלכות דאצילות שמדת החסד שבה הוא כל עיקר מקור כח הפועל בנפעל כמ"ש כי אמרתי עולם חסד יבנה כו' אך לפי אופן הנפעל כן ישתלשל אור מדה זו בכלים מכלים שונים כו'. וא"כ עולם העשיה ובפרט גלגל המזלות שמשפיע דצח"מ הגשמי מאד כידוע הרי אין אפשר לומר שנלקח חיות שר שבגלגל מכלי החסד שבמלכות דאצי' הראשון שהרי אין לו ערך כלל לאור החיות העליונה כו' אלא נלקח בבחי' דרועא ימינא שהוא עד"מ חיות אבר היד שהחסד שבו בפעולה גשמיות לגבי כלי החסד שבלב כו' ונמצא עולם הבריאה מכלי הפנימי של אור החסד שבלב מל' כו' ועולם העשיה מכלי הג' והיינו מבחינת ידים עליונים כמ"ש אף ידי יסדה ארץ כו' ידיך עשוני כו' וד"ל. והנה ידוע ממשל הבל הדבור שמתחלק על ידי הה' מוצאות הפה שהם אחה"ע מהגרון כו' והיינו אותיו' מנצפ"ך שמפרידי' אותם ואם לא היה זה הפירוד היו רק קול פשוט ולא היה כח במקבל לקבל אחה שכל מהדבור כו' ובודאי אין זה הפירוד וההתחלקו' בשביל המשפיע עצמו שהרי הוא מבין השכל עמוק הרבה מכמו שצריך להשפילו' בדבור כו' אך כדי תועלת המקבל השכל יפרידנה בה' מוצאות ובאותיות ותיבות מחולקים קטנים כו' כדי שיוכל לקבל כו' כן עד"ז הה' אצבעות שביד הם ה"ג המחלקים ומפרידים את כחות פעולת העשיה שבעצם אברי היד כדי שיהיה פעולת דבר פרטי כמו ציור וכתיבה או נתינת יד לזולתו כו' שאם לא האצבעו' אע"פ שכל כח הפעולה היה ביד בשלימות. אבל לא היה שום נפעל ממנה בפרטיו' פרטי פעולת כו' כי הפעולה גשמיות בציור או נתינה היא נפעלת מכח הפועל שביד וה"ז בחי' מקבל מן המשפיע ע"כ צריך להמשפיע בחי' ה"ג לחלק ולפרד כח השפע בשביל תועל' המקבל שהיא פעולה הנפעלת וד"ל וזהו ענין האצבעות למעלה כמ"ש אצבע אלקים היא פי' מבחינת ידים העליונים הנ"ל שהם כללות כח פעולת חסד הגשמי להוות מאין ליש מציאות השרים שהוא בחי' רוחניות הד' יסודות יתפרדו ויתחלקו ע"י ה"ג שבאצבעות עליונים שמתחלקים כל שפע הפועל בנפעל כו' וד"ל. ועתה יובן ענין הצפרנים שהמה יונקים מסוף האצבע כשכלה כחו העצמי ויומשך ממנו טיפת דם בחי' הצפורן שהוא מבחינת מותרות שבדם הוא הנפש הרוחניות שבאצבע כו' ונעשו לאחדים עם בשר האצבע כנ"ל וזהו מדרגות הראשונות שבקליפת נוגה עד שמתגדלים הרבה ונעש' יותר נפרד כמשל הנ"ל שלא ירגישו החיתוך כו' והיותר נמוך בהם הוא כשנגדלים יותר מדאי שלא ירגישו האצבעו' בהמשך אותם כנ"ל כי נתגשמו מאד כי כל מה שיגדל ביותר יותר מסתלק הדקות של חיות בשר האצבע ונתפשט הזוהמא והפסולת של החיות של צפרנים עצמו לכך מראה הצפורן סמוך לאצבע עדיין אינו עכור כ"כ כמו לבסוף כו' וד"ל: ובזה יובן ענין אברהם

שיצא

שיוצא ממנו ישמעאל איך יומשך מכלי החסד דאצילות שר של ישמעאל שהוא גלגל המזלות של ארץ ישמעאל דלח"ת גשמי כו'· אך הענין הוא כנ"ל שאברהם הוא חסד דרועא ימינא פי' מכלי השלישי דחסד אברהם אוהבי כו' שהוא בחינת ידים עליונים יצא ונמשך ממנו שרו של ארץ ישמעאל וד"ל· ויש יד ימין ויש יד שמאל והוא מבחי' אורות פנימים ומקיפים וכמ"ש וימיני טפחה שמים וד"ל · והנה עתה יובן ענין מה שראו חכמי ישראל לגזור על ענין נט"י בהיות כי כל גזירה מי"ח דברים הרי נזכר בגמרא ומנה מתי נגזרה ונזכר בלשון הזמן כשפשטה מלכות כו' גזרו כך וכך כו' וצ"ל למה צריך להזכיר הזמן כו'· אך הענין הוא שאחיזת הקליפות מתפשטת מן הצפרנים ויש ג' מדריגו' ביניקת הצפרנים כו' ועיקר הקבלה הראוי ליניקה אינו הגדל יותר מדאי ואמנם כשמקבלים תוספת יניקה מתגדלין מאוד עד שמתעכרים מאד כו' וזהו שהקליפות מתגברים ונפרדים בתכלית הפירוד כו'· לכך דבר זה תלוי בזמן דווקא שבאותו הזמן השיגו חכמי ישראל שהיו בבחי' עיני העדה בחי' מרכבה לחכמה שבמדות שבמלכות דאצי' כו' שראו לתקן זה שלא יקבלו תוספת יניקה ויטמאו גם את הקדושה ח"ו כי באותו הזמן פשטה כו' ונגדלו הצפרנים כו' וד"ל · וענין התיקון הוא לטהר התוס' יניקה שלא יתפשטו למעלה באצבע עצמה ויטמאוהו בטומאתם כו' · וזהו שתיקנו נט"י ברביעית מים כי מ' סאה לטהרה טומאה דאורייתא כמו נדה וזבה אבל טומאת הצפרנים אינה טומאה דאורייתא וגם אינה אלא לפי הזמן והשעה כו' ע"כ המשיכו ממקור החכמה דאצי' איזה תיקון דהיינו טהרה לטומאה קשה זו ע"י נט"י ברביעית מים לבד לשפוך עליהם· והעיקר להגביה עי"ז חיות האצבעות מן חיות הצפרנים שלא יהיו הצפרנים דבר ויש בפ"ע כ"כ כו' והוא ע"י שפיכ' המים שאין בהם גוון כידוע · והוא להיות כי יש בו בחי' אין שהוא ההעלם וההיולי שאינו תופס גוון אלא יכול לעשות ממנו לכל אופן שירצה כו' כמ"ש במ"א ע"כ המצוה העיקר על האצבעות דווקא לג' פרקין שבהם להיותם יותר קרובים אצל הצפרנים שיצא בהם הביטול מן האין שהוא כתר כו' עד שגם הציפרנים יטהרו מטומאת הפירודין כו' והג' פרקין ידוע שהם בחי' חב"ד חג"ת נה"י שבאצבעות כו' ועה"י שיושפך על כל היד והיינו בג' פרקים הגדולים שבכללות היד וד"ל · ועתה צ"ל למה תקנו נט"י לאכילה דוקא הלא שלא בשעת אכילה היה יכול להיות טהרת הצפרנים ג"כ ע"י שפיכת רביעית מים · אך הענין דהנה האכילה הוא בחי' מלחמה בין הטוב והרע שבשעת אכילה יכול להיות תגבורת הרע או תגבורת הטוב על הרע ולהפכם כו' כמ"ש בשירת דבורה אז לחם שערי' כו' ולכן נק' המאכל לחם ע"ש המלחמה כמשל ב' הנלחמים יחד שאחד יגביר על חבירו וינצחהו כו' וכמ"ש בזהר במעשה דינוקא דאמר מאן דבעי למיכל נהמא על פום חרבא ע"ש · וביאור הדבר הלא אנו רואים שכאשר יאכל לתאוה למלאות בטנו יתגשם ביותר ויפול מעבודתו בקדש עד שידמה לבהמה ממש בגסות ההרגשה ורצוניות זרות של נפש הבהמיית כו' ואם יאכל כדי שיתחזק לעבודת ה' ולא יכוין להנאתו כ"כ כו' הנה האכילה זו יחזק את מוחו והשגתו ולבו עד שכל מה שיהי' נקודת הלב ועמקות השגה באחדות ה' בתפלה ובתורה כו' אינו אלא מחמת המאכל שאכל כו' ונמצא הרע שבמאכל נתהפך לטוב ממש · וכשאוכלה לתאוה יהיה בהיפוך בחי' גלות השכינה שימשיך נצוץ אלקי אחרי תאוות הבהמיות כו' והרי נמצא באוכל המאכל מלחמה הוא בשעת אכילתו אם יגביר טוב על הרע בנפשו או להיפוך כו' · ועיקר מלחמה זו עצמה באה מצד המאכל עצמו שהרי הוא מעורב טו"ר שנמשך מגלגל המזלות שמרי ופסולת הקדושה שמעורבים טו"ר והרע שבו מהרע שבשר כללי של דלח"ת שבאותה ארץ כו' והוא אינו חפץ להכלל ולהבטל לה' אחד כי לא יחפוץ כסיל בתבונה כו' כי חפץ להפרד ולהיות יש ודבר בפ"ע כמ"ש פרעה לי יאורי כו' וכידוע · ע"כ מזה בא סיבת הנפיל' באדם כשאוכל לתאוה למלאות בטנו כו' מפני שהשר שהוא מקור המאכל ממשיך נפש האדם אליו כו' וד"ל · ובשעה שאוכל לש"ש כו' ומתפלל בכונה ע"י האכילה הרי הגביר על הרע שבמאכל והפכו לטוב כנ"ל וזהו הכח צ"ל במאכל עצמו שאל"כ לא היה במציאות ענין זה שע"י המאכל הגשמי יתחזק בהשגת אחדות כו' וכידוע בענין שבירת הכלים שנפלו בקליפות נוגה והוא ענין שהם מעורבים טו"ר והיינו מוצא פי ה' שבמאכל שהוא הטוב שבו שע"י יחיה האדם בתפילה חיים אמתיים כו' וזהו המלחמה שבלחם עצמו ע"כ נקרא לחם וד"ל· והנה כמ"כ בלחם העליון שהוא ענין מה שהקב"ה יושב וזן את כל העולמות כו' ומזון הוא עיקרו ביצי' כנזכר בזהר ובהאר"י ז"ל (שאוכל בגימ' ז"ן יש בו ב' שמות כו' והוא מעורב טו"ר כו' וד"ל) להיות כי ביצירה הטו"ר מעורבים מחצה על מחצה ושייך ענין מלחמה לתוס' יניקה לטוב או לרע וד"ל · וע"כ תיקנו נט"י לטהר תוס' יניקת החיצונים שקיבל מאכילה שלתאבון כו' שנתגדלו הצפרנים כו' ויגעו בלחם המעורב טו"ר ויגבירו הרע שבו ח"ו וגזרו שלא לאכול בלי נט"י וד"ל · וז"ש הינוקא מאן דבעי למיכל · נהמא על פום חרבא כו' כי היה גבר בגוברין לנצח השר להגביר הטוב עליו כו' וד"ל · ואמנם יש סעודת לחם שאינה בחי' מלחמה כלל רק היא אדרבא כשהמלחמה נגמרת וכבר נצחו את המנגד והפילוהו עושים סעודה ושמחה כענין ינאי המלך שעשה כו' · ועד"ז יובן ענין השבת שהוא סעודת שמחה שהפילו הרע במלחמה בששת ימי המעשה שקודם השבת כמ"ש במ"א שהי"ב אלפי צבא היוצאי' במלחמה על מדין כמ"ש בלק"ת וכמ"ש ענינו במ"א וד"ל וז"ש ביתרו ויבא כו' לאכול לחם לפני האלהים דוקא דהייגו

הסעודה

הסעודה שהיה בנלחון המלחמה כו' וד"ל ועי"ז יובן כל סעודה של מלוה שת"ח בתלכה שהוא אחר נלחון המלחמה וד"ל :

להבין ענין המוליא לחם מן הארץ · הנה י"ל הטעם לענין מלח על השלחן בשעת אכילה כנזכר בכתבי האר"י ז"ל הנה מלח אותיות לחם בגימט' ע"ח שהוא ג"פ הוי"ה כו' דהיינו ג' הוי"ה היולאים מן הארץ העליונה והוא המוליא לחם מן הארץ כו' והם ג' גבורות ממותקות וב' גבורות אינם ממותקות ע"ש באריכה · ולהבין כ"ז הנה ענין גבורות ממותקות ידוע שהוא ענין גבורה שבחסד והוא ענין התגבורת החסדים כו' · וביאור הדבר הוא עד"מ המים הן בחי' קר ולח ולכך אין בהם טעם כלל ואין בהם התגבורת כלל · כמ"כ מי שטבעו מבחי' חסד שבחסד הוא ענין חסדן בטבעו רך הלב הנה לא יהיה התגבורת בחסדו כלל כי בקל יפול לבבו בחסדו וימנע מלעשות חסד כו' · ועוד זאת שבקדירות ועללות בלא חיות כלל יעשה חסדו הטוב כו' · אך מי שהוא מבחי' גבורה שבחסד יש בו התגבורת גדול בחסדו שלא יפול לבבו משום דבר ויתגבר כארי לעשות חסד כו' וגם יהי' עשיית חסדו בחיות גדול וברשפי אש התלהבות התשוקה באה"ר גלויה כו' וד"ל · ועד"מ זה יובן ג"כ למעלה בהיות כי בני חיי ומזוני במזלא תלי' פי' מזל הוא בגימט' מל"ח ולח"ם ע"ה · כי המזון להיותו מפירוד ההשפעה הוא מוכרח להיות נמשך מבחי' גבורה שבחסד דווקא כמ"א במ"א והייט מאמרז"ל קשין מזונותיו של אדם כו' פי' קשים מבחי' התגבורת החסדי' שהמה קשים וחזקים מאוד והוא הנק' יד החזק' כי יד הגדולה הוא התפשטו' עלמות החסד כמו שהוא בטבע כו' · אך ענין יד החזקה הוא ענין שפע החסד בהתגבורת גדול יותר ממה שיש בעלמותו כנ"ל במשל המים שהם קר ולח כו' · והנה המלח ג"כ מן המים הוא אבל הוא מבחי' גבורות שהרי טעמו מר כו' אך מה שהוא ממתיק את הבשר כו' שהרי אנו רואים שלא יאכל תפל מבלי מלח שע"י המלח יבא בו טעם ערב לנפש · הסיבה היא משני דברים א' הוא מגד שהמלח הוא בחי' גבורה שבחסד וכל בחי' גבורות המה מחזיקים הלב ופועלים התפעלות יתירה כו' · הב' מפני שהוא בחי' גבורו' ממותקות פי' התגבורת החסדים לכך הוא ממתיק את הבשר ונותן בו טעם כו' · ועיקר הסיבה להיותו מבחי' הטעמים שבכתר הגם שנפל בשביר' הוא ממתיק ונותן טעם כו' · וביאור הדבר הייט להיותו מבחי' גבורה שבחסד דחכמה סתימאה שבא"א שלכך נקרא יד החזקה והוא בחי' מזלא דנטיף מיניה מזוני כו' כי הלחם הוא בחכמה כידוע וכדי שיומשך הלחם מחכמה דא"א מוכרח להיות ע"י גבורה שבחסד שבו פי' שיתגבר החסד בהמשכת החכמה והוא ענין המלח שעל השלחן להגביר חסד עליון יד החזקה להוליא לחם מן הארץ כו' וזהו הסיבה שהמלח ממתיק להיותו מבחי' הטעמים דהיינו מבחי' חסד שבכתר כו' וד"ל ·

וכמו שבגשמיות הלחם שרש שרש ממזלא הנ"ל · כמ"כ הלחם הרוחני שאכלו המלאכים וכן המן כמ"ש לחם אבירים כו' הוא עד"ז ממש רק שהוא ברוחניות המזלא והיינו בחי' טלא דנטיף כו' וכמ"ש כי טל אורות טלך (והרי גם הטלא דבדולחא דוגמת המלח מבחי' גבורות נוקבא סומקא דאתחזי ביה כמ"ש במ"א וד"ל) · והנה ענין ג' הוי"ה שבמלח ולחם היולאים מן הארץ כו' בהיות כי כמו שהארץ הגשמי הלוי' ועומדת באמלע עגולי הרקיע והמזלו' הקבועי' ברקיע ועוז משפיעים עליה ומלמיחי' בה כל טוב כו' כמו שידוע בענין אין לך עשב מלמטה כו' וכמ"ש ממגד תבואות שמש כו' · כמ"כ יובן עד"מ הדוגמא בעיגולים העליונים דאלילות מקור כל המקיפים דאבי"ע והן מזלות דא"א המאירים ומשפיעים בארץ העליונה מלכות דאלי' הלא המה מלמיחי' מן הארץ העליונה כל טוב כו' והיינו ענין המוליא לחם מן הארץ פי' כמ"ש ארץ אשר ממנה ילא לחם כו' כי הארץ מלמחת מהכח המלמיח שבה אך אין בכחה כ"א אחר שתקבל הארה מהמזל העליון המקיפה מכל לד כו' · והוא ענין הה"א דהמוליא שהוא פתח שבחכמה דאריך דהייט בחי' מקיף כשבא ומאיר בהתגבורת באורות פנימי' המלומלמים במלכות ונמשכים לה תוס' אורות אזי הארץ מוליא לחם וכמ"ש מוליא לחם כו' וד"ל · (והה"א דהמוליא הוא ג"כ ענין פתחין דיודין בפסוק פותח את ידך כמ"ש במ"א שהוא בחי' יד החזקה כנ"ל המוחך פרנסה כו' וד"ל) · ולהיות כי המלח אע"פ שהוא ממותק שהרי ממתק הבשר עכ"ז בעלמותו אינו מתוק שהרי הוא מר וקן בטעמו אך לאחר שנמס והולך לו בתערובת דבר זולתו אזי ימתיק כו' · כמ"כ מובן עד"מ שבחי' גבורה שבחסד דחכמה ובחי' גבורה שבת"ת ויסוד שבחכמה המה ממותקי' ע"י ההשפעה שהם משפיעי' לכך הגבורו' מועילים להמתיק השפע כו' · משא"כ ב' גבורות הנשארים בגבורה והוד להיותם נשארים בעלמותם אין בהם המתק' כלל כו' וד"ל · וזהו דוקא ג' הוי"ת ממותקו' בלחם בגי' ע"ח שמתוקים הם ביליאתם בהשפעה על הארץ העליונה דווקא כו' ולא יותר וד"ל · אך כדי להבין הטעם למה דווקא הלחם והמזון תליא במזלא ושארי פרטי הנהגת העולם אינם תלויות במזל כו' · לפי שידוע שבה שהאדם מקבל שפע מהמזון מוכרח להיו' שהמזון גבוה ממנו כו' והיינו להיות כי השרש האמתי של הלחם והמלח להיותם בחי' לומח ודומם לבד הוא בבחי' מזלא דא"א כו' מפני שבבחי' א"א הדומם למעלה מהמדבר כו' שהרי עדיין לא נאלל פרלוף אדם כו' וד"ל · וזהו הטעם שעני חסר לחם להיות שאינו מקבל שפע מהמזון הוא קרוב למלכא יתיר דהיינו לפרלוף אדם דאלילות כו' אבל בזאת העשיר גבוה מפני שהוא מקבל המזון ממזלא דא"א שלמעלה מבחי' אדם כנ"ל וד"ל :

ענין

ענין ברכת הזימון הנה י"ל הטעם למה דוקא שלשה שאכלו כאחד חייבין לזמן ואין שנים קובעים ברכה לזימון כו' אם מפני שהאחד אומר ושנים שומעין גם בשני' יאמר א' והשני ישמע כו' · אך הענין הוא דעיקר ענין ברכת המזון שנאמר ואכלת ושבעת וברכת כו' הכונה הוא לפי שעל ידי הלחם שאוכל הרי נתוסף בו מוחי' וחיות בנפשו · והרי החיות הזה הנה בא מעולם הפירוד מע' שרים דנוגה כידוע שכל דצח"מ דעשיה נשפעים מבחי' נוגה שהוא מעורב טו"ר לכך צריך לברך על הלחם שאוכל בכדי להמשיך גלוי אלקות באמרו ברהמ"ז גם על חיות הנוסף ע"י הלחם ויכלל גם הלחם בבחי' גילוי אלקות זה ולא יהיה בבחי' הפירוד כמו שהיה קודם כו' · וכמו"ח לפום שיעוריה דילי' באוי"ר בעבודתו בתורה ותפילה ומע"ע כך יוכל להמשיך גילוי אלקות גם במאכלו שאכל שיוכלל גם הוא בניצוץ האלקית והיו לאחדים כו' · וזהו פי' על המזון כלומר עליו מלמעלה ממשיכים גילוי אלקו' בברכה זו שיוכלל גם הוא כו' ויתעלה כעולה וכקרבן הבהמה על גבי המזבח שעכשיו שולחנו של אדם מכפר כמו מזבח וכידוע · וענין הקרבן ע"ג המזבח ידוע שהוא ענין עליות רפ"ח ניצוצין שיש בד' חיות שבמרכבה דנוגה פני שור פני נשר כו' ולכך נקרא ג"כ בשם אכילה כמ"ש לחמי לאשי כו' וכמ"ש במ"א וד"ל · והנה ידוע שבכ"ת יש ג' קווין ימין ושמאל ואמצע המכריע ונקרא חג"ת במדות או כש"ג' קווין הן בשכל נק' חב"ד ובמעשה נקרא נה"י ובכ"ת ג' אלה הם נמצאים לפי שיש ב' קצוות א' נוטה לימין ואחד נוטה לשמאל והאמצע הוא המכריע ביניהם · וגם האבות הן שלשה שהן בחי' חג"ת כידוע דאברהם בקו הימין כו' לפי שהאבות הן המרכבה כו' וידוע גם כן מארז"ל דאין רבים פחות משלשה אבל השנים אין נק' רבי' כידוע לפי שהתחלקות לשלשה אלה ימין ושמאל ואמצע נקרא התחלקו' שייך לענין רבוי לפי שמצד הטיית שלשתן יסתעפו לכמה מיני מדריגות עד אין שיעור וכללותם הוא רק ג' קוין · משא"כ בימין ושמאל בלבד אין רבוי הסתעפות נמצאו' אחר שאין שם מכריע להטות הדבר וע"כ דיני ממונות בשלשה דווק' להיות א' מזכה וא' מחייב וא' מכריע ואזי מקוים הדין והמשפט לפי שהטיית המכריע ושניהם נק' רבים מאחר דג' נק' רבים ומטעם הנ"ל וד"ל · וע"כ מזה הטעם גם בבהמ"ז כשיש שלשה שהן נק' רבים חייבים לזמן ולא שנים לפי שהברכה לשלשה היא ברכה שנמשכת לרבים אחר ששלשה נק' רבים כנ"ל ולא שנים מטעם הנ"ל וד"ל · וזהו הטעם שצריך הא' שיאמר והשנים ישמעו להיות שהשלשה נקרא רבים ועד"מ הנהר שכאשר רוצין להמשיך ממנה לאיזה מקו' בפרט א"צ רק שיעשו המשכת חפירה ארוכה וקצרה ולא עמוק' כבריכ' משא"כ כשרוצה להמשיך מכמה מקומות רבים צריך שיעשו בריכה עמוקה סמוך לנהר ומושכין לתוכה ומתחלתה ואח"כ ממשיכים לכמה מקומות מאותה הבריכה כמבואר זה בר"ת באורך לטעם שא"א שיתחלקו ההמשכה מהנהר לחלקים קטנים רבים כ"א ע"י אמצעי' היא הבריכה שכוללת בתוכה תחלה ומתנה ירד עוד לכמה חלקים קטנים כו' · וכך יובן הנמשל בברהמ"ז להיות כי שלשה הן רבים הרי בשביל ההמשכה להתחלקות של רבים צריך לעשות תחלה בחי' בריכה עמוקה בסמוך למקור הראשון והיינו ענין הזימון שאומר הא' נברך שאכלנו משלו כו' שרצונו להמשיך תחלה המשכה והארה גדולה שכוללת בתוכה כל מה שצריך להתמשך אחר כך בפרט כי כדי להשפיע לרבים צריך שיבא האור בהארה גדולה כדוגמת הבריכה ולא דרך שביל קטן כמעיין הנובע דרך שביל קטן לתקו' פרטי שזהו ענין מברך ביחידי הגם שקבע ברכה לעצמו אינו מקבל מן הבריכה אלא דרך שביל קטן כו' ולכך אין הרבים רשאין לחלק לברך כאו"א בפ"ע כדי שיקבלו מן הבריכה העליונה שהיא הארה יותר גדולה משיברך כ"א בפ"ע והם צריכים לקבל המשכה בבחי' התחלקות דרבים כו' · ועוד משל בזה מנר א' הדולק לג' נרות הדולקים שג' נרות הדולקים הארתם יותר גדולה ולכך צריכים לקבל מאור המאיר כנגד כלם יחד שהרי בצירופיה' יכולה להיות שלהבת גדולה עד"מ משא"כ המתברך יחידי כו' וד"ל · ובכ"ז מובן גם כן הטעם שצריך לומר ד"ת על שולחנו שלא יהיה כאוכל מזבחי מתים כידוע לפי שהתורה היא בחי' קו האמצע שבג' קוין כידוע ובחכמה דוקא אתבְּרירו לברר המאכל ולהעלותו כנ"ל · וע"כ אם לא אמרו ד"ת כאלו אכלו מזבחי מתים דהיינו שיורי שבעה המלכים דתוהו שלא נתבררו הנקרא מתים כידוע · והיפוך כשאומר ד"ת כאלו אכלו משולחנו ש"ת דהייט כמו המזבח מכפר כו' וג' שאכלו דוקא ולא אמרו ד"ת הוא כאלו אכלו מזבחי מתים ולא בא' או שנים לפי שבג' קוין התורה הוא הממוצע וה"ז כמו הבריכה הנ"ל כך ע"י ד"ת יומשך לשלשתן כו' · והנה ארז"ל (במסכת פסחים) לעתיד הקב"ה יעשה סעודה לצדיקים לאחר שאוכלין ושותין נותנין להם כוס של ברכה לברך (וכוס זה מיין המשומר בענביו מששי"ב הוא כמבואר במ"א בדבר הנ"ל) אומר לאברהם ברך או' להם אני לא אברך משום שיצא ממני ישמעאל ויצחק אומר שיצא ממנו עשו ויעקב או' שנשא שתי אחיות כו' עד דוד שאמר לי נאה לברך דכתיב כוס ישועות אשא כו' · ולכאורה כל המאמר הזה פלא הוא דמשום שאברהם יצא ממנו ישמעאל לא רצה לברך וכי מעולם לא בירך ברהמ"ז בשביל זה כו' וכן ביצחק ויעקב למה לא רצו לברך דוקא בכוס זה שנתנו להם ועד אותו זמן הרי ברכו כו' · אלא עיקר הטעם הוא לפי שכוס זה שנתנו להם היה ביין המשומר בענביו מששי"ב ועל היין המשומר בענביו מששי"ב דוקא הוא שלא רצה אברהם לברך מטעם שיצא ממנו ישמעאל ויצחק מטעם שיצא ממנו עשו כו' · ויש להבין תחלה מהו ענין יין המשומר בענביו מששי"ב · הנה ידוע שיש בחי' עה"ד ועה"ח · עה"ד הוא עץ המעורב טו"ר והוא שמסתעף ממנו מדות רעות בעולם

הגפרדים כידוע· ועה״ח הוא למעלה מהשתעפות שום דבר רע אפילו בתערובות כל שהוא כו׳ כמ״ש בע״ח· והנה ב׳ מיני יין יש האחד יין המשכר והוא יין שמעורב בו טו״ר שע״י היין יצא הסוד כידוע ויתגלה· אמנם בגילוי זה מעורב טו״ר שיוכל להיות בדינין ורוגז גדול עד שיסתעף ממנו הרציחה והוא השכרות שהיין משכר ומאבד הדעת כו׳ ויש בו ג״כ מבחי׳ הטוב מה שישמח ויגיל ויטיב חסדו לכל כו׳ והיינו בחי׳ טו״ר בעולם הנפשי גשמי׳ ועד״ז הולך ומתערב גם בדקות יותר והיינו בעולם היצי׳ והבריאה והוא בחי׳ שמחה ותענוג שנמצא בהרגשה גדולה בבחי׳ יש ודבר מה כששמחתו מן היין שיש בזה טו״ר בדקות שע״י שמחה הרגשת כ״כ יבא לבחי׳ גסות והתנשאות וכיוצא אף בצדיקים המתענגים על ה׳ כשהמה מלובשים בגופים החומרים להיותם מבחי׳ עה״ד טו״ר ויהיה תערובות טו״ר בהתענוג ושמחה שע״י היין ואע״פ שלא ישמחו רק בה׳ וכמ״ש ישמח ישראל בעושיו אך מצד ההרגשה של בחי׳ השמחה מעורב הוא טו״ר כו׳· והיינו ענין חטא אדה״ר שהיין שסחטה לו חוה כמארז״ל אשכול של ענבים סחטה כו׳ בא לכלל הרגשה כו׳ כי לכך נק׳ עה״ד מלשון הרגשה כי הדעת ענין הרגשה הוא כמ״ש רק אתכם ידעתי כו׳ והאדם ידע כו׳ כמ״ש בת״א וד״ל· וכל זה סיבת גילוי ההעלם שע״י היין כי נכנס יין יצא סוד וגילוי זה בא בבחי׳ הרגשה בעה״ד טו״ר כו׳· אבל יש עוד יין והוא בחי׳ עה״ח שלמעלה מבחי׳ עה״ד כו׳ וזהו למעלה מבחי׳ הרגשה לגמרי· והענין הוא שהשמחה הבאה מיין זה מן ההעלם לגילוי אינו מורגש כלל וכלל אלא הוא בתכלית הביטול כמ״ש שמחו לדיקים בה׳ וכן וישמחו בך כו׳ פי׳ שמחה זו בה׳ מתש היא כלולה בתכלית בלתי נרגשת ונגלי׳ לבחי׳ יש ודבר כלל עד שיוכל להסתעף ממנו טו״ר כו׳ משא״כ ביין שבעה״ד כתיב ויין ישמח לבב אנוש· פי׳ אנוש הוא בחי׳ קטנות המוחין שבעה״ד אבל ביין זה הבאה בבחי׳ ביטול הוא מופשט מבחי׳ הקטנות לגמרי כו׳ ועליו נאמר יין המשמח אלקים ואנשים אנשים דוקא שהן בבחי׳ מוחין דגדלות ולא בקטנות כמו אנוש כו׳ (וכידוע שהתחלת עה״ד למטה מהחזה ועה״ח למעלה מהחזה ששם מוחין דגדלות כו׳ החסדים סתימין כו׳ וכמ״ש בת״א ע״פ ואתה מרום כו׳ ע״כ כי הנה אויביך יאבדו שאין יניקה שם לחיצונים כלל וכלל) וזה הנק׳ יין המשומר בענביו משי״ב פי׳ משומר בענביו דענבים ליין הן כלים לגבי האור כידוע וע״כ בענבים ידוע מהות היין אם בבחי׳ החסדים או בבחי׳ הגבורות כמו ענבים אדומים בבחי׳ הגבורות וענבים לבנים בבחי׳ החסדים כו׳ וכמבואר בזהר בענין ענבי אוכמי וענבי חיורי כו׳· והנה חוה סחטה אשכול של ענבים היינו ענין יציאת האורות כשבוקעין ויוצאין להיות מגולים למטה בעולמות הנפרדים דהיינו בעה״ד טו״ר והוא יין המשכר הנ״ל שהוא בחי׳ שמחה המורגשת כו׳· אבל יין המשומר בענביו היינו שעדיין האורות

שמאירין בכלים ולא יצאו חוצה כלל הענין הוא בחי׳ שמחה שאינה מורגשת כלל אלא הוא בתכלית הביטול באלקות מבלי ניכר ליש כו׳· וזהו למעלה בבחי׳ עה״ח שאין שם שרש הסתעפות לחיצונים כלל כו׳ והיינו מאמר דבאצי׳ איהו וחיוהי וגרמוהי חד· פי׳ האורות וכלים הן מיוחדין עדיין בתכלית היחוד ובתכלית הביטול במאצילן עד שהאור והכלי אחד הוא עם המאצי׳ כו׳· וזהו פי׳ דאיהו וחיוהי וגרמוהי חד הכל בבחי׳ א״ס ולא נמצא שם שרש לבחי׳ פירוד כלל והיינו פירוש המשומר בענביו שענבים הם כלים לאורות והיין שהוא האור הוא משומר מכל יניקת חיצונים (או לפי פי׳ השני במשומר בענבים שהשמרים הן בענבים עצמן והיינו כמו שכבר הוברר היין ונשתמר ע״י סינון בתשמרת ע״י הענבים לפי שהכלים הם ג״כ מבוררים כו׳) ופי׳ משי״ב מבחי׳ מדות עליונים שלפני האצי׳ דמשם נמשך בחי׳ התיקון בז״א כו׳ ועל אותו יין המשומר בענביו הוא שלא רצה אברהם לברך כמשי״ת בעז״ה וד״ל· והנה מבואר למעלה בענין ברכת הזימון שענין הכוס של ברכה באמרו עליו נברך כו׳ היינו מפני שצריך להמשיך תחלה בבחי׳ בריכה עמוקה עד״ת כדי שמשם יתחלק אור השפע לרבים כו׳ והנה הכוס הוא בחי׳ כלי בית קיבול בלבד לקבל מה שממשיכים לתוכה שאינה אלא כלי חלל ריקנית לקבל ואין בה מצד עצמות שלה בחי׳ ההשפעה להשפיע כלל אלא אדרבה רק לקבל ההשפעה כידוע שהוא כדוגמא שאמר דהיידי דטריד למבלע לא פליט כו׳· ואמנם הבריכה הנ״ל היא היפך זה דאע״פ שנמשך לתוכה מהנהר ומן המעיין כנ״ל אבל לגבי המקומות המקבלים ההמשכה מן הבריכה הזאת הרי היא בחי׳ מקור ושרש נובע להן כמו המשפיע שישפיע וימלא כל כלי בית קיבול ולכך נק׳ בריכה ע״ש המים המתברכין משנה להיות נמשך והולך בשפע רב לכמה מקומות כו׳ ואעפ״כ לגבי מקור העצמי גם היא אינה אלא כדוגמת הכוס בלבד והוא להיותה בחי׳ ממוצע כו׳ וד״ל· והנמשל מובן למשכיל דבחי׳ הכתר העליון הוא הנק׳ ממוצע בין עצמיות א״ס לנאצלים בקוין חח״ל מימין וכמ״ש והחכמה מאין תמצא כו׳ כידוע והוא בחי׳ מקור ושרש לנאצלים כדוגמת הבריכה לנחלים קטנים שנמשכים ממנה כנ״ל· וגם הוא נק׳ כלי בית קיבול בלבד לגבי עצמות א״ס שהוא כדוגמת הנהר וכיוצא ואינו אלא מקבל מבחינה תחתונה כו׳ כידוע· וע״כ באמרו נברך כו׳ הכוונה הוא לעשות בחי׳ בריכה בתחלה כדי שיתחלק האור ממנו לרבים בקוין כנ״ל והיינו בבחי׳ הכתר שנק׳ בריכה כידוע· והכוס שאמר עליו נברך רצונו בזה כדי שיהי׳ בחי׳ כלי בית קיבול לגבי אור השפע השפע מבחי׳ הבריכה כשאומר נברך כו׳· ונקרא כוס של ברכה כלומר כלי בית קיבול לקבל הברכה שנמשך מבחי׳ הבריכה כי נעוץ סופן בתחלתן דוקא והיינו בחי׳ מ״ל בכתר כידוע וד״ל· והנה ידוע שלע״ל יהיה עלייה לכל העולמות בכלל עד שיהיה מדריגות הא״ל בבחי׳ הכתר דעכשיו וכמ״ש בת״א היינו מה

שעכשיו הוא בחי' בריכה לע"ל יהיה רק בחי' כוס של ברכה כי מן בחי' הכתר דעכשיו יהי' בחי' המ"ל ולא יהי' רק בחי' כלי בית קיבול כו' ומתילא מוכרח לומר שבחי' הכתר שיהי' לע"ל יהי' הגבה למעלה ביותר כידוע בענין עליות העולמות כו' וד"ל :

וביאור הדברים יובן בהקדים ענין הנ"ל ביין המשומר בענביו כו' דהנה העונג והשמחה ענין א' הוא אלא שהשמחה בהתגלות והוא בהרגשה כנ"ל מה שמרגיש בעצמותו מאד מן הדביקות והתענוג באלקות כו' והעונג הוא מבלתי הרגשה כלל וכלל אלא בתכלית הביטול כנ"ל והוא בחי' יין המשומר בענביו שהאור מכוסה ונעלם עדיין כו' ותכלית ההעלם שלו הוא בבחי' הכתר עליון שנק' אין והחכמה מאין תמצא ופי' תמצא בבחי' יש כידוע והוא בחי' הבריכה כנ"ל והיין הנגלה בכוס הוא יין שנסחט מן הענבים שיצא האור כבר בהתגלות בכלי כנ"ל והוא כוס של ברכה כו' · והנה אחר שיהי' עלייה לעתיד ויהי' בחי' הבריכה דעכשיו רק בבחי' כוס כנ"ל הענין הוא דמה שעכשיו הוא העונג מבלתי הרגשה כלל יהי' נחשב לעתיד בבחי' מורגש כי הלא יהיה עליות המדריגות בכל העולמות עד דמה שנק' עכשיו כתר דהיינו בחי' אין יקרא אז בשם מלכות שהוא בחי' התגלות ויש כידוע א"כ גם מה שעכשיו נק' בלתי מורגש והוא היין המשומר בענביו כו' יהי' נחשב לעתיד בבחי' מורגש והיין הבלתי מורגש יהי' עוד למעלה במדריגה כו' והיינו שיהיה בחי' הבריכה דעכשיו רק בחי' כוס בלבד וד"ל · וע"ד הנ"ל הוא כך דמה שעכשיו נק' שמחה בבחי' הביטול כענין שמחו צדיקים בה' וישמחו בך כו' לעתיד אינו אלא שמחה בהרגשה כו' וד"ל · וזהו ענין המאמר הנ"ל דלעתיד יעשה סעודה לצדיקים כו' ויהיה הכוס של ברכה מיין המשומר בענביו כו' · פי' שיהי' בחי' הכתר דעכשיו הנק' יין המשומר בענביו כנ"ל לעתיד רק בבחי' כוס ש"ב והוא בחי' מ"ל כו' ומתילא יהיה בחי' הבריכה באמרו נברך כו' ממקור ומדריגה הגבוה ביותר כו' · ולפי שיהיה הכוס ש"ב ביין המשומר כו' לא ירצה אברהם לברך מפני שיצא ממנו ישמעאל · דהנה הגם שכבר נתברר שר ישמעאל לעתיד דכתיב ואת רוח הטומאה אעביר כו' היינו מן חלק הרע שהיה יונק ישמעאל ביין הנסחט מן הענבים כמאמר הנ"ל דחוה סחטה אשכול של ענבים בחטא אדה"ר שממנו נמשך עה"ד טו"ר כנ"ל · אבל בבחי' יין המשומר דאיהו וגרמוהי חד כו' הנק' עה"ח שלא קבל ממנו ישמעאל לעולם ולעתיד יהיה ממנו רק כוס של ברכה בלבד לא היה לשר ישמעאל חלק בו כלל ולכאורה לא היה מניעה לאברהם מלברך מאד זה · אך מפני שכבר יצא ממנו ישמעאל בקו הימין שלו חח"ן בעה"ד טוב ורע כנ"ל שאברהם מאד מותרי החסדים שלו יצא ממנו ישמעאל כמ"ש במ"א ע"כ הגם שלא הי' שרש יניקה לישמעאל מזה לא רצה לברך על כוס יין המשומר · והטעם הוא לפי שבכוס זה דיין המשומר צריך להמשיך מבחי' הבריכה היותר גבוה כנ"ל ולפי שכוס זה כלי בית קיבול הוא אף ע"פ שהוא מיין המשומר דעכשיו הנה לעתיד יהי' בבחי' מורגש כנ"ל · לכן הואיל שהיה בחי' הקו דאברהם עומד לצאת ממנו ישמעאל אע"פ שהי' ביין הנסחט דעכשיו · הנה גם ביין המשומר אחר שיהי' גם הוא מורגש לעתיד יפחד אברהם להמשיך בו מבחינת הבריכה הגם שתהא ממדריגה היותר גבוה כו' מאחר שהיה קו שלו פ"א במעמד ומצב ליניקת חיצונים ואע"פ שיתעלה לעתיד · זה העילוי רק מן מדריגה דעכשיו אבל להמשיך ברכה ביין המשומר דעתיד יפחד מאד שהיה פגם פ"א בכלים שלו · וכמשל מי שלא נכנס מעולם בהיכל המלך יפחד לדבר פן יפגום בכבוד המלך באיזה דבור כו' הגם שרגיל לדבר לפני שרי' ומכ"ש כשנכשל בדבריו לפני שר המלך כו' וכיוצא בזה וד"ל · וכן יצחק לא רצה לברך מפני שיצא ממנו עשו הכל מטעם הנ"ל באברהם דלפי שהיה קו שלו גב"ה וממנו נמשך שר אדום דעשו כי רישא דעשו בעטפוהי דיצחק ביין הנסחט שסחטה חוה כו' · גם ביין המשומר דעתיד אע"פ שהוא מבחי' עה"ח שלמעלה מעה"ד כו' מ"מ מאחר שהקו שלו היה עומד לצאת ממנו דבר רע יפחד לברך גם במקום שאין בו שרש ומקום לרע כו' וכנ"ל וד"ל :

ואמנם יעקב אמר אני לא אברך מפני שנשאתי שתי אחיות שעתידה תורה לאוסרן על פי' הגם שביעקב אין שום פחד ויראה הנ"ל באברהם ויצחק לפי שיצא מתקון שלהן ישמעאל ועשו אבל יעקב הרי היה מבחינת הקו האמצעי מבחי' ת"ת דז"א שאינו מתגלה כלל וכלל במותרות יניקה לשום צד מצדדי הקוין האחרים מימין ושמאל כו' ולכך נקרא בריח התיכון והוא מדת אמת וכמ"ש תתן אמת ליעקב כו' וכתיב בי' ביעקב אשר פדה את אברהם כו' וכמ"ש בזהר שהי' שלימו דאבהן מטעם זה שהיה בבחי' קו האמצעי דז"א שאין שם שרש יניקה כלל למותרות כו' · וז"ש ואתה מרום לעולם כו' כמה דתנינן יעקב שמת במתרם כו' · אך מ"מ לא רצה לברך מטעם אחר והוא לפי שנשא שתי אחיות שעתידה תורה לאסור עליו כו' · וזהו פלאי לכאורה שהרי לא נשא שתי אחיו' אלא לפני מ"ת ומצינו כמה דברים שהתירו לאבות מפני שעדיין לא נתנה התורה כו' · אך הענין הוא דדוקא איסור שתי אחיות נקט שזהו דוקא לו לפגם נחשב מלברך על הכוס זה דיין המשומר כמו אברהם לפי שיצא ממנו ישמעאל כו' · והענין הוא לפי שענין ב' אחיו' ידוע בזהר ובע"ח דהיינו עלמ' דאתכסיא ועלמא דאתגליא כו' דהנה יעקב הוא הנק' בריח התיכון המבריח מקצה אל הקצה דהיינו בחי' הממוצע עד

רום

רום המעלות לחבר ולקשר עליון בתחתון ודבר בהיפוכו כמו חסדים וגבורות וכו' והיינו עד"מ הבריח המבריח שתי קצוות יחד כך בחי' יעקב מפני שהוא בחי' קו האמצעי ד"ת מבריח הוא מעליון לתחתון דהיינו שעל ידו יתחבר קצה היותר עליון בקצה היותר תחתון והוא בחי הכתר במ"ל. וגם ביכולתו להבריח שתי הפכים שבב' קוין ימין ושמאל חח"ן ובג"ה להיותו כלול משניה' יחדיו בכ"מ לפי מה שהוא בחו"ב הוא בחי' הדעת הכוללם יחד ובמדו' חו"נ הוא בחי' ת"ת כו' וכידוע ומבואר במ"א וזהו שנקרא יעקב יוד עקב שמבריח מראש לסוף עד בחי' העקביים כו' · והנה ידוע שבחי' לאה ורחל היינו בחי' עלמא דאתכסיא ועלמא דאתגליא שהן כמו בחי' מחשב' ודבור באדם למטה והמחשבה צפונה וטמונה והדבור בא בגילוי והנה התגלות אותיות המחשבה בדבור היינו בחי' עקבי לאה שנכנסים בראש רחל כו' כמ"ש בע"ח וכמבואר במ"א · וזהו ענין ברוך ה' אלקי ישראל שהוא בחי' פנימיות דיעקב בהיותו בבחי' המוחין חב"ד כו' מן העולם ועד העולם פי' מעלמא דאתכסיא עולם המחשבה לעלמא דאתגליא עולם הדבור כידוע וזה הגלוי מן בחי' ההעלם דעלמא דאתכסיא הוא היפוך סדר השתלשלות דאבי"ע שהרי ידוע הכלל בסדרי השתלשלות שהוא רק ע"י בחי' ההעלם וגלוי בסדר ההדרגה דהיינו רק בחינה אחרונה שבעליון הנק' העלם נתגלה להיות מקור בתחתון כו' · אבל שיהא כל בחי' ההעלם שבעליון מתגלה בתחתון זהו היפך סדר ההשתלשלו' וכנראה בחוש בהשפעה מעילה לעילה מרב לתלמיד שא"א כלל שישיג התלמיד כל מה שמשכיל הרב באות' ההשפע' וכאמרם לא קאים אינש אדעתיה דרביה עד מ' שנין כו' · אמנם יעקב להיותו בחי' ממוצע לחבר העליון בתחתון עד רום המעלות כו' הי' ביכולתו לשנות בסדר ההשתלשלו' ההעלם וגילוי כו' והמשיך כל מה שבהעלם לגילוי כו' והיינו גילוי כל עלמא דאתכסיא שבה בהתגלות גמור והיתה עבודתו למטה בזה במה שנשא שתי אחיו' לאה ורחל וראה ה' כי שנואה לאה כו' וילדה ליעקב בהתגלות ששה בנים שהן המדות כו' כידוע ואחר ילדה בת כו' ורחל גם היא ילדה לו כו' ונתחברו עולם המחשבה עם עולם הדבור והיו לאחדים ממש והיינו שאמר' לאה נפתולי אלהים נפתלתי עם אחותי כו' · והיינו ענין ברוך ה' אלהי ישראל מן העולם ועד העולם כו' וד"ל · אך הנה התורה אסרה לישא שתי אחיות וכמ"ש ואשה אל אחותה לא תקח לצרור כו' והוא לפי שהתורה נתנה בקו המדה כידוע דהיינו איך וכמה יתגלה מן ההעלם ובאיזה אופן כו' והיינו שאמר יעקב אני לא אברך שנשאתי שתי אחיות שעתידה תורה לאוסרן עלי דוקא עלי לפי שיעקב ביכלתו להמשיך מן ההעלם לגלוי אבל התורה עתידה לאסור בזה הגילוי ואע"פ שלא היה בחיבור וקישור שתי אחיות הללו שום נטיה לצדדי הקוין כאברהם שיצא ממנו

ישמעאל וכו' אבל מעין זה הוא דהיינו בחי' תוס' הגילוי ביותר מכפי המדה הצריכה ע"פ התורה שהוא בחי' התיקון ע"י שם מ"ה דחכמה כי בחכמ' אתברירו דוקא כידוע וד"ל· וגם זה לא היה מניעה עדיין ליעקב מלברך על הכוס שאינו מיין המשומר מו' ימ"ב אך ביין זה דוק' המשומר מו' ימ"ב שעניט הוא בהעדר התגלו' דוקא ככ"ל לפי שהוא מבחי' מקיף שאין התגלות ממש כמו בשאר יין שנכנס ייצא סוד מן ההעלם לגילוי· כי יהיה מבחי' בלתי מורגש דעכשיו בחינת כוס לעתיד והמשכה מבריכה היותר נעל' כו' וע"כ פחד יעקב לברך שלא יפגום בזה מפני מה שהיה גם מלד בחי' הקו האמצעי שלו ג"כ פ"א בחי' תוס' הגילוי שהוא כענין ההרגשה קצת כידוע וד"ל · אבל דוד אמר לי נאה לברך דכתיב כוס ישועות אשא כו' פי' דוד הוא רגל רביעי שהוא בחי' המל' דאצי' העומדת תחת כל הקוין מלמטה ומכוון לנגד בחי' הכתר ממש וכידוע דלכך נק' המל' כתר מל' לפי שהארת הכתר הוא במל' סופא לכל דרגין דוקא כמו שאמר בס"י דנעוץ תחלתן בסופן דוקא · והענין הוא דכל עיקר כח התחלה אינו ניכר ומתגלה אלא בסוף דוקא כפי שנראה בחוש שבכלות השפע שם דוקא ניכר פנימית ההשפעה עד"מ מורע האדם שאם אינה יורה כחן אינו מוליד כו' וכן מהכא' השמש על הארץ שעיקר החום בארץ דוקא וזהו משל להבין למעלה דדוקא במל' שהיא מדריגה היותר תחתונה שם מתגלה פנימיות ההשפעה ואין שום פגם מכל צד לא מטעם ישמעאל ועשו ולא מטעם חיבור ויחוד שתי אחיות אחר שהיא היא בחי' התחל' עצמו בלתי שום פירוד ביניהם מפני שנעוץ סופן בתחלתן ותחלתן בסופן דוקא משא"כ באמצעית הקוין שיש ישמעאל ועשו ויש גילוי ההעלם יותר מדאי כנ"ל · אבל כשכבר נתקבל אור הכתר בכלי המל' אין שום מקום לנטות חוץ כלל וכלל · וע"כ אמר דוד לי נאה לברך ביין המשומר הגם שיין זה משומר לגמרי מבחי' התגלו' חוץ וגם ממנו אינו אלא כלי לקבל מהבריכה היותר נעלם כו' מ"מ לי נאה לברך דוקא משום דהוא כלי בית קיבול דוקא לקבל כל אור הכתר ואף ע"פ שאינו אלא כוס לעתיד כנ"ל הרי כוס ישועות זה אשא אני דוקא אשא לכוס זה דיין המשומר להמשיך בו ברכה מבחי' הבריכה כו' והוא לפי שעליי' בחי' המל' יהי' לעתיד במקום הכתר דעכשיו ממש כנ"ל וכמ"ש במ"א בשם מורי הה"מ ז"ל ע"פ כוסי רוי' בגימ' רכ"א לוגין דיין המשומר הזה כמבואר בדברי רז"ל דהיינו מדת ארך אפים דארך בגימ' רכ"א והוא בחי' א"א שנק' כתר בכלל כידוע · ולהיות כי עליות המל' תהיה אז במדריגת הכתר ממש ע"כ אמר כוסי רויה כו' וגם כאן אומר שיאמר דוד דוקא כוס ישועות אשא מטעם הזה והגם שיהיה רק בחינ' כוס לגבי בחי' כתר שיהי' ממקום גבוה יותר מ"מ אין ראוי להיות כלי בית קיבול לזה רק דוד להיותו רגל רביעי

ט'

כו' והוא מפני שנעוץ סופן בתחלתן ותחלתן בסופן דווקא
כו' וד"ל :

להבין בתוס' ביאור ענין ברכת הזימון הנ"ל וענין מאמר הנ"ל בכוס של ברכה שיתנו לאבות לע"ל כשיעשה הקב"ה סעודה לצדיקים כו' כידוע · דהנה מבואר בר"מ פ' בא שיש ג' מדריגו' מקור ומעיין וחפי'· מקור הוא בחי' הכתר· ומעיין הוא יוד שהוא החכמה · וחפירה רברב' שנק' ים כו' הוא בחי' בינה והן כללות ג"ר הנק' כח"ב כידוע · וביאור ענינם בפרט יובן עד"מ באדם התחתון שאנו מוצאי' בו אלו ג' המדריגות דהנה המדריגה הג' הנקרא חפירה רברבא כו' ידוע שהוא בחי' בינה שהוא בחי' ההשגה וההבנה כשאדם מבין בכי טוב את הסברא והטעם עד שמושגת ומובנת לו היטב כו' אך כאשר נפל במוחו איזה המצאות שכל ועדיין לא מושג לו יפה בהבנה והשגה ממש והו הנק' מעיין שהוא עד"מ מעיין הטבע שאינו נראה לעין ממש וממנו נובע התגלות הנהר כו' כך הבינה נק' רחובות הנהר והחכ' הוא כמו המעיין וכמ"ש ונהר יצא מעדן כו' ונקר' ג"כ מעיין זה בשם שכל הנעלם כי נעלם הוא מבחי' ההשגה עדיין אבל הוא עיקר ומקור להשגה אחרי שממנו נובע אור ההשגה אח"כ בהתגלות כו' · ובחי' הכתר הנקרא מקור הוא למעלה מן המעיין דח"כ וכמו שהח"כ נק' מקור לגבי הבינה המושג ונק' שכל נעלם כו' כך הכתר עצמו נק' מקור אמתי להח"כ עד שהח"כ אינו אלא בחי' גילוי אור בעלמא ממנו בלבד · ויובן זה ממה שאנו רואים במה שנופל לאדם המצאות שכליות הנעלמים הנ"ל שלא כל העתים יוכל ליפול לו המצאות הללו כ"א בשעת הכושר וכיוצא אם כן מוכרח שיהי' מציאות מקור האמתי שמשם נופלים שכליים הנעלמים הנ"ל כ"א לא שיש מקור אמתי שמשם תפול ההמצאה שכליות מהיכן הסיבה לנפילתה אף על פי שיש כח שכלי באדם להשכיל ולהמציא השכלות כ"א לפי כחו אבל מאחר שאין כל העתים שוות מזה מוכרח לומר שיש מקור כח לכח הזה המתמציא כעת ונקרא כח המשכיל שכל הנעלם והוא המקור האמתי שממנו נמצאות בכל עת מציאת השכלות גם בהעלם וה"ז כמו המעיין שנובע מתחת לארץ שמשם התהום ודרך גידי הארץ נובעים המעיינות מתהום רבה שהתהו' נק' מקור הראשון והמעיינות הנובעים ממנו הגם שהוא בהעלם בתוך כדור הארץ נקרא מקור שני וגילוי נביעת המעיין בנהרות נקרא בחי' חפירה שהוא הים שנתמלאו מן הנביעה של כל המעיינות וו"ש בר"מ ג' מדריגות הללו עד"מ למעלה בבחי' ג"ר שהן כח"ב שבחי' הכתר נק' מקור באמת ובחי' חכ' נקרא מעיין ובחי' בינה נק' חפירה רברבא או ים כו' ויתפרשו ג' אלה גם בי"ם שבכתר עצמו כמשי"ת בעו"ה וד"ל · והנה מבואר עוד שם שז' נחלי' שהן בחי' ז' תחתונים · למטה הן מבחי' ג"ר כח"ב כו' והן בחי' המדות שיוצאין ונמשכים מבחי' בינה הנ"ל שנקרא אם הבנים כו'· ובכ"ז מובן שרש ענין ברכת הזימון דהנה ברכת הזימון שהוא באמרו נברך שאכלנו משלו הייט להמשיך מבחי' מקור הראשון שהוא בחי' כתר וזהו פי' משלו בל' סתימא כסתימות הכתר שנק' סתימו דכ"ס כו' ופי' נברך לעשות בריכה וחפירה היינו בחי' בינה שהוא בבחי' ההשגה שמקבלת ממקור הברכה שהוא בחי' המעיין דח"כ והמעיין מקבל ממקורא דכל' כו' והן בחי' ג"ר כח"ב בכלל זה למעלה מזה כו'· ושרש ענין ברכת המזון שהן ג' ברכו' ברכת הזן וברכת הארץ וברכת בונה ירושלים שהן בחי' ז' נחלים כנ"ל בפי' שהן בחי' המדות ובכללם הן רק ג' ברכות שהן חג"ת ברכת הזן הוא מבחי' החסד כמ"ש חסד אל כל היום ובטובו וחסדו הוא זן ומפרנס לכל· וברכת הארץ הוא בחי' הגבורות בבחי' הודאה שבקו שמאל ומותמין בה על הארץ ועל המזון כי המזונ' מצפון דוקא כי השולחן בצפון ומשם דוקא מקבלת המ"ל הנק' ארץ כמבואר בפע"ח וד"ל· וברכת בונה ירושלים הוא בחי' ת"ת שהוא הרחמי' כידוע ולפי שכבר בברכת הזימון הכינו לבחי' המקורים של הז' נחלי' והוא בבחי' ג"ר כח"ב לכך יש ביכולת אח"כ לברך בהמ"ז להמשיך השפע בז' המדות כו' הנק' ז' נחלים כו' וד"ל· והנה בחי' המ"ל שמקבלת מז' הנחלים כמ"ש כל הנחלים הולכים אל הים וכו' ונק' ים האחרון ימא מלאה כו' הוא בחי' כוס של ברכה. ועד"מ הכוס הגשמי הנה הוא מקבל היין בתוכו · כך למעלה בחי' מל' מקבל כל מה שנמשך בבחי' ירידת אור ושפע בין מבחי' ג"ר ובין מבחי' המוחין של המדות וגם מהמדות עצמן מכולם מקבלת וכלולה מהכל מחו"ג כו' · וזהו צריך לכוין במ"ש ואכלת ושבעת וברכת את ה' אלקיך פי' את הטפל לה' אלקיך שהן כח"ב ומדות כו' בכלל והוא בחי' המ"ל שהיא רק מקבלת כל הברכות ונקרא כוס של ברכה כמ"ש כוס ישועות אשא כו' שמקבלת הברכה בתוכה· ועד"מ אותיו' הדבור שמקבל בתוכו השכל וגם המדות וכל מה שבא לידי גלוי הכל נתגלה באותיות הדבור כו' כידוע · וזהו גם כן פי' הברכ' שלפני כל מצוה בעשותה שאומר בא"י אמ"ה פי' אתה הוא בחי' החסד הוי"ה בחי' ת"ת אלקים בחי' גבורה וכולם נמשכים למל' הנק' מלך העולם ופי' ברוך אתה כו' היינו מבחי' כח"ב שמשם מקור הברכות נמשך למדות כו' וד"ל. אך הנה אין ברכת הזימון בכוס של ברכה אלא בשלשה מפני ששלשה יכולים להמשיך מבחי' ג"ר כח"ב כמבואר בר"מ הטעם שכדי לחלק לרבים צריך בריכה מג' וג' נק' רבי' כו' כמשי"ת באריכות למעלה אבל יחיד פטור מברכת הזימון מטעם שאינו מקבל רק מז' הנחלים כמ"א לפי שרשו למעלה כו' וגם מטעם זה היחיד א"צ כוס כי כוס ש"ב אינו אלא למקבל מכולם לא מז' נחלים בלבד דלכך נק' כוס ש"ב מפני שמקבל ממקור כל הברכות וכמ"ש וברכת את ואת הוא בחי' המל' כו' והיינו כשנעוץ תחילתן בסופן · מכתר שהוא

מקור

מקור הראשון במל' שנקרא סוף וד"ל · ובכ"ז יובן מ"ש חז"ל בג' שאכלו דווקא שחייבים לדבר ד"ת על השולחן שאוכלים ואם לא היה ביניהם ד"ת נק' אוכלי מזבחי מתים כו' אבל שנים שאכלו אינם חייבים בד"ת כו' לפי שבג' יש ביכולתם להמשיך מתקור הראשון וד"ל · וידוע דאורייתא מח"ע נפקא והוא בחי' מעיין דח"כ שמקבלת ממקור הראשון כו' והוא בחי' משפיע לבינה שנק' חפירה רברבא כו' וע"כ צריכי' לדבר בד"ת לעורר השפע למעלה להיות נמשך על ידי התורה ממקור הראשון לז' נחלים כי הח"כ בחי' ממוצע בין מקור הראשון לבינה אם הבנים כו' אבל שנים או א' אין בד"ת שלהם כח לעורר השפע ממקור הראשון ע"י התורה שלהם כי תורת' רק מבחי' המדות שהמוחין שלהם באו רק מבחי' בינה שכבר נמשך במדה מן מעיין הח"כ אבל שלשה ביכולתם בתורה שיאמרו להמשיך ממעיין הח"כ שנובע לבינה מטעם דג' קוין הן כו' וג' קוין נמשך מבחי' כתר כמבואר בפרד"ס ואפי' הוא ת"ח גדול אם הוא ביחיד א"ל לדבר ד"ת כ"א בג' שאוכלים ואפילו אינם ת"ח מופלגים כ"כ מטעם הנ"ל וד"ל :

והנה אחר כל הנ"ל י"ל עתה מהו ענין בהמ"ז וברכת הזימון דיהיה לעתיד בסעודה שיעשה הקב"ה לצדיקים כמבואר בדבריהם ז"ל· בהיות ידוע שהסעודה שיעשה הקב"ה לצדיקים יהיה מן לויתן ונק' סעודת לויתן כו' ועליו נאמר לויתן זה יצרת לשחק בו ולכאורה יפלא מאד מהו זה שיעשה דוקא מדג לויתן והאיך יאכלוהו צדיקים בענין האכילה גשמיות ואם האכיל' תהא ברוחניו' א"כ למה תהא דווקא מדג לויתן ולא מדג אחר וגם י"ל מהו מהות ענין הדג הזה ולמה נק' בשם לויתן דוקא כו'·אך הענין הוא יובן בהקדי' תחילה שרש ענין האכילה והמזון שלנו בסעודה הגשמיות דהנה ידוע שעתה בחי' מ"ל דאצי' יורדת בבחי' עה"ד טו"ר ג"כ עד בחי' לבוש נוגה דבי"ע והוא מסיבת שבירת הכלי' דז' מלכים שמתו כו' ובחי' שם ב"ן יורד לברר בירורי נוגה בכל לילה וכמ"ש ותקם בעוד לילה כו' וגם הוא ענין ו' יומין דחול שמתלבשת מהארת אורות דז"א דאצילות הנקרא שם מ"ה לברר גם כן בכל יום כו'. ובשבת הוא זמן עליות הבירורים דרפ"ח כו' כי מי שטרח בע"ש כו' ובליל שבת הוא עליות הבירורים דמל' דאצילות וביומא דשבתא בחי' עליות הבירורים דמ"ה דז"א כו' והוא ענין שלשה סעודות דשבת דרך כלל כו' · והנה עיקר השבירה היה בשם ס"ג דבינה והיינו בז"ת דבינה שהם בחי' המדות שבשכל כו' אבל בג"ר דחכמה וגם דבינה לא היה בחי' שבירה ונפילה כמ"ש ימותו ולא בחכמה כמאמר ז"ל יעקב אבינו לא מת פי' יעקב הוא בחי' יסוד אבא יו"ד עקב שמאיר בפנימית מוחין דאימא כו' לא מת לא נפל בשביר' כי ז' המדות דבינה דאצי' בלבד הוא שירדו למט' ונסתעף מהם השבירה והנפילה עד שנתהוו ז' מדות רעות בהיכלות דנוגה בעולמו' דבי"ע הנק' עלמא דפרוד' כו' וא"כ מובן שבבחי' יחוד פנימיות דאו"א שהוא למעלה מבחי' ז"ת דס"ג דבינה כו' והרי שם הוא למעלה מבחי' שרש לעה"ד טו"ר דנוגה כו' א"כ הוא למעלה מבחי' הבירורים דרפ"ח כו' · ולפ"ז מובן גם בענין האכילה דעכשיו שהוא במאכלים הגשמיים דידוע שכולם נמשכים ממזלות דע' שרים דנוגה מעה"ד טו"ר ושם הוא שרש התהוות' והבירורים שלהם הוא בחי' הבירורים דרפ"ח כו' שנפלו בהם וזהו כל עיקר ענין שלשה סעודות דשבת שהוא בעליות הבירורים דרפ"ח כו' ע"י האכילה בשבת והעונג · ובחול הבירור בדרך אחר לברר הטוב מן הרע וכמ"ש במ"א · ויהי' איך שיהיה הכל הוא ענין הבירורים מהשבירה דשם ס"ג דבינה והבירור· הוא ע"י מ"ה וב"ן דזו"נ ביחודים ביומין דחול ובשבת כו' אבל לע"ל שיושלם הבירור דעה"ד לגמרי כמ"ש ואת רוח הטומאה אעביר מן הארץ כו' לא יהיה אפי' תערובות טו"ר כלל א"כ לא יצטרך להיות הסעודה במזון הגשמי מעה"ד טו"ר כמו עכשיו אלא תהא בחי' הסעודה אז מדג הנק' לויתן והוא הסעודה שיעשה הקב"ה לצדיקים לעתיד ותהא נקראת סעודת לויתן כו' · והטעם שתהא מדג לויתן כו' הנה פירוש לויתן לשון חיבור וקשור הוא כמו ילוה אישי אלי וכן לוית חן כו' וכידוע · והנה כתיב לויתן זה יצרת לשחק בו כי פי' לויתן הוא כשנתחבר המשפיע במקבל ונק' לויתן ע"ש התחברותו במקבל כי מצד עצמו הוא הנק' לוי או לוית אך הנו"ן דלויתן מור' על שכבר נתקשר במקבל והוא הנו"ן שהוא בחי' מקבל ההתקשרות והחיבור·והענין הוא דבחי' יחוד או"א בבחינה הפנימית כנ"ל נק' לויתן מפני שמתחבר בחי' פנימית אבא בבחי' פנימית אימא והגם שנק' תרדל"מ כו' ווזוגייהו תדיר זה לצורך השפעה לזו"ן אבל בחי' יחוד עצמותן הוא הנק' לויתן וזהו לויתן זה יצרת לשחק בו · פי' לשחק בו דהנה עוה"ב הוא עולם התענוג כידוע לפי שהנשמות נהנין כו' והוא בחי' בינה דווקא והוא בחי' ההשגה משא"כ בחכמה שלמעלה מההשגה וכנראה בחוש שעיקר גילוי עונג המורגש בנפש הוא דוקא כשמשיג בכי טוב את השכל המושג אבל כשאינו משיגו היטב אינו מרגיש עונג כ"כ כו' מפני שבחכמה שהיא בהעלם בכח השכל גם העונג שם בהעלם כו' · אך עכ"ז הנה כתיב ונהר יוצא מעדן וידוע שנהר הוא בחי' בינה והעדן הוא בחי' חכמה הרי עיקר העונג נק' ע"ש החכמה שהוא הנק' עדן ולא הבינה · אך הענין באמת הוא דעיקר מקור ועצם הוא בחכמה דוקא אחר שהחכמה הוא בחי' המשפיע והוא בחי' העלם וא"כ גם העונג שבו הוא בחי' מקור ועצם ומה שמרגיש בבינה העונג ולא בחכמה · הייני מפני שהתגלות העונג לבא בהרגשה · זה בלבד הוא שא"א להיות אלא בהשגת הבינה מטעם שבחי' ההתגלות וההרגשה א"א להיות בחכמה שהוא בחי' ההעלם אבל בחי'

עלמות

עלמות העונג הוא דווקא בחכמה ולא בבינה וז"ש ונהר יוצא מעדן שהוא החכמה דווקא שנק' עדן ולא הבינה מטעם הנ"ל וד"ל · וזהו ג"כ פי' לשחק בו הגה ענין השחוק הוא ענין התגלות העונג בבחי' הרגשה כנראה בחוש והוא בחי' העה"ב שהנשמות נהנין בהרגשה כו' · אך עיקר עלם העונג הוא בחי' לויתן זה שהוא בחי' הארת והתקשרות אור פנימית אבא באימא כו' · אך שלויתן זה יצרת לשחק בו דהייט שיבא לידי גילוי עונג באימא בבחי' חו"ג כו' וד"ל · והנה עכשיו בחי' לויתן זה הנ"ל שהוא הנק' בחי' יחוד או"א למעלה והוא בבחי' ההעלם למעלה כי מה שמאיר מבחי' יחוד או"א בזו"נ אינו אלא אפס קצהו מעט מזעיר כדי להחיות העולמות בלבד כמ"ש בע"ח · וז"ש לויתן זה יצרת לשחק בו לעתיד שיתגלה יחוד זה או למטה בגילוי ולא עכשיו אך קצת אורו' שנתגלו גם עכשיו מיחוד זה דלויתן כו' הן הנשמות שנק' נוני ימא רבא כמו נשמת רב המנונא סבא ורב ייבא סבא כו' כמ"ש למען אחי ורעי ונק' נשמות האלו אחים וריעים לז"א כו' ועד"ז נשמת רשב"י ור"ע וכיוצא · והוא עד"מ הדג שבים שהים בחי' עלמיות אצלו · ודרך כלל הרי ידוע שהים עילאה הוא בחי' פנימית בינה וכאשר נמשך מפנימיות היחוד דאו"א נשמות נק' נוני ימא רבא וע"ז אמר וידגו לרוב בקרב הארץ שגם בארץ יתגלו נשמות ההם שהם בחי' דגים שבים העליון וכמאמר היונקא שם דנוני ימא רבא אזלא ביבשתא לגבייכו כו' וכמ"ש במ"א · ומפני שכל שיש ביבשה יש בים כו' הרי לעתיד כשיתגלה ההעלם די"ם לגילוי ויהיה או"א במדריגות זו"נ דעכשיו וכמ"ש ביום ההוא יהיה כו' שאותיות י"ה דאו"א יתגלה בו גם מבחי' האורות דאו"א יבואו למטה בגילוי עד שיבואו אורות דזו"נ בעה"ד טו"ר דעכשיו עד שנתהווה מאכלי' גשמי' · וזהו ענין הסעודה שתהא לעתיד מדג לויתן זה פירוש ע"ד הסעודה דעכשיו שמבירורי דרפ"ח מתעלי' למעלה כו' · כך לעתיד אע"פ שיושלם הבירור דרפ"ח יבואו אורות דאו"א ויתלבשו למטה מטה והוא הסעודה דלויתן מפני שסעודה זו לא תהא מבחי' מאכלים דעה"ד כו' אלא מבחי' דגים שבים העליון שלא היו מעולם בשבירה כנ"ל וכללותם הוא דג לויתן שסובב ומקיף כל הים כו' וממנו יעשה הקב"ה סעודה לצדיקים לעתיד וכמ"ש לויתן זה יצרת לשחק בו כו' לעתיד שיבוא ממנו דוקא בחי' גילוי עונג לצדיקים בהרגשה כמו במאכל דעכשיו כו' וד"ל · והנה ממילא מובן דאחר שהסעודה תהא מלויתן זה שעכשיו הוא בהעלם למעלה ונק' עלמא דאתכסיא כו' א"כ העליו' של הסעודה ההיא תהא גבוה הרבה ולמקום יותר גבוה והמשכה ג"כ ממקום היותר גבוה כו' · והוא ענין עליות כוס ש"ב שתהא בסעודת לויתן הנ"ל לעתיד ביין המשומר בענבים דוקא והברכה ממילא בכוס זה ממקום ומדריגה יותר גבוה משל עכשיו במאכלים דעה"ד כו' · דהנה מבואר למעלה בענין ברכת הזימון וברכת המזון ג' ברכות הזן בחסד כו' וא"כ מובן ממילא דאחר שיושלם הבירור דמדות והסעודה לעתיד תהא מבחי' אורות שיורדים מאו"א שהן בחי' ג"ר דמעיין וחפירה כו' · הרי ברכת המזון וברכת הזימון שתהא על הסעודה גבוה כזאת ג"כ יהיה במעלה ומדריגה היותר עליונה וגם כוס ש"ב על סעודה זאת שעליו נאמר וברכת את ה' כו' יותר ג"כ במעלה ומדריגה מבחי' כוס ש"ב דעכשיו וממילא בחי' ג"ר שמשם הברכה ג"כ יותר למעלה מג"ר דעכשיו כו' כנ"ל וד"ל · וביאור זה הנה יש להקדים תחלה שיש גם בבחי' הכתר עצמו כל הי"ם הנגלות באצילות בפרט דהיינו ג"ר שבכתר וחג"ת נהי"ם שבכתר · והנה ג"ר שבכתר הוא הנק' רעוא דכ"ר או סתימא דכ"ס · והענין הוא שגם מאורות שבכתר הוא סתום ונעלם והוא נק' מקור ובחי' חכמה שבכתר נק' ח"ס דא"א והוא הנק' מעין סתום כו' ובחי' בינה שבכתר הוא בחי' חפירה רברבא כו' דכמו שיש בי"ם הנגלות ג' אלה מקור מעיין וחפירה כנ"ל כך בכתר עצמו יש ג' אלה בבחי' ההעלם · וביאור הדברים מובן מדרך הנ"ל בי"ם דאצי' שהמושג ממש בהשגה עלית נק' חפירה · למעלה היינו מה שנובע לו ונופל בשכלו נק' מעיין · והמקור הוא מה שממנו נובע המעיין נק' מקור כו' · כך בבחי' העלם עצמו יש ג' אלה דהיינו מה שיש בחי' מקור ושרש בהעלם לגילוי השגה בסברא וטעם נק' בינה שבכתר ומה שנובע לזה השרש נק' מעיין החכמה שבכתר ונק' מעין סתום כו' כמ"ש מעיין גנים כו' והמקור שממנו נובע העלם המעיין שהוא בחי' החכמה הסתומה הוא מקור הראשון הנק' כתר שבכתר כו' ונק' ג' אלה כח"ב שבכתר ג"ר · וא"כ גם בחי' הז"ת שהן בחי' המדות שבכתר שנמשכין ויוצאין מבחי' בינה שבכתר ג"כ עד"ז הכל בבחי' ההעלם דכתר והוא בחי' חג"ת דא"א · ועניגם הוא מדות האהבה שברצון שנק' יד הגדולה והוא בחי' אה"ר שבלתי מוגבלת בכלי ומתפשטת בבחי' א"ס כמ"ש במ"א בענין וימינך פשוטה לקבל שבים כו' ויד החזקה הוא בחי' גבורה דא"א כו' · וידוע שבחי' המדות שברצון נק' ימי קדם עורי חשוכא כו' וגם בחי' המוחין דאו"א נמשכים להם רק מבחי' חיצוניות הארת דחג"ת דא"א כידוע במ"א דבחסד דא"א בי' תליא ואחיד אבא והוא מבחי' מזל ונוצר חסד מזל הח' כו' מפני שאור אבא מלביש לחסד דא"א ואור אימא מלביש לגבורה דא"א שזרועות דא"א מלובשים באו"א וכמ"ש אני בינה לי גבורה פי' אני בינה שרש הגילויות ומוחין דאור אימא הוא מפני שלי גבורה כלו' מפני שגבורה דא"א מלובש בבינה וזהו אני בינה מפני שלי גבורה דא"א כו' ועד"ז באור אבא שמלביש לחסד דא"א כו' וד"ל · והנה כענין שנמצאים המדות שלמטה מן השכל כך נמצאים המדות שלמעלה מן השכל שהם בחי' חג"ת דא"א · ובמדות שלמטה מן השכל אנו רואים

שיש מקורין ושרשין למדות גם בשכל עצמו ונק' אהבה שבשכל והתבוננות כו' כך במדות דא"א יש להם שרשים ומקורים בג"ר דא"א ותחילתם בבינה דא"א ושורש הבינה הוא בחי' מעיין ח"ס דא"א והמקור למעיין זה הוא המקור הראשון שאין למעלה הימנו והוא בחי' כתר שבכתר כו' וד"ל · ונמצא ממילא מובן שכאשר תהא הסעודה לעתיד מלויתן דהיינו בחי' ירידת מזון ע"י התלבשות אורות שבאו"א אזי בחי' ברכת המזון שעל סעודת לויתן זה יהיה מז"ת דא"א דהיינו מבחי' תג"ת דא"א בכלל · והיינו שבברכת הזן יהא האור נמשך מבחי' חסד דא"א ובברכת הארץ מבחי' גבורה דא"א כו' ובחי' כוס ש"ב באמרו וברכת את ה' כו' היינו בחי' מלכות שבכת' וכמ"ש כוסי רויה בגימ' רכ"א דהיינו מדת ארך אפים בבחי' המל' שבו והוא יהיה כסא דמלכא משיחא וד"ל · והכוס הזה יקבל כל הברכות ממוחין ומדות דא"א כו' בבחי' מל' דאי' דעכשיו שמקבלת מהכל כו' · וממילא מובן שגם בחי' הברכה שנמשכת בברכת הזימון מבחינת ג"ר כו' בסעודת המזון דעכשיו גם לעתיד בסעוד' לויתן יהא אור הברכה באמרו נברך שאכלנו משלו מבחי' כח"ב דא"א כו' והוא בחי' מקור ומעיין וחפיר' שבבחי' העלם הכתר עצמו כו' ובחי' היין שבכוס זה נק' יין המשומר בענבים מו' ימ"ב כו' כמשי"ת בעו"ה וד"ל : וזהו ענין מארז"ל בסעודה דלויתן שיעשה הקב"ה לצדיקים כו' לאחר שאוכלין ושותין נותנים להם כוס ש"ב לברך אומרי' לאברהם לברך ואינו רוצה לברך לפי שיצא ממנו ישמעאל יצחק אינו רוצה לברך מפני שיצא ממנו עשו יעקב מפני שנשא שתי אחיות כו' הנה מבואר למעלה דבחי' כוס ש"ב הוא כמ"ש וברכת את ה' כו' את הטפל כו' · והנה ידוע דהכוס צריך להגביה בשעת ברכת המזון ובפרט באומרו נברך כו' והוא מטעם שצריך להעלות ולנשאות בחי' המקבל שיוכל לקבל ממקור הראשון שהוא בחי' כח"ב בכלל · ובפרט הוא מקור ומעיין וחפיר' ככ"ל באומרו נברך כו' ואחר שיגביה הכוס אזי יומשך בכוס הברכה מקור הראשון כו' · וכמו שבסעודה דעכשיו במאכל דנוגה מעה"ד כו' עליות הכוס הוא בחי' עליות המ"ל למעלה עד בחי' הכתר דאצי' בכלל כך לעתיד בסעודת לויתן הנ"ל יהיה עליות כוס ש"ב בחי' עליות מ"ל שבכתר עד בחי' כתר שבכתר הנ"ל כי אז יהיה הכל בבחי' ההעלם שבכתר עצמו כו' וד"ל · ולהיות כן לא יקבל אברהם הכוס ש"ב והוא מפני שיצא ממנו ישמעאל בקו הימין של חח"ן כו' כשהיה עה"ד וקיבל יניקה הגס שלעתיד יתברר לגמרי עה"ד כו' ומתיל' יהא בכחו להגביה הכוס והוא להעלו' המ"ל דכתר עד כ' שבכ' מקורא דכולא מפני שנעוץ תחלתן בסופן וסופן בתחילתן ויש לבחי' מ"ל שרש ומקור גם בבחינת כתר שבכתר שלאחר הבירור · עכ"ז מפני שקודם הבירור נמשך ממנה בעה"ד טו"ר כו' ע"י אברהם איש החסד להיות מותרי החסדים דישמעאל לכך לא יכול להעלו' אותם ולברר אותם באמרו וברכת את ה' כו' וד"ל · ועד"ז יצחק לא יוכל להגביה הכוס עד בחי' כתר שבכתר מטעם שיצא ממנו פסולת הגבו' והוא עשו · ויעקב אמר לא אברך מפני שנשא שתי אחיות שעתידה תורה לאוסרן עלי כו' · הנה להבין זה יש להקדים תחילה טעם איסור גלוי עריות והטעם שנקרא בשם זה גלוי עריות מה שייכות לאיסור משום גלוי דוקא כו' · אך הענין הוא משום דבעולם האצילות עיקר היחודים כולם הם בעריות דווקא כמו יחוד זו"נ שהמלכות נקרא בת ולפעמים אחות כידוע בכתבי האריז"ל לא זז מחבב' עד שקרא' בתי כו' ולפעמים אמר לבבתני אחותי כלה כו' וכמ"ש אמרי לחכמה אחותי את כו' וכן מי יתנך כאח לי כו' מה נעשה לאחותנו וכיוצא · וביחוד או"א הנה נאמר ותתצב אחותו מרחוק ולפעמי' נאמר כי בת אבי היא אך לא בת אמי כו' · וכמו"כ ביחוד אימא בז"א שנק' אימא כמ"ש בעטרה שעטרה לו אמו כו' וכן אל בית אמי ואל חדר הורתי ולפעמים נקרא חמותו כשהמ"ל נק' בתה וכמ"ש כאמה כבתה כו' ולפעמי' המל' נקרא' בת אבל לא בת אמי כו' · אמנם יהיה איך שיהיה כל אופני פרטי היחודים באו"א וזו"נ וכל פרטיה' המה רק בבחי' עריות כמו אח ואחות ואמו וכיוצא · וא"כ לכאורה יפלא למה יאסרו העריו' לבנ"י והרי הוא מהראוי שיהיה דוגמא לקדושת יחודי' העליונים כו' · אלא הענין הוא משום דדוקא באצי' איהו וחיוהי וגרמוהי חד בהון כו' בתכלית היחוד בעצמות אא"ס ע"כ מבחי' יחוד זה דעריות כמו אח ואחו' נעשה שם יחוד שלם בתכלי' שלימות היחוד ביותר אבל למטה בבי"ע שנק' עלמא דפרוד' א"א שיהיה היחוד שם בעריות מפני בחי' הפירוד · ואדרבא אסור לעשות כדוגמת יחודים עליונים דאצי' בזה לפי שלא נעשה עי"ז יחוד כ"א בעולם האצי' אבל בעולם הפירוד מלבד שלא נעשה יחוד אלא שנעשה בחי' ערוה והוא בחי' גלוי ערוה כמו שידוע דענין ערוה הוא בחי' הפירוד היפך בחי' הביטול והיחוד שבקדושה · וזהו הטעם שא' בלשון גלוי ערוה וכמ"ש ערות אמך לא תגלה כו' וכיוצא בזה בכל העריות אמר לא תגלה דוקא הגלוי אסור כי עיקר טעם איסור של גלוי עריו' בעולם הפירוד הוא מפני בחי' הגלוי כי בעולם האצילות שנקרא עלמא דאתכסיא שם הוא בתכלית היחוד מן יחוד דעריות אבל בעולם הפירוד שנק' עלמא דאתגליא שם ימשך היחוד גם לחיצוני' כו' א"כ יחוד דעריות שם נקרא גילוי ערוה מפני שמתגלה גם לחיצונים וזהו ערות אמך לא תגלה בעלמא דאתגליא דוקא ולא בעלמא דאתכסיא דהיינו בעולם היחוד משום דאיהו וחיוהי וגרמוהי חד כו' וד"ל : ולהבין ביאור הדברים הללו הנה כבר מבואר במ"א ע"פ וישמע את העם בוכה למשפחותיו על עסקי משפחו' שהן עריות שנאסרו להן כו' שלא מחמת

אעדר

העדר התאוה בכו אלא מפני שעיקר היחוד למעלה בעריות · ואם היו בתכלית בחי' הביטול והעדר הרגשה מעה"ד טו"ר כמו שהיה אדה"ר קודם החטא כמ"ש ויהיו שניהם ערומים ולא יתבוששו כו' הרי היו מייחדים יחודים בזה העולם כמו למעלה ממש ועל זה היו בוכים מפני שכבר נתמשך עליהם זוהמא של נחש הקדמוני אחר חטא העגל כו' · ולא היה ביכולתם שיהיה יחוד עליון עי"ז אלא אדרבה מגלה ערוה הוא להיות תוספת יניקה לחיצונים מיחוד זה כו' ולכך בכו על שניטל מהם גלוי עריות יחודים העליונים כאלה כו' ע"ש באריכות · וע"כ גם בגלוי רזין דאורייתא' אמרו בזהר שהוא כדוגמת זה דגלוי עריות אחר שלמעלה בזה הוא תכלית היחוד באו"כ· א"כ בעולם הפירוד כשמגלה סודות העליונים ה"ז הגילוי בחינת בושת גדולה כמשל התגלות סוד של המלך לפני איש נבזה בשוקים וברחובות כו' · ולכך עיקר איסור הגלוי בעריות דווקא לפי שלמעלה בהם תכלית היחוד ולכך אסור לגלות בחוץ בעולם הפירוד· וזהו ערות אמך לא תגלה בחי' אימא עלאה כו' וכיוצא כ"א בבחי' הביטול בתכלית כמו בבחי' האצילות דאיהו וחיוהי וגרמוהי חד כו' דשם לא נקרא ערוה אלא אדרבה עיקר שלימות היחוד כו' ואם לא שהיה כל עיקר היחוד עליון באמו ובתו למעל' לא היה אסורן חמור כ"כ בגלוי למטה · אלא היא הנותנת דמשום דלמעלה בהם תכלית היחוד לכך אסור לעשות כדוגמ' זאת בעולם הפירוד וכענין לא תעשון אתי כדמות שמשי כו' משום דכתיב וכבודי לאחר לא אתן כו' וד"ל · וז"ש רז"ל ביעקב שלא ירצה לברך בכוס יין המשומר לעתיד משום שנשא שתי אחיות שעתידה תורה לאוסרן עלי פי' הגם שלא יצא מיחודים דיעקב שום נטיה לחוץ בבחינת מותרות כמו אברהם ויצחק שיצא מהם ישמעאל ועשו מפני שיעקב הוא בריח התיכון וכמארז"ל יעקב אבינו לא מת מפני שאין שבירה ונפילה בחכמה כמ"ש ימותו ולא בחכמה כו' ויעקב הוא הארת יסוד אבא כידוע עכ"ז לא רצה לברך מפני טעם אחר מפני שנשא ב' אחיו' ואע"פ שהיה מותר לישא ב' אחיו' קודם מ"ת אלא מפני שעתיד האיסור לבא לכך לא יברך· וזה לכאורה אינו מובן דאע"פ שעתיד' תורה לאסור לא נאסר עליו באותו הזמן ומה שמך פסול יצא מזה אחר שהיה מותר לישא קודם מ"ת כו' · אך הענין הוא דאיסור ב' אחיות אינו דומה לשאר איסורים שעושים פגם מצד עצמם אלא ענין האיסור הוא מצד הגלוי שאסור לגלות ערוה מפני שהוא בחי' יחוד עליון למעלה כו' · והנה יעקב שהוא בחי' בריח התיכון כו' והוא בחי' מרכבה אמיתית לבחי' אצי' בתכלית מבלתי נטיה כלל לשום צד מצדדי החוץ דנוגה כו' א"כ היה ביכולתו ליחד יחוד עליון בב' אחיות כמו היחוד שהוא למעלה בבחי' יעקב העליון ביחוד לאה ורחל העליונים שנק' עלמא דאתכסיא ועלמא דאתגליא כו' והן ב' ההין דשם הוי' שם הגדולה לאה ושם הקטנה כו' אחר שהיה מרכבה אמיתית בתכלית הביטול כמו שהוא בבחי' קדושה העליונה באצי' דאיהו וחיוהי וגרמוהי חד כו' וכמאמר יעקב אבינו לא מת כו'· אך הנה מפני זה באמת מותר היה לישא ב' אחיות ונשא ב' אחיות והוליד מהן ע"י יחו"ע בשלימות היחוד כידוע שהיתה מטתו שלימה ונק' שלימו דאבהן כו' · אעפ"כ אמר שאינו רוצה לברך מפני שעתידה תורה לאוסרן עלי כלו' הגם שבזמן שנשא אותם והוליד מהן הכל הוא בבחי' היחו"ע בתכלית לפי שהיה או בחי' מרכבה ולא נק' ערוה כלל וכלל אבל מפני שעתידה תורה לאוסרן עלי ולעשות אותו בבחי' גלוי ערוה למטה והוא במה שאסרן תורה למטה במה שאמרה ואשה אל אחותה לא תקח לצרור כו' · והטעם הוא לפי שהתורה ירדה מן השמים למטה בעולם הפירוד וכמ"ש מן השמים דברתי עמכם כו' והיינו בחי' גלוי אור האצי' בבי"ע עולמות הנפרדים ונק' טורי דפרודא ולכך אסרה תורה לב' אחיות בבי"ע מפני שהם בעולם הפירוד בחי' גילוי ערוה כנ"ל· ומפני שעתידה תורה להתגלות בבי"ע ותאסור ב' אחיות להיות בחי' גלוי ערוה למטה הרי גם בזמן שנשא יעקב ב' אחיות הגיע לו בחי' בשת מזה קצת אחר שעתיד להיות מיחודו בחי' גלוי ערוה למטה כשתנתן התור' אע"פ שבאותו הזמן לא היה נקרא ערוה כלל· אך מפני שעתידה להיות בחי' גלוי ערוה מיחודים שלו על שמו יחשב הגלוי כו' · וכמשל המגלה פנים בתורה שלא כהלכה שקיבל מרבו שזה הגילוי מגיע גם לרבו שלמדו כו' כענין הזהרו בדבריכם כו' שלא ישתו התלמידים הבאים כו' וכיוצא וד"ל · ומ"ש שעתידה תורה לאוסרן עלי מפני שיעקב אבינו לא מת וגם עכשיו יעקב אבינו למעלה ואמנם נאסר לו זה היחוד בעולם הפירוד וזהו עלי כו' וד"ל· ומפני שהיה יעקב מתירא שלא יבא ממנו סיבת גלוי לחוץ עוד הפעם כמו שהיה פ"א לכך לא רצה לברך פן יבא לידי גלוי אח"כ גם מיין המשומר כו' וד"ל : וביאור ענין יין המשומר בענבי' מש"ב היינו כמו ענין דרך וכוונת הספיר' דהיינו שמתלבשי' ו"ק דאבא עם ו"ק דאימא חסד דאבא באור חסד דאימא כו' ובזה נשמרו כל מדות דאימא מכל דבר רע במה שהשבירה היה ממנה כו' וזהו המשומר בענביו מש"ב דאבא נק' י"ב כו' ואימא נקרא ענבים וענבי אוכמא הן מצד הדינין שנאחזין בה ע"י השבירה כידוע ועל ידי אורות דאבא נתתקין וזהו ענבי חיורא כו' · ודרך פרט גם בחי' ת"ל נקרא ענבי חוורא לגבי ת"ל דנוגה שנק' ענבימו ענבי רוש אשכלו' מרורות למו והוא מסיבת האשכול שסחטו חוה שילא בחי' פסולת הנק' ענבי רוש ולכך מאן דחמי ענבי חוורא מסתמא נהפך הגבורות והדינין דאימא לחסדים דאבא כו' וד"ל · ומ"ש משה לא רצה לברך מפני שלא זכה להכנס לארץ הענין הוא דמשה היה מבחינת אור אבא עצמו והוא למעלה

למעלה מבחי' השפע שניתן לארץ שנק' מ"ל וע"כ לא זכה להכנס לארץ מפני שהי' למעלה מזה כמ"ש במ"א ולכך לא רצה לברך על כוס זה שנקרא מ"ל שהרי מעולם לא היה דרכו בכך ואיך יוכל לברך ביין המשומר כו' וד"ל · אבל דוד אמר לי נאה לברך כו' שנא' כוס ישועות אשא כו' פי' דוד הוא בחי' מ"ל כידוע ולע"ל כתיב והיה אור הלבנה כאור החמה שהוא בחי' עליות המ"ל למעלה מז"א כמ"ש אשת חיל עטרת בעלה פי' בעלה הוא בחי' יעקב שנק' בעלה דמטרוניתא כידוע ותהא עט"ב היינו בחי' כתר לז"א והוא בעטר' שעטרה לו אמו הוא בחי' אימא עילאה · והטעם הוא לפי שעיקר השבירה הי' בשם ס"ג דאימא וירדו ונפלו בשם ב"ן דמ"ל כו' וכמ"ש ואלה המלכים בחי' ב"ן דס"ג כו' וכאשר יתברר שם ב"ן יהיה במדריגת שם ס"ג שרשו שהוא למעלה משם מ"ה דיעקב המברר והיינו בעטרה שעטרה לו אמו שהוא ס"ג כמ"ש במ"א וד"ל · ויש עוד עליי' שלישית למ"ל למעלה למעלה גם מעלי' זו דכאמה כבתה כו' אשר ע"י ברכה זו של יין המשומר לעתיד בסעודת לויתן בכוס זה תגיע לשם והוא מ"ש דוד כוס ישועות אשא פי' כוס ש"ב זאת שהיא עכשיו בבחינת ס"ג עוד אשא להעלותה לבחי' כתר הכללי דא"א מפני דנעוץ סופן בתחלתן דוקא · וז"ש לי נאה לברך דוקא משום שביכולתו לעלות עד קצה היותר עליון ולהמשיך משם הברכה משום שנעוץ סופן בתחלתן כו' ואין בו יראה ופחד מכל טעמים הנ"ל באבות ומשה כו' · וזהו ביום ההוא יצאו מים חיים מירושלי' חצים אל הים הקדמוני כו' וכן כתיב ואולך אתכם קוממיות ב' קומות משום דנקבה תסובב גבר כו' וע"ז אמר למשה אהיה אשר אהיה פי' אהי' דבינה אשר אהיה דכתר הכללי דא"א כשעתיד דוד לברך בסעודת לויתן הנ"ל ויאמר כוס ישועו' אשא ובשם הוי"ה אקרא פי' אקרא לשם הוי"ה ממקור הראשון להמשיכו מן ההעלם אל הגלוי כו' וד"ל :

(ברכות דמ"ח ע"ב) **ת"ר** מנין לברכת המזון מן התורה שנאמר ואכלת ושבעת וברכת זו

ברכת הזן על הארץ זו ברכת הארץ הטוב זו בונה ירושלים כו' (ובד' מט ע"א) פריך בגמר' לרבי דאמר אין חותמין בשתים מעל הארץ ועל המזון (שמתחלת נודה לך על הארץ וחותם בשתי' על הארץ ועל המזון וגם מה שמזכיר בברכת הארץ ועל אכילת מזון שאתה זן כו' אינו מובן דהא מזון שייכה לברכת הזן שקבעו לה ברכה בפ"ע ולמה צריך להזכיר מזון בברכת הארץ כלל) ומשני ארץ דמפקא מזון (ונכלל בארץ גם המזון וה"ל חדא ולא שתים אך עדיין קושי' הא' במקומה עומדת למה צריך להזכיר מזון בברכת הארץ כלל אחר שכבר קבעו למזון ברכה בפ"ע בברכת הזן) והנה אמרו שם עוד אח"כ משה תיקן לישראל ברכת הזן בשעה שירד להם מן יהושע תיקן להם ברכת הארץ בשע' שנכנסו לארץ דוד ושלמה תיקנו בונה ירושלים דוד תיקן על ישראל עמך ועל ירושלים עירך ושלמה תיקן על הבית הגדול כו' הטוב והמטיב ביבנה תיקנוה ביום שניתנו הרוגי ביתר לקבורה כו' והקשה הרשב"א הא ג' ברכות הללו דבהמ"ז הן דאורייתא' (ואפילו מעין ג' דאורייתא) ובודאי נתקנו ג' הברכות הללו בימי משה וא"א שלא אמרו ישראל במדבר בבהמ"ז רק ברכת הזן בלבד כיון דג' ברכות דאורייתא ותירץ דודאי ברכו ג' ברכות ברהמ"ז בימי משה רק ה"ק שמשה תיקן הנוסח של ברכת הזן כשירד המן ובנוסח ברכת הארץ לא אמרו שנתת לנו אלא על העתיד ויהושע תיקן הנוסח דברכת הארץ על הארץ שנתת לנו ואחר החורבן שינו הנוסח לומר על הארץ שהנחלת לאבותינו כו' · ובודאי בימי יהושע והזקנים שהיו מבאי הארץ לא אמרו שהנחלת לאבותינו ואנו אומרים שהנחלת לאבותינו כי בנוסחא יכולים להוסיף ולשנות כפי הזמן · וכן ברכת בונה ירושלים תיקנו הנוסח דוד ושלמה לומר על ישראל עמך ועל ירושלים עירך כו' שנוסח כזה לא היו יכולים הדורות שלפניהם לומר אחר שלא היו בירושלים אבל כללות ברכה זו ודאי אמרו גם בימי משה רק הנוסח הזה תיקנו דוד ושלמה בלבד · ולפ"ז למה תלוי תיקון נוסח הברכה של הזן על שירד מן לישראל לפי שהמן בזכות משה וברכת הארץ מפני שיהושע נכנס לארץ אחר שלא תיקן כאו"א רק הנוסח בלבד כנ"ל · אך האמת הוא דברכת הזן שייכא דווקא לענין ירידת המן שירד בזכות משה ומפני זה מזכירין גם בברכת הארץ ועל אכילת מזון שאתה זן כנ"ל אעפ"י שלא היה צריך להזכיר כלל כנ"ל · ולהבין כ"ז הנה יש להקדים שרש ענין המן שירד בזכות משה דהנה כתיב הנני ממטיר לכם לחם מן השמים ויצאו העם ולקטו כו' · ויש להבין איך אמר שהלחם מתהוה מן השמים הלא נא' להוציא לחם מן הארץ דמשמע שעיקר התהוות הלחם הוא מן הארץ ולא מן השמים · אך הענין הוא שיש ב' מיני לחם הא' הנק' לחם מן השמים והב' לחם שהוא בא מן הארץ · ותחל' יש להבין שרש ענין הלחם שמן הארץ ואח"כ יובן בחינת הלחם שמן השמים דהנה כתיב ויענך וירעיבך ויאכילך את המן אשר לא ידעת ולא ידעון אבותיך למען הודיעך כי לא על הלחם לבדו יחיה האדם כי על כל מוצא פי ה' יחיה האדם והנה הקושיות רבות הנה בפסוק זה· הא' מ"ש ויענך וירעיבך ואח"כ ויאכילך את המן ובלתי הרעבון מלחם אשר מן הארץ לא היו ביכולתם לקבל אכילת המן · והב' מ"ש אשר לא ידעת ולא ידעון אבותיך וכי הלחם שבא מן הארץ יודעי' אותו וסיבתו למה הוא זן ומפרנס· ומהו שאמר שלא ידעו גם האבו' מזון המן דמשמע שהוא לחם עליון אלקי שלא ידעו והשיגוהו האבות בזכותם והוא כמו שאמרו דהמן לא ירד רק בזכות משה ולמה לא השיגוהו האבות רק ע"י זכות משה בלבד · והעיקר יש להבין בטעם אמרו למען הודיעך כי לא על

הלחם

הלחם לבדו יחיה האדם שהוא הלחם שבא מן הארץ כי על כל מוצא פי ה' יחיה האדם שהוא לחם המן שנקרא מוצא פי ה'· אם הכוונה במוצא פי ה' זה שהוא מעשרה מאמרות הרי גם הלחם מן הארץ יש בו מוצא פי ה' כמו מאמר תדשא הארץ דשא כו' שבחלק הצומח ומאמר תוצא הארץ נפש חיה שבחלק החי וכיוצא· וגם יש להבין מ"ש האדם בה"א הידיע' מי זה האדם הידוע· ולהבין כ"ז יש להקדים תחלה בשרש ענין בחינת התהו ובחי' התיקון דהנה כתי' ואלה המלכים אשר מלכו בארץ אדום שהוא בחי' ב"ן לפני מלוך מלך לבנ"י שהוא שם מ"ה דתיקון כידוע ובחינת הז' מלכים כולם בבחי' ב"ן כמ"ש בכל א' וא' וימלוך וכל מלוכה בבחי' ב"ן כידוע· וביאור הענין ידוע שהוא בחינת יש אנא אמלוך כו' ומסיבה זאת לא היה בהן בחי' התכללות כלל אלא אדרבה נקרא בשם ענפין מתפרדין כידוע דהיינו שכל א' מאיר בפ"ע דווקא ולא יוכל להתחבר בזולתו כלל וזהו שנאמר וימלוך תחתיו כו' תחתיו דווקא כי בשעה שמלך זה לא יוכל למלוך זולתו וכמ"ש בע"ח דז' מלכים דתהו נקר' ז' נקודות שהן זה תחת זה דווקא· ודוגמא לדבר זה היא כמו ז' המדות הטבעיים שבאדם התחתון שכל א' וא' לא תתחבר בזולת' כלל כמו מדת הטוב בטבעית לא תסבול כלל מדת האכזריו' והדין וכן להיפך כנודע· ולזה הטעם נמשלו לז' נקודו' כי הנקודה אין לה בחי' התפשטות להיותם בחי' עצמיות וכמו עצם האש ועצם המים שלא יתחברו כו' אבל אם הי' בהן בחי' התפשטות היה בהן גם בחי' ההתכללות כמשי"ת בבחי' התיקון· והנה ידוע דמפני שלא היה בהן בחינת התכללות ע"כ מזה הטעם עצמו לא יכלו הכלים לסבול את האור ונפלו וירדו למטה ונשברו ומקום נפילתם למטה הוא בבחי' ב"ן דבריאה ומשם יפרד כתיב להיות התהוות הברואים כאו"א למינהו דוקא ג"כ בלתי התכללות וכמו פני אריה אל הימין ופני שור מהשמאל כמ"ש במ"א· וידוע שירד' השפע עוד למטה מטה עד עולם העשיה שנתהוה שרש חלקי דל"ח ממאמ' תדשא הארץ תוצא הארץ נפש כו' והן מאמרו' דמע"ב שכולם בבחי' אלקים כמ"ש ויאמר אלקי' שהוא בחי' ב"ן לפי שכולם יצאו מן הארץ שהוא שם ב"ן כמ"ש תוצא הארץ כו' והארץ היתה תהו כו'· אך הנה האדם נברא ביום הו' בשם הוי"ה ואלקים כמ"ש ויברא ה' אלקים את האדם כו' לחיות כי שרש נפש האדם דכתיב ויפח באפיו נשמת חיים הוא מבחי' התיקון שאחר התהו והיינו בחי' שם מ"ה בגימ' אדם כידוע· וביאור הדברים ידוע שהוא בחי' התכללות האורות זע"ז דווקא היפך בחי' התהו וזהו שרש כל התורה והמצות לאכללא שמאלא בימינא וימינא בשמאלא שהוא בחי' התכללות חו"ג לפי שהארת שם מ"ה דחכמה בחי' הביטול מאיר שם וכל שהוא בבחי' הביטול יש שם התכללו' גם מב' הפכי' כענין עוש' שלום במרומיו בין מיכאל וגבריאל או שר של אש ושר של מים כו' וז"ש בס"י טרף אש ומים ובלן כו'(ולכך בבחי' התיקון יש שם ריבוי הכלים דוקא מפני שהאורות דתיקון אינן בבחי' נקודה בלבד אלא מתחלקין לי' וי' לי' ונק' פרצוף כמ"ש במ"א) וזהו הנק' אדם וכמ"ש על הכסא דמות כמראה אדם פי' אדם הוא בחינת שם מ"ה דתיקון וכל המתייחס אל בחי' היחוד עליון דתיקון אדם דאצי' נקרא אדם וכמו שאמרו ז"ל אתם קרויין אדם ואין עכו"ם קרויין אדם (ר"ל אדם מובחר הבריאה יודע את קונו ובורא הכל) לפי ששרש העכו"ם מבחי' שם ב"ן מבחי' אחוריים דשם אלקים ששרשו מבחינת ב"ן דתהו שנפל בשבירה בעולם הבריאה כנ"ל וכמ"ש מלך אלקים על גוים אלקים דווקא אבל שרש ישראל עלה במחשבה דחכמה בחי' מ"ה דאדם דתיקון כמ"ש כי חלק הוי' עמו שם הוי' דוקא כידוע ולכך אתם דוקא קרויי' אדם כו' וד"ל· וגם במשה ואהרן לפי ששניהם שרשם מבחי' מ"ה דחכמ' כמ"ש ונחנו מ"ה לכן אף דשרש משה מבחי' נצח דאבא ושרש אהרן מבחינת הוד דאבא כמ"ש בע"ח אעפ"כ יש בהן ג"כ בחי' ההתכללות כמ"ש הוא אהרן ומשה כו' ולפעמים אמר הוא משה ואהרן (ואע"פ שמשה שושבינא דמלכא ואהרן שושבינא דמטרונית' כו' וכמ"ש במ"א): ובכל זה יובן שרש הענין מה שאנו רואים שעל הלחם הגשמי יחיה האדם התחתון אעפ"י שנפש האדם הוא בחי' מדבר והלחם בחי' צומח· ואם מפני בחי' מוצא פי ה' מיו"ד מאמרות שבמאכל הרי יש מוצא פי ה' בנפש האדם ממאמר נעשה אדם כו' (כמ"ש במ"א)· אך תירוץ קושיא זו הוא מפני ששרש נפש האדם היא מבחי' שם מ"ה דתיקון כנ"ל ושרש הצומח הוא מבחי' כלים דתהו שנפלו למטה בבריאה כנ"ל ובחינת התהו למעלה מבחי' התיקון וכמ"ש ואלה המלכים כו' לפני מלוך כו' ע"כ יש ג"כ בכח הצומח ליתן אור וחיות לנפש האדם גם למטה בגשמיות וד"ל· וזהו שאמר כי לא על הלחם לבדו יחיה האדם כו' דמשמע שזה כבר דבר ברור שהאדם לא יחיה רק על הלחם אך בכאן משמיענו דבר חדש שלא על הלחם לבדו יחי' האדם כי על כל כו' שיש עוד דבר שיחיה האדם בו ובלעדו לא הי' חי מן הלחם· וז"ש לא על הלחם לבדו דקדק לומר לבדו שלא יוחלט החיות רק על הלחם אלא על כל כו' אבל אינו סותר שלא יחיה האדם על הלחם כלל· והענין הוא כי בחי' חיות הלחם שיחיה את האדם שהוא מצד שרשו בבחי' התהו כנ"ל הנה הוא הנקרא בשם לחם מן הארץ כנ"ל שהוא בחי' הבירורים דרפ"ח כו' שמתבררים מז' מלכים שנפלו בארץ שהוא בחי' ב"ן כנ"ל וע"ז כיון באמרם שעל הלחם יחיה האדם כו' וכמו שאדם התחתון למטה יחיה על בחי' הברורים דלחם מן הארץ מטעם הנ"ל כך גם בשרש אדם התחתון למעלה מעלה בבחי' אדם העליון דאצי' בחי' שם מ"ה דתיקון כנ"ל ג"כ ע"ז אמר שעל הלחם יחיה האדם בה"א הידיעה שהוא האדם דלעילא כמ"ש על הכס' דמות כמרא' אדם ומטעם הנ"ל

לפי

לפי ששרש בחי' לחם מן הארץ שהוא בחי' ברורים דשם ב"ן שרשו למעלה מבחי' מ"ה דתיקון כנ"ל וד"ל · אך הנה מעתה יש להבין מה זה שאמר בכאן להשמיענו דבר חדש שלא על הלחם לבדו יחי' האדם העליון כו' כי על כל מוצא פי ה' יחיה האדם הזה כו' · (ובלק"ת תירץ דקאי על מוצא פי ה' שבלחם מבחי' התהו כנ"ל אבל אין זה מתיישב דודאי במ"ש כי לא על הלחם לבדו לא על הלחם הגשמי קאמר אלא על בחי' החיות אלקי שבו וא"כ מה זה שאמר כי על כל מוצא כו') : והנה להבין פסוק הזה יש להקדים בשרש ענין לחם המן שעליו אמר כאן כי על כל מוצא פי ה' כו' ולא על לחם מן הארץ שהוא בחי' ברורי' דב"ן לבדו יחי' האדם כו' · דהנה ידוע שירידת המן הוא מן הטל כמ"ש ותעל שכבת הטל כו' והנה דק מחוספס כו' והטל יורד מן השמים דוקא וז"ש הנני ממטיר לכם לחם מן השמים דוקא כמטר היורד למטה כך המטיר ה' את הטל מן השמים וממנו נתהוה מזון המן כזרע גד לבן כו' כמ"ש בברכת יצחק ליעקב ויתן לך האלקים מטל השמים ומשמני הארץ שהוא ענין ב' מיני לחם הללו לחם מן השמים שנקרא טל השמים ולחם מן הארץ שנקרא משמני הארץ · (ובמדרש אמר מטל השמים תשב"כ ומשמני הארץ תשבע"פ והכל עולה לסגנון א' דתשב"כ הוא התורה שניתנה מן השמים ח"ע שלמעלה מבחינת הבירורי' ותורה שבע"פ בחי' חכמה תתאה שמברר ברורים ונק' לחם מן הארץ כו' וד"ל) · והנה כתיב כי טל אורות טלך שבחי' הטל הזה שרש התהוות המן הוא הנקרא בשם אורות · והכונה הוא שנמשך מבחי' אורות שהן בלא כלים כלל כי בחינת האור המלובש בכלי הנה הוא בא בחי' בבחינת השתלשלות מעילה לעילה כמו אורות דתהו שנתלבשו בכלים ולא יכלו הכלים לסבול את האור ונשברו כידוע ומכ"ש אורות דתיקון שנתלבשו בריבוי כלים ממש · אבל שרש בחי' הטל של המן הוא מבחינת אורות עליונים ביותר שלמעלה מבחינת התהו והתיקון דהיינו למעל' גם מבחי' עקודים נקודים כו' והוא בבחי' אורות דא"ק ולמעלה כו' ששם האורות בלתי התלבשות בכלים · והתגשמו' ירידת האור משם נק' בוהר בשם טלא דבדולח' וז"ש והמן כזרע גד ועינו כעין הבדולח כו' ונק' לפעמי' טלא דנטיף מעתיקא סתימאה והוא הטל שעתיד להחיות המתים כידוע ובכלל הוא הנקר' טל השמים העליונים שהן בחי' אורות מקיפים דא"ק שלמעלה מבחינת ההשתלשלות אורות וכלים מן המאציל כו' וע"כ הוא למעלה מבחינת הבירורים לגמרי ונקרא לחם מן השמים · והמופת לזה למטה במזון מן הגשמי דהגם שירד למטה ונתגשם עד שדכו במדוכה כו' אעפ"כ לא היה בו בחי' פסולת כלל כשאר המזונות הגשמיים שהרי היה המן נבלע באברים ולא היו צריכים לנקבי' כלל ומ"ש ויתד תהיה לך על אזנך כו' היינו על דברים שתגרי ישמעאל היו מוכרים להם כמ"ש בגמרא והיינו מפני ששורש המן למעלה ברוחניות הוא בא ממקום וממדריגה עליונ' שלמעלה מבחי' הבירורים כי שאר המזונות שרשם בעה"ד טו"ר שנמשך מבחי' נוגה דמ"ל דאצי' לפי שהאור בא שם בבחינת כלי עד רום המעלות (גם באורות דאו"א שממשיכי' מוחין לזו"נ הרי נאמר בהם אכלו רעים כו' ואכילה זו היא לחם מן הארץ שבא ע"י בירורי' כמ"ש באתי לגני אכלתי כו' אבל למעלה מזה הוא אכילת המן שנקרא לחם מן השמים כו') אבל שרש המן נמשך מבחי' טלא דבדולח' הנ"ל ששרשו בבחי' אורות עליוני' שלמעלה מבחי' הבירורים שא"צ שם בחינת בירור כלל (וכמ"ש בע"ח דבבחינת פנימית הכתר כולו פנים ואין שם בחי' אחוריים כלל וע"כ נקרא לחם השבת לחם הפנים ומענין זה לחמים דשבת כמש"ת בעור"ה) · וז"ש הכתוב והמן כזרע גד כו' ולכאורה למה צריך לצייר תוארו שהוא כזרע גד ומראיתו שהוא כעין הבדולח · אלא שבא להשמיענו שרשו למעלה שהוא נבדל מבחי' הברורים דטו"ר כי א"צ שם בחי' ברורים כלל ע"כ גם בירידתו למטה בהגשמה לא היה במן פסולת כלל כנ"ל · אבל שרש לחם מן הארץ הנ"ל הוא בבחינת הבירורים כנ"ל וד"ל · אך עדיין יש להבין למה יש הפרש בין לחם מן השמים דטל ומן ללחם שמן הארץ · הלא ידוע דשרש הלחם הוא בבחי' החכמה (כמ"ש בע"ח דלחם בגי' מולא והוא בחי' הארת הכתר בחכמה כו' כמ"ש במ"א) וכמו שלחם מן הארץ שרשו בחכמ' עילאה כי בחכמה אתברירו כידוע · כך לחם מן השמים שרשו בחכמה עילאה ולמה שרש המן למעלה מבחי' הבירורי' מאחר שזהו הכלל דבחכמה דוקא אתברירו כידוע : והנה התירוץ לזה יש להקדי' שיש ב' מיני חכמ' ובזה יובן בתוספ' ביאור ענין ההפרש הנ"ל שבין המן לשאר מזון דהנה שרש בחי' טלא דבדולחא הנ"ל הוא בחי' גבורה דע"י שמלובש במ"ס דא"א שנק' חכמה נעלמ' או חכמה סתימאה כמ"ש בע"ח ובכלל יותר הוא בחי' חכמה הקדומה דא"ק ולמעלה שבה מאיר גילוי אור א"ס ונקרא בחי' חכמה דא"ס בכלל והוא למעלה מעלה מבחי' הברורים לגמרי כי בחי' חכמה זו היא בבחי' אור א"ס ממש וכמ"ש לתבונתו אין חקר והוא למעלה מבחי' התהו והתיקון שאין שם בחי' ברורים כלל כנ"ל ולכך אמר גבי מן שנמשך מבחי' עלא דבדולחא הזה והוא כזרע גד לבן (שבעצם מהותו הוא לבן מתקור החסדים דחכמה הקדומ' רק עינו ומראיתו כעין הבדולח כמ"ש בזוהר דגוונא סומקא אתחזי בי' כו' והוא בחי' גבורה דע"י שמלובש במו"ס כנ"ל) · ועינו כעין הבדולח כלו' בחי' מראהו דומה לבחי' מראה וגילוי אור העליון דטלא דבדולחא ששם מאיר גילוי אור א"ס שהוא בחי' חכמה דא"ס שבה היא ראשית גילוי אורו כמ"ש ה' בחכמה כו' · ויובן זה עד"מ בנפש האדם יש בחי' כח המשכיל כל שכל וחכמה שנק' מקור החכמה והוא

הנולד

הנולד עם עלם הנפש ואינו מלובש בכלי וחומר כלל אלא הוא כח היולי מתאחד בעלם הנפש ונק' נפש המשכלת גם קודם בואה לחומר גופני ובבואה לגוף לא ישכון כח המשכיל הזה מן הנפש בגוף באיזה כלי ככלי המוח הגשמי להיות כמו צורה לחומר אלא משכנו למעלה בקרומא דאוירא כו' כמ"ש בת"א · וכך יובן למעלה שהוא בחי' חכמה סתימאה שלמעלה מהתלבשות בכלי אלא מתאחד בעצמות אור א"ס כנ"ל שנק' חכמה דא"ס עצמו דרך כלל כו' אבל בחי' חכמה הב' הוא בחי' חכמה דאצי' שנק' אור אבא שמלובש בכלי ונק' חכים מפני שבא האור בכלי רק שאינו כמו חכמה ידיעא הנגלית למטה בבי"ע אלא הוא מקור למקור התהוות כל חכמה בבי"ע כידוע ומבואר בת"א · וה"ז עד"מ כמו בחי' חכמה שבאדם השור' בכלי המוח ונק' צורה לחומר שלפי אופן כלי חומר המוח כך יאיר אור צורת השכל כו' והוא האור שתלוי בבחי' בירורים · כמו שאנו רואים שע"י הלחם שיאכל יתחזק אור השכל בכלי המוח לפי שמחזק לכלי המוח וכמו שאמר רבא חמרא וריחנא פקחין וכן אמר עד דלא אכילנא בשרא כו' · וכללות הסעד הזה הוא מן הלחם וכמו שאמרו דאין התינוק יודע לקרות אבא עד שיטעום טעם דגן דוקא· (והו פי' לח"ם בגי' מזל"א שע"י הלחם יאיר אור השכל שלמעלה מן השכל שנק' כתר בכלל אבל הוא ע"י בחי' ברורים דמאכל שנהפך לדם כו' משא"כ בחי' כח המשכיל אינו תלוי במאכל הלחם כלל אלא מתאחד תמיד בעלם הנפש כו' ומה שנק' גם הוא לח"ם בגימ' מזל"א היינו מפני שנמשך שרש הארתו מעלם הנפש כדמיון הטל שיורד כו') · והדוגמא מזה יובן למעלה שכל בחי' הברורים הוא בבחי' חכמה דאצילות המלובש בכלי וע"י הבירורים דלחם מן הארץ שהוא בחי' המלכות נתוסף אור בחכמה דאצי' וז"ש אכלו ריעים א"א כו' · וכמ"כ נמשך בחי' כח המברר בחכמה שבמלכות שנק' ח"ת מחכמה דאצי' שנק' ח"ע כידוע אבל בחי' ח"ס ועלאה דבדולחא הוא למעלה מבחי' הברורים (ומ"ש בזהר בכמה דוכתי דבחכמה אתבירירו היינו בחי' חכמה דאצילות) ומשם נמשך שרש המן למטה ע"כ לא היה בו פסולת כלל כנ"ל · ובזה מתורץ הקושיא הנ"ל דהגם שב' לחמים הללו שרשם בחכמה אבל שרש לחם דמן מחכמה הסתומה שלמעלה מבחי' הברורים ושרש לחם מן הארץ מבחי' חכמה המברר כו' וד"ל · ואחר כ"ז יובן פי' הפסוק הנ"ל דלא על הלחם לבדו יחיה האדם פי' האדם בה"א הידיע' הוא אדם דאצי' שמקבל מוחין דאבא ע"י בחי' הברורים דלחם מן הארץ וז"ש להשמיענו שלא על הלחם הזה בלבדו ששרשו בחכמה דאצילות יחיה האדם אע"פ ששרשו מבחי' אורות דתהו שנפלו בשבירה כנ"ל אלא על כל מוצא פי הוי"ה יחיה האדם דלעילא והוא בחי' שם מ"ה דהוי"ה שבעצמות חכמה הקדומה דא"ק ונק' בחי' שם מ"ה החדש כו' שלמעלה מבחי' התהו והתיקון כו' והוא הנק' לחם מן השמים העליונים מקיפים דא"ק כו' ועי"ז יחיה בחי' תוס' אור וחיות מרובה באדם העליון הרבה יותר מע"י הלחם מן הארץ שע"י הבירורים כנ"ל לפי שבחי' עצמות אור א"ס שורה בשם הוי"ה זה שבחכמה סתימאה · וכאשר מאיר מבחי' אא"ס עצמו שנק' שלימותא דכלא כידוע אזי ממילא יהיה בחי' יחוד והתכללות יותר בז"א וממילא יש בו קיום נצחי יותר כי הוא מבחי' נצחיו' דא"ס עצמו וזה ענין שם מ"ה החדש מקור ושרש התיקון דאדם כו' וד"ל · וז"ש כי על כל מוצא פי הוי"ה כל ריבוי הוא להיותו בחי' שם מ"ה הכללי דא"ק שהוא מקור כל מוצא פי הוי"ה דתיקון שבאדם דאצי' כו' וד"ל · והנה מעתה יש להבין מ"ש ויענך וירעיבך ויאכילך את המן אשר לא ידעת ולא ידעון אבותיך וכו' למה לא השיגוהו האבות הרי האבות הן המרכבה כידוע ולמה אמרו דהמן לא ירד רק בזכות משה דוקא · אך הנה ע"פ הנ"ל מובן זה לפי שהאבות היו מרכבה רק לבחי' חג"ת דז"א שנק' אדם שעל הכסא כנ"ל וידוע שבחי' חג"ת דז"א הן בחי' המדות עליונים דאצי' מדת החסד ומדת הדין ומדת הרחמים הממוצע וכל ענין מדה הוא בחי' התלבשות האור בכלי כי פי' מדה לשון הגבלת דבר מה ואין בחי' הגבלה למעלה רק בהיות האור מוגבל בכלי דוקא כי הכלי מגביל ומתאר את האור כידוע ומבואר במ"א וכך הן בחי' חג"ת דז"א שנק' מדות בלשון הגמ' ג"כ · אבל בבחי' האורות שלמעלה מהתלבשות והגבלה בכלי כמו אורות דא"ק וכה"ג שמשם שרש המן לא יכלו האבות להשיג כלל כי לא יכיל כלי השגתם רק להיות מרכבה לבחי' אורות דז"א המוגבלים בכלים וז"ש אשר לא ידעת ולא ידעון אבותיך (ומ"ש אשר לא ידעת קאי על שרש כנ"י בבחי' מ"ל דאצי') וכמ"ש באבות וארא אל אברהם כו' באל שדי ושמי הוי"ה לא נודעתי להם פי' שמי הוי"ה הוא בחי' שם מ"ה דא"ק שלמעלה מבחי' הברורים כנ"ל · אך אע"פ שלא יוכלו האבות לידע ולהשיג את המן מ"מ ויענך וירעיבך ויאכילך את המן למען הודיעך כי לא על הלחם שבא מן הארץ בבחי' הברורים יחיה האדם דלעילא שהוא בחי' שרש האבות דהיינו בחי' חג"ת דז"א אלא על כל מוצא פי הוי"ה יחיה האדם שהוא בחי' האורות שבלא כלים ונק' על אורות כו' כנ"ל · כי הגם שבבחי' ז"א יש ג"כ בחי' שם מ"ה מאחר שנק' אדם אבל כאשר נמשך בו מבחי' האור שלמעלה מהגבלת הכלי יחיה האדם בתוס' אור ובבחי' התכללות יותר להיותו מקבל מבחי' שם מ"ה החדש דא"ק והוא הנק' שם מ"ה מלגיו דאיהו ארח כל האצי' ואיהו שקיו דאילנא כו' וד"ל · (ומ"ש ויענך וירעיבך כי בלתי הרעבון מבחי' לחם הארץ לא היו יכולים לקבל את המן כי לחם מן הארץ בא מבחי' הבירורים שהוא בחי' יש להיות שרשו מבחי' התהו ע"כ וירעיבך להיות בבחי' הביטול כדי לקבל מבחי' מ"ה העליון כו') · וזהו שארז"ל משה תיקן לישראל ברכת

הון בשעה שירד המן לישראל יהושע תיקן ברכת הארץ בשעה שנכנסו לארץ כו' · דהנה ידוע שהמן לא ירד רק בזכות משה והיינו מטעם המבואר למעלה ששרש המן הוא בבחי' שם מ"ה העצמי שבעצמות המאציל ושרש משה היה מבחי' שם מ"ה זה וכמ"ש ונחנו מ"ה כו' וזה למעלה ממדרגת האבות כמ"ש ושמי הוי"ה לא נודעתי להם כו' · וע"כ אמר אשר לא ידעון אבותיך כנ"ל אבל בזכות משה דוקא ירד המן מפני שנא' בו כי על כל מוצא פי הוי"ה כו' כנ"ל (וזהו שאמר בר"מ בפי' כבד פה וכבד לשון כבד פה תשבע"פ כבד ל' תשב"כ כי הי' מבחי' מ"ה שלמעלה מבחי' הבירורים וכל התורה עיקרה לברר ברורים כנ"ל וד"ל) · וע"כ אמר שמשה דוקא תיקן ברכת הון כי הנה ברכת הון הוא נגד המן שנק' לחם מן השמים שלמעלה מבחי' הבירורים כנ"ל· וראי' לזה ממה שלשון הון הוא בלשון נסתר ונעלם כי לא פי' מי הוא הזן או הל"ל אשר אתה זן לנוכח כו' וכל נסתר מורה על בחי' המשכה עליונה ביותר דהיינו בחי' ההמשכה שנמשך מעצמות אור א"ס או עצמות המאציל והוא בחי' לחם מן השמים הנ"ל · אך מפני שגם בשביל המשכת לחם זה שמן השמים צריך לברך ולהמשיך אותו ממקורו ע"י שאומר ברוך אתה הוי"ה הזן כו' פי' שיהא מתברך מוצא מקור פי הוי"ה שהוא מקור הלחם הזה ע"כ תיקן משה נוסח ברכת הזן בשעה שירד המן ודוקא בשביל מזון המן להיותו נמשך ממוצא פי הוי"ה כו' ולכך כל הנוסח של ברכת הזן הוא בדרך נסתר כמו הזן כו' הוא נותן כו' ובטובו הגדול כו' כי הוא אל זן כו' והוא לשון נסתר בכל מקום וכן בחתימת הברכה חותם הזן את הכל (וגי' דזן ע"ה עולה בגי' מוצא שהוא גי' דלחם כו') · אך הנה בברכת הארץ הנוסח הוא לנוכח דוקא כמ"ש נודה לך שהנחלת לאבותינו כו' ועל אכילת מזון שאתה זן כו' כי הנה יהושע תיקן ברכת הארץ בשעה שנכנס לארץ והיא על לחם תבואת הארץ דוקא וכמו שאמר בתירוץ הקושיא דאין חותמין בשתים מהא דמברכים על הארץ ועל המזון ומשני ארץ דמפק' מזון וכמ"ש להוציא לחם מן הארץ וזהו כללות ענין ברכה זו שהוא על בחי' הברורים דשם ב"ן שנק' ארץ ולכך נקראת ברכת הארץ (ולכך יהושע תיקנה כי פני יהושע כפני לבנה ופני משה כפני חמה שהן מ"ה וב"ן וע"כ יהושע נכנס לארץ ולא משה והמן בזכות משה דוקא להיותו מבחי' מ"ה ויהושע תיקן ברכת הארץ כפי מדרגתו בבחי' פני לבנה שהוא בחי' ב"ן כידוע וד"ל) · ולהבין ביאור ענין ברכת הארץ על לחם מן הארץ דוקא הנה תחלה יש להקדים הטעם שברכה זו דעל הארץ היא בבחי' הודאה כמ"ש נודה לך וברכת הזן אינה בהודאה אלא בברכה כי הנה שרש ההפרש בין ברכה להודאה למעלה הוא ההפרש אשר בין בחי' יח"ע לבחינת יח"ת דהנה ידוע שבחי' יח"ע הוא בחי' יחוד האמיתי בתכלית דהיינו בחי' התכללות באין האמתי כמ"ש בזהר דבאצי' איהו וחיוהי חד ממש אבל בבחי' יח"ת הוא רק בחינת ביטול היש לאין בלבד ולא בחי' אין ממש כו' · וביאור הדברים ידוע שיש ב' מיני בטולים ביטול בעצם והוא בחי' חכמה דאצי' בחי' מ"ה בעצם מפני גלוי אור א"ס ב"ה בחכמה וע"כ הביטול הוא עצמיות כמ"ש משה ונחנו מ"ה וזהו כללות יחו"ע דאיהו וחיוהי חד ממש כו' כנ"ל מפני גלוי אא"ס ב"ה באצילות אבל בחי' יחו"ת שהוא בחי' מל' דאצי' בבי"ע הוא רק בחי' ביטול היש להיות כי התהוות הנבראים מבחי' מל' הוא יש מאין אך אעפ"כ אינו יש גמור בבחי' הפירוד ממש אלא כמ"ש בזהר כהדין קמצא כו' דלבושא מניה וביה פי' שבחי' הפירוד שנעשה ליש הוא מפני בחי' הצמצומים דשם אלקים המצמצם ומסתיר את האור כדי שיוכל להיו' בחי' יש ונפרד כידוע בפי' כי שמש ומגן הוי"ה אלקים בחי' אלקים הוא כמו נרתק לשמש שמגין ומסתיר על עצם אורו כך שם אלקים מסתיר על שם הוי"ה בכדי שיוכל להיות התהוות יש ונפרד דהיינו כהדין קמצא כו דאין הפירוד אמתי אחר שסיבתו מבחי' הצמצומים · וז"ש ומשם יפרד והיה לארבעה ראשים שהם ד' מחנות שכינה מחנה מיכאל כו' · והנה בחי' יח"ת דמל' בבי"ע נק' ארץ כמ"ש בזהר בפי' תוצא הארץ ארץ עילאה שהוא בחינת המלכות שנקרא עלמא דאתגליא כידוע וזהו כללות ענין ברכת הארץ ע"כ היא בבחינת הודאה ולא בבחינת ברכה· כי הנה ההודאה הוא רק בחינת ביטול היש בלבד כאדם המודה לחבירו שהאמת אתו שהוא רק מבטל א"ע אבל אינו בחי' ביטול עצמי ולזה אומרים נודה לך ה' כו' · וגם מזה הטעם אומרים בברכת הארץ לנוכח בגילוי שהנחלת לאבותינו כו' כנ"ל לפי שהוא בחי' עלמא דאתגלי' מאין ליש וכמ"ש ואתה מחיה את כולם כו' ושם הוא בחי' ביטול היש לכך אומר לשון נוכח אבל בחי' יח"ע דאצי' שהוא בחי' ביטול אמתי בבחי' מ"ה בעצם לא שייך לומר בחי' הודא' בלבד אלא בחי' ברכה להיו' כי האור והשפע נמשך באצי' מעצמות המאציל שהוא מקור כל ברכה כו' ולכך נוסח דברכת הזן להיות שהוא בבחינ' יח"ע דלחם מן השמים בלשון נסתר ולא בלשון נגלה כנ"ל וד"ל · ומעתה יובן ג"כ שרש ענין ברכת הארץ על לחם מן הארץ דוקא כנ"ל דהנה עד"ת הלחם הגשמי מתבשל בקיבה ואח"כ נתהפך לדם והחיות הרוחני שבו עולה אל הלב ומן הלב עולה המובחר יותר אל המוח והוא בירור אחר בירור מכל מה שיוכל להתברר הטוב מן הלחם והפסולת הנשאר בו נדחה לחוץ וגם מן הפסולת שבדם וחיות נשלח לחיצוניות כל האברים כו' והנה כאשר על ידי כח האכילה הוא מתפלל בכונה ולומד ד"ת ומשיג אלקות בדו"ר כו' הרי נתעלה בחי' האור והחיות שבמוח ולב שנעשה מן הלחם ונכלל ועלה באור אלקי שמתגלה במוחו ולבו באמרו אחד ואהבת או ד"ת בכוונה כו' עד שעולה אל האחדות דיח"ת

דת"ל

דמל' דאצי' בבי"ע ומשם עולה ביח"ע דאצי' כו' · כך הנה יובן בכללות ענין הבירורים דמלאכים וכל הנבראי' דבי"ע כשעולין ומתבררין ע"י בחי' המל' כמו בירור הלחם ונק' לחם מן הארץ ארץ דמפק' מזון כו' · כי הנה ידוע דחין לך עשב שאין לו מזל שהוא השר המגדל התבואה חטה ושעורה ומתגד תבואות שמש והמזל עולה ונכלל בעליון היינו שנק' אופן והאופנים עולין בעליונים היינו כמ"ש כי גבוה מעל גבוה כו' ונמצא מתבררי' ועולים בבירור אחר בירור עד שנכללים ועולים למעלה בבחינת האדם העליון כמו הבירור דלחם הגשמי שנכלל ועולה למוח ולב האדם כו' (וכמ"ש בזוהר ע"פ מצמיח חציר לבהמה שם ב"ן מן המלאכים שנקרא חציר ועשב לעבודת האדם כו' וכמ"ש במ"א) · וזהו להוציא לחם מן הארץ שבחי' ארץ העליונ' מבררת ברורים מן המלאכים ונבראים ונק' לחם שמגדלת הארץ ונכלל באדם העליון ועי"ז נמשך בו בחינת תוס' אור וחיו' כמ"ש כי לא על הלחם לבדו יחיה האדם כנ"ל לפי ששרש הברורים הללו הוא מבחי' התהו שלפני התיקון כנ"ל וזהו שרש ענין ברכת הארץ על בחי' הברורים דשם ב"ן שנק' ארץ שנק' לחם מן הארץ וע"כ יהושע תיקנה כשנכנס לארץ דוקא כנ"ל וד"ל :

אך הנה עדיין יש להבין למה מזכירים בברכת הארץ על אכילת מזון כו' מאחר שקבעו למזון ברכה בפ"ע בברכת הזן ומאי דמשני ארץ דמפקא מזון אינו מספיק רק לענין שאינה אלא חדא ולא שתים כנ"ל אבל אין צריך להזכיר כלל ועל אכילת מזון כו' מאחר שברכה זו אינה רק על הארץ שהנחלת לאבותינו כו' · אבל ע"פ הנ"ל יובן להיות שבחי' ברכת הארץ היא בחינ' יח"ת דמ"ל דאצי' בבי"ע שהוא בחי' ביטול היש · והנה כדי שיוכל להיות בחי' הודאה וביטול יש שנק' לחם מן הארץ נ"ל בחי' ברכה והמשכה עליונה מלמעלה תחלה (ונקרא מ"ד המעלה מ"ן כידוע) והוא ענין ברכת הזן שקדם לברכת הארץ שנקרא לחם מן השמים כנ"ל שהוא בחינת המשכת אין מאש ואז יהיה כח לבחינת ביטול היש לאין · (וראיה לדבר זה מט"ש בטעם ירידת המן למען אנסנו הילך בתורתי כו' כי י"א יום אכלו המן קודם מ"ת כדי שיהיה להם כח לקבל התורה שהוא בחינת הברורים לאהפכא חשוכא לנהורא כו' וז"ש למען אנסנו הילך בתורתי כו' וכמ"ש במ"א) · ומזה הטעם עצמו מזכירין בחי' המזון גם בברכת הארץ באמרו ועל אכילת מזון שאתה זן כו' מפני שהוא בחינת כח עליון דיח"ע בהמשכת אין להיות כח לארץ להוציא לחם בבחי' ביטול היש והיינו למהוי אחד באחד יח"ע ביח"ת כמ"ש כי הוי"ה הוא האלקים כו' · ומפני שירידת כח זה בא במ"ל דאצי' שנקרא ארץ ע"כ אומר הנוסח לנוכח שאתה זן כו' משא"כ בברכ' הזן שהוא בבחי' יח"ע עצמו אומר לשון נסתר הזן כנ"ל · וע"י שאו' בברכ' הארץ ועל אכילת מזון שהוא לחם מן השמים להיות כח במ"ל לברר בחי' הבירורים שנק' לחם מן הארץ כנ"ל ע"כ חותמין על הארץ ועל המזון ארץ דמפק' מזון פי' שיש בכח לארץ לברר ברורים ולהוציא מזון שנקרא לחם מן הארץ ומפני שעיקר הכוונה בברכת הארץ בשביל זה הבירור להוציא לחם מן הארץ אין זה כחותם בשתים אלא חדא היא ארץ דמפקא מזון כו' וד"ל : ומעתה יש להבין פרטי נוסח הברכה הזאת דברכת הארץ באמרו נודה לך ה' כו' שהנחלת לאבותינו ארץ חמד' טובה ורחבה כו' מה זה שתלה הענין בנתינת הארץ לישראל דוקא · וגם מה שאנו אומרים אח"כ ועל הכל אנחנו מודים לך ומברכים אותך יתברך שמך בפי כל חי כו' · והנה לכאורה זה סותר לתחלת הברכה שמתחלת בהודי' נודה לך כו' ובכאן אומר ומברכים אותך בבחי' ברכה והלא מבואר למעלה דבחי' הברכה היא שייכא דווק' לברכת הזן להיות' בבחי' יח"ע כו' · וגם יש להבין מה שכפל עוד לומר יתברך שמך בפי כל חי כו' · וגם י"ל מה שמזכיר כאן פסוק ואכלת ושבעת וברכת שזהו ברכת הזן כמו שאמרו ואכלת ושבעת וברכת זו ברכת הזן על הארץ הטובה זו ברכת הארץ כו' וגם יש להבין מ"ש ארץ טובה ורחבה דוקא · והעיקר י"ל במה שעיקר הנוסח בועל הכל על ישראל דוקא שאנחנו מודים ואנחנו מברכים כו' למה אנו צריכים לשבח א"ע כו' · אך הנה כ"ז יובן ע"פ הקדמה אחת להבין מ"ש בע"ח בתחלתו דקודם ההשתלשלות היה אור א"ס ממלא כל החלל כו' ואחר כך לצמצם א"ע ונעשה מקום פנוי וחלל ריקן כו' כדי שיאיר בבחינת קו להיות מעלה ומטה כו' ע"ש באריכות · ומבואר עוד שם שעיקר כוונת המאציל בצמצום זה הראשון להאיר בבחינת קו הוא בשביל שיהא לו דירה בתחתוני' דוקא וסוף מעשה עלה במחשבה תחלה כו' · ובמקום אחר מבואר שם שתחלת הרצון הפשוט כשעלה במחשבה הראשונה כו' הי' מפני שהוא חפץ חסד וכמו טבע הטוב להטיב כו' ואחר כך תלוי במעשה התחתונים דוקא · והנה לכאורה זה סותר לענין הראשון שעיקר כונת המאציל בשביל סוף מעשה שיהא לו דירה בתחתונים בלבד · אך הענין הוא דמה שאמר שיהיה לו דירה בתחתונים היינו ע"י ישראל דוק' לפי שישראל עלו במחשבה הקדומה כמ"ש במדרש ז' דברים קדמו לעולם ומחשבתן של ישראל קדמה לכולם ובשביל שיהי' לו דירה והשראה למטה בישראל בקיום התור' והמצו' הוא שעלה תחילה במחשב' כשעלה ברצונו הפשוט כו' ומפני שישראל עלו במחשבה תחילה ע"כ יש ביכולתם לעורר מחדש רצון הפשוט כו' במעשיהם (וז"ש אשת חיל ע"ב בחי' נ"ל דאצי' מקור כנ"י עטרת לבעלה בחי' ז"א שהוא סוף עולם הא"ס מפני שנעוץ סופן בתחלתן כו') ולזה כיון באמרו ואח"כ תלוי במעשה התחתונים · אך קודם שנבראו נשמות ישראל מאין ליש רק שעלו במחשבה הקדומה בלבד הנה היה ההתעוררות להאיר ע"י צמצום מפני שחפץ

חסד

חסד הוא אבל עיקר כוונת החפץ הזה הוא להיו' לו דירה בישראל וכמ"ש בישראל כי תהיו אתם לי ארץ חפץ · ונמצא שניהם אמת דמתחילה היה רק חפץ חסד ואמנם חפץ זה הוא שיהיה לו דירה בתחתוני' וכמארז"ל נתאוה הקב"ה להיות לו דירה כו' והוא בחי' החפץ והתענוג הפשוט כאשר עלה ברצונו במחשבה תחילה · וסוף מעשה מוכיח על תחילת המחשבה שהרי אחר כך תלוי התעוררות מחדש דוקא ע"י מעשה התחתונים וד"ל · ובזה יובן כללות ענין שתי הברכות הללו ברכת הזן וברכת הארץ דהנה ברכ' הזן שהוא בחי' יחו"ע כנ"ל הרי הוא בחי' ראשית גילוי אור א"ס בבחי' הקו וחוט ע"י צמצום להיות ע"ס דאצי' כידוע והיינו מפני שהוא חפץ חסד מעצמו כי טבע הטוב כו' כנ"ל · וזהו פי' הזן את העולם כולו בחן ובחסד פירוש גם עולם האצי' בכלל הוא זן להמשיך אור מעצמותו שנקרא מאור דרך בחי' הקו כו' וזה רק מפני שהוא חפץ חסד וזהו בחן ובחסד ובטובו הגדול כו' וזה הטוב הוא בחי' א"ס ונקרא טובו הגדול וע"כ לא יחסר לנו כי נק' שלמותא דכולא כידוע · אך הנה עיקר החפץ בחסד וטוב הזה הוא בשביל שיהי' לו דירה בתחתונים בישראל שנק' ארץ חפץ כנ"ל הנה זהו ענין ברכת הארץ באמרו נודה לך כו' ארץ חמדה טובה ורחבה בחי' יחו"ת דמ"ל בבי"ע מקור כנ"י מפני שסוף מעשה דווקא עלה במחשבה תחילה ולזה היה עיקר החפץ והתענוג הפשוט כנ"ל · ע"כ נק' ארץ טובה ורחבה כו' פי' שרחבה מאד בבחינת א"ס לקבל בחי' א"ס עצמו שלפני הקו לפי שבהם מתגלה תחלת המחשבה דעצמות הא"ס ע"כ היא רחב' מאוד לקבל בתוכה אור א"ס עצמו וד"ל · ובכל זה יובן פי' ועל הכל ה' אלקינו אנחנו מודים לך ומברכים אותך כו' ויתורצו כל הדקדוקים הנ"ל כי הנה ע"פ הנ"ל שבחי' חפץ חסד הוא בשביל ישראל דוקא הרי יש בישראל שתי המדריגות בחי' יח"ת שהוא בחי' הודאה וז"ש אנחנו מודים לך כו' · וגם מפני ששרשה במחשבה תחלה יש ביכולתם לברך בחי' עצמו' א"ס באצי' להיות איהו וחיוהי שהוא בחי' יח"ע כו' · וז"ש ג"כ ומברכים אותך אותך ממש מברכים דהיינו להיות גלוי אור מן המאור דרך קו כנ"ל · ובזה יתורץ שאינו סותר לתחלת הברכה נודה לך כו' לפי שעיקר ברכת הארץ בבחי' יח"ת שנק' סוף מעשה כו' ע"כ מתחלת בהודאה אבל זה היה תחלת המחשבה וע"י ישראל דוקא ע"כ אמר ומברכים אותך שהוא בחי' יח"ע שהוא בחי' ברכת הזן שנק' לחם מן השמים כנ"ל מפני שב' הברכות ברכת לחם מן השמים וברכת לחם מן הארץ שהן יח"ע ויח"ת שניהם על ידי ישראל כי ישראל עלה במחשב' בבחי' חפץ חסד הנ"ל והן ג"כ סוף מעש' · ובחי' חפץ חסד הנ"ל הוא בחי' לחם מן השמים כמ"ש הנני ממטיר לכם כו' בלי אתדל"ת כלל כי הטל נשפע מעצמו ואינו נפסק כידוע וז"ש אהיה כטל כו' וכמ"ש במ"א · ובחי' סוף מעשה

להיו' דירה בתחתונים ע"י הברורים בקיום התורה והמצות ע"י ישראל למטה הוא בחי' לחם מן הארץ הנ"ל והכל עולה לסיגנון א' · ומפני שעיקר הכוונה בשביל הברורים שבסוף מעשה ע"כ מזכירים בחי' ברכת הזן בברכת הארץ וכנ"ל · וזהו שמזכיר בברכ' הארץ ואכלת ושבעת וברכת שהוא ברכת הזן אך כוללה יחד עם ברכת הארץ באמרו על הארץ הטובה אשר נתן לך שזהו עיקר ברכת הארץ כי זהו סוף מעשה שמוכיח על תחלת המחשבה כנ"ל וד"ל. וגם יתורץ מ"ש אנחנו כו' משום דשתי הברכות הללו ע"י ישראל דוקא' וז"ש ועל הכל פי' בין ברכת הזן בין ברכת הארץ שהן יח"ע ויח"ת אנחנו מודים ומברכים מטעם הנ"ל שישראל עלה במחשבה ונק' ארץ חפץ וע"כ תלה הענין בנתינת הארץ לישראל דוקא כמ"ש שהנחלת לאבותינו כו' וד"ל· וזהו ג"כ מה שכפל לומר ומברכים אותך יתברך שמך בפי כל חי כו' כי מתחלה מעוררי' ישראל שעלו במחשבה בחי' חפץ חסד הנ"ל וזהו ומברכים אותך שהוא בחי' לחם מן השמים כנ"ל. אך הנה מבואר למעלה שנמשך בחי' כח עליון דיח"ע ביח"ת להיות בחי' ביטול היש שנק' לחם מן הארץ והוא נק' ג"כ סוף מעשה כנ"ל ע"כ זהו שאחר שאמר ומברכים אותך אח"כ דוקא יתברך שמך ג"כ בפי כל חי דהיינו גם בבחי' יח"ת שהוא בחי' ביטול היש שם ג"כ יתברך שמך שהוא בחי' לחם מן השמים כדי להיות להם כח להעלות מ"ן שהוא ביטול היש כו' · וזהו שארז"ל שאין המלאכי' או' קדוש למעלה עד שישראל אומרים קדוש למטה לפי שישראל עלו במחשבה וממשיכים מקדושת עצמות א"ס באמרם קדוש ואז יוכלו גם המלאכים לומר קדוש כי נמשך קדוש בפי כל חי כו' · וכך הוא ענין יתברך שמך בפי כל חי אחר שאנחנו מברכים אותך דוקא ודבר זה שייך בברכת הארץ דוקא כי בכאן הוא בחי' גילוי יח"ע ביח"ת כנ"ל וד"ל· ואחר כל הנ"ל יובן פי' הברייתא דלעיל מנין לברכת המזון שנאמר ואכלת ושבעת וברכת זו ברכת הזן על הארץ הטובה זו ברכת הארץ כו' משום דבחי' ברכה הוא בבחי' יחודא עלאה שהוא המשכת לחם מן השמים וזה תיקן משה דוקא בשעה שירד המן כנ"ל · אך לפי זה הי' מהראוי שיזכיר פסוק זה דוקא בברכת הזן ואינו מזכירו רק בברכת הארץ סמוך לחתימה · אבל הענין הוא מפני שעיקר כוונת חפץ חסד דטל ומן הוא בשביל הארץ הטובה שנק' לחם מן הארץ כו' לכך אמר וברכת זו ברכת הזן על הארץ הטובה זו ברכת הארץ כלומר כולו חדא מלתא דוברכת דברכת הזן עיקרה בשביל הארץ הטוב' וע"כ מזכיר הפסוק הזה הכוללם יחד בסוף ברכת הארץ דוקא וד"ל · (וגם אתי שפיר טפי פי' ארץ דמפקא מזון שהוא סוף מעשה שעלה כו' ע"כ הוי ליה חדא ואתי שפיר טפי מ"ש ועל אכילת מזון שאתה זן בברכת הארץ כי זהו תחלת המחשב' שיצא בגילוי

לנוכח

לטוכח כו')· ובכל הנ"ל יתורץ גם כן קושיית הרשב"א אהא דג' ברכות דאורייתא כו' דודאי גם משה ברך ברכת הארץ ובונה ירושלים אלא שנכללו בברכת הזן לפי שעיקרו בבחי' יח"ע ויש בכלל מאתים כו' ויהושע ברך ג"כ לברכ' הזן אך העיקר היה בשביל הארץ הטובה כשנכנס לארץ · וכן עד"ז יובן תירוץ הרשב"א שכל א' תיקן הנוסח בברכה ששייכא לו דווקא ודו"ק : ומעתה יש להבין מה שארז"ל עוד שם (במס' ברכות ד' מח סוף ע"ב) נחום הזקן אומר וצריך שיזכור בה ברית (בברכת הארץ שע"י ברית ניתנה לאברהם בפ' מילה כמ"ש ונתתי לך ולזרעך אחריך את ארץ מגורך · רש"י) ר' יוסי אומר צריך שיזכור בה תורה (שאף בזכות התורה והמצות ירשו הארץ שנאמר למען תחיון ורביתם ובאתם וירשתם את הארץ) פלימו אומר צריך שיקדים ברית לתורה שזו ניתנה בג' בריתות (באהל מועד ובהר גריזים ובערבות מואב שבכל א' נכרתה ברית) וזו ניתנה בי"ג בריתות ואם לא הזכיר ברית ותור' לא יצא י"ח ע"כ · והנה לכאורה אין לזה טעם כלל דמה שייך להזכיר ברית ותורה בברכת הארץ על המזון הלא קבעו ברכה לתורה בפ"ע ולברית בפ"ע בשעת מילה (ומה שפירש"י הטעם שאף בזכות התורה כו' הלא הארץ ניתנה לאבו' במתנה קודם מ"ת)· אך הנה כ"ז יובן בהקדים ענין א' שאמר גבי משה שלא רצה לילך בשליחות ה' אל מצרים ואמר מי אנכי כי אלך אל פרעה כו' וכי אוציא כו' עד שלח נא ביד תשלח כו' דלכאור' יש בזה פלא גדול דהלא ה' אמר לו תשובה נכונה על טענתו מי אנכי כו' כי אהי' עמך וזה לך האות כו' בהוציאך את העם תעבדון את האלקים על ההר הזה ואח"כ ביקש משה שיודיע לו מה שמו שיאמר אליהם ואח"כ ביקש אותות והכל נתן לו ואחר שהראה לו האותות במטה ובידו וביאור כמבואר בפ' אמר לו משה לא איש דברי' אנכי כו' כי כבד פה וכבד לשון אנכי ויאמר לו ה' מי שם פה לאדם כו' הלא אנכי ועתה לך ואנכי אהי' עם פיך כו' ויאמר לו משה שלח נא כו' · ובאמת יפלא מאד על משה איך לא חשק לילך בשליחו' זה אחר שאמר שיעבדו את ה' על ההר הזה שהיא קבלת התורה והמצות בהר סיני וכי אפשר לומר שלא היה למשה מס"נ בעבור זה וא"כ יפלא מה שהשיבו כי כבד פה כו'· גם יותר יפלא דגם אחר שאמר לו מי שם פה ואנכי אהיה עם פיך כו' אעפ"כ אמר לו שלח נא ביד תשלח כו'· אך הענין הוא כמ"ש בר"ת בפי' כבד פה תושבע"פ כבד לשון תושב"כ וזה פלא לכאור'· והענין יובן ע"פ הידוע בשרש מדרגת נשמת משה שהיה מבחי' מ"ה בחי' הביטול העצמי שבחכמה כמ"ש ונחנו מ"ה מ"ה בעצם כמ"ש בר"ת בפי' מה שמו ומה שם בנו מה שמו זה משה (כי תיבת משה עניינו שם מ"ה וכן מ"ה שמו כו'· והוא בחי' אדם קדמאה כי מה שם בנו הוא בחי' ז"א ומה שמו הוא מ"ה דאור אבא שהוא בחינת מ"ה בעצם וכמ"ש במ"א) והנה בחי' החכ' להיות שאור א"ס עצמו מתגלה בה בתמידות הוא בבחי' האין והביטול בעצם עד שנק' נקודה בלי התפשטות כלל והוא היו"ד דשם הוי"ה לכך היה משה עניו מכל האדם כו' וכמ"ש והחכמה מאין תמצא כו' דהיינו מפני בחי' הביטול בעצמות אור א"ס· וזהו שהיה משה כבד פה דהיינו שלא הי' יכול להתפשט למטה בבחי' הדבור דפה מעוצם הביטול כמו אידי דטריד למבלע לא פליט כלל וכלל וזהו שאמר בר"ת כבד פה תור' שבע"פ כי גם דאורייתא מחכמה עילאה נפקת אבל הי' נמשכת באותיו' ובמדות להבדיל בין טמ' כו' שהוא תושב"כ ותושבע"פ שנקרא פה ולשון ומפני עוצם בחי' הביטול בעצמו' א"ס כנ"ל לא היה נמשך ומתפשט גם בחכ' דתושב"כ ותשבע"פ · וע"כ גם שאמ' לו ה' שיעבדו את ה' בקבלת התורה בהר אמר לו לא איש דברים אנכי כי כבד פה כו' שא"א לו ליפרד מבחי' הביטול שלו בעצמו' כו' והשיב לו ה' מי שם פה לאדם פירוש ודאי א"א להיות לבחי' אדם שם מ"ה בעצם שבחכמה שנק' אדם קדמאה בחי' פה להיות כי א"א לבא לידי גילוי מן ההעלם מפני עוצם בחי' הביטול בתכלית כנ"ל· אבל מ"מ מי שם בחי' פה גם לאדם זה (כמ"ש פיה פתח' בחכמה כו' והוא בחי' הדע"ת שנק' פה לחכמה כמ"ש במ"א ע"פ אשר כתבתי להורתם כו' וכמ"ש בזהר שם בפי' תורה שבע"פ כו' ע"ש) הלא אנכי ה' (כי שרש הדעת בכתר) ועתה לך ואנכי אהי' עם פיך (פי' עם פי דמשה דוקא כמו שאמרו משה מפי עצמו אמרה שהוא בחי' הדעת שהוא גילוי נקודת השכל כמו שהדבור גילוי ההשגה כו') דהיינו שיצא מן ההעלם דמ"ה דחכמה לבחי' גילוי בדבור והורתיך אשר תדבר (כי נעוץ סופן בתחלתן מל' בכתר) והוא ענין בחי' הדבור דתורה שנאמר ודברי אשר שמתי בפיך דבר ה' זו הלכה שהוא בחי' העלם הביטול דחכ' שבאה לידי גילוי בדבור (ע"ד שאמר אני המשנה המדברת בפיך כו' כמ"ש במ"א) ואעפ"כ השיבו משה שלח נא כו' כי לא רצה לבא מן העלם הביטול העצמי לידי גילוי כלל גם שיהיה בבחי' הביטול כמ"ש ואנכי אהיה עם פיך אנכי מי שאנכי כו' אלא ביקש שישלח על ידי אחר כו' וד"ל · ובכ"ז יובן גם כן ענין טעם הזכרת ברית ותורה בברכת הארץ כנ"ל כי הנה מבואר למעלה בשרש ברכות הארץ שבחי' יח"ת דמ"ל בבי"ע הוא בחי' ביטול היש כו' וצריך להיות בחי' המשכה להיות בחי' ביטול היש מבחי' ביטול בעצם דשם מ"ה דחכמה כמ"ש מה שמו כו' · וזהו פירוש ועל תורתך שלמדתנו פי' תורתך הוא בחי' מ"ה דחכמה בעצם דהיינו שיהיה בא מן ההעלם לגילוי בפה ודבור שהוא בחי' ביטול היש שבמ"ל · וע"כ אנו מזכירים בברכת הארץ ועל תורתך שלמדתנו בפה כי שורש בחי' ברכת הארץ מבחי' המ"ל שנק' פה · וזהו שרש הטעם דרבי יוסי שצריך שיזכיר בה תורה · ומה שפרש"י שבזכות התור' כו' כי העיקר בטעם

נתינת

נתינת הארץ הוא שיתגלה שם התורה דוק׳ כמ״ש לעשותכם בארץ דוקא כי עיקר התורה נתנה בארץ דוקא (וע״כ משה לא נכנס לארץ רק מרחוק ראה את כל הארץ כי הוא מבחי׳ ההעלם שלמעלה מבחי׳ גילוי כלל כנ״ל בטעם שיהושע תיקן ברכת הארץ כו׳) · וענין הטעם שצריך להזכיר בה ברית ושיקדי׳ ברית לתורה יתבאר בסמוך בע״ה · ואחר כל הנ״ל יובן ג״כ ענין ושרש לחם משנה דשבת דהנה כתיב והיה ביום הששי והכינו את אשר יביאו והי׳ משנה על אשר ילקטו יום יום וגו׳ ונתב׳ לחם המן שאכלו בשבת הוכן לקיטתו ביום הששי כי לא ירד המן כלל בשבת כו׳ כמ״ש בסוף הפרשה אכלוהו היום כו׳ היום לא תמצאוהו ששת ימים תלקטוהו וביום השביעי שבת לא יהיה בו וא״כ מה שנקרא לחם משנה הוא מפני שלקטו ביום הששי שני עומרים כמ״ש ויהי ביום הששי לקטו לחם משנה שני העומר לאחד כו׳ · ולפי זה יש להבין למה נק׳ לחם העומר דשבת בשם לחם משנה (ובגמ׳ אמרו רב כהנא נקיט תרתי ובלע חדא לקטו לחם משנה כתיב וכן עפ״י הסוד יש לאחוז ב׳ הככרות כאחד ולא יניחם זה ע״ג זה אלא יהיו מכוונו׳ זה עם זה והיו לאחדים כו׳) הלא איננו אלא עומר א׳ כו׳ · אך הענין הוא דשרש ב׳ הלחמי׳ דשבת הוא בחי׳ חיבור והתכללות ב׳ הלחמים הנ״ל לחם מן השמים ולחם מן הארץ יחדיו שהוא בחי׳ יחוד וחיבור דיחו״ע ויחו״ת למהוי אחד באחד כו׳ דהיינו שיחו״ע ויחו״ת שוין כאחד (וכמ״ש לעתיד והיה אור הלבנה כאור החמה כו׳ שיהי׳ בחי׳ זו״נ שוין כו׳ ולא שיחו״ת מקבל מיחו״ע וזהו שאמר ביום ההוא יהיה ב׳ פעמים י״ה כי הוי״ה אחד שהוא יחו״ע ושמו אחד שהוא יחו״ת יהיו במדריגה א׳ ממש) משא״כ ביומין דחול אע״פ שירד המן שהוא בחי׳ יחו״ע אבל הוא בשביל להוצי׳ לחם מן הארץ שהוא בחינ׳ יחו״ת שבברכת הארץ לברר בירורים כנ״ל·אבל בשבת בגרר הסור שהוא למעלה מבחינ׳ הבירורים כמ״ש כי בו שבת וינפש ע״כ ב׳ הלחמים מתייחדי׳ ומתחברים כא׳ להיותם למעלה מבחי׳ יחו״ע ויחו״ת ע״כ מתחברי׳ ומשתוי׳ שם יחו״ע ויחו״ת· ולזה הטעם נק׳ לחם משנה אף ע״פ שביום הו׳ לקטו לחם משנה זה כי בשבת לא ירד המן להיותו למעלה גם מבחי׳ יח״ע דמן רק ביום הו׳ הכינו להיות יחוד שתי הלחמים הללו בשבת כו׳ (כי ההכנ׳ דלקיט׳ בחול הוא בחי׳ יחו״ת כמשי״ת ובשבת נעשה בחינת יחוד דיחו״ע ויחו״ת כא׳ וז״ש רב כהנא נקיט תרתי ליחדם כא׳ ואח״כ בלע חדא שהוא לחם דשבת) · וביאור הדברים הנה יש להקדים מארז״ל חייב אדם לברך מאה ברכות בכל יום כו׳ וידוע פירוש ברכה שהוא בחי׳ יחו״ע בכלל דהיינו להמשיך תוספת אור א״ס בע״ס דאצי׳ באמרו ברוך אתה הוי׳ כו׳ להוי׳ שבכל ספיר׳ וכל ספיר׳ כלולה מי׳ ספי׳ ע״כ הן ק׳ ברכות· ופי׳ אדם זה היינו בחינ׳ אדם העליון שעל הכסא כו׳ שנמשך

ברכה בכל הע״ס דאדם זה מעצמות אור א״ס והיינו בכל ו׳ ימי המעשה דחול ששרשם מבחי׳ ו׳ יומין עילאין דאצי׳ כמ״ש כי ששת ימים עשה ה׳ כו׳ ובכל יום דאצילות נמשך אא״ס מלמעלה בבחי׳ ברכה ותוס׳ כמו ביום הא׳ שהוא למעלה באצילות בחי׳ חסד דז״א נמשך אא״ס בבחינת החסד והוא המאמר דיהי אור כידוע · וביום הב׳ ששרשו למעלה בחי׳ גבורה נמשך אא״ס בתוס׳ בבחינ׳ גבורה כו׳ עד יום הו׳ שהוא בחי׳ יסוד כידוע וכל אלה הסי״ב נמשך בהן בחי׳ מאה ברכות הנ״ל בכל יום והוא הנק׳ בחי׳ יח״ע והוא בחינת לחם מן השמים דמן כנ״ל · ומבואר למעלה דבחי׳ ירידת המן שהוא בחי׳ יח״ע הוא בשביל סוף מעשה לברר ברורים ביומין דחול מלמטה למעלה לאהפכא חשוכא לנהורא בבחי׳ ביטול היש לאין כנ״ל שנקר׳ לחם מן הארץ כו׳·אבל ביום השבת הנה כתיב כי בו שבת וינפש פירוש עד״מ אדם ששובת ונח ממלאכה גשמי׳ שנח שכלו ורצונו ג״כ ועולין ונכללין בעצמותו ממש ובחי׳ עצמותו למעל׳ מן השכל והרצון כו׳·ואע״פ שבשעה שתיקן להיות דבר היה שכלו ורצונו מלובש שם להוצי׳ לפועל כפי הרצון אבל לאחר שנגמר מלאכתו הרי בא הוא אל עצמותו ממש שאין שם רצון ושוה שם הרצון והמעש׳ בפועל כי בהיותו למעלה מבחי׳ השפעה לגמרי שוין שם המשפיע (שהוא הרצון) עם המקבל (שהוא פועל המעש׳)· ולמעלה יובן מזה ג״כ בענין השבת כי בו שבת וינפש כביכול שבא אא״ס אל בחינת עצמותו ממש שלמעלה מבחי׳ ההארה והשפעה לגמרי והיינו למעלה מבחי׳ סובב וממלא שהן בחי׳ יח״ע זיח״ת · כי כאשר יש בחינת הארה והשפעה מאור א״ס או נקרא בחי׳ יח״ע בחי׳ סובב שהוא משפיע כמו הארת אור א״ס ברצון ובחכמה שהן ע״ס דאצי׳ שמשפיעים לבי״ע ונק׳ ק׳ ברכות כשמאיר בהן אא״ס כנ״ל ובחי׳ מלכות דאצי׳ בבי״ע שנק׳ בחי׳ יח״ת ונקר׳ לחם מן הארץ הוא בחינת מקבל בבחי׳ ביטול היש כנ״ל אבל בבחינת עצמות אור א״ס שלפני הקו כו׳ שם שוין יח״ע ויח״ת ממש דהיינו בחי׳ הכתר שבאצי׳ ובחי׳ סוף מעשה דבי״ע שוין ממש ובדרך כלל אצי׳ ועשי׳ שוין כמו בחינת השתוות רוחניות וגשמיות כמ״ש קמיה כחשיכה כאורה כו׳ · משום דמקיף זה דאור א״ס עצמו מקיף לכל ההשתלשלות דקו למעלה ומטה בהשוואה אחת ממש מבלי חילוק בין ראש הקו לסופו בעשיה כלל כמו עיגול שמקיף לקו הנמשך בו מראשו לסופו כו׳ כמ״ש ומתחת זרועות עולם וכידוע וד״ל · ובזה יובן ענין לחם משנה דשבת כי בהיות שרש השבת בבחי׳ עצמות אור א״ס שלפני הקו כו׳ משתוים שם יח״ע דמן ויח״ת דלחם מן הארץ כמו שמשתוים רוחניות וגשמיות אצי׳ ועשיה כו׳ ולכך לא ירד המן בשבת כלל כנ״ל (ולזה הטעם לא יניחם זע״ז לפי שאין יתרון מעלה לא׳ על זולתו רק יהיו לאחדים ממש בידו כי מאיר למטה כמו למעלה ממש בשוה וכנ״ל ביום ההוא יהיה כו׳ ולא למהוי

אחד

אחד באחד כמו ביומין דחול שיח"ע נמשך מלמעלה ויח"ת עולה מלמטה עד שמתייחדים כו' אלא שניהן שוין ממש כו' וד"ל)· והו שלחם דשבת הוא כמו לחם הפנים שבבהמ"ק שכולו פנים ואין בו בחי' אחוריים כלל כמ"ש במ"א וע"כ צריך לחבר ב' הלחם בבחינת האחוריים של כל אחד ויהיו מכוונו' זע"ז כא' כנ"ל ולא זו תחת זו אף שיתחברו באמצע כו' וד"ל:

והקימותי את בריתי ביני וביניך ובין זרעך אחריך לברית עולם כו' ונתתי לך ולזרעך אחריך את ארץ מגוריך את כל ארץ כנען לאחוזת עולם כו' ויש להבין מה ענין מצות מילה לירושת הארץ אשר תלה זה בזה שבזכות מצות מילה ירש את ארץ כנען כמ"ש והקימותי את בריתי כו' ונתתי לך את ארץ מגוריך את כל ארץ כנען כו' ועוד יש להבין מ"ש לאחוזת עולם הרי אנו רואים שישראל נאמנים בבריתו של אברה' לקיים מצות מילה גם בהיות' בארץ אויביהם והארץ ניתנה בידי זרים ואיה איפו הבטחתו ית' שאמר לאחוזת עולם לו ולזרעו אחריו עד סוף כל הדורו' · ועוד י"ל דהלא מצות מילה אינה תלוי' בארץ שהרי נוהגת בזמן הזה ואם לא ניתנה הארץ רק בזכות מילה למה נוהגת גם בזמן הזה ומתה שמיל' נוהגת בזמן הזה מזה משמע שאין ירושת הארץ תלויה כלל במצות מילה וראיה לדבר מתה שחורבן הארץ היה אע"פ שהיו נאמני' בבריתו של אברהם · והנה אמרז"ל (במסכת ברכות דמ"ח) נחום הזקן אומר וצריך שיזכור ברית (בברכת הארץ שע"י הברית ניתנה לאברהם בפ' מילה כמ"ש ונתתי לך את ארץ מגוריך כו') ר' יוסי אומר צריך להזכיר תורה וכדלעיל ואם לא הזכיר ברית ותורה בברכת הארץ לא יצא · ולכאורה יש להקשות קושיא גדולה וחזק' מאד מנלן דגם בזמן הזה ברכת הארץ דאורייתא הא בקרא דואכלת ושבעת כו' כתיב על הארץ הטובה אשר נתן לך שזהו ברכת הארץ כדלעיל ומשמע מזה שזהו דווקא בזמן שישראל שרויים על אדמתם שיכולים לומר על הארץ הטובה שנתת לנו כו' אבל לא בזמן הזה שהארץ בידי זרים וכמו כל המצות התלויות בארץ שאין נוהגות רק בארץ ובזמן הבית כו' · והתירוץ לקושיא זו לכאורה הוא מפני שבזכות מצות מילה ניתנה הארץ כדלעיל ומצות מילה נוהגת גם בזמן הזה ע"כ גם ברכת הארץ דאורייתא גם בזמן הזה שהארץ בידי זרים · אך הוא גופא קשיא מה שייכות יש לירושת הארץ למצות מילה דלכאורה משמע מזה שמצות מילה נוהגת בזמן הזה שאין ירושת הארץ תלויה בה כלל כדלעיל · אך הנה התירוץ האמתי לכל זה הוא בהקדים לומר דמ"ש לאחוזת עולם הכוונה הוא בבחי' הרוחניות וקאי על בחי' ארץ כנען עליונה שבבחי' הרוחניות שניתנה לאברהם לאחוזת עולם לו ולזרעו אחריו גם שנחרבה הארץ הגשמי · ובזה הכל יתורץ דמצות מילה מפני זה נוהג גם בזמן הזה דהא בזכותה יורשים ישראל בחי' ארץ כנען העליונה גם עכשיו וז"ש ונתתי לך את ארץ מגוריך כו' וירושת הארץ העליונה גם עכשיו תלויה רק בזכות מילה וגם הקושיא השניה בברכת הארץ שהיא מדאורייתא גם בזמן הזה אף שאין ישראל שרויים על אדמתם הגשמית לפי שיכולים לומר על הארץ הטובה אשר נתן לך על בחי' ארץ העליונה שה' נותן לישראל גם עכשיו (וכמ"ש במ"א על הארץ הטובה אשר ה' אלהיך נותן לך לשון הווה כו') · ולהבין ביאור הדברים הנה תחלה יש להקדים להבין ביאור ענין ארץ כנען בבחי' הרוחניות מהו דהנה בתיבת כנען יש שני פירושים הא' לשון הכנעה ושפלות בחי' הביטול בתכלית והב' לשון תגר וסוחר כמו כנען בידו מאזני מרמה לא יהיה עוד כנעני בארץ אשר כנעניה שרים כו' · ותחלה יש להבין בחי' כנען לשון סוחר מהו למעלה דהנה דרך התגר והסוחר הקונה איזה מקח וכל דבר נקנה ע"י שני דברים בכסף ובמשיכה ותחלה מושך המקח מרשות המוכ' לרשותו ומגביה את המקח בהמשכתו ואח"כ נותן הכסף (ובא"א מבואר שנותן הכסף תחלה ואח"כ ממשיך מרשות המוכר לרשותו והכל ענין א' כי שרש המשיכה בחי' העלאת מ"ן והכסף הוא בחי' מ"ד כמבואר בסמוך ולפעמים בחי' מ"ד לפני העלאת מ"ן נק' כסף שקודם המשיכה ולפעמים בחי' מ"ד לאחר העלאת מ"ן הוא ענין הקדמת המשיכה שלפני נתינת הכסף כמשי"ת כאן וד"ל) · והנמשל מזה למעלה בבחי' הקנין למעלה שנק' עי"ז כנען לשון סוחר הקונה הוא כמ"ש קונה שמים וארץ וכמאמר וקונה הכל שהוא ג"כ עד"ז שמתחילה מקדים בחי' משיכה ואח"כ הוא בחי' נתינת הכסף ויובן זה בהקדים מ"ש בע"ח דבתחילה כשעלה ברצונו הפשוט כו' היה רק מפני שחפץ חסד הוא כו' ואח"כ תלוי במעשה התחתונים כו' · והענין הוא כי הנה ידוע דבחי' עצמות אור הא"ס הוא רם ונשא רבבות מדרגות עד אין קץ ושיעור גם מהיות בחי' מקור למקור להשתלשלות העולמות דאבי"ע גם להיות בבחי' סובב ומקיף לקו וחוט הנמשך אחר בחי' מצום הראשון הנק' מקום פנוי וחלל ריקן כמ"ש בע"ח לפי שגם בחי' מלכות דא"ס שלפני הצמצום הראשון הזה אינו אלא בחי' גלוי אור הארה בעלמא בלבד מבחי' עצמותו י"ת וכמ"ש כי עמך מקור חיים באורך כו' פי' באורך הוא בחי' מ"ל דא"ס שהוא נק' אור המאיר מעצמות ואשר נראה אור דקו וחוט אחר הצמצום הראשון זהו מ"ש נראה אור בבחי' הארה דהארה הנק' אור של תולדה כדמיון אור המאיר אחר העלם המסך כו' וכמ"ש ישת חשך סתרו וכתיב מגלה עמוקות מני חשך וקאי גילוי זה על בחי' אור הראשון הנק' קו וחוט וז"ש ויאמר אלהים יהי אור אור קדמא' כמ"ש בזהר ופי' אלקים הוא בחי' צמצום הראשון הזה כידוע· ונמצא שגם בחי' סובב כללי לא יתכן לומר עדיין על בחי' עצמות אור הא"ס כי פי' סובב כללי שמקיף כל ההשתלשלות דקו הנ"ל בהשוואה א' נק' סובב כל עלמין דהיינו כאשר כבר נשתלשל הארת קו זה להיות מקור התהוות עלמין אבל כאשר

עדיין לא האיר מקור עלמין לא שייך לומר בחי' סובב ומקיף עליהם להיותו מובדל מערך התגלות אור ושפע לגמרי. וזהו שאמרו דבמקום גדולתו שם אתה מוצא ענוותנותו שהוא בחי' צמצום הראשון שהוא בחי' ירידה וענוה גדולה ממקום גדולתו העצמי· ופי' סובב הכללי שהוא בחי' מ"ל דא"ס שמקיף לכל ההשתלשלות בהשוואה א' הוא הנק' בר"מ בשם מחשבה אחת או מחשבה הקדומה שצופה ומביט עד סוף כל הדורות שנשתלשלו מבחי' הקו הנ"ל בסקירה אחת וגם בלשון הגמ' אמרו והלא במאמר אחד יכול להבראות כו' שהוא בחי' מאמר מחשבה אחת הקדומה שהיא בחי' כללות הכל וע"כ היא בחי' מקיף לכולם בשוה מר"אש לסוף בסקירה אחת· ועד"מ מחשבה הכללית באדם לבנות בנין בכמה אופנים פרטים שכלולים כא' במחשבה זו בסקירה אחת ואח"כ מתחלקת כו' וכמ"ש בת"א וד"ל· אך הנה גם בחי' מחשבה הכללית הזאת הנק' מחשבה אחת אין לה ערוך לגבי בחי' עצמות הא"ס ממש כי אינה רק בחי' הארה בעלמא וגם היא באה בבחי' ירידת המדרגה ע"י בחי' הצמצום כנ"ל וה"ז ענוה גדולה ע"ד דוגמא במלך גדול שמשפיל א"ע לדברים קטנים כו' וכמ"ש בזהר לאו אורחא דמלכא לאשתעי במילין דהדיוטא וכך הוא ערך הי' מאמרות התחתונים והעליונים וגם מאמר אחד דמחשבה א' הנ"ל· (אך הנה אמרו ז"ל בדרך רמז משל לבת מלך שהריחה ליקי קדירה תאמר יש לה גנאי כו' עד הביאו לה בחשאי דהיינו בחי' מ"ל דא"ס שנקרא' בת מלך והריחה ליקי קדרה היא בחי' הברורים דרפ"ח שנפלו בבי"ע· וכדי שיהיה בחי' ביטול היש שנק' סוף מעשה כידוע הוא שעלה במחשבה אחת תחלה וכמו שאמרו נתאוה הקב"ה להיות לו דירה בתחתונים דווקא דהיינו שיהא נמצא בתחתונים כמו בעליונים כו' וזהו שאמר הביאו לה עבדיה בחשאי שהוא בחי' הבירורים דשם ב"ן בגלותא דלחם כו' וכמ"ש בנ"א)· וזהו שאמר בע"ח דתחלה כשעלה ברצונו הפשוט כו' היה חפץ חסד בבחי' ענוה כדרך טבע הגדול שמשפיל א"ע להטיב להחיות רוח שפלים כו' ואח"כ תלוי במעשה התחתונים בבחי' אתעדל"ת לאהפכא חשוכא לנהורא כו' (ומטעם הנ"ל דסוף מעשה דבחי' הברורים עלה במחשבה כו')· אך הנה שרש ענין מעשה התחתונים באתדל"ת לעורר אתדל"ע שלפני הקו אע"פ שאין ערך כלל בין הנבראים לבורא ובין הנאצלים למאציל כו' והגם דרוח אייתי רוח ואמשיך רוח והיא כשיש איזהו יחס וערך כו'· אמנם הנה ידוע שיש ב' מיני אתדל"ת הא' ע"ד מ"ש אם ישים אליו לבו רוחו ונשמתו אליו יאסוף כענין המאמר דרוח אייתי רוח כו' והוא ע"י ההתבוננות ביח"ע כו' כמ"ש בכל נפשך וכן אליך ה' נפשי אשא ע"י שמתבונן שהנשמה שנתת בי טהורה היא מבחי' טהירו עילאה שלפני הקו כו' ואליך נפשי אשא להחזירה למקור' דכולא בצרור החיים את ה' ממש כו' ואז עי"ז נמשך אתעדל"ע כפי ערך ההעלאה בבחי' קצבה וגבול ע"פ מאמר קו המדה כי ההעלאה הזאת באה למעלה בגבול וקצבה לפי ערך ההשגה. אבל אהבה הב' הוא הנק' אה"ר שלמעלה מן ההתבוננות וזהו בכל מארך בלי גבול כלל כו'· ועי"ז מעורר אתדל"ע ג"כ בבחי' מאד העליון דא"ס שהוא בחי' אה"ר הנק' חפץ חסד מלמעלה למטה כמ"ש אהבתי אתכם כו' דהיינו בחי' אור העצמיות דא"ס שלמעלה מהגבלתו בצמצום בקו המדה הנ"ל· וז"ש בר"מ ד' מדריגות דחילו ורחימו ורחימו ודחילו שהן ב' אהבות הללו אה"ר והאהבה זוטא כו'· וידוע שנק' אהבה שמלמטה למעלה בשם העלאת מ"ן ובחי' אה"ר מלמעלה למטה נק' המשכת מ"ד· והנה בחי' אתדל"ת הנ"ל כמ"ש אם ישים אליו לבו כו' אליך ה' כו' גם להיות אתדל"ת זאת צריך להיות תחלה המשכת אהבה מלמעלה למטה להיות כח לאתדל"ת והוא הנק' בחי' מ"ד שלפני העלאת מ"ן שהוא כח המעלה מ"ן והוא ענין המשיכה שלפני הכסף כי המשיכה הרי הקונה מושך המקח מרשות המוכר לרשותו וכך למעלה נאמר אהבת עולם אהבתיך ע"כ משכתיך וכן אמר משכני אחריך נרוצה שהוא כח עליון מאור אהבה עליונה לעשות משיכת ההעלא' מלמטה למעלה להיות אליך ה' נפשי אשא ונקרא משיכה מרה"ר לרה"י דהיינו מעורי דפרודא שבעולמות ליחוד העליון דעצמות אור הא"ס כו' שנק' רה"י מחשבה א' כו' וד"ל· וזהו בחי' הקנין למעלה כמ"ש קונה הכל ע"י בחי' משיכה שמושך המאציל לניצוצות שירדו למטה להעלותם למעלה בעצמותו והוא הנק' כח המעל' מ"ן כנ"ל (עד"מ איש את רעהו כשמושך את לבבו לעוררו באהבה שצריך להמשיך לבו בגלוי דברי' שבלב באהבה כו' וכמ"ש בת"א)· ובחי' אה"ר הב' שמלמעלה למטה הנק' מאד העליון הוא בחי' נתינת הכסף כי פי' כסף לשון תשוקה בגלוי וכמו שאנו אומרים אה"ר אהבתנו כו' שהוא למעלה מהגבלת הקו (משא"כ בחי' המ"ד לעורר מ"ן בא במדה לפי ערך כח העלאת המקבל במדה כנ"ל)· וזהו ענין חפץ חסד שהוא מתעורר אחר אתדל"ת במעשה התחתונים כמ"ש בע"ח וזהו כללות ענין הקנין במשיכ' ובכסף וד"ל· ובכל זה מובן פי' ארץ כנען שהוא מלשון סוחר כמו כנעניה כו' כנ"ל דהנה בחי' מלכות דאצי' בשעה שמבררת ברורים דרפ"ח כו' בבי"ע הוא הנק' קנין ע"ד הנ"ל במשיכה וכסף ע"כ נק' ארץ כנען (ולאחר תשלום הברורים נק' א"י כמ"ש בלק"ת)· וסוף מעשה זו עלה במחשבה תחלה שהוא בחינת מלכות דא"ס כי נעוץ סופן בתחלתן כו' וכנ"ל· ועד"מ הסוחר שמושך את המקח ואח"כ נותן הכסף כו' כך נכללי' ועולין הכל לבחי' יחוד העליון דאור א"ס וזהו פי' קונה הכל ע"י משיכה וכסף כנ"ל וד"ל· ובזה יובן ג"כ הטעם שארץ כנען נקראת ארץ זבת חלב ודבש למה חלב ודבש דווקא· אך הענין הוא כנ"ל שיש ב' מיני אהבה א' אהבה זוטא שנולדה מן השכל ונקרא מדות שבשכל והמה מוגבלות לפי

ערך

ערך השכל · והנה בחי' הגדלת המדות שבשכל להיות בלתי מוגבלו' כמו שהן למעל' מן השכל הנקרא אה"ר בבחי' מאד כנ"ל הנה זהו הנק' בחי' חלב עד"מ החלב שיונק הולד שעל ידו יגדלו איבריו כל ימי היניקה כידוע והחלב נכנס בתוך הולד ומגדל אבריו בהעלם כו' כך המדות שבשכל נגדלין בהתפשטו' גדולה להיות בבחי' מאד הנק' אה"ר ע"י בחי' המשכת אה"ר עליונה הבאה מלמעלה למטה הנכנס ומאיר בהעלם בתוך המדו' שבשכל להגדילם להיות בבחי' מאד כו' · והגם שהיה כבר בחינת מוחין במדות אך הן בחי' קטנות לפי ערך ההשגה וע"י אה"ר עליונה זו המאיר בהן נגדלים בתוספת ורבוי גדול להיות בלתי מוגבלות כנ"ל · וזהו פי' ארץ זבת חלב פי' ארץ הוא בחינת מלכות דאצי' שנמשלת לסוחר שקונה במשיכה כנ"ל ושרשה במלכות דא"ס שנק' ארץ חפץ והיינו מפני שע"י המשיכה וההגבהה נכללת הנפש בעצמות א"ס ואז אהבתם לה' בלתי מוגבלת כלל בבחינת מאד · (והגם שמבואר למעל' בכח המעלה מ"ן שנק' משיכה שהוא לעשות אתדל"ת במס"נ להיות אליך ה' נפשי אשא שהיא אהבה מוגבלת לפי ההשגה כנ"ל שנק' בכל נפשך ולא בכל מאדך היינו דווקא בשעת המשיכה והעלא' מלמטה למעלה אבל כאשר עלת' לרה"י העליון ונכללת בצרור החיים כו' שם האהבה בבחי' מאד כו') ולכך נקרא ארץ זבת חלב להגדיל אור האהבה שבכנ"י בבחינת מאד עד"מ החלב שמגדל כנ"ל כך נמשך וזב בחי' חלב מארץ העליונה להגדיל כו' וד"ל.· ובחי' הדבש הוא עד"מ הדבש שיש בו מתיקות ותענוג כך למעלה הנה יש ב' מיני אה"ר א' בבחי' מאד אבל לא בבחי' עונג ומתיקות להתענג על ה' עד כלות הנפש אלא רק האהבה מתגברת בלתי גבול · והב' אה"ר שנקרא אהבה בתענוגי' להתענג על ה' במתיקות עריבות ידידות כו' עד כלות הנפש מעולם העונג כו' · ומלמעלה למטה הוא בחי' אה"ר הנק' חפץ חסד כי חפץ ענינו בחינת תענוג וכמ"ש מה יפית ומה נעמת אהבה בתענוגים כו' והוא הנמשך מלמעלה אחר בחי' משיכה הנ"ל וגם הוא הנק' כסף לשון תענוג וזהו עיקר הקנין וכמו האשה נקנית בכסף כו' והוא ארץ זבת חלב ודבש וקאי על בחי' ארץ חפץ בחי' מלכות דא"ס שכולל ב' מיני אה"ר הנ"ל ולמטה הוא בחינת מלכות דאצי' בבי"ע כי נעוץ תחלתן בסופן כו' כנ"ל וד"ל · וזהו והקימותי את בריתי ביני וביניך לברית עולם ונתתי לך כו' את ארץ מגוריך את כל ארץ כנען לאחזת עולם כו' כי הנה בחי' ארץ כנען ברוחניו' מבואר ומובן מכל הנ"ל שהוא בחי' העלאת הנפש למעלה במשיכה וכסף שהן בחי' אה"ר הנ"ל וזהו פירוש כנען לשון הכנעה וביטול ג"כ שהוא בחי' מס"נ כו' · והנה הכח של אה"ר זו למטה בכנ"י שנקרא ארץ כנען נמשך מלמעלה דוקא כו' כנ"ל · וזהו כל עיקר ענין מצות מילה להיו' כח אה"ר בכל נפש מישראל (באתעדל"ת להיות אתעדל"ע ג"כ בבחי' אה"ר כנ"ל) · כי הנה ידוע שהפריעה הוא התגלות העטרה בחי' י' כו' דהיינו להיות בחי' גלוי החסדים מבחי' רב חסד שלמעלה מן החכמה כו' (וכל איש אשר לו ערלה שמכסה העטרה א"א להיות בנפשו בחי' גילוי אור אה"ר כו' כי יש בערלה אחיזה לחיצונים וזהו המבדיל בין ישראל לעמים כו')· וזהו והקימותי את בריתי כו' בחי' כריתות ברית להיות בחי' חפץ חסד אה"ר העליונה בישראל ע"י אתדל"ת שלהם · וזהו לברית עולם כמ"ש גם בהיותם בארץ אויביהם לא מאסתים ולא געלתים כו' להפר בריתי כו' · ומ"ש ונתתי לך את ארץ כנען היינו בחינת ארץ כנען העליונה שבבחי' הרוחניות שנק' תגר וסוחר להיות ע"י בחי' המשכות אה"ר שנקרא חלב ודבש והיא הניתנה לאברהם לו ולזרעו אחריו לאחזת עולם גם בהיותם בארץ אויביהם · כי פי' אחוזת עולם היינו בבחי' הרוחניות להיו' ע"י ארץ כנען העליונ' המשכת זבת חלב ודבש הרוחניים הנ"ל בכללות כנ"י לאחוזת עולם עד ימות המשיח · וזהו בזכות המילה דוקא כי עיקר ענין מילה ופריעה הוא בחי' גילוי אור אה"ר בכללות כנ"י מלמעלה למטה ולהיות הכח הזה בכנ"י תמיד באדל"ת אדל"ע ג"כ בבחי' אה"ר הוא אשר ניתנה ארץ כנען לאחוזת עולם להיות זבת חלב ודבש כו' וד"ל · ומעתה יתורץ כל הקושיות הנ"ל דמצות מילה דווקא יש לה שייכות לירושת הארץ ע"כ תלוי זה בזה והקימותי כו' ונתתי לך כו' וע"כ מצות מילה נוהגת גם בזמן הזה וגם ברכת הארץ דאורייתא גם בזמן הזה לפי שירושת ארץ כנען למעלה ברוחניו' היא אחוזת עולם לזרע אברהם הגם שאינם שרויים על אדמתן כמו מצות מילה שנוהגת גם עכשיו וכמ"ש לא מאסתים כו' להפר בריתי כו' וע"כ אמר במצות מילה לברית עולם ובירושת הארץ לאחוזת עולם כי הא בהא תליא ושניהם הן לעולם ואינן תלויין בישיבת הארץ בגשמיות מטעם כל הנ"ל וד"ל · אך הנה עדיין י"ל למה אמרו כל שלא הזכיר ברית ותורה בברכת הארץ לא יצא כו' אם מפני שע"י הברית ניתנה הארץ לאברהם למה אינם מזכירים ברכת הארץ גבי מצות ברית מילה מאחר שע"י ניתנה הארץ לאברהם ואיך עושים מהטפל עיקר כו' וגם מה שייך להזכיר תורה בברכת הארץ כו'· אך הנה ארז"ל כל שלא אמר אמת ואמונה ערבית לא יצא י"ח · ויש להבין פי' ענין אמת ואמונה ולמה לא יצא י"ח בלא הזכרתם · וגם י"ל מ"ש ואמונ' כל זאת לשון נקב' ואח"כ אמר וקיים עלינו ל' זכר והל"ל וקיימת עלינו כו'· והנה להבין זה יש להקדים תחילת שרש ענין ברכת הארץ מהו דהנה כתיב הנני ממטיר לכם לחם מן השמים כו' וכתיב להוציא לחם מן הארץ הרי עיקר הלחם מן הארץ ולא מן השמים · אך הענין הוא שיש ב' מיני לחם לחם מן השמים ולחם מן הארץ וכמבואר למעלה ע"ש · וביאור זה הנה כתיב חכמו' בתוך תרונה ואמר בזהר חכמות תרין ח"ע וח"ת ובס"י

נקר' חכמה בראש וחכמה בסוף · וביאור הדברים הנה בחי' ח"ע הנק' חכמה בראש הוא בחי' אור החכמה דאצי' שהוא בחינת ראשית הגילוי מאור א"ס כמ"ש ראשית חכמה כו' לפי שבחי' ראשית גילוי אא"ס הוא בחכמה דוקא כמ"ש הוי"ה בחכמה כו' להיותו בחי' מ"ה בחינת ביטול וכמ"ש והחכמה מאין תמצא כו' וזהו הנקרא חכים ולא בחכמה ידיעא ועל כן נק' חכמה בראש ובחי' חכמה תתאה שנק' חכמה בסוף הוא בחינת חכמה שבמ"ל דאצי' כמ"ש כולם בחכמה עשית כו' מלכותו בכל משלה כו' וכמ"ש מלכותך מלכות כ"ע ובחי' החכמה שבמ"ל נקר' חכמה בסוף להיותה בחי' מקור להתהוות הנבראים בע"ג בלבד כידוע·עד"מ החכמה שבדבור שאינו אלא בחי' התגלות הדבר לזולתו משא"כ החכמה שמבין בעצמו בכלי מוחו קודם שבאה להדבור שנק' חכמה בראש כו'· ואמנם נעוץ תחילתן בסופן שבחינת חכמה בראש מאיר בחכמה בסוף עד"מ שמאור השכל שבמוחו מאיר בדבור ונק' חכמה שבדבור כו'· וזהו חכמות בחוץ תרונה ב' חכמות הנ"ל מתגלות לחוץ בב' עולמו' בי"ע כמ"ש כולם בחכמ' עשית דהיינו בח"ת שמקבלת מח"ע מפני שנעוץ תחילתן בסופן וסופן בתחלתן כידוע וד"ל · והנה מבואר למעלה דבחינת ח"ע הוא בחי' יחו"ע בכלל שהוא בחי' ביטול בעצם וכמ"ש משה ונחנו מה מ"ה בעצם מפני בחי' גילוי אא"ס ב"ה דכולא קמיה כלא חשיבא ובחי' ח"ת הוא רק בחי' ביטול היש בלבד והוא בחי' יחו"ת בכלל כו' כנ"ל באריכות · וזהו ג"כ ההפרש בין ברכה להודאה שהברכה הוא בחי' ההמשכה מן ההעלם לגילוי ממש כמו בריכת מעין שנובע בגילוי מן ההעלם נביעות המעין וכמו המבריך את הגפן שצומח מן ההעלם לגילוי ממש וכמו כך בחי' ח"ע שבחי' אא"ס מתברך שם מן ההעלם לגילוי כמ"ש ברוך אתה הוי"ה כו' אבל בחי' ח"ת שבמ"ל דאצי' נק' בחי' הודאה שהוא רק בחי' ביטול היש מרחוק ולא בגלוי ממש כמו עד"מ אדם המודה לחבירו שהאמת אתו כמו מודים חכמים לר"מ וכה"ג אנו אומרים מודים אנחנו לך ה' אלהינו כו' דכולא קמי' כלא חשיבא אבל אין זה בא בבחי' גילוי אור ממש רק בבחי' הודאה בלבד כו' · וזהו מאמר רז"ל כל שלא אמר אמת ואמונה ערבית לא יצא י"ח כי ענין אמת ואמונה היינו בחי' ברכה והודאה הנ"ל · אמת הוא בחי' הראיה בחכמה מקרוב שנראה בעין השכל דכולא קמיה כלא חשיבא והוא בחי' ח"ע ביטול בעצם שנק' ברכה כנ"ל מפני גילוי אא"ס מן ההעלם · ובחי' אמונה הוא מרחוק שמאמין שכך הוא האמת בודאי בלתי נודע לו טעם הדבר ואין זה כרואה בעיני השכל כו' והוא בחי' ח"ת בחי' הודאה מרחוק ובלילה שהוא בחי' מ"ל שנק' לילה כידוע צ"ל אמת ואמונה כנ"ל בפי' חכמות דח"ת מקבלת מח"ע מפני שנעוץ תחלתן בסופן כו' · ולכך כשלא אמר אמת ואמונה ערבית לא יצא י"ח כו' וד"ל · וזהו שרש ענין שתי הברכות דבהמ"ז ברכת הזן וברכת הארץ שהוא לנגד ב' מיני לחם · לחם מן השמים כמו ירידת המן דכתיב הנני ממטיר לכם לחם מן השמים ולחם מן הארץ כו' כנ"ל· דהנה שרש לחם המן הוא נמשך מבחי' מקור דחכמה עלאה שנק' חכים כו' דכתיב וברדת הטל ירד המן כו' הרי הטל שרש המן וכתיב במן ועינו כעין הבדולח שהוא הנק' בזהר בשם טלא דבדולחא (משום דגוונא סומקא אתחזי בי' והוא בחי' גבורה דע"י המלובש בח"ס שהוא בחי' הדין כמ"ש במ"א) והוא בחי' מקור לחכמה (עד"מ בחי' הלחלוחית שהוא בחי' יסוד המים הרוחני שבמוח המגדל אור השכל שבמוח כמ"ש במ"א) וע"כ א' בזהר דהמן הוא מזונא דחכימין דוקא ונק' מזונא·דחכמתא (והוא ענין ברכת הזן שתיקן משה דוקא כו') דהיינו שהוא בחי' מזון וחיות להיות התהוות חכמה לחכימין כו' להיות שרשו למעלה הוא בחי' מקור החכמה (גם לח"ס כו') וד"ל · ולזה הטעם נאמר במן ולקטו דבר יום ביומו דוקא להיותו למעלה מבחי' מקור הזמן דו' יומין עילאין דאצי' ומפני שמקור התהוות הזמן נמשך משם ע"כ לא יש השפעה ממנו מיום לחבירו מפני שכל יום ויום מתחדש מלמעלה ממקור בחי' הזמן משא"כ אם היה בבחי' הזמן הרי כבר יש שפע בהתחלקות לו' ימים וכמו שר"ה סבא היה מבקש מזונו בכל יום מהאי טעמא וד"ל (ועד"מ התהוות אור גלוי השכל מלמעלה מן השכל בהתחלקות לחלקים באותיות וכה"ג כו' וד"ל) · ולזה הטעם ג"כ לא היה פסולת כלל במזון המן שהרי הי' נבלע באיברים כידוע דמ"ש ויתד תהיה לך כו' היינו בדברי מאכל שאוה"ע מוכרין להן כו' והיינו מפני ששרש מזונות מבחי' עץ הדעת טו"ר שנפל בשבירה מז' מלכים דתהו כידוע והשבירה לא היה רק בבחי' ז' המדות דס"ג שהוא בחי' ז"ת דבינה דנקודים כו' אבל למעלה מבחי' עקודים נקודים כו' לא היה שם שבירה כלל כידוע· וזהו שרש ענין הטל שנק' טלא דבדולחא שלמעלה מבחי' הברורים (כמ"ש למעלה באריכות)· וזהו שרש ענין ברכת הזן שתיקן משה בשעה שירד המן לישראל כי שרש משה למעלה הוא ג"כ מבחי' זו של המן שהוא בחי' מקור החכמה עילאה ונק' מה כמ"ש ונחנו מה בחי' ביטול בעצם כו' והוא בחי' שרש ומקור לבחי' יח"ע שנמשך מבחי' אור ח"ע כנ"ל · וזהו פי' הזן את העולם כו' (כמ"ש למעלה) וזהו ויענך וירעיבך מבחי' לחם מן הארץ ויאכילך את המן אשר לא ידעון אבותיך שהן בחי' המדות חג"ת דז"א ששרשם רק בחג"ת דא"א אבל שרש המן מבחי' מקור ח"ס דא"א שלמעלה מבחי' שרש המדות חג"ת כו' · וז"ש באבות ושמי הוי"ה לא נודעתי להם כו' שהוא שם מ"ה דהוי"ה הראשון בחי' מקור ח"ס דא"א כו' וד"ל · ובזה יובן הטעם שהיה משה כבד פה וכבד לשון ואמר בר"מ כבד פה תורה שבע"פ כבד לשון תשב"כ כו' דהנה משה לא רצה בשליחות ה' ואמר מי אנכי כי אלך אל פרעה כו' אף שאמר

לו

לו בהוליאך כו' תעבדון את האלהים על ההר הזה שהוא קבלת התורה שבכתב ושבע"פ· והיינו לפי ששרש משה למעלה היה מבחי' מ"ה דחכמה הקדומה הנעלמה שלא באה בבחי' גילוי מן ההעלם כלל ונק' שכל הנעלם מכל רעיון (והוא למעלה מבחי' ח"ס שבא' דבחי' הגילוי לפעמים כמ"ש והחכמה מאין תמצא עד"מ הכח המשכיל שכל פרטי שגם כח המשכיל זה השכל בא בגילוי כו' כמ"ש בת"א) ובחי' חכמה שבתורה הרי באה בבחי' הגילוי מן ההעלם דחכמה הקדומה הנ"ל וכמ"ש כאשר יאמר משל הקדמוני שהתורה נק' בחי' משל הבא בגילוי מחכמה הקדומה הנעלמה בעצמות (ולזה כיון באמרו דאורייתא מח"ע נפקא כו') וכמ"ש ומצא כדה כ"ד ספרים דאורייתא· עד"מ כד ששואבין בו מים מועטים מים הגדול כידוע כך ערך גילוי אור חכמה שבתורה מבחי' עצמות החכמה הקדומה הנ"ל שנק' ים החכמה העליונה הנעלמה כו'· וזהו שנאמר במשה כי מן המים משיתיהו מבחי' מים דים החכמה הנ"ל שהוא למעלה מבחי' גילוי אור החכמה שבתורה כו'· וע"כ מיאן בשליחות ה' לקבלת התורה שבכתב ושבע"פ ואמר כבד פה וכבד לשון אנכי מפני שכבד עליו להשפיל א"ע לבא לבחי' הגילוי מן ההעלם בפה ולשון שהן בחי' גילוי ח"ע וח"ת ככ"ל בפי' חכמות בחוץ כו' מטעם הנ"ל וד"ל· אך ה' השיב למשה מי שם פה לאדם כו' אנכי אהיה עם פיך כו' פי' הנה שע"פ ההשתלשלות ממקור ח"ע ע"פ קו המדה א"א להיות בחי' פה לאדם שהוא בחי' מ"ה דחכמה הנעלמה הנ"ל כי א"א לבא בבחי' גילוי כלל משום דלית מחשבה תפיסא בי' בגילוי בבחי' פה ולשון כו'· אך אנכי אהיה עם פיך כו'· פי' כי הלא אנכי הוא בחי' גילוי אור א"ס שבכתר דא"א וע"י (כידוע שזהו הכ"ף שבאנכי) ומפני בחי' גילוי עצמות אור א"ס שבכתר יוכל להיות ג"כ בחי' גילוי ההעלם דחכמ' הנעלמה הנ"ל כמו שאנו אומרי' לפניך נגלו כל תעלומות שההעלם נעשה בחי' גילוי קמי' עצמותו ית' (וע"ד המבואר בת"א בענין קריעת ים סוף דכתיב הים ראה וינוס כו' ההרים תרקדו כו' מלפני אדון חולי ארץ כו'):

וזהו מי שם פה לאדם קדמאה שהוא בחי' אור חכמה הקדומה הנ"ל הלא אנכי הוי"ה שבא בבחי' גילוי העצמות· ובחי' אנכי זה יכול לבא לידי גילוי גם למטה מבחי' אדם קדמא' והוא גם בבחי' מ"ה דחכמה שבתורה שרש משה למטה כמ"ש מ"ה שמו מ"ה שם בנו כו' להיות גילוי אור חכמה שבתורה בפה ולשון כמ"ש וידבר ה' אל משה לאמר וכן דבר אל בני ישראל כו' לפי שבמעמד הר סיני כתיב וירד ה' על הר סיני וידבר אלהים כו' אנכי ה' כו' הרי היה גילוי אנכי הנ"ל· וכתיב ודברי אשר שמתי בפיך דברי ממש מבחי' פה דאדם קדמאה שמתי· וז"ש ואנכי אהיה עם פיך כו' וכמ"ש והיו הדברים האלה ממש כו' ודברת בם כו' וכמ"ש את ה' האמרת כו' וד"ל· ואעפ"כ אמר לו משה שלח נא כו' כי רצה שיהיה בחי' גילוי דתושב"כ ובע"פ שלא על ידו כו' כי שרשו בבחי' מ"ה שבהעלם העצמות דוקא כנ"ל ואיידי דטריד למבלע כו' (כמ"ש למעלה) וזהו שרש ברכת הזן שנק' לחם מן השמים שהוא המן שלפני קבלת התורה מטעם כל הנ"ל· ולכך הנוסח דהזן בדרך נסתר משום דלא אתיידע מי הטוחן מטעם כל הנ"ל· ובחי' הברכה באמרינו ברוך אתה הוי"ה הזן כו' היינו להיות כי עצמות אור הא"ס רם ונשא גם מבחי' טלא דבדולחא הנ"ל הנק' מזונא דזכימין וכמ"ש הנני ממטיר כו'· ע"כ ממשיכים לבחי' הוי"ה יוד תחלה שהוא המצנוס כו' ובחי' הוי"ה זה הוא מקור להמשכת המן מן השמים וזהו ע"י ישראל דוקא מפני שעלו במחשבה הקדומה הנעלמה הנ"ל וכמ"ש בברכת הארץ אנחנו מודים ומברכים אותך כו' (וכמ"ש למעלה)· אבל בחי' ברכת הארץ הוא בחי' ח"ת הנ"ל עלמא דאתגליא ונק' ארץ והוא בחי' יח"ת בכלל שהיא בחי' ביטול היש בלבד וע"כ מתחלת בהודאה כנ"ל והנוסח לשון נוכח כו'· וזהו ג"כ ע"י ישראל מפני שסוף מעשה עלה במחשבה תחלה (כמ"ש למעלה)· ופי' הברכה בא"י על הארץ הוא בחי' המשכת הוי"ה דח"ע בח"ת יח"ע ביח"ת כנ"ל בפי' אמת ואמונה כו' וד"ל· וזהו שארז"ל כל שלא אמר ברית ותורה בברכת הארץ לא יצא כנ"ל כי הנה בחי' יח"ת שנק' ארץ היא מקבלת מבחי' המדות דז"א מבחי' יסוד שנק' ברית הוי"ה וז"ש כי כל בשמים כו' ומשם נמשך בחי' ביטול היש ביח"ת ולפי שנא' לך ה' הגדולה והגבורה כו' שהן בחי' ביטול המדות דז"א לך הוי"ה לאו"א דאצי'· וע"י בחי' יחוד עליון שבמדות דז"א נמשך ג"כ בחי' יחוד התחתון דמ"ל כמ"ש לך ה' הממלכה כו' כמאמר כגונא דאינון מתייחדין לעילא כו' וקאי על בחי' יחוד או"א וז"א כו' ולכך כל שלא אמר ברי' בברכת הארץ לא יצא· ומ"ש גם תורה עם ברית היינו כנ"ל בפי' חכמות בחוץ כו' דח"ע נמשך בח"ת ע"י שנמשך אור החכמה במדות דז"א והייט ברית ותורה שבבחי' ז"א נמשך בחי' יח"ת דברכת הארץ כו' וד"ל· אך הנה עדיין יש להבין בטעם הענין שלא יצא כשלא הזכיר ברית כו' לפי שע"י הברית ניתנה הארץ כנ"ל איך עושין מהעיקר טפל להזכיר ברית בברכת הארץ כו' כנ"ל· והנה הענין יובן בהקדים מה שאנו אומרי' הנוסח ועל בריתך שחתמת בבשרנו ועל תורתך שלמדתנו דמשמע מלשון זה שיש ב' בחי' ברית א' בריתך והב' הברית שחתמת בבשרנו וכן יש ב' בחי' תורה א' תורתך וב' תורה שלמדתנו כו'· ויובן זה ע"פ מארז"ל דנכרי אסור למול דכתי' המול ימול המל ימול ופריך אלא מעתה אשה לא תמול ומשני אתאא כמאן דמהילא דמיא ולכאורה י"ל דהא לא שייכא כלל מילה באשה והיך אמר דכמאן דמהילא דמיא כו'· אך הנה ידוע דבחי' מ"ל דאצי' נק' אשה יראת ה' כו' והוא בחי' ח"ת הנ"ל והטעם שנקרא' אשה בחי' נוקב' בחי' מקבל ידוע ע"פ פי' הפסוק כי שמש ומגן הוי"ה אלקים דבחי'

שם אלקים הוא כמו מגן ונרתק לשמש שהוא שם הוי' דז"א ער"ת השמש שהוא המאור עצמו נק' בשם משפיע והאור הנמשך ע"י הנרתק הוא בחי' מקבל כדוגמת אור הראי' המתפשט מכלי העין שעצם כח הראיה נק' מאור עינים והאור הראיה המתפשט בחי' מקבל כו' · ואמנם הנה הגם שםם אלקים נק' בחי' מקבל לגבי הוי' ככ"ל מ"מ לגבי המקבלים נק' בחי' דכר משפיע להשפיע למטה' מה שקיבל · ונמצא שם אלקי' הוא בחי' נוקבא לגבי שם הוי"ה והוא בחי' דכר לגבי המקבלים דהיינו העולמות כו' (ועד"מ אור השמש שנק' בחי' משפיע לגבי המקבלים האור והוא עצמו נק' בחי' מקבל מאור השמש עצמו וכן אור הראיה מן העין כו' וכה"ג) והרי זה עד"מ כמו התלמיד המקבל מרבו וחוזר ונעשה בחי' משפיע להשפיע למקבלים כל מה שקיבל מרבו · וכך הוא השפעת אור הלבנה מה שקיבלה מאור השמש שבקבלת' מאור השמש נקרא בחי' מקבל ובהאירה על הארץ נקרא משפיע · ובכ"ז מובן שבחי' המקבל קודם לבחי' המשפיע דהיינו אם לא שהיה תחילה בחי' נוקבא בחי' מקבל לא היה אח"כ בחי' משפיע כי הרי אינו משפיע רק אחר שקיבל תחילה כו' וד"ל · ויובן זה ג"כ במדת המלוכה שהוא ג"כ בחי' מקבל ומשפיע ע"ד הנ"ל ממש שהרי המלך מקבל מכל אנשי המדינה ואח"כ נעשה להם בחי' משפיע להתנשאות על הכל ולהטיב להכל כו' · והיינו משום דכל מה שקיבל הוא משפיע כו' וד"ל · וככל אלה יובן למשכיל למעלה בבחי' מלכות דאצי' שנקרא' אשה יראת ה' אשת חיל כו' בחי' מקבל מן המדות דאצי' שנק' הוי' ואח"כ מה שקיבלה היא משפיע לבי"ע ונק' בחי' דכר ובחי' המקבל קודם לבחינת המשפיע (כי ודאי א"א שיוכל להשפיע כפי מה שקיבל לעצמו ממש שהרי לא קאים כו' וגם הוא לא קאים כו' וא"כ יש כאן ריחוק ב' מדריגות שהוא שתים שהן ארבע א' שהתלמיד לא קאים אדעתיה דרבי' והב' אשר המקבל מן התלמיד לא קאים כו' ונק' קבלת התלמיד הארה דהארה מרבו והמקבל ממנו נקרא הארה דהארה) וכך יובן למעלה במל' דאצי' שנק' הארה דהארה לגבי ז"א כמ"ש באורך נראה אור מעטם הנ"ל ועד"ז קבלת העולמות מבחי' המלכות בחי' הארה דהארה כו' · אך דוקא בחי' נוקבא נק' הארה דהארה מן המשפיע הראשון אבל מה שנעשי' בחי' דכר למטה הרי יותר נמוך אע"פ שנק' מאור לגבי המקבל התחתון הימנו כי אינו מקבל רק הארה דהארה. ונמצא יש ד' מדריגות בכלל· אור דז"א למלכות · והארה דאור זה במל' לעצמה ואור דמל' בבי"ע והארה דאור זה שבמקבלים דבי"ע · וסימן לזה האותיות שבחותם שמתגלפין בשעוה שנק' הארה דהארה ועד"ז אותיות הללו שבשעוה שנחקקים בדבר אחר שנקר' דמות וצלם · צלם הוא לצייר ציור התואר עצמו או כמו פנים הנראין במראה ומים וכה"ג ודמות הוא המצטייר מציור הנראה בלוח וע"ד שאמר נעשה אדם בצלמנו הרי האדם נפרד ונבדל אלא שנעשה ממש בצלם אלקי' וכדמותנו הוא הנצטייר מן הנבדל כו' ומ"ש בזהר צלם דכר ודמות נוק' כי צלם הוא המצטייר מצלם הפנים עצמו כמו באותיות החותם בשעוה וכה"ג במראה הפנים עצמו במים ומראה ודמות נוקבא הוא המצטייר מן הנבדל שקבל עצם הצורה וזהו אין צור כאלהינו צר צורה בתוך צורה שצייר מצור' שנצטיירה מעצם התואר שנקרא צורה הראשונה כו' · ולמעלה יובן מזה ד' מדריגות הנ"ל ציור אותיו' דז"א במ"ל כמ"ש אתוון אתגליפו וכה"ג בלבנה שנחקקי' בה קרני אור השמש כו' נק' צלמו · וציור המקבלים מאותיות שבמ"ל נקרא דמותנו והן ד' מדריגות בפרט כמובן מתוך הנ"ל ואותיות שבמ"ל הנקרא בחי' נוקבא הם המקבלים מאותיות דז"א ואותיות הנק' זכרים הם המאירים בבי"ע · ומה שארז"ל יודע הי' בצלאל לצרף האותיות שנבראו בהם שמים וארץ כו' הן האותיות זכרים שבמ"ל שנבראו מהן הכל כמ"ש בס"י ה' אבנים כו' ונקרא אותיו' בב' מדריגות אותיו' רברבין וזעירין · וזעירין הן למעלה מרברבין כי בחי' הנוק' למעלה מבחי' הדכר בכל מקום בין בז"א ובין במ"ל וכמו א' זעיר' דויקרא הוא למעלה מא' רברבא דאדם כו' לפי שהמ"ל בהיותה בחי' מקבל מז"א באצי' היא למעלה מבחי' דכר כשהיא נעשית עתיק לבריאה וכן בז"א אתוון זעירין שבו מקבל מא"א למעלה מבחי' אתוון רברבין שהן בחי' דכר ונק' צלם אדם כו' ולפעמים להיפך דזעירין במקבלים ורברבין במשפיע כמ"ש בע"ח דזעירין במ"ל ובינונים בז"א ורברבי בבינה · והיינו כשבחי' דכר ונוק' הן בעצמם ואז בחי' הנוק' אינו נק' דכר לגבי מטה ואין הדכר נקר' נוקבא לגבי עליון הימנו כו' וד"ל · ובכל הנ"ל יתורץ קושיא הנ"ל במה שאומרים אמת ואמונה כ"ז בחי' נוקב' ואח"כ אומרים וקיים לשון זכר כו' · והיינו משום דהמ"ל נק' בחי' נוקבא לגבי ז"א ככ"ל דאלקים הוא מקבל מהוי"ה ואח"כ נעשה עתיק לבריאה בחי' דכר וזהו וקיים עלינו כו' · ומה שנק' אמת ואמונה כאדם שנאמן ליתן למקבל כל מה שקיבל מן המשפיע והנותן אינו אלא אמצעי ביניהם · כך המ"ל הוא בחי' אמצעי להביא כל אור השפע מאצי' לבי"ע שלא יחסר כלום ולכך נקרא אמונה כ"ז שבאמונ' מקבלת ונותנת כל מה שמקבלת כמ"ש בזהר ופירוש אמת ואמונה מבואר למעלה שהוא המשכו' ח"ע בח"ת כו' (וזהו פי' פועל אמת שפעולתו אמת בבחי' יחו"ע דח"ע בז"א עצמו נק' פועל אמת כמו ציור החותם עצמו ככ"ל ופעולתו אמת בציור אלו האותיו' במ"ל ומ"ל לבי"ע כמ"ש כי הוי' הוא האלקים ממש וככ"ל בפי' בצלמנו כדמותנו כו') · ואחר כ"ז יובן מה שאנו אומרי' בברכת הארץ ועל בריתך שחתמת בבשרנו דמשמע שיש ב' בחי' ברית וככ"ל דהנה כל בחי' השפע מעליון לתחתון הוא הנקרא בחי' יסוד

בכ"מ

בכ"מ והוא בחי' הברית שהוא בחי' התקשרות המשפיע אל
המקבל כו' (כמ"ש ביאור זה במ"א בפי' כי כל בשמים כו'
וקונה הכל כו') · והנה בחי' אור השפע הנמשך מז"א
דאצילות למ"ל הוא הנק' בריתך וכמ"ש והקימותי את בריתי
כו' שהוא בחי' התקשרות המשפיע עם המקבל (ע"ד
שאמרו יותר ממה שהעגל ס' והוא בחי' המשכת הביטול
מאצי' להיות בחי' ביטול יש במ"ל כו') · ובחינת ברית הב' הוא
אשר חתמת בבשרנו דהיינו בחי' ברית דנוק' דז"א הנק' בחי'
מ"ל והוא מה שנעשית בחי' דכר משפיע למטה בבי"ע כנ"ל
בבחי' שם אלקי' והוי"ה כו' דהיינו להמשיך שפע הביטול בנשמו'
ומלאכים דבי"ע שהן מקבלי' מבחי' ברית דנוק' כשנק' בחי'
דכר וכמ"ש למעלה בפי' וקים עלינו כו' · (ומה שאמר
שחתמת בבשרנו כי המ"ל נקר' עלם מעלמי ובשר מבשרי
כי מאיש לוקח' זאת והייט כמו תות' המתהפך מציור שקיבל
לצייר מה שלמט' היינו כנ"ל וזהו שחתמת בבשרנו מבחי'
ברית העליון דז"א כו' וכנ"ל בפי' בצלמנו כדמותנו כו'
וד"ל) · ובזה יובן מה שארז"ל שאין האשה כורתת ברית אלא
למי שעשאה כלי כו' כי בחי' הברית דנוקבא נעשה מבחי'
יסוד המשפיע דדכורא וזהו שעשאה כלי כמ"ש כי בועליך עושיך
כו' וזהו בחי' כריתת ברית שלה לגבי מי שעשאה כלי כו'
וכנ"ל בפי' ועל בריתך שחתמת כו' (ופירוש שעשאה כלי
שתהיה בחינת דכר להוליד כו' וד"ל) · ובכ"ז יובן ג"כ מה
שהאשה כשיר' למול אע"ג דכתיב המול ימול המל ימול ואשה
לא שייכא בה מילה כלל משום דאיתתא כמאן דמהילא דמיא
פי' לא שאין באשה מבחי' מילה כלל וכלל שתפסול למול אלא
היא כמאן דמהילא דמיא משום דבחי' ברית דנוק' נק' בחי'
ברית ממש בחי' דכר משפיע אחר שנעשית כלי מבחי' ברית
דדכורא כנ"ל בפי' ועל בריתך שחתמת בבשרנו כו' וע"כ
אמר דאיתתא כמאן דמהיל' דמיא להיות נק' בחי' דכר רק
שאין זה מצד עצמה רק מה שקיבלה מן המשפיע (וע"כ
אמר כמאן דמהילא דמיא וכמ"ש בצלמנו כדמותנו כו' כנ"ל) :

ובבל זה הרי יתורץ ג"כ הקושיא הנ"ל בטעם שצריך
להזכיר ברית בברכת הארץ מפני שע"י הברית
ניתנה הארץ כי המל' שנקרא' ארץ מקבלת בחינת ברית
שלה מברית העליון דדכורא וע"כ כל שלא הזכיר בריתך
שחתמת בבשרנו בברכ' הארץ לא יצא (ואין זה כטפל כי
אדרבה הארץ ניתנה ע"י הברית העליון וכמ"ש והקימותי
ונתתי כו') · וצריך להזכיר בחינת העיקר ומקור המשכת
הברית במל' · משא"כ במצו' מילה שהוא בבחי' ברית דז"א
כי בצלם אלקים עשה לאדם התחתון א"צ להזכיר ולומר
שחתמת כו' בחי' ברית דנוק' כי יש בכלל מאתים מנה
ומזה הטעם א"צ לזכור את הארץ גבי מילה כו' (ומה
שאומרים ובמאמריו חתם כו' היינו חותם ברית העליון דוקא
שנקרא ברית דדכור' כו' וד"ל) · ובזה יובן ג"כ מה שאמר
והקימותי את בריתי ביני ובינך שהן מדרגה א' ממש כי אדם
נק' דכר והיינו לברית עולם (ומ"ש וראיתיה לזכור ברית עולם
ג"כ בבחינת ברית דדכורא והוא מה שבחי' ברית דנוק
כורתת ברית תמיד למי שעשא' כלי כו' כנ"ל · וזהו שאמר
גם בארץ כנען לאחזת עולם אע"פ שנחרבה הארץ הגשמית
מאחר שע"י הברית ניתנה הארץ למעלה הרי היא לאחזת
עולם דאיתתא כמהילא דמיא והיה לאחדים ממש רק מה
שהמל' משפיע למטה בבי"ע בזה יש שינוים וע"ז נאמר
השליך משמים ארץ כו' אבל בברכת הארץ אנו אומרים כמו
שהוא למעלה דכתיב ונתתי לך את ארץ כו' לאחזת עולם כו'
וכמ"ש לא מאסתים כו' להפר בריתי כו' וכנ"ל וד"ל) · והנה
ע"ד הנ"ל בפי' ועל בריתך שחתמת כו' יובן ג"כ מה שאמר
ועל תורתך שלמדתנו פי' תורתך הוא תושב"כ שהוא בחי' יסוד
אבא ואשר למדתנו הוא בחי' תושבע"פ מבחי' יסוד ז"א במל'
שנק' פה שזהו שבעל פה כמ"ש בזהר והן ב' מיני חכמה
בחי' חכמה בראש וחכמה בסוף שנק' חכמות כנ"ל· (או הכל
בז"א ותורתך בחי' חכמה דז"א שלמדתנו בבחי' מל' והוא
ע"ד הנ"ל בברית·אך הנה שרש התורה למעלה מבחי' הברית
שהתורה שרשה בחכמה או בת"ת והברית ביסוד ולזה יפלא
למה צריך להקדים ברית לתורה וגם למה אמר דמילה
ניתנה בי"ג בריתות והתורה בג' בריתות וכ"ז יתבאר
בביאור בעז"ה) · והנה אחר שנתבאר למעלה בשרש בחי'
ב' לחמים הנ"ל לחם מן השמים ולחם מן הארץ שהן ב' מיני
חכמה ח"ע וח"ת וז"ש חכמות בחוץ כו' · הנה מעתה יש
להבין שרש ענין לחם משנה דשבת (כמ"ש למעלה) דהנה
כל ו' ימי המעשה נמשך מבחי' המדות העליונות דז"א
בבי"ע ע"י בחי' המל' כנודע בפי' כי ששת ימים עשה ה' ש'
ובבחי' המדות דאצי' מלובש מבחי' חכמה דאצילות שנק'
חכמה בראש כידוע והשפע נמשך בחכמה שבמל' שנק'
חכמה בסוף וזהו פי' חכמות בחוץ כו' בבי"ע שנק' חוץ
להיותם חוץ לפרס' המבדלת בין האצי' כו' והוא ג"כ בחי'
ב' לחמים לחם מן השמים ח"ע ולחם מן הארץ ח"ת והן
בחי' יח"ע ויח"ת בכלל · ומבחי' ח"ע שבמדות שנק' יח"ע
נמשך בחי' יח"ת בבחי' ח"ת דמל' והיינו ע"י בחי' ברית
ותורה שבאצי' שהוא בחי' המדות דאצי' המאירים בו' ימות
החול · ביום הא' מאירה מבחי' החסד דז"א והוא מאמר יהי
אור כו' כידוע · וביום הב' מבחי' גבורה דז"א והוא מאמר יהי
רקיע להבדיל כו' כידוע · ועד"ז כל ו' ימי החול הנה הולך
ויורד בחי' האור והשפע מח"ע שבמדות דאצילות מלמעלה
למטה בבי"ע · וז"ש כי ששת ימים יומין עלאין דאצי' עשה ה'
כו' וכידוע אך ביום השביעי שבת וינפש פירוש ששבת ונח כמו
עד"מ אדם ששובת שבא אל בחי' עצמותו כו' כן בשבת חוזר
האור אל בחי' העצמות ממש והוא בחי' עליות העולמות
בליל שבת ואז ב' הלחמים ח"ע וח"ת הנ"ל מתחברים כאחד

וזהו

והו שצריך לאחוז ב' הככרות אחוריהם זה לזה ופניהם לחוץ להיות כולו פנים כמו לחם הפנים שבמקדש שכולו פנים ואין בו בחי' אחוריים כלל מפני שבשבת חוזר הכל אל העצמות דא"ס שלפני הקו ושם שוין ח"ע וח"ת מבלי חילוק בין ראש לסוף כמו העיגול שראש הקו וסופו שוין כידוע והוא למעלה מבחי' הבירורים דו' ימי החול · להיות כי הברורים מבחי' המדות שהיה בהן שבירה כנ"ל אבל בשבת שבת וינפש בבחי' העצמות שלמעלה מבחי' עקודים נקודים כו' למעלה מבחי' שבירה ותיקון כו' וע"כ לחם מן הארץ שבבחי' הברורים ולחם מן השמים דמן שהוא ח"ע במקורה כנ"ל מתייחדים כא' וע"כ לא ירד גם המן בשבת כי פנימית ח"ע שמשם שרש המן כנ"ל עולה לבחי' עצמות אור א"ס וזהו שרש ענין לחם משנה דשבת סוד טעמא דתרין נהמי (דהעיקר הן תרין נהמי גם בי"ב הלחמים כידוע) :

ביאור על הנ"ל

להבין שרשי הדברים הנ"ל · הנה אמרז"ל ע"פ ואלה מדות המזבח כו' עד כי זה השולחן אשר לפני ה' כו' פתח במזבח וסיים בשולחן לומר לך בזמן שבהמ"ק קיים מזבח מכפר ועכשיו שולחנו של אדם מכפר עליו · וזה פלאי לכאורה דמה שייך ענין כפרה בשולחנו של אדם כאשר אוכל מזון גשמי כו' · והנה בזוהר פ' תרומה (דקנ"ג ע"ב) פתח רבי חזקיה ואכלת ושבעת וברכת כו' מהכא דשכור שרא לי' לברכא ברכתא דמזונ' מה דלאו הכי בצלות' דהא צלות' מעלי' בלא אכיל' איהי מ"ט בגין דצלות' סלקא לעילא לעילא באתר דלית ביה אכיל' ושתיה וע"ד תנינן עלמא דאתי לית ביה אכילה ושתיה אבל שאר דרגין דלתתא אית כו' ברכת המזון אתר דאית בי' אכיל' ושתי' ומני' נפקין מזונ' לתת' כו' באתר דצלות' לאו הכי דהא סלק' יתיר לעילא לעילא וע"ד שכור לא יצלי צלותא ובהמ"ז שכור שרא לי' לברכא כמ"ש ושבעת זו שתי' חמרא דשבעא בחמרא איהו וברכת את את דייקא דבהמ"ז מצטרך חדוה ושבעא על הארץ הטובה דא שבעא כד"א ונשבע לחם ונהי' טובים ע"כ · והנה להבין שרש ענין זה המאמר שיש הפרש בין צלותא לבהמ"ז כו' הנה תחלה יש להבין בחי' ברכת המזון שהוא באתר דאית ביה אכילה ומיני' נפיק מזונא לתתא · ויובן זה בהקדים ענין זה השולחן אשר לפני ה' כו' שהוא שלחנו של אדם שהוא עכשיו במקום מזבח לכפר עליו כדלעיל· דהנה מבואר בזהר שם עוד ע"פ ועשית שולחן עצי שטים כו' דהאי שולחן מניה נפיק מזונא לכל עלמא כו' ע"ש וזהו כי על שולחן המלך תמיד הוא אוכל כו' · פי' שולחן המלך מלכא עילאה ושולחן אשר לפני ה' הכל ענין א' ומדריגה א' והוא בחי' המ"ל בלבושי' נק' מזבח ה' (כאמרם מיכאל כהנא רבא מקריב נשמות ע"ג המזבח כו') ולפעמי' נק' שולחן שלפני הוי' כי בחי' הוי' הוא בחי' ז"א דאצי' י"ה מוחי' דאו"א שבז"א כו' כידוע והוא הנק' אדם דאצי' כמ"ש ועל הכסא דמות כמראה אדם כידוע · ובחי' השולחן שלפני בחי' הוי' דאדם זה היינו כאשר בחי המ"ל בוקעת המסך שבין אצי' לבי"ע ויורדת למט' בבי"ע ללקט ניצוצות דתהו שנפלו שם בשה"כ הנק' ברורי נוגה שמן הברורים הללו נעשה בחי' מזון עליון לבחי' אדם דאצי' ועד"מ מן המאכלי' שאדם התחתון אוכל מחמת ששרש החיות דמאכל הוא מבחי' ניצוצות דתהו יש ביכולתם להוסיף אור וחיות באדם ששרשו מבחינת התיקון· כך למעלה ע"י בחי' הברורים והעלאו' דניצוצות דתהו על ידי בחינת המ"ל ה"ז כמו המאכל שעי"ז ניתוסף אור ומוחין חדשים בתוספת עילוי באדם דאצי' להיות שרשם מבחי' התוהו שלמעלה מבחי' אדם דאצי' שהוא בחי' התיקון כידוע · וע"כ נקרא המ"ל בבחינת העלאת הברורים מבי"ע או בשם שולחן שלפני הוי"ה עד"מ שולחנו של אדם למטה שעורך תיקון המאכלים לפניו כדי להוסיף בו אור וחיות כו' ונקר' גם כן שולחן המלך כמו שולחן מלך ב"ו שעולין בו כל המאכלים מתוקים וערבים מתוקנים בתכלית הטוב והוא עילוי למאכל כשעולה על שולחן המלך כמאמר רז"ל כל דבר שעולה על שולחן מלכים כו' כך הוא עילוי כל הברורים שבבי"ע כשעולין דוקא על שולחן המלך שנקרא שלחן שלפני הוי"ה דהיינו בעליות המ"ל בבחי' האצי' בתכלית הבירור של כל הניצוצות דתהו לתקנ' בכמה מיני מטעמי' כמ"ש ועשה לי מטעמי' כו' עד"מ השולחן של המלך שמסודרים בו כמה מיני מעדני מאכלים שהשולחן מורה על תשלום תיקון המאכל שאז סודרין אותו ע"ג השולחן ואם אינו מתוקן כל צרכו כראוי עדיין אין סודרין אותו ע"ג השולחן והוא הנקרא שאינו עולה על שולחן מלכים כו' וד"ל· וזהו כללות ענין שולחן שלפני הוי"ה· אך להבין פרטי הענין הנה יובן משולחנו של אדם למטה איך הוא ג"כ בבחי' הברורים כו' דהנה ידוע דאין לך עשב למט' שאין לו מזל מיוחד המגדלו וכן אין לך חלק חי ודומם שאין לכאו"א מזל מיוחד כו' והוא בחינ' כח עליון רוחני השופע כמו מלאך הממונה על ההריון ואומ' טפה זו חכם כו' גם בחלק המדבר יש מזל מחכי' ומזל מעשיר כו' ושרש כולם הוא בחינת ע' שרים הממונים כל אחד וא' על חלק אקלים שלו להשפיע בו כל חלקי דצח"מ שבו והע' שרים מקבלים דרך עילה ועלול משמרי האופני' כו' והוא הנק' קליפת נוגה (שבא"י שולטת ואעפ"כ יש שם רע גמור כמו גזל וש"ד כו' לפי שאין זה שייך לשר השולט כי מבחי' השר השולט נמשך מציאת דצח"מ אבל לא פעולת הרע והטוב של המדבר כו' ובחינת רע גמור דג' קליפות הטמאו' יש גם בא"י רק שההשפעה שרשה בבחי' נוגה כו')· והנה כאשר האדם אוכל המאכל מצומח וחי וכה"ג הרי מעלה לשרש המזלות שנפל מז' מלכים דתהו בבחינת

שבה"כ

שבה"כ כידוע לפי שבכח האכילה ההיא גם שמעורבת טו"ר מבחינת נוגה כנ"ל הרי נתעלה בחי' הטוב שבו כשמתפלל ומוסר נפשו לה' אחד שנכלל הכח ההוא באלקות ממש ולהיות שרשו למעלה מבחינ' התיקון דאדם· ע"כ בחי' בירור והעלאה זו ממשיך תוס' אור מבחינת אורות דתהו בתיקון כמ"ש בת"א שזהו ואכלת ושבעת וברכת את הוי' דתיקון כו' וד"ל· והוא בחי' אהבה בכל מאדך כמו בע"ת דמשכין ליה בחילא יתיר כי מבררי' לניצוצות שנפלו מבחי' התהו ולכך גדולים גם מצדיקים גמורי' שהן בבחינ' התיקון כמ"ש בת"א (ומ"ש רע"ק אם לעוברי רצונו כך כו' הק"ו הזה כך הוא אם לעוברי רצונו שנפלו לבי"ע בבחי' פסולת כך לעושי רצונו כשיבוררו כל הניצוצו' בסו"ת וע"ע עאכו"כ וד"ל)· ואמנם דוקא הע' שרים ולמעל' מהם כמו שמרי האופנים שנפלו למטה בבחי' שבירה והן מעורבים טו"ר לפי שלא נתבררו עדיין הן מתבררים ע"י האדם באכילה כשמתפלל ולומד או עושה תשובה ומע"ע כנ"ל אבל המלאכים העליונים כמו מיכאל וגבריאל ואופנים וחיות הקודש דבי"ע הן לאחר הבירור והתיקון וע"כ אומרים קדוש וברוך בבחי' הביטול דשם מ"ה דתיקון כו' (אע"פ שנק' חיות ובהמות כמו פני אריה מ"מ הן מבחי' התהו שבאו לידי תיקון וע"כ אמר בר"מ בכמה דוכתי דכלילן דא בדא כו' משא"כ נפשות בהמות חיות שלמטה הנמשך מבחי' נוגה שלא נתבררו עדיין)· וזהו הטעם שאמרו שבשולחנו של אדם מכפר עליו כי השולחן שאדם סודר עליו המאכלים שניתקנו הרי מתבררים ועולין באחדות ה' שלמעלה משרש נפש האדם דתיקון מטעם הנ"ל· וע"כ יש בכח המזון לכפר על נפשו כשמתעלה באחד כו' כמו העלאת הקרבן ע"ג המזבח שנק' אכילת אדם העליון כמ"ש לחמי לאשי כו' שמכפר מטעם זה כמ"ש בסמוך וד"ל· ובזה יובן ג"כ למעלה בבחי' השולחן שלפני הוי"ה הנ"ל שהוא בחי' המ"ל שמבררת לכל הניצוצות דתהו שנפלו בבי"ע עד ע' שרים דעשיה בכלל כנ"ל· ונק' שולחנו של אדם העליון דאצי' כנ"ל שעי"ז ניתוסף בחי' אור נעלה בתוס' עילוי באדם דאצי' להיות שרש הברורים הללו שע"ג השלחן הזה הוא ממשיך מבחי' אורות דתהו בהוי"ה דאדם דתיקון כנ"ל באדם התחתון· ובכל זה יובן מ"ש בבחי' מ"ל דאצי' אשת חיל עטרת בעלה כו' בטח בה לב בעלה ושלל לא יחסר גמלתהו טוב ולא רע כל ימי חייה· פי' אשת חיל הוא בחי' מ"ל דאצי' כשמבררת בירורים בבי"ע כמו עד"מ אשת חיל שנושאת ונותנת בכל צרכי הבית למכור ולקנות כו' למצוא טרף ומחית פרנסת ביתה בריוח הרבה יותר מן הקרן כו'· כך למעלה בחי' המ"ל שנק' אשה יראת ה' נק' אשת חיל שמרווחת הרבה מבחי' אורות דתהו שנפלו כמ"ש חיל בלע כו' וחיל לשון כח ג"כ שיש בכח שם ב"ן לברר כמ"ש רבות בנות עשו חיל ואת עלית כו' ובבחי' הבירורים הללו נעשים בחי' עטרת תפארת לבעלה בחי' ז"א כידוע דאורות דתהו הוא בבחי' ס"ג דבינה שלמעלה

מבחי' מ"ה דז"א ובחי' המקיפים הנק' עטרה נמשך משם על ראש דז"א כמ"ש בעטרה שעטרה לו אמו כו' כמ"ש בת"א וז"ש עטרת בעלה (ובזה יובן מאמרז"ל דאין הברכה מצויה בביתו של אדם אלא בשביל אשתו שנאמר להניח ברכה אל ביתך כמ"ש בת"א)· ולא עוד אלא כל עיקר בחי' אדם שהוא שם מ"ה אינו אלא ע"י בחי' המ"ל דוקא כמ"ש בזהר דאדם כללא דדכר ונוקבא כחדא דוקא או נק' אדם ולא בלתי נוקבא שאינו נק' אדם כלל כמ"ש ויקרא שמם אדם ויאמר פרו ורבו כו'· והיינו מ"ש דנק' עטרת לבעלה להיות נק' בשם אדם כו'· והענין הוא כידוע דאדם בגי' מ"ה והגי' דמ"ה הוא בד' אותיות דשם הוי"ה עם המילוי שלו דוקא כי גי' דהוי"ה כ"ו והמילוי שלו יוד הא ואו הא הוא גי' י"ט והוא גי' דחוה כידוע ואין מספר מ"ה רק בצירוף המילוי דשם הוי"ה שהוא מספר י"ט בגי' דחוה אשת אדם והוא בחי' המ"ל שנק' אם כל חי בחי' כח הפועל בנפעל והוא בחי' אלקים זאדני כידוע דזו"נ הן בחי' אדם וחוה כמ"ש בזהר בפי' ויעש ה' לאדם ולאשתו כתנות עור שהוא בחי' החשמ"ל שמלביש לזו"נ כו'· וא"כ הרי מובן מכל זה דעיקר בחי' אדם שם מ"ה אינו אלא בחי' הנוק' שלו שהוא בחינת המילוי דשם הוי"ה ואם לאו לא נק' אדם בגי' מ"ה ולא עוד אלא שהמ"ל יותר עיקר שהרי נעשית בחי' עטרת לבעלה מטעם הנ"ל כי ענין המילוי ידוע שהוא ענין בחי' ההתגלות לחוץ מתוך ההעלם שזהו כשצריך להשפיע לזולתו דוקא כמו לגלות בדבור לזולתו וכיוצא אז נמשך בחינת אותיות יתירים כמו אות י' הנה אות יוד בעצמו ומהותו רק נקודה א' והמילוי שלו אותיות ו"ד היינו כשצריך לומר אות יוד בדבור לזולתו אזי ניתוספים בהכרח אותיות ו"ד משא"כ יוד הנכתב או כמו שהוא במחשבה אינו אלא אות א' כצורת נקודה א' בלבד וא"כ הרי עיקר אותיות ו"ד שביוד הוא רק בחי' גילוי ההעלם כשבא האור והשפע למטה לנבדל מן העצמות כי לעצמו א"צ פי' לאות י' וכה"ג באות הו' (אך הנה גם קודם שיצא לדבור הרי היה אותיות ו"ד ביו"ד רק שהיו בהעלם כלולי' בו ובדבור יוצאים לגילוי וע"כ נק' המילוי בבחי' העלם ועיבור כי יש בכלל מאתי' מנה כו' וביציאתו לגילוי מאיר למטה כו')· וכך יובן למעלה בבחי' המ"ל שהוא בחי' המלוי דשם הוי' בגי' חוה כי היא היתה אם כל חי (בבחינת העלם ועיבור תחלה באותיות דהוי"ה עצמו) שהוא בחי' גילוי ההעלם דהוי"ה להאיר למטה והוא בחי' דבור העליון בי' מאמרות להיות אם כל חי מאין ליש כידוע (וכמ"ש בת"א בפירוש לנפש חיה לרוח ממללא שהוא עיקר אדם בחי' מדבר כו') ועי"ז נעשה בחי' הוי' בבחי' אדם בגי' מ"ה כנ"ל משא"כ בלא בחי' מילוי דשם הוי"ה כנ"ל וד"ל· וזהו בטח בה לב בעלה ושלל לא יחסר פי' לב בעלה הוא בחי' המדות דז"א שהן בבחי' התיקון (כידוע שבחינת לב מבחינת

ל"ב כ"ח ל"ב אורות דאו"א שבו"א כמ"ש בע"ח בענין הלב כו') והבטחון של בחינת לב דז"א להיות בו בחינת תוספת אורות ומוחין חדשים ע"י המשכות אורות דתהו בתיקון כנ"ל הוא ע"י בחינת המ"ל דוקא שנקרא' אשת חיל לברר בירורים דרפ"ח כנ"ל · וזהו ושלל לא יחסר הוא הברורים והעלא' רפ"ח כו' מתשוקא לנהורא שנק' שלל וביזה וכמ"ש ואכלת שלל אויביך כו' כי חיל בלע ויקיאנו כי הבירור הבא מע' שרים ע"י בחינת גילוי אלקות בתוס' אור רב נק' שלל עד"מ במלחמה שיהרגו האנשים ויקחו את כל שללם כך כתיב כהמס דונג כו' כן יאבדו רשעים מפני אלקי' בחי' ב"ן כו' והניצוצות שנבלעו בהם בוזזים מהם בבחינת שלל כו' · וז"ש ושלל לא יחסר כי בכל יום מבררת המל' ברורי נוגה וכמ"ש ותקם בעוד לילה ותתן טרף רפ"ח ע"ה כו' כידוע (ובבנימין להיותו לדיק תחתון נא' בבקר בגלותא יאכל ע"ד ולערב יחלק שלל מבחי' הברורים כו') · וזהו שאין נותנין לאדם פרנסה אלא בשביל אשתו כנ"ל · גמלתהו טוב ולא רע כל ימי חייה פי' חייה הן בחינת האורות הנמשכים לבחינת המ"ל ע"י או"א וז"א מבחי' א"א וע"י כמ"ש בזהר בפי' ויהיו חיי שרה כו' חיין עילאין (והן ע' שנין השאולים לדוד מלכא מאלף שנין דאדם קדמאה הנקרא בחי' א"ק וקצובים במספר ע' כמ"ש ימי שנותינו בהם שבעים שנה והם חלופי אתוון מלמטה למעלה דמ"ה והוא בחי' המילוי דהוי' שמתלבש בעולמות כו' וכמ"ש כי לא ימיט עלי ארץ כו' כמארז"ל דוד מי קשיש כולי האי כו' · וזהו ימי חייה הקצובים וכל ימי חייה הוא בחי' תוספת אורות בחייה הנקרא ימי חייה כמ"ש ימים על ימי מלך תוסיף כו' כמו את מספר ימיך אמלא כו' והיינו ע"י בחי' הברורים דניצוצים דתהו דוקא שנקר' אורות מקיפים שלמעלה מן הגבלת אור בכלי כו' וד"ל) · וכל ימי חייה היינו בחי רבוי תוס' הארות אורות עליונים דתהו בחי' מקיפים עליונים שנק' ימי חייה · וזהו שאמר גמלתהו טוב על ידי בחינת הברורים דשם ב"ן הנקר' אשת חיל כנ"ל גמלתהו מבחי' אורות החסדים העליונים שנק' טוב העליון בלי גבול ומפני שהוא אחר הבירור לגמרי אמר טוב ולא רע שאין בו מבחי' השתעפות הדין הקשה כלל וכמ"ש אך טוב וכמו אור הכתר עצמו שכולו טוב ורחמים כו' משא"כ במדות שנפלו בשבירה נמשך מזה שרש עה"ד טו"ר כו' ובמה גמלתהו לז"א כל ריבוי הטוב והחסד עליון הזה הוא בכל ימי חייה שנמשך אורות מקיפים עליונים (וכידוע בפי' גומל חסדים טובים כו' · מפני שכל המקיפים עליונים נמשך אל בחי' המל' דוקא וכמ"ש מה אשיב לה' כל תגמולוהי עלי כו' כוס ישועות אשא כו' וכמ"ש בת"א · ותחלה אמר בברורים שעולין מלמטה למעלה שנקרא שלל ועתה מדבר בהמשכת אורות מקיפים מלמעלה למטה שבאין מסיבת הברורים כו' · וז"ש עוד דרשה צמר ופשתים כו' פי' לפי שכל

המתבררים מבחי' נגה הן ע"י בחי' המל' דוקא כנ"ל בפי' אשת חיל כו' ע"כ אמר דרשה ענין בירור ותיקון כמו ודרשת וחקרת כו' או כמו תיקון מלאכ' שנק' ג"כ בירור ודרישה כמו תיקון הבגד בטויית צמר ופשתים לעשותו כלי כי הצמר בלתי טוייה ותיקון אינו ראוי לבגד וכך יובן עד"מ מבחינת הברורים שכלולים מחו"ג נק' צמר ופשתים · ודרך כלל נחלקים לב' מדרגות פנימים ומקיפי' הנכללים בצמר ופשתים הנה הן עולין מלמטה למעלה בדרך תיקון ובירור ואח"כ נעשה מהן המשכת מקיפים עליונים פנימים ומקיפים כמו בגדים ללבוש מצמר ופשתי' שכבר נתקנו כו' · וקאי דרשה על ב' הענינ' על תיקון הצמר ופשתים מתחלתן ועל בחי' עשיית הבגדים מהן כמו סדין עשתה כו' שהן בחי' מקיפים ופנימים כו' · וז"ש ותעש בחפץ כפיה מבחינת אור חפץ חסד עליון כנ"ל וד"ל · והנה אחר שנתבאר שרש בחי' השלחן אשר לפני הוי"ה כו' שנק' שולחנו של אדם העליון כנ"ל יש להבין למה הוא מכפר עכשיו דוקא כמו שמזבח מכפר בזמן בהמ"ק כדלעיל · אך תחלה יש להבין שרש ענין מאמר הזהר דלעיל שיש הפרש בין גלותא לבהמ"ז דשכור שרא ליה לברכא בהמ"ז משום דבהמ"ז באתר דאית בי' אכיל' כו' וגלותא הוא באתר דלית ביה אכילה ע"כ שכור אסור להתפלל כו' · דהנה שרש בחי' הבירורים הוא מבחי' הגבורות דבינה כמו המשל מבירור המאכל הנ"ל בענין אין לך עשב שאין לו מזל כו' הרי המאכל נתהפך לדם בכבד ונעשה ממנו רביעית דם מובחר בחלל השמאלי שבלב כידוע · וידוע שההתלהבו' אהבה בלב ברשפי אש התשוקה ביותר בבחי' צמאון היא באה מחמת ההתבוננות בחדוה ושמחה דוקא כמ"ש אם הבנים שמחה שהתפעלות ההתלהבו' או שמחה וחדוה גלויה בלב היא ע"י התבוננו' דבינ' כי הרי בינה לבא שהבינה גלויה בלב בחלל השמאלי בבחי' גילוי חדוה או התפעלו' ההתלהבות כו' וסיבת ההתלהבות באה מן הדם רביעית שבלב המתברר מן המאכל ונמצא ה"ז בחי' בירור והעלא' מדם שבלב בהיות שמלובש בה התגלות חדוה או התפעלות התלהבות ביותר מבחינ' בינה לבא כו' שהרי כל מי שלבו צמא יותר בהתלהבות ושמחה גלויה ביותר אינו אלא מפני ריבוי חיות הדם שעולה בלב מן המאכל ומי שלבו חלוש מאוד ממיעוט המאכל ביותר אין בלבו התפעלו' שמחה והתלהבות מבינה לבא כ"כ כו' כידוע · וזהו ענין הברורים דמאכל באהבה במס"כ בק"ש באמרו ואהבת ע"י התבוננות דיח"ע כו' כידוע · וכך הוא בחינ' בהמ"ז להיות כי שרש בהמ"ז באתר דאית ביה אכילה כי הנה בהמ"ז היא על בחינת שלחן אשר לפני הוי"ה שהוא בחינת הברורים כנ"ל בארך והאכילה הוא בחי' הברורים ע"כ גם השכור מותר בבהמ"ז לפי שבחי' השכור מן היין היינו שנתלהב דמו מגבורות דיין הבוער בו והוא העושה בנפשו ג"כ בחי' התגלו' חדוה ושמחה כי נכנס יין יצא סוד כנראה לעין

שביין

שבין יגלה אדם כל מצפוניו וחדוותו בגילוי והתלהבו' רשפי
אש כו' כי בחי' בינה הוא בחי' עלמ' דאתגליי' כנ"ל בענין
בינה לבא וע"כ נכנס יין יצא סוד ההעלם לגילוי וזהו
בחי' הברורים שבבחי' בינה לבא כנ"ל · וזהו מ"ש רשפיה רשפי
אש שלהבת יה ואמר בזהר דהיינו בגלותא דוקא שהמ"ל
מברר בירורי נוגה שהברורי' שרשם בבחי' בינה לבא ע"כ
נק' שלהבת יה כו' כנ"ל בענין השמחה דבינה בלב בהתגלות
ההעלם ובהתלהבות רשפי אש כו' שזהו ע"י היפוך המאכלים
לדם ונעשה ממנו רביעית דם בלב כו' וע"כ גם השכור
אינו פסול לברך בהמ"ז בבחי' הברורי' כי היין שרשו בבינה
מקור הבירורי' כו' · אך צלותא הוא באתר דלית ביה אכילה
ע"כ שכור אסור להתפלל דהנה בחנה כתיב שאמר לה
עלי עד מתי תשתכרין הסירי את יינך כו' שהוא בחי' בינה
שנק' חנה בגי' ס"ג דבינה ואלקנה הוא בחי' קנה חכמה
דאל כידוע והיינו בזמן הגלות שנק' שכורת ולא מיין והשיב'
לו חנה אשה קשת רוח אנכי ויין ושכר לא שתיתי כו' · כי
הנה בחי' הברורים שבזמן הגלות היא מבחי' החכ' כי בחכ'
אתבריר[ו] והחכמה הוא בחי' הביטול בחי' מ"ה שלמעלה
מבחינת גלוי הרגשת התפעלות שמחה והתלהבות בלב כידוע'
וזהו שנא' בחנה וחנה היא מדברת על לבה פי' למעלה מבחי'
בינה לבא הנ"ל דהיינו למעלה מבחינ' תגבורת אהבה בלב
ברשפי אש כו' אלא בבחי' התפעלות הביטול במציאות דחכמה
שבמוח החכמה הוא בחי' יסוד המים קר ולח בחי' קרירות
והיא העדר הרגש' דוקא ואינה נקרא' בחי' מדה כלל כמו
מדות שבלב שבאין בבחי' ההרגשה · וז"ש על לבה למעלה
מבחי' המדות שבלב (משא"כ מוח הבינה שממנו מתפעלו'
המדות שבלב הוא חם ויבש ושרשו בדם הוא הנפש שהוא
מבחי' גבורות יסוד האש) וכידוע ומבואר במ"א שמקור
הצלולוי' הוא במוח החכמ' ומשם מקור החסדים ומקור
החמימו' בלב ממוח הבינה דבינה לבא כנ"ל וד"ל · וז"ש ג"כ
רק שפתיה נעות וקולה לא ישמע כי בחי' התפעלות מורגשת
שבלב בהתלהבות משמיע קול הבל הלב ברשפי אש ורעש
כמו האופני' ברעש גדול כו' וזיעתן של חיות כו' מפני עוצם
ההתלהבו' רשפי אש תשוקתם כו'· אבל בבחי' התפעלו' דביטול
העדר ההרגשה בעצמו לגמרי מכל וכל מצד בחינ' רחי'
מקרוב שע"י החכמה כידוע הנה נהפוך הוא שלא יוכל להרים
קול כלל רק בלחש יוציא בשפתיו מבלי ירגיש כלל מעוצם
הביטול וגם קול הפנימי שבלב לא משתמע ומורגש כלל כמ"ש
במ"א וז"ש וקולה לא ישמע כלל רק שפתיה נעו' וגם הן
בלתי הרגשה ובחירה כו' וזהו שרש ענין התפלה שנקר' צלותא
בלחש דוק' דכל המשמיע קולו בתפלתו ה"ז מקטני אמנה
(מבחינת קטנות המוחי' דאימא כו' כנ"ל) ואפי' לאזניו אמרו
יכול ישמיע כו' לפי שגם הדבור בחשאי רק לאזניו אינו
בתכלית בחי' ביטול המציאות שבלתי הרגשה ובחירה כמ"ש

אדני שפתי תפתח שאתה תפתח שפתי כו' וכמ"ש במ"א
וכ"ז להיות שרש התפלה בבחי' הברורים שבחכמה · וז"ש
ותעמוד מלדת ביהודה שהוא בחינת הודאה בש"ע כמ"ש הפעם
אודה את הוי"ה כמ"ש בד"ה יהודה בחולם תמידית כמ"ש
אלקים אל דמי לך כו' למען יזמרך כו' · ומ"ש ותעמוד מלדת
הוא בחינ' הביטול דחכמה למעלה מבחי' התפעלות המדות
שנקרא תולדה דבינה אם הבנים כידוע כמ"ש בעמדם
תרפינה כנפיהם והיינו בחי' עמידה דש"ע בחינת ביטול לגמרי
כו' וכמ"ש במ"א · ומה שאו' ח"י ברכאן בצלותא הוא בחי'
התשכות דבחינת ביטול דחכמה בעולמות באמרו ברוך אתה
הוי"ה דחכמה כו' גם בחיצונית בנבראים הנפרדים יש מאין
כו' וד"ל · וז"ש בזוהר דצלותא הוא באתר דלית ביה אכילה
פי' למעלה מבחי' הבירורים שמן המאכל שנהפך לדם הוא
הנפש שהוא מבחי' בינה לבא הנ"ל וע"כ צלותא בחשאי דוקא
וכמ"ש וקולה לא ישמע כלל כנ"ל באריכו' · וע"כ השכור שהוא
מבחי' גילוי חדוה דיין שרשו בבינה כנ"ל אסור להתפלל
לפי שאינו ממשיך בחינת ביטול דחכמה אלא אדרבא ממשיך
בחינת יש דבינה לבא בהתגלות המדות בקול כו' שהוא היפך
דבחי' הביטול דחכמה משא"כ בבהמ"ז ששרשו בבחי' הברורי'
דאכילה ע"י בחי' בינה לבא שכור שרי ליה לברכא בהמ"ז
וכדמסיים המאמר דבהמ"ז אצטריך חדוה ושבעא כמ"ש וברכ'
את כו' וד"ל · ובכ"ז מובן מה שארז"ל פתח במזבח וסיים
בשולחן מה מזבח מכפר כו' פירוש מזבח הוא בחי' העלאת
הקרבנות שנק' אכילת אדם העליון דוקא דהיינו שהוא בחי'
בירורים דחכמה כמו התפלה בעמיד' כידוע דתפלה במקום
קרבן תמש הוא וכמו שכהנים אוכלים אכילת אדם ובעלים
מתכפרים והוא מה שהמזבח מכפר בזמן בהמ"ק באכילת
כהנים בעמידה בבחינת ביטול כך עכשיו בש"ע בעמידה בלחש
כו'· אבל בחי' הבירורים דאכילה שהוא מבחי' בינה כנ"ל הוא
בחי' שולחנו של אדם עכשיו שמכפר עליו בבהמ"ז כנ"ל כי
שרש המזבח ושולחן הן בבחי' חו"ב תרין רעין כו' (ומה
שאמרו דבירור דבינה עכשיו כמו בירור דחכ' בבהמ"ק כי
אשת חיל ע"ב דשולחן דמ"ל גמלתהו טוב בגלות יותר מבזמן
בית המקדש וקאי על שולחנו של אדם העליון כו' וכמובן מתוך
הנ"ל) · וזהו שרש ענין כי לא על הלחם לבדו יחיה האדם
שנקרא לחם מן הארץ ארץ דאפקא מזון שבברכת הארץ כנ"ל
כי על כל מוצא פי ה' יחיה האדם שהוא מזונא דחכימין בחי'
המן שנקרא לחם מן השמים שהוא בחי' ברכת הזן אשר תיקן
משה בשעה שירד המן כדלעיל · והנה כ"ז יובן ע"פ כל הנ"ל
בהפרש שבין צלותא לבהמ"ז בכלל שבהמ"ז באתר דאית ביה
אכילה בבחי' הברורי' וזהו ארץ דמפקא מזון שנק' לחם מן
הארץ דהיינו מה שבחינת ארץ העליונה בחי' המ"ל מבררת
בירורים דנוגה כו' וזהו שאמר בזהר כאן דמיניה נפיק מזונא
לעלמא וכנ"ל שוהו בחי' שולחן שלפני ה' כו' וידוע דשולחן

בלשון

בגפן שגם שפע המזון כו' וזהו שאמר כי לא על הלחם לבדו שמבחי' בירורי' שע"י הארץ יחי' בחי' אדם העליון דאצי' שעולי' ע"ג שולחן שלפני הוי"ה שנקרא אדם כנ"ל באריכות כי על כל מוצא פי הוי' שנק' לחם מן השמים כמו מזון המן יחיה האדם והיא בחי' תוספת אא"ס ב"ה מן בחינת השמים העליונים המקיפים הכללים דקו וחוט כו' שלמעלה מבחי' עקודים נקודים כו' למעלה מבחי' שבירה ותיקון שאין שם בחי' בירורים כלל והיינו על ידי בחי' מדריגת התפלה דסלקא לעילא לעילא באתר דלית ביה אכילה כו' כי בחי' התפלה הוא בחי' הביטול דמ"ה דחכ' שלא היה שם בחי' שבירה כלל וכמ"ש ימותו ולא בחכמה כו' כי עיקר השבירה הי' בבחי' המדות שנק' ז' תחתונות דנקודים כו' כידוע·וע"כ צלותא סלקא לעילא לעילא למעלה מבחי' שבירה ותיקון כו' וכמ"ש בזהר ע"פ באתי לגני אכלתי כו' באתרי' לאו אורחיה למיכל כו' דאכלו ריעים היינו בבחי' המשכות מוחין דאו"א בז"א כו' ובח"י ברכאן דצלותא נמשך מבחי' הוי"ה דחכמה הקדימה דא"ק וכמ"ש חי חי הוא יודך כו' והוא הנק' לחם מן השמים ולא מן הארץ בבחי' ברורים שממשיכים אורות דתהו באתדל"ת כו' וכידוע דהתפלה נקרא סולם מוצב ארצה וראשו מגיע השמימה · וז"ש בזהר כאן דסלקא לעילא לעילא שהוא בחינת עליית המל' עד בחינת מל' דא"ס שלפני הקו כו' שמקיף לכל בשוה כו' כידוע · וזהו שאמר דהא צלותא מעליא בלא אכילה איהי כמו שאמרו ז"ל דאסור לאכול קודם שיתפלל כידוע משום דבחי' הברורים דאכילה לא יגיע שם באתדל"ת כלל להיות' באתר דלית ביה אכילה כמו העוה"ב שאין בו אכילה כו' מפני שהוא לאחר הבירור וז"ש כדתנינן עלמא דאתי כו' · ועי"ד שכור לא יצלי צלותא מנועם שהיין בבחי' בינה שהיה שם שבירה בז"ת דנקודים כנ"ל · וזהו כי על כל מוצא פי הוי' שבח"י ברכאן דצלותא יחיה האדם דלעילא שהוא בחי' ז"א כמ"ש ואני תפלה (תפלה) לאל חיי שהתפלה לז"א נקר' בחי' המשכת חיי החיים מעצמות המאציל וזהו שהקב"ה מתפלל וכורע בברוך אתה הוי"ה כו' ועי"ד הידוע בתפלה באדם התחתון שמאיר על ידה אור נשמתו באפו כמ"ש חדלו לכם מן האדם אשר נשמה באפו כו' כך למעלה כתיב ותהלתי אחטם לך וכמ"ש לבעל החטם אני מתפלל כו' וכמ"ש ישימו קטורה באפך דא צלותא כו' וז"ש כי על כל מוצא פי הוי"ה יחיה האדם דלעילא כו' וד"ל · והנה להבין בתוס' ביאור שרש ענין ב' הלחמים הנ"ל הנה תחלה יש להבין שרש בחי' המן דכתיב ביה והמן כזרע גד(לבן) ועינו כעין הבדולח כו' והנה כתיב כי טל אורות טלך כו' ואמר בזהר דהוא בחי' טלא דבדולחא שנמשך מבחי' אור עליון ביותר שהוא למעל' מבחי' שבירה שבנקודי' כו' והענין הוא כי הנה כתי' לחם אבירים אכל איש זה המן שמלאכי השרת אוכלי' אותו וע"כ נקרא בשם לחם אבירים והרי ידוע שהמלאכים כמו מיכאל וגבריאל וכיוצא הן לאחר הבירור שכבר נבררו ונתקנו · וע"כ הן בבחי' ביטול לומר קדוש וברוך כדלעיל משום דע"י בחי' התיקון דשם מ"ה שבאצילות נברר כל מה שיוכל ליברר והנשאר ירד למטה להתברר כמ"ש בע"ח · ולפ"ז בחי' לחם אבירים הזה שמלאכי השרת ניזונין בו בבחי' מזון וחיות ממש בהכרח שהוא בחי' מזון שכבר הוברר ואין בו בחי' פסולת כלל וכלל (ומ"ש במ"א שיש מלאכי' עליונים שנק' קרביים ואצטומכא עליונה לברר כל שפע עליונה ולהבדיל הפנימית מן הפסולת החיצוניו' עד"מ הקרביי' באדם למטה וז"ש וכל קרבי את שם קדשו כו' ·היינו דווקא בבחי' מזון ושפע שנשאר עדיין לברר ולא נברר ע"י שם מ"ה דתיקון ע"כ נקר המה הנבררים כו' אבל בחינת מלאכי השרת שניזונין בשפע עליונה הבאה אליהם מלמעלה הוא מבחי' האור שאחר הבירור דשם מ"ה ואין שם בחי' חיצוני' ופסולת כלל וכלל) וזהו שאמרו ז"ל על המן שנבלע ברמ"ח איברים והוא פי' ב' דאבירים כידוע בדברי רז"ל כי שרש המן מבחי' אורות עליונים שלא באו בבחי' שבירה כלל ונקרא מזונא דחכימין דוקא להיותו בבחינת החכמה דכתיב ימותו ולא בחכמה כדלעיל בפי' על כל מוצא פי הוי' כו' והיינו מבחי' טל העליון דע"י שנקרא טלא דבדולחא (שנחשב מז' תיקוני גלגלתא דא"א) וז"ש ועינו כעין הבדולח כו' · (ויש בזה שתי מדריגות הא' מזון שבא בשבירה רק שהוברר ע"י שם מ"ה דתיקון ונקרא ג"כ לחם אבירים שמ"ה אוכלין שאין בו פסולת כלל אבל היה בו בהעלם ויצא לחוץ ע"י הבירור כמו מצרף לכסף שמברר את הסיג כו' והוא בחי' לחמה של תורה כמשי"ת שבחכמה דתורה אתברירו כמ"ש כל אמרת אלוה צרופה כו' והב' בחי' מזון המן שלא היה צריך בירור מעולם כי הוא ממדרגה עליונה שלמעלה מבחינת שבירה ולא נפל למטה מעולם וע"כ קדם אכילת המן לקבלת התורה וכמ"ש למען אנסנו הילך בתורתי כו' וד"ל) · והנה בחינת המשכת מזון המן הנקרא לחם מן השמים כלומר שאינו בא ע"י אתדל"ת כמו לחם הגדל מן הארץ להיות שרש לחם מן הארץ בבחי' אורות דתהו שבאו בשבירה ועל ידי הבירורים וההעלאות מעוררים אתדל"ע מבחי' אורות דתהו · אבל בחי' המשכת לחם מן השמים אין אתדל"ת מגיע לשם כלל וכלל אלא מעצמו נמשך ומאליו כמ"ש הנני ממטיר לכם מעצמו כו' לפי שהוא בחי' המשכה עליונה שלמעלה מבחי' עקודים נקודים כנ"ל ואין הברורים דרפ"ח מעוררים שם כלל אלא נמשך מעצמו והוא בחי' ירידת הטל וכמ"ש במן וברדת הטל כו' וכמ"ש בגמ' דטל לא מיעצר לעולם וא"צ לבקשה כלל לפי שאינו תלוי באתדל"ת כלל מטעם הנ"ל · וז"ש אהיה כטל לישראל כו' וכמ"ש במ"א באריכות וד"ל :

והנה שרש המן למעלה גם מבחי' חכמה דתורה להיות כי בחי' חכמה שבתורה הוא להבדיל בין טמא

לטהור

לטהור כי בחכמה אתברירו ואורייתא מחכמה עילאה נפקת כידוע ובכלל נחלקת התורה לב' קוין ימין ושמאל בחינת חסדים ובחי' גבורות החסדים שרש רמ"ח מ"ע והגבו' שרש תל"ת ותורה היא קו האמצעי להטות כלפי חסד או כלפי דין להורות ולהבדיל זה טמא ופסול כו' בבחינת דין וזה כשר וטהור בבחי' חסד כו'· אבל הנה בחי' טלא דע"י הרי אמרו בזוהר דלית שמאלא בהאי עתיקא· ויש בזה שני פירושים הא' שהכוונה הוא שאין בו בחי' התחלקות קוין ימין ושמאל כלל אלא הוא למעלה מבחי' התחלקות כו' אך לפ"ז היה מהראוי שיאמר לית ימינא ושמאלא כו' ולמה אמר דוקא לית שמאלא כו' ואמנם הפי' הב' דכוונתו העיקר שאין בו בחי' שרש הדין שהוא בקו השמאל כלל וכלל אלא כולו רחמים וחסדים שהוא בחי' ימין בלבד ולזה אמר דלית שמאלא דוקא כו'· אבל הנה ב' הפי' שרש וענין א' להם ושניהם אמת דאין בע"י בחי' דין כלל אלא כולו רחמים וחסדים אמנם זהו מפני שהוא מרומם מבחי' התחלקות קווין בחי' חו"ג והכל מטעם א'· ויובן זה כידוע דבחי' התחלקות שיש בין חסד לדין שרשם בתרין עיינין כו' להיות כי יש גם באדם למטה שתי מדות הללו חסד ודין והן בב' מקומות בשכל ובלב· בשכל להטות כלפי חסד בסברות וטעמים הרבה רק לזכות ולהטות שכל לדין וחוב בלבד וב' הטיות הללו נמשכין בלב להתפעל בחסד או להתפעל בדין ומן הלב יבא למעשה כו'· ושרש הטיות השכל לדין וחסד תלויה בב' עיינין שיש עין טובה שמפקח בה רק לטוב ומתילא יחליט שכלו כל הטעמים לזכותו ויש עין שמפקחת לדין ומתילא יטה שכלו כולו לחייבו כו' ונמצא שרש ההתחלקות חו"ג הן בתרין עיינין ושרש הב' עיינין נמשכין מהארת הרצון בשכל שמתחלק שם· וע"כ אמרו רבותינו ז"ל שונא אסור לדון שבודאי יפקח עינו לרעה ולהיפך דיין האוהב יפקח עינו לטוב כו' ולכך הקרובים פסולים לדון וכידוע· ולפ"ז בחי' התחלקות הרצון הוא בב' עיינין שנמשכין מהחכמה שבמוח אבל בעצם הרצון שלמעלה מבחי' התגלותו במוחין אין שם בחי' התחלקות חו"ג עין של חסד או של דין כו' ולמעלה היינו בחי' פנימי' הכתר עליון שלמעלה מהתלבשותו בחכמה שכולו רחמים וחסדים כנ"ל ואין שם הטייה לדין כללי וז"ש הנה עין ה' כו' ואמר בזוהר דתרין עיינין אתהדרון לחד כו' להיותו למעלה מבחי' התחלקות ונק' עינא פקיחא כו' וע"ז נא' טוב עין שכולו טוב וחסד פשוט כו'· ונמצא מובן מזה ג"כ מה שאמר דלית שמאלא בהאי ע"י שרצונו לומר שהוא למעלה מבחי' התחלקות הקוין חו"ג וע"כ אין בו גם שרש לבחי' הדין שבקו השמאל וז"ש לית שמאלא כו' אלא כולו ימין כלומר כולו רחמים וחסדים פשוטים כנ"ל וב' הפירושים עולין לסגנון א' כנ"ל וד"ל· ולפ"ז הרי מובן ג"כ דשרש המן שנמשך מבחי' טלא דבדולחא שבע"י הוא למעלה ג"כ מבחי' שרש התחלקות קוין ימין ושמאל אלא כולו חסד כו' וז"ש והמן כזרע גד

(לבן) כו' וא"כ הרי הוא למעלה גם משרש חכמה שבתורה שהרי בחי' חכמה שבתורה הוא נמשך לבחי' התחלקות קוין ימין ושמאל מ"ע פנים טמא ומ"ע פנים טהור וכללות ההתחלקות הוא שרש המ"ע מבחי' ה"ח ושרש הל"ת מה"ג כנ"ל לפי שהוא בחי' חכמה שמברר בין טוב לרע ששרשם בחו"ג שנפל בשבירה כו' אבל בחי' הטל והמן שרשו מבחי' אור עליון שלמעלה מבחי' שבירה ונק' לחם מן השמים שמעצמו נמשך (ואין בו פסולת כלל ע"כ כולו רחמים ואין בו הטיה לדין כלל כו') ע"כ קדם אכילת המן לקבלת התורה כמ"ש למען אנסנו כו' וד"ל· ובכל זה יובן ג"כ שרש הטעם מה שנא' במן ויאכילך את המן אשר לא ידעון אבותיך כו' כי ידוע שהאבות הן בחי' מרכבה לבחי' חג"ת דאצי' ושרשם הראשון בג' קוין דכתר עליון חח"ן קו ימין ובג"ה קו השמאל ודת"י קו האמצעי כידוע דשרש אברהם איש החסד נק' אבר מ"ה דחכמה שהחכמה מקור החסדים כידוע דהחסד ענף החכמה וזהו פי' אבר מ"ה ענף דמ"ה דחכמה שהארת החכמה מאיר בו כמו עד"נ הארת השכל והטעם במדה של חסד שבלב ועיקרו הוא בחי' החסד· וכן שרש יצחק בבחי' הפחד וכמ"ש ופחד יצחק והארת בינה שבקו השמאל מאיר בו כו'· אבל שרש המן מבחי' טלא הנ"ל דהוא בחי' פנימיות הכתר בכלל למעלה מבחי' התחלקות הקוין כנ"ל וע"כ לא השיגוהו האבות וז"ש אשר לא ידעון אבותיך וד"ל· אך הנה משה זכה למן שהרי בזכותו ירד המן כנ"ל לפי ששרש משה מבחי' שרש המן שלמעלה גם מבחי' שרש החכמה שבתורה כנ"ל הטעם וע"כ מצינו במשה שלא רצה לילך בשליחות ה' לקבל התורה כמ"ש מי אנכי כו' וכמ"ש כי כבד פה וכבד לשון כבד פה תשבע"פ וכבד לשון תשב"כ (כמ"ש למעלה)·וביאור טעם הדברים מובן ע"פ הנ"ל משום דחכמה שבתורה היא לברר בירורים ונמשכת במדות חו"ג כנ"ל אבל שרש משה מבחי' מ"ה דמו"ס שלמעלה מבחי' התחלקות קוין להבדיל ולברר כו' כנ"ל בבחי' שרש המן וע"כ אמר שלח נא ביד תשלח (ונמצא מובן ג"כ מ"ש משה לחם לא אכלתי כו' דהיינו גם בחי' לחמה של תורה כמו שהיא באה לברר בירורים כו' לפי שהיה ניזון מבחי' לחם מן השמים כמו המן וכמ"ד דלחם אבירים אכל איש זה משה· והענין הוא כנ"ל בפי' כי לא על הלחם לבדו שבבחי' הבירורים יחיה האדם כי על כל מוצא פי הוי"ה שהוא למעלה מבחי' הבירורים כנ"ל וגם משה היה ניזון ממוצא פי הוי"ה כו' וד"ל)· ובכל הנ"ל מובן יותר בתוס' ביאור שרש ענין ב' הלחמים הנ"ל לחם מן השמים דמן ולחם מן הארץ (כמו שמבואר למעלה באריכות) שהן בחי' ב' הברכות דברכת המזון ברכת הזן וברכת הארץ וגם מה שצריך להזכיר ברית ותורה בברכת הארץ כו'· דהנה משה תיקן ברכת הזן שהוא בחי' ההמשכה העליונה הנ"ל שמעצמות המאציל לאצי' כמו בחי' המן שנמשך מאחדל"ע מלד

עצמו

עצמו וזהו הזן את העולם מעצמו רק בחן ובחסד כו ויהושע תיקן ברכת הארץ שהוא בחי' לחם מן הארץ שע"י הבירורים כנ"ל והיינו ארץ דמפקא מזון ונק' שולחן שלפני ה' כנ"ל וצריך להזכיר ועל אכילת מזון שאתה זן בברכת הארץ כנ"ל לפי שמשם נמשך הכח לברר וכמ"ש במן למען אנסנו הילך בתורתי כו' דבחי' הבירורים שע"י חכמה דתורה היא ג"כ ע"י אכילת המן בתחלה ולזה רמזו רז"ל באמרם שלא ניתנה תורה אלא לאוכלי המן וד"ל · וגם עתה יש בחי' המשכת מזון המן הנק' מזונא דחכימין לאותן העוסקים בתורה רק שהוא בא בבחי' הרוחניות על נפשם האלקית בלבד ולא בא בהגשמת מזון גשמי לחומר הגופני כמו מן דמדבר שדכוהו במדוכה כו' וגם זהו שארז"ל ע"פ כי טל אורות טלך העוסק בתורה טל תורה מחייהו כו' פי' טל תורה הוא בחינת מקור החכמה שבתור' כמו שהוא למעלה בבחי' מ"ס דע"י שלמעלה מבחינת הבירורים שעל ידה יש כח בחכמה לברר כמ"ש למען אנסנו כו' כנ"ל והוא בחי' הטל שעתיד להחיו' בו המתים כמ"ש בזהר דהוא בחי' טלא דנטיף מע"י כו' (והוא ענין צנצנת אחת מלא העומר מן שהניח אהרן למשמרת לדורו' כו') וזהו שצריך להזכיר ברית ותורה כמ"ש ועל בריתך שחתמת כו' ועל תורתך כו' כי הנה מבואר למעלה דבחי' התחלקות הב' קוין חח"ן כו' הוא ע"י בחי' חכמה שבתורה להבדיל כו' והיינו כאשר בחי' אור הכתר בא בבחינת התחלקות חו"ג בימין ושמאל ע"י החכמה כו' אבל שרש ומקור החכמה בבחי' פנימית מו"ס דע"י שמשם שרש המן למעלה מבחי' התחלקות קוין ומשם שרש משה וע"כ היה כבד פה שלא רצה להוריד א"ע כו' · אך כאשר נמשך בחי' המן בברכת לחם מן הארץ שהוא בחי' הבירורים שבחכמה כנ"ל ע"כ צריך לומר אז ועל תורתך שלמדתנו בפה ולשון דהיינו בחי' תורתך העצמית שבבחי' ההעלם דמו"ס שלמעלה מהתחלקות קוין יומשך לגילוי לנו בקוין ימין ושמאל עשין ול"ת חו"ג להבדיל ולהורות כו' כי התורה דאבי"ע נק' נובלות חס"ת כידוע וד"ל · ובחי' הברית הוא בחי' התקשרות המשפיע במקבל ולמעלה היינו בחי' התקשרות עצמות המאציל שיאיר בנאצלים בג' קוין חח"ן כו' (כמ"ש במ"א בפי' לעברך בברית ה' כו') והיינו בבחי' יסוד דא"ק וכולל י"ג בריתות לנגד י"ג המשכות עליונים שנמשך מן המאציל בי"ג מזלות וזהו שארז"ל גדולה מילה שנכרתו עליה י"ג בריתות וכמ"ש במ"א ע"פ ביום השמיני ימול כו' וזהו והקימותי את בריתי כו' וע"י בחי' הברית הזה ניתנה הארץ העליונה שהוא בחי' מ"ל דא"ק לאחוזת עולם וע"כ מזכירין ברית בברכת הארץ דוקא · ומה שאנו אומרים ועל בריתך שחתמת בבשרנו היינו להיות בחי' אור הברית העליון הנ"ל גם בנאצלים (וכנ"ל בענין אתתא כמאן דמהילא דמיא כו') וד"ל · וזהו שצריך להקדים ברית לתורה שאם לא ע"י בחי' כריתת ברית בין עצמות המאציל לנאצלים כנ"ל לא באה שרש חכמה שבתורה מן ההעלם לגילוי באצי' כו' · וזהו שאמרו הטעם משום דמילה יש בה י"ג בריתות כנ"ל ובתורה רק ג' בריתות לנגד ג' קוין ימין ושמאל ואמצע שהוא בחי' חב"ד בכלל וד"ל · ואחר כל הנ"ל יובן שרש ענין לחם משנה דשבת (כמ"ש למעלה) דהנה בליל שבת צריך לחבר ב' הלחמים באחוריהם זה"ז ופני כל א' לחוץ ויחדיו יהיו תמים כידוע ולא זעג"ז כו' · והענין הוא כי הנה כל ו' ימות החול מקבלים מבחי' ו"ק דז"א דאצי' שבכל יום יש הארה מאורות דז"א לברר בירורים דווקא בבי"ע (כמ"ש במ"א ע"פ החלצו מאתכם אנשים ויהיו על מדין כו') וידוע דאין בירור רק בחכמה והוא בבחי' חכמה דאצי' המתלבש בז"א ביום א' חכמה שבחסד כו' והנה בליל שבת הוא בחי' העלאת כללות כל הבירורים דו' ימות החול כמ"ש מזמור שיר כו כי שמחתני ה' בפעליך כו' מה מאד עמקו מחשבותיך כו · והוא ענין לחם הא' שנק' לחם מן הארץ שהוא בחי' העלאת הבירורים שנתבררו מן הארץ בחכמה הנ"ל ולחם הב' הוא בחי' לחם מן השמים דהיינו בחי' המשכת ח"ס דע"י שלמעלה מבחי' הבירורים וכנ"ל · וז"ש וקראת לשבת עונג מבחי' עונג העליון שנק' עתיקא סתימא' כו' וכמו שאומר דא היא סעודתא דעתיקא (וגם בליל שבת אומר ועתיקא כו' כמ"ש במ"א) · אך הנה בשבת כתיב ושבות ביום השביעי כי בו שבת וינפש דהיינו עד"מ השביתה באדם התחתון למטה שחוזרת רוחו ונפשו אליו שבא אל עצמותו ממש כך למעלה הנה בחי' אא"ס שלפני הקו המאיר בע"י וא"א כו' נקרא נפשו העצמית וז"ש וינפש (ובלשון הזוהר נשמתא דפרחא מחי העולמים להיות בחי' נשמה יתירה בא"ק כו' כמ"ש במ"א) ובשבת חוזר האור אל בחי' עצמות אא"ס שלפני הקו שהוא למעלה מבחי' סובב וממלא שבבחי' הקו להיותו בבחי' מעלה ומטה שייך בו ממלא וסובב מקיפים ופנימים כידוע · אבל בבחי' עצמות האור לא שייך בחי' סובב ג"כ כידוע כי שם אין בחי' מעלה ומטה כלל וכלל כמ"ש בע"ח דעיקר הקו הוא להאיר בבחי' מעלה ומטה כו' · ולפ"ז הרי שוה ומשוה שם בחי' לחם מן השמים הנ"ל שהוא בחי' המשכה מלמעלה כנ"ל עם בחי' לחם מן הארץ שהוא מלמטה למעלה ע"י הבירורים כנ"ל וע"כ צריך לחבר ב' הלחמים כא' יחדיו יהיו תמים בלי חילוק מדריגות להיות זה עליון וזה תחתון אלא מחוברים כא' משא"כ בימות החול שלחם מן השמים עליון ונותן כח ועוז בבחי' החכמה לברר כנ"ל אבל בשבת שניהם שוין ממש מטעם הנ"ל וד"ל :

קודם

קודם מים אחרונים יאמר על נהרות בבל וכו' למנצח בנגינות מזמור שיר וכו' ואם הוא יום שא"א בו תחנון יאמר זה :

שִׁיר הַמַּעֲלוֹת בְּשׁוּב יְהֹוָה אֶת־שִׁיבַת צִיּוֹן הָיִינוּ כְּחֹלְמִים : אָז יִמָּלֵא שְׂחוֹק פִּינוּ וּלְשׁוֹנֵנוּ רִנָּה אָז יֹאמְרוּ בַגּוֹיִם הִגְדִּיל יְהֹוָה לַעֲשׂוֹת עִם־אֵלֶּה : הִגְדִּיל יְהֹוָה לַעֲשׂוֹת עִמָּנוּ הָיִינוּ שְׂמֵחִים : שׁוּבָה יְהֹוָה אֶת־שְׁבִיתֵנוּ כַּאֲפִיקִים בַּנֶּגֶב : הַזֹּרְעִים בְּדִמְעָה בְּרִנָּה יִקְצֹרוּ : הָלוֹךְ יֵלֵךְ וּבָכֹה נֹשֵׂא מֶשֶׁךְ־הַזָּרַע בֹּא־יָבֹא בְרִנָּה נֹשֵׂא אֲלֻמֹּתָיו :

לִבְנֵי־קֹרַח מִזְמוֹר שִׁיר יְסוּדָתוֹ בְּהַרְרֵי־קֹדֶשׁ : אֹהֵב יְהֹוָה שַׁעֲרֵי צִיּוֹן מִכֹּל מִשְׁכְּנוֹת יַעֲקֹב : נִכְבָּדוֹת מְדֻבָּר בָּךְ עִיר הָאֱלֹהִים סֶלָה : אַזְכִּיר רַהַב וּבָבֶל לְיֹדְעָי הִנֵּה פְלֶשֶׁת וְצוֹר עִם־כּוּשׁ זֶה יֻלַּד־שָׁם : וּלְצִיּוֹן יֵאָמַר אִישׁ וְאִישׁ יֻלַּד־בָּהּ וְהוּא יְכוֹנְנֶהָ עֶלְיוֹן : יְהֹוָה יִסְפֹּר בִּכְתוֹב עַמִּים זֶה יֻלַּד־שָׁם סֶלָה : וְשָׁרִים כְּחֹלְלִים כָּל מַעְיָנַי בָּךְ : אֲבָרְכָה אֶת־יְהֹוָה בְּכָל־עֵת תָּמִיד תְּהִלָּתוֹ בְּפִי : סוֹף דָּבָר הַכֹּל נִשְׁמָע אֶת־הָאֱלֹהִים יְרָא וְאֶת־מִצְוֹתָיו שְׁמוֹר כִּי זֶה כָּל־הָאָדָם : תְּהִלַּת יְהֹוָה יְדַבֶּר־פִּי וִיבָרֵךְ כָּל־בָּשָׂר שֵׁם קָדְשׁוֹ לְעוֹלָם וָעֶד : וַאֲנַחְנוּ נְבָרֵךְ יָהּ מֵעַתָּה וְעַד עוֹלָם הַלְלוּיָהּ :

קודם מים אחרונים יאמר פסוק זה' זה חלק אדם רשע מאלהים ונחלת אמרו מאל :

ואחר מים אחרונים יאמר פסוק זה' וידבר אלי זה השלחן אשר לפני יהוה :

אם מברכין בזימון אומר המברך' הב לן ונבריך :

או בל"א רבותי מיר וועלין בענטשין :

ועונין המסובין' יהי שם יהוה מבורך מעתה ועד עולם :

המברך אומר ברשות' מרנן ורבנן ורבותי נברך שאכלנו משלו :

ועונין המסובין' ברוך שאכלנו משלו ובטובו חיינו :

ומי שלא אכל עמהם עונה' ברוך ומבורך שמו תמיד לעולם ועד :

ואם הם עשרה אומר המברך' נברך אלהינו שאכלנו משלו :

ועונין המסובין' ברוך אלהינו שאכלנו משלו ובטובו חיינו :

ומי שלא אכל עונה' ברוך אלהינו ומבורך שמו תמיד לעולם ועד :

בסעודת נשואין אומר המברך' נברך אלהינו שהשמחה במעונו שאכלנו משלו :

ועונין המסובין' ברוך אלהינו שהשמחה במעונו שאכלנו משלו ובטובו חיינו :

בָּרוּךְ אַתָּה יְהֹוָה אֱלֹהֵינוּ מֶלֶךְ הָעוֹלָם הַזָּן אֶת־הָעוֹלָם כֻּלּוֹ בְּטוּבוֹ בְּחֵן בְּחֶסֶד וּבְרַחֲמִים הוּא־נוֹתֵן לֶחֶם לְכָל־בָּשָׂר כִּי לְעוֹלָם חַסְדּוֹ : וּבְטוּבוֹ הַגָּדוֹל עִמָּנוּ תָּמִיד לֹא־חָסַר לָנוּ וְאַל יֶחְסַר־לָנוּ מָזוֹן לְעוֹלָם וָעֶד : בַּעֲבוּר שְׁמוֹ הַגָּדוֹל כִּי הוּא אֵל זָן וּמְפַרְנֵס לַכֹּל וּמֵטִיב לַכֹּל וּמֵכִין מָזוֹן לְכָל־בְּרִיּוֹתָיו אֲשֶׁר בָּרָא כָּאָמוּר פּוֹתֵחַ אֶת־יָדֶךָ וּמַשְׂבִּיעַ לְכָל־חַי רָצוֹן : בָּרוּךְ אַתָּה יְהֹוָה הַזָּן אֶת־הַכֹּל :

נוֹדֶה לְךָ יְהֹוָה אֱלֹהֵינוּ עַל שֶׁהִנְחַלְתָּ לַאֲבוֹתֵינוּ אֶרֶץ חֶמְדָּה טוֹבָה וּרְחָבָה וְעַל שֶׁהוֹצֵאתָנוּ יְהֹוָה אֱלֹהֵינוּ מֵאֶרֶץ מִצְרַיִם וּפְדִיתָנוּ מִבֵּית עֲבָדִים וְעַל־בְּרִיתְךָ שֶׁחָתַמְתָּ בִּבְשָׂרֵנוּ וְעַל תּוֹרָתְךָ שֶׁלִּמַּדְתָּנוּ וְעַל חֻקֶּיךָ שֶׁהוֹדַעְתָּנוּ וְעַל חַיִּים חֵן וָחֶסֶד שֶׁחוֹנַנְתָּנוּ וְעַל אֲכִילַת מָזוֹן שָׁאַתָּה זָן וּמְפַרְנֵס אוֹתָנוּ תָּמִיד בְּכָל־יוֹם וּבְכָל־עֵת וּבְכָל־שָׁעָה :

בחנוכה ופורים אומרים כאן ועל הנסים ואם שכח אזי כשיגיע אצל הרחמן יאמר הרחמן הוא יעשה לנו נסים כמו שעשה לאבותינו בימים ההם בזמן הזה בימי וכו' :

וְעַל הַכֹּל יְהֹוָה אֱלֹהֵינוּ אֲנַחְנוּ מוֹדִים לָךְ וּמְבָרְכִים אוֹתָךְ יִתְבָּרַךְ שִׁמְךָ בְּפִי כָּל־חַי תָּמִיד לְעוֹלָם וָעֶד : כַּכָּתוּב וְאָכַלְתָּ וְשָׂבָעְתָּ וּבֵרַכְתָּ אֶת־יְהֹוָה אֱלֹהֶיךָ עַל־הָאָרֶץ הַטֹּבָה אֲשֶׁר נָתַן־לָךְ : בָּרוּךְ אַתָּה יְהֹוָה עַל־הָאָרֶץ וְעַל־הַמָּזוֹן :

רַחֵם יְהֹוָה אֱלֹהֵינוּ עַל־יִשְׂרָאֵל עַמֶּךָ וְעַל־יְרוּשָׁלַיִם עִירֶךָ וְעַל צִיּוֹן מִשְׁכַּן כְּבוֹדֶךָ וְעַל מַלְכוּת בֵּית דָּוִד מְשִׁיחֶךָ וְעַל־הַבַּיִת הַגָּדוֹל וְהַקָּדוֹשׁ שֶׁנִּקְרָא שִׁמְךָ עָלָיו : אֱלֹהֵינוּ אָבִינוּ רְעֵנוּ (בשבת רוֹעֵנוּ) זוּנֵנוּ פַּרְנְסֵנוּ וְכַלְכְּלֵנוּ וְהַרְוִיחֵנוּ וְהַרְוַח לָנוּ יְהֹוָה אֱלֹהֵינוּ מְהֵרָה מִכָּל־צָרוֹתֵינוּ : וְנָא אַל־תַּצְרִיכֵנוּ יְהֹוָה אֱלֹהֵינוּ ׳ לֹא לִידֵי מַתְּנַת בָּשָׂר וָדָם וְלֹא לִידֵי הַלְוָאָתָם כִּי אִם לְיָדְךָ הַמְּלֵאָה הַפְּתוּחָה הַקְּדוֹשָׁה וְהָרְחָבָה שֶׁלֹּא נֵבוֹשׁ וְלֹא נִכָּלֵם לְעוֹלָם וָעֶד :

בשבת רְצֵה וְהַחֲלִיצֵנוּ יְהֹוָה אֱלֹהֵינוּ בְּמִצְוֹתֶיךָ וּבְמִצְוַת יוֹם הַשְּׁבִיעִי הַשַּׁבָּת הַגָּדוֹל וְהַקָּדוֹשׁ הַזֶּה כִּי יוֹם זֶה גָּדוֹל וְקָדוֹשׁ הוּא לְפָנֶיךָ ׳לִשְׁבָּת־בּוֹ וְלָנוּחַ־בּוֹ בְּאַהֲבָה כְּמִצְוַת רְצוֹנֶךָ ׳ וּבִרְצוֹנְךָ הָנִיחַ לָנוּ יְהֹוָה אֱלֹהֵינוּ שֶׁלֹּא

תְּהֵא צָרָה וְיָגוֹן וַאֲנָחָה בְּיוֹם מְנוּחָתֵנוּ · וְהַרְאֵנוּ יְהֹוָה אֱלֹהֵינוּ בְּנֶחָמַת צִיּוֹן עִירֶךָ · וּבְבִנְיַן יְרוּשָׁלַיִם עִיר קָדְשֶׁךָ כִּי אַתָּה הוּא בַּעַל הַיְשׁוּעוֹת וּבַעַל הַנֶּחָמוֹת :

בר"ח ויו"ט וחוה"מ

אֱלֹהֵינוּ וֵאלֹהֵי אֲבוֹתֵינוּ יַעֲלֶה וְיָבֹא וְיַגִּיעַ וְיֵרָאֶה וְיֵרָצֶה וְיִשָּׁמַע וְיִפָּקֵד וְיִזָּכֵר · זִכְרוֹנֵנוּ וּפִקְדוֹנֵנוּ וְזִכְרוֹן אֲבוֹתֵינוּ וְזִכְרוֹן מָשִׁיחַ בֶּן דָּוִד עַבְדֶּךָ וְזִכְרוֹן יְרוּשָׁלַיִם עִיר קָדְשֶׁךָ וְזִכְרוֹן כָּל עַמְּךָ בֵּית יִשְׂרָאֵל לְפָנֶיךָ לִפְלֵיטָה לְטוֹבָה לְחֵן וּלְחֶסֶד וּלְרַחֲמִים וּלְחַיִּים טוֹבִים וּלְשָׁלוֹם בְּיוֹם

בר"ח רֹאשׁ הַחֹדֶשׁ הַזֶּה : בפסח חַג הַמַּצּוֹת הַזֶּה : בשבועות חַג הַשָּׁבֻעוֹת הַזֶּה · בסוכות חַג הַסֻּכּוֹת הַזֶּה : בשמ"ע וש"ת שְׁמִינִי עֲצֶרֶת הַחַג הַזֶּה · בר"ה הַזִּכָּרוֹן הַזֶּה · בשלש רגלים (חוץ מחש"מ) ובר"ה בְּיוֹם טוֹב מִקְרָא קֹדֶשׁ הַזֶּה · זָכְרֵנוּ יְהֹוָה אֱלֹהֵינוּ בּוֹ לְטוֹבָה · וּפָקְדֵנוּ בוֹ לִבְרָכָה · וְהוֹשִׁיעֵנוּ בוֹ לְחַיִּים טוֹבִים · וּבִדְבַר יְשׁוּעָה וְרַחֲמִים חוּס וְחָנֵּנוּ וְרַחֵם עָלֵינוּ וְהוֹשִׁיעֵנוּ כִּי אֵלֶיךָ עֵינֵינוּ · כִּי אֵל מֶלֶךְ חַנּוּן וְרַחוּם אָתָּה :

וּבְנֵה יְרוּשָׁלַיִם עִיר הַקֹּדֶשׁ בִּמְהֵרָה בְיָמֵינוּ · בָּרוּךְ אַתָּה יְהֹוָה בּוֹנֵה בְרַחֲמָיו יְרוּשָׁלָיִם · אָמֵן :

שכח ולא אמר רצה בשבת אפי' בסעודה שלישית אם הוא קודם שקיעת החמה ונזכר קודם ברכת הטוב והמטיב אומר

בָּרוּךְ אַתָּה יְהֹוָה אֱלֹהֵינוּ מֶלֶךְ הָעוֹלָם שֶׁנָּתַן שַׁבָּתוֹת לִמְנוּחָה לְעַמּוֹ יִשְׂרָאֵל בְּאַהֲבָה לְאוֹת וְלִבְרִית · בָּרוּךְ אַתָּה יְהֹוָה מְקַדֵּשׁ הַשַּׁבָּת : ואם טעה ולא אמר יעלה ויבא ביו"ט אומר בָּרוּךְ אַתָּה יְהֹוָה אֱלֹהֵינוּ מֶלֶךְ הָעוֹלָם אֲשֶׁר נָתַן יָמִים טוֹבִים לְעַמּוֹ יִשְׂרָאֵל לְשָׂשׂוֹן וּלְשִׂמְחָה אֶת־יוֹם חַג (פלוני) הַזֶּה · בָּרוּךְ אַתָּה יְהֹוָה מְקַדֵּשׁ יִשְׂרָאֵל וְהַזְּמַנִּים : בר"ה אומר בָּרוּךְ אַתָּה יְהֹוָה אֱלֹהֵינוּ מֶלֶךְ הָעוֹלָם אֲשֶׁר נָתַן יָמִים טוֹבִים לְעַמּוֹ יִשְׂרָאֵל לְזִכָּרוֹן אֶת־יוֹם הַזִּכָּרוֹן הַזֶּה · בָּרוּךְ אַתָּה יְהֹוָה מְקַדֵּשׁ יִשְׂרָאֵל וְיוֹם הַזִּכָּרוֹן : בחוש"מ אומר בָּרוּךְ אַתָּה יְהֹוָה אֱלֹהֵינוּ מֶלֶךְ הָעוֹלָם אֲשֶׁר נָתַן מוֹעֲדִים לְעַמּוֹ יִשְׂרָאֵל לְשָׂשׂוֹן וּלְשִׂמְחָה אֶת־יוֹם חַג (פלוני) הַזֶּה ואינו חותם ; וכן בר"ח אומר בָּרוּךְ אַתָּה יְהֹוָה אֱלֹהֵינוּ מֶלֶךְ הָעוֹלָם שֶׁנָּתַן רָאשֵׁי חֳדָשִׁים לְעַמּוֹ יִשְׂרָאֵל לְזִכָּרוֹן · ואינו חותם : ואם חל י"ט (או ר"ה או ר"ח) בשבת ולא הזכיר לא של שבת ולא של יו"ט (או ר"ה או ר"ח) כוללן יחד ואומר

בָּרוּךְ אַתָּה יְהֹוָה אֱלֹהֵינוּ מֶלֶךְ הָעוֹלָם שֶׁנָּתַן שַׁבָּתוֹת לִמְנוּחָה לְעַמּוֹ יִשְׂרָאֵל בְּאַהֲבָה לְאוֹת וְלִבְרִית · וְיָמִים טוֹבִים (בחוה"מ וּמוֹעֲדִים) לְשָׂשׂוֹן וּלְשִׂמְחָה אֶת־יוֹם חַג (פלוני) הַזֶּה · (בר"ה וְיָמִים טוֹבִים לְזִכָּרוֹן אֶת־יוֹם הַזִּכָּרוֹן הַזֶּה בר"ח וְרָאשֵׁי חֳדָשִׁים לְזִכָּרוֹן) : וחותם בָּרוּךְ אַתָּה יְהֹוָה מְקַדֵּשׁ הַשַּׁבָּת וְיִשְׂרָאֵל · וְהַזְּמַנִּים : בר"ח וְיוֹם הַזִּכָּרוֹן : בר"ח וְרָאשֵׁי חֳדָשִׁים :

וכל זה כשנזכר קודם שהתחיל ברכת הטוב והמטיב אבל אם נזכר אחר שהתחיל ברכת הטוב והמטיב אפילו לא אמר אלא תיבת ברוך בלבד צריך לחזור לראש · בד"א בשבת ויו"ט של שלש רגלים אבל בחש"מ ור"ח אם לא נזכר עד שהתחיל הטוב והמטיב אינו חוזר וכן בסעודה שלישית של שבת וי"ט וכן בר"ה ביום אבל בליל ר"ה חוזר :

בָּרוּךְ אַתָּה יְהֹוָה אֱלֹהֵינוּ מֶלֶךְ הָעוֹלָם הָאֵל · אָבִינוּ מַלְכֵּנוּ אַדִּירֵנוּ בּוֹרְאֵנוּ גּוֹאֲלֵנוּ יוֹצְרֵנוּ קְדוֹשֵׁנוּ קְדוֹשׁ יַעֲקֹב רוֹעֵנוּ רוֹעֵה יִשְׂרָאֵל הַמֶּלֶךְ הַטּוֹב וְהַמֵּטִיב לַכֹּל בְּכָל יוֹם וָיוֹם הוּא הֵטִיב לָנוּ · הוּא מֵטִיב לָנוּ · הוּא יֵיטִיב לָנוּ · הוּא גְמָלָנוּ הוּא גוֹמְלֵנוּ הוּא יִגְמְלֵנוּ לָעַד לְחֵן וּלְחֶסֶד וּלְרַחֲמִים · וּלְרֶוַח הַצָּלָה וְהַצְלָחָה · בְּרָכָה וִישׁוּעָה נֶחָמָה פַּרְנָסָה וְכַלְכָּלָה וְרַחֲמִים וְחַיִּים וְשָׁלוֹם וְכָל־טוֹב וּמִכָּל־טוּב לְעוֹלָם אַל יְחַסְּרֵנוּ : הָרַחֲמָן הוּא יִמְלוֹךְ עָלֵינוּ לְעוֹלָם וָעֶד : הָרַחֲמָן הוּא יִתְבָּרַךְ בַּשָּׁמַיִם וּבָאָרֶץ : הָרַחֲמָן הוּא יִשְׁתַּבַּח לְדוֹר דּוֹרִים וְיִתְפָּאַר בָּנוּ לָעַד וּלְנֵצַח נְצָחִים וְיִתְהַדַּר בָּנוּ לָעַד וּלְעוֹלְמֵי עוֹלָמִים : הָרַחֲמָן הוּא יְפַרְנְסֵנוּ בְּכָבוֹד : הָרַחֲמָן הוּא יִשְׁבּוֹר עוֹל גָּלוּת מֵעַל צַוָּארֵנוּ וְהוּא יוֹלִיכֵנוּ קוֹמְמִיּוּת לְאַרְצֵנוּ : הָרַחֲמָן הוּא יִשְׁלַח בְּרָכָה מְרֻבָּה בְּבַיִת זֶה וְעַל שֻׁלְחָן זֶה שֶׁאָכַלְנוּ עָלָיו : הָרַחֲמָן הוּא יִשְׁלַח לָנוּ אֶת־אֵלִיָּהוּ הַנָּבִיא זָכוּר לַטּוֹב וִיבַשֶּׂר־לָנוּ בְּשׂוֹרוֹת טוֹבוֹת יְשׁוּעוֹת וְנֶחָמוֹת : הָרַחֲמָן הוּא יְבָרֵךְ אֶת־אָבִי מוֹרִי בַּעַל הַבַּיִת הַזֶּה וְאֶת־אִמִּי מוֹרָתִי בַּעֲלַת הַבַּיִת הַזֶּה אוֹתָם וְאֶת בֵּיתָם וְאֶת־זַרְעָם וְאֶת־כָּל אֲשֶׁר לָהֶם אוֹתָנוּ וְאֶת כָּל אֲשֶׁר לָנוּ : כְּמוֹ שֶׁבֵּרַךְ אֶת אֲבוֹתֵינוּ אַבְרָהָם יִצְחָק וְיַעֲקֹב בַּכֹּל מִכֹּל כֹּל כֵּן יְבָרֵךְ אוֹתָנוּ (בני ברית) כֻּלָּנוּ יַחַד בִּבְרָכָה שְׁלֵמָה וְנֹאמַר אָמֵן :

מִמָּרוֹם יְלַמְּדוּ עָלָיו וְעָלֵינוּ זְכוּת שֶׁתְּהֵא לְמִשְׁמֶרֶת

שלום ונשא ברכה מאת יהוה וצדקה מאלהי ישענו ונמצא חן ושכל טוב בעיני אלהים ואדם:

בשבת הרחמן הוא ינחילנו ליום שכלו שבת ומנוחה לחיי העולמים:

בר"ח הרחמן הוא יחדש עלינו את־החדש הזה לטובה ולברכה:

ביו"ט הרחמן הוא ינחילנו ליום שכלו טוב:

בסוכות הרחמן הוא יקים לנו את־סכת דוד הנופלת: ⊕

הרחמן הוא יזכנו לימות המשיח ולחיי העולם הבא. מגדיל (בשבת ויו"ט ור"ח מגדל) ישועות מלכו ועשה חסד למשיחו לדוד ולזרעו עד עולם: עשה שלום במרומיו הוא יעשה שלום עלינו ועל כל־ישראל ואמרו אמן:

יראו את־יהוה קדשיו כי אין מחסור ליראיו: כפירים רשו ורעבו ודרשי יהוה לא יחסרו כל־טוב: הודו ליהוה כי טוב כי לעולם חסדו: פותח את־ידך ומשביע לכל־חי רצון: ברוך הגבר אשר יבטח ביהוה והיה יהוה מבטחו:

ומברך על הכוס

ברוך אתה יהוה אלהינו מלך העולם בורא פרי הגפן:

נוסח ברכה אחרונה מעין שלש על תבשיל של ה' מיני דגן ועל היין ועל פירו' מז' המינים שהם גפן תאנה ורמון זית ותמרה ואם אכל פירות מז' המינים ומיני מזונות ושתה יין יכלול הכל בברכה אחת ויאמר כך על המחיה ועל הכלכלה ועל הגפן ועל פרי הגפן ועל העץ ועל פרי העץ ועל תנובת השדה

ועל ארץ חמדה כו' וחותם ונודה לך על הארץ ועל המחיה ועל פרי הגפן ועל הפירות בא"י על הארץ ועל המחיה ועל פרי הגפן והפירות:

ברוך אתה יהוה אלהינו מלך העולם על

על ה' מיני דגן	על היין	על פירות מז' מינים
המחיה ועל הכלכלה	הגפן ועל פרי הגפן	העץ ועל פרי העץ

ועל תנובת השדה ועל־ארץ חמדה טובה ורחבה שרצית והנחלת לאבותינו לאכול מפריה ולשבוע מטובה רחם נא יהוה אלהינו על־ישראל עמך ועל־ירושלים עירך ועל־ציון משכן כבודך ועל־מזבחך ועל־היכלך ובנה ירושלים עיר הקדש במהרה בימינו והעלנו לתוכה ושמחנו בה ונברכך בקדשה ובטהרה. בשבת ורצה והחליצנו ביום השבת הזה: בר"ח ביו"ט וזכרנו לטובה ביום ראש החדש הזה בר"ה ביום הזכרון הזה בפסח ביום חג המצות הזה בשבועות ביום חג השבעות הזה בסוכות ביום חג הסכות הזה בשע"צ ביום שמיני עצרת החג הזה. כי אתה יהוה טוב ומטיב לכל ונודה לך על הארץ

ועל המחיה: ברוך אתה יהוה על־הארץ ועל־המחיה:	ועל פרי הגפן: ברוך אתה יהוה על־הארץ ועל־פרי הגפן:	ועל הפרות: ברוך אתה יהוה על־הארץ ועל־הפרות:

ברכה אחרונה על שאר אוכלין ומשקין

ברוך אתה יהוה אלהינו מלך העולם בורא נפשות רבות וחסרונן על כל מה־שבראת להחיות בהם נפש כל־חי. ברוך חי העולמים:

סדר ברכת הנהנין

ואלה מוסיף על הראשונים · קצת חרושי הלכות ברורות מלוקטות מספרי הקדמונים שלא נקבעו בלוח הראשון המיוסר ומשוכלל ע"פ דעת האחרונים באיזהו מקומן של שבחים ועיונים הניחו מקום לגדור לרעות בגנים וללקוט שושנים · אלו ואלו דברי אלהים חיים מרועה א' נתנים · (גם סדר הלכות והפרקים מסודרים פה באופן נאות ויותר מתוקנים):

פרק א (א) מצות עשה מן התורה לברך אחר אכילת מזון שנאמר ואכלת ושבעת וברכת את ה' ומד"ס לברך לפני כל אכילה ושתיה וכל הנהגה מן העה"ז בלא ברכה כאלו נהנה מקדשי שמים שנאמר לה' הארץ ומלואה וגו': (ב) על כל אוכלין ומשקין מברכין ברכה כוללת לכמה מינים· בפה"א לכל מיני פירות הארץ ובפה"ע לכל פירות האילן ושנ"ב לשאר כל אוכלין ומשקין חוץ מן היין והפת שהיין הוציאו מכלל פירות האילן לברך עליו בורא פרי הגפן והפת הוציאו מכלל פירות הארץ לברך עליה המוציא לחם מן הארץ: (ג) וכל שהוא ממין דגן ולא עשאן פת כגון מיני תבשילין של קמח או דייסא אע"פ שאינן נקראים לחם מ"מ יש בהם חשיבות שנק' מזון ומברכים עליהם במ"מ בירך על הפת במ"מ יצא וי"ח וספק ברכות להקל כמו שית' (בפ"ג): (ד) בירך על פירות האילן בפה"א יצא אבל אם בירך על פרי האדמה בפה"ע לא יצא ועל כולם אם בירך שנ"ב יצא אפי' על פת ויין לפיכך כל פרי שהוא ספק לו אם פרי העץ או פרי האדמה מברך בפה"א ואם אינו יודע כלל מה הוא מברך שנ"ב וכן כשנסתפק לו מצד הדין מחמת מחלוקת הפוסקים: (ה) וכל זה כשנולד לו ספק אחר שלמד או בדיעבד אבל לכתחלה אסור לו לצאת בברכת שהכל אלא צריך לברך על כל דבר ברכה המיוחדת לו ואם הוא ע"ה ילך אצל חכם וילמדנו הלכות ברכות: (ו) היו לפניו פרי האדמה ופרי העץ ובירך תחלה על פרי האדמה צריך

⊕ לראש השנה: הרחמן הוא יחדש עלינו את השנה הזאת לטובה ולברכה.

צריך לחזור ולברך על פרי העץ כי לא נפטר בברכת בפה"א אלא כשבירך עליו ולא כשבירך על פרי האדמה בד"א במברך סתם אבל אם נתכוין לפטור בברכתו גם פה"ע יצא אפי' לא היה פרי העץ עדיין לפניו כשבירך אלא שאח"כ הביאו לפניו · ויש חולקים ע"ז ואומרים שאפי' נתכוין לפטור בברכת בפה"א את פרי העץ המונח לפניו לא יצא וצריך לחזור ולברך בפה"ע ולא אמרו שאם ברך על פה"ע בפה"א יצא אלא בדיעבד כשא"א לתקן לחזור ולברך כראוי ברכה המיוחדת לו שא"כ תהא ברכת בפה"א לבטלה אבל כשאינה לבטלה הרי זה כלכתחלה וצריך לברך כתקון חכמים · לפיכך למעשה צריך ליזהר שלא להתכוין לעולם לפטור פה"ע בברכת בפה"א כדי לברך לד"ה : (ז) על כל אוכלין ומשקין מברכים אחריהם בנ"ר חוץ מן הפת שמברכים אחריה בהמ"ז וחוץ מז' המינים שנשתבחה בהם א"י שהם חטה ושעורה וגפן ותאנה ורימון וזית ותמרה שמברכין אחריהם ברכה אחת מעין ג' ברכות וכן על היין היוצא מן הגפן · וכוסמין מין חטה וש"ש ושיפון מין שעורה והם נקראים דגן סתם בכל מקום : (ח) אין מברכין במ"מ על הדגן ולא לאחריו מעין ג' אלא כשאכלו בדרך אכילתו כגון תבשיל הנעשה מקמח או דגן עצמו שנחלק לשנים או לג' ויותר ונתבשל במים או בשאר משקים וזו היא הנקראת דייסא בכל מקום או אפילו לא נחלק רק שהוסרה קליפתו ודרכו להאכל כך מבושל כגון הריפות של שעורים וי"א עד שיתמעכו וידבקו הגרעינים זה לזה מרוב הבישול אבל אם שלם שלא הוסר קליפתו ולא נתמעך אינו מברך אלא בורא פה"א ולאחריו בנ"ר ולא מעין ג' כי לא נשתבחה א"י באכילה זו' ויש מסתפקים בזה אם לברך אחריו בנ"ר או מעין ג' ומספק זה אומרים שאין לאכול ממנו כשיעור כ"א בתוך הסעודה ונכון לחוש לדבריהם לכתחלה אבל אם אירע שאכל שלא בתוך הסעודה יברך בנ"ר : (ט) קמח של אחד מחמשת מיני דגן ששלקו ועירבו במים או בשאר משקים אם נעשה רך וקלוש כ"כ עד שאינו ראוי אלא לשתיה ולא לסעוד הלב כלל אינו מברך עליו אלא שהכל אבל אם הוא עב קצת שהוא ראוי לאכילה ולסעוד הלב אע"פ שאינו עב לגמרי שיהא ראוי ללועסו מברך עליו במ"מ ולאחריו מעין ג' : (י) דוהן הרי הוא כשאר מיני קטניות ומברכין עליו שהכל בין על הפת בין על התבשיל הנעשה מקמחו אבל האורז אם בשלו עד שנתמעך או שטחנו ועשה ממנו פת מברך עליו במ"מ אבל לאחריו מברך בנ"ר וי"א שאפי' לא נתמעך בבישול מברך עליו במ"מ ומספק ראוי לברך עליו שהכל כשהוא שלם ואם בירך עליו בפה"א יצא מאחר שהוא שלם : (יא) מנהג העולם שמפרשים אורז רייז דוחן היר"ז אבל יש מפרשים אורז היר"ז דוחן רייז לפיכך ירא שמים לא יאכל בין אורז בין דוחן (מבושל) בין שלם בין נתמעך כי אם בתוך הסעודה וכשאוכל שלא בתוך הסעודה יברך שהכל על כולם : (יב) בברכה מעין ג' של פירות מז' המינים חותמין בח"ל על הארץ ועל הפירות ובא"י על הארץ ועל פירותיה ואפילו פירות א"י שיצאו לח"ל חותמין לאחריהם על הארץ ועל פירותיה : (יג) אכל פירות משבעת המינים ואכל מיני מזונות ושתה יין יכלול הכל בברכה א' ויקדים המחיה ואח"כ הגפן ואח"כ פרי העץ ויאמר כך על המחיה ועל הכלכלה על הגפן ועל פרי הגפן על העץ ועל פרי העץ ועל תנובת השדה ועל ארץ חמדה כו' וחותם ונודה לך על הארץ ועל המחיה ועל פרי הגפן ועל הפירות בא"י על הארץ ועל המחיה ועל פרי הגפן והפירות : (יד) אכל פירות מז' המינים ואכל תפוחים וכיוצא בהם א"צ לברך בנ"ר על התפוחים לפי שהם בכלל ברכת על העץ ועל פרי העץ אבל אם אכל תפוחים ושתה יין צריך לברך בנ"ר על התפוחים ואפילו חתם על הארץ ועל הפירות אבל אם אכל ענבים או צמוקים ושתה יין ובירך על הגפן ועל פרי הגפן נפטרו מברכת על העץ לפי שהם פרי הגפן : (טו) בד"א כשנתכוין לפוטרם אבל בסתם אינו פוטרם הואיל וברכתם המיוחדת להם אינה פרי הגפן אלא פרי העץ לפיכך לכתחל' לא יתכוין לפוטרם בברכת על הגפן אלא יכלול אותם בה בפירוש כמו שנתבאר : (טז) וכן בברכה ראשונה לא יתכוין בברכת היין לפטור גם הענבים או הצמוקים אלא יברך עליהם ברכה המיוחדת להם ואם נתכוין לפוטרם או שטעה ובירך על הענבים או הצמוקים בפה"ג יצא : (יז) ברכת המזון אינה פוטרת מעין ג' שאם אכל פירות מז' המינין לפני הסעודה להתענג בלבד ולא כדי לפתוח בני מעיים להמשיך הלב לאכילה (שאז הם נפטרים בבהמ"ז כמו שית' בפ"ד) ושכח ולא בירך לאחריהם ולא נזכר עד אחר בהמ"ז צריך להזור ולברך על העץ כו' ואצ"ל פירות שאינן מז' המינן ושאר אוכלין ומשקין שברכה שלאחריהם היא בנ"ר שאינן נפטרי' בברכת המזון חוץ מן התמרים והיין שנפטרים בדיעבד בברכת הזן שבבהמ"ז לפי שהם סועדים הלב ג"כ וכן ה' מיני דגן שאכלן לפני הסעודה נפטרו בברכת המזון בדיעבד אבל לכתחלה אם נזכר קודם בהמ"ז צריך לברך תחלה על המחיה קודם בהמ"ז וכן ברכת על העץ על התמרים ועל הגפן על היין שלפני הסעודה אם אינו שותהו כדי לגרר ולהמשיך הלב לאכילה כמו שית' בפ"ד : (יח) ברכת על המחיה אינה פוטרת ברכת בנ"ר כגון אם אכל דייסא ובשר ודגים אע"פ שמשביעין קצת אינן בכלל מחי' וכן ברכת בנ"ר אינה פוטר' מעין ג' : (יט) לפיכך כל דבר שנסתפק בברכתו אם הוא מעין ג' או בורא נפשות רבות ורוצה לאכלו שלא בתוך הסעוד' יאכל עמו דבר שברכתו בנ"ר ודבר שברכתו מעין ג' מאותו המין שמסתפק בו כגון אם מסתפק בתבשיל אם ראוי לברך אחריו על המחיה או בנ"ר יאכל מיני מזונות ודבר אחר שברכתו בנ"ר בודאי ויברך על המחיה ובנ"ר ופוטר תבשיל זה ממ"נ : (כ) ואם מסתפק בפרי אם הוא מז' המינים יאכל פרי אחר שהוא מז' המינים בודאי ויברך על העץ ועל פרי העץ ויוצא גם על פרי זה ממ"נ וא"צ לדבר אחר לברך עליו בנ"ר אבל אם אין לו פרי אחר אין לו תקנה ע"י שישת' יין ויברך על הגפן או לאכול תבשיל מחמש' המינים ויברך על המחיה ולכלול על העץ ועל פה"ע בעל הגפן או בעל המחיה על הכפק לפיכך לא יאכלנו אלא בתוך הסעודה אבל אם כבר אכל מוטב לכוללו בברכה על הספק : (כא) היין הואיל והוא ראש לכל המשקין הרי הוא פוטר בברכתו כל מיני משקין בין מברכה ראשונה שהיא שנ"ב אם היו המשקין לפניו כשבירך בפה"ג או שהיה אז דעתו עליהם לשתותם אף שלא היה דעתו לפוטרם בפי' נפטרו ממילא ובין מברכה אחרונה נפטרו בברכת על הגפן ואפי' הוא

בענין

בענין שהוצרך לברך עליהם ברכה ראשונה שנ"ב כגון שלא היו לפניו כשבירך בפה"ג וגם לא היה אז דעתו עליהם · ואם שתה יין פחות משיעור רביעית שא"צ לברך לאחריו ומשאר משקין שתה רביעית יברך לאחריהם בנ"ר אף אם הוא בענין שלא בירך לפניהם שנ"ב :

פרק ב ברכת המזון מן התורה אינה אלא כשאכל פת כדי שביעה כמ"ש ואכלת ושבעת וברכת וחכמים תקנו לברך אפי' על כזית ולא תקנו אלא בלחם שדרך ב"א לקבוע סעודה אבל מיני לחמים שית' שאין רגילין לקבוע סעודה עליהם אין מברכין עליהם המוציא ובהמ"ז אלא לפניהם במ"מ ולאחריהם מעין ג' אא"כ אוכל מהם כשיעור קביעות סעודה והיינו כשיעור שרוב ב"א קובעים סעודת קבע שהיא סעודת ערב ובקר על שיעור כזה מסתם לחם גמור וגם מלחמים אלו כשאוכלין שיעור כזה לפעמים אזי הם קובעים סעודה עליו ולכן אף מי שאוכלו סעודת עראי ולא שבע משיעור זה בטלה דעתו : (ב) ובשיעור זה רבו בו הדיעות ולמעשה יש לנהוג כל שאוכל מכשש ביצים בינוניות ולמעלה עד חצי עשרון ולא עד בכלל אם הוא לא שבע ממנו יברך המוציא על כזית לחם אחר תחלה ויברך בהמ"ז לצאת לד"ה ובחצי עשרון בטלה דעתו לד"ה ומברך המוציא ובהמ"ז עליו לבדו ואם אוכל פחות מכשש ביצים והוא לא שבע ממנו מברך במ"מ ומעין ג' ואם שבע ממנו יטול ידיו ויברך המוציא ובהמ"ז עליו לבדו והוא שאכל כשיעור ד' ביצים אבל בפחות מכן אם הוא שבע משיעור זה יברך על כזית לחם אחר תחלה המוציא ואח"כ בהמ"ז : (ג) ואם אינו שבע ממין לחם זה לבדו אלא שאוכלו עם לפתן המשביע כגון שמלפתו בבשר או דגים וכיוצא בהם עד ששבע ה"ז כאלו שבע ממנו לבדו לפי שהלפתן טפלה לו ונתחייב בבהמ"ז מן התורה ולפיכך האוכל כד' ביצים ממין לחם זה עם לפתן כזה עד ששבע מברך המוציא ובהמ"ז ופחו' מכן מברך על לחם אחר תחלה : (ד) ואם מתחלה היה בדעתו לאכול אכילת עראי ובירך במ"מ ואח"כ נמלך לאכול עוד כדי שביעה וקביעות סעודה נכון לצאת ידי כל ספק ולברך תחלה מעין ג' על מה שכבר אכל וישהה מעט ויטול ידיו ויברך המוציא ויאכל עד כדי שביעה ויברך בהמ"ז אף שאינו שבע מאכילה השני' לבדה אלא בצירוף אכילה הראשונה שכבר בירך אחריה מעין ג' והוא שאכל באחרונה כד' ביצים לפחות : (ה) ואלו הן מיני להמי' שאין דרך ב"א לקבוע סעודה עליהם לחמניו' וטרוקנין ופת הבאה בכסנין · לחמניו' הם מיני לחמים דקים ורכי' שהיתה בלילת הקמח במים בלילה רכה ולא עבה כעיסת לחם גמור הנילושה ומתגלגלת בידים אלא בעיסת סופגנין שא"א לגלגלה בידים ואפאה בתנור או במחבת בלי משקה ואע"פ שהוא לחם גמור לענין חלה ומצ' אעפ"כ הואיל ואין דרך רוב ב"א לקבוע עליו סעודה לא תקנו לברך המוציא ובהמ"ז אלא במ"מ ומעין ג' עד שיאכל כשיעור קביעת סעודה : (ו) וכן טרוקנין שבוללין קמח במים בלילה רכה יותר מדאי אלא ששופכין לתוך גומא וחלל שבכירה או תנור עד שנעשה עב קצת אחר האפיה וכן אם שפך הרבה לתוך המחבת עד שנעשה עב קצת אחר האפייה (סקורין בלינע"ס) אבל אם לא שפך לתוך גומא אלא ע"ג קרקע הכירה ותנור ומתפשטת שם עד שנעשה דק מאד אחר האפיי' והיא נקראת טרית' אין עליה תורת לחם כלל לענין חלה ואין מברכין עליה אלא במ"מ ומעין ג' אפילו קבע סעודתו עליה וכן אם שפך מעט מבלילה רכה יותר מראי לתוך מחבת רחבה ומתפשטת שם על שולי המחבת ונעשה דק מאד גם אחר האפיה (סקורין בלינלע"ס) אין קביעות מועלת בהן כמו בטריתא · וי"ח ואומרים שטריתא מברכין עליה המוציא ובהמ"ז בשיעור קביעות סעודה כמו בטרוקנין ויש לחוש לדבריהם שלא לאכול שיעור קביעו' סעודה כ"א שיברך המוציא על לחם גמור תחלה ויש מחמירים עוד לפ"ז לומר שלא נתנו חכמים שיעור קביעות סעודה לברך המוציא ובהמ"ז בטרוקנין אלא כשבלילת העיסה רכה יותר מדאי אבל כשאינה רכה יותר מראי אף שא"א לגלגלה בידים אלא טורפו בכף בקערה ואפאו בתנור או במחבת בלי משקה ונעשה עבה קצת אחר האפיי' ולא דק מאוד כטריתא לחם גמור הוא ומברכין עליו המוציא ובהמ"ז בכזית · וכן מה שנתנו שיעור קביעות סעודה בלחמניות הוא בבלילה רכה יותר מדאי או שנעשו רקיקין דקין מאד אחר האפייה כטריתא ואף אם אין הבלילה רכה יותר מדאי · ומוב לחוש לדבריה' שלא לאכול כ"א בתוך הסעוד' : (ז) פת הבאה בכסנין י"מ שהיא עיסה שנילושה בחלב או נתמאה או בדבש או בשמן ויין או בשאר מי פירו' או ביצי' ושומן לפי שאינה עשוי' לקביעות סעודה כי רוב בני ארם כוססין ממנה מעט ואין קובעין סעודה אלא על פת שנילושה במים לבדה · ואם עירב עמה מעט מים בלישתה הולכין אחר הרוב · וכן עיסה גמורה שנילושה במים שעירב בה תבלין בלישתה עד שאין דרך רוב בני ארם לאכול ממנה הרבה ולקבוע סעודה עליה מפני רבוי התבלין · וי"ח ע"ז ואומרים שמברכין המוציא ובהמ"ז על פת זו כי אינ' דומה ללחמניו' וטרוקנין שאין רוב ב"א קובעין סעודה עליהן מחמת שינוי בלילתן לגריעות שבלילה רכה אינה סועדת הלב כ"כ כלחם גמור אלא פת הבאה בכסנין היא פת גמורה העשויה במין כיס וממלאין אותה קודם אפייתה במיני מתיקה כמו דבש וצוקר או שקדים ואגוזים וכיוצא בהם משאר מיני פירות או תבלין והמלוי הוא העיקר כי עיקר עשייתה אינה למזון ולהשביע אלא לעדון ותענוג ומזון העיס' הוא טפל והיה ראוי לברך על המילוי ולפטור העיסה אלא לפי שהעיסה היא מחמשת המיני' שהם נקראי' מזון אינה נעשית טפלה אל המילוי כשמתכוין לאכילתה ג"כ כמו שית' (בפ"ג) ולכן די לברך עליה במ"מ ועל המחיה אבל לא המוציא ובהמ"ז עד שיאכל שיעור קביעות סעודה (שאז העיסה היא עיקר שסועד' הלב) ואין בכלל זה עיס' הממולאת בשומשמין שעושין בפורים במדינות אלו שאין עיקר עשיית' לעדון ותענוג אלא למזון ולהשביע : (ח) בד"א כשהמילוי הוא ממיני מתיק' או מיני פירו' הנאכלין לעדון ותענוג ולא למזון ולהשביע וגם אין דרך רוב העול' ללפת בהם הפת אבל אם המילוי הוא מבשר ודגים או גבינה שהם מיני לפתן המשביעין או אפי' מיני ירקות שאין משביעין ומלפתין בהן הפת או אפי' אינו לפתן כלל אלא

שהוא

שהוא מדברי׳ הנאכלין למזון ולהשביע ודרך לקבוע סעודה עלירם אין המילוי מוציא הפת מתורת לחם גמור ומברכין עליה המוציא ובהמ״ז בכזית אף אם עיקר כוונתו באכילת פת זו בשביל המילוי שבתוכה והפת טפלה בכוונתו וכמו הסועד לחם גמור ועיקר כוונתו על הלפתן או על שארי דברים הבאים מחמת הסעוד׳ ואוכל הפת בתורת טפלה להלפתן וש״ד שמברך המוציא ובהמ״ז בכזית: (ט) ולענין הלכה בעיסה שנילוש׳ בחלב וכיוצא בו משאר משקין או מי פירות חוץ ממים מן הדין יש לסמוך על סברא הראשונה שבד״ם הלך אחר המיקל אך בעל נפש יחמיר לעצמו שלא לאכול בלא נט״י והמוציא על להם אחר תחל׳ רק בנילוש׳ בדבש יש להקל אם הקמח מועט והדבש הוא הרוב והעיקר לעדון ותענוג המתיקו׳ כמו שנוהגין במדינות אלו (סקורין לעקי״ך) אלא שהקמח נחשב עיקר מחמת שהוא מין מזון וגם מכשיר התערוב׳ לאכיל׳ כמו שית׳ (בפ״ג): (י) כל מיני לחמים אלו שברכתם במ״מ אם באו על השלחן בתוך הסעודה שלא מחמת הסעודה דהיינו שלא לאכול לשם מזון ולהשביע אלא לעדון ותענוג בלבד או בסוף הסעוד׳ לקנוח להקל מכובד המאכל אין נפטרים בברכת המוציא שעל הפת וצריך לברך עליהם במ״מ אבל לא לאחרידם מעין ג׳ לפי שנפטרים בבהמ״ז חוץ מפת שנילושה בחלב וכיוצא בו שאין לברך עליהם במ״מ בתוך הסעודה או בסופה בכל ענין מאחר שי״א שברכתה המוציא כלחם גמור ונפטרה כבר בברכת המוציא וספק ברכו׳ להקל· ואם אוכל מלחמי׳ אלו תוך הסעודה למזון ולהשביע ואפי׳ מיני עיסה הממולאי׳ בפירות א״צ לברך אפילו על הפירות לפי שהם נחשבים כטפלה אל העיסה ונפטרים עמה בברכת הפת: (יא) וכן מיני עיסה שבלילתן רכה ונטגנו במשק׳ נפטרי׳ בברכ׳ הפת כשאוכלם למזון כמו שנפטרים כל מעשה קדירה אבל אם אוכלן לקנוח או לתענוג צריך לברך כמו בלחמניות וכיוצא בהם· ואם אוכלן שלא בתוך הסעודה מברך לפניהם במ״מ ולאחרידם מעין ג׳ ואפי׳שבע מהם ואפי׳ אכל שיעור שאחרי׳ קובעין עליה סעודה וגם הוא קבע סעודתו עליהם לבדם לפי שמכיון שמתחל׳ היתה בלילה רכה ואח״כ נטגנו במשקה אין עליהם תורת לחם כלל לד״ה ומעט שמן שמושחין המחבת שלא תשרף העיסה אינו נקרא משקה: (יב) אבל עיסה שבלילתה עבה כעיסת לחם גמור המתגלגלת בידים וטגנה במהבת בשמן או שאר משקין ושומן י״א שאין הטיגון במחבת מוציאה מתורת לחם גמור הואיל ומשקה שבמחבת הוא דבר מועט והעיסה היתה בלילתה עבה תחלה וה״ז כאלו נאפית בתנור ומברכין עליה המוציא ובהמ״ז בכזית וי״ה ואומרים שדין הטיגון כדין הבישול וכמו שית׳ וכן עיקר · ומ״מ אם אוכל כדי שביעה שהוא ספק של תורה (ואף שמנין הברכות הוא מד״ס מ״מ מאחר שמרע״ה תיקן ברכת הזן ברכה בפ״ע לפתוח בברוך ולהתום בברוד ראוי להחמיר בספק׳ כעין ספק של תורה) יש להחמיר שלא לאכול כי אם בתוך הסעודה של לחם גמור ואפילו היא ממולאת כל שאינה ממולאת בפירות וכיוצא בהם אלא בגבינ׳ ומטוגנת בחמאה (סקורין פלאדין) או בבשר ומטוגנת בשומן אבל הקובע סעודה על מיני טיגון לבדם אין לברך המוציא ובהמ״ז לפי סברא האחרונה כ״א במ״מ ומעין ג׳ וכל זה בטיגון אבל עיסה שנתבשלה בקדירה אין עליה תורת לחם כלל גם לסברא הראשונה ומברכין עליה במ״מ ומעין ג׳ לעולם אפי׳ בקביעות סעודה ואפילו הן חתיכות גדולות (סקורין קניידליך או קרעפליך) אך אם חזר ואפאה בתנור או במחבת בלי משקה חזר וירד עליו תורת לחם גמור ואפי׳ הן חתיכות קטנות מכזית ומברכים עליה המוציא ובהמ״ז בכזית ולפי סברא הראשונה שהטגון במעט משקה דינו כאפייה ה״ה אם חזר וטגנה במחבת במשקה מעט · ולכן מיני עיסה ממולאים בגבינה (סקורין קרעפליך) שמבשלין אותן במדינתנו ואח״כ מטגנן בחמאה במחבת או אפילו בקדירה אלא שהחמאה היא דבר מועט לפי ערך ריבוי העיסה והגבינה אין לאכול מהם כדי שביעה כ״א בתוך הסעודה להוש לסברא הראשונה אבל אם משימין לתוך הקדירה שמטגנים בתוכה הרבה שומן הצף ע״פ החלב (סקורין סמעטנ״י) ה״ז כמין בישול גמור ומברך במ״מ ומעין ג׳ לעולם וכן אם טגנה באלפס או בקדירה בחמאה הרבה כעין בישול במים אעפ״י שאח״כ סינן מהם החמאה: (יג) וכ״ז בעיסה שנתבשלה קודם אפייתה אבל לחם אפוי שנתבשל בקדירה אין הבישול מוציאו מתורת לחם גמור לענין ברכה שלא לברך עליו המוציא ובהמ״ז בכזית אא״כ נמח׳ הלחם בבישול עד שלא נשאר בפרוסות כזית בכל א׳ כי כל פרוסה שנשאר בה כזית לא נתבטלה עדיין מתורת לחם לענין ברכה אפי׳ אין בה תאר לחם כלל מחמת רוב הבשול ואם לא נשאר בה כזית נתבטלה מתורת לחם לגמרי ואפי׳ נראה שיש עליה תאר לחם אינו חשוב תאר ומברכים עליה במ״מ ומעין ג׳ לעולם אפי׳ קבע סעודה על פרוסות הרבה שנמחו בבישול ולא נשאר כזית בכל א׳ · וי״א שאפי׳ לא נמחו בבישול אלא שמתחלה קודם הבישול פירר הפת לפרוסות קטנות פחותו׳ מכזית כמו שנוהגין לעשות במצות בפסח ואפילו נראה שיש עליהן תאר לחם לא נחשב תאר ואפי׳ חזרו ונדבקו על ידי הבישול ונעשו כזית וספק ברכות להקל ומ״מ כל בעל נפש יחמיר לעצמו שלא לאכול מהן כדי שביע׳ אם יש עליהן תאר לחם כי אם שיברך המוציא על כזית לחם גמור תחלה ובטיגון יש להחמיר בכל ענין: (יד) וכל זה כשנתבשל בכלי ראשון אבל כלי שני אינו מבשל ולפיכך אם נתן לתוכו פירורי לחם אפי׳ פחותין מכזית מברך עליהן המוציא ולאחריהן בהמ״ז בכזית והוא שלא שהו בתוכו כ״כ עד שנמוח והלך תאר הלחם האפוי מהם אלא עדיין ניכרים שהם לחם אפוי ולא עיס׳· ועירוי מכ״ר הוא ספק אם נידון ככ״ר או ככ״ש ולכן אין לאכול פירורין פחותין מכזית שבקערה שעירה עליהם מכ״ר כ״א בתוך הסעודה אם יש עליהם תאר לחם אבל אם שהו עד שנמוחו קצת הלך מהם תאר לחם האפוי ואפי׳ פרורין פחותין מכזית שנשרו בצוננין זמן מרובה והניחן קצת עד שהלך מהם תאר הלחם ונראים כפירורי עיסה מברך עליהן במ״מ ומעין ג׳ אפי׳ בקביעות סעודה וכל שהמים מתלבנים מחמת מיחוי הפירורים כבר הלך מהם תאר הלחם וכן הדין בחתיכות פת שנתייבשו בתנור (סקורין פענ״ץ) ושורין אותו בשכר צונן · ופירורי לחם העומדים בעינם אפי׳ הוא פירור דק כקמה שאין נראה בו תאר לחם לעין אעפ״כ מראהו עמד בו ולא נתבטל מתורת לחם ומברכין עליו המוציא: (טו) פירורי לחם פחותי׳ מכזית שחברם ודבקם יחד ע״י דביש או חלב או מרק אם על ידי זה נמחו קצת ונעשו כעיסה ואין עליהם תאר לחם אפוי

מברך

מברך במ"מ ומעין ג' לעולם מאחר שמתחלה לא היה כזית בכל פירור לבדו ולכן מה שנוהגים בפסח לכתוש המצות לפרורין דקין מאד וחוזרין וגובלין אותן במים חמין ובשומן ומי בצי' ועי"ז נימוחו קצת ונעשו כעיסה כשלשין ועושין אותה כעיגולים (שקורין קניידלי"ך או הרימזלי"ך) ואין עליהם תאר לחם אפוי מברך עליהם במ"מ ומעין ג' לעולם ואפי' לא נתבשלו אח"כ בקדירה אלא טגנם במשקה להאומרים שטיגון אינו כאפיי' וכן עיקר כמו שנתבאר למעלה ואם לא הלך מהם תאר הלחם בלישתן ובישלם בקדירה והלך מהם מחמת הבישול אע"פ שיש בכל א' כזית ויותר מברך עליהם במ"מ ומעין ג' לעולם ולא אמרו שכזית לחם אפוי אינו מתבטל מתורת לחם בבישול אפילו אין בו תואר לחם אלא בכזית ראשון הנשאר קיים משעת האפיי' אבל לא בנתפרר וחזר ונתחבר בליש' ואם לא הלך מהן תאר הלחם בבישול יש להחמיר שלא לאכול כדי שביעה כי אם בתוך הסעודה ובטיגון יש להחמיר בכל ענין כמו שנתבאר למעלה:

פרק ג תערובות שני מינין שהן מעורבין יחד ואין ברכותיה' שוות אם הא' הוא עיקר והשני אין נותנין בו כ"א לתקנו ולהכשירו הרי העיקר פוטר את הטפל בברכתו בין מברכ' ראשונה בין מברכה אחרונה ואם שניהם עיקר אם אחד מהם הוא הרוב הרי זה נחשב עיקר והמיעוט נחשב טפל ובטל לגבי הרוב: (ב) מין דגן הואיל ונקרא מזון הוא חשוב עיקר לעולם שאפילו רוב התבשיל דבש או מינים אחרים ומיעוטו מא' מה' המינין ואפילו עיקרו מחמת הדבש או מינים אחרים והדגן אינו אלא להטעימו ולהכשירו הוא נעשה עיקר ומברך עליו במ"מ וברכה א' מעין ג' והוא שיש ממשות הדגן במה שאוכל אבל אם אין בו אלא טעמו בלבד אינו מברך במ"יו"א שאין לברך לאחריו מעין ג' על תערובת ה' מיני דגן אא"כ יש בתערובת כזית דגן בכדי אכילת פרס ויש לחוש לדבריהם לאכול עוד כזית שברכתו האחרונה היא על המחיה בודאי ועוד כזית שברכתו היא בנ"ר בודאי כמו שנתב' למעל' (ספ"א): (ג) בד"א שהדגן מועט נחשב עיקר כשנותנין אותו ליתן טעם בתערובת אבל אם אין נותנין אותו אלא כדי לצבוע את התבשיל או כדי לדבקו ולהקפותו (שיהא עב קצת) הרי הוא טפל לתבשיל: (ד) במה דברים אמורים שאין מתכוונין כלל לאכילת הדגן אבל אם מתכוונין ג"כ לאכילתו אף שאינה עיקר אלא עיקר הכוונה לאכילת שאר המינים כגון מיני מתיקה מקמח הנלוש בדבש (שקורין לעקי"ך) והדבש הוא הרוב והעיקר באכילה זו לעדון ולתענוג מהמתיקות ואכילת הקמח אינה עיקר כ"כ אעפ"כ נחשב הקמח עיקר לברך עליו במ"מ ומעין ג' אבל לא לברך עליו המוציא ובהמ"ז הואיל ועיקר עשיית ואפיית פת זו אינה למזון ולסעודה אלא לעדון ותענוג מהמתיקות ומזון הקמח הוא טפל ולא עיקר עשייתה ואפייתה אלא א"כ אבל כשיעור קביעות סעודה כמו שנתבאר (בפ"ב) : (ה) וכן מיני מתיקה הנעשים לעדון ותענוג מבלילת קמח דגן מעט עם צוקר וקמח שקדים הרבה אע"פ שבלילתה עבה ונאפת בתנור כלחם גמור מברך במ"מ ומעין ג' אלא א"כ בקביעות סעודה: (ו) אבל פת הנעשית

מתערובת קמח דגן בקמח קטניות מאחר שנעשית לקביעות סעודה ממש הדגן עיקר ומברכין עליה המוציא לעולם ואפילו אם קמח הדגן הוא מועט פחות מכזית בכדי אכילת פרס שברכה ראשונה אין לה שיעור ואפי' על כל שהוא (כמו שית' בפ"ח) ואצ"ל לחם גמור שנאפה לבדו בלי מלוי שאוכלו עם מאכל אחר ביחד אף אם המאכל עיקר ורוב אעפ"כ הלחם נחשב עיקר ומברך המוציא אלא א"כ אינו תאב ומתכוין כלל להנות מאכילתו כמו שיתבאר לפנינו: (ז) ועיסת שיש בה מילוי בשר ודגים וגבינה ופירות וכיוצא בהם נעשה המילוי טפלה לעיסה ונפטר בברכת העיסה בין שברכתה המוציא בין שברכתה במ"מ וע"ד שנת' למעלה (בפ"ב) אפי' אוכל אח"כ המילוי לבדו ואפי' אם המילוי רב מאוד ועיקר הכוונה בעיסה זו לאכילת המילוי מאחר שמתכוין ותאב ג"כ לאכילת העיסה ואצ"ל להחמיר ליקח קצת המילוי מן העיסה ולברך עליו כי היא ברכה לבטלה כיון שבירך על העיקר א"צ לחזור ולברך על הטפל אבל אם אינו אוכל אלא המילוי לבדו בלא פת מברך עליו ברכ' הראויה לו שהכל או בפה"א או בפה"ע: (ח) ולא זו בלבד אמרו אלא כל דבר שהוא עיקר ועמו טפלה מברך על העיקר ופוטר את הטפלה אפי' אינן מאכלים מעורבים זה עם זה כלל אלא שאוכל שניהם יחד ועיקר האכילה הוא מין א' והשני אינו בא אלא מחמת הראשון שאם לא היה אוכל הראשון לא היה אוכל השני עתה הרי השני נפטר בברכת הראשון ואפילו הוא לחם שהוא חשוב מכל המינים כגון מי שחפץ לאכול דג מלוח וכדי שלא יזיקנו בגרונו אוכל עמו פת הרי היא טפל' לת ונפטרת בברכתו והוא שאינו רעב ואינו תאב כלל לאכילת הפת ולא היה אוכלה כלל אם לא המליח אבל אם הוא תאב גם לאכילת פת אע"פ שאוכלה עם המליח אינה טפילה אליו אפילו אם הוא תאב להמליח יותר צריך לברך עליה המוציא ופוטר את המליח הואיל והוא מהדברים שדרכם לבא מחמת הסעודה שהם נפטרים לעולם בברכת הפת אף כשאינן באים מחמתה: (ט) וכן מי שאוכל לפני הסעודה פת שרויה ביי"ש אע"פ שעיקר כוונתו בזה על היי"ש אלא מפני שהוא חזק וקשה לו לשתותו לבדו שורה בו פת ואוכל' אעפ"כ כיון שהוא לפני הסעודה מן הסתם כוונתו ג"כ לסעוד הלב ולפיכך צריך לברך המוציא ופוטר את היי"ש הבלוע בו וכן פת הבאה בכסנין (ע"ד שנתבאר למעלה בפ"ב) אם שורה אותה ביין או יי"ש ושאר משקים א"צ לברך על משקה הבלוע בה ולא על משק' שעל גבה כגון שמטבל בדבש ואוכל אבל אם כוונתו על היי"ש לבדו אלא מפני שהוא חזק וקשה עליו לשתותו לבדו הוא שורה בו פת ואינו תאב לה כלל כגון שהוא אחר הסעודה צריך לברך עליה שהכל: (י) ואפילו אם מתכוין ומתאוה לטעם פת השרויה במשקה אלא שאינו עושה לאכילה אלא לשתיה כגון שמפרר לחם דק דק ונותן לתוך שכר חם כדי שיתן בו טעם כיון שאין בלחם ממשות ודבר חשוב השבר עיקר: (יא) וכל זה בפת או מאכל אחר שאוכל עם המליח או עם היי"ש ביחד אבל מה שאוכל אח"כ לבדו צריך לברך עליו תחלה וסוף אא"כ שנם באכילה זו הוא טפל כגון מי שאוכל פת למתק השתיה ששתה ככר הרי הפת טפלה למשקה וא"צ לברך

לברך עליה : (יב) וכל פת שהיא טפל׳ לענין ברכה היא טפלה ג״כ לענין נט״י וא״צ ליטול ידיו ומ״מ יש ליזהר שלא לאכול כ״א פחות מכביצה אך טוב למנוע מלאכול פת למתק השתיה כי מי יוכל להבחין אם אוכלה למיתוק או למילוי הכרס שאז צריך לברך עליה המוציא : (יג) בד״א כשרוצה לאכול למתק השתיה ששתה כבר אבל אם רוצה לאכול בשביל השתיה לפני השתיה כגון הרוצה לשתות בבקר ורוצה לאכול מעט כדי שלא ישתה אליבא ריקנא אע״פ שאכילה זו היא צורך השתיה וטפלה אליה צריך לברך עליה ברכה המיוחדת לה כדי שלא יהנה מהעה״ז בלא ברכה ואם אוכל מעט פת תחלה צריך ליטול ידיו כהלכה : (יד) ומדת חסידות אפילו באוכל למתק השתייה ששת׳ כבר לטעום תחלה ממנו מעט כדי לברך לפניו ברכה המיוחדת לו אם אינה שנ״ב קודם שיברך על המשקה שנ״ב כדי להרבו׳ בברכות כי לעולם ירבה אדם בברכות הצריכות וימעט בשאינם צריכות וזו היא ברכה הצריכה שהרי היא מיוחדת להטפל ולא ברכת העיקר ולא צוו למעט אלא כשיכול לפטור ב׳ דברים בברכה אחת המיוחד׳ לשניהם: (טו) בד״א כשאין העיקר חביב עליו יותר מהטפל אבל אם העיקר חביב עליו יותר מהטפל צריך לברך עליו תחלה ופוטר את הטפל ואפי׳ אם ברכת העיקר היא שהכל וברכת הטפל היא בפה״ע או בפה״א שהן קודמי׳ לברכת שהכל (כמו שית׳ בפ״י) כיון שלא היה אוכלו כלל אם לא העיקר ואפי׳ אם עכשיו כשאוכל הטפל עם העיקר הטפל חביב עליו יותר אלא שכשאוכלו לבדו אינו חביב עליו כמו העיקר אין לברך עליו כלל וי״ח בזה ׳ ויש לסמוך עליהם בשבת וי״ט כדי להשלים מנין ק׳ ברכות : (טז) לעולם אין הטפל נפטר בברכת העיקר ואפי׳ הם ב׳ מינים שברכותיהם שוות אלא כשהיה הטפל לפניו או שהיתה דעתו עליו בבירור בשעה שבירך על העיקר אבל אם אחר הברכה הביאו לפניו ולא היתה דעתו עליו בענין שאם לא היתה טפל׳ היה צריך לחזור ולברך (וע״ד שית׳ בפ״ט) אין טפילתו מועלת כלום לפוטרו בברכת העיקר לא מברכ׳ ראשונ׳ אע״פ שברכותיהם שוות ולא מברכ׳ אחרונ׳ כשאין ברכותיהם האחרונו׳ שוות אא״כ קבע עצמו על העיקר והוא דבר שקביעו׳ מועל׳ בו מפני שדרכו בכך כגון פת ויין וכן שכר ודבש במדינות אלו ׳ ומ״מ מי שאוכל פת או מאכל אחר למתק השתיה ודרכו בכך ברוב הפעמים ה״ז כאילו היתה דעתו עליו : (יז) וכל טפלה הנאכלת אחר אכילת העיקר אינה נפטרת בברכתו אא״כ אוכלה במקום שאכל העיקר ולא שינה מקומו בינתיים מחדר לחדר אלא אם כן היא טפלה לדבר הטעון ברכה לאחריו במקומו (שית׳ בפ״ט) או שקבע עצמו על העיקר וע״ד שית׳ בפ״ט ע״ש כל פרטי דין זה :

פרק ד דברים הבאים בתוך הסעודה אם הם דברים הבאים מחמת הסעודה דהיינו שדרך לקבוע סעוד׳ עליהם ואין דרכם (כ״ב) לאכול כל היום אלא בשעת הסעודה בלבד בין ללפת בהן את הפת כגון בשר ודגים וגבינה וירקות וביצים ומיני מלוחים בין למזון ולהשביע כגון כרוב ותרדין ודייסא וכל מעשה קדירה שאינן באין ללפת הפת אלא למזון ולתבשיל א״צ ברכ׳ לפניהם אפי׳ אוכלם בלא פת שברכת המוציא שבירך על הפת שהוא עיקר הסעודה פוטרתם ולא לאחריהם שברכת המזון פוטרתם : (ב) ואם הם דברים שאין באים מחמת הסעודה דהיינו שאין דרך לקבוע סעודה עליהם לא ללפת ולא להשביע אלא דרכם לאכלם כל היום אפילו שלא בשעת הסעודה כגון כל מיני פירות וכיוצא בהם בין היין בין מבושלים ואפילו נתבשלו עם בשר אם אוכל אותם בלא פת טעוני׳ ברכה לפניהם אפילו אוכלם בגמר הסעודה כדי לעכל המאכל או לקנוח להקל מכובד המאכל ׳ אבל אין טעונין ברכה לאחריהם אפילו אוכלם באמצע הסעודה לא לעכל ולא לקנוח אלא להתענג בלבד׳ ויש מסתפקים בפירות מבושלים כשאוכלם למזון ותבשיל אם לברך לפניה׳ לכן יש לאכול מהן מעט קודם המוציא ולברך עליהם אבל אם אוכל מהם מעט תוך הסעודה או בסופה לקנוח או לתענוג צריך לברך לפניהם לד״ה : (ג) ואפילו אם אוכל מהם מעט עם פת ורוצה לאכול ג״כ בלא פת צריך לברך לפניהם׳ בד״א כשהביאו הפירות לקנוח ולתענוג אבל אם הביאו אותם ללפת בהם את הפת ג״כ א״צ לברך לפניהם אם אוכל מהם תחלה עם פת ודעתו לאכול מהם עוד עם פת אע״פ שבינתים אוכל בלא פת ואף אם אח״כ נמלך שלא ללפת בהם בסוף אין בכך כלום כיון שבשע׳ שאוכל כונתו ללפת בהם עדיין ׳ וטוב לנהוג לאכול מהם תחלה בלא פת ולברך ואח״כ יאכל בין עם פת בין בלא פת : (ד) וכל זה כשקבע לפתן סעודתו על ד״א ובאמצע הסעודה הביאו לו פירות אבל אם קבע לפתן סעודתו על הפירות א״צ לברך לפניהם אע״פ שאוכל מהם בתחלת אכילתו בלא פת וי״ה׳ ולכן טוב שיאכל תחלה מעט עם פת ואז אף אם אוכל מהם בלא פת א״צ לברך אפילו אין דעתו לאכול עוד פת: (ה) וכ״מ שאין הפירות נפטרי׳ בברכת הפת צריך לברך עליהם אפילו היו לפניו בשעה שבירך המוציא ונתכוין לפוטרם וכ״מ שהם נפטרי׳ נפטרים אפי׳ לא היו לפניו בשעה שבירך המוציא ולא היה דעתו בפירוש עליהם כי מן הסתם דעתו על כל מה שיביאו לפניו כיון שקיבע עצמו לאכיל׳ : (ו) אבל אם יודע שלא היה דעתו על זה כלל כגון שלאחר ברכת המוציא שלחו לו דורון מבית אחרים שאינו סומך עליהם ולא היה דעתו על הדורון אינו נפטר בברכת הפת אפי׳ הוא דבר שדרכו ללפת בו את הפת ומלפת בו את הפת ׳ ועכשיו אין העולם נזהרים בזה במדינות אלו מפני שבינינו הוא דבר מצוי שא׳ שולח לחבירו דורון בסעודה אפי׳ מבית אחרי׳ : (ז) מים או שאר משקין אין לברך עליהם בתוך הסעוד׳ ואפי׳ שותה לצמאו ולא לשרו׳ המאכל שבמעיו לפי שא״א לאכילה בלא שתיה ואפילו היה צמא קודם סעודה כיון שאז לא רצה לשתות כדי שלא יזיקו לו המים נמצא כי שתיית המים בסבת הפת היא ומאחר שקבע סעודתו על הפת הרי ברכת הפת פוטרתם (משא״כ)כשאוכל מעט פת שלא יזיקו לו המים (כמ״ש בפ״ג) ׳ ואפי׳ משקין ששותין אותם שלא לצמאון כגון שכר ומי דבש אין לברך עליהם בתוך הסעוד׳ כי אין דרכם לשתותם קודם הסעוד׳ אלא לאחריה לפיכך כשבאין בתוך הסעוד׳ הרי הם טפלים לסעודה וגם אם אוכל איזה דבר למתק השתיה ה״ז טפל למשקה והמשקה ללחם ונפטרים בברכת הלחם : (ח) אבל יין אע״פ

שבא

שבא לשתות בתוך הסעוד' מברך עליו אע"פ ששותהו לשרו' האכיל' שבמעיו שמפני חשיבותו שמקדשין ומבדילי' עליו קבעו לו ברכה אף בתוך הסעודה · אבל אינו מברך לאחריו שנפטר בבהמ"ז ואם שתה יין לפני הסעודה אפילו קודם שקבע עצמו לסעודה א"צ לברך על היין שבתוך הסעודה אא"כ לא היה בדעתו כלל לשתות יין בתוך הסעודה ואח"כ נמלך : (ט) בד"א כשבירך באותו חדר שסועד בו ולא יצא ממקומו בינתי' אבל אם סועד בחדר אחר או שיצא ממקומו בינתי' צריך לחזור ולברך אא"כ שתה כשיעור רביעי' שטעון ברכה אחרונה וכל זמן שלא בירך י"א שאין שינוי מקום חשוב הפסק (כמו שית' בפ"ט) · בד"א בסתם אבל אם היה דעתו כפי' לפטור היין שבתוך הסעודה אפי' סועד בחדר אחר אינו צריך לחזור ולברך אם היו שני החדרי' בבית א' : (י) וי"ש שבתוך הסעוד' אם שותהו כדי לעורר תאות המאכל הרי הוא טפל לסעוד' וא"צ לברך עליו ואם שותהו כדי לחמם האצטומכ' לעכל המאכל צריך לברך עליו אא"כ בירך עליו או על שאר משק' לפני הסעוד' · בד"א במדינות שאין דרכם לשתותו תוך הסעוד' אלא בשאר כל היום לחיזוק הלב ודינו כדין פירות אבל במדינות אלו שרגילים לשתותו תוך הסעודה א"צ לברך עליו : (יא) וכל משקין ששותה לפני הסעודה אינו פוטר דברים שבתוך הסעודה או אחר הסעודה אע"פ שבדעתו לשתות ג"כ בתוך הסעודה צריך לברך אחריו אם שתה כשיעור חוץ מן היין לפי שבא לפתוח בני מעיים להמשיך ארם לתאוות האכילה ומכלל הסעודה הוא ונפטר בבהמ"ז ולפיכך א"צ לברך אחריו קודם הסעודה אפי' אין בדעתו כלל לשתות יין בתוך הסעוד' וה"ה לי"ש : (יב) וכן מי שמקדש על היין הואיל ואין קידוש אלא במקום סעודה מכלל הסעוד' הוא וא"צ לברך אחריו אבל המבדיל על היין ולא היה בדעתו כלל לשתות יין בתוך הסעודה צריך לברך אחריו הואיל ואינו מתכוין לפתוח תאות המאכל אלא למצוה בלבד ואפילו שכח ולא בירך לפני הסעודה ונזכר בתוך הסעודה קודם בהמ"ז (אבל לאחר בהמ"ז לא יברך שבהמ"ז פוטרת על היין בדיעבד כמו שנת' בפ"א) בד"א שאין לו כוס לבהמ"ז אבל אם דעתו לברך בהמ"ז על הכוס א"צ לברך אחריו לפני הסעודה שנפטר בברכה אחרונה שמברך על הכוס של בהמ"ז : (יג) וכן מי שאוכל לפני הסעודה פרפראות כמו מיני מתיקה או מיני פירות לפתוח בני מעיים ולגרר ולהמשיך הלב לאכיל' אע"פ שאין לו פרפראות אחר הסעודה לפוטרם א"צ לברך אחריהם לפני הסעודה שנפטרים בבהמ"ז כמו יין (לשתיה) שלפני הסעודה אבל אם אוכלם לתענוג בלבד לגרר ולהמשיך הלב לסעוד' צריך לברך לאחריהם ואינן נפטרים בבהמ"ז כמו יין של הבדל' וכמו שנת' בפ"א :

פרק ה גמר בלבו שלא לאכול או לשתות ואח"כ נמלך זקוק לחזור ולברך בכל מקום חוץ מבסעודה שאע"פ שגמר בלבו שלא לאכול עוד אין זה סילוק והיסח הדעת כיון שדרכו של אדם להמשך ולגרר מאכיל' לאכילה ופעמים שאדם יושב בסעוד' קטנה וממשיך לסעודה גדולה ואין נמלך זקק ברכה בסעוד' אא"כ בשעה שבירך המוציא לא היה לו אלא מעט לחם ולא היה יודע כלל בשעת הברכה שיהיה לו יותר אח"כ ואח"כ נתנו לו יותר או אפילו אח"כ נמלך וקנה מן השוק עוד לחם אבל אם יש לחם בביתו וחותך לו חתיכה לאכול. אותה ואח"כ רוצה לחתוך עוד אין זה נמלך שדרך אדם הוא כן : (ב) וכן שאר מאכלים שידוע שבשעת ברכת המוציא לא היה דעתו עליהם כלל ואפילו לחם ושארי דברים שהיה דעתו עליהם אלא שגמר מלאכול ועקר ממקומו והסיח דעתו מלאכול עוד כשחוזר לסעודתו צריך לחזור ולברך לפי שאין דרכו של אדם להגרר מאכילה לאכילה אלא כשיושב במקום קביעות סעודתו ולא כשיוצא למקום אחר : (ג) וכל זה באכיל' אבל בשתיה אם גמר בלבו שלא לשתות עוד ואח"כ נמלך צריך לחזור ולברך ואפי' לא גמר בלבו בפירוש אם אמר תנו כוס ונברך ברכת המזון וכן אם אמר בואו ונברך ברכת המזון הרי זה סילוק והיסח הדעת משתיה ואם נמלך לשתות צריך לברך בתחלה' אבל אם נמלך לחזור לאכילתו אוכל בלא ברכה ואם מחמת אכילה זו נגרר לו לשתות שותה ג"כ בלא ברכ' אבל אם נמלך לחזור לסעודתו וצמא לשתות מחמת אכילה ראשונה צריך לברך אבל א"צ לברך ברכה אחרונה וכן אם נמלך לאכול שאר דברים הבאים מחמת סעודה אף שאין בדעתו לאכול פת כלל א"צ לברךעליהם· וי"א שאין חילוק בין אכילה לשתיה שאפילו באכילה ואפי' בסעודת קבע אם הסיח דעתו מלאכול עוד ואח"כ נמלך לאכול פת או ש"ד הבאים מחמת הסעודה צריך לחזור ולברך וטוב לחוש לדבריהם שלא לחזור ולאכול כלל אבל לא יאכל ויברך משום חשש ברכה לבטל' : (ד) אבל אם נטל הכוס בידו לברך בהמ"ז אע"פ שלא נטל ידיו וגם לא אמר מתחלה תנו כוס ונברך בהמ"ז ה"ז סילוק והיסח הדעת לגמרי לד"ה אפי' מאכילה וצריך לחזור ולברך לד"ה וגם ברכה אחרונה צריך לברך על שאר דברים הבאים מחמת הסעודה קודם ברכת המזון שכסעודה אחרת היא כיון שסילק דעתו מהפת : (ה) ואם נטל ידיו מים אחרונים אע"פ שלא נטל הכוס ה"ז סילוק והיסח הדעת לגמרי וצריך לברך לד"ה ואפילו בברכה אינו רשאי לאכול ולא לשתות משום הפסק בין מים אחרונים לבהמ"ז אא"כ רוצה לחזור וליטול מים אחרונים אח"כ סמוך לבהמ"ז : (ו) וכל מקום שצריך לחזור ולברך המוציא משום היסח הדעת צריך לחזור וליטול ידיו כראוי לאכילת פת ומים האחרונים אינן עולין לו אפילו נטלן כראוי לאכילת פת הואיל ולא נתכוין בהם לאכילת פת : (ז) אם בעל הסעוד' אמר נברך בהמ"ז כל המסובין אסורי' לשתות בלא ברכה והוא ששתקו והסכימו לדבריו אבל אם אחד מהאורחים או מבני ביתו אמר כן אף האומר עצמו יכול לחזור ולשתות עם בעה"ב מפני שידוע שאין הדבר תלוי בו אלא בבעה"ב וכיון שבעה"ב לא עשה היסח הדעת אף הוא דעתו סומכת על בעה"ב לשתות עמו : (ח) וכן הקרואים בבית בעה"ב לאכול מיני פירות אף ע"פ שמביאין להם בזה אחר זה א"צ לברך אלא על הראשון ואע"פ שבשעת הברכה לא היו יודעין כמה יביאו להם כיון שדעתם על בעל הסעודה שזימנם אבל אם בא אליהם איש אחר שלא זימנוהו ואינו קובע עצמו עמהם אלא נכנס אצלם לפי שעה וכל א' מהמסובין מושיט

לו

לו כוס או מיני פירות צריך לברך על כל או״א אם מושיטין לו אחר שכבר בירך על הכוס שלפניו ואפי׳ עדיין לא שתאו כולו · ועכשיו שהמנהג הוא כן שמושיטין כוסות הרבה למי שנכנם למסיבה הקבועים לשתיה א״צ לברך אלא על כוס הראשון : (ט) אין מברכין שום ברכה אחרונה ואפי׳ בהמ״ז שמן התורה אלא בעוד שלא נתעכל המזון במעיו וכן אין ב׳ אכילות נפטרים בברכה א׳ אלא כשלא שהה בינתיים שיעור שיתעכל המזון במעיו אבל אם שהה כ״כ צריך לחזור ולברך וכן הרוצה לפטור ב׳ שתיות בברכה א׳ ושהה בינתיים כשיעור עיכול וכמה שיעורו כל שאינו רעב מאותה אכילה הראשונה או שאין צמא משתיה הראשונה :

פרק ו

כל האילנו׳ משיוציאו פרי אע״פ שהוא קטן מאד שם פרי עליו ומברכין עליו ברכתו הראויה לו דהיינו בפה״ע (חוץ מזיתים וענבים והרובים שיש בהם הילוקי דינים ולפי שאינן גדלין במדינתינו לא העתקנום) ובלבד שלא יהא מר או עפוץ (כלומר זויע״ר) ביותר עד שאינו ראוי לאכילה אפי׳ ע״י הדחק שאז אין מברכין עליו כלל ואפילו אם מיתקן ע״י האור או ד״א אין שם פרי עליהם כלל ומברכים עליהם שנ״ב : (ב) וכן שקדים המרים אין מברכין עליהם כשהם גדולים ואינן ראוים לאכילה אפי׳ ע״י הדחק אבל אם מיתקן ע״י האור או ד״א מברכין עליהם בפה״ע : (ג) גדעיני הפירות אם הם מתוקים וראויין לאכילה בכלל הפרי הם ושם פרי עליהם ומברכין עליהם בפה״ע ואם הם מרים אינו מברך עליהם כלל ואף אם מיתקן ע״י האור או ד״א אינו מברך עליהן אלא שנ״ב : (ד) קליפי הפירות כגון קליפי מרנצ״ן המרוקחים אינו מברך עליהם בפה״ע שאינן עיקר הפרי שנוטעין האילן בשבילו וי״א שגם קליפי הפירות נהשבי׳ מכלל הפרי עצמו ומברכין עליהם בפה״ע וספק ברכות להקל בדיעבד אבל לכתחל׳ מברכין עליהם בפה״א ויוצא לד״ה : (ה) מיני פירות גרועים הגדלים ביער כגון תפוחים קטנים ואגסים קטנים (סקורין בארי״ן) אע״פ שהם ראויים לאכילה אינן חשובים פרי ומברכין עליה׳ שנ״ב בין חיין בין מבושלים אבל אגוזים הגדלים ביער פירות חשובים הם ומברכין עלידם בפה״ע וכן עשבי השדה שאינן נזרעין הואיל והם גרועים מצד עצמן י״א שמברכין עליהן שהכל׳ והאר״י ז״ל היה נוהג לברך בפה״א על הגדלים בארץ ובפה״ע על הגדלים באילן אפי׳ הם מינים גרועים כעשבי׳ ודומיהם : (ו) וסימן לידע איזהו פרי העץ ואיזהו פרי האדמה בעצים הנמוכי׳ כמיני סנה וכיוצא בו י״א שכל עץ העושה פירות משנה לשנה אף אם בחורף כלה כל העץ שלמעלה מהקרקע והעיקר והענפי׳ ולא נשאר אלא השרש בארץ שהחזר ומצמיח העיקר וענפיו ועליו ופירותיו בשנה השניה ה״ז אילן גמור ומברכין על פירותיו בפה״ע וי״ח בזה ואומרים שמאחר שכלה כל העיקר בחורף וחוזר וצומח משרשו נקרא פרי האדמה לענין ברכה וי״א שאפילו העיקר נשאר קיים כל החורף רק שענפיו נושרים בחורף וחוזרים וצומחים בקיץ מהעיקר ומוציאין עלין ופירו׳ אין פירותיו חשובים לברך עליה׳ בפה״ע ויש לחוש לדבריהם לכתחלה לברך בפה״א ואם בירך בפה״ע אף על פירות עץ שכלה כל העיקר וענפיו בחורף ולא נשאר אלא השרש יצא בדיעבד : (ז) וכל זה כשחוזרי׳ וצומחים ענפים מהעיקר והענפי׳ הם שמוציאי׳ עלין ופירות ולא העיקר שהוא קשה אבל מיני עצים רכים שהעלין והפירות יוצאין מן העיקר עצמו אינו נקרא אילן כלל לד״ה לענין ברכת בפה״ע (ואף שנק׳ אילן לענין ברכת כורא עצי בשמים על ריחו וכמו שית׳ בפ׳ י״א וכמו שנק׳ אילן לענין כלאי הכרם) ואף אם אינו כלה כלל בחורף אלא כל העיקר נשאר קיים כל החורף וחוזר ומתלהלח ומוציא עלין ופירות בשנה השנית מברכין עליהן בפה״א כגון מיני תותים שקורין במדינתינו מאלינע״ס אבל מיני תותים הגדלים באילן גמור אם הם פירות חשובים כגון מין שקורין בפולין יאגידע״ש השחורי׳ מברך עליהם בפה״ע : (ח) ואותן תותים אדומים הנמצאים בעשבים בתמוז יש מהם מין הנמצא בחורף ואין בהם אלא שרף בעלמא כנום בתוך החרצנים ומוצצין אותן וזורקין אותן מברכין עליהם שנ״ב כדין מי פירות שית׳ (בפ״ז) : (ט) וכן המוצץ המשקה הבלוע לבדו ולא גוף הפרי מכל הפירות חוץ מענבים שהמוצץ אפילו היין לבדו הבלוע בתוכם מברך בפה״ע אבל על רבש תמרים בין על הבלוע בין על הזב מהם מברך שנ״ב לפי שכל משקה היוצא מהפירות אין שם פרי עליו חוץ מהיוצא מהזיתים וענבים רק שהשמן היוצא מזיתים אינו ראוי לאכילה בלי תערובות ואין מברכין עליו כלל בלי תערובת כמו שית׳ בפ״ז : (י) כל הפירו׳ בין פה״ע בין פה״א שטובים היים ומבושלים מברכין עליהם ברכתם בין חיין בין מבושלי׳ ואפי׳ אם דרך אכילתם היא כשהם חיין מפני שאין דרך רוב העולם לבשלם לא נשתנית ברכתם בשביל שבישלם שמכיון שהגיעו לכלל פרי כשהם היים אין הבישול מבטל תורת פרי מהם · והוא שלא נשתנה טעמם לגריעות׳ מחמת הבישול שטובים מבושלי׳ כמו חיין אבל אם הם טובים חיין יותר ממבושלים כיון שע״י הבישול נשתנו לגריעות׳ מברכין עליהן שהכל כשהם מבושלים ואם חזר וטיגנם בדבש ונשתבחו מברך ברכה המיוחדת להם בפה״א או בפה״ע ואצ״ל אם מתחלה טיגנם בדבש או בישלם עם בשר ונשתבחו או שלא נגרעו עכ״פ מבעודם חיי׳ הרי הדבש או טעם ושומן הבשר טפל אליהם ונפטר בברכתם (רק הבשר שבעין אינו טפל וצריך לברך עליו שנ״ב) : (יא) אבל פירות שדרך אכילתם היא לאכלם מבושלים מפני שהם טובים מבושלים יותר מחיין אע״פ שהם טובים וראויים לאכילה גם כשהם חיין רק שאין רגילין רוב ב״א לאכלם היין אלא לבשלם תחלה מחמת שהם טובים יותר כשהם מבושלים מברכין עליהם כשהם חיין שנ״ב ולאחר הבישול מברכין ברכתם הראויי׳ להם כגון מיני לפתות (שקורין ריב״ן ומערי״ן) שדרך אכילת׳ הוא לאכלם מבושלים מברך עליהם בפה״א כשהם מבושלי׳ אבל כשהן חיין מברך עליהם שנ״ב: (יב) אבל אם דרך רוב ב״א לאכלם גם כשהם חיין כמו מיני ירקות וקטניות אפי׳ טובים מבושלי׳ יותר מחיין מברך עליהם בפה״א בין היין בין מבושלים ואפילו מיני ירקות שאין דרך רוב ב״א לאכל׳ חיין אלא עם פת או ד״א כגון בצלים וכיוצא בהם מברך עליהם בפה״א כשהן חיין אבל בצלי׳ מבושלים מברך עליה׳ שנ״ב כיון שמתקלקלי׳ כשמבשלין אותן בפ״ע ואפילו נתבשלו עם בשר ונשתבחו לפי

שהבשר

שהבשר או התבשיל שמשביחן הוא העיקר הואיל ובישולם עם בשר ותבשיל הוא כדי שיתנו הם טעמן בבשר ותבשיל ולא הבשר והתבשיל בהם : (יג) קטניות יבישים כשהם חיין מברך עליהם שהכל שאין זו דרך אכילתן אבל בעודם רטובים מברך בפה"א גם על השרביטין הראויין לאכילה' בר"א בשל גנות שהם נזרעים ע"ד לאוכלם חיין אבל הנזרעים בשדות דרכם להניח' עד שיתייבשו ולאכלם מבושלים לפיכך כשהם חיין מברכי' עליהם שהכל : (יד) אגוז גמור הראוי לאכיל' חי שטיגנו בדבש אפילו בישלו במים קודם הטיגוןנשתנה טעמו לגריעותא וברכתו אז שנ"ב אעפ"כ כשחזר וניתקן ע"י הטיגון חזר לברכתו שהיא בפה"ע ואף שתיקון זה הוא ע"י הדבש מ"מ האגוז חשוב עיקר והדבש טפל אליו לתקנו ולהכשירו וכן בכל מיני פירות מרוקחי' בין פירו' האילן בין פירו' הארץואפי' פירו' שאינראויין לאכילה כלל בלא טיגון בדבש כגון ורדים (סקורין רויזין) וכיוצא בהם אין הדבש עיקר אלא טפל שהרי אינו בא אלא להכשיר הפרי לאכיל' והרי זה כפרי שאין דרכו להאכל חי אלא מבושל שמברכיןעליו ברכתו בפה"ע או בפה"א לפי שלדעת כן נוטעי' אותו ולא ברכת המים שנתבשל בהם והכשירוהו לאכילה' ומ"מ ברכת הורדים בפה"א לפי שהן פרחים ולא עיקר הפרי : (טו) אבל המטגן אגוז בעודו רך ומר מברך שהכל לפי שאין נוטעים האגוז אלא על דעת לאכלו בגמר הפרי ולא קודם לכן שלא להפסידו ולהסירו מהאילן קודם שיגמר גידולו אבל קליפת הפרי שמטגנ' עד שנעשית ראויה לאכיל' מברך בפה"א לפי שעל דעת כן נוטעי' ג"כ לאכול הקליפה ע"י טיגון לאחר שיגמר הפרי אלא לפי שכיון שאינו עיקר הפרי שע"ד כן נוטעים האילןאינו חשוב כ"כ לברךעליו בפה"ע אלא בפה"א כמו שנת': (טז) צוקר אע"פ שנעשה מקנים המתוקים מברכים עליו שהכל : (יז)צנון מברכי'עליו בפה"א אע"פ שסופו להקשות:(יח) פלפלין בעודם רטובים שהן ראוין לאכילה י"א שמברך עליהם בפה"ע כיון שהם גדלים באילן ויש אומרים שמברכין עליהם בפה"א הואיל ועיקר נטיעתם היא ע"ד שיתייבשו ויאכלו רובן שחוקים בתבלין ואינן נאכלין בפ"ע אלא מיעוטם לפעמים וספק ברכות להקל בדיעבד אבל לכתחלה יברך בפה"א לצאת לד"ה : (יט) אבל פלפלין יבשים וזנגביל (סקורין אינגבר) יבש וכן הצפורן (סקורין נעגלי"ך) וכל כיוצא באלו שאינן נאכלין ביובש אלא ע"י תערובת אין מברכין עליהם כלום כשאוכלם בפ"ע שאין זו אכילה של הנא' לברך עליהן ברכת הנהנין אבל עץשל קנמון (סקורין צימרינ"ד)רגילים לאכלו ביובש ומברכים עליו בפה"א כי הוא גדל על הארץ כמו קנים : (כ) וכן אגוז שקו' מושקטנו"ם רגילים לאכלו ג"כ ביובש ומברכים עליו בפה"ע ומי שיש לו שלשול ונותן המושקט לתוך השכר כדי שיעצור אם אינו צמא ואינו שותה אלא לרפואה המושקט עיקר והשכר טפל ומברך בפה"ע ואם הוא צמא או תאב לשתות השכר גם בלא רפואה אע"פ שנותן המושקט לתוכו לרפואה השכר עיקר ומברך עליו שהכל ופוטר את המושקט הואיל ובליעת המושקט הוא ע"י השכר ובלעדו לא היה בולעו : (כא) זנגביל בעודו רטוב שהוא ראוי לאכילה מברכים עליו בפה"א ולא בפה"ע לפי שאינו עיקר הפרי כי הוא שרש תחת הקרקע וכן זנגביל יבש שעשה ממנו מרקחת מברכין עליו בפה"א וכן בפלפלים יבשים שאף שנעשו ראוים לאכילה ע"י הדבש איןהדבש חשוב עיקר אלא טפל שהרי הוא בא להכשיר' ולתקנם וכן בשמים שחוקים ומעורבים עם צוקר כמו שרגילין לכתוש זנגביל יבש ולערבו עם צוקר (סקורין אינגין פולווער) אף שאינן ראויים לאכילה כלל בפ"ע אין הצוקר חשוב עיקר אלא טפל כיון שהוא בא להכשירם ולתקנם : (כב) בד"א במיני בשמים ותבליןשדרכם להאכל ע"י טיגון בדבש או ע"י תערובת צוקר או ד"א שהן חשובין עיקר כגון זנגביל ופלפלין וצפורן וכיוצא בהם אבל מיני בשמים ותבלין שאין דרכם להאכל אלא כשמתבלין בהם התבשיל ואז התבשיל הוא עיקר ואין האכילה נקראת על שם התבלין כלל וכאלו אין עומדי' לאכילה כלל כגון ציטווער וכיוצא בו אין שם פרי עליו ואף אם תיקנו והכשירו לאכילה כמות שהוא כמו שרגילין שצולין ציטווע"ר ואוכלין לרפואה אין מברכין עליו אלא שהכל כיון שאין נוטעין אותו ע"ד לאכלו כלל אלא ע"ד ליתנו בתבשיל ואצ"ל אם טגנו בדבש או שעירבו עם צוקר וכן השבת (סקורין ענים) והכמון (סקורין קימ"ל) הואיל ואין דרכם לאכול אלא ליתנם בתבשיל לטע' בלבד לפיכך אף כשבישלם בפ"ע או אכלם חיים אין מברך עליהם אלא שנ"ב אבל כשצולין זנגביל לרפוא' מברכין עליו בפה"א כיון שנעשה ראוי לאכילה עי"ז :

פרק ז על דבר שאין גדולו מן הארץכגון בשר בהמה חיה ועוף דגים וחלב וגבינה וביצים ומים ומלח ודבש

מברכים שנ"ב וכן כמהין ופטריו' (סקורין שוועמליך) אף שגידולם מן הארץ שמלהלוחית הארץ הם גדלים על העצים ועל הכלים כיון שאין יניקתם מן הארץ אלא מן האויר אינם נקראים פרי האדמה ומברכים עליהם שנ"ב : (ב) וכן כל דבר שנשתנה לקלקול נשתנית ברכתו המיוחדת לו ומברכים עליו ברכה הכוללת שהיא שנ"ב כגון הפת שעיפשה ותבשיל שנשתנ' צורתו ונתקלקל מעט אבל אם נתקלקל לגמרי עד שאינו ראוי לאכילה כלל אפילו ע"י הדחק אין מברכין עליו כלל וכן בפת שעיפשה וכן יין שהחמיץ עד שב"א נמנעים לשתותו מפני המיצתו מברכין עליו שנ"ב ואם נעשה חומץ גמור דהיינו שהוא חזק כ"כ שכשמשליכים אותו על הארץ הוא מבעבע ומעלה רתיחות אין מברכין עליו כלל מפני שמזיקו ואם עירבו במים עד שהוא ראוי לשתיה מברך עליו שהכל : (ג) וכן כל מיני פירות שבישל' במים ועשה מהם משקה ואפילו שכר שעורים מברכי' עליו שהכל ולא במ"מ הואיל והוא צלול ועומד לשתיה : (ד) יין שריחו חומץ וטעמו יין עדיין שם יין עליו ולא נשתנית ברכתו אבל אם טעמו חומץ אף ע"פ שריחו יין מברכין עליו שהכל : (ה) יין מבושל מברכין עליו בפה"ג וכן יין שמערבין בו דבש ופלפלין אע"פ שנשתנה טעם היין ע"י הדבש ופלפלין לא נשתנה לגריעותא וברכתו בפה"ג : (ו) יין שנתערב בו אחר משאר משקין אם נתערב כ"כ עד שנפסד טעם היין אין לברך בפה"ג אלא שהכל כיון שנשתנ' לגריעות' ואם נתערב בו דבר שאינו מפסיד טעם היין הולכין אחר הרוב ויין שמזגו במים אפי' המים הם הרוב מברכים עליו בפה"ג אם הוא יין חזק שראוי לשתות ע"י מזיגה גדולה כזו ודרך בני אדם לשתותו במקום יין על ידי מזיגה כזו שאם לא כן בטלה דעתו אצל כל אדם ואם היין הוא א' משׁשה במים

במים שיש במים ששה פעמי' כמותו אין מברכין עליו בפה"ג בכל ענין : (ז) אין מברכין על המים שנ"ב לפניה' ובנ"ר לאחריה' אלא כששותה לצמאו אבל אם שות' להבליע לוגמתו שחנקתו אינו מברך לא בתחלה ולא בסוף לפי שאין הנאה לאדם בשתיית המים אלא בשעה שהוא צמא·אבל שאר משקין שיש הנא' לגוף בשתייתן ובטעמן צריך לברך עליהן בתחלה ובסוף אע"פ שאינו תאב להם ואינו שותה ברצון אלא מחמת אונס לוגמתו שחנקתו : (ח) וכן כל האוכלין ומשקין שאדם אוכל ושותה לרפואה אם טעמן טוב והחיך נהנה מהם מברך עליהם תחלה וסוף אף ע"פ שאינו תאב להם כלל ואינו אוכלם אלא מחמת אונס חליו אבל אם הם רעים שאין לו הנאה מהם אע"פ שמתרפא בהם אינו מברך לא בתחלה ולא בסוף (ואם אינם טובי' ולא רעי' לגמרי יש מי שרצה לומר שלעולם מברך עליה' שהכל) : (ט) וכן חולה האוכל ביוה"כ או מי שאוכל דבר איסור מפני הסכנה כיון שנהנה צריך לברך תחלה וסוף אע"פ שאינו נהנה ברצון כלל אלא מחמת אונס חליו : (י) דבש שבישלו עם מיני בשמי' כתושי' כדי לבשמו כמנהג הולכי דרכי' הדבש עיקר והבשמי' טפלי' ומברך שהכל שהרי הבשמי' באים לתקן הדבש ולהטעימו·אבל מיני מרקחות מפירות או עשבי' או מיני בשמי' מרוקחי' בדבש אפי' הם כתושי' ביותר ומעורבי' בדבש הם חשובי' עיקר ומברכי' עליה' ברכתם (כשנ"ת בפ"ו) אפי' הוא הרבה ממנו· בד"א במרקחת (שהיא עשוי' לקיום לאכול ממנה מעט מעט לפרקי' ולא לאכלם הרבה למזון ולתבשיל לפיכך אין הדבש נחשב עיקר אע"פ שהוא הרוב) אבל תבשיל' (שהוא עשוי לאכילה) הנעש' מתערובת דבש ומיני' אחרי' שאינם מה' מיני דגן כגון פירות וקטניות הולכין אחר הרוב ואם הרוב הוא דבש הוא עיקר ופוטר את הפירות אפי' אינם כתושי' ומעורבים עמו אלא עומדים בעינם בתוכו כיון שנתבשלו יחד ונעשו תבשיל אחד וה"ה לשאר משקין חוץ ממים אא"כ הא' הוא עיקר והב' אינו אלא לתקן ולהכשיר אכילת חבירו : (יא) כל הפירות שסחטן להוציא מימיהן אין מימיה' חשובי' כמותם לברך עליה' בפה"ע אלא מברכי' עליהם שנ"ב (ולכן מברכי' על משקה ווישני"ק או מאליניק שנ"ב) חוץ מזיתי' וענבים שהמשקה היוצא מהם כמותם וראוי לברך עליה בפה"ע אלא שהיין מפני חשיבותו גורם ברכה לעצמו ברכה מבוררת ופרטית יותר והיא בפה"ג והשמן אינו מברך עליו כלל כששותהו לבדו מפני שהוא מזיק לו ואם אוכלו עם פת או מערבו בשאר משקין (כמו שרגילין ליתנו לשכר) הפת או המשקין עיקר ומברך על הפת או על המשק'ופוטר את השמןאא"כ הושש בגרונו ושותהו לרפואה מעורב בשאר משקין שאף על פי שהשמן מועט הוא עיקר שמכוין בו לשתותו לרפוא' ולכך מברך עליו בפה"ע ופוטר את המשקה שהוא טפל אליו : (יב) כל הפירות אפי' זיתי' וענבי' ששראן או בישלן במים אף ע"פ שנכנס טעם הפרי במי' אינו מברך על אותם המי' אלא שנ"ב אפי' נתייבשו ודרך לאכלם ע"י בישול מ"מ אין עיקר נטיעתם ע"ד כן · בד"א בפירות שדרכ' להאכל חיים אבל מיני ירקו' שדרך אכילתם על ידי בישול מי בישול' כמותם שע"ד כן נוטעי' אות' לאכול

גם מימיה' עמה' או עם פת ולא יצאו מתורת אוכל לגמרי לפיכך מברכים עליהם ברכת הירקות אף אם בא לשתות' בפ"ע · וי"א שכל הפירות מי בישולם או שריית' כמותם ומברך עליה' בפה"ע אם בא לשתותן בפ"ע כיון שעיקר בישול המים בשביל הפירות ויש להמשקה טעם הפרי · והלכך לכתחלה יברך על המרק שהכל ויוצא לד"ה אבל אם אבל מתחל' הפרי ובירך עליו בפה"ע ואחר כך בא לשתות המרק לא יברך על המרק שהכל כי שמא נפטר כבר בברכת בפה"ע ע"כ טוב שישתה ד"א תהלה לברך עליו שהכל : (יג) וכל זה לצאת ידי ספק ברכה ראשונה אבל בספק ברכה אחרונה כגון מי שריית או בישול צימוקי' או תאני' או שאר פירות מז' המינים שברכתם האחרונה הוא מעין ג' וכששותה המרק לבדו יש להסתפק אם יברך מעין ג' או בנ"ר לא ישתה כשיעור אלא תוך הסעודה או יאכל פרי מז' המיני' (כשיעור) וגם ישתה מים (כשיעור) כדי שיצטרך לברך מעין ג' וגם בנ"ר : (יד) וכל זה כששראן או בישלן ע"ד לאכלן עם מימיהן שאז תורת מרק עליה' אבל אם שראן או בישלן לשתו' מימיה' לבדם אין שם מרק עליה' אלא שם משקה ולד"ה מברך עליו שנ"ב ובנ"ר ולכן מברכי' על מים מבושלי' עם עלים (סקורין טיי"א) או על מי שריית תותי' ותפוחי' (סקורין עפי"ל קווא"ס או יאגיד"ס קווא"ס) שנ"ב (וכן על שתיית הקאווי"י) : (טו) וכן מרק של כל מעשה קדרה מה' המינין אין המרק נחשב כתבשיל לברך עליו במ"מ אם בא לשתותו בפ"ע אא"כ בישלו כדי לאכול התבשיל אבל אם עיקר הבישול בשביל המרק לבדו כמו שמבשלין שעורים לחולה לשתות המרק מברכי' עליו שנ"ב ומטעם זה מברכי' על שכר שעורים שנ"ב ולא במ"מ ואפילו אם אוכל גם כן התבשיל עם המרק (כגון שעושין תבשיל משעורי' או ש"ש שקורין גרי"ץ) ונותני' מים הרבה שאין ראוי רק לשורפו (סקורין זו"פ) אין המרק נפטר בברכת התבשיל שאינו טפל אליו כלל כיון שעיקר הבישול בשביל המרק ומ"מ כדי לעשות עצהי"ט ראוי לברך תחלה על המרק ולשתו' ממנו בפ"ע מעט ואח"כ מברך על התבשיל במ"מ שגם התבשיל אינו נעשה טפל אל המרק אף על פי שעיקר הבישול בשבילו לפי שמין דגן הוא חשוב ואינו נעשה טפל להפסיד ברכתו כל שבא ליתן טעם בקדרה : (טז) אבל תבשיל מין דגן שהגרעיני' שלמי' ועומדים בעינם שברכתו בפה"א הרי המרק כמרק של שאר פירות שאפילו עיקר הבישול בשביל אכילת הפירות אין מברכים על המרק אלא שנ"ב לסברא הראשונה הואיל ואין דרך אכילתן ע"י בישול ואף ה' מיני דגן אין דרך אכילת' ע"י בישול כשהם שלמי' ועומדים בעינם אלא לעשות מהם פת או תבשיל לאחר שנכתשו או נטחנו שמפני זה אין מברכין עליה' במ"מ מפני חשיבות' אלא לאחר שנכתשו או נטחנו שהוא דרך אכילתם (כמ"ש בפ"ח) אבל מיני קטניות שדרך אכילת' ע"י בישול גם בעודם שלמים ועומדים בעינם מברכין על המרק בפה"א לד"ה והוא שאין עיקר הבישול בשביל המרק לבדו אבל אם עיקר הבישול בשביל המרק בין במיני קטניות בין במיני דגן מברכין

עליו

עליו שהכל אף אם אוכל ג"כ התבשיל עמו ואינו טפל אליו כלל ואינו נפטר בברכתו • אלא לעשו' עצהי"ט ראוי לברך תחלה על המרק ולשתו' ממנו מעט בפ"ע ואח"כ יברך על התבשיל אם הוא מין דגן אבל אם הוא ממיני קטניות לא יברך על התבשיל כלל לפי שהוא טפל אל המרק ונפטר בברכתו כיון שעיקר הבישול בשבילו וכן בפירות שעיקר בישולם לצורך המרק : (יז) אבל מיני ירקו' אף אם נתבשלו לצורך המרק מברך עליו ברכת הירקות כיון שכל העולם מבשלים אותם לאכילה ואז המרק בטל לגבי התבשיל לא נשתנית ברכת המרק בשביל זה שבישלם לצורך מימיהם כי בטלה דעתו אצל כל אדם משא"כ ה' מיני דגן ומיני קטניות שבישלם לצורך מימיה' לא שייך לומר בהם כ"כ בטלה דעתו כי הרבה עושין מהם כעין דייסא בלא רוטב והרבה עושין מהם פת והרבה אוכלין קטניות חיים וכן פירות שדרכם להאכל חיים וגם היבשים שאין דרכם להאכל חיים הרבה שורין אותם לצורך מימיהם כמו שרגילין באנגסי' יבשים ובצמוקי ענבים לפיכך מברך עליהם שנ"ב לד"ה כמו שנת' : (יח) מי שריית פירות שנכבשו בהם להתקיים (כגון קרוי"ט ואוגרקי"ס) אין מברכין עליהם אלא שהכל לפי סברא הראשונה אף ע"פ שנכנס טעם הפרי במים הואיל ולא נכבשו בהם כדי שיתנו בהם טעם ולא היתה הכוונה כלל על המים שיהיו מוכשרים ומוטעמי' יותר בטעם הפרי שיכנס בהם כמו שהכוונה הוא בבישול ירקות גם על המים שיהיו מוטעמים בטעם הירק שלכך נחשבים כמותם אבל לפי סברא האחרונה כיון שעיקר שרייתם הוא בשביל הפירו' מברכין עליהם כברכת הפרי ששורה בו : (יט) וכל זה במרק שנתבשל בו המאכל או שנשרה בו עד שנתן בו טעם אבל אם לא נשרה בו אלא שעירבן לאכלן יחד ובא לשתות בפ"ע צריך לברך עליו בפ"ע ואם בא לאכלן ביחד א"צ לברך עליו כלום אפילו הוא יין מפני שהוא טפל למאכל ונפטר בברכתו ואם עיקר כוונתו על המרק והמאכל הוא לתת בו טעם המרק עיקר ואם כוונתו על שניהם אין הולכים בו אחר הרוב אלא מברך על שניהם • תחלה על המאכל ויאכל ממנו מעט ואחר כך שנ"ב על המרק ואפילו אם המאכל הוא מין דגן אינו נחשב עיקר לפטור המרק בברכתו לפי שאף מין דגן עצמו שנעשה רך וראוי לשתי' כמרק אין מברכין עליו במ"מ (כמ"ש בפ"א) משא"כ במרק שנתבשל בו המאכל או נשר' בו ונתן בו טעם שהרי הוא בטל לגבי המאכל וכאוכל הוא חשוב הואיל ועיקרו בשביל המאכל כמ"ש לסברא האחרונה או מפני שדרך המאכל לאכול המרק עמו או עם הפת כמ"ש לסברא הראשונה: (כ) ואפילו במרק שנתבשל בו לא נחלקו אלא כשנתבשל בו הפרי לבד בלא בשר אבל אם נתן בשר בקדרה אין לברך על המרק אלא שנ"ב אם בא לשתותו בפ"ע אפילו במרק של ירקות כי טעם הבשר שבמרק חשוב עיקר יותר מטעם הירקות או הפרי אבל מרק של תבשיל ממין דגן שמברכין עליו במ"מ הרי טעם הדגן שבמרק חשוב עיקר יותר מטעם הבשר שמין דגן חשוב מכל המינים (כמ"ש לעיל) : (כא) וירקות שנתבשלו בחומץ או במשקה שקורין באר"ש"ט או במשקה אחר חוץ ממי' אין מברכין על המרק ברכת הירקות לפי סברא הראשונה שאין מי ירקות חשובים כמותם אלא מפני שמבשלי' בהם עד שיתנו טעם בהם ויאכלום ג"כ ומאחר שיש להחומץ או שאר משקה עוד טעם של עצמו הרי טעם זה עיקר ולא אמרו שמרק הירקו' כמות' אלא במים שאין להם טעם הנאה של עצמן אלא למי שהוא צמא אבל לסברא האחרונה אם עיקר הבשול בשביל הירקו' הרי המרק בטל אצלם ונחשב כמות' משנתנו בו טעם אע"פ שיש להם עוד טעם שלהם : (כב) תמרים שמיעכם ביד והוציא גרעיניהם ועשה מהם עיסה וכן כל כיוצא בהם משאר פירות אע"פ שאין דרכם בכך לא נשתנית ברכתם ומברך עליהם בפה"ע הואיל ולא נשתנה תארם לגמרי ואינן דומין לחטים שנטחנו ברחיים שאף שלא נטחנו דק דק כקמח גמור אלא יש בהן טעם חטים וראויין לאכילה קצת חיין ואעפ"כ אין מברכין עליהם בפה"א אלא שנ"ב וכן כיוצא בהן בשל קטניות אפי' מבושלים (שקורין גרופי"ן של מלך) לפי שנשתנה תאר החטין לגמרי בטחינתם אף על פי שלא נטחנו דק דק כקמח גמור משא"כ בתמרים וכיוצא בהם שנתמעכו עדיין תאר פרי עליהם אבל אגוז שכתשו ביותר עד שאינו ניכר במהותו ותארו וכן שומשמין שטחנן היטב מברך עליהם שנ"ב הואיל ואין דרכם בכך אבל דבר שדרכו בכך כגון זנגביל ובשמים שחוקים ומעורבים עם צוקר או מרוקחים בדבש לא נשתנית ברכתם וכן ורדי' וכיוצא בהם מפירות שדרך אכילתם היא להכתם דק דק ולטגנ' מברך עליהם ברכתם אפי' כתושים ביותר עד שאין ניכר תארם כלל לפי שגם זו היא דרך אכילתם : (כג) וכן פירות מבושלים או מטוגנים שנימוחו ע"י הבישול כגון גודגדניות מטוגנים שקורין פאווידלא ונשתנה מהותם ותארן הואיל ואין זו דרך אכילתם מברך עליהם שנ"ב אבל אם לא נימוחו לגמרי בבישולם רק שנתרסקו ונתמעכו ועדיין ממשן קיי' וניכר מהותם ותארן לא נשתנית ברכתם אע"פ שאין זו דרך אכילתם : (כד) וי"א שאפי' פירות שנימוחו לגמרי בבישול או שנכתשו ביותר עד שאין מהותם ותארן ניכר כלל לא נשתנית ברכתם בין חיין בין מבושלים אם לא נשתנו לגריעותא ואע"פ שאין דרך אכילתם בכך ואינן דומין להטין שלא נטחנו דק דק כקמח גמור אלא יש בהם טעם חטין וממשם ואעפ"כ מברכין עליהם שנ"ב לפי שההטין יש להם עילוי אחר לעשו' מהן פת לפיכך מאחר שנשתנו מברייתם על ידי טחינה ולא הגיעו בשינוי זה למעלתם האחרונה שהיא מעלת הפת הרי שינוין זה מוציאן ומורידן מתורת פרי שהיתה עליהם קודם שנשתנו אבל פירות שאין עושין מהם פת אין שינוים זה שע"י כתישה או מיחוי הבישול מוציאם מתורת פרי אלא א"כ נשתנו לגריעותא בטעמא ע"י בישול כמו שנת' (בפ"ו) אבל מיני קטניות הואיל ודרך לעשות מהן פת לפעמים הרי שינוים מברייתם בטחינתם מוציאם מתורת פרי ואפילו ע"י קצת טחינה או כתישה במכתשת כנהוג ברחיים וכיוצא בו ממיני קטניות שעושין מהם דייסא (שקורין קאש"ע וגרויפי"ן) אבל לסברא

הראשונה

הראשונה אפשר שבכתישה או טחינה מועטת לא נשתנית ברכתם ויש לברך על דייסא זו בפה"א מאח' שזו הי' דרך אכילתה · ולענין הלכה ספק ברכות להקל בדיעבד אבל לכתחלה מברך שהכל לצאת לדברי הכל :

פרק ח ברכה אחרונה בין של אוכלין בין של משקין צריכין שיעור שאין מברכין אותה אא"כ אכל כשיעור הראוי להיות נקרא אכילה ולא טעימה או שתה כשיעור הראוי להיות שתיה · ואין אכילה פחותה מכזית ואין שתיה פחותה מרביעית הלוג שהוא ביצה ומחצה בקליפתה ואפי' שותה משקה חריף והזק שדרך כל אדם לשתות ממנו מעט כמו יי"ש אין הגאת שתייתה חשובה אם אין בה שיעור שתיית כל המשקים שהיא רביעית ויש מסתפקים בברכה אחרונה של יין אם מברכים אותה על כזית וטוב ליזהר שלא לשתות אלא פחות מכזית או רביעית אבל בדיעבד שכבר שתה כזית ואין לו כדי רביעית א"צ לברך אחריו : (ב) אכל כחצי זית ושהה מעט וחזר ואכל כחצי זית אם יש מתחילת אכילה ראשונה עד סוף אכילה אחרונה יותר מכדי אכילת פרס (שהוא חצי ככר של ששה ביצים) אינן מצטרפין זה עם זה ואפילו לא הפסיק כלל באכילתו אלא שהה כ"כ מתחל' אכיל' הכזית עד סופו וכל שלא שהה יותר מכדי א"פ מצטרפות ב' אכילות להחשב כאחת אפילו אם הוא בענין שהשניה נחשבת בסעודה אחרת לענין ברכה ראשונה כגון ששינה מקומו בינתיים · וחצי ככר זה משערים בפת חטים שנאכלת מהר ומיסב ואוכל בלפתן ואינו פונה אנה ואנה ואוכל מהר : (ג) לפיכך קמח של א' מה' מיני דגן שעירב עם קמח של מיני קטניות ועשה ממנו פת אע"פ שמברך עליו המוציא שהדגן עיקר אפי' הוא מיעט כמו שנתב' (בפ"ג) מ"מ אינו מברך לאחריו בהמ"ז אא"כ יש בקמח הדגן כזית בכדי אכילת פרס מהתערובת ואז צריך לברך בהמ"ז על כזית מהתערובת וי"א שאינו מברך בהמ"ז עד שיאכל כל הפרס ויש לחוש לדבריהם להקל בספק ברכות : (ד) אבל אם תערובת קמח הדגן הוא פחות משיעור זה מברך המוציא ואינו מברך בהמ"ז אפילו אכל הרבה אבל מברך מעין ג' אפילו לא אכל אלא כזית כיון שיש טעם פת בכולן אף שאין בו ממשות הפת אלא כל שהוא ויש מסתפקים בזה ולכן נכון למנוע שלא לאכול מפת זו כ"א תוך הסעודה : (ה) קמח חיטים שעירבו עם קמח אורז מברך אחריו בהמ"ז אם עשה ממנו פת או מעין ג' אם עשה ממנו תבשיל אפילו אין בו כזית בכא"פ כל שיש בו טעם דגן לפי שהחטים גוררים את האורז להיות בכולו טעם הטים : (ו) שיעור צירוף שתיה י"א שהוא בכדי שיעור שתיית רביעית ואם שתה כחצי רביעית בחפזון שלא כדרך שתיית רוב בני אדם ושהה מעט וחזר ושתה אם יש מתחלת שתיה ראשונה עד סוף שתיה אחרונה כדי שתיית רביעית של שאר כל האדם אין מצטרפין זע"ז (וה"ה אם לא הפסיק בינתים אלא ששהה בשתייתו כ"כ) וי"א ששיעור צירוף השתיית רביעית בכדא"פ כמו צירוף אכילות וכן עיקר לפיכך יש לברך ברכה אחרונה על קאוו"י וטיי"א חמין אע"פ ששותהו מעט מעט אם לא שהה יותר מכדא"פ : (ז) כל האוכלין מצטרפין זה עם זה לכזית ומברך לאחריהם בברכת הקל שבהן כגון אבל כחצי זית מז' המינים וכחצי זית מדבר שברכתו האחרונה הוא בנ"ר מברך אחריהם בנ"ר · ואם אכל כחצי זית פת וכחצי זית מז' המינים מברך לאחריהם מעין ג' · וכל המשקין מצטרפין זע"ז לרביעית אבל אוכלין ומשקין אינן מצטרפין זע"ז לא לכזית ולא לרביעית : (ח) רוטב שנתבשל בו אוכל אינו מצטרף עמו כי משקה גמור הוא לכל דבר וכן אוכל שנימוח כ"כ עד שראוי לשתיה יצא מתורת אוכל · וכן משקה שנקרש עד שראוי לאכילה יצא מתורת משקה אפילו יש בו טופח ע"מ להטפיח : (ט) יש מסתפקי' לומר שכל דבר שהוא כברייתו כגון ענבה א' או אפי' קיטנית א' אפשר שמברך אחריהם ברכה אחרונה לכך נכון ליזהר שלא לאכול בריה פחותה מכזית ואינה נק' בריה אא"כ אוכלה כמו שהיא אבל אם זרק הגרעין מן הפרי בפרי שדרך לאכול גרעיניה או אם חסר קצת מגוף הפרי שלא אכלו כולו הרי לא אכל בריה שלימה ואם אכל מה שבתוך הגרעין וזרק קליפתו וכן פרי שאין דרך לאכול גרעיניה כיון שאכל מה שראוי לאכול ממנו הרי אכל בריה שלימה · והוא שהובא הפרי לפניו לאכול כשהוא שלם אבל אם קודם שהובא לפניו חסר ממנו גרעינתו כמו שרגיל להיות בזיתים מלוחים אין עליו חשיבות בריה וכן אם נחתך או נתרסק קודם שהובא לפניו : (י) וכל זה בברכה אחרונה אבל לברכה ראשונה א"צ שיעור אכילה או שתיה אלא אפי' טעימה כל שהיא אסור ליהנות מהעה"ז בלא ברכה : (יא) ואינה חשובה הנאה אלא הנאת מעיו ולא הנאת החיך לבדו כגון הטועם את התבשיל לידע אם הוא צריך מלח ותבלין או אם הוא טוב למאכל וחוזר ופולט א"צ לברך אע"פ שנהנה בטעמו ואפילו טועם הרבה עד כדי רביעית ולא עד בכלל :

פרק ט כל הברכות צריך שלא יפסיק בין ברכה לאכילה אפי' מפני הכבוד והיראה ואפי' בעודו לועס עד שיבלע · ואם הפסיק בין ברכה לאכילה ודיבר דיבור שאינו לצורך האכילה צריך לחזור ולברך ואם שח בעודו לועס יש להסתפק אם צריך לחזור ולברך : (ב) ואפילו בשתיקה אסור להפסיק יותר מכדי שאילת שלום תלמיד לרב שהן ג' תיבות אלו שלום עליך רבי ואם שהה יותר א"צ לחזור ולברך ושהיי' שהיא צורך אכילה אינה חשובה הפסק כלל לפיכך המברך על הפרי וחותך ממנו ואוכל לא יחתוך עד אחר הברכה כדי שיברך על השלם למצוה מן המובחר (כמ"ש בפ"י) ואין לחוש להפסק שהיית החיתוך בין ברכה לאכילה ומ"מ האוכל אגוז וכיוצא בו ישברנו ואח"כ יברך כי שמא התליע או נרקב בתוכו ונמצא בירך לבטלה : (ג) צריך ליזהר מאד בכוונת הברכות שיבין ענין הברכה שהוא מברך את ה' ועל מה הוא מברך ולא יהא לבבו פונה לדבר אחר : (ד) כל דבר שמברך עליו לאוכלו או להריח בו או לעשות בו מצוה צריך ליטלו בימינו כשהוא מברך · ונטילה ע"י כלי שמה נטילה ומ"מ טוב ליזהר שלא ליטלו ע"י סכין ואם לא אחזו כלל אם היה לפניו בשעת הברכה יצא ואם בירך ואח"כ הביאו

הביאו לפניו אפי' בירך ע"ד כן צריך לחזור ולברך : (ה) מי שבירך על פירות שלפניו ואח"כ הביאו לו יותר מאותו המין או ממין אחר שנפטר בברכת הראשון כגון שברכותיהן שוות או שהראשון עיקר והשני טפל א"צ לחזור ולברך אפי' הביאו לפניו ממין האחר אחר שכלה הראשון שכבר אכלו כולו והוא שכשבירך היתה דעתו גם על השני לאכלו אפילו לא היה בדעתו בפירוש לפוטרו בברכה זו אבל אם לא היתה דעתו עליו בשעת הברכה אם השני הוא ממין הראשון ממש א"צ לחזור ולברך אפי' כלה המין הראשון ואם אין מאותו המין אלא ששניהם מין פירות או ששניהם מין משקין אם יש עדיין לפניו ממין הראשון א"צ לברך ואם כבר כלה הראשון צריך לחזור ולברך אבל אם הם שני מינין לגמרי אלא שנפטר בברכת הראשון מחמת שברכותיהן שוות או שהא' עיקר והב' טפל כגון ששותה שכר או י"ש ואח"כ הביאו לו דגים או גבינה למתק השתיה אע"פ שהכל ברכה א' וגם הדגים טפלים לשכר שעי"כ שותה יותר והיה לפניו עדיין ממין הראשון אינם נפטרים בברכה האחת אא"כ היתה דעתו עליהם או שהיו לפניו בשעת הברכה · וי"א שאע"פ שהביאו לפניו ממין הראשון ולא אכל הראשון עדיין צריך לחזור ולברך אם לא היתה דעתו עליו וספק ברכות להקל ולכתחלה טוב ליזהר להיות דעתו על כל מה שיביאו לו · ואורחים הקרואים אצל בעה"ב כיון שרעתן על בעה"ב שזומנם הרי דעתם על כל מה שיביא לפניהם : (ו) וכל זה כשהראשון והשני הם שוים בחשיבות שאין להשני דין קדימה על הראשון אלו היו שניהם לפניו אבל אם היה להשני דין קדימה על הראשון אע"פ שהיו שניהם לפניו בשעת הברכה אין ברכת שאינו מוקדם פוטרת את המוקדם לברכה אלא אם כן נתכוין לפוטרו בפירוש בברכה זו וכשנתכוין לפוטרו פוטרו אפילו לא היה לפניו בשעת הברכה : (ז) לפיכך מי שהי' לפניו מעשה קדרה של חמשת מיני דגן ופת הבאה בכסנין שברכתו גם כן בורא מיני מזונות אלא שקביעות סעודה מועלת לו לברך המוציא (ועל דרך שנתבאר בפרק ב') ובירך על מעשה קדרה לא פטר את הפת הבאה בכסנין אא"כ נתכוין בפירוש לפוטרה בברכה זו לפי שאינו בדין שיפטור מי שאינו חשוב את החשוב ממנו שלא בכוונה · וכן אם היו לפניו שני מיני לחמניות ופת הבאה בכיסנין שהא' קביעות סעודה מועלת בו והשני אין קביעות סעודה מועלת בו (וע"ד שנתבאר בפ"ב) או פת הבאה בכסנין שקביעות סעודה מועלת בה עם פירורי לחם מרובקים שאין עליהם תורת לחם או שנתבשלו וי"ח על כל זה ואומרים שאין חילוק כלל בין דבר החשוב לשאינו חשוב כ"כ כל שברכותיהן שוות ואפי' יש לא' דין קדימה על השני לכתחלה כששניהם לפניו הרי החשוב והמוקדם נפטר בברכת שאינו חשוב אף שלא נתכוין בפי' לפוטרו · ולצאת מידי ספק ברכות צריך ליזהר לכתחלה להתכוין בפי' לפטור גם החשוב בברכה זו כשאינו לפניו עדיין ואם ישנו לפניו יברך עליו תחלה : (ח) נטל בידו פרי לאכלו ובירך עליו ונפל מידו ונאבד או נמאס עד שאינו ראוי לאכילה ויש ממין זה לפניו עוד וכן אם בירך על הכוס ונשפך וחוזר וממלא מהקנקן העומד לפניו שמוכן לשתיה א"צ לחזור ולברך והוא שהיתה

דעתו עליו בבירור לאכול או לשתות ממה שלפניו אף אם לא היה נופל מידו מה שבירך עליו אבל בסתם אין הברכה חלה אלא על מה שבידו בשעת הברכה : (ט) ואפי' אם היתה דעתו בבירור לאכול ולשתות עוד אין הברכה חלה אלא כשהוא לפניו בשעת הברכה אבל אם אח"כ הביאוהו לפניו צריך לחזור ולברך אם נפל מה שבידו ממנו אפי' במקום שלא היה צריך לברך אם היה אוכל ושותה ממה שבידו · ומכ"מ העומד על אמת המים מברך ושותה אע"פ שהמים שהיו לפניו כשבירך חלפו ועברו לפי שמתחלה כשבירך ידע שהמי' שלפניו יחלופו ויעבורו : (י) וכ"מ שהוא צריך לחזור ולברך וברכתו הראשונה היא לבטלה צ"ל אחריה בשכמל"ו וכן כל שמזכיר ש"ש לבטלה · ואם נפל מידו האוכל או נשפך הכוס קודם שאמר אלהינו יסיים ויאמר למדני חקיך שיהא נראה כקורא פסוק ואין כאן הזכרת ש"ש לבטלה וכן כל ברכה לבטלה שנזכר בה קודם שאמר אלהינו : (יא) היה אוכל בחדר זה ונטל המאכל בידו והלך לחדר אחר לאכול שם צריך לחזור ולברך אע"פ שלא הסיח דעתו בינתים ואפי' חוזר לאכול במקומו כיון ששינה מקומו בינתיים הפסיק אכילתו ואם מתחל' כשבירך בחדר זה היה בדעתו לשנו' מקומו מחדר לחדר באמצע אכילתו אפי' אוכל בחדר השני מאכל אחר שברכתו כברכת הראשון א"צ לחזור ולברך והוא שהיו שני החדרים בבית א' אבל מבית לבית או אפי' מבית לחצר אין דעתו מועלת כלום אפי' נטל המאכל בידו כשהלך וחזר ואכלו במקום השני בלא היסח הדעת בינתיים : (יב) בר"א שאינו יכול לראות מקומו הראשון במקום שאוכל אבל אם במקום שאוכל יכול לראות את מקומו הראשון שאכל שם אפילו דרך חלון ואפי' מקצת מקומו א"צ לחזור ולברך אפי' מבית לחצר אפי' לא היה כן בדעתו כשבירך ואפי' על מאכל אחר שברכתו כברכת הראשון (אם היה בדעתו לאכלו כשבירך כמו שנתבאר) : (יג) וכל זה ביחיד או בבני חבורה ועקרו כולם ממקום למקום אבל אם הניחו מקצתם במקומם אפי' א' מהם והשאר הלכו כולם אפילו לבית אחר אפילו אינו סמוך לבית זה כשהם חוזרים א"צ לברך על מה שיאכלו כאן אבל אם רוצים לאכול במקום שהלכו צריכין לברך ואין מועיל מה שהניחו מקצת חברים בבית זה למה שיאכלו בבית אחר : (יד) וכל זה בדברים שאין טעונים ברכה לאחריהם במקומם אבל דברים הטעונים ברכה אחריהם במקומם הואיל והוא צריך לחזור למקומו אין עמידתו גמר סעודתו לפיכך כשחוזר ואוכל ושותה אפי' במקום אחר ע"ד סעודתו הראשונה הוא אוכל ושותה לסיים סעודתו ואצ"ל כשחוזר למקומו וא"צ לברך בתחלה אפילו לא הניח מקצת חברים · והוא שאכל כבר כזית אבל פחות מכזית דינו כדבר שאין טעונים ברכה לאחריהם במקומם: (טו) ומה הם דברים הטעונין ברכה לאחריהם במקומם י"א כל שהוא מז' המינים אפי' פירות ויין הואיל וברכתם האחרונה היא מעין ג' היא חשובה להצריך לברך במקום אכילה וי"א שמין דגן בלבד טעון ברכ' לאחריו במקומו מפני חשיבות שנקרא מזון וי"א פת בלבד · ולכתחלה יחמיר בכל ז' המינין לברך במקומו וכן לענין שינוי מקום בריעבד א"צ לחזור ולברך שספק ברכות להקל : (טז) ואפי' הלך בתוך הסעודה לבית אחר ואוכל ושותה

ושותה שם דברים שאינם טפלים לסעודה לענין ברכה ראשונה והוצרך לברך עליהם בבית ראשון כגון פירות כיון שהם טפלים לענין ברכה אחרונה ונפטרין בבהמ"ז ע"ד סעודתו הראשונה הוא אוכל ושותה וא"צ לברך עליהם שם אפילו לא אכל שם פת ואפי' לא היה כן בדעתו כשבירך המוציא לשנות מקומו באמצע סעודתו (ואם אכל שם פת ואינו רוצה לחזור ולאכול פת במקומו הראשון מברך בהמ"ז במקום שגומר אכילת הפת) ומ"מ לכתחלה אסור לעקור ממקומו עד שיברך ברכת המזון או ברכה מעין שלש בכל דבר הטעון ברכה לאחריו במקומו (ואם שכח ועקר ממקומו ואין לו פת לאכול שם צריך לחזור למקומו אפילו היה שוגג אם אפשר לו שאין עליו עכוב מחמת החבורה שנתלוו עמו בדרך ואינן רוצים להמתין עליו ובדיעבד יצא אם בירך במקום שנזכר אפי' עקר במזיד ואפילו לכתחלה אם הוא רחוק כ"כ שעד שיחזור למקומו יתעכל המזון במעיו ולא יהא רשאי לברך עוד יברך במקום שנזכר) : (יז) בד"א כשלא היה כן בדעתו כשבירך המוציא אבל אם מתחלה כשבירך המוציא היה בדעתו לגמור סעודתו בבית אחר מותר שהרי מתחלה לא קבע במקום זה כל סעודתו לפיכך נהגו הולכי דרכים שאוכלים דרך הילוכם ויושבים ומברכים במקום סיום אכילתם מפני שלכך נתכוונו מתחלה אבל אם אינו הולך כלל כדי לאכול שם אע"פ שהיה בדעתו מתחלה לילך לשם לא ילך עד שיברך ברכת המזון אא"כ הולך לצורך מצוה עוברת : (יח) ואפי' בדברים שאין טעונין ברכה לאחריהם במקומם אם קבע עליהם והם דברים שקביעותן קביעות כגון שכר ומי דבש במדינות אלו אין שינוי מקום חישוב הפסק אם חוזר למקומו אלא כששהה חוץ למקומו כגון שהלך לדבר עם חבירו והפליג בדברים או שהלך לבה"כ או שהלך לאיזה עסק ושהה בו אבל אם לא שהה אפילו עשה איזה דבר מדברי הרשות בדרך עראי כגון שהוצרך לנקביו ונכנס לבית הכסא וכיוצא בזה אינו חשוב הפסק ואין צריך לומר אם דיבר עם חבירו ולא הפליג אפילו הוא דבר הרשות ואין צריך לומר אם יצא להביא דבר מצרכי האכילה או השתיה : (יט) האוכל בשדה שאינה מוקפת מחיצות כיון שמתרחק עד שלא יוכל לראות מקומו הראשון נקרא שינוי (כמו מחדר לחדר שבהיקף מחיצות) ואפי' אוכל פירות האילן במזרחו והוזר ואוכל ממנו במערבו כיון שאינו יכול לראות מקומו הראשון מפני האילן שמפסיק נקרא שינוי מקום וצריך לחזור ולברך אם לא היה בדעתו לאכול במערבו כשבירך במזרחו אבל אם אוכל בחדר אחד אע"פ שיש מקום גבוה באמצע ובא לאכול אחוריו כגון אחורי התנור שאינו יכול לראות מקומו הראשון אין זה שינוי מקום כיון שמוקף מחיצות: (כ) וכן האוכל בגן מוקף מחיצות ורוצה לאכול מפירות כל אילן ואילן כיון שבירך על א' א"צ לברך על אחרים אם היה בדעתו כן כשבירך ומגן לגן המוקפים מחיצות כל א' בפ"ע אפי' הם סמוכים זה לזה צריך לחזור ולברך אפי' אם כשבירך היה דעתו על הכל לפי שהם כמו מבית לבית שאין דעתו מועלת כלום וכן מאילן לאילן במקום שאינו מוקף מחיצות אם לא יכול לראות מקומו הראשון :

פרק י' הביאו לפניו לאכול חתיכו' של פת ופת שלימה מצוה מן המובחר לברך על השלימה · ואפי' היא פת קיבר וקטנה והחתיכות פת נקיה וגדולה מהשלימה והוא שהכל ממין א' אבל אם השלימה משעורי' והחתיכות מחטים אפי' היא פרוסה קטנה היא קודמת לברך עליה שכל המוקדם בפסוק ארץ חטה ושעורה וגו' מוקדם לברכה ואעפ"כ ירא שמים יוצא ידי שתיהן שמניח הפרוסה בתוך השלימה ובוצע משתיהן יחד הואיל וגם השעורה היא מז' המינין והיא שלמה אבל אם השלימה של שיפון (סקורין קארן) אע"פ שהוא מין שעורים כיון שלא הזכירו הכתוב בפירוש אין צריך להניחו כלל עם פרוס' של חטי' : (ב) וכ"ז כשרוצה לאכול משתיהן אבל אם אינו רוצה לאכול אלא מאחת מהן יברך עליה ואין לו לחוש להשני' אע"פ שהיא מוקדמת בפסוק והיא השובה וחביבה עליו שמשום קדימתה וחשיבות' אינו מחויב לאכול ממנ' כלל ואפי' אם רוצה לאכול פרוסה שאינה משבעת המינים ולפניו שלימה שהיא משבעת המינים אינו מחויב לאכול ממנה מפני שלימותה וחשיבותה : (ג) הביאו לפניו לאכול שתי גלוסקאות שלימות או שתי פרוסות אחת גדולה ואחת קטנה מברך על הגדולה והוא ששתיהן ממין א' ושוות בנקיות אבל אם היתה הקטנה נקיה והגדולה פת קיבר מברך על הנקי' ואם שתיהן שוות בגדולתן ושתיהן נקיות רק שזו לבנה יותר מזו מברך על הלבנה יותר אבל אם השני' שאינה לבנה כ"כ היא גדולה מזו יש להסתפק איזו מהן קודמת לברכ' : (ד) וכל זה במין אחד אבל אם א' של שעורי' וא' של כוסמין אע"פ שהכוסמין יפי' ונקיים משל שעורים מברך על של שעורים לפי שהשעורה מפורשת בשבעת המינים משא"כ כוסמין אע"פ שהם מין חטים לא הזכירם הכתוב בפירוש : (ה) בד"א כששתיה' חביבות עליו בשוה אבל אם של כוסמין חביבה עליו יותר י"א שמברך על החביב וי"א שמברך על מין ז' שבפסוק : (ו) היו לפניו מיני פירות הרבה שברכותיהם שוות ואין ביניהם מז' המינים אם יש ביניהם מין א' שהוא חביב אצלו יותר מכולם מצוה מן המובחר לברך עליו ולפטור את השאר בברכתו · מ"מ אם החביב אינו שלם ואחרי' הם שלמי' מצוה מן המובחר לברך על השלם: (ז) ואם אין ברכותיהן שוות הרי ברכות בפה"ע ובפה"א קודמין לברכת שהכל אע"פ שהמין שברכתו שהכל חביב עליו · אבל בפה"ע ובפה"א אם המין שברכתו בפה"א חביב עליו צריך לברך עליו תחלה ואם שניה' שוין בחביבות טוב להקדים ברכת בפה"ע אע"פ שאין חיוב גמור בדבר:(ה) ואם יש ביניהם מז' המיני' אם ברכותידם שוות (כגון תאני' וענבי' עם תפוחי')עליו הוא מברך ופוטר את האחרי' אפי' הוא חצי והם שלימים ואם האחרים חביבים עליו יותר מברך על איזה שירצה · ואם אין ברכותיהם שוות וצריך לברך על שניהם (כגון תאני' או ענבים או צמוקים עם מיני קטניות) איזה מהן שירצה יכול להקדים לברך תחלה מן הדין אם שניהם שוות בחביבו' אלא שטוב יותר להקדי' ברכת בפה"ע לבפה"א ואם אותו שאינו ממין ז' חביב עליו יותר יש לו להקדימו אע"פ שברכתו בפה"א : (ט) ז' המינין עצמן יש להן קדימה זע"ז שכל המוקדם בפסוק ארץ חטה ושעורה וגפן ותאנה ורמון ארץ זית שמן ודבש (דבש פי' תמרי') קודם

לברכה

לברכה אם הן שוים אצלו בחביבו' ואם המאוחר בפסוק חביב אצלו יותר איזה שירצה יקדים : (י) בד"א בפירות זע"ז או בחטה ושעור' זע"ז אבל חטה ושעורה עם פירות יש להקדים החטה ושעורה אע"פ שהפירו' חביבים עליו יותר : (יא) באיזה חטה ושעורה הכתוב מדבר כשהם בדרך אכילתן כגון שעשה ממנו פת או תבשיל שברכתו במ"מ אבל כל שמברכין עליו בפה"א או שהכל אין מברכין עליו לפני מין ז' אא"כ הוא דבר שחביב אצלו יותר ואין ברכתו שהכל אלא בפה"א וברכת מין ז' הוא בפה"ע כמו שנתבאר · (אפילו ברכת במ"מ של כוסמין וש"ש ושיפון שאין כתובין בפירוש בפסוק קודמין לברכת בפה"ע של כל הפירו' אף שהן מין ז' ולכן מיני מתיק' לעקו"ך אפי' הוא של שיפון קודמין לכל מיני מרקחת אפי' הן ממין ז' ואף שהם חביבים עליו ביותר) חוץ מן הזית שהוא קודם לשעורה ואצ"ל לש"ש ושיפון שהן מין שעורה אם הן שוין בחביבו' לפי שהארץ השני שבפסוק הפסיק הענין כל הסמוך לו חשוב מן המאוחר מארץ הראשון אבל חטה קודמת לזית וכן שעורה לתמרים : (יג) תמרים קודמין לענבי' וצמוקין אבל היין קודם אפי' לזית אפי' הזית חביב עליו יותר מפני שברכת בפה"ג היא חשובה מכל הברכות חוץ מברכת במ"מ בין של חטה בין של שעורה שקודמ' לבפה"ג אפי' היין חביב עליו יותר : (יד) ברכת הפת אפילו של כוסמין ושיפון קודמת לכל הברכו' אפי' לזית ויין : (טו) כל מקום שהחביב קודם בין שהוא חביב עליו ברוב הפעמים אע"פ שאין חפץ בו עתה בין שחפץ בו עתה אף על פי שאינו חביב עליו ברוב הפעמים נקרא חביב ואם יש לפניו שני מינין הא' חפץ בו עתה והשני חביב עליו ברוב פעמים איזה שירצה יקדים : (טז) כל דיני קדימות הללו אינן אלא כששניהם לפניו אבל אם אותו שדינו להקדימו אינו לפניו אין צריך להמתין עליו ואם הביאו לפניו בעודו מברך על מין הראשון אע"פ שברכותיהן שוות והשני חביב לו והוא ממין ז' מ"מ יאכל ממין הראשון תחלה :

פרק יא ברכת הריח הטוב צריך לברך קודם שיתחיל להריח כמו שמברכין על האוכלין קודם שיטעום לפי שאסור ליהנו' מעה"ז בלא ברכה וכיצד מברך אם זה שהריח הטוב יוצא ממנו הוא מין עשב מברך בורא עשבי בשמים ויש לומר (עשבי) העי"ן בחירק כמ"ש עשבות הרים (משלי כ"ז) : (ב) ואם הוא מין עץ מברך עליו בורא עצי בשמים ואפי' אינו עץ גמור ממש כעץ האילן אלא גבעולין שאינן רכים ממש כעשבים וירק אלא קשים קצת כגבעולי הפשתן כגון שבולת נרד (סקו' איספי"ג) וכן סימלק (שקורין רוסמארי"ן) נקראים עץ לענין ברכ' א כמו שמצינו בל' הכתוב שהפשתן נקרא עץ כמ"ש ותטמנם בפשתי העץ וכן על ריח השמן משבולת נרד (שקורין שפיג נארדי"ה) מברך בורא עצי בשמי' : (ג) ואם הוא פרי הראוי לאכילה בין פרי העץ כמו תפוח ואתרוג בין פה"א מברך על ריחו בא"י אמ"ה אשר נתן ריח טוב בפירות ואם נטלו בידו לאכלו בלבד והריח עולה מאליו אל חוטמו אינו מברך על ריח זה הואיל ולא נטלו בידו כדי שיעלה הריח אל חוטמו רק לאכיל' לבדה אא"כ נמלך ומגביה הפרי אל חוטמו ליהנו' מריחו קודם שיאכלנו אזי מברך תחלה אשר נתן ריח טוב בפירות ואח"כ ברכת בפה"ע או בפה"א ואוכלו ואפי' פרי שאינו ראוי לאכיל' אלא ע"י תערובת אם עיקרו עומד לכך כגון קנמון (סקורין צימרינ"ד) והצפורן (סקו' נעגלי"ך) שעומדי' לתבלין בתבשילין י"א שמברך על ריחם אשר נתן ריח טוב בפירות וי"ח בזה ואומרי' שמברך עליהם בורא עצי בשמי' מאחר שאינם ראוי' לאכילה בעינ' · ומספק יש לברך עליהם בורא מיני בשמים שהיא כוללת כל המיני' ויוצא בה ידי חובתו בדיעבד על כל המינים וכן בדבר שספק לו אם הוא מין עץ או מין עשב : (ד) ורדים שהן שושנים (סקו' רויז"ן) הגדלים בקרקע מברך על ריחם בורא עשבי בשמי' והגדלים באילן מברך בורא עצי בשמים ואע"פ שראויים לאכיל' במרקחת אין עיקר' עומד לכך אלא להריח : (ה) וכל שאינו לא מין עץ ולא מין עשב כגון המור והוא מוסק (סקו' פיזו"ס בל"ח) היוצא מחטוטרות שבצואר חיה ידוע שמתקבץ שם תחלה כמין דם ואח"כ מתיבש ונעש' ממנו המור מברך על ריחו במ"ב ואסור לאכלו ליתנו בתבשיל משום חשש דם ויש מתירין ובעל נפש יחמיר לעצמו בספק של תורה : (ו) שמן שפטמו בבשמים אם יש ממשות הבושם בשמן מברך על ריח השמן כברכת הבושם עצי בשמים או עשבי בשמים ואם סיננו מהשמן לגמרי רק שריחו נקלט בשמן י"א שמברך בורא מיני בשמי' ויש לחוש לדבריהם אבל מים הנסחטי' מהבושם הרי הם כממשות הבושם ומברך על ריחם כברכת הבושם לד"ה וכן על ריח שרף הנוטף מעצי' כגון הלבונ' והמוצטכ"י מברך עצי בשמי' : (ז) ואם יש בתוך השמן ממשו' משניהם מעצי ומעשבי בשמי' מברך בורא מיני בשמים לד"ה וכן אם עצי ועשבי בשמים שחוקים ומעורבי' יחד בעינם בלי תערובת שמן מברך על ריחם במ"ב אבל אם אינם שחוקים ואפשר להפרידן צריך לברך ע"ז בפ"ע וע"ז בפ"ע וטוב להקדים ברכת עצי בשמי' לעשבי בשמים ואם יש ביניהם הדס הוא מוקדם לברכה ואם יש לפניו גם דבר שברכתו בורא מיני בשמים צריך להקדים ברכת עשבי בשמי' לבורא מיני בשמים : (ח) אין מברכין על הריח הטוב אא"כ נעשה להריח בו אבל מוגמר שמגמרים בו את הבגדים ליתן בהם ריח אין מברכין עליו לפי שלא נעש' להריח בעצמו של מוגמר ואצ"ל מוגמר שמגמרין בבית להעביר ממנו ריח רע ואפי' בשמים שמוליך עמו האסטני' לבה"כ לבטל הריח רע אין מברכין עליה' כלל אף אם בא להריח בהם שלא בבה"כ הואיל ואין עומדי' להריח בהם ליהנות מריח' רק להעביר ריח רע בלבד ולכן י"א שהמריח באתרוג של מצוה אינו מברך עליו כל ז' ימי החג אע"פ שמותר להריח בו אין עומד להריח בו אלא ליטלו לשם מצוה ואינו דומה לאתרוג של כל השנה ושאר פירות העומדי' לאכילה שאע"פ שעיקר' לאכילה מ"מ רגילות הוא ג"כ להריח בהם בשעת אכילה לכך נקראים ג"כ עומדי' לריח וי"א שגם בז' ימי החג מאחר שמותר להריח בו נקרא ג"כ עומד לריח כמו בשאר השנ' ולכן טוב למנוע מלהריח בו כל החג להנצל מספק ברכה (אבל ההדס מן הדין אסור להריח בו כל החג כמ"ש בהל' לולב) : (ט) וכן פלפלין וזנגביל כתושין אף מי שנהנה מריח' י"א שאין לברך עליו לפי

שמכיון

שמביון שעשויין לתבלין בלבר ואין רגילות כ"כ להריח בהם לא נקראו עומדים לריח כלל משא"כ קנמון וצפורן רגילות הוא להריח בהם אפי' שלא בשעת אכיל' וגם כשמשימי' אותם בתבשיל מתכוונין גם להיות ריח התבשיל נודף וי"ה בזה' ולכן נכון למנוע שלא להריח בהם וכן שלא להריח בלהם הם אם יש לו ריח טוב להנצל מספק ברכה : (י) ואפי' בשמים העומדים להריח בהם אם הם מונחים באיזה מקום שלא הונחו שם כדי להריח בהם שם כגון שהונחו בחדר להצניעם ולשמרם הרי הנכנס לשם ומריח אינו מברך ואפילו נכנס כדי להריח בהם' אבל כשמונהים בהנות שמוכרים שם צריך לברך על ריחם כל הנכנס לשם ונהנה מהריח לפי שבהנחת' שם מתכוין המוכר גם שיעלה מהם ריח טוב ויקפצו עליהם קונים וכן המוכר מברך בפעם הראשונה שנכנס ונהנה מהריח ואפילו המונחים בחדר להצניע' שם אם נטלם בידו והגביהם ממקומו להקריב' אל חוטמו להריח בהם צריך לברך מאחר שהם בעצמן עומרי' להריח רק שבמקום זה שמונהי' עתה אינם מונחים לריח וכיון שהגביה' בידו הרי שינה מקומם לתוך ידו כדי להריח (ומטעם זה הנוטל פרי בידו לאכלו בלבד ואח"כ נמלך ומגביה הפרי בידו אל חוטמו להריח בו צריך לברך כמו שנת' למעלה לפי ששינ' מקומו הראשון שהיה שם הפרי שלא להריח שהיא ידו) : (יא) ריח טוב שאין לו עיקר כגון בגדים המוגמרים יש אומרים שאין מברכין על ריחם וטוב לחוש ולמנוע מלהריח בהם אבל כלי שהיו בתוכו בשמים ונקלט הריח לתוכו לד"ה אין לברך עליו לפי שלא הונחו בו הבשמים כדי שיקלט הריח אל תוכו : (יב) הרוא' פרי חדש שמתחדש משנה לשנה או אפי' ב"פ בשנה ונהנה בראייתו מברך שהחיינו אפי' רואהו ביד חבירו או על האילן ואם אינו נהנה בראייתו אינו מברך עד שעת אכילה והעול' נהגו שלא לברך בכל ענין עד שעת אכילה כדי שלא לחלק בין מי שנהנה בראייתו למי שלא נהנ' ויברך תהלה שהחיינו ואח"כ בפה"ע או בפה"א והמברך בשעת ראיי' לא הפסיד אם נהנה בראייתו : (יג) אין לברך עד שנגמר תשלום גידול הפרי ומ"מ אם בירך משהוציאו הפירו' שהם ראויי' לברכתם שהוא ע"ד שנתבאר פ"ו א"צ לחזור לברך שהחיינו אחר תשלום גידול' · ואם לא בירך בראיי' ראשונה או באכילה הראשונ' יש לברך על הראייה השנייה או על האכילה השניה בלא שם ומלכות : (יד) פרי שיש בו מינים הרבה מברך על כל מין ומין כגון ב' מיני אגסים (סקורין גדלולין ובארי"ן) או תפוחי' (כגון תפוח שבשדו' ותפוח שבעצי היער) או גודגדניות (כגון סקורין וויינקסיל וקירס"ן) ואפי' יש להם טעם א בגון ארומות ושחורו' : (טו) אין מברכין שהחיינו אלא על דבר הניכר היטב שהוא חדש ואין עתה כיוצא בו מן הישן לפיכך אין מברכין אלא על פירות שאינן יכולין להתקיי' משנה לשנה שכשמגיע ההדש אין בעולם כיוצא בו מן הישן ואף שיש מקיימין אותם על ידי תחבולות הם מעט מזער ואין הוששין להם אבל מיני ירקות שמטמיני' אותם בבורות ומתקיימים שם כל ימות השנה (סקורין רעטי"ך או בורקי"ס) אין מברכי' עליהם בחידושם הואיל ויש ישנים רבי' כיוצא בהם ואף אם הוא לא אבל מהם כל ימות השנה הרי אחרים רבים אבלו מהם ואם ההדש ניכר היטב בטעמו וגם במראיתו מברכין עליו שהחיינו כגון הריפו' שעושין מדגן הדש שניכרים היטב שהם הדשים במראית העין ובטעמא שהוא לשבח : (טז) ריח המתחדש משנה לשנה י"א לברך עליו שהחיינו כמו על פרי מאכל וי"ח לכן יש לברך בלא שם ומלכות :

פרק יב כל שמחת לבב הבאה לאדם מטובות עה"ז חייב לברך עליה ואם אין עמו שותף בטובה מברך שהחיינו ואם יש עמו שותף בטובה מברך הטוב והמטיב : (ב) כיצד בנה בית חדש או קנה · או קנה בגדים הדשים אפי' יש לו בית ובגדים כיוצא בהם צריך לברך שהחיינו וכן אם קנה וחזר וקנה צריך לברך על כל פעם ולא על חדשים בלבד אלא אפי' ישנים כל שהם חדשים לו שלא היו שלו מעולם אבל אם היו שלו ומכרם והזר וקנאם אינו מברך עלידם ואם קנה בגד להתכסו' בו פעם הוא פעם בני ביתו מברך הטוב והמטיב הואיל ויש עמו שותף בטובה : (ג) ואם ניתנו לו במתנ' י"א שמברך במקום שהחיינו הטוב והמטיב שהיא טובה לו ולנותן (שאם המקבל עני היא טובה לנותן שזיכהו הקב"ה לעשו' צדקה ואם המקבל עשיר שמח הנותן שמקבל ממנו מתנתו) וי"ח · ויש לחוש לדבריהם ולברך שהחיינו שהיא ברכ' הראויי' וצריכה ואין לבטלה לד"ה : (ד) וכל מקום שמברך שהחיינו או הטוב והמטיב על בגדי' חדשים מברך מיד בשעת הקנין שאין הברכה אלא על שמחת הלב שהוא שמח בקניית' והוא שקנה בגד תפור ומתוקן אבל אם צריך לתפרו י"א שלא לברך בשעת הקנין אלא אחר שלבשו מיד ואם לא בירך יכול לברך כל זמן שלא פשטו אבל אם פשטו על דעת שלא לחזור וללבשו לאלתר אלא לאחר זמן לא יברך בלבישה שניה : (ה) וכל זה בבגד השוב שלבו של אדם שמח בו אבל על דבר שאינו חשוב כ"כ כגון חלוק או מנעלי' ואנפילאות אין לברך עליהם ואם הוא עני ושמח בהם יברך ועשיר גדול שקנה בגדי' חשובי' שאינו שמח בהם מפני שאינם נהשבי' אצלו לא יברך ובמדינות אלו נוהגין שאפילו עני אינו מברך על הלוק ומנעלים וכיוצא בהם ועל שאר כלי תשמישו של אדם אפי' כלי כסף וזהב אין נוהגין לברך כלל לא בקנייתם ולא בתשמישם · וכן עיקר וכן בספרי' : (ו) הלובש בגד חדש י"א שמברך מלביש ערומי' אע"פ שכבר בירך בשחר ונכון לברך בלא שם ומלכות וטוב ללובשו קודם ברכת השחר לפטרו בברכת מלביש ערומים שבשחר וכן בחגורה הדשה ואם לא חגר עד לאחר ברכת השחר טוב לברך אוזר ישראל בגבורה בלי שם ומלכות וכן בכובע ברוך עוטר ישראל בתפארה : (ז) על שמועו' טובות בין שהיא טובת רבים בין שהיא טובת יחיד כל שלבו שמח בטובתו כגון שהוא אביו או רבו או ריעו אשר כנפשו מברך הטוב והמטיב הטוב לו ששימח לבבו והמטיב למי שנעשי' לו הטובה ואצ"ל אם רואה הטובה בעיניו ואם בשרוהו טובת עצמו מברך שהחיינו ואם יש לו שותף בה מברך הטוב והמטיב וה"ה אם רואה בעיניו או יורע מעצמו הטובה שהגיע לו מברך שהחיינו אם אין לו שותף בה : (ח) על שמועו' רעות אומר בא"י אמ"ה דיין האמת ואצ"ל אם רוא' בעיניו ומנהג העולם לומר ברוך דיין האמת בלא שם ומלכות

בששומעים

כששמעו' ממיתת איזה אדם מישראל אבל במי שיש לו צער במיתתו מפני אהבתו לו וכ"ש באדם חשוב שמת צ"ל בשם ומלכות ואם מת אביו שירשו מברך בתחלה בא"י אלהינו מלך העולם דיין האמת ואח"כ שהחיינו ואם יש לו עוד אח שיורש עמו אע"פ שאינאחיו אצלו מברךכל אחד הטוב והמטיב במקו' שהחיינו בין ששמעו ממיתתו בין שראו ' ואין מברכין על שמועה בין טובה בין רעה אא"כ שמע מפי אדם נאמן שראה הדבר ואם אין המגיד נאמן בעיניו יברך בלא שם ומלכות : (ט) המוצא מציאה מברך הטוב והמטיב הטוב לו והמטיב לעניי ישראל שהרי נתחייב בצדקה שכל אדם חייב ליתן כפי השגת ידו וכופין וממשכנין ע"ז כמ"ש בה' צדקה משא"כ באחד שירש את אביו אין זו טובה לעניי ישראל שהרי גם אביו נתחייב ליתן צדקה מממון זה לעניים והמעשר שיפריש הבן יכול הוא להוציא לשאר מצות : (י) כל נוטל נדן צריך לברך שהחיינו כמו בירושה וכן אם הרויח ריוח גדול וה"ה להיפך כל הפסד גדול שבא לו בממונו אם דרך ב"א להצטער עליו מברך דיין האמת וחייב אדם לברך על הרע' בדעת שלימה ובנפש חפיצה כדרך שמברך על הטובה : (יא) הרואה את חבירו החביב עליו הרבה ושמח ונהנה בראייתו אם לא ראהו זה ל' יום יברך שהחיינו ואם לא ראהו זה י"ב חדש צ"ל בא"י אלהינו מ"ה מחיה המתים ואפילו היתה לו ממנו ידיעה בינתים בכתב או בעל פה כי עיקר הברכה הוא על הנא' ושמחת הלב בראיית פניו וגם הנשים מברכות כן על ראיית חברותיהן כששמחות בראייתן וכן האיש על אשה כגון אמו או בתו ואחותו : (יב) ילדה אשתו זכר חייב לברך הטוב והמטיב הטוב לו והמטיב לאשתו שנוח לה ג"כ בזכר וכן על כל בן ובן שנולד לו והיא גם כן חייבת לברך כן ואפי' אם הוא בעיר אחרת ובאו ואמרו לו ילדה אשתך זכר מברך הטוב והמטיב ואם מתה אשתו בלידתה נכון שלא לברך הטוב והמטיב אלא שהחיינו וכשחוזר ורואה הבן הנולד אם רואהו תוך ל' יום מיום ששמע אין צריך לחזור ולברך שהחיינו מאחר שכבר בירך עליו הטוב והמטיב אבל אם לאחר ל' יום צריך לברך אפילו ראהו כבר לפני ל' יום אם לבו שמח ונהנה ואפי' על בת צריך לברך כל ל' כשנהנה ושמח בראייתה כמו שנת' אלא שעל השמועה אינו מברך כלום שאינה שמועה טובה : (יג) על שנוי יין דהיינו כשמרבים להביא ממנו לשתות ממינים שונים או מכלים שונים דהיינו שהשני הוא מחבית אחרת שאפילו הוא ממין יין הראשון נחשב כמין יין אחר צריך לברך על השני קוד' שיטעו' ממנו ברוך א"י אמ"ה הטוב והמטיב אע"פ שהוא בענין שאין צריך לברך עליו בפה"ג כגון בני חבורה המסובין אצל בעה"ב ודעתם מתחלה על כל מה שיביא להם בעה"ב שמפני חשיבות היין שהוא משמח אלקים ואנשים תקנו חכמים עליו עוד ברכה כשמרבים בשמחה להביא ממנו לשתות עוד יין שני ואפי' אין ידוע שהשני משובח מן הראשון אלא בסתם ואם הוא בענין שצריך לחזור ולברך בפה"ג על השני כגון בנמלך יברך תחלה הטוב והמטיב ואחר כך בפה"ג אבל אם ידוע לו שהשני גרוע מן הראשון אין לברך עליו הטוב והמטיב אפי' אינו גרוע אלא מעט אא"כ הראשון הוא יין אדום והשני לבן כיון שהלבן הוא בריא לגוף יותר מן האדום יש לברך עליו הטוב והמטיב אע"פ שהוא גרוע ממנו מעט בטעם כל שאינו גרוע הרב' עד שאינו ראוי לשתותו אלא על ידי הדחק : (יד) ואם שתה הלבן ואח"כ האדום אם ידוע שהאדום משובח יותר בטעם מברך עליו אבל בסתם אינו מברך כיון שהלבן בריא יותר לגוף ואצ"ל שאם שתה תחילה יין ישן ואח"כ הדש שאינו מברך עליו בסת' אלא אם כן ידוע שהוא משובח בטעמו כמו הישן : (טו) וכל מקום שמברך על השני בסת' ה"ז מברך עליו אפי' הביאוהו על השולחן בבת א' עם הראשון ששתה תחלה ובירך עליו בפה"ג על דעת לשתו' גם השני אעפ"כ מברך הטוב והמטיב כששותה מן השני כיון שהוא שני בשתי' אבל אם יודע שהוא גרוע מחבירו וכבר הביאו לו שניהם אפי' בזא"ז לא יברך תחלה בפה"ג על הגרוע כדי לברך הטוב והמטיב על המשובח שהרי הוא חביב לו וכל החביב מן חבירו קודם את חבירו לברך עליו ברכת הנהנין כמו שנת' (בפ"י) ואע"פ שלא יברך אח"כ הטוב והמטיב על הגרוע אין בכך כלום ומ"מ אם עבר ובירך בפה"ג על הגרוע יברך הטוב והמטיב על המשובח אע"פ שהביאום בבת א' על השולחן ואפילו הביאו המשובח תחלה כיון שהוא שני בשתיה : (טז) בד"א שמברכים הטוב והמטיב על יין שמחבית אחרת כשנתנו כל א' בחבית בפ"ע תוך מ' יום לדריכתו שכיון שכל אחד היה תוסס בחבית בפ"ע הרי הם כשני מיני יינות אבל אם היו תוססים בכלי אחד ולאחר מ' יום חלקום ונתנום בשני חביות הרי הכל יין אחד ואין מברכין הטוב והמטיב על השני בכל ענין : (יז) אם הביאו לפניהם עוד מין יין שלישי חוזרים ומברכים הטוב והמטיב שנית והוא שלא היתה דעתם מתחלה עליו כשבירכו בראשונה : (יח) אין מברכין הטוב והמטיב על היין השני אלא כשיש להם מן הראשון ורוצים לשתות השני משום שינוי יין כדי שיטעמו יין אחר משונה מן הראשון אבל אם הם שותין יין השני מפני שכבר כלה הא' אין מברכין עליו הטוב והמטיב : (יט) אין מברכין הטוב והמטיב אלא כששנים שותים יחד בחבורה אחת וה"ה אם אשתו או בניו שותין עמו אבל לא השותה יחידי שכן משמעות הברכה הטוב לו והמטיב לחבירו שעמו וגם שהחיינו אינו מברך כי לא תיקנו הברכ' אלא משום ריבוי השמחה ובשותה יחידי אין ריבוי שמחה כ"כ ולכן גם אם חבירו שותה מיין זה בחדר אחר אינו מצטרף : (כ) ואפי' כשמיסב עמו יחד אין מברכין הטוב והמטיב אלא כששניהם שותין מהיין השני אבל אם חבירו שותה יין הראשון לבדו אינו מברך הטוב והמטיב על השני ואם שניהם שותין יין השני ביחד אלא שיין הראשון שתה הוא לבדו יש להסתפק בדבר וספק ברכות להקל : (כא) מברכין הטוב והמטיב על היין בין בתוך הסעוד' בין שלא בתוך הסעודה אלא שבתוך הסעודה כאו"א מהמסובין צריך לברך לעצמו וכן בברכת בפה"ג ושלא בתוך הסעוד' יכול האחד להוציא חבירו בברכתו אם נתכוונו לצאת י"ח ואם שתו בסעודה יין א' ומברכין בהמ"ז על יין אחר אין צריך לברך עליו הטוב והמטיב קודם שישתה ממנו אחר ברכת המזון שהרי כבר אמר הטוב והמטיב בברהמ"ז :

פרק יג יחיד שנעשה לו נס באיזה מקום כגון שנפל עליו כותל וניצל או חיה רעה או לסטים חייב הוא עצמו כשיראה אותו מקום לאחר ל' יום לברך ברוך א"י אמ"ה שעשה לי נס במקום הזה ואפי' אם אין הנס ידוע ע"פ המקום ואחר הנס מיד כשיזדמנו לו עשרה צריך לברך הגומל כמו שית' ואם חוזר ורואה מקום זה לאחר ל' יום מראייה הראשונה חוזר ומברך וכן לעולם · ומי שנעשו לו נסים הרבה במקומו' הרבה כשירא' כל א' מהמקומות צריך להזכיר שאר כל המקומות וכוללם בברכה א' ואומר שעשה לי נס במקו' הזה ובמקום פלוני ובמקום פלוני· וכל יוצאי יריכו של אותו אדם שנעשה לו נס באיזה מקום אם הנס ידוע ע"פ המקום כגון שנפל עליו כותל חייבי' הם ובניה' עד סוף כל הדורו' לברך כשרואי' המקו' בא"י אמ"ה שעש' נס לאבינו במקום הזה שכולם שותפים באותו הנס אבל אין צריך להזכיר שאר המקומות· ואפי' הבנים שנולדו לו קודם לכן שאינם שותפים בנס זה חייבים לברך על נס אביהם: (ב) ד' צריכים להודות ולברך ברכת הגומל (כנוסח שכתוב בסידור) יורדי הים כשיעלו ממנו והולכי מדברות כשיגיעו ליישוב ומי שהיה חול' ונתרפא ומי שהיה חבוש בבית האסורים ע"י עסקי נפשות ויצא או על עסקי ממון אם היה מעונה בכבלי ברזל· וצריך לברך ברכה זו בפני י' ושנים מהם ת"ח ואם אין מצוין שם ת"ח לא יניח מלברך והמברך עולה למנין העשרה ונהגו לברך בבה"כ אחר קריאת התורה לפי שיש שם י' ואם בירך בפחות מי' י"א שיצא וטוב לחזור ולברך בי' בלא שם ומלכות: (ג) קטן אין צריך להודות אפי' הגיע לחינוך מצוה אבל נשים ועבדים חייבים בברכה זו לכן כל אשה יולדת כשתקום מחליה תברך בבית הכנסת של נשים וישמעו עשרה אנשי' מבפנים: (ד) מי ששמח בלבו על הצלת חבירו רשאי לברך ברכה זו במטבע זו או במטבע אחרת כגון בריך רחמנא אלהנא מלכא דעלמא דיהבך לן ולא יהבך לעפרא ואין צריך לברך בפני עשרה אבל אם אינו שמח בלבו ליתן שבח והודאה מחמת שמחתו (אלא מחמת שהברכה כתובה וקבועה כבר והוא יודעה) ה"ז ברכה לבטלה ואם צריך לברך בפניו מפני השלום יברך בלא שם ומלכות ואפילו בשם לבד כגון בריך רחמנא לא יאמר שהרי איסור ברכה לבטלה הוא משום הזכרת ש"ש לבטלה בין שמזכיר בלה"ק בין בשאר לשונות ולכן צריך להזהיר לאותם שרגיל על לשונם לומר ברוך ה' בל"א אף על דבר שאין בו שמחת הלב: (ה) אין לברך עד שיצא מהסכנה לגמרי לפיכך לא יברך החולה עד שיחזור לבוריו לגמרי ואם איחר מלברך יש לו תשלומין כ"ז שירצ' ונכון שלא לאחר ג' ימים לפיכך אם יצא מן הסכנה ביום שני אחר קריאת התורה יברך בפני עשרה בלא ס"ת ולא ימתין עד יום ה': (ו) י"א שאין החולה מברך אלא על חולי שיש בו סכנה כגון מכה של חלל וכיוצא בו מהליים שמחללי' עליהם את השבת· ולמעשה יש לנהוג שכל שמוטל על מטתו יותר מג' ימי' יש לו לברך בעמדו: (ז) י"א שאין מברכין הגומל אלא על ארבעה שמנו חכמים בלבד וי"א שה"ה לכל מי שהיה בסכנה וניצל כגון שנפל עליו כותל או שניצל מדריסת שור וסוס ונגיחותיו או שעמד עליו ארי' לטרפו ביישוב או אם גנבים באו לו או שודדי לילה וניצול כולם חייבים לברך הגומל כל שהיה חשש סכנת נפשות וכן נהגו: (ח) הרואה חכמי ישראל צ"ל ברוך אתה ה' אלהינו מלך העולם שחלק מחכמתו ליראיו חכמי א"ה שחכמי' בחכמת העולם צ"ל ברוך אתה ה' אלהינו מלך העולם שנתן מחכמתו לב"ו ואם אינן הכמים אלא בדתם אינו מברך עליהם: (ט) הרואה מלכי א"ה צ"ל ברוך אתה ה' אלהינו מלך העולם שנתן מכבודו לב"ו ואפי' סומא שיודע שהמלך עובר מברך וה"ה בכל שאר ברכות הראיה (שיתבאר בפרק זה) שאינה של הנאה אלא שעי"כ נזכרים שבהו של מקום ב"ה: (י) מצוה להשתדל לראות מלךאפי' של א"ה ואם ראה פעם א' אל יבטל מלימודו יותר לראותו אם לא שבא בחיל יותר ובכבוד גדול יותר: (יא) הרוא' בתי ישראל בישובן צריך לברך ברוך אתה ה' אלהינו מלך העולם מציב גבול אלמנה· בחורבנן צריך לברך בא"י אמ"ה דיין האמת והעולם נהגו שלא לברך אלא על בתי כנסיות שמתפללין בתוכם· הרוא' קברי ישראל צ"ל בא"י אמ"ה אשר יצר אתכם בדין וזן אתכם בדין וכלכל אתכם בדין והמית אתכם בדין ויודע מספר כולכם והוא עתיד להחיותכם ולקיים אתכם בדין והותם בא"י מחיה המתים: (יב) הרואה בריות משונות אם הם ממעי אמן צריך לברך בא"י אמ"ה משנה הבריות ואם נשתנו אח"כ מברך דיין האמת בשם ומלכות אם מצטער עליהם וכמו שנת' · הרואה אילנות טובות ונאות ובריות נאות צריך לברךבא"י אמ"ה שככה לו בעולמו: (יג) כל ברכות הראיה אם חזר וראה אותו דבר שבירך עליו בתוך שלשים יום אינו חוזר ומברך ומונין מיום הראיה (כגון אם ראה ביום ראשון בשבת כשחוזר ורואה בסוף ארבעה שבועות ביום שלישי חוזר ומברך) אבל אם ראה אחר כיוצא בו כגון מלך אחר או חכם אחר אפילו ראה זה אחר זה מיד צריךלחזו' ולברך חוץ מקברי ישראל שאפי' ראה קבר אחר אינו מברך תוך ל' וחוץ מברכת משנה הבריות וברכ' שככה לו בעולמו שאינו מברך על כיוצא בו כלל אפילו אחר שלשים אלא פעם ראשונה שרואה ההידוש גדול: (יד) היוצא בימי ניסן וראה אילנות שמוציאין פרח צריך לברך בא"י אמ"ה שלא חיסר בעולמו כלום וברא בו בריות טובות ואילנו' טובו' ליהנו' בהם בני אדם ואינו מברך אלא בפעם ראשונה שרואה בכל שנה:(טו) על הזיקין והוא כמין כוכב היורה כהץ באורך השמים ממקום למקום ונמשך אורו כשבט ועל הזועות והוא רעדת הארץ ועל הברקים ועל הרעמים ועל רוח שנשב בזעף והוא רוח סערה חזקה ביותר על כל אחד מאלו צריך לברך בא"י אמ"ה עושה מעשה בראשית ואם רוצה יאמר בא"י אמ"ה שכחו וגבורתו מלא עולם ואם שמע רעם וראה ברק כאחד מברך על שניהם ברכה אחת אבל בזה אחר זה מברך על זה והחר ומברך על זה ונהגו העולם במדינות אלו לברך על הברק עושה מעש' בראשית ועל הרעם שכחו וגבורתו מלא עולם לפי שברוב פעמים הם באים בזה אחר זה מיד ואינם דפצי' לברך ברכה אחת ב"פ זה אחר זה כי טוב יותר לשבח למקום ברוב תשבחות מלשבחו בשבח אחד ובהרו לרעם שכחו וגבורתו מלא עולם לפי שהרעם מראה כח וגבור' יותר מן הברק: (טז) כל זמן שלא נתפזרו העבים נפטר על כל רברקי' בברכ' שבירך בפעם ראשונה

ראשונה וכן על הרעמים אבל אם נתפזרו בין ברק לברק ובין רעם לרע' צריך לחזור ולברך עליהם: (יז) הי' יושב בבה"כם ושמע קול רעם או ראה ברק אם יכול לצאת ולברך תוך כדי דבור לסיום הרעם או הברק צריך לצאת ולברך וכגון שלא נגע עדיין במקום הטינופת ולא עשה צרכיו עדיין שיוכל ליטול ידיו תוך כדי דבור ואם לאו לא יצא ואחר כדי דיבור אין לברך על העבר ויש חולקים בזה וספק ברכות להקל ולכן אחר תוך כדי דיבור יברך בלא שם ומלכות :

דרושים לחתונה

ענין רב שמואל בר רב יצחק מרקד אתלת (ג' בדי הדס זורק אחד ומקבל אחד) וכה"ג אמרו דשמואל אחוי קמי שבור מלכא בתמני מזגי חמרא · הנה אמרו על רב ששת שהיה אומר חדאי נפשאי לך קראי כו' עד מעיקרא כי עביד איניש אדעתא דנפשיה עביד פירוש אדעתא דנפשיה כדי לתקן נפשו ולהעלותה לקשרה באור א"ס ב"ה כי באמת אין ערוך כלל בין בורא עם נברא עד שתוכל הנפש להתדבק ביוצרה כו' וע"י התורה רוח אייתי רוח לקשרה ולדבקה באור א"ס ואח"כ עוסק בתורה לשמה לשם התורה עצמה ולא לתיקון נפשו כו' בהיות ידוע דאורייתא מחכמה עילאה נפקת והחכמה נחשבת בחי' עשייה גשמיית לגבי אור א"ס המאציל את החכמה כמ"ש כולם בחכמה עשית כידוע · וכדי להעלות את החכמה שבתורה ולקשרה באור א"ס היינו לשמה לתיקון התורה והוא ע"י האדם הלומד בדביקות נפשו באור א"ס רוח אייתי רוח ואמשיך רוח פי' ממשיך מאור א"ס באותה חכמה שהוא לומד ומקשר החכ' באור א"ס ביחוד גמור · וזהו מעיקרא אדעתא דנפשיה עביד בתחלת העסק ואחר שניתקן נפשו וצרורה באלהים חיים הוא עוסק לשמה לשם התורה עצמה כנ"ל · ואם לא היה עביד אדעתא דנפשי' תחילה לא היה יכול לעסוק בתורה לשמה כו' וד"ל · ובזה יובן מה שפעמים אמרו שהתורה נק' מאורסה והעוסקים בה נקראי' חתן ;פעמים אמרו להיפוך ביום חתונתו זה מ"ת שהתורה הוא החתן וישראל הם הכלה אך הענין הוא דשניהם אמת ע"פ הנ"ל דכשהוא לומד לתיקון הנפש התורה הוא החתן המשפיע ונפש האלהית היא המקבלת ההשפעה כו' וכשהוא לומד לשמה לשם התורה כו' הוא בהיפוך שישראל הוא החתן המשפיע וממשיך אור א"ס בתורה והתורה היא המקבל ונק' מאורסה כו' · וזהו ג"כ ענין מאמר רז"ל בתחלה בתורת ה' חפצו כשעוסק בה אדעתא דנפשיה כו' ואחר כך בתורתו כשהוא משפיע בה אור א"ס כנ"ל או נקראת על שמו כו' וד"ל· ומה שאמרו לעולם יעסוק אדם בתורה שלא לשמה כו' אין הכוונה אלא שלא לשם התורה רק אדעתא דנפשי' כו' דזהו עצת חז"ל שמתחלה יעסוק אדעתיה דנפשיה מטעם הנ"ל וד"ל :

והנה יש להקדים ענין הקידוש דשבת על כוס של יין דוקא בהיות ידוע דכוס שהוא בחי' כלי המלכות

לחתונה

היינו תורה שבע"פ מלכות קרינן לה שמלובשת בכמה כלים מכלים שונים זרעים מועד כו' והיין שבכוס הוא בחינת הדעת שהוא האור לכלי כיין שבתוך הכוס · והענין הוא דאורייתא סתים וגליא והעלות לנו המה הכלים מכלים שונים הנ"ל ובחי' סתום המה טעמי תורה הנסתרות הוא היין כו' כמו בהלכות שבת הלכה רווחת דרה"י עולה עד לרקיע ורה"ר אינה תופסת רק עד עשרה ואין בזה טעם נגלה · אבל ע"ד נסתר הטעם מבואר ע"פ כתבי האר"י ז"ל דרה"י הוא עולם האצילות לפי שיחוד אור א"ס ב"ה בנאצלים באורות וכלים מפני שהקו והחוט של א"ס מאיר באצילות מ' לכך עולה עד לרקיע פירוש עד שרש כל המקיפים בבחינת עצמות א"ס כי בריח התיכון מבריח מן הקצה אל הקצה כו' משא"כ מפרגוד ופרסא המפסיק בין אצי' לבריאה שחוט וקו אור א"ס מסתיים שם משם יפרד ונקרא עלמא דפרודא והיינו רה"ר ולכך אינו עולה עד לרקיע רק עד י' טפחים נגד י' כתרין תתאין דנוגה כו' וד"ל · ועד"ז יש בכל הלכה והלכה הנגלית טעם נסתר ונקרא יינה של תורה והוא בחי' הדעת פנימית דווקא כו' כי הנה נשים דעתם קלות פי' דעת דנוקב' הוא רק מבחי' ע"ס דגבורה כמ"ש בע"ח · וביאור הדבר כי כל מה שהשכל והדעת מתפשט בהתרחבות יותר יכול לסבול ולעמוד על נפשו כו' וכל שהדעת קל ביותר לא יוכל לסבול ותיכף תכלה נפשו כמו התינוק שכאשר יחשוק לאיזה דבר לא יוכל להעלים התשוקה ולעצור אותה אלא יצעק תיכף כו' · אבל הגדול יכול לסבול ולעצור ולהעלים כו' לפי שדעת הגדול כלול מחו"ג עד שיכול למצוא בנפשו היפך התשוקה כו' משא"כ בקטן כו' · ועד"ז יובן ההפרש בין איש לאשה דדעת דנוק' איננו כלול מחו"ג רק מבחי' הגבורות לבד ע"כ תיכף תכלה נפשה בתשוקתה ואינה יכולה לסבול ולעמוד על נפשה מפני שדעתה קלה וכן תוכל בנקל להתפתות כעובדא דברוריא כו' מטעם זה משא"כ האיש שדעתו חזק וד"ל · ועד"ת זה יובן למעלה במלכות דאצילות שדעתה קלה מבחינת הגבורות לבד ולכך נקרא' כלה כמ"ש כלתה נפשי כו' בבחינת גבורות והסתלקות למעלה באצי' כו' כמ"ש למען יזמרך כבוד כידוע וד"ל · והנה גם בדעת הקל הזה בחינת גבורות יש בחי' פנימית וחיצונית ובכל ו'

ימי

ימי המעשה אין בה אלא חיצונית הדעת והוא בבחי' חיצוניות הלב אשר אין שם עדיין בחינת כלות הנפש כי רק ע"פ השכל תתפעל כו' ולכך יכולה להיות יש ודבר להחיות רוח שפלים כו'· אבל בשבת הוא עליית המלכות ונקראת כלה כמה שכתוב ויכלו כו' מפני שמאיר בלבם פנימית הדעת והוא בפנימית הלב הנק' רעותא דלבא למעלה מן השכל והוא בחי' כלות הנפש כידוע וד"ל · וזהו ענין הכוס של יין דוקא בבחי' פנימיות הדעת דנוקבא כו' · ונותנו כנגד לבו הוא לב דז"א לקבל בחי' פנימית הלב המבריח מן הקצה כו' · כדי שיהיה נותן עיניו בה פירוש שישפיע לה מוחין עליונים מבחינת עינים העליונים כשיביטו בכוס זה של יין להמשיך לה הארת אור א"ס עצמו עד"מ אדם הגדול שנותן עיניו בתינוק מתחזק התינוק עי"ז ומתגבר כו' כמו כן מבחי' הסתכלות עינים דא"ק מתחזקים מוחין דנוק' שבכוס של קידוש וד"ל · והנה מבואר בת"א על ענין שוש תשיש כו' שיש ג' קוין בשיר בחי' רצוא עליית הנפש מלמטה למעלה בקול הרמה כו' ובחי' שוב להיות נרתע לאחוריו כמ"ש וירא העם וינועו ויעמדו מרחוק כו' ובחי' האמצע ענין וימינו תחבקני איך שרצוט יתברך להיות לו דירה בתחתונים וקמיה מטה ומעלה שוין וגם חשך לא יחשיך כו' · ועד"ז בריקוד מלמטה למעלה בבחי' מל' דאצי' יש ג"כ ג' קוין הללו כו' ע"ש· ומבואר ג"כ בת"א על ענין שוש תשמח כו' שבז"א נאמר על כן יעזב איש את אביו ואת אמו כו' אם לא ע"י השמחה בהתבוננות כו' ע"ש וא"כ בשיר שהוא ע"י קול דווקא נסתלק בחי' הדעת שבו עד שבא מן השיר השמחה המשמח אלהים כו' וגם הריקוד להיותו מכוון כנגד השיר מלמטה למעלה ג"כ נסתלק הדעת בשעת הריקוד וכנראה בחוש שהריקוד מסלק הדעת עד שאינו מיושב כלל בדעתו כו' · וא"כ יובן במל' דאצי' דנאמר בה כשם שאני רוקד כנגדך כו' בכל ימי המעשה הרי נסתלק ממנה הדעת כו' אך בבקר בשעת התפלה דש"ע כתיב בה וחנה מדברת על לבה כו' אז מאיר בה הדעת כידוע ולכך וקולה לא ישמע בשעת ש"ע לפי שמבלבל את הדעת וכמאמרם כל המשמיע קולו בתפלתו ה"ז מקטני אמנה פי' מקטני הדעת שבמל' הנקרא אמנה כו' וד"ל· וזהו ענין הקידוש דכוס של יין להחזי' לה הדעת כו' וד"ל· ואחר כ"ז יובן ענין הנ"ל ברב שמואל בר רב יצחק שהיה מרקד אתלת פי' ג' הדסים הן ג' קוין דת"ל והדעת נחסר ממנה בו' ימי המעשה שהוא הקו האמצעי כו' וכשהיה רב שמואל מרקד לפני הכלה שהיא כדוגמת המ"ל כמו כשהיא בשבת שנקרא' כלה כלתה נפשי כו' היה מרקד בג' הדסים להאיר בה הדעת כי הגם שהיה מרקד לא אבד דעתו מפני שהיה מבחי' מוחין דגדלות כו' ובזה המשיך לכנ"י הדעת · ולזאת אמרו על רב שמואל זה דוקא שהיה יכול לרקד אתלת לפי שכל חכמי ישראל מקבלים רק מבחינת ת"ל כו' ולא יכלו לרקד ושיהיה הדעת שלם מטעם הנ"ל רק רב שמואל זה שהיה מבחינת דעת דגדלות כו' וד"ל· ועד"ז יובן עובדא דשמואל שהיה מרקד לפני שבור מלכא בתמני מזגא חמרא ולא אבד אפילו טיפה א' כו' להורות על שלימות דעתו שגם בריקוד לא נשפך אפילו טיפה א' מן הדעת וד"ל. ועם כ"ז יובן מאמר רב ששת חדאי נפשאי לך קראי כו' פי' אע"פ שמתחלה אדעתא דנפשי' עבד בבחי' מס"כ היה מהראוי להיות העיקר במצות העיון בהסתלקות הדבור כמ"ש וחנה מדברת כו' עכ"ז אמר לך קראי כו' בקול ודבור דוקא ואעפ"כ בחי' העיון בשלימות כו' מפני שאין הקריאה וההמשכה אלא בשביל הנפש וזהו לך קראי כו' ולהמשיך אור א"ס בנפש וקמיה מעלה ומטה שוין כו' ואין הקריאה מבלבלת העיון כלל מאחר שהדיבור איננו דבר ויש בפ"ע רק דבר ה' הוא שמדבר בפיו כמ"ש בת"א וד"ל· וזהו שאמר חדאי נפשאי שא"א להגיע לזה כ"א ע"י השמחה שמגלה ההעלם כו' וד"ל :

כי על כל כבוד חופה · הנה לכאורה יש לדקדק דהל"ל על כבוד חופה ולמה אמר על כל כבוד דמשמעותו שיש ב' מיני כבוד ועל כל כבוד יש חופה · אך הענין שיש ב' מיני כבוד למעלה האחד הנקרא כבוד התחתון והב' הנק' כבוד העליון ועכאו"א יש חופה · וביאור הדבר דהנה לכאורה יש להבין דלפעמים נאמר מלא כל הארץ כבודו דמשמעותו שכבוד ה' מתגלה בגילוי גמור בכל העולם ופעם אמר ברוך כבוד ה' ממקומו פי' ממקומו שבהעלם יתגלה כבודו ומשמע שאין כבודו מתגלה כ"א לפרקים וכן אומרים המלאכים איה מקום כבודו וה"ז כסותרים זא"ז · אך הוא כידוע דיש ב' מיני מדרינות בחינת ממלא כ"ע ובחי' סובב כ"ע ובחינת ממלא כ"ע הוא הנקרא כבוד תתאה בזהר שהוא בחי' מ"ל דאצילות שיורדת להחיות רוח שפלים מאין ליש בכל העולמות דבי"ע שהמה בחי' כחות מוגבלים ומחודשים· וידוע שמפני זה שהם בבחי' יש גבול מחודש אין להם ערך כלל אל בחי' אלקות המחיה אותם שהוא בלתי בע"ג · ומאחר שאין ערוך כלל ביניהם הוכרח להיות המשכת אור השפע האלקית להחיותם ע"י בחי' צמצום דוקא והוא הנקרא בחינת זיו ואור כדמיון זיו אור השמש ונקרא כבוד וכתרגום כבודו זיו יקריה · ואע"פ שנאמר את השמים ואת הארץ אני מלא ואני משמעו בחי' מהותו ועצמותו ולא בחי' הזיו והאור בלבד · הענין הוא דבחינת מהות אור האלקית הוא בבחינת העלם בעולמות ולא בבחינת גילוי אבל מה שבא בבחינת גילוי אינו אלא רק בחי' הזיו והאור בלבד כידוע וד"ל · והנה אותו בחי' הזיו והאור האלקית הוא הנקרא ממלא כ"ע והוא הנקרא כבוד התחתון ונק' בלשון המקובלים כבוד נברא כו'· ויש כבוד שני והוא בחי' כבוד עליון הנק' כבוד עילאה בזהר והוא הנקרא בל' המקובלים כבוד נאצל והיינו בחי' סובב כ"ע שלמעלה מבחי'

זיו ואור הנקרא ממלא כ"ע והוא בחי' עצמות אור אלקית׳ ומפני שאינו מושג במקבלים הנבראי' יש מאין ע"כ אומרים המלאכים איה מקום כבודו וע"ז אנו אומרים ברוך כבוד ה' ממקומו פי' ממקומו העצמי שהוא בבחינת א"ס ממש מפני שא"א לנבראים להשיג מהותו רק בחי' מציאותו בלבד והיינו בחי' התפשטות אור וזיו בלבד כידוע וד"ל · ולהבין זה בתוס' ביאור הנה ידוע בפי' הפסוק כי אל דעות ה' שיש ב' דעות למעלה והמה ב' הפכים ממש כו' · הא' דעה שמלמעלה למטה והיינו להיות ידוע שהתהוות הבריאה הוא יש מאין והרי לגבי הבורא כלא קמי' כאין דהיינו מיש לאין וה"ז ב' דעות סותרין זא"ז כו' · והטעם הוא משום דלגבי הנבראים שהמה באים בבחינת יש נפרד מבחינת אין הרי אצלם למעלה בחי' אין ולמטה בחי' יש לפי שכח אלקית המהווה אותם אינו מושג להם ונקרא בחי' העלם לגביהם וזהו הדעה שמלמטה למעלה אבל מלמעלה למטה נהפוך הוא שלמטה הוא בחי' האין כלומר שהוא אין ממש כי כלא חשיב ולמעלה הוא בחי' יש כלומר יש האמתי להיותו בחי' מקור הנברא ומה שנקרא בחי' אין לגבי הנבראים היינו הטעם שאין השפע האלקית באה לנבראים רק מבחי' זיוו ואורו בלבד ולא מעצמותו כנ"ל וע"כ ב' הדעות הללו סותרים זא"ז. דהיינו דעה העליונה שהוא כמו אצל עצמות אלקית הרי בחינת הארה הנמשכת לנבראים כלא וכאין חשיבא לגבי עצמותו שנק' יש האמתי כמו דמיון ביטול זיו השמש בשמש כו'· אך בבחי' זיו ואור האלקית המתפשט בנבראים שמה הדעה בהיפוך מזה דהיינו שהנבראי' נקראי' יש והאור המאיר עליהם נקרא בחי' אין ונמצא ב' הדיעות הם באלקות ונק' דעות הוי"ה וכמ"ש כי אל דעות הוי"ה ב' דעות א' מלמעלה למטה והב' מלמטה למעלה כנ"ל וד"ל · והנה בחי' הדעה הא' שמלמעלה למטה נקרא כבוד עליון שלמעלה מבחינת אור וזיו כנ"ל והוא בחינת היש האמתי שנגלה לבחי' אור שנקרא אין לגבי הנבראים כנ"ל ונקרא כבוד נאצל להיותו בבחי' האצי' עדיין קודם שירד לבריאה כו'· אבל בחי' הדעה שמלמטה למעלה שהוא מאין ליש כנ"ל הוא הנקרא כבוד התחתון שהוא בחי' מ"ל דאצילות בחי' ממלא כ"ע כנ"ל וד"ל·והנה ב' מיני כבוד הנ"ל שהן ב' דיעות הנ"ל מיש לאין ומאין ליש הוא ענין ב' מדריגות כבוד דחתן וכלה כי הנה פי' חתן מלשון חות נחות דרגא והיינו ענין ירידה והמשכה כמים שיורדים מגבוה לנמוך והיינו בחי' ירידת אור האלקית מיש האמתי שהוא בחינת דעה א' של המשפיע הנקרא כבוד נאצל כנ"ל· ולהיות שהוא בלתי מוגבל כלל ויורד להאיר רק בבחינת זיו והאור הרי הוא בחי' ירידת המדריגה מגבוה לנמוך כו' וזהו בחי' כבוד עליון דחתן עליון שטבעו מבחי' החסדים כמים שיורדים מגבוה לנמוך כו' · אבל בחינת כבוד התחתון דכלה הוא בהיפוך כי כלה מלשון כלתה נפשי כטבע האש שעולה ומסתלק מלמטה למעלה בבחי' אור

חוזר והיינו בחי' הדעת הב' שמלמטה למעלה שהאור והזיו נקרא אין והוא נעשה בחינת מקור לנבראים וע"ז נאמר למען יזמרך כבוד ולא ידום שבחי' כבוד זה עולה להכלל בבחי' העצמות כביטול זיו השמש בשמש וכמ"ש בזהר על פסוק זה וע"פ אלהים אל דמי לך דקארי תדיר לנהורא עילאה ולא שכיך כו' · וכמ"ש צמאה לך נפשי שבחינת המל' נקרא נפשי וצמאה להבטל ולהכלל באצילות וכמ"ש בזהר בדוכתי טובא על פסוק כאיל תערוג על אפיקי מים כו' וכיוצא באל' · וכמו שב' דעות הנ"ל המה הפכי' ממש מן הקצה לקצה שזה מיש לאין וזה מאין ליש כך במדת טבע מהותם ב' הפכי' המה שבחינת כבוד העליון יורד מגבוה לנמוך כמו בחי' טבע המים בבחי' החסדים ובחינת כבוד התחתון הנקרא כבוד נברא עולה מלמטה למעלה כטבע האש בבחי' הגבורות · ומאחר שנתבאר שהמה ב' הפכי' ממש כו' א"כ י"ל לכאורה האיך יקראו בשם חתן וכלה ע"ש בחי' היחוד והזווג אחר שא"א שיתחברו ב' הפכי' כמו שא"א שיתחברו אש ומים יחד · אך הנה הענין הוא שיש דבר המחבר ב' הפכי' בחתן וכלה הנקרא כבוד העליון וכבוד התחתון היינו ענין בחי' החופה וז"ש כי על כל כבוד חופה פירוש על כל ב' מיני כבוד שהמה הפכי' ע"ד הנ"ל יש בחינ' חופה שמחברת אותם יחד כו' · וביאור ענין חופה זאת יובן בהקדם לבאר ענין חופה זאת בכנ"י למטה ומתוכה יובן למעלה בבחי' מל' דאצילות כידוע דכל ישראל בני מלכים הם כו' · דהנה ידוע הפרש בין אהבת בכל נפשך לאהבת בכל מאדך דבכל נפשך היינו ע"י בחי' התבוננות שבנפשו שמתבונן בגדולת הבורא ית' איך שהוא ממלא וסובב וכלא קמי' כלא חשיבי וכיוצא שמחמת זה תתפעל הנפש באהבה רבה לדבקה בו ית' בתשוקה מורגשת ותשוקה זאת מתיישבת ומוגבלת היא בלבו של אדם בכאו"א לפום שעורא דיליה דהיינו לפי ערך ההשגה שלו כך יתפעל בלבו וכו' וכמ"ש בזהר ע"פ נודע בשערים בעלה בכל חו"א לפום מה דמשער בלבי' כו' · ושיעור זה מגביל אור האהבה בלבו כו' וזהו אהבת בכל נפשך · אבל הנה אהבת בכל מאודך הוא אור אהבה שבלתי מוגבלת ומתיישבת בכלי הלב והוא ההתפעלות הגדולה שיתפעל האדם עד שלא יוכל להכילם בלבו כלל כנראה בחוש הטבעי במילי דעלמא ואוי מפני שלא יכיל הלב ההתפעלות זאת תשאר ההתפעלות בהכרח למעלה מכלי הלב בבחינת או"מ על הלב וכמו שיש או"מ על השכל כשאין כלי המוח מכיל ההשגה כו' ונמצא שבחי' או"מ זה נעשה מלמטה למעלה בבחי' אור חוזר והוא מצד היציאה מן כלי הלב כו' וזהו הנקרא חופה כי אור מקיף זה חופף על הלב מפני שהלב אינו מכילו והוא הנק' ג"כ עומקא דלבא כמ"ש ממעמקים קראתיך ונק' פנימית הלב כמ"ש בקשו פני כו' וכמ"ש במ"א שהוא בחי' נקודת הלב הנקרא רעותא דלבא והוא הנקרא בחי' כתר דו"א · ואמנם יש בו ב' מדריגות הא'

שבא בבחי' ירידה מלמעלה למטה בבחי' אור ישר כאהבת החתן לכלה מנקודת לבבו ופנימיותו שבלתי מתיישב ומוגבל בלב שיורד האור מלמעלה למטה · והב' כאשר בא מלמטה למעלה כאהבת הכלה לחתן שאל אשה תשוקתה בכלות הנפש וכדמיון זה יש באהבת כנ"י לגבי בעלה למעלה שהוא בחינת סוכ"ע כמ"ש למען יזמרך כבוד כו' וכנ"ל · ונמצא מובן מכל זה שיש ב' מיני חופה הא' בחינת חופה דכלה הבא בבחי' אור חוזר והוא אהבת בכל מאדך שבא מצד שאין הלב מחזיק האור ונשאר בבחי' חופה מקיף על הלב כנ"ל והב' חופה דחתן שבא בדרך ירידת אור מלמעלה למטה · ואתנס הא בהא תליא דמסיבת אור האהבה דכלה לחתן כמו באהבה רבה דבכל מאדך הנ"ל מתעורר החתן לכלה גם כן אהבה בלתי מוגבלת מלמעלה למטה והוא כמו מ"ש אהבה רבה אהבתנו כו' וכיוצא נק' חופה דחתן כי באתדל"ת אתדל"ע משום דרוח אייתי רוח כו' וכמ"ש במ"א ע"פ אם ישים אליו לבו רוחו ונשמתו אליו יאסוף כו' · והנה אתדל"ע נתעורר במדה מוגבלת ממש כפי ערך ההתעוררות של המקבל לא פחות ולא יותר כו' דהנה ידוע דבכאו"א מישראל יש שיעור ערכו מאהבה רבה שמקפ' על לבבו כי מה שלא יוכל זה להכיל בלבבו יוכל הגדול ממנו להכילה להיות השגתו יותר גדולה · וע"כ אמר בכל מאדך לשון יחיד לפי שכאו"א יש לו בחי' מאד שהוא בבחי' או"מ הנ"ל לפי ערך בחי' או"פ המוגבל בלבבו כו' וכמ"ש במ"א · א"כ הגם שאצל זה הוא בבחינת אור מקיף אצל הגדול ממנו אינו אלא בחינת אור פנימי וכן הולך האור ועולה במדריגה למעלה מעלה · ולפ"ז מובן גם באתדל"ע בבחינ' מקיף שנמשך מלמעלה למטה שיש לו גם כן חילוק מדריגות הללו אחר שאינו בא רק לפי ערך התעוררות המקבל · וז"ש יהי חסדך ה' עלינו כאשר יחלנו לך פי' חסדך הוא בחי' מקיף דאור ישר שבא רק לפי ערך מקיף דאו"ח והיינו כאשר יחלנו לך וד"ל · ומכ"ז יובן ג"כ למעלה בחופה דחתן העליון בכללות שהיא באה לפי ערך בחי' החופה דכלה בכללות כמו שבא בדרך פרט ג"כ רק לפ"ע וא"כ נמצא יובן שהחופה דכלה גורמת חופה דחתן עד שמתחברים יחדו והיו לאחדים ממש דהרי אור האהבה רבה שבכלה העולה מלמטה גורמת ירידת אור אהבה רבה דחתן מלמעלה ובאמצעות זה מתאחדים ומתייחדים אע"פ שהמה ב' הפכי' כנ"ל (כדמיון ב' חצאי כדורים חצי כדור התחתון עולה ומתרחב מלמטה למעלה וחצי כדור העליון יורד ומתרחב מלמעלה למטה ובאמצעותו מתאחדים והוא משל להבין ענין יחוד זו"נ שנק' חתן וכלה בבחי' ב' חופות דא"י ואו"ה וזהו למהוי א' בא' וכמ"ש במ"א וד"ל) · וזהו כי על כל כבוד דעליון ותחתון יש בחי' חופה שעי"ז יתחבר כבוד עליון בכבוד תחתון שהוא בחינת יחוד ממלא וסובב למעלה שנק' חתן וכלה כו' וד"ל :

להבין שרשי הדברים הא"ל הנה להבין ענין הא"ל בפי' כי על כל כבוד חופה שיש ב' מיני כבוד כו' הנה ב' מיני כבוד הללו שהן בחינת ממלא וסובב ידוע שהוא בחינת זו"נ דאצילות · ודרך פרט יותר הנה יובן בהקדים לזה הידוע שיש ב' יחודים יחוד או"א הנק' יחודא עילאה והב' יחוד דזו"נ הנקר' יחודא תתאה · וכמו שבחי' זו"נ נקרא כבוד עליון וכבוד תחתון כך בחינ' או"א נק' כבוד עליון וכבוד תחתון ובחינת חופה המקפת ליחוד או"א הוא בחי' ת"ת דא"א שנק' כתר עליון ובחי' ת"ת דאימא שנעשה כתר לזו"נ הוא בחינת חופה ליחוד זו"נ וזהו פי' כי על כל כבוד חופה בין לבחי' זו"נ בין לבחינת או"א יש בחי' חופה מבחי' הכתר להקיף אותם שיתחברו יחד כו' וזהו תוכן ענין הנ"ל בדרך פרט · אך להבין כל זה הנה תחלה יש להבין מהו בחי' או"א וזו"נ דהנה בחי' חכ' ובינה דאצי' נקרא תרין ריעין דלא מתפרשין כו' והחכ' נקרא אין והבינה נקרא יש ועד"מ הידוע כמו שההבנה לאורך ורוחב בהשגה גמורה הוא בחי' בינה הנקרא יש ומקבלת מאור חבא שהוא בחינת כח מ"ה דהיינו ענין עמקו' תוכן ותמצית ההשגה ונקרא מקור השכל של ההשגה קודם שבא לידי השגה והבנה ממש ולכך נקרא החכמה אין וכמ"ש והחכמה מאין תמצא להיותה בחינ' כח היולי של השגת השכל כו' · ויחוד חו"ב היינו שבא מאין ליש ולכך נקרא תרין ריעין וכמ"ש במ"א והוא הנקרא יחודא עילאה דאו"א כידוע · ונקרא החכמה בשם כבוד עליון כי כבוד בגימ' ל"ב והוא ל"ב נתיבות חכמה וז"ש כבוד חכמים ינחלו · ובחי' בינה המקבל' השפע נקרא כבוד תחתון · והנה בחי' בינה מאיר אור להוליד התפעלות המדות כמו או"ר כידוע שהוא ז"א למעלה ומבחינת המדות מקבל בחינת המלכות הנקרא דבור העליון וכמו עד"מ שהדבור למטה נמשך מהבל הלב כידוע ומבואר במ"א והוא בחי' יחוד דזו"נ והיינו זה שמבואר למעלה שבחינת סובב כ"ע שהוא בחי' ז"א נק' כבוד עליון מתייחד בבחי' מלכות הנקרא ממלא כ"ע שנק' כבוד תתא' · ואתנס ידוע בס"י נעוץ סופן בתחלתן וא"כ הרי בחי' המלכות הנק' כבוד תתא' שרשו נעוץ בתחלת האצי' שהוא בחי' אור חבא שרש כל האצי' שנקרא ראשית ונק' כבוד עליון לפי שהגם שהדבור העליון מתפשט למטה בבי"ע בעשרה מאמרו' כנודע הנה מ"מ בחינ' חכמה שבדבור הנקרא כבוד תתאה כי כבוד ל"ב נתיבות החכמה הוא בכל מקום ובדבור היינו בחינת חכמה שמתפשט בדבור · ושרש בחינת החכמה הואת נעוץ בכח המשכיל הנקרא מקור השכל דבינה שהוא בחי' כח מ"ה דחכמה כו' לפי שידוע דאבא יסד ברתא ששרש לירופי הדבור נמשכים מכח מ"ה דחכמה דוקא ולא מבחי' בינה וז"ש ברוך כבוד הוי"ה ממקומו פי' כבוד הוי' הייט בחי' מלכות שנק' חכמה תתאה בחי' חכ' שבדבור ומקבלת מן המדות דז"א הנקר' הוי"ה ולכך נקרא כבוד הוי"ה

ופי'

ופי' ברוך כבוד הוי' היינו שית' ויומשך לו אור ושפע ממקורו הראשון והוא בחינת חכמה עילאה דאבא לפי שנעוץ סופן בתחילתן וכמ"ש בס"י דחכמה זאת שבסוף שרשה בחכמה שבראש והיינו ברוך כבוד הוי"ה ממקומו פי' ממקומו ושרשו הראשון שהוא בחינ' כבוד העליון דחכמה הנקרא כבוד כו' וד"ל · והנה תחלה יש להבין שרש ענין הנ"ל באריכות בבחי' ממלא וסובב שהוא בחי' זו"נ איך מתחברים אף ע"פ שהם ב' הפכים כו' דהנה מבואר בע"ח בכמה דוכתי שעיקר בנין המ"ל הוא מבחינת הגבורות דאור חוזר כטבע האש לעלות מלמטה למעלה וז"ש ואל אישך תשוקתך דהיינו ברשפי אש שלהבת כמ"ש רשפיה רשפי אש כו' כמבואר בזהר ע"פ למען יזמרך כבוד ולא ידום כנ"ל באורך · וזהו בכללות בחי' המלכות הנק' מתלה כ"ע שנק' אשה כמ"ש אשת חיל כו' וכידוע · וכשהמ"ל עולה כל הנבראים שבג' עולמות דבי"ע מלאכים ונשמות עולין עמה וכמ"ש בזהר בכל חיילין דילה כו' · וכמו כן מבואר בע"ח דהנשמות מעלין מ"ן אל רחל ואחר כך עולה היא עם כולם בכלל למעלה ליכלל בז"א כו' · אבל הנה בחי' ז"א הנק' בחי' סובב בכלל רובו מבחינת החסדים דוקא וכמ"ש כי זכר חסדו כו' וכמ"ש בע"ח· והטעם הוא כי בחינ' ז"א הוא בחי' המשפיע לבי"ע בדרך ירידת אור מגבוה לנמוך ע"כ הוא מבחינת חסדים כטבע המים שיורדים מגבוה לנמוך כו' · ופרש הענין הוא כי הנה בחי' זעיר אנפין בכלל הוא סוף עולם הא"ס בהיות שעצמות המאציל מובדל ומרומם לגמרי מכל ההשתלשלות כידוע וכשעלה ברצונו להאציל שנקרא כתר ונמשך האור אח"כ לחו"ב כו' הכל עדיין לא נקרא בחי' סוף עולם הא"ס אלא דוקא כשבא האור מחו"ב דאצי' לבחי' זעיר אנפין · וביאור טעם הדבר ידוע להיות כי בחי' ז"א הוא ענין אורות המדות חו"ג בכלים שהן כוחות מוגבלים להגביל אור א"ס כי מדת חסד שהוא התפשטות אור מוגבל ובא במדה וקצבה מפני כח מדת הדין הפכו והגבלת הקצבה הזאת הוא ע"י מדת הת"ת המכריע ביניהם כידוע ועי"ז דווקא יוכל לבא בחי' גילוי השפע אור א"ס בבי"ע כי בלתי אמצעות הגבלות המדות דז"א א"א להיות שיקבלו הנבראים ב"ג מבחי' אור א"ס כמו הנשמות שנהנין מזיו כו' וגם הנשמות הגבוהות כמו נשמת אברהם וכיוצא הרי השגתם באה בבחי' הצמצום והגבול ע"כ ולא יותר וא"כ האיך היה להם חיבור וקשר בבחי' אור א"ס שבאצי' שהוא בלתי מוגבל כלל כו' · אך ע"י אמצעות בחי' ז"א בחג"ת ונה"י נמדד האור ונגבל בכלים מכלים שונים עד שבאור האצי' בג"ע יוכלו המקבלים לקבל · ונמצא הרי עיקר ענין ובחי' השפעת המאציל בבי"ע הוא ע"י אמצעות בחי' ז"א ולכך נק' הוא סוף עולם הא"ס להיות כי על ידו יעבור אור שפע א"ס במדה וגבול בנבראים - ולהיות כי סוף מעשה עלה במחשבה תחלה לכך נקרא בחי' ז"א סוף ונק' יסוד ז"א סיומא דגופא עד"מ שפע גשמי למטה וכידוע ועכ"פ לפ"ז יובן הטעם שבחי' ז"א עיקרו מבחי' החסדים להיותו מביא וממשיך אור א"ס בבי"ע בדרך ירידה והמשכה למטה ממש וה"ז כטבע המים שיורדים מגבוה לנמוך ממש וד"ל · ולפ"ז הרי בחי' זו"נ המה בחי' ב' הפכים ממש מן הקצה לקצה אחר שבחי' ז"א עיקרו חסד ובחי' מ"ל עיקרה מבחי' הגבורות מטעם הנ"ל · והנה כדי שיתחברו ב' הפכים שלהם א"א להיות כ"א ע"י בחי' חופה החופפת על שניהם יחד והוא בחי' ת"ת דאימא שנעשה כתר לזו"נ יחד וכמו שהיה קודם קטרוג של הלבנה דכתי' ויברא אלקים את שני המאורות הגדולי' שהיו ב' מלכים בכתר א' כו' · וביאור הדבר נודע ע"פ עושה שלום במרומיו מיכאל וגבריאל שר של אש ושר של מים ואין מכבין זא"ז שהוא מפני שבא עליהם בחי' אור האלקי הגבוה מאד נעלה משניהם יחד שאז מתבטלים ממציאותם ואינם ב' הפכים כלל מפני שאינו ב' הפכים אלא כשכאו"א על מקומו בהתפשטות איזה מציאות כו' · וכך יובן למעלה יותר דהיינו בבחי' זו"נ דאצילות דהגם שהן ב' הפכים ממש כנ"ל מ"מ המה מתחברים יחד ע"י בחי' הארת אור המקיף עליהם להיותו מבחי' ומדרגה הגבוה משניהם יחד כו' וד"ל · ומעתה י"ל מהו בחי' אור מקיף שעליהם שמחמתו יתבטלו ויתאחדו יחד כו' · הנה עד"מ כמו שיש באדם התחתון מדות בלב אהוי"ר והתפארו' ודומיה' והתפעלות' בלב באה מן המוח כידוע·ואמנם הנה כמו בחי' אופן התפעלות שבלב נעשה ונולד התפעלות במוח תחלה טרם בא ההתפעלות ללב כמו התפעלות החמדה בלב שתחלה תבא התפעלות זאת ממש במוחו כשמשכיל ומתבונן באותו דבר הנחמד וחושקו במוח תחלה והרי התעוררות האהבה לאותו הדבר יבא במוח תחלה ואח"כ בלב וא"א שיבא בלב בלתי הקדמתו לבא במוח תחלה · אבל זה אפשר להיות שיבא ההתעוררות וההתפעלות במוח ולא יגיע ללב וכנראה בעליל בעבודת ה' בתפלה שיתפעל באהבה במוח בתמידות בלי הפסק כלל ובלב לא יתפעל כ"א בשעות ועתים קצרים ואע"פ שנפסקה ההתפעלות בלב מ"מ לא תפסוק אותה ההתפעלות במוחו כמו שהיא כנ"ל · וכך יובן למשכיל למעלה שבחי' חג"ת דז"א שנק' לב שרשם בחג"ת דאימא כמו חסד דז"א בחסד דאימא כו' עד"מ התפעלות האהבה בלב שהקדימה תחלה במוח כנ"ל אך גם בהפסקת אהבתו בלב לא יוגרע בחי' חסד ואהבה שבבינה · והנה מובן כמו שהת"ת בחי' מכריע בין חו"ג במדות דלב כך בחי' ת"ת דאימא הוא בחי' מכריע בין חו"ג דאימא · וידוע שבחי' המכריע כולל לב' הפכים יחד וסובלם יחד וא"כ בחי' ת"ת דאימא כולל לבחי' ב' הפכים דחו"ג דאימא וסובלם יחד וע"כ ממנו דווקא נעשה בחי' אור מקיף לסבול בחי' ב' הפכים דזו"נ אע"פ שזה מבחי' החסדים וזה מבחי' הגבורות להיותו בחי' כוללת לכל המדות וסובלם יחד כנ"ל · וזהו ענין

בחי'

בחי' הכתר דזו"נ שנעשה מבחי' ת"ת דאימא הנק' חופה על ב' מיני כבוד דזו"נ שיתאחדו ויתחברו יחד והיינו כמו שהיו זו"נ קודם הקטרוג שהיו שניהם משתמשים בכתר א' דהיינו בכתר א' דאימא החופפת עליהם ומקיפם מכל צד וע"י זה יתחברו ויתייחדו אע"פ שהם ב' הפכים והוא בחי' שרש לבחי' יחוד חתן וכלה למטה שהוא יחוד זו"נ כנ"ל והמחבר אותם הוא החופה וזהו כי על כל כבוד חופה וכמ"ש כחתן יוצא מחופתו דהיינו מבחי' כתר דאימא וכמ"ש בזהר וד"ל · והנה כמו שבחי' ת"ת דאימא נעשה בחי' כתר לזו"נ כנ"ל כך בחי' ת"ת דא"א נעשה בחי כתר לאו"א ג"כ לחבר ב' הפכים שלהם כנ"ל בזו"נ והוא ענין בחי' החופה השניי' שהיא חופפת בבחי' מקיף לאו"א כדי שיתייחדו ע"ד הנ"ל ביחוד דזו"נ כי גם בחי' או"א המה ב' הפכים ע"ד שזו"נ המה ב' הפכים · והענין הוא כי מבואר למעלה דבחי' החכמה הוא בחי' אין והבינה נקרא יש ואין עם היש המה ב' הפכים בודאי כנודע · וגם הנה ידוע דאור אבא מקור כל החסדים כטבע האב שנוטה לחסדים וגם טבע החכמה נוטה יותר לחסדים כידוע בפי' כי אתה אבינו המופלא מן התינוק שמלא רוגז מפני שדעתו קצרה כו' ובחי' אור הבינה מלאה דינין כידוע המאמר בינה מינה דינין מתערין · ואימא בחי' מקור הגבורות דזו"נ ואבא מקור החסדים כו' וא"כ הרי גם או"א הם ב' הפכים כאש ומים כנ"ל · אך הנה כדי שיתייחדו ויתחברו הוא ע"י בחי' הארת אור הכתר הגבוה משניהם יחד כנ"ל ביחוד זו"נ והוא בחי' ת"ת דא"א · וביאור ענינו הנה בחי' כתר הנק' א"א דאצי' הוא הנק' כתר הכללי משא"כ בחי' ת"ת דאימא שנעשה כתר לזו"נ נקרא כתר הפרטי והוא ב' פעמים אהיה כמ"ש אהיה אשר אהיה כי בחי' אהיה הוא בכתר כידוע ואהיה דבינה הוא כתר דז"א ואהיה דא"א הוא בחי' כתר לכללות האצילות כולו כנודע · ויובן ענין ב' כתרים הללו עד"מ באדם למטה דידוע שיש ב' מיני רצון בנפש הא' הנק' רצון התחתון והוא הרצון הנולד רק מצד התבוננות שכלו בטוב אותו הדבר ואם לא יוכשר הדבר בעיניו בשכלו לא יחפוץ בו כלל הרי אין עיקר זה הרצון נולד רק מן השכל הנקרא בינה דהיינו כשמשיג בכי טוב איכות הענין ההוא כי טוב הוא כו' · וכמו כן יש רצון הנולד מן המדות שבלב והוא מפני שיש לו אהבה לאותו הדבר ואותה האהבה נולדה כבר אצלו לכך ירצה בדבר הזה ונקרא זה רעותא דלבא פי' רצון שבלב מצד בחי' המדות והכל הוא בחי' רצון התחתון אחר שכלה כח הרצון הזה כשכלה המדה או השכל שממנו נולד זה הרצון · והב' הוא בחי' רצון העליון שלמעלה מן השכל לגמרי שאין לו טעם כלל · וידוע זה ע"ד שאמרו ז"ל בענין מיתת ר"ע שא"ל הקב"ה למשה שתוק כך עלה במחשבה לפני פי' כך עלה ברצון העליון שאין לו טעם ושכל להיותו למעלה מן הטעם ואע"פ שמשה שאלתו טובה היא וכי זו תורה וזו שכרה עכ"ז כך הוא הרצון · והנה בלאמת אין הכוונה בזה המאמר שאין טעם לרצון זה כלל ע"ד מדות העקשות וכיוצא אלה הכוונה שאין לשאול טעם לזה הרצון כי בלתי אפשר שיוכל להתלבש בטעם ושכל המתקבל למקבל אבל מ"מ יש לו למשפיע טעם לרצונו אלא שהוא נק' טעם כמוס אצל המקבל לפי שלא יכול להשיגו עד"מ כשאדם גדול יעשה דבר מה וישאלנו התינוק מה זה הטעם והתינוק לא יוכל להשיג הטעם אזי ישיב לו הגדול שתוק א"א לגלות לך הטעם אבל טעמו ונימוקו כמוס עמדו וכך השיב לו הקב"ה למשה שתוק כלומר מפני שלא תוכל להשיג בחי' הטעם הכמוס לרצון העליון שעלה במחשבה לפני וד"ל · והנה לפ"ז הרי יש כאן ג' מדריגות הא' רצון התחתון הנולד מן השכל והמדות כנ"ל והב' רצון העליון שאינו נגלה בשכל גלוי אלא כמוס ונעלם הוא והג' בחי' רצון הנגלה ע"פ אותו הטעם הכמוס לזולתו שאע"פ שאין הטעם נגלה אבל הרצון עכ"פ נגלה לזולתו· אך שהרצון הזה שע"פ הטעם הכמוס הוא בלתי מוגבל בשכל גלוי והוא למעלה מן השכל הגלוי ובאמת גנוז ונעלם הטעם הכמוס כי לזולתו הרי נראה ונגלה רצון זה בלתי טעם כלל וכלל רק רצון בלבד כי משיבו מה תשאל טעם אין לו טעם אלא כך רצוני בלא טעם כנ"ל ונמצא לא נגלה למקבל רק בחי' רצון בלבד אך בתוכו גנוז הטעם למשפיע כו' וד"ל · והנה כמו שיש בנפש האדם למטה כמו כן יובן למעלה למשכיל בכל הנ"ל בג' המדריגות שברצון· הא' בחי' ת"ת דאימא שנק' כתר הפרטי הוא בחי' רצון המתלבש בשכל ומדות כנ"ל והוא שנעשה בחי' מקיף לזו"נ (ע"ד המבואר בת"ה בענין שינוי שכל א' מזכות לחוב כמו כי יצר לב האדם כו' שהוא מבחי' כתר שנעשה מבינה והוא פי' הרי' הנה זמין לאולדא כו' וד"ל) · והב' בחי' רצון העליון שלמעלה מן בחי' החכמה דאצי' שהוא בחי' א"א דאצי' בכלל · אך גם בא"א עצמו יש ב' מדריגות הא' בחי' הטעם הכמוס לרצון זה העליון שהוא הנק' בחי' מוחא סתימאה דא"א פי' סתימאה שהוא גנוז ונעלם מהיות גם בחי' מקור לבא לידי גילוי בחכמ' וטעם כי א"א שיבא מן ההעלם שבו לידי גילוי דאצילות עד"מ המשיב לשואלו שתוק א"א לגלות לך הטעם וכנ"ל לפי שא"א למקבל כלל שישיגנו · והנה בבחי' טעם הכמוס הזה שורה בחי' התענוג העליון הסתום כי פירוש טעם לפעמים בחכמה כמו מאי טעמא דר' פלוני ולפעמים בבחי' התענוג כמו טוב טעם כו' עד"מ הטועם בחיך שמתענג וכו' ולכך בחי' טנת"א לפעמים הטעמים בכתר ולפעמים הטעמים בחכמה כידוע אך אינם תרתי דסתרי אהדדי כי בחי' חכמה סתימאה זה הנקרא טעם הכמוס שהוא הנק' עדן הרי בו שורה בחי' העונג העליון והוא המעורר לרצון זה העליון כו' כי מחמת עונג זה ירצה ברצון בלתי מוגבל אבל אותו הטעם והעונג סתום ונעלם ולא נגלה למקבל רק בחי' הרצון מצד עצמו

בלבד

בלבו כנ"ל במשל וד"ל · והמדריגה השני' בא"א הוא בחי' התגלות הרצון כמו שנראה למקבל בלא טעם כלל עד"מ הנ"ל כשמשיב לשואלו אין לי טעם אלא כך רצוני כענין המאמר הנ"ל שתוק כך עלה כו' להיות כי בחי' הטעם והעונג הכמוס הנ"ל גנוז בגילוי רצון זה הרי בחי' גילוי הרצון הזה מקיף הוא לאותו בחי' הטעם הכמוס מכל צדדיו עד"מ דבר הגנוז בתיבה וכיוצא · וכך למעל' בחי' ח"ס דא"א מאחר שגנוז ברצון העליון הרי רצון העליון מקיפו מכל צד והוא הנקרא בחי' גולגלתא דא"א דמחפיא על מ"ס כמש"כ באד"ר עד"מ עצם הראש שמקיף למוחין הגנוזים בתוכו כו' וד"ל · וזהו בחי' ת"ת דא"א שנעש' כתר לאו"א דהיינו בחינת גילוי הרצון העליון הבלתי מוגבל בשכל שמקיף לבחי' או"א דאצי' שיתייחדו ויתחברו אע"פ שהמה ב' הפכים והוא הנקרא כתר הכללי ובתוכו גנוז בחי' הנקרא טעם ועונג הכמוס כנ"ל וד"ל · ובכ"ז יובן שרש ענין כי על כל כבוד חופה דהיינו בחי' חופה תחתונ' שמקפת ליחודא תתאה דזו"נ וחופה עליונה דא"א שמקפת ליחודא עלאה ולכך אמר כי על כל כבוד לפי שיש ב' מיני כבוד עליון ותחתון בב' יחודים הללו ועל כל ב' מיני כבוד שבב' יחודים שורה בחי' הכתר הנקרא חופה אלא שבזו"נ הוא בחי' כתר התחתון ובאו"א שורה מבחי' כתר העליון כנ"ל · אך הנה עדיין יש להבין למה נק' בחי' הכתר המקיף בשם חופה דוקא כי פי' לשון חופה היינו שמחפה ומכסה על ד"א כו' · אבל הענין יובן ע"פ המבואר למעלה דיש ברצון העליון ב' מדריגות הא' בחי' טעם הכמוס · והב' הרצון הנגלה כו' · והנה התור' הנגלית לנו בתרי"ג מצות שהם כולם בחי' רצון העליון של המאציל שרשם הוא בבחינת גולגלתא דא"א ונקרא תרי"ג ארחין כידוע באד"ר · וביאור טעם הדבר יובן ע"פ הנ"ל להיות כי כמו בחי' רצון העליון הנגלה אשר בו גנוז בחי' הטעם הכמוס לא נגלה רק בחי' הרצון בלבד בלתי טעם כלל וכלל כנ"ל · כך המצות שבתורה הנגלות לנו לא נגלה לנו רק הרצון בלבד בלתי טעם כלל כי הרי לא מושג לנו שום דעת והשגת טעם וסוד למה יהיה ח' חוטין בציצית וד' בתים בתפילין וכיוצא בזה בכל המצות כשופר ולולב ואתרוג וסוכה ומצות תרומות ומעשרות וקרבנות וכמו הלכות טריפות שהם ג"כ למעלה מן הטעם והשכל אנושי אלא רק הם רצון הבורא גזירת המלך כו' אלא שבהם גנוז ונעלם טעם וסוד ה' אשר לא נגלה עדיין לשום אדם גם למקובלים הראשונים · ואע"פ שהשיגו בסדרי ההשתלשלות אין זה אלא כערך טפה בים אוקינוס לגבי ידיעת השגת טעמי המצות כולן בסוד ה' שיש בכל מצוה ומצו' למה הרצון כך דוקא ולא כך כו' וכידוע בפי' רש"י ע"פ ישקני מנשיקות פיהו דטעמי מצות לא נתגלו עתה אלא לעתיד יתגלו טעמי תור' משום דעכשיו לא נתגלה רק בחי' חיצונית התור' הנגלית לנו שרצון העליון כך וכך אבל תוך פנימית הרצון הזה למה יהיה הרצון כך כו' זהו גנוז ונעלם ברצון זה ולעתיד יתגלה והוא הנק' בחי' פנימית הרצון וז"ש ישקני מנשיקות פיהו לעתיד דוקא · ואע"פ שגם עכשיו יש טעמים למצות כמו בעלי התלמוד שאומרים טעם על כל מצוה כמו מה טעמא דר' פלוני כו' אין זה הטעם רק מה שמוציא דרך דרש בלבד מן הפסוק אבל לא שזהו אמיתת הטעם הגנוז במצות · כמו במצות ציצית וראיתם אותו ודרשו ז"ל פרט לכסות לילה ולכאורה דרשו הטעם בפשוט דבראייה תליא מלתא כמ"ש וראיתם אותו וזכרתם כו' ולכך כסות לילה פטור כו' וא"כ למה סומא חייב בציצית מפני שישנו בראיה אצל אחרים כו' אחרי שעיקר הטעם הוא בראיה דידיה שכאשר יראה יזכור כו' · אלא ודאי שאין הראיה טעם העליון למצות ציצית אלא טעם וסוד גנוז יש במצות ציצית כמ"ש אפס קצהו בפע"ח בשער הציצית אלא שמתלבש בטעם נגלה כמו ראי' · וכך בכל המצות אע"פ שמפורש בהן טעם בתשב"כ או בתשבע"פ אין זה אמיתת טעמן כי הרי טעמי מצות לא נתגלו כלל כדפירש רש"י אלא שנתלבשו בטעם נגלה בלבד אבל שרש טעמן גנוז ונעלם הוא ולעתיד יתגלו · והיכן גנוז סוד הטעם הרי גנוז ברצון זה הנגלה וא"כ הרי בחי' הרצון מקיף לטעם וסוד ה' הגנוז בו כדמיון רצון האדם שמקיף ומכסה ומחפה לטעם הכמוס שבו כנ"ל והיינו שבחי' המצות שרשן מבחי' גולגלתא דא"א שמחפיא על בחי' ח"ס דא"א וד"ל · והנה בחי' הסוד והטעם הגנוז בכל רצון שבמצוה הוא בחי' ח"ס דא"א שהוא בחי' הטעם הכמוס הנ"ל שגנוז בהעלם בכל רצון העליון והוא בחי' העונג העליון הנק' ג"כ טעם · וזהו כמ"ש טוב טעם ודעת למדני פי' דהע"ה ביקש שישיג בחי' העונג שהוא הטעם הטוב הגנוז בכל מצו' ולכך אמר טוב טעם כו' ולעתיד יתגלה אותו בחי' העונג העליון והיינו הנקרא טעמי תורה שלא נתגלו עתה כלל כנ"ל אלא לעתיד דוקא כמ"ש ישקני מנשיקו' פיהו וכדפירש"י ועכשיו לא נגלה לנו רצון העליון שעל פי אותו הטעם והעונג כו' אבל העונג והטעם מכוס' ונעלם ברצון זה והיינו כמו שבחינת ח"ס מכוסה ונעלם בגולגלתא דמחפיא על מ"ס כו' וד"ל . ובכ"ז יובן מ"ש בעטרה שעטרה לו אמו ביום חתונתו וביום שמחת לבו דהנה עטרה הגשמית נעשית מאבנים טובות שהם בחי' דומם כאבן פשוט אלא שהמה מאירים ומבהיקים אור ויש בהם הידור ותפארת גדול' כשהמה נתונים ע"ג הראש לעטרת תפארת ואעפ"י שהמוחין שבראש הוא בחי' כח שכלי רוחני מאד עכ"ז העטרה הזאת גם מאבנים שהן בחינת דומם נעשית להראש לעטרת תפארת ולכך היא נתונ' ע"ג הראש מלמעל' כנודע · והנמשל מזה יובן למעלה בשרש המצות שנקרא רצון העליון דאע"פ שהוא בחי' חיצוניות לגבי בחי' הטעם הכמוס בהן הנק' מ"ס

מ"מ

מ״ת הרי הרצון הזה עטרה לתפארת ע״ג בחינת המוחין הנקרא ח״ס הגנוז בהמצות כדמיון האבנים טובות שאע״פ שהן בחי׳ דומם נתונים ע״ג הראש לעטרת תפארת · והנמשל דאבני׳ היינו להיות כי כל המצות באו וירדו למטה בעניני גשמיות דוגמא ציצית מצמר כבשים וכיוצא אך למעלה נעשי׳ בבחי׳ עטר׳ על הראש כנ״ל וזהו בעטרה שעטרה לו אמו ע״י המצות שבתורה ביום חתונתו דהיינו בזמן מ״ת כדברי רז״ל שקיבלו ישראל כל המצות ונעשה מהם בחי׳ כתר לז״א למעלה כידוע בשרש חג השבועו׳ בפע״ח וד״ל · אך יש להבין למה אמר ביום חתונתו במ״ת שלא נק׳ רק חיתון בלבד · והענין הוא דכתיב אז תתענג על ה׳ פי׳ אז לעתיד דווקא יקבלו ישראל בחי׳ העונג הטעם העליון הגנוז וכמוס במצות כי יתגלו אז טעמי תורה כנ״ל וזהו אז תתענג על הוי׳ למעלה מבחי׳ שם הוי׳ דחכמה שבתו״מ שמלובש בהן בהעלם בחי׳ הטעם הכמוס הזה כו׳ · וזהו בחי׳ נשואין כמ״ש כי בועליך עושיך עד״מ הזווג הגשמי בביאה שהאשה מקבלת טפת הזכר בעצמה כמו שנמשכה ממוח הזכר מבחינת פנימית העונג שבנפשו ולכך יוליד בטפה זו כדומ׳ לו ממש כידוע · וכך הוא ענין נשואין למעלה בכנ״י שהיא בחי׳ מ״ל דאצילות שמקבלת לעתיד מבחינת העונג העליון העצמי שהוא ענין בחי׳ גילוי מוחא סתימאה דא״א שמשם נחצב שרש התהוו׳ אור בחי׳ הטיפה שבמוח החכמה כו׳ ונמצא שבבי״ע שמקבלים מבחי׳ מ״ל דאצי׳ מתגלה מבחי׳ פנימי׳ העונג העליון בבחי׳ נישואין כדמיון הביאה וז״ש לעתיד דוקא כי בועליך עושיך כמאמר רז״ל שאין האשה כורתת ברית אלא למי שעשאה כלי בביאה דוקא וד״ל · משא״כ בזמן מ״ת לא היה רק בחי׳ אירוסין שהוא הקדושין בטבעת עגול באמרו הרי את מקודשת לי שימשיך להכלה רק בחי׳ אור מקיף בלבד ולא נכנס בה עדיין האור בבחי׳ א״פ דהיינו בקבלת השפע בעצמותה בגילוי גמור כמו ע״י הזווג בביאה ממש אלא רק בבחי׳ העלם ומקיף חופף האור עליה והיינו מה שלא נתגלה עתה טעמי תורה שהוא בחי׳ פנימית העונג העליון רק שבא בהתלבשו׳ גנוז בבחי׳ העלם דהיינו ברצון הנגל׳ לנו במצות מעשיות שהוא בחי׳ אירוסין בלבד שהיה במ״ת כמו קידושין בטבעת עגול בבחי׳ מקיף וכמו שאנו אומרים מקדש עמו ישראל ע״י חופה וקידושין ולעתיד יהיה בחי׳ הנשואין וכמ״ש אז תתענג על הוי׳ וכו׳ וד״ל · וזהו בעטרה שעטרה לו אמו דהיינו בחופה וקדושין בבחי׳ מקיף בזמן מ״ת וכמ״ש והוא כחתן יוצא מחופתו כו׳ וזהו ביום חתונתו שהוא מ״ת שלא היה רק בחי׳ חיתון ואירוסין אבל לעתיד יתגלה ממש בחי׳ מו״ס שהוא בחי׳ העונג העליון הגנוז במצות כנ״ל אזי נאמ׳ ביום שמחת לבו כמ״ש במ״א שמח׳ זו הוא בחי׳ העונג כו׳ וגם זה דוקא מצד שמחת הכל׳ כמשי״ת בסמוך בעז״ה וד״ל · וזהו כי על כל כבוד חופה פי׳ חופה הוא בחינת אור המקיף שנמשך באירוסין וקדושין כמו בזמן מ״ת וגם עכשיו והיינו מפני שבחי׳ העונג והטעם הכמוס שברצון העליון לא נגלה כלל למט׳ רק מלובש ברצון בהעלם והרצון הוא בחי׳ החופה החופפת עליה כנ״ל והיא בחינת ת״ת דא״א שנעשה כתר לאו״א בכלל ולזו״נ בפרט כו׳ · אבל לעתיד יתגלה בחינת האור הגנוז וכמ״ש ולא יכנף עוד מוריך והיו עיניך רואות כו׳ עין בעין נראה אתה ה׳ כו׳ פי׳ בלתי לבוש המעלי׳ לבחי׳ העונג והטעם העליון דבחינת ח״ס הנ״ל והן טעמי המצות שיתגל׳ לעתיד דוקא וכנ״ל בפי׳ אז תתענג על הוי׳ כו׳ וד״ל · ואמנם הנה עדיין לא מובן כלל עיקר ושרש הענין למה לא יהי׳ בחי׳ התגלות בחי׳ ח״ס דא״א שהוא בחי׳ הטעם הכמוס אלא לעתיד דוקא ולמה לא יתגלה גם עכשיו כו׳ · אך הענין הזה יובן בהקדים תחלה שרש ענין רמ״ח מ״ע ושס״ה ל״ת כו׳ דהנה ידוע דשרש רמ״ח מ״ע הוא מבחי׳ החסדים ושס״ה ל״ת הם מבחי׳ הגבורות כי עיקר ענין המצות מעשיו׳ בכלל הוא רק לברר בירורי נוגה דעה״ד טו״ר ויש באופן זה הבירור ב׳ אופנים הא׳ ברור הבדלת הטוב מן הרע והב׳ הבדלת הרע מן הטוב · והנה שרש מ״ע הוא להבדיל בחי׳ הטוב מן הרע כי הרי כל המצות עשה המה דוקא בענינים גשמיים דנוגה כמו צמר דציצית וקלף של תפילין וכיוצא ובעשותה למצוה בדבר גשמי הנה עי״ז מתעלה בחינת חלק הטוב שבנוגה ויעלה לה׳ אחד כקרבן אחר שדבר שנעש׳ בו מצות ה׳ הוא נעשה בחינת כלי לשכון בו גילוי אור אלקי כמו בתפילין שסורה בפר׳ קדש בחינת חכמה וכיוצא· והגם שכל עיקר התורה במ״ע ול״ת הוא רק להבדיל בין טוב לרע כמ״ש להבדיל בין טמא לטהור כו׳ · אבל הבירור בב׳ אופנים הנ׳: במ״ע הוא בחי׳ בירור הטוב דנוגה להפרידו מחלק הרע שבו והיינו ע״י מה שיוכשר כל דבר שבנוגה למצות מעשיות לשכון בהם אור הקדוש האלקית· והאופן הב׳ הוא ע״י שס״ה ל״ת להפריד חלק הרע דנוגה מן חלק הטוב שלא יקבל יניקה ממנו וכן כמו כל איסורי מאכלות ואיסורי בהמות הטמאות וכיוצא בהם בכל מה שהוא אסור ופסול וטמא כו׳ הוא רק להפריד בחי׳ חלק הרע דנוגה · ובכלל המ״ע והל״ת הוא רק ענין בחינת הבירורים דנוגה אלא שמתחלקים בב׳ אופנים כנ״ל וד״ל · וכינו כן יש ב׳ אופני הבירור הללו בכל תערובת טו״ר שבנפש כי מסיבת עה״ד טו״ר נמשך התערובת טו״ר בכל המציאות ולא ימצא דבר איזה מציאו׳ בעולם שלא יהיה מעורב טו״ר עד שלא ימצא שיהיה המציאות גם מהטוב בתכלית שלא יהי׳ מעורב בו אפס קצה מחלק הרע ג״כ וכמ״כ גם במציאות דרע בתכלית ימצא בו מעורב גם מחלק הטוב ג״כ וכמו שאנו רואי׳ בטבע בנ״א שגם במי שמדותיו בתכלית הטוב ימצא בו אפס קצהו מחלק הרע כמו ההתנשאות והצביעות וכיוצא ובהיפך גם במי שמדותיו רעים בתכליח ימצא בו

ג"כ מתלק הטוב כמו בהכנעת הלב ופיזור לדקה לעניי' · והמופת לזה מה שארז"ל דגם רשעים גמורים מלאים חרטות כו' וכמו ר"א בן דורדיא שעשה תשובה במס"כ ויוחנן כה"ג נעשה לצדוקי וכו' וד"ל · ואופן הבירור הוא ג"כ ע"ד הנ"ל הא' בברור הטוב שיהי' מובדל ונקי לגמרי מהפסולת הרע ע"י שישקל בפלס דרכי לבבו שיהי' נקי וכמ"ש לב טהור כו' והב' בהפרדת חלק הרע בתחלה ואז ממילא ישאר חלק הטוב נקי וע"ד המבואר בת"א בענין מחלוקת דב"ש וב"ה דב"ש אומרים כלה כמות שהיא כו' וד"ל· והנה ידוע דסיבות התערובת טו"ר בעה"ד היה מפני בחי' השבירה שהיה בז' מלכין קדמאין דתהו כו' וכמ"ש ואלה המלכים אשר מלכו בארץ אדום לפני מלך מלך לבני ישראל כו' שנפלו בנוגה דבי"ע ונעש' מזה תערובת טו"ר ממש · והנה ידוע דהשביר' היתה בשם ס"ג דהיינו בו"ת דבינה כו' והתיקון הוא בשם מ"ה שהוא מלך השמיני הנקרא הדר ושם אשתו מהטבאל כו' · וא"כ כאשר מתבררי' חלקי הטוב שבנוגה ועולין לשרשם דהיינו בבחינת ס"ג הרי הוא למעלה מבחינת שם מ"ה דתיקון וכידוע דשרש בחינת התהו קדם לתיקון הרבה וכמ"ש לפני מלך מלך לבני ישראל כו'· והמופת לזה ידוע ממה שאנו רואים במאכלים הגשמיים מדל"ח שיחי' האדם מהם ויוסיפו לו כח ועוז יתיר' בשכלו ומדותיו כענין חמרא וריחא' פקחין וכמאמר ר"כ עד דלא אכילנא בישרא דתורא וכו' וכמו שנתבאר בת"א והיינו לפי ששרש החיו' של המאכל נפל בשבירה מבחי' התהו ושרש נפש האדם מבחי' התיקון ובחי' התהו גבוה הרבה מבחינת התיקון כנ"ל· ובכל זה יובן הטעם למה לא יהיה בחינת התגלות טעמי תורה ששרשם מבחינת מו"ס דא"א אלא לעתיד דוקא ולא עכשיו לפי שעכשיו עדיין לא נתבררו בחי' נוגה מתערוב' טו"ר והגם שרמ"ח מ"ע ושס"ה ל"ת המה המבררי' כנ"ל אבל לא נשלם הבירור עד לעתיד וכשיש חלק לרע בטוב עדיין לא יוכל להיות התגלו' בחי' טעם ועונג העליון הגנוז במצות למטה כי הקליפה מסתרת כמ"ש טהור עינים מראות ברע · אך לעתיד שיבורר חלק הרע מן הטוב לגמרי אזי כתיב ולא יכנף עוד מוריך והיו עיניך רואות כו' והיינו שיתגלה בחי' ח"ס דא"א שהוא מקור כל הבירורי' דנוגה כי בחכמ' אתבירירו אך עכשיו הוא שוכן בהעלם ע"י לבושין דמעשה המצות ונק' חופה כנ"ל וכשיושלם הבירור לעתיד ויהיה תכלית השלמות בבריאה אזי יתגלה אורו בלתי לבוש מעלים כלל כנ"ל· ואמנם ממילא תובן שרמ"ח מ"ע ושס"ה ל"ת שמבררי' עתה המה סיבה האמיתי' לגילוי אור ח"ס לעתיד מאחר שעל ידם יתלבש בחי' ח"ס עכ"פ בהעלם לברר כל הבירורי' וכו' וד"ל · ובכל הנ"ל יובן ג"כ שרש ענין משמח חתן עם הכלה המבואר למעלה וענין קול כלה שיהיה לעתיד דוקא משא"כ עכשיו גלותא בלחש דוקא כו' · דהנה מבואר למעלה דלעתיד תתעלה המ"ל שהוא שם ב"ן המברר נוגה בשרשה בבחי' התהו דקדם הרבה לבחי' התיקון והוא שם ס"ג שלפני שם מ"ה · וז"ש אשת חיל עטרת בעלה פי' העטרה הוא בחי' מקיף דשם מ"ה דז"א שיהיה מבחינ' מלכות דוקא והיינו שהמשפיע יהיה אז בחי' מקבל לקבל מבחי' המל' שהיתה בחי' מקבל מז"א שנק' בעלה והיינו משמח חתן עם הכלה שהחתן יקבל מן הכלה כנ"ל.

ושרש הענין הוא כי הנה לעתיד יש ג"כ ב' מדריגו' שהמה עליות בב' מדריגות הא' עליות המל' להיות המל' שוה למדריגת ז"א כמו שהיה ב' המאורות דשמש ולבנה קודם הקטרוג כמ"ש ויעש אלקי' את שני המאורו' הגדולים כו' וידוע דבחי' ז"א נק' המאור הגדול לממשלת היום כמ"ש חסד אל כל היום ובחי' מלכות נקר' המאור הקטן לממשלת הלילה· וידוע מאמר רז"ל דהלבנה קטרגה וכי אפשר שישתמשו ב' מלכים בכתר א' וא"ל הקב"ה לכי ומעטי את עצמך משמע שקודם שקטרג' היה אור הלבנה ממש כאור החמה וכאמרו שני המאורות הגדולים כו' · וכך יהיה לעתיד דכתיב והיה אור הלבנה כאור החמה ולמעלה הוא בחי' זו"נ שיהיו שוין בקומתן ויהיו ב' המלכי' הללו משתמשין בכתר אחד דהיינו בחינת ת"ת דאימא שיהיה כתר א' לשניהם וכנ"ל בפי' כי על כל כבוד חופה כו'.

אבל עלייה השני' לעתיד היינו שתתעלה המל' עוד עד שבחי' ז"א יקבל מהמל' והיינו מפני שתתעל' בבחי' ס"ג דתהו שלמעלה משם מ"ה כנ"ל עד שבחי' ז"א יהיה מקבל ממנה עטרת וז"ש אשת חיל עטרת בעלה והיינו מפני שתתעלה המל' בבחי' כתר לפי שנעוץ תחלתן בסופן כו' וכמ"ש בת"א ע"פ כוסי רויה ואמרו כסא דמלכ' משיחא רכ"א לוגין דהיינו מדת ארך אפים דכתר כו' וד"ל · וזהו מ"ש ביום ההוא יצאו מים חיים מירושלים חצים אל הים הקדמוני פי' המ"ל הנקרא ירושלים תהיה בחינת המשפיע אל הים הקדמוני מטעם הנ"ל אך מ"מ גם בחי' התיקון לא יתבטל אלא שיהיה כמו טפל לעיקר וכו' וזהו שאמר לשון קול בחתן ג"כ וכמ"ש קול חתן וקול כלה אך עיקר בחי' הקול יהי' בכלה והחתן יקבל ממנה וכמו שמסיים משמח חתן עם הכלה · ואמנם יש בזה ב' מדרגות הא' כשיהיו שוין בקומתן והוא מ"ש בברכה· בראשונה מהרה ישמע כו' קול חתן וקול כלה שניהם בהשואה א' ואח"כ כשיתעלה המ"ל בכתר ותהיה עטרת בעלה אמר משמח חתן עם הכלה שהכלה תהי' עיקר משא"כ עכשיו גלותא דכלה בלחש דוק' לפי שהמ"ל מקבלת מז"א ואינה אלא כטפל לגבי העיקר והיינו כמו ענין השתיקה בקדושין כאשה דבטלה וטפלה לגבי בעלה וכמו שאמרו ז"ל עולה עמו ואינה יורדת פי' כשהמדות עולין גם בחי' הדבור עולה עמהם ונכללת בהם אחר שבחי' הדיבור בחי' המקבל מן המדות שנקרא יעקב כו' ולכך גלותא בלחש דוקא אבל לעתיד שתתעלה בחי' המ"ל אזי נאמר קול גדול ולא יסף מפני שבחי' קול הדבור יהיה בחי' קול מורגש בפ"ע בלתי שיצטרך לקבל מן המדות ולכך יהיה קול גדול ולא יסף

בלתי מוגבל להיות שרשו בבחי' כתר שהוא בחי' אחרונה שבא"ס ולכך יהיה אז התפלה דוקא בקול רם בקול גדול ולא בלחש כי התפלה הוא בבחי' מ"ל כידוע בפי' המאמר מנין שהקב"ה מתפלל שנא' ואני תפלה כו' פי' אני הוא בחי' מ"ל שעולה למעלה בבחי' א"ח וכמ"ש אלקים אל דמי לך למען יזמרך כבוד כו' וכידוע · (וביאור הדברים כי הנה ידוע בענין העמידה דש"ע שהוא בחי' הביטול במציאות וע"כ צלותא בלחש דוקא כי אין עמידה אלא שתיקה וכמ"ש בעמדם תרפינה כנפיהם כו' והיינו מטעם שהמ"ל הוא בחי' מקבל בלבד וא"א שתקבל העונג העליון כ"א דוקא בבחי' ביטול עצמות' שהוא בחי' השתיקה ובצלותא דבלחש כענין ביטול המלאכים מפני גילוי אור אלקית שנאמר בעמדם תרפינה כנפיהם כו' בלתי אהוי"ר בגילוי כלל כי איידי דטריד למבלע לא פליט כו' משא"כ לעתיד כשתהיה המ"ל בנין פרצוף בפ"ע אזי יאיר בה אור עונג העליון כמו שהוא מבלתי שתבא בבחי' ביטול עצמות' כלל וכמו שיש עכשיו ג"כ לצדיקים בעבודה שבלב שבתפילה שיתענגו על ה' מבלתי בחי' ביטול כלל וכמו שהיתה שכינה מדברת מתוך גרונו של משה ולא הוצרך לבא לבחי' ביטול בתחלה כו' והיינו שרש ענין קול גדול ולא· יסף שיהי' לעתיד בבחי' המ"ל היפך צלות' בלחש דעכשיו וד"ל):

להבין בברכת חתנים מה שבברכת יוצר האדם שנגנד אדה"ר פותח בברוך ואינו חותם בברוך ובברכת אשר יצר כו' שכנגד חוה פותח וחותם בברוך כו' · אך והנה ענין חתן וכלה רומזים לתורה שבכתב ושבע"פ כידוע והנה בתורה שבכתב לא נתפרש כל מצוה כהלכתה רק נכתבה ברמז ובקצר' כמו פ' ציצית שלא נכתב איך לעשות הציצית כו' ור"ע היה דורש על כל קוץ וקוץ תילי תילים של הלכות כי בקוצים ותגין שלה נרמזו כל הדינין וההלכות שבתורה שבע"פ בדרך רמז בהעלם גדול אבל בתורה שבע"פ בא לידי גלוי גמור בפי' וביאור הטיב כדת מה לעשות כו' וה"ז כמשל זיווג זכר ונקבה שמטפת הזכר נצטייר הולד במעי הנקבה והרי הלובן שמן האב כו' כולו ברור ומלובן מכל סיג ופסולת וגם עדיין אינו בגדר התחלקות איזה ציור כלל באיברים ראש ורגל כו' וכשנתגלה הטפה במעי הנקבה יצטייר ויבא לידי התחלקות איברים רבים בהגדלה כמו ראש ורגל וזרועות כו' וגם הפסולת שבו יבורר ויוכר בפ"ע והן כמו השערות והצפרנים כו' וכמו יציאת המותרות דרך הריעי וכדומה כמ"כ עד"מ תורה שבע"פ מ"ל קרינן לה הוא בחי' עלמא דאתגליא לפרש ולבאר בבחי' גלוי והתחלקות לעשות המצוה כך ולא כך משא"כ בתורה שבכתב שעדיין כל המצות בה בהעלם וברמז כמשל הטיפה כו' · ולהיות כי בעלמא דאתגליא משם יפרד והיה לד' ראשים ד' מחנות מחנה מיכאל כו' כידוע נמשך לגלוי עוד היותר חיצוני לקליפת נוגה מבחי' השערות והצפרנים ונק' עלמא דפרודא כידוע והן פסול וחייב וטמא כו' והיינו ענין לא זכה נעשה לו סם המות (כמשי"ת בסמוך כו') משא"כ בתורה שבכתב שאין הולד נולד אלא מן הברור שבטפה כו' וד"ל· והנה כתיב חתום תורה בלמודי פי' שצ"ל חותם בתורה שלא יינקו החיצונים ממנה עד"מ החותם הגשמי שחותמים בו האגרות בל יפתח לזר לקרותו בלתי למי שנשתלח לבד וגם ע"י החותם נתקיים המכתב בלתי ישונה עוד והוא פסק הדבר משא"כ עד שלא יחתמו יכולים לשנות המכתב כו' כמ"כ בתושבע"פ צ"ל החותם דוקא בהיות שמשם יפרד כו' כנ"ל ויכול להיות יניקת החיצונים דרך שערות כו' וד"ל · וביאור זה היינו מה שאנו רואים שכשילמוד שלא לשם שמים נעשה לו סם המות כמו להתגדל ולקנטר וכדומה והרי התורה עצמה נעשית לו סם המות להפרידו מאלקו' כו' · ולהבין אך יתכן זאת · אך הענין הוא שיש בחכמה ב' מדריגות הא' בחי' מ"ה שבחכמה כח מה כידוע והוא בחי' הביטול שבחכמה שע"י אותו החכמה מכיר ומבין גדולת א"ס ב"ה ואיך דלית מחשבה תפיסא בי' כו' וכיוצא· והב' בחי' היש שבחכמה והוא היפוך הביטול דהיינו שנדמה לו שמשיג איזה דבר ועושה מן הח"כ עצמה עיקר ודבר יש וכענין האומר אין לי אלא תורה כו' והרי נפרד בה מיחוד אור א"ס ב"ה במה שאמר אין לי אלא החכמה לבד כו' ואז אפי' תורה אין לו דכתיב יען נגש העם הזה בפיו כו' ואבדה חכמת חכמיו כו' · והטעם הוא דזה הכלל גדול בהבדלה שבין קדש לחול בין סטרא דקדושה לסטרא דקליפה דבסטרא דקדושה העיקר הוא שיושפע ממנה לזולתו דרך ירידה מן העצמות ירידה אחר ירידה כו' כי מטבע הטוב להטיב לרוח נמוכה ולהניח ולבטל עצמותו כו' ובסטרא דקליפה הוא להיפך דכל טיבו דעבדין לגרמייהו כו' כמ"ש לעלוק' שתי בנות הב הב כו' שכל עיקרם אינו אלא לקבל לעצמם דוקא ושונאים דבר שחוץ להם וע"כ לא יושפע מהם חסד בבחי' ביטול עצמותם כ"א לגרמייהו כו' וכידוע ולזאת המה מחוסרים כל טוב ומרוחקים מאור פני אלהים חיים כי תועבת ה' המה ועל כן האומר אין לי אלא תורה פי' אין לי לגרמי ולעצמי דוקא להתגדל וכיוצא אפי' תורה אין לו כמ"ש ואבדה חכמת כו' מפני שנפסק ונפרד בזה ממקורא דכולא כו' וד"ל · וזהו חתום תורה בלמודי כמ"ש וכל בניך למודי ה' פי' לימודי הוי"ה שהמה בלימודם ממשיכים הוי"ה להיותם בבחי' ביטול וכח מ"ה שבחכמה כנ"ל וזהו בלימודי בחותם שמלמדים אותו להתמשך בחכמה דאורייתא ע"י הביטול שלהם שמתקרבים לאור א"ס ביותר כידוע · וענין החתימה שיחתום בלימודי היינו שיעשה בחי' הגבלה והבדלה בתורה שבע"פ שלא יקרבו זרים וילמדו שלא לשם שמים וכדומה ויעשו מהחכמה עיקר ויפרידוה מא"ס ח"ו כנ"ל וע"ז צ"ל חותם כמו עד"מ חותם שע"ג היין המשמרו מכל נגיעת פסולת כו' וכמ"כ השמירה הלז שיחתום התורה הוא מבחי'

המקיפין

המקיפים דוקא וכמ"ש ה' צלך כו' וכידוע דכל שומר בהכרח צ"ל גבוה במדריגה מן דבר המשתמר כו' (כמ"ש במ"א) וד"ל · וזהו שבברכת יוצר האדם שכנגד אדם קדמאה שהוא החכמה שנק' אדם דיצירה (כי כמו חומר וצורה כן התגלות החכמה מלמעלה מהחכמה כו') אינו חותם בברוך כי אינו צריך לשמירה עדיין בתורה שבכתב מטעם שכולה רמז והעלם כנ"ל אבל באשר יצר את האדם כו' והתקין לו ממנו בנין ע"י בחי' המל' דהיינו תושבע"פ עלמא דאתגליא דמשם יפרד כו' צ"ל בה החתימה בברוך לשומרה מן החיצונים כנ"ל · וזהו פי' והתקין לו ממנו בנין כו' בהיו' שהיתה המל' אחת מצלעותיו והצלע הוא העצמות שהם מבחי' חבא כי חבא יסד ברתא דוקא ולא אימא שהרי האודם שמן האם ממנו הבשר כו' וד"ל · ופי' והתקין ע"י החותם המשמרת מן החיצונים כנ"ל עד שתהא ממנו פי' לא דבר ויש בפ"ע אלא עצם מעצמי כו' בבחי' הביטול שבחכמה כו' והו גם אחר שנבנה בנין המל' להיות ראש לשועלים בבי"ע לא תפרד לעולם מיחוד אא"ס ב"ה וכמ"ש אני ה' לא שניתי כו' · וזהו עדי עד כמו לעדי עד ימלוך כלו' שבמדת מל' יתגלה ויסכון בחי' אא"ס הנקרא עדי עד כלו' נצח נצחים ולא יפרד היש מן האין אלא כמ"ש וראו כל בשר כו' ובאו במערות צורים מפני פחד ה' כו' שהוא תכלית הביטול כו' · וכל עניני הברכות הללו הם למעלה בבחי' אצי' דהיינו כמו שיהיה לע"ל בימות המשיח וכמו ברכת אשר ברא ששון כו' שאומר מהרה ישמע כו' · ועיקר תיקון הנוקבא בשרשה ומקורה הוא בנעילה דיו"כ כידוע שאז כנס"י בבחי' העלי' בתכלית העילוי ואז נעשה החתימה של המקיפים מבחי' פנימית ע"י כמ"ש במ"א וד"ל · והנה להבין בתוס' ביאור פי' הברכות הללו ומה שפותחת בברוך כו' יש להקדים להבין ענין א' והוא מה שאנו רואים בכללות כנ"י אמונת ה' בהם בבחי' טבעית ולא בדרך לימוד שהרי אפי' הנשים והנערים והקטנים יש להם אמונה חזקה בה' אחד תיכף משיגדלו ויבואו לכלל דעת קצת · ומה שנלאו החכמים בפלסופי האומות להשיג אחדות ה' בשקידת הלימוד ישיגו נערי בנ"י מיד שיגיעו לקצת דעת כו' · ואין לומר שזהו מטעם שמולייהו חזי אע"ג דאיהו לא חזי הרי השגת האחדות בבחי' אא"ס למעלה מעלה ממדריגות המזלות שהוא שרש נפשות בנ"י שאינן אלא מבחי' כלים די"ס בבי"ע כו' · אך הענין הוא דמפני המצות שישראל עושין ממשיכים בנפשם אא"ס ב"ה עד שבניהם הנולדים מהם נטבע בנפשם מהארת אא"ס עד שישיגו ויכירו מיד באא"ס תיכף כשיגדלו כו' · והטעם הוא לפי שבמצות ה' כמו תפילין וציצית וכדומה כמות שהיא המצוה בבחי' אצי' יש בה אא"ס ממש כמו בתפילין דמארי עלמא כו' וכשמניח תפילין גשמיים ואוחז' בראשו ומוחו מתקשרת נפשו בהם ונמשך הארת אא"ס ב"ה ע"י התפילין גם בנפש האדם ומוריש הארה זו לבנו הנולד לו בנפשו בבחי' טבעי' כו' · ומיום עמדם בהר סיני בזמן מ"ת כששמעו יו"ד הדברות וקיימו המצות נתלבש בנשמתם מבחי' אור אין סוף עד שבזמן בית ראשון היו בנ"י במעלה עליונה מאוד ולא היו צריכים לברך ברכה על המצוה מפני שאא"ס נתלבש בהם על ידי מעשה המצוה עצמה וטעם הברכה הוא בשביל התגלות אלקות באומרו ברוך אתה ה' כו' · אבל בזמן בית שני שנפלו ממדריגתם תקנו אנשי כנ"הג הברכות על המצות · ופי' הברכה הוא להעלות בתחל' נפשו' בנ"י באמרו ברוך אתה ה' אלקינו פירוש אלקינו דוקא להיות נשמות בנ"י מובדלים בערך מעלתם ממעלת ומדרגת המלאכים כי הרי אמרו מיכאל באחת גבריאל בשתים כו' ועל שיעור הילוך הנשמה לא נזכר בכמה · והטעם הוא לפי שהנשמות הם בחי' אלקות מחצונית המדרגה ואיננה דבר נפרד לעצמו כ"כ כמלאכים וחצוני' העולמות דכתי' ביא ומשם יפרד והיה לד' ראשים כו' שהן ד' מחנות מחנה מיכאל כו' כידוע · וע"כ אין העולם הזה הגשמי מד' יסודות גשמיים תופס מקום כלל עד שנאמר עליו שיעור הליכה שתצטרך הנשמה אלקי' להלוך בה אפילו בשיעור פריחה אחת וכנראה בחוש אצל הצדיקי' שנשמתם הולכת לג"ע התחתון בעת שינתם בשיעור רגע קטן שאין לה שהיות כלל וכלל שהרי תיכף כשיעורר משינתו תחזור הנשמה לגופו מג"ע בלתי שהייה כלל וכלל והגם שמן קו השוה עד קצה הכדור מהלך רב כו' · אבל במלאכים שהמה רחוקים מבחי' אלקות יותר שהרי יש להם חומר גופני הגם שהוא דק יש לו גבול כמו מהלך ת"ק שנה א"כ מהלך עוה"ז תופס מקום קצת עד שמיכאל באחת כו' ואליהו בארבע כו' וד"ל · וזהו פי' אלקינו שבכנ"י בחי' אלקות בתכלית הקירוב הרבה יותר ממלאכי' עד שהוא נעשה מלך העולם דהיינו משם יפרד כו' אין מלך בלא עם כו' אחר שאומרים שהוא ה' אלקינו של כנ"י ועיקר הטעם הוא לפי שבנשמות ישראל יש בהם בחי' הביטול ביותר וזהו אלקינו ואח"כ מלך העולם כו' והכל ענין א' הוא וד"ל · וזהו שסיים הברכה בלשון אשר דידוע דאשר כתינת טעם הוא כמו דהא כו' והיינו לפי שמבואר למעלה שסיבת קדושת נפשות בנ"י הוא ממעשה המצות שקיימו וקבלו עליהם במעמד הר סיני כו' ופסקה זוהמתן עד שגם הנערי' מיום הולדם מבטן נטבע בנפשם מבחינת אא"ס כו' · וזהו המשך פירוש הברכה ברוך אתה הוי"ה אלקינו מפני שקדשנו במצותיו כו' וצונו לשון התקשרות להיות יכולים לעורר אתערותא דלעילא על ידי אתעדל"ת במעשיהם שזה לא יהיה כ"א ע"י ישראל דוקא ולא ע"י עכו"ם כידוע וד"ל : וזהו פי' הברכות ראשונה פותחת בברוך בלבד והוא יוצר האדם כמארז"ל אתם קרויים אדם ע"י מעשה המצות · ולהיות כי אורייתא מחכ' עילאה נפקת והחכמה נמשכה מלמעלה מן החכ' שהוא אא"ס ב"ה כמו עד"ת

הגורה

התורה שהוא התגלות החומר לבד ולא מעצמו וממשו כי הרי החומר הוא בחי' היולי לצייר כל צורה שירצו והעיקר הוא מהות הדבר וממשו שהוא הנקרא חומר הפשוט והצורה אינה אלא גלוי לבד ולא מעצמית הדבר כלל וכלל · כמ"כ החכמה שנמשכה ע"י צמצומים מא"ס ב"ה שלמעלה מן החכמה בבחי' ציור וגלוי ההעלם העצמי' והוא ראשית הגלוי' וציור הראשון מן ההעלם ולכן נקרא ראשית כמ"ש בראשית ברא ותרגומו בחוכמתא כו' · וזהו יוצר האדם בבחי' צורה מן חומר העלם ואדם הוא אדם קדמאה שהוא החכ' כידוע · וברכה השניה פותחת וחותמת בברוך לפי שעל התגלות הצורה מן החומר הפשוט הנ"ל הי' כבר פתיחה בברוך בברכה ראשונה שכל ברכה לשון המשכ' מן ההעלם לגלוי הוא והפתיחה בברוך הוא הצורה הנגלית כו' · ואמנם להיות צר את הצורה בצורה אחרת וכענין אין צור כאלקינו שהוא צר צורה בתוך צורה כו' צריך פתיחה אחרת בברוך והוא מ"ש אשר יצר את האדם בצלמו כו' פי' את האדם הטפל לגבי צורת אדם קדמאה הנ"ל והיינו כ"ב אתוון דאל"ף עד תי"ו שבתורה שבע"פ שהיא צורה דצור' מפני שתורה שבכתב היא צורה הראשונ' כנ"ל. עד"מ זיווג זכר ונקבה שטיפת הזכר היא הצורה הראשונה בעיקר מהות הולד שהוא הלובן שממנו העצמות והגידים עיקר הבנין ואחר כך נקרם עליו בשר ודם כו' ע"י אודם שמן האשה ודווקא על ידי שהיי' ט' חדשים נגמר בנין הולד בהגדלת ראש וידים ורגלים כו' וזהו בתורה שבעל פה הנגלית לנו איך לעשות ברבוי דברים מפורשים כו' שהיא הצורה המפורשת בהגדלה והרחבה הרבה עד שציור הראשון שבתורה שבכתב כמו רמז והעלם יחשב כנ"ל וד"ל · ולזה הטעם נק' אשתו של אדם הראשון חוה כי היא היתה אם כל חי · וידוע הקושיא בזהר דחיה הל"ל אלא מפני שתרגומו של ויגד וחוי כי פי' לשון גלוי ההעלם בלשון תרגום חוי כמו מחוי לי אחוי ליה הנזכר בגמ' שהוא לשון גלוי· וכמ"כ בתורה שבכתב שכולה רמז והעלם ובתורה שבע"פ נתגלה כל מצפון בפי' וביאור היטב נקרא חוה ע"ש הגילוי כו' · ועד"ז יובן למשכיל למעלה באדם העליון אשר על הכסא כו' במ"ל דאצילות נק' חוה והוא בחי' מילוי דשם הוי' כידוע לפי שבחי' הוי"ה דאדם העליון דאצי' סתום ונעלם הוא בבחי' סוכ"ע כידוע אבל אשתו חוה היא היתה אם כל חי להחיות רוח שפלים דבי"ע מאין ליש בבחינת גלוי ההעלם וכמ"ש בדבר ה' שמים נעשו כו' וכידוע לכך נקרא דוקא חוה ע"ש הגלוי מן ההעלם ולא חיה ביו"ד שהיו"ד מורה על בחי' העצמית מה שאין כן הוא"ו שהוא היורד והנמשך מן היו"ד (וכמו שכתבתי במ"א בארוכה וד"ל) · ובזה יובן הפסוק הנזכר שם בזהר יום ליום יביע אומר ולילה ללילה יחוה דעת דווקא להיות כי בצורה הראשונה בבחי' העצמית עד"מ טפת זכר שהוא הכח והמקור של הולד הנגל' אחר ט' חדשים כו' · וזהו בתורה שבכתב שעדיין הדברים סתומים ונעלמים בבחי' עצמיות החכמה דבחי' אבא כו' נק' בלשון נביעה כמו מעיין הנובע ממקורו שתחת התהום שהגם שנגלה קצת עדיין העלם יחשב כי נביעתו מן ההעלם בבחי' העצמיות עדיין · משא"כ הנהר הנמשך ומתגלה להלא' מרחוק שהוא נראה כמובדל ממקורו כו' · וזהו יום ליום יביע בבחי' יומין עילאין דאדם דאצי' יביע השפע הוא בבחי' העלם העצמות עדיין כלשון נביעות מעיין · אבל לילה ללילה הוא בבחי' מל' דאצי' הנק' חוה ע"ש הגלוי מן ההעלם כנ"ל דמשם יפרד והיה לד' מחנות יחוה דעת ולא יביע כי כבר נבדל שם ונתצמצם הארת אור האצילות כידוע כי הוא בחי' מילוי דשם הוי"ה לבד ולא עצמותו וכתרגום ויגד וחוי שמגלה המצפון וכל גלוי יפרד קצת · אמנם עכ"ז מאחר שאין הגלוי אלא לגלות את העצמות ולא שום דבר אחר זולתו הרי גם כשמגלה אין שם פירוד כ"כ מן העצמו' מאחר שהעצמות הוא מגלה כו' · וזהו שמסיים כאן והתקין לו ממנו בנין כו' פי' בא לומר שאף ע"פ שצייר את האדם בצלמו בבחינת גלוי ההעלם עד שנק' חוה כו' עכ"ז ממנו התקינ' ואיננה דבר נפרד גם בעודנה נותנת טרף לביתה בלילה כו' מפני שלילה ללילה בבי"ע יחוה דעת ופירושו יגלה והגלוי הוא של העצמות שהרי לית לה מגרמה כלום כידוע לזאת הוא אומר והתקין ממנו את צלעותיו ממש כמו קודם הבנין בלתי פירוד כי אבא יסד ברתא וכנ"ל וד"ל ולהיות כי מדת לילה הוא מגיד ומגלה את מדת יום צריך לזה פתיח' אחרת בברוך לברך את הגלוי ממקורא דכלא כו' · וענין החתימה הוא בברכה זו דוקא להיות כי מבואר למעלה ההפרש שבין נשמות למלאכים שבנשמות יש בחי' ביטול יותר ולכך אומר אלהינו כו' והוא על ידי תורה ומצות כנ"ל ולכך חותמים בה לומר עד פה תבא ולא יותר כלומר עד כאן הארת האצילות בבחינ' גלוי משא"כ משם ואילך יפרד והיה לד' ראשים וכידוע דהנשמות לפנים מן החותם הנקרא גושפנקא כו' והמלאכים מאחורי החותם ולכך אמר הנביא ואשמע אחרי קול רעש כו' (וכמו שכתבתי במ"א וד"ל וזהו שבגמר בנין הנ"ל בתורה שבעל פה נחתם בברוך כו' אבל בתורה שבכתב אינו צריך לחותם עדיין כנ"ל וד"ל) :

כי הנה יוצר הרים ובורא רוח ומגיד לאדם מה שיחו ·

כתיב ושאון לאומים כשאון מים כבירים ישאון כו' פי' עד"מ הוא אומר כמו גלי הים שע"י הרוח הוא שמתרוממים בגובה ולא מצד עצמם שהרי כרגע חוזרין ונופלין מגובהם על ידי הרוח המשקיטם ומניחם כו' כמ"כ צליחת העכו"ם והתנשאותם הוא ע"י רוח העליון רוח ממרום הנק' רוח סערה וזהו כשאון מים כבירים כו' אמנם כמעט רגע חוזרי' ונופלים מהתנשאותם וגובהם וכמ"ש והרשעים

והרשעים כים נגרש כו' שהעיקר תלוי ברוח העליון שיכול להשקיט הים מזעפו ויקם סערה לדממה כו' וכמ"ש רוח ה' תניתנו כו' וד"ל · והנה התהוות הרוח הוא מן ההרים כמ"ש יוצר הרים ובורא רוח כי ע"י ריבוי ההרים ובקעות יתהוו ביותר הרוחות כמבואר בספרי הטבע והטעם הוא לפי שהכל היה מן העפר כו' פירוש כל חלקי דא"ם כלולים היו תחלה במדריגה התחתונה שהיא העפר חלק הדומם וכמ"ש ואיד יעלה מן הארץ דייקא והאידים כלולים מים ועפר ורוח ואש כידוע אלא שחלק המים יותר בו כו' וההר הוא בחי' יסוד הרוח שבארץ להיותו עולה בגובה כמ"ש במ"א על ענין לא כאברהם שקראו הר כו' לכך הרוחות מן ההרים כו' וד"ל · וע"ד כל זה יובן למעלה בהיות ידוע דבדבר ה' שמים נעשו וברוח פיו כל צבאם דהיינו מבחי' הרוח וההבל דז' הבלי' עילאין דבחי' מל' דאצילות כמ"ש הבל הבלים אמר קהלת כו' · וכמו שטבע ההבל שיוצא מן הפה שחוזר למקורו כמ"כ למעלה אותן הז' הבלים דמ"ל דאצי' שנשפלים למטה להחיות רוח שפלים דבי"ע מאין ליש כידוע מצד טבעם היו חוזרים למקורם בבחי' האצי' עצמו והיו כל העולמות מתבטלי' ממציאותם כו' · אך הנה רזא אייתי רוח ואמשיך רוח פי' ע"י אתערותא דלתתא ברוח בנ"א ונשמות ומלאכים העולים למעלה בבחי' העלאת מ"ן כידוע אמשיך רוח מלעילא מבחי' הרוח וההבל העליון דאצילות שיחזור וירד להחיות רוח שפלים מאין ליש וד"ל · והנה השרש של אותו הרוח העליון דאצי' הוא מן ההרי' דאצי' דוקא מחלק הדומם כנ"ל במשל אלא שהוא בא מחמת הסתלקות הרוח מן הנבראים שבבחי' ארץ העליונה מ"ל דאצי' וד"ל · והנה כתיב יוצר הרים שההרים העליונים דאצילות ג"כ נוצרו מן ההעלם לגילוי בבחינ' אצי' כמשל צורה וחומר שהחומר הוא ההיולי והמקור האמתי ומה שיציירו אותו אינו אלא בחינת הגילוי כמו כלי הכסף כו' כידוע וכמ"כ הרים העליונים דאצילות הנק' מדות כידוע נאצלו בבחינת צורה וגילוי מהעלם ועצמות המדות כמו שהן למעלה מן השכל והדעת והן הנק' בזוהר טורא חשוכא ע"ש ההעלם כי המה גדולים וגבוהים עד אין קץ לגובהם כמו שלא יראה קץ לגובה ההר בחשך כו' וכמ"כ האהבה שלמעלה מן הטעם לא תכלה לעולם ואין לה קץ לעילוי אחר עילוי כמ"ש במ"א · וזהו ענין שמח תשמח ריעים האהובים כשמחך יצירך בג"ע מקדם פירוש בהיות שעיקר ההתעוררות הרוחות בהרים דאצילו' הוא מן טורי חשוכא הנ"ל שלמעלה מן החכמה כו' לכך הוא אומר שישמחו ריעים האהובים שהן חכמה ובינה דאצילות תרין ריעין כו' כשמחך יצירך בג"ע מקדם לחכמה והוא בחי' טורי חשוכא הנ"ל ששם השמחה בהעלם העצמות למעלה מן השכל כו' וד"ל · וזהו כי הנה יוצר הרים הוא יוצר האדם בחי' אדם דיצירה דהיינו בחינת הרים העליונים הנ"ל

ובורא רוח אדם דבריאה והוא מבחינ' טורי חשוכא הנ"ל שמשם מקור מוצא התעוררות כנ"ל ומגיד לאדם מ"ה שיחו בחינת מ"ה דחכמה הוא מגיד וממשיך לאדם דיצירה הנ"ל והוא תורה שבכתב ושבעל פה שהן בחינת המוחין הפנימיות לי' מהמדות הנקראים שיחה וכמ"ש במדרש על פסוק אדם לעמל יולד איני יודע אם לעמל שיחה או לעמל תורה כו' וכמ"ש ביאורו במ"א וד"ל · ואמנם יש יתרון מעלה בתורה שבע"פ מבתור' שבכתב להיות שבה מתגלה בחי' רצון העליון כי בתורה שבכתב אין יודעים איך לעשות תפילין וציצית וע"י תורה שבעל פה עושין רצונו ית' כמו שהוא ממש בלי תוספת ומגרעת כידוע וידוע דהרצון העליון גם כן נתלבש מבעל הרצון כמ"ש פותח את ידך ומשביע לכל חי רצון פי' כל חי הוא צדיק חי עלמין סופא דכל דרגין ונשפע לו הרצון בהשפעה מבעל הרצון כי הוא ית' אחד פשוט למעלה מן הרצון והחכמה ולכך אמר יהי רצון כו' וכמ"ש עושי רצונו שעושים לו רצון על ידי מצותים כו' · וא"כ יש להבין מאחר שע"י תשבע"פ נמשך הרצון מבעל הרצון באמרו זה כשר זה טהור וכיוצא מוכרח שיהיה בה הארה מבעל הרצון משא"כ בתורה שבכתב שאין שם גילוי רצון אלא חכמה לבד ברמזים ותגין כו' ואיך יהיה מדרגת תורה שבעל פה גבוה מן המשפיע שלה ברמזים ותגין דתורה שבכתב כו' · אך הענין הוא דגם בזכר ונקבה אנו רואי' כמו כן שכשהאשה מזרעת תחלה יולדת זכר וכשהאיש מזריע תחלה יולדת נקבה והיה ראוי להיות בהיפוך שלפי מעלת ומדרגת האיש שיוליד זכר בדוגמתו כו' · אבל הענין דמשל הוא לשפופרת סתומה מצד א' הנכנס בה ראשון כשיוצאים יוצא הראשון אחרון כידוע כמ"כ איש מזריע תחלה והאשה אחריו כשמתגלה לצאת השפעתם בצורה בבטן מתהפכים והנכנס ראשון יוצא אחרון כו' לכך יולדת צורת נקבה שזורעה מקדים לצאת והאשה מזרעת תחלה זרע האיש מקדים להצטייר כו' וד"ל · ולכך תלה הכתוב נקבות בזכרים מאחר שהיה הזרעתן תחלה נצטייר זרעו ממש והיה לנקבה כו' ואם האשה מזרעת תחלה נצטייר זרעה בצורת זכר כו' ונמצא הנקב' עיקרה מן הזכר והזכר עיקרו מן הנקבה ובצורתם הוא שנשתנו כו' וד"ל · ועפ"י משלים אלו יובן שתורה שבעל פה עקרה מבעל הרצון בחינת דכר ותורה שבכתב עיקרה מבחי' נוקבא כו' דידוע דאבא יסד ברתא דוקא וזהו מסיים משמח חתן עם הכלה שהעיקר הוא שמחת הכלה שבשרשם הוא בהיפוך שהכלה הנקבה למעלה ממהות שפע הזכר כו' וד"ל · וזהו אשת חיל עטרת בעלה פירוש עטרת היא בשרשה לבעלה שהדכר דעכשיו נוקבא היה בשרש כנ"ל וד"ל · ולכך אין נותנין לאדם פרנסה אלא בשביל אשתו דייקא וכמ"ש במ"א לפי שעיקר הברכ' בנוקבא הוא לפי שתלה הכתוב נקבות בזכרים

וכנ"ל

וככ"ל וד"ל· וזה ולאברס הטיב בעבורה ככ"ל · ולכך ברכת אשר יצר את האדם בצלמו כו' שהוא בנין העוק' ככ"ל פותח בברוך וחותם בברוך ולא ברכה הראשונה לפי שמהותה נבנית ממהות הדכר אף על פי שאיננה בצלמו ממש כו' וזהו והתקין לו ממנו בנין כו' ממנו דווקא וכמ"ש למעלה דהעצמות מן האב כו' והרי היא היתה אחת מן צלעותיו דוקא כו' · וביאור הדבר ידוע ממה שאנו רואים דעיקר צירופי הדיבור מן המשכיל דאבא יסד ברתא הפי' יסד מהותו וכמ"ש ה' בחכמה יסד ארץ והיסוד הוא החומר והמהות כו' וד"ל :

להבין שרשי הדברים הנ"ל · הנה להבין שרש ענין הנ"ל אשר יצר את האדם בצלמו כו' הטעם דפותחת וחותמת בברוך כו' יש להקדים הקדמה אחת הידוע והוא בענין הצמצום שבו יתורץ קושיות הפלסופים איך יהיה באור א"ס השינוי וההתפעלות דהיינו מה שיתפעל ברחמים או בכעס או שישמח בשמחה שתוארים הללו לא יתכנו לאור א"ס שהוא פשוט בתכלית ולא יקבל שינוי והתפעלות כלל כ"א באדם בע"ג הוא יתפעל מן המשתחוה בערכו וירחם עליו וגם ישתנה במדות פעמים בחסד פעמים בדין כו' · ונמצא קושיא זו בב' דברים · הא' שבאדם שיש זולתו דבר מה שיתפעל ממנו יתכן ההתפעלות והשינוי כו' אבל באור א"ס שאין דבר חוץ ממנו מתי יתפעל בשמחה או בכעס מאחר שהכל הוא ממנו כו' · והב' על עצם ההתפעלות של שמחה או כעס לא יתכן כי לא אדם הוא להנחם בשינוים כו' · ולתרץ כל זה ע"י ענין הצמצום הידוע יש להקדים ענין א' הידוע בהפרש שבין אצי' לבריאה דהנה פי' לשון אצי' כמו ויאצל מן הרוח כו' שהוא לשון אור וזיו לבד וע"ד דוגמא כאשר מחסדים וגבורות דאצילות נתהוו מאין להיות מציאות חסד דבריאה ליש ודבר ממש במחנה מיכאל ומציאות גבורות דבריאה במחנה גבריאל הנה החסד דבריאה חסד ממש הוא והגבורות דין ממש אבל שרשם ומקורם בחו"ג דאצילות אין שם כלל ממהות חסד גשמי כחסד דבריאה ולא שמץ מיני' · ואמנם עכ"ז מאחר שחסד דאצי' מקור הוא לסיבת מציאת חסד דבריאה הרי הוא בחי' הדקות והרוחניות של חסד דבריאה עד"מ הכעס בגילוי בחרון אף גשמי הוא והדין והעונש יוצא ממנו ושרשו במוח ושכל דק הוא בתכלית הדקות והרוחניות דהיינו רק שלא יוכל לסבול אותו הדבר במוחו אבל אינם מציאת כעס כלל· ועד"ז יובן במ"ש לשון חרון אף באלקות דכתיב וחרה אף ה' כו' שהוא שרש הדין והעונש ממש היינו בעול' הבריאה ע"י מחנה גבריאל שמקבלים מגבורות דאצי' אבל בגבורות דאצילות אין שם לא מני' ולא דוגמתו כלל אלא בתכלית הדקות מאחר שהוא בבחי' אצי' בבחי' אלקות דאין רע יורד מלמעלה כו' ·ועד"ז יובן במדת החסד דאצילות שחסד דבריאה נמשך ממנו · ואמנם מאחר שהמה מקוריים לחו"ג דבריאה כבר אור א"ס מצומצם מאד בהם והן נקראים בחינת כלים דחו"ג דאצי' ולא חו"ג עצמן· והנה אור אין סוף שמתצמצם כ"כ להיות מקור לאציאות חו"ג דבריאה הוא על דרך דוגמת התפעלות החו"ג באדם התחתון ככ"ל · כמ"כ מה שיוצא מאור א"ס בחי' התפעלות הכעס כמו ויחר אף ה' הוא בא ע"י צמצום גדול שיתהוו בחי' מקור הדין כו' אבל מצד עצמו' אור א"ס אין בו תואר התפעלות כלל מאחר שהוא פשוט בתכלי' כו' והרי האצילו' ג"כ אור מצומצם ממנו להיותו יוצא בכמה אופנים בציור אדם חו"ג כמו שמתצמצם שיהיה מקו' לבריאה כו' · ועל דרך זה יובן שמן המאציל לנאצל הפרש גדול יש כמו שיש הפרש בין אצילות לבריאה ויותר אין ערוך בין המאציל לנאצל שאינו אלא גילוי אור של תולדה בלבד כמו ויאצל מן הרוח ולא ממהות המאציל כלל משא"כ מאצילו' לבריאה שנמשך להיות חסד מוגבל עכ"ז ממהות חסד דאצי' הוא יורד כו' · ועד"ז בכל המדות והתוארים שנזכרו באצי' כמו ישמח ה' במעשיו פי' שהוי' דאצי' נאצלה מן המאציל בבחי' התפעלות השמחה ע"י צמצום גדול ולא שישמח מצד שהוא בגדר התפעלות השמחה כו'· וזהו אשר ברא ששון ושמחה כו' שהשמחה בריאה היא יש מאין וכמ"כ מאציל את השמחה כו' ומעתה סרה תלונת הפילסופי' הנ"ל וד"ל · והנה אחר שנתבאר שהשמחה נאצלה ע"י צמצום (החסד שנסתעף מחמתו ג"כ ע"י צמצומים הוא כי השמחה בעצמה למעלה הימנה שהרי כאשר ישמח באיזה שכל לא יוכל לצמצם עצמו להשפיע חסדים כו') יובן איך שבזמן בהמ"ק היה תלוי עיקר סיבת פרנסתם הגשמי במעשיהם במצות כמ"ש בפ' והי' א"ש ונתתי מטר כו' פן יפתה וחרה אף ה' כו' שהיו מעוררים למעלה שיתצמצם בבחי' התפעלות השמחה ישמח ה' במעשיו ונסתעף ממנו החסד דאצילות מאצילו' לבריאה ויצירה עד עוה"ז השפל בפרנסה גשמיית ובהיפוך וחרה אף ה' שעל ידי העוונות יגרמו התעוררות מקור הדין ועצר את השמים כו' · ואמנם הן הן גבורותיו ית' שיוכלו ע"י המצות לעורר המאציל שיאציל בחינו' התפעלות שמחה וחסד כו' ועל ידי העוונות יעוררו בהיפוך מאחר שבאמת אין ערוך כלל בין המאציל לנאצלים לפי שאור א"ס ב"ה הוא פשוט בתכלית ולא מורכב בשום הרכבה כו' עד שהמצות יעשו לו נ"ר והעבירות הפכו כי אין בו תואר מתוארי האדם ככ"ל · אך ע"י גבורות וצמצומים ירד להיות לו נחת רוח ותענוג במעשה המצות · ועד"מ יובן שאנו רואים שהעונג גם באדם תלוי ברצון שאם אינו חפץ במאכל לא יקבל ממנו שום עונג כלל ואם יחפוץ בו יתענג בו כו' והוא ע"י הדעת המתפשט ברצון לחלק הרצון לחו"ג כו' ועד"ז ג"כ למעלה שנתצמצם הרצון העליון הפשוט בתכלית להיות חפץ בעונג ושמחה ואז

ישמח

ישמח ה' כו' · ואם לא היה חפץ בשמחה ועונג זה הי' השמחה דאצילות חוזרת למקורה וא"כ ע"י מצות וגבורות ירדה שמחה זו של מעשה המצות וכן בהיפוך מורת רוח מהעבירות עד שיחרה אפו וכו' וד"ל · והנה ידוע דהשמחה באה מן העונג בבחי' גלוי מן ההעלם שבעצמות המאציל דהיינו שיש בחי' עצמות התענוג שהוא בהעלם ולא יקרא בשם עונג כלל אלא הוא כח ומקור להמצא ממנו מציאות התענוגים שיתענג מאיזה דבר' וכאשר עצמות השעשועים הלז מתגלה לפעמים כמו בראותו בנו יחידו שמתרחק אז גלויו יקרא בשם תענוג כו' כי מאחר שמהות כח זה הוא כח ומקור כל שעשועים ותענוגים הנגלים ע"כ כאשר הכח זה מתגלה בעולם הנאצלים יקרא גילוי זה בשם עתיק שהוא הכולל כל מיני עונג הנגלים בנאצלים בחכמה וחסד וכדומה אבל מהות ועצמות השעשועים נק' עתיקא דעתיקין כו' ונק' ג"כ שעשועי המלך בעצמותו כו' · ועליו נאמר אם צדקת מה תתן לו כו' כי אין מעשה המצות גורמים לו נחת רוח ולא יקבל צער מהעונות כו' ומשם נתצמצם להיות העונג והשמחה בהוי"ה כנ"ל · ולצמצום זה יכול להיות בכמה אופנים שונים וע"ז הוא ענין החותם הנ"ל שחותם הכתב ידוע שהוא ההגבלה והצמצום עד פה תבא כו' וכל שעדיין לא חתמו יכולים להשתנות הדרכים כו' · וכמ"כ יובן ע"ד משל שיכול להתמשך השעשועים מעצמות השעשועים הנ"ל בלי גבול ותכלית כמו שיתענג האדם מאיזה מאכל אם יחפוץ יתענג בו יותר מדאי עד שיאכל גם הפסולת והרע שבו ויקבל ממנו עונג ג"כ לפי שנמשך ממקור העונג תום' שפע העונג שיוכל להתפשט גם בדבר שאיננו עונג מצד גילוי העונג כו' · ולזאת צריך חותם לחותם בתחום וגבול דהיינו שיהיה שפע העונג נמשך מן עצמות השעשועים לדבר פרטי דוקא ולא זולתו כלל ואדרבה ישנאנו ויתאסנו כו' · וזהו ע"י הגבלה וצמצום מבעל השעשועים כמו שאומר לאדם עד פה תבא ולא יותר כו' והיינו ענין מעשה המצות שיקבל עונג ונח"ר מהם כשיעשו באופן פרטי דוקא כמו ח' חוטין בציצית וכדומה ולא באופן אחר · ומן העבירות יקבל צער ורוגז כי ישנאם בתכלית כמ"ש תועבת ה' כל עושה אלה וכדומה גם הם באופן פרטי דוקא ולמה לא באופנים אחרים יקבל הנחת והצער וגם כל עיקר ענין הזה שיוכל להיות הסתלקות העונג העליון מדבר עבירה כו' כל זה מסיבת החתימה שיחתום בעל השעשועים שישתעשע ויקבל עונג ממעשה כזו דוקא ויתעצב ויצטער מעבירה כזו דוקא כו' · וזה הגבול על כל המצות הוא כמו שאנו אומרים מקדש השבת כלומר מבעל השעשועים נתקדש השבת בלבד ולא זולתו דהיינו שלא יקבל עונג כ"א בשבת כי בו שבת וינפש ולא מיום אחר זולתו וכיוצא בזה בכל המצות ובעבירות דשס"ה ל"ת ג"כ הוגבל בהם באופנים פרטים שיהיו מנגדים להעונג העליון כו' וד"ל · ועד"ז למעלה בהשתלשלות אבי"ע הנה בחי' ע"י שרש כל ההשתלשלות הוא בחי' גילוי עצמות השעשועים הנק' עתיק דעתיקין כנ"ל ונחתם ונגבל בו העונג עד שיבדל ויפרש הפסולת מבלתי הגלות נגלות אור א"ס בקליפות וחיצוני' רק מבחי' לפרני' ושערות כו' משום שנא' ואת עשו שנאתי שירדה שנאה מבעל השעשועים שלא יקבל עונג מהם כו' ומתילא יורחקו מאור פנימי' האצילו' וכמ"ש בע"ח דתרין צפרין כו' אבל בי"ס דקדושה יתגלה א"ס בתום' רב מפני שעונג העליון נמשך אליהם בהיותם בבחי' הביטול כו' וכל זה הוא ע"י החותם שחותם בברוך מבחי' מקיפים דע"י וד"ל :

ועניין הפתיחה בברוך הוא שיוכל המאציל לצמצם עצמו כ"כ שיהיה נאצל ממנו העונג בבחי' גלוי מן ההעלם כנ"ל וזהו הפתיחה שיפתח מן ההעלם לגלוי אבל החתימה הוא במל' דוקא כמשי"ת מפני שסבר יצא לגילוי כל דבר ויש שם פסולת הרבה וכדי שלא יומשך העונג בדבר זר צריך שימשך התענוג באופן פרטי דווקא ולשנוא את הפכו כנ"ל וזהו ע"י החתימה שחותם בברוך וד"ל · ובזה יובן מה שאנו אומרים לפני תקיעת שופר יבחר לנו את נחלתנו כו' כי הנה בר"ה וי"כ הוא עלי' המל' בא"ס כמ"ש עלה אלהים בתרועה כו' וכאשר הוא עולה בעילוי אחר עילוי עד רום המעלות בבחי' פנימי' הכתר אז גם החיצוני' עולים אחריה בבחי' אחוריים לינק ולקבל מתנה כמ"ש כל העמים תקעו כף כו' נדיבי עמים נאספו וכו' · ולהיות כי בחי' פנימיות הכתר הוא ענין הארת שעשועים העצמיים הנ"ל שמפני רוממותו בעצמות התענוג יוכל להתמשך עונג למי שאינו ראוי כמו למי שראוי מפני שכלא חשוב כל העונג המצומצם הנמשך מבעל השעשועים לגבי עצמות התענוג וכנ"ל וע"כ יכולים גם העמים לקבל מעונג העליון שפע רב וכענין שממית בידים תתפש כו' שאין השממית תופסת מקום כלל בהיכלי המלך עד שישים לב אליה אם תקבל יניקת מזון בהלוכה בהיכלי כו' וד"ל · ולזאת אנו אומרים יבחר לנו את נחלתנו פי' שיאיר א"ס ב"ה מבחי' עצמות התענוג בבחי' חותם ותחום הנ"ל שהוא להבדיל בין הקדש ובין החול בין ישראל לעמים וכמו בענין מקדש השבת הנ"ל דהיינו שיבא המשכה והארה נוספת בבחי' הבדלה וגבול כלומר הבחירה והברירה שיבחור ויברור להיות העונג בדבר פלוני באותו האופן דווקא והיינו בישראל דווקא ולא יהיה העונג בדבר זר זולתו וזהו יבחר לנו כו' ע"י בחי' החותם בנעילה בי"כ שנבררו ישראל לבדם בגבורות דבחי' גבורות דע"י מקור כל הגבורות הנק' קו המדה כמ"ש במ"א וד"ל · ואמנם הטעם שהחתימה הוא במל' דווקא יובן עד"מ השפעה גשמיות דוכר ונקבה שטפת לובן של הזכר כולה צח וברור ואין הולד נוצר אלא מן הברור שבטפה כו' · אמנם בורע האודם של הנקבה לא כן שצריכה בירור ע"י המ"ד

המבררה

המבררה דהייט שיבורר התמלית ויהיה בפ"ע והפסולת יובדלו בפ"ע ע"ד המתבן גבינה כו' וכמ"ש בת"א ומן התמלית יהיה הבשר וכדומה ומן הפסולת יהיו השערות והצפרנים כו' כי גם העצמות שמן האב יבדל להיות הפסולת בפ"ע והן הצפרנים כו' · וענין ציור הבדלה זו הכל ע"י חותם שמצייר איכות ההבדלה ואין זה אלא כשבאה השפע להצטייר במעי הנקבה דווקא אבל בעוד השפע בטיפת דכורא א"צ בירור כי כולו נח ומבורר כו' וד"ל · ועד"ז יובן הנמשל למעלה בבחי' עלמא דאתגליא שהוא כמו בחי' הציור של הולד כו' מצטרך לחותם המבדיל בין פנימי' דקדושה לחיצונית דאלקים אחרים שנאחזי' בצפרניים ושערות כו' משא"כ בעלמא דדכורא א"צ לחותם כי אין שם אחיזה כלל לחיצונים וכידוע שיש בחי' מעקה המבדיל בלתי יפול למטה שום שפע אלקי' כו' והוא מבחי' עור החשמ"ל כו' וד"ל · ויובן יותר מענין דואג ואחיתופל שהיו חכמים מופלגים ולא מסקו שמעתתא אליבא דהלכתא משא"כ בדוד דהוה מסיק שמעתתא אליבא דהלכתא ולכך נאמר עליו וה' עמו כו' ואין זה אלא מפני שאור א"ס לא האיר בחכמת דואג כו' ולכך לא כיוון להלכה ולנקודת האמת ואע"פ שהתחכם בעומק החכמה יצא לדרך עקלתון ונטה מנקודת האמת שבחכמה מפני שלא היה ה' עמו שהוא קו וחוט אור א"ס שמאיר בחכמה אבל דוד שהי' ה' עמו כיון להלכה מפני אור א"ס שבחכמה כי מאחר שהחכמה בריאה יש מאין גם באצילות החכמה מאור א"ס ג"כ היא יש מאין והנטייה שבה אל האמת או אל השקר או השטות כו' תלוי רק בקו וחוט המאציל או הבורא' כו' והוא מפני החותם שיש ביד המאציל שע"כ יאיר האין דא"ס ולא יותר כו' וכוון מתילא אל האמת וזהו המעקה שמסתיים בה קו חוט אור א"ס כידוע ודואג שהיה חכמתו מאחורי הפרגוד והמעקה לא היה ה' עמו לכך לא כיוון להלכה כו' וד"ל :

להבין שרש ענין יוצר הרים ובורא רוח כו' · הנה סיבת התהוות הרוח מן ההרים הוא כאשר יהיו עמקים ובקעות בין ההרים דווקא ולא מהרים לבדם ועיקר הרוח בא מכדור הארץ לפי שבבחי' הבל ורוח נברא הארץ וכל הבל חוזר למקורו כו' וידוע דהבל כלול מג' דברים אש ומים ורוח וע"כ לא ימצא הרוח כ"א באמצעות שני הדברים הר ובקעה שהוא בחי' חסדים וגבורות עלייה וירידה · ועד"ז יובן למעלה דכתיב יוצר הרים פי' הרים העליונים דאצילות הם בחי' חו"ג דאצילות אשר הרוח דבחי' אצילות יבא מאמצעות שניהם וכאשר יערה רוח ממרום על גלי הים בחי' מ"ל דאצי' כו' היינו כשאין העלאת מ"ן מהבל הארץ אבל כשיש העלאת מ"ן מהבל שבארץ כמ"ש ואד יעלה מן הארץ שהוא ההבל הכלול ממים ואש ורוח כו' אותו ההבל חוזר למקורו ואייתי רוח ואמשיך רוח מלמעלה למטה כו' וד"ל · והנה מה שאמר יוצר הרים שהרים העליונים נוצרו בבחי' יצירה היינו שנוצרו מן ההעלם לגלוי בהיות כי כל הי"ם הגלויות מן המאציל ישנם כולם בהעלם עצמות המאציל בכל פרטי אופני התחלקותם ונק' י"ם הגנוזות בעצמות וכידוע בפרד"ס שנק' צחצחות בלשון הגאונים והוא י"ם שבעצמות הא"ס כו' וע"פ כתבי האר"י ז"ל המה הי"ם הגנוזות בבחי' א"ק הנק' אדם דבריאה וכל הנאצלים מתנו מן ההעלם לגלוי נק' אדם דיצירה כמו הצורה להחומר שהחומר הוא ההיולי כו' וע"כ נק' המדות חו"ג שבעצמות הא"ס או בבחי' א"ק בשם טורי חשוכא בזהר ע"ש ההעלם הגנוז ונסתר בעצמות כמו ישת חשך סתרו וכמו גילוי הדבור לגבי מחשבה הסתומה כו' · ומאחר שבחו"ג דאדם דאצי' הנק' אדם דיצירה יש בהן עלייה וירידה הר ובקעה כו' מוכרח לומר שגם בשרש שרשם בהעלם העצמות בטורא חשוכא יש בהן בחי' עלייה וירידה כו' והוא בחי' מטי ולא מטי הנז' בזהר וע"ח · וביאור הדברים ידוע בהיות כי א"א לכל שפע השפעה שלא תהיה כלולה מחו"ג עלייה וירידה כו' דהייט עד"מ כשהרב ישפיע לתלמידו מוכרח בתחלה לצמצם שכלו ולהעלותה בעצמותו כאילו אינו חפץ לירד ולהתמשך למטה והוא היפוך רצון המקבל ואח"כ מה שישפיע לו ברצון יתקבל במדה כראוי לו וא"כ עליה זו לצורך ירידה שאח"כ היא דאל"כ היתה שפעו בהתגבורת מבלתי יוכל המקבל לקבל אותה · ועד"ז כל שפע מוכרח המשפיע לצמצם בתחלה וא"כ הרי יש כאן במשפיע ב' רצונות הפכיים עד שישפיע כי בתחלת עלות ברצונו להשפיע תיכף יחזור בו ואחר החזרה יחפוץ להשפיע כו' וה"ז כדוגמת שלהבת הנאחזת בפתילה והיא מסכסכת בה שהיא עולה ויורדת בכל פעם והיינו משל להבין ענין מטי ולא מטי פי' שמגעת חפץ המאציל למקבל וחוזר ומסתלק ונשאר רק רשימו ממנו וחוזר ויורד למטה כו' וע"י ירידות ועליות הללו כבר נצמצמה השפע ויוכל המקבל לקבל אותה כנ"ל וד"ל · ובזה יובן איך שהרים דאצי' שהן חו"ג ממש שנוצרו בבחי' גילוי היו תחלה בהעלם העצמות של המאציל אך החו"ג שבעצמות הנק' הרי חושך אינם חו"ג ממש אלא רק כמשל הנ"ל שהרי ידוע שכתר עליון הוא הרצון שלמעלה מן השכל וחו"ג שבו בחי' מטי ולא מטי הייט שלא יחפוץ ואח"כ יחפוץ שכל זה עדיין הוא בבחי' העצמות אמנם מסיבת זה יהי' גם בגלוי השפע בנאצלים חו"ג ממש כו' וד"ל · וזהו שמח תשמח רעים האהובים כו' פי' ריעים האהובים הם בחי' חו"ב דאצי' תרין רעין כידוע והם נאצלו מב' מזלות דא"א ונוצר ונקה החכמה בקו הימין והבינה בקו השמאל כידוע דחא"ן מימין כו' ושרש המזלות דא"א עוד למעלה בהעלם העצמות נקרא טורי חשוכא שיש שם חו"ג בהעלם ומהם שרש התהוות חו"ג דהו"ב חכמה מימין כו' ·

והנה

והנה גם בהעלם העלמות הגנוזות שם י"ס בהעלם כנ"ל יש שם בחי' דכר ונוקבא שהם בחי' ח"ה וב"ן דע"י כמ"ש בע"ח והחכמה דאצי' שרשה מבחי' מלכות דאין סוף או דא"ק כו' והבינה דאצי' שרשה מבחי' יסוד דא"ק ואע"פ שבגילוי האצי' החכמה גבוה מן הבינה שהרי הבינה מקבלת השפע מן החכמה ונק' אימא עילאה כו' הטעם הוא כנ"ל במשל השופרות הנכנס ראשון יוצא אחרון כו' ולזה הטעם איש מוריע תחלה יולדת נקבה כי מאחר דהנקבה יצאה אחרון במדרגה מוכרח שתהיה ראשית כו' · וביאור הדברים הוא מטעם דיסוד דדוכרא ארוך מיסוד דנוקבא פי' שסיום כלות השפע מיסוד דדוכרא נמשכת ונטפלת באריכות גדול לירד מטה מטה מפני שמדרגת הזכר נעלה בעצמותו עד שגם השפעתו תרד ותגיע למטה עד אין תכלית וכו' משא"כ יסוד דנוקבא בהיותה מבחי' מקבל למטה במדרגה יסודה קצר בהשפעתה עד שלא יומשך ממנה מדרגות נמוכות כ"כ כמו שיומשכו מיסוד דדוכרא וכו' · ועיקר הטעם להיות כי מטבע הזכר להשפיע למטה הימנו בדרך ירידה ממנו כו' ומפני זה יסודו ארוך לירד ולהתמשך שפע עד תחתית התדריגות ולכך איש מוריע תחלה יולדת נקבה האחרון במדרגה כו' ואשה מזרעת תחלה יולדת זכר להיותה בבחי' גבורות והסתלקות היפוך הירידה כו' ע"כ יסודה קצר מלירד מטה מטה כ"כ ולא תוכל להמשיך נקבה כ"א זכר הנעלה במדרגה וד"ל · ולזה הטעם נמשכה חשבע"פ הנקרא בינה מבחי' יסוד דא"ק ותשב"כ הנק' חכמה נמשכה מבחי' מ"ל דא"ק כנ"ל לפי שאיש מוריע תחלה שהוא בחי' יסוד דא"ק יולדת נקבה דהיינו תשבע"פ כו' וזהו שיגלה בה הרצון דווקא ולא בתשב"כ שאינה אלא דמיס כו' כי הרצון שרשו בבחינ' פנימית דא"ק כו' מבחי' מ"ל דא"ק נמשכה חכמה שבתשב"כ דאשה מזרעת תחלה כו' וד"ל · ובזה יובן פי' שמח תשמר כפל הלשון כי בשמחת חתן וכלה הרי שמחת החתן גבוה במדרגה משמחת הכלה וכהקדמתו לומר משמח חתן ואח"כ כלה כו' מפני שהחתן הוא משפיע והכלה היא בחי' מקבל ואמנם בברכת אשר ברא ששון כו' מסיים משמח חתן עם הכלה דשמחת הכלה היא העיקר עד שמחתה ישמח החתן כו' · והטעם הוא דהגם שלפי סדר השתלשלות בקוויי חח"ן מימין כו' הרי הכלה דשמאל מקבל מן החתן שבימי כו' וכידוע דזו"נ נק' חתן וכלה וכן או"א כו' אבל במקור שרש התהוותם בהעלם העלמות נהפוך הוא שהשרש של הכלה גבוה משרש של החתן וכנ"ל ששרש החתן הזכר אשה מזרעת תחלה והוא בחינת מ"ל דא"ק ושרש הכלה איש מוריע תחלה כו' והוא בחי' יסוד דא"ק וכו' וע"כ עיקר השמחה של החתן מן שמחת הכלה הוא וזהו עם הכלה וד"ל · וזהו שמח תשמח שמח בחכמה ותשמח היא בבינה ושרש השמחה של שניהם כמו שהוא במקורם בעלמות המאציל היינו מה שמפרש אח"כ כשמחך יצירך בג"ע מקדם פי' מקדם בבחי' א"ק שהיו בהעלם חו"ג דעורי חשוכא הנ"ל להוציא שמחת ריעים האהובים הנ"ל בגילוי · וזה כשמחך יצירך בהעלם העלמות ע"ד מטי ולא מטי כדי שיוכלו להיות חו"ב בבחינת חו"ג בב' מיני שמחות כו' ובברכה זו מדבר כמו שנולדו מן ההעלם לגילוי לכך מקדים שמחת החתן לכלה בחתימת' אבל בברכת אשר ברא מדבר כמו שהיה קודם היצירה ששמחת הכלה עיקר לכך מסיים בחתימתה עם הכלה כו' כמו שפתיחתה היא בענין בריאת השמחה דאצילות מעיקרה ושרשה בהעלם העלמות של השעשועים כנ"ל · וזהו אשר ברא ששון ושמחה כנ"ל · וד"ל :

ברכת אירוסין ונשואין

יברך על הכוס ואח"כ יאמר

בָּרוּךְ אַתָּה יְהֹוָה אֱלֹהֵינוּ מֶלֶךְ הָעוֹלָם אֲשֶׁר קִדְּשָׁנוּ בְּמִצְוֹתָיו וְצִוָּנוּ עַל הָעֲרָיוֹת · וְאָסַר לָנוּ אֶת־הָאֲרוּסוֹת · וְהִתִּיר לָנוּ אֶת־הַנְּשׂוּאוֹת לָנוּ עַל־יְדֵי חֻפָּה וְקִדּוּשִׁין : בָּרוּךְ אַתָּה יְהֹוָה מְקַדֵּשׁ עַמּוֹ יִשְׂרָאֵל עַל־יְדֵי חֻפָּה וְקִדּוּשִׁין :

ושותה החתן והכלה ואח"כ מקדש החתן את הכלה בטבעת ואומר :

הֲרֵי אַתְּ מְקֻדֶּשֶׁת לִי בְּטַבַּעַת זוֹ כְּדַת מֹשֶׁה וְיִשְׂרָאֵל :

וקורין הכתובה ויברך שנית על הכוס ואח"כ יאמר

בָּרוּךְ אַתָּה יְהֹוָה אֱלֹהֵינוּ מֶלֶךְ הָעוֹלָם שֶׁהַכֹּל בָּרָא לִכְבוֹדוֹ :

בָּרוּךְ אַתָּה יְהֹוָה אֱלֹהֵינוּ מֶלֶךְ הָעוֹלָם יוֹצֵר הָאָדָם

בָּרוּךְ אַתָּה יְהֹוָה אֱלֹהֵינוּ מֶלֶךְ הָעוֹלָם אֲשֶׁר יָצַר אֶת־הָאָדָם בְּצַלְמוֹ בְּצֶלֶם דְּמוּת תַּבְנִיתוֹ וְהִתְקִין לוֹ מִמֶּנּוּ בִּנְיַן עֲדֵי עַד · בָּרוּךְ אַתָּה יְהֹוָה יוֹצֵר הָאָדָם :

שוש תָשִׂישׂ וְתָגֵל הָעֲקָרָה בְּקִבּוּץ בָּנֶיהָ לְתוֹכָהּ בְּשִׂמְחָה : בָּרוּךְ אַתָּה יְהֹוָה מְשַׂמֵּחַ צִיּוֹן בְּבָנֶיהָ :

שמח

שוש תשיש ותגל העקרה בקבוץ בניה לתוכ' בשמחה כו' · כתיב רני עקרה לא ילדה להבין מהו הרינה וגם להבין מ"ש מושיבי עקרת הבית אם הבנים שמחה כו' וגם בחינת יין המשמח אלקים ואנשים כו' מהו ענין השמחה באלקים מן היין כו' · וגם מה שא"א שירה אלא על היין כו' · וענין השירה הוא כמ"ש ובלילה שירה עמי כו' · והנה ארז"ל כילד מרקדין לפני הכלה כו' ויש להבין למה לא הזכיר גם לפני החתן כמו בשמחה שמברכין משמח חתן וכלה כו' אך כל זה יובן בהקדים מאמר רז"ל הקב"ה מצלי מאי מצלי יה"ר מלפני שיכבשו רחמי את כעסי ויגולו רחמי וכו' ולהבין מאי יה"ר וגם הלא הוא ית' כל יכול וכי לאיזה בקשה הוא צריך שמתפלל ע"ז כו'· אך הענין הוא דכתיב כי אמרתי עולם חסד יבנה ומבואר במ"א שהחסד עליון שבו נבנה כל סדר ההשתלשלו' דאבי"ע צריך הוא לבא ע"י צמצום וירידה מרצון העליון שיחפוץ בחסד והוא הנק' חפץ חסד כשעלה ברצונו הפשוט כו' כי מצד עצמות א"ס ב"ה הוא למעלה מן החסד וכמאמר לאו דאית לך צדק ידיע כו' ולא חכמה ידיע וגם הרצון לחסד זה על ידי צמצום הוא נמשך ובא כו' בהיות שגם הרצון נמשך מבעל הרצון עצמות א"ס ב"ה שלמעלה מן הרצון כו' כמ"ש במ"א · וידוע דישראל באתערותא דלתתא עושים לו רצון כמ"ש גבורי כח כו' עושי רצונו פי' שממשיכים בחי' הרצון מעצמות אא"ס ב"ה שיהיה לו רצון להאציל כו' וזהו כי אמרתי ע"י אמר נמשך הרצון ופי' אמר ידוע שהן שלשה מדריגות תורה ועבודה וגמ"ח ובעבודה שבלב זו תפלה הן אהאי"ר האהבה ברשפי אש התשוקה בבחינ' רעא כו' הוא הקירוב וההתדבקות בעריבות מתיקות בעילוי אחר עילוי כו'· והיראה הוא הריחוק שדוחה א"ע בשפלות עצום מי אנכי כו' והוא בחי' שוב · והממוצע ביניהם הוא שיהיה בו ממדריגות שניהם מלמטה למעלה של הרצוא ומלמעלה למטה של השוב כו' היינו וימינו תחבקני הוא בחינת אהבה עליונה שנשפלת ומחבקת אותו גם כשהוא למטה בבחינת הריחוק והשפלות כו'· וזהו על דרך ציור קוין ימין ושמאל ואמצע שהאמצע הוא המחבר שניהם ע"ד הנ"ל שהא' הוא העולה מלמטה למעלה והשני היורד והאמצעי הולך במרחב מימין לשמאל ומשמאל לימין כו'· ויובן דוגמת זה בניגון שיש בו ג' מדריגו' הנ"ל הא' קול הרמה למעלה מעלה כו' והב' קול הירידה למטה מטה כו' והממוצע המתווג בין שני הקולות עליה וירידה כאחד ונראה כהולך ביושר ובאמצעות כו'· ועד"ז יובן הג' מדריגות הללו בניגון הטעמים של האותיות שיש בהן מעלה ומטה ואמצע · הטעמים שע"ג אתוון הוא אשר אינו יכול להכנס בגופי האותיו' מפני שהן למעלה מן השכל של האותיות כו' והטעמים שלמטה מן האותיות הוא אשר בתכלי' הגילוי מן ההעלם להיות דבוקי' גם באחוריים של אותיות ע"ד וימינו תחבקני כו' והטעמים שבתוך האותיות הן בחי' מטי ולא מטי פי' ע"ד שמאל דוחה שיש בו קצת קירוב ג"כ וכמו כן הטעמים נגלים קצת בתוכי האותיו' ואינן נכנסין לגמרי כו' אבל הממוצע המחבר ב' הטעמי' של בחינת העליה והירידה יחד הוא אשר מתחת לאותיות כו' וד"ל · וע"י אמצעות הג' הטעמים הללו שהוא הנקרא שיר על ידו יוצא ההעלם לידי גילוי וכמ"ש ובלילה שירה עמי · וביאור הדבר היינו שע"י בחי' הצלאת מ"ן בשיר התחתון בג' טעמים הנ"ל מתעורר גם למעלה לצאת ההעלם של עצמו' אור א"ס לבא לידי גילוי בג' אופנים כאלו ימין ושמאל ואמצע והיינו חפץ חסד הנ"ל היה בו בחי' עלייה ויריד' בתחילה עד שנעשה בבחי' ממוצע בהתגלות הרצון מחש לחסד זה כו' · ועד"ז היה בשעת מ"ת שפרחה נשמתן וחזרו כו' עד שראו ממש מפני שאמרו רצוננו לראות את מלכנו פי' בבחי' ראי' והתגלות כמו שהן למטה בגופין ממש וכו' וזה א"א כ"א שיוקדם לזה עלייה וירידה לכך פרחה נשמתן על כל דיבור וחזרו לירד בגופם ואחר כך ראו כו' בבחינת וימינו תחבקני כנ"ל וד"ל·ובזה יובן פירוש ואהבת את ה' אלקיך שהוא ענין פועל יוצא כלומר שהכניסה שתכנס האהבה בהוי"ה הוא פועל יוצא מחמת אתערות' דלתתא כו' וזהו ואהבת את הוי' כדי שתעורר חסד עליון שיומשך בהוי"ה דנאצלים להיות חפץ חסד ברצון כו' צריך לעורר אהבה של אא"ס בהוי"ה כו' וד"ל · והנה על זמן מ"ת נאמר ביום חתונתו וביום שמחת לבו פירוש חתונתו לשון חות דרגא כידוע והוא כמ"ש והוא כחתן יוצא מחופתו פי' יציאת ההעלם של העצמות הנק' חופה כידוע למעלה מעלה מכל ההשתלשלות ויהיה בבחי' גילוי בנאצלים והיינו חפץ חסד הנ"ל הוא בחי' ירידה ונחות דרגא כו' וזה היה בזמן מ"ת דכתיב וירד ה' על הר סיני בחינת ירידה וגילוי מן העלם העצמות כו' וד"ל· וזה א"א כ"א ע"י השמח' של יין המשמח אלקים לפי שאין אומרים שירה אלא על היין שניהם ענין א' הם בהיות מבואר למעלה שע"י השיר של שלשה מדריגות הנ"ל ימין ושמאל ואמצע מעורר גם כן את העצמות שירד מהעלמו בג' מדריגות הללו לפי שהשיר משמח את הנפש והשמחה מטבעה לעורר את ההעלם כידוע · ומה שאין אומרים שיר אלא על היין הוא ג"כ מטעם זה לפי שהיין יש בו ג"כ טבע זו להוציא ההעלם לידי גילוי שהרי נכנס יין יצא סוד כידוע שכל פנימית האדם הוא מגלה כשהוא בטוב לב ביין כו' · ועד"ז יובן למעלה בבחי' יין המשמח אלקים הוא אשר גורם להוציא העלם העצמות ע"י ניסוך היין על גבי המזבח עילאה כו' ואו

עיקר

שַׂמֵּחַ תְּשַׂמַּח רֵעִים הָאֲהוּבִים כְּשַׂמֵּחֲךָ יְצִירְךָ בְּגַן עֵדֶן מִקֶּדֶם: בָּרוּךְ אַתָּה יְהוָֹה מְשַׂמֵּחַ חָתָן וְכַלָּה:

בָּרוּךְ

עיקר המצוה בשיר הלוים מפני שהשיר הוא ג"כ ממדריגת היין ואין אומרים השיר אלא על היין כדי שבשיר יהיה גילוי ההעלם ושניהם ענין אחד להם אך השיר גורם אופני הירידה בג' מדריגות הנ"ל וד"ל · והנה עיקר הארת הגילוי מן ההעלם ע"י השיר והיין הוא בפנים דווקא ולא בחבר זולתו כמ"ש בת"א · וזהו מ"ש יאר ה' פניו אליך דוקא לפי שבפני הוי"ה שם עיקר המקום לגילוי ההעלם כו' וד"ל · וזהו כיצד מרקדין לפני הכלה ולא אמר ג"כ לפני החתן כו' בהיות שכל הנ"ל בשמחת החתן הוא שיוצא מחופתו הנעלם מלמעלה למטה ע"י השיר שעל היין בבחי' ג' קוין הנ"ל · ואמנם כנגד זה ממש מלמטה למעלה הוא שמחת הכלה בבחי' ריקוד כו' כי הנה עד"מ שאנו רואים כאשר ינגן המנגן כו' וירקד המרקד הנה ירקד דוגמת הניגון אם בבחי' עלייה או ירידה כידוע ולא ירקד ככל הקול של הניגון אלא לסוף כוונת הניגון הוא מרקד ברגל הנקרא (בל"א טאק) לכוין אל נקודת הכוונה כו' · ועד"ז יובן בכנ"י הנק' כלה כמ"ש כלתה נפשי כו' להיות שמתלבשת ומסתתרת בבי"ע להיות ראש לשועלי' כידוע שהוא בחי' פגימת הלבנה וקטרוגה וקודם הקיטרוג היו שניהם משתמשים בכתר א' וכו' וע"כ בעלותה מלמטה למעלה הוא בבחינת ריקוד כמו המרקד ברגל כו' והצדיקים המרקדים המה המעלי' אותה בבחי' ריקוד לפי אופן הניגון של מעלה דהיינו שמחת החתן הנ"ל בבחינת ימין ושמאל ואמצע והוא בחינת היין המשמח אנשים דהיינו ע"ס דבי"ע הנק' אנשים כידוע וד"ל · והיינו שלא הזכיר כיצד הריקוד לפני החתן כי החתן יורד מלמעל' למטה והריקוד הוא כנגדו וד"ל · והנה כתיב ועמדו רגליו ביום ההוא על הר הזיתי' כו' פי' השמן שבזיתים מעלתו גבוה הרבה מן היין שבענבים לפי שטבע השמן לקרר ויוצא בחשאי משא"כ היין הוא מבחי' הגבורות שמחמם ומוליד רשפי אש ברעש והתלהבות כו' · וכמ"כ יובן למעלה מ"ש ואחרי הרעש אש לא באש ה' כו' ואחרי האש קול דממה דקה תמן קאתי מלכא פירוש בבחינ' הגבורות דאש היינו ענין יש ודבר מה משא"כ בחי' השמן שטבע בחשאי בבחי' ביטול דחכמה כח מה כידוע · ועד"ז יובן למעלה שאחרי האש בבחינת יש ודבר כתיב לא באש הוי"ה כו' כי אין אא"ס בעצמו שורה אלא בבחי' הביטול דחכמה והוא בחי' השמן והיינו קול דממ' דקה בחשאי בלא דבור כלל מפני עוצם הביטול כו' תמן קאתי מלכא כו' מלמעלה למט' בג' קווין ג"כ ימין ושמאל ואמצע והוא ענין לצמצם עצמות אור אין סוף להיות נקרא מהלל כו' וד"ל · וזהו ובלילה שיר' עמי שירו דייקא דהיינו מה שהוא יורד מלמעלה למטה מבחינת העצמות שזהו גם כן ע"י השיר בג' מדרגות הנ"ל משא"כ השיר שגורם את ירידתם בלבד הוא השיר של מטה ולא נקרא שירו כו' · והיינו שיר של קרבן על היין כנ"ל · וזהו שירו עמי יהיה עמי עם השיר שלי מלמטה למעלה מכוון יחד · וזהו שיר השירים אשר לשלמה מלמעלה למטה כו' וד"ל · ועתה יובן הפסוק ועמדו רגליו כו' על הר הזיתים בבחי' שמן לירד מן העצמות הוא ע"י הרקידה של הכלה מלמטה למעלה שירקד גם הוא כנגדה מלמעלה למטה כנ"ל · אך בהיות שעיקר סיבת ירידתו באה מחמת הריקוד של הכלה בשיר של מטה כנ"ל לכך נקרא על שמה וכמה שכתוב יאר פניו אתנו פי' נוה שיאיר הוי' פניו מלמעלה למטה בתוספת גילוי מן ההעלם הנק' שירו הוא ע"י כנ"י דוקא וזהו אתנו אנחנו עשינו הארה זו כו' ומכח שלנו הוא בא ומאיר כי אין אשה אלא ליופי כו' וד"ל · ומה שיש לכלה כח גדול שמחמתה יאר פני הוי"ה כו' היינו לפי שאשת חיל עטרת בעלה כו' ששרש המ"ל בבחי' העצמות ביותר מבעלה כו' מפני שאיש מזריע תחיל' יולדת נקבה כמ"ש בת"א וד"ל · וזהו רני עקרה כו' פי' מה שהיו האמהו' עקרות כן רצה ה' שיהיו עקרות בכדי שיהיה הלידה בהם למעלה מן הטבע ובזה יהיה בחי' התגלות ההעלם של העצמות כי התחדשות הטבע זהו חידוש בכל סדרי השתלשלות דאבי"ע כידוע · וזהו רני עקרה כדי שתרנן ותשמח אח"כ בשיר ותגרום התגלות הפנימית של המאציל ג"כ כנ"ל כמ"ש יאר פניו אתנו כו' וד"ל · וזהו שוש תשיש ותגל העקרה פי' תשיש לשמח את אחרים והיינו להוציא ולהמשיך בחי' השמחה כי הרי מעוררת למעלה בחי' שמן שלמעלה מן היין המשמח שהרי ממנו תולד השמחה בבחי' יש ודבר כו' והיינו אתנו דוקא וזהו בקיבוץ בניה לתוכה בשמחה מחמת קיבוץ בניה תהיה השמח' יאר ה' כו' אבל אתנו ומכחנו הוא וזהו ותגל העקרה דוקא וד"ל :

שמח תשמח רעים האהובים כו' · כתיב על כן יעזב איש את אביו ואת אמו ודבק באשתו · פי' אביו ואמו הוא השכל שנעזב ונסתלק בשעת קול הדבור בתפלה כידוע שא"א לאדם בשעת הדבור היוצא מן הלב בתפלה שיהיה אז שכלו ודעתו בהרחב' וכשצריך לידבק נפשו באותיו' הדבור והקול מוכרח לעזוב ולסלק את השכל ולקצרו וכן בהיפוך אם רוצה לידבק בשכל והשגה מוכרח לעזוב את הקול אלא ידבר בחשאי · והגם דאבא יסד ברתא אבל הקול שבדבור שיוצא מהבל הלב שכבר נבנה מבלבל הוא את השכל כנראה בחוש שדברי חכמים בנחת דוקא ולא בקול וכל הרמת קול בלבול השכל הוא כו' · וזהו ע"כ יעזב אביו ואמו חכמ' ובינה הבונים את הדבור וזו ודבק באשתו הוא קול הדבור וד"ל

בָּרוּךְ אַתָּה יְהֹוָה אֱלֹהֵינוּ מֶלֶךְ הָעוֹלָם אֲשֶׁר בָּרָא שָׂשׂוֹן וְשִׂמְחָה · חָתָן וְכַלָּה · גִּילָה רִנָּה דִּיצָה וחדוה

וד"ל · ועד"ז יובן למעלה שמוחין דאו"א מסתלקים מז"א כאשר ידבק בקול הדבור הוא האל' מפני שהאל' מן האיש לוקחה מהבל הלב כו' וד"ל · ואמנם יש עצה לזה שלא יבלבל הקול את השכל אלא אדרבה יהיה כל אמיתית כוונת השכל בהתלבשות בקול הדיבור עד שלא יהיה גם קול אחד בלתי כוונה שכליית והוא כאשר תהיה השמחה בהתבוננות שישמח ויגל מן ההשגה שמשיג כידוע אז יהיה הקול בניגון מתילא מכוון לפי אופן ההשגה ולא יבלבל כלל את הכוונה כו' · והטעם הוא לפי שכאשר יבא העונג והשמחה בהשגה תלא מן ההעלם אל הגילוי כי ידוע דכל שמחה מוליא' מן ההעלם לגילוי כמו שמגלה האדם מלפון לבבו בעת שמחתו כו' · ואם כן הגם שנסתלקו ונתעלמו מוחין דאבא ואמא כנ"ל חוזרי' לבא לידי גילוי מן העלמם ע"י השמחה ששמח בהתבוננו' כו' וד"ל · וזהו כל הנהגה מסעודת חתן ואינו משמחו עובר בה' קולות פי' ה' קולות בלתי השמחה בהתבוננות הם נעזבים ומסתלקים כשרולה לידבק בהשגת השכל כו' · אך על ידי השמחה חוזרים להיות ע"פ השכל כנ"ל · ולכך כשאינו משמח המדו' שהוא החתן בהתבוננות עובר בה' קולות שעובר עליהם מבלתי יוכל לידבק בהם וגם פוגם אותם שאינם מכוונים ע"פ השכל כנ"ל אם לא שיעזוב את אביו ואמו כנ"ל וד"ל · ואמנם בזמן חתונתו ושמחת לבו אז השעה הצריכה לשמחה לשמח החתן בכדי שיוכל לעזוב אביו כו' כמ"ש בת"א וזהו שמח תשמח ריעי' האהובים פי' ריעים האהובים הן חו"ב כו' וצריך לעורר בהן שמחה עליונה כדי שלא יהיה הקול נפרד מהשכל וד"ל :

אשר ברא ששון ושמחה חתן וכלה כו' קול מצהלות חתנים מחופתם ונערים כו' · להבין פי' אשר ברא · כתיב והוא כחתן יולא מחופתו כו' הנה ארז"ל משחרב בהמ"ק אין שמחה אלא ביין כו' פי' ביין עם היין ופי' ב' במה שבתוך היין מלובש ולא עם היין עלמו כידוע דלשון בי"ת השמוש נופל בדבר עלמו וגם במה שבתוכו כו' · וביאור הדברים הנה בזמן בהמ"ק היה עיקר השמחה בכנ"י שמחה אלקית ולא שמחה גשמית דהיינו שהנפש אלקית תשמח בה' בבחינת גילוי אור כמ"ש ישמח ישראל בעושיו וע"ד שמחת החג דכתיב ושמחת בחגך וכתיב ז' ימים תחוג לה' אלהיך פי' תחוג לשון רשפי אש שלהבת בוער והוא התלהבות בהוי"ה אלהיך ולכך ג"כ ר"ת ח"ג חסד גבורה כו' מפני שכל ולה האהבה בשעת השמחה מחסדים וגבורות שכאשר היא בהתלהבו' והיא בבחי' תענוג השמחה הרי היא מעורבת חו"ג יחדיו ולכך נקרא חג וד"ל · אבל משחרב בית המקדש לא תוכל להיות השמח' אלקי' לבד' בלתי לבוש ומכסה אלא צריך שתתעל' ותתלבש בלבוש זר והיינו מפני הגלות כידוע שזהו עיקר ענין הגלות להתלבש בלבושים והעלמות כו' והנה גלו לאדום שכינה עמהם כו' בוודאי גם עכשיו יש בחינת שמחה האלקית הנ"ל בכאו"א מישראל רק שהיא מלובשת בלבוש זר והיא שמחה הגשמית שבאה משתיית היין הגשמי שמתלבשת ונעלמת בה כו' · וידוע דאין לך כל עשב ועשב שאין לו מזל כו' כי גבוה מעל גבוה כו' ואם כן השפעת הגידול של היין וגם סיבת כח היין לשמח הנפש בשמחה גשמית הנה היא באה ממלאכים רוחניים הפועלים האשכ' זו מאין ליש· והנה מבואר בת"א ע"פ וילמח ה' כל עץ נחמד כו' שהמלאכים נקראי' עצי שטים עומדי' כו' שבהם וע"י כל שלוחי השפע לנשמות ונבראים תחתונים כו' וא"כ גם שמחה האלקית בנפש האלקית תבא באדם ע"י שלוחי השפע והם המלאכים עליונים כו' · אך ורק שהשפעת השמחה האלקית באה מבחינת פנימית המלאכים · והשפעת שמחה הגשמית שביין באה מבחינת חיצונית ופסולת ומתרים שלהם שנפל בתחתית המדרגות להיות מציאת שמחה גשמית ביין הגשמי כו' · ואמנם נתלבשה הפנימי' בחיצונית והוא השמחה אלהי' בשמחה הגשמית בזמן הגלות ונתאחדו עד שהשמחה הגשמית מסתיר ומעלים מאד אור שמחת הנפש אלקית וכו' · וזהו משחרב בהמ"ק שנתלבשה השכינה בלבוש זרים בבחי' גלות נעלמה הפנימית בחיצונית ואין שמחה האלקית נגלית אלא בלבוש שמחת היין הגשמי · והיינו שני פירושים דביין · א' עם היין מפני שמעלים ומסתיר מאד · והב' במה שבתוכו והוא השמחה אלקי' דוקא שבבחינת העלם ביין ולא ביין עלמו וד"ל · והנה השמחה אלקית הנ"ל נאמר בה אשר ברא כו' לפי שהיא בחי' בריאה מאין ליש משא"כ בשאר דברים זולתו כמו אשר יצר את האדם כו' ולא נאמר אשר ברא והטעם הוא לפי שהמציאות של השמחה תבא באדם בפתע פתאום כרגע מבלתי המצא לה כלי ומכון בתחלה מפני שהיא באה ונמשכה מאין כו' שהרי אנו רואים שאין לשמחה בחינת כלי מיוחד אליה בגוף כמו שיש כלי לשכל במוחו ולמדות בלב אבל השמחה תתפשט במוח ולב גם כשלא יש ערך ושייכות לכלי הלב והמוח אליה כלל מפני שביאתה גם כן מלמעלה שלא כדרך השתלשלו' והתלבשות אור בכלי כו' והוא מפני שמקור השמחה היא בעונג שהוא בבחינת יחידה שבנפש שלמעלה מסדר התפשטות כחות הנפש כו' וע"כ נכנס יין יצא סוד לפי שיצא אור השמחה מן ההעלם שבבחינת יחידה שבנפש כו' על ידי שמחת היין מפני שבזמן הגלות נתלבשה השמחה אלקית בלבוש זר דיין כנ"ל · וע"כ אמר בה דוקא אשר ברא כו' כידוע דהבריאה דוק' מאין ליש ולא היצירה והעשי' מטעם המבואר בת"א באריכו' וד"ל · אך כיצד באה ונמשכה השמחה אלקית הנ"ל מן ההעלם לגילוי היינו ע"י

בחי'

וְחֶדְוָה · אַהֲבָה וְאַחֲוָה · שָׁלוֹם וְרֵעוּת · מְהֵרָה יְהוָה אֱלֹהֵינוּ יִשָּׁמַע בְּעָרֵי יְהוּדָה וּבְחֻצוֹת יְרוּשָׁלָיִם · קוֹל שָׂשׂוֹן

בחינת חתן וכלה כו' · והנה פירוש כלה ידוע שהוא מלשון כלתה נפשי כו' דהיינו בחי' כנ"י שמוסרים נפשם באחד בבחי' רצוא וכמ"ש בזהר אלהים אל דמי לך כו' קארי תדיר לנהורא עלאה ולא שכיך וכדאיתא במדרש שעל כל נשית' ונשימה רוצה הנשמה ליפרד מהגוף והוא מ"ש והחיות רצוא ושוב אך מפני שהיא רואה התלבשות השכינה למטה גם כן בדרך רצוא ושוב כו' אומרת דיו לעבד להיו' כרבו כידוע · ביאור הדברים שגם במלכות דאצי' המחיה כל העולמות הוא בחינת רצוא ושוב שלאחר צמצום והסתלקות דוקא נמשכה ומתפשטת בעולמות כו' והוא ענין המאמר הנ"ל דהוא נהורא דלא שכיך כו' וכמ"ש בת"א וד"ל · ופי' חתן מלשון חות דרגא כו' להיות כי אור השמחה עליונה דאצילות באה ונמשכה ממדרגה למדרג' שאין ערוך אליו כלל והוא קליטת השמחה בכלה שהיא רחם לשועלים כו' ע"כ נקרא חתן שהוא נחות דרגא כו' עד"מ ירידת השמחה כשבאה ונתלבשה בנפש האדם מן ההעלם הנקרא אין כנ"ל וד"ל·וזהו והוא כחתן יוצא מחופתו כו'· פי' החופה להיות כי א"א למציאת השמחה בעת בואה מן ההעלם בלתי שתתלבש תחלה בלבוש מכסה ומסתיר אור' לגמרי וגם עוד זאת שהלבוש ימנע אותה מלבא אל הגילוי כו' ולא תמשך לבא מאין ליש אלא בלבוש הנקרא חופה כו'·ויובן זה עד"מ ודוגמא שאנו רואים כאשר יעמיק האדם בא"זה שכל עמוק ודק מאד או לא יוכל עדיין להביאו בדבור לפרש אותו לזולתו רק לעצמו ישיג שיש שכל חדש וסברא חדשה אך לא יוכל להמשיכה מן ההעלם אל הגלוי בהשגה והבנה ממש במוחו ומכ"ש שלא יוכל לפרש אות' בדבור כו' והיינו מפני שאותו שכל העמוק ודק נסתר ונעלם בלבוש מכסה מבלתי יוכל להתגלות עדיין בהשגה ומכ"ש בדבור כו' לפי שכל דבר הנמשך מן ההעלם נמשך עמו לבוש להעלימו ולעכבו מלצאת אל הגילוי כו' · ועד"ז יובן כאן שבצאת השמחה העליונה מההעלם עולם התענוג מאין ליש כו' הנה יצא עמה לבוש העלם לעכבה מלצאת אל הגילוי בלב כו' וכנראה בחוש שכל שמח' ועונג נסתר ונעלם תחלה בשכל שבמוח שהשכל יעכב מלגלות אורה ויסתירנה לגמרי לעין הרואה וכל מי שכח שכלו חזק ביותר יותר יוכל להעלים ולהסתיר אור השמחה שבאה בו מן ההעלם כו' וד"ל·ובעבודת ה' בתפלה גם כן אנו רואים שהעונג והשמחה אלקית להתענג על הוי' מכוסה ונעלם תחלה בשכל והתבוננות ואח"כ יוצא מן הלבוש דחו"ב שהקיפוה ועיכבוה מלצאת ותבא ותתגלה בלב וזהו פי' להתענג על ה' בבחי' מקיף ולבוש לגלוי אלהות זה שע"י השמחה כו' ואח"כ יש כח במדות שבלב להכיל את השמחה הנגלית מן לבוש המסתיר בתחלה כו' :

וזהו כחתן יוצא מחופתו פי' שיוצא מן הלבוש המסתיר הנקרא חופה הנעשה בחו"ב שבמוח כו' לגלוי בלב הנקרא כלה כל ה' הוא הבל הלב · וזהו קול מצהלות חתנים מחופתם כו' דלעתיד לבא תתגלה השמחה ותצא מן לבוש המסתיר הנקר' חופה כו' וכל דבר שהיה תחלה בה בבחינ' מאסר התפיסה והעכבה מלצאת כשיצא אח"כ מן המאסר יהיה יציאתו בתגבורת גדולה כמו מים המתעכבים בתחל' שיוצאים אחר כך ברעש גדול · כמ"כ יציאת השמחה מן המסתיר הנקר' חופה הוא בקול צהלה ורעש כו' ומה שאמר חתנים לשון רבים היינו לפי שיש כמה מדרגות בנפש רוח ונשמה כו' נפש שברוח כו' ובכאו"א יש בחי' חתן כו' וד"ל · ויובן בחי' חתן וכל' בעבודת ה' דכלה נקרא כל ה' פירוש כל הן חמשים שערי בינה וכשהן באין לידי גילוי אור בהבל הלב בבחי' גילוי כלות הנפש כמ"ש כלתה נפשי כו' נקרא כלה והשמחה שיורדת מן ההעלם במוח החו"ב כנ"ל נקרא חתן כשבאה ונגלית בהבל הלב אחר יציאתה מן לבוש הנ"ל בהתלהבות ממש כו' וד"ל· ונערים ממשתה נגינתם פירוש נערים כמ"ש ונתתי נערים שריהם הן מט"ט וסנד"ל שנקראי' נערי' כו'· והטעם שנקרא נערים ע"ש ההתחדשות שמתחדשים תמיד מידי שבת שבהיות השפע יתן להם במדה וגבול לששת ימי המעשה בלבד ובשבת הוא עליית המלכות כידוע ומתבטלים ממציאותם וחוזרים ומתחדשים ע"כ נקרא נער כנער זה שנתחדשו ימיו מזמן קרוב כו'· כמו כן בכל שבוע נולדים ומתחדשים ולא יבאו לכלל זקנה לעולם מאחר שבכל שבת מתחדשים כו' · ואמנם אין זה אלא במט"ע וסנד"ל שהן בעולם היצי' והעשיה כידוע אבל הארת השפע מאצילות לבריא' נקרא בשם בן ולא בשם עבד כידוע שהמלאכים דיצירה ועשיה נקראי' עבדי' וכשכנ"י מקבלים השפע מהם נקראים בשם עבדים אבל כשמקבלים מעולם הבריאה נקראו בנים כו' וד"ל·וזהו שאמר ישעיה ונתתי נערים שריהם שיקבלו כנ"י בזמן הגלות מבחינת נערים הנ"ל שנקראו עבדים אמנם לע"ל יהיה עלייה לנערים הללו במקור חוצבם להיות יוצאים ממשתה נגינתם כי הנה אחז"ל פסוק זה דנער הייתי גם זקנתי שרו של עולם אמרו כו' וכיוצא בזה הרבה פסוקים כאלו שרו של עולם אומר כשאומר שירה בניגון כו' וכאשר החתנים עליונים דאצילות יוצאין מחופתן לעולם הבריאה להתייחד עם כלה העליונה כו' אזי גם הנערים הנ"ל יוצאים ממשתה נגינתם בבחינת התגלות השמחה בשירה חדשה להאיר בתוספת ההארה והגילוי מהעלם משתה נגינתם כו' וד"ל :

מהרה ה' אלקינו ישמע בערי יהודה ובחוצות ירושלי' קול ששון וקול שמחה קול חתן וקול כלה הנה יש להבין מה ששינה בחתימת ברכת שמח תשמח מחתימת ברכה האחרונה אשר ברא כו' ששם אמר משמח חתן וכלה ובחתימת ברכת אשר ברא אומר משמח חתן עם הכלה · וגם מהו ענין הבקשה באמרו מהרה ישמע כו' קול חתן וקול כלה

שָׂשׂוֹן וְקוֹל שִׂמְחָה · קוֹל חָתָן וְקוֹל כַּלָּה קוֹל מִצְהֲלוֹת חֲתָנִים מֵחֻפָּתָם · וּנְעָרִים מִמִּשְׁתֵּה נְגִינָתָם · בָּרוּךְ

כלה מה שייך ענין הרנת קול לחתן וכלה בשמחתם · וגם למה דוקא לעתיד ישמע קול חתן ולא עתה וגם מהו שכפל לומר שני קולות קול חתן וקול כלה כו׳ · אך הנה מה שאומר משמח חתן וכלה קאי עתה בזמן הגלות ומה שאמר משמח חתן עם הכלה קאי לעתיד דהיינו אחר שישמע קול חתן וקול כלה אז לעתיד דוקא משמח חתן עם הכלה אבל עכשיו שלא נשמע עדיין קול חתן וכלה משמח חתן וכלה · וההפרש ביניהם ידוע שכשאומר משמח חתן עם הכלה היינו שהשמח׳ באה מצד הכלה ומתנה עיקר השמחה לשמח את החתן אבל כשאומר משמח חתן וכלה היינו שהחתן משמח לכלה ואל ההתן בא עיקר השמחה בתחילה ולכך אומר משמח חתן ואחר כך כלה כו׳ · ולהבין ביאור הדברים ושרש הטעם לזה למה עכשיו השמחה בחתן ואח״כ בכלה ולעתיד יהיה עיקר השמחה מן הכלה כו׳ · הנה יש להקדים תחלה שרש ענין אירוסין ונשואין דהנה כתיב תורה צוה לנו משה מורשה א״ת מורשה אלא מאורסה וכן אמרו בעטרה שעטרה לו אמו ביום חתונתו זו מ״ת שהוא בחי׳ אירוסין בלבד שנקרא חתונתו ולא בחי׳ נשואין כי בחי׳ נשואין יהיה לעתיד דוקא בביאת הגואל כמ״ש כי בועליך עושיך כו׳ אבל עכשיו אינו אלא בחי׳ אירוסין בלבד · וההפרש הזה בין אירוסין לנשואין הוא ענין ההפרש בין בחי׳ פנימית לבחינ׳ חיצוניות כו׳ דהיינו במ״ת הגם שהיה בחי׳ גילוי אא״ס בחכמה שבתורה בעשרת הדברות אבל היה האור הזה מבחי׳ חיצונית בלבד וע״כ לא ניתנה התורה אז רק בבחינ׳ חיצוניות והוא ענין חלק הנגלה שבתורה כי אורייתא סתים וגליא כידוע אבל בחי׳ פנימית התורה שהוא כל בחי׳ הסוד הגנוז בנגלה שבתורה הנק׳ טעמי תורה כידוע לא נתגלה כלל בזמן מ״ת בהר סיני אלא לעתיד דוקא יתגלה אור פנימית טעמי התורה כולה לפי שלעתיד יהיה גילוי אא״ס בתורה מבחינ׳ פנימית אא״ס · וענין בחי׳ פנימיות וחיצונית הללו היינו בחי׳ פנימית דעתיקא שנק׳ עונג העליון של עצמות המאציל כידוע והוא הנקרא עתיקא דעתיקין ובחינ׳ חיצונית הוא בחי׳ עתיקא סתם שהוא בחי׳ מקור וכתר לנאצלים כידוע · ועכשיו אין גילוי עונג המאציל בתוכה רק מבחינ׳ חיצונית העונג העליון וע״כ לא נגלה למטה רק בחי׳ חיצונית התורה אבל לעתיד שיתגלה בתורה בחי׳ פנימית העונג העליון (הנקרא שעשועי המלך בעצמותו כמ״ש בס׳ עמק המלך) וכמ״ש ואהיה אצלו שעשועים כו׳ לכך יתגלה אז למטה בחי׳ פנימית הנק׳ טעמי התורה כי הטעמים שרשם בבחי׳ התענוג כו׳ וד״ל · והנה הגם שבזמן מ״ת לא נגלה רק בחינ׳ חיצוניות ההארה בלבד מ״מ גם בחי׳ פנימית האור נמשך ובא גם הוא למטה כמ״ש וירד ה׳ על הר סיני וכשירד ירד בכל עצמותו וגם הרי אמר אנכי מי שאנכי זה הוא בחי׳ פנימית הכתר כידוע · אך ורק שלא באה בחי׳ הארה הפנימית לידי גילוי גמור בבחי׳ א״פ אלא נשאר נועלה בבחי׳ העלם הנקרא אור מקיף השוכן ושורה על בחי׳ א״פ בהעלם מכל נדדים כו׳ · וזהו ענין בחי׳ אירוסין כמ״ש ביום חתונתו וכנ״ל כי הרי ענין האירוסין למטה ג״כ הוא בבחינה זאת דהיינו בבחי׳ אור מקיף בלבד כידוע בענין טבעת הקידושין שהוא דבר עגול מקיף לאצבע היד כי באמרו הרי את מקודשת לי ממשיך לה רק בחי׳ אור מקיף בטבעת זאת וזהו פי׳ מקודשת בבחי׳ קדש העליון כו׳ וזהו א״ת מורשה אלא מאורסה בבחי׳ אירוסין בלבד · אבל בחי׳ נשואין היינו שבא אור השפע מן המשפיע במקבל בגילוי גמור כמו היחוד והזווג בביאה עד שעושאה כלי בביאה זו כמאמר אין אשה כורתת ברית כו׳ וכמ״ש כי בועליך עושיך כו׳ ולא בבחי׳ מקיף בלבד · וכדוגמא זאת יהיה לעתיד כאשר יתגלה בחי׳ פנימית אא״ס בתורה בגילוי גמור וע״כ אמרו ביום חתונתו בזמן מ״ת שהיה רק בחי׳ אירוסין וביום שמחת לבו לעתיד שיהיה בחי׳ נישואין בהתגלות טעמי תורה כי האשה נקנית בשלשה דרכים בכסף כו׳ וידוע דכנ״י נקרא אשה ונקנית בבחי׳ מקיף בטבעת קידושין כו׳ · והנה ידוע בע״ח דעכשיו בחי׳ המ״ל מקבלת האור מבחי׳ ז״א שהוא יחוד הוי״ה אלקים כו׳ ובחי׳ ז״א מקבל מוחין לעצמו מבחי׳ אימא׳ וז״ש בעטרה שעטרה לו אמו כי בחי׳ החתן למעלה הוא בחי׳ ז״א דאצילות שנקרא משפיע כידוע בפי׳ חתן לשון נחות דרגא נחית ויורד מלמעלה למטה ובחי׳ מ״ל דאצי׳ נקרא כלה בחי׳ מקבל כידוע ובחי׳ בינה דאצי׳ ממשיך מוחין לז״א וע״י אורות דאימא שמקבל הוא יש בכחו להשפיע למלכות אח״כ · וזהו בעטרה שהוא בחי׳ המוחין שעטרה לו אמו דוקא ביום חתונתו כו׳ וכל זה עכשיו דוקא אבל הנה לעתיד כתיב אשת חיל עטרת בעלה הרי בחי׳ מ״ל שנק׳ אשת חיל תהיה עטרת לבעלה שהוא ז״א ונמצא בחי׳ העטרה שעטרה לו אמו ביום חתונתו בזמן מ״ת הנה לעתיד יבא לו העטרה זאת דוקא מבחי׳ מלכות הנק׳ מקבל מפני שאור המלכות תתעלה אז למעלה מעלה מבחי׳ ז״א לפי שנעוץ סופן בתחילתן כי סוף מעשה דוקא עלה במחשבה תחלה וכמ״ש ביאור דבר זה במ״א באריכות · ולהיות כן יובן ענין מאמרם ז״ל בימות משיח באמרם עתידים לדיקים שיאמרו לפניהם קדוש כי שרש נשמת הצדיקים מבחי׳ המלכות שתתעלה למעלה מעלה בבחי׳ הכתר שנק׳ תחילתן ולכך יאמרו לפניהם קדוש וד״ל · ובכל זה יובן מה שאנו אומרים עתה משמח חתן וכלה ולעתיד משמח חתן עם הכלה כו׳ כי הנה עתה בחי׳ מ״ל הנק׳ כלה מקבלת מבחי׳ ז״א הנק׳ חתן כו׳ לכך השמחה תחלה בחתן ואח״כ החתן משמח לכלה כי שפעה בא לה מבחי׳

ז״א

ז"א ע"י מוחין שקיבל מאור אימא כנ"ל בפי' עטרה שעטרה לו אמו כו' אבל לע"ל שנא' אשת חיל עטרת בעלה שתתעלה המ"ל בכתר ויהיה מדריגתה למעלה מבחי' ז"א אז יאמר משמח חתן עם הכלה דהיינו שעיקר השמחה יהיה מן הכלה שהיא בחי' מ"ל סופא דכל דרגין מפני שנעוץ סופן בתחילתן ומן הכלה יבא אור שפע שמחה זאת אל החתן כמ"ש אשת חיל עטרת בעלה וכמו כן כתיב הנני בורא חדשה כו' נקיבה תסובב גבר כו' וד"ל · וזהו מהרה ישמע בערי יהודה כו' קול ששון כו' קול חתן וקול כלה כי הנה עתה בזמן הגלות אין לבחי' מ"ל רק מה שמקבלת מבחי' ז"א בעלה כי לית לה מגרמה כלום ולכך התפילה נק' צלותא דבלחש מפני שאין לכלה הנק' מלכות בחי' דבור בבחי' התפשטות וכמ"ש נאלמתי דומיה בבחי' הקטנות שהוא בבחי' שתיקה וכמ"ש אדני שפתי תפתח פי' תפתח אתה אבל מצד עצמה אין לה בחי' דבור בקול כי בטלה עם כל כחותיה להיות בבחי' נקודה אחת בלבד באצילות כו' · וזהו שהחתן אומר להכלה הרי את מקודשת לי והכלה שותקת ובשתיקה זאת היא מקודשת ולכאורה היה מהראוי שתדבר בפיה בפי' שמסכמת בקידושין הללו · אך הענין הוא לפי שבחי' המלכות הנק' כלה היא עכשיו בחי' טפל ובטל לגבי החתן ולכך קולה לא ישמע לא בתפילה ולא בקבלת קידושין אלא גם בשתיקה מתקדשת כו' אבל לעתיד כשתתעלה בחי' המלכות בכתר ותהיה עטרת בעלה כנ"ל שאז תהיה בחי' משפיע לז"א בעלה הרי יהיה לה אז בחי' קול בהתפשטות בפ"ע וזהו קול כלה שיהיה לכלה בחי' קול בחי' התגלות והתפשטות

בָּרוּךְ אַתָּה יְהֹוָה מְשַׂמֵּחַ חָתָן עִם הַכַּלָּה :

ושותין החתן עם הכלה שנית ובברהמ"ז יאמר הברכות תחלה ואח"כ מברך על הכוס :

הדבור בקול רם היפוך בחי' צלותא דבלחש דעכשיו וד"ל · וזהו ישמע כו' קול כלה פירוש מהרה ישמע לשון עתיד דוקא כי דוקא לעתיד יהיה בחי' קול כלה העליונה וכל עיקר הטעם הוא לפי שעכשיו אינו אלא בחי' אירוסין שהאור אינו בא אלא בבחי' חיצונית בלבד ובחי' הפנימית שורה רק בבחי' מקיף והוא ענין הקידושין בטבעת כנ"ל לכך בשתיקה דוקא מתקדשת דהיינו בהיותה דוקא בבחי' ביטול בצלותא דבלחש כו' אבל לעתיד שתתעלה המלכות בבחי' הכתר ותקבל מבחי' פנימית אא"ס שהוא בחי' נשואין דהיינו שנעשית כלי בפ"ע ע"כ ממילא יהיה למ"ל בחי' קול בהתפשטות והדרגא מן המ"ל יבא אור שפע לבחי' ז"א כנ"ל בפירוש משמח חתן עם הכלה דקאי לעתיד דוקא כנ"ל וד"ל :

שער המילה

למנצח על השמינית כו' · ואחז"ל על המילה שניתנה בשמיני דכתיב וביום השמיני ימול לכם כו' וזה המאמר פלאי הוא וכי אם היתה מצות מילה בשביעי לא היתה מצוה וא"כ למה לא אמר דוד שירה אלא על שניתנה בשמיני דוקא הרי גם אם לא היתה בשמיני היה לו לומר שירה · וגם יש להבין מה שאמר למנצח ניצוח זה מהו ולמה על השמינית דוקא · אך הנה אנו רואים דמצות מילה גבוה גם ממצות השבת שהרי מצות מילה דוחה שבת כידוע והיינו מה שהמילה הוא בשמיני שהוא למעלה מן השבת שהוא בשביעי בלבד כו' · ולהבין ביאור שרש הדברים איך מצות מילה גבוה משבת הנה תחלה י"ל שרש ענין השבת מהו דהנה שרש השבת הוא בחי' עולם התיקון דשם מ"ה המברר ומתקן בחי' ב"ן דתהו שנפל כו' כי הנה כל ששת ימי המעשה הוא בחי' עבודת הבירורים דרפ"ח ניצוצין דתוהו שנפלו בשבירת הכלים כידוע וע"י ל"ט מלאכות חורש וזורע כו' מתבררים ועולין למעלה באצילות בבחי' התיקון כו' · וביאור הענין הנה ע"ד דוגמא כח הצומח שבארץ שמגדל התבואה ומצמיח חטים וכיוצא שהוא בחי' נוגה שנפל מבחי' ז' מלכים דתהו כו' והבירור שלו הוא בחרישה וזריעה ודש כו' עד שאופי' החטים ונעשה מאכל ונהפך המאכל לחיות במוח ולב והאדם מתפלל ולומד תורה ע"י אותו כח המאכל נמצא עולה כח המאכל בבחי' האצי' דהיינו באחדות ה' המלובש באהבה זאת שנעשית מכח המאכל וגם מה שמברך וממשיך בחי' גילוי אור האצי' באמרו ברוך אתה ה' כו' וכיוצא בזה הכל הוא בחי' העלאות ובירור הניצוצות דתהו שנפלו בנוגה דבי"ע במאכלים וכיוצא· והוא ענין כל ימות החול בו' ימי המעשה שבהן נעשה ל"ט מלאכות חורש כו' שהוא רק בחי' בירור בחי' ב"ן דתהו שיתעלה בבחי' האצי' אך הנה בשבת מלאכת הבירור אסור הלא האכילה דשבת אינו בדרך בירור כדי שיוכלל המאכל באצי' כי בורר אסור · ואמנם הכוונה באכילה דשבת באופן אחר הוא והוא ע"פ המבואר בת"א ע"פ צדיק אוכל לשובע נפשו שהאכילה הוא להיות בחי' גילוי עונג העליון הנקרא עתיקא ונקרא סעודתא דעתיקא וכמ"ש בת"א בשרש ענין הג' סעודות דשבת שהוא רק בחי' המשכות העונג העליון ואמנם אין גילוי עונג העליון בא ונמשך למטה כ"א מצד בחי' הבירורים דרפ"ח כו' שעשו בימות החול דוקא כי דוקא מי שטרח בערב שבת יאכל בשבת · וזהו שאמר וירא אלקים את כל אשר עשה והנה טוב מאד אזי ויכלו השמים כו' ויכל אלקים כו' פי' ויכולו ויכל הוא בחי' קבלת עונג כמו כלתה נפשי כו' ודוקא לאחר שראה את כל אשר עשה והוכשר

בעיניו

בעיניו והיינו מבחי' הבירורים דכל ימות החול כנ"ל · וזהו והנה טוב מאד אזי ויכולו ויכל כו' שגלה בחי' עונג העליון כו' וזהו וישבות ביום השביעי ונאמר ג' פעמים ביום השביעי נגד ג' סעודות שגלה בחי' עונג העליון והוא הנק' מנוחה נייחא דרוחא כמ"ש בזהר' ועד"מ כשהאדם עושה מלאכה כמו כתיב' וציור ובנין וכיוצא ונח מן אותה המלאכה שחוזר רוחו אליו כו' וכמ"ש במ"א · והנה דרך כלל כל ימות החול הוא בחי' אתעדל"ת מחמת בחי' הבירורים הנ"ל ובשבת באה בחי' אתעדל"ע מלמעלה כנ"ל והיא באה ע"י סיבת אתעדל"ת דכל אשר עשה כו' בכל ו' ימות החול היינו ע"י בחי' בירורי דב"ן בחול נתגלה בשבת מבחי' התיקון דשם מ"ה שהוא מבחי' מוחין דאו"א שמתגלה בשבת ונק' עדן וכמ"ש במ"א ע"פ וקראת לשבת עונג כו' כי התגלות עונג העליון הנ"ל בשבת הוא בא בבחי' פנימיות דאו"א דוקא · וזהו שאמר ושמרתם את השבת כי קודש היא לכם פי' קודש הוא בחי' פנימיות אור אבא שבו מתגלה בחיג' פנימיות דעתיקא וז"ש וקראת לשבת עונג כו' · והנה ישראל נקראו עם קדוש בוי"ו והוי"ו מורה בחי' המשכה מקדש העליון בלבד מטעם שישראל עלו במחשב' דחכמה אך ע"י קדושת השבת המה באין ועולין בבחי' פנימיות אבא וכידוע דישראל הוא שם מ"ה שנמשך במדות שנק' ישראל אבל שם מ"ה העלם שבחכמה העלמות נקרא קדש בלא וי"ו כו' וזהו שאמר ואנשי קודש תהיון לי פי' תהיון לשון עתיד שעתידים להיות במדרגת בחי' הקדש עצמו שהוא פנימיו' החכמה ולא עכשיו שאינם רק בשם קדוש בוי"ו והוא לעתיד דוקא ביום שכולו שבת וגם עכשיו יש הארה בכל שבת מאותו יום השבת שכולו שבת כו' וז"ש ביום השבת אות היא כו' ביני כו' וד"ל · וזהו מי שטרח בע"ש יאכל בשבת דהיינו שלפי ערך הבירורים דרפ"ח בל"ט מלאכות כו' בימות החול שנקרא העלאות מ"ן באתעדל"ת כנ"ל כך לפי ערך יומשך בחי' מ"ד בבחי' אתעדל"ע מבחי' עונג העליון באו"א בשבת כנ"ל · וזהו שרש ענין השבת בדרך כלל וד"ל :

והנה כ"ז הענין הוא שימות החול ששת ימים הם בחי' העלאת מ"ן ליום השבת שהוא יום השביעי שבא בבחי' מ"ד כנ"ל אבל מצות מילה שנתנה בשמיני הוא גבוה גם ממעלות ומדריגות השבת דהנה כל עיקר ענין השבת הוא אשר בא באתדל"ע מצד אתעדל"ת אבל מצות מיל' הוא בחי' אתעדל"ע מצד עצמו שאינו בא מצד אתעדל"ת כלל וכלל כנ"ל וד"ל · ושורש הדברים יובן בהקדים שרש ענין המילה מהו דהנה ארז"ל מנין למילה באותו מקום כו' וגם יש להבין דבבהמה כתיב ז' ימים יהיה תחת אמו אבל באדם מפורש ביום השמיני ימול כו' בשמיני דווקא וארז"ל כדי שיעבור עליו שבת א' אך לפי"ז למה בשמיני דוקא שהרי ביום הא' שאחר השבת אפשר למול מזה הטעם גם אם הוא יום השביעי וכן בימים אחרים כו' · אך הענין הוא שאין כוונת רז"ל שיעבור עליו יום השבת עצמו בלבד אלא רצונם לומר כל ימי השבוע שנקר' שבת א' והטעם הוא לפי ששרש המיל' הוא למעלה מכל ענין ימות החול ויום השבת כנ"ל וע"כ א"א כ"א בשמיני דוקא· וכדי להבין כ"ז יש להקדים שרש בחי' המילה שהוא באותו מקום דהיינו בבחי' יסוד שנק' אבר התענוג כו' שהוא בבחי' יסוד דא"ק ונקרא שמיני כי הוא בבחי' מלך השמיני הנקרא הדר כו' דהנה ידוע בענין ז' מלכים קדמאין שנפלו שהן בלע וחושם כו' עד בעל חנן בן עכבור שהוא מלך הז' ונק' ז' מלכין דתהו שקדמו לבחי' התיקון דבחי' אדם ונקרא ישראל וזהו ואלה המלכים כו' לפני מלך מלך לבנ"י אבל בחי' מלך השמיני הנק' הדר הוא בחי' יסוד דא"ק שממנו נמצא מקור התיקון והוא להיותו למעלה מעלה מבחינת התהו והתיקון כו' ולכך נקר' בשם אדם קדמון שרצונו בזה שהוא קדמון לכל הקדומי' כו' וביאור ענינו יתבאר בסמוך · אך הנה מבחינת שם מ"ה דא"ק זה נמצא למטה שרש התיקון והוא בחי' שם מ"ה החדש שמאיר במצחא דא"ק וכמ"ש בע"ח שממנו שרש כל בחינת התיקון דמ"ה שמתקן לבחינת ב"ן דתהו למטה באבי"ע כו' ע"ש וד"ל · והנה תחלה יש להבין פירוש א"ק שרש ענינו דרך כלל להיות ידוע כי ברצון יש ב' מדריגות הא' רצון מורכב שנגל' כבר הרצון לאיזה דבר מה כו' והב' רצון הפשוט שהוא בלתי מורכב עדיין באיזה דבר מה בפרט אלא הוא רצון כללי שכולל הרבה רצונות כא' והיינו הנק' רעווא דכל רעווין באד"ר ורצונו לומר מקור כל הרצונו' הנגלות אח"כ בפרטות הוא כולם יחד כו' להיות מקורם כו' ונק' ג"כ רצון קדום והוא למעלה בחי' א"ק שרצונו לומר בפי' קדמון שהוא בחי' רצון הקדום הנק' רצון הפשוט כמ"ש בע"ח כשעל' ברצונו הפשוט כו' והוא בחי' מקור לכל רצונות הפרטים הנגלים אח"כ כמו הרצון להאציל שהוא רצון פרטי לגבי בחי' אצילו' וגם הוא מתחלק לפרטי' הרבה כמו להאציל ע"ס כח"ב חו"ג כו' וכל אלה פרטי הרצונו' כולם נכללו בהעלם רצון הפשוט תחלה ואח"כ יצאו לידי גילוי להיות כתר וחכמה כו' להקרות חכם ומבין וכיוצא · וכל זה הרצון בע"ס דאצי' נקרא רצון פרטי בלבד וכיוצא בזה בע"ס דבי"ע הרי הוא בא בפרט אחר והוא שירצה לברוא יש מאין כו' ודרך כלל ד' עולמות דאבי"ע הע"פ שיש לכאו"א רצון פרטי הרי כולם נכללו תחיל' בהעלם ברצון הקדום הנ"ל הנק' רצון פשוט ונק' רעווא דכל רעווין אלא שאח"כ יצאו כאו"א לידי גלוי כפרט שיוצא מן הכלל, ונמצא שרצון פשוט זה נק' רצון כללי והיינו פירוש א"ק שהוא קדמון לכל הקדומים כלומר גם לבחי' הרצון שקדם בכל העולם מד' עולמות הוא קדמון להם להיותו בחי' רצון הכללי ביותר כנ"ל וד"ל · וזהו מ"ש קורא הדורות מראש פי' מראש דא"ק זה והדורות הן הנה כללות ע"ס דאבי"ע ופי' קריאה היינו בחי' ההמשכה וההתגלו' מן ההעלם שנתגלו ונמשכו הע"ס מבחינת ההעלם

דרצון

דרצון קדוש הנ"ל עד"מ כאדם שקורא לחבירו שמוציאו מהעלמו מביתו לחוץ כו' וזהו קורא הדורות שקורא אותם ומוציאם מהעלם רצון הכללי הנ"ל לבא לידי גלוי בפרטי פרטי' בכל סדרי השתלשלות דאבי"ע מריש כל דרגין עד סוף כל דרגין כנ"ל וכמ"ש במ"א שגם פרט היותר אחרון שבסוף העשיה הכל היה ברצון הקדוש כו' וכמו שאמר צופה ומביט עד סוף כל הדורות כו' כמו שהכלל כולל כל הפרטי פרטיות הנמצאים ממנו כו' וד"ל· והנה אחר שנתבאר שרש ענין אדם קדמון דרך כלל כנ"ל עתה יש להבין פי' בחי' יסוד דא"ק ששם שרש המילה כנ"ל דהנה ידוע דבחי' יסוד בכל מקום שהוא בחינת גלוי אור ההשפע' הנמשכת מן המשפיע אל המקבל וגם כאן בחי' יסוד זה דא"ק היינו בחי' התגלות אור השפע מבחי' פנימיות דא"ק זה והיינו מבחינת המוחין שבו וכמ"ש קורא הדורות מראש מראש דא"ק זה דוקא שהוא בחי' ג"ר שבו והוא דרך כלל בחינת חכמה דא"ק שבה הוא בחי' התכללות כל סדרי ההשתלשלות הפרטית והוא הכלל הקדוש וכוללם יחד וכמאמר צופה ומביט כו' וד"ל· ומעתה יש להבין למה דוקא בבחינת יסוד זה דא"ק צריך להיות המילה וכמארז"ל מנין למילה באותו מקום כו' והוא הנק' שמיני כנ"ל וז"ש ביום השמיני ימול כו' וכנ"ל· אך הענין הוא דרך כלל מפני שבחינת א"ק הוא מובדל במעלה מכל ההשתלשלות כנ"ל ע"כ דוקא בבחינת יסוד דא"ק צ"ל כריתת ערלה בתחלה ולא במדריגה אחרת זולתו כו'· דהנה ידוע בסדרי ההשתלשלות דאבי"ע שכאו"א מלביש לעליון הימנו' דהיינו שעשיה מלביש ליצירה והיצי' מתעלם בעשיה בימות החול כנודע והיצי' מלביש לבריאה ועד"ז הבריאה מלביש להאצילות ונמצא האצילות מתלבש ונעלם גם בעשיה אלא שבעשייה הוא בא בבחינת התלבשות יותר כי שם הוא בא אחר ב' העלמות דבריאה ויצי' כו'· ובזה יתורץ קושיא אחת דלכאורה אנו מוצאים שיש בחי' גילוי האצילות בעשיי' כמו בבריאה בהשואה א' דהרי ידוע בלמ"ד כלים שמתלבשים בבי"ע להיות שם למקור וחיות בחי' יוד כלים הפנימים נעשה בחי' נשמה לבריאה וי' כלים האמצעים נעשה בחי' רוח ביצי' וי' כלים החיצונים נעשה בחי' נפש בעשיי' ועכ"פ הרי גם בעשייה יש מאור האצילות דיוד כלים החיצונים דז"א ולמה האור דעשיה יותר בהגשמה מיצירה ובריאה· אך הענין הוא מצד ההעלם וההסתר דהגם שיו"ד כלים החיצונים מתלבשים בעשייה אבל הן באים שם אחר שני העלמות דבריאה ויצירה כי כאו"א מלביש לעליון· ומזה הטעם יש יניק' יותר לחיצונים בעשייה מבבריאה ויצירה וכידוע בפירוש אדמת בני חם כו' שהן מ"ח צירופים דאלהים אחרים כו' מצד עוצם ההסתר כו' אבל גם בבריאה ויצירה יש יניקה לחיצונים אלא שאינם בבחי' הפירוד כ"כ כמו בעשי' כי אין אור האלהי מוסתר שם כ"כ כנ"ל· ועד"ז יובן שגם באצי' יש בחי' שרש ומקור לחיצונים עכ"פ אלא

שאין משכנם באצילו' משום שנאמר לא יגורך רע ואין רע יורד מלמעל' כו' אלא מקורם ומעמדם הוא בעולם הבריאה וכמ"ש בע"ח אבל אעפ"י שמעמדם ומצבם בבריאה מ"מ יש להם שרש באצילות וכענין אברהם שיצא ממנו ישמעאל כו' והרי ידוע דעשו הוא בחי' ז"א דקליפה אלא שמעמדם בבריאה ונמצא מובן מכ"ז דמצד שהאצילות בא רק בבחי' התלבשות והעלם דבי"ע הגם שיש קליפה בבי"ע לא יזיק מאומה להסתיר אור האצילות במעמדם זה אחר שאין האצי' בא שם רק ע"י העלמות רבות כו' כנ"ל· וידוע שהקליפות נק' ערלה ואינם מזיקי' להסתיר בבחי' אור האצילות המלובש כו' מטעם הנ"ל וד"ל· ובזה יובן מה שאנו מצווין בשמירת השבת שהוא בחי' הארת האצילות בבי"ע דרך כלל כידוע ולכאורה האיך לא יזיק להאשיך אור זה בהיותינו בין העכו"ם שרשם מבחי' היכלות החיצונים כו' וגם בא"י שבחי' היצירה הוא מתגלה בעשיה ולא בהעלם כמו בחול מ"מ אין אור האצי' אלא בהעלם מטעם שליטת החיצונים גם שם כי עדיין לא בא בן דוד כו' ולא נתברר הרע עדיין מכל וכל אך הענין הוא דמצד שהאצילות בא גם בשבת בדרך התלבשות בהעלם בבי"ע ואין הפרש בין שבת לחול אלא שהבריאה עולה באצילות ומלביש שם משא"כ בחול שהאצילו' יורד למטה ומתעלם בבריאה כנ"ל וכמ"ש בע"ח הרי מצד שהבריאה מלבשת להארת האצי' ועד"ז היצירה מלבשת לבריאה כו' ע"כ אין קליפות וסט"א השוכני' סביב מזיקים כלל להחשיך הארת השבת מאצילות כו' וד"ל· והנה כ"ז בסדרי ההשתלשלו' דאבי"ע שכאו"א מלביש לשלמעל' הימנו כנ"ל אבל בבחי' א"ק הנ"ל שהוא למעל' גם מבחי' מקור להשתלשלות כנ"ל שנק' רצון קדוש הוא רצון הכללי אשר הוא בבחי' העלם העלמות עדיין כנ"ל ולא בא לידי גילוי רצון כנ"ל הנה לא שייך לומר בו שהאצילות מלבישו וגם לא למעלה מהאצילות כמו אור הכתר הנקרא ע"י וא"א שנקר' אור צח ומצוחצח כו' מלבישו אחר שהוא למעלה מבחינת רצון עדיין ונק' רעווא דכל רעווין כו' וכנ"ל· ונמצא שלגבי בחי' א"ק זה אדם דאצילו' עם אדם דעשיי' שוין ממש בהשואה א' כמו עד"מ שוה הרצון להשכיל עם הרצון להלוך וכיוצא בזה לגבי עצמות הרצון הפשוט קודם שבא לידי גילוי רצון כו' וא"כ גם בחי' אדם דאצילות נק' רק אדם דעשיה לגבי בחינת א"ק זה וא"כ הרי מושלל לגמרי מבחינת התלבשות· וא"א לומר שיתלבש באיזה דבר מה כמו שהאצילות מתלבש בבריאה שהבריאה יש לה קצת ערך לאצילות מצד הרצון שהרצון הבא באצי' הוא אשר בא בבריאה כו' כנ"ל· משא"כ מקור הרצון הנק' א"ק אין לומר בו שיתלבש ברצון פרטי אחר שאין למהו' גילוי רצון ערך ויחוס לגבי' וד"ל· ואחר שנתבאר שאין ההתלבשות ממש שייך בבחי' א"ק א"כ יובן מזה שבבחי' יסוד דא"ק צריך להיות בחי' כריתות ערלה דוקא משא"כ למטה הימנו כי הנה באצי' דוקא להיותו מתלבש ובא כנ"ל לא יזיק לו בחי' הערלה

דקליפה

דקליפה כו' אבל בבחי' א"ק להיותו בבחי' העלם עצמו' המאציל שאין שם בחי' הלבשה להלביש ולהעלים אורו כנ"ל ע"כ א"א כלל שיהיה שם בחי' הערלה דקליפה כמ"ש בעצמות המאציל טהור עינים מראות ברע כו' · והגם שג' קליפות הטמאות הנק' ערלה יכולי' להיות במעמדם בבי"ע ולא יזיקו כלל לבחי' האצי' כנ"ל היינו מפני שהאצי' בא בבחי' העלם והלבשה כנ"ל · משא"כ בחי' א"ק שאינו בא בבחי' העלם והלבשה מטעם הנ"ל א"כ הוא עצמו הטעם שא"א להיות שם בחינת ערלה בבחי' יסוד דא"ק כו' וזהו שרש ענין המילה שהוא דוקא בבחי' יסוד דא"ק ולא במדריגה אחרת זולתו כו' כנ"ל וד"ל· ובזה יובן מה שמצינו באברהם אבינו ע"ה דהגם שהיה בחינ' מרכבה לעולם האצילות דהאבות הן המרכבה כידוע וגם הרי היה נביא גם מקודם שמל א"ע כו' ואעפ"כ לא הזיק לו זה שהי' ערל עד היותו בן צ"ט שנה· ולכאור' זה יפלא מאד דהאיך היה בחי' מרכבה לבחינ' חסד דז"א דאצי' כידוע והיה מתנבא במדרגו' הנבואה בשרשו זה שהוא בחי' חסד דז"א והוא הי' ערל ולא הסתיר לו בחי' הקליפה דערלה כלל וכלל· אך הנה יובן ע"פ הנ"ל דהאצי' הוא בהלבשה והעלם בבי"ע עד שיש שרש ומקור לחיצונים גם מאצילות ע"י רבוי ההתלבשות ואין החיצונים מזיקים אורו כלל אחר שבא שם בהסתר והעל' כו' ע"כ גם שהיה אברהם מרכבה לבחי' חסד דז"א דאצילו' לא הזיק לו כלל בחי' הערלה שהיה בו · וגם היה מתנבא בגילוי רוח נבוא' בשרשו זה ולא הזיק לו כלל בחי' הערלה אחר שהאצילות בא בהעלם שם כו' משא"כ כשהיה צריך שיתגל' בנפשו מבחי' א"ק הנ"ל הוצרך להסיר בחי' הערלה ממנו ונצטוו' למול א"ע והיינו בהיותו בן צ"ט שנה שמל א"ע לפי שלגבי בחינת אור א"ק א"א להיות בחי' ערלה כלל מטעם הנ"ל שאיננו בא בבחי' התלבשות והעלמות כו' כנ"ל וד"ל · וכמ"כ יובן ע"ד שהיה מצות מילה באברהם כך היא בכאו"א מישראל דצריך להסיר הערל' ממנו כשצריך להאיר בו מבחינ' הארת א"ק דווקא והיינו ביום השמיני דווקא שהוא בחי' יסוד דא"ק שהוא בחי' שרש מלך השמיני שנק' הדר כו' וכמשי"ת בסמוך בעז"ה כי דוק' לגבי הארת א"ק החיצוני' מסתירי' וצריך לכורתם ולהסירם וז"ש ביום השמיני ימול כו' וד"ל · ואמנם הנה גם בבחי' ההתגלות דאור יסוד דא"ק זה יש בו הרבה מדרגות חלוקות והוא ענין מילה ופריעה כי הפריעה הוא להסיר גם הערלה הדקה כו' והנה בהיותם במצרים לא היה מצות פריע' בבנ"י רק מילה בלבד והוא רק להסיר הערלה הגסה ביותר ולא הדקה כי ערלה הדקה לא היתה מזקת להם עדיין· והטעם הוא כי באופן בחינת התגלות דאור א"ק ביסוד הנה יש הרבה מדרגות ואם הגלוי בא ממקום ומדרגה הגבוה ביותר אזי צריך להסיר גם בחי' הערלה הדקה כי גם היא יכולה להסתיר האור כו' אבל כשאין הגלוי בא שם ממקום ומדרגה הגבוה כ"כ אזי א"צ להסיר רק בחי' הערלה הגסה בלבד אבל בחינת הערלה הדק' אינה מזקת כ"כ ובהיו' בנ"י במצרים עדיין לא האיר מבחי' פנימיות דא"ק זה ע"כ לא נצטוו עדיין על מצות פריע' אלא על המילה בלבד וזהו למנצח על השמיני' והרז"ל על המילה שניתנ' בשמיני דוקא כנ"ל· דהנה כל מה שמבואר למעלה בשרש המילה שהוא בחינת יסוד דא"ק הנה הוא בחינת מלך השמיני הנקרא הדר כנ"ל וזהו ביום השמיני ימול וזהו על השמיני' דוקא· ולהבין ביאור ענין שמיני ולמה צריך שיעבור עליו שבת א' דוקא כנ"ל הנה תחילה יש להבין פירוש למנצח נצוח זה מהו דהנה אמרו בתיקונים בפי' למנצח זה תמן מ"ל תמן נצח כו' ע"ש· וביאור זה הנה תחלה יש להבין ביאור ענין מדת הנצח דהנה ידוע בפירוש מדת הנצח שהוא רק ענף החסד בלבד ואין בו מפנימי' אור החסד כלל ועד"מ האיש העוש' חסד הנה יש בזה ג' מדריגות הא' אשר יעשה החסד ההוא בטוב טעם ודעת שמשכיל בחכמתו שצריך לעשות אותו הטוב והחסד והוא הנק' חסד שבחכ' · והב' החסד אשר אין בו הכרח וחיוב מצד השכל כלל רק מצד שטבעו מחייב ומכריח שישפיע טוב גם שהוא בלתי טעם ודעת רק מצד הטבע והוא הנקר' חסד עצמו שהוא אמצעי דקו הימין חכמה חסד נצח והג' הוא הנצח דהיינו שיעשה החסד רק מצד הנצוח והעקשות בלבד ואין בו הכרח כלל גם מצד הטבע אלא רק מצד הנצחון בלבד והוא רק ענף מחסד אשר בא מצד הטבע כו' · וזהו פי' ענין קו הימין למעלה חח"נ כו' ולכך נצח שהוא ענף החסד הרי אין בו מפנימית החסד כלל רק בחי' חיצוניות דחיצוניו' והוא מצד העקשו' והנצוח בלבד· ולפ"ז יובן למשכיל למעלה גם בבחינת נצח דא"ק הנ"ל דהיינו שהוא רק בחי' הארה חיצונית בלבד מעצמות מדת החסד שבחכמ' דא"ק כו' · והנה ידוע דכל הפרצופים העליונים מא"ק ואילך המה באים ומתלבשים זה בתוך זה דהיינו בחי' ז"ת של העליון מתלבשי' בתוך התחתון ובחי' ג"ר שבו אינו מלובש כמו ז"ת דע"י וא"א שמתלבשי' באו"א כידוע בפי' אני בינה לי גבור' דאור אימא מלבשת לבחי' גבורה דא"א ובחי' אור אבא מלביש לבחינת חסד דא"א דאור אבא בחסד אחיד ותליא כמבואר באד"ר ודרך כלל הנה או"א מלבישים לזרועות דא"א כידוע ועד"ז מאו"א לזו"נ כו' וכידוע סדרי ההתלבשות בע"ח מכל הפרצופים· אך הנה בבחי' א"ק הנ"ל אינו כן שאין התלבשות שלו בע"י וא"א וכיוצא רק מבחי' נה"י שבו בלבד ולא כל ז"ת שלו מתלבשים וכמובן למעיין בכל ציור האילן דכל הפרצופים אינם מלבישים רק לבחי' נה"י דא"ק בלבד ולא למעלה מבחי' נה"י דהיינו שגם חג"ת שבו אינם מלובשים ומובדלים מבחינת השתלשלות והתלבשות · והטעם הוא לפי שמגודל עוצם רוממות הבדל ערכו מהיו' גם בחי' מקור ושרש להשתלשלו' כנ"ל שהרי הוא הנק' בחי' רצון הפשוט כו' א"כ לא יוכלו לקבל ממנו רק בחי' חיצוניות דחיצוניות שבו בלבד והוא רק להלביש בחי' נה"י שבו בלבד אבל לבחי' חג"ת שבו לא יוכלו כל הפרצופי' לקבל אפי' בחי' ע"י כו' וכמ"ש בשער הכללים בהתחלתו דרק מבחי' מל'

מ"ל דא"ק נעשה בחינת ג"ר דע"י כו' ע"ש וע"כ מבחינת א"ק א"א לבא לידי גילוי להתלבש בנאצלים רק מבחי' נצח שבו בלבד שהניצוח הוא רק ענף חיצוני מבחי' פנימית החסד שבחכמה כו' כנ"ל וד"ל · ואמנם הנה אע"פ שהנצח הוא מדרגה היותר אחרונה כנ"ל מ"מ הנה יש בניצוח מעלה יתירה עד שמגיע בבחי' פנימיות דא"ק הנ"ל דוקא ויובן זה עד"מ בניצוח שבאדם התחתון דהגם שאינו אלא מחיצוניות החסד אך מצד עצם מדת הנצוח והעקשות שרשו הוא מגיע בבחי' פנימיות ועצמות הנפש גם למעלה מן החכמה והוא שמגיע בבחי' רצון העצמי הנק' רצון הפשוט הנ"ל שהרי הנצוח בא למעלה מן הטעם והדעת שאע"פ שהשכל יגזור בהיפך יעמוד כח הנצחון ויגבור על השכל והוא מצד כחו מבחי' רצון העצמי כו' שלמעלה מן החכ' · ועד"ז יובן מ"ש בבכ"י כי עם קשה עורף הוא וע"כ וסלחת שהסליח' ברצון הפשוט הוא כידוע ומבואר בת"א בפי' כי עמך הסליחה כו' וזהו מצד כי עם קשה עורף הוא שהעקשו' מגיע לשם כו' וד"ל · ועם כ"ז יובן מה שאנו רואים שהתינוק אע"פ שיגדל מעט ויוכל לדבר לא יכול להלוך עדיין ברגליו אע"פ שברגל הוא כח חיצוני בהילוך לבד ולמה יבוא כח זה אחרון ביותר גם אחר הגדל' אור השכל בדבור כו' · אך הענין הוא לפי ששרש ההילוך הוא מגיע בבחי' עצמות הנפש שנק' יחידה יותר גם מן החכמה לפי שההילוך ברגל ורגלים נק' נצח והוד כידוע שנק' נצח והוד תרין ירכין וכדי שיהיה בנו"ה כח ההילוך מוכרח שיגיע זה מבחי' עצמות אור הנפש שלמעלה גם מן המוחין שברא"ש· וע"כ הגם שכבר נשלמו מוחין דיניקה וגדלו כל האברים בפעולתם עדיין פעולת כח ההילוך לא יבוא מצד ששרשו הוא יותר עליון ובא יותר באחרונה והיינו מטעם שכל הגבוה גבוה יותר הוא בחיצוניות ובאחרונה יותר מכולם כו' וד"ל · ובזה יובן קצת בדוגמא שבבחי' נצח דא"ק ג"כ שרשו מגיע בבחי' פנימיות דא"ק שלמעלה גם מבחי' החכמה דא"ק מטעם משל הנ"ל · וזהו תמן מ"ל תמן נצח כי בניצוח דא"ק דוקא אזי מתגלה בחי' פנימיות דא"ק הנק' בעל הרצון כנ"ל בבחי' יסוד דא"ק שהוא בחי' שרש מילה שהוא באותו מקום כו' שהוא בחי' גילוי עצמות התענוג והרצון הקדוש והן ה"ח שמתגלים בפי יסוד דוקא במילה ובא"ק שבחי' חג"ת שבו מגולים יש ז' חסדים וכל אחד ואחד כלול מי' ועולה מספר שבעים · וזהו פירוש מ"ל שעולה ע' (וגם הוא לשון מלילות ולשון כריתות כמ"ש כי אמילם כמ"ש בת"א וד"ל) · וזהו שארז"ל למנצח על השמינית שאמר דוד מזמור זה כשראה עצמו ערום במרחץ וכיון שראה את המילה נתישבה דעתו ואמר שירה כו' ולא אמר שירה אלא על שניתנה בשמיני דוקא · וזהו על השמינית כנ"ל משום דהנצח דא"ק גורם בחי' הפנימית דא"ק שמתגלה במילה ביסוד דא"ק והיינו בחי' הארת שם מ"ה החדש שהוא מקור כל בחי' התיקון כנ"ל ולכך מצות מילה דוחה שבת כשהיא בשמיני דוקא מטעם

שהוא בבחי' יסוד דא"ק שמתגלה שם הארה מבחי' פנימיות דא"ק כנ"ל אשר הוא למעלה גם מעיקר שרש השבת וע"כ כל מלאכות שבמילה הותרו בשבת כידוע · וזהו ביום השמיני ימול וארז"ל כדי שיעבור עליו שבת אחת כנ"ל · ולהבין ביאור זה יש להקדים תחלה מה שארז"ל במדרש ששאל מין אחד לר"ע מאחר שבשבת אסור לעשות כל מלאכה כמ"ש ויום השביעי שבת להוי"ה כו' א"כ למה הקב"ה מוריד גשמים בשבת ומצמיח עשבים ותבואות ופירות כו' והשיב משל לשתי חצירות שאם דרים ב' אנשים צריכין עירוב אבל אם הם של אחד ואין דר בהם אלא אחד א"צ עירוב כו' וכך הקב"ה כל העולם כולו שלו הוא כו' ע"ש באורך · והנה לכאורה התירוץ הזה פלא הוא דאין זה ענין כלל לתרץ את קושייתו למה הקב"ה עושה מלאכות בשבת דגם אם כל העולם שלו הלא נאמר ויום השביעי שבת גם להוי"ה כו' · אך הנה להבין זה התירוץ יש להקדים תחילה בשרש ענין השבת שהוא בחי' עליות העולמות כידוע שאין הכונה בעלי' זאת בבחי' עליי' בחיצוניות העולמות אלא רק העלי' בפנימיות העולמות אבל בחיצוניות העולמות אין עלי' כלל וכלל בשבת וכמו שידוע בפע"ח בב' ימים דר"ה שיום הא' עליי' בפנימיות ויום הב' עליי' בחיצוניות אבל בשבת אין עליות העולמות דרך כלל רק בבחי' פנימיות ולא בחיצוניות כלל · ויובן ענין פנימי' וחיצוני' ע"פ הנ"ל בענין ו' ימי החול עם השבת שהוא ע"י ענין הבירורים דל"ט מלאכות בשם ב"ן דתהו כו' ימות החול הרי מי שטרח בע"ש יאכל בשבת שהוא ענין המשכת שם מ"ה ממוחין דאו"א בבחי' עונג העליון וכנ"ל בפי' וירא אלקים את כל אשר עשה כו' ויכולו כו' והיינו בחי' עליות העולמות בבחי' הפנימיות בלבד כמו ע"י המאכל שמתברר ועולה למוח וממשיך עונג בנפשו שלמעלה למטה כו' שכ"ז השינוי אינו אלא בבחי' פנימיות האברים בלב ומוח כו' אבל בחיצוניות האברים אין נראה שינוי בעילוי כלל כו' וכך כל בחי' העליות גם דרך פרט כמו בריאה שעולה באצילות ואצילו' לאו"א ועוד למעלה עד שנמשך אתעדל"ע בבחי' עונג העליון כו' כנ"ל הכל הוא רק בבחינת הפנימיות של כל העולמות אבל בחיצוניות אין נראה כלל עליי' ע"י בחי' הברורים דימות החול אלא לעתיד דוקא שיהיה בחי' עליית עולמות גם בבחינת החיצוניות שלהם כו' אבל עכשיו אין הפרש כלל בחיצוניות העולמות בין ימות החול ליום השבת כי הרי אין בחי' הבירורים דימות החול עושה שינוי לעליותא כלל בחיצוניות כו' · וא"כ יובן שבחיצוניות העולמות אין שם בחי' התיקון והוא להיותו למעלה מבחי' התיקון והתהו כו' והיינו מטעם הנ"ל לפי שהארת א"ק מתפשט בעולמות בחיצוניות שבו בלבד והם בחי' נה"י דא"ק בלבד · וכידוע דכל הפרצופים מע"י וא"א עד רגלי העשיי' כולם מלבישים לבחינות נה"י דא"ק בלבד עד שבחי' תחתית העקב דא"ק הוא ראש העשייה כי ג' פרקין דעקב א"ק המה בבי"ע וב' פרקין העליונים המה באצי' כו' וכמ"ש בע"ח · והנה הגם

שיש בחי' פרסא בין כל עולם ועולם מד' עולמות דאבי"ע וא"א דאצילות מסתיי' נה"י שבו בפרסא שבין אצילות לבריאה וכו' אבל בחי' נה"י דא"ק מגיעים עד סוף העשייה שעומד בתחתית עקבו כנ"ל וכל זה להיות כי בחי' א"ק מובדל ומרומם בבחי' פנימית שבו גם מהיות מקור לכל ארבע העולמות כנ"ל אלא רק בבחי' חצוניות נה"י שבו נעשה להם בחי' מקור וגם בזה הוא למעלה גם מכל בחי' התוהו ותיקון כו' כי מתפשט לכולם בהשואה אחת שוה ומשוה קטן וגדול וע"י סוף עקבו מגיע בראש העשיי' וראש העקב באצילות וא"כ האצילות והעשיי' אין בערך אחד לפניו כי לכולם משפיע רק בבחי' חצוניות ובחיצוניות אין הפרש בין עליון לתחתון כנ"ל · וא"כ יובן דלגבי בחי' חיצוניות דא"ק שוין הם ימות החול עם יום השבת שהרי מה שהשבת נק' בחי' תיקון דשם מ"ה דאו"א כנ"ל הוא רק בבחי' עליות פנימיות העולמות אבל בחיצוניות הנה כולם מקבלים בהשואה א' מחיצוניות דא"ק כנ"ל ואין שם הפרש כלל בין שבת לחול אחר שהאצילו' והעשייה שוין שם כנ"ל· ואין בחי' הבירורים מגיע לשם כלל לעשות שם שינוים באיזה עליות ותוספת אור כו' מטעם הנ"ל וד"ל · ויובן דבר זה יותר בתום' ביאור ע"פ משל גשמי דהנה אנו רואים באדם התחתון שבבחי' פנימיות האברים שבאדם כמו המוח והלב וכיוצא יש הפרש גדול במעלה ומדריגה זה למעלה מזה עד שנמצא המוח יותר גדול במעלות הדקות והרוחניות והלב נמוך ממנו והכבד יותר נמוך והקרביים יותר נמוכים במדריגה וכו' עד הרגלים שהן יותר נמוכים מכל האברי' וכן בהחושי' כח הראיה ושמיעה ריח ודיבור לכולם יש הבדל והפרש מה שיש בזה אין בזה כו' והנה הנה כולם מתלבשי' באברי' גשמיים כמו כח הראי' בעין הגשמי והשמיע' באוזן הגשמי וכיוצ' בזה הדבור בפה בשפתיים הגשמיים ובראש המוח הוא כלי גשמי גם הוא להשכל שבתוכו וכן כחות הנפש עד הרגלים כו' כידוע· והנה כשאנו מדמין הפרש המעלה מן אבר לאבר זולתו אין הדמיון רק בבחי' פנימיות דהיינו רק בבחינת אור רוחני המלובש בכל אבר ואבר · ואמנם כאשר נביט אל עצם האבר והוא הגשמתו שהוא רק כלי לאור וחיות שבתוכו הנה לא נמצא שום הפרש בין האור וחיות כמו ערך כח הראי' אשר בעין אל הדבור אשר בפה שנאמר שכח הראות יותר דקה ברוחניות מכח הדבור המורגש וכיוצא·וכן עד"ז כשאנו מדמין כח הדבור שבפה עם כח הריח אשר בחוטם וכן על דרך זה באברים הפנימים וחיצונים המשתנין כל אחד ואחד לפי מזגו וטבעו אין הדמיון רק בבחי' פנימיות דהיינו בבחינת אור וחיות רוחני המלובש בכל אבר ואבר · ואמנם כאשר נביט אל עצם האבר והוא הגשמתו שהוא רק בחי' כלי לאור וחיות שבתוכו הנה לא נמצא שום יתרון מעלה מאחד על זולתו ולכולם יש ערך א' כמעט כמו כלי העין הגשמי עם השפתיים הגשמיים כמעט שהן בערך הגשמה אחת אלא שהעין ספירי יותר ואמנם מציאות א' לשניהם בשוה והוא העור אלא שזה דק וזה גס וכן המוח שבראש גשם

הוא אלא שדק בגשמיותו יותר וכן האברים הפנימים בהגשמתם ערך א' לכולם אלא שמחולקים בבחינת פנימיות האור והחיות שבהן שיש בהן הבדל רב וכל זה ג"כ אינו אלא באברים הפנימים כמוח ולב וכו' אבל באברים החיצונים כידים ורגלים וראש הנה אנו רואים שהעור הקרום על כולם צורה אחת לו ואין בעור שינוי כלל וכלל בין עור שעל הראש ובין שעל הרגל כו' וד"ל· והנמשל מכ"ז יובן למעלה בבחי' חיצוניות העולמות כולם המקבלים בהשוה א' מא"ק ואין הפרש בין ראש לרגל כו' וזהו הטעם שלגבי א"ק שוין אצילות ועשיה כנ"ל וד"ל · ובכ"ז יובן התירוץ הנ"ל דמה שהקב"ה שהוא בחי' א"ק מוריד גשמים בשבת ומצמיח התבואות לפי שכל העולם כולו שלו כנ"ל פי' ע"ד דמיון כל אברי האדם שכלולים בהשוה אחת מצד בחינת החיצוני' אלא שבבחי' הפנימיות המה מחולקים ויש בהם עליות וירידות כנ"ל שהוא משל ענין הברורים דחול לגבי שבת כנ"ל · אבל לענין בחי' החיצוניות הרי הראש והרגל שוין כנ"ל ואין הפרש בין חול לשבת כלל לגבי א"ק בחיצוניות כו' וזהו מאמר שכל העולם דאבי"ע שלו בלתי יש הבדל מדרגות כלל ואין זה אלא כא' שדר בב' חצירות כנ"ל ומה שמחול לשבת יש עליות מפני הבדל מדריגות האור והחיות שבאברים מלב למוח וכיוצא ה"ז כמשל ב' בנ"א שצריכין עירוב כו' וד"ל · ובכ"ז יובן הטעם שמילה דוחה שבת לפי ששרש בחי' מילה הוא בחי' יסוד דא"ק שמתגלה שם מבחי' עצמות דא"ק ואין שם הפרש כלל בין חול לשבת וכמו שמוריד גשמים ומצמיח תבואות בשבת מטעם הנ"ל כך מותרים כל המלאכות במילה בשבת · אלא שבמלאכות דחול הטעם הוא מצד בחינות חיצוניות דא"ק שאין שם בחינות הבירורים · ובמילה הטעם הוא מצד בחי' פנימיות א"ק שמתגלה ביסוד כמשל באדם שהמילה הוא באבר התענוג וכנ"ל בפי' תמן מ"ל כו' ואמנם לענין שבת שניהם שוין שהמלאכה מותרת עכ"פ וד"ל · ועכ"ז יובן מה שארז"ל על המילה שניתנה בשמיני שיעבור עליו שבת א' היינו כל ז' הימים ובבהמה לא כתיב רק ז' ימים אבל באדם מפורש דווקא ביום הח' לפי שהאדם הוא בחי' א"ק שהוא למעלה מכללות ענין החול והשבת כנ"ל והיינו בחי' אתעדל"ע שבאה מצד עצמות התענוג הפשוט המתגלה ביסוד דא"ק משא"כ בשבת שהוא אתדל"ע שאחר אתדעל"ת דחול כנ"ל להיות כי בחי' יסוד דא"ק הוא בחי' שרש כל התיקון והוא מלך השמיני הנק' הד"ר שלמעלה מן השבירה והתיקון כנ"ל וע"כ לא אמר דוד שירה אלא על שניתנה בשמיני דווקא אבל אם היתה בשביעית לא הי' אומר שירה כלל מטעם כל הנ"ל וד"ל :

בעת ההיא אמר ה' אל יהושע עשה לך חרבות צורים ושוב מול את בני ישראל שנית וכו' כי מולים היו כל העם היוצאים כו' עד ויאמר ה' אל יהושע היום גלותי את חרפת מצרים מעליכם

ויקרא

ויקרא שם המקום ההוא גלגל עד היום הזה ·

הנה מ"ש מול את בנ"י שנית משמע שכבר נימולו בראשונה ועוה לו למולם פעם שנית וזה פלא · ועוד דזה סותר למ"ש וכל הילודים בדרך לא מלו כו' · אך הענין הוא דבמצות מילה יש ב' דברים מילה ופריעה ומצות פריעה עדיין לא ניתנה ליוצאי מצרים ומ"ש כי מולים היו כל העם היוצאים היינו רק מילה לבדה וגם הילודים במדבר לא שהיו ערלים לגמרי אלא שלא היה בהם פריעה ומל ולא פרע כאלו לא מל ע"כ אמר וכל העם הילודים במדבר בדרך כו' לא מלו וד"ל · אך א"כ קשה רישא לסיפא דרישא קא' כי מולים היו כל היוצאים משמע דחשיב מילה גם בלא פריעה ובסיפא קא' וכל הילודים בדרך לא מלו משמע דמילה בלא פריעה לא חשיבא מילה כלל · ועוד יש להבין בעיקר הענין הזה למה במצרים לא היה רק מילה לבדה וליהושע נצטוה למולם שנית שהוא מצות פריעה והלא עיקר מצות מילה לאברהם נאמרה והוא מל ופרע כידוע · ועוד י"ל מ"ש היום גלותי את חרפת מצרים מעליכם והלא מולים היו רק שלא הי' בהם פריעה ועוד למה אמר מעליכם דווקא דמשמע דביוצאי מצרים לא היה עליהם חרפת מצרים הרי גם הם היו נימולים בלא פריעה ולמה עשה הפרש ביניהם לכאורה וד"ל · אך הנה כ"ז יובן בהקדים מ"ש שמש בגבעון דום וירח בעמק כו' עד וידום השמש והירח עמד עד יקום גוי אויביו כו' ויש להבין מה ענין שידום השמש עד שיקום גוי אויביו דווקא וכי יתכן לומר שאם לא ידום השמש לא היה גוי יקום אויביו מה ענין זה לזה לכאורה והלא לא מצינו בכל מקום שיהיה שייכות לניצוח מלחמה בשמש וירח להעמידם כו' · והנה להבין שרש ענין הערלה המכסה על הברית יש להקדים תחלה בשרש ענין בחינות ההשתלשלות מרוחניות וגשמיות כמו שאמרו שאין לך עשב שאין לו מזל כו' וכך כל הנמצאים של כל חלקי דצ"ח מקבלים חיותם ממזלות הקבועים ברקיע וכמו שאמרו מזל מחכים מזל מעשיר כו' וכמ"ש בע"ח בסופו דגלגל הירח וגלגל השמש הם מגדלי' כל הנמצאי' שבחלקי דומם צומח חי וכמו שנ' ממגד תבואות שמש וממגד גרש ירחים כו' הרי התבואו' גדלים מחום השמש וכמה מיני זרעים שגדלים מן הירח וכמו שאמרו שהירקות גדלים מן הירח לפי שהקרירות מן הירח ודברים שגידולן מן הקרירות כירקות וכה"ג גדילים מן זריחת הירח ודברי' שגידולן מן החום גדילים מחום וזריחת השמש · וכיוצא בזה רוב גידול חלקי דצ"ח ע"י כחות רוחניים שנמשכים שרש פעולתם בגשם מן השמש והירח והמזלות ולזאת היה כל עיקר ע"ז בדורות הקדמונים לשמש וירח ולכוכבים ומזלות וכל צבא השמים וכידוע בענין ע"ז דבעל ואשרה בימי אחאב שהן השמש והירח כי השמש הוא בחי' דכר והירח בחי' נוקבא והוא הנק' אשירה כו' · לפי שדורות הראשונים היו משיגים בתוקף כח פעולת ההשפעה לכל חלקי העולם שהוא ע"י השמש וירח וכו"מ ע"כ היו עובדים להם וכמ"ש אשר חלק ה' אותם לכל העמים כו' רק ישראל עם קרובו הבדיל לגורלו וחלקו כי חלק ה' עמו וכו' ולזה אמרו אין מזל לישראל וכידוע וד"ל · והנה ידוע דהשמש בהילוכה הוא סובב והולך וסיבובו הוא ענין השתחוואה בבחינת ביטול גדול כי הנה ידוע בספרי התכונה בגודל גוף השמש שרחבו י"א אלפים פרסאות כו' ובסיבוב א' הולך כמה רבבות אלפים פרסאות עד אשר ערך מהלך ת"ק שנה סובב בכ"ד שעות היום כו' ולא ידעו טעם סיבובו במהירות עצומה כ"כ כ"א שזהו בחי' השתחוואה שלו בביטול גדול ונורא · כי הנה ידוע שיש לשמש חומר וצורה גוף ונפש וגופו סובב בהשתחווא' גשמיי' לפי שנפשו הרוחנית משתחוה בהשתחוואה רוחנית ע"ד השתחוות האדם בראשו הגשמי מפני השתחואה רוחנית שבשכלו ונפשו כו' והנה השתחואה זו גורמת בחי' המשכה והשפעה מלמעלה למטה והן הן כל ההמשכות שפע גשמי שבחלקי דצ"ח שנמשכו מן השמש בשעת סיבובה דווקא ואע"פ שההשתחוואה הזאת הוא בחינת ביטול העבד לגבי אדוניו ואיידי דצריך למבלע לא פליט כידוע מ"מ אדרבא היא הגורמת ההשפעה למטה דווקא · ויובן זה ע"ד בחינת השתחוואה שבח"י ברכות ש"ע כידוע בענין הכורע כורע בברוך וזוקף בשם שאע"פ שכריעה זו היא בחי' ביטול עצמותו לגמרי מ"מ מתנה וע"י דווקא נמשך שפע למטה שהרי הכריעה היא בברוך דווקא וידוע שברוך הוא בחי' המשכה ושפע מלמעלה למטה ולכן גזרו אומר שהכריעה תהיה בברוך דווקא והזקיפה מלמטה למעלה בשם לפי שע"י הכריעה דווק' נמשך השפע הנק' ברוך · והטעם היא לפי שבכריעה כופף ומרכין ראשו למטה מטה וא"כ גם שזהו בחי' ביטול לגבי העליון הימנו אבל הרי זה בחינת המשכה ושפע מתוחים שבראשו למטה לגבי התחתון הימנה · וע"כ כל השתחואה שבח"י ברכות הן בחי' המשכות למטה דווקא וכמ"ש במ"א שהן ממש כדוגמת בחי' השתחואה וכריעה שבאדם העליון שע"ג הכסא כשכורע בברוך כמו שאמרו מנין שהקב"ה מתפלל כו' שהן הן עיקר ומקור הברכות וההמשכות מאצילות לבי"ע כו' וד"ל · (ומש"א איידי דצריך למיבלע לא פליט כלל למטה זה בחי' העליון שבטלול שדבוק בעילתו למבלע כו' והוא בחי' הנפש שבו אבל חצי התחתון שבו אדרבה נמשך למטה למקבל הימנו מאותו הכח שמקבל הוא מעליון הימנו וכמו הלבנה שחציה השניה מאיר לארץ ולדרים והחציה שכלפי השמש חשוך וכמ"ש במ"א וכך הוא ההשפעה מן ההשתחוואה גשמי דוקא ולא מן הרוחני והוא כמו הכריעה שבח"י חוליות גשמי ולא מבחי' הרוחנית שלהם כו' דהיינו מבחינת הכלים ולא מבחינת האורות ואע"פ שהאור היפוך הכלי מ"מ הוא הנותן כח לירידת השפע מבחי' הכלי אשר ע"כ השמש בסיבובו דווקא משפיע לפי שנפשו אומר שירה בבחי' ביטול גדול צריך למבלע כו' כמבואר דבר זה בנ"א וד"ל

וד"ל) · וכך יובן בהשתחואת השמש שע"י השתחואה זו דוקא נמשך כל מיני שפע חיות לדל"ת כי בשעת השתחואה זו מקבל חיות לעצמו בבחי' ביטול גדול וטריד למיבלע כו' והוא ענין השירה שאומר נפש גלגל השמש בצאתו כמ"ש וצבא השמים לך משתחוי' ובשע' השתחוא' שלהם אומרי' שירה בקול רינה גדול' כמ"ש ברן יחד כוכבי בקר כו' ובשעת השתחואה בשיר נמשך אז שפע למקבלים כדוגמת השתחואה בח"י ברכות ש"ע כנ"ל וד"ל · וזהו ענין טעות דורות הראשונים בעבדם לשמש וירח וכל צבא השמים כמו דורו של אחאב וכה"ג לפי שראו שכל בחינת שפע למטה בגשמיו' נמשך ע"י צבא השמים והגם שידעו היטב שמשתחוים תמיד ועי"ז דווקא נמשך להם כח זה להשפיע וכמ"ש וכל צבא השמים לך משתחוים וכנ"ל בהשתחוואת השמש מ"מ מפני שחשקו בהמשכה גשמית דווקא עבדו להם גם שידעו שמקבלים מאור האלקי המאיר בנפשם וצורתם בבחי' ביטול גדול כנ"ל ולכך הוכיחם אותי עזבו מקור כו' · ואמנם עדיין אין זה מובן איך עשו את הטפל עיקר מאחר שידעו היטיב שכל צבא השמים אינם רק כמו הגרזן ביד החוצב כו' · אך הענין הוא שזהו כמו שאוה"ע עכשיו קרו לי' אלקא דאלקי' כו' ואעפ"כ משתחוים ועובדים לכל צבא השמים כו' לפי שאומרי' עזב ה' את הארץ ביד השרים העליונים כו' לפי שאור אלקי מסתתר ומתצמצם בתכלית ההסתר בהארתו בצבא השמים והוא ענין שם אלקים המצמצם וכמ"ש מלך אלהים על גוים כו' כידוע · ומגודל ההסתר יכול להיות קצת בחינת יש נפרד בחיצוניות הכלים שלהם והוא מה שנראין צבא השמים לבחי' יש ודבר בפ"ע כאלו כחם עצמיו' הוא שהרי לא נגלה לעיני בשר בחי' ביטול נפשם וצורתם כלל כו' אשר ע"כ יצא טעות באנשי' לעבוד לאומר השמש והירח כו' (וכמ"ש במ"א שאם היה הביטול גדול גם בחומרם לא היו עובדים להם וכמשל העבד שעומד בביטול גדול לפני אדונו שא"א שיקבל השתחואת אדם בעת עמדו וכו' וד"ל) · ובכל זה יובן מ"ש הודו לאלהי האלהים כל"ח כי הנה אלקים הוא לשון רבים כמ"ש אשר נגלו אליו האלקים כו' · ושרש ענין אלקים הוא לשון כח ומקור המחיה ומשפיע כמו יש לאל ידי כו' אילי הארץ כו' · ואלקים לשון רבים היינו ענין רבוי כחות אלקית המשפיעים ומהווים כו' · וזה פלא לכאורה שהרי הוא ית' אחד פשוט בתכלית ואיך יסתעף הרבוי מן האחדות הפשוט שזהו מן הנמנע כמ"ש בספרי הפלסופים הראשונים · אך הענין הוא שזהו מ"ש בכמה מקומות כי ה' הוא האלהים להורות על בחי' רבוי דשם אלהים שאינו נפרד כלל וכלל מבחי' האח"פ דשם הוי"ה אלא אדרבא בחי' אחדות דהוי"ה הוא העושה לבחי' הרבוי דשם אלהים וכלא חד ממש וגם לאחר שנעשה בחי' הרבוי ע"י שם אלהים ה"ז עומד בבחי' היחוד האמתי דשם הוי"ה ממש כמו שאין כאן בחי' פירוד ורבוי כלל וכלל כו' וד"ל · ולהבין זה יש להקדים מ"ש שאו מרום עיניכם וראו מי ברא אלה

וידוע דאלה לשון רבים שהוא בחי' התחלקות השפע לחלקים רבים ומי אלה אותיות אלהים וו"ש פלג אלהים כו' שנפלג מי מאלה וע"כ אלהים לשון רבים והוא בחי' ה"ג המחלקות ומפרידות לצמצם אור השפע לחלקים רבים כי עצם השפע בלתי מחולק לחלקים נפרדים להיותו בחי' חסד פשוט אך ע"י בחי' הגבורות מתחלק ברבוי כלים מכלים שונים · ויובן דבר זה עד"מ חבית המלאה ביותר שעושין צנורות שיומשך ויושפע דרך הצנורות לכלים רבים מאד וכל צנור מצומצם כפי מדתו לבד ע"כ ממילא יחולק השפע לרבוי כלים קטנים ביותר אבל אם לא הצנורות לא היה מתחלק השפעת המים מהחבית עצמה לכלים קטנים אלא היה שוטף בבת א' כו' ויש כאן ב' צמצומים א' צמצום השפע דרך הצנורות והב' צמצום קבלת השפע בכלים קטנים וא"א לומר שקילוח שבצנור צמצום גמור הוא מצד עצמו הגם שקצר מהכיל הרבוי אבל עיקר הצמצום הוא בכלי' שמצטמצמים בו והצנור אינו אלא כלי לעבור בו המים אשר ע"כ א"א לומר על הצנור שמשפיע מים כי אינו מהוה אותם כלל רק שבו יעברו כו' · וגם צמצום הב' בקבלת הכלים הקטנים גם שקצרים מהכיל אין זה מצד עצמם רק מפני צמצום קילוח המים שבצנור שנתחלקו המים ונצטמצמו ברבוי צנורות כו' ונמצא כל ההתחלקות שבצנורות וכלים אינו רק התחלקות המים מצד עצמו וא"א להם להתחלק רק כפי עצם מהותן אם רב או מעט ואם אין להם סוף בעצם כמו מי התהו' גם בחי' התחלקותן בצנורות וכלים כמו גידי הארץ שבהם נובעים מי התהו' כידוע דארעא חלחולי מחלחלא גם להם אין סוף להתחלקותן ברבוי כלים לאין שיעור מפני שעצם השפע בלתי מוגבל כו' · והנמשל מכל זה יובן למעלה במ"ש כי הוי"ה הוא האלהים דאלהים הוא בחי' ה"ג המצמצמות ומחלקו' אור שפע החסדים עליונים דשם הוי"ה כידוע דשם הוי"ה דאצילות היה הוה ויהיה שהוא כולל כל המשכה ושפע האלקית בלתי מוגבל ומתחלק כלל כי הרי הוא הארת אור השפע מאור א"ס הבלתי מוגבל בעצם אין לו תחלה כו' ולא היה מציאות שפע מיוחדת נמשכת בבחי' גבול וצמצום כמו המלאכים דבי"ע מהלך ת"ק שנה כו' · אך ע"י בחי' שם אלהים מתצמצם אור זה ובא לחלקים מצומצמים מאד מאד כמו משל צמצום המים דרך הצנורות כנ"ל והן הן האותיות והצרופים דשם אלהים שהן כמו הצנורות שמצטמצם בהם אור חסד העליון ונקראו צנורי השפע ובאים לידי צמצום גמור לרבוי כלים מכלים שונים שהן צירופים רבים דשם אלהים שיש ק"ך צירופים בשם אלהים וכמ"ש בס"י ה' אבנים בונות ק"ך בתים המליך אות ה"א כו' מכאן ואילך צא וחשוב עד אין שיעור כו' לפי שאין שיעור לרבוי התחלקות השפע האלקית ע"י שם אלהים ברבוי כלים לאין קץ כו' מפני שאור השפע האלהית שבאצי' שהוא מהארת אור א"ס הוא בלתי בע"ג בעצם וכמשל מי התהום שמתחלק לאין שיעור כנ"ל (וכמ"ש במ"א בענין גדול אדונינו ורב כח כו' וכענין המאמר לגדודיו אין מספר כו'

כו') אבל עכ"פ מובן מכ"ז שהרבוי צרופים דשם אלהים אינו נפרד כלל מבחי' האחדות דא"ס שבשם הוי"ה היה הוה כו' כמו שא"א לומר שצמצום הצנורות הן דבר בפ"ע אלא הן רק כלי לעבור כנ"ל אבל עיקר התחלקות וצמצום ברבוי חלקים כ"כ אינו רק מצד צמצום שפע הילוך המים עצמן שמתצמצמין בצנורות כנ"ל · וכמ"כ יובן למעלה שהרבוי התחלקות השפע בצרופים דאלהים הכל הוא משם הוי"ה עצמו שמתצמצם בשם אלהים ושם אלהים המצמצם אינו אלא בחי' כלי שע"י מתצמצם כו' ונמצא בחי' האחדות הוא העושה את הרבוי וכולא חד וגם לאחר הצמצום והרבוי ה"ז עומד בבחי' היחוד דשם הוי"ה מאחר דמה שאין שיעור להרבוי הרי הוא בא רק מבחינ' של אין סוף דבשם הוי"ה דווקא כמובן מכל הנ"ל וד"ל · וזהו הודו לאלהי האלהים כל"ח וי"ל איך אמר כל"ח מאחר שאלקים הוא בחי' צמצום כידוע · אך הענין הוא כנ"ל דה' הוא האלקים שבחי' הצמצום דשם אלקים הוא הנעשה דוקא מבחי' שם הוי"ה והוא הנק' אלהי אלהים מקור הצמצום הראשון דשם אלקים כי שם הוי"ה עצמו הוא בחי' אור חסד עצמי פשוט בלתי מוגבל ומתחלק כלל רק בחי' הגבורה שבחסד זה הוא המקור להתחלקות בצינורות דשם אלהים · וזהו רק מצד בחי' הטוב להטיב למקבלים שא"א שיומשך להם רק בבחי' צמצום כידוע ע"כ זהו עיקר החסד וז"ש כל"ח שע"י אלקי אלקים דוקא בא אור חסדו הפשוט לעולם הגבול וע"ז תוסד כל עיקר ענין כ"ו כל"ח שהם צמצומי אורות החסדים העליונים דשם הוי"ה ג' כ"ו שבוקעים ומאירים בשם אלקים כדי להיות לעולם חסדו וד"ל · ועם כל הנ"ל יובן ענין ל"ב ויאמר אלקים שהם ל"ב כ"ח כידוע כי הנה אמרו דבראשית נמי מאמר הוא והוא מאמר אחד הכולל עשרה מאמרות ונחלקים לי' כו' ופרטי התחלקות הוא לל"ב נתיבות כו' · וביאור דבר זה ידוע דבראשית הוא בחי' החכמה שנקרא ראשית שכולל כל התהוות הבריאה אח"כ בפרטיות וכל פרטי המאמרות אינו רק כמו פרט המוציא מן הכלל וכמשל צירופי אותיות הדיבור שנמשכים מן השכל שבמוח וכן בדבר ה' שמים כו' · וה"ג מנצפ"ך המפרידים הקול הן הנה בחי' ה"ג דשם אלהים כידוע · וזהו בראשית ברא אלהי' כו' מה שאלהים בחי' צמצום והתחלקות שבדבור ברא את הכל היינו ע"י בראשית בחכמה משום דאבא יסד ברתא כידוע ובחכמה שבמוח כולל כל פרטי האותיות שבדבור וממנו דוקא בא ההתחלקות · וכללות ההתחלקות שמתחלק מן החכמה הן ל"ב נתיבות לפי שבמוח יש ל"ב חדרי' כידוע דד' מוחין חו"ב וחו"ג כ"א מתחלק לח' וידוע שכל התחלקות הוא ע"י שם אלהי' כנ"ל וגם שעיקר החכמ' הוא בשם הוי"ה דוקא כמ"ש ה' בחכמה כנ"ל והיינו היו"ד דשם הוי"ה כנ"ל כידוע מ"מ בחינת התחלקות נתיבות מצומצמות כדוגמת הצינורות הנ"ל הוא ע"י בחי' שם אלהים שבהוי"ה דחכמה והן ל"ב ויאמר אלקים שמתחלק כ"א לדבר התהוות בריאה מיוחדת מצומצמת כמו ויאמר אלקים יהי אור הרי שם אלקים זהו צמצום וחלק קטן הנבדל מאור השפע הכלליות שבשם הוי"ה דחכמה להוות רק את מציאת האור כנ"ל וכן ויאמר אלקים יהי מאורות או תדשא הארץ וכה"ג בכל פרטי התחלקות הל"ב ויאמר אלקים שהן ל"ב פרטים יוצאים מצומצמים מן הל"ב שבשם הוי"ה דחכמה שבה שורה אא"ס עצמו כמ"ש ה' בחכמה כו' ונמצא של"ב ויאמר שהן ל"ב כ"ח הוא כדוגמת משל הצינורות הנ"ל וד"ל · ואחר כ"ז יובן בתוס' ביאור ענין הנ"ל בהילוך השמש וסיבובו בהשתחואה שאז הוא בחי' משפיע למטה כנ"ל להיות ידוע בפי' כי שמש ומגן הוי"ה אלקים דשם אלקים מצמצם ומסתיר על שם הוי"ה כדי שיבא אור השפע בצמצום ורבוי התחלקות כנ"ל וכמ"כ השמש ומגן שגופו וחומרו של גלגל השמש הרי הוא כמו נרתק ומגן להעלים ולהסתיר עצם אור עצם נפשו וצורתו הרוחנית כמו גוף האדם לגבי נפשו · והיינו לפי שנפש השמש מקבל מבחי' שם הוי"ה עצמו ע"כ הוא בבחי' ביטול גדול כנ"ל וכמ"ש וצבא השמים לך משתחוים בהשתחואה רוחנית כנ"ל אבל הנרתק והכלי שלו מקבל משם אלקים המצמצם ע"כ הוא נראה לבחי' יש ודבר מה לגבי שלמטה הימנו כנ"ל כי ע"י הצמצום וההסתר נמשך להיות קצת יש ופירוד עד שטועים האנשים לעבוד לשמש ולירח כנ"ל לפי ששם אלהים מלך על גוים כנ"ל ולעתיד דכתיב ונגלה כבוד הוי"ה דוקא לפי שיוסר בחי' הצמצום דשם אלקים המעלימו כו' ע"כ אמרו דלעתיד דוקא הקב"ה מוציא חמה מנרתקה משום שנא' כי שמש ומגן הוי"ה אלקים שניהם ענין א' הוא כנ"ל וד"ל · והנה מבואר למעלה שעיקר הסיבה להתקבלות השפע למקבלים למטה הוא ע"י בחי' הצמצום דצינורות המתחלקות ברבוי כלים מכלים שונים כו' וכך הוא בהילוך השמש בשעת השתחואה רוחנית באמרו שירה כנ"ל שאז משתחוה גופו המצומצם בהשתחואה וסיבוב גשמי וע"י בחי' הכלי שנק' נרתק ומגן לשמש ממנו דווקא מתחלק לרבבות חלקים לגידול כמה מינים דצ"ח כנ"ל ולא מרוחנית נפש הגלגל מטעם הנ"ל במשל הצינורות ומשום שנא' כי שמש ומגן ה' אלקים הרי ע"י בחי' אלקים בחי' הצמצום שבמגן השמש באה השפע של השמש להיות מגד תבואות שמש כנ"ל ודוקא בשעת הילוכו כשאומר נפש הגלגל שירה לשם הוי"ה דוקא לפי שנא' כי ה' הוא האלהים כנ"ל דצמצום דשם אלהים נמשך מכחו של שם הוי"ה כמשל הצינורות כו' וע"כ בהשתחואה לשם הוי"ה בבחי' ביטול אז דווקא נמשך השפע למטה מנרתק השמש בהשתחואה גשמי שלו וד"ל · ועם כל הנ"ל יובן שרש ענין הערלה הרוחנית למעלה דהנה כמו שהערלה הגשמית מכסה על ברית קדש ומחובר ומדובק בו כך למעלה כל בחי' קליפת נוגה נקרא ערלה לגבי אור קדושה העליונה שנמשך מבחי' צדיק עליון בחי' יסוד בג' עולמות בי"ע ובחי' נוגה דעשיה הוא ע"י

ענין ובחי' הסתר ולמלוס דשם אלהים שמלך על גוים כנ"ל ע"כ העו' שרים הם בבחי' יש ופירוד כו' לעבוד לשמש וירח כו' והיא ע"י ענין גלגל השמש והירח שנראין לבחי' יש ודבר בבחי' החומר שלהם כנ"ל והוא הנק' בחי' ערלה רוחנית להעלים ולהסתיר על אור האלהית שבשם הוי"ה שמהוה עולם העשיה שהוא בבחי' א"ס אין לו תחלה כנ"ל שהרי נאמר כל הגוים ערלים כו' וכתיב מלך אלקים על גוים כו'· הרי הגוים בשרשם בחי' ערלה להסתיר על אור האלקי והן מחוברים ומדובקים לקבל השפע ביחוד גמור ולכך כשנמול אאע"ה נק' אב המון גוים כו' כי הבדיל בחי' הערלה דגוים לבלתי תסתיר ומתילא היה בחי' גילוי אור האלקי מבחי' פנימיות יסוד העליון ולכך גייר גרים הרבה מאוה"ע ונק' אב המון גוים כנ"ל וד"ל · והנה ישראל עם קרובו הבדיל מכל הגוים וכמ"ש המבדיל בין קודש לחול כו' בין ישראל לעמים כי חלק ה' עמו כו' והוא ע"י כריתת ברית לאברהם אע"ה במצות מילה כמ"ש ואתה את בריתי תשמור אתה וזרעך אחריך לדורותם זאת בריתי אשר תשמרו ביני וביניכם ובין זרעך אחריך המול לכם כל זכר וכו' והיה לאות ברית ביני וביניכם כו' והית' בריתי בבשרכם לברית עולם כו' · והענין הוא כמ"ש בכתבי האריז"ל בשרש ענין המילה שהוא רק התגלות העטרה בחי' פנימית היסוד ששם מתגלים בחי' חסדים הפנימים שנמשך מבחי' פנימית המוחין דאבא וזהו מילה מ"ל י"ה כו' וע"י הפריעה מתגלה יותר והוא עיקר הגילוי כי המילה בלא פריעה אינו רק הסרת הערלה בחי' נוגה כו' ע"ש · וביאור הדברים הנה ידוע דהטפה נמשך ממוח האב ונמשכת והולכת דרך חוט השדרה עד פי היסוד כו' וכאשר הערלה דבוקה א"א שיתגלה שם בחי' פנימית המוחין דאבא משום שנא' וכבודי לאחר כו' כי הפרידה מאחדותו כו' אך בהסרת הערלה מתגלה שם בחי' פנימית המוחין שהוא בחי' פנימית יסוד אבא כמו משל הבן שנמשך מטיפה שבמוח האב שהוא מבחי' עצמיות כח שכלו ע"כ יוליד נפש השכלית בדומה לו כמ"ש במ"א באריכות וכך כתיב בני בכורי ישראל כו' מצד כריתות ברית שבמילה· וז"ש והיתה בריתי בבשרכם כו' בחי' האות ברית הזה הוא בחי' התגלות אור א"ס עצמו בבחי' פנימית חכמה עילאה חכים ולא בחכמה כו' וז"ש ביני וביניכם ביני ממש וד"ל · וזהו ענין גילוי העטרה שהוא בחי' יו"ד דחכמה עילאה בחי' פנימית ח"ע כידוע ובכל נפש מישראל מתגלה בפנימית חכמה שבנפשו גילוי אור א"ס שבפנימית חכמה עילאה ממש ועי"ז יכול למסור נפשו על קדושת השם כידוע אבל ערל זכר אשר לא ימול ונכרתה הנפש כו' את בריתי הפר כו' וד"ל · וז"ש רז"ל גדולה מילה שנכרתו עליה י"ג בריתות וכן בתורה נא' אלה דברי הברית כו' · כי שרש התורה ג"כ בבחי' פנימית חכמה עילאה בחי' פנימית טפת יסוד אבא דאורייתא מח"ע נפקת מבחינ' הפנימית דוקא · וראיה לזה ממשה רבינו ע"ה דגם ששרשו היה מח"ע כמ"ש מן המים משיתהו עכ"ז לא נגלה לו בחי' פנימית ח"ע כמו שהוא בבחי' גילוי עצמות אור א"ס ממש וכמ"ש וראית את אחורי ופני לא יראו בחי' אחוריים דח"ע שירדה בירידת המדריגה לברר ברורים דנוגה והוא המלובש בהלכות שבתורה כשר פסול טמא טהור כו' אבל פנימיות ח"ע שבתורה לא יראו · וזהו שארז"ל מלמד שהראה לו קשר של תפילין שמאחוריו וזה פלא לכאורה למה קשר של תפילין ולא תפילין עצמם · אך הענין כידוע בשרש ענין התפילין שהן ד' מוחין דז"א שמתחלקים מצד הארת קילא דשערי דא"א המכה באחורי הדעת כו' (וכמ"ש בזהר פ' ואתחנן ומבואר במ"א) ויש בזה ב' מדריגות הא' בחי' פנימית הארה המאיר בבחי' הפנימית דמוחין חו"ב שבפנים לחלק לד' מוחין והן ענין ד' הפרשיות דתפילין כידוע דחו"ב הן פ' קדש והיה כי כו' ובפ' קדש יאיר מבחי' פנימית ח"ע דח"ס דא"א כו' ומלובש באותיות הללו הכתובים בקלף זה בלא נגיעת אות בחבירת' כו' וכן בפ' והיה כי יביאך כו' מבחינ' פנימית בינה עילאה דא"א וע"י כו' אבל ברצועות שנמשכין מתפילין של ראש אחורי הראש עד קשר של תש"ר הוא רק בחינ' חיצונית ההארה מחיצונית המוחין דז"א שהן ד' בתים דתפילין שנמשך ג"כ מבחינת אחוריים דדעת שנחלק מצד הארת קולא דשערי הנ"ל והוא מדריגה הב' שבחיצוני' (וכמ"ש במ"א שהרצועות שנמשכים בקשר של תפילין ש"ר הוא בחינ' חיצונית השפע שנמשך מהמוחין לצורך הנהגת העולמות בבחי' המדות דז"א שיוצאים מן השכל שברא אם לזכות או לחוב ע"כ נמשכי' עד כנגד הלב כו') · וז"ש וראית את אחורי דוקא שהוא רק קשר של תפילין שנמשך מחיצוני' ח"ע שבמוחין דתפילין אבל בחי' פנים שהוא בחי' פנימית ח"ע שבפ' קדש כו' לא יראו לפי שפנימית ח"ע שבתורה לא נגלה גם למשה רק לעתיד בימות המשיח שיתגלה בחי' פנימית אבא שהוא בחי' פנימית ע"י כמ"ש בע"ח כמבואר במ"א וד"ל · וז"ש בזהר תלת קשרין הן ישראל מתקשראן באורייתא ואורייתא בקב"ה כו' כי פנימי' ח"ע דז"א שנק' קב"ה ופנימית ח"ע שבשרש נשמת ישראל ופנימית ח"ע שבתורה הכל שרש א' ומקור א' · וז"ש הבוחר בתורה כו' ובישראל כו' והוא רק בחי' כריתות ברית הנ"ל· וז"ש בראשית בשביל התורה שנק' ראשית ובשביל ישראל שנק' ראשית כו' וכמ"ש במ"א וד"ל · ואחר כ"ז יובן שרש ענין הפסוק דשמש בגבעון דום כו' עד יקום גוי אויביו כו' · דהנה ידוע דאת זלע"ז עשה האלקים וכמו שבסטרא דקדושה יש ע"ס דקדושה בציור קוין בבחי' פרצוף אדם חב"ד וחג"ת כו' רישא וגופא כו' כך בסטרא דקליפה יש ע"ס דקליפה בציור אדם כחב"ד חג"ת כו' רישא וגופא כו' וכמו שנאמר בנבוכדנצר אנת הוא רישא די דהבא כו' בחי' כתר דקליפה שהוא בחי' רישא כמו הראש באדם שהמוחין חב"ד נתונים בו כידוע כך הי' שרש קליפת מצרים בזמן ההוא בבחי' רישא בחי' כחב"ד דקליפה וז' אומות הכנעני והחתי והאמורי כו'

הן

הן בחי' מדות דקליפה חג"ת כו' שהוא בחי' גופא כידוע · וראיה לדבר זה הנה אנו מוצאים שכל עיקר ומקור כל חכמת הגוים היה במצרים דוקא והן חרטומי מצרים שהיו חכמים הגדולים מכל חכמי הגוים שבזמן ההוא וגם בימי שלמה היה החכמה מצויה במצרים יותר מבכל אוה"ע שהרי נא' על שלמה ותרב חכמת שלמה מכל חכמת בני קדם ומכל חכמת מצרים משמע מזה דחכמת מצרים גדולה גם מחכמ' בני קדם מאחר שאומר לרבותא ומכל חכמת מצרים כלו' גם מכל כו' והיינו לפי ששרש קליפת מצרים הוא בבחי' רישא שהוא בחי' כתר דקליפה וכמ"ש התנין הגדול הרובץ בתוך יאוריו כו' · וכמ"ש בזהר·ובחי' הכתר מקור לחכמה בכל מקום וע"כ נק' פרעה אותיות ערף כי שרשו בבחי' כתר רק שהיא בחי' אחוריים דכתר דקדושה כמו העורף שהוא אחורי הראש אבל אל העורף נמשך ג"כ משרש ומקור החכמה שבמוחין שבראש אך שהוא בחי' החיצונית והאחוריים לבד כידוע בענין שרי פרעה שהן שר המשקים ושר האופים ושר הטבחים שהן קנה וושט וורידין כו' וכמ"ש בספרי הקבלה · וזהו טעם הפלגת חכמת מצרים וכמ"ש ביוסף ואת זקניו יחכם כו' וכמ"ש בת"א וד"ל · והנה שרש נשמת משה וכל הדור ההוא שנק' דור דיעה היו בבחי' כחב"ד דקדושה בבחי' הפנימיות דמוחין דרישא דקדושה ולכך היה ביכולתו להושיע את ישראל להצילם מיד פרעה עורף אחוריים דרישא כו' כי גבר כח הפנימיות על החיצוניות והאחוריים ולא עוד אלא שבירורו כל הטוב מן קליפת מצרים כמ"ש וינצלו את מצרים שעשאוהו כמצולה כו' · וזהו בחי' בירור דאחוריים דכתר כו' · ולזה הטעם היה די להם במילה לבד בלא פריעה (לחד מ"ד בגמרא דיבמות ולאידך מ"ד מילה שלהם עם פריעה היתה ולדעתו מ"ש כי מולים היו כל העם היוצאים מילה ופריעה כפשוטו ומ"ש וכל הילודים בדרך לא מלו היינו מילה בלא פריעה ולזה צוה למול בנ"י שנית כנ"ל) · כי הנה שרש ענין המילה מבואר למעלה שהוא רק בחי' התגלות העטרה בחי' יו"ד דהיינו בחי' הפנימיות דמוחין עליונים שזהו בחי' כחב"ד בחי' רישא שבו התגלות עצמות אא"ס ולכך אמר והיתה בריתי בבשרכם כו' כנ"ל וכאשר הערלה דבוקה א"א להיות גלוי בחי' פנימיות זה ע"כ בהסרת הערלה לבד היה די להם להיות שנשמתם מצד שרשם בבחי' פנימיות המוחין מוכנים היו מיד לקבל גלוי אור זה בנפשם האלקי' וגם שלא פרעו עור הפריעה לא היו מסתירים לעיקר גלוי אור זה בברית ה' שבבשרם כלל וכלל. כי הנה ידוע שעור הפריעה לא נקרא ערלה כלל וכלל כי הרי היא עור של העטרה שתחת הערלה ע"כ לא נקרא קליפה כלל להסתיר כמו הערלה ממש רק שעור זה גם שהוא טהור ואינו בכלל טומאות הקליפה מ"מ כאשר מכסה על הפנימיות העטרה יכול להסתיר קצת גלוי אור בברית קדש והוא כמו בחי' טוב שבנוגה דגם שאינו נקרא קליפה מ"מ יכול להסתיר על אור הקדושה כידוע בענין

תאות היתר וכמ"ש בת"א ולזה ניתנה מצות פריעה לפרוע ולגלות העטרה ביותר והוא ע"י קריעת עור זה שלא יוכל לכסות כנ"ל כידוע · אבל כל זה לא היה נצרך לעומדים במדריגו' פנימיות המוחין העליוני' כדורו של משה וכה"ג לפי שעור זה גם שהי' מכסה על העטרה לא היה זה נק' בחי' הסתר כלל וכלל לגבי תוקף גלוי אור פנימיות המוחין כי במקום מעלה ומדרגה גבוה כזאת א"א שיזיק לו בחינת דקות הכיסוי וההסתר כזה שמבחינ' טוב שבנוגה לבד ·(וע"ד שאמרו ע"ה אסור לאכול בשר ות"ח מותר כנ"ל דגם שתאות הבשר מבחי' טוב שבנוגה ואינו נקר' אסור וטמא מ"מ על נפש הע"ה מפני בחי' קטנו' המוחין שלו יכול לנפם אותו עד שיבוא מסבתו לעבירה חמורה כמו שאמרז"ל מלי כריסא זני בישא כו' וכמו וישמן כו' אבל ת"ח לגד בחינת גדלות המוחין דח"ע שבנפשם אין אכילת הבשר ותמימות שלו תופס מקום במקום ומדריגה גבוה כלל אדרבה יכול להוסיף קדושה וחכמ' כמו שאמר ר"נ עד דלא אכילנא בישרא דתורא כו' ועוד ראי' מאכילת בשר לתאבון שמותר בשבת כי המותר נבלע בקדש השבת להיותם בבחינ' פנימיות מוחין דאבא שנק' קדש כידוע · ומבואר בת"א וד"ל) אבל דורו של יהושע הנה היה שרשם בבחינת המדות דקדושה בחינת גופא אשר ע"כ נקרא יהושע איש אשר רוח בו כו' שלמטה ממדרגת כחב"ד בחינת רישא כו' ולעומת זה בסט' דקליפה הן בחי' מדות דקליפה חג"ת כו' ובחינת גופא והן הז' אומות הכנעני והחתי כו' ·ולזה היה הציוי ליהושע דוקא שינחילם הארץ ויכבוש לז' אומו' הללו כי זהו שרשו ומדרגתו ובכחו דוקא לכובש' ולא לזולתו וד"ל · והנה להיות שבחי' ומדריגת דורו של יהושע היה בבחי' המדות שנק' גופא שלמטה מבחינ' חב"ד רישא כו' לזאת הוצרכו למצות פריעה ג"כ כי בבחי' המדות שנק' גופא יכול להיות יניקה ואחיזה למטה לסט' דקליפה בחי' מדות דקליפה שנאחזים בבחי' יסוד סיומא דגופא דקדושה כו' ע"י עור הפריעה ג"כ הגם שאינו נק' ערלה כלל ואינו רק בחי' הסתר דק בחינת טוב שבנוגה בלבד כנ"ל מ"מ במקום ומדריגה נמוכה כמו בחי' המדות שנק' גופא יכול להיות גם הוא בחי' הסתר להסתיר על בחי' גילוי אור שמאיר ביסוד מבחי' פנימית המוחין העליוני' (וע"ד דוגמא מתאות היתר כאכילת בשר וכה"ג אכילה גסה שאסור לע"ה כנ"ל וד"ל) ובפרט כשעברו כבר את הירדן והוצרכו לכבוש לז' אומות המנגדים למדות דקדושה כנ"ל אם היה עור הפריעה מכסה ומסתיר על בחי' העטרה לא הי' ביכולתם לכבוש אותם מאחר שמקבלים משם יניקה ואחיזה כו' (וכמו שבעבודת ה' ידוע שא"א לכבוש לז' מדות הרעות בלתי אחרי הטהר לגמרי מתאות היתר דוקא כי יש יניקה לרע שבנוגה מטוב שבנוגה כו' וכמ"ש בת"א וד"ל) וזהו בעת ההיא אמר ה' אל יהושע עשה לך כו' ומול את בנ"י שנית · בעת ההיא דוקא כשהוצרכו לכבוש לז' אומות ולא הוצרכו לזה בימי משה מטעם הנ"ל וד"ל

וד"ל · ומעתה יובן ג"כ מ"ש יהושע שמש בגבעון דום דהנה כתיב אז ידבר יהושע לה' ביום תת ה' את האמורי ויאמר לעיני ישראל שמש כו' אז דוק' ולא מקדמת דנא לפי שהשם נלחם להם באבני אלגביש אבני ברד שהשליך ה' עליהם כמ"ש רבים אשר מתו באבני הברד מאשר הרגו בנ"י בחרב וכמבוא' שם וזה לא הי' יכול להיות אם לא שקיימו בעצמם מצות פריעה מטעם הנ"ל ואז הי' ביכולתם לכבוש את יריחו שנק' מנעולה של א"י בחי' יסוד שבמ"ל כמ"ש במ"א ואח"כ כשנלחמו עם ה' מלכי האמורי כידוע וה' נלחם להם וכבשו אותם כתיב אז ידבר יהושע אל ה' דוקא ויאמר שמש בגבעון דום כו' דהנה מבואר למעלה בענין הילוך השמש שבשעת הילוכו כשאומר שירה אז דוקא הוא זמן השפעתו למטה כי בהשתחואת השמש לקבל מלמעלה אז יש בכחו להשפיע למטה והוא ע"י בחינת הצמצום והסתר דבחי' אלהים כמ"ש כי שמש ומגן כו' עד שמפני עולם ההסתר נמשך טעות העובדים לשמש וירח כו' כמ"ש למעלה באריכות · ונמצא מובן עכ"פ שכל חיות ושפע של אוה"ע שמקבלים מן השפעת השמש עד שנקרא בשם ערלה כנ"ל הוא מסיבת השירה שהשמש אומר בשעת הילוכו וסיבובו (ועי"כ אוה"ע מונין לחמה דוקא) לפי שעי"ז דוקא נעשה בחי' יש ודבר נפרד בבחי' החומר שלו כנ"ל באריכות · אבל הנה ביום תת ה' את האמורי לפני בנ"י כו' ע"י שמל יהושע אותם במילה ופריעה דוקא כדי שלא יהיה בחי' הסתר שנקרא ערלה גם בבחי' המדות שנקרא גופא כנ"ל אז דוקא ויאמר לעיני בנ"י שמש בגבעון דום שידום השמש ולא יאמר שירה ומתילא עומד חומר גלגל השמש ולא יסבב בהשתחואה וכמ"ש וידום השמש כו' ויעמוד כו' · כי ע"י ההשתחואה שלו מקבלים אוה"ע שפע ויניקה להיות בבחי' יש נפרד מאלקות · ומפני שה' נלחם לישראל באבני אלגביש להעביר שרש יניקת אוה"ע למעלה (ע"ד הנזכר בשר של מצרים ויסר את אופן מרכבותיו כו' ואי' בזהר תבר שלשליהן לעילא וכו' וכמ"ש במ"א) ע"כ אמר יהושע לשמש דום מלומר שירה כו' עד יקום גוי אויביו דהיינו עד שיושלם כיבוש הז' אומות ויקום ישראל מאויביו לפי שכיבוש הז' אומות תלויה בדמימת השמש דוקא מטעם הנ"ל וד"ל · אך עדיין יש להבין דא"כ היה צריך שידום השמש כל משך זמן המלחמה עד אשר יקום גוי אויביו לגמרי והשמש לא עמד רק כיום תמים שהוא מעל"ע בלבד · ועוד מה שאמר אז ידבר יהושע להוי"ה כו' מה ענין יהושע לזה המאמר ולא עוד אלא שאמר להוי' דוקא כו' ולמה לא גזר ה' בעצמו על השמש שידום כו' אך הענין הוא דידוע דפני משה כפני חמה ופני יהושע כפני לבנה והוא ענין שמש ומגן הוי"ה אלהים ששרש משה בשם הוי"ה בחינת שמש ושורש יהושע בבחי' אלהים שהוא בחי' לבנה שמקבל מן השמש וע"כ הוצרך יהושע דוקא לדבר לשם הוי"ה שהוא בחי' השמש ויאמר לעיני ישראל שמש בגבעון דום שלא ישפיע' למקבלים עד"מ התלמיד אומר לרב שיחדל מלהשפיע והרב שומע לזה וזה פלא גדול שהתלמיד יגזור על הרב והוא יקיים גזירתו כי לא היה כאן דרך שאלה ובקשה אלא דרך ציווי שהרי אומר אז ידבר יהושע להוי"ה ולא אמר אז ישאל או יבקש כו' (לפי שבחי' ניצוח מלחמת יהושע הוא בבחי' שם ב"ן בחי' המ"ל שנק' פני לבנה והוא בדוגמא דלעתיד דכתיב אשת חיל עטרת בעלה נקבה תסובב גבר כו' שבחי' הנוקבא עיקרה למעלה מבחי' מ"ה דדכורא וכמ"ש במ"א בענין ג' הטעימן הקדוש ב"ה מעין העוה"ב שהוא לעתיד דשם ב"ן יהיה למעלה משם מ"ה כו' והוא מ"ש כל אשר תאמר אליך שרה שמע בקולה כו' וד"ל) · וז"ש ולא היה כיום ההוא לפניו ולאחריו לשמוע הוי"ה בקול איש שהוא פלא גדול שהוי"ה בחי' שמש משפיע שומע גזירות בחי' המקבל בחי' לבנה כו' שהוא יהושע שנק' איש אשר רוח הוי"ה בו כנ"ל · והוא מה שהשמש שהוא בחי' הוי"ה עמד ע"פ ציווי יהושע וז"ש ויעמוד השמש בחצי השמים ולא אץ לבא כיום תמים שהוא מעל"ע מדת יום ומדת לילה כידוע שי"ב שעות היום י"ב צירופי הוי"ה דבחינת שמש עצמו וי"ב שעות הלילה י"ב צירופי אדנ"י בחי' לבנה והשמש עמד בחצי השמים שלא ירד למטה להיות משפיע לבחי' המקבל בי"ב צירופי אדנ"י כו' וד"ל · (ומ"ש ולא היה כיום ההוא לפניו ולאחריו מרמז על אדה"ר קודם החטא ומשיח שהרי בימי המשיח בחי' זו"נ אינם רק שוין בקומתן וכמ"ש לא יבוא עוד שמשך וירחך לא יאסף כו' לפי שאור הלבנה יהיה כאור החמה כנ"ל אבל בימי העוה"ב באלף הז' נאמר אשת חיל עטרת בעלה כו' שע"ז אמר לא יהיה לך עוד השמש כו' וכמ"ש במ"א וד"ל) · ובזה מתורץ גם הקושי' הראשונה שהי' מהראוי שיעמוד השמש כל זמן משך המלחמה כו' דבאמת א"צ רק שידום כיום תמים מעל"ע כדי שעי"ז יופסק עיקר מקור השפע מבחינת אלהים אחרים שמקבלים מפנימיות הלבנה מאחר שבחינ' הלבנה בעצמה אינה מקבלת וכמ"ש וירח עמד כו' וד"ל · ובכל זה מובן מ"ש ויהי כאשר תמו כל הגוי להמול כו' ויאמר ה' אל יהושע היום גלותי את חרפת מצרים מעליכם ויקרא שם המקום ההוא גלגל כו' דהנה מבואר למעלה דמילה זו שנית היא הפריעה שהוצרך דורו של יהושע דוקא מטעם הנ"ל כדי לכבוש ז' אומות שיונקים בחינת טוב שבנוגה שביסוד שיומא דגופא דוקא כנ"ל · ומה שכתוב היום גלותי את חרפת מצרים דלכאורה במצרים לא היו צריכים פריעה כנ"ל באריכות אך מפני שע"י העדר הפריעה הרי נכסה גופה של העטר' וחוזר יניקת הערלה הגשמית שנק' חרפת מצרי' ערלה גמורה כו' לזה אמר היום גלותי חרפת מצרים מעליכ' שהוסר בחי' ערלה דמצרים מעליכם לפי שנגלה בחי' פנימית העטרה ע"י קריעת עור הפריעה וז"ש גלותי כו' ולכך נקרא גלגל שהוא מרמז ב' מיני גילוי הא' בחינת גילוי העטרה ע"י מילה לבדה בלא פריעה והב' בחינ' גילוי פנימית העטרה שלא תתכסה גם בעור הדק שהוא מצות הפריעה כנ"ל וד"ל · וז"ש ב"פ ואומר

לך

לך בדמיך חיי שזה פלא גדול שלא מצינו בכל התנ"ך שיוכפל פסוק שלם ב"פ כמו שאומר ואומר לך בדמיך חיי ואומר לך כו' להיות שזה מרמז על שני מיני דמים דם המילה ודם הפריעה (ומ"ש בדמיך חיי היינו מפני שבהסיר הפסולת ערלה עי"ז נתוסף אור וחיות בהתגלות פנימית המוחין כנ"ל ומ"ש בדמיך דוקא לפי שפרש עור הפריעה הוא בחי' החשמל דנוגה שלאחר הבירור מגיע למעלה מבחי' החכמה שתחי' וד"ל · וזהו ואומר לך ב"פ מילה ופריעה במצרים הרי הוא כדעת אידך מ"ד בגמ' דיבמות שבמצרים הי' מילה ופריעה או ואומר לך הב' קאי על מילה דיהושע ומ"ש היום גלותי הוא מ"ש פרעה ראו כי רעה נגד פניכם לפי שעכשיו הוסר כל רע אפילו בחינת טוב שבנוגה כו' וד"ל) · ובכל זה יתורצו כל הדקדוקין הנ"ל כמובן לי"ח וד"ל:

ולא יקרא עוד את שמך אברם והיה שמך אברהם כי אב המון גוים נתתיך כו' · כתיב אשר ברא אלקים לעשות וידוע פי' לעשות שהוא לתקן כמ"ש ועשתה את צפרניה ותרגומו ותתקן כו' והענין הוא דכל מה שברא אלקים לא בראו באופן שיהיה בו בחינת השלימות בתכלית אלא הניח בו דבר שלא נשלם ותהיה הבריאה חסר דבר מה וצריך שיתקן שיושלם וזהו לעשות לתקן שיהי' צריך תיקון להשלימו כו' · והכונ' בזה עמוק מאד · אך מזה הענין נדע גם הטעם למצות מילה דהנה ידוע המדרש בשאלה ששאל על טעם המילה למה נברא האדם ערל אם אינו חפץ בערלה כו' · והשיב תורמסין צריכי' תיקון כו' והי' המשל הזה מתיקון התורמסין תשובה לשאלה ולכאור' אינו מובן עדיין התשובה ואיך המשל דומה לנמשל כו' · אך הענין יובן בהקדים הפסוק והבדילה הפרוכת לכם בין הקדש ובין קה"ק כו' ותרגום פרוכת פרסא כידוע והנה הפרוכת שהיה בבהמ"ק להבדיל בין ק"ק להיכל העזרה הענין הוא מפני דבהיכל ק"ק דבית המקדש היה גילוי אור האלקי בהתלבשות מהיכל ק"ק דיצי' ודבריאה עד היכל ק"ק דאצילות ששם גילוי אור א"ס ממש והוא בחי' מקור האמיתי לכל ההשפעות והמשכו' בג' העולמות בי"ע · והנה אם היתה השפע הולכת מאור א"ס שבאצי' בגילוי אור וחיות ממש כמו שהוא הגם שהיה הולך בהדרגה מעילה לעילה כפי סדר ההשתלשלות לא היה מציאות התהוות מלאכים ומכ"ש גופים גשמיים כ"כ כמו בעולם הזה השפל ואפילו מלאכים העליונים דבריאה ויציר' לא היו מתהווים באופן הגבול כמו שהן עכשיו ומה גם שלא היה ג"כ ענין ההתחלקו' לריבוי רבבות מדריגות שונות כמו עכשיו אלא הי' מציאות א' בלבד מאחר שגלה למטה אור האלקי כמו שהוא הרי מושלל הוא מגדר התחלקות וריבוי ומכ"ש מבחינת התהוות גשמיות מרוחניות כי היו הכל בבחינת הרוחני' והנה כדי שתהא התהוות מרוחניות לגשמיות ממש בכל עולם עד שימצא בעולם השפל מציאת השמים והארץ וכל צבאם בבחינת הגשם ממש כמו שהן עכשיו הוצרך היות באצילות בחי' פרכת הנקר' בת"א פרסא להבדיל בין הק"ק כו' · וענין הפרכת הזה הוא עד"מ המסך העב שמבדיל ומעלים האור ולא נגלה כמו שהוא ממש אלא דרך עובי המסך שהוא מתלבש ומתעלם שם ואור הנראה מתוך המסך הוא רק בחי' אור של תולדה ואינו עצם האור כמ"ש במ"א לפי שהוא בא אחרי התלבשות המסך וזה האור יכולים המקבלים לקבל ומתהוים ממנו בבחינ' מציאת יש ודבר וזה והוא הנקרא מציאת יש מאין · ומשתלשל השפע עד"ז בבקיעת המסך בין כל עולם העליון לתחתון הימנו · וכידוע דכמה מיני פרסא יש וכמו שהיו כמה מיני פרוכת במקדש והיינו שיש גם בין בריאה ליצירה בחי' פרסא זו כמו שישנה בין אצי' לבריא' מטעם הנ"ל דכדי שתהא הבריא' מתגשמת עוד בבחי' עולם היצירה הוצרך להיות עוד בחינ' פרסא בין בריאה ליצירה ועד"ז מיצי' לעשי' כו' עד שנתהוו שמים וארץ וכל צבאם בבחינ' הגשם ממש כו' וד"ל · וזהו והבדילה הפרכת לכם בין הקדש כו' דהיינו הבדלת בחי' פרסא הראשונה שבין אצילות לבריאה ועד"ז בהיכל ק"ק דבריאה ודיציר' ועשי' כו' ומסיבת זה הריבוי של בחי' הפרכת והפרסא שיש בין כל עולם ועולם יכול להתהוו' גם השפעות גשמיו' משא"כ בלעדי הפרכת והפרסא כנ"ל וד"ל · וגם בזה מובן מה שאנו אומרים מחדש בטובו בכל יום מע"ב כו' דלכאורה מה זו חידוש יש בהשמים והארץ מיום לחבירו אך הענין הוא דהחידוש הוא ענין התחדשות יש מאין כידוע שבחינת יש מאין דוקא נק' חידוש ולא זולת זה כמו יש מיש שאיננו חידוש כלל כו' וכמ"ש ביאור הענין במ"א · והנה בחי' יש מאין הוא נמצא בעולמות כולן רק על ידי סיבת הפרכת והפרסא הנ"ל כי הנה מבואר למעלה במשל המסך העב שבו מתעלם האור כו' ונק' אור הנראה מתוך המסך בשם אור של תולדה · ופי' תולדה הייט שנולד אור חדש כי אור זה שבא אחרי ההתלבשות וההתעלמות של האור העצמי במסך הנה בהכרח שיקרא בשם אור חדש כי הרי אינו ממציאות ומהות אור העצם שלפני המסך כלל אלא כמו אור חדש ממש ואע"פ שדרך בקיעת המסך הוא בא והבקיעה הוא מאור העצם מ"מ עובי המסך שהעלימו לגמרי עשאו כמו אור חדש אחר יציאתו מתוכו כו' וד"ל · והנמשל מובן גם למעלה שמסיבת בחי' הפרכת והפרסא למעלה בין כל עולם ועולם מד' עולמות אבי"ע נעשה בחינת ההתחדשות מאין ליש בנבראים ונוצרים כו' וזהו פירוש מחדש בכל יום שעושאם מחודשים כאלו הן חדשים מעיקר היציאה מטעם ההתעלמות של האור והמקור שלהן בבחינת הפרסא הנ"ל וד"ל · והנה אנו אומרים בנוסח ההבדלה במ"ש המבדיל בין קדש לחול כו' ואין ענין הבדלה זאת כמו ענין הבדלה של בחי' הפרכת ופרס' הנ"ל כי הרי אותה ההבדלה דבחי' פרסא הנ"ל הוא להבדיל רק בין הקדש ובין קה"ק כו' והבדלה זו שאנו אומרים במ"ש הרי היא להבדיל בין קדש לחול ולא בין קדש לקדש כו' · אלא הענין של הבדלה זו להבדיל בין קדש לחול היא נמוכ' הרבה מאד

במדריגה

במדריגה תאותה הבדלה העליונה דבחי' פרסא הנ"ל · וביאור ענין גודל עולם ההפרש אשר ביניהם יובן בהקדים תחלה שרש ענין התהוות ע' שרי' של מטה · דהנה הע' שרים הן בחי' נפרד ממש מאלקו' דהרי ידוע בשר של מצרים שיכול לומר לי יאורי ואני עשיתני כו' וכיוצא בזה בשאר הע' שרים ואף ע"פ שיודעי' את רבונם הן מתכוונין למרוד בו כידוע בדברי רז"ל והטעם הוא דאע"פ שאין לך דבר חוץ ממנו ית' כי הוא מקור חיי החיים כולם דעליונים ותחתונים כו' וכמ"ש ואתה מחיה את כולם וכן ומלכותו בכל משלה כו' כידוע · וגם הע' שרים אף ע"פ שהן בחי' נפרדין הרי קרו לי' אלקא דאלקי' וכמ"ש הודו לאלהי האלהים כו' ואינם כופרים ממש באחדות ה' וכמאמר יודעים את רבונם כו' · אך מפני שבא להם כח השפע האלקית להחיותם בבחינת ההסתר וההעלם בתכלית עד שלא ישיגו כלום באור האלקי שמחיה אותם וכמו עד"מ שלא יראה הרואה אור מתוך לבוש עב וגם מאד מאד כמו לבוש של עור גשמי מפני שהעור מעלים לגמרי כו' וע"ז הלבוש הגם נאמר אלביש שמים קדרות ושק אשים כסותם כו' (ושק הוא מרצופים של עור ולא של בגד כו' כידוע בלשון המשנה והגמר') ע"כ יהיו הע' שרים בבחינ' נפרד כ"כ עד שמתכוונין למרוד בו כי הגם דקרו ליה אלקא דאלקי' זאת הקריאה אינה אלא בדרך ידיעה בעלמא בבחינת העלם מקיף בלבד ולא בדרך אור נגלה עליו מפני בחינת הלבוש העור המבדיל ומעלים אור אלקי לגמרי כו' וד"ל · וזהו שאנו אומרי' בנוסח ההבדלה המבדיל בין קדש לחול פי' בחי' קדש העליון הוא בחי' אור האלקי ובחי' החול הן ע' שרים שלמטה שנקראי' חול גמור מפני שהן בבחינת נפרד לגמרי · ואמנם סיבת הפירוד שלהן הוא ע"י ההבדל' הזאת שאומר המבדיל בין קדש לחול כו' והוא הנק' לבוש שק כו' להעלי' האור לגמרי כו' אבל בחי' הפרסא הנ"ל הנקרא פרכת הרי היא עצמה קדש וגם מה שלמטה ממנה קדש כי אינה אלא ענין התעבות האור העליון בכדי שיוכל התחתון להמצא במציאות יותר גשם מן העליון והוא שרש ענין ההשתלשלות מרוחניות לגשמיות בכל עולם לפי ערכו עד עולם העשיה שאין שם עוד בחינת פרסא להבדיל כו' מאחר שהן תכלית ההגשמה אלא בבחי' לבוש שק מתלבש האור כדי שיצאו בבחי' פירוד כ"כ משא"כ מיצי' לעשי' יש עדיין בחינת פרסא ופרכת דהיינו להבדיל בין בחי' קדש דיצי' לבחי' קדש דעשי' כו' וד"ל · ונמצא מובן מכ"ז גודל עולם ההפרש שיש בין בחי' פרסא שבין כל עולם משלשה העולמות אצי' בריאה יצי' דהיינו בין אצי' לבריאה ובין בריאה ליצירה ובין יצי' לעשי' שכל אלה הן רק ההבדלה בהתעלמות האור בכדי שיאיר אור חדש הנק' אור של תולדה כו' אבל לא התעלמות האור לגמרי משא"כ בעולם העשיה שענין ההבדלה שם הוא להבדיל בין קדש לחול כו' הענין העלמת האור לגמרי כנ"ל וע"כ אין ערך כלל וכלל ענין הבדלה זו לבחינ' הפרסא והפרכת המבדלת בין כל עולם ועולם כו' וד"ל · והנה באמת יש בבחינת הבדלה זו להבדיל בין הקדש ובין החול כו' שני מדריגות האחד ההבדלה לישראל והב' ההבדלה לאוה"ע והיינו מה שנמנה בשבע ההבדלות והבדלתם בין הטמא לטהור כו' כידוע · אך שהבדלה זו להיותה לאוה"ע בלבד אין אנו אומרים אותה בנוסח ההבדלה אלא אנו אומרים רק המבדיל בין קדש לחל כו' ופי' חול זה אינו חול גמור כנ"ל באוה"ע שנלקחו מע' שרים כו' אלא ענין חול זה היא בחי' חולין שנעשו על טהרת הקדש ונקרא בחי' חולו של מועד · וביאור ענין ההפרש בין חול גמור לחולין שנעשו על טה"ק כו' יובן בהקדים תחלה ענין ימות החול הנקרא ששת ימי המעשה וענין יום השבת לאחריהם · דהנה כתיב ששת ימים תעשה מעשיך כו' וע"כ נק' ששת ימי המעשה ופירוש תעשה מעשיך הוא ע"ד הפשוט בכל מלאכת עבודה בשדה בל"ט מלאכות חורש וזורע וקוצר כו' וכיוצא · ולכאורה יפלא ענין הציוי בזה באמרו תעש' מעשיך מה זו מצוה לעבוד עבודה גשמית ועוד יותר יפלא כי מאחר שבאמת כולא קמי' כלא חשיב וכמ"ש אין עוד מלבדו וכידוע הענין של יחוד אלהות בפ' שמע · והאיך יתכן שיצוה לעשות ולעבוד בל"ט מלאכות שהוא להיות בבחינ' פירוד כ"כ בכמה אופנים · האחד בגוף העבוד' והמעשה שנראה ליש נפרד לגמרי כו' וכמו עד"מ אדם שעומד לפני המלך בקרוב היתכן שיעשה איזה מעשה עבודה לפניו ואפילו להרים ידו בלבד כענין המעשה בגמרא דמחוי במחוג קמי מלכא והרגוהו וכיוצא בזה כי לפני המלך צריך לעמוד בתכלית בחי' ביטול המציאות מכל וכל כו' · וכך הדבר למעלה לפני אלהים חיים ומלך עולם אחרי שהוא ית' יחיד חי העולמים ואין עוד מלבדו ה"ז כעומד לפניו ממש · וזהו ענין ההשתחוואה שבש"ע בבחי' ביטול המציאות מכל וכל כו' כידוע וא"כ האיך לא יתכן שגם כל היום יהיה האדם בתכלית הביטול כמו בש"ע כו' · אלא הענין הוא משום דגם למעלה יש בחי' ששת ימי המעשה ונק' ששת ימי בראשית ונק' מעשה בראשית בכלל לפי שבכל שבת מתחדש הבריאה והוא ג"כ בחי' שבת בראשית כידוע ויום הראשון הוא יום הראשון לחידוש הבריאה יש מאין כו' מבחי' חסד עליון ויום השני מבחי' הגבורה כו' ונק' ו' יומין דחול בזהר ובגמ' לפי דלגבי עלמות האצילות אין שפע ההמשכה וההשפעה למטה להחיות העולם מאין ליש ערך והשתוות כלל אלא רק ע"י שהעלים האור ולמצם המסך המפסיק הנק' פרכת ופרסא שאין האור משם ולהלאה רק בבחי' אור של תולדה כנ"ל משם יוצא אור השפע למטה · ואמנם אחרי היות כן מאחר שהובדל המסך הרי היה עיקר הכוונה בזה שיהיה מציאת יש ודבר דווקא בבחי' נפרד לעצמו ולולי זאת היה הכל בבחי' ביטול המציאות כנ"ל וע"כ נק' ההארות וההמשכות שמתלבשי' בעולמות אחרי בקיעות המסך בשם ו' יומין דחול ומעשה בראשית כי התהוות שפע זאת של בע"ג הוא בחי' נפרד

ונעלמות

מעלמות האלילות וה"ז כאדם שעושה מלאכה שהמלאכה נבדלת מן עלמותו כו' והן ל"ט מלאכות בפרט שנלטווה גם אדם התחתון למטה לעשות בששת ימים הללו · וזהו מ"ש ששת ימים תעשה מעשיך כו' דהיינו שלא יהי' בבחי' ביטול המציאות כמו בש"ע אלא יעבוד עבודה ויגיעה מיגיע כפיו דוקא וכמ"ש יגיע כפיך כי תאכל כו' שהוא נראה לבחי' נפרד קצת בזה כאלו הוא עושה דבר מה ובכחו ועולם ידו עשה לו פרנסתו כו' ובאמת ברכת ה' היא וכמ"ש וברכך ה' בכל אשר תעשה כו' אך צריך להיו' גם בחי' המעשה בדרך העלם והסתר אור האלהי כדוגמת בחי' המעשה למעלה בששת ימי המעשה העליונים שנק' מעשה בראשית בכלל כדי להיות ענין הויה חדשה כמ"ש מחדש בטובו כו' וכנ"ל בפי' טעם הפרסא שהוא כדי לחדש האור כו' וד"ל · והנה אחרי הפרד האדם קצת בבחי' מעשה הנ"ל בו' יומין דחול בבוא יום השבת אזי יש עלי' לבחי' הפירוד של מעשה דחול כי ידוע דבחי' השבת הוא בחי' ההארה מטעם מ"ה דקדש העליון והוא הנק' קדושת שבת וכמ"ש ושמרתם את השבת כי קדש היא כו' והתלבשות אור א"ס אינו אלא בכח מ"ה שבחכמה דוקא כידוע להיותה בבחי' הביטול כו' וע"כ חוזר בחי' היש והפירוד דחול להיות בבחי' האין בשבת מפני בחי' הביטול שמאיר בשבת על כאו"א מישראל וזהו ויום השביעי שבת לה' אלהיך כו' בלתי שום מלאכת עבודה כלל כמשל העומד לפני המלך כנ"ל וכענין ההשתחוואה בש"ע כנ"ל · וזהו שנק' גם ו' יומין דחול בישראל בחי' חולין שנעשו עטה"ק כי הקדש דשבת מאירה גם בכל ו' יומין דחול שהרי ידוע דג' ימים אחר השבת מאיר בהן עדיין משבת העבר ובג' ימים שלפני שבת הבא מאיר בהן משבת הבא ונמצא קדושת שבת נמשכת לישראל בכל מעשיהם בו' ימי המעשה מב' טעמים הא' מטעם יום שבת עצמו כנ"ל והיינו שמתעלה ממש כל עובדין דחול ועולין למעלה שזהו ענין נייחא דרוחא שנזכר בזהר והב' מטעם בחי' רשימו של ההארה שנשארה משבת העבר ומשבת הבא שמאירה גם בהיותם בחי' נפרדים ממש בעסקיה' כו' · וזהו פי' חולין שנעשו על טהרת הקדש שנעשות ממש וד"ל · ונק' גם בחי' חולו של מועד וע"ז אנו אומרים בהבדלה דמ"ש המבדיל בין קדש לחול פי' בין קדש דשבת לו' יומין דחול שעתיד לעשות כי לולי הבדלה זו היה הביטול תמידי ולא היה אפשר לעשות ל"ט מלאכות כנ"ל · אבל ענין הבדלה השנית במ"ש והבדלתם בין הטמא לטהור כו' היא רחוקה הרבה מזאת כי הבדלה להבדיל הטמא מן הטהור הייט להבדיל יניקות החיצונים שנק' טמא כידוע · והנה מבואר למעלה ששרש סיבת יניקתם הוא לאחר התעלם האור אלהי בלבוש עב וגם מאד הנק' לבוש שק עד שנעלם מהן האור לגמרי כנ"ל והרי הן נשארים בבחי' פירוד זה לעולם ואין להן עלייה עולמית כי אין להם קדושת השבת כלל לא בג' ימים הראשונים וג' ימים האחרונים ומלבד זה ענין הפירוד שלהם הוא יותר למטה מטה הרבה מבחי' הפירוד של ישראל גם בעסקם במעשיהם שהרי נאמר בגוים אשר חלק ה' כו' וידוע שהחליקם בדברים כו' והפרידן ממש מאחדותו לגמרי כו' · וזהו שנא' בהם רם על כל גוים פי' שאור אלהי רם ומתנשא עליהם רק בבחי' מקיף ההעלם בלבד והוא לפי שרחוקים מאור פני ה' מאד ע"כ הוא רם אצלם וכמ"ש למעלה בענין דקרו ליה אלהא דאלקיי' כו' ולכן אין אנו אומרים הבדלה זו להבדיל בין טמא לטהור כי אינו ענין שייך אלינו אלא לאוה"ע דוקא וד"ל · ובכ"ז יובן פי' ענין המדרש אשר ברא לעשות לתקן כו' וכענין התשובה לשאלת המילה שהוא כמשל התורמסין שצריכים תיקון ומיתוק כו' כי הנה דוקא מי שטרח בע"ש הוא יאכל בשבת כידוע · והענין הוא משום דבאמת אם לא הי' תחלה ו' יומין דחול בעבודה ומלאכה לא הי' יכול להיות אח"כ ענין יום השבת כי פירוש שבת הוא ענין מנוחה ואין המנוחה אלא אחר המלאכה והיגיעה דוקא כידוע · ולזה הטעם הנה בודאי שא"א להיות כולו שבת אחר שלא היה מלאכה לפניו כו' · וזהו הטעם ג"כ שהוצרך תחלה לו' יומין דחול להיות דוקא בבחי' מעשה הפירוד קצת ואז יתכן לומר אח"כ שיהי' במעשה זאת בחי' הביטול ביום השבת אבל אם לא היה נפרד תחלה לא היה כאן דבר מה שיאמר בו שיבטל ממציאות שלו הראשון עד"מ אדם כשהוא לעצמו הוא בבחי' התפשטות ליש ודבר ע"כ בבואו לפני המלך שייך לומר שנתבטל מהתפשטות שלו הראשון אבל העומד בבחי' ביטול תמידי לא שייך לומר שנתבטל כו' · ועד"ז יובן ג"כ שלא יתכן גם בבחי' הביטול שבש"ע כ"א אחרי העבודה כל היום תחלה במעשה הפירוד כו' וא"כ לזה הטעם לא שייך לומר שיהי' כולו שבת או כולו בהשתחוואה כמו בש"ע כו' כ"א לע"ל דכתיב ואת רוח הטומאה אעביר לגמרי ואזי יהיה יום שכולו שבת כו' וזהו דמי שטרח בע"ש דוקא יאכל בשבת מפני שיתכן בו דוקא בחי' הביטול והיינו פי' לעשות מעשה החול כדי לתקן בבחי' הביטול בשבת כו' וד"ל · וזהו ולא יקרא עוד את שמך אברם והיה שמך אברהם כו' כי הנה מצות המילה יתבאר ג"כ ע"ד ענין הנ"ל בפירוש לעשות לתקן כו' · דהנה מבואר למעלה בענין ההבדלה השניה שבין טמא לטהור כו' שמחמת זה נעשה רם על כל גוים כו' וקרו ליה אלקא דאלקייא רק מרחוק כו' · והנה ידוע דניצוצי קדושה היה נמשך גם לאוה"ע לפני דורו של אברהם כמו נשמת הצדיקים מתושלח וכיוצא בו בדורות שאחריו עד אברהם וענין המילה שנמול אברהם הי' להבדיל את השפע אלקית שלא ילכו ניצוצות הקדושה רק בזרעו של אברהם · ולזה הטעם היה עיקר כריתת הברית במילה שלו שנימול וכמ"ש והקימותי את בריתי אתך כו' ולא עוד אלא שגם ניצוצי קדושה שכבר נפלו ונתפזרו באוה"ע יתקבצו למקור חוצבם בקדושה האלקית והן נשמות

הגרים שנוספים תמיד בכל דור דלכאורה יפלא מהיכן תהא התעוררת זאת לגוי גמור להתקרב לה' במסירת נפש כו' אלא זהו ענין קיבוץ ניצוצות קדושה שבגוים שמתקבצים למקור האמיתי שלהם כו' · וע"כ נקרא אברהם אחר שנימול דוקא מפני כי אב המון גוים נתתיך והמון גוים היינו קיבוץ המון ניצוצי קדושה שמפוזרים בגוים משא"כ קודם שנימול היה שמו אברם כי לא היה עדיין אב המון גוים מטעם הנ"ל וד"ל · אך זאת גופא צריך טעם למה עד שלא נימול לא נקר' אב המון גוים כו' · אך הענין הוא משום דבחינ' הערלה החופפת הוא כמו בחי' המסך המבדיל ומעלים האור כנ"ל ואבר הברית שבו יוצא השפע נק' אב ע"ש שבו כח המוליד מתגלה וכמו אב שהוא המוליד כו' ומיד שיוצא השפע והערל' חופפת הרי השפע הולכת דרך המסך של הערלה וע"כ גם למעלה הרי בחי' יציאת השפע מאין ליש הוא ע"י החכמה שנק' אב כידוע ונק' ראשית הגילוי כידוע וע"י מסך דבחי' ערלה מזה נעשה רם על כל גוי' כו' כנ"ל · וזהו פירוש אברם אב הוא ראשית הגילוי ורם הוא מחמת מסך המבדיל שמזה נתעלם אור האלקי כנ"ל וד"ל · ולכך לא היה נק' אב המון גוים קודם שנימול כי לא היו נשמות גרים מתקבלים מפני בחי' מסך המבדיל עליהם כו' וגם מטעם זה כמה ניצוצו' דקדושה נתפזרו באוה"ע ע"י קבלתם מן המסך כו' אבל אחר שנימול הובדל והופרש המסך דערלה והי' התגלות אור השפע כמו שהוא ממש וזהו שנק' אברהם בה"א נוספת ע"ש בחי' גילוי אור אלקי שהוא בה"א דבהבראם אותיות אברה' כידוע ולכך נקרא אב המון גוים להוסיף גרי' וגם הובדלו זרע אברהם לבד לקדוש' האלקי' כנ"ל וד"ל · וזהו עיקר פי' מילה כי אותיות מילה הוא מ"ל י"ה · והענין הוא כי פי' י"ה ידוע שהוא בחי' חו"ב תרין ריעין כו' והוא הנק' אב כנ"ל ופי' מ"ל הוא מלשון דיבור כתרגום לנפש חיה לרוח ממללא כו' · וביאור הדברים הנה ידוע דעיקר בחי' ההתגלות דחכמה הוא בכלי הדיבור דוקא כי בדיבור הוא שיוצא השכל ומתגלה לזולתו מן ההעל' לגילוי ממש כי במוח היה השכל רק בכח ובדיבור יצא לפועל עד שנתפס ליש ודבר מה בשכל והשגה לזולתו · והנמשל מזה יובן גם למעלה שזהו ענין המילה מ"ל י"ה דחו"ב כשבאין לבחי' גילוי הדיבור נקרא מ"ל י"ה דמ"ל הוא לשון דיבור והוא שמגלה החכמה וכך בחי' אב דחכ' שהוא בחינת המוליד מאין ליש עדיין היה רק בכח והוא בא בבחינת הגילוי בדיבור היינו כשהסירו בחי' הערלה שמתילא נגלה האור כו' וכנ"ל וד"ל · ובזה יובן מה שלעתיד נאמר אז אהפוך אל העמי' שפה ברורה כו' וכתיב אז וראו כל בשר יחדיו כי פי ה' דיבר ולכאורה אינו מובן מה שאז דוקא יראו כי פי ה' דיבר ולא קודם לכן כו' · אך הענין הוא כנ"ל ומשום דלע"ל כתיב ואת רוח הטומאה אעביר כו' ולא ייניקו החיצוני' עוד מבחי' הערלה כו' ואז ממילא יתגלה האור האלקי ויראו כי פי ה' דיבר פי' פי ה' הוא בחי' הדיבור שהוא ענין התגלות החכמה ופי ה' דיבר ממש כמו שהוא מבלתי התעלם האור במסך מבדיל כמו קודם שהעביר הרע כו' וזהו וראו כל בשר כי פי ה' דיבר כי גם אשר היו רחוקים יתקרבו מטעם הנ"ל בענין הוספת הגרי' כו' וד"ל · וזהו שארז"ל במס' חגיגה בפי' חשמ"ל עתים חשות עתים ממללות · פי' עתים חשות בבחי' ההעלם של האור וע"כ הן בבחינת השתיקה כעניין סייג לחכמה שתיקה שהשתיקה נחשב כסייג וגדר להעלי' מה שבתוכו כו' ועתים ממללות לשון' דיבור כנ"ל כי לפעמים האור בא בבחי' גילוי הדיבור כנ"ל וע"כ עתים ממללות כו' וד"ל · וגם פי' מ"ל ל' נוכח וכמו והוא יושב ממולי כו' והכל ענין א' והוא ענין הגילוי כי דבר הנגלה נראה כאלו הוא לנוכח עיניו כו' וד"ל · וזהו ענין התשובה לשאלה ששאל על טעם מצות מילה והשיב ממשל התורמסין שצריכין תיקון כו' וכנ"ל דהנה ענין השאלה היה לאיזה טעם נברא' הערלה אם היא בחי' מותרות עד שאחר כך יצטרך להסירה כו' והשיב שהערלה היא כמו בחי' המסך המבדיל כנ"ל והבדלה זו להעלים האור הוא בא בסדר הבריאה כדי שיהיה אח"כ תיקון וכענין אשר ברא אלהים לעשות ועניינו לתקן כנ"ל · והמשל בזה הוא מתורמסים שיש בהן מותרות ועביות והבישול הרב ימתיקן ויוציא טעמן מפני שיבדיל מהן העביות כו' · וכך הוא ענין המילה דהנה כתיב נעשה אדם בצלמנו כו' ומאחר שבצלם אלהים נעשה גם באבר שלו הנקרא מוליד ומשפיע מכסה עליו מסך שמבדיל ומעלים מתנו גילוי אור אלהי והתיקון הוא הסרת הערלה המותרת ואז ממילא נגלה עליו אור האלהי בנפשו וכו' · וזהו הנסתרות לה' אלהינו והנגלות לנו ולבנינו כו' פי' הנסתרות הן בחי' חו"ב שנקר' נסתרות כי הוא בחי' י"ה כנ"ל וע"י המילה שהוא ענין מ"ל י"ה כנ"ל נעשה נגלות לנו ולבנינו ופי' ולבנינו מפני שהגילוי הוא רק בבחי' לבנינו דהיינו בכח ההולד' כו' וד"ל · והנה כענין הבדלה זו דהסרת ערלה שהוא ענין תיקון כמו משל תיקון התורמסים כנ"ל כך הוא ענין ההבדלה שאנו אומרים בנוסח ההבדלה המבדיל בין קדש לחול כי ענין חול זה הוא ענין חולין שנעשו על טהרת הקדש כנ"ל והוא מה שבששת ימי המעשה עוסקים במו"מ ובשבת יש להם תיקון ועליה כנ"ל מפני שהרע נבדל מן הטוב כו' · וזהו המבדיל כלומר שמפריש ומבדיל כו' כענין הסרת הערלה משל ברית קדש כו' אבל הבדלה השניה והבדלתם בין הטמא לטהור אין אנו אומרי' אותה כנ"ל לפי שהענין של הבדלה זו בהיפוך הוא שיהיה דוקא מסך מבדיל בין טמא לטהור והוא הערלה עצמ' שמבדלת כו' ולא יקבלו אוה"ע יניקה רק דרך מסך הערלה כו' ואין זה שייך לבנ"י לכך אין אומרים אותה כי אין לזה תיקון כלל אחר שהעבירו מה שראוי להעבי' במה שהבדילו בין קדש לחול שלהם שהוא בחי' חולין שנעשו עכה"ק כו' וד"ל ·

וככל

ובכל הנ"ל מובן פי' הפסוק ולא יקרא עוד את שמך אברם פי' אב רם שעדיין הוא בבחי' רם והוא העדר הגילוי כו' אלא והי' שמך אברהם בבחי' הגילוי כנ"ל · אך מה שלא נעקר אות הרי"ש מאחר שהוא בא בגילוי אור והרי"ש מורה על הרוממות שהוא ההעלם · הענין הוא משום דגם עתה לאחר שנימול עדיין יש בו גם מבחי' הרוממות וכמ"ש הנסתרות לה' אלהינו כו' וכנ"ל אלא שבחי' רוממות זאת הוא בא לידי גילוי וכמ"ש והנגלות לנו ולבנינו וכנ"ל וע"כ לא נעקר אות הרי"ש אלא רק שניתוסף אות הה"א שהוא מורה ענין ההתגלות של הרוממות כו' וכנ"ל וד"ל · ומצות הפריעה במילה הוא עיקר ענין ההתגלות שהרי מל ולא פרע כאלו לא מל כידוע והוא לפי שענין הפריעה הוא גילוי האמיתי שהרי במילה אינו אלא הסרת המסך המונע ההתגלות והוא המסך המבדיל בלבד אבל עדיין צריך אח"כ שיתגלה ממש ועל ידי הפריעה מתגלה ממש והוא מלשון ופרע את ראש האשה וכמו שחיטה מפורעת כו' וד"ל:

להבין פרטי הדברים הנ"ל · הנה תחלה יש להקדים ענין א' המבואר בע"ח בכמה דוכתי דשרש לבוש הנק' חשמל הוא נעשה מבחי' חיצונית דאימא ונעשה מלבוש לזו"נ מלבדיהם עד מתחת רגליהם בשביל שמירה מיניקות החיצונים ומתחת רגליהם ממש הוא שנעשה כמו מנעל של עור וע"ז אמר מה יפו פעמיך בנעלים כו' והיא הנקרא ג"כ בשם פרסא להפסיק בין האצי' לבריאה כו' · ולהבין ענין זה תחלה י"ל בשרש ענין הפרכת המבואר למעלה · דהנה אמרו בגמרא דכתובות י"ג פרכות היו במקדש ז' לז' שערים כו' ע"ש ופי' רש"י דהפרכות לז' שערים היה רק לצניעותא בעלמא כי בלילה לא היו צריכים כלל לפרכת אחר שהיו כל השערים ננעלים וסגורים בלילה כדאית' במס' תמיד וביום הרי היו פתוחים לצאת ולבא וא"כ היו הפרכות שלפני השערים ביום ללא תועלת גמור רק לצניעות' בעלמא והו ע"ד הפשוט · והנה ידוע ומבואר בזהר בכמה דוכתי שכל פרטי סדרי הבנין של בהמ"ק למטה בכל פרטי מנין הלשכות והעזרות הכל הי' כדוגמא של מעלה בבית המקדש של מעלה והוא בבחי' מ"ל דאצילות וכמ"ש הכל בכתב מיד ה' עלי השכיל וזהו שישבו שמואל ודוד והכינו וסידרו סדר הבנין כדוגמא עליונה ממש בכל פרטי פרטות כידוע · והנה לפ"ז כל מה שהיה בבהמ"ק של מטה יש גם עכשיו למעלה בבחי' מ"ל דאצי' וכמו הר הבית ששטחו ת"ק אמה ומנין הלשכות וז' השערים וכיוצא הכל יש למעלה וכמבואר בזהר שלח לך · וענין ז' השערים למעלה הוא כמו ענין היציאה והכניסה מפנים לחוץ ומחוץ לפנים לכל יוצא ובא כו' כך הוא למעלה שבהן יוצא אורות השפע מפנים לחוץ ונכנסין ועולין בהן הנשמות מדי שבת וחדש וכמ"ש והיה מדי חדש ובשבת יבא כל בשר להשתחוות לפני ה' כו' והן הנקראים תרעין דג"ע בזהר · והנה מבואר שם בזהר דבלילה תרעין דג"ע אסתימו כמו שננעלים השערים בלילה בבהמ"ק של מטה כו' וד"ל · ולכאורה יש בזה להבין דהלא בחי' מ"ל דאצי' למעלה הוא מקור כל החיים של עליונים ותחתונים כידוע ומאחר דתרעין דג"ע אסתימו לא יש ירידת שפע כלל בלילה וא"כ מה זה שנאמר ותקם בעוד לילה ותתן טרף לביתה כו' וידוע שזה נאמר במדת מ"ל דאצי' שיורדת בלילה דוקא להחיות רוח שפלים וליתן להם טרף כו' וכמ"ש במ"א · אך הענין יובן בהקדים הידוע שיש הפרש גדול בין בחי' פנימית לבחי' חיצונית ומה שנאמר ותקם בעוד לילה ותתן טרף כו' הוא רק מבחינ' החיצונית ומה שאמר תרעין דג"ע אסתימו היינו בבחי' הפנימית כו' · ולהבין ביאור זה הנה יובן ע"פ משל מנפש האדם בגופו שידוע שיש בה בחי' פנימית ובחינ' חיצונית והיינו כח המוחין וכח המדות שבמוח ולב ודאי שהן בחי' פנימית וכח התנועה מן הדם שבגידים הנק' קיסטא דחיותא בזהר וגם כל כחות האברי' החיצונים וגם הפנימים כקיבה ובני מעיים וכבד וגם הריאה והלב ואברי הנשימה כולן הן מבחינ' חיצונית כחות הנפש · והמופת לזה הוא ממה שאנו רואים שבשעת השינה מסתלקים כחות הפנימיות ונשארים רק כחות החיצוני' כידוע הרי השכל שבמוח והמדות שבלב מסתלקים וכחות האברים כולן עם כח התנועה בכלל נשארים גם בשינה כידוע וד"ל · ואמנם הנה אנו רואים אופן סיבת ההסתלקות של הפנימי' בשעת השינה הוא ע"י שהדם שבנפש יש בו רוח החיים בבחינ' הפנימית והוא מתקבץ ומתכנס לתוך הלב בשעת השינה ולא נשאר ממנו באברים כולן רק מבחינ' החיצונית וכמבואר בספרי הרפואה שהדם מתקבץ ומתכנס מכל האברי' לתוך הלב בשעת השינה וע"כ המניח ידו על לבו בשעת שינה יצעק בקול כמו מקיצר רוח כו' יעו"ש · וענין זה הקיבוץ הוא שנכנס ונתעלם בתוך הלב להיות בבלתי התפשטות היפוך הדבר מכמו שהוא בהקיץ שנתפשט החיות תמיד מן הלב לאברים כידוע ובשעת השינה נהפוך הוא שהלב מקבץ הדם בתוכו להיו' בהעדר ההתפשטות חוץ ממנו וה"ז ממש כמשל הנכנס לבית ונועל הדלת לבלתי יצא חוץ כו' וד"ל · והנמשל מכ"ז יובן למשכיל למעלה גם בבחי' מלכו' דאצילות דנקרא אדם תתאה כמ"ש כתפארת אדם לשבת בית כו' והוא בבחינת ציור אברי אדם בבחינ' פנימיות וחיצוניות כנ"ל ובלילה שהוא זמן השינה הרי אז גם למעלה בחינת הסתלקות המוחין והמדות כו' ולא נשאר רק בחי' קיסטא דחיותא בבחי' חיצוניו' כנ"ל · ומ"ש דתרעין דג"ע אסתימו כו' הענין הוא דסיבת אופן הסתלקו' הפנימי' הוא באופן נעילת דלת ההיכל והיינו עד"מ הקיבוץ של הדם בתוך הלב כנ"ל כך למעלה כל בחי' הפנימי' מסתלק ומתקבץ לתוך בחי' לב העליון להיות בבחי' העדר ההתפשטות כו' ומה שנתפשט למטה הוא רק מבחי' חיצוניות שבמ"ל והן כחות בחי' אברים

החיצונים ופנימים שישנם גם בשעת השינה כנ"ל במשל · ומה שאמר ותקם בעוד לילה ותתן טרף כו' היינו רק מבחי' החיצונית החיות שנשאר אחרי הסתלקות הפנימיות כאשר תרעין דג"ע אסתימו וד"ל · ויובן ענין זה יותר בתוס' ביאור ובענין נוסף על הנ"ל דלכאורה לזה הטעם בלבד עיקר הענין עדיין אינו מובן למה בעוד לילה דוקא והרי גם שלא בשעת שינה יוכל לצמצם הפנימיות ולהשפיע רק החיצוניות כו' · אלא צריך להקדים לזה עוד ענין אחד נוסף על הנ"ל דהנה מבואר גם כן בספרי הרפואה שבשעת השינה דוקא אז הוא זמן עיקר העיכול של המאכל ושלא בשעת שינה אינו מתעכל כ"כ והטעם מבואר לפי שיש כחות פנימים והן השכל והמדות כנ"ל וכשהן מאירים בגוף אזי הן מתגברים על כחות החיצונים שבגוף כמו כח המעכל וכח הדוחה וכיוצא והוא מפני שכחות החיצונים מתבטלין לגבי כחות הפנימים ואין להן בחינת ההתפשטות כ"כ וע"כ אין כח האצטומכא מבשלת כ"כ ואין כח המעכל מעכל כ"כ בהיות הכחות פנימים מאירים מאחר שהן מתגברים עליהם וכנראה בחוש שהמחשב' מעכב כח הדוחה כידוע אבל בשעת השינה שכחו' הפנימים מסתלקי' כנ"ל אזי הכחות החיצונים מתפשטים ביתר שאת ומגלין כל כוחן כמו שהן מבלתי מעצור להתפשטותן כלל וע"כ הקיבה מבשלת יותר המאכל בשעת השינה וכן כח המעכל וכח הזן וכח הדוחה וכיוצא כולן מתפשטים בכל כחן העצמי דוקא בשעת השינה כו' ולכך עיקר זמן העכול בשעת השינה וגם אז זמן שילוח חיצוני' הדמים לכבד כו' וכמבואר בספרי הרפואה שכל סדר מעשה כחות החיצונים של האיברים כולן עושין פעולתם דוקא בשעת השינה יותר מבהקיץ מטעם הנ"ל משום דמתפשטים אז ביותר כו' · והנמשל מכל אלה יובן בעיקר הטעם למעלה למה בעוד לילה דוקא תתן המ"ל טרף לביתה בבחי' החיצוני' ולא ביום כו' · כי הנה מבואר במשל הנ"ל דעיקר ההתפשטות בכח המעכל הוא בשעת השינה דוקא וכך למעלה ג"כ בחי' כחות החיצונים שבמ"ל מתפשטין ביותר בלילה בשעת השינה דוקא ואז הוא דוקא זמן בחי' העיכול למעלה והוא לברר בחי' הפנימי' ולהבדיל ולדחות בחי' חיצונית השפע לתחתונים כידוע ביאור ענין חיצונית שפע זו שהוא דוקא מבירור בחינת אצטומכא העליונה ע"פ וכל קרבי את שם קדשו כו' וכמ"ש במ"א וד"ל · והנה כל זה בלילה דתרעין דג"ע אסתימו אבל ביום השערים נפתחין כמו שהוא בהמ"ק של מטה מפני שאור חסד עליון למעלה שופע ונמשך ביום דווקא וכמ"ש חסד אל כל היום כו' וכדוגמא של מטה ביום דווקא עוסקים במו"מ כו' וכמ"ש במ"א · וכך למעלה נפתחים שערי ג"ע ביום לצאת השפע ולהכנים בתוכם כל הצבא כו' · ומ"ש רז"ל בכתובות דו' פרוכת היו לו' השערים ופי' רש"י לצניעותא בעלמא כו' וכנ"ל הענין הוא משום דאור חסד עליון שמבחי' אלקות לא יוכל להתקבל כמו שהוא ממש בנבראים כמו נשמות ומלאכים מאחר שאין ערוך ביניהם כידוע אלא דווקא ע"י בחינת מסך מבדיל הנקרא פרסא וכידוע דיש בחינ' פרסא בין האצילו' לבריאה כו' · ועד"ז יש כמה מיני פרוכת ופרסא לכל פרטי השערים של הלשכות שבבחינת בהמ"ק של מעלה מטעם זה · וזהו שאמר לצניעותא בעלמא כלומר אע"פ שהשער נפתח אבל ענין הפתיחה לא תהא תמידית שא"כ יוכלו הכל לראות האור כמו שהוא וזה א"א מטעם הנ"ל אלא צריך שיהא פרוכת קבוע להסתיר תמיד ולפעמים יבקע המסך של הפרוכת הנק' פרסא ויכנס הנכנס או יצא היוצא אבל בתמידות הפרסא קבוע לצניעותא מטעם הנ"ל והוא ע"ד הידוע בענין מ"ל דאצילות כשנעשי' בחי' עתיק לבריאה כו' שהוא דווקא ע"י בקיעת המסך בתחלה כמבואר בע"ח וגם בו' פרוכת הנ"ל יובן עד"ז וד"ל · ועתה י"ל ענין המבואר בע"ח בשרש לבוש החשמ"ל שנעשה מחיצוני' אימא כו' עד שתחת רגליהם הוא הנק' מנעל כו' כנ"ל והוא ענין הפרסא·הנה מבואר ומובן בעיקר שרש ענין לבוש החשמ"ל שנעשה מחיצונית אימא הוא להלביש לז"ס בזו"נ מלדדיהם דוקא והוא בשביל שמירה מיניקות החיצוני' כו' · ותחלה י"ל מהו בחי' חיצונית אימא להיות ידוע שהמדות נולדו מן השכל וההתבוננות והנה אם עדיין טרוד בעמקות השכל וההתבוננות הנקרא פנימית אימא כידוע עדיין לא יש מציאות המדות בהיכר יש ודבר מה בפ"ע אלא בטלים ונכללים בשכל עצמו כידוע וכדי שיהיו המדות ניכרים למציאת יש ודבר בפני עצמן אין זה כ"א כאשר מסתלק בחי' פנימית השכל ולא נשאר רק בחי' החיצונית של השכל בלבד והוא הנקרא חיצוניות אימא מבחי' נה"י דנה"י שמלובשים בז"א להיות בבחי' מוחין למדות כו' כידוע ומבואר בת"א · והנה מאותו בחי' החיצונית דאימא שמלובש במדות ממנו נעשה גם בחי' מלבוש הנ"ל הנק' חשמ"ל להלביש למדות מלדדיהם כנ"ל · והענין הוא שנעשה ממנו אור מקיף על המדות בבחי' לבוש גשמי נמוך במדריגה הרבה מגוף המדות ע"ד הלבוש לגוף האדם כו' · וביאור הדברים יובן זה עד"מ הידוע בענין התלבשות השכל במשל דהנה המשל שמלבישים לשכל ודאי שהוא גשמי לנגד אור השכל הגנוז בו וכמו משלי שלמה שסודות העליונים גנוזים במשלים של דברים בעלמא כידוע והנה מ"מ יש מעלה ומדריגה במשל מלד שרשו שהוא גבוה הרבה מגוף השכל הגנוז בו · וביאור הדברים מובן ממה שאנו רואים בחוש שכל מי ששכלו יותר גבוה בעומק החכ' יכול הוא יותר למשול משלי' לשכלי' וכל שאין שכלו עמוק כ"כ אינו משיג רק השכל כמו שהוא אבל לא יוכל למשול משלים אל השכל וע"ד שאנו מוצאים בר' מאיר שהי' אומר תילתא שמעתתי ותילתא מתלי כו' ואמרו עליו משמת ר"מ בטלו מושלי משלים כו' הרי שהיה ר"מ מופלג במעלה זו מכל החכמים במה שהיה יכול להמשיל משלים הרבה ולכאורה מה זה יתרון המעלה · אלא הענין הוא מטעם הנ"ל דלפי שר"מ היתה עומק חכמתו למעלה גבוה מאד נעלה עד שלא

יכלו

יכלו חביריו לעמוד על סוף דעתו כידוע ע"כ היה ביכלתו דוקא להמשיל משלים הרבה ולא זולתו שקטן ממנו בחכמה · ועד"ז מובן הטעם למשלי שלמה כמ"ש וידבר שלשת אלפים משל כו' שהוא מפני עומק חכמתו דוקא · ואמנם היא גופא קשיא למה תלוי זה המשיל משלים בעומק החכמה דוקא הענין הוא מטעם הנ"ל לפי שהגם שהמשל עצמו מצד התגשמו למטה הוא נמוך הרבה מן גוף השכל עד שאינו אלא מלבוש לשכל אבל מצד שרשו גבוה הוא הרבה מגופו של שכל והטעם הוא לפי שנלקח המשל מכח ההיולי המשכיל את השכל ההוא מאין ליש שהרי צריך לכוין המשל שיהיה דוקא לפי אופן נקודה הפנימית של השכל לבלתי נטות ימין ושמאל וע"כ מי שאינו חכם בעומק נקודת השכל יאמר משל זר שאינו לפי נקוד' אמיתי' של השכל כו' ע"כ בהכרח הוא שכדי להמשיל משל לשכל צריך שיהיה משיג בתכלית עומק השכל עד שידע לכוין המשל כו' והרי העמק' זאת באה מלמעלה הרבה מגופו של שכל הנגלה במשל וא"כ מובן מזה ששרש המשל בא מלמעלה הרבה מן השכל הגנוז במשל ולכך לא היו מושלי משלים רק חכמים מופלגים כמו ר"מ בדורו ושלמה בדורו וכיוצא וד"ל · ומכ"ז יובן בדוגמא מענין בחי' לבוש החשמ"ל שנעשה מחיצוני' אימא כו' דהנה המשכות המוחין במדות הן רק מבחי' נה"י דנה"י דאימא כנ"ל והנה ידוע דמן מותרי שפע המדות יכולים לקבל החיצוני' יניקה ג"כ וע"ד אברהם שיצא ממנו ישמעאל שהוא ממותרי החסדים שבא מבחי' הצפרניי' · וכידוע בפי' הפסוק ועשתה את צפרניה שזהו טעם מצות נט"י שתיקנו חכמים כו' ועד"ז בקו השמאל יצחק יצא ממנו עשו מבחי' סוספתא דדהבא בחי' פסולת ומותרות הגבורה דקדושה וכידוע בפי' המאמר רישיה דעשו בעטפי' דיצחק כו' וע"כ כדי שלא תלך אור השפע מבחי' המדות דז"א בבחי' מותרות הנ"ל לזה הטעם נעשה למדות מלבוש זה הנק' חשמל והגם שנלקח מבחי' חיצוני' אימא אבל מ"מ הוא מבחי' אור אימא עצמה שהוא למעלה מבחי' המוחין דאימ' שמתלבשים במדות כו' ואע"פ שלבוש חשמ"ל זה מתגשם ונעשה ע"ד הלבוש הגשמי לגוף האדם כנ"ל מ"מ מצד שרשו שלוקח משם הוא גבוה הרבה מגוף המדות וגם מבחי' המוחין שמלובש בהם כו' · והטעם מובן ע"ד ענין התלבשות השכל במשל דהגם שהמשל נעשה לבוש ממש לשכל מ"מ מצד שרש שלוקח משם להיות לבוש למטה לשכל הוא גבוה הרבה מן השכל כו' כך בחי' חשמל זה הגם שנעשה לבוש ממש לזו"נ כו' מ"מ שרשו שנלקח מחיצונית אימא הגם שירד ונתלבש בבחי' חיצוני' דאימא כדי שיוכל להיות לבוש גשמי אבל מ"מ בהכרח לומר שנלקח מבחי' אימא עצמה שלמעלה הרבה גם מגוף המשכת מוחין שנשפלו במדות וכמבואר הטעם למעלה שכדי להמשיל משל לשכל צריך שיהי' מעומק החכמה דוקא וגם מפני שצריך שיושמר השכל מכל נטי' לצדדים ימין ושמאל אלא יהיה רק כפי בחינת פנימית הנקודה האמיתית לזה ירד המשל להלביש באופן שלא יוכלו לסור ימין ושמאל כו' · וכך למעלה זה ענין התועלת של לבוש החשמל הנ"ל במה שהוא מלביש לזו"נ מצדדיהם דווקא כנ"ל כדי שלא יהי' יניקה לחיצונים מן המדות כנ"ל והוא עד"מ שלא לנטות ימין ושמאל יותר מכפי הצריך ולא כאברהם שיצא ממנו ישמעאל כו' ושמירה זו א"א מצד עצמות המדות אלא ממקום גבוה מהם דווקא כדרך כל שומר שגבוה מן המשתמר אך שירד השומר ונתלבש בלבוש גשמי והוא הנק' חשמ"ל כו' וד"ל · ונמצא מובן מכל הנ"ל דיש בבחינת לבוש זה הנק' חשמ"ל ב' מדריגות והן הפכיים בתכלית הא' מצד שרשו בבחי' אור אימא עצמה שהוא גבוה הרבה גם מגוף בחי' מוחין דמדות כנ"ל והב' מצד התלבשות שלו בלבוש גשמי ביותר שהוא נמוך ושפל במדריגה הרבה מן המדות כנ"ל · ודרך כלל היינו שהוא גבוה מאד וגם שפל מאד ושניהם אמת ואינם תרתי דסתרי כי כולל ב' הפכים הללו יחד כו' · והנה בחי' ההתלבשות של לבוש זה דחשמ"ל הוא בבחינת צירופי אותיות והיינו שנלקחים מחיצונית דאימא בחינ' צירופים מבחי' אותיות דאימא ויורדים עוד ונעשים צירופים אחרים נמוכים יותר גם מגוף המדות והוא מצירופי אותיו' שבמדות עצמן וכידוע דבכל מקום בחי' האותיו' היא מדריגה האחרונה מכולם ומהם נעשה בחינת התגשמות הלבוש הזה הנק' חשמ"ל כו' ומצד בחי' צירופי אותיות הוא שפל במדריגה עד שמלביש רק מצדדיהם בבחי' לבוש גשמי ממש כנ"ל וד"ל · וזהו הטעם שנק' בשם חשמ"ל שתיבה זו כוללת ב' תיבות ח"ש מ"ל ופי' ח"ש לשון שתיקה כמאמר רז"ל עתים חשות כו' · והענין הוא שזהו מצד שרשו למעלה באור אימא עצמה ששם הוא בחי' הביטול מפני שאור אימא בחינת כלי לחכמה כ"ח מ"ה כידוע וזהו שאמרו סייג לחכמה שתיקה פי' סייג וגדר לחכמה כ"ח מ"ה בחי' הביטול האמיתי כמ"ש משה ונחנו מ"ה כו' הוא השתיקה שגם השתיקה היא בבחי' ביטול קצת שמפני שבא קרוב מאד למלך מתבטל וע"כ נשתק ממילא כו' כידוע · ומפני שהשתיקה הוא בחי' כלי לביטול האמיתי כו' וע"כ אמרו סייג לחכ' שתיקה כלומר בחי' כלי להגביל אור החכ' וה"ז כמו הסייג והגדר לשדה כו' וד"ל · ולהיות כן נק' לבוש זה מצד שרשו בבינה ח"ש לשון שתיקה והנה ידוע דחו"ב תרין ריעין דלא מתפרשין כו' והחכ' מצד עצמה למעלה היא מבחי' כלי גמור שהוא התגלות הדיבור בפה ולכן היה משה כבד פה כו' מפני שהוא מבחי' מ"ה דחכמה כידוע וסייג לחכמה שתיקה דוקא כנ"ל · אבל מצד התלבשות שלו בצירופי אותיו' להיות לבחי' לבוש גשמי כנ"ל נק' מ"ל ל' דיבור כמו שאמרו ז"ל עתים ממללות כו' והוא כתרגום לנפש חיה לרוח ממללא כידוע והוא מפני שבחי' צירופי אותיות באין לידי בחי' התגלות ממש בדיבור בפה כידוע וע"כ נק' לבוש זה חשמ"ל מפני שכולל ב' ההפכים

יחד

יחד כנ"ל במדריגה גבוה מצד איממא שהם השתיקה כו' ובמדריגה הנמוכה בצירופי אותיות הדיבור ושניהם אחת ואינם תרתי דסתרי כלל ע"כ כלולים בו ב' תיבות הללו ח"ש ומ"ל ביחד · ונק' חשמ"ל בתיבה אחת כו' כי הרי הא בהא תלי' דלפי ששרשו ממקום גבוה לכך יכול להשפיל א"ע כ"כ כמו ענין המשל ושכל כנ"ל וד"ל · והוא הטעם עצמו שהוא שומר למדות מפני יניקת החיצונים כי שרשו מאימא שנק' יובלא עילאה ונק' עולם החירות כידוע והיינו פי' ח"ש שתיקה מפני בחי' הביטול וכמ"ש לעתיד לא ירעו ולא ישחיתו כו' וכתיב וגר זאב עם כבש כו' ואריה כבקר יאכל תבן שהוא רק מפני בחי' הביטול כמו שהיה בתיבת נח כמ"ש במ"א וד"ל·וזהו שארז"ל במס' חגיגה מאי חשמ"ל עתים חשות עתים ממללות בשעה שהדיבור יוצא מפי הקב"ה הם חשות ובשעה שאין הדיבור יוצא מפי הקב"ה ממללות כו' · דהנה פי' הקב"ה ידוע שהוא בחי' ז"א דאצילות כי בחי' המדות דאצילות הן בבחי' קדושה עליונה למעלה מבחי' ההשתלשלות שפע עדיין בעולמות · כי ידוע דשרש ומקור כל השפע בעולמות הוא רק מבחי' מ"ל דאצי' הנק' שכינה מפני ששוכן ומתלבש בתחתונים להחיות רוח שפלים מאין ליש כו' כי מדה זו יש לה ערך ויחס אל ההשתלשלות מפני שאין מלך בלא עם כו' וכידוע משא"כ בחי' מדות דאצי' אין להם ערך ויחס לעם נפרד כלל והרי נאמר בהן לך ה' הגדולה והגבורה כו' וכידוע לכך נק' קדוש ל' מובדל כלומר שאינו צריך לעם אלא הוא מרומ' ומובדל להיו' תמיד בפ"ע בבחי' האצילו' ואין להשתלשלו' ערך עמו כלל וכלל · אך ע"י שיש בחי' היחוד לפעמים בין זו"נ והוא ענין יחוד קוב"ה ושכינתיה כידוע אזי יוצא אור השפע מבחי' המדות למ"ל דאצי' שנקרא שכינה ובחי' מ"ל הוא השוכן ומתלבש בתחתונים אח"כ להחיות רוח שפלים כו' ויחוד זה לפרקים כמו בכל שעת התפילה בבוקר ובכל שבת וחדש ומועדי' ורגלי' וכיוצא כידוע וד"ל · וזהו אמרם ז"ל בשעה שהדיבור יוצא מפי הקב"ה בחי' הדיבור העליון הוא בחי' מל' דאצי' כידוע כמ"ש בדבר ה' שמים נעשו כו' והדיבור יוצא מפי הקב"ה הוא ענין בחי' התגלות מדת מל מפי הקב"ה שהוא בחי' ז"א דאצי' כשיש יחוד למעלה כנ"ל · ואמנם ידוע דמל' דאצי' שמתגלה למטה להיות להנבראים לראש ושרש והוא הנק' בחי' עתיק דבריאה הוא דוקא ע"י שבוקעת המסך והפרסא שבין אצי' לבריאה בתחלה כו' · וזהו פי' יוצא מפי כו' שהוא כמו ענין ההתגלות לחוץ ממש כמו עד"מ הדיבור שיוצא מפי האדם לזולתו כו' וד"ל · והנה בחי' הפרסא הזאת הוא בחי' המנעל של עור שמתחת רגלי זו"כ הנ"ל ומבואר למעלה ששרש התחלתו הוא נמשך מחיצוני' אימא והוא לבוש החשמל שמלביש לזו"כ מלדדיהם עד שמתחת רגליהם נעשה בחי' מנעל כו' · ופי' ענין המנעל הזה יתבאר בסמוך · אך מה שאמרו ז"ל חשמ"ל עתים חשות כו' מדברי' במלאכים נבראים שיש בהן כמה

מיני מדריגות ויש בהן גם מבחי' חשמ"ל העליון דמלביש לזו"כ דאצי' כו' כי הרי ידוע שכל מה שיש באצי' יש בבריאה מאחר שמ"ל דאצי' משפיע מאין ליש כדוגמא העליונה דעולם האצי' ממש בכל פרטי פרטיות וא"כ כמו שיש בחי' י"ס דזו"כ אורות וכלים באצי' ובחי' החשמ"ל מחיצונית אימא המלבישם כו' · כך בעולם הבריאה יש י"ס אורות וכלים דבחי' זו"כ וחשמ"ל דמלביש כו' אלא שהוא יותר בירידת המדריגה עד שבחי' חשמ"ל דבריאה אינו בחי' אלקות אלא בחי' נברא מאין ליש והן המלאכים שלפעמים חשות ופעמים ממללות כו' · וביאור ענין עתים חשות בשעה שהדיבור יוצא כו' וממללות בשעה שאין הדיבור יוצא כו' יובן בהקדים ענין א' הידוע והוא שבהיות בחי' ההתגלות אור האלקי למטה יותר מכפי המדה אזי המלאכים מתבטלים ממציאותם וכענין הושע אצבעו קטנה ביניהן ושרפן כמ"ש במ"א וגם כאן כאשר בחי' המ"ל בוקע המסך ומאיר בבי"ע יותר מכפי המדה הראשונה אזי נמשך בחי' הביטול בכל המלאכים כו' · אך בבחי' המלאכים שהן מבחי' החשמ"ל להיות כי שרשם ממוצע בב' הפכים כנ"ל הא' מצד שרשם באימא שהוא בחי' השתיקה כנ"ל · והב' מצד הלבוש בצירופי אותיות שהוא בחי' הגילוי וע"כ נק' ח"ש מ"ל כו' ע"כ בשעה שהדיבור יוצא מפי הקב"ה שאז זמן בקיעת הפרסא כנ"ל הם חשות בבחי' הביטול במציאות מפני בחי' הגילוי אלקי כו' ובשעה שאין הדיבור יוצא ממללות בבחי' יש ודבר לומר קדוש וברוך ברעש גדול כו' · ויובן זה עד"מ תלמיד לפני רבו בשעה שהרב מדבר התלמיד שותק ובשעה שהרב שותק התלמיד מדבר כו' וגם כאן כשאין הדיבור יוצא שאז זמן הסתלקות אזי יכולים להיות בהתפעלות וממללות כו' וכשהדיבור יוצא הן חשות כו' · אמנם מה שזה הענין דוקא במלאכים שמבחי' החשמ"ל כו' הוא מטעם הנ"ל לפי שכוללים ב' הפכים העלם וגילוי כנ"ל אך בנברא צריך להיות בהיפך בזמן שהדיבור יוצא הוא ח"ש כו' וכמשל הנ"ל בתלמיד לפני רבו וד"ל · ועתה י"ל בחי' הפרסא הנקרא מנעל שמתחת רגליהם הנ"ל דהנה כתיב ויעש ה' אלקים לאדם ולאשתו כתנות עור וילבישם כו' (ובתורתו של ר"מ הי' כתוב באלף) וזה הלבוש דכתנות עור נעשה לאחר החטא אבל קודם החטא לא היו צריכים לכתנות עור אלא הי' לבושם מלבוש החשמ"ל הנ"ל · ולהבין ביאור הדברים יש להקדים תחלה ענין המנעל הנקרא פרסא שע"ז נא' מה יפו פעמיך בנעלים בת נדיב כנ"ל · דהנה בת נדיב הוא בתו של אברהם כו' והוא בחי' מ"כ דאצילו' כידוע ובחי' הנעלים שלה לרגליה עד שאמר מה יפו פעמיך בנעלים כו' · הענין הוא כמו שהעור דמנעל לרגל גשמי הוא מלביש באופן שמסתיר לגמרי גופו ובשרו של הרגל אך נמדד המנעל למדתו של הרגל ונראה כאלו הוא גופו של רגל מעור בלבד כו' · וכך יובן הדוגמא מזה למעלה בהיות מבואר למעלה ענין לבוש החשמל שהוא

ע"ד התלבשות השכל במשל כו' · והנה אנו רואים שאע"פ שהשכל מוסתר מאד במשל מ"מ קצת ההארה ממנו יאיר מתוך דברי המשל ממש וגם החכמי' יכולים לעמוד על כל ההשכלה מתוך משל הנ"ל אבל לבוש המעלים לגמרי את האור אינו אלא כמו עד"מ המסך מבגד ועור וכיוצא שמפסיק האור המאיר לגמרי וה"ז כמו שאם היה איזה משל וחידה שאינם מבינים כלל מתוכו וכיוצא בזה · וזהו עיקר ענין ההפרש בין לבוש זה דמנעל ללבוש דחשמ"ל כי לבוש דחשמ"ל לא נעשה רק בשביל שמיר' מגדדי וז"כ כנ"ל ע"כ לא נעשה כדי שיתעלם האור לגמרי אלא רק שנעשה באופן שלא יצא דבר חוץ מכפי הצורך כנ"ל וה"ז כמשל הרב שמלביש אופן הצירופים של ההשפעה לתלמידו בכדי שלא יבא לידי טעות יוצא מנקודה האמיתית כו' אבל אין בשינוי צירופי אותיות הללו עדיין ענין הסתר והעלם אור השפע לגמרי אלא שמגנים ומלביש השכל באופן שלא יצא חוץ מגדרים ופנימים של השכל כו' · אבל לבוש זה דמנעל הוא שמסתיר ומעלים לגמרי אור השפע אלא שהוא עשוי כמדת אור השופע וה"ז כמו שיתלבש הרגל במנעל ממש כו' שהוא מעלים ומסתיר הרגל כנ"ל · ואתנם עכ"פ אין הענין שנתעלם האור בתוכו לגמרי מכל וכל אלא עכ"ז קצת אור יוצא ובוקע גם דרך העור והמסך אלא שנשתנה מהות האור ונעשה מהות אור אחר לגמרי מפני עביות העור ונק' זה האור בשם אור של תולדה דהיינו שנולד אור אחר שלא מענין וערך אותו האור העצמי שמאיר כו' וה"ז נחשב כמו אור חדש ממש כו' וד"ל · והנמשל מזה יובן למעלה דמשום דבאצי' עצמו הרי הכל היה בבחינת אלקות גם אפילו מה שישתלשל מעילה לעיל' עד אין שיעור כו' ולכך הוצרך שיתעלם האור והשפע דנה"י דבחי' מ"ל דאצי' בבחי' לבוש דמנעל עור מפני שהאור הנשפע והוא הבוקע מתוך עובי העור אינו אלא אור של תולדה והוא אור חדש כנ"ל וע"כ הנבראים מאותו האור נק' התהוות וחידוש יש מאין כי לכאורה אינו ענין חידוש יש מאין דהלא ממך הכל כתיב וכולא קמיה דוקא כלא כו' · אך הענין הוא משום דהשפע שבא דרך בחינת בקיעת הפרסא הנ"ל הוא שנתחדש הבריאה ממש מטעם שהאור חדש הוא כנ"ל נק' חידוש יש מאין בכלל כל הנשפע בעולמו' שתחת הפרסא והוא המנעל שתחת רגלי הנוק' כנ"ל · וזהו מה יפו פעמיך בנעלי' דוקא מטעם הנ"ל וד"ל · והנה ההפרש בין שבת לחול ידוע שבשבת הארת האצי' מתלבש בבריאה בבלתי מסך משא"כ בימות החול וגם בימות החול יש הפרש בין א"י לח"ל דבא"י ההנהגה הוא ע"י יציר' שבעשיה ובח"ל ע"י עשי' בלבד כו' כמ"ש במ"א והנה כל המסכים שיש בין כל עולם ועולם ובג' עולמות בי"ע בכלל הוא רק עד סוף עולם העשי' אבל מעשיה ולמטה אין שום מסך עוד כי הרי עיקר ענין המסך הוא בשביל תולדה של אור חדש כנ"ל והרי

מעשיה ולמטה מסתיים כל ההשתלשלות דקדושה ואין עוד בחי' מלאך נברא חדש בסטר' דקדושה · אך יש עוד בחי' מסך ופרסא והוא עבה וגסה הרבה והוא הנקר' קליפת נוגה אחר סיום כל הקדושה כידוע ע"ז אמר והבדלתם בין הטמא לטהור כו' והוא הנקרא ג"כ בחינת ערלה החופפת על הברית כו' · וביאור הדברים הנה ידוע דכל מה שבסטר' דקדושה הוא בבחי' הביטול וכמ"ש ולצבא השמים לך משתחוים כו' ויש במדריגת הביטול כמה רבבות מדריגות זה למעל' מזה והוא בכל עולם לפי ערך מצבו וריחוק שלו בהשתלשלות כמו בעולם הבריאה שאם ביטול הגשמות מפני זיו השכינה ממש הוא יותר עליון במדריגה כו' ובעולם היצי' בחי' הביטול דמלאכים נמוך במדריגה הרבה מזה ובעולם העשיה יותר נמוך עד שצבא השמים הגשמי' הנראים לנו ביטול שלהם רק בבחי' השתחוואה חיצוני' כידוע וכל זה ההשתלשלות בירידות מדריגו' הוא בא מפני סיבת המסכים הרבים שבין כל עולם ועולם כו' · כי הנה בחי' המסך שבין אצי' לבריאה הוא הגורם להיות בחי' נפרד ועכ"ז מפני הארת האור שבוקע דרך המסך נמצא בהם בחינת הביטול ועד"ז מסך שבין בריא' ליצי' ושבין יצי' לעשי' שמפני ריבוי המסכים נמצא תגבורת התהוות יש גמור ובחי' הביטול שלו הוא יותר אחרון במדריגה כו' · ואתנם עכ"ז נמצא גם ביותר אחרון בחי' הביטול והוא מכלל סטרא דקדושה עדיין אך אחרי סיום כל סטר' דקדושה גם בעולם העשיה אזי לא יש מסך עוד בבחי' אור של תולדה מאחר שלא יש עוד בהשתלשלו' דבר מה שימצא בו מציאו' ביטול אלא מתעלם האור דקדושה לגמרי מכל וכל והוא ע"י מסך ופרסא הנק' נוגה אשר ע"כ המקבלים מתוך המסך דנוגה כבר הן נפרדים לגמרי ואע"פ שיודעים את רבונם יכולים למרוד בו כו' ומשם יונקים הע' שרים כידוע וע"ז המסך אומרי' והבדלתם בין הטהור לטמא כו' וכנ"ל· אבל בחי' מסך הנ"ל שיוצא ובוקע ממנו אור עדיין אלא שנתגשם בו האור הוא בחי' ההבדלה שמבדילי' ישראל בנוסחת הידוע המבדיל בין קדש לחול כי בחי' החולין שלהם אינו בחי' יש נפרד לגמרי אלא הן חולין שנעשו עטה"ק כנ"ל · וע"ז נא' אשר ברא אלהים לעשות לתקן כמשל התורמסין שצריכין תיקון כו' והתיקון של חולין הללו' מכל מעשיהם בימות החול הוא ביום השבת דוקא לפי שבשבת מאיר אור האצי' בבריאה בבלתי מסך ועד"ז מבריא' ליצירה ומיצי' לעשי' וע"כ כל בחי' הפירוד דיומין דחול באין לידי בחי' ביטול בשבת ומי שטרח בע"ש כו' וכמ"ש למעלה · ויש בזה כמה מדריגות כי דוקא מה שהוא מדברים המותרים שנעשין ביומין דחול הוא שעולין בשבת אבל לא דברי' האסורין שגרשן מקליפת נוגה שאין לזה תיקון כו' כמו מו"מ שיש בו תאוה גשמי' מ"מ כשאין בו גזל ממש עולה בשבת בבחינ' הביטול משא"כ גזל וכיוצא כי הגם שנעשה נפרד במו"מ בהיתר ג"כ וכיוצא בזה בכל תאות היתר מ"מ ה"ז בחי' הטוב שבנוג' שגם היא יכולה

לעלות

לעלו' כי ידוע דנוגה מעורב טו"ר כו' · ובבחי' ביטול שבשבת יש ג"כ כמה מדריגו' זו למעלה מזו כי בחי' ביטול היותר אחרון הוא מה שהאדם מובדל מתלאכ' גשמית בלבד שהוא קצת מבחי' הביטול וע"ז נאמר ג"כ שבת להוי"ה אלקיך והוא בחינת ביטול דעשיה בלבד · ויותר מזה בחינת ביטול בפנימית יותר כמו שהוא בבחי' ביטול בהתפעלות המדות זהו בחינת ביטול דיצירה ע"ד דוגמא וכשהוא בבחינ' הביטול בבחי' החכ' זהו בחי' הביטול דבריאה כו' ואעפ"כ יש מי שבטל כי הוא בבחי' בריא' יש מאין כו' והוא לפי אופן ירידות המדריגו' הנ"ל בימות החול ע"י המסכי' כך הוא אופן עליות העולמו' בשבת בהעדר המסך כו' וד"ל · וזהו ויעש ה' אלקים לאדם ולאשתו כתנו' עור וילבישם כו' שזה נעש' אחר החטא דוקא כידוע · דהנה בחי' ההבדלה שאנו אומרי' במ"ש הוא בחי' המסכים שבין כל עולם ועולם מד' עולמות אבי"ע שבוקע מהם קצת ההארה עכ"פ כנ"ל · וזהו שאנו אומרים ברוך המבדיל בין קדש לחול כו' פי' ברוך המבדיל כו' כי שרש הבדלה זו ממקום גבוה מאד היא באה דהרי מבואר למעלה דשרש הפרס' באה מבחינ' חיצוניות דאימא דשם הוא למעלה מעלה משרש ומקום ליניקות חיצונים עדיין ונקרא גדר וסייג לחכמה כו' ובירידת המדריג' נתגשמה יותר להיות בלבוש מנעל עור וכיוצא אך עכ"ז שרשה נעלה מאד ומשם הוא בא הכח הזה להבדיל בין הקדש ובין החול עד למט' מטה בין כל עולם ועולם לפי ערכו וע"כ אומרים לשון ברוך מפני שברכה זו היא ממקור הראשון ומפני שהוא הנק' חשמ"ל ח"ש ומ"ל יחד ע"כ יש בכחו לעשות הבדלה עד למטה מטה כי קמיה כחשיכה כאורה כו' וסיבה המבדיל ביניהם הוא ע"י לבוש החשמ"ל שנעשה להבדיל יניקות זרים כנ"ל וד"ל · ואמנם כ"ז בסט' דקדושה עדיין להיות הבדלה מעולם לעולם שלמטה והוא ע"י בקיעת אור דרך פרסא כנ"ל ואור זה שבוקע הוא אור חדש ברוך ונמשך ממקור ומשרש גבוה כנ"ל אך בסוף העשיה שמסתיים סטרא דקדושה ע"כ שם הוא ההבדלה המבדלת ממש מכל וכל והוא הנקר' לבוש דנוגה שמעורב טו"ר כו' והבדלה זו אין אנו אומרי' כמ"ש למעלה · וכמ"כ בשעת החטא דאדה"ר מפני שנתגשמו מאד היו צריכי' ללבוש גשמי וכתנו' עור ממש כדי להרחיק מהם יניקות החיצוני' ושלא בשעת החטא היו עדיין בהזדככות גדולה ורחוקים מדבר רע לגמרי לא היו צריכים להבדלה גשמי כזאת אלא רק להלבישם בלבוש דק מאד כו' · וכדוגמ' זו למעלה לאדם העליון ואשתו הנקר' זו"נ כידוע היה פגם יניקות החיצוני' גורם להלבישם כתנות עור דוקא משא"כ מתחלה לא היה להם רק לבוש החשמל כו' · וזהו ויעש ה' לאדם ולאשתו כתנו' עור כו' בשביל להבדיל מהם לגמרי יניקות החיצונים מפני סיבת התעלמות האור לגמרי מכל וכל כו' וד"ל · וזהו ג"כ שרש ענין המילה מ"ל י"ה כו' דהנה מבואר למעלה שקליפת נוגה הוא המסך המבדיל לגמרי והוא הנק' כתנו' עור · וזהו ג"כ ענין הסרת הערלה במילה כי שרש נש"י הן למעלה מבחינת המסך הזה המבדיל לגמרי שהרי אומר ברוך המבדיל כו' ובהבדל' זו מאיר עדיין האו' קצת דרך הפרסא והוא מה שיכולים לבא לבחינת ביטול בשבת ולכך נק' חולין שנעשו עטה"ק כנ"ל ע"כ נצטוו להסיר מהם הערלה החופפת ומבדלת לגמרי והיא בחי' קליפת נוגה המבדלת בין הקדושה האלהית לג' קליפו' הטמאות כו' וזהו אשר חלק ה' אלהיך לכל העמים החליקן והפרידן מאחדותו כו' וכמ"ש למעלה וד"ל · וזהו פי' מילה מ"ל י"ה דחו"ב תרין ריעין כו' היינו התגלות אור אלהי עד שנמצא מציאת הביטול גם לפרקים וזהו א"א כ"א ע"י הסרת הערלה ואז יהיה מתילא גילוי אור מפני שלא יבדיל המסך כ"כ לגמרי מכל וכל כו' והיינו כמו פי' מ"ל מחשמ"ל דבינה שהוא ענין התגלות וכמ"ש למעלה בענין עתים ממללות כנ"ל וד"ל · ועכ"ז יובן מ"ש ואני הנה בריתי אתך כו' וטעם אני בזקף גדול כו' · דהנה אני הוא אותיות אין וידוע דבחי' אין הוא בחי' הכתר שלמעלה מן החכמה וכמ"ש והחכמה מאין תמצא והטעם הוא מפני שנעוץ סופן בתחלתן ע"כ שרש המ"ל הנק' אני הוא בכתר כו' · וזהו שטעם אני בזקף גדול להורות על בחי' עליות המ"ל למעלה מעלה עד בחי' הראש והמקור ממש ולכך טעמו בזקף גדול כו' וד"ל · אך הטעם לעלייה זאת בכתר הוא מפני שבריתי אתך כו' · והענין הוא משום דבחי' היסוד מתגלה במילה והתגלות הפרסא להיות בוקע האור בו כנ"ל הוא דוקא ע"י התגלות בחי' יסוד בתחלה כי בחי' יסוד הוא למעלה הרבה מבחי' הפרסא הנ"ל · ולהיות כי שרש בחי' יסוד עולה עד רום המעלות דהיינו מיסוד ז"א עולה עד יסוד אבא וכמ"ש לדיק כתמר יפרח כו' ופי' לדי"ק הוא בחי' יסוד שעולה עד הדעת ועולה עוד עד למעלה גם מבחי' יסוד אבא ויסוד ע"י והוא עד בחי' פנימיות הכתר שלמעלה מן החכמה הרבה כו' וד"ל · ולהיות כי בכריתת ערלה שבסוף העשיה כנ"ל מתגלה בחי' יסוד הפנימי שבכל עולם ועולם עד רום המעלות עד שמתגלה מבחי' פנימית הכתר בכלל לכך אמר ואני הנה בריתי אתך והוא בטעם זקף גדול להורות על עליי' זו מלמטה למעלה בבחי' אין דכתר והוא משום דבריתי אתך ופי' בריתי בריתי ממש והוא בבחי' יסוד דע"י ושם יאיר אור הכתר מבחי' הפנימית כנ"ל וד"ל · ובזה יובן מה שאז"ל גדולה מילה שנכרתו עליה י"ג בריתות כו' · דלכאורה אינו מובן טעם מספר י"ג דוקא וגם ענין אמרו גדולה מילה שנכרתו עליה כו' מפני מה זה יהיה הכרח לטעם בחי' גדלות המצוה כו' · אך הנה מבואר למעלה דבחי' פנימית הכתר מתגלה ע"י כריתות ערלה למטה מטעם הנ"ל ולמעלה בכתר הן נק' י"ג בריתות נגד י"ג מדה"ר הנק' י"ג תיקוני דיקנא הידועים באד"ר וזהו שאמרו גדולה מצות מילה למטה שנכרתו עליה י"ג בריתות למעלה בבחי' הכתר כו' וד"ל · ולהבין ביאור הדברים הללו הנה כבר מבואר

ענין

ענין כריתות ברית בכתר באריכות במ"א ע"פ לעברך בברית ה' אלהיך כו' דבבחי' הכתר בכלל יש בחי' פנימית ובחי' חיצונית הנק' מ"ה וב"ן מ"ה נק' עתיק וב"ן נקרא אריך בכלל ובפרט הוא בבחי' עתיק עצמו כי פי' עתיק סובל ב' ענינים הא' בחי' הסתלקות כמו נעתק והב' לשון התפשטות כמו המעתיק מספר כו' וכמ"ש במ"א ושניהם אמת תפני שזהו בחי' חו"ג דכתר והן מ"ה וב"ן בכלל וכמ"ש במ"א · וכריתות הברית שם הוא שלא יסתלק לגמרי ויאיר לפעמים מבחי' הפנימית לבחי' החיצונית ויהיה יחוד מ"ה וב"ן כו' והן הן הארות י"ג תיקוני דיקנא שמאירים דוקא מבחי' פנימית הכתר וכמ"ש בהם ויעבור הוי"ה על פניו ויקרא הוי"ה הוי"ה · וידוע דב"פ הוי"ה הא' בבחי' הפנימית וכמ"ש במ"א ולכך נק' י"ג מדה"ר בשם הארת פנים בכלל כידוע · וזהו שאמר שנכרתו עליה י"ג בריתות דוקא כי י"ג הארות פנימיו' מאירים בכתר ע"י כריתות ברית שהיה כו' ובהכרת שהיה י"ג כריתות ברית נגד י"ג ההארות הללו כו' וכמ"ש לעברך בברית ה' אלהיך מ"ה וב"ן כו' וכמ"ש במ"א וד"ל :

סדר המילה

כשמביאין את הילד לבית הכנסת אומרים בָּרוּךְ הַבָּא :

אַשְׁרֵי תִּבְחַר וּתְקָרֵב יִשְׁכֹּן חֲצֵרֶיךָ נִשְׂבְּעָה בְּטוּב בֵּיתֶךָ קְדֹשׁ הֵיכָלֶךָ : וַיְדַבֵּר יְהֹוָה אֶל־מֹשֶׁה לֵּאמֹר : פִּינְחָס בֶּן־אֶלְעָזָר בֶּן־אַהֲרֹן הַכֹּהֵן הֵשִׁיב אֶת־חֲמָתִי מֵעַל בְּנֵי־יִשְׂרָאֵל בְּקַנְאוֹ אֶת־קִנְאָתִי בְּתוֹכָם וְלֹא־כִלִּיתִי אֶת־בְּנֵי־יִשְׂרָאֵל בְּקִנְאָתִי : לָכֵן אֱמֹר הִנְנִי נֹתֵן לוֹ אֶת־בְּרִיתִי שָׁלוֹם :

כשמניחין הילד על הכסא של אליהו יאמר המוהל

זֶה הַכִּסֵּא שֶׁל אֵלִיָּהוּ זָכוּר לַטּוֹב : לִישׁוּעָתְךָ קִוִּיתִי יְהֹוָה : שִׂבַּרְתִּי לִישׁוּעָתְךָ יְהֹוָה וּמִצְוֹתֶיךָ עָשִׂיתִי : אֵלִיָּהוּ מַלְאַךְ הַבְּרִית הִנֵּה שֶׁלְּךָ לְפָנֶיךָ · עֲמוֹד עַל־יְמִינִי וְסָמְכֵנִי : שָׂשׂ אָנֹכִי עַל אִמְרָתֶךָ כְּמוֹצֵא שָׁלָל רָב : שָׁלוֹם רָב לְאֹהֲבֵי תוֹרָתֶךָ וְאֵין לָמוֹ מִכְשׁוֹל : אַשְׁרֵי תִּבְחַר וּתְקָרֵב יִשְׁכֹּן חֲצֵרֶיךָ נִשְׂבְּעָה בְּטוּב בֵּיתֶךָ קְדֹשׁ הֵיכָלֶךָ :

כשמוהל מברך בָּרוּךְ אַתָּה יְהֹוָה אֱלֹהֵינוּ מֶלֶךְ הָעוֹלָם אֲשֶׁר קִדְּשָׁנוּ בְּמִצְוֹתָיו וְצִוָּנוּ עַל הַמִּילָה :

אבי הבן מברך בין מילה לפריעה

בָּרוּךְ אַתָּה יְהֹוָה אֱלֹהֵינוּ מֶלֶךְ הָעוֹלָם אֲשֶׁר קִדְּשָׁנוּ בְּמִצְוֹתָיו וְצִוָּנוּ לְהַכְנִיסוֹ בִּבְרִיתוֹ שֶׁל אַבְרָהָם אָבִינוּ :

והעומדים שם עונים כְּשֵׁם שֶׁנִּכְנַס לַבְּרִית כֵּן יִכָּנֵס לְתוֹרָה וּלְחֻפָּה וּלְמַעֲשִׂים טוֹבִים :

ואחר שנעשה המיתוך כראוי יזהר לעשות הפריעה והמציצה ונוטל את הכוס ומברך

בָּרוּךְ אַתָּה יְהֹוָה אֱלֹהֵינוּ מֶלֶךְ הָעוֹלָם בּוֹרֵא פְּרִי הַגָּפֶן :

בָּרוּךְ אַתָּה יְהֹוָה אֱלֹהֵינוּ מֶלֶךְ הָעוֹלָם אֲשֶׁר קִדֵּשׁ יְדִיד מִבֶּטֶן וְחֹק בִּשְׁאֵרוֹ שָׂם וְצֶאֱצָאָיו חָתַם בְּאוֹת בְּרִית קֹדֶשׁ עַל־כֵּן בִּשְׂכַר זֹאת אֵל חַי חֶלְקֵנוּ צוּרֵנוּ צִוָּה לְהַצִּיל יְדִידוּת שְׁאֵרֵנוּ מִשַּׁחַת לְמַעַן בְּרִיתוֹ אֲשֶׁר שָׂם בִּבְשָׂרֵנוּ · בָּרוּךְ אַתָּה יְהֹוָה כּוֹרֵת הַבְּרִית :

אֱלֹהֵינוּ וֵאלֹהֵי אֲבוֹתֵינוּ קַיֵּם אֶת הַיֶּלֶד הַזֶּה לְאָבִיו וּלְאִמּוֹ וְיִקָּרֵא שְׁמוֹ בְּיִשְׂרָאֵל פב"פ יִשְׂמַח הָאָב בְּיוֹצֵא חֲלָצָיו וְתָגֵל אִמּוֹ בִּפְרִי בִטְנָהּ : כַּכָּתוּב יִשְׂמַח אָבִיךָ וְאִמֶּךָ וְתָגֵל יוֹלַדְתֶּךָ : וְנֶאֱמַר וָאֶעֱבֹר עָלַיִךְ וָאֶרְאֵךְ מִתְבּוֹסֶסֶת בְּדָמָיִךְ וָאֹמַר לָךְ בְּדָמַיִךְ חֲיִי · וָאֹמַר לָךְ בְּדָמַיִךְ חֲיִי : וְנֶאֱמַר זָכַר לְעוֹלָם בְּרִיתוֹ דָּבָר צִוָּה לְאֶלֶף דּוֹר : אֲשֶׁר כָּרַת אֶת־אַבְרָהָם וּשְׁבוּעָתוֹ לְיִשְׂחָק : וַיַּעֲמִידֶהָ לְיַעֲקֹב לְחֹק לְיִשְׂרָאֵל בְּרִית עוֹלָם : וְנֶאֱמַר וַיָּמָל אַבְרָהָם אֶת־יִצְחָק בְּנוֹ בֶּן־שְׁמֹנַת יָמִים כַּאֲשֶׁר צִוָּה אֹתוֹ אֱלֹהִים : הוֹדוּ לַיהֹוָה כִּי־טוֹב כִּי לְעוֹלָם חַסְדּוֹ : הוֹדוּ לַיהֹוָה כִּי־טוֹב כִּי לְעוֹלָם חַסְדּוֹ : פלוני זֶה הַקָּטָן גָּדוֹל יִהְיֶה כְּשֵׁם שֶׁנִּכְנַס לַבְּרִית כֵּן יִכָּנֵס לְתוֹרָה וּלְחֻפָּה וּלְמַעֲשִׂים טוֹבִים :

ונותנים לתינוק לטעום מכוס הברכה או ישתה בעצמו · ואחר המילה יתפלל תפלה זו המוהל ואבי הבן :

רבונו של עולם יהי רצון מלפניך שיהא זה חשוב ומקובל לפניך כאלו הקרבתידו לפני כסא כבודך ואתה ברחמיך הרבים שלח על ידי מלאכיך הקדושים נשמה קדושה וטהורה לפב"פ הנמול עתה לשמך הגדול ושיהיה לבו פתוח כפתחו של אולם בתורתך הקדושה ללמוד וללמד לשמור ולעשות ותן לו אריכות ימים ושנים חיים של יראת חטא חיים של עושר וכבוד ושתמלא משאלות לבו לטובה אמן וכן יהי רצון :

סדר פדיון הבן

מצות עשה לפדות כל איש ישראל את בנו שהוא בכור לאמו הישראלית מיום שלשים ולמעלה דהיינו ביום ל"א בה' סלעים ואם פדאו קודם אינו פדוי מכאן ואילך עובר בעשה · וחמש סלעים הם משקל שמונה לוט כסף נקי (שקורין פיי"ן זילב"ר) במשקל הקיסר דתדינתט ואלו חמשה סלעים יתן לכהן בכסף או בשוה כסף מכל דבר שירנה חוץ מקרקעות עבדים ושטרות ואם פדה בהם אינו פדוי :

האב מייתי ליה לבכור קמי כהן ומייתי כסף או שוה כסף חמשה סלעים ומודיע לכהן שהוא בכור פטר רחם לאמו הישראלית ואומר לו :

אִשְׁתִּי הַיִּשְׂרְאֵלִית יָלְדָה לִי בֵּן זֶה הַבְּכוֹר :

הכהן שואל אותו ואומר.

בְּמַאי בָּעֵית טְפֵי בְּבִנְךָ בְּכוֹרְךָ אוֹ בְּחָמֵשׁ סְלָעִים דְּמִתְחַיֶּבְתָּ לִתֵּן לִי בְּפִדְיוֹן בִּנְךָ בְּכוֹרְךָ זֶה :

האב אומר בְּעֵינָא בִּבְנִי בְּכוֹרִי זֶה וְהֵילָךְ חֲמִשָּׁה סְלָעִים בְּפִדְיוֹן דְּמִחַיַּבְנָא בֵּיהּ :

וכשנותן האב לכהן הפדיון מברך האב

בָּרוּךְ אַתָּה יְהֹוָה אֱלֹהֵינוּ מֶלֶךְ הָעוֹלָם אֲשֶׁר קִדְּשָׁנוּ בְּמִצְוֹתָיו וְצִוָּנוּ עַל פִּדְיוֹן הַבֵּן :

בָּרוּךְ אַתָּה יְהֹוָה אֱלֹהֵינוּ מֶלֶךְ הָעוֹלָם שֶׁהֶחֱיָנוּ וְקִיְּמָנוּ וְהִגִּיעָנוּ לִזְמַן הַזֶּה :

יש שנהגו לעשות סעודה ואם יש שם יין עושה הפדיון בתוך הסעודה אחר המוציא . ומברך הכהן על היין מיד אחר הפדיון ואם אין שם יין עושה הפדיון שלא בתוך הסעודה ואז מברך הכהן על שאר משקים וסעודה זו היא סעודת מצוה :

תפלת ערבית

וְהוּא רַחוּם יְכַפֵּר עָוֹן וְלֹא יַשְׁחִית וְהִרְבָּה לְהָשִׁיב אַפּוֹ וְלֹא יָעִיר כָּל־חֲמָתוֹ׃ יְהֹוָה הוֹשִׁיעָה הַמֶּלֶךְ יַעֲנֵנוּ בְיוֹם קָרְאֵנוּ :

שיר המעלות הנה ברכו את יהוה כל עבדי יהוה העמדים בבית יהוה בלילות : שאו ידכם קדש וברכו את יהוה : יברכך יהוה מציון עשה שמים וארץ : יומם יצוה יהוה חסדו ובלילה שירה עמי תפלה לאל חיי : ותשועת צדיקים מיהוה מעוזם בעת צרה: ויעזרם יהוה ויפלטם יפלטם מרשעים ויושיעם כי חסו בו : (ג"פ) ה' צבאות עמנו כו': (ג"פ) ה' צבאות אשרי וכו' : (ג"פ) ה' הושיעה וכו' : ח"ק

ואומר הש"ץ בָּרְכוּ אֶת־יְהֹוָה הַמְבֹרָךְ :

והקהל עונים בָּרוּךְ יְהֹוָה הַמְבֹרָךְ לְעוֹלָם וָעֶד :

בָּרוּךְ אַתָּה יְהֹוָה אֱלֹהֵינוּ מֶלֶךְ הָעוֹלָם אֲשֶׁר בִּדְבָרוֹ מַעֲרִיב עֲרָבִים בְּחָכְמָה פּוֹתֵחַ שְׁעָרִים וּבִתְבוּנָה מְשַׁנֶּה עִתִּים וּמַחֲלִיף אֶת הַזְּמַנִּים וּמְסַדֵּר אֶת־הַכּוֹכָבִים בְּמִשְׁמְרוֹתֵיהֶם בָּרָקִיעַ כִּרְצוֹנוֹ בּוֹרֵא יוֹם וָלָיְלָה גּוֹלֵל אוֹר מִפְּנֵי חֹשֶׁךְ וְחֹשֶׁךְ מִפְּנֵי אוֹר · וּמַעֲבִיר יוֹם וּמֵבִיא לָיְלָה וּמַבְדִּיל בֵּין יוֹם וּבֵין לָיְלָה יְהֹוָה צְבָאוֹת שְׁמוֹ : בָּרוּךְ אַתָּה יְהֹוָה הַמַּעֲרִיב עֲרָבִים :

אַהֲבַת עוֹלָם בֵּית יִשְׂרָאֵל עַמְּךָ אָהָבְתָּ · תּוֹרָה וּמִצְוֹת חֻקִּים וּמִשְׁפָּטִים אוֹתָנוּ לִמַּדְתָּ עַל כֵּן יְהֹוָה אֱלֹהֵינוּ בְּשָׁכְבֵנוּ וּבְקוּמֵנוּ נָשִׂיחַ בְּחֻקֶּיךָ וְנִשְׂמַח בְּדִבְרֵי תוֹרָתֶךָ וּבְמִצְוֹתֶיךָ לְעוֹלָם וָעֶד כִּי הֵם חַיֵּינוּ וְאֹרֶךְ יָמֵינוּ וּבָהֶם נֶהְגֶּה יוֹמָם וָלָיְלָה : וְאַהֲבָתְךָ לֹא תָסוּר (נ"א אַל־תָּסִיר) מִמֶּנּוּ לְעוֹלָמִים :

בָּרוּךְ אַתָּה יְהֹוָה אוֹהֵב עַמּוֹ יִשְׂרָאֵל : ק"ש תמ"ל

אֱמֶת. וֶאֱמוּנָה כָּל זֹאת וְקַיָּם עָלֵינוּ כִּי הוּא יְהֹוָה אֱלֹהֵינוּ וְאֵין זוּלָתוֹ וַאֲנַחְנוּ יִשְׂרָאֵל עַמּוֹ · הַפּוֹדֵנוּ מִיַּד מְלָכִים מַלְכֵּנוּ הַגּוֹאֲלֵנוּ מִכַּף כָּל־הֶעָרִיצִים הָאֵל הַנִּפְרָע לָנוּ מִצָּרֵינוּ וְהַמְשַׁלֵּם גְּמוּל לְכָל־אוֹיְבֵי נַפְשֵׁנוּ : הָעֹשֶׂה גְדוֹלוֹת עַד־אֵין חֵקֶר וְנִפְלָאוֹת עַד־אֵין מִסְפָּר : הַשָּׂם נַפְשֵׁנוּ בַּחַיִּים וְלֹא־נָתַן לַמּוֹט רַגְלֵנוּ : הַמַּדְרִיכֵנוּ עַל־בָּמוֹת אוֹיְבֵינוּ וַיָּרֶם קַרְנֵנוּ עַל־כָּל־שׂוֹנְאֵינוּ : הָאֵל הָעֹשֶׂה־לָּנוּ נְקָמָה בְּפַרְעֹה וְאוֹתוֹת וּמוֹפְתִים בְּאַדְמַת בְּנֵי־חָם ·הַמַּכֶּה בְעֶבְרָתוֹ כָּל־בְּכוֹרֵי מִצְרָיִם וַיּוֹצֵא אֶת־עַמּוֹ יִשְׂרָאֵל מִתּוֹכָם לְחֵרוּת עוֹלָם הַמַּעֲבִיר בָּנָיו בֵּין גִּזְרֵי יַם־סוּף וְאֶת־רוֹדְפֵיהֶם וְאֶת־שׂוֹנְאֵיהֶם בִּתְהוֹמוֹת טִבַּע וְרָאוּ בָנָיו גְּבוּרָתוֹ שִׁבְּחוּ וְהוֹדוּ לִשְׁמוֹ· וּמַלְכוּתוֹ בְּרָצוֹן קִבְּלוּ עֲלֵיהֶם מֹשֶׁה וּבְנֵי יִשְׂרָאֵל לְךָ עָנוּ שִׁירָה בְּשִׂמְחָה רַבָּה וְאָמְרוּ כֻלָּם : מִי כָמֹכָה בָּאֵלִם יְהֹוָה מִי־כָּמֹכָה נֶאְדָּר בַּקֹּדֶשׁ נוֹרָא תְהִלֹּת עֹשֵׂה פֶלֶא : מַלְכוּתְךָ רָאוּ בָנֶיךָ בּוֹקֵעַ יָם לִפְנֵי מֹשֶׁה זֶה אֵלִי עָנוּ וְאָמְרוּ : יְהֹוָה יִמְלֹךְ לְעֹלָם וָעֶד :

וְנֶאֱמַר כִּי־פָדָה יְהֹוָה אֶת־יַעֲקֹב וּגְאָלוֹ מִיַּד חָזָק

מִמֶּנּוּ: בָּרוּךְ אַתָּה יְהֹוָה גָּאַל יִשְׂרָאֵל:
הַשְׁכִּיבֵנוּ אָבִינוּ לְשָׁלוֹם וְהַעֲמִידֵנוּ מַלְכֵּנוּ לְחַיִּים טוֹבִים וּלְשָׁלוֹם וְתַקְּנֵנוּ בְּעֵצָה טוֹבָה מִלְּפָנֶיךָ וְהוֹשִׁיעֵנוּ מְהֵרָה לְמַעַן שְׁמֶךָ וּפְרוֹשׂ עָלֵינוּ סֻכַּת שְׁלוֹמֶךָ · וְהָגֵן בַּעֲדֵנוּ · וְהָסֵר מֵעָלֵינוּ אוֹיֵב דֶּבֶר וְחֶרֶב וְרָעָב וְיָגוֹן וְהָסֵר שָׂטָן מִלְּפָנֵינוּ וּמֵאַחֲרֵינוּ וּבְצֵל כְּנָפֶיךָ תַּסְתִּירֵנוּ: וּשְׁמוֹר צֵאתֵנוּ וּבוֹאֵנוּ לְחַיִּים טוֹבִים וּלְשָׁלוֹם מֵעַתָּה וְעַד עוֹלָם כִּי אֵל שׁוֹמְרֵנוּ וּמַצִּילֵנוּ אָתָּה: בָּרוּךְ אַתָּה יְהֹוָה שׁוֹמֵר אֶת־עַמּוֹ יִשְׂרָאֵל לָעַד: ח"ק שמ"ע ק"ש עלינו ק"י

מנהג העולם לומר קודם ח"ק ברוך ה' לעולם אמן ואמן ובשבת ושמרו (וביו"ט ור"ה ויוה"כ פסוקים אחרים מענין קדושת היום) ויש להם על מה שיסמוכו אבל הנוהגין שלא לומר בחו"ל ברוך ה' לעולם אמן ואמן מפני חשש הפסק גם בשבת (ויו"ט ור"ה ויוה"כ) אין להפסיק בפסוקים ואין להפסיק להכריז יעו"י בליל ר"ח:

סדר ק"ש על המטה

*)(בשבת ויו"ט א"א זה)

רִבּוֹנוֹ שֶׁל־עוֹלָם הֲרֵינִי מוֹחֵל לְכָל־מִי שֶׁהִכְעִיס וְהִקְנִיט אוֹתִי אוֹ שֶׁחָטָא כְּנֶגְדִּי בֵּין בְּגוּפִי בֵּין בְּמָמוֹנִי בֵּין בִּכְבוֹדִי בֵּין בְּכָל־אֲשֶׁר לִי בֵּין בְּאוֹנֶס בֵּין בְּרָצוֹן בֵּין בְּשׁוֹגֵג בֵּין בְּמֵזִיד בֵּין בְּדִבּוּר בֵּין בְּמַעֲשֶׂה בֵּין בְּגִלְגּוּל זֶה בֵּין בְּגִלְגּוּל אַחֵר לְכָל בַּר יִשְׂרָאֵל וְלֹא יֵעָנֵשׁ שׁוּם אָדָם בְּסִבָּתִי יְהִי רָצוֹן מִלְּפָנֶיךָ יְהֹוָה אֱלֹהַי וֵאלֹהֵי אֲבוֹתַי שֶׁלֹּא אֶחֱטָא עוֹד וְלֹא אֶחֱזוֹר בָּהֶם וְלֹא אָשׁוּב עוֹד לְהַכְעִיסְךָ וְלֹא אֶעֱשֶׂה הָרַע בְּעֵינֶיךָ וּמַה־שֶּׁחָטָאתִי מְחוֹק בְּרַחֲמֶיךָ הָרַבִּים וְלֹא עַל יְדֵי יִסּוּרִים וָחֳלָיִם רָעִים: יִהְיוּ לְרָצוֹן ׀ אִמְרֵי־פִי וְהֶגְיוֹן לִבִּי לְפָנֶיךָ יְהֹוָה צוּרִי וְגוֹאֲלִי:(ע"כ)

הַשְׁכִּיבֵנוּ אָבִינוּ לְשָׁלוֹם וְהַעֲמִידֵנוּ מַלְכֵּנוּ לְחַיִּים טוֹבִים וּלְשָׁלוֹם וְתַקְּנֵנוּ בְּעֵצָה טוֹבָה מִלְּפָנֶיךָ וְהוֹשִׁיעֵנוּ מְהֵרָה לְמַעַן שְׁמֶךָ וּפְרוֹשׂ עָלֵינוּ סֻכַּת שְׁלוֹמֶךָ (בשבת ויו"ט א"א זה) וְהָגֵן בַּעֲדֵנוּ וְהָסֵר מֵעָלֵינוּ אוֹיֵב דֶּבֶר וְחֶרֶב וְרָעָב וְיָגוֹן וְהָסֵר שָׂטָן מִלְּפָנֵינוּ וּמֵאַחֲרֵינוּ וּבְצֵל כְּנָפֶיךָ תַּסְתִּירֵנוּ: וּשְׁמוֹר צֵאתֵנוּ וּבוֹאֵנוּ לְחַיִּים טוֹבִים וּלְשָׁלוֹם מֵעַתָּה וְעַד עוֹלָם כִּי אֵל שׁוֹמְרֵנוּ וּמַצִּילֵנוּ אָתָּה: ע"כ

שמע ישראל עד סוף כל ג' פרשיות תמצא לעיל

יַעְלְזוּ חֲסִידִים בְּכָבוֹד יְרַנְּנוּ עַל־מִשְׁכְּבוֹתָם: רוֹמְמוֹת אֵל בִּגְרוֹנָם וְחֶרֶב פִּיפִיּוֹת בְּיָדָם:

ג"פ הִנֵּה מִטָּתוֹ שֶׁלִּשְׁלֹמֹה שִׁשִּׁים גִּבֹּרִים סָבִיב לָהּ מִגִּבֹּרֵי יִשְׂרָאֵל: כֻּלָּם אֲחֻזֵי חֶרֶב מְלֻמְּדֵי מִלְחָמָה אִישׁ חַרְבּוֹ עַל יְרֵכוֹ מִפַּחַד בַּלֵּילוֹת: ג"פ יְבָרֶכְךָ יְהֹוָה וְיִשְׁמְרֶךָ: יָאֵר יְהֹוָה פָּנָיו אֵלֶיךָ וִיחֻנֶּךָּ: יִשָּׂא יְהֹוָה פָּנָיו אֵלֶיךָ וְיָשֵׂם לְךָ שָׁלוֹם:

יֹשֵׁב בְּסֵתֶר עֶלְיוֹן בְּצֵל שַׁדַּי יִתְלוֹנָן: אֹמַר לַיהֹוָה מַחְסִי וּמְצוּדָתִי אֱלֹהַי אֶבְטַח בּוֹ: כִּי הוּא יַצִּילְךָ מִפַּח יָקוּשׁ מִדֶּבֶר הַוּוֹת: בְּאֶבְרָתוֹ ׀ יָסֶךְ לָךְ וְתַחַת כְּנָפָיו תֶּחְסֶה צִנָּה וְסֹחֵרָה אֲמִתּוֹ: לֹא־תִירָא מִפַּחַד לָיְלָה מֵחֵץ יָעוּף יוֹמָם: מִדֶּבֶר בָּאֹפֶל יַהֲלֹךְ מִקֶּטֶב יָשׁוּד צָהֳרָיִם: יִפֹּל מִצִּדְּךָ ׀ אֶלֶף וּרְבָבָה מִימִינֶךָ אֵלֶיךָ לֹא יִגָּשׁ: רַק בְּעֵינֶיךָ תַבִּיט וְשִׁלֻּמַת רְשָׁעִים תִּרְאֶה: כִּי־אַתָּה יְהֹוָה מַחְסִי עֶלְיוֹן שַׂמְתָּ מְעוֹנֶךָ: ביום שאין אומרים תחנון אין אומרים וידוי.

אֱלֹהֵינוּ וֵאלֹהֵי אֲבוֹתֵינוּ תָּבֹא לְפָנֶיךָ תְּפִלָּתֵנוּ וְאַל תִּתְעַלַּם מִתְּחִנָּתֵנוּ שֶׁאֵין אָנוּ עַזֵּי פָנִים וּקְשֵׁי עֹרֶף לוֹמַר לְפָנֶיךָ יְהֹוָה אֱלֹהֵינוּ וֵאלֹהֵי אֲבוֹתֵינוּ צַדִּיקִים אֲנַחְנוּ וְלֹא חָטָאנוּ אֲבָל אֲנַחְנוּ וַאֲבוֹתֵינוּ חָטָאנוּ:

אָשַׁמְנוּ · בָּגַדְנוּ · גָּזַלְנוּ · דִּבַּרְנוּ דֹפִי · הֶעֱוִינוּ · וְהִרְשַׁעְנוּ · זַדְנוּ · חָמַסְנוּ · טָפַלְנוּ שֶׁקֶר: יָעַצְנוּ רָע · כִּזַּבְנוּ · לַצְנוּ · מָרַדְנוּ · נִאַצְנוּ · סָרַרְנוּ · עָוִינוּ · פָּשַׁעְנוּ · צָרַרְנוּ · קִשִּׁינוּ עֹרֶף: רָשַׁעְנוּ · שִׁחַתְנוּ · תִּעַבְנוּ · תָּעִינוּ · תִּעְתָּעְנוּ: סַרְנוּ מִמִּצְוֹתֶיךָ וּמִמִּשְׁפָּטֶיךָ הַטּוֹבִים וְלֹא שָׁוָה לָנוּ · וְאַתָּה צַדִּיק עַל כָּל־הַבָּא עָלֵינוּ כִּי אֱמֶת עָשִׂיתָ וַאֲנַחְנוּ הִרְשָׁעְנוּ: מַה נֹּאמַר לְפָנֶיךָ יוֹשֵׁב מָרוֹם · וּמַה נְּסַפֵּר לְפָנֶיךָ שׁוֹכֵן שְׁחָקִים · הֲלֹא כָּל־הַנִּסְתָּרוֹת וְהַנִּגְלוֹת אַתָּה יוֹדֵעַ:

אַתָּה יוֹדֵעַ רָזֵי עוֹלָם וְתַעֲלוּמוֹת סִתְרֵי כָּל־חָי: אַתָּה חוֹפֵשׂ כָּל־חַדְרֵי בָטֶן וּבוֹחֵן כְּלָיוֹת וָלֵב: אֵין דָּבָר נֶעְלָם מִמֶּךָּ וְאֵין נִסְתָּר מִנֶּגֶד עֵינֶיךָ וּבְכֵן

יהי

*) הוספת המו"ל.

יְהִי רָצוֹן מִלְּפָנֶיךָ יְהֹוָה אֱלֹהֵינוּ וֵאלֹהֵי אֲבוֹתֵינוּ שֶׁתְּרַחֵם עָלֵינוּ וְתִמְחוֹל לָנוּ עַל כָּל־חַטֹּאתֵינוּ וּתְכַפֵּר לָנוּ עַל כָּל־עֲוֹנוֹתֵינוּ וְתִמְחוֹל וְתִסְלַח לָנוּ עַל כָּל־פְּשָׁעֵינוּ:

ואם ירצה לומר על חטא יאמר בתפלת יום כפור:

יהי רצון מלפניך יהוה אלהינו ואלהי אבותינו שאם חטאתי עויתי פשעתי לפניך ופגמתי באות (י) של שמך הגדול (יהוה) בביטול ק"ש ובאות (א) של (ארני) ונתחייבתי בבית דינך הצדק סקילה או כיוצא בה הרי אני מקבל עלי סקילה והריני כאילו נסקלתי על ידי אות (א) של שם (ארני) בבית דין הגדול שבירושלים על דבר כבוד שמך:

ואם חטאתי עויתי פשעתי לפניך ופגמתי באות (ה) ראשונה של שמך הגדול (יהוה) בביטול תפילין ובאות (ד) של (ארני) ונתחייבתי בדינך הצדק שריפה או כיוצא בה הריני מקבל עלי שריפה והריני כאלו נשרפתי ע"י אות (ד) של (ארני) בבית דין הגדול שבירושלים על דבר כבוד שמך:

ואם חטאתי עויתי פשעתי לפניך ופגמתי באות (ו) של שמך הגדול (יהוה) בביטול ציצית ובאות (נ) של שמך (ארני) ונתחייבתי לפניך בדינך הצדק הרג או כיוצא בו הריני מקבל עלי הרג והריני כאלו נהרגתי ע"י אות (נ) של (ארני) בבית דין הגדול שבירושלים על דבר כבוד שמך:

ואם חטאתי עויתי פשעתי לפניך ופגמתי באות (ה) אחרונה שבשמך הגדול(יהוה)בביטול תפלה ובאו'(יוד) של (ארני) ונתחייבתי בדינך הצדק חנק או כיוצא בו הריני מקבל עלי חנק והריני כאלו נחנקתי ע"י אות (י) של (ארני) בבית דין הגדול שבירושלים על דבר כבוד שמך:

אח"כ יאמר הנזכר לעיל ואח"כ יאמר למנצח בבוא כו'[*] שיר למעלות אשא כו':

גָּד גְּדוּד יְגוּדֶנּוּ וְהוּא יָגֻד עָקֵב: עָקֵב יָגֻד וְהוּא יְגוּדֶנּוּ גְּדוּד גָּד ג"פ: אִם־תִּשְׁכַּב לֹא־תִפְחָד וְשָׁכַבְתָּ וְעָרְבָה שְׁנָתֶךָ ג"פ: בְּטוֹב אָלִין אָקִיץ בְּרַחֲמִים ג"פ: לִישׁוּעָתְךָ קִוִּיתִי יְהֹוָה ג"פ: אַתָּה סֵתֶר לִי מִצַּר תִּצְּרֵנִי רָנֵּי פַלֵּט תְּסוֹבְבֵנִי סֶלָה ג"פ: תּוֹדִיעֵנִי אֹרַח חַיִּים שֹׂבַע שְׂמָחוֹת אֶת־פָּנֶיךָ נְעִמוֹת בִּימִינְךָ נֶצַח ג"פ: אַתָּה תָקוּם תְּרַחֵם צִיּוֹן כִּי עֵת לְחֶנְנָהּ כִּי בָא מוֹעֵד: כִּדְנָה תֵּאמְרוּן לְהוֹם אֱלָהַיָּא דִּי שְׁמַיָּא וְאַרְקָא לָא עֲבַדוּ יֵאבַדוּ מֵאַרְעָא וּמִן תְּחוֹת שְׁמַיָּא אֵלֶּה: בְּיָדְךָ אַפְקִיד רוּחִי פָּדִיתָה אוֹתִי יְהֹוָה אֵל אֱמֶת:

רבון העולמים אתה בראת עולמך ברצונך הטוב כפי מה שעלה במחשבתך הקדומה ובראת השמים וכל צבאם והארץ וכל אשר עליה ואדם עליה בראת ונפחת באפו נשמת חיים למען יכיר גדלך ותפארתך ואתה מחיה את כלם כי אתה נשמה לכל הנשמות וחיות לכל חי ואתה הוא (יהוה אלהי) הנה אפקיד נפשי ורוחי ונשמתי בידךהטהור' ונאמנה ואתה הוא (יהוה אלהי) תטהר אותם מכל טומאה וחלאה שנדבק בהם ע"י מעשי הרעי' ותחזירם לי בנחת ובהשקט ובבטח ועשה יהו"ה אלה"י שיעיר אותי בחצות הלילה ממש לקום על משמרתי להתפלל לפניך יהו"ה אלה"י וללמוד תורתך כי אתה הוא יהו"ה אלה"י סייעני וחזקני במצוה הזאת שאקום בכל לילה בחצות ממש ואל יארע לי שום חולי ראש ושום צער ונזק מזה כי אתה שומע תפלת עמך ישראל ברחמים·ברוך שומע תפלה: עורה כבודי עורה הנבל וכנור אעירה שחר: תורה צוה לנו משה מורשה קהלת יעקב:

טוב לומר קודם הזווג כדי לפרות מזמור לדוד ה' רועי כו' לריך ליזהר בנט"י קודם הזווג ולאחר הזווג גם לשפוך המים אלל המטה אחר התשמיש וכתוב בזהר לומר זה הלחש

עטיפא בקיטפא אזדמנת שרי שרי לא תיעול ולא תנפוק לא דידך ולא בעדבך תוב תוב ימא ארגישת גלגלוי לך קראן בחולקא קרישא אחידנא בקדושא דמלכא אתעטפנא (ולחפיא ליה לרישא ולאתתיה עד שעתא חדא):

בָּרוּךְ אַתָּה יְהֹוָה אֱלֹהֵינוּ מֶלֶךְ הָעוֹלָם הַמַּפִּיל חֶבְלֵי שֵׁנָה עַל עֵינַי וּתְנוּמָה עַל עַפְעַפָּי וּמֵאִיר לְאִישׁוֹן בַּת עָיִן: וִיהִי רָצוֹן מִלְּפָנֶיךָ יְהֹוָה אֱלֹהַי וֵאלֹהֵי אֲבוֹתַי שֶׁתַּשְׁכִּיבֵנִי לְשָׁלוֹם וְתַעֲמִידֵנִי לְחַיִּים טוֹבִים וּלְשָׁלוֹם וְאַל יְבַהֲלוּנִי רַעְיוֹנַי וַחֲלוֹמוֹת רָעִים וְהִרְהוּרִים רָעִים וּתְהֵא מִטָּתִי שְׁלֵמָה לְפָנֶיךָ וְהָאֵר עֵינַי פֶּן אִישַׁן הַמָּוֶת: בָּרוּךְ אַתָּה יְהֹוָה הַמֵּאִיר לָעוֹלָם כֻּלּוֹ בִּכְבוֹדוֹ:

[*] בשבת ויו"ט א"א למנצח בבוא.

הערה לתיקון חצות

והוא תוספת ביאור למ"ש בלק"א פ' מ"ג ע"פ מה ששמעתי ממורי ע"ה בענין יראה פנימי' וחיצוני' דיראה פנימי' יראה בושת ד"מ כמו שיש בושה לפני אדם גדול בדורו וצדיק כו' שהבושה היא מפנימיותו ולא מחצוניותו וזו היא יראה עילאה להתבושש מאור א"ס ב"ה המלובש בחכמה עילאה כ"ח מ"ה דכולא קמיה כלא ממש חשיבא וע"י ביטול זה החכמה תחיה וכו' וכמ"ש בפל"ט ברג"ה ומזה נמשכה ג"כ הבושה וכו' וזהו יוד של שם הוי"ה ב"ה · ויראה חיצונית היא ד"מ כמו היראה ופחד ממלך גדול ונורא שבחי' גדולת מלכותו היא מבחי' חיצוניותו שהוא התפשטות מלכותו על ארצות ומדינות רבות ורבי רבבות אנשים כו' וזהו ה' אחרונה של שם הוי"ה ב"ה שיש לה התפשטות אורך ורוחב כו' המורה על בחינת התפשטות מלכותו מלכות כל עולמים בלי גבול ותכלית ובבחינת א"ס ממש כי מדת מלכותו מיוחדת בו יתברך בתכלית היחוד · ומה שהעולמות והברואים שבתוכם הן בבחי' גבול ותכלית הוא מחמת צמצומי' רבים ועצומים לצמצם האור והחיות

והחיות הנמשך ממדת מלכותו יתברך וזאת היא מעלת ומדרגת המלאכים והנשמות, זו על זו גבוה מעל גבוה כו' כי לפי ריבוי הצמצומים באור הנמשך ממלכותו יתברך ככה יתמעט האור והחיו' המחיה ומהווה את הנשמה או את המלאך מאין ליש וככה מתמעט מדת היראה והפחד בנשמה או במלאך ואם תפול אימתה ופחד על איזה מלאך ביתר שאת ממעלת ובחינת מדרגתו אז יתבטל ממציאותו ויחזור למקורו והיה כלא היה · וז"ש רז"ל הושיט הקב"ה אצבעו הקטנ' ביניהם ושרפם אצבעו הקטנה דייקא היא מדת מלכותו מדרגה העשירי' שבי"ס : והנה זאת היא תורת האדם בעוה"ז ראשית עבודתו לקבל עליו עול מלכותו יתברך להמשיך עליו פחד ואימת המלך הקב"ה איש איש כפי שכלו ודעתו והתבוננותו בעומק תבונתו בבחי' גדולת מלכותו מלכות כל עולמים למעלה עד אין קץ ולמטה עד אין תכלית וכן לד' סטרין וכו' וכן בבחי' הזמנה' מלך מלך וימלוך כו' לעולם ועד עד אין קץ ותכלית כו' וכל קבלה והמשכה זו שהאד' מקבל עליו עול מלכותו וממשיך עליו פחד ואימה ומייגע עצמו ביראה יגיעת נפשו וכו' כל זאת אינה רק בחי' העלאת מ"ן שהיא בחי' אתערותא דלתתא · אך עיקר היראה היא הבאה מלמעלה באתערותא דלעילא דהיינו שתפול עליו מלמעלה אימתה ופחד ה' בלבו כאשר יוכל שאת בנפשו האלהית לפי ערך מקור חוצבה ברבוי הצמצומים שלא תתבטל כו' · והנה מעלת ויתרון יראה זו הבאה מלמעלה על בחי' היראה שהאדם ממשיך ע"ע ביגיעת נפש כו' ואפילו על האהבה שהאדם מוליד בנפשו מרוח בינתו בגדולת א"ס ב"ה וכן על בחי' היראה עילאה יראת בושת שבנפש היא כמעלת ויתרון האור על החשך ממש כי זו שבאה מלמעלה הוא בחי' אלהות ממדת מלכותו יתברך שבאצי' המיוחדת במאצילה בא"ס ב"ה וזו שהאדם ממשיך ע"ע הוא ממדת היראה הבלולה בנפשו ממש וכן האהבה כנודע שכל נפש מישראל כלולה מי"ס דעשיה או דיצירה כו' רק שע"י התבוננות הן יוצאות מהעלם אל הגילוי לכן ג"כ אינה שוה בכל נפש כי יש מתעורר במיעוט התבוננות כו' וכדבר קטן מתפעל כו' · והנה אחר שהגיע האדם למעלת ומדריגת היראה הבאה מלמעלה ממלכותו יתברך שבאצילות אזי ממילא יעלה ויבא ויגיע לבחי' מדריגת אהבה רבה הבאה מלמעלה מאליה וממילא בבחי' מתנה כי דרכו של איש לחזור אחר אשה כו' ולכן נק' מדת יראה זו זה השער לה' כו' בזאת יבא אהרן כו' · אך בחי' האהבה שהאדם מוליד בנפשו ע"י התבוננותו היא בחי' העלאת מ"ן ואתדל"ת לבחי' האהבה שבאה מלמעלה באתדל"ע ממדת חסד ואהבה שבאצילות שהיא בחי' אלהות וכן מה שמיגע נפשו להמשיך עליה יראה עילאה יראה' בושת היא העלאת מ"ן ואתדל"ת ליראה עילאה העליונה האמיתית וכו' · והנה מודעת זאת למבקשי ה' יבינו כל כי לעתים רבים בעת רצון למעלה יצוה ה' חסדו ויאיר עליהם אור האהבה ותתלהט נפשם בלהט ולהב שלהבת העולה מאליה וממילא ובאה מלמעלה בבחי' מתנה והיא מילתא דשכיחא · אבל לא שכיחא כלל שתפול אימתה ופחד על נפשם מלמעלה מאליה וממילא והסיבה לזה היא בחי' גלות השכינה שירדה הארתה והשפעתה ונתלבשה בלבוש שק הם החיצונים שבהיכלות הקליפות כמ"ש בזה"ק פרשת פקודי· אך להיות האהבה באה מלמעלה מאליה בקביעות כל אימת שירצה האדם לעורר נפשו באתעדל"ת בהתבוננות כו' · זהו דבר שא"א בלי קדימת היראה הבאה מלמעלה כי זה השער לה' כו' ודרכו של איש כו' כנ"ל :

והעצה היעוצה לזה הוא להתאבל ולשית צער בנפשו על מניעה והסתלקות יראה ממנו הנקרא חורבן ירושלים יר"א של"ם בסיבת גלות השכינה היא הארת מדת פחד מלכותו ית' המלובש בלבוש שק אשר הלבשנו בעונותינו בפריקת עול מלכות שמים בביטול מ"ע ות"ת כנגד כולם ובהמשיך עלינו עול ד"א שהוא פחד חיצוני פן יחסר לחמו וכהאי גוונא שארי יראות חיצוניות המסירי' לבב האדם מעבודת קונו וגורמי' לפרוק עול תורה ועבודה ויעקב חבל נחלתו כתיב וכמשל המושך בחבל מלמעלה כו' שלכן ממשיכים ומורידי' כביכול ג"כ הארת מדת פחד מלכותו יתברך שרש נשמותינו ג"כ לשורש החיצוני' כו' כנ"ל וכנודע : והנה כל המעמיק דעתו ותבונתו בגדולת א"ס ב"ה הממלא כל עלמין וסכ"ע וכולא קמי' כלא חשיב כו' יבכה במר נפשו על היותו גרמא בנזקין להוריד הארת כבוד מלכותו יתברך בבחי' גלות לחיצונים שבהיכלות הנ"ל המגביהין עצמן כנשר לומר ידינו רמה ולא ה' לי יאורי ואני עשיתיני כו' · והצדיקים המבטלים נפשם ונופם לה' ליכלל וליבטל באורו יתברך שפכו דמם כמים להית ביטול זה נגד רצונם ודעתם וזהו חרפתם אשר חרפוך וגו' · וזהו על נהרות בבל· נהרות הוא מלשון המשכה ·בבל הם החיצונים כי שם בלל ה' גו' · והנה כל ההמשכות אנו המשכנו ושם היינו וזהו שם ישבנו כו' אעלה את ירושלים על ראש שמחתי דייקא פי' שמחת הנפש בה' כשמשכל' ומתבוננת בגדולת ה' ונולדה מזה האהב' והשמחה אזי צריך לעורר אח"כ מדת יראה עליונה מהן הבאה מלמעלה והוא בחינת ירושלים כנ"ל ועד"ז יבוארו כל הפסוקים : והנה מאחר שנתאבל על מניעת והסתלקות היראה מעלה עליו הקב"ה כאלו כו' ולזאת אין מניעותה מונעת מלחול ומלשרות על נפשו בחי' האהבה הבאה מלמעלה מאליה שאינה בבחי' גלות כמו היראה וד"ל · אך לא די באנינות וצער בלב כ"א להראות אבילות בפ"מ לישב על הארץ כו' מפני שמדת מ"ל נקרא בשם כבוד מלכותו וזה עיקר מהות מדת המלוכה כמאמר רז"ל מלך שמחל על כבודו אין כבודו מחול ואין כבוד אלא בדבר הנרא' בראיי' חושיית בפ"מ וד"ל : ואחר הדברים והאמת האלה כל החיל אשר נגע ה' בלבם יסירו מסוה הבושה ויתאספו אגודות אגודות עשרה או פחות או אפילו ביחידות ויעשו כסדר תיקון חצות הנדפס בסידורים והנה הגם שהזמן המובחר הוא בחצות האמיתי דוקא (דלא כמ"א) אעפ"כ אין זה לעכב אלא תחלת זמנה היא מתחלת האשמור' התיכונה כמ"ש בזהר פרשת ויקהל שהן ב' שעות לפני חצות האמיתי בקיץ וחורף · וסוף זמנה נמשך עד אור היום למי שלא היה יכול להקדים כמ"ש בפע"ח ולשומעים ינועם ותבא עליהם ברכת חז"ל שכל המתאבל על ירושלי' זוכה ורואה בשמחתה לעתיד דכתיב שמחו את ירושלים וגילו בה כל אוהביה שישו אתה משוש וגו' ·

כן יהי רצון אמן :

ישב

ישב על הארץ אצל המזוזה שבפתח ורגליו יחפים מתכסל ויתן אפר מקלה על מצחו במקום הנחת תפילין ובשומו האפר יאמר

לשום לאבלי ציון לתת להם פאר תחת אפר: על־נהרות בבל שם ישבנו גם־בכינו בזכרנו את־ציון: על־ערבים בתוכה תלינו כנרותינו: כי שם שאלונו שובינו דברי־שיר ותוללינו שמחה שירו לנו משיר ציון: איך נשיר את־שיר יהוה על אדמת נכר: אם־אשכחך ירושלם תשכח ימיני: תדבק לשוני לחכי אם־לא אזכרכי אם־לא אעלה את־ירושלם על ראש שמחתי: זכר יהוה לבני אדום את יום ירושלם האמרים ערו ערו עד היסוד בה: בת־בבל השדודה אשרי שישלם־לך את־גמולך שגמלת לנו: אשרי שיאחז ונפץ את־עולליך אל־הסלע:

מזמור לאסף אלהים באו גוים בנחלתך טמאו את־היכל קדשך שמו את־ירושלם לעיים: נתנו את־נבלת עבדיך מאכל לעוף השמים בשר חסידיך לחיתו־ארץ: שפכו דמם כמים סביבות ירושלם ואין קובר: היינו חרפה לשכנינו לעג וקלס לסביבותינו: עד־מה יהוה תאנף לנצח תבער כמו־אש קנאתך: שפך חמתך אל־הגוים אשר לא ידעוך ועל־ממלכות אשר בשמך לא קראו: כי־אכל את־יעקב ואת־נוהו השמו: אל תזכר־לנו עונת ראשנים מהר יקדמונו רחמיך כי דלונו מאד: עזרנו אלהי ישענו על־דבר כבוד־שמך והצילנו וכפר על־חטאתינו למען שמך: למה יאמרו הגוים איה אלהיהם יודע בגוים לעינינו נקמת דם־עבדיך השפוך: תבוא לפניך אנקת אסיר כגדל זרועך הותר בני תמותה: והשב לשכנינו שבעתים אל־חיקם חרפתם אשר חרפוך אדני: ואנחנו עמך וצאן מרעיתך נודה לך לעולם לדור ודור נספר תהלתך:

זכר יהוה מה־היה לנו הביט וראה את־חרפתנו: נחלתנו נהפכה לזרים בתינו לנכרים: יתומים היינו ואין אב אמתינו כאלמנות: מימינו בכסף שתינו עצינו במחיר יבאו: על צוארנו נרדפנו יגענו לא הונח־לנו: מצרים נתנו יד אשור לשבע לחם: אבתינו חטאו אינם אנחנו עונתיהם סבלנו: עבדים משלו בנו פרק אין מידם: בנפשנו נביא לחמנו מפני חרב המדבר: עורנו כתנור נכמרו מפני זלעפות רעב: נשים בציון ענו בתלת בערי יהודה: שרים בידם נתלו פני זקנים לא נהדרו: בחורים טחון נשאו ונערים בעץ כשלו: זקנים משער שבתו בחורים מנגינתם: שבת משוש לבנו נהפך לאבל מחולנו: נפלה עטרת ראשנו אוי־נא לנו כי חטאנו: על־זה היה דוה לבנו על־אלה חשכו עינינו: על הר־ציון ששמם שועלים הלכו־בו: אתה יהוה לעולם תשב כסאך לדור ודור: למה לנצח תשכחנו תעזבנו לארך ימים: השיבנו יהוה אליך ונשוב חדש ימינו כקדם: כי אם־מאס מאסתנו קצפת עלינו עד־מאד: השיבנו יהוה אליך ונשובה חדש ימינו כקדם:

הבט משמים וראה מזבול קדשך ותפארתך איה קנאתך וגבורתיך המון מעיך ורחמיך אלי התאפקו: כי אתה אבינו כי אברהם לא ידענו וישראל לא יכירנו אתה יהוה אבינו גאלנו מעולם שמך: למה תתענו יהוה מדרכיך תקשיח לבנו מיראתך שוב למען עבדיך שבטי נחלתך: למצער ירשו עם־קדשך צרינו בוססו מקדשך: ועתה יהוה אבינו אתה אנחנו החמר ואתה יצרנו ומעשה ידך כלנו: אל־תקצף יהוה עד־מאד ואל־לעד תזכור עון הן הבט־נא עמך כלנו: ערי קדשך היו מדבר ציון מדבר היתה ירושלם שממה: בית קדשנו ותפארתנו אשר הללוך אבתינו היה לשרפת אש וכל־מחמדינו היה לחרבה: העל אלה תתאפק יהוה תחשה ותעננו עד מאד: הטה אלהי אזנך ושמע פקחה עיניך וראה שממתינו והעיר אשר־נקרא שמך עליה כי לא על־צדקתינו אנחנו מפילים תחנונינו לפניך כי על־רחמיך הרבים:

חכיתה קרי · ואין קרי · ולא קרי · ואינם קרי · ואנחנו קרי · ונשובה קרי · יתיר ה׳

אדני

אֲדֹנָי ׀ שְׁמָעָה אֲדֹנָי ׀ סְלָחָה אֲדֹנָי הַקְשִׁיבָה וַעֲשֵׂה אַל־תְּאַחַר לְמַעַנְךָ אֱלֹהַי כִּי־שִׁמְךָ נִקְרָא עַל־עִירְךָ וְעַל־עַמֶּךָ:

אח״כ תתעורר לקום ותאמר אלו הפסוקים

הִתְנַעֲרִי מֵעָפָר קוּמִי שְׁבִי יְרוּשָׁלָםִ הִתְפַּתְּחִי מוֹסְרֵי צַוָּארֵךְ שְׁבִיָּה בַּת צִיּוֹן: עַל חוֹמֹתַיִךְ יְרוּשָׁלַםִ הִפְקַדְתִּי שֹׁמְרִים כָּל־הַיּוֹם וְכָל־הַלַּיְלָה תָּמִיד לֹא יֶחֱשׁוּ הַמַּזְכִּירִים אֶת־יְהוָה אַל־דֳּמִי לָכֶם: וְאַל תִּתְּנוּ דֳמִי לוֹ עַד יְכוֹנֵן וְעַד יָשִׂים אֶת־יְרוּשָׁלַםִ תְּהִלָּה בָּאָרֶץ: נִשְׁבַּע יְהוָה בִּימִינוֹ וּבִזְרוֹעַ עֻזּוֹ אִם אֶתֵּן אֶת דְּגָנֵךְ עוֹד מַאֲכָל לְאֹיְבַיִךְ וְאִם יִשְׁתּוּ בְנֵי נֵכָר תִּירוֹשֵׁךְ אֲשֶׁר יָגַעַתְּ בּוֹ: כִּי מְאַסְפָיו יֹאכְלֻהוּ וְהִלְלוּ אֶת־יְהוָה וּמְקַבְּצָיו יִשְׁתֻּהוּ בְּחַצְרוֹת קָדְשִׁי: אַתָּה תָקוּם תְּרַחֵם צִיּוֹן כִּי עֵת לְחֶנְנָהּ כִּי בָא מוֹעֵד: כִּי רָצוּ עֲבָדֶיךָ אֶת־אֲבָנֶיהָ וְאֶת־עֲפָרָהּ יְחֹנֵנוּ: בּוֹנֵה יְרוּשָׁלַםִ יְהוָה נִדְחֵי יִשְׂרָאֵל יְכַנֵּס:

תיקון לאה אומרים גם בימים שא״א תחנון ואפי׳ בשבת ויו״ט ור״ח רק שא״א למנצח יענך ולא למנצח בבא אבל שאר הסדר אומרים:

שְׂאוּ שְׁעָרִים ׀ רָאשֵׁיכֶם וְהִנָּשְׂאוּ פִּתְחֵי עוֹלָם וְיָבוֹא מֶלֶךְ הַכָּבוֹד: מִי זֶה מֶלֶךְ הַכָּבוֹד יְהוָה עִזּוּז וְגִבּוֹר יְהוָה גִּבּוֹר מִלְחָמָה: שְׂאוּ שְׁעָרִים ׀ רָאשֵׁיכֶם וּשְׂאוּ פִּתְחֵי עוֹלָם וְיָבֹא מֶלֶךְ הַכָּבוֹד: מִי הוּא זֶה מֶלֶךְ הַכָּבוֹד יְהוָה צְבָאוֹת הוּא מֶלֶךְ הַכָּבוֹד סֶלָה:

לַמְנַצֵּחַ מַשְׂכִּיל לִבְנֵי־קֹרַח: כְּאַיָּל תַּעֲרֹג עַל־אֲפִיקֵי־מָיִם כֵּן נַפְשִׁי תַעֲרֹג אֵלֶיךָ אֱלֹהִים: צָמְאָה נַפְשִׁי ׀ לֵאלֹהִים לְאֵל חָי מָתַי אָבוֹא וְאֵרָאֶה פְּנֵי אֱלֹהִים: הָיְתָה־לִּי דִמְעָתִי לֶחֶם יוֹמָם וָלָיְלָה בֶּאֱמֹר אֵלַי כָּל־הַיּוֹם אַיֵּה אֱלֹהֶיךָ: אֵלֶּה אֶזְכְּרָה ׀ וְאֶשְׁפְּכָה עָלַי ׀ נַפְשִׁי כִּי אֶעֱבֹר ׀ בַּסָּךְ אֶדַּדֵּם עַד־בֵּית־אֱלֹהִים בְּקוֹל־רִנָּה וְתוֹדָה הָמוֹן חוֹגֵג: מַה־תִּשְׁתּוֹחֲחִי ׀ נַפְשִׁי וַתֶּהֱמִי עָלָי הוֹחִלִי לֵאלֹהִים כִּי־עוֹד אוֹדֶנּוּ יְשׁוּעוֹת פָּנָיו: אֱלֹהַי עָלַי נַפְשִׁי תִשְׁתּוֹחָח עַל־כֵּן אֶזְכָּרְךָ מֵאֶרֶץ יַרְדֵּן וְחֶרְמוֹנִים מֵהַר מִצְעָר: תְּהוֹם אֶל־תְּהוֹם קוֹרֵא לְקוֹל צִנּוֹרֶיךָ כָּל־מִשְׁבָּרֶיךָ וְגַלֶּיךָ עָלַי עָבָרוּ: יוֹמָם ׀ יְצַוֶּה יְהוָה ׀ חַסְדּוֹ וּבַלַּיְלָה שִׁירֹה עִמִּי תְּפִלָּה לְאֵל חַיָּי: אוֹמְרָה ׀ לְאֵל סַלְעִי לָמָה שְׁכַחְתָּנִי לָמָּה־קֹדֵר אֵלֵךְ בְּלַחַץ אוֹיֵב: בְּרֶצַח ׀ בְּעַצְמוֹתַי חֵרְפוּנִי צוֹרְרָי בְּאָמְרָם אֵלַי כָּל־הַיּוֹם אַיֵּה אֱלֹהֶיךָ: מַה־תִּשְׁתּוֹחֲחִי ׀ נַפְשִׁי וּמַה־תֶּהֱמִי עָלָי הוֹחִילִי לֵאלֹהִים כִּי־עוֹד אוֹדֶנּוּ יְשׁוּעֹת פָּנַי וֵאלֹהָי:

שָׁפְטֵנִי אֱלֹהִים ׀ וְרִיבָה רִיבִי מִגּוֹי לֹא־חָסִיד מֵאִישׁ מִרְמָה וְעַוְלָה תְפַלְּטֵנִי: כִּי־אַתָּה ׀ אֱלֹהֵי מָעוּזִּי לָמָה זְנַחְתָּנִי לָמָּה־קֹדֵר אֶתְהַלֵּךְ בְּלַחַץ אוֹיֵב: שְׁלַח־אוֹרְךָ וַאֲמִתְּךָ הֵמָּה יַנְחוּנִי יְבִיאוּנִי אֶל־הַר־קָדְשְׁךָ וְאֶל־מִשְׁכְּנוֹתֶיךָ: וְאָבוֹאָה ׀ אֶל־מִזְבַּח אֱלֹהִים אֶל־אֵל שִׂמְחַת גִּילִי וְאוֹדְךָ בְכִנּוֹר אֱלֹהִים אֱלֹהָי: מַה־תִּשְׁתּוֹחֲחִי ׀ נַפְשִׁי וּמַה־תֶּהֱמִי עָלַי הוֹחִילִי לֵאלֹהִים כִּי־עוֹד אוֹדֶנּוּ יְשׁוּעֹת פָּנַי וֵאלֹהָי:

לַמְנַצֵּחַ מִזְמוֹר לְדָוִד: יַעַנְךָ יְהוָה בְּיוֹם צָרָה יְשַׂגֶּבְךָ שֵׁם ׀ אֱלֹהֵי יַעֲקֹב: יִשְׁלַח־עֶזְרְךָ מִקֹּדֶשׁ וּמִצִּיּוֹן יִסְעָדֶךָּ: יִזְכֹּר כָּל־מִנְחֹתֶךָ וְעוֹלָתְךָ יְדַשְּׁנֶה סֶלָה: יִתֶּן־לְךָ כִלְבָבֶךָ וְכָל־עֲצָתְךָ יְמַלֵּא: נְרַנְּנָה ׀ בִּישׁוּעָתֶךָ וּבְשֵׁם־אֱלֹהֵינוּ נִדְגֹּל יְמַלֵּא יְהוָה כָּל־מִשְׁאֲלוֹתֶיךָ: עַתָּה יָדַעְתִּי כִּי הוֹשִׁיעַ ׀ יְהוָה מְשִׁיחוֹ יַעֲנֵהוּ מִשְּׁמֵי קָדְשׁוֹ בִּגְבֻרוֹת יֵשַׁע יְמִינוֹ: אֵלֶּה בָרֶכֶב וְאֵלֶּה בַסּוּסִים וַאֲנַחְנוּ ׀ בְּשֵׁם־יְהוָה אֱלֹהֵינוּ נַזְכִּיר: הֵמָּה כָּרְעוּ וְנָפָלוּ וַאֲנַחְנוּ קַמְנוּ וַנִּתְעוֹדָד: יְהוָה הוֹשִׁיעָה הַמֶּלֶךְ יַעֲנֵנוּ בְיוֹם־קָרְאֵנוּ:

לְדָוִד מִזְמוֹר לַיהוָה הָאָרֶץ וּמְלוֹאָהּ תֵּבֵל וְיֹשְׁבֵי בָהּ: כִּי־הוּא עַל־יַמִּים יְסָדָהּ וְעַל־נְהָרוֹת יְכוֹנְנֶהָ: מִי־יַעֲלֶה בְהַר יְהוָה וּמִי־יָקוּם בִּמְקוֹם קָדְשׁוֹ: נְקִי כַפַּיִם וּבַר לֵבָב אֲשֶׁר לֹא־נָשָׂא לַשָּׁוְא נַפְשׁוֹ° וְלֹא נִשְׁבַּע לְמִרְמָה: יִשָּׂא בְרָכָה מֵאֵת יְהוָה וּצְדָקָה מֵאֱלֹהֵי יִשְׁעוֹ: זֶה דּוֹר דֹּרְשָׁו° מְבַקְשֵׁי פָנֶיךָ יַעֲקֹב סֶלָה: שְׂאוּ שְׁעָרִים ׀ רָאשֵׁיכֶם וְהִנָּשְׂאוּ פִּתְחֵי עוֹלָם וְיָבוֹא מֶלֶךְ הַכָּבוֹד: מִי זֶה מֶלֶךְ הַכָּבוֹד יְהוָה עִזּוּז וְגִבּוֹר יְהוָה גִּבּוֹר מִלְחָמָה: שְׂאוּ שְׁעָרִים

°נפשי קרי °דורשיו קרי

רָאשֵׁיכֶם וּשְׂאוּ פִּתְחֵי עוֹלָם וְיָבֹא מֶלֶךְ הַכָּבוֹד : מִי הוּא זֶה מֶלֶךְ הַכָּבוֹד יְהֹוָה צְבָאוֹת הוּא מֶלֶךְ הַכָּבוֹד סֶלָה :

לַמְנַצֵּחַ בִּנְגִינֹת מִזְמוֹר שִׁיר : אֱלֹהִים יְחָנֵּנוּ וִיבָרְכֵנוּ יָאֵר פָּנָיו אִתָּנוּ סֶלָה : לָדַעַת בָּאָרֶץ דַּרְכֶּךָ בְּכָל־גּוֹיִם יְשׁוּעָתֶךָ : יוֹדוּךָ עַמִּים ׀ אֱלֹהִים יוֹדוּךָ עַמִּים כֻּלָּם : יִשְׂמְחוּ וִירַנְּנוּ לְאֻמִּים כִּי־תִשְׁפֹּט עַמִּים מִישֹׁר וּלְאֻמִּים ׀ בָּאָרֶץ תַּנְחֵם סֶלָה : יוֹדוּךָ עַמִּים ׀ אֱלֹהִים יוֹדוּךָ עַמִּים כֻּלָּם : אֶרֶץ נָתְנָה יְבוּלָהּ יְבָרְכֵנוּ אֱלֹהִים אֱלֹהֵינוּ : יְבָרְכֵנוּ אֱלֹהִים וְיִירְאוּ אוֹתוֹ כָּל־אַפְסֵי־אָרֶץ :

הַלְלוּיָהּ ׀ אוֹדֶה יְהֹוָה בְּכָל־לֵבָב בְּסוֹד יְשָׁרִים וְעֵדָה : גְּדֹלִים מַעֲשֵׂי יְהֹוָה דְּרוּשִׁים לְכָל־חֶפְצֵיהֶם : הוֹד־וְהָדָר פָּעֳלוֹ וְצִדְקָתוֹ עֹמֶדֶת לָעַד : זֵכֶר עָשָׂה לְנִפְלְאֹתָיו חַנּוּן וְרַחוּם יְהֹוָה : טֶרֶף נָתַן לִירֵאָיו יִזְכֹּר לְעוֹלָם בְּרִיתוֹ : כֹּחַ מַעֲשָׂיו הִגִּיד לְעַמּוֹ לָתֵת לָהֶם נַחֲלַת גּוֹיִם : מַעֲשֵׂי יָדָיו אֱמֶת וּמִשְׁפָּט נֶאֱמָנִים כָּל־פִּקּוּדָיו : סְמוּכִים לָעַד לְעוֹלָם עֲשׂוּיִם בֶּאֱמֶת וְיָשָׁר : פְּדוּת ׀ שָׁלַח לְעַמּוֹ צִוָּה לְעוֹלָם בְּרִיתוֹ קָדוֹשׁ וְנוֹרָא שְׁמוֹ : רֵאשִׁית חָכְמָה יִרְאַת יְהֹוָה שֵׂכֶל טוֹב לְכָל־עֹשֵׂיהֶם תְּהִלָּתוֹ עֹמֶדֶת לָעַד :

נוֹעַ תָּנוּעַ אֶרֶץ כַּשִּׁכּוֹר וְהִתְנוֹדְדָה כַּמְּלוּנָה וְכָבַד עָלֶיהָ פִּשְׁעָהּ ׀ וְנָפְלָה וְלֹא תֹסִיף קוּם : וְהָיָה בַּיּוֹם הַהוּא יִפְקֹד יְהֹוָה עַל צְבָא הַמָּרוֹם בַּמָּרוֹם וְעַל מַלְכֵי הָאֲדָמָה עַל הָאֲדָמָה :

לַמְנַצֵּחַ מִזְמוֹר לְדָוִד : בְּבוֹא אֵלָיו נָתָן הַנָּבִיא כַּאֲשֶׁר־בָּא אֶל־בַּת־שָׁבַע : חָנֵּנִי אֱלֹהִים כְּחַסְדֶּךָ כְּרֹב רַחֲמֶיךָ מְחֵה פְשָׁעָי : הֶרֶב כַּבְּסֵנִי מֵעֲוֹנִי וּמֵחַטָּאתִי טַהֲרֵנִי : כִּי־פְשָׁעַי אֲנִי אֵדָע וְחַטָּאתִי נֶגְדִּי תָמִיד : לְךָ לְבַדְּךָ ׀ חָטָאתִי וְהָרַע בְּעֵינֶיךָ עָשִׂיתִי לְמַעַן־תִּצְדַּק בְּדָבְרֶךָ תִּזְכֶּה בְשָׁפְטֶךָ : הֵן־

הרב קרי

בְּעָווֹן חוֹלָלְתִּי וּבְחֵטְא יֶחֱמַתְנִי אִמִּי : הֵן־אֱמֶת חָפַצְתָּ בַטֻּחוֹת וּבְסָתֻם חָכְמָה תוֹדִיעֵנִי : תְּחַטְּאֵנִי בְאֵזוֹב וְאֶטְהָר תְּכַבְּסֵנִי וּמִשֶּׁלֶג אַלְבִּין : תַּשְׁמִיעֵנִי שָׂשׂוֹן וְשִׂמְחָה תָּגֵלְנָה עֲצָמוֹת דִּכִּיתָ : הַסְתֵּר פָּנֶיךָ מֵחֲטָאָי וְכָל־עֲוֹנֹתַי מְחֵה : לֵב טָהוֹר בְּרָא־לִי אֱלֹהִים וְרוּחַ נָכוֹן חַדֵּשׁ בְּקִרְבִּי : אַל־תַּשְׁלִיכֵנִי מִלְּפָנֶיךָ וְרוּחַ קָדְשְׁךָ אַל־תִּקַּח מִמֶּנִּי : הָשִׁיבָה לִּי שְׂשׂוֹן יִשְׁעֶךָ וְרוּחַ נְדִיבָה תִסְמְכֵנִי : אֲלַמְּדָה פֹשְׁעִים דְּרָכֶיךָ וְחַטָּאִים אֵלֶיךָ יָשׁוּבוּ : הַצִּילֵנִי מִדָּמִים ׀ אֱלֹהִים אֱלֹהֵי תְּשׁוּעָתִי תְּרַנֵּן לְשׁוֹנִי צִדְקָתֶךָ : אֲדֹנָי שְׂפָתַי תִּפְתָּח וּפִי יַגִּיד תְּהִלָּתֶךָ : כִּי ׀ לֹא־תַחְפֹּץ זֶבַח וְאֶתֵּנָה עוֹלָה לֹא תִרְצֶה : זִבְחֵי אֱלֹהִים רוּחַ נִשְׁבָּרָה לֵב־נִשְׁבָּר וְנִדְכֶּה אֱלֹהִים לֹא תִבְזֶה : הֵיטִיבָה בִרְצוֹנְךָ אֶת־צִיּוֹן תִּבְנֶה חוֹמוֹת יְרוּשָׁלָםִ : אָז תַּחְפֹּץ זִבְחֵי־צֶדֶק עוֹלָה וְכָלִיל אָז יַעֲלוּ עַל־מִזְבַּחֲךָ פָרִים :

עַד אָנָה בְּכִיָּה בְּצִיּוֹן וּמִסְפֵּד בִּירוּשָׁלָםִ : אַתָּה תָקוּם תְּרַחֵם צִיּוֹן תִּבְנֶה חוֹמוֹת יְרוּשָׁלָםִ :

ואחר התיקון אם הוא קודם חצות ילמוד פרק אחד משניות שכל השונה הלכות מובטח לו כו' ואם הוא אחר חצות ילמוד בזוה"ק במאמרים המדברים מענין תפלות חצות לילה :

ורשמנו מפתח קצת מאמרי זהר המדברים במעלת חצות למצוא דברי חפץ :

ח"א

ד' ע"ב ע"א ר' יהודה קם ליליא חד ׳
ד' ל"ב ע"א ר' חייא אמר ׳
ד' קל"ו ע"א פתח ר' יהודה ׳
ד' ר"ז ע"ב פתח ר' אלעזר ׳
ד' ר"ל ע"ב ר"א שמים תכין ׳
ד' רמ"ב ע"א יששכר המור גרם ׳

ח"ב

ד' מ"ו ע"א וה' הולך ׳
ד' קע"ג ע"ב פתח ר"ש ׳

ח"ג

ד' י"ב ע"ב ר' חזקיה הוה יתיב :
ד' כ"ב ע"ב פתח תהוא טייעא :
ד' כ"ג ע"א פתח ר' יוסי :
ד' ר"ס ע"א ואתחנן :

*) בתענית צבור קורין ויחל שחרית ומנחה· בשחרית אומר ח״ק קודם הוצאת ס״ת: ואחרי הקריאה ג״כ ח״ק. אשרי. ובל״צ. ק״ש. יהללו. במנחה אומר ח״ק קודם קר״ה ומפטירין דרשו ומברכין עד מגן דוד: יהללו. חצי קדיש ואחר כך מתפללין תפלת שמו״ע:

וַיְחַל מֹשֶׁה אֶת־פְּנֵי יְהוָה אֱלֹהָיו וַיֹּאמֶר לָמָה יְהוָה יֶחֱרֶה אַפְּךָ בְּעַמֶּךָ אֲשֶׁר הוֹצֵאתָ מֵאֶרֶץ מִצְרַיִם בְּכֹחַ גָּדוֹל וּבְיָד חֲזָקָה׃ לָמָּה יֹאמְרוּ מִצְרַיִם לֵאמֹר בְּרָעָה הוֹצִיאָם לַהֲרֹג אֹתָם בֶּהָרִים וּלְכַלֹּתָם מֵעַל פְּנֵי הָאֲדָמָה שׁוּב מֵחֲרוֹן אַפֶּךָ וְהִנָּחֵם עַל־הָרָעָה לְעַמֶּךָ׃ זְכֹר לְאַבְרָהָם לְיִצְחָק וּלְיִשְׂרָאֵל עֲבָדֶיךָ אֲשֶׁר נִשְׁבַּעְתָּ לָהֶם בָּךְ וַתְּדַבֵּר אֲלֵהֶם אַרְבֶּה אֶת־זַרְעֲכֶם כְּכוֹכְבֵי הַשָּׁמָיִם וְכָל־הָאָרֶץ הַזֹּאת אֲשֶׁר אָמַרְתִּי אֶתֵּן לְזַרְעֲכֶם וְנָחֲלוּ לְעֹלָם׃ וַיִּנָּחֶם יְהוָה עַל־הָרָעָה אֲשֶׁר דִּבֶּר לַעֲשׂוֹת לְעַמּוֹ׃ ליי וַיֹּאמֶר יְהוָה אֶל־מֹשֶׁה פְּסָל־לְךָ שְׁנֵי־לֻחֹת אֲבָנִים כָּרִאשֹׁנִים וְכָתַבְתִּי עַל־הַלֻּחֹת אֶת־הַדְּבָרִים אֲשֶׁר הָיוּ עַל־הַלֻּחֹת הָרִאשֹׁנִים אֲשֶׁר שִׁבַּרְתָּ׃ וֶהְיֵה נָכוֹן לַבֹּקֶר וְעָלִיתָ בַבֹּקֶר אֶל־הַר סִינַי וְנִצַּבְתָּ לִי שָׁם עַל־רֹאשׁ הָהָר׃ וְאִישׁ לֹא־יַעֲלֶה עִמָּךְ וְגַם־אִישׁ אַל־יֵרָא בְּכָל־הָהָר גַּם־הַצֹּאן וְהַבָּקָר אַל־יִרְעוּ אֶל־מוּל הָהָר הַהוּא׃ ישראל והוא מפטיר וַיִּפְסֹל שְׁנֵי־לֻחֹת אֲבָנִים כָּרִאשֹׁנִים וַיַּשְׁכֵּם מֹשֶׁה בַבֹּקֶר וַיַּעַל אֶל־הַר סִינַי כַּאֲשֶׁר צִוָּה יְהוָה אֹתוֹ וַיִּקַּח בְּיָדוֹ שְׁנֵי לֻחֹת אֲבָנִים׃ וַיֵּרֶד יְהוָה בֶּעָנָן וַיִּתְיַצֵּב עִמּוֹ שָׁם וַיִּקְרָא בְשֵׁם יְהוָה׃ וַיַּעֲבֹר יְהוָה ׀ עַל־פָּנָיו וַיִּקְרָא יְהוָה ׀ יְהוָה אֵל רַחוּם וְחַנּוּן אֶרֶךְ אַפַּיִם וְרַב־חֶסֶד וֶאֱמֶת׃ °נֹצֵר חֶסֶד לָאֲלָפִים נֹשֵׂא עָוֺן וָפֶשַׁע וְחַטָּאָה וְנַקֵּה לֹא יְנַקֶּה פֹּקֵד ׀ עֲוֺן אָבוֹת עַל־בָּנִים וְעַל־בְּנֵי בָנִים עַל־שִׁלֵּשִׁים וְעַל־רִבֵּעִים׃ וַיְמַהֵר מֹשֶׁה וַיִּקֹּד אַרְצָה וַיִּשְׁתָּחוּ׃ וַיֹּאמֶר אִם־נָא מָצָאתִי חֵן בְּעֵינֶיךָ אֲדֹנָי יֵלֶךְ־נָא אֲדֹנָי בְּקִרְבֵּנוּ כִּי עַם־קְשֵׁה־עֹרֶף הוּא וְסָלַחְתָּ לַעֲוֺנֵנוּ וּלְחַטָּאתֵנוּ וּנְחַלְתָּנוּ׃ וַיֹּאמֶר הִנֵּה אָנֹכִי כֹּרֵת בְּרִית נֶגֶד כָּל־עַמְּךָ אֶעֱשֶׂה נִפְלָאֹת אֲשֶׁר לֹא־נִבְרְאוּ בְכָל־הָאָרֶץ וּבְכָל־הַגּוֹיִם וְרָאָה כָל־הָעָם אֲשֶׁר־אַתָּה בְקִרְבּוֹ אֶת־מַעֲשֵׂה יְהוָה כִּי־נוֹרָא הוּא אֲשֶׁר אֲנִי עֹשֶׂה עִמָּךְ׃

*) הוספת המו״ל. °נ׳ רבתי

ברכת הפטרה לפניה

בָּרוּךְ אַתָּה יְהוָה אֱלֹהֵינוּ מֶלֶךְ הָעוֹלָם אֲשֶׁר בָּחַר בִּנְבִיאִים טוֹבִים וְרָצָה בְדִבְרֵיהֶם הַנֶּאֱמָרִים בֶּאֱמֶת׃ בָּרוּךְ אַתָּה יְהוָה הַבּוֹחֵר בַּתּוֹרָה וּבְמֹשֶׁה עַבְדּוֹ וּבְיִשְׂרָאֵל עַמּוֹ וּבִנְבִיאֵי הָאֱמֶת וָצֶדֶק׃

הפטרה לתענית צבור בישעיה סימן נה

דִּרְשׁוּ יְהוָה בְּהִמָּצְאוֹ קְרָאֻהוּ בִּהְיוֹתוֹ קָרוֹב׃ יַעֲזֹב רָשָׁע דַּרְכּוֹ וְאִישׁ אָוֶן מַחְשְׁבֹתָיו וְיָשֹׁב אֶל־יְהוָה וִירַחֲמֵהוּ וְאֶל־אֱלֹהֵינוּ כִּי־יַרְבֶּה לִסְלוֹחַ׃ כִּי לֹא מַחְשְׁבוֹתַי מַחְשְׁבוֹתֵיכֶם וְלֹא דַרְכֵיכֶם דְּרָכָי נְאֻם יְהוָה׃ כִּי־גָבְהוּ שָׁמַיִם מֵאָרֶץ כֵּן גָּבְהוּ דְרָכַי מִדַּרְכֵיכֶם וּמַחְשְׁבֹתַי מִמַּחְשְׁבֹתֵיכֶם׃ כִּי כַּאֲשֶׁר יֵרֵד הַגֶּשֶׁם וְהַשֶּׁלֶג מִן־הַשָּׁמַיִם וְשָׁמָּה לֹא יָשׁוּב כִּי אִם־הִרְוָה אֶת־הָאָרֶץ וְהוֹלִידָהּ וְהִצְמִיחָהּ וְנָתַן זֶרַע לַזֹּרֵעַ וְלֶחֶם לָאֹכֵל׃ כֵּן יִהְיֶה דְבָרִי אֲשֶׁר יֵצֵא מִפִּי לֹא־יָשׁוּב אֵלַי רֵיקָם כִּי אִם־עָשָׂה אֶת־אֲשֶׁר חָפַצְתִּי וְהִצְלִיחַ אֲשֶׁר שְׁלַחְתִּיו׃ כִּי־בְשִׂמְחָה תֵצֵאוּ וּבְשָׁלוֹם תּוּבָלוּן הֶהָרִים וְהַגְּבָעוֹת יִפְצְחוּ לִפְנֵיכֶם רִנָּה וְכָל־עֲצֵי הַשָּׂדֶה יִמְחֲאוּ־כָף׃ תַּחַת הַנַּעֲצוּץ יַעֲלֶה בְרוֹשׁ °תַּחַת הַסִּרְפַּד יַעֲלֶה הֲדַס וְהָיָה לַיהוָה לְשֵׁם לְאוֹת עוֹלָם לֹא יִכָּרֵת׃ כֹּה אָמַר יְהוָה שִׁמְרוּ מִשְׁפָּט וַעֲשׂוּ צְדָקָה כִּי־קְרוֹבָה יְשׁוּעָתִי לָבוֹא וְצִדְקָתִי לְהִגָּלוֹת׃ אַשְׁרֵי אֱנוֹשׁ יַעֲשֶׂה־זֹּאת וּבֶן־אָדָם יַחֲזִיק בָּהּ שֹׁמֵר שַׁבָּת מֵחַלְּלוֹ וְשֹׁמֵר יָדוֹ מֵעֲשׂוֹת כָּל־רָע׃ וְאַל־יֹאמַר בֶּן־הַנֵּכָר הַנִּלְוָה אֶל־יְהוָה לֵאמֹר הַבְדֵּל יַבְדִּילַנִי יְהוָה מֵעַל עַמּוֹ וְאַל־יֹאמַר הַסָּרִיס הֵן אֲנִי עֵץ יָבֵשׁ׃ כִּי־כֹה ׀ אָמַר יְהוָה לַסָּרִיסִים אֲשֶׁר

°ותחת קרי

יִשְׁמְרוּ אֶת־שַׁבְּתוֹתַי וּבָחֲרוּ בַּאֲשֶׁר חָפָצְתִּי וּמַחֲזִיקִים בִּבְרִיתִי׃ וְנָתַתִּי לָהֶם בְּבֵיתִי וּבְחוֹמֹתַי יָד וָשֵׁם טוֹב מִבָּנִים וּמִבָּנוֹת שֵׁם עוֹלָם אֶתֶּן־לוֹ אֲשֶׁר לֹא יִכָּרֵת׃ וּבְנֵי הַנֵּכָר הַנִּלְוִים עַל־יְהוָה לְשָׁרְתוֹ וּלְאַהֲבָה אֶת־שֵׁם יְהוָה לִהְיוֹת לוֹ לַעֲבָדִים כָּל־שֹׁמֵר שַׁבָּת מֵחַלְּלוֹ וּמַחֲזִיקִים בִּבְרִיתִי׃ וַהֲבִיאוֹתִים אֶל־הַר קָדְשִׁי וְשִׂמַּחְתִּים בְּבֵית תְּפִלָּתִי עוֹלֹתֵיהֶם וְזִבְחֵיהֶם לְרָצוֹן עַל־מִזְבְּחִי כִּי בֵיתִי בֵּית־תְּפִלָּה יִקָּרֵא לְכָל־הָעַמִּים׃ נְאֻם אֲדֹנָי יְהוִה מְקַבֵּץ נִדְחֵי יִשְׂרָאֵל עוֹד אֲקַבֵּץ עָלָיו לְנִקְבָּצָיו׃

ולאחר הפטרה מברך

בָּרוּךְ אַתָּה יְהוָה אֱלֹהֵינוּ מֶלֶךְ הָעוֹלָם צוּר כָּל־הָעוֹלָמִים צַדִּיק בְּכָל־הַדּוֹרוֹת הָאֵל הַנֶּאֱמָן הָאוֹמֵר וְעוֹשֶׂה הַמְדַבֵּר וּמְקַיֵּם שֶׁכָּל־דְּבָרָיו אֱמֶת וָצֶדֶק׃ נֶאֱמָן אַתָּה הוּא יְהוָה אֱלֹהֵינוּ וְנֶאֱמָנִים דְּבָרֶיךָ וְדָבָר אֶחָד מִדְּבָרֶיךָ אָחוֹר לֹא־יָשׁוּב רֵיקָם כִּי אֵל מֶלֶךְ נֶאֱמָן וְרַחֲמָן אָתָּה בָּרוּךְ אַתָּה יְהוָה הָאֵל הַנֶּאֱמָן בְּכָל־דְּבָרָיו׃

רַחֵם עַל־צִיּוֹן כִּי הִיא בֵּית חַיֵּינוּ וְלַעֲלוּבַת נֶפֶשׁ תּוֹשִׁיעַ וְתְשַׂמַּח בִּמְהֵרָה בְיָמֵינוּ׃ בָּרוּךְ אַתָּה יְהוָה מְשַׂמֵּחַ צִיּוֹן בְּבָנֶיהָ׃

שַׂמְּחֵנוּ יְהוָה אֱלֹהֵינוּ בְּאֵלִיָּהוּ הַנָּבִיא עַבְדֶּךָ וּבְמַלְכוּת בֵּית דָּוִד מְשִׁיחֶךָ ׃ בִּמְהֵרָה יָבֹא וְיָגֵל לִבֵּנוּ ׃ עַל־כִּסְאוֹ לֹא־יֵשֵׁב זָר ׃ וְלֹא יִנְחֲלוּ עוֹד אֲחֵרִים אֶת כְּבוֹדוֹ כִּי בְשֵׁם קָדְשְׁךָ נִשְׁבַּעְתָּ לוֹ שֶׁלֹּא יִכְבֶּה נֵרוֹ לְעוֹלָם וָעֶד׃ בָּרוּךְ אַתָּה יְהוָה מָגֵן דָּוִד׃ יהללו וכו׳

ספרי׳ — אוצר החסידים — ליובאוויטש

קובץ
שלשלת האור

היכל שלישי — שער ששי

סדר
תפילות מכל השנה

עפ״י נוסח האריז״ל

חלק שני

כפי אשר נדפס מקודם בתיספת הגהה מדייקת בדקדיק היטב ובתוספות מרובה דבר חדש אשר לא הי׳ מעולם פירוש המלות מהשמים מספרים עד נשמת משוכלל ומיוסד עפ״י הזה״ק

מכבוד קדיש אדונינו מורינו ורבינו הגדול הגאון האלקי
איר עילם מופת ההדר נזר ישראל ותפארתו קדיש ה׳
מרנא ורבנא **שניאור זלמן** נבג״מ

וכוונת המקוה ועניני שבת בכלל ופי׳ על פתח אליהו ועל כגוונא ועניני ר״ח בכללו. ועניני המיועדים בכללם וגם לפסח וספירה ול״ג בעומר ולחג השבועות ולר״ה וליה״כ וכוונת השופר בכללו וכוונת הסכות ונטילת לולב ושמ״ע בכללם. גם לחנוכה ופורים הכל כיד ה׳ הטובה עליו השכיל לזכות את הרבים לעשות נח״ר ליוצרם בעבודה שבלב עפ״י כוונת אמיתיות יסודתם בהררי קדש ותמלא הארץ דעה את ה׳ ויהיו תפלתם מקובלת לרצון כמארז״ל ע״פ אשגבהו כי ידע שמי ואז יקראני ואענהו. ובזכות זה יעלו לציון ברנה, כן יהי רצון אמן.

ובתוספות מרובה עשרה בוגין מדברי קודש אדונינו מורינו ורבינו נשמתו עדן מעניני תפלה שלא נדפסו בסדורי הקודמין, והוגה הטיב מהטעות שנמצא בדפוס הקודם.

הוצאה חדשה ומתוקנת עם הוספות

הוצאה ששית

יוצא לאור על ידי מערכת
„אוצר החסידים״

770 איסטערן פּאַרקוויי — ברוקלין, נ.י.

שנת חמשת אלפים שבע מאות ששים ושמונה לבריאה

ענין

המקוה הנה מבשרי אחזה אלוה שבאדם התחתון התענוג הוא הגבוה מאד נעלה על כל כחות הנפש אפי' מן החכמה והוא המתפשט בבחי' התרחבות גדול עד שיוכלו ב' ספרים ממש להתפס בו כמו שוטה שלא יוכל לסובלו במוחו וכשהוא בתענוג גדול באיזה שמחה ישכח על השגחה ולא תתפוס מקום כלל בלבבו עד שיאהבנו ממש והוא מפני שהשגחה והאהבה נולדים מן המוח חו"ב ויש בחכמה הארת התענוג המרומ' ומתנשא מן לצמצום השפע שלו בחכ' והוא הנק' פנימית אבא שהוא פנימי' ע"י כו' והיינו המים והלחלוחית שבמוח שופעים ההשכלות כו' ומה שיש תענוג בהשכל' אינו מצד השכל עצמו שהרי אינו ממהות תענוג כלל רק מצד המים והלחלוחית שבמוח שהם משכן והשראת כח התענוג העצמי שהוא הגבה למעלה ממהות חכ' וכאשר נשפע החכ' מכח המשכיל נמשך ונשפל כח התענוג במי' שבמוח הגשמי ומזה סיבת תענוג הנרגש בשכל וסברא וד"ל · וכמ"כ טפת המוח שהוא עיקר התחלת התענוג הרוחני בזווג כו' ומהיכן יהיה תענוג במוח הגשמי אינו אלא כשיומשך הטיפות הרוחניות מכח התענוג הרוחני ויתגש' במים ולחלוחית שבמוח הגשמי להיות טפה גשמית במוח אזי הוא השפלות התענוג במוח כמו השפלתו בשכל כנ"ל וד"ל ונמצא שסיבה א' לתענוג הנרגש בשכל ותענוג הנרגש בטפה שבמוח שאינו אלא יסוד המים והלחלוחית שבו וכמ"כ מים הגשמיים למטה בארץ מצמיחים הם כל מיני תענוגים גשמיים והם בפרט רק השתלשלות עילה ועלול מכח התענוג הרוחני הנ"ל הנשפל ראשונה בצמצום הראשון בחכמה ושכל או במוח עצמו כנ"ל שהם התענוגים היותר דקים כו' ולכן מצד כח התענוג שבטבע השמחה יכול לסבול שוטה שלא נעשה שוטה אלא ע"פ השכלות שכל מהתענוג כו' ולכן אין למים הגשמיים שום גוון בעצמותם אלא באיזה כלי שיהיו בו אם ירוק או שחור או אדום כן יהיה מראה המים אבל לא שיהיה להם מראה לעצמותם והוא הוראה ע"י שאינם בבחי' כלי וצמצום כלל כי המראה מגביל העצם שיתראה על אופן זה דוקא כמו מראה תפוח מתוק לבן כו' ולא יוכל להיות אדום להיות פי התענוג שבמתיקות שלו כבר נתגשם מעילה לעלול מן כח התענוג הרוחני והוא כלי ומראה לעצמותו כו' אבל המים בשרשם הם כמו יסוד המים הרוחניים שבמוח שופעים ההשכלות שמקבלים בחי' פנימי' התענוג בדרך הלבשה והשראה לכן אין להם גוון וכלי כמו שלא יש כלים וצמצומים כלל בכח התענוג העצמי וד"ל · ועתה יובן למשכיל למעלה דהנה אבא שרש כל האצי' הוא חיצוניותו כידוע ומשם נמשכו מוחין לז"א ומתחלקים לכלים מכלים שונים בקוין ימין ושמאל כו' עד שיהיו מקוריים להתחלקות בי"ע כידוע אבל בפנימית אבא הוא בבחי' יסוד המים העליונים שמעל לרקיע המבדיל בין מים למים כו' הוא הארות והתלבשות עונג העליון בחי' פנימיותו שהוא למע' מכל הצמצומים עד אפילו הארת החוט כו' הוא חכמה דא"ק כו' ג"כ צמצום לגבי עתיקא סתימאה כו' וכמו שעיקר הצמצום הראשון הוא בשכל גלוי שבא מסיבת המים והלחלוחי' כנ"ל וכן כמו טפה שנתגשמה כבר במוח כנ"ל והם מקור לכל השתלשלות התענוגים שמחכ' ומדות ואילך כו' כמ"כ כל מיני תענוג העליון המצומצמים בחב"ד דז"א ונוק' וכל עולם האצילות עד תענוגים המוגבלים בבי"ע כו' הכל מבחי' חיצוניות אבא שרש כל האצי' כידוע אבל בבחי' מים העליונים שבאבא דהיינו קודם שיתהווה הטפה רק כמו בעודנה ביסוד המים והלחלוחית שבמוח בשם משכן כח פנימית התענוג כנ"ל הוא למע' מכל הצמצומים וכלא ממש חשיבי ושוין האהבה והשנאה וכחשכה כאורה ממש כו' ולכן ויאמר אלקים יהי רקיע בתוך המים היינו בחי' בינה המבדיל בין מים עליונים לתחתונים ואזי באפשרי להיות בחי' טפה כו' פי' בינה הוא מקוה המים ולא המים עצמן רק שימדדו ויקלטו את המים להיות כי אף שהמים מצד עצמותם אין להם כלי בבחי' גוון אבל מ"מ אם הבור והחפיר' קטנה יהיו מועטים ויעצור הבור אותם שלא יתפשטו יותר מדאי כי המים מצד עצמם יורדים הם ממקום גבוה למקום נמוך ולא עולים ומסתלקים כו' מפני

שהארת

שהארת התענוג העצמי בהם שטבעו לסבול אף היותר מצומצם מחמת שאינו בבחי' צמצום כלל כו' וענין יורדים ממקום גבוה שכח התענוג נקרא מקום גבוה שהוא גבוה בהתנשאות מצד עצמותו כו' וכשמושפעים השכלה ממנו מבחי' ירידה ממקום גבוה כו' היו מתפשטים ביותר אבל הבינה הוא ההשגה והתפיסה שבא לכלל השכלות שכל וסברא אז נמדד ונקצב הירידה שלהם אם מעט אם רב לפי אופן ההשגה מפני שההשגה מהות אחר לגמרי לגבי כח המשכיל שבמים ולהצלוחית השופעים ואינו אלא כמו החפירה המקפת וסובבת להיות נגבלים בה המים וכמ"ש מי מדד כו' שאינה אלא מודד למים ולא שתהיה בבחי' כלי ממש לאור כו' וד"ל וכמו"כ ההשגה היא שנתגשמה מים עליונים אלו להיות מכון לשבתך כו' וזהו יהי רקיע מהמים עצמם שיתגשמו בכדי שיהיו נגבלים ברקיע זה וד"ל. וזהו שם אל"ד לשון דעתידה להוליד ולא נולד עדיין פירוש להיות כי בבהירות שפע המים עליונים שבמות מאחר שאין להם גוון וכלי לא היה אפשר להולדת דבר מה דהיינו להיות מוחין למדה הנקרא ולד כידוע אבל אחר שנעשית ההשגה המגבלת ומצמצמת כנ"ל אפשר שתלד ותהיה מקור למוחין דמדות וד"ל. ואמנם כל התחדשות הולדה בבינה אם הבנים דהיינו לעשות צירוף אחר חדש לגמרי לשנו' מוחין חסדים לגבורות או גבורות לחסדים וכדומה זה צ"ל מחמת מקור הבינה ולא מצד עצמותה שהרי היא כבר נגבלת ממים עליונים כנ"ל וכידוע דכמו שבינה היא מ"ל דאצי' הנקרא דל בבי"ע מוגבלת במינים נבראים בבחי' קוין חו"ג כו' כל מה שבינה כנגדן במקור מקורן יכנס כולם בים עלאה הוא בינה בחינת רקיע העליון והנה בדרך כללות כל השתלשלות הפרצופים מהארת החוט ואילך נק' דל לגבי עצמותו ית' כי לשון דל הוא שיש בו חסרון וריקות והוא הצמצום הראשון לגבי התענוג בי אנו רואים שהיסורים הוא היפך התענוג ולא דבר אחר כמו השכל ומדות אינם מונעים התענוג כלל כו' אבל היסורים והצער היא ההפכית ממש לנגד התענוג מפני שעיקר מהות התענוג הוא בחי' התפשטות והתרחבות גדול להיות השפע גם בשפלים מאד כו' והיסורים יעשו הצמצום בעצמותו כ"כ עד שלא יוכל לסבול אפי' אוהבו כנפשו כו' ועפ"ז יובן שגם הארת הקו שהוא ראשית הצמצום בעצמותו ית' נק' דלות ושפלות וצמצום לגבי עתיקא סתימא עצמות התענוג כו' וד"ל ובחי' דלות ושפלות הצמצום הראשון משתלשל בכל פרצוף ופרצוף לפ"ע עד שמ"ל דאצי' נק' דל דלית לה מגרמה כלום ובפרט הנשפעים ממנה הם כל בע"ג ותכלית הם מחוסרים בעצם וכשאיזה נברא נעשה בו חסרון גם באופן צמצומו ממ"ל דאצי' אז כדי להשלים חסרונו צריך להשלים

תחלה כח הפועלו מאין ליש שנק' גם כן דל כנ"ל והיינו ע"י כונת שם אל"ד הנ"ל פירוש א' דל הוא המקור הממתיק ומבשם היסורים והצמצום הנק' דל ולכן נק' בשם עתיד למילד ולא נולד עדיין להיות כי חו"ב תרין רעין כידוע שכבר נתצמצמו מפנימית ע"ז השמה מולידין מוחין חדשים תמיד לזו"נ כידוע והוא בבחי' דלות וצמצומים כנ"ל אמנם מי המקוה הוא שאין להם גוון כנ"ל ויש בהם מהארת עתיקא דעתיקין שלמע' מהארת החוט כו' וכביכול בהם יכוון שנתבטל' באחדו' פשוט היינו קודם שהאציל והמשיך הקו כו' ומפני שבכח התענוג לא יוכל לסבול יסורים וצמצומים אזי יזכור הנבראה שמחוסר הנק' דל וימתיקו באלף אלופו של עולם הנק' עתיקא דעתיקין וענין ההמתקה הוא שהמר נעשה מתוק והוא ברורי נוגה שמתהפך רע לטוב וכמש"ת והיינו בחי' המשכה חדש' מעצמותו ית' בהיפך ממה שנתצמצם בהו"ת תרין ריעין כו' וזהו שלא נולד עדיין בבינה אלא דעתיד לאתגלייא בבחי' המתקה שיושלם החסרון שזהו היפך ההשתלשלות וד"ל. ועתה יובן ענין ג' שמות אלו המבוארים בכוונת המקוה שבתחלה צ"ל העלאת הדל שהוא החולה מלמטה למע' ע"י ג' שמות אלו דהיינו שיקשרנו במקור חולב התהוותו מאין ליש במ"ל דאצי' הנק' דל והוא שם אדנ"י ואח"כ יגביהנו עוד לשם א"ג והוא שילוב שם הוי"ה באדנ"י אתה גבור כו' פי' המשכות גבורות דז"א בבניין מוחין דנוק' והוא הנקרא אדון כל הארץ כידוע ואח"כ במקור מוחין דז"א והוא בבינה עילאה ושם הוא א' דל והיינו המקוה שהיא הכלי והמדידה למים שאין להם גוון ואחר ההעלאה וההזכרה בבחי' העלאת מ"ן ברעותא דלבא שהוא לייחד התחתון בעליון עד רום המעלות אח"כ יכוין בשלשה שמות אלו מלמע' למטה והיינו ההמתקה הנ"ל ע"י יחוד העליון בתחתון פי' שיהיה בחי' המשכה חדשה מהעצמות אל הארת הקו להמתיק היסורים והצמצומים וכן משתלשל עד שגם בבינה שהוא ים עילא' שהוא מקור האמיתי להתהוות כל הנמצאים מיבשה שהוא מ"ל דאצי' כנ"ל יהיה בה המתקה וצירוף חדש לגמרי בהתהפכו' מרירא למיתקא מחמת הארת כח התענוג העצמי כנ"ל והוא שם א' דל בבחי' מלמעלה למטה וכמ"כ הארה זו החדשה מבינה מתייחדת במוחין דז"א עד שגם שם א"ג המשפיע מוחין לנוקבא ג"כ יהיה בהמתקת כח התענוג העצמי וימשיך לאדנ"י ג"כ בבחי' המתקה בהארת העצמות כו' וכמ"כ מת"ל דאצי' שם אדני להיות כח הפועל אלקי מאין ליש ממש יהיה ג"כ בצירוף החדש מעתיקא דכולא להחיות החולה ממש מה שהיה תחלה בבחי' מיתה והסתלקות החיות מצד הטבע שניקב הריאה ונסתלק ממנו אותיות מדת מלכותו ית' וכידוע וד"ל :

אך להבין הטעם למה דוקא ההמתקה והשלמת החסרון במים דוקא ולא בדבר אחר שיש בו הארת כח התענוג העלמי כמו שיתחכם בהשגה אלהית ויתענג בה וכדומה שהוא בא ג"כ מסבת המים והלחלוחית שבמוח כנ"ל והם רוחני' יותר ממי המקוה כו' . אך הנה צריך להבין תחלה ענין ההמתקה מה היא להיו' כי ידוע הטעם למה נמתק חסרון הדל מפני שבא עליו הארת התענוג שאינו יכול לסבול הצער כמו אם יבכה האדם לפני שר גדול כל מה שהשר יותר גדול בעצם הנה יותר לא יוכל לסבול הבכיה וכל שאינו שר גדול כ"כ לא יצטער כ"כ וכן איש עשיר ומעונג לא יוכל לסבול דוחק העני וכל שיהיה יותר עשיר ומוגבה ביותר בהתנשאות התענוגים יותר לא יוכל לסבול כו' אבל העני יכול לסבול צער המופלג של חבירו עני כמוהו ולא ירחם עליו כלל וכלל וכן מי שאינו שר גדול יכול לסבול בכיה רבה כו' ולא יחמול כו' והטעם לכל זה הוא מפני שכל שהדבר מאד מרוחק ממנו והוא בתכלית היפכו ממנו מזה יהיה סבת העדר הסבלנות שלא יוכל לסבול וכל שהוא אינו מן ההיפך כ"כ ויש לו קצת ממין מיניה יוכל לסבול קצת כו' וכן השר הגדול מפני היותו בבחי' התנשאות באמת בהתרחבות התענוג מאד אזי הבכיה שהוא תכלית ההכנעה והשפלות היפכו ממש וכל שהוא יותר מנגד יותר קשה לו התנועה המנגדת למהותו כו' וכן איש העשיר ומעונג ביותר לא יוכל לסבול דחקות העני מפני שהוא מנגדו ממש מן הקצה לקצה אבל העני כמוהו אינו מנגדו כלל אדרבה שניהם בשפלות עלום לא תגבר הרחמנות אלו כלל כו' וד"ל · וכמו האיש המוכה אם רואה חבירו ג"כ מוכה לא ירחם עליו כלל כי להיותו ג"כ בצרתו אבל שאינו מוכה הרחוק מאד מצער ההכאה ירחם עליו ולא יוכל לסבול אפי' לראות ההכאה כי הוא היפך זה מן הקצה לקצה כו' ואמנם כשנעריך המשלים האלו לנמשל אינו דומה שכאן העדר הסבלנות הוא הגורם בחי' הסתלקות הגבוה מעל הנמוך מפני שלא יכול לקום במדרגתו כשיראה הבכיה וכדומה ומוכרח לברוח כו' אבל בהזכרת הדל במים עליונים אינו כן שהדל נשלם ומקבל ג"כ הארת עונג העליון כנ"ל והוא ענין ההמתקה כנ"ל לזאת יובן שזהו. ענין המים דוקא שאם היה העונג בדבר אחר כמו שכל וכדומה אז כאלו לא היה ביכלתו ח"ו לסבול המנגד וכו' ואמנם המים יורדים ממקום גבוה כו' שאין הצער תופס מקום כלל אע"פ שהוא היפכו לגמרי והוא להיות כי יש בטבע המים שהם דוחים כל מיני מיאוס ומרחיצים כל מיני אשפות בירידתם ממקום למקום או כמו הכתם בבגד המים ירחיצוהו ויעבירוהו כו' ומפני מה הלך ועבר הכתם ע"י המים הוא מפני שהמים דוחים אותו וביכולתם לבטל מציאותו כו' · וענין כח הדחיה שיש בהם הוא להיות שהם יורדים מן מקום גבוה בבחי' ירידה וגבורה מכח התענוג העליון ולכן הם דוחים הרע והמאום ומהפכים מרירו למיתקא כמו שיעבירו הכתם ויהיה נקי כו' ואדרבה נהפך גם הצער ומרירות לתענוג כו' להיות גם בצער מאחר שהוא היפוך התענוג מוכרח שיהיה בו מן הארת התענוג כמו היפך הרצון שבא סיבתו מהרצון עצמו כי מאחר מה שעכשיו רוצה דבר זה ואינו רוצה היפכו הוא שנמשך מהרצון כי מקודם היו שניהם כלולים בכח הרצון עד שהיה אפשר להיו' ההיפך בהמשכות שירצה זה ולא ירצה זה כו' א"כ גם עתה בהיפך הרצון יש הארת כח הרצון כו' וכמ"כ בכח התענוג עדיין אין יסורים וצער היפכו כ"א ירצה שיהיה היסורים תענוג לו יכול להיות כמו שיקבל הכאה באהבה ותענוג מפני איזה תענוג נפלא כו' וד"ל · ע"כ להיות כי במים יש מהארת כח התענוג העלמי קודם שנמשך הקו הנק' בחי' יסורים לגבי התענוג הנשפע בו אמנם לגבי הכח התענוג העלמי אינו היפכו כנ"ל לכן גם מה שיש בנברא ממש יסורי' גשמים מאחר שנק' יסורים ע"פ השתלשלות מן הקו לבד אבל בשרש כח התענוג שלמע' הימנו היה אפשרי להיות תענוג כו' לכך המים היורדים משם ביכולתם להמתיקו בשרשו וד"ל · ובזה יובן שהעיקר המכוון בהשתלשלות הפרצופים אינו לענין ביטול כל א' לגבי העליון ממנו כי אם לדקת מה תתן לו כי אין ערוך אפי' לחכ' דא"ק לגבי העצמות כו' אלא עיקר המכוון בירידת רפ"ח ניצוצין עד שיהי' מרים ממש בגשמיי' דנוגה ושאח"כ יומתקו ע"י ירידת החסדים מלמע' למטה במעשה המצות דוקא שהוא רק לתקן ברורי נוגה כו' והוא הוצאת הטוב הגנוז ברע מצד שרשו כנ"ל וד"ל וזהו ענין הגלגולים בנשמות שיצרפו בגלות או בעניות אע"פ שהמה מבולבלים לגמרי ואינם מתפללים כלל זהו יותר טוב להם משהיו מתפללים בביטול במציאות לפי שהצירוף הוא מיתוק הרע כנ"ל וזה היה עיקר המכוון כנ"ל וד"ל · ומפני שסוד רפ"ח ניצוצין לא ידעו הפלסופים ע"כ קשה להם ענין השינוי כו' וד"ל :

כוונת המקוה מהבעש"ט ז"ל

להבין כללות כוונת המקוה הנה בתיקון ליל שבועות להאריז"ל נזכר כללות הכוונה בשילוב שם אהיה פשוט בלתי מילוי ע"ש אבל בכוונת המקוה שנדפס בשם הבעש"ט ז"ל נדפס שם אהיה עם המילוי שלו והוא זה אלף ה' ה"ה ל' יו"ד ה"ה ד' נמצא שם אל"ד הוא בשילוב מילוי דאהיה ע"ד הזה הצל"ף דאל"ד ממילוי דאלף ומילוי דה"ה ל' וממילוי דה' אחרונה הדלי"ת כו'. וזהו אמיתית ענין כוונתו ע"ד הפשוט · ולהבין אותו שם דאל"ד מהו ולמה בשילוב

דמילוי

דמילוי דשם אהיה דוקא כו'. הנה תחלה יש להקדים ענין א' והוא במציאות אלף שענינו משונה מכל האותיות בהיות שאנו רואים דכל מוצא מן הה' מוצאות הפה שייכים אליה אותיות מיוחדים דוקא גיכ"ק מהחיך דטלנ"ת מהלשון כו' כידוע לפי שא"א להיות הברת האות גימל מוצאו מן הלשון אלא מוצאו דוקא מן החיך וכיוצא בזה לשאר האותיות והיינו מפני שכל אות יש לו הברה במבטא מיוחדת באופן בפ"ע כי איננו קול פשוט אלא מורכב כו' אבל אות הא' שרשו בנפש בחי' קול פשוט הוא ואינו מורכב ע"כ ישתוה הברתו בכל הה' מוצאות כנראה בחוש לפי שהאלף אף שמוצאו העיקרי מן הגרון כי אחה"ע מהגרון כו' אבל מפני היותו קול פשוט ולא בהרכבה הגם שהוא נמצא במוצא הגרון כמו החי"ת והה' חבירו עכ"ז ימצא קול אות הא' בהשוואה בכל המוצאות כמו שגם הבי"ת בשפתיים הוא נמצא מסיבת קול הפשוט בתחלתו כו' כידוע וא"כ אות האלף הוא שרש ומקור כל האותיות כולן לפי שידוע דכל האותיות הם מורכבים ושרש התחלתן אינו אלא קול פשוט בלבד ואותו הקול הפשוט הוא שמורכב בכל מוצא לפי טבעו כו' וד"ל. ויובן עד"ז ג"כ באותיות המח' או כאשר יצייר אדם אותיות הכתב במח' שיצייר הבי"ת בכח מיוחד במח' בפ"ע כו' אבל כמו שאות האלף נמצא בחי' קול פשוט בהברת המבטא כמ"כ הוא בחי' קול פשוט בבחי' כוחות אותיות המח' או כח הדמיון וציור שבמח' דהיינו שאות הא' אשר במח' הוא ג"כ שרש ומקור כל האותיות דמח' כמו שהוא שרש ומקור כל האותיות שבדבור כי הדבור הוא מקבל מן המח' כידוע ודומין הן זל"ז כו' רק שזה רוחני וזה כו'. ועד"ז הנה ידוע דהמח' לגבי המדות ומכש"כ לגבי אותיות השכל נחשב כמו ערך בחי' הדבור לגבי המח' כו' עד שהשכל נק' בחי' מח' לגבי המח' והמח' נק' בחי' הדבור לגבי' כו' ועד"ז ימצא רבבות מדרגות פרטיות מעילה לעילה לפי שכל עלול לגבי עילתו נק' בחי' דבור והעילה שלו הוא בחי' מח' ולגבי עילה העליונה שהוא מקבל ממנו גם הוא נק' בשם דבור לבד כו' ועד"ז עד רום המעלות ולכך אמרו בזהר בדרך כלל כמה מחשבתין למחשבתין אית כו' וד"ל ובכולן בחי' התחתונה שבעליון נעשה ראש ומקור לתחתון כידוע וא"כ מבחי' התחתונה שבמח' נמצא מציאות אות הא' דדבור שהוא השרש ומקור לכל האותיות שבדבור ועד"ז עד רום המעלות וד"ל. והנה מאחר שאות הא' הוא שרש ומקור לכל האותיות בכל עולם לפי ערכו כנ"ל להיותו בחי' קול פשוט כנ"ל ממילא מובן למשכיל שעיקר בחי' ההמתקה של הדינין שנאחזין בכל האותיות הוא ע"י אות הא' דוקא כו' והטעם יובן ע"ד פשוט מאחר שהרכבת כל האותיו' אינם נרכבות רק מבחי' קול פשוט דאות הא' דוקא א"כ ודאי דשרש סיבת המתקתן ממנו תבא דוקא כי כל דבר שהוא בא אל שרשו ומקור חוצבו יוכל להתהפך ולהשתנות ממהותו הראשון למהות אחר כו' וגם כאן יובן שכל בחי' צירוף אותיות עליונים שהן מורכבים כבר ונאחז בין נקבי הצירוף יניקת הדינין הקשין כידוע בבואו אל בחי' שרשו ומקורו שהוא בחי' קול פשוט דאות אלף הרי יכול להיות משם שינוי הצירוף בהרכבה אחרת כו' עד שיומתק הדין ממילא כי נשתנה למהות וצירוף אחר כו' וד"ל וכ"ז כמשל התהפכות בחומר חותם כו' מצורה לצורה ממש כו' וד"ל. ואחר הקדמה זאת יובן קצת בפי' כונת שם אהי' הנ"ל כי הנה מבואר בע"ח דשם אהי' בבחי' הכתר ושם הוי' בחכ' כו' והטעם הוא לפי שפי' אהי' לעתיד הוא וכמ"ש בזהר אנא זמין לאולדא כו' וביאור הדברים הללו הנה מבשרי אחזה כו' בהיות שאנו רואים בחוש שיוכל להיות כמה מיני התפעלו' שונות מן ההיפוך להיפוך והכל רק מבחי' שכל וסברא א' בלבד כמו כאשר יעלה בשכלו איזה התבוננות דבר ענין מה יתפעל באהבה וחשק ובקלת נעיי' בהתבוננות בזאת עצמ' יתפעל ממנה בהיפך במרירות וצער מההיפך אל היפך מבחי' חסדים לבחי' גבורות כידוע וזה השינוי בא בהיו' המדות חי"ג עדיין בשכל והתבוננות דהיינו הנק' מדות בשכל והוא אשר ידין בשכלו איזה דבר משפט לפעמים ידין אותו לזכות ובשעה אחרת מיד יכול לדון אותו לחוב וא"כ זה השינוי הוא בשכלו עצמו במה ששנה לפעמים לזכות ופעמים לחוב וכנראה בחוש שהמשכיל ע"ד מה יש ביכולת שכלו להטות לזכות והלא עפ"י סברא נכונה ואות' הסברא עצמה יוכל להפוך במשפט ממנו החוב והדין עד שיסי' הדבר בקול ונק' שיקול הדעת מפני שיוכל לעשות באותה הסברא כמו שירצה אם להטותה לזכות או להטות' לחוב כמו ע"ד דוגמא מה שמצינו בתורה בסיפור מעשה דאנשי דור המבול דבתחלה עלתה מדה"ד העליון בחי' גבו' דז"א והוא במ"ש וירא ה' כי רבה רעת האד' כו' וינחם ה' כי עשה את האדם ויאמר אמחה כו' כי נחמתי כי עשיתי' כו' ואח"כ בהעלות נח את הקרבן כתיב וירח ה' את ריח הניחוח ויאמר ה' אל לבו לא אוסיף עוד לקלל את האדם כו' כי יצר לב האדם רע מנעוריו עוד כל ימי הארץ כו'. והנה טענת שכל וסברא הזאת שהיפך ע"י לטוב ולזכות והוא במ"ש כי יצר לב האדם רע מנעוריו כו' הרי היא היתה מתחלה לעורר מדה"ד והחוב והוא במ"ש בתחלה וירא ה' כי רבה רעת האדם וכל יצר מחשבות לבו רק רע כו' אך שמאותו שכל וסברא עצמה שיצר לב האדם רע היא הנותנת להפוך עליו לזכות והיינו דלכך אין עליו לדקדק כ"כ במדה"ד ונמצא מתהפך גופו של השכל וסברא מדין לחסד שמאותו הטעם שחייבו נעשה טעם לזכות וכיוצא בזה ידוע לכל יודעי דת ודין שיהופך הטעם עצמו שהי' לחוב להיו' טעם לזכו' וא"כ יש להפליא מאד מהיכן הוא סיבת נטיית השכל מן ההיפך להיפך והרי השכל א' הוא כמו שהי' כו'. אך הענין הוא דמדו' שבשכל הנ"ל להטו' השכל לזכות או לחוב נק' ז"ת דאי' ובחי' ז"ת דאי' נעשה כתר לז"א כידוע

ושרשו

ופרשו מבחי' כתר הכללי דא"א והענין הוא כמו עד"מ התהפכו' חומר חותם מצורה לצורה כו' והוא כענין קול פשוט דאות אלף הנ"ל שמהפך הצירופים מצירוף לצירוף כו' כן בחי' כתר הכללי הוא בחי' אור פשוט בתכלית וממנו ישתעף השכל והחכ' לאיזה שירצה ויכול לשנות מההיפוך אל היפוך כנ"ל וקצת מהארת הכתר הכללי דא"א כו' נמשך גם בבחי' הת"ת דא"י להיות נמצא שם ג"כ השתעפו' השכל ועניינו היפוך המדות לזכות או לחוב והוא הנק' כתר דז"א בפרט אך בדרך כלל כללות החכ' עצמה היא הארת הכתר הכללי ובדרך פרט פרטית החכ' והשכל שמתלבש במדו' הוא מהארת הכתר דז"א הנמשך מת"ת דא"י כנ"ל. וזהו הטעם שהי' השינוי בשכל שבמדות דא"י כמ"ש ויאמר ה' אל לבו לא אוסיף עוד לקלל כו' וד"ל וזהו פי' שם אהי' שהוא בכתר הכללי ופירושו הוא אהי' זמין לאולד' כו' כלומ' מפני שעתיד להיו' מוליד הטיית השכל לג' קווין ימין ושמאל ואמצע ולהיות משתעף שרש הטייי' ג"כ בשכל שבמדות כנ"ל וזהו אהי' זמין לאולדא בבחי' העתיד דוקא וכמו עד"מ התהפכות חותם שעתיד להתהפך מצור' לצורה כו' וזהו הטע' שאין שם אהי' אלא בכתר דוקא בכלל בכת' הכללי ובפרט בכתר דז"א מבינה כנ"ל ולא בחכ' לפי שבחכ' אין בה לומר ענין לעתיד שהרי כבר נתהווה ולכך הוא בשם הוי' לשון הווה כו' אבל בחי' הכתר מאחר שבו תלוי עיקר הטייי' של כל הכוחות המשתעפים לפעמים יהיה כך ולפעמים כך וכענין הנ"ל בדור המבול. והנה מהו עיקר של השינוי שיש בין שם אהיה לשם הוי' בהתחלתו הוא רק באות האלף בלבד דשם הוי' מתחיל ביוד ושם אהי' מתחיל באלף וגם באמצעות הב' הה"ן יש הפרש ביניהם והוא בין יו"ד לוי"ו כידוע והכל ענין א' וטעם א' והוא לפי שבשם אהי' מורה העתיד כנ"ל והרי אות האלף שהוא בחי' קול פשוט שממנו השתעפו' כל האותיות להיו' מורכבים ממנו בכמה מיני אופנים שונים מצירוף לצירוף וכנ"ל וע"כ בשם אהי' הוא ההתחל' באות האלף ונק' אלופו של עולם וגם זהו ענין אלף במילוי לשון אולפנא אאלפך חכ' כו' שהוא ענין עתיד להגלו' כנ"ל משא"כ באות אחרת שהיא כבר מורכבת (אמנם היוד מורה קצת בהי' לעתיד כמו יאכל ידבר כו' אבל כבר הוא בא בבחי' גלוי רק שהוא הראשית וזהו בחי' היוד שבחכ' כמ"ש וירא ראשית לו והיינו בשם הוי' אבל בשם אהי' אינו אלא באמצעו עדיין מטעם המבואר לעיל לי"ח) ולהיות כן כל המתקת הדינין אינו אלא ע"י אות אלף דוק' מפני היותו בשם אהי' דכתר כנ"ל וע"כ כל צירוף מצרופי האותיות שנאחזו בו בחי' הדינין הקשין נמתקין הם ע"י שמביאין ומעלין אותן אל אות האלף דאהי' כו' שהוא בחי' הכת' שבאותו העולם כנ"ל ועד"ז בכל עולם ועולם. ומבואר למע' דהשתלשלות ממדרגה למדרגה מעילה לעילה היינו שמבחי' תחתונה שבעליון נעשה שרש וראש לתחתון כי כמשל הדבור לגבי המח' כך בחי' המח' לגבי בחי' אותיות השכל לפי שבכולן יש בחי' כתר ונעשה מבחי' תחתונה שבעליון וא"כ סדר ההתבררות וההמתקות מן הדינים הקשים הן עולין ממדרגה למדרגה עד רוש המעלו' והכל ע"י אהי' הכללי שבבחי' הכתר הכללי וכנ"ל וד"ל. והנה עיקר ההמתקה הוא בבחי' שם אהי' דבינה דאצי' דוקא כמשו' בכוונת המקוה כו' והטעם הוא לפי שעיקר התגלות בחי' ע"י נא"א כו' הוא בבינה דוקא ולא בחכ' וביאור הדברי' ידוע לפי שעיקר העונג אינו מתגלה אלא בדבר שכל המושג ונתפס בהשגה גלוי' ממש שאז מתענגי' ממנה מאד משא"כ בשכל שאיננו מושג עדיין א"א לקבל ממנו עונג כו' כך למע' בחי' עונג העליון דבחי' ע"י שהוא בשם אהי' דכת' הנ"ל אינו מתגלה ממש כמות שהוא רק בבחי' ההשגה הגלוי' והוא בבינה דאצי' שנק' רחובות הנהר מענין הרחב ההשגה כו' כידוע משא"כ באור חכ' דאצי' שלמע' מן ההשג' כידוע אין העונג מתגלה בה עדיין כו' וא"כ מובן שבבחי' בינה דאצי' יש בה בחי' הגילוי מאא"ס עצמו יותר מבחכ' ונק' עולם התענוג. ולכך גם כל העבדים יוצאים שם לחירות כי המלך בהתענגו רב טובו מתגלה ויוצא חפשי לכל המשועבדים ולכך נק' עולם החירות כידוע. ודוגמא לדבר להבין הטעם שעיקר העונג הוא בדבר המושג דוקא יובן ג"כ ממה שהנשמות נהנין מזיו השכינה דמה שנהנין הוא בהשגה דוקא ולכך נהנין ממש כו' כמ"ש במ"א וד"ל. וא"כ זהו הטעם שצריך להיו' הטבול' במקוה בשם אהי' דבינה דוקא כי כדי להמתיק הדינין שנאחזין באיזה נפש אדם וכיוצא א"א שיומתקו בתכלי' כ"א בהיות הכוונה בשם אהי' דבינה לפי ששם התגלות עונג העליון ביותר ויכול להיות שם שינוי הצירופים מן ההיפוך להיפוך מדין לרחמים ביותר מכמו שהי' הכונה בחכ' וכדומה וד"ל. ואחר כ"ז יובן שרש ענין שם אל"ד שבמילוי שם אהי' כו' דהנ' כתיב אשרי משכיל א"ל ד"ל כו' וזהו השם דאל"ד כו' וביאור הדבר הנה עיקר הכלל בכוונת המקוה הוא לכוון בשם אדני ובשם אג"לא כו' ולכאורה אינו מובן למה נצטרך לעורר מדה"ד שהרי ידוע דהמ"ל נק' דין כי דינא דמלכותא דינא כו' ושם זה דאד' מורה ע"ז כי הוא אדון ומושל וכמאמר אנת אשתמודע אדון על כולא כו' והיינו לשפוט על כל מי שנמצא החוב והדין וזהו אינו אלא ע"י סיבת המקטריגים המעוררים הדין כי ה' אוהב משפט ודין כו' וכידוע. אך הענין הוא כך להיות כי אין מיתוק הדין אלא בשרשו דוקא ואם לאו אינו כלום כידוע וידוע דשם אד' הוא שרש כל הנשמות ושרש כל הנבראים יש מאין שהוא בחי' מ"ל כמ"ש מלכותו בכל משלה כו' ובהיות שברש הנפש של אדם ממנה נחצבה צריך להעלותה למקורה דוקא בעת שצריכה מיתוק ותיקון מן הדינין הקשין שמורין עליה בעת צרה וכיוצא לפי שאין מיתוק הדין שלה אלא בשרשה הכללי והוא בבחי' דינא דמלכותא

השופט כל הארץ בדין דוקא וכנ"ל שהוא שם אד' והוא ג"כ ענין שם אג"לא שע"י הגבו' והדין וכפרוש הפשוט אתה גבור לעולם אדני כו' וכידוע ענין כוונתו בכהאריז"ל ובהגיע הנפש לשם אד' שרשה ומקורה הראשון אז צריך לכוין בשם אהי' דבינה שהיא בחי' עולם התענוג ועולם החירות כו' לפי ששם מתגלה א"ס עצמו ויכול להיות עי"ז מיתוק הדין גם אשר בשרשו שבשם אד' כו' והוא לפי שמשם יהיו שינוי הצרופים גם בשרש שרשן בחכמה ושכל שבמדות שנמשך מת"ת דאימא כו' א"כ יכולים להמשיך משם על הנפש צירוף חדש של חסד ורחמים היפוך צירוף הראשון שהיה לו בשרשו בשם אדני כו' וכנ"ל שיכולים משם להתהפך מצירוף לצירוף אחר כמו עד"מ התהפכות חומר חותם מצורה לצורה כו' זהו פירוש אשרי משכיל אל דל פירוש דל ע"ד הפשוט היינו נפש האדם כאשר מלאה דינין קשין ונעשה דל"ה מכל טוב וחסד לפי שנתגברו עליה העוונות שחייבוה המקטרגים כו' ובהמשיך עליה צירוף אחר חדש משרש ומקור האמיתי דהיינו בשם אהיה משום דפירוש דאנא זמין לאולדא כו' וכנ"ל אז משכיל הוא אל דל שהשכיל בו צירוף חדש ממקור החכ' הנק' משכיל והוא בחי' הארת הכתר כנ"ל וד"ל • וגם הנה עד"ז יתפרש ג"כ הפסוק באופן הכללי והיינו שבחי' מ"ל דאלי' שהוא שרש כל הנשמות כולן נק' בחי' ד"ל לפי שהיא מסתתרת בריבוי הצמצומים וכמ"ש דלותי ולי יהושיע כו' כידוע דהשכינה נקרא' דל והוא ג"כ מפני תגבורת הדינין והצמצומים בכלל והוא ענין שם אד' ואגל"א הנ"ל ובעלות השם הזה למע' מע' עד בחי' הכתר והוא בשם אהיה דבינה כו' שנעשה א"כ כתר לז"א כו' אזי נמתקו כל הדינין שבמ"ל זה (והוא ע"י הסל"ף שבאהיה מטעם הנ"ל) וזהו משכיל אל דל מבחי' משכיל שבכתר כנ"ל וד"ל: והנה שרש ענין הטעם שנק' בשם ד"ל דוקא הוא מטעם אחר ויובן זה בהקדמת ענין א' והוא לפי שבאמת אין תיקון ומיתוק לרע כ"א ע"י יסורים דוקא ולא ע"י אופן אחר והטעם הוא לפי ששרש הרע הן הנה הקליפות הנמלאות לרבבות בהיכלות הידועים בפרשה פקודי שכל אחד ואחד ממונה על כל פרטי מיני יסורים ומיני חולאים הרבה והיינו מפני שכל רע וצער שיש בעולם נמשכו מלמעלה והגם שאין רע יורד מלמעלה אבל מלמטה מעה"ד טו"ר כו' משם יונקים כמה קליפות שמהן נשפע כל רע וגם שרש יניקתם הוא כשימלא מליאת צער ויסורים בעולם שיינקו אותן היסורין ע"ד דוגמא שיונק העלוקה הדם הרע וימצוץ אותו ולכך נקרא בזהר קליפות הנ"ל בשם עלוקות וכמ"ש לעלוקה שתי בנות הב הב כו' וכן יש לכאו"א משם ענין יניקה מיסורים ותחלואים פרטים השייכים ומיוחדים אליו דוקא כו' (וכענין מאמרם ז"ל בפירוש תוצאות כו') וא"כ אין מיתוק לרע שע"י העון כ"א ע"י היסורים והצער לפי שהקליפה יונקת היסורים והצער ותתמלא מהם וכאשר תתמלא תפול למטה ותמות כמו משל העלוקה הנ"ל שכאשר תתמלא מן הדם פסולת שינקה ומלאה תפול לארץ ותמות כך תמותת רשע רעה פירוש שהרעה עצמה שינק ונתמלא ממנה תמותתהו כו' וכמ"ש במ"א וזהו פירוש כי רוח עברה ותטהרם פירוש רוח שלהם שמעבירים ויונקים כל הפסולות מזה הוא הסבה לטהרת הקדושה כו' ואין טהרת הקדושה כ"א ביציאת הפסולות דוקא ולזה הטעם נק' כנס"י בשם דל מרוב יניקות החיצונים שגרעו אורה וינקו ממנה כו' וזהו ענין תיקון חצות כידוע· ואמנם הנה יש אופן אחר למיתוק ותיקון הרע שנתגבר על כנ"י ולא בדרך יציאת פסולת כנ"ל והוא ענין מ"ש אשרי משכיל אל דל והיינו כענין הנ"ל שמעלין הם כל הטוב עם הרע לשרש שרשן מעה"ד טו"ר כו' והיינו בבחי' שם אד' הנ"ל ומעלין שם אד' בשם אהיה דבינה ששם שרש הממתקה מכל הדינין לפי ששם בחינת הגילוי מאא"ס ביותר ואז הרע והדין ממילא נתבטל מטעם הנ"ל וד"ל · וביאור הטעם הוא לפי המבואר למע' בהיות שבחי' גילוי עצמות א"ס הוא דוקא בשם אהיה דבינה ונקרא עולם התענוג וגם עולם החירות כו' לפי שמפני עוצם הגילוי שם מרוממות עצמות הא"ס דכולא קמיה כלא חשיב דאפילו אור לא כו' אתחשך קמי' כו' וע"כ אין תופס מקום כלל כל ההשתלשלות דאבי"ע לפניו עד שיהיה לפניו כחשיכה כאורה דהיינו טו"ר וממילא אין לו מקום לרע שם מפני העדר תפיסת מקום לגמרי וכמו המשל והנבזה שיעמוד לפני מלך רם ונשא כו' או עד"מ הזבוב שהולך על כלי הבית שמפני העדר תפיסת מקום אין נותנין לב עליו כלל וכלל וכמ"ש שממית בידים תתפש כו' וכמ"ש במ"א.וא"כ אין מהצורך לתקון הרע ע"י היסורים כנ"ל אלא באופן אחר יתבטל לגמרי ביטול אמיתי וזהו טעם האמיתי בענין י"ג מדה"ר כמו נושא עון ועובר על פשע כו' וכמ"ש באד"ר דהיינו כמאן דאסתחי בימא רבא כו' וד"ל · ועוד יש טעם והוא העיקר לפי שמלבד שיש בחי' גילוי א"ס בשם אהיה כנ"ל עוד זאת יתרון המעלה שבחינת גילוי עונג העליון שם נמצא ביתר שאת וכנ"ל ועד"מ כשהמלך בתענוג גדול אזי יתרוממו כל כוחות נפשו במעלות ההתנשאות כו' ואזי הוא רק רב טוב וחסד לכל העם מקטון ועד גדול ולא יוכל לסבול שום צער ודבר רע גם לענוש לרשע ביסורים כי מפני רוב התענוג לא יסבול דבר היפוך מן העונג וגם מפני עצם הרוממות שבנפשו שבאה ע"י העונג לא ידקדק בדין ומשפט והוא מרבה לסלוח לשונאיו ג"כ והעד ע"ז ממה

שמלט

שמצינו בדוד שלא רצה להמית את שמעי בעברו לפניו בירדן מטעם שאמר היום יומת איש בישראל ואנכי רך ומשוח מלך כו' וד"ל · והנמשל מכ"ז יובן למשכיל למעלה שזהו עיקר הטעם לסליחת העונות בי"ג מדה"ר כמו נושא עון כו' דהיינו מפני בחי' גילוי עונג העליון אשר נמצא שם ביותר שאת מכפי סדר ההשתלשלות ולכך נק' עולם התענוג וגם עולם החירות לעבדים כנ"ל עד שלא יסבול היפוך זה והוא העונש והצער כנ"ל ולכך נמתקין שם כל הדינין הקשים כו' כי הוא מרבה לסלוח כו' והיינו משכיל אל דל דמה שהיה דל בתחלה מפני יניקת דינים קשים נמתקו באופן שנתבטלו ממילא אם מפני בחינת הרוממות ואם מפני בחי' העונג כנ"ל ושניהם אמת ועכ"פ אין מהצורך שינקו וימצצו החיצונים את הרע כמו העלוקה כנ"ל אלא הרע גם כמו שהוא עדיין ממילא יתבטל לגמרי מכל וכל ויבוא למע' מעלה בשם אהיה דבינה ומטעם הנ"ל וזהו השכלתו של דל וד"ל : ועתה יובן פירוש שם אל"ד שבשילוב שם אהיה במילוי דוקא כנ"ל דהנה מבואר למע' בפירוש משכיל אל דל דהיינו העלאת שם אד' שנק' ד"ל במקורא דכולא והוא בבחי' כתר דשם אהיה כו' וא"כ מה שהיה בחי' ד"ל תחלה עתה שנמתק באלף דאהיה מזה נמשך ויצא להיות בשילובו שם זה דאל"ד ופירוש אל"ד כמו אנא זמין לאולדא כנ"ל בפירוש אהיה· וביאור הדבר כי הנה פירוש מה שאמר אנא זמין לאולדא כו' מבואר למע' שהוא בחינת התהפכות המשכות ממהות למהות אחר משכל לשכל אחר וממדה למדה אחרת כו' ואמנם בחי' הכח הזה שבכתר עליון להפוך מאורה לנורה יש בו שני מדרגות האחד כאשר הוא עדיין בכח ולא בפועל והב' כאשר הוא בפועל ועד"מ אדם שאומר אעשה דבר פלוני הגם שבכחו לעשות מ"מ לא בא בפועל המעשה והגם שבכחו יש הרבה לעשות יותר מאותו מעשה הפועל הפרטי כו' מ"מ עדיין לא באה זאת המעשה לידי פועל כו' רק עדיין היא בהעלם בכחו · ועד"ז יובן ג"כ למעלה בשם אהיה בעצמו שהכוונה לומר אנא זמין לאולדא ר"ל אנא זמין ועדיין לא בא הלידה שהוא ההתגלות להפוך ממהות למהות בפועל כו' אבל לענין שם זה דאל"ד שיוצא בשילוב המילוי דאהי' כנ"ל הכוונה בו אל"ד בפועל דהיינו שמתהפך על ידו מן הקצה לקצה ממש בבחי' כח הפועל ממש שיש בכתר להפוך כו' ואע"פ שעדיין לא נולד ממש בגילוי דבר שיהיה נפרד לעצמו בשכל ומדות רק עדיין הוא בכתר מ"מ ה"ז כמשל העושה דבר פעולתו בכח ועכ"ז בגילוי הוא כמו כח הפועל בנפעל משא"כ כשעדיין לא עשה מאומה כו' · ח"פ שם אל"ד ר"ל אני מוליד מן הכח אל הפועל כו'·וזהו שנמשך השם בצירוף אותיות אלו דוקא באלף למד דלת כו' כי בהיות שנמתק בחי' דל בעלייתו ע"י האלף דאהיה אז דוקא נעשה צירוף זה דאלף למד דלית להורות על המתקו' הדל באלף שקדם לו והיינו פי' משכיל אל דל וזהו מפני שבתיבות הללו דאל דל גם בו יש שם זה דאל"ד ומבו' למע' שגם שם אל אדני יש כאן כו' וד"ל · והנה עתה י"ל הטעם שבשם זה דאל"ד הוא דוק' במילוי דשם אהי' כו' · הנה ענין המילוי ידוע שאינו אלא כדי לפרש הדבר לזולתו אבל לעצמו אינו צריך לבחי' המילוי כלל כמו אדם ששמו אברהם וכיוצא כשהוא לעצמו יודע מה שמו ואינו צריך כלל לפרש את שמו איך הוא אך כשיקראנו חבירו צריך שיפרש את שמו וענין הפי' הוא שיפרש ויבאר כל אות ואות משמו בכדי שידע זולתו כמו אות א' דאברהם הן ג' אותיות אלף ויש כאן ח' אותיות וכשיפרש האותיות דאלף למד פא יצטרך לפרש עוד מלויין ונק' מילוי דמילוי כו' וכמ"ש במ"א · והנה כל מה שיתרחק מעצמו יותר יותר צריך פי' ופי' לפי' כו' ולפ"ז כל שקרוב לעצמו יותר יותר יהי' ריבוי האור ומיעוט הכלי וכל שיתרחק יותר ממנו יהיה ריבוי הכלים ומיעוט האור כידוע דהאותיות והצירופים הן הכלים וכל שקרוב לעצמו יותר א"צ אותיות רק מעט ובריחוק יותר צריך לצירופי אותיות רבות שהן ריבוי הכלים ומיעוט האור לפי שמתחלק האור לרבבות חלקים כו' במיעוט אחר מיעוט כו' וכמ"ש במ"א וזהו ענין המילוי שצריך לפרש אותיות אלף באותיות אלף למד פא כנ"ל שאינו אלא בריחוק מעצמותו וכל שנתרחק יותר צריך עוד מילוי למילוי זה כו' וד"ל · וע"פ זה יובן ג"כ בענין שם אל"ד הנ"ל להיות מבו' למעלה דשם אהיה בעצמו עדיין אינו אלא בבחי' העלמי כו' שר"ל אנא זמין לעתיד לאולדא כו' ולהיותו בבחי' העלמות עדיין אינו צריך לבחי' המילוי דאלף וכיוצא וכפי משל הנ"ל בשם אברהם אך כששם זה דאהיה הוא יוצא ונמשך למטה להאיר לתחתוני' לנאצלים ולנבראים וכיוצא שאז הרי הוא בדמיון הקריאה כמו שנק' האדם בשמו שצריך פי' וגם פי' לפי' כנ"ל שהוא ענין המילוי ומילוי דמילוי כנ"ל והיינו עניןהמילוי דשם אהיה וזהו שמבחי' המילוי שבו דוקא הוא שבא ונמשך שם זה דאל"ד כנ"ל אלף א' הה ל' כו' לפי שבחי' המילוי אינו אלא בחינה תחתונה במדרגה להיותה רק לתועלת התחתונות המסתעפים מן הכתר שהן רחוקים ממנו הרבה כו' לכך גם בחי' כח לידה שלהן להפוך אותן כו' אינו נמשך ובא רק מבחינה התחתונה והוא בחי' המילוי דשם אהיה בלבד עד"מ הנ"ל באדם שצריך לפרש דבר לזולתו וד"ל · ואמנם הגם שבחי' המלוי הוא בחי' התחתונה שבעצמיות כנ"ל עכ"ז יש בו בחי' יתרון מע' ומדרגה על שלמטה מן הכתר כו' והוא מטעם שעדיין לא הוליד להפוך השכל והמדות בגילוי ממש להיות בבחי' נפרדים ממש כדוגמת וולד שיוצא בבחי' נפרד לאויר כו' וכמשל העוש' דבר שכח הפועל נמצא בעשיה זו אלא הוא מוכן להוליד מן הכח אל הפועל כו' וה"ז רק כמשל הולד שהוא עדיין בעיבור במעי אמו שכל שעה מוכן לצאת מן ההעלם לגילוי

לגילוי אבל עדיין לא יצא ונעלם הוא במעי אמו כו' כך עד"מ ודוגמא הנה בחי' המילוי הנ"ל נק' בשם עיבור כעובר במעי אמו מלא ממנו והוא בהעלם עדיין בבטן אמו כנ"ל וכמ"ש במ"א דלכך נק' בשם מילוי כו' וגם הנה זה מובן ג"כ מתוך משל הנ"ל בקריאת שם האדם אברהם כו'שהרי כלולי'באמרו אברהם כל המילואים ומילוי דמילוי דאותיות אלו אברהם ואינם ניכרים כלל ליש ודבר בפ"ע בשעה שאומר אברהם כו' וכיוצא וה"ז ממש כמשל הוולד שכלול בבטן אמו ובטן אמו מכסה עליו עד שאינו ניכר כלל לגוף בפ"ע אלא ירך אמו הוא כו'רק אח"כ כשמפרש אותם ככרין הנלים ודבר בפ"ע כו'וד"ל· ובכ"ז יובן היטב הטעם שם זה דאל"ד שמכוון במקוה מפני שעיקרו הוא להפוך איזה צירוף מדין לרחמים כו' לכך אנו מכוונים אותו רק בשילוב דמילוי דשם אהיה וכנ"ל כדי שיולד צירוף חדש כו' מן הכח אל הפועל ולכך ענין שם אל"ד ולא נולד כו' והוא ענין ופי' אשרי משכיל אל דל כו' כי להיות בו ענין המתקה מן הדינים הקשים שהיו עליו בתחלה שנק'דל מפני זה כנ"ל צריך שיעלוהו לד"ל זה בבחי' מילוי דשם אהיה ולכוון בו איך שיכללתו לשנות הצירוף להיות מדין חסד כנ"ל מטעם הנ"ל וזהו משכיל אל דל שמשכיל בצירוף חדש וכנ"ל והעיקר נעשה ע"י שם אל"ד וזהו א"ל ד"ל כנ"ל וד"ל · וענין המקוה ידוע דהנה הטעם מה שהן מ' סאה דוקא מבו' בכ' האריז"ל דמקוה המים הוא בחי' בינה לפי שהוא בחי' ים לגבי החכמה שנק' אין כמ"ש והחכ' מאין תמצא והמים עצמן הוא בחי' חכ' שהרי המים אין להם גוון אלא לפי מראה וגוון הכלי שהן בו כך אור חכ' הוא כח היולי ולאחר שנמשך בבינה שהוא השג' משתנה לפי אופן השגה כו'וכמ"ש במ"א ולהיותם בבחי'אור אבא לכך אין הטבילה אלא במקוה שמכונסים מימיו וקוו וקיימו כו' שנק' בחי' בינה ולא באור אבא כו' כי עיקר הכוונה הנ"ל הוא בבחי' שם אהי' דבינה דוקא להיות שם עיקר גילוי העונג ולא באור אבא כו' שעדיין אין שם גילוי עונג כ"כ לפי שאינו מושג וכנ"ל אלא צריךתחלה שיתלבש אורות דאבא בבחי' מילוים שלו והן מילוי יודין דשם ע"ב וכללותן ד' יודין שמהן יהיו מקורות לבינה להיות בגילוי ממש שם כו' והן הן ענין מ' סאה כי מכל יו"ד שבחכמה נמשך יו"ד סאין בבינה כמו הפרט שנכלל בכלל כו' וכמ"ש במ"א וד"ל·וגם מזה יובן הטעם לדין מעיין שהוא מטהר בכל שהוא כידוע והמקוה במ' סאה דוקא והוא להיות כי המעיין הוא בבחי' החכ' כמו שנובע המעיין מן מקור הנעלם שמתחת לארץ ונק' מפני זה מים חיים כידוע כך בחי' אור אבא נובע מן בחי' הנעלם שבכתר וכמ"ש והחכמה מאין תמצא ולכך מטהר בכ"ש ואין צריך מ' סאה כמקוה בהיות שהנביעה הוא דרך למלוס היודי"ן דשם ע"ב כו' שהן רק כ"ש וא"ל בחכ' רק כ"ש נגד מ' סאה דמקוה כמו עד"מ האומר דבר בכלל שאומר דבור א' בלבד ואח"כ מפרש דבור זה ובפרט נתהוה כמה צירופים ולא נמצא דבר חדש בפרט שלא היה בכלל וכמו ענין הגמרא לגבי המשנה וכמ"ש במ"א כך ד' יודין דחכ' כוללים כל מ' סאה דמקוה כו' וא"כ מה שבמקוה צריך מ'סאה די במעיין בכ"ש כצורת הי' שאינו אלא נקודה א' כו' וד"ל.וגם בכ"ז יובן מ"ש עוד במשנה דמקוואות מה מעיין בידי שמים אף כל בידי שמים כו' ולא מים שאובין שנשאבו בידי אדם כו' כי הנה מבו' תוכן כללות כונת המקוה ע"פ כל הנ"ל שאינו אלא לשנות הצירופים ממקורא דכולא שהוא בחי' שם אהיה דכתר כו' וז"ש מה מעיין בידי שמים פי' מעיין דחכ' הרי הוא בידי שמים שמן הכתר הנקרא אין הוא נמצא והכתר נק' שמים להיותו בחי' מקיף כידוע וע"כ ביכולתו דוקא לשנות הצרופים כו' אבל לא בידי אדם דהיינו בחי'האורות והמשכות שכבר ירדו מן הכתר להיו'מוחין בז"א עד שנק' אדם כידוע שכבר שם כל דבר על מקומו ולא ישונה מצירוף לצירוף לפי שהאורות כבר בכלים מכלים שונים זה מזה כו' ולכך גם מים שאובין שנשאבו בידי אדם למטה פוסלות את המקוה כי צריך שישונה הצירופים בטבילת המקוה וכל שבידי אדם א"א לשנות מטעם הנ"ל אלא בידי שמים דוקא תלוי עיקר סיבת השינויים וכנ"ל וד"ל · וענין הטבילה במקוה כללות ענין הטבילה הוא כך בהיות מבואר למע'בענין אות האלף שהוא קול פשוט כו'לכך נמתקין בו כל האותיות לפי שכל דבר שבא אל שרשו ומקור חוצבו משם יכול הוא לבא לידי שינוי כו' כך יובן גם בענין זה דטבילת מקוה כידוע ההפרש בין ים לארץ שהים נקרא עלמא דאתכסיא והארץ נקרא עלמא דאתגליא כידוע ומבו' במ"א · והנה בתחלת הבריאה היו המים מסבבים כל הארץ והארץ היתה מובלעת בתוך הים עד שאמר יקוו המים כו' ותראה היבשה כו' וכך למע' עלמא דאתגליא היה מובלע וכלול תחלה בעלמא דאתכסיא שנק' בחי' ים כו' ולהיות כן כאשר האדם שהוא מעלמא דאתגליא מן האדמה כו'יטבול במי המקוה שהן עלמא דאתכסיא יהיה בזה ג"כ התכללות עלמא דאתגליא בעלמא דאתכסיא שיוכלל ויבא במקור חוצבו ומשם יוכל להשתנות כנ"ל וידוע דעלמא דאתכסיא הוא בחי'בינה דאלי' והיינו בחי' שם אהיה שבבינה הנ"ל שבו צריך לכוון ומשם יוכל להיות השינוים בצירופים כו' אך צריך האדם לכלול א"ע תחלה בשם והוא ע"י הטבילה במה שיטבול שם כנ"ל ואמנם אין זה מועיל להיות התכללות למע' עי"ז כ"א בבחי' הביטול דוקא דהיינו כאשר יבטל האדם א"ע מכל וכל בהיותו טובל במקוה ואז יכוון המעשה דטבילה אל מה שבלבבו ביטול רוחני ואז יגרום למע' בחי' הביטול והוא ההתכללות בעלמא דאתכסיא כנ"ל כי רוח אייתי רוח דוק'ולא די במעש' הטבילה עצמה בלתי כוונה בביטול רוחני דהיינו **במס"נ כו'** וזהו הטעם דטבילת המקוה בכלל ואותיות **ביטול באותיות** טבילה אלא שנתחלף הוי"ו בס"א בלבד וד"ל:

מהד

מאד מאד צריך ליזהר בהדלקת נרות להדליק קודם שקיעת החמה שקיעה הנראית דהיינו בעוד השמש זורח בראשי האילנות בשדה בארץ המישור שאין שום הר במערב או בראשי גגים הגבוהים בעיר ולא לעשות אחר כך שום מלאכה כלל כדי להוסיף מחול על הקדש מעט כי אחר סילוק וביאת האור מראשי האילנות וגגים הגבוהים בכמו ד' חלקי ששיים משעה (שקורין מינוטין) אזי היא שקיעה האמיתית שהוא סילוק וביאת האור מראשי ההרים הגבוהים שבא"י ואז הוא תחילת זמן ביה"ש לרבי יהודה בברייתא ופסקו בגמר' הלכה כמותו בכניסת שבת לחומרא לומר שהוא ספק של תורה באיסור כרת וסקילה ח"ו ולא כר"י דאמר שתחיל' זמן ביה"ש הוא בסוף ביה"ש דרבי יהודה שהוא בכדי חומש שעה וחצי חומש משעות השוות (שהן כ"ד במעל"ע והן י"ח מינוטין) אחר השקיעה האמיתית בימים השוים שהם ימי ניסן ותשרי בא"י ואז הוא ודאי לילה לרבי יהודה ומשך זמן שנמשך ביה"ש דר' יוסי הוא מועט מאוד דהיינו ערך ב' חלקי ששיים משעה לבד כי בשליש שעה משעות השוות אחר שקיעה האמיתית הוא ודאי לילה גם לר' יוסי בא"י בימים השוים (כמ"ש בסמ"ג בהל' תרומה) שאז הוא זמן צאת ג' כוכבים בינונים בא"י בימים אלו וגם בכל החורף כמעט דהיינו שאז כשהרקיע בטהרתו והאויר זך נראים אז שלשה כוכבים בינונים לזכי הראות מהאצטגנינין הבקיאים בגודל גוף הכוכבים כולם ברקיע (וכמ"ש בתשו' מהר"ם ב"ב ב' ר"י) ובגודל אורם ויודעים שאלו ג' הנראים להם הם בינונים בגודל גופם ברקיע וגם באורם (וכמ"ש הרמב"ם בפי' המשנה) והם אינם נראים לעולם לפני שקיע' האמיתית משא"כ בגדולים מהם בגופם או באורם שנראים לפעמים לפני שקיעה האמיתית כשהאויר זך והקטני' מהם בגופם או באורם אינן נראים עד לאחר זמן מה יותר משליש שעה אחר שקיעה האמיתית ומה שנראים לפעמים כוכבים קטנים מאד מקודם לשליש שעה אחר השקיעה בא"י (וכפי ערך זה במדינותינו) הם באמת גדולי' ברקיע אלא שלמראית עינינו נראי' קטנים (כמ"ש בתשו' ר"י במהר"מ ב"ב שם והובאה בב"י ביו"ד סי' רס"ב ודלא כש"ך שלא ע"ש רק בב"י) ובמדינות אלו זמן צאת ג' כוכבים בינונים בימים השוים הוא בכמו חצי שעה בקרוב אחר שקיע' האמיתית שהן ל"ד חלקי ששיים בקירוב אחר שקיעה הנראית בליל צח שהאויר זך וכן בכל החורף כמעט (שבמרחשון של חדשי החמה פוחת מעט מתשרי שנראים אז ג' כוכבים בכחצי שעה אחר שקיעה הנראית ובטבת עודף מעט על תשרי ובאדר חוזר ופוחת מעט כבמרחשון ובניסן חוזר להיות בשוה עם תשרי ע' בס' אילים במעין חתום) ופסקו בגמ' הלכה כר"י לחומרא כמו ביציאת שבת וק"ש של ערבית וכיוצא בהן שאינו ודאי לילה עד צאת הכוכבים הבינונים בגודל גופם ברקיע ובאורם ולפי שאין אנו בקיאים בהם לכך צריך להחמיר בקיץ לענין ק"ש של ערבית עד שעה שלימה אחר השקיעה ובמו"ש להוסיף אחר כך מעט מחול על הקדש ובחורף שהימים קצרים ורבתה המכשלה מאד בנשים להדליק נר שבת אחר השקיעה וגם באנשים ע"ה וקלי הדעת במלאכות אחרות צריך להודיעם שהוא איסור גמור של תורה ולהוכיחם בדברי' רכים וקשים אולי ישמעו לו אבל אם יודע שלא ישמעו לו לא יוכיחם ולא יודיעם כלל וכלל כי מוטב שיהיו שוגגים ואל יהיו מזידים כדאיתא בגמרא גבי תוס' יוה"כ והיינו דווקא תיכף אחר השקיעה עד סמוך לחצי שעה אח"כ כי אז בקרוב לחצי שעה אחר השקיעה בחורף חובה של תורה למחות בידם ביד חזקה בעונשים ונדוים אם לא ישמעו שבודאי איסור של תורה א"א מוטב שיהיו שוגגים כו' ובקיץ השיעור משתנה לפי החדשים ונטיית המדינה לצפון העולם וחסרון ידיעה בזה אינו נקרא ספק בזה ולכן צריך להחמיר ולמחות בכל תוקף במדינות אלו גם בקיץ בכחצי שעה אחר שקיעה האמיתי' עכ"פ · וי"א שספק של תורה דינו כוודאי איסור של תורה לענין זה ולכך צריך למחות בכל תוקף בין בקיץ בין בחורף תיכף אחר שקיעה האמיתית שהיא תחלת ביה"ש דר' יהודה ולא אמרו בגמרא מוטב שיהיו שוגגים אלא לענין תוספת מחול על הקדש ולא לענין עצומו של יום אפילו לספיקו וכן עיקר להחמיר בשל תורה אבל לענין תפילת המנחה שהיא מד"ס אין למחות ביד המקילין בין בחול בין בשבת ובפרט בשעת הדחק בימות החורף שהיום קצר וכמו שמצינו שהתירו חכמים איסור שבות מד"ס בביה"ש בשעת הדחק ולצורך מצוה עוברת (אבל אין לסמוך כלל להקל עפ"י מ"ש הרב"י בש"ע הלכות שבת בשם י"א והיא דעת ר"ת וסיעתו שעד כדי הלוך ג' מילין ורביע שהוא קרוב לשעה בינונית אחר השקיע' הוא יום גמור ואח"כ מתחיל ביה"ש דרבי יהודה והוא כדי הילוך ג' רביעי מיל שאז הוא זמן צאת הככבים ולילה ודאי כמאחז"ל שמשקיעת החמה עד צ"ה הוא כדי הילוך ד' מילין כי כבר חזר בו הב"י בש"ע י"ד הלכות מילה ופסק בפשיטות דאחר השקיעה מיד הוא ביה"ש וכ"פ הש"ך שם וכ"פ הפר"ח לא"ח סי' תרע"ב וטעמם ונמוקם עמהם כי ר"ת וסיעתו יחידאי נינהו נגד הגאונים הראשונים רב שרירא ורב האי בנו (הובא לשונם בתשו' ר"ת אלשקר סי' צ"ו) ואחריה' רבינו חננאל (בש"ל) והרי"ף והרמב"ם והראב"ן וסיעתם ונגד ר"י בעל התוספות ובעל העיטור וסיעתם ואינהו בתראי וחלקו על ר"ת וכ"כ הרא"ש בשם הרר"י · ומה גם כי דעת זו היא נגד החוש ופליאה נשגבה שהרי שיעור ד' מילין מהשקיעה עד צ"ה שבדברי רז"ל בגמרא מבואר שם בפי' בגמרא שהוא שיעור א' ממש כשיעור ד' מילין שמן ע"ה עד נץ החמה ובעת עלית ע"ה נראה בעליל שהרקיע הוא מלא כוכבים ולא ג' כוכבים בלבד וככה הוא ממש ודאי בסוף הילוך ד' מילין אחר השקיעה אבל זמן תחלת הלילה לענין מצוה של תורה שהוא בצאת וראיית ג' כוכבי' לבד ודאי שהוא מוקדם הרבה לזמן צאת

וראיית כל הכוכבים כמו שנראים בעת עליית ע"ה ועוד יש פליאות עצומות מהחוש על דעת זו גם ראיות רבות ועצומות מסוגיות התלמוד לדעת הגאונים הגם שאין דבריהם צריכי' חיזוק כנודע שדבריהם דברי קבלה) :

הלכתא רבתא לשבתא

והן קצת אזהרות והערות להריס מכשולות ושגגות השכיחות ומצויות ולפ"ד הרבה מגדולי הראשונים יש בהן איסור **כרת** וסקילה במזיד וחיוב חטאת בשוגג ה' יכפר :

שלא לסמוך על היתר הנהוג באם נפל זבוב או שאר פסולת לכוס או לקערה להוציא ע"י כף ולשאוב קצת משקה עמו כו' · כי יש בזה חשש חיוב חטאת ואיסור סקילה ח"ו ואין תקנה רק לשפוך מהכוס עד שיצא הפסולת מתוכו ולא ינפח עליו ברוח פיו עד שיצא אבל מותר לנפח עליו להקריבו לדופן הכוס ואז יטהו וישפוך ממנו עד שיפול הפסולת מתוכו שכיון שנפילת הפסולת לחוץ הוא ע"י שאוחז בידו הכוס עם המשקה שבתוכו ומטהו בידו ה"ז נקרא בורר אוכל מתוך פסולת ומותר כדי לשתות מיד · וכן אם נפל לקערה שיש בה רוטב ואפי' שומן הצף ע"פ הרוטב לא יזרקנו ע"י כף עם רוטב שה"ז כבורר פסולת מאוכל וחייב :

ליזהר מאוד שלא לאכול בשבת פולין (שקורין באב) בין היים בין מבושלים בעודם בשרביטין שלהם · כי מאחר שאין השרביט ראוי לאכילה יש בהם משום מפרק לד"ה שהוא תולדת הדש וחייב חטאת וסקילה ח"ו ואעפ"י שכבר ניתקו הפולין מהשרביט ע"י הבישול ואינן מחוברין בו וכן בשומשמין' ובעל נפש יחמיר לעצמו גם במין קטניות (שקורין ארבס) בעודן בשרביטן אף שהשרביטין ראויים לאכיל' כי אינזה היתר ברור :

טוב למנוע מלאכול אגוזים ולוזים בשבת אא"כ הוציאם מקליפתם מע"ש כי הנה אף בעוד שהפרי מונח בקליפתו כולו או מקצתו מותר להסיר קליפתו בידו ואין בו משום בורר פסולת מאוכל מ"מ לאחר שהוסרה הקליפה אם מונחת איזה חתיכת קליפה בין התיכות פרי או בין שלמים אם מסירה משם חייב חטאת וסקילה משום בורר פסולת מתוך אוכל אלא יברור הפרי מהקליפות ולא יגע בקליפות כלל ואפי' אם הקליפות מונחות לבדן בלי שום פרי ביניהן יש איסור גדול בטלטולן משום מוקצה כנודע וקשה להזהר בכל זה :

אע"פ שאין בישול אחר בישול בדבר יבש · מ"מ אם חוזר ונמחה ממנו קצת יש בו משום בישול בלחלוחית המחוי אם היס"ב ולכן צריך ליזהר במאד שלא להחם בשר עופות צלויים או מבושלי' אם יתחמם המוהל הנמחה מהם עד שהיס"ב משום איסור סקילה וכרת ח"ו וכן שלא לשפוך מכ"ר שהיס"ב על צוקר כי מאחר שהצוקר נמחה יש בו בישול ולכן אין להקל במלח שלנו אף שנתבשל תחלה שמאחר שחוזר ונמחה אין להקל בו יותר מבמלח שבימיהם לפי חלוקי הדעות שבשולחן ערוך שי"א אפי' ליתן בכ"ש שהיס"ב והמחמיר תע"ב :

דיני עירובי חצרות

נהגו לקבץ קמח מכל בית ובית בע"פ ועושין מצה אחת שלימה ומערבין בה לכל שבתות השנה ונוהגין שהשמש נותן המצה ביד אחד שיזכה בשביל כל הקהל וכשהוא מזכה צריך לזכות לכל בני החצר או המבוי ולכל מי שיתוסף עליהם ולא יעשו ע"ח בע"פ אא"כ יש ב' בתים בחצר בה"כ שיותרו ע"י עירוב זה לטלטל ולהביא העירוב מזה לזה :

ויברך

בָּרוּךְ אַתָּה יְהֹוָה אֱלֹהֵינוּ מֶלֶךְ הָעוֹלָם אֲשֶׁר קִדְּשָׁנוּ בְּמִצְוֹתָיו וְצִוָּנוּ עַל מִצְוַת עֵירוּב :
בְּדֵין יְהֵא שָׁרָא לָנָא לְאַפּוּקֵי וּלְעַיּוּלֵי וּלְטַלְטוּלֵי מִבַּיִת לְבַיִת וּמֵחָצֵר לְחָצֵר וּמִבַּיִת לְחָצֵר וּמֵחָצֵר לְבַיִת וּמֵרְשׁוּת לִרְשׁוּת בֵּין בְּשַׁבָּת זוּ וּבֵין בִּשְׁאָר שַׁבְּתוֹת הַשָּׁנָה לָנוּ וּלְכָל הַדָּרִים בִּשְׁכוּנָה (נ"א בָּעִיר) הַזֹּאת :

דיני עירובי תחומין

יניח מזון שתי סעודות מערב יו"ט או מערב שבת או לפתן כדי לאכול בו שתי סעודות וקונה שבית' כאלו שם ביתו ויכול להלך משם אלפים אמה לכל רוח שירצה והעירוב יהיה בתוך אלפים מביתו

ויברך

בָּרוּךְ אַתָּה יְהֹוָה אֱלֹהֵינוּ מֶלֶךְ הָעוֹלָם אֲשֶׁר קִדְּשָׁנוּ בְּמִצְוֹתָיו וְצִוָּנוּ עַל מִצְוַת עֵירוּב :
בְּדֵין יְהֵא שָׁרָא לָנָא לְיֵלֵךְ מִמָּקוֹם זֶה אַלְפַּיִם אַמָּה לְכָל רוּחַ:

ואם מערב לרבים יאמר ולפלוני או לבני מקום פלוני · ואין מערבין ערובי תחומין אלא לדעת ע"כ צריך להודיעם קודם השיכ' שהניח עירובו בשבילם : אומרים

סדר מנחת ערב שבת

אומרים הודו בכל ע״ש קודם מנחה לבד כשחל יו״ט או חוה״מ בע״ש א״א הודו :

הֹדוּ לַיהֹוָה כִּי טוֹב כִּי לְעוֹלָם חַסְדּוֹ: יֹאמְרוּ גְּאוּלֵי
יְהֹוָה אֲשֶׁר גְּאָלָם מִיַּד צָר: וּמֵאֲרָצוֹת קִבְּצָם
מִמִּזְרָח וּמִמַּעֲרָב מִצָּפוֹן וּמִיָּם: תָּעוּ בַמִּדְבָּר
בִּישִׁימוֹן דָּרֶךְ עִיר מוֹשָׁב לֹא מָצָאוּ: רְעֵבִים גַּם
צְמֵאִים נַפְשָׁם בָּהֶם תִּתְעַטָּף: וַיִּצְעֲקוּ אֶל יְהֹוָה בַּצַּר
לָהֶם מִמְּצוּקוֹתֵיהֶם יַצִּילֵם: וַיַּדְרִיכֵם בְּדֶרֶךְ יְשָׁרָה
לָלֶכֶת אֶל עִיר מוֹשָׁב: יוֹדוּ לַיהֹוָה חַסְדּוֹ וְנִפְלְאוֹתָיו
לִבְנֵי אָדָם: כִּי הִשְׂבִּיעַ נֶפֶשׁ שֹׁקֵקָה וְנֶפֶשׁ רְעֵבָה
מִלֵּא טוֹב: יֹשְׁבֵי חֹשֶׁךְ וְצַלְמָוֶת אֲסִירֵי עֳנִי וּבַרְזֶל:
כִּי הִמְרוּ אִמְרֵי אֵל וַעֲצַת עֶלְיוֹן נָאָצוּ: וַיַּכְנַע בֶּעָמָל
לִבָּם כָּשְׁלוּ וְאֵין עֹזֵר: וַיִּזְעֲקוּ אֶל יְהֹוָה בַּצַּר לָהֶם
מִמְּצוּקוֹתֵיהֶם יוֹשִׁיעֵם: יוֹצִיאֵם מֵחֹשֶׁךְ וְצַלְמָוֶת
וּמוֹסְרוֹתֵיהֶם יְנַתֵּק: יוֹדוּ לַיהֹוָה חַסְדּוֹ וְנִפְלְאוֹתָיו
לִבְנֵי אָדָם: כִּי שִׁבַּר דַּלְתוֹת נְחֹשֶׁת וּבְרִיחֵי בַרְזֶל
גִּדֵּעַ: אֱוִלִים מִדֶּרֶךְ פִּשְׁעָם וּמֵעֲוֹנֹתֵיהֶם יִתְעַנּוּ: כָּל
אֹכֶל תְּתַעֵב נַפְשָׁם וַיַּגִּיעוּ עַד שַׁעֲרֵי מָוֶת: וַיִּזְעֲקוּ
אֶל יְהֹוָה בַּצַּר לָהֶם מִמְּצוּקוֹתֵיהֶם יוֹשִׁיעֵם: יִשְׁלַח
דְּבָרוֹ וְיִרְפָּאֵם וִימַלֵּט מִשְּׁחִיתוֹתָם: יוֹדוּ לַיהֹוָה חַסְדּוֹ
וְנִפְלְאוֹתָיו לִבְנֵי אָדָם: וְיִזְבְּחוּ זִבְחֵי תוֹדָה וִיסַפְּרוּ
מַעֲשָׂיו בְּרִנָּה: יוֹרְדֵי הַיָּם בָּאֳנִיּוֹת עֹשֵׂי מְלָאכָה
בְּמַיִם רַבִּים: הֵמָּה רָאוּ מַעֲשֵׂי יְהֹוָה וְנִפְלְאוֹתָיו
בִּמְצוּלָה: וַיֹּאמֶר וַיַּעֲמֵד רוּחַ סְעָרָה וַתְּרוֹמֵם גַּלָּיו:
יַעֲלוּ שָׁמַיִם יֵרְדוּ תְהוֹמוֹת נַפְשָׁם בְּרָעָה תִתְמוֹגָג:
יָחוֹגּוּ וְיָנוּעוּ כַּשִּׁכּוֹר וְכָל חָכְמָתָם תִּתְבַּלָּע:
וַיִּצְעֲקוּ אֶל יְהֹוָה בַּצַּר לָהֶם וּמִמְּצוּקֹתֵיהֶם יוֹצִיאֵם:
יָקֵם סְעָרָה לִדְמָמָה וַיֶּחֱשׁוּ גַּלֵּיהֶם: וַיִּשְׂמְחוּ כִי
יִשְׁתֹּקוּ וַיַּנְחֵם אֶל מְחוֹז חֶפְצָם: יוֹדוּ לַיהֹוָה חַסְדּוֹ
וְנִפְלְאוֹתָיו לִבְנֵי אָדָם: וִירוֹמְמוּהוּ בִּקְהַל עָם
וּבְמוֹשַׁב זְקֵנִים יְהַלְלוּהוּ: יָשֵׂם נְהָרוֹת לְמִדְבָּר
וּמֹצָאֵי מַיִם לְצִמָּאוֹן: אֶרֶץ פְּרִי לִמְלֵחָה מֵרָעַת
יוֹשְׁבֵי בָהּ: יָשֵׂם מִדְבָּר לַאֲגַם מַיִם וְאֶרֶץ צִיָּה
לְמֹצָאֵי מָיִם: וַיּוֹשֶׁב שָׁם רְעֵבִים וַיְכוֹנְנוּ עִיר מוֹשָׁב:
וַיִּזְרְעוּ שָׂדוֹת וַיִּטְּעוּ כְרָמִים וַיַּעֲשׂוּ פְּרִי תְבוּאָה:
וַיְבָרְכֵם וַיִּרְבּוּ מְאֹד וּבְהֶמְתָּם לֹא יַמְעִיט: וַיִּמְעֲטוּ
וַיָּשֹׁחוּ מֵעֹצֶר רָעָה וְיָגוֹן: שֹׁפֵךְ בּוּז עַל נְדִיבִים
וַיַּתְעֵם בְּתֹהוּ לֹא דָרֶךְ: וַיְשַׂגֵּב אֶבְיוֹן מֵעוֹנִי וַיָּשֶׂם
כַּצֹּאן מִשְׁפָּחוֹת: יִרְאוּ יְשָׁרִים וְיִשְׂמָחוּ וְכָל עַוְלָה
קָפְצָה פִּיהָ: מִי חָכָם וְיִשְׁמָר אֵלֶּה וְיִתְבּוֹנְנוּ חַסְדֵי יְהֹוָה:

פָּתַח אֵלִיָּהוּ וְאָמַר רִבּוֹן עָלְמִין דְּאַנְתְּ הוּא חָד וְלָא
בְחֻשְׁבָּן אַנְתְּ הוּא עִלָּאָה עַל כָּל עִלָּאִין
סְתִימָא עַל כָּל סְתִימִין לֵית מַחֲשָׁבָה תְּפִיסָא בָךְ
כְּלָל · אַנְתְּ הוּא דְאַפִּיקַת עֲשַׂר תִּקּוּנִין וְקָרֵינָן לְהוֹן
עֲשַׂר סְפִירָן לְאַנְהָגָא בְהוֹן עָלְמִין סְתִימִין דְּלָא
אִתְגַּלְיָין וְעָלְמִין דְּאִתְגַּלְיָין וּבְהוֹן אִתְכְּסִיאַת מִבְּנֵי
נָשָׁא וְאַנְתְּ הוּא דְקָשִׁיר לוֹן וּמְיַחֵד לוֹן וּבְגִין דְאַנְתְּ
מלגאו

להבין מאמר הידוע אנת הוא חד ולא בחושבן כו׳ · הנה ידוע די״ס עליונות יכולים להבין דוגמתם מהנפש של אדם שכלולה ג״כ מי״ס רצון ושכל ומדות ומחשבה דו״מ וי״ס הללו ישנם ג״כ בנפש האלקי׳ כידוע · והנה ידוע דיש ב׳ מיני רצון רצה״ע ורצון התחתון · וביאור הדברים ידוע ע״ד שאנו רואים בכל רצונות של אדם שהן רק לפי ערך ההתבוננות שלו באיכות טוב הדבר שהוא יפה לו כך יהיו מסתעפים הרצונות לאותו הדבר ונמצא לא נולד רצון זה רק מן השכל ונקרא רצון התחתון כלומר למטה מן השכל והוא הנקרא רעותא דלבא שהוא שורה במדות שבלב שנולדים גם כן מן השכל (והוא פי׳ אהבה והה״א נוספת ושרשה אב״ה שהוא הרצון למה שהוא אוהב כו׳)· ויש רצון שהוא למעלה מן השכל ונקרא רצה״ע · והוא ע״ד דוגמא ממה שאנו רואים שיהיה לאדם רצון בלא טעם ושכל כלל ואדרבא גם שיהיה טעם ושכל סותר לרצונו לא ישגיח כלל וישאר בתוקף רצונו וכמו ענין העקשות שיתעקש האדם לאיזה דבר שרוצה בו ולא יסור לבבו מזה בלא שום נטיה כלל גם שירבה עליו מנגדים הרבה כו׳ · וזהו מתוקף עצמות הנפש הנקרא׳ יחידה (ורק שהעקשות הוא בבחי׳ אחוריים דכתר כידוע שהפנימית של הרצון הוא אשר יכלה נפשו אל הדבר למעלה מן השכל כו׳ אבל לא בדרך עקשות שהוא בבלתי בחינ׳ פנימית רק בבחי׳ נאחז בעצמא כו׳ וכמ״ש בת״ה וד״ל)· ויש דוגמא לזה בגמרא שמזנו נוכל להבין דוגמא כזו למעלה בבחי׳ רצה״ע של אור א״ס ב״ה שהוא כאשר עלה ברצונו כו׳ והוא מ״ש זו תורה וזו שכרה והשיב לו שתוק כך

עלה

מִלְּגָאו כָּל מָאן דְּאַפְרֵישׁ חַד מֵחַבְרֵיהּ מֵאִלֵּין עֲשַׂר
סְפִירָן אִתְחַשֵּׁב לֵיהּ כְּאִלּוּ אַפְרֵישׁ בָּךְ · וְאִלֵּין עֲשַׂר
סְפִירָן אִינוּן אָזְלִין כְּסִדְרָן חַד אֲרִיךְ וְחַד קְצִיר וְחַד
בֵּינוֹנִי · וְאַנְתְּ הוּא דְּאַנְהִיג לוֹן וְלֵית מָאן דְּאַנְהִיג
לָךְ לָא לְעֵילָּא וְלָא לְתַתָּא וְלָא מִכָּל סִטְרָא · לְבוּשִׁין
תְּקִינַת לוֹן דְּמִנַּיְהוּ פָּרְחִין נִשְׁמָתִין לִבְנֵי נָשָׁא וְכַמָּה
גּוּפִין תְּקִינַת לוֹן דְּאִתְקְרִיאוּ גּוּפִין לְגַבֵּי לְבוּשִׁין
דמכסין

עלה במחשבה לפני · הכוונה בזה לפי שיש למעלה בחינת רצה"ע הנקרא רה"פ והוא נעלם בתכלית עד אשר אין טעם לרצון זה ואף על פי שודאי מוכרח לומר שיש טעם לכל רצון כי מאיזה סיבה יהיה לפעמים כך ולפעמים כך כו' אבל מ"מ אין טעם זה גלוי בשכל אלא הוא טעם נעלם שלמעלה מן השכל וכמ"ש ביאור זה במ"א וזהו שחוק שא"א שיבא זה הטעם הנעלם לרצון הזה הנעלם לידי גילוי כלל וד"ל כו' · והנה כמו שיש למטה בנפש האדם ע"ס והן רצון ושכל ומדות כך למעלה יש בחי' ע"ס דאצי' שנאצלו מן המאציל וכמ"ש בס"י ע"ס בלי מ"ה כו' והן בחב"ד ומדות והרצון נקרא כתר והוא בחי' רצה"ע הנ"ל והוא שרש וראש כל ההשתלשלו'. ואמנם הנה בדרך כלל יש ד' מדריגות בלבד בכללו' זאת ההשתלשלות מהמאציל והוא בחי' האצילות בריאה יצירה עשיה כידוע · וביאור ענין האצילות הוא מלשון ויאצל מן הרוח כו' שהענין הוא לפי שהיתה מדריגת משה עצמו נעלה הרבה ממדריגת כנ"י עד שלא היו יכולים לקבל שפעם ממנו בעצמו כ"א ע"י ממוצע דהיינו רק ממה שיאצל ויופרש ממנו הארה בעלמא לבד מעצמותו ממנה יקבלו השפע · וזהו היה ענין אצי' הרוח מרוחו של משה על ע' הזקנים שהן הסנהדרין שהיו מנהיגים העם שלא היה עליהם רק הארה תחתונה מהארה של נשמת משה מופרשת ומובדלת ממנו בערך וזהו אמיתת פירוש ויאצל מן הרוח כו' וע"ד דוגמא הנה אמר משה מאין לי בשר לתת לעם כו' כלומר לפי ששפע הזאת של בשר גשמי הנה היא שפע גשמי עד"מ שלא מערכו של משה עצמו · והיה לו ירידה גדולה לבא למדריגה נמוכה כזו להשפיע בשר כו' אך ע"י שנאצל ממנו הרוח על הסנהדרין שהארתם נמוכה הרבה מעצמו' רוחו של משה מהם יוכלו לקבל גם שפע גשמית בבשר · וא"כ הרי מובן מזה שאצי' זה הרוח על הזקניםהיתה בבחינת הירידה דהיינו שירד האור מרוחו של משה לבא למטה בבחינת הגילוי על הזקנים בבחינ' מדריגה יותר תחתונה וכנ"ל · ומזה יובן גם כן למשכיל למעלה להיות כי עצמות אור הא"ס הנה הוא למעלה הרבה מערך י"ס הנאצלים ולא שייך עדיין גם ענין שפע האצי' אך מה שירד האור בבחינ' ההשפעה והוא שיהיה מציאות אור חכ' וכדומה אין זה רק מבחינת הירידה שירד האור מן העצמות והופרש והובדל בפ"ע להיות במדריגה יותר תחתונה וכנ"ל בענין הפרשת רוח מרוחו של משה והוא הנק' בשם לשון אצי' בדרך כלל וכמ"ש ויאצל מן הרוח כו' וד"ל · וזהו ענין כללות האצי' די"ס מן המאציל ואחר כך נשתלשלו מעילה לעילה מכתר לחכמה ומחו"ב למדות ומחמדות למחשבה דו"מ ולכך נקרא בלשון השתלשלו' מלשון שלשלת כמו עד"מ השלשלת שאחוז טבעת בטבעת עד שנעשית שלשלת ארוכה ויש שייכות וקשר לתחתון עם העליון כמ"כ יש שייכות וקשר למחשבה במה שמקבלת מן המדות והמדות מקבלים מן השכל והשכל מן הרצון עד שכולם אחוזים וקשורין זב"ז כו' ולכך נקרא השתלשלות למעל' ג"כ מכתר לחכמה כו' · וזהו ידוע דאין לו גוף ולא נערוך אליו כו' דהגם שמבשרי אחזה כו' אין לו דמיון וערך לערוך עם מחשבה ושכל שלנו שהרי נאמר כי לא מחשבותי כו' והדרבא מה שקוראים למטה מחשבה הוא לפי ששרשה מעולם המחשבה שלמעלה וכידוע ששרש ומקור למציאת ומחשבה שלנו הוא מבחינת אותיות מחשבותיו ית' שנק' עלמין סתימין ואותיות דיבוריו נקר' עלמין דאתגליי' כידוע אבל אין המח' והדיבור של מעלה בחי' מציאת נפרד ח"ו כמחשבה ודיבור שלנו שא"כ לא היו מתהווים מיות עולמות מהם שנק' עלמין סתימין ואתגלי' כמו שלא מתהווה כלום ממחשבות ודיבורים שלנו אלא הם בחי' אלהות ממש רק שהן בבחי' ההשתלשלות והירידה היותר אחרון מאור הא"ס אבל בהם היה כל עיקר בנין העולמות שהרי נאמר בעשרה מאמרות ויאמר אלהים וכו' ויהי כן שנתהווה כך מאין ליש על ידי הדיבור ומן המחשבה של אותו המאמר לא היה ההתהוות בבחי' גילוי יש ממש הנקר' עלמא דאתגלייא אלא היה התהוות עלמין סתימין שלמעלה מהתהוות זו דע"י מאמרות וכמובן לנו מתוך ענין הנבואה דכתיב וביד הנביאי' אדמה כו' ולא בא למשה ג"כ רק בבחינת הדיבור כמ"ש וישמע את הקול מדבר אליו כו' קול ממש בבחינת גילוי אור כמשל קול הדיבור באדם שהוא מורגש לזולתו משא"כ אותיות מחשבתו לא תושג בהרגשה לזולתו ולפי שהנבואה היתה צריכה לבא לבחי' גילוי לנביאים ע"כ באה בבחי' הדיבור ולא בבחינ' המחשבה העליונה לפי שלא היתה מורגשת להם כלל בהשגה וראיה כו' וד"ל · וכמ"כ על ידי בחי' הדיבור דווקא היה צריך להיות התהוות יש בגילוי כו' · והנה מכ"ז יובן הענין גם במדריגה שלמעלה מן בחינת המחשבה עליונה שהן המדות וכן למעלה מן המדות והוא חו"ב וכתר כו' ודרך כלל הן הנה ד' העולמות אצי' בריאה יצי' עשי' כידוע דאבא מקנן באצי' ואימא בבריאה וו"ה ביצי' כו' וד"ל · וזהו הללוהו כרוב גדלו ולכאורה אינו מובן דהל"ל כגודל גדלו מהו כרוב גדלו אך הענין הוא דבחי' ההשפעה וההתפשטות האור כענין בחי' האצילות הנ"ל נק' בשם גדולה שכל ענין גדולה הוא

בחי'

דְּמִכַּסְיָן עֲלַיְהוֹן וְאִתְקְרִיאוּ בְּתִיקּוּנָא דָא חֶסֶד דְּרוֹעָא יְמִינָא גְּבוּרָה דְּרוֹעָא שְׂמָאלָא · תִּפְאֶרֶת גּוּפָא נֶצַח וְהוֹד תְּרֵין שׁוֹקִין יְסוֹד סִיּוּמָא דְּגוּפָא אוֹת בְּרִית קֹדֶשׁ · מַלְכוּת פֶּה תּוֹרָה שֶׁבְּעַל פֶּה קָרִינָן לָהּ חָכְמָה מוֹחָא אִיהִי מַחֲשָׁבָה מִלְּגָו · בִּינָה לִבָּא וּבָהּ הַלֵּב מֵבִין וְעַל אִלֵּין תְּרֵין כְּתִיב הַנִּסְתָּרוֹת לַיהוָה אֱלֹהֵינוּ כֶּתֶר עֶלְיוֹן אִיהוּ כֶּתֶר מַלְכוּת
ועליה

בחי' ההתפשטות והוא כאשר ירד האור להתפשט לאורך ורוחב למטה כו' ושרש ענין הגדולה הוא בחינת אור החסד וכמ"ש כי אמרתי עולם חסד יבנה שעיקר סיבת בנין העולם הוא ע"י החסד שהוא הגדולה כו' אך אם היה אופן ההשתלשלות רק אחד מן המאציל אם אור חכמה או מדות וכה"ג לא הי' נק' גדול רק בענין ואופן אחד אבל מאחר שיש ריבוא רבבות אופני ההשפעה מעילה לעילה ודרך כלל הוא ד' עולמות אבי"ע ופרטיהן י"ס בכל עולם לפי ערכו ובי"ס יש פרטים רבים עד אין קץ כידוע וכנ"ל א"כ יש ריבוא רבבות מיני גדולה והתפשטות כי בכל עולם לפי ערכו יש בחינת גדולה והתפשטות דהיינו מה שנתפשט ונמשך אותו העולם בפרט כמו ע"ד דוגמא הנה בעולם העשיה האחרון נקרא גדולה עד שנמשך ונתפשט חיות ומלאכים דעשיה שהן בבחי' גדלות וריבוי כמו שידוע שמספר ת"ק שנה יש מהלך מרקיע לרקיע כו' וזהו אופן הגדולה שבערך העשיה מפני שזהו רק ערך בחינת חסד דעשיה ובעולם היצי' גדולה והתפשטות דשם הוא באופן יותר נעלה במדריגה ועד"ז עד רום המעלו' ונמצא יש רבבות מדריגות באופני הגדולה מכתר לשכל ומשכל למדות שבכל עולם שבד' עולמות אבי"ע כנ"ל וד"ל · וזהו הללוהו כרוב גדלו פירוש בבחינת הריבוי של גדול' לפי שגדולותיו ית' אין מספר בבחינת הריבוי לפי ערך כל עולם ועולם אבל כגודל גדלו היה משמע גדולה אחת בלבד כו' וע"ד כלל התפשטות התהוות השגת משה בבחינת אור אבא דאצילות נקרא גדולה וגם התהוות גוף שיהיה מהלך ת"ק שנה נקרא גדולה · זה במעלה היותר עליונה וזה במעלה היותר תחתונה מפני ריבוי ההשתלשלות שיש מהתחלת האצילות עד סוף העשיה כמבואר הכל בספר ע"ח בהתחלתו שמדבר בשרש האצילות עד סופו שמדבר בעולם העשיה השפל עד גלגל הירח שאנו בו עיין שם כו' וד"ל :

והנה כל זה הסדר של ההשתלשלות המובן למעלה ממשל מחשבה ושכל ומדו' באדם למטה הנה אנו רואים שיש להם ערך זה ע"ז דהיינו שהשכל יש לו ערך עם המדות והמדות עם המחשבה וכו' · ופי' וענין הערך ידוע ע"ד הכתוב בתורה ערכך כסף חמשת שקלים כו' והיה ערכך כו' שהענין הוא שמעריכין ערך בכסף לפי מספר השנים כו' וכן במספר הכסף עצמו יש ענין הערך כמו שיש ערך למספר עצמו כי כמו שהמספר של א' הוא החצי מן מספר הב' כן מספר הב' החצי ממספר הד' וא"כ יש ערך למספר הא' עם מספר הב' שכמו שזה חצי זה חצי והגם שזה גדול מזה מ"מ יש להם ערך וא"כ גם לחצי ריבוא יש ערך עם מספר הא' רק שלפי ערך של גודל המספר כן הוא ערך החצי כו' ועד"ז יובן בכל ענין ערך בכל הדברים המסתעפי' זה מזה כמו המדות מן השכל אף על פי שהן קטנים מן השכל במדריגה מ"מ יש להם בחי' ערך עמו וכן המחשבה עם המדות יש לה ערך עם המדות ע"ד הנ"ל במספר מאחר שהמדות נתהוו מן השכל בהכרח לומר שיש להן ערך עמו וכמו שבמספ' עיקר הטעם שיש ערך למספר א' עם הריבוא הוא לפי שנאצלת מספר הריבוא בא מצירוף חלקים קטנים של מספר א' א' כו' וכידוע וד"ל · ועד"ז יובן ג"כ למעלה בהשתלשלו' ד' עולמות אבי"ע מאחר שנמשלים לשכל ומדות באדם הרי בהכרח שיש לכאו"א ערך עם שלמעלה הימנו בהשתלשלות וכנ"ל הטעם שנק' השתלשלות כמשל השלשלת כו' וגם הנה אנו רואים שיש ערך לרוחניות עם הגשמיות שהרי התלבשות הכחות הרוחניות באברי הגוף הגשמי' יש להם ערך זע"ז ממש כמו שאנו רואים כח השכלי אשר משכנו בכלי המוח בג' חללי גלגלתא והן ג' מוחין חב"ד מוח הזכרון כו' כאשר יתקלקל כלי מוח א' מג' המוחין הנה יתקלקל אותו הכח השכלי דוקא המיוחד לאותו המוח כמו כח הזכרון למוח הימני וכמבואר בספרי הרפואה מפני שיש השוות וערך קצת מן הרוחניו' לגשמיות עד שזה מתפעל מזה וגם הנה אנו רואים כדוגמא זו שיש ערך לרוחניות עם הגשמיות מה שיוכל האדם להלביש השכל הרוחני בפעולה גשמי' במעשה הכתב בדיו שהרי היד היא הכותבת כל פרטי אופני השכל המושג לו במוחו בשע' שהוא כותב אותו השכל על הנייר וא"כ הרי כל עמקות הסברא תוכל להתלבש ממש בפעולה וציור גשמי ביד הכותבת שאינה מהות שכל כלל וכמו סברת שכל עמוק בתוספות ורא"ש וש"פ שכל עומק סברת הפוסק ההוא נתלבש בתיבות הללו הנכתבים שם בדקדוק גדול כו' אין זה כ"א שיש להשכל ההוא ערך ושייכות בהתלבשות זו במעשה הכתב (וכנראה בחוש שאדם ירמוז באצבעותיו לאיזה דבר שמכוין בשכלו אם כך ינענע האצבעות כך ואם יכוין באופן אחר ינענע אותן באופן אחר והכל לפי אופן המכוון בשכלו כן ירמוז ויפעול התנועה באצבעות היד הרי בהכרח שיש למהות השכל ממש ערך ושייכות עם היד הגשמי' במעשה הפעולה הגשמי' כו') והוא לפי שיש ערך לרוחניות עם הגשמיות בכל הדברים שמלובש הרוחניות וגשמיות כו' ועד"ז יובן למעלה שבכל ההשתלשלות בפרט מעילה לעילה בד' עולמות דאבי"ע ושכל למדות
וכיוצא

וַעֲלֵיהּ אִתְּמַר מַגִּיד מֵרֵאשִׁית אַחֲרִית וְאִיהוּ קַרְקַפְתָּא דִתְפִילִּין מִלְּגוֹ אִיהוּ שֵׁם מַ"ה כזה יו"ד ה"א וא"ו

הא

וכיוצא יש להן ערך וע"ז בהתלבשות זב"ז הגם שזה עליון וזה תחתון כו' והגם שמפני רוש ההשתלשלו' מעילה לעילה נשתעף עד שיוכל להיות מציאת עולם הגשמי הזה עכ"ז יש לזה העולם שייכו' וערך גם עם עולם היותר עליון מכל והוא מאחר שיש ערך בכל השתלשלו' בפרט כו' וכנ"ל בענין הללוהו כרב גדלו כו' א"כ יש שייכות וערך גם לחכמה דאצילות עם בחינ' התחתונה דגלגל הירח כו' בדרך הכלל ג"כ וד"ל · וזהו פי' המאמר אנת הוא חד ולא בחושבן כו' כלומר לא כמו שיש ערך בין רוחניות עם הגשמיות בפרט ובכלל כנ"ל בכל חלקי ההשתלשלות דאבי"ע כו' אבל אין ערוך לו ית' כלל עם כללות ההשתלשלו' דאבי"ע ולא נאמר שכמו שההפרש בין רוחניות עם הגשמיות כך ענין ההפרש בין רוחניות עם אור המאציל עד שיהיה לפ"ז גם הרוחניות בבחי' ערך עם המאציל אלא אין ערוך כלל לרוחניות עם המאציל וכמ"ש אני ה' לא שניתי פי' בלי שום שינוי כלל בין קודם ההשתלשלו' לאחר ההשתלשלות וכמו שאנו אומרי' אתה הוא קודם שנבה"ע ואחר שנברא כו' · והענין הוא לפי שהוא ית' איננו מותפס בבחינת הלבשה כלל בהשתלשלות שאם היה לו בחינת תפיסה והלבשה הרי היה שינוי כו' אלא כמאמר דאיהו תפיס בכולהו עלמין ולית מאן דתפיס ביה כו' פי' לפי שאין ההארה ממנו הראשונ' שלפני השתלשלו' מבחינת עצמותו עד שיתכן לומר בו ענין תפיסא אלא הוא רק מבחינת שם ומ"ל בלבד כי ארז"ל קודם שנבה"ע היה הוא ושמו בלבד פי' שמו הוא בחי' מ"ל דא"ס (ובגילוי רצון הוא לפי שזהו ענין אשר עלה ברצונו להאציל כו') ולכך גם לאחר ההשתלשלות הוא כמו לפני ההשתלשלות כמ"ש אני ה' לא שניתי כלל מפני שאינו נתפס כלל בהם וע"ד הידוע שהוא בבחי' סוכ"ע שאין לפניו מעלה ומטה כלל וכחשיכה כאורה כו' קטן וגדול שם שוין כידוע והוא מאחר שאינו נתפס בבחינת תפיסא והלבשה כמו בהתלבשו' דהשתלשלו' מעילה לעילה כו' כנ"ל · וזהו שאמר אנת הוא חד ולא בחושבן פי' לא בחושבן י"ס שבכלל ובפרט בכל ההשתלשלות שיש להן ערך וע"ז כמשל המספר אבל אנת פי' עצמית המאציל הוא חד בבחינת אחדות פשוטה בתכלית עד שאינו בבחינת ערך כלל עם חושבן ההשתלשלות וזהו ולא בחושבן וכ"ז מפני שאינו בגדר תפיסה והלבשה כהלבשת הרוחניו' בגשמיות הנ"ל וד"ל · ובכל הנ"ל יובן ביאור פ' ראשונה דק"ש בכלל ובפרט · דהנה ביאור ענין אחד שבפסוק ראשון הוא כענין הנ"ל בפי' אנת הוא חד ולא בחושבן כו' ומה שאמר אח"כ ואהבת את ה' אלקיך כו' יובן ע"פ הקדמה בתחלה להבין ענין ה' מדריגות שיש בנפש בפרט והן הנקרא נ"ר נח"י · ויובן זה עד"מ דהנה יש התפעלות רבות בנפש שאינם רק מבחי' חיצוניות ההארה בנפש ויוכל להיות היפוך הדבר מיד כי לא נגע הענין אליו כ"כ עד שתהיה הנפש קשורה בו בבלתי נטייה כלל ממנו כמו גם שיחשוק האדם לשמוע בשורות ענינים רבים אם לטוב כו' ויתפעל מאוד מהם עכ"ז הנה יוכל להטו' לבבו מהם שלא ישמעם כלל כי לא נגע הענין אל עצמותו כ"כ מאחר שהן ענינים זרים שאינם בעצמותו כלל ויש התפעלו' הנפש יותר מזה והוא בענינים שנוגעים בעצמותו כמו עניני מו"מ שבהם לא יהיה דבר והיפוכו כ"כ כי יתפעל יותר מפני שנוגעת לו יותר ולא יטה לבבו להתהפך בדבר עד שיהיה לו דקדוק במוחו ולבבו שיהיה המעשה כך ולא כך משא"כ בענינים שאינם שלו לא איכפת לו כלל אם היה המעשה כך או כך כו' · ועכ"ז עדיין גם התפעלות הזאת בענינים שלו במו"מ וכיוצא אינה נטועה בנפש בבחי' עצמיות כ"כ עד שלא יהי' ענין נטיי' ממנה כלל כי הרי אנו רואים שיוכל לפנות מעסקיו לגמרי וכיוצא ויש יותר התפעלות מזו עד שלא יהא לו נטייה ממנה ולא יסבול כלל היפוכו כו' והוא ענין התקשרות נפשו בנפש בניו ובני ביתו וכיוצא שלא יוכל לנטו' ממנה בשום אופן כו' ועכ"ז גם זאת ההתפעלות עדיין אינה נטועה בנפש בבחי' עצמו' הנפש כ"כ שהרי יוכל לפנות מחשבתו ברגע גם מצער בניו כו' וכיוצא וא"כ לא נגע הדבר בלבו כ"כ עד שלא תהא שום נטיי' כלל ממנו כו' אבל ההתפעלות המגעת בעצמות הנפש ממש הוא הנקרא בחינ' יחידה שבנפש והוא ע"ד שאנו רואים כאשר יהי' ענין רע לאדם שנוגע לעצמותו ממש כמו שנידון להריגה וכיוצא שנוגע הדבר לכל עצמות שלו והוא הנק' נקודת הלב שבו שוכן בחי' יחידה שבנפש מפני שבה אין שום נטיי' כלל וכלל זולת אותו הענין שנגע ללבבו ולכך נקרא' יחידה ענין יחידות דבר אחד בבלתי נטיי' להיפוכו כלל וכלל כו' וד"ל · ועד"ז יובן גם פרטי מדריגות נרנח"י שבנפש ע"ד הנ"ל בכמה מיני התפעלות שונות שיש בנפש וכל מה שיש מילוי הנפש ביותר הוא מדריגה היותר עליונה בה' מדריגות הללו נרנח"י כו' וד"ל · וזהו ואהבת את ה' אלקיך פי' בהתפעלות עצמיות הנפש ממש שנוגע לבחינת נקודת הלב שלמעלה מן השכל והוא הנקרא בחי' יחידה שבנפש כנ"ל וזאת האהבה נק' אה"ר כידוע אשר מים רבים לא יוכלו לכבותה מפני שאין בה שום נטיי' כלל זולת ענין האהבה וזהו כמ"ש וני לי בשמים כו' כלה שארי כו' וזהו הנקר' כנ"י דהיינו כנסת ישראל דלעיל' כמ"ש בזהר והענין הוא בחי' נקודת הלב שבה שוכן בחי' ישראל דלעילא היינו בחי' יחיד חי העולמי' שלכך נק' יחידה כו' וכמ"ש במ"א ובלתי אהבה זו שנוגעת בבחינת יחידה לא יוכל להתקשר בבחי' יחיד כו' ואז נקר' כנ"י לבי כמ"ש לך אמר לב"י כו' וד"ל · וזהו שארז"ל המאריך באחד מאריכין ימיו ושנותיו פירוש ענין אריכות הימי' להיות ידוע דהמדות

נק'

ה"א דְאִיהוּ אוֹרַח אֲצִילוּת וְאִיהוּ שַׁקְיוּ דְאִילָנָא בִּדְרוֹעוֹי וְעַנְפּוֹי כְּמַיָא דְאַשְׁקֵי לְאִילָנָא וְאִתְרַבֵּי בההוא

נך' ימים בכלל ובפרט נקרא מדת האהבה בשם יום כמ"ש
יומם יצוה ה' חסדו · וידוע שהחסד הוא האהבה ואריכות
האהבה הוא ענין אהבה רבה הנ"ל שנוגעת בבחי' יחידה
שבנפש שהיותה למעלה מן השכל ע"כ אין לה שיעור באורך
התפשטות כו' וזהו פי' מאריכין
ימיו וכן ענין אורך ימים
אשביעהו כו' והוא הנק' ג"כ
בלשון רז"ל יום שכלו ארוך והוא
בבחינת הכתר שנקרא יחידה למטה וכמים הפנים מעוררים
למעלה מבחי' יחיד כנ"ל והוא בחינת ארך אפים כו' וזהו
המאריך באחד מבחינת אריכות דאחד דהיינו בחי' א"א שהוא
שורש ז"א דאצילות שנקרא אחד סתם כידוע וד"ל :

והנה לפי משמעות זה המאמר אין אהבה רבה הנ"ל
באה אלא כאשר בתחלה יאריך באחד או מאריכין
ימים כו' והוא להתבונן באריכות דאחד איך שהוא חד ולא
בחושבן כנ"ל וכיוצא בזה ולפ"ז צריך לזה עסק גדול בתפילה
בהתבוננות רבות ויגיעה רבה היא · ולכאורה אנו מוצאים
בתנאים ואמוראי' שלא היו מאריכין כ"כ בתפילה כמשמעות
כמה מאמרים בגמרא וכמשמעות כמה עובדות שהיו מקצרין
בתפילה בשביל ת"ת כמאמר מניחין חיי עולם כו' וכן בעובדא
דר' חייא בירו' שאמר מיומא לא איכוונת כו' וכרב יהודה
הוי מצלי מתלתין יומין כו' וכיוצא וזה פלאי לכאורה·אך הענין
הוא לפי שהיה שרש נשמותיהם גבוה מאד נעלה ממדריגות
נשמות שלנו והיינו שהיה שרשם מבחי' האצילות ממש קודם
שנתלבש בלבוש הצמצום בבחינת הפירוד וע"כ נקראו בשם
אחים ורעים להקדוש ב"ה כמ"ש למען אחי ורעי כו'
וכמ"ש בת"א ולהיות כן היה גם גופם החומרי זך מאד
מחומריות עולם הזה השפל וע"כ מיד שעלה במחשבתם
התבוננות מאור האין סוף וכללות ההשתלשלות איך שהוא אחד
פשוט כו' היה נתפס בלבם בבחינ' יחידה שבנפש תיכף ומיד
ובלא שום נטייה כלל וכלל חוץ מהתקשרות זו לפי
שהתקשרותם נפלאה מאד כי בבחינת העצמיות היה להם אור
האלהי מצד שרש נשמתם·ויובן זה ממאמר רשב"י שאמר בחד
קטירא אתקטרנא רעותי במה שפעם אחת בלבד נתקשר בקשר
א' אבל הוא קשר אמיץ וחזק בלתי ינתק לעולם והוא להורות
על בחינת יחידה שנקרא חד קטירא בבלתי נטיי' כלל
וכנ"ל וד"ל · וע"כ לא היו צריכים להאריך בתפילה כ"כ
כי כמעט רגע באו לתכלית ההתקשרות דאריכות ימים הנ"ל
בבחי' אה"ר הנ"ל · אבל נשמות הנמוכות שאור האלהי רחוק
מהם מפני שירדו למטה אחר כמה צמצומים רבים כו' צריכים
להאריך יותר בהתבוננות וגם מפני גשמיות חומריות גופם
שרחוקים מערך בחינת הרוחניות כו' וד"ל · ויובן זה עד"מ
שצריכים להסביר לתינוק קטן איזה ענין הלכה בגמרא כמו
שנים אוחזים וכיוצא שלפי שאותו התינוק הורגל בקטנות
עניניו לא יוכל להכיל ענין ההלכה כי רחוק הוא ממנה.במהות
ואיכות כי אינו בקי בהויות עולם ובטיב הלכותיהן כו' וצריך
להסביר לו אותה במשלים ומליצות לפי אופני עניניו שרגיל
בהם תמיד כו' עד שיבין אותה ועד"ז ג"כ בכל התבוננות
הנפש שהיא במדריג' התחתונ'
מאור פני מלך חיים ע"כ
צריכים לאריכות גדול ויגיעה
רבה · וכל שהוא קרוב יותר
לימות המשיח שהנשמות נמוכות יותר ונקרא אז עקבות משיחא
צריכים לאריכות יותר ועליהם אמר דוד ע"ה נר לרגלי
דבריך פי' לרגל לאותן הנשמות הנמוכות שהן בבחי' העקבים
לדוד מלכא כללות בחינת מלכות כו' גם כן יאירו דבריך
שבפסוק ראשון דק"ש שיהיו גם הם מתפעלים באהבה רבה
ע"י שיאריכו באחד כנ"ל · וזהו אמיתת הענין שעכשיו בזמן
הגלות צריך לאריכות התפילה ביותר ולכך הוסדה באריכות
מאד כמו שתים לפניה ברכת יוצר כו' שניתקנה אח"כ אבל
מתחילה ק"ש דאורייתא פסוק ראשון בלבד ואח"כ ניתקן עוד
פסוד"ז ולפניהם עד ב"ש והכל מטעם הנ"ל ולכך נזכר בכל
הפסוקים הללו דפסוקי דזמרה ושתים לפניה הכל מענין גדולת
א"ס ב"ה ואיך שהמלאכים משבחים ומפארים את שם האל
המלך כו' ואומרים ג"פ קק"ק עד שנעשה הוי"ה צבאות כו' ·
וזהו פי' הללוהו בגבורותיו הללוהו כרוב גדלו פי' מה שיש
רוב גדלו בסיפור שבחים כ"כ הוא מסיבת גבורותיו הן בחינת
צמצומים הרבים שלכך צריך אריכות כ"כ להתבונן אבל מצד
עצמותו ממש אין אריכות כ"כ כי הוא אחד פשוט כו' ולכך לא היו
התנאים ואמוראים מאריכין כ"כ כנ"ל וד"ל · והנה מה שאמר
ואהבת את ה' אלהיך יש להבין מהו ענין אלהיך שמשמעו
שהוא שלך וכן ענין אמר ה' אלהיכם כמו שאומר בכל התורה
כולה · אך הענין הוא שעפ"י הנ"ל מבחי' אה"ר שבבחי'
יחידה הנ"ל יובן שעי"ז יהיה ה' אלהיך שענינו שהוא שלך
בבחינת העצמיות כו' משא"כ בזולת אהבה זו הגם שיתפעל
באהבה ברשפי אש כו' עדיין אין ה' אלהיך ממש בבחינת
העצמיות כ"כ כו' · ויובן דבר זה עפ"י הקדמה בתחלה להבין
מ"ש בנים אתם לה' אלהיכם כו' ויש להבין מה זה הענין
שנקראו בשם בנים דוקא · אך הענין הוא כי הנה ידוע
המאמר דברא כרעא דאבוה הוא וזהו להורות על שהבן
נמשך ממהות ועצמות של אב והוא עד"מ כמו הרגל באדם
שאנו רואים שהוא בתכלית ההתאחדות וההתחברות עם
הראש וכאלו דבר א' ממש הן שהרי אנו רואים כשיכאב
לאדם ברגלו אם מסיבות הקרירות שנתקררה הרגל מאד
שרפואתה לשפשפה בשלג וכיוצא שהוא עינוי גדול או בהיפך
שנכוה הרגל באש שרפואתה לחממה בשלהבת חמימות במרחץ
שהוא עינוי יותר גדול אעפ"כ יוכל האדם לשלוט בנפשו
ולהוציא ולפשוט רגלו זו שנכוית לענותה בחמימות ולא ישגיח

על

בְּהַהוּא שַׁקְיוּ: רִבּוֹן עָלְמִין אַנְתְּ הוּא עִלַּת הָעִלּוֹת וְסִבַּת הַסִּבּוֹת דְּאַשְׁקֵי לְאִילָנָא בְּהַהוּא נְבִיעוּ ·

וההוא

על כאב ועינוי זה שברגל מפני שמושל ושולט עליה כבעל נפשו מחמת שהיא מעלמותו מחמת חשיבא וכמו שיכול לעשות בנפשו עינוים ויסורים לתועלת תשובה שמכפרת וכיוצא אך ורק בהיות מתבונן ונחלט בדעתו ושכלו שבראשו שזה לו לתועלת ולרפואה אז יעשה ברגלו כאוות נפשו ולא יתכן כלל לומר שהרגל ימנע מלהתפש' כרצונו בשכלו כו' · וא"כ אנו רואים שהרגל בתכלית הביטול לגבי השכל שבראש לכל מה שירצה בו יעשה כו' ואין זה אלא מפני שאין הרגל דבר נפרד חוץ מן העצמות כלל אלא בתכלית התאחדות כו' לכך אע"פ שאין הרגל מרגיש הרפואה והתועלת אבל כשהשכל שבראש מרגיש הרפואה והתועלת יעשה ברגל כמו שירצה כו' וד"ל · והנמשל מכ"ז מאחר שכללות כנ"י נקרא בנים לה' הרי ברא כרעא דאבוה הוא א"כ היינו עד"מ הנז' ברגל עם הראש שלהיותו בבחינת העצמיות ג"כ לכך הוא בתכלית הביטול לעשות בו ככל מה שירצה ראשו כו' לכן כנ"י שנקר' בנים בחי' כרעא הם לאביהם שבשמים דהיינו בבחינת תכלית הביטול כמאמר בטל רצונך מפני רצונו כביטול הרגל לגבי הראש כו' ומתילא מטעם זה נקרא הוי"ה אלקינו פי' אלקינו שלנו הוא בבחינת העצמיות כמו הראש שהוא עיקר העצמיות לכל האברים ואין ביניהם פירוד כלל אלא מיוחדים הן בתכלית ועד"מ שאנו רואים שיוכל האדם לומר על עצמו אני הלכתי ולא יצטרך לומר ברגלי הלכתי מפני שהכל אחד כו' משא"כ באדם נפרד זולתו כו' ע"כ יכול לומר ע"ע זהו ראשי ושלי הוא ולא על של זולתו שאינו שלו באמת · כן עד"מ אנו אומרים הוי"ה אלקינו לפי שבאמת שלנו הוא שהוא כמו הראש שלנו ולכך נקרא כנ"י לי רא"ש כו' וכמ"ש במ"א והיינו הטעם גם כן מה שבכל התורה הוא אומר אני ה' אלהיכם (פי' שלכם אני מפני שאתם לי לבנים כו' שהן נקר' כרעא דאבוה ואני לכם לראש) וגם כאן בפ' ראשונה דק"ש אומר ואהבת ה' אלהיך בפרט לכאו"א מישראל אמנם דוקא על ידי אהבה רבה שבבחינת יחידה שבנפש שעי"ז דוקא נעשה בחינת ב"ן להיות כמו הרגל לגבי הראש בתכלית היחוד מה שאין כן בזולת אהבה זו ומטעם הנ"ל וד"ל :

ועתה יש להבין ענין סדר פרשה ראשונה בפרט והוא במה שזוכר בה ג' ענינים בפרט דהיינו ענין האהבה בפסוק ואהבת כו' וענין הקריאה בתורה באמרו והיו הדברים האלה כו' עד ודברת בם בשבתך כו' · וענין מצות התפילין וקשרתם לאות כו' · ומה שייכות וקשר יש לג' ענינים האלה כו' · והנה בתחלה יש להקדים ענין ירידת הנפש בגוף חומרי כ"כ וזהו בפרט ובכלל הוא ירידות כנ"י בגליות כו' למה היתה ירידה כזו כ"כ · אך הענין הוא דירידה זו ידוע הוא דלצורך עליה הוא · דהנה ענין עיקר התורה והמצות הוא רק לברר בירורים דרפ"ח כו' והוא בהיות שהמצוה נעשית בענין גשמי דדל"ת דעשיה עי"ז המצוה מתעלה למעלה כו' ונמשך אח"כ המשכת מ"ד כו' כידוע והן רמ"ח אברים דמלכא שנעשין ע"י רמ"ח מ"ע כידוע · וביאור הדברים ידוע להיות כי באמת הרי נאמר באא"ס עצמו אנת הוא חכים ולא בחכמה ידיעא כו' עד ולאו מכל אינון מדות כלל א"כ צריך שימשיכו שיהיו אורות בכלים ואברים ולהקרות חכים כו' וה"ז עד"מ התלבשות הנפש באברי הגוף כח הראיה שיתלבש בעין וכח היד ביד וכיוצא כך הוא ענין המצוה שהן אברים דמלכא שעל ידן יומשך האור בהן ועד"מ שמושכין לנפש האדם באברים ע"י האברים עצמן שהרי כשנעשין כתיקנן ונמשכין נמשך אז האור אחריהם כנראה בחוש שכשמושכין היד של אדם נמשך גם האור והחיות אחריו ומתפשט גם הוא בהתפשטות היד כו' וכיוצא בדוגמא זו למעלה אע"פ שאין לו גוף ולא דמות הגוף ולא נערוך אליו קדושתו כו' מ"מ דברה תורה כלשון בנ"א כי הרי בצלם אלקים עשה האדם ומבשרי אחזה וכידוע שע"י המצות שנקראו רמ"ח איברים דמלכא למעלה נמשך לאא"ס בכלים מכלים שונים להתפשט ולהתמשך למטה מטה כמו שיהיה נקרא ע"י מצות הצדקה בשם חסד דרועא ימינא דקוב"ה גם למטה מטה כו' וד"ל · ולזה הענין היתה ירידה כלליות לכללות כנ"י בגלות מצרים תחלה בנו"ן שערי טומאה ואח"כ נתעלו ועשו עי"ז עילוי רב למעלה והוא במה שיהיה ה' בבחינות אורות וכלים ע"י הבירורים של מטה ולכך נק' אח"כ ה' אלקיכם וזהו מ"ש אני ה' אשר הוצאתי אתכם כו' אני ה' אלקיכם ענין כפל הזה הוא להורות על ענין זה שאחר הגלות דוקא נעשה להם לאלקים בבחי' המשכת רמ"ח אברים כו' וירידה זו לצורך עליה הי' ועד"ז בכל הגליות בכל מצות מעשיות שמקיימין בנ"י שם כו' וד"ל · וזה שאמר אחר ואהבת ה' כו' והיו הדברים האלה כו' ודברת בם כו' כי הנה כתיב אם ישים אליו לבו רוחו ונשמתו אליו יאסוף · פי' אם ישים אליו לבו היינו בחי' האהבה רבה הנ"ל שבפסוק ואהבת כנ"ל אז אח"כ רוחו ונשמתו אליו יאסוף במצות קריא' התורה ודברת בם כו' · וביאור הדברי' הנה ידוע המאמר בזוהר דרוח אייתי רוח ואמשיך רוח כו' פי' שאין שום ירידה והמשכ' מלמעלה למטה כ"א אחר שהי' התעוררות לאותה ההמשכה בתחלה מלמטה דוקא והוא ע"י העלאת מ"נ דאתעדל"ת דוקא הוא המעורר אתעדל"ע כידוע · ודוגמא לדבר הרי גם בהיכלות הקליפות דאת זה לעו"ז כו' אנו מוצאים שא"א להם להביא שום המשכות רוח מלמעלה בלתי שיעוררו תחלה מלמטה וכמו שאנו מוצאים בבלעם שעשה כשפיו במס"כ כו' כמ"ש בזהר דמשם יש ללמוד ק"ו למילי דקדושה כו' ע"ש והיינו

ענין

ענין המאמר משום דרוש אייתי רוח כו' :

וזהו ג"כ ענין הפסוק אם ישים אליו לבו שיהיה לו התעוררות מלמטה בכוונת הלב שהוא בנקודת הלב דוקא או אח"כ רוחו ונשמתו אליו יאסוף שימשיך רוח עליון מלמעלה למטה כפי ערך ההתעוררות שהי' מלמטה כו' וד"ל · וגם כאן לפי ערך האהבה והרצון שבפסוק ואהבת כו' מלמטה כן יהיה ערך ההמשכה אלהות מלמעל' למטה להיות המשכת אא"ס בכלים ואברים כו' כנ"ל · כי הנה ידוע דרך כלל שכל המצות נק' ה' חסדים בלבד נגד ה' פעמים מים אלא שנחלק בפרט לרמ"ח חסדים דהיינו רמ"ח המשכות האורות באברים וכלים כו' וכמ"ש בת"א וד"ל (וזהו ג"כ נגד חמשה פעמים אור שנזכר במעשה בראשית וענין ההפרש בין אור למים מבואר ומובן לי"ח וכמ"ש במאמר הזהר בפ' יום ליום יביע אמר אור מים רקיע כו' וכמ"ש בת"א דהחכמה כשיורדת ממקור החכמה נקרא מים כו' ע"ש וד"ל)· וזהו ענין קשר וחיבור פסוק והיו הדברים האלה כו' לפסוק ואהבת כו' · אך מה שתלה עיקר ההמשכה במצות קריאת התורה דוקא הענין הוא לפי שכל התורה כולה נקראת בשם שמותיו של הקב"ה וכמארז"ל הקורא בתורה כאלו קורא בשמותיו כו' וע"ד דוגמא מה שנק' התורה בשם מקרא הענין הוא כדוגמא מה שמצינו בחצוצרות שאמר הכתוב והיה לך למקרא העדה כו' לפי שע"י החצוצרות נקראים ונאספין כולם למקום אחד כו' וכך עד"ת מפני שע"י הקריאה והדיבור בתורה נקראים ונמשכים כל שמותיו של הקב"ה שהן בחי' שרשי האברים והכלים דע"י המעשה בפ"ת במצות כו' כי הדיבור קדם למעשה וכמאמר תלמוד גדול שמביא לידי מעשה כו' לכך נק' התורה בשם מקרא וזהו בתשב"כ אבל בתשב"פ שאין הקריאה עיקר לפי שאינה תלויה באותיות כלל שהרי באיזה לשון שיהיה כתובה ההלכה מתקיים מצות הלימוד בתורה שבעל פה מפני שהיא מלמטה למעלה כמ"ש בת"א לכך לא נאמר עליה ושננתם לבניך ודברת בם כו' אלא והיו הדברים האלה דוקא אשר אנכי כו' אמנם נכללת במצות הקריאה בתורה להיות הכל אחד כמ"ש בת"א והוא לפי שעיקרה הוא ההשגה וההשכלה שהוא מצות העיון כמ"ש והגית בו כו' ועי"ז נעשית בבחי' מ"כ להמשכת המ"ד שע"י קריאה בדיבור שבתורה שבכתב ומתאחדים כו' וזהו זכו"ר ושמו"ר בדיבור אחד נאמרו זכו"ר לדכורא בתושב"כ ושמור לנו"ק בתושבע"פ בדיבור אחד נאמרו מפני שמתייחדי' בתכלי' כו' וד"ל · וזהו ענין פרשה ראשונה דק"ש בפרט בג' ענייניס שהזכיר בה דהיינו מתחלה ענין האהבה בבחי' יחידה כנ"ל בפ' ואהבת כו' ואח"כ והיו הדברי' כו' ודברת בם והיינו כמ"ש אם ישים אליו לבו אח"כ רוחו ונשמתו כנ"ל ואח"כ וקשרתם לאות על ידך כו' מצות התפילין להיות ידוע מארז"ל דכל התורה הוקשה לתפילין כו' ולכאורה אינו מובן למה למצות התפילין דוקא ולא לשאר מצות וגם למה לא אמר ששקולה כנגד כל המצות כמו שאמר בציצית כו' ומהו זה שאמ' הוקשה כו' · אך הענין הוא לפי שבאמת צריך ג' לבושים שתתלבש בהם התורה והן מחשבה דיבור ומעשה ולנגד לבוש המחשבה הוא בכוונת הלב שבפסוק ואהבת כו' שעי"ז ישים אליו כו' וכנ"ל ובלבוש הדיבור הוא במצות קריאת התורה ודברת בם כו' ובלבוש המעשה הוא במה שאמר וקשרתם כו' כי הנה אנו רואים במצות התפילין שפ' שמע נכתבה בכתב דיו בקלף על הקלף הגשמי א"כ אנו רואים שענינה הוא שבחינת אחד יהיה בא ונמשך למטה בפעולת המעשה גשמית דהיינו גם בקלף ודיו גשמי' כו' ובזה יהיה מורה אחד עליון בתפילין שבראש וכמ"ש על התפילין וראו כל עמי הארץ כי שם ה' נקרא עליך ויראו ממך שם הוי"ה ממש כו' וזהו שאמרו שהוקשה כל התורה לתפילין לפי שכך הוא ג"כ שורש ענין כללות התורה כולה במה שתבא גם בלבוש המעשה הגשמית כנ"ל שאין זה אלא מפני שצריך שיומשך בחי' אחד עליון ויתגלה גם במעשה גשמית וזהו תכלית הכוונה בנתינת התורה כי הרי סוף מעשה במחשבה תחלה וזהו טעם אותו מ"ד דמעשה גדול כו' וד"ל · ולכך אמרו הוקשה כל התורה כו' שההיקש מורה לענין תכלית הכוונה שכמו שבתפילין תכלית הכוונה כך בכל התורה הוא תכלית הכונה וכנ"ל וזהו שסמך וקשרת' למצות ודברת כו' וד"ל:

והוא נביעו איהו° כנשמתא לגופא דאיהי חיים לגופא ובך לית דמיון ודיוקנא מכל מה דלגאו ולבר ובראת שמיא וארעא ואפיקת מנהון שמשא וסיהרא וכוכביא ומזליא · ובארעא אילנין ודשאין וגנתא דעדן ועשבין וחיון ובעירין ועופין ונונין ובני נשא לאשתמודעא בהון עילאין ואיך יתנהגון עילאין ותתאין ואיך אשתמודען עילאי מתתאי ולית דידע בך כלל · ובר מינך לית יחודא בעלאי ותתאי ואנת אשתמודע עלת על כלא ואדון על כלא וכל ספירא אית לה שם ידיעא ובהון איתקריאו מלאכיא · ואנת לית לך שם ידיעא דאנת הוא ממלא כל שמהן · ואנת הוא שלימו דכלהו · וכד אנת תסתלק מינייהו אשתארו כלהו

°ס"א דאיהו — שמהן

להבין המאמר כד אנת תסתלק מינייהו אשתארו כו' כגופא בלא נשמת' כו' והלא אם מסתלק אא"ס מהעולמות הכל חוזר לבחינת אין כמו שהיה קודם ההשתלשלות

שְׁמָהָן כְּגוּפָא בְּלָא נִשְׁמָתָא · אַנְתְּ הוּא חַכִּים וְלָא בְּחָכְמָה יְדִיעָא אַנְתְּ הוּא מֵבִין וְלָא בְּבִינָה יְדִיעָא · לֵית לָךְ אֲתַר יְדִיעָא אֶלָּא לְאִשְׁתְּמוֹדְעָא תּוּקְפָךְ וְחֵילָךְ לִבְנֵי נָשָׁא וּלְאַחֲזָאָה לוֹן אֵיךְ מִתְנַהֵג עָלְמָא בְּדִינָא וּבְרַחֲמֵי דְאִית צֶדֶק וּמִשְׁפָּט כְּפוּם עוֹבָדֵיהוֹן

דבני

ההשתלשלות ממש וא"כ למה אמר שישאר בחינת גופא עכ"פ ואין זה בחינת ביטול אמתי כאשר הגוף יתקיים ובאמת אין עוד מלבדו כתיב וכמאמר רז"ל קודם שנברא העולם היה הוא ושמו לבד כנודע · אך הנה כדי לתרץ קושיא זו יש להקדים תחלה להבין בפי' אורות וכלים שזהו הנק' נשמתא וגופא שהאורות נק' נשמתא והכלים נק' גופא כמ"ש גופין תקינת לון כו' ואחר כך יתבאר בפי' מ"ש כד אנת תסתלק כו' · והנה תחלה יש להבין בפי' בחינת אור א"ס מהו דהנה ידוע ומבואר בכמה מקומות דטעם מה שנק' בלשון אור שהוא כמשל זיו ואור השמש שאינו אלא בחינת התגלות בלבד ולא בחי' עצמיות כך בחי' אא"ס היינו רק בחי' ההתגלות בלבד ואין לו ערך כלל לגבי בחינת עצמותו ממש כביטול זיו השמש בשמש עצמה · ויובן יותר דבר זה ממשל חיי הנפש באיברי הגוף שאין חיות זה ג"כ רק בחינ' גילוי מעצמות הנפש דמפני שהוא רוח חיים בעצם ע"כ בהאיר ממנה אור לדבר זולתה יחיה אותו הדבר גם הוא אבל לא שחיות אותו הדבר נחשב מבחי' עצמיות רוח החיוני שבנפש (וכמו חום הנתפשט בבגדים רבים מחום העצמי שבמתכת האש וכיוצא שאין זה ג"כ רק בחינת גילוי התפשטות חמימות העצמות כו') ולהיות כן בהכרח לומר דמה שנראה מהות כוחות מחולקים באברי הגוף כמו כח השכל במוח והראיה בעין וכיוצא הנה כל אלה לא נתהווה רק בבחינת ההתגלות הזאת של הנפש שמתגלה בהארתה אז במוח יאיר אור שכל ובעין אור ראיה וכיוצא אבל בנפש עצמה בלתי ניכר התחלקות וחיתוך האברים כאלה אלא כלולים כולם כאחד ממש כאלו אינו אלא אור אחד פשוט והמופת לזה מה שאנו רואים שחגר וסומא מוליד ולד בגוף שלם כי מפני חסרון הרגל ועין בגופו לא נחסר כלל בנפשו כי אין בנפשו בחי' חיתוך להתחלקות האברים כאלה וע"כ יולד גוף שלם כללותו כו' וד"ל · ולהבין הדבר בביאור יותר הנה אנו רואים בנפש שבאה בגלגול בהמה וכיוצא שאין בבהמה לא שכל ולא מדות כטבעות נפש האדם אלא טבעה כבהמה ממש לפי שאין נפש האדם בגלגול מתפשטת בבחינת גילוי אלא היא נכוונת ומתכללת כמו שהיא בעצם מבלתי התפשטות אור כלל וע"כ אין בה בחינת התחלקות כוחות להתפשט בבהמה ונשארה הבהמה כמו שהיא כו' ומזה יובן עכ"פ שיש בנפש בחינ' עצמותה שמובדל בערך מבחי' התפשטותה בכוחות מחולקים להיות כי בחי' התחלקות כוחותיה אינו אלא בחי' התגלות שלה בלבד כדמיון זיו השמש שמאיר בחלל הארץ ויש עבים מפסיקים וכמו כן כלים מכלים שונים בחלונות המשנים מהות גילוי זה האור שכל זה אינו שייך כלל וכלל לבחי' עצמות מאור השמש וד"ל · והמופת היותר מחוק לנ"ל זה הוא מה שאנו רואים שלפי שכלו יהלל איש שהקטן בשנים כמו התינוק בן ב' וג' שנים מדותיו מצומצמים לענינים קטנים כי גם שכלו קטן וכשמתגדל מעט מעט מדי יום ויום יתוס' גידול בשכלו ובמדות כו': **וזהו** מ"ש אמרתי ימים ידברו ורוב שנים יודיעו חכמה אכן רוח היא באנוש כו' כלומר אמרתי שעיקר הסיבה להוספת השכל אינו אלא מצד הימים והשנים לפי שכלי השכל מתגדלים ברוב ימים ואין האמת כן כי רוח היא באנוש כו' פי' העיקר הוא נפשו שכלולה משכל ומדות ואמנם בחי' גידול שלהם למטה תלוי במציאות התרחבות הכלי שאז מתגלה יותר אור השכל והמדות אבל עיקר הדבר הוא בחי' הוספת הגילוי מבחי' עצמות הנפש וא"כ יש להבין מהתינוק מאחר שהגילוי אור השכל בא במוחו ברוב ימים דוקא הרי היה בחי' אור זה כלול בהעלם עצמיות הנפש קודם שיגיע עת התגלותו בזמן הראוי (וכמו שהבין רבה על אביי ורבא בקטנותם מה שיהיה ביכולת שכלם בגדולתם ואמר בוצין בוצין כו' לפי שיש בתינוק בהעלם בנפשו כל מה שעתיד לבוא מתנה בהתגלות באיברי גופו כו') וכמ"כ יובן שיש בנפש בחי' כל הכוחות בהעלם קודם שיבואו בהתגלות אלא שהן בה מבלתי התחלקות כלל וכנ"ל ואין בחי' הגילוי עושה שינוי כלל בבחי' העלם עצמות הנפש כו' שהרי אנו רואים שיש בהעלם בתינוק כל השכלות שיש בכוחו ולא ישכיל מאומה במוחו מפני שאין הכלי יכול לקבל הגילוי אבל אין זה שינוי כלל לבחי' ההעלם כו' וד"ל · וככל הדוגמא הזאת בנפש יובן למשכיל למעלה עד"מ גם בפי' בחי' הא"ס בכלל דמאחר שנק' בשם אור הרי הוא רק בחי' התגלות העצמיות כדמיון חיי הנפש בגוף אבל בחי' עצמותו ית' ממש נק' חיי החיים כלומר עצמות מקור כל החיים ולא בחי' גילוי בלבד · והנה מבחי' גילוי זה נמשך שורש בחי' הע"ס דאצי' כמו חכים ומבין וכיוצא כי בבחי' ההתגלות שייך להיות בחי' שורש להתחלקות להיות מקור למציאות דבר מה בפרט כמו שיאיר הא"ס בחכמה ויאיר גם בבינה עד שנק' חכים ומבין וכיוצא ופי' הא"ס בחכמה היינו שהוא מקור להתהוות מציאות החכמה באצילות ע"ד דמיון מהארת הנפש להאיר אור שכל במוח שקודם שהאיר כלל היה אור השכל בהעלם עצמיות השכל וכמשל ההעלם בתינוק וכנ"ל בארוכות ועד"ז יובן כל פרטי התהוות אורו' דע"ס דאצילות מבחינת הא"ס ב"ה וד"ל · וזהו פי' המאמר אנת הוא חד ולא בחושבן כו' פי' אנת קאי על

בחי'

בחינת עצמיות א"ס שלפני בחי' הצמצום שהיה ממלא כל החלל כו' כמ"ש בע"ח שנק' מ"ל דא"ס וע"ז אמרו רז"ל קודם שנברא העולם היה הוא ושמו בלבד וז"ש מלכותך מלכות כל וכו' מלכותך לנוכח להיותו בחי' גילוי עצמותו וע"ז אנו מבקשים לעתיד גלה כבוד מלכותך עלינו כו' כי הנה בחי' הארת הקו והחוט שנמשך ממנו אחר הצמצום אינו

דִבְנֵי נָשָׁא · דִין אִיהוּ גְבוּרָה מִשְׁפָּט עַמוּדָא דְאֶמְצָעִיתָא צֶדֶק מַלְכוּתָא קַדִישָׁא מֹאזְנֵי צֶדֶק תרין

אלא רק בחינת הארה בעלמא ממנו בערך טפה בים אוקינס כו' וכמשל העלם עצמות הנפש קודם התגלותה בחיתוך איברים שהתגלותה בגוף אינה אלא בחי' הארה בעלמא ואז מתחלק להאר בכוחות מחולקים כמו שכל במוח וכנ"ל · כך מבחינת התגלות אור הכללי שנק' מ"ל דא"ס נמשך בחי' המשכות פרטיו' רבות ע"י בחי' הקו דווקא בד' עולמות אבי"ע אבל מצד עצם בחי' מ"ל דא"ס אע"פ שהוא רק בחי' גילוי אבל הוא בחינת גילוי אור כללי ולא נמשך עדיין ממנו בחי' המשכה פרטית כו' · וזהו אנת בחי' מ"ל דא"ס הוא בחי' אור פשוט בתכלית האחדות הפשוטה ועדיין אינו בחושבן י"ס דאבי"ע כלל כי הוא ג"כ בחי' אין סוף למעלה מבחי' התחלקות המשכות פרטיות כנ"ל אלא אחר הצמצום נמשך ממנו בחינת הארת הקו להאיר בפרט בי"ס ואז נקרא חכים ומבין אבל מצד עצמותו לאו דאית לך מכל אלין מדות כלל וד"ל · והנה ראשית הגילוי מהארת הקו הנ"ל מאיר בחכמה דאצילו' שנקרא ראשית כמ"ש בראשית ברא ותרגומו בחוכמתא כו' לפי שהתחלת גילוי א"ס אינו אלא בדבר שהוא בחי' אין ולא בבחי' יש כידוע והחכמה הוא בחינ' אין ונק' כח מ"ה והחכמה מאין תמצא אבל בחינ' בינה נקרא יש כמ"ש להנחיל אוהבי יש כו' והטעם הוא לפי שהחכמה היא בחי' ראיה והבינה בחינת שמיעה ואינו דומה שמיעה לראיה כי בחי' השמיעה היא בחינת השגה והבנה כמ"ש דבר נא כי שומע עבדך כלומר מבין וכן הסכת ושמע כו' וכמו שנראה בחוש שמבין בלב כל דבר ששומע באזן ואמנם אינו מבין רק מצד השגה במוחו לפי ערך השגתו וע"כ השמיעה מרחוק כי לא נודע ונושג ממש אמיתת הדבר בהשגת השכל כמו שהוא ממש רק שמשיגו בהבנה עד"מ שמשיג בשכל ענין אחד שאינו רואה ממש אותו הענין אלא שמשיג בשכלו שכן הוא וה"ז מרחוק אבל החכמ' מקרוב דווקא להיותה בחינ' ראיה שלמעלה מן ההשגה וכמו חכם שרואה את הנולד רואה ממש אמיתת הדבר כמו שהוא בעין השכל (והכל יש בלב הלב מבין הלב רואה כי גם לשון ראיית השכל נאמר בלב כמו ולבי ראה הרבה חכמה כו' וכתיב ובלב כל חכם לב נתתי חכמה כו') וע"כ אמרו דאינו דומה כלל שמיעה לראיה דהנה במשה נאמר וירא ראשית לו שהיה בבחי' הביטול דחכמה וע"כ

היה בו בחי' הביטול בתכלית כמ"ש ונחנו מ"ה שהוא מ"ה דחכמה עד"מ הרואה את המלך שבטל במציאות ממש אבל בחי' שמיעה דבינה אין בה בחינת הביטול מאחר שאינו רואה בעין השכל לבחי' א"ס אלא שמשיג אותו בהשגה בלבד (כענין שמעתי שמעך יראתי כו') כמו שמע ישראל לשון הבנה כנ"ל שהוא מרחוק וע"ז נאמר מרחוק ה' נראה לי כו' וע"כ אין בה בחי' הביטול במציאות רק בחי' ההודאה בלבד כמ"ש ענו לה' בתודה כו' כמו מודים אנחנו לך שאתה הוא ה' כו' פי' עד"מ המודה לחבירו מצד השגתו שהדבר כן שאין זה רק מצד ההשגה ולא מפני שראה ממש כו' והיינו משום דבחי' בינה אין שם רק ההודאה וזהו ענין המאמר דבינה עד הוד התפשטות בבחי' הוד בלבד (אבל בחי' חכמה מתפשט גם בבחינת יסוד והוא ענין השכל דבלבא כמ"ש ולבי ראה הרבה חכמה כו' הגם שהלב מבין ג"כ אבל בינה זו בבחינת שמיעה מרחוק הוא והוא בחי' ההודאה בלבד לפי שיסוד אימא מסתיים בחזה כו' אבל יסוד אבא ארוך משל אימא ומאיר עד בחינת יסוד ז"א כו') ומכ"ז יובן הטעם להתלבשות א"ס בתחילה שאינו אלא בחכמה דווק' להיותה בבחינ' הביטול ואין א"ס שורה רק בבחי' אין כנ"ל משא"כ בבינה מאיר בריחוק מקום כמ"ש בע"ח לפי שהחכמה בראיה מקרוב והבינה בבחינת שמיעה מרחוק שהוא בחינת הודאה בלבד כו' וזהו ענין הידוע בזוהר דאור אבא מקנן באצי' ואימא מקננא בכורסייא כו' פי' אור אבא הוא בחי' חכמה שהוא בחי' ביטול כנ"ל מקנן באצי' לפי שאמרו באצי' איהו וחיוהי וגרמוהי חד פי' חיוהי וגרמוהי הנה או"כ וכלא חד בבחינת אחד"פ כי א"ס השורה בחכמ' דאצי' מאיר בהם בבחי' קירוב ולא בבחי' ריחוק והסתר גם בבחי' הכלים דאצילו' לפי שע"י הביטול דחכמה אין שום הסתר והעלם להעלים גילוי אור א"ס כו' משא"כ בבריאה שנקר' כורסייא הרי אין שם הארת אור אבא רק אור אימא כי בחי' הבריאה היינו נשמות ומלאכים שהן בע"ג ויש גבול להשגתם באור א"ס והשגה זו היא המוסתרת לבחי' גילוי א"ס שמפני שמרחוק ה' נראה להם דהיינו בבחינת ההודאה בלבד כנ"ל מפני שהשמיעה בבינה מרחוק דהיינו רק בבחי' הודאה בלבד ולא בחינ' ביטול כי אינו דומה שמיעה לראיה כנ"ל וז"ש דאור אימא שהוא בחי' בינה דאצילות מקננא בכורסיא דווקא שהוא עולם הבריאה כנ"ל בפי' המאמר דבינה עד הוד אתפשטת שכל הודא' מבינה כנ"ל וד"ל · וזה עיקר ענין ההפרש בין ברכה להודאה בהיות ידוע בפי' המאמר דאיהו ברוך ואיהי ברכה פי' איהו ברוך היינו בחי' אור אבא שנקרא ברוך להיות כי גילוי א"ס נמשך בחכמה להיותו בחי' מ"ה כנ"ל וע"כ נקרא ברוך לשון נפעל כמו והמלך שלמה ברוך כו'

גם ברוך יהיה וזהו בחי' אא"ס הנשפע בחכמה וע"כ השפע כנוסה ואסופה בו בבחי' מקור נובע כמו משל המעיין הנובע וזהו עיקר פי' ברוך כשיוכל לברך לאחרים להיותו מקור נובע מפני שהתלבשו' אא"ס בחכמה בלתי הסתר עדיין כנ"ל אבל שפע הנמשך מחכמה לבינה נקרא ברכה כלומר שכבר נגבלה ההשפעה כמשל הנהר שנמשך מן המעיין שיש מדה לתי הנהר וכידוע בפי' ונהר יוצא מעדן שהוא בחי' בינה שנק' רחובות הנהר כו' ושם הוא בחינת הודאה בלבד לפי שיש גבול להשגה כנ"ל · וזהו איהי ברכה והיינו עיקר ההפרש בין ברכות להודאות כמו שאנו אומרים ברכות והודאות כו' שהברכה בא"י כו' הוא בחי' המשכות אא"ס בחכ' שנק' יסוד אבא ברוך כנ"ל להיו' בחי' מקור נובע בלי גבול ובחינת הודאה הוא בבינה בלבד דבינה עד הוד אתפשטת כנ"ל וד"ל · ובכל זה יובן גם כן מאמר הזהר דאיהו בנצח ואיהי בהוד גם בבחינת זו"נ דמוחין דאו"א מלובשים בהן כנודע לפי ששרש ז"א רובו חסדים דאבא ושרש הנוק' רובה מבחי' הגבורות דאימא כמ"ש בע"ח וע"כ אמר דאיהו שהוא בחינת ז"א בנצח שהוא ענף החכמה כנודע ואיהי בחינת נוק' דז"א בהוד שהוא ענף הבינה כנודע לפי שג' קוין הן בכלל חח"ן בג"ה דת"י כידוע וחח"ן הרי נצח ענף החסד והחסד ענף החכמה כמ"ש בפרדס בשער הציורות ובג"ה הרי ההוד ענף הגבורה והגבורה ענף הבינה וביאור כ"ז נודע לפי שהחסד נולד מן השכל והנצח ענף מן החסד בלבד כמ"ש בת"א · ואמנם מ"ש דאיהי בהוד היינו לפי שבחינת המ"ל מסתתרת בבי"ע בע"ג אשר שם מוסתר אא"ס ואין שם רק בחי' ההודאה בלבד כנ"ל להיות שרש המ"ל מן קו השמאל דבינה שהוא בחינת השגה שאין בה רק הודאה והוא בחי' הוד שבקו שמאל ששרשו בבינה והיינו בחי' הוד דאימא דבינה עד הוד אתפשטת כנ"ל אבל איהו בנצח שהוא בקו הימין חח"ן לפי ששרש בחי' החסד דז"א מחסדים דאבא כו' והכל עולה לענין אחד דכמו שאו"א איהו ברוך ואיהי ברכה כנ"ל כך בחי' זו"נ מצד בחינת מוחין דאו"א שבהן איהו בנצח דאבא ואיהי בהוד דאימא כו' וד"ל · והנה כ"ז הוא ביומין דחול שהמ"ל מסתתרת בבי"ע ואז איהי בהוד בלבד אבל בשבת מתעלה בחי' המ"ל באצי' כמאמר למהוי כו' חד לקבל חד כו' לפי שגם בחינת או"א מתייחדין בשבת ביחוד עליון כמ"ש בגוונא דאינון מתייחדין לעילא אוף הכי איהי אתייחדת לתתא כו' פי' כמו שאו"א שנק' תרין רעין כו' מתייחדין לעילא כך בחי' המ"ל מתייחדת לתתא בז"א כנודע · והנה בחי' יחוד העליון דאו"א בשבת נקר' שבת עילאה או שבת דיומא להיות כי בחי' מוחין דאבא מאירין אז בבחינ' גילוי ובחינת מוחין

תְּרֵין סַמְכֵי קְשׁוֹט הִין צֶדֶק אוֹת בְּרִית קֹדֶשׁ כֹּלָּא לְאַחֲזָאָה אֵיךְ מִתְנַהֵג עָלְמָא אֲבָל לָאו דְאִית לָךְ

צדק

דאימא נכללים בדאבא וז"ש כי קדש הוא וקדש הוא בחי' אור אבא דווקא וכמ"ש בת"א בפי' המאמר קדש מלה בגרמי' כו' וכמ"כ בחינת יחוד תחתון דזו"נ נקר' שבת דמעלי שבתא שהמל' עולה מבריאה לאצי' כו' וד"ל · ובזה יובן מאמר רז"ל ע"פ ברכת ה' היא תעשיר שהוא יום השבת שנק' ברוך לפי שנאמר בו ברכה כמ"ש ויברך ה' את יום השביעי כו' לפי שבחי' מוחין דאבא שמאיר בשבת דיומא כנ"ל מאיר בו בחי' אור אין סוף ממש כנ"ל ואז דווקא נקרא ברוך בבחינת מקור נובע מצד הארת אא"ס כנ"ל · וזהו פי' הברכה שנאמר ביום השבת דוקא ויברך הוי' שהוא אור אין סוף ליום הז' שהוא בחי' מוחין דאבא כו' ונק' ברכת ה' משא"כ ביומין דחול שאור אבא מוסתר באימא להיות מוחין למדות דז"א בקטנות ששם אור א"ס בהסתר כנ"ל לא נק' ברכה כי לא נק' אור אימא ברכה לשון תקבל אלא דייקא כשמקבלת הברכה מאור אבא כשנקרא ברוך והיינו דייקא ביום השבת שבו נאמר ויברך הוי' כו' והוא עיקר ענין יחוד דאו"א בשבת כנ"ל וד"ל · וגם ענין מאמרז"ל חייב אדם לברך מאה ברכות בכל יום היינו כמו הארת בחינת מוחין דאבא שבשבת ופי' אדם זה היינו בחי' ז"א כידוע והוא חייב לברך מאה ברכות מפני ע"ס דאבא שכלול כאו"א מי' ובש"ע ח"י ברכאן נמשך מאור אבא בח"י חוליות דז"א כידוע בפי' הכורע כורע בברוך שהוא בחינת המשכה מלמעלה למטה כו' וד"ל · וע"כ יש בכל ש"ע דווקא מבחי' השבת כמ"ש בפע"ח וד"ל · ועתה יש להבין שרש ענין או"כ שנקרא גופא ונשמתא כנ"ל דהנה מבואר למעלה בבחי' הקו הנמשך מעצמות אא"ס שלפני הצמצום שהוא מקור הראשון לכל בחינת השתלשלות בפרט עד שיאיר אור ממנו בחכמה ואח"כ בבינה כנ"ל ופי' הארה זו היינו עד"מ בחי' התגלות אור מהנפש באדם למטה כמו הארת השכל במוח והראיה בעין וכיוצא כנ"ל אבל בחינ' עצמות הנפש הוא למעלה מבחי' התחלקות כוחות עדיין כו' ואח"כ מובן בהסתלק הארת הנפש בכלל יסתלקו ויתיל' כל כוחו' שלה שנמשכו בהסתלקותה ויוכללו כולם בעצמותה כמו שהיו קודם התגלותם בגוף כו' והנה ע"ד דמיון זה אמר באותו דוגמא למעלה בהארת אא"ס בע"ס דאצילות באו"כ ע"י בחינת הקו הנ"ל דהנה כל האורות נדמו לבחינת נשמה וכל כלים נדמה לבחינת הגוף כמו עד"מ השכל במוח הרי המוח בחי' כלים והשכל בחי' אור וכיוצא בזה בכל הכוחות שבאברים פנימיים וגם חיצונים כולם יש בהם בחינ' אור הנפש והן עצמן הן בחינת כלי לאור ואמנם נבדלים הם מבחינת האורות עד שגם בהסתלק האורות ויוכללו בנפש עכ"ז יש להן מציאות עכ"פ אלא שהן בלא חיות כלל וכלל וע"ד דוגמא ומשל כזה יובן גם למעלה בבחי' או"כ בע"ס

דאצי'

צֶדֶק יְדִיעָא דְאִיהוּ דִין וְלָא מִשְׁפָּט יְדִיעָא דְאִיהוּ רַחֲמֵי וְלָא מִכָּל אִלֵּין מִדּוֹת כְּלָל : בָּרוּךְ יְהוָה לְעוֹלָם אָמֵן וְאָמֵן :

דאצי' מאחר שהכתר והחכ' וכיוצא הן באין בהתלבשות בבחי' כלים כמו קרקפתא כלי הכתר ומוחא כלי החכ' ודרועא כלי החסד וכיוצא הרי בהכרח שנמשלו ע"ד כוחות הנפש שמתלבש באיברי הגוף וא"כ כאשר יסתלק בחי' הארת א"ס שמאיר בהן ע"י בחי' הקו הנ"ל שאז יסתלקו ממילא כל בחינות האורות דע"ס בפרט מבחי' הכלים שלהם אזי ישתאר כל בחי' כלי בלתי אור כמו כאשר ישתייר הגוף בלתי נשמה שאין בו חיות כלל וכלל אך מציאות בחי' הכלי נשארת עכ"פ כמו שישארו בחי' אברי הגוף בלא אור חיו' שבו כו' וז"ש כד אנת תסתלק מנייהו אשתארו כולהו כגופא בלא נשמתא פי' אנת קאי על מקור כל בחינות האורות והוא הארת א"ס שבקו הנ"ל ואם יסתלק ויוכלל בעצמות א"ס שלפני הצמצום אזי ישארו כל ההשתלשלות שבאצילות כגוף בלא נשמה דהיינו בחי' הכלים ישארו בלא אור וחיות כלל וכלל מחי החיים שהוא א"ס שהוא מאיר בע"ס והמה מיוחדין בתכלית בעצמות המאציל כמו שמיוחדים כחות הנפש בעצמות' כו' וכמאמר הס"י ע"ס בלי מ"ה כו' כשלהבת הקשורה בגחלת כו'. אך עדיין יש להבין לכאורה דהרי הקושיא עדיין במקומה עומדת דהאיך אפשר שישאר מציאות הכלי עכ"פ גם בלתי אור מאחר שאין עוד מלבדו ומתך הכל כו' איך בהסתלקות א"ס ח"ו כו' הכל חוזר לבחי' אין כו' כנ"ל. אך הענין דיש לשרש התהוות בחי' הכלים בחי' מקור מיוחד בפ"ע ע"ד שיש לבחי' כלי הגוף מציאות מיוחדת בפ"ע עכ"פ גם בלתי הארת האור והחיו' מהנפש כו' ושרש הענין הוא כידוע בע"ח שנשאר בחי' רשימו בחלל הצמצום שלפני המשכת הקו הנ"ל ומאותה בחי' הרשימו נעשה שרש התהוות מציאות בחי' הכלים ומבחי' הקו הנמשך אחר הצמצום הוא שרש לכל בחי' האורות כנ"ל וע"כ גם בהסתלק מקור כל האורות שהוא בחי' הקו הנ"ל אין זה הכרח כלל שיבוטל מציאות בחי' הכלים כי הרי יש להן שרש מיוחד בפ"ע שקדם לבחי' מקור התהוות האורות שהוא הקו והיינו בחי' הרשימו הנ"ל וד"ל. וביאור ענין זה יובן מתוך הנ"ל בפי' המאמר דאבא מקנן באצי' ואימא בכורסייא כו' דהיינו בחי' ביטול ובחי' הודאה שבחכמה להיות בחי' אין יותר גם בחי' הכלי לא יסתיר אורה כ"כ ע"כ בחי' אבא דמקנן באצי' אמרו דבאצי' כולו איהו ואיהי וגרמוהי שהן הכלי חד בבחי' הביטול אבל בבי"ע שבינה בלבד מאיר שם אז בחי' הכלים דשם מסתירים יותר ונמצא שיש בחי' גילוי א"ס שיהיה מאיר בבחי' הסתר עכ"פ כמו בבריאה ששם מוסתר יותר א"ס מטעם הנ"ל ועד"ז הולך ויורד בחי' ההסתר הזה עד רגלי העשיה ששם נאמר אל מסתתר שמסתתר בתכלית ההעלם עד שנראין לבחי' יש ודבר בפ"ע לגמרי כמו הע' שרים דעשיה וכמ"ש לי יאורי כו' וכ"ז מריבוי הצמצומים כידוע ואמנם הנה אנו מוצאין בהיפך מכל זה לגמרי והוא מה שאנו אומרים המלך הקדוש בשמים ובארץ פי' קדוש מובדל ושורה בהשואה א' בשמים בבחי' אצי' ובארץ בב"ע עד שאמרו דלית אתר פנוי מיניה פי' מעצמותו וגם בארץ הלז וכמ"ש הלא את השמים ואת הארץ אני מלא. אלא מוכרח לומר שכל הנ"ל בענין מיעוט האור במעוט אחר מעוט מאצי' עד סוף העשיה היינו רק בבחינת הארת הקו הנ"ל שהולך ומתמעט בירידת המדרגה מחכ' דאצי' עד סוף העשיה כו' אבל מצד בחי' ההעלם של עצמיות א"ס שבחלל הנק' מקום פנוי הרי הוא מאיר בהשואה אחת וכלולים בהשתלשלות שמשתלשל מהקו הזה מראש לרגל בלתי חילוק מדרגות כלל אלא שהשראה זו בהעלם גדול ולא בגילוי לכן שמים וארץ שוין בה היינו דלית אתר פנוי מיניה ממש וכמ"ש אני מלא אלא שהוא קדוש ומובדל בהם בבחי' ההעלם דוקא וד"ל. ומזה יובן הטעם בבחי' התהוות הכלים ג"כ במה שיש להן מציאות עכ"פ גם בהסתלק מהם בחי' מקור כל האורות שהוא בחי' הקו הנ"ל להיות שרשם מבחי' הרשימו שנשאר בחלל שהוא נחשב מבחי' העלם עצמיות הא"ס שע"ז נאמר אני מלא כנ"ל וע"כ יש להן מציאות עכ"פ להיות מקור שרשם מבחי' ההעלם דוקא ולא מבחי' הגילוי וד"ל. ובזה יובן שרש ענין המצות שהן להוסיף אור באצי' והוספה זו מבחי' העלם העצמי הוא כנודע בפירוש כיתרון אור מן החשך כו' להיותם בחי' הבירורים לאהפכא חשוכא כו' ונק' הוספת אור זה עד"מ כמו מתן בסתר שישנו לדבר במציאות אלא שמכוסה בתוכו כך הוספת אור זה מבחי' העלם העצמיות גנוז באצילות הוא עדיין להיות מתעלם בבחי' הכלים דוקא כידוע דרמ"ח פקודין רמ"ח אברין דמלכא כו' אבל לעתיד כתיב ולא יכנף עוד כו' ויתגלה בחי' מתן בסתר הזה מתוך הסתר הכלי שהוא המצות (כמ"ש במ"א כפי' מצוה שהוא הוי"ה בחילוף א"ת ב"ש במ"ם וצ' שבה ובהסיר הלבוש הזה היינו שם הוי"ה ממש) וזהו ואהבת בכל מאדך וא"כ אמר אנכי מי שאנכי שלפני בחי' הקו הנ"ל מלוך היום ודברת בם להוסיף אור בכלי כי תלמוד תורה כנגד כולם אבל זהו רק לגנוז האור בכלי וא"כ וקשרתם כו' כי הוקשו כל המצות לתפילין שהאור גנוז בהן ביותר כידוע בענין ד' פרשיות בד' בתים בפע"ח וד"ל :

ידיר

יְדִיד נֶפֶשׁ אָב הָרַחֲמָן · מְשׁוֹךְ עַבְדְּךָ אֶל רְצוֹנֶךָ ·
יָרוּץ עַבְדְּךָ כְּמוֹ אַיָּל · יִשְׁתַּחֲוֶה אֶל מוּל
הֲדָרֶךָ · יֶעֱרַב לוֹ יְדִידוּתֶיךָ · מִנֹּפֶת צוּף וְכָל טָעַם :
הָדוּר נָאֶה זִיו הָעוֹלָם · נַפְשִׁי חוֹלַת אַהֲבָתֶךָ · אָנָּא
אֵל נָא רְפָא נָא לָהּ · בְּהַרְאוֹת לָהּ נוֹעַם זִיוֶךָ ·
אָז תִּתְחַזֵּק וְתִתְרַפֵּא · וְהָיְתָה לָהּ שִׂמְחַת עוֹלָם :
וָתִיק יֶהֱמוּ רַחֲמֶיךָ וְחוּסָה נָא עַל בֵּן אֲהוּבֶךָ · כִּי
זֶה כַּמָּה נִכְסוֹף נִכְסַפְתִּי לִרְאוֹת בְּתִפְאֶרֶת
עֻזֶּךָ · אֵלֶּה חָמְדָה לִבִּי וְחוּסָה נָא וְאַל תִּתְעַלָּם :
הִגָּלֶה נָא וּפְרוֹס חֲבִיבִי עָלַי אֶת סֻכַּת שְׁלוֹמֶךָ :
תָּאִיר אֶרֶץ מִכְּבוֹדֶךָ · נָגִילָה וְנִשְׂמְחָה בָּךְ
מַהֵר אָהוּב כִּי בָא מוֹעֵד · וְחָנֵּנוּ כִּימֵי עוֹלָם :

ומתפללין תפלת מנחה של חול

סדר קבלת שבת

יו"ט ותוה"מ שחל בשבת אין אומרים לכו נרננה רק מתחילין מזמור לדוד

לְכוּ נְרַנְּנָה לַיהוָה נָרִיעָה לְצוּר יִשְׁעֵנוּ:
נְקַדְּמָה פָנָיו בְּתוֹדָה בִּזְמִרוֹת
נָרִיעַ לוֹ: כִּי אֵל גָּדוֹל יְהוָה וּמֶלֶךְ
גָּדוֹל עַל כָּל אֱלֹהִים: אֲשֶׁר בְּיָדוֹ
מֶחְקְרֵי אָרֶץ וְתוֹעֲפוֹת הָרִים לוֹ:
אֲשֶׁר לוֹ הַיָּם וְהוּא עָשָׂהוּ וְיַבֶּשֶׁת יָדָיו
יָצָרוּ: בֹּאוּ נִשְׁתַּחֲוֶה וְנִכְרָעָה נִבְרְכָה
לִפְנֵי יְהוָה עֹשֵׂנוּ: כִּי הוּא אֱלֹהֵינוּ
וַאֲנַחְנוּ עַם מַרְעִיתוֹ וְצֹאן יָדוֹ הַיּוֹם אִם
בְּקֹלוֹ תִשְׁמָעוּ: אַל תַּקְשׁוּ לְבַבְכֶם
כִּמְרִיבָה כְּיוֹם מַסָּה בַּמִּדְבָּר: אֲשֶׁר
נִסּוּנִי אֲבוֹתֵיכֶם בְּחָנוּנִי גַּם רָאוּ פָעֳלִי:
אַרְבָּעִים שָׁנָה אָקוּט בְּדוֹר וָאֹמַר עַם
תֹּעֵי לֵבָב הֵם וְהֵם לֹא יָדְעוּ דְרָכָי:
אֲשֶׁר נִשְׁבַּעְתִּי בְאַפִּי אִם יְבֹאוּן
אֶל מְנוּחָתִי:
שִׁירוּ לַיהוָה שִׁיר חָדָשׁ שִׁירוּ לַיהוָה
כָּל הָאָרֶץ: שִׁירוּ לַיהוָה בָּרְכוּ
שְׁמוֹ בַּשְּׂרוּ מִיּוֹם לְיוֹם יְשׁוּעָתוֹ: סַפְּרוּ
בַגּוֹיִם כְּבוֹדוֹ בְּכָל הָעַמִּים נִפְלְאוֹתָיו:
כִּי גָדוֹל יְהוָה וּמְהֻלָּל מְאֹד נוֹרָא הוּא
עַל כָּל אֱלֹהִים: כִּי כָּל אֱלֹהֵי הָעַמִּים
אֱלִילִים | וַיהוָה שָׁמַיִם עָשָׂה: הוֹד
וְהָדָר לְפָנָיו עֹז וְתִפְאֶרֶת בְּמִקְדָּשׁוֹ:
הָבוּ לַיהוָה מִשְׁפְּחוֹת עַמִּים הָבוּ
לַיהוָה כָּבוֹד וָעֹז: הָבוּ לַיהוָה כְּבוֹד
שְׁמוֹ שְׂאוּ מִנְחָה וּבֹאוּ לְחַצְרוֹתָיו:
הִשְׁתַּחֲווּ לַיהוָה בְּהַדְרַת קֹדֶשׁ חִילוּ
מִפָּנָיו כָּל הָאָרֶץ: אִמְרוּ בַגּוֹיִם יְהוָה
מָלָךְ אַף תִּכּוֹן תֵּבֵל בַּל תִּמּוֹט יָדִין
עַמִּים בְּמֵישָׁרִים: יִשְׂמְחוּ הַשָּׁמַיִם
וְתָגֵל הָאָרֶץ יִרְעַם הַיָּם וּמְלֹאוֹ: יַעֲלֹז
שָׂדַי וְכָל אֲשֶׁר בּוֹ אָז יְרַנְּנוּ כָּל עֲצֵי
יָעַר: לִפְנֵי יְהוָה כִּי בָא כִּי בָא
לִשְׁפֹּט הָאָרֶץ יִשְׁפֹּט תֵּבֵל בְּצֶדֶק
וְעַמִּים בֶּאֱמוּנָתוֹ:
יְהוָה מָלָךְ תָּגֵל הָאָרֶץ יִשְׂמְחוּ אִיִּים
רַבִּים: עָנָן וַעֲרָפֶל סְבִיבָיו צֶדֶק

ומשפט

וּמִשְׁפָּט מְכוֹן כִּסְאוֹ: אֵשׁ לְפָנָיו תֵּלֵךְ
וּתְלַהֵט סָבִיב צָרָיו: הֵאִירוּ בְרָקָיו
תֵּבֵל רָאֲתָה וַתָּחֵל הָאָרֶץ: הָרִים
כַּדּוֹנַג נָמַסּוּ מִלִּפְנֵי יְהוָה מִלִּפְנֵי
אֲדוֹן כָּל הָאָרֶץ: הִגִּידוּ הַשָּׁמַיִם
צִדְקוֹ וְרָאוּ כָל הָעַמִּים כְּבוֹדוֹ:
יֵבֹשׁוּ כָּל עֹבְדֵי פֶסֶל הַמִּתְהַלְלִים
בָּאֱלִילִים הִשְׁתַּחֲווּ לוֹ כָּל אֱלֹהִים:
שָׁמְעָה וַתִּשְׂמַח צִיּוֹן וַתָּגֵלְנָה בְּנוֹת
יְהוּדָה לְמַעַן מִשְׁפָּטֶיךָ יְהוָה: כִּי
אַתָּה יְהוָה עֶלְיוֹן עַל כָּל הָאָרֶץ מְאֹד
נַעֲלֵיתָ עַל כָּל אֱלֹהִים: אֹהֲבֵי יְהוָה
שִׂנְאוּ רָע שֹׁמֵר נַפְשׁוֹת חֲסִידָיו מִיַּד
רְשָׁעִים יַצִּילֵם: אוֹר זָרֻעַ לַצַּדִּיק
וּלְיִשְׁרֵי לֵב שִׂמְחָה: שִׂמְחוּ צַדִּיקִים
בַּיהוָה וְהוֹדוּ לְזֵכֶר קָדְשׁוֹ:

מִזְמוֹר שִׁירוּ לַיהוָה שִׁיר חָדָשׁ כִּי
נִפְלָאוֹת עָשָׂה הוֹשִׁיעָה לּוֹ
יְמִינוֹ וּזְרוֹעַ קָדְשׁוֹ: הוֹדִיעַ יְהוָה
יְשׁוּעָתוֹ לְעֵינֵי הַגּוֹיִם גִּלָּה צִדְקָתוֹ:
זָכַר חַסְדּוֹ וֶאֱמוּנָתוֹ לְבֵית יִשְׂרָאֵל
רָאוּ כָל אַפְסֵי אָרֶץ אֵת יְשׁוּעַת
אֱלֹהֵינוּ: הָרִיעוּ לַיהוָה כָּל הָאָרֶץ
פִּצְחוּ וְרַנְּנוּ וְזַמֵּרוּ: זַמְּרוּ לַיהוָה
בְּכִנּוֹר בְּכִנּוֹר וְקוֹל זִמְרָה:
בַּחֲצֹצְרוֹת וְקוֹל שׁוֹפָר הָרִיעוּ לִפְנֵי
הַמֶּלֶךְ יְהוָה: יִרְעַם הַיָּם וּמְלֹאוֹ תֵּבֵל
וְיֹשְׁבֵי בָהּ: נְהָרוֹת יִמְחֲאוּ כָף יַחַד
הָרִים יְרַנֵּנוּ: לִפְנֵי יְהוָה כִּי בָא לִשְׁפֹּט
הָאָרֶץ יִשְׁפֹּט תֵּבֵל בְּצֶדֶק
וְעַמִּים בְּמֵישָׁרִים:

יְהוָה מָלָךְ יִרְגְּזוּ עַמִּים יֹשֵׁב כְּרוּבִים
תָּנוּט הָאָרֶץ: יְהוָה בְּצִיּוֹן גָּדוֹל
וְרָם הוּא עַל כָּל הָעַמִּים: יוֹדוּ שִׁמְךָ
גָּדוֹל וְנוֹרָא קָדוֹשׁ הוּא: וְעֹז מֶלֶךְ
מִשְׁפָּט אָהֵב אַתָּה כּוֹנַנְתָּ מֵישָׁרִים
מִשְׁפָּט וּצְדָקָה בְּיַעֲקֹב אַתָּה עָשִׂיתָ:
רוֹמְמוּ יְהוָה אֱלֹהֵינוּ וְהִשְׁתַּחֲווּ לַהֲדֹם
רַגְלָיו קָדוֹשׁ הוּא: מֹשֶׁה וְאַהֲרֹן
בְּכֹהֲנָיו וּשְׁמוּאֵל בְּקֹרְאֵי שְׁמוֹ קֹרְאִים
אֶל יְהוָה וְהוּא יַעֲנֵם: בְּעַמּוּד עָנָן יְדַבֵּר
אֲלֵיהֶם שָׁמְרוּ עֵדֹתָיו וְחֹק נָתַן לָמוֹ:
יְהוָה אֱלֹהֵינוּ אַתָּה עֲנִיתָם אֵל נֹשֵׂא
הָיִיתָ לָהֶם וְנֹקֵם עַל עֲלִילוֹתָם: רוֹמְמוּ
יְהוָה אֱלֹהֵינוּ וְהִשְׁתַּחֲווּ לְהַר קָדְשׁוֹ
כִּי קָדוֹשׁ יְהוָה אֱלֹהֵינוּ:

מִזְמוֹר לְדָוִד הָבוּ לַיהוָה בְּנֵי אֵלִים
הָבוּ לַיהוָה כָּבוֹד וָעֹז: הָבוּ
לַיהוָה כְּבוֹד שְׁמוֹ הִשְׁתַּחֲווּ לַיהוָה
בְּהַדְרַת קֹדֶשׁ: קוֹל יְהוָה עַל הַמָּיִם
אֵל הַכָּבוֹד הִרְעִים יְהוָה עַל מַיִם
רַבִּים: קוֹל יְהוָה בַּכֹּחַ קוֹל יְהוָה

בְּהָדָר: קוֹל יְהוָֹה שֹׁבֵר אֲרָזִים וַיְשַׁבֵּר
יְהוָֹה אֶת אַרְזֵי הַלְּבָנוֹן: וַיַּרְקִידֵם כְּמוֹ
עֵגֶל לְבָנוֹן וְשִׂרְיוֹן כְּמוֹ בֶן רְאֵמִים:
קוֹל יְהוָֹה חֹצֵב לַהֲבוֹת אֵשׁ · קוֹל
יְהוָֹה יָחִיל מִדְבָּר יָחִיל יְהוָֹה מִדְבַּר
קָדֵשׁ: קוֹל יְהוָֹה יְחוֹלֵל אַיָּלוֹת וַיֶּחֱשֹׂף
יְעָרוֹת וּבְהֵיכָלוֹ כֻּלּוֹ אֹמֵר כָּבוֹד:
יְהוָֹה לַמַּבּוּל יָשָׁב וַיֵּשֶׁב יְהוָֹה מֶלֶךְ
לְעוֹלָם: יְהוָֹה עֹז לְעַמּוֹ יִתֵּן יְהוָֹה
יְבָרֵךְ אֶת עַמּוֹ בַשָּׁלוֹם:

אָנָּא בְּכֹחַ גְּדֻלַּת יְמִינְךָ תַּתִּיר צְרוּרָה · אב״ג ית״ץ
קַבֵּל רִנַּת עַמְּךָ שַׂגְּבֵנוּ טַהֲרֵנוּ נוֹרָא · קר״ע שט״ן
נָא גִבּוֹר דּוֹרְשֵׁי יִחוּדְךָ כְּבָבַת שָׁמְרֵם · נג״ד יכ״ש
בָּרְכֵם טַהֲרֵם רַחֲמֵי צִדְקָתְךָ תָּמִיד גָּמְלֵם · בט״ר צת״ג
חֲסִין קָדוֹשׁ בְּרוֹב טוּבְךָ נַהֵל עֲדָתֶךָ · חק״ב טנ״ע
יָחִיד גֵּאֶה לְעַמְּךָ פְּנֵה זוֹכְרֵי קְדֻשָּׁתֶךָ · יג״ל פז״ק
שַׁוְעָתֵנוּ קַבֵּל וּשְׁמַע צַעֲקָתֵנוּ יוֹדֵעַ תַּעֲלֻמוֹת · שק״ו צי״ת
בָּרוּךְ שֵׁם כְּבוֹד מַלְכוּתוֹ לְעוֹלָם וָעֶד:

לְכָה דוֹדִי לִקְרַאת כַּלָּה · פְּנֵי שַׁבָּת
נְקַבְּלָה: לכה
שָׁמוֹר וְזָכוֹר בְּדִבּוּר אֶחָד · הִשְׁמִיעָנוּ
אֵל הַמְיֻחָד · יְהוָֹה אֶחָד וּשְׁמוֹ
אֶחָד · לְשֵׁם וּלְתִפְאֶרֶת וְלִתְהִלָּה: לכה
לִקְרַאת שַׁבָּת לְכוּ וְנֵלְכָה · כִּי הִיא
מְקוֹר הַבְּרָכָה · מֵרֹאשׁ
מִקֶּדֶם נְסוּכָה · סוֹף מַעֲשֶׂה בְּמַחֲשָׁבָה
תְּחִלָּה: לכה
מִקְדַּשׁ מֶלֶךְ עִיר מְלוּכָה · קוּמִי צְאִי
מִתּוֹךְ הַהֲפֵכָה · רַב לָךְ שֶׁבֶת
בְּעֵמֶק הַבָּכָא · וְהוּא יַחֲמוֹל עָלַיִךְ
חֶמְלָה: לכה
הִתְנַעֲרִי מֵעָפָר קוּמִי · לִבְשִׁי בִּגְדֵי
תִּפְאַרְתֵּךְ עַמִּי · עַל יַד בֶּן
יִשַׁי בֵּית הַלַּחְמִי · קָרְבָה אֶל נַפְשִׁי
גְאָלָהּ: לכה
הִתְעוֹרְרִי הִתְעוֹרְרִי · כִּי בָא אוֹרֵךְ
קוּמִי אוֹרִי עוּרִי עוּרִי שִׁיר
דַּבֵּרִי · כְּבוֹד יְהוָֹה עָלַיִךְ נִגְלָה: לכה
לֹא תֵבוֹשִׁי וְלֹא תִכָּלְמִי · מַה
תִּשְׁתּוֹחֲחִי וּמַה תֶּהֱמִי · בָּךְ יֶחֱסוּ
עֲנִיֵּי עַמִּי · וְנִבְנְתָה הָעִיר עַל
תִּלָּהּ: לכה
וְהָיוּ לִמְשִׁסָּה שֹׁאסָיִךְ · וְרָחֲקוּ כָּל
מְבַלְּעָיִךְ · יָשִׂישׂ עָלַיִךְ אֱלֹהָיִךְ ·
כִּמְשׂוֹשׂ חָתָן עַל כַּלָּה: לכה
יָמִין וּשְׂמֹאל תִּפְרוֹצִי · וְאֶת יְהוָֹה
תַּעֲרִיצִי · עַל יַד אִישׁ בֶּן פַּרְצִי ·
וְנִשְׂמְחָה וְנָגִילָה: לכה
בּוֹאִי בְשָׁלוֹם עֲטֶרֶת בַּעְלָהּ · גַּם בְּרִנָּה
(כיו״ט בְּשִׂמְחָה) וּבְצָהֳלָה · תּוֹךְ
אֱמוּנֵי עַם סְגֻלָּה · בּוֹאִי כַלָּה בּוֹאִי
כַלָּה: יאמרו בלחש פעם ג׳ בּוֹאִי כַלָּה שַׁבָּת
מַלְכְּתָא: לכה מזמור שיר ליום השבת כו׳

כגוונא

*) בשבת קודש נרכו אומרים זה המאמר והוא מזוהר פרשת תרומה:

כְּגַוְנָא דְּאִינּוּן מִתְיַחֲדִין לְעֵילָּא בְּאֶחָד אוּף הָכִי אִיהִי אִתְיַחֲדַת לְתַתָּא בְּרָזָא דְּאֶחָד

למהוי

כגונא דאינון מתייחדין לעילא באחד פי' דאינון מתייחדין קאי אמאמר דלעיל מיניה שמדבר בבחינת ששה קצוות דז"א שהם זהב וכסף ונחשת ותכלת וארגמן כו' וכמו שפירש לעיל זהב יומא דדינא בר"ה וכסף ביו"כ כו' ועתה חוזר לבאר ענין ובחי' היחוד בששה קצוו' הללו ואמר דאינון ו"ק מתייחדין לעילא באצי' בתכלי' היחוד במאציל שנקרא אחד סתם דהיינו בבחי' אחדות הפשוטה דאור א"ס ממש וז"ש דאינון מתייחדין לעילא באחד וד"ל · ומה שאמר לעילא דוקא הנה תחילה יש להבין ביאור ענין היחוד הזה · דהנה בחי' המדות העליונות דאצילות כשהן באין למטה בבחינת אור וכלי דוקא אזי המה באים לבחינת פירוד והתחלקות זה מזה בתכלית הפירוד אבל בהיותם כלולים עדיין בבחי' האורות דהיינו בבחי' המוחין שבהם אזי המה מתכללים זע"ז להיותם מתאחדים כולם בבחי' אור הפשוט שמאיר עליהם כנ"ל · ודוגמא לדבר זה הנה יובן למשכיל בבחי' המדות שבאדם התחתון שהן חסד ודין וכיוצא הרי מדת הדין נפרד לגמרי ממדת החסד שהרי אין מרחמין בדין כלל וכיוצא אמנם היינו דוקא לאחר שיצא מדה"ד לחוץ באיזה דבר שחוץ ממנו כמו שאנו רואים שכאשר יגבר הכעס בלב אדם יצוה להכות ולענוש וכיוצא והרי הכעס הזה יוצא חוץ ומלבו להתלבש במעש' ההכאה או צווי ההכאה בדבור וכיוצא אך כאשר עדיין הקפידה והכעס אינו יוצא לחוץ אלא מתעלם ונסבל תוך כלי הלב אזי יש מקום למדת החסד עדיין להפוך למדת הדין או לערב דבר מה מן החסד עד שלא יצוה ויעשה ככל העונש הנגזר עפ"י מדה"ד ונמצא מתאחד הדין עם החסד ומתכללים זע"ז · וזהו דוקא קודם שיצא ומדת הדין להתלבש בכלי אבל לאחר שיצא אין להשיב ואין מרחמין בדין וכמו ענין אשר נכתב ונחתם בטבעת המלך אין להשיב כו' · ועד"ז יובן עוד שגם במדות שבלב יש ג"כ ב' מדריגות הא' בחי' התגלותן בלב שאז נקרא הלב כלי לאור המדה כמו שהיא נשפעת בלב מן המוחין שבראש והב' קודם שיצאו לידי גילוי בלב ואז יותר המה מתאחדים ומתכללים חו"ג וכיוצא מצד בחי' המוחין שמאיר בהם כנ"ל משא"כ בהתגלותן בלב שנעשים נפרדים יותר כמו האהבה והשנאה שלא ישכנו כא' בכלי הלב כנ"ל · ונמצא מובן מכ"ז שמצד בחי' האורות של המדות יש בהם בחי' ההתכללות זע"ז ומצד בחי' הכלים שלהם נעשה בהם בחי' הפירוד וההתחלקות וכל שבא בחי' האורות יותר בבחי' גילוי הכלים יותר באין לידי פירוד כנ"ל וד"ל · והנמשל מכ"ז יובן למשכיל למעלה בבחי' מדות העליונות דאצילות שהן באים ג"כ בבחי' אור וכלי כמו חסד דרועא ימינא כו' וכידוע שבחינת ז"א דאצי' נקרא לב כשבא להשפיע בבחי' המ"ל דוקא כמ"ש כמים הפנים לפנים כן לב האדם לאדם כו' שהוא בחי' גילוי התחלקות האורות בכלים דווקא והוא הנק' זהב וכסף כנ"ל בשינוי הניכר בהתחלקות ופירוד בגוונין חו"ג כנ"ל ומכ"ש כשבאין בחי' הללו לבי"ע אזי הם נמצאים בבחינת הפירוד יותר כמו וחרה אף הוי"ה כמו בבחי' החרון והכעס למטה באדם כשבא לבחינת כלי כמו בדבור או במעש' כנ"ל וכנ"ל והיפך בבחי' כלי החסד דאצילות בבי"ע ואמנם מחולקים המה בתכלית הפירוד אבל כל שהמדות עליונות יותר בהפשט מבחינת הכלים דאבי"ע יותר הן בבחינת היחוד וההתכללות כמו מצד בחי' הארת המוחין דאו"א כו' וכמבואר מתוך משל הנ"ל · וזהו עיקר ענין המתקות כל הדינים שנעשה דוקא ע"י בחי' היחוד שהוא בחי' המשכת המוחין דאו"א בז"א כי שרש הדינין בא מסיבת הכלים דוקא לפי שמחלקין ומפרידין האורות כנ"ל · ויובן זה עוד בתוס' ביאור באופן אחר ממה שאנו רואים החמימות שבכעס שמסתעף מן החמימות שבלב והרי יש בחי' חמימות אש בלב שהוא בלתי כעס ורוגז כלל כמו ההתלהבות ברשפי אש התשוקה לדבר מה כו' ומ"מ ענין אחד הם שהרי האדם הרתחן בטבעו עלול טבע לבבו לבחי' ההתלהבות ברשפי אש התשוקה כי משרש א' הוא אך בחי' ההתלהבות אין בו דינין עדיין מפני שהארת המוחין יש בהן יותר משא"כ בחי' הכעס שהמוחין מתמעטי' או כמו שאמרו בא לכלל כעס בא לכלל טעות וכמ"ש וכעס בחיק כסילים ינוח לפי שבכעס יש מיעוט הדעת כי אם היו הדעת והמוחין מאירים לא היה בא לכלל כעס והמופת לזה מן התינוק שדעתו קצרה יכעוס בנקל יותר מהגדול שדעתו רחבה כו' · וכדוגמא זאת יובן למעלה בבחי' דינין העליונים שבאין למטה בבי"ע שזהו דווקא מבחי' המוחין במדות כידוע וז"ש וחרה אף כו' וכן מ"ש חמת ה' כו' וכיוצא אבל כשיש בחי' גדלות המוחין העליונים במדות נקרא מדה זו עצמה בשם אחר דהיינו כמו בחי' גבורות דיצחק שהוא כמו בחינת התלהבות למטה שנמשל למראה הזהב שהוא דבר יקר מאד מאד כידוע מעלת הזהב על הכסף כו' · ונמצא מובן גם מזה שמפני בחי' המוחין כשמאירים יותר עושין בחי' היחוד במדות ביותר שמזה נעשה בחי' המתקת הדינין כנ"ל וזהו שאמר כאן דאינון ו"ק הנ"ל מתייחדין לעילא דווקא דהיינו בבחינת האצילות כשיש בהם בחינת הארת המוחין דאו"א כמו בשלש רגלי' שבכאו"א יש הארת מוחין דאימא בפסח מבחי' החסד כו' ועי"ד פרט מבואר במאמר הסמוך לזה דזהב הוא ר"ה וכסף הוא יום כפור כנ"ל וד"ל :

אוף הכי איהי אתייחדת לתתא כו' · הנה ידוע דיש בחי' ו"ק ג"כ במ"ל דאצילות כמו שיש ו"ק בז"א ואלין

איקרון

*) הוספת המו"ל.

איקרון ימות עולם כו' ויש בהן ג"כ בחי' גדלות וקטנות והוא בחי' מט"ע וס"נ כו' שהן בחי' הכלים דע"ס דבריאה ויצירה כו' שמשם שרש התהוות המלאכי' והנשמות דבי"ע כמו מחנה מיכאל נמשך מבחינת כלי החסד דבריאה וכידוע ומבואר במ"א · והנה בחי' היחוד בו"ק הללו היינו ג"כ ע"ד הנ"ל בבחי' ו"ק דז"א שבא מצד בחי' הארת המוחין דוקא וכך גם כאן כידוע בבחינת יחודא תתאה שבמ"ל שמפני גילוי שכינה ביתר מכפי המדה והצמצום של האור בכלים דע"ס דבריאה ויצירה כנ"ל נמשך בחינ' ביטול במציאות במלאכים וגם שהם ב' הפכים יתכללו ויתאחדו כמו מיכאל וגבריאל למעלה בעולם הבריאה ולמטה בעולם העשיה היינו שר של אש ושר של מים שאין מכבין זא"ז כמ"ש עושה שלום במרומיו כו' והיינו לפי שבא עליהם הארה עליונה משניהם יחדיו עד שמתבטלים ממציאותם לגמרי כי מה שהם מחולקים ומפורדים זמ"ז היינו מצד שכאו"א מיוחד בכלי בפ"ע כו' כמשל הידוע בשני תלמידים כשבאי' לפני הרב לא יחלקו במחלוקת כלל והיינו מחמת בחי' תוספת האור בכלים דע"ס דבריאה שהוא בא מבחי' מוחין דגדלות מבחי' או"א דבריאה וכיוצא וע"ד הנ"ל בו"ק דאצילות וזהו ענין ובחינ' היחוד במ"ל דאצי' דאתייחדת לתתא בבי"ע דהיינו שכולם מתבטלים ונכללים בהעלאת מ"ן בו"ק שבמ"ל ושם מאיר תוספת אור מבחי' אור א"ס שמאיר בחו"ב שבמ"ל כנ"ל · ולהיות ידוע שהעולם הנברא עכ"פ הוא דומה בדמיון לעולם הנאצל וכמ"ש נעשה אדם בצלמנו כדמותנו וכמ"ש במ"ל דאצי' ומראה דמות כבוד הוי"ה כו' ע"כ אמר דכגוונא דאינון מתייחדין לעילא באותו אופן והדוגמא ממש איהי אתייחדת לתתא כו' דהיינו שבחי' יחוד ו"ק שבמ"ל מתדמה ממש כגוונא דאינון ו"ק מתייחדין לעילא כו' מטעם הנ"ל אך זהו ההפרש ביניהם שביחוד העליון דו"ק דז"א אמר שמתייחדין באחד עצמו וביחוד התחתון שבמ"ל אמר דאתייחדת לתתא ברזא דאחד בלבד ולא א' עצמו כו' · והענין הוא כי הנה באצי' אמרו דאיהו וחיוהי וגרמוהי חד כנ"ל שאורות וכלים מתאחדים בהארת א"ס בתכלית דהיינו בבחי' גילוי האור משא"כ בכלים דע"ס דבריאה דכתיב ומשם יפרד כו' רק שהמלאכים ונשמות מתבטלין ממציאותם וה"ז בחי' ביטול היש ולא ביטול עצמי כמו שהוא בבחי' האצילות מטעם בחי' גילוי אור אין סוף שיש בכלים דאצילות יותר כנ"ל · וזהו שאמר ביחוד תחתון שמתייחדת המ"ל ברזא דאחד בלבד פי' ברזא בחינת הסוד וההעלם כנ"ל משא"כ באצי' דאיהו וחיוהי כו' בבחי' גילוי אור אמר שמתייחדים באחד עצמו בלתי העלם והסתר וד"ל:

למהוי עמהון לעילא חד כו' · פי' מתחילה צ"ל היחוד שבו"ק דבריאה ברזא דאחד בלבד כנ"ל ואחר כך עולה המלכות מבריאה לאצילות ומתייחדת בז"א בבחי' האצי' דוקא ושם נקרא זו"נ חד לקבל חד ממש וכמו שאמר בסוף המאמר למהוי אחד באחד כו' וז"ש למהוי אח"כ עמהון לעילא בבחינת האצי' כו' וד"ל:

לְמֶהֱוֵי עִמְּהוֹן לְעֵילָא חָד לָקֳבֵל חָד קוּדְשָׁא בְּרִיךְ הוּא אֶחָד · לְעֵילָא לָא יְתִיב עַל כּוּרְסַיָּא דִיקָרֵיהּ עַד דאתעבידת

קודשא בריך הוא אחד לעילא לא יתיב על כורסיא דיקריה כו' · פי' כורסייא דיקרי' בלשון הקדש הוא הנקרא כסא הכבוד כי תרגום כבוד יקר והנה ידוע דכבוד העליון היינו בחי' מלכות דאצילות כמו שכתוב למען יזמרך כבוד כו' ונקרא דמות כבוד הוי' כו' ופי' כסא הכבוד היינו כשבחי' המ"ל נעשה בחינת עתיק לבריאה כידוע שאז נקרא כחב"ד דבריאה בשם כסא וכמ"ש בזהר ור"מ בפי' שש מעלות לכסא שהן בחינת ו"ק דבריאה שנקרא שש מעלות בלבד לכסא הוי' וכמ"ש וישב שלמה על כסא ה' כו' וכמ"כ וישב הוי"ה מלך לעולם וידוע שבחי' הישיבה הוא ענין הירידה והשפלה מחב"ד וחג"ת שבמ"ל לישב בכפיפת קומה על הכסא כו' וכמ"ש במ"א והכסא כ"ס א' היינו בחינת כחב"ד דבריאה שנקרא כס ונרתק לשם אלהים שהוא בחי' מ"ל שנקרא כבוד בחי' חכמה תתאה וזהו פי' כסא הכבוד בכל מקום · ובאופן אחר הנה בחינת היכל קדשי הקדשים ששם יחוד דזו"נ כידוע בענין סמיכות גאולה לתפילה כו' בו שורה בחינת כסא הכבוד הנ"ל דהנה פי' קה"ק היינו כתר שנקרא קה"ק כי פירוש קדשים היינו בחינת חו"ב ודעת הממוצע ביניהם ובחי' כחב"ד שנקרא קה"ק היא שורה בהיכל הזה הנק' היכל ק"ק דבריאה והוא השביעי ויש ששה היכלות זולתו וכולן נכללין ועולין בהיכל הזה הנקרא ק"ק כמבואר בהיכלות דפרשה פקודי · וענין ובחי' אותו ההיכל היינו שהוא בחינת כלי ומכון לשכון בו בחי' כחב"ד שנק' כסא הכבוד כנ"ל וע"כ אמר בזהר דלפעמים נקרא ד' זויות ההיכל הזה בשם ד' סמכינהו ד' רגלין דכסא ה' להיותו בחי' היכל ובית בחיצוניו' בלבד כו' ובהיכל ק"ק הזה שם היחוד דזו"נ דאצי' בגול דוקא וזהו שאמר כאן דבשבת שאז בחינת עליות העולמות מבריאה לאצילות הנה כל הששה היכלות דבריאה מתייחדין תחילה ונכללין בהיכל הז' הנקרא היכל ק"ק כנ"ל ואז אתעבידת בחי' המ"ל הנקר' כבוד ברזא דאחד ע"י היחוד הזה כי זהו בחי' העלאת מ"ן מכל הבירורי' דששת ימי המעשה וכולם עולין ונכללין ביסוד דנוקבא דז"א שנקרא רזא דאחד כו' וכמ"ש עלי באר כו' ואז דווקא קודשא בריך הוא שהוא בחי' ז"א דאצילות יתיב על כורסייא דיקריה היינו בחי' כסא הכבוד הנ"ל שהן בחינת כחב"ד דבריאה שנקרא קה"ק ומתייחד במ"ל שנק' כבוד תתאה בהיכל זה הנק' היכל ק"ק כי הוא המקום שהמשפיע והמקבל נתחברים

יחד

יחד׳ כי התחתון עולה כל מה שיוכל והעליון יורד כל מה שיוכל וזהו כללות ענין מאמר זה דקודשא בריך הוא שהוא אחד לעילא בבחינת האצילות כנ״ל בענין דאינון מתייחדין לעילא כו׳לא יתיב למטה בהיכל

דְּאִתְעֲבִידַת אִיהִי בְּרָזָא דְאֶחָד כְּגַוְנָא דִילֵיהּ לְמֶהֱוֵי אֶחָד בְּאֶחָד וְהָא אוּקִימְנָא רָזָא דַיהֹוָה אֶחָד וּשְׁמוֹ אֶחָד :

רָזָא דְשַׁבָּת אִיהִי שַׁבָּת דְּאִתְאַחֲדַת בְּרָזָא דְאֶחָד למשרי

ק״ק דבריאה עד דאיהי אתעבידת תחילה ברזא דאחד כגוונא דיליה פירו׳ כי תחילה יתכללו כל הו״ק דבריאה שנק׳ שש מעלות לכסא הכתב״ד דבריאה ואז דוקא יתיב על כורסייא דבריאה ואחר כך עולים זו״נ למעלה באצילות להתייחד שם בבחינת יחוד העליון ואם לאו אינם עולים באצילות כלל כי ע״י יחודא תתאה דווקא יעלו באצילות למהוי אחד באחד כנ״ל וד״ל :

רזא דשבת איהי שבת דאתאחדת ברזא דאחד למשרי עלה רזא דאחד · פי׳ רזא דשבת בחי׳ סוד הנעלם וכמוס בשרש ענין השבת והנה בדרך כללות יש ב׳ מדריגות בחי׳ שבת דמעלי שבתא דאיהי שבת דאתאחדת ברזא דאחד בבחי׳ או״ח מלמטה למעלה ובחינת שבת דיומא שהוא או״י מלמעלה למטה והיינו למשרי עלה רזא דאחד כו׳·וביאור ב׳ מדריגות שבת הללו יובן בהקדים הידוע ע״פ וירא אלקים את כל אשר עשה והנה טוב מאוד דהנה שרש ענין השבת הוא כמ״ש כי בו שבת וינפש והיינו עד״מ באדם התחתון כאשר שובת ממלאכתו הגשמית כמו ממלאכת הכתיבה באצבע וכיוצא שמתחילה בשעה שכתב היתה כח התנועה שבידו מתפשטת חוץ מעצמותו וגם כח שכלו נתפשט באותיות שכותב ומדותיו שבלב ג״כ נתפשטו בכח המעשה ההיא וכאשר שובת ונח חוזר כח התנועה אל עצמותו וממילא חוזרים גם המדות והשכל אל עצמות הנפש והוא הנקרא בזהר נייחא דרוחא כידוע וזהו שרש ענין השבת למעלה כמ״ש כי בו שבת וינפש שהוא גם כן בחי׳ אור חוזר מכל שפע עליונה שנשפע בו׳ יומין דחול מו״ק דז״א בבי״ע כו׳ וזהו בחינת שבת דמעלי שבתא שהוא מתקדש היום בליל שבת דאז דוקא זמן עליות כל העולמות אל בחינת המ״ל ובחינת המ״ל עולה בכללות הכל לבחינת האצילות מפני שנאמר אז ויכולו השמים והארץ כו׳ וישבות מכל מלאכתו כו׳·אך הנה מתחילה נאמר וירא אלקים את כל אשר עשה והנה טוב מאד ויהי ערב כו׳ יום הששי דמשמע שבכללות יום הו׳ התבונן בכל אשר עשה כו׳ והענין הוא שבכל השפעה יש בחי׳ תענוג בהכרח כידוע עד״מ תענוג המשפיע שכל למקבל וכיוצא אך בשעה שמשפיע אינו מרגיש העונג כ״כ אך בכלות וגמר שפעו אז מרגיש העונג מאד והיינו דוקא מאשר יתבונן אח״כ איך שהטיב לדבר דבר חכמה עד״מ וכיוצא או מאשר הטיב לבנות בנינו התפואר והוכשר הדבר מאד בעיניו אזי דווקא יקבל עונג מהבנין וכיוצא בה משאר מלאכת ירידת אור שפע יהיה מה שיהיה כו׳ ונמצא ה״ז עונג הבא בבחי׳ או״ח דהיינו בחי׳ העלאת העונג מלמטה למעלה כי הרי הוא מקבל העונג בעצמותו ומהותו מטוב המעשה שהיא כבר ירדה למטה כו׳·וכדוגמא זאת יובן למשכיל למעלה במ״ש וירא אלקים את כל אשר עשה אחר כלות כל השפעה העליונה אז דוקא הוא בחי׳ העלאת עונג מלמטה למעלה בחי׳ או״ח וזהו שכתוב והנה טוב מאד כידוע דטוב הוא בחי׳ יסוד דז״א וטוב מאד היינו בחי׳ יסוד דע״י וז״ש צדיק כתמר יפרח כארז בלבנון ישגה כו׳ וזהו כל הסדר ·דמזמור של יום השבת טוב להודות לה׳ כו׳ עלי עשור כו׳ כי שמחתני הוי׳ בפעליך דוקא כו׳ להיות אז בחי׳ עליית המ״ל מבי״ע עד הכתר וז״ש ותרם כראם קרני כו׳ וכמו ותרם התיבה בחודש הז׳ כו׳ ואז ג״כ צדיק שהוא בחינת יסוד ז״א כארז בלבנון ישגה שהוא בחי׳ יסוד דע״י מטעם שהעונג עולה בבחינת או״ח כנ״ל וד״ל · וכ״ז בחינת שבת דמעלי שבתא דהיינו כל ליל שבת וז״ש איהי שבת דאתאחדת ברזא דאחד בבחי׳ או״ח כנ״ל אך בתנאי כאשר אתאחדת תחילה בו״ק דבריאה וכולם נכללים במ״ל כנ״ל בפי׳ דאתעבידת ברזא דאחד דאם לא אין עולים זו״נ לאצילות כלל כנ״ל · אך בכאן אומר דאתאחדת ברזא דאחד דהיינו בבחי׳ היחוד דאצי׳ שעולה עד רום המעלות כנ״ל וד״ל · ואחר כך אמר למשרי עלה רזא דאחד פי׳ למשרי עלה היינו בחי׳ אור ישר הבא ושורה על המ״ל מלמעל׳ למטה והיינו בחי׳ שבת דיומא דכתי׳ ביה וקראת לשבת עונג כו׳ פי׳ וקראת היינו בחי׳ הקריאה וההמשכה מלמעלה למטה דוקא כידוע · והענין הוא עד״מ לאחר שרואה אדם את כל מעשה בנינו וכיוצא והוכשר מאד בעיניו כנ״ל הנה אח״כ הוא דר ויושב בו ומשתעשע מאד כשיושב בו שאז הוא בחי׳ אור ישר דהיינו בחינ׳ ירידת העונג מעצמותו ומהותו להשתעשע מבנין המפואר לאחר שעלה בו הקבלת עונג כנ״ל וזהו משל להבין למעלה שרש בחינת יום השבת שהעונג העליון בא בבחי׳ אור ישר מלמעלה למטה דהיינו מבחינת עתיקא בזו״נ וכמו שאומר בסעודה דיום דא היא סעודתא דעתיקא כו׳ אבל בליל שבת אומרים דא היא סעודתא דחקל תפוחין כו׳ שהוא בחינת עונג העולה מבחי׳ מ״ל בבחינת או״ח כנ״ל והמנס הא בהא תליא דלפי ערך העלאת העונג מלמטה בליל שבת כך הוא ערך ירידת העונג העליון מלמעלה ביום השבת כמ״ש וקראת לשבת כו׳ והיינו שאמר דרך כללות רזא דשבת איהי

שבת בחינת עליית המ"ל בליל שבת דאתאחדת מלמטה למעלה ברזא דאחד כדי למשרי מלמעלה למטה לפי ערך מבחי' יסוד דע"י שנקרא רזא דאחד (או ע"ד פי' הנ"ל ברזא דאחד שהוא בחי' העלם ולא בבחינת הגילוי כנ"ל) :

לְמִשְׁרֵי עֲלָהּ רָזָא דְאֶחָד צְלוֹתָא דְמַעֲלֵי שַׁבַּתָּא דְהָא אִתְאַחֲדַת כּוּרְסַיָּא יַקִּירָא קַדִּישָׁא בְּרָזָא דְאֶחָד וְאִתְתַּקְנַת לְמִשְׁרֵי עֲלָהּ מַלְכָּא קַדִּישָׁא עִילָאָה: כַּד עַיִּיל שַׁבַּתָּא אִיהִי אִתְיַחֲדַת וְאִתְפָּרְשַׁת מִסִּטְרָא אָחֳרָא · וְכָל דִּינִין מִתְעַבְּרִין מִינָהּ וְאִיהִי

צלותא דמעלי שבתא דהא אתאחדת כורסיא יקירא קדישא ברזא דאחד ואתתקנת למשרי עלה מלכא קדישא עילאה · פירוש צלותא דמעלי שבתא היינו בחי' פנימית העלייה של המל' שהיא דווקא ביחוד שבתפלת ליל שבת כי הגם שכבר משקדש היום ביציאת ג' כוכבים בינוני' אז מיד זמן עליית המ"ל בבחי' או"ח כנ"ל וכמ"ש ויהי ערב ויהי בקר יום הששי ויכולו השמים כו' (והגם שנאמר ויכל אלהים ביום דוקא וכן וישבות ביום כו' היינו לפי שלילה נכלל ביום השבת כי העלייה צורך ירידה היא בלבד וד"ל) היינו רק בחינת חיצוניות בלבד אבל בחי' פנימיות ההעלאה מתעלה בצלותא דמעלי שבתא דוקא וז"ש צלותא דמעלי שבתא דהא בה אתאחדת כורסייא יקירא כו' פי' עליית המ"ל מכחב"ד דבריאה שנקר' כורסייא יקירא כנ"ל ועולין גם הם עם בחינת המ"ל לבחי' האצילות להיות מתאחדים בז"א ברזא דאחד ושם באצילות אתתקנת עוד בעליה שניה למשרי עלה מלכא קדישא עילאה פי' דכמו שביאר למעלה שני מדריגות הללו דאו"ח ואו"י דהיינו מבריאה לאצי' ומאצילות לבריאה וכמ"ש וירא את כל אשר עשה דווקא כו' כך יש שני מדריגות הללו מאצי' למאציל ומן המאציל לאצי' כו' דהנה כתיב שבת לה' דוקא והיינו לאחר שעלו בחי' זו"נ באצילות ואתאחדת כורסייא שם ברזא דאחד אתתקנת שם בבחינת העלאה לקבל בחינת המשכה למשרי עלה מלמעלה למטה מבחי' אור א"ס המאיר באבא דאצילות שנקרא מלכא קדישא עילאה דוקא כידוע דפי' מלכא סתם היינו בחינת ז"א שנקרא מלך וכשמאיר נבחינת מוחין דאבא נקרא מלכא קדישא כידוע שקדש בחכמה כו' ובחי' אור אבא בעצמו נקרא מלכא קדישא עילאה להיות כי החכמה נקרא ראשית האצילות ונבדל במעלות גילוי אור אין סוף שמתגלה יותר בחכמה מבכל הספירות וכמ"ש הוי"ה בחכמה כו' וכמ"ש במ"א ומה שאמר ואתתקנת לשון נוק' לפי שבחינת המ"ל עיקר שרשה באור החכ' וכידוע דאבא יסד ברתא והוא עד"ת שרש מציאות הדבור שהוא בחכ' דווקא כמ"ש במ"א וד"ל :

כד עייל שבתא איהי אתייחדת ואתפרשת מס"א וכל דינין מתעברין מינה · פירוש כד עייל שבתא זהו קודם יציאת ג' כוכבים בינונים שנקרא בחי' תוספת שבת והוא ענין תפילת המנחה בערב שבת ולמעלה דיבר בעלם עליית המ"ל שהוא בצלותא דמעלי שבתא דוקא כנ"ל ועתה מפרש בהכנה הצריכה להיות קודם עלם ההעלאה בחי' תוספת שבת שזהו שרש ענין תפילת המנחה דע"ש וכמו שאמרו בגמרא רב צלי כו' שהיו מקדימין זמן מה לפני כניסת השבת בג' כוכבים והענין של תוספת שבת יובן עד"מ מי שרוצה לכנס אל היכל המלך פנימה צריך הוא להכין א"ע בהכנה רבה מקודם לכן זמן מה וההכנה היא בתיקון מלבושין להפשיט בגדים הגרועים וללבוש בגדי' יקרים וגם לתקן הבגדים שלא יראה בהן שום טינוף ולכלוך כלל דאל"כ יתחייב בנפשו וגם באבריו צריך הכנה שלא יהיה כמו שהוא בביתו וכיוצא בזה וכמ"כ יובן הנמשל שקודם שתעלה בחי' המ"ל מבריאה לאצילות משתחשך ביציאת ג' כוכבים בליל שבת צריך שיהיה תחילה זמן מה בחי' הכנה הצריכה קודם העלאה זאת מאחר שאין ערך בין בחינת בריאה עם בחי' האצי' כי באצי' איהו וחיוהי חד כנ"ל וכידוע דיש מסך מפסיק בין אצי' לבריאה כו' וענין ההכנה הזאת היינו שתפשוט תחילה בחינת בגדי חול דהיינו בחינת הלבושים שמתלבשת המ"ל בע' שרים דנוגה דבי"ע שנקרא לבוש קדרות ושק וכמ"ש אלביש שמים קדרות ושק אשים כו' וכמ"ש מי זה בא מאדום חמוץ בגדים כו' וכמאמר ז"ל גלו לאדום שכינה עמהם כו' ואח"כ תתלבש בלבושים עליוני' הנק' בגדי שבת וכמאמר אפשיטת מלבושהא כו' וכמ"ש במ"א ביאור זה באריכות ואח"כ בתפילת המנחה דע"ש הוא עיקר ההכנה בבחינ' הפנימית שבה יותר דהיינו בבחינת כלים דע"ס דבריא' וכמשל מי שצריך לכנס להיכל המלך שיתקן אבריו כו' ועיקר התיקון היינו להסיר כל בחינת לכלוך וטינוף שהיא בחינת גבורות קשות הנאחזים במ"ל מפסולת הגבורות דנחש הקדמוני כנ"ל וזהו שאמר כד עייל שבתא רצונו לומר קודם שתכנס ליל שבת ביציאת ג' כוכבים איהי בחינת המ"ל אתייחדת ואתפרשת מס"א פי' שמתייחדת תחילה בבחינת היחוד כנ"ל דהיינו בהתכללות כל העולמו' בה בבחי' העלא' מ"ן כו' ואח"כ אתפרשת ומס"א דהיינו בחינ' התיקון כנ"ל להסיר כל דבר רע הנדבק באברים ולבושים כו' וענין יחוד הזה עכשיו דוקא יובן עד"מ מי שרוצה לכנוס אל היכל המלך והוא איש נכבד ושר גדול מכל אנשי מדינתו כולה כמו שר הצבא וכיוצא הנה כאשר רוצי' כולם לכנוס ג"כ אל המלך פנימה והמה מתיראין מאוד מעוצם גדולת רוממת המלך אז יבואו כולם תחילה לבית שר הגדול מכולם ויתחברו ויסתופפו בצילו לאמר לכה אתנו ואתה תביא אותנו עמך בהיכל המלך וכולם

וְאִיהִי אִשְׁתְּאֲרַת בְּיִחוּדָא דִנְהִירוּ קַדִּישָׁא וְאִתְעַטְּרַת בְּכַמָּה עִטְּרִין לְגַבֵּי מַלְכָּא קַדִּישָׁא · וְכָל שׁוּלְטָנֵי רוּגְזִין וּמָארֵי דְדִינָא כֻּלְּהוּ עָרְקִין וְאִתְעֲבָרוּ מִינָּהּ · וְלֵית שׁוּלְטָנָא אָחֳרָא בכלהו

וכולם נאחזים בו והולכים על ידו והוא יביאם לפני המלך בבואו אליו ועל שמו תקרא הבאה זו מפני שכולם נכללים בו מפני גדלו בעיני המלך יקבלם המלך בהארת פנים ג"כ כי אותה ההארה שמאיר פניו אל השר הגדול תכלל גם אותם משא"כ אם היו באין בלתי השר שלא היה המלך מביט עליהם כלל וא"כ מובן שבלתי התחברו' השרים הקטנים בשר הגדול והתכללותם בו לא היו עולין בעליה זאת שעולה הוא כו' וכמ"כ יובן למשכיל למעלה דבחי' ו"ק דבריאה הנקרא מט"ט נקר' שר הגדול הכולל כל העולמות כמארז"ל נער הייתי גם זקנתי כו' שרו של עולם אמרו וכולם עולים ומתייחדים בו תחילה ביחוד והתכללות ואחר כך עולה הוא בכללם יחד עם בחינ' המ"ל שנקר' כבוד מבריאה לאצילות כנ"ל ואם לא היו מתאחדים תחילה בו לא היו יכולים לעלות כלל כו' ויחוד זה קודם שיכנום השר הוא וכמבואר במשל הנ"ל שמתחילה צריכין כולם להתחבר בבית השר כו'· וככה יובן כאן במה שאמר דאיהי אתייחד' תחילה בו"ק דבריאה שנקרא שם מעלות לכסא דהיינו שכל העולמות נכללין בהעלאת מ"ן בתכלית היחוד וכ"ז בתפלת המנחה דע"ש שהוא זמן מה קודם שקידש היום משתחשך וזהו הנקרא בחינת תוספת שבת ואח"כ כאשר כבר כולם נכללי' במ"ל והיו לאחדים עתה אזי דוקא אתפרשת מס"א שהוא בחי' התיקון בעצמות שלה דהיינו להעביר כל בחינ' דינין קשין הנאחזין בכלים ולבושים שלה כמבואר במשל הנ"ל אבל קודם שנכללו כולם בה אין הזמן עדיין לתקון זה כמשל הנ"ל שכולם יכנסו תחילה לבית שר הצבא ואח"כ יתקנו א"ע לכנוס אל היכל המלך כו' וזהו שאמר כד עייל שבתא שהוא במנחה דע"ש שנקרא תוספ' שבת אתייחדת ואח"כ אתפרשת מס"א וכל דינין מתעברין מינה ואחר כן תוכל ליכנס ולעלות מבריאה לאצילות כמ"ש בסמוך וד"ל :

ואיהי אשתארת ביחודא דנהירו קדישא·פירוש אחר בחינת תוספת שבת הנ"ל שכבר נתקנה בכל הדברים הצריכי' דהיינו בתקון הכלים והלבושי' וכל דינין קשין מתעברין מינה אזי אשתארת ביחודא דנהירו קדישא פי' נהירו היינו בחי' אור החכמה בכל מקום כי החכמה נק' אור כמ"ש בזהר ע"פ יהי אור כו' וכמו מאיר עיני חכמים כו' והנה ידוע דהחכמה נק' כח מה ע"ש בחי' הביטול שיש בחכמה וע"כ אין התלבשות אור א"ס אלא בחכמה דוקא וכמו משה ע"ה שאמר ונחנו מה להיותו בבחי' מ"ה דחכמה כו' אך הנה יש ב' מדריגות בבחי' הביטול הא' בחי' ביטול היש בלבד דהיינו כאשר מתבטל רק מבחינ' התפשטות שלו שהיה בבחינ' יש נפרד בגסות היפוך הביטול כו' והב' בחינ' ביטול עצמו ולא ביטול היש בלבד אלא הוא בהעדר הרגשת עצמותו מכל וכל כמו הנכנס בהיכל המלך פנימה שמתבטל מכל עצמותו עד שנשאר כאבן דומם גם במחשבה כו' משא"כ קודם שנכנס להיכל המלך אף עפ"י שעומד לכנס מיד ויש בו בחי' הביטול מתניאותו אבל אינו אלא שמתבטל מבחי' התפשטו' הגסות של עצמותו בלבד ולא בבחינת ביטול האמיתי כו' · וככה מובן למעלה בבחי' הארת החכמה שנקרא נהירו קדישא מפני שמתלבש בה אור אין סוף מטעם שהיא בחי' כ"ח מ"ה כנ"ל שיש בזה שני מדריגות הא' בבחי' חכמה דאצי' דשם אמרו איהו וחיוהי כו' וע"כ שם הביטול אמיתי ועצמי מצד אמיתות אור א"ס אבל בבריאה דכתיב ומשם יפרד כו' בחינ' הביטול הוא שם רק בחי' ביטול היש בלבד כמו עד"מ מי שעומד לכנוס ועדיין לא נכנס כו' וד"ל וזה שאמר אחר בחינת התיקון הנ"ל מאיר במ"ל בחי' יחוד העליון שבחכ' דאצי' אך בבחינת ביטול היש בלבד קודם שתכנס לאצילות שגם הוא בחינת הביטול האמתי וז"ש ואיהי אשתארת ביחודא דנהירו קדישא אשתארת ביחודא בלבד וד"ל :

ואתעטרת בכמה עטרין לגבי מלכא קדישא וכל שולטני כו' מארי דדינין כולהו ערקין ואתעברו מינה ולית שולטנא אחרא בכולהו עלמין · ע"כ · הנה אחר שביאר סדר ההעלאה בהכנה הצריכה מקודם בתיקון הכלים והלבושים מן הדברים המחשיכים ומסתירים אור המ"ל כנ"ל עתה מדבר בדברים הצריכים להאיר אותה בתוספת הארה והידור נוסף על הארה והידור שהיו בה מקודם וכמשל הנכנס לבית המלך שצריך שיהיה בו תוספת יופי והידור בפנים מכמו שהוא יושב בביתו כו' וכ"ש כאן שמדבר בהעלאת המ"ל לגבי בעלה שהוא בחי' ז"א דאצי' שנק' מלכא קדישא כידוע שהוא כמשל אשה הנכנסת לגבי בעלה שמתקשטת בקישוטין הרבה והוא הנקרא עטרין דהיינו כמו העטרות היפות מאבנים טובות ומרגליות הנתונים על הראש כדי ליתן בה תוס' הארה והידור הפנים כדי שיתן בעלה דעתו עלי' ברוב עוז אהבה וחיבה יתירה ולולא העטרות היפות לא היה מתעורר באהבה וחמדה אלי' כלל אך ע"י הקישוטין שמאירין פניה מתעורר בחמדה ותאוה אליה וזהו עיקר ענין הקישוטין למטה רק כדי לעורר תאוות הבעל וככה יובן למעלה בבחי' מ"ל דאצי' שנקר' אשה יראת ה' כידוע בפי' אשת חיל כו' שזהו ענין המאמר בקישוטין

בְּכֻלְּהוּ עָלְמִין · וְאַנְפָּהָא נְהִירִין בִּנְהִירוּ עִילָּאָה · וְאִתְעַטְּרַת לְתַתָּא בְּעַמָּא קַדִּישָׁא · וְכֻלְּהוּ מתעטרין

בקישוטין אולא ומאנין ולבושין פירוש מלבד מאנין ולבושין שצריכין תיקון כנ"ל הנה כדי לעורר בבעלה שהוא בחי' ז"א תוס' הארת אהבה ותאוה שנקרא תאובתא דדכורא לגבי נוקב' הוא ע"י בחי' הקישוטין שהן העטרות היפות שמאירים הארת פנים ביותר כנ"ל וזהו שאמר כאן ואתעטרת בכמה עטרין לגבי מלכא קדישא וד"ל · והנה גוף העטרה אשר נעשה מאבנים טובות ומרגליות וכיוצא יובן כמ"כ למעלה שהעטרה נעשה גם כן מבחינ' הבירורים דרפ"ח שנקרא אבנים בחינת דומם אך לאחר שנתבררו נמשלו כמו אבן טוב המאיר כו' ולהיות זה דבר חידוש ביותר שהדומם מאיר כ"כ ע"כ נעשה לעטר' על הראש עד שמאורם יאיר גם הפנים וגם יעוררו במשפיע תוספת אהבה כנ"ל וע"כ נתונים על הראש בבחינת מקיף דוקא לפי ששרש התהו גבוה מבחי' התיקון כידוע בענין הטעם שהלוחת מחי' לבחינת מדבר וכמאמר ר"כ עד לא אכילנא בשרא דתורא כנ"ל וכמ"ש במ"א בביאור ענין קושר כתרים לקונו כו' וד"ל אחר שהמ"ל מתעטרת בעטרין דרפ"ח כו' אזי ממילא אין מקום ליניקות החיצונים כלל וכלל כי אין להם מקום ושרש רק מבחי' אחוריים דשם ב"ן ששם נפלו רפ"ח נצוצות כנ"ל וזהו שאמר וכל שולטני רוגזין ומארי דדינין ערקין מינה כנ"ל וד"ל :

ואנפהא נהירין בנהירו עילאה · פירוש אחר שמתעטרת בעטרין שהן ע"י בחינת הבירורים דרפ"ח הרי יש לה בחינ' הארת פנים ביותר ע"ז כנ"ל · אך מה שאמר עוד דאנפהא נהירין בנהירו עילאה דווקא הרי לכאור' הארת פנים זה מצד הבירורים של מטה הוא בא ולא מלמעל' ולמה אמר בנהירו עילאה · אבל הענין יובן בהקדים שרש ענין ברכת כהנים שהוא רק כדי להמשיך בחינ' הארת פנים במ"ל מי"ג מדות הרחמים העליונים וכמ"ש בזהר ע"פ וחסידיך יברכוכה כ"ה דהיינו לבחי' מ"ל שנקרא כ"ה כידוע · וטעם הדבר ידוע להיות כי בחינת המ"ל צריכה לקבל הארת פנים ביותר מכל הספירות והפרצופים העליונים להיותה בחי'. אחרונה מכולם ונקרא סופא דכל דרגין וגם הנה היא מסתתרת בבי"ע בירידת המדריגות ביותר עד שנאחזים בה גם החיצונים שבסוף העשיה וכמ"ש ומלכותו בכל משלה וכמאמר חויא קטיר לרגלוהי דנוק' וכמ"ש לפתח חטאת רובץ ורגליה יורדות כו' ומפני זה צריכה לתוס' אור מלמעלה כדי שלא יחשך אורה ביותר מחמת יניקת החיצונים וכידוע טעם פגימת הלבנה כו' כמשל מי שהולך באישון חשך ואפילה שצריך הוא לאור אבוקה גדולה יותר להאיר את החושך הגם כו' כנ"ש במ"א והנה בכל ימות החול ממשיכין הכהנים הארת פנים דא"א במ"ל באמרם יאר ה' פניו אליך וכל ישראל בני מלכים הם כו' מבחי' מ"ל והטעם שמבחי' א"א דווקא באה זאת ההארה לפי שמפני עוצם החשך צריך שיבוא האור דוקא ממקום היותר עליון המאיר ביותר כנ"ל אך בעליות העולמות מחול לשבת יש כאן בחי' הארת פנים במ"ל מצד בחי' הקישוטין מלמטה למעלה כנ"ל דהיינו בחינת עליות הבירורי' דרפ"ח כנ"ל ואז גם בחי' הארת פנים דא"א במ"ל שנק' נהירו עילאה מאיר בה מבחי' הפנימית יותר והוא הנק' נשיאת חן וכמו באסתר דכתיב בה ותשא חן כו' והיינו שאמרז"ל אין אשה אלא ליופי וכטבע הנשים שהן יפות יותר מן הזכרים וזה בא משני סיבות הא' מצד רבוי דמים טמאים וכשמתבררים נייפין הפנים והב' לצד עוצם קטנות מדריגתה כי היא חמת מלאה צואה ופיה מלא דם כו' נותן בה הארת פנים מלמעלה כדי שיהא הכל רצין אחריה ולא ימאסוה כו' · והנמשל מב' אלה הסיבות יובן למשכיל למעלה בבחינת אשה העליונה שאינה אלא ליופי לקבל הארת פנים מלמטה מצד בחינת הבירורים דה' דמים טמאים שנמשכו לחיצונים ומתבררים כו' ומצד הארת פנים מלמעלה לצד עוצם קטנות מדריגתה כו' אך כ"ז בזמן שהמ"ל יורדת למטה בבי"ע לברר בירורים וכמ"ש כשושנה בין החוחים כו' וכמ"ש במ"א אך לאחר גמר כל הבירורים כו' כתיב שקר החן והבל היופי אשה יראת ה' היא תתהלל דהיינו בעליית המ"ל בבחינת הכתר ממש שאז נאמר אשת חיל עטרת בעלה כו' וכן כתיב אבן מאסו הבונים היתה כו' ואז נקרא' אשה יראת הוי"ה למעלה מן החכמה שהיא בחי' יראה עילאה כו' וד"ל :

ואתעטרת לתתא בעמא קדישא וכולהו מתעטרין בנשמתין חדתין · פי' הגם שכבר הזכיר ענין העטרין שמתעטרת המ"ל לגבי מלכא קדישא חזר כאן לומר שמתעטרת עוד הפעם כי תחילה דיבר בעצם העטרות שהן נעשין מן הבירורים דרפ"ח שהן ממעשה המצות והתשובה והתפילה וכיוצא דהיינו לאהפכא חשוכא לנהורא כו' וכאן מדבר במי שעושין לעטרות הללו והיינו נשמות ישראל דווקא כי עכו"ם שעושה מצוה אינו כלום והיינו לפי שישראל עלו במחשבה כידוע וכמ"ש כי חלק ה' עמו וא"כ הרי בנשמות ישראל מתעטרת המ"ל בעלותה מלבושים דחול לשבת אך שהעטרות שנעשין לה מנשמות ישראל אתעטרת לתתא דהיינו ע"ס שבה שמתלבשים בבי"ע אך בחינת כתר שבה נעשה עטרה מעצם הבירורים דרפ"ח שנמשלו לאבנים טובות כנ"ל והמנם ענין בחי' נשמה יתירה הוא בחינת העטרה שעל גבי הראש וז"ש וכולהו מתעטרין בנשמתין חדתין והענין הוא דהנה מבואר בע"ח דבחי'

דבחי' יחידה שבנפש אינה מאירה כלל בגוף רק דבוקה היא למעלה ונקרא מזלא כלשון הגמרא כידוע מ"ש אך בצלם יתהלך איש כו' היינו בחי' המקיף שמאיר על הגוף משא"כ בחי' יחידה עצמה וז"ש מיד כלב יחידתי שאין לחיצונים אחיזה בה כלל וע"ז נאמר שימני כחותם על לבך דיוקני אשתאר בך כו' ולמעלה בבחי' מ"ל דאצילות שהיא נפשו הכללית כמ"ש כי היא היתה אם כל חי כו' היינו בחי' כתר דנוק' שדבוק בז"א באצי' תמיד ואינו יורד להאיר למטה כלל וז"ש לעולם הוי"ה דברך נצב בשמים כמ"ש בע"ח ואמנם בשבת יורד ומאיר בבחי' מ"ל כמו בחי' נשמה יתירה על האדם למטה וזהו שאמר וכולהו מתעטרין כו' בפרט וכמ"כ יובן בבחינת הכלל בכללות נשמות ישראל שהוא בחינת מ"ל כידוע וד"ל:

כדין שרותא דצלותא לברכא לה בחדוה בנהירו דאנפין ולומר ברכו את ה' המבורך את ה' דייקא בנין למפתח לנגה בברכה. פירוש את ה' הוא בחי' מ"ל שהן כללות כ"ב אתוון מא' עד ת' שנקרא את הוי"ה טפל להוי"ה וענין הברכה הזאת לומר ברכו את ה' כו' היינו להמשיך תחלה בחי' או"מ הנקרא חיבוק ונישוק שקודם הזיווג כמ"ש בע"ח דבחי' חיבוק ונישוק הן באין מבחי'

או"מ שאין נעשה הולדה כלל מהן אבל ביחוד וזווג בהשפעת מ"ן ומ"ד נעשה בחי' תולדה והיינו להיותם מבחי' או"פ שהוא המשכת מוחין הפנימים כו' משא"כ בחיבוק ונישוק הגם שהן בחי' מקיפים אבל אינן מבחי' פנימית המוחין תחלה צריך להמשיך בחינת מקיפי' הללו כדי שיהי' ביטול אח"כ לבוא לידי יחוד בהשפע' פנימית וכך יובן כאן שזהו שאמר כדין שרותא דצלותא פי' אחר שנתקשט' בהארת פנים מלמטה וגם מלמע' צריך להמשיך בחינת ימינו תחבקני וכמאמר יחבק לה בעלה כו' וזהו ענין ברכו את הוי"ה כו' וכמ"ש במ"א שזהו אתעדל"ע שלפני אתעדל"ת לעורר אתעדל"ת ואתעדל"ע שאחר אתעדל"ת הוא בחינת המ"ד שאחר העלאת מ"ן שהוא בחי' או"פ כו' וזהו פי' שרותא דצלותא לפני בחי' היחוד שבתפלה צריך לברכא לה בחדוה בנהירו דאנפין ממקור הברכות והארת פנים העליונים דא"א שהוא מקור כל המקיפים כו' ואח"כ את הוי"ה מקבלת מבחי' המבורך מבחי' יסוד ז"א שנקרא מבורך מבחינת או"פ וכמו שמסיים בסוף המאמר המבורך דא אפיקו דברכאן ממקורא דחיי כו' ובגין דאיהו ברזא דאת קיימא קרינן ליה המבורך כו' וד"ל:

מִתְעַטְּרִין בְּנִשְׁמָתִין חַדְתִּין · כְּדֵין שֵׁירוּתָא דִּצְלוֹתָא לְבָרְכָא לָהּ בְּחֶדְוָה בִּנְהִירוּ דְּאַנְפִּין:

חצי קדיש ברכו.

ביחיד יאמר ג"כ סיום המאמר אחר בנהירו דאנפין

וְלוֹמַר בָּרְכוּ אֶת יְהוָֹה הַמְבוֹרָךְ · אֶת דַּיְקָא דָא שַׁבָּת דְּמַעֲלֵי שַׁבַּתָּא · בָּרוּךְ יְהוָֹה הַמְבוֹרָךְ דָּא אַפִּיקוּ דְבִרְכָאָן מִמְּקוֹרָא דְחַיֵּי וַאֲתַר דְּנָפִיק מִנֵּיהּ כָּל שַׁקְיוּ לְאַשְׁקָאָה לְכֹלָּא · וּבְגִין דְּאִיהוּ מְקוֹרָא בְּרָזָא דְאָת קַיָּמָא קָרִינָן לֵיהּ הַמְבוֹרָךְ אִיהוּ מַבּוּעָא דְבֵירָא וְכֵיוָן דְּמָטָאן הָתָם הָא כֻלְּהוּ לְעוֹלָם וָעֶד · וְדָא אִיהוּ בָּרוּךְ יְהוָֹה הַמְבוֹרָךְ לְעוֹלָם וָעֶד: ברוך אתה וכו'

תפלת ערבית לשבת

ביו"ט מתחילין כאן

שִׁיר הַמַּעֲלוֹת הִנֵּה בָּרְכוּ אֶת יְהוָֹה כָּל עַבְדֵי יְהוָֹה הָעֹמְדִים בְּבֵית יְהוָֹה בַּלֵּילוֹת: שְׂאוּ יְדֵכֶם קֹדֶשׁ וּבָרְכוּ אֶת יְהוָֹה: יְבָרֶכְךָ יְהוָֹה מִצִּיּוֹן עֹשֵׂה שָׁמַיִם וָאָרֶץ: יוֹמָם יְצַוֶּה יְהוָֹה חַסְדּוֹ וּבַלַּיְלָה שִׁירֹה עִמִּי תְּפִלָּה לְאֵל חַיָּי: וּתְשׁוּעַת צַדִּיקִים מֵיְהוָֹה מָעוּזָּם בְּעֵת צָרָה: וַיַּעְזְרֵם יְהוָֹה וַיְפַלְּטֵם יְפַלְּטֵם מֵרְשָׁעִים וְיוֹשִׁיעֵם כִּי חָסוּ בוֹ:

ג"פ ה' צבאו' עמנו כו' ג"פ ה' צבאות אשרי כו' ג"פ ה' הושיעה כו' (ח"ק)

ואומר הש"ץ בָּרְכוּ אֶת יְהוָֹה הַמְבוֹרָךְ:

קהל וחזן בָּרוּךְ יְהוָֹה הַמְבוֹרָךְ לְעוֹלָם וָעֶד:

בָּרוּךְ אַתָּה יְהוָֹה אֱלֹהֵינוּ מֶלֶךְ הָעוֹלָם אֲשֶׁר בִּדְבָרוֹ מַעֲרִיב עֲרָבִים בְּחָכְמָה פּוֹתֵחַ שְׁעָרִים וּבִתְבוּנָה מְשַׁנֶּה עִתִּים וּמַחֲלִיף אֶת הַזְּמַנִּים וּמְסַדֵּר אֶת הַכּוֹכָבִים

בְּמִשְׁמְרוֹתֵיהֶם בָּרָקִיעַ כִּרְצוֹנוֹ בּוֹרֵא יוֹם וָלָיְלָה׳ גּוֹלֵל אוֹר מִפְּנֵי חֹשֶׁךְ וְחֹשֶׁךְ מִפְּנֵי אוֹר וּמַעֲבִיר יוֹם וּמֵבִיא לָיְלָה וּמַבְדִּיל בֵּין יוֹם וּבֵין לָיְלָה יְהוָה צְבָאוֹת שְׁמוֹ: בָּרוּךְ אַתָּה יְהוָה הַמַּעֲרִיב עֲרָבִים:

אַהֲבַת עוֹלָם בֵּית יִשְׂרָאֵל עַמְּךָ אָהָבְתָּ • תּוֹרָה וּמִצְוֹת חֻקִּים וּמִשְׁפָּטִים אוֹתָנוּ לִמַּדְתָּ • עַל כֵּן יְהוָה אֱלֹהֵינוּ בְּשָׁכְבֵנוּ וּבְקוּמֵנוּ נָשִׂיחַ בְּחֻקֶּיךָ • וְנִשְׂמַח בְּדִבְרֵי תוֹרָתֶךָ וּבְמִצְוֹתֶיךָ לְעוֹלָם וָעֶד • כִּי הֵם חַיֵּינוּ וְאֹרֶךְ יָמֵינוּ וּבָהֶם נֶהְגֶּה יוֹמָם וָלָיְלָה • וְאַהֲבָתְךָ לֹא תָסוּר (נ״א אַל תָּסִיר) מִמֶּנּוּ לְעוֹלָמִים: בָּרוּךְ אַתָּה יְהוָה אוֹהֵב עַמּוֹ יִשְׂרָאֵל:

שְׁמַע יִשְׂרָאֵל יְהוָה אֱלֹהֵינוּ יְהוָה אֶחָד:

בָּרוּךְ שֵׁם כְּבוֹד מַלְכוּתוֹ לְעוֹלָם וָעֶד:

וְאָהַבְתָּ אֵת יְהוָה אֱלֹהֶיךָ בְּכָל־לְבָבְךָ וּבְכָל־נַפְשְׁךָ וּבְכָל־מְאֹדֶךָ: וְהָיוּ הַדְּבָרִים הָאֵלֶּה אֲשֶׁר אָנֹכִי מְצַוְּךָ הַיּוֹם עַל־לְבָבֶךָ: וְשִׁנַּנְתָּם לְבָנֶיךָ וְדִבַּרְתָּ בָּם בְּשִׁבְתְּךָ בְּבֵיתֶךָ וּבְלֶכְתְּךָ בַדֶּרֶךְ וּבְשָׁכְבְּךָ וּבְקוּמֶךָ: וּקְשַׁרְתָּם לְאוֹת עַל־יָדֶךָ וְהָיוּ לְטֹטָפֹת בֵּין עֵינֶיךָ: וּכְתַבְתָּם עַל־מְזֻזוֹת בֵּיתֶךָ וּבִשְׁעָרֶיךָ:

וְהָיָה אִם שָׁמֹעַ תִּשְׁמְעוּ אֶל־מִצְוֹתַי אֲשֶׁר אָנֹכִי מְצַוֶּה אֶתְכֶם הַיּוֹם לְאַהֲבָה אֶת־יְהוָה אֱלֹהֵיכֶם וּלְעָבְדוֹ בְּכָל־לְבַבְכֶם וּבְכָל־נַפְשְׁכֶם: וְנָתַתִּי מְטַר־אַרְצְכֶם בְּעִתּוֹ יוֹרֶה וּמַלְקוֹשׁ וְאָסַפְתָּ דְגָנֶךָ וְתִירֹשְׁךָ וְיִצְהָרֶךָ: וְנָתַתִּי עֵשֶׂב בְּשָׂדְךָ לִבְהֶמְתֶּךָ וְאָכַלְתָּ וְשָׂבָעְתָּ: הִשָּׁמְרוּ לָכֶם פֶּן־יִפְתֶּה לְבַבְכֶם וְסַרְתֶּם וַעֲבַדְתֶּם אֱלֹהִים אֲחֵרִים וְהִשְׁתַּחֲוִיתֶם לָהֶם: וְחָרָה אַף־יְהוָה בָּכֶם וְעָצַר אֶת־הַשָּׁמַיִם וְלֹא־יִהְיֶה מָטָר וְהָאֲדָמָה לֹא תִתֵּן אֶת־יְבוּלָהּ וַאֲבַדְתֶּם מְהֵרָה מֵעַל הָאָרֶץ הַטֹּבָה אֲשֶׁר יְהוָה נֹתֵן לָכֶם: וְשַׂמְתֶּם אֶת־דְּבָרַי אֵלֶּה עַל־לְבַבְכֶם וְעַל־נַפְשְׁכֶם וּקְשַׁרְתֶּם אֹתָם לְאוֹת עַל־יֶדְכֶם וְהָיוּ לְטוֹטָפֹת בֵּין עֵינֵיכֶם: וְלִמַּדְתֶּם אֹתָם אֶת־בְּנֵיכֶם לְדַבֵּר בָּם בְּשִׁבְתְּךָ בְּבֵיתֶךָ וּבְלֶכְתְּךָ בַדֶּרֶךְ וּבְשָׁכְבְּךָ וּבְקוּמֶךָ: וּכְתַבְתָּם עַל־מְזוּזוֹת בֵּיתֶךָ וּבִשְׁעָרֶיךָ:

לְמַעַן יִרְבּוּ יְמֵיכֶם וִימֵי בְנֵיכֶם עַל הָאֲדָמָה אֲשֶׁר נִשְׁבַּע יְהוָה לַאֲבֹתֵיכֶם לָתֵת לָהֶם כִּימֵי הַשָּׁמַיִם עַל־הָאָרֶץ:

וַיֹּאמֶר יְהוָה אֶל־מֹשֶׁה לֵּאמֹר: דַּבֵּר אֶל־בְּנֵי יִשְׂרָאֵל וְאָמַרְתָּ אֲלֵהֶם וְעָשׂוּ לָהֶם צִיצִת עַל־כַּנְפֵי בִגְדֵיהֶם לְדֹרֹתָם וְנָתְנוּ עַל־צִיצִת הַכָּנָף פְּתִיל תְּכֵלֶת: וְהָיָה לָכֶם לְצִיצִת וּרְאִיתֶם אֹתוֹ וּזְכַרְתֶּם אֶת־כָּל־מִצְוֹת יְהוָה וַעֲשִׂיתֶם אֹתָם וְלֹא־תָתוּרוּ אַחֲרֵי לְבַבְכֶם וְאַחֲרֵי עֵינֵיכֶם אֲשֶׁר־אַתֶּם זֹנִים אַחֲרֵיהֶם: לְמַעַן תִּזְכְּרוּ וַעֲשִׂיתֶם אֶת־כָּל־מִצְוֹתָי וִהְיִיתֶם קְדֹשִׁים לֵאלֹהֵיכֶם: אֲנִי יְהוָה אֱלֹהֵיכֶם אֲשֶׁר הוֹצֵאתִי אֶתְכֶם מֵאֶרֶץ מִצְרַיִם לִהְיוֹת לָכֶם לֵאלֹהִים אֲנִי יְהוָה אֱלֹהֵיכֶם:

אֱמֶת וֶאֱמוּנָה כָּל זֹאת וְקַיָּם עָלֵינוּ כִּי הוּא יְהוָה אֱלֹהֵינוּ וְאֵין זוּלָתוֹ • וַאֲנַחְנוּ יִשְׂרָאֵל עַמּוֹ • הַפּוֹדֵנוּ מִיַּד מְלָכִים מַלְכֵּנוּ הַגּוֹאֲלֵנוּ מִכַּף כָּל הֶעָרִיצִים הָאֵל הַנִּפְרָע לָנוּ מִצָּרֵינוּ וְהַמְשַׁלֵּם גְּמוּל לְכָל אֹיְבֵי נַפְשֵׁנוּ • הָעֹשֶׂה גְדֹלוֹת עַד אֵין חֵקֶר וְנִפְלָאוֹת עַד אֵין מִסְפָּר • הַשָּׂם נַפְשֵׁנוּ בַּחַיִּים וְלֹא נָתַן לַמּוֹט רַגְלֵנוּ: הַמַּדְרִיכֵנוּ עַל בָּמוֹת אוֹיְבֵינוּ וַיָּרֶם קַרְנֵנוּ עַל כָּל שֹׂנְאֵינוּ: הָאֵל הָעֹשֶׂה לָנוּ נְקָמָה בְּפַרְעֹה וְאוֹתוֹת וּמוֹפְתִים בְּאַדְמַת בְּנֵי חָם הַמַּכֶּה בְעֶבְרָתוֹ כָּל בְּכוֹרֵי מִצְרָיִם וַיּוֹצֵא אֶת עַמּוֹ יִשְׂרָאֵל מִתּוֹכָם לְחֵרוּת עוֹלָם • הַמַּעֲבִיר בָּנָיו בֵּין גִּזְרֵי יַם סוּף אֶת רוֹדְפֵיהֶם וְאֶת שׂוֹנְאֵיהֶם בִּתְהוֹמוֹת טִבַּע וְרָאוּ בָנָיו גְּבוּרָתוֹ שִׁבְּחוּ וְהוֹדוּ לִשְׁמוֹ • וּמַלְכוּתוֹ בְּרָצוֹן קִבְּלוּ עֲלֵיהֶם מֹשֶׁה וּבְנֵי יִשְׂרָאֵל לְךָ עָנוּ שִׁירָה בְּשִׂמְחָה רַבָּה וְאָמְרוּ כֻלָּם:

מִי כָמֹכָה בָּאֵלִם יְהוָה מִי כָּמֹכָה נֶאְדָּר בַּקֹּדֶשׁ נוֹרָא תְהִלֹּת עֹשֵׂה פֶלֶא:

מַלְכוּתְךָ רָאוּ בָנֶיךָ בּוֹקֵעַ יָם לִפְנֵי מֹשֶׁה זֶה אֵלִי עָנוּ וְאָמְרוּ: יְהוָה יִמְלֹךְ לְעֹלָם וָעֶד:

וְנֶאֱמַר כִּי פָדָה יְהוָה אֶת יַעֲקֹב וּגְאָלוֹ מִיַּד חָזָק מִמֶּנּוּ · בָּרוּךְ אַתָּה יְהוָה גָּאַל יִשְׂרָאֵל:

הַשְׁכִּיבֵנוּ אָבִינוּ לְשָׁלוֹם וְהַעֲמִידֵנוּ מַלְכֵּנוּ לְחַיִּים טוֹבִים וּלְשָׁלוֹם וְתַקְּנֵנוּ בְּעֵצָה טוֹבָה מִלְּפָנֶיךָ · וְהוֹשִׁיעֵנוּ מְהֵרָה לְמַעַן שְׁמֶךָ: וּפְרוֹשׂ עָלֵינוּ סֻכַּת שְׁלוֹמֶךָ: בָּרוּךְ אַתָּה יְהוָה הַפּוֹרֵשׂ סֻכַּת שָׁלוֹם עָלֵינוּ וְעַל כָּל עַמּוֹ יִשְׂרָאֵל וְעַל יְרוּשָׁלָיִם:

מנהג העולם לומר קודם חצי קדיש בחול ברוך ה' לעולם אמן ואמן ובשבת ושמרו (וכי"ט ור"ה ויה"כ פסוקים אחרים מעין קדושת היום) ויש לס על מה שיסמוכו . אבל בנוהגין שלא לומר בחול ברוך ה' לעולם אמן ואמן מפני חשש הפסק גם בשבת (וי"ט ור"ה ויה"כ) אין להפסיק בפסוקים ואין להפסיק להכריז יעלה ויבא בליל ר"ח:

וְשָׁמְרוּ בְנֵי יִשְׂרָאֵל אֶת הַשַּׁבָּת לַעֲשׂוֹת אֶת הַשַּׁבָּת לְדֹרֹתָם בְּרִית עוֹלָם: בֵּינִי וּבֵין בְּנֵי יִשְׂרָאֵל אוֹת הִוא לְעֹלָם כִּי שֵׁשֶׁת יָמִים עָשָׂה יְהוָה אֶת הַשָּׁמַיִם וְאֶת הָאָרֶץ וּבַיּוֹם הַשְּׁבִיעִי שָׁבַת וַיִּנָּפַשׁ:

בשלש רגלים וַיְדַבֵּר משֶׁה אֶת מֹעֲדֵי יְהוָה אֶל בְּנֵי יִשְׂרָאֵל:

בר"ה תִּקְעוּ בַחֹדֶשׁ שׁוֹפָר בַּכֶּסֶה לְיוֹם חַגֵּנוּ: כִּי חֹק לְיִשְׂרָאֵל הוּא מִשְׁפָּט לֵאלֹהֵי יַעֲקֹב:

ביוה"כ כִּי בַיּוֹם הַזֶּה יְכַפֵּר עֲלֵיכֶם לְטַהֵר אֶתְכֶם מִכֹּל חַטֹּאתֵיכֶם לִפְנֵי יְהוָה תִּטְהָרוּ:

לש"ץ חצי קדיש

אֲדֹנָי שְׂפָתַי תִּפְתָּח וּפִי יַגִּיד תְּהִלָּתֶךָ:

בָּרוּךְ אַתָּה יְהוָה אֱלֹהֵינוּ וֵאלֹהֵי אֲבוֹתֵינוּ אֱלֹהֵי אַבְרָהָם אֱלֹהֵי יִצְחָק וֵאלֹהֵי יַעֲקֹב . הָאֵל הַגָּדוֹל הַגִּבּוֹר וְהַנּוֹרָא אֵל עֶלְיוֹן. גּוֹמֵל חֲסָדִים טוֹבִים · קוֹנֵה הַכֹּל וְזוֹכֵר חַסְדֵי אָבוֹת וּמֵבִיא גוֹאֵל לִבְנֵי בְנֵיהֶם לְמַעַן שְׁמוֹ בְּאַהֲבָה:

בש"ת זָכְרֵנוּ לְחַיִּים מֶלֶךְ חָפֵץ בַּחַיִּים וְכָתְבֵנוּ בְּסֵפֶר הַחַיִּים לְמַעַנְךָ אֱלֹהִים חַיִּים:

מֶלֶךְ עוֹזֵר וּמוֹשִׁיעַ וּמָגֵן: בָּרוּךְ אַתָּה יְהוָה מָגֵן אַבְרָהָם:

אַתָּה גִּבּוֹר לְעוֹלָם אֲדֹנָי מְחַיֵּה מֵתִים אַתָּה רַב לְהוֹשִׁיעַ

בקיץ מוֹרִיד הַטָּל בחורף מַשִּׁיב הָרוּחַ וּמוֹרִיד הַגֶּשֶׁם:

מְכַלְכֵּל חַיִּים בְּחֶסֶד מְחַיֵּה מֵתִים בְּרַחֲמִים רַבִּים סוֹמֵךְ נוֹפְלִים וְרוֹפֵא חוֹלִים וּמַתִּיר אֲסוּרִים וּמְקַיֵּם אֱמוּנָתוֹ לִישֵׁנֵי עָפָר: מִי כָמוֹךָ בַּעַל גְּבוּרוֹת וּמִי דּוֹמֶה לָּךְ מֶלֶךְ מֵמִית וּמְחַיֶּה וּמַצְמִיחַ יְשׁוּעָה:

בש"ת מִי כָמוֹךָ אָב הָרַחֲמָן זוֹכֵר יְצוּרָיו לְחַיִּים בְּרַחֲמִים:

וְנֶאֱמָן אַתָּה לְהַחֲיוֹת מֵתִים: בָּרוּךְ אַתָּה יְהוָה מְחַיֵּה הַמֵּתִים:

אַתָּה קָדוֹשׁ וְשִׁמְךָ קָדוֹשׁ וּקְדוֹשִׁים בְּכָל יוֹם יְהַלְלוּךָ סֶּלָה: בָּרוּךְ אַתָּה יְהוָה הָאֵל הַקָּדוֹשׁ:

(בש"ת הַמֶּלֶךְ הַקָּדוֹשׁ):

אַתָּה קִדַּשְׁתָּ אֶת יוֹם הַשְּׁבִיעִי לִשְׁמֶךָ · תַּכְלִית מַעֲשֵׂה שָׁמַיִם וָאָרֶץ · בֵּרַכְתּוֹ מִכָּל הַיָּמִים וְקִדַּשְׁתּוֹ מִכָּל הַזְּמַנִּים וְכֵן כָּתוּב בְּתוֹרָתֶךָ:

וַיְכֻלּוּ הַשָּׁמַיִם וְהָאָרֶץ וְכָל צְבָאָם: וַיְכַל אֱלֹהִים בַּיּוֹם הַשְּׁבִיעִי מְלַאכְתּוֹ אֲשֶׁר עָשָׂה וַיִּשְׁבֹּת בַּיּוֹם הַשְּׁבִיעִי מִכָּל מְלַאכְתּוֹ אֲשֶׁר עָשָׂה: וַיְבָרֶךְ אֱלֹהִים אֶת יוֹם הַשְּׁבִיעִי וַיְקַדֵּשׁ אֹתוֹ כִּי בוֹ שָׁבַת מִכָּל מְלַאכְתּוֹ אֲשֶׁר בָּרָא אֱלֹהִים לַעֲשׂוֹת:

יִשְׂמְחוּ בְמַלְכוּתְךָ שׁוֹמְרֵי שַׁבָּת וְקוֹרְאֵי עֹנֶג עַם מְקַדְּשֵׁי שְׁבִיעִי כֻּלָּם יִשְׂבְּעוּ וְיִתְעַנְּגוּ מִטּוּבֶךָ · וּבַשְּׁבִיעִי רָצִיתָ בּוֹ וְקִדַּשְׁתּוֹ חֶמְדַּת יָמִים אוֹתוֹ קָרָאתָ זֵכֶר לְמַעֲשֵׂה בְרֵאשִׁית:

אֱלֹהֵינוּ וֵאלֹהֵי אֲבוֹתֵינוּ רְצֵה נָא בִמְנוּחָתֵנוּ קַדְּשֵׁנוּ בְּמִצְוֹתֶיךָ · וְתֵן חֶלְקֵנוּ בְּתוֹרָתֶךָ · שַׂבְּעֵנוּ מִטּוּבֶךָ וְשַׂמַּח נַפְשֵׁנוּ בִּישׁוּעָתֶךָ · וְטַהֵר לִבֵּנוּ לְעָבְדְּךָ בֶּאֱמֶת · וְהַנְחִילֵנוּ יְהוָה אֱלֹהֵינוּ בְּאַהֲבָה וּבְרָצוֹן שַׁבַּת קָדְשֶׁךָ · וְיָנוּחוּ בָהּ כָּל יִשְׂרָאֵל מְקַדְּשֵׁי שְׁמֶךָ: בָּרוּךְ אַתָּה יְהוָה מְקַדֵּשׁ הַשַּׁבָּת:

רְצֵה יְהוָה אֱלֹהֵינוּ בְּעַמְּךָ יִשְׂרָאֵל וְלִתְפִלָּתָם שְׁעֵה · וְהָשֵׁב הָעֲבוֹדָה לִדְבִיר בֵּיתֶךָ וְאִשֵּׁי יִשְׂרָאֵל וּתְפִלָּתָם בְּאַהֲבָה תְקַבֵּל בְּרָצוֹן וּתְהִי לְרָצוֹן תָּמִיד עֲבוֹדַת יִשְׂרָאֵל עַמֶּךָ: בר"ח וחוה"מ יעלה ויבא

וְתֶחֱזֶינָה עֵינֵינוּ בְּשׁוּבְךָ לְצִיּוֹן בְּרַחֲמִים: בָּרוּךְ אַתָּה יְהוָה הַמַּחֲזִיר שְׁכִינָתוֹ לְצִיּוֹן:

מוֹדִים אֲנַחְנוּ לָךְ שָׁאַתָּה הוּא יְהוָה אֱלֹהֵינוּ וֵאלֹהֵי אֲבוֹתֵינוּ לְעוֹלָם וָעֶד צוּר חַיֵּינוּ מָגֵן יִשְׁעֵנוּ

אתה

° כנ"ל עי' שערי תפלה

אַתָּה הוּא לְדוֹר וָדוֹר נוֹדֶה לְּךָ וּנְסַפֵּר תְּהִלָּתֶךָ עַל חַיֵּינוּ הַמְּסוּרִים בְּיָדֶךָ וְעַל נִשְׁמוֹתֵינוּ הַפְּקוּדוֹת לָךְ וְעַל נִסֶּיךָ שֶׁבְּכָל יוֹם עִמָּנוּ וְעַל נִפְלְאוֹתֶיךָ וְטוֹבוֹתֶיךָ שֶׁבְּכָל עֵת עֶרֶב וָבֹקֶר וְצָהֳרָיִם: הַטּוֹב כִּי לֹא כָלוּ רַחֲמֶיךָ וְהַמְרַחֵם כִּי לֹא תַמּוּ חֲסָדֶיךָ כִּי מֵעוֹלָם קִוִּינוּ לָךְ: בחנוכה ועל הנסים וכו׳

וְעַל כֻּלָּם יִתְבָּרַךְ וְיִתְרוֹמַם וְיִתְנַשֵּׂא שִׁמְךָ מַלְכֵּנוּ תָּמִיד לְעוֹלָם וָעֶד:

בש״ת וּכְתוֹב לְחַיִּים טוֹבִים כָּל בְּנֵי בְרִיתֶךָ:

וְכָל הַחַיִּים יוֹדוּךָ סֶּלָה וִיהַלְלוּ שִׁמְךָ הַגָּדוֹל לְעוֹלָם כִּי טוֹב הָאֵל יְשׁוּעָתֵנוּ וְעֶזְרָתֵנוּ סֶלָה הָאֵל הַטּוֹב: בָּרוּךְ אַתָּה יְהֹוָה הַטּוֹב שִׁמְךָ וּלְךָ נָאֶה לְהוֹדוֹת:

שִׂים שָׁלוֹם טוֹבָה וּבְרָכָה חַיִּים חֵן וָחֶסֶד וְרַחֲמִים עָלֵינוּ וְעַל כָּל יִשְׂרָאֵל עַמֶּךָ בָּרְכֵנוּ אָבִינוּ כֻּלָּנוּ כְּאֶחָד בְּאוֹר פָּנֶיךָ כִּי בְאוֹר פָּנֶיךָ נָתַתָּ לָנוּ יְהֹוָה אֱלֹהֵינוּ תּוֹרַת חַיִּים וְאַהֲבַת חֶסֶד וּצְדָקָה וּבְרָכָה וְרַחֲמִים וְחַיִּים וְשָׁלוֹם וְטוֹב בְּעֵינֶיךָ לְבָרֵךְ אֶת עַמְּךָ יִשְׂרָאֵל בְּכָל עֵת וּבְכָל שָׁעָה בִּשְׁלוֹמֶךָ: ברוך וכו׳

בש״ת וּבְסֵפֶר חַיִּים בְּרָכָה וְשָׁלוֹם וּפַרְנָסָה טוֹבָה יְשׁוּעָה וְנֶחָמָה וּגְזֵרוֹת טוֹבוֹת נִזָּכֵר וְנִכָּתֵב לְפָנֶיךָ אֲנַחְנוּ וְכָל עַמְּךָ בֵּית יִשְׂרָאֵל לְחַיִּים טוֹבִים וּלְשָׁלוֹם: בָּרוּךְ אַתָּה יְהֹוָה הַמְבָרֵךְ אֶת עַמּוֹ יִשְׂרָאֵל בַּשָּׁלוֹם:

יהיו לרצון אמרי פי והגיון לבי לפניך ה׳ צורי וגואלי

אֱלֹהַי, נְצוֹר לְשׁוֹנִי מֵרָע וּשְׂפָתַי מִדַּבֵּר מִרְמָה וְלִמְקַלְלַי נַפְשִׁי תִדּוֹם וְנַפְשִׁי כֶּעָפָר לַכֹּל תִּהְיֶה, פְּתַח לִבִּי בְּתוֹרָתֶךָ וּבְמִצְוֹתֶיךָ תִּרְדּוֹף נַפְשִׁי, וְכָל הַחוֹשְׁבִים עָלַי רָעָה, מְהֵרָה הָפֵר עֲצָתָם וְקַלְקֵל מַחֲשַׁבְתָּם. יִהְיוּ כְּמֹץ לִפְנֵי רוּחַ וּמַלְאַךְ יְיָ דֹּחֶה. לְמַעַן יֵחָלְצוּן יְדִידֶיךָ, הוֹשִׁיעָה יְמִינְךָ וַעֲנֵנִי. עֲשֵׂה לְמַעַן שְׁמֶךָ, עֲשֵׂה לְמַעַן יְמִינֶךָ, עֲשֵׂה לְמַעַן תּוֹרָתֶךָ, עֲשֵׂה לְמַעַן קְדֻשָּׁתֶךָ. יִהְיוּ לְרָצוֹן אִמְרֵי פִי וְהֶגְיוֹן לִבִּי לְפָנֶיךָ, יְיָ צוּרִי וְגוֹאֲלִי. עֹשֶׂה שָׁלוֹם (בש״ת הַשָּׁלוֹם) בִּמְרוֹמָיו הוּא יַעֲשֶׂה שָׁלוֹם עָלֵינוּ וְעַל כָּל יִשְׂרָאֵל, וְאִמְרוּ אָמֵן:

יְהִי רָצוֹן מִלְּפָנֶיךָ, יְיָ אֱלֹהֵינוּ וֵאלֹהֵי אֲבוֹתֵינוּ, שֶׁיִּבָּנֶה בֵּית הַמִּקְדָּשׁ בִּמְהֵרָה בְיָמֵינוּ, וְתֵן חֶלְקֵנוּ בְּתוֹרָתֶךָ:

ואומרים ויכולו וכו׳ ואומר הש״ץ ברכה מעין ז׳

וא״א בליל א׳ של פסח

בָּרוּךְ אַתָּה יְהֹוָה אֱלֹהֵינוּ וֵאלֹהֵי אֲבוֹתֵינוּ אֱלֹהֵי אַבְרָהָם אֱלֹהֵי יִצְחָק וֵאלֹהֵי יַעֲקֹב הָאֵל הַגָּדוֹל הַגִּבּוֹר וְהַנּוֹרָא אֵל עֶלְיוֹן קוֹנֵה שָׁמַיִם וָאָרֶץ: מָגֵן אָבוֹת בִּדְבָרוֹ מְחַיֶּה מֵתִים בְּמַאֲמָרוֹ הָאֵל הַקָּדוֹשׁ (בש״ת הַמֶּלֶךְ הַקָּדוֹשׁ) שֶׁאֵין כָּמוֹהוּ

הַמֵּנִיחַ לְעַמּוֹ בְּיוֹם שַׁבַּת קָדְשׁוֹ כִּי בָם רָצָה לְהָנִיחַ לָהֶם לְפָנָיו נַעֲבוֹד בְּיִרְאָה וָפַחַד וְנוֹדֶה לִשְׁמוֹ בְּכָל יוֹם תָּמִיד מֵעֵין הַבְּרָכוֹת. אֵל הַהוֹדָאוֹת אֲדוֹן הַשָּׁלוֹם מְקַדֵּשׁ הַשַּׁבָּת וּמְבָרֵךְ שְׁבִיעִי וּמֵנִיחַ בִּקְדוּשָּׁה לְעַם מְדֻשְּׁנֵי עֹנֶג זֵכֶר לְמַעֲשֵׂה בְרֵאשִׁית:

אלהינו ואלהי אבותינו רצה וכו׳. קדיש שלם

מִזְמוֹר לְדָוִד יְהֹוָה רֹעִי לֹא אֶחְסָר: בִּנְאוֹת דֶּשֶׁא יַרְבִּיצֵנִי עַל מֵי מְנֻחוֹת יְנַהֲלֵנִי: נַפְשִׁי יְשׁוֹבֵב יַנְחֵנִי בְמַעְגְּלֵי צֶדֶק לְמַעַן שְׁמוֹ: גַּם כִּי אֵלֵךְ בְּגֵיא צַלְמָוֶת לֹא אִירָא רָע כִּי אַתָּה עִמָּדִי שִׁבְטְךָ וּמִשְׁעַנְתֶּךָ הֵמָּה יְנַחֲמֻנִי: תַּעֲרֹךְ לְפָנַי שֻׁלְחָן נֶגֶד צֹרְרָי דִּשַּׁנְתָּ בַשֶּׁמֶן רֹאשִׁי כּוֹסִי רְוָיָה: אַךְ טוֹב וָחֶסֶד יִרְדְּפוּנִי כָּל יְמֵי חַיָּי וְשַׁבְתִּי בְּבֵית יְהֹוָה לְאֹרֶךְ יָמִים: ח״ק

ואומר הש״ץ בָּרְכוּ אֶת יְהֹוָה הַמְבֹרָךְ:

קהל וש״ץ בָּרוּךְ יְהֹוָה הַמְבֹרָךְ לְעוֹלָם וָעֶד:

עלינו לשבח וכו׳. ק״י

כשיבא לביתו יאמר זה

שָׁלוֹם עֲלֵיכֶם מַלְאֲכֵי הַשָּׁרֵת מַלְאֲכֵי עֶלְיוֹן מִמֶּלֶךְ מַלְכֵי הַמְּלָכִים הַקָּדוֹשׁ בָּרוּךְ הוּא: ג״פ בּוֹאֲכֶם לְשָׁלוֹם מַלְאֲכֵי הַשָּׁלוֹם מַלְאֲכֵי עֶלְיוֹן מִמֶּלֶךְ מַלְכֵי הַמְּלָכִים הַקָּדוֹשׁ בָּרוּךְ הוּא: ג״פ בָּרְכוּנִי לְשָׁלוֹם מַלְאֲכֵי הַשָּׁלוֹם מַלְאֲכֵי עֶלְיוֹן מִמֶּלֶךְ מַלְכֵי הַמְּלָכִים הַקָּדוֹשׁ בָּרוּךְ הוּא: ג״פ צֵאתְכֶם לְשָׁלוֹם מַלְאֲכֵי הַשָּׁלוֹם מַלְאֲכֵי עֶלְיוֹן מִמֶּלֶךְ מַלְכֵי הַמְּלָכִים הַקָּדוֹשׁ בָּרוּךְ הוּא: ג״פ

כִּי מַלְאָכָיו יְצַוֶּה לָּךְ לִשְׁמָרְךָ בְּכָל דְּרָכֶיךָ: יְיָ יִשְׁמָר צֵאתְךָ וּבוֹאֶךָ מֵעַתָּה וְעַד עוֹלָם:

אֵשֶׁת חַיִל מִי יִמְצָא וְרָחֹק מִפְּנִינִים מִכְרָהּ: בָּטַח בָּהּ לֵב בַּעְלָהּ וְשָׁלָל לֹא יֶחְסָר: גְּמָלַתְהוּ טוֹב וְלֹא רָע כֹּל יְמֵי חַיֶּיהָ: דָּרְשָׁה צֶמֶר וּפִשְׁתִּים וַתַּעַשׂ

בחפץ

בְּחֵפֶץ כַּפֶּיהָ: הָיְתָה כָּאֳנִיּוֹת סוֹחֵר מִמֶּרְחָק תָּבִיא לַחְמָהּ: וַתָּקָם בְּעוֹד לַיְלָה וַתִּתֵּן טֶרֶף לְבֵיתָהּ וְחֹק לְנַעֲרֹתֶיהָ: זָמְמָה שָׂדֶה וַתִּקָּחֵהוּ מִפְּרִי כַפֶּיהָ נָטְעָה כָּרֶם: חָגְרָה בְעוֹז מָתְנֶיהָ וַתְּאַמֵּץ זְרוֹעֹתֶיהָ: טָעֲמָה כִּי טוֹב סַחְרָהּ לֹא יִכְבֶּה בַלַּיְלָה נֵרָהּ: יָדֶיהָ שִׁלְּחָה בַכִּישׁוֹר וְכַפֶּיהָ תָּמְכוּ פָלֶךְ: כַּפָּהּ פָּרְשָׂה לֶעָנִי וְיָדֶיהָ שִׁלְּחָה לָאֶבְיוֹן: לֹא תִירָא לְבֵיתָהּ מִשָּׁלֶג כִּי כָל בֵּיתָהּ לָבֻשׁ שָׁנִים: מַרְבַדִּים עָשְׂתָה לָּהּ שֵׁשׁ וְאַרְגָּמָן לְבוּשָׁהּ: נוֹדָע בַּשְּׁעָרִים בַּעְלָהּ בְּשִׁבְתּוֹ עִם זִקְנֵי אָרֶץ: סָדִין עָשְׂתָה וַתִּמְכֹּר וַחֲגוֹר נָתְנָה לַכְּנַעֲנִי: עוֹז וְהָדָר לְבוּשָׁהּ וַתִּשְׂחַק לְיוֹם אַחֲרוֹן: פִּיהָ פָּתְחָה בְחָכְמָה וְתוֹרַת חֶסֶד עַל לְשׁוֹנָהּ: צוֹפִיָּה הֲלִיכוֹת בֵּיתָהּ וְלֶחֶם עַצְלוּת לֹא תֹאכֵל: קָמוּ בָנֶיהָ וַיְאַשְּׁרוּהָ בַּעְלָהּ וַיְהַלְלָהּ: רַבּוֹת בָּנוֹת עָשׂוּ חָיִל וְאַתְּ עָלִית עַל כֻּלָּנָה: שֶׁקֶר הַחֵן וְהֶבֶל הַיֹּפִי אִשָּׁה יִרְאַת יְהוָה הִיא תִתְהַלָּל: תְּנוּ לָהּ מִפְּרִי יָדֶיהָ וִיהַלְלוּהָ בַשְּׁעָרִים מַעֲשֶׂיהָ:

סדר קידוש ליל שבת

מזמור לדוד ה' רעי לא אחסר וכו'

דָּא הִיא סְעוּדָתָא דַּחֲקַל תַּפּוּחִין קַדִּישִׁין:
אַתְקִינוּ סְעוּדָתָא דִּמְהֵימְנוּתָא שְׁלֵימָתָא חֶדְוָתָא דְּמַלְכָּא קַדִּישָׁא: אַתְקִינוּ סְעוּדָתָא דְמַלְכָּא דָּא הִיא סְעוּדָתָא דַּחֲקַל תַּפּוּחִין קַדִּישִׁין וּזְעֵיר אַנְפִּין וְעַתִּיקָא קַדִּישָׁא אַתְיָן לְסַעֲדָא בַּהֲדָהּ:

יוֹם הַשִּׁשִּׁי וַיְכֻלּוּ הַשָּׁמַיִם וְהָאָרֶץ וְכָל צְבָאָם: וַיְכַל אֱלֹהִים בַּיּוֹם הַשְּׁבִיעִי מְלַאכְתּוֹ אֲשֶׁר עָשָׂה וַיִּשְׁבֹּת בַּיּוֹם הַשְּׁבִיעִי מִכָּל מְלַאכְתּוֹ אֲשֶׁר עָשָׂה: וַיְבָרֶךְ אֱלֹהִים אֶת יוֹם הַשְּׁבִיעִי וַיְקַדֵּשׁ אֹתוֹ כִּי בוֹ שָׁבַת מִכָּל מְלַאכְתּוֹ אֲשֶׁר בָּרָא אֱלֹהִים לַעֲשׂוֹת:

סברי מרנן בָּרוּךְ אַתָּה יְהוָה אֱלֹהֵינוּ מֶלֶךְ הָעוֹלָם בּוֹרֵא פְּרִי הַגָּפֶן:

בָּרוּךְ אַתָּה יְהוָה אֱלֹהֵינוּ מֶלֶךְ הָעוֹלָם אֲשֶׁר קִדְּשָׁנוּ בְּמִצְוֹתָיו וְרָצָה בָנוּ • וְשַׁבַּת קָדְשׁוֹ בְּאַהֲבָה וּבְרָצוֹן הִנְחִילָנוּ זִכָּרוֹן לְמַעֲשֵׂה בְרֵאשִׁית • תְּחִלָּה לְמִקְרָאֵי קֹדֶשׁ זֵכֶר לִיצִיאַת מִצְרָיִם • כִּי בָנוּ בָחַרְתָּ וְאוֹתָנוּ קִדַּשְׁתָּ מִכָּל הָעַמִּים וְשַׁבַּת קָדְשְׁךָ בְּאַהֲבָה וּבְרָצוֹן הִנְחַלְתָּנוּ: בָּרוּךְ אַתָּה יְיָ מְקַדֵּשׁ הַשַּׁבָּת:

ענייני סעודת שבת

זהר פרשה יתרו דף פח ע"ב

רבי שמעון הוי אמר הכי אתקינו סעודתא כו' רבי שמעון כד הוה אתי לסעודתא הוי אמר הכי אתקינו סעודתא דמהימנותא עילאה אתקינו סעודתא דמלכא והוה יתיב וחדי כד אשלים סעודתא תליתאה הוו מכרזי עליה אז תתענג על ה' והרכבתיך על במתי ארץ והאכלתיך נחלת יעקב אביך אמר ר"א לאבוי אילין סעודתי האיך מתתקנין אמר ליה לילא דשבתא כתיב והרכבתיך על במתי ארץ ביה בלילא מתברכא מטרוניתא וכולהו חקל תפוחין ומתברכא לפתוריה דב"נ ונשמתא איתוספת וההוא לילא חדוה דמטרוניתא הוי ובעי בר נש למחדי בחדותא ולמיכל סעודתא דמטרוניתא:

והנה קודם שיתבאר ענין הג' סעודות יש להקדים מ"ש אז תתענג על ה' כו' מהו על משמע למע' משם הוי"ה הנה ידוע כפי' ד' אותיות דשם הוי"ה היוד הוא בחי' חכמה דאצי' כי היו"ד הוא בחי' למלום נקודה א' בלבד והיינו לפי שהחכ' נק' כ"ח מ"ה שלא בא עדיין לידי בחינת השגה והבנה בהתפשטות אורך ורוחב וה"א הוא בחי' בינה דאצי' שהוא בא בבחי' התפשטות אורך ורוחב ונק' רחובות הנהר כידוע והוא"ו הוא בחי' המשכה מן השגת הבינה והיינו המדות דאצי' שנולדים ונמשכים מן השכל דבינה שנק' אם הבנים כידוע וה"א אחרונה בחי' מ"ל דאצי' והנה קוצו של יוד היינו בחי' הכתר שממנו נמשך החכ' וכמ"ש והחכ' מאין תמצא כידוע • וידוע שהחכ' שנמשכת

שנמצאת מן האין דכתר נקרא עדן על שם בחינת התענוג הנמצא בחכמ' וכאשר נרא' בחוש שכאשר ישכיל האדם וימצ' איזה שכל חדש מכח החכמה שבו מתענג בה ויתפעל בתענוג התפעלות גדולה מאוד. ולכאורה אין לשכל עם התענוג חיבור וקישור כלל שמהות השכל נבדל ממהות התענוג שהתענוג יכול להיות גם בשאר דברים כמו הטיול והאכילה זולת השכל כידוע אלא שהתענוג הוא בא באותו השכל שהמציא בדרך התלבשות בלבד שמתלבש ושוכן בו אבל לא שהחכמה עצם א' עם התענוג. והמופת לזה שאם היה בחינת התענוג בעצם בחכמה א"כ למה אנו רואים שלא יתענג בהתפעלות התענוג רק מי שהמציא את השכל החדש אבל אחר השומע ממנו ומקבל זה השכל החדש אינו מתפעל בתענוג כ"כ ואם היתה התפעלות התענוג רק מצד השכל עצמו הרי גם הוא שומע ומבין אותו השכל חדש כמו שהמציאו מסברתו ודעתו. והגם שאנו רואים שיתפעל בתענוג גם השומע אבל אין להתפעלות זאת ערך כלל להתפעלות התענוג שמתפעל המשפיע שהמציא את השכל חדש אלא מוכרח לומר שאין התענוג עצם אחד עם החכמה אלא שמתלבש בשכל כנ"ל ואינו מתלבש ובא רק למי שהמציא השכל ממקור חוצבו דווקא שהוא בבחינת אין דכתר הנ"ל שהוא בחינת עצם התענוג שבנפש כי הכרח להתהוות שכל חדש הוא בא מלמעלה מן השכל והיינו מבחי' הכתר שנקרא עתיקא כידוע ועל כן הממציא השכל חדש להיותו מביא אותו ממקור השכל שהוא בחינת התענוג עצמו על כן יתפעל הוא דווקא באותו השכל חדש מפני שבא גם אור התענוג ומתלבש בשכל זה שהמציא להיותו למעלה בחי' מקור למציאותו כנ"ל משא"כ לזולתו שלא המציאו כלל ממקורו שבכתר לכך לא יתפעל כ"כ. והנמשל מובן מזה למעלה דבחי' החכמה דאצילות יש בה ב' מדריגות ג"כ הא' בחי' החכמה דאצילות שאין בה הארה מבחינת עונג העליון רק מעט מזעיר בצמצום גדול והוא בחי' יוד דשם הוי"ה והוא ע"ד דמיון השומע החכמ' שמקבל עונג מעט מזעיר להיות שלא המשיכו ממקור החכמה כנ"ל והב' בחי' החכמה שנקרא עדן להיות שמאיר בחכמה זו מבחינת התענוג העליון הנקרא עתיקא והוא עד"מ במי שהמציא השכל שמתפעל בעונג גדול כנ"ל להיותו ממשיכו ממקור השכל כנ"ל והוא בחי' קוצו של יוד שהוא הארת בחי' הכתר בחכמה. והנה בשבת מתגלה בחינת עונג העליון דעתיקא בחכמה דאצילות וע"כ זמן עליות הנשמות בג"ע הוא בשבת דווקא וכמ"ש והיה מדי חודש בחדשו כו' וכמבואר בס' הבהיר שיש עמוד בג"ע התחתון שבו עולין הנשמות בג"ע העליון מדי שבת בשבתו והענין הוא כי בחי' החכמה נקרא עדן בשבת דווק' וכמ"ש וקראת לשבת עונג פירוש שבת הוא בחינת מוחין דאבא כידוע והעונג העליון דע"י נמשך בחכמה כנ"ל וע"כ הבינה נקרא ג"ע כי בחי' הבינה מקבלת מן החכמה ונקרא תרין ריעין כו' אלא שבחכמה העונג בבחי' העלם עדיין בהעלם החכמה ובבינה בא העונג בגילוי כגילוי הבינה שמתפשטת לאורך ורוחב כנ"ל ע"כ בחי' התגלות דע"י הוא דווקא בבינה ולא בחכמה כמ"ש במ"א וע"כ נקרא הבינה ג"ע כי בה הוא בחינת גילוי החכמה שנקרא עדן ולשם עולין הנשמות בשבת דמעלי שבתא דווקא כמבואר בזהר בכמה דוכתי והנה גם בחינת הארת התענוג שמתלבש בחכמה כנ"ל אינו אלא בחי' הארה בעלמא בלבד מבחינת עצמות כח התענוג ואין לו ערך כלל עם עצם מהות כח התענוג וכמו שאנו רואים בחוש שכאשר יתפעל האדם באיזה עונג שמתלבש באיזה דבר מה או בשכל חדש או בטיול וציור נאה או כיוצא הרי זה התענוג נמשך מעצמיות כח התענוג שבנפשו בבחי' אור המשכה בעלמא כי הרי בחינת עצמיות כח התענוג אשר בנפשו יש בכחו להתענג מכמה דברים ולשנות מתענוג לתענוג ממה שאינו חפץ וכיוצא בזה ונמצא אותו עונג הבא ומתלבש בפרט הדבר ההוא כמו השכל וכיוצא הרי הוא רק המשכה והארה קטנה בעלמא שנמשכת מבחינת עצמות התענוג כי התענוג שבכח הוא בחינת כח היולי כולל כל מה שיבוא ממנו לידי גילוי בעונג וכמ"ש במ"א ולזאת בהכרח שיעלה ויבא בחי' העונג המלובש בחכמה ויוכלל בבחינת עצמות התענוג הנקרא מקור כל התענוגים והיינו דווקא בשבת דכתיב ויכלו השמים והארץ וכל צבאם כו' וכן ויכל אלהים ביום השביעי כו' פי' ויכלו ויכל מלשון כליון הנפש כמ"ש כלתה נפשי כו' דהיינו כליון הנפש שבא מצד התענוג הגדול וכמו כן הוא ענין עליות הארת העונג שמלובש בכל מעשה בראשית ששרש כולם הוא החכמה כידוע בעצמיות התענוג וזהו ויכלו השמים והארץ שכלו ונכללו בעצמות התענוג העליון שבעצמו' המאציל עדיין קודם שיבא לידי גילוי עונג שהוא למעלה למעלה הרבה גם מבחינת הארת העונג דכתר הנמשך בחכמה כנ"ל. וזהו פי' אז תתענג על הוי' פירוש למעלה למעלה משם הוי"ה דהנה שם הוי"ה בד' אותיות היינו בחי' חו"ב ומדות ומ"ל כנ"ל וקוצו של יוד היינו בחינת הארת הכתר שבחכמה כנ"ל אבל בשבת יש עליה לבחינת הארה העונג דכתר שמלובש בחכמה בעצמות התענוג כנ"ל ולכך אמר אז תתענג על הוי' למעלה גם מבחי' קוצו של יוד שבשם הוי' דאצילות לפי שאז מתגלה בחינת עצמות התענוג העליון שבעצמות המאציל ממש שנכלל ובטל בו בחי' הארת העונג שמלובש בחכמה שאינו אלא רק בחינת הארה והמשכה בלבד מן העצמות כנ"ל. ונמצא מובן מכ"ז שיש ג' מדריגות הא' הארת החכמה כמו שהיא בחול בששת ימי המעשה שאור הכתר מלובש בה ג"כ אבל הוא בהעלם גדול ובצמצום גדול וכמ"ש והחכמה מאין תמצא ע"י צמצום גדול והב'

בחי'

בחי' הארת הכתר בחכמ' בגילוי אור גדול שהוא בשבת דווקא דכתיב וקראת לשבת עונג כו' הג' בחינת עצמות התענוג העליון שלמעלה הרבה גם מבחינת הארת הכתר בחכמה שמאיר ומתגלה ביומא דשבתא וע"כ אומרים אז פסוק זה דאז תתענג על הוי"ה למעלה מכל שם הוי' כנ"ל ·

ואחר הקדמה הזאת יש להבין שרש הג' סעודות דשבת בדרך כלל ואח"כ יתבארו פרטי דברי המאמר הנ"ל דהנה כתיב ששת ימים עשה הוי"ה את השמים ואת הארץ וביום השביעי שבת וינפש וידוע בפי' ששת ימים הללו שהם בחי' ו"ק דאצי' אור החסד דז"א דאצילות מאיר ביום א' ואור הגבורה מאיר ביום ב' כו' וכאו"א כלול מרבוא רבבות מדריגות חסד שבחסד וגבורה שבחסד ומתחלקים ליוד ויוד ליוד כו' וכן יום ב' מאור הגבורה מתחלק כנ"ל וכל יום נבדל מחבירו וכמאמר כל יומא עביד עבידתא דיליה ביום הא' יהי אור דחסד וביום ב' יהי רקיע להבדיל בבחי' הגבורות כו' וכמ"ש במ"א וכ"ז נקרא ו' יומין דחול דהיינו התלבשות בחי' מוחין דקטנות שבששת ימי המעשה מז"א דאצילות וכן עד"ז גם בעולם האצי' לגבי עצמות המאציל נקרא התלבשות המוחין מהמאציל באו"א שלצורך התהוות המדות דאצי' בחי' מוחין דחול בשביל קיום העולמות וז"ש יקוו המים שנחלק אור המאציל בג' קוין דאצי' בדרך קו בלבד שהוא אור ההמשכה בקטנות בלבד וכמ"ש במ"א · והנה השבת הוא זמן עליות כל העולמות ויש בזה ב' מדריגות הא' שבת דמעלי שבתא והב' שבת דיומא והן שני עליות העלייה הא' בליל שבת והעליי' הב' הוא ביומא דשבתא וקודם שיתבאר שני מדריגות הללו יש להקדים תחלה שרש ענין השבת בכלל במ"ש הטעם ליום השבת כי ששת ימים עשה כו' וביום השביעי שבת וינפש · פירוש וינפש היינו עד"מ אדם שעושה מלאכה שמתפשטין כחות נפשו באותה המלאכה וכששובת מן המלאכ' נקרא נייחא דרוחא כידוע וזהו וינפש שבא אל עצמותו וזהו ונשל להבין בכלל ענין עליות העולמות בשבת כידוע דהיינו כששובת ונח המאציל מן התפשטות שפע בין באצילות בין בבי"ע עי"ז מתילא בחינת עלייה לכל העולמות אל המאציל וכמ"ש במ"א · והנה עיקר העליי' הזאת אל העצמות הוא דווקא בגמר המלאכה וגם עוד בתנאי שיוכשר בעיניו המלאכה הזאת אשר עשה שאז מקבל עונג גדול וכנראה בחוש שכאשר האדם עושה איזה כלי מפואר כמו כלי כסף בהידור גדול הנה כשיגמור מלאכתה בהידור ויופי כפי אוות נפשו ורצונו להתפאר בה מקבל עונג נפלא מיופי הכלי וגם כאשר נעשית בתכלית ההידור דווקא כפי רצונו להתענג בציור ויופי אז מקבל עונג אבל אם לא נעשית הכלי בהידור שהוא כפי רצונו להתענג אינו מקבל כלל תענוג ונמצא מובן מזה שבוודאי היה לו איזה רצון ותענוג באופן מעשה הכלי בתחילה קודם שעשה אותה שיעשנה כך וכך דייקא שאז יתענג בה והרי מה שעלה ברצונו לקבל עונג מאופן ציור נאה כזה קודם שעשה הכלי הוא המתגלה לאחר שנגמר מעשה הכלי כפי שהיה רצונו להתענג בתחלה כנ"ל כי בשעה שהוא טרוד באמצע העסק הרי העונג נעלם בהמעשה הזאת ולא נגלה אורו רק אחר שנגמר המעשה דוקא ובתנאי כשעלתה לו המעשה כפי התענוג שרוצה כנ"ל · והנה בשעה שעושה הכלי מצייר אותה בשכלו ובתבונתו ובמדותיו כו' וצריך הוא שיפקח בעין שכלו הטוב לצייר אותה רק כפי אופן העונג שרוצה ולא בציור אחר זולתו ונמצא הרי העונג היה בתחלה פשוט בלתי מורכב ומצומצם כלל ובכח השכל הוא שנצמצם לעשות הכלי בפרטי הציור שיהיה מכוון דוקא לפי אופן התענוג הנ"ל ואחר גמר המלאכה חזר אותו העונג לבא בבחינת אור פשוט בלתי מוגבל ומורכב כנ"ל ·

והנה גם אותו העונג שעלה בדעתו להתענג מציור נאה כזה דווקא הרי בא ונמשך מעצמיות כח התענוג הכולל כל מיני תענוג שבאים בגילוי ונקרא כח היולי של התענוג כנ"ל ואין לזה העונג ערך כלל אליו כי בחי' עצמיות התענוג הוא פשוט בתכלית הפשיטות וזה העונג הנמשך אעפ"י שגם הוא אור פשוט עדיין קודם שיבוא בחכמה כנ"ל מ"מ הרי הוא עונג פרטי השייך רק לאותו הדבר הפרטי שהוא הציור נאה וכיוצא אבל עצמות התענוג הרי אין בו התחלקות להתענג מדבר פרטי עדיין אחר שהוא בחינת כח היולי כנ"ל שנקרא מקור כל התענוגים כנ"ל אך ורק אפס קצהו בלבד נמשך בדרך הפרטי כשרוצה להתענג ואין זה רק בחינ' הארה והמשכה א' מן העצמות וכנ"ל וא"כ לאחר שנגמר מלאכת הכלי הגם שאור התענוג חוזר לתחלת העונג שרצה בו מכל מקום גם שניהם יחד אין להם ערך ודמיון כלל לגבי עצם כח התענוג רק מ"מ הנה יובן שבעליות הארת עונג זה שלאחר גמר הכלי כשנשלם בכל פרטיו בעלותו כמו כששובת ונח מן המלאכה ומקבל עונג נפלא כו' הנה הוא עולה ונכלל בעצם התענוג ודווקא העונג הזה שלאחר שלימות המלאכה והוא שובת ונח שיש בזה בחינת עליות בג' תנאים הללו דווקא כנ"ל יוכל להיות עילוי והתכללות בעצם כח התענוג להיות שיש בזה העונג ג"כ הארה מהארת עצמו' התענוג להיותו בלתי מוגבל ומורכב גם ברצון ושכל אחר שהוא שובת ונח שחוזר אל העצמות והגם שהוא מקבל התענוג הזה נדבר פרטי בלבד אבל מה שנפשו העצמית מתענגת ומקבלת העונג זה הוא בחינת הארה מעצמיות מקור התענוגים ונמצא שהבחי' תענוג שבסוף דווקא הוא החוזר אל בחי' עצם התענוג הנק' כח היולי ולא תחלת התענוג כשעלה בדעתו להתענג מציור נאה וכיוצא וד"ל · ואחר שנתבארו כל המדריגות הנ"ל בעניני התענוג גשמיי' במעשה המלאכה גשמיית הנה יובן בדוגמא זו למשכיל מכ"ז למעלה גם כן דהנה כתיב וירא אלקים את כל אשר

עשה והנה טוב מאד פי' כל אשר עשה כולל כל ההשתלשלות דאבי"ע באורות וכלים וכל פרטי פרטיהם · והנה כשעלה ברצונו הפשוט להאציל ולברוא כו' היה וודאי בזה הרצון הפשוט איזה תענוג עליון שמחמתו ירצה דווקא באופן זאת ההשתלשלות וכמו שאמרו בראשית בשביל ישראל שנקראו ראשית או שיהיה לו דירה בתחתונים או מטעם כי חפץ חסד הוא כמ"ש בע"ח ועכ"פ יהיה איך שיהיה עונג זה היה בהעלם ברצונו הפשוט וכשבא לכלל אור התפשטות במעשה בראשית דאבי"ע נסתר אורו עד"מ העושה כלי נאה כשמתבונן בפרטי עשיות ציוריו שנתעלם או התענוג שהיה כלול בעצמות הנפש תחילה לעשות זה הכלי כנ"ל והנה מה שעלה אותו העונג לעשות מעשה בראשית שמחמתו נעשה ונמשך לזה רצון והוא עיקר ההכרח שהכריחו לרצון זה הוא מה שיקבל עונג נפלא בסוף מעשה כנ"ל . ואמנם מ"ש והנה טוב מאד הנה מאד זה בלי גבול כלל כידוע והענין הוא כי בחי' עצמו' התענוג הפשוט שהכריח לבחינת רצון ותענוג הפרטי הזה הוא בחי' א"ס ממש ועי"כ נק' מאד בלי גבול כלל ולהיות כי אחר סוף מעשה דוקא כשהוכשרה בעיניו כל אשר עשה אז מקבל עונג נפלא ועולה העונג ההוא בעצמות התענוג הפשוט כנ"ל והוא בשני תנאים כאשר שובת ונח וזהו בחי' או"ח אל העצמות כנ"ל וכאשר נגמרה המעשה כפי אופן ההכשר שרצה להתענג בו בתחלת המחשבה והרצון ונקרא תענוג שבסוף מעשה כנ"ל שהוא דוקא העולה אל עצם התענוג הפשוט ההיולי כנ"ל וזהו וירא אלהים את כל אשר עשה לאחר גמר המעשה דוקא והנה טוב מאד מפני שעלה בעצמות התענוג כנ"ל · ובכ"ז יובן שרש ענין כללות הטעם לשבת במה שאמר כי ששת ימים עשה הוי"ה כו' וביום השביעי שבת וינפש פי' וינפש שבא בחינת ההתפשטות של התענוג שהיה מלובש בדבר הפרטי בהשתלשלות דאבי"ע אל בחי' עצמות התענוג הפשוט כנ"ל וזהו שרש ענין כללות עליות כל העולמות בשבת בין באצי' בין בבי"ע וכן עד"ז עד רום המעלות מפני שה"ז כדמיון המלאכה גשמית שכאשר האדם שובת ונח ממנה חוזרים כחותיו אל העצמיות שאז דוקא זמן עליות התענוג בעצמיות התענוג מאשר הוכשרה מלאכתו בעיניו הגם שהוא עונג מדבר פרטי וכנ"ל משא"כ בששת יומין דחול הרי גם הארת העונג ההוא הפרטי הנה הוא מוסתר ונעלם במעשה בראשית עד"מ בעושה מלאכה שעונג שמקבל מזה מוסתר הוא בשעה שעוסק בה כי בשעת העסק יורדין כל כחותיו להתפשט באותו דבר שעושה כנ"ל וגם הנה המעשה עצמה מתחלקת לפרטים רבים וחלקים קטנים מאד כנ"ל · וכך למעלה כתיב יקוו המים כו' וידוע שר"ל שיתחלק אור המאציל בג' קוין באצי' חח"ן מימין כו' וזהו דרך כלל ובדרך פרט מתחלקי' עוד לפרטים רבים כו' ועד"ז מאצילות לבי"ע כו' אבל בשבת עולין כולם בדרך כלל לגבי עצמות אור א"ס וכמ"ש כל אשר עשה כו' דכולל כללות כל ההשתלשלות דאבי"ע כנ"ל וד"ל · ומעתה יתבאר גם שרש ענין ההפרש בין שבת דמעלי שבתא ובין שבת דיומא כנ"ל דהנה בכל ו' יומין דחול הוא מוסתר ונעלם הארת התענוג העליון כנ"ל ובכלות ו' יומין דחול שנקראו מוחין דקטנות כנ"ל אז כתיב לדוד בשנותו את טעמו כו' שמפסקת המ"ל בגדי חול וכמ"ש במ"א ועולה עד בחי' הכתר הנק' עתיקא וע"כ נק' סעודת ליל שבת סעודתא דחקל תפוחין קדישין וכמו שאמר כאן בתחלת המאמר לילא דשבתא כתיב והרכבתיך על במתי ארץ בי' בליליא מתברכא מטרוניתא וכולהו חקל תפוחין וההוא ליליא חדוה דמטרוניתא הוה כו' פי' מטרוניתא הוא בחי' מ"ל דאצילות שכוללת יוד מאמרים ובו' יומין דחול מסתתרת בבי"ע להחיות רוח שפלים מאין ליש וכמ"ש מלכותך מלכות כל עולמים כו' וכידוע ומיד בכלות ו' יומין דחול שהוא כדמיון הגומר כל מלאכתו כששובת ונח שחוזר רוחו אליו כו' אזי מקבל עונג מכל אשר עשה כנ"ל ולא באמצע העסק·כך בליל שבת הוא עליות המ"ל הנק' כח הפועל בנפעל ועלייתה הוא אל בחינת העונג העליון הנקרא עתיקא כידוע שהוא בחי' הממוצע בין המאציל לנאצלים והוא כדמיון משל העונג פרטי שאדם עולה בדעתו להתענג מציור נאה כנ"ל באריכות שאין לו דמיון וערך כלל לעצמות התענוג הפשוט כנ"ל כך בחי' עתיקא זה הגם שהוא מקור לכל אבי"ע ונקרא כתר כידוע אך לגבי עצמות אור התענוג הפשוט אינו אלא בחי' הארה והמשכה בעלמא כנ"ל · ובליליא דשבתא עדיין אינו מאיר הארת עצמות התענוג הזה אלא רק בחינת עונג העליון השייך לדבר פרטי בלבד והוא מקור ההשתלשלו' דאבי"ע וע"כ נק' סעודתא דחקל תפוחין כמשל שדה שיש בה תפוחין שהתפשטו' העונג נמצא בה ונקרא שדה זו מקור לכל מיני תענוג כו' כך למעלה הרי בחינת עונג העליון שמאיר אחר סוף המעשה מכל אשר עשה הוא מקור לכל בחי' תענוג הנמצא בבי"ע עד התענוגים הגשמיים הנמצאים בסוף עולם העשיה הגשמי כנ"ל כי ע"י רבוא רבבות מדריגות ההשתלשלות ירד אור עונג העליון הנ"ל באבי"ע מעילה לעלול עד שגם התענוג הגשמי יש לו שרש ממנו אלא שבא אחר ריבוי ההשתלשלו' ביותר ותחלת ירידתו בג"ע העליון שהנשמות נהנין מזיו עילאה דע"י המאיר במ"ל כמ"ש מדי שבת בשבתו יבא כל בשר כו' והוא ענין עליות הנשמות בליל שבת דוקא לפי שאז עולה המ"ל עד הכתר שהוא בחי' עונג פרטי המאיר בבחינת הארה בעלמא מעצמות התענוג כנ"ל וע"כ אומרים גם בסעודת ליל שבת דא סעודתא דחקל כו' ועתיקא קדישא וז"א אתיין לסעדא בהדה כו' וזהו פירוש המאמר הזה ליליא דשבתא כתיב והרכבתיך על במתי ארץ שהוא בחינת המ"ל שבה מתגלה ומאיר בחינת עתיקא ומטרוניתא מתברכא ממקור הראשון שהוא בחינת הכתר כי נעוץ סופן בתחלתן ותחלתן בסופן כידוע וד"ל :

סדר סעודה לשבת

אֲ זַמֵּר בִּשְׁבָחִין · לְמֵיעַל גּוֹ פִתְחִין · דְּבַחֲקַל תַּפּוּחִין ·
דְּאִנּוּן קַדִּישִׁין :
נְ זַמִּין לַהּ הַשְׁתָּא · בִּפְתוֹרָא חֲדַתָּא · וּבִמְנַרְתָּא
טַבְתָּא · דְּנַהֲרָא עַל רֵישִׁין :
יְ מִינָא וּשְׂמָאלָא · וּבֵינַיְהוּ כַּלָּה · בְּקִשּׁוּטִין אָזְלָא ·
וּמָאנִין וּלְבוּשִׁין :
יְ חַבֵּק לַהּ בַּעְלָהּ · וּבִיסוֹדָא דִילָהּ · דְּעָבֵיד נַיְחָא
לָהּ · יְהֵא כָּתִישׁ כְּתִישִׁין :
צְ וָחִין אַף עַקְתִּין · בְּטֵלִין וּשְׁבִיתִין · בְּרַם אַנְפִּין
חֲדַתִּין · וְרוּחִין עִם נַפְשִׁין :
חֲ דוּ סַגִּי יֵיתֵי · וְעַל חֲדָא תַרְתֵּי · נְהוֹרָא לַהּ יִמְטֵי ·
וּבִרְכָאָן דִּנְפִישִׁין :
קְ רִיבוּ שׁוֹשְׁבִינִין · עֲבִידוּ תִקּוּנִין · לְאַפָּשָׁא זִינִין
וְנוּנִין עִם רַחֲשִׁין :
לְ מֶעְבַּד נִשְׁמָתִין · וְרוּחִין חֲדַתִּין · בְּתַרְתֵּין
וּבִתְלָתִין · וּבִתְלָתָא שִׁבְשִׁין :
וְ עִטּוּרִין שַׁבְעִין לַהּ · וּמַלְכָּא דִלְעֵילָא · דְּיִתְעַטַּר
כֹּלָּא · בְּקַדִּישׁ קַדִּישִׁין :
רְ שִׁימִין וּסְתִימִין · בְּגוֹ כָּל עָלְמִין · בְּרַם עַתִּיק
יוֹמִין הֲלָא בַּטִּישׁ בַּטִּישִׁין :
יְ הֵא רַעֲוָא קַמֵּיהּ · דְּתִשְׁרֵי עַל עַמֵּיהּ · דְּיִתְעַנַּג
לִשְׁמֵיהּ · בְּמִתִּיקִין וְדוּבְשִׁין :
אֲ סַדֵּר לִדְרוֹמָא · מְנַרְתָּא דִסְתִימָא · וְשֻׁלְחָן עִם
נַהֲמָא · בִּצְפוֹנָא אַרְשִׁין :
בְּ חַמְרָא גוֹ כַסָּא · וּמְדָאנֵי אָסָא · לְאָרוּס וַאֲרוּסָה ·
לְהִתְתַּקְּפָא חַלָּשִׁין :
נַ עֲבִיד לְהוֹן כִּתְרִין · בְּמִלִּין יַקִּירִין · בְּשַׁבְעִין
עִטּוּרִין · דְּעַל גַּבֵּי חַמְשִׁין :
שְׁ כִינְתָּא תִתְעַטַּר · בְּשִׁית נַהֲמֵי לִסְטַר · בְּוָוִין
תִּתְקַטַּר (ס"א בווין תתקטר בשית נהמי לסטר) · וְזִינִין
דִּכְנִישִׁין :
שְׁ בִיתִין וּשְׁבִיקִין · מְסָאֲבִין דְּרַחִיקִין · חֲבִילִין
דִּמְעִיקִין · וְכָל זִינֵי חֲבוּשִׁין :
לְ מִבְצַע עַל רִפְתָּא · כְּזֵיתָא וּכְבֵיעֲתָא · תְּרֵין
יוּדִין נָקְטָא · סְתִימִין וּפְרִישִׁין :
מְ שַׁח זֵיתָא דַכְיָא · דְּטָחֲנִין רֵיחַיָּא · וְנַגְדִין
נַחֲלַיָּא · בְּגַוָּהּ בִּלְחִישִׁין :
הֲ לָא נֵימָא רָזִין · וּמִלִּין דִּגְנִיזִין · דְּלֵיתֵיהוֹן
מִתְחַזְיָין · טְמִירִין וּכְבִישִׁין :
א תְעַטְּרַת כַּלָּה · בְּרָזִין דִּלְעֵילָא · בְּגוֹ הַאי
הִלּוּלָא · דְּעִירִין קַדִּישִׁין :

וִיהֵא רַעֲוָא מִן קֳדָם עַתִּיקָא קַדִּישָׁא דְּכָל קַדִּישִׁין וּטְמִירָא דְּכָל טְמִירִין סְתִימָא דְּכֹלָּא דְּיִתְמְשֵׁךְ טַלָּא עִילָּאָה מִינֵּיהּ לְמַלְיָא רֵישָׁא דִּזְעֵיר אַנְפִּין וּלְהַטִּיל לַחֲקַל תַּפּוּחִין קַדִּישִׁין בִּנְהִירוּ דְאַנְפִּין בְּרַעֲוָא וּבְחֶדְוָתָא דְּכֹלָּא :

שחרית לשבת

נכון לומר קודם התפלה

הריני מקבל עלי מצות עשה של ואהבת לרעך כמוך

מַה טֹּבוּ אֹהָלֶיךָ יַעֲקֹב מִשְׁכְּנֹתֶיךָ יִשְׂרָאֵל : וַאֲנִי בְּרֹב חַסְדְּךָ אָבֹא בֵיתֶךָ אֶשְׁתַּחֲוֶה אֶל הֵיכַל קָדְשְׁךָ בְּיִרְאָתֶךָ : וַאֲנִי תְפִלָּתִי לְךָ יְהוָֹה עֵת רָצוֹן אֱלֹהִים בְּרָב חַסְדֶּךָ עֲנֵנִי בֶּאֱמֶת יִשְׁעֶךָ :

אֲדוֹן עוֹלָם אֲשֶׁר מָלַךְ בְּטֶרֶם כָּל יְצִיר נִבְרָא : לְעֵת נַעֲשָׂה בְחֶפְצוֹ כֹּל אֲזַי מֶלֶךְ שְׁמוֹ נִקְרָא : וְאַחֲרֵי כִּכְלוֹת הַכֹּל לְבַדּוֹ יִמְלוֹךְ נוֹרָא : וְהוּא הָיָה וְהוּא הֹוֶה וְהוּא יִהְיֶה בְּתִפְאָרָה : וְהוּא אֶחָד וְאֵין שֵׁנִי לְהַמְשִׁיל לוֹ לְהַחְבִּירָה : בְּלִי רֵאשִׁית בְּלִי תַכְלִית וְלוֹ הָעֹז וְהַמִּשְׂרָה : וְהוּא

וְהוּא אֵלִי וְחַי גֹּאֲלִי וְצוּר חֶבְלִי בְּעֵת צָרָה: וְהוּא נִסִּי וּמָנוֹס לִי מְנָת כּוֹסִי בְּיוֹם אֶקְרָא: בְּיָדוֹ אַפְקִיד רוּחִי בְּעֵת אִישַׁן וְאָעִירָה ׳ וְעִם רוּחִי גְּוִיָּתִי יְהֹוָה לִי וְלֹא אִירָא:

וַיְהִי אַחַר הַדְּבָרִים הָאֵלֶּה וְהָאֱלֹהִים נִסָּה אֶת אַבְרָהָם וַיֹּאמֶר אֵלָיו אַבְרָהָם וַיֹּאמֶר הִנֵּנִי: וַיֹּאמֶר קַח נָא אֶת בִּנְךָ אֶת יְחִידְךָ אֲשֶׁר אָהַבְתָּ אֶת יִצְחָק וְלֶךְ לְךָ אֶל אֶרֶץ הַמֹּרִיָּה וְהַעֲלֵהוּ שָׁם לְעֹלָה עַל אַחַד הֶהָרִים אֲשֶׁר אֹמַר אֵלֶיךָ: וַיַּשְׁכֵּם אַבְרָהָם בַּבֹּקֶר וַיַּחֲבֹשׁ אֶת חֲמֹרוֹ וַיִּקַּח אֶת שְׁנֵי נְעָרָיו אִתּוֹ וְאֵת יִצְחָק בְּנוֹ וַיְבַקַּע עֲצֵי עֹלָה וַיָּקָם וַיֵּלֶךְ אֶל הַמָּקוֹם אֲשֶׁר אָמַר לוֹ הָאֱלֹהִים: בַּיּוֹם הַשְּׁלִישִׁי וַיִּשָּׂא אַבְרָהָם אֶת עֵינָיו וַיַּרְא אֶת הַמָּקוֹם מֵרָחֹק: וַיֹּאמֶר אַבְרָהָם אֶל נְעָרָיו שְׁבוּ לָכֶם פֹּה עִם הַחֲמוֹר וַאֲנִי וְהַנַּעַר נֵלְכָה עַד כֹּה וְנִשְׁתַּחֲוֶה וְנָשׁוּבָה אֲלֵיכֶם: וַיִּקַּח אַבְרָהָם אֶת עֲצֵי הָעֹלָה וַיָּשֶׂם עַל יִצְחָק בְּנוֹ וַיִּקַּח בְּיָדוֹ אֶת הָאֵשׁ וְאֶת הַמַּאֲכֶלֶת וַיֵּלְכוּ שְׁנֵיהֶם יַחְדָּו: וַיֹּאמֶר יִצְחָק אֶל אַבְרָהָם אָבִיו וַיֹּאמֶר אָבִי וַיֹּאמֶר הִנֶּנִּי בְנִי וַיֹּאמֶר הִנֵּה הָאֵשׁ וְהָעֵצִים וְאַיֵּה הַשֶּׂה לְעֹלָה: וַיֹּאמֶר אַבְרָהָם אֱלֹהִים יִרְאֶה לּוֹ הַשֶּׂה לְעֹלָה בְּנִי וַיֵּלְכוּ שְׁנֵיהֶם יַחְדָּו: וַיָּבֹאוּ אֶל הַמָּקוֹם אֲשֶׁר אָמַר לוֹ הָאֱלֹהִים וַיִּבֶן שָׁם אַבְרָהָם אֶת הַמִּזְבֵּחַ וַיַּעֲרֹךְ אֶת הָעֵצִים וַיַּעֲקֹד אֶת יִצְחָק בְּנוֹ וַיָּשֶׂם אֹתוֹ עַל הַמִּזְבֵּחַ מִמַּעַל לָעֵצִים: וַיִּשְׁלַח אַבְרָהָם אֶת יָדוֹ וַיִּקַּח אֶת הַמַּאֲכֶלֶת לִשְׁחֹט אֶת בְּנוֹ: וַיִּקְרָא אֵלָיו מַלְאַךְ יְהֹוָה מִן הַשָּׁמַיִם וַיֹּאמֶר אַבְרָהָם אַבְרָהָם וַיֹּאמֶר הִנֵּנִי: וַיֹּאמֶר אַל תִּשְׁלַח יָדְךָ אֶל הַנַּעַר וְאַל תַּעַשׂ לוֹ מְאוּמָה כִּי עַתָּה יָדַעְתִּי כִּי יְרֵא אֱלֹהִים אַתָּה וְלֹא חָשַׂכְתָּ אֶת בִּנְךָ אֶת יְחִידְךָ מִמֶּנִּי: וַיִּשָּׂא אַבְרָהָם אֶת עֵינָיו וַיַּרְא וְהִנֵּה אַיִל אַחַר נֶאֱחַז בַּסְּבַךְ בְּקַרְנָיו וַיֵּלֶךְ אַבְרָהָם וַיִּקַּח אֶת הָאַיִל וַיַּעֲלֵהוּ לְעֹלָה תַּחַת בְּנוֹ: וַיִּקְרָא אַבְרָהָם שֵׁם הַמָּקוֹם הַהוּא יְהֹוָה יִרְאֶה אֲשֶׁר יֵאָמֵר הַיּוֹם בְּהַר יְהֹוָה יֵרָאֶה: וַיִּקְרָא מַלְאַךְ יְהֹוָה אֶל אַבְרָהָם שֵׁנִית מִן הַשָּׁמָיִם: וַיֹּאמֶר בִּי נִשְׁבַּעְתִּי נְאֻם יְהֹוָה כִּי יַעַן אֲשֶׁר עָשִׂיתָ אֶת הַדָּבָר הַזֶּה וְלֹא חָשַׂכְתָּ אֶת בִּנְךָ אֶת יְחִידֶךָ: כִּי בָרֵךְ אֲבָרֶכְךָ וְהַרְבָּה אַרְבֶּה אֶת זַרְעֲךָ כְּכוֹכְבֵי הַשָּׁמַיִם וְכַחוֹל אֲשֶׁר עַל שְׂפַת הַיָּם וְיִרַשׁ זַרְעֲךָ אֵת שַׁעַר אֹיְבָיו: וְהִתְבָּרְכוּ בְזַרְעֲךָ כֹּל גּוֹיֵי הָאָרֶץ עֵקֶב אֲשֶׁר שָׁמַעְתָּ בְּקֹלִי: וַיָּשָׁב אַבְרָהָם אֶל נְעָרָיו וַיָּקֻמוּ וַיֵּלְכוּ יַחְדָּו אֶל בְּאֵר שָׁבַע וַיֵּשֶׁב אַבְרָהָם בִּבְאֵר שָׁבַע:

לְעוֹלָם יְהֵא אָדָם יְרֵא שָׁמַיִם בַּסֵּתֶר וּמוֹדֶה עַל הָאֱמֶת וְדוֹבֵר אֱמֶת בִּלְבָבוֹ וְיַשְׁכֵּם וְיֹאמַר:

רִבּוֹן כָּל הָעוֹלָמִים לֹא עַל צִדְקוֹתֵינוּ אֲנַחְנוּ מַפִּילִים תַּחֲנוּנֵינוּ לְפָנֶיךָ כִּי עַל רַחֲמֶיךָ הָרַבִּים: מָה אָנוּ מֶה חַיֵּינוּ מֶה חַסְדֵּנוּ מַה צִּדְקֵנוּ מַה כֹּחֵנוּ מַה גְּבוּרָתֵנוּ: מַה נֹּאמַר לְפָנֶיךָ יְהֹוָה אֱלֹהֵינוּ וֵאלֹהֵי אֲבוֹתֵינוּ הֲלֹא כָּל הַגִּבּוֹרִים כְּאַיִן לְפָנֶיךָ וְאַנְשֵׁי הַשֵּׁם כְּלֹא הָיוּ וַחֲכָמִים כִּבְלִי מַדָּע וּנְבוֹנִים כִּבְלִי הַשְׂכֵּל כִּי רוֹב מַעֲשֵׂיהֶם תֹּהוּ וִימֵי חַיֵּיהֶם הֶבֶל לְפָנֶיךָ ׳ וּמוֹתַר הָאָדָם מִן הַבְּהֵמָה אָיִן כִּי הַכֹּל הָבֶל לְבַד הַנְּשָׁמָה הַטְּהוֹרָה שֶׁהִיא עֲתִידָה לִתֵּן דִּין וְחֶשְׁבּוֹן לִפְנֵי כִּסֵּא כְבוֹדֶךָ וְכָל הַגּוֹיִם כְּאַיִן נֶגְדֶּךָ שֶׁנֶּאֱמַר הֵן גּוֹיִם כְּמַר מִדְּלִי וּכְשַׁחַק מֹאזְנַיִם נֶחְשָׁבוּ הֵן אִיִּים כַּדַּק יִטּוֹל:

אֲבָל אֲנַחְנוּ עַמְּךָ בְּנֵי בְרִיתֶךָ בְּנֵי אַבְרָהָם אֹהַבְךָ שֶׁנִּשְׁבַּעְתָּ לּוֹ בְּהַר הַמּוֹרִיָּה זֶרַע יִצְחָק יְחִידוֹ שֶׁנֶּעֱקַד עַל גַּבֵּי הַמִּזְבֵּחַ עֲדַת יַעֲקֹב בִּנְךָ בְּכוֹרֶךָ שֶׁמֵּאַהֲבָתְךָ שֶׁאָהַבְתָּ אֹתוֹ וּמִשִּׂמְחָתְךָ שֶׁשָּׂמַחְתָּ בּוֹ קָרָאתָ אֶת שְׁמוֹ יִשְׂרָאֵל וִישֻׁרוּן:

לְפִיכָךְ אֲנַחְנוּ חַיָּבִים לְהוֹדוֹת לְךָ וּלְשַׁבֵּחֲךָ וּלְפָאֶרְךָ ׳ וּלְבָרֵךְ וּלְקַדֵּשׁ וְלִתֵּן שֶׁבַח וְהוֹדָיָה לִשְׁמֶךָ:

אַשְׁרֵינוּ מַה טּוֹב חֶלְקֵנוּ וּמַה נָּעִים
גּוֹרָלֵנוּ וּמַה יָּפָה יְרֻשָּׁתֵנוּ: אַשְׁרֵינוּ
שֶׁאָנוּ מַשְׁכִּימִים וּמַעֲרִיבִים עֶרֶב
וָבֹקֶר וְאוֹמְרִים פַּעֲמַיִם בְּכָל יוֹם:
שְׁמַע יִשְׂרָאֵל יְהוָה אֱלֹהֵינוּ יְהוָה אֶחָד:
בָּרוּךְ שֵׁם כְּבוֹד מַלְכוּתוֹ לְעוֹלָם וָעֶד:
וְאָהַבְתָּ אֵת יְהוָה אֱלֹהֶיךָ בְּכָל לְבָבְךָ וּבְכָל נַפְשְׁךָ
וּבְכָל מְאֹדֶךָ: וְהָיוּ הַדְּבָרִים הָאֵלֶּה אֲשֶׁר
אָנֹכִי מְצַוְּךָ הַיּוֹם עַל לְבָבֶךָ: וְשִׁנַּנְתָּם לְבָנֶיךָ
וְדִבַּרְתָּ בָּם בְּשִׁבְתְּךָ בְּבֵיתֶךָ וּבְלֶכְתְּךָ בַדֶּרֶךְ
וּבְשָׁכְבְּךָ וּבְקוּמֶךָ: וּקְשַׁרְתָּם לְאוֹת עַל יָדֶךָ וְהָיוּ
לְטֹטָפֹת בֵּין עֵינֶיךָ: וּכְתַבְתָּם עַל מְזֻזוֹת
בֵּיתֶךָ וּבִשְׁעָרֶיךָ:
אַתָּה הוּא עַד שֶׁלֹּא נִבְרָא הָעוֹלָם
אַתָּה הוּא מִשֶּׁנִּבְרָא הָעוֹלָם
אַתָּה הוּא בָּעוֹלָם הַזֶּה וְאַתָּה הוּא
לָעוֹלָם הַבָּא קַדֵּשׁ אֶת שִׁמְךָ
בְּעוֹלָמֶךָ עַל עַם מַקְדִּישֵׁי שְׁמֶךָ
וּבִישׁוּעָתְךָ מַלְכֵּנוּ תָּרוּם וְתַגְבִּיהַּ
קַרְנֵנוּ וְהוֹשִׁיעֵנוּ בְּקָרוֹב לְמַעַן שְׁמֶךָ:
בָּרוּךְ הַמְקַדֵּשׁ שְׁמוֹ בָּרַבִּים:
אַתָּה הוּא יְהוָה הָאֱלֹהִים בַּשָּׁמַיִם וּבָאָרֶץ וּבִשְׁמֵי
הַשָּׁמַיִם הָעֶלְיוֹנִים: אֱמֶת אַתָּה הוּא רִאשׁוֹן
וְאַתָּה הוּא אַחֲרוֹן וּמִבַּלְעָדֶיךָ אֵין אֱלֹהִים: קַבֵּץ
נְפוּצוֹת קֹוֶיךָ מֵאַרְבַּע כַּנְפוֹת הָאָרֶץ: יַכִּירוּ וְיֵדְעוּ
כָּל בָּאֵי עוֹלָם כִּי אַתָּה הוּא הָאֱלֹהִים לְבַדְּךָ לְכֹל
מַמְלְכוֹת הָאָרֶץ: אַתָּה עָשִׂיתָ אֶת הַשָּׁמַיִם וְאֶת
הָאָרֶץ אֶת הַיָּם וְאֶת כָּל אֲשֶׁר בָּם וּמִי בְּכָל מַעֲשֵׂה
יָדֶיךָ בָּעֶלְיוֹנִים וּבַתַּחְתּוֹנִים שֶׁיֹּאמַר לְךָ מַה תַּעֲשֶׂה
וּמַה תִּפְעָל: אָבִינוּ שֶׁבַּשָּׁמַיִם חַי וְקַיָּם עֲשֵׂה עִמָּנוּ
צְדָקָה וָחֶסֶד בַּעֲבוּר שִׁמְךָ הַגָּדוֹל הַגִּבּוֹר וְהַנּוֹרָא
שֶׁנִּקְרָא עָלֵינוּ וְקַיֶּם לָנוּ יְהוָה אֱלֹהֵינוּ אֶת הַדָּבָר
שֶׁהִבְטַחְתָּנוּ עַל יְדֵי צְפַנְיָה חוֹזָךְ כָּאָמוּר בָּעֵת
הַהִיא אָבִיא אֶתְכֶם וּבָעֵת קַבְּצִי אֶתְכֶם כִּי אֶתֵּן
אֶתְכֶם לְשֵׁם וְלִתְהִלָּה בְּכֹל עַמֵּי הָאָרֶץ בְּשׁוּבִי אֶת
שְׁבוּתֵיכֶם לְעֵינֵיכֶם אָמַר יְהוָה:

נכון מאד לומר בכל יום פרשת תרומת הדשן וסידור המערכה ויכול לאומרה
אפי׳ קודם אור היום בחורף ובקיץ יאמרנה קודם פרשת התמיד:

וַיְדַבֵּר יְהוָה אֶל מֹשֶׁה לֵּאמֹר: צַו אֶת אַהֲרֹן וְאֶת
בָּנָיו לֵאמֹר זֹאת תּוֹרַת הָעֹלָה הִוא הָעֹלָה
עַל מוֹקְדָה עַל הַמִּזְבֵּחַ כָּל הַלַּיְלָה עַד הַבֹּקֶר וְאֵשׁ
הַמִּזְבֵּחַ תּוּקַד בּוֹ: וְלָבַשׁ הַכֹּהֵן מִדּוֹ בַד וּמִכְנְסֵי
בַד יִלְבַּשׁ עַל בְּשָׂרוֹ וְהֵרִים אֶת הַדֶּשֶׁן אֲשֶׁר
תֹּאכַל הָאֵשׁ אֶת הָעֹלָה עַל הַמִּזְבֵּחַ וְשָׂמוֹ אֵצֶל
הַמִּזְבֵּחַ: וּפָשַׁט אֶת בְּגָדָיו וְלָבַשׁ בְּגָדִים אֲחֵרִים
וְהוֹצִיא אֶת הַדֶּשֶׁן אֶל מִחוּץ לַמַּחֲנֶה אֶל מָקוֹם
טָהוֹר: וְהָאֵשׁ עַל הַמִּזְבֵּחַ תּוּקַד בּוֹ לֹא תִכְבֶּה
וּבִעֵר עָלֶיהָ הַכֹּהֵן עֵצִים בַּבֹּקֶר בַּבֹּקֶר וְעָרַךְ
עָלֶיהָ הָעֹלָה וְהִקְטִיר עָלֶיהָ חֶלְבֵי הַשְּׁלָמִים: אֵשׁ
תָּמִיד תּוּקַד עַל הַמִּזְבֵּחַ לֹא תִכְבֶּה:
וַיְדַבֵּר יְהוָה אֶל מֹשֶׁה לֵּאמֹר: צַו
אֶת בְּנֵי יִשְׂרָאֵל וְאָמַרְתָּ
אֲלֵהֶם אֶת קָרְבָּנִי לַחְמִי לְאִשַּׁי רֵיחַ
נִיחֹחִי תִּשְׁמְרוּ לְהַקְרִיב לִי בְּמוֹעֲדוֹ:
וְאָמַרְתָּ לָהֶם זֶה הָאִשֶּׁה אֲשֶׁר
תַּקְרִיבוּ לַיהוָה כְּבָשִׂים בְּנֵי שָׁנָה
תְמִימִם שְׁנַיִם לַיּוֹם עֹלָה תָמִיד:
אֶת הַכֶּבֶשׂ אֶחָד תַּעֲשֶׂה בַבֹּקֶר וְאֵת
הַכֶּבֶשׂ הַשֵּׁנִי תַּעֲשֶׂה בֵּין הָעַרְבָּיִם:
וַעֲשִׂירִית הָאֵיפָה סֹלֶת לְמִנְחָה
בְּלוּלָה בְּשֶׁמֶן כָּתִית רְבִיעִת הַהִין:
עֹלַת תָּמִיד הָעֲשֻׂיָה בְּהַר סִינַי לְרֵיחַ

נִיחֹחַ אִשֶּׁה לַיהוָה: וְנִסְכּוֹ רְבִיעִת הַהִין לַכֶּבֶשׂ הָאֶחָד בַּקֹּדֶשׁ הַסֵּךְ נֶסֶךְ שֵׁכָר לַיהוָה: וְאֵת הַכֶּבֶשׂ הַשֵּׁנִי תַּעֲשֶׂה בֵּין הָעַרְבָּיִם כְּמִנְחַת הַבֹּקֶר וּכְנִסְכּוֹ תַּעֲשֶׂה אִשֵּׁה רֵיחַ נִיחֹחַ לַיהוָה:

וְשָׁחַט אֹתוֹ עַל יֶרֶךְ הַמִּזְבֵּחַ צָפֹנָה לִפְנֵי יְהוָה וְזָרְקוּ בְּנֵי אַהֲרֹן הַכֹּהֲנִים אֶת דָּמוֹ עַל הַמִּזְבֵּחַ סָבִיב:

אַתָּה הוּא יְהוָה אֱלֹהֵינוּ וֵאלֹהֵי אֲבוֹתֵינוּ שֶׁהִקְטִירוּ אֲבוֹתֵינוּ לְפָנֶיךָ אֶת קְטֹרֶת הַסַּמִּים בִּזְמַן שֶׁבֵּית הַמִּקְדָּשׁ קַיָּם כַּאֲשֶׁר צִוִּיתָ אוֹתָם עַל יַד מֹשֶׁה נְבִיאָךְ כַּכָּתוּב בְּתוֹרָתֶךָ: וַיֹּאמֶר יְהוָה אֶל מֹשֶׁה קַח לְךָ סַמִּים נָטָף וּשְׁחֵלֶת וְחֶלְבְּנָה סַמִּים וּלְבֹנָה זַכָּה בַּד בְּבַד יִהְיֶה: וְעָשִׂיתָ אֹתָהּ קְטֹרֶת רֹקַח מַעֲשֵׂה רוֹקֵחַ מְמֻלָּח טָהוֹר קֹדֶשׁ: וְשָׁחַקְתָּ מִמֶּנָּה הָדֵק וְנָתַתָּה מִמֶּנָּה לִפְנֵי הָעֵדֻת בְּאֹהֶל מוֹעֵד אֲשֶׁר אִוָּעֵד לְךָ שָׁמָּה קֹדֶשׁ קָדָשִׁים תִּהְיֶה לָכֶם: וְנֶאֱמַר וְהִקְטִיר עָלָיו אַהֲרֹן קְטֹרֶת סַמִּים בַּבֹּקֶר בַּבֹּקֶר בְּהֵיטִיבוֹ אֶת הַנֵּרֹת יַקְטִירֶנָּה: וּבְהַעֲלֹת אַהֲרֹן אֶת הַנֵּרֹת בֵּין הָעַרְבַּיִם יַקְטִירֶנָּה קְטֹרֶת תָּמִיד לִפְנֵי יְהוָה לְדֹרֹתֵיכֶם:

תָּנוּ רַבָּנָן פִּטּוּם הַקְּטֹרֶת כֵּיצַד שְׁלֹשׁ מֵאוֹת וְשִׁשִּׁים וּשְׁמוֹנָה מָנִים הָיוּ בָהּ · שְׁלֹשׁ מֵאוֹת וְשִׁשִּׁים וַחֲמִשָּׁה כְּמִנְיַן יְמוֹת הַחַמָּה מָנֶה לְכָל יוֹם פְּרַס בְּשַׁחֲרִית וּפְרַס בֵּין הָעַרְבָּיִם וּשְׁלֹשָׁה מָנִים יְתֵרִים שֶׁמֵּהֶם מַכְנִיס כֹּהֵן גָּדוֹל מְלֹא חָפְנָיו בְּיוֹם הַכִּפּוּרִים וּמַחֲזִירָן לְמַכְתֶּשֶׁת בְּעֶרֶב יוֹם הַכִּפּוּרִים וְשׁוֹחֲקָן יָפֶה יָפֶה כְּדֵי שֶׁתְּהֵא דַקָּה מִן הַדַּקָּה: וְאַחַד עָשָׂר סַמָּנִים הָיוּ בָהּ · וְאֵלּוּ הֵן הַצֳּרִי וְהַצִּפֹּרֶן הַחֶלְבְּנָה וְהַלְּבוֹנָה מִשְׁקַל שִׁבְעִים שִׁבְעִים מָנֶה · מֹר וּקְצִיעָה שִׁבֹּלֶת נֵרְדְּ וְכַרְכֹּם מִשְׁקַל שִׁשָּׁה עָשָׂר שִׁשָּׁה עָשָׂר מָנֶה · הַקֹּשְׁטְ שְׁנֵים עָשָׂר קִלּוּפָה שְׁלֹשָׁה קִנָּמוֹן תִּשְׁעָה · בּוֹרִית כַּרְשִׁינָה תִּשְׁעָה קַבִּין · יֵין קַפְרִיסִין סְאִין תְּלָתָא וְקַבִּין תְּלָתָא · וְאִם אֵין לוֹ יֵין קַפְרִיסִין מֵבִיא חֲמַר חִוַּרְיָן עַתִּיק · מֶלַח סְדוֹמִית רוֹבַע · מַעֲלֶה עָשָׁן כָּל שֶׁהוּא · רַבִּי נָתָן הַבַּבְלִי אוֹמֵר אַף כִּפַּת הַיַּרְדֵּן כָּל שֶׁהִיא · וְאִם נָתַן בָּהּ דְּבַשׁ פְּסָלָהּ · וְאִם חִסַּר אֶחָד מִכָּל סַמָּמָנֶיהָ חַיָּב מִיתָה: רַבָּן שִׁמְעוֹן בֶּן גַּמְלִיאֵל אוֹמֵר הַצֳּרִי אֵינוֹ אֶלָּא שְׂרָף הַנּוֹטֵף מֵעֲצֵי הַקְּטָף · בּוֹרִית כַּרְשִׁינָה שֶׁשָּׁפִין בָּהּ אֶת הַצִּפֹּרֶן כְּדֵי שֶׁתְּהֵא נָאָה · יֵין קַפְרִיסִין שֶׁשּׁוֹרִין בּוֹ אֶת הַצִּפֹּרֶן כְּדֵי שֶׁתְּהֵא עַזָּה וַהֲלֹא מֵי רַגְלַיִם יָפִין לָהּ אֶלָּא שֶׁאֵין מַכְנִיסִין מֵי רַגְלַיִם בַּמִּקְדָּשׁ מִפְּנֵי הַכָּבוֹד:

תַּנְיָא רַבִּי נָתָן אוֹמֵר כְּשֶׁהוּא שׁוֹחֵק אוֹמֵר הָדֵק הֵיטֵב הֵיטֵב הָדֵק מִפְּנֵי שֶׁהַקּוֹל יָפֶה לַבְּשָׂמִים פִּטְּמָהּ לַחֲצָאִין כְּשֵׁרָה לִשְׁלִישׁ וְלִרְבִיעַ לֹא שָׁמַעְנוּ: אָמַר רַבִּי יְהוּדָה זֶה הַכְּלָל אִם כְּמִדָּתָהּ כְּשֵׁרָה לַחֲצָאִין וְאִם חִסַּר אֶחָד מִכָּל סַמָּמָנֶיהָ חַיָּב מִיתָה: תַּנְיָא בַּר קַפָּרָא אוֹמֵר אַחַת לְשִׁשִּׁים אוֹ לְשִׁבְעִים שָׁנָה הָיְתָה בָאָה שֶׁל שִׁירַיִם לַחֲצָאִין וְעוֹד תָּנֵי בַּר קַפָּרָא אִלּוּ הָיָה נוֹתֵן בָּהּ קוֹרְטוֹב שֶׁל דְּבַשׁ אֵין אָדָם יָכוֹל לַעֲמוֹד מִפְּנֵי רֵיחָהּ וְלָמָּה אֵין מְעָרְבִין בָּהּ דְּבַשׁ מִפְּנֵי שֶׁהַתּוֹרָה אָמְרָה כִּי כָל שְׂאֹר וְכָל דְּבַשׁ לֹא תַקְטִירוּ מִמֶּנּוּ אִשֶּׁה לַיהוָה:

ג״פ יְהוָה צְבָאוֹת עִמָּנוּ מִשְׂגָּב לָנוּ אֱלֹהֵי יַעֲקֹב סֶלָה:
ג״פ יְהוָה צְבָאוֹת אַשְׁרֵי אָדָם בֹּטֵחַ בָּךְ: ג״פ יְהוָה הוֹשִׁיעָה הַמֶּלֶךְ יַעֲנֵנוּ בְיוֹם קָרְאֵנוּ:

וערבה לה׳ מנחת יהודה וירושלים כימי עולם וכשנים קדמוניות:

אַבַּיֵּי הֲוָה מְסַדֵּר סֵדֶר הַמַּעֲרָכָה מִשְּׁמָא דִּגְמָרָא וְאַלִּבָּא דְּאַבָּא שָׁאוּל מַעֲרָכָה גְדוֹלָה קוֹדֶמֶת לְמַעֲרָכָה שְׁנִיָּה שֶׁל קְטוֹרֶת וּמַעֲרָכָה שְׁנִיָּה שֶׁל קְטוֹרֶת קוֹדֶמֶת לְסִדּוּר שְׁנֵי גִזְרֵי עֵצִים וְסִדּוּר שְׁנֵי גִזְרֵי עֵצִים קוֹדֵם לְדִשּׁוּן מִזְבֵּחַ הַפְּנִימִי וְדִשּׁוּן מִזְבֵּחַ הַפְּנִימִי קוֹדֵם לַהֲטָבַת חָמֵשׁ נֵרוֹת וַהֲטָבַת חָמֵשׁ נֵרוֹת קוֹדֶמֶת לְדַם הַתָּמִיד וְדַם הַתָּמִיד קוֹדֵם לַהֲטָבַת שְׁתֵּי נֵרוֹת וַהֲטָבַת שְׁתֵּי נֵרוֹת קוֹדֶמֶת לִקְטוֹרֶת וּקְטוֹרֶת קוֹדֶמֶת לְאֵבָרִים וְאֵבָרִים

לְמִנְחָה וּמִנְחָה לַחֲבִתִּין וַחֲבִתִּין לִנְסָכִין וּנְסָכִין לְמוּסָפִין וּמוּסָפִין לְבָזִיכִין וּבָזִיכִין קוֹדְמִין לְתָמִיד שֶׁל בֵּין הָעַרְבַּיִם שֶׁנֶּאֱמַר וְעָרַךְ עָלֶיהָ הָעֹלָה וְהִקְטִיר עָלֶיהָ חֶלְבֵי הַשְּׁלָמִים עָלֶיהָ הַשְׁלֵם כָּל הַקָּרְבָּנוֹת כֻּלָּם׃

אָנָּא בְּכֹחַ גְּדֻלַּת יְמִינְךָ תַּתִּיר צְרוּרָה. אב״ג ית״ץ
קַבֵּל רִנַּת עַמְּךָ שַׂגְּבֵנוּ טַהֲרֵנוּ נוֹרָא. קר״ע שט״ן
נָא גִבּוֹר דּוֹרְשֵׁי יִחוּדְךָ כְּבָבַת שָׁמְרֵם. נג״ד יכ״ש
בָּרְכֵם טַהֲרֵם רַחֲמֵי צִדְקָתְךָ תָּמִיד גָּמְלֵם. בט״ר צת״ג
חֲסִין קָדוֹשׁ בְּרוֹב טוּבְךָ נַהֵל עֲדָתֶךָ. חק״ב טנ״ע
יָחִיד גֵּאֶה לְעַמְּךָ פְּנֵה זוֹכְרֵי קְדֻשָּׁתֶךָ. יג״ל פז״ק
שַׁוְעָתֵנוּ קַבֵּל וּשְׁמַע צַעֲקָתֵנוּ יוֹדֵעַ תַּעֲלֻמוֹת. שק״ו צי״ת
בָּרוּךְ שֵׁם כְּבוֹד מַלְכוּתוֹ לְעוֹלָם וָעֶד׃

אֵיזֶהוּ מְקוֹמָן שֶׁל זְבָחִים קָדְשֵׁי קָדָשִׁים שְׁחִיטָתָן בַּצָּפוֹן פָּר וְשָׂעִיר שֶׁל יוֹם הַכִּפּוּרִים שְׁחִיטָתָן בַּצָּפוֹן וְקִבּוּל דָּמָן בִּכְלֵי שָׁרֵת בַּצָּפוֹן וְדָמָן טָעוּן הַזָּיָה עַל בֵּין הַבַּדִּים וְעַל הַפָּרוֹכֶת וְעַל מִזְבַּח הַזָּהָב מַתָּנָה אַחַת מֵהֶן מְעַכָּבֶת. שְׁיָרֵי הַדָּם הָיָה שׁוֹפֵךְ עַל יְסוֹד מַעֲרָבִי שֶׁל מִזְבַּח הַחִיצוֹן אִם לֹא נָתַן לֹא עִכֵּב׃ פָּרִים הַנִּשְׂרָפִים וּשְׂעִירִים הַנִּשְׂרָפִים שְׁחִיטָתָן בַּצָּפוֹן וְקִבּוּל דָּמָן בִּכְלֵי שָׁרֵת בַּצָּפוֹן וְדָמָן טָעוּן הַזָּיָה עַל הַפָּרוֹכֶת וְעַל מִזְבַּח הַזָּהָב מַתָּנָה אַחַת מֵהֶן מְעַכָּבֶת. שְׁיָרֵי הַדָּם הָיָה שׁוֹפֵךְ עַל יְסוֹד מַעֲרָבִי שֶׁל מִזְבַּח הַחִיצוֹן אִם לֹא נָתַן לֹא עִכֵּב. אֵלּוּ וָאֵלּוּ נִשְׂרָפִין בְּבֵית הַדָּשֶׁן׃ חַטֹּאות הַצִּבּוּר וְהַיָּחִיד אֵלּוּ הֵן חַטֹּאות הַצִּבּוּר שְׂעִירֵי רָאשֵׁי חֳדָשִׁים וְשֶׁל מוֹעֲדוֹת שְׁחִיטָתָן בַּצָּפוֹן וְקִבּוּל דָּמָן בִּכְלֵי שָׁרֵת בַּצָּפוֹן וְדָמָן טָעוּן אַרְבַּע מַתָּנוֹת עַל אַרְבַּע קְרָנוֹת. כֵּיצַד עָלָה בַכֶּבֶשׁ וּפָנָה לַסּוֹבֵב וּבָא לוֹ לְקֶרֶן דְּרוֹמִית מִזְרָחִית. מִזְרָחִית צְפוֹנִית. צְפוֹנִית מַעֲרָבִית. מַעֲרָבִית דְּרוֹמִית. שְׁיָרֵי הַדָּם הָיָה שׁוֹפֵךְ עַל יְסוֹד דְּרוֹמִי. וְנֶאֱכָלִין לִפְנִים מִן הַקְּלָעִים לְזִכְרֵי כְהֻנָּה בְּכָל מַאֲכָל לְיוֹם וָלַיְלָה עַד חֲצוֹת׃ הָעוֹלָה קֹדֶשׁ קָדָשִׁים שְׁחִיטָתָהּ בַּצָּפוֹן וְקִבּוּל דָּמָהּ בִּכְלֵי שָׁרֵת בַּצָּפוֹן וְדָמָהּ טָעוּן שְׁתֵּי מַתָּנוֹת שֶׁהֵן אַרְבַּע וּטְעוּנָה הֶפְשֵׁט וְנִתּוּחַ וְכָלִיל לָאִשִּׁים׃ זִבְחֵי שַׁלְמֵי צִבּוּר וַאֲשָׁמוֹת. אֵלּוּ הֵן אֲשָׁמוֹת אֲשַׁם גְּזֵלוֹת אֲשַׁם מְעִילוֹת אֲשַׁם שִׁפְחָה חֲרוּפָה אֲשַׁם נָזִיר אֲשַׁם מְצוֹרָע אָשָׁם תָּלוּי. שְׁחִיטָתָן בַּצָּפוֹן וְקִבּוּל דָּמָן בִּכְלֵי שָׁרֵת בַּצָּפוֹן וְדָמָן טָעוּן שְׁתֵּי מַתָּנוֹת שֶׁהֵן אַרְבַּע וְנֶאֱכָלִין לִפְנִים מִן הַקְּלָעִים לְזִכְרֵי כְהֻנָּה בְּכָל מַאֲכָל לְיוֹם וָלַיְלָה עַד חֲצוֹת׃

הַתּוֹדָה וְאֵיל נָזִיר קָדָשִׁים קַלִּים שְׁחִיטָתָן בְּכָל מָקוֹם בָּעֲזָרָה וְדָמָן טָעוּן שְׁתֵּי מַתָּנוֹת שֶׁהֵן אַרְבַּע. וְנֶאֱכָלִין בְּכָל הָעִיר לְכָל אָדָם בְּכָל מַאֲכָל לְיוֹם וָלַיְלָה עַד חֲצוֹת. הַמּוּרָם מֵהֶם כַּיּוֹצֵא בָהֶם אֶלָּא שֶׁהַמּוּרָם נֶאֱכָל לַכֹּהֲנִים לִנְשֵׁיהֶם וְלִבְנֵיהֶם וּלְעַבְדֵיהֶם׃ שְׁלָמִים קָדָשִׁים קַלִּים שְׁחִיטָתָן בְּכָל מָקוֹם בָּעֲזָרָה וְדָמָן טָעוּן שְׁתֵּי מַתָּנוֹת שֶׁהֵן אַרְבַּע וְנֶאֱכָלִין בְּכָל הָעִיר לְכָל אָדָם בְּכָל מַאֲכָל לִשְׁנֵי יָמִים וְלַיְלָה אֶחָד. הַמּוּרָם מֵהֶם כַּיּוֹצֵא בָהֶם אֶלָּא שֶׁהַמּוּרָם נֶאֱכָל לַכֹּהֲנִים לִנְשֵׁיהֶם וְלִבְנֵיהֶם וּלְעַבְדֵיהֶם׃ הַבְּכוֹר וְהַמַּעֲשֵׂר וְהַפֶּסַח קָדָשִׁים קַלִּים שְׁחִיטָתָן בְּכָל מָקוֹם בָּעֲזָרָה וְדָמָן טָעוּן מַתָּנָה אֶחָת. וּבִלְבָד שֶׁיִּתֵּן כְּנֶגֶד הַיְסוֹד. שִׁנָּה בַאֲכִילָתָן הַבְּכוֹר נֶאֱכָל לַכֹּהֲנִים וְהַמַּעֲשֵׂר לְכָל אָדָם וְנֶאֱכָלִין בְּכָל הָעִיר בְּכָל מַאֲכָל לִשְׁנֵי יָמִים וְלַיְלָה אֶחָד׃ הַפֶּסַח אֵינוֹ נֶאֱכָל אֶלָּא בַלַּיְלָה וְאֵינוֹ נֶאֱכָל אֶלָּא עַד חֲצוֹת וְאֵינוֹ נֶאֱכָל אֶלָּא לִמְנוּיָו וְאֵינוֹ נֶאֱכָל אֶלָּא צָלִי׃

רַבִּי יִשְׁמָעֵאל אוֹמֵר בִּשְׁלשׁ עֶשְׂרֵה מִדּוֹת הַתּוֹרָה נִדְרֶשֶׁת. מִקַּל וָחוֹמֶר וּמִגְּזֵרָה שָׁוָה. מִבִּנְיַן אָב מִכָּתוּב אֶחָד וּמִבִּנְיַן אָב מִשְּׁנֵי כְתוּבִים. מִכְּלָל וּפְרָט וּמִפְּרָט וּכְלָל. כְּלָל וּפְרָט וּכְלָל אִי אַתָּה דָן אֶלָּא כְּעֵין הַפְּרָט. מִכְּלָל שֶׁהוּא צָרִיךְ לִפְרָט וּמִפְּרָט שֶׁהוּא צָרִיךְ לִכְלָל׃ כָּל דָּבָר שֶׁהָיָה בִּכְלָל וְיָצָא מִן הַכְּלָל לְלַמֵּד לֹא לְלַמֵּד עַל עַצְמוֹ יָצָא אֶלָּא לְלַמֵּד עַל הַכְּלָל כֻּלּוֹ יָצָא׃ כָּל דָּבָר

שֶׁהָיָה בִּכְלָל וְיָצָא לִטְעוֹן טְֽעַן אֶחָד שֶׁהוּא כְעִנְיָנוֹ יָצָא לְהָקֵל וְלֹא לְהַחֲמִיר: כָּל דָּבָר שֶׁהָיָה בִּכְלָל וְיָצָא לִטְעוֹן טְֽעַן אַחֵר שֶׁלֹּא כְעִנְיָנוֹ יָצָא לְהָקֵל וּלְהַחֲמִיר: כָּל דָּבָר שֶׁהָיָה בִכְלָל וְיָצָא לִדּוֹן בְּדָבָר חָדָשׁ אִי אַתָּה יָכוֹל לְהַחֲזִירוֹ לִכְלָלוֹ עַד שֶׁיַּחֲזִירֶנּוּ הַכָּתוּב לִכְלָלוֹ בְּפֵרוּשׁ: דָּבָר הַלָּמֵד מֵעִנְיָנוֹ וְדָבָר הַלָּמֵד מִסּוֹפוֹ: וְכֵן (י״א וְכָאן) שְׁנֵי כְתוּבִים הַמַּכְחִישִׁים זֶה אֶת זֶה עַד שֶׁיָּבֹא הַכָּתוּב הַשְּׁלִישִׁי וְיַכְרִיעַ בֵּינֵיהֶם:

יְהִי רָצוֹן מִלְּפָנֶיךָ ה׳ אֱלֹהֵינוּ וֵאלֹהֵי אֲבוֹתֵינוּ שֶׁיִּבָּנֶה בֵּית הַמִּקְדָּשׁ בִּמְהֵרָה בְיָמֵינוּ וְתֵן חֶלְקֵנוּ בְּתוֹרָתֶךָ: קדיש דרבנן

הוֹדוּ לַיהוָֹה קִרְאוּ בִשְׁמוֹ הוֹדִיעוּ בָעַמִּים עֲלִילֹתָיו: שִׁירוּ לוֹ זַמְּרוּ לוֹ שִׂיחוּ בְּכָל נִפְלְאֹתָיו: הִתְהַלְלוּ בְּשֵׁם קָדְשׁוֹ יִשְׂמַח לֵב מְבַקְשֵׁי יְהוָֹה: דִּרְשׁוּ יְהוָֹה וְעֻזּוֹ בַּקְּשׁוּ פָנָיו תָּמִיד: זִכְרוּ נִפְלְאֹתָיו אֲשֶׁר עָשָׂה מֹפְתָיו וּמִשְׁפְּטֵי פִיהוּ: זֶרַע יִשְׂרָאֵל עַבְדּוֹ בְּנֵי יַעֲקֹב בְּחִירָיו: הוּא יְהוָֹה אֱלֹהֵינוּ בְּכָל הָאָרֶץ מִשְׁפָּטָיו: זִכְרוּ לְעוֹלָם בְּרִיתוֹ דָּבָר צִוָּה לְאֶלֶף דּוֹר: אֲשֶׁר כָּרַת אֶת אַבְרָהָם וּשְׁבוּעָתוֹ לְיִצְחָק: וַיַּעֲמִידֶהָ לְיַעֲקֹב לְחֹק לְיִשְׂרָאֵל בְּרִית עוֹלָם: לֵאמֹר לְךָ אֶתֵּן אֶרֶץ כְּנָעַן חֶבֶל נַחֲלַתְכֶם: בִּהְיוֹתְכֶם מְתֵי מִסְפָּר כִּמְעַט וְגָרִים בָּהּ: וַיִּתְהַלְּכוּ מִגּוֹי אֶל גּוֹי וּמִמַּמְלָכָה אֶל עַם אַחֵר: לֹא הִנִּיחַ לְאִישׁ לְעָשְׁקָם וַיּוֹכַח עֲלֵיהֶם מְלָכִים: אַל תִּגְּעוּ בִּמְשִׁיחָי וּבִנְבִיאַי אַל תָּרֵעוּ: שִׁירוּ לַיהוָֹה כָּל הָאָרֶץ בַּשְּׂרוּ מִיּוֹם אֶל יוֹם יְשׁוּעָתוֹ: סַפְּרוּ בַגּוֹיִם אֶת כְּבוֹדוֹ בְּכָל הָעַמִּים נִפְלְאֹתָיו: כִּי גָדוֹל יְהוָֹה וּמְהֻלָּל מְאֹד וְנוֹרָא הוּא עַל כָּל אֱלֹהִים: כִּי כָּל אֱלֹהֵי הָעַמִּים אֱלִילִים | וַיהוָֹה שָׁמַיִם עָשָׂה: הוֹד וְהָדָר לְפָנָיו עֹז וְחֶדְוָה בִּמְקֹמוֹ: הָבוּ לַיהוָֹה מִשְׁפְּחוֹת עַמִּים הָבוּ לַיהוָֹה כָּבוֹד וָעֹז: הָבוּ לַיהוָֹה כְּבוֹד שְׁמוֹ שְׂאוּ מִנְחָה וּבֹאוּ לְפָנָיו הִשְׁתַּחֲווּ לַיהוָֹה בְּהַדְרַת קֹדֶשׁ: חִילוּ מִלְּפָנָיו כָּל הָאָרֶץ אַף תִּכּוֹן תֵּבֵל בַּל תִּמּוֹט: יִשְׂמְחוּ הַשָּׁמַיִם וְתָגֵל הָאָרֶץ וְיֹאמְרוּ בַגּוֹיִם יְהוָֹה מָלָךְ: יִרְעַם הַיָּם וּמְלוֹאוֹ יַעֲלֹץ הַשָּׂדֶה וְכָל אֲשֶׁר בּוֹ: אָז יְרַנְּנוּ עֲצֵי הַיָּעַר מִלִּפְנֵי יְהוָֹה כִּי בָא לִשְׁפּוֹט אֶת הָאָרֶץ: הוֹדוּ לַיהוָֹה כִּי טוֹב כִּי לְעוֹלָם חַסְדּוֹ: וְאִמְרוּ הוֹשִׁיעֵנוּ אֱלֹהֵי יִשְׁעֵנוּ וְקַבְּצֵנוּ וְהַצִּילֵנוּ מִן הַגּוֹיִם לְהֹדוֹת לְשֵׁם קָדְשֶׁךָ לְהִשְׁתַּבֵּחַ בִּתְהִלָּתֶךָ: בָּרוּךְ יְהוָֹה אֱלֹהֵי יִשְׂרָאֵל מִן הָעוֹלָם וְעַד הָעֹלָם: וַיֹּאמְרוּ כָל הָעָם אָמֵן וְהַלֵּל לַיהוָֹה: רוֹמְמוּ יְהוָֹה אֱלֹהֵינוּ וְהִשְׁתַּחֲווּ

לַהֲדֹם

לַהֲדֹם רַגְלָיו קָדוֹשׁ הוּא: רוֹמְמוּ יְהוָה אֱלֹהֵינוּ וְהִשְׁתַּחֲווּ לְהַר קָדְשׁוֹ כִּי קָדוֹשׁ יְהוָה אֱלֹהֵינוּ: וְהוּא רַחוּם יְכַפֵּר עָוֹן וְלֹא יַשְׁחִית וְהִרְבָּה לְהָשִׁיב אַפּוֹ וְלֹא יָעִיר כָּל חֲמָתוֹ: אַתָּה יְהוָה לֹא תִכְלָא רַחֲמֶיךָ מִמֶּנִּי חַסְדְּךָ וַאֲמִתְּךָ תָּמִיד יִצְּרוּנִי: זְכֹר רַחֲמֶיךָ יְהוָה וַחֲסָדֶיךָ כִּי מֵעוֹלָם הֵמָּה: תְּנוּ עֹז לֵאלֹהִים עַל יִשְׂרָאֵל גַּאֲוָתוֹ וְעֻזּוֹ בַּשְּׁחָקִים: נוֹרָא אֱלֹהִים מִמִּקְדָּשֶׁיךָ אֵל יִשְׂרָאֵל הוּא נֹתֵן עֹז וְתַעֲצֻמוֹת לָעָם בָּרוּךְ אֱלֹהִים: אֵל נְקָמוֹת יְהוָה אֵל נְקָמוֹת הוֹפִיעַ: הִנָּשֵׂא שֹׁפֵט הָאָרֶץ הָשֵׁב גְּמוּל עַל גֵּאִים: לַיהוָה הַיְשׁוּעָה עַל עַמְּךָ בִרְכָתֶךָ סֶּלָה: יְהוָה צְבָאוֹת עִמָּנוּ מִשְׂגָּב לָנוּ אֱלֹהֵי יַעֲקֹב סֶלָה: יְהוָה צְבָאוֹת אַשְׁרֵי אָדָם בֹּטֵחַ בָּךְ: יְהוָה הוֹשִׁיעָה הַמֶּלֶךְ יַעֲנֵנוּ בְיוֹם קָרְאֵנוּ: הוֹשִׁיעָה אֶת עַמֶּךָ וּבָרֵךְ אֶת נַחֲלָתֶךָ וּרְעֵם וְנַשְּׂאֵם עַד הָעוֹלָם: נַפְשֵׁנוּ חִכְּתָה לַיהוָה עֶזְרֵנוּ וּמָגִנֵּנוּ הוּא: כִּי בוֹ יִשְׂמַח לִבֵּנוּ כִּי בְשֵׁם קָדְשׁוֹ בָטָחְנוּ: יְהִי חַסְדְּךָ יְהוָה עָלֵינוּ כַּאֲשֶׁר יִחַלְנוּ לָךְ: הַרְאֵנוּ יְהוָה חַסְדֶּךָ וְיֶשְׁעֲךָ תִּתֶּן לָנוּ: קוּמָה עֶזְרָתָה לָּנוּ וּפְדֵנוּ לְמַעַן חַסְדֶּךָ: אָנֹכִי יְהוָה אֱלֹהֶיךָ הַמַּעַלְךָ מֵאֶרֶץ מִצְרָיִם הַרְחֶב פִּיךָ וַאֲמַלְאֵהוּ: אַשְׁרֵי הָעָם שֶׁכָּכָה לּוֹ אַשְׁרֵי הָעָם שֶׁיְהוָה אֱלֹהָיו: וַאֲנִי בְּחַסְדְּךָ בָטַחְתִּי יָגֵל לִבִּי בִּישׁוּעָתֶךָ אָשִׁירָה לַיהוָה כִּי גָמַל עָלָי:

מִזְמוֹר שִׁיר חֲנֻכַּת הַבַּיִת לְדָוִד: אֲרוֹמִמְךָ יְהוָה כִּי דִלִּיתָנִי וְלֹא שִׂמַּחְתָּ אֹיְבַי לִי: יְהוָה אֱלֹהָי שִׁוַּעְתִּי אֵלֶיךָ וַתִּרְפָּאֵנִי: יְהוָה הֶעֱלִיתָ מִן שְׁאוֹל נַפְשִׁי חִיִּיתַנִי מִיָּרְדִי בוֹר: זַמְּרוּ לַיהוָה חֲסִידָיו וְהוֹדוּ לְזֵכֶר קָדְשׁוֹ: כִּי רֶגַע בְּאַפּוֹ חַיִּים בִּרְצוֹנוֹ בָּעֶרֶב יָלִין בֶּכִי וְלַבֹּקֶר רִנָּה: וַאֲנִי אָמַרְתִּי בְשַׁלְוִי בַּל אֶמּוֹט לְעוֹלָם: יְהוָה בִּרְצוֹנְךָ הֶעֱמַדְתָּה לְהַרְרִי עֹז הִסְתַּרְתָּ פָנֶיךָ הָיִיתִי נִבְהָל: אֵלֶיךָ יְהוָה אֶקְרָא וְאֶל יְהוָה אֶתְחַנָּן: מַה בֶּצַע בְּדָמִי בְּרִדְתִּי אֶל שָׁחַת הֲיוֹדְךָ עָפָר הֲיַגִּיד אֲמִתֶּךָ: שְׁמַע יְהוָה וְחָנֵּנִי יְהוָה הֱיֵה עֹזֵר לִי: הָפַכְתָּ מִסְפְּדִי לְמָחוֹל לִי פִּתַּחְתָּ שַׂקִּי וַתְּאַזְּרֵנִי שִׂמְחָה: לְמַעַן יְזַמֶּרְךָ כָבוֹד וְלֹא יִדֹּם יְהוָה אֱלֹהַי לְעוֹלָם אוֹדֶךָּ:

יְהוָה מֶלֶךְ · יְהוָה מָלָךְ · יְהוָה יִמְלוֹךְ לְעוֹלָם וָעֶד: יְהוָה מֶלֶךְ · יְהוָה מָלָךְ · יְהוָה יִמְלוֹךְ לְעוֹלָם וָעֶד: וְהָיָה יְהוָה לְמֶלֶךְ עַל כָּל הָאָרֶץ בַּיּוֹם הַהוּא יִהְיֶה יְהוָה אֶחָד וּשְׁמוֹ אֶחָד: הוֹשִׁיעֵנוּ יְהוָה אֱלֹהֵינוּ וְקַבְּצֵנוּ מִן הַגּוֹיִם לְהוֹדוֹת לְשֵׁם קָדְשֶׁךָ לְהִשְׁתַּבֵּחַ בִּתְהִלָּתֶךָ: בָּרוּךְ יְהוָה אֱלֹהֵי יִשְׂרָאֵל מִן הָעוֹלָם וְעַד הָעוֹלָם וְאָמַר כָּל הָעָם אָמֵן הַלְלוּיָהּ: כֹּל הַנְּשָׁמָה תְּהַלֵּל יָהּ הַלְלוּיָהּ:

השמים. מספרים כבוד אל כו׳ · בזהר פרשת תרומה (דף קלו ע״ב) כתפרשו פסוקים אלו וז״ל סם ·

לַמְנַצֵּחַ מִזְמוֹר לְדָוִד: הַשָּׁמַיִם מְסַפְּרִים כְּבוֹד

עלוונין כו׳ כדין השמים מספרים כו׳. מאן שמים אלין שמים דשמא עילאה אתחזי בהו ושמא קדישא אתרשים בהו · כד נהיר ימאה ביומא דשבתא סליקו דחדוה סליק בכולהו מספרים מאי מספרים לאו סיפור דברים אלא דנהרין ונצצין בנציצו

בנלילו דנקודא עילאה · וסלקין בשמא דכליל בנהירו דשלימו עילאה ומאן איהו סיפור דנלאי בנהירו דשלימו דספר עילאה ובג"כ סלקין בשמא שלים ונהרין ונלאין בנהירו שלים איכהו מנהרי ונלאי בגרמייהו מגו נהירו דנלילו דספר עילאה ונהרי ונלאי לכל כבוד וכבוד דמתדבקן ביה דהא מיכייהו מההוא ספירו ונהירו נהיר כל עוקא ועוקא ונליך בנלילו בגין דבהאי יומא מתעטרין שמים וסלקין בשמא קדישא יתיר משאר יומין ע"כ דברי המאמר על פסוק זה·וכדי להבין כונת המאמר צריך להבין תחילה כללות שרש ענין יום השבת כמו שפתח בתחלת המאמר כד נהיר יומא כו' · דהנה ידוע בע"ח שיש ב' מיני מוחין א' בחי' מוחין דיניקה והב' בחי' מוחין דגדלות וביאור ענינם ידוע דבחי' מוחין דיניקה היינו המשכת השכל והדעת המתפשטים במדות להחיותם והוא עד"מ התינוק היונק ונגדל ביניקה זו כך נגדלים המדות שבלב אוי"ר ודומיהן על ידי המשכת השכל בהן וכנראה בחוש שכאשר יתבונן בשכל ודעת איך שהדבר ההוא טוב לו אזי יתעורר בלבו אהבה אל אותו הדבר ולפעמים התעוררות זו היא באה בבחינת רשפי אש מצד העדר השגתו אליו ונקרא גבורה שבחסד ועד"ז יש בחינת חסד שבגבורה כו' והכל עפ"י השכל והדעת שמתפשטים בהן כי אם לא יתבונן תחלה בשכל לא יתפעל בלב כלל כידוע ואעפ"כ שהמשכה זו בחי' מוחין ממש הוא כי הרי יש בזה דבר שכל וחכמה למה ומאיזה טעם יאהוב או ישנוא וכיוצא הנה מ"מ אין זה בחינת עצמות השכל ממש כי הרי אין השכלה זאת רק איך יחייב השכל לאהוב ואינו שייך שכל זה רק למדת האהבה בלבד אבל איננו כח שכלי מצד עצמו רק השכלת המדה בלבד וע"ד דוגמא השכל של הפועל האומן שאין שכלו רק בעשייה נקרא שכל דעשיה ואינו בעל שכל מצד עצמו שהרי שוטה הוא לכל דבר חכמה זולת בחינת העשיה כו' וכך השכל המלובש במדות נקרא שכל של המדות והוא הנקרא מוחין דיניקה ואין לו ערך כלל וכלל לגבי כח השכל מצד עצמו דהנה כח השכל מצד עצמו הוא כח המשכיל כל דבר חכמה מצד עצם החכמה כו' וכידוע והוא הנקרא מוחין דגדלות דהיינו בחי' מוחין דאו"א עצמם כי או"א הן בחי' מוח החכמה ומוח הבינה כמו שהן מצד עצמם וכאשר לפעמים נמשך מהם איזה הארה בעלמא לתוך המדות נקרא בחינת מוחין דגדלות דז"א כידוע לפי שמקבל מבחינת עצמות אור החכמה שנקרא חכים ולא בחכמה ידיעא מבין ולא בבינה ידיעא כו' וד"ל · והנה זהו ההפרש בין ימות החול ליום השבת דבימות החול מאיר בז"א דאצילות רק מבחי' אחוריים דמוחין דאו"א והוא בחי' מוחין דיניקה בז"א והיינו כל ששת ימי המעשה יום הא' מאיר בבי"ע מבחי' חסד דז"א שהמוחין שבחסד זה בא בו מבחינת הקטנות דאו"א דאצי' ויורד חסד זה עם המוחין שבו לבי"ע לברר בירורי נוגה כו' והיינו ג"כ בחי' חכמה שבתורה שכלולה מו"ק שתא סדרי משנה דזרעים חסד כו' כי בחכמה אתברירו דוקא דהיינו בחינת חכמה שבתורה שנקראת נובלות חכמה שלמעלה ופי' נובלות היינו רק בחינת אחוריים שנופל בבחינת נובלות והענין הוא כי הגם דאורייתא מחכמה עילאה נפקת אבל היא באה רק לברר בירורים והוא ע"י המדות כשר ופסול חייב זכאי כו' שבו' סדרי משנה בכלל וחכמה שמלובשת במדות בלבד הרי הוא רק בחי' נובלות ואחורים דאו"ב דאצי' עלמן ככ"ל וזהו פי' ותמלא כד"ה כ"ד ספרים דאורייתא שהן רק נובלות מים החכמה בעצמו מטעם זה המבואר למעלה וד"ל · אבל ביום השבת מאיר בז"א דאצי' מבחי' עצמות המוחין דאו"א דאצי' כי ביומין דחול אין המוחין בז"א רק לצורך הנהגת העולם אבל בשבת מקבל הארת מוחין חדשים מעצמות המוחין דאו"א ולכך נקרא מוחין דימות החול בחי' מוחין דחול והוא בחי' מוחין דיניקה ככ"ל ובשבת נקרא מוחין דקדש להיותם באים מבחינת או"א עצמם ככ"ל ונק' בשם בחי' מוחין דגדלות ככ"ל וד"ל · וזהו שאמר כד נהיר יומא כדין השמים מספרים כו' משום דביום השבת דוקא הוא הארת מוחין דאו"א בז"א ולא בליל שבת שאז הוא רק עליית המ"ל הנקרא חקל תפוחין כידוע ואמר מאן שמים אלין שמים דשמא עילא' אתחזי בהו פי' שמים אש ומים הן בחי' חו"ב מוחין דאצי' עלמן ככ"ל ושמא עילא' היינו בחי' הארת הכתר דאתחזי בהו בלבד ברא' וחזיון בעלמא אבל שמא קדישא שהוא אור אבא אתרשים ברשימו ממש בז"א ביום השבת ככ"ל שבחי' מוחין דאו"א עלמן מאירין בז"א ביום השבת והטעם שנקרא שמא כי גם המוחין החדשים הנמשכים בשבת אינם נמשכים רק בבחי' אותיות ושמות בלבד אלא שהן שמות חדשים ככ"ל וד"ל · מאי מספרים לאו כמאן דמשתעי סיפור דברים פי' כי סיפור דברים הוא בחי' מוחין דקטנות כמו בימי החול שהיוד מאמרות נמשכו מז"א כמו עד"מ סיפור דברים בעלמא כמ"ש בדבר ה' שמים נעשו כו' אבל בשבת לאו הכי כי בחינת מוחין דגדלות נמשך בז"א וגם ע"ז אמר בסמוך אין אומר ואין דברים כו' וד"ל · אלא דנהרין ונלאין בנלילו דנקודה עילאה פי' נלילו הוא בחינת אור החכמה שנמשל לברק הנוצץ ומבהיק האור כמו ונוצצי' כעין נחושת קלל שהוא בחינת אור המבהיק כברק אבל אור הבינה נמשל לאור המאיר בגילוי כי פי' בינה ידוע שהוא בחי' ההשגה לאורך ורוחב כמ"ש ונהר יוצא מעדן כו' עד"מ התפשטות הנהר ונקרא רחובות הנהר ע"ש ההרחבה של ההתפשטות משא"כ בחי' אור החכמ' כח מה הוא רק בחי' נקודת ההשכלה המבהקת במוח בלתי מתפשטת עדיין כו' וזהו פי' נהרין ונלאין נהרין הוא במוחין דאימא ונלאין במוחין דאבא בנלילו דנקודה עילאה היינו פירוש מספרים לשון ספיר דהיינו שמאירין המוחין בבהיקות אור מנילוצי

דנקודה

דנקודה עילאה דאור אבא עצמו שכל המוחין הללו דאו"א שנק' שמים א"ש ומים היינו רק כאשר כבר יורדי' ומתלבשים בז"א כנ"ל וד"ל·וסליק בשמא דכליל בנהירו דשלימו עילא' ומאן איהו סיפור פירוש כמ"ש בס"י בג' דברי' ברא את העולם בספ' וסופר וסיפור ספר הוא בחי' בינה וסופר הוא בחינת חכמה וסיפור הוא בחי' הדעת המזווג חכמה לבינה וכידוע בפי' כי אל דעות הוי"ה שיש שני מיני דעת הא' הנקרא דעת העליון המזווג חכמה ובינה והב' הנק' דעת התחתון והוא המתפשט במדות להחיותם כנ"ל וסיפור הוא בחי' דעת העליון שמחבר מוחין דאו"א וכל מחבר הרי יש בו בחי' השלימות העליונות של עצמות המאציל כי מאחר שביכולתו לחבר שני הפכים דחו"ב שנק' אין ויש משפיע ומקבל בהכרח שגבוה. הוא גם משניהן יחד כענין עושה שלום במרומיו כו' כמ"ש במ"א וגם כאן הוא אומר מזה הטעם על מוח הדעת העליון שנקרא סיפור שהוא שמא כליל לכלול שני המוחין דאו"א לפי שיש בו נהירו מנהירו דשלימו עילאה דעצמות המאציל העליון כנ"ל וד"ל · דכללי בנהירו דשלימו דספר עילאה פי' הדעת מקבל ע"י הבינה דוקא שנקרא ספר עילאה כנ"ל וד"ל · ובג"כ סליק בשמא שלים ונהרין בנהירו שלים פי' שמא שלים זה קאי על בחי' דעת התחתון המתפשט במדות שהוא גם כן בא במוחין שבמדות במוחין השלימות לכלול שני הפכים דהיינו חו"ג והוא כמו ענין מדת הרחמים במדות שכוללת חו"ג דין וחסד ממש שהרחמנות אינה אלא לאחר שבא מדת הדין לענוש מאיר מדת הרחמים שאף עפ"י שראוי לעונש ולא לחסד מ"מ מצד הרחמנות יפטר מעונש כו' וא"כ כוללת חו"ג יחד וכך הוא בחינת הדעת בבחינת המוחין לסבול במוח בחי' ב' הפכים מוחין שבמדות לזכות ולחיוב והוא הנקרא דעת המתפשט במדות לכלול חו"ג וזהו בחינת שלימות של כל המוחין שבמדות אך שלימות זאת הוא רק בשכל השייך למדות ונק' דעת התחתון ושרשו בא מבחי' הדעת העליון הנק' סיפור כנ"ל וע"כ גם הדעת התחתון הזה נקרא שמא שלים שמחמתו המדות מאירו' במוחין שלימים כלולים מב' הפכים בכאו"א דהיינו בחלק המוחין דאימא שבז"א נהירין בנהירו שלים ובחלק המוחין דאבא שנקר' נציצו נצצי בנציצו שלים והכל על ידי הדעת כו' וד"ל · אינהו מנהרי ומנצצי בגרמייהו כו' פירוש כמבואר בע"ח בשער המוחין שבנין האורות והמוחין נבדל מן בנין הכלים על ידי שיכול להיות בנין המוחין פרצוף שלם בפ"ע ואח"כ יכנסו להאיר בכלים ע"ד דמיון מחב"ד ומדות בנפש קודם בואם לגוף כו' וע"כ גם במוחין דאו"א הללו שנכנסות בכלים דז"א בשבת הרי המה נבנין בפרצוף שלם בעצמות' תחלה בהתפשטות בהיכלות דאו"א עדיין ואח"כ יורדים ונמשכים למדות להיותם כי בודאי חיות עצמותם הוא נבדל ומרומם בערך

מכח זה שיש ביכולתם להחיות המדות בלבד כו' והיינו שאמר דאינהו מנהרי ומנצצי באורות דאו"א בגרמייהו כו' תחל' ואח"כ נהרי ונצצי לכל כבוד וכבוד כו' וד"ל · ונצצי ונהרי לכל כבוד וכבוד דמתדבקן ביה דהא מינייהו כו' נהיר כל עזקא ועזקא ונציץ בנציצו פי' עזקא וגם מה שתחלה קורא להן בשם כבוד כו' הנה יובן בהקדים תחלה שרש ענין בחי' עגולים ויושר דהנה ידוע שרש בחי' עגולים שהוא מבחי' התהו שהוא זה תחת זה כמו העיגול בתוך העיגול כאשר יהיה האופן בתוך האופן שהן זה תחת זה מובדלים זה מזה ואין להם חיבור וקשר כלל זה עם זה ואמנם בחי' היושר הוא היפוך זה ממש שהיושר הוא בא בבחינת חיבור דוקא בקווין המתחברי' וע"ז כו' וכידוע · וביאור הדברים ידוע שזהו עד"מ מן המדות אשר בלתי הארת השכל עדיין שכאו"א מובדל מחבירו בתכלית כמו הרחמן בטבעו שמרוחק ומובדל מן האכזריות אבל עפ"י השכל יוכל להתחבר רחמנות לאכזריות במקום א' דהיינו טעם ושכל שעפי"ז באות מדת הרחמנות בצירוף במדת האכזריות ושניהם כאחד ישכנו כו' כמ"ש במ"א וכך יש במציאות הדברים שאף עפ"י שכאו"א מובדל מחבירו מ"מ יש בהם קישור וחיבור על ידי הדם שסובב והולך בהן עד שנעוץ תחילתן בסופן הרגל בראש כידוע וכ"ז משל להבין ההפרש למעלה בין בחינת התהו שהן זה תחת זה ואח"כ בא בהם בחינת התיקון שהוא בחינת ההתכללות וההתחברות זה בזה להיות נעוץ תחלתן בסופן וסופן בתחלתן כו' וד"ל·והנה בחינת התהו שהן כדוגמת העיגולים זה תוך זה הנ"ל הרי שנפלו בשביר' בשם ב"ן דהיינו בחי' מ"ל דאצי' כשמתלבשת בבריאה ויצירה כו' כמלא הבירורים דשם ב"ן זה שהוא בהעלאת מ"ן מבי"ע ה"ז בירורי' של בחי' העגולים דתהו שנפלו שם מהם רפ"ח ניצוצין כו' והם שמתעלים בהעלאת מ"ן ע"י שם ב"ן ומתברר אותם בימות החול הוא שם מ"ה דז"א והוא ע"י המשכת המ"ד לברר מ"ן כידוע והוא בחי' התיקון שהוא בחינת היושר לחבר ולקשר אותם בבחינת התכללות כנ"ל עי"ז נכלל ב"ן במ"ה כל ימי החול כידוע וז"ש בשבת שהוא תכלית עליות הבירורים מבי"ע באצי' שהשמים דהיינו מוחין שבמדות דז"א כנ"ל מנהרי ומנצצי לכל כבוד וכבוד דמתדבקי ביה פי' כבוד הוא בחינ' מ"ל בל"ב נתיבות חכמה שבה שיורדת לבי"ע כידוע ונק' כבוד אל שמקבלת מחסד דז"א כמ"ש כי חסד אל כו' וכתיב והוכן בחסד כסא והכבוד הזה נעשה מבחי' הבירורים דרפ"ח דתהו שנק' עזקא כמו העגולים זה בתוך זה כנ"ל והיינו גם כן מה שאומר בסמוך נהיר לכל עזקא ועזקא כו' וענין אותה ההארה שמאירים לכבוד א"ל דהיינו לעיזקא דתהו היינו כמו שאמר דמתדבקן ביה כו' כי בימי החול אין הבירורים דתוהו באין למעלה אלא הם למטה עדיין רק שבחינ' מ"ד דז"א מברר

אותם כנ"ל והבירור הוא למטה אך בשבת עולין הבירורים הללו באצילות ומתדבקין בי"ס דז"א ממש וזהו שאמר לכל כבוד וכבוד דמתדבקין ביה וד"ל · אך מה שאמר עוד דהא מנייהו נהיר כל עזקא כו' הענין הוא כמו נתינת טעם להבין ההפרש בהברור

כְּבוֹד אֵל

בין ימות החול ליום השבת דהנה בשבת הרי בחי' עצמות המוחין דאו"א מאירין בז"א הנק' מוחין דגדלות כנ"ל אשר הוא עיקר בחי' התיקון ע"י בחי' הדעת המתפשט במדות מדעת העליון כו' וההתכללות הבאה ע"י מוחין הללו הוא בבחי' תכלית השלימו' וזהו שאמר דמנייהו נהיר כל עזקא נהירין במוחין דאימא עלמו וכללי בגליו דמוחין דאבא עלמו משא"כ בימות החול הגם דכתיב ששת ימים תעשה מלאכתך ואין הבירור אלא בבחינת מוחין ומלאכה זו היא בחי' הבירורים הרי ידוע שהן מוחין דיניקה שנק' מוחין דחול כנ"ל וד"ל · והיינו שמסיים המאמר בגין דבהאי יומא מתעטרן שמים וסלקין בשמא קדישא יתיר משאר יומין פי' כי בהאי יומא מאיר בז"א מוחין דאו"א עלמן ומתעטרין שמים דהיינו בחינת ההתכללות מוחין דז"א בשמא קדישא דאו"א וע"כ אמר ביום השבת דוקא וירא אלהים את כל אשר עשה והנה טוב מאד · את כל אשר עשה דוקא דהיינו בבחי' ההתכללות מכל אשר עשה והמשיך בששת ימי החול כו' והנה טוב מאד בבחי' אורות דאו"א עלמן ששם יאיר בחי' אור הכתר שנקרא מאד כידוע וד"ל :

ומעשה ידיו מגיד הרקיע כו' · פי' בזהר וז"ל ומעשה ידיו ההוא טלא עילאה דנהיר מכל סטרין גניזין דאיהו מעשה ידיו ותקונא דיליה דמתתקנא ביומא דא מכל שאר יומין · פירוש טלא עילאה זה הוא בחינת טלא דבדולחא שהוא מז' תקונין דגולגלתא דא"א כידוע והענין הוא כי הנה ההפרש בין טל למים בגשמיות הנה אנו רואים שהמים באין ונמשכין למטה בבחינת גילוי אשר נראה לעין הגשמי והוא לפי שהמים באין בהגשמ' גדולה דלכך נקרא המים גשם ע"ש ההגשמה לפי שהמים נרגשים ונתפסין במשמוש היד משא"כ הטל הוא היפך זה ממש שהטל הוא בלתי נרגש כלל כי לא נראה הטל כלל בירידתו לארץ לעין הגשמי וגם במהותו לא נתפס ביד כו' אלא בבואו על הארץ למטה נראה בעין רק הלחלוחית בלבד שמלחלח הטל את הארץ והנה ידוע דהטל מלמיה בארץ יותר מן הגשם כי מוליא את כח הארץ שתתן את יבולה כו' אך בגשם היורד הוא נראה לעין ובטל אין ירידתו נראה וגם לא נראה טוב תועלתו בארץ כו' וככל המשל הזה יובן למעלה דבחי' הטל דנקרא טלא דבדולחא הנה הוא בחי' ירידת השפע הגנוזה בהעלם עצמות המאציל אשר לא מושג ומורגש כלל בנאצלים בשום תפיסא כו' וכמאמר הידוע לית מחשבה תפיסא בך כלל כו' אבל בחי' המים למעלה הוא בחינת ירידת השפע המושג ונראה לנאצלים וכמו כללות בנין האצילות שהוא נבנה רק על ידי החסד שנמשל למים והיינו ע"י בחינת חסד דע"י

וּמַעֲשֵׂה יָדָיו מַגִּיד

כמ"ש כי אמרתי עולם חסד יבנה כידוע הנה נמשל החסד הזה למים שיורדים ונמשכים בהרגשה כו' להיותו בחינת ההמשכה והשפעה ממש להיות אורות וכלים דע"ס דאצילות מאין ליש כמו חו"ב משא"כ בחינת השפעה שיורד מהעלם עצמות המאציל בגלגלת'ד א"א הנקר' טלא דבדולחא הוא בלתי נראה ומורגש כלל להיות בא בבחינת המשכה ממש אלא יורד בהעלם גדול בהעלם עצמות המאציל רק בבואו למטה דהיינו בא"א דאצי' מתגלה קצת השפע שלו כך הוא ע"ד דוגמת הטל שמלחלח בבואו כבר למטה כו' וז"ש אהיה כטל לישראל כו' וכמ"ש בת"א · וזהו שאמר ומעשה ידיו דהיינו טלא עילאה דנהיר מכל סטרין גניזין לפי שהוא בא מבחינת ההעלם הגנוז בעצמות אור המאציל שכל המדריגות שם נקראין בשם סטרין גניזין דווקא כידוע וד"ל · דאיהו מעשה ידיו ותיקונא דיליה פי' ידיו היינו בחי' ידים דא"א והן ז"ת דא"א וע"י בכלל כידוע דהיד הימין דא"א נק' יד הגדולה והיד השמאל נק' יד החזקה והן בחינת חסד דא"א וגבורה דא"א וז' תקונין דא"א הן כללות ב' ידים הללו ופי' מעשה ידיו היינו מה שבחינת ז"ת דא"א וע"י מתלבשים באצילות בע"ס אורות וכלים כידוע שע"י בא כל עיקר בחי' התיקון כו' וכל האצילות כו' אך מה שאמר כאן דאיהו ר"ל טלא מעשה ידיו ותיקונא דיליה יש בזה ב' פירושים ושניהם אמת הא' דהטל הוא מתקן את בחינת הידים הללו ולפי זה פי' מעשה ידיו מעשה זה לשון מפעיל לפי שמתקן לידים כו' והפירוש הב' בהיפוך דתקונא דיליה היינו בחי' תיקוני הטל שנתקן הוא ע"י מעשה של ידיו הנ"ל · ולפ"ז פירוש מעשה ידיו לשון נפעל שהמעשה הנעשה מידיו הוא המתקן לבחי' טל זה ונק' טל זה מעשה ידיו לפי שנתתקן ע"י הידים כו' ושני הפירושים אמת · דהנה ביאור ענין תיקון דטל לידיו כפי פירוש הא' ידוע שהוא מפני שבא המשכת הטל הזה מעולם הא"ס מסטרין גניזין כנ"ל ממילא בא בחינת התיקון לז' תקונים דא"א שמתלבשים בכל האצי' עד"מ הטל שמלחלח הארץ כו' וביאור ענין התיקון השני לפי' הב' דע"י מעשה הידים נתקן בחי' הטל הזה היינו לפי שע"י בחי' ההתכללות שהוא עיקר התיקון כנ"ל שנעשה על ידי הידים הללו שהן בחי' חו"ג דא"א שיורדין בכל האצי' בקו הימין לחבר ולקשר חח"ן כו' ובקו השמאל לחבר ולקשר בג"ה כו' אזי מתעורר עצמות המאציל להאיר עליהם מאור עצמותו שהוא בחינת השלימות האמתי כי אחר שיש בחי' שלימות למטה כמו

ביחוד

מַגִּיד הָרָקִיעַ : יוֹם לְיוֹם יַבִּיעַ אמר

ביחוד דוכר ונקבה דכתיב זכר ונקבה בראם ויברך אותם אלהים כו' כמ"ש בזהר בכמה מקומות וכמ"ש במ"א וגם כאן בא אור המאציל עצמו בבחי' שלימות עצמותו להאיר בא"א על ידי מעשה ידיו דא"א כשעשה באצילות בחי' ההתכללות כו' וד"ל · ולפ"ז יבואו שני הפירושים כא' דאף ע"פ שפי' הב' היפוך פירוש הא' מ"מ בשרש הענין המכוון עולה שניהם כונה א' משום דהא בהא תליא דכאשר יש שלימו' למטה יתעורר להאיר בחינת שלימות העליונה כנ"ל דסיבת הירידה של אור העליון בא ע"י סיבת התיקון שלמטה א"כ שניהם אמת והגם דהטל עילאה נתקן ע"י התיקון דידים מ"מ גם הם נתקנו ע"י בבא עליהם האור ממנו מעצמות המאציל כו' וזהו שאמר דאיהו מעשה ידיו ותיקונא דיליה לשון יחיד ולא אמר תקונא דלהון משום דגם הוא נתקן על ידי התיקון שלהם ופי' מעשה ידיו סובל שני הפירושים הנ"ל להיות שניהם אמת מטעם הנ"ל משום דהא בהא תליא כו' וד"ל · ומה שאמר דמתתקנא ביומא דא דוקא לפי שהטל בא ע"י כללות ששת ימי המעשה שמתאחדים כא' בשבת וכמ"ש את כל אשר עשה כו' בבחינת ההכלל כנ"ל באריכות וזהו שאמר דמתתקנא ביומא דא מכל שאר יומין פירוש התיקון הזה בא לו מכל שאר יומין דוקא דהיינו כשנעשה בהם בחי' השלימות למטה להיות בבחי' ההתכללות וכו' שאז שורה בחי' הטל הזה מעצמות המאציל בבחינת השלימות העליונה וז"ש והנה טוב מאד כו' וד"ל :

מגיד הרקיע · פירש בזהר שם וז"ל מאי מגיד משיך ונגיד לתתא מרישא דמלכא מליא מכל סטרוי הרקיע ההוא רקיע דאיהו מבועא דבירא כו' פי' כמ"ש בזהר במ"א ע"פ שראשי נמלא טל כו' שראשי הוא בחינת כתר דז"א שנמשך על רישא דז"א מבחי' טלא דנטיף מעתיקא כו' והיינו פי' שראשי נמלא טל לשון נפעל כו' וזהו פי' מגיד משיך ונגיד ההוא טלא דבדולחא הנ"ל ברישא דז"א שנקרא בשם מלכא ומשם נמשך לנוק' דז"א כידוע בענין סעודות השבת כמ"ש דא סעודתא דעתיקא כו' לז"א ומשם נטיף לבחי' המ"ל הנקר' חקל תפוחין וכו' והיינו שאמר מאי מגיד משיך ונגיד לתתא במלכות מרישא דמלכא שהוא בחינת ז"א מליא מכל סטרוי כמ"ש שראשי נמלא טל כו' וד"ל · הרקיע פי' הוא בחינת יסוד אימא שנקרא רקיע כמ"ש ועל ראשי החיות רקיע כעין הקרח כו' שהוא מענין בחי' ההתפשטות לאורך ורוחב וכמ"ש לרוקע הארץ כו' והיינו לפי שבחי' מ"י בינה הוא בחי' ההשגה המתפשטת לאורך ורוחב ונקרא נבועא דבירא לפי שבה נגלה מלפון נביעת אור החכמה מן ההעלם לגילוי כידוע וע"כ נמשלה לבאר מים ונביעת המעיין הוא משל ליסוד אבא והבאר שמתכנסת שם המים הוא משל לבחי' יסוד אימא והוא הנקרא ג"כ נהר דנגיד ונפיק מעדן וכמ"ש כאן ודא איהו נהר כו' שעדן הוא בחינת חכמה כידוע ומבחי' יסוד אימא הוא שנמשך בחי' הטל הנ"ל לרישא דמלכא כנ"ל והיינו נמ"ש בסמוך ודא רקיע הוא דנגיד ומשיך נגידו דטלא עילאה ונהיר ונציץ כו' ואנגיד ליה במשיכו דרחימו ותיאוב' לאשקאה שקיו דחדוה למעלי שבתא פירוש לבחי' המ"ל שנקרא מעלי שבתא כו' וד"ל · וכד נגיד ומשיך ההוא טלא דבדולחא כולא מליא שלים באתווי קדישין פירוש הן ענין הז' מרגלאין שהן ז' שמות חדשים שבמ"ל שמכוונין בכוונת לתפילת הערבית דליל שבת ע"ש והוא לפי שהאותיות נתמלאות מאור הטל הזה וה"ז כמו המרגליות שבהירה בעצם והוא ההבהקה שמבהיק אור ממנו כו' כך ענין ז' מרגלאין דמ"ל והיינו בחי' אתווי קדישין שאמר כאן במ"ל דמליא ושלים באתווי קדישין בהגיע אור הטל הזה במ"ל שנק' מעלי שבתא כו' וד"ל · וכיון דכולא אתחבר ביה אתעביד ביה ארחא לאשקאה ולברכא לתתא פי' ממ"ל דהאי' מאיר ההוא שקיא דחדוה בכל העולמות בי"ע דהיינו לאשקאה ולברכא לתתא כו' וד"ל :

יום ליום יביע אמר · פירש בזהר שם וז"ל יום ליום יומא ליומא כו' השתא משתעי קרא בארח פרט האיך השמים מספרים כו' להאי כבוד האיך נגיד ומשיך ההוא רקיע נגידו דטלא עלאה ואמר יום ליום יביע אמר יומא ליומא ודרגא לדרגא אוחו לאתכללא דא בדא ולאתנהרא דא מן דא מההוא ספירו דמנצצי ומנהרי שמיא להאי כבוד יביע כמד"א מבע אתעביד וגו' אוחו לאנהרא דא מן דא · והנה תחלה יש להבין כללות כוונת המאמר במה שפי' לתיבת יביע לשון מהירות ונבע אתעביד כו' ולכך אמר אוחו להתכללא כו' ופירש אוחו בלשון התרגום הוא ענין מהירות כתרגום של וימהר ואוחי כו' ויש להקדים תחלה ענין א' הידוע ומבואר במ"א ע"פ וברכך הוי"ה אלקיך בכל אשר תעשה כו' דלכאורה יפלא מה זו הברכה שצריך לברך ודוקא בכל אשר תעשה והלא כבר מזונותיו של אדם קצובין לו מר"ה כמארז"ל וא"כ כבר נכתב בר"ה מדה וקצבה לפרנסת האדם ומה יועיל במה שיעשה הרבה או מעט ולמה אמר שבמעשה האדם שורה ברכה וכי אפשר שיתוסף לו יותר מכפי המדה כו' וגם עוד זאת אינו מובן דאם מזונותיו של אדם קצובים לו מר"ה למה אמרו דאדם נידון בכל יום ובכל שעה כו' וכמ"ש לרגעים תפקדנו כו' מה צריך לדין אחר שכבר נגמר הדין אך הנה כ"ז יתורץ ע"פ הקדמה אחת הידוע בפי' ברכת המזון שאנו אומרים הזן את העולם כולו בטובו בחן בחסד וברחמים הוא נותן לחם לכל בשר דלכאורה אין לזה הבנה

דמאי

דמאי קאמר שנותן לחם בחן בחסד ודאי חסד גדול הוא מה שנותן לחם וכי יש נותן לחם בלא חסד כו'· אך הענין הוא דבחינת חסד העליון שנמשך מאצילות לבי"ע דהיינו מבחי' חסד דז"א הוא אור חסד אלקי ממש והוא כמו כח היולי לגבי העולמות בי"ע ויכול להיות שיהיה נמצא מזה החסד כמה מיני חסדים עד אין קץ ושיעור כמו עד"מ מכח השכלי שנמצא ממנו סברות רבות ואחר שנמצאת הסברא נמשכת באותיות מחשבה וממחשבה נמשך בדיבור ומן הדיבור לידי מעשה כו' כך מבחינת חסד דאצילות נמשך בבחינת כח היולי ויכול להיות מזה החסד כמה מיני חסדים כמו הנשמות שנהנין מזיו השכינה בג"ע כו' שהוא חסד רוחני בערך מחשבה כו' ויכול להיות ממנו חסד גשמי יותר כמו גילוי התפעלות אוי"ר במלאכים בעולם האצי' ויותר למטה בעולם העשיה כו' עד שיכול להיות נמצא ממנו גם החסד הגשמי שבעוה"ז כמו שאמר נותן לחם לכל בשר בגשמיות כו' והנה בירידת אור החסד דאצילות כאשר הוא יורד ממדריגה למדריגה דרך עילה ועלול מבריאה ליצירה כו' הרי יסתעף ממנו גם החסד הגשמי כמו כתיבת לחם כו' אך כאשר אור החסד הזה אינו יורד כ"כ למטה מטה בהתלבשות רבות בעילה ועלול כו' הנה הוא נשאר למעלה בערך בחי' הרוחניות הם בערך בחי' רוחניות דג"ע להשגות הנשמות או בערך רוחניות דיצירה כו' ועכ"פ לא בא למטה בגשמיות ליתן לחם גשמי וזהו שארז"ל אדם נידון בכל יום ובכל שעה ורגע דהיינו שידונו למעלה אם ראוי שיושפע לו אור החסד הקלוב בבחי' האצילות מר"ה שיבא ויתלבש דרך עילה ועלול עד למטה ממש בחסד גשמי אם לא ואם אינו ראוי לכך נשאר החסד למעלה בבחי' הרוחניות ולא בגשמיות ולפעמים יוכל להיות דמה שנקלב לאדם מר"ה בחסד העליון בבח בחי' היולי שיבא ויתלבש רק בבחי' הרוחניות דבריאה והוא שיקבל שכר בעולם הבא או שישיג בהשגות התורה או שיהיה לו קרבת אלהים באוי"ר בתפילה וכיוצא בזה אבל לא בא החסד בהתלבשות כ"כ שיהיה לו חסד לאכול בגשמיות ואף ע"פ שבוודאי זה החסד העליון דעולם הבא ותורה ויראת שמים גבוהים הרבה מחסד הגשמי דלחם מ"מ ירידת והתלבשות החסד גם בלחם יותר גדול הוא עד"מ כאשר ישפע המלך גם לעני לפי ערכו הדל שחסד גדול הוא יותר ממה שמשפיע לשר גדול כו' מפני עולם הירידה כו' וכך יובן למעלה במה שאנו אומרים הזן את העולם בחסד כו' שאף ע"פ שמזונות הללו כבר קצובים מר"ה אבל עכשיו מברך שיבא ויתלבש בגשמיות להיות נותן לחם לכל בשר וזהו הזן את כו' בחן ובחסד הוא נותן לחם כו' לפי שיש חסד שאינו

אמר וְלַיְלָה לְּלַיְלָה יְחַוֶּה דָּעַת:

אין

נותן לחם כו' כנ"ל וד"ל · ואחר הקדמה זאת יובן כוונת המאמר הנ"ל דהנה כל זה הדין שאדם נידון בכל יום היינו עד"מ שידון האדם בשכלו אם ראוי הדבר ואח"כ יגזור השכל וצריך לבא לידי אותיות המחשבה ויוכל להיות שלא יביאנו עדיין לחשוב ויסיח דעתו מזה וצריך שיתעכב זמן מה עד שחושב ומהרהר במה שגזר השכל וגם אחר שחושב ובמחשבה הוא ראוי אעפ"כ חושש להביאו בדיבור בגילוי כי אולי עדיין אין הדבר ראוי כ"כ ובדבור יתגלה וכענין לבא לפומא לא גליא כו' ומכ"ש מדיבור להביא לידי מעשה שצריך שיהוי ועיכוב יותר ונמצא יש דין ומשפט בין כל מדריגה ומדריגה וכך יובן למעלה בב"ד העליון דהיינו במוחין דז"א אם ירד החסד דאצילות במחשבה העליונה שהוא בג"ע דבריאה ואם ירד עוד ממחשבה לדיבור דהיינו בבחי' היצירה יש דין בפ"ע בב"ד דבריאה וכן מיני' עד בחינת העשיה עד שבכל מקום יש דין ומשפט מקודם אם יבא שם בעילה ועלול כו' וכ"ז בימות החול אבל ביום השבת שאז הוא זמן גילוי עולם התענוג מבחי' ע"י גם בזו"נ כמו שאמר דא סעודתא דע"י כו' אשר מפני זה אמר כל דינין מתעברין מינה ואנפהא נהירין כו' לכך אין דין ומשפט כלל בשבת בירידת האור מעילה לעלול כמו משכל למחשבה וממחשבה לדיבור כו' עד שאין שיהוי ועיכוב כלל בירידה זו כי מיד שעלה בשכל יחשוב ומיד ידבר ויעשה כו' כי אין מונע ומעכב השפע בהיות דין מאחר שאין דין בשבת משום דכל הדינין נמתקין בשבת כו' וד"ל · וזהו שאמר במאמר זה בפירוש יביע שהוא לשון מהירות כתרגומו ואוחי משום דהשפע הולך ואור מדרגא לדרגא כו' במהירות בלי עיכוב ושיהוי כלל מטעם הנ"ל ומה שאמר לאתכללא דא בדא היינו בחי' התיקון דיושר בקוין העושין בחינת התכללות בעליון ותחתון כו' וזהו שאמר הש"א משתעי דרך פרט האיך מספרים לתקן העיגולים דתוהו שנקרא כבוד אל כנ"ל ואמר יום ליום יומא ליומא ועזקא לעזקא פירוש יומא הוא בחינת היושר דהיינו כמו כללות קו הימין חח"כ כו' ועזקא הוא בחינת העיגולים שזה תוך זה כו' בכולם יביע לאתכללא דא בדא ע"ד הנ"ל באריכות וד"ל:

אמר פי' בזהר שם אל"ף הוא אבא והמ"ם אימא והרי"ש רזא בוכרא כו' ע"ש באריכות ותוכן הענין הוא שהן כללות המוחין חב"ד א' אור אבא והמ' אור אימא והר' הוא הדעת הכולל יחד וכנ"ל דעצמות המוחין דאו"א נמשכין בז"א ומשם למלכות עד בסוף המאמר כדין איהו אשקי לאעבד תולדין כו' שהוא מת"ל לבי"ע להוליד נשמות שהוא ביחוד זו"נ בליל שבת דוקא כידוע וד"ל:

ולילה ללילה יחוה דעת · פי' בזהר שם וז"ל · רתיכא

דילה

אֵין אֹמֶר וְאֵין דְּבָרִים בְּלִי נִשְׁמָע קוֹלָם: בכל

דילה דאיכון גופא דכרסייא וכולהו אקרון לילות כד"א אף לילות יסרוני כליותי כו׳ רתיכא עלאה אתקרי ימים יום ליום כו׳ פי׳ כי בחינת מ"ל עיקר בנינה מהגבורות ועיקר בנין ז"א מהחסדים כמ"ש כי זכר חסדו וביאור הדברים ידוע עד"מ האותיות אשר בהן מלובש הקול הנה גופי האותיות אין להם חיות בלתי הקול והאותיות הן באין בבחינת הפירוד מה׳ מוצאות לפי שעיקר בנינם מה"ג מנצפ"ך שבה׳ מוצאות וזהו שאמר רתיכא דילה דאיכון גופא דכורסייא שהן עצמות האותיות ולית לון מגרמייהו כלום אך החסדים המה המחיה אותם והוא הקול כו׳ אבל עיקר בנין גופם הוא מהגבורות משא"כ בחינת ז"א גם בנין גופו הוא מבחי׳ החסדים וכמ"ש כי אמרתי עולם חסד יבנה כו׳ והוא הנקרא רתיכא עילאה ולכך איקרון ימים כמ"ש יום ליום כו׳ וד"ל· ובתחלה אמר ימים יום ליום יביע אמר דהיינו בבחי׳ ז"א ואח"כ בבחי׳ מ"ל אמר לילה ללילה שהן מדריגות התחתונות שבמ"ל שנק׳ לילות להיותם מבחינת הגבורות מצומצמות הנפרדים כו׳ ופי׳ יחוה דעת יש לפרש ג"כ לשון מהירות ע"ד תרגום דאותי אך בכאן פי׳ הזהר לשון חיות דהקשה יחיה מיבעיא ליה ותירץ ויו איהו חיין וע"ד חוה וחיה יוד זעירא נטלא חיין מן וי"ו אוף הכא יחוה יחיה פי׳ וי"ו הוא בחי׳ ז"א כשהוא בבחינת ההתכללות כמו בקו האמצעי דת"י וזהו פי׳ ונתתם לי אות אמת דהיינו אות וי"ו כמ"ש בת"א בזהר ויו"ד זעירא הוא בחינת מ"ל שמקבלת מוי"ו דז"א וזהו יחוה יחיה גם כאן מפרש יחוה מז"א למ"ל כו׳ וד"ל· ופירש דעת דא רזא דשמים מה שמים שית סטרין אוף הכי כו׳ פי׳ כי אין לנוקבא דעת עצמה רק מה שנותן לה בעלה כי נשים דעתן קלות כו׳ וא"כ אותן הו"ק הנכללים על ידי הדעת דז"א הן עצמן הוא שבאין להאיר במ"ל והן שית תיבין דיחודא תתאה דבשכמל"ו כו׳ כידוע וד"ל:

אין אמר ואין דברים בלי נשמע קולם· פי׳ בזהר שם וז"ל ובגין דהאי אמר רזא עילאה איהו ולא כשאר אמירו אהדר קרא עליה ואמר אין אמר ואין דברים כשאר אמירן דעלמא אלא האי אמר רזא עלאה איהו בדרגין עלאין דלית תמן אמירן ודברים ולא אשתמעו כשאר דרגין דאיכון רזא דמהימנותא דאיכון קלא דמשתמע אבל הכי לא אשתמעו לעלמין והיינו דכתיב בלי נשמע קולם ע"כ· פירוש כי לכאורה שני פסוקים הללו סתרי אהדדי דמתחלה אמר יום ליום יביע אומר ואח"כ אמר בהיפוך·אין אומר ואין דברים כו׳ וכדי לתרץ זאת הקושיא מתחיל לבאר שרש ענין אמר שהוא ברזא עלאה דלית תמן אמר ודברים כו׳ והיינו קלא דלא אשתמע כו׳· וביאור הדברי׳ הנה מבואר למעלה בפירוש אמר דהרי"ש שהוא רישא בוכרא דאו"א היינו בחי׳ הדעת הכוללם יחד כו׳ כי הנה יש במדות ב׳ מדריגות הא׳ הנק׳ יעקב והב׳ ישראל והמדות שנק׳ ישראל הוא בחינת הדעת והמשל בזה הוא כאשר יפעל השכל פעולתו בהתבוננות בהעמקה גדולה הנה אז נולדים המדות אבל תחילה יולד בחינת התפעלות במוח עדיין ונקרא מדות שבשכל כלומר כאשר השכל יתפעל מאיזה דבר שהוכשר לפי שכלו והתבוננותו בו ואח"כ תיד יולד כמו כח המושך שמושך את הלב גם אל אותו הדבר שנתפעל השכל ממנו ואותו כח המושך אשר בלב איננה בחינת התפעלות מורגשת עדיין כמו התפעלות האהבה ותשוקה ממש אלא רק נמשך פנימיות הלב אחר המוח שנתפעל כו׳ והוא הנק׳ בחינת דעת·והנה הדעת הוא מקור ושרש למדות שנולדים בלב אחר כך בהתפעלות מורגשת כמו האהבה ויראה ממש כו׳ ונמצא שני מדריגות הן במדות הא׳ מדות שבשכל שמושכים הלב לימשך גם הוא אחריהם והוא כח הדעת והב׳ בחינ׳ המדות הנולדים בגילוי בלב והם ב׳ הפכים במהותם שמהות מדות שבשכל הגם שמושכים הלב אחריהם מ"מ אין המשכה זו בבחינת הרגשה כאהבה שבלב אלא הוא כמו כח שכלי והוא הנקרא הבל הלב הפנימי וגם נק׳ קלא פנימאה דלא משתמע פירוש דלא משתמע בהרגשה ומזה הסיבה לא משתמע גם כן בקול מורגש משא"כ המדות שבלב בהרגשה ממש דוקא יוצא הקול המורגש באש ומים ורוח גשמיים כידוע שהקול מורכב מאש ומים ורוח שבהבל הלב כשנעשה מורגש במדות שבלב והוא הבל החיצוני כו׳ וע"כ נקרא קלא דמשתמע ממש שממנו מקבל הדבור כידוע וזהו פי׳ כללות המאמר בפי׳ אמר שיש ב׳ מיני אמר כי אמר הוא אותיות אש מים רוח כו׳ ויש ג׳ אלה בהבל הפנימי הנק׳ קלא פנימאה הנקרא ישראל לי ראש שהוא רק בבחינת המוחין והעיקר הכולל לחו"ג הוא הדעת בכל מקום וההבל הפנימי שבלב הוא הדעת הנק׳ ברא בוכר׳ לאו"א כי או"א עצמן הן המוחין שבראש כמו שהן ממש קודם שמתפשטים ללב למשוך הלב אחריהם כו׳ וזהו ענין יחוד ישראל ורחל בשבת והיינו יום ליום יביע אמר כו׳ אבל להיות כי הוא עדיין הכל בבחינת המוחין ולא בגילוי בלב בקלא דמשתמע אהדר קרא עליה ואמר אין אמר כו׳ פי׳ אין אמר זה כמו אמר דבהבל החיצוני המורגש מאש מים ורוח גשמיים שממנו נעשה הקול מורגש והוא למעלה בחי׳ יעקב דהיינו בחי׳ ו"ק שיש בקול דז"א הנמשך לבחי׳ דבור העליון בי׳ מאמרות שהוא בחינ׳ יחוד דיעקב ורחל בו׳ יומין דחול בששת ימי המעשה כו׳ כידוע אלא האי אמר ברזא עלא׳ דלית תמן אמירן ודברים בקול מורגש כשאר דרגין דזו"כ דאיכון קלא דמשתמע כנ"ל שהוא כמו יחוד קול ודבור למטה אבל הכי לא אשתמעו לעלמין

להיותם

להיותם מהם בבחי' המוחין דאו"א אנה שמושכים גם את הלב אחריהם כנ"ל והיינו בלי נשמע קולם פירוש בשמיע' בלב מורגש אלא הכל בבחי' קלא פנימאה הנ"ל שאינו מורגש כלל והטעם הוא לפי שבשבת בו שבת וינפש משפת זמי המעשה שהוא ע"י יחוד קול ודבור כנ"ל שבשב' מאיר בחי' מוחין דאו"א בז"א ועיקר הארתם בלב דז"א הוא בבחי' הדעת דז"א שנקר' קלא פנימא' ונקרא דעת המתפשט במדות ושרשו בדעת העליון הכולל למוחין דאו"א כו' אבל דעת זה נקרא ברא בוכרא לאבא ואמא וכמ"ש בני בכורי ישראל לי ראש כו' וד"ל. וזהו כללות ענין המאמ' ופרטי דבריו מתבארי' ממילא דפי' רזא עלאה בדרגין עלאין היינו באו"א ופירוש שאר דרגין היינו יחוד זו"נ כנ"ל ומובן ממילא דגם או"א לגבי ע"י וא"א נקרא גם אמר שלהם בחי' מורגש כמו שאמר דזו"נ נקר' מורגש לגבי או"א ועד"ז עד רום המעלות כו'. וא"כ לפ"ז יתורץ הקושיא הנ"ל במ"ש תחלה יביע אמר וא"כ אמר אין אמר כו' באופן אחר דמ"ש יביע אמר היינו לגבי ע"י וא"א שנק' מוחין דאו"א אמר מורגש ומ"ש אין אמר כו' היינו לגבי זו"נ שאמר דאו"א הם שם בחי' ההעלם בבחינת קלא דלא משתמע וא"כ אין אמר כו' בלי נשמע קולם כלל וא"צ לתרץ כמ"ש בזוהר דאהדר קרא עליו שהוא ברזא עלאה כו' דלגבי עצמות המאציל גם הם נחשבים בבחי' קלא דמשתמע לפי שאין ערוך ביניהם כידוע וע"כ עליהם יביע אמר והן מוחין דאו"א שמאירין בבחי' פנימית דז"א בשבת כנ"ל וד"ל :

בכל הארץ יצא קום ובקצה תבל מליהם לשמש שם אהל בהם כו'. פי' בזהר וז"ל אבל בכל הארץ יצא קום אע"ג דאינון טמירין עילאין דלא אתיידעו לעלונין נגידו ומשיכו דלהון אתמשיך ואתנגיד לתת' ובגין ההוא משיכו אית לן מהימנות' שלימתא בהאי עלמא וכל בני עלמא משתעו רזא דמהימנותא דקב"ה באינון דרגין כאלו אתגליין ולא הוו טמירין וגניזין פי' כי הנשמות ומלאכים דבי"ע נתהוו יש מאין מבחי' אותיו' הדבור העליון כנודע ויש שהן מאותיות דמחשבה העליונה והוא בחינ' עלמא דאתכסיא וב' אותיות הללו מקבלים מבחינ' הב' החיצוני הנ"ל הנקרא קלא דמשתמע בדבור שהוא בחי' יחוד יעקב ורחל בו' יומי דחול בהיכל ק"ק דבריאה כו' ומשם מקבלים השפע נשמות ומלאכים דבי"ע וא"כ לעולם לא הי' ביכולת שום נשמה ומלאך להשיג בע"ס דאצי' עצמן באורו' וכלים כו' אלא רק מבחינת אותיות מחשבה ודבור ולא למעלה מהן כלל ולמה אנו מוצאים דנשמות מדברים באורות דאצילות גם בפרצופי העליונים דע"י וא"א ואו"א אע"ג דאינון טמירין עילאין כו' פי' טמירין ונעלמים גם מבחינת זו"נ הנ"ל כנ"ל בפירוש אין אמר כו' אלא הענין הוא לפי שבשבת מאיר דוקא מבחינת הארת המוחין דאו"א בז"א בבחי' הדעת השורה בהבל הלב הפנימי שבלב הנק' קלא פנימאה כו' ואזי גם הנשמות ומלאכים דבי"ע הכלולים במ"ל דאצי' שנק' רחל בהיותה מתייחדת בישראל מקבלים גם הם קצת מאותה הארה דאבא ואימא הפנימיות שבז"א

בְּכָל הָאָרֶץ יָצָא קַוָּם וּבִקְצֵה תֵבֵל מִלֵּיהֶם

ואע"פ שלא יקבלו מבחי' מהות ועצמות האור אבל מ"מ חפס קצהו כמו בדמיון קו בעלמא הנמשך מנילוצי אור השמש כו' נמשך בהם וזהו בכל הארץ יצא קום פירוש קו בעלמא נמשך במדות דאו"א המאירים בז"א גם בכל הארץ שהוא בחינת יסוד דנוקבא הכוללת כל הנבראים ומזה הטעם גם הנשמו' שבזה העולם משתעו ברזא דמהימנות' כאלו אתגליין פי' משתעו היינו שאין משיגים בהשגה רק בבחינת מציאות שלהם בלבד אבל לא שישיגו מהותם ועצמותם מטעם שאינם מקבלים משרשן רק מבחי' אותיות מחשבה ודבור אלא שבשבת יצא קום דאו"א גם עליהם ע"כ יכולים לדבר בהם בבחינת השגת המציאות כאלו אתגליין להם מהותן ובאמת אינם משיגי' במהותם כלל שהרי נקראו טמירין עלאין גם לגבי בחינת זו"נ עצמם כנ"ל וזהו שאמר אע"ג דאינון טמירין עלאין גם מזו"נ אבל מ"מ נגידות ומשיכות דלהון בבחי' הארת קו בעלמא לתתא בבי"ע. ובגין ההוא משיכו אית לון מהימנותא שלימתא פירוש השגה שלימה בכל הע"ס דאצי' שנק' מהימנותא כידוע וכל בני עלמא משתעו כנ"ל אבל מ"מ זהו דוקא מקבלי' בשבת ומאותה הארה דשבת יכולים להשיג ולדבר כל ששת יומין דחול כמ"ש בפע"ח דבשבת נמשך מוחין פנימאין לאדם לכל ו' יומין דחול כנ"ל וד"ל :

ובקצה תבל מליהם מרישא דעלמא עד סייפי דעלמא משתעאן אינון חכימי לבא באנון דרגין גניזין אע"ג דלא אתיידעו. פי' מדקדק במ"ש ובקצה תבל שיש בזה ב' קצוות תחלה וסוף כו' א' קצה הראשון והב' קצה השני והנה עולם האצילות נקרא תבל לגבי עולם הבריאה ועולם הבריאה נקרא תבל לגבי עולם האצילו' וא"כ לפי פשט הכתוב דקאי על קום שאמר בריש' פי' ובקצה תבל דבריאה מליהם היינו מליהם דאותן הארות המוחין העליונים מגעת ופי' מליהם לשון מילוי והיינו בבחינת ההעלם כידוע בפירוש ענין המילואים במ"א. אך הזהר יפרש דקאי על בני עלמא שיכולין לדבר בע"ם גם בקצה תבל דהיינו גם בסוף עולם האצי' ומה שנקרא אצל בני עולם הבי"ע סוף באצילות היינו בחי' כתר דאצילות כי מלמטה למעלה המ"ל כתר והכתר מ"ל כי נעוץ סופן בתחלתן כו' כידוע וזהו שאמרו מריש' דעלמא שהוא בחי' כתר שבמ"ל עד סייפי עלמא שהוא מ"ל שבכתר כי נעוץ סופן בתחלתן כו' משתעי חכימי לבא ליחד יחודים בימות החול וכ"ז מפני שבשבת קבלו ההאר'

מהמוחין

מִלֵּיהֶם לַשֶּׁמֶשׁ שָׂם אֹהֶל בָּהֶם: וְהוּא כְּחָתָן יֹצֵא מֵחֻפָּתוֹ יָשִׂישׂ כְּגִבּוֹר לָרוּץ אֹרַח:

מקצה

מתוחין דאבא ואימא ע"י שילא קוס גם בכל הארץ דבי"ע כנ"ל וד"ל :

לשמש שם אהל בהם · פי' בזהר שם וז"ל · אבל בתה אשתמודען בגין דלשמש שם אהל בהם בגין שמשא קדישא דאיהו משכנא תאיכון דרגין עלאין קדישין ואיהו נהורא דנטל כל אינון נהורין גניזין כו' ובגיני' אתחזי מהימנותא בכל עלמא מאן דנטיל לשמשא כמאן דנטיל לכולהו דרגין בגין דשמש' איהו אהל דאתכליל בהון ונטיל כולא ע"כ · הנה פירש אשתמודען היינו השגת מהותם ולא השגת מציאותם בלבד וזהו שאמר בסמוך ובגיני' אתחזי מהימנותא אתחזי ממש כו' ואמר דבגין שמשא קדישא כו' דהנה פירש שמשא היינו בחינת יסוד אבא שמלובש ביסוד ז"א ובחינת יסוד הוא הכולל בעצמו כל ההשפעות שעתיד להשפיע עד"מ שאנו רואים שמטבע הטוב להטיב לזולתו ולהשפיע כל מיני שפע כו' הרי כולל בעצמו כל מיני השפע לזולתו דוקא וז"ש אמרו לצדיק כי טוב שבחי' לדיק נק' יסוד כידוע נקרא טוב כמו כן כתיב טוב ה' לכל וע"כ נמשל לשמשא שהאור נקרא טוב כמ"ש וירא אלהים את האור כי טוב להיות מאיר לזולתו כו' כמ"ש במ"א וז"ש שמשא קדישא שהוא בחי' יסוד ז"א דאיהו משכנא תאינון דרגין עילאין כו' כלומר שכל האורות עליונים יורדים ונכללים ונמשכים ביסוד והיינו ואיהו נטל כל נהורין כו' לפי שבחי' יסוד הוא המביא אורם לידי השפעה בגילוי לזולתו והיינו לבחי' מ"ל דאצילות כמ"ש בסמוך בז"א הנותן ביס דרך דהיינו לבחינת מ"ל שנקרא יס שם בא דרך השפע מיסוד שנקרא שמשא שזהו פירוש לרוץ אורח כמ"ש בסמוך · והנה להיות כי שרש יסוד ז"א מקבל מיסוד אבא כמשל טפה הנמשכת ממוח האב שהוא בחינת המשכה עצמית מעצמיות האב משא"כ שפע הנמשכת משכל לדבור שהוא שפע חיצוניות כו' ע"כ זהו שאמר לשמש שם אהל בהם משום דבבחי' יסוד ז"א שנק' שמשא קדישא שם משכן גם אורות המקיפים דאו"א שנק' אהל ע"כ שם אשתמודען ממש משום דאיהו אהל דאתכליל בהון כלומר הטעם שנק' אהל היינו לפי ששם שורין המקיפים כולם והתכליל איהו בהון מטעם הנ"ל דכל אורות נמשכים ליסוד כמו עד"מ שמטבע הטוב להטיב כו' אך בחי' יסוד אבא אשר הוא מלובש ביסוד ז"א להיותו בא מבחי' עצמיות ע"כ נמשכים כל המקיפים לשם ונעשה בחינת אהל מהם בשמשא דוקא אבל בכל הארץ שתחת השמשא אינו מאיר רק בחינת קוס בלבד וכמ"ש אין כל חדש תחת השמש תחת השמש דוקא וד"ל :

והוא כחתן יוצא מחופתו · פי' בזהר וז"ל · ואיהו נהיר בכל אינון גווני נהורין לתתא וע"ד והוא כחתן יוצא מחופתו בנהירו ונצילו דכל נהורין גניזין דכולהו בתאובתא ורעותא שלים יהבי ליה רעותייהו ונהירו דלהון כמה דלחתן אית רעו ותיאובתא דכלה למיהב לה נבזבזין כו' מאן חופתו דא עדן ורזא ד.ז ונהר יוצא מעדן ועדן דא איהו חופה דחפיא על כלא פי' ואיהו היינו בחי' יסוד אבא שמלובש ביסוד ז"א שנקרא שמשא והוא כחתן יוצא כו' להאיר לכל בנין קומת המלכות שנק' גווני נהירין דלתתא כידוע אחר ששם אהל בהם דהיינו כל המקיפים בעצמותו אח"כ יוצא מחופתו להאיר לכלה גם כן מאותן האורות כו' וזהו שאמר יוצא מחופתו שהוא מקיף הכללי דאבא כמ"ש בסמוך דעדן נקר' חופה בנהירו ונצילו דכל נהורין גניזין הן בחי' המקיפי' כו' ומ"ש דכולהו בתאובת' ורעותא שלים יהבי לי' רעותייהו פירוש רעותייהו היינו בחי' המקיפים שנק' רצון כמ"ש כלנה רצון תעטרנו והן בחינת הכתרים של כל הע"ס דאצילות וזהו שאמר רעותייהו ונהירו דלהון כו' ומ"ש בתאובת' ורעותא שלים כמו החתן אית ליה רעו כו' היינו לפי שמטבע הטוב להטיב כנ"ל וכל השפעה ניתנה בתענוג ורצון אך זאת ההשפעה להיותה בהם מבחי' העצמות כנ"ל ע"כ הוא ברעותא שלים כמשל חתן לכלה שמפני היחוד היותו בבחינ' פנימיות ע"כ בתאובתא וברעותא יהיב לכלה מתנן ונבזבזין שהן קישוטי הכלה בחי' מקיפים כנ"ל וד"ל :

ישיש כגבור לרוץ אורח כו' ישיש מסטרא דאור קדמאה דלא אשתכח בי' דינא כלל כגבור מסטרא דגבורה ואע"ג דגבורה איהו דינא שלים כגבור כתיב ולא גבור בגין דאמתיק דינא בחסד ונטיל כולא כחדא בתאובתא ורעותא שלים וע"ד לרוץ אורח כד"א הנותן בים דרך · פי' מסטרא דאור קדמאה היינו אור אבא מסטרא דגבורה היינו אור אימא כו' והענין הוא שיסוד ז"א מקבל מחסדים דאבא ומגבורות דאימא אך הנה בחינת גבורות דאימא נמתקים בחסדים דאבא ונעשים גבורות ממותקות כידוע ע"כ אמר ישיש כגבור ולא גבור בגין דאמתיק דינא בחסד ונטיל כולא ברעותא שלים כו' · וביאור הדברים ידוע דאור אבא כולו בחסדים כמאמר אבינו אב הרחמן כו' והלובן מן האב כו' וגבורות דאימא היינו כמו האודם שמן האם כו' וע"כ בינה מינה דינין מתערין כו' וכמ"ש במ"א והנה בחי' ז"א כלול משניהם מחסדים דאבא וגבורות דאימא כידוע וע"כ בבחינת יסוד ז"א ג"כ כלול מחסדים ומגבורות וע"כ אמר עליה ישיש כגבור ישיש מסטרא דאור קדמאה דהיינו חסדים דאבא שהוא ענין התענוג שיש במשפיע להשפיע שהוא מסטרא דחסד כו' וכגבור היינו בחי' גבורות רשפי אש שבאין מבחי' הדינין שיש ביסוד אבל לא דין ממש אלא שהוא שופע בבחינת הגבורות

כענין

כענין גבורות גשמים שיורדין בגבורה והיינו לרוץ אורח דהיינו שיורדת השפע במהירות גדולה לנוק' והוא שנקרא גבורות ממותקות והיינו שאמר דאמתיק דינא בחסד כי גבורו' שביסוד ממותקות הן בחסדים שהרי אינם הלא לעמוד לנגד דבר המונע ההשפעה כו' כמבואר בת"א על מאמר כד אריה ואריותא קיימין ויי' לאן דעבר בינייהו למנוע השפע כו' וגבורות הללו המה סיבת המרוצה של השפע שזהו חמימות וענין התאווה למטה ואם לא הגבורות הללו לא היה יורה כחץ וכידוע שנקרא יסוד קשת המורה חצים וכל שאינו מורה כחץ אינו מוליד וא"כ הגבורות הללו עיקר סיבת המוליד וגופה של ההשפעה הוא מסטרא דחסד כנ"ל וכמנא דיסוד הוא דאמתיק דינא בחסד ונטיל כלא ברעותא שלים· וזהו פי' ישיש בחדוה ותענוג שמטבע הטוב להטיב כגבור בגבורות הנ"ל הממותקות בחסדים כדי לרוץ אורח בת"ל כד"א הנותן בים דרך כי המ"ל נק' ים וכמ"ש כל הנחלים הולכים אל הים והדרך בים היינו כמ"ש דרך גבר בעלמה שרשפי אש של המשפיע במקבל נק' דרך וגם כאן הנותן בים דרך כמו ענין כניסת אור ושפע של המשפיע שהוא בחי' ז"א שנקרא גבר כו' בת"ל דאני' שנק' עלמה כך הוא גם כן הנותן בים דרך כו' וד"ל · ועל דא לרוץ אורח כד"א הנותן בים דרך לאשקאה ולאשלמא נהירו דסיהרא בכל סטרין ולמפתח בה ארח לאנהרא לתתא פירוש בא לדקדק עוד במ"ש לרוץ אורח דלפי הנ"ל אורח זה קאי על שפע דיסוד ז"א אך הנה יש סתירה לזה כי ארח בכל מקום הוא בבחינת הנוק' דוקא כידוע ההפרש בין דרך לארח שהדרך בדכורא וארח בנוקבא וכמ"ש בזהר בת"א ולזה הוצרך לפרש פירוש לרוץ אורח באופן אחר דארח זה לא קאי על בחינת יסוד דדכורא וכמ"ש הנותן בים דרך שהרי כאן לא אמר דרך אלא אורח אלא הכוונה בארח זה למפתח בנוק' אורח כדי לאנהר' לתתא ועכ"ז יתפרש לרוץ אורח על בחי' יסוד דז"א · וכדי להבין זה הנה הקדים תחילה במאמרו זה לאשקאה ולאשלמא נהירו דסיהרא בכל סטרין כו' וביאור זה הנה תחלה יש להקדים בפי' הנותן בים דרך שאין הפי' בחינת שפע יסוד ז"א כנ"ל אלא דרך זה בנוקבא הוא וכמ"ש הנותן בים דרך בתוך הים דוקא יש דרך ולא אל הים ולא יקשה מהיכן דרך בים מאחר שהוא בחי' נוקבא לזה אמר הנותן שבחי' ז"א הוא הנותן הדרך הזה בנוק' והיינו כי מה שמ"ל דאצי' מאיר בבי"ע נק' דרך כמו עד"מ הדרך שבה הולכין מעיר לעיר ולמעלה הוא ענין הולכת השפע מלמעלה למטה ממ"ל דאצילות בבי"ע ומי הוא הגורם שיהיה דרך היינו הארה זאת ממ"ל בבי"ע לזה אמר הנותן בים דרך שבחי' ז"א הוא הנותן דרך זה וכמשי"ת בסמוך· אך הנה לכאורה לפ"ז מאחר שהביא דמיון מפסוק זה דהנותן כו' למ"ש לרוץ אורח א"כ גם ארח זה בנוק' ומהו ההפרש שבין ארח לדרך מאחר ששניהם בנוק' והנותנם הוא בחי' דכר כמ"ש הנותן ולרוץ· אך הענין הוא דעיקר ההפרש אשר בין דרך לארח מבואר הוא בזהר בת"א והיינו כפי הפשוט דהדרך הוא דרך הכבושה לכל עובר לפי שעוברין בה הכל כמו הדרך מעיר לעיר והארח הוא השביל שאינם עוברים בו הכל כי אינה כבושה עדיין אלא הולכים בה לפרקים ועתים רחוקים והרי זה כמו האורח ממש שבא לעתים רחוקים כו' וגם כאן יש הפרש בין דרך לארח והכל בנוק' דז"א עצמה וב' ענינים הן הא' הנותן בים דרך שהיא כבושה כו' והב' ארח לפרקים והב' ענינים האלה שבנוק' הוא שיש הפרש ג"כ בין דרך שהוא בבחינת דכורא שבנוק' ובין ארח שהוא בבחינת הנוק' בלבד וד"ל : ושרש הדברי' הללו כי הנה מבואר בע"ח במאמר דהמ"ל לית לה מגרמה כלום דה' ספירות הראשונים שבמ"ל תמיד מאירי' מאורות דז"א אבל ה' ספירות האחרונים שבה לפעמים מאירים ולפעמים אינם מאירין כו' ע"ש · וביאור הענין הוא דהמ"ל נק' סיהרא וז"א נק' שמשא כידוע וכאשר אמר דהמ"ל שהיא סיהרא לית לה מגרמה כלום הענין הוא ממש עד"מ השמש עם הלבנה הגשמים דהנה מבואר בספר נחמד ונעים בענין הילוך השמש והלבנה שהלבנה בעצמה ומהותה איננה אור מאירה כלל אלא כמו שהיא לפעמים אדומה בלקוי הלבנה שאור זה אינו מאיר כלל והוא אורה העצמי ומה שהלבנה מאיר ומבהיק זיו ואור למטה היינו רק מחמת שקיבלה בעצמה את אור השמש העומד למולה ממש כידוע בסדר מהלכם וסיבובם ואור השמש שקיבלה הוא שמאיר ומבהיק והיינו פירוש הפשוט דסיהרא לית לה מגרמה כלום אלא רק מה שמקבלת מהשמש שמאיר למטה כו' · אך הנה מבואר עוד שם דמה שלפעמים חציה של הלבנה אינה מאירה כלל אלא רק חציה האחת בלבד מאירה כידוע הנה זה החצי המאיר בה הוא חצי חלק העליון שבה דוקא העומד לנגד השמש ומקבל שם אור השמש ע"כ מאיר שם אבל חצי החלק התחתון שבה שאין אור השמש מגיע בה כלל לא מאיר אור משם מאומה למטה וידוע שהלבנה כדורי' בעיגול וחצי העליון שבה עומד לנגד השמש וחצי התחתון שבה הוא העומד לנגד חלל העולם וע"כ בסוף החדש מחשך אור' בחלל העולם לגמרי כי אור הצד העליון שבה שעומד לנגד השמש אינו מגיע לנו כלל כי אין מגיע לנו אור מאומה כלל רק מחצי התחתון שבה והוא חשוך מטעם שאין שם אור השמש

השמש עד שבתחלת החדש יתחיל אור השמש להגיע גם באותו חלק התחתון מעט אזי תאיר כנקודה בעלמא והוא תולד הלבנה כידוע עד שאמצע החדש תתמלא אור בכל חלק חצי התחתון ונקרא מילוי הלבנה כידוע לכל וכמבואר הכל בס' הנ"ל במופתים חזקים (אף ע"פ שיש חולקים ע"ז שם ואומרים בהיפך שחלק התחתון יאיר מפני שאין עומד לנגד השמש אבל חלק העליון שעומד לנגד השמש אינו מאיר מפני שמתבטל מהארת השמש כו' העיקר הוא כנ"ל לפי שהוא האמת ע"פ הקבלה) וכיוצא בזה יובן למשכיל למעלה בבחינת מ"ל דאצילות שנק' סיהרא דלית לה מגרמה כלום אלא מה שמקבלת מז"א שנקרא שמשא ואמנם המ"ל כלולה מע"ס וחלק העליון שבה היינו ה' ספי' הראשונים שבה שמקבלים ההארה תמיד מז"א שנק' שמשא ע"כ מאירים תמיד אבל ה' ספי' אחרונים שבה אינם מאירים כי אינם עומדים לנגד השמשא שהוא ז"א והיינו בחי' חלק התחתון שבמ"ל שאינם מאירים רק לפרקים כו' · והענין הוא כי בחינ' מ"ל דאצי' הוא מ"ש מלכותך מלכות כל עולמים שהוא הנקר' כח הפועל בנפעל כידוע והוא רק בחי' כח ואור התפשטות בעלמא ואין לו קיום ומעמד בכלל כ"א מה שיקבל משם שהוא בחי' ו"ק דאצילות וכמ"ש כי שמש ומגן הוי"ה אלקים כו' ואלקים זה היינו בחי' מ"ל דנק' סיהרא כידוע והנה לזה אמר דמ"ל לית לה מגרמה כלום כו' אך זהו דוקא בה' ספי' הראשונים שבה שקרובים אל אור ז"א דאצי' לקבל תמיד כמ"ש אלקים אל דמי לך כו' ואמר בזהר דהאלהים היינו בחינת מ"ל דקארי תדיר לנהורא עלאה שהוא ז"א ולא שכיך לעלמין וכמ"ש למען יזמרך כבוד ולא ידום כו' לפי שהמ"ל בחינת נוק' וכתיב בה ואל אישך תשוקתך כמו עד"מ שהלבנה מקבלת מהשמש כו' כי אין למקבל קיום כלל מצד עצמו ע"כ תמיד אל המשפיע תשוקתו לקבל ועולה ונכלל הוא במשפיע תמיד כו' וע"כ מאיר המקבל גם הוא מהארת המשפיע שופע בו תמיד כו' כדמיון חצי העליון שבהלבנה שמאיר תמיד בלי שינוי כו' אך ה"ס האחרונים היינו מה שהמלכות מתפשטת למטה בבי"ע להיות ראש לשועלי' להחיות רוח שפלים יש מאין כו' הרי הוא כדמיון חלק התחתון שבלבנה שאינה עומדת לנגד השמש אלא לגבי החלל של עולם שאין אור השמש מגיע שם וע"כ הוא חשוך משום דסיהרא לית לה מגרמה כלום אלא מה שמקבלת משמשא כו' כנ"ל וע"כ גם למעלה בחי' חצי התחתון שבמ"ל שמתפשטת בבי"ע הוא חשוך כלומר שבא בבחינת צמצום והעלם גדול להיותו מאיר שם בבחינת אחורים ג"כ כמו מאן דשדי בתר כתפיה כו' דגם שמחיה כל העולמות אבל חיות ושפע זה בא לשם מבחי' מ"ל בבחי' אחורים בצמצומים גדולים מאד וזהו דרך כלל ענין פגימת הלבנה בסוף החדש כמ"ש להירח לכי ומעטי עצמך כו' אבל באמצע החודש הוא מילוי הלבנה למטה דהיינו מ"ש בזהר דקיימא סיהרא באשלמותא· הענין הוא שגם חלק התחתון שבה מאיר מאור השמש ואזי כל הי"ס דמ"ל למעלה מאירים מאור השמש שהוא בחינת ז"א וגם ההשפעה שמשפעת המ"ל לבי"ע באה בבחי' פנימית ולא בבחינת אחורים בלבד והיינו דקיימא סיהרא באשלמותא למעלה וד"ל · ובכל זה מובן גם כאן ההפרש שבין דרך לארח והכל בנוק' והנותנם הוא בחי' ז"א דווקא · כי הנה פי' דרך הוא בחי' ה"ס הראשונות שבמ"ל שמאירים תמיד ונק' דרך כבושה כי תמיד נכבשה מאור המשפיע הנקרא שמש והיינו הנותן בים דרך דווקא שהוא בחינ' מ"ל ודרך זה הוא הארת חצי העליון שבמ"ל שהן ה"ס הראשונים ואשר נשפע מהם אור למטה כמו בנשמות ומלאכים שנהנין מזיו כו' הוא בחינת פנימית המ"ל אבל ארח היינו בחינת חצי התחתון שבה שהן ה"ס האחרונים שלפעמי' אינם מאירות כלל כנ"ל אלא לפרקים ועתים רחוקים כמו באמצע החדש למטה וכמו מועדים ורגלים בזמן הבית דקיימא סיהרא באשלמותא כו' זהו ארח והוא לנוקבא בלבד כי ה"ס האחרונים שבה הוא עיקר ההשפעה שבאה מבחינת מ"ל בבי"ע דהיינו לנשמות ומלאכים שבחיצוניות העולמות שיקבלו גם הם מבחי' הפנימית ולא מבחי' אחוריי' בלבד כו' אבל סיבת ארח זה הוא ג"כ מז"א שנק' שמשא כשמאיר בכל עיגול כדור הלבנה כו' והיינו לרוץ אורח ונותן בים דרך שהדרך והארח שניהם הוא הנותן כאחד אלא שבנוקבא מתחלקים לשני מדריגות דרך הוא ה"ס הראשונות וארח הוא ה"ס האחרונות · ובזה נבואר לשון זה המאמר ועל דא לרוץ ארח כד"א הנותן בים דרך כלומר ששרשם ענין אחד דהיינו מהארת ז"א בלבד אבל דרך זה הוא לאשקאה לרוות צמאון פנימיות התשוקה כמ"ש ואל אישך תשוקתך כו' והארח הוא דוקא לאשלמא נהירו דסיהרא בכל סטרין פי' גם בה"ס האחרונות שבה כנ"ל ואזי יש לפתחא בה ארח לאנהרא לתתא כלומר גם לחיצוניו' העולמות שיקבלו גם הם מבחי' הפנימי' כנ"ל וזהו לאנהרא לתתא כמ"ש למעלה גוונין נהירין דלתתא כו' ואמנם אין זה אלא לפעמים רחוקים וכמ"ש נשמו ומסילות שבת עובר ארח כו' וארח זה אשר נפתח בנוק' הוא מסיבת התוקף של השפעת ז"א בבחי' גבורות כמ"ש למעלה בפי' לרוץ ארח שע"י תיקון המרוצה יאיר אור ז"א בכל קומת בנין המ"ל והיינו שמסיים ולמפתח בה ארח כמו שאמר על מ"ש לרוץ ארח בתחלת המאמר ואיהו נהיר כל גוונין נהירין דלתתא כו' וד"ל:

מקצה

מִקְצֵה הַשָּׁמַיִם מוֹצָאוֹ וּתְקוּפָתוֹ עַל קְצוֹתָם וְאֵין נִסְתָּר מֵחַמָּתוֹ: תּוֹרַת יְהוָה תְּמִימָה מְשִׁיבַת נָפֶשׁ

עדות

מקצה השמים מוצאו · פי' בזהר שם וז"ל · מקצה השמים מסייפי אלין שמים עלאין דקאתרן איהו נפיק בגין דבסופא דגופא איהו נפיק כו' ודא הוא דכתיב ולמקצה השמים ועד קצה השמים קצה השנים דא עלמא עלאה ולמקצה השמים דא (מלכא ד) שלמא דיליה כמה דהאי נטיל כל נהורין וכולהו ביה אוף הכי האי נטיל כל נהורין וכולהו ביה · פי' סייפי שמים עלאין היינו בחינת יסוד אימא וזהו פירוש קצה השמים דהיינו נה"י דבינה ופי' הפסוק הוא שמדבר בשרש יציאת שרש המוחין דאבא לז"א שנקרא שמשא ואמר שמקצה השמים מוצאו מבחי' נה"י דאימא דבסופא דגופא נפק כמשל הבן הנולד מרחם אמו כו' והוא ענין בקיעת יסוד אימא דכשנבקע יסוד אימא אזי יוצא אור אבא לידי גילוי בז"א משא"כ כשלא נבקע עדיין החסדים דאבא סתומים ונעלמים ביסוד אימא· וביאור ענין בקיעה זאת ידוע שהוא עד"מ כשאדם טרוד במוחו בהתקשרו' המושכל בעומק עד שמוחו ממולא מן העומק של אותו המושכל זהו הנק' יסוד אימא פירוש התקשרות במושכל לקלוט אותו בתוך מוח הבינה וההשגה וכאשר עומק המושג גובר על כלי הקליטה עד שלא יכילנו ויסבלנו כענין לאו כל מוחא סביל דא אזי נקרא בקיעת יסוד אימא עד"מ שנבקע החבית המלאה כאשר לא תכיל מה שבתוכה כו' והסימן לבקיעה זו הוא כאשר נגלה ממנו איזה תנועה בהתפעלות בלב או בדבור לפי שאין ביכולת המוח להכיל יוצא חוץ להוליד התפעלו' בלב או לחשוב ולדבר דברים כו' משא"כ כשהמוח יכילנו אדרבה ישתוק ויטרד במוחו בלי ידבר שום דבור להשיב לשואלו דבר כו' וכיוצא בזה יובן ענין יציאת שרש המוחין למדות למעלה שהוא דוקא לאחר שנבקע בחי' יסוד אימא לעולם ריבוי המוחין שאז יוצא ובוקע האור ללב שנק' ז"א ומשם לדיבור שנקרא מ"ל והוא החכמה החדשה המתגלה בדיבור מתילא גם שלא ברצונו שלא לחשוב מקודם כי ע"י בקיעת יסוד אימא יוצא אור אבא ומאיר בדיבור כו' משא"כ כשלא יבקע לא יש התחדשות כלל בדיבור משום שאור אבא סתום ונעלם בכל מוח הבינה כו' וד"ל · וזהו מקצה השמים דא סייפי שמים עילאין וכמ"ש ולמקצה השמים כו' פי' קצה השמים דא עלמא עלאה היינו בחי' יסוד בינה ולמקצה השמים דא מלכא כו' הוא יסוד ז"א וכונה דהאי יסוד נטיל כל אורות דז"א כך האי יסוד דאימא נטיל כל אורות דאו"א כו' וד"ל :

ותקופתו על קצותם · דסחרא בכל אינון סטרין קדישין דאתחזין לאתנהרא ולאתשקאה לנגגא מיניה · פי' יסוד דז"א שנקרא שמשא נפיק בסופא דגופא דאימא ככ"ל אבל מקיף הוא לכל הו"ק דז"א כי להיות שמלובש בו הארת יסוד אבא ככ"ל ע"כ מאיר הוא לכל ו"ק דז"א מזרח ומערב כו' וזהו ותקופתו על קצותם כו' וד"ל · ומה שאמר לאתנהרא ולאתשקאה ולנגגא מיניה ג' אלה המדריגות שיש בכל ספי' חב"ד חג"ת נה"י שבכלים מתהווים מזה גם כן מיני כלים פנימית ואמצעית וחיצונית וסימנם אתה סתר לי אותיות סוף תוך ראש כמ"ש בע"ח ועל ידי ריבוי האורות והמוחין נתהווים ריבוי הכלים כידוע ע"כ אמר ג' אלה לאתנהרא בחב"ד ולאתשקאה בחג"ת ולנגגא מיניה בבחי' נה"י כו' וד"ל :

ואין נסתר מחמתו · לית מאן דמתחפיא מההוא נהירו דהא לכולהו אנהיר בכללא חדא לכל חד וחד כמה דאתחזי ליה פי' כמו לעתיד שהקב"ה מוציא חמה מנרתקה שהוא שם אלקים המצמצם שהוא מגן ונרתק להסתיר שם הוי' דשמש כו' והו אין נסתר מחמתו משום דמאיר לכללות כל ההשתלשלות בהשואה אחת בלי חילוק מדריגות שההסתר הוא בא ע"י צמצומים כו' אך מ"מ לכל חד כמה דאתחזי ליה אבל לא מחמת צמצום והסתר כו' וד"ל · וכדין תורת ה' תמימה משיבת נפש פי' אורייתא מחכמה דאבא עילאה נפקת ויש בה ג"כ שפה מדות כשר פסול טמא טהור כו' וכאשר ז"א דאצילות מקבל מוחין דאו"א עצמם כמו בשבת ככ"ל אזי נקרא תורת הוי"ה דז"א תמימה במוחין שלימים בטעמים כמו מאי טעמא דר' פלוני כו' ואזי היא משיבת נפש שע"י נמשך נשמה יתירה לאדם כי ענין נשמה יתירה שבא בשבת היינו כמ"ש כי בו שבת ויכפש שהוא ענין הארת מוחין דאו"א עצמם בז"א ככ"ל וד"ל :

תורת הוי' תמימה משיבת נפש · עדות הוי"ה נאמנה כו' · פי' בזהר שם וז"ל וכד כולהו אשתלימו ואתנהירו מגו שמשא כדין סיהרא מתעטרא בגוונא דאימא עילאה שלימא בכ' תרעין ידא איהו דכתיב תורת הוי"ה תמימה כו' תמימה מכל סטרין ברזא דחמש דרגין כגוונא דאימא עלאה דאינון כו' דחמשין ובגין כך איהו אתיא בחמש בחמש מיבין כו' תורת הוי"ה תמימה משיבת נפש הא חמש עדות הוי"ה נאמנה מחכימת פתי הא חמש פקודי ה' כו' הא חמש מצות ה' כו' הא חמש יראת הוי' טהורה כו' הא חמש משפטי ה' כו' הא חמש כו' הויה הויה שית זימנין לקבל שית סטרין עלאין דאינון רזא דשמא עילאה פי' כי בחי' ה' חסדים דאימא כלולים כל אחד מי' הן הן הנ' שערים דבינה כידוע משא"כ בחכמה הוא רק ל"ב נתיבות

נלעד

עֵדוּת יְהוָה נֶאֱמָנָה מַחְכִּימַת פֶּתִי: פִּקּוּדֵי יְהוָה יְשָׁרִים מְשַׂמְּחֵי לֵב מִצְוַת יְהוָה בָּרָה מְאִירַת עֵינָיִם: יִרְאַת יְהוָה טְהוֹרָה עוֹמֶדֶת לָעַד מִשְׁפְּטֵי יְהוָה אֱמֶת צָדְקוּ יַחְדָּו: הַנֶּחֱמָדִים מִזָּהָב וּמִפַּז רָב וּמְתוּקִים מִדְּבַשׁ וְנֹפֶת צוּפִים: גַּם עַבְדְּךָ נִזְהָר בָּהֶם בְּשָׁמְרָם עֵקֶב רָב: שְׁגִיאוֹת מִי יָבִין מִנִּסְתָּרוֹת נַקֵּנִי: גַּם מִזֵּדִים חֲשֹׂךְ עַבְדֶּךָ אַל יִמְשְׁלוּ בִי אז

בלבד לפי שהחכמה הוא כח מ"ה בבחינת ההעלם בלבד ובחי' ההעלם אינו מתחלק רק לל"ב נתיבות בלבד אבל בחי' בינה הוא בחי' השגה נגלית מתחלקת לנ' שערים כו' וכמ"ש בת"א והנה בחי' יסוד ז"א מקבל ה' חסדים דאימא כידוע ועל כל הנ' שערים דבינה נמשכים ביסוד ז"א וכללות ה"ח יש ביסוד ומיסוד ז"א נתשבצמ"ל דהאי' כל אלה הנ' שערי' הכלולים בה"ח שביסוד כידוע וע"כ אמר כאן וכד כולהו אשתלימו ואתנהירו מגו משחא שהוא יסוד אבא אשר בתוך יסוד ז"א כנ"ל כדין מתעטרין בגוונא דאימא עילאה שלימא בנ' תרעין פירוש שמקבלת המלכות כל השלימות אור דבינה בנ' תרעין מה"ח שביסוד ז"א הנק' משחא ואזי נאמר כאמה בתה שהמ"ל הנק' בת דומה לאם הבנים דאצילות ממש שנקרא אימא עילאה בשלימותא דנ' שערים אלה שהנ' שערים שבמ"ל הוא בא בבחי' גילוי ליש ודבר מה עד"מ הדיבור שמגלה מצפון השכל ובשכל הדבר סתום עדיין כו' וזהו שמבואר בזהר ע"פ שאו שערים ראשיכם כו' דאית תרעין עלאין דבינה ותרעין תתאין דמ"ל שנאמר בהם פתחו שערים ויבא גוי צדיק כו' וד"ל · ודא איהו תורת ה' תמימה כו' פי' ה' תיבין הללו היינו ה"ח דבינה שכוללים נ"ב כנ"ל וכשבאין לבחי' מ"ל נק' תורת ה' תמימה כלומר שלימא מכל סטרין ברזא דה' דרגין דבינה דאינון חמשין תרעין דהנה ארז"ל במשה שזכה לבינה ואף עפ"כ נחסר לו מנ"ב שער החמשים וז"ש ותחסרהו מעט מאלהים כו' כידוע משום שמשה הוא בחי' יסוד אבא שמלובש ביסוד אימא עדיין אבל כשנבקע יסוד אימא מתגלין כל הנ' שערי בינה בשלימות וזהו שכתוב תורת ה' תמימה שלימא כו' אחר שאמר תקנה השמים מוצאו ותקופתו על קצותם דהיינו לאחר שנבקע יסוד אימא דוקא שאז בחינת יסוד אבא מאיר בכל ו"ק דז"א וזהו ותקופתו על קצותם והן שית סטרין עלאין שבשמא עלאה דאבא הנזכר בסוף מאמר זה והיינו שאמר כאן ששה פסוקים הללו של הה' תיבין לפי ששית זמנין הוי"ה שסבר בכל פסוק מששה אלה הוא מבחי' הוי"ה דאור אבא דוקא שמאיר בכל ו"ק דז"א דוקא אחר שנבקע ביסוד אימא ומטעם הנ"ל כמו במשל הדיבור שמגלה החכמה דוקא כאשר לא יוכל כלי השגתו לקלוט כו' וע"כ כל אלה הפסוקים נאמרו על התורה תורת ה' פקודי ה' לפי שמדבר בהוי"ה דאור אבא דוקא וד"ל ודא איהו ביומא דשבת' דכולהו אשתלים כדקא יאות כו' וע"ד ביומא דא אתוסף נהירו בכולא כדקאמרן שמים נטלי מתקור' דחיי בקדמיתא ואינון מנהרי כו' לכבוד כו' מרזא דספר עלא' אבא דכולא ומרזא דספר אימא עילא' ואיהו מרזא דסיפור ובג"כ מספרים כדקאמרן ברזא דג' שמהן אילין דשלטין ביומא דשבתא על כל שאר יומין · פי' ביומא דשבתא מאיר מוחין דאו"א עלמא בז"א והוא שנק' שמים כנ"ל מקבל תחלה מתקורא דחיי שהוא אור אבא כמ"ש כי עמך מקור חיים וחיים הוא בחי' בינה שנק' אלהים חיים ומקור החיים הוא בחינת החכמה שנקרא אינכו' וכידוע ואח"כ משפיע למ"ל שנקרא כבוד אל כנ"ל והיינו שאמרו שמים נהרי להאי כבוד כו' ומה שאמר אתוסף נהירו בכולא היינו הארת מוחין דאו"א עלמא שלמעלה מבחי' מוחין דקטנות דחול וגם למעלה ממוחין דיניקה אלא נמשכים המוחין דאו"א עלמא והוא נק' מוחין דגדלות כנ"ל שנתוסף בחי' חב"ד בכל ספי' וספירה דז"א כו' כידוע והיינו אתוסף נהירו בכולהו וד"ל · ופי' מרזא דספר עילאה אבא כו' מבואר למעלה וסיפור הוא הדעת הכוללם יחד כנ"ל ומה שאמר דבשבת שלטין ג' שמהן אלין דהיינו ג' מוחין הללו חב"ד על כל שאר יומין מפני שמהם נמשכים בחי' מוחין לכל ששת ימי המעשה שאחר השבת וכמ"ש בת"א וד"ל · ובג"כ תושבחתא דא אמר דוד ברוח קדשא על נהירו וגלילו ושולטנא ושלימו דיומא דשבתא על כל שאר יומין פירוש נהירו מוח חכמה גלילו מוח בינה ושולטנו מוח הדעת לפי שמוח הדעת הוא הנקרא שליט כענין האמת' כשגג' היוצא מלפני השליט כו' לפי שהדעת כולל חו"ג והוא מוח השליט על הלב להטותו ממדה למדה כפי הוראות השכל כו' וכמ"ש בת"א וד"ל · בגין רזא דשמא עילאה דקא נהיר בנהירו וגליין בגלילו ואשתלים בשלימו עילא ותתא פי' שמא עילאה הוא אור אבא שכולל ג' מוחין חב"ד והוא המאיר בזו"נ שנק' עילא ותתא דוקא ביום השבת מטעם הנ"ל וע"כ נתוסף חב"ד הללו בכל פרטי הספירה דזו"נ וזהו שאמר בגין רזא כו' וד"ל:

ואתקיט

אָז אֵיתָם וְנִקֵּיתִי מִפֶּשַׁע רָב: יִהְיוּ לְרָצוֹן אִמְרֵי פִי וְהֶגְיוֹן לִבִּי לְפָנֶיךָ יְהוָה צוּרִי וְגֹאֲלִי:

רַנְּנוּ צַדִּיקִים בַּיהוָה לַיְשָׁרִים נָאוָה תְהִלָּה: הוֹדוּ לַיהוָה בְּכִנּוֹר בְּנֵבֶל עָשׂוֹר זַמְּרוּ לוֹ: שִׁירוּ לוֹ שִׁיר חָדָשׁ הֵיטִיבוּ נַגֵּן בִּתְרוּעָה: כִּי יָשָׁר דְּבַר יְהוָה וְכָל מַעֲשֵׂהוּ בֶּאֱמוּנָה: אֹהֵב צְדָקָה וּמִשְׁפָּט חֶסֶד יְהוָה מָלְאָה הָאָרֶץ: בִּדְבַר יְהוָה שָׁמַיִם נַעֲשׂוּ וּבְרוּחַ פִּיו כָּל צְבָאָם: כֹּנֵס כַּנֵּד מֵי הַיָּם נֹתֵן בְּאֹצָרוֹת תְּהוֹמוֹת: יִירְאוּ מֵיְהוָה כָּל הָאָרֶץ מִמֶּנּוּ יָגוּרוּ כָּל יֹשְׁבֵי תֵבֵל: כִּי הוּא אָמַר וַיֶּהִי הוּא צִוָּה וַיַּעֲמֹד: יְהוָה הֵפִיר עֲצַת גּוֹיִם הֵנִיא מַחְשְׁבוֹת עַמִּים: עֲצַת יְהוָה לְעוֹלָם תַּעֲמֹד מַחְשְׁבוֹת לִבּוֹ לְדֹר וָדֹר: אַשְׁרֵי הַגּוֹי אֲשֶׁר יְהוָה אֱלֹהָיו הָעָם בָּחַר לְנַחֲלָה לוֹ: מִשָּׁמַיִם הִבִּיט יְהוָה רָאָה אֶת כָּל בְּנֵי הָאָדָם: מִמְּכוֹן שִׁבְתּוֹ הִשְׁגִּיחַ אֶל כָּל יֹשְׁבֵי הָאָרֶץ: הַיֹּצֵר יַחַד לִבָּם הַמֵּבִין אֶל כָּל מַעֲשֵׂיהֶם: אֵין הַמֶּלֶךְ נוֹשָׁע בְּרָב חָיִל גִּבּוֹר לֹא יִנָּצֵל בְּרָב כֹּחַ: שֶׁקֶר הַסּוּס לִתְשׁוּעָה וּבְרֹב חֵילוֹ לֹא יְמַלֵּט: הִנֵּה עֵין יְהוָה אֶל יְרֵאָיו לַמְיַחֲלִים לְחַסְדּוֹ: לְהַצִּיל מִמָּוֶת נַפְשָׁם וּלְחַיּוֹתָם בָּרָעָב: נַפְשֵׁנוּ חִכְּתָה לַיהוָה עֶזְרֵנוּ וּמָגִנֵּנוּ הוּא: כִּי בוֹ יִשְׂמַח לִבֵּנוּ כִּי בְשֵׁם קָדְשׁוֹ בָטָחְנוּ: יְהִי חַסְדְּךָ יְהוָה עָלֵינוּ כַּאֲשֶׁר יִחַלְנוּ לָךְ:

לְדָוִד בְּשַׁנּוֹתוֹ אֶת טַעְמוֹ לִפְנֵי אֲבִימֶלֶךְ וַיְגָרְשֵׁהוּ וַיֵּלַךְ:

אברכה

ואתקינו אנשי כנסת הגדולה סדור' ושירותא דתושבחתא מענין תושבחתן דדוד ונראה דא השמים דאיהו נטל בריטא ונהיר לכל שאר ולבתר ההוא נהר דנפיק מעדן ודא כו' רננו צדיקים בהוי"ה בגין דהאי נהר כניש ונטיל כלא ושמשא אתתקן לאתנהר' ביומא דא . פי' בא לפרש סדר כל אנשי כנה"ג שסדרו לומר תחילה מזמור דהשמים מספרים ואחריו מזמור דרננו צדיקים בה' ואחריו לדוד בשנותו כו' ואמר משום דהשמים איהו נטיל בריטא דהיינו בחינת מוחין החדשים דאו"א שנמשכים לז"א עצמו כנ"ל והיינו דאיהו נטיל בריטא כו' ואח"כ מזמור דרננו צדיקי' בהוי' כו' צדיקים הללו היינו בחינת צדיק בכללות שהוא בחי' יסוד ז"א בכלל שנקרא שמשא וגם בפרטיות נק' צדיקים לפי שיש בפרט בחי' יסוד בכל ספירה וספירה כו' והיותר נכון בפי' צדיקים שהן יסודות דזו"נ בכלל שנקראו צדיקים צדיק וצדק כידוע כו' וביאור ענינם ידוע שהוא עד"ת בהשפעות שכל לזולתו שאנו רואים שיש אדם שיכול לפרש דברים בהרחבת הדבור מאד ומאד עד שיוכל גם התינוק להבין דבר השכל העמוק לפי שיש בלשונו לשון למודים להרחיב הענין בכמה אופנים שונים כו' וזהו הנק' בחי' יסוד דדכורא עד"ת יסוד גשמי כך כח השפע של השכל שמסביר בהרחבת דבריו הוא ענין כח בליעת השפע להגלות לכל כו' ובחי' יסוד דנוק' הוא בבחינ' שקיעה דוקא והענין הוא מובן בהשפעת עילה ועלול·כמו כאשר מקבל התלמיד השכל שקולט אור השכל במוחו הנה קליט' זו הוא לפ"ע כלי החלל בית קיבול שיש במוחו והיינו כמו מה שאנו רואים שיש תלמיד שיוכל לקלוט הרבה שפע שכל במוחו ולא יתבלבל אלא הדברי' כלל אלא כאו"א על מקומו יבא בלי בלבול ויזכור היטב כל הדברים ולא ישכח מאומה הנהגהו תלמיד שקיבל היטב כל ההשפע' ולא יצא עליו דבר לבטלה כו' והוא כדמיון בחי' יסוד דנוק' שהוא בבחי' חלל לקבל ולקלוט היטב את השפע דדכורא כו' וד"ל . וזהו שאמר לעילא רננו צדיקים צדיק וצדק שהן ב' יסודות יסוד דז"א דדכורא שנק' צדיק כמ"ש אור זרוע לצדיק ח"י עלמין כו' וצדק הוא בחינ' יסוד דנוק' כידוע שניהם ירננו בהוי' שהוא בחינת עצמות ז"א כאשר קיבל המוחין דאו"א בשלימותא כנ"ל שאז הוא הנקרא בשם הוי' סתם וד"ל . וזהו שאמר ולבתר ההוא נהר דנגיד ונפיק כו' ושמשא אתתקן לאתנהרא כו' פירוש יסוד ז"א הוא שנק' נהר דנגיד כו' וגם נק' שמשא ולהיותו ממולא מבחי' מוחין דאו"א שבז"א ע"כ אמר אתתקן לאנהרא כו' וע"כ תיקנו אנשי כנסת הגדולה לומר מזמור זה דרננו צדיקים בהוי"ה כו' אחר מזמור דהשמים מספרים כו' לפי שזהו בסדר ההשתלשלו' בתחלת מוחין דז"א אח"כ ביסודות דזו"נ שנקראו צדיקי' כנ"ל וד"ל:

ולבתר סיהרא דקא מתפרשת מסט"א ביומא דא בגין לאתנהר' מן שמשא ודא איהו לדוד בשנותו את טעמו לפני אבימלך ויגרשהו וילך פי' סיהרא היינו בחי' מ"ל דאצילות כמו שהיא מסתתרת בבי"ע להיות ראש לשועלים כמאמר לכי ומעטי א"ע כו' ולא כמו שהוא בבחי' האצי' שנקר' צדק כנ"ל דהיינו מזמור דרננו צדיקים שקודם לזה המזמור כנ"ל מעתה מדבר בבחי' מ"ל כשמתלבשת בבי"ע כל ימות החול ובשבת דמעלי שבתא יש לה עליה לבחי'

אֲבָרְכָה אֶת יְהֹוָה בְּכָל עֵת תָּמִיד
תְּהִלָּתוֹ בְּפִי: בַּיהֹוָה תִּתְהַלֵּל נַפְשִׁי
יִשְׁמְעוּ עֲנָוִים וְיִשְׂמָחוּ: גַּדְּלוּ לַיהֹוָה
אִתִּי וּנְרוֹמְמָה שְׁמוֹ יַחְדָּו: דָּרַשְׁתִּי
אֶת יְהֹוָה וְעָנָנִי וּמִכָּל מְגוּרוֹתַי
הִצִּילָנִי: הִבִּיטוּ אֵלָיו וְנָהָרוּ וּפְנֵיהֶם
אַל יֶחְפָּרוּ: זֶה עָנִי קָרָא וַיהֹוָה שָׁמֵעַ
וּמִכָּל צָרוֹתָיו הוֹשִׁיעוֹ: חֹנֶה מַלְאַךְ
יְהֹוָה סָבִיב לִירֵאָיו וַיְחַלְּצֵם: טַעֲמוּ
וּרְאוּ כִּי טוֹב יְהֹוָה אַשְׁרֵי הַגֶּבֶר יֶחֱסֶה
בּוֹ: יְראוּ אֶת יְהֹוָה קְדֹשָׁיו כִּי אֵין
מַחְסוֹר לִירֵאָיו: כְּפִירִים רָשׁוּ וְרָעֵבוּ
וְדֹרְשֵׁי יְהֹוָה לֹא יַחְסְרוּ כָל טוֹב:
לְכוּ בָנִים שִׁמְעוּ לִי יִרְאַת יְהֹוָה
אֲלַמֶּדְכֶם: מִי הָאִישׁ הֶחָפֵץ חַיִּים
אֹהֵב יָמִים לִרְאוֹת טוֹב: נְצֹר
לְשׁוֹנְךָ מֵרָע וּשְׂפָתֶיךָ מִדַּבֵּר
מִרְמָה: סוּר מֵרָע וַעֲשֵׂה טוֹב בַּקֵּשׁ
שָׁלוֹם וְרָדְפֵהוּ: עֵינֵי יְהֹוָה אֶל
צַדִּיקִים וְאָזְנָיו אֶל שַׁוְעָתָם: פְּנֵי יְהֹוָה
בְּעֹשֵׂי רָע לְהַכְרִית מֵאֶרֶץ זִכְרָם:
צָעֲקוּ וַיהֹוָה שָׁמֵעַ וּמִכָּל צָרוֹתָם

הצילם

לבחי' האצילות ולהיות כי כתיב בה ומלכותו בכל משלה שמחיה גם הע' שרים דנוגה כמ"ש מלך אלקים על גוים כו' וע"כ בעלותה לבחי' האצילות צריכה להפשיט א"ע מלבושים זרים הללו דנוגה וכמאמר אפשיטת מלבושה' כו' והיינו ענין הפשטת בגדי חול וללבוש בגדי שבת שלבושים דמ"ל ביומין דחול היינו מה שמתלבשת ויורדת עד היכלות דנוגה וצריכה להפשיט אותן בגדי חול כאשר צריכה לעלות באצילו' שמתלבש' בבגדי שבת כידוע והיינו מה שאמר כאן סיהר' דקא מתפרשת מסט"א דנוגה ביומא דא בגין לאתנהרא משמשא שהוא בחינת יסוד ז"א כנ"ל ודא איהו לדוד בשנותו את טעמו כו' פי' לדוד הוא בחינ' מלכות דאצי' כידוע ובכל ימות החול מתלבשת בלבושים דחול היינו בבחינ' הקטנות והצמצומים דאלקים אחרים ופי' בשנותו את טעמו היינו שמשנה ומפשיט בגדי חול ולובש בגדי שבת כנ"ל וד"ל:

אך להבין ביאור הדברים וגם להבין מה שקורא לזה השינוי לבושים בשם טעם כמ"ש בשנותו את טעמו כו' הנה תחילה יש להבין פי' אבימלך דהנה מלך הוא בחי' ז"א דאצי' שנק' מלכא סתם ואבימלך היינו בחינ' אור אבא דאצי' שנקרא אבי של מלך זה כידוע דישראל שהוא ז"א נקר' ברא בוכרא לאו"א כו' וכידוע דכל בחינת אב בחכמה וכמ"ש כי אתה אבינו כו' ודוד שהוא בחינת מ"ל משנה את טעמו לפני בחי' אבימלך זה הענין הוא דבחי' מ"ל משנה בחי' המוחין שנקרא טעמו כמ"ש טוב טעם ודעת למדני וכידוע שהטעמים לפעמים בחכמה כו' לפני אור אבא דאצי' שנקרא אבימלך ויגרשהו וילך אבימלך מגרש את הלבושים דחול שבמ"ל שהוא בחי' הדינים שמסתעפים מצמצומים דשם אלהים דקטנות וכמאמר וכל דינין מתעברין מינה כו' · וביאור הדברים הנה מבשרי אחזה כו' דאנו רואים באדם התחתון שכאשר הדבור שלו מובדל ומופרש יען אור השכל שבמוחו כי מדבר בלא דעת והשכל לכלכל כל דבריו היטב עפ"י השכל הנה זהו נקרא דברים בטלים כמו כאשר ידבר בעניינים קטנים מאד שאינם כדאי כלל שישים עין שכלו עליהם וע"כ מדבר אותם כמו שבא בפיו מבלי ישים לב עליהם איך לדבר וזהו נמצא גם במי שהוא חכם גדול אבל בהיותו מדבר בעניינים גדולים כמו בדברי חכמה או בדומה לה בעניינים היקרים אזי ישים עין שכלו היטב בהדברים שמדבר ויכלכל דבריו בדקדוק גדול ולא יהיה אפי' דיבור א' שלא לצורך מפני שאז מקושר אור השכל שבמוח בדבור היטב ויש עליה לדיבור בשכל ע"כ לא נמצא אז שום דבור לבטלה כו' · והנמשל מכל זה יובן למשכיל למעלה דהנה המ"ל הוא בחי' דבור העליון וכמ"ש בדבר הוי' שמים נעשו כו' ובכל ששת ימי המעשה נמשך בחי' הדבור הזה בי' מאמרות בכלל ובצירופי אותיות רבים מאד בדרך פרט כידוע והנה זהו נקרא בחי' דבור שאין אור המוחין דז"א מאיר בו רק בבחי' הקטנו' מאד בהיות שענין הבריאה יש מאין הוא ואין לה ערך לגבי אור האצילות כידוע וה"ז כמשל הדבור בעניינים קטנים שאינו מדקדק בדבריו ויכול להיות מותרות דברים כו' ומצירופי אותיות הללו שנקר' מותרות

וטבלות

הִצִּילָם: קָרוֹב יְהוָה לְנִשְׁבְּרֵי לֵב וְאֶת דַּכְּאֵי רוּחַ יוֹשִׁיעַ: רַבּוֹת רָעוֹת צַדִּיק וּמִכֻּלָּם יַצִּילֶנּוּ יְהוָה: שֹׁמֵר כָּל עַצְמוֹתָיו אַחַת מֵהֵנָּה לֹא נִשְׁבָּרָה: תְּמוֹתֵת רָשָׁע רָעָה וְשֹׂנְאֵי צַדִּיק יֶאְשָׁמוּ: פּוֹדֶה יְהוָה נֶפֶשׁ עֲבָדָיו וְלֹא יֶאְשְׁמוּ כָּל הַחוֹסִים בּוֹ:

תְּפִלָּה לְמֹשֶׁה אִישׁ הָאֱלֹהִים אֲדֹנָי מָעוֹן אַתָּה הָיִיתָ לָּנוּ בְּדֹר וָדֹר: בְּטֶרֶם הָרִים יֻלָּדוּ וַתְּחוֹלֵל ארץ

ונובלות' דבור העליון משם מקבלים החיצוני' כידוע והיינו מסיבת משום מבחינ' מוחין דקטנות שבעבור זה מתלבשת המ"ל בלבושים זרים ג"כ כו' אבל בשבת יש עליה לדבור העליון באור אבא שבז"א שהוא הנק' מוחין דגדלו' דז"א כידוע · והענין הוא שהמוחין דאבא מקושרין היטיב בדבור ואזי ממילא לא יהיה הדיבור נופל בבחי' מותרות לחיצוני' כו' לפי שנאמ' בשבת ממצוא חפצך ודבר דבר עד"מ שהדבור מדבר בעניני' גדולים כמו בעניני חכמה שכל הדברים המה רק דברים ברורים ונעלמים ע"פ אור השכל שמאיר בהם כנ"ל במשל וע"כ ממילא נפשט הדבור אז מלבושים זרים דנוגה וכמאמר לאו אורחיה דמלכא לאשתעי במילי דהדיוטא שהן הי' מאמרות שנק' מילי דהדיוטא כו' וזהו ממצוא חפצך ודבר דבר · וזהו פי' לדוד בשנותו את טעמו פי' טעמו הן מוחין דקטנות דחול שמפשטת אותם מפני שיש עליה לדיבור לפני אבימלך שהוא בחינת אור אבא שמלובש בז"א כנ"ל שבשבת הוא מאיר בדבור והדבור נתעלה אז כנ"ל ולכך ממילא ויגרשהו וילך שמגרשים את הלבושים דקטנות המוחין הנק' מילי דהדיוטא וכנ"ל במשל ולאחר שמפשטת מוחין דחול מתלבשת במוחין דשבת הנק' טוב טעם ודעת כו' פי' טוב טעם בחי' המוחין דגדלות דז"א שנקרא טוב טעם כו' וכמ"ש בת"א וזהו בשנותו את טעמו ממוחין דחול למוחין דשבת והוא בליל שבת כמאמר אפשיטת מלבושהא וכל דינין מתעברין מינה כו' כנ"ל וד"ל · וכדוגמא זו היה ענין אבימלך עם אברהם דהנה אברהם הוא בחי' חסד דז"א כי האבות הן המרכבה לז"א כידוע ואבימלך הוא בחי' אור אבא שמלובש בז"א ופיכול שר צבאו היינו בחינת יסוד אבא כי פי' כל היינו כללות כל הנשמות שנולדים מאור אבא דוקא כמשל הטפה במוח האב כו' כידוע ופיכול היינו בחינת יסוד אבא שעל ידו יצאו הנשמות בתולדה מאין ליש כו' וזהו שנקרא פיכול שר צבאו כו' וד"ל ואמר לו אבימלך לאברהם שיכרות ברית עמו כו' הענין הוא שלא ישכח אברהם על בחינת המוחין דאבא שמהם נגדלו בחי' המוחין שלו כידוע והיינו גם כאשר ירבה להוליד נשמות מעצמו ע"י יחודים שימשיך בהם גם ממוחין דאבא כו' וזהו כחסד אשר עשיתי עמך כו' תעשה עמדי ועם הארץ אשר גרת בה כו' ולא תשקור לי ולניני ולנכדי

גם לנה"י שבנה"י כו' שנק' בני בנים כו' וד"ל והיינו בעליות המ"ל בשבת שעולים גם כל הנשמות שמיחוד זו"נ לקבל מוחין דאבא וזהו לפני אבימלך כו' וד"ל :

ולבתר דאתפרשת מינה הא אתחברת בשמשא ותושבחת' דא בכ"ב אתוון דאעיל בה שמשא בסיהרא כו' פי' כל זמן שהיא בלבושים זרים דנוגה הרי לא תוכל להתייחד בז"א שנקרא שמשא אך לאחר שמתפרשת מסט"א אזי מקבלת המל' כ"ב אתוון כללי' מחדש הכל בבחי' האצי' והיינו שאמר דאעיל בה ש.משא בסיהרא כי כל בנין המל' הוא מבחינת אותיות דז"א כידוע אלא שכ"ב אתוון הללו הם של מוחין דגדלות דז"א והיינו האלף בי"ת שבמזמור זה המתחיל אברכ' את הוי"ה בכל עת כו' בהוי' תתהלל נפשי כו' גדלו להוי' אתי כו' דכל זה בחינת המל' אומרת בשפע המוחין דשבת שמקבלת מז"א כו' ומה שאמר עוד ותושבחתא דא פרישו דסיהרא מסט"א ותושבחתא דכ"ב אתוון בנהירו דשמשא לפי שבמזמור זה כולל שניהם אחד הפרשת' מלבושים החיצונים והוא שמסיים בתי"ו תמותת רשע כו' פודה ה' נפש עבדיו כו' וגם בזה מקבלת מוחין דשבת כמו באמרה אברכה את ה' שהוא ז"א וכן גדלו לה' דרשתי את ה' כו' הביטו אליו כו' וד"ל :

ולבתר אתחברותא וסליקו דמטרוניתא עם בעלה ודא איהו תפלה למשה איש האלהים כו' לפרשא ימינא ושמאלא לקבלא לה ולמהוי כחדא יחודא חדא כו' פירוש אחר שעלתה בבחינת האצילות וכבר הופרדה והובדלה מלבושים הזרים דנוגה ונקר' מטרוניתא להיותה בבחינת האצילות במלבושי' מל' דאצילות וכמ"ש ותלבש אסתר מלכות אזי מתייחדת עם ז"א בעלה ודא איהו תפלה למשה פי' תפלה הוא בחי' מל' וכמ"ש ואני תפלה כו' כידוע ומשה הוא בחינת יסוד אבא שמלובש בז"א ונק' איש האלהים בעלה דמטרוניתא שנקרא איש אלהים כו' ולהיות שמל' בחול מלבשת לנה"י דז"א בלבד ובשבת עולה לבחינת חג"ת דז"א כידוע ע"כ אמר לפרשא ימינא ושמאלא שהן חו"ג דז"א לקבלא לה ולמהוי כחדא כו' פירוש כמו עד"מ שהדבור עולה למדות והמדות הם מעלים את הדבור כמראה בחוש שדברים היוצאין מן הלב יש בהן חיות גדול מן המדות שבלב ומתאחדים הדבור במדות שבלב בתכלית תאח"כ כשהמדות שבלב

אֶֽרֶץ וְתֵבֵל וּמֵעוֹלָם עַד עוֹלָם אַתָּה אֵל: תָּשֵׁב אֱנוֹשׁ עַד דַּכָּא וַתֹּאמֶר שׁוּבוּ בְנֵי אָדָם: כִּי אֶלֶף שָׁנִים בְּעֵינֶיךָ כְּיוֹם אֶתְמוֹל כִּי יַעֲבֹר וְאַשְׁמוּרָה בַלָּיְלָה: זְרַמְתָּם שֵׁנָה יִהְיוּ בַּבֹּקֶר כֶּחָצִיר יַחֲלֹף: בַּבֹּקֶר יָצִיץ וְחָלָף לָעֶרֶב יְמוֹלֵל וְיָבֵשׁ: כִּי כָלִינוּ בְאַפֶּךָ וּבַחֲמָתְךָ נִבְהָלְנוּ: שַׁתָּה שת ק' עֲוֹנֹתֵינוּ לְנֶגְדֶּךָ עֲלֻמֵנוּ לִמְאוֹר פָּנֶיךָ: כִּי כָל יָמֵינוּ פָּנוּ בְעֶבְרָתֶךָ כִּלִּינוּ שָׁנֵינוּ כְמוֹ הֶגֶה: יְמֵי שְׁנוֹתֵינוּ בָהֶם שִׁבְעִים שָׁנָה וְאִם בִּגְבוּרֹת שְׁמוֹנִים שָׁנָה וְרָהְבָּם עָמָל וָאָוֶן כִּי גָז חִישׁ וַנָּעֻפָה: מִי יוֹדֵעַ עֹז אַפֶּךָ וּכְיִרְאָתְךָ עֶבְרָתֶךָ: לִמְנוֹת יָמֵינוּ כֵּן הוֹדַע וְנָבִא לְבַב חָכְמָה: שׁוּבָה יְהֹוָה עַד מָתָי וְהִנָּחֵם עַל עֲבָדֶיךָ: שַׂבְּעֵנוּ בַבֹּקֶר חַסְדֶּךָ וּנְרַנְּנָה וְנִשְׂמְחָה בְּכָל יָמֵינוּ: שַׂמְּחֵנוּ כִּימוֹת עִנִּיתָנוּ שְׁנוֹת רָאִינוּ רָעָה: יֵרָאֶה אֶל עֲבָדֶיךָ פָעֳלֶךָ וַהֲדָרְךָ עַל בְּנֵיהֶם: וִיהִי נֹעַם אֲדֹנָי אֱלֹהֵינוּ עָלֵינוּ וּמַעֲשֵׂה יָדֵינוּ כּוֹנְנָה עָלֵינוּ וּמַעֲשֵׂה יָדֵינוּ כּוֹנְנֵהוּ:

יֹשֵׁב בְּסֵתֶר עֶלְיוֹן בְּצֵל שַׁדַּי יִתְלוֹנָן: אֹמַר לַיהֹוָה מַחְסִי וּמְצוּדָתִי אֱלֹהַי אֶבְטַח בּוֹ: כִּי הוּא יַצִּילְךָ מִפַּח יָקוּשׁ מִדֶּבֶר הַוּוֹת: בְּאֶבְרָתוֹ יָסֶךְ לָךְ וְתַחַת כְּנָפָיו תֶּחְסֶה צִנָּה וְסֹחֵרָה אֲמִתּוֹ: לֹא תִירָא מִפַּחַד לָיְלָה מֵחֵץ יָעוּף יוֹמָם: מִדֶּבֶר בָּאֹפֶל יַהֲלֹךְ מִקֶּטֶב יָשׁוּד צָהֳרָיִם: יִפֹּל מִצִּדְּךָ אֶלֶף וּרְבָבָה מִימִינֶךָ אֵלֶיךָ לֹא יִגָּשׁ: רַק בְּעֵינֶיךָ תַבִּיט וְשִׁלֻּמַת רְשָׁעִים תִּרְאֶה: כִּי אַתָּה יְהֹוָה מַחְסִי עֶלְיוֹן שַׂמְתָּ מְעוֹנֶךָ: לֹא תְאֻנֶּה אֵלֶיךָ רָעָה וְנֶגַע לֹא יִקְרַב בְּאָהֳלֶךָ: כִּי מַלְאָכָיו יְצַוֶּה לָּךְ לִשְׁמָרְךָ בְּכָל דְּרָכֶיךָ: עַל כַּפַּיִם יִשָּׂאוּנְךָ פֶּן תִּגֹּף בָּאֶבֶן רַגְלֶךָ: עַל שַׁחַל וָפֶתֶן תִּדְרֹךְ תִּרְמֹס כְּפִיר וְתַנִּין: כִּי בִי חָשַׁק וַאֲפַלְּטֵהוּ אֲשַׂגְּבֵהוּ כִּי יָדַע שְׁמִי: יִקְרָאֵנִי וְאֶעֱנֵהוּ עִמּוֹ אָנֹכִי בְצָרָה אֲחַלְּצֵהוּ וַאֲכַבְּדֵהוּ: אֹרֶךְ יָמִים אַשְׂבִּיעֵהוּ וְאַרְאֵהוּ בִּישׁוּעָתִי:

מִזְמוֹר שִׁירוּ לַיהֹוָה שִׁיר חָדָשׁ כִּי נִפְלָאוֹת עָשָׂה

הושיעה

שבלב אינם מאירים בדבור אזי אין בדבור חיות כ"א מעט מזעיר והוא ענין הדבור ביומין דחול שהוא בחינת הקטנות כנ"ל וד"ל: ותושבחן אלין אתקינו בתקונא דשבתא דאיהו סליק ואתעטר בעטרוהי כדקא יאות פירוש בעטרוהי הן בחי' הכתרים שבכל הי"ס דאצי' שנק' עטרת להיותם בחי' מקיף ובשבת בחינת ז"א סליק לקבל כל הכתרים מאבא ואימא וממנו נמשך למ"ל בתושבחן אלין כמ"ש למעלה וד"ל:

מזמור שירו לה' שיר חדש תושבחתא דא הא אוקימנא אבל אע"ג דאתערו' ביה אתערו דחברייא דקא אתערו שפיר איהו דהכהו פרות כד הוו נטלי ארונא אתערו בהאי תושבחתא כד"א וישרנה הפרות בדרך ומה שירה הוו אמרי מזמור שירו להוי"ה שיר חדש כי נפלאות עשה רזא דא איהו כגוונא דלעילא בשעתא דאינון חיות נטלי כרסיי' לארמא לי' לעילא אינון אמרי תושבחתא דא ואי תימא אמאי כתיב הכא חדש והא תדיר קאמרי תושבחתא דא אלא ודאי חדש איהו וחדש לא אקרי אלא באתחדתות' דסיהרא כד אתנהירת מן שמשא כדין איהו חדש ודא איהו שיר חדש פי' כי ארון הברית הוא בחי' מל' דאצילו' והלוחות שבארון הוא בחי' יסוד אבא שמלובשת ביסוד ז"א שנקרא ברי' וע"כ נקרא ארון הברית וכידוע משום דאורייתא מחכמה נפקת ואוריית' הוא בחי' ז"א שיונא מאור אבא כו' כידוע והארון אשר היה בהיכל ק"ק היינו בהיכל ק"ק דבריאה ששם הוא יחוד זו"נ משא"כ כשהמל' למטה אין שם יחוד והנה כדי שתעלה המל' להיכל ק"ק הוא על ידי החיות דמרכבה הנושאות את הכסא כו' וכידוע בענין והחיות נושאות ומנושאות כו' וכמו שאמרו ארון נושאו נשא כו' והוא המרכבה העליונה דפני ארי' פני שור פני נשר כו' והיינו השירה שהיו הפרות אומרי' מזמור זה בעלות הארון לירושלים להיכל ק"ק וכמ"ש וישרנה הפרות בדרך לפי שהיה מאיר עליהם אז מבחי' מרכבה העליונה דפני שור כו' והיינו שאמר רזא דא כגוונא דלעילא בשעתא דחיות נטלא כורסייא שהוא בחינת מל' בהיותה בבי"ע שנק' כסא והוא ענין א' עם עליות הארון להיכל ק"ק כנ"ל לארמא לה לעילא בהיכל ק"ק דבריאה וד"ל ואמאי חדש כלו' מדקדק במה שאמר חדש וגם מדקדק במ"ש שיר לשון זכר דהרי עליית המל' הוא והל"ל שירה כו' ומתרץ דמפני שעליו' המל' בתחלת החדש שהוא בחדתות' דסיהרא הרי הוא מלד אור השמש שמקבלת אז ע"כ נקרא שיר לשון זכר וגם נקרא חדש ע"ש ההתחדשות אור דז"א שלא האיר עדיין במל' בהיותה מסתתרת בבי"ע וע"כ אמר שיר חדש ולא שירה חדשה כו' וד"ל:

הוֹשִׁיעָה לּוֹ יְמִינוֹ וּזְרוֹעַ קָדְשׁוֹ: הוֹדִיעַ יְהֹוָה יְשׁוּעָתוֹ לְעֵינֵי הַגּוֹיִם גִּלָּה צִדְקָתוֹ: זָכַר חַסְדּוֹ וֶאֱמוּנָתוֹ לְבֵית יִשְׂרָאֵל רָאוּ כָל אַפְסֵי אָרֶץ אֵת יְשׁוּעַת אֱלֹהֵינוּ: הָרִיעוּ לַיהֹוָה כָּל הָאָרֶץ פִּצְחוּ וְרַנְּנוּ וְזַמֵּרוּ: זַמְּרוּ לַיהֹוָה בְּכִנּוֹר בְּכִנּוֹר וְקוֹל זִמְרָה: בַּחֲצֹצְרוֹת וְקוֹל שׁוֹפָר הָרִיעוּ לִפְנֵי הַמֶּלֶךְ יְהֹוָה: יִרְעַם הַיָּם וּמְלֹאוֹ תֵּבֵל וְיֹשְׁבֵי בָהּ: נְהָרוֹת יִמְחֲאוּ כָף יַחַד הָרִים יְרַנֵּנוּ: לִפְנֵי יְהֹוָה כִּי בָא לִשְׁפֹּט הָאָרֶץ יִשְׁפֹּט תֵּבֵל בְּצֶדֶק וְעַמִּים בְּמֵישָׁרִים:

הושיעה לו ימינו וזרוע קדשו הא אתערותא בימינא ושמאלא לקבל' לה וכו' כגוונא דעגלות סלקין לבית שמש כו' פי' הושיעה לו סתם קאמר לו היינו לבחי' ז"א עצמו הושיעה לו ימינו וזרוע שהן חו"ג דז"א במה שפירש ידיו למטה להעלות למל' וכמ"ש למעלה לפרשא ימינא ושמאלא לקבלא לה כו' כנ"ל ועד"ז שהמדות מעלין את הדבור כו' וזהו שכתוב הושיעה לו ימינו וזרוע קדשו זרוע הוא יד השמאל בבחי' הגבורות וכמ"ש ובזרוע עוזו כו' והיינו כגוונא דעגלו' סלקין כו' פי' כפי אופן העלאת אוי"ר של החיות הנושאות בהעלאת מ"ן כך נמשך חו"ג דז"א למ"ל מלמעלה למטה לקבל' לה למ"ל כו' וד"ל ובגין דבשבת איהו סליקו דכורסיי' לסלקא לעילא פירוש עליות המל' בבחינת האצילות ממש ע"כ תקונא דתושבחתא דא בשבת לפי שהן כולן בחינת עליות כו' וכמ"ש בפע"ח וד"ל:

שִׁיר לַמַּעֲלוֹת אֶשָּׂא עֵינַי אֶל הֶהָרִים מֵאַיִן יָבֹא עֶזְרִי: עֶזְרִי מֵעִם יְהֹוָה עֹשֵׂה שָׁמַיִם וָאָרֶץ: אַל יִתֵּן לַמּוֹט רַגְלֶךָ אַל יָנוּם שֹׁמְרֶךָ: הִנֵּה לֹא יָנוּם וְלֹא יִישָׁן שׁוֹמֵר יִשְׂרָאֵל: יְהֹוָה שֹׁמְרֶךָ יְהֹוָה צִלְּךָ עַל יַד יְמִינֶךָ: יוֹמָם הַשֶּׁמֶשׁ לֹא יַכֶּכָּה וְיָרֵחַ בַּלָּיְלָה: יְהֹוָה יִשְׁמָרְךָ מִכָּל רָע יִשְׁמֹר אֶת נַפְשֶׁךָ: יְהֹוָה יִשְׁמָר צֵאתְךָ וּבוֹאֶךָ מֵעַתָּה וְעַד עוֹלָם:

שִׁיר הַמַּעֲלוֹת לְדָוִד שָׂמַחְתִּי בְּאֹמְרִים לִי בֵּית יְהֹוָה נֵלֵךְ: עֹמְדוֹת הָיוּ רַגְלֵינוּ בִּשְׁעָרַיִךְ יְרוּשָׁלָםִ: יְרוּשָׁלַםִ הַבְּנוּיָה כְּעִיר שֶׁחֻבְּרָה לָּהּ יַחְדָּו: שֶׁשָּׁם עָלוּ שְׁבָטִים שִׁבְטֵי יָהּ עֵדוּת לְיִשְׂרָאֵל לְהֹדוֹת לְשֵׁם יְהֹוָה: כִּי שָׁמָּה יָשְׁבוּ כִסְאוֹת לְמִשְׁפָּט כִּסְאוֹת לְבֵית דָּוִד: שַׁאֲלוּ שְׁלוֹם יְרוּשָׁלָםִ יִשְׁלָיוּ אֹהֲבָיִךְ: יְהִי שָׁלוֹם בְּחֵילֵךְ שַׁלְוָה בְּאַרְמְנוֹתָיִךְ: לְמַעַן אַחַי וְרֵעָי אֲדַבְּרָה נָּא שָׁלוֹם בָּךְ: לְמַעַן בֵּית יְהֹוָה אֱלֹהֵינוּ אֲבַקְשָׁה טוֹב לָךְ:

שִׁיר הַמַּעֲלוֹת אֵלֶיךָ נָשָׂאתִי אֶת עֵינַי הַיֹּשְׁבִי בַּשָּׁמָיִם: הִנֵּה כְעֵינֵי עֲבָדִים אֶל יַד אֲדוֹנֵיהֶם כְּעֵינֵי שִׁפְחָה אֶל יַד גְּבִרְתָּהּ כֵּן עֵינֵינוּ אֶל יְהֹוָה אֱלֹהֵינוּ עַד שֶׁיְּחָנֵּנוּ: חָנֵּנוּ יְהֹוָה חָנֵּנוּ כִּי רַב שָׂבַעְנוּ בוּז: רַבַּת שָׂבְעָה לָּהּ נַפְשֵׁנוּ הַלַּעַג הַשַּׁאֲנַנִּים הַבּוּז לִגְאֵי יוֹנִים: לגאיונים כתיב

שִׁיר הַמַּעֲלוֹת לְדָוִד לוּלֵי יְהֹוָה שֶׁהָיָה לָנוּ יֹאמַר נָא יִשְׂרָאֵל: לוּלֵי יְהֹוָה שֶׁהָיָה לָנוּ בְּקוּם עָלֵינוּ אָדָם: אֲזַי חַיִּים בְּלָעוּנוּ בַּחֲרוֹת אַפָּם בָּנוּ: אֲזַי הַמַּיִם שְׁטָפוּנוּ נַחְלָה עָבַר עַל נַפְשֵׁנוּ: אֲזַי עָבַר עַל נַפְשֵׁנוּ הַמַּיִם הַזֵּידוֹנִים: בָּרוּךְ יְהֹוָה שֶׁלֹּא נְתָנָנוּ טֶרֶף לְשִׁנֵּיהֶם: נַפְשֵׁנוּ כְּצִפּוֹר נִמְלְטָה מִפַּח יוֹקְשִׁים הַפַּח נִשְׁבָּר וַאֲנַחְנוּ נִמְלָטְנוּ: עֶזְרֵנוּ בְּשֵׁם יְהֹוָה עֹשֵׂה שָׁמַיִם וָאָרֶץ:

הַלְלוּיָהּ הַלְלוּ אֶת שֵׁם יְהֹוָה הַלְלוּ עַבְדֵי יְהֹוָה: שֶׁעֹמְדִים בְּבֵית יְהֹוָה בְּחַצְרוֹת בֵּית אֱלֹהֵינוּ: הַלְלוּיָהּ כִּי טוֹב יְהֹוָה זַמְּרוּ לִשְׁמוֹ כִּי נָעִים: כִּי יַעֲקֹב בָּחַר לוֹ יָהּ יִשְׂרָאֵל לִסְגֻלָּתוֹ: כִּי אֲנִי יָדַעְתִּי כִּי גָדוֹל יְהֹוָה וַאֲדֹנֵינוּ מִכָּל אֱלֹהִים: כֹּל אֲשֶׁר חָפֵץ יְהֹוָה עָשָׂה בַּשָּׁמַיִם וּבָאָרֶץ בַּיַּמִּים וְכָל תְּהֹמוֹת: מַעֲלֶה נְשִׂאִים מִקְצֵה הָאָרֶץ בְּרָקִים לַמָּטָר עָשָׂה מוֹצֵא רוּחַ מֵאוֹצְרוֹתָיו: שֶׁהִכָּה בְּכוֹרֵי מִצְרָיִם מֵאָדָם עַד בְּהֵמָה: שָׁלַח אֹתוֹת וּמֹפְתִים בְּתוֹכֵכִי מִצְרָיִם בְּפַרְעֹה וּבְכָל עֲבָדָיו: שֶׁהִכָּה גּוֹיִם רַבִּים וְהָרַג מְלָכִים עֲצוּמִים: לְסִיחוֹן מֶלֶךְ הָאֱמֹרִי וּלְעוֹג מֶלֶךְ הַבָּשָׁן וּלְכֹל מַמְלְכוֹת כְּנָעַן: וְנָתַן אַרְצָם נַחֲלָה נַחֲלָה לְיִשְׂרָאֵל עַמּוֹ: יְהֹוָה שִׁמְךָ לְעוֹלָם יְהֹוָה זִכְרְךָ לְדֹר וָדֹר: כִּי יָדִין יְהֹוָה עַמּוֹ וְעַל עֲבָדָיו יִתְנֶחָם: עֲצַבֵּי הַגּוֹיִם כֶּסֶף וְזָהָב מַעֲשֵׂה יְדֵי אָדָם: פֶּה לָהֶם וְלֹא יְדַבֵּרוּ עֵינַיִם לָהֶם וְלֹא יִרְאוּ: אָזְנַיִם לָהֶם וְלֹא יַאֲזִינוּ אַף אֵין יֶשׁ רוּחַ בְּפִיהֶם: כְּמוֹהֶם יִהְיוּ עֹשֵׂיהֶם כֹּל אֲשֶׁר בֹּטֵחַ בָּהֶם: בֵּית יִשְׂרָאֵל בָּרְכוּ אֶת יְהֹוָה בֵּית אַהֲרֹן בָּרְכוּ אֶת יְהֹוָה: בֵּית הַלֵּוִי בָּרְכוּ אֶת יְהֹוָה יִרְאֵי יְהֹוָה בָּרְכוּ אֶת יְהֹוָה: בָּרוּךְ יְהֹוָה מִצִּיּוֹן שֹׁכֵן יְרוּשָׁלָםִ הַלְלוּיָהּ:

הוֹדוּ לַיהֹוָה כִּי טוֹב כִּי לְעוֹלָם חַסְדּוֹ:
הוֹדוּ לֵאלֹהֵי הָאֱלֹהִים כִּי לְ׳ ח׳:
הוֹדוּ לַאֲדֹנֵי הָאֲדֹנִים כִּי לְ׳ ח׳:
לְעֹשֵׂה נִפְלָאוֹת גְּדֹלוֹת לְבַדּוֹ כִּי לְ׳ ח׳:

לעשה

לְעֹשֵׂה הַשָּׁמַיִם בִּתְבוּנָה כִּ לְ חַ:
לְרוֹקַע הָאָרֶץ עַל הַמָּיִם כִּ לְ חַ:
לְעֹשֵׂה אוֹרִים גְּדֹלִים כִּ לְ חַ:
אֶת הַשֶּׁמֶשׁ לְמֶמְשֶׁלֶת בַּיּוֹם כִּ לְ חַ:
אֶת הַיָּרֵחַ וְכוֹכָבִים לְמֶמְשְׁלוֹת
בַּלָּיְלָה כִּי לְעוֹלָם חַסְדּוֹ:
לְמַכֵּה מִצְרַיִם בִּבְכוֹרֵיהֶם כִּ לְ חַ:
וַיּוֹצֵא יִשְׂרָאֵל מִתּוֹכָם כִּ לְ חַ:
בְּיָד חֲזָקָה וּבִזְרוֹעַ נְטוּיָה כִּ לְ חַ:
לְגֹזֵר יַם סוּף לִגְזָרִים כִּ לְ חַ:
וְהֶעֱבִיר יִשְׂרָאֵל בְּתוֹכוֹ כִּ לְ חַ:
וְנִעֵר פַּרְעֹה וְחֵילוֹ בְיַם סוּף כִּ לְ חַ:
לְמוֹלִיךְ עַמּוֹ בַּמִּדְבָּר כִּ לְ חַ:
לְמַכֵּה מְלָכִים גְּדֹלִים כִּ לְ חַ:
וַיַּהֲרֹג מְלָכִים אַדִּירִים כִּ לְ חַ:
לְסִיחוֹן מֶלֶךְ הָאֱמֹרִי כִּ לְ חַ:
וּלְעוֹג מֶלֶךְ הַבָּשָׁן כִּ לְ חַ:
וְנָתַן אַרְצָם לְנַחֲלָה כִּ לְ חַ:
נַחֲלָה לְיִשְׂרָאֵל עַבְדּוֹ כִּ לְ חַ:
שֶׁבְּשִׁפְלֵנוּ זָכַר לָנוּ כִּ לְ חַ:
וַיִּפְרְקֵנוּ מִצָּרֵינוּ כִּ לְ חַ:
נֹתֵן לֶחֶם לְכָל בָּשָׂר כִּ לְ חַ:
הוֹדוּ לְאֵל הַשָּׁמָיִם כִּ לְ חַ:

הָאַדֶּרֶת וְהָאֱמוּנָה לְחַי עוֹלָמִים:
הַבִּינָה וְהַבְּרָכָה לְחַי עוֹלָמִים:
הַגַּאֲוָה וְהַגְּדוּלָּה לְחַי עוֹלָמִים:
הַדֵּעָה וְהַדִּבּוּר לְחַי עוֹלָמִים:
הַהוֹד וְהֶהָדָר לְחַי עוֹלָמִים:
הַוַּעַד וְהַוָּתִיקוּת לְחַי עוֹלָמִים:
הַזִּיו וְהַזֹּהַר לְחַי עוֹלָמִים:
הַחַיִל וְהַחֹסֶן לְחַי עוֹלָמִים:
הַטֶּכֶס וְהַטֹּהַר לְחַי עוֹלָמִים:
הַיִּחוּד וְהַיִּרְאָה לְחַי עוֹלָמִים:
הַכֶּתֶר וְהַכָּבוֹד לְחַי עוֹלָמִים:
הַלֶּקַח וְהַלִּבּוּב לְחַי עוֹלָמִים:
הַמְּלוּכָה וְהַמֶּמְשָׁלָה לְחַי עוֹלָמִים:
הַנּוֹי וְהַנֵּצַח לְחַי עוֹלָמִים:
הַסִּגּוּי וְהַשֶּׂגֶב לְחַי עוֹלָמִים:
הָעֹז וְהָעֲנָוָה לְחַי עוֹלָמִים:
הַפְּדוּת וְהַפְּאֵר לְחַי עוֹלָמִים:
הַצְּבִי וְהַצֶּדֶק לְחַי עוֹלָמִים:
הַקְּרִיאָה וְהַקְּדֻשָּׁה לְחַי עוֹלָמִים:
הָרֹן וְהָרוֹמֵמוּת לְחַי עוֹלָמִים:
הַשִּׁיר וְהַשֶּׁבַח לְחַי עוֹלָמִים:
הַתְּהִלָּה וְהַתִּפְאֶרֶת לְחַי עוֹלָמִים:

לְשֵׁם יִחוּד קֻדְשָׁא בְּרִיךְ הוּא וּשְׁכִינְתֵּיהּ לְיַחֲדָא שֵׁם י״ה בו״ה בְּיִחוּדָא שְׁלִים בְּשֵׁם כָּל יִשְׂרָאֵל:

בָּרוּךְ שֶׁאָמַר וְהָיָה הָעוֹלָם: בָּרוּךְ הוּא: בָּרוּךְ אוֹמֵר וְעֹשֶׂה: בָּרוּךְ גּוֹזֵר וּמְקַיֵּם: בָּרוּךְ עֹשֶׂה בְרֵאשִׁית: בָּרוּךְ מְרַחֵם עַל הָאָרֶץ: בָּרוּךְ מְרַחֵם עַל הַבְּרִיּוֹת: בָּרוּךְ מְשַׁלֵּם שָׂכָר טוֹב לִירֵאָיו: בָּרוּךְ חַי לָעַד וְקַיָּם לָנֶצַח: בָּרוּךְ פּוֹדֶה וּמַצִּיל: בָּרוּךְ שְׁמוֹ: בָּרוּךְ אַתָּה יְהוָה אֱלֹהֵינוּ מֶלֶךְ הָעוֹלָם הָאֵל אָב הָרַחֲמָן הַמְהֻלָּל בְּפֶה עַמּוֹ מְשֻׁבָּח וּמְפֹאָר בִּלְשׁוֹן חֲסִידָיו וַעֲבָדָיו

וּבְשִׁירֵי

וּבְשִׁירֵי דָוִד עַבְדֶּךָ: נְהַלֶּלְךָ יְהוָֹה אֱלֹהֵינוּ בִּשְׁבָחוֹת וּבִזְמִירוֹת: נְגַדֶּלְךָ וּנְשַׁבֵּחֲךָ וּנְפָאֶרְךָ וְנַמְלִיכְךָ וְנַזְכִּיר שִׁמְךָ מַלְכֵּנוּ אֱלֹהֵינוּ יָחִיד. חֵי הָעוֹלָמִים מֶלֶךְ. מְשֻׁבָּח וּמְפֹאָר עֲדֵי עַד שְׁמוֹ הַגָּדוֹל: בָּרוּךְ אַתָּה יְהוָֹה מֶלֶךְ מְהֻלָּל בַּתִּשְׁבָּחוֹת:

מזמור שיר ליום השבת · תושבחתא דא אדם הראשון קאמר לה בשעתא דאתתריך מגנתא דעדן ואתא שבת ואגין עליה ואוקמוה חבריא תושבחתא דא עלמא תתאה קא משבח לגבי עלמא עלאה יומא דכולא ביה איהו כולו שבת מלכא דשלמא דיליה ודא איהו מזמור שיר ולא כתיב מאן קאמר ליה כמה דאוקימנא · פירוש בא לדקדק במה שאמר מזמור שיר ליום השבת דמשמע שהשיר הזה לגבי יום השבת אומרים אותו ולא שיום השבת עצמו אומרו וע"כ בא לפרש מי הוא האומרו ולזה פירש דעלמא תתאה משבח לעלמא עלאה פי' עלמא תתאה הוא בחינת מ"ל דאצילות שהוא רק בחי' אותיות שנמשכים ויורדין בעולמות דבי"ע להוות יש מאין בעלי גבול ובשבת הוא עליו' המ"ל מן העולמות כנ"ל בבחי' האי' שנק' עלמא עלאה ועליית המ"ל הוא ע"י שיר כי כל עלי' הוא בשיר וכמ"ש למען יזמרך כבוד כו' ע"כ אמר מזמור שיר שהמ"ל אומרת לגבי יום השבת שהוא בחינת עולם האצילות שנק' עלמא עלאה ואדה"ר שנגרש מג"ע הי' מפני שגרם בחטאו פגימת הלבנה כידוע ובשבת שעולה באצי' אגין עליה ולכך אמר אדה"ר מזמור זה · יומא דכולא ביה איהו כולו שבת פירוש בא לדקדק למה נקרא ז"א דאצי' בשבת יום השבת דמשמעו שכולו שבת ואיך יתכן להיות כולו שבת הרי אין שבת בלא חול מקודם ולזה תירץ דכולא ביה איהו כולו שבת פירוש אינו נקרא שבת מצד עצמו אלא מפני בחי' הארת מוחין דאו"א שמאירין בו בשבת נקרא כולו שבת והענין הוא משום דזו"נ דאצי' באין למטה לברר בירורין דרפ"ח בכל ששת יומין דחול דמ"ל כתיב בה ותקם בעוד לילה ותתן טרף כו' וידוע שהוא שם ב"ן שמברר רפ"ח בגי' טרף ע"ה וכמ"ש במ"א וז"א דאצי' שנק' יום בכלל כמ"ש בסמוך הוא מברר בירורים גם כן בכל יום וכמ"ש בע"ח דו"ק דז"א יורדים בכל ו' יומין דחול ללקט ניצוצים דרפ"ח כו' והיינו מה שאמרו האיש דרכו לכבוש כו' שבכח הדכר יש לברר יותר וידוע שהבירור הוא כמו ענין מלחמה כידוע בע"ח בפי' מטתו שלשלמה ששים גבורים סביב לה מגבורי ישראל מלומדי מלחמה אבל בחי' או"א דאצילו' הן למעלה מבחי' בירורים כי אין או"א יורדין לברר בירורים דרפ"ח כו' וע"כ נקראו הם דוקא כולו שבת כי ל"ט מלאכות דחול הוא ענין הבירורים כמו חורש וזורע כו' ולכך בורר אסור בשבת כידוע והיינו שנקרא ז"א בשבת יום השבת לפי שמוחין דאו"א מאירי' בז"א ולא מצד עצמות ז"א כו' וד"ל · וביאור טעם הדברים למה אין מבררים בעצמם הנה ידוע להיות כי השבירה לא היה רק במדות בלבד כידוע ע"ד אברהם שיצא ממנו ישמעאל כו' פי' מותרי החסדים מבחינת הצפרנים שהוא ענין נט"י כידוע ואמנם באו"א לא היה שבירה רק מאחוריים דאו"א בלבד נפלו בבריאה כו' ולזאת אין צריך תיקון ובירור ומאחר שהן בעצמן א"צ תיקון לכך אין יורדין לברר כו' · וביאור הענין לפי שהחכמה דקדושה הוא בחי' הביטול כ"ח מ"ה כו' כידוע וכל ענין הבירורים הוא לעשות מבחי' היש אין לבא לבחי' ביטול כי עיקר ענין השבירה הוא שהגשמת וירידת האור גורם בחי' הישות והגסות וכל שהאור ירד בצמצום ומיעוט יותר יותר נרגשת הבריאה בבחינת הישות והגסות וכמו ע' שרים שבאין בבחי' הגשמה ניכרת להחזיק עצמן בבחינת יש ודבר מ"ה כמו שאמר שר של מצרים לי יאורי כו' ואע"ג דקרו ליה אלקא דאלקייא מ"מ מתכוון למרוד כו' וביטול היש שלהן היינו בחי' הבירורים לאהפכא חשוכא לנהורא כידוע ושרש כולם הוא בחי' חכמה דקליפה שהוא בחינת יש וז"ש ופילגשו ושמה ראומה וכמ"ש במ"א והיא ממש לנגד ולעומת חכמה דקדושה שהוא כ"ח מ"ה בתכלית הביטול ולזאת א"א כלל שיבא אור החכמה לברר לנצוצין דרפ"ח שנפלו בשבירה אחר שהחכמה רחוקה לגמרי מבחינת יש וכל מברר צריך להתלבש בלבוש המתברר כו' ולזה הטעם אין פנימיו' או"א יורדים לברר בירורי נוגה אלא רק בחי' אחוריים דאו"א שנפלו לא בדרך שבירה כמ"ש בע"ח ולהיות כן אמר כאן בז"א דאצי' בשבת שמוחין דאו"א מאירים בו שהוא יומא דכולא ביה איהו כולו שבת פירוש בלי הקדמות חול מקודם אחר שהוא למעלה מבחינת הבירורים דחול כנ"ל וד"ל · מלכא דשלמא דיליה פי' מלך שהשלום שלו הנה שלום הוא בחינת יסוד דדכורא שבו מתחבר לנוקבא והוא המחבר בחינת המשפיע עם בחינת המקבל כידוע ומלך שהשלום שלו היינו בחי' יסוד אבא שמלובש ביסוד ז"א שנק' שלום סתם והוא שלום שלו של אור אבא דוקא להיות כי בחי' יסוד אימא מסתיים הוא בחזה דז"א אבל יסוד אבא ארוך הוא משל אימא ולאחר שמסתיים יסוד אימא יוצא יסוד אבא ומאיר בז"א עד יסוד ז"א כו' · וביאור הדברים ידוע שבהתבוננות הנק' אימא יש בחי' יסוד והוא התקשרות המושכל שממנו נולדה התפעלות בלב הנה· כאשר נולדה נסתלק אור אימא דהיינו שנתקררה ההתבוננות

יתעטס

מטעם שבינה לבא הוא בא בבחי' הגבורות ורשפי אש שעולין למעלה ומסתלקים כו' משא"כ הארת אור אבא שהוא החכמה ששרשה מבחי' החסדים כמו מים שיורדים ממקום גבוה למקום נמוך כו' הנה יורדים עד למטה מטה דוקא דהיינו עד בחי' יסוד ז"א שהוא בחי' הבל הלב המורגש בחזה כו' וכמאמר בענין השכל דבלבאי איתחזי כו' משום דיסוד אבא ארוך ומגיע עד יסוד ז"א ולא מסתיי' בחזה כמו יסוד אימא וכמ"ש במ"א והיינו פי' מלכא דשלמא דיליה דוקא וד"ל :

ליום השבת יומא עלאה שבת עלאה דא שבת ודא שבת מאי בין האי להאי אלא שבת סתם שבת דמעלי שבתא יום השבת דא שבת דלעילא דא יום ודא לילה ושמרו בני ישראל את השבת הא לילה רזא דנוקב' זכור את יום השבת הא יום רזא דדכורא · פי' שמור לנוק' להיות ידוע דשרש כל המ"ע בועשה טוב הוא על ידי האהבה כמאמר לית פולחנא כפולחנא דרחימותא וביאור הדברים עד"מ עבודת העבד לאדון אינה מתכשרת לפני האדון אלא כשרואה לבבו שלם באהבה אליו עד שמחמתה עובדו בכל לבבו ולא בדרך כפיה כלל אבל כשאינו רואה בו אהבה אלא מצד היראה בלבד עובדו אינה מתכשרת כלל לפני האדון כי העבודה אשר היא עפ"י כפיה מצד היראה להיותה בע"כ אינה נק' עבודה תמה כו' וע"כ אמר דלית פולחנא כפולחנ' דרחימותא דהיינו דוקא העבודה שמסתעפת מחמת אהבה וכיוצא בזה בעבודה דמ"ע עיקר העבודה שלהם היינו דוקא כשהוא מחמת אהבה ונקרא פולחנא דרחימו אבל במצות ל"ת עיקר הענין הוא במדת היראה ולא במדת האהבה כי כדי להיות סור מרע בפ"ת א"ל אלא היראה דוקא שמחמתה ישמור נפשו ביותר משא"כ ע"י האהבה לא ישמור א"ע כ"כ ועד"מ בעבד לאדון בענין השמירה שלא לסור מצווי האדון לעשות הפכו אין זה אלא מיראה דוקא כידוע · והנה ידוע שהיראה היא למעלה בבחי' מלכות שנק' יראה להיות שעיקר ענין המ"ל הוא היראה' כידוע וכמ"ש שום תשים עליך מלך שתהא אימתו עליך כו' וע"כ כל שרש המצות ל"ת הוא דוקא בבחינ' מ"ל והיינו שאמר שמור לנוק' ששמירת הל"ת בסור מרע היינו בנוקבא דוקא וכידוע דיניקות החיצונים קרובה ביותר לבחינ' מ"ל וכמ"ש רגליה יורדות מות ע"כ צריכה שמיר' ביותר בל"ת כדי שלא יקבלו החיצוני' יניקה ממ"ל דקדושה כו' והיינו שאמרו ז"ל שמי עם י"ה בגי' שס"ה כו' אבל מ"ע ששרשן מן מדת האהבה הוא בבחינת דכורא שהוא ז"א דאצילות והיינו זכור לדכורא כי האהבה היא שרש העבודה במ"ע כו' והאהבה הוא בדכורא וכמ"ש כי אמרתי עולם חסד יבנה וזכור הוא בחי' התקשרו' משפיע למקבל שהוא ע"י האהבה שנמשך הלב כמים והן בחינת החסדים שבז"א וכמ"ש כי זכר חסדו שרובו של זכר מבחי' חסדים כו' וכמ"ש במ"א וזהו זכרי עם ו"ה רמ"ח כו' וד"ל · וזהו שאמרו ושמרו בני ישראל את השבת את ל' טפל הוא לילה רזא דנוק' זכור את יום השבת דא יום רזא דדכורא כי לילה הוא בחי' מ"ל ויום הוא בחינת ז"א כידוע ושמור לנוק' מטעם הנ"ל ע"כ אמר ושמרו במעלי שבתא בלילה וזכור ביומא כו' ומה שאמרו רז"ל דזכור ושמור בדבור אחד נאמרו היינו בחינת יחוד דזו"נ לאחר שעולה המ"ל באצילות להתייחד בז"א ככ"ל שהוא ענין המזמור הזה שאמר כאן בפירוש זה דמזמור שיר היינו בחי' מ"ל דמשבחת לגבי עלמא עלא' שהוא ליום השבת זכור דדכורא כו' ועל דרך מ"ש בזוהר ע"פ אלהים אל דמי לך דקארי תדיר לנהורא עלאה כו' וכמ"ש בסמוך וד"ל :

ובג"כ מזמור שיר ליום השבת ואשכחן בכמה אתר דעלמא תתאה לא סליק בשמא ואתיא סתם וכגון האי כו' וכגון ואל משה אמר עלה אל ה' כולהו סתים שמא ולא סליק ביה וכולה בגין דלית ביה דרגא עלאה ולגבי דרגא עלאה איהי לא סליק בשמא נהורא דדרגא לא סליק ביממא בנהורא דשמשא · פירוש בא לתרץ הקושיא שהקשה בתחלת המאמר במ"ש מזמור שיר ולא כתיב מאן קאמר לה מי הוא שאמר השיר הזה כו' ותירץ דאשכחן כה"ג בכמה תקומות כמו ויקרא אל משה שהא' דויקרא א' זעירא ולא סליק בשמא ג"כ דלא כתיב מי הוא שקרא אל משה אלא הענין הוא לפי שאלף זעירה הוא בחי' מ"ל דאצי' כידוע ובחינ' מ"ל לא סליק בשמא לעולם ומפרש הטעם משום דלית ביה דרגא עלאה כו'·הנה ביאור הדברים ידוע להיות שבחינת מ"ל הוא רק בחינת האותיות בכל מקום כמו בחכמה בחי' האותיות של החכמה נקרא בשם מ"ל שבחכמה וכן במדות בחי' האותיות שבמדות נקרא בחינת מ"ל שבמדות וביאור ענין האותיו' שבשכל היינו כמו שאנו רואי' בחוש שכאשר האדם טרוד בעצם ההשכלה במוח החכמ' עדיין אין שם גילויות אותיות כלל גם במחשבה אך כאשר נתקצר אור שכל המושג אזי יבא לכלל בחינת אותיות המחשבה עכ"פ לחושבו בהשגה באותיות שבמחשבה וכן במדות שבלב כשהאהבה שבלב היא עדיין רק בבחי' עצמיות לא יהרהר אותה במחשבה עדיין באותיות ומכ"ש להביא אותה בדבור אך כשנתקצרה האהבה אזי יהרהר אותה במחשבה באותיות שבמחשבה ואח"כ לדבר בדבור כו' ונמצא אין עיקר גילויות בחינת האותיות בכל מקום אלא לאחר שנסתלק ונתעלם עצם הדבר אם הוא השכל או המדה אבל בהיות העצם מאיר אין מקום כלל לגילויות אותיות ולכאורה יפלא מאחר שבאין האותיו' בגילוי לאחר סילוק העצם להיכן יסתלקו האותיות בבא הארת העצם אלא הענין הוא כמו שאנו רואים בחוש שהאותיות של השכל בטלים הם ונכללים בעצם אור השכל ואינם נרגשי' כלל בשעה שהאדם טרוד בו בעומק עצם המושג עדיין וכן במדות שבלב נכללים בחינת האותיות

שלהם

שלהם ואינם נרגשים בהיותם עדיין בלב בבחי' עלמיו' שלהם כנ"ל ואחר כך מתגלין בחי' האותיות שלהם ונראין ליש ודבר מה בפ"ע כו'·וכך יובן בדוגמא למשכיל למעלה בבחי' מ"ל שהוא בחינת אותיות בכל מקום בפרט וגם דרך כלל כידוע ולכך כאשר המלכות עולה באצי' לגבי המדות דאצי' או לגבי המוחין דאו"א כו' לא סליק בשמא כלל לגבי דרגא עלאה דאית ביה כי לגבי בחי' עלם המדו' הרי האותיות אינם נרגשים ונראין כלל לבחינ' יש ודבר כו' כי בטלים הם ונכללים בגוף המדות כמבואר במשל הנ"ל וד"ל · וזהו שאמר עלמא תתאה לא סליק בשמא כגון א' זעירא דויקרא וכגון ואל משה אמר עלה שכולם בחי' מ"ל ובחינ' מ"ל לא סליק בשמא לגבי דרגא עלאה כו' והיינו כמשל הנר ביום וכידוע דהמלכות נק' נר וכמ"ש כי נר מצוה כו' וז"א נקרא אור דימאמא כו' וכמ"ש חסד אל כל היום וכמ"ש למעלה בפי' ליום השבת דא יום ודא לילה וזהו ממש כמשל שאין אור הנר מאיר בנהורא דימאמא כו' וד"ל :

כל אינון תושבחן כבוד דיום השבת דאיהו תושבחתא עילאה על כל שאר יומין · פי' בא לתרץ קושיא אחת דלכאורה מה יש יתרון מעלה בשבת מבחול אם מפני הארת המוחין דאו"א בז"א כו' הלא גם בחול נמשך מוחין דאו"א ביחודא עילאה דק"ש באמרו הוי' אלהינו שהן יחוד חו"ב תרין רעין כו' וה' א' יחוד זו"נ כידוע ומהו היתרון של בחינת המוחין דשבת ולזה תירץ דכבוד דיום השבת דהיינו בחינת המוחין שנקרא כבוד וכמ"ש למען יזמרך כבוד כי כבוד ל"ב נתיבות חכמה וכמ"ש כבוד חכמים ינחלו כו' בכל אינון תושבחן דהשמים מספרים כמ"ש קודם כולן הן בבחינת פנימיות המוחין דאו"א פנימיות המוחין דזו"נ משא"כ במוחין דחול הם בבחינת הקטנות כידוע בפע"ח דמתפלת שחרית דחול נעשה רק בחינת תפלת ערבית דשבת כי נ' דללם הוא בחי' קטנות המוחין בכלל והוא מאיר בשחרית דחול ובשבת אין הארה זו אלא בערבי' כי בשבת עיקר ההאר' מבחינת מוחין דגדלות כנ"ל באריכות וזה שאמר ובל אינון תושבחן כבוד דיום השבת שהן פנימיות המוחין · ע"כ איהו תושבחתא עילאה על כל המוחין דשאר יומין וד"ל :

מִזְמוֹר שִׁיר לְיוֹם הַשַּׁבָּת: טוֹב לְהֹדוֹת לַיהֹוָה וּלְזַמֵּר לְשִׁמְךָ עֶלְיוֹן: להגיד

מזמור שיר ליום השבת טוב להודות להוי"ה ולזמר לשמך עליון·הנה המזמור הזה הוא ענין ושרש א' עם מזמור לתודה אלא שאומרים בחול מזמור לתודה ובשבת אומרים מזמור זה כמ"ש מזמור שיר ליום השבת דוקא הענין הוא כי שרש ענין זה הוא בבחי' החכמה ששם הוא דוקא בחי' ההודאה וכנ"ל אלא שבחול או"א דאצי' מתלבשים למטה בו' יומין דחול בבחי' ו"ק דבריאה ויצי' בלבד ע"כ אומרים בחול מזמור לתודה שהוא בבחי' הבא דיצי' בלבד כנ"ל אבל בשבת שהוא זמן עליות כל העולמות דבי"ע לאצי' ובאצי' ג"כ עליות דזו"נ עד או"א דאצי' כידוע ע"כ א"א מזמור לתודה בשבת להיות כי בשבת כבר עלו או"א דיצירה באצי' אלא אומרים במקום זה מזמור שיר ליום השבת והיינו באמרו כי טוב להודות להוי"ה פי' כי טוב להודות בבחי' הודאה הנ"ל דוקא שהוא בבחי' אור אבל להוי' דוקא והוא שם הוי' דאור אבא דאצי' ששם ההודאה טוב יותר מהודאה שבבחי' חכמה דיצי' לפי שבאצילות החכמה שרש אורות כל האצי' ונקרא טוב שהוא ענין אור וכמ"ש וירא אלקים את האור כי טוב ולכך בחכמה נאמר יהי אור כמ"ש בזהר וזהו טוב להודות להוי"ה דחכמה דאצי' בשבת דוקא ולא בחול ומי הוא המודה בהודאה זאת היינו מה שהתחיל לומר מזמור שיר ליום השבת · פי' יום השבת הוא בחינת ז"א שנקרא יום סתם כמ"ש חסד אל כל היום וכן יומם יצוה ה' חסדו כידוע ויום השבת היינו כשמקבל ז"א מבחי' מוחין דאו"א דאצי' שנקרא שבת ש' ב"ת השין הן ג' מוחין דאבא חב"ד כמו שהן ג' קוין שבשי"ן כידוע ופי' ב"ת היינו בחינת מוחין דאימא וכמ"ש שמרני כאישון בת עין וידוע שהחכמה נקרא עי"ן והבינה נקרא בת עין כו' ופי' מזמור שיר ליום השבת היינו בחי' עליות המ"ל דאצי' שנקרא מזמור והוא אשר עולה בבינה ושיר' לגבי בחי' המוחין דאו"א שמתגלים בז"א שנקרא יום השבת והשיר הוא כדי לעורר אותן מן ההעלם לגילוי במ"ל ג"כ והיינו שאומרים מזמור זה ב' פעמים א' בליל שבת שהוא עליות המ"ל ופעם ב' ביום לנגד עליות ז"א ואז הפי' כך הוא דמזמור שיר זה אומר יום השבת עצמו שהוא נגד בחי' ז"א ואומרו לגבי בחי' מוחין דאו"א שמודה לשם בבחי' הודאה בלבד למעלה מבחי' השגה וע"כ אומר טוב להודות להוי"ה כנ"ל וד"ל:

ולזמר לשמך עליון פי' לשמך עליון דוקא כי יש בחינת שם שאינו עליון והוא בחינת מ"ל דאצי' שנקרא שם וכמ"ש ויעש דוד שם כידוע שהוא שם ב"ן דמ"ל כו' אבל יש שם שנקרא עליון והוא כמאמר ומה תעשה לשמך הגדול דמשמע שיש שם קטן והענין א' הוא דבחי' מ"ל נקרא שם קטן להיותה מתלבשת להחיות רוח שפלים מאין ליש כו' וגם שמו דז"ה ואו"א אינן נקראים עדיין בשם גדול על היותם מלובשים בבחי' אור וכלי כי גם הוי"ה דחכמה מלובש בכלי באותיות כו' אבל שמך הגדול הוא בחי' הכתר שהוא בחי' אחרונה שבעצמות המאציל ועליה אמר דאיהו תפיס בכולהו עלמין ולית מאן דתפיס ביה כלל כו'

לְהַגִּיד בַּבֹּקֶר חַסְדֶּךָ וֶאֱמוּנָתְךָ בַּלֵּילוֹת: עֲלֵי עָשׂוֹר וַעֲלֵי נָבֶל עֲלֵי הִגָּיוֹן בְּכִנּוֹר: כִּי שִׂמַּחְתַּנִי יְהֹוָה בְּפָעֳלֶךָ בְּמַעֲשֵׂי יָדֶיךָ אֲרַנֵּן: מַה גָּדְלוּ מַעֲשֶׂיךָ יְהֹוָה מְאֹד עָמְקוּ מַחְשְׁבֹתֶיךָ: אִישׁ בַּעַר לֹא יֵדָע וּכְסִיל לֹא יָבִין אֶת זֹאת: בִּפְרֹחַ רְשָׁעִים כְּמוֹ עֵשֶׂב וַיָּצִיצוּ כָּל פֹּעֲלֵי אָוֶן לְהִשָּׁמְדָם עֲדֵי עַד: וְאַתָּה מָרוֹם לְעֹלָם יְהֹוָה: כִּי הִנֵּה אֹיְבֶיךָ יְהֹוָה כִּי הִנֵּה אֹיְבֶיךָ יֹאבֵדוּ יִתְפָּרְדוּ כָּל פֹּעֲלֵי אָוֶן: וַתָּרֶם כִּרְאֵים קַרְנִי בַּלֹּתִי בְּשֶׁמֶן רַעֲנָן: וַתַּבֵּט עֵינִי בְּשׁוּרָי בַּקָּמִים עָלַי מְרֵעִים תִּשְׁמַעְנָה אזני

כו' וזהו ומה תעשה לשמך הגדול דוקא להיותו למעלה מהגבלה בבחי' כלי ע"כ נקרא גדול לפי שהתפשטות שלו עד אין קץ ושיעור בבחי' א"ס כו' וגם כאן באמרו לשמך עליון הכונה הוא על בחי' הכתר שנקרא א"ל עליון ושמך עליון הוא הארת מל' דכתר בחכמה וכמ"ש והחכמ' מאין תמצא מאי"ן דכתר כידוע וזהו ולזמר לשמך עליון דגם בבחי' אור אבא מזמר ומרנן בעליותו לגבי מקור חוצבו והוא בחי' שם העליון דכתר וד"ל :

להגיד בבקר חסדך ואמונתך בלילות פי' בבקר הוא בחי' בקר דיוסף כמ"ש בזהר והוא בחי' יסוד ז"א דאצי' שנקרא בקר דיוסף מה שאין כן בקר דאברהם שהוא בחינת חסד דזעיר אנפין וההפרש ביניהם ידוע לפי שבבחינת יסוד ז"א מתכנסים כל החסדים הכלולים גם במדות זולתי החסד כי גם מדת הגבורה יש בהם מאור החסד והיינו בחינת אור השפעתה בגילוי מן ההעלם שהוא בא בכח החסד דוקא וזהו מ"ש יומם יצוה ה' חסדו שהחסד מאיר בכל המדות והוא הנקרא ענן דאהרן דאזיל עם כולהו יומין כמ"ש בזוהר אך אין מתגלין כל החסדים אלא בבחי' יסוד דוקא שנקרא כנישו דכל נהורין דהיינו מבחי' אורות החסדים דווקא שנק' נהורין וכמ"ש וירא את האור כי טוב משום דמטבע הטוב להטיב ולהאיר כו' כמ"ש בת"א ע"כ בבקר דיוסף שנקרא יסוד אמר להגיד בבקר חסדך פי' להגיד הוא ענין המשכה כמו נהר דינור נגיד ונפיק כו' וכן ובעל כנפים יגיד דבר והוא ענין גילוי כל אורות החסדים ביחד וזהו להגיד בבקר חסדך סתם וד"ל : ואמונתך בלילות הוא בחי' מ"ל דאצי' שנק' אמונה כמ"ש חדשים לבקרים רבה אמונתך פירוש כשמתחדשים לבקרים דהיא ריבוי חסדים דבקר דיוסף כנ"ל אזי מתרבה מוחין דנוק' שנק' אמונתך מפני שמוחין חדשים נמשך לנוק' בכל יום מבקר דיוסף כמ"ש בזהר ע"פ הבקר אור והאנשים שולחו כו' ע"ש וד"ל · ואמונתך שהוא המשכת בחי' קבלת עול מ"ש דמלכות שאינה נקראת אלא אמונה בלבד מאיר ונמשך בלילות בלבד דהיינו במדריגות התחתונות דבג' עולמות בי"ע שמקבלים בחי' אמונה מבחינת מלכות וכמ"ש ורעה אמונה וכמ"ש בת"א וד"ל :

עלי עשור ועלי נבל כו' פי' עשור הוא הכנור שעשוי מעשרה נימין נקרא עשור כי סתם כנור עשוי מז' נימין וכנור של דוד על הרוב היה של ז' נימין אך לפעמים היה מנגן גם על השמינית והוא מ"ש למנצח על השמינית כו' אך לעתיד לבא יהיה הכנור של דוד מי' נימין והוא מ"ש עלי עשור דוקא לפי שבכל שבת יש איזה הארה מעין לעתיד ביום שכולו שבת כידוע וד"ל· ולהבין ביאור הדברים הנה תחלה יש להקדים הענין המבואר בת"א ע"פ אז יבדיל משה ג' ערים כו' שעכשיו אין הבירור בגליות רק בז' עממין הכנעני החתי כו' שהן ז' מדות רעות דקליפה שנפלו בשבירה ממלכין קדמאין שמתו כו' כידוע וע"כ לא נתנה א"י לכבוש רק ז' אומות הללו ועליהם אמר לא תחיה כל נשמה אבל הקני והקניזי והקדמוני שגם הם ניתנו לאברהם כמבואר בכתוב לא ניתנו בזמן משה לישראל ולא לענין הבירורים עתה בזמן הגלות אך לעתיד יתנו להם הג' הללה ג"כ והטעם יתבאר שם כי הקני והקניזי והקדמוני הן לנגד ג"ר כח"ב שלא היה בהם בחי' שבירה כלל כי עיקר השבירה לא היה רק בז"ת בלבד כידוע ע"כ לא ניתן מהם אחוזה בא"י לברר ולהעלות מהם רפ"ח ניצוצין כו' אלא לעתיד ממילא יהיו נתונים לישראל לפי שבבירור הז"ת אזי ממילא מאירים גם בחי' כח"ב בהם בשלימות ההארה והראיה לזה בבחי' היכל הז' הנקרא היכל ק"ק שכולל ג' כח"ב כו' ע"ש וד"ל וגם כאן מובן ע"ד זה דהנה ענין הכנור של דוד הוא בחי' עלית המל' בי"ס שלה ויש שירה בפה ויש שירה בכלי והשיר אשר בכלי מגד אחד גבוה משיר אשר בפה והוא מפני שיש כלי ממש לעלי' זו ככ"ל והיינו מה שאמרו ז"ל כנור היה תלוי למעלה ממטתו של דוד ובכל חצות רוח צפונית מנשב ומנגן מאליו פירוש רוח צפונית הן ה"ג דנוק' שמעלין מ"נ לעלות המ"ל מחצות ואילך עד הבקר אור דיוסף שאז מקבלת מוחין חדשים כו' והכנור הם כלים לעליה זו והוא של ז' נימין בלבד לפי שאין העליה עתה רק בז' המדות אך לפעמים מנגן על השמינית וכמ"ש למנצח על השמינית והוא בחינת בינה שבמ"ל שכוללת ז' המדות כו' אבל לעתיד שיתעלו גם בחינת כח"ב דמלכות וע"כ יותן למטה ג' אומות הנ"ל אזי יהיה הכנור של דוד מי' נימין נגד י"ס שלמות וזהו עלי עשור כו' בכנור מי' נימין דוקא שנקרא עשור מעין לעתיד וכו' שבכל שבת ושבת יש קצת הארה מעין לעתיד ביום שכולו שבת שהוא אלף הז' לפי שהוא הכלל דכולל כל השבתות הפרטים כו' וכמ"ש בת"א :

אָזְנָי: צַדִּיק כַּתָּמָר יִפְרָח כְּאֶרֶז בַּלְּבָנוֹן יִשְׂגֶּה:
שְׁתוּלִים בְּבֵית יְהֹוָה בְּחַצְרוֹת אֱלֹהֵינוּ יַפְרִיחוּ:
עוֹד יְנוּבוּן בְּשֵׂיבָה דְּשֵׁנִים וְרַעֲנַנִּים יִהְיוּ: לְהַגִּיד
כִּי יָשָׁר יְהֹוָה צוּרִי וְלֹא עַוְלָתָה (עלתה כתיב) בּוֹ:

יְהֹוָה מָלָךְ גֵּאוּת לָבֵשׁ לָבֵשׁ יְהֹוָה עֹז הִתְאַזָּר אַף תִּכּוֹן
תֵּבֵל בַּל תִּמּוֹט: נָכוֹן כִּסְאֲךָ מֵאָז מֵעוֹלָם אָתָּה:
נָשְׂאוּ נְהָרוֹת יְהֹוָה נָשְׂאוּ נְהָרוֹת קוֹלָם יִשְׂאוּ נְהָרוֹת דָּכְיָם:
מִקֹּלוֹת מַיִם רַבִּים אַדִּירִים מִשְׁבְּרֵי יָם אַדִּיר בַּמָּרוֹם יְהֹוָה:
עֵדֹתֶיךָ נֶאֶמְנוּ מְאֹד לְבֵיתְךָ נָאֲוָה (נ"א נַאֲוָה) קֹּדֶשׁ יְהֹוָה
לְאֹרֶךְ יָמִים:

יְהִי כְבוֹד יְהֹוָה לְעוֹלָם יִשְׂמַח יְהֹוָה בְּמַעֲשָׂיו: יְהִי
שֵׁם יְהֹוָה מְבֹרָךְ מֵעַתָּה וְעַד עוֹלָם: מִמִּזְרַח
שֶׁמֶשׁ עַד מְבוֹאוֹ מְהֻלָּל שֵׁם יְהֹוָה: רָם עַל כָּל
גּוֹיִם יְהֹוָה עַל הַשָּׁמַיִם כְּבוֹדוֹ: יְהֹוָה שִׁמְךָ לְעוֹלָם
יְהֹוָה זִכְרְךָ לְדֹר וָדֹר: יְהֹוָה בַּשָּׁמַיִם הֵכִין כִּסְאוֹ
וּמַלְכוּתוֹ בַּכֹּל מָשָׁלָה: יִשְׂמְחוּ הַשָּׁמַיִם וְתָגֵל הָאָרֶץ
וְיֹאמְרוּ בַגּוֹיִם יְהֹוָה מָלָךְ: יְהֹוָה מֶלֶךְ יְהֹוָה מָלָךְ
יְהֹוָה יִמְלֹךְ לְעוֹלָם וָעֶד: יְהֹוָה מֶלֶךְ עוֹלָם וָעֶד
אָבְדוּ גוֹיִם מֵאַרְצוֹ: יְהֹוָה הֵפִיר עֲצַת גּוֹיִם הֵנִיא
מַחְשְׁבוֹת עַמִּים: רַבּוֹת מַחֲשָׁבוֹת בְּלֶב אִישׁ וַעֲצַת
יְהֹוָה הִיא תָקוּם: עֲצַת יְהֹוָה לְעוֹלָם תַּעֲמֹד
מַחְשְׁבוֹת לִבּוֹ לְדֹר וָדֹר: כִּי הוּא אָמַר וַיֶּהִי הוּא
צִוָּה וַיַּעֲמֹד: כִּי בָחַר יְהֹוָה בְּצִיּוֹן אִוָּהּ לְמוֹשָׁב לוֹ:
כִּי יַעֲקֹב בָּחַר לוֹ יָהּ יִשְׂרָאֵל לִסְגֻלָּתוֹ: כִּי לֹא
יִטֹּשׁ יְהֹוָה עַמּוֹ וְנַחֲלָתוֹ לֹא יַעֲזֹב: וְהוּא רַחוּם יְכַפֵּר
עָוֺן וְלֹא יַשְׁחִית וְהִרְבָּה לְהָשִׁיב אַפּוֹ וְלֹא יָעִיר כָּל
חֲמָתוֹ: יְהֹוָה הוֹשִׁיעָה הַמֶּלֶךְ יַעֲנֵנוּ בְיוֹם קָרְאֵנוּ:

אַשְׁרֵי יוֹשְׁבֵי בֵיתֶךָ עוֹד יְהַלְלוּךָ
סֶּלָה: אַשְׁרֵי הָעָם שֶׁכָּכָה לּוֹ
אַשְׁרֵי הָעָם שֶׁיְהֹוָה אֱלֹהָיו: תְּהִלָּה
לְדָוִד אֲרוֹמִמְךָ אֱלוֹהַי הַמֶּלֶךְ
וַאֲבָרְכָה שִׁמְךָ לְעוֹלָם וָעֶד: בְּכָל
יוֹם אֲבָרְכֶךָּ וַאֲהַלְלָה שִׁמְךָ לְעוֹלָם
וָעֶד: גָּדוֹל יְהֹוָה וּמְהֻלָּל מְאֹד
וְלִגְדֻלָּתוֹ אֵין חֵקֶר: דּוֹר לְדוֹר יְשַׁבַּח
מַעֲשֶׂיךָ וּגְבוּרֹתֶיךָ יַגִּידוּ: הֲדַר כְּבוֹד
הוֹדֶךָ וְדִבְרֵי נִפְלְאוֹתֶיךָ אָשִׂיחָה:
וֶעֱזוּז נוֹרְאוֹתֶיךָ יֹאמֵרוּ וּגְדֻלָּתְךָ
אֲסַפְּרֶנָּה: זֵכֶר רַב טוּבְךָ יַבִּיעוּ
וְצִדְקָתְךָ יְרַנֵּנוּ: חַנּוּן וְרַחוּם יְהֹוָה
אֶרֶךְ אַפַּיִם וּגְדָל חָסֶד: טוֹב יְהֹוָה
לַכֹּל וְרַחֲמָיו עַל כָּל מַעֲשָׂיו: יוֹדוּךָ
יְהֹוָה כָּל מַעֲשֶׂיךָ וַחֲסִידֶיךָ יְבָרְכוּכָה:
כְּבוֹד מַלְכוּתְךָ יֹאמֵרוּ וּגְבוּרָתְךָ
יְדַבֵּרוּ: לְהוֹדִיעַ לִבְנֵי הָאָדָם
גְּבוּרֹתָיו וּכְבוֹד הֲדַר מַלְכוּתוֹ:
מַלְכוּתְךָ מַלְכוּת כָּל עֹלָמִים
וּמֶמְשַׁלְתְּךָ בְּכָל דּוֹר וָדֹר: סוֹמֵךְ
יְהֹוָה לְכָל הַנֹּפְלִים וְזוֹקֵף לְכָל
הַכְּפוּפִים: עֵינֵי כֹל אֵלֶיךָ יְשַׂבֵּרוּ
וְאַתָּה נוֹתֵן לָהֶם אֶת אָכְלָם בְּעִתּוֹ:
פּוֹתֵחַ אֶת יָדֶךָ וּמַשְׂבִּיעַ לְכָל חַי
רָצוֹן: צַדִּיק יְהֹוָה בְּכָל דְּרָכָיו וְחָסִיד
בְּכָל מַעֲשָׂיו: קָרוֹב יְהֹוָה לְכָל
קֹרְאָיו לְכֹל אֲשֶׁר יִקְרָאֻהוּ בֶאֱמֶת:
רְצוֹן יְרֵאָיו יַעֲשֶׂה וְאֶת שַׁוְעָתָם
יִשְׁמַע וְיוֹשִׁיעֵם: שׁוֹמֵר יְהֹוָה אֶת כָּל
אֹהֲבָיו וְאֵת כָּל הָרְשָׁעִים יַשְׁמִיד:

תהלת

תְּהִלַּת יְהוָה יְדַבֶּר פִּי וִיבָרֵךְ כָּל בָּשָׂר שֵׁם קָדְשׁוֹ לְעוֹלָם וָעֶד: וַאֲנַחְנוּ נְבָרֵךְ יָהּ מֵעַתָּה וְעַד עוֹלָם הַלְלוּיָהּ:

הַלְלוּיָהּ הַלְלִי נַפְשִׁי אֶת יְהוָה: אֲהַלְלָה יְהוָה בְּחַיָּי אֲזַמְּרָה לֵאלֹהַי בְּעוֹדִי: אַל תִּבְטְחוּ בִנְדִיבִים בְּבֶן אָדָם שֶׁאֵין לוֹ תְשׁוּעָה: תֵּצֵא רוּחוֹ יָשֻׁב לְאַדְמָתוֹ בַּיּוֹם הַהוּא אָבְדוּ עֶשְׁתֹּנֹתָיו: אַשְׁרֵי שֶׁאֵל יַעֲקֹב בְּעֶזְרוֹ שִׂבְרוֹ עַל יְהוָה אֱלֹהָיו: עֹשֶׂה שָׁמַיִם וָאָרֶץ אֶת הַיָּם וְאֶת כָּל אֲשֶׁר בָּם הַשֹּׁמֵר אֱמֶת לְעוֹלָם: עֹשֶׂה מִשְׁפָּט לָעֲשׁוּקִים נֹתֵן לֶחֶם לָרְעֵבִים יְהוָה מַתִּיר אֲסוּרִים: יְהוָה פֹּקֵחַ עִוְרִים יְהוָה זֹקֵף כְּפוּפִים יְהוָה אֹהֵב צַדִּיקִים: יְהוָה שֹׁמֵר אֶת גֵּרִים יָתוֹם וְאַלְמָנָה יְעוֹדֵד וְדֶרֶךְ רְשָׁעִים יְעַוֵּת: יִמְלֹךְ יְהוָה לְעוֹלָם אֱלֹהַיִךְ צִיּוֹן לְדֹר וָדֹר הַלְלוּיָהּ:

הַלְלוּיָהּ כִּי טוֹב זַמְּרָה אֱלֹהֵינוּ כִּי נָעִים נָאוָה תְהִלָּה: בּוֹנֵה יְרוּשָׁלַיִם יְהוָה נִדְחֵי יִשְׂרָאֵל יְכַנֵּס: הָרֹפֵא לִשְׁבוּרֵי לֵב וּמְחַבֵּשׁ לְעַצְּבוֹתָם: מוֹנֶה מִסְפָּר לַכּוֹכָבִים לְכֻלָּם שֵׁמוֹת יִקְרָא: גָּדוֹל אֲדוֹנֵינוּ וְרַב כֹּחַ לִתְבוּנָתוֹ אֵין מִסְפָּר: מְעוֹדֵד עֲנָוִים יְהוָה מַשְׁפִּיל רְשָׁעִים עֲדֵי אָרֶץ: עֱנוּ לַיהוָה בְּתוֹדָה זַמְּרוּ לֵאלֹהֵינוּ בְכִנּוֹר: הַמְכַסֶּה שָׁמַיִם בְּעָבִים הַמֵּכִין לָאָרֶץ מָטָר הַמַּצְמִיחַ הָרִים חָצִיר: נוֹתֵן לִבְהֵמָה לַחְמָהּ לִבְנֵי עֹרֵב אֲשֶׁר יִקְרָאוּ: לֹא בִגְבוּרַת הַסּוּס יֶחְפָּץ לֹא בְשׁוֹקֵי הָאִישׁ יִרְצֶה: רוֹצֶה יְהוָה אֶת יְרֵאָיו אֶת הַמְיַחֲלִים לְחַסְדּוֹ: שַׁבְּחִי יְרוּשָׁלַיִם אֶת יְהוָה הַלְלִי אֱלֹהַיִךְ צִיּוֹן: כִּי חִזַּק בְּרִיחֵי שְׁעָרָיִךְ בֵּרַךְ בָּנַיִךְ בְּקִרְבֵּךְ: הַשָּׂם גְּבוּלֵךְ שָׁלוֹם חֵלֶב חִטִּים יַשְׂבִּיעֵךְ: הַשֹּׁלֵחַ אִמְרָתוֹ אָרֶץ עַד מְהֵרָה יָרוּץ דְּבָרוֹ: הַנֹּתֵן שֶׁלֶג כַּצָּמֶר כְּפוֹר כָּאֵפֶר יְפַזֵּר: מַשְׁלִיךְ *קַרְחוֹ כְפִתִּים לִפְנֵי קָרָתוֹ מִי יַעֲמֹד: יִשְׁלַח דְּבָרוֹ וְיַמְסֵם יַשֵּׁב רוּחוֹ יִזְּלוּ מָיִם: מַגִּיד דְּבָרָיו לְיַעֲקֹב חֻקָּיו וּמִשְׁפָּטָיו לְיִשְׂרָאֵל: לֹא עָשָׂה כֵן לְכָל גּוֹי וּמִשְׁפָּטִים בַּל יְדָעוּם הַלְלוּיָהּ:

הַלְלוּיָהּ הַלְלוּ אֶת יְהוָה מִן הַשָּׁמַיִם הַלְלוּהוּ בַּמְּרוֹמִים: הַלְלוּהוּ כָל מַלְאָכָיו הַלְלוּהוּ כָּל צְבָאָיו: הַלְלוּהוּ שֶׁמֶשׁ וְיָרֵחַ הַלְלוּהוּ כָּל כּוֹכְבֵי אוֹר: הַלְלוּהוּ שְׁמֵי הַשָּׁמָיִם וְהַמַּיִם אֲשֶׁר מֵעַל הַשָּׁמָיִם: יְהַלְלוּ אֶת שֵׁם יְהוָה כִּי הוּא צִוָּה וְנִבְרָאוּ: וַיַּעֲמִידֵם לָעַד לְעוֹלָם חָק נָתַן וְלֹא יַעֲבוֹר: הַלְלוּ אֶת יְהוָה מִן הָאָרֶץ תַּנִּינִים וְכָל תְּהֹמוֹת: אֵשׁ וּבָרָד שֶׁלֶג וְקִיטוֹר רוּחַ סְעָרָה עֹשָׂה דְבָרוֹ: הֶהָרִים וְכָל גְּבָעוֹת עֵץ פְּרִי וְכָל אֲרָזִים: הַחַיָּה וְכָל בְּהֵמָה רֶמֶשׂ וְצִפּוֹר כָּנָף: מַלְכֵי אֶרֶץ וְכָל לְאֻמִּים שָׂרִים וְכָל שֹׁפְטֵי אָרֶץ: בַּחוּרִים וְגַם בְּתוּלוֹת זְקֵנִים עִם נְעָרִים: יְהַלְלוּ אֶת שֵׁם יְהוָה כִּי נִשְׂגָּב שְׁמוֹ לְבַדּוֹ הוֹדוֹ עַל אֶרֶץ וְשָׁמָיִם: וַיָּרֶם קֶרֶן לְעַמּוֹ תְּהִלָּה לְכָל חֲסִידָיו לִבְנֵי יִשְׂרָאֵל עַם קְרֹבוֹ הַלְלוּיָהּ:

הַלְלוּיָהּ שִׁירוּ לַיהוָה שִׁיר חָדָשׁ תְּהִלָּתוֹ בִּקְהַל חֲסִידִים: יִשְׂמַח יִשְׂרָאֵל בְּעֹשָׂיו בְּנֵי צִיּוֹן יָגִילוּ בְמַלְכָּם: יְהַלְלוּ שְׁמוֹ בְמָחוֹל בְּתֹף וְכִנּוֹר יְזַמְּרוּ לוֹ: כִּי רוֹצֶה יְהוָה בְּעַמּוֹ יְפָאֵר עֲנָוִים בִּישׁוּעָה: יַעְלְזוּ חֲסִידִים בְּכָבוֹד יְרַנְּנוּ עַל מִשְׁכְּבוֹתָם: רוֹמְמוֹת אֵל בִּגְרוֹנָם וְחֶרֶב פִּיפִיּוֹת בְּיָדָם: לַעֲשׂוֹת נְקָמָה בַּגּוֹיִם תּוֹכֵחוֹת בַּלְאֻמִּים:

לאסר

נ״א קָרְחוֹ

לֶאְסֹר מַלְכֵיהֶם בְּזִקִּים וְנִכְבְּדֵיהֶם בְּכַבְלֵי בַרְזֶל׃
לַעֲשׂוֹת בָּהֶם מִשְׁפָּט כָּתוּב הָדָר הוּא לְכָל
חֲסִידָיו הַלְלוּיָהּ׃
הַלְלוּיָהּ הַלְלוּ אֵל בְּקָדְשׁוֹ הַלְלוּהוּ בִּרְקִיעַ עֻזּוֹ׃
הַלְלוּהוּ בִגְבוּרֹתָיו הַלְלוּהוּ כְּרֹב גֻּדְלוֹ׃
הַלְלוּהוּ בְּתֵקַע שׁוֹפָר הַלְלוּהוּ בְּנֵבֶל וְכִנּוֹר׃
הַלְלוּהוּ בְתֹף וּמָחוֹל הַלְלוּהוּ בְּמִנִּים וְעֻגָב׃ הַלְלוּהוּ
בְצִלְצְלֵי שָׁמַע הַלְלוּהוּ בְּצִלְצְלֵי תְרוּעָה׃ כֹּל
הַנְּשָׁמָה תְּהַלֵּל יָהּ הַלְלוּיָהּ׃ כֹּ הַ תְּ יָ הַ׃
בָּרוּךְ יְהוָה לְעוֹלָם אָמֵן וְאָמֵן׃ בָּרוּךְ יְהוָה מִצִּיּוֹן
שֹׁכֵן יְרוּשָׁלָיִם הַלְלוּיָהּ׃ בָּרוּךְ יְהוָה אֱלֹהִים
אֱלֹהֵי יִשְׂרָאֵל עֹשֵׂה נִפְלָאוֹת לְבַדּוֹ׃ וּבָרוּךְ שֵׁם כְּבוֹדוֹ
לְעוֹלָם וְיִמָּלֵא כְבוֹדוֹ אֶת כָּל הָאָרֶץ אָמֵן וְאָמֵן׃

וַיְבָרֶךְ דָּוִיד אֶת יְהוָה לְעֵינֵי כָּל הַקָּהָל
וַיֹּאמֶר דָּוִיד בָּרוּךְ אַתָּה יְהוָה
אֱלֹהֵי יִשְׂרָאֵל אָבִינוּ מֵעוֹלָם וְעַד
עוֹלָם׃ לְךָ יְהוָה הַגְּדֻלָּה וְהַגְּבוּרָה
וְהַתִּפְאֶרֶת וְהַנֵּצַח וְהַהוֹד כִּי כֹל
בַּשָּׁמַיִם וּבָאָרֶץ לְךָ יְהוָה הַמַּמְלָכָה
וְהַמִּתְנַשֵּׂא לְכֹל לְרֹאשׁ׃ וְהָעֹשֶׁר
וְהַכָּבוֹד מִלְּפָנֶיךָ וְאַתָּה מוֹשֵׁל
בַּכֹּל וּבְיָדְךָ כֹּחַ וּגְבוּרָה וּבְיָדְךָ
לְגַדֵּל וּלְחַזֵּק לַכֹּל׃ וְעַתָּה
אֱלֹהֵינוּ מוֹדִים אֲנַחְנוּ לָךְ וּמְהַלְלִים
לְשֵׁם תִּפְאַרְתֶּךָ׃ וִיבָרְכוּ שֵׁם כְּבוֹדֶךָ
וּמְרוֹמַם עַל כָּל בְּרָכָה וּתְהִלָּה׃ אַתָּה
הוּא יְהוָה לְבַדֶּךָ אַתָּה עָשִׂיתָ אֶת
הַשָּׁמַיִם שְׁמֵי הַשָּׁמַיִם וְכָל צְבָאָם
הָאָרֶץ וְכָל אֲשֶׁר עָלֶיהָ הַיַּמִּים וְכָל
אֲשֶׁר בָּהֶם׃ וְאַתָּה מְחַיֶּה אֶת כֻּלָּם
וּצְבָא הַשָּׁמַיִם לְךָ מִשְׁתַּחֲוִים׃ אַתָּה
הוּא יְהוָה הָאֱלֹהִים אֲשֶׁר בָּחַרְתָּ
בְּאַבְרָם וְהוֹצֵאתוֹ מֵאוּר כַּשְׂדִּים
וְשַׂמְתָּ שְׁמוֹ אַבְרָהָם וּמָצָאתָ אֶת
לְבָבוֹ נֶאֱמָן לְפָנֶיךָ

וְכָרוֹת עִמּוֹ הַבְּרִית לָתֵת אֶת אֶרֶץ הַכְּנַעֲנִי הַחִתִּי
הָאֱמֹרִי וְהַפְּרִזִּי וְהַיְבוּסִי וְהַגִּרְגָּשִׁי לָתֵת
לְזַרְעוֹ וַתָּקֶם אֶת דְּבָרֶיךָ כִּי צַדִּיק אָתָּה׃ וַתֵּרֶא אֶת
עֳנִי אֲבֹתֵינוּ בְּמִצְרָיִם וְאֶת זַעֲקָתָם שָׁמַעְתָּ עַל יַם
סוּף׃ וַתִּתֵּן אֹתֹת וּמֹפְתִים בְּפַרְעֹה וּבְכָל עֲבָדָיו
וּבְכָל עַם אַרְצוֹ׃ כִּי יָדַעְתָּ כִּי הֵזִידוּ עֲלֵיהֶם וַתַּעַשׂ
לְךָ שֵׁם כְּהַיּוֹם הַזֶּה׃ וְהַיָּם בָּקַעְתָּ לִפְנֵיהֶם וַיַּעַבְרוּ
בְתוֹךְ הַיָּם בַּיַּבָּשָׁה׃ וְאֶת רֹדְפֵיהֶם הִשְׁלַכְתָּ
בִמְצוֹלֹת כְּמוֹ אֶבֶן בְּמַיִם עַזִּים׃

וַיּוֹשַׁע יְהוָה בַּיּוֹם הַהוּא אֶת־יִשְׂרָאֵל
מִיַּד מִצְרָיִם וַיַּרְא יִשְׂרָאֵל אֶת־
מִצְרַיִם מֵת עַל־שְׂפַת הַיָּם׃ וַיַּרְא
יִשְׂרָאֵל אֶת־הַיָּד הַגְּדֹלָה אֲשֶׁר עָשָׂה
יְהוָה בְּמִצְרַיִם וַיִּירְאוּ הָעָם אֶת־יְהוָה
וַיַּאֲמִינוּ בַּיהוָה וּבְמֹשֶׁה עַבְדּוֹ׃
אָז יָשִׁיר־־מֹשֶׁה וּבְנֵי יִשְׂרָאֵל אֶת־־
הַשִּׁירָה הַזֹּאת לַיהוָה וַיֹּאמְרוּ
לֵאמֹר אָשִׁירָה לַיהוָה כִּי־גָאֹה גָּאָה
סוּס וְרֹכְבוֹ רָמָה בַיָּם׃ עָזִּי וְזִמְרָת יָהּ
וַיְהִי־לִי לִישׁוּעָה זֶה אֵלִי וְאַנְוֵהוּ אֱלֹהֵי
אָבִי וַאֲרֹמְמֶנְהוּ׃ יְהוָה אִישׁ מִלְחָמָה
״

יְהֹוָה שְׁמוֹ: מַרְכְּבֹת פַּרְעֹה וְחֵילוֹ יָרָה
בַיָּם וּמִבְחַר שָׁלִשָׁיו טֻבְּעוּ בְיַם־סוּף:
תְּהֹמֹת יְכַסְיֻמוּ יָרְדוּ בִמְצוֹלֹת כְּמוֹ־
אָבֶן: יְמִינְךָ יְהֹוָה נֶאְדָּרִי בַּכֹּחַ יְמִינְךָ
יְהֹוָה תִּרְעַץ אוֹיֵב: וּבְרֹב גְּאוֹנְךָ תַּהֲרֹס
קָמֶיךָ תְּשַׁלַּח חֲרֹנְךָ יֹאכְלֵמוֹ כַּקַּשׁ:
וּבְרוּחַ אַפֶּיךָ נֶעֶרְמוּ מַיִם נִצְּבוּ כְמוֹ־
נֵד נֹזְלִים קָפְאוּ תְהֹמֹת בְּלֶב־יָם:
אָמַר אוֹיֵב אֶרְדֹּף אַשִּׂיג אֲחַלֵּק שָׁלָל
תִּמְלָאֵמוֹ נַפְשִׁי אָרִיק חַרְבִּי תּוֹרִישֵׁמוֹ
יָדִי: נָשַׁפְתָּ בְרוּחֲךָ כִּסָּמוֹ יָם צָלֲלוּ
כַּעוֹפֶרֶת בְּמַיִם אַדִּירִים: מִי־כָמֹכָה
בָּאֵלִם יְהֹוָה מִי כָּמֹכָה נֶאְדָּר בַּקֹּדֶשׁ
נוֹרָא תְהִלֹּת עֹשֵׂה־פֶלֶא: נָטִיתָ יְמִינְךָ
תִּבְלָעֵמוֹ אָרֶץ: נָחִיתָ בְחַסְדְּךָ עַם־זוּ
גָּאָלְתָּ נֵהַלְתָּ בְעָזְּךָ אֶל־נְוֵה קָדְשֶׁךָ:
שָׁמְעוּ עַמִּים יִרְגָּזוּן חִיל אָחַז יֹשְׁבֵי
פְּלָשֶׁת: אָז נִבְהֲלוּ אַלּוּפֵי אֱדוֹם אֵילֵי
מוֹאָב יֹאחֲזֵמוֹ רָעַד נָמֹגוּ כֹּל יֹשְׁבֵי
כְנָעַן: תִּפֹּל עֲלֵיהֶם אֵימָתָה וָפַחַד
בִּגְדֹל זְרוֹעֲךָ יִדְּמוּ כָּאָבֶן עַד־יַעֲבֹר
עַמְּךָ יְהֹוָה עַד־יַעֲבֹר עַם־זוּ קָנִיתָ:
תְּבִאֵמוֹ וְתִטָּעֵמוֹ בְּהַר נַחֲלָתְךָ מָכוֹן
לְשִׁבְתְּךָ פָּעַלְתָּ יְהֹוָה מִקְּדָשׁ אֲדֹנָי
כּוֹנְנוּ יָדֶיךָ: יְהֹוָה | יִמְלֹךְ לְעֹלָם וָעֶד:
יְהֹוָה | יִמְלֹךְ לְעֹלָם וָעֶד: יְהֹוָה
מַלְכוּתֵיהּ קָאֵם לְעָלַם וּלְעָלְמֵי עָלְמַיָּא:
כִּי בָא סוּס פַּרְעֹה בְּרִכְבּוֹ וּבְפָרָשָׁיו
בַּיָּם וַיָּשֶׁב יְהֹוָה עֲלֵהֶם אֶת־מֵי הַיָּם
וּבְנֵי יִשְׂרָאֵל הָלְכוּ בַיַּבָּשָׁה בְּתוֹךְ
הַיָּם: כִּי לַיהֹוָה הַמְּלוּכָה וּמֹשֵׁל בַּגּוֹיִם:
וְעָלוּ מוֹשִׁעִים בְּהַר צִיּוֹן לִשְׁפֹּט
אֶת־הַר עֵשָׂו וְהָיְתָה לַיהֹוָה הַמְּלוּכָה:
וְהָיָה יְהֹוָה לְמֶלֶךְ עַל־כָּל־הָאָרֶץ בַּיּוֹם
הַהוּא יִהְיֶה יְהֹוָה אֶחָד וּשְׁמוֹ אֶחָד:

נשמת

נשמת כל חי הא חברייא אתערו בי׳ מילין דקשוט אבל אית לן לאדכרא האי נשמתא דפרחא מההוא חי העולמים ובגין דאיהו דיליה דמיניה נפקין כל ברכאן דשריין ביה והוא אשקי ומברך לתתא האי נשמתא דנפקא מיניה אית לה רשו לברכא להאי אתר · פי׳ בא לפרש היטב מ״ש נשמת כל חי דמשמעו שיש נשמה ששרש מקור חוצבה נחצבה מבחי׳ ומדריגה הנק׳ כל חי וע״כ נקרא בשם נשמת כל חי דהיינו שיצא מבחי׳ ומדריגה הנקרא בשם כל חי ולזה מפרש בתחלה מי הוא הנקרא כל חי ואמר שהוא בחינת חי העולמים · ועם ביאור זה מתרץ עוד קושיא א׳ איך יכולה הנשמה לברך לשמך שהוא בחי׳ מלכות דאצי׳ הלא הנשמה היא בע״ג ותכלית וגם הלא נמשכה מאין ליש מבחי׳ מ״ל שנק׳ כח הפועל בנפעל כידוע · והאיך יוכל להיות שיברך המעין למקורו שנובע ממנו כו׳ · ולכל זה הקדים לומר בתחלה ביאור ענין כל חי מהו · ואמר דמיניה נפקין כל ברכאן כו׳ · דהנה חי העולמים הוא בחי׳ יסוד ז״א דאצי׳ והוא נקרא בשם כל חי והטעם הוא לפי שבחי׳ יסוד יש בו מכללות כל האורות העליונים כולו גם מפרצופי או״א וע״י כו׳ · עד״מ השפעת טפת יסוד באדם למטה שאנו רואים בחוש שגם שהטפה אינה הלא המשכה קטנה מאד וגשמי׳ הנה יולד ממנה ולד שלם ברמ״ח אברים שלימים כדמיון המוליד ממש וידוע שיש בטפה זו של המשפיע בכח כללות כל האברים שמצטיירים אח״כ בולד כמו שרואים בגרעין התפוח הנזרע כל צורת התפוח ע״י כלי ההבטה כמבואר

בספרי

בספרי הטבע · אך הנה לכאורה יפלא האיך יהיה בטיפה זו הגשמית כל האברים כמו הראש והעינ' והרגלים אלא מוכרח לומר שאין בטפה מהות האברים ממש אלא רק כחם ושרשם בלבד · וגם זאת לא כל גופי כוחות האברים כמו שהם אלא רק בחי' הקיצור והתמצית מכאו"א · ויובן זאת עד"מ בהשפעת שכל לזולתו הקטן בערך שא"א שישפיע לו כל אור השכל כמו שהוא ממש אלא רק אפס קצהו ומלבישו בדבורים קצרים שיכילו תוכן ותמצית השכל בקצרה עד שהמקבל עומד על כל אותו אור השכל מתוך הדבורים הללו וכמאמר לא קאי איניש אדעתיה דרביה עד מ' שנין · הרי גם שיקבל השכל בדבורו של הרב מ"מ לא עמד על כל אותו עומק אור השכל עד מ' שנין ומ"מ סיבת עמדו גם על העומק האחרון הוא רק מן הדיבורים שקיבל מרבו בלבד הרי הדיבורים הללו כוללים בעצמם כל אותו עומק אלא שלא יש בהם בחי' גילוי בפרטיות כל אותו העומק · אך בחי' התמצית מכל אותו השכל יש בו אלא שהוא בא בדבור בדרך קצרה · אבל יש בקיצור זה כללות כל השכל אלא שהוא בחי' קיצור מכל בחי' ובחי' ע"ד שמציירין בנין גדול בנייר שיש בו מכל מה שיש בבנין · אך בכל פרט נצטייר אפס קצהו בלבד כו' וכך בטפה יש בחי' קיצור מכל פרטי כחות האברים כולם וע"כ אח"כ נצטיירו כל האברים בגידול כו' וד"ל · והנמשל מכל זה יובן למשכיל למעלה בבחי' טיפת יסוד דאצי' שהנשמה נולדה ממנו כו' הנה יש בטפה בחי' כללית מכללות כל האורות עליונים דז"א דהיינו מרמ"ח איבריו כולם וברמ"ח איברי' דז"א יש בהם גם מבחי' המוחין דאו"א וגם מבחי' א"א וע"י כידוע שנקרא אדם דאצי' שכולל הכל כו' וא"כ בבחי' טפה זו יש בכח והעלם כל בחי' האורות העליונים עד בחי' פנימית ע"י כו' כי כח המוליד יוליד בדומה לו כנ"ל במשל אך הנה אין זה בא בבחי' גילוי ממש אלא כמשל הנ"ל בכחות האברים הכלולים בטפה בבחי' קיצור ותמצית מכל בחי' ובחי' וכמו השפעת שכל לתלמיד בדרך קצרה שהקיצור כולל הכל כו' וזהו הטעם שנקרא בחי' יסוד בשם כל חי ונקרא חי העולמים סתם כי כולל בעצמו בדרך קיצור ותמצית מכל חיי העולמות כולם גם מכל פרטי פרטי האורות דאצי' כנ"ל וזהו שאמר דמיניה נפקין כל ברכאן דהיינו כל פרטי מוחין דז"א גם מה שכולל מאו"א וא"א וע"י כו' וד"ל · והנה מאחר שיש בבחי' יסוד כללות הכל כנ"ל הרי בהכרח לומר מתילא שיש בו דוקא נאור א"ס עצמו שבפנימיות ע"י שכולל כולו יחד בהשוואה א' וכמאמר אנת הוא חד ולא בחושבן כו' אלא דאפיק יוד תיקונין כו' וכידוע וע"כ מתילא יש כח לבחי' יסוד שנקרא צדיק לברך בחי' תוס' ברכה דהיינו בבחי' אור חדש מאור א"ס עצמו כי אין בא התחדשות אור החדש מעיקרו אלא רק מאור א"ס עצמו דוקא משום שההשתלשלות כאלו מאתו בקו המדה כנודע וכאשר יושפע אור החדש שלא נמשך עדיין בקו המדה בראשית ההשתלשלות צריך שיבא אור זה מעצמות אא"ס שמאיר בבחי' פנימיות דע"י כנודע ודוקא ע"י בחי' יסוד שנקרא צדיק העליון מטעם שהוא כולל בעצמו כללות הכל ובכללות שורה דוקא מבחי' אחרונה שבא"ס עצמו וד"ל · וזהו שאמר האי נשמתא דפרחא מההוא חי העולמים ובגין דאיהו דיליה דמיניה נפקין כל ברכאן כו' והוא אשקי ומברך לתתא כו' אית לה רשו לברכא להאי אתר פי' בביאור מאמר זה מתורץ גם הקושיא הנ"ל איך ביכולת בע"ג לברך למקורו שהוא בחי' מ"ל דאצי' שנקרא שמך ואיך אמר נשמת כל חי תברך את שמך מלכנו כו' · ולזה הקדים לומר משום דהאי נשמתא פרחא מחי העולמים שנקרא כל חי כנ"ל שבידו הכח והעוז לברך בחי' תוס' ברכה באורות ומוחין חדשים למ"ל דאצי' להיותו בחי' כללי כנ"ל · וע"כ גם בחי' הנשמה האלקית שנולדה מבחי' יסוד זה ופרחה ממנו יש גם בכחה לברך תוס' ברכה במ"ל דאצי' שנקרא שמך להיות כי הנולד הוא בדומה למוליד ויש גם בו מבחי' הכללית שמאיר בו הארת אא"ס עצמו כנ"ל · וזהו בגין דאיהו דיליה דמיניה נפקין כו' אית לה רשו ג"כ לברכא להאי אתר שהוא בחי' מ"ל דאצי' הנק' שמך מלכנו וד"ל וזהו עיקר ענין בחי' הנשמ' היתירה שמאיר בשבת על נפש האדם האלקית שבו מיומין דחול והוא הארת אור צדיק העליון הנ"ל הנקרא חי העולמים וכמ"ש כי בו שבת וינפש כו' וד"ל · ועל דא פרחין נשמתין מההוא חי במעלי שבתא היינו נשמתין דאיטן פרחאן ממש מברכין להאי אתר דאק' שם מתתא וההוא אתר דנפקין מיניה מברך ליה לעילא והאי שם מקבלא ברכאן מתתא ומעילא ואתכלילת מכל סטרין · פירוש ביומין דחול לא נתוסף מוחין במ"ל דאצי' רק בהעלאת מ"ן דנשמות שלמטה בעולמות הנפרדים וכמ"ש בסמוך ביומא דחול איהו מקבלא ברכאן משאר נשמתין דמברכין לה מתתא כו' וכמ"ש גבורי כח עושי דברו וכמבואר בזהר ע"פ זה במ"א אך בשבת מקבלת המ"ל מעילא ומתתא מתתא מקבלת מאתה עליות של הנשמות שעולין למעלה במעלי שבתא מיד בכניסת השבת כידוע ובעלותם כולם נכללים במ"ל ומברכין לה ומעילא מקבלת ברכאן מההוא נשמתא דפרחא מחי העולמים מבחי' יסוד ז"א דאצי' כנ"ל הטעם דאית לה רשות לברכא להיותה באה מבחי' כללות כל האורות והמוחין העליונים וא"כ הרי מתברכת המ"ל בב' ברכות הא' מלמטה למעל' והב' מלמעלה למטה · וז"ש ברכות לראש צדיק ב' ברכות הללו · וזה קאי על צדיק התחתון · ולפי' הנ"ל ברכות לראש צדיק קאי גם על צדיק העליון · כי הוא יתברך מהכל ע"כ נק' ברכות ל' רבים וד"ל · וזהו פי' נשמת כל חי תברך את שמך כו' ורוח כל בשר תפאר ותרומם זכרך מלכנו כו' פי' נשמת כל חי היינו נשמה יתירה דפרחה מחי העולמים

שתברך

שתברך לבחי' מ"ל הנק' שם מלמעלה למטה כנ"ל ורוח
כל בשר היינו הנשמות שלמטה שמקבלים מבחי' מ"ל דאצי'
והן הנקרא רוח כל בשר· כל בשר הוא בחי' המ"ל שמולדת
בחי' הגופים לנשמות ע"י יחוד זו"נ ונקרא רוחין אבל הנשמות
שנמשכין מיסוד הן מבחי' האורות והמוחין שהם בלתי כלים
ולבושים עדיין כו' ורוח כל בשר תפאר ותרומם מלמטה
למעלה אבל נשמת כל חי תברך מלמעלה למטה ואתכלילת
המ"ל מתרין סטרין כנ"ל וד"ל : ובדרך כלל בליל שבת
עולין הנשמות שלמטה וביומא דשבת יורדין נשמות מחי
העולמים ומתחברים יחד בת"ל : אבל ביומא דחול לא
אתברכת המ"ל אלא מנשמות שלמטה כמ"ש בסמוך וזהו
שאמר במעלי שבתא אינון נשמתין דפרחין ועולין מברכין
להאי אתר מתתא בלבד וההוא אתר דנפקין מיניה שהוא
בחי' יסוד מברך לה לעילא והיינו ביומא דשבת שאומר או
נשמת כל חי תברך וד"ל :

ביומא דחול איהי מקבלא ברכאן משאר נשמתין דקא
מברכין לה מתתא ביומא דשבת איהי מקבלא
ברכאן מאינון נשמתין עלאין דקא מברכאן לה בת"ה תיבין
כחושבן מ"ה כו' כמה דאוקימנא ברזא מ"ה וברזא מ"י דא
עלמא עלאה ודא עלמא תתאה · פירוש נשמתין עלאין
היינו דבחי' ז"א דאצי' כנ"ל דמברכין לבחי' מ"ל בשם מ"ה
דז"א נקרא אדם כידוע ואדם בגי' מ"ה וגם להיות כי
המתברך הוא בחי' מ"ל דאצי' שנקרא מ"ה כמ"ש מ"ה
פשפשת מ"ה ידעת כי אין השגת המהות כלל בבחי' מ"ל
דאצי' אלא רק השגת מציאותו בלבד כענין מראה החזיון
של הנביאים שנתנבאו בכ"ה שהוא בחי' מ"ל והיינו דכתיב
בהו במראה אליו אתודע כו' כמו שרואין ומביטין במראה
שאינם רואים בחי' מהות כלל אלא רק מחזה בעלמא ולכך
נקרא המ"ל מראה דמות כבוד הוי"ה כו' כידוע · ולכך נאמר
בת"ל דוקא מה פשפשת מה ידעת וד"ל · וזהו שנאמר מה
שמו ומה שם בנו מה שמו היינו בחי' מ"ה דז"א שם בנו
היינו הנשמות שנולדים ממנו בת"ל ועוד למעלה יתפרש
מה שמו מ"ה דאבא ומה שם בנו דז"א כו' ועכ"פ כחושבן
מ"ה שאמר כאן קאי על זו"נ שניהם יחד דהיינו המברך
והמתברך כו' ומה שאמר כמה דאוקימנא ברזא מ"ה וברזא
מ"י דא עלמא עלאה ודא עלמא תתאה עלמא עלאה
בחי' בינה דאצי' שנקרא מ"י כמ"ש מי מדד בשעלו מים
כו' והן נש"ב שעולין מספר מ"י ונמשכין כולם בה"ח שביסוד
ובת"ל נעשה חושבן מ"ה והיינו עלמא תתאה שהוא בחי'
מ"ל כידוע וד"ל· ומן אלו פינו מלא שירה כים עד מלפנים
סלקא תושבחתא אחרא חמשין תיבין ואע"ג דלא קיימא
תמן מלה בחושבנא סלקא חושבנא רזא מ"י פי' אחר שבשבת
הוא עליות העולמות בכלל ע"כ אחר דמברכין למ"ל בת"ה
תיבין עולה לבחי' עלמא עלאה דבינה ברזא דמ"י שהן
חמשין תיבין מן ואילו פינו כו' ומפרש אח"כ דהגם שלא יתכן
כלל בחי' מספר וחושבנא בבינה דאצי' כי אין בחי' המספר
המצמצם בבחי' מצום גמור אלא בבחי' מ"ל דוקא כמ"ש
בת"ל עיניך ברכות בחשבון כו' מ"מ גם בבחי' בינה
דאצי' אחר שסופה בבחי' מצום לבא לידי גילוי גמור ליש
בבחי' מ"ל גם שם יש שרש עכ"פ לחשבון ומספר דמ"י
דהיינו כשתומשך ותבא ממנה אור ושפע לבחי' מ"ל יהיה
מספר מ"י והיינו שאמר אע"ג דלא קיימא תמן מלה בחושבנא
סליק חושבנא רזא מ"י וד"ל· ומתמן ולהלאה סלקא תושבחתא
אחרא לחשבון מאה תיבין תשלומתא דכולא וחד רתיכא על מה
דשרי דאיהו תשלומתא עלאה וכל שבחא דא וכל מלין אלין כולהו
שייפין ידיען בחושבנא לתשלומ' דשבת לאשתלומי מינייהו כדקא
חזי פי' מרבבות פעמים הטובות מתיבת הטובות עד מי ידמה
לך סלקא חושבן למאה תיבין כידוע ועיין בסידור האריז"ל
הנה שרש הענין הוא משום דהמילוי דשם ס"ג הוא מספר
ל"ז ועולה ס"ה ק' וע"כ אמר כאן דע"י המילוי דשם ס"ג
בבינה בחמשין תיבין שבבינה שקדמו סלקא תושבחתא אחרא
לחשבון מאה תיבין שהוא תשלומתא דכולא וד"ל · ולהבין
ביאור הדברים הנה יש להבין תחלה ענין המילוי דהנה
עד"מ כאשה עוברה שהולד המעובר בתוכה בהעלם בבטנה
ואח"כ יוצא לידי גילוי כשנולד כך הוא ענין המילוי באותיות
דהנה ע"ד דוגמא כאשר רוצה האדם לדבר בפיו אות היוד
שממנו נשמע ג' אותיות יוד ויו דלת אבל היוד עצמו הכתוב
בכתיבה הוא רק אות א' בלבד בצורת נקודה א' כו' וא"כ
מובן שצורת היוד כמו שהוא בעצם אינו אלא נקודה א' ·
אך כשצריך להזכירו לזולתו בדיבור יתוספו עוד ב' אותיות
ויו דלית כדי לפרש לזולתו מהו היוד · אבל כמו שהיוד
בפ"ע א"צ כלל להוספת אותיות הללו ויו דלית כו' · והנה
עכ"ז הגם שהיוד בעצמו אינו אלא נקודה א' מ"מ מאחר
שכאשר צריכים לבארו ולפרשו היטיב יתוספו בו ב' אותיות
דויו דלית א"כ בהכרח לומר שמציאות אלו האותיות דויו
דלית היו ביוד בתחילה אלא שלא היה צריך לגלותו כמו
שהוא עדיין בפ"ע רק כאשר יבא במבטא בלבד יתגלו
מטעם שצריך לזולתו לפרשו ולבארו כו' וזה ההעלם שהיו
האותיות הללו דוי"ו דלי"ת בהעלם ביו"ד קודם שיצאו במבטא
בגילוי נקרא בשם מילוי כמו משל העובר שהוא בהעלם
בבטן אמו ואח"כ יצא לידי גילוי ממש כו' ונמצא מובן מזה
המילוי שאין המילוים נחשב מבחי' עצמות אלא רק דבר נוסף
על העצמות כשצריך לבא לידי גילוי לזולתו בלבד כו' (ויש
ענין מילוי בהיפוך שהמלוי הוא העצמות כו' כמו עד"מ
כשהשכל מעובר בהעלם במדות אעפ"י שהשכל מקור המדות
וממנו נמצאו כו' וד"ל) והנמשל מזה יובן למעלה בבחי'
מילוי דשם ס"ג דבינה דשם הוי' במילוי ההי"ן עולה מספר
ס"ג וענין המלוי הזה ע"ד הנ"ל באות יוד דוי"ו דלי"ת
מעוברים

מעוברים בו בבחי' ההעל' ואח"כ יוצא לידי גילוי וכך נעשה מספר ס"ג בגילוי בפרט מן ההעלם כו' כמו הפרט שיוצא מן הכלל וענין המילוי דמספר מאה הוא ע"י מילוי ל"ז שעולה לחושבן מאה שהוא ביותר בפרטיות והיינו מה שאמר כאן דסליק לחושבן מאה תיבין שהוא תשלומתא דכולא כלומר בחי' המילוי המפרש בפרט היותר פרטית כו' וד"ל· ועפ"י קבלת הרמ"ק ז"ל יתפרש זה המאמר ע"ד הפשט דע"ס דאצי' כשכלולים כאו"א מי' עולה חשבון מאה תיבין כידוע בענין מאה ברכות כו' וד"ל :

וכל מלין אלין כלהו שייפין ידיען בחושבנ' לתשלומתא דשבת פי' לצורך בחי' המילוי המוחין דהוי' שבבחי' פנימיות המוחין דהו"א וז"א אשר הוא מאיר בשבת דוקא כנ"ל וד"ל זכאה עמא דידעי לסדרא שבחא דא כו' כתיב ואתה ה' אל תרחק ממני כו' דוד מלכא אמר דא בשעת' דהו' מתקן ומסדר תושבחתא דמלכ' בגין לחבר' שמש' בסיהרא כיון כו' אמר ואתה ה' אל תרחק ואתה ה' רזא דחברותא חדא בלא פרודא פי' ואתה הוא בחי' מל' דאצי' דכתיב מלכותך מלכות כ"ע כו' וכתי' ואתה מחיה את כולם שחיות כל העולמות הוא תיבת אתה כי פי' אתה לנוכח הוא והיינו בחי' עלמא דאתגליא מאין ליש כו' כידוע שהוא בחי' מל' דאצי' והוי' הוא בחי' ז"א דאצי' ואות הוי"ו דואתה היינו בחי' המתחבר ומיחד לזו"נ דאצי' יחד והיינו שאמר ואתה ה' רזא דחברותא דזו"נ חדא כו' וד"ל· אל תרחק כיון דאיהי סלקא לאתעטרא בבעלה וכולא בעלמא עלאה ומתמן בעא לסלקא לאין סוף לאתקשרא כולא לעילא לעילא בג"כ אל תרחק להסתלק' מינן ולשבקא לן פי' כי בעליות זו"נ למעלה כמו בשבת הרי הן עולין מעילוי לעילוי עד רום המעלות דהיינו לבחי' אור א"ס עצמו שלמעל' מכל ההשתלשלות כו' ויכול להיות בחי' שכחה על כל ההשתלשלות כי כולא קמי' כלא כו' וכן בגלות שאמרו בזוהר בת"א דקב"ה בגלותא אסתליק לעילא לעילא פי' לעילא בכתר ולעילא לעילא למעלה מבחי' הכתר ודרך כלל בחי' נקודי' נק' לעילא ובחי' העקודים הוא לעילא לעילא כו' ע"כ אמר כאן בפי' אל תרחק שריחוק זה היינו לעולם העליות שעולה למעלה מעלה שלא יתרחק מכנ"י שמלובשים בגופי' וזהו ואתה ה' אל תרחק ממני כו' וד"ל · ובג"כ בגו סדור' דתושבחתא בעאן ישראל לאתכלל' תמן ולאתדבקא בהדייהו מתתא דהלמל' יבעי לאסתלקא האי כבוד הא ישראל לתתא אחידו ביה כו' דלא שבקין ליה לאתרחקא פי' נותן עצה לזה שלא יסתלקו זו"נ למעלה ולא יחזרו להאיר בעולמו' כו' ואמר דהעצה היעולה לזה הוא ענין מס"נ דכנ"י בהעלא' מ"נ ג"כ לאור א"ס שגם עולין זו"ן כו' ובהתחברות והתדבקות זאת של כנ"י בהעלאת מ"ן שלהם הרי המה מתחברים ומתדבקי' בזו"ן להיותם גם הם עולין בהעלאה זאת וע"כ מזה יהיה הסיבה לחזרת אורות דזו"ן למטה כי ישראל לא שבקי להו לאסתלקא דהא אחידן בהו וישראל יש להם שרש למטה שמחמתו חוזרין למטה כנ"ל ויש בכחם להחזיר גם אורות דזו"נ למטה לעוצ' התחברותם והתדבקותם יחד וכמו שהמשיל למאן דמליל עם מלכא ברזא ובעוד דאיהו ברזא עמי' לא אתרחק מיניה כלל וד"ל · אילותי מה איל וצבי בשעתא דאזלו ומרחקי מיד אהדרן להאוא אתר דשבקי' אוף קב"ה אע"ג דאסתלק לעילא לעילא בא"ס מיד אהדר לאתרי' פי' משום דסוף מעשה במחשבה תחילה וכמארז"ל במי נמלך בנשמתן של צדיקים כו' ע"כ מיד אהדר לאתרי' וד"ל · ובג"כ בעינן לאתאחדא ביה בקב"ה ולאחדא ביה כמאן דאמשיך מעילא לתתא דלא ישתבק ב"כ מיני' כו' וע"ד כד סמיך גאולה לתפלה בעי לאחדא ביה ולאשתעי בהדי' בלחישו כו' פי' לאתאחדא היינו בחי' העלאת מ"ן עד"מ שהתחתון עולה למעלה להתייחד בעליון שעולה מלמטה למעלה כו' פי' לאחדא ביה היינו להמשיך בחי' מ"ד מלמעלה למטה כו' ובסמיכת גאולה לתפלה מתחברין מ"ן ומ"ד יחד כי בהיכל ק"ק שם מתחברים העליון עם התחתון זה בירידה' וזה בהעלאה ע"כ אמר לאתאחדא ולאחדא ביה כמאן דאמשיך כו' וד"ל :

נִשְׁמַת כָּל חַי תְּבָרֵךְ אֶת שִׁמְךָ יְהֹוָה אֱלֹהֵינוּ וְרוּחַ כָּל בָּשָׂר תְּפָאֵר

ותרומם

נשמת כל חי כו' הנה מבואר בזהר דלעיל שהוא בחי' נשמה יתירה ונקרא נשמתא דפרחא מחי העולמים שהוא בחי' יסוד כנ"ל ואתנם להבין פירוש סדר הדברים באמרו נשמת כל חי תברך כו' הנה פי' חי היינו בחי' ח"י חוליות שכלולים ביסוד כשתוציא אורו להוליד ולד וז"ש חי חי הוא יודוך כו' כי בח"י חליות כלול מכל קומת פרצוף האדם חב"ד חג"ת נה"י בכל פרטי פרטיה' ולכך יוליד בדומה לו ממש כו' וזהו כל חי כל הוא בחי' יסוד עצמו שנקרא כל להיותו כולל בעצמו כל האורות הנשפעים על ידו וכמ"ש כי כל בשמים כו'· וכענין קונה הכל כו' וכל חי היינו מה שמקבל הכל הזה מח"י חוליות שכלול בהן כללות הקומה כנ"ל ופי' נשמת כל חי היינו בחי' נשמה יתירה שנמשכה מבחי' יסוד כנ"ל בפי' המאמר בנשמתא דפרחא מחי העולמים אךהנה הטעם שנק' בשם נשמה יתיר' הנה יובן בהקדים תחלה בפי' שמך שאמר כאן כי הנה בחי' מ"ל דאצי' נק' שמך כידוע וידוע שכללות הנשמות כולם יוצאים ונמשכים מבחי' מל' והנה בחי' מל' הוא מתלבש בבי"ע

וּתְרוֹמֵם זִכְרְךָ מַלְכֵּנוּ תָּמִיד : מִן הָעוֹלָם וְעַד הָעוֹלָם אַתָּה אֵל : וּמִבַּלְעָדֶיךָ אֵין לָנוּ מֶלֶךְ גּוֹאֵל וּמוֹשִׁיעַ : פּוֹדֶה וּמַצִּיל וּמְפַרְנֵס וְעוֹנֶה וּמרחם

בבי"ע בבחי' הצמצום דשם אלקים המצמצם כידוע בפי' כבוד מלכותך כו' וגבורתך ידברו שהן בחי' ה"ג מנצפ"ך שמגבילים ומחלקים האותיו' לחלקים רבים בצירופים שונים ומחמת זה מסתעפי' ריבוי התחלקות הנבראים לאין קץ ושיעור כמ"ש בס' יצירה המליך אות הא' כו' עד מכאן ואילך צא וחשוב כו' וא"כ לפ"ז הרי יש בחי' מדה וגבול מצמצום באור ושפע האלקית להוות כל נברא במדה מצומצמת אבל הנה בחי' האור המאיר ובא מבחי' יסוד ז"א שנקרא חי העולמים ונקרא כל חי כנ"ל הוא למעל' מבחי' המדה והגבול הזה להיותו עדיין בבחי' האצי' ממש שלמעלה מבחי' התצמצות אור על ידי צמצום כמו בחי' המלכות וכידוע וע"כ נקרא בחי' האור הזורע לצדיק זה הנקרא חי העולמים בשם נשמה יתירה פי' נשמה יתירה שהיא יתירה מכפי המדה והצמצום שיש בכל נברא ונברא שנמשך מבחי' מל' ע"י ה"ג הנ"ל וזהו שרש ענין נשמה יתירה שמאיר על כל או"א מכלון שבישראל בכל ליל שבת כמ"ש בזהר ע"פ כי בו שבת וינפש כו' וע"כ יש ביכולת בחי' נשמ' זאת לברך ג"כ לבחי' שמך שהוא בחי' מל' שהוא מקור כל הנבראים וזהו פי' נשמת של כל חי דווקא הנקרא נשמה יתירה תברך את שמך מלכנו ולא נשמה אחרת זולתה שנמשך מבחי' מלכות כו' וד"ל: ורוח כל בשר תפאר ותרומם זכרך מלכנו תמיד כו' פי' כי בבחי' יסוד ז"א עצמו יש אורות וכלים ובחי' האורות נקר' נשמה ובחי' הכלים נקר' רוח כידוע שבכל מקום בחי' נשמה ורוח הנשמות באורו' והרוח בכלים (וגם במלאכים כתיב עושה מלאכיו רוחות כו' אלא שבחי' הרוח הוא בחי' הפנימית והאש חיצוני משא"כ הנשמות שעיקרם נשמה ורוח והמלאכים עיקרם רוח ונפש כו') והענין הוא כי כתיב אור זרוע לצדיק בחי' אור זה היינו דווקא בבחי' פנימיות הטפה אבל בחינת חצוניות' מתפשט במעי הנוק' ומצטייר מזה הולד כו' והוא הנק' רוח וזהו פי' רוח כל בשר וכמ"ש אל אלהי הרוחות לכל בשר דהיינו ענין אופן התפשטות אור הזרוע לצדיק בציור ולד בכלים שזהו מבחי' הרוח שביסוד כו' והטעם שנקרא רוח כל בשר כי בחי' יסוד דנוק' המקבל הטפה ומצייר התהוות הולד נקרא כל בשר ורוח של כל בשר היינו בחי' הגשמת הטפה לבא בציור כזה וזהו פי' ורוח כל בשר תפאר ותרומם זכרך מלכנו פי' זכרך הוא בחי' יסוד בכל מקום ובכאן שאומר זכרך מלכנו ר"ל בחי' יסוד דנוק' שנקרא מלכנו כידוע וע"ז אמר שרוח כל בשר דבחי' יסוד ז"א תפאר ותרומם זכרך כלומר ממשיך ומלביש כל ע"ס דיסוד ז"א ביסוד דנוק' מ"ת דיסוד ז"א מתלבש בי"ס דנוק' לפאר אותה כי אין האשה כורתת ברית אלא למי שעשאה כלי והוא ע"י בחי' רוח דשביק בה בעלה שנקרא מ"ת כו' וזהו פי' תפאר. ופי' תרומם היינו שע"י זה הרוח דשביק בגוה גם שאינו מוליד תולדות יכולה המל' תמיד להעלות מ"ן ולהיו' עולה תמיד מבי"ע לאצי' וכמו שאמר אלקנה לחנה הלא אנכי טוב לך מעשרה בנים כי יש ב' מיני העלאת מ"ן א' ע"י הבנים שהולידה והב' ע"י רוח בעלה כו' וזהו אנכי טוב יותר כו' לרומם אותך יותר מהעלאת מ"ן די' בנים וד"ל :

מן העולם ועד העולם אתה אל פי' כי עולם הנאצל נק' עולם להיותו כלול מד' מדריגות דאצ"ת ובחי' אדם בתוכו כדוגמת עולם כמ"ש כתפארת אדם לשבת בית כו' והנה ידוע דע"ס דאצי' גנוזים ונעלמים המה בעצמות המאציל ונקראו גם שמה בשם בחי' עולם אלא שנק' עלמא דאתכסיא עלמין סתימין כו' וידוע דבחי' נה"י דא"ק שרש הכל וכמו שבחי' יסוד ז"א משפיע למל' דאצי' להשפיע בבי"ע כך בחי' יסוד דא"ק משפיע אור ושפע לגלו' דא"ק להתלבש באצי' בע"י וא"א וזהו מן העולם מעלמין סתימין שבעצמות המאצי' לעלמין דאתגליין בבחי' אצי' אתה אל הכל מאור א"ס שבחכמ' הנק' אל שהוא נהירו דחכמתא בכל מקום כמ"ש בזהר וד"ל :

ומבלעדיך אין לנו מלך גואל ומושיע פודה ומציל כו' פי' כי מבחי' מל' דא"ס נמשך בקו וחוט להאיר באבי"ע עד סוף' דכל דרגין דהיינו גם בבחי' מ"ל דעשי' וכמ"ש מלכותך מלכות כ"ע כל עולמי' דאבי"ע הכל שרשם רק מבחי' מלכותך בלבד שהוא בחי' מל' דא"ס וא"כ הרי מבלעדיך אין לנו מלך גם בסופא דכל דרגין דהיינו גם בבחי' מל' דעשי' כי מלכותך מלכות כ"ע וד"ל. ופי' גואל ומושיע היינו בחי' יסוד שמאיר במ"ל שנק' גואל ומושיע כמ"ש אם יגאלך טוב יגאל וטוב הוא בחי' יסוד כידוע והיינו מ"ש קודם פודה ומציל לפי שבחי' יסוד כלול מריבוי החסדים שנק' ישועות וזהו שכתו' כוס ישועות אשא דהיינו בחי' המ"ל כשמקבל ריבוי הורות החסדים המגולים מפי יסוד כו' שנק' ישועות וכמאמר פועל ישועות בקרב הארץ פי' פועל החסדים בקרב הארץ שהוא בחי' יסוד דנוק' כידוע וזהו פי' גואל ומושיע וגם זה אין לנו מבלעדיך כי הרי מבחי' יסוד דא"ק שרש כל המשכות החסדים במלכות ואף ע"פ שפודה ומציל בחסדים שביסוד שבכל פרצוף בסדרי ההשתלשלות עכ"ז

מבלעדיך

וּמְרַחֵם בְּכָל עֵת צָרָה וְצוּקָה אֵין לָנוּ מֶלֶךְ אֶלָּא אָתָּה : אֱלֹהֵי הָרִאשׁוֹנִים וְהָאַחֲרוֹנִים אֱלוֹהַּ כָּל בְּרִיּוֹת אֲדוֹן כָּל תּוֹלָדוֹת הַמְהֻלָּל בְּרֹב הַתִּשְׁבָּחוֹת : הַמְנַהֵג עוֹלָמוֹ בְּחֶסֶד וּבְרִיּוֹתָיו בְּרַחֲמִים : וַיהֹוָה הִנֵּה לֹא יָנוּם וְלֹא יִישָׁן : הַמְעוֹרֵר יְשֵׁנִים וְהַמֵּקִיץ נִרְדָּמִים וְהַמֵּשִׂיחַ אִלְּמִים וְהַמַּתִּיר אסורים

מבלעדיך אין לנו מלך גואל ומושיע וכמו שאנו אומרים קונה הכל שהוא בחי' יסוד דא"ק וכמ"ש כי מתך הכל כו' וד"ל :

אלהי הראשונים והאחרונים כו' פי' ראשונים היינו התחלת הארת בחי' הקו והחוט שהוא בחי' ראשית דא"ק בג"ר שבו כו' והאחרונים הוא בחי' מל' דמ"ל דעשיה שמסתיים בבחי' עקב דא"ק בתחתיתו ממש כידוע בציור קומת א"ק ועל כל בחי' קומה זו אומר שאור א"ס עצמו הוא נק' אלהי הראשונים והאחרונים בבחי' השוואה א' מאחר שבחי' א"ק נק' אדם דבריאה דרך כלל כידוע וכמו שאין ערך לנברא עם הבורא כו' וזהו אלוה כל בריות כו' וד"ל · ופי' אדון כל תולדו' היינו גם מלבד מה שהוסד סדרי ההשתלשלו' דאבי"ע מבחי' הקו והחוט הנ"ל בראשית התחלת ההארה מאור א"ס אלא גם מה שנתוסף אור באבי"ע ביחודים דאו"א וכו' עד רום המעלות ונק' תולדות נשמות שמולידים זכר ונקבה למטה שיוכלו להוליד עד אין שיעור וכך למעל' יוכל להמשיך תולדו' אורות חדשי' עד אין שיעור כו' הכל בא ונמשך מבחי' אור א"ס עצמו והוא הנק' אדון כל תולדות ג"כ מלבד מה שהוא אלוה כל בריות מצד הארת הקו בתחלת ההשתלשלות כו' וד"ל :

ויהוה הנה לא ינום כו' הנה בחי' שינה הוא בחי' דורמיטא דהיינו בחי' הסתלקות המוחין דאו"א מז"א לגמרי וכמו עד"מ בשעת השינה שמסתלק ממנו אור השכל ולא מאיר במדות כלל וגם בחי' המדות שבלב שיש בהם בחי' מוחין בהעלם נסתלקו גם הם ולא נשאר בהם רק בחי' הקטנו' בלבד והוא הנקרא קיסטא דחיותא בזוהר וכמ"ש ביאורו במ"א וכך למעלה כתיב עורה למה תישן הוי' שהוא בחי' ז"א דאצי' והענין הוא שבשעת הגלות בחי' ז"א בשינה שהוא בחי' הסתלקות מוחין דאו"א מן המדות עליונות וגם בגוף המדות לא נשאר רק בחי' הקטנות והעולמות כולם מתנהגי' מז"א בבחי' הקטנות בלבד והוא בחי' הנפש כו' וכמ"ש במ"א באריכות וד"ל · ואמנם הנה כ"ז דוקא בבחי' ז"א שנמשך לו מוחין מאו"א כו' אבל בבחי' א"א שהוא בחי' הכתר בכלל אין שם בחי' שינה מאחר שבחי' א"א הוא למעלה מבחי' המוחין דאו"א כידוע דאבא יונק רק ממזל הח' כו' וידוע דא' מז' תקוני גלגלתא הוא בחי' עינא פקיחא דלא נאים כו' והיינו שאמר וה' הנה לא ינום ולא יישן כו' כמ"ש עיניך פקוחות וכן מה שאנו אומרים פקח עיניך כו' הכל הכוונה על בחי' עינא פקיחא דא"א כמ"ש הנה עין ה' כו' משום דבחי' אור א"ס שהוא למעלה מגדר השתלשלות לגמרי כמאמר אנת הוא חד ולא בחושבן כו' פי' ולא בחושבן ע"ס הנה הוא מאיר בח"ס דא"א שנמשך ממנו האור בעין ואין שם בחי' דורמיטא כלל ואדרבה מלבד שהוא מושלל מבחי' שינה בהסתלקו' המוחין אלא נוסף עוד שהוא מעורר את הישנים בהסתלקות המוחין לעורר אותם מן השינה ולהאיר בהם בחי' המוחין וזהו מארז"ל במס' יוחנן כה"ג ביטל המעוררים האומרים עורה למה תישן כו' לפי שהיה מאיר וממשיך מבחי' עינא פקיחא הנ"ל דכתיב ביה והוי' הנה לא ינום ולא יישן כלל ולא עוד אלא שהוא מעורר גם לבחי' ז"א מבחי' השינה והיינו גם כן מה שאמר כאן וה' הנה לא ינום ולא יישן כו' המעורר ישנים ומקיץ נרדמים כו' וד"ל ומה שהוכפל לומר ב' פעמים מעורר ישנים ומקיץ נרדמים כו' לפי שבבחי' השינה יש בה הרב' חילוקי מדריגות דהיינו בבחי' הסתלקות המוחין דאו"א יש בזה חילוקי מדריגות כמו בר"ה שנק' דורמיטא שהוא בחי' הסתלקות לגמרי ונק' נרדמי' כמ"ש ויפל ה' כו' תרדמה על האדם כו' שהוא בשביל ענין הנסירה כידוע · ויש שההסתלקות זאת אינה כ"כ ונק' שינה כמו בגלות שאמרו בזהר בכמה דוכתי קוב"ה בגלותא אסתליק לעילא לעילא כו' שהוא רק בחי' שינה כמ"ש עורה למה תישן וכן ויקץ כישן כו' וכן בשוב ה' כו' היינו כחולמים וכיוצא וזהו שאמר המעורר ישנים והמקיץ נרדמים שגם נרדמים הוא מקיץ מצד שה' עצמו בבחי' הכתר לא ינום ומעורר הישנים כו' וד"ל :

המשיח אלמים ומתיר אסורים כו' הנה פירוש אלמים היינו כמ"ש נאלמתי דומיה כי בחי' דיבור העליון הוא בחי' מ"ל דאצי' כידוע וכשיש יניקת החיצונים יותר מדאי מכפי נדחם בנ"ח צירופים דאלקים כי שם אלקים ק"ך צירופים יש בו וע"ב הם דקדושה לגמרי ומ"ח צירופים האחרונים מקבלים מהם החיצונים והוא אותיות אלה מאלקים כמ"ש פלג אלקים כשמתחלק מי מאלה בשם אלקים אין לחיצונים מום' יניקה רק כפי המדה שלהם בלבד כמ"ש

אֲסוּרִים וְהַסּוֹמֵךְ נוֹפְלִים וְהַזּוֹקֵף כְּפוּפִים: לְךָ לְבַדְּךָ אֲנַחְנוּ מוֹדִים: אִלּוּ פִינוּ מָלֵא שִׁירָה כַּיָּם וּלְשׁוֹנֵנוּ רִנָּה כַּהֲמוֹן גַּלָּיו וְשִׂפְתוֹתֵינוּ שֶׁבַח כְּמֶרְחֲבֵי רָקִיעַ · וְעֵינֵינוּ מְאִירוֹת כַּשֶּׁמֶשׁ וְכַיָּרֵחַ · וְיָדֵינוּ פְרוּשׂוֹת כְּנִשְׁרֵי שָׁמָיִם · וְרַגְלֵינוּ קַלּוֹת כָּאַיָּלוֹת: אֵין אֲנוּ מַסְפִּיקִים לְהוֹדוֹת

לך

קן שם לחושך כו' אך כשמתגבר יניקתם מקבלים גם מע"ב דקדושה ואזי כל בחינת אלקים שהוא בחי' מ"ל נקרא אלם כמ"ש נאלמתי דומיה עד"מ מי שאינו יכול לדבר נקרא אלם בגשמיות כך למעלה אחר שכל צירופים דקדושה נמשכו בע' שרים להחיותם כמ"ש מלך אלקים על גוים כו' ה"ז בחינת אלם בקדושה ולכך היה משה כבד פה שהיה בחי' מ"ל בגלות מצרים כו' וז"ש נאלמתי כו' וכן כרחל לפני גוזזיה נאלמה כמ"ש בע"ת שהוא בחי' מ"ל כשמקבלים ממנה החיצונים יותר מדאי כו' וע"ז אמרו ז"ל מי כמוך באלים אין כמוך באלמים גוים מרקדין בהיכלו ושותק כו' וד"ל · והמכס ע"י בחי' הארת מוחא סתימאה דא"א בבחי' עינא פקיחא דלא ינום כו' שמעורר גם ישנים ונרדמים ככ"ל הנה גם יש בכחו לפתוח לשון אלמים כמ"ש לעתיד ותרון לשון אלם דהיינו שינטל החיות והאור האלקית שנתלבש בקליפות וכמ"ש והוצאתי את בלעו מפיו וכמ"ש חיל בלע ויקיאנו כו' והוא לעולם הארת הכתר בת"ל וזהו שמשיח אלמים בחי' אלם דאלקים עד שיאירו כל צירופים דשם אלקים שהוא הדבור העליון בשלימות והיינו פי' משיח לשון מפעיל דאע"פ שאין לו כח לאלם מצד עצמו לדבר אבל הארת הכתר משיח לאלמים ככ"ל וד"ל:

ומתיר אסורים וסומך נופלים וזוקף כפופים · הנה הזכיר כאן ג' מדריגות אסורים ונופלים וכפופים והן זה למטה מזה אסורים למטה מנופלים ונופלים למטה מכפופים והן לנגד ג' עולמות בי"ע שבחי' אור אלקי מסתתר בהן בעשיה הוא יותר מוסתר מביצי' וביצי' יותר מבבריאה כמ"ש אתה אל מסתתר כו' · והנה בחי' זו"נ דעשיה נק' אסורים לפי שאסורים ממש בידי החיצונים כמ"ש מלך אסור ברהטים כו' לפי שמתלבשים בע' שרים להשפיע להם הכל כו' · ובחי' זו"נ דיצי' נק' נופלים עד"מ הנופל שראשו למטה כו' מפני שלא עמד ברגליו כך למעלה בחי' ירידת אור אלקי דנוגה דיצי' נק' נופלים עד"מ הנופל כמאן דנפל מדרגיה כו' אבל הוא לפי שעה בלבד כמ"ש שבע יפול צדיק וקם כו' וד"ל (וזהו כמ"ש שמשיח ודוד נק' נפל כמו שאמר איתתי אתי בר נפלי כו') אבל בחי' כפופים היינו רק שראשו כפוף אבל עומד על רגליו עכ"פ כך למעלה בחינת ירידת והשפלת אור אלקי בנוגה דבריאה נק' כפופים עד"מ אדם שראשו כפוף כך רק בחי' המוחין העליונים

מתעלם בחג"ת וחג"ת בנה"י ואמנם בחי' נה"י נשארים עומדים עכ"פ וה"ז כדמיון הולד שראשו כפוף ג"כ כי הוא מקופל ומונח ראשו בין ברכיו דהיינו בחי' תלת גו תלת ולא נגלה רק בחי' נה"י והוא בחי' עיבור שהוא בקטנו' כמו בגלות שאמרו ז"ל במשנ' כאשה עוברה אפי' אתה מתמלא עליהם עברה כו' וכמ"ש במ"א וד"ל · ולכל ג' מיני ירידות הללו דאסורים ונופלי' וכפופי' אמר שע"י בחי' הארת אור הכתר ככ"ל מתיר אסורי' לזו"נ דעשיה וסומך לנופלים שהן בחי' זו"נ דיצי' וזוקף לכפופי' שהן בחי' זו"נ דבריא' בכלל ואחר כך גם מתיר לאסורים ונופלים וכפופים בפרט כו' וד"ל:

לך לבדך אנחנו מודים · פי' חוזר על כל מה שנזכר תחלה מעורר ישנים כו' עד זוקף כפופים כו' הכל לך לבדך דוקא כי בחי' המ"ל דא"ס הוא שעושה כל זה ע"י בחי' הכתר שנקרא ממוצע ואין זה מצד הארת הכתר עצמו אלא רק מצד בחי' אחרונה שבמאציל שיש בכתר שהוא מבחי' מ"ל דא"ס וזהו לך לבדך כמו שהיה קודם שנאצל הוא ושמו בלבד וד"ל:

אלו פינו מלא שירה כים כו' · פי' ים הוא בחי' מ"ל וגלי הים הן המלאכים דכתיב בהו בשוא גליו אתה תשבחם ואמר בזהר דא שבחא דלהון כו' וכמ"ש במ"א וזהו לשוננו רנה כהמון גליו כו' וד"ל (ושירת הים הוא מ"ש במ"ל אלקים אל דמי לך כו' דקארי תדיר לנהורא עלאה כו' וכידוע):

אין אנו מספיקין להודות לך כו' · פי' משום דכתיב ערב ובקר וצהרים אשיחה ואהמה דהיינו ג' תפילות דשחרית מנחה וערבית שתקנו נגד הקרבנות וכל זה דוקא בבחי' ז"א שהוא בחי' מדות דאצי' שהוא מקור הזמן עכ"פ בבחי' עבר הוה ועתיד שזהו פי' שם הוי"ה היה הוה ויהיה כו' כמ"ש במ"א ואבות הן חג"ת דז"א תיקנו ג' זמנים שחרית ומנחה וערבית · אבל בבחי' הכתר שהוא למעלה גם מבחי' מקור לזמן דגם היה הוה ויהיה כו' לא יתכן אלא בבחי' מקור לזמן עכ"פ · ע"כ אמר אין אנו מספיקין להודות לך לעצמות המאציל כי אין בחי' הזמן מספיק כלל להכיל ההודאה הצריכה להיות במה שלמעלה מן הזמן כי אין ערך כלל ביניהם כו' וד"ל · והיינו שאמר אין אנו מספיקין להודות לך כו' על אחת מאלף אלפי אלפים כו' כי הטובות והחסדים באים ונמשכים למטה בבי"ע בבחי' זמן עכ"פ ואפי' על א' מן הטובות אין אנו מספיקין אחר ששרשו בא מלמעלה מן הזמן כו' וד"ל:

לְךָ יְהוָה אֱלֹהֵינוּ וֵאלֹהֵי אֲבוֹתֵינוּ
וּלְבָרֵךְ אֶת שְׁמֶךָ · עַל אַחַת מֵאֶלֶף
אַלְפֵי אֲלָפִים וְרִבֵּי רְבָבוֹת פְּעָמִים
הַטּוֹבוֹת נִסִּים וְנִפְלָאוֹת שֶׁעָשִׂיתָ
עִמָּנוּ וְעִם אֲבוֹתֵינוּ מִלְּפָנִים · מִמִּצְרַיִם
גְּאַלְתָּנוּ יְהוָה אֱלֹהֵינוּ מִבֵּית עֲבָדִים
פְּדִיתָנוּ · בְּרָעָב זַנְתָּנוּ וּבְשָׂבָע
כִּלְכַּלְתָּנוּ מֵחֶרֶב הִצַּלְתָּנוּ וּמִדֶּבֶר
מִלַּטְתָּנוּ וּמֵחֳלָיִם רָעִים וְנֶאֱמָנִים
דִּלִּיתָנוּ : עַד הֵנָּה עֲזָרוּנוּ רַחֲמֶיךָ וְלֹא
עֲזָבוּנוּ חֲסָדֶיךָ · וְאַל תִּטְּשֵׁנוּ יְהוָה
אֱלֹהֵינוּ לָנֶצַח : עַל כֵּן אֵבָרִים
שֶׁפִּלַּגְתָּ בָּנוּ וְרוּחַ וּנְשָׁמָה שֶׁנָּפַחְתָּ
בְּאַפֵּינוּ וְלָשׁוֹן אֲשֶׁר שַׂמְתָּ בְּפִינוּ ·
הֵן הֵם יוֹדוּ וִיבָרְכוּ וִישַׁבְּחוּ וִיפָאֲרוּ
וִירוֹמְמוּ וְיַעֲרִיצוּ וְיַקְדִּישׁוּ וְיַמְלִיכוּ אֶת
שִׁמְךָ מַלְכֵּנוּ : כִּי כָל פֶּה לְךָ יוֹדֶה
וְכָל לָשׁוֹן לְךָ תִשָּׁבַע · וְכָל עַיִן לְךָ
תְצַפֶּה וְכָל בֶּרֶךְ לְךָ תִכְרַע וְכָל
קוֹמָה לְפָנֶיךָ תִשְׁתַּחֲוֶה · וְכָל
הַלְּבָבוֹת יִירָאוּךָ וְכָל קֶרֶב וּכְלָיוֹת
יְזַמְּרוּ לִשְׁמֶךָ : כַּדָּבָר שֶׁכָּתוּב כָּל
עַצְמוֹתַי תֹּאמַרְנָה יְהוָה מִי כָמוֹךָ
מַצִּיל עָנִי מֵחָזָק מִמֶּנּוּ וְעָנִי וְאֶבְיוֹן
מִגֹּזְלוֹ : מִי יִדְמֶה לָּךְ וּמִי יִשְׁוֶה לָּךְ
וּמִי יַעֲרָךְ לָךְ : הָאֵל הַגָּדוֹל הַגִּבּוֹר
וְהַנּוֹרָא אֵל עֶלְיוֹן קֹנֵה שָׁמַיִם וָאָרֶץ :
נְהַלֶּלְךָ וּנְשַׁבֵּחֲךָ וּנְפָאֶרְךָ וּנְבָרֵךְ אֶת
שֵׁם קָדְשֶׁךָ כָּאָמוּר לְדָוִד בָּרְכִי נַפְשִׁי
אֶת יְהוָה וְכָל קְרָבַי אֶת שֵׁם קָדְשׁוֹ :

הָאֵל בְּתַעֲצֻמוֹת עֻזֶּךָ הַגָּדוֹל בִּכְבוֹד שְׁמֶךָ הַגִּבּוֹר
לָנֶצַח וְהַנּוֹרָא בְּנוֹרְאוֹתֶיךָ : הַמֶּלֶךְ הַיּוֹשֵׁב עַל
כִּסֵּא רָם וְנִשָּׂא :

שׁוֹכֵן עַד מָרוֹם וְקָדוֹשׁ שְׁמוֹ : וְכָתוּב
רַנְּנוּ צַדִּיקִים בַּיהוָה לַיְשָׁרִים
נָאוָה תְהִלָּה : בְּפִי יְשָׁרִים תִּתְרוֹמָם ·
וּבְשִׂפְתֵי צַדִּיקִים תִּתְבָּרַךְ · וּבִלְשׁוֹן
חֲסִידִים תִּתְקַדָּשׁ · וּבְקֶרֶב קְדוֹשִׁים
תִּתְהַלָּל :

וּבְמַקְהֲלוֹת רִבְבוֹת עַמְּךָ בֵּית יִשְׂרָאֵל בְּרִנָּה
יִתְפָּאַר שִׁמְךָ מַלְכֵּנוּ בְּכָל דּוֹר וָדוֹר
שֶׁכֵּן חוֹבַת כָּל הַיְצוּרִים · לְפָנֶיךָ יְהוָה אֱלֹהֵינוּ
וֵאלֹהֵי אֲבוֹתֵינוּ לְהוֹדוֹת לְהַלֵּל לְשַׁבֵּחַ לְפָאֵר
לְרוֹמֵם לְהַדֵּר לְבָרֵךְ לְעַלֵּה וּלְקַלֵּס עַל כָּל דִּבְרֵי
שִׁירוֹת וְתִשְׁבְּחוֹת דָּוִד בֶּן יִשַׁי עַבְדְּךָ מְשִׁיחֶךָ :
וּבְכֵן יִשְׁתַּבַּח שִׁמְךָ לָעַד מַלְכֵּנוּ הָאֵל הַמֶּלֶךְ הַגָּדוֹל
וְהַקָּדוֹשׁ בַּשָּׁמַיִם וּבָאָרֶץ : כִּי לְךָ נָאֶה יְהוָה
אֱלֹהֵינוּ וֵאלֹהֵי אֲבוֹתֵינוּ לְעוֹלָם וָעֶד · שִׁיר וּשְׁבָחָה
הַלֵּל וְזִמְרָה עֹז וּמֶמְשָׁלָה נֶצַח גְּדֻלָּה וּגְבוּרָה
תְּהִלָּה וְתִפְאֶרֶת קְדֻשָּׁה וּמַלְכוּת : בְּרָכוֹת וְהוֹדָאוֹת
לְשִׁמְךָ הַגָּדוֹל וְהַקָּדוֹשׁ וּמֵעוֹלָם וְעַד עוֹלָם אַתָּה
אֵל : בָּרוּךְ אַתָּה יְהוָה אֵל מֶלֶךְ גָּדוֹל וּמְהֻלָּל
בַּתִּשְׁבָּחוֹת אֵל הַהוֹדָאוֹת אֲדוֹן הַנִּפְלָאוֹת בּוֹרֵא כָּל
הַנְּשָׁמוֹת רִבּוֹן כָּל הַמַּעֲשִׂים · הַבּוֹחֵר בְּשִׁירֵי זִמְרָה
מֶלֶךְ יָחִיד חֵי הָעוֹלָמִים :

כס״א שִׁיר הַמַּעֲלוֹת מִמַּעֲמַקִּים קְרָאתִיךָ יְהֹוָה: אֲדֹנָי שִׁמְעָה בְקוֹלִי תִּהְיֶינָה אָזְנֶיךָ קַשֻּׁבוֹת לְקוֹל תַּחֲנוּנָי: אִם עֲוֺנוֹת תִּשְׁמָר יָהּ אֲדֹנָי מִי יַעֲמֹד: כִּי עִמְּךָ הַסְּלִיחָה לְמַעַן תִּוָּרֵא: קִוִּיתִי יְהֹוָה קִוְּתָה נַפְשִׁי וְלִדְבָרוֹ הוֹחָלְתִּי: נַפְשִׁי לַאדֹנָי מִשֹּׁמְרִים לַבֹּקֶר שֹׁמְרִים לַבֹּקֶר: יַחֵל יִשְׂרָאֵל אֶל יְהֹוָה כִּי עִם יְהֹוָה הַחֶסֶד וְהַרְבֵּה עִמּוֹ פְדוּת: וְהוּא יִפְדֶּה אֶת יִשְׂרָאֵל מִכֹּל עֲוֺנֹתָיו: ח״ק

ואומר ש״ץ **בָּרְכוּ אֶת יְהֹוָה הַמְבֹרָךְ:**

קהל וש״ץ בָּרוּךְ יְהֹוָה הַמְבֹרָךְ לְעוֹלָם וָעֶד:

בָּרוּךְ אַתָּה יְהֹוָה אֱלֹהֵינוּ מֶלֶךְ הָעוֹלָם יוֹצֵר אוֹר וּבוֹרֵא חֹשֶׁךְ עֹשֶׂה שָׁלוֹם וּבוֹרֵא אֶת הַכֹּל:

כשחל י״ט בחול אומרים זה:

הַכֹּל יוֹדוּךָ וְהַכֹּל יְשַׁבְּחוּךָ וְהַכֹּל יֹאמְרוּ אֵין קָדוֹשׁ כַּיהֹוָה: הַכֹּל יְרוֹמְמוּךָ סֶּלָה יוֹצֵר הַכֹּל: הָאֵל הַפּוֹתֵחַ בְּכָל יוֹם דַּלְתוֹת שַׁעֲרֵי מִזְרָח וּבוֹקֵעַ חַלּוֹנֵי רָקִיעַ מוֹצִיא חַמָּה מִמְּקוֹמָהּ וּלְבָנָה מִמְּכוֹן שִׁבְתָּהּ: וּמֵאִיר לָעוֹלָם כֻּלּוֹ וּלְיוֹשְׁבָיו שֶׁבָּרָא בְּמִדַּת הָרַחֲמִים: הַמֵּאִיר לָאָרֶץ וְלַדָּרִים עָלֶיהָ בְּרַחֲמִים· וּבְטוּבוֹ מְחַדֵּשׁ בְּכָל יוֹם תָּמִיד מַעֲשֵׂה בְרֵאשִׁית: מָה רַבּוּ מַעֲשֶׂיךָ יְהֹוָה כֻּלָּם בְּחָכְמָה עָשִׂיתָ מָלְאָה הָאָרֶץ קִנְיָנֶךָ: הַמֶּלֶךְ הַמְרוֹמָם לְבַדּוֹ מֵאָז הַמְשֻׁבָּח וְהַמְפֹאָר וְהַמִּתְנַשֵּׂא מִימוֹת עוֹלָם: אֱלֹהֵי עוֹלָם בְּרַחֲמֶיךָ הָרַבִּים רַחֵם עָלֵינוּ אֲדוֹן עֻזֵּנוּ צוּר מִשְׂגַּבֵּנוּ מָגֵן יִשְׁעֵנוּ מִשְׂגָּב בַּעֲדֵנוּ: אֵין עֲרֹךְ לָךְ וְאֵין זוּלָתֶךָ אֶפֶס בִּלְתֶּךָ וּמִי דוֹמֶה לָּךְ: אֵין עֲרֹךְ לְךָ יְהֹוָה אֱלֹהֵינוּ בָּעוֹלָם הַזֶּה וְאֵין זוּלָתְךָ מַלְכֵּנוּ לְחַיֵּי הָעוֹלָם הַבָּא. אֶפֶס בִּלְתְּךָ גּוֹאֲלֵנוּ לִימוֹת הַמָּשִׁיחַ וְאֵין דּוֹמֶה לְּךָ מוֹשִׁיעֵנוּ לִתְחִיַּת הַמֵּתִים:

הַמֵּאִיר לָאָרֶץ וְלַדָּרִים עָלֶיהָ בְּרַחֲמִים וּבְטוּבוֹ מְחַדֵּשׁ בְּכָל יוֹם תָּמִיד מַעֲשֵׂה בְרֵאשִׁית: מָה רַבּוּ מַעֲשֶׂיךָ יְהֹוָה כֻּלָּם בְּחָכְמָה עָשִׂיתָ מָלְאָה הָאָרֶץ קִנְיָנֶךָ: הַמֶּלֶךְ הַמְרוֹמָם לְבַדּוֹ מֵאָז הַמְשֻׁבָּח וְהַמְפֹאָר וְהַמִּתְנַשֵּׂא מִימוֹת עוֹלָם: אֱלֹהֵי עוֹלָם בְּרַחֲמֶיךָ הָרַבִּים רַחֵם עָלֵינוּ אֲדוֹן עֻזֵּנוּ צוּר מִשְׂגַּבֵּנוּ· מָגֵן יִשְׁעֵנוּ מִשְׂגָּב בַּעֲדֵנוּ: אֵל בָּרוּךְ גְּדוֹל דֵּעָה· הֵכִין וּפָעַל זָהֳרֵי חַמָּה· טוֹב יָצַר כָּבוֹד לִשְׁמוֹ· מְאוֹרוֹת נָתַן סְבִיבוֹת עֻזּוֹ. פִּנּוֹת צְבָאָיו קְדוֹשִׁים רוֹמְמֵי שַׁדַּי תָּמִיד מְסַפְּרִים כְּבוֹד אֵל וּקְדֻשָּׁתוֹ: תִּתְבָּרַךְ יְהֹוָה אֱלֹהֵינוּ בַּשָּׁמַיִם מִמַּעַל וְעַל הָאָרֶץ מִתָּחַת· עַל כָּל שֶׁבַח מַעֲשֵׂה יָדֶיךָ וְעַל מְאוֹרֵי אוֹר שֶׁיָּצַרְתָּ יְפָאֲרוּךָ סֶּלָה: תתברך לנצח כו׳

אֵל אָדוֹן עַל כָּל הַמַּעֲשִׂים· בָּרוּךְ וּמְבֹרָךְ בְּפִי כָּל הַנְּשָׁמָה: גָּדְלוֹ וְטוּבוֹ מָלֵא עוֹלָם. דַּעַת וּתְבוּנָה סֹבְבִים הוֹדוֹ: הַמִּתְגָּאֶה עַל חַיּוֹת הַקֹּדֶשׁ· וְנֶהְדָּר בְּכָבוֹד עַל הַמֶּרְכָּבָה. זְכוּת וּמִישׁוֹר לִפְנֵי כִסְאוֹ חֶסֶד וְרַחֲמִים מָלֵא כְבוֹדוֹ: טוֹבִים מְאוֹרוֹת שֶׁבָּרָא אֱלֹהֵינוּ. יְצָרָם בְּדַעַת בְּבִינָה וּבְהַשְׂכֵּל. כֹּחַ וּגְבוּרָה נָתַן בָּהֶם· לִהְיוֹת מוֹשְׁלִים בְּקֶרֶב תֵּבֵל: מְלֵאִים זִיו וּמְפִיקִים נֹגַהּ. נָאֶה זִיוָם בְּכָל הָעוֹלָם. שְׂמֵחִים בְּצֵאתָם וְשָׂשִׂים בְּבוֹאָם· עֹשִׂים בְּאֵימָה רְצוֹן קוֹנָם: פְּאֵר וְכָבוֹד נוֹתְנִים לִשְׁמוֹ. צָהֳלָה וְרִנָּה לְזֵכֶר מַלְכוּתוֹ. קָרָא לַשֶּׁמֶשׁ וַיִּזְרַח אוֹר. רָאָה וְהִתְקִין צוּרַת הַלְּבָנָה: שֶׁבַח נוֹתְנִים לוֹ כָּל צְבָא מָרוֹם תִּפְאֶרֶת וּגְדֻלָּה שְׂרָפִים וְחַיּוֹת וְאוֹפַנֵּי הַקֹּדֶשׁ:

לָאֵל אֲשֶׁר שָׁבַת מִכָּל הַמַּעֲשִׂים בַּיּוֹם הַשְּׁבִיעִי נִתְעַלָּה וְיָשַׁב עַל כִּסֵּא כְבוֹדוֹ: תִּפְאֶרֶת עָטָה לְיוֹם הַמְּנוּחָה עֹנֶג קָרָא לְיוֹם הַשַּׁבָּת: זֶה שֶׁבַח יוֹם הַשְּׁבִיעִי שֶׁבּוֹ שָׁבַת אֵל מִכָּל מְלַאכְתּוֹ: וְיוֹם הַשְּׁבִיעִי מְשַׁבֵּחַ וְאוֹמֵר מִזְמוֹר שִׁיר לְיוֹם הַשַּׁבָּת טוֹב לְהוֹדוֹת לַיהֹוָה: לְפִיכָךְ יְפָאֲרוּ וִיבָרְכוּ לָאֵל כָּל יְצוּרָיו: שֶׁבַח יְקָר וּגְדֻלָּה וְכָבוֹד יִתְּנוּ לָאֵל מֶלֶךְ יוֹצֵר כֹּל הַמַּנְחִיל מְנוּחָה לְעַמּוֹ יִשְׂרָאֵל בִּקְדֻשָּׁתוֹ בְּיוֹם שַׁבַּת קֹדֶשׁ שִׁמְךָ יְהֹוָה אֱלֹהֵינוּ יִתְקַדַּשׁ וְזִכְרְךָ מַלְכֵּנוּ יִתְפָּאַר בַּשָּׁמַיִם מִמַּעַל וְעַל הָאָרֶץ מִתָּחַת. עַל כָּל שֶׁבַח מַעֲשֵׂה יָדֶיךָ וְעַל מְאוֹרֵי אוֹר שֶׁיָּצַרְתָּ יְפָאֲרוּךָ סֶּלָה:

תתברך

תִּתְבָּרַךְ לָנֶצַח צוּרֵנוּ מַלְכֵּנוּ וְגוֹאֲלֵנוּ בּוֹרֵא קְדוֹשִׁים יִשְׁתַּבַּח שִׁמְךָ לָעַד מַלְכֵּנוּ יוֹצֵר מְשָׁרְתִים וַאֲשֶׁר מְשָׁרְתָיו כֻּלָּם עוֹמְדִים בְּרוּם עוֹלָם וּמַשְׁמִיעִים בְּיִרְאָה יַחַד בְּקוֹל דִּבְרֵי אֱלֹהִים חַיִּים וּמֶלֶךְ עוֹלָם: כֻּלָּם אֲהוּבִים כֻּלָּם בְּרוּרִים כֻּלָּם גִּבּוֹרִים כֻּלָּם קְדוֹשִׁים וְכֻלָּם עֹשִׂים בְּאֵימָה וּבְיִרְאָה רְצוֹן קוֹנָם: וְכֻלָּם פּוֹתְחִים אֶת פִּיהֶם בִּקְדֻשָּׁה וּבְטָהֳרָה בְּשִׁירָה וּבְזִמְרָה וּמְבָרְכִים וּמְשַׁבְּחִים וּמְפָאֲרִים וּמַעֲרִיצִים וּמַקְדִּישִׁים וּמַמְלִיכִים:

אֶת שֵׁם הָאֵל הַמֶּלֶךְ הַגָּדוֹל הַגִּבּוֹר וְהַנּוֹרָא קָדוֹשׁ הוּא: וְכֻלָּם מְקַבְּלִים עֲלֵיהֶם עֹל מַלְכוּת שָׁמַיִם זֶה מִזֶּה וְנוֹתְנִים בְּאַהֲבָה רְשׁוּת זֶה לָזֶה. לְהַקְדִּישׁ לְיוֹצְרָם בְּנַחַת רוּחַ בְּשָׂפָה בְרוּרָה וּבִנְעִימָה קְדוֹשָׁה· כֻּלָּם כְּאֶחָד עוֹנִים בְּאֵימָה וְאוֹמְרִים בְּיִרְאָה:

קָדוֹשׁ קָדוֹשׁ קָדוֹשׁ יְהוָה צְבָאוֹת מְלֹא כָל הָאָרֶץ כְּבוֹדוֹ: וְהָאוֹפַנִּים וְחַיּוֹת הַקֹּדֶשׁ בְּרַעַשׁ גָּדוֹל מִתְנַשְּׂאִים לְעֻמַּת הַשְּׂרָפִים לְעֻמָּתָם מְשַׁבְּחִים וְאוֹמְרִים:

בָּרוּךְ כְּבוֹד יְהוָה מִמְּקוֹמוֹ:

לָאֵל בָּרוּךְ נְעִימוֹת יִתֵּנוּ. לַמֶּלֶךְ אֵל חַי וְקַיָּם זְמִירוֹת יֹאמֵרוּ וְתִשְׁבָּחוֹת יַשְׁמִיעוּ: כִּי הוּא לְבַדּוֹ מָרוֹם וְקָדוֹשׁ פּוֹעֵל גְּבוּרוֹת עֹשֶׂה חֲדָשׁוֹת בַּעַל מִלְחָמוֹת זוֹרֵעַ צְדָקוֹת מַצְמִיחַ יְשׁוּעוֹת בּוֹרֵא רְפוּאוֹת נוֹרָא תְהִלּוֹת אֲדוֹן הַנִּפְלָאוֹת הַמְחַדֵּשׁ בְּטוּבוֹ בְּכָל יוֹם תָּמִיד מַעֲשֵׂה בְרֵאשִׁית: כָּאָמוּר לְעֹשֵׂה אוֹרִים גְּדֹלִים כִּי לְעוֹלָם חַסְדּוֹ. בָּרוּךְ אַתָּה יְהוָה יוֹצֵר הַמְּאוֹרוֹת:

גם בשבת וביו"ט אומרים אהבת עולם ולא אהבה רבה :

אַהֲבַת עוֹלָם אֲהַבְתָּנוּ יְהוָה אֱלֹהֵינוּ חֶמְלָה גְדוֹלָה וִיתֵרָה חָמַלְתָּ עָלֵינוּ: אָבִינוּ מַלְכֵּנוּ בַּעֲבוּר שִׁמְךָ הַגָּדוֹל וּבַעֲבוּר אֲבוֹתֵינוּ שֶׁבָּטְחוּ בְךָ וַתְּלַמְּדֵם חֻקֵּי חַיִּים לַעֲשׂוֹת רְצוֹנְךָ בְּלֵבָב שָׁלֵם כֵּן תְּחָנֵּנוּ וּתְלַמְּדֵנוּ: אָבִינוּ אָב הָרַחֲמָן הַמְרַחֵם רַחֵם נָא עָלֵינוּ וְתֵן בְּלִבֵּנוּ בִּינָה לְהָבִין וּלְהַשְׂכִּיל לִשְׁמוֹעַ לִלְמוֹד וּלְלַמֵּד לִשְׁמוֹר וְלַעֲשׂוֹת וּלְקַיֵּם אֶת כָּל דִּבְרֵי תַלְמוּד תּוֹרָתֶךָ בְּאַהֲבָה: וְהָאֵר עֵינֵינוּ בְּתוֹרָתֶךָ וְדַבֵּק לִבֵּנוּ בְּמִצְוֹתֶיךָ וְיַחֵד לְבָבֵנוּ לְאַהֲבָה וּלְיִרְאָה אֶת שְׁמֶךָ וְלֹא נֵבוֹשׁ וְלֹא נִכָּלֵם וְלֹא נִכָּשֵׁל לְעוֹלָם וָעֶד: כִּי בְשֵׁם קָדְשְׁךָ הַגָּדוֹל וְהַנּוֹרָא בָּטָחְנוּ נָגִילָה וְנִשְׂמְחָה בִּישׁוּעָתֶךָ: וְרַחֲמֶיךָ יְהוָה אֱלֹהֵינוּ וַחֲסָדֶיךָ הָרַבִּים אַל יַעַזְבוּנוּ נֶצַח סֶלָה וָעֶד: מַהֵר וְהָבֵא עָלֵינוּ בְּרָכָה וְשָׁלוֹם מְהֵרָה: וַהֲבִיאֵנוּ לְשָׁלוֹם מֵאַרְבַּע כַּנְפוֹת הָאָרֶץ· וּשְׁבוֹר עוֹל הַגּוֹיִם מֵעַל צַוָּארֵנוּ וְתוֹלִיכֵנוּ מְהֵרָה קוֹמְמִיּוּת לְאַרְצֵנוּ: כִּי אֵל פּוֹעֵל יְשׁוּעוֹת אָתָּה וּבָנוּ בָחַרְתָּ מִכָּל עַם וְלָשׁוֹן וְקֵרַבְתָּנוּ מַלְכֵּנוּ לְשִׁמְךָ הַגָּדוֹל בְּאַהֲבָה לְהוֹדוֹת לְךָ וּלְיַחֶדְךָ וּלְאַהֲבָה אֶת שְׁמֶךָ: בָּרוּךְ אַתָּה יְהוָה הַבּוֹחֵר בְּעַמּוֹ יִשְׂרָאֵל בְּאַהֲבָה:

שְׁמַע יִשְׂרָאֵל יְהוָה אֱלֹהֵינוּ יְהוָה אֶחָד:

בָּרוּךְ שֵׁם כְּבוֹד מַלְכוּתוֹ לְעוֹלָם וָעֶד:

וְאָהַבְתָּ אֵת יְהוָה אֱלֹהֶיךָ בְּכָל־לְבָבְךָ וּבְכָל־נַפְשְׁךָ וּבְכָל מְאֹדֶךָ: וְהָיוּ הַדְּבָרִים הָאֵלֶּה אֲשֶׁר אָנֹכִי מְצַוְּךָ הַיּוֹם עַל־לְבָבֶךָ: וְשִׁנַּנְתָּם לְבָנֶיךָ וְדִבַּרְתָּ בָּם בְּשִׁבְתְּךָ בְּבֵיתֶךָ וּבְלֶכְתְּךָ בַדֶּרֶךְ וּבְשָׁכְבְּךָ וּבְקוּמֶךָ: וּקְשַׁרְתָּם לְאוֹת עַל־יָדֶךָ וְהָיוּ לְטֹטָפֹת בֵּין עֵינֶיךָ: וּכְתַבְתָּם עַל־מְזֻזוֹת בֵּיתֶךָ וּבִשְׁעָרֶיךָ:

וְהָיָה אִם שָׁמֹעַ תִּשְׁמְעוּ אֶל־מִצְוֹתַי אֲשֶׁר אָנֹכִי מְצַוֶּה אֶתְכֶם הַיּוֹם לְאַהֲבָה אֶת־יְהוָה אֱלֹהֵיכֶם וּלְעָבְדוֹ בְּכָל־לְבַבְכֶם וּבְכָל־נַפְשְׁכֶם: וְנָתַתִּי מְטַר־אַרְצְכֶם בְּעִתּוֹ יוֹרֶה וּמַלְקוֹשׁ וְאָסַפְתָּ דְגָנֶךָ וְתִירֹשְׁךָ וְיִצְהָרֶךָ: וְנָתַתִּי עֵשֶׂב בְּשָׂדְךָ לִבְהֶמְתֶּךָ וְאָכַלְתָּ וְשָׂבָעְתָּ: הִשָּׁמְרוּ לָכֶם פֶּן־יִפְתֶּה לְבַבְכֶם וְסַרְתֶּם וַעֲבַדְתֶּם אֱלֹהִים אֲחֵרִים וְהִשְׁתַּחֲוִיתֶם לָהֶם: וְחָרָה אַף־יְהוָה בָּכֶם וְעָצַר אֶת־הַשָּׁמַיִם וְלֹא־יִהְיֶה מָטָר וְהָאֲדָמָה לֹא תִתֵּן אֶת־יְבוּלָהּ

ואבדתם

וַאֲבַדְתֶּם מְהֵרָה מֵעַל הָאָרֶץ הַטֹּבָה אֲשֶׁר יְהוָה נֹתֵן לָכֶם: וְשַׂמְתֶּם אֶת־דְּבָרַי אֵלֶּה עַל־לְבַבְכֶם וְעַל־נַפְשְׁכֶם וּקְשַׁרְתֶּם אֹתָם לְאוֹת עַל־יֶדְכֶם וְהָיוּ לְטוֹטָפֹת בֵּין עֵינֵיכֶם: וְלִמַּדְתֶּם אֹתָם אֶת־בְּנֵיכֶם לְדַבֵּר בָּם בְּשִׁבְתְּךָ בְּבֵיתֶךָ וּבְלֶכְתְּךָ בַדֶּרֶךְ וּבְשָׁכְבְּךָ וּבְקוּמֶךָ: וּכְתַבְתָּם עַל־מְזוּזוֹת בֵּיתֶךָ וּבִשְׁעָרֶיךָ: לְמַעַן יִרְבּוּ יְמֵיכֶם וִימֵי בְנֵיכֶם עַל הָאֲדָמָה אֲשֶׁר נִשְׁבַּע יְהוָה לַאֲבֹתֵיכֶם לָתֵת לָהֶם כִּימֵי הַשָּׁמַיִם עַל־הָאָרֶץ:

וַיֹּאמֶר יְהוָה אֶל־מֹשֶׁה לֵּאמֹר: דַּבֵּר אֶל־בְּנֵי יִשְׂרָאֵל וְאָמַרְתָּ אֲלֵהֶם וְעָשׂוּ לָהֶם צִיצִת עַל־כַּנְפֵי בִגְדֵיהֶם לְדֹרֹתָם וְנָתְנוּ עַל־צִיצִת הַכָּנָף פְּתִיל תְּכֵלֶת: וְהָיָה לָכֶם לְצִיצִת וּרְאִיתֶם אֹתוֹ וּזְכַרְתֶּם אֶת־כָּל־מִצְוֹת יְהוָה וַעֲשִׂיתֶם אֹתָם וְלֹא־תָתֻרוּ אַחֲרֵי לְבַבְכֶם וְאַחֲרֵי עֵינֵיכֶם אֲשֶׁר־אַתֶּם זֹנִים אַחֲרֵיהֶם: לְמַעַן תִּזְכְּרוּ וַעֲשִׂיתֶם אֶת־כָּל־מִצְוֹתָי וִהְיִיתֶם קְדֹשִׁים לֵאלֹהֵיכֶם: אֲנִי יְהוָה אֱלֹהֵיכֶם אֲשֶׁר הוֹצֵאתִי אֶתְכֶם מֵאֶרֶץ מִצְרַיִם לִהְיוֹת לָכֶם לֵאלֹהִים אֲנִי יְהוָה אֱלֹהֵיכֶם:

אֱמֶת וְיַצִּיב וְנָכוֹן וְקַיָּם וְיָשָׁר וְנֶאֱמָן וְאָהוּב וְחָבִיב וְנֶחְמָד וְנָעִים וְנוֹרָא וְאַדִּיר וּמְתֻקָּן וּמְקֻבָּל וְטוֹב וְיָפֶה הַדָּבָר הַזֶּה עָלֵינוּ לְעוֹלָם וָעֶד: אֱמֶת אֱלֹהֵי עוֹלָם מַלְכֵּנוּ צוּר יַעֲקֹב מָגֵן יִשְׁעֵנוּ לְדֹר וָדֹר הוּא קַיָּם וּשְׁמוֹ קַיָּם וְכִסְאוֹ נָכוֹן וּמַלְכוּתוֹ וֶאֱמוּנָתוֹ לָעַד קַיֶּמֶת: וּדְבָרָיו חָיִים וְקַיָּמִים נֶאֱמָנִים וְנֶחֱמָדִים לָעַד וּלְעוֹלְמֵי עוֹלָמִים: עַל אֲבוֹתֵינוּ וְעָלֵינוּ עַל בָּנֵינוּ וְעַל דּוֹרוֹתֵינוּ וְעַל כָּל דּוֹרוֹת זֶרַע יִשְׂרָאֵל עֲבָדֶיךָ: עַל הָרִאשׁוֹנִים וְעַל הָאַחֲרוֹנִים דָּבָר טוֹב וְקַיָּם בֶּאֱמֶת וּבֶאֱמוּנָה חֹק וְלֹא יַעֲבוֹר: אֱמֶת שָׁאַתָּה הוּא יְהוָה אֱלֹהֵינוּ וֵאלֹהֵי אֲבוֹתֵינוּ מַלְכֵּנוּ מֶלֶךְ אֲבוֹתֵינוּ גֹּאֲלֵנוּ גֹּאֵל אֲבוֹתֵינוּ צוּרֵנוּ צוּר יְשׁוּעָתֵנוּ פּוֹדֵנוּ וּמַצִּילֵנוּ מֵעוֹלָם הוּא שְׁמֶךָ וְאֵין לָנוּ עוֹד אֱלֹהִים זוּלָתְךָ סֶלָה: עֶזְרַת אֲבוֹתֵינוּ אַתָּה הוּא מֵעוֹלָם מָגֵן וּמוֹשִׁיעַ לָהֶם וְלִבְנֵיהֶם אַחֲרֵיהֶם בְּכָל דּוֹר וָדוֹר: בְּרוּם עוֹלָם מוֹשָׁבֶךָ וּמִשְׁפָּטֶיךָ וְצִדְקָתְךָ עַד אַפְסֵי אָרֶץ: אֱמֶת אַשְׁרֵי אִישׁ שֶׁיִּשְׁמַע לְמִצְוֹתֶיךָ וְתוֹרָתְךָ וּדְבָרְךָ יָשִׂים עַל לִבּוֹ. אֱמֶת אַתָּה הוּא אָדוֹן לְעַמֶּךָ וּמֶלֶךְ גִּבּוֹר לָרִיב רִיבָם לְאָבוֹת וּבָנִים: אֱמֶת אַתָּה הוּא רִאשׁוֹן וְאַתָּה הוּא אַחֲרוֹן וּמִבַּלְעָדֶיךָ אֵין לָנוּ מֶלֶךְ גּוֹאֵל וּמוֹשִׁיעַ: אֱמֶת מִמִּצְרַיִם גְּאַלְתָּנוּ יְהוָה אֱלֹהֵינוּ וּמִבֵּית עֲבָדִים פְּדִיתָנוּ: כָּל בְּכוֹרֵיהֶם הָרַגְתָּ וּבְכוֹרְךָ יִשְׂרָאֵל גָּאָלְתָּ וְיַם סוּף לָהֶם בָּקַעְתָּ וְזֵדִים טִבַּעְתָּ וִידִידִים הֶעֱבַרְתָּ וַיְכַסּוּ מַיִם צָרֵיהֶם אֶחָד מֵהֶם לֹא נוֹתָר: עַל זֹאת שִׁבְּחוּ אֲהוּבִים וְרוֹמְמוּ לָאֵל וְנָתְנוּ יְדִידִים זְמִירוֹת שִׁירוֹת וְתִשְׁבָּחוֹת בְּרָכוֹת וְהוֹדָאוֹת לַמֶּלֶךְ אֵל חַי וְקַיָּם: רָם וְנִשָּׂא גָּדוֹל וְנוֹרָא מַשְׁפִּיל גֵּאִים עֲדֵי אָרֶץ וּמַגְבִּיהַּ שְׁפָלִים עַד מָרוֹם מוֹצִיא אֲסִירִים פּוֹדֶה עֲנָוִים עוֹזֵר דַּלִּים הָעוֹנֶה לְעַמּוֹ יִשְׂרָאֵל בְּעֵת שַׁוְּעָם אֵלָיו: תְּהִלּוֹת לְאֵל עֶלְיוֹן גּוֹאֲלָם בָּרוּךְ הוּא וּמְבֹרָךְ. מֹשֶׁה וּבְנֵי יִשְׂרָאֵל לְךָ עָנוּ שִׁירָה בְּשִׂמְחָה רַבָּה וְאָמְרוּ כֻלָּם:

מִי כָמֹכָה בָּאֵלִם יְהוָה מִי כָּמֹכָה נֶאְדָּר בַּקֹּדֶשׁ נוֹרָא תְהִלֹּת עֹשֵׂה פֶלֶא:

שִׁירָה חֲדָשָׁה שִׁבְּחוּ גְאוּלִים לְשִׁמְךָ הַגָּדוֹל עַל שְׂפַת הַיָּם יַחַד כֻּלָּם הוֹדוּ וְהִמְלִיכוּ וְאָמְרוּ: יְהוָה יִמְלֹךְ לְעוֹלָם וָעֶד: וְנֶאֱמַר גֹּאֲלֵנוּ יְהוָה צְבָאוֹת שְׁמוֹ קְדוֹשׁ יִשְׂרָאֵל: בָּרוּךְ אַתָּה יְהוָה גָּאַל יִשְׂרָאֵל:

אֲדֹנָי שְׂפָתַי תִּפְתָּח וּפִי יַגִּיד תְּהִלָּתֶךָ:

בָּרוּךְ אַתָּה יְהוָה אֱלֹהֵינוּ וֵאלֹהֵי אֲבוֹתֵינוּ אֱלֹהֵי אַבְרָהָם אֱלֹהֵי יִצְחָק וֵאלֹהֵי יַעֲקֹב. הָאֵל הַגָּדוֹל הַגִּבּוֹר וְהַנּוֹרָא אֵל עֶלְיוֹן. גּוֹמֵל חֲסָדִים טוֹבִים. קוֹנֵה הַכֹּל וְזוֹכֵר חַסְדֵי אָבוֹת וּמֵבִיא גוֹאֵל לִבְנֵי בְנֵיהֶם לְמַעַן שְׁמוֹ בְּאַהֲבָה:

בשבת תשובה אומרים זה

זָכְרֵנוּ לְחַיִּים מֶלֶךְ חָפֵץ בַּחַיִּים וְכָתְבֵנוּ בְּסֵפֶר הַחַיִּים לְמַעַנְךָ אֱלֹהִים חַיִּים:

מֶלֶךְ עוֹזֵר וּמוֹשִׁיעַ וּמָגֵן: בָּרוּךְ אַתָּה יְהוָה מָגֵן אַבְרָהָם:

אַתָּה גִּבּוֹר לְעוֹלָם אֲדֹנָי מְחַיֵּה מֵתִים אַתָּה רַב לְהוֹשִׁיעַ בקיץ מוֹרִיד הַטָּל בחורף מַשִּׁיב הָרוּחַ וּמוֹרִיד הַגֶּשֶׁם: מְכַלְכֵּל חַיִּים בְּחֶסֶד מְחַיֵּה מֵתִים בְּרַחֲמִים רַבִּים סוֹמֵךְ נוֹפְלִים וְרוֹפֵא חוֹלִים וּמַתִּיר אֲסוּרִים וּמְקַיֵּם

אמונתו

אֱמוּנָתוֹ לִישֵׁנֵי עָפָר: מִי כָמוֹךָ בַּעַל גְּבוּרוֹת וּמִי דּוֹמֶה
לָּךְ מֶלֶךְ מֵמִית וּמְחַיֶּה וּמַצְמִיחַ יְשׁוּעָה:
כש״ת מִי כָמוֹךָ אָב הָרַחֲמָן זוֹכֵר יְצוּרָיו לְחַיִּים בְּרַחֲמִים:
וְנֶאֱמָן אַתָּה לְהַחֲיוֹת מֵתִים: בָּרוּךְ אַתָּה יְהוָֹה מְחַיֵּה הַמֵּתִים:

כשהש״ץ חוזר הש״ע אומרים זה

נַקְדִּישָׁךְ וְנַעֲרִיצָךְ כְּנֹעַם שִׂיחַ סוֹד שַׂרְפֵי קֹדֶשׁ
הַמְשַׁלְּשִׁים לְךָ קְדֻשָּׁה כַּכָּתוּב עַל יַד
נְבִיאֶךָ וְקָרָא זֶה אֶל זֶה וְאָמַר: קָדוֹשׁ קָדוֹשׁ קָדוֹשׁ
יְהוָֹה צְבָאוֹת מְלֹא כָל הָאָרֶץ כְּבוֹדוֹ: אָז בְּקוֹל
רַעַשׁ גָּדוֹל אַדִּיר וְחָזָק מַשְׁמִיעִים קוֹל מִתְנַשְּׂאִים
לְעֻמַּת הַשְּׂרָפִים לְעֻמָּתָם מְשַׁבְּחִים וְאוֹמְרִים:
בָּרוּךְ כְּבוֹד יְהוָֹה מִמְּקוֹמוֹ: מִמְּקוֹמְךָ מַלְכֵּנוּ
תוֹפִיעַ וְתִמְלוֹךְ עָלֵינוּ כִּי מְחַכִּים אֲנַחְנוּ לָךְ מָתַי
תִּמְלוֹךְ בְּצִיּוֹן בְּקָרוֹב בְּיָמֵינוּ לְעוֹלָם וָעֶד: תִּשְׁכּוֹן
תִּתְגַּדַּל וְתִתְקַדֵּשׁ בְּתוֹךְ יְרוּשָׁלַיִם עִירְךָ לְדוֹר וָדוֹר
וּלְנֵצַח נְצָחִים: וְעֵינֵינוּ תִרְאֶינָה מַלְכוּתֶךָ כַּדָּבָר
הָאָמוּר בְּשִׁירֵי עֻזֶּךָ עַל יְדֵי דָוִד מְשִׁיחַ צִדְקֶךָ:
יִמְלוֹךְ יְהוָֹה לְעוֹלָם אֱלֹהַיִךְ צִיּוֹן לְדוֹר וָדֹר הַלְלוּיָהּ:
אַתָּה קָדוֹשׁ וְשִׁמְךָ קָדוֹשׁ וּקְדוֹשִׁים בְּכָל יוֹם יְהַלְלוּךָ
סֶּלָה: בָּרוּךְ אַתָּה יְהוָֹה הָאֵל הַקָּדוֹשׁ:
(כש״ת הַמֶּלֶךְ הַקָּדוֹשׁ):

יִשְׂמַח מֹשֶׁה בְּמַתְּנַת חֶלְקוֹ כִּי עֶבֶד נֶאֱמָן קָרָאתָ לוֹ. כְּלִיל תִּפְאֶרֶת בְּרֹאשׁוֹ נָתַתָּ לוֹ: בְּעָמְדוֹ לְפָנֶיךָ עַל הַר סִינַי וּשְׁנֵי לוּחֹת אֲבָנִים הוֹרִיד בְּיָדוֹ וְכָתוּב בָּהֶם שְׁמִירַת שַׁבָּת וְכֵן כָּתוּב בְּתוֹרָתֶךָ:

וְשָׁמְרוּ בְנֵי יִשְׂרָאֵל אֶת הַשַּׁבָּת לַעֲשׂוֹת אֶת הַשַּׁבָּת
לְדֹרֹתָם בְּרִית עוֹלָם: בֵּינִי וּבֵין בְּנֵי יִשְׂרָאֵל
אוֹת הִוא לְעֹלָם כִּי שֵׁשֶׁת יָמִים עָשָׂה יְהוָֹה אֶת
הַשָּׁמַיִם וְאֶת הָאָרֶץ וּבַיּוֹם הַשְּׁבִיעִי שָׁבַת וַיִּנָּפַשׁ:
וְלֹא נְתַתּוֹ יְהוָֹה אֱלֹהֵינוּ לְגוֹיֵי הָאֲרָצוֹת וְלֹא הִנְחַלְתּוֹ
מַלְכֵּנוּ לְעוֹבְדֵי אֱלִילִים וְגַם בִּמְנוּחָתוֹ לֹא

יִשְׁכְּנוּ עֲרֵלִים כִּי לְיִשְׂרָאֵל עַמְּךָ נְתַתּוֹ בְּאַהֲבָה
לְזֶרַע יַעֲקֹב אֲשֶׁר בָּם בָּחָרְתָּ:
יִשְׂמְחוּ בְמַלְכוּתְךָ שׁוֹמְרֵי שַׁבָּת וְקוֹרְאֵי עֹנֶג עַם מְקַדְּשֵׁי
שְׁבִיעִי כֻּלָּם יִשְׂבְּעוּ וְיִתְעַנְּגוּ מִטּוּבֶךָ. וּבַשְּׁבִיעִי
רָצִיתָ בּוֹ וְקִדַּשְׁתּוֹ חֶמְדַּת יָמִים אוֹתוֹ קָרָאתָ.
אֱלֹהֵינוּ וֵאלֹהֵי אֲבוֹתֵינוּ רְצֵה נָא בִמְנוּחָתֵנוּ
קַדְּשֵׁנוּ בְּמִצְוֹתֶיךָ. וְתֵן חֶלְקֵנוּ בְּתוֹרָתֶךָ.
שַׂבְּעֵנוּ מִטּוּבֶךָ וְשַׂמַּח נַפְשֵׁנוּ בִּישׁוּעָתֶךָ. וְטַהֵר
לִבֵּנוּ לְעָבְדְּךָ בֶּאֱמֶת. וְהַנְחִילֵנוּ יְהוָֹה אֱלֹהֵינוּ
בְּאַהֲבָה וּבְרָצוֹן שַׁבַּת קָדְשֶׁךָ. וְיָנוּחוּ בוֹ כָּל
יִשְׂרָאֵל מְקַדְּשֵׁי שְׁמֶךָ: בָּרוּךְ אַתָּה יְהוָֹה
מְקַדֵּשׁ הַשַּׁבָּת:
רְצֵה יְהוָֹה אֱלֹהֵינוּ בְּעַמְּךָ יִשְׂרָאֵל וְלִתְפִלָּתָם שְׁעֵה.
וְהָשֵׁב הָעֲבוֹדָה לִדְבִיר בֵּיתֶךָ וְאִשֵּׁי יִשְׂרָאֵל
וּתְפִלָּתָם בְּאַהֲבָה תְקַבֵּל בְּרָצוֹן וּתְהִי לְרָצוֹן תָּמִיד
עֲבוֹדַת יִשְׂרָאֵל עַמֶּךָ: בר״ח וחוה״מ יעלה ויבא
וְתֶחֱזֶינָה עֵינֵינוּ בְּשׁוּבְךָ לְצִיּוֹן בְּרַחֲמִים: בָּרוּךְ אַתָּה
יְהוָֹה הַמַּחֲזִיר שְׁכִינָתוֹ לְצִיּוֹן: מודים דרבנן
מוֹדִים אֲנַחְנוּ לָךְ שָׁאַתָּה הוּא יְהוָֹה אֱלֹהֵינוּ וֵאלֹהֵי
אֲבוֹתֵינוּ לְעוֹלָם וָעֶד צוּר חַיֵּינוּ מָגֵן יִשְׁעֵנוּ
אַתָּה הוּא לְדוֹר וָדוֹר נוֹדֶה לְךָ וּנְסַפֵּר תְּהִלָּתֶךָ עַל חַיֵּינוּ
הַמְּסוּרִים בְּיָדֶךָ וְעַל נִשְׁמוֹתֵינוּ הַפְּקוּדוֹת לָךְ וְעַל נִסֶּיךָ
שֶׁבְּכָל יוֹם עִמָּנוּ וְעַל נִפְלְאוֹתֶיךָ וְטוֹבוֹתֶיךָ שֶׁבְּכָל עֵת
עֶרֶב וָבֹקֶר וְצָהֳרָיִם: הַטּוֹב כִּי לֹא כָלוּ רַחֲמֶיךָ וְהַמְרַחֵם
כִּי לֹא תַמּוּ חֲסָדֶיךָ כִּי מֵעוֹלָם קִוִּינוּ לָךְ: בחנוכה על הנסים וכו׳
וְעַל כֻּלָּם יִתְבָּרַךְ וְיִתְרוֹמַם וְיִתְנַשֵּׂא שִׁמְךָ מַלְכֵּנוּ תָּמִיד
לְעוֹלָם וָעֶד:
כש״ת וּכְתוֹב לְחַיִּים טוֹבִים כָּל בְּנֵי בְרִיתֶךָ:
וְכָל הַחַיִּים יוֹדוּךָ סֶּלָה וִיהַלְלוּ שִׁמְךָ הַגָּדוֹל לְעוֹלָם כִּי
טוֹב הָאֵל יְשׁוּעָתֵנוּ וְעֶזְרָתֵנוּ סֶלָה הָאֵל הַטּוֹב: בָּרוּךְ
אַתָּה יְהוָֹה הַטּוֹב שִׁמְךָ וּלְךָ נָאֶה לְהוֹדוֹת:

לש״ץ
אלהינו ואלהי אבותינו ברכנו בברכה המשולשת בתורה הכתובה
על ידי משה עבדך האמורה מפי אהרן ובניו כהנים עם
קדושך כאמור: יברכך יהוה וישמרך: אמן. יאר יהוה פניו אליך ויחנך: אמן.
ישא יהוה פניו אליך וישם לך שלום אמן:

שִׂים שָׁלוֹם טוֹבָה וּבְרָכָה חַיִּים חֵן וָחֶסֶד וְרַחֲמִים עָלֵינוּ
וְעַל כָּל יִשְׂרָאֵל עַמֶּךָ בָּרְכֵנוּ אָבִינוּ כֻּלָּנוּ כְּאֶחָד
בְּאוֹר פָּנֶיךָ כִּי בְאוֹר פָּנֶיךָ נָתַתָּ לָנוּ יְהוָֹה אֱלֹהֵינוּ תּוֹרַת
חיים

חיים ואהבת חסד וצדקה וברכה ורחמים וחיים ושלום וטוב בעיניך לברך את עמך ישראל בכל עת ובכל שעה בשלומך : ברוך וכו׳

בש״ת ובספר חיים ברכה ושלום ופרנסה טובה ישועה ונחמה וגזרות טובות נזכר ונכתב לפניך אנחנו וכל עמך בית ישראל לחיים טובים ולשלום : ברוך אתה יהוה המברך את עמו ישראל בשלום :

יהיו לרצון אמרי פי והגיון לבי לפניך ה׳ צורי וגואלי:ס)

אלהי נצור לשוני מרע ושפתי מדבר מרמה ולמקללי נפשי תדום ונפשי כעפר לכל תהיה פתח לבי בתורתך ובמצותיך תרדוף נפשי וכל החושבים עלי רעה מהרה הפר עצתם וקלקל מחשבתם: יהיו כמוץ לפני רוח ומלאך ה׳ דוחה: למען יחלצון ידידיך הושיעה ימינך ועננו: עשה למען שמך. עשה למען ימינך. עשה למען תורתך. עשה למען קדשתך. יהיו לרצון אמרי פי והגיון לבי לפניך יהוה צורי וגואלי: עושה שלום (בש״ת השלום) במרומיו הוא יעשה שלום עלינו ועל כל ישראל ואמרו אמן:

יהי רצון מלפניך ה׳ אלהינו ואלהי אבותינו שיבנה בית המקדש במהרה בימינו ותן חלקנו בתורתך:

היום יום שבת קודש שבו היו הלוים אומרים בבית המקדש: מזמור שיר ליום השבת וכו׳ תמצא לעיל: הושיענו ק״י

אתה הראת לדעת כי יהוה הוא האלהים אין עוד מלבדו : מלכותך מלכות כל עולמים וממשלתך בכל דור ודור : יהוה מלך יהוה מלך יהוה ימלוך לעולם ועד : יהוה עז לעמו יתן יהוה יברך את עמו בשלום :

כשפותחין הארון יאמרו הקהל

ויהי בנסע הארן ויאמר משה קומה יהוה ויפצו איביך וינסו משנאיך מפניך : כי מציון תצא תורה ודבר יהוה מירושלים : ברוך שנתן תורה לעמו ישראל בקדשתו :

בריך שמיה דמרא עלמא בריך כתרך ואתרך : יהא רעותך עם עמך ישראל לעלם ופורקן ימינך אחזי לעמך בבי מקדשך . ולאמטויי לנא מטוב נהורך ולקבל צלותנא ברחמין יהא רעוא קדמך דתוריך לן חיין בטיבו . ולהוא אנא פקידא בגו צדיקיא . למרחם עלי ולמנטר יתי וית כל די לי ודי לעמך ישראל . אנת הוא זן לכלא ומפרנס לכלא . אנת הוא שליט על כלא . אנת הוא דשליט על מלכיא ומלכותא דילך היא . אנא עבדא דקודשא בריך הוא דסגידנא קמיה ומקמי דיקר אורייתיה . בכל עדן ועדן לא על אנש רחיצנא ולא על בר אלהין סמיכנא . אלא באלהא דשמיא דהוא אלהא קשוט ואורייתיה קשוט ונביאוהי קשוט . ומסגא למעבד טבון וקשוט . ביה אנא רחיץ . ולשמיה קדישא יקירא אנא אמר תושבחן . יהא רעוא קדמך דתפתח לבאי באורייתא . ותשלים משאלין דלבאי . ולבא דכל עמך ישראל לטב ולחיין ולשלם :

ש״ץ וקהל **שמע ישראל יהוה אלהינו יהוה אחד : אחד אלהינו גדול אדונינו קדוש (ונורא) שמו :**

ואומר הש״ץ **גדלו ליהוה אתי ונרוממה שמו יחדו :**

והקהל עונים **לך** יהוה הגדלה והגבורה והתפארת והנצח וההוד כי כל בשמים ובארץ לך יהוה הממלכה והמתנשא לכל לראש: רוממו יהוה אלהינו והשתחוו להר קדשו כי קדוש יהוה אלהינו :

על הכל יתגדל ויתקדש וישתבח ויתפאר ויתרומם ויתנשא . שמו של מלך מלכי המלכים הקדוש ברוך הוא . בעולמות שברא העולם הזה והעולם הבא . כרצונו וכרצון יראיו וכרצון כל עמך בית ישראל . צור העולמים אדון כל הבריות אלוה כל הנפשות היושב במרחבי מרום השוכן בשמי שמי קדם . קדשתו על החיות וקדשתו על כסא הכבוד : ובכן יתקדש שמך בנו יהוה אלהינו לעיני כל חי : ונאמר לפניו שיר חדש ככתוב : שירו לאלהים זמרו שמו סלו לרכב בערבות ביה שמו ועלזו לפניו : ונראהו עין בעין בשובו אל נוהו ככתוב . כי עין בעין יראו בשוב יהוה ציון : ונאמר ונגלה כבוד יהוה וראו כל בשר יחדו כי פי יהוה דבר :

אב הרחמים הוא ירחם עם עמוסים ויזכור ברית איתנים ויציל נפשותינו מן השעות הרעות ויגער ביצר הרע מן הנשואים ויחון עלינו לפליטת עולמים וימלא משאלותינו במדה טובה ישועה ורחמים : הש״ץ

ויעזור ויגן ויושיע לכל החוסים בו ונאמר אמן: הכל הבו גודל לאלהינו ותנו כבוד לתורה כהן קרב . יעמוד (פב״פ) הכהן : ברוך שנתן תורה לעמו ישראל בקדושתו :

ואח״כ אומרים הקהל

ואתם הדבקים ביהוה אלהיכם חיים כלכם היום :

ברכת התורה לפניו

ברכו את יהוה המבורך :

והקהל עונין **ברוך יהוה המבורך לעולם ועד :**

ברוך

ס) לג״ז ק״ב

בָּרוּךְ אַתָּה יְהוָֹה אֱלֹהֵינוּ מֶלֶךְ הָעוֹלָם אֲשֶׁר בָּחַר בָּנוּ מִכָּל הָעַמִּים וְנָתַן לָנוּ אֶת תּוֹרָתוֹ : בָּרוּךְ אַתָּה יְהוָֹה נוֹתֵן הַתּוֹרָה :

אחר קריאת התורה מברך

בָּרוּךְ אַתָּה יְהוָֹה אֱלֹהֵינוּ מֶלֶךְ הָעוֹלָם אֲשֶׁר נָתַן לָנוּ תּוֹרַת אֱמֶת וְחַיֵּי עוֹלָם נָטַע בְּתוֹכֵנוּ : בָּרוּךְ אַתָּה יְהוָֹה נוֹתֵן הַתּוֹרָה :

ברכת הגומל בָּרוּךְ אַתָּה יְהוָֹה אֱלֹהֵינוּ מֶלֶךְ הָעוֹלָם הַגּוֹמֵל לְחַיָּבִים טוֹבוֹת שֶׁגְּמָלַנִי טוֹב :

ועונין אחריו (אמן) מִי שֶׁגְּמָלְךָ טוֹב הוּא יִגְמָלְךָ כָּל טוֹב סֶלָה :

וכשמגביהין הס״ת להראות הכתב לעם כל אדם ישתדל לקרב עצמו לתיבה כדי שיוכל לקרא מה שכתוב בס״ת בעת הגבהת הס״ת . ויאמר :

זאת התורה אשר שם משה לפני בני ישראל : עץ חיים היא למחזיקים בה ותומכיה מאשר : דרכיה דרכי נועם וכל נתיבותיה שלום : אורך ימים בימינה בשמאלה עשר וכבוד : יהוה חפץ למען צדקו יגדיל תורה ויאדיר :

ברכת הפטרה לפניה

בָּרוּךְ אַתָּה יְהוָֹה אֱלֹהֵינוּ מֶלֶךְ הָעוֹלָם אֲשֶׁר בָּחַר בִּנְבִיאִים טוֹבִים וְרָצָה בְדִבְרֵיהֶם הַנֶּאֱמָרִים בֶּאֱמֶת : בָּרוּךְ אַתָּה יְהוָֹה הַבּוֹחֵר בַּתּוֹרָה וּבְמֹשֶׁה עַבְדּוֹ וּבְיִשְׂרָאֵל עַמּוֹ וּבִנְבִיאֵי הָאֱמֶת וָצֶדֶק :

ולאחר ההפטרה מברך

בָּרוּךְ אַתָּה יְהוָֹה אֱלֹהֵינוּ מֶלֶךְ הָעוֹלָם צוּר כָּל הָעוֹלָמִים צַדִּיק בְּכָל הַדּוֹרוֹת הָאֵל הַנֶּאֱמָן הָאוֹמֵר וְעוֹשֶׂה הַמְדַבֵּר וּמְקַיֵּם שֶׁכָּל דְּבָרָיו אֱמֶת וָצֶדֶק : נֶאֱמָן אַתָּה הוּא יְהוָֹה אֱלֹהֵינוּ וְנֶאֱמָנִים דְּבָרֶיךָ וְדָבָר אֶחָד מִדְּבָרֶיךָ אָחוֹר לֹא יָשׁוּב רֵיקָם כִּי אֵל מֶלֶךְ) נֶאֱמָן וְרַחֲמָן אָתָּה : בָּרוּךְ אַתָּה יְהוָֹה הָאֵל הַנֶּאֱמָן בְּכָל דְּבָרָיו :

) כצ״ל מטעם שצריך שיאמר מעין חתימה סמוך לחתימה וכן הוא ברמב״ם בסדר התפלה ובאבודרהם וכמ״כ הנוסח תושיע והשמח הוא מטעם הנ״ל וברמב״ם כתוב נ״א בזאת הברכה :

רַחֵם עַל צִיּוֹן כִּי הִיא בֵּית חַיֵּינוּ וְלַעֲלוּבַת נֶפֶשׁ תּוֹשִׁיעַ וּתְשַׂמַּח בִּמְהֵרָה בְיָמֵינוּ : בָּרוּךְ אַתָּה יְהוָֹה מְשַׂמֵּחַ צִיּוֹן בְּבָנֶיהָ :

שַׂמְּחֵנוּ יְהוָֹה אֱלֹהֵינוּ בְּאֵלִיָּהוּ הַנָּבִיא עַבְדֶּךָ וּבְמַלְכוּת בֵּית דָּוִד מְשִׁיחֶךָ בִּמְהֵרָה יָבֹא וְיָגֵל לִבֵּנוּ . עַל כִּסְאוֹ לֹא יֵשֵׁב זָר וְלֹא יִנְחֲלוּ עוֹד אֲחֵרִים אֶת כְּבוֹדוֹ . כִּי בְשֵׁם קָדְשְׁךָ נִשְׁבַּעְתָּ לוֹ שֶׁלֹּא יִכְבֶּה נֵרוֹ לְעוֹלָם וָעֶד : בָּרוּךְ אַתָּה יְהוָֹה מָגֵן דָּוִד :

בת״ל במנחה ובט״ב במנחה יה״כ מסיים כאן :

בשבת עַל הַתּוֹרָה וְעַל הָעֲבוֹדָה וְעַל הַנְּבִיאִים וְעַל יוֹם הַשַּׁבָּת הַזֶּה שֶׁנָּתַתָּ לָנוּ יְהוָֹה אֱלֹהֵינוּ לִקְדֻשָּׁה וְלִמְנוּחָה לְכָבוֹד וּלְתִפְאָרֶת :

עַל הַכֹּל יְהוָֹה אֱלֹהֵינוּ אֲנַחְנוּ מוֹדִים לָךְ וּמְבָרְכִים אוֹתָךְ יִתְבָּרַךְ שִׁמְךָ בְּפִי כָּל חַי תָּמִיד לְעוֹלָם וָעֶד : בָּרוּךְ אַתָּה יְהוָֹה מְקַדֵּשׁ הַשַּׁבָּת :

לשלש רגלים עַל הַתּוֹרָה וְעַל הָעֲבוֹדָה וְעַל הַנְּבִיאִים (לשבת וְעַל יוֹם הַשַּׁבָּת הַזֶּה) וְעַל יוֹם לפסח חַג הַמַּצּוֹת הַזֶּה · לשבועות חַג הַשָּׁבֻעוֹת הַזֶּה : לסוכות חַג הַסֻּכּוֹת הַזֶּה : לש״ע ולש״ת שְׁמִינִי עֲצֶרֶת הַחַג הַזֶּה : וְעַל יוֹם טוֹב מִקְרָא קֹדֶשׁ הַזֶּה שֶׁנָּתַתָּ לָנוּ יְהוָֹה אֱלֹהֵינוּ (בשבת לִקְדֻשָּׁה וְלִמְנוּחָה) לְשָׂשׂוֹן וּלְשִׂמְחָה לְכָבוֹד וּלְתִפְאָרֶת :

עַל הַכֹּל יְהוָֹה אֱלֹהֵינוּ אֲנַחְנוּ מוֹדִים לָךְ וּמְבָרְכִים אוֹתָךְ יִתְבָּרַךְ שִׁמְךָ בְּפִי כָּל חַי תָּמִיד לְעוֹלָם וָעֶד : בָּרוּךְ אַתָּה יְהוָֹה מְקַדֵּשׁ (הַשַּׁבָּת וְ) יִשְׂרָאֵל וְהַזְּמַנִּים :

לר״ה עַל הַתּוֹרָה וְעַל הָעֲבוֹדָה וְעַל הַנְּבִיאִים וְעַל יוֹם (הַשַּׁבָּת הַזֶּה וְעַל יוֹם) הַזִּכָּרוֹן הַזֶּה וְעַל יוֹם טוֹב מִקְרָא קֹדֶשׁ הַזֶּה שֶׁנָּתַתָּ לָנוּ יְהוָֹה אֱלֹהֵינוּ (בשבת לִקְדֻשָּׁה וְלִמְנוּחָה) לְכָבוֹד וּלְתִפְאָרֶת :

עַל הַכֹּל יְהוָֹה אֱלֹהֵינוּ אֲנַחְנוּ מוֹדִים לָךְ וּמְבָרְכִים אוֹתָךְ יִתְבָּרַךְ שִׁמְךָ בְּפִי כָּל חַי תָּמִיד לְעוֹלָם וָעֶד וּדְבָרְךָ מַלְכֵּנוּ אֱמֶת וְקַיָּם לָעַד : בָּרוּךְ אַתָּה יְהוָֹה מֶלֶךְ עַל כָּל הָאָרֶץ מְקַדֵּשׁ (הַשַּׁבָּת וְ) יִשְׂרָאֵל וְיוֹם הַזִּכָּרוֹן :

ליו״כ עַל הַתּוֹרָה וְעַל הָעֲבוֹדָה וְעַל הַנְּבִיאִים (וְעַל יוֹם הַשַּׁבָּת הַזֶּה) וְעַל יוֹם הַכִּפֻּרִים הַזֶּה · וְעַל יוֹם סְלִיחַת הֶעָוֹן הַזֶּה וְעַל יוֹם מִקְרָא קֹדֶשׁ הַזֶּה שֶׁנָּתַתָּ לָנוּ יְהוָֹה אֱלֹהֵינוּ (לִקְדֻשָּׁה וְלִמְנוּחָה) לִסְלִיחָה וְלִמְחִילָה וּלְכַפָּרָה לְכָבוֹד וּלְתִפְאָרֶת :

עַל הַכֹּל יְהוָֹה אֱלֹהֵינוּ אֲנַחְנוּ מוֹדִים לָךְ וּמְבָרְכִים אוֹתָךְ יִתְבָּרַךְ שִׁמְךָ בְּפִי כָּל חַי תָּמִיד לְעוֹלָם וָעֶד . וּדְבָרְךָ מַלְכֵּנוּ אֱמֶת וְקַיָּם לָעַד : בָּרוּךְ אַתָּה יְהוָֹה מֶלֶךְ מוֹחֵל וְסוֹלֵחַ לַעֲוֹנוֹתֵינוּ וְלַעֲוֹנוֹת עַמּוֹ בֵּית יִשְׂרָאֵל . וּמַעֲבִיר

אשמותינו

אַשְׁמוֹתֵינוּ בְּכָל שָׁנָה וְשָׁנָה מֶלֶךְ עַל כָּל הָאָרֶץ מְקַדֵּשׁ (הַשַּׁבָּת וְ) יִשְׂרָאֵל וְיוֹם הַכִּפּוּרִים :

יְקוּם פֻּרְקָן מִן שְׁמַיָּא חִנָּא וְחִסְדָּא וְרַחֲמִין וְחַיִּין אֲרִיכִין · וּמְזוֹנָא רְוִיחָא וְסִיַּעְתָּא דִשְׁמַיָּא וּבַרְיוּת גּוּפָא · וּנְהוֹרָא מַעַלְיָא · זַרְעָא חַיָּא וְקַיָּמָא · זַרְעָא דִּי לָא יִפְסוּק וְדִי לָא יִבְטוּל מִפִּתְגָּמֵי אוֹרַיְתָא : לְמָרָנָן וְרַבָּנָן חֲבוּרָתָא קַדִּישָׁתָא · דִּי בְאַרְעָא דְיִשְׂרָאֵל וְדִי בְבָבֶל : לְרֵישֵׁי כַלָּה וּלְרֵישֵׁי גַלְוָתָא וּלְרֵישֵׁי מְתִיבָתָא וּלְדַיָּנֵי דְבָבָא : לְכָל תַּלְמִידֵיהוֹן וּלְכָל תַּלְמִידֵי תַלְמִידֵיהוֹן וּלְכָל מָאן דְּעָסְקִין בְּאוֹרַיְתָא : מַלְכָּא דְעָלְמָא יְבָרֵךְ יַתְהוֹן יַפִּישׁ חַיֵּיהוֹן וְיַסְגֵּא יוֹמֵיהוֹן וְיִתֵּן אַרְכָא לִשְׁנֵיהוֹן : וְיִתְפָּרְקוּן וְיִשְׁתֵּיזְבוּן מִן כָּל עָקָא וּמִן כָּל מַרְעִין בִּישִׁין : מָרָן דִּי בִשְׁמַיָּא יְהֵא בְּסַעְדְּהוֹן כָּל זְמַן וְעִדָּן וְנֹאמַר אָמֵן :

יחיד המתפלל אינו צריך לומר יקום פורקן זה ולא מי שברך

יְקוּם פֻּרְקָן מִן שְׁמַיָּא חִנָּא וְחִסְדָּא וְרַחֲמִין וְחַיִּין אֲרִיכִין וּמְזוֹנָא רְוִיחָא וְסִיַּעְתָּא דִשְׁמַיָּא : וּבַרְיוּת גּוּפָא וּנְהוֹרָא מַעַלְיָא : זַרְעָא חַיָּא וְקַיָּמָא · זַרְעָא דִּי לָא יִפְסוּק וְדִי לָא יִבְטוּל מִפִּתְגָּמֵי אוֹרַיְתָא · לְכָל קְהָלָא קַדִּישָׁא הָדֵין רַבְרְבַיָּא עִם זְעֵרַיָּא טַפְלָא וּנְשַׁיָּא : מַלְכָּא דְעָלְמָא יְבָרֵךְ יַתְכוֹן יַפִּישׁ חַיֵּיכוֹן וְיַסְגֵּא יוֹמֵיכוֹן וְיִתֵּן אַרְכָא לִשְׁנֵיכוֹן : וְתִתְפָּרְקוּן וְתִשְׁתֵּיזְבוּן מִן כָּל עָקָא וּמִן כָּל מַרְעִין בִּישִׁין · מָרָן דִּי בִשְׁמַיָּא יְהֵא בְּסַעְדְּכוֹן כָּל זְמַן וְעִדָּן וְנֹאמַר אָמֵן :

מִי שֶׁבֵּרַךְ אֲבוֹתֵינוּ אַבְרָהָם יִצְחָק וְיַעֲקֹב הוּא יְבָרֵךְ אֶת כָּל הַקָּהָל הַקָּדוֹשׁ הַזֶּה · עִם כָּל קְהִלּוֹת הַקֹּדֶשׁ : הֵם וּנְשֵׁיהֶם וּבְנֵיהֶם וּבְנוֹתֵיהֶם וְכָל אֲשֶׁר לָהֶם : וּמִי שֶׁמְּיַחֲדִים בָּתֵּי כְנֵסִיּוֹת לִתְפִלָּה · וּמִי שֶׁבָּאִים בְּתוֹכָם לְהִתְפַּלֵּל : וּמִי שֶׁנּוֹתְנִים נֵר לַמָּאוֹר וְיַיִן לְקִדּוּשׁ וּלְהַבְדָּלָה : וּפַת לָאוֹרְחִים וּצְדָקָה לָעֲנִיִּים : וְכָל מִי שֶׁעוֹסְקִים בְּצָרְכֵי צִבּוּר בֶּאֱמוּנָה · הַקָּדוֹשׁ בָּרוּךְ הוּא יְשַׁלֵּם שְׂכָרָם וְיָסִיר מֵהֶם כָּל מַחֲלָה וְיִרְפָּא לְכָל גּוּפָם וְיִסְלַח לְכָל עֲוֹנָם : וְיִשְׁלַח בְּרָכָה וְהַצְלָחָה בְּכָל מַעֲשֵׂה יְדֵיהֶם עִם כָּל יִשְׂרָאֵל אֲחֵיהֶם וְנֹאמַר אָמֵן :

*) תקנת אמירת תהלים בצבור

זה איזה שנים אשר בכמה קהלות ישראל, הן בבתי כנסיות מתפללי נוסח אר"י והן בשאר בתי כנסיות, יסדו לומר בכל יום אחר תפלת שחרית שיעור תהלים כפי שמתחלק לימי החדש, ואומרים ק"י אחריו.

ובכל שבת קדש שמברכים בו החדש אומרים בהשכמה, קודם התפלה, כל התהלים וק"י אח"ז, ואם יש חיוב — יא"צ או אבל — אומרים ק"י אחר כל ספר. וגם בש"ק שלפני ר"ה נוהגין כן.

תקנה נוספת: בימים שאין אומרים בהם תחנון ובמילא א"א למנצח גו' יענך, אומרים אחר התפלה לפני אמירת תהלים את המזמור למנצח יענך, אבל לא בתור סדר התפלה כ"א בסדר תחנונים.

נכון לידע המולד קודם שמברכין החודש

מִי שֶׁעָשָׂה נִסִּים לַאֲבוֹתֵינוּ וְגָאַל אוֹתָם מֵעַבְדוּת לְחֵרוּת הוּא יִגְאַל אוֹתָנוּ בְּקָרוֹב · וִיקַבֵּץ נִדָּחֵינוּ מֵאַרְבַּע כַּנְפוֹת הָאָרֶץ חֲבֵרִים כָּל יִשְׂרָאֵל וְנֹאמַר אָמֵן :

ראש חודש (פלוני) ביום (פלוני) הבא עלינו לטובה :

יְחַדְּשֵׁהוּ הַקָּדוֹשׁ בָּרוּךְ הוּא עָלֵינוּ וְעַל כָּל עַמּוֹ בֵּית יִשְׂרָאֵל · לְחַיִּים וּלְשָׁלוֹם · לְשָׂשׂוֹן וּלְשִׂמְחָה · לִישׁוּעָה וּלְנֶחָמָה · וְנֹאמַר אָמֵן :

אב הרחמים אומרים בכל שבת לבד כשמברכין החודש וכשאין אומרים תחנון אין אומרים אותו כשמברכין ר"ח סיון אומרים אותו:

אָב הָרַחֲמִים שׁוֹכֵן מְרוֹמִים · בְּרַחֲמָיו הָעֲצוּמִים ·

*) הוספת המו"ל.

הוא

הוּא יִפְקוֹד בְּרַחֲמִים. הַחֲסִידִים וְהַיְשָׁרִים וְהַתְּמִימִים. קְהִלּוֹת הַקֹּדֶשׁ שֶׁמָּסְרוּ נַפְשָׁם עַל קְדֻשַּׁת הַשֵּׁם. הַנֶּאֱהָבִים וְהַנְּעִימִים בְּחַיֵּיהֶם וּבְמוֹתָם לֹא נִפְרָדוּ. מִנְּשָׁרִים קַלּוּ וּמֵאֲרָיוֹת גָּבֵרוּ. לַעֲשׂוֹת רְצוֹן קוֹנָם וְחֵפֶץ צוּרָם: יִזְכְּרֵם אֱלֹהֵינוּ לְטוֹבָה. עִם שְׁאָר צַדִּיקֵי עוֹלָם. וְיִנְקוֹם
נִקְמַת דַּם עֲבָדָיו הַשָּׁפוּךְ: כַּכָּתוּב בְּתוֹרַת מֹשֶׁה אִישׁ הָאֱלֹהִים: הַרְנִינוּ גוֹיִם עַמּוֹ כִּי דַם עֲבָדָיו יִקּוֹם. וְנָקָם יָשִׁיב לְצָרָיו וְכִפֶּר אַדְמָתוֹ עַמּוֹ: וְעַל יְדֵי עֲבָדֶיךָ הַנְּבִיאִים כָּתוּב לֵאמֹר: וְנִקֵּיתִי דָּמָם
לֹא נִקֵּיתִי וַיהוָה שֹׁכֵן בְּצִיּוֹן: וּבְכִתְבֵי הַקֹּדֶשׁ נֶאֱמַר. לָמָּה יֹאמְרוּ הַגּוֹיִם אַיֵּה אֱלֹהֵיהֶם. יִוָּדַע בַּגּוֹיִם לְעֵינֵינוּ נִקְמַת דַּם עֲבָדֶיךָ הַשָּׁפוּךְ: וְאוֹמֵר כִּי דֹרֵשׁ דָּמִים אוֹתָם זָכָר לֹא שָׁכַח צַעֲקַת עֲנָוִים: וְאוֹמֵר יָדִין בַּגּוֹיִם מָלֵא גְוִיּוֹת מָחַץ רֹאשׁ עַל אֶרֶץ רַבָּה: מִנַּחַל בַּדֶּרֶךְ יִשְׁתֶּה עַל כֵּן יָרִים רֹאשׁ: אשרי כו׳

והאומר כס״ת יְהַלְלוּ אֶת שֵׁם יְהוָה כִּי נִשְׂגָּב שְׁמוֹ לְבַדּוֹ:
והקהל עונין הוֹדוֹ עַל אֶרֶץ וְשָׁמָיִם. וַיָּרֶם קֶרֶן לְעַמּוֹ תְּהִלָּה לְכָל חֲסִידָיו לִבְנֵי יִשְׂרָאֵל עַם קְרֹבוֹ הַלְלוּיָהּ: חצי קדיש

תְּפִלַּת מוּסָף לְשַׁבָּת

אֲדֹנָי שְׂפָתַי תִּפְתָּח וּפִי יַגִּיד תְּהִלָּתֶךָ:

בָּרוּךְ אַתָּה יְהוָה אֱלֹהֵינוּ וֵאלֹהֵי אֲבוֹתֵינוּ אֱלֹהֵי אַבְרָהָם אֱלֹהֵי יִצְחָק וֵאלֹהֵי יַעֲקֹב. הָאֵל הַגָּדוֹל הַגִּבּוֹר וְהַנּוֹרָא אֵל עֶלְיוֹן. גּוֹמֵל חֲסָדִים טוֹבִים. קוֹנֵה הַכֹּל וְזוֹכֵר חַסְדֵי אָבוֹת וּמֵבִיא גוֹאֵל לִבְנֵי בְנֵיהֶם לְמַעַן שְׁמוֹ בְּאַהֲבָה:

כס״ת זָכְרֵנוּ לְחַיִּים מֶלֶךְ חָפֵץ בַּחַיִּים וְכָתְבֵנוּ בְּסֵפֶר הַחַיִּים לְמַעַנְךָ אֱלֹהִים חַיִּים:

מֶלֶךְ עוֹזֵר וּמוֹשִׁיעַ וּמָגֵן: בָּרוּךְ אַתָּה יְהוָה מָגֵן אַבְרָהָם:

אַתָּה גִבּוֹר לְעוֹלָם אֲדֹנָי מְחַיֵּה מֵתִים אַתָּה רַב לְהוֹשִׁיעַ
בקיץ מוֹרִיד הַטָּל בחורף מַשִּׁיב הָרוּחַ וּמוֹרִיד הַגֶּשֶׁם:
מְכַלְכֵּל חַיִּים בְּחֶסֶד מְחַיֵּה מֵתִים בְּרַחֲמִים רַבִּים סוֹמֵךְ נוֹפְלִים וְרוֹפֵא חוֹלִים וּמַתִּיר אֲסוּרִים וּמְקַיֵּם אֱמוּנָתוֹ לִישֵׁנֵי עָפָר: מִי כָמוֹךָ בַּעַל גְּבוּרוֹת וּמִי דּוֹמֶה לָּךְ מֶלֶךְ מֵמִית וּמְחַיֶּה וּמַצְמִיחַ יְשׁוּעָה:

כס״ת מִי כָמוֹךָ אַב הָרַחֲמִים זוֹכֵר יְצוּרָיו לְחַיִּים בְּרַחֲמִים:

וְנֶאֱמָן אַתָּה לְהַחֲיוֹת מֵתִים: בָּרוּךְ אַתָּה יְהוָה מְחַיֵּה הַמֵּתִים:

כשמש״ץ חוזר הש״ע אומרים זה

כֶּתֶר יִתְּנוּ לְךָ יְהוָה אֱלֹהֵינוּ מַלְאָכִים הֲמוֹנֵי מַעְלָה וְעַמְּךָ יִשְׂרָאֵל קְבוּצֵי מַטָּה יַחַד כֻּלָּם קְדֻשָּׁה לְךָ יְשַׁלֵּשׁוּ: כַּכָּתוּב עַל יַד נְבִיאֶךָ וְקָרָא זֶה אֶל זֶה וְאָמַר: קָדוֹשׁ קָדוֹשׁ קָדוֹשׁ יְהוָה צְבָאוֹת מְלֹא כָל הָאָרֶץ כְּבוֹדוֹ: כְּבוֹדוֹ מָלֵא עוֹלָם מְשָׁרְתָיו שׁוֹאֲלִים זֶה לָזֶה אַיֵּה מְקוֹם כְּבוֹדוֹ לְהַעֲרִיצוֹ לְעֻמָּתָם מְשַׁבְּחִים וְאוֹמְרִים: בָּרוּךְ כְּבוֹד יְהוָה מִמְּקוֹמוֹ: מִמְּקוֹמוֹ הוּא יִפֶן בְּרַחֲמָיו לְעַמּוֹ הַמְיַחֲדִים שְׁמוֹ
עֶרֶב וָבֹקֶר בְּכָל יוֹם תָּמִיד פַּעֲמַיִם בְּאַהֲבָה שְׁמַע אוֹמְרִים: שְׁמַע יִשְׂרָאֵל יְהוָה אֱלֹהֵינוּ יְהוָה אֶחָד: הוּא אֱלֹהֵינוּ הוּא אָבִינוּ הוּא מַלְכֵּנוּ הוּא מוֹשִׁיעֵנוּ הוּא יוֹשִׁיעֵנוּ וְיִגְאָלֵנוּ שֵׁנִית בְּקָרוֹב וְיַשְׁמִיעֵנוּ בְּרַחֲמָיו לְעֵינֵי כָּל חַי לֵאמֹר הֵן גָּאַלְתִּי אֶתְכֶם אַחֲרִית כְּבְרֵאשִׁית לִהְיוֹת לָכֶם לֵאלֹהִים: אֲנִי יְהוָה אֱלֹהֵיכֶם: וּבְדִבְרֵי קָדְשְׁךָ כָּתוּב לֵאמֹר: יִמְלֹךְ יְהוָה לְעוֹלָם אֱלֹהַיִךְ צִיּוֹן לְדֹר וָדֹר הַלְלוּיָהּ:
אַתָּה קָדוֹשׁ וְשִׁמְךָ קָדוֹשׁ וּקְדוֹשִׁים בְּכָל יוֹם יְהַלְלוּךָ סֶּלָה: בָּרוּךְ אַתָּה יְהוָה הָאֵל הַקָּדוֹשׁ:
(כס״ת הַמֶּלֶךְ הַקָּדוֹשׁ):

תִּכַּנְתָּ שַׁבָּת רָצִיתָ קָרְבְּנוֹתֶיהָ. צִוִּיתָ פֵּרוּשֶׁיהָ עִם סִדּוּרֵי נְסָכֶיהָ: מְעַנְּגֶיהָ לְעוֹלָם כָּבוֹד יִנְחָלוּ. טוֹעֲמֶיהָ חַיִּים זָכוּ. וְגַם הָאוֹהֲבִים דְּבָרֶיהָ גְּדֻלָּה בָּחָרוּ: אָז מִסִּינַי נִצְטַוּוּ צִוּוּיֵי פְּעָלֶיהָ כָּרָאוּי: יְהִי רָצוֹן מִלְּפָנֶיךָ יְהוָה אֱלֹהֵינוּ וֵאלֹהֵי אֲבוֹתֵינוּ שֶׁתַּעֲלֵנוּ בְשִׂמְחָה לְאַרְצֵנוּ וְתִטָּעֵנוּ בִּגְבוּלֵנוּ: וְשָׁם נַעֲשֶׂה לְפָנֶיךָ אֶת קָרְבְּנוֹת חוֹבוֹתֵינוּ תְּמִידִים כְּסִדְרָם וּמוּסָפִים כְּהִלְכָתָם וְאֶת מוּסַף יוֹם הַשַּׁבָּת הַזֶּה נַעֲשֶׂה וְנַקְרִיב לְפָנֶיךָ בְּאַהֲבָה כְּמִצְוַת רְצוֹנֶךָ: כְּמוֹ שֶׁכָּתַבְתָּ עָלֵינוּ בְּתוֹרָתֶךָ עַל יְדֵי מֹשֶׁה עַבְדֶּךָ מִפִּי כְבוֹדֶךָ כָּאָמוּר:

וּבְיוֹם הַשַּׁבָּת שְׁנֵי כְבָשִׂים בְּנֵי שָׁנָה תְּמִימִם וּשְׁנֵי

עֶשְׂרֹנִים סֹלֶת מִנְחָה בְּלוּלָה בַשֶּׁמֶן וְנִסְכּוֹ :
עֹלַת שַׁבַּת בְּשַׁבַּתּוֹ עַל עֹלַת הַתָּמִיד וְנִסְכָּהּ :
יִשְׂמְחוּ בְמַלְכוּתְךָ שׁוֹמְרֵי שַׁבָּת וְקוֹרְאֵי עֹנֶג עַם מְקַדְּשֵׁי
שְׁבִיעִי · כֻּלָּם יִשְׂבְּעוּ וְיִתְעַנְּגוּ מִטּוּבֶךָ · וּבַשְּׁבִיעִי
רָצִיתָ בּוֹ וְקִדַּשְׁתּוֹ חֶמְדַּת יָמִים אוֹתוֹ קָרָאתָ זֵכֶר
לְמַעֲשֵׂה בְרֵאשִׁית :

אֱלֹהֵינוּ וֵאלֹהֵי אֲבוֹתֵינוּ רְצֵה נָא בִמְנוּחָתֵנוּ
קַדְּשֵׁנוּ בְּמִצְוֹתֶיךָ · וְתֵן חֶלְקֵנוּ בְּתוֹרָתֶךָ ·
שַׂבְּעֵנוּ מִטּוּבֶךָ וְשַׂמַּח נַפְשֵׁנוּ בִּישׁוּעָתֶךָ · וְטַהֵר
לִבֵּנוּ לְעָבְדְּךָ בֶּאֱמֶת · וְהַנְחִילֵנוּ יְהֹוָה אֱלֹהֵינוּ
בְּאַהֲבָה וּבְרָצוֹן שַׁבַּת קָדְשֶׁךָ · וְיָנוּחוּ בוֹ כָּל
יִשְׂרָאֵל מְקַדְּשֵׁי שְׁמֶךָ : בָּרוּךְ אַתָּה יְהֹוָה
מְקַדֵּשׁ הַשַּׁבָּת :

רְצֵה יְהֹוָה אֱלֹהֵינוּ בְּעַמְּךָ יִשְׂרָאֵל וְלִתְפִלָּתָם שְׁעֵה ·
וְהָשֵׁב הָעֲבוֹדָה לִדְבִיר בֵּיתֶךָ וְאִשֵּׁי יִשְׂרָאֵל
וּתְפִלָּתָם בְּאַהֲבָה תְקַבֵּל בְּרָצוֹן וּתְהִי לְרָצוֹן תָּמִיד
עֲבוֹדַת יִשְׂרָאֵל עַמֶּךָ :
וְתֶחֱזֶינָה עֵינֵינוּ בְּשׁוּבְךָ לְצִיּוֹן בְּרַחֲמִים : בָּרוּךְ אַתָּה
יְהֹוָה הַמַּחֲזִיר שְׁכִינָתוֹ לְצִיּוֹן : מודים דרבנן

מוֹדִים אֲנַחְנוּ לָךְ שָׁאַתָּה הוּא יְהֹוָה אֱלֹהֵינוּ וֵאלֹהֵי
אֲבוֹתֵינוּ לְעוֹלָם וָעֶד : צוּר חַיֵּינוּ מָגֵן יִשְׁעֵנוּ
אַתָּה הוּא לְדוֹר וָדוֹר נוֹדֶה לְךָ וּנְסַפֵּר תְּהִלָּתֶךָ עַל חַיֵּינוּ
הַמְּסוּרִים בְּיָדֶךָ וְעַל נִשְׁמוֹתֵינוּ הַפְּקוּדוֹת לָךְ וְעַל נִסֶּיךָ
שֶׁבְּכָל יוֹם עִמָּנוּ וְעַל נִפְלְאוֹתֶיךָ וְטוֹבוֹתֶיךָ שֶׁבְּכָל עֵת
עֶרֶב וָבֹקֶר וְצָהֳרָיִם : הַטּוֹב כִּי לֹא כָלוּ רַחֲמֶיךָ וְהַמְרַחֵם
כִּי לֹא תַמּוּ חֲסָדֶיךָ כִּי מֵעוֹלָם קִוִּינוּ לָךְ : בחנוכה על הנסים וכו'
וְעַל כֻּלָּם יִתְבָּרַךְ וְיִתְרוֹמַם וְיִתְנַשֵּׂא שִׁמְךָ מַלְכֵּנוּ תָּמִיד
לְעוֹלָם וָעֶד :
בס"ת וּכְתוֹב לְחַיִּים טוֹבִים כָּל בְּנֵי בְרִיתֶךָ :

וְכֹל הַחַיִּים יוֹדוּךָ סֶּלָה וִיהַלְלוּ שִׁמְךָ הַגָּדוֹל לְעוֹלָם
כִּי טוֹב הָאֵל יְשׁוּעָתֵנוּ וְעֶזְרָתֵנוּ סֶלָה הָאֵל הַטּוֹב :
בָּרוּךְ אַתָּה יְהֹוָה הַטּוֹב שִׁמְךָ וּלְךָ נָאֶה לְהוֹדוֹת :

לש"ץ
אלהינו ואלהי אבותינו ברכנו בברכה המשולשת בתורה הכתובה
על ידי משה עבדך האמורה מפי אהרן ובניו כהנים עם
קדושך כאמור : יברכך יהוה וישמרך: אמן · יאר יהוה פניו אליך ויחנך: אמן ·
ישא יהוה פניו אליך וישם לך שלום · אמן :

שִׂים שָׁלוֹם טוֹבָה וּבְרָכָה חַיִּים חֵן וָחֶסֶד וְרַחֲמִים עָלֵינוּ
וְעַל כָּל יִשְׂרָאֵל עַמֶּךָ בָּרְכֵנוּ אָבִינוּ כֻּלָּנוּ כְּאֶחָד
בְּאוֹר פָּנֶיךָ כִּי בְאוֹר פָּנֶיךָ נָתַתָּ לָּנוּ יְהֹוָה אֱלֹהֵינוּ תּוֹרַת
חַיִּים וְאַהֲבַת חֶסֶד וּצְדָקָה וּבְרָכָה וְרַחֲמִים וְחַיִּים וְשָׁלוֹם
וְטוֹב בְּעֵינֶיךָ לְבָרֵךְ אֶת עַמְּךָ יִשְׂרָאֵל בְּכָל עֵת וּבְכָל
שָׁעָה בִּשְׁלוֹמֶךָ : ברוך וכו'

בס"ת
וּבְסֵפֶר חַיִּים בְּרָכָה וְשָׁלוֹם וּפַרְנָסָה טוֹבָה יְשׁוּעָה וְנֶחָמָה
וּגְזֵרוֹת טוֹבוֹת נִזָּכֵר וְנִכָּתֵב לְפָנֶיךָ אֲנַחְנוּ וְכָל
עַמְּךָ בֵּית יִשְׂרָאֵל לְחַיִּים טוֹבִים וּלְשָׁלוֹם :
בָּרוּךְ אַתָּה יְהֹוָה הַמְבָרֵךְ אֶת עַמּוֹ יִשְׂרָאֵל בַּשָּׁלוֹם :
יהיו לרצון אמרי פי והגיון לבי לפניך יהוה צורי וגואלי: אלהי נצור וכו' :

ק"ש ואח"כ אומרים קוה אל ה' כו' עלינו כו'

מוספין קודמין לנזיכין לזאת נכון לומר פ' נזיכין ולאם הפנים אחר תפלת
מוסף שבת :

וְלָקַחְתָּ סֹלֶת וְאָפִיתָ אֹתָהּ שְׁתֵּים עֶשְׂרֵה חַלּוֹת שְׁנֵי
עֶשְׂרֹנִים יִהְיֶה הַחַלָּה הָאֶחָת : וְשַׂמְתָּ אוֹתָם
שְׁתַּיִם מַעֲרָכוֹת שֵׁשׁ הַמַּעֲרָכֶת עַל הַשֻּׁלְחָן הַטָּהוֹר
לִפְנֵי יְהֹוָה : וְנָתַתָּ עַל הַמַּעֲרֶכֶת לְבֹנָה זַכָּה וְהָיְתָה
לַלֶּחֶם לְאַזְכָּרָה אִשֶּׁה לַיהֹוָה : בְּיוֹם הַשַּׁבָּת בְּיוֹם
הַשַּׁבָּת יַעַרְכֶנּוּ לִפְנֵי יְהֹוָה תָּמִיד מֵאֵת בְּנֵי יִשְׂרָאֵל
בְּרִית עוֹלָם : וְהָיְתָה לְאַהֲרֹן וּלְבָנָיו וַאֲכָלֻהוּ בְּמָקוֹם
קָדֹשׁ כִּי קֹדֶשׁ קָדָשִׁים הוּא לוֹ מֵאִשֵּׁי יְהֹוָה
חָק עוֹלָם : שש זכירות (תמצא לעיל)

סדר הקידוש ליום השבת

מזמור לדוד ה' רועי וכו'

אַתְקִינוּ סְעוּדָתָא דִמְהֵימְנוּתָא שְׁלִימָתָא חֶדְוָתָא
דְמַלְכָּא קַדִּישָׁא : אַתְקִינוּ סְעוּדָתָא
דְמַלְכָּא דָא הִיא סְעוּדָתָא דְעַתִּיקָא קַדִּישָׁא וַחֲקַל
תַּפּוּחִין קַדִּישִׁין וּזְעֵיר אַנְפִּין אַתְיָין לְסַעֲדָא בַּהֲדֵיהּ :

וְשָׁמְרוּ בְנֵי יִשְׂרָאֵל אֶת הַשַּׁבָּת לַעֲשׂוֹת אֶת הַשַּׁבָּת
לְדֹרֹתָם בְּרִית עוֹלָם: בֵּינִי וּבֵין בְּנֵי יִשְׂרָאֵל
אוֹת הִוא לְעֹלָם כִּי שֵׁשֶׁת יָמִים עָשָׂה יְהֹוָה אֶת
הַשָּׁמַיִם וְאֶת הָאָרֶץ וּבַיּוֹם הַשְּׁבִיעִי שָׁבַת וַיִּנָּפַשׁ :
אִם תָּשִׁיב מִשַּׁבָּת רַגְלֶךָ עֲשׂוֹת חֲפָצֶיךָ בְּיוֹם קָדְשִׁי

סדר הקידוש ליום השבת

וְקָרָאתָ לַשַּׁבָּת עֹנֶג לִקְדוֹשׁ יְהוָה מְכֻבָּד וְכִבַּדְתּוֹ מֵעֲשׂוֹת דְּרָכֶיךָ מִמְּצוֹא חֶפְצְךָ וְדַבֵּר דָּבָר: אָז תִּתְעַנַּג עַל יְהוָה וְהִרְכַּבְתִּיךָ עַל בָּמֳתֵי אָרֶץ וְהַאֲכַלְתִּיךָ נַחֲלַת יַעֲקֹב אָבִיךָ כִּי פִּי יְהוָה דִּבֵּר:

דָּא הִיא סְעוּדָתָא דְעַתִּיקָא קַדִּישָׁא:

זָכוֹר אֶת יוֹם הַשַּׁבָּת לְקַדְּשׁוֹ שֵׁשֶׁת יָמִים תַּעֲבֹד וְעָשִׂיתָ כָּל מְלַאכְתֶּךָ: וְיוֹם הַשְּׁבִיעִי שַׁבָּת לַיהוָה אֱלֹהֶיךָ לֹא תַעֲשֶׂה כָל מְלָאכָה אַתָּה וּבִנְךָ וּבִתֶּךָ עַבְדְּךָ וַאֲמָתְךָ וּבְהֶמְתֶּךָ וְגֵרְךָ אֲשֶׁר בִּשְׁעָרֶיךָ: כִּי שֵׁשֶׁת יָמִים עָשָׂה יְהוָה אֶת הַשָּׁמַיִם וְאֶת הָאָרֶץ אֶת הַיָּם וְאֶת כָּל אֲשֶׁר בָּם וַיָּנַח בַּיּוֹם הַשְּׁבִיעִי:

עַל כֵּן בֵּרַךְ יְהוָה אֶת יוֹם הַשַּׁבָּת וַיְקַדְּשֵׁהוּ:

סברי מרנן בָּרוּךְ אַתָּה יְהוָה אֱלֹהֵינוּ מֶלֶךְ הָעוֹלָם בּוֹרֵא פְּרִי הַגָּפֶן:

סדר סעודת שבת

ביומא דשבתא בסעודתא תניינא כתיב אז תתענג על הוי' כו' דההוא שעתא אתגליא עתיקא קדישא וכולהו עלמין בחדוותא ושלימו וחדוותא דעתיקא עבדינן כו':

פי' הגם דבלילה דשבת ג"כ יש הארת הכתר הנקרא עתיקא כנ"ל אבל אין זה רק בחינת עונג העליון הפרטי של המאציל שנמשך להיות מקור לאבי"ע כנ"ל משא"כ ביומא דשבתא הרי נגלה בחינת עצמיות התענוג הפשוט שהכרית לרצון ותענוג זה הפרטי כנ"ל באריכות שהוא פי' והנה טוב מאד מפני שעולה בחי' העונג שבסוף המעשה בעצם התענוג הפשוט ונכלל בו ממש ונעשה גם הוא בבחי' א"ס הנקרא שעשוע המלך בעצמותו כו' כי אחר שהתבונן בכל אשר עשה והנה טוב מאד אז נאמר וישבות ביום השביעי ביום דייקא כוא שבת ונח ובא אל עצמותו כנ"ל וזהו שאמר ביומא דשבתא כתיב אז תתענג על הוי' למעלה גם מבחינת קוצו של יוד שהוא בחינת כתר דאצי' כנ"ל באריכות שאינו רק עונג פרטי אבל ביומא דשבתא עולה זה העונג ונכלל בעצמות התענוג הפשוט שהוא על הוי' למעלה גם מקוצו של יוד דכתר הנקרא עתיקא סתם משא"כ במעלי דשבתא אין מאיר במלכות רק מהארת הכתר הנק' קוצו של יוד וע"כ אז זמן עליות נשמות בג"ע כנ"ל וכמבואר למע' דלמעס זה נקרא הכ' עדן בשבת דוקא כנ"ל שע"ז נאמר וקראת לשבת עונג כנ"ל. ח"ש דההוא שעתא אתגלייא עתיקא קדישא גילוי זה אינו מבחי' הכתר במ"ל בלבד אלא ר"ל שבא בעתיקא עצמו תוס' גילוי אור מעצמות תענוג הפשוט כשעולה ונכלל במקורו כנ"ל והיינו שאמר וחדוותא דעתיקא עבדינן פי' חדות סעודה זו דיומא בשביל עתיקא עצמו עבדינן לפי שנכלל ועולה במקור התענוג משא"כ בלילה דשבתא חדוותא דמטרוניתא בלבד שעלתה בעתיקא כנ"ל וע"כ הסעודה דליל שבת נקרא ע"ש הנ"ל סעודתא דחקל כנ"ל וסעודתא דיום השבת נקרא ע"ש בחי' עתיקא עצמו כמ"ש דא היא סעודתא דעתיקא כנ"ל וז"א וחקל ת"ק אתיין לסעדא בהדיה כי העיקר בשביל החדוותא של עתיקא והוא דווקא הנקרא חדווה שלימא כמ"ש כאן חדוותא ושלימו כו' וד"ל:

בסעודתא תליתאה דשבתא כתיב והאכלתיך נחלת יעקב אביך דא היא סעודתא דז"א דהוי בשלימותא וכולהו ו' יומין מהוא שלימו מתברכין:

פי' נחלת מלשון נחל מים כמו נחל מים שיורד ממקום גבוה למקום נמוך כך נקרא נחלת יעקב לפי שהוא בריח התיכון המבריח מן הקצה אל הקצה ונק' נחלה בלי מצרים ותחלה יש לבאר פרש ענין סעודה זו דהנה מבואר למע' שיש ב' מדריגות בעונג העליון א' הוא בחינת עונג הפרטי הנקרא עתיק דאצי' והב' בחינת עונג העלמי הפשוט שנק' מקור התענוגים והנה בבחי' עונג זה העלמי הפשוט יש ג"כ בו ב' מדריגות חלוקות הא' בבחי' העלאה והב' בבחי' המשכה והירידה. והענין הוא כי הנה ביומא דשבתא בסעודתא שניה הז אומרים אז תתענג על הויה דהיינו מפני שעולה בחי' העונג הפרטי ונכלל בעצמו' העונג הפשוט והיינו בבחי' העלאה שעולה ונכלל בעצמות והרי לא נגלה וירד עדיין למטה אור עצמיות העונג הזה אלא הוא נשאר בבחי' העצמות כמו בהתענג האדם בעצמותו בלתי הגלו' נגלות ממנו כלל ענין האהבה והמשכת תענוג זה לענין זולתו אך המדריגה הב' באור עצמות העונג היינו כשבאה בבחי' המשכה והירידה למטה מטה כמו מים שיורדים ממקום גבוה לנמוך והוא כאשר העונג העלמי הפשוט הוא יורד מן העצמות ומתלבש ונגלה למטה עד"מ כשהאדם מגלה מלפון עצמות התענוג בלבבו דהיינו במדותיו בגילוי לענין כל שנמצא עצמו' העונג הפשוט בא וירד להתלבש למטה במדו' שבלב כנרא' לענין שיוכל להיו' גילוי עצמות התענוג בלב אדם. והנמשל מזה יובן למשכיל למע' ג"כ בבחי' עונג העליון הפשוט שבסעודה זו הג' יורד אורו ונמשך ומתלבש למטה בז"א דאצי' שהן בחי' המדות דאצי' כידוע ואור גילוי זה העונג הוא בחינת עונג פשוט ממש כמו עצמות התענוג כמו שהוא למעלה

למעלה במקורו אך שיורד ובא למטה במדות ככ"ל ונמלא מובן מזה שאין הפרש כלל בין סעודת שחרית לסעודה שלישית בעיקר הענין שבשניהן האור הוא בבחי' העונג העלמי הפשוט אלא שבשחרית הוא מאיר למעלה במקורו ולא למטה כלל ובסעודה שלישית יורד ומאיר למטה ומאיר בז"א ונק' סעודתא דז"א דוקא משא"כ בסעודתא דשחרית נק' סעודתא דעתיקא עלמו דוקא מטעם שעולה וככלל בעלמות התענוג ככ"ל. ואמנם הנה מובן שמחמת בחי' ההעלאה שעולה בחי' עתיקא וככלל בעלמות התענוג בסעוד' שחרית ככ"ל הוא הגורם בחינת ירידתו והמשכתו אח"כ למטה במדות בסעוד' השלישית · ונמלא מובן מכל הנ"ל בענין ג' סעודות שיש ג' מדריגות והכל בבחי' עתיקא וע"כ כל ג' סעודות נק' סעודתא דעתיקא בכלל כידוע הא' במעלי שבתא גילוי עתיקא דאלי' במ"ל דאלי' והוא רק הארת הכתר במ"ל ככ"ל והב' ביומא דשבתא שחרית שמאיר בחי' כתר דעתיקא למעלה והוא עלמות התענוג ולפעמים נק' עתיקא דעתיקין כו' וכמ"ש במ"א והג' בסעוד' ג' שמאיר בחי' כתר דע"י למטה ככ"ל · ולהיות שביומא דשבתא ב' הסעודות משורש א' הן והוא כתר דע"י ובליל שבת אינו מאיר רק מבחינת כתר סתם והיינו רק מז"ת דע"י המלובשים באבי"ע ע"כ נבדל הלילה מן היום בזמן שהלילה זמן בפ"ע ונקרא שבת דמעלי שבתא בלבד והיום זמן בפ"ע הוא עיקר יום השבת וכמ"ש וישבות ביום השביעי ביום דוקא ולא בלילה מטעם הנ"ל · וזהו שאמר בסעודה ג' בסעודתא תליתאה כתיב והאכלתיך נחלת יעקב אביך פי' יעקב הוא בחינת ז"א ובשבת נקרא נחלת יעקב זה נחלה בלא מלרים להיות כי יורד ומאיר בקו האמלעי דיעקב הנקרא בריח התיכון מן הקלה היותר עליון והוא מבחי' עלמות התענוג הפשוט שהוא בבחי' א"ס ממש וע"כ נמשל כנחל מים שיורד מגבוה לנמוך כו' וכמובן מתוך הנ"ל וז"ש נחלת יעקב אביך נחלה בלי מלרים כלל בסעודה הג' דוקא כי אז התלבשות עונג הפשוט בז"א ובסעוד' הב' מקבל מבחי' מוחין דאו"א בלבד שנמשך לו משם בחי' מוחין חב"ד ככ"ל וזה שאמר דא היא סעודתא דז"א דהוי בשלימותא שלימות ז"א הוא בא ע"י הארת עלמות התענוג במדות שאז נשלם ז"א גם מבחי' הכתר ויש לו כחב"ד וכמאמר כליל תפארת בראשו נתת לו לפי שכאשר עתיקא עולה למעלה אזי אינו מאיר בז"א רק מבחינת מוחין דאו"א בלבד ונמשך לו משם מוחין חב"ד בלבד אבל לא כחב"ד וידוע שיש הפרש גדול בין בחינת מוחין דחב"ד ובין בחי' מוחין העליונים דכחב"ד כמבואר בע"ח. וזהו דא היא סעודתא דז"א דהוי בשלימותא שבחי' ז"א הוא בשלימות המוחין העליונים דכחב"ד וזהו בסעודה הג' דוקא משא"כ בסעוד' שחרי' דז"א אינו מקבל רק מאו"א ככ"ל·וזהו שאומרי' ומי כעמך ישראל גוי אחד בארץ כו' יעקב ובניו ינוחו בו בו דוקא ומנוחה זו נק' מנוחה שלימה שאתה רולה בה פי' שאתה בעלמו' התענוג הפשוט הנ"ל·ומטעם הנ"ל אמר עוד ומההוא שלימו מתברכין כל שתא יומין ופי' כ"א לא הי' עלמו' התענוג הפשוט מתלבש בז"א דאלי' ולא היה נקרא שלימו במוחין דכחב"ד אזי לא היה בכח המדות דאלי' להתפשט בבי"ע בו' יומין דחול שאחר השבת כי ידוע שהשבת הוא כמו בחי' נקודה אמלעית בין ו' יומין שקדמו לו' יומין שאח"כ כי בסיבת עלייה דע"י ביום השבת כנ"ל גורם ירידה להאיר אור א"ס ממש בהארה חדשה כי אין כל אור חדש בא רק מאור עלמות הא"ס וע"כ אמר דכל ו' יומין הבאים אח"כ מז"א דאלי' מתברכין כולהו באור ברכה ושפע חדשה מעלמו' האור א"ס ע"י בחי' ההוא שלימות המוחין דכחב"ד שבז"א שהאיר בו מבחי' עלמות התענוג הפשוט כנ"ל שיש בכחו לחדש ברכה ושפע לאין קץ ושיעור וח"ש ומהאי שלימו מתברכין כולהו שיתא יומין וד"ל ·

ובעי ב"נ למחדי בסעודתא ולאשלמ' אלין סעודתא דאינון סעודת' מהימנותא שלימתא דזרעא קדיש' דישראל די מהימנות' עילא' דא דלהון הוא ולא דעמין עכו"ם ובגין כך אמר ביני ובין בני ישראל ת"ח בסעודתא אלין אשתמודעין ישראל דאינון בני מלכא דאינון מהיכלא דמלכ' דאינון בני מהימנות':

פי' לאשלמא אלין סעודתא היינו ע"י ג' מדריגות חלוקות הנ"ל שהוא ענין הארת ג' כתרים כתר א' דמ"ל עולה עד הכתר וכתר הב' מעלמות המאליל בסעודה השנית וכתר הג' שיורד מעלמותו למטה בסעודה הג' כנ"ל וע"י אמלעית ג' בחי' הכתרים הללו בג' סעודות נק' בחי' הי"ם מהימנותא שלימותא מבחי' שלימות עלמות הא"ס שנקרא שלימותא דכולא כידוע ומבואר הטעם למעלה · דזרעא קדישא דישראל דמהימנותא עילאה דא דלהון ולא דעמין כו' : הנה להבין זה המאמר יש להקדים תחלה ענין אחד הידוע בשרש ההפרש אשר בין שבת ליו"ט דשרש בחינת שבת הוא בחינת מוחין דאבא ושרש בחי' יו"ט הוא בחי' מוחין דאימא וביאור הדברים ידוע להיות שהבינה נק' אם הבנים והוא בחי' השגת השכל שממנה דוקא נולדו המדות אוי"ר כו' כידוע והנה ההשגה היא בחי' יש ודבר מה כי ההשגה וההבנה מורגשת במוח ומזה נולדו המדות בבחי' יש יותר כי המדות יותר המה מורגשים במליאות וידוע שבהגשמת המדות יולא מהם ג"כ בחי' פסולת גמור כמו הכעס שמסתעף מן ההתלהבות ברשפי אש וכיולא בזה במד' החסד שהיא אור האהבה כאשר באה בהגשמה בכלי הנה ישתעף ממנה ג"כ פסולת גמור כמו התאוה רעה וכיולא וכענין הידוע דאברהם ילא ממנו ישמעאל דהיינו מבחי' החסד האלקי דאברהם היש החסד ילא מותרי החסדים והוא הקליפה דישמעאל ואמנם אין ישמעאל יונק רק מבחי'

כלפרנים

הלפרנים שביד וכידוע בענין נט"י לפי שהיד הוא בחי' חסד שנק' דרועא ימינא ובסוף היד יונקי' המותרות והן הצפרני' כמ"ש במ"א ועד"ז עשו שיצא מיצחק הנה יצחק בחי' הדין דקדושה האלקית ויצא ממנו מותרי הזהב הנק' סוספיתא דדהבא כידוע ונעשה שרש לדין גמור בבי"ע שהוא כדמיון הכעס וכמ"ש וחרה אף הוי' כו' וכ"ז הוא מצד בחי' יש דבינה שלהיותה באה בבחינ' יש ונולדים ממנה המדות בבחינ' יש יותר ע"כ יוכל להסתעף בחי' היש גמור שהוא בא בבחי' הפירוד לגמרי כמו עשו וישמעאל וכיוצא בהן בכל הע' שרים · וז"ש בכמה דוכתי דבינה מינה דינין מתערין פי' אע"פ שבעצמות אור הבינה היא מובדלת מבחינת הדינין והגבורה שהרי נאמר אם הבנים שמחה אבל מסתעף ממנה שורש ומקור לדינין והוא מה שמן המדות יוצאין בחינת פסולת כנ"ל ואם כן מובן שגם ביו"ט שאז בחינת מוחין דאימא דכתיב אם הבנים שמחה כנ"ל מ"מ יש אז שורש ומקור ליניקת החיצונים ג"כ כי יניקת החיצונים היא ממותרות ופסולת של המדות העליונים כידוע וע"כ בג' רגלים פסח שבועות סכות שהן בחי' חג"ת דז"א בכלל כידוע ומפני שנרכש מבחי' המוחין דאימא נק' מקראי קדש כנ"ל וכמ"ש במ"א עדיין יש אחיזה ויניקה לחיצונים בהם ולכך אוכל נפש מותר ביו"ט כי הרי ידוע בענין ל"ט מלאכות חורש וזורע כו' שהן ענין הבירורין מעה"ד כו' כי כל מלאכה היא בחי' תיקון לתקן הדבר להיות מאכל לאוכל כמו הזורע והקוצר והדש כו' וכל הל"ט מלאכות בו' ימי המעשה הן ענייני בירורי נוגה למטה וביו"ט הגם שחורש וזורע אסור אבל אוכל נפש מותר כי עדיין יש אחיזה קצת ליניקת החיצונים והגם שאין ביו"ט בחי' הבירורים מרע גמור כמו ל"ט מלאכות כו' אבל מ"מ צריך עדיין בירור במאכל אשר יאכל לכל נפש כמו לבשל ולאפות כו' שזהו תיקון המאכל שיוכל האדם לאכלו עכ"פ ונק' אוכל נפש וזה מותר אבל מלבד אוכל נפש אסור כי גם למעלה צריך בירור גם ביו"ט מבחינת נוגה עכ"פ להיות מהם אוכל לנפש העליונה שהוא בחי' מל' דאצי' כידוע בפי' צדיק אוכל לשובע נפשו וכמ"ש במ"א ולזה הטעם הקריבו בג' רגלים קרבנות ליתן יניקה לע' שרים כמו ע' פרי החג שמקריבין בשביל ליתן יניקה מהקדושה לע' שרים ג"כ לפי שיש להם ביו"ט קצת אחיזה בקדושה העליונה מטעם הנ"ל ששורש יו"ט בא מבחי' מוחין דאימא וע"כ רוב יו"ט הן בו' יומין דחול כו' אך הנה בשבת כתיב ביני ובין בני ישראל אות היא לעולם שבשבת אין חלק כלל וכלל לעכו"ם רק לישראל בלבד ולכך לא נאמר אות היא ביני ובין בנ"י רק בשבת בלבד והטעם כי אין יניקה ואחיזה לחיצונים כלל וכלל בבחי' מוחין דאור אבא שמאיר בשבת וכמ"ש ושמרתם את השבת כי קדש היא וידוע דקדש הוא בחי' אור אבא עלאה ויו"ט נק' רק מקרא קדש וכמ"ש במ"א בענין קדש מלה בגרמיה כו' · וביאור הדבר הנה בחינת החכמה היא למעלה מעלה מבחי' השגה והבנה ואינה מורגשת כלל בבחי' יש ודבר מה באיזה מציאות וע"כ נק' כ"ח מ"ה וכדמיון ההשכלה הראשונה באדם ישכיל השכל קודם שישיגנה במוח בהשגה מורגשת כנ"ל · והנה להיות כן הרי בחי' החכמה גבוה ומובדל בערך גם מהיות מקור למציאות תולדות המדות אצי"ר כנ"ל ולא יסתעף ממנה כלל שורש לבחי' הדינין שיונקים אוה"ע מפסולת המדות וע"כ נאמר ימותו ולא בחכמה שאין מיתה ונפילה בחכ' כי אין הדינין מתערין רק מבינה דוקא כנ"ל וכידוע דלזה הטעם לא היה שבירה כלל בחכ' אלא בז"ת דבינה דוקא ובכל ג"ר כח"ב לא היה שבירה כלל אלא אדרבה כתיב החכמה תחיה כו' כי בחכ' אתבריר ולכך כל המלאכות דו' יומין דחול אסור בשבת גם באוכל נפש כי בשבת כל בורר אסור לפי שאין מה לברר אחר שכבר נברר הכל ואין אחיזה ויניקה כלל לחיצוני' בשבת וכמאמר כל דינין מתעברין מינה כו' לפי שבבחי' החכ' דאבא אין מקום כלל לחיצונים כנ"ל ואין לעשות שום מלאכה בשבת להיות כי המלאכה היא בחי' ירידה מן העצמות ושבת מאיר בחי' כח מ"ה דחכ' שהוא למע' מבחי' ירידה והשפלה עד שגם ההשגה בבינה היא בחי' ירידה ולכך גם הדבור כד"ת בקושי התירו בשבת כמו שאמרו בירושלמי לפי שהדבור הוא ג"כ בחי' יש שבא בגילוי לזולתו ושרשו מהשגה דבינה כידוע ובשבת כתיב ממצוא חפצך ודבר דבר שהדבור נתעלה באור אבא שבש השתיקה כידוע במה שאמרו סייג לחכ' שתיקה כי החכ' עדיין למעלה היא מבחי' אותיות בהשגה והגם דאורייתא מח"ע נפקת אבל בדבור לדבר בד"ת בקושי התירו לפי שבשבת מאיר מאור הכתר בחכ' וכנ"ל בענין אז תתענג על הוי' כנ"ל ומזה הטעם אין קרבן כלל בשבת ליתן יניק' לאוה"ע וגם מזה הטעם אש של גיהנם שובת לגמרי בשבת אבל אינו שובת ונח ביו"ט לפי שביו"ט עדיין יש יניקה לחיצונים כנ"ל אבל בשבת אין להם שום יניקה ואחיזה כלל למעלה וזהו הטעם שבשבת דוקא נאמר אות היא ביני ובין בני ישראל ולא ביו"ט וזהו ענין המאמר ג"כ במה שאמר כאן בענין ג' סעודות השבת דנק' מהימנות' עילאה ושלימותא כנ"ל הטעם דזרעא קדישא דישראל דוקא הם דמהימנותא עילאה דילהון ולא דעמין כו' כי ישראל עלה במחשבה דהיינו בבחי' קדש עליון ג"כ כמ"ש קדש ישראל להוי' והוא בבחי' מוחין דאבא דוקא כמשל הטפה ממוח האב כו' והוא בחי' שבת ולכך בג' סעודות דישראל זרעא קדישא דוקא בעו למחדי בהו ולא עמין עכו"ם משום דאין לחיצונים יניקה כלל בשבת וכמ"ש ביני ובין בני ישראל אות היא כנ"ל מש"כ ביו"ט כנ"ל וד"ל:

ת"ח

ת"ח בסעודתא אילין אשתמודעון ישראל דאינון בני מלכא כו' ·

פירוש מאור אבא שנק' מלכא עילאה כידוע · דאינון מהיכלא דמלכא הוא בחי' אור אימא שנק' היכל לגבי אור אבא כידוע· דאיטן בני מהימנותא היינו בחי' הארת הכתר שמאיר בחכמה כנ"ל בענין אז תתענג על הויה וז"ש ביני ובין בנ"י כו' ביני היינו בחי' עצמות התענוג הפשוט שכולל ג' כתרים הנ"ל :

ומאן דפגים חד סעודתא מינייהו אחזי כו' ויהבין עליה חומרא דתלת מילין דינא דגיהגם תו' ·

פי' תלת מלין הם ג' מיני דינין קשים הידועים הא' דינא דגיהנם והב' חבלו של משיח והג' גוג ומגוג כי הרשעים יצרפו לעתיד בג' אלה מחלה והבאתי את השלישית באש כו' ואח"כ חבלו של משיח ואח"כ גוג ומגוג והן לנגד ג' מיני בחי' עונג העליון שנתבארו בג' מדריגות העליונות דבג' סעודות דשבת דינא דגיהנם לנגד עונג העליון המאיר במלכות כו' וד"ל :

ות"ח בכלהו שאר זמנין וחגין בעי ב"נ למחדי ולמחדי למסכני ואי איהו חדי בלחודוי ולא יהיב למסכני עונשי' סגי כו' עליה כתיב וזריתי פרש על פניכם פרש חגיכם ואי איהו בשבתא חדי אע"ג דלא יהיב לאחרא לא יהבין ליה עונשיה בשאר זמנין וחגין דכתיב פרש חגיכם פרש חגיכם קאמר ולא פרש שבתכם וכתיב חדשיכם ומועדיכם שנאה נפשי ואלו שבת לא קאמר ובג"כ כתי' ביני ובין בני ישראל כו' ·

והנה להבין שרש זה המאמר יש להקדים תחילה שרש ענין מסכני ומהו למחדי למסכני כו' דהנה העני שרש יניקתו בבחי' הדין שבמ"ל דאצילות כי דינא דמלכותא דינא כמ"ש השופט כל הארץ כו' ועל העני הרי נגזר עונש הדלות הואת ממדת הדין והמשפט שיש בבחינת מ"ל והיא הנקרא צדק דאיהו דין כו' כי כמו שהמלך ב"ו ישפיע רב טוב וחסד לראוי לכך על פי המדה כך יגזור הדין והעונש בהעדר הטוב וחסד למי שאינו ראוי וא"כ מובן מזה במלכותא דלעילא שהעני שרש יניקתו הוא בא מבחינת הדין והעונש המגיע לו מבחינת מ"ל דאצילות שנקרא צדק כנ"ל · והנה שרש בחינת הדין שבמ"ל נמשך מלמעלה מעלה דהיינו מבחינת בינה דאצילות דדינין מתערין מינה כנ"ל באריכות והגם שמצד עצמות אור הבינה אין בה שום בחי' דין כלל כי הרי הבינה נקרא עלמא דחירות יובלא עילאה כו' כמ"ש בזהר דאדרבא כל חירו וחדוה נפקין מינה כו' וכמ"ש אם הבנים שמחה אך בהתפשטות אורה כאשר תאיר במדות בבחי' הרגשה ויש כו' משם נמשך גם שרש לדינין קשים ממש הנקרא מלאכים רעים המקטרגים למיתה שהוא דין גמור והוא בירידת אור מן המדות במ"ל מבחי' הפסולת של החו"ג כענין אברהם שיצא ממנו ישמעאל וכנ"ל והנה ידוע שאין הדינין נמתקין אלא בשרשם דווקא ולא בזולת זה וא"כ כאשר צריך להמתיק דינין של העני שנאחז בשרשו בבחי' הדינין הקשים שבמל' כנ"ל הנה בחי' המתקה זאת צריך להיות בשרש ומקור הדין הזה דווקא והוא בחי' הדינין דמתערין מבינה בהארת אורה במדות שהוא מקור הראשון להיות ונלאות התהוות הדינין נמשכין במדות ודבור כו' וענין ההמתקה הוא כאשר יעלה בהעלאה בחי' דין זה וימתק בחסדים דאימא והיינו בבחי' עצמות אור הבינה שהוא מקור לכל חירו וחידו כו' ונקרא עלמא דחירו והיינו בחי' השמחה שבאה מחמת בחי' מוחין דאימא ביו"ט וכמ"ש אם הבנים שמחה כו' ולזה עיקר המצוה ביו"ט הוא השמחה וכמ"ש ושמחת בחגיך כו' ושמחת לפני כו' ובגילוי זה מבחי' החסדים דאור אימא ביו"ט בבחי' השמח' כוחו נמתקים כל בחי' הדינין גם בחי' הדינין הקשין שמשתלשלים מתמנה למטה בבי"ע מבחי' מ"ל שמקבלת ממדות כנ"ל והוא ענין המתקת הדינין בשרשן דהיינו בבינה עצמה בבחי' עצמותה שאין שם בחי' דין כלל אלא אדרבא שמחה וחדו כו' ·

והו שרש ענין הטעם למה שאמר כאן דביו"ט דייקא מצוה למחדי למסכני כי העני שרשו בבחי' הדינין ובחי' המתקת הדינין שבו הוא ביו"ט דווקא לפי שאז זמן שמחתנו שהוא בחי' גילוי מוחין דאימא וכמ"ש אם הבנים שמחה כו' ואין מיתוק הדין אלא בשרשו דווקא כנ"ל · ולכך אי חדי בלחודוי ביו"ט משמחה העליונה דאימא עילאה ואינו ממתיק הדין דמסכני למחדי להו עונשיה סגי ועליה כתיב וזריתי פרש חגיכם כו' אבל בשבת אי איהו חדי בלחודוי לא יהבין עלי' עונש כ"כ · דהנה מבואר למעלה דשרש השבת הוא מוחין דאבא שלמעלה עדיין מבחי' השגה באיזה בחי' יש ודבר מה ואין מקום ושרש כלל ליניקת הדינין כנ"ל באריכות וא"כ לא שייך כלל לומר שמצוה למחדי למסכני בשבת אחר שענין ולמחדי למסכני הוא ענין המתקת הדינין הקשים כנ"ל והרי בשבת אין יניקה לדינין כנ"ל וכמאמר כל דינין מתעברין מינה כו' ומטעם הנ"ל דבחכמה לא היה שבירה כלל וכמ"ש ימותו ולא בחכמה כו' א"כ מה צורך להמתיק אחר שאין מה להמתיק כי גם בחי' דין שבמ"ל שנקרא צדק אינו שולט בשבת ולזה הטעם שאינו צריך המתקת הדינין בשבת ע"כ עיקר המצוה בשבת הוא עונג דווקא ולא השמחה וכמ"ש לעיל דקדש מלה בגרמיה כנ"ל כי השמחה א"צ רק להמתיק הדינין ע"י בחי' השמחה בהתגלות והיינו שדקדק מן הפסוק דקאמר פרש חגיכם ולא קאמר פרש שבתכם דפי' פרש הוא עד"מ בחי' הפסולת היוצא מן הקרביי' כך יש למעלה בחי' פסולת הדינין הקשים שהוא יוצא ומשתלשל מן הבינה ובחגים דווקא לפי ששורה אז בחי' בינה כידוע בטעם שנקר' המועדי' מקראי קדש כנ"ל ע"כ אם אינו ממתיק הדינין שמשתלשל

מתמנה

מתנה אזי נקרא פרש חגיכם ודוקא חגיכם אבל שבת שאין בו גם מקור ושרש כלל ליניקת הדינין ככ"ל לא יתכן כלל לומר פרש שבתכם ככ"ל וד"ל · ואמנם אעפ"י שאין המצוה כ"כ למחדי למסכני בשבת כמו ביו"ט ואם לא יהיב לא יהבינן עליו עונש כ"כ ככ"ל מ"מ יש מצוה קצת למחדי למסכני גם בשבת ואם לא חדי יהבינן עלי' עונש קטן עכ"פ כמבואר ומובן מתוך המאמר הזה שאמר דבשבת לא יהבין עלי' עונש כשאר חגים וזמנים כו' והטעם הוא מפני שגם בשבת יש הארת מוחין דאימא כי הרי ידוע דחו"ב נקר' תרין ריעין דלא מתפרשין כו' ונה"י דאבא מלובשין תמיד באימא אלא שבשבת עיקר הגלוי הוא מבחי' אור אבא שנקרא קדש ככ"ל וע"כ מצד חלק אור הבינה שמתאחדת בחכמ' גם בשבת צריך למחדי למסכני להמתיק הדינין המסתעפין מבחי' בינה ככ"ל אלא שאינה מצוה כ"כ כמו ביו"ט שעיקר הגילוי ביו"ט הוא מבחי' מוחין דאימא ככ"ל והיינו שמסיים המאמר וכתיב חדשיכם ומועדיכם שנאה נפשי ובג"כ כתיב ביני ובין בנ"י כו' פי' מדקאמר מועדיכם משמע שהן דוקא של ישראל וכידוע דישראל קדשינהו לזמנים כו' כמ"ש אלה מועדי הוי' אשר תקראו אתם אתם דוקא אבל בשבת קוב"ה הוא דאקדשי' וכמ"ש בפי' ויקדשהו כו' ואעפ"כ אמר ביני ובין בנ"י אות היא כו' שיש גם לישראל חלק בשבת ככ"ל וכ"ז לפי ששרש השבת הוא מבחי' מוחין דאבא בלבד וכתיב בני בכורי ישראל כו' אבל מועדי הוי' המה מבחי' מוחין דאימא ככ"ל ואי לא חדי למסכני ולא נתתקו הדינין אומר מועדיכם שנאה נפשי ככ"ל משא"כ על השבת א"א לומר שבתכם שנאה נפשי אחר שעיקר השבת למעלה ואין לדינין שרש ויניקה כלל ממנו ככ"ל וד"ל :

ומשום דכל מהימנותא אשתכח בשבתא יהבין ליה לב"נ נשמתא אחרא נשמתא עילאה נשמתא דכל שלימו בה כו' ·

כבר זה מבואר למעלה ענין הנשמה יתיר' בשבת על מאמר הזהר בפי' נשמת כל חי נשמתא דפרחת מחי עולמים כו' ע"ש באריכות וד"ל :

ובג"כ איקרי שבת מהו שבת שמא דקב"ה שמא דאיהו שלים מכל סטרוהי ·

פי' מכל סטרוהי הענין הוא לפי שבחי' בינה דאילו' דינין מתערין מינה והיינו מסטרהא כמ"ש במ"א דבינה דינין מתערין מסטרהא ופי' מסטרה' היינו מהגדדי' המסתעפים ממנה והוא בחי' תבונ' שנמשכ' ומסתעפת מגדדי הבינה כידוע ותבונה אותיות בן ובת דהיינו בחי' מדות להיות בחי' מוחין למדו' כידוע בפי' לא יחפוץ כסיל בתבונ' כו' ומבואר למעלה שהדינין מסתעפין מן המדות ושרשם הראשון היינו מבחי' תבונה שבבינה ולא מבחי' בינה עצמה ככ"ל והנה ידוע שישראל סבא ותבונה נק' או"א תתאין ושרש יס"ם הוא באבא עלאה ושרש תבונה באימא עילאה כו' וא"כ כמו שהתבונה נק' סטרהא דבינה כך בחי' יס"ם נק' סטרא דאבא עילאה שהו' בחי' החסד שכלול בחכמ' וכמ"ש במ"א וז"ש דבשבת שהוא בחי' מוחין דאבא בלבד ככ"ל והוא נק' שמא דקוב"ה הוא שמא דאיהו שלים מכל סטרוהי פי' שהוא שלם מיניקות החיצוני' והדינין שאין הדינין נאחזין ויונקי' כלל מבחי' אור אבא גם מבחי' הגדדי' המסתעפים ממנו שהוא הנקרא סטרוהי והיינו שגם מבחי' יס"ם שבחכמ' אין הדינין מקבלין משם משא"כ מבחי' בינה כמו ביו"ט שנאחזים הדינין בו"ק דמקבלין מבחי' תבונ' שנקרא סטרוהי דאימא וכמ"ש דבינה מסטרהא דינין מתערין וכמבואר למעלה דמן המדו' נמצאין הדינין ככ"ל וע"כ דוקא שבת הוא שמא שלים מכל סטרוהי ולא יו"ט וד"ל :

אמר רבי יוסי וודאי כך הוא ווי ליה לב"נ דלא אשלים חדוותא דמלכא קדישא ומאן חדוותא דיליה אלין תלת סעורתא מהימנותא סעודתא דאברהם יצחק ויעקב כלילן בהו וכולהו חדו על חדו מהימנותא שלימתא מכל סטרוהי :

פי' כי מבואר למעלה בענין שרש ג' סעודות דשבת הסעודה הא' בלילה דשבת הוא דחקל תפוחין דמתברכא מבחי' עתיקא ככ"ל והגם שמבואר למעלה שהוא ע"י בחי' עלי' אין זה אלא בחי' העלאה דלצורך ירידה' דהיינו שאור הכתר הוא מאיר ונגלה במ"ל וז"ש דחקל תפוחין מתברכא כו' וזהו בחי' אברהם שהוא אור החסד דע"י שנגלה במ"ל ובסעוד' הב' הוא בחי' יצחק בבחי' הגבורות וההסתלקות והוא בחי' עליות דעונג העליון הנק' ע"י בעצמות התענוג הפשוט ככ"ל והסעודה הג' הוא בחי' ירידות אור עצמות התענוג בז"א ונקרא נחלת יעקב ככ"ל והיינו שאמר דאברהם יצחק ויעקב כלילן בהו וזהו פי' מה שאנו אומרים בתפלה דמנחה אברהם יגל שהוא בחי' מעלי שבתא ויצחק ירנן בבחי' העלאה להכלל בעונג העצמי ביומא דשבתא ויעקב ובניו ינוחו בו היינו בסעודה הג' ככ"ל · וכן יתפרש מנוחת אהבה ונדבה בחסד דאברהם ומנוחת אמת ואמונה בבחי' גבורות דיצחק ומנוחת שלום ושלוה בבחי' יעקב קו האמצעי והטעם שנקרא השקט ובטח לפי שאין לדינין יניקה כלל מקו האמצעי כמ"ש במ"א דדוקא מאברהם יצא ישמעאל ככ"ל ופי' חדו על חדו היינו בבחי' הכתר שכל מדריגות דג' סעודות הנ"ל הכל הוא בבחי' הכתר ככ"ל ולפי שאין לדינין יניקה כלל בשבת ע"כ כללותם נקרא מהימנותא שלימותא מכל סטרוהי וד"ל :

תאני בהדין יומא מתעטרין אבהן וכל בנין ינקין מה דלא הכי בכל שאר זמנין וחגין בהדין יומא כל דינין אתכפיין וחייביא דגיהנם נייחין :

פי'

פי' אבהן הן בחי' חו"ב תרין רעין כו' שנק' אבות העולם דאצי' כידוע ומתעטרין אבהן היינו בבחי' עטרת הכתר לפי שהארת הכתר הוא מאיר באו"א בשבת לכך בחי' מוחין דאו"א בשבת הוא במעלה ומדריגה יתירה בשבת מבחול וגם מביו"ע כו' וכל בנין ינקין היינו בחי' ו"ק דז"א ג"כ יונקי' מהמוחין היותר עליונים בשבת מבשאר זמנים מטעם הנ"ל דבשבת נאמר אות היא ביני ובין בנ"י· בהדין יומא כו' חייביא דגיהנם נייחין כו' ג"כ מבואר הטעם לנועלה משום דבשבת הוא בבחי' מוחין דאבא דווקא שאין משם שורש ויניקה כלל לדינין כנ"ל וד"ל :

בהדין יומא אורייתא מתעטרא בעטרין שלמין ·

פי' עטרא הוא לעולם בבחי' הכתר לפי שלשון הכתר הוא מלשון כותרת ומקיף כידוע ומ"ש בעטרין שלמין דווקא משמע שיש עטרין שאינן שלימין הענין הוא לפי שידוע שבחי' הכתר הוא בחי' ממוצע בין עצמות המאציל לנאצלים והוא כלול מי"ס ג"כ כשאר הספירות ובחינ' מל' שבכתר בלבד הוא שורש וראש לנאצלים כמו חו"ב דכתיב והחכמה מאין תמצא כו' הרי יונקת החכמה דאצי' רק מבחינת מל' שבכתר דהיינו מבחי' חכמה שבמל' זה ועד"ז בכל פרטי הי"ס דאצילות ולפעמים מתגלים בחי' נה"י שבכתר בי"ס דאצילו' והארתם יותר למעלה מכל מה שהאיר מבחי' מלכות בנאצלים וכמ"ש בזהר ע"פ גם נצח ישראל לא ישקר כו' שהוא בחי' נצח דא"א וכיוצא בזה בבחי' יסוד דא"א נקרא ובטובו הגדול ולפעמים יש יותר עליה שמאיר בנאצלים בחי' חג"ת דא"א והן הנקר' יד הגדולה ויד החזקה כו' וכידוע ולפעמים יש יותר עלייה שמאיר בחי' חב"ד דא"א אך כ"ז אינו נקר' בחי' עטרין שלימים כי עטרין שלימין היינו דוקא בבחי' הכתר שבכתר כי הרי גם בחי' הכתר כלול מי"ס ובחי' כתר שבכתר נק' גולגלתא דא"א הוא הנק' עטרין שלימין דווקא להיותו נחשב בבחי' עצמות המאציל עדיין ולהיות כי גם הוא כלול מי"ס וע"כ אמר עטרין שלימין לשון רבים לפי שכל מה שיש בבחי' כתר שבכתר נקרא עטרין שלימין לפי שהן שלימין מבחי' שלימותא דכולא שהוא בחי' עצמות האור א"ס כידוע וד"ל· וז"ש בהדין יומא אורייתא מתעטרא בעטרין שלימין פי' אורייתא הוא בחי' חכמה דאצילו' שהתורה דאצי' מלובש בה באצילו' כידוע וידוע דשני תורות תושב"כ ותושבע"פ הם מלובשים בבחי' חו"ב דאצי' שנקרא ספר וסיפור כו' אמנם בשבת אורייתא דתושב"כ ושבע"פ שמלובשים בחו"ב דאצי' אינם מתעטרין בעטרות דבחי' הכתר שהוא מקור לנאצלים תמיד אלא אורייתא מתעטרא בשבת בעטרין השלימין דווקא שהוא בחי' הי"ס דכתר שבכתר כנ"ל ולזה הטעם בקושי התירו לדבר ד"ת בשבת כנ"ל כי הגם דאורייתא מחכמה נפקת אבל בשבת נתעלה אור החכמה דתורה בעטרין השלימין דכשב"כ ששם הדבור נחשב לבחינת יש וכמ"ש אין אומר ואין דברים בלי נשמע קולם כו' וכמ"ש בת"א וד"ל :

בהדין יומא חדוותא ותפנוקא אשתמע במאתין וחמשין עלמין ע"כ ·

פי' מאתן וחמשין עלמין ולמה דווקא מספר קצוב כזה ר"ן ולא יותר ולא פחות כו' הנה ידוע דבחי' יסוד הוא כולל בעצמו עצם ההשפעה ונקרא כנישו דכל נהורין בלבד לפי שאינו אלא כלי וכח המביא עצם ההשפעה לידי גילוי כמשל המלמד שמסביר דבר חכמה לתלמיד שיש לו כלי המוכנת לפעולה זו להמשיך עצם שפע השכל בצירופים של אותיות בכמה מיני אופנים שונים מה שאין לכל אדם כח זה להסביר לזולתו וכמ"ש בת"א בביאור ענין קונה הכל כו' וזהו בחי' יסוד שנקרא כל וכתרגומו כי כל בשמים כו' דאחיד בשמיא וארעא כלומר שמביא את השפע מן המשפיע אל המקבל כו' · והנה ידוע בע"ח שבחי' ה"ח נמשכים ביסוד דהיינו בחי' חסד שבחסד ובחי' חסד שבגבורה ובחי' חסד שבת"ת כו' עד בחי' חסד שבהוד להיות כי ה"ח הללו הנמשכים מה' מדות הללו הוא בחי' גילוי מאור עצם השפע דחג"ת כו' ובחי' יסוד הוא רק המקבל ה"ח הללו ולכך נק' כנישו דכל נהורין ומביא אותם לידי גילוי במ"ל הנקרא דבור וכמ"ש כי כל בשמים ובארץ כו' והנה כל אור מה"ח הללו כולל כל ה"ח בעצמו כי כאו"א כלול מכולם ונמצא שיש כאן בה"ח הללו מספר כ"ה וידוע שכאו"א מן המדות הללו כלול מיו"ד א"כ הרי י' פעמים כ"ה עולה מספר הכולל ר"ן וזהו שאמר במאתן וחמשין עלמין דווק' במספר מכוון מאתן וחמשין מטעם הנ"ל · אך יש להבין למה דווקא בשבת מאירים אורות דה"ח שביסוד במאתן וחמשין עלמין ולא בשאר יומין זולת יום השבת · אמנם הענין הוא דלזה הטעם הוא אומר בהדין יומא חדוותא ותפנוקא אשתמע במאתן וחמשין עלמין דמשמעות המאמר הוא שהיום גורם שחדוותא ותפנוקא אשתמע בר"ן עולמות וי"ל ג"כ מהו ענין חדוותא ותפנוק' ולמה יגרום יום השבת דחדוותא זו אשתמע בר"ן עולמות כנ"ל · אך הענין הוא דיש להבין תחלה איך מתחלקים ר"ן עולמות מה"ח הנ"ל דהנה ה"ח הנ"ל היו כלולים תחלה מכל הר"ן עולמות אחר שכאו"א כלול מכולם ויש י"ס בכל או"א כנ"ל אך אח"כ נתפשטו ה"ח הנ"ל לר"ן עולמות בפרט וה"ז פרט היוצא מן הכלל שאין כל חדש בפרט כי הכל היה כלול בכלל אך שבכלל היו בו כל הפרטים בהעלם ולא בגילוי וכשיוצא הפרט מן הכלל יוצא מן ההעלם לגילוי בלבד ויובן הדבר זה עד"מ שמצינו בהפרש אשר יש בין המשנה לגמרא שהמשנה שנויה בקיצור והגמרא הוא פי' המשנה לפרש כל פרטי טעמים כידוע

והנה

והנה א״א לומר שרבינו הקדוש שחיבר המשנה לא ידע כלל מהטעמים והחידושים שחדשו בעלי הגמרא על משניו׳ הללו שחבר אלא ודאי ידע הכל אלא ששנה רבי בדרך קצרה בלבד והמשנה סובלת בקיצור דברים כל מה שמחדשים בה בעלי הגמרא עד אשר אין כל חדש במה שמפרשים המשנה כי כל מה שמחדשים ומפרשים דברים פרטיים הכל מוצאים בדברי המשנה אחר כך אחר הדיוק כי המשנה כמו הכלל שסובל בהעלם כל הפרטים שמסתעפים אח״כ וכמו החכם הגדול שידבר דבר חכמה בדבורים מועטים כי אין צריך לפרט הכלל יותר לפי עצם רוממות השגתו אבל כשצריך להבינה לזולתו הקטן ממנו בערך יצטרך לפרש בכמה דבורים רבים ואין כל חדש כלל אלו בריבוי הדבורים הללו כי לעצמו היה די ומספיק בדבורים המועטים שהיו כוללים המרובים כנ״ל· וכך יובן למשכיל למעלה בבחי׳ ה״ח הנ״ל דבאמת גם אחר שנתפשטו והיו למספר ר״ן אין כל חדש בזה לפני עצמיות המשפיע כי הכל הי׳ כלול בה״ח הללו רק שיצאו מן ההעלם לידי גילוי בלבד כנ״ל ואמנם הנה אע״פ שאין זה התחדשות בגילוי ההעלם שבו מ״מ בהעדר ההתפשטות בגילוי זה נק׳ חשך ולא אור כי כל אור הוא ענין הגילוי כאור המאיר שיכולים הכל לראות על ידו ובהעדר התפשטות הפרט בגילוי נקרא חשך כי לא נגלה לכל אלא רק נשאר בעצמות המשפיע עד״מ הרב שאין משפיע לתלמיד שהגם שאין זה גירעון לרב כי הוא יודע ומשיג השכל בכי טוב אבל נק׳ חשך כי לא בא זה האור והשפע לידי גילוי במקבלים אלא נשאר בהעלם בעצמות המשפיע אך הנה כשהמשפיע הוא בא״ה חדוה ותענוג גדול אזי נגלה ההעלם שבו מגילא ובא כל ההעלם שבו לידי גילוי אור משא״כ כשאינו בחדווה ותענוג שאינו רוצה להשפיע נשאר בעצמותו והרי כשנשאר בעצמותו הרי הוא בבחי׳ הכלל שכולל הריבוי כנ״ל שלעצמו א״צ ריבוי דברי׳ אך כאשר יגלה ההעלם ירבה דברים אע״פ שאין כל חדש כנ״ל ורבוי דברים הללו נק׳ אור שמאיר בגילוי יותר וכל שמרבה דברים ביותר יותר יגלה השפע גם לקטני הערך· וכך יובן למשכיל למעלה בבחי׳ ה״ח הנ״ל דבשבת דוקא מפני שבחי׳ עתיקא מאיר באצילות כולו כנ״ל אזי יש חדוותא ותפנוקא פי׳ תפנוקא הוא בחי׳ רב חסד דע״י שהוא בחי׳ התענוג העצמי הפשוט ומחמתו יאירו ה״ח הנ״ל מן ההעלם שבהם להיות מאירים בגילוי לגלות כל פרטי חלקים שבהם עד שנתגלו ר״ן עולמות כי כאו״א מתחלק ליוד וכ״א מיוד כלול מכ״ה הרי יוד פעמים כ״ה כו׳ וזהו בהדין יומא חדוותא ותפנוקא אשתמע במאתין וחמשין עלמין פי׳ חדוותא דע״י גורם בחי׳ תוספת אור בעצמות ז״א עד שמחמת זה מגילא יאיר בגילוי מה שהיה בו בהעלם ובקיצור כמשל הנ״ל מן המשפיע כשהוא בחדוה ותענוג שמאיר שפעו בדרך פרט יותר משא״כ כשאינו בחדוה אינו משפיע כלל או שונה בדרך קצרה כמו ששונה לעצמו כנ״ל וד״ל :

יגלה לן טעמי דבתריסר נהמי כו׳ הנה התחלה יש להבין מה שאמר כפילא וקלישא · דהנה יש מילוי יודין ומילוי ההין כידוע ומילוי היודין נקרא קלישא ומילוי ההין נק׳ כפילא · ולהבין ביאור הדברים יש להבין תחלה שרש ענין ההפרש בין אכילה דחול לאכילה דשבת דהנה אמרו בזוהר תלת שליטין איכון לעילא מוחא ולבא וכבדא כו׳ ודוגמתן למטה הוא מוחא ולבא וכבדא באדם הגשמי שאנו רואים סדר ההילוך של החיו׳ הרי הכבד מקבל מהדם המובחר ושולח המובחר ממנו ללב והלב שולח החיות המובחר

על מאמר ר״כ עד דלא אכילנא בשרא דתורא כו׳ שהמאכל מחזק גם אור חיות השכל דנפש האלקית ובלתי המאכל היה אורה חלוש ומסתלק ואע״פ שהנפש האלקית גבוה מן חיות המאכל הגשמי שבא מלמטה היותר אחרון בהשתלשלות אעפ״כ יתחזק אור השגת נפש האלקית ע״י המאכל כבשר וכיוצא והטעם ידוע לפי שהשביר׳ היה בז׳ מלכי׳ דתהו וכמ״ש ואלה המלכים כו׳ לפני מלך מלך לבנ״י שהוא בחי׳ התיקון והיינו בחי׳ אדם דאצילו׳ וכמאמר האד״ר באלי עלמין ולא אתקיימו עד דאתתקנו פרצופ׳ דאדם כו׳ וזהו שנא׳ באדםאחור וקדם צרתני

אֲ סַדֵּר לִסְעוּדְתָא בְּצַפְרָא דְשַׁבַּתָּא · וַאֲזַמִּין בָּהּ הַשְׁתָּא עַתִּיקָא קַדִּישָׁא :

נְ הוֹרֵיהּ יִשְׁרֵי בָהּ בְּקִדּוּשָׁא רַבָּא · וּבְחַמְרָא טָבָא · דְבֵיהּ תֶּחֱדֵי נַפְשָׁא :

יְ שַׁדֵּר לָן שׁוּפְרֵיהּ · וְנֶחֱזֵי בִיקָרֵיהּ · וְיַחֲזֵי לָן סִתְרֵיהּ · דְאִתְאֲמַר בִּלְחִישָׁא :

יְ גַלֵּה לָן טַעְמֵי · דְבִתְרֵיסַר נַהֲמֵי · דְאִינוּן אָת בִּשְׁמֵיהּ · כְּפִילָא וּקְלִישָׁא :

צרורא

המתברר מן הדם שבכבד אל המוח ושם נעשה ממנו חיות רוחני היותר דק ורוחני מכול׳ והנה מן המאכל הוא שמתברר בקיבה ונתהפך לדם המובחר ממנו מקבל הכבד ושולח ללב והלב שולח למוח כנ״ל והרי מן המאכל הגשמי הוא שנעש׳ חיות בלב ומוח ואנו רואים שהלב והמוח יבא בהם תוס׳ חיזוק אור וחיות על ידי המאכל בהתבררו ועולה למוח כמבואר במ״א

וידוע המדרש אחור למעשה בראשית כמאמר יתוש קדמך דהאדם נברא בששי אחר כל הבהמות וחיות שנבראו בי׳ מאמרות וכך למעלה כמו בחי׳ בהמות בהררי אלף ונק׳ בהמה רבה המה קדמו לבחי׳ אדם דאצי׳ ודרך כלל הן הנה ז׳ מלכין קדמאין דתהו שקדמו לפני בחי׳ האצילות דתיקון שהוא אדם שהוא שם מ״ה כו׳ וכידוע · אך הנה בז׳ מלכים נאמר

וימלך

וימלך וימת שנשברו ונפלו בעולם הבריאה והמלך השמיני שהוא בחי' התיקון הוא המתקן אותם והיינו מה שלמטה המאכל מתברר וניתקן ע"י האדם שהוא נפש האלקית שבאה מיחוד זו"נ מבחי' התיקון · כי נפש האדם למטה גבוה מן המאכל הגשמי שבנוגה לאחר שנפל מעולם התהו וצריך להתברר על ידי אדם דווקא אבל כמו שהמאכל הוא בשרשו בז' מלכין קודם שנפלו בשבירה הרי המה קודמין במעלה ונפש האדם כי בחי' התהו קדם הרבה לבחי' התיקון כנ"ל ע"כ מצד זה יש ביכולת המאכל ליתן שפע אור וחיות להכחות דנפש האלקית כענין עד דלא אכילנא בשרא דתורא וכיוצא וכמ"ש בת"א באריכות · וז"פ אחור וקדם צרתני אחור למע"ב מצד בחי' התיקון דהיינו נפש האלקית וקדם למעשה בראשית מצד בחי' התהו והוא גוף החומר שנלקח מבחי' נוגה וכמ"ש בו עפר מן האדמה כו' וד"ל · והנה נמצא מובן מכל זה שהמאכל כמו שירד בשבירה צריך הוא להתברר ע"י האדם והבירור הולך מלמטה למעלה ע"ד סדר הנ"ל מן המאכל נהפך לדם שבכבד ומשם עולה ללב ולמוח וכך יובן למעלה בכללות הבירורים דרפ"ח שנפלו שנקראו מאכלים שמתבררי' בתחילה בבחי' כבדא שהוא בחי' מ"ל נפש דאצי' ואח"כ עולים ללב שהוא בחי' ז"א שהוא בחי' רוח בכלל כו' ואח"כ עולי' עוד למוחא והוא בחי' או"א לחזק גם שם בחי' תוס' מוחין עליונים מהארת הכתר כו' וזהו אכלו רעים או"א כו' והיינו כללות ענין המאמר דתלת שליטין איכון לעילא בבחי' האצי' מוחא ולבא וכבדא שהן ג' כלים דנר"ן דאצי' כידוע וד"ל· והנה כל זה הוא בחי' אכילה דחול למעלה שהבירורים דרפ"ח מתבררים מלמטה למעלה מכבד ללב כו' כנ"ל ע"ד דמיון אכילה גשמיי' למטה שנהפך המאכל לדם בכבד ומכבד עולה ללב ומוח כנ"ל אבל בשבת הנה ידוע שהוא זמן עליית העולמות כולם וא"כ הרי גם המאכל מתעלה בשבת להוי"ה כמו שהוא בשרשו בתהו לפני השבירה עדיין שהוא קודם במעלה לנפש האדם שבאה מבחי' התיקון כנ"ל נמצא בחי' אכילת המאכל בשבת הוא ענין המשכת שפע אור וחיות לנפש האדם מלמעלה למטה היפוך בחי' אכילה דחול שהמאכל מתברר ע"י הנפש האוכלת אותו ובשבת נהפוך הוא שהנפש מקבלת אור וחיות האלקי' השוכן במאכל כמו שהי' בשרשו בז' מלכים לפני מלך מלך לבנ"י שהאדם נקרא אחור למע"ב כנ"ל וז"ש באכילה דשבת צדיק אוכל לשובע נפשו ובאכילה דחול נאמר ובטן רשעים תחסר כו' כי הנה ב' אכילות הנ"ל מבוארים בפסוק זה צדיק אוכל לשובע נפשו

צְ רוֹרָא דִלְעֵילָא · דְבֵיה חַיֵּי כֹלָא · וְיִתְרַבֵּי חֵילָא ·
וְיִסַּק עַד רֵישָׁא :
חֲ דוּ חַצְדֵי חַקְלָא · בְּדִבּוּר וּבְקָלָא · וּמַלִּילוּ
מִלָּה · מְתִיקָא כְּדוּבְשָׁא :
קֳ דָם רִבּוֹן עָלְמִין · בְּמִלִּין סְתִימִין · תְּגַלּוּן פִּתְגָּמִין ·
וְתֵימְרוּן חִדּוּשָׁא :

לעטר

הוא באכילה דשבת שהאכילה היא לשובע נפשו בלבד דהיינו להמשיך אור ושפע מלמעלה לבחי' נפש האלקית והיינו מבחי' האורות העליונות שקדמו לבחי' אדם וזהו לשובע נפשו כי מ"ל דאצילות נק' נפשו וכמ"ש נשבע ה' בנפשו אבל בימות החול שהוא זמן הבירורים דרפ"ח כנ"ל אז האכילה הוא בבחי' הבירורים מלמטה למעלה ע"ד הנ"ל בכבדא ולבא ומוחא כנ"ל והיינו מ"ש באכילה זו ובטן רשעים תחסר כי כל היכלות החיצונים נק' רשעים כידוע · והנה כתיב חיל בלע ויקיאנו כי החיצונים שמקבלים תוס' יניקה ושפע יותר מכפי שנמדד להם הוא בא מחמת שבולעים חיות ואור מסטרא דקדושה מן השיורים והתמצית שנפל מן הקדושה בבחי' אכילה העליונה כידוע וע"ז נאמר אף על פי שחיל בלע כ"ק הרבה מ"מ יקיאנו לעתיד כדכתיב והוצאתי את בלעו מפיו כו' והיציאה הזאת שמוציאין בלעו מפיו הוא גם עכשיו בעת אכילת האדם מאכל הגשמי דהנה במאכל שנפל בשבירה יש טוו"ר מעה"ד וע"כ יש כח במאכל להוסיף תאוות הרעות באדם או לעורר הרציחה והכעס וכיוצא בהם בכל פרטי ז' מדות הרעות אך זהו מצד בחי' הרע שיש במאכל שנפלו בו מקליפת נוגה ע"י שבירת הכלים דתהו שנפלו בעולם הבריאה כנ"ל בפי' וימלוך וימת כו' אבל מצד בחי' הטוב שיש במאכל דהיינו מצד שרשו הראשון באורות דתהו שקדמו לתיקון כנ"ל הנה אדרבה הוא מחזק לנפש האלקי' בשכל ובמדות אוי"ר דקדושה כנ"ל וע"כ בשעת אכילה הוא כדמיון המלחמה אם לנצח את שונאו או שינוצח לפני שונאו וכמאמר הינוק' מאן דבעי למיכל נהמא אפוס חרבא כו' ולכך נקרא לחם לשון מלחמה כמ"ש לפי שאם יכוין באכילתו לברר הטוב כדי לחזק נפשו האלקי' בשכל ואוי"ר ואינו נמשך אחר תאוות המאכל הנה חלק הטוב מתגבר על בחי' הרע ומנצחו ואין האדם מתגשם מן האכילה ליפול בתאוו' רעי' ר"ל וכיוצא בו אדרבא נתחזק האור יותר בסטרא דקדושה מפני שיש בחי' הטוב במאכל שיכול לחזק כחות נפש האלקית והרי נצח לשונאו ואם אינו מכוין רק להנאת המאכל הנה חלק הרע מתגבר על הטוב ונותן תוס' כח ועוז לחיצונים ר"ל למשול בו להפילו בגסות המאכל בתאוות גם ונחלק הטוב שבנפש כו' ולכך נק' מלחמה ואמנם בשבת אין האכילה עד"ז כלל לברר ולהפך חלק הרע שבמאכל לטוב ליתן תוס' כח ואור לקדושה כי הרי המאכל מתעלה בשבת כמו שהיה קודם השבירה וכמאמר אין רע יורד מלמעלה פי' מלמעלה מבחי' השבירה והתיקון כו' כמ"ש לא יגורך

רע

לְ עֲטַר פְּתוֹרָא · בְּרָזָא יַקִּירָא · עֲמִיקָא וּטְמִירָא · וְלַאו מִלְתָא אַוְשָׁא :

וְ אִלֵּין מִלַּיָּא · יְהוֹן לִרְקִיעַיָּא · וְתַמָּן מַאן שַׁרְיָא · הֲלָא הַהוּא שִׁמְשָׁא :

רְ בוּ יַתִּיר יִסְגֵּי · לְעֵילָא מִן דַּרְגֵּיהּ · וְיִסַּב בַּת זוּגֵיהּ · דַּהֲוַת פְּרִישָׁא :

רע כו' א"כ א"צ לברר כלום וע"כ לא נאמר ובטן רשעים תחסר אלא באכילה דחול מפני שצריך להוציא חלק הטוב שבולעים ולהפוך גם מחלק הרע לטוב שאז מתילא תחסר בטן הרשעים ויהיה ריקן מכל שפע כו' אבל בשבת אין הצדיק אוכל רק לשובע נפשו האלקית להביא לה המשכת אור מלמעלה למטה ולא בשביל בירורי רפ"ח ניצוצות שבלעו הרשעים להיות בטן רשעים תחסר ע"י האכילה כנ"ל כי הרי מלאכת הבורר אסור בשבת מטע' הנ"ל וד"ל. ובכל זה יובן מ"ש בזוהר יתרו מאן דחדי בלחודוהי בי"ט ולא חדי למסכני עונשי' סגי ועליה כתיב וזריתי על פניכם פרש חגיכם אבל בשבת אי לא חדי למסכני לאו עונשיה סגי כ"כ דהא פרש חגיכם כתיב ואלו פרש שבתכם לא קאמר דהנה פי' פרש הוא בחי' הפסולת שנפל מן הבירורים כמו עד"מ פרש המאכל בקיבה לאחר הבישול והעיכול שלו שיוצא חוצה וכך יובן בדוגמא שלמעלה דהנה בחי' הבירורים בימות החול מבואר למעלה ע"ד דמיון הבירורים של המאכל מכבד ללב ומלב למוח והנשאר מן המאכל שלא נתברר יוצא בבחי' פסולת וכך בל"ט מלאכות דימות החול למעלה נתברר מרפ"ח ניצוצות כל מה שאפשר להתברר מהם ועולין למעלה עד בחי' מוחין העליונים דאו"א כנ"ל והנשאר מהם שלא נתבררו והיינו בחי' שיורי ז' מלכים שלא נתבררו כו' נופלים למטה בבחינת הפסולת ונק' פרש והנה ביו"ט הוא בחי' מוחין דאימא שהרי נקרא מקראי קדש כמ"ש בת"א וידוע שהשבירה היה בז"ת דבינה בלבד ולא בג"ר כו' וע"כ אוכל נפש מותר ביו"ט כי עדיין צריך לבחי' הבירורים במאכלים הצריכים לאוכל נפש עכ"פ בבישול ואפייה כו' וכמ"ש בת"א וע"כ אי לא חדי למסכני בי"ט עליה כתיב וזריתי על פניכם פרש חגיכם דהיינו בחי' הפסולת של הז' מלכים שלא נתבררו כי צריכין בירור ביו"ט ונקרא פרש חגיכם דייקא כי יש להם שרש יניקה בז"ת דבינה כידוע ואם אינו מברר מהם המובחר נשאר עליה בחינת הפסולת והגם שע"י אפייה ובישול בירר מה שצריך לאוכל נפש מ"מ הרי נשאר בחינת הפסולת אחר הבירור ונופל הפסולת עליו ואמנם יש תיקון לזה והוא במה דחדי למסכני ביום טוב דהיינו בחי' המתקת הדינין כי הנה השמחה עוש' בחי' המתקת הדינין כנראה בחוש כאשר המלך בשמחה אין לפניו כל דין ועונש ומוחל לכל המורדים בו וכן באדם כשהוא שמח יאהב גם את שונאיו כו' והעני שורה בבחי' הדין הקשה שנאחז במדת מלכותא דלעילא שנקרא לדק דאיהו דין כו' וכמ"ש בת"א וע"כ אם משמח את העניים הרי הוא ממתיק בחי' הדין הקשה ששור' עליו ובזה נמתקים כל הדינים הנאחזים בת"ל עד שרשם בז"ת דבינה ולכך המצוה בי"ט לשמוח דוקא וכמ"ש ושמחת בחגך ושמחתם לפני ה' וכו' אתה והלוי והגר והיתום כו' לפי שע"י שמחה זו נמתקים הדינים שעל שפלי הרוח משא"כ כשאינו משמח הרי כתיב וזריתי פרש חגיכם שנשאר הדין הקשה שהוא בחי' הפסולת של גבורות ונקרא פרש חגיכם כנ"ל ונותנים לו הפרש הזה ועונשיה סגי כו' וד"ל · וכל זה בי"ט דוקא אבל בשבת לאו עונשיה סגי אי חדי בלחודוהי דהא פרש שבתכם לא קאמר פי' בשבת אין פרש כלל שיהיה נק' פרש שבתכם והטע' הוא כנ"ל שבשבת המאכל הוא בבחי' שרשו הראשון כמו שהיה קודם השבירה עד שהוא מחי' לנפש האדם מטעם זה כי מה שיש בחי' רע במאכל הוא מחמת ע"הד טוב ורע שבא מצד השבירה כידוע ולכך נמצא תערובת טו"ר זה בכל חלקי דנ"ח"מ אלא שהמה באופנים שונים יש שהרע שבו בגילוי והטוב בהעלם ויש בהיפוך ויש שהוא רע לדבר זה וטוב לדבר אחר ויש שהוא בהיפוך כו' אבל בשבת שהוא למעלה מכח הבירורי' דע"הד טו"ר כנ"ל הרי המאכל הוא נמשך מלמעל' בלי תערובות בחי' פסולת כלל וכלל כי אין רע יורד מלמעלה מבחי' השבירה כנ"ל ואין שם בחי' פרש כלל וע"כ פרש שבתכם לא קאמר וא"צ להמתיק הדינים כ"כ מאחר שהוא למעלה מע"ד טו"ר ואין שם פסולת ורע מהיכן יסתעפו הדינים בשבת וכמ"ש בת"א וד"ל · וזהו שרש ענין הי"ב לחמים בשבת שעליהם אנו אומרים יגלה לן טעמי דבתריסר נהמי כי הנה ההמשכה של אור ושפע של המאכל בשבת מלמעלה מעלה דהיינו מבחי' פנימית הכתר שלא היה שם שבירה כלל וע"כ בחי' הטעמים דתריסר נהמי אינם מורגשים לנפש אדם אחר שבאים מלמעלה שלא בבחי' הבירורים דרפ"ח כו' לכך אנו אומרים ויגלה לן טעמי' הללו מן ההעלם לגילוי לפי שאין אנו משיגי' רק הטעמי' שמצד הבירורי' מכבד ללב ומלב למוח כנ"ל וד"ל · והנה יש ב' מיני מלויין ביודין בההין וביאור עניי' הנה היוד צורתו בנקודה קטנה בלבד וכשנמשך מן צמצום נקודה זאת למטה הוא אות הויו שבראשו יו"ד דהיינו מילוי היו"ד שהמה ג' אותיות יו"ד וי"ו דל"ת לפי שאחר הצמצום נעשה בחי' ההמשכה מלמעלה למטה והוא הוי"ו ואחר ההמשכה נעשה בחי' התפשטות לאורך ורוחב שהוא הדל"ת כו' אך הנה מילוי הה"א לא ניתוסף בו רק עוד

ה' אחרת והן ב' ההי"ן ה"ה והענין הוא שהה"א הוא בחי' התפשטות לאורך ורוחב והמילוי שלו ג"כ בחי' ההתפשטות לאורך ורוחב בצורת הה"א וע"כ לא נתוסף בו רק ה' אחרת כיוצא בה כו' והנה בחי' המילוי בכלל ידוע שהוא ענין הגילוי מן ההעלם בלבד כמו עד"מ כשצריך האדם לדבר איזה דבר בפרט יותר יצטרך לפרש דבריו ולומר מדבור א' כמה דבורים כמו שיצטרך לפרש אות היוד צ"ל ג' אותיו' יו"ד וי"ו דלי"ת כו' וכמ"ש במ"א ולכך נקרא מילוי כעובר בבטן אמו כו' והרי במילוי דאות היוד שנעשה ג' אותיות יוד ויו דלת לא בא כל בחי' ההעלם לידי גילוי כמו העובר שכולו בא לידי התגלות כו' רק אפס קצהו בלבד נתגלה מן ההעלם אחר שהנקוד' קטנה הוא בבחי' הצמצום והוי"ו הנמשך ממנו הוא אחר הצמצום וגם הוא בא בבחי' המשכה קצרה מלמעלה למטה כדמיון הקו של הויו ואע"פ שאח"כ נעשה ממנו התפשטות כצורת דלית אין זה התגלות עצמות ההעלם אלא אחר כמה צמצומי' אבל הה"א בא לידי גילוי בהתפשטות אורך ורוחב כמו ההעלם עצמו ממש אלא שהוא רק בחי' הגילוי שלו לבד וזהו ההפרש בין כפילא לקלישא פי' כפילא מל' כפל כמו מערת המכפלה והיינו מילוי ה' שניתוסף בה עוד ה' כיוצא בה ממש ונקרא ה"ה כפולה אבל קלישא הוא מילוי דיו"ד שהוא נמשך אחר הצמצום שהוא קלוש ודק מאד כקו ואח"כ נעשה התפשטות הדלית ומה שהזכיר שניהם יחד כפילא וקלישא כי הנה הי"ב לחמי' בזמן הזה הם עדיין כלולים בבחי' ההעלם במילוי הה"א ובמילוי היוד כעובר בבטן אמו כו' וע"ז אנו מבקשים יגלה לן טעמי דבתריסר נהמי שיצאו מן ההעלם לגילוי כו' אבל גם אחר שנתגלו מן ההעלם אינו מאיר רק בבחי' הגילוי בלבד והיינו תחילת המילוי דה"א שנקרא כפילא והוא הגילוי של ההעלם ואח"כ קלישא שהוא הוי"ו דשם הוי"ה אחר הה"א כאשר נעשה מן היוד וי"ו כנ"ל וזהו כללות ענין שם הוי"ה שהוי"ו באמצע ב' ההין דהיינו ע"י בחינת המשכה זו יבא מן בחי' הה"א ראשונה לה"א שניה אבל לעתיד כתיב ביום ההוא יהיה ה' אחד כו' דשם הוי"ה לא יהיה בו אות הוי"ו כלל אלא כמו תיבת יהיה שהה"א אחר היו"ד בלתי אמצעות קו שהוא מילוי היוד כי היוד יהיה בלתי מילוי וכן הה"א יהיה בלתי מילוי כי לעתיד כתיב כי עין בעין יראו כו' שבחי' העלם עצמות דא"ס יתגלה ולא יבא בבחי' גילוי אור לבד אלא בבחי' עצמותו ממש והיינו צורת הה"א ראשונה דוקא שהוא בבחי' אורך ורוחב בעצמותו וכמ"ש כימי השמים על הארץ שהמקבל יקבל מרחב של עצמות המשפיע וע"כ יהיו ב' ההין בשם הוי"ה לומר שכל עצמותו יבא בגילוי ולא ע"י אמצעות קו הוי"ו כמו עכשיו ובזאת יתרון מעלת הה"א גם על היוד שכולו בא לידי גילוי כנ"ל משא"כ ביוד וע"כ לא יצטרך לעתיד לבחי' כפילא כי לא יבא בבחי' גילוי בלבד אלא בבחי' העצמות ולא בבחי' צמצום אלא בהתפשטות אורך ורוחב והיינו הה"א שאחר היוד בלתי בחי' מילוי בשניהם וד"ל :

תפלת מנחה לשבת

אחר וידבר וסדר הקטורת יאמר אשרי ובא לציון וכשקורין בתורה אומרים ח"ק ואח"כ אומרים

וַאֲנִי תְפִלָּתִי לְךָ יְהוָֹה עֵת רָצוֹן אֱלֹהִים בְּרָב חַסְדֶּךָ עֲנֵנִי בֶּאֱמֶת יִשְׁעֶךָ : ויהי בנסוע כו' בריך שמיה וכו' :

ואחר קריאת התורה אומרים ח"ק קודם שמונה עשרה ובמקום שאין ס"ת אומרים הח"ק אחר ואני תפלתי :

מתפללין ש"ע עד לאחר האל הקדוש (ובש"ת אומרים בברכת מחיה המתים מי כמוך אב הרחמים כבמוסף) ואח"כ מתחילין כאן

אַתָּה אֶחָד וְשִׁמְךָ אֶחָד וּמִי כְּעַמְּךָ כְּיִשְׂרָאֵל גּוֹי אֶחָד בָּאָרֶץ · תִּפְאֶרֶת גְּדֻלָּה וַעֲטֶרֶת יְשׁוּעָה · יוֹם מְנוּחָה וּקְדֻשָּׁה לְעַמְּךָ נָתָתָּ · אַבְרָהָם יָגֵל · יִצְחָק יְרַנֵּן · יַעֲקֹב וּבָנָיו יָנוּחוּ בוֹ · מְנוּחַת אַהֲבָה וּנְדָבָה · מְנוּחַת אֱמֶת וֶאֱמוּנָה מְנוּחַת שָׁלוֹם הַשְׁקֵט וָבֶטַח · מְנוּחָה שְׁלֵמָה שֶׁאַתָּה רוֹצֶה בָּהּ · יַכִּירוּ בָנֶיךָ וְיֵדְעוּ כִּי מֵאִתְּךָ הִיא מְנוּחָתָם · וְעַל מְנוּחָתָם יַקְדִּישׁוּ אֶת שְׁמֶךָ :

אֱלֹהֵינוּ וֵאלֹהֵי אֲבוֹתֵינוּ רְצֵה נָא בִמְנוּחָתֵנוּ . קַדְּשֵׁנוּ בְּמִצְוֹתֶיךָ וְתֵן חֶלְקֵנוּ בְּתוֹרָתֶךָ · שַׂבְּעֵנוּ מִטּוּבֶךָ וְשַׂמַּח נַפְשֵׁנוּ בִּישׁוּעָתֶךָ : וְטַהֵר לִבֵּנוּ לְעָבְדְּךָ בֶּאֱמֶת · וְהַנְחִילֵנוּ יְהוָֹה אֱלֹהֵינוּ בְּאַהֲבָה וּבְרָצוֹן שַׁבְּתוֹת קָדְשֶׁךָ וְיָנוּחוּ בָם כָּל יִשְׂרָאֵל מְקַדְּשֵׁי שְׁמֶךָ : בָּרוּךְ אַתָּה יְהוָֹה מְקַדֵּשׁ הַשַּׁבָּת : רצה ומודים וכו'

א"א צדקתך ביום שא"א תחנון

צִדְקָתְךָ כְּהַרְרֵי אֵל מִשְׁפָּטֶיךָ תְּהוֹם רַבָּה אָדָם וּבְהֵמָה תוֹשִׁיעַ יְהוָֹה : וְצִדְקָתְךָ אֱלֹהִים עַד מָרוֹם אֲשֶׁר עָשִׂיתָ גְדֹלוֹת אֱלֹהִים מִי כָמוֹךָ : צִדְקָתְךָ צֶדֶק לְעוֹלָם וְתוֹרָתְךָ אֱמֶת :

קדיש שלם : עלינו ק"י

אל תירא וכו'

ת"ח בכל שיתא יומין בשעתא דצלותא דמנחה דינא תקיפא שלטא כו' עד מתכפיין כו' :

פי' הגם שתפלת המנחה יצחק תיקן שהוא בחי' הדין ומתנו מסתעפים דינים הקשים כיצחק שיצא ממנו עשו סוספיתא דדהבא אבל בשבת אין הדינין שולטין כלל מטעם הארת הכת' בחכמה שנק' עדן כמ"ש וקראת לשבת עונג כו' ואדרבא בצלותא דמנחה דשבת רעוא דרעוין אשתכח שהוא בחי' העונג העצמי הפשוט היורד ומתגלה בז"א ועיקר הארתו למטה הוא בזמן מנחה כנ"ל וע"כ אז עתיק' קדישא גלי רצון דילי' פי' שמגלה בחי' העונג הנעלם הנק' רצון דילי' שהוא בחי' הרצון הפשוט בחי' כש"בכ ונק' ג"כ רעוא דרעוין כמ"ש במ"א וד"ל · ובהאי רצון כו' עד דלא ידע איש כו' פי' משה הוא בחי' יסוד אבא בעודו בחיים ובמותו זכה לשער הנו"ן שמחבר חו"ב כידוע ומבואר במ"א והיינו שעלה לבחי' פנימיות דאור אבא שהוא מדריגה אחת עם בחי' פנימיות דע"י כמ"ש בע"ח שפנימיות אבא הוא לעולם פנימיות ע"י · בחי' פנימיות דע"י הוא בחי' עונג והרצון הפשוט שמאיר מעצמות התענוג הפשוט ונק' רצון דעתיקא כו' ושם עלתה נשמת משה במותו ובג"כ ולא ידע איש את קבורתו ואז"ל עליונים נדמה להם למטה ותחתונים נדמה להם למעלה והיינו ג"כ מ"ש כאן בעתיקא ברצון דיליה שהוא טמיר מכל טמירין ולא ידעין עילאין ותתאין שהעליונים נדמה להם למטה כו' כי בחי' עצמיות א"ס מאיר בעילאין ותתאין בהשואה א' ופי' עילאין היינו בחי' המקיפים שנק' טמירין וסתימין והוא טמיר גם מן הטמירין כמו שהוא טמיר גם מן האורות פנימי' בהשואה א' אחר שהוא ממלא כל החלל כו' ומצום הראשון ג"כ אינו מוסתר לפניו כנ"ל וע"כ עילאין ותתאין לא ידעין בהשואה א' או שהוא נגל' ומאיר בשניה' בהשוא' א' וכמ"ש הלא את השמים והארץ אני מלא כו' ובהיות כן גם נשמת משה שעלה בבחי' פנימית אבא שעולה בפנימית ע"י בשבת במנחה דווקא כנ"ל אתר בו ולא ידע איש כו' שנעלם מן העליונים ותחתונים ולעליונים נדמה להם שהוא למטה כו' כמ"ש במ"א וד"ל :

ת"ח אורייתא מתעטרא בהאי יומא כו' עד כולהו ענפין בהו אחידן :

פי' אורייתא הוא בחי' חכמה דאצי' שמקבלת הארת הכתר כנ"ל דהיינו פי' דמתעטרא כו' ואמר דאור הכתר המאיר בחכמה הוא שמתפשט בכל האורו' דז"א כי בחכמה מתלבשת תחלת ההארה כי אין התלבשות הארת אור א"ס שבבחי' הכתר כ"א ע"י החכמה בתחלה דוקא כידוע אך אח"כ מתפשטת הארת הכתר גם באורות שמקבלים מן החכמה והיינו ג"כ בז"ת דבינה שמתפשטת בז"א בז' מדות דז"א ונקרא ע' ענפין עד"ת האילן שיש בו עיקר ושרש ויש בו ענפין המתפשטין והחכמה נק' שרש האילן שהוא בחי' ז"א כמ"ש כי האדם עץ השדה כו' ונק' אילנא דחיי והיינו התורה שהוא בחי' ז"א כמ"ש בה עץ חיים היא למחזיקים כו' והע' ענפין שבה היינו הכוללים כל המצות רמ"ח מ"ע נק' פקודין ושס"ה ל"ת נק' גזירין ועונשין כידוע גם מ"ע שרשם מבחי' ה"ח והל"ת שרשם מבחי' ה"ג והכל נמשך מז"ת דבינה שמתחלקים לע' ענפין בכלל וז"ש דמתעטרא בכולהו שהרצון העליון הפשוט מתחלק בע' ענפין הללו בפרט ואח"כ נתחלקים לתרי"ג ובכולם יש אור הכתר המאיר בשבת מבחי' הרצון והתענוג הפשוט הנ"ל ומ"ש דנהרין מכל סטרא וסט' היינו בכל חלקי הו"ק דז"א כנ"ל ומ"ש מאן חמי ענפין דנפקין מכל ענפין כו' היינו פרטי התחלקות לתרי"ג שנתחלק מע' ענפין דבינה כנ"ל וד"ל :

חמשה קיימין בגו אילנא :

פי' הן בחי' ה"ח דאיתא המגדילין את האילן דז"א פי' הגדלה זאת היינו כמו עד"ת המים המגדילים את האילן הגשמי שעי"ז האילן מתגדל בעצמות בקליפות והוצאות גידול פירות רבים ואמנם אין המים רק סיבה וגרם בעלמא לגידול הפירות כי גידול הפירות מתילא בא מצד עצמו אלא שסיבת גידול זה היה ע"י המים שלחלוח המים גרם לאילן שיגדל אבל כשהוא גדל גדל מעצמו א"כ וודאי אין לומר שהפירות מן המים גדלו אלא מן האילן כו' וכך יובן בדוגמת המדות שהם גדלים באדם בבחי' הרחבה והתפשטות מעט מעט מאז היותו בן ב' שנים עד היותו בן עשרים והגידול של גופו הוא בא מלחלוחית יסוד המים אשר במוח בינה אשר בדמו כידוע שתגדלת האברים מעט מעט במשך הזמן וכידוע בספרי הטבע ואמנם אי אפשר לומר שהמדות נגדלו מן יסוד המים שבדמו אלא שהיסוד הוא רק הגורם גידול האברים וכשנגדלי' נגדלים מעצמם ונתפשטו המדות כדמיון גידול הפירות באילן אחר שנתלחלח מן המים כנ"ל · וכך יובן למשכיל למעלה בבחי' אדם העליון דאצילות שהן בחי' ו"ק דז"א שגדלים בהרחבה והתפשטות בבחי' מוחין דגדלות כו' כידוע ע"י בחי' ה"ח דאיתא המגדילים כידוע שאין הענין שה"ח הללו עצמן הוא שנתוסף הרחבה במדות דאצי' אלא שהמה סיבה לגידול הכלים של המדות שנמשלים לאברים והגידול של האורות דז"א מתילא בא כו' וז"ש חמשה קיימין גו אילנא דייקא גו אילנא בתוך האדם כמו דמיון יסוד לחלוחית המים שבמוח האדם שמתפשטת בדם האברים ומגדלן כו' ומסיבתם כולהו ענפין בהו אחידין שכל ז' המדות דז"א הכלולים כ"א מיו"ד שעולין ע' כנ"ל וד"ל :

מאן חמי אינון תרעין כו' עד דלא פסק :

פי' ה"ח הנ"ל מתחלקים לנ' שערים כי כל או"א כלול מיוד ותחלה דבר בז"ת דאיתא שנקר' ע' ענפין דאילנא כשמתלבשי'

בו"א

בז"א ועתה מדבר בנ' שערי בינה שמאירים בכל מדה ומדה שבז"א דהיינו מ"ט לכל שער ושער כנ"ל וז"ש שאו שערים ראשיכם כו' ופי' השערים הללו ידוע להיות כי עד"מ השער בו נכנסים אל היכל המלך ובו יוצאים מהיכל המלך חוצה כך בבינה שהוא בחי' השגה נפתח פתח ובשער שיכולין הכל להשיג כו' כן יכולין הכל לכנוס בפתח השגה זאת אל בחי' פנימיות החכ' שנקרא היכלא דמלכא שבו מלובש אא"ס וע"כ כל העלאות מ"ן נכנסים בבינה וכן המשכות מ"ד מגש"ב יוצאין כו' משא"כ בחכ' לא יוכל להגיע העלאת מ"ן כו' וע"כ נק' הפתחים שבחכ' בשם שבילין והם ל"ב שבילין או ל"ב נתיבות עד"מ הנתיב שאין הולכין בו רבים רק יחידי סגולה אבל השער הרי פתוח הוא לרבים כנ"ל והיינו לפי שהחכמה היא בחי' אין בהעלם למעלה מן ההשגה עדיין כידוע וז"ש באינון תרעין דמתפתחין בכל סטר כו' ונהרין בההוא נהורא דאור אבא שמקבל מבחי' פנימית הכתר בשבת שהוא דוקא נהורא דלא פסק מפני שיש בו מהארת אא"ס ממש כנ"ל :

קל כרוזא נפיק אתערו קדישין עליונין

פי' כנשמות עליונות דאצי' שלא בהו עדיין בגופין בבי"ע . אתערו עמא קדישא כנשמות שבוכנים בגופי' לקדמות מאריכון לקבל זיו העליון דעלמות אא"ס שמתעטר בכתר בהאי יומא כנ"ל . אתערו בחדוותא כו' עד דכל חדוותא פי' דוקא בג' מדרגות הנ"ל בג' סעודות כדי לקבל בחי' שלימות החדוה מעלמות התענוג הפשוט שנקרא חדוה דכל חדוותא מקור כל התענוגים כנ"ל וד"ל :

אמר רבי יהודה וודאי כתיב כו' עד ושומר ידו מעשות כל רע כו'

פי' רבי יהודה מפרש לג' סעודות הנ"ל בג' פסוקים הללו תחלה בשבת דיומא דכתיב ביה זכור את יום השבת לקדשו ופי' לקדשו היינו לקדשו בקדושת עלמות אא"ס והוא בחי' העלאת העונג הפרטי הנ"ל בעלמות התענוג הפשוט כנ"ל ובתוך זה כולל בחי' עליות המ"ל שהוא בחי' כנס"י וע"ז נא' קדושים תהיו כי קדוש אני שהוא בחי' מ"ל דאצי' ואח"כ כולל ב' בחי' הללו בבחי' ירידה והמשכה והוא במ"ש וקראת לשבת עונג כו' שהוא בחי' המשכה והתלבשות אא"ס בז"א והוא בסעודה הג' והיינו שנק' לקדוש הוי' מכובד שהויה הוא בחי' ז"א בכ"מ וקדוש הוי' מכובד היינו בחי' התגלות אא"ס עצמו שמלובש בו כנ"ל ולהיות כי כנס"י נתקדשו ג"כ בקדושת שבת ע"כ מפרש ואומר דכל נשמתין דלדיקייא מתעדנין בתפנוקין דע"י פי' בעלמות התענוג כנ"ל :

ורזא חדא מההוא ענוגא סלקא ונחתא

פי' בבחי' מטי ולא מטי כי לא יכול להתייחד בלתי רו"ב מצד עלמות רוממותו. ומתכבי מנהון כל רוגזא כו' לפי שבעלמות התענוג אין מקור ושרש לרוגזא ועונש כי יש לצער היפוך תענוג והוא אותיות נגע היפוך ענג וזהו דוקא בעונג הפרטי אבל לא בעלמות התענוג כו' כמ"ש במ"א . ובגיני כך שקיל' אורייתא כו' ומאן דנטיר שבת כו' כמבו' בתיקוני שבת שהתיקון לכל פגם העונות הוא בשמירת השבת וכמ"ש שומר שבת מחללו ושומר ידו מעשות כל רע הרי בשמירת שבת הרי הוא ממש כאלו נשמר מכל רע כו' לפי שכל מ"ע ול"ת שרשם רק מחכ' דאורייתא מחכמה נפקת והחכ' נמשך מהכתר אבל בשמירת שבת שמגיע בבחי' עלמיות אא"ס ב"ה שהוא בבחי' פנימיות הכתר ממילא נתמלא כל החסרון ופגם שבכתר שמצד העוונות וכענין י"ג מדות הרחמים כו' וכידוע וד"ל ולכך מאן דנטיר שבת כאלו נטיר אורייתא כולא לפי שיש בכלל מאתים מנה וד"ל :

סדר סעודה שלישית

יאמר מזמור לדוד ה' רועי וכו' ואין קידוש בסעודה זו . וטוב לאכול דג בסעודה זו יותר מבשאר סעודות :

אַתְקִינוּ סְעוּדָתָא דִמְהֵימְנוּתָא שְׁלֵימָתָא חֶדְוָתָא
דְמַלְכָּא קַדִּישָׁא: אַתְקִינוּ סְעוּדָתָא דְמַלְכָּא
דָא הִיא סְעוּדָתָא דִזְעֵיר אַנְפִּין וְעַתִּיקָא קַדִּישָׁא
וַחֲקַל תַּפּוּחִין קַדִּישִׁין אַתְיָין לְסַעֲדָא בַּהֲדֵיהּ :
בְּנֵי הֵיכְלָא דִכְסִיפִין . לְמֶחֱזֵי זִיו דִזְעֵיר אַנְפִּין :
יְהוֹן הָכָא בְּהַאי תַּכָּא . דְבֵיהּ מַלְכָּא בְּגִלּוּפִין :
צְבוּ לַחֲדָא . בְּהַאי וַעֲדָא . בְּגוֹ עִירִין . וְכָל גַּדְפִין:
חֲדוּ הַשְׁתָּא . בְּהַאי שַׁעְתָּא . דְבֵיהּ רַעֲוָא .
וְלֵית זַעְפִין :
קְרִיבוּ לִי . חֲזוּ חֵילִי . דְלֵית דִינִין דִתְקִיפִין :
לְבַר נַטְלִין . וְלָא עָאלִין . הַנֵי כַלְבִּין דַחֲצִיפִין :
וְהָא אַזְמִין . עַתִּיק יוֹמִין . לְמִצְחָא עֲדֵי יְהוֹן חַלְפִין :
רְעוּ דִילֵיהּ . דְגַלֵּי לֵיהּ . לְבַטָּלָא בְּכָל קְלִיפִין :
יְשַׁוֵי לוֹן בְּנוּקְבֵיהוֹן . וִיטַמְרוּן בְּגוֹ כֵפִין :
אֲרֵי הַשְׁתָּא בְּמִנְחָתָא . בְּחֶדְוָתָא דִזְעֵיר אַנְפִּין :

כל

נוהגין לומר פרקי אבות פרק אחד בכל שבת שבין פסח לעצרת במנחה. ואומרים לפניו משנת כל ישראל. ואחריו משנת ר' חנניא בן עקשיא. ויש נוהגין כך בכל שבתות הקיץ:

פרק ראשון

כָּל יִשְׂרָאֵל יֵשׁ לָהֶם חֵלֶק לָעוֹלָם
הַבָּא שֶׁנֶּאֱמַר וְעַמֵּךְ כֻּלָּם
צַדִּיקִים לְעוֹלָם יִירְשׁוּ אָרֶץ נֵצֶר
מַטָּעַי מַעֲשֵׂה יָדַי לְהִתְפָּאֵר:
א מֹשֶׁה קִבֵּל תּוֹרָה מִסִּינַי וּמְסָרָהּ לִיהוֹשֻׁעַ
וִיהוֹשֻׁעַ לִזְקֵנִים וּזְקֵנִים לִנְבִיאִים וּנְבִיאִים מְסָרוּהָ
לְאַנְשֵׁי כְנֶסֶת הַגְּדוֹלָה. הֵם אָמְרוּ שְׁלשָׁה דְבָרִים
הֱווּ מְתוּנִים בַּדִּין וְהַעֲמִידוּ תַלְמִידִים הַרְבֵּה וַעֲשׂוּ
סְיָג לַתּוֹרָה: ב שִׁמְעוֹן הַצַּדִּיק הָיָה מִשְּׁיָרֵי כְנֶסֶת
הַגְּדוֹלָה. הוּא הָיָה אוֹמֵר עַל שְׁלשָׁה דְבָרִים
הָעוֹלָם עוֹמֵד עַל הַתּוֹרָה וְעַל הָעֲבוֹדָה וְעַל
גְּמִילוּת חֲסָדִים: ג אַנְטִיגְנוֹס אִישׁ סוֹכוֹ קִבֵּל
מִשִּׁמְעוֹן הַצַּדִּיק הוּא הָיָה אוֹמֵר אַל תִּהְיוּ כַּעֲבָדִים
הַמְשַׁמְּשִׁין אֶת הָרַב עַל מְנָת לְקַבֵּל פְּרָס אֶלָּא
הֱווּ כַּעֲבָדִים הַמְשַׁמְּשִׁין אֶת הָרַב שֶׁלֹּא עַל מְנָת
לְקַבֵּל פְּרָס וִיהִי מוֹרָא שָׁמַיִם עֲלֵיכֶם: ד יוֹסֵי בֶּן
יוֹעֶזֶר אִישׁ צְרֵדָה וְיוֹסֵי בֶּן יוֹחָנָן אִישׁ יְרוּשָׁלַיִם
קִבְּלוּ מֵהֶם. יוֹסֵי בֶּן יוֹעֶזֶר אִישׁ צְרֵדָה אוֹמֵר יְהִי
בֵיתְךָ בֵּית וַעַד לַחֲכָמִים וֶהֱוֵי מִתְאַבֵּק בַּעֲפַר
רַגְלֵיהֶם וֶהֱוֵי שׁוֹתֶה בַצָּמָא אֶת דִּבְרֵיהֶם: ה יוֹסֵי
בֶּן יוֹחָנָן אִישׁ יְרוּשָׁלַיִם אוֹמֵר יְהִי בֵיתְךָ פָּתוּחַ
לִרְוָחָה וְיִהְיוּ עֲנִיִּים בְּנֵי בֵיתֶךָ וְאַל תַּרְבֶּה שִׂיחָה
עִם הָאִשָּׁה בְּאִשְׁתּוֹ אָמְרוּ קַל וָחֹמֶר בְּאֵשֶׁת חֲבֵרוֹ.
מִכָּאן אָמְרוּ חֲכָמִים כָּל הַמַּרְבֶּה שִׂיחָה עִם הָאִשָּׁה
גּוֹרֵם רָעָה לְעַצְמוֹ וּבוֹטֵל מִדִּבְרֵי תוֹרָה וְסוֹפוֹ יוֹרֵשׁ
גֵּיהִנֹּם: ו יְהוֹשֻׁעַ בֶּן פְּרַחְיָה וְנִתַּאי הָאַרְבֵּלִי קִבְּלוּ
מֵהֶם. יְהוֹשֻׁעַ בֶּן פְּרַחְיָה אוֹמֵר עֲשֵׂה לְךָ רַב וּקְנֵה
לְךָ חָבֵר וֶהֱוֵי דָן אֶת כָּל הָאָדָם לְכַף זְכוּת: ז נִתַּאי
הָאַרְבֵּלִי אוֹמֵר הַרְחֵק מִשָּׁכֵן רָע וְאַל תִּתְחַבֵּר
לָרָשָׁע וְאַל תִּתְיָאֵשׁ מִן הַפֻּרְעָנוּת: ח יְהוּדָה בֶּן
טַבַּאי וְשִׁמְעוֹן בֶּן שָׁטַח קִבְּלוּ מֵהֶם. יְהוּדָה בֶּן
טַבַּאי אוֹמֵר אַל תַּעַשׂ עַצְמְךָ כְּעוֹרְכֵי הַדַּיָּנִין
וּכְשֶׁיִּהְיוּ בַּעֲלֵי הַדִּין עוֹמְדִים לְפָנֶיךָ יִהְיוּ בְעֵינֶיךָ
כִּרְשָׁעִים וּכְשֶׁנִּפְטָרִים מִלְּפָנֶיךָ יִהְיוּ בְעֵינֶיךָ כְּזַכָּאִין
כְּשֶׁקִּבְּלוּ עֲלֵיהֶם אֶת הַדִּין: ט שִׁמְעוֹן בֶּן שָׁטַח
אוֹמֵר הֱוֵי מַרְבֶּה לַחֲקוֹר אֶת הָעֵדִים וֶהֱוֵי זָהִיר
בִּדְבָרֶיךָ שֶׁמָּא מִתּוֹכָם יִלְמְדוּ לְשַׁקֵּר: י שְׁמַעְיָה
וְאַבְטַלְיוֹן קִבְּלוּ מֵהֶם. שְׁמַעְיָה אוֹמֵר אֱהוֹב אֶת
הַמְּלָאכָה וּשְׂנָא אֶת הָרַבָּנוּת וְאַל תִּתְוַדַּע לָרָשׁוּת:
יא אַבְטַלְיוֹן אוֹמֵר חֲכָמִים הִזָּהֲרוּ בְּדִבְרֵיכֶם שֶׁמָּא
תָחוֹבוּ חוֹבַת גָּלוּת וְתִגְלוּ לִמְקוֹם מַיִם הָרָעִים
וְיִשְׁתּוּ הַתַּלְמִידִים הַבָּאִים אַחֲרֵיכֶם וְיָמוּתוּ וְנִמְצָא
שֵׁם שָׁמַיִם מִתְחַלֵּל: יב הִלֵּל וְשַׁמַּאי קִבְּלוּ מֵהֶם.
הִלֵּל אוֹמֵר הֱוֵי מִתַּלְמִידָיו שֶׁל אַהֲרֹן אוֹהֵב שָׁלוֹם
וְרוֹדֵף שָׁלוֹם אוֹהֵב אֶת הַבְּרִיּוֹת וּמְקָרְבָן לַתּוֹרָה:
יג הוּא הָיָה אוֹמֵר נְגִיד שְׁמָא אֲבַד שְׁמֵהּ וּדְלָא
מוֹסִיף יָסֵף וּדְלָא יַלִּיף קְטָלָא חַיָּב וּדְאִשְׁתַּמֵּשׁ
בְּתָגָא חֲלָף: יד הוּא הָיָה אוֹמֵר אִם אֵין אֲנִי לִי
מִי לִי וּכְשֶׁאֲנִי לְעַצְמִי מָה אֲנִי וְאִם לֹא עַכְשָׁו
אֵימָתָי: טו שַׁמַּאי אוֹמֵר עֲשֵׂה תוֹרָתְךָ קֶבַע אֱמוֹר
מְעַט וַעֲשֵׂה הַרְבֵּה וֶהֱוֵי מְקַבֵּל אֶת כָּל הָאָדָם
בְּסֵבֶר פָּנִים יָפוֹת: טז רַבָּן גַּמְלִיאֵל הָיָה אוֹמֵר
עֲשֵׂה לְךָ רַב וְהִסְתַּלֵּק מִן הַסָּפֵק וְאַל תַּרְבֶּה לְעַשֵּׂר
אֻמָּדוֹת: יז שִׁמְעוֹן בְּנוֹ אוֹמֵר כָּל יָמַי גָּדַלְתִּי בֵּין
הַחֲכָמִים וְלֹא מָצָאתִי לְגוּף טוֹב מִשְּׁתִיקָה וְלֹא
הַמִּדְרָשׁ עִקָּר אֶלָּא הַמַּעֲשֶׂה וְכָל הַמַּרְבֶּה דְבָרִים
מֵבִיא חֵטְא: יח רַבָּן שִׁמְעוֹן בֶּן גַּמְלִיאֵל אוֹמֵר עַל
שְׁלשָׁה דְבָרִים הָעוֹלָם קַיָּם עַל הָאֱמֶת וְעַל הַדִּין
וְעַל הַשָּׁלוֹם שֶׁנֶּאֱמַר אֱמֶת וּמִשְׁפַּט שָׁלוֹם
שִׁפְטוּ בְּשַׁעֲרֵיכֶם:

רַבִּי חֲנַנְיָא בֶּן עֲקַשְׁיָא אוֹמֵר רָצָה הַקָּדוֹשׁ בָּרוּךְ הוּא לְזַכּוֹת אֶת יִשְׂרָאֵל לְפִיכָךְ הִרְבָּה לָהֶם תּוֹרָה וּמִצְוֹת שֶׁנֶּאֱמַר יְהוָֹה חָפֵץ לְמַעַן צִדְקוֹ יַגְדִּיל תּוֹרָה וְיַאְדִּיר:

א רַבִּי אוֹמֵר אֵיזוֹ הִיא דֶרֶךְ יְשָׁרָה שֶׁיָּבוֹר לוֹ הָאָדָם
כָּל שֶׁהִיא תִפְאֶרֶת לְעֹשֶׂהָ וְתִפְאֶרֶת לוֹ מִן הָאָדָם ·
וֶהֱוֵי זָהִיר בְּמִצְוָה קַלָּה כְּבַחֲמוּרָה שֶׁאֵין אַתָּה
יוֹדֵעַ מַתַּן שְׂכָרָן שֶׁל מִצְוֹת וֶהֱוֵי מְחַשֵּׁב הֶפְסֵד
מִצְוָה כְּנֶגֶד שְׂכָרָהּ וּשְׂכַר עֲבֵרָה כְּנֶגֶד הֶפְסֵדָהּ
הִסְתַּכֵּל בִּשְׁלשָׁה דְבָרִים וְאֵין אַתָּה בָא לִידֵי עֲבֵרָה
דַּע מַה לְּמַעְלָה מִמְּךָ עַיִן רוֹאָה וְאֹזֶן שׁוֹמַעַת וְכָל
מַעֲשֶׂיךָ בַּסֵּפֶר נִכְתָּבִים : ב רַבָּן גַּמְלִיאֵל בְּנוֹ שֶׁל
רַבִּי יְהוּדָה הַנָּשִׂיא אוֹמֵר יָפֶה תַלְמוּד תּוֹרָה עִם
דֶּרֶךְ אֶרֶץ שֶׁיְּגִיעַת שְׁנֵיהֶם מְשַׁכַּחַת עָוֹן וְכָל תּוֹרָה
שֶׁאֵין עִמָּהּ מְלָאכָה סוֹפָהּ בְּטֵלָה וְגוֹרֶרֶת עָוֹן וְכָל
הָעוֹסְקִים עִם הַצִּבּוּר יִהְיוּ עוֹסְקִים עִמָּהֶם לְשֵׁם
שָׁמַיִם שֶׁזְּכוּת אֲבוֹתָם מְסַיַּעְתָּם וְצִדְקָתָם עוֹמֶדֶת
לָעַד וְאַתֶּם מַעֲלֶה אֲנִי עֲלֵיכֶם שָׂכָר הַרְבֵּה כְּאִלּוּ
עֲשִׂיתֶם : ג הֱווּ זְהִירִין בָּרָשׁוּת שֶׁאֵין מְקָרְבִין לוֹ
לְאָדָם אֶלָּא לְצֹרֶךְ עַצְמָן נִרְאִין כְּאוֹהֲבִין בִּשְׁעַת
הֲנָאָתָן וְאֵין עוֹמְדִין לוֹ לְאָדָם בִּשְׁעַת דָּחְקוֹ : ד הוּא
הָיָה אוֹמֵר עֲשֵׂה רְצוֹנוֹ כִּרְצוֹנְךָ כְּדֵי שֶׁיַּעֲשֶׂה
רְצוֹנְךָ כִּרְצוֹנוֹ בַּטֵּל רְצוֹנְךָ מִפְּנֵי רְצוֹנוֹ כְּדֵי שֶׁיְּבַטֵּל
רְצוֹן אֲחֵרִים מִפְּנֵי רְצוֹנֶךָ · הִלֵּל אוֹמֵר אַל תִּפְרוֹשׁ
מִן הַצִּבּוּר וְאַל תַּאֲמִין בְּעַצְמְךָ עַד יוֹם מוֹתְךָ
וְאַל תָּדִין אֶת חֲבֵרְךָ עַד שֶׁתַּגִּיעַ לִמְקוֹמוֹ וְאַל
תֹּאמַר דָּבָר שֶׁאִי אֶפְשַׁר לִשְׁמוֹעַ שֶׁסּוֹפוֹ לְהִשָּׁמַע
וְאַל תֹּאמַר לִכְשֶׁאִפָּנֶה אֶשְׁנֶה שֶׁמָּא לֹא תִפָּנֶה :
ה הוּא הָיָה אוֹמֵר אֵין בּוּר יְרֵא חֵטְא וְלֹא עַם הָאָרֶץ
חָסִיד וְלֹא הַבַּיְשָׁן לָמֵד וְלֹא הַקַּפְּדָן מְלַמֵּד וְלֹא כָּל
הַמַּרְבֶּה בִסְחוֹרָה מַחְכִּים וּבְמָקוֹם שֶׁאֵין אֲנָשִׁים
הִשְׁתַּדֵּל לִהְיוֹת אִישׁ : ו אַף הוּא רָאָה גֻּלְגֹּלֶת
אַחַת שֶׁצָּפָה עַל פְּנֵי הַמָּיִם אָמַר לָהּ עַל דַּאֲטֵפְתְּ
אַטְפוּךְ וְסוֹף מְטִיפַיִךְ יְטוּפוּן : ז הוּא הָיָה אוֹמֵר
מַרְבֶּה בָשָׂר מַרְבֶּה רִמָּה מַרְבֶּה נְכָסִים מַרְבֶּה
דְאָגָה מַרְבֶּה נָשִׁים מַרְבֶּה כְשָׁפִים מַרְבֶּה שְׁפָחוֹת
מַרְבֶּה זִמָּה מַרְבֶּה עֲבָדִים מַרְבֶּה גָזֵל מַרְבֶּה תוֹרָה
מַרְבֶּה חַיִּים מַרְבֶּה יְשִׁיבָה מַרְבֶּה חָכְמָה מַרְבֶּה
עֵצָה מַרְבֶּה תְבוּנָה מַרְבֶּה צְדָקָה מַרְבֶּה שָׁלוֹם
קָנָה שֵׁם טוֹב קָנָה לְעַצְמוֹ קָנָה לוֹ דִבְרֵי תוֹרָה קָנָה
לוֹ חַיֵּי הָעוֹלָם הַבָּא : ח רַבָּן יוֹחָנָן בֶּן זַכַּאי קִבֵּל
מֵהִלֵּל וּמִשַּׁמַּאי הוּא הָיָה אוֹמֵר אִם לָמַדְתָּ תוֹרָה
הַרְבֵּה אַל תַּחֲזִיק טוֹבָה לְעַצְמְךָ כִּי לְכָךְ נוֹצָרְתָּ :
ט חֲמִשָּׁה תַלְמִידִים הָיוּ לוֹ לְרַבָּן יוֹחָנָן בֶּן זַכַּאי
וְאֵלּוּ הֵן רַבִּי אֱלִיעֶזֶר בֶּן הוֹרְקְנוֹס רַבִּי
יְהוֹשֻׁעַ בֶּן חֲנַנְיָא רַבִּי יוֹסֵי הַכֹּהֵן רַבִּי שִׁמְעוֹן
בֶּן נְתַנְאֵל וְרַבִּי אֶלְעָזָר בֶּן עֲרָךְ : הוּא
הָיָה מוֹנֶה שִׁבְחָם רַבִּי אֱלִיעֶזֶר בֶּן הוֹרְקְנוֹס בּוֹר
סוּד שֶׁאֵינוֹ מְאַבֵּד טִפָּה רַבִּי יְהוֹשֻׁעַ בֶּן חֲנַנְיָא
אַשְׁרֵי יוֹלַדְתּוֹ רַבִּי יוֹסֵי הַכֹּהֵן חָסִיד רַבִּי שִׁמְעוֹן
בֶּן נְתַנְאֵל יְרֵא חֵטְא וְרַבִּי אֶלְעָזָר בֶּן עֲרָךְ כְּמַעְיָן
הַמִּתְגַּבֵּר · הוּא הָיָה אוֹמֵר אִם יִהְיוּ כָּל חַכְמֵי
יִשְׂרָאֵל בְּכַף מֹאזְנַיִם וֶאֱלִיעֶזֶר בֶּן הוֹרְקְנוֹס בְּכַף
שְׁנִיָּה מַכְרִיעַ אֶת כֻּלָּם : אַבָּא שָׁאוּל אוֹמֵר מִשְּׁמוֹ
אִם יִהְיוּ כָּל חַכְמֵי יִשְׂרָאֵל בְּכַף מֹאזְנַיִם וֶאֱלִיעֶזֶר
בֶּן הוֹרְקְנוֹס אַף עִמָּהֶם וְאֶלְעָזָר בֶּן עֲרָךְ בְּכַף שְׁנִיָּה
מַכְרִיעַ אֶת כֻּלָּם : י אָמַר לָהֶם צְאוּ וּרְאוּ אֵיזוֹ הִיא
דֶרֶךְ טוֹבָה שֶׁיִּדְבַּק בָּהּ הָאָדָם · רַבִּי אֱלִיעֶזֶר אוֹמֵר
עַיִן טוֹבָה רַבִּי יְהוֹשֻׁעַ אוֹמֵר חָבֵר טוֹב רַבִּי יוֹסֵי
אוֹמֵר שָׁכֵן טוֹב רַבִּי שִׁמְעוֹן אוֹמֵר הָרוֹאֶה אֶת
הַנּוֹלָד רַבִּי אֶלְעָזָר אוֹמֵר לֵב טוֹב · אָמַר לָהֶם
רוֹאֶה אֲנִי אֶת דִּבְרֵי אֶלְעָזָר בֶּן עֲרָךְ מִדִּבְרֵיכֶם
שֶׁבִּכְלַל דְּבָרָיו דִּבְרֵיכֶם · אָמַר לָהֶם צְאוּ וּרְאוּ
אֵיזוֹ הִיא דֶרֶךְ רָעָה שֶׁיִּתְרַחֵק מִמֶּנָּה הָאָדָם · רַבִּי
אֱלִיעֶזֶר אוֹמֵר עַיִן רָעָה רַבִּי יְהוֹשֻׁעַ אוֹמֵר חָבֵר
רָע רַבִּי יוֹסֵי אוֹמֵר שָׁכֵן רָע רַבִּי שִׁמְעוֹן אוֹמֵר
הַלֹּוֶה וְאֵינוֹ מְשַׁלֵּם אֶחָד הַלֹּוֶה מִן הָאָדָם כְּלֹוֶה
מִן הַמָּקוֹם שֶׁנֶּאֱמַר לֹוֶה רָשָׁע וְלֹא יְשַׁלֵּם וְצַדִּיק
חוֹנֵן וְנוֹתֵן · רַבִּי אֶלְעָזָר אוֹמֵר לֵב רָע · אָמַר לָהֶם
רוֹאֶה אֲנִי אֶת דִּבְרֵי אֶלְעָזָר בֶּן עֲרָךְ מִדִּבְרֵיכֶם
שֶׁבִּכְלַל דְּבָרָיו דִּבְרֵיכֶם : הֵם אָמְרוּ שְׁלֹשָׁה
דְבָרִים רַבִּי אֱלִיעֶזֶר אוֹמֵר יְהִי כְבוֹד חֲבֵרְךָ חָבִיב
עָלֶיךָ כְּשֶׁלָּךְ וְאַל תְּהִי נוֹחַ לִכְעוֹס וְשׁוּב יוֹם אֶחָד
לִפְנֵי מִיתָתְךָ וֶהֱוֵי מִתְחַמֵּם כְּנֶגֶד אוּרָן שֶׁל חֲכָמִים

וֶהֱוֵי זָהִיר בְּגַחַלְתָּן שֶׁלֹּא תִכָּוֶה שֶׁנְּשִׁיכָתָן נְשִׁיכַת שׁוּעָל וַעֲקִיצָתָן עֲקִיצַת עַקְרָב וּלְחִישָׁתָן לְחִישַׁת שָׂרָף וְכָל דִּבְרֵיהֶם כְּגַחֲלֵי אֵשׁ: יא רַבִּי יְהוֹשֻׁעַ אוֹמֵר עַיִן הָרָע וְיֵצֶר הָרָע וְשִׂנְאַת הַבְּרִיּוֹת מוֹצִיאִין אֶת הָאָדָם מִן הָעוֹלָם: יב רַבִּי יוֹסֵי אוֹמֵר יְהִי מָמוֹן חֲבֵרְךָ חָבִיב עָלֶיךָ כְּשֶׁלָּךְ וְהַתְקֵן עַצְמְךָ לִלְמוֹד תּוֹרָה שֶׁאֵינָהּ יְרֻשָּׁה לָךְ וְכָל מַעֲשֶׂיךָ יִהְיוּ לְשֵׁם שָׁמָיִם: יג רַבִּי שִׁמְעוֹן אוֹמֵר הֱוֵי זָהִיר בִּקְרִיאַת שְׁמַע וּבִתְפִלָּה וּכְשֶׁאַתָּה מִתְפַּלֵּל אַל תַּעַשׂ תְּפִלָּתְךָ קֶבַע אֶלָּא רַחֲמִים וְתַחֲנוּנִים לִפְנֵי הַמָּקוֹם שֶׁנֶּאֱמַר כִּי חַנּוּן וְרַחוּם הוּא אֶרֶךְ אַפַּיִם וְרַב חֶסֶד וְנִחָם עַל הָרָעָה׃ וְאַל תְּהִי רָשָׁע בִּפְנֵי עַצְמְךָ: יד רַבִּי אֶלְעָזָר אוֹמֵר הֱוֵי שָׁקוּד לִלְמוֹד תּוֹרָה וְדַע מַה שֶּׁתָּשִׁיב לְאַפִּיקוֹרוֹס וְדַע לִפְנֵי מִי אַתָּה עָמֵל וּמִי הוּא בַּעַל מְלַאכְתְּךָ שֶׁיְּשַׁלֶּם לְךָ שְׂכַר פְּעֻלָּתֶךָ: טו רַבִּי טַרְפוֹן אוֹמֵר הַיּוֹם קָצֵר וְהַמְּלָאכָה מְרֻבָּה וְהַפּוֹעֲלִים עֲצֵלִים וְהַשָּׂכָר הַרְבֵּה וּבַעַל הַבַּיִת דּוֹחֵק: טז הוּא הָיָה אוֹמֵר לֹא עָלֶיךָ הַמְּלָאכָה לִגְמוֹר וְלֹא אַתָּה בֶן חוֹרִין לְהִבָּטֵל מִמֶּנָּה אִם לָמַדְתָּ תּוֹרָה הַרְבֵּה נוֹתְנִין לְךָ שָׂכָר הַרְבֵּה וְנֶאֱמָן הוּא בַּעַל מְלַאכְתְּךָ שֶׁיְּשַׁלֶּם לְךָ שְׂכַר פְּעֻלָּתֶךָ וְדַע שֶׁמַּתַּן שְׂכָרָן שֶׁל צַדִּיקִים לֶעָתִיד לָבוֹא: רבי חנניא בן עקשיא וכו׳:

פרק שלישי

כל ישראל וכו׳

א עֲקַבְיָא בֶּן מַהֲלַלְאֵל אוֹמֵר הִסְתַּכֵּל בִּשְׁלשָׁה וְאֵין אַתָּה בָא לִידֵי עֲבֵרָה׃ דַּע מֵאַיִן בָּאתָ וּלְאָן אַתָּה הוֹלֵךְ וְלִפְנֵי מִי אַתָּה עָתִיד לִתֵּן דִּין וְחֶשְׁבּוֹן׃ מֵאַיִן בָּאתָ מִטִּפָּה סְרוּחָה וּלְאָן אַתָּה הוֹלֵךְ לִמְקוֹם עָפָר רִמָּה וְתוֹלֵעָה וְלִפְנֵי מִי אַתָּה עָתִיד לִתֵּן דִּין וְחֶשְׁבּוֹן לִפְנֵי מֶלֶךְ מַלְכֵי הַמְּלָכִים הַקָּדוֹשׁ בָּרוּךְ הוּא: ב רַבִּי חֲנִינָא סְגַן הַכֹּהֲנִים אוֹמֵר הֱוֵי מִתְפַּלֵּל בִּשְׁלוֹמָהּ שֶׁל מַלְכוּת שֶׁאִלְמָלֵא מוֹרָאָהּ אִישׁ אֶת רֵעֵהוּ חַיִּים בְּלָעוֹ: רַבִּי חֲנִינָא בֶּן תְּרַדְיוֹן אוֹמֵר שְׁנַיִם שֶׁיּוֹשְׁבִין וְאֵין בֵּינֵיהֶם דִּבְרֵי תוֹרָה הֲרֵי זֶה מוֹשַׁב לֵצִים׃ שֶׁנֶּאֱמַר וּבְמוֹשַׁב לֵצִים לֹא יָשָׁב׃ אֲבָל שְׁנַיִם שֶׁיּוֹשְׁבִין וְיֵשׁ בֵּינֵיהֶם דִּבְרֵי תוֹרָה שְׁכִינָה שְׁרוּיָה בֵּינֵיהֶם שֶׁנֶּאֱמַר אָז נִדְבְּרוּ יִרְאֵי יְיָ אִישׁ אֶל רֵעֵהוּ וַיַּקְשֵׁב יְיָ וַיִּשְׁמָע וַיִּכָּתֵב סֵפֶר זִכָּרוֹן לְפָנָיו לְיִרְאֵי יְיָ וּלְחֹשְׁבֵי שְׁמוֹ׃ אֵין לִי אֶלָּא שְׁנַיִם מִנַּיִן אֲפִילוּ אֶחָד שֶׁיּוֹשֵׁב וְעוֹסֵק בַּתּוֹרָה שֶׁהַקָּדוֹשׁ בָּרוּךְ הוּא קוֹבֵעַ לוֹ שָׂכָר׃ שֶׁנֶּאֱמַר יֵשֵׁב בָּדָד וְיִדֹּם כִּי נָטַל עָלָיו: ג רַבִּי שִׁמְעוֹן אוֹמֵר שְׁלשָׁה שֶׁאָכְלוּ עַל שֻׁלְחָן אֶחָד וְלֹא אָמְרוּ עָלָיו דִּבְרֵי תוֹרָה כְּאִלּוּ אָכְלוּ מִזִּבְחֵי מֵתִים שֶׁנֶּאֱמַר כִּי כָּל שֻׁלְחָנוֹת מָלְאוּ קִיא צוֹאָה בְּלִי מָקוֹם׃ אֲבָל שְׁלשָׁה שֶׁאָכְלוּ עַל שֻׁלְחָן אֶחָד וְאָמְרוּ עָלָיו דִּבְרֵי תוֹרָה כְּאִלּוּ אָכְלוּ מִשֻּׁלְחָנוֹ שֶׁל מָקוֹם׃ שֶׁנֶּאֱמַר וַיְדַבֵּר אֵלַי זֶה הַשֻּׁלְחָן אֲשֶׁר לִפְנֵי יְהֹוָה: ד רַבִּי חֲנִינָא בֶּן חֲכִינָאי אוֹמֵר הַנֵּעוֹר בַּלַּיְלָה וְהַמְהַלֵּךְ בַּדֶּרֶךְ יְחִידִי וּמְפַנֶּה לִבּוֹ לְבַטָּלָה הֲרֵי זֶה מִתְחַיֵּב בְּנַפְשׁוֹ: ה רַבִּי נְחוּנְיָא בֶּן הַקָּנָה אוֹמֵר כָּל הַמְקַבֵּל עָלָיו עוֹל תּוֹרָה מַעֲבִירִין מִמֶּנּוּ עוֹל מַלְכוּת וְעוֹל דֶּרֶךְ אֶרֶץ וְכָל הַפּוֹרֵק מִמֶּנּוּ עוֹל תּוֹרָה נוֹתְנִין עָלָיו עוֹל מַלְכוּת וְעוֹל דֶּרֶךְ אֶרֶץ: ו רַבִּי חֲלַפְתָּא בֶּן דּוֹסָא אִישׁ כְּפַר חֲנַנְיָא אוֹמֵר עֲשָׂרָה שֶׁיּוֹשְׁבִין וְעוֹסְקִין בַּתּוֹרָה שְׁכִינָה שְׁרוּיָה בֵינֵיהֶם שֶׁנֶּאֱמַר אֱלֹהִים נִצָּב בַּעֲדַת אֵל׃ וּמִנַּיִן אֲפִילוּ חֲמִשָּׁה שֶׁנֶּאֱמַר וַאֲגֻדָּתוֹ עַל אֶרֶץ יְסָדָהּ׃ וּמִנַּיִן אֲפִילוּ שְׁלשָׁה שֶׁנֶּאֱמַר בְּקֶרֶב אֱלֹהִים יִשְׁפֹּט׃ וּמִנַּיִן אֲפִילוּ שְׁנַיִם שֶׁנֶּאֱמַר אָז נִדְבְּרוּ יִרְאֵי יְהֹוָה אִישׁ אֶל רֵעֵהוּ וַיַּקְשֵׁב יְהֹוָה וַיִּשְׁמָע׃ וּמִנַּיִן אֲפִילוּ אֶחָד שֶׁנֶּאֱמַר בְּכָל הַמָּקוֹם אֲשֶׁר אַזְכִּיר אֶת שְׁמִי אָבֹא אֵלֶיךָ וּבֵרַכְתִּיךָ: ז רַבִּי אֶלְעָזָר אִישׁ בַּרְתּוֹתָא אוֹמֵר תֶּן לוֹ מִשֶּׁלּוֹ שֶׁאַתָּה וְשֶׁלְּךָ שֶׁלּוֹ וְכֵן בְּדָוִד הוּא אוֹמֵר כִּי מִמְּךָ הַכֹּל וּמִיָּדְךָ נָתַנּוּ לָךְ: רַבִּי יַעֲקֹב אוֹמֵר הַמְהַלֵּךְ בַּדֶּרֶךְ וְשׁוֹנֶה וּמַפְסִיק מִמִּשְׁנָתוֹ וְאוֹמֵר מַה נָּאֶה אִילָן זֶה מַה נָּאֶה נִיר זֶה מַעֲלֶה עָלָיו הַכָּתוּב כְּאִלּוּ מִתְחַיֵּב בְּנַפְשׁוֹ: ח רַבִּי דּוֹסְתָּאִי בְּרַבִּי יַנַּאי מִשּׁוּם רַבִּי מֵאִיר אוֹמֵר כָּל הַשּׁוֹכֵחַ דָּבָר אֶחָד מִמִּשְׁנָתוֹ מַעֲלֶה עָלָיו הַכָּתוּב

כְּאִלּוּ מִתְחַיֵּב בְּנַפְשׁוֹ שֶׁנֶּאֱמַר רַק הִשָּׁמֶר לְךָ
וּשְׁמֹר נַפְשְׁךָ מְאֹד פֶּן תִּשְׁכַּח אֶת הַדְּבָרִים אֲשֶׁר
רָאוּ עֵינֶיךָ ׳ יָכוֹל אֲפִלּוּ תָּקְפָה עָלָיו מִשְׁנָתוֹ
תַּלְמוּד לוֹמַר וּפֶן יָסוּרוּ מִלְּבָבְךָ כֹּל יְמֵי חַיֶּיךָ הָא
אֵינוֹ מִתְחַיֵּב בְּנַפְשׁוֹ עַד שֶׁיֵּשֵׁב וִיסִירֵם מִלִּבּוֹ:
ט רַבִּי חֲנִינָא בֶּן דּוֹסָא אוֹמֵר כֹּל שֶׁיִּרְאַת חֶטְאוֹ
קוֹדֶמֶת לְחָכְמָתוֹ חָכְמָתוֹ מִתְקַיֶּמֶת וְכֹל שֶׁחָכְמָתוֹ
קוֹדֶמֶת לְיִרְאַת חֶטְאוֹ אֵין חָכְמָתוֹ מִתְקַיֶּמֶת: י הוּא
הָיָה אוֹמֵר כֹּל שֶׁמַּעֲשָׂיו מְרֻבִּין מֵחָכְמָתוֹ חָכְמָתוֹ
מִתְקַיֶּמֶת וְכֹל שֶׁחָכְמָתוֹ מְרֻבָּה מִמַּעֲשָׂיו אֵין חָכְמָתוֹ
מִתְקַיֶּמֶת: הוּא הָיָה אוֹמֵר כֹּל שֶׁרוּחַ הַבְּרִיּוֹת נוֹחָה
הֵימֶנּוּ רוּחַ הַמָּקוֹם נוֹחָה הֵימֶנּוּ וְכֹל שֶׁאֵין רוּחַ
הַבְּרִיּוֹת נוֹחָה הֵימֶנּוּ אֵין רוּחַ הַמָּקוֹם נוֹחָה הֵימֶנּוּ:
רַבִּי דוֹסָא בֶּן הָרְכִּינַס אוֹמֵר שֵׁנָה שֶׁל שַׁחֲרִית
וְיַיִן שֶׁל צָהֳרַיִם וְשִׂיחַת הַיְלָדִים וִישִׁיבַת בָּתֵּי
כְּנֵסִיּוֹת שֶׁל עַמֵּי הָאָרֶץ מוֹצִיאִין אֶת הָאָדָם מִן
הָעוֹלָם: יא רַבִּי אֶלְעָזָר הַמּוֹדָעִי אוֹמֵר הַמְחַלֵּל אֶת
הַקֳּדָשִׁים וְהַמְבַזֶּה אֶת הַמּוֹעֲדוֹת וְהַמַּלְבִּין פְּנֵי
חֲבֵרוֹ בָּרַבִּים וְהַמֵּפֵר בְּרִיתוֹ שֶׁל אַבְרָהָם אָבִינוּ
וְהַמְגַלֶּה פָנִים בַּתּוֹרָה שֶׁלֹּא כַהֲלָכָה אַף עַל פִּי
שֶׁיֵּשׁ בְּיָדוֹ תּוֹרָה וּמַעֲשִׂים טוֹבִים אֵין לוֹ חֵלֶק
לָעוֹלָם הַבָּא: יב רַבִּי יִשְׁמָעֵאל אוֹמֵר הֱוֵי קַל
לְרֹאשׁ וְנוֹחַ לְתִשְׁחוֹרֶת וֶהֱוֵי מְקַבֵּל אֶת כָּל הָאָדָם
בְּשִׂמְחָה: יג רַבִּי עֲקִיבָא אוֹמֵר שְׂחוֹק וְקַלּוּת רֹאשׁ
מַרְגִּילִין אֶת הָאָדָם לְעֶרְוָה ׳ מַסּוֹרֶת סְיָג לַתּוֹרָה
מַעַשְׂרוֹת סְיָג לָעֹשֶׁר נְדָרִים סְיָג לַפְּרִישׁוּת סְיָג
לַחָכְמָה שְׁתִיקָה: יד הוּא הָיָה אוֹמֵר חָבִיב אָדָם
שֶׁנִּבְרָא בְצֶלֶם חִבָּה יְתֵרָה נוֹדַעַת לוֹ שֶׁנִּבְרָא
בְּצֶלֶם שֶׁנֶּאֱמַר כִּי בְּצֶלֶם אֱלֹהִים עָשָׂה אֶת
הָאָדָם: חֲבִיבִין יִשְׂרָאֵל שֶׁנִּקְרְאוּ בָנִים לַמָּקוֹם
חִבָּה יְתֵרָה נוֹדַעַת לָהֶם שֶׁנִּקְרְאוּ בָנִים לַמָּקוֹם
שֶׁנֶּאֱמַר בָּנִים אַתֶּם לַיהוָֹה אֱלֹהֵיכֶם: חֲבִיבִין יִשְׂרָאֵל
שֶׁנִּתַּן לָהֶם כְּלִי חֶמְדָּה חִבָּה יְתֵרָה נוֹדַעַת לָהֶם
שֶׁנִּתַּן לָהֶם כְּלִי חֶמְדָּה שֶׁנֶּאֱמַר כִּי לֶקַח טוֹב נָתַתִּי
לָכֶם תּוֹרָתִי אַל תַּעֲזֹבוּ: טו הַכֹּל צָפוּי וְהָרְשׁוּת
נְתוּנָה וּבְטוּב הָעוֹלָם נִדּוֹן וְהַכֹּל לְפִי רֹב הַמַּעֲשֶׂה:
טז הוּא הָיָה אוֹמֵר הַכֹּל נָתוּן בָּעֵרָבוֹן וּמְצוּדָה פְרוּסָה
עַל כָּל הַחַיִּים הֶחָנוּת פְּתוּחָה וְהַחֶנְוָנִי מַקִּיף
וְהַפִּנְקָס פָּתוּחַ וְהַיָּד כּוֹתֶבֶת וְכָל הָרוֹצֶה לִלְווֹת
יָבֹא וְיִלְוֶה וְהַגַּבָּאִין מַחֲזִירִין תָּדִיר בְּכָל יוֹם וְנִפְרָעִין
מִן הָאָדָם מִדַּעְתּוֹ וְשֶׁלֹּא מִדַּעְתּוֹ וְיֵשׁ לָהֶם עַל מַה
שֶּׁיִּסְמֹכוּ וְהַדִּין דִּין אֱמֶת וְהַכֹּל מְתֻקָּן לִסְעוּדָה:
יז רַבִּי אֶלְעָזָר בֶּן עֲזַרְיָה אוֹמֵר אִם אֵין תּוֹרָה אֵין
דֶּרֶךְ אֶרֶץ אִם אֵין דֶּרֶךְ אֶרֶץ אֵין תּוֹרָה אִם אֵין
חָכְמָה אֵין יִרְאָה אִם אֵין יִרְאָה אֵין חָכְמָה אִם אֵין
דַּעַת אֵין בִּינָה אִם אֵין בִּינָה אֵין דַּעַת אִם אֵין קֶמַח
אֵין תּוֹרָה אִם אֵין תּוֹרָה אֵין קֶמַח: הוּא הָיָה
אוֹמֵר כֹּל שֶׁחָכְמָתוֹ מְרֻבָּה מִמַּעֲשָׂיו לְמָה הוּא
דוֹמֶה לְאִילָן שֶׁעֲנָפָיו מְרֻבִּין וְשָׁרָשָׁיו מוּעָטִין
וְהָרוּחַ בָּאָה וְעוֹקַרְתּוֹ וְהוֹפַכְתּוֹ עַל פָּנָיו שֶׁנֶּאֱמַר
וְהָיָה כְּעַרְעָר בָּעֲרָבָה וְלֹא יִרְאֶה כִּי יָבֹא טוֹב וְשָׁכַן
חֲרֵרִים בַּמִּדְבָּר אֶרֶץ מְלֵחָה וְלֹא תֵשֵׁב ׳ אֲבָל כֹּל
שֶׁמַּעֲשָׂיו מְרֻבִּין מֵחָכְמָתוֹ לְמָה הוּא דוֹמֶה לְאִילָן
שֶׁעֲנָפָיו מוּעָטִין וְשָׁרָשָׁיו מְרֻבִּין שֶׁאֲפִילוּ כָּל הָרוּחוֹת
שֶׁבָּעוֹלָם בָּאוֹת וְנוֹשְׁבוֹת בּוֹ אֵין מְזִיזִין אוֹתוֹ
מִמְּקוֹמוֹ שֶׁנֶּאֱמַר וְהָיָה כְּעֵץ שָׁתוּל עַל מַיִם וְעַל
יוּבַל יְשַׁלַּח שָׁרָשָׁיו וְלֹא יִרְאֶה כִּי יָבֹא חֹם וְהָיָה
עָלֵהוּ רַעֲנָן וּבִשְׁנַת בַּצֹּרֶת לֹא יִדְאָג וְלֹא יָמִישׁ
מֵעֲשׂוֹת פֶּרִי: יח רַבִּי אֱלִיעֶזֶר (בֶּן) חִסְמָא אוֹמֵר
קִנִּין וּפִתְחֵי נִדָּה הֵן הֵן גּוּפֵי הֲלָכוֹת ׳ תְּקוּפוֹת
וְגִמַטְרִיָּאוֹת פַּרְפְּרָאוֹת לַחָכְמָה: רבי חנניא וכו׳:

פרק רביעי

כל ישראל וכו׳

א בֶּן זוֹמָא אוֹמֵר אֵיזֶהוּ חָכָם הַלּוֹמֵד מִכָּל אָדָם
שֶׁנֶּאֱמַר מִכָּל מְלַמְּדַי הִשְׂכַּלְתִּי כִּי עֵדְוֹתֶיךָ
שִׂיחָה לִי ׳ אֵיזֶהוּ גִבּוֹר הַכּוֹבֵשׁ אֶת יִצְרוֹ שֶׁנֶּאֱמַר
טוֹב אֶרֶךְ אַפַּיִם מִגִּבּוֹר וּמֹשֵׁל בְּרוּחוֹ מִלֹּכֵד עִיר ׳
אֵיזֶהוּ עָשִׁיר הַשָּׂמֵחַ בְּחֶלְקוֹ שֶׁנֶּאֱמַר יְגִיעַ כַּפֶּיךָ
כִּי תֹאכֵל אַשְׁרֶיךָ וְטוֹב לָךְ אַשְׁרֶיךָ בָּעוֹלָם הַזֶּה
וְטוֹב לָךְ לָעוֹלָם הַבָּא: אֵיזֶהוּ מְכֻבָּד הַמְכַבֵּד אֶת
הַבְּרִיּוֹת שֶׁנֶּאֱמַר כִּי מְכַבְּדַי אֲכַבֵּד וּבֹזַי יֵקָלּוּ:

ב בֶּן עַזַּאי אוֹמֵר הֱוֵי רָץ לְמִצְוָה קַלָּה וּבוֹרֵחַ מִן הָעֲבֵרָה שֶׁמִּצְוָה גּוֹרֶרֶת מִצְוָה וַעֲבֵרָה גּוֹרֶרֶת עֲבֵרָה שֶׁשְּׂכַר מִצְוָה מִצְוָה וּשְׂכַר עֲבֵרָה עֲבֵרָה:
ג הוּא הָיָה אוֹמֵר אַל תְּהִי בָז לְכָל אָדָם וְאַל תְּהִי מַפְלִיג לְכָל דָּבָר שֶׁאֵין לְךָ אָדָם שֶׁאֵין לוֹ שָׁעָה וְאֵין לְךָ דָבָר שֶׁאֵין לוֹ מָקוֹם:
ד רַבִּי לְוִיטַס אִישׁ יַבְנֶה אוֹמֵר מְאֹד מְאֹד הֱוֵי שְׁפַל רוּחַ שֶׁתִּקְוַת אֱנוֹשׁ רִמָּה. רַבִּי יוֹחָנָן בֶּן בְּרוֹקָה אוֹמֵר כָּל הַמְחַלֵּל שֵׁם שָׁמַיִם בַּסֵּתֶר נִפְרָעִין מִמֶּנּוּ בְּגָלוּי אֶחָד שׁוֹגֵג וְאֶחָד מֵזִיד בְּחִלּוּל הַשֵּׁם:
ה רַבִּי יִשְׁמָעֵאל בַּר רַבִּי יוֹסֵי אוֹמֵר הַלּוֹמֵד עַל מְנָת לְלַמֵּד מַסְפִּיקִין בְּיָדוֹ לִלְמוֹד וּלְלַמֵּד וְהַלּוֹמֵד עַל מְנָת לַעֲשׂוֹת מַסְפִּיקִין בְּיָדוֹ לִלְמוֹד וּלְלַמֵּד לִשְׁמוֹר וְלַעֲשׂוֹת. רַבִּי צָדוֹק אוֹמֵר אַל תִּפְרוֹשׁ מִן הַצִּבּוּר וְאַל תַּעַשׂ עַצְמְךָ כְּעוֹרְכֵי הַדַּיָּנִין וְאַל תַּעֲשֶׂהָ עֲטָרָה לְהִתְגַּדֶּל בָּהּ וְלֹא קַרְדּוֹם לַחְתָּךְ בָּהּ וְכָךְ הָיָה הִלֵּל אוֹמֵר וּדְאִשְׁתַּמַּשׁ בְּתַגָּא חֲלָף הָא לָמַדְתָּ כָּל הַנֶּהֱנֶה (נ״א הַנֵּאוֹת) מִדִּבְרֵי תוֹרָה נוֹטֵל חַיָּיו מִן הָעוֹלָם:
ו רַבִּי יוֹסֵי אוֹמֵר כָּל הַמְכַבֵּד אֶת הַתּוֹרָה גּוּפוֹ מְכֻבָּד עַל הַבְּרִיּוֹת וְכָל הַמְחַלֵּל אֶת הַתּוֹרָה גּוּפוֹ מְחֻלָּל עַל הַבְּרִיּוֹת:
ז רַבִּי יִשְׁמָעֵאל בְּנוֹ אוֹמֵר הַחוֹשֵׂךְ עַצְמוֹ מִן הַדִּין פּוֹרֵק מִמֶּנּוּ אֵיבָה וְגָזֵל וּשְׁבוּעַת שָׁוְא וְהַגַּס לִבּוֹ בְהוֹרָאָה שׁוֹטֶה רָשָׁע וְגַס רוּחַ:
ח הוּא הָיָה אוֹמֵר אַל תְּהִי דָן יְחִידִי שֶׁאֵין דָּן יְחִידִי אֶלָּא אֶחָד וְאַל תֹּאמַר קַבְּלוּ דַעְתִּי שֶׁהֵן רַשָּׁאִין וְלֹא אָתָּה:
ט רַבִּי יוֹנָתָן אוֹמֵר כָּל הַמְקַיֵּם אֶת הַתּוֹרָה מֵעֹנִי סוֹפוֹ לְקַיְּמָהּ מֵעֹשֶׁר וְכָל הַמְבַטֵּל אֶת הַתּוֹרָה מֵעֹשֶׁר סוֹפוֹ לְבַטְּלָהּ מֵעֹנִי:
י רַבִּי מֵאִיר אוֹמֵר הֱוֵי מְמַעֵט בְּעֵסֶק וַעֲסוֹק בַּתּוֹרָה וֶהֱוֵי שְׁפַל רוּחַ בִּפְנֵי כָל אָדָם וְאִם בָּטַלְתָּ מִן הַתּוֹרָה יֶשׁ לְךָ בְּטֵלִים הַרְבֵּה כְּנֶגְדְּךָ וְאִם עָמַלְתָּ בַּתּוֹרָה הַרְבֵּה יֵשׁ שָׂכָר הַרְבֵּה לִתֶּן לָךְ:
יא רַבִּי אֱלִיעֶזֶר בֶּן יַעֲקֹב אוֹמֵר הָעוֹשֶׂה מִצְוָה אַחַת קוֹנֶה לוֹ פְּרַקְלִיט אֶחָד וְהָעוֹבֵר עֲבֵרָה אַחַת קוֹנֶה לוֹ קַטֵּיגוֹר אֶחָד תְּשׁוּבָה וּמַעֲשִׂים טוֹבִים כְּתְרִים בִּפְנֵי הַפּוּרְעָנוּת: רַבִּי יוֹחָנָן הַסַּנְדְּלָר אוֹמֵר כָּל כְּנֵסִיָּה שֶׁהִיא לְשֵׁם שָׁמַיִם סוֹפָהּ לְהִתְקַיֵּם וְשֶׁאֵינָהּ לְשֵׁם שָׁמַיִם אֵין סוֹפָהּ לְהִתְקַיֵּם:
יב רַבִּי אֶלְעָזָר בֶּן שַׁמּוּעַ אוֹמֵר יְהִי כְבוֹד תַּלְמִידְךָ חָבִיב עָלֶיךָ כְּשֶׁלָּךְ וּכְבוֹד חֲבֵרְךָ כְּמוֹרָא רַבָּךְ וּמוֹרָא רַבָּךְ כְּמוֹרָא שָׁמָיִם:
יג רַבִּי יְהוּדָה אוֹמֵר הֱוֵי זָהִיר בְּתַלְמוּד שֶׁשִּׁגְגַת תַּלְמוּד עוֹלָה זָדוֹן: רַבִּי שִׁמְעוֹן אוֹמֵר שְׁלֹשָׁה כְתָרִים הֵן כֶּתֶר תּוֹרָה וְכֶתֶר כְּהֻנָּה וְכֶתֶר מַלְכוּת וְכֶתֶר שֵׁם טוֹב עוֹלֶה עַל גַּבֵּיהֶן:
יד רַבִּי נְהוֹרָאִי אוֹמֵר הֱוֵי גוֹלֶה לִמְקוֹם תּוֹרָה וְאַל תֹּאמַר שֶׁהִיא תָבוֹא אַחֲרֶיךָ שֶׁחֲבֵרֶיךָ יְקַיְּמוּהָ בְיָדֶךָ וְאֶל בִּינָתְךָ אַל תִּשָּׁעֵן:
טו רַבִּי יַנַּאי אוֹמֵר אֵין בְּיָדֵינוּ לֹא מִשַּׁלְוַת הָרְשָׁעִים וְאַף לֹא מִיִּסּוּרֵי הַצַּדִּיקִים: רַבִּי מַתְיָא בֶּן חָרָשׁ אוֹמֵר הֱוֵי מַקְדִּים בִּשְׁלוֹם כָּל אָדָם וֶהֱוֵי זָנָב לָאֲרָיוֹת וְאַל תְּהִי רֹאשׁ לַשּׁוּעָלִים:
טז רַבִּי יַעֲקֹב אוֹמֵר הָעוֹלָם הַזֶּה דּוֹמֶה לִפְרוֹזְדוֹר בִּפְנֵי הָעוֹלָם הַבָּא הַתְקֵן עַצְמְךָ בִּפְרוֹזְדוֹר כְּדֵי שֶׁתִּכָּנֵס לִטְרַקְלִין:
יז הוּא הָיָה אוֹמֵר יָפָה שָׁעָה אַחַת בִּתְשׁוּבָה וּמַעֲשִׂים טוֹבִים בָּעוֹלָם הַזֶּה מִכָּל חַיֵּי הָעוֹלָם הַבָּא וְיָפָה שָׁעָה אַחַת שֶׁל קוֹרַת רוּחַ בָּעוֹלָם הַבָּא מִכָּל חַיֵּי הָעוֹלָם הַזֶּה:
יח רַבִּי שִׁמְעוֹן בֶּן אֶלְעָזָר אוֹמֵר אַל תְּרַצֶּה אֶת חֲבֵרְךָ בִּשְׁעַת כַּעֲסוֹ וְאַל תְּנַחֲמֶהוּ בְּשָׁעָה שֶׁמֵּתוֹ מֻטָּל לְפָנָיו וְאַל תִּשְׁאַל לוֹ בִּשְׁעַת נִדְרוֹ וְאַל תִּשְׁתַּדֵּל לִרְאוֹתוֹ בִּשְׁעַת קַלְקָלָתוֹ:
יט שְׁמוּאֵל הַקָּטָן אוֹמֵר בִּנְפֹל אוֹיִבְךָ אַל תִּשְׂמָח וּבִכָּשְׁלוֹ אַל יָגֵל לִבֶּךָ׃ פֶּן יִרְאֶה יְהֹוָה וְרַע בְּעֵינָיו וְהֵשִׁיב מֵעָלָיו אַפּוֹ:
כ אֱלִישָׁע בֶּן אֲבוּיָה אוֹמֵר הַלּוֹמֵד יֶלֶד לְמָה הוּא דוֹמֶה לִדְיוֹ כְתוּבָה עַל נְיָר חָדָשׁ וְהַלּוֹמֵד זָקֵן לְמָה הוּא דוֹמֶה לִדְיוֹ כְתוּבָה עַל נְיָר מָחוּק: רַבִּי יוֹסֵי בַּר יְהוּדָה אִישׁ כְּפַר הַבַּבְלִי אוֹמֵר הַלּוֹמֵד מִן הַקְּטַנִּים לְמָה הוּא דוֹמֶה לְאוֹכֵל עֲנָבִים קֵהוֹת וְשׁוֹתֶה יַיִן מִגִּתּוֹ וְהַלּוֹמֵד מִן הַזְּקֵנִים לְמָה הוּא דוֹמֶה לְאוֹכֵל עֲנָבִים בְּשׁוּלוֹת וְשׁוֹתֶה יַיִן יָשָׁן: רַבִּי מֵאִיר אוֹמֵר אַל תִּסְתַּכֵּל בְּקַנְקַן אֶלָּא בְּמַה שֶּׁיֵּשׁ בּוֹ יֵשׁ קַנְקַן חָדָשׁ

מלא ישן וישן שאפילו חדש אין בו : כא רבי
אלעזר הקפר אומר הקנאה והתאוה והכבוד
מוציאין את האדם מן העולם : כב הוא היה אומר
הילודים למות והמתים *לחיות והחיים לדון לידע
ולהודיע ולהודע שהוא אל הוא היוצר הוא הבורא
הוא המבין הוא הדין הוא העד הוא בעל דין הוא
עתיד לדון. ברוך הוא שאין לפניו לא עולה ולא
שכחה ולא משוא פנים ולא מקח שחד ודע
שהכל לפי החשבון ואל יבטיחך יצרך שהשאול
בית מנוס לך שעל כרחך אתה נוצר ועל כרחך
אתה נולד ועל כרחך אתה חי ועל כרחך אתה
מת ועל כרחך אתה עתיד לתן דין וחשבון לפני
מלך מלכי המלכים הקדוש ברוך הוא : רבי חנניא וכו'

פרק חמישי

כל ישראל וכו'

א בעשרה מאמרות נברא העולם ומה תלמוד
לומר והלא במאמר אחד יכול להבראות
אלא להפרע מן הרשעים שמאבדין את העולם
שנברא בעשרה מאמרות ולתן שכר טוב
לצדיקים שמקימין את העולם שנברא בעשרה
מאמרות : ב עשרה דורות מאדם ועד נח להודיע
כמה ארך אפים לפניו שכל הדורות היו מכעיסין
ובאין עד שהביא עליהם את מי המבול : עשרה
דורות מנח ועד אברהם להודיע כמה ארך אפים
לפניו שכל הדורות היו מכעיסין ובאין עד שבא
אברהם אבינו וקבל שכר כלם : ג עשרה נסיונות
נתנסה אברהם אבינו ועמד בכלם להודיע כמה
חבתו של אברהם אבינו : ד עשרה נסים נעשו
לאבותינו במצרים ועשרה על הים : עשר מכות
הביא הקדוש ברוך הוא על המצרים במצרים
ועשר על הים : עשרה נסיונות נסו אבותינו את
הקדוש ברוך הוא במדבר שנאמר וינסו אתי זה
עשר פעמים ולא שמעו בקולי : ה עשרה נסים
נעשו לאבותינו בבית המקדש לא הפילה אשה
מריח בשר הקדש ולא הסריח בשר הקדש
מעולם ולא נראה זבוב בבית המטבחים ולא

*נ"א להחיות

אירע קרי לכהן גדול ביום הכפרים ולא כבו
הגשמים אש של עצי המערכה ולא נצחה הרוח
את עמוד העשן ולא נמצא פסול בעמר ובשתי
הלחם ובלחם הפנים עומדים צפופים ומשתחוים
רוחים ולא הזיק נחש ועקרב בירושלים
ולא אמר אדם לחברו צר לי המקום שאלין
בירושלים : ו עשרה דברים נבראו בערב שבת
בין השמשות ואלו הן · פי הארץ · פי הבאר פי
האתון הקשת והמן והמטה והשמיר הכתב
והמכתב והלחות ויש אומרים אף קברו של משה
רבינו ואילו של אברהם אבינו ויש אומרים אף
המזיקין ואף צבת בצבת עשויה: ז שבעה דברים
בגולם ושבעה בחכם חכם אינו מדבר לפני מי
שגדול ממנו בחכמה ובמנין ואינו נכנס לתוך
דברי חבירו ואינו נבהל להשיב שואל כענין
ומשיב כהלכה ואומר על ראשון ראשון ועל אחרון
אחרון ועל מה שלא שמע אומר לא שמעתי
ומודה על האמת וחלופיהן בגולם: ח שבעה מיני
פורעניות באין לעולם על שבעה גופי עברה
מקצתן מעשרין ומקצתן אינן מעשרין רעב של
בצרת בא מקצתן רעבים ומקצתן שבעים
גמרו שלא לעשר רעב של מהומה ושל בצרת
בא ושלא לטול את החלה רעב של כליה בא
דבר בא לעולם על מיתות האמורות בתורה
שלא נמסרו לבית דין ועל פרות שביעית: חרב
באה לעולם על ענוי הדין ועל עוות הדין ועל
המורים בתורה שלא כהלכה: ט חיה רעה באה
לעולם על שבועת שוא ועל חלול השם · גלות
בא לעולם על עובדי ע"ז ועל גלוי עריות
ועל שפיכות דמים ועל שמטת הארץ ·
בארבעה פרקים הדבר מתרבה ברביעית
ובשביעית ובמוצאי שביעית ובמוצאי החג
שבכל שנה ושנה · ברביעית מפני מעשר עני
שבשלישית · בשביעית מפני מעשר עני
שבששית · במוצאי שביעית מפני פרות

שביעית

שְׁבִיעִית · בְּמוֹצָאֵי הֶחָג שֶׁבְּכָל שָׁנָה וְשָׁנָה מִפְּנֵי גֶזֶל מַתְּנוֹת עֲנִיִּים : · אַרְבַּע מִדּוֹת בָּאָדָם הָאוֹמֵר שֶׁלִּי שֶׁלִּי וְשֶׁלְּךָ שֶׁלָּךְ זוֹ מִדָּה בֵינוֹנִית וְיֵשׁ אוֹמְרִים זוֹ מִדַּת סְדוֹם · שֶׁלִּי שֶׁלָּךְ וְשֶׁלְּךָ שֶׁלִּי עַם הָאָרֶץ · שֶׁלִּי שֶׁלָּךְ וְשֶׁלְּךָ שֶׁלָּךְ חָסִיד · שֶׁלְּךָ שֶׁלִּי וְשֶׁלִּי שֶׁלִּי רָשָׁע : יא אַרְבַּע מִדּוֹת בְּדֵעוֹת · נוֹחַ לִכְעוֹס וְנוֹחַ לִרְצוֹת יָצָא הֶפְסֵדוֹ בִשְׂכָרוֹ · קָשֶׁה לִכְעוֹס וְקָשֶׁה לִרְצוֹת יָצָא שְׂכָרוֹ בְהֶפְסֵדוֹ · קָשֶׁה לִכְעוֹס וְנוֹחַ לִרְצוֹת חָסִיד · נוֹחַ לִכְעוֹס וְקָשֶׁה לִרְצוֹת רָשָׁע : יב אַרְבַּע מִדּוֹת בְּתַלְמִידִים מַהֵר לִשְׁמוֹעַ וּמַהֵר לְאַבֵּד יָצָא שְׂכָרוֹ בְּהֶפְסֵדוֹ קָשֶׁה לִשְׁמוֹעַ וְקָשֶׁה לְאַבֵּד יָצָא הֶפְסֵדוֹ בִּשְׂכָרוֹ · מַהֵר לִשְׁמוֹעַ וְקָשֶׁה לְאַבֵּד זֶה חֵלֶק טוֹב · קָשֶׁה לִשְׁמוֹעַ וּמַהֵר לְאַבֵּד זֶה חֵלֶק רָע : יג אַרְבַּע מִדּוֹת בְּנוֹתְנֵי צְדָקָה הָרוֹצֶה שֶׁיִּתֵּן וְלֹא יִתְּנוּ אֲחֵרִים עֵינוֹ רָעָה בְּשֶׁל אֲחֵרִים יִתְּנוּ אֲחֵרִים וְהוּא לֹא יִתֵּן עֵינוֹ רָעָה בְּשֶׁלּוֹ · יִתֵּן וְיִתְּנוּ אֲחֵרִים חָסִיד · לֹא יִתֵּן וְלֹא יִתְּנוּ אֲחֵרִים רָשָׁע : יד אַרְבַּע מִדּוֹת בְּהוֹלְכֵי בֵית הַמִּדְרָשׁ הוֹלֵךְ וְאֵינוֹ עוֹשֶׂה שְׂכַר הֲלִיכָה בְּיָדוֹ · עוֹשֶׂה וְאֵינוֹ הוֹלֵךְ שְׂכַר מַעֲשֶׂה בְּיָדוֹ · הוֹלֵךְ וְעוֹשֶׂה חָסִיד · לֹא הוֹלֵךְ וְלֹא עוֹשֶׂה רָשָׁע : טו אַרְבַּע מִדּוֹת בְּיוֹשְׁבִים לִפְנֵי חֲכָמִים סְפוֹג וּמַשְׁפֵּךְ מְשַׁמֶּרֶת וְנָפָה · סְפוֹג שֶׁהוּא סוֹפֵג אֶת הַכֹּל וּמַשְׁפֵּךְ שֶׁמַּכְנִיס בְּזוֹ וּמוֹצִיא בְזוֹ מְשַׁמֶּרֶת שֶׁמּוֹצִיאָה אֶת הַיַּיִן וְקוֹלֶטֶת אֶת הַשְּׁמָרִים וְנָפָה שֶׁמּוֹצִיאָה אֶת הַקֶּמַח וְקוֹלֶטֶת אֶת הַסֹּלֶת : טז כָּל אַהֲבָה שֶׁהִיא תְלוּיָה בְדָבָר בָּטֵל דָּבָר בְּטֵלָה אַהֲבָה · וְשֶׁאֵינָהּ תְּלוּיָה בְדָבָר אֵינָהּ בְּטֵלָה לְעוֹלָם אֵיזוֹ הִיא אַהֲבָה שֶׁהִיא תְלוּיָה בְדָבָר זוֹ אַהֲבַת אַמְנוֹן וְתָמָר וְשֶׁאֵינָהּ תְּלוּיָה בְדָבָר זוֹ אַהֲבַת דָּוִד וִיהוֹנָתָן : יז כָּל מַחֲלוֹקֶת שֶׁהִיא לְשֵׁם שָׁמַיִם סוֹפָהּ לְהִתְקַיֵּם וְשֶׁאֵינָהּ לְשֵׁם שָׁמַיִם אֵין סוֹפָהּ לְהִתְקַיֵּם אֵיזוֹ הִיא מַחֲלוֹקֶת שֶׁהִיא לְשֵׁם שָׁמַיִם זוֹ מַחֲלוֹקֶת הִלֵּל וְשַׁמַּאי · וְשֶׁאֵינָהּ לְשֵׁם שָׁמַיִם זוֹ מַחֲלוֹקֶת קֹרַח וְכָל עֲדָתוֹ : יח כָּל הַמְזַכֶּה אֶת הָרַבִּים אֵין חֵטְא בָּא עַל יָדוֹ וְכָל הַמַּחֲטִיא אֶת הָרַבִּים אֵין מַסְפִּיקִין בְּיָדוֹ לַעֲשׂוֹת תְּשׁוּבָה · מֹשֶׁה זָכָה וְזִכָּה אֶת הָרַבִּים זְכוּת הָרַבִּים תָּלוּי בוֹ שֶׁנֶּאֱמַר צִדְקַת יְהוָה עָשָׂה וּמִשְׁפָּטָיו עִם יִשְׂרָאֵל · יָרָבְעָם בֶּן נְבָט חָטָא וְהֶחֱטִיא אֶת הָרַבִּים חֵטְא הָרַבִּים תָּלוּי בוֹ שֶׁנֶּאֱמַר עַל חַטֹּאות יָרָבְעָם אֲשֶׁר חָטָא וַאֲשֶׁר הֶחֱטִיא אֶת יִשְׂרָאֵל : יט כָּל מִי שֶׁיֵּשׁ בּוֹ שְׁלֹשָׁה דְבָרִים הַלָּלוּ הוּא מִתַּלְמִידָיו שֶׁל אַבְרָהָם אָבִינוּ וּשְׁלֹשָׁה דְבָרִים אֲחֵרִים הוּא מִתַּלְמִידָיו שֶׁל בִּלְעָם הָרָשָׁע · עַיִן טוֹבָה וְרוּחַ נְמוּכָה וְנֶפֶשׁ שְׁפָלָה מִתַּלְמִידָיו שֶׁל אַבְרָהָם אָבִינוּ · עַיִן רָעָה וְרוּחַ גְּבוֹהָה וְנֶפֶשׁ רְחָבָה מִתַּלְמִידָיו שֶׁל בִּלְעָם הָרָשָׁע · מַה בֵּין תַּלְמִידָיו שֶׁל אַבְרָהָם אָבִינוּ לְתַלְמִידָיו שֶׁל בִּלְעָם הָרָשָׁע תַּלְמִידָיו שֶׁל אַבְרָהָם אָבִינוּ אוֹכְלִין בָּעוֹלָם הַזֶּה וְנוֹחֲלִין הָעוֹלָם הַבָּא שֶׁנֶּאֱמַר לְהַנְחִיל אֹהֲבַי יֵשׁ וְאֹצְרֹתֵיהֶם אֲמַלֵּא · תַּלְמִידָיו שֶׁל בִּלְעָם הָרָשָׁע יוֹרְשִׁין גֵּיהִנֹּם וְיוֹרְדִין לִבְאֵר שַׁחַת שֶׁנֶּאֱמַר וְאַתָּה אֱלֹהִים תּוֹרִדֵם לִבְאֵר שַׁחַת אַנְשֵׁי דָמִים וּמִרְמָה לֹא יֶחֱצוּ יְמֵיהֶם וַאֲנִי אֶבְטַח בָּךְ : כ יְהוּדָה בֶּן תֵּימָא אוֹמֵר הֱוֵי עַז כַּנָּמֵר וְקַל כַּנֶּשֶׁר רָץ כַּצְּבִי וְגִבּוֹר כָּאֲרִי לַעֲשׂוֹת רְצוֹן אָבִיךָ שֶׁבַּשָּׁמָיִם : הוּא הָיָה אוֹמֵר עַז פָּנִים לְגֵיהִנֹּם וּבֹשֶׁת פָּנִים לְגַן עֵדֶן : יְהִי רָצוֹן מִלְּפָנֶיךָ יְהוָה אֱלֹהֵינוּ וֵאלֹהֵי אֲבוֹתֵינוּ שֶׁיִּבָּנֶה בֵּית הַמִּקְדָּשׁ בִּמְהֵרָה בְיָמֵינוּ וְתֵן חֶלְקֵנוּ בְּתוֹרָתֶךָ :

כא בֶּן בַּג בַּג אוֹמֵר הֲפָךְ בָּהּ וַהֲפָךְ בָּהּ דְּכֹלָּא בָהּ וּבָהּ תֶּחֱזֵי וְסִיב וּבְלֵה בָהּ וּמִנַּהּ לָא תָזוּעַ שֶׁאֵין לְךָ מִדָּה טוֹבָה הֵימֶנָּה : בֶּן הֵא הֵא אוֹמֵר לְפוּם צַעֲרָא אַגְרָא : כב הוּא הָיָה אוֹמֵר בֶּן חָמֵשׁ שָׁנִים לַמִּקְרָא בֶּן עֶשֶׂר שָׁנִים לַמִּשְׁנָה בֶּן שְׁלֹשׁ עֶשְׂרֵה לַמִּצְוֹת בֶּן חֲמֵשׁ עֶשְׂרֵה לַגְּמָרָא בֶּן שְׁמוֹנֶה עֶשְׂרֵה לַחֻפָּה בֶּן עֶשְׂרִים לִרְדּוֹף בֶּן שְׁלֹשִׁים לַכֹּחַ בֶּן אַרְבָּעִים לַבִּינָה בֶּן חֲמִשִּׁים לָעֵצָה בֶּן שִׁשִּׁים לַזִּקְנָה בֶּן שִׁבְעִים לַשֵּׂיבָה בֶּן שְׁמוֹנִים לַגְּבוּרָה בֶּן תִּשְׁעִים לָשׁוּחַ בֶּן מֵאָה כְּאִלּוּ מֵת וְעָבַר וּבָטֵל מִן הָעוֹלָם :

רבי חנניא וכו׳

פרק ששי

כל ישראל וכו'

הוא פרק קנין התורה

א שָׁנוּ חֲכָמִים בִּלְשׁוֹן הַמִּשְׁנָה בָּרוּךְ שֶׁבָּחַר בָּהֶם
וּבְמִשְׁנָתָם: רַבִּי מֵאִיר אוֹמֵר כָּל הָעוֹסֵק
בַּתּוֹרָה לִשְׁמָהּ זוֹכֶה לִדְבָרִים הַרְבֵּה וְלֹא עוֹד אֶלָּא
שֶׁכָּל הָעוֹלָם כֻּלּוֹ כְּדַאי הוּא לוֹ נִקְרָא רֵעַ אָהוּב
אוֹהֵב אֶת הַמָּקוֹם אוֹהֵב אֶת הַבְּרִיּוֹת מְשַׂמֵּחַ אֶת
הַמָּקוֹם מְשַׂמֵּחַ אֶת הַבְּרִיּוֹת וּמַלְבַּשְׁתּוֹ עֲנָוָה וְיִרְאָה
וּמַכְשַׁרְתּוֹ לִהְיוֹת צַדִּיק חָסִיד יָשָׁר וְנֶאֱמָן וּמְרַחַקְתּוֹ
מִן הַחֵטְא וּמְקָרַבְתּוֹ לִידֵי זְכוּת וְנֶהֱנִין מִמֶּנּוּ עֵצָה
וְתוּשִׁיָּה בִּינָה וּגְבוּרָה שֶׁנֶּאֱמַר לִי עֵצָה וְתוּשִׁיָּה אֲנִי
בִינָה לִי גְבוּרָה וְנוֹתֶנֶת לוֹ מַלְכוּת וּמֶמְשָׁלָה
וְחִקּוּר דִּין וּמְגַלִּין לוֹ רָזֵי תוֹרָה וְנַעֲשֶׂה כְּמַעְיָן
הַמִּתְגַּבֵּר וּכְנָהָר שֶׁאֵינוֹ פּוֹסֵק וֶהֱוֵה צָנוּעַ וְאֶרֶךְ
רוּחַ וּמוֹחֵל עַל עֶלְבּוֹנוֹ וּמְגַדַּלְתּוֹ וּמְרוֹמַמְתּוֹ עַל כָּל
הַמַּעֲשִׂים: ב אָמַר רַבִּי יְהוֹשֻׁעַ בֶּן לֵוִי בְּכָל יוֹם
וָיוֹם בַּת קוֹל יוֹצֵאת מֵהַר חוֹרֵב וּמַכְרֶזֶת וְאוֹמֶרֶת
אוֹי לָהֶם לַבְּרִיּוֹת מֵעֶלְבּוֹנָהּ שֶׁל תּוֹרָה שֶׁכָּל מִי
שֶׁאֵינוֹ עוֹסֵק בַּתּוֹרָה נִקְרָא נָזוּף שֶׁנֶּאֱמַר נֶזֶם זָהָב
בְּאַף חֲזִיר אִשָּׁה יָפָה וְסָרַת טָעַם: וְאוֹמֵר וְהַלֻּחֹת
מַעֲשֵׂה אֱלֹהִים הֵמָּה וְהַמִּכְתָּב מִכְתַּב אֱלֹהִים הוּא
חָרוּת עַל הַלֻּחֹת: אַל תִּקְרָא חָרוּת אֶלָּא חֵרוּת
שֶׁאֵין לְךָ בֶּן חוֹרִין אֶלָּא מִי שֶׁעוֹסֵק בְּתַלְמוּד תּוֹרָה
וְכָל מִי שֶׁעוֹסֵק בְּתַלְמוּד תּוֹרָה הֲרֵי זֶה מִתְעַלֶּה
שֶׁנֶּאֱמַר וּמִמַּתָּנָה נַחֲלִיאֵל וּמִנַּחֲלִיאֵל בָּמוֹת:
ג הַלּוֹמֵד מֵחֲבֵרוֹ פֶּרֶק אֶחָד אוֹ הֲלָכָה אַחַת אוֹ
פָּסוּק אֶחָד אוֹ דִבּוּר אֶחָד אוֹ אֲפִילוּ אוֹת אַחַת
צָרִיךְ לִנְהָג בּוֹ כָּבוֹד שֶׁכֵּן מָצִינוּ בְּדָוִד מֶלֶךְ יִשְׂרָאֵל
שֶׁלֹּא לָמַד מֵאֲחִיתֹפֶל אֶלָּא שְׁנֵי דְבָרִים בִּלְבַד
קְרָאוֹ רַבּוֹ אַלּוּפוֹ וּמְיֻדָּעוֹ שֶׁנֶּאֱמַר וְאַתָּה אֱנוֹשׁ
כְּעֶרְכִּי אַלּוּפִי וּמְיֻדָּעִי: וַהֲלֹא דְבָרִים קַל וָחוֹמֶר
וּמַה דָּוִד מֶלֶךְ יִשְׂרָאֵל שֶׁלֹּא לָמַד מֵאֲחִיתֹפֶל אֶלָּא
שְׁנֵי דְבָרִים בִּלְבַד קְרָאוֹ רַבּוֹ אַלּוּפוֹ וּמְיֻדָּעוֹ הַלּוֹמֵד
מֵחֲבֵרוֹ פֶּרֶק אֶחָד אוֹ הֲלָכָה אַחַת אוֹ פָּסוּק אֶחָד
אוֹ דִבּוּר אֶחָד אוֹ אֲפִילוּ אוֹת אַחַת עַל אַחַת כַּמָּה
וְכַמָּה שֶׁצָּרִיךְ לִנְהָג בּוֹ כָּבוֹד וְאֵין כָּבוֹד אֶלָּא תוֹרָה
שֶׁנֶּאֱמַר כָּבוֹד חֲכָמִים יִנְחָלוּ וּתְמִימִים יִנְחֲלוּ טוֹב:
וְאֵין טוֹב אֶלָּא תוֹרָה שֶׁנֶּאֱמַר כִּי לֶקַח טוֹב נָתַתִּי
לָכֶם תּוֹרָתִי אַל תַּעֲזֹבוּ: ד כָּךְ הִיא דַּרְכָּהּ שֶׁל תּוֹרָה
פַּת בְּמֶלַח תֹּאכֵל וּמַיִם בִּמְשׂוּרָה תִּשְׁתֶּה וְעַל
הָאָרֶץ תִּישַׁן וְחַיֵּי צַעַר תִּחְיֶה וּבַתּוֹרָה אַתָּה עָמֵל
אִם אַתָּה עֹשֶׂה כֵּן אַשְׁרֶיךָ וְטוֹב לָךְ אַשְׁרֶיךָ בָּעוֹלָם
הַזֶּה וְטוֹב לָךְ לָעוֹלָם הַבָּא: ה אַל תְּבַקֵּשׁ גְּדֻלָּה
לְעַצְמְךָ וְאַל תַּחְמוֹד כָּבוֹד יוֹתֵר מִלִּמּוּדֶךָ עֲשֵׂה
וְאַל תִּתְאָוֶה לְשֻׁלְחָנָם שֶׁל מְלָכִים שֶׁשֻּׁלְחָנְךָ גָּדוֹל
מִשֻּׁלְחָנָם וְכִתְרְךָ גָּדוֹל מִכִּתְרָם וְנֶאֱמָן הוּא בַּעַל
מְלַאכְתְּךָ שֶׁיְּשַׁלֶּם לְךָ שְׂכַר פְּעֻלָּתֶךָ: ו גְּדוֹלָה
תוֹרָה יוֹתֵר מִן הַכְּהֻנָּה וּמִן הַמַּלְכוּת שֶׁהַמַּלְכוּת
נִקְנֵית בִּשְׁלֹשִׁים מַעֲלוֹת וְהַכְּהֻנָּה בְּעֶשְׂרִים
וְאַרְבַּע וְהַתּוֹרָה נִקְנֵית בְּאַרְבָּעִים וּשְׁמוֹנָה דְבָרִים:
וְאֵלּוּ הֵן בְּתַלְמוּד בִּשְׁמִיעַת הָאֹזֶן בַּעֲרִיכַת שְׂפָתַיִם
בְּבִינַת הַלֵּב בְּאֵימָה בְּיִרְאָה בַּעֲנָוָה בְּשִׂמְחָה
בְּטָהֳרָה בְּשִׁמּוּשׁ חֲכָמִים בְּדִקְדּוּק חֲבֵרִים בְּפִלְפּוּל
הַתַּלְמִידִים בְּיִשּׁוּב בְּמִקְרָא בְּמִשְׁנָה בְּמִעוּט סְחוֹרָה
בְּמִעוּט דֶּרֶךְ אֶרֶץ בְּמִעוּט תַּעֲנוּג בְּמִעוּט שֵׁנָה
בְּמִעוּט שִׂיחָה בְּמִעוּט שְׂחוֹק בְּאֶרֶךְ אַפַּיִם בְּלֵב
טוֹב בֶּאֱמוּנַת חֲכָמִים בְּקַבָּלַת הַיִּסּוּרִין הַמַּכִּיר אֶת
מְקוֹמוֹ וְהַשָּׂמֵחַ בְּחֶלְקוֹ וְהָעוֹשֶׂה סְיָג לִדְבָרָיו
וְאֵינוֹ מַחֲזִיק טוֹבָה לְעַצְמוֹ אָהוּב אוֹהֵב אֶת הַמָּקוֹם
אוֹהֵב אֶת הַבְּרִיּוֹת אוֹהֵב אֶת הַצְּדָקוֹת אוֹהֵב אֶת
הַמֵּישָׁרִים אוֹהֵב אֶת הַתּוֹכָחוֹת וּמִתְרַחֵק מִן הַכָּבוֹד
וְלֹא מֵגִיס לִבּוֹ בְּתַלְמוּדוֹ וְאֵינוֹ שָׂמֵחַ בְּהוֹרָאָה
נוֹשֵׂא בְעוֹל עִם חֲבֵרוֹ וּמַכְרִיעוֹ לְכַף זְכוּת וּמַעֲמִידוֹ
עַל הָאֱמֶת וּמַעֲמִידוֹ עַל הַשָּׁלוֹם וּמִתְיַשֵּׁב לִבּוֹ
בְּתַלְמוּדוֹ שׁוֹאֵל וּמֵשִׁיב שׁוֹמֵעַ וּמוֹסִיף הַלּוֹמֵד
עַל מְנָת לְלַמֵּד וְהַלּוֹמֵד עַל מְנָת לַעֲשׂוֹת הַמַּחְכִּים
אֶת רַבּוֹ וְהַמְכַוֵּן אֶת שְׁמוּעָתוֹ וְהָאוֹמֵר דָּבָר בְּשֵׁם
אוֹמְרוֹ: הָא לָמַדְתָּ כָּל הָאוֹמֵר דָּבָר בְּשֵׁם אוֹמְרוֹ
מֵבִיא גְאֻלָּה לָעוֹלָם שֶׁנֶּאֱמַר וַתֹּאמֶר אֶסְתֵּר לַמֶּלֶךְ

בשם מרדכי: ז גדולה תורה שהיא נותנת חיים לעושיה בעולם הזה ובעולם הבא שנאמר כי חיים הם למצאיהם ולכל בשרו מרפא: ואומר רפאות תהי לשרך ושקוי לעצמותיך· ואומר עץ חיים היא למחזיקים בה ותמכיה מאשר: ואומר כי לוית חן הם לראשך וענקים לגרגרתיך· ואומר תתן לראשך לוית חן עטרת תפארת תמגנך: ואומר כי בי ירבו ימיך ויוסיפו לך שנות חיים: ואומר ארך ימים בימינה בשמאולה עשר וכבוד· ואומר כי ארך ימים ושנות חיים ושלום יוסיפו לך: ח רבי שמעון בן יהודה משום רבי שמעון בן יוחאי אומר הנוי והכח והעשר והכבוד והחכמה והזקנה והשיבה והבנים נאה לצדיקים ונאה לעולם שנאמר עטרת תפארת שיבה בדרך צדקה תמצא: ואומר תפארת בחורים כחם והדר זקנים שיבה: ואומר עטרת זקנים בני בנים ותפארת בנים אבותם: ואומר וחפרה הלבנה ובושה החמה כי מלך יהוה צבאות בהר ציון ובירושלים ונגד זקניו כבוד: רבי שמעון בן מנסיא אומר אלו שבע מדות שמנו חכמים לצדיקים כלם נתקימו ברבי ובבניו: ט אמר רבי יוסי בן קסמא פעם אחת הייתי מהלך בדרך ופגע בי אדם אחד ונתן לי שלום והחזרתי לו שלום· אמר לי רבי מאיזה מקום אתה אמרתי לו מעיר גדולה של חכמים ושל סופרים אני אמר לי רבי רצונך שתדור עמנו במקומנו ואני אתן לך אלף אלפים דינרי זהב ואבנים טובות ומרגליות אמרתי לו אם אתה נותן לי כל כסף וזהב ואבנים טובות ומרגליות שבעולם איני דר אלא במקום תורה וכן כתוב בספר תהלים על ידי דוד מלך ישראל טוב לי תורת פיך מאלפי זהב וכסף· ולא עוד אלא שבשעת פטירתו של אדם אין מלוין לו לאדם לא כסף ולא זהב ולא אבנים טובות ומרגליות אלא תורה ומעשים טובים בלבד שנאמר בהתהלכך תנחה אתך בשכבך תשמר עליך והקיצות היא תשיחך· בהתהלכך תנחה אותך בעולם הזה בשכבך תשמר עליך בקבר והקיצות היא תשיחך לעולם הבא: ואומר לי הכסף ולי הזהב נאם יהוה צבאות: י חמשה קנינים קנה הקדוש ברוך הוא בעולמו ואלו הן תורה קנין אחד שמים וארץ קנין אחד אברהם קנין אחד ישראל קנין אחד בית המקדש קנין אחד· תורה מנין דכתיב יהוה קנני ראשית דרכו קדם מפעליו מאז: שמים וארץ מנין דכתיב כה אמר יהוה השמים כסאי והארץ הדם רגלי אי זה בית אשר תבנו לי ואי זה מקום מנוחתי: ואומר מה רבו מעשיך יהוה כלם בחכמה עשית מלאה הארץ קנינך: אברהם מנין דכתיב ויברכהו ויאמר ברוך אברם לאל עליון קנה שמים וארץ: ישראל מנין דכתיב עד יעבר עמך יהוה עד יעבר עם זו קנית: ואומר לקדושים אשר בארץ המה ואדירי כל חפצי בם: בית המקדש מנין דכתיב מכון לשבתך פעלת יהוה מקדש אדני כוננו ידיך: ואומר ויביאם אל גבול קדשו הר זה קנתה ימינו: יא כל מה שברא הקדוש ברוך הוא בעולמו לא בראו אלא לכבודו שנאמר כל הנקרא בשמי ולכבודי בראתיו יצרתיו אף עשיתיו: ואומר יהוה ימלך לעלם ועד:

רבי חנניא בן עקשיא וכו'

סדר הבדלה

בשעת ברכת בורא מיני בשמים צריך לאחוז הכוס בשמאלו והבשמים בימינו ובשעת ברכת בורא מאורי האש צריך לאחוז הכוס בימינו ואח"כ יביט בצפרנים ויחזור ויאחז הכוס בימינו בברכת הבדלה:

הנה אל ישועתי אבטח ולא אפחד כי עזי וזמרת יה יהוה ויהי לי לישועה: ושאבתם מים בששון

בששון ממעיני הישועה: ליהוה הישועה על עמך ברכתך סלה: יהוה צבאות עמנו משגב לנו אלהי יעקב סלה: יהוה צבאות אשרי אדם בוטח בך: יהוה הושיעה המלך יעננו ביום קראנו: ליהודים היתה אורה ושמחה וששון ויקר: כן תהיה לנו: כוס ישועות אשא ובשם יהוה אקרא:

סברי מרנן ברוך אתה יהוה אלהינו מלך העולם בורא פרי הגפן:

ברוך אתה יהוה אלהינו מלך העולם בורא מיני בשמים:

בברכת בורא מאורי האש יביט בד׳ צפרניו והמה יהיו כפופים על האגודל ולא יראה האגודל:

ברוך אתה יהוה אלהינו מלך העולם בורא מאורי האש:

ברוך אתה יהוה אלהינו מלך העולם המבדיל בין קדש לחול בין אור לחשך בין ישראל לעמים בין יום השביעי לששת ימי המעשה: ברוך אתה יהוה המבדיל בין קדש לחול:

אחר הבדלה אומרים ויתן לך

ויתן לך האלהים מטל השמים ומשמני הארץ ורב דגן ותירש: יעבדוך עמים וישתחוו לך לאמים הוה גביר לאחיך וישתחוו לך בני אמך ארריך ארור ומברכיך ברוך: ואל שדי יברך אתך ויפרך וירבך והיית לקהל עמים: ויתן לך את ברכת אברהם לך ולזרעך אתך לרשתך את ארץ מגריך אשר נתן אלהים לאברהם: מאל אביך ויעזרך ואת שדי ויברכך ברכת שמים מעל ברכת תהום רבצת תחת ברכת שדים ורחם: ברכת אביך גברו על ברכת הורי עד תאות גבעת עולם תהיין לראש יוסף ולקדקד נזיר אחיו: ואהבך וברכך והרבך וברך פרי בטנך ופרי אדמתך דגנך ותירשך ויצהרך שגר אלפיך ועשתרות צאנך על האדמה אשר נשבע לאבתיך לתת לך: ברוך תהיה מכל העמים לא יהיה בך עקר ועקרה ובבהמתך: והסיר יהוה ממך כל חלי וכל מדוי מצרים הרעים אשר ידעת לא ישימם בך ונתנם בכל שנאיך:

המלאך הגאל אתי מכל רע יברך את הנערים ויקרא בהם שמי ושם אבתי אברהם ויצחק וידגו לרב בקרב הארץ: יהוה אלהיכם הרבה אתכם והנכם היום ככוכבי השמים לרב: יהוה אלהי אבותיכם יסף עליכם ככם אלף פעמים ויברך אתכם כאשר דבר לכם: ברוך אתה בעיר וברוך אתה בשדה: ברוך טנאך ומשארתך: ברוך פרי בטנך ופרי אדמתך ופרי בהמתך שגר אלפיך ועשתרות צאנך: ברוך אתה בבאך וברוך אתה בצאתך: יצו יהוה אתך את הברכה באסמיך ובכל משלח ידך וברכך בארץ אשר יהוה אלהיך נתן לך: יפתח יהוה לך את אוצרו הטוב את השמים לתת מטר ארצך בעתו ולברך את כל מעשה ידך והלוית גוים רבים ואתה לא תלוה: כי יהוה אלהיך ברכך כאשר דבר לך והעבטת גוים רבים ואתה לא תעבט ומשלת בגוים רבים ובך לא ימשלו: אשריך ישראל מי כמוך עם נושע ביהוה מגן עזרך ואשר חרב גאותך ויכחשו איביך לך ואתה על במותימו תדרך: ישראל נושע ביהוה תשועת עולמים לא תבשו ולא תכלמו עד עולמי עד: ואכלתם אכול ושבוע והללתם את שם יהוה אלהיכם אשר עשה עמכם להפליא ולא יבשו עמי לעולם: וידעתם כי בקרב ישראל אני ואני יהוה אלהיכם ואין עוד ולא יבשו עמי לעולם: כי בשמחה תצאו ובשלום תובלון ההרים והגבעות יפצחו לפניכם רנה וכל עצי השדה ימחאו כף: הנה אל ישועתי אבטח ולא אפחד כי עזי וזמרת יה יהוה ויהי לי לישועה: ושאבתם מים בששון ממעיני הישועה: ואמרתם ביום ההוא הודו ליהוה קראו בשמו הודיעו בעמים עלילותיו הזכירו כי נשגב שמו: זמרו יהוה כי גאות עשה מודעת זאת בכל הארץ: צהלי ורני יושבת ציון כי גדול בקרבך קדוש ישראל: ואמר ביום ההוא הנה אלהינו זה קוינו לו ויושיענו

זֶה יְהוָה קִוִּינוּ לוֹ נָגִילָה וְנִשְׂמְחָה בִּישׁוּעָתוֹ : בּוֹרֵא נִיב שְׂפָתָיִם שָׁלוֹם שָׁלוֹם לָרָחוֹק וְלַקָּרוֹב אָמַר יְהוָה וּרְפָאתִיו : וְרוּחַ לָבְשָׁה אֶת עֲמָשַׂי רֹאשׁ הַשָּׁלִישִׁים לְךָ דָוִיד וְעִמְּךָ בֶן יִשַׁי שָׁלוֹם

שָׁלוֹם לְךָ וְשָׁלוֹם לְעֹזְרֶךָ כִּי עֲזָרְךָ אֱלֹהֶיךָ וַיְקַבְּלֵם דָּוִיד וַיִּתְּנֵם בְּרָאשֵׁי הַגְּדוּד : וַאֲמַרְתֶּם כֹּה לֶחָי וְאַתָּה שָׁלוֹם וּבֵיתְךָ שָׁלוֹם וְכֹל אֲשֶׁר לְךָ שָׁלוֹם : יְהוָה עֹז לְעַמּוֹ יִתֵּן יְהוָה יְבָרֵךְ אֶת עַמּוֹ בַשָּׁלוֹם :

סדר קידוש הלבנה

עפ"י הקבלה אין לקדש הלבנה עד אחר ז' ימים למולד ויש לקדש הלבנה בבגדים חשובים ונאים וקודם הברכה יאמר :

הַלְלוּיָהּ הַלְלוּ אֶת יְהוָה מִן הַשָּׁמַיִם הַלְלוּהוּ בַּמְּרוֹמִים : הַלְלוּהוּ כָל מַלְאָכָיו הַלְלוּהוּ כָּל צְבָאָיו : הַלְלוּהוּ שֶׁמֶשׁ וְיָרֵחַ הַלְלוּהוּ כָּל כּוֹכְבֵי אוֹר : הַלְלוּהוּ שְׁמֵי הַשָּׁמָיִם וְהַמַּיִם אֲשֶׁר מֵעַל הַשָּׁמָיִם : יְהַלְלוּ אֶת שֵׁם יְהוָה כִּי הוּא צִוָּה וְנִבְרָאוּ : וַיַּעֲמִידֵם לָעַד לְעוֹלָם חָק נָתַן וְלֹא יַעֲבוֹר :

יאשר רגליו ויביט בלבנה פ"א קודם הברכה וכשיתחיל לברך לא יראה בה כלל :

בָּרוּךְ אַתָּה יְהוָה אֱלֹהֵינוּ מֶלֶךְ הָעוֹלָם אֲשֶׁר בְּמַאֲמָרוֹ בָּרָא שְׁחָקִים וּבְרוּחַ פִּיו כָּל צְבָאָם : חוֹק וּזְמַן נָתַן לָהֶם שֶׁלֹּא יְשַׁנּוּ אֶת תַּפְקִידָם שָׂשִׂים וּשְׂמֵחִים לַעֲשׂוֹת רְצוֹן קוֹנָם · פּוֹעֵל אֱמֶת שֶׁפְּעֻלָּתוֹ אֱמֶת · וְלַלְּבָנָה אָמַר שֶׁתִּתְחַדֵּשׁ עֲטֶרֶת תִּפְאֶרֶת לַעֲמוּסֵי בָטֶן שֶׁהֵם עֲתִידִים לְהִתְחַדֵּשׁ כְּמוֹתָהּ וּלְפָאֵר לְיוֹצְרָם עַל שֵׁם כְּבוֹד מַלְכוּתוֹ : בָּרוּךְ אַתָּה יְהוָה מְחַדֵּשׁ חֳדָשִׁים :

ידלג שלשה דילוגים ויאמר

בָּרוּךְ עוֹשֵׂךְ · בָּרוּךְ יוֹצְרֵךְ · בָּרוּךְ בּוֹרְאֵךְ · בָּרוּךְ קוֹנֵךְ : כְּשֵׁם שֶׁאֲנִי רוֹקֵד כְּנֶגְדֵּךְ וְאֵינִי יָכוֹל לִנְגּוֹעַ בָּךְ · כָּךְ לֹא יוּכְלוּ כָּל אוֹיְבַי לִנְגּוֹעַ בִּי לְרָעָה : תִּפֹּל עֲלֵיהֶם אֵימָתָה וָפַחַד · בִּגְדֹל זְרוֹעֲךָ יִדְּמוּ כָּאָבֶן : כָּאָבֶן יִדְּמוּ זְרוֹעֲךָ בִּגְדֹל וָפַחַד אֵימָתָה עֲלֵיהֶם תִּפֹּל :

ככה יעשה ג"פ ידלג ג' דילוגים ואומר מברוך עושך וכו' עד כאן :

דָּוִד מֶלֶךְ יִשְׂרָאֵל חַי וְקַיָּם : ג"פ

ואומר לחבירו **שָׁלוֹם עֲלֵיכֶם :**

וחבירו משיב **עֲלֵיכֶם שָׁלוֹם :** ג"פ

ואומרים סִימָן טוֹב וּמַזָּל טוֹב יְהֵא לָנוּ וּלְכָל יִשְׂרָאֵל · אָמֵן : ג"פ

קוֹל דּוֹדִי הִנֵּה זֶה בָּא · מְדַלֵּג עַל הֶהָרִים מְקַפֵּץ עַל הַגְּבָעוֹת : דּוֹמֶה דוֹדִי לִצְבִי · אוֹ לְעֹפֶר הָאַיָּלִים · הִנֵּה זֶה עוֹמֵד אַחַר כָּתְלֵנוּ · מַשְׁגִּיחַ מִן הַחַלֹּנוֹת מֵצִיץ מִן הַחֲרַכִּים :

שיר למעלות אשא עיני וכו' · הללויה הללו אל בקדשו וכו' :

תָּנָא דְבֵי רַבִּי יִשְׁמָעֵאל אִלְמָלֵי לֹא זָכוּ יִשְׂרָאֵל אֶלָּא לְהַקְבִּיל פְּנֵי אֲבִיהֶם שֶׁבַּשָּׁמַיִם פַּעַם אַחַת בַּחֹדֶשׁ דַּיָּם · אָמַר אַבַּיֵי הִלְכָּךְ נֵימְרִינְהוּ מְעוּמָּד · מִי זֹאת עֹלָה מִן הַמִּדְבָּר מִתְרַפֶּקֶת עַל דּוֹדָהּ · וִיהִי רָצוֹן מִלְּפָנֶיךָ יְהוָה אֱלֹהַי וֵאלֹהֵי אֲבוֹתַי לְמַלֹּאת פְּגִימַת הַלְּבָנָה וְלֹא יִהְיֶה בָּהּ שׁוּם מִעוּט · וִיהִי אוֹר הַלְּבָנָה כְּאוֹר הַחַמָּה כְּאוֹר שִׁבְעַת יְמֵי בְרֵאשִׁית כְּמוֹ שֶׁהָיְתָה קוֹדֶם מִעוּטָהּ · שֶׁנֶּאֱמַר וַיַּעַשׂ אֱלֹהִים אֶת שְׁנֵי הַמְּאֹרֹת הַגְּדֹלִים וְיִתְקַיֵּם בָּנוּ מִקְרָא שֶׁכָּתוּב וּבִקְשׁוּ אֶת יְהוָה אֱלֹהֵיהֶם וְאֵת דָּוִיד מַלְכָּם אָמֵן :

למנצח בנגינות וכו' · עלינו : קדיש יתום · וינער שולי טלית קטן :

והיה

והיה מדי חדש בחדשו ושבת בשבתו יבא כל בשר להשתחוות לפני אמר ה' כו' כתיב כל הנקרא בשמי לכבודי בראתיו כו' פירוש בשמי כשנק' אדם כדוגמת אדם העליון אשר על הכסא כו' כמ"ש נעשה אדם בצלמנו כדמותנו כו' · וביאור הדברים הנה כתיב מחר חדש כו' ובאת אל המקום אשר נסתרת שם ביום המעשה כו' מכלל שר"ח אינו יום המעשה וכתיב ששת ימים תעשה מלאכה כו' ור"ח בכלל שמותר בעשיית מלאכה וא"כ למה לא יקרא יום המעשה כו' · אך הענין יובן עפ"י הקדמה בתחלה להבין שרש ענין וי"ו ימי המעשה למעלה כו' בהיות שידוע שוי"ו ימי המעשה הן בחי' וי"ו יומין עילאין דבחי' אצי' כמ"ש בזהר ע"פ ששת ימים עשה ה' את השמים כו' שבוי"ו ימים הללו עשה וברא והאציל כו' והן הנק' ג"כ ששת ימי בראשית כידוע וטעם הדברים הוא לפי שהחכמה נק' ראשית כידוע וכמ"ש בראשית ברא בחוכמתא כו' וששת ימים הנמשכים מן החכמה היינו בחי' המדות עליונות שנמשכים מן השכל כידוע ובהן נאצל ונברא כל ההשתלשלות דאבי"ע ולכך נקרא ששת ימי בראשית ולהיות נמשכין המדות בבחי' דבור העליון הנק' עלמא דאתגליא ע"ש בחי' הגילוי של השפעות המדות כו' ע"כ נק' ג"כ בשם ששת ימי המעשה ע"ש ההמשכה מלמעלה למטה מטה בחי' דיבור ורוח פיו יתברך כדי להחיות רוח שפלים כו' ולכך אנו אומרים ברוך עושה בראשית שגם החכמה הנק' ראשית באתה לידי בחי' עשי' והמשכה למטה כי בראשית נמי מאמר הוא כידוע וד"ל·והנה בששת ימי המעשה נאמרו ל"ט מלאכות החורש וזורע כו' שכל עיקר ענין המעשה הוא בחי' הבירור הטוב מן הרע כמו הזורע והדש והקוצר וכדומה שהוא רק להוציא את המובחר והטוב ולהפרידו מן הפסולת כו' וכמ"כ בעבודת ה' עיקר העבודה הוא הבירורים והעלאות מסיבת בחינת המעשה בלבד דהיינו כאשר יאכל מאכל ויעבוד ה' בכח זה מתעלה כח ניצוץ אלקי שנפל במאכלים משבה"כ כידוע וכדומה לזה במו"מ ביגיע כפיו וכח שכלו ואח"כ יתן צדקה מהם יעלה לה' כעולה וכקרבן כו' שנמצא עיקר הענין של המעשה הוא כדי להעלות ולברר בירורי רפ"ח ניצוצים שנפלו ונתקשרו באחדות ה' בשעת התפילה באמרו אחד ובאהבת ה' בהתפעלות באמרו ואהבת או ברוך אתה כו' ובזה נמשך בחי' גילוי האלקות בעולם העשיה הגשמית וזהו בראתיו יצרתיו אף עשיתיו כלומר גם בבחי' העשיה דמו"מ וכדומה יהיה גלוי אלהות להקרות בשמו ית' ע"י הבירור דבשעת התפילה כו' וא"כ ה"ז כדוגמת ל"ט מלאכות גשמיים חורש וזורע להבדיל הרע מן הטוב וכו' והיינו סו"מ ועש"ט ברמ"ח מ"ע ושס"ה ל"ת וזהו לעבדה ולשמרה כו'·וכמו"כ יובן למשכיל למעלה בו' ימי המעשה העליונים שבבחי' מ"ל דאצי' הוא

ג"כ בבחי' הבירורים דעה"ד טו"ר כו' והן ל"ט מלאכות חורש וזורע וכו' וד"ל · וכ"ז בימי החול אבל ביום השבת כתיב וביום הז' שבת לה' כו' שאינו נקרא יום המעשה כלל להיות כי בשבת הוא בחי' עליית הברורים שנבררו בימי החול להתענג בהם כו' והוא בבחי' עליה מלמטה למעלה בהיפוך מימות החול שהן בחי' מלמעלה למטה בעולם הדבור להיות מלך כמ"ש דבר מלך שלטון כי דבור לשון הנהגה וממשלה הוא כמ"ש ידבר עמים כו' אבל ביום השבת כתיב ממצוא חפצך ודבר דבר למעלה מבחי' הדבור והממשלה בעולמות אלא כמו שהוא מרומם ומתנשא בעצמותו דלגדולתו אין חקר כתיב והיינו מה שארז"ל אימתי אקרי גדול כשהוא בעיר אלהינו כו' פי' בעצמות מדת מלכותו הנקרא עיר אלהינו ולא כשהוא בבחי' התפשטות והארה בעלמא שנתפשט ממדת מלכותו בעולמות דבי"ע כו' וכמאמר הזהר כד יתיב על כורסייא מלך רב אקרי כו' פי' כורסייא הוא מדת המ"ל כמו שהוא בעצם ההתנשאות ויושב עליו בבחי' הארות האצילות מלך רב הוא שלגדולתו אין חקר כו' אבל כשמלכותו בכל משלה להחיות רוח שפלים בע"ג כו' מלך זוטא אקרי דירידה ומצום גדול הוא לגבי העצמות כו' וד"ל · והיינו ההפרש שבין ימי החול ליום השבת דבימי החול מלך זוטא איקרי שמלכותו מצמצם עצמו בל"ט מלאכות כו' אבל בשבת הוא בבחי' עליות והסתלקות אל עצמות מדת מל' כי בו שבת וינפש ממלאכתו וכמשי"ת בעז"ה מלך רב אקרי שהרי בעליונים דאצי' מתפשטת מדת מלכותו ולא בתחתונים בע"ג כו' ולכך לא נק' יום המעשה כלל ואסור בעשיית מלאכה ואפי' בדבור אסור וכמ"ש ודבר דבר מטעם הנ"ל וד"ל ובזה יובן מאמרם ז"ל אינו דומה בן כפר שראה את המלך לבן כרך שראה את המלך כו'·כי הנה בן כפר להיותו בתכלית השפלות בערך מלאכתו הבזויה בכפר בחרישה וזריעה כו' כשבא לעיר המלוכה ורואה גדולת המלך ורכבו ופרשיו כו' הנה ישתומם כשעה חדא ויתבטל ממציאותו מפני גודל ההבדל שבין שפלות ערכו לגודל מעלת רוממות המלך כו' אבל בן כרך שרגיל במלך ואנשי העיר השרים גדולים לא יפלא בעיניו כ"כ רוממות גדולתו כו' אך בזאת יתרון מעלתו על בן כפר בהיותו מכיר ביותר גדולות המלך ובחי' בטולו לגביו הוא בבחי' פנימית המלך ביותר משא"כ בן כפר שאיננו מכיר אלא שהמלך מובדל בערך מערך שפלותו ולא שיכיר במהות המלך כו' וד"ל · ועד"ז יובן למשכיל למעלה שכאשר המלך יתיב על כורסייא בבחי' האצי' שלגדולתו אין חקר כו' דהיינו ביום השבת שלמעלה מבחי' הדבור והמעשה ה"ז דומה לבן כרך שרואה במהות המלך שמכיר בפנימיותו כו' אבל בימי החול כאשר מצמצם בעולמות הנפרדים בע"ג כו' ה"ז דומה לבן כפר שרואה את המלך כו' שאע"פ

שהן

שהן מתבטלין ממציאותם ביותר מפני שאין ערוך ביניהם לגילוי אלקו' אשר עליהם כו' אבל אין מכירין רק בבחינת חיצונית של המלך שהרי מלך זוטא אקרי כשמלכותו בכל משלה מטעם הנ"ל וד"ל · ועד"ז יובן ג"כ בעבודת ה' למטה בכנ"י שיש הפרש גדול בין ימי החול לימי השבת בכל הנ"ל בהיות שאנו אומרים בשבת ישבעו ויתענגו מטובך כו' וכן אז תתענג על ה' כו' וכן ישמחו במלכותך כו' ויש להבין למה אין אומרים זה גם בימות החול אך הענין הוא דבימי החול העיקר הוא המעשה היום לעשותם כו' והוא הבירורים ברפ"ח כו' ומי שטרח בע"ש כו' לזאת ישמח ויתענג על ה' ביום השבת אחרי כלות המעשה הטוב כו' ולכך עיקר הענין של התפלה בשבת הוא העונג שיתענג על ה' ולא העבודה כו' כמ"ש רננו צדיקים בה' פירוש הרנה והשמחה תהיה רק מצד ה' בעצמו וזהו בה' כו' משא"כ בימי החול עיקר הענין של התפלה הוא שפיכת הנפש וכלותה בבחי' מרירות בכדי לעבוד עבודת ה' בכל היום בסו"מ וע"ט כו' וזהו לפי שגם למעלה בשבת הוא ית' יושב על כורסייא בבחי' עונג העליון כו' ולכך אנו אומרים ישבעו ויתענגו כו' בשבת ולא בחול והיינו גם כן כענין הנ"ל דאינו דומה בן כפר כו' בהיות שאנו אומרים בפסד"ז ובברכת יוצר איך שהמלאכים והאופנים אומרים ברעש גדול כו' וזהו כבן כפר שראה את המלך לפי שמתבטלים ממציאותם כשמשיגים התחדשות הבריאה מאין ליש ממדת מלכותו ית' המאיר עליהם כו' אבל בשבת ישבעו ויתענגו כו' כבן כרך שראה את המלך כו' שאינו מתבטל כ"כ ברעש אלא מתענג מזיו הוד פנימית המלך כו' וד"ל :

והנה בכל יום יש הארה קצת מהארות מדרגות השבת והוא מתחיל מן ויברך דוד עד שבק"ש וש"ע מאיר בכנ"י מהארת השבת כבן כרך שרואה את המלך כו' והוא בחינת עונג אלקי שמתענג בהתבוננות באחדות ה' באמרו אחד כו' איך שהוא ית' למעלה מגדר סובב וממלא כו' וזהו מי שטרח בע"ש כו' שצריך להכין בחינת שבת בכל יום בתחילה כדי שיוכל לקבל השבת בהארה שלימה להתענג על ה' כו' ומה שאנו אומרים בקבלת שבת לכה דודי לקראת כלה כו' הוא ענין המשכת הכח והעוז מלמעלה מבחי' סוכ"ע לכנ"י שתוכל לעלות מששת ימי המעשה ולהתענג על ה' כו' והיינו כמ"ש משכני אחריך נרוצה פי' כנ"י שהוא בחינת מ"ל דאצי' כידוע אומרת משכני בחבלי עבותות אהבתך מלמעלה למטה שיהיה בי כח לעלות מן התחתונים ולהתענג בעצמותך כו' והיינו שרש ענין קבלת שבת שכדי שתוכל השכינה לקבל את בחינת השבת של דודי שהיא בחינת פנימית ו"ק כד יתיב על כורסייא כו' אנו אומרים לכה דודי כו' מלמעלה למטה וזהו משכני אז ממילא אחריך נרוצה לקבל פני שבת יחד כמ"ש פני שבת נקבלה כי עולה עמו עד בחינת עונג העליון כו' וד"ל· ובכ"ז יובן מאמרם ז"ל שמש בשבת צדק' לעניים כמ"ש שמש צדקה ומרפא בכנפיה כו' דהנה כתיב סמכוני באשישות כו' כי חולת אהבה אני פי' בהיות כי בימות החול עיקר ענין התפל' הוא כלות הנפש מחמת הריחוק מה' שכאשר מתבונן איך שהוא יתברך מהוה מאין ליש והוא רחוק להגיע לקשור נפשו באחד כו' יתמרמר ויצטער בבחי' חולת אהבה כמו אדם שחפץ ומשתוקק באיזה דבר חמדה ואיננו משיגו כו' שיחלה בלבבו כמ"ש תוחלת ממשכה מחלה לב כו' אבל בשבת שהוא מתענג על ה' ה"ז רפואה לחולי האהבה כאדם שהשיג מה שחשקה נפשו שירפא חולי לבבו כי מה שמתענג בו הוא רפואה ונמצא התענוג הזה רפואה הוא ולא כשאר תענוג כו' כמ"כ העונג בשבת בחי' רפואה הוא לכנ"י לאותו הצער והמרירות שבימי החול בעבודתו כו' וד"ל · וזהו שמש בשבת צדקה לעניים לעניים דוקא דלית להו מגרמייהו כלום בבחינת התשוקה מרחוק כו' ובשבת שמאיר בחי' השמש דסוכ"ע הנק' שמש אז צדקה גדולה לעניים כמ"ש אשרי משכיל אל דל כו' והוא בחינת העונג העליון שהוא רפואה לעניים כמ"ש ומרפא בכנפיה כו' וד"ל · ועד"ז יובן גם כן למשכיל למעלה שבחי' מ"ל דאצילות שנותנת טרף לביתה כו' בימי החול עד שמשפעת לע' שרים ג"כ הז אמרה כי חולת אהבה אני בגלותא כו' ובשבת מאיר בה זיו השמש שהוא בחינת עונג העליון שבפנימית ז"א דאצילות הנקרא שמש כידוע בכתבי האריז"ל וד"ל · וזהו גם כן ענין מאמרם ז"ל כמאן מצלינן האידנא אקלירי ומריעי כו' שהן תלמידי חכמים שנק' חולים מפני חולת אהבה כשמשיגים ורואים את הנולד מאין ליש ולכך נקראו תלמידי חכמים שמקבלים מן החכמה שמאין תמצא כו' ובשבת ישבעו ויתענגו כו' תענוג זה רפואה להם וכמו ענין רופא חולים כו' וזהו אקלירי ומריעי דווקא משא"כ ע"ה כו' וד"ל · והנה כתיב שער החצר הפנימית הפונה קדים יהי' סגור ששת ימי המעשה וביום השבת יפתח וביום החדש יפתח כו' להבין זה יש להקדים תחילה ענין ההפרש בין ימי המעשה לר"ח כו' דהנה ידוע דהדבור נק' עלמא דאתגליא ע"ש בחינ' גלוי המדות שמתגלים בדבור וכל עיקר ענין הדבור אינו אלא שיגלה מצפון המדות שבלב כמו אם יאהוב אדם לזולתו יגלה את האהבה ע"י הדבור או התפארות שיש בלבבו יגלנה ע"י הדבור כו' ונמצא הדבור בחינת מקבל והמדות הן המקורי' שמהם טבע ההמשכה בדבור ומצד עצמות הדבור לית ליה מגרמיה כלום כ"א מה שנמשך בו מן המדות הוא מגלה כו' כידוע · והנה יש עוד בחינת דבור שנעלה הרבה במדרגה מדבור זה והוא כאשר אין הדבור מקבל מן המדות אלא מקבל מן השכל והחכמה כמו דברי חכמה שאדם מדבר שאין למדות שייכות לדבור זה כלל אלא השכל הוא מקורו שנובע גלויו בדבור וכמו שהשכל הוא

מקור

מקור למדות כן הוא מקור לדבור ונמצא מקור אחד לשניהם בהשואה א׳ כו׳ וד״ל· ועד״ז יובן ההפרש בין ימי החול לר״ח חודש שלא נקרא יום המעשה כו׳ בהיות מבואר למעלה דענין ששת ימי המעשה למעלה הן בחי׳ המדו׳ העליונות שנמשכים מן השכל ובאין לידי גלוי בדבור כו׳ ולכך נקרא יום המעשה ע״ש הבירור דעה״ד טו״ר כו׳ והיינו ע״ד מ״ש סור מרע וע״ט בנפש אלקית שנמשך כח זה כל היום מחמת אהבה טבעית שנשארת בבחי׳ רשימו מן ההתבוננות שבשעת התפלה כו׳ כמ״כ למעלה נמשך בירורים דעה״ד טו״ר מנפש העליונה הנקר׳ מל׳ דאצילות ע״י בחינת אהבה טבעית שמקבל מן המדות עליונות שנמשכו מן החכמה כו׳ כמשל הנ״ל וזהו בקש שלום ורדפהו פי׳ שלום הוא המחבר ב׳ הפכים וב׳ קצוות יחד כידוע והיינו התחברות המשפיע במקבל להיות אחוזים וקשורים יחד בלתי יפרדו לעולם כו׳ וזהו על ידי השפעות המדות עליונות במל׳ וכמ״ש למען אחי כו׳ אדברה נא שלום בך כו׳ וד״ל· וכ״ז בימות החול שנקר׳ ו׳ ימי המעשה כנ״ל אבל בר״ח חודש עולה הדבור לקבל מן השכל עצמו ולא מקבל מן המדות כלל כנ״ל במשל ואז נמשך בחי׳ מוחין חדשים לגמרי במ״ל מן השכל והחכמה עליונה והוא מפני שהדבור אז בבחי׳ הביטול מכל וכל וכענין מ״ש בדברי תורה דאורייתא מחכמה נפקת ודברי אשר שמתי בפיך כו׳ שאין הדבור מדבר מצד עצמו אלא מה ששם ה׳ בפיו והן דברי אלקים חיים כנ״ל וכמ״ש במ״א וכמו״כ בר״ח מקבל המ״ל מן השכל והחכמ׳ כח מ״ה כו׳ ואז היא מתבטלת ממציאות עצמותה לגמרי כו׳ ומדברת רק מה שהושם בפה העליון כו׳ ולכך הן מוחין החדשים ע״ש ההתחדשות של הדבור גם בעיקר השכל נתחדש במוחין ושכל חדש כו׳ וזהו שאנו אומרים מחדש חדשים פי׳ חידוש הדבור נמשך מחידוש המקור שבחכמה כח מ״ה בהמשכת מוחין חדשים כו׳ וה״ז ע״ד הלבנה עם השמש בעת המולד שנסתר כל אורה ונחשך ולא מאיר בה רק נקודת הארה קטנה מן השמש כו׳ והוא חידוש האר׳ המשפיע ומתיל׳ מתחדש בהאר׳ עצמותה מעט מעט אח״כ בכל ימי החודש וד״ל· וזהו מחר חודש ונפקדת כו׳ כי נסתר כל פרצופה כו׳ ושלשת תרד מאד בבחי׳ נקודה חדא תחת השמש כו׳ ובאת אל המקום אשר נסתרת ביום המעשה שהוא קודם ר״ח שהיתה עדיין בבחי׳ יש ודבר מה קצת ונק׳ יום המעשה מפני שזהו עיקר ההפרש בין ימי המעשה לר״ח מטעם הנ״ל וד״ל· וזהו שער החצר הפנימית הפונה קדים פי׳ שער הוא בחי׳ הדבור ע״ש גילוי אורות המשפיע שנגלי׳ בו כמו שהשער דרך גילוי לאנשי ההיכל המוסתרים בו כו׳ ושער הפונה קדים היינו כאשר המ״ל מקבל מקדם לחכמה כח מ״ה שלמעלה מן השכל שמונינו מקור מוצא השכל בבחי׳ מוחין חדשים כו׳ סגור יהי׳ ו׳ ימי המעשה לפי שכבר נתלבשו ממנו המוחין מחדש העבר שנפתח השער והוציא מוחין חדשי׳ בלבוש כו׳ ונמשכו למדות ומן המדות לדבור העליון כו׳ אך ביום החדש יפתח שער זה לחזור ולהוציא מן ההעלם של החכמה מוחין חדשים ולחדש חידוש הדבור כנ״ל וזהו ביום החדש יפתח דווקא וד״ל וכן ביום השבת ג״כ יפתח אך ההפרש בין שבת לר״ח הוא שבשבת· עולין המדות עם הדבור יחדיו לקבל פני שבת מחקור החכמה כח מ״ה כנ״ל ובר״ח עולה המ״ל בלבד ואמנם בזאת יתרון מעלת השבת שעולה עד בחי׳ עונג העליון עצמו שלמעלה מעלה גם מכח מ״ה ואינו בגדר המשכות מוחין חדשים ג״כ ולכך נאמר ודבר דבר כנ״ל וד״ל · ויובן זה עד״מ כשאדם טרוד במלאכה כמו מלאכת הכתיבה וכדומה הנה כאשר ינוח ממלאכתו יחזור השכל למקורו כמו שהיה דק ורוחני במוחו כו׳ כמו״כ ענין השבת שלאחר ו׳ ימי המעש׳ בהיות שכולם בחכמה עשית כתיב שהחכמה בחי׳ עשי׳ ג״כ וכמאמר רז״ל במאמר א׳ יוכל להבראות שהוא מאמר בראשית אך שנתחלק ממנו לי׳ מאמרות בו׳ ימי המעשה יהי אור יהי רקיע כו׳ וזהו כמשל השכל הנטרד במלאכת כתיבת אותיות כו׳ וכשהוא ית׳ נח ושובת ביום השבת דהיינו מ״ש כי בו שבת וינפש פי׳ שבאה החכ׳ לעצמותה ומקור׳ ה״ז כמשל השכל שלו כמו שהיה משכילו קודם הכתיבה כו׳ וד״ל · וא״כ מובן יתרון מעלת השבת על ר״ח שהוא למעלה מהמשכות מוחין חדשים בדבור או בכתב וכדומה וזהו ודבר דבר כו׳ אלא עולה הוא בבחי׳ העצמות של עונג העליון כמ״ש אז תתענג על ה׳ כו׳ וכנ״ל וד״ל:

וזהו והיה מדי חדש בחדשו ושבת בשבתו כו׳ · ענין ההשתחואה הוא בחי׳ ביטול במציאות לגמרי מכל וכל כו׳ ואין זאת אלא מדי חדש ושבת דווקא מטעם הנ״ל שבחי׳ כח מ״ה נגלה דווקא בשבתות וחדשים כו׳ ואמנם ענין הכפל מה שכופל ואומרים חדש בחדשו ושבת בשבתו כו׳ יובן ע״פ הקדמה בתחילה שיש עוד בחי׳ שבת הנקרא שבת שבתון וכמ״ש וישבות ביום הז׳ כו׳ שלמעלה הרבה משבת בראשית ונק׳ שבתון בבחי׳ הנסתר כו׳ ועולת שבת בשבתו היינו שעולה ונכלל שבת בראשית שלאחר ו׳ ימי המעשה בשבתון זה הנקרא שבת שבתון כו׳ והיינו מ״ש וישבות ביום השביעי שלאחר שנח ושבת עוד ישבות גם מן השביתה שקדמה כו׳ והוא בחי׳ יום שכולו שבת כו׳ בלתי הקדמת ששת ימי המעש׳ בתחילה כו׳ · וביאור כ״ז יובן עד״מ הידוע שיש ב׳ מיני עליות א׳ עלי׳ שאחרי הירידה והב׳ עלי׳ שמצד עצמותו ולא מסיבת ירידה כלל כמו כאשר יכתוב את השכל או יגלה בדבור הנה ירד השכל ממדריגתו וחוזר ועולה במקורו כאשר הוא נח מדיבור וכתב כנ״ל ולפ״ע הירידה כן ערך העונג כאשר בא וחוזר אל עצמותו וזהו משל להבין בחי׳ התענוג העליון של שבת בראשית

כנ״ל

ככ״ל אך מה שלא ירד מעולם ונשכלתו בדבור או בכתב והוא בבחי׳ עלמותו לגמרי קודם הדבור וכתב ולאחריהם בהשוואה א׳ כו׳ היתכן לומר בזה ענין עלי׳ שאחרי הירידה אלא ענין עליי׳ מלד עלמותו דהיינו שעולה הוא בעלם ולא שנתעלה כו׳ וד״ל · וא״כ מובן שעליה זו שמלד עלמותו גם עונג ושמחה לא יתכן לומר בה שהרי לא ימלא מליאות העונג אלא כשהיה בלער בתחלה ולמלם עלמותו בגלאכת הדבור והכתב וכדומה אבל מאחר שלא ירד ונתלמלם מעולם הוא הגבה למעל׳ גם מבחי׳ העונג אלא הוא בבחי׳ התעלות העלמיו׳ מלד העלמיות בלבד כו׳ וד״ל · וזהו משל להבין ענין שבת שבתון שלמעלה מבחי׳ עונג העליון דשבת בראשית עד שנאמר עולת שבת בשבתו פי׳ שעולת השבת בראשית הוא בבחי׳ שבתו שהוא בחי׳ תחתונה של עלמות אור א״ס ב״ה שלמעלה מכתר עליון שרש כל הנאללים ונבראים כו׳ שממנו העונג העליון נמשך כו׳ והיינו מ״ש וישבות ביום השביעי שביתה אחר שביתה כי עלי׳ שאחר ירידה בחי׳ ירידה נחשבת לגבי עלי׳ שמלד העלמות שהוא בחי׳ שבתו שלמעלה מעלה מכל ההשתלשלות עד שמעולם לא הוכר ונתלמלם הארה ממנו להיות ראש ושרש כו׳ שנוכל לומר בחי׳ עליה שמסיבת ירידה כו׳ וזהו יום שכולו שבת בלתי סיבת ששת ימי המעשה בתחלה כו׳ וד״ל · ועד״ז יובן ג״כ כפל ענין חדש בחדשו בבחי׳ המשכות מוחין חדשים שנכלל ועולה בחדשו מקור כל ההתחדשות כו׳ וד״ל וזהו ענין הכפל והיה מדי חדש בחדשו ושבת בשבתו דווקא אז ישתחוה כל בשר כו׳ לפי שכח מ״ה הנגלה על כל בשר בשבתות וחדשי׳ הוא מפני שעלה השבת בשבתו והחודש בחדשו וכמ״ש ביום השבת יפתח הארת הקדים שמקדים לכח מ״ה שהוא בחי׳ תחתונה שבעלמות אור א״ס ב״ה ככ״ל וד״ל :

יבא כל בשר להשתחוות לפני אמר ה׳ · הנה פי׳ כל בשר הוא בחי׳ יסוד האש שנמשך מחמת חום הבשר כו׳ והן למעלה בחי׳ פני אריה פני שור כו׳ שהתפעלות שלהם באוי״ר בהתלהבות רשפי אש התשוקה כו׳ ולכך נק׳ שרפים וחיות וכו׳ ונקרא כל׳ בשר ומדי חדש ושבת הן באין לידי בחי׳ ביטול במליאות מטעם הנ״ל וזהו להשתחוות לפני אמר הויה בחי׳ פנימית של הויה דאלי׳ נמשך על ידי ההשתחוואה שלהם לפי שההשתחוואה ע״י כריעה בברוך כו׳ הרי הוא מרכין ראשו כו׳ וכמ״כ למעלה נשפל ונתלמלם בחי׳ תחתונה שבעלמות אא״ס להיות ראש ושרש לנאללים ונבראים כו׳ וזהו לפני הוי״ה להיות יאר הויה פניו כו׳ והיינו אמר ה׳ פי׳ להיות עושה בראשית במאמר דחכמה כו׳ ומתחלק אח״כ לי׳ מאמרות כו׳ וכ״ז ע״י ההשתחוואה בשבת וחדש שהן מעוררין בזה בחי׳ שבתות וחדשות ככ״ל שלמעלה מכל ההשתלשלות כו׳ וככ״ל דהיינו מבחי׳ עלמות אא״ס ב״ה וד״ל · ובזה יובן הטעם מה שע״ה אסור לאכול בשר כו׳

לפי שענין ת״ח מבואר הוא למעלה שהוא מפני שהתפעלותם מכח מ״ה שבחכמה לראות את הנולד מאין ליש כו׳ ואז הבשר שאוכלים בחול בחי׳ התלהבות כו׳ בא לידי השתחוואה בשבת והיינו ענין קלירי ומריעי בחי׳ רופא חולים חולת אהבה כו׳ וככ״ל אבל ע״ה שאין התפעלות שלו כלל מחכמה כח מ״ה רק מלד אהבה טבעית בלבד בבחינת דומם המעשה בלבד כו׳ אסור לאכול גם הבשר בבחי׳ התלהבות מיסוד האש בחול כו׳ שמפני שלא יהופך אללו לרפואה בבחי׳ תענוג בשבת כמו בקלירי ומריעי כו׳ יוכל להסתעף מיסוד האש הזה בחי׳ אש זרה ליניקת חילונים כי יפול הנופל כו׳ כידוע וד״ל ·ועיקר הסימן בזה הוא בחי׳ חולת אהבה שע״ה לא יחלה לבבו ביסוד האש שלו אדרבה יגבה לבבו כו׳ ובת״ח תהיה חולת אהבה וע״כ יתהפך לרפואה ותענוג בשבת וד״ל :

להבין שרשי הדברים הנ״ל · הנה מבואר בפע״ח בענין ר״ח בעיקר ההפרש שבין שבת לר״ח הוא שהמ״ל עולה עמו בהשוואה א׳ ואינה טפלה לו לכך נאמר ונסכו כו׳ והיינו שכתר א׳ לשניהן ע״ש באריכות ולהבין ביאור הדברים הללו יש להקדים תחילה שרש ענין ו׳ ימי המעשה כו׳ · דהנה ידוע דכל היום מלבד שעת התפלה המ״ל יורדת בבי״ע לברר בירורים כו׳ ונק׳ יום המעשה ואז עומדת בבחי׳ אב״א כו׳ · וביאור הדברים הנה יובן עד״מ כשהאדם נותן איזה שפע לזולתו אם שכל או דבר גשמי כמאכל ומלבוש וכדומה הרי שפע זו נמשכת מחמת האהבה התקועה בלבבו אליו ויכולה האהבה להשפיע לו בתמידות מזון ומלבוש כו׳ וא״כ האהבה היא שרש ומקור רוחני אל ההשפעה עד שההשפעה הינה אלא בחי׳ חילוניות ואחוריים והאהבה היא הפנימית שממנו נובע סיבת השפע בתמידות שהרי גם בלעדי השפע עוז אהבתו תקועה בלבבו אליו תמיד ולא יש התחדשות בשפע רק שמגלה את השפע ואמנם גילוי זה אינו אלא הארה חילונית מתוך נקודות פנימיות האהבה שהרי לא יוכל לגלות בשפע כפי אמיתת האהבה לעולם כו׳ וה״ז ממש כפעולת היד הנמשכת מכח הפעולה שביד כו׳ בבחי׳ אור וכלי כו׳ ועד״ז יש פנימית לפנימית והוא הטעם והשכל של האהבה למה יאהבנו כו׳ שהוא שרש ומקור אל האהבה התקועה כו׳ כידוע עד שהאהבה היא בחי׳ חילונית ואחוריים לגבי אותו השכל והטעם כו׳ והנמשל מכל זה יובן למשכיל למעלה בהיות כמו שמל׳ דאלי׳ יורדת להיות ראש לשועלים להחיות מאין ליש וליתן טרף לביתה כו׳ השפעה זו היא בחי׳ חילונית ואחוריים אל חסד עליון ואור האהבה שבה שמחמתה נשתעפת המעשה ונק׳ מפני זה יום המעשה כו׳ כמו״כ בשרשה ומקור חולבה בבחי׳ אלי׳ ג״כ כשהיא מקבלת השפע אלקית מז״א בעלה מחמת אור האהבה וחסד טליון דז״א כו׳ נק׳ השפעה זו שמשפיע לה בחי׳

אחוריים כו' כי אין לה ערך עם אמיתית אור האהבה כו' וזהו בחי' אב"א פי' שמקבלת מבחי' אחוריים דז"א מבחי' נה"י שבו והוא השפעות המדות בלבד מבחי' מוטבע הו מורגש ולא מן המושכל כו' שהוא מחמת האהבה טבעיות כו' ולא הארת עצמותם כו' ונקרא ששת ימי בראשית כו' ולהיותם נמשכים למטה לידי מעשה ממש שהוא בחי' כח הפועל בנפעל כו' נק' אב"א שגם אללה אין הגילוי אלא בחי' המעשה בלבד כמו שבז"א בעלה אין הגילוי אלא בחי' המעשה כו' וזהו כל היום דוקא שחסד אל נמשך להחיות רוח שגליה מאצי' לבריאה כו'. וביאור זה של בחי' המעשה בלתי אור האהבה בגילוי כו' יובן ע"ד דוגמא מנפש אלקית שבתפלה מתעוררת בבחי' פנימית האהבה לה' אחד כו' ואחר התפלה לא נשאר רק בחי' רשימו בלבד כו' ואין אור האהבה בגילוי בלבבו כלל רק בחי' המעשה והשתדלות בסו"מ וע"ט יומשך כל היום מסיבת רשימו של האהבה שהיה לו בתפלה עד"מ הנ"ל בנתינת השפע שאין האהבה נגלית באותה שעה כו' וד"ל. ועד"ז יובן ג"כ למעלה שכאשר המ"ל מקבלת השפע בבחי' המעשה בלבד דהיינו רק כדי לברר בירורים דעה"ד טו"ר להיות סו"ת כו' דהיינו להבדיל יניקות החיצונים מתנה ע"י שבחי' הפנים למטה שבורחים החיצונים מתנה כו' וכמ"ש בת"א וד"ל. ולקרב השפע אל הטוב אשר גנוז בהם משבה"כ כו' והיינו ע"י שלום בחי' יסוד דז"א שהגיד רשימו בה לחבר ב' הפנים יחדיו והוא לקרב את המרוחקים שנפלו כו' כי בחי' יסוד הוא ההתקשרות שמקשר את התחתון עם העליון כו' וכמ"ש בת"א וד"ל. וזהו הטעם שנק' יום המעשה ע"ש הפסוק סור מרע כו' וע"ט שמן העשיה עולה המ"ל אחר הבירור שמבררת שם רפ"ח ניצוצין שנפלו שם כו' וזהו בראתיו יצרתיו אף עשיתיו ועד"מ כשמן העשייה גשמית דסו"מ ומאכל האדם יעבוד אח"כ לה' בכח זה כמ"ש למעלה וד"ל:

והנה כ"ז אחרי התפלה אבל בשעת התפלה עולה המ"ל בבחי' יחוד פב"פ כידוע והוא בחי' שבת כו' ואמנם ענין ר"ח הוא אשר אין המ"ל מקבלת מן המדות כלל אלא מן החו"ב כמו שהמדות מקבלים כו' ואז הוא בהשואה א' עמו כתר א' לשניהן פי' עד"מ המבואר שיש ב' מיני דבור כו' והדבור שנאמר בו ודברי אשר שמתי בפיך כו' הוא בחי' הדבור של השכל שלא ע"י המדות וההפרש ביניהם הוא כאשר ידבר מענין האהבה שבלבו כו' הרי דבור זה בחי' יש ודבר מ"ה כמו שהאהבה היא בחינת יש ודבר כו' אבל כשידבר דברי שכל וחכמה אז אין הדבור שייך כלל אל המדות שבלב ואינו מקבל אלא מן השכל כו' וכמו שהשכל נמשך מלמעלה מן השכל הנקרא כח מ"ה או משכיל שהוא בחי' ביטול מגדר השגת דבר מ"ה כידוע כמו"כ אותו הדבור יש בו בשעה שמדבר בחי' ביטול דמ"ה שבחכמה והוא הנקרא דברי אשר שמתי כו' פי' שמדבר בלתי סיבות השכל אלא מעצמו מצד המשכיל אשר שם בפיו כו' כנראה בחוש שבעומק המושכל ידבר האדם בחשאי מאד בלתי ישמע בעצמו מה שידבר אלא מאליו ומתילא ידבר ומרחש בשפתיו ע"פ סיבת מקור מוצא השכל והוא בחי' מ"ה שבחכמה שהשכל טרוד לתבלע מתנו בשעת העומק המופלג כו' וכמ"ש בת"א ע"פ אין אמר ואין דברים כו' וד"ל. והנמשל מכ"ז יובן למשכיל למעלה שזהו ענין ר"ח שאינו נקרא יום המעשה כו' וכתיב ביה לשון התחדשות והיה מדי חדש כו' בהיות שכאשר המ"ל דאצי' הנקרא דבור העליון כידוע עולה למעלה למעלה לקבל השפע ממוחין דאו"א כו' כמו שהמדות מקבלים כו' אז נקרא חדש על שם ההתחדשות של השפע דחו"ב בדבור זה מבחי' אין וכח מ"ה שבחכמה כמבואר במשל ונקרא דברי אשר שמתי כו' ואז אנו אומרים מחדש חדשים כלומר מחדש מוחין חדשים דאו"א עד שנמשכו בבחי' מ"ל דאצילות הנקרא דבור ומזה נמשך בחי' הביטול דמ"ה שבדבור כנ"ל ונקרא ראש חדש ראש הוא מוחין דנוקבא בבחינת התחדשות דמ"ה שבחכמה כו' ועכ"ז מותר בעשיית מלאכה להיות כי ממנו נמשך ונשתעף הדבור ממש בדבר ה' ורוח פיו בי' מאמרות בכל ימי החדש אח"כ אך לפי שהוא שרש והמקור הראשון בבחינת ראשית ההתחדשות דמ"ה כו' לא נקרא יום המעשה ממש וד"ל. ומזה יובן הטעם של המולד שלא נקרא בשם מולד אלא כאשר הלבנה איננה אלא בבחינת נקודה קטנה תחת השמש כו' ולא כאשר היא במלואה באמצע החדש כו' לפי שכאשר היא בבחינת תכלית הקירוב אל השמש שהוא בחינת יסוד אבא כידוע מתבטלת בתכלית מתמציאות עצמה ואיננה מאירה כלל באורה העצמי ואף גם מה שמקבלת מן השמש אין מאיר בה כלל רק בבחי' נקודה חדא כו' או נק' מולד לפי שנולד לה מוחין החדשי' מבחי' התחדשות האין של השמש משא"כ מה שמסתעפים בה ההארות אח"כ בימי' האמצעי' כו' שהוא בכח יש ודבר בבחי' הארת עצמות' כו' ובלתי ביטולה בתכלי' בזמן המולד לא היתה מתרחבת כלל אח"כ באמצ' החדש כו' וד"ל וה"ז ממש כביטול השכל וההשגה אל המשכיל שמחמת זה ישכיל וישיג אח"כ כו' כפי' ערך ביטולו בתחלה כו' וכמ"ש בת"א וד"ל:

ועתה יש להבין ההפרש שבין ר"ח לשבת כו'. בהיות בשבת נאמר ממצוא חפצך ודבר דבר פי' למעלה מבחי' הדבור לגמרי כו' והטע' הוא לפי שבזאת יתרון מעלת השבת על בחי' ר"ח כו' שבשבת אסור בעשיית מלאכ' לגמרי

לגמרי מפני של"ט מלאכות הן לברר בירורי דעה"ד כו' ואינם אלא בבחי' ו' ימי המעשה שהן נמשכים בר"ח מחדושי המוחין דאבא כנ"ל אבל בשבת הוא לאחר הבירור כבר דמי שטרח כו' דהיינו בחי' עליות הבירורים דכל ו' ימי המעשה כו' מלמטה למעלה והוא בחי' התענוג העליון שמתענג מאשר כבר נבררו כו' עד"מ כשאדם עושה מלאכה ומשכיל בעשייתו בכח שכלו שלמעלה מן השכל כו' נק' ירידה גם מה שמשכיל כו' אבל כששבת וינפש ממלאכתו גם המשכיל נח הוא מירידתו ובא הוא אל עצמותו כו' ונק' עליי' וזהו בחי' השבת גם בשרש המוחין דאבא כמות שהן בעצמם והוא בחי' התענוג העליון שמתפשט מן הכתר דאצילי' בז"א דאצי' בבחי' פנימיותו להתענג על הוי' ויהיה שבת להוי' דז"א כו' כמ"ש שבת לה' אלקיך כו' והיינו מדבר דבר פי' שגם חידוש המוחין הנ"ל בדבור העליון אין בשבת מפני שהוא בחי' ירידה ג"כ מן העצמות העונג ואמנם בזאת יתרון מעלת ר"ח על שבת במה שבשבת נאמר ונסכה שהיא טפלה כו' ובר"ח נא' ונסכו שוין בקומתן כו' פי' שבר"ח עולה המ"ל לקבל ממוחין דאו"א שלא ע"י המדות כלל כנ"ל אבל בשבת מקבלת מן המדות כמ"ש ונסכה כו' אך שהמדות המה עולים לקבל מבחי' עונג העליון שלמעלה מחידוש המוחין דאבא כו' ומתילא גם המ"ל עולה עמו כ"כ ולכך אסור בעשיית מלאכה כנ"ל ונמצא השבת מעלתו גבוה בדבר א' מן ר"ח ור"ח מעלתו גבוה משבת בדבר א' כו' ולכך נאמרו בענין א' בפסוק זה והיה מדי חודש בחדשו ושבת בשבתו כו' וד"ל · והנה שרש ענין שבת בשבתו שיש שבת שבתון כו' יובן עד"מ כשאדם כותב איזה שכל וחכמה הנה שכלו טרוד באותו מעשה הכתיבה איך לכותבו כו' והרי שכל זה הורד ממדריגו' עצמותו ומהותו כמו שהוא מושכל במוחו מקודם שכתבו כו' וכשהוא נח ושובת מן הכתיבה הנה אז יעלה המושכל של שכל זה שהיה טרוד בירידת מדריגות במלאכת הכתיבה ובא אל עצמותו כמו שהוא דק ורוחני בעצם השכלתו אותו במוחו כו' · והנה ידוע דיש בחי' עומק השכל באדם אשר נק' משכיל שלא יוכל להשפילו ולהורידו כלל לא בדבור ומחשבה ומכ"ש בכתב וזהו הנק' שכל קדמון שהוא מקדם למקור מוצא השכל המושג במחשבה כו' וא"כ לא יתכן לומר בו ענין עלי' ושביתה כלל מאחר שלא יוכל להמשיך למטה ולירד בהשגה כו' ונמצא מובן שלא יתכן לומר מקום השביתה והעלי' של השכל הנטרד בכתב כו' אלא על אותו השכל המושג אבל על אותו שכל הנפלא ונעלם שלא יוכל להביאו לידי השגה לא יתכן לומר שעלה אליו מאחר שלא ירד מעולם כו' אך עכ"ז יש להשתתף בו מבחי' העליה של השכל המושג ג"כ אבל לא עלי' שמחמת ירידה בתחלה כו' אלא מפני שנתעלה בו השכל המושג גם לאחר שנח ושבת מירידתו בכתיבה כו' דהיינו שבא השכל אל עצמות המושכל הנק' שכל קדמון כו' ואין זה ענין עליה וירידה כלל לגבי שכל הקדמון בעצמו כו' רק שיחשב בחי' עלי' מאד עצמו כו' וד"ל · והנמשל מכ"ז יובן שהשביתה מן המ"ע שירדה לברר ברורים בו' ימי המעשה בשבת הרי הוא בחי' עלי' שאחרי הירידה כמשל השכל הנטרד בכתב שעולה אל עצמותו כו' אבל שבת שבתון הוא שגם השבת הוא שובת ונח כו' דהיינו בחי' עליו' הכתר דאצילים בבחי' א"ק שלמעלה מעלה מכל ההשתלשלות דאצילים כו' כי בחי' הכתר דאצילים הוא בחי' העונג העליון שבו שבת וינפש ממלאכתו באו"כ דכללות האצי' כו' אבל בבחי' א"ק גם בחי' העונג זה ירידה גדולה היא כי נק' שכל קדמון שלא ירד מעולם כו' אבל הכתר דאצי' כבר ירד במלאכה אך שלאחר שישבות ממלאכתו יתענג על הוי' כו' ולכך גם החכ' נק' עדן ע"ש קבלת העונג כו' משא"כ בחי' א"ק שהוא למעלה מעלה מהיות ראש ותחלה לאצילים עד שיהיה נק' בשם מלאכתו כו' כי ידוע דבחי' פרסא מפסיק בין א"ק כו' כמ"ש בנ"א וד"ל · וזהו שבת בשבתו ששבת דאצילים עולה ונכלל להיות שובת ונח בבחי' שבתון דא"ק והוא בחי' עליה שמאד עצמו ולא מסיבת ירידה כלל כמבואר במשל וד"ל · ועד"ז יובן ענין חדש בחדשו דהיינו בחי' חדוש המוחין דאו"א כו' שמתפשטים מבחי' כתר דאצילים בכל חדש מחדשי השנה נק' חדש סתם אבל מה שגם חדש זה מקבל מחדש העצמי' שבבחי' א"ק נק' חדשו וזה יהיה לע"ל דוקא כמ"ש ישכיל עבדי וגבה מאד בבחי' א"ק עד שיהיה חידוש נפלא לחדש נשמות חדשות לגמרי שלא היו בהה"ר כלל וד"ל :

וזהו והיה מדי חדש בחדשו ושבת בשבתו יבא כל בשר להשתחוות לפני כו' · פי' כל בשר בחי' יסוד האש דחיות ושרפים פני אריה פני שור כו' בהיות ידוע דבחי' ההתלהבות דחיות ושרפים כו' הוא בחי' יש ודבר מה שיש מי שמתפעל כו' וכאשר יעלו במדריגה גבוה יותר הנה הוא כאשר יהיה בהם בחי' ביטול במציאות לגמרי שהוא ההשתחוואה מבלתי הרגשת עצמותו מכל וכל כו' ואז אין אמר ואין דברים כו' ולא ברעש כלל כו' וזהו יבא כל בשר להשתחוו' פי' שיתעלו העולמות שנק' כל בשר מפני בחי' ההתלהבות שמחמת יסוד האש שבהם כו' ויהיה בהם בחי' ההשתחוואה וביטול במציאות כו' והוא בחי' אדם בחי' מ"ה שבחכמה והיינו לפי שאז נתחדש החדש בחדשו בבחי' א"ק וכמ"ש וגבה מאד כו' כי ביום השבת יפתח להמשיך משם בחי' ביטול גם למטה מטה בחיות ושרפים הנקרא כל בשר כו'

כו' וד"ל · והנה ההשתחוואה זו גורמת למעלה ענין הירידה מן ההעלם לגלוי להיות יאר ה' פניו וזהו להשתחוו' לפני כו' פי' כי בהשתחוואה הוא מרכין ומשפיל ראשו למטה וכענין כורע בברוך שידוע הפי' שמתשיך מלמעלה למטה מברוך כתר לחכמה הנקרא אתה כו' ע"י הכריע' שמתעורר למעלה ג"כ שיכרע וירכין להשפיל ראשו מלמעלה למטה כו' כמ"ש במ"א בארוכה ונמצא ההשתחוואה זו המשכה היא למעלה שיבא ההעל' דכתר לידי גילוי כו' וד"ל · וזהו להשתחוות לפני כי הנה ידוע דבחי' פנים העליונים הוא כאשר כבר הי"ס נשתלשלו באו"כ עד שיש בחי' פנים ואחור גם בכל כלים מכלים שונים כו' ובכללות נקר' האורות בחי' פנים כו' ואם אין אחור אין פנים ושניהם באין ע"י ההשתלשלות דהיינו כאשר בא המאציל להאציל יאציל בחי' פנים ובחי' אחור כנ"ל שהן או"כ אבל קודם שבא להאציל לא יתכן לקרות עדיין בחי' פנים כלל מאחר שלא בא עדיין לבחי' השתלשלות כלל כו' וד"ל · וזהו לפני כדי שיהיה נמשך פנים דאצי' מלמעלה מן ההשתלשלות כו' הוא ע"י בחינת ההשתחוואה שגורמת ירידת ההעלם לידי גילוי כנ"ל וד"ל וזהו אמר הוי' שיהיה אמירה להויה בבחי' פנים כמ"ש יאר ה' פניו כו' וענין שרש ההמשכה הזו שיהיה בחי' פנים כו' הוא מבחי' שבתות וחדשות שבבחי' א"ק שלמעלה מעלה מכל סדרי ההשתלשלות די"ס כו' וזהו והיה מדי חדש בחדשו כו' וד"ל :

ושרש ענין שמש בשבת צדקה לעניים כו' הנה שמש הוא בחי' יסוד אבא כידוע בכתבי האריז"ל ע"פ ושמרתם את השבת כי קודש הוא כו' שהוא בחי' מוחין דאבא וידוע דז"א נק' עולם ו"ק מזרח מערב כו' וכשמאיר בחי' השמש דיסוד אבא בעולם האצי' אז הוא צדקה לעניים פי' הדבור נק' עניים שמקבלת כל ו' ימי המעשה בבחי' האחוריים כו' אבל בשבת מאיר במדות בחי' העונג העליון של השמש כנ"ל ואז הוא מרפא בכנפיה פי' לפי שבכל ו' ימי המעשה עובדי עבודת נכריה עבודתו להחיות גם ע'שרים כו' ולכך נקראת חולת אהבה כמ"ש רפדוני בתפוחים כי חולת אהבה אני כי בחי' הבירור כל היום דעה"ד טו"ר ע"י התפלה הוא שהוא בחי' שפיכת נפשי כאשר תצמא נפשי לאל חיים כו' ועד"ת החושק דבר ולא יוכל להגיע להשיגו שיחלה לבבו כמ"ש תוחלת ממשכה מחלת לב כו' ולכך התפל' נק' בשם מחלה כמו ויחל משה אחלה פניו כו' אמנם בשבת שמאיר בה בחי' הפנימי' דכתר עליון כנ"ל אז מרפא לה' לחולי האהבתה על בחי' התענוג כמו ישבעו ויתענגו כו' והטעם שנק' בשם רפואה לפי שכלתה נפשה בימי החול בבחי' חולת אהבה לכך העונג שמקבלת בשבת נק' בשם רפואה ע"ש השבת הנפש כו' וד"ל · ושרש ענין קלרי ומריעי כו' שבחי' ת"ח הוא שהתפעלותם אינו מאהבה טבעיות אלא מהתחדשות האין ליש כו' ע"כ נהפך יסוד האש שבהם לבחי' אדם ומותרים לאכול בשר גם בחול משא"כ ע"ה שמפרידו הבשר להיות בבחינת בהמה כו' אך בשבת גם הע"ה רשאי לאכול בשר לפי שבשבת כבר נתעלה בחי' הנוגה דיונק מכל בשר דבהמה כו' ואין בה רע כ"כ שיוכל להפריד מן הקדושה גם לע"ה שהתפעלותו מאהבה טבעיות עפר ומים ולא בשר כו' והוא מצות מעשיו' שהן נעשים בבחינת אהבה טבעית בלבד כמ"ש למעלה וד"ל :

דיני הלולב

לולב עם המינים ג' מיני לולב דהיינו לולב והדס וערבה יהיו קשורים ואגודים יחד ולא יהיה חוט או משיחה חוצץ ביניהם ובשעת נטילה יהיה שדרת הלולב נגד פניו ויהיו ג' הדסים אחד בימינו וא' בשמאלו ואחד באמצע השדרה נוטה קצת לימין ושני בדי ערבות א' לימין וא' לשמאל ומן הדין יש לברך על הלולב אחר התפלה קודם ההלל אלא לפי שמצות נטילתו בסוכה הוא מצוה מן המובחר וא"א אפשר לצאת מבית הכנסת מפני הרואים לפיכך בבוקר קודם שיתפלל בעודו בסוכה יברך · ויקח הלולב תחלה לבדו בימינו ויברך אח"כ יקח האתרוג בשמאלו ובמקום סיום הלולב והדס וערבה יחבר האתרוג עם הלולב וינענע לו"ק ח"י נענועים שבכל צד שינענע יעשה שלש הולכות וג' הובאות דהיינו הולכה והובאה ג' פעמים ובכל הובאה יגע סוף הלולב ומיניו והאתרוג לחזה שלו ממש וכשינענע יזהר שלא יגע ראש הלולב לכותל רק שיהיה הלל בינתים · סדר הנענועים הראשון לדרום השני לצפון הג' למזרח הרביעי למעלה החמישי למטה (ולא שיהפך ח"ו ראש הלולב למטה אלא שההולכה תהיה לצד מטה וההובאה לצד מעלה היפך הלמעלה · וכן בכל הנענועים יהיה ראש הלולב לצד מעלה אלא שהולכה תהיה לאותו צד שמנענע) הששי למערב · ובהלל יעשה ד"פ ח"י נענועים דהיינו פעם א' בהודו לה' שבתחלה ואחד באנא ה' הושיעה נא וא' בכופלו אנא ה' הושיעה נא ואחד בהודו לבסוף · ואם בירך על הלולב אחר התפילה בב"ה לא ינענע בהלל אלא ג"פ דהיינו בהודו תחלה וסוף ובאנא פ"א (כמ"ש בר"מ) :

בִּרְכַּת לוּלָב

ביום ראשון מברך

בָּרוּךְ אַתָּה יְהֹוָה אֱלֹהֵינוּ מֶלֶךְ הָעוֹלָם אֲשֶׁר קִדְּשָׁנוּ בְּמִצְוֹתָיו וְצִוָּנוּ עַל נְטִילַת לוּלָב:

בָּרוּךְ אַתָּה יְהֹוָה אֱלֹהֵינוּ מֶלֶךְ הָעוֹלָם שֶׁהֶחֱיָנוּ וְקִיְּמָנוּ וְהִגִּיעָנוּ לַזְּמַן הַזֶּה:

סֵדֶר הַלֵּל

אלו ימים שגומרים בהם את ההלל כ׳ ימים וב׳ לילות ראשונים של פסח ב׳ ימים דשבועות ט׳ ימים דסוכות ח׳ ימים דחנוכה ובימים שאין גומרים את ההלל יש לנהוג שהש״ץ לבדו יברך בתחילה ובסוף והקהל יענו אמן ויצאו בברכתו:

בָּרוּךְ אַתָּה יְהֹוָה אֱלֹהֵינוּ מֶלֶךְ הָעוֹלָם אֲשֶׁר קִדְּשָׁנוּ בְּמִצְוֹתָיו וְצִוָּנוּ לִקְרוֹא אֶת הַהַלֵּל:

הַלְלוּיָהּ הַלְלוּ עַבְדֵי יְהֹוָה הַלְלוּ אֶת שֵׁם יְהֹוָה: יְהִי שֵׁם יְהֹוָה מְבֹרָךְ מֵעַתָּה וְעַד עוֹלָם: מִמִּזְרַח שֶׁמֶשׁ עַד מְבוֹאוֹ מְהֻלָּל שֵׁם יְהֹוָה: רָם עַל כָּל גּוֹיִם יְהֹוָה עַל הַשָּׁמַיִם כְּבוֹדוֹ: מִי כַּיהֹוָה אֱלֹהֵינוּ הַמַּגְבִּיהִי לָשָׁבֶת: הַמַּשְׁפִּילִי לִרְאוֹת בַּשָּׁמַיִם וּבָאָרֶץ: מְקִימִי מֵעָפָר דָּל מֵאַשְׁפֹּת יָרִים אֶבְיוֹן: לְהוֹשִׁיבִי עִם נְדִיבִים עִם נְדִיבֵי עַמּוֹ: מוֹשִׁיבִי עֲקֶרֶת הַבַּיִת אֵם הַבָּנִים שְׂמֵחָה הַלְלוּיָהּ:

בְּצֵאת יִשְׂרָאֵל מִמִּצְרָיִם בֵּית יַעֲקֹב מֵעַם לֹעֵז: הָיְתָה יְהוּדָה לְקָדְשׁוֹ יִשְׂרָאֵל מַמְשְׁלוֹתָיו: הַיָּם רָאָה וַיָּנֹס הַיַּרְדֵּן יִסֹּב לְאָחוֹר: הֶהָרִים רָקְדוּ כְאֵילִים גְּבָעוֹת כִּבְנֵי צֹאן: מַה לְּךָ הַיָּם כִּי תָנוּס הַיַּרְדֵּן תִּסֹּב לְאָחוֹר: הֶהָרִים תִּרְקְדוּ כְאֵילִים גְּבָעוֹת כִּבְנֵי צֹאן: מִלִּפְנֵי אָדוֹן חוּלִי אָרֶץ מִלִּפְנֵי אֱלוֹהַּ יַעֲקֹב: הַהֹפְכִי הַצּוּר אֲגַם מָיִם חַלָּמִישׁ לְמַעְיְנוֹ מָיִם:

בר״ח ובחוה״מ פסח גם שני ימים האחרונים של פסח מדלגין זה:

לֹא לָנוּ יְהֹוָה לֹא לָנוּ כִּי לְשִׁמְךָ תֵּן כָּבוֹד עַל חַסְדְּךָ עַל אֲמִתֶּךָ: לָמָּה יֹאמְרוּ הַגּוֹיִם אַיֵּה נָא אֱלֹהֵיהֶם: וֵאלֹהֵינוּ בַשָּׁמָיִם כֹּל אֲשֶׁר חָפֵץ עָשָׂה: עֲצַבֵּיהֶם כֶּסֶף וְזָהָב מַעֲשֵׂה יְדֵי אָדָם: פֶּה לָהֶם וְלֹא יְדַבֵּרוּ עֵינַיִם לָהֶם וְלֹא יִרְאוּ: אָזְנַיִם לָהֶם וְלֹא יִשְׁמָעוּ אַף לָהֶם וְלֹא יְרִיחוּן: יְדֵיהֶם וְלֹא יְמִישׁוּן רַגְלֵיהֶם וְלֹא יְהַלֵּכוּ לֹא יֶהְגּוּ בִּגְרוֹנָם: כְּמוֹהֶם יִהְיוּ עֹשֵׂיהֶם כֹּל אֲשֶׁר בֹּטֵחַ בָּהֶם: יִשְׂרָאֵל בְּטַח בַּיהֹוָה עֶזְרָם וּמָגִנָּם הוּא: בֵּית אַהֲרֹן בִּטְחוּ בַיהֹוָה עֶזְרָם וּמָגִנָּם הוּא: יִרְאֵי יְהֹוָה בִּטְחוּ בַיהֹוָה עֶזְרָם וּמָגִנָּם הוּא: ע״כ

יְהֹוָה זְכָרָנוּ יְבָרֵךְ יְבָרֵךְ אֶת בֵּית יִשְׂרָאֵל יְבָרֵךְ אֶת בֵּית אַהֲרֹן: יְבָרֵךְ יִרְאֵי יְהֹוָה הַקְּטַנִּים עִם הַגְּדֹלִים: יֹסֵף יְהֹוָה עֲלֵיכֶם עֲלֵיכֶם וְעַל בְּנֵיכֶם: בְּרוּכִים אַתֶּם לַיהֹוָה עֹשֵׂה שָׁמַיִם וָאָרֶץ: הַשָּׁמַיִם שָׁמַיִם לַיהֹוָה וְהָאָרֶץ נָתַן לִבְנֵי אָדָם: לֹא הַמֵּתִים יְהַלְלוּיָהּ וְלֹא כָּל יֹרְדֵי דוּמָה: וַאֲנַחְנוּ נְבָרֵךְ יָהּ מֵעַתָּה וְעַד עוֹלָם הַלְלוּיָהּ:

בר״ח ובחוה״מ פסח גם שני ימים האחרונים של פסח מדלגין זה:

אָהַבְתִּי כִּי יִשְׁמַע יְהֹוָה אֶת קוֹלִי תַּחֲנוּנָי: כִּי הִטָּה אָזְנוֹ לִי וּבְיָמַי אֶקְרָא: אֲפָפוּנִי חֶבְלֵי מָוֶת וּמְצָרֵי שְׁאוֹל

מצאוני

מְצָאוּנִי צָרָה וְיָגוֹן אֶמְצָא : וּבְשֵׁם יְהֹוָה אֶקְרָא אָנָּה יְהֹוָה
מַלְּטָה נַפְשִׁי : חַנּוּן יְהֹוָה וְצַדִּיק וֵאלֹהֵינוּ מְרַחֵם : שֹׁמֵר
פְּתָאִים יְהֹוָה דַּלּוֹתִי וְלִי יְהוֹשִׁיעַ : שׁוּבִי נַפְשִׁי לִמְנוּחָיְכִי
כִּי יְהֹוָה גָּמַל עָלָיְכִי : כִּי חִלַּצְתָּ נַפְשִׁי מִמָּוֶת אֶת עֵינִי מִן
דִּמְעָה אֶת רַגְלִי מִדֶּחִי : אֶתְהַלֵּךְ לִפְנֵי יְהֹוָה בְּאַרְצוֹת
הַחַיִּים : הֶאֱמַנְתִּי כִּי אֲדַבֵּר אֲנִי עָנִיתִי מְאֹד : אֲנִי אָמַרְתִּי
בְחָפְזִי כָּל הָאָדָם כֹּזֵב : ע״כ

מָה אָשִׁיב לַיהֹוָה כָּל תַּגְמוּלוֹהִי
עָלָי : כּוֹס יְשׁוּעוֹת אֶשָּׂא וּבְשֵׁם
יְהֹוָה אֶקְרָא : נְדָרַי לַיהֹוָה אֲשַׁלֵּם
נֶגְדָה נָּא לְכָל עַמּוֹ : יָקָר בְּעֵינֵי יְהֹוָה
הַמָּוְתָה לַחֲסִידָיו : אָנָּה יְהֹוָה כִּי אֲנִי
עַבְדֶּךָ אֲנִי עַבְדְּךָ בֶּן אֲמָתֶךָ פִּתַּחְתָּ
לְמוֹסֵרָי : לְךָ אֶזְבַּח זֶבַח תּוֹדָה וּבְשֵׁם
יְהֹוָה אֶקְרָא : נְדָרַי לַיהֹוָה אֲשַׁלֵּם
נֶגְדָה נָּא לְכָל עַמּוֹ : בְּחַצְרוֹת בֵּית
יְהֹוָה בְּתוֹכֵכִי יְרוּשָׁלָיִם הַלְלוּיָהּ :

הַלְלוּ אֶת יְהֹוָה כָּל גּוֹיִם שַׁבְּחוּהוּ כָּל הָאֻמִּים : כִּי
גָבַר עָלֵינוּ חַסְדּוֹ וֶאֱמֶת יְהֹוָה לְעוֹלָם הַלְלוּיָהּ :

הוֹדוּ לַיהֹוָה כִּי טוֹב כִּי לְעוֹלָם חַסְדּוֹ :
יֹאמַר נָא יִשְׂרָאֵל כִּי לְעוֹלָם חַסְדּוֹ :
יֹאמְרוּ נָא בֵית אַהֲרֹן כִּי לְעוֹלָם חַסְדּוֹ :
יֹאמְרוּ נָא יִרְאֵי יְהֹוָה כִּי לְעוֹלָם חַסְדּוֹ :

מִן הַמֵּצַר קָרָאתִי יָּהּ עָנָנִי בַמֶּרְחָב יָהּ :
יְהֹוָה לִי לֹא אִירָא מַה יַּעֲשֶׂה לִי
אָדָם : יְהֹוָה לִי בְּעֹזְרָי וַאֲנִי אֶרְאֶה
בְשֹׂנְאָי : טוֹב לַחֲסוֹת בַּיהֹוָה מִבְּטֹחַ
בָּאָדָם : טוֹב לַחֲסוֹת בַּיהֹוָה מִבְּטֹחַ
בִּנְדִיבִים : כָּל גּוֹיִם סְבָבוּנִי בְּשֵׁם
יְהֹוָה כִּי אֲמִילַם : סַבּוּנִי גַם סְבָבוּנִי
בְּשֵׁם יְהֹוָה כִּי אֲמִילַם : סַבּוּנִי
כִדְבֹרִים דֹּעֲכוּ כְּאֵשׁ קוֹצִים בְּשֵׁם
יְהֹוָה כִּי אֲמִילַם : דָּחֹה דְחִיתַנִי
לִנְפֹּל וַיהֹוָה עֲזָרָנִי : עָזִּי וְזִמְרָת
יָהּ וַיְהִי לִי לִישׁוּעָה : קוֹל רִנָּה
וִישׁוּעָה בְּאָהֳלֵי צַדִּיקִים יְמִין יְהֹוָה
עֹשָׂה חָיִל : יְמִין יְהֹוָה רוֹמֵמָה
יְמִין יְהֹוָה עֹשָׂה חָיִל : לֹא אָמוּת כִּי
אֶחְיֶה וַאֲסַפֵּר מַעֲשֵׂי יָהּ : יַסֹּר
יִסְּרַנִּי יָּהּ וְלַמָּוֶת לֹא נְתָנָנִי : פִּתְחוּ
לִי שַׁעֲרֵי צֶדֶק אָבֹא בָם אוֹדֶה יָהּ :
זֶה הַשַּׁעַר לַיהֹוָה צַדִּיקִים יָבֹאוּ בוֹ :
אוֹדְךָ כִּי עֲנִיתָנִי וַתְּהִי לִי לִישׁוּעָה :
אודך אֶבֶן מָאֲסוּ הַבּוֹנִים הָיְתָה לְרֹאשׁ
פִּנָּה : אבן מֵאֵת יְהֹוָה הָיְתָה זֹּאת הִיא
נִפְלָאת בְּעֵינֵינוּ : מאת זֶה הַיּוֹם עָשָׂה
יְהֹוָה נָגִילָה וְנִשְׂמְחָה בוֹ : זה

אָנָּא יְהֹוָה הוֹשִׁיעָה נָּא :
אָנָּא יְהֹוָה הוֹשִׁיעָה נָּא :
אָנָּא יְהֹוָה הַצְלִיחָה נָא :
אָנָּא יְהֹוָה הַצְלִיחָה נָא :

ברוך

בָּרוּךְ הַבָּא בְּשֵׁם יְהֹוָה בֵּרַכְנוּכֶם מִבֵּית יְהֹוָה : ברוך אֵל יְהֹוָה וַיָּאֶר לָנוּ אִסְרוּ חַג בַּעֲבֹתִים עַד קַרְנוֹת הַמִּזְבֵּחַ : אל אֵלִי אַתָּה וְאוֹדֶךָּ אֱלֹהַי אֲרוֹמְמֶךָּ : אלי הוֹדוּ לַיהֹוָה כִּי טוֹב כִּי לְעוֹלָם חַסְדּוֹ : הודו

יְהַלְלוּךָ יְהֹוָה אֱלֹהֵינוּ (עַל) כָּל מַעֲשֶׂיךָ · וַחֲסִידֶיךָ צַדִּיקִים עוֹשֵׂי רְצוֹנֶךָ וְכָל עַמְּךָ בֵּית יִשְׂרָאֵל בְּרִנָּה יוֹדוּ וִיבָרְכוּ וִישַׁבְּחוּ וִיפָאֲרוּ וִירוֹמְמוּ וְיַעֲרִיצוּ וְיַקְדִּישׁוּ וְיַמְלִיכוּ אֶת שִׁמְךָ מַלְכֵּנוּ : כִּי לְךָ טוֹב לְהוֹדוֹת וּלְשִׁמְךָ נָאֶה לְזַמֵּר כִּי מֵעוֹלָם וְעַד עוֹלָם אַתָּה אֵל : בָּרוּךְ אַתָּה יְהֹוָה מֶלֶךְ מְהֻלָּל בַּתִּשְׁבָּחוֹת :

יש נוהגין לומר בר"ח אחר הלל פסוק זה

וְאַבְרָהָם זָקֵן בָּא בַּיָּמִים וַיהֹוָה בֵּרַךְ אֶת אַבְרָהָם בַּכֹּל :

ויאמר זבדי"ה ישמרני ויחייני כן יהי רצון מלפניך אלהים חיים ומלך עולם אשר בידו נפש כל חי אמן : כל זה יאמר ג"פ :

בר"ח וביום טוב ובחוה"מ קדיש שלם ובחנוכה חצי קדיש · בר"ח וביום טוב ובחוה"מ אומרים כאן שיר של יום(*) ובר"ח אומרים **ברכי** נפשי אחר שיר של יום(*) ק"י ומוציאין ספר תורה וקוראין בר"ח ובחוה"מ ד' גברי קדיש על ס"ת ואח"כ אומרים אשרי ובא לציון ומכניסין ס"ת להיכל ואח"כ אומר הש"ץ חצי קדיש ומתפללין תפלת המוסף ומסירין התפילין בר"ח קודם הקדיש · ובחנוכה ג' גברי וקדיש אשרי ובא לציון קדיש שלם ומכניסין ס"ת להיכל ואח"כ אומרים בית יעקב :

מוסף לראש חודש

אֲדֹנָי שְׂפָתַי תִּפְתָּח וּפִי יַגִּיד תְּהִלָּתֶךָ :

בָּרוּךְ אַתָּה יְהֹוָה אֱלֹהֵינוּ וֵאלֹהֵי אֲבוֹתֵינוּ אֱלֹהֵי אַבְרָהָם אֱלֹהֵי יִצְחָק וֵאלֹהֵי יַעֲקֹב · הָאֵל הַגָּדוֹל הַגִּבּוֹר וְהַנּוֹרָא אֵל עֶלְיוֹן · גּוֹמֵל חֲסָדִים טוֹבִים · קוֹנֵה הַכֹּל וְזוֹכֵר חַסְדֵי אָבוֹת וּמֵבִיא גוֹאֵל לִבְנֵי בְנֵיהֶם לְמַעַן שְׁמוֹ בְּאַהֲבָה :

מֶלֶךְ עוֹזֵר וּמוֹשִׁיעַ וּמָגֵן : בָּרוּךְ אַתָּה יְהֹוָה מָגֵן אַבְרָהָם :

אַתָּה גִבּוֹר לְעוֹלָם אֲדֹנָי מְחַיֵּה מֵתִים אַתָּה רַב לְהוֹשִׁיעַ
בקיץ מוֹרִיד הַטָּל : בחורף מַשִּׁיב הָרוּחַ וּמוֹרִיד הַגֶּשֶׁם :
מְכַלְכֵּל חַיִּים בְּחֶסֶד מְחַיֵּה מֵתִים בְּרַחֲמִים רַבִּים סוֹמֵךְ נוֹפְלִים וְרוֹפֵא חוֹלִים וּמַתִּיר אֲסוּרִים וּמְקַיֵּם אֱמוּנָתוֹ לִישֵׁנֵי עָפָר : מִי כָמוֹךָ בַּעַל גְּבוּרוֹת וּמִי דּוֹמֶה לָּךְ מֶלֶךְ מֵמִית וּמְחַיֶּה וּמַצְמִיחַ יְשׁוּעָה :

וְנֶאֱמָן אַתָּה לְהַחֲיוֹת מֵתִים : בָּרוּךְ אַתָּה יְהֹוָה מְחַיֵּה הַמֵּתִים :

כשהש"ץ חוזר הש"ע אומרים זה

כֶּתֶר יִתְּנוּ לְךָ יְהֹוָה אֱלֹהֵינוּ מַלְאָכִים הֲמוֹנֵי מַעְלָה וְעַמְּךָ יִשְׂרָאֵל קְבוּצֵי מַטָּה יַחַד כֻּלָּם קְדֻשָּׁה לְךָ יְשַׁלֵּשׁוּ : כַּכָּתוּב עַל יַד נְבִיאֶךָ וְקָרָא זֶה אֶל זֶה וְאָמַר : קָדוֹשׁ קָדוֹשׁ קָדוֹשׁ יְהֹוָה צְבָאוֹת מְלֹא כָל הָאָרֶץ כְּבוֹדוֹ : לְעֻמָּתָם מְשַׁבְּחִים וְאוֹמְרִים : בָּרוּךְ כְּבוֹד יְהֹוָה מִמְּקוֹמוֹ : וּבְדִבְרֵי קָדְשְׁךָ כָּתוּב לֵאמֹר : יִמְלֹךְ יְהֹוָה לְעוֹלָם אֱלֹהַיִךְ צִיּוֹן לְדֹר וָדֹר הַלְלוּיָהּ :

אַתָּה קָדוֹשׁ וְשִׁמְךָ קָדוֹשׁ וּקְדוֹשִׁים בְּכָל יוֹם יְהַלְלוּךָ סֶּלָה : בָּרוּךְ אַתָּה יְהֹוָה הָאֵל הַקָּדוֹשׁ :

ראשי

*) בחוה"מ סוכות (*כר"ח אלול אומרים לדוד ה' אורי

לחו"ל
רָאשֵׁי חֳדָשִׁים לְעַמְּךָ נָתַתָּ · זְמַן
כַּפָּרָה לְכָל תּוֹלְדוֹתָם :
בִּהְיוֹתָם מַקְרִיבִים לְפָנֶיךָ זִבְחֵי
רָצוֹן וּשְׂעִירֵי חַטָּאוֹת לְכַפֵּר בַּעֲדָם :
זִכָּרוֹן לְכֻלָּם יִהְיֶה וּתְשׁוּעַת נַפְשָׁם
מִיַּד שׂוֹנֵא : מִזְבֵּחַ חָדָשׁ בְּצִיּוֹן תָּכִין ·
וְעוֹלַת רֹאשׁ חֹדֶשׁ נַעֲלֶה עָלָיו וּשְׂעִירֵי
עִזִּים נַעֲשֶׂה בְרָצוֹן · וּבַעֲבוֹדַת בֵּית
הַמִּקְדָּשׁ נִשְׂמַח כֻּלָּנוּ : וּבְשִׁירֵי דָוִד
עַבְדֶּךָ הַנִּשְׁמָעִים בְּעִירֶךָ הָאֲמוּרִים
לִפְנֵי מִזְבְּחֶךָ · אַהֲבַת עוֹלָם תָּבִיא
לָהֶם וּבְרִית אָבוֹת לַבָּנִים תִּזְכּוֹר :
וַהֲבִיאֵנוּ לְצִיּוֹן עִירְךָ בְּרִנָּה
וְלִירוּשָׁלַיִם בֵּית מִקְדָּשְׁךָ בְּשִׂמְחַת
עוֹלָם : וְשָׁם נַעֲשֶׂה לְפָנֶיךָ אֶת
קָרְבְּנוֹת חוֹבוֹתֵינוּ · תְּמִידִים כְּסִדְרָם
וּמוּסָפִים כְּהִלְכָתָם : וְאֶת מוּסַף יוֹם
רֹאשׁ הַחֹדֶשׁ הַזֶּה · נַעֲשֶׂה וְנַקְרִיב
לְפָנֶיךָ בְּאַהֲבָה כְּמִצְוַת רְצוֹנֶךָ כְּמוֹ
שֶׁכָּתַבְתָּ עָלֵינוּ בְּתוֹרָתֶךָ · עַל יְדֵי
מֹשֶׁה עַבְדֶּךָ מִפִּי כְבוֹדֶךָ כָּאָמוּר :
וּבְרָאשֵׁי חָדְשֵׁיכֶם תַּקְרִיבוּ עֹלָה לַיהוָה פָּרִים בְּנֵי
בָקָר שְׁנַיִם וְאַיִל אֶחָד כְּבָשִׂים בְּנֵי שָׁנָה
שִׁבְעָה תְּמִימִם :
וּמִנְחָתָם וְנִסְכֵּיהֶם כִּמְדֻבָּר שְׁלֹשָׁה עֶשְׂרֹנִים לַפָּר
וּשְׁנֵי עֶשְׂרֹנִים לָאַיִל וְעִשָּׂרוֹן לַכֶּבֶשׂ וְיַיִן

כנסכו

לשבת
אַתָּה יָצַרְתָּ עוֹלָמְךָ מִקֶּדֶם כִּלִּיתָ
מְלַאכְתְּךָ בַּיּוֹם הַשְּׁבִיעִי :
אָהַבְתָּ אוֹתָנוּ וְרָצִיתָ בָּנוּ וְרוֹמַמְתָּנוּ
מִכָּל הַלְּשׁוֹנוֹת וְקִדַּשְׁתָּנוּ בְּמִצְוֹתֶיךָ
וְקֵרַבְתָּנוּ מַלְכֵּנוּ לַעֲבוֹדָתֶךָ · וְשִׁמְךָ
הַגָּדוֹל וְהַקָּדוֹשׁ עָלֵינוּ קָרָאתָ : וַתִּתֶּן
לָנוּ יְהוָה אֱלֹהֵינוּ בְּאַהֲבָה שַׁבָּתוֹת
לִמְנוּחָה · וְרָאשֵׁי חֳדָשִׁים לְכַפָּרָה :
וּלְפִי שֶׁחָטָאנוּ לְפָנֶיךָ אֲנַחְנוּ
וַאֲבוֹתֵינוּ חָרְבָה עִירֵנוּ וְשָׁמֵם בֵּית
מִקְדָּשֵׁנוּ וְגָלָה יְקָרֵנוּ וְנֻטַּל כָּבוֹד
מִבֵּית חַיֵּינוּ : וְאֵין אֲנוּ יְכוֹלִים לַעֲשׂוֹת
חוֹבוֹתֵינוּ בְּבֵית בְּחִירָתֶךָ בַּבַּיִת
הַגָּדוֹל וְהַקָּדוֹשׁ שֶׁנִּקְרָא שִׁמְךָ עָלָיו
מִפְּנֵי הַיָּד שֶׁנִּשְׁתַּלְּחָה בְּמִקְדָּשֶׁךָ :
יְהִי רָצוֹן מִלְּפָנֶיךָ יְהוָה אֱלֹהֵינוּ וֵאלֹהֵי
אֲבוֹתֵינוּ שֶׁתַּעֲלֵנוּ בְשִׂמְחָה
לְאַרְצֵנוּ וְתִטָּעֵנוּ בִּגְבוּלֵנוּ וְשָׁם
נַעֲשֶׂה לְפָנֶיךָ אֶת קָרְבְּנוֹת חוֹבוֹתֵינוּ
תְּמִידִים כְּסִדְרָם וּמוּסָפִים כְּהִלְכָתָם :
וְאֶת מוּסְפֵי יוֹם הַשַּׁבָּת הַזֶּה · וְיוֹם
רֹאשׁ הַחֹדֶשׁ הַזֶּה · נַעֲשֶׂה וְנַקְרִיב
לְפָנֶיךָ בְּאַהֲבָה כְּמִצְוַת רְצוֹנֶךָ · כְּמוֹ
שֶׁכָּתַבְתָּ עָלֵינוּ בְּתוֹרָתֶךָ · עַל יְדֵי
מֹשֶׁה עַבְדֶּךָ מִפִּי כְבוֹדֶךָ כָּאָמוּר :

וביום

לשבת

וּבְיוֹם הַשַּׁבָּת שְׁנֵי כְבָשִׂים בְּנֵי שָׁנָה תְּמִימִם וּשְׁנֵי עֶשְׂרֹנִים סֹלֶת מִנְחָה בְּלוּלָה בַשֶּׁמֶן וְנִסְכּוֹ: עֹלַת שַׁבַּת בְּשַׁבַּתּוֹ עַל עֹלַת הַתָּמִיד וְנִסְכָּהּ: וּבְרָאשֵׁי חָדְשֵׁיכֶם תַּקְרִיבוּ עֹלָה לַיהוָה פָּרִים בְּנֵי בָקָר שְׁנַיִם וְאַיִל אֶחָד כְּבָשִׂים בְּנֵי שָׁנָה שִׁבְעָה תְּמִימִם: וּמִנְחָתָם וְנִסְכֵּיהֶם כִּמְדֻבָּר שְׁלֹשָׁה עֶשְׂרֹנִים לַפָּר וּשְׁנֵי עֶשְׂרֹנִים לָאָיִל וְעִשָּׂרוֹן לַכֶּבֶשׂ וְיַיִן כְּנִסְכּוֹ וְשָׂעִיר לְכַפֵּר וּשְׁנֵי תְמִידִים כְּהִלְכָתָם:

לחול

כְּנִסְכּוֹ וְשָׂעִיר לְכַפֵּר וּשְׁנֵי תְמִידִים כְּהִלְכָתָם: אֱלֹהֵינוּ וֵאלֹהֵי אֲבוֹתֵינוּ · חַדֵּשׁ עָלֵינוּ אֶת הַחֹדֶשׁ הַזֶּה · לְטוֹבָה וְלִבְרָכָה · לְשָׂשׂוֹן וּלְשִׂמְחָה · לִישׁוּעָה וּלְנֶחָמָה · לְפַרְנָסָה וּלְכַלְכָּלָה · לְחַיִּים טוֹבִים וּלְשָׁלוֹם. לִמְחִילַת חֵטְא וְלִסְלִיחַת עָוֹן · כִּי בְעַמְּךָ יִשְׂרָאֵל בָּחַרְתָּ מִכָּל הָאֻמּוֹת · וְחֻקֵּי רָאשֵׁי חֳדָשִׁים לָהֶם קָבָעְתָּ: בָּרוּךְ אַתָּה יְהוָה מְקַדֵּשׁ יִשְׂרָאֵל וְרָאשֵׁי חֳדָשִׁים:

רצה ומודים וכו'

יִשְׂמְחוּ בְמַלְכוּתְךָ שׁוֹמְרֵי שַׁבָּת וְקוֹרְאֵי עֹנֶג עַם מְקַדְּשֵׁי שְׁבִיעִי · כֻּלָּם יִשְׂבְּעוּ וְיִתְעַנְּגוּ מִטּוּבֶךָ · וּבַשְּׁבִיעִי רָצִיתָ בּוֹ וְקִדַּשְׁתּוֹ חֶמְדַּת יָמִים אוֹתוֹ קָרָאתָ זֵכֶר לְמַעֲשֵׂה בְרֵאשִׁית:

אֱלֹהֵינוּ וֵאלֹהֵי אֲבוֹתֵינוּ רְצֵה נָא בִמְנוּחָתֵנוּ · וְחַדֵּשׁ עָלֵינוּ בְּיוֹם הַשַּׁבָּת הַזֶּה אֶת הַחֹדֶשׁ הַזֶּה לְטוֹבָה וְלִבְרָכָה · לְשָׂשׂוֹן וּלְשִׂמְחָה · לִישׁוּעָה וּלְנֶחָמָה · לְפַרְנָסָה וּלְכַלְכָּלָה · לְחַיִּים טוֹבִים וּלְשָׁלוֹם · לִמְחִילַת חֵטְא וְלִסְלִיחַת עָוֹן: קַדְּשֵׁנוּ בְּמִצְוֹתֶיךָ וְתֵן חֶלְקֵנוּ בְּתוֹרָתֶךָ · שַׂבְּעֵנוּ מִטּוּבֶךָ וְשַׂמַּח נַפְשֵׁנוּ בִּישׁוּעָתֶךָ וְטַהֵר לִבֵּנוּ לְעָבְדְּךָ בֶּאֱמֶת: וְהַנְחִילֵנוּ יְהוָה אֱלֹהֵינוּ בְּאַהֲבָה וּבְרָצוֹן שַׁבַּת קָדְשֶׁךָ · וְיָנוּחוּ בוֹ כָּל יִשְׂרָאֵל מְקַדְּשֵׁי שְׁמֶךָ: כִּי בְעַמְּךָ יִשְׂרָאֵל בָּחַרְתָּ מִכָּל הָאֻמּוֹת וְשַׁבַּת קָדְשְׁךָ לָהֶם הוֹדַעְתָּ וְחֻקֵּי רָאשֵׁי חֳדָשִׁים לָהֶם קָבָעְתָּ. בָּרוּךְ אַתָּה יְהוָה מְקַדֵּשׁ הַשַּׁבָּת וְיִשְׂרָאֵל וְרָאשֵׁי חֳדָשִׁים:

רְצֵה יְהוָה אֱלֹהֵינוּ בְּעַמְּךָ יִשְׂרָאֵל וְלִתְפִלָּתָם שְׁעֵה · וְהָשֵׁב הָעֲבוֹדָה לִדְבִיר בֵּיתֶךָ וְאִשֵּׁי יִשְׂרָאֵל וּתְפִלָּתָם בְּאַהֲבָה תְקַבֵּל בְּרָצוֹן וּתְהִי לְרָצוֹן תָּמִיד עֲבוֹדַת יִשְׂרָאֵל עַמֶּךָ:

וְתֶחֱזֶינָה עֵינֵינוּ בְּשׁוּבְךָ לְצִיּוֹן בְּרַחֲמִים: בָּרוּךְ אַתָּה יְהוָה הַמַּחֲזִיר שְׁכִינָתוֹ לְצִיּוֹן: מודים דרבנן

מוֹדִים אֲנַחְנוּ לָךְ שָׁאַתָּה הוּא יְהוָה אֱלֹהֵינוּ וֵאלֹהֵי אֲבוֹתֵינוּ לְעוֹלָם וָעֶד: צוּר חַיֵּינוּ מָגֵן יִשְׁעֵנוּ אַתָּה הוּא לְדוֹר וָדוֹר נוֹדֶה לְּךָ וּנְסַפֵּר תְּהִלָּתֶךָ עַל חַיֵּינוּ הַמְּסוּרִים בְּיָדֶךָ וְעַל נִשְׁמוֹתֵינוּ הַפְּקוּדוֹת לָךְ וְעַל נִסֶּיךָ שֶׁבְּכָל יוֹם עִמָּנוּ וְעַל נִפְלְאוֹתֶיךָ וְטוֹבוֹתֶיךָ שֶׁבְּכָל עֵת עֶרֶב וָבֹקֶר וְצָהֳרָיִם: הַטּוֹב כִּי לֹא כָלוּ רַחֲמֶיךָ וְהַמְרַחֵם כִּי לֹא תַמּוּ חֲסָדֶיךָ כִּי מֵעוֹלָם קִוִּינוּ לָךְ: בחנוכה ועל הנסים

וְעַל כֻּלָּם יִתְבָּרַךְ וְיִתְרוֹמַם וְיִתְנַשֵּׂא שִׁמְךָ מַלְכֵּנוּ תָּמִיד לְעוֹלָם וָעֶד:

וְכָל הַחַיִּים יוֹדוּךָ סֶּלָה וִיהַלְלוּ אֶת שִׁמְךָ הַגָּדוֹל לְעוֹלָם כִּי טוֹב הָאֵל יְשׁוּעָתֵנוּ וְעֶזְרָתֵנוּ סֶלָה הָאֵל הַטּוֹב בָּרוּךְ אַתָּה יְהוָה הַטּוֹב שִׁמְךָ וּלְךָ נָאֶה לְהוֹדוֹת:

לש"ץ

אֱלֹהֵינוּ ואלהי אבותינו ברכנו בברכה המשולשת בתורה הכתובה על ידי משה עבדך האמורה מפי אהרן ובניו כהנים עם קדושך כאמור: יברכך יהוה וישמרך: אמן: יאר יהוה פניו אליך ויחנך: אמן: ישא יהוה פניו אליך וישם לך שלום: אמן:

שִׂים שָׁלוֹם טוֹבָה וּבְרָכָה חַיִּים חֵן וָחֶסֶד וְרַחֲמִים עָלֵינוּ וְעַל כָּל יִשְׂרָאֵל עַמֶּךָ בָּרְכֵנוּ אָבִינוּ כֻּלָּנוּ כְּאֶחָד בְּאוֹר פָּנֶיךָ כִּי בְאוֹר פָּנֶיךָ נָתַתָּ לָנוּ יְהוָה אֱלֹהֵינוּ תּוֹרַת חַיִּים וְאַהֲבַת חֶסֶד וּצְדָקָה וּבְרָכָה וְרַחֲמִים וְחַיִּים וְשָׁלוֹם וְטוֹב בְּעֵינֶיךָ לְבָרֵךְ אֶת עַמְּךָ יִשְׂרָאֵל בְּכָל עֵת וּבְכָל שָׁעָה בִּשְׁלוֹמֶךָ:

בָּרוּךְ אַתָּה יְהוָה הַמְבָרֵךְ אֶת עַמּוֹ יִשְׂרָאֵל בַּשָּׁלוֹם:

יִהְיוּ לְרָצוֹן אִמְרֵי פִי וְהֶגְיוֹן לִבִּי לְפָנֶיךָ יְהוָה צוּרִי וְגוֹאֲלִי: לש"ץ ק"ש

אֱלֹהַי נְצוֹר לְשׁוֹנִי מֵרָע וּשְׂפָתַי מִדַּבֵּר מִרְמָה. וְלִמְקַלְלַי נַפְשִׁי תִדֹּם · וְנַפְשִׁי כֶּעָפָר לַכֹּל תִּהְיֶה · פְּתַח לִבִּי בְּתוֹרָתֶךָ וּבְמִצְוֹתֶיךָ תִּרְדּוֹף נַפְשִׁי וְכָל הַחוֹשְׁבִים עָלַי רָעָה מְהֵרָה הָפֵר עֲצָתָם וְקַלְקֵל מַחֲשַׁבְתָּם · יִהְיוּ כְּמֹץ לִפְנֵי רוּחַ וּמַלְאַךְ יְהוָה דֹּחֶה · לְמַעַן יֵחָלְצוּן יְדִידֶיךָ הוֹשִׁיעָה יְמִינְךָ וַעֲנֵנִי: עֲשֵׂה לְמַעַן שְׁמֶךָ · עֲשֵׂה לְמַעַן יְמִינֶךָ · עֲשֵׂה לְמַעַן תּוֹרָתֶךָ · עֲשֵׂה לְמַעַן קְדֻשָּׁתֶךָ · יִהְיוּ לְרָצוֹן אִמְרֵי פִי וְהֶגְיוֹן לִבִּי לְפָנֶיךָ ה' צוּרִי וְגוֹאֲלִי: עֹשֶׂה שָׁלוֹם בִּמְרוֹמָיו הוּא יַעֲשֶׂה שָׁלוֹם עָלֵינוּ וְעַל כָּל יִשְׂרָאֵל וְאִמְרוּ אָמֵן: יהי רצון וכו'

זהר אמור דף צד ע"א

ת"ח בשעתא דישראל לחתא משבחים כו' עד סוף המאמר ע"ב אלא קדש מלה בגרמיה כו' והנה תחילה י"ל כללות ענין המאמר במה שיו"ט נק' אושפיזא כו' ושבת נמשל לברא ויו"ט לשושבינין אחר כך יתבאר פרטי הדברים שיש במאמר זה בהיות ידוע שבשבת הוא בחי' מוחין דאבא וביו"ט בחי' מוחין דאימא בדרך כלל וע"כ נקרא שבת קדש וכמ"ש ושמרתם את השבת כי קדש היא כו' ויו"ט נק' מקרא קדש כי הקדש בבחי' חכמה הוא כידוע ויו"ט אינו אלא מקרא קדש היינו מפני שבחי' מוחין דאבא אינו אלא מלובש באימא בבחי' העלם בלבד כי בחי' נה"י דאבא בלבד מתלבשים באימא כו'· וביאור הדברים יובן בהקדים עיקר ענין ההפרש בין שבת ליו"ט במצות מעשיות הנה מצות שבת הוא רק ענין המנוחה והוא העונג כמ"ש וקראת לשבת עונג כו' ואין בזה רק עונג בלבד כמו עדון המאכלים ועונג בלב במנוחה וכיוצא אבל אין בו בחי' שמחה בהתגלות כלל ואין מצוה לשמוח בשבת כלל אבל ביו"ט עיקר המצוה הוא שמחה כמ"ש ושמחת בחגך כו' ואין מצוה להתענג בו כלל וההפרש שיש בין שמחה לעונג ידוע שהמה כמעט שני הפכים בטבעם שהרי העונג הוא ענין מופלא ומכוסה ונעלם בעלם כנראה לעין הרואה בכל מי שיתענג באיזה דבר מה שלא יהיה ניכר ונראה בו שום השתנות כלל בפניו ולא נודע לאדם מהות העונג שבלבו כלל וכלל כי הוא דבר מופלא ונעלם בעלם ואין בו דבר שמתפשט בהתגלות כלל וטבע השמחה היפך זה שהוא ענין דבר שמתפשט דוקא בהתגלות לכל אדם ואינו ענין דבר מופלא ונעלם כנראה לעין בכל מי שישמח בשמח' שיגלה כל לבבו בדבור ובתנועת האברים ובעונג היפך זה ממש שאין ניכר שום התחדשות תנועה גם באברים כו' כידוע והטעם לזה הוא מצד שרשם של העונג והשמחה שהמה שם מחולקים ג"כ בבחי' ההעלם והגילוי והיינו בבחי' חו"ב שמהם בא שרש העונג והשמחה והעונג שרשו בחכמה והשמחה שרשה בבינה כי החכמה נקרא עדן והבינה נהר שיוצא מעדן כידוע הפסוק ונהר יוצא מעדן והענין הוא שהחכמה הוא בחי' מקור השגות השכליות והוא עדיין למעלה מהשגה וע"כ נק' העלם השכל והבינה נק' גילוי השכל בהשגה דוקא כידוע וע"כ תולדות המדות או"ר ונעפיהם ג"כ אינו אלא מבחי' בינה שנקרא אם הבנים להיותה כבר בבחי' התגלות כנ"ל וכל התגלות הוא בא מבחי' ההתפשטות עד שנולד גם מהות המדות שהן יותר בבחי' גילוי כו' אבל מבחי' החכמה שנק' העלם עדיין לא יוכל להסתעף משם תולדות המדות כו' ולזה הטעם השמחה היא באה בבחי' התגלות כנ"ל לפי ששרשה הוא מבחי' ההתבוננות בהשגה דוקא כידוע והעונג הוא בהעלם כנ"ל לפי ששרשו בבחי' החכמה שהוא בהעלם כנ"ל

ולכך נק' החכמה עדן שהוא מקור מציאת העונג המסתעף בלב ויש עדיין גם בחי' מקור למקור והוא הנק' בחי' מקור לעדן זה והוא בחי' אור הכתר שמאיר בחכמה והוא בא מבחי' התחתונה שבא"ס והוא שרש וראש לנאצלים כולם ונקרא בחי' עתיק כידוע וז"ש כי עמך מקור חיים פי' מקור כל התענוגים כו' וד"ל : והנה בשבת שעיקר המצוה בעונג דוקא כנ"ל היינו לפי שבשבת מאיר אור אבא שנקרא עדן וז"ש וקראת לשבת עונג ולכך אין המצוה בשמחה בהתגלות אלא רק בבחי' העלם החכמה וכמ"ש ממצוא חפצך ודבר דבר אפי' דבור אסור וכמש"ת בסוף המאמר בענין קדש מלה בגרמיה כו' וביו"ט שעיקר המצוה בהתגלות השמחה הוא לפי שמאיר בו מבחי' אור אימא שהוא דוקא בהתגלות וד"ל ולכך נק' השבת קדש ויו"ט מקרא קדש אמנם אין אור אימא מאיר מבלתי יחוד באור אבא שהרי נק' תרדל"א כו' ולכך נק' מקרא קדש מפני שנה"י דאבא מלובשין באימא בהעלם ובשבת הוא בהיפך שהעונג עיקר והשמחה טפל כי בבחי' ההעלם הוא ונכלל בעונג וביו"ט השמחה עיקר והתענוג נכלל בהעלם בשמחה ואין התגלות רק בשמחה אבל בשבת אין שמחה בהתגלות רק עונג כי הוא העיקר והוא בא בטבעו בבחי' הגלגע כו' וד"ל · ואחר הקדמה זאת יובן ג"כ כללות ענין המאמר הזה שמדבר בענין ההפרש אשר יש בין שבת ליו"ט בדרך כלל דהשבת אינו נק' זמין מקדש אלא היו"ט נקרא זמין מקדש להיות שמלובשים בו נה"י דאור אבא בהעלם כנ"ל אך להבין פרטי הדברים שבמאמר זה במה שעשה עיקר הפרש ביניהם במשל המבואר בו למלכא דה"ל ברא יחידאה כו' ויו"ט נק' שושבינין כנ"ל ויובן בהקדים עוד ענין א' כללי המבואר בפרד"ס וגם בכהאריז"ל והוא בטעם שמדת ת"ת דוקא הוא בחי' שם הוי"ה ולא מדה זולתה שבמדת החסד הוא שם אל ובמדת הגבורה הוא שם אלהים אבל בת"ת הוא דוקא שם הוי"ה כו' והענין הוא לפי שמדת הת"ת כולל בעצמו ב' הפכים חו"ג וכמו מדת הרחמים שהוא בבחי' ת"ת כידוע הנה הוא כולל ב' הפכים חו"ג שהרי אין מרחמין בדין ואין החסד סובל דין כלל הרי המה ב' הפכים והרחמים הוא סובל שניהם שהרי הדין יגזור לענוש אבל מצד הרחמים יפטור והוא חסד והרי יש כאן ב' הפכים בנושא א' וא"כ בהכרח שיש במדה זו איזה אור המאיר ממקום ומדריגה גבוה שאין שם ב' הפכים כלל להיות נעלה מכל בחי' מדה כלל והענין למעלה הוא בחי' כתר שיש בו מבחי' עצמות א"ס שהוא נעלה ומובדל מכל בחי' מדה מן המדות וכמאמר לאו דאית לך לדק ידיעא ולאו מכל אלין מדות כלל כו' והוא נק' שלימותא דכולא כי הוא אור א' פשוט בתכלית הפשיטות מבלתי יתחלק לחלקים במדות וספירות עדיין כמאמר אנת הוא חד ולא בחושבן כו' וכמ"ש במ"א באורך · ומאותו האור הפשוט בשלימות דא"ס

מאיר

מאיר גם אפס קצהו במדת הת"ת אחר שבכח מדה זו לסבול ב' הפכים בהכרח הוא מטעם שיש בו מאור השלימות דכתר שלמעלה מב' הפכים הללו לפי שאין שם בחי' מדות עדיין כלל כנ"ל והיינו שנק' הת"ת נורא כידוע כי יש בו מבחי' הכתר שהוא בא מבחי' מ"ל דא"ס שנקרא נורא תהלות כו' וכמ"ש במ"א ע"פ כי עמך הסליחה למען תורא והנה לפ"ז הטעם דמפני שמדת ת"ת כולל ב' הפכים נק' בשם הוי"ה מפני שהוא ענין כללות ה' שכולל עצם השלימות כנ"ל ולא שם פרטי בכח פרטי בלבד כמו שם אל בחסד לבד ושם אלהים בגבורה לבד כו' · והנה מזה יובן שגם כל פרטי המדות דאצילות לאחר בחי' התיקון דשם מ"ה דאדם הנק' ז"א בבחי' פרצוף כמבואר בכתבי האריז"ל גם הוא נק' בשם הויה בלבד ולא בשם אחר פרטי והנה מ"ש בפרדס דשם הויה אינו אלא בת"ת כו' היינו לפי הקבלה של המקובלים הראשונים שלפני האריז"ל שלא ידעו עדיין בבחי' התיקון ע"ד הקבלה של האריז"ל בפרטות רק בהתחלקות ספי' בלבד לי' שהוא רק בבחי' התהו ובבחי' עקודים ע"פ קבלת האריז"ל כידוע וע"כ לא נמצאו בחי' שלימות דא"ס רק במדות ספירת הת"ת בלבד מטעם הנ"ל אבל לאחר שמבואר בע"ח בפרטיות בחי' התיקון דאדם דאצי' דהיינו בחי' פרצוף ז"א הרי יש בחי' שם הויה גם בכל פרטי ופרטי המדות דז"א כי הנה שרש ענין התיקון הוא רק בחי' ההתכללות כידוע דמדת החסד להיותה כלולה מגבורה וגבורה שבה כלולה מחסד ואותו חסד כלול עוד מגבורות ונקרא אז גבורה שבחסד שבגבורות שבחסד וכיוצא בזה במדות הגבורה ומתחברים יחד בהתכללות מתו"ג הנמצאין בין שניהם באופנים רבים שונים עד שאין במציאות גם דבר פרטי שבפרטיות מן המדות שלא יוכלל מהכל ביחד דוקא ודוגמת דבר זה הוא נמצא באדם התחתון שאבריו ממוזגים וכלולים כאו"א מחבירו בתכלית ההתכללות כו' כמ"ש במ"א באריכות א"כ בהכרח לומר שיש בהם בחי' שם הויה גם בכל פרט ופרט אחר שהוא בא מבחי' ההתכללות מהכל ה"ה דוגמה לבחי' עצם השלימות שלמעלה מן השכל כנ"ל בענין הת"ת ולפ"ז תובן דכמו שע"פ קבלת הרמ"ק בחי' שם הויה בת"ת כו' כך בחי' שם הויה בפרטיות כל המדות דז"א עפ"י קבלת האריז"ל כמ"כ גם בכללות ז"א דהיינו שכללות בחי' ז"א נק' הויה בכלל כי הפרט תלוי בכלל כידוע והכל מטעם בחי' התכללות שיש בו בכלל ופרט כנ"ל ואמנם הא בהא תליא והעיקר הוא כללות דז"א נקרא שם הויה בכלל והוא שם מ"ה דאדם דאצי' וכידוע וד"ל :

אך הנה יש הפרש בזה בין בחי' פנימיות דז"א לבחי' חיצוניות דז"א דדוקא בבחי' הפנימיות שבו הוא ענין בחי' התיקון הנ"ל שהוא בחי' ההתכללות בכלל ופרט והוא ע"י שם מ"ה החדש שנמשך בז"א להיות בחי' התכללות בכלל ופרט והוא מובן ע"ד דוגמא גם באדם התחתון בציור האברים דמה שיש בהם בחי' ההתקשרות זב"ז כידוע והוא בחי' ההתכללות הנ"ל הוא ע"י סיבת או"פ מפנימיות הנפש שבו לקשר ולחבר אותו להיות כלולים זמ"ז עד בלי תמצא בהם ראש וסוף כי העליון מקבל מהתחתון כו' וכמ"ש במ"א אבל גופי האברים מצד עצמם חלוקים ומובדלים המה זמ"ז וכאו"א מזגו וטבעו מיוחד ומובדל מחבירו כו' היד לכתוב לפעול פעולה והעין לראות וכיוצא· והמשל מזה יובן למשכיל למעלה שיש הפרש באדם העליון דאצי' ג"כ עד"ז שבבחי' הפנימיות שבו דווקא הוא בחי' התיקון שהוא בחי' ההתכללות מכל פרטי המדות שבו עד בלי ימצא ראש וסוף וכללותם דוקא יחד נק' בשם אדם וכן יש התכללות בפרט בכל מדה כנ"ל שכל מדה כלולה מהפכה בתכלית ההתכללות כו' אמנם כ"ז אינו אלא בבחי' הפנימיות והוא ע"י שם מ"ה שהוא התיקון כמ"ש שם מ"ה במלוי אלפין מלגאו דאיהו אורח אצי' וכמ"ש במ"א ביאור דבר זה אבל בחי' החיצוניות דז"א אדרבא כל המדות שבו יוצאים נובדלים ומופרדים זמ"ז היפך בחי' ההתכללות כו' ע"ד דוגמא מציור התחלקות האברים כנ"ל והטעם שבהבדלה הזאת בחיצוניות דוקא לפי ששם מ"ה המקשר ומחבר אינו אלא בבחי' הפנימיות דווקא ולא בבחי' החיצוניות וד"ל· וא"כ מה שהונח הכלל בע"ח דבחי' ז"א הוא שם הוי"ה דווקא היינו בבחי' פנימיות שבו מטעם בחי' ההתכללות ולא בבחי' החיצוניות שהרי בחי' החיצוניות מובדלים המה זמ"ז בבחי' הפירוד כו' וא"כ יש לכל מדה שם מיוחד בפ"ע דווקא בלתי שיתוף וחיבור עם שם אחר זולתו כלל וה"ז כענין בחי' אורות התהו שבבחי' הנקודים כו' שהמה מובדלים זמ"ז כמ"ש בע"ה ובפרד"ס והיינו ו' ימ"ב למטה והע"פ ששרשם מבחי' ששת ימים דז"א אמנם המה נמשכים רק מבחי' החיצוניות דז"א ולא מבחי' פנימיות כו' וכידוע דרק מבחי' הכלים דיו"ס דז"א דאצי' נעשה נר"ן דבי"ע והן לת"ד כלים דז"א מי' הפנימי' נשמות בבריאה כו' כמ"ש בע"ח וד"ל וזהו הטעם שנק' ו' יומין דחול כי יורדין ונמשכין מאצי' לבי"ע להחיות רוח שפלים נשמות ומלאכים דבי"ע מאין ליש גמור כו' והוא מעשה חול ולא קדש כי באצי' הרי איהו וחיוהי וגרמוהי חד כו' הכל בבחי' אלוקות בבחי' א"ס כו' ומזה יובן הטעם בע"ח מה שהמה מובדלי' ומפורשים זמ"ז כמו שאנו רואים ביום הא' מששת ימ"ב שהאיר מאמר יהי אור וביום ב' האיר מאמר יהי רקיע כו' וידוע דמאמר יהי אור נמשך ממדת החסד דאצי' כי החסד משפיע ומביא האור כו' ומאמר יהי רקיע הוא בא ונמשך ממדת הגבורה כי הרקיע הזה נעשה להבדיל בין המים העליונים למים תחתונים שהוא על ידי בחי' דין וצמצום דהיינו בחי' ההתגלות כו' והרי לא היה שום קשר וחבור כלל ליום הא' עם יום ב' כי לא היה האור ביום הא'

ממדת

מדת הגבורה ולא ביום הב' מדת החסד אלא כל יום עשה כפי מדרגתו בלבד ולא שייכות קשר עמו מיום זולתו כלל. ועד"ז יובן גם בדרך הכלל בכל שית אלפי שנין דהוי עלמא אלף הראשון היה מאור החסד כו' והוא ו' יומין בכלל ג"כ והוא ע"ד הנ"ל הזה שאין לאלף הראשון עם אלף השני שיתוף וחיבור כלל והוא מטעם הנ"ל לפי שהוי"ו יומין הללו בכלל ופרט בכל ו' יומין דחול דבכל שנה שמאיר בהם מששת ימ"ב כידוע שיום הא' מאיר מכלי אור החסד דז"ק דעשי' שבתוכו מלובש מאור חסד דאצי' כו' כולם הם רק מבחי' החיצוניות דז"א בלבד כנ"ל והם באים מפורדי' זמ"ז ומובדלים זמ"ז כדוגמת בחי' אורות דתהו כנ"ל וד"ל. ובכ"ז יובן כללות ענין המשל המבואר במאמר זה בהפרש שבין שבת ליו"ט שבת נמשל לברא כו' ויו"ט לשושבינין כנ"ל דהנה בחי' החיצוניות דז"א שמאירי' בבי"ע כנ"ל הרי הם נעשי' יומין דחול ממש כשיורדי' ונמשכים למטה מטה עד רגלי העשי' עד"מ יום הא' דכל שבוע האור ושפע כלי החסד דאצי' נשתלשל ויורד ונמשך מעולם לעולם עד מל' שבמל' דעשי' בד' יסודות הגשמיות להשפיע שפע הפרנסה וכיוצא הרי חסד זה חסד גשמיות להחיות בשפע גשמית במזון גשמי וגם הוא בא בבחי' הפירוד בריבוי ההשתלשלות כו' והוא מצד שרשו שיוצא מאצי' לבי"ע מופרד ומובדל בלתי התכללו' וכאשר אינו בבחי' ההתכללות אין מאיר שם בחי' שלימו' דאח"ם בשם הוי' כנ"ל אלא מאיר רק בשם פרטי והוא שם אל במדת החסד ושם אלקים במדת הגבורה והנה כשאירע יו"ט בו' יומין דחול הענין הוא שנעשה מיום זה החול יום של קדש והטעם הוא לפי שנתעלה אז בחי' חיצוניות דז"א ועולים בבחי' פנימיות לקבל מוחין מנה"י דאימא ג"כ ובנה"י דאימא מלובש נבחי' נה"י דאבא וזהו שנק' מקרא קודש כנ"ל ואז מצד בחי' אור הכתר שבא מבחי' מל' דא"ס שמאיר באור אבא והוא מלובש באימא הרי מאיר אח"ם באותו יום דחול ולכך נק' יו"ט כמו שושבינא דמלכא עד"מ האיש שהיה מרוחק מן המלך ומתקרב ובא על שולחן המלך כך יום זה שנתרחק מאור אלקי מתקרב ובא להיות גלוי אח"ם ע"ד הנ"ל וד"ל. אבל ענין השבת הוא בחי' פנימיות דז"א שהוא בבחי' התכללות כנ"ל הוא ע"י שם מ"ה כו' והוא המשל לברא דעאל לביתי' דאבוה כו' כי הנה מבואר למעלה דבבחי' התכללות מאיר מעצמות השלימות דאח"ם מצד שכולל ב' הפכים בהכרח שמאיר שם מאור עצמיות השלימות ולכך נק' הת"ת נורא וזהו הטעם שנק' אדם פי' כמו אדמה לעליון כמשל הבן שדומה לאביו מצד שנמשך ממוח האב כו' כך בחי' פנימיות דז"א נק' בן כמ"ש מה שמו ומה שם בנו כו' וכמ"ש בני בכורי ישראל וידוע שישראל זה למעלה הוא הנק' עמודא דאמצעיתא שהוא בחי' פרצוף ז"א בבחי' ההתכללות שבו בבחי' התיקון דווקא וע"פ קבלת רמ"ק הוא בחי' קו האמצעי וכמבואר בר"מ דישראל זה נק' ברא בוכרא לאבא ואימא כו' וע"כ לא שייך לומר בו כמו ע"ד הנ"ל בחיצוניות דז"א ביומין דחול כו' כי אע"פ שגם בשבת יש ענין עליות העולמות כללות העליות הוא מבחי' אור אבא שנק' קדש אבל אין בעלי' זו התחדשות כמו בו' יומין דחול כנ"ל אלא עד"מ הבן שנכנס לבית אביו לשולחנו א"צ הכנה ואין זה דבר חדש כלל מצד שנחשב כעצם א' עמו כי ברא כרעא דאבוה הוא כו' כך בחי' מוחין דז"א בבחי' התיקון הנ"ל הרי הוא מבחי' מוחין דאור אבא ממש ונחשב כעצם א' עמו וא"כ לא שייך לומר בו דומין מקדש אלא ירות' דילי' והוא עצמו קודש מקדש כמבואר זה בת"א וד"ל ובבחי' אור אבא מאיר בחי' עצמות א"ס הנ"ל ועיקר הטעם הוא לפי שבבחי' ההתכללות מאיר מבחי' שלימות דאח"ם והוא שם מ"ה דז"א הדומה לעליון שהוא בחי' הכתר מטעם זה וד"ל. ובזה יובן ענין כללות מצות השבת ומה שהוא אחר ו' יומין דחול דוקא דלכך נק' שושבינא ביו"ט כו' כי אחר שירדו בחי' חיצוני' דז"א בו' יומין דחול כנ"ל אזי ביום הז' עולה בחי' פנימיו' דז"א באור אבא וז"ש שבת להוי' כו' וד"ל ·

ולהבין זה הדבר בתוס' ביאור הנה יש להקדי' שרש ענין השבת כמ"ש וירא אלקים את כל אשר עשה והנה טוב מאד כו' ויכולו השמים כו' דהנה עיקר ענין השבת הוא מטעם כי בו שבת מכל מלאכתו כו' והנה ענין השביתה הזאת למעלה יובן עד"מ למטה באדם התחתון דהנו רואים כאשר אדם עושה איזה דבר מלאכה כמלאכת הכתיבה והציור והבנין וכיוצא הרי בשעה שעושה טרוד הוא במעשה זו מכל כחות נפשו וגם משכלו מתפשט המחשבה לחשבו איך לעשות ולהיות מעשה המלאכה ביופי והידור כאות לו כו' וכאשר הוכשר בעיניו כל המלאכה לפי האופן שרוצה ומתבונן ביופי המלאכה ועוצם מעלת הידור המלאכה אזי מקבל עונג גדול בנפשו מכל אשר עשה והטריד שכלו וכחות נפשו בה כו' והנה ודאי שאין זה העונג שמקבל מיופי מלאכתו נחשב מכל עניני גופי המלאכה כלל וכלל שהרי העונג הוא כח נבדל בעצמות הנפש גם מקודם שעשה והרי לא הטריד מן העונג במלאכה שעשה רק שכלו ותבונתו כנ"ל אלא אחר שמתבונן בהידור המלאכה מאליו נתעורר כח התענוג בנפשו מצד עצמו כו' וא"כ איננו נמנה בערך עם גופי המלאכות שנמשכו מכחות נפשו אך מ"מ יש בחי' התחברות ושייכות קצת עם המלאכה והמעשה עצמה אחר שאנו רואים שסיבת עונג זה הבא אינו בא אלא רק מחמת המלאכה והמעשה ולא מסיבה אחרת כי איננו מקבל עונג רק מחמת שראה ביופי מלאכתו א"כ יש לעונג זה חיבור עם המעשה כי ממנו יבא להתעורר בנפש והתנס אעפ"כ אין העונג נחשב ממהות ועצמות המעשה אלא שמתחבר עמהן בלבד כנ"ל והדוגמא והמשל מזה למעלה מובן למשכיל בבחי' עונג שעליון

שבח"ע

שבח"ע הנק' עדן ככ"ל שהוא בא ונמשך בשבת דווקא וכמ"ש וקראת לשבת עונג כו' שהוא בא רק בסיבת ו' יומין דחול שקדמו אליו וז"ש וירא אלקים את כל אשר עשה והנה טוב מאד פי' מפני שהתבונן עד"ת ביופי מלאכתו כששבת ממלאכתו וראה שהוא טוב מאד ביופי והידור הנאות לו אזי קיבל עונג מהם והוא סיבת בחי' המשכות עתיק בז"א שבחי' ע"י נק' טוב מאד וידוע דכל שבת הוא כמו שבת בראשית וע"כ בכל שבת נמשך בחי' עתיקא בז"א ואמנם אינו נחשב מאהות ועצמות ו' יומין דחול הנ"ל שהם בבחי' חיצוניות דז"א בלבד כו' אלא שגורמים לו חיבור והתקשרות עמהם כנ"ל במשל אבל מצד עצמו נבדל הוא מהם בערך כי לא היה בגוף המלאכה גם בהיותו טרוד במלאכ' המחשבה כו' וד"ל · והנה אף על פי ששת יומין דחול הנ"ל גורמים להמשכות בחי' עתיק אין העליה מהם עצמ' בו אלא דוקא מבחי' פנימיות ו' יומין הנ"ל והוא מבחי' ההתכללות מכולם יחד דוקא כי הרי במשל הנ"ל מבואר ג"כ שאין קבלת העונג מן המעשה מדבר הפרטי שבו אלא דוקא מכללות ענינם והוא כאשר נעשה המלאכה לפי אופן הנאות לו לקבל תענוג ממנו שהוא אינו אלא מצד שלימות המלאכה דהיינו התכללותה בכל המדריגו' לפי המצטרך לו ולא מדבר פרטי שבו כו' וז"ש מכל אשר עשה דקדק לומר מכל דוקא וד"ל · וכ"ז יובן איך שו' יומין דחול שיו"ט חל בהם לא נק' רק כמו שושבינין עד"ת ויום השבת נמשל לבן והשושבינין המה כמו ריעיו המתייחדין עמו בבואו לשולחן אביו שיבאו גם הם עמו כו' וכך גם ו' יומין דחול עולים עם השבת שעולה בבחי' בן ככ"ל והו' יומין אעפ"י שהם עיקר הסיבה כמ"ש מכל אשר עשה דוקא אבל העונג הוא מבחי' פנימיות שבהם דוקא מטעם הנ"ל וה"ז ממש כמשל המבואר במאמר זה למלכ' דהוי' לי' ברא יחידאה כו' ואמנם אין ו' יומין דחול נק' שושבינין לברא אלא ביו"ט כו' ולא בשאר יומין דחול כו' מפני שביו"ט הוא זמן עליות היומין דחול בנה"י דאימא שבו מלובש בחי' אור אבא דוקא ואז דוקא נק' מקרא קדש אבל בשאר יומין דחול הרי יום חול גמור הוא ואין עולה כלל למעלה גם בשבת כשעולה אינו עולה רק בבחי' פנימיות דז"א וכמבואר לכל מעיין בפע"ח בשער השבת וד"ל ובכל זה מובן עיקר ההפרש בין יו"ט שביומין דחול ליום השבת אך עדיין צ"ל בגוף המאמר במה שהמשיל לברא דעאל לבית' דאבוה בלא הזמנה והשושבינין אינם באים רק בהזמנ' דהנה יש עוד להבין מה שנק' היו"ט מועדי הוי' והנו אומרים מועדים לשמחה כו' דכל מועד לשון הזמנה כמו ונועדתי וכמ' כי הנה נועדו כו' וזה שאמר בתחילת המאמר תלתא אינון דזמינין מקדש כו' להיות ידוע שג' רגלים פסח שבועות סכות הם בחי' חג"ת דז"א פסח בחסד ושבועות בגבורה וסכות בת"ת ובכולהון לא נעשה ענין עליות שלהם רק באימא ע"י העלאת מ"ן בתחילה · כמו חג הפסח שהוא החסד דז"א שמאיר בו מאו"א כו' הוא ע"י בחי' אתעדל"ת והוא ע"י יצ"מ והיינו ע"י עבודה קשה שמררו את חייהם ויצעקו כו' ובזה עוררו למעלה בחי' חסד עליון כו' ובשבועו' ע"י שאמרו נעשה ונשמע במס"נ נמשך להם התורה מבחי' הגבורה כמשארז"ל אנכי ולא יהי' לך מפי הגבורה נאמ' כי התורה ניתנה בקולות וברקי' וקול שופר חזק כו' מבחי' הגבורות ובסכות מבחי' הת"ת כמ"ש כי בסכות הושבתי כו' והן ענני הכבוד שהיו לתפארת כו' אמנם יום השבת אינו בא מצד אתדל"ת כלל אלא רק מעצמו בא וכידוע דבשבת אומר מקדש השבת דקדישא וקיימא אבל בי"ט ישראל דקדשינהו לזמני' כו' ולכך אומר מקדש ישראל והזמנים :

וביאור הדברים הוא מובן עפ"י הנ"ל במשל העושה מלאכה ושובת דמקבל תענוג מיופי המלאכה כו' שאינו מקבל מצד התעוררות זולתו לזה אלא מעצמו בהה קבלת העונג הזה אחר שהתבונן ביופי המלאכה כנ"ל כי כח העונג נבדל הוא מצד עצמו כנ"ל ואין המלאכה רק כמו סיבה מן הצד אבל לא בבחי' העלאת מ"ן הוא משא"כ ביו"ט שו' יומין דחול בבחי' הפירוד הן אלא שביו"ט מתעלי' והוא ע"י אתעדל"ת דוקא בפסח מצד החירות מן השעבוד ובשבועות בקבלת התורה כו' והיינו שא' מקדש הזמנים בבחי' הזמנה ע"י אתעדל"ת דוקא משא"כ ביום השבת שמעצמו בא וה"ז כמו הבן שנכנס לבית אביו בלא הזמנה וד"ל · ובכל הנ"ל יתורץ קושיא אחת בענין חג הסכות שקשה ע"פ קבלת הפרדס דמאחר שהוא בבחי' הת"ת וכמ"ש ויעקב נסע סוכתה כידוע א"כ מה ענין המעלה בחה"ס מצד בחי' יו"ט שמאיר בו מבחי' או"א כנ"ל והלא הוא בלא"ה מבחי' הת"ת שכולל ב' הפכי' חו"ג שמאיר בו או"ם כו' אבל ע"פ קבלת האריז"ל מתורץ היטב כי כל בחי' ז"א בהשוואה א' לענין בחי' שם הויה בבחי' פנימיות והוא בחי' השבת ולענין שאר שמות מלבד שם הויה כל בחי' החיצוניות דז"א בהשואה א' שכולם יוצאים מפורדי' ומובדלים זמ"ז כנ"ל · וא"כ גם בחי' הת"ת שוה לבחי' החו"ג בבחי' החיצוניות ואין הארת או"ם בחה"ס אלא מצד שהוא יו"ט דוקא שאז עולה באור אימא שמלובש בו אור אבא כנ"ל אבל לא מצד עצם מדות הת"ת כו' וד"ל · ואחר כל הנ"ל יתבארו פרטי דברי המאמר :

ת"ח בשעתא דישראל לתתא הראן כו' מסדרין פתורא כו' במאני יקר מלאכי עילאי אמרין מה טיבן דישראל בכך קוב"ה אמר אושפיזא עילאה אית לון יומא דא:

פי' שאלת המלאכים על ענין מקרא קדש דיו"ט הנ"ל ביומין דחול מה שייכי' לישראל דוקא בזה ומה ענינו והשיב להם בענינו תחילה הוא אושפיז' עילאה פי' עד"ת האורח שעושין בשביל כבודו שנויי' הרבה בכל מילי דמיטב בסעודה

ובלבושים

ובלבושים וכיוצא מפני בחינת ההתחדשות שהוא דבר חדש כו' כך ביו"ט שאור אבא מאיר בחית' ואור אימא בז"א כו' ביום החול שזהו דבר חדש דביום החול יהיה יום קודש מקדש עליון דאבא כו' לכך נמשל הארת אור זה בשם אושפיזו עילאה דהיינו מאור אבא באימא ואור אימא בז"א כו' ואח"כ שאלו ולאו דילך הוא מאתר דאקרי קדש דהיינו מאור אבא ולמה תלוי זמנו בישראל דוקא והשיבם וכי לאו קדש ניהו כו' חד מסט' דילי דאינון דביקין בי וחד מסט' דקדש דכתיב קדש ישראל לה' וכו' אושפיזא דלהון הוא ודאי בגין דזמינו דהאי אושפיזא מקדש הוא דכתיב מקראי קודש פתחו כולם ואמרו אשרי העם שככה לו פי' ב' תשובות השיבם א' מצד שהמה דבוקים בהקב"ה שהוא ז"א כי תולדות הגשמות הוא מיחוד גופני דזו"נ משא"כ המלאכים המה מזווג נשיקין כו' ובחי' ז"א בפנימיותו הוא בא מבחי' מ"ה דחכמה דאור אבא ממש כנ"ל שנמשל לברא כו' והב' מצד שהם בשרשם מאור אבא עצמו שממנו נמשך בחי' ז"א שהרי ידוע דישראל עלה במחשבה ופי' דמחשבה במח' דאור אבא וז"ש קדש ישראל שהן עצמן בחי' קדש דאבא לכך לפעמים אמר הקב"ה שהוא בחי' ז"א למען אחי ורעי שהן כנ"י שנק' אחים לז"א כו' ובג"כ אושפיזא דלהון הוא מאור אימא שנמשך בה מאור אבא מב' טעמים הללו משום דהאי אושפיזא מחכמה דאור אבא בא כנ"ל ואז פתחו ואמרו אשרי העם שככה לו פי' שככה הוא שם מ"ה בגימ' ככה · לו לישראל דוקא מטעם הנ"ל וד"ל :

תלתא אינון זמינין מקדש ולא יותר חג המצות וחג השבועות וחג הסכות אמר ליה ר' אבא וכי שבת לאו מקדש הוא זמין א"ל לאו · בתרי סטרין חד דהוא ודאי קדש אקרי כו' וחד דשבת לאו זמין הוא דהא ירותא דיליה הוא ודאי ירותא דקדש הוא ירית :

זה המאמר מבואר למעלה שבג' המועדים באים מאור אימא לז"א ומלובש בה אור אבא וזהו דג' אלה דזמינין מקדש דאבא והן חג"ת דז"א ולא יותר ושאל ר' אבא שבת נמי מאור אבא מאיר בו ומהו ההפרש כו' והשיבו דב' דברים יש שהשבת מובדל במעלה מיו"ט הא' שהוא עצמו מחכמה דאור אבא כו' מפני שהעונג הוא כח נבדל בעצמותו ומהותו אלא שבא ע"י סיב' בלבד מיומין דחול כנ"ל והב' מצד עליות בחי' פנימיות שם מ"ה דז"א בבחי' ההתכללות כבן הנמשך אל אביו כו' והיינו שמביא המשל הזה לברא דעאל לביתא דאבוי ואכיל בשעתא דאיהו בעי ובג"כ לא זמין הוא אלא ירותא דילי' הוא היינו מ"ש בתרי סטרין כו' וד"ל ועוד משל שני אמר למלכא דהוי ליה ברא יחידאי חביבא דנפשי' יהב ליה שושבינין לנטרא ליה ולאתחברא בהו אמר מלכא יאות הוא לזמנ' לאלין שושבינין דברי כו' וזמין לון להני שושבינין ברא לא אתחזי לזמנא כו' הה"ד מי כמוכה באלים הויה מי כמוכה נאדר בקדש ודאי כברא דאתתקף באבוי כו' ולאו זמין מקדש ע"כ · והנה בחינת השושבינין המה הג' מועדים ושרשם באור אימא שנק' מועדי הויה מטעם הנ"ל ולגבי בחי' השבת נק' שושבינין עד"מ וזמין להו לפרקים עם אור שם מ"ה דז"א שנק' ברא מטעם הנ"ל וקראו ברא חביבי דנפשי ויחידאי כי בו שורה עצם השלימות מבחי' יחיד חי העולמים מטעם בחי' ההתכללות כנ"ל ומה שמאיר הורות דאבא באימא בג' רגלים נק' רק שושבינין לגבי' כו' וד"ל · ומה שמסיים הה"ד מי כמוכה באלים הוי"ה רצונו לפרש פסוק זה ג"כ עד"ז האופן דהנה לכאורה אין הבנה כלל לפי' זה באמרו מי כמוכה באלים הויה דאם ר"ל אלים מלאכים מאי קמ"ל רבותא בזה דהרי ידוע דאין ערך כלל בין נברא עם הבורא שהנברא בע"ג והבורא בלתי בע"ג כו' ואם ר"ל בחי' אלקות שנק' אלהים אלים כמו אל דאלהים וכה"ג וא"כ מ"ש בלשון רבים אלים הלא אל בבחי' אלקות הוא בבחי' אחדות בתכלית היחוד כידוע · אך הענין מובן ע"ד הנ"ל כי בבחי' חיצוניות דז"א הרי יוצאים האורות מופרדים ומובדלים זמ"ז כו' עד שיש לכאו"א בחי' שם מיוחד בפ"ע וידוע שיש הרבה שמות בבחי' אלקות והוא לפי אופן השפי' אם מחסדים הרי יש גם מגבורות שבחסד כו' וכן שפי' הגבורה כו' ודרך כלל ז' שמות שאינן נמחקין הן שם אל בחסד כמ"ש חסד אל כל היום ושם אלהים בגבורה ושם אדני במלכות וצבאות כו' וכאו"א מאיר במדריג' מיוחד' לעצמה בלבד ומספר הפרטיות מהם באה בבחי' השתלשלות לרבוא רבבות חלקי' כפי מספר התחלקות השפי' כו' וזהו שנקרא אלים לשון רבי' מפני ריבוי ההשתעפות בבחי' האלקות מן השמות הנ"ל והכל בבחי' אלקות ממש אלא שיורדין ונמשכין למטה בבי"ע להחיות רוח שפלים מאין ליש כו' וז"ש מי כמוכה באלים הוי"ה רצונו בזה להודות לשם הויה שהוא משובח במעלה נבדלת בערך מכל שאר שמות דאלהים כמו שם אל ושם אלהים וכה"ג שנקרא אלים לשון רבים כו' מפני דשם הויה הוא בא בבחי' ההתכללות שהוא נקרא אדם דוקא אדמה לעליון ע"כ מי כמוכה באלים הויה כו' וד"ל וחזר וכפל מי כמוכה נאדר בקדש פי' מלבד טעם בחינת ההתכללות הנה מצד ששם זה עצמו מבחי' החכמה דקודש עליון וז"ש כברא דאתתקף באבוי ופי' אתתקף שנתחזק באותו הכח ממש שיש לאביו והיינו ע"ד הנ"ל משום דישראל עלו במחשבה עלמ' וע"כ הביא פסוק זה לפרש הכוונה שבמאמר שקדם בענין השבת במה שהמשיל אותה לברא כו' וד"ל :

ששת ימים חול אמאי חול אמר רבי יוסי השתא אתנהיג עלמא ע"י דשלוחייהו כו' עד ועל דא אתקינו בהבדלה בין קדש לחול מאי הבדלה הכא אלא קדש מלה בגרמיה הוא ושארא מיניה אתיין וע"ד אלין לעובדא ואלין לנטרא ואימתי אשתכח נטירו בהו כד זמינין מקדש :

פי' הקושיא מאי יומין דחול הענין הוא לפי שמדבר בו"ק דאצי'

דאצי' דהיינו בחי' ז"א וידוע דבאצי' איהו וגרמוהי חד כו' וא"כ גם ו' יומין דחול שמתלבשים בבי"ע אמאי אקרו יומין דחול ויומין דמלאכה והלא מקודשה עליונה דאצי' הם באים ככ"ל ומירך ר"י דהשתא אתנהיג עלמא ע"י דשלוחייהו פי' השתא בזמן הגלות דוקא דאצי' מוסרים שפע שלהן ביד שליח והוא מט"ט הנק' עבדו זקן ביתו כו' כמ"ש בר"מ ותיקונין ובדרך פרט יש הרבה שלוחים מסתעפי' מבחי' מט"ט והוא בחי' ו"ק דבריאה והוא בחי' נער כמ"ש נער הייתי גם זקנתי ופסוק זה שרו של עולם אמרו כו' וכמ"ש בת"א וע"כ נק' יומין דחול כי נשתנו מהות אצי' ע"י שליח והנהגות העולמות הוא ע"י דשלוחייהו וכמ"ש הנה אנכי שולח מלאך לפניך כו' אל תמר בו כי שמי בקרבו וכו' וד"ל· ועל דא אתקיט בהבדלה כו' פי' ההבדלה כי הנה ידוע בפי' אור מים רקיע הנז' בזוהר דאור אבא נק' מים העליונים ומיא אגלידו ונעשה רקיע ואח"כ מים התחתונים והן מ"נ דאימא כו' והרקיע המבדיל כמ"ש יהי רקיע בתוך המים כו' הוא הדעת המבדיל ועיקר ההבדלה הוא בין ו"ק דאבא לו"ק דאימא כי הנה המדות הנולדות מן ההתבוננות דבינה כמו אהוי"ר וכיוצא המה בערך א' עם בחי' אימא והן בגדר משפיע למטה כמו המדות דאימא שהן בחי' התפעלות השכל באהבה כו' הן נמשכים מלמעלה למטה כידוע כך המדות שבלב ג"כ משפיעים למטה כנראה לעין שבטבע מדת החסד להתחסד עם הבריות וטבע מדת הדין לשנוא ולרחק הבריות ואחר שהמה בחי' משפיעים בהכרח שיש להם בחי' מקבלים שיקבלו שפעם ולכך חסד ח"ס דלים וכן מדת הרחמנות לחונן ולחמול על העניים ואם אין מי שימשוך עליו הרחמים והחסד אין מדות הללו מתעוררים כלל כי אינם רק משפיעים בעצם וא"כ הרי יורדים מגבוה לנמוך ואינם נק' כחות מובדלים לעצמ' משא"כ ו"ק דאבא שהן כחות מובדלי' לעצמ' דהיינו שאינם משפיעים למטה אלא מובדל ומופרש באופן שבלתי אפשרי למקבלי' לקבל הארתו וזהו פי' קדש בכ"מ כמו קדושים תהיו ופרש"י מובדלים כו' והוא לעצם רוממות שלא יגיע לו ערך כלל לכך נק' קדוש כמ"ש בת"א וזהו קדש מלה בגרמי' הוא פי' הארת אור אבא אור מובדל הוא בפ"ע בלתי יבוא לבחי' משפיע למטה כאורות דאימא במדות כו' והיינו שהוא מלה בגרמיה · ושארא מיניה אתיין היינו ו"ק דאבא חסד דאבא כו' וכולם נק' יומין לנטרא וז"ש ושמרו בנ"י כי שמור בנוק' דהיינו בעליות המ"ל באור אבא צריך יום זה שמירה דוקא כי ענין השמירה מכל מלאכה ולהיות יושב במנוחה הוא כמו דרך השרים שמתרחקים מכל מלאכה כו' והוא לעצם הרוממות שהוא ענין ההבדלה בערך כו' וז"ש אילין לעובדא פי' ו"ק דאימא שיורדי' בז"א עד שנק' ו' יומין דחול ואלין לנטרא ואימתי השמה נטירו ר"ל ביו"ט דזמינין מקדש כגון בג' מועדים שהתחיל המאמר תלתא איכון דזמינין מקדש ולא יתיר כו' וככ"ל וד"ל :

תלתא איכון זמינין מקדש כו' והנה לכאורה משמעות פשט המאמר בפי' דזמינין מקדש היינו לא שהמה נקראים זמינין לגבי קדש אלא שהקדש נק' ונמשך אליהם והוא ע"פ הנ"ל דעיקר יו"ט הוא בחי' אור אימא ואור אבא נמשך באימא בבחי' ההעלם וע"כ נק' מקראי קדש דהיינו שהקדש נק' שם וכו' ובאמת א"א לומר כן ע"ד הפשוט ג"כ והוא עד"מ שהמשיל לזימון דאורחים הרי אין ענין הזימון אלא שיקראו את האורחים לבית המזמין ולא שיבא המזמין אליהם כו' וגם הנה ע"ד הדרש מרז"ל אין הענין כן שהרי ידוע בענין מדרשו דר"ע שדרש ע"פ אלה מועדי הוי' אשר תקראו אותם אפי' שוגגים אפי' מזידים אפי' אנוסים כו' א"כ הקריאה היא ע"י ישראל וצריכים שיקראו למי שרחוק ולא למי שקרוב בהיכל המלך תמיד עד"מ הקורא לאורחי' כנ"ל· אך הענין בפי' האמתי דזמינין מקדש היינו שהן נקראים אל הקדש כדוגמת האורחים הנקראים אל בית המזמין כנ"ל ומ"ש דזמינין מקדש והל"ל דזמינין לקדש הענין הוא לפי שבחי' קדש העליון שולח אליהם תחלה להזמינם שיבאו אליו והבאה זו היא עליות' מלמטה למעלה כו' · ויובן דבר זה ע"פ משל למלך דזמין למשרתיו למשתה הסעודה שעשה הנה ודאי אין ערך להשרים עם המלך שהמלך הוא מובדל ומרומם לגמרי בערך מהם והגם שהמה שרים גדולים ויש להם ממשלה רבה בהיזה מדינות הרי המדינות של המלך המה וממשלת' מאת המלך הוא ועל של מלך וא"כ אין להם מעלות דבר מה מבלעדי המלך ועכ"ז בהיותם במדינות המלך נק' הם השרים המושלים אע"פ שמושלים ע"פ פקודות המלך אך כשבאין לפני המלך אין החשיבות שלהם תופס מקום כלל וכלל ונחשבו כעבדים לפניו ואמנם כשהמלך חפץ בהם לנשאות אותם ולרוממם יקרא ויזמין אותם למשתה וסעודה שיעשה בשבילם ואזי בזאת הקריאה והזמנה יתעלו בעלוי גדול מעל' הקדומה גם בהיותם שרים מושלים במקומם כי באו להיכל המלך פנימי ונקראו אוכלי שולחן המלך ועליה גדולה הוא להיות נק' אנשי המלך מהיותם שרים להמון כו' וכידוע והנמשל מובן בהיות שו' יומין דחול שיורדין ונמשכין למטה בבי"ע להחיות רוח שפלים כו' אע"פ שנקראו הם שרים למטה כענין בחי' מט"ט שנקרא שרו של עולם בכלל ומכ"ש בהיות' בשרשם בבחי' אצי' קודם שירדו למטה שכאו"א ממונה להחיות רבוא רבבות עולמות עכ"ז בעלותם לפני עצמות המאציל שהוא מובדל ומרומם בערך מכל ההשתלשלות דהבי"ע כידוע כמו ביו"ט שהוא זמן עליו' היומין דז"א ככ"ל ה"ז בחי' עליה גדולה ממש כמו מביר' עמיקתא לאיגרא רמא כו' דהגם דחסד שם אל בכל יום ביום הא' משפיע למטה ונק' שר בעלותו לפני המלך מלכי

מלכי המלכים כו' דהיינו בחי' אא"ס שבחכ' הנק' קדש ה"ז עד"מ כמו שנקראו אורחים לבית המלך שזה עלייה להאורחי' שיהיו מאוכלי שולחן המלך כנ"ל וזהו פי' דזמינין מקדש שנזמנו ונקראו לבוא לבחי' קדש העליון להיות נחשבי' מבחי' קדש גם הם בגילוי אא"ס עליהם כמו קדש כו' והיינו ג"כ מקרא קדש שנקראו להיות בבחי' קדש כו' וזהו שנמשל לברא כו' וד"ל ושושבינין המה מקראי קדש ממלכ' דמשכנו בבחי' קדש משום דאור אבא שורה בו אה"ס דאין התלבשות אא"ס אלא בחכמה כמ"ש במ"א וד"ל · אך הנה מ"ש דזמינין מקדש דקדש שלח אליהם להזמינם בתחלה כו' דהנה שלוחי' הם ישראל דוקא וכמבואר בדבריהם ז"ל ישראל דקדשינהו לזמני' וכמ"ש אלה מועדי ה' אשר תקראו אתם אתם דוקא וכמו שדרש ר"ע אתם אפי' שוגגים כו' ולכאורה יפלא מאד ענין זה בשכל איך יתכן שיהיו תלויים קידוש המועדים רק בסנהדרין דוקא שמקדשין עפ"י הראיה שהרי אם יטעו ויקדשו חג הפסח במועד בג' ימים אחר זמן הראוי לפי האמת א"כ באותו זמן שהיה ראוי ליום דחול להתעלות בעלוי אורות דאו"א בבחי' קדש היה חול גמור להכול חמץ וביום הג' שאחריו שהוא באמת יום חול נעשה יום קדש בבחי' עליות דאו"א כו' והאיך אמר אתם אפי' מוטעין כו' אך הענין הוא דסנהדרין נקראו עיני העדה וכמ"ש והיה אם מעיני העדה כו' ופי' עיני עדה היינו בחי' ראי' דחכמה שהרי נקראים בשם חכמי ישראל והוא בחי' חכמה שבמ"ל דאצי' שרש כללות נשמות ישראל כידוע · והנה זה ידוע הכלל בכ"מ דבחי' חכמה דנוק' בתוכה יש ג"כ בחי' חכמה עילאה הנקרא אור אבא וכמאמר בעל ס"י חכמה בראש וחכמה בסוף ונק' בזוהר חכמה עילאה וחכמה תתאה משום דנעוץ סופן בתחילתן כו' וא"כ הרי יש בסנהדרין שנק' עיני העדה מבחי' החכמה דאור אבא עצמו וזהו הטעם שהיה ביכולתם לקדש על פי הראיה אפי' הם מוטעין בדבר כנ"ל לפי שביכולתם מצד שרשם במ"ח עילאה דאור אבא להיות כמוהו ממש כנ"ל בפי' המשל לברא דעאל לביתא כו' והיינו שלא יש בחי' שלוחים להזמין לג' מועדים אלא ישראל בלבד כמ"ש אשר תקראו אתם דוקא לפי שזה הכלל בכ"מ דשלוחו של אדם כמותו ממש כי השליח מקבל הדברים כמו שהן במשלחו ממש ועל כן השליח נחשב כמשלחו ממש לכל הדינין לכך נפסק הדין בכ"מ דשלוחו של אדם כמותו כו' והנה גם בכאן אחר שצריכים המועדים שבבחי' אור אימא בחי' הזמנה וקריאה כנ"ל ע"כ צ"ל שליח שילך אחריהם עד"מ ויזמינם והשליח בהכרח שיהיה בערך המשלח כי שלוחו של אדם כמותו וא"כ מי הוא אשר ישוה בערך לבחי' קדש העליון שיהיה שליח לדבר וגם מובן שאחר שהשליח בערך המשלח ודאי גבוה הרבה ממי שנשלח אליו כי השליח ממוצע בין המשלח למי שנשלח אליו כו' אשר ע"כ לא יש שלוחים להזמין למועדי הוי' כו' כ"א ע"פ הסנהדרין עיני העדה מצד שרשם באור אבא עצמו ולכך יוכלו להיות שלוחים לדבר זה ושלוחו של אדם כמותו כו' וגבוהים הרבה ממי שנשלח אליו וזהו שאנו מוצאים גם בתנאים ואמוראים שהיו יכולים לעשות נסים לפי שעה הצריכה להם משום דבחי' החכמה עיקר כל צירופי אותיות שנבראו בהם שמי' וארץ וכל העולמו' שרשיהם מבחי' ה"ג דמנצפ"ך דאיתא השרש לכל אותיות דמח' ודבור כידוע ובחי' בינה טפל לגבי אור אבא ולכך ביכולתם להפוך גם שרש הצרופים כולם מהיפך להיפך כענין שאנו מוצאים בר"ח ב"ד שאמר מי שאמר לשמן וידליק הוא יאמר לחומץ וידליק פי' מי הוא בחי' בינה וידוע שצרופי אותיות המאמר כולם משם נמשכו כו' ור"ח רצה להפוך הצרופים דשמן וחומץ גם בשרש שרשם בבינה ויהיה החומץ דולק במקום טבע השמן לכן אמר מי שאמר כלומר אותו מי שאמר דהיינו בבינה שנק' מי שהוא בעל המאמר הוא יאמר בהיפך שהחומץ ידליק ועד"ז בר"פ ב"י שאמר גינאי נהרא חלוק כו' והכל מטעם שנק' עיני העדה שלמעלה מבחי' אור אימא ולכך ביכולתם ג"כ לשנות סדר המועדי' אפי' המה מוטעי' בדבר כו' לדחות ליום הפסח לזמן אחר ואין הארת הור אבא מאיר באימא באור החסד בפסח אלא דוקא באותו יום שהוקבע ע"פ קידוש שלהם אפי' טעו ולא ביום שראוי להיות פסח מטעם שלוחו של אדם כמותו וכאלו בחי' קדש מזמן דוקא באותו יום שהוא פסח ע"פ קידוש שלהם וכמ"ש אשר תקראו אתם אתם דוקא תקראו מקראי קדש ובאיזה יום שיקראו ילכו ולא ביום אחר ולא ע"י אחר אלא על ידם דוקא כי ביכולתם לשנו' מקדש לחול ומחול לקדש ע"ד הנ"ל מי שאמר לשמן וידליק כו' וד"ל · וזהו ע"פ פי' אמתי ביותר כמ"ש דזמינין מקדש דקדש מזמין אותם ע"י שליח כו' ואז יתכן שיהי' שליחות זאת ע"י סנהדרין דוקא מטעם הנ"ל אבל אם פי' דזמינין מקדש שהקדש יבא אליה' אין שייכות לסנהדרין בזה אלא דוקא בשבת הענין כן דמעצמו בא וכמ"ש מקדש השבת אבל מועדים ישראל קדשוהו וכמ"ש אשר תקראו אתם אתם דוקא מטעם הנ"ל וד"ל :

ר"ח אמר בגין דשארי למעבד בהון עבידתא בג"ד לא אקרון קדיש ומאן דלאו אקרון קדש חול אקרון כו' :

פי' ר"ח בא לפרש דלא כפי' ר"י שאמר דהשתא אתנהיג עלמא ע"י דשלוחייהו כנ"ל ולפ"ז חול ממש הם למט' אלא בא לפרש דאין בהם שינוי כלל שם בירידת' למטה כי בחי' האצי' גם בחי' הכלים דכלים שלהם בבי"ע אינם חול ממש כידוע דבחי' ז"א דאצי' בירידתו לברר בירורים בכל ימי המעשה בבי"ע אין בו שינוי חול בזה כמ"ש אני הוי' לא שניתי כו' וז"א נק' הוי' כידוע וכתיב וכבודי לאחר לא אתן כו' אך הטעם שנקראו ו"ק דז"א בו' ימי החול יומי

מלאכה

מלאכה האי מטעם אחר בגין דשארי למעבד בה עבידת' פי' מצד שירדו בירידה גדולה לעבודת הבירורים דרפ"ח עד רגלי העשי' להוציא משם ניצוצות כו' הרי בחי' ז"א עשה א"ע חול בזה עד"מ האיש הנכבד שעובד עבודה פחותה לבשל קדירה וכיוצא וכמארז"ל בגדים שבישל בהם קדירה לרבו כו' וכמ"ש כתיב מי זה בא מאדום חמוץ בגדים כו' בכללות שית אלפי שנין וכן בפרט בכל ו' יומין דחול דכתיב תשב אנוש עד דכא כו' ואמנם אעפ"כ בחי' עצמיות הו"ק דז"א לא נשתנה בזה כלל וכלל אלא מ"מ משום דשארי למעבד עבידתא שאינם לפי ערך מעלתם וכמ"ש לעבוד עבודתו נכריה עבודתו כו' ולאו קדש איקרון ומתילא חול איכון ולא חול ממש ח"ו אלא שנתלבש בלבושין דחול כו' וד"ל · וע"ז הקשה קושיא חזקה מאי הבדלה הכא כו' מאחר שאין שינוי בעצמותו כלל א"כ האתה במעלתם ממש בבחי' האצי' כמו שהיו ולאיזה טעם אומר המבדיל בין יומא דחול לקדש הא ליכא הבדל' הכא כלל ותירץ אלא קדש הוא גולה בגרמי' ושאר' מיני' אזיין אלין לנטרא ואלין לעובדא כו' פי' בא לחזור מסברת ר' חייא במקצת במ"ש אלא כו' והוא דמ"מ יש הפרש גם בבחי' אצי' עצמו בין ו"ק דז"א עצמו ובין ו"ק שלו כשיורדין לברר בירורין דרפ"ח בבי"ע כו' ולא כסברת ר"ח שאין בהם שינוי מעלה כלל מבחי' ז"א עצמו כי הנה מבואר למעלה באריכות בענין ההפרש בין בחי' פנימיות ז"א לבחי' חיצוניות דז"א והוא במה שבבחי' פנימיו' דז"א יש בחי' ההתכללו' ע"י שם מ"ה דחכמה כו' משא"כ בבחי' חיצוניות דז"א שאין בהם בחי' ההתכללות אלא יוצאים מפורדים כו' ע"ש· וביאור הטעם ושרש הדברים למה יש בו בחי' התכללות בפנימיות ולא בבחי' חיצוניות הוא רק מצד בחי' המוחין דחכמה והוא בחי' שם מ"ה ויובן ע"ד שאנו רואים למטה באדם התחתון שיש בטבעו מדות טבעי' אהבה ושנאה ופחד ורחמים וכעס וכיוצא משעה שנולד ויוכל להנהיג כל הנהגות במדות הטבעיי' גם בלתי טעם ושכל ואמנ' לפעמי' יתנהג בהם ע"י טעם ושכל דהיינו שיכעום מצד הטעם ושכל לכעס זה וכן ירחם ברחמי' מצד הטעם ושכל שיש לו רחמנות זאת וכיוצא בזה במדות האהבה והשנאה כו' וזהו הנקרא בחי' המשכות מוחין במדות כי המדות נבדלי' מן השכל מצד עצמם אלא שנמשך להם שכל וטעם גם בכל פרטי פרטי' והשכל והטעם הזה מנהיג אותם כאלו המה נמשכי' כל עיקר מן השכל כנראה בחוש ובאמת אינו כן שהשכל מתלבש בהם להחיותם ועיקר השכל נבדל הוא מן המדות כי משכן מקום השכל הוא במוח ושם מופשט הוא מבחי' כלי ומדה אלא הוא רק בחי' כח השכלי לבד להשכיל כל השכלה וחכמה מן החכמות ולהסביר סברות בדבורי חכמה שאינם שייכים כלל למדות כמו חכמת התכונה וכיוצא והוא נק' מוחין דאבא למעלה ונק' קדש להיות מובדל והוא מ"ש קדש מלה בגרמיה הוא כלומר מובדל לגמרי מבחי' המדות אלא שנמשך ממנו המשכות מוחין גם למדות שיתנהגו עפ"י שכל וטעם והוא מ"ש החכמה תחיה בעליה פי' שמחיה את המדות שבלב ע"ד שנק' אדם כו' והוא בחי' שם מ"ה דאדם שנמשך ממ"ה דחכמה עלאה הנקרא קדש מלה בגרמיה כו' ואמנם זה השם מ"ה נק' בחי' פנימית דז"א שמאיר בשבת כנ"ל באריכו' כי הוא פנימיות המדות הנ"ל וע"כ ממנו מתברכאן כל ו' יומין דחול הבאים אחריו' כמבואר במאמר לפני זה כו'·ו' יומין מתברכין מהאי יומא שביעאה כו' וכמ"ש באורך במ"א לפי שהשכל שבהם מברך וממשיך ירידת שפע למטה בו' יומין דחול והו"ק דז"א שמתלבשי' ביומין דחול המה אשר נמשכים מצד השכל שבמדות הנק' שם מ"ה וע"כ נק' שבת ש' בת ש' ג' קוין דז"א כו' וז"ש קדש ישראל שישראל גם הוא נק' קדש לפי שנמשך מקדש דאור אבא ולכך נק' בן כמ"ש בני בכורי כו' ובכ"ז מובן הטעם שיש בחי' התכללות בפנימיות המדות מצד השכל שכוללם יחד לפעמים כך ולפעמים כך כו' משא"כ בחי' חיצוניות המדות שאין בהם מי שיכלול אותו הרי נשארו בטבעם שכאו"א מופרד ואמנם בו' יומין דחול אע"פ שיוצאים מפורדין הרי כבר נפרדו כן ע"פ השכל דשם מ"ה כנ"ל בשבת וזהו ענין ההפרש בהבדלה שעושין בין יומין דחול דאלין לעובדא לברר בירורין בבי"ע ע"פ שכל שבמדות שהאיר בשבת בין בחי' פנימיות המוחין שבמדות שהאיר בשבת שהוא נחשב מבחי' הקדש עצמו דאור אבא כנ"ל וזהו אלין לעובדא ואלין לנטרא שהן בבחי' גבורות דאור אבא לשמור מכל דבר היפוכו והוא כמו שלא לעשות מלאכה היפך האור דשם מ"ה דשבת כו' ומזה נעשים בחול בחי' אורות לו' יומין דחול כו' ולפ"ז ניתרץ הקושיא בהבדלה דהבדלה הוא בין פנימיות המוחין לחיצוניות המדות שנמשכין ביומי דחול אע"פ שמתברכין מן הפנימיות כי מ"מ הפרש גדול יש ביניהם ולא כסברת ר' חייא הנ"ל כו' וד"ל :

אמר ר' יהודה חדוותא ונטירותא דיומא דשבתא על כולא הוא בגין דהאי יומא אתעטר באו"א ואתוסף קדושה על קדושתיה כו' בג"כ האי יומא חדוותא דעלאי ותתאי כו' עד למלכא דעביד הילולא לברי' יחידיה אעטר ליה בעטרא עלאי מני ליה מלכא על כולא בהאי יומא חדוותא לכולא כו' ע"ב :

פי' ע"ד הנ"ל דשם מ"ה שבז"א בבחינת פנימיות נמשל לבן כו' והרי נחשב מכלל בחינ' החכ' שבמוח עצמו שנק' קדש אלא שנמשך להיות מוחין למדות וע"כ אמר על יום השבת דהאי יומא אתעטר באו"א ואתוסף קדושה על קדושתיה פי' כי מלבד קדושת בחינ' שם מ"ה עצמיות שבמדות עוד נוסף קדושה בחינת קדש דאור אבא עליו בעלותו לשם לקבל בעצמו בחינת הכתרים משם וזהו

אתעטר

אתעטר באו"א כו' וכוונתו עוד דמקבל מבחינת הכתרים דאו"א עצמו והוא בבחינ' קדושה דכתר שבתפילת מוסף דשבת וזהו ענין עולת שבת בשבתו כו' והיינו שאומר במשל שהזכיר למלכא כו' דאתעטר ליה בעטרא עילאה דהיינו בחי' כתרים דאור אבא עצמו ולכך נמשל להילולא דוקא לפי שביום חתונת בנו עד"מ מעלהו לתכלית העלוי בכל מה שיש בכח האב לעלות והוא לפי שדבר חדש הוא ענין החתונה במה שיהיה בכחו להתייחד ביחוד ולהוליד כו' ע"כ מעטר ליה בעטרא עילאה שאז יהי' בכחו להתייחד ע"י בחי' תוס' מוחין כו' כמ"ש במ"א וד"ל · חדוותא דעלאי ותתאי פי' עלאי הן בחי' או"א ותתאי הן בחי' זו"נ כידוע ואמר שמלבד דאבא עצמו שנקרא אב ששמח בהילולא דבריה שהוא בחינת שם מ"ה דז"א כנ"ל הלא גם בחי' ההיכלות דאו"א שמחים בהילולא דא כו' כי ידוע שיש לכל פרצוף ג' מדרגות בכלל ספירה ולבוש והיכל והיכלות הן מדרגה החיצונית וכמו שיש בחי' היכלות למטה בבי"ע כך יש למעלה בבחי' פרצוף דאו"א ונק' היכלא עילאי וכמ"כ יש בחינ' היכלות שלמטה מהן והן היכלות דזו"נ ונק' תתאי בערך בחי' היכלות דאו"א · וכולהו חדוותא מבחינת עלית פנימיות דז"א בהילולא דא כו' לפי שאור השמחה מאו"א וזו"נ יולאו' בהתגלות גם לבחי' היכלות שסביב להם כו' וד"ל וכ"ז טעם למה שהקדים דהאי יומא חדוות' ונטירותא בכולא בגין דהאי יומא אתעטר כו' פי' חדוותא הוא בחי' גילוי אור החסדי' ואמנם הי' גם ביכולת החיצונים לקבל כי בעת השמחה הכל יכולים לקבל כידוע ואי לזאת נמשך בחינת שמירה בהאי חדוותא שלא תתפשט לחיצונים והוא הנק' נטירותא והוא מבחי' הגבורה דאור אבא עצמו כנ"ל והוא ענין ושמרו בני ישראל את השבת כו' וד"ל · מני ליה מלכא על כלא פירוש ע"י שם מ"ה שמאיר במדות מתנהגין פרטי המדות הכל ע"פ השכל והשכל המלובש בהם הוא כמשל המלך המנהיג ברצונו וע"כ נמשל למלך בכל ו' יומין דחול הבאים אח"כ והוא משום שקיבל ממוחין דאבא עצמו כנ"ל וד"ל · כך ההוא יומא הילולא דמלכא במטרוניתא חדוותא דאו"א עליה חדוותא דעילאי ותתאי בחדוותא דמלכא כולהון חדאן ע"ד כתיב וקראת לשבת עונג כו' עונג לא אשתכח אלא לעילא באתר דקדש עילאי כד"א אז תתענג על ה' כו' והאי יומא דהוא הילולא דמלכא אתעטר בעטרא דעונג כו' מה דלא אשתכח הכי בשאר יומין כו' · הנה יש לדקדק בזה המאמר הא' במה ששינה הל' באמרו הילולא דמלכ' במטרוניתא שלא הזכיר זה במשל הנ"ל דעבד הילולא כו' ועוד מ"ש חדוותא דאו"א עליה מה שייך או"א להיות החדוה גם יותר מכולם ומהו לשון עליה כו' אך הענין הוא כידוע דיש הפרש בין יומין דחול ליום השבת דזווג יעקב ולאה הוא בימות החול וזווג ישראל ורחל בימות השבת ועיקר ההפרש שיש בין יעקב ולאה וישראל ורחל הוא מצד בחינת המוחין דאו"א שביעקב ולאה אין המוחין בהם רק מבחי' החיצוניות ואחוריים דאו"א הנקרא או"א תתאין (הנקרא יש"ס ותבונה) ובזווג ישראל ורחל מאיר מבחי' פנימיות דאו"א הנק' או"א עילאין כו' כמ"ש במ"א ובע"ח וזהו ענין המאמר דביום השבת הוא בחי' זיווג ישראל ורחל שנקר' מלכא ומטרוניתא כידוע ואז חדוותא דאו"א עליהם מבחי' הפנימית דאו"א דהיינו מבחי' או"א עילאין כו' וד"ל · וביאור הדברים הנה פי' מטרוניתא הוא הנק' בחי' רחל עקרת הבית היינו בחינת מקור כל הנבראים שבבי"ע ובעלות בחי' מ"ל דאצילות למעלה בבחינת האצי' נק' מטרוניתא והיינו בשבת דוקא שנקרא חקל תפוחין כו' כי בחול מסתתרת בבי"ע כידוע ובחינת ז"א בהיותו מרומם ומובדל בשרשו במאציל הוא הנק' ישראל והנה בדרך כלל סוף העולמות דה"ס היותר אחרון הוא בחינת ז"א ובחינת מל' דאצי' הוא מקור כל המקבלים ושניהם מתייחדים בשבת והוא הנק' יחוד דישראל ורחל שבהם דוקא מאיר מפנימיות דאו"א כי נמשך להם מוחין לצורך היחוד מבחי' פנימיות דאו"א כנ"ל בענין קדש החכמה שמתלבש בפנימיות דז"א הנק' מלכא שהם כו' ולהיות שעיקר היחוד שלהם ע"י בחי' המוחין דאו"א ע"כ הנולד מיחודם הן נשמות גבוהות מאד שהן מבחינ' המוחין דוקא כמו נשמות התנאים ות"ח המופלגים שבכל דור כו' משא"כ מבחי' יחוד דז"א כשהוא בבחי' הקטנות ונק' זווג יעקב ולאה בימות החול מפני שהוא בבחינת מיעוט המוחין מאו"א דהיינו רק מבחי' החיצונים ואחוריים דאו"א לבד כנ"ל ע"כ הנולד מיחוד זה המה נשמות ע"ה ופחותי ערך שבכללות כ"י כו' וד"ל · וז"ש כאן דבהאי יומא דשבת הילולא דמלכא במטרוניתא פי' יחוד ישראל ורחל שיש בהם מוחין מפנימית דאו"א ע"כ חדוותא דאו"א עליה פירוש חדוותא הוא גילוי אור היותר פנימי עד"מ החדוה באדם למטה שהוא גילוי פנימיותו דוקא אבל גילוי פנימית אורות דאו"א אינם מתקבלים במלכא ומטרוניתא רק בבחי' או"מ בלבד וזהו עליה דוקא וד"ל · וע"ד כתיב וקראת לשבת עונג כו' דלא אשתכח אלא לעילא בקדש כו' מבואר הוא על פי הידוע דעונג העיקרי למעלה מן השכל הוא אלא שמתלבש בשכל בלבד כי מה שמתענגים מן השכל הוא דומה עם מה שמתענגים מאחרי דברים המביאים התענוג כמו הטיול והמאכל וכיוצא א"כ העונג נבדל מן השכל בעצם אלא שיורד ומתלבש בשכל וז"ש דעונג לא אשתכח לא נמצאת במציאות התגלות אלא בשכל שהוא החכמ' דאור אבא שנק' קדש עילאה כנ"ל והיינו בחי' אורות הכתר דעתיק שמאיר בחכמה כמ"ש והחכמה מאין תמצא ואז נק' החכמה עדן כמ"ש במ"א והיינו מ"ש אז תתענג על הוי' דוקא כי הוי"ה

הוא

הוא בחי׳ פנימיות דז״א כמ״ש בת״א ולהיות מעוטר בעטרא דכתר באור אבא ככ״ל ע״כ אמר דמלכא שהוא ז״א אתעטר בעטרא דעונג והוא מבחינת העונג הנמשך באור אבא אתעטר ליה בהילולא דז״א כנ״ל וזהו וקראת לשבת עונג שבת ש׳ ב״ת הוא בחינ׳ המוחין דאו״א הפנימי שבז״א ועונג דאור אבא נמשך לו לבחינת עטרה על המוחין כו׳ וזהו על הוי׳ בבחינת מקיף כעטרה על הראש וזהו ענין כליל ת״ת בראשו נתת לו כו׳ וד״ל :

(שם דף צ״ה ע״א) אר״י כלהו מועדין כו׳ אבל אינון תלתא זמינין מקדש לחדוותא לכולא לאשתעשע בהו בקב״ה הה״ד ושמחתם לפני ה׳ אלהיכם וכתיב ושמחת לפני ה׳ אלהיך כו׳:

פי׳ תלתא אינון משום דשלש רגלים הנקר׳ מועדי הויה הרי מוחין דאימא בהם בהתגלות ומוחין דאבא בהעלם וע״כ נקראו מקראי קדש ולא קדש עצמו כו׳ כמ״ש למעלה לפי שביו״ט מוחין דאימא עיקר וע״כ נק׳ חג מלשון חגים ינקפו שהוא לשון התלהבות אש שלהבת שנקר׳ חג כידוע והיינו לפי שאם הבנים שמחה כתיב שע״י הבינה השמחה באה בהתלהבות מורגשת דוקא כידוע וד״ל ומ״ש לאשתעשע בהו בקב״ה כו׳ דקדק לומר לאשתעשע בהו דמשמע דעינים מצד עצמם דבר אחר ומה שמסתעף מהשעשועי׳ ענין אחר נוסף על עצמותם הוא ועוד הוא דקדק לומר ענין ג׳ שהשעשועים הנמשך ע״י הוא בקב״ה כו׳ הענין כך הוא דהי״ט עצמו הרי הוא ביומין דחול שהוא מבחי׳ חיצוניות דז״א ככ״ל ואמנם נקר׳ ונקרא קדש מפני שבחינת חג״ת דז״א שהם בחינת שלש רגלים בכלל עולים לקבל מתוחין דאו״א והנה ידוע דחג הפסח הוא במדת החסד כו׳ ובשבועות זמן מ״ת הוא בבחינת גבורות וסכות בת״ת כו׳ ואלו הג׳ הם הנק׳ יו״ט מצד עצמם שבפסח מאיר מאו״א בחסד שהוא האהבה ובשבועות בגבורה כו׳ אמנם הנה אנו רואים במדות שבאדם שיש התפעלות אהבה שהיא אהבה בלבד כמו שהיא ואחר כך יש קבלת עונג שמתענג האדם מאותה האהבה כמו עד״מ בחינת התקשרות שיש לאב עם הבן והבן לאביו באהבתו אותו הנה בראות האב התקשרות ואהבת הבן והבן בראותו בחי׳ התקשרות עבותות אהבתו עליו אזי מתענגים בעונג נפלא מזאת התפעלות ההתקשרו׳ וא״כ העונג הזה נסתעף מצד האהבה וההתקשרות אשר בתחילה ואמנם אינה נחשבת מתהות האהבה הלא נתעורר העונג העצמי להתענג מאותו אור האהבה כו׳ וכיוצא בזה יובן למשכיל למעלה דבדרך כלל יו״ט דפסח הוא במדו׳ אור האהבה דז״א כמ״ש אהבתי אתכם אמר הויה וכיוצא ואמנם עונג המסתעף מזאת האהבה למעלה הוא הנמשך מבחי׳ אור אותו עונג העליון שמאיר ומתלבש באור אבא שנקרא קדש כו׳ ומשם נמשך בקב״ה שהוא המדות מדת חסד בפסח וזהו לאשתעשע בהו בקוב״ה שביום טוב דפסח בחינת השעשועים העליונים דעתיק בז״א וכן מלמטה למעלה מבחינת האהבה דכנ״י לקוב״ה כל השנה מתעורר העונג שמסתעף עי״ז כו׳ ולכך כתיב ושמחת לפני הוי׳ אלהיך ושמחת דוקא לפני הויה אלהיך דוקא וד״ל :

אמר רבי יצחק לרבי יהודה כו׳ תנינן זכרהו על היין אמאי על היין א״ל בגין דיין חדוותא דאוריתא כו׳ והאי יין חדי למלכא והאי יין מעטרא למלכא בעטרוהי דכתיב צאינה כו׳ בעטרה כו׳ עד דלא אשתכח קדושה אלא ביין הה״ד כי טובים דודיך מיין מיין אינון טבאן וע״ד קדושה דשבת ביין :

הנה ענין הקדוש דשבת ידוע שהוא בחינת מוחין דאימא שהיין הוא בבחינת בינה והכוס שבו היין הוא בחינת מ״ל ומגביה הכוס עם היין כנגד לבו ואומר עליו דוקא קידוש היום שהוא בחי׳ המשכת אור אבא שנקרא קדש כידוע וזהו שרש ענין זכרהו על היין כי זכור את יום השבת לקדשו הוא בחינת אבא וזכרהו על היין להמשיכו בבחי׳ אור אימא שהוא בחינת המשכות חסדים דאבא להגבירם על גבורות דאימא וכמ״ש בת״א וד״ל · ושאלת ר׳ יצחק הוא אמאי על היין דווקא ולא על דבר אחר שהוא מבחי׳ הגבורות דאימא והשיב לו דלה מטעם שהוא בחי׳ גבורה לבד כו׳ אלא מטעם שהחדוה המסתעף ממנו שהן בחינ׳ חסדים שבאין אחר המתקות הגבורות הוא חדותא דאורייתא דוקא והיין חדי למלכא דוקא כו׳ · וביאור הדברים הנה זה המאמר מתקשר עם המאמר הקדוש שהתחיל ר״י למעלה יום השבת למלכא כמ״ש שם למלכא דעביד הלולא לבריה כו׳ עד דמני ליה מלכא על כולא כו׳ ואמר עוד שם כך האי יומא הילולא דמלכא במטרוניתא כו׳ ועל מאמר זה אמר כאן דהאי יינא דאורייתא חדי למלכא זה כו׳ והענין הוא לפי שבחינת מלכא הנ״ל מבואר למעלה שהוא בחינת הארת השכל במדות עד שיתנהג הכל עפ״י טעם ודעת והוא ע״י בחינת שם מ״ה שבז״א שמאיר מבחי׳ קדש דאור אבא כו׳ ולכך נקרא מלכא שהוא המנהיג כו׳ אמנם הנה הנהגה זאת הגם שהיא עפ״י השכל מ״ת בחי׳ חיצוניות היא שהרי הוא בא בהתלבשות עד למטה מטה כמו ע״ד דוגמא שיהיו הנשמות נהנין מזיו השכינה לפעמים נהגין בעילוי המדריגה ולפעמים בירידת המדריגה וכמו מדי שבת וראש חדש שעולין בעליות שונים הרי הכל במשפט בא להם ע״י בחי׳ ו״ק דאצי׳ שמאירים בבי״ע בג״ע העליון והתחתון להיות תענוגי הנשמו׳ במדה אם במדה מרובה או במדה מצומצמת כו׳ ושרש הנהגה זאת בודאי ע״פ החכמה דשם מ״ה שבקדש העליון שמלובשים בו״ק דז״א לפעמים יאיר בחסד ויהיה או מגבורת שפע להם במדה מרובה ולפעמים במדות הגבורה ויהיה אור שפעם מצומצמת וכיוצא בזה בשארי הנהגות כו׳ וגם בהעלאת המ״ן והמשכות המ״ד בכלל ובפרט הכל במשפט באה כפי

סערך

הגורך ע"פ השכל והחכמה שיתבררו הבירורים כך או כך כו' וד"ל. והנה אותו אור השכל המלובש במדות שע"י ינהיגו למטה בנשמות ונבראים וכל העולמות הוא נמשך ובא מחכמת התורה דוקא כענין מארז"ל ג' שעות הראשונים הקב"ה שהוא בחי' ז"א יושב ועוסק בתורה כנ"ל דהיינו שע"פ החכמה הגנוזה בתורה ידין ויפסוק בשכל וטעם להנהגות הללו ונמצא השכל והטעם המלובש בהם בא ממקור הנובע אותם הטעמים והשכליות והמקור הוא בחי' חכמה ומוחין עליונים שבתורה ולכך נקרא תורה להבדיל בין הטמא לטהור כו' שהוא שרש שיתא סדרי משנה שנקרא מדה שבשכל חייב וזכאי טמא טהור כשר פסול כו' שהוא רק שכל וטעם לחייב ולזכות ועדיין לא באו החיוב והזכות לידי גילוי במדות מורגשים בלב אלא שהמה שרשים לזה כו' כמ"ש במ"א שלמעלה הוא בחי' המדות שבאימא הנקרא ז"ת דאימא הוא מ"ש כאן דיינא דאורייתא חדי למלכא פי' יין שבתורה הוא בחי' מקור השכל המלובש בהמדות וכנ"ל ואורייתא הוא בחי' פנימיות ז"א והמוחין שבתורה נקר' יינא דאורייתא והוא שרש ומקור לטעמים ושכליים להיות העלאת מ"ן והמשכות מ"ד לפעמים כך ולפעמים כך וכנ"ל וזהו להבדיל בין הטמא ובין הטהור כו' שזה יתעלה בברורים וזה לא ואח"כ ממקור זה נובע בגילוי במדות שבלב והוא שם מ"ה המלובש במדות הנקרא מלכא ונמצא יין זה שרש להנהגת מלכא והיינו שאמר דהאי יין חדי למלכא ומעטרא בעטרוהי דהיינו במוחין כו' וד"ל · וזהו ענין הקידוש שעל היין דוקא כי הנה הקידוש הוא לפני סעודה וידוע שהסעודה הוא ענין השפעה כי כל אכילה הוא בחי' השפעה למטה כמ"ש אכלו רעים כו' והיינו זמן ירידת השפע לכל אוכלי שולחן המלך כמ"ש בזהר ע"פ כי על שולחן המלך תמיד הוא אוכל כו' ואז נקרא מלכא שמנהיג השפע לכל או"א כפי הראוי ע"פ שכל וטעם כו' והוא שרש ענין סעודת שבת לפי שבשבת מאיר שם מ"ה כו' אבל הקידוש הוא לפני סעודה ואומר על הכוס דברים בדבור בפה כו' שהוא בחי' המשכות אור אבא באימא כנ"ל שהוא בא ע"י הדבור כשאומר קידוש על היין דוקא ואז נמתקו ע"י גבורות דאימא שביין ונקרא יין המשמח אלקים שממתיק שם אלקים דבינה והוא מ"ש כאן נכנס יין יצא סוד כו' ואז חדי למלכא כנ"ל להיות מאיר בו פירוש משמח הלב שנקרא מלכא כנ"ל להיות מאיר בו מבחי' פנימיות דחכמה שבתורה הגנוז בתורה בהעלם ונקרא יינה של תורה ויצא הסוד ממנה הוא בחי' המתקת הגבורות בחסדי' דאבא כנ"ל ועי"ז חדי גם למלכא למדות שבלב להיות שרש לשכל שמלובש בטעם בהם עד שעי"ז יוכל להנהיגו בכי טוב בחיצוניות ההתלבשות עד למטה מטה בשעת אכילה לאוכלי שולחנו ומשם יתלבש עוד בו' יומין דחול הבאים אח"כ כנ"ל וזהו עיקר הטעם שאין הקידוש אלא במקום סעודה לפי שהוא שרש למוחין שנמשכין בסעודה באכילת המלך כו' וד"ל· ומ"ש דמתעטרא ליה בעטרוהי נאינה כו' בעטרה כו' וזהו כי טובים דודיך מיין מיין איינון טבאן כו' והענין הוא כי בשעת קידוש נשלמו בז"א בחי' הכנסת אורות דבחי' צלם דאו"א כי הצ' דצלם הוא בחי' המוחין לחג"ת שבו כו' ונעשה ט' פעמים יו"ד לט"ס דכלול מיו"ד כו' ואח"כ נמשך או"מ לחב"ד שבו מלמ"ד דצלם דאבא והוא בגי' למ"ד בלבד ואח"כ נכנס בו גם מ"ס דצלם בקידוש והוא בחי' כחב"ד ד' פעמים י' כו' והוא בחי' מקיף למקיף בדרך כלל והיינו בעטרה שעטרה לו אמו ביין דקדוש עטרה לעטרות והוא בחי' הצלם כמ"ש אך בצלם יתהלך איש וכמ"ש בע"ח בשער הצלם בפרט ובפע"ח מבואר שבג' זמנים נכנס בו הצלם הצ' דצלם בברכו הראשון ולמ"ד דצלם בופרוס עלינו והמ"ס דצלם בקידוש והיינו בעטרה שעטרה לו אמו כו' והוא מה שסיים כאן כי טובים דודיך מיין איינון טבאן לפי שע"י היין דאימא יצא הסוד מבחי' הצלם דאור אבא וז"ש שתו ושכרו דודים כו' וכמ"ש במ"א וד"ל:

בחדש הראשון כו' רבי חייא פתח אני ישנה ולבי ער כו' פתחי לי אחותי דהא פתחא לאעלא לי בך כו' אי אנת לא תפתח פתחך הא אנא סגיר כו' בג"כ פתחי לי פתחי לי וראי וע"ז אמר דוד זה השער לה' כו':

הנה הפשט במאמר הזה הוא כי מדת היראה הוא הנקרא פתח לכנוס למדרגות יותר עליונות שבבחי' אני' האהבה והדביקות וכיוצא וכנודע וכידוע שהחסד נקרא אהבה והוא בחי' ז"א ובחי' היראה נקרא מ"ל ועליה אמר בזאת יבא אהרן כו' כמ"ש בזהר בכמה דוכתי והיינו שאמר דהא פתחא לאעלא לכנס לבחי' ז"א בך הוא במדת המ"ל שנקרא יראה כו' אך הנה מ"ש עוד אם אנת לא תפתח אנא סגיר כו' בא לפרש כוונה יותר פנימי והוא אשר אין הכוונה באומרו פתחי לי דאם לא תפתח הפתח לא יוכל לבא אליה אלא הכוונה הוא בזוהר אם לא תפתחי הפתח הא אנא סגיר מתילא ולא יוכל לכנס אלי וע"כ אמר פתחי לי ר"ל בשבילי שיכנסו אלי ולא בשביל שאוכל לכנס אליך כו' וזהו תוכן הכוונה הפנימית לר"ת שדקדק בתיב' פתחי לי אמנם טעם הדברים מובן להיות כי בחמת קמי' עצמות המאציל לא שייך לומר בחי' צמצום והסגר לסגור בעדו לפי שכולא קמיה כלא כו' ואין שינוי לפניו כלל וכלל בין קודם הצמצום לאחר הצמצום כידוע וגם בבחי' האצי' שנאצל מאתו הרי ידוע דאיהו וחיוהי וגרמוהי חד הכל בבחי' א"ס כו' א"כ גם בחי' כלים דאצי' בחי' א"ס יש בהם להיות' לפני בחי' הפרסא עדיין אך לאחר בחי' הפרסא מפני שפם מסתיים האור דקו ומוט כו' כידוע אזי נעשה שם בחי' צמצום ע"י ה"ג דמ"ל הנקרא חותם שהוא ענין סגירת הפתח שאמר כאן וא"כ סגירת פתח זה אינה סגירה וצמצום כלל לגבי בחי' ז"א עצמו שלא יוכל לירד למטה להיות

מעכב ע"י שלא ירד כי קמיה כחשכה כאורה כו' והגה הסגר והלמאוס דה"ג החותם לא נעשה אלא בשביל עולמות הנפרדים שלמטה כמו היכלות דנוגה שלא יקבלו גם הם יניקה כו' ע"כ בהכרח לר"ח לפרש פי' פתחי לי דאינו ענין בשבילי אלא הוא בהיפוך כדי שיוכלו לכנס אלי דהיינו מבריאה לאצי' שיוכל להיות בחי' העלאת הנשמות וכענין מיכאל מקריב נשמות כו' שהוא ענין התכללות הנשמות בבחי' אצי' ממש שזהו כמאמ' הידוע לאשתאבא בגופא דמלכא כו' וז"ש אי אנת לא תפתח פתחך הא אנא סגיר דלא ישכחון לי כו' וד"ל וע"ד פתחי לי אחותי שראשי נמלא טל כו' בגין לאזדווגא עמך ולמהוי עמך בשלם לעלמא פי' בשלם קאי אלעתיד דוקא משום דאיהו או בתכלית השלימות ביחוד זו"נ כי לא יהיה או עליות וירידות כמו עכשיו ע"כ אמר בשלם לעלמין כו' והיינו ויהיה או תחה"מ ע"י טלא דנטיף מעתיקא כמ"ש כי טל אורות טליך כידוע בזהר ודרז"ל והוא הנק' טלא דבדולחא שמאיר בבחי' ח"ס דא"א כמ"ש במ"א ביאור ענינם ע"פ הזה עליהם מי חטאת כו' וזה שאמר שראשי נמלא טל מטלא דבדולחא הנ"ל אשר מחמת ה יהיה היחוד שלם בתכלית ולא יגרע אורו לעולם וזהו בגין לאזדווגא עמך כו' והיינו לאחר כל הברורים דרפ"ח דוקא כו' שאז בא הזמן שראשי נמלא טל ואז קול דודי דופק פתחי לי כו' ולא קודם שנשלמו הבירורים מטעם הנ"ל וד"ל:

בשעתא דקב"ה קטל במצראי כו' עד כדין ההוא דמא אתחזיאו על פתחא ותרין דמא הוויין חד דפסחא וחד דמא דאתגזירו והוה רשים על פתחא רשימו דמהימנותא חד הכא וחד הכא וחד בינייהו והא אתמר תתנו על שתי המזוזות ועל המשקוף בגין לאתחזאה מהימנותא:

פי' משום דכתיב ופסח ה' על הפתח כו' שזהו סימן לפיסוח ודילוג על פתחי בנ"י והסימן היה במה שהיה הדם של הפסח ודם הברית על שתי המזוזות והמשקוף דוקא כי הנה בחי' פסח הוא בחי' מל' דאצי' שרש בנ"י שנקרא פסח כלומר פ"ה ס"ח שהוא הנק' עולם הדבור כמ"ש בס"י וקבען בפה כו' וע"כ היה דם קרבן הפסח לסימן וגם דם הברית שרשו בחי' התקשרות דמל' וע"כ תרין דמין הללו הוי לסימן ומה שהיה אופן הסימן במשקוף ועל ב' המזוזות הנה צורת המשקוף וב' המזוזות הרי הוא כמו סגו"ל ממש שהרי המשקוף למעלה ושתי המזוזות א' לימין וא' לשמאל תחתיו כו' (ואסקופ' של מטה אינה נחשבת עם הפתח כלל ועל הרוב א"צ לה כלל) והסגו"ל ידוע שהוא בחי' דוגמא לכללות השתלשלות די"ס שנק' מהימנותא כו' חב"ד חג"ת נה"י נק' שרש פרטיות אשר נעשה אח"כ ע"י בחי' התיקון אבל שרש ההשתלשלות הוא ג"ר כח"ב שהוא בין הקוין חח"ן מימין ובג"ה משמאל והכתר עולה על גביהם ואין קו האמצעי נחשב קו כי נק' בריח התיכון כו' וז"ש רשימו דמהימנותא חד הכא בקו הימין בדרך כלל דהיינו במזוזה הימנית וחד הכא בקו השמאלית וחד בינייהו בבחי' הכתר שהוא כמו המשקוף כו' והכל בגין לאחזאה מהימנותא פי' בכללות נס"י שנק' פסח כמ"ש למעלה בפי' פתחי לי דהפסח במל' דוקא וע"כ הקדים לפרש הפסוק דפתחי לי כו' כדי שיובן היטב ענין ונתנו על שתי המזוזות והמשקוף כמבואר לי"ח וד"ל: סליק

סדר עירוב תבשילין

כשחל יו"ט ביום ה' וביום ו' או ביום ו' ובשבת יקח בערב יו"ט הפת משבת וגם תבשיל חשוב עמו כגון בשר או דג ויתן ביד אחר לזכות על ידו לכל הקהל ויאמר:

אני מזכה לכל מי שרוצה לזכות ולסמוך על עירוב זה

ומי שזוכה נוטל בידו ומגביה טפח וחוזר ונוטל מיד הזוכה והמזכה מברך

בָּרוּךְ אַתָּה יְהֹוָה אֱלֹהֵינוּ מֶלֶךְ הָעוֹלָם אֲשֶׁר קִדְּשָׁנוּ בְּמִצְוֹתָיו וְצִוָּנוּ עַל מִצְוַת עֵרוּב: בְּדֵין יְהֵא שָׁרֵא לָנָא לַאֲפוּיֵי וּלְבַשּׁוּלֵי וּלְאַטְמוּנֵי וּלְאַדְלוּקֵי שְׁרָגָא וּלְתַקָּנָא וּלְמֶעְבַּד כָּל צָרְכָנָא מִיּוֹמָא טָבָא לְשַׁבַּתָּא לָנָא וּלְכָל יִשְׂרָאֵל הַדָּרִים בָּעִיר הַזֹּאת:

תפלה לשלש רגלים

אֲדֹנָי שְׂפָתַי תִּפְתָּח וּפִי יַגִּיד תְּהִלָּתֶךָ:

בָּרוּךְ אַתָּה יְהֹוָה אֱלֹהֵינוּ וֵאלֹהֵי אֲבוֹתֵינוּ אֱלֹהֵי אַבְרָהָם אֱלֹהֵי יִצְחָק וֵאלֹהֵי יַעֲקֹב · הָאֵל הַגָּדוֹל הַגִּבּוֹר וְהַנּוֹרָא אֵל עֶלְיוֹן · גּוֹמֵל חֲסָדִים טוֹבִים · קוֹנֵה הַכֹּל וְזוֹכֵר חַסְדֵי אָבוֹת וּמֵבִיא גוֹאֵל לִבְנֵי בְנֵיהֶם לְמַעַן שְׁמוֹ בְּאַהֲבָה: מֶלֶךְ עוֹזֵר וּמוֹשִׁיעַ וּמָגֵן: בָּרוּךְ אַתָּה יְהֹוָה מָגֵן אַבְרָהָם:

במוסף של יו"ט הראשון של פסח מתחילין לומר מוריד הטל ובמוסף ש"ע מתחילין משיב הרוח ומוריד הגשם ואין הצבור רשאין להתחיל עד שישמעו מפי הש"ץ ונוהגין שהשמש מכריז קודם התפלה לפיכך לא די כשיכריז משיב הרוח לבד אלא יאמר ג"כ מוריד הגשם:

אַתָּה גִּבּוֹר לְעוֹלָם אֲדֹנָי מְחַיֶּה מֵתִים אַתָּה רַב לְהוֹשִׁיעַ:

מוריד

בקיץ מוֹרִיד הַטָּל: בחורף מַשִּׁיב הָרוּחַ וּמוֹרִיד הַגֶּשֶׁם: מְכַלְכֵּל חַיִּים בְּחֶסֶד מְחַיֵּה מֵתִים בְּרַחֲמִים רַבִּים סוֹמֵךְ נוֹפְלִים וְרוֹפֵא חוֹלִים וּמַתִּיר אֲסוּרִים וּמְקַיֵּם אֱמוּנָתוֹ לִישֵׁנֵי עָפָר: מִי כָמוֹךָ בַּעַל גְּבוּרוֹת וּמִי דוֹמֶה לָךְ מֶלֶךְ מֵמִית וּמְחַיֶּה וּמַצְמִיחַ יְשׁוּעָה: וְנֶאֱמָן אַתָּה לְהַחֲיוֹת מֵתִים: בָּרוּךְ אַתָּה יְהוָה מְחַיֵּה הַמֵּתִים:

כשהש״ץ חוזר השמ״ע אומרים נקדישך · תמצא לעיל

אַתָּה קָדוֹשׁ וְשִׁמְךָ קָדוֹשׁ וּקְדוֹשִׁים בְּכָל יוֹם יְהַלְלוּךָ סֶּלָה: בָּרוּךְ אַתָּה יְהוָה הָאֵל הַקָּדוֹשׁ:

אַתָּה בְחַרְתָּנוּ מִכָּל הָעַמִּים · אָהַבְתָּ אוֹתָנוּ · וְרָצִיתָ בָּנוּ · וְרוֹמַמְתָּנוּ מִכָּל הַלְּשׁוֹנוֹת · וְקִדַּשְׁתָּנוּ בְּמִצְוֹתֶיךָ · וְקֵרַבְתָּנוּ מַלְכֵּנוּ לַעֲבוֹדָתֶךָ · וְשִׁמְךָ הַגָּדוֹל וְהַקָּדוֹשׁ עָלֵינוּ קָרָאתָ:

כשחל י״ט במוצאי שבת אומרים כאן ותודיענו:

וַתּוֹדִיעֵנוּ יְהוָה אֱלֹהֵינוּ אֶת מִשְׁפְּטֵי צִדְקֶךָ · וַתְּלַמְּדֵנוּ לַעֲשׂוֹת חֻקֵּי רְצוֹנֶךָ: וַתִּתֶּן לָנוּ יְהוָה אֱלֹהֵינוּ מִשְׁפָּטִים יְשָׁרִים וְתוֹרוֹת אֱמֶת חֻקִּים וּמִצְוֹת טוֹבִים: וַתַּנְחִילֵנוּ זְמַנֵּי שָׂשׂוֹן · וּמוֹעֲדֵי קֹדֶשׁ · וְחַגֵּי נְדָבָה: וַתּוֹרִישֵׁנוּ קְדֻשַּׁת שַׁבָּת וּכְבוֹד מוֹעֵד · וַחֲגִיגַת הָרֶגֶל: וַתַּבְדֵּל יְהוָה אֱלֹהֵינוּ בֵּין קֹדֶשׁ לְחוֹל · בֵּין אוֹר לְחֹשֶׁךְ · בֵּין יִשְׂרָאֵל לָעַמִּים · בֵּין יוֹם הַשְּׁבִיעִי לְשֵׁשֶׁת יְמֵי הַמַּעֲשֶׂה · בֵּין קְדֻשַּׁת שַׁבָּת לִקְדֻשַּׁת יוֹם טוֹב הִבְדַּלְתָּ · וְאֶת יוֹם הַשְּׁבִיעִי מִשֵּׁשֶׁת יְמֵי הַמַּעֲשֶׂה קִדַּשְׁתָּ: הִבְדַּלְתָּ וְקִדַּשְׁתָּ אֶת עַמְּךָ יִשְׂרָאֵל בִּקְדֻשָּׁתֶךָ:

וַתִּתֶּן לָנוּ יְהוָה אֱלֹהֵינוּ בְּאַהֲבָה (שַׁבָּתוֹת לִמְנוּחָה וּ) מוֹעֲדִים לְשִׂמְחָה · חַגִּים וּזְמַנִּים לְשָׂשׂוֹן · (אֶת יוֹם הַשַּׁבָּת הַזֶּה וְ) אֶת יוֹם

לפסח	לשבועות	לסוכות
חַג הַמַּצּוֹת הַזֶּה וְאֶת יוֹם (בי״ט טוֹב) מִקְרָא קֹדֶשׁ הַזֶּה זְמַן חֵרוּתֵנוּ ·	חַג הַשָּׁבֻעוֹת הַזֶּה וְאֶת יוֹם טוֹב מִקְרָא קֹדֶשׁ הַזֶּה זְמַן מַתַּן תּוֹרָתֵנוּ ·	חַג הַסֻּכּוֹת הַזֶּה וְאֶת יוֹם (בי״ט טוֹב) מִקְרָא קֹדֶשׁ הַזֶּה זְמַן שִׂמְחָתֵנוּ:

בש״ע וש״ת שְׁמִינִי עֲצֶרֶת הַחַג הַזֶּה וְאֶת יוֹם טוֹב מִקְרָא קֹדֶשׁ הַזֶּה · זְמַן שִׂמְחָתֵנוּ:

(בשבת בְּאַהֲבָה) מִקְרָא קֹדֶשׁ זֵכֶר לִיצִיאַת מִצְרָיִם:

אֱלֹהֵינוּ וֵאלֹהֵי אֲבוֹתֵינוּ יַעֲלֶה וְיָבֹא וְיַגִּיעַ וְיֵרָאֶה וְיֵרָצֶה וְיִשָּׁמַע וְיִפָּקֵד וְיִזָּכֵר זִכְרוֹנֵנוּ וּפִקְדוֹנֵנוּ וְזִכְרוֹן אֲבוֹתֵינוּ וְזִכְרוֹן מָשִׁיחַ בֶּן דָּוִד עַבְדֶּךָ · וְזִכְרוֹן יְרוּשָׁלַיִם עִיר קָדְשֶׁךָ וְזִכְרוֹן כָּל עַמְּךָ בֵּית יִשְׂרָאֵל לְפָנֶיךָ · לִפְלֵטָה לְטוֹבָה לְחֵן וּלְחֶסֶד וּלְרַחֲמִים וּלְחַיִּים טוֹבִים וּלְשָׁלוֹם בְּיוֹם (הַשַּׁבָּת הַזֶּה וּבְיוֹם) בפסח חַג הַמַּצּוֹת הַזֶּה: בשבועות חַג הַשָּׁבֻעוֹת הַזֶּה: בסכות חַג הַסֻּכּוֹת הַזֶּה: בש״ע וש״ת שְׁמִינִי עֲצֶרֶת הַחַג הַזֶּה · בְּיוֹם טוֹב מִקְרָא קֹדֶשׁ הַזֶּה: זָכְרֵנוּ יְהוָה אֱלֹהֵינוּ בּוֹ לְטוֹבָה וּפָקְדֵנוּ בוֹ לִבְרָכָה וְהוֹשִׁיעֵנוּ בוֹ לְחַיִּים טוֹבִים: וּבִדְבַר יְשׁוּעָה וְרַחֲמִים חוּס וְחָנֵּנוּ וְרַחֵם עָלֵינוּ וְהוֹשִׁיעֵנוּ כִּי אֵלֶיךָ עֵינֵינוּ · כִּי אֵל מֶלֶךְ חַנּוּן וְרַחוּם אָתָּה:

וְהַשִּׂיאֵנוּ יְהוָה אֱלֹהֵינוּ אֶת בִּרְכַּת מוֹעֲדֶיךָ לְחַיִּים טוֹבִים וּלְשָׁלוֹם · לְשִׂמְחָה וּלְשָׂשׂוֹן כַּאֲשֶׁר רָצִיתָ וְאָמַרְתָּ לְבָרְכֵנוּ (לשבת אלהינו ואלהי אבותינו רצה נא במנוחתנו) קַדְּשֵׁנוּ בְּמִצְוֹתֶיךָ וְתֵן חֶלְקֵנוּ בְּתוֹרָתֶךָ: שַׂבְּעֵנוּ מִטּוּבֶךָ וְשַׂמַּח נַפְשֵׁנוּ בִּישׁוּעָתֶךָ וְטַהֵר לִבֵּנוּ לְעָבְדְּךָ בֶּאֱמֶת: וְהַנְחִילֵנוּ יְהוָה אֱלֹהֵינוּ (באהבה וברצון) בְּשִׂמְחָה וּבְשָׂשׂוֹן (שבת וּ) מוֹעֲדֵי קָדְשֶׁךָ · וְיִשְׂמְחוּ בְךָ כָּל יִשְׂרָאֵל מְקַדְּשֵׁי שְׁמֶךָ: בָּרוּךְ אַתָּה יְהוָה מְקַדֵּשׁ (השבת וְ) יִשְׂרָאֵל וְהַזְּמַנִּים:

רְצֵה יְהוָה אֱלֹהֵינוּ בְּעַמְּךָ יִשְׂרָאֵל וְלִתְפִלָּתָם שְׁעֵה · וְהָשֵׁב הָעֲבוֹדָה לִדְבִיר בֵּיתֶךָ וְאִשֵּׁי יִשְׂרָאֵל וּתְפִלָּתָם בְּאַהֲבָה תְקַבֵּל בְּרָצוֹן וּתְהִי לְרָצוֹן תָּמִיד עֲבוֹדַת יִשְׂרָאֵל עַמֶּךָ:

וְתֶחֱזֶינָה עֵינֵינוּ בְּשׁוּבְךָ לְצִיּוֹן בְּרַחֲמִים: בָּרוּךְ אַתָּה יְהוָה הַמַּחֲזִיר שְׁכִינָתוֹ לְצִיּוֹן: מודים דרבנן

מוֹדִים אֲנַחְנוּ לָךְ שָׁאַתָּה הוּא יְהוָה אֱלֹהֵינוּ וֵאלֹהֵי אֲבוֹתֵינוּ לְעוֹלָם וָעֶד: צוּר חַיֵּינוּ מָגֵן יִשְׁעֵנוּ אַתָּה הוּא לְדוֹר וָדוֹר נוֹדֶה לְּךָ וּנְסַפֵּר תְּהִלָּתֶךָ עַל חַיֵּינוּ הַמְּסוּרִים בְּיָדֶךָ וְעַל נִשְׁמוֹתֵינוּ הַפְּקוּדוֹת לָךְ וְעַל נִסֶּיךָ שֶׁבְּכָל יוֹם עִמָּנוּ וְעַל נִפְלְאוֹתֶיךָ וְטוֹבוֹתֶיךָ שֶׁבְּכָל עֵת עֶרֶב וָבֹקֶר וְצָהֳרָיִם: הַטּוֹב כִּי לֹא כָלוּ רַחֲמֶיךָ וְהַמְרַחֵם כִּי לֹא תַמּוּ חֲסָדֶיךָ כִּי מֵעוֹלָם קִוִּינוּ לָךְ:

וְעַל כֻּלָּם יִתְבָּרֵךְ וְיִתְרוֹמַם וְיִתְנַשֵּׂא שִׁמְךָ מַלְכֵּנוּ תָּמִיד לְעוֹלָם וָעֶד:

וכל החיים יודוך סלה ויהללו שמך הגדול לעולם
כי טוב האל ישועתנו ועזרתנו סלה האל הטוב :
ברוך אתה יהוה הטוב שמך ולך נאה להודות :

לש"ץ
אלהינו ואלהי אבותינו ברכנו בברכה המשולשת בתורה הכתובה על ידי משה עבדך האמורה מפי אהרן ובניו כהנים עם קדושך כאמור : יברכך יהוה וישמרך : אמן · יאר יהוה פניו אליך ויחנך : אמן · ישא יהוה פניו אליך וישם לך שלום · אמן :

שים שלום טובה וברכה חיים חן וחסד ורחמים עלינו ועל כל ישראל עמך ברכנו אבינו כלנו כאחד באור פניך כי באור פניך נתת לנו יהוה אלהינו תורת חיים ואהבת חסד וצדקה וברכה ורחמים וחיים ושלום וטוב בעיניך לברך את עמך ישראל בכל עת ובכל שעה בשלומך :

ברוך אתה יהוה המברך את עמו ישראל בשלום :

יהיו לרצון אמרי פי והגיון לבי לפניך יהוה צורי וגואלי.*) אלהי נצור וכו' :

כשחל יו"ט בחול בשעת הוצאת ס"ת קודם בריך שמיה יאמר י"ג מדות פ"א:

יהוה יהוה אל רחום וחנון ארך אפים ורב חסד ואמת : נצר חסד לאלפים נשא עון ופשע וחטאה ונקה :

ואח"כ יאמר תפלה זו

רבונו של עולם מלא משאלות לבי לטובה והפק רצוני ותן שאלתי לי עבדך (פלוני) בן אמתך (פלונית) וזכני (ואת אשתי ובני ובנותי) לעשות רצונך בלבב שלם ומלטנו מיצר הרע ותן חלקנו בתורתך וזכנו שתשרה שכינתך בתוכנו והופע עלינו רוח חכמה ובינה ויתקים בנו מקרא שכתוב ונחה עליו רוח יהוה רוח חכמה ובינה רוח עצה וגבורה רוח דעת ויראת יהוה : וכן יהי רצון מלפניך יהוה אלהינו ואלהי אבותינו שתזכנו לעשות מעשים טובים בעיניך וללכת בדרכי ישרים לפניך וקדשנו במצותיך ונזכה לחיים טובים וארוכים ולחיי העולם הבא ותשמרנו ממעשים רעים ומשעות רעות המתרגשות לבא לעולם והבוטח ביהוה חסד יסובבנהו אמן : יהיו לרצון אמרי פי והגיון לבי לפניך ה' צורי וגואלי :

ואני תפלתי לך יהוה עת רצון אלהים ברב חסדך ענני באמת ישעך : בריך שמיה וכו' :

*) לנץ ק"ס

מוסף לשלש רגלים

מתפללין שמ"ע עד זכר ליציאת מצרים כמו בשחרית (רק שבמוסף אומרים בחזרת הש"ץ קדושת כתר כמו במוסף של שבת) ואח"כ מתחילין כאן :

ומפני חטאינו גלינו מארצנו ונתרחקנו מעל אדמתנו · ואין אנו יכולים לעלות ולראות ולהשתחות לפניך ולעשות חובותינו בבית בחירתך בבית הגדול והקדוש שנקרא שמך עליו מפני היד שנשתלחה במקדשך : יהי רצון מלפניך יהוה אלהינו ואלהי אבותינו מלך רחמן שתשוב ותרחם עלינו ועל מקדשך ברחמיך הרבים ותבנהו מהרה ותגדל כבודו : אבינו מלכנו אלהינו גלה כבוד מלכותך עלינו מהרה · והופע והנשא עלינו לעיני כל חי וקרב פזורינו מבין הגוים ונפוצותינו כנס מירכתי ארץ · והביאנו לציון עירך ברנה ולירושלים בית מקדשך בשמחת עולם ושם נעשה לפניך את קרבנות חובותינו תמידים כסדרם ומוספים כהלכתם : ואת מוסף יום (בשבת ואת מוספי יום השבת הזה ויום) בפסח חג המצות הזה : בשבועות חג השבעות הזה : בסוכות חג הסכות הזה: בש"ע ובש"ת שמיני עצרת

הֶחָג הַזֶּה וְיוֹם טוֹב (בחה"מ וְיוֹם) מִקְרָא
קֹדֶשׁ הַזֶּה ׳ נַעֲשֶׂה וְנַקְרִיב לְפָנֶיךָ
בְּאַהֲבָה כְּמִצְוַת רְצוֹנֶךָ כְּמוֹ
שֶׁכָּתַבְתָּ עָלֵינוּ בְּתוֹרָתֶךָ : עַל יְדֵי
מֹשֶׁה עַבְדֶּךָ מִפִּי כְבוֹדֶךָ כָּאָמוּר :

לשבת וּבְיוֹם הַשַּׁבָּת שְׁנֵי כְבָשִׂים בְּנֵי שָׁנָה תְּמִימִם
וּשְׁנֵי עֶשְׂרֹנִים סֹלֶת מִנְחָה בְּלוּלָה בַשֶּׁמֶן וְנִסְכּוֹ :
עֹלַת שַׁבַּת בְּשַׁבַּתּוֹ עַל עֹלַת הַתָּמִיד וְנִסְכָּהּ .

לפסח וּבַחֹדֶשׁ הָרִאשׁוֹן בְּאַרְבָּעָה עָשָׂר יוֹם לַחֹדֶשׁ
פֶּסַח לַיהוָֹה : וּבַחֲמִשָּׁה עָשָׂר יוֹם לַחֹדֶשׁ
הַזֶּה חָג שִׁבְעַת יָמִים מַצּוֹת יֵאָכֵל: בַּיּוֹם הָרִאשׁוֹן
מִקְרָא קֹדֶשׁ כָּל מְלֶאכֶת עֲבֹדָה לֹא תַעֲשׂוּ :

בחוה"מ פסח ובשני ימים אחרונים של פסח מתחילין והקרבתם וגו׳ :

וְהִקְרַבְתֶּם אִשֶּׁה עֹלָה לַיהוָֹה פָּרִים בְּנֵי בָקָר שְׁנַיִם
וְאַיִל אֶחָד וְשִׁבְעָה כְבָשִׂים בְּנֵי שָׁנָה
תְּמִימִם יִהְיוּ לָכֶם :

וּמִנְחָתָם וְנִסְכֵּיהֶם כִּמְדֻבָּר שְׁלֹשָׁה עֶשְׂרֹנִים לַפָּר
וּשְׁנֵי עֶשְׂרֹנִים לָאָיִל וְעִשָּׂרוֹן לַכֶּבֶשׂ וְיַיִן
כְּנִסְכּוֹ וְשָׂעִיר (בשבועות וּשְׁנֵי שְׂעִירִים) לְכַפֵּר וּשְׁנֵי
תְמִידִים כְּהִלְכָתָם :

לשבועות וּבְיוֹם הַבִּכּוּרִים בְּהַקְרִיבְכֶם מִנְחָה חֲדָשָׁה
לַיהוָֹה בְּשָׁבֻעֹתֵיכֶם מִקְרָא קֹדֶשׁ
יִהְיֶה לָכֶם כָּל מְלֶאכֶת עֲבֹדָה לֹא תַעֲשׂוּ :
וְהִקְרַבְתֶּם עוֹלָה לְרֵיחַ נִיחֹחַ לַיהוָֹה פָּרִים בְּנֵי בָקָר
שְׁנַיִם אַיִל אֶחָד שִׁבְעָה כְבָשִׂים
בְּנֵי שָׁנָה : ומנחתם

לסוכות וּבַחֲמִשָּׁה עָשָׂר יוֹם לַחֹדֶשׁ הַשְּׁבִיעִי מִקְרָא
קֹדֶשׁ יִהְיֶה לָכֶם כָּל מְלֶאכֶת עֲבֹדָה
לֹא תַעֲשׂוּ וְחַגֹּתֶם חַג לַיהוָֹה שִׁבְעַת יָמִים :
וְהִקְרַבְתֶּם עֹלָה אִשֵּׁה רֵיחַ נִיחֹחַ לַיהוָֹה פָּרִים בְּנֵי
בָקָר שְׁלֹשָׁה עָשָׂר אֵילִם שְׁנָיִם כְּבָשִׂים
בְּנֵי שָׁנָה אַרְבָּעָה עָשָׂר תְּמִימִם יִהְיוּ : ומנחתם

ביום הראשון של חול המועד סוכות

וּבַיּוֹם הַשֵּׁנִי פָּרִים בְּנֵי בָקָר שְׁנֵים עָשָׂר אֵילִם שְׁנָיִם
כְּבָשִׂים בְּנֵי שָׁנָה אַרְבָּעָה עָשָׂר תְּמִימִם : ומנחתם
וּבַיּוֹם הַשְּׁלִישִׁי פָּרִים עַשְׁתֵּי עָשָׂר אֵילִם שְׁנָיִם
כְּבָשִׂים בְּנֵי שָׁנָה אַרְבָּעָה עָשָׂר תְּמִימִם : ומנחתם

ביום השני של חול המועד סוכות

וּבַיּוֹם הַשְּׁלִישִׁי פָּרִים עַשְׁתֵּי עָשָׂר אֵילִם שְׁנָיִם
כְּבָשִׂים בְּנֵי שָׁנָה אַרְבָּעָה עָשָׂר תְּמִימִם : ומנחתם
וּבַיּוֹם הָרְבִיעִי פָּרִים עֲשָׂרָה אֵילִם שְׁנָיִם כְּבָשִׂים
בְּנֵי שָׁנָה אַרְבָּעָה עָשָׂר תְּמִימִם : ומנחתם

ביום השלישי של חול המועד סוכות

וּבַיּוֹם הָרְבִיעִי פָּרִים עֲשָׂרָה אֵילִם שְׁנָיִם כְּבָשִׂים בְּנֵי
שָׁנָה אַרְבָּעָה עָשָׂר תְּמִימִם : ומנחתם
וּבַיּוֹם הַחֲמִישִׁי פָּרִים תִּשְׁעָה אֵילִם שְׁנָיִם כְּבָשִׂים
בְּנֵי שָׁנָה אַרְבָּעָה עָשָׂר תְּמִימִם : ומנחתם

ביום הרביעי של חול המועד סוכות

וּבַיּוֹם הַחֲמִישִׁי פָּרִים תִּשְׁעָה אֵילִם שְׁנָיִם כְּבָשִׂים
בְּנֵי שָׁנָה אַרְבָּעָה עָשָׂר תְּמִימִם : ומנחתם
וּבַיּוֹם הַשִּׁשִּׁי פָּרִים שְׁמֹנָה אֵילִם שְׁנָיִם כְּבָשִׂים בְּנֵי
שָׁנָה אַרְבָּעָה עָשָׂר תְּמִימִם : ומנחתם

להושענא רבה

וּבַיּוֹם הַשִּׁשִּׁי פָּרִים שְׁמֹנָה אֵילִם שְׁנָיִם כְּבָשִׂים בְּנֵי
שָׁנָה אַרְבָּעָה עָשָׂר תְּמִימִם : ומנחתם
וּבַיּוֹם הַשְּׁבִיעִי פָּרִים שִׁבְעָה אֵילִם שְׁנָיִם כְּבָשִׂים
בְּנֵי שָׁנָה אַרְבָּעָה עָשָׂר תְּמִימִם : ומנחתם

לשמיני עצרת ולשמחת תורה

בַּיּוֹם הַשְּׁמִינִי עֲצֶרֶת תִּהְיֶה לָכֶם כָּל מְלֶאכֶת עֲבֹדָה
לֹא תַעֲשׂוּ :
וְהִקְרַבְתֶּם עֹלָה אִשֵּׁה רֵיחַ נִיחֹחַ לַיהוָֹה פַּר אֶחָד
אַיִל אֶחָד כְּבָשִׂים בְּנֵי שָׁנָה שִׁבְעָה
תְּמִימִם : ומנחתם

לשבת יִשְׂמְחוּ בְמַלְכוּתְךָ שׁוֹמְרֵי שַׁבָּת וְקוֹרְאֵי עֹנֶג עַם
מְקַדְּשֵׁי שְׁבִיעִי כֻּלָּם יִשְׂבְּעוּ וְיִתְעַנְּגוּ מִטּוּבֶךָ
וּבַשְּׁבִיעִי רָצִיתָ בּוֹ וְקִדַּשְׁתּוֹ חֶמְדַּת יָמִים אוֹתוֹ קָרָאתָ
זֵכֶר לְמַעֲשֵׂה בְרֵאשִׁית :

אֱלֹהֵינוּ וֵאלֹהֵי אֲבוֹתֵינוּ מֶלֶךְ רַחֲמָן רַחֵם עָלֵינוּ
טוֹב

טוֹב וּמֵטִיב הִדָּרֶשׁ לָנוּ שׁוּבָה עָלֵינוּ בַּהֲמוֹן רַחֲמֶיךָ בִּגְלַל אָבוֹת שֶׁעָשׂוּ רְצוֹנֶךָ : בְּנֵה בֵיתְךָ כְּבַתְּחִלָּה וְכוֹנֵן מִקְדָּשְׁךָ עַל מְכוֹנוֹ וְהַרְאֵנוּ בְּבִנְיָנוֹ וְשַׂמְּחֵנוּ בְּתִקּוּנוֹ וְהָשֵׁב כֹּהֲנִים לַעֲבוֹדָתָם וּלְוִיִּם לְשִׁירָם וּלְזִמְרָם וְהָשֵׁב יִשְׂרָאֵל לִנְוֵיהֶם וְשָׁם נַעֲלֶה וְנֵרָאֶה וְנִשְׁתַּחֲוֶה לְפָנֶיךָ בְּשָׁלֹשׁ פַּעֲמֵי רְגָלֵינוּ · כַּכָּתוּב בְּתוֹרָתֶךָ שָׁלֹשׁ פְּעָמִים בַּשָּׁנָה יֵרָאֶה כָל זְכוּרְךָ אֶת פְּנֵי יְהֹוָה אֱלֹהֶיךָ בַּמָּקוֹם אֲשֶׁר יִבְחָר בְּחַג הַמַּצּוֹת וּבְחַג הַשָּׁבֻעוֹת וּבְחַג הַסֻּכּוֹת וְלֹא יֵרָאֶה אֶת פְּנֵי יְהֹוָה רֵיקָם אִישׁ כְּמַתְּנַת יָדוֹ כְּבִרְכַּת יְהֹוָה אֱלֹהֶיךָ אֲשֶׁר נָתַן לָךְ : והשיאנו רצה ומודים וכו׳ :

בִּרְכַּת כֹּהֲנִים

נהגו בכל מדינות אלו שאין נושאים כפים אלא ביו״ט שאז שרוים בשמחת יו״ט ונושאים כפים במוסף אפילו חל בשבת וכן יוה״כ · לכתחילה יעקר כל כהן ממקומו כשמתחיל הש״ץ רצה ואם אינו עוקר רגליו קודם שסיים הש״ץ ברכת עבודה שוב אינו עולה :

אחר שענו מודים עם הש״ץ יאמרו תפלה זו :

יהי רצון מלפניך יהוה אלהינו ואלהי אבותינו שתהא הברכה הזאת שצויתנו לברך את עמך ישראל ברכה שלימה שלא יהיה בה מכשול ועון מעתה ועד עולם :

ויאריכו בה עד שיגמור הש״ץ הברכה כדי שיענו הצבור אמן על שתיהן : יאמר המקרא או״א ברכנו וכו׳ עד שמגיע לתיבת כהנים וכשמגיע לכהנים קורא בקול רם **כֹּהֲנִים** והוא קריאה לכהנים :

ואחר כך מסיים ואומר **עַם קְדוֹשֶׁיךָ כָּאָמוּר** :

והכהנים מחזירים פניהם כלפי העם ומברכין :

בָּרוּךְ אַתָּה יְהֹוָה אֱלֹהֵינוּ מֶלֶךְ הָעוֹלָם אֲשֶׁר קִדְּשָׁנוּ בִּקְדֻשָּׁתוֹ שֶׁל אַהֲרֹן וְצִוָּנוּ לְבָרֵךְ אֶת עַמּוֹ יִשְׂרָאֵל בְּאַהֲבָה : אמן

ומקרא להם כל מלה ומלה:

אין רשאין להתחיל יברכך עד שיכלה אמן מפי כל הצבור ואין הכהנים רשאין להתחיל בתיבה עד שתכלה מפי המקרא ואין הצבור עונים אמן עד שתכלה הברכה מפי הכהנים :

עם שאחורי הכהנים אינן בכלל ברכה אבל תלפניהם ומצדיהם אפילו מחיצה של ברזל אינה מפסקת בין ישראל לאביהם שבשמים רק שיחזירו פניהם כנגד פני הכהנים ולא יחזירו פניהם אנה ואנה שג״כ אינה אלא פנים כנגד פנים וצריך לשמוע ולכוין לברכתם ואין לומר הפסוקים רק הרבש״ע בשעה שמנגנים:

יְבָרֶכְךָ · יְהֹוָה · וְיִשְׁמְרֶךָ : אמן : יָאֵר · יְהֹוָה · פָּנָיו · אֵלֶיךָ · וִיחֻנֶּךָּ : אמן : יִשָּׂא · יְהֹוָה · פָּנָיו · אֵלֶיךָ · וְיָשֵׂם לְךָ · שָׁלוֹם : אמן :

בשעה שהכהנים מנגנים תיבו׳ וישם לך שלום יאמר זה

רִבּוֹנוֹ שֶׁל עוֹלָם אֲנִי שֶׁלָּךְ וַחֲלוֹמוֹתַי שֶׁלָּךְ חֲלוֹם חָלַמְתִּי וְאֵינִי יוֹדֵעַ מַה הוּא יְהִי רָצוֹן מִלְּפָנֶיךָ יְהֹוָה אֱלֹהַי וֵאלֹהֵי אֲבוֹתַי שֶׁיִּהְיוּ כָּל חֲלוֹמוֹתַי עָלַי וְעַל כָּל יִשְׂרָאֵל לְטוֹבָה בֵּין חֲלוֹמוֹת שֶׁחָלַמְתִּי עַל אֲחֵרִים וּבֵין שֶׁחָלַמְתִּי עַל עַצְמִי וּבֵין שֶׁחָלְמוּ אֲחֵרִים עָלַי אִם טוֹבִים הֵם חַזְּקֵם וְאַמְּצֵם וְיִתְקַיְּמוּ בִּי וּבָהֶם כַּחֲלוֹמוֹתָיו שֶׁל יוֹסֵף הַצַּדִּיק · וְאִם צְרִיכִים רְפוּאָה רְפָאֵם כְּחִזְקִיָּהוּ מֶלֶךְ יְהוּדָה מֵחָלְיוֹ וּכְמִרְיָם הַנְּבִיאָה מִצָּרַעְתָּהּ וּכְנַעֲמָן מִצָּרַעְתּוֹ וּכְמֵי מָרָה עַל יְדֵי מֹשֶׁה רַבֵּנוּ וּכְמֵי יְרִיחוֹ עַל יְדֵי אֱלִישָׁע וּכְשֵׁם שֶׁהָפַכְתָּ אֶת קִלְלַת בִּלְעָם הָרָשָׁע מִקְּלָלָה לִבְרָכָה כֵּן תַּהֲפוֹךְ כָּל חֲלוֹמוֹתַי עָלַי וְעַל כָּל יִשְׂרָאֵל לְטוֹבָה וְתִשְׁמְרֵנִי וּתְחָנֵּנִי וְתִרְצֵנִי :

אחר הדוכן אומרים הקהל זה:

אדיר במרום שוכן בגבורה אתה שלום ושמך שלום יהי רצון מלפניך שתשים עלינו ועל כל עמך בית ישראל חיים וברכה למשמרת שלום :

הכהנים אומרים אחר הדוכן

רבונו של עולם עשינו מה שגזרת עלינו עשה אתה עמנו כמו שהבטחתנו : השקיפה ממעון קדשך מן השמים וברך את עמך את ישראל ואת האדמה אשר נתתה לנו כאשר נשבעת לאבותינו ארץ זבת חלב ודבש :

שים שלום וכו׳ ק״ש א״כ עלינו כו׳:

סדר קדושא רבא יקדש על היין ויאמר : לשלש רגלים

אַתְקִינוּ סְעוּדָתָא דְמַלְכָּא שְׁלֵימָתָא חֶדְוָתָא דְמַלְכָּא קַדִּישָׁא דָא הִיא סְעוּדָתָא דְקוּדְשָׁא בְּרִיךְ הוּא וּשְׁכִינְתֵּיהּ :

אֵלֶּה מוֹעֲדֵי יְהֹוָה מִקְרָאֵי קֹדֶשׁ אֲשֶׁר תִּקְרְאוּ אֹתָם בְּמוֹעֲדָם :

בָּרוּךְ אַתָּה יְהֹוָה אֱלֹהֵינוּ מֶלֶךְ הָעוֹלָם בּוֹרֵא פְּרִי הַגָּפֶן :

פותחין # מוּסַף לְיוֹם רִאשׁוֹן שֶׁל פֶּסַח לש״צ בְּקוֹל הארון

אֲדֹנָי שְׂפָתַי תִּפְתָּח וּפִי יַגִּיד תְּהִלָּתֶךָ :

בָּרוּךְ אַתָּה יְהֹוָה אֱלֹהֵינוּ וֵאלֹהֵי אֲבוֹתֵינוּ אֱלֹהֵי אַבְרָהָם אֱלֹהֵי יִצְחָק וֵאלֹהֵי יַעֲקֹב הָאֵל הַגָּדוֹל הַגִּבּוֹר וְהַנּוֹרָא אֵל עֶלְיוֹן גּוֹמֵל חֲסָדִים טוֹבִים קוֹנֵה הַכֹּל וְזוֹכֵר חַסְדֵי אָבוֹת וּמֵבִיא גוֹאֵל לִבְנֵי בְנֵיהֶם לְמַעַן שְׁמוֹ בְּאַהֲבָה :

מֶלֶךְ עוֹזֵר וּמוֹשִׁיעַ וּמָגֵן :

ברעתו

תפלת טל

בְּדַעְתּוֹ אַבִּיעָה חִידוֹת · בְּעַם זוּ בְּזוּ
בְּטַל לְהַחֲדוֹת · טַל גַּיְא
וּדְשָׁאֶיהָ לַחֲדוֹת · דָּצִים בְּצִלּוֹ
לְהַחֲדוֹת · אוֹת יַלְדוּת טַל לְהָגֵן
לְתוֹלָדוֹת: בָּרוּךְ אַתָּה יְהֹוָה מָגֵן אַבְרָהָם:

אַתָּה גִּבּוֹר לְעוֹלָם אֲדֹנָי מְחַיֵּה מֵתִים אַתָּה
רַב לְהוֹשִׁיעַ:

תְּהוֹמוֹת הֲדוֹם לִרְסִיסוֹ כְּסוּפִים · וְכָל
נְאוֹת דֶּשֶׁא לוֹ נִכְסָפִים ·
טַל זִכְרוֹ גְּבוּרוֹת מוּסִיפִים · חָקוּק
בְּגִישַׁת מוּסָפִים · טַל לְהַחֲיוֹת בּוֹ
נְקוּקֵי סְעִיפִים:

אֱלֹהֵינוּ וֵאלֹהֵי אֲבוֹתֵינוּ:

טַל תֵּן לִרְצוֹת אַרְצָךְ · שִׁיתֵנוּ בְרָכָה
בְּדִיצָךְ · רוֹב דָּגָן וְתִירוֹשׁ
בְּהַפְרִיצָךְ · קוֹמֵם עִיר בָּהּ
חֶפְצָךְ · בְּטַל:
טַל צַוֵּה שָׁנָה טוֹבָה וּמְעֻטֶּרֶת · פְּרִי
הָאָרֶץ לְגָאוֹן וּלְתִפְאֶרֶת · עִיר
כַּסֻּכָּה נוֹתֶרֶת · שִׂימָהּ בְּיָדְךָ
עֲטֶרֶת · בְּטַל:

טַל נוֹפֵת עֲלֵי אֶרֶץ בְּרוּכָה · מִמֶּגֶד
שָׁמַיִם שַׂבְּעֵנוּ בְרָכָה · לְהָאִיר
מִתּוֹךְ חֲשֵׁיכָה · כַּנָּה אַחֲרֶיךָ
מְשׁוּכָה · בְּטַל:
טַל יַעֲסִיס צוּף הָרִים · טְעֵם
בִּמְאוֹדְךָ מֻבְחָרִים · חֲנוּנֶיךָ חַלֵּץ
מִמַּסְגֵּרִים · זִמְרָה נַנְעִים וְקוֹל
נָרִים · בְּטַל:
טַל וְשׂוֹבַע מַלֵּא אֲסָמֵינוּ · הֲבַעַת
תְּחַדֵּשׁ יָמֵינוּ · דּוֹד כְּעֶרְכְּךָ הַעֲמֵד
שְׁמֵנוּ · גַּן רָוֶה שִׂימֵנוּ · בְּטַל:
טַל בּוֹ תְּבָרֵךְ מָזוֹן · בְּמַשְׁמַנֵּינוּ אַל
יְהִי רָזוֹן · אֲיֻמָּה אֲשֶׁר הִסַּעְתָּ
כַּצֹּאן · אָנָּא תָּפֵק לָהּ רָצוֹן ·
בְּטַל:

שָׁאַתָּה הוּא יְהֹוָה אֱלֹהֵינוּ מַשִּׁיב הָרוּחַ וּמוֹרִיד הַטָּל:

לִבְרָכָה וְלֹא לִקְלָלָה: אמן
לְחַיִּים וְלֹא לְמָוֶת: אמן
לְשׂוֹבַע וְלֹא לְרָזוֹן: אמן

סוגרין הארון. מכלכל חיים בחסד וכו':

מוסף לשליח צבור בקול
לשמיני עצרת

ברוך אתה סד׳ ומושיע ומגן תמצא לנ״ל

פותחין הארון

אַף בְּרִי אֻתַּת שֵׁם שַׂר מָטָר ·
לְהַעֲבִיב וּלְהַעֲנִין לְהָרִיק
וּלְהַמְטַר · מַיִם אִבִּים בָּם גֵּיא לַעֲטַר ·
לְבַל יֻעֲצְרוּ בְּנִשְׁיוֹן שְׁטַר · אֱמוּנִים
גְּנוֹן בָּם שׁוֹאֲלֵי מָטָר:
בָּרוּךְ אַתָּה יְהֹוָה מָגֵן אַבְרָהָם:

אתה

אַתָּה גִּבּוֹר לְעוֹלָם אֲדֹנָי מְחַיֶּה מֵתִים אַתָּה רַב לְהוֹשִׁיעַ :

יַטְרִיחַ לְפַלֵּג מִפֶּלֶג גֶּשֶׁם · לְמוֹגֵג פְּנֵי
נֶשִׁי בְּצַחוֹת לֶשֶׁם · מַיִם
לְאַדְרָךְ כִּנִּית בְּרֶשֶׁם · לְהַרְגִּיעַ
בְּרַעֲפָם לְנִפּוּחֵי נֶשֶׁם · לְהַחֲיוֹת
מַזְכִּירִים גְּבוּרוֹת הַגֶּשֶׁם :

אֱלֹהֵינוּ וֵאלֹהֵי אֲבוֹתֵינוּ :

זְכוֹר אָב נִמְשַׁךְ אַחֲרֶיךָ כַּמַּיִם ·
בֵּרַכְתּוֹ כְּעֵץ שָׁתוּל עַל פַּלְגֵי
מַיִם · גְּנַנְתּוֹ הִצַּלְתּוֹ מֵאֵשׁ וּמִמַּיִם
דְּרַשְׁתּוֹ בְּזָרְעוֹ עַל כָּל מָיִם : בַּעֲבוּרוֹ
אַל תִּמְנַע מָיִם :

זְכוֹר הַנּוֹלָד בִּבְשׂוֹרַת יֻקַּח נָא מְעַט
מַיִם · וְשַׂחְתָּ לְהוֹרוֹ לְשָׁחֲטוֹ
לִשְׁפּוֹךְ דָּמוֹ כַּמַּיִם . זָהַר גַּם הוּא
לִשְׁפֹּךְ לֵב כַּמַּיִם · חָפַר וּמָצָא
בְּאֵרוֹת מָיִם : בְּצִדְקוֹ חֹן
חַשְׁרַת מָיִם :

זְכוֹר טָעַן מַקְלוֹ וְעָבַר יַרְדֵּן מַיִם ·
יִחַד לֵב וְגָל אֶבֶן מִפִּי בְּאֵר
מַיִם · כְּנֶאֱבַק לוֹ שַׂר בָּלוּל מֵאֵשׁ
וּמִמַּיִם · לָכֵן הִבְטַחְתּוֹ הֱיוֹת עִמּוֹ
בָּאֵשׁ וּבַמָּיִם : בַּעֲבוּרוֹ אַל תִּמְנַע מָיִם :

זְכוֹר מָשׁוּי בְּתֵבַת גֹּמֶא מִן הַמַּיִם ·
נָמוּ דָּלֹה דָלָה וְהִשְׁקָה צֹאן
מַיִם · סְגוּלֶיךָ עֵת צָמְאוּ לַמַּיִם · עַל
הַסֶּלַע הָךְ וַיֵּצְאוּ מָיִם : בְּצִדְקוֹ חֹן
חַשְׁרַת מָיִם :

זְכוֹר פְּקִיד שָׁתוֹת טוֹבֵל חָמֵשׁ
טְבִילוֹת בַּמַּיִם · צוֹעֶה וּמַרְחִיץ
כַּפָּיו בְּקִדּוּשׁ מַיִם · קוֹרֵא וּמַזֶּה
טָהֳרַת מַיִם · רוֹחַק מֵעַם פַּחַז כַּמָּיִם :
בַּעֲבוּרוֹ אַל תִּמְנַע מָיִם :

זְכוֹר שְׁנֵים עָשָׂר שְׁבָטִים שֶׁהֶעֱבַרְתָּ
בְּגִזְרַת מַיִם · שֶׁהִמְתַּקְתָּ לָמוֹ
מְרִירוּת מַיִם · תּוֹלְדוֹתָם נִשְׁפַּךְ דָּמָם
עָלֶיךָ כַּמַּיִם · תֵּפֶן כִּי נַפְשֵׁנוּ אָפְפוּ
מָיִם : בְּצִדְקָם חֹן חַשְׁרַת מָיִם :

שָׁאַתָּה הוּא יְהֹוָה אֱלֹהֵינוּ מַשִּׁיב הָרוּחַ וּמוֹרִיד הַגֶּשֶׁם :

לִבְרָכָה וְלֹא לִקְלָלָה : אמן
לְחַיִּים וְלֹא לַמָּוֶת : אמן
לְשׂוֹבַע וְלֹא לְרָזוֹן : אמן

סוגרין הארון. מכלכל חיים בחסד עד גמירא :

שער האלול

אני לדודי ודודי לי הרועה בשושנים כו׳ הנה ידוע דר״ת אני לדודי ודודי לי הוא אלול כי הנה י״ג מדה״ר שנק׳ בזהר י״ג מכילן דרחמי נמשלו בזהר לשושנים כמ״ש בזהר מה שושנה אית בה תליסר עלין דסחרין לה כו׳ אף כ״י כו׳ והן המתחילות בר״ח אלול דוקא וז״ש אני לדודי כו׳ הרועה בשושנים לפי שמר״ה עד יוה״כ הן ארבעים יום שעמד משה
בהר

בהר כידוע דבר״ח אלול עלה משה בהר וביו״כ ירד עם לוחות האחרונות והימים האלה שעמד היו בחי׳ ימי רצון למעל׳וכמ״ש משה בלוחות האחרונות ואנכי עמדתי בהר מ׳ יום כימים הראשונים אשר עמדתי בהר כו׳ואחז״ל מה ימים הראשונים ברצון ופי׳ ברצון מפני שבימים האלו נתגלו בחי׳ י״ג מד״הר שאינן מתגלין אלא בהיות למעלה עת רצון דוקא כמבואר באד״ר ואד״ז ולזה הטעם אמר אני לדודי כו׳ הרועה בשושנים שהן י״ג עלין דסחרין לה שהן י״ג מד״הר בר״ח אלול דווקא אך הנה יש להבין למה הקדים בחי׳ גלוי מד״הר בר״ח אלול דוקא הרי היה מהראוי שיהיה עיקר זמן התגלות בעשי״ת דוקא להיות כי אז זמןהתשוב׳ ובקשת רחמים רבים וידוע שהתעוררות רח״ר אינו בא אלא מבחי׳ י״ג מדה״ר וכמו שאומרים בכל עשי״ת י״ג מד״הר ויעבור ה׳ על פניו כו׳ ומאחר שאומרים ויעבור דוקא בעשי״ת מהראוי שיהיה התחלת זמן התגלות י״ג מדה״ר בעשי״ת דוקא ולא בר״ח אלול·אך הענין הוא מובן בהקדים ענין התשובה שאין הכוונה בתשובה על חטא דוקא אלא התשובה גם בחי׳ שאין בו חטא ע״ד שאחז״ל שיהיה האדם כל ימיו בתשובה כי ענין התשובה הוא לשוב לה׳ כמ״ש וישוב אל ה׳ וירחמהו כו׳ דהיינו לדבקה בו ית׳ וכמאמר החזירנו בתשובה שלמה לפניך לפניך דוקא וביאור הענין יש להקדים ענין המחלוקת שבגמ׳ בשאלה שנשאלו תלמוד גדול או מעש׳ גדול וגמרו דתלמוד גדול שמבי׳ לידי מעשה ויש להבין במאי קמפלגי ולמה נמנו וגמרו׳ כמ״ד דתלמוד גדול אך הנה יש להקדים ענין הגראה סותר זא״ז דכתיב הלא את השמים ואת הארץ אני מלא דמשמע אני היינו בחי׳ עצמותו והשמים והארץ בהשואה א׳ כו׳ וכתוב א׳ אומר מלא כל הארץ כבודו ותרגומו זיו יקריה בלבד וגם לא נזכר בפסוק זה רק הארץ ולא השמים אך הענין הוא דיש ב׳ מדרגות הידוע בזהר ובר״ת בחי׳ ממכ״ע ובחי׳ סוכ״ע ונודע הפי׳ דממל׳ היינו בחי׳ אור וחיות המתפשט בתוך כל עלמין להחיותם מאין ליש תמיד כמאמר המחדש בטובו בכל יום כו׳ ואם יסתלק מניעת אורו זה הי׳ כ״ע חוזרים למקורם ונכללים ונתבטלים ממציאותם כו׳ וכידוע והתלבשות הארה זאת הנה היא באה בעולמות בכל עולם לפי ערכו ומדרגתו דווקא זה למטה מזה עד שמשתלשל ויורד למטה מטה כמו עולם הגשמי שאנו רואים ביסודות הגשמים וגם בזה העולם יש דנח״ם וכאו״א מקבל חיות מצומצם לפי ערך מדרגתו בלבד בחי׳ הדומם מקבל חיות מצומצם יותר מן הצומח כו׳ ובצומח יש חיות יותר וכן עד״ז גבוה מעל גבוה הכל בחילוקי מדרגות וכ״ז נק׳ בחי׳ ממכ״ע שעל זה נאמר מלא כל הארץ כבודו ותרגומו זיו יקריה והוא בחי׳ זיו בלבד אבל בחי׳ עצמות אלקות נק׳ סוכ״ע ואין הפי׳ שסובבו ומקיפו מלמעלה אלא הענין הוא שמאיר למעלה ולמטה בהשואה א׳ ונמצא למטה כמו למעלה ממש בהשואה א׳ ולכך נק׳ סובב ע״ד דמיון העיגול שאין בו מעלה ומטה כו׳ כך בחי׳ החיות הזה אינו בא בהתלבשות תוך כ״ע לפי ערכו אלא מאיר על הכל בהשואה א׳ ושוה ומשוה קטן וגדול עד שבחי׳ רוחניות עולם היותר עליון עם בחי׳ גשמיות זה העולם שוין לפניו וזהו שנאמר את השמים ואת הארץ בהשוואה א׳ אני מלא דהיינו מבחי׳ סובב דעליה אמר בזהר דלית אתר פנוי מיניה והכל בהשואה א׳ כי נמצא למטה כמו למעלה ממש מטעם שעצמותו הוא למעלה מעלה מהשתלשלות דעילה ועלול כו׳ אבל בבחי׳ ממכ״ע נאמר מכה״כ בחי׳ זיו והארה מעצמותו כמ״ש כי עמך מקור חיים באורך נראה אור כו׳ וכמ״ש במ״א וד״ל· והנה מה שנאמר מכה״כ יש לפרש פי׳ כבודו זה ג״כ על התורה שנק׳ כבוד כמאחז״ל אין כבוד אלא תורה שנאמר כבוד חכמים ינחלו כי כבוד בגימ׳ ל״ב והן ל״ב נתיבות החכמה שבתורה דאורייתא מחכמה עילאה נפקת ול״ב שבילין ונתיבות נמשכין מאוא״ם בחכמה שבהן עוברת אור השפע לכל העולמות וכמ״ש כולם בחכמה עשית וכן בחכמה יסד ארץ בחכמה דווקא וכתרגומו בראשית ברא בחוכמתא וזהו פי׳ מלא כה״כ אין כבוד אלא תורה משום דכל הארץ היא התלבשות לחכמה שבתורה שהרי התורה בעניני גשמיית שבארץ כמו תרומות ומעשרות וכיוצא וד״ל· והנה נודע שהתורה נקר׳ מזון לנפש האלהית בג״ע והמצות נק׳ לבושין לנשמה כמו עד״מ המזון שמחיה לנפש בכל כחותיה בשכל ומדות כו׳ בבחי׳ אור פנימי כך התורה נותנת חיים עליונים לנפש האלקית בבחי׳ או״פ כמזון וכמ״ש ותורתך בתוך מעי ממש וכן כתיב ואשים דברי בפיך ודברי אשר שמתי בפיך וכתיב אדם לעמל יולד לעמלא דאורייתא וכל עמל אדם לפיהו כו׳ כי הרי המבין ומשיג דבר ה׳ זו הלכה נשפע השגה לנפשו כמו מזון להחיותו כו׳ שהרי כ״ב אותיות שבתורה נק׳ חטה כמו שכתוב בזהר תרומה וד״ל· אך הנה המצות אינם בבחי׳ מזון לנפש אלא בבחי׳ לבוש שהוא בבחי׳ או״מ כמו לבוש עד״מ שאדם פושטו ולובשו כו׳ אבל מ״מ הרי שרש הלבושים מבחי׳ או״מ שלמעלה מבחינת או״פ וע״כ אנו רואים שהלבושים יקרי׳ הרבה מהמזון כי המזון הוא לפי שעה והלבושים יתקיימו לשנים רבות להיות שרשן מבחי׳ מקיפים וכך במצות הנה מבחי׳ כ״ע שהוא בחינת רצון העליון שלמעלה מבחי׳ החכמה כי החכמה מאין תמצא כי אין לרצון טעם והתורה מח״ע נפקת ולכך התורה בבחי׳ או״פ והמצות בבחי׳ או״מ וע״כ התורה אינה אלא פירוש וביאור למצות איך לעשות סוכה ותפילין וכיוצא אם כך או כך אבל עיקר הדבר הוא מעשה המצות עצמן לפי ששורש המצות הוא מבחי׳ כ״ע שהוא בחי׳ סוכ״ע אינו מלובש בבחי׳ או״פ כנ״ל ובחי׳ ח״ע שבתורה באה בבחי׳ ממלא ונק׳ החכמה ראשית הגלוי למעלה בבחי׳ פנימיות כמ״ש בראשית ברא כו׳ היינו

בשביל

בשביל התורה שנק' ראשית כו' כנ"ל א"כ מובן שעל התורה שהיא בבחי' או"פ כמזון נאמר תכ"הב כנ"ל ועל המצות ששרשם בבחי' המקיף דכתר נאמר את השמים ואת הארץ אני מלא בהשוואה אחת כנ"ל ולטעם זה אמר האומר דמעשה גדול מן התלמוד לפי ששרש מעשה המצות למעלה מתכונה שבתלמוד כנ"ל וטעם אידך מ"ד תלמוד גדול וכתנו ונמרו כמותו מפני שמביא לידי מעשה הענין הוא משום דגם מה שיש בכח המעשה הגשמי להיות ע"י בחינת המשכה גדולה ממקום עליון כזה דהיינו מבחי' סוכ"ע כנ"ל גם זה אינו בא אלא ע"י אור התורה והיינו פי' שמביא לידי מעשה שהתלמוד הוא שמביא במעשה כח זה שיאיר ע"י א"ס בחי' סובב שהוא בחי' כתר כנ"ל ולכך אמר דהתלמוד גדול ולא מצד התלמוד עצמו אלא מפני שמביא לידי מעשה ע"ד הנ"ל והמעשה הוא העיקר בהחת כמ"ש לא המדרש הוא העיקר אלא המעשה מטעם הנ' לוד' ל ואעפ"כ צריך לקבוע עתים לתורה ג"כ ולא די במעשה המצות בלבד אעפ"י שהוא העיקר מטעם הנ"ל כי הוא שמביא הכח הגדול הזה במעשה ובלעדו אין למעשה כח המשכה זו ולכן אמרו דהאומר אין לו אלא תורה אפי' תורה אין לו מאחר שאין מעלת התלמוד אלא שמביא לידי מעשה כנ"ל וד"ל · והנה כתיב היום לעשותם ואחז"ל היום לעשותם ולמחר לקבל שכרם כו' שבעוה"ב הרי הצדיקים יושבים ועטרותיהם בראשיהם ונהנין מזיו השכינה כו' דהיינו בבחי' גילוי או"פ כו' לפי שהעוה"ב נברא ביו"ד שהוא בחי' חכמה ראשית הגלוי בבחי' או"פ כידוע בפי' בראשית ברא כו' וזהו שאמרו צדיקים יושבים ונהנין מזיו השכינה כו' משא"כ העוה"ז אין בו בחי' גלוי אור אלקי אלא האור בבחי' העלם והסתר גדול לפי שא"ס מאיר בבחי' סובב שהוא בבחי' העלם דוקא שאינו בא לכלל בחי' גילוי והיינו בחי' האור שנמשך ע"י המצות אשר אנכי מצוך היום פי' אנכי מי שאנכי בחי' סוכ"ע וזהו אשר אנכי מצוך היום כי היום לעשותם בעה"ז דוקא וזהו הטעם שאנו רואים גם בענין התשובה שבעה"ז דווקא שהרי יוכל להיות מרשע גמור צדיק גמור מן הקצה אל הקצה כתשובת ר"א בן דורדייא וכיוצא שהוא היפוך מן הקצה לקצה משא"כ בעוה"ב שא"א להיות אלא דוקא בהדרגה כמו שידוע שהנפש אחרי אשר הוטמאה צריכה לבא בתחלה בגיהנם ותטהר ואח"כ תוכל לבא לקבלת האור כו' לפי שבחי' הגילוי אור וזיו שבג"ע בא בהדרגה לפ"ע המקבלים ואין בכחו לבא על מי שנפשו עדיין טמאה מטומאת הרע כו' ולהעלות' מטומאתה לטהרה כנ"ל משא"כ בעוה"ז שבו האור בחי' סוכ"ע בבחי' הסתר והעלם כנ"ל בפי' אשר אנכי מצוך היום כו' ובחי' סובב יכול להפוך גם בחי' הטמא לטהור מן הקצה לקצה כו' מלמטה מטה למעלה מעלה כמשל העיגול כו' וד"ל ולזה הטעם אמרו היום לעשותם דוקא כו' וזהו שאחז"ל יפה שעה אחת בתשובה ומע"ט בעוה"ז דוקא מכל חיי עוה"ב פי' כי חיי העוה"ב הוא אשר בא בבחי' או"פ בלבד אבל בהשראת בחי' סובב בעוה"ז יותר טוב מכל חיי עוה"ב וזהו מ"ש תחת אשר לא עבדת את ה' בשמחה ובטוב לבב כו' והוא הנק' בלשון רז"ל שמחה של מצוה שהוא יותר טוב מרוב כל פי' רוב כל היינו חיי עוה"ב שנקרא רוב כל כידוע וד"ל · וזהו תכלית ירידת הנשמה בעוה"ז שידוע שירידה זו צורך עליה היא והיינו ע"י קיום המצות בעוה"ז דוקא מטעם הנ"ל ולזה ניתן לאדם קצבה לכל ימי חייו כמה יחיה ע' שנה או פ' שנה כמ"ש ימי שנותינו בהם שבעים שנה כו' שלא ניתן רק במדה לפי שיעור מה שצריך לעשות בחי' לבושין לנפש כמ"ש ואברהם זקן בא בימים ופי' בזהר באינון לבושין שבכל יום ויום תיקן לבושין לנפשו כו' ואם לא עשה יום א' שום מצוה חסר לבוש א' לנפשו כמבואר שם והנה לזה הטעם צריך האדם להיות ממארי דחושבנא לחשוב ולהתבונן בכל יום מימי חיי הבלו מכל המחשבות והדבורים והמעשים כו' שיתקן אותם להיות לבושים טובים לנפשו והיינו במצות התלוים במעשה וד"ל :

אך הנה יש מ"ע ומל"ת ואם פגם ועבר על איזה ל"ת או שחיסר ולא עשה איזה מצוה כתיקונה הגם שארז"ל עבר על מ"ע ושב מוחלין לו כו' מ"מ האור נעדר ונסתלק מפני פגם ההוא וצריך להשלים ולמלאות החסרון ההוא ובמה ממלאין אותו הנה בחי' מלוא לתשלו' זה תלוי בתשוב' עילא' דוקא כמ"ש השיבנו ה' אליך ונשובה כו' וכמו שאנו אומרים החזירנו בתשובה שלימה לפניך דוקא פי' אליך לפניך היינו לבחי' עצמותו ומהותו ית' דוקא וביאור הענין היינו לפי שכדי למלאו' הפגם והחסרון צריך להמשיך בחי' אור חדש לגמרי וכל בחי' התחדשות לגמרי צריך שיבא האור מבחי' עצמות א"ס שלפני כל ההשתלשלות וזהו החזירנו בתשובה שלימה לפניך דוקא כדי למלאות כל החסרונות והפגמים כו' וע"י התשובה מעומקא דלבא דוקא כמ"ש ממעמקים קראתיך כו' וגם ממעמקים פי' מעומקא דכולא שהוא בחי' עצמות הא"ס ונק' שלימותא דכולא דוקא מקור כל התענוגים שמשם נמשך כל האורות כו' וזהו פי' קראתיך ה' כלומר המשכת שם הוי' מחדש והיינו משום דאמר בזהר דבע"ת משכין ליה בחילא יתיר ובאתעדל"ת אתעדל"ע מעוררים המשכות אוא"ס שלמעלה מהשתלשלות כו' ועי"ז הוסד עשי"ת על כל דבר פשע ועון אשר חטאו בכל השנה אם חסר איזה מצוה או פגם ועבר בל"ת אזי בעשי"ת זמן התשובה לתקן ולמלאות כל חסרון ופגם כנ"ל והן הנק' י' עמקי' בס"י לפי שנאמר ממעמקים קראתיך ה' כו' וד"ל · אך הנה בחי' הכח הזה עצמו שיש ביכולת כל רצון ונפש האלקית להמשיך המשכה זאת מעומקא דכולא

ושלימותא

ושלימותא דכולא כו׳ הנה ע״ז אנו אומרים החזירנו בתשובה שלימה לפניך וכן השיבנו כו׳ דמשמע שה׳ ממרום קדשו יערה עלינו כח התעוררות מלמעלה למטה כמ״ש עד יערה עלינו רוח ממרום כו׳ והיינו בחי׳ אתדל״ע שלפני אתדל״ת וזהו השיבנו החזירנו כו׳ · והנה בחי׳ המשכה זאת היא המתגלה בר״ח אלול דוקא קודם עי״ת שהוא ר״ת אני לדודי ודודי לי כו׳ · וביאור הענין הנה יש להקדים שיש ב׳ מיני י״ג מדה״ר הא׳ הוא י״ג מדה״ר שאמר משה בתורה כמ״ש ועתה יגדל נא כח אדני כו׳ ה׳ אל רחום וחנון כו׳ והב׳ י״ג מדה״ר שאמר מיכה מי אל כמוך כו׳ והנה מבואר בזוהר דהי״ג מדה״ר שאמר משה הי׳ בשביל חיי עוה״ז אבל י״ג מדה״ר שאמר מיכה הי׳ בשביל חיי הנשמות כו׳ וההפרש אשר ביניהם הנה מבואר דחיי עוה״ז היינו כמו שהיה השעה צריכה לכך בימי משה שאמר לו הקב״ה ויחר אפי כו׳ ולולי משה בחירו אשר עמד לפניו ובקש באמרו ועתה יגדל נא כו׳ והיינו שהמשיך מדה״ר בשביל חיי גופני אבל י״ג מדה״ר שאמר מיכה לא בשביל המשכה גשמיות לחיי עולם הזה אלא בשביל חיי הנשמות שלמעלה בלתי גופים חומרים והיינו להוסיף אור אלקי בנשמות שהן חלק אלוה והרי זה בשביל חיי אלקות ממש וע״כ יובן מזה שי״ג מדה״ר דמיכה שרשם הן למעלה ולא למטה דהיינו בבחי׳ י״ג התיקונין דדיקנא דא״א שהוא בחי׳ כתר כידוע וי״ג מדה״ר דמשה הן ג״כ י״ג מדה״ר דכתר אלא שנמשכו למטה מטה בעולם הזה הנפרד שמקבל מבחי׳ ז״א וד״ל :

והנה בחי׳ י״ג מדה״ר שבתורה שנמשכו למטה מטה ממש כו׳ הרי בהכרח שיבואו לנוטה דרך סדר ההשתלשלו׳ מעילה לעלול כו׳ והיינו ע״י המלאכים הנקראי׳ ממוצעים כידוע מאחר שהן נמשכים בשביל חיי עוה״ז כו׳ הר״ז כשאר השפעות שפע שבא ע״י ממוצעים כמלאכים דבי״ע כנודע ומן המלאכים יורד עוד ומתלבש עד למטה ממש שהוא בע״ס דנוגה כי הנה ידוע דפני אריה ופני שור כו׳ בחי׳ מרכבה דעשי׳ שורש חיות דלא״מ דעשי׳ ואחר שצריך השפע לירד למטה כמו להיות חיי גופנים כו׳ כמו שביקש חיות לנשמות שבגופי׳ וכיוצא א״כ צריך שיבא ע״י התלבשות בבחי׳ מרכבה דפני אריה כו׳ שמשם מקור חוצב כל נפש הבהמית שהוא חומר הגופני כנודע שמפנימיות המלאכים מקבלי׳ נפשות השכלי׳ הנק׳ נפש הבהמית של ישראל ג״כ בחי׳ הארה אלקית ונק׳ הטוב שבנוגה אבל מבחי׳ שמרי׳ החיצוני׳ של המלאכי׳ מקבלי הע׳ שרי׳ כמ״ש בע״ח דהע׳ שרים מקבלי׳ משמרי האופני׳ וכו׳ אך לישראל בלבד נמשך מבחי׳ המרכבה וכו׳ ולזה הטעם אנו אומרים בכל יום י״ג מדה״ר ויעבור ה׳ על פניו כו׳ כי הן י״ג מדה״ר הנמשכות למטה בישראל דוקא ע״י המלאכים כבקשת משה ונפלינו אני ועמך וכמ״ש יאר ה׳ פניו אליך דוקא כמ״ש בת״א וד״ל · וזהו מ״ש ונתתי עשב בשדך לבהמתך ואכלת ושבעת כו׳ פי׳ כי המלאכים נק׳ עשב כמ״ש בזהר ע״פ מצמיח חציר לבהמה ועשב לעבודת האדם דאית אלף טורין דמגדלין חציר ועשב כו׳ ובהמה רבה אכלא לון כו׳ והיינו שנכללין בפי בהמה עליונה שהוא בחי׳ שם ב״ן בגימ׳ בהמה כמ״ש בת״א והיינו פי׳ יוצר משרתים שמתחדשים בכל יום כחציר שגדל וכו׳ ונכללים בפי בהמה רבה בבחי׳ הביטול במציאות כו׳ וע״י אותן המלאכים נמשך בחי׳ אור קדושה עליונה לנפש הבהמית שבאדם למטה כמו שמקבלת מפני אריה כו׳ כנ״ל · וזהו שאנו אומרים בברכת יוצר שבחים של המלאכים ושרפים ואופנים כמו והאופנים ברעש גדול כו׳ לפי שיש בחי׳ נפש הבהמיות שבכל אחד ואחד מישראל וצריך להמשיך התפעלות אה״ויר גם לנפש זאת השכלית הבהמית שתשכיל גם היא לאהבת ה׳ כו׳ כמ״ש בכל לבבך ואחז״ל בשני יצריך כו׳ כידוע ופי׳ בכל נפשך היינו הנפש האלקית והנפש האלקית א״צ לקבל קדושה והתפעלות כו׳ מבחי׳ המלאכים שבמרכבה כי שרשה למעלה בחי׳ פני אדם שלמעלה מן המלאכים כנודע שבחי׳ נפש האדם שבכל עולם גבוה מן המלאכים שבעולם ההוא כמ״ש בת״א שהנשמה נמשכה מבחי׳ פנימיות כו׳ חלק אלוה ממעל ממש כמ״ש יעקב חבל נחלתו כו׳ חלק ה׳ עמו כו׳ לכך אחז״ל לאתה צדיקים דומין בפני השכינה כנר בפני האבוקה פי׳ עד״מ ביטול הנר בפני האבוקה שנכלל ובטל ונמשך במקורו מאליה ומעצמה כך בחי׳ הנפש האלקית נכללת באור האלקי מאליה ומעצמה כו׳ ולהיות כן מה שמזכירים שבחים של המלאכים ביוצר אור אינו אלא בשביל המשכ׳ שיומשך מהם לנפש הבהמית החיוני׳ ולא לנפש האלקית וזהו ונתתי עשב בשדך לבהמתך כדי שיהיה ע״י בחי׳ עשב זה שהוא בחי׳ השפע של המלאכים שיורד למטה להיות מהם אור ושפע התפעלות גם לבהמתך שהוא הנפש הבהמית שבאדם שתקבל גם היא מבחי׳ קדושה עליונה כמרז״ל אסור לאדם לאכול עד שיתן מאכל לבהמתו שנאמר ונתתי עשב בשדך לבהמתך תחילה דהיינו לנפש הבהמית כו׳ והדר ואכלת ושבעת כו׳ דקאי על נפש האלקית שא״צ לקבל מהמלאכים להיותה מבחי׳ פני אדם כי אכילת׳ אינה מבחי׳ עשב של המלאכים רק ע״ד מ״ש אכלתי יערי עם דבשי ואחז״ל יערי אלו המלאכים דכתיב אז ירננו עצי היער כו׳ ודבשי אלו הנשמות כו׳ והיינו ההפרש שבין ברכת יוצר שנק׳ יערי ובין ק״ש שנק׳ דבשי כו׳ כמבואר לי״ח וד״ל · וזהו אני לדודי ודודי לי הרועה בשושנים דהנה מ״ש ונתתי עשב בשדך לבהמתך כו׳ זהו דוקא כל השנה שנמשך בחי׳ עשב כו׳ אבל מר״ח אלול ועד יו״כ שהן מ׳ יום שעמד משה בהר הקב״ה רועה ישראל וזן ומפרנסן בשושנים דוקא שהן י״ג מדה״ר שהן תליסר עלין כו׳ ולא בבחי׳ עשב אשר בשדה · וביאור הענין הנה מה שאנו אומרים החזירנו בתשובה כו׳ דמשמע מלמעלה למטה

למטה כנ"ל וזהו ע"י בחי' המשכת י"ג מדה"ר שמתגלה בר"ח אלול עד יו"כ שלא באמצעות הנזכרים הנק' עשב כמו בשור יושת השאה שאומרים ג"כ י"ג מדה"ר כנ"ל להיות שי"ג מדה"ר שבמ' יום הללו הם מבחי' י"ג מדה"ר דמיכה שהן חיי הנשמות דוקא כנ"ל שהוא בחי' חיי אלקית כו' ושרשם למעלה בבחי' י"ג תקונין דכתר כמו שהוא למעלה שהן עליונים מאד ולכך אמר משה בהלוחות האחרונות שקבלו במ' יום הללו ואנכי עמדתי בהר מ' יום כימים הראשונים כו' וארז"ל מה אלו ברצון להיות מבחי' הכתר עלמיות אף אלו ברצון כו' כי הכתר נק' רצון העליון כידוע והייני כמו בחי' י"ג מדה"ר דמיכה מי אל כמוך כו' כנ"ל וכך יש ביכולת י"ג מדה"ר הללו להחזירנו בתשובה ברוח התעוררות מלמעלה להמשיך ממקורא דכולא כנ"ל וזהו פי' הרועה בשושנים שנק' תליסר עלין דסחרין לה ועד"ת התליסר עלין דשושנה דסחרין לה לשושנה בבחי' מקיף כך בחי' י"ג מדה"ר הללו להיות עליונים מאד סחרין לה לכנ"י בבחי' סובב ומקיף בהעלם כו' כנ"ל · ומשם נמשך בחי' המשכת הרחמים רבים כמאמר ברחמיך הרבים כי הנה באמת יש לעורר יותר רחמים רבים על השפל יותר וכל שפל שפלות יותר יותר תגדיל הרחמים עליו ולפ"ז על נפש הבהמית יש לעורר רחמים רבים ביותר מעל נפש האלקית כי נפש הבהמית היא ירדה בירידת המדריגה כ"כ להיות נדמה כבהמה ממש וזהו ירידה עצומה משא"כ נפש האלקית שיכולה לעלות אל מקור חוצבה שהיא חלק אלוה כו' וכשלהבת העולה מאליה אלא שמתעוררת לפרקים להיותה בגלות ושינה כו' וע"ז אנו אומרים החזירנו בתשובה שלימה לפניך לתקן כל הפגמים כו' שזהו נמשך מי"ג מדה"ר במ' יום הללו והעיקר בעי"ת שאומרים ממעמקים קראתיך ה' כו' כנ"ל וד"ל · אך מה שהקדים לומר הרועה בשושנים כל זמן ל' יום דחודש אלול קודם עשי"ת כמ"ש אני לדודי כו' שהוא ר"ת אלול הגם שעיקר בקשת הרחמים הוא בעי"ת כנ"ל הענין יובן בהקדים מארז"ל ע"פ הרועה בשושנים א"ת שושנים אלא ששונים שהן הלכות שבתורה דוקא והיינו כמ"ש תלמוד גדול מעשה שמביא לידי מעשה כו' ושרש הדברים לפי שנא' תחת אשר לא עבדת בשמחה ובטוב לבב כו' והיינו שמחה של מצוה והנה שמחה שאנו שמחים בש"ת הוא בחי' שמחה כלליות דהיינו מכל המצות מעשיות ותורה שעשו כל השנה וא"כ הרי שמחה זאת בחי' או"ת הוא ג"כ כמו שרש י"ג מדה"ר כנ"ל והנה מה שנתעורר י"ג מדה"ר בעי"ת הוא רק אתעדל"ע למעל' בלבד אבל או"ת די"ג מדה"ר הללו שירדו למטה בהתגלות היינו ע"י שמחה ששמחים בש"ת דוקא לפי שבשמחה של מצו' הכללי' מכל התורה והמצות בה ישכון או"ת הכללי שנמשך בי"ג מדה"ר בבחי' גילוי ומה שהיה בהעלם ביוה"כ נתגלה בש"ת (וע"כ יש י"ג ימים בין יו"כ לש"ת שי"ג מדה"ר נמשכין בהם למטה) וזהו א"ת שושנים אלא ששונים בש"ת דוקא ובזה יובן ג"כ מה שהקדים לומר הרועה בשושנים מר"ח אלול לפי שבר"ח אלול עלה משה בהר עם הלוחות והיו כולם ע"י רצון כמארז"ל מה ימים הראשונים ברצון כו' ולהיות כי דוקא ע"י האור דתורה באין י"ג מדה"ר לידי גלוי ע"כ מר"ח אלול מתחיל למעלה שרש המשכות י"ג מדה"ר אלא שבעי"ת מעוררים אותם מלמטה כנ"ל וזהו שנאמר במאמר אני לדודי ועלי תשוקתו והא"ל ואלי מאי ועלי מלמעלה משום שהוא בבחי' ההעלם ומקיף ואתנס בש"ת באין לידי גלוי וכל מ' יום הללו הכנה לש"ת וד"ל :

להבין שרשי הדברים הנ"ל · הנה מעשה המצות שרשם ענין ובחי' הבירור דנוגה שמעורב טו"ר כמו ע"ד הבירורים שבאכילה כידוע דהמאכל שרשו מנוגה שמעורב טו"ר והמופת לזה כאשר יאכל האדם לתיאבון יתגשם כי חלק הרע שבו יגשם אותו וכאשר יאכל בכוונה לש"ש לחזק שכלו ומדותיו לעבודת ה' יוסיף לו המאכל חיזוק במוחו ולבו לעבודת ה' וכמו שאמר ר"נ עד דלא אכילנא בישרא דתורא כו' ודרך כלל הנה באכילה גסה נק' זולל וסובא ובאכילה לש"ש כמו אכילת קדשים ואכילת שבתות ויו"ט נקרא בירור ע"ד אכילת מזבח כידוע ולפי ששרש המאכל מבחי' התהו שקדם לבחי' התיקון כמ"ש ואלה המלכים אשר מלכו כו' לפני מלך מלך לבנ"י ע"כ יש ביכולת בחי' הטוב שבמאכל להוסיף כח ואור בנפש האדם כו' ועד"ז יובן בענין כל הברורים כמו במעשה המצות בכלל שלוקח דבר גשמי ועושה בו מצוה כמו אתרוג שהוא פרי גשמי ונעשה בו מצוה הרי שמתעלה ומתברר בחי' הטוב שבנוגה ונעשה כלי לבחי' גילוי אור א"ס שבמצו' זאת וכן כל הדברים שנעשו בהן המצות בכל חלקי דצ"ח אחר שהעולם גשמי בבחי' הפירוד ונעשה מהן מצוה להיות בבחי' היחוד העליון הרי מבי"ע נברר מבחי' הפירוד לבחי' הביטול כו' והנה ידוע דעיקר השבירה היה בשם ס"ג כמ"ש כולו סג יחדיו כו' וכמ"ש בע"ח והיינו בבחי' בינה ואח"כ ירד עוד ונפל בבחי' שם ב"ן והיינו להיות בבחי' הפירוד ממש כמ"ש ומשם יפרד כו' להיות בחי' יש ודבר נפרד עד שנתהוה עולם הגשמי שלנו כידוע והבירור דשם ב"ן זה הוא בבחי' שם מ"ה דאצי' כידוע דמ"ה דוקא מברר ב"ן והענין הוא כי בחכמה אתבירירו בבחי' שם מ"ה דחכמה נק' כח מה בחי' הביטול ובחי' הביטול מברר לבחי' הפירוד כנ"ל וד"ל· והטעם דשם מ"ה באצי' דוקא הנה ידוע דדוקא בי"ע נשארו אחר השבירה בלתי תיקון ובירור עדיין וצריכין להתברר ע"י שם מ"ה אבל בחי' האצי' כבר נתברר ונתקן בבחי' הביטול כו' והיינו שאמרו דבאצי' איהו וחיוהי וגרמוהי חד כו' וכנודע מענין ד' תיקונין דשכינתא שבסדר התפלה עד ב"ש הוא עולם העשיה ומב"ש עד יוצר בחי' יצירה כו' ובש"ע הוא בחי' האצי' שמברר לבי"ע כי שם מ"ה דאצי'

מברר ב"ן שמלובש בבי"ע כי התפלה הוא ג"כ ענין בחי' הבירורים דשם ב"ן אע"פ שאין בתפלה בחי' מעשה בפועל אלא דבור בלבד מ"מ הרי אמרו דעקימת שפתיו הוי מעשה והבל הדבור שבא מנפש דנוגה מתברר ועולה לה' כקרבן מבי"ע והתיקון והבירור הוא ע"י נפש האלקית משום דנפש האלקית דשרשה מבחי' ז"א דאצי' הרי היא לאחר התיקון שכבר נבררה ונתקנה וכמ"ש בע"ח דהנשמה א"צ תיקון כי כבר ניתקנה באצי' ולא ירדה בעה"ז בגוף אלא לברר לבושי נוגה שהוא הנפש הבהמי' כו' ואפי' מי שאין לו רק בחי' נפש היינו מבחינ' העשיה בלבד כידוע דנר"נ היא מבי"ע נשמה בבריאה כו' הנה מ"מ מאחר ששרש תולדות הנשמה הוא מבחי' ז"א הרי גם בנפש דעשיה יש מבחי' הארת אצי' ונק' אצי' שבעשיה כי ידוע דל' כלים דז"א מתלבשים בבי"ע כלים הפנימי' בבריאה כו' נעשה בחי' נשמה וכו' וא"כ גם היו"ד כלים החיצונים דז"א דאצילות שנעשים בחי' נפש בעשי' מ"מ הן המה מבחי' האצי' עכ"פ וא"כ בחי' נר"נ דבי"ע כול' מבחי' אצי' אלא שהן בחי' אצי' שבבי"ע כו' וד"ל · והנה מאחר שהניצוץ אלקי א"צ תיקון לעצמו אלא ירד לברר בנפש הבהמי' ששרשה משם ב"ן שנפל בשבירה כנ"ל ע"כ במעשה המצות ג"כ מאחר שהן בחי' הבירורים דנוגה שנמשכו משם ב"ן שצריך בירור עדיין גם הם אין מתבררים אלא ע"י בחי' ניצוץ האלקי' שהוא הנק' אדם שם מ"ה למטה וכמאמר רז"ל אתם קרויים אדם כו' וכמ"ש בת"א בביאור ענין אדם כי יקריב מכם קרבן כו' וד"ל ואמנם הנה אע"פ דעכשיו בחי' שם מ"ה גבוה משם ב"ן אחר שהוא המברר לב"ן כנ"ל מכל מקום לאחר שיתברר בחי' ב"ן על ידו הנה יתעלה אז בחי' הברורים דב"ן למעלה משם מ"ה המבררו והטעם הוא ידוע לפי שהשביר' הרי היתה בבחי' ס"ג שלמעלה משם מ"ה כידוע דס"ג בבינה ובינה נק' אם הבנים ומבחי' מ"ת דאימא נעשה כתר לז"א וזהו שנאמר לעתיד בתשלום בחי' הבירורים דנוגה ע"י שם מ"ה אשת חיל עטרת בעלה פי' אשת חיל הוא בחי' שם ב"ן המתברר עכשיו משם מ"ה כנ"ל אבל לאחר הבירור יתעלה לשרשו שהוא בחי' ס"ג שלמעלה מבחי' מ"ה שממנו יהיה נמשך עטרה וכתר לז"א והיינו מבחי' ת"ת שיהיה כתר לז"א וזהו עטרת בעלה כי בעלה הוא בחי' ז"א בחי' שם מ"ה דדכורא בעלה דמטרוניתא ואע"פ שממשיך עכשיו מ"ד לברר מ"ן דנוקבא אבל לעתיד תהיה אשת חיל עטרת לבעלה מטע' הנ"ל וז"ש נקבה תסובב גבר וכמ"ש בע"ח בכמה דוכתי וד"ל · ועם זה הטעם יובן שרש ענין מאמר רז"ל דמעשה גדול מן התלמוד דהנה המצוה בפועל הוא בחי' הבירורים דנוגה כנ"ל והרי לאחר תשלום הבירורים תתעלה בחי' שרש המצות משם ב"ן בבחי' ס"ג והיינו מ"ש אשת חיל עטרת בעלה כנ"ל וא"כ יהיה לעתיד שרש מעשה המצות גדול גם מבחי' התלמוד הגם שהוא המברר עכשיו

כי בחכמה שבתלמוד אתבירירו כנ"ל וד"ל · אך הנה עדיין יש להבין למה סובר איך דתלמוד גדול ולמה נמנו וגמרו כמותו דתלמוד גדול מפני שמביא לידי מעשה כו' אומנם הענין יובן בהקדים שרש ענין מחלקותם אם תלמוד גדול או מעשה גדול מטעם אחר דהנה שרש המעשה מגיע בבחי' כ"ע שנקרא בשם רצון העליון שהרי המצוה הוא גוירת המלך דהיינו מפני שאמר ונעשה רצונו בלבד וידוע שאין טעם לרצון כי הרצון עצמותו למעלה מן הטעם וטעמי מצות הגם שישנם במציאות ולעתיד יתגלו אבל שרש עצם המצות הוא מבחי' ארחין דגלגלתא דא"א שלמעלה גם מבחי' הטעמים שבאין בבחי' מו"ס דא"א שהוא מקור החכמה שבתורה כידוע דהתורה נקראת בשם נובלות חכמ"ע כו' וע"כ נק' הרצון כתר כמו עד"מ הכתר המקיף על המוחין שבראש כידוע וע"כ אין עיקר ענין חכמה שבתורה רק כמו בחי' טפל לעיקר למצות דהיינו רק לבאר ולפרש איך לעשות המצוה בלבד כמו איך לעשות סוכה ותפילין וכיוצא וע"כ סובר דהמעשה מגד אמתת עצמותה בבחי' כתר דא"א גדול גם מבחי' מקור התורה שהוא בבחי' ח"ס כו' אך הנה איך מ"ד דס"ל דתלמוד גדול טעמו ונימוקו עמו ג"כ לפי שיש בחי' ומדרגה שבה יש יתרון ומעלה לתורה על המצות הגם שאינה באה רק דרך פירוש וביאור בלבד · והענין הוא כי הנה בחי' ח"ס דא"א המקור לחכמה שבתורה כנ"ל הנה היא באה מבחי' פנימית המוחין דא"א הגם שיורדת להתלבש בחיצונית באותיות התורה להקרא נובלות כו' משא"כ שרש המצות הגם שהוא בבחי' ארחין ושערות דגלגלתא דא"א שהוא למעלה בבחי' מקיף ע"ג המוחין כנ"ל הנה מ"מ אין זאת ההארה באה רק מבחי' החיצונית דגלגלתא דהיינו בחי' חיצוני' הכתר כידוע דהשערות אינן אלא בחי' הארה חיצוניות בלבד משא"כ בחי' עצמות המוחין דא"א שהוא בחי' פנימית דח"ס אע"פ שחיצוני' הכתר גבוה מבחי' פנימי' דחכמ' מ"מ בחי' פנימי' גבוה מבחי' חיצוני' גם שיהיה בא ממקום הגבוה כו' ולזה הטעם אמר איך דהלמוד גדול מן המעשה להיותו בבחי' פנימי' דח"ס דא"א והמעשה אינו אלא בבחי' חיצונית הכתר כו' ע"ד דמיון עצם הגלגלת החופה ע"ג המוחין באדם שגם הוא עומד למעלה ומקיף למוחין שבתוכו הנה מ"מ בחי' אור המוחין בחי' רוחני' הרבה יותר מעצם הראש שהוא בחי' דומם כו' וכמ"ש בת"א וד"ל · וענין מה שנמנו וגמרו כמותו דתלמוד גדול היינו לא מטעמי' אלא מטעם אחר מפני שמביא לידי מעשה פי' כי הגם שאין טעמו מספיק להיות תלמוד גדול לפי שגם בחי' חיצוני' שבעליון גבוה מבחי' פנימי' שבתחתון והחכמה מקבלת מן הכתר כמ"ש והחכמה מאין תמצא מ"מ מטעם אחר התלמוד גדול לפי שמביא לידי מעשה פי' משום דגם מה שבחי' המעשה מגיע לשרשו האמיתי' שהוא בבחי' כתר

כנ"ל

כנ"ל גם זה אינו בא אלא ע"י החכמה שבתורה דוקא שהוא התלמוד לפי שאין א"ס מאיר גם במצוה אלא ע"י אמצעות אור החכמה דהיינו כשממשיך א"ס בחכמה שבתורה המבארת המצוה ואז מביא למצוה מעשי' לשרשה להיות מאיר בה בחי' הכתר וזהו פי' שמביא לידי מעשה שמביא אור כתר עליון לידי מעשה המצות וד"ל · ובכ"ז יובן שרש ענין הנ"ל בענין ב' הפסוקים דאת השמים ואת הארץ אני מלא ומלא כה"כ דבחי' שרש המצות בכתר עליון שנק' מקיף ע"ז נאמר את השמים ואת הארץ אני מלא אני אותיות אין והוא אין דכתר שממלא כללות ההשתלשלות יחד בהשואה א' שמים וארץ כידוע ומ"ש מלא כה"כ נאמר בחכמה שבתורה דאין כבוד אלא תורה דאורייתא מחכמה עילאה נפקת דהיינו מבחי' ח"ס דא"א מקור ל"ב נתיבות חכמה שנק' כבוד נאצל כו' וזה האור דתורה נתמלא ממנו כל הארץ בבחי' אור פנימי' ובא בחלוקי מדריגות בכל העול' לפי ערכו באצי' מבחי' אצי' ונק' תורה דאצי' ובבריאה נק' תורה דבריאה כנודע לפי ששרש התורה היינו מבחי' המוחין דא"א שהן מבחי' פנימית כו' ולא מבחי' מקיף ולכך לא נאמר בתורה מלא שמים וארץ כו' אלא מלא כל הארץ בלבד דהייט בבחי' ממלא ולא בבחי' סובב וד"ל · והנה יש ב' מיני מקיפי' הא' הנק' מקיף החוזר והב' הנק' מקיף הישר כמ"ש בע"ח בכמה דוכתי וידוע שבחי' מקיף החוזר בא מסיבת הבירורים שבאין בבחי' או"ח מלמטה למעלה ובחי' או"ת זה נעשה מלמט' למעלה דהיינו כשלא תכיל הכלי לסבול אורו ויבא למעלה מהגבלת הכלי ויהי' האור בבחי' מקיף ע"ד אהבת בכל מאדך כידוע או ע"ד בעל תשובה כר"א בן דורדי' הוי באתדל"ת אתעדל"ע נמשך ג"כ בבחי' ונקיף זה ונק' בחי' מקיף החוזר והוא בא דוקא בבחי' מדריגה פרטי' לפ"ע בחי' אור החוזר מלמט' כו' ונק' מקיף פרטי אבל בחי' מקיף הישר הנה הוא בהיפוך מזה שאיננו בא מסיבת הבירורי' בהעלאת מ"ן מלמטה למעלה אלא הוא בא ונמשך מלמעלה באתדל"ע מצד עצמו וע"כ הולך ומאיר ביושר מלמעלה למטה ונק' מקיף הישר ומה שנק' מקיף להיותו בלתי מתיישב ומוגבל בכלי כלל ולא יוכל הכלי להכילו מתחלת הארת' וע"כ מיד בבואו מאיר בבחי' מקיף · והנה זה המקיף הוא הנק' מקיף הכללי ולא מקיף פרטי מאחר שהוא אור בלתי מתיישב בשום כלי הרי מתחלת הארתו מקפת לכללות הכל בהשואה א' לכולם מריש כל דרגין עד סוף כל דרגין · והדמיון בכל זה בחי' מקיף דחיה יחידה שבנפש האדם למטה שבחי' מקיף דחכ' הנק' חיה מקיף פרטי הוא לכל כח וכח מכחות הנפש ביותר מכפי אשר יוכל שאת כו' ובחי' מקיף דיחידה הנה הוא בא ומאיר לכל הכחות מראש לרגל בהשואה א' לכולם יחד והוא מקיף מראשו לרגלו כאחד ונק' מזלא כידוע ומבואר בת"א

מפני שהוא בלתי מתלבש ומוגבל בשום כלי בבחי' או"פ כו' והמשל מכ"ז יובן ג"כ בשרש ענין המצות מלבד ההפרש אשר יש בין תורה למצות דהנה שרש המצות הוא בחי' הבירורים דרפ"ח כו' כנ"ל וכאשר עולין הבירורין מלמטה למעלה בבחי' או"ח הנה אז לא יכול הכלי לסבול האור ויצא לחוץ למעלה מהגבלת הכלי והיינו כמו בחי' שערות שבוקעין ויוצאין מבחי' מותרי המוחין כנודע שיש חלל בשערה שיונקת מוח היוצא מחמת שלא יכיל הכלי ובוקעין מותרי המוחין כידוע ומבואר בת"א וידוע שהשערות נק' לבושין ששרשם בבחי' או"מ אך הן בבחי' או"מ החוזר להיותן באין מבחי' הברורין כנ"ל ונק' מקיף פרטי כו' וזהו שהמצות נק' לבושין כנודע וכל מצוה היא בבחי' מקיף ולבוש פרטי כו' ע"ד ענין התשובה שהיא באה גם בבחי' או"ח וע"כ נזכרו תשובה ומע"ט בענין ומדרג' א' כמארז"ל יפה שעה א' בתשובה ומע"ט בעוה"ז שהוא בחי' הבירורים בכלל וד"ל · אבל התורה היא רק בבחי' אור פנימי ולא בבחי' מקיף ואמנם במדרגות המצות עצמן יש ב' מיני מקיפין בחי' מקיף החוזר כנ"ל ובחי' מקיף הישר היינו שרש ענין שמחה של מצוה דהנה כתיב תחת אשר לא עבדת בשמחה כו' דהגם שעושה המצוה בפ"ת אם לא שמח במעשה זאת ואין נק' עבודה בשמחה לא נמשך בחי' מקיף אלא בבחי' מקיף הפרטי כנ"ל אבל בחי' אור מקיף הישר שבא ונמשך מעצמות א"ס בבחי' מקיף כללי לכללות הכל בהשואה א' כנ"ל אינו נמשך אלא ע"י שמחה של מצוה דוקא והטעם הוא כי ענין השמחה של מצוה הוא בחי' העונג והשמחה שיש בהעלם במצוה שנק' רצון העליון למעלה ונק' שמחה של מצוה למעלה בחי' התענוג של אותו הרצון בפרט · ואמנם הנה אנו רואים למטה באדם התחתון שכאשר ישמח האדם מאיזה ענין אע"פ שיהיה ענין פרטי בלבד כמו מבשורה טובה וכיוצא בדבר כשממלאין רצונו וחפצו כשהיה לו תשוקה לדבר מה כו' הנה אז יגיל וישמח כל לבו בשמחה כללית שהוא ענין שמחת הנפש בבחי' אור ושמחה ועונג פשוט בלתי מוגבל כלל בכלי לפי שנראה בחוש ששרש בחי' השמחה והעונג בעצמה ומהותה הוא אור מקיף כללי בלתי התחלקות בכלי אלא הכל בא בהשוואה א' מראש עד רגל הכל בבחי' א' ואיננה מתחלקת לחלקים להיות בערך וגדר כלי לפי מה שהוא כמו בחי' הלבוש הנ"ל שנק' מקיף החוזר שמתלבש בכל בחי' לפי מה שהיא כו' וכן יובן בשמחה של מצו' גם שהי' במצוה הפרטית מ"מ שרש עצם השמחה היא בחי' אור פשוט בלתי מוגבל מתחלק אלא מאיר בהשוואה א' לכל כחות האדם מראשו לרגלו כא' ממש כדמיון בחי' מקיף הישר הנ"ל וע"כ ע"י שמחה של מצוה למט' מתעורר למעל' בעצמו' המאציל המשכת בחי' או"מ הישר הנ"ל וזהו שרש ענין ש"ת שאז הוא זמן

שמחה

שמחה של מצוה בבחי' הכלל מכללות כל המצות כמש"ת בעוה"ה וד"ל וזהו שאמרו ז"ל היום לעשותם ולמחר לקבל שכרם כו' היום דוקא בעוה"ז ומן מעשה המצות וכתיב במתים חפשי כיון שמת נעשה חפשי מן המצות וגם התשובה דוקא בעוה"ז ולא בעוה"ב כמאמר יפה שעה א' בתשובה ומע"ט בעוה"ז דווקא כו' ושרש הענין הוא כנ"ל שהמצות שרשם בבחי' מקיף העליון והנה בעוה"ב האור האלקי מאיר בבחי' או"פ בגלוי כו' וע"כ מאיר בכל חד לפום שעורא דיליה לפי שעוה"ב נק' עולם ברור שכבר נברר ונתקן וכאו"א על מדרגתו יבא ולא יוכל להיות התהפכות ממדרגה למדרגה לא מרע לטוב ולא מטוב לרע כמ"ש לא יחליפנו ולא ימיר כו' וע"כ אין התשובה בעוה"ב אלא בעוה"ז דוקא לפי שעוה"ז עולם שלא נברר עדיין ע"כ נק' עולם התמורה והשינוי כו' בהיותו עדיין עומד להתברר ע"כ יכול להיות דילוג גדול ממדרגה למדרגה כמו התהפכות מחשוכ' לנהורא וכמו התשובה ובהפך הפגם בחטא ועון כו' וכמ"ש במ"א ולזה הטעם גם מעשה המצות אחר שהן בחי' ברורי נוגה גם כן כמו התשובה כנ"ל אין זמן המצות אלא בעוה"ז דוקא שהוא עומד בבחי' הבירורים וזהו תכלית ירידת האדם לעוה"ז כדי לברר ברורי נוגה בתשובה ומע"ט כל ימי חייו שניתן לו בקצבה כמ"ש ימי שנותינו בהם שבעים שנה פי' בהם בהיכלות דנוגה כדי לבררם ע' שנה ניתן בקצבה לברר כל יום מרפ"ח נצוצות שנפלו בנוגה ע"י התשובה ומע"ט בכל יום כו' וירידה זאת .לצורך עליי' היא כנודע שהרי הניצוץ האלקי עצמו א"צ תיקון ובירור להיות שרשו מבחי' התיקון שהוא בחי' ז"א בחי' שם מ"ה כנ"ל וע"כ לעצמה בלבד לא צריכה לשום מצוה לא להמשיך או להעלות כו' וגם לא להתפלל מאחר שהתפלה ג"כ בחי' ברורי' דנוגה כנ"ל וכל בחי' בירורים א"צ הנשמה לעצמה אלא ירדה בגוף בעוה"ז רק בשביל ברור ותקון הנפש דנוגה והיינו בתשוב' ומע"ט שיעשה כי הניצוץ האלקי יעלה מאליו לשרשו כנר שבטל ונכלל בפני האבוקה כמארז"ל למה צדיקי' דומין בפני השכינה כנר בפני האבוקה להיותם מבחי' התיקון כנ"ל ועי"ז יש ביכולתם לברר גם לנפש דנוגה בתשובה וכיוצא בזה במעשה המצות דוקא היום לעשותם בעה"ז שהוא זמן הבירור דנוגה ע"י ניצוץ האלקי ולהיות כן הרי עיקר בחי' המשכות כל מיני מקיפין הנ"ל מקיף החוזר ומקיף הישר הכללי אינו נמשך רק בעולם הזה דוקא במעשה המצות ולא בעוה"ב שאין שם בחי' הברורים כלל ולא נמשך שם האור רק בבחי' או"פ כנ"ל ולכך אמרו היום לעשותם אבל מ"מ אין בחי' אור מקיף הישר מתגלה למטה בבחי' גלוי ממש אלא יורד ומאיר בבחי' העלם בלבד וזהו למחר לקבל שכרן לפי שאז דוקא יתגלה בחי' מקיף הכללי הזה וכמו שאנו מבקשים על לעתיד גלה כבוד מלכותך עלינו מהרה כו' שהוא בחי' מל' דא"ס עצמו כמו קודם האצי' שהיה הוא ושמו בלבד והוא נעשה בחי' ונקיף הכללי למטה כמשי"ת בסמוך וד"ל :

ומעתה י"ל שרש ענין חילוק שבין עשי"ת עד יוה"כ ובין שמ"ע ושמחת תורה כו' דהנה יש להבין תחלה בשרש ענין התשובה מה היא דהנה אנו מוזהרים החזירנו בתשובה שלימה לפניך לפניך דוקא כמבואר למעלה והענין הוא כי שרש התשובה הוא למלאות כל חסרון ופגם שנעשו ע"י העונות והחטאים וזהו פי' תשובה להשיב חיות ואור חדש למלאות החסרון והפגם כמו והשיב את הגזלה כו' כי בסיבת העון ופגם האור נסתלק וצריך לחזור להשיבו מחדש ולמלאות הפגם אך צריך להמשיך בחינת אור חדש לגמרי וצריך שיבא זה האור ממקור הראשון שבראשונים שאין למעלה הימנו והוא בחי' עצמות א"ס ב"ה שלפני בחינת הצמצום הראשון הנק' מק"פ וחלל. כי הנה מבואר בהתחלת ע"ח דבתחילה היה אור א"ס ממלא כל החלל ואח"כ נעשה בחי' צמצום ומק"פ וחלל ריקן כו' ואח"כ חזר ונמשך בחינת קו"ח דק והקו הזה נמשך ממנו גם מקיפים כי אח"כ מתעגל ונמשך ביושר וחוזר ומתעגל כו' ונמצא שממנו הכל פנימים ומקיפים באופן זה שבחינת או"פ קדם למקיף הראשון וחוזר ומתעגל כו' עד סיום הקו הזה במל' דאצילות שנמצא פנימים ומקיפים הכל מהקו הזה ויש פנימי גבוה ממקיף ויש פנימי נמוך ממקיף דהיינו בחינת פנימי הראשון שקדם לעיגול הרי גבוה ממה שמתעגל אח"כ והיינו פנימית שבעליון שנעשה מקיף לתחתון ובחי' פנימי שאחר המקיף הראשון נמוך ממנו כי אחרי המקיף נתצמצם והאיר בבחי' או"פ כו' ועד"ז הולך ומשתלשל מפנימי למקיף וממקיף לפנימי עד סיום כל הקו כו' והמשל בזה ידוע כמו שכל מקבל זה שקיבל בבחינ' או"פ נעשה בחי' מקיף וסובב על השגות המקבל הנמוך ממנו במדריגה כו' ועד"ז סובב והולך ויורד ממקבל למקבל כו' וד"ל והיינו מ"ש ממעמקים קראתיך ה' בבחינת התשובה בעי"ת דוקא דהנה החטא פוגם באורות המלובשים בכלים וידוע דכל ספירה יש לה שם הוי"ה מיוחדת י' בחכמה שבה וה' בבינה שבה והוא בחינ' האור כו' והכלים הם המגבילים האור וכשפוגם בחינת הכלי ע"י החטא מסתלק האור כו' וכדי להמשיך או"ח למלאות החסרון והפגם צריך להמשיך ממקור הראשון שלפני הצמצום הראשון הנק' מק"פ כו' והיינו שיהיה נמשך או"ח בקו הנ"ל וכשנמשך או"פ חדש הרי מתעגל ומקיף וחוזר בבחינת או"פ הכל מתחדש באו"ח באופן שנמשך בע"ס דאצילות או"פ ואו"מ חדשים לגמרי למלאות בחינ' החסרון והפגם שנעשו בהם באו"פ [illegible] הפגם דכלי' כו' וד"ל. וזהו פי' ממעמקים קראתיך הויה פי' הוי' הוא בחי' אור של כל ספי' ונמשך ע"י התשובה בחינת שם הויה חדש בפרט בכל ספירה בין בבחי' או"פ בין בבחי'

או"מ

או"ת שבה וגם בכלל בכל הע"ס דאצי' שנכלל בשם הויה קוצו ש"י בכתר ויוד בחכמה כו' כידוע הכל מתחדש לגמרי מחמת שנמשך בחי' אור חדש לגמרי ממקורא דכולא שהוא בחינת עצמיות אא"ס שלפני הצמצום הנקרא מקום פנוי כו' בקו"ח כו' כנ"ל וזהו פי' ממעמקים פי' עומק הוא בחי' א"ס כשהוא בבחי' ההסתר וההעלם והחשך והוא הנקרא עומקא דחשוכא בזהר והיינו בחינת הצמצו' וההעלם שבמק"פ וחלל כו' כמ"ש ישת חשך סתרו וכמארז"ל ברישא חשוכא והדר נהורא כו' ותוספ' או"ח שבא מלפני בחי' ההעלם הזה הוא מ"ש מגלה עמוקות מני חושך והן הנה י' עמקי' שנזכרו בס"י שמתגלין בי' ימי תשובה שהן בחינ' ע"ס הגנוזות במאציל בהעלם ובאין להאיר בתוס' או"ח מן בחי' ההעלם לגילוי בקו"ח בכל ההשתלשלות שמרים כ"ד עד סוף כ"ד דהיינו מבחינת מ"ל דא"ק שהוא ראשית הקו עד סוף הקו בת"ל דאצי' שנקרא סופה דכ"ד כו' וזהו קראתיך מחדש לשם הויה מבחינת י' עמקים ולכך כפל לומר ממעמקים מעומקא דעומקא דהיינו ממקורא דכולא שלפני י' עומקים שבהעלם הנקרא חשך סתרו כו' וד"ל· וזהו החזירנו בתשובה שלימה לפניך דוקא דהיינו בבחינת עצמות אא"ס שלפני הצמצום הראשון וזהו פי' השיבנו ה' אליך אליך ממש כו' וזהו דווקא ע"י כח התשובה מעומקא דלבא משום דבע"ת משכין ליה בחילא יתיר שהוא מוסיף או"ח למלאות כל חסרון כו' וד"ל· והנה משה אמר ואנכי עמדתי בהר מ' יום כימים הראשונים וי"ל למה קורא אותם בשם ימים הראשונים · אך הנה ידוע בזהר ובר"מ בפסוק שאל נא לימים ראשונים כו' שהימים האלה הנק' ימים הראשונים הוא הנקר' ג"כ ימי קדם כנודע שיש ימות עולם שהוא בבחי' האצי' וימי קדם הוא לפני האצי' דהיינו בבחינת א"ק שנקרא קדמון כו' וכמו שיש ימות עולם וימי קדם כך יש שנות עולם ושנים קדמוניות וכמ"ש וערבה לה' מנחת יהודה כימי עולם וכשנים קדמוניות שהוא בחינת ימים ושני' שבא"ק והיינו ג"כ פי' מה שאמר משה כימים הראשונים שהוא ימים שבא"ק שלפני האצילות כי באותן מ' יום שעמד משה בהר המשיך י"ג מדה"ר כידוע והנה ענין י"ג מדה"ר שנק' תליסר מכילן שהוא י"ג תיקונין שנזכר באד"ר יש בהן ב' מדריגות האחד י"ג מדה"ר שנזכר באד"ר בבחינת א"א וע"י והן י"ג מדה"ר שאמר מיכה מי אל כמוך נושא עון כו' ובחי' י"ג מדה"ר שהמשיך משה אל רחום וחנון כו' הוא מדריגה נמוכה הרבה מי"ג מה"ר דמיכה לפי שמשה המשיך אותם בבחינת ז"א דאצי' לצורך השעה שהיה צריך להמתיק דינין הקשים שנתעוררו על ישראל למטה שזה תלוי בז"א דוקא כי אופן ההנהגה בבי"ע תלוי בבחי' ו"ק דז"א דוקא וכידוע ולהיות כי נתעורר דין קשה למטה ממש באמרו ועתה הניחה לי כו' ע"כ המשיך משה בחינת י"ג מדה"ר בז"א דוקא באמרו ועתה יגדל נא כח אדני כאשר דברת כבר דהיינו בבחינת א"א וזהו שנאמר ויקוד ארצה וישתחו לפי שבהשתחוואה וכריעה זאת היתה ענין ובחינת המשכת י"ג מדה"ר למטה ממש בת"ל שמלובש בבי"ע כי משה נק' איש האלהים ע"כ בהשתחוואות דוקא נמשכו י"ג מדה"ר למטה כו' אבל י"ג מדה"ר דמיכה שרשם בא"א וע"י שנק' כתר האצי' וזהו מ"ש באד"ר אית חסד ואית חסד חסד דז"א נק' חסד עולם וחסד דא"א וע"י נקרא ורב חסד ומשה המשיך בחי' ורב חסד דא"א בז"א כו' משא"כ בחינת י"ג מדה"ר דמיכה הן י"ג מדות הרחמים שבא"א וע"י עצמו כמו שהן קודם שירדו למטה להאיר בבחי' מקיף כו' וזהו מה שאמר משה כימים הראשונים אשר עמדתי דימים הראשונים הן י"ג מדה"ר דא"א וע"י שנמשכו מבחינת א"ק שנק' ימי קדם הנ"ל וזה היה בלוחות הראשונים ובלוחות האחרונים שנמשכו בז"א אמר עומדתי בהר מ' יום כימים הראשונים ממש כדוגמת אותן י"ג מדה"ר שבא"ק שמאירים בא"א כו' וד"ל· וזהו שרש ענין המשכות י"ג מדה"ר שנמשכו בז"א מר"ח אלול עד יוה"כ שהן מ' יום שעמד משה בהר דהיינו ענין ובחי' המשכת או"ח דווקא מעצמות אור א"ס בימים שבא"ק שהוא ראשית הקו ומשם יאיר בא"א ומא"א לז"א כו' כידוע בכללות ענין י"ג מדה"ר שהוא בחי' תוספת או"ת דוקא כמ"ש בפי' ויעבור הויה על פניו כו' כמ"ש בת"א באריכות והוא דוקא ע"י כח התשובה דמשכין ליה בחילא יתיר כנ"ל בפי' י' עמקים כו' וד"ל :

אך הנה בחי' המשכת י"ג מדה"ר נמשכו למטה בבחינ' מקיפים דוקא וז"ש אני לדודי ועלי תשוקתו דלא כתיב ואלי כו' אלא עלי כלומר מלמעלה בבחי' מקיף והעלם עלי מלמעלה תשוקתו פי' אני לדודי לקבל הארת י"ג מדה"ר מר"ח אלול עד יוה"כ אך להיותם רק בבחי' מקיפים בהעלם עלי מלמעלה ע"כ אמר ועלי תשוקתו להאיר בבחי' מקיף כו' ולא אלי בבחי' או"פ וד"ל וזהו אני לדודי ודודי לי הרועה בשושנים אני לדודי ודודי לי ר"ת אלול לפי שבמ' יום הללו מתגלין מקור ושרש י"ג מדה"ר ממקורא דכולא מבחי' עצמות אא"ס שלפני הצימצום· אך יש בזה ב' מדריגות הא' מדריגת י"ג מדה"ר דמיכה שהיה בלוחות הא' כנ"ל והב' י"ג מדה"ר דמשה להמשיך למטה כנ"ל ועיקר ענין ההפרש ביניהם מבואר בע"ח שי"ג מדה"ר שבא"א הן לחיי הנשמות וי"ג מדה"ר שבז"א הן לחיי חיצונית העולמות כו' והענין הוא שבחינת חיי הנשמות נקרא חיי אלקי ממש כמ"ש כי חלק הויה עמו ובשביל חיות אור נוסף לחיות האלקי שהוא בבחי' ז"א דאצילות שרש הנשמות נמשכו י"ג מדה"ר בא"א וע"י הנקרא ימי קדם ובשביל חיי העולמות הנפרדים למטה נמשך י"ג מדה"ר בז"א ונמנו למטה בבי"ע ואמנם בכדי שיהיה הארת י"ג מדה"ר מז"א למטה בבי"ע צריך ג"כ שיומשך הארת י"ג מדה"ר בז"א תחילה מבחינת י"ג מדה"ר דא"א וע"י וז"ש

יאר

יאר הויה פניו אליך ואח"כ יאיר מז"א למטה כו' והיינו הטעם
שהמשיך משה י"ג מדה"ר דא"א בז"א תחילה כמו ורב חסד
כו' וד"ל· וזהו פי' הרועה בשושנים שושנים אלין תליסר עלין
דשושנה דסחרין לה שהן י"ג מכילן דרחמים כו' דדוקא מר"ח
אלול עד יוה"כ רועה הוא בשושנים שהן י"ג מדה"ר כנ"ל
משא"כ בכל השנה כו' והנה בכל השנה כתיב ונתתי עשב
בשדך לבהמתך דזן ומפרנס לכנ"י בעשב ולא בשושנה כו' ·
וביאור הענין הנה כתיב ועשב לעבודת האדם שהמלאכים
נקראו עשב עד"מ כמו העשב שגדל מן הארץ בלתי זריעה
כמו התבואה כך יש בחינ' מלאכים שנוצרים ונבראים יש מאין
בכל יום כמ"ש יוצר משרתים כו' כידוע והוא רק מבחינת
כח המ"ל עצמה שנק' שדה כמ"ש ואם בשדה מצאה כו' וזהו
הנקרא עשב בשדך ומה שאמר לעבודת האדם הענין הוא
לפי שהמלאכים הן בבחינת מרכבה פני אריה פני שור כו'
כידוע והנה בחינת נפש הבהמית שבאדם למטה מקבלת אור
שפעה ממרכבה זאת כמו פני שור כו' וז"ש וזרעתי את בנ"י
זרע אדם וזרע בהמה זרע אדם הוא בחי' ניצוץ האלקי
שבאדם ששרשו מבחינת פני אדם שבמרכבה וכמ"ש ופני
אדם לארבעתן כו' וזרע בהמה הוא בחי' נפש הבהמית
ששרשה מבחי' פני שור כו' וע"כ אנו אומרים בברכת יוצר כו'
מה שהמלאכים אומרים ואנו משבחים אותם כמו שאנו אומרי'
כולם אהובים כולם ברורים עד שאנו אומרים והאופנים כו'
ברעש גדול כו' כי הרי צריך להמשיך התפעלות האהבה
ויראה בחי' תיקון גם בנפ"הב כי הנשמה האלקית אינה צריכה
תיקון לעצמה כו' ולא ירדה רק לברר בירורי נוגה שהוא
תיקון נפה"ב וז"ש בכל לבבך בב' יצריך ובכל נפשך פירוש
אפילו נפה"ב ומאחר שנפה"ב צריכה תיקון א"א כ"א שימשיכו
לה משרשה והיינו מבחינת מרכבה דפני אריה פני שור כו'
וע"כ אומרים מה שהמלאכים אומרים ומשבחים אותם בזה
כדי שימשיכו כח ואור לתקן הנפש הבהמית למטה כו' ולכך
אומרים עד והאופנים כי יש נר"ן בנוגה ועכ"פ גם נפש
דעשי' הבהמית שנקרא נפש דנוגה מקבלת מאופנים דעשיה
כי אופן בעשיה וחיות ביצירה ושרפים בבריאה כידוע ההפרש
בין מראה יחזקאל בחיות שביצירה למראה ישעיה בשרפים
שבבריאה וע"כ זה נדמה לבן כרך וזה נדמה לבן כפר כו'
ומ"ש בע"ח דהע"ש מקבלים ג"כ מבחינת האופנים דעשיה
היינו רק מבחי' השמרים דאופנים ולא מבחי' פנימית אור
שאין מקבלים מפנימי' רק נפש דנוגה שבישראל דוקא ולא
נפשות עכו"ם כמ"ש בע"ח בסופו וד"ל ובחי' רוח דנוגה
מקבל מבחינת החיות שביצירה ובחי' נשמה דנוגה מקבלת
מבחי' שרפים כו' וכולן נכללו במ"ש בברכת יוצר כדי להמשיך
לכלליות נר"נ דנוגה שבכללות ישראל למטה כו' וד"ל · אמנם
ע"י מי יש הכח הזה להוריד חיות ואור מן המלאכים
שבמרכבה הנקר' עשב היינו ע"י ניצוץ האלקי דוקא לפי
ששרשו מבחינת פני אדם שבמרכבה ובכל עולם לפי מה
שהוא הנה בחי' פני אדם שבמרכבה מנהיג ומושל על בחינת
פני אריה פני שור כו' וזהו מ"ש ופני אדם לארבעתן כו'
ובחי' פני אדם שבמ"ל דאצילות הוא בחי' מקור הראשון
להנהיג כל המרכבות דשרפים וחיות כו' וז"ש ועשב לעבודת
האדם פירוש האדם הזה היינו בחי' פני אדם שבמרכבה
שמושל על פני שור כו' והנה אמרו רז"ל אסור לאדם לאכול
עד שיתן מאכל לבהמתו תחילה שנאמר ונתתי עשב בשדך
לבהמתך והדר ואכלת ושבעת וכך יובן למעלה דאסור לאדם
זה לאכול בחינת אכילת אדם שהוא כמו אכילת אדם התחתון
מאכל מתבואה וכו' כך כתיב למעלה אכלתי יערי עם דבשי
הן המלאכים שעומדים בששת ימי בראשית שנקרא יער
שמעלים מ"ן עד"מ הדבש אשר ביער וכמ"כ יש נשמות
שמעלין מ"ן כדמיון המאכל מהתבואה שנזרעו כו' כך כתיב
בנשמות אור זרוע לצדיק כו' עד שיתן מאכל לבהמתו הוא
בחי' בהמה רבה כו' מן העשב אשר בשדה שהן המלאכים
שצומחין מאליהן כנ"ל דבהמה רבה שתית לון כו' והיינו מ"ש
ונתתי עשב בשדך לבהמתך והדר ואכלת ושבעת כו' ויתפרש
למעלה באדם ובהמה העליונה שבמרכבה כמ"ש אדם ובהמה
תושיע וגם למטה יתפרש בבחי' זרע אדם וזרע בהמה שהוא
ניצוץ האלקית ונפש הבהמית שתחילה ניתן ונמשך בחינת
עשב בשביל חיות ואור לנפש הבהמית כנ"ל והדר ואכלת
ושבעת כו' דקאי על ניצוץ האלקי שיאכל בחי' אכילת אדם
והוא ע"ד מאמרז"ל יערי זו ק"ש דבשי זו ש"ע כי הנשמה
עצמה אינה צריכה תיקון אלא ירד' לברר הנפש דנוגה וע"כ
צריך אדם ליתן מאכל לבהמתו תחילה ואח"כ ואכלת ושבעת
וד"ל וזהו פי' הרועה בשושנים משום דכל השנה כתיב רועה
ישראל שמפרנס ורועה לישראל בבחינת עשב הנ"ל וכמ"ש
ועשב לעבודת האדם ונתתי עשב בשדך לבהמתך כנ"ל אבל
מר"ח אלול עד יוה"כ באותן מ' יום אין פרנסת כנ"י מבחי'
עשב אשר בשדה אלא מבחינת שושנים הגדילים בשדה כי
יש שדה שנקראת חקל תפוחין קדישין כמ"ש בזהר ויש שדה
שגדלים בה שושנים טובים וזהו שאמר הרועה בשושנים
שרועה כנס"י ומפרנסת עצמה בשושנים דוקא והענין הוא
היינו בחי' י"ג מדה"ר שנק' תליסר עלין דסחרין לשושנה
(שהוא בחי' כנ"י כמ"ש כשושנה בין החוחים כן רעיתי בין
הבנות כו' וכמ"ש בזהר) · וביאור הדברים הנה מבואר
למעלה בשרש ענין המצות שהן באים מבחינ' המקיפים
דא"א בשני מדריגות א' בחי' מקיף החוזר הנק' מקיף פרטי
והב' בחי' מקיף הישר כללי בהשוואה אחת כנ"ל ובחי' מקיף
זה הישר הכללי הנה שרשו נמשך מבחי' מ"ל דא"ס כמו שהיה
קודם הצמצום הנקרא מק"פ כו' כנ"ל בענין היום לעשותם
כו' וכמ"כ שרש ענין התשובה הוא בבחי' מ"ל דא"ס שלפני
הצמצום כנ"ל בפירוש החזירנו בתשובה שלימה לפניך דוקא

וע"כ

וע"כ ע"י התשובה ומצות נתחדש אור חדש לגמרי למלאות כל חסרון ופגם שנעשה על ידי העוונות וחטאים כנ"ל בפירוש ממעמקים קראתיך הוי' כו' והיינו להמשיך אורות פנימים למקיפים מחדש למלאות אורות פנימים ומקיפים שנסתלקו כו' והיינו ג"כ שרש ענין המשכת י"ג מדה"ר שהוא בחי' תוספת אור חדש דוקא מעצמות אור א"ס בראשית הקו ומשם יאיר בי"ג תיקונין דא"א כו' כנ"ל בפירוש כימים הראשונים כו' וידוע שמר"ח אלול עד יוה"כ מתגלין י"ג מדה"ר דוקא לפי שאותן מ' יום עמד משה בהר וירד ביוה"כ עם לוחות האחרונות שהן כלית תרי"ג מצות ששרשם בבחינת מקיף הכללי כנ"ל כמו שעמד בהר בלוחות הראשונים כמ"ש כימים הראשונים ומה אלו ברצון כנ"ל וזהו פירוש הרועה בשושנים דהיינו תליסר מכילן דרחמי שהן בבחינת א"א וע"י ונמשכים במ' יום הללו בבחינת תוספת אור חדש מעצמות אור א"ס להאיר בזו"נ דאצי' ולזונם ולפרנסם בהם וכמו שבכל השנה נא' רועה ישראל שהוא בחינת ז"א וכן כנ"י נק' רעיתי כו' אך בכל השנה רועה אותם בבחינת עשב וכנ"ל ובמ' יום הללו רועה אותם בשושנים לפי שעמד בהם משה בהר לירד עם לוחות ביוה"כ וע"כ עשי"ת עיקר המשכת י"ג מדה"ר נגד בחי' עשרת עמקים הנ"ל אע"פ שמתחילין מר"ח אלול וכר"ת אלול אני לדודי ודודי לי פי' אני לדודי לקבל הארת י"ג מדה"ר על ידי התשובה דוקא ודודי לי כמ"ש ועלי תשוקתו להיות רועה בשושנים שבאין בבחינת מקיפים כנ"ל וד"ל:

ומעתה יש להבין בשרש ענין ההפרש בין עשי"ת לבמ"ע וש"ת כו' דהנה אמרו ז"ל אל תקרא שושנים אלא ששונים כו' והיינו בחי' אור דתורה לפי שלוחות האחרונים ירדו ביוה"כ ונקרא לוחות העדות כידוע והתורה נקרא עדות וכמ"ש ויקם עדות ביעקב ותורה שם כו' והנה לכאורה אין מאמר זה מובן עפ"י כל הנ"ל שהרי מבואר למעלה בשרש ענין בחי' התורה דאורייתא מח"ע נפקת והיינו בבחינת אור פנימית דא"ס דא"א אשר ע"כ אמרו שתלמוד גדול כו' כנ"ל באריכות והיאך יתפרש כאן הרועה בשושנים בבחי' או"פ דתורה מאחר שבחדש זה נמשך מבחי' אורות המקיפים דוקא דהיינו מבחינת שרש י"ג מדה"ר שבאין ע"י התשובה ומצות דוקא כנ"ל · אך הנה י"ל תחילה ענין א' הוא מ"ש בע"ח דמעצמות א"ס שלפני הצמצום לא יומשך שום המשכות אור גם לא בחי' אור מקיף כי בבחי' מ"ל דא"ס עצמו לא יתכן לומר גדר ובחינת השתלשלות עד שיאמר בו בחי' המשכה גם שיהא בבחי' מקיף וזהו הטעם שאמר שם בע"ח דבבחי' מ"ל דא"ס אין אנו רשאי' לדבר בו כלל וכלל להיותו למעלה מגדר בחי' השתלשלות אשר ע"כ בהכרח היה שיהיה בחינת הצמצום כו' והוא הנק' מק"פ וחלל ריקן כו' ומאחר שנתעלם אור מ"ל דא"ס העצמי' ע"י אותו הצמצום וההעלם הנקרא מק"פ כנ"ל הרי גם שנמשך אח"כ בחינת קו"ח דק א"א לומר שנמשך אחר כך שום בחינת המשכות אור בקו זה מעצמות אור הא"ס להאיר גם בבחי' מקיף כו' אחר שכבר נתעלם אור א"ס לגמרי וגם א"א להיות בחינ' המשכה מבחינת העלמיות כנ"ל ומב' טעמים הללו מצד ההעלם של מק"פ ומצד בחינת העצמי' א"א לומר שיומשך שום בחינת המשכות עצמית אור הא"ס למטה וא"כ לכאורה אינו מובן מה שאנו שיוכל להיות תוספת אור חדש מבחי' העצמית בקו"ח הזה לפעמים כמו בסיבת התשובה והמצות כנ"ל באריכות אך הענין הוא משום דמה שא"א להיות בחי' המשכה מבחי' העצמות דא"ס היינו להיותו בעצם בחינת מקיף אמתי דהיינו לא שהוא מקיף לפנימי ככל אורות המקיפי' שהרי הוא היה ממלא כל החלל בהשואה אח' וכללות הכל נכללו בו ואין לך דבר חוץ ממנו כו' וכמ"ש כי ממך הכל כו' וא"כ בהיות שהוא ממלא הכל א"א כלל לומר בו בחי' המשכה מיוחדת בבחי' או"פ עד"מ בבחינת טבע הטוב העצמי א"א לומר בו שיומשך כי בעצם לא שייך לומר המשכה כו' ואם אפשר שיומשך הרי ההמשכה ג"כ בבחינ' עצמית וא"כ א"א להיות שימצא מציאות ההמשכה שתהיה בגדר ההשתלשלות כו' וזהו הטעם ג"כ שגם באור הבא בהשתלשלות בקו"ח הנ"ל א"א להיות שיהיה נמשך מבחי' מקיף בחינת מקיף ב' אלא בחי' או"מ מתעלם האור ונמשך בבחינת או"פ בלבד והאור פנימי הזה נעשה ממנו בחי' מקיף לתחתון כמבואר בע"ח בענין השתלשלות דקו הזה איך שנמשך תחילה בבחי' או"פ ואח"כ מתעגל וחוזר ונמשך הבחי' או"פ וחוזר ומתעגל וכן עד סיום הקו כנ"ל הרי מבחינת פנימית שבעליון נעשה מקיף לתחתון ולא שיהיה בחינת מקיף מבחינת מקיף כו' והיינו מטעם הנ"ל וד"ל ולפ"ז הנה יובן הטעם מה שלא נמשך מבחי' עצמות הא"ס שום בחי' המשכה לקו זה כי היה אורו מאיר בבחי' מקיף כמו שהוא בעצם וא"א להיות מקיף ממקיף אך ע"י סיבת ההעלם הנקרא ונקו"פ וחלל שכבר נתעלם בו בחי' עצמיות האור ואינו מאיר אח"כ רק בחי' קו דק אזי ממנו נמשך גם או"מ כשמתעגל כו' כנ"ל והוא מקור כל האו"פ והאו"מ ומבחינת פנימי שבעליון הזה הוא מקיף הראשון וכנ"ל וא"כ יובן מכ"ז בבחינת אור המקיף הישר הכללי הנ"ל שמקיף בהשוואה א' כו' שבא ונמשך מבחי' מל' דא"ס עצמו כנ"ל א"א לומר שבא מעצמותו ממש שלא ע"י הפסק אור בהעלם הנק' מקום פנוי כו' מטעם הנ"ל אלא צריך לומר שגם הוא נמשך ע"י הפסק אור בהעלם זה ובא ומאיר מחדש בקו"ח הזה אלא שנעשה מיד בחינת מקיף כללות להקיף כללות הכל בהשואה אח' כו' ונמצא הרי גם מה שנק' מקיף כללי ובא ביושר להקיף בהשוואה א' אין הגבלת הארתו זאת הלא ע"י בחינת הקו"ח דווקא הגם שמצד עצמותו הנה הוא בא מבחי' עצמות אור הא"ס אבל מאחר שנתעלם אורו כבר בבואו בהעלם המק"פ הנ"ל כאלו הוא

אור

חור ומתחדש בהגיעו לבחינת הקו ותן הקו דווקא יאיר בהמקיף הזה כו׳ ונמצא מובן שגם בחינ׳ התחדשות האור שבא מבחי׳ עצמיות אור מל׳ דא״ס ע״י תשובה ומצות כנ״ל גם הוא בא למטה בעולמות דאבי״ע דווקא ע״י בחי׳ הקו הנ״ל לפי שהוא ראשית הכל גם להיות ממלא כל חסרון כו׳ כמו שהוא ראשית בעצם מצד סדר ההשתלשלות וכו׳ וד״ל וזהו שארז״ל א״ת שושנים אלא ששונים ע״י בחי׳ אור דתורה דווקא לפי ששרשה בא״ס דא״א בבחי׳ קו המדה ושרש דשרש בחי׳ הקו המדה שבא״ס מגיע בבחי׳ הקו וחוט שנמשך אחר הצמצום הראשון כנודע שהוא הנקרא קו המדה הראשון כו׳ והיינו מפני שע״י בחינת קו זה דווקא נמשך גם בחינת התחדשות אור מקיף ופנימי שבאין למלאות כל חסרון כמו במשכת י״ג מדה״ר מר״ח אלול עד יוה״כ וגם בחי׳ מקיף הישר הכללי להקיף בהשוואה א׳ מטעם הנ״ל וד״ל ·ואחר כ״ז מתורץ הקושיא הנ״ל למה אמר ששונים מר״ח אלול עד יוה״כ גם שאז זמן מקיפים דתשובה ומצות כו׳ וגם אחר כ״ז יובן ג״כ שרש ההפרש אשר בין עשי״ת לשמ״ע וש״ת כו׳ דהנה משארז״ל א״ת שושנים אלא ששונים באמת קאי על ש״ת לפי שאז זמן השמחה הכללית מכל התורה שענין שמחה זו מבואר למעלה שהוא בחי׳ אור פשוט בלתי מוגבל ומתחלק לחלקים על דרך משל השמחה מענין פרטי שאח״כ יגיל וישמח כל לבו בלתי טעם פרטי כנ״ל כך ה״ה בש״ת יגיל וישמח מכללות כל התורה שבכל השנה שעברה והרי יש בחי׳ שמחה בפרט בכל הלכה והלכה כמ״ש פקודי הויה כו׳ משמחי לב אך בש״ת השמחה הוא בחי׳ כללות לכללות כל ההלכות כא׳ והיינו ממש כדמיון בחינת אור המקיף המקיף לכללות הכל כא׳ כנ״ל והיינו ג״כ ענין שמחה של מצוה שישנה בפרט וגם בכלל בכל המצות והיינו בש״ת דווקא שהרי הוא יום אחד בלבד ונכללו בו כללות כל התורה והמצוה שעשו כל השנה כו׳ ובחי׳ מקיף זה נמשך ע״י התורה דווקא מטעם הנ״ל ע״כ נק׳ שמחת תורה דווקא וד״ל · והנה מה שיום ש״ת בא אחר יו״כ ביום י״ג כי ד׳ ימים שבין יו״כ לסוכות וח׳ ימי הסוכה י״ב וש״ת יום הי״ג היינו לפי שי״ג מדה״ר שנמשכו ביו״כ בלוחות האחרונים שירדו הרי שרשם בא בבחי׳ או״ת מעצמות הא״ס אך שנשארין למעלה בבחינת העלם עדיין מטעם שא״א להיות בחינת מקיף ממקיף בלתי אמצעות והפסק מקו״פ הנ״ל אבל בש״ת מאיר ובא אור זה בבחינת מקיף ע״י הקו הנ״ל והוא ע״י בחינת מקיף הישר הנ״ל וא״כ נמצא דהארת מקיף הכללי בש״ת היינו בחי׳ הארת המקיף שביו״כ שעל ידי תשובה והא בהא תליא שלפ״ע התשובה כמ״ש ממעמקים קראתיך כנ״ל וד״ל לעורר אתדל״ע בעצמות הא״ס להאיר בבחי׳ מקיף בי״ג מדה״ר כך ערך בחינת התגלות זה האור ממש ביום ש״ת בשמחה של תורה ומצות שהוא בחי׳ גלוי אור מקיף הישר

כנ״ל וזהו שארז״ל א״ת שושנים אלא ששונים בתורה דהיינו בש״ת והיינו ג״כ בחי׳ ששונים שהן תליסר מכילן דרחמי שנמשך ביום הכיפורי׳ בלוחות האחרונים והכל ענין א׳ אלא שזה עדיין בהעלם וזה בגלוי כו׳ וד״ל · ומכל זה יובן שאין ענין הפרש כלל בעצם בין עשי״ת לש״ת אלא שבעשי״ת בהעלם עדיין דהיינו דתשכי ליה בחילא יתיר כו׳ ובש״ת כבר נמשך ובא בבחינ׳ מקיף כללי כנ״ל ובכ״ז יובן ג״כ בתוס׳ טעם שרש ענין מחלקותם אם התלמוד גדול או מעשה גדול ונמנו וגמרו דתלמוד גדול מפני שמביא לידי מעשה פירוש ע״ד הנ״ל בענין ששונים שהוא ביום ש״ת לפי שע״י בחי׳ הקו נמשך גם בחינ׳ תוס׳ אור מקיף שבא ע״י המצות ונמצא התלמוד מביא לידי מעשה וד״ל :

אתם נצבים היום כלכם כו׳ הנה הטעם שקורין פ׳ זו לפני ר״ה הוא מפני שבר״ה נגבהין ומתעלין כללות נש״י לפני ה׳ וזהו לשון נצבים לשון הקמה והגבהה בכללות נש״י והיינו שהוא מונה כל פרטי הקומה ראשיכם שבטיכם כו׳ עד חוטב עציך ושואב מימיך כו׳ כידוע שיש עשר מדריגות בכל ניצוץ פרטי ובדרך כלל בכללות נש״י והנה כתיב ויהי בישרון מלך בהתאסף ראשי עם יחד כו׳ פי׳ לשון יחד בהיות כי עיקר ההפרש בין היכלות הקדושה להיכלות הקליפה שהקדושה הוא לאחר התיקון והקליפה הוא מעולם התהו שנפל בשבירה כידוע ולכך בכללות נש״י לא ימצא בהם ראש וסוף כלל וזהו יחד כמו עד״מ קומת האדם שיש התכללו׳ בכל אבר מאבר חבירו וגם הראש עם הרגל יש להם התכללות והתחברות עד שברגל ימצא ממהו׳ חיות הראש ובראש ימצא מהות חיות הרגל שהרי כשיקיזו דם ברגל ירפא הראש מפני שיש ברגל מגידי המוח כו׳ וכן בראש יש מגידי הרגל כו׳ ונמצא לא ידוע מי הוא הראש ומי הוא הרגל כי מאחר שאין לא׳ שלימות בלי זולתו כי מה שיחסר לא׳ ימצא בזולתו הרי כולם בכללות מדבר שלם ובכל אחד פרטי לא ימצא שלימות כלל ועד״ז הוא ענין התיקון למעלה באדם דאצי׳ שממנו נולדו הנשמות כו׳ שהוא ענין נעוץ תחלתן בסופן וסופן בתחלתן עד שלא ימצא בחורות וכלים דאצי׳ ראש וסוף כלל אלא בכללותם יש להם שלימות דייקא כו׳ ואמנ׳ ההיפוך מזה הוא כאשר אין א׳ מצטרך לזולתו ויש לו שלימות בלתי חבירו לגמרי הרי הוא הנפרד לעצמו וכן שני לו נפרד לעצמו היפוך בריאת האדם בגופו ועד״ז היה קודם שנאצל פרצוף אדם העליון שהיה זת״ז כו׳ ולכך כשהי׳ השבירה מהם בפירוד השפע ברבוי חלקים כמ״ש במ״א מזה יצאו נפרדים לגמרי כו׳ בהיכלות הקליפה וכדומה כי הגם שהיה בתכלית הביטול כשהי׳ בבחי׳ האצי׳ אבל כשנשברו בפירוד אחר הפירוד כו׳ היה סיבת הנפרדים לגמרי מחמת שגם במקורם באצי׳ היו מפורדי׳ כל אחד מחבירו כו׳ וד״ל

ונמצא

ונמצא מובן מזה שהוא ההפרש בין נשמות דקדושה לקליפה שכל שעושה את עצמו יש ודבר בפ"ע בלתי יצטרך לשלימותו מחברו הקטן ממנו הרבה הוראה זו על נפשו הבהמי' שמקליפ' נוגה כו' וכל שמוצא חסרונו בזולתו יהיה מתבטל אליו להיות כאיש אחד עמו עי"ז זהו הוראה על ענין ניצוץ האלקי שבו מהתיקון כו' וזהו בהתאסף ראשי עם יחד דווקא שאין לאחד שלימות בלא זולתו או הם מתעלים לפני ה' בר"ה דאל"כ הם מעלת' דפרודא כו' ואין אחד שורה בהם ככ"ל וד"ל · ומטע' זה ארז"ל הוי שפל רוח בפני כל אדם לא מצד השפלות לבד אלא מצד האמ' שבאמת יש יתרון מעלה בזולתו וצריך להיות שפל רוח בפני כ"א וד"ל · והנה עיקר ענין ר"ה הוא התשוב' שתשוב הנפש האלקית לשרשה בחי' מל' דאצי' שע"ז אמר ויהי בישרון מלך כו' ועיקר התשובה הוא החזרת דבר כמו שישיב האדם את הגזלה וגם כאן ישיב את מה שגזל מאביו ומאמו הן חו"ב שבמל' דאצי' מקור כל הנשמות כי בשעה שהי' שכלו ומחשבתו בעניני עוה"ז הרי מלך אסור ברהטים פי' גם חכמה שבנפש האלקית ששרשה מחכמה שבמל' דאצי' היתה מובלעת בעומק הרע ונמצא גוזל נפשו האלקי' והפריד' ממקור חוצבה וצריך הוא להחזירה בתשובה שלימ' והיינו ענין בהתאסף ראשי עם כו' דווקא פי' כללות המוחין שבקומה שלימ' דכנ"י הנק' ראשי עם והרי בהם שורה בחי' חכמה הכללי' שבמל' דאצי' הנק' ראש כידוע ולכך אמר שיתאספו כל הראשי' שנפזרו בהיכלות דקליפה אל עיקר מקורם הנק' ראש ע"י התשובה שעולה וחוזר החיות אלקי מהגלות למקור חוצב' בבחי' אצי' ומזה נעשה שלימות המוחין העליוני' במל' דאצי' כו' כמ"ש יחד ככ"ל וד"ל ואז נק' בשם רה"י שיחוד העליון שורה בהם משא"כ היש גרם לפיזור השפע העליונה לחיצוני' הנק' רה"ר כו' אך כ"ז דרך כלל ולהבין איך הוא דרך היחוד ודרך התשוב' בר"ה דווקא ביאר הכתוב אח"כ לעברך בברית ה' אלהיך כו' פי' עד"מ ב' אוהבים נאמנים באהבתם יעשו חוק זכרון לאהבתם בל תמוט משום דברי נרגן ואף כי יחטא א' באחת לחברו ויחייב השכל שישנאהו תכריח חק הברית שכרתו ביניהם שלא תפרד אהבתם ויש להבין מה יועיל חק הברית אם תופר האהבה ע"פ טעם וסיבה שימצא ביניהם · אך הענין הוא כידוע שיש ב' מיני אהבה הא' למטה מהדעת שנולדה רק מחמת הטעם ודעת וכשיבטל הטעם תבטל האהב' והב' אהבה שאינ' תלוי' בדבר כלל ולא נולדה מאיזה טעם כלל כאהבת האב לבנו וכדומה הנה לאהב' זו תועיל חק הברית שכורתים יחד בלי יגביל את האהבה שום טעם ודעת שימצא ביניהם כאשר יחטא הא' לחבירו כו' מפני שאהב' זו היא למעל' מן הטעם כו' אך אם כבר האהבה למעלה מהשכל בודאי לא יגביל אותה ולא ימניענה שום טעם ושכל ולמה צריכין לכריתות ברית · הענין הוא הברית הוא רק לחזק הכח של אותה האהבה בלתי תתעלם בבחי' יחידה ולא תתגלה בהתמשך הזמן כו' וע"י חק כריתות ברית כו' נזכר הכח רשימו בעלמא שהאיר ההעלם בגילוי מכבר וחוזר ונמשך בו להאירו והיינו גילוי המקיפים וד"ל · וזהו משל להבין הפסוק הזה הנה אנכי כורת ברית נגד כל עמך אעשה נפלאות פי' נפלא הוא ההעלם שבמקיפים עליונים למעלה מן החכמה והטעם כו' ונפלאות אלו הן י"ג מדות הרחמים שהמשיך משה ע"י כריתות ברית דווקא וכמארז"ל ברית כרותה כו' וד"ל · והנה אמרו רז"ל אמר הקב"ה אמרו לפני מלכיות כו' זכרונות כדי שיעלה זכרוניכ' לפני לטובה ובמה בשופר פי' כי ר"ה הוא זכרון ליום ראשון שבו נברא אדם הראשון ואמר ה' מלך גאות לבש דהיינו שהי' אתערותא דלעילא לגילוי מקור מדת מלכותו ית' בראשית הבריא' בחסד חנם ועכשיו צריך לעורר שרש מדה זו ע"י זכרון כריתו' ברית לעשות בחי' כתר מל' אמרו לפני מלכיות וד"ל ובמה בשופר פי' כי הנה בקול השופר יוצא מהבל הלב קול פשוט לבד בלי צרופי אותיות כמו בדבור וזהו הורא' על פנימיות נקודת הלב שיוצא בקול פשוט זה לכך אין ביכולת השכל והאותיות להגבילו כו' ולזה הטעם נק' תקיע' ע"ש שהנקודה פנימית שבלב היא תקוע' בלב בתכלית הפשיטות מבלתי תוכל להיות מורכבת בשכל ודעת ומכ"ש לגלותה בדבור ואותיות כו' רק בקול פשוט בלא אותיות תוכל להתגלות והיא הצעק' שיצעק אדם בקול פשוט מעומקא דלבא והוא כאשר הוא למעלה מן השכל אמנם ב' מיני צעקות יש הא' צעקת קול והב' צעקת הלב והנה צעקת הקול הוא בחי' חיצוניות הלב בלבד הנמשך מצד הדעת והתבונ' כאשר יתבונן בגדולת הבור' איך שהוא מאין ליש וכדומה יתפעל ויצעק בקול גדול בקול פשוט אין זה מפנימיות נקודת הלב עדיין רק בחי' חיצוניות וכמו עד"מ שיצעק האדם פתאום בראותו דבר חדש וכדומה וד"ל וזהו הנק' בל"הק שאגה המורה על ענין מהות הצעקה בעצמה לא על הוראות מקור חוצב' כשאגת ארי' שאריה קולו גדול מפני רב כח בלבבו ישאג בקול רם אך אין זה אלא מצד תגבורת כלי לבבו הגשמי לבד אבל לא מצד הפנימי' וזהו אחרי ה' ילכו כארי' ישאג פי' כמו שהארי' שבמרכב' עליונ' שהוא בחי' אחוריי' לה' שהוא שאוג ישאג באהבתו הרבה בתגבורת החסד להימין כי פני ארי' אל הימין כו' אך עכ"ז בחי' חיצוניות הוא שאינו אלא ענין התשוקה והמשכה שנמשך אחרי ה' ולא שהוא בטל במציאות לגמרי כו' כמ"ש ואשמע אחרי קול רעש גדול כו' וד"ל. והטעם הוא לפי ששרש יניקת המלאכי' אינו אלא מבחי' אחוריים וחיצוניות של הארות הספי'

הספי׳ אלקית ולכך אין התפעלותם כי אם מזיו ואור אלקי המתפשט עליהם כידוע ולא מעצמותו כו׳ וד״ל· אך הצעקה השניה היא צעקת הלב והוא קלא פנימאה דלא אשתמע פי׳ מה שהלב צועק הוא מבחי׳ נקוד׳ הפנימיו׳ שבה דהיינו לפי שאין ביכולת כלי הלב הגשמי לקבל האהבה או השכל וכדומ׳ אזי יצעק הלב והוא התעוררות נקודתו וד״ל והוא למעלה מן השכל באמת רק פשוט בתכלית הפשיטות בבחי׳ יחידה שבנפש כו׳ וזהו ענין תקיע׳ הנ״ל שלא תבא כ״א מצד העצמיות ולא תשום שכל והשגה כלל רק עד״מ כמו שלהבת האש שעולה מאליה במקור חוצב׳ האש היסודי כן יש תנועות ההמשכה מן עצמות הנפש להכלל במקור חוצב׳ באלקים חיים ולא מצד סיב׳ כ״א מצד שנלקחה ממקור׳ חוזרת למקורה כטבע האש כו׳ ואח״כ לא תהיה כ״א מצד השגתה בעצמיו׳ אח״ס ב״ה ולא בבחי׳ זיוו ואורו אשר הוא מהוה ומחי׳ כו׳ שאז נמשכת אחרי העצמות כי נלקח׳ ממנו כו׳ וד״ל· וזהו כי ה׳ אלהיך אש אוכלה פי׳ הארת אלקי בנשמות שעלו במחשבה וחלק ה׳ המה מיוש הוא בבחי׳ אש אוכלה דהיינו כמשל האש הגשמי שעולה ונכלל במקורו כו׳ מצד אחיזת׳ בעצמות ולא שייך לומר בעצמיו׳ שום ענין ירידה והמשכה כלל כמשל המים היורדים כו׳ כ״א בבחי׳ ההסתלקו׳ בעילוי אחר עילוי ע״ד דוגמת האש כו׳ וד״ל· וזהו ממעמקים קראתיך הוי׳ פי׳ ע״י עומקא דלבא בחי׳ צעקת לב הנ״ל קראתיך מן ההעל׳ לגלוי שיתגלה פנימיות הוי׳ בחי׳ כתר מלכות כנ״ל והיינו ע״י השופר שיוצא קול פשוט שבתוך פנימיות הלב לגלוי קול פשוט בשופר וזהו במה בשופר פי׳ במה יעלה זכרון לפני העצמות להיו׳ יורד ונמשך ע״י השופר שמעל׳ זכרונכו בו לפניו ע״י עומק׳ דלב׳ וד״ל· ובזה יובן ענין מרחוק הוי׳ נראה לי פי׳ עצמות אא״ס נק׳ רחוק בתכלית ההרחק מלהתגלות בחכמה ורצון כו׳ אפי׳ להיות כתר מ״ל שהרי אין ערוך לנאצלי׳ עם המאציל כידוע אך ע״י השופר מרחוק הוא נראה ונגלה כו׳ והטעם הוא לפי שהיה אתערותא דלתתא ג״כ מרחוק הוא בחי׳ עומקא דלבא שהוא מבחי׳ יחידה כו׳ :

ועתה יובן יותר ענין זכרונות כי לשון זכרון מורה על דבר שנתרחק זה זמן רב וכבר הוקטן הדבר מאד במוחו ולבבו אזי כשיזכרהו מעלה את הדבר ההוא בזכרון זה מהגפילה ושפלות שהי׳ אצלו עד הנה כמו עד״מ מלך גדול שיזכור על דבריו עם העני בעת השפלתו להתגלות בחוצות לעם בזמן הקבוע לשנה כו׳ שמפני רוממות והתנשאות כתר מלכותו כל השנה שכח על השפלה זו שהיתה פ״א כו׳ ועכ״ז כשיזכור עליה יעלה או במוחו וישלח אחריו להגאותו כן עד״מ ענין זכרון ליום ראשון אנו אומרים בלשון העלאה יעלה זכרוניכו כו׳ וכן אתה זוכר מעשה עולם כו׳ הענין הוא העלי׳ מן השפלות מפני שנתרחקו ברבוי

ההשתלשלות ועתה בזכרו עליהם נגבהים ומתעלים כו׳ שהרי עולים בעצמות כו׳ וד״ל · ובזה יובן ענין הללו אל בקדשו הללוהו ברקיע עזו כו׳ פי׳ מפרש הסדר איך נשתלשל מקדם העליון שהוא בחי׳ אש אוכלה הנ״ל כל סדר ההשתלשלו׳ דאבי״ע כו׳ היינו ע״י רקיע עזו וגבורותיו וכרוב גדלו פי׳ רקיע הוא מסך המבדיל בין העצמות לנאצלי׳ וכמ״ש במ״א בענין יהי רקיע בתוך המים כו׳ ואחר המסך והמצמום יוכל האור להאיר בנאצלי׳ כמשל מי שלא יוכל להביט בגופה של שמש אלא דרך מסך דוקא כו׳ ואף גם דרך המסך לא יוכל לקבל אלא ע״י צמצומים רבי׳ דהיינו שע״י המסך יוכל האור להתצמצ׳ במאד כמו האור של השמש דרך נקבי הנסך שהגם שהמסך מעלים מ״מ בוקע במקומות מפוזרים ממנו ומובן למשכיל שבקיעה זו מצד תגבורת האור במקום ההוא בנמסך יותר מבמקום אחר כו׳ כן עד״מ למעלה מרקיע עזו בוקעים הארת המאציל בבחי׳ גבורה ונק׳ גבורות אך שהם בבחי׳ צמצומים מחמת הסתר המסך הנ״ל (וזהו ענין שערות הגדילים ממותרי מוחין שנרשם מגבו׳ דע״י כו׳ וד״ל) ואח״כ כרוב גדלו ולא נאמר כגודל גודלו לפי שלשון גדולה הוא התפשטות החסד כידוע והן הנה מבחי׳ גבורות כנ״ל לכך נאמר כרוב גדלו שהריבוי הוא מסיבת הגבורות דוקא כמ״ש במ״א בענין גבורות גשמים כו׳ וכענין והרבה את זרעו כו׳ פי׳ שההתחלקות של ההשפעה לכמה אופנים שונים אלו מאלו כו׳ אינו אלא מצד התגברות השפע נתפרדה כמ״ש אתה פוררת בעזך ים כו׳ ואח״ז אומרים הללוהו בתקע שופר פי׳ מתחלה אחר סדר ההשתלשלות שמלמעלה למטה כו׳ ואח״כ מזכיר איך שסיבת זה היה רק מחמת ענין תקיעות שופר מלמטה למעל׳ שהוא התעורר למעלה את הקול הפשוט שלמעלה מן החכמה כו׳ שירד ויומשך ברקיע עזו ובגבורותיו כנ״ל וד״ל וזהו לעברך בברית הוי׳ אלקיך כו׳ וד״ל :

להבין שרש הדברים הנ״ל ענין הללו אל בקדשו כו׳ הנה בקדשו הוא בחי׳ עצמות אא״ס ב״ה וברקיע עזו הוא בחי׳ קרומא דאוירא שרש כל הצמצומים כו׳ וכרוב גדלו היינו רבוי רבבות עלמין דעל כל קוצא וגימא דע״י שנק׳ גבורותיו שהן שערות הבוקעי׳ ממותרי מו״ס כידוע וביאור כל זאת הנה מתחילה יש להקדי׳ ענין מ״ש כי ה׳ אלהיך אש אוכלה למה נמשל לאש דוקא בהיות כי כל עילה ועלול יש להם קצת שייכות וערך זה לזה שהרי ידוע שסיבת ירידת השפע מעיל׳ לעלול כו׳ הוא מפני שטבע הטוב להטיב כענין יותר משהעגל רוצה לינק פרה רוצה להניק כו׳ והטעם הוא לפי שהעלול היונק הוא מערך מהות המשפיע במקצת וחלק ממנו עד שיתכן לומר ענין התפעלות במשפיע שיתפעל ברחמנות מהעדר יניקת המקבל כי ידוע שכל התפעלות תמצא מסיבת ההשתוות כמו אפי׳ מלך גדול

המוגבה

המוגבה ומרומם בלבבו על כל האדם יתפעל מן שפלות העני כו' והיינו לפי שגם הוא אדם כמותו והיה מצטער כשהיה עני כמותו ולכך גם עתה מתפעל ברחמנות על גודל צער זה של העני כו' אמנם לא יתפעל האדם ברחמנות על הבהמה כשישחטוה וכדומה והיינו מפני שאין החי מערך המדבר כ"כ אך עכ"ז יש קצת התפעלות אבל באיבוד הצומח והדומם לא יתפעל האדם כלל לפי שאינם מערכם ומהותם כלל וד"ל אשר ע"כ לא תמצא ההתפעלות כ"א בעילה ועלול דוקא שיש להם שייכות וערך במקצת וזהו סיבת ירידת המשפיע להניק את המקבל העלול כו' כי מטבע הטוב להטיב פי' יודע ומכיר ערך ההטבה בעצמו וידמה שהטב' זו יטיב למקבל כמו שהוא טוב לו לכך יחשוק להטיבו אך כשהיה יודע שאין הטבה זו שייך כלל למקבל כי אינו ראוי כלל לזה כמו שיטיב בהשפעת שכל לבהמה וכדומה הנה אז לא תמצא חשק השפעה כלל וכלל וד"ל · ועתה יובן מזה הנמשל למעלה בהשתלשלות אבי"ע שהן כדוגמת עילה ועלול בעול' השפל כידוע שגם באצי' יאציל מעילה לעלול כמו מאור החכמ' דאצי' ימשך אור החסד וכדומה לזה גם מן המאציל ימשכו כל בחי' הנאצלי' כדוגמת עילה ועלול הגם שאינו אלא בבחי' אור וזיו בלבד ולא בלשון שפע והמשכה כמ"ש בת"א בארוכה עכ"ז בחי' שם משפיע ומקבל יש בהם שהתחתון יקבל מהעליון וא"כ היה ירידה בעליון וירידה זו היה מטעם שטבע הטוב להטיב כידוע והרי קצת בחי' ההתפעלות ימצא בזה כנ"ל ואע"פ שהוא בבחי' אור וזיו בלבד וד"ל והיינו לפי שהגם שהנאצל הוא רק בחי' אורו וזיוו של המאציל מ"מ יש לו קצת שייכות ודוגמא אל המאציל שניהם בבחי' אצילות אא"ס ב"ה אלא שזה משפיע וזה מקבל לכך שייך לומר מטבע הטוב כו' ומכ"ש מאצי' לבריאה ומבריאה ליצי' כו' וד"ל · אמנם מעצמות אא"ס ב"ה שיומשך ממנו בחי' האצי' דא"ק כו' לא יתכן לומר אפי' בדוגמא דבחי' עילה ועלול עד שימצא אפי' קצת בחי' ההתפעלות לומר מטבע הטוב כו' וכמו עד"מ שלא יתכן לומר שיתפעל האדם באיבוד הצומח או שישמח בעילויו כו' וד"ל והטעם הוא לפי שבחי' העצמות דאא"ס ב"ה הוא המובדל ומרומם בעצמותו בתכלית ההגבהה וההתנשאות עד שלא ימצא שום בחי' השתוות אליו כלל שיוכל לומר שיתפעל לירד ולהשפיע ולהניק כו' וע"כ הוא נמשל לאש דוקא שכמו שהאש טבעו להסתלק למקורו האש היסודי ולא יתאחז בפתילה כלל כי אם בבחי' הכרח השמן שימשכהו ולא מצד טבע עצמותו שיחפוץ בירידה זו כו' זהו משל להבין איך שראשית היריד' מעצמות אא"ס ב"ה להיות נק' בשם מאציל אינו בבחי' חפץ ורצון כטבע המשפיע עם המקבל כו' אלא הוא בבחי' הסתלקות תמיד בעצמותו ולא יחפוץ כלל לירד כי אין השתוות לו שיתפעל הימנו כו' וזהו כי ה' אלהיך אש אוכלה הוא פי' אש אוכל' האש הוא במה שיש בטבע האש להסתלק כידוע ומבואר בת"א שהוא ענין ההתכללות בעצמות דוקא היפוך הירידה מעילה לעילה כו' וד"ל· וזהו הללו אל בקדשו פי' קדש הוא תכלית ההבדלה שלא ישיגנו ערך כלל וכלל עד שמחמתו יכול לירד ולהניק אך מ"מ סיבת הירידה מן העצמיות גם לאחר הצמצום ברקיע עוזו שהוא בחי' קרומא כו' הוא ע"י כריתות ברית דוקא פי' עד"מ ב' אוהבים שתמצא סיבת האהבה מאיזה טעם ודעת לכשיבטל הטעם יבטל מציאות אהבתם הנה ישימו חוק זכרון לאהבתם בל תמוט לנצח משום ביטול טעם והיינו שיכרתו דבר לשנים ויעברו ביניהם והענין הוא שיביאו את האהבה למעלה מן טעם האהבה דאעפ"י שיבטל הטעם תשאר האהבה כו' ועושין סימן לזה שיכרתו הדבר וכמו שהדבר הנכרת בלתי אפשרי שיהיה שלם כ"א בהתאחדות שני חלאיו כן כל כורתי ברית לא יתפרדו לעולם כי בהתאחדם אז הם כאיש א' מתחילת הבריאה ובלתי ההתאחדות אינם שלמים כדרך הבריאה כלל כו' ועוד יורה ענין הכריתה שעי"ז אף שיתרחקו מאד יתחברו ע"י זה שיש לכ"א החצי והחצאין המה מתחברים מחמת שהן א' וממילא יתחברו גם הם והרי הדבר הנכרת מביאן לידי חיבור כו' וד"ל. וכל זאת משל גשמי להבין ממנו ענין א' הידוע בכתבי האריז"ל והוא שסיבת התחברות המאציל עם הנאצלים הוא ע"י בחי' הממוצעת ביניהם שיש בו מבחי' תחתונה שבמאציל וגם מבחי' ראשונה של הנאצלים וע"י יתחברו תמיד כו' והיינו ענין התחלקות בחי' הכתר שבחי' תחתונה שבמאציל שיש בו נקרא בשם עתיק מלשון המעתיק הרים כו' שנעתק ומובדל מכל הי"ס הנאצלים ואינו נמנה עמהם בערך כלל כו' ובחי' אחרונה שבו הוא הנקרא בחי' אריך שהוא בחי' הראשונה שבנאצלים והוא הכתר שלהם ונמנה עמהם כו' וד"ל והתחלקו' זו של הכתר הוא סיבה לקישור ויחוד אור המאציל בנאצלים תמיד ועד"ז בכל עולם ועולם כמו מ"ל דאצי' נעשי' ע"י לבריאה ויש בעתיק דבריאה מבחי' תחתונה שבמ"ל דאצי' ומבחינה ראשונה של הי"ס דבריאה וע"י יתחברו תמיד אור המ"ל בעול' הבריאה כו' וטעם הדבר יובן ע"פ משל הנ"ל בהיות כי בדבר גשמי הנכרת יש בו שני חצאין שבהם אחוזים הגבוה עם הנמוך לכך ע"י יוכלו להתחבר כמ"כ עד"מ מה שנתחלק הכתר ויש בו אחיזת הגבוה שהוא המאציל בבחי' ע"י כו' וגם יש בו אחיזת הנמוך של הנאצל בבחי' אריך בזאת יוכל המאציל לזכור אל הנאצל ולירד אליו להניקו כו' ואם לאו היה שוכח עליו כי הוא מאד נעלה הימנו כו' וגם הוראה הראשונה בדבר הנכרת הנ"ל שיעשה אותו כגוף א' בלתי שיהיה שלימות לא' לבדו כו' גם זה יובן למעלה שהגם שמצד עצם המאציל לא יצטרך לשלימות הנאצל כו' אבל ברית כרותה היא שנעשה כגוף א' שלא יהיה שלם בלתי הנאצל כו' וד"ל · והנה עד"ז יובן ג"כ בירידת אור העצמיות הגם שנק' אש אוכלה ואינו בבחי' משפיע

ומקבל

ומקבל כלל כנ"ל מ"מ ע"י בחי' כריתא' ברי' יוכל לירד כו' והיינו לפי שמ"ל דא"ס שהוא עתיק א"ק כו' יש בו בחי' ממוצעת בין עצמות א"ס וכנ"ל וד"ל · ועתה יש להבין ענין הללוהו בתקע שופר כו' שע"י השופר מעוררים ג"כ ירידות העצמות להיות מאיר ברקיע עוזו ובגבורותיו וכרוב גדלו הנ"ל כו' הנה מתחילה י"ל שרש ענין הרים הגבוהים ליעלים כו' בהיות ידוע שיש ב' מיני לב הא' חיצוניות הלב שנקבלים ממוחין דאו"א והב' פנימיות הלב שלמעלה מן המוחין דאו"א כו' אלא מבחי' קולי דשערא דע"י שמאיר בלב כו' והן הרים הגבוהים פי' המדו' שברצון ותענוג שהוא מבחי' יחידה הן בבחי' ההתפשטות בלי גבול ולא יוכלו להתלבש כלל באיזה שכל וטעם כידוע כמ"כ עד"מ בחי' ז"ת דע"י נקראים הרים הגבוהים וגם נקראים טורי חשוכא פי' שהם בבחי' העצמות של המאציל והוא הנק' עתיק יומין שנעתק ומובדל ומרומם בעצמותו מבלתי יוכל לירד אפי' בחו"ב כו' משא"כ הגבעות הן חג"ת דז"א שמקבל ממוחין דאו"א כו' וזהו ושקל בפלס הרים וגבעות במאזני' דוקא להיות כי במאזנים עיקר הסיבה של הגבהת הדבר הנשקל הוא מפני המשא של המשקל שבכף השני' המכריע והן תורה ומצות ששרשן מחכמה עילאה נפקו כי הגם שהתורה קדמה לעולם אבל בחכ' דאצי' נתגלי' כי חכמת התורה נגלית היא לנו כו' ולהיות כי חו"ב דאצי' הן שרש ומקור לגבעות שהן חג"ת דז"א ע"כ המצות ישקלו ויכריעו להגביה הנשמות לשרשן ומקורן בחו"ב וד"ל אבל הפלס הוא מכריע מבלתי סיבת משאות כ"א מצד האריכות שהוא ארוך ומרוחק מן הדבר הנשקל ומפני הריחוק הוא מכביד ומכריע להגביה הנשקל למעלה ונעלה וכל שהוא רחוק יותר יותר יוכל להגביה כו' וזהו משל לתשובה עילאה כמו תשובת ר"א בן דורדייא שקנה עולמו בשעה א' הגם שלא למד תורה ולא עשה מצות כלל כו' והיינו מפני שנתרחק במאד מאד ומרחוק ה' נראה אליו ע"י תשובה מעומקא דלבא שעשה בבחי' רצון פשוט למעלה משכל וטעם כו' עד שיצאה נשמתו כו' והוא שבא לאהבת בכל מאדך שהן בחי' הרים הגבוהים שבבחי' יחידה כו' ונעשה אתערותא דלעילא ג"כ מבחי' המרחק הגדול שמבלתי אפשרי היה לירד והיא בחינת ז"ת דע"י כו' ועתה מרחוק הזה נראה ה' ע"י תשובה מרחוק כו' והיינו ע"י אריכות הפלס כנ"ל וד"ל ולפי שהוא התעוררות הרחוק וגבוה מאד נעלה מן חו"ב דאצי' כו' לכך ע"י התורה ומצות לא יוכל לעורר כ"א ע"י תשובה דוקא ולכך בעלי תשובה גדולים מצדיקים גמורים כו' וכמו הפלס שלא יכריע מצד המשא כ"א מצד המרחק לבד וד"ל · ובזה יובן שגם בתקיעת שופר יעורר ירידת העצמות דע"י כו' בהיות כי ענין התקיעה הוא קול פשוט מבחי' פנימית הלב דוקא שמעורר בחי' ע"י כנ"ל וידוע דפנימית ז"א בעתיקא אחיד ותלי' כמבואר בזוהר ע"פ היש ה' בקרבנו כו' וכמ"ש בקשו פני

את פניך ה' אבקש פי' ע"י הוא פנימית הלב דז"א וכשאו"א מלבישי' לנה"י דע"י ומאירים בז"א אז כתיב אחרי ה' ילכו כאריה ישאג פי' כי ענין חג"ת דז"א הנק' גבעות כנ"ל הוא כענין שאגת אריה שלמטה מהדעת כו' וד"ל כי פני אריה אל הימין ואין זה אלא בחי' אחוריי' דע"י שמלובש באו"א וזהו אחרי ה' ילכו כו' משא"כ בקשו פני את פניך ה' היינו פנימיות ע"י שאינו מלובש באו"א והוא בחי' תחתונה שבמאציל כנ"ל והוא ע"י תקיעת שופר דוקא ולפי שבר"ה ז"א בבחי' שינה מסתלקים ונוחין דאו"א ממנו ומאיר בו בחי' ע"י כו' וזהו הללוהו בתקע שופר שע"י השופר עלה אלהים לקבל מוחין מפנימיות ע"י שהוא ענין סיבת ירידת הקדש העליון להיות ברקיע עוזו ובגבורותיו כו' וד"ל · וזהו אל עליון קונה שמים וארץ כו' פי' גם מה שאל עליון הוא ענין אש אוכלה דעצמות א"ס ב"ה קונה שמים וארץ הן כל עיקר ההשתלשלות דא"ק כו' ע"י נצוצי' הוא רק ע"י זכרון לבד כמו בר"ה שהוא זכרון ליום ראשון פי' שזוכר על הכריתות ברית כנ"ל וכענין אתה זוכר מעשה עולם כו' וכמשל הזכרון שאינו אלא על דבר שנתרחק מאד ממנו כו' ובתחלה יהיה הזכרון לבד ואח"כ תהיה ההארה וההשפע' ממש ע"י השופר כו' וד"ל וזהו לעברך בברית ה' אלהיך כו' פי' כמ"ש בעבר הנהר ישבו אבותיכם מעולם ומבואר בזוהר ההוא נהר דאשתמודע פי' בחי' שרש האבות במדות דאריך וע"י למעלה מאו"א נקרא עבר הנהר ומשם הורידן לחו"ב כידוע ובהיות כי הנה מבואר למעלה שהתורה נלקחת מחכמה דאצי' והנה הגם שהחכמה תחיה היינו מצד החסד שבה אבל מצד הגבו' שבה יכולה להמית כמו עד"מ כשהשכל מחייב לעשות כך וכך ויהיה הענין או לטובה ולפיקוח נפש העושה אך כאשר לא ילך ע"פ עצת החכמה האמיתית הלא ילך בדרך עקלתון שהוא זר ע"פ חכונה האמיתית הנה ירע לנפשו מאד ויאבד עצמו על ידה כו' כמ"כ עד"מ חכמה דאצי' מתחלק לקוין ימין ושמאל הימין הוא עשיות הטוב ע"פ החכמה במ"ע כו' ותגזור ג"כ החכמה שאם יעשה הרע במל"ת יאבד חייו ויכרות נפשו מחיי החיי' הנה גזירת החכ' לחיים ולמות במ"ע ומל"ת וא"כ יש נמוס גדול ודין בחכמת התורה וע"פ שנאמר והחכמה תחיה כו' והיינו מפני שהחכ' נתחלקה לחסדי' ולגבורות פי' שנמשכה החכ' בב' אופני' דהיינו שכל שיהיה מצידו טוב והיפוך זה יהיה רע כו' וד"ל וה"ז נמוס גדול לגבי מהות הנפש שאינה בגדר קווין כלל דהיינו שאינה מוגבלת כ"כ עד שתקבל באופן זה ולא באופן אחר וכל מונע לא ימנע לה להתפשט כו' וד"ל · ועתה יובן ענין הכריתות ברית שאע"פ שיעברו התורה שמצד החכ' לא מאסתים להפר בריתי אתם פי' כי החכמה נמוס העצמות הוא כנ"ל אבל עצמות המאציל גם חשך לא יחשיך לגבי כו' ושרש נש"י במחשבה דאריך בבחי' העלם העצמות

מבחי'

מבחי' התחתונה שבמאציל ג"כ יש להם אחיזה והתקשרות וגם שאינה מצד העצמיות כי הרי נשתלשלו מאין ליש בהו"ב כו' אבל העבירם בברית פי' בבחי' המתולעת שיש בה מהעצמות וגם משרש הנאצלים כנ"ל ועי"ז אחוזים וקשורים תמיד בהעצמות כנ"ל וד"ל וזהו אשר נשבע לאבותיך נשבע הוא ההתקשרות בהכרח מצד הכריתות ברית שמחבר ב' הפכים כנ"ל ופי' לאבותיך הן המדות שבכ"ע כי שם נשבעו שניהם להיות ברית כרותה כו' וד"ל. וזהו ביני ובין בני ישראל אות היא כו' פי' ישראל דלעילא שעלה במחשבה דצריך יש לו כריתות ברית עם עצמות המאציל והוא ענין ביני כו' כנ"ל וד"ל וזהו לעברך בברית העליון שהוא בבחי' התחלקו' הכ"ע כנ"ל וד"ל וענין ויהי בישרון מלך בהתאסף ראשי כו' שרש הדבר הוא מענין השבירה והתיקון דבחי' התהו הוא ענין הפירוד ז"ת כו' וכ"א אומר אנא אמלוך לבדי כו' לכך רחוק מהם הארות אחדות האמתי עצמות א"ס ב"ה אבל התיקון הוא התכללות זב"ז לא יהיה לא' שלימות כלל בלתי חברו כנודע ולכך שורה בהאחדותם אחדות האמתי מחמת גודל הביטול שלהם שלא ימצא בהם ראש וסוף כלל וכנודע שבכ"ח שהביטול ביותר שם יתגלה יותר א"ס וד"ל וזהו בהתאסף ראשי עם יחד דווקא אז ויהי בישרון מלך כנ"ל וד"ל :

סדר התרת נדרים

בערב ראש השנה קודם חצות וטוב שיהיה עדה שלמה :

מבואר בגמרא ובפוסקים שאין שייך שאלה היתר והפרה רק לנדרים ושבועות שאדם נודר או נשבע במה שנוגע לעצמו בלבד כגון אוכל או לא אוכל אישן או לא אישן וכדומה אבל במה שנודר או נשבע לחבירו או לשום מי שמשביעו יהיה מאיזה עם ודת שיהיה אין מועיל שום היתר והפרה ושאלה בעולם:

שִׁמְעוּ נָא רַבּוֹתַי דַּיָּנִים מוּמְחִים · כָּל נֶדֶר אוֹ שְׁבוּעָה אוֹ אִסּוּר וַאֲפִילוּ אִסּוּר הֲנָאָה שֶׁאָסַרְתִּי עָלַי אוֹ עַל אֲחֵרִים בְּכָל לָשׁוֹן שֶׁל אִסּוּר וְכָל מוֹצָא שְׂפָתַי שֶׁיָּצָא מִפִּי אוֹ שֶׁנָּדַרְתִּי וְגָמַרְתִּי בְלִבִּי אֲפִילוּ לַעֲשׂוֹת אֵיזוֹ מִצְוָה אוֹ אֵיזוֹ הַנְהָגָה טוֹבָה שֶׁנָּהַגְתִּי שְׁלֹשָׁה פְּעָמִים וְלֹא הִתְנֵיתִי שֶׁיְּהֵא בְּלִי נֶדֶר הֵן דָּבָר שֶׁעָשִׂיתִי עַל עַצְמִי אוֹ עַל אֲחֵרִים הֵן אוֹתָם הַיְדוּעִים לִי אוֹ שֶׁכְּבָר נִשְׁכְּחוּ מִמֶּנִּי · בְּכֻלְּהוֹן אִתְחֲרַטְנָא בְהוֹן מֵעִקָּרָא וְשׁוֹאֵל וּמְבַקֵּשׁ אֲנִי הַתָּרָה עֲלֵיהֶם : וְאֵין אֲנִי תוֹהֵא חַס וְשָׁלוֹם עַל קִיּוּם מַעֲשִׂים טוֹבִים שֶׁעָשִׂיתִי רַק אֲנִי מִתְחָרֵט עַל שֶׁלֹּא אָמַרְתִּי בְּפֵירוּשׁ הִנְנִי אֶעֱשֶׂה דָבָר זֶה בְּלִי נֶדֶר וּשְׁבוּעָה וְקַבָּלָה בְּלֵב · לָכֵן אֲנִי שׁוֹאֵל מִמַּעֲלַתְכֶם הַתָּרָה בְּכֻלְּהוֹן אֲנִי מִתְחָרֵט עַל כָּל הַנִּזְכָּר בֵּין אִם הָיוּ מַעֲשִׂים הַנּוֹגְעִים בְּגוּף אוֹ בִנְשָׁמָה אוֹ בְמָמוֹן : וְהִנֵּה מִצַּד הַדִּין הַמִּתְחָרֵט וּמְבַקֵּשׁ הַתָּרָה צָרִיךְ לִפְרוֹט הַנֶּדֶר אַךְ דְּעוּ נָא רַבּוֹתַי כִּי רַבִּים הֵם וְאִי אֶפְשָׁר לְפוֹרְטָם וְאֵין אֲנִי מְבַקֵּשׁ הַתָּרָה עַל אוֹתָן נְדָרִים שֶׁאֵין לְהַתִּיר אוֹתָם עַל כֵּן יִהְיוּ נָא בְעֵינֵיכֶם כְּאִלּוּ הָיִיתִי פוֹרְטָם :

והמתירין משיבין ג"פ בזה הלשון :

הַכֹּל יִהְיוּ מֻתָּרִים לָךְ הַכֹּל מְחוּלִים לָךְ הַכֹּל שְׁרוּיִים לָךְ : אֵין כָּאן לֹא נֶדֶר וְלֹא שְׁבוּעָה וְלֹא אִיסּוּר וְלֹא הַסְכָּמָה וְקַבָּלָה בְּלֵב אֲבָל יֵשׁ כָּאן מְחִילָה וּסְלִיחָה וְכַפָּרָה וּכְשֵׁם שֶׁמַּתִּירִים אֲנַחְנוּ בְּבֵית דִּין שֶׁל מַטָּה כָּךְ יִהְיוּ מֻתָּרִים בְּבֵית דִּין שֶׁל מַעְלָה :

ואח"כ יהא מוסר מודעא לפניהם ואומר בלשון הזה :

הֲרֵי אֲנִי מוֹסֵר מוֹדָעָא לִפְנֵיכֶם וַאֲנִי מְבַטֵּל מִכַּאן וּלְהַבָּא כָּל הַנְּדָרִים וְכָל הַשְּׁבוּעוֹת וְאִסּוּרִין וְהַסְכָּמוֹת וְקַבָּלוֹת בְּלֵב שֶׁאֲקַבֵּל עָלַי בְּעַצְמִי חוּץ מִנִּדְרֵי תַעֲנִית בִּשְׁעַת מִנְחָה וּבְאִם שֶׁאֶשְׁכַּח תְּנַאי מוֹדָעָא הַזֹּאת וְאֶדּוֹר מֵהַיּוֹם עוֹד מֵעַתָּה אֲנִי מִתְחָרֵט עֲלֵיהֶם וּמַתְנֶה עֲלֵיהֶם שֶׁיִּהְיוּ כֻּלָּן בְּטֵלִין וּמְבֻטָּלִין לָא שְׁרִירִין וְלָא קַיָּמִין וְלָא יְהוֹן חָלִין כְּלָל וּכְלָל בְּכֻלְּהוֹן אִתְחֲרַטְנָא בְהוֹן מֵעַתָּה וְעַד עוֹלָם :

סדר הנזיפה יאמר לפני העדה

אִם עָבַרְתִּי עַל שׁוּם דָּבָר שֶׁנִּתְחַיַּבְתִּי נְזִיפָה אוֹ אָרוּר אוֹ נִדּוּי אוֹ חֵרֶם אוֹ שַׁמְתָּא אוֹ קְלָלָה בֵּין מִפִּי הַשְּׁכִינָה בֵּין מִפִּי בֵית דִּין שֶׁל צְבָא מַעְלָה בֵּין מִפִּי עַצְמִי בֵּין מִפִּי אֲחֵרִים בֵּין בָּעוֹלָם הַזֶּה בֵּין בָּעוֹלָם הַבָּא הֲרֵינִי שָׁב

בתשובה

בִּתְשׁוּבָה שְׁלֵמָה לִפְנֵי יְהֹוָה וְאֵשֵׁב יָחֵף עַל הָאָרֶץ כִּמְנוּדֶּה בּוֹכֶה וּמְבַכֶּה וּמִתְחָרֵט וּמִתְוַדֶּה עַל כָּל מַה שֶּׁחָטָאתִי וְעָוִיתִי וּפָשַׁעְתִּי וּמָרִיתִי וּמָרַדְתִּי מִיּוֹם הֱיוֹתִי עַל הָאֲדָמָה עַד הַיּוֹם הַזֶּה וְאֶשְׁפּוֹךְ אֶת נַפְשִׁי לִשְׁאוֹל סְלִיחָה וּמְחִילָה וְכַפָּרָה מִן הַשָּׁמַיִם וּמִן הַבְּרִיּוֹת וְאֶשְׁאַל מִמַּעֲלַתְכֶם שֶׁתַּתִּירוּנִי מִכָּל הַנְּזִיפוֹת וְהָאֲרוּרִים וְהַנִּדּוּיִים וְהַחֲרָמִים וְהַשַּׁמְתּוֹת וְהַקְּלָלוֹת שֶׁנִּתְחַיַּבְתִּי וְשֶׁנִּכְשַׁלְתִּי בָּהֶם עַד הַיּוֹם הַזֶּה :

אז יתרחק מן העדה הקדושה ד' אמות ויחלץ מנעליו וירחץ ידיו וישב על הארץ כאבל ויתן עפר על ראשו ויאמר זה

הֲרֵינִי יוֹשֵׁב לְקַבֵּל נְזִיפָה עַל כַּמָּה חֲטָאִים וַעֲוֹנוֹת וּפְשָׁעִים שֶׁחָטָאתִי וְשֶׁעָוִיתִי וְשֶׁפָּשַׁעְתִּי : אָנֹכִי עֶצֶב נִבְזֶה הִרְבֵּיתִי אַשְׁמָה בְּתוֹרָתְךָ וּבָגַדְתִּי בְּאַחְדוּתֶךָ וּפָגַמְתִּי בִּסְפִירוֹתֶיךָ · הִשְׁלַכְתִּי פְּגַם בְּמִקְדָּשְׁךָ וְהַמַּיִם הַיּוֹצְאִים מִבֵּית יְהֹוָה הוֹלַכְתִּים מִבֵּית הַמַּלְכוּת לְבֵית הַכִּסֵּא מְקוֹם הַטִּנּוֹפֶת אֵשֶׁת הַזִּמָּה אוֹיַבְתֶּיךָ : וְהָרַסְתִּי אֶת מִזְבְּחוֹתֶיךָ חִלַּלְתִּי בְּרִיתֶךָ בְּהַכְּסוּת הָעָרְלָה עַל בְּרִית הַקֹּדֶשׁ וּפָגַמְתִּי בְּכָל כ"ז אוֹתִיּוֹת הַקְּדוֹשִׁים וְהִגְבַּרְתִּי הַחִיצוֹנִים וְהִנְנִי נִתְחַיַּבְתִּי נִדּוּי מִפִּי בֵּית דִּין הַצֶּדֶק אוֹ מִפִּי הַקָּבָּ"ה אוֹ מִפִּי הַשְּׁכִינָה · לָכֵן מִתְוַדֶּה אֲנִי וּמִתְחַנֵּן וּמִתְחָרֵט וּבוֹכֶה וּמִתְאוֹנֵן עַל עֲוֹנוֹתַי וְאוֹמֵר חָטָאתִי עָוִיתִי פָּשַׁעְתִּי לֹא אוֹסִיף עוֹד לָשׁוּב בַּדֶּרֶךְ הַזֶּה הַתֵּר הַתֵּר הַתֵּר יוֹצֵר בְּרֵאשִׁית סְלַח סְלַח סְלַח אֲבִיר יַעֲקֹב כִּי אֵל מֶלֶךְ טוֹב וְסַלָּח אָתָּה · וְסַיְּעֵנִי לִהְיוֹת מֵהַשָּׁבִים אֵלֶיךָ בְּלֵב שָׁלֵם אֲשֶׁר חַטֹּאתָם לֹא תִזָּכוֹר עוֹד אָמֵן סֶלָה :

ואח"כ קוראים אותו הבית דין ואומרים

אָחִינוּ אַתָּה אָחִינוּ אַתָּה אָחִינוּ אַתָּה מֵאַחַר שֶׁקִּבַּלְתָּ עָלֶיךָ אֶת הַדִּין עֲמוֹד מֵעַל הָאָרֶץ וּבֹא אֶצְלֵנוּ :

יעמוד מן הארץ ויתפלל בדמעות שליש

יְהִי רָצוֹן מִלְּפָנֶיךָ יְהֹוָה אֱלֹהַי וֵאלֹהֵי אֲבוֹתַי שֶׁכָּל הַקְּלָלוֹת וְהָאֲרוּרִים וְהַנִּדּוּיִם שֶׁקִּלַּלְתִּי אוֹ שֶׁאֵרַרְתִּי אוֹ שֶׁנִּדִּיתִי אֶת עַצְמִי אוֹ אִשְׁתִּי אוֹ בְּנֵי בֵיתִי אוֹ אֶת אֲחֵרִים אֲשֶׁר מִזֶּרַע יִשְׂרָאֵל הֵמָּה אוֹ אֲחֵרִים שֶׁקִּלְּלוּ אוֹ שֶׁאֵרְרוּ אוֹ שֶׁנִּדּוּ אוֹתִי אוֹ אֶת אִשְׁתִּי אוֹ זַרְעִי אוֹ זֶרַע זַרְעִי אוֹ אֶת בְּנֵי בֵיתִי :

יְהִי רָצוֹן מִלְּפָנֶיךָ יְהֹוָה אֱלֹהַי וֵאלֹהֵי אֲבוֹתַי אֱלֹהֵי הַשָּׁמַיִם וְהָאָרֶץ שֶׁאַל יִשְׁלְטוּ בָנוּ וְאַל יַעֲשׂוּ שׁוּם רוֹשֶׁם כְּלָל · וְכָל הַקְּלָלוֹת יֵהָפְכוּ עָלֵינוּ לִבְרָכוֹת כְּדִכְתִיב וַיַּהֲפוֹךְ יְהֹוָה אֱלֹהֶיךָ לְּךָ אֶת הַקְּלָלָה לִבְרָכָה כִּי אֲהֵבְךָ יְהֹוָה אֱלֹהֶיךָ :

ואז גם המתירין משיבין לו בלשון הזה

כֻּלָּם יִהְיוּ מֻתָּרִים לָךְ · כֻּלָּם יִהְיוּ מְחוּלִים לָךְ · כֻּלָּם יִהְיוּ שְׁרוּיִם לָךְ אֵין כַּאן לֹא נִדּוּי וְלֹא שַׁמְתָּא וְלֹא אָרוּר · אֲבָל יֵשׁ כַּאן מְחִילָה וּסְלִיחָה וְכַפָּרָה וּכְשֵׁם שֶׁמֻּתָּר אַתָּה מִבֵּית דִּין שֶׁל מַטָּה כַּךְ תְּהֵא מֻתָּר מִבֵּית דִּין שֶׁל מַעְלָה וְלֹא יַעֲשֶׂה שׁוּם רוֹשֶׁם כְּלָל וְכָל הַקְּלָלוֹת יֵהָפְכוּ לִבְרָכָה כְּדִכְתִיב וַיַּהֲפוֹךְ יְהֹוָה אֱלֹהֶיךָ לְּךָ אֶת הַקְּלָלָה לִבְרָכָה כִּי אֲהֵבְךָ יְהֹוָה אֱלֹהֶיךָ :

שער ראש השנה

תקעו בחדש שופר בכסא ליום חגנו כי חק לישראל הוא כו' הנה כל החדשים נקראים חדשי השנה וחדש זה דר"ה נק' חדש סתם כאומרו תקעו בחדש כו' הענין הוא להיות כי חדש זה דר"ה הוא בחי' הראש והמקור לכל חדשי השנה שממנו נמשכו כל החדשים כו' וביאור הדברים הנה ידוע דעס"כ כמו שיש בנפש כלליות ופרטיות כמו כן יש בעולם ושנה שהוא בחי' שרש הזמן ג"כ כלליות ופרטיות ובר"ה הוא בחי' כלליות ההמשכה מאין ליש להתהוות שס"ה יום ואח"כ נתחלקו לי"ב חלקי' שהן י"ב חדשים פרטיים ובכל חדש הוא בחי' הארה חדשה לכך נק' חדש ע"ש התחדשות החיות מאין ליש כידוע אך זהו רק חדוש פרטי ובר"ה נק' חדש סתם לפי שהוא בחי' כלליות ההתחדשות שממנו מסתעפים הפרטיות אח"כ וכן עד"ז מר"ה לר"ה התחדשות כללי אחר לגמרי והכל תבה' מתלא כ"ע כמ"ש כי אלף שנים כיום אתמול כו' וכמ"ש במ"א ואין זה בעולם השפל שאנו רואים בלבד אלא גם בעולמות עליונים בכל פרטי הנשמות ומלאכים מריש כל דרגין שבג"ע העליון כו' כולם מתחדשי' מעיקרא ושרשא דכולהו עלמין בכל ר"ה כמאמר מי לא נפקד כו' וד"ל והנה יש להבין מאמר ז"ל דרשו ה' בהמצאו אלו עי"ת למה דווקא בי' ימים הללו · כתיב מלכותך מלכות כל עולמים וידוע הענין שבבחי' התגלות מדות המלכות בלבד באה השפע חיות אלקי להתהוות הנבראים כו' אבל קמיה כלא חשיב ואין להתפשטות זו ערך כלל לגבי עצמותו כו' וגם לאחר שנבראו יש מאין לא יתפסו מקום כלל כמ"ש גם חשך לא יחשיך ממך כו' ופי' חשידוע שהוא ענין הצמצום וההעלם כח אלקים כאשר ירד להתצמצם להחיות רוח שפלים כו' וזהו אתה הוא קודם שנברא העולם ולאחר שנברא כו' דלכך נק' הנברא בשם עולם ע"ש לשון העלם וצמצום האור אך

קמי

קמי עצמותו ית' גם חשך והעלם לא יחשיך כי כחשכה כאורה שוין מאחר שהוא למעלה מבחי' ההשתלשלות ומוגבה ומרומם בערך כו' כמו המלך המרומם לבדו כו' ומתנשא מימות עולם וכן מ"ש אתה ראשון כו' מפני שה' מלך גאות לבש פי' מלכות הגאות היא רק בחי' לבוש כו' כידוע וא"כ יש להבין לאיזה כוונה היא ירידת האור בצמצום והעלם כ"כ והתירוץ ידוע דהיינו כדי לאהפכא חשוכא לנהורא כדי שיהיה יתרון האור מתוך החשך כו' ועדיין הקושיא במקומה עומדת מאחר דקמיה כחשיכה כאורה כו' והרי הי' יתרון אור לפניו ג"כ כשהי' מאיר מן החשך א"כ למה יצטרך להפוך חשוכא לנהורא כו' אך באמת כוונה זו היא למעלה מן הדעת כי ע"פ הדעת והשכל אין מהצורך להפוך את החשך לאור אחר שכבר החשך כאור יאיר כו' אמנם יתרון האור שיהיה ע"י הפיכת החשך לאור דוקא יתרון כזה עלה ברצון המאציל כך למעלה מן החכמה והשכל כו' כענין כך עלה במחשבה לפני וד"ל.

וזהו הטעם שנק' ר"ה ולמה לא נק' תחלת השנה אך פי' ראש הוא בחי' גולגלתא עצם הגולגולת החופף ומקיף את הג' חללי מוחי חב"ד שבו כו' כמו כן עד"מ הנה הגם שבראשית ברא בחוכמתא כמ"ש בחכמה יבנה בית כידוע עכ"ז עיקר המקור הוא מבחי' הרצון שכך עלה ברצונו הפשוט שלמעלה מן החכמה כמ"ש והחכמ' מאין תמצא כו' ומטע' הנ"ל דכדי לאהפכא חשוכא כו' הוא למעלה מן השכל וכמו כן בחי' המל' להיות מלכותו בכל משלה כדי שיהי' רצון ותענוג לזה הוא בא ונמשך מבחי' כתר עליון הנק' גולגלתא כמשל עצם הגלגלת המקיף על השכל שבמוח כו' ולכך נק' ר"ה כי בר"ה בחי' התחדשות כללי מבחי' מתלא כ"ע הנקרא מלך וכדי להיות רצון למלוכה נק' ר"ה וד"ל.

ולהיות כי כדי להמשיך לו ית' רצון ותענוג מחדש בר"ה במדת מלכותו צריך להיות ע"י העלאת מ"ן מלמטה כמאמר כתר יתנו לך כו' וגם כדי שלא יהיה בחי' הסתלקות הרצון בר"ה מפני מעשה התחתוני' בפריקת עומ"ש שהוא היפוך התפשטות מדת מלכותו כו' וע"כ אנו אומרי' סלח לנו כו' להתקבל ברצון העליון כו' וזהו פותח את ידיך יודין דחכמה ומשביע לכל חי רצון להיות מלך העולם כו' לפי שעיני כל אליך ישברו תחלה כו' וגם תשובתם זאת ע"י שסומך ה' לכל הנופלים וכו' כמ"ש במ"א וד"ל · וזהו דרשו ה' בהמצאו אלו עשי"ת דוקא פי' בהמצאו להיות בחי' גלגלתא כו' דהנה בכל השנה הוא בחי' המשכות המוחין בלבד ע"י תו"מ אבל בר"ה ובעי"ת כתיב דרשו ה' בהמצאו לבחי' מהותו ועצמותו דוקא שהוא בחי' רצון העליון כנ"ל וד"ל · וביאור הדברים הנה ארז"ל מצות צריכות כוונה משמע דיש ב' מדרגות במצות הא' המעשה בעצמה בעול מלכות שמים שאמר ונעשה רצונו הגם שלא ידע ענינה כלל ונק' מצות המלך והב' הכוונה להמשיך אא"ס ע"י עשיית המצוה ולזה נק' רמ"ח איברים רמ"ח המשכו' כידוע דהיינו עד"מ המשכות המוח לאברי הגוף כמו כן למעלה נעשה רצו"ה המשכות לרמ"ח איברים דמלכא והיינו אשר קדשנו במצותיו פי' קדוש מובדל כידוע דאורייתא מחכמ' עלאה נפקא שנק' קדש כידוע וד"ל ·

וזהו פי' לשם יחוד קוב"ה ושכינתיה פי' שכינתיה הוא בחי' מל' מתלא כ"ע והיינו ע"י מצות המלך קבלת עומ"ש כנ"ל וקב"ה הוא קדוש ומובדל כו' היינו כוונת המצות כנ"ל וע"י היחוד של הכוונה עם העול מ"ש במצות מעשיות הוא ג"כ יחוד עליון-דקב"ה ושכינתיה וד"ל אבל בר"ה נמשך בחי' רצון העליון שלמעלה מן החכמה כנ"ל וזהו בחי' גולגלתא שמקפת וחופפת על ג' חללי המוחי' דאורייתא נפקא מיניה כו' והוא נמשך מבחי' התחתונה דמל' דאא"ס ב"ה דוקא כידוע בכל השתלשלות דבחי' מל' שבעליון נעשה כתר לתחתון כו' וד"ל · והנה להבין איך נמשך בר"ה ועי"ת בחי' גלגלת' כו' מהעצמות ע"י תשובה דוקא הנה מתחלה י"ל בענין התשובה איך תועיל לביטול מ"ע דעל ל"ת יתכן שתתקן התשובה הפגם שנעשה והוא ע"י רחמי' רבים שנמשך ע"י התשובה אנו אומרי' מחה והעבר פשעינו כו' שנמחק העון ונסתלק הקטיגור עד שהרשעה כולה בעשן תכלה כו' וכמ"ש את רוח הטומאה אעביר כו' אבל על מ"ע שהם המשכ' מוחין כו' מאחר שלא המשיך הרי שיש פגם וחסרון ההמשכה לחסרון כזה לא תועיל התשובה דמהיכן יהיה מילוי החסרון להמשיך אורות ומוחי' כו' אך הענין דכתיב ממעמקים קראתיך ה' פי' ממעמקים ב' מיני עומק ויובן עפ"י הידוע דיש ב' לבבות בחי' חיצונית הלב ופנימית הלב דהיינו ההתפעלות שתולד מן השכל והתבוננות נק' חיצונית הלב והתפעלות נקודת הלב הוא למעלה מן השכל ונק' רעותא דלבא ועומקא דלבא כידוע שהוא ביטול הרצון מכל וכל רק לה' לבדו כמ"ש מי לי בשמים כו' וכמ"כ ע"י תשובה כזו מעומקא דלבא מעורר למעלה ג"כ בחי' התעוררות רצון העליון שלמעלה מעלה מהתלבשות בחכמה כי הנה ידוע דאית רצון ואית רצון בחי' רצון התחתון אשר הוא מלובש בחכמה כמו בתורה ומצות כו' ובחי' רצון העליון הנק' גלגלתא כנ"ל החופף על המוח כו' וע"י תשובה מעומקא דלבא מעורר בחי' רצון העליון אשר ממנו שרש ומקור להמצא התלבשות הרצון במעשה המצות הנק' רצון התחתון על כן יפה תועיל התשובה גם לתקן פגם חסרון המשכות אור שע"י מ"ע כי ממילא באים שבכלל מאתים מנה כו' וד"ל · ויובן זה עד"מ נהר שנובע ממקור הולכו במעיין הנה כשנפסק המעיין הנובע הרי הנהר יחרב ויבש מה עושין חופרין בארץ מתחת העומק יותר ממקום יציאת המעיין בתחלה וחוזר ונובע מחדש כו' ונמצא יש מקור למקור דהיינו עומק החפירה מקור למוצא המים שבנביעת המעיין ונביעת המעיין מקור לנהר כו' וע"ד כ"ז יובן הנמשל למעלה דכתי' כי עמך מקור חיים כו' דהיינו

בחי'

בחי' רצון התחתון שמתלבש בחכמה ונעשה מקור לכל המקבלים כו' ויש מקור למקור זה והוא כמשל החפירה בעומק כו' דהיינו להמשיך מבחי' רצון העליון שנק' עומקא דבירא כו' שלמעלה מההתלבשו' בחכמה הנק' גלגלתא כו' ומשם יתמלא כל חסרון ההמשכה שהיה בתחלה מהעדר מעשה המצות עשה שהרי ונעשה המ"ע אינו אלא בבחי' התלבשות הרצון בחכמה כו' אבל ממקור רצון זה יוכל למלאות כל חסרון כי ממנו מקור מוצא כל התלבשות רצון כו' וזהו כי עמך מקור חיים וכו' וזהו ג"כ מ"ש ומעין יצא מבית ה' והשקה כו' ואחז"ל נחל יצא מבית ק"ק דוקא וד"ל· ובזה יובן ג"כ ענין הפסוק כי עמך הסליחה למען תורא כו' כי הנה ענין הסליחה הוא התקבלות הרצון וזה אינו אלא בבחי' רצון העליון דוקא שנק' עומק שיוכל למלאות כל פגם וחסרון העונות עד שזדונות נעשו כזכיות כו' לכך אנו אומרים סלח לנו כי חטאנו פי' כי בלשון נתינת טעם לפי שחטאנו ופגמנו ע"י העונות א"א למלאות החסרון רק בסליח' שהוא התקבלות הרצון בבחי' רצון העליון הנ"ל וד"ל· ואמנם ענין כי עמך הסליחה כו' משמע דגם בחי' מקור דמקור הנק' רצון העליון גם הוא עמך בטל וטפל הוא כמו כי עמך מקור חיים הנ"ל הענין הוא לפי שיש ב' מיני עומק כמ"ש ממעמקים כו' להיות כי מבואר למעלה דבחי' גלגלתא הנ"ל בא ונמשך מבחי' תחתונה שבעצמות דהיינו בחי' מ"ל דא"ס כו' והוא עומקא דעומקא הנק' עומקא דכולא כמ"ש במ"א וזהו כי עמך גם הסליח' שברצון העליון הוא עומקא הב' כדי שתהיה מלך העולם בבחי' עונג ורצון למלוכה כנ"ל וזהו למען תורא להקרות נורא שבחי' יראה נמשך ממנו לנבראים ובזאת הוא ענין התהוותם מאין ליש כמ"ש יראת ה' לחיים וכמ"ש במ"א וד"ל· וזהו· תקעו בחודש שופר פי' תקיעה הוא קול פשוט בלא דבור שיוצא מהבל הלב שהוא למעלה מן השכל והדעת כי הדבור בא ונמשך מצד השכל כידוע דאב' יסד ברתא והיינו בחכמה יסד ארץ כו' אבל קול צעקה פשוטה שיוצאת מהבל הלב הנה הוא בא ונמשך מבחי' נקודה פנימי' שבלב הנק' עומקא דלבא הנ"ל שבו משכן הארת הרצון העליון שלמעלה מן השכל כנ"ל וכמ"כ למעלה·והנה כתיב ה' בשופר יתקע כו' שמעה בקולי פי' קול הבל הפשוט בבחי' עצמות אא"ס ב"ה שלמעלה מן החכמה כו' והוא קול ממעמקים הנ"ל עומקא דכולא הנ"ל המקור לבחי' רצון העליון שנק' שופר מלשון יופי כמו שם הא' שפרה שמשפרת את הולד כו' והוא מלשון ספרו מעשיכם כו' והוא בבחי' עונג ושעשועים העליונים שבבחי' כתר עליון שלמעלה מן החכמה כו' וד"ל · וזהו עלה אלקים בתרועה פי' אלקים הוא הדין והצמצום דמדת מל' כו' עלה למעלה מעלה בבחי' רצון העליון הנ"ל להיות נמשך

במדה זו העונג ורצון למלוכה כנ"ל והיינו בתרועה לשון ריעות וחיבה דהיינו רצון העליון הנק' רעוא דכל רעוין כו' ואז יורד הארת העצמות בקול הבל פשוט בשופר והיא מ"ש הוי' בקול שופר מלמעל' למטה להמשיך ע"י אותיות דשם הוי' נצו' והתפשטות כו' · והנה ביום כפור כתיב לפני הוי' תטהרו פי' עדיין לא נתגלה בחי' הוי' דעצמות הכתר עליון למטה אלא הוא בבחי' העלם והסתר בעצמות אא"ס בקול שופר כו' כי הנה בעי"ת לא עשו רק התעוררות בלבד בעצמות א"ס ב"ה שיהיה נגלה בו הרצון אח"כ אבל בסכות מתגלין כל המקיפי' מבחי' העלם לגילוי אור ממש כו' כידוע וזהו בכסא ליום חגנו בר"ה במכסה והעלם בבחי' עליו' עילוי אחר עילוי להתעורר למעלה בעצמות כו' עד נעילה דיום כפור כו' שמתחיל לבא להמשך למטה עד שבחג הסכות מתגלין ממש ולכך אז זמן שמחתנו דוקא על דרך משל היוצא מבית השביה שישמח כו' כמו כן בהיות שהיה מוסתר ונעלם מאד מהארת אור א"ס בכתר עליון כשנתגלה יהיה אורה ושמחה כו' וד"ל · לכך זמן ניסוך המים בחג כו' כמ"ש למעלה בענין ומעין יצא מבית ה' כו' והוא ג"כ מ"ש ושאבתם מים בששון ממעיני הישועה בחג שענין ניסוך המים הוא למלאות כל החסרונו' כו' כמ"ש וזרקתי עליכם מים טהורים כו' וד"ל · כי חוק לישראל הוא פי' ישראל ידוע דהיינו כאשר האדם מואס ברע ובוחר בטוב כו' והוא ענין לאהפכא חשוכא לנהורא כו' להפוך המדות הרעות כו' נקרא ישראל כמ"ש בו כי שרית עם אלהים כו' ואז לחם חוקו ומזונו לא יחסר לעולם דהיינו שיוכל להתפלל בכל עת מצוא למצוא מזון לנפשו האלקית וגם חק לישראל הפי' לשון חקיקה כמאמר בריש הורמנא דמלכא גליף גליפו בטהירו עילאה והענין יובן למשכיל למעלה בישראל דלעילא שע"י תקיעת שופר הוא נחקק בו מחקיקות וגליפו' הארת הכתר כנ"ל והוא הנק' לחם חוקו כו' לכל השנ' כו' והיינו ע"י תשובה מעומקא דליבא דוקא כו' וד"ל · ופי' טהירו עילאה הוא בחי' התחתונה שבעצמות אור א"ס שנחקק בו התעוררת רצון ועונג להיות ראש וכתר כו' וד"ל · ומשפט לאלהי יעקב פי' כאשר לא יכול לאהפכא חשוכא לנהורא כו' רק לאכפייא בלבד נק' יעקב י' עקב כו' והנה בר"ה העולם נידון לפי מעשיהם ואם יש תשובה מעומקא דלבא למאוס ברע כו' כנ"ל וכמ"ש ממעמקים כו' גם למעלה יומשך מבחי' עומק העליון וירבה לסלוח כו' אבל כשאין תשובה מעומקא דלבא רק לאכפייא בלבד שאין ביכולתם לעורר בבחי' העצמות כו' אזי משפט לאלקי יעקב שמתעורר עליהם במדת רחמים רבים העליונים שבחי' יעקב מבריח מן הקצה כו' וכידוע המאמר משפט דאיהו רחמי כו' וגם להם ירבה לסלוח ונגלה להם כבוד ה' בתורה ותפלה

לשנה

לשנה הבאה גם שלא לפי מעשיהם בשנה שעברה כו׳ מצד הרחמים ולא מצד עצמם כו׳ ולהיות כי בין כך ובין כך הרי הארת עצמות א״ס ב״ה מתגלה מלמעלה מעלה עד מטה מטה סוף כל דרגין בהשואה א׳ כי הרי בריח התיכון דיעקב מבריח מן הקצה לקצה כו׳ על כן נק׳ החדש הזה דר״ה בשם תשר״י כי תשר״י אותיות ישר״ת והוא ענין ישר״ת לבב פי׳ שהלב נעשה ישר בהשוואה א׳ מבלתי המצא בו בחי׳ חיצונית כלל כו׳ · ועוד מאחר שבחי׳ קו האמצעי דיעקב הוא הולך ביושר מן הקצה לקצה כו׳ וזהו ויחד לבבינו שעולה יחידי בבחי׳ יחידה כו׳ והיינו מישרים אהבוך וכמ״ש במ״א וד״ל · ועם כל הנ״ל יובן פסוק ויהי בישורון מלך בהתאסף ראשי עם יחד שבטי ישראל פי׳ יחד להיות כי בבחי׳ קו האמצעי הנ״ל הנה מתאחדים כל ההמשכות ולכך בו משכן אור א״ס בחי׳ השלימות האמיתי כו׳ והוא הנק׳ ישורון שבו כל ראשי המוחין מתייחדים ביחוד דאור א״ס ב״ה והוא בחי׳ יעקב הנ״ל שמבריח כו׳ וזהו נוטיות תשר״י ישרת כו׳ וד״ל :

להבין שרשי הדברים הנ״ל הנה בכל השנה מעשה המצות נחלקו לב׳ מדריגות הא׳ הנק׳ מצות המלך כו׳ היינו לאחר שנאמרה המצוה ונפקד ונצטוה מפי ה׳ לעשות כך וכך ולא ידע האדם טעמה כלל למה יעשה כך וזהו כמו ענין מצות המלך שיעשה העבד בבחי׳ עול גם שלא ידע הטעם כו׳ אבל מדרגה הב׳ הוא בחי׳ טעמי המצות דהיינו בחי׳ החכמה והמוחין והכוונה עליונה שיש במצות דלאותו הטע׳ ושכל ולאותה הכוונה עליונה לכך נצטוו׳ לעשות כך וכך כמו תפילין שהכוונ׳ עליונה להמשיך ע״י הנחתן בחי׳ חכמה לכך המצוה לעשותו באופן חילוק ד׳ בתים וכדומה לזה בכל פרטי מעשה המצות הנה יש למעלה הרבה טעמי׳ וסודות עליונים ונק׳ עדן כי בחי׳ הטעמים הוא בחי׳ התענוג שבחכמ׳ עד״מ האדם אשר ישכיל שכל ויתענג בו הנה העונג של השכל הוא פניתי׳ השכל ומקור חוצבו כמ״ש במ״א וד״ל · וזהו מה שפרש״י ע״פ ישקני מנשיקות פיהו שהן בחי׳ טעמי מצות שיתגלו לע״ל דייקא שהן בחי׳ סודות התורה שהוא בבחי׳ עדן העליון שבחכמה שלא יתגלה רק לע״ל כמ״ש עין לא ראתה כו׳ והוא בחי׳ נשיקין שבאי׳ מבחי׳ העונג והשעשועים כו׳ וד״ל · וזהו ענין מצות צריכים כוונה באמרו אשר קדשנו קדש בחכמה כו׳ וזהו הטעם שנק׳ רמ״ח איברי׳ דהיינו המשכ׳ המוח באיברים ומהם יומשך להיות כח ועוז לבחי׳ מלכות הוא בחי׳ מצות המלך הנ״ל וכאו״א מישראל שרשו במ״ל דאצי׳ הנקרא כנ״י ע״כ בכוונת המצות הוא ממשיך מוחין עליונים מבחי׳ איברים דמלכא לכנ״י כו׳ וד״ל · וכל זה בכל השנה דאורייתא מחכמה נפקת בטעמי׳ דוקא כו׳ אבל באמת הנה יש ג״כ בחי׳ רצון הפשוט בכל המצות שלמעלה מן הטעמי׳ הנ״ל והוא מבחי׳ ע״י שהוא מבחי׳ מ״ל דא״ס שלמעלה מבחי׳ התלבשות בחכמה וטעמים כי רק בחי׳ א״א מלובש באו״א כו׳ כידוע ולזה צריך תשובה בר״ה דוקא לעורר בחי׳ מעמקים הזה ע״י י״ג תקוני׳ בבחי׳ המשכות שערות בלבד ממו״ס כו׳ והיינו בחי׳ הארת הגלגלת׳ דא״א שא״א שיאיר כ״א ע״י נצו׳ השערות בלבד ולא במהותו ממש כמו שיאיר רצון התחתון ויתלבש ממש כו׳ ונמצא עיקר ההארה די״ג מדה״ר בר״ה הוא מבחי׳ מ״ל דא״ס ממש כו׳ והיינו מבחי׳ הויה א׳ די״ג מדה״ר דפסיק טעמא בינייהו וד״ל והנה בר״ה להיות כי הרי בא התחדשות כללי מחדש צריך לעורר הרצון הפשוט שיהיה לו התגלות רצון ותענוג למלוכה כו׳ והוא ע״י תשובה בעומקא דלבא דוקא בקול פשוט דהבל הלב צעק לבם כו׳ שלמעלה מהדבור כמו ר״א בן דורדיא שצעק בקול פשוט עד שיצאה נשמתו כו׳ והגם שלא עשה מ״ע היה כאלו עשה מפני שהגיע לבחי׳ רצון הפשוט שלמעלה מהתלבשות בחכמה ועד״מ התינוק שיצעוק בקול פשוט הגם שאין לו דבור כו׳ וד״ל ואמנם אופן ההתחדשות כללי לשנה הבאה תלוי בכשרון מעשה התחתונים בשנה שעברה וזהו שהעולם נידון כו׳ והיינו עלה אלקים בחי׳ הצמצום ונמתקו הדיני׳ בשרשן בבחי׳ גבורות דח״ס בתרועה דקול פשוט מהבל הלב ע״י תשובה הנ״ל ואז אח״כ הוי׳ ה׳ יוצא בקול שופר להאיר בי״ג מדה״ר כמ״ש ממעמקים קראתיך ה׳ כו׳ וד״ל · אך י״ל למה דוקא מצות תקיעת שופר בשופר של איל אם אין הכוונה רק לעורר בחי׳ קול פשוט מהבל הלב הי׳ די בצעקה בעלמא מהבל הלב או בענין אחר ולמה בשופר של איל דוקא יתקע קול פשוט והענין הוא דבחי׳ מ״ל הוא הצמצום כידוע וצריך להמתיקה ע״י החסדים דווקא דהיינו כאשר יעוררו רבוי שפע החסדים עליונים יגרום למעלה ברצון הפשוט שיומשך העונג והרצון למלוכה כנ״ל וגם כדי להסיר ממנה גבורות קשות שנאחזים בה בהיותם אב״א כו׳ והנה פני שור מהשמאל הוא בחי׳ גבו׳ עליונים ע״כ לא הי׳ קול תקיעה הפשוטה בשופר דקרן פרה מעוררת רחמים וחסדי׳ רבים להיותם מבחי׳ הגבורות אבל הכבשים שרשם מבחי׳ תפארת שהוא בחי׳ רחמים דיעקב כידוע ע״פ והכבשים הפריד יעקב כו׳ וגם נראה לענין שמדה״ר שורה על הכבשים בטבעם ומעיד ע״ז הקול שלהם שיש בחי׳ רחמנות בקול צעקה שלהם כו׳ וכמ״ש במ״א ע״כ המצוה דוקא בשופר של איל לעורר רח״ר די״ג מדה״ר שיוצאים מבחי׳ מ״ל דא״ס ע״י בחי׳ יעקב כנ״ל וד״ל · וזהו טעם המשנה דכל השופרות כשרי׳ חוץ משל פרה דאקרי קרן כי הקרניים בוקעים ונמשכים מן המוח כידוע ובקרני השור יש בחי׳ הגבורות הקשות אבל בקרני האיל להיות כי האיל הוא מבחי׳ החסדים והרחמים גם הקרן שלו

הנוקע

הבוקע ונמשך מתוחו הוא בחי' כלי לרחמים העליונים וכידוע ומבואר בזהר דבעובדא ובמלה תליא מילתא כו' וד"ל:

ושרש ענין בכסא ליום חגנו כו' הנה בעי"ת נתקנו כל עשר ספי' דמל' להיות נמשך בה בחי' השעשועים אך עדיין לא נתגלו בה מלמעלה ואפי' בחו"ב תרין רעין כו' עדיין לא נגלה בחי' השעשועים העצמי אלא הוא בכסא בהעלם והסתר העצמיות בגולגלתא דא"א ואח"כ בסכות יורדים השעשועים ונעשי' בחי' אורות מקיפים כו' כי הנה בכל עי"ת אינו אלא בחינת התעוררות בלבד שמעוררים למעלה בחי' מעמקים הנ"ל שיומשך בקול שופר אבל עדיין נשאר ההארה למעלה ובסכות יורד להאיר למטה בכל האצי' עד המל' בשמיני עצרת וזהו בכסא ליום חגנו וד"ל· וביאור הדברים יובן עד"מ שאנו רואים שהעונג שהאדם מקבל מן השכל והסברא אינו אלא כאשר משיגו בהבנה היטב אבל כאשר אינו משיגו היטב לא יקבל עונג והגם שהשכל בעצמו בא ונמשך מן העונג ונק' עדן כנ"ל הרי הוא בחי' עדן ועונג לעצמו אבל למקבל השפע ממנו לא נק' בשם עונג ועדן כלל רק כאשר ישיגנו היטב בכלי שכלו כו' והנמשל יובן בהיות שהחכמה דאצי' כאשר מאיר בה בחי' שעשועים העליונים שמאירים ובאים מבחי' העצמות בראש השנה ויום הכפורים נק' עדן אבל אינו אלא לעצמו בלבד אבל למקבלים היינו כמו בינ' וזו"נ בעצמם לא יקבלו עדיין העונג מאחר שאין בהם בבחי' גילוי אור ממש כו' עד ימי הסכות שבא בהם בבחי' גלוי אור ואז נתגלה בחי' שמחה עליונה כמ"ש ושמחתם לפני ה' כו' וד"ל והנה ידוע דהשמחה שבסכות הוא בבחי' בינה דוקא והיינו בחי' מקיפים דאימא להיות כי הבינה נק' עלמא דאתגלייא לפי שההשגה וההבנה ממש היא במוח הבינה ובו עיקר הגלוי כו' ע"כ בבינה עיקר התגלות העונג יותר מבחכמה גם שנק' החכמה עדן כנ"ל במשל ולזה הטעם יובן מה שהעולם הבא הוא בבינה דוקא ולא בחכמה כידוע לפי שהגם שהחכ' נק' עדן ע"ש התלבשות השעשועים דעצמות אור א"ס שאינו אלא בחכמה דוקא כידוע אבל אין זה אלא לעצמו ולא למקבלים הימנו כי למקבלים אין העונג והשעשועים רק בבינה להיותה בבחי' הגלוי כנ"ל וה"ז כמשל התיבה הסגורה בה אבן טוב שאע"פ שיש בה עונג אינו אלא בהעלם עד שיפתחו אותה וישתעשע בו בגלוי כו' וד"ל. ושרש ענין כי חק לישראל כו' הנה ע"ד הפשוט ידוע ההפרש שבין יעקב לישראל כי מ"ש שרית עם אלהים כו' היינו כמ"ש למעל' שכבר היפך המדות מן הקצה לקצה כו' ויש בו גלוי אלקות בנפשו בקביעות תידי יום כו' ובחי' יעקב הוא אשר עדיין עוסק במלחמה עם העלם הגשמיות ו[ח]שך דשם אלהים כמ"ש ביעקב ויאבק איש עמו כו' ועד עלות השחר דאלף הו' מלחמת יעקב בכל דור ודור כו' וד"ל והנה ארז"ל דיצרו של אדם מתגבר כו' ואלמלא הקב"ה עוזרו כו' וא"כ גם בבחי' ישראל דמהפך חשוכא לנהורא אינו אלא ע"י עזר ה' דווקא אמנם בחי' ישראל ראוי לעזר לפי שבכחו להפוך המדות כו' אבל בחי' יעקב שאינו נוצח מלחמתו בכל פעם כמ"ש ויאבק כו' לא היה ראוי לעזר אך מפני רחמי ה' המרובים גם ליעקב הוא עוזר וזהו במשפט דאיהו רחמי כו' והוא אלהי יעקב אבל לישראל הוא חק בקביעות גם בלתי התעוררות רחמים כו' וגם פי' חק הוא לשון חקיקה ענין גליף גליפו כו' וע"ד כל זה יובן ג"כ למעלה בבחי' יעקב וישראל דלעילא שכדי לברר ברורים בבי"ע ביעקב שהוא י' עקב בא העזר בבחי' רחמים רבים כו' ובישראל דלעילא שבבחי' האצי' הוא ובחק קביעות כו' וד"ל:

קידוש לראש השנה

כשחל ראש השנה בשבת מתחילין יום הששי, וכשחל בחול מתחילין ,כאן:

סברי מרנן בָּרוּךְ אַתָּה יְהֹוָה אֱלֹהֵינוּ מֶלֶךְ הָעוֹלָם בּוֹרֵא פְּרִי הַגָּפֶן:

בָּרוּךְ אַתָּה יְהֹוָה אֱלֹהֵינוּ מֶלֶךְ הָעוֹלָם אֲשֶׁר בָּחַר בָּנוּ מִכָּל עָם וְרוֹמְמָנוּ מִכָּל לָשׁוֹן וְקִדְּשָׁנוּ בְּמִצְוֹתָיו· וַתִּתֶּן לָנוּ יְהֹוָה אֱלֹהֵינוּ בְּאַהֲבָה אֶת (לשבת יום השבת הזה ואת) יוֹם הַזִּכָּרוֹן הַזֶּה וְאֶת יוֹם טוֹב מִקְרָא קֹדֶשׁ הַזֶּה יוֹם (זכרון) תְּרוּעָה° מִקְרָא קֹדֶשׁ זֵכֶר לִיצִיאַת מִצְרָיִם· כִּי בָנוּ בָחַרְתָּ וְאוֹתָנוּ קִדַּשְׁתָּ מִכָּל הָעַמִּים· וּדְבָרְךָ מַלְכֵּנוּ אֱמֶת וְקַיָּם לָעַד: בָּרוּךְ אַתָּה יְהֹוָה מֶלֶךְ עַל כָּל הָאָרֶץ מְקַדֵּשׁ (השבת ו) יִשְׂרָאֵל וְיוֹם הַזִּכָּרוֹן:

°(באהבה)

בליל שני של ראש השנה נוהגין להניח פרי חדש בפני המקדש ויתן עינו בו ויאמר שהחיינו· ואם אין פרי חדש מצוי מכל מקום יאמר שהחיינו: אם חל ר"ה כמ"ש מקדשין יקנה"ז תמצא בקידוש לשלש רגלים:

בָּרוּךְ אַתָּה יְהֹוָה אֱלֹהֵינוּ מֶלֶךְ הָעוֹלָם שֶׁהֶחֱיָנוּ וְקִיְּמָנוּ וְהִגִּיעָנוּ לַזְּמַן הַזֶּה:

בר"ה בלילה ראשונה נוהגין לאכול תפוח מתוק בדבש בתחלת הסעודה וצריך לברך בתחלה:

בָּרוּךְ אַתָּה יְהֹוָה אֱלֹהֵינוּ מֶלֶךְ הָעוֹלָם בּוֹרֵא פְּרִי הָעֵץ: ואח"כ יאמר:

יְהִי רָצוֹן מִלְּפָנֶיךָ שֶׁתְּחַדֵּשׁ עָלֵינוּ שָׁנָה טוֹבָה וּמְתוּקָה:

אדני שפתי תפתח · הנה שרש ענין ר"ה הוא ענין בנין הנוק' המבואר בפרע"ח והוא ענין א' עם כונת ג"ר דש"ע שהוא ג"כ ענין בנין הנוק' אלא שהוא בדרך פרט ובר"ה הוא דרך כלל וכמש"ת בעז"ה והיינו בתיבת אד' שהוא בחינת מלכות כידוע ופי' אלף ד"ן כי המל' עצמה נק' דינא דמלכותא

אֲדֹנָי שְׂפָתַי תִּפְתָּח וּפִי יַגִּיד תְּהִלָּתֶךָ:

ברוך

בבחי' הג"ר שבה והאלף הוא אותיות פלא היינו בחי' פלא העליון מקור החסדים המתתיק בחי' ה"ג דנוק' כו' ולהבין ביאור הדברים הנה יש להקדים תחלה פי' תתברך לנצח צורנו מלכנו וגואלנו בורא קדושים כו' עד בקול דברי אלהים חיים ומלך עולם דהנה ידוע המדרש על תיבת שמע שם ע' דישראל א' מע' באומות ואומות א' מע' בבהמות ובהמות א' מע' בחיות וחיות א' מע' בעופות ועופות א' מע' בשדים ושדים א' מע' במלאכי' כו' דנמצא שהריבוי היותר גדול נמצא דווקא במלאכים היותר רוחני' הנקרא שכלי' נבדלי' בלשון הפילוסופים וגם בלשון המקובלים הן מלאכים דבריאה שמקבלים מבחי' כלים דבריאה ונק' קדושים כלומר מובדלים כו' והיינו שאמר תתברך לנצח צורנו כו' להיות בורא קדושים דווקא כי להיות הרבוי בקדושים הוא היותר גדול עד שאין להם שיעור ומספר וכמ"ש היש מספר לגדודיו וכמ"ש בדרז"ל וזהו תתברך לנצח צורנו בלי שיעור כדי להיות בורא קדושים עד אין מספר משא"כ המלאכים שלמטה מהם שיש להם שיעור ומספר וזהו הן בקדושיו לא יאמין ובמלאכיו ישים תהלה דמשמע שהקדושי' הללו קרובים יותר אליו והריבוי ביותר הוא דווקא בקרוב יותר וגבוה יותר בבחי' רוחני' כי כל היורד למטה מטה יתמעט אור השפע כנ"ל וע"כ מלאכים בכלל הם ברבוי המספר ביותר מכל הנבראים כנ"ל וד"ל. אך הנה הטעם לזה הרבוי ומהיכן יבא סיבת הרבוי הזה הנה לזה אמר בקול דברי אלהים חיים ומלך עולם דהנה המל' נק' דבור וכמ"ש דבר מלך שלטון וכידוע והקול הוא בא מבחי' ת"ת דז"א שמשם הבל הלב שמתמשיך שפע לנוק' שנקר' דבור והנה עד"מ מבשרי אחזה כו' דבאדם התחתון הנה הקול הוא נמשך מהבל הלב והוא קול פשוט הגם שהוא מורכב מאש רוח ומים רוחני' שבהבל הלב אבל הרכבה זו אחת היא בהשואה א' תמיד בלתי ניכר בה שנוי הברה בהתחלקות אותיות כלל אלא הוא כח רוחני פשוט בתכלית בלתי התחלקות כלל וכלל והוא קול הברה פשוטה בלא אותיות היוצאת מהבל הלב כידוע והנה אותו קול הפשוט הוא ג"כ כח בלתי מוגבל כי אע"פ שהאותיות המתחלקות מאתו הרי הם מוגבלים כידוע אבל כח זה שנמשך בקול מהבל הלב אינו מוגבל כלל כי הרי יש בכחו להוות אותיות בדבור עד אין קץ ושיעור גם שיהיה האדם אלף שנה לא יופסק כח זה מלהוציא אותיות הדבור וגם שיכלה כח האדם מצד חיות דמו אבל מצד כח הקול הזה לא יהיה מניעה מלדבר ואין מניעת הדבור בזקן וחלש רק מחלישות גופו ולא מצד קול הדבור כי הקול הזה הוא פשוט ואיננו מורכב מחלקי יסודות הגוף עד שיחלושו ויוגרע אורו ונקרא רוח ממללא כי רוחני הוא ולא גופני כו' וכך יובן הנמשל למעל' בבחי' קול ודבור העליון שנמשך מהבל לב העליון שהוא מל' דאצילו' קודם שבא לבחי' התחלקות אותיו' בדבור וכמ"כ ברוס המעלות מן המאציל לנאצלים הוא בחי' מל' דא"ס שנקרא כח שאינו מוגבל כלל כנ"ל והוא בחי' א"ס ממש אך בדבור בה' נוצאות מתחלק הכח הזה והתחלקות זאת הרי הוא בחי' הגבלה ממש כי הנה אנו רואים גם בקול הבל לב האדם כשבא לדבור הנה בהכרח שיהיה נחתך ונפסק לחלקים קטנים מובדלים מאד כמו כשצריך להוציא אות א' מהגרון בהכרח שיופסק חלק מן הקול הפשוט רק להברת אות הא' וכן לאות הב' חלק אחר מוגבל מיוחד להברת אות הב' ואין חלק קול המיוחד לא' נשתתף עם חלק המיוחד לב' כי מתחיל' יצא קול לאות א' ואח"כ יוצא קול אחר לאות ב' והרי יש הפסק בינתיים וה"ז ממש כמו שחותכין דבר גדול לחלקים רבים כו' כך הרי נפסק קול הא' ומתחיל קול הב' כו' ולכאורה אין זה מובן איך כח בלתי מוגבל בעצם ישתנה למהות הגבלה בחילוק הקול באותיות א' כו' אך הענין הוא משום דבאמת אותו קול הפשוט כמו שהוא יוצא מהבל הלב בלתי מוגבל הוא וא"א לבא בהתחלקות כלל אך מפני שנצמצם אור אותו הקול שיש בהבל הלב ונשאר כל בחי' פנימיותו בלב ולא יצא רק בחי' חיצונית ההארה וההמשכה ממנו לה' מוצאות ומפני שלא נשאר בהם מציאות רק בחי' חיצונית שלו יוכל להיות מתחלק בה' מוצאות בכלל עד שיצא קול מיוחד לאות א' כו' ואמנם גם בצמצום זה הראשון דהיינו לצמצם פנימיותו עדיין לא היה באפשרי להתחלק לחלקים מוגבלים כ"כ אך צ"ל עוד בחינת צמצום מלבד צמצום הראשון והוא נק' כח המגביל לחלק לחלקים קטנים גם אותו ההארה וההמשכה חיצונית דקול הפשוט ונקרא ה"ג מנצפ"ך בבה' מוצאות המחלקי' את קול הפשוט בגרון אחר שכבר נצמצ' פנימיותו לגמרי בלב והוא כדי לחלק לחלקים קטנים מאד ונמצא שיש ב' מיני צמצומים הא' צמצום הראשון להסתיר פנימיות לגמרי כנ"ל והב' אחר שנשאר בבחי' חיצוניות יש עוד בחינת צמצום המצמצם לחלק ולהפסיק הקול לחלקים להיות יוצא קול מיוחד לאות א' בלבד ויופסק ההברה ויוצא קול להברת אות הב' כנ"ל שה"ז כנחתך דבר לחלקים כנ"ל וד"ל · והנמשל מכ"ז יובן למשכיל למעלה שיש ב' מיני צמצומים במ"ל הא' הצמצום להסתיר ולהעלים אור עצמות הפנימיות דהיינו בחי' פנימיות ההשפעה כי כמו שהוא בעצם בלתי מוגבל בהגבלה נברא ומחודש כו' אם היה אור שפעה יוצאת

ונמשכת

ונמשכת למטה הרי לא היה מציאת בע"ג כלל אלא היה הכל בחי' אלקות וכמשל קול הפשוט שבא מהבל הלב אם לא היה מתלבש פנימיותו בבחי' הגרון לא היה מציאת קול מוגבל באותיות כלל כנ"ל וד"ל · והצמצום הב' הוא בחי' ה"ג מנצפ"ך המחלק אור ההשפעה החיצוני' לפסקו ולחלקו באותיות הדבור להיות בורא קדושים עד אין קץ ושיעור וזהו הנק' ה"ג שלצורך בנינה כדי להיות בנין הנוק' בצירופי אותיות הרבה להוות מלאכים עד אין שיעור כנ"ל משא"כ בחי' ה"ג הצמצום בחי' הפנימית הן לצורך עצמן בלבד כי בלתי זה לא היה מציאת דבר נפרד כלל שיתכן להיות מלך עליו מאחר דהכל הי' בחי' אור פשוט בלתי מוגבל כנ"ל וא"כ אין ה"ג הראשונים רק כדי שיוכל להיות בחי' מלכות אבל כדי להיות מלך על עם נפרד ממש הוא בבחי' ה"ג האחרונים המצמצמים הקול לחלקים ממש כנ"ל במשל והרי מפני ה"ג מנצפ"ך הללו מסתעף הדיבור שהוא יותר גדול כמו להיות מחנה מיכאל לסטר דרום ק"פ אלף כי אור החסד כלל הוא ומתחלק לפרטי' רבים כמו גבורה שבחסד מתחלק גם הוא ליו"ד כו' וכן במחנה גבריאל כלול גם מחסדים ע"י התחלקות לפרטים עד"ז עד שנמצא ריבוי רבבות התחלקות וכאו"א אין דומה כלל לחבירו כמ"ש במ"א וד"ל · וזהו בקול דברי אלקים חיים ומלך עולם פי' בקול היינו בחי' קול פשוט הנ"ל שיוצא מהבל הלב וע"י בחי' ה"ג מנצפ"ך הוא שמתחלק לאותיות בדיבור כו' והיינו בקול דברי כו' מבחי' הקול נמשך צירופי אותיות הדיבור הרבה לאין שיעור בדיבור אך הנה הטעם הוא שנקרא ה"ג הללו בשם אלהים בשם אלהים חיים דווקא וידוע דכל חיים הוא בחי' החסדים הענין הוא משום דצמצום זה לצמצם האור או לחלקו לחלקים בחי' חסד הוא ולא דין כלל כי בלתי זה הצמצום לא היה קיום לעולמות כלל כי היו מתבטלי' במקור מוצבם כביטול זיו השמש בשמש וא"כ הצמצום הוא סיבת קיומם ליש ודבר מה בפ"ע וע"כ נק' ה"ג הללו אלהים חיים שמהם בא סיבת הקיום והחיות לכל הנבראים כו' וד"ל · וגם עד"ז מובן בה"ג מנצפ"ך דאימא המחלקים אותיות המחשבה שנק' אלהים חיים מטעם הזה אלא שנקרא אלהים עילאה כו' והנה כ"ז בחי' דין דאדנ"י דהיינו בחי' הצמצום הנ"ל שבמ"ל שנקרא דינא דמלכותא כו' אבל בחי' האלף דאדני הוא בחי' פלא העליון הממתיק בחי' הגבו' הנ"ל והענין הוא כי הנה סיבת טעם הצמצום הנ"ל הוא בא מחמת שעלה ברצון המאציל להיות לו תענוג מבחי' מלכות על נפרדים כדי שיהא לו דירה בתחתונים כו' ומפני התענוג שיש לו מזה בעצמותו הוא בא לידי בחי' הצמצום לצמצם א"ע כדי שיוכל להיות מלך על עם כנ"ל ומאחר שמחמת התענוג הוא מצמצם א"ע א"כ אין הצמצום אמיתי מצד עצמו אלא עיקר המכוון בו כדי שיהיה בחי' יש נפרד ויהא לו דירה בתחתוני' והרי זה בחי' מיתוק לצמצום דגבורות הנ"ל כי מחמתו הרי יבא בחי' התפשטות חיות הנבראים ליש ודבר כו' היפוך בחי' צמצום הנ"ל והיינו בחי' אלף דאדנ"י הממתיק להיותו מבחי' עולם התענוג העליון הנק' בחי' עתיקא והוא בחי' כתר עליון בכלל שממנו נמשך תענוג הזה במדות המ"ל והוא הממתיק צמצום הדין דמ"ל וזהו פי' אדנ"י אלף דין שהאל"ף ממתיק בחי' הדין דמ"ל מטעם הנ"ל דאל"ף זהו בחי' פלא העליון והוא א' דאנכי כמ"ש בזהר הנק' מקור כל התענוגים שממתיק בחי' גבורות דנוק' הנ"ל וד"ל · ובזה יובן ג"כ פי' הברכה אתה גבור לעולם אד' מחיה מתים אתה כו' פי' אתה הוא בחי' אור אבא דאצי' ובא בבחי' צמצום לגבי דו"א שנק' גבור לעולם אד' פי' כדי שיהיה בנין עולם דאד' דהיינו בנין הנוק' לפי שעיקר בנינה מבחי' הגבורות דוקא כנ"ל מטעם הנזכר באריכה ומשום דאבא יסד ברתא דוקא כידוע לכך אומרים אתה גבור דמאתה דוקא מתחיל שרש בנין הנוק' וד"ל · מחיה מתים כו' פי' מבחי' הגבורות דע"י שם הוא בחי' טלא דבדולחא כידוע מזה יהיה חיות ושפע למטה ונק' טלא דנטיף מעתיקא והוא הטל שעתיד להחיות בו את המתים כמ"ש כי טל אורות טליך וכמבואר בזהר ובדרז"ל · והרי לכאורה אינו מובן איך יתכן שיבא אור דעתיקא לידי הגשמה עצומה כ"כ להחיות בו המת המוטל בקבר בעפר הארץ אך הנה הענין הוא דמתלבש' אותו בחי' הטל העליון כ"כ בצמצום אחר צמצום עד שיתגש' ויהיה לחיות גשמי גם להגשמה גדולה כמת המוטל בקבר ואמנם להיות ירידה גדולה כזאת אין זה אלא מצד תגבורות בחי' החסד העליון דעתיקא לכך נתלבש' וירד כ"כ עד למטה מטה כו' ונמצא הצמצו' הגדול מורה החסד הגדול וזהו שייך לומר מחיה מתים לאתה גבור כו' דהא בהא תליא והוא כמו ענין הנ"ל בפי' א' דאד' שהוא הממתיק כי בא לידי צמצום זה מחמת התענוג שהוא מקור כל החסדים וע"כ ירד האור עד למטה מטה כ"כ כידוע שכל הגבוה גבוה ביותר יותר יוכל להשפיע ולצמצם א"ע בכדי שיגיע טובו וחסדו עד מדריגה היותר תחתונה כו' וכמ"ש במ"א בפי' ארך אפים וגדל חסד שלפי שהוא בחי' אריכא דאנפין ע"כ נק' גדל חסד לירד למטה מטה כו' וד"ל :

ובזה יובן מ"ש מי כה' אלקינו המגביהי לשבת המשפילי לראות כו' ולכאורה אינו מובן מ"ש מי כה' אלקינו דוקא מה שייך זה לישראל שגם אם לא יהיה נק' אלקינו הלא הוא מגביה לשבת כו' אך הענין הוא משום דאה"ע אומרים רם על כל גוים פי' לפי שהוא רם בעיניהם ומשבחי' אותו בזה לומר שהוא רם כו' כי לדעתם נמצא הוא למעלה יותר מכמו שהוא נמצא למטה וזהו הללם מפני שרם בעיניהם ה' ומרוממותו וחשיבותו לא יתכן שיהיה שוכן למטה בהגשמה כו' אבל אנחנו עמו משבחים אותו בשבח גדול יותר לומר ששוכן למטה כמו למעלה ממש לפי שאנו אומרים דגם

למעלה

למעלה כולא קמיה כלא כו׳ כמו למטה ממש בהשואה כמ״ש
קטן וגדול כו׳ שוה ומשוה כי לעולם רוממתו הכל בחי׳ אין
נגדו ואין לפניו בחי׳ מעלה ומטה כלל וא״כ רוחני וגשמי
ג״כ שוין דהיינו שמים וארץ ואין לומר שהשמים הרוחני׳
מסוגלים יותר לבחי׳ כלי ומכון לשבתו והארץ הגשמית כו׳
ולפ״ז השבח הוא יותר גדול מאותו השבח שמשבחי׳ אותו
או״ע לומר רם הוא כו׳ וזהו מי כה׳ אלקינו דוקא דהיינו
כמו שאנו אומרים עליו שהוא מגביהי לשבת ומשפילי לראות
בשמים ובארץ בהשואה א׳ כי מפני שהוא מגביהי לשבת
בתכלית הרוממות אין לפניו מעלה ומטה כלל ע״כ הוא ממילא
משפיל לראות בשמים וארץ בהשואה א׳ הוא שוכן בשניהם
לא שנמצא הוא למעלה יותר מכמו שהוא למטה וכמ״ש הלא
את השמים ואת הארץ אני מלא וד״ל ובזה הענין יובן בתוס׳
ביאור טעם לענין הנ״ל בפי׳ אתה גבור כו׳ שהצמצום
למסה מטה מורה עולם גודל חסדו לפי ששוה ומשוה כו׳
וכמ״ש ארך אפים וגדל חסד כנ״ל דמשום שהוא שוה ומשוה
כו׳ ע״כ יכול להיות חסדו מגיע למטה מטה כמו למעלה
מעלה כו׳ וכמ״ש יומם יצוה ה׳ חסדו וא׳ בזוהר דהוא יומא
דאזיל עם כולהו יומין כו׳ ונק׳ ענגא דאהרן כו׳ וביאור ד״ז
מבואר במ״א שאור החסד אינו מתעבה לעולם כו׳ ובדבר
הזה הוא ביתרון מעלה מבשאר המדות דהנה בחי׳ אור
החסד מאיר בהשואה בכ״מ שהוא גם שהוא יורד ומתלבש
ממדה למדה כמו שידוע דבחי׳ ה׳ חסדים שבחסד יורדים
ומתלבשי׳ בכל הו״ק כמו החסד שבחסד וחסד שבגבורה חסד
שבת״ת עד חסד שבהוד והנה גם אותה ההארה מחסד שמאיר
בהוד אינה משתנה כלל כמו שמאיר החסד בחסד עצמו שאור
החסד אינו מתעבה אורו כלל בירידתו למטה כו׳ משא״כ
בחי׳ ה״ג דגבו׳ אע״פ שגם הוא מאיר בחסד ובגבו׳ עד גבו׳
שבהוד איננו דומה לאור הגבורה שבחסד כי נשתנה אורו
בירידתו וכיוצא בזה יובן גם בכללות בחי׳ החסד שיכול לילך
אורו עד למטה מטה ולא ישונה ויתעבה כלל לכך נק׳ יומם
לשון כפול כי הוא אור תמידי גם בהיותו בירידות המדריגות
וז״ש דאזיל עם כולהו יומין כו׳ וד״ל ·וע״כ עיקר כל המתקות
הגבורות הוא בבחי׳ אור החסד דווקא כנ״ל בפי׳ אלף דאדני
הממתיק כו׳ להיות כי שרש החסד הוא בבחי׳ עצמות הכתר
שנקרא א״א ששוה ומשוה קטן וגדול כנ״ל ע״כ יכול להאיר
למטה כמו למעלה ממש אחר שהוא מובדל ומרומם מבחי׳
מעלה ומטה כנ״ל לכך תלוי באור החסד כל בחי׳ מיתוק
הגבורה למטה מטה כמו גם בפרט בכל נברא ונברא הרי יש
בחי׳ מיתוק זה ממקור החסדים דפלא העליון כי הלא כל נברא
יש לו השגה ושכל באלקות שמתבטל ממציאות עי״ז והביטול
הוא לפרקים כמו והי׳ מדי חדש בחדשו כו׳ יבוא כל בשר
להשתחוות כו׳ וברוב העתים הוא יש ודבר בפני עצמו נפרד
לגמרי וא״כ ביטול זה היפוך בחי׳ הצמצום דה״ג הנ״ל כי

מחמת הצמצו׳ שיהא מסתתר אור האלקי לגמרי נמצא בחי׳
נפרדים לגמרי כמו שר של אדום וישמעאל כו׳ ומוכרח לומר
שהביטול הזה הוא בא מבחי׳ אור החסד המגלה אור האלקי
שלא יסתיר הצמצום כ״כ ואז משיג השגה אלקי ומתבטל אבל
מצד חומר גופני ממש ורוח שבמלאך הוא בחי׳ נפרד וא״כ
הביטול הזה בחי׳ מתוק הגבורות הוא דהיינו שיהיה במזג
נכון לא צמצום לגמרי ולא גילוי אור יותר מדאי כדי שישאר
בכל גופו כו׳ ומאחר שיכול להגיע בחי׳ מתוק זה עד הנבראים
היותר שפלים שבסוף העשי׳ זהו הוראה על עולם רוממו׳
החסד העליון מקור כל החסדים דהיינו בחי׳ פלא העליון
לפי ששוה ומשוה כו׳ לכך נק׳ יומם שאינו מתעבה אורו כדי
להמתיק גם בחי׳ גבורו׳ היותר שפלים לפי שאינו
בבחי׳ מעלה ומטה כלל כנ״ל בפי׳ ארך אפים וגדל חסד
וד״ל וזהו אד׳ שפתי תפתח כו׳ פי׳ כי בסמיכת גאולה לתפילה
מקרב האדם את ניצוץ האלקי שלו להיות בחי׳ כלי בית קיבול
לקבל אור האצי׳ דז״א בדרך התכללות שנכללת נפשו
האלקית בשם א״ד שהיא בחי׳ מ״ל כידוע שנק׳ דינא דמלכו׳
אך הנה א׳ דאד׳ הוא הממתיק בחי׳ הג׳ דדין המלכות ולפי
אופן המיתוק כך יהיה התחלקות אותיות בדבור כנ״ל באריכות
דהיינו משום דלפי ערך התענוג שמקבל מזה כך יצמצם אח״ע
כו׳ וע״כ א׳ דאד׳ שפתי תפתח כלומר אתה תפתח את שפתי
בה׳ מוצאות הפה שהן ה״ג המתחלקות באיזה אופן שתרצה
אתה שאין זה תלוי בבחי׳ הדבור עצמו כלל אלא באלף דפלא
העליון וע״ד מה שכתוב ואשים דברי בפיך כו׳ כי הדבור
דתפלה הוא בחשאי בבחי׳ ביטול עצמותו עד״מ אדם המדבר
בחשאי כשטרוד בעמקו׳ שכל שאין בחיר׳ כלל לדיבורו לדבר כך
או כך אלא הדבור בא ונפתח ממילא לפי אופן כח ההשגה כו׳
כך בתפילה אומר אדני שפתי תפתח ולא שיש בחיר׳ בדבור
זה כמ״ש בחנה שפתיה נעות וקולה לא ישמע שהוא בחי׳
ביטול הדבור לפי שאז הדיבור מתנהג רק ע״פ המיתוק דאלף
כו׳ ואח״כ אומר ופי יגיד תהלתך היינו קול פשוט שמתחלק
בה׳ מוצאות הפה להמשיך ממש למטה כו׳ והיינו בחי׳ ה״ג
המתחלקים ומפסיקי׳ הקול לחלקים כנ״ל ופי׳ תהלתך היינו
בחי׳ כתר דאלף הנ״ל אלא שבא לידי גילוי כבר בדבור ושירות
ותשבחות שהמלאכים והנשמות אומרים שהוא בא ע״י בחי׳
מיתוק ג״כ כנ״ל והנה מבואר בכוונ׳ דש״ע שעולה הוא בסגנון
א׳ עם כוונות דר״ה ואע״פ שבר״ה הוא עיקר זמן בנין המ״ל
הנה זהו דרך כלל להמשיך הבנין על שס״ה יום בבת א׳ כו׳
אבל גם בכל יום יש בחי׳ בנין המ״ל דרך פרט כי הרי
מקבלי׳ עומ״ש בכל יום ובאתערותא דלתתא אתערותא דלעילא
נמשך מלכות שמים העליונה כו׳ אלא שבר״ה נמשך כללות
כל החיות והאור ובכל יום נמשך רק פרט א׳ בלבד ודוגמא
לד״ז הנה אנו מוצאים גם בתפילה עצמה ההפרש בין ג״ר לי״ב
אמצעי׳ דג״ר הם שוין בשב׳ כמו בחול ובי״ב האמצעים יש
הפרש

הפרש בין שבת ויו"ט לימות החול כו' כך הוא כללות כל ג"ר דתפלת כל השנה נכלל בכלל א' בר"ה לפי שהוא כללות כל הבנין דמל' ובכל יום נחלק לפרט א' בג"ר דתפלה שבאותו יום כו' ועכ"פ בנין המל' נבנה בר"ה בכלל ובכל יום בפרט באמרנו אדני שפתי תפתח כו' וא"כ יתפרש פסוק זה גם דרך כלל בר"ה והוא להיות ידוע כי בראש השנה בו נברא האדם ואמר ה' מלך גאות לבש כידוע דבכ"ה באלול נברא העולם וביום הו' נברא האדם והיינו ר"ה וקיבל מ"ש עליו באומרו ה' מלך גאות לבש וביאור זה הנה כתי' מלכותך מכ"ע וממשלתך כו' ו דוע ההפרש בין מלוכה לממשלה שהממשלה הוא בעל כרחם ושלא ברצון כמו שימשול האדם על הבהמות וחיות שנק' ממשלה כידוע והמלוכה הוא ברצון דווקא כמו אנשי המדינה שיקבלו עליה' מלך ברצון דווקא וזה הרצון הוא מפני איזה טעם ודעת דהיינו דווקא באדם שיש לו דעת שלימה לקבל עול מלכות ברצון דווקא משא"כ הבהמה אין לה דעת כלל לקבל המלוכה ברצון אלא רק מקבל' הממשלה כו' וכיוצא בזה יובן במלכותא דרקיע שלא נקרא מלוכה אלא כשמקבלים אותה ברצון כמ"ש שום תשים עליך מלך כו' תשים ברצון כו' והרי קודם שנברא האד' ביום הששי עדיין לא היה מי שיקבל עליו בחי' מל' העליונה ברצון כי לא היו נבראים עדיין כי המלאכים הן רק מבחי' חי ולא מבחי' מדבר כי המלאכים נקראו בשם חיות ובהמו' כידוע וע"כ ביום הו' דוקא שנברא האדם או קיבל מ"ש ברצון אבל כל הנבראים שקדמו לו לא קבלו רק מבחי' המשלה לבד כמו שימשול האדם על הבהמות כו' ולכך אדם דוקא אמר ה' מלך גאות לבש ומחמת זה נתעורר למעלה באדם העליון דאצי' להיות לו רצון למלוכה שהוא עיקר בחי' בנין המלכו' וע"כ בראש השנה הוא עיקר זמן התחלת בנין המלכות באמרו זה היום תחלת מעשיך זכרון ליום ראשון לפי שבו נברא האדם וקיבל עול מ"ש נתעורר הרצון והתענוג לבחי' המלוכה והוא בחי' אלף דאד' שמתשיך עונג למלוכה כו' להיות בחי' מלך על נפרד כו' וזהו אדני שפתי תפתח להיות בחי' מלך בדבור בפה כמ"ש דבר מלך שלטון כי בחי' הדבור עם בחי' מלך אחד הוא שהרי כל תקפו של מלך בדבור הוא שתלוה בדבור ויגזור אומר ויקם כו' ואמנם לפי אופן העונג הנמשך למדה זו דמלכות כך יתנהג אור שפע מדה זו כל השנה והיינו ע"פ האלף דפלא ואלף דאד' כו' המתתיק כל הגבו' שמהם עיקר הבנין דנוקבא כנ"ל (ודוגמא לדבר ענין מתוק כל הגבורה בחסד העליון דאלף דאד' דוקא כנ"ל כו' יובן ממה שמצינו דוגמתו בכוונת השמות המבוארים בשערי ציון בשער הפדיונות שג' שמות הראשונים נמתקים כולם במספר ומלוי דשם האחרון כשמערב לבסוף את הכל יחד כו' וד"ל) :

ועתה יש להבין שרש ענין מלכיות וזכרונות כו' שאומרים בתפלת מוסף דר"ה כו' והנה ענין המלכיות דר"ה שנאמרו בתחלה בפסוקים דווקא והן עשרה פסוקים שנזכר בהן תיבת מלך או מלכות הנה ידוע הטעם להיות כי בר"ה הוא זמן התעוררות הרצון העליון למעלה למדה זו כנ"ל ושארז"ל אמרו לפני מלכיות פי' אמרו לפני כדי לעוררו לרצון זה שיהיה מתענג ורוצה במדות מלוכה והאמירה לפניו היינו לפני עצמיות המאציל דווקא אך במה יעשה לו רצון זה היינו במה שמזכירים לפניו פסוקים הנזכר בהם בחינת מל' ולכאורה מה יועיל זה אך הענין הוא לפי שהפסוקים הללו הרי המה כתובים בתורה נביאים וכתובים וכמו שאומרים וכן כתוב בתורתך ועל ידי עבדיך הנביאים כתוב כו' שכ"ל י' הפסוקים מפסוקי תנ"ך דווקא כמבואר במשנה וגמרא והנה ידוע שרש התורה דאורייתא מח"ע נפקת שהוא בחינת יסוד אבא וידוע דאבא יסד ברתא שהיא בנין הנוקבא כי שרש התהוות צירופי אותיות של הדבור נמשך מכח החכמה דוקא כי הרי התינוק שאין בכח שכלו להשכיל כל שכל עדיין ע"כ אינו יכול לצרף צירופי אותיות בדבור וכמ"ש במ"א באריכות וע"כ אומרים י' פסוקים הללו מתנ"ך כדי להמציא שרש ומקור לרצון זה למדת המל' מן התנ"ך לפי שמשם שרש התהוות בנין אותיות הדבור וה"ז כמו עד"מ החכם שאומר דבר חכמה וסברא ולא יש חווק ומופת לדבריו שכן הוא אמת לאמיתו שמוכרח הוא להביא ראי' לדבריו מן התורה כדי שיקבלו הסברא ממנו ואם לאו אין מקבלים הימנו אבל כשמביא ראיה לדבריו שכך כתוב בתורה מקבלים יותר את דבריו כו' וכך הוא הדוגמא למעלה שאומרים לפניו מלכיות כלומר שיהא לו רצון למלוכה וכדי שיתעורר לזה ויקבל המלוכה ברצון מביאין לו ראיה לזה מן תנ"ך שכך כתוב בתורתו וכך אמר ע"י הנביאים כו' לפי שהתורה מקור האמיתי למדת המל' כנ"ל וכאשר נמצא כתוב כן בתורה דה' מלך כו' בודאי האמת כן וצריך להיות לו רצון למלוכה ואומרים הלא בתורתך שהוא בחינת יסוד אבא ואבא יסד ברתא כבר נמצא כתוב כן ואין לזוז ממנה כו' וד"ל·וזהו כל עיקר ענין של י' הפסוקים שאומר בתפלה מפסוקי תנ"ך דוקא ועד"ז יובן הטעם לי' הפסוקי' דזכרונות שאומר מפסוקי תנ"ך דווקא מטעם הנ"ל וכן ביו"ד הפסוקים דשופרות הכל מטעם א' כנ"ל וד"ל · ועתה יש להבין שרש ענין הזכרונות מהו דהנה אחר שאומר אדני שפתי תפתח כנ"ל ומתחיל ברוך אתה הוי' כו' והיינו להיות המשכות בחינת יסוד אבא שנקר' ברוך כידוע לאתה שהוא בחינת מל' כידוע בפי' ואתה מחיה את כלם שהוא בחינ' מל' שנקרא אתה כי אותיות שמאלף עד תי"ו הן כללות האותיות שבבחי' המל' וה"א דאתה היינו כללות בחי' ה"ח וה"ג שהוא בחינ' נמלום ובחינת התפשטו' שנמשך כן עד למטה מטה כנ"ל ושארז"ל הכורע כורע בברוך דהיינו שכורע ומתשיך ממקור הראשון שהוא בחינת

יסוד

יסוד אבא למל' להיות נמשך עד למטה כו' וד"ל אך הנה אמרו עוד כשזוקף זוקף בשם פי' הכריעה הוא מלמעלה למטה והזקיפה הוא מלמטה למעלה לפי שהכריעה ענין המשכו' וירידת אור מלמעלה למטה והזקיפה הוא ענין העלאה מלמטה למעלה ווהו פי' זוקף בשם שבחי' המל' הנקרא שם וכמ"ש ויעש דוד שם עולה היא דרך העלא' מלמטה למעלה והוא ענין עליית העולמות בכלל כו' והכריעה בברוך היינו בחינת המשכת מ"ד מיסוד אבא ממקור הראשון מלמעלה למטה כו' · ולהבין ענין זה בתוספת ביאור הנה תחלה יש להבין בענין מתוק הגבו' הנ"ל ע"י האלף דפלא העליון שהוא פועל ב' ענינים הא' בחינת גלוי אור האלקי שנתגלה למטה מן בחינת ההעלם יותר מכפי הצמצום הראשון כו' והיינו מלמעלה למטה והענין השני שפועל עוד להיות בחי' ההעלאה של הנבראי' מלמטה למעלה להשיג אלקות ולהתבטל ממציאותם ע"י זה כי ההשגה שהשיג מקודם איננה פועלת בו בחינת הבטול במציאות רק ע"י בחי' מיתוק דאלף פועל בו זאת ההשגה האלקית להביאו לבחי' הביטול כו' ובדרך כלל זהו בכל עי"ת שהוא זמן עליות כל העולמות מלמטה למעלה וכמ"ש שמאלו תחת לראשי פירוש שמאל העליון מגביה בחי' המקבלים שלמטה שיוכלו לעלות ובכלל הוא ראש השנה שראש ומוחים דנוקבא מתעלים למעלה ע"י ששמאלו תחת לראשי כו' וד"ל · ולהבין זה דרך כלל הנה מצינו כדוגמת ב' ענינים הללו דרך כלל בענין ההפרש בגילוי אלקות שהיה בזמן מ"ת דכתיב וירד הוי' על הר סיני כו' ובין בחי' גילוי אלקות לעתיד לאחר תחה"מ דכתיב עין בעין יראו כו' הגם שבמ"ת ג"כ כתיב פב"פ דיבר ה' עמכם כו' אבל הפרש יש ביניהם ועיקר ההפרש אינו בעצמות גלוי האור דכמו שזה הגלוי היה פב"פ ועין בעין כך יהי' הגלוי לעתיד אבל ההפרש הוא במקום הגלוי שבמ"ת היה בחינת הגלוי יורד ממש למטה והעוה"ז היה בבחי' הגשמיות כמקודם בלי שנוי כלל בכל הענינים אך אע"פ כן הרי היה בזה העולם ממש גלוי אא"ס בכבודו ובעצמו כשדבר אנכי ה' כו' והוא על הר סיני הגשמי וזה אינו מן התימא כלל דאע"פ שהעולם בהגשמתו ממש יוכל להיות בו בחינ' גלוי אור א"ס ממש משום דקמי' כחשיכה כאורה כו' וכידוע אבל הנה לעתיד הרי יזדכך העולם השפל ג"כ וכמ"ש כי מלאה הארץ דעה כו' וכולם ידעו אותי כו' וכמו שאנו אומרים גלה כבוד מלכותך עלינו כו' וידע כל פעול כי אתה פעלתו כל פעול אפילו בהמות וחיות וכמו שהיה לפני החטא דאדה"ר שהיה גם בבהמות בחינת הביטול באלקות וכמו חמורו של רפב"י שנשאר מאותן הבהמו' שבהררי אלף כו' וגם לעתיד נאמר אריה כבקר יאכל תבן כו' וכמ"ש במ"א כי עליית כל העולמות יהי' אז דרך כלל בהזדככו' החומריות בתכלית ובכל עולם לפי ערכו ישתנה ממהות הראשון ויוכל לקבל האור והגלוי של אור א"ס מצד השגת הכלי שלהם וה"ז נחשב בחינת העלאות מלמטה למעלה ולכך נקרא בשם עליות העולמות וא"כ מקום הגלוי לעתיד יהיה למעלה ולא למטה ויובן זה עד"מ ב' בנ"א אחד עומד על הגג הגבוה והב' עומד למטה בעומק ורוצי' להתייחד ולהתחבר יחדיו יש בזה שני אופנים או שיורד העומד במקום הגבוה לעומק למקום שעומד התחתון או שיעלה התחתון העומד בעומק למקום הגבוה שבגג שעומד שם העליון ובין שיתייחדו למטה בעומק או שיתייחדו למעלה בגג אין הפרש כלל בעצם גלוי העליון כי כמו שהוא למעלה בגג כך הוא למטה בעומק אך בתחתון העומד למטה יש הפרש שכאשר עולה למעלה יקבל תוספת אור מכמו שהוא מקבל למטה במקום חשך ואפילה וכך הוא ממש ההפרש בין מ"ת לימות המשיח דבמ"ת היה הגלוי כמו שיהיה לעתיד פב"ב אך שהיה למטה במקום המגושם שעדיין לא נזדכך העולם ולעתיד יהיה זה הגילוי עצמו עין בעין כו' בהיות העולם בהזדככות כאשר יהיה במעלה ומדרגה העליונה וכמשל עליית התחתון למעלה וכמ"ש מי יעלה בהר ה' וכיוצא וד"ל · ודוגמא לזה דרך פרט היינו עניין כורע בברוך שהוא כמשל ירידת העליון למטה כמו שהיה במ"ת כנ"ל וזוקף בשם היינו בחינת עליית העולמות למעלה שהוא ענין הזקיפה מלמטה למעלה כמו שיהיה לעתיד כנ"ל וד"ל · וזהו ענין הזכרונות שבתפילת המוסף דר"ה דרך כלל דהנה עד"מ ענין הזכרון בגשמית היינו שיזכור האדם על דבר המרוחק מאתו זה זמן רב אם דבר שכל וחכמה שלא עלה בדעתו זמן רב שיעלהו במוחו ויזכרנו או אם דבר אחר כמו אוהבו שנתרחק מאתו זמן רב שיעלה במוחו ויזכור עליו שכ"ז נק' זכרון בגשמיו' שהוא רק ענין עלייה מלמטה למעלה כשמעלה אותו הדבר במחשבתו וכח זכרונו כו' וכך יובן למעלה בהיות שבחינת המלכיות הוא בחינת המשכה מלמעלה למטה כמבואר למעלה בענין אמרו לפני מלכיות שיהא לו רצון להמשיך כו' וכענין הכריעה בברוך מלמעלה למטה כנ"ל ולהיו' כי באמת כל ההשתלשלות גם אורות דאצי' ולמעלה אינם רק כמשל טיפה בים אוקינוס לגבי עצמיות המאציל כו' יכול להיות בו בחינת השכחה גם על כל האצי' להיות כי רחוקים ממנו מאד בערך כו' וצריך לעוררו לזכור עליהם דהיינו להעלותם במח' הקדומה של עצמות המאציל וכמשל הזכרון על דבר המרוחק כנ"ל והיינו שאומרים אתה זוכר מעשה עולם וגם מעשה התהוות אורות דאצילות נק' מעשה עולם כי קמי עצמות המאציל נקרא ז"א דאצילות בשם אדם דעשי' כידוע בזוהר ובע"ח ועד"ז יתפרשו כל הפסוקים דזכרונות וד"ל · והנה ביעלה ויבא נזכר כל פרטי ההשתלשלות בבחינת זכרון כמו שאומרי' ויפקד ויזכר כו' וזכרון אבותינו

הם

הם חג"ת דז"א או או"א בכלל וזכרון משיח בן דוד כו' הוא בחי' מל' דאצי' וזכרון ירושלים עיר קדשך הוא בחי' חיצונית המל' וזכרון כל עמך ישראל כו' הם כללות נש"י שמלובשים בגופים בעולם הנפרד שיעלו כולם למעלה במחשבה הקדומה ועיקר הבקשה שיזכור הי"ם דאצילות בכלל ובפרט עד כל מדרגות גם היותר תחתונים כו' וכמו שאומרים מי לא נפקד כיום הזה כו' לפי שזה היום הוא תחלת מעשיך כו' ע"כ הוא יום זכרון לזכור את הכל כו' כי לפניו נגלו כל תעלומות כו' וד"ל. ופי' ענין יעלה ויבא מה הוא ענין העלאה ומה הוא ענין ההבאה הלא כאן אינו מדבר רק בבחינת העליה בלבד כי הזכרון הוא רק בבחי' ההעלאה בלבד כמבואר למע' כו' אך הענין הוא לפי שצריך לסיים בסוף דבריו לפליטה לטובה לחן ולחסד ולרחמים כו' ע"כ הוא אומר בתחלת המאמר יעלה ויבא כו' והענין הוא לפי שעלייה כללית הוא בר"ה ואחר תכלית העליות יורד האור ונמשך למטה והיינו בנעילה דיוה"כ כו' כידוע ולפי ערך אופן העלייה כך הוא אופן ירידת ההמשכ' עד"מ התלמיד השואל כמו ששואל כן משיב לו הרב וכמ"ש במ"א ולהיות כי יש בכל דבר בהכרח בחי' חו"ג והתכלית הוא שיהיה התגברות בחי' החסדים על בחינת הגבורה לאכללא שמאלא בימינא ונק' מיתוק הגבורה בחסדים באז נק' החסדים ג"כ בשם חסדים טובים כו' וזהו שמבקשים יעלה למעלה בהעלאה מר"ה עד יוה"כ ויבא אחר כך ההמשכה למטה באותו אופן שיהיה התגברות החסדים על הגבורות והוא הנק' לפליטה לטובה לחן ולחסד כו' דהיינו כאשר מתגברים החסדים על הגבורות ונמתקו הגבורות אז נקרא לפליטה לטובה וכו' משא"כ אם היה ההעלאה וההבאה באופן ההיפוך שהגבו' יתגברו ח"ו נמשך היפך הטוב ולכך מבקשים שיהיה עלייה טובה ועי"ז יהיה ירידה טובה במיתוק הגבו' עד שיהיה לפלטה טובה כו' והיינו כשיהיה בחינת עלית הזכרון לטוב וכמו שאומרים ויזכר ויפקד כו' ואז יבא גם אור ההמשכה לפליטה לטובה כו' וד"ל :

אֲדֹנָי, שְׂפָתַי תִּפְתָּח וּפִי יַגִּיד תְּהִלָּתֶךָ:

בָּרוּךְ אַתָּה יְהוָה אֱלֹהֵינוּ וֵאלֹהֵי אֲבוֹתֵינוּ אֱלֹהֵי אַבְרָהָם אֱלֹהֵי יִצְחָק וֵאלֹהֵי יַעֲקֹב. הָאֵל הַגָּדוֹל הַגִּבּוֹר וְהַנּוֹרָא אֵל עֶלְיוֹן. גּוֹמֵל חֲסָדִים טוֹבִים. קוֹנֵה הַכֹּל וְזוֹכֵר חַסְדֵי אָבוֹת וּמֵבִיא גוֹאֵל לִבְנֵי בְנֵיהֶם לְמַעַן שְׁמוֹ בְּאַהֲבָה: זָכְרֵנוּ לְחַיִּים מֶלֶךְ חָפֵץ בַּחַיִּים וְכָתְבֵנוּ בְּסֵפֶר הַחַיִּים לְמַעַנְךָ אֱלֹהִים חַיִּים:

מֶלֶךְ עוֹזֵר וּמוֹשִׁיעַ וּמָגֵן: בָּרוּךְ אַתָּה יְהוָה מָגֵן אַבְרָהָם:
אַתָּה גִּבּוֹר לְעוֹלָם אֲדֹנָי מְחַיֵּה מֵתִים אַתָּה רַב לְהוֹשִׁיעַ מוֹרִיד הַטָּל:

מְכַלְכֵּל חַיִּים בְּחֶסֶד מְחַיֵּה מֵתִים בְּרַחֲמִים רַבִּים סוֹמֵךְ נוֹפְלִים וְרוֹפֵא חוֹלִים וּמַתִּיר אֲסוּרִים וּמְקַיֵּם אֱמוּנָתוֹ לִישֵׁנֵי עָפָר: מִי כָמוֹךָ בַּעַל גְּבוּרוֹת וּמִי דוֹמֶה לָּךְ מֶלֶךְ מֵמִית וּמְחַיֶּה וּמַצְמִיחַ יְשׁוּעָה:
מִי כָמוֹךָ אַב הָרַחֲמָן (במוסף ובמנחה ובנת הרחמים) זוֹכֵר יְצוּרָיו לְחַיִּים בְּרַחֲמִים:

ונֶאֱמָן אַתָּה לְהַחֲיוֹת מֵתִים: בָּרוּךְ אַתָּה יְהוָה מְחַיֵּה הַמֵּתִים:[ס]
אַתָּה קָדוֹשׁ וְשִׁמְךָ קָדוֹשׁ וּקְדוֹשִׁים בְּכָל יוֹם יְהַלְלוּךָ סֶּלָה: לְדוֹר וָדוֹר הַמְלִיכוּ לָאֵל כִּי הוּא לְבַדּוֹ מָרוֹם וְקָדוֹשׁ: וּבְכֵן יִתְקַדַּשׁ שִׁמְךָ יְהוָה אֱלֹהֵינוּ עַל יִשְׂרָאֵל עַמֶּךָ וְעַל יְרוּשָׁלַיִם עִירֶךָ וְעַל צִיּוֹן מִשְׁכַּן כְּבוֹדֶךָ וְעַל מַלְכוּת בֵּית דָּוִד מְשִׁיחֶךָ וְעַל מְכוֹנְךָ וְהֵיכָלֶךָ:

וּבְכֵן תֵּן פַּחְדְּךָ יְהוָה אֱלֹהֵינוּ עַל כָּל מַעֲשֶׂיךָ וְאֵימָתְךָ עַל כָּל מַה שֶּׁבָּרָאתָ וְיִירָאוּךָ כָּל הַמַּעֲשִׂים וְיִשְׁתַּחֲווּ לְפָנֶיךָ כָּל הַבְּרוּאִים וְיֵעָשׂוּ כֻלָּם אֲגֻדָּה אֶחָת לַעֲשׂוֹת רְצוֹנְךָ בְּלֵבָב שָׁלֵם שֶׁיָּדַעְנוּ יְהוָה אֱלֹהֵינוּ שֶׁהַשָּׁלְטָן לְפָנֶיךָ עֹז בְּיָדְךָ וּגְבוּרָה בִּימִינֶךָ וְשִׁמְךָ נוֹרָא עַל כָּל מַה שֶּׁבָּרָאתָ:

וּבְכֵן תֵּן כָּבוֹד יְהוָה לְעַמֶּךָ תְּהִלָּה לִירֵאֶיךָ וְתִקְוָה טוֹבָה לְדוֹרְשֶׁיךָ וּפִתְחוֹן פֶּה לַמְיַחֲלִים לָךְ שִׂמְחָה לְאַרְצֶךָ וְשָׂשׂוֹן לְעִירֶךָ וּצְמִיחַת קֶרֶן לְדָוִד עַבְדֶּךָ וַעֲרִיכַת נֵר לְבֶן יִשַׁי מְשִׁיחֶךָ בִּמְהֵרָה בְיָמֵינוּ: וּבְכֵן צַדִּיקִים יִרְאוּ וְיִשְׂמָחוּ וִישָׁרִים יַעֲלֹזוּ וַחֲסִידִים
ברנה

[ס] בחזרת הש"ץ אומרים נקדישך כמו בשבת:

בְּרִנָּה יָגִילוּ וְעוֹלָתָה תִּקְפָּץ פִּיהָ וְהָרִשְׁעָה כֻּלָּהּ כֶּעָשָׁן תִּכְלֶה כִּי תַעֲבִיר מֶמְשֶׁלֶת זָדוֹן מִן הָאָרֶץ ׃

וְתִמְלוֹךְ אַתָּה הוּא יְהֹוָה אֱלֹהֵינוּ לְבַדֶּךָ עַל כָּל מַעֲשֶׂיךָ בְּהַר צִיּוֹן מִשְׁכַּן כְּבוֹדֶךָ וּבִירוּשָׁלַיִם עִיר קָדְשֶׁךָ כַּכָּתוּב בְּדִבְרֵי קָדְשֶׁךָ יִמְלֹךְ יְהֹוָה לְעוֹלָם אֱלֹהַיִךְ צִיּוֹן לְדֹר וָדֹר הַלְלוּיָהּ ׃

קָדוֹשׁ אַתָּה וְנוֹרָא שְׁמֶךָ וְאֵין אֱלוֹהַּ מִבַּלְעָדֶיךָ כַּכָּתוּב וַיִּגְבַּהּ יְהֹוָה צְבָאוֹת בַּמִּשְׁפָּט וְהָאֵל הַקָּדוֹשׁ נִקְדַּשׁ בִּצְדָקָה ׃ בָּרוּךְ אַתָּה יְהֹוָה הַמֶּלֶךְ הַקָּדוֹשׁ ׃

אַתָּה בְחַרְתָּנוּ מִכָּל הָעַמִּים ・ אָהַבְתָּ אוֹתָנוּ ・ וְרָצִיתָ בָּנוּ ・ וְרוֹמַמְתָּנוּ מִכָּל הַלְּשׁוֹנוֹת ・ וְקִדַּשְׁתָּנוּ בְּמִצְוֹתֶיךָ וְקֵרַבְתָּנוּ מַלְכֵּנוּ לַעֲבוֹדָתֶךָ ・ וְשִׁמְךָ הַגָּדוֹל וְהַקָּדוֹשׁ עָלֵינוּ קָרָאתָ ׃

כשחל ליל ב׳ במוצאי שבת אומרים כאן ותודיענו ׃

וַתִּתֶּן לָנוּ יְהֹוָה אֱלֹהֵינוּ בְּאַהֲבָה (אֶת יוֹם הַשַּׁבָּת הַזֶּה וְ) אֶת יוֹם הַזִּכָּרוֹן הַזֶּה אֶת יוֹם טוֹב מִקְרָא קֹדֶשׁ הַזֶּה יוֹם (בשבת זִכְרוֹן) תְּרוּעָה (בשבת בְּאַהֲבָה) מִקְרָא קֹדֶשׁ זֵכֶר לִיצִיאַת מִצְרָיִם ׃

אֱלֹהֵינוּ וֵאלֹהֵי אֲבוֹתֵינוּ יַעֲלֶה וְיָבֹא וְיַגִּיעַ וְיֵרָאֶה וְיֵרָצֶה וְיִשָּׁמַע וְיִפָּקֵד וְיִזָּכֵר זִכְרוֹנֵנוּ וּפִקְדוֹנֵנוּ וְזִכְרוֹן אֲבוֹתֵינוּ וְזִכְרוֹן מָשִׁיחַ בֶּן דָּוִד עַבְדֶּךָ ・ וְזִכְרוֹן יְרוּשָׁלַיִם עִיר קָדְשֶׁךָ וְזִכְרוֹן כָּל עַמְּךָ בֵּית יִשְׂרָאֵל לְפָנֶיךָ ・ לִפְלֵיטָה לְטוֹבָה לְחֵן וּלְחֶסֶד וּלְרַחֲמִים וּלְחַיִּים טוֹבִים וּלְשָׁלוֹם בְּיוֹם (בשבת הַשַּׁבָּת הַזֶּה וּבְיוֹם) הַזִּכָּרוֹן הַזֶּה בְּיוֹם טוֹב מִקְרָא קֹדֶשׁ הַזֶּה ׃ זָכְרֵנוּ יְהֹוָה אֱלֹהֵינוּ בּוֹ לְטוֹבָה וּפָקְדֵנוּ בוֹ לִבְרָכָה וְהוֹשִׁיעֵנוּ בוֹ לְחַיִּים טוֹבִים ׃ וּבִדְבַר יְשׁוּעָה וְרַחֲמִים חוּס וְחָנֵּנוּ וְרַחֵם עָלֵינוּ וְהוֹשִׁיעֵנוּ כִּי אֵלֶיךָ עֵינֵינוּ ・ כִּי אֵל מֶלֶךְ חַנּוּן וְרַחוּם אָתָּה ׃

אֱלֹהֵינוּ וֵאלֹהֵי אֲבוֹתֵינוּ מְלוֹךְ עַל הָעוֹלָם כֻּלּוֹ בִּכְבוֹדֶךָ וְהִנָּשֵׂא עַל כָּל הָאָרֶץ בִּיקָרֶךָ וְהוֹפַע בַּהֲדַר גְּאוֹן עֻזֶּךָ עַל כָּל יוֹשְׁבֵי תֵבֵל אַרְצֶךָ וְיֵדַע כָּל פָּעוּל כִּי אַתָּה פְעַלְתּוֹ וְיָבִין כָּל יָצוּר כִּי אַתָּה יְצַרְתּוֹ וְיֹאמַר כָּל אֲשֶׁר נְשָׁמָה בְאַפּוֹ יְהֹוָה אֱלֹהֵי יִשְׂרָאֵל מֶלֶךְ וּמַלְכוּתוֹ בַּכֹּל מָשָׁלָה ׃ (לשבת אלהינו ואלהי אבותינו רצה נא במנוחתנו) קַדְּשֵׁנוּ בְּמִצְוֹתֶיךָ וְתֵן חֶלְקֵנוּ בְּתוֹרָתֶךָ ׃ שַׂבְּעֵנוּ מִטּוּבֶךָ וְשַׂמַּח נַפְשֵׁנוּ בִּישׁוּעָתֶךָ (והנחילנו יהוה אלהינו באהבה וברצון שבת (שבתות) קדשך וינוחו בה (בו בם) כל ישראל מקדשי שמך) וְטַהֵר לִבֵּנוּ לְעָבְדְּךָ בֶּאֱמֶת ׃ כִּי אַתָּה אֱלֹהִים אֱמֶת וּדְבָרְךָ מַלְכֵּנוּ אֱמֶת וְקַיָּם לָעַד ׃ בָּרוּךְ אַתָּה יְהֹוָה מֶלֶךְ עַל כָּל הָאָרֶץ מְקַדֵּשׁ (השבת ו) יִשְׂרָאֵל וְיוֹם הַזִּכָּרוֹן ׃

רְצֵה יְהֹוָה אֱלֹהֵינוּ בְּעַמְּךָ יִשְׂרָאֵל וְלִתְפִלָּתָם שְׁעֵה ・ וְהָשֵׁב הָעֲבוֹדָה לִדְבִיר בֵּיתֶךָ וְאִשֵּׁי יִשְׂרָאֵל וּתְפִלָּתָם בְּאַהֲבָה תְקַבֵּל בְּרָצוֹן וּתְהִי לְרָצוֹן תָּמִיד עֲבוֹדַת יִשְׂרָאֵל עַמֶּךָ ׃

וְתֶחֱזֶינָה עֵינֵינוּ בְּשׁוּבְךָ לְצִיּוֹן בְּרַחֲמִים ׃ בָּרוּךְ אַתָּה יְהֹוָה הַמַּחֲזִיר שְׁכִינָתוֹ לְצִיּוֹן ׃ מודים דרבנן

מוֹדִים אֲנַחְנוּ לָךְ שָׁאַתָּה הוּא יְהֹוָה אֱלֹהֵינוּ וֵאלֹהֵי אֲבוֹתֵינוּ לְעוֹלָם וָעֶד צוּר חַיֵּינוּ מָגֵן יִשְׁעֵנוּ אַתָּה הוּא לְדוֹר וָדוֹר נוֹדֶה לְּךָ וּנְסַפֵּר תְּהִלָּתֶךָ עַל חַיֵּינוּ הַמְּסוּרִים בְּיָדֶךָ וְעַל נִשְׁמוֹתֵינוּ הַפְּקוּדוֹת לָךְ וְעַל נִסֶּיךָ שֶׁבְּכָל יוֹם עִמָּנוּ וְעַל נִפְלְאוֹתֶיךָ וְטוֹבוֹתֶיךָ שֶׁבְּכָל עֵת עֶרֶב וָבֹקֶר וְצָהֳרָיִם ׃ הַטּוֹב כִּי לֹא כָלוּ רַחֲמֶיךָ וְהַמְרַחֵם כִּי לֹא תַמּוּ חֲסָדֶיךָ כִּי מֵעוֹלָם קִוִּינוּ לָךְ ׃

וְעַל כֻּלָּם יִתְבָּרַךְ וְיִתְרוֹמַם וְיִתְנַשֵּׂא שִׁמְךָ מַלְכֵּנוּ תָּמִיד לְעוֹלָם וָעֶד ׃

וּכְתוֹב לְחַיִּים טוֹבִים כָּל בְּנֵי בְרִיתֶךָ ׃

וְכָל הַחַיִּים יוֹדוּךָ סֶּלָה וִיהַלְלוּ שִׁמְךָ הַגָּדוֹל לְעוֹלָם כִּי טוֹב הָאֵל יְשׁוּעָתֵנוּ וְעֶזְרָתֵנוּ סֶלָה הָאֵל הַטּוֹב ׃ בָּרוּךְ אַתָּה יְהֹוָה הַטּוֹב שִׁמְךָ וּלְךָ נָאֶה לְהוֹדוֹת ׃

לש״ץ

אלהינו ואלהי אבותינו ברכנו בברכה המשולשת בתורה הכתובה על ידי משה עבדך האמורה מפי אהרן ובניו כהנים עם קדושך כאמור ׃ יברכך יהוה וישמרך׃ אמן. יאר יהוה פניו אליך ויחנך׃ אמן. ישא יהוה פניו אליך וישם לך שלום אמן ׃

שִׂים שָׁלוֹם טוֹבָה וּבְרָכָה חַיִּים חֵן וָחֶסֶד וְרַחֲמִים עָלֵינוּ וְעַל כָּל יִשְׂרָאֵל עַמֶּךָ בָּרְכֵנוּ אָבִינוּ כֻּלָּנוּ כְּאֶחָד בְּאוֹר פָּנֶיךָ כִּי בְאוֹר פָּנֶיךָ נָתַתָּ לָּנוּ יְהֹוָה אֱלֹהֵינוּ תּוֹרַת חַיִּים וְאַהֲבַת חֶסֶד וּצְדָקָה וּבְרָכָה וְרַחֲמִים וְחַיִּים וְשָׁלוֹם וְטוֹב בְּעֵינֶיךָ לְבָרֵךְ אֶת עַמְּךָ יִשְׂרָאֵל בְּכָל עֵת וּבְכָל שָׁעָה בִּשְׁלוֹמֶךָ ׃

וּבְסֵפֶר חַיִּים בְּרָכָה וְשָׁלוֹם וּפַרְנָסָה טוֹבָה יְשׁוּעָה וְנֶחָמָה וּגְזֵרוֹת טוֹבוֹת נִזָּכֵר וְנִכָּתֵב לְפָנֶיךָ אֲנַחְנוּ וְכָל עַמְּךָ בֵּית יִשְׂרָאֵל לְחַיִּים טוֹבִים וּלְשָׁלוֹם :

בָּרוּךְ אַתָּה יְהֹוָה הַמְבָרֵךְ אֶת עַמּוֹ יִשְׂרָאֵל בַּשָּׁלוֹם :

יהיו לרצון אמרי פי והגיון לבי לפניך יהוה צורי וגואלי : אלהי נצור וכו' :

בליל ר"ה ויו"כ קודם קדיש בתרא אומרים לדוד מזמור לה' הארץ ומלואה כו' :

נוהגין בליל ראשון של ר"ה לומר לחבירו

לְשָׁנָה טוֹבָה תִּכָּתֵב וְתֵחָתֵם

אין לומר בר"ה א"מ שיש בו הזכרת חטא או עון כגון א"מ חטאנו או סלח ומחול כו' וכיוצא בזה :

פותחין הארון

(בר"ה א"א זה אָבִינוּ מַלְכֵּנוּ חָטָאנוּ לְפָנֶיךָ) :

אָבִינוּ מַלְכֵּנוּ אֵין לָנוּ מֶלֶךְ אֶלָּא אָתָּה :

אָבִינוּ מַלְכֵּנוּ עֲשֵׂה עִמָּנוּ לְמַעַן שְׁמֶךָ :

אָבִינוּ מַלְכֵּנוּ חַדֵּשׁ (בָּרֵךְ) עָלֵינוּ שָׁנָה טוֹבָה :

אָבִינוּ מַלְכֵּנוּ בַּטֵּל מֵעָלֵינוּ כָּל גְּזֵירוֹת קָשׁוֹת :

אָבִינוּ מַלְכֵּנוּ בַּטֵּל מַחְשְׁבוֹת שׂוֹנְאֵינוּ :

אָבִינוּ מַלְכֵּנוּ הָפֵר עֲצַת אוֹיְבֵינוּ :

אָבִינוּ מַלְכֵּנוּ כַּלֵּה כָּל צַר וּמַסְטִין מֵעָלֵינוּ :

אָבִינוּ מַלְכֵּנוּ סְתוֹם פִּיּוֹת מַסְטִינֵנוּ וּמְקַטְרִיגֵנוּ :

אָבִינוּ מַלְכֵּנוּ כַּלֵּה דֶּבֶר וְחֶרֶב וְרָעָב וּשְׁבִי וּמַשְׁחִית מִבְּנֵי בְרִיתֶךָ :

אָבִינוּ מַלְכֵּנוּ מְנַע מַגֵּפָה מִנַּחֲלָתֶךָ :

(בר"ה א"א זה אָבִינוּ מַלְכֵּנוּ סְלַח וּמְחוֹל לְכָל עֲוֹנוֹתֵינוּ :

אָבִינוּ מַלְכֵּנוּ מְחֵה וְהַעֲבֵר פְּשָׁעֵינוּ מִנֶּגֶד עֵינֶיךָ :

אָבִינוּ מַלְכֵּנוּ מְחוֹק בְּרַחֲמֶיךָ הָרַבִּים כָּל שִׁטְרֵי חוֹבוֹתֵינוּ : ע"כ)

אָבִינוּ מַלְכֵּנוּ הַחֲזִירֵנוּ בִּתְשׁוּבָה שְׁלֵמָה לְפָנֶיךָ :

אָבִינוּ מַלְכֵּנוּ שְׁלַח רְפוּאָה שְׁלֵמָה לְחוֹלֵי עַמֶּךָ :

אָבִינוּ מַלְכֵּנוּ קְרַע רוֹעַ גְּזַר דִּינֵנוּ :

אָבִינוּ מַלְכֵּנוּ זָכְרֵנוּ בְּזִכָּרוֹן טוֹב לְפָנֶיךָ :

אָבִינוּ מַלְכֵּנוּ כָּתְבֵנוּ בְּסֵפֶר חַיִּים טוֹבִים :

אָבִינוּ מַלְכֵּנוּ כָּתְבֵנוּ בְּסֵפֶר גְּאֻלָּה וִישׁוּעָה :

אָבִינוּ מַלְכֵּנוּ כָּתְבֵנוּ

ביום כפור לנעילה

אָבִינוּ מַלְכֵּנוּ חָתְמֵנוּ בְּסֵפֶר חַיִּים טוֹבִים :

אָבִינוּ מַלְכֵּנוּ חָתְמֵנוּ בְּסֵפֶר גְּאֻלָּה וִישׁוּעָה :

בְּסֵפֶר פַּרְנָסָה וְכַלְכָּלָה :

אָבִינוּ מַלְכֵּנוּ כָּתְבֵנוּ בְּסֵפֶר זְכֻיּוֹת :

(בר"ה א"א זה

אָבִינוּ מַלְכֵּנוּ כָּתְבֵנוּ בְּסֵפֶר סְלִיחָה וּמְחִילָה) :

ביום כפור לנעילה

אָבִינוּ מַלְכֵּנוּ חָתְמֵנוּ בְּסֵפֶר פַּרְנָסָה וְכַלְכָּלָה :

אָבִינוּ מַלְכֵּנוּ חָתְמֵנוּ בְּסֵפֶר זְכֻיּוֹת :

אָבִינוּ מַלְכֵּנוּ חָתְמֵנוּ בְּסֵפֶר סְלִיחָה וּמְחִילָה :

אָבִינוּ מַלְכֵּנוּ הַצְמַח לָנוּ יְשׁוּעָה בְּקָרוֹב :

אָבִינוּ מַלְכֵּנוּ הָרֵם קֶרֶן יִשְׂרָאֵל עַמֶּךָ :

אָבִינוּ מַלְכֵּנוּ הָרֵם קֶרֶן מְשִׁיחֶךָ :

אָבִינוּ מַלְכֵּנוּ מַלֵּא יָדֵינוּ מִבִּרְכוֹתֶיךָ :

אָבִינוּ מַלְכֵּנוּ מַלֵּא אֲסָמֵינוּ שָׂבָע :

אָבִינוּ מַלְכֵּנוּ שְׁמַע קוֹלֵנוּ חוּס וְרַחֵם עָלֵינוּ :

אָבִינוּ מַלְכֵּנוּ קַבֵּל בְּרַחֲמִים וּבְרָצוֹן אֶת תְּפִלָּתֵנוּ :

אָבִינוּ מַלְכֵּנוּ פְּתַח שַׁעֲרֵי שָׁמַיִם לִתְפִלָּתֵנוּ :

אָבִינוּ מַלְכֵּנוּ זָכוּר כִּי עָפָר אֲנָחְנוּ :

אָבִינוּ מַלְכֵּנוּ נָא אַל תְּשִׁיבֵנוּ רֵיקָם מִלְּפָנֶיךָ :

אָבִינוּ מַלְכֵּנוּ תְּהֵא הַשָּׁעָה הַזֹּאת שְׁעַת רַחֲמִים וְעֵת רָצוֹן מִלְּפָנֶיךָ :

אָבִינוּ מַלְכֵּנוּ חֲמוֹל עָלֵינוּ וְעַל עוֹלָלֵינוּ וְטַפֵּנוּ :

אָבִינוּ מַלְכֵּנוּ עֲשֵׂה לְמַעַן הֲרוּגִים עַל שֵׁם קָדְשֶׁךָ :

אָבִינוּ מַלְכֵּנוּ עֲשֵׂה לְמַעַן טְבוּחִים עַל יִחוּדֶךָ :

אָבִינוּ מַלְכֵּנוּ עֲשֵׂה לְמַעַן בָּאֵי בָאֵשׁ וּבַמַּיִם עַל קִדּוּשׁ שְׁמֶךָ :

אָבִינוּ מַלְכֵּנוּ נְקוֹם נִקְמַת דַּם עֲבָדֶיךָ הַשָּׁפוּךְ :

אָבִינוּ מַלְכֵּנוּ עֲשֵׂה לְמַעַנְךָ אִם לֹא לְמַעֲנֵנוּ :

אָבִינוּ מַלְכֵּנוּ עֲשֵׂה לְמַעַנְךָ וְהוֹשִׁיעֵנוּ :

אָבִינוּ מַלְכֵּנוּ עֲשֵׂה לְמַעַן רַחֲמֶיךָ הָרַבִּים :

אָבִינוּ מַלְכֵּנוּ עֲשֵׂה לְמַעַן שִׁמְךָ הַגָּדוֹל הַגִּבּוֹר וְהַנּוֹרָא שֶׁנִּקְרָא עָלֵינוּ :

אָבִינוּ מַלְכֵּנוּ חָנֵּנוּ וַעֲנֵנוּ כִּי אֵין בָּנוּ מַעֲשִׂים עֲשֵׂה עִמָּנוּ צְדָקָה וָחֶסֶד וְהוֹשִׁיעֵנוּ :

סוגרין הארון.

אחר כראה לדעת ט' :

בראש השנה ויו"כ בשבת הוצאת ס"ת קודם בריך שמיה יאמר י"ג מדות ג"פ :

יהוה יהוה אל רחום וחנון ארך אפים ורב חסד ואמת : נצר חסד לאלפים נשא עון ופשע וחטאה ונקה :

ואח"כ יאמר תפלה זו

רבונו של עולם מלא משאלות לבי לטובה והפק רצוני ותן שאלתי (בר"ה א"א זה ומחול על כל עונותי ועל כל עונות אנשי ביתי מחילה בחסד מחילה ברחמים וטהרני מחטאי ומעוני ומפשעי) וזכרני בזכרון טוב לפניך ופקדני בפקודת ישועה ורחמים וזכרני לחיים ארוכים לחיים טובים ולשלום ופרנסה טובה וכלכלה ולחם לאכול ובגד ללבוש ועשר וכבוד ואריכות ימים בתורתך ובמצותיך ושכל ובינה להבין ולהשכיל עמקי סודותיך והפק רפואה שלמה לכל מכאובינו ותברך כל מעשה ידינו ותגזור עלינו גזרות טובות ישועות ונחמות ובטל מעלינו כל גזרות קשות ורעות ותן בלב מלכות ויועציו ושריו עלינו לטובה אמן וכן יהי רצון : יהיו לרצון אמרי פי והגיון לבי לפניך יהוה צורי וגואלי :

ואני תפלתי לך יהוה עת רצון אלהים ברב חסדך ענני באמת ישעך : בריך שמיה וכו' :

כשחל ר"ה בשבת אומרים כאן יקום פורקן.

שער התקיעות

להבין המשנה (רפ"ד דר"ה) יו"ט של ר"ה שחל להיות בשבת במקדש היו תוקעין אבל לא במדינה משום גזירה דרבה שמא יוליכנו ד"א ברה"ר ויו"ט ראשון של חג היו נוטלין את הלולב אפילו במדינה בזמן בהמ"ק אך משחרב בהמ"ק התקין ר"י בן זכאי כו' לא היו נוטלין כו' ויש להבין ההפרש שבין שופר ללולב בזמן שבהמ"ק קיים שתקיעת שופר ונטילת לולב ביום הראשון הוא מדאורייתא ומטעם אחד הוא שנאסרו רק משום גזרה דרבה וכמ"ש היינו טעמא דשופר והיינו טעמא דלולב ולמה חילקו בהם שתוקעים במקדש ולא במדינה ולולב נוטלין אפילו במדינה וגם יש להבין איך היה כח ביד חכמים לעקור מ"ע דשופר ולולב שמן התורה משום טעם וגזירה בעלמא אך הנה י"ל תחילה בשרש ענין השופר וגם להבין ענין פסוקי המלכיות בר"ה שהוא בחי' בנין הנוק' כידוע הנה יש להקדים תחלה ההפרש שבין יח"ע בחי' ע"ס דאצי' וכל פרטיהם ובין בחי' יח"ת דמל' דאצי' בבריאה בהיות ידוע שיש ב' מיני השתלשלות הא' הנקרא בחינת עילה ועלול (והוא הנזכר בס"ה) שכל עילה מקפת העלול כדמיון בחי' העגולים זת"ז כאשר יהיה האופן בתוך האופן כו' והנה כמו דמיון העיגול בתוך העיגול הרי כולל ב' ענינים הא' שהעיגול העליון מקיף מכל צד לעיגול שבתוכו ונמצא עיגול שבתוכו נכלל ומובלע בתוך עיגול המקיפו בבחי' ביטול והתכללות כמו התכללות מנה במאתים או כמו עובר בבטן אמו וכה"ג כך בחי' העילה שהיא מקפת להעלול היינו שמובלע העלול ונכלל בתוכו והענין הוא עד"מ הרב המשפיע שתופס ומשיג את כל השגת התלמיד המקבל מכל צד ופינה דהיינו מפני ששכל הרב מופלא הרבה ממנו ע"כ שכל הרב משיגו בבחי' הקפה מכל צד כמו שתופס אדם במחשבתו ושכלו איזה ענין קטן בכמות ואיכות שמפני קוטן הענין נתפס ומוקף במחשבה והמחשבה מקיפנו במעט רגע וכמ"כ כל שכל וסברא קטנה שאדם לומד ושכלו גדול משכל אותה הסברא נגד מקיף שכלו לאותו המושכל הקטן ולהפך כשהשכל ההוא עמוק משכלו הנה שכלו נעשה מוקף בתוך עומק השכל ההוא והשכל ההוא מקיף לשכלו כו' וכידוע ולפי שכל שכל מקבל קטן ערכו מאד לגבי שכל המשפיע ע"כ שכל המשפיע מקיף את שכל המקבל מכל צדדיו (וענין מכל צדדיו דמקבל היינו גם עד כלות כל כח המקבל בהשגתו לכל צד ופינה אורך ורוחב ועומק גם עד לבחי' מקיף שבו והכל ביחד יקיפנו המשפיע וראיה לזה ממה דלא קאים איניש אדעתיה דרביה וכו' הרי גם מה שעתיד להשיג בשכל הרב עד מ' שנין הקיפו שכל הרב עכשיו והוא להיות שכל הרב מופלא בערך גם מבחי' מקיף דמקבל וכדמיון הרחקת עיגול העליון מעיגול שבתוכו כנ"ל) והענין הב' אשר העלול המוקף ונכלל בעילה הוא מרוחק ומובדל מן העילה המקיפו כדמיון ריחוק העגול שבתוך העגול כאשר יהיה האופן בתוך האופן דהיינו מלבד בחי' ביטול והתכללות המושכל הקטן העלול בתוך השכל הגדול העילה שלו אשר ע"כ יקיפנו העילה שלו מכל צד כנ"ל הנה העלול לא יתקרב אל העילה עדיין רק מרחוק יעמוד כי לא יש במקבל השגה במהות שכל הרב כלל רק מה שמשיג משכלו הוא בא בבחי' ריחוק הערך מאד כמו האופן שבתוך האופן שמרוחק הרבה מאופן העליון המקיפו וקבלתו ממנו הוא בחי' ריחוק (וראיה לזה דלא קאים איניש אדעתיה דרביה בשעת קבלתו כלל וגם מה שעתיד לעמוד על דעת הרב של הרב עצמו מקיפו כנ"ל) וזהו יותר דמיון אמתי מהתכללות מנה במאתים ואלף ורבוא וכה"ג או כעובר בבטן אמו שאע"פ שקטנות המספר נכלל בריבוי המספר כי יש באלף ורבוא גם מספר מנה אבל יש להם ערך זא"ז והקטן ישיג לגדול כי יו"ד

פעמים

פעמים מאה יגיע למספר אלף וכיוצא וכן קטנות הולד לגבי אמו וכה"ג שעתיד לגדל ולהשתות בערך משא"כ הקפת העילה שמקיף לעלול אין העלול משוו לעולם כנ"ל ע"כ הוא בחי' בטול והתכללות אמתי יותר וד"ל. ויש עוד בחי' עילה ועלול שנקרא בשם השתלשלות דהיינו שהעילה משתלשל ויוצא מהעלמו בעילתו לידי גילוי בפ"ע שזהו ודאי כמו היפך להתכללות העלול תוך העילה שאינו נחשב לכלום כמו אותיות השכל הכלולים בשכל (וכמ"ש בת"א בענין א' ועירא דויקרא) אבל כאשר העלול יוצא מהעילה ונחשב למהות בפ"ע אזי נהפך הוא שהעילה מתלבשת בהעלם תוך העלול כמו השכל שמלובש בתוך האותיות וכן כח המשכיל בשכל או שכל במדות וכה"ג (וכמ"ש בת"א בהפרש שבין התכללות והתלבשות) ובזה יובן מארז"ל קרסולי החיות כנגד כולם שוקי החיות כנגד כולם קרני כו' והכוונה הוא ע"ד הנ"ל בבחי' הקפת העלול בתוך העילה כעיגול בתוך עיגול שהעליון מקיף למה שבתוכו וכוללו בתוכו וא"כ כל מה שהוא יותר עליון הוא יותר כולל כללי לכללים הרבה הכלולים בתוכו כמו המקיף הכללי כולל כל העגולים שבתוכו ולמטה הימנו גם שכולל עד העיגול האחרון שבתוך ואמצעיות הכל אינו כללי כ"כ ומכ"ש למטה מטה יותר ועד"מ מושכל אחד שכולל כמה ענינים וכל ענין כולל כמה דברי חכמה וכל דבר חכמה כולל כמה סברות פרטיות וכל סברא כולל כמה אופנים ומדרגות חלוקות וכל מדרגה כמה צרופים כו' וככה יובן בבחי' החיות העליונות להיות שהן כלולות מע"ס כח"ב חג"ת נה"י כו' ולזה רמזו באמרם קרסולי החיות שוקי כו' שהן בחי' נה"י וקרני החיות בחי' כתר כו' וכיוצא והנה רמזו שכל מה שהוא יותר עליון הוא יותר כולל כנגד כל מה שבתחתון דהיינו שכולל כל בחי' ומדרגות התחתונות העלולים ממנו ע"ד הנ"ל בעלול שבטל ונכלל בעילה כו' וע"כ אמרו קרסולי החיות גם שהוא בחי' היותר אחרון בחיות מבחי' נה"י שבנה"י הוא כנגד כולם שכוללים כל בחי' ומדריגות המלאכים שלמטה מהם וכולם נכללין ובטלין בעליון ולא כביטול מנה במאתים כו' אלא ע"ד הנ"ל בבחי' העיגולים וכן למעלה מעלה עד שקרני החיות בחי' כתר כולל כל המדריגות והוא כנגד כולם כדמיון הנ"ל בעיגול היותר עליון כו' ואע"פ שהעגולים אינם בציור פרצוף והחיות אמר בהם בחי' פרצוף כמו שוק ורגל ובבחי' פרצוף הרי הוא היפך בחי' ענין התכללות דעלול בעילתו כמ"ש בת"א הענין הוא לפי שיש הפרש בזה בין אדם לבהמה שבחי' יושר היינו דווקא בבחי' פרצוף אדם דתיקון אבל ציור החיות והבהמות גם שהם באברים ראש ורגל המה כלולים כא' בלי חילוק מדרגות כמו בהתלבשות שכל במדות וכה"ג כמ"ש בת"א והיינו לפי ששרש הבהמות והחיות מבחי' התהו שהן בחי' העגולים ות"ז כו' כידוע וע"כ דווקא בחיות אמרו לשון זה דכנגד כולם לפי שהן דומין לבחי' השתלשלות דבחי' עגולים דתהו וד"ל :

והנה בחי' ההשתלשלות הנ"ל דעילה ועלול הוא בבחי' יח"ע דע"ס דאצי' שהוא ענין ובחי' בטול התחתון בעליון כמו אור החסד דאצי' באור החכמה שאור החכמה מקפת אור החסד ע"ד הנ"ל בביטול העלול בתוך העילה וזהו הנקרא יחוד שהוא ביטול והתכללות האמיתי ע"ד הנ"ל ועד"ז בחי' היחוד וההתכללות עד עצמיות אור א"ס שלפני הקו שנקרא סובב הכללי שמקיף הכל כו' אבל בחי' יח"ת דמלכות דאצי' בבי"ע הוא בבחי' השתלשלות הב' אשר אינו נקרא בשם בחינת עילה ועלול (כי עילה ועלול נקרא יש מיש) והגם שהעלול בטל ונכלל בעילתו כנ"ל מ"מ יש לו ערך עם העילה מאחר שנעשה ונתהוו' ממנו רק שבא האור והשפע בבחי' הקפה שהרי זה כדמיון קבלת התלמיד שכל מרבו וכה"ג או אותיות השכל שמתהוים מן השכל כנ"ל או שכל מן המשכיל וכה"ג מאחר שכלול השכל במשכיל וכן אותיות השכל בשכל הרי אין זה דבר חדש מעיקרו וסבת התהוות אותו דבר בהתכללות הוא מפני שעיל' זאת טבעה להיות עלולים כאלו דוקא וכטבע השכל להטות כלפי חסד או בצירופים כאלה דוקא וזהו הנקרא יש מיש משא"כ בחי' יש מאין שלא היה הדבר גם בבחי' התכללות במקורו רק שנתהווה מבחי' אין כדמיון אור וזיו שנקרא גילוי ההעלם ודאי אין לו ערך כלל להמשפיע אלא נקרא בשם השתלשלות יש מאין והוא בחי' מדת המ"ל שהוא בחי' גילוי אור אלקי להוות הבריאה מאין ליש שהבריאה הוא בבחי' יש גמור בבחי' מוגבל שאין לו ערך כלל וכלל לבחי' הבורא שהוא בלתי מוגבל ואם היה נמשך מבחי' עילה ועלול ע"ד הנ"ל היה ג"כ בבחי' בלתי מוגבל אך שהוא מתהוה מאין ליש שלא כדרך עו"ע הנ"ל והוא בחי' יח"ת דמ"ל דאצי' בבי"ע אך אע"פ שנמשך הבריאה להיות בבחי' יש גמור עכ"ז הוא בבחי' הביטול לאין כמו וצבא השמים כו' והוא עיקר בחי' המ"ל : ולהבין זה בתוס' ביאור הנה ידוע דבחי' המ"ל הוא בחי' הרוממות וההתנשאות שבודאי בבחי' ההתנשאות הרי האור מובדל ומרומם בערך והעולמות מקבלים רק מבחי' המלוכה כמ"ש מלכותך מכ"ע בחי' מ"ל דאצי' שנעשה ע"י לבריאה כו' כידוע וע"כ בחי' החיות של העולמות הוא בחי' יש מאין משא"כ אם היו מקבלים מבחי' ז"א שהוא בחי' המדות דאצי' כמו החסד שהוא עצמו יורד ובא בבחי' קירוב בבחי' עו"ע יש מיש כנ"ל ולזה הטעם לא היה בריאת העולמות רק מבחי' המ"ל להיות מדה זו בבחי' ההתנשאות מרומם בערך ואז יכולים העולמות לקבל להיות בבחי' יש בע"ג ותכלית כו' אך אע"פ שהן בבחי' יש המה בבחי' הביטול לאין שהוא בחי' המ"ל וכמ"ש וכולם מקבלים עליהם עול מלכות שמים ומחמת איתת מ"ל

דאצי'

דאצי' נעשה בחי' ביטול היש (ויש כאן ב' מדריגות הא' בחי' ביטול היש שלהם שמחמת אימת המ"ל שמאיר עליהם מלמעלה למטה והב' הוא בחי' ביטול היש שעי"ז הם גורמים למעלה בחי' התנשאות שנק' כתר כמ"ש כתר יתנו לך כו' וכמ"ש בזהר ע"פ גבורי כח עושי דברו כו') ונמצא מובן עכ"פ בעיקר בחי' מדת המ"ל שהוא ענין ההתנשאות על עם כי אין מלך בלא עם הרי בהכרח שיש עם בבחי' יש רק שהן בבחי' הביטול בקבלת עומ"ש כנ"ל והנה ע"ד מלכות' דארעא דכתיב שום תשים עליך מלך וכיוצא הרי צריך להיות קבלת המלכות ברצון דוקא כמו שאמר שום תשים עליך מדעתך ורצונך דוקא וא"ל אינו מלך כלל כי לשון מלוכה אינו נופל רק בדבר קבלה ברצון שהעם מקבלים אותו ברצונם לעבדו ולבטל כל רצונם לרצונו וכל אשר ימרה את פיו יומת כו' וכך הוא במלכותא דרקיע הנה בחינת הארת אור מדת מ"ל דאצי' אינו אלא ע"י קבלת עומ"ש במלאכים ונשמות ברצון במס"נ דוקא וכמ"ש ומלכותו ברצון קיבלו עליהם (והיינו גבורי כח עושי דברו שעושים כתר מ"ל) לפי שע"י בחי' התעוררת רצון מלמטה לבחי' מ"ל עי"ז נתעורר למעלה בחי' רצון העליון במדת המלוכה והתנשאות דהיינו שיהיה רצון המאיל במדה זו הנק' מ"ל והוא הנק' כתר מ"ל כידוע · וביאור הדברים הנה עד"מ בנפש האדם אנו רואים שבכל מדותיו אין עיקר התפשטותם תלוי רק עפ"י הרצון והתענוג המלובש בהם כמו גם שמטבע הטוב להטיב חסדו מ"מ אין עיקר התפשטותם תלוי רק ע"פ הרצון והתענוג המלובש בהם אם אין רצונו מסכמת בהטבת חסד זה מטעם הכמוס לרצונו אינו מטיב כלל וכן במדת הנצוח והתפארות וכה"ג הכל תלוי לפי ערך הארת הרצון בהם אם במיעוט או בהתרחבות כו' (גם להפך ממדה למדה תלוי ברצון דוקא כמ"ש יהי רצון מלפניך שיכבשו רחמיך את כעסך וכה"ג) ולפ"ז גם במדת המלוכה שהוא בחי' התנשאות על זולתו תלוי ברצון אם נתלבש במדה זו אזי מתפשט ואם לאו אין מדה זו מתפשטת כלל וכך יובן למעלה במלכותא דרקיע שהיא מדה א' ממדותיו של המאציל אם רצון המאציל שנק' כתר עליון מאיר בה נתפשטת והיינו אמרו לפני מלכיות שצריך לעורר בחי' רצון העליון להיות בבחי' מלכות דהיינו ע"ס דמ"ל ע"כ אומרי' עשרה פסוקים להביא המשכה לזה מן התורה דאורייתא מחכמה עילאה נפקת שהוא בחי' טעם כמוס לרצון העליון דמאציל כו' וד"ל · וזהו ענין המאמר דכתר עליון איהו כתר מ"ל מפני שנעוץ תחלתן בסופן (וסופן בתחילתן דהיינו גם בתחילת המחשבה והרצון הפשוט עלה רצון אנא אמלוך כו') והענין הוא כי גם רצון המלוכה עצמו שבכתר דאצי' עלה במחשבה תחלה שהוא במחשבה הפשוטה הנק' רצון הפשוט ונק' בחי' מ"ל דא"ס שנעשה כתר לאצי' בכלל והוא הנק' מחשבה דאנא אמלוך ועכין מחשבה זו דאנא אמלוך שנק' מ"ל דא"ס עלה ג"כ בבחי' מחשבה תחילה בבחי' הכתר הכללי שבעצמות א"ס לפי שנעוץ סופן בתחילתן עד רוס המעלות כידוע והיינו אמרו לפני מלכיות לפני ממש וד"ל · והנה כדי שיומשך בחי' עונג ורצון הזה שבמאציל במדת המלוכה צריך בהכרח להמשיך ממקור כל התענוגים ורצונות העליונים הנק' רעווא דכל רעווין כו' או עתיקא דעתיקין סתימו דכל סתימין דהיינו שכבר עלה במקור כל התענוגים הנעלמים שיהיה בחי' עונג לפניו בבחי' מלוכה דוקא להמשיך רצון ועונג המאציל במלוכה להיות חפץ בה ומתענג אנא אמלוך כו' (וגם להיות במחשבה א' שנק' מ"ל דא"ס צריך להמשיך עונג הזה למעלה ממקור עונג הנעלם שבעצמיות להיות נמשך בחי' עונג הנעלם זה שבמחשבה להיות נק' מ"ל דא"ס כו' כמ"ש מלכותך מ"ל כ"ע וקאי גם על בחי' מלכותך העצמי שנק' מ"ל דא"ס שלפני הקו כו') ועיקר ענין התענוג שבמלוכה העליונה עד רוס המעלות היינו ע"ד מלכותא דארעא שיהיה בחי' יש ושיהיה בטל לאין בקבלת עומ"ש וע"כ הוא מעורר לרצון ועונג שבמלוכה כנ"ל לפי שזהו עיקר בחי' מדת המלוכה ע"כ בהתעורר הרצון לזה מלמטה כנ"ל מעוררים בחי' עונג ורצון הנעלם שבמלוכה עד רוס המעלות כנ"ל וד"ל · והנה בתחילת ההשתלשלות נמשך העונג והרצון בבחי' המלוכה עליונה להיות עולה במחשבתו אנא אמלוך רק מצד עצמו כי חפץ חסד הוא כמ"ש בע"ח דתחילת המחשבה דאנא אמלוך היה מצד כי חפץ חסד הוא לפי שבחי' המ"ל הוא בחי' החסד שהרי במדה זו מחיה את כל העולמות וכמ"ש כי אמרתי עולם חסד יבנה והוכן בחסד כסא וכה"ג ופי' כי חפץ חסד הוא בחי' המשבת העונג והרצון בחסד זה שבמדת המלוכה אבל אח"כ תלוי במעשה התחתונים בהעלאת מ"ן לעורר לבחי' העונג והרצון הנעלם בעצמיות בבחי' המלוכה והוא ענין ר"ה שאומרים מלכיות כנ"ל שהוא ענין בנין המ"ל מתקור הראשון דהיינו להמשיך בחי' כתר מ"ל והוא עיקר בנין הנוק' כידוע בענין הנסירה וד"ל · וזהו שאומרים זה היום תחלת מעשיך זכרון ליום ראשון פי' לעורר מחדש לעונג ורצון שבמלוכה וע"כ נק' ר"ה להמשיך על כל השנה בחי' המלוכה והיינו זכרון ליום ראשון כשעלה במחשבה אנא אמלוך כו' (ומ"ש מלכותך מ"ל כ"ע וממשלתך בכל דור ודור הנה בחי' הממשלה הוא בע"כ והיינו לאחר שקבלו עליהם ברצון למלך כמ"ש שום תשים עליך מלך כנ"ל אח"כ המלך מושל בע"כ עליהם וא"כ הממשלה מסתעפת מן המלוכה אשר בתחילה וכך יובן למעלה דכתיב דבר מלך שלטון וכמאמר רז"ל כשגגה מלפני השליט והוא בחי' הממשל' והשליטה שנמשך מדבר מלך אחר שנתקבל למלך ברצון שאח"כ פוקד ומצוה ומושל בע"כ וכמ"כ ויאמר אלהים יהי

אור

אור ויהי כן כמו שהוא דבר מלך שלטון המושל במאמרו ונאר אומר כמו יצא דבר מ"ל כו' ואשר נחתם בטבעת המלך אין להשיב אבל עיקר בחי' המלוכה הוא הכתר מ"ל שמקבלים ברצון כשמכתירים אותו וזהו מלכותך הוא בחי' כתר מ"ל הוא מקור בחי' מ"ל ואח"כ וממשלתך בכל דור בממשלה בע"כ כו' וענין דור ודור כמו דור המבול ודור הפלגה שלא קיבלו עומ"ש ברצון רק בע"כ מושל עליהם כמ"ש ומלכותו בכל משלה והוא במדריגת התחתונים הרחוקים מאור פני מלך חיים שאין בהם בחי' ביטול היש כמו העומדים לפני המלך שייך בהם בחי' הממשלה בע"כ וכמו בלעם שהי' מבחי' דעת דקליפה לא היה ביכולתו לעבור דעת פי הויה כו' ואמר את אשר ישים כו' לא אוכל לעבור את פי הויה וכו' וכתיב קורא הדורות מראש שכל הדורות המה מסתעפים זא"ז בבחי' זמן ועולם הוא הכולל לדורות ובכלל הן ג' מדריגות עולם שנה נפש וז"ש מלכותך הוא בחינת נפש שמאיר בעולם ודור שהן עולם ושנה וכמ"ש דור הולך ודור בא והארץ לעולם עומדת כו' וע"כ בחי' הממשלה הוא בכל דור דור עד גם דור היותר אחרון שנק' עקבא דמשיחא) והנה ע"י מה ממשיכים בחי' עונג העליון במדת המלוכה ממקור כל התענוגים כו' היינו ע"י השופר דווקא כמ"ש עלה אלהים בתרועה כו' דהנה יש להבין בשורש בחי' השופר ולמה הוא מקרן איל דוקא כי הנה שורש נפש הבהמה הוא מבחי' פני אריה פני שור כו' שבמרכבה שרשם מבחי' בהמות בהררי אלף שבבחי' התהו (אבל שרש בחי' האדם למטה מבחי' התהו והיינו מבחי' אדם דתיקון שאחר התהו כמ"ש לפני מלך מלך לבני ישראל והיינו בחי' אדם דאצי' שע"ג הכסא וכמ"ש ועל דמות הכסא דמות כמראה אדם כו' ואוה"ע שרשם מבחי' אדם שבמרכבה דאצי' וכמ"ש ודמות פניהם פני אדם בחי' אדם שבבהמה כו' ולזה רמזו רז"ל באמרם אתם קרוים אדם ואין אוה"ע קרוים אדם וד"ל)· והנה ידוע דמפני שבחי' האורות דתהו היו בריבוי ותוקף גדול לא יוכלו הכלים לסבול האור ע"כ נפלו הכלים ונשברו ומקום נפילתם הי' בעולם הבריאה והם בחי' המרכבה דפני אריה פני שור כו' וידוע דבחי' התיקון דאדם הוא בחכמה שנק' כח מה שהוא בגי' אדם וע"כ האדם הוא בעל בחירה עפ"י השכל ואין בו בחי' ביטול רק ע"פ הדעת והחכמה בלבד אבל טבע הבהמה הוא בבחי' ביטול גדול יותר למעלה מן הדעת ואע"פ שהבהמה למטה מן הדעת כידוע אבל זהו הכלל דכל למטה מן הדעת שרשו למעלה מן הדעת והוא בחי' הכתרים דתהו שלמעלה מבחי' החכמה דתיקון כו' וכמ"ש במ"א וד"ל · וזהו הטעם ענין השופר מבחי' הבהמה דוקא שלמעלה מבחי' אדם הוא לעורר בחי' הביטול שלמעלה מן הדעת כו' והוא עצמו הטעם וענין התקיעה בשופר שהתקיעה הוא קול פשוט היוצא מהבל הלב שעדיין לא בא לידי גילוי באותיות כלל מפני שהוא בחי' פנימיות הנקודה שבלב שבלתי מתיישב ונמשך כלל באותיות רק משם נמשך מקור התהוות האותיות להיות שהאותיות שרשם בחכמה שבמוח ובחי' הבל הזה היוצא בבחי' קול פשוט הוא מבחי' נקודת הלב שלמעלה מן החכמה שבמוח כו' :

וביאור זה הנה ידוע שיש ב' מיני קול הא' הנק' קול הדבור שהוא יוצא מהבל הלב אך הוא מבחי' חיצוניות הלב שהם מבחי' המדות שבלב שנמשכין ממוח דחו"ב ונקרא למטה מן הדעת שהדעת ממשיך את השכל שבמוח להלב אבל בחי' קול פשוט שבלתי מתחלק באותיות הדבור · הנה יציאתו מהבל פנימי שבעומקא דלבא שהוא למעלה מן השכל דהיינו שבלתי יכולת השכל להשיגו כלל להיותו בחי' פנימיות הרצון שבלתי מוגבל בשכל וממנו נעשה קול פשוט כמו צעקה פתאומיית הבאה מנקודת עומקא דלבא כשמגיע ההתפעלות בעצם הנפש ממש כמו צעק לבם אל הויה כו' (ומ"ש במ"א בענין קול הנגון שגם הוא בלתי מתחלק באותיות כשיר הלוים כו' היינו מבחי' פנימיות החכ' שלמעלה מן ההשגה דבינה ונקרא קולו של משה כו' והוא ג"כ למטה מן השכל אחר שנמשך ע"פ השכל רק שהוא נמשך מבחי' פנימיות המושכל הנקרא בינה כו' כמ"ש במ"א משא"כ קול פשוט לגמרי בלתי ניגון שהוא למעלה מן הדעת והחכמה לגמרי רק בבחי' פנימיות הרצון והעונג הבלתי מוגבל ומתיישב בחכמה כלל וכלל וז"ש והאלהים יעננו בקול בקולו של משה שנמשך אחר קול השופר כו' ובחי' קול פשוט זה למעלה משורש האותיות שבחכ') וע"כ עיקר בנין המ"ל בצירופי אותיות כידוע הוא ע"י השופר דפ"ר הן ה"ג דמנצפ"ך והש' דשופר מקור התחלקות הצירופי' וכו' כי מקול פשוט זה נמשך מקור האותיות ושרשן כו' וז"ש עלה אלהים בתרועה הויה בקול שופר פי' אלהים דמ"ל עלה בתרועה שהקול נחלק לט' חלקים נגד ט' ספירות דמ"ל ושברים שהן ג' קולות נגד חג"ת כו' אבל הוי' עצמו הוא בקול פשוט דשופר כו' כי שם הוי' נמשך ע"י קול השופר והוא בלדו הרחב וכמ"ש ענני במרחב יה ומן המצר קראתי הוא בחי' עלינת שם אלהים כמ"ש עלה אלהים כו' וזהו שתוקעין בצד הקצר של השופר כמ"ש מן המצר קראתי יה שהוא בחי' העלאה לעורר למעלה בחי' העונג המשכת המ"ד ממקור התענוגי' כנ"ל דהיינו שיהיה בחי' יש ושיהיה היש בטל כו' ואח"כ נמשך מן העונג הזה בבחי' המ"ל והייט ענני במרחב י"ה (וע"ד המבואר במ"א בענין הארת תרין תפוחין כו' שמן המצר דנקוד' נתרחב והולך כמו והיה ראשיתך מצער ואחריתך ישגא כו') וכמ"כ התקיעה במצר שבנידו הקצר הוא בחי' תכלית הצמצום שמחמתו דוקא נעשה סיבת התרחבות הקול

בנידו

בגידו הרחב כו׳ ולמטה הוא בחי׳ תקיעה בקול פשוט
מעומקא דלבא דהיינו בחי׳ צעק לבם בתכלית המיצר עי״ז
מעורר למעלה ג״כ שיומשך מן המיצר בבחי׳ מרחב כו׳ והוא
בחי׳ גלוי עונג העליון במרחב יה חו״ב בבחי׳ התפשטו׳ העונג
העליון בבחי׳ מקיפים דחו״ב שנק׳ מרחב י״ה וכן בבחי׳ מקיפים
דסכות וש״ע מחמת בחי׳ העלם ולמלום דמיצר קול השופר
העליון כמ״ש ואדני הוי׳ בשופר יתקע כו׳ וכן ויהי קול השופר
הולך וחזק מאד כו׳ וכמ״ש במ״א וזהו בחי׳ תקיעה הא׳
שהוא בחי׳ ההמשכה מלמעלה למטה להמשיך עונג
הנעלם בעצמיות א״ס שיומשך בגילוי למטה והוא ע״י
התקיעה במיצר לעורר למעלה בחי׳ המשכה זאת כנ״ל. וענין
שברים ותרועה היינו גנוחי גנח וילולי ילל לעורר בחי׳
רחמים רבים כידוע שעי״ז מתעורר בחי׳ שמאל דוחה לחיצוני׳
המקטרגי׳ וכידוע ואח״כ מבחי׳ התקיעה הב׳ בחי׳ העלאה
ממטה למעלה בבחי׳ ביטול היש שעי״ז מתעורר בחי׳ עונג
במ״ל מצד אתדל״ת כידוע כו׳ וד״ל. ובכ״ז יובן ענין הנסיר׳
שהוא בשביל החזרת פב״פ כידוע דהיינו ע״י בחי׳ מוחין
דאימא דוקא כידוע והענין הוא לפי שכל בחי׳ המשכות
עונג העליון שבעצמיות המאציל הנמשך ע״י השופר הוא יתגל׳
דוקא בבחי׳ בינה ומזה נעשה בחי׳ מוחין דאימא כידוע שאין
עיקר התגלות התענוג רק בהשגה דוקא עד״מ כאשר האדם
משיג להשכל בכי טוב אזי יתענג ממנו אבל כשאין משיגו
בכי טוב לאורך ורוחב להיות נתפס המושכל בכלי ההשגה
דבינה ממש אז אינו מתענג כלל ממנו והיינו כאשר המושכל
עדיין בבחי׳ העלם דנקודת חכמה הגם שנק׳ עדן אבל
הוא מקור התענוג המורגש בגילוי בהשגה כי אין בנקודת
החכמה תענוג רק בהעלם וממנו נמשך גילוי התענוג
בהשגה (ובמ״א מבואר בפי׳ מאמר הזהר ועבד הלוי הוא
דא עתיקא כו׳ שבבינה נתגלה עלם התענוג כו׳ כמ״ש במ״א)
הרבה יותר מבחכמה והנה ידוע דהתענוג מורכב בשכל
כי התענוג נמצא בכל הדברים גם זולת השכל כמו בכבוד
ומאכלים ולבושים וכה״ג ועד״ז נמצא גם התענוג בשכל
(אלא שהשכל קרוב יותר אל מהות התענוג ונאמר שממנו
מציאת התהוותו מבחי׳ הלחלוחי׳ שבמוח כו׳ כמ״ש במ״א)
ונמצא מובן כמו שאין אור בלא כלי והאור מורכב בכלי
כמו ראיה בכלי העין וכה״ג כך התענוג מלובש בחו״ב כאור
המלובש בכלי וע״כ מובן שבחי׳ השגה דבינה שנק׳ מוחין
דאימא הוא כמו בחי׳ כלי לאור העונג העליון המתגלה
בו כענין הנשמה נהנית מזיו כו׳ שהוא בחי׳ התגלו׳ עתיק
בבינה בבחי׳ השגה דוקא וד״ל. והנה מבחי׳ מוחין דאימא
שנעשין כלי לתענוג העליון נמשך לבחי׳ המ״ל שהוא בחי׳
הדבור העליון והיינו המשכת בחי׳ העונג העליון לבחי׳
המלוכה כנ״ל כמ״ש דבר מלך שלטון בדבר ה׳ שמים נעשו
כו׳ וכידוע כללות ענין הנסירה לבנות בנין הנוקבא להיות
בבחי׳ פב״פ כו׳ ע״י בחי׳ מוחין דאימא כמ״ש ויבן הוי׳
אלקים את הצלע כו׳ וד״ל. וזהו ענין השופר שהוא בחי׳
התגלות עתיק בבינה והוא בחי׳ עונג העליון שנמשך בהשגה
דבינה ומשם נמשך בבחי׳ המ״ל להיות לו רצון ותענוג
במלוכה כנ״ל שהוא בחי׳ בנין המ״ל וזהו עלה אלהים בתרועה
אלהים דבינה כו׳ וד״ל:

והנה אחר כל הנ״ל יש לתרץ הקושיא דלעיל במשנה דאין
תוקעין ביו״ט של ר״ה שחל בשבת במדינה
משום גזירה דרבה האיך דוחים חכמים מ״ע שמן התורה
משום גזירה בעלמא כו׳ אך הנה יש להקדים עוד בשרש
בחי׳ השבת מהו דהנה ידוע דעיקר השבת הוא בחי׳ התענוג
מן השביתה ומלאכה והמנוחה והוא כשבא אל עצמותו כמ״ש
וישבות הוי׳ כו׳ כי בו שבת אך זהו בצירוף עוד תנאי והוא
כאשר גמר כל מלאכתו והוטב בעיניו כשבא אל עצמותו כמ״ש
ויקרא אלהים כו׳ והנה טוב מאד אז אמר ויכל אלהים ויכל
לשון תענוג כמו כלתה נפשי כו׳ נמצא התענוג הזה מורכב
מג׳ דברים הא׳ בחי׳ המנוחה מצד עצמו כאדם שמתענג
כאשר נח ושובת ממלאכתו איזה מלאכה שתהיה והב׳
מענין גמר כל מלאכתו דוקא ולא כאשר עדיין מוטל עליו
לעשות עוד דבר ע״ד גמר כל דבר עבודה שעושים משתה
ושמחה על הגמר דוקא וכמו ינאי המלך שכבש ששים כרכים
עשה משתה על הגמר שנגמר הדבר ועל ענין גמרו של
דבר יש עונג מלבד שהענין נגמר בכי טוב שזהו העונג
הג׳ במה שהענין טוב בעיניו מלבד גמר הענין וכמ״ש כל
אשר עשה והנה טוב וכו׳ נכלל ג׳ דברים הנ״ל והנה התענוג
בשביתה זו שכוללת ג׳ אלה הכל הוא בבחי׳ החכמה
המלובשת בעשי׳ ומלאכה כמ״ש כולם בחכמה עשית בחכמה
שבדבור ומעשה כמ״ש ויאמר אלהים וכאשר שובת ממלאכה
שובת גם החכמה שבעשי׳ ומאיר הארת אור התענוג מאשר
הוטב העשיה ואשר נגמר מלאכתו ואשר שובת דג׳ אלה
יש ג״כ בחכ׳ מקור כל העשי׳ והוא ענין בחי׳ התענוג
שבחכמה אשר בכל שבת כמ״ש וקראת לשבת עונג שבשביתת
השכל נמשך עונג ע״ד הנ״ל בשביתה ממלאכה ועשיה
מאחר שעשיה נמשך מן השכל והיא עיקר השבת וכמ״ש
בע״ח דעיקר בחי׳ השבת הוא בחי׳ מוחין דאבא דהיינו
בחי׳ העלאת מוחין דאבא בבחי׳ השביתה שאז מאיר בחכמה
מבחי׳ התענוג ונק׳ עולת שבת כידוע והוא ענין החכמה
שנק׳ עדן וע״כ כל עליות הנשמות בג״ע הם בשבת דווקא
וזהו ושמרתם את השבת כי קדש היא בבחי׳ החכמה שנק׳
קדש והוא כשיש עליה לחכמה בתענוג אז נק׳ קדש מובדל
כמ״ש במ״א (משא״כ בחינת החכמה המלובשת בעשיה בו׳
יומין דחול) וזהו שנאמר בשבת ממצוא חפצך ודבר דבר
כי הדבור דע״ת ביומין דחול מתלבשין בבי״ע והחכמה
שמלובש בדבור נק׳ חכמה תתאה בסוף ומקורה בחכמה
דאצי׳

דאצי׳ הנק׳ חכמה ברא״ש אך בחול החכמה ברא״ש ח״ע מלובש בחכמה תתאה בדבור עד״מ האדם שמדבר איזה שכל המושכל במוחו שהמושכל שישכיל לעצמו במוחו מושפל בשכל זה הנגלה בדבור כו׳ אבל בשבת בחי׳ המ״ל שהוא הדבור עולה למעלה במקור שנק׳ דבר דבר שהוא ח״ע לפי שגם ח״ע עולה למעלה בבחי׳ שביתה כנ״ל וגם בחי׳ העונג שנק׳ חפצך עולה למעלה כי התענוג שהיה מלובש בעשיה מצומצם מאד ואין לו ערך כלל לתענוג הנ״ל שמתענג מן השביתה ומאשר גמר כל מלאכתו בכי טוב כו׳ וזהו ממצוא חפצך ודבר דבר כנ״ל (וזהו שבקושי התירו לדבר ד״ת בשבת הגם דאורייתא מח״ע נפקת אבל עונג שבשבת בח״ע למעלה מהעונג שבחכמה הבאה בדבור דד״ת כי מטעם הנ״ל בדבר דבר בחי׳ חיצוניות הדיבור כך הוא ג״כ בבחי׳ הפנימי׳ שהוא בחי׳ הדבור פנימי דד״ת כמ״ש אם לא בריתי כו׳ כידוע דיו״ד הדברו׳ פנימים לע״ת כו׳) ונמצא מובן עכ״פ שבחי׳ התענוג שבח״ע בשבת הוא למעלה מבחי׳ החכמה (וגם התענוג שברצון הנק׳ חפץ ג״כ עולה למעלה בשבת כנ״ל בפי׳ ממצוא חפצך כו׳ וד״ל):

ומעתה יתורץ הקושיא דלעיל למה דחו חכמים תקיעת שופר ביו״ט של ר״ה השנה שחל בשבת דהנה מבואר למעלה בשרש בחי׳ השופר שהוא בחי׳ התגלות עונג העליון בבינה להיות המשכת התענוג במ״ל שהוא הדבור כו׳ אך בשבת כתיב ודבר דבר שהדבור עולה למעלה כי התענוג הוא בשביתה מן הדבור דע״מ גם בחכמה מקור הדבור התענוג הוא מן השביתה דחכמה כנ״ל שהוא תענוג גדול יותר מן התענוג המתלבש ומתצמצם בחכמה הבאה בדבור כו׳ ע״כ גזרו חכמים שאין תוקעין בשופר להמשיך עונג העליון בחו״ב ולבא בדבור דע״מ כי אין מהצורך לתענוג זה דשופר בבינה כי יש בכלל מאתים מנה בתענוג שבחכמה שמאיר בשבת כנ״ל בבחי׳ קדש הוא מוחין דאבא כי יו״ע נק׳ מקראי קדש מוחין דאימא שמקבל מקדש דאבא וגם השופר הוא באימא כו׳ והנה לזה הטעם לא היה איסור לתקוע בשופר אך מה שגזרו לאסור לתקוע בשבת הוא מטעם הנ״ל שהשופר הוא היפך בחי׳ שבת כי השבת הוא בחי׳ העלאה דע״מ דוקא לתענוג שבחכמה ודבור כמ״ש ממצוא חפצך כו׳ והשופר הוא המשיך תענוג העליון לע״מ וד״ל · אך עדיין יש להבין למה מדאורייתא חייבין לתקוע בשופר גם ביו״ע שחל להיות בשבת הרי מטעם הנ״ל גם מדאורייתא הי׳ ראוי לאסור את התקיעה וגם יש להבין למה במקדש תוקעין גם מדרבנן ולא גזרו רק במדינה כו׳ אמנם הנה יש להקדים שיש כמה מיני מדריגות חלוקות מאד בענין התענוג זו למעלה מזו כו׳ ואין א׳ דומה לחבירו כלל כמו שאנו רואים בתענוג הגשמי שיש בו ריבוי מדריגות שונות מאד כמו התענוג שבד׳ חושי׳ ראיה שמיעה ריח ודיבור הרי התענוג שבראי׳ גדול מהתענוג שבשמיעה כי התענוג שבהסתכלות דבר הנחמד גדול כוחו יותר מתענוג שמיעת קול ערב אע״פ שמתפעל מאד וכן התענוג שבריח גדול כוחו גם מתענוג שבראי׳ ולא ראי זה כראי זה שבריח יש בו תענוג שמשיב את הנפש משא״כ בתענוג שבראיה ובתענוג שבראי׳ כל נפשו נמשך משא״כ תענוג שבריח כו׳ וכן תענוג שבדבור ותענוג שבמחשבה ותענוג שבמדות כמו אהבה וניצוח והפארת כו׳ בכולם יש חילוק מדריגו׳ שונות מאד עד בחי׳ התענוג שבשכל שהוא רוחני מכולם וגם בו יש מדריגות הרבה כמשי״ת ועוד עונג עליון ממנו שהוא תענוג שברצון או מנוחה כו׳ ובכ״ז יובן למשכיל למעלה בתענוג האלקי העליון שכל תענוגי עוה״ז שנמצא למטה בע׳ שרים הוא רק פסולת דפסולת התענוג העליון האלקי שנופל מלמעלה מבחי׳ אחוריים דעונג העליון דהיינו מבחי׳ אחוריי׳ דעונג דמ״ל דעשי׳ נופל פסולת לע׳ שרים והוא שמחק ר״ע אם לעוברי רצונו כך לעושי רצונו הוא בחי׳ אחוריי׳ כו׳ כ״כ נמשך תענוג פסול׳ לעושי רצונו כו׳ כמ״ש במ״א ובחי׳ עונג שבמל׳ דעשיה אינו רק כמו עונג המצומצם בעשי׳ גשמיות כמו בציור ומלאכה גשמיות וכה״ג למעלה הימנו עונג אלקי שביצירה ובריאה שנק׳ דבור ומחשבה כידוע ולמעלה מהם עונג העליון שבמדות העליונות ותענוג שבראי׳ שמיעה ריח כו׳ עד התענוג שבבחי׳ חכמה דאצי׳ שנק׳ עדן כנ״ל שהוא גדול מכולם (מלבד תענוג שבריח כמ״ש לריח ניחח שהוא בבחי׳ חוטמא כו׳ שלמעלה מן החכ׳ כמ״ש במ״א) ובאמת אין נמצא למטה באדם בחי׳ ריבוי מדרגות בתענוג שנוכל להבין מזה בדוגמא למעלה בעונג העליון וגם מ״ש בע״ח בענין ההשתלשלות בעולם התענוג העליון אינו אלא כמו טפה בים מכמו שהוא כו׳ ומה שנוכל להבין מהתענוג שלמטה הוא רק מה שבצלם אלהים עשה הוי׳ את האדם והרי אינו אלא מבחי׳ החכמה ולמטה ואשר מאיר בחכמה מבחי׳ התענוג הוא רק מדרגה היותר תחתונה ומצומצמת כו׳ כידוע וד״ל · אך מ״מ דרך כלל הנה ידוע דבחי׳ הכתר הוא בחי׳ ממוצע בין מאציל לנאצלים ויש בו ב׳ מדרגות והמה ב׳ פרצופים ע״י וא״א ובחי׳ עתיק נחשב מבחי׳ אחרונה שבעצמיות המאצי׳ ובחי׳ א״א הוא בחי׳ שורש וראש לנאצלים כמ״ש בע״ח והנה מבואר בע״ח ג״כ דבחי׳ או״א מלבישים לזרועו׳ דא״א דהיינו שבחי׳ אור אבא מלביש לבחי׳ חסד דא״א ואור הבינה מלביש לבחי׳ הגבורות דא״א וז״ש אני בינה לי גבורה כו׳ · וביאור הדברים הנה ידוע ביאור בחי׳ חסד דא״א שהוא בחי׳ החסד שברצון עליון וברצון מלובש התענוג כידוע והוא הנק׳ חפץ חסד חפץ ומתענג באותו חסד ואותו אור החסד שברצון ותענוג עליון הנק׳ חסד דא״א הוא המתלבש בחכמה כי הוא עצמו למעלה

מן החכמה רק שמתלבש בחכמה והוא כמו בחי' גלוי השכל והטעם לרצון זה של חסד והיינו ענין חו"ג של א"א שמלובשים בנאצלים בקווין ימין ושמאל כו' חח"ן בג"ה כו' כידוע בענין הה' דהגדול הגבור כו' אבל הנה בחי' ג"ר דא"א שהוא ג"ר דעתיק אינו מתלבש בנאצלים וע"ז אמר המלך המרומם והמתנשא מימות עולם הנאצלים כו' וביאור בחי' חו"ב דא"א ידוע שהוא בחי' חכמה נעלמה הנק' ח"ס כלומר בחי' טעם כמוס למעלה מבחי' טעם ושכל גילוי לרצון המלבישו מבחוץ וכנ"ל וכענין שחוק כך על' במחשב' לפני כו' שהוא בחי' טעם כמוס לרצון זה כמ"ש בת"א וכת"כ בחי' בינה סתימאה דא"א הכל בהעלם הרצון קודם שבא לבחי' גילוי במדות כמו חפץ חסד הוא וע"כ בחי' ג"ר דא"א שהוא כח"ב דא"א בלתי מתלבשים בנאצלים כלל וגם מתילא מובן שגם בחי' התענוג המלובש בג"ר דא"א הוא בהעלם גדול ונק' ע"י לשון המעתיק הרים שנעתק ונבדל מיותין כמ"ש המתנשא מימות עולם כנ"ל וע"כ אמר בע"ח דבחי' ג"ר דע"י וארוך נחשב מבחי' עולם הא"ס רק שהוא מבחי' אחרונה שבו אבל בחי' חו"ג דא"א המה שרשי עולם האצי' כו' ונמצא הגם שיש רבבות מדריגות בבחי' התענוג כנ"ל מ"מ דרך כלל יש הפרש בין בחי' העונג והרצון המלובש בנאצלים כמו בחי' המדות חו"ג דא"א וע"י ובין בחי' העונג והרצון העליון הנעלם שהוא בחי' ג"ר דע"י וא"א וא"כ הרי גם בחי' התענוג שבשכל וחכמה שהוא בחי' אור אבא המלביש לחפץ חסד דא"א שנק' עדן כנ"ל ג"כ אין לו ערך לבחי' עונג הנעלם בבחי' חכמה נעלמה הנק' ח"ס דא"א המתנשא מימות עולם כנ"ל ולפ"ז הרי מובן ג"כ שגם בחי' התענוג שבחכמה שעלה בבחי' עליה כמו בשבת דכתיב עולת שבת בשבתו שעולה בבחי' התענוג הנעלם שבח"ס שנק' שבת כידוע עד שגם התענוג שבחסד דא"א שנק' חפץ חסד כנ"ל שעולה בשבת כמ"ש ממצוא חפצך כו' הנה מ"מ אין לו ערך לגבי בחינת עלם התענוג הנעלם שבג"ר דע"י וא"א שהוא המתנשא מימות עולם לגמרי כנ"ל וזהו ענין השופר דהנה ע"י השופר הגם שבחי' גילוי העונג העליון הוא בבחי' בינה דווקא כנ"ל אבל מ"מ שרשו הראשון הוא נמשך מבחי' פנימיות דע"י כמ"ש בפע"ח אלא שהתגלות פנימיות עתיק הוא בבינה כמ"ש בענין כוונת תקיעת שופר (והטעם שבבינה דווקא מבואר בת"א בענין ג' קולין דיו"ד וכמ"ש בזוהר ע"פ ועבד הלוי הוא דא עתיק כו') ובזה יתורץ הקושיא דלעיל למה מדאורייתא חייבין לתקוע גם בראש השנה שחל בשבת לפי דאורייתא מחכמה עילאה נפקת שהוא בחי' ח"ס דאריך שבו מלובש בחי' פנימיות ע"י ובחי' פנימיות ג"ר שבו ובשופר ממשיכים מבחי' פנימיות עתיק ע"כ אין הארת העונג שבחכמה המאיר בשבת תופס מקום לגבי הארת פנימיות זו שהוא מקור העדן שבחכמה כידוע וע"כ מדאורייתא לא בטלה מצות תקיעת שופר גם בשבת אך מדרבנן שהוא בחי' תורה שבע"פ מל' קרינן לה שהוא בחי' גילוי ח"ת שמקבלת מחכמה שבראש בחי' הגילוי דווקא שאצלם בחי' העונג שבחכמה המאיר בשבת למעלה מבחי' התגלות העונג שבבינה ומל' ע"י השופר כנ"ל על כן גזרו שלא לתקוע בר"ה שחל בשבת וגם הם לא יכלו לגזור רק במדינה ולא במקדש לפי ששם הארון והלוחות שמאיר בו מבחי' פנימיות ע"י שבפנימיות אור אבא הנק' ח"ס וד"ל :

אך הנה עדיין הקושיא בנקותה עומדת מאחר דאורייתא מחכמה נפקת שבו מלובש בחי' פנימיות דעתיק שלזה הטעם חייבים מדאורייתא לתקוע גם בראש השנה שחל בשבת כנ"ל א"כ איך יש כח ביד חכמים לבטל מ"ע דאורייתא בשביל גזירה דרבנן בעלמא ואם מפני שתשבע"פ בא בגילוי הרי תשבע"פ מקבלת מתשב"כ ושדי נופו בתר עיקרו והרי אמרו עולה עמו כו' בעליתו של בעל כו' וכתיב עולת שבת כו' הרי גם המל' עולה עם ז"א עד גם בבחי' אור אבא עולה אור אימא עמו וכידוע בענין קדש מלה בגרמיה כו' ואם כן אם תשב"כ או תשבע"פ נק' זו"כ או או"א ספר וסיפור בהכרח שיהיה האור שוה בתשבע"פ כמו בתשב"כ בשבת כמו ביו"ט ואם מדאורייתה חייבים לתקוע בשבת מטעם הנ"ל גם ע"פ תושבע"פ חייבים כו'· והנה כדי לתרץ היטב הקושיא דלעיל יש להקדים הקדמה אחרת בזה והוא אשר מצינו בכתבי האר"י ז"ל ובזהר ענין ההפרש בין בית ראשון לשני שהבית הראשון הוא בבחי' בינה ה' עילאה ובית השני הוא בבחי' המל' ה' תתאה (וכמ"ש בחכמה יבנה בית והוא ה' עילאה ב' דבראשית בית ראשון ובחכמה יבנה בית בית שני ה' תתאה כו') ולזה הטעם ארז"ל שהבית שני היה חסר ה' דברים ארון ונבואה אורים ותומים כו' דהנה הארון שבו הלוחות הוא מבחי' אור אבא באימא שנק' ס"ת בהיכל כמ"ש בזהר בנאמר הכל תלוי במזל כו' וכת"כ הנבואה הוא בבחי' נו"ה דאו"א המלובשים בז"א כידוע דמשה נבואתו היה מבחי' נצח דאבא ושמואל מבחי' נצח דז"א וכמ"ש וגם נצח ישראל כו' ומפני שבינה עד הוד אתפשטת כידוע ע"כ היתה הנבואה בישראל כ"ז בית ראשון הגם שרובם היו עובדים ע"ז כמבואר בנביאים וכת"כ אורים ותומים שבחי' כה"ג מבחי' הוד דאבא כו' וגם מזה הטעם שבבית ראשון הוא בבחי' ה' עילאה דבינה שנק' עולם החירות כו' וכידוע · וע"כ גם שהרבו להכעיס בכל מיני ע"ז כ"ז בית ראשון לא פסקה בעבור זה בחי' גלוי אלקות בהיכל ק"ק בארון ונביאים וכה"ג מפני שלא היה תופס מקום כלל כל מעשיהם כו' וגם מפני שבחי' אור הבינה הוא מקור הרחמים והסבלנות כמאמר דאימא פריש' גדפהא כו' וכן נאמר כנשר

יעיר

יעיר קינו על גוזליו ירחף וע"כ בהצאותם ובחטאתם לא תאם בהם אלא רחץ אותם מטומאתם כמאמר תבא האם ותקנת לצואת בנה וכמ"ש אם רחץ ה' צואת בנות ציון אל תקרי אם אלא אם כו' אבל הנה בבית שני שהוא בחי' ה' תתאה בחי' המ"ל הגם שנאמר כאמה כבתה ואימא אוזיפת מנהא לברתא כו' מ"מ אין במ"ל אותה הארה שבאימא עילאה ממש משום דבינה עד הוד דז"א אתפשטת ולא יותר ולזה הטעם חסרו ה' דברים בבית שני ארון ונבואה כו' לפי שכ"ז הוא בבחי' ה' עילאה דבינה דוקא כו' וגם מזה הטעם גם שהיו רוב דורות בית שני לדיקים בתומ"ל במעוט חטא ועון נחרב כמו בעון שנאת חנם וכה"ג לפי שהמ"ל מלאה דינים וגבורה כידוע (רק בבת קול נשתמשו שהוא בחי' רה"ק שבמ"ל דבריאה ולא כמו רוה"ק דדוד שבמ"ל דאצי') ובזה יובן ג"כ הטעם במה שמצינו שכל התקנות וגזירות שגזרו ותקנו חכמי ישראל הכל היה בזמן בית שני דוקא אבל בזמן בית ראשון לא גזרו שום גזרה ותקנה (רק ערובין ונט"י שתיקן שלמה ע"ה) כי כל גזרות ותקנות דחכמי ישראל למטה שרשם בבחי' מ"ל שנק' ח"ת כמ"ש אלה מועדי הויה אשר תקראו אתם אפי' שוגגים ומוטעים כו' ובזמן בית שני היה הארה בבחי' מ"ל שנק' ה' תתאה כנ"ל וע"כ היה כח ביד חכמים לגזור גזירות ותקנות הרבה להוסיף על תושב"כ משא"כ בזמן בית ראשון שהוא בחי' ה' עילאה דבינה שלמעלה מבחי' ח"ת דמ"ל על כן לא היה כח ביד חכמים לגזור גזירות כי לא היו צריכים לזה כלל מאחר שנק' עולם החירות או יין המשומר מזגע נכרי שאין לחיצונים שליטה שם לקטרג ואין צריך שמירה כ"כ בתקנות וגזירות משא"כ בבית שני בחי' המ"ל המתלבשת בעשי' כמ"ש מלך אלהים על גוים כו' ומלכותו בכל משלה צריך שמירה ביותר וע"כ הוסיפו לגזור גזירות ותקנות שנק' סייגים וגדרים לאורייתא כו' וד"ל והוא עצמו הטעם שלא היה קטרוג כ"כ על דורות בית ראשון משא"כ בדורות בית שני כנ"ל וד"ל :

ואחר הקדמה זאת הנה מתורץ היטב הקושיא דלעיל היאך יש כח ביד חכמים לבטל מ"ע דאורייתא שהוא תקיעת שופר בר"ה שחל בשבת כו' דהנה מבואר למעלה בשרש ענין השופר שהוא בחי' התגלות עתיק בבינה דוקא שהוא בחי' ה' עלאה כידוע ושרש בחי' ההמשכה הוא מבחי' פנימיות ג"ר דע"י כו' ולהיות כן בזמן בית ראשון שהוא בחי' ה' עילאה דבינה עולם החירות כנ"ל היו תוקעין בשופר גם בר"ה שחל בשבת (גם מדרבנן כי לא היה אז תקנות וגזירות דחכמי ישראל כו') לפי שבחי' פנימיות דעתיק מתגלה בבינה שלמעלה מבחי' עונג דחכמה שבשבת כו' אבל בזמן בית שני שהוא בחי' ה' תתאה וע"כ חסר בו ה' דברים ארון ונבואה כו' שבה' עילאה לפי שאור הבינה נפסק כנ"ל וא"כ בחי' גילוי עונג העליון שבבינה שע"י השופר כמו שהוא נמשך משרשו מבחי' ג"ר דע"י הרי נפסק הארתו בבחי' ה' תתאה דמ"ל כמו שחסר ה' דברים הנ"ל לפי שאין כלי שיתלבש בו הארת עונג הנק' פנימיות דעתיק כו' אך זהו דוקא בשבת ולא בחול כי בחול שמוחין דאימא מלובשים בז"א אז יוכל להיות בחי' גילוי האור דע"י שבה' עלאה דבינה גם במ"ל ה' תתאה כמ"ש כאמה בתה כנ"ל אבל בשבת שאור אבא מאיר ואימא נכללת באבא כנ"ל אזי נפסק הארת אימא עילאה במ"ל מפני הארת אור אבא שבטלה שמה כו' וכמ"ש בזהר ע"פ והובא את בדיו בטבעות הארון דנה"י דאימא נכללין בנה"י דאבא בשבת כו' וכמ"ש במ"א וד"ל · וזהו שבמקדש היו תוקעין בר"ה שחל בשבת גם בבית שני לפי שהיכל ק"ק שבמקדש שנק' שער השמים ה' עילאה מאיר בו בהעלם כו' אבל לא במדינה בבחינת גילוי שבמ"ל מטעם הנ"ל ואדרבה הי' כח ביד חכמים לבטל מ"ע דאורייתא במדינה לפי שחכמים בעלי תושבע"פ בבית שני היה להם כח ועוז זה מטעם הנ"ל וד"ל :

ומעתה יש להבין בתירוץ הקושיא השנית דלעיל בענין נטילת לולב בי"ט ראשון של חג אפילו במדינה בזמן בית שני ומשחרב בית שני לא היו נוטלין מתקנת ריב"ז כידוע ולמה חלקו בין שופר ללולב במדינה הא מחד טעמא נאסרו משום גזירה דרבה כידוע אך עיקר ההפרש הוא שבשופר הוא בחי' התגלות עתיק בבינה ה' עילאה שלמעלה מבחי' המדות דז"א כידוע אבל שורש בחי' הלולב הוא להמשיך בחי' הדעת דז"א לנוק' כידוע · וביאור הדברים ידוע ומבואר במ"א להיות כי המ"ל הוא בחי' הדבור העליון ובחי' כתר מלכות שהוא מקור וכח הדבור כידוע מקבל מבחי' חזה דז"א שהוא בחי' הבל הלב עד"מ שאנו רואים שהבל היוצא מהלב הוא מקור כח הדבור או בהתפשטות והתרחבות גדולה או במיעוט כו' וע"כ נק' נקבה נקב ה' דחזה בבחי' אחוריים דז"א כו' ולהמשיך דעת הז"א בכתר דנוק' הוא ע"י הלולב ל"ו ל"ב בחי' ו"ק דז"א להמשיך לולב באתרוג שהוא בחי' המ"ל כמ"ש בשער הלולב ולפי"ז הרי בבית שני ג"כ היו יכולים להמשיך הלולב אפילו ביו"ט שחל בשבת כי בית שני הוא בחי' ה' תתאה דמ"ל שמקבלת מז"א ואין זה דומה לשופר שהוא בחי' ה' עילאה דבינה שחסר אורה בבית שני כנ"ל ומה שבשבת יש אור היותר עליון והוא בחי' עונג שבחכמה כנ"ל אין זה נוגע לענין המשכת הלולב לבחי' הדעת וע"כ הלולב ניטל בבית שני ג"כ ביו"ט שחל בשבת גם בגבולין כמו במקדש ולא עשו חכמים תקנה וגזירה ע"ז כלל כמו שגזרו ותקנו על השופר במדינה אך משחרב בהמ"ק מפני שנפסק אז גם הארת אור המלכות ה' תתאה ע"כ לא היה אז כח ועוז להמשכת הדעת בנוק' ע"י הלולב ביו"ט שחל בשבת מטעם הנ"ל

שהא"ל עולה גם היא בשבת ונכללת באור אבא כמ"ש עולת שבת בשבתו כו' רק בזמן בית שני שהיתה בתוקף אורה למטה בהיכל ק"ק ע"כ היו נוטלין גם ביו"ט שחל בשבת משא"כ משחרב בהמ"ק כו' וד"ל :

להבין ענין תקיעת שופר (עפ"י כוונת הבעש"ט ז"ל) דהנה יש להקדים תחלה הקדמה אחת בענין קול ודבור והוא אשר אנו רואים בקול ודבור שיש בחי' ממוצע בין הקול והדבור שאינו בערך הקול וגם לא בערך הדבור · דהנה אמיתות ענין הקול הוא רק קול פשוט מורכב מאמ"ר ונק' רוח או הבל בלבד ואינו בגדר אותיות הדבור כלל ובחי' ענין הדבור הוא דוקא בבחי' הברת אותיות מחולקים ונתשכים באופנים שונים ומורכבים יחד כו' ונמצא רחוק ערך מהות הדבור ממהות הקול הפשוט שיוצא מהבל הלב אמנם אנו רואים שהקול והדיבור יש להם חיבור והתקשרות זע"ז שהרי הקול הפשוט יוצא בה' מוצאות הפה ומתחלק לאותיות הדבור וכמ"ש בזהר דקול ודבור כמו כלל ופרט דפרט צריך לכלל וכלל צריך לפרט כו' · אך הענין הוא שיש בחי' ממוצע המחברם והוא אשר אנו רואים בחוש שא"א שיומשך קול פשוט מהבל הלב בהבל הפה בלי הברת אות א' עכ"פ כי בלא הברת אות א' א"א שישמע קול הפשוט בנגלות כלל שהרי כשיוצא הקול הרי קול זה נשמע בהברת אות א' כמו **אַ** או **הַא** וכיוצא או בניקוד אחר **אָ אֵ** או בהברת אות אחר כמו **גַרְפַ** או בנקוד אחר **גָ דָ** או במלאפום **גֻ** אבל בלי הברת אות כלל לא ימצא מציאת הקול כלל ואמנם אע"פ שנשמע הקול בהברת אות א' כמו **אָ** או **אַ** הרי אין ההברה הזאת בשלימות אות האלף כמו שהוא בא באותיו' הדבור שכשצריך לדבר בדבור אות האלף בהברת יאמר ג' אותיות שבו אלף למד פא וא"ל אינו אות א' הנאמר בדבור ואע"פ שגם בדבור כשמדבר תיבה אחת המצורפת מה' מוצאות כמו אמר הרי ג"כ לא יאמר רק הא' בלי מילוי שלו בלמ"ד פ"א זהו דוקא בהרכבת האותיות וצירופיהן כשמתחברין יחד שאינו מדבר כל אות במילוי שלו רק כמו שהוא נשמע בקול בלבד רק שמחבר ב' וג' אותיות יחד כמו ג' אותיות אמר וכמו שאותיות הללו נשמעים בקול כל א' בפני עצמו מתחברים בדבור א' כי גם האותיות של הדבור הן בחי' קול רק שהן בבחי' הברה וקול מקור להם להיות ההברה בחיתוך האותיות של הקול דוקא וד"ל · אבל כשמדבר רק אות א' בדבור בהברת שיאמרנו במלוי שלו כמו ריש וצדיק ותיו וכה"ג משא"כ באות א' הנשמע בקול פשוט כו' וד"ל · והנה ע"פ הרוב אין בקול הפשוט היוצא מהבל הלב רק הברת אות הא' דוקא כמו **אַ** או **אָ אֵ** כו' ולא הברת אות אחר :

והנה להבין הטעם לשמיעת הברת אות א' בקול מאחר שהוא נובדל מערך אותיות הדבור כנ"ל וגם למה בהברת אות הא' דוקא הנה יש להקדים הקדמה אחת בכל התהוות דבר מדבר שנק' משפיע ומקבל הנה א"א שיומשך התהוות המקבל מן המשפיע כ"א באופן שיומשך תחלה דבר א' ממוצע שיהיה כלול מבחי' מהות המשפיע ומבחי' מהות המקבל ועל ידו יומשך ההשפעה מן המשפיע למקבל לפי שאין ערך כלל בין המשפיע והמקבל ואיך יתאחדו המשפיע כ"כ להיות נתהווה ממנו דבר מה שאינו מערכו אך צריך להיות תחלה דבר מה הממוצע שיש בו מבחי' דבר של התהוות מציאת העלול המקבל שיתלבש בו המשפיע ואז יכול להשפיע ולהוות דבר של מהות העלול שאינו מערכו וכמ"כ בלתי אמצעית דבר מה הממוצע שיש בו מבחי' המשפיע לא היה העלול המקבל יכול לקבל מעצם מהות המשפיע מפני שאינו מערך המשפיע כלל (וכמ"ש במ"א בענין גרעין הנרקב בארץ שמבחי' רוחניות הגרעין עולה ונכלל בכח הצומח דהיינו כח הצמיחה שבו והוא המתשיך כח הצומח הרוחני להצמיח מחדש חטה גשמית כי ע"י כח הרוחני שבגרעין יוכל הכח הצומח הרוחני להתלבש בו ולהצמיח מהות גשמי כו') ודוגמא לדבר הנה אור ההשכלה רוחניות הוא ומתלבש במדות שבשכל תחלה ועל ידן יומשך השכל למהות אחר כמו למהות התפעלות המדות מצד שכל וטעם הרי מקור התפעלות המדות היה כלול תחלה בשכל הרוחני ע"י בחי' המדות שבו כי בחי' המדות הללו הן מעין התפעלות המדות ומקור להן והן ג"כ מבחי' אחרונה שבכח השכל הרוחני כידוע שמבחי' האחרונה שבעליון נעשה מקור לתחתון והוא הנק' בחי' ממוצע וכמ"כ מן המדות לאותיות הדיבור דהיינו מהבל הלב שהוא קול פשוט א"א שיקבל הדיבור מהבל קול זה שבלב בלתי בחי' ממוצע שהוא מבחי' הברת אות הא' שנשמע בקול זה שהוא מקור וראשון לכל האותיות שבדבור ויש בו מבחי' כללות הדבור והוא מבחי' אחרונה שבהבל הלב כאשר יוצא אור שפע הבל הלב להתחלק בה' מוצאות הפה אחה"ע מהגרון כו' ומפני שבחי' הבל הלב היוצא בה' מוצאות מקדים תחלה להתלבש בדבר שהוא מבחי' האותיות ומקור להן והוא הברת אות הא' דוקא או יכול להתחלק הקול באותיות פרטיים באמצעית אות הברה דא' שנשמע בקול פשוט המתחלק הברת אותיות פרטיים כו' ויובן זה ע"ד דוגמא כשצריך לומר תיבת ויאמר שיש בו ה' אותיות מחולקים מכמה מוצאות ונחולקים הא' מן מוצא הגרון והוי"ו והמ"ם ממוצא השפתי' דבומ"ף מהשפתים והרי"ש מן השינים כידוע והנה בקול הפשוט בתחלת מציאתו מהבל הלב להתחלק בג' מוצאות הללו גרון ושינים ושפתיים בשביל הברת תיבה זו דויאמר הרי לא יצא מהבל הלב רק קול א' פשוט באות א' כנ"ל והוא המתחלק לג' מוצאות הללו להוציא אותיות מחולקים הללו אות א' מן הגרון ווי"ו רי"ש מן השינים והשפתים

והשפתיים ונמצא ע"י אות א' הנשמע בהברת קול הפשוט טרם בואו בה' מוצאות נמשך הקול להתחלק בתיבת ויאמר והיא מפני שבחי' הקול הזה שבהברת אות א' הנמשך לאותיות תיבת ויאמר הוא בחי' ממוצע שהוא מבחי' האחרונ' שבעצמות קול הבל הלב עצמו ויש בו מבחי' מקור האותיות ומטעם הנ"ל וד"ל · וכמ"כ ממש יובן ג"כ באותיות המחשבה דהנה כמו שהמדות אינן מערך ומהות השכל עד שצריך להיות השפע מן השכל למדות ע"י בחי' המדות שבשכל כנ"ל כך הנה אין ערך כלל לאותיות המחשבה לגבי עצם כח השכל הרוחני וכמו שאין ערך לאותיות הדבור לגבי הבל המדות שבלב והרי אנו רואים שהאותיות שבמחשבה מקבלים מן השכל כמו שהדבור מקבל מקול הבל הלב רק שבחי' קול דאותיות מח' נקרא קלא פנימאה דבינה דלא משתמע כו' כמ"ש במ"א א"כ בהכרח שצריך להיות ג"כ ע"י בחינת ממוצע ע"ד הנ"ל בקול הבל הלב בדיבור שהוא ע"י אות א' דקול כו' וכך יובן באותיות המח' ג"כ דהנה כמו ע"ד תיבת ויאמר שבדיבור שמתחלק ע"י הברת אות א' דקול כנ"ל כך תיבת ויאמר זה כמו שהוא במחשבה כשחושב צירוף תיבה זו דויאמר בהכרח שיבא סיבת אותיות מח' מחולקות האלה מבחי' אור השכל שמתלבש בתיבה זו ע"י בחי' ממוצע ג"כ שהוא מבחי' אותיות המח' ומקור הראשון להם וגם הוא מבחי' אחרונה שבשכל וע"י יומשך התחלקות האותיות ויאמר שבמח' כו' והענין הוא כידוע שהשכל יש בו ג"כ בחי' אותיות אלא שהן בהעלם ודקות גדול כלולים בעצם כח השכל הרוחני שהרי אנו רואים שיש לכל כח שכל בחי' אותיות שלו דהיינו אופן התגלותו במציאות כך או כך כמו שאנו רואים אשר שכל וסבר' אחת זה יכתוב בלשון זה וזה יכתוב בלשון אחר אע"פ שהמכוון א' ממש כו' וכמ"ש במ"א ובחי' אותיות הללו הכלולים בכח השכל למעלה הרבה מבחי' אותיות המחשבה כשחושב את השכל כמו אותיות אדון עולם שיש בו ענין שכלי בענין האדנות וחושב אותיות אדון עולם במח' שבאים במורגש ובהתחלקות אך קודם שיחשוב אותם יש בהשכלת ענין אדון עולם אותיות אדון עולם בשכל זה עצמו רק שאינן נרגשים מרוב דקותם והתכללותן בשכל זה דאדון עולם (ונמצא יש ג"כ כ"ב אותיות רוחני' בשכל כמו שיש במחשבה כ"ב אותיות ואין זה דומה לענין אות הא' שבקול פשוט שאין בקול פשוט התחלקות כ"ב אותיות כמו בכ"ב אותיות המחשבה) והנה בחי' אותיות שבשכל עצמו הוא בחי' ממוצע שיש בו מבחי' עצמי' השכל שבלא אותיות כלל וגם הוא מבחי' מקור אותיות המח' א"כ יובן ג"כ כשצריך לחשוב אדון עולם צריך להיות ע"י בחי' ממוצע זה והוא אות הא' שבשכל שהוא ראשון לכ"ב אותיות המח' וע"י יתחלקו אותיות אדון עולם במח' כו' לפי שהוא בהעלם ודקות יותר ממהות אותיות דמח' וכנ"ל בהברת אות הא' שבקול הפשוט שהוא ג"כ בבחי' ההעלם יותר מאותיות התיבה שבדבור ע"כ הוא בחי' ממוצע וכך האות א' שבשכל הרי קול הפנימי שנמשך מבינה שוכן ומלובש בו שעל ידו יתחלקו אותיות המח' בכ"ב אותיות וכל פרטי צרופיהן והוא ענין ה"ג מנצפ"ך דאימא המחלקים אותיות המח' כמו התחלקות הקול גשמי בה' מוצאות כידוע וד"ל :

והנמשל מכל הנ"ל יובן למשכיל למעלה בבחי' אותיות המח' ואותיות הדיבור למעלה דהנה ידוע שבי' נברא העוה"ב שהוא בחי' אות א' מבחי' אותיות ממחשבתו ית' ובה' נברא העוה"ז הוא בחי' אותיות הדבור העליון הוא ענין עלמין סתימין ועלמין דאתגליין עלמין סתימין באותיות מח' שנמשכים מבינה דאצי' ועלמין דאתגליין שנבראו מבחי' אותיות הדיבור וכמו שבצרופי אותיות דבור העליון (שכללות' ה' שהן ה' מוצאות הפה) יש בחי' ממוצע שמביא ההשפעה מבחי' הבל לב העליון דז"א כו' והוא ע"י בחי' אות הא' הנשמע בקול הפשוט שיוצא מבחי' הבל הלב דמדות דז"א כמ"ש קול ה' בכח בכ"ח אתוון דצירוף אדני מקור כל הנבראים כו' גם הוא מבחי' אותיות הדיבור כנ"ל במשל כך הוא בבחי' עלמין סתימין שנמשכו מאותיות המחשבה העליונה דאצי' שנק' עלמין דאתכסיא כל בחי' התחלקות הצרופי' הוא ע"י בחי' ממוצע דהיינו בחי' אות הא' הראשון לכל כ"ב אותיות המחשבה העליונה שהוא בהעלם ודקות בשכל והשגה דבינה עצמה ויש בו מבחי' בינה ומבחי' האותיות דמח' ע"כ הוא הממשיך אור הבינה באותיו' המח' כמו שאות הא' דקול הלב מחמתו מאיר המדות בדבור כו' וזהו שעוה"ב שרשו בבינה כידוע ועוה"ז שכולל כללות העולמות הוא בבחי' מ"ל שנק' ה' תתאה ומאמר שעוה"ב נברא באות יו"ד שבמח' דבינה הרי נמשך לאות יוד זה מבחי' עצמיות אור השכל שבבינ' ע"י בחי' ממוצע הנ"ל ומאות י' זה הנשמות מקבלים בעוה"ב כו' וכמ"כ הנשמות נהנין מזיו השכינה שהוא בחי' המ"ל בחי' הדבו' בג"ע עכשיו וז"ש כי בי"ה צור עולמים ביו"ד העוה"ב ובה"א העוה"ז בינה ומ"ל ולפי שבחי' ה' גבורות מנצפ"ך דבינה שמחלקי' אותיות המח' נמשכים לדבור שנק' ה' מוצאות כו' כמאמר הידוע דאימא אוזיפת מנהא לברתא וכמ"ש כאמה בתה לכך אמר צור עולמים כמ"ש מן העולם ועד העולם כו' וד"ל · ומעתה יש להקדים הקדמה השנית והוא בענין הנזכר בע"ח תמיד בבחי' יחוד דאו"א שנמשך בחי' טפת אבא כו' דהנה מבשרי אחזה להיות שאנו רואים כאשר ישכיל איזה שכל וסברא חדשה שבודאי הרי יש לה מקור מוצא שמשם נובע ונמשך והוא הנק' משכיל שמשכיל כל שכל ודבר חכמה מן בחי' ההעלם לגילוי ומקור זה הוא הנק' כח השכל דהיינו מה שיש בכחו להשכיל ולהמציא דבר חכמה כמו שהוא קודם שמשכיל וממציא איזה שכל בגילוי וכלול

בו כל מה שיכול להשכיל שכליי' וסברות וא"כ לאחר שנמשך ממנו איזה דבר שכל וחכמה אין לו ערך כלל לגבי כח השכל ההיולי הנק' מקור כל שכליי' אך אע"פ כן מכח זה נמשך גילוי שכל זה רק שנמשך מאין ליש וה"ז דומה להתהוות טיפה במוח שהיא ג"כ הרי נמשכת מבחי' פנימיות המוחין שהוא כח המשכיל ההיולי הנ"ל דהיינו מבחי' הלחלוחי' שבמקור המוחין שמשכיל ומצמיח כל שכל משם מתהווה טיפה הרוחניות שבמוח ואח"כ מתגשמת במוח ונעשה טיפת מוחי' גשמי' ובבואה בחוט השדרה מתגשמת יותר והי' למהות זרע כו' וקודם שמתהווה הטיפה בהגשמה במוח הרי היא כלולה בבחי' כח המשכיל הרוחני הנ"ל רק שהוא בחי' השפעה גשמי' דכח המוחין הרוחני' ע"כ מתגשמת בכלי המוח ואעפ"כ הרי יש בטיפה זו מבחי' מהות ועצם כח המשכיל שהרי מולדת נפש הולד בדומה למוליד בבחי' נפש השכליי' שלימה קרוב למהות נפש השכליי' דאב כידוע ואע"פ שלאחר שמתגשמ' בחוט השדרה אין לה ערך כלל וכלל לגבי עצם נפש המוליד אעפ"כ מולדת בדומה למהות נפשו וכו' וה"ז כמו הגרעין שיצמיח פרי שלם ודוקא גרעין שאע"פ שאינו מערך התפוח שהרי הוא קשה ואין בו טעם והוא גשמי ומגשי יותר מ"מ הוא מבחי' עצם הפרי יותר מבשר הפרי כו' שהרי בשר הפרי אע"פ שיש בו טעם אינו מצמיח פרי שלם מחדש לפי שאינו בחי' עצמיות הפרי רק מה שנתגדל ונתפשט בו בבחי' תוס' כו' וכמ"ש במ"א וכך הוא בענין הטיפה דגם שהיא בבחי' ההגשמה מ"מ הרי היא מבחי' עצמיות דנפש המוליד יותר מהשפעת דבר חכמה מכח המשכיל אע"פ שהוא רוחני יותר מן הטיפ' עכ"ז איננו בחי' עצמיות דכח המשכיל שבעצם הנפש ע"כ הטיפה דווקא תוליד בדומה למהות הנפש · וזהו ההפרש בין תולדות הנשמות לתולדות המלאכי' דשרש התולדה של המלאכי' מזיווג נשיקין דאו"א שהוא אתדבקות רוח' ברוחא חב"ד בחב"ד כו' דהיינו שנמשך הארת החכמה לבינה מאין ליש ממקור החכמה דאצי' כמו בחי' כח המשכיל למטה שמשכיל שכל בגילוי כנ"ל אבל שרש הנשמות מזיווג גופני דזו"נ שנמשך בחי' מ"ד דז"א מבחי' פנימי' המוחין דאבא הנק' טיפת אבא עד"מ התהוות הטיפה במוח שאע"פ שהוא בהגשמה מאד מ"מ הוא מבחי' עצמו' כנ"ל כך בחי' טיפת אבא למעלה הוא מבחי' עצמי' דמקור החכמ' דאצי' ומוליד בדומה לו שהוא לבחי' עצמי' המאציל כו' וזהו אדם אדמה לעליון וכמ"ש בצלמנו כו' ואין זה רק בבחי' הנשמה ששרשה הראשון בבחי' פנימי' אבא וז"ש כי אתה אבינו כמ"ש במ"א וד"ל· וזהו ג"כ שרש ענין ר"ה שהוא בחי' בנין הנוק' ויש בזה ב' ענינים הא' בשביל השפעה לעולם דבי"ע וצריך להמשיך מוחי' חדשי' לזו"נ מבחי' מוחין דאבא והב' בשביל בחי' תולדות הנשמות שהוא ענין

בריאת אדה"ר שבכ"ה באלול נברא העולם ואדה"ר ביום הו' שהוא ר"ה ומ"ש זה היום תחלת מעשיך קאי על אדה"ר שבשבילו נברא העולם · וענין תקיעת שופר הוא על בחי' הנמשכת פנימית המוחין דאבא ממקורא דכולא שהרי השופר שרשו בבחי' פנימיות ע"י שמאיר בפנימיות אבא והמשכת מוחין דאבא לזו"נ בשביל תולדות אדה"ר שהוא בחי' תולדות הנשמה הוא מבחי' פנימית ועצמות המוחין שהוא בחי' טיפ' אבא כנ"ל שמוליד בדומה לו וכמ"ש ויברא ה' אלקי' את האדם בצלמו כו' וד"ל · ולהבין זה בתוס' ביאור הנה ידוע דז"א דאצי' הוא בחי' המדות דאצי' בחי' ו"ק חג"ת כו' והן מקור כל ההמשכות שנמשכו לעולמות בי"ע ע"י בחי' המל' שהוא דבור העליון וכמ"ש בזהר ששת ימים עשה ה' כו' ולא בששת לפי שו' יומין עילאין עשו כו' והנה בחי' המדות דאצי' מקבלי' מוחי' מבחי' חו"ב דאצי' עד"מ המדות בלב האדם שנמשך שכל וטעם למדותיו כמ"ש לפי שכלו יהולל כו' כמו שהאהב' שבלב יש לה טעם ושכל למה יאהוב והשכל והטע' שבמדות הוא מלובש רק לפי אופן מהות המדה בלבד ואין לו ערך לגבי עצם השכל כו' וכך בחי' המוחין שנמשכים במדות דאצי' אין להן ערך לגבי עצם המוחין דחו"ב כו' לפי שנתלבש בשינוי מהות להיות מוחין למהות מדות כו' וזהו עיקר ענין ששת ימ"ב ששרשם בבחי' ו"ק דאצילות ביום הא' נמשך מוחין לחסד דז"א וביום הב' לגבורה והיינו בכלל ו' אלפים שנה דהוי עלמ' אלף הא' בבחי' חסד דז"א כו' וכמ"ש כי אלף שנים בעיניך כיום אתמול כו' ובכל ר"ה ור"ה מתחדש חידוש חיות העולמות ממקורם בו"ק דאצי' וע"כ מקורם ג"כ צריך חידוש המוחין מאו"א וזהו אמרו לפני מלכיות כו' וכן ענין זכרון ליום ראשון שהוא לעורר מחדש בחי' בנין העולמות ממקור הראשון שהוא חכמה דאצי' שנמשך ממנה מוחין חדשים לז"א וכמ"ש כולם בחכמה עשית ועד"מ אדם העושה מלאכת חבירו מצד אהבתו אותו שכל שעה צריך חידוש המשכה מן השכל שבמוח במדת האהבה כדי שלא ירפה ממלאכתו כו' וכך בחי' חסד עליון דז"א צריך המשכות מוחין תמיד מאור אבא כדי שלא ירפה מלאכתו והשפעתו למטה בבי"ע וכך הוא בשאר ההמשכו' דו"ק דז"א וד"ל · אך כ"ז הוא רק בחי' חיצוניות ההמשכ' לז"א ונוק' בשביל העולמו' וע"כ נק' ו' ימי המעשה אבל בחי' פנימיו' ההמשכ' מבחי' פנימיו' מוחין דאבא הוא בחי' המשכת טיפת אבא בשביל תולדות הנשמות דאד"הר שהוא מבחי' עצמיות כח החכמה שבעצמיות כח המאציל כנ"ל והן בחי' המוחין פנימי' שנמשכים לזו"נ בשביל זיווג להוליד נשמות והוא עיקר ענין ר"ה שבו נברא אדה"ר כנ"ל וד"ל · ואחר ב' הקדמות הנ"ל יובן שרש ענין תקיעת שופר שהוא בחי' קול פשוט דוקא היוצא מהבל הלב כידוע בהיות ידוע דעיקר מקור

העולמות

העולמות הוא מדת מלכותו ית' כמ"ש מלכותך מלכות כל עולמים ובר"ה שהוא זמן חידוש העולם זה היום תחלת מעשיך זכרון ליום ראשון צריך לחדש לבחי' מדת המל' ממקורו הראשון והוא מבחי' עולם התענוג העליון מקור החכמה כמו עד"ת הנ"ל בכח המשכיל שמשפיע שכל או שמתהווה טיפה במוח שהוא רק ע"י בחי' התעוררות כח התענוג שבעצם הנפש בכח המשכיל והוא שורשה בבחי' הלחלוחי' כו' כמ"ש במ"א וכך גם בבחי' התחדשות מדת המלוכה דהיינו ע"י שיהי' רצון ותענוג במד' זו צריך להמשיך תענוג זה ממקורו שהוא בחי' עצמיות כח התענוג העליון שבעצמיות המאציל שממנו מקור לחכמה שנק' ראשית כידוע והנה הטעם שצריך לעורר ולהמשיך מדת המ"ל שיהי' לו בה תענוג הענין ידוע להיות עד"ת באדם שאינו מתענג מתה שהאברים בטילים ונשמעים לרצונו מאחר שהן מבחי' עצמותו משא"כ בזולתו הנפרד יתענג מביטול זה וכן המלך עיקר התענוג במלכותו הוא מביטול עבדיו הנפרדי' כו' אך הנה במלכותא דרקיע אינו כן שאם הי' בחי' פירוד הנבראים בע"ג ענין פירוד אמיתי דהיינו שהי' עיקר התהוותן מעצמן ולא מבחי' אור האלקי כמו העבדים שהן מהות דבר מתחלה בפ"ע רק שבטילים אל אדוניה' או היה שייך לומר בחי' התענוג במדות המלוכה להיו' מלך על עם נפרדים אבל באמת הרי ממך הכל כתיב כי מאתיתי' המלאו נמלאו כו' ונק' עילת העילות רק מה שהן בבחי' יש נפרד הוא ע"י בחי' הצמצום שנעלם אור עצמותו כדי שיהי' בחי' יש ודבר כו' כידוע א"כ אין זה בחי' פירוד אמיתי לגבי העצמות ואין התענוג במלוכה עליהם כ"כ וע"כ צריך המשכה במלוכה זו מבחי' התענוג העליון שברצונו הפשוט בעצמו' המאציל משם נמשך בראשי' הגילוי שהוא החכמה ומן החכמה נמשך למדות והוא בחי' המשכת המוחי' לזו"נ בשביל בנין העולמות כנ"ל וכמ"כ יובן ענין המשכת התענוג הפנימי יותר מפנימיות ועצמות המאציל לפנימי' אבא הנק' טיפת אבא בשביל היחוד לתולדות אדה"ר כנ"ל וד"ל :

והנה כדי לעורר לבחי' התענוג הפשוט שבעצמות אין די לעוררו בדיבור אלא רק בבחי' קול פשוט דוקא והטעם הוא כי הדיבור הוא בחי' ההתפשטות לזולתו ומבואר למעלה שאין במל' בחי' התענוג וצריך להמשיך בו תענוג ומאחר שכל עיקר ענין ההמשכה הוא רק שיהיה תענוג בדבור שהוא המל' כמ"ש דבר מלך כו' א"כ איך יכולים לעורר בדיבור מאחר שהוא עצמו צריך המשכות תענוג כו' וד"ל · ויובן זה עוד בתוספת ביאור וגם להבין למה בקול פשוט דוקא הנה יש להקדים משל א' והוא כמו אדם שעושה מלאכה מצד איזה תענוג ורצון שיש לו בה והנה ודאי שצריך להשכיל בשכל וטעם ג"כ למה יעשה כך ובודאי יש לו פנימית כוונה בה ואחר שהשכיל ומכוין בה נמשך שכל וכוונה זו למדות שבלב שלבו יתפעל לעשות והמדות מתלבשים בכח העשיה הגשמי' ונמצא כח התענוג משפיע תענוג במלאכה זו לכח השכל וכח השכל משפיע שכל ופנימיות כונה למדות והמדות הן המשפיעים לעשיה ומלובשים וב"ז התענוג בשכל והשכל במדות והמדות במעשה אך אם הוא עיף ורפה ידים במלאכתו צריך לעורר מחדש לכח התענוג שישפיע תענוג לראשית ההשכלה ופנימיות הכוונה שיש לו באותה המלאכה והשכלה זו נמשכת למדות ומן המדות למעשה המלאכה וא"ל היה בטל ממלאכתו מחמת רפיון ידים וכיוצא והנה ודאי א"א לומר שהחיצוני' דעשיות המלאכה או חיצונית המדות שבמעשה המלאכה יעוררו לכח התענוג מחדש וגם אפי' פנימיות השכל והכונה שבמלאכה א"א שיעורר לכח התענוג להיות בה השפעת תענוג מאחר שהשכל והכוונה עצמן צריכים להמשכת והשפעת התענוג וא"ל לא היה בפנימיות כוונה והשכלה כי השפעת התענוג הוא המתשיך הכוונה כו' ומכ"ש המדות והמעשה שאין ביכולתם לעורר לכח התענוג אלא צריך שיעורר לתענוג דוקא ממהות הנפש עצמו שכח התענוג נמשך משם להיותו מקור כח התענוג ע"כ משם דוקא יוכל להיות התעוררות לכח התענוג שישפיע תענוג לשכל ומשכל למדות וכמו השפעות תענוג להמשיך שכל או טיפה ונכח המשכיל שצריך שיעוררו לעצמות כח התענוג ולא מבחי' גילויו לבד מאחר שהגילוי תענוג עצמו צריך למקורו כו' וכמ"כ לעורר מחדש מוחין דאבא שיומשך במדות כו' צריך ג"כ לעורר מבחי' עצמות דאור אבא ולא מבחי' גילוי לבד מטעם הנ"ל וד"ל · וע"פ משל זה יובן למשכיל למעלה בטעם תקיעת שופר בקול פשוט ולא בדבור כי הנה בחי' ההמשכה לבריאות העולמות מאין ליש נקרא בשם מלאכה כמ"ש וישבות מכל מלאכתו שהוא כמו בחי' עשיה גשמיית כמ"ש ששת ימים עשה כו' ובמעשה מלובשים המדות דאצילות שנק' ו' ימי המעשה ובמדות דאצי' מלובשים חו"ב כמו השכל והכוונה פנימית שבמלאכה שנמשך למדות כנ"ל במשל ובחכמה מלובש הארת והשפעת התענוג הפשוט שבעצמיו' המאציל כשעלה ברצונו הפשוט להאציל ולברא כו' וכל שעה היה מרפה ידיו מלעשות בריאת עולמות אם לא שמעוררים מחדש לכח התענוג הפשוט שבעצמות שימשיך תענוג פרטי לחכמה ומחכמה למדות ומעשה כנ"ל במשל והנה א"א לעורר לעצמות כח התענוג ע"י העלאת החכמה ומכ"ש שאין המדות והדבור והמעשה יכולים לעוררו מאחר שהן עצמן צריכים לקבל השפעת התענוג אלא צריך לעוררו מבחי' עצמיות המאציל שממנו מאיר כח התענוג הפשוט שישפיע תענוג פרטי לכח השכל והחכמה שנקרא פנימית אבא ומפנימית אבא דאצילות נמשך למדות ודבור ומעשה כנ"ל וע"כ א"א לעורר בדיבור וגם לא בשכל ומדות רק בבחי' קול פשוט היוצא מהבל

הלב

הלב שהקול הפשוט הזה הוא מבחי' עצמיות דמשפיע ויש בו ג"כ מבחי' מקור דמקבל והוא אות הברת הא' שהוא ראשון לכ"ב אותיות המחש' והדבור ככ"ל בהקדמה א' ע"כ ע"י תקיעה בקול פשוט זה יכול לעורר מן עצמיות המשפיע אל המקבל דוקא דהיינו מבחי' עצמיות כח התענוג להשפיע תענוג לשכל וכן מעצמיות כח השכל שנקרא טיפת אבא במדות כו' וכמ"כ יכול לעורר מעצמיות לעצמיות דהיינו מעצמות המאציל לעורר לעצמות התענוג ועצמות התענוג מעורר לעצמות כח השכל שישפיע כו' וכל זה מפני שקול הפשוט מעורר לבחי' העצמיות והוא בחי' ממוצע ככ"ל וד"ל · אך הנה יש להבין עוד ענין אחד והוא להיות שר"ה הוא ראשית התחלות התהוות מקור למוחין דנוקבא שהוא מקור כל התהוות העולמות מאין ליש כידוע וא"כ הרי היה מההכרח שיחזור כל חיות העולמות למקורן הראשון ע"פ משל הנ"ל אך הענין הוא דכל המשכות הנעשים על ידי השופר גם בשביל השפעה לעולמות הרי הוא רק בבחי' פנימיות האצי' להמשיך מוחין חדשים לזו"נ אבל בחיצוניות דזו"נ שמהם מקבלים כל העולמות אין בזה שינוי כלל ואין השינוי רק בבחי' פנימית המוחין והאורות דזו"נ שע"י המשכות מוחים חדשים מאירות יותר בבחי' הפנימיות וח"ל אינם מאירים רק בהעלם גדול · ויובן זה עד"מ השינה שהוא הסתלקות המוחין ולא נשאר מהמוחין רק בחי' רשימו ובהעל' גדול ועיקר המוחין הם בבחינת מקיף עליו שהרי ישיב לשואלו קצת מענין השכל והחיות בו בשלימות להרגיש כל כאב ואעפ"כ גם בחיות שבלב אינו מאיר רק בחי' קיסטא דחיותא בדפיקו דלבא ובדפק שביד רק מבחי' אחוריים וחיצוניות החיות שבלב וגם מן המוחין רק רשימו בהעלם גדול אבל עכ"ז חיצונית חיות האיברים המה בלי שינוי רק בבחי' פנימיות המוחין ופנימיות החיות שבלב אין ההארה רק בהעלם גדול כו' וכך יובן למעלה בבחי' השפעות העולמות שאינו רק מבחי' אחוריים וחיצוניות המדות והמוחין דאצי' כידוע שאין בזה שינוי גם שהוא בבחי' שינה שהוא בחי' דורמיטא הסתלקות המוחין יכול להיות ההשפעה לעולמות מבחי' החיצוניות ואחוריים שנשאר בהעלם ואין השנוי רק בבחי' פנימיות המוחין והמדות שמאירים בבחי' פנימיות יותר ואעפ"כ בחי' הפנימיות מאיר לבחי' החיצוניות שע"י הארת הפנימית יומשך תוספת עוז וכח לחיצוניות וא"ל יחלש כח החיצוניות והיינו ענין משל הנ"ל דאם אין ההשפעה מבחי' התענוג לשכל ומשכל למדות ומעשה יוכל להיות רפיון בעשיה גשמיית ככ"ל וד"ל · ונעתה מתורץ הקושיא הנ"ל איך לא יוחזר חיות העולמות למקורן בראש השנה שעיקר המשכות המוחין לזו"נ הוא בבחי' הפנימיות של המוחין דזו"נ ויוכל להיות השפעות העולמות מבחי' החיצוניות שלהם בלבד רק שבחי' המשכות המוחין בבחי' הפנימיות מועיל לחדש כח המשכת החיצוניות כמובן עפ"י משל הנ"ל וד"ל :

וזהו ענין הנסירה בר"ה בשביל בנין הנוקבא ליקח אחת מצלעותיו דז"א כמו שכתוב ויפל תרדמה על האדם כו' ויקח כו' שהוא בחי' שינה הסתלקות המוחים כו' כדי לבנות בנין הנוקבא בפרצוף בפ"ע שהוא עיקר הנסירה להמשיך חסדים להמתיק הגבורות ובזה ננסר פרצוף הנוק' ונתחלק להיות פרצוף בפ"ע משא"כ קודם הנסירה ע"י המתקת הגבור' בחסדים הרי היה כותל אחד לשניהם כמ"ש בפע"ח וביאור הדברים בדרך קצרה הנה ענין כותל אחד לשניהם היינו שבחי' הגבורות של המשפיע והמקבל אחד הם ויש להקדים תחלה ענין הידוע בשרש מהות בנין המל' שהוא מבחי' הגבורות בחי' או"ח לקדמותו כמשל האש שטבעו לעלות ולהסתלק למעלה כך בחי' אור וחיות אלקות הנמשך להיות בע"ג טבע מהות האור והחיות הזה לעלות ולצאת מירידתו למטה להתכלל למעלה באצילות במקור חוצבו ונק' בזהר נהורא תכלא כמו אור האחוז בפתילה שעולה ומסתלק והיינו בחי' או"ח דמ"ל וכך הוא ג"כ בחי' התגלות אורות דמדות דאצילות שהן ג"כ בטבע דאו"ח לעצמותו כי ענין ההתגלות של המדה כמו האהבה בהבל היוצא מן הלב חוזר ההבל אל עצם המדה שבלב כמו שהבל הפה שבדבור חוזר למקורו כו' ונמצא מובן עכ"פ שהמשפיע שהן בחי' המדות דז"א הוא בבחי' הגבורות וגם המלכות מקור כל המקבלים הוא בבחי' הגבורה הכל בבחי' או"ח והיינו ענין כותל א' לשניהן בבחי' הגבורה דאו"ח וצריך להיות בחי' המשכות חסדים בז"א כדי להמתיק לבחי' הגבורות דנוק' ולהיות ג"כ בבחי' המשכת חסדים למטה משום שעיקר השפעות העולמות הוא בבחי' החסד כמ"ש כי אמרתי עולם חסד יבנה כדי להחיות רוח שפלים דבי"ע צריך להיות ע"י בחי' חסדים שנמשל למים שיורדים מגבוה לנמוך כידוע · וזהו ענין הנסירה בבחי' המתקות הגבורות דנוקבא שתהיה פרצוף מחסדים בפ"ע ולא תוכלל בגבורות דז"א שהוא היפך עיקר ומקור ענין ההשתלשלות מעצמיות המאציל כי חפץ חסד הוא לפי שנתאוה הקב"ה להיות לו דירה בתחתונים ע"י תו"מ כידוע וכמ"ש במ"א בענין הסבי עיניך כו' שהם הרהיבוני כו' וד"ל :

והנה זהו גם כן שרש ענין תקיעת שופר שהוא גנוחי גנח כו' בשברים ותרועה כו' לשבר ולמתוק בחי' הגבורות דז"א שהוא בחי' יצחק שהוא בחי' פחד ויראה בבחינת ההסתלקות למעלה ולא לירד ולימשך למטה כלל ועיקר ההמתקה דגבורות יצחק הוא ע"י יעקב אשר פדה את אברהם דהיינו שעל ידי התעוררות רח"ר מדתו של יעקב פודה וממשיך למקור החסדים דאברהם והוא בחי' חפץ חסד שבעצמות המאציל שיומשך למטה בחי' גילוי

גילוי

גילוי אור א"ס ויהיה לו דירה בתחתונים ע"י תו"מ עד למטה מטה דוקא גם בבחי' החושך והסתר דנוגה דעשי' והוא מה שאמרו דנתאוה הקב"ה כו' דהיינו שנמשך בחי' תענוג מבחי' עצמיות המאציל בהמשכת גילוי אור א"ס למטה דוקא וזהו עיקר ענין התקיעה באופן סדרן כמ"ש בזהר דיעקב ואברהם אחידים ביצחק כו' להמתיק הגבורו' שבו כו' וד"ל. אך עדיין יש להבין למה צריך להמתיק הגבורה דיצחק דוקא בחסדים ולמה לא נמשך בחינת החסדים עצמם ממקורם כו' אמנם הענין הוא דדוקא בחי' גבורות דיצחק צריך להמתיק בחסדים שאז הן יותר טובים לעולמות מבחי' כח החסדים עצמם לפי שעיקר ההשפעה ברבוי אור וחיות ביותר א נו אלא ע"י בחי' הגבורות דוקא לפי שיש בהם תגבורת אור וחיות בכח עצום יותר מכח החסדים וראיה מדם הוא הנפש שהוא בבחי' הגבורות והוא עיקר המחיה לאדם כו' וכן כל השפעות ברבוי גדול הוא ע"י הגבו' כמו הגשמים שיורדים בגבורה ובני חיי ומזוני במזלא תליא בבחי' גבורות ולא בזכותא היכל החסד כמו שאמרו שולחן בצפון וכמ"ש במ"א כו' והטעם ידוע לפי שהחסדים שרשם בחכ' שהוא בבחי' הקרירות והגבורות שרשם מבינה מבחי' החמימות ורבוי האור והחיות בתגבור' כי כל חום מוליד ומרבה כמו כשאינו יורה כחץ בגבורת שחכ ימות אינו מוליד כו' וכמ"ש במ"א וד"ל. וזהו וארבה את זרעו ארבה בגי' יצחק שהוא בבחי' הגבורות ע"כ אמר כי ביצחק יקרא לך זרע כו' אך מצד אחר אין בחי' הגבו' טובים לפי שהן בבחי' הסתלקות והתכללות למע' כטבע רשפי אש כנ"ל וצריך להמשיכן למטה ע"י כח החסדים שממתיק אותן והיינו ע"י בחי' יעקב שממתיק ליצחק בבחי' החסדים דאברהם כדי שיהיו נמשכים בחי' גבורה דיצחק למטה ואז כחן רב יותר מכח החסדים להשפיע ולהחיות בתגבורת אור ושפע בלי גבול כנ"ל וד"ל. וזהו טעם ענין השירה ג"כ להמתיק לבחי' גבו' דז"א דוקא בחסדים שאז ירד האור וכח להיות גם בחי' המ"ל פרצוף בפ"ע בחסדים כו' וד"ל. וזהו שאנו מוצאים שעיקר ומקור כל הברכות לעולם המשיך יצחק דוקא ולא מצינו ענין ברכות כאלה לא לאברהם ולא ליעקב והגם שיעקב בירך לבניו לא ברכם בברכות כאלה מטל השמים ומשמני הארץ רק שהגיד להם העתיד לבא על זרעם באחרית הימים רק משה ברכם אך לא כיצחק לפי שממנו דוקא מקור הברכות כשנמשך למטה מטעם הנ"ל וד"ל. ומה שלא רצה יצחק לברך את יעקב אלא לעשו הענין הוא לפי שבחי' גבורה דעשו הן בפסולת הגבו' דיצחק ולפי דעת יצחק לא היו מתבררים עתה אם לא ע"י הברכו' וז"ש כי ציד בפיו כשמו' הגרים ר"מ ור"ע כו' ויעקב שלבש בגדי' עשו המשיך הברכה שיבוררו הניצוצים בעשיה עתה ולא יתארך זמן בירורים כ"כ ויבא משיח ב"ב אמן וד"ל :

סדר תקיעות

אחר קריאת התורה יכין עצמו לתקוע בשופר. ויאמר מזמור זה ז"פ :

לַמְנַצֵּחַ לִבְנֵי קֹרַח מִזְמוֹר : כָּל הָעַמִּים תִּקְעוּ כָף הָרִיעוּ לֵאלֹהִים בְּקוֹל רִנָּה : כִּי יְהוָה עֶלְיוֹן נוֹרָא מֶלֶךְ גָּדוֹל עַל כָּל הָאָרֶץ : יַדְבֵּר עַמִּים תַּחְתֵּינוּ וּלְאֻמִּים תַּחַת רַגְלֵינוּ : יִבְחַר לָנוּ אֶת נַחֲלָתֵנוּ אֶת גְּאוֹן יַעֲקֹב אֲשֶׁר אָהֵב סֶלָה : עָלָה אֱלֹהִים בִּתְרוּעָה יְהוָה בְּקוֹל שׁוֹפָר : זַמְּרוּ אֱלֹהִים זַמֵּרוּ זַמְּרוּ לְמַלְכֵּנוּ זַמֵּרוּ : כִּי מֶלֶךְ כָּל הָאָרֶץ אֱלֹהִים זַמְּרוּ מַשְׂכִּיל : מָלַךְ אֱלֹהִים עַל גּוֹיִם אֱלֹהִים יָשַׁב עַל כִּסֵּא קָדְשׁוֹ : נְדִיבֵי עַמִּים נֶאֱסָפוּ עַם אֱלֹהֵי אַבְרָהָם : כִּי לֵאלֹהִים מָגִנֵּי אֶרֶץ מְאֹד נַעֲלָה :

התוקע מתחיל וגם הקהל יאמרו כל פסוק ופסוק :

מִן הַמֵּצַר קָרָאתִי יָּהּ עָנָנִי בַמֶּרְחַב יָהּ :
קוֹלִי שְׁמָעָה כְּחַסְדְּךָ יְהוָה כְּמִשְׁפָּטֶךָ חַיֵּנִי :
רֹאשׁ דְּבָרְךָ אֱמֶת וּלְעוֹלָם כָּל מִשְׁפַּט צִדְקֶךָ :
עֲרֹב עַבְדְּךָ לְטוֹב אַל יַעַשְׁקֻנִי זֵדִים :
שָׂשׂ אָנֹכִי עַל אִמְרָתֶךָ כְּמוֹצֵא שָׁלָל רָב :
טוּב טַעַם וָדַעַת לַמְּדֵנִי כִּי בְמִצְוֹתֶיךָ הֶאֱמָנְתִּי :
נִדְבוֹת פִּי רְצֵה נָא יְהוָה וּמִשְׁפָּטֶיךָ לַמְּדֵנִי :
עָלָה אֱלֹהִים בִּתְרוּעָה יְהוָה בְּקוֹל שׁוֹפָר :

יהי רצון מלפניך ה' אלהינו ואלהי אבותינו אלהי המשפט שבזכות אלו השמות היוצאים מר"ת א"ל נ"א קרב תשועות מצפיך פודיך ס"ר תוציאם ממאסר פדה סועים פתח סומים ימינך מצפים דלה יוקשים וקבץ נפוצים סמוך י"ה מופלגים שתקרע המסכים והמקטריגים אשר הם מבדילים בינך ובין עמך ישראל ארוממך אֱלֹהַי המלך המשפט שומע קול הרועה עמך ישראל ברחמים:

בָּרוּךְ אַתָּה יְהוָה אֱלֹהֵינוּ מֶלֶךְ הָעוֹלָם אֲשֶׁר קִדְּשָׁנוּ בְּמִצְוֹתָיו וְצִוָּנוּ לִשְׁמוֹעַ קוֹל שׁוֹפָר :

בָּרוּךְ אַתָּה יְהוָה אֱלֹהֵינוּ מֶלֶךְ הָעוֹלָם שֶׁהֶחֱיָנוּ וְקִיְּמָנוּ וְהִגִּיעָנוּ לַזְּמַן הַזֶּה :

תקיעה: שברים : תרועה : תקיעה :
תקיעה: שברים : תרועה: תקיעה :
תקיעה: שברים : תרועה : תקיעה :

ויהודה כלהם

תקיעה: שברים: תקיעה:
תקיעה: שברים: תקיעה:
תקיעה: שברים: תקיעה:

ויחזור כלחש

תקיעה: תרועה: תקיעה:
תקיעה: תרועה: תקיעה:
תקיעה: תרועה: תקיעה גדולה:

ובכן יהי רצון מלפניך ה׳ אלהינו ואלהי אבותינו שיעלו אלו המלאכים היוצאים מן השופר ומן התקיעה ומן השברים ומן התרועה ומן התקיעה ומן קשר״ק ומן תש״ק ומן תר״ק לפני כסא כבודך וימליצו טוב בעדנו לכפר על כל חטאתינו:

אַשְׁרֵי הָעָם יֹדְעֵי תְרוּעָה יְהֹוָה בְּאוֹר פָּנֶיךָ יְהַלֵּכוּן:
בְּשִׁמְךָ יְגִילוּן כָּל הַיּוֹם וּבְצִדְקָתְךָ יָרוּמוּ:
כִּי תִפְאֶרֶת עֻזָּמוֹ אָתָּה וּבִרְצוֹנְךָ תָּרוּם קַרְנֵנוּ:

אשרי יושבי ביתך עוד יהללוך סלה כו׳. יהללו כו׳. ח״ק.

מוּסָף לְרֹאשׁ הַשָּׁנָה

מתפללין ש״ע עד מהיר כמהים קדושה כתר עד אני ה׳ אלהיכם ובדברי קדשך כו׳ כמו במוסף שבת אתה קדוש לדור ודור המליכו לאל וכו׳ בכל כסדר עד זכר ליציאת מצרים תמצא לעיל בשחרים ואח״כ מתחילין כאן:

וּמִפְּנֵי חֲטָאֵינוּ גָּלִינוּ מֵאַרְצֵנוּ
וְנִתְרַחַקְנוּ מֵעַל אַדְמָתֵנוּ. וְאֵין
אָנוּ יְכוֹלִים לַעֲשׂוֹת חוֹבוֹתֵינוּ
בְּבֵית בְּחִירָתֶךָ בַּבַּיִת הַגָּדוֹל
וְהַקָּדוֹשׁ שֶׁנִּקְרָא שִׁמְךָ עָלָיו
מִפְּנֵי הַיָּד שֶׁנִּשְׁתַּלְּחָה בְּמִקְדָּשֶׁךָ:
יְהִי רָצוֹן מִלְּפָנֶיךָ יְהֹוָה אֱלֹהֵינוּ וֵאלֹהֵי
אֲבוֹתֵינוּ מֶלֶךְ רַחֲמָן שֶׁתָּשׁוּב
וּתְרַחֵם עָלֵינוּ וְעַל מִקְדָּשְׁךָ בְּרַחֲמֶיךָ
הָרַבִּים וְתִבְנֵהוּ מְהֵרָה וּתְגַדֵּל
כְּבוֹדוֹ: אָבִינוּ מַלְכֵּנוּ אֱלֹהֵינוּ גַּלֵּה
כְּבוֹד מַלְכוּתְךָ עָלֵינוּ מְהֵרָה. וְהוֹפַע
וְהִנָּשֵׂא עָלֵינוּ לְעֵינֵי כָּל חָי וְקָרֵב
פְּזוּרֵינוּ מִבֵּין הַגּוֹיִם וּנְפוּצוֹתֵינוּ כַּנֵּס
מִיַּרְכְּתֵי אָרֶץ. וַהֲבִיאֵנוּ לְצִיּוֹן עִירְךָ
בְּרִנָּה וְלִירוּשָׁלַיִם בֵּית מִקְדָּשְׁךָ
בְּשִׂמְחַת עוֹלָם וְשָׁם נַעֲשֶׂה לְפָנֶיךָ
אֶת קָרְבְּנוֹת חוֹבוֹתֵינוּ תְּמִידִים
כְּסִדְרָם וּמוּסָפִים כְּהִלְכָתָם: וְאֶת
מוּסְפֵי יוֹם (לשבת הַשַּׁבָּת כל״ל גם כשחל בחול
הַזֶּה וְיוֹם) הַזִּכָּרוֹן הַזֶּה וְיוֹם טוֹב מִקְרָא
קֹדֶשׁ הַזֶּה. נַעֲשֶׂה וְנַקְרִיב לְפָנֶיךָ
בְּאַהֲבָה כְּמִצְוַת רְצוֹנֶךָ כְּמוֹ
שֶׁכָּתַבְתָּ עָלֵינוּ בְּתוֹרָתֶךָ. עַל יְדֵי
מֹשֶׁה עַבְדֶּךָ מִפִּי כְבוֹדֶךָ כָּאָמוּר:

לשבת
וּבְיוֹם הַשַּׁבָּת שְׁנֵי כְבָשִׂים בְּנֵי שָׁנָה תְּמִימִם וּשְׁנֵי
עֶשְׂרֹנִים סֹלֶת מִנְחָה בְּלוּלָה בַשֶּׁמֶן וְנִסְכּוֹ:
עֹלַת שַׁבַּת בְּשַׁבַּתּוֹ עַל עֹלַת הַתָּמִיד וְנִסְכָּהּ:

וּבַחֹדֶשׁ הַשְּׁבִיעִי בְּאֶחָד לַחֹדֶשׁ מִקְרָא קֹדֶשׁ יִהְיֶה
לָכֶם כָּל מְלֶאכֶת עֲבֹדָה לֹא תַעֲשׂוּ יוֹם
תְּרוּעָה יִהְיֶה לָכֶם: וַעֲשִׂיתֶם עֹלָה לְרֵיחַ נִיחֹחַ
לַיהֹוָה פַּר בֶּן בָּקָר אֶחָד אַיִל אֶחָד כְּבָשִׂים בְּנֵי
שָׁנָה שִׁבְעָה תְּמִימִם:
וּמִנְחָתָם וְנִסְכֵּיהֶם כִּמְדֻבָּר שְׁלֹשָׁה עֶשְׂרֹנִים לַפָּר
וּשְׁנֵי עֶשְׂרֹנִים לָאָיִל וְעִשָּׂרוֹן לַכֶּבֶשׂ וְיַיִן
כְּנִסְכּוֹ וּשְׁנֵי שְׂעִירִים לְכַפֵּר וּשְׁנֵי תְמִידִים
כהלכתם

בהלכתם: מלבד עלת החדש ומנחתה ועלת התמיד ומנחתה ונסכיהם כמשפטם לריח ניחח אשה ליהוה:

לשבת ישמחו במלכותך שומרי שבת וקוראי עונג עם מקדשי שביעי כלם ישבעו ויתענגו מטובך ובשביעי רצית בו וקדשתו חמדת ימים אותו קראת זכר למעשה בראשית:

עלינו לשבח לאדון הכל לתת גדלה ליוצר בראשית. שלא עשנו כגויי הארצות ולא שמנו כמשפחות האדמה שלא שם חלקנו כהם וגורלנו ככל המונם.*) ואנחנו כורעים ומשתחוים ומודים לפני מלך מלכי המלכים הקדוש ברוך הוא. שהוא נוטה שמים ויוסד ארץ ומושב יקרו בשמים ממעל ושכינת עזו בגבהי מרומים הוא אלהינו אין עוד. אמת מלכנו אפס זולתו ככתוב בתורתו וידעת היום והשבת אל לבבך כי יהוה הוא האלהים בשמים ממעל ועל הארץ מתחת אין עוד:

ועל כן נקוה לך יהוה אלהינו לראות מהרה בתפארת עזך להעביר גלולים מן הארץ והאלילים כרות יכרתון: לתקן עולם במלכות שדי וכל בני בשר יקראו בשמך להפנות אליך כל רשעי ארץ: יכירו וידעו כל יושבי תבל. כי לך תכרע כל ברך תשבע כל לשון: לפניך יהוה אלהינו יכרעו ויפלו ולכבוד שמך יקר יתנו. ויקבלו כלם עליהם את עול מלכותך ותמלוך עליהם מהרה לעולם ועד: כי המלכות שלך היא ולעולמי עד תמלוך בכבוד: ככתוב בתורתך יהוה ימלך לעולם ועד:

ונאמר לא הביט און ביעקב ולא ראה עמל בישראל יהוה אלהיו עמו ותרועת מלך בו: ונאמר ויהי בישרון מלך בהתאסף ראשי עם יחד שבטי ישראל: ובדברי קדשך כתוב לאמר כי ליהוה המלוכה ומושל בגוים: ונאמר יהוה מלך גאות לבש לבש יהוה עז התאזר אף תכון תבל בל תמוט: ונאמר שאו שערים ראשיכם והנשאו פתחי עולם ויבא מלך הכבוד: מי זה מלך הכבוד יהוה עזוז וגבור יהוה גבור מלחמה: שאו שערים ראשיכם ושאו פתחי עולם ויבא מלך הכבוד: מי הוא זה מלך הכבוד יהוה צבאות הוא מלך הכבוד סלה: ועל ידי עבדיך הנביאים כתוב לאמר כה אמר יהוה מלך ישראל וגאלו יהוה צבאות אני ראשון ואני אחרון ומבלעדי אין אלהים: ונאמר ועלו מושיעים בהר ציון לשפט את הר עשו והיתה ליהוה המלוכה: ונאמר והיה יהוה למלך על כל הארץ ביום ההוא יהיה יהוה אחד ושמו אחד: ובתורתך כתוב לאמר שמע ישראל יהוה אלהינו יהוה אחד:

אלהינו ואלהי אבותינו מלוך על העולם כלו בכבודך והנשא על כל הארץ ביקרך והופע בהדר גאון עזך על כל יושבי תבל ארצך וידע כל פעול כי אתה פעלתו ויבין כל יצור כי אתה יצרתו ויאמר כל אשר נשמה באפו יהוה אלהי ישראל מלך ומלכותו בכל משלה: (לשבת אלהינו ואלהי אבותינו רצה נא במנוחתנו) קדשנו במצותיך ותן חלקנו בתורתך: שבענו מטובך ושמח נפשנו בישועתך (והנחילנו יהוה אלהינו באהבה וברצון שבת קדשך וינוחו בו כל ישראל מקדשי שמך) וטהר לבנו לעבדך באמת: כי אתה אלהים אמת ודברך מלכנו אמת וקים לעד: ברוך אתה יהוה מלך על כל הארץ מקדש (השבת ו) ישראל ויום הזכרון:

ותוקעין גס כלה: תשר״ת תש״ת תר״ת

אתה זוכר מעשה עולם ופוקד כל יצורי קדם. לפניך נגלו כל תעלומות והמון נסתרות שמבראשית: כי אין שכחה לפני כסא כבודך ואין נסתר מנגד עיניך: אתה זוכר את כל המפעל וגם כל היצור לא נכחד ממך: הכל גלוי וידוע לפניך יהוה אלהינו. צופה ומביט עד סוף כל הדורות: כי תביא חוק זכרון להפקד כל

רוח

*) שהם משתחוים להבל וריק:

רוּחַ וָנָפֶשׁ · לְהִזָּכֵר מַעֲשִׂים רַבִּים וַהֲמוֹן בְּרִיּוֹת לְאֵין תַּכְלִית ׃ מֵרֵאשִׁית כָּזֹאת הוֹדַעְתָּ וּמִלְּפָנִים אוֹתָהּ גִּלִּיתָ ׃ זֶה הַיּוֹם תְּחִלַּת מַעֲשֶׂיךָ זִכָּרוֹן לְיוֹם רִאשׁוֹן · כִּי חֹק לְיִשְׂרָאֵל הוּא מִשְׁפָּט לֵאלֹהֵי יַעֲקֹב ׃ וְעַל הַמְּדִינוֹת בּוֹ יֵאָמֵר אֵיזוֹ לַחֶרֶב · וְאֵיזוֹ לַשָּׁלוֹם · אֵיזוֹ לָרָעָב · וְאֵיזוֹ לַשָּׂבַע · וּבְרִיּוֹת בּוֹ יִפָּקֵדוּ · לְהַזְכִּירָם לְחַיִּים וְלַמָּוֶת · מִי לֹא נִפְקַד כְּהַיּוֹם הַזֶּה ׃ כִּי זֵכֶר כָּל הַיְצוּר לְפָנֶיךָ בָּא · מַעֲשֵׂה אִישׁ וּפְקֻדָּתוֹ · וַעֲלִילוֹת מִצְעֲדֵי גָבֶר מַחְשְׁבוֹת אָדָם וְתַחְבּוּלוֹתָיו וְיִצְרֵי מַעַלְלֵי אִישׁ ׃ אַשְׁרֵי אִישׁ שֶׁלֹּא יִשְׁכָּחֶךָּ וּבֶן אָדָם יִתְאַמֶּץ בָּךְ ׃ כִּי דוֹרְשֶׁיךָ לְעוֹלָם לֹא יִכָּשֵׁלוּ וְלֹא יִכָּלְמוּ לָנֶצַח כָּל הַחוֹסִים בָּךְ ׃ כִּי זֵכֶר כָּל הַמַּעֲשִׂים לְפָנֶיךָ בָּא וְאַתָּה דוֹרֵשׁ מַעֲשֵׂה כֻלָּם ׃ וְגַם אֶת נֹחַ בְּאַהֲבָה זָכַרְתָּ · וַתִּפְקְדֵהוּ בִּדְבַר יְשׁוּעָה וְרַחֲמִים בַּהֲבִיאֲךָ אֶת מֵי הַמַּבּוּל לְשַׁחֵת כָּל בָּשָׂר מִפְּנֵי רֹעַ מַעַלְלֵיהֶם ׃ עַל כֵּן זִכְרוֹנוֹ בָּא לְפָנֶיךָ יְהוָה אֱלֹהֵינוּ לְהַרְבּוֹת זַרְעוֹ כְּעַפְרוֹת תֵּבֵל וְצֶאֱצָאָיו כְּחוֹל הַיָּם ׃ כַּכָּתוּב בְּתוֹרָתֶךָ וַיִּזְכֹּר אֱלֹהִים אֶת נֹחַ וְאֵת כָּל הַחַיָּה וְאֶת כָּל הַבְּהֵמָה אֲשֶׁר אִתּוֹ בַּתֵּבָה וַיַּעֲבֵר אֱלֹהִים רוּחַ עַל הָאָרֶץ וַיָּשֹׁכּוּ הַמָּיִם ׃ וְנֶאֱמַר וַיִּשְׁמַע אֱלֹהִים אֶת נַאֲקָתָם וַיִּזְכֹּר אֱלֹהִים אֶת בְּרִיתוֹ אֶת אַבְרָהָם אֶת יִצְחָק וְאֶת יַעֲקֹב ׃ וְנֶאֱמַר וְזָכַרְתִּי אֶת בְּרִיתִי יַעֲקוֹב וְאַף אֶת בְּרִיתִי יִצְחָק וְאַף אֶת בְּרִיתִי אַבְרָהָם אֶזְכֹּר וְהָאָרֶץ אֶזְכֹּר ׃ וּבְדִבְרֵי קָדְשְׁךָ כָּתוּב לֵאמֹר זֵכֶר עָשָׂה לְנִפְלְאוֹתָיו חַנּוּן וְרַחוּם יְהוָה ׃ וְנֶאֱמַר טֶרֶף נָתַן לִירֵאָיו יִזְכֹּר לְעוֹלָם בְּרִיתוֹ ׃ וְנֶאֱמַר וַיִּזְכֹּר לָהֶם בְּרִיתוֹ וַיִּנָּחֵם כְּרֹב חֲסָדָיו ׃ וְעַל יְדֵי עֲבָדֶיךָ הַנְּבִיאִים כָּתוּב לֵאמֹר הָלֹךְ וְקָרָאתָ בְאָזְנֵי יְרוּשָׁלַיִם לֵאמֹר כֹּה אָמַר יְהוָה זָכַרְתִּי לָךְ חֶסֶד נְעוּרַיִךְ אַהֲבַת כְּלוּלֹתָיִךְ לֶכְתֵּךְ אַחֲרַי בַּמִּדְבָּר בְּאֶרֶץ לֹא זְרוּעָה ׃ וְנֶאֱמַר וְזָכַרְתִּי אֲנִי אֶת בְּרִיתִי אוֹתָךְ בִּימֵי נְעוּרָיִךְ וַהֲקִימוֹתִי לָךְ בְּרִית עוֹלָם ׃ וְנֶאֱמַר הֲבֵן יַקִּיר לִי אֶפְרַיִם אִם יֶלֶד שַׁעֲשֻׁעִים כִּי מִדֵּי דַבְּרִי בּוֹ זָכֹר אֶזְכְּרֶנּוּ עוֹד עַל כֵּן הָמוּ מֵעַי לוֹ רַחֵם אֲרַחֲמֶנּוּ נְאֻם יְהוָה ׃

אֱלֹהֵינוּ וֵאלֹהֵי אֲבוֹתֵינוּ זָכְרֵנוּ בְּזִכָּרוֹן טוֹב לְפָנֶיךָ ׃ וּפָקְדֵנוּ בִּפְקֻדַּת יְשׁוּעָה וְרַחֲמִים מִשְּׁמֵי שְׁמֵי קֶדֶם · וּזְכָר לָנוּ יְהוָה אֱלֹהֵינוּ אֶת הַבְּרִית וְאֶת הַחֶסֶד וְאֶת הַשְּׁבוּעָה אֲשֶׁר נִשְׁבַּעְתָּ לְאַבְרָהָם אָבִינוּ בְּהַר הַמּוֹרִיָּה וְתֵרָאֶה לְפָנֶיךָ עֲקֵדָה שֶׁעָקַד אַבְרָהָם אָבִינוּ אֶת יִצְחָק בְּנוֹ עַל גַּבֵּי הַמִּזְבֵּחַ וְכָבַשׁ רַחֲמָיו לַעֲשׂוֹת רְצוֹנְךָ בְּלֵבָב שָׁלֵם כֵּן יִכְבְּשׁוּ רַחֲמֶיךָ אֶת כַּעַסְךָ מֵעָלֵינוּ וּבְטוּבְךָ הַגָּדוֹל יָשׁוּב חֲרוֹן אַפְּךָ מֵעַמְּךָ וּמֵעִירְךָ וּמֵאַרְצְךָ וּמִנַּחֲלָתֶךָ ׃ וְקַיֶּם לָנוּ יְהוָה אֱלֹהֵינוּ אֶת הַדָּבָר שֶׁהִבְטַחְתָּנוּ בְּתוֹרָתֶךָ עַל יְדֵי מֹשֶׁה עַבְדֶּךָ מִפִּי כְבוֹדֶךָ כָּאָמוּר ׃ וְזָכַרְתִּי לָהֶם בְּרִית רִאשׁוֹנִים אֲשֶׁר הוֹצֵאתִי אֹתָם מֵאֶרֶץ מִצְרַיִם לְעֵינֵי הַגּוֹיִם לִהְיוֹת לָהֶם לֵאלֹהִים אֲנִי יְהוָה ׃ כִּי זוֹכֵר כָּל הַנִּשְׁכָּחוֹת אַתָּה הוּא מֵעוֹלָם וְאֵין שִׁכְחָה לִפְנֵי כִסֵּא כְבוֹדֶךָ · וַעֲקֵדַת יִצְחָק לְזַרְעוֹ הַיּוֹם בְּרַחֲמִים תִּזְכּוֹר ׃ בָּרוּךְ אַתָּה יְהוָה זוֹכֵר הַבְּרִית ׃

ותוקעין גם בלחש תשר״ת תש״ת תר״ת

אַתָּה נִגְלֵיתָ בַּעֲנַן כְּבוֹדֶךָ עַל עַם קָדְשְׁךָ לְדַבֵּר עִמָּם ׃ מִן הַשָּׁמַיִם הִשְׁמַעְתָּם קוֹלֶךָ וְנִגְלֵיתָ עֲלֵיהֶם בְּעַרְפְלֵי טֹהַר גַּם הָעוֹלָם כֻּלּוֹ חָל מִפָּנֶיךָ וּבְרִיּוֹת בְּרֵאשִׁית חָרְדוּ מִמֶּךָּ בְּהִגָּלוֹתְךָ מַלְכֵּנוּ עַל הַר סִינַי לְלַמֵּד לְעַמְּךָ תּוֹרָה וּמִצְוֹת וַתַּשְׁמִיעֵם אֶת הוֹד קוֹלֶךָ וְדִבְּרוֹת קָדְשְׁךָ מִלַּהֲבוֹת אֵשׁ · בְּקוֹלוֹת וּבְרָקִים עֲלֵיהֶם נִגְלֵיתָ · וּבְקוֹל שׁוֹפָר עֲלֵיהֶם הוֹפָעְתָּ · כַּכָּתוּב בְּתוֹרָתֶךָ וַיְהִי בַיּוֹם הַשְּׁלִישִׁי בִּהְיֹת הַבֹּקֶר וַיְהִי קֹלֹת וּבְרָקִים וְעָנָן כָּבֵד עַל הָהָר וְקֹל שֹׁפָר חָזָק מְאֹד וַיֶּחֱרַד כָּל הָעָם אֲשֶׁר בַּמַּחֲנֶה · וְנֶאֱמַר וַיְהִי קוֹל הַשּׁוֹפָר הוֹלֵךְ וְחָזֵק מְאֹד מֹשֶׁה יְדַבֵּר וְהָאֱלֹהִים יַעֲנֶנּוּ בְקוֹל ׃ וְנֶאֱמַר וְכָל הָעָם רֹאִים אֶת הַקּוֹלֹת וְאֶת הַלַּפִּידִם וְאֵת קוֹל הַשֹּׁפָר וְאֶת הָהָר עָשֵׁן וַיַּרְא הָעָם וַיָּנֻעוּ וַיַּעַמְדוּ מֵרָחֹק ׃ וּבְדִבְרֵי קָדְשְׁךָ כָּתוּב לֵאמֹר עָלָה אֱלֹהִים

בתרועה

בתרועה יהוה בקול שופר : ונאמר בחצצרות
וקול שופר הריעו לפני המלך יהוה : ונאמר תקעו
בחדש שופר בכסה ליום חגנו : כי חק לישראל
הוא משפט לאלהי יעקב :
ונאמר הללויה הללו אל בקדשו הללוהו ברקיע
עזו : הללוהו בגבורתיו הללוהו כרוב
גדלו : הללוהו בתקע שופר הללוהו בנבל וכנור :
הללוהו בתף ומחול הללוהו במנים ועגב :
הללוהו בצלצלי שמע הללוהו בצלצלי תרועה :
כל הנשמה תהלל יה הללויה :
ועל ידי עבדיך הנביאים כתוב לאמר כל ישבי
תבל ושכני ארץ כנשא נס הרים תראו
וכתקע שופר תשמעו : ונאמר והיה ביום ההוא
יתקע בשופר גדול ובאו האבדים בארץ אשור
והנדחים בארץ מצרים והשתחוו ליהוה בהר
הקדש בירושלם : ונאמר ויהוה עליהם יראה ויצא
כברק חצו ואדני יהוה בשופר יתקע והלך
בסערות תימן : יהוה צבאות יגן עליהם כן תגן
על עמך ישראל בשלומך :
אלהינו ואלהי אבותינו תקע בשופר גדול
לחרותנו ושא נס לקבץ גליותינו וקרב
פזורנו מבין הגוים ונפוצותינו כנס מירכתי ארץ :
והביאנו לציון עירך ברנה ולירושלים בית
מקדשך בשמחת עולם ושם נעשה לפניך את
קרבנות חובותינו כמצוה עלינו בתורתך על
ידי משה עבדך מפי כבודך כאמור :

וביום שמחתכם ובמועדיכם ובראשי חדשכם
ותקעתם בחצצרות על עלתיכם ועל זבחי
שלמיכם והיו לכם לזכרון לפני אלהיכם אני יהוה
אלהיכם : כי אתה שומע קול שופר ומאזין תרועה
ואין דומה לך : ברוך אתה יהוה שומע קול
תרועת עמו ישראל ברחמים :

ותוקעין גם בלחש תשר"ת תש"ת תר"ת רצה ומודים וכו'

קב"ל כשם הרוקח כשהחזן אומר הוא אלהינו אין עוד יאמרו הקהל פסוקים אלו
אתה הראת לדעת כי יהוה הוא האלהים אין עוד
מלבדו : שמע ישראל יהוה אלהינו יהוה אחד :
הן ליהוה אלהיך השמים ושמי השמים הארץ וכל אשר
בה : כי יהוה אלהיכם הוא אלהי האלהים ואדני
האדנים : האל הגדל הגבר והנורא אשר לא ישא
פנים ולא יקח שחד : כי שם יהוה אקרא הבו גדל
לאלהינו : יהי שם יהוה מבורך מעתה ועד עולם :

בר"ה ויוה"כ במוסף קודם שאמר הש"ץ וכתוב אומרים א"מ :
אבינו מלכנו זכור רחמיך וכבוש כעסך וכלה דבר
וחרב ורעב ושבי ומשחית ועון ומגפה
ופגע רע וכל מחלה וכל תקלה וכל קטטה וכל מיני
פורעניות וכל גזרה רעה ושנאת חנם מעלינו ומעל כל
בני בריתך : וכתוב וכו'

בר"ה ויוה"כ במוסף בחזרת הש"ץ אומרים בספר בנוסח זה :
ובספר חיים ברכה ושלום ופרנסה טובה ישועה ונחמה
וגזרות טובות נזכר ונכתב לפניך אנחנו וכל
עמך בית ישראל לחיים טובים ולשלום : ונאמר כי בי
ירבו ימיך ויוסיפו לך שנות חיים : לחיים טובים תכתבנו
אלהים חיים כתבנו בספר החיים : ככתוב ואתם הדבקים
ביהוה אלהיכם חיים כלכם היום :

*) בקדיש שלם קודם תתקבל תוקעין תשר"ת תש"ת תר"ת.
אין כאלהינו. עלינו. ק"י. ותוקעין ל' קולות : כדי לערבב את השטן.
מיהו אין מעכבות שאם לא יעשו כן אין עכוב בדבר שהרי כבר
יצאו ידי חובתן ואח"כ נפטרים לבתיהם לשלום :

סדר תשליך:

אחר מנחה יום א' דר"ה קודם שקיעת החמה טוב לילך מחוץ לעיר אל באר המים או מעין כי מים מורים על החסדים וגם דגים רומזים על עינא פקיחא ויאמר י"ג מדות שבפסוקים מי אל כמוך שהם כנגד י"ג מדות ה' ה' אל רחום כו' ויכוין בכל מדה אל מדה אחת שבפסוק ה' ה' אל רחום כו' ולא יאמרם : ואח"כ מן המצר וגו' והם כנגד ט' מדות ה' ארך אפים וגו' :

א (ה' ה' אל) מי אל כמוך ב (רחום) נושא עון ג (וחנון) ועובר על פשע ד לשארית נחלתו ה (ארך) לא החזיק לעד (אפים) אפו ו (ורב חסד) כי חפץ חסד הוא : ז (ואמת) ישוב ירחמנו ח (נוצר) יכבוש (חסד) עונותינו ט (לאלפים) ותשליך במצולות ים כל חטאתם :

תתן

*) הוספת המו"ל.

סדר תשליך:

נושא עון ופשע וחטאה
י תִּתֵּן אֱמֶת לְיַעֲקֹב יא חֶסֶד לְאַבְרָהָם יב אֲשֶׁר
ונקה ה׳
נִשְׁבַּעְתָּ לַאֲבֹתֵינוּ יג מִימֵי קֶדֶם : א מִן הַמֵּצַר
ארך אפים ורב חסד
קָרָאתִי יָּהּ ב עָנָנִי בַמֶּרְחָב יָהּ : ג יְהוָה לִי
נושא עון ופשע
ד לֹא אִירָא ה מַה יַּעֲשֶׂה לִי אָדָם : ו יְהוָה
ונקה לא ינקה פוקד עון אבות על
לִי בְּעֹזְרָי ז וַאֲנִי אֶרְאֶה בְשֹׂנְאָי : ח טוֹב לַחֲסוֹת
בנים על שלשים ועל רבעים
בַּיהוָה מִבְּטֹחַ בָּאָדָם : ט טוֹב לַחֲסוֹת בַּיהוָה
מִבְּטֹחַ בִּנְדִיבִים :

ויאמר מזמור רננו צדיקים וגו׳ ואח״כ יאמר :

לֹא יָרֵעוּ וְלֹא יַשְׁחִיתוּ בְּכָל הַר קָדְשִׁי כִּי מָלְאָה
הָאָרֶץ דֵּעָה אֶת יְהוָה כַּמַּיִם לַיָּם מְכַסִּים :

יהי רצון מלפניך יהוה אלהינו ואלהי אבותינו אל עליון מוכתר בי״ג מדות מכילין דרחמי שתהא שעה זו עת רצון לפניך קריאת י״ג מכילין דרחמי שבפסוקי מי אל כמוך המכוונים אל י״ג מדות אל רחום וחנון אשר קראנו לפניך כאלו השגנו כל הסודות וצרופי שמות הקדושים היוצאים מהם וזיווגי מדותיהן אשר אחת באחת יגשו להמתיק את הדינין תקיפין ובכן תשליך במצולות ים כל חטאתינו ותשפיע עלינו שפע ישועה ורחמים מהן. וזכרנו לחיים מלך חפץ בחיים וכתבנו בספר החיים למענך אלהים חיים . ונזכה לתשובה עילאה כי ימינך פשוטה לקבל שבים וקרע רוע גזר דיננו ויקראו לפניך זכיותינו ותאריך אפך עלינו לטובה אמן : יהיו לרצון אמרי פי והגיון לבי לפניך יהוה צורי וגואלי :

וינער שולי טלית קטן :

סדר כפרות

בעי״כ מנהג לשחוט תרנגול לכן הנקרא גבר ושוחטים אותו באשמורת הבוקר אחר סליחות כי אז חוט של חסד גובר בעולם ואנו שוחטין אותו להכניע הגבורות ומוליכין ממנו דמו כדי להמתיקו . ונקרא כפרה כמו שעיר המשתלח ויהיו הכפרות כפי חשבון בני אדם שבבית זכר לזכר ונקבה לנקבה ולמעוברת שוחט ג׳ . א׳ בשבילה וזכר ונקבה בשביל ספק הולד: ויאמר ג״פ בני אדם :

בְּנֵי אָדָם יֹשְׁבֵי חֹשֶׁךְ וְצַלְמָוֶת אֲסִירֵי עֳנִי וּבַרְזֶל :
יוֹצִיאֵם מֵחֹשֶׁךְ וְצַלְמָוֶת וּמוֹסְרוֹתֵיהֶם יְנַתֵּק :
אֱוִלִים מִדֶּרֶךְ פִּשְׁעָם וּמֵעֲוֹנֹתֵיהֶם יִתְעַנּוּ : כָּל
אֹכֶל תְּתַעֵב נַפְשָׁם וַיַּגִּיעוּ עַד שַׁעֲרֵי מָוֶת : וַיִּזְעֲקוּ
אֶל יְהוָה בַּצַּר לָהֶם מִמְּצֻקוֹתֵיהֶם יוֹשִׁיעֵם : יִשְׁלַח
דְּבָרוֹ וְיִרְפָּאֵם וִימַלֵּט מִשְּׁחִיתוֹתָם : יוֹדוּ לַיהוָה
חַסְדּוֹ וְנִפְלְאוֹתָיו לִבְנֵי אָדָם : אִם יֵשׁ עָלָיו מַלְאָךְ
מֵלִיץ אֶחָד מִנִּי אָלֶף לְהַגִּיד לְאָדָם יָשְׁרוֹ : וַיְחֻנֶּנּוּ
וַיֹּאמֶר פְּדָעֵהוּ מֵרֶדֶת שַׁחַת מָצָאתִי כֹפֶר :
זֶה חֲלִיפָתִי : זֶה תְּמוּרָתִי : זֶה כַּפָּרָתִי : זֶה
הַתַּרְנְגוֹל יֵלֵךְ לְמִיתָה וַאֲנִי אֵלֵךְ לְחַיִּים טוֹבִים
אֲרוּכִים וּלְשָׁלוֹם : בכל פעם מסבב נ״פ.

בערב יום הכיפורים יש להרבות באכילה ושתיה כמו שיעור ב׳ ימים עי״כ ויום הכיפורים . מלקות ילקו קודם טבילה ומנחה :

שער יום הכפורים

להבין פרשי יוה״כ הנה פרש ענין יוה״כ הוא שהמל׳ עולה למעלה בעתיקא והיננה מקבל השפע מבחי׳ ז״א אלא שלא ע״י ז״א בעלה בא לה האור מבחי׳ גבו׳ דע״י והן ה״ג דחותם שבנעילה דיו״כ כידוע ולהבין ביאור הדברים הנה ידוע דהדבור הוא בחי׳ מל׳ בכלל והדבור הוא מקבל תמיד מן המדות שבלב עד״מ שהקול היוצא מה׳ מוצאות מורכב הוא מאש ורוח גשמיים ושרש הקול הזה הוא נמשך מהבל הלב ששם הרכבה זאת מאמ״ר ברוחניות ונק׳ קלא פנימאה כו׳ ואמנם הבל הלב הרי הוא בחי׳ חיצוניות המדות שבלב בלבד כי הלב עצמו אינו אלא בחי׳ כלי למדות אוי״ר ורחמנות וכדומה אך אעפ״כ כמו שהקול הגשמי מקבל מחיצוניו׳ הלב שהוא הבל הלב כך קול הרוחני שבהבל הלב מקבל מן פנימיות שבלב והן התפעלו׳ המדות אוי״ר כו׳ והנה הנמשל מובן שבכל השנה מקבלת המל׳ שהוא בחי׳ דבור העליון הכל ע״י אור השפע הבא לו מבחי׳ הבל לב העליון שהן בחי׳ המדות דז״א מחיצוניו׳ ולפעמים מאיר גם מבחי׳ הפנימיות כמו בשבת ויו״ט כו׳ (כמ״ש במ״א) אבל ביוה״כ מתעלה מדת מל׳ למע׳ מבחי׳ ז״א ואיננה מקבלת כלל מבחי׳ המדות אלא מקבלת מבחי׳ מקור המדות שהוא בחי׳ בינה שנקר׳ אם הבנים והבינה שרש בחי׳ יוה״כ שנק׳ יובלא כו׳ וע״כ נק׳ קדוש הוי׳ שאין בו לא אכילה ולא שתיה כו׳ כמו העוה״ב שאין בו אכילה ושתיה כו׳ כי גם העוה״ב בבחי׳ בינה כידוע שביו״ד נברא העוה״ב מאין לים להיות בהתגלות כו׳ והבינה נק׳ ים כידוע ובבחי׳ הבינה אין בו אכילה ושתיה וגם שאר ענינים גשמי׳ כרחיצה וסיכה ונעילת הסנדל כו׳ והטעם לזה הנה מובן כי כל ענינים הגשמי׳ הנ״ל כאכילה כו׳ כולם נלקחים בשרש מקור מולבש הכל בבחי׳ המדות דז״א דאלי׳ להיות

כי

ויהא עולה לפניך

כי בחי' המדו' באים לידי השתלשלו' מאצי' לבריאה ומבריאה ליצירה כו' וידוע דל' כלים דז"א נעשה נר"ן לבי"ע וא"כ מבחי' הכלים החילוני' דז"א שנעשה בחי' נפש דעשי' יוכל להיות התהוות עניים גשמי' בעולם העשיה כמו השפעה גשמי' דכסף וזהב שהרש מבחי' חו"ב דמל' דעשי' המשפיע למטה כו' וכתיב לי הכסף ולי הזהב פי' לי הכסף כי שרש דשרש התהוות הכסף למטה הרי נמשך מבחי' פסולת החסדים הנופלים מלמע' דהיינו מבחי' פסולת החסדים דז"א כמו אברהם יצא ממנו ישמעאל ויצחק יצא ממנו עשו כי ממותרי החסדים דאברהם אים החסד יצא ממנו ישמעאל חסד דקליפה ויצחק יצא ממנו עשו מפסולת הגבו' כו' וכך למעלה ממותרי הפסולת דחו"ג דז"א שנופלים בבחי' נובלות וחילוניות הכלי נמשך ומתהוה למטה שרש הכסף והזהב וזהו לי הכסף ולי הזהב לפי שהשרש שלהם למעל' בבחי' חילוניות הנובלות מז"א כו' וכך הוא בכל עניים הגשמי' דוגה כמו מאכל ורחיצה וסיכה כו' שכולם עניים עונג גשמי וכולם ביו"כ אסורים לפי שהמל' עולה למע' מבחי' המדות דז"א כנ"ל דהיינו במקום בחי' בינה שלמע' מחו"ג דז"א ששם אין מקום ושרש כלל להתהוות חילוניו' השפע הזאת כמאכל וכיוצא וד"ל. וזהו דוקא ביו"כ שאין המל' מקבלת מז"א אבל בשאר ימות השנה שהמל' מקבלת מבחי' ז"א אדרבא נהפוך הוא דדוקא ע"י העלאת הנילוצים מעניני הגשמי' דוגה תוכל המל' לקבל השפע מז"א כמו ענין ג' סעודות דשבת כו' וכמ"ש בסעודת ליל שבת דא היא סעודתא דחת"ק אבל ביו"כ שהמ"ל עולה למע' מבחי' ז"א אין מקום כלל להיות העלאת מ"ן שלה מתענוגים הגשמי' שנפלו בבי"ע אלא אדרבא צריך שיהי' מופשט ממנה כל עונג גשמי ובדרך כלל הן ה' ענויים כמ"ש ועניתם את נפשותיכ' דקאי על נפש עליונה כו' שהיא כללו' נש"י שנק' מל' כמאמר כל ישראל בני מלכי' הן כידוע וה' ענויים נגד ה"ג שבהן עולה כו' כנ"ל וד"ל:

ומב"ז מובן ע"י הפסוק לפני הוי' תטהרו פי' ביו"כ דוקא לפני הוי' תטהרו דהיינו לפני שם הוי' דמדות דז"א שנק' שם הוי' בכלל כי בחי' הבינה שרש' בשם אהיה כו' והטעם נשום דלפנים ולמעלה השם הוי' דז"א עולה המל' ביו"כ כי שרש בחי' יו"כ הוא בבחי' בינה וע"כ נק' קודש ה' וכמו העה"ב שאין בו לא אכילה כו' כנ"ל וד"ל:

והנה בנעילה דיו"כ עולה המל' עליה שנית למע' גם מבחינת בינה דאצי' דהיינו לבחי' פנימות עתיק עצמו כמבואר בכוונות דז"פ הוי' הוא אלקים שאומרים בנעילה והענין הוא כי בחי' עתיק הוא בחי' הממוצע בין עצמות המאציל לנאצלים ויש בו מבחי' אחרונה שבא"ס וגם הוא שרש וראש לנאצלים ומה שהוא נחשב מבחי' האחרונה שבא"ס הוא הנק' פנימיות דע"י ושם המ"ל עולה בנעילה דיו"כ דהיינו להיות במדריגת מ"ל דא"ס ממש כמו שהיה הוא ושמו בלבד לפני התחלת שרש האצי' כו' ועיקר סיבת עלי' גדולה כזאת הוא בא מחמת התשובה עליונה שבעי"ת והנה פי' תשובה תשוב ה' ה' תתאה והיינו שתשוב ה' לשרש שרשה הקדוש שהוא בחי' מ"ל דא"ס והטעם שע"י התשובה מעומקא דלבא דוקא הענין הוא לפי שבע"ת מעל' ומדרגה יתירה יש בהם מה שאין ביכולת הצדיקים גם בצדיקים גמורים וכמארז"ל דבע"ת גדולים יותר מצדיקים גמורים וגם בזהר מבואר משום דמשכין ליה בחילא יתיר לקוב"ה. ושרש ענין הטעם הזה היינו לפי שכח יתיר זה דמשכין לי' בחילא יתיר הוא בא בדרך דילוג המדרגה שלא בדרך הדרגה כלל כמו עד"מ כאשר חפץ האדם לעבור נהר או חפירה רחב' בדילוג וקפיצה שא"א לו כ"א שידלג בדילוג גדול שלא בהדרגה כלל כי אם לא יתן כל כחו בדילוג זה לא יוכל לעבור וא"כ כל כח יתיר שנתן בדילוג זה הוא הגורם להעבירו ולהביאו מעבר זה לעבר זה והגם שיש מרחק גדול ולפי ערך כח הדילוג כך יוכל לדלג חפירה רחבה ביותר כידוע וכך הנמשל לבע"ת דבחי' חילא יתיר שמוסרין נפשם מעומקא דלבא כמו תשובת ראב"ד שיצאה נשמתו וכיוצא נמשל לענין דילוג בכח גדול שלא בהדרגה כלל שגורם לעלות נפשו ברום המעלות מאד מה שאין ביכולת גם בצדיקים הגמורים לעלות שם לפי שהן הולכים במדרגה כמו גם באברהם שנאמר בו הלוך ונסוע כו' כידוע וע"כ במקום שבע"ת עומדין שם צדיקים גמורים אינם יכולים לעמוד וכך יובן בתשובה העליונה תשוב ה' תתאה דמל' דמה שעולה בעצמות א"ס ברום המעלות הוא מסיבת כח הדילוג מלמטה למע' ע"י תשובה שבעשי"ת והן ענין היו"ד עמקי' שאומרי' בעשי"ת כמ"ש במ"א וד"ל:

קדוש אתה ונורא שמך פי' שמך הוא מ"ל דא"ס כי אומר לנוכח דקאי על עצמות א"ס דוקא והשם היינו רק בחינת גלוי אור בלבד כידוע ומ"ש ונורא שמך היינו שיבא לבחי' גילוי כ"כ עד שיקרא בשם נורא כי פי' נורא אינו אלא בבחי' ההתגלות דוקא כי המלך בהגלות נגלות לעמו נק' נורא משא"כ כשיושב גנוז בחדרי היכלו כו' והמשל בזה הוא מובן מן בחינת גילוי אור החיות מן הנפש בגוף החומרי כמו כח הראיה בעין וכח השמיעה באוזן כו' ובודאי היה בחי' גלוי אור זה עצמו גם קודם שבא הנפש בהתלבשו' בגופו אמנם לא היה באופן ההגשמ' כ"כ כמו שהוא עתה בהתלבשותה באברי' גשמי' כידוע דאין ערוך לערוך ולייחס גלוי כח הראיה אשר מלובש בעין הגשמי לעצם כח הראיה אשר קבוע בנפש עצמה קודם בואה לגוף שהיא בתכלית ההפשטה מן הגשמיות וגם עוד זאת שגלוי אור זה מן הנפש באברי הגוף אינו אלא כח והארה בעלמא בלבד והרי המופת לזה ידוע שהנפש מתלבשת

בכמה מיני גופים יוצא מזה ומתלבשת באחר בגלגולי' רבים ולא יפול בה שינוי כלל אלא כמו שפושט האדם לבוש ולובש לבוש אחר שלא יפול בו שינוי בעבור זה כו' וכך יובן הנמשל למשכיל למע' בבחי' מ"ל דא"ס דהגם שמאירה מדה זו ומתפשטת להיות ראש ומקור להשתלשלות כידוע דרך כלל דמבחי' מ"ל דא"ס נעשה בחי' כתר דאצי' אבל לגבי עצמות הא"ס לא נק' רק בחי' גלוי אור בלבד כמשל גלוי אור חיות מן הנפש קודם התלבשותה בגוף והרי בחינת אור זה נכלל במאור עצמו כמו שנכלל זיו השמש בשמש כו' והרי א"כ גם בחינת מ"ל דא"ס הנק' אא"ס גם הוא בבחי' א"ס כמו שא"ס עצמו הנק' מאור הוא בבחי' א"ס אחר שהאור נכלל במאור כו' וז"ש קודם שנברא העולם היה הוא ושמו בלבד פי' כמו שהוא עצמו שנק' מאור הוא בחינת א"ס כך שמו היה בבחי' א"ס ואין עוד עלמים שיתהוו להם בערך ויחוס כלל והיינו פי' בלבד כו' וד"ל:

ואמנם הנה מובן במשל הנ"ל שיש בגלוי אור הנפש ב' מדריגות הא' קודם בואה לגוף שנכלל האור במאור והב' בהתלבשותה שירדה במדריגה להיות בהגשמה באברי הגוף אחר שנתפסת ומתלבשת בהן כו' כך יובן למעלה דמ"ל דא"ס קודם שנעשית מקור לנאצלים נק' אור א"ס שנכלל במאור כנ"ל אבל לאחר ירידתה להיו' ראש לנאצלים ה"ז כמו גלוי אור חיות הנפש המתלבשת באברי הגוף כך נעשית מקור לבחינת י"ס דאצי' בכלל שהן בחי' אורות מוגבלים עשר ולא תשע כו' אבל מבחי' מ"ל דא"ס עצמה קודם שתרד להיות מקור להם היה ביכולתה להאיל ספי' עד אין קץ ושיעור ולא בפרטי מספר יו"ד דוקא וגם לא ממהות אלו דוקא אחר שהיה מאיל בלתי הגבל' כמשל גלוי חיות הנפש בעודנה כלולה בנפש שלא מוגבל כלל התפשטות כחותיה וד"ל. וזהו קדוש אתה פי' אתה לנוכח היינו מהותו ועצמותו של הא"ס שנקרא קדוש כי הוא קדוש ומובדל לגמרי מבחינת השתלשלות גם מהיות בחי' מקור להשתלשלות אבי"ע אבל בחי' שמו שהוא בחי' מ"ל דא"ס יש בו ב' מדריגות כנ"ל לפעמים האור נכלל במאור וגם הוא נק' קדוש כמאמר אתה קדוש ושמך קדוש כענין היה הוא ושמו בלבד כו' כנ"ל ולפעמים יורד אור זה להיות מקור להשתלשלות דאבי"ע ונק' נורא שהוא בחי' כתר בכלל וזהו ונורא שמך אבל גם לאחר ירידת' האור זה אין זה בחי' הסתר ולמלוס באמת קמי עצמות הא"ס וזהו ואין אלוה מבלעדיך דלא כמשל הארת הנפש בגוף שמשתני' שם בהגשמה כנ"ל אבל קמי עצמותו אין שנוי כלל כנ"ל. וזהו פי' חתימת הברכה והאל הקדוש נקדש בצדקה בא"י המלך הקדוש. פי' כי הנה עלי' המ"ל ביו"כ הוא עד מ"ל דא"ס שהוא בחי' פנימיות דעתיק כו' ולפי שכל ישראל בני מלכים הם כידוע שמרש' בבחי' מ"ל בכלל וא"כ ביכולת' לעלות עד שרש כל בחי' המ"ל שנקרא מלך מלכי המלכים כו' שהוא בחי' מ"ל דא"ס כידוע לכך ביכולתם עוד להעלות גם בחי' מ"ל דא"ס שיהיה נכלל במאור בעצמות א"ס כמו שהיה הא"ס הוא ושמו בלבד כנ"ל ולהיות גם בחי' מ"ל דא"ס נק' קדוש כמו העצמות א"ס נקר' קדוש כנ"ל להיות בחינת אור פשוט בתכלית כו' למע' מהיות בבחי' הגבלת אור באצי' כו' וזהו פי' המלך הקדוש שהמלך הראשון מקור כל המלכיות שהוא בחי' מ"ל דא"ס יהיה גם הוא קדוש ומובדל בבחי' קדושת עלמיות א"ס כי אור יהי' נכלל במאור כו' וזהו והאל הקדוש נקדש בצדקה לדקה הוא במ"ל דאצי' וע"י שהמ"ל עולה במ"ל דא"ס מעורר עוד להיות נקדש בצדקה שהאור יהי' נכלל במאור כנ"ל וד"ל. וזהו עיקר ענין המלך הקדוש שאומרים בעשי"ת כדי שיכלל האור במאור כנ"ל עד נעילה דיו"כ שאז הוזר עי"ז להאיר או"ח מבחי' מ"ל דא"ס שנכלל במאור עצמות הא"ס כי אחר שהיה בחי' העלא' בהכרח שיהיה המשכות או"ח אח"כ כידוע אך לפי שהיה יכול להיות ההארה הזאת מתפשטת בכל ההשתלשלות בהשוא' א' ולא היה הפרש כלל בין סטרא דקדושה כו' כי קמיה ממש כחשיכה כאורה עד"מ שבהיכל המלך עצמו כקטן כגדול שוים כו' מפני עולם רוממות המלך (כמ"ש במ"א ע"פ שממית בידי' תתפש כו') אסר לזאת צ"ל בנעיל' דיו"כ בחי' החותם בה"ג דעתיקא כידוע שהוא ענין בחי' ההבדלה להבדיל ולהפריש האור שלא יומשך רק לסט' דקדוש' בלבד עד"מ כמו החותם הניתן על כלי לשומרו שלא יקבל ממנו זר הבלתי ראוי ולהגדיל השמירה עושים חותם בתוך חותם וזהו בחי' נעילה כמו גן נעול אחותי כלה שמנעלת החיצוני' כו' וד"ל. ויש עוד בענין החותם הזה ענין בחי' התחלקות ע"י ה"ג הללו כידוע והכל ענין א' שהוא לחלק האור והחיות מיוחד לסט' דקדושה מבחי' הפנימי' ולהיות יניקת החיצוני' מבחי' האחוריים והחיצוניות והיינו שא' ויעבור ה' על פניו כו' שהוא בחי' הארת פנים בכלל להיות מיוחדת לישראל דוקא כמ"ש יאר ה' פניו אליך דוקא והוא ענין המקיפים דסכות שנמשכים לישראל אחר בחי' החותם דנעילה דוקא וכמ"ש שמאלו תחת לראשי וימינו תחבקני שמאלו תחת לראשי היינו בר"ה שהוא התחלת עלי' המ"ל כמ"ש עלה אלקים בתרועה כו' ובנעילה זמן תכלית עליותה בבחי' המ"ל דא"ס כנ"ל ובסוכות נא' וימינו תחבקני להיות מיוחד בבחי' הפנימיות לישראל והחיצוניות בע' שרים בע' פרי החג כו' והיינו מ"ש יבחר לנו את נחלתנו כו' אע"פ שמלך אלקים על גוים כו' כנ"ל וד"ל:

להבין ענין איסור אכילה ביו"כ הנה שרש ענין חמש תפלות יו"כ ידוע ומבואר בכתבי האריז"ל שהוא עליות המל' בעתיק והן בחי' ה' קולות דהיינו ה"ח דע"י כו'

כו' וביאור הדברים הנה ידוע דיש ב' מיני אהבה הא' האהבה שנולדה מן השכל וההתבוננות והב' הנק' אהבה טבעית שנ"רשה בבחינת יחידה שבנפש בבחי' עצמיות כו' שלמעל' הרבה מן השכל כידוע וכמו כן עליו' המל' שרש ככ"י ג"כ בבחי' עתיק שלמעלה מן החכמה עד שהחכמה והמל' מקבלין שניהם בהשואה א' מבחי' ע"י להיות ידוע דגם החכ' נאצלה מן עצמות א"ס ב"ה ע"י לצמצום אותיות דשם הויה שם ע"ב במלוי יודין כו' ומאחר שידוע שבחי' ע"י הוא בחי' תחתונה שבעצמות הוא למע' הרבה מבחי' אותיות דשם הויה כמ"ש לפני הוי' תטהרו כו' א"כ לגבי בוין החכמה עם המל' אף על פי שהחכמה ראשית כל ההשתלשלות והמל' סופא דכל דרגין מאחר שהוא מובדל בערך מבחי' ההשתלשלות לגמרי הרי שוה ומשוה קטן וגדול כו' וד"ל · והנה ידוע דאורייתא מחכמה נפקת ובחכמה יש כבר שרש להתחלקות תו"ג שמסתעפים מהם שרש המצות רמ"ח מ"ע ושס"ה ל"ת כו' אבל ביוה"כ שנאמר לפני הויה כו' למעלה מן החכמה לכך נמחל ונסלח כל העונות כי הוא בבחי' ע"י שלמע' מן המצות כמ"ש אם צדקת כו' וזהו ענין הה' תפלות דיו"כ להיות עליות המל' שהוא ככ"י ע"י אהבה טבעית הנ"ל לפני הוי' כו' וע"כ גם ההדיוט שבהדיוטות נמחל ונסלח לו כל פשעיו כי בחינ' האהבה טבעית העצמית הנ"ל ישנה בכאו"א מישראל כו' וגם הוא מעורר בחי' ה"ח דע"י דאצי' בכל ה' תפלות שלו לאחר שעלתה בו מל' דאצי' וידוע שהיא נעשית ע"י לבריאה כו' עד מל' דעשיה שבנפש ההדיוט מישראל כו' וזהו אנכי אנכי הוא מוחה פשעיך כו' פי' ב"פ אנכי הוא בחי' התחלקות הכתר החלי העליון בחי' ע"י שהוא בחי' תחתונה שבעצמות והחלי התחתון בחי' א"א שהוא שרש וראש לנאצלים כידוע וכדי למחול ולמחוק הפשעי' כו' הוא בבחי' אנכי הראשון שבבחי' ע"י שיאיר אורו בחלי התחתון דאנכי דא"א כו' ופסיק טעמא בינייהו לפי שאין ערוך כלל ביניהם כידוע שזה למעלה מן המצות וזה שרש המצות כו' וד"ל · והנה ידוע דבחי' אחוריים דאו"א נפלו בשבירה ומבחי' ע"י לא נפל כלום אך בחי' חיצונית דע"י ירד ונתלבש למטה ולא בדרך נפילה כו' והענין הוא ידוע כי אנו רואין דחמרא וריחא פקחין כו' וכמאמר עד דלא אכילנא בישרא דתורא כו' הרי יש שכל בהעל' בבשר השור עד שמחמתו נתוסף בו שכל וחכ' והוא מסיבת השבירה שנפלו בבחי' אחוריים דאו"א בבחי' נוגה כו' כמ"ש במ"א וגם מבחינ' חיצוניות ע"י נתלבש כו' והוא שרש תענוגים גשמיי' שנפלו בנוגה כו' והנה ידוע דאו"כ הן תרין רעין כו' וכתיב אכלו רעים וכו' שבהם נא' לשון אכילה אבל למע' דהיינו בע"י לא נא' ל' אכילה וכמ"ש בזהר ע"פ באתי לגני כו' אכלתי יערי אבל באתריה לאו אורחי' למיכל כו' · והענין הוא דאנו רואים דבשבת יש מצוה באכילה ולהתענג במאכלים והוא ענין מצות הבירורים לברר גם הניצוצין דבחינ' אחוריים דאו"א וחיצוני' ע"י בתענוג העליון השורה בנפשו כשאוכל בשבת כו' ויש להבין למה לא יתכן מצוה זו גם ביו"כ אך הענין הוא דבחי' פנימיות ע"י מתגלה ביו"כ שלא נפל ולא ירד כלל למטה בשבירה ולכך הוא למעלה מן המצות כנ"ל וגם למעלה מענין מצות הבירורים עד שגם מצוה ליכא לברר כו' משא"כ בשבת שהוא בבחינת חיצונית ע"י שירד למטה והחכ' נפלה בבחי' אחוריים כו' לכך נא' בהם אכלו רעים כו' דהיינו בבחי' חיצונית אבא שגם יש מצוה לברר עכ"פ כי יש מה לברר כנ"ל והאכילה תברר כידוע אבל באתריה בבחינת העצמיות לאו אורחיה למיכל כו' וד"ל · וזה הטעם שביו"כ אסור לאכול כי הוא למעלה ממצות הבירורים דאכלו רעים כו' וכידוע דבחי' חיצונית אבא הוא בחי' חיצוניות ע"י ובחי' פנימיות אבא הוא לעולם בחינ' פנימית ע"י וכמ"ש בע"ח ולא ידעתי הטעם כו' ולהיות כן בחיצוניות דע"י בשבת יש בירור חיצוניות דאבא שנפל כו' אבל בפנימיות דע"י ביו"כ אין בירור כלל בחיצונית אבא כי הוא בחינת פנימית אבא כו' וזהו שנק' יו"כ שבת שבתון וד"ל :

בענין הספרים שמוציאין ליל יום הכפורים ואומרים עליהם כל נדרי היא מצוה גדולה לקנות ספר ראשון ויאמר פסוק

אור זָרֻעַ לַצַּדִּיק וּלְיִשְׁרֵי לֵב שִׂמְחָה :

תפלת יום כפור

אֲדֹנָי שְׂפָתַי תִּפְתָּח וּפִי יַגִּיד תְּהִלָּתֶךָ :
בָּרוּךְ אַתָּה יְהֹוָה אֱלֹהֵינוּ וֵאלֹהֵי אֲבוֹתֵינוּ אֱלֹהֵי אַבְרָהָם אֱלֹהֵי יִצְחָק וֵאלֹהֵי יַעֲקֹב . הָאֵל הַגָּדוֹל הַגִּבּוֹר וְהַנּוֹרָא אֵל עֶלְיוֹן. גּוֹמֵל חֲסָדִים טוֹבִים . קוֹנֵה הַכֹּל וְזוֹכֵר חַסְדֵי אָבוֹת וּמֵבִיא גוֹאֵל לִבְנֵי בְנֵיהֶם לְמַעַן שְׁמוֹ בְּאַהֲבָה :
זָכְרֵנוּ לְחַיִּים מֶלֶךְ חָפֵץ בַּחַיִּים וְכָתְבֵנוּ בְּסֵפֶר הַחַיִּים לְמַעַנְךָ אֱלֹהִים חַיִּים :
מֶלֶךְ עוֹזֵר וּמוֹשִׁיעַ וּמָגֵן : בָּרוּךְ אַתָּה יְהֹוָה מָגֵן אַבְרָהָם :
אַתָּה גִּבּוֹר לְעוֹלָם אֲדֹנָי מְחַיֵּה מֵתִים אַתָּה רַב לְהוֹשִׁיעַ מוֹרִיד הַטָּל :

מְכַלְכֵּל חַיִּים בְּחֶסֶד מְחַיֵּה מֵתִים בְּרַחֲמִים רַבִּים סוֹמֵךְ נוֹפְלִים וְרוֹפֵא חוֹלִים וּמַתִּיר אֲסוּרִים וּמְקַיֵּם אֱמוּנָתוֹ לִישֵׁנֵי עָפָר: מִי כָמוֹךָ בַּעַל גְּבוּרוֹת וּמִי דּוֹמֶה לָּךְ מֶלֶךְ מֵמִית וּמְחַיֶּה וּמַצְמִיחַ יְשׁוּעָה:

מִי כָמוֹךָ אַב הָרַחֲמָן (במוסף ובמנחת שבת הָרַחֲמִים) זוֹכֵר יְצוּרָיו לְחַיִּים בְּרַחֲמִים:

וְנֶאֱמָן אַתָּה לְהַחֲיוֹת מֵתִים: בָּרוּךְ אַתָּה יְהֹוָה מְחַיֵּה הַמֵּתִים:

קדושה תמצא בשחרית דשבת:

אַתָּה קָדוֹשׁ וְשִׁמְךָ קָדוֹשׁ וּקְדוֹשִׁים בְּכָל יוֹם יְהַלְלוּךָ סֶּלָה: לְדוֹר וָדוֹר הַמְלִיכוּ לָאֵל כִּי הוּא לְבַדּוֹ מָרוֹם וְקָדוֹשׁ: וּבְכֵן יִתְקַדַּשׁ שִׁמְךָ יְהֹוָה אֱלֹהֵינוּ עַל יִשְׂרָאֵל עַמֶּךָ וְעַל יְרוּשָׁלַיִם עִירֶךָ וְעַל צִיּוֹן מִשְׁכַּן כְּבוֹדֶךָ וְעַל מַלְכוּת בֵּית דָּוִד מְשִׁיחֶךָ וְעַל מְכוֹנְךָ וְהֵיכָלֶךָ:

וּבְכֵן תֵּן פַּחְדְּךָ יְהֹוָה אֱלֹהֵינוּ עַל כָּל מַעֲשֶׂיךָ וְאֵימָתְךָ עַל כֹּל מַה שֶּׁבָּרָאתָ וְיִירָאוּךָ כָּל הַמַּעֲשִׂים וְיִשְׁתַּחֲווּ לְפָנֶיךָ כָּל הַבְּרוּאִים וְיֵעָשׂוּ כֻלָּם אֲגֻדָּה אֶחָת לַעֲשׂוֹת רְצוֹנְךָ בְּלֵבָב שָׁלֵם שֶׁיָּדַעְנוּ יְהֹוָה אֱלֹהֵינוּ שֶׁהַשָּׁלְטָן לְפָנֶיךָ עֹז בְּיָדְךָ וּגְבוּרָה בִּימִינֶךָ וְשִׁמְךָ נוֹרָא עַל כֹּל מַה שֶּׁבָּרָאתָ:

וּבְכֵן תֵּן כָּבוֹד יְהֹוָה לְעַמֶּךָ תְּהִלָּה לִירֵאֶיךָ וְתִקְוָה טוֹבָה לְדוֹרְשֶׁיךָ וּפִתְחוֹן פֶּה לַמְיַחֲלִים לָךְ שִׂמְחָה לְאַרְצֶךָ וְשָׂשׂוֹן לְעִירֶךָ וּצְמִיחַת קֶרֶן לְדָוִד עַבְדֶּךָ וַעֲרִיכַת נֵר לְבֶן יִשַׁי מְשִׁיחֶךָ בִּמְהֵרָה בְיָמֵינוּ: וּבְכֵן צַדִּיקִים יִרְאוּ וְיִשְׂמָחוּ וִישָׁרִים יַעֲלֹזוּ וַחֲסִידִים בְּרִנָּה יָגִילוּ וְעוֹלָתָה תִּקְפָּץ פִּיהָ וְהָרִשְׁעָה כֻּלָּהּ כְּעָשָׁן תִּכְלֶה כִּי תַעֲבִיר מֶמְשֶׁלֶת זָדוֹן מִן הָאָרֶץ:

וְתִמְלוֹךְ אַתָּה הוּא יְהֹוָה אֱלֹהֵינוּ לְבַדֶּךָ עַל כָּל מַעֲשֶׂיךָ בְּהַר צִיּוֹן מִשְׁכַּן כְּבוֹדֶךָ וּבִירוּשָׁלַיִם עִיר קָדְשֶׁךָ כַּכָּתוּב בְּדִבְרֵי קָדְשֶׁךָ יִמְלֹךְ יְהֹוָה לְעוֹלָם אֱלֹהַיִךְ צִיּוֹן לְדֹר וָדֹר הַלְלוּיָהּ:

קָדוֹשׁ אַתָּה וְנוֹרָא שְׁמֶךָ וְאֵין אֱלוֹהַּ מִבַּלְעָדֶיךָ כַּכָּתוּב וַיִּגְבַּהּ יְהֹוָה צְבָאוֹת בַּמִּשְׁפָּט וְהָאֵל הַקָּדוֹשׁ נִקְדַּשׁ בִּצְדָקָה: בָּרוּךְ אַתָּה יְהֹוָה הַמֶּלֶךְ הַקָּדוֹשׁ:

אַתָּה בְחַרְתָּנוּ מִכָּל הָעַמִּים · אָהַבְתָּ אוֹתָנוּ · וְרָצִיתָ בָּנוּ · וְרוֹמַמְתָּנוּ מִכָּל הַלְּשׁוֹנוֹת. וְקִדַּשְׁתָּנוּ בְּמִצְוֹתֶיךָ וְקֵרַבְתָּנוּ מַלְכֵּנוּ לַעֲבוֹדָתֶךָ · וְשִׁמְךָ הַגָּדוֹל וְהַקָּדוֹשׁ עָלֵינוּ קָרָאתָ:

וַתִּתֶּן לָנוּ יְהֹוָה אֱלֹהֵינוּ בְּאַהֲבָה (אֶת יוֹם הַשַּׁבָּת הַזֶּה וְ) אֶת יוֹם הַכִּפּוּרִים הַזֶּה אֶת יוֹם סְלִיחַת הֶעָוֹן הַזֶּה אֶת יוֹם מִקְרָא קֹדֶשׁ הַזֶּה (לִקְדוּשָּׁה וְלִמְנוּחָה) לִמְחִילָה וְלִסְלִיחָה וּלְכַפָּרָה וְלִמְחָל בּוֹ אֶת כָּל עֲוֹנוֹתֵינוּ (בשבת בְּאַהֲבָה) מִקְרָא קֹדֶשׁ זֵכֶר לִיצִיאַת מִצְרָיִם:

אֱלֹהֵינוּ וֵאלֹהֵי אֲבוֹתֵינוּ יַעֲלֶה וְיָבֹא וְיַגִּיעַ וְיֵרָאֶה וְיֵרָצֶה וְיִשָּׁמַע וְיִפָּקֵד וְיִזָּכֵר זִכְרוֹנֵנוּ וּפִקְדוֹנֵנוּ וְזִכְרוֹן אֲבוֹתֵינוּ וְזִכְרוֹן מָשִׁיחַ בֶּן דָּוִד עַבְדֶּךָ · וְזִכְרוֹן יְרוּשָׁלַיִם עִיר קָדְשֶׁךָ וְזִכְרוֹן כָּל עַמְּךָ בֵּית יִשְׂרָאֵל לְפָנֶיךָ · לִפְלֵטָה לְטוֹבָה לְחֵן וּלְחֶסֶד וּלְרַחֲמִים וּלְחַיִּים טוֹבִים וּלְשָׁלוֹם בְּיוֹם (בשבת הַשַּׁבָּת הַזֶּה וּבְיוֹם) הַכִּפּוּרִים הַזֶּה בְּיוֹם סְלִיחַת הֶעָוֹן הַזֶּה בְּיוֹם מִקְרָא קֹדֶשׁ הַזֶּה: זָכְרֵנוּ יְהֹוָה אֱלֹהֵינוּ בּוֹ לְטוֹבָה וּפָקְדֵנוּ בוֹ לִבְרָכָה וְהוֹשִׁיעֵנוּ בוֹ לְחַיִּים טוֹבִים: וּבִדְבַר יְשׁוּעָה וְרַחֲמִים חוּס וְחָנֵּנוּ וְרַחֵם עָלֵינוּ וְהוֹשִׁיעֵנוּ כִּי אֵלֶיךָ עֵינֵינוּ · כִּי אֵל מֶלֶךְ חַנּוּן וְרַחוּם אָתָּה:

אֱלֹהֵינוּ וֵאלֹהֵי אֲבוֹתֵינוּ מְחוֹל לַעֲוֹנוֹתֵינוּ בְּיוֹם (הַשַּׁבָּת הַזֶּה וּבְיוֹם) הַכִּפּוּרִים הַזֶּה בְּיוֹם סְלִיחַת הֶעָוֹן הַזֶּה בְּיוֹם מִקְרָא קֹדֶשׁ הַזֶּה מְחֵה וְהַעֲבֵר פְּשָׁעֵינוּ וְחַטֹּאתֵינוּ מִנֶּגֶד עֵינֶיךָ כָּאָמוּר אָנֹכִי אָנֹכִי הוּא מוֹחֶה פְשָׁעֶיךָ לְמַעֲנִי וְחַטֹּאתֶיךָ

לֹא אֶזְכּוֹר: וְנֶאֱמַר מָחִיתִי כָעָב פְּשָׁעֶיךָ · וְכֶעָנָן חַטֹּאתֶיךָ שׁוּבָה אֵלַי כִּי גְאַלְתִּיךָ: וְנֶאֱמַר כִּי בַיּוֹם הַזֶּה יְכַפֵּר עֲלֵיכֶם לְטַהֵר אֶתְכֶם מִכֹּל חַטֹּאתֵיכֶם לִפְנֵי יְהוָה תִּטְהָרוּ: (בשבת אלהינו ואלהי אבותינו רצה נא במנוחתנו) קַדְּשֵׁנוּ בְּמִצְוֹתֶיךָ · וְתֵן חֶלְקֵנוּ בְּתוֹרָתֶךָ שַׂבְּעֵנוּ מִטּוּבֶךָ וְשַׂמַּח נַפְשֵׁנוּ בִּישׁוּעָתֶךָ (והנחילנו יהוה אלהינו באהבה וברצון שבת (שבתות) קדשך וינוחו בה (בו בם) כל ישראל מקדשי שמך) וְטַהֵר לִבֵּנוּ לְעָבְדְּךָ בֶּאֱמֶת · כִּי אַתָּה סָלְחָן לְיִשְׂרָאֵל וּמָחֳלָן לְשִׁבְטֵי יְשֻׁרוּן בְּכָל דּוֹר וָדוֹר · וּמִבַּלְעָדֶיךָ אֵין לָנוּ מֶלֶךְ מוֹחֵל וְסוֹלֵחַ: בָּרוּךְ אַתָּה יְהוָה מֶלֶךְ מוֹחֵל וְסוֹלֵחַ לַעֲוֹנוֹתֵינוּ וְלַעֲוֹנוֹת עַמּוֹ בֵּית יִשְׂרָאֵל: וּמַעֲבִיר אַשְׁמוֹתֵינוּ בְּכָל שָׁנָה וְשָׁנָה · מֶלֶךְ עַל כָּל הָאָרֶץ מְקַדֵּשׁ (השבת וְ) יִשְׂרָאֵל וְיוֹם הַכִּפּוּרִים:

רְצֵה יְהוָה אֱלֹהֵינוּ בְּעַמְּךָ יִשְׂרָאֵל וְלִתְפִלָּתָם שְׁעֵה · וְהָשֵׁב הָעֲבוֹדָה לִדְבִיר בֵּיתֶךָ וְאִשֵּׁי יִשְׂרָאֵל וּתְפִלָּתָם בְּאַהֲבָה תְקַבֵּל בְּרָצוֹן וּתְהִי לְרָצוֹן תָּמִיד עֲבוֹדַת יִשְׂרָאֵל עַמֶּךָ:

וְתֶחֱזֶינָה עֵינֵינוּ בְּשׁוּבְךָ לְצִיּוֹן בְּרַחֲמִים: בָּרוּךְ אַתָּה יְהוָה הַמַּחֲזִיר שְׁכִינָתוֹ לְצִיּוֹן: מודים דרבנן ·

מוֹדִים אֲנַחְנוּ לָךְ שָׁאַתָּה הוּא יְהוָה אֱלֹהֵינוּ וֵאלֹהֵי אֲבוֹתֵינוּ לְעוֹלָם וָעֶד צוּר חַיֵּינוּ מָגֵן יִשְׁעֵנוּ אַתָּה הוּא לְדוֹר וָדוֹר נוֹדֶה לְּךָ וּנְסַפֵּר תְּהִלָּתֶךָ עַל חַיֵּינוּ הַמְּסוּרִים בְּיָדֶךָ וְעַל נִשְׁמוֹתֵינוּ הַפְּקוּדוֹת לָךְ וְעַל נִסֶּיךָ שֶׁבְּכָל יוֹם עִמָּנוּ וְעַל נִפְלְאוֹתֶיךָ וְטוֹבוֹתֶיךָ שֶׁבְּכָל עֵת עֶרֶב וָבֹקֶר וְצָהֳרָיִם: הַטּוֹב כִּי לֹא כָלוּ רַחֲמֶיךָ וְהַמְרַחֵם כִּי לֹא תַמּוּ חֲסָדֶיךָ כִּי מֵעוֹלָם קִוִּינוּ לָךְ:

וְעַל כֻּלָּם יִתְבָּרַךְ וְיִתְרוֹמָם וְיִתְנַשֵּׂא שִׁמְךָ מַלְכֵּנוּ תָּמִיד לְעוֹלָם וָעֶד:

וּכְתוֹב לְחַיִּים טוֹבִים כָּל בְּנֵי בְרִיתֶךָ:

וְכָל הַחַיִּים יוֹדוּךָ סֶּלָה וִיהַלְלוּ שִׁמְךָ הַגָּדוֹל לְעוֹלָם כִּי טוֹב הָאֵל יְשׁוּעָתֵנוּ וְעֶזְרָתֵנוּ סֶלָה הָאֵל הַטּוֹב: בָּרוּךְ אַתָּה יְהוָה הַטּוֹב שִׁמְךָ וּלְךָ נָאֶה לְהוֹדוֹת:

לש״ץ

אלהינו ואלהי אבותינו ברכנו בברכה המשולשת בתורה הכתובה על ידי משה עבדך האמורה מפי אהרן ובניו כהנים עם קדושך כאמור: יברכך יהוה וישמרך: אמן. יאר יהוה פניו אליך ויחנך: אמן. ישא יהוה פניו אליך וישם לך שלום אמן:

שִׂים שָׁלוֹם טוֹבָה וּבְרָכָה חַיִּים חֵן וָחֶסֶד וְרַחֲמִים עָלֵינוּ וְעַל כָּל יִשְׂרָאֵל עַמֶּךָ בָּרְכֵנוּ אָבִינוּ כֻּלָּנוּ כְּאֶחָד בְּאוֹר פָּנֶיךָ כִּי בְאוֹר פָּנֶיךָ נָתַתָּ לָנוּ יְהוָה אֱלֹהֵינוּ תּוֹרַת חַיִּים וְאַהֲבַת חֶסֶד וּצְדָקָה וּבְרָכָה וְרַחֲמִים וְחַיִּים וְשָׁלוֹם וְטוֹב בְּעֵינֶיךָ לְבָרֵךְ אֶת עַמְּךָ יִשְׂרָאֵל בְּכָל עֵת וּבְכָל שָׁעָה בִּשְׁלוֹמֶךָ:

וּבְסֵפֶר חַיִּים בְּרָכָה וְשָׁלוֹם וּפַרְנָסָה טוֹבָה יְשׁוּעָה וְנֶחָמָה וּגְזֵרוֹת טוֹבוֹת נִזָּכֵר וְנִכָּתֵב לְפָנֶיךָ אֲנַחְנוּ וְכָל עַמְּךָ בֵּית יִשְׂרָאֵל לְחַיִּים טוֹבִים וּלְשָׁלוֹם:

בָּרוּךְ אַתָּה יְהוָה הַמְבָרֵךְ אֶת עַמּוֹ יִשְׂרָאֵל בַּשָּׁלוֹם:

יהיו לרצון אמרי פי והגיון לבי לפניך יהוה צורי וגואלי:

אֱלֹהֵינוּ וֵאלֹהֵי אֲבוֹתֵינוּ תָּבֹא לְפָנֶיךָ תְּפִלָּתֵנוּ וְאַל תִּתְעַלַּם מִתְּחִנָּתֵנוּ · שֶׁאֵין אָנוּ עַזֵּי פָנִים וּקְשֵׁי עֹרֶף לוֹמַר לְפָנֶיךָ יְהוָה אֱלֹהֵינוּ וֵאלֹהֵי אֲבוֹתֵינוּ צַדִּיקִים אֲנַחְנוּ וְלֹא חָטָאנוּ אֲבָל אֲנַחְנוּ וַאֲבוֹתֵינוּ חָטָאנוּ:

אָשַׁמְנוּ · בָּגַדְנוּ · גָּזַלְנוּ · דִּבַּרְנוּ דוֹפִי: הֶעֱוִינוּ · וְהִרְשַׁעְנוּ · זַדְנוּ · חָמַסְנוּ · טָפַלְנוּ שֶׁקֶר · יָעַצְנוּ רָע · כִּזַּבְנוּ · לַצְנוּ · מָרַדְנוּ · נִאַצְנוּ · סָרַרְנוּ · עָוִינוּ · פָּשַׁעְנוּ · צָרַרְנוּ · קִשִּׁינוּ עֹרֶף · רָשַׁעְנוּ · שִׁחַתְנוּ · תִּעַבְנוּ · תָּעִינוּ · תִּעְתָּעְנוּ:

סַרְנוּ מִמִּצְוֹתֶיךָ וּמִמִּשְׁפָּטֶיךָ הַטּוֹבִים וְלֹא שָׁוָה לָנוּ: וְאַתָּה צַדִּיק עַל כָּל הַבָּא עָלֵינוּ כִּי אֱמֶת עָשִׂיתָ וַאֲנַחְנוּ הִרְשָׁעְנוּ:

מַה נֹּאמַר לְפָנֶיךָ יוֹשֵׁב מָרוֹם · וּמַה נְּסַפֵּר לְפָנֶיךָ שׁוֹכֵן שְׁחָקִים · הֲלֹא כָּל הַנִּסְתָּרוֹת וְהַנִּגְלוֹת אַתָּה יוֹדֵעַ:

אַתָּה יוֹדֵעַ רָזֵי עוֹלָם · וְתַעֲלוּמוֹת סִתְרֵי כָּל חָי · אַתָּה חוֹפֵשׂ כָּל חַדְרֵי בָטֶן וּבוֹחֵן כְּלָיוֹת וָלֵב · אֵין דָּבָר נֶעְלָם מִמֶּךָּ וְאֵין נִסְתָּר מִנֶּגֶד עֵינֶיךָ: וּבְכֵן יְהִי רָצוֹן מִלְּפָנֶיךָ יְהוָה אֱלֹהֵינוּ וֵאלֹהֵי אֲבוֹתֵינוּ שֶׁתְּרַחֵם עָלֵינוּ וְתִמְחוֹל לָנוּ עַל כָּל חַטֹּאתֵינוּ וּתְכַפֵּר לָנוּ עַל כָּל עֲוֹנוֹתֵינוּ וְתִמְחוֹל וְתִסְלַח לָנוּ עַל כָּל פְּשָׁעֵינוּ:

עַל חֵטְא שֶׁחָטָאנוּ לְפָנֶיךָ בְּאוֹנֶס וּבְרָצוֹן :

וְעַל חֵטְא שֶׁחָטָאנוּ לְפָנֶיךָ בְּאִמּוּץ הַלֵּב :

עַל חֵטְא שֶׁחָטָאנוּ לְפָנֶיךָ בִּבְלִי דָעַת :

ועל

וְעַל חֵטְא שֶׁחָטָאנוּ לְפָנֶיךָ בְּבִטּוּי שְׂפָתָיִם :
עַל חֵטְא שֶׁחָטָאנוּ לְפָנֶיךָ בְּגִלּוּי עֲרָיוֹת :
וְעַל חֵטְא שֶׁחָטָאנוּ לְפָנֶיךָ בְּגָלוּי וּבַסָּתֶר :
עַל חֵטְא שֶׁחָטָאנוּ לְפָנֶיךָ בְּדַעַת וּבְמִרְמָה :
וְעַל חֵטְא שֶׁחָטָאנוּ לְפָנֶיךָ בְּדִבּוּר פֶּה :
עַל חֵטְא שֶׁחָטָאנוּ לְפָנֶיךָ בְּהוֹנָאַת רֵעַ :
וְעַל חֵטְא שֶׁחָטָאנוּ לְפָנֶיךָ בְּהַרְהוֹר הַלֵּב :
עַל חֵטְא שֶׁחָטָאנוּ לְפָנֶיךָ בִּוְעִידַת זְנוּת :
וְעַל חֵטְא שֶׁחָטָאנוּ לְפָנֶיךָ בְּוִדּוּי פֶּה :
עַל חֵטְא שֶׁחָטָאנוּ לְפָנֶיךָ בְּזִלְזוּל הוֹרִים וּמוֹרִים :
וְעַל חֵטְא שֶׁחָטָאנוּ לְפָנֶיךָ בְּזָדוֹן וּבִשְׁגָגָה :
עַל חֵטְא שֶׁחָטָאנוּ לְפָנֶיךָ בְּחֹזֶק יָד :
וְעַל חֵטְא שֶׁחָטָאנוּ לְפָנֶיךָ בְּחִלּוּל הַשֵּׁם :
עַל חֵטְא שֶׁחָטָאנוּ לְפָנֶיךָ בְּטֻמְאַת שְׂפָתָיִם :
וְעַל חֵטְא שֶׁחָטָאנוּ לְפָנֶיךָ בְּטִפְשׁוּת פֶּה :
עַל חֵטְא שֶׁחָטָאנוּ לְפָנֶיךָ בְּיֵצֶר הָרָע :
וְעַל חֵטְא שֶׁ״ל בְּיוֹדְעִים וּבְלֹא יוֹדְעִים :

וְעַל כֻּלָּם אֱלוֹהַּ סְלִיחוֹת . סְלַח לָנוּ ·
מְחַל לָנוּ · כַּפֶּר לָנוּ :

עַל חֵטְא שֶׁחָטָאנוּ לְפָנֶיךָ בְּכַחַשׁ וּבְכָזָב :
וְעַל חֵטְא שֶׁחָטָאנוּ לְפָנֶיךָ בְּכַפַּת שֹׁחַד :
עַל חֵטְא שֶׁחָטָאנוּ לְפָנֶיךָ בְּלָצוֹן :
וְעַל חֵטְא שֶׁחָטָאנוּ לְפָנֶיךָ בְּלָשׁוֹן הָרָע :
עַל חֵטְא שֶׁחָטָאנוּ לְפָנֶיךָ בְּמַשָּׂא וּבְמַתָּן :
וְעַל חֵטְא שֶׁחָטָאנוּ לְפָנֶיךָ בְּמַאֲכָל וּבְמִשְׁתֶּה :
עַל חֵטְא שֶׁחָטָאנוּ לְפָנֶיךָ בְּנֶשֶׁךְ וּבְמַרְבִּית :
וְעַל חֵטְא שֶׁחָטָאנוּ לְפָנֶיךָ בִּנְטִיַּת גָּרוֹן :
עַל חֵטְא שֶׁחָטָאנוּ לְפָנֶיךָ בְּשִׂיחַ שִׂפְתוֹתֵינוּ :
וְעַל חֵטְא שֶׁחָטָאנוּ לְפָנֶיךָ בְּשִׂקּוּר עָיִן :
עַל חֵטְא שֶׁחָטָאנוּ לְפָנֶיךָ בְּעֵינַיִם רָמוֹת :
וְעַל חֵטְא שֶׁחָטָאנוּ לְפָנֶיךָ בְּעַזּוּת מֵצַח

וְעַל כֻּלָּם אֱלוֹהַּ סְלִיחוֹת · סְלַח לָנוּ ·
מְחַל לָנוּ · כַּפֶּר לָנוּ :

עַל חֵטְא שֶׁחָטָאנוּ לְפָנֶיךָ בִּפְרִיקַת עֹל :
וְעַל חֵטְא שֶׁחָטָאנוּ לְפָנֶיךָ בִּפְלִילוּת :
עַל חֵטְא שֶׁחָטָאנוּ לְפָנֶיךָ בִּצְדִיַּת רֵעַ :
וְעַל חֵטְא שֶׁחָטָאנוּ לְפָנֶיךָ בְּצָרוּת עָיִן :
עַל חֵטְא שֶׁחָטָאנוּ לְפָנֶיךָ בְּקַלּוּת רֹאשׁ :
וְעַל חֵטְא שֶׁחָטָאנוּ לְפָנֶיךָ בְּקַשְׁיוּת עֹרֶף :
עַל חֵטְא שֶׁחָטָאנוּ לְפָנֶיךָ בְּרִיצַת רַגְלַיִם לְהָרַע :
וְעַל חֵטְא שֶׁחָטָאנוּ לְפָנֶיךָ בִּרְכִילוּת :
עַל חֵטְא שֶׁחָטָאנוּ לְפָנֶיךָ בִּשְׁבוּעַת שָׁוְא :
וְעַל חֵטְא שֶׁחָטָאנוּ לְפָנֶיךָ בְּשִׂנְאַת חִנָּם :
עַל חֵטְא שֶׁחָטָאנוּ לְפָנֶיךָ בִּתְשׂוּמֶת יָד :
וְעַל חֵטְא שֶׁחָטָאנוּ לְפָנֶיךָ בְּתִמְהוֹן לֵבָב :

וְעַל כֻּלָּם אֱלוֹהַּ סְלִיחוֹת · סְלַח לָנוּ ·
מְחַל לָנוּ · כַּפֶּר לָנוּ :

וְעַל חֲטָאִים שֶׁאָנוּ חַיָּבִים עֲלֵיהֶם עוֹלָה :
וְעַל חֲטָאִים שֶׁאָנוּ חַיָּבִים עֲלֵיהֶם חַטָּאת :
וְעַל חֲטָאִים שֶׁאָנוּ חַיָּבִים עֲלֵיהֶם קָרְבַּן עוֹלֶה וְיוֹרֵד :
וְעַל חֲטָאִים שֶׁאָנוּ חַיָּבִים עֲלֵיהֶם אָשָׁם וַדַּאי וְתָלוּי :
וְעַל חֲטָאִים שֶׁאָנוּ חַיָּבִים עֲלֵיהֶם מַכַּת מַרְדּוּת :
וְעַל חֲטָאִים שֶׁאָנוּ חַיָּבִים עֲלֵיהֶם מַלְקוּת אַרְבָּעִים :
וְעַל חֲטָאִים שֶׁאָנוּ חַיָּבִים עֲלֵיהֶם מִיתָה בִּידֵי שָׁמָיִם :
וְעַל חֲטָאִים שֶׁאָנוּ חַיָּבִים עֲלֵיהֶם כָּרֵת וַעֲרִירִי :
וְעַ״ח שֶׁאָנוּ חַיָּבִים עֲלֵיהֶם אַרְבַּע מִיתוֹת בֵּית דִּין : סְקִילָה · שְׂרֵפָה · הֶרֶג · וְחֶנֶק . עַל מִצְוַת עֲשֵׂה

וְעַל מִצְוַת לֹא תַעֲשֶׂה : בֵּין שֶׁיֵּשׁ בָּהֶן קוּם עֲשֵׂה · וּבֵין שֶׁאֵין בָּהֶן קוּם עֲשֵׂה . אֶת הַגְּלוּיִם לָנוּ וְאֶת שֶׁאֵינָם גְּלוּיִם לָנוּ : אֶת הַגְּלוּיִם לָנוּ כְּבָר אֲמַרְנוּם לְפָנֶיךָ וְהוֹדִינוּ לְךָ עֲלֵיהֶם · וְאֶת שֶׁאֵינָם גְּלוּיִם לָנוּ לְפָנֶיךָ הֵם גְּלוּיִם וִידוּעִים : כַּדָּבָר שֶׁנֶּאֱמַר הַנִּסְתָּרֹת לַיהוָה אֱלֹהֵינוּ . וְהַנִּגְלֹת לָנוּ וּלְבָנֵינוּ עַד עוֹלָם · לַעֲשׂוֹת אֶת כָּל דִּבְרֵי הַתּוֹרָה הַזֹּאת : כִּי אַתָּה סָלְחָן לְיִשְׂרָאֵל וּמָחֳלָן לְשִׁבְטֵי יְשֻׁרוּן בְּכָל דּוֹר וָדוֹר וּמִבַּלְעָדֶיךָ אֵין לָנוּ מֶלֶךְ מוֹחֵל וְסוֹלֵחַ :

אלהי

אֱלֹהַי עַד שֶׁלֹּא נוֹצַרְתִּי אֵינִי כְדַאי וְעַכְשָׁו שֶׁנּוֹצַרְתִּי כְּאִלּוּ לֹא נוֹצַרְתִּי · עָפָר אֲנִי בְּחַיַּי · קַל וָחוֹמֶר בְּמִיתָתִי : הֲרֵי אֲנִי לְפָנֶיךָ כִּכְלִי מָלֵא בוּשָׁה וּכְלִמָּה · יְהִי רָצוֹן מִלְּפָנֶיךָ יְהוָֹה אֱלֹהַי וֵאלֹהֵי אֲבוֹתַי שֶׁלֹּא אֶחֱטָא עוֹד · וּמַה שֶּׁחָטָאתִי לְפָנֶיךָ מְחוֹק בְּרַחֲמֶיךָ הָרַבִּים אֲבָל לֹא עַל יְדֵי יִסּוּרִים וָחֳלָיִם רָעִים :

אלהי נצור וכו׳ · לדוד מזמור לה׳ וכו׳ :

וטוב סלה לישן כליל יוה״כ אלא לעסוק בתורה · אחר ערבית יש לומר ד׳ מזמורים הראשונים שבתהלים כי יש בהם ש״י תיבות כמנין קרי ור״ח וס״ח מהמזמורים תנין קל״א כמנין סמא״ל כדי להנצל מקרי · וגם יכוין בשם יְהֹוָה בניקוד בְּבְרִית :

•) בתפלת שחרית: כשחל יום כפור בחול אומרים אבינו מלכנו. ק״ע. שש״י. לדוד ה׳ אורי. אתה הראת. ומוציאין ב׳ ספרי תורות ואומרים ויהי בנסוע הארון. שלש עשרה מדות. רבונו של עולם. תמצא לעיל. ואח״כ קורין בס״ת ראשונה בפרשת אחרי מות ששה גברי. ובשבת ז׳. ח״ק. ובשנית קורין למפטיר בפרשת פינחס ובעשור לחודש השביעי: ומפטירין סלו סלו: אחר קה״ת (בשבת יקום פורקן) מזכירין נשמות ואומרים אב הרחמים. אשרי. יהללו. ה״ק. ומתפללין תפלת מוסף:

מוסף ליום כפור

מתפללין ש״ע עד זכר ליציאת מצרים כמו בשחרית · במוסף ובנעילה אומרים כתר כו׳ כבודו כו׳ כמו במוסף שבת :

וּמִפְּנֵי חֲטָאֵינוּ גָּלִינוּ מֵאַרְצֵנוּ וְנִתְרַחַקְנוּ מֵעַל אַדְמָתֵנוּ · וְאֵין אֲנוּ יְכוֹלִים לַעֲשׂוֹת חוֹבוֹתֵינוּ בְּבֵית בְּחִירָתֶךָ בַּבַּיִת הַגָּדוֹל וְהַקָּדוֹשׁ שֶׁנִּקְרָא שִׁמְךָ עָלָיו מִפְּנֵי הַיָּד שֶׁנִּשְׁתַּלְּחָה בְּמִקְדָּשֶׁךָ : יְהִי רָצוֹן מִלְּפָנֶיךָ יְהוָֹה אֱלֹהֵינוּ וֵאלֹהֵי אֲבוֹתֵינוּ מֶלֶךְ רַחֲמָן שֶׁתָּשׁוּב וּתְרַחֵם עָלֵינוּ וְעַל מִקְדָּשְׁךָ בְּרַחֲמֶיךָ הָרַבִּים וְתִבְנֵהוּ מְהֵרָה וּתְגַדֵּל כְּבוֹדוֹ : אָבִינוּ מַלְכֵּנוּ אֱלֹהֵינוּ גַּלֵּה כְּבוֹד מַלְכוּתְךָ עָלֵינוּ מְהֵרָה · וְהוֹפַע וְהִנָּשֵׂא עָלֵינוּ לְעֵינֵי כָּל חָי וְקָרֵב פְּזוּרֵינוּ מִבֵּין הַגּוֹיִם וּנְפוּצוֹתֵינוּ כַּנֵּס מִיַּרְכְּתֵי אָרֶץ · וַהֲבִיאֵנוּ לְצִיּוֹן עִירְךָ בְּרִנָּה וְלִירוּשָׁלַיִם בֵּית מִקְדָּשְׁךָ בְּשִׂמְחַת עוֹלָם וְשָׁם נַעֲשֶׂה לְפָנֶיךָ אֶת קָרְבְּנוֹת חוֹבוֹתֵינוּ תְּמִידִים כְּסִדְרָם וּמוּסָפִים כְּהִלְכָתָם : וְאֶת מוּסַף (לשבת מוּסְפֵי יוֹם הַשַּׁבָּת הַזֶּה וְ) יוֹם הַכִּפּוּרִים הַזֶּה יוֹם סְלִיחַת הֶעָוֹן הַזֶּה · יוֹם מִקְרָא קֹדֶשׁ הַזֶּה · נַעֲשֶׂה וְנַקְרִיב לְפָנֶיךָ בְּאַהֲבָה כְּמִצְוַת רְצוֹנֶךָ כְּמוֹ שֶׁכָּתַבְתָּ עָלֵינוּ בְּתוֹרָתֶךָ · עַל יְדֵי מֹשֶׁה עַבְדֶּךָ מִפִּי כְבוֹדֶךָ כָּאָמוּר :

לשבת וּבְיוֹם הַשַּׁבָּת שְׁנֵי כְבָשִׂים בְּנֵי שָׁנָה תְּמִימִם וּשְׁנֵי עֶשְׂרֹנִים סֹלֶת מִנְחָה בְּלוּלָה בַשֶּׁמֶן וְנִסְכּוֹ : עֹלַת שַׁבַּת בְּשַׁבַּתּוֹ עַל עֹלַת הַתָּמִיד וְנִסְכָּהּ :

וּבֶעָשׂוֹר לַחֹדֶשׁ הַשְּׁבִיעִי הַזֶּה מִקְרָא קֹדֶשׁ יִהְיֶה לָכֶם וְעִנִּיתֶם אֶת נַפְשֹׁתֵיכֶם כָּל מְלָאכָה לֹא תַעֲשׂוּ : וְהִקְרַבְתֶּם עֹלָה לַיהוָֹה רֵיחַ נִיחֹחַ פַּר בֶּן בָּקָר אֶחָד אַיִל אֶחָד כְּבָשִׂים בְּנֵי שָׁנָה שִׁבְעָה תְּמִימִם יִהְיוּ לָכֶם :

וּמִנְחָתָם וְנִסְכֵּיהֶם כִּמְדֻבָּר שְׁלֹשָׁה עֶשְׂרֹנִים לַפָּר וּשְׁנֵי עֶשְׂרֹנִים לָאַיִל וְעִשָּׂרוֹן לַכֶּבֶשׂ וְיַיִן כְּנִסְכּוֹ וּשְׁנֵי שְׂעִירִים לְכַפֵּר וּשְׁנֵי תְמִידִים כְּהִלְכָתָם : מִלְּבַד חַטַּאת הַכִּפֻּרִים וְעֹלַת הַתָּמִיד וּמִנְחָתָהּ וְנִסְכֵּיהֶם :

לשבת יִשְׂמְחוּ בְמַלְכוּתְךָ שׁוֹמְרֵי שַׁבָּת וְקוֹרְאֵי עֹנֶג עַם מְקַדְּשֵׁי שְׁבִיעִי כֻּלָּם יִשְׂבְּעוּ וְיִתְעַנְּגוּ מִטּוּבֶךָ

ובשביעי

•) הוספת המו״ל.

ובשביעי רצית בו וקדשתו חמדת ימים אותו קראת זכר למעשה בראשית:

אלהינו ואלהי אבותינו מחול לעונותינו וכו׳ רצה ומודים כו׳ על חטא וכו׳ תמצא בשחרית:

סדר עבודה ליום כפור

מיוסד ע"פ א"ב

אתה כוננת עולם מראש · יסדת תבל והכל פעלת ובריות בו יצרת: בשורך עולם תהו ובהו וחשך על פני תהום גרשת · אפל והצבת נוגה: גולם תבניתך מן האדמה יצרת ועל עץ הדעת אותו פקדת: דרכך זנח ונזנח מעדן ולא כליתו למען ארך אפך: הגדלת פריו וברכת זרעו והפריתם בטובך והושבתם שקט · ויפרקו עול ויאמרו לאל סור ממנו והסירות יד כרגע כחציר אומללו: זכרת ברית לתמים בדורו ובזכותו שמת לעולם שארית: חק ברית קשת למענו כרת ובאהבת ניחוחו בניו ברכת: טעו בעשרם ויבנו מגדל ויאמרו לכו ונעלה ונבקע הרקיע להלחם בו: יחיד אב המון פתאום ככוכב זרח מאור כשדים להאיר בחשך: כעסך הפרת בשורך פעלו ולעת שיבתו לבבו חקרת: לוית חן ממנו הוצאת טלה טהור מכבש נבחר: מגזעו איש תם הוצאת חתום בבריתך מרחם לקח: נתת לו שנים עשר שבטים אהובי עליון עמוסים מבטן נקראו: שמת על לוי לוית חן וחסד ומכל אחיו כתר לו עטרת · עמרם נבחר מזרע לוי אהרן קדוש יהוה לשרתך קדשת: פארתו בבגדי שרד ובקרבנותיו הפר כעסך: ציץ ומעיל חשן ואפוד כתנת ומכנסי בד מצנפת ואבנט: קרבנות פרים ועולות כבשים ושחיטת שעירים וניחח אילים: ריח קטורת רקח מרקחת וביעור גחלים וזריקת דם וספירת יושר: שועת קטורת ותפלת אמת וקדשתו מכפר עונותינו: תוכן בוץ ועריכת אבן מחבר בכלם כמלאך מיכאל משרת:

מיוסד ע"פ תשר"ק

תכנת כל אלה לכבוד אהרן כלי כפרה לישראל שמתו ועל ידו סליחת העון נתת: תחת אהרן מגזעו יעמוד לשרת לפניך ביום הסליחה: תורת מעשה ועבודת היום שבעה ימים בזבולנו ילמוד ומזין עליו שלישי ושביעי: שלומי זקני עם וחכמי אחיו הכהנים תמיד יסובבוהו עד בא יום העשור ואומרים לו: ראה לפני מי אתה נכנס למקום אש להבת שלהבת: קהל עדתנו עליך יסמוכו ועל ידך תהא סליחתנו: צווהו והרגילוהו עד בא יום העשור כדי שיהא רגיל בעבודה: פרשו לו סדין של בוץ בהגיע עת שחיטת כבש התמיד לעשות מחיצה בינו ובין העם: עשה מצוה באימה ויראה ובודק עצמו מחוצצי טבילה: שש על מצוה לקים דתו ופשט בגדי חול וירד וטבל ועלה ונסתפג כמו שהוזהר: נתנו לו בגדי זהב ולבש וקדש ידיו ורגליו מקיתון של זהב · מיד מקבל את כבש התמיד ושוחט בו רוב שנים ומניח לאחר לגמור השחיטה ומקבל את הדם וזרקו על המזבח כמצותו: לפנים יכנס להטיב חמש נרות ולהקטיר קטרת הבקר ולהטיב את שתי הנרות הנשארות ויצא והקריב את הראש ואת האיברים כמצותן: בכל יום יעשה מנחת חבתין וינסך את היין בכל כלי שיר ואחר התמיד מקריב פר העולה ושבעת הכבשים של מוסף היום: ומנחתם ונסכיהם כמשפטם: (וביום השבת מקריב קודם מוסף היום שני כבשים של מוסף שבת ומנחתם ואחר כך מסדר לחם הפנים ומקריב שני בזיכי לבונה ומנסך היין כהלכתו): יבא מיד לבית הפרוה ובקדש היתה ויפרשו לו סדין של בוץ בינו לבין העם כבראשונה: טרם יפשוט בגדי זהב מקדש בנקיות ידיו ורגליו: חל ופשט בגדי זהב וירד וטבל כמו שהוזהר ועלה ונסתפג: זהבים

מעביר

מַעֲבִיר וּלְבָנִים לוֹבֵשׁ שֶׁעֲבוֹדַת הַיּוֹם בְּבִגְדֵי לָבָן׃
וּמֵיהֵר וְקִדֵּשׁ יָדָיו וְרַגְלָיו וּבָא לוֹ תְּחִלָּה אֵצֶל
פָּרוֹ וּפָרוֹ הָיָה עוֹמֵד בַּצָּפוֹן כְּנֶגֶד בֵּין הָאוּלָם
וְלַמִּזְבֵּחַ רֹאשׁוֹ לַדָּרוֹם וּפָנָיו לַמַּעֲרָב וְהַכֹּהֵן עוֹמֵד
בַּמִּזְרָח וּפָנָיו לַמַּעֲרָב׃ הוּא עוֹמֵד בְּאֵימָה לִפְנֵי אֵל
עֶלְיוֹן וְאוֹמֵר עָלָיו דִּבְרֵי וִדּוּי וְסָמַךְ שְׁתֵּי יָדָיו
עָלָיו וְהִתְוַדָּה׃

וְכַךְ הָיָה אוֹמֵר אָנָּא הַשֵּׁם חָטָאתִי עָוִיתִי פָּשַׁעְתִּי לְפָנֶיךָ
אֲנִי וּבֵיתִי אָנָּא בְּשֵׁם כַּפֶּר נָא לַחֲטָאִים וְלַעֲוֹנוֹת
וְלַפְּשָׁעִים שֶׁחָטָאתִי וְשֶׁעָוִיתִי וְשֶׁפָּשַׁעְתִּי לְפָנֶיךָ אֲנִי וּבֵיתִי
כַּכָּתוּב בְּתוֹרַת מֹשֶׁה עַבְדֶּךָ מִפִּי כְבוֹדֶךָ · כִּי בַיּוֹם הַזֶּה
יְכַפֵּר עֲלֵיכֶם לְטַהֵר אֶתְכֶם מִכֹּל חַטֹּאתֵיכֶם לִפְנֵי יְהֹוָה׃

וְהַכֹּהֲנִים וְהָעָם הָעוֹמְדִים בָּעֲזָרָה כְּשֶׁהָיוּ שׁוֹמְעִים אֶת הַשֵּׁם הַנִּכְבָּד וְהַנּוֹרָא מְפוֹרָשׁ יוֹצֵא מִפִּי כֹּהֵן גָּדוֹל בִּקְדֻשָּׁה וּבְטָהֳרָה הָיוּ כּוֹרְעִים וּמִשְׁתַּחֲוִים וְנוֹפְלִים עַל פְּנֵיהֶם · וְאוֹמְרִים בָּרוּךְ שֵׁם כְּבוֹד מַלְכוּתוֹ לְעוֹלָם וָעֶד׃

וְאַף הוּא הָיָה מִתְכַּוֵּן כְּנֶגֶד הַמְבָרְכִים לִגְמוֹר אֶת
הַשֵּׁם וְאוֹמֵר תִּטְהָרוּ׃ וְאַתָּה בְּטוּבְךָ מְעוֹרֵר
רַחֲמֶיךָ וְסוֹלֵחַ לְאִישׁ חֲסִידֶךָ׃

דָּרַךְ וּבָא לוֹ לְמִזְרַח הָעֲזָרָה לִצְפוֹן הַמִּזְבֵּחַ הַסְּגָן
מִימִינוֹ וְרֹאשׁ בֵּית אָב מִשְּׂמֹאלוֹ וְשָׁם שְׁנֵי
שְׂעִירִים פְּנֵיהֶם לַמַּעֲרָב וַאֲחוֹרֵיהֶם לַמִּזְרָח אֶחָד
לִימִינוֹ וְאֶחָד לִשְׂמֹאלוֹ טָרַף בַּקַּלְפִּי וְהֶעֱלָה שְׁנֵי
גוֹרָלוֹת׃ גּוֹרָל יָמִין כְּשֶׁהוּא שֶׁל שֵׁם יִתְּנֵהוּ עַל
הַשָּׂעִיר וְאוֹמֵר לַיהֹוָה חַטָּאת׃

כאן א״צ לכרוע

וְהַכֹּהֲנִים וְהָעָם הָעוֹמְדִים בָּעֲזָרָה כְּשֶׁהָיוּ שׁוֹמְעִים
אֶת הַשֵּׁם הַנִּכְבָּד וְהַנּוֹרָא מְפוֹרָשׁ יוֹצֵא
מִפִּי כֹּהֵן גָּדוֹל בִּקְדֻשָּׁה וּבְטָהֳרָה הָיוּ כּוֹרְעִים
וּמִשְׁתַּחֲוִים וְנוֹפְלִים עַל פְּנֵיהֶם וְאוֹמְרִים׃ בָּרוּךְ
שֵׁם כְּבוֹד מַלְכוּתוֹ לְעוֹלָם וָעֶד׃

בְּשָׂעִיר עֲזָאזֵל לְשׁוֹן זְהוֹרִית מִשְׁקַל שְׁתֵּי סְלָעִים
בֵּין קַרְנָיו יִקְשׁוֹר וְיַעֲמִידֵהוּ בְּשַׁעַר הַמִּזְרָח
כְּנֶגֶד בֵּית שִׁלּוּחוֹ׃ אַף בְּשָׂעִיר שֶׁהוּא שֶׁל שֵׁם
יִקְשׁוֹר לָשׁוֹן שֶׁל זְהוֹרִית כְּנֶגֶד בֵּית שְׁחִיטָתוֹ בְּצַוָּאר
וּבָא לוֹ שֵׁנִית אֵצֶל פָּרוֹ וְאוֹמֵר עָלָיו וִדּוּי בֵּיתוֹ
וִדּוּי אֶחָיו הַכֹּהֲנִים וְסָמַךְ שְׁתֵּי יָדָיו עָלָיו וְהִתְוַדָּה׃

וְכַךְ הָיָה אוֹמֵר אָנָּא הַשֵּׁם חָטָאתִי עָוִיתִי פָּשַׁעְתִּי לְפָנֶיךָ
אֲנִי וּבֵיתִי וּבְנֵי אַהֲרֹן עַם קְדוֹשֶׁךָ אָנָּא בְּשֵׁם כַּפֶּר
נָא לַחֲטָאִים וְלַעֲוֹנוֹת וְלַפְּשָׁעִים שֶׁחָטָאתִי וְשֶׁעָוִיתִי
וְשֶׁפָּשַׁעְתִּי לְפָנֶיךָ אֲנִי וּבֵיתִי וּבְנֵי אַהֲרֹן עַם קְדוֹשֶׁךָ׃
כַּכָּתוּב בְּתוֹרַת מֹשֶׁה עַבְדֶּךָ מִפִּי כְבוֹדֶךָ כִּי בַיּוֹם הַזֶּה
יְכַפֵּר עֲלֵיכֶם לְטַהֵר אֶתְכֶם מִכֹּל חַטֹּאתֵיכֶם לִפְנֵי יְהֹוָה׃

וְהַכֹּהֲנִים וְהָעָם הָעוֹמְדִים בָּעֲזָרָה כְּשֶׁהָיוּ שׁוֹמְעִים אֶת הַשֵּׁם הַנִּכְבָּד וְהַנּוֹרָא מְפוֹרָשׁ יוֹצֵא מִפִּי כֹּהֵן גָּדוֹל בִּקְדֻשָּׁה וּבְטָהֳרָה הָיוּ כּוֹרְעִים וּמִשְׁתַּחֲוִים וְנוֹפְלִים עַל פְּנֵיהֶם · וְאוֹמְרִים בָּרוּךְ שֵׁם כְּבוֹד מַלְכוּתוֹ לְעוֹלָם וָעֶד׃

וְאַף הוּא הָיָה מִתְכַּוֵּן כְּנֶגֶד הַמְבָרְכִים לִגְמוֹר
אֶת הַשֵּׁם וְאוֹמֵר תִּטְהָרוּ׃ וְאַתָּה בְּטוּבְךָ
מְעוֹרֵר רַחֲמֶיךָ וְסוֹלֵחַ לְשֵׁבֶט מְשָׁרְתֶךָ׃

מיוסר ע״פ א״ב

אַחַר וִדּוּי שָׁקַד בְּעַצְמָהּ לַעֲשׂוֹת חַטָּאתוֹ וְחַטַּאת
הָעָם · בָּדַק סַכִּין וְשָׁחַט פָּרוֹ רוֹב שְׁנַיִם
וּמֵרַק אַחֵר אֶת הַשְּׁחִיטָה וְקִבֵּל דָּמוֹ בְּמִזְרָק טָהוֹר׃
גַּם לַחֲבֵירוֹ יִתֵּן מִיַּד לְמָרֵס בְּדָמוֹ כְּדֵי שֶׁלֹּא
יִקְרוֹשׁ׃ דָּם זֶה הִנִּיחוֹ בְּיַד מִי שֶׁמְּמָרֵס בּוֹ בָּעֲזָרָה
עַל הָרוֹבֵד הָרְבִיעִי שֶׁמִּן הַהֵיכָל וּלְחוּץ וְנָטַל
מַחְתָּה שֶׁל זָהָב אָדוֹם קַלָּה מַחֲזֶקֶת שְׁלֹשָׁה קַבִּין
וְיָדָהּ אֲרוּכָה וְעָלָה לְרֹאשׁ הַמִּזְבֵּחַ וּפִנָּה גֶּחָלִים
שֶׁמֶּחֱצִיתָן גַּחֶלֶת וּמֶחֱצִיתָן שַׁלְהֶבֶת אֵילָךְ וְאֵילָךְ
וְחָתָה מִן הַלּוֹחֲשׁוֹת מִצַּד מַעֲרַב הַמִּזְבֵּחַ׃ הוֹרִידָהּ

מלאה גחלי אש לוחשות והניחה על הרובד הרביעי שבעזרה הוציאו לו כף ריקן ומחתה מלאה קטרת דקה מן הדקה: וחפן ממנה מלא חפניו לא מחוקות ולא גדושות אלא טפופות ונתן לתוך הכף ונותן בימינו המחתה של גחלים ובשמאלו הכף של קטורת: זרז עצמו ונכנס לקדש הקדשים עד שמגיע לארון והניח המחתה בין בדי הארון ובבית שני מניח על אבן השתיה: חפן כל הקטרת שבכף בחפניו ונתן על הגחלים לצד מערב וממתין שם עד שנתמלא הבית כלו עשן: טהור לב פסע ושב לאחוריו פניו לקדש ואחוריו להיכל עד שיצא מן הפרוכת ומתפלל בהיכל תפלה קצרה סמוך לפרוכת:

וכך היתה תפלתו של כהן גדול יהי רצון מלפניך יהוה אלהינו ואלהי אבותינו שתהא שנה זו הבאה עלינו ועל כל עמך בית ישראל בכל מקום שהם אם שחונה גשומה ואל יכנס לפניך תפלת עוברי דרכים לענין הגשם בשעה שהעולם צריך לו ושלא יצטרכו עמך בית ישראל בפרנסה זה לזה ולא לעם אחר: שנה שלא תפיל אשה פרי בטנה ושיתנו עצי השדה את תנובתם ולא יעדי עביד שלטן מדבית יהודה:

יצא ונטל דם הפר ממי שממרס בו ונכנס למקום שנכנס ועמד במקום שעמד והזה ממנו לפני הכפורת בין בדי הארון אחת למעלה ושבע למטה לא היה מתכון להזות לא למעלה ולא למטה אלא כמצליף:

וכך היה מונה אחת · אחת ואחת · אחת ושתים · אחת ושלש · אחת וארבע · אחת וחמש · אחת ושש · אחת ושבע: יצא מקדשי הקדשים והניחו על כן הזהב שהיה בהיכל:

כצאתו הביאו לו שעיר חטאת · שחטו וקבל דמו במזרק טהור: לפנים יכנס להזות מדמו בין שני בדי הארון כסדר דם הפר אחת למעלה ושבע למטה ולא היה מתכון להזות לא למעלה ולא למטה אלא כמצליף:

וכך היה מונה אחת · אחת ואחת · אחת ושתים · אחת ושלש · אחת וארבע · אחת וחמש · אחת ושש · אחת ושבע · יצא והניח על כן הזהב השני שהיה בהיכל:

מיהר ונטל דם הפר מן הכן שהניח עליו וטובל אצבעו על כל הזיה · והזה ממנו על הפרכת כנגד הארון מבחוץ · אחת למעלה ושבע למטה ולא היה מתכון להזות לא למעלה ולא למטה אלא כמצליף:

וכך היה מונה אחת · אחת ואחת · אחת ושתים · אחת ושלש · אחת וארבע · אחת וחמש · אחת ושש · אחת ושבע:

נחץ והניח דם הפר ונטל דם השעיר ועשה לדמו כאשר עשה לדם הפר והזה על הפרכת כנגד הארון מבחוץ אחת למעלה ושבע למטה ולא היה מתכון להזות לא למעלה ולא למטה אלא כמצליף:

וכך היה מונה אחת · אחת ואחת · אחת ושתים · אחת ושלש · אחת וארבע · אחת וחמש · אחת ושש · אחת ושבע:

שש ועירה דם הפר לתוך המזרק שבו דם השעיר ונתן המלא בריקן כדי שיתערבו יפה יפה זה בזה · ובא ועמד לפנים ממזבח הזהב בין המזבח והמנורה ומתחיל להזות מדם התערובת: על ארבע קרנותיו יתן כסדרן מתחיל מקרן מזרחית צפונית ומסיים בקרן דרומית מזרחית וחותה הגחלים והאפר במזבח הזהב הילך והילך עד שמגלה זהבו ומזה מדם התערובת על טהרו של מזבח שבע פעמים: פסע ויצא לצד דרום חוץ לאולם ושפך את השירים על יסוד מערבי של מזבח החיצון: צעד ובא לו אצל השעיר המשתלח לעזאזל להתודות עליו אשמת קהלו וסמך שתי ידיו עליו והתודה:

וכך היה אומר · אנא השם חטאו · עוו · פשעו לפניך עמך בית ישראל · אנא בשם כפר נא לחטאים

ולעונות

וְלַעֲוֹנוֹת וְלַפְּשָׁעִים שֶׁחָטְאוּ וְשֶׁעָווּ וְשֶׁפָּשְׁעוּ לְפָנֶיךָ עַמְּךָ בֵּית יִשְׂרָאֵל כַּכָּתוּב בְּתוֹרַת מֹשֶׁה עַבְדֶּךָ מִפִּי כְבוֹדֶךָ: כִּי בַיּוֹם הַזֶּה יְכַפֵּר עֲלֵיכֶם לְטַהֵר אֶתְכֶם מִכֹּל חַטֹּאתֵיכֶם לִפְנֵי יְהֹוָה:

וְהַכֹּהֲנִים וְהָעָם הָעוֹמְדִים בָּעֲזָרָה כְּשֶׁהָיוּ שׁוֹמְעִים אֶת הַשֵּׁם הַנִּכְבָּד וְהַנּוֹרָא מְפוֹרָשׁ יוֹצֵא מִפִּי כֹהֵן גָּדוֹל בִּקְדֻשָּׁה וּבְטָהֳרָה הָיוּ כּוֹרְעִים וּמִשְׁתַּחֲוִים וְנוֹפְלִים עַל פְּנֵיהֶם · וְאוֹמְרִים בָּרוּךְ שֵׁם כְּבוֹד מַלְכוּתוֹ לְעוֹלָם וָעֶד:

וְאַף הוּא הָיָה מִתְכַּוֵּן כְּנֶגֶד הַמְבָרְכִים לִגְמוֹר אֶת הַשֵּׁם וְאוֹמֵר תִּטְהָרוּ · וְאַתָּה בְּטוּבְךָ מְעוֹרֵר רַחֲמֶיךָ וְסוֹלֵחַ לַעֲדַת יְשֻׁרוּן:

קָרָא לְאֶחָד מִן הַכֹּהֲנִים הַמְזוּמָּן מֵאֶתְמוֹל לְהוֹלִיכוֹ וּמְסָרוֹ לוֹ וְהוֹלִיכוֹ אֶל אֶרֶץ גְּזֵרָה לַמִּדְבָּר שְׁמָמָה וּכְשֶׁהִגִּיעַ לַצּוּק חוֹלֵק לָשׁוֹן שֶׁל זְהוֹרִית שֶׁבְּקַרְנָיו חֶצְיוֹ קוֹשֵׁר בַּסֶּלַע וְחֶצְיוֹ בֵּין קַרְנָיו וּדְחָפוֹ בִּשְׁתֵּי יָדָיו לַאֲחוֹרָיו וְהוּא הָיָה מִתְגַּלְגֵּל וְיוֹרֵד וְלֹא הָיָה מַגִּיעַ לַחֲצִי הָהָר עַד שֶׁנַּעֲשָׂה אֵבָרִים אֵבָרִים וְאוֹמֵר כֵּן יִמָּחוּ עֲוֹנוֹת עַמְּךָ בֵּית יִשְׂרָאֵל: רָץ לוֹ אֵצֶל הַפָּר וְאֵצֶל הַשָּׂעִיר הַנִּשְׂרָפִים וּקְרָעָן וְהוֹצִיא אֵימוּרֵיהֶם וּנְתָנָם בְּמָגֵס לְהַקְטִירָם עַל גַּבֵּי הַמִּזְבֵּחַ וּבְשָׂרָן קְלָעָן בְּמִקְלָעוֹת וּמְשַׁלְּחָן בְּיַד אֲחֵרִים לְהוֹצִיאָן לְבֵית הַשְּׂרֵפָה: שָׁב וּבָא לְעֶזְרַת נָשִׁים אַחַר שֶׁהִגִּיעַ הַשָּׂעִיר לַמִּדְבָּר לִקְרוֹת בְּתוֹרַת כֹּהֲנִים פָּרָשַׁת אַחֲרֵי מוֹת וְאַךְ בֶּעָשׂוֹר וְגוֹלֵל הַסֵּפֶר תּוֹרָה וּמֵנִיחוֹ בְּחֵיקוֹ וְאוֹמֵר יוֹתֵר מִמַּה שֶּׁקָּרִיתִי לִפְנֵיכֶם כָּתוּב כָּאן וּבֶעָשׂוֹר שֶׁבְּחוּמַשׁ הַפְּקוּדִים קוֹרֵא עַל פֶּה וּמְבָרֵךְ לְאַחֲרֵיהֶם שְׁמוֹנֶה בְרָכוֹת עַל הַתּוֹרָה וְעַל הָעֲבוֹדָה וְעַל הַהוֹדָאָה וְעַל מְחִילַת הֶעָוֹן וְעַל הַמִּקְדָּשׁ וְעַל יִשְׂרָאֵל וְעַל הַכֹּהֲנִים וְעַל שְׁאָר הַתְּפִלָּה:

תִּכֵּן צְעָדָיו וּבָא לְבֵית הַטְּבִילָה וְקִדֵּשׁ יָדָיו וְרַגְלָיו וּפָשַׁט בִּגְדֵי לָבָן וְיָרַד וְטָבַל עָלָה וְנִסְתַּפָּג הֵבִיאוּ לוֹ בִּגְדֵי זָהָב וְלָבַשׁ וְקִדֵּשׁ יָדָיו וְרַגְלָיו וְעָשָׂה שָׂעִיר הַנַּעֲשֶׂה בַחוּץ שֶׁהוּא מִמּוּסַף הַיּוֹם וְאַחַר כָּךְ מַקְרִיב אֶת אֵילוֹ וְאֶת אֵיל הָעָם וּמִנְחָתָם וְנִסְכֵּיהֶם כְּמִשְׁפָּטָם וּמַקְטִיר הָאֵימוּרִים שֶׁל פַּר וְשָׂעִיר הַנִּשְׂרָפִים וְאַחַר כָּךְ מַקְרִיב תָּמִיד שֶׁל בֵּין הָעַרְבַּיִם כְּהִלְכָתוֹ:

אַחַר כַּלּוֹתוֹ מַעֲשׂוֹת כָּל אֵלֶּה עוֹד בָּא לוֹ לְבֵית הַטְּבִילָה מַהֵר וְקִדֵּשׁ יָדָיו וְרַגְלָיו וּפָשַׁט בִּגְדֵי זָהָב וְיָרַד וְטָבַל עָלָה וְנִסְתַּפָּג הֵבִיאוּ לוֹ בִּגְדֵי לָבָן לָבַשׁ וְקִדֵּשׁ יָדָיו וְרַגְלָיו נִכְנַס לְבֵית קֹדֶשׁ הַקֳּדָשִׁים לְהוֹצִיא אֶת הַכַּף וְאֶת הַמַּחְתָּה שֶׁהִכְנִיס בְּשַׁחֲרִית וְעוֹד בָּא לוֹ לְבֵית הַטְּבִילָה וְקִדֵּשׁ יָדָיו וְרַגְלָיו וּפָשַׁט בִּגְדֵי לָבָן וְיָרַד וְטָבַל עָלָה וְנִסְתַּפָּג הֵבִיאוּ לוֹ בִּגְדֵי זָהָב לָבַשׁ וְקִדֵּשׁ יָדָיו וְרַגְלָיו נִכְנַס לְהֵיכָל לְהַקְטִיר אֶת הַקְּטֹרֶת שֶׁל בֵּין הָעַרְבַּיִם וּלְהַדְלִיק אֶת הַנֵּרוֹת כִּשְׁאָר יָמִים וְיָצָא וְהִקְרִיב מִנְחַת הַתָּמִיד וּמוֹתַר מִנְחַת חֲבִתִּין וּמְנַסֵּךְ הַיַּיִן בְּכָל כְּלֵי שִׁיר כְּהִלְכָתוֹ וְקִדֵּשׁ יָדָיו וְרַגְלָיו וּפָשַׁט בִּגְדֵי זָהָב הֵבִיאוּ לוֹ בִּגְדֵי עַצְמוֹ וְלָבַשׁ וּמְלַוִּין אוֹתוֹ עַד בֵּיתוֹ: וְיוֹם טוֹב הָיָה עוֹשֶׂה בְּצֵאתוֹ בְשָׁלוֹם מִן הַקֹּדֶשׁ: אַשְׁרֵי הָעָם שֶׁכָּכָה לוֹ אַשְׁרֵי הָעָם שֶׁיְהֹוָה אֱלֹהָיו · וּבְכֵן כְּמוֹ שֶׁשָּׁמַעְתָּ תְּפִלַּת כֹּהֵן גָּדוֹל בְּהֵיכָל · כְּמוֹ כֵן מִפִּינוּ תִּשְׁמַע וְתוֹשִׁיעַ:

יְהִי רָצוֹן מִלְּפָנֶיךָ יְהֹוָה אֱלֹהֵינוּ וֵאלֹהֵי אֲבוֹתֵינוּ שֶׁתְּהֵא הַשָּׁנָה הַזֹּאת הַבָּאָה עָלֵינוּ וְעַל כָּל עַמְּךָ בֵּית יִשְׂרָאֵל בְּכָל מָקוֹם שֶׁהֵם · שְׁנַת אוֹרָה · שְׁנַת בְּרָכָה · שְׁנַת גִּילָה · שְׁנַת דִּיצָה · שְׁנַת הוֹד · שְׁנַת וַעַד טוֹב · שְׁנַת זִמְרָה · שְׁנַת חֶדְוָה · שְׁנַת טוֹבָה · שְׁנַת יְשׁוּעָה · שְׁנַת כַּלְכָּלָה · שְׁנַת לִמּוּד · שְׁנַת מְנוּחָה · *) שְׁנַת שָׂשׂוֹן · שְׁנַת עֶלְצוֹן · שְׁנַת פְּדוּת · שְׁנַת צָהֳלָה · שְׁנַת קוֹמְמִיּוּת · שְׁנַת קִבּוּץ גָּלֻיּוֹת · שְׁנַת קִבּוּל תְּפִלּוֹת · שְׁנַת רָצוֹן · שְׁנַת שָׁלוֹם · שְׁנַת טְלוּלָה גְּשׁוּמָה · שְׁנַת שֹׂבַע · שָׁנָה

שתוליכנו

*) שְׁנַת נֶחָמָה

שֶׁתּוֹלִיכֵנוּ בָהּ קוֹמְמִיּוּת לְאַרְצֵנוּ · שָׁנָה שֶׁתַּדְבֵּר בָּהּ עַמִּים תַּחְתֵּינוּ · שָׁנָה שֶׁתִּכְתְּבֵנוּ בָהּ לְחַיִּים טוֹבִים · שָׁנָה שֶׁלֹּא יִצְטָרְכוּ עַמְּךָ בֵּית יִשְׂרָאֵל לְפַרְנָסָה זֶה לָזֶה וְלֹא לְעַם אַחֵר : שָׁנָה שֶׁתַּעֲצוֹר הַמַּגֵּפָה וְהַמַּשְׁחִית מֵעָלֵינוּ וּמֵעַל כָּל עַמְּךָ בֵּית יִשְׂרָאֵל : שָׁנָה שֶׁלֹּא תַפִּיל אִשָּׁה פְּרִי בִטְנָהּ : וּבְכֵן וְעַתָּה יְהֹוָה אֱלֹהֵינוּ עַל רַחֲמֶיךָ הָרַבִּים אָנוּ בְטוּחִים וְעַל חֲסָדֶיךָ אָנוּ נִשְׁעָנִים וְלִסְלִיחוֹתֶיךָ

אָנוּ מְקַוִּים כִּי אַתָּה יְהֹוָה אֵל רַחוּם וְחַנּוּן אֶרֶךְ אַפַּיִם וְרַב חֶסֶד וּמַרְבֶּה לְהֵטִיב וּמַנְהִיג אֶת הָעוֹלָם כֻּלּוֹ בְּמִדַּת הַחֶסֶד וּבְמִדַּת הָרַחֲמִים : כַּכָּתוּב בְּתוֹרַת מֹשֶׁה עַבְדֶּךָ וַיֹּאמֶר אֲנִי אַעֲבִיר כָּל טוּבִי עַל פָּנֶיךָ וְקָרָאתִי בְשֵׁם יְהֹוָה לְפָנֶיךָ וְחַנֹּתִי אֶת אֲשֶׁר אָחֹן וְרִחַמְתִּי אֶת אֲשֶׁר אֲרַחֵם : וּבְכֵן מַה נֶּהְדָּר הָיָה כֹּהֵן גָּדוֹל בְּצֵאתוֹ בְשָׁלוֹם מִן הַקֹּדֶשׁ :

כאהל הנמתח כו׳ תמצא במחזור :

*) תפלת מנחה וידבר וקטורת קה״ת ואחר כך מתפללין כמו בשחרית וקדושה נקדישך בנוסח הקצר : בחול אבינו מלכנו. קדיש שלם. לדוד ה׳ אורי. קדיש יתום.

תפלת נעילה

פתיחת הארון ונשאר פתוח עד אחרי תפלת נעילה.

אומרים אשרי ובא לציון · חצי קדיש · ואח״כ מתפללין :

אֲדֹנָי שְׂפָתַי תִּפְתָּח וּפִי יַגִּיד תְּהִלָּתֶךָ :

בָּרוּךְ אַתָּה יְהֹוָה אֱלֹהֵינוּ וֵאלֹהֵי אֲבוֹתֵינוּ אֱלֹהֵי אַבְרָהָם אֱלֹהֵי יִצְחָק וֵאלֹהֵי יַעֲקֹב : הָאֵל הַגָּדוֹל הַגִּבּוֹר וְהַנּוֹרָא אֵל עֶלְיוֹן · גּוֹמֵל חֲסָדִים טוֹבִים : קוֹנֵה הַכֹּל וְזוֹכֵר חַסְדֵי אָבוֹת וּמֵבִיא גוֹאֵל לִבְנֵי בְנֵיהֶם לְמַעַן שְׁמוֹ בְּאַהֲבָה :

זָכְרֵנוּ לְחַיִּים מֶלֶךְ חָפֵץ בַּחַיִּים וְכָתְבֵנוּ בְּסֵפֶר הַחַיִּים לְמַעַנְךָ אֱלֹהִים חַיִּים :

מֶלֶךְ עוֹזֵר וּמוֹשִׁיעַ וּמָגֵן : בָּרוּךְ אַתָּה יְהֹוָה מָגֵן אַבְרָהָם:

אַתָּה גִּבּוֹר לְעוֹלָם אֲדֹנָי מְחַיֵּה מֵתִים אַתָּה רַב לְהוֹשִׁיעַ·מוֹרִיד הַטָּל :

מְכַלְכֵּל חַיִּים בְּחֶסֶד מְחַיֵּה מֵתִים בְּרַחֲמִים רַבִּים סוֹמֵךְ נוֹפְלִים וְרוֹפֵא חוֹלִים וּמַתִּיר אֲסוּרִים וּמְקַיֵּם אֱמוּנָתוֹ לִישֵׁנֵי עָפָר : מִי כָמוֹךָ בַּעַל גְּבוּרוֹת וּמִי דּוֹמֶה לָּךְ מֶלֶךְ מֵמִית וּמְחַיֶּה וּמַצְמִיחַ יְשׁוּעָה :

מִי כָמוֹךָ אַב הָרַחֲמִים זוֹכֵר יְצוּרָיו לְחַיִּים בְּרַחֲמִים : וְנֶאֱמָן אַתָּה לְהַחֲיוֹת מֵתִים : בָּרוּךְ אַתָּה יְהֹוָה מְחַיֵּה הַמֵּתִים : **)

אַתָּה קָדוֹשׁ וְשִׁמְךָ קָדוֹשׁ וּקְדוֹשִׁים בְּכָל יוֹם יְהַלְלוּךָ סֶּלָה : לְדֹר וָדֹר הַמְלִיכוּ לָאֵל כִּי הוּא לְבַדּוֹ מָרוֹם וְקָדוֹשׁ :

וּבְכֵן יִתְקַדַּשׁ שִׁמְךָ יְהֹוָה אֱלֹהֵינוּ עַל יִשְׂרָאֵל עַמֶּךָ וְעַל יְרוּשָׁלַיִם עִירֶךָ וְעַל צִיּוֹן מִשְׁכַּן כְּבוֹדֶךָ וְעַל מַלְכוּת בֵּית דָּוִד מְשִׁיחֶךָ וְעַל מְכוֹנְךָ וְהֵיכָלֶךָ :

וּבְכֵן תֵּן פַּחְדְּךָ יְהֹוָה אֱלֹהֵינוּ עַל כָּל מַעֲשֶׂיךָ וְאֵימָתְךָ עַל כָּל מַה שֶּׁבָּרָאתָ וְיִירָאוּךָ כָּל הַמַּעֲשִׂים וְיִשְׁתַּחֲווּ לְפָנֶיךָ כָּל הַבְּרוּאִים וְיֵעָשׂוּ כֻלָּם אֲגֻדָּה אַחַת לַעֲשׂוֹת רְצוֹנְךָ בְּלֵבָב שָׁלֵם שֶׁיָּדַעְנוּ יְהֹוָה אֱלֹהֵינוּ שֶׁהַשִּׁלְטָן לְפָנֶיךָ עֹז בְּיָדְךָ וּגְבוּרָה בִּימִינֶךָ וְשִׁמְךָ נוֹרָא עַל כָּל מַה שֶּׁבָּרָאתָ :

וּבְכֵן תֵּן כָּבוֹד יְהֹוָה לְעַמֶּךָ תְּהִלָּה לִירֵאֶיךָ וְתִקְוָה טוֹבָה לְדוֹרְשֶׁיךָ וּפִתְחוֹן פֶּה לַמְיַחֲלִים לָךְ שִׂמְחָה לְאַרְצֶךָ וְשָׂשׂוֹן לְעִירֶךָ וּצְמִיחַת קֶרֶן לְדָוִד עַבְדֶּךָ וַעֲרִיכַת נֵר לְבֶן יִשַׁי מְשִׁיחֶךָ בִּמְהֵרָה בְיָמֵינוּ:

וּבְכֵן צַדִּיקִים יִרְאוּ וְיִשְׂמָחוּ וִישָׁרִים יַעֲלֹזוּ וַחֲסִידִים בְּרִנָּה יָגִילוּ וְעוֹלָתָה תִּקְפָּץ פִּיהָ וְהָרִשְׁעָה כֻּלָּהּ כְּעָשָׁן תִּכְלֶה כִּי תַעֲבִיר מֶמְשֶׁלֶת זָדוֹן מִן הָאָרֶץ :

וְתִמְלוֹךְ אַתָּה הוּא יְהֹוָה אֱלֹהֵינוּ לְבַדֶּךָ עַל כָּל מַעֲשֶׂיךָ בְּהַר צִיּוֹן מִשְׁכַּן כְּבוֹדֶךָ וּבִירוּשָׁלַיִם

**) בחזרת הש״ץ אומרים קדושת כתר כמו בשבת.

*) הוספת המו״ל.

עיר קדשך ככתוב בדברי קדשך ימלך יהוה לעולם אלהיך ציון לדר ודר הללויה:

קדוש אתה ונורא שמך ואין אלוה מבלעדיך ככתוב ויגבה יהוה צבאות במשפט והאל הקדוש נקדש בצדקה: ברוך אתה יהוה המלך הקדוש:

אתה בחרתנו מכל העמים· אהבת אותנו· ורצית בנו· ורוממתנו מכל הלשונות· וקדשתנו במצותיך וקרבתנו מלכנו לעבודתך· ושמך הגדול והקדוש עלינו קראת:

ותתן לנו יהוה אלהינו באהבה (את יום השבת הזה ו) את יום הכפורים הזה את יום סליחת העון הזה את יום מקרא קדש הזה (לקדושה ולמנוחה) למחילה ולסליחה ולכפרה ולמחל בו את כל עונותינו (בשבת באהבה) מקרא קדש זכר ליציאת מצרים:

אלהינו ואלהי אבותינו יעלה ויבא ויגיע ויראה וירצה וישמע ויפקד ויזכר זכרוננו ופקדוננו וזכרון אבותינו וזכרון משיח בן דוד עבדך· וזכרון ירושלים עיר קדשך וזכרון כל עמך בית ישראל לפניך· לפליטה לטובה לחן ולחסד ולרחמים ולחיים טובים ולשלום ביום (בשבת השבת הזה וביום) הכפורים הזה ביום סליחת העון הזה ביום מקרא קדש הזה: זכרנו יהוה אלהינו בו לטובה ופקדנו בו לברכה והושיענו בו לחיים טובים: ובדבר ישועה ורחמים חוס וחננו ורחם עלינו והושיענו כי אליך עינינו· כי אל מלך חנון ורחום אתה:

אלהינו ואלהי אבותינו מחול לעונותינו ביום (השבת הזה וביום) הכפורים הזה ביום סליחת העון הזה ביום מקרא קדש הזה מחה והעבר פשעינו וחטאתינו מנגד עיניך כאמור אנכי אנכי הוא מחה פשעיך למעני וחטאתיך לא אזכר: ונאמר מחיתי כעב פשעיך· וכענן חטאתיך שובה אלי כי גאלתיך: ונאמר כי ביום הזה יכפר עליכם לטהר אתכם מכל חטאתיכם לפני יהוה תטהרו (בשבת אלהינו ואלהי אבותינו רצה נא במנוחתנו) קדשנו במצותיך· ותן חלקנו בתורתך שבענו מטובך ושמח נפשנו בישועתך (והנחילנו יהוה אלהינו באהבה וברצון· שבת*) קדשך וינוחו בו*) כל ישראל מקדשי שמך) וטהר לבנו לעבדך באמת· כי אתה סלחן לישראל ומחלן לשבטי ישרון בכל דור ודור· ומבלעדיך אין לנו מלך מוחל וסולח: ברוך אתה יהוה מלך מוחל וסולח לעונותינו ולעונות עמו בית ישראל· ומעביר אשמותינו בכל שנה ושנה· מלך על כל הארץ מקדש (השבת ו) ישראל ויום הכפורים:

רצה יהוה אלהינו בעמך ישראל ולתפלתם שעה: והשב העבודה לדביר ביתך· ואשי ישראל ותפלתם באהבה תקבל ברצון ותהי לרצון תמיד עבודת ישראל עמך:

ותחזינה עינינו בשובך לציון ברחמים: ברוך אתה יהוה המחזיר שכינתו לציון: מודים דרבנן

מודים אנחנו לך שאתה הוא יהוה אלהינו ואלהי אבותינו לעולם ועד: צור חיינו מגן ישענו· אתה הוא לדור ודור נודה לך ונספר תהלתך על חיינו המסורים בידך ועל נשמותינו הפקודות לך ועל נסיך שבכל יום עמנו ועל נפלאותיך וטובותיך שבכל עת ערב ובקר וצהרים· הטוב כי לא כלו רחמיך והמרחם כי לא תמו חסדיך כי מעולם קוינו לך:

ועל כלם יתברך ויתרומם ויתנשא שמך מלכנו תמיד לעולם ועד:

וחתום לחיים טובים כל בני בריתך:

וכל החיים יודוך סלה ויהללו את שמך הגדול לעולם כי טוב האל ישועתנו ועזרתנו סלה האל הטוב: ברוך אתה יהוה הטוב שמך ולך נאה להודות:

לש"ץ. ואין נ"כ.

אלהינו ואלהי אבותינו ברכנו בברכה המשולשת בתורה הכתובה על ידי משה עבדך האמורה מפי אהרן ובניו כהנים. עם קדושך כאמור: יברכך יהוה וישמרך: אמן· יאר יהוה פניו אליך ויחנך: אמן· ישא יהוה פניו אליך וישם לך שלום· אמן:

שים

*) לכאורה, כמו במנחה, צ"ל בנעילה: שבתות . בם. וצ"ע. המו"ל.

שים שלום טובה וברכה חיים חן וחסד ורחמים עלינו ועל כל ישראל עמך ברכנו אבינו כלנו כאחד באור פניך כי באור פניך נתת לנו יהוה אלהינו תורת חיים ואהבת חסד וצדקה וברכה ורחמים וחיים ושלום וטוב בעיניך לברך את עמך ישראל בכל עת ובכל שעה בשלומך:

ובספר חיים ברכה ושלום ופרנסה טובה ישועה ונחמה וגזרות טובות נזכר ונחתם לפניך אנחנו וכל עמך בית ישראל לחיים טובים ולשלום:

ברוך אתה יהוה המברך את עמו ישראל בשלום:

יהיו לרצון אמרי פי והגיון לבי לפניך יהוה צורי וגאלי:

אלהינו ואלהי אבותינו תבא לפניך תפלתנו ואל תתעלם מתחנתנו · שאין אנו עזי פנים וקשי עורף לומר לפניך יהוה אלהינו ואלהי אבותינו צדיקים אנחנו ולא חטאנו אבל אנחנו ואבותינו חטאנו:

אשמנו · בגדנו · גזלנו · דברנו דופי: העוינו · והרשענו · זדנו · חמסנו · טפלנו שקר · יעצנו רע · כזבנו · לצנו · מרדנו · נאצנו · סררנו · עוינו · פשענו · צררנו · קשינו עורף · רשענו · שחתנו · תעבנו · תעינו · תעתענו:

סרנו ממצותיך וממשפטיך הטובים ולא שוה לנו: ואתה צדיק על כל הבא עלינו כי אמת עשית ואנחנו הרשענו:

מה נאמר לפניך יושב מרום · ומה נספר לפניך שוכן שחקים · הלא כל הנסתרות והנגלות אתה יודע:

אתה נותן יד לפושעים וימינך פשוטה לקבל שבים · ותלמדנו יהוה אלהינו להתודות לפניך על כל עונותינו למען נחדל מעושק ידינו ותקבלנו בתשובה שלמה לפניך כאשים וכניחוחים למען דבריך אשר אמרת: אין קץ לאשי חובותינו ואין מספר לניחוחי אשמותינו ואתה יודע שאחריתנו רמה ותולעה לפיכך הרבית סליחתנו · מה אנו מה חיינו מה חסדנו מה צדקנו מה כחנו מה גבורתנו מה נאמר לפניך יהוה אלהינו ואלהי אבותינו הלא כל הגבורים כאין לפניך ואנשי השם כלא היו וחכמים כבלי מדע ונבונים כבלי השכל כי רוב מעשיהם תהו וימי חייהם הבל לפניך ומותר האדם מן הבהמה אין כי הכל הבל:

אתה הבדלת אנוש מראש ותכירהו לעמוד לפניך · כי מי יאמר לך מה תפעל · ואם יצדק מה יתן לך · ותתן לנו יהוה אלהינו באהבה את יום *) הכפורים הזה את יום סליחת העון הזה את יום מקרא קדש הזה קץ מחילה וסליחה על כל עונותינו למען נחדל מעשק ידינו ונשוב אליך לעשות חקי רצונך בלבב שלם: ואתה ברחמיך הרבים רחם עלינו כי לא תחפוץ בהשחתת עולם: שנאמר דרשו יהוה בהמצאו קראהו בהיותו קרוב: ונאמר יעזב רשע דרכו ואיש און מחשבתיו וישב אל יהוה וירחמהו ואל אלהינו כי ירבה לסלוח: ואתה אלוה סליחות חנון ורחום ארך אפים ורב חסד ואמת ומרבה להטיב ורוצה אתה בתשובת רשעים ואין אתה חפץ במיתתם שנאמר אמר אליהם חי אני נאם אדני יהוה אם אחפץ במות הרשע כי אם בשוב רשע מדרכו וחיה · שובו שובו מדרכיכם הרעים ולמה תמותו בית ישראל: ונאמר החפץ אחפץ מות רשע נאם אדני יהוה הלא בשובו מדרכיו וחיה: ונאמר כי לא אחפץ במות המת נאם אדני יהוה והשיבו וחיו: כי אתה סלחן לישראל ומחלן לשבטי ישרון בכל דור ודור ומבלעדיך אין לנו מלך מוחל וסולח:

אלהי עד שלא נוצרתי כו' · אלהי נצור לשוני וכו' · ואומרים אבינו מלכנו בנעילה אפי' אם חל יוה"כ בשבת · ובמקום כתבנו אומרים חתמנו:

אין מברכין במוצאי יוה"כ בהבדלה אלא על אור ששבת ולא על אור החדש היוצא מאבנים:

*) (הש"ץ שאומר הוידוי בתוך התפלה צריך להזכיר של שבת (את יום השבת הזה ואת יום) באתה הבדלת כדרך שמזכיר של יוהכ"פ.

זוהר פרשת אמור דף קג. ע"ב

רבי אלעזר פתח כה אמר הוי' זכרתי לך חסד נעוריך וכו' דא ענגא דאהרן דנטלא בחמש אחרנין דאתקשרו עלך ונהירו עלך אהבת כלולותיך דאשתכללו לך ואעטרו לך ואתקינו לך ככלה דתעדי תכשיטהא וכ"כ למה בגין לכתך אחרי במדבר בארץ לא זרועה ע"כ פי' אהרן בחי' יסוד אבא מבחי' חסד שביסוד אבא וע"כ נקר' ענגא דאהרן לפי שהחסד זה כולל כל החסדים הבאי' ונמשכים ביסוד מחסד שבחסד ומחסד שבגבורה כו' עד בחי' חסד שבהוד והיינו שאמר דנטלא בחמש אחרנין שהן בחינ' ה"ח הנ"ל דאתקשרו עלך ונהירו עלך כו' וד"ל · אהבת כלולותיך דאשתכללו לך כו' דהנה שרש בחי' המ"ל בתחילת אצילות אינה אלא בחי' נקודה אחת בלבד והוא בחי' כתר שבמ"ל ושאר הט"ס שבה באין בה בבחי' תום' והוא הנק' בנין הנוק' כידוע והנה בהיותה רק נקודה א' עומדת בבחי' אב"א וצריך שיהא נמשך בחי' החסדים מאו"א לצורך בנין הנוקבא להיות בנינה בט"ס ובאורות וכלים ולבושים הנקראי' תכשיטי כלה עד שתהא ראויה ליחוד וזיווג שהוא בש"ע כו' וכשם שנמשכו החסדים בש"ע לצורך היחוד והזיווג שהוא בשביל הולדה כו' כך נמשכו החסדים בימים שבין יו"כ לסוכות לצורך בנינה וזהו פי' זכרתי לך חסד נעוריך לבנותה בפרצוף שלם מאורות וכלים ולבושים כו' וזהו כל עיקר ענין הנסירה בר"ה גם כן ע"י בחי' החסדים כמאמר אתא חסד ופריש גזעין כו' וכמ"ש במ"א וד"ל · וז"ש בפי' אהבת כלולותיך דאשתכללו לך פי' שנמשכו בשביל הבנין שנק' שכלול בלשון התרגום ואעטרו ואתקינו דהיינו באורות מקיפים ופנימים וכלים ולבושים כו' וכ"כ למה בגין לכתך אחרי כו' פי' משום שהיתה רק בבחי' אב"א כמ"ש לכתך אחרי במדבר וכמו אחרי ה' תלכו כו' וצריך לבנותה בבנין פרצוף שלם ע"כ זכרתי לך חסד נעוריך דא ענגא דאהרן שהוא בחי' מקור החסדים משום שכולל בעצמו כל ה"ח כו' ומהם נבנה בנין הנוק' וכמ"ש והוכן בחסד כסא וכמ"ש במ"א וד"ל :

ת"ח בשעתא דב"נ יתיב בצלא דמהימנותא שכינתא פרסא גדפהא עליה מלעילא ואברהם וחמשה צדיקייא אחרנין שוין מדוריהון עמיה פי' צלא דמהימנותא עד"מ הצל שהוא מכוסה ונעלם בבחי' מקיף על האדם כמ"כ כתיב ה' צלך על יד ימינך כו' שיש הארה אלקית החופפת על האדם בבחי' מקיף והעלם בלתי מרגיש בה כלל לא בשכל ולא במדות והיינו בחי' צל דסכך הסוכה וע"כ אינה כשירה רק כשצילתה מרובה מחמתה כו' ולכך נקרא ענגא דאהרן כי הסכך הוא דומה לענן שהוא מכסה ומאפיל ההארה כמ"ש סכות בענן לך כו' וכך היו בחי' ענני כבוד שבמדבר בזכות אהרן דהיינו שהיה אור אלהים מוסתר ונעלם בהם בבחי' או"מ כידוע :

ויובן ביאור ד"ז ממה שמצינו דוגמתו באדם בהיות שיש אהוי"ר נולדין מן השכל כידוע הרי אהוי"ר מורגשים באדם וגם בשכל המוליד אותם מורגשים הם כי נולדים מן השכל הנקרא בינה לכך יכילם המוח אבל יש אהבה שלא יכיל אותה כלי המוח ולא ירגישנה כלל בשכל ומכ"ש בלב אלא הוא בבחי' העלם ומקיף והן בחי' חסדים דכתר שמתלבשים בבחי' מקיף בהלבשה חצוניות כמו התלבשות האור בענן או בסכך שנקרא צל כידוע וכדוגמא זו יובן ממש ענין התלבשות אור האה"ר דימינו תחבקני בסכך או בענני כבוד שנק' צלא דמהימנותא והיינו בבחי' מקיפים דבינה דאצי' ואח"כ מתפשטים למטה בכנס"י שהם בבחי' מ"ל דאצי' כי כל ישראל בני מלכים הם אזי שכינתא שהיא בחי' מ"ל פרסא גדפהא על כאו"א מישראל בשעה שיושב בצל כו' וענין פריסת גדפהא היינו בחי' או"מ שמלובשים בכנפיים דוקא וזהו ופרוס עלינו את סוכת שלומך וכו' ולפי ששרש המ"ל בבינה הוא כידוע שהמ"ל נק' אימא תתאה והבינה אימא עילאה ע"כ שכינתא פרסא גדפהא כו' וכמ"ש והאם רובצת על האפרוחים כו' וד"ל · ומ"ש ואברהם וה' צדיקיא היינו ה' חסדים שכלולים בחסד דאימא כמ"ש יומם יצוה ה' חסדו כו' ור"א הוסיף ודוד מלכא כו' :

ואמר רבי אבא כתיב בסכות תשבו כו' ולבתר ישבו קדמאה לאושפיזא ותנינא לבני עלמא קדמאה לאושפיזא כי הא דרב המנונא סבא כו' ואמר זמינו לאושפיזין כו' עד תיבו אושפיזין עילאין תיבו כו' תנינא לבני עלמא כו' ובעי למחדי למסכני בגין דחולקא דאינון אושפיזין דזמין דמסכני הוא כו' ומאן דלא יהיב חולקייהו כולהו קיימי מיניה וא"ל אל תלחם לחם רע עין כו' עד הה"ד פרש חגיכם ולא חגי כו' · פי' אושפיזין היינו עד"מ האורח הבא פתאום והוא נכבד וגם להיות שאינו רגיל לבא רק לפרקים ועתים רחוקים הנה מחמת זה תגדל השמחה באותו אדם כשבא לו האורח הנכבד וכך יובן הנמשל כי הנה בסוכות הוה זמן שמחתנו וענין השמחה הוא רק ענין התגלות ההעלם וידוע שבחי' ההעלם היינו כמו אור האה"ר שלמעלה מן השכל כנ"ל ומפני שאינו רגיל לבוא בגלוי ע"כ בהגלותו למטה מזה תסתעף השמחה וכמ"ש אם הבנים שמחה פירוש שהשמחה שנקר' אם הבנים בהגלות נגלות אורה למטה הנעלם למטה בלבו של אדם אזי יסתעף בחי' השמח' לפי שההעל' יצא לגילוי שזהו דבר חדש ונכבד הוא מאוד עד"מ האורח הנכבד כשבא לעתים רחוקים כנ"ל וכך הוא למעלה בבחי' מקיפים דאימא עילאה כאשר יבואו בגלוי בצל הסכך אזי נקראין אושפיזין עילאין ובעי ב"נ למחדי בהו לקבלם בשמחה וכמ"ש תיבו אושפיזין עילאין כו' · וזהו קדמאה לאושפיזא כו'

שהכתוב

שהכתוב אומר לאושפיזין הנ"ל תשבו בסוכות דהיינו שיהיו נגלין מן ההעלם·ותיקנא לבני עלמא למחדי למסכני כו' כי עיקר השמחה הוא לשמח לזולתו דוקא כמו העושה חתונה לבנו שמשתוקק לשמח אחרים דוקא ולא שישמח הוא בלבד ולהיות כי שרש בחי' החסד הוא חם דל"ת להחיות רוח שפלים דוקא ע"כ צריך לפזר מעות לעניים בערב סוכות דוקא ולמחדי להו בסעודה דסוכות כדי שיהיה ע"ז בחי' כלי למטה בחסד גשמי ויוכל להיות שורה ע"ז בחי' חסד ח"ס דל"ת העליון שבמקיפים דאימא וע"כ אמר ע"ז ישבו בסוכות כנ"ל וד"ל·ומ"ש הה"ד פרש חגיכם כי בחג דוקא זמן גלוי ההעלם מאימא עילאה ובהגלות נגלות ההעלם נ"ל אור החסד מתפשט לכל גם למי שהוא שפל כו' כי כך טבע של מדות ההתגלות ע"י השמחה אך זהו דוקא ביו"ט דכתיב ושמחת בחגיך כו' משא"כ בשבת שאינה זמן שמחה אלא זמן עונג בלתי גלוי כו' לכך אמר פרש חגיכם כו' ולא פרש שבתכם כמבואר בדרז"ל וד"ל :

(שם דקע"ד ע"א) **ואי** חדי לאושפיזין אלין קוב"ה חדי עמיה ואברהם קרי עליה אז תתענג על ה' ויצחק קרי עליה כל כלי יוצר עליך לא יצלח·פירוש כל אלה האושפיזין הם מבחי' ה' חסדים דבינה ואברהם הוא בחי' חסד שבחסד דבינה ויצחק הוא בחי' חסד שבגבורה ויעקב הוא בחי' חסד שבת"ת כו' וכולם המה בחי' מקיפים כנ"ל ולהיות כי בחסד שבחסד דאימא מתלבש בחי' העונג העליון שגם הוא נקרא רב חסד והוא בחי' חסד דעתיק ע"כ אמר אברהם קרי עליה אז תתענג על ה' והוא הנקרא אהבה בתענוגים כו' וד"ל · ויצחק הוא בחי' חסד שבגבורה דאימא כו' ענין המקיף אשר נעשה מבחי' חסד שבגבורה היינו ענין המקיף הדוחה את החצונים כו' כמו המקיף שבת"ל הנק' בזהר בשם תכלת ונק' אשא תכלא שמסמא עיני החצונים ומתנו כמצא למטה בצדיקים לשומרם מכל דבר רע כמ"ש רגלי חסידיו ישמור כי יש עליהם בחי' או"מ הדוחה את החצונים מלהתקרב אליהם וז"ש חונה מלאך הוי' סביב ליראיו ויחלצם וכן כי מלאכיו יצוה לך לשמרך כו' והנה להיות כי המקיף הזה בהכרח שיש בו מבחי' הגבורות והדינין ג"כ אחרי שהוא דוחה החצונים כו' ושרשו באמת מבחי' החסדים לשמור את נפש הצדיק וכיוצא ה"ז המקיף כלול מחו"ג והיינו מבחי' חסד שבגבורה והיינו שאמר ויצחק קארי עליה כל כלי יוצר עליך לא יצלח כי יצחק הוא מבחי' גבורה כמ"ש ופחד יצחק היה לי כידוע והמקיף מבינה הוא מבחי' החסדי' שבמדת יצחק והיינו בחי' חסד שבגבורה כדי לדחות החצונים וז"ש כל כלי יוצר עליך מהחצונים לא יצלח כי או"מ זה דחסד שבגבורה דוחה אותם כו' וד"ל :

אר"ש האי דוד מלכא א"ל בגין דכל זייני' דמלכא וקרבין דמלכא בידוי דדוד אתפקדו אבל יצחק קאמר גבור בארץ יהיה זרעו וגו' הון ועושר בביתו וגו' · פירוש ר"ש אינו רוצה לפרש זה הפסוק ביצחק שהוא יאמר כל כלי יוצר כו' לפי שגבורות דיצחק עדיין הם בבחינת האצי' ממש בלתי תערובות טו"ר כלל כי אין רע יורד מלמעלה וכמ"ש לא יגורך רע לא יגור במגורך רע כלל וכלל וכידוע ששרש יניקת החצונים מתחיל מעה"ד טו"ר שמלביש נוקבא דז"א ודוקא בעולם הבריאה דכתיב משם יפרד כו' אבל למעלה מהחזה דז"א שהוא למעלה מעה"ד אין שם שרש יניקה כלל לחיצונים ואם כן אין לומר שם שצריך ענין מקיף לדחות החיצונים אחר שאין שם שרש לחצונים כלל וא"צ מלחמה רק כשיש שונאים העומדים לנגד כו' אבל בבחינ' מ"ל שעה"ד טו"ר מלביש שם ויש שם שרש ליניקת החצונים שם צריך מלחמה לדחות את החיצונים והיינו מ"ש הוי' איש מלחמה כו' וז"ש ר"ש דפסוק זה דכל כלי יוצר כו' שהוא בבחינת חסד שבגבורה לדחות את החיצונים לא יצחק קאמר ליה שא"צ למלחמה כלל מטעם הנ"ל אלא דוד מלכה א"ל שצריך למלחמה לפי' שבחי' מ"ל דאצי' הוא בחינת דוד מלכא מלובשת בעה"ד טו"ר וא"כ ה"ז בחינת חסד שבגבורה שבמ"ל ולא חסד שבגבורה דז"א כו' וד"ל · ולפ"ז נ"ל שיצחק שהוא חסד דגבורה דאימא שמלובש בז"א פסוק אחר הוא אומר והוא מ"ש גבור בארץ כו' שהוא ג"כ בחינ' גבורות דיצחק כמבואר במ"א ע"פ וארבה את זרעו כו' שארבה בגי' יצחק להיותו מבחי' גבורות המחלקים השפע לחלקים רבים מאד שמזה באה סיבת עולם הרבוי כמ"ש אתה פוררת בעוזך כו' וע"כ עיקר השפעה המתקבלת במקבל הוא רק מבחינ' גבורות דיצחק וכידוע בענין שולחן בצפון וכן מ"ש מצפון זהב יאת' כו' שעיקר ההשפעה הבאה ברבוי בין במזון ומחי בין בעושר והון הכל בא מבחינת הגבורה שבצפון שהוא במדת יצחק וע"כ יאמרו לעתיד על יצחק כי אתה אבינו להיותו עיקר המשפיע והיינו מטעם שמחלק לחלקים ויוכל המקבל לקבל כידוע בענין גבורות גשמים דלפי שיוצאין מחולקין טיפין טיפין דוקא לכך הוא מרוה את הארץ והולידה והצמיחה כו' והתחלקות זאת מצד בחי' החסדים כדי להטיב למקבלים כו' וא"כ ה"ז ג"כ בחינת חסד שבגבורה וז"ש דיצחק אומר גבור בארץ כו' הון ועושר בביתו כו' וד"ל :

יעקב אמר אז יבקע כשחר אורך כו' שאר צדיקייא אמרי ונחך ה' תמיד והשביע בצחצחות נפשך כו' פי' יעקב הוא אותיות יבקע וע"כ הוא אומר אז יבקע כשחר אורך כו' אך להבין הטעם לנוה יתלה הבקיעה ביעקב דוקא הנה יש להקדים ענין אחד המבואר בע"ח בטעם שמו של יעקב ע"פ אך יצוא יצא יעקב ע"ש ותוכן הענין הוא לפי ששרש בחי' יעקב הוא רק בחינת אחוריים

דיסוד אבא כידוע שנקרא יוד עקב וכו' והטעם הוא מפני תוקף ותגבורת אורות הנשפעי' מיסוד אבא ביסוד אימא ולא יכילם כלי החסד דיסוד נבקע כלי היסוד ובוקעין ויוצאין ממנו אורות לחוץ וזהו פירוש אך יצוא יצא יעקב שהוא אותיות יבקע לפי שיצא ב"פ א' מיסוד אבא ואחד מיסוד אימא והבקיעה הזאת מיסודות דאו"א הוא שרש בחינת יעקב וע"כ הוא רק בחינת אחוריים דיסוד אבא וד"ל:

וביאור הדברים יובן עד"מ כאשר האדם משכיל שכל וסברא הרי כח השכלה זאת באה מבחינת יסוד אבא ונתפס אור אותו השכל ונקלטת ביסוד אימא שהוא כמו כלי בית קיבול לקלוט אור אותו השכלה כו' וכמ"ש במ"א והנה כאשר יתגבר ויומשך שפע כח השכל מבחינ' יסוד אבא יותר מדאי דהיינו יותר מכפי ערך כלי בית קיבול שיש במוח הבינה שנקר' אימא אזי בהכרח שמפני שלא יכילם כלי יסוד אימא דהיינו בחי' כח הקליטה יצא אור שפע שכל חוץ לכלי יסוד זה עד"מ החבית וכיוצא כאשר תתמלא ביותר ולא תוכל להחזיק המלוי תבקע בבקעים וסדקים ויצא המשקה דרך שם ואמנם בוודאי הנה יציאת משקה זאת שיוצאת דרך סדק מעט מזעיר היא וגם אין לה ערך כלל עם כל מלוי החבית כי הרי באה המשקה בבקיעה זו בלחוס גדול ודוחק גדול מאד שנדחקה ובאה דרך סדק וגם בגופו של סדק נתעלם הרבה ממנו ונבלע בעובי השולים א"כ מה שיוצא אח"כ טיפה א' אין לה ערך ויחוס כלל עם גופי המשקין שבכלי שלא עברו ונדחקו דרך עובי השוליים כו' שזה נקרא מלוי בלה"ק כו' וכך יובן היציאה ובקיעת אור שפע השכל מפני סיבת בקיעת בחי' יסוד דבינה כנ"ל שלא יכיל הכלי הרי בוודאי שמעט מזעיר הוא מאד ואף גם זאת המעט אין לו ערך ויחוס במהות עם גופו של אור שפע השכל בעודנו נקלט ונתקבל בבחינת יסוד דאימא כו' וד"ל:

והנה בקיעה זו דנבקע יסוד אימא הוא הנק' יעקב ע"ש הבקיעה שיצא מסיבת תגבורת אורות הנכנסין ביסוד אימא וזהו פי' יבקע נור כו' וממנו בא כח התגלות הדבור כי הלא אנו רואים בחוש שכאשר עדיין יש בכח קליטת הבינה לקבל ההשפעה הנה יטרד האדם במוחו ההשכלה ולא יכול לדבר מאומה מפני הטרדה אך כאשר לא יכילנה בחי' יסוד אימא ונבקע אור שפע שכל לחוץ אזי יוכל להביא בדבור אור אותו השכל והיינו שרש בחי' יחוד דיעקב ורחל בקול ודבור כידוע אך הנה אותה ההארה מעט מזעיר היא כי מה שנמשך שכל בדבור אין לו ערך כלל עם גופו ומהותו של אור השכל כמו שהוא נתפס ונקלט בבחינת יסוד דבינה וכנראה בחוש שלא יוכל האדם להביא השכל בדבור כמו שהוא משכיל אותו ממש כו' וכידוע במ"א וד"ל:

ובב"ז יובן ענין א' המבואר בפע"ח בטעם מ"ש אחר ש"ע ויעבור ה' על פניו ויקרא כו' כי בברכה דשים שלום היה היחוד והזווג ביסודות דאו"א וזו"נ כו' כמבואר שם בפי' שים שלום טיפת יסוד כו' ומה שלא יכיל כלי היסוד יוצא ובוקע לחוץ כנ"ל והיינו הארת י"ג תקונין שבוקעין ויוצאין ג"כ בבחי' בקיעת אור כנ"ל במשל הנ"ל וד"ל · אך הנה יש בכל ענין זה דבקיעה יתרון מעלה מצד אחר והוא לפי שזאת הבקיעה באה מצד תוקף ותגבורת ההשפעה שלא יכילה הכלי כנ"ל וא"כ שרש יציאת שפע זאת היוצאת דרך בקיעה הגם שהיא רק בחינת הארה חיצוניות בעלמא כמבואר במשלים הנ"ל אבל מצד שרשה הנה היא גבוה במעלה גם מגופי המוחין והאורות המתיישבין בכלי כמ"ש במ"א וזהו כל עיקר ענין מעלת ומדריגת י"ג תקונין שנקראו בחי' הארת הפנים לפי שבוקעין ויוצאין מצד שלא יכילם כלי המוחין וזהו ויעבור שעבר ודחק ויצא כו' ופניו הם בחינ' גופי המוחין עצמן כידוע וא"כ גם כאן בפי' יעקב שהוא אותיות יבקע כנ"ל הגם שהוא רק בחינת אחוריים וחצוניות דיסוד אבא כנזכר לעיל במשל שרשו למעלה מגוף השפע שנשפע במוחין דאבא מטעם הנ"ל:

ובזה יובן מ"ש כאן בענין המקיפים דסוכות שיעקב אמר יבקע כשחר אורך פי' להיות כי מצד שרשו הוא בבחינת או"מ שלא יכילנו הכלי ע"כ בוקע ויוצא לחוץ וכנ"ל והיינו פי' יבקע כשחר כמו השחר שהוא בחינת בקיעת אור מתוך החשך וההעלם כו' וע"כ נק' בקיעה ג"כ כשמאיר השחר בארץ מתוך עובי הכדור של השמים משום דהא בהא תליא וכנ"ל וכך יובן הנמשל בבחינת או"מ זה דיעקב וידוע שהוא מבחי' חסד שבת"ת דאימא כו' וד"ל:

שאר לדיקייא אמרי ונחך הוי' תמיד והשביע בצחצחות שהוא עולם הבהירות שלא יכילנו הכלי שמחמת זה נבקע האור והוא כמו בקיעת אור השחר כו' וד"ל:

(שם קג ע"ב) **בסכת** תשבו חסר ודא עננא חדא דכולהו קשירין ביה דכתיב כי ענן ה' עליהם יומם וכתיב ובעמוד ענן אתה הולך לפניהם יומם דא הוא עננא דאהרן כו' דכתיב יומם יצוה הויה חסדו עננא חד נטיל עמיה חמש אחרנין ואינון שית עננא אחרא דכתיב ובעמוד אש לילה דא נהרא להו לישראל מנהירו דאינון שית ע"כ · הנה דקדק בתיבת בסכת למה נאמר בסכת ולא בסכות להורות על ז' המקיפים דז' ימים כו' ותירץ משום דעננא חדא יש שכולם קשורים ונכללים בו ולכך נכתב בסכת חסר לפי שכוללם יחד ואין כאן אלא מקיף אחד וביאור ענין זה המקיף היינו בחינת המקיף של אור החסד שנקרא עננא דאהרן הוא מבחי' אור החסד כידוע שהוא הכולל כל המקיפי' דשאר המדות והוא הנקרא יומם כמ"ש יומם יצוה ה' חסדו וביאור ענין

יומם

יומם זה הנה הוא מבואר בע"ח וד"ל :

להבין מאמר הזהר פ' אמור רבי יוסי שאל הני ט"ו יום כו' ז"ל ת"ח בין לעילא בין לתתא כל חד וחד בארחי' נטלא ובארחי' יתבא ובארחי' אתער ועביד מאי דעביד עכ"ל כו' ע"ש פי' נטלא היא הנסיעה בלה"ק וענין הנסיעה הוא כמ"ש אברהם הלוך ונסוע דהיינו שהוגבה ונתעלה ממדריגה למדריגה בעלוי אחר עלוי כו' ופי' יתבא הוא הירידה וההמשכה מלמעלה למטה להיות כי ידוע ענין החיות רצוא ושוב פי' שכל אור הנאצל הוא הנק' עילה לגבי הכלי העלול ממנו ותמיד חפצו להסתלק מן הכלי כמו נענוע השלהבת שקופץ מן הפתילה וזהו והחיות רצוא ושוב כמו עד"מ החיות שבלב אינו נח במנוחה להשקט בלב אלא דופק בדפיקו תמיד והוא הנשימה שבאדם שרצון הנפש בטבעו להסתלק למקורו כמו טבע האש להסתלק למקורו האש היסודי וחוזר ונח בפתילה כמ"כ רוח החיות המחיה את הגוף דרך השפעת חיותו אינו בבחי' חסדים שיורדים ונמשכים לבד ואין בהם תנועת ההסתלקות למעלה כו' אלא כל רגע ורגע שמשפיע החיות יש בו ההסתלקות למעלה וההמשכה למטה וחוזר ומסתלק וחוזר ונח כמ"כ למעלה באורות הנאצלים מן המאציל הם כמו עד"מ שלהבת הנמשך מן האש היסודי שתמיד חוזר למקורו כו' ואח"כ נחים ברגע בכלי וחוזרים ומסתלקים וזהו עד"מ נשימת האדם הגשמי כמ"כ נשימת האדם העליון בדפיקו דלבא שהוא ז"א דאצי' וכמ"ש קול דודי דופק כו' וזהו סיבת ההתחדשות בכל יום תמיד מעשה בראשית כו' מפני הנשימה כי תבוא רוח החיות מחדש אחר ההסתלקות בכל רגע ורגע כנ"ל וד"ל · והנה רוח האדם העליון העולה תמיד כמ"ש החיות רצוא בארחי' נטלא כו' מפני שהעליות שהאור עולה הוא ענין חפצו ותשוקתו להיות מתכלל במאציל מקורו כמו שטבעת העלול להדבק בעילתו כו' ואין נסיעה והעלאה זו בתמידות בלי סדר וזמן קבוע אלא בארחי' נטלא שיש לו דרך וסדר זמן קבוע בכל שבת ומועד ולא כל המועדים שוים כו' כי הרי האור כלול מי"ס ובמועד זה עליות גבורה שבחסד שבו ובמועד אחר חסד שבחסד וכדומה וכן בכל תפילה אין עליות שלו בתפילת השחרית דומה לעליתו במנחה כו' עד"מ אדם הגשמי שיש לו זמן קבוע לנסוע בדרך לקבל פני רבו שדרכו זאת עליתו הוא אבל תהיה לעתים ידועים ובאופנים שונים כו' וזהו ועלה האיש ההוא מעירו פי' מהתקשרותו והשפעת ירידתו בכלים מימים ימימה שהם מועדי הויה מקראי קודש כו' וד"ל · וכמ"כ בארחי' יתבא שיש לו דרך וסדר זמן קבוע לירידת והתשבות שלו דהיינו להשפיע בכלים שהם עלולים ממנו והוא בימי החול שיום ראשון הוא חסד ויום ב' הוא גבורה וכדומה וד"ל · בארחי' אתער ועביד מאי דעביד פי' כי כל השפעת האור בכלי אינו אלא שיתעורר תחילה מלמעלה להשפעה זו ואופן התעוררות זו הוא לפי רצון המאציל המעורר' על פי אופן העלאת מ"ן מלמטה למעלה כידוע וגם להתעוררות זו יש לו סדר ודרך איך שתהיה וזהו בארחי' אתער ואח"כ עביד כו' וד"ל · עוד שם בהאי יומא כו' ביה מלכא יתיב בתרעא כו' ע"ש פי' בעשור הוא הת"ל ומה שנזכרת בלשון זכר בהיות כי ביום כפורים בעשירא' קיימי פי' שנתעלה בכתר עליון שהוא עשירי מלמטה למעלה כמו שהמלכות עשירית מלמעלה למטה כנזכר בע"ח כי אין ואני אחד הוא כו' ולכך נק' עשור כו' והאי יומא דאתי עלה מלכא פי' כי חמשה יומין ידוע שהם חמשה חסדים שבת"ת המשפיעים עליה אבל ביה מלכא יתיב בתרעא פי' דנוקו' ה' חסדים שביסוד הוא ביום ראשון של חג כמ"ש בפרע"ח בענין הד' יומין שבין יום כפור לסוכות ע"ש · וביאור הדברים להיות כי פי' יסוד הוא המקשר ומחבר את המשפיע ואת המקבל כי הרי המה ב' הפכים ורחוקים מאד בערך ומי שהוא מחבר' ומקשרם יחד נק' יסוד ולא שהשפעה עצמה נק' יסוד כו' ויובן עד"מ איש החכם ומבין לעצמו היטב הסברא והשכל שהוא לומד וכשישמע התלמיד המקבל בשעה שרבו לומד ומבין לעצמו בלי שיכוין לדברים שיבין גם התלמיד הנה לא יבין התלמיד כלום מה שלומד אבל כשירצה הרב להשכילה לתלמיד מוכרח לעשות סדר דברים בצירופים אחרים לגמרי מכמו שהבין לעצמו עד שישכיל התלמיד מהם הסברא לפי ערכו כו' וכח זה לעשות לו סדר דברים וצירופים אחרים בשביל הבנת התלמיד בלבד אינו נחשב מכלל השפעת הסברא כלל כו' רק הוא כח שכלי הנק' יסוד שבשכל דהיינו שיש לו כלי ההשפעה במוחו שיוכל להשכיל לכל תלמיד קטן או גדול את השכל שהבין לעצמו ויש אשר איננו יכול להשכיל לתלמיד ואף שיהיה חכם מופלג להבין לעצמו בכל העמקות אבל לתלמיד אינו יכול לעשות לו במוחו סדר דברים בצירופים אחרים כו' כי אין לו כלי השפעה הנק' יסוד שבחכ' ויש חכם קטן ממנו הרבה שיכול להשפיל הבנתו העצמי' לכל תלמיד כו' מפני שיש לו בחי' היסוד שבחכמה הוא כלי ההשפע' כו' וד"ל · וזהו שהיסוד הוא כלי וכח שיוכל המקבל לקבל ע"י ולא שיהיה הוא מן המשפיע עצמו רק שדרך בו תעבור השפע כו' כמו שיעברו דרך השער שכל הרוצים להכנס לפנימית ההיכל יעברו תחילה בשער והרי הוא המחבר את העומד בחוץ שיכנס ע"י לפנים וא"א לשום אדם העומד לחוץ להכנס מבלעדי השער כו' וד"ל · כמו כן כל קליטת נשמה ביסוד דוקא ואח"כ נכנס לפנימית האצי' כמ"ש זה השער לה' וכן זה שער השמים וד"ל · וזהו גומל חסדים טובים וקונה הכל פי' גומל הוא כמו הגומל את התינוק שלא יניק עוד כו' כמ"כ גומל ומונע החסדים הטובים שהם

האורות דאצי' בחי' חלב דאימא הנשפעים ממקורא דכולא ט' מפני שצריך לעשות תחילה הכלי השפע שהוא הנק' כל וזהו קונה הכל ואח"כ וזוכר את חסדי אבות הנ"ל להשפיעם דרך השער והיסוד הנק' כל כנ"ל להיות כי ברצון המאציל העיקר הוא בהמשכות האורות רק בשביל קבלת הכלים ע"כ יעשה תחילה עד"מ סידור הדברים וכח הצירופים בשביל המקבלים כנ"ל ואח"כ ישפיע לו את השפע כמו השפעת הרב לתלמיד את הסברא שאינה אלא לאחר שעשה ההבנה והסידור במוחו תחילה באיזה צירופי אותיות ישפיל ויסדר לו השכל כנ"ל וד"ל · וסדר הענין שגומל חסדים דעתיק ויעשה בחי' יסוד שבו תחילה ואח"כ יזכיר אותם פי' ישפיע אותם ויהיה נק' אז חסדי אבות חסדים דאו"א בהיותם מוחין להם כו' ואח"כ יומשכו עוד להיות גואל לבני בניהם של אבות הנ"ל והמה נשמות שנולדים מזו"נ כו' וד"ל · וזהו דהאי יומא דסוכות דאתי עלה להשפיע לה חסדים שבת"ת כידוע מהמשכות המקיפים כמש"ת בעז"ה ביה מלכא בתרעא יתיב פי' כמו המלך שהולך בפנימיות חדריו ויושב אצל השער להגלות לכל הרוצה להכנס לחדריו כו' והיינו כמשל הנ"ל שהוא ענין חסדים שביסוד וד"ל · והנה להבין מהו המשכות המקיפים בימי הסכות דכתיב וימינו תחבקני נ"ל תחיל' ענין החיבוק שהוא בהחוריים דנוק' כו' פי' במעשה המצות דווקא שאפי' פושעי ישראל מלאים מצות כרימון והרי כללות נשמות ישראל כולם יש בהם בחי' החוריים שהוא כלי השלישית בחי' נה"י שהוא המעשה במצות גשמיות ועליהם יחופף וישכון אור המקיפים דאימא וזהו פי' חיבוק שלהיות שאינו מרגיש ומכיר את האהבה לכך נמשך חיבוק מבחוץ עד"מ בן חכם וגדול שמכיר האהבה של אביו אליו אזי נכנס אור האהבה בתוך לבבו כו' ועוד שהרי גם הוא מעורר אהבתו אל אביו וע"י העלאות מ"ן של אהבת הבן תכנס אהבת האב לו בבחי' או"פ דהיינו בהשגה והכרה כנ"ל אבל התינוק שחסר דברים אלו שאינו מכיר ומשיג אהבת האב וגם אין לו אהבה לאביו שאינו בר דעת להכיר שהוא בנו אינו מעלה מ"ן לאביו כו' ע"כ האהבה שמרבה לו האב אינו אלא בבחי' חיבוק לבד כו' והתינוק אינו יודע מזה כלל וכמ"כ נשמות שמשיגים אלקות ועובדי' באהבה ויראה שהם כלים דחב"ד וכן ת"ח שמדברים בד"ת כו' שהם כלי חג"ת כמ"ש בת"א אינם כללות נשמות ישראל רק בפרטי' וגם להיות כי לא ישכון בהם האהבה של ימינו בבחי' חיבוק כי הרי ישיגו ויכירו בו כו' לכך נאמר וימינו תחבקני על מעשה המצות דוקא וכנזכר בזוהר ע"פ זכרתי לך חסד נעוריך לכתך אחרי וד"ל · ועתה צ"ל ענין המקיפים הנה פי' חסדים דאימ' ענינו מה שמקבל' מעתיק להיות עיקר גילוי התענוג בבינה ולא בחכמה כמו עד"מ הלומד איזו שכל וסברא כשהוא מבין הסברא היטב בהרחבה אז יתענג מאד בהשכלתו אבל כשאינו מבין היטב אף שיכיר ויבין שיש בזה שכל עמוק לא יתענג כלל מאחר שהוא אינו נובין וכמו שלא יתענג מהשכל שכבר כתוב ומבואר או שישכילנו זולתו כי עיקר התענוג הוא ממה שהוא מבין כו' כמ"כ יובן למעלה שאין התגלות התענוג בבינה יותר מבחכמה אדרבה כל עיקר התענוג בחכמה שהוא הראשית והמקור של ההבנה כידוע אבל אינו נגלה וניכר להיות נרגש במוח המקבל אלא כשהוא מבין בהרחבה אזי נגלה התענוג יותר למקבל אבל בעצמותו שפע התענוג הרבה יותר הוא בחכמה מבבינה אבל לתועלת התחתונים המקבלים ההשפעה מבינה נק' אלקים ריבוי שפע התענוג כו' וכן בימי הסכות נתעורר עונג העליון מחמת העברת הרע במחילת העונות ביום הכפורי' וכמו שמתענג האדם כשהיה קן בחייו באיזה מיאוס שבביתו ואחר שמעבירים אותו ומנקים ביתו יקבל עונג גדול כמ"כ במחילת העונות שנעשה ביוה"כ למעלה באצי' כמ"ש לפני הויה תטהרו כמ"ש בת"א אף שלא תרד המחילה והסליחה למטה בעולם העשיה מפני שעדיין אינם ראוים לכך (כנזכר בת"א בענין חכם עדיף מנביא בענין הקן שראה רשב"י כו') עכ"ז שרש נשמות ישראל למעלה נטהרו ונעשה עונג נפלא כו' כידוע שישראל עלו במחשבה כתיאמה דאו"א כו' וכמשל התינוק ילד שעשועים שנתרחק זמן רב ואח"כ נתקרב כמ"כ הזדונות שנעשו כזכיות ה"ז כמו שמועה טובה מארץ מרחק כנזכר בזוהר מאחר דהוי רחיק כו' כי העונות מבדילי' ועושים ריחוק גדול כו' ומחמת זה יתעורר עונג גדול והתגלות עונג זה בבינה דוקא כנ"ל ואז נק' העונג שמחה והוא היין המשמח כו' שהוא המגלה עונג שבלבבו להיות עושה משתה וסעודה לזמן אנשים רבים לשמוח עמו אבל תחילת קבלת התענוג בלבבו יהיה בהסתר והצנע רק יתעדן בעצמותו ואח"כ ירצה לגלות עונג שלו ויזמין רבים שישמחו גם הם בשמחתו שיאכלו וישתו עמו והנה נראה בחוש שמבקש ומפציר גם השונאים שלו שיאכלו וישתו עמו וישמחו בשמחתו מפני שבשעת שמחת לבו נולדה מחדש אהבה להשונא אף שהיה בלבבו טינא אליו מחמת הרעות שעשה לו הנה עתה בשמחתו שהוא למעלה מהשכל בטלה הטעם והשכל שגרמו הטינא וכלא חשיבי וממשיך לו אהבה אמיתי ורוצה וחפץ באמת שיאכל וישתה וישמח עמו והנה אהבה זו נלקחת ממוח בינה ג"כ כי האם מולדת כידוע א"כ איך מסתיר הטינא שהולידה מכבר כו' אמנם להיות כי בעת שמחתו התענוג נתגלה בבינה ואז כשמולדת אהבה היא אה"ר בתענוגים שלמעלה מהדעת אשר לא תמדד ע"פ קו המידה כידוע ולכן מוסתר הטעם והשכל שהוליד מכבר טינא בלבבו כו' ויאהבנו עתה אהבה שלימה כמו לאוהבו הנאמן כו' וע"פ משל זה יובן ג"כ למעלה ענין הפסוק וימינו תחבקני ימינו הוא אה"ר בתענוגים שהוא בחי' חסדים מקיפים דאימא

פי'

פי' שנמשכת רק מחמת התגלות עונג העליון שבבינה עילאה כו' לכך א"א לקבלה בפנימיות והשגה לבבם רק תשכון בבחי' מקיף על בחי' נה"י שבהם כנ"ל שהוא בחי' חיבוק וגם תתלבש בסכך שהוא רומז כמו צל הסוכה בשביל חופ היום שהוא יותר מדאי כך בצל הסכך אז יוכל לקבל אור האהבה הנק' יומם עננא דאהרן כמו שית' בעז"ה ובזאת יתרון מעלת ניסוך המים שבחג הסוכות על החסדי' שבפסח שהרי גם הע' שרים מקבלים יניקתם בקרבנות הע' פרים כו' וזהו הללוהו כל גוים כו' ובפסח אינם מקבלים כלום רק לישראל לבדם נמשך החסד להיות כי בפסח הוא מחסדים דז"א אברהם הוריש אהבה לכללות נשמות ישראל כו' והרי הוא מרכבה לחסד דאצי' בלבד לכך אין המשכות חסד העליון על בנ"י אלא מתידות עליונות בלבד שהוא כח הפועל בנפעל כידוע שהמדות הוא בחי' סוכ"ע כו' ונש"י הם חלק אלוה וכח הפועל' שהוא סוכ"ע אבל העכו"ם שאין יניקתם אלא מאחוריים דנוקבא לא יוכלו לקבל החסדים ההם כנ"ל. אמנם בסכות שהחסדים הם מבחי' מקיפים דאימא מאור א"ר בתענוגים כו' לכך גם הם יקבלו יניקה כמשל הנ"ל שגם לשונא יבקש לאכול בעת שמחתו וד"ל. אך עכ"ז השמחה העליונה יקרא בלשון שמחתנו מפני שאנחנו גרמנו אותה השמחה שהרי ע"י תשובה עילאה ביוה"כ נתעורר תחילת קבלת עונג העליון ע"י שנטהרו לפני הויה כנ"ל עד שנתגלה גם בבינה וד"ל. ולהבין ענין הסכך שצ"ל מדבר שאינו מקבל טומאה הנה כשהאורות דאצי' נמשכים בכלים אז יש כלים מכלים שונים יש כלי שמקבלת טומאה פי' נוגה לה סביב שגם הקליפה תוכל לקבל יניקה מחיצונים כו' ויש כלים שאינם מקבלים טומאת נוגה כלל וכו'. וביאור הדברים ידוע שכלים דאצי' הם כח ההשפעה להחיות הנבראים ומחיצוניות הכלים יומשך ג"כ התהוות הקליפות כמו אברהם שיצא ממנו ישמעאל ומיצחק עשו כו' פי' כמו חסד שבלב מצד מהותו אינו אלא חסדים על השפל להחיותו כו' והוא פנימיותו ומהפסולת שלו נמשך חסד ישמעאל שאינו רחמים כלל רק להתייהר ולעשות לו שם ולולי זאת לא היה שופע חסד כלל אדרבה בטבעת לבבו אכזרי הוא כו' וכמ"כ מיצחק גבורות דקדושה לה' לבדו רשפי אש התשוקה כו' יומשך מהפסולת עשו חמימות התאוה הלעיטני נא כו' וכדומה לזה בכל פרטי המדות אבל אין זאת אלא כשהמה נמשכים בכלים פי' שהמה נשפעי' בכלי אז יש מקום לפסולת השפע כו' אבל לא בעצמותם כמו שהם בבטן אימא כו' וד"ל וכמ"כ למעלה אין חלוקי דיני הכלי' המקבלי' טומאה ושאינם מקבלי' אלא לאחר שיצאו האורות מאימא עלאה כו' אבל בבינה עילאה בפנימיות' נק' עולם החירות ולא נמשכו עדיין בכלים ולא יש מקום לאחיזת חיצונים ואז כתיב לא ירעו ולא ישחיתו כמו שהיה בתיבת נח כמ"ש במ"א וד"ל. ודוגמא לזה נמצא בעולם העשי' שבצומח כמו אילנות ותבואות אינם כלים המקבלים טומאה כלל אבל המתכות והאבן פשוטיהם טמאים כו' ופשוטי כלי עץ טהורי' כו' וכל פרטי הדינין החלוקי' בענין קבלת טומאה בדצח"מ הגשמי' כמ"כ הוא למעלה בכלי מתכות ועץ שבאצי' כידוע דבאורייתא ברא והאציל כו' וגזר חוקות שמים ע"פ התורה שהוא פנימית חכמה דאצי' להבדיל בין טומאה לטהרה כו' כמו שית' בעז"ה כמ"כ המשכות המקיפים בסכות גזרה חכמה עילאה שלא תמשך אלא בדבר שאינו מקבל טומאה פי' בדבר שאינו כלי כמו אילנות הצומחות להורות שהוא מבינה קודם שיתהוה הכלים למדות כו' ולכך יתלבש בסכך המקיף דבינה אבל אין מסככי' בכלים כו' וד"ל. ושיהיה גידולו מן הארץ דייקא:

להבין שרש ענין הסכות. הנה בזהר פ' אמור (קה ע"א) ובחמשה עשר יום כו' בין לעילא בין לתתא כל חד וחד בארחי' כו' אתער ועביד כו' (עיין פירושו לעיל בארוכה) בהיות ידוע כי י"ס העליונים מתעוררים ע"י הע"ס תחתונות שבאדם תחתון כי בצלם אלקים עשה את האדם עד אשר בכוחו הוא לעורר למעל' כפי אופן התעוררותו למטה וזהו בין לעילא בין לתתא כל חד וחד בארחיה נעלא כו' פי' כל ספי' וספי' עליונית עולה ויורדת בבחי' העלאות והמשכות לפי דרכה לבד ואינה משתתפת עם זולתה ע"ד דוגמא אם מתעורר' מדת החסד והרחמים בבחי' המשכות אלקות מלמעלה למטה כמו ע"י סוכה ולולב אין בזה דרך אחר שיהפוך פעולתה וכן בהיפוך אין מרחמין בדין כו' וזהו הקדמה לטעם בעשור בעשיראה קיימא כו' שאומר בסמוך להיות כי ביו"כ הוא בחי' עליות ספי' המ"ל למעלה לכך הוקבע למטה יום העשירי לחדש דוקא כדי שיהי' עי"ז מתעורר למעלה הספי' העשירית מפני שבין לעילא ובין לתתא כו' כל חד וחד בארחיה דווקא וד"ל ועד"ז הוא הכלל בכל פרטי הי"ס למעלה. אך ענין אומרו הטעם דעשור בעשיראה כו' ביאור הדבר הוא שבא לפרש הטעם שאומר בעשור ולא בעשירי דהיינו לפי שיש כאן ב' ענינים בעשירי הא' מלמטה למעלה והוא הכתר שהוא עשירי מן המ"ל והב' מלמעלה למטה שהמ"ל הוא העשירי ומפני שנעוץ תחילתן בסופן כו' ועליות המ"ל ביו"כ הוא עד הכתר ע"כ שניהם אמת דעשור בעשיראה קיימא פי' הארת הכתר הנק' עשור במ"ל הנק' עשיראה וכו' וכמ"ש במ"א וד"ל. ומה שאמר דהני חמשה יומין דמלכא כו' עד ההוא יומא דאתי עלה כו' הענין הוא דעד יו"כ היה ענין עליית המ"ל לבד בבחי' גבורות והסתלקות בעילוי אחר עילוי כו' עד רום המעלות כידוע ומיו"כ ואילך נבנית בנין המל' בחסדים מקיפים ופנימים בירידה מלמעלה למטה כמש"ת בעז"ה ועל כן אמר דחמש' יומין דחסדים המקיפים וה"ח דפנימים דמלכא הוא פי' דז"א ודאו"א שממשיכים בשבילה בשביל בנינה על כל השנה

השגה וזהו דאתי עלה פי' שנמשך עלה בבחי' מקיפים והנה מתכנסים כולם בחמישאה שהוא בכללות הי"ם בגבורה כי כת"ר חו"ב חו"ג עד ת"ת אינם מתלבשים עדיין במל' כי התלבשות המל' לז"א אינו אלא עד החזה שהוא הת"ת ולמעלה ממנו הוא ה' ספי' כח"ב חו"ג המה בבחי' מקיפים עלי' ולא מתלבשים עדיין כו' :

וביאור זה יובן עד"מ מבשרי אחזה כו' כי אנו רואים שהבל הדיבור יוצא מהבל הלב והרכבתו מאש רוח מים רוחניים שבהבל הלב הוא (כמ"ש בתנ"א) ונמצא החזה שהוא ת"ת הנקרא לב מתלבש ממש במהות הדבור הנק' מל' כידוע וכדבר אחד חשיבי ע"י הבל הלב אבל השכל והמחשבה שמהם נובע השכל שבדבור אין ממהותם כלל במהו' הדבור שהרי מהות הדבור הוא הבל גשמי או הבל רוחני אבל לא מהות שכל או מחשבה ומכ"ש רצון כו' אמנם עכ"ז אנו רואים שבלתי השכל והרצון לא ימצא מציאות הדבור מהבל הלב כלל כי לא ידע מה לדבר והרי סיבת המשכ' הבל הלב מקו' הדבור אינו אלא ע"פ השכל והרצון גם באופן פרטי המשכו כו' ועכ"ז אין ממהות השכל והרצון בלב כלל ואין זה כ"א שהשכל והרצון והמדות חו"ג המה מאירים בבחי' מקיף על הבל הלב הנק' חזה ולא בבחי' או"פ וידוע פי' או"מ ואו"פ שכאשר יהיה השגה ותפיס' לאדם באיזה דבר שכל תקרא הלבשה ששכל האדם מלביש לדבר החכמה והחכמה מתלבשת בשכל האדם כי השגה והלבשה ענין א' הוא להקרות בשם או"פ פי' שאור שפע החכ' מושגת ומולבשת בכלי המקבל כמשל המים שמונחים ומותפסים בכלי קבלה כו' אבל כאשר נעלמה החכמה משכל האדם ואינו משיגה כלל בבחי' תפיסא רק מעט מזעיר ואפס קצהו הוא משיג והעיקר שהוא עומק השכל נעלם ולא יוכל להשיגו ה"ז בבחי' מקיף עליו ואינו מלובש בשכלו כלל כו' ועד"ז יובן גם כאן שכח"ב וחו"ג שבהבל הלב המה בבחי' או"מ פי' בלתי התלבשות כלל שאין הלב מלביש אותם רק מרחוק מאירים וממשיכים סיבת המשכת הבל הלב עפ"י אופני' פרטיי' כפי הרצון והשכל כו' משא"כ הבל הלב בדבור הרי מהותו מלובש ממש בהבל הדבור בבחי' או"פ וד"ל וזהו שאמר בה"ח המקיפים וגם הפנימי' דכח"ב וחו"ג עד ת"ת דז"א המה דאתי עלה על העשירי דבעשור כו' בבחי' מקיפים כי אין התלבשות המ"ל לז"א אלא עד הת"ת שבחזה שלו כידוע וד"ל · ועד"ז גם בפרטיות בה' יומין דז"א מיו"כ עד סכות חסד שבחסד שבו וחסד דגבו' שבו עד חסד דהוד שבו הנק' חמישאה ג"כ מתכנסים עלי' בבחינת מקיף ביסוד והאי חמישאה פי' ההוד וכו' וד"ל :

ובהאי יומא מלכא בתרעא יתיב כו' פי' כי הרי ידוע דיסוד אימא מסתיים בחזה דז"א ואולידת כו' וענין התרעא הוא פתח ההולדה שאם הבנים מולד' שאנו רואים שבהיות ההשכלה עדיין במוח לא יולד עדיין שום מדה אהבה או שנאה כלל רק החסדים מכוסים ונעלמים ביסוד אימא שהוא התקשרות המושכל כידוע וכשמסתיים בחז' והבל הלב דהיינו שנרגש השכל בהבל הלב ממש כענין הלב שומע כו' אז נפתח פתח השכל להמציא ונמנו מציאת אהבה ממש כו' והנה שכל זה שהוא נורגש בלב ממנו הוא מוחין של המד' הנק' חב"ד דז"א כי השכל בעצמו אינו בגדר וסוג הולדת אהבה כלל כידוע וזהו בחמישאה שבו כניסת כל החסדים המקיפים בת"ת דז"א כו' אז מלכא בתרעא יתיב פי' מלכא הוא חב"ד דז"א בתרעא ביסוד אימא יתיב שנפתח ממנו הולדת מוחי' בשבילו ככ"ל · וגם יש לפרש מלכא הוא אבא שיושב בפתח האהל דבינה דהיינו להוליד ע"י שערי בינה כמו שמזכיר בסמוך והכל ענין א' שהוא גלוי החסדים על הת"ת והמ"ל אך אינם מתלבשים בבחי' או"פ אלא המה בבחי' או"מ אבל עכ"ז מאירים הם והוא ענין הסכך דאימא עילאה סוככת על בנין כו' וד"ל· ואחר כל הנ"ל יובן שרש ענין הסכות בהיות מבואר למעלה דעד יו"כ הוא עלי' הנוק' כו' ובסכות הוא בבינה מהחסדי' כו' והענין הוא דביו"כ הוא תשוב' עילאה ברעותא דלבא דוקא שהוא בחי' עליי' הנשמה והסתלקות' להכלל ולהדבק במקור חוצבה ונפשטת מעצמותה לגמרי והוא ע"י ה' צלותי' בקולות הבל הלב (כמ"ש בת"א) ובזאת עולה היא למעלה הרבה גם ממקור חוצבה שהוא הבל הלב מאחר שע"י רעותא דלבא מסתלק הבל הלב עד למעלה עוד והוא בבחי' פנימיות בינה הנק' יובלא עילאה חירות מכולא כו' ומיו"כ ואילך יורדת לה השפע ממקום שעלתה לפי ערך העליי' כו' ועד"ז בנשמה הכללית בחי' מ"ל דאצי' בעלותה ביו"כ כו' חוזר ויורד לה השפע כללית בשביל כל העולמות שמקבלי' ממנה והיינו החתימ' שבנעילה על כל השנה ירידת שפע לכל א' כפי ערכו לנשמה אלקי' ליהנות מזיו השכינה בכל ימות השנה ולמלאכים היראה כו' ולחיצוניות העולמות חצוניות השפע לפי ערכם עד עולם העשי' השפל בהשפעה גשמיות ממש בבני חיי ומזוני עושר וכבוד וכדומה כו' וכל עיקר אופן מדידת ירידת השפעתם תלוי' באופן העליי' למעלה אם עלו בתשובה יותר עמוקה מנקוד' הלב יהיה הירידה ממקום הנעל' ביותר ויוכל להמשך למטה ביותר בתוספות ברכה כידוע שכל היותר נעלה יוכל לירד יותר מטה כו' וד"ל :

וזהו ענין סכות שהוא בבחי' חצוניות בינה אימא עילאה סוככת על בנין כו' שהוא הירידה מן החסדים עליוני' בת"ל דאצי' כדי שתתן טרף לביתה נשמות ומלאכים וחצוניות העולמות לפי ערך העלי' שעלתה ביוה"כ כו' וד"ל ונמצא מובן ששרש ענין הסכות עם יו"כ א' הוא אלא שזה בעליי' וזה בירידה אמנם מ"מ סכות גבוה במדריגה יותר מאחר שיכולי' החסדים המקיפים להתלבש בסכך מזה נראה

ששרש

שרשם יותר נעלה מטעם הידוע הנ"ל שכל היותר נעלה ירד למטה יותר כו' ולהבין שרש הענין גם להבין הטעם שנק' סכות זמן שמחתנו כו' יובן עד"מ אב שיש לו בן יחיד חביב ונחמד לו מכל אשר לו כו' ויצא הבן למרחקים וסבל גלות רב במצור ומצוק גדול ונשתהא זמן רב בדרך עד שמאד נגע ללבו ריחוקו מאביו זמן רב כ"כ ולהיות בצער ועוני גדול כזה כו' וגם לאביו היקר לו מאד וכלת' נפשו בדאגתו על בנו כו' הנה כשנתעורר הבן לשוב אל אביו הי' זה בתשוק' נפלאה מאד מחמת המצור ומצוק וגם מחמת רבוי הזמן כו' וכשבא לפני אביו גם באביו תגדל העונג הנפלא ביותר בראותו אותו ותחי רוחו ממש כו' כי לפי הצער שקיבל עד הנה מהעדר הבן כו' כן לפי ערך יגדל העונג בראותו בנו החביב כו' ונמצא שבסיבת הפלאת העונג אינו לפי ערך האהבה כלל אלא מפני עוצם הצער שקיבל בתחלה כו' וכן אצל הבן עוצם התשוקה להתראות לפני אביו אינו לפי ערך אהבתו אל אביו אלא מחמת העדר כו' ועד"ז ממש יובן למעלה בהיות שהנשמה פרטי' באדם ירדה מאד במצור ומצוק בחיות גשמי וגופני להתענג בעונג גופני החומרי מאד לזאת בעלותה לה' ביו"כ בתשובה עילאה כנ"ל מתוך עוצם הריחוק הקדוש ומתוך גודל המצור ומצוק תכלה נפשו לצאת מנרתק הגופני בתשובה נפלאה שלא לפי ערך עצמות אהבתה לה' כו' וגם בעלות' לפני ה' מתוך שנתרחקה זה זמן רב כ"כ בגופה והיא נחשבת ברתא דמלכא כידוע לזאת יתענג בה בעונג נפלא ויומשך עלי' מעולם התענוג העליון כו' בבחי' מקיפים כי לא תוכל להשיג אותו העונג מאחר שאינו לפי ערך עצם האהבה כו' וד"ל :

ועד"ז יובן ג"כ בכנסיה הכללי' בחי' מ"ל דאצי' שירדה בסתר המדריגות להחיות רוח שפלים דבי"ע ותתן טרף לביתה כו' ויונקים גם החיצונים ממנה משיורי הרפ"ח נצוצין שנפלו ונתערב בהם רע כו' ובעלותה בבחי' תשובה עילאה מר"ה עד יו"כ נפשטת מכל פסולת שיש בעה"ד טו"ר כו' ומפני גודל הגלות שהיה לה תחלה תהי' עלייתה במקום הנעלה מאבל הלב כנ"ל והיינו עד בחי' פנימיות בינה כו' כי עיקר התשובה בפנימית הלב כנ"ל ואז גם מלמעלה יומשך עלי' בבחי' מקיפים דעונג העליון דהיינו בחי' פנימיות עתיק כידוע ובסכות יורד אותו עונג העליון למטה מטה עד שמתלבש בחצוניות בינה דוקא ועד"מ הידוע שבהשגה ותפיסת השכל בהגשמה קצת יורגש העומק שבשכל יותר משישכיל השכל בדקות ההבנה וד"ל וזהו הטעם שנק' סכות זמן שמחתנו כי אם הבנים שמחה פי' אימא עילאה שביו"כ הי' בה העונג העליון בהעלם עתה בסכות דסוכה' על בנין כנ"ל אותו העונג עצמו הוא שורה בה בגלוי יותר והוא הנק' שמחה כידוע דעונג ושמחה הכל א' הוא אלא שהשמחה הוא גלוי העונג מתוך העלמו כו' וד"ל והיינו שנק' הסכך

צילא דמהימנותא פי' מהימנותא הן מקיפים די"ם והצל הוא התגשמות המקיפי' כשמתלבשים בסכך או ענני הכבוד וכדומה כמו עד"מ הצל הגשמי מגופו של דבר אע"פ שהצל אינו מציאות דבר האציל כלל אבל עכ"ז דוגמתו ממש הוא כמ"כ בסכך יש דוגמת המקיפי' דחצוניות בינה כו' וע"ז אמר תיבו אושפיזין עילאין פי' האורות מקיפים שבסכך שבאים בהלבשה משא"כ כאשר עונג העליון עדיין לא בא לידי התלבשו' כלל והוא ביו"כ כו' ועכ"ז סכות גבוה במדריגה כי כאשר יכול לבא בהלבשה כו' מוכרח שגם בשרשו העונג יותר נעלה כנ"ל וד"ל:

ובזה יובן טעם הע' פרים דחג שמקבלים גם הע' שרים יניק' מן המ"ל להיות כי גבר חסדו בבחי' הלבשה בחצוניות בינה ע"כ גם הרחוקים יקבלו שפע כי כל הפושט יד נותנין לו וכו' וזהו הללו את ה' כל גוים כו' כי גבר עלינו חסדו ואמת ה' שבנעילה נמשך לעולם כו' (וכמ"ש במ"א) וד"ל ועכ"ז יובן כללות ענין חדש זה שבנין המ"ל בכללות בחדש זה הוא רק מחו"ג אך מר"ה עד יו"כ נבנית במדת הדין כו' ומיו"כ והילך עד ש"ע נגמר בנינה בחסדים פנימי' ומקיפי' כו' להיו' כי באמת בחי' המ"ל למצוא גדול הוא לגבי עצמות אור המאציל כי אין ערוך כלל לנברא עם הבורא כידוע ושיתפוך במדה זו יהיה תחלה עליית המד' בעצמות עדיין לעוררה ואז הוא למצוא לגבי הנבראי' והיינו ר"ה וי"כ כו' ואח"כ חוזרת להתפשט בבנינה בחסדים כדי להחיות מאין ליש כו' וד"ל · והנה בכל הנ"ל יובן ענין שמחת בית השואבה וגם ענין ניסוך המים ע"ג המזבח כו' בהיות מבואר למעלה ענין השמחה דסכות שבסכך מלובש חיצוניות המקיפים דעונג העליון כו' ובלולב הוא יורד מז"א לנוק' כו' וזהו ג"כ השמחה שבניסוך היין ע"ג המזבח כי שמחת היין הוא בבחי' גבורות דאימא יין המשמח אלקים כו' פי' שהרי יוצא העונג הנעל' לידי גלוי לחוץ ע"י היין המשמח כידוע וגם בדרך זה יובן שמזבח עילא' הוא בינה שבמ"ל והיין משמחה ע"י הניסוך כדי להיות גלוי עונג העליון בה וזה היה עיקר השמחה אמנם להיות כי גבורו' דבינה מינה דינין מתערין פי' דידוע דיין תחלתו רך וסופו קשה שהרי יוכל להיות משתכר מתנו בסופו הכעס והרוגז הגם שתחילתו הוא נמתק ע"י היין המשמחו בחסדים רבים כו' לזאת היתה כונת ניסוך המים ע"ג המזבח כדי להמתיק גבורות דאימא בחסדים דאבא כו' וביאור הדבר ידוע להיות כי בזאת יתרון מעלת החכ' על הבינה שהחכמה נק' יוד והבינה ה"א וההפרש ביניהם שהיו"ד קרוב יותר לאי"ן וה"א רחוקה יותר וגם שעל שניהם נאמר להנחיל אוהבי יש כמ"ש בליקוטי' דקנה חכמ' וקנה בינה הן יש בגימט' דיש ב' פעמים קנה כו' כי גם הח"כ נחשבת ליש ודבר כשנמשכ' מאין וכמ"ש והחכמ' מאין תמצא והחצי יתגש

השכל

השכל ליש והחצי השני יחשב להבנת השכל וממקור א' נבקעו לב' חצאין שוין וכנראה בחוש בקנה הלב שנמשכין בו מוחין דחו"ב שבמוח כו' וד"ל עכ"ז הח"כ יותר לאין יחשב מן הבינה כמו שנראה בחוש בבאר המעיין הנובע שידוע דנביעות המעיין יקרא ח"כ וקבילת המים בבאר נק' בינה והרי המעיין נביעתו בלתי הפסק לעולם כמקור מוצאו ממים שבתהום שאין להם סוף כו' ומי הבאר נפסקים הם כו' וה"ז הוראה שהמעיין הוא בחי' אין יותר וגם בדבר אחר ניכר שהוא בחי' אין יותר כי הרי אנו רואי' יציאת המעיין הנובע הוא מן ההעלם זה אין כי מתחת לארץ פתאום נגלה נביעתו מבלתי נודע מהיכן הוא נובע ונמשך וה"ז כמו יש מאין כו' משא"כ המשכת הנהר שנראית ההמשכה ממקורו כו' וע"כ הח"כ נק' יו"ד ג"כ כמו נקודת היוד שבא מהעלם הלובן פתאום כו' משא"כ התפשטות הה"א לאורך ורוחב שאין זה התחדשות יש מאין אלא יש מיש כי מנקודת היו"ד המשיכוהו לאורך ורוחב לבד כו' וד"ל · וזה הי' ענין ניסוך המים בכד הח"כ פי' לשאוב מקור הח"כ שהוא בחי' אין ממש כמשל המעיין הנובע או כמו היוד כנ"ל וזהו שנק' שמחת בית השואבה כששואב מן מקור המעיין הנעלם כו' כי לקחו המי' ממעין שהיה בבהמ"ק הנק' מי השילוח שהיה הילוכו בלאט ונחת בתכלית הבטול במקורו בחי' אין ובכד שאבו ממנו לנסך ע"ג המזבח והוא המשכת בחי' ביטול דאין שבח"כ כדי לקרר ולהמתיק גבורת דיין שע"ג המזבח שהיה מתלהב ועולה בשלהבת רשפי אש הסתלקות כו' מלמט' למעלה אבל ניסוך המים דמ"ה שבח"כ הי' נמשך מלמעלה למט' מבחי' האי"ן לי"ש דבינה כדי לקרר הדינין דמתערין מינה בסופה הנ"ל ועי"ז השמחה יותר מתקיימת כי ידוע דהקרירות בחכמה דווקא ולהיות כי יכול להיות הכעס והדין מסיבת הגבורות דאימא ויתהפך השמחה ליגון ח"ו לכך נמשך בה הקרירות דח"כ להיות מתקיימת בשמחה וטוב לבב ולא ירגז ויתכעס כי הח"כ דאבא ממתיקה בבחי' הביטול דאי"ן שהוא היפוך היש דהתלהבות הבינה (כידוע ומבוא' בת"א בארוכ') וד"ל · ולזה הטעם אין המעיין צריך להיות מ' סאה כי מפני בחי' אי"ן שבו מטהר בכל שהוא משא"כ במקוה שהיא יש צ"ל בה ד' יודין דמ' סאה כו' וד"ל :

וע"פ המבואר למעלה דבחי' פנימיות דעונג העליון הוא שיורד ונמשך ביו"כ וסכות מטעם הנ"ל יובן ג"כ שרש הדברים הנ"ל ע"פ האזינו השמים כו' מה דשאלה כנס"י שלא כהוגן ויבוא כגשם לנו והקב"ה השיבם כהוגן אהי' כטל כו' להיו' כי אמרז"ל כטל דלא מעצר שא"א לעול' בלא טל ואליהו שאמר אם יהי' טל כ"א לפי דברי שלא כהוגן אמר כו' ביאור הדבר הוא שאנו רואים הטל בתכלית הדקו' עד שהמים כגשמית ממש יחשבו לנגדו מפני שהטל הוא מקור מוצא המים דהיינו כאשר יתגשם הטל יהי' למים וקודם שיתגשם הוא הדקות של המים כמו שהן קודם התגשמותם כלומר הלחלוחית שלהן בלבד ולהיות כן יש בטבעו ליתן בארץ תוספות כח לחלוחית האדים שמהם יתגשמו העבים בלילה הנק' רסיסי לילה כידוע ועל כן לא פסיק לעלמין כי א"א לעולם בלעדי הטל כלל משא"כ במטר שירוה הארץ ותוליד ותצמיח יהי' בזה שינויי' לברכה או להיפוך אבל כשלא יהיה הטל המלחלח הארץ לא יתקיי' העול' כלל וכו' ולפ"ז מוכרח לומר שגם בשרש דשרש מציא' הטל גבוה מאוד נעלה הוא בעצמותו ומהותו עד שלא יהי' בו שינויים כלל בין שיהי' העולם ראוי אליו או אם לא יהי' העולם ראוי אליו אעפ"כ ירד ואין חובת העולם וזכותם נוגעי' אליו כלל עד שמסיבתם משתנ' לפעמים כך ופעמים כך כדרך הגשמי' וד"ל ועד"ז יובן בטל הרוחני למעלה הנק' בזהר טלא דבדולחא שהוא בחי' מו"ס עצמו למעלה מהזלת מזלות שנוטפין ממנו לחו"ב במזל הא' והי"ג והיינו ונוצ' ונקה כמ"ש למעלה כו' דלא פסיק לעלמין וא"א לעולם הנאצלים בלעדו כלל כי הוא מקור מוצ' בחי' הלחלוחית דח"כ שרש כל האצי' דהיינו שגם בחי' האין דח"כ ממזל ונוצר דבי' אחיד אבא כו' אינו יורד אלא כדוגמת ירידת הגשמים ולפעמים כך ופעמי' כך אבל בחי' הטלא דבדולחא ירידתו בשביל התהוות מציאות הלחלוחי' דח"כ אין בו שינויי' כלל בין שיגברו העונות בין שיגברו הזכיות לא פסיק לעלמין כי כמו שהמצוה והזכות אינו נוגע לעצמותו מפני ששרש המצו' הוא בחיצוניות ח"ס דא"א כמ"ש יערוף כמטר וכנ"ל באריכות כמ"כ העונות המבדילים לא יבדילו השפע ממנו כי אין להם ערוך והשתוות כלל עמו עד שישתנה שפע ירידתו מחמתם מפני שהוא בבחי' פנימי' העונג כו' אלא שיורד ומתגשם כו' וזהו ביו"כ וסכות שיורד מעצמו בלתי סיבת העלאת מ"ן (כלומר מצד עצם האהבה כו' אלא מפני המרחק שהי' בתחלה גם הוא מֵרחוק נראה כו') עד שהמקיפי' דסכות המה רק אפס קצהו כי מה שיורד מפסול' הטל הזה יהי' ממנו תחיי' המתים וכמ"ש הקיצו ורננו שוכני עפר כי טל אורות כו' וכל העוסק בתורה טל תורה מחייהו כי בחכמה עיק' התלבשותו כמ"ש למעל' וזהו שהשיב' כהוגן אהי' כטל לישראל דלא פסיק לעלמין ומצד עצמו כו' וד"ל :

להבין שרש ענין הלולב ומיניו הנה כתיב ולקחתם לכם פרי עץ הדר וכפת תמרים וענף עץ עבות כו׳ · הנה ידוע בדרז״ל שהאתרוג נק׳ פרי עץ הדר מפני שדר באילנו משנה לשנה כו׳ ולהבין זה יש להקדים תחילה בענין סיבת התחלקות הנבראים בטבעיים שונים זה מזה שאין א׳ דומה לחבירו כלל כמו גם בשכליים נבדלים אין א׳ דומה לחבירו זה שכלו נוטה כלפי חסד וזה שכלו נוטה כלפי דין מפני שינוי מהות טבעם וכך הוא עד רום המעלות יש ריבוי התחלקו׳ מדריגת מלאכים ונשמות בכל עולם לאין שיעור וכ״ז מפני ששרשי השפעת והמשכת האור נמשך מע״ס דאצי׳ בבי״ע והע״ס באים בהתחלקות מדריגות שונות מאד כי כל ספי׳ כלולה מעשר ומתחלקת לכמה רבבות מדרגות כידוע כמו גבו׳ שבחסד שבנלח שבחסד וכה״ג והיינו מפני ריבוי ההתכללות של הע״ס וע״ז בכמה רבבות מדרגות שונות לאין שיעור כמ״ש בת״א ולזה הטע׳ גם למטה מטה בחלקי דצח״ס הגשמיי׳ יש התחלקו׳ מינים שונים לאין מספר שהרי גם בכל צמח מין א׳ מתחלק הצומח כמו פירות שטעמיהם משוני׳ יש פירות חמוצי׳ ויש פירות מתוקים לפי שזה שרשו מבחי׳ הגבורות וזה שרשו מבחי׳ החסדים וכן יש עשבים שממיתים ויש שמרפאים כו׳ וכמ״כ בחלק החי אין א׳ דומה לחבירו גם במין א׳ כו׳ וכן בחלק המדבר אין א׳ דומה לחבירו כו׳ ובכללות גידול דצח״ס שע״פ כל האדמה הוא מבחי׳ התכללות חו״ג כמ״ש עוד כל ימי הארץ קיץ וחורף קור וחום יום ולילה לא ישבותו כו׳ שכל גידול הצומח תלוי באופני מזיגת הקור והחום בקיץ וחורף או ביום ולילה שהוא בחי׳ התכללות חו״ג כידוע · וכידוע שיש צמחים רבים שגדלים דוקא נגד החמה וכמ״ש וממגד תבואת שמש ויש צמחים רבים שגדלים דוקא מן הלבנה כמ״ש וממגד גרש ירחים ובוודאי הם כמעט ב׳ הפכים שאלו גדלים מן החום של השמש ביום ואלו גדלים מקור הלבנה בלילה ומסתמא לאותן שגדלים מן החום יזיק להם הקור ואותן שגדלים בקור יזיק להם החום אך האתרוג הוא משונה מכל הצמחים הגדלים מקור וחום דימי הארץ בקיץ וחורף יום ולילה כנ״ל · שהרי האתרוג נק׳ פרי עץ הדר לפי שהוא דר באילנו משנה לשנה כידוע והיינו שמתעכב באילן שהוא גדל בו שנה תמימה ובשנה תמימה כבר חלפו עליו כל שינויי העתים דקיץ וחורף קור וחום דשמש ולבנה ביום ובלילה ולא הזיקו שינויי עתים האלו לפרי האתרוג כלל מפני שטבעו לסבול ב׳ הפכים דקור וחום ע״כ הוא דר באילנו משנה לשנה ומתקיים וא״כ בהכרח לומר ששרשו למעלה מעלה במקום ומדרגה עליונה הרוחניות המגדלת אותם שהוא ג״כ בחי׳ ומדרגה שסובלת כל ההפכים דחו״ג שהן כמו קור וחום כידוע ולפ״ז גם שרש הראשון דאתרוג בבחי׳ עולם האצי׳ שכלול גם הוא מדצח״ס כידו׳ הרי הוא ג״כ בחי׳ ומדרגה הסובלת כל ההפכים דחו״ג העליונים שנק׳ ימי הארץ העליונה מדת יום ומדת לילה כו׳ והוא בחי׳ מ״ל דאצי׳ שמקבלת מכל המדות עליונות גם מב׳ הפכי׳ חו״ג וו״ש לרמז על אתרוג העליון שמפני זה נק׳ פרי עץ הדר לפי שדר באילנו משנ׳ לשנה (פי׳ עץ הדר הוא בחי׳ ז״א דאצי׳ כמ״ש כי האדם עץ השדה והדר הוא יסוד ובחי׳ המ״ל גדל בו ונכללת עמו וזהו שדר באילנו שמקבל משינויי למיחה בקור וחום משנה לשנה)·אך הנה יש להבין בעיקר הענין למה יש בטבע האתרוג לקבל ולסבול שני הפכי׳ כמו קור וחום כו׳ אם מפני בחי׳ התכללו׳ חו״ג בו הרי גם כל ימי הארץ בקור וחום הוא עפ״י בחי׳ התכללו׳ מזיגו׳ שונות בשרשן למעלה בע״ס כנ״ל ואעפ״כ נחלקו זמני טבעי הקור והחום זה לבדו וזה לבדו בין יום ללילה וקיץ וחורף ושנויי אלה הזמני׳ מזיקים לכל בריא׳ מפני שהמה הפכיי׳ וא״כ למה האתרוג יקבל ויסבול ב׳ הפכים דקור וחום כו׳ · והנה התירוץ לזה יש להקדים תחלה בשרש ענין ההתכללו׳ דע״ס בשרשן מאיזה סיבה היא דהנה נודע דשרש בחי׳ ההתכללו׳ דע״ס ובפרט בב׳ הפכי׳ חו״ג הוא בא מצד בחי׳ המשכ׳ אור העליון אשר נעלה משני ההפכים ע״כ יתבטלו מציאות׳ ויתכללו עד״מ ב׳ שרים מנגדי׳ שבאי׳ לפני המלך שמתבטלין ממציאות׳ ויתחברו לדיעה א׳ ממש (דהיינו שכל א׳ סובל דעת חבירו ההפכי אבל לא שנתבטל ממהותו להיו׳ במהות הפכי) והיינו מפני בחי׳ אימת גדולת ורוממות המלך שמאיר עליהם שנעלה מהם הרבה שעי״ז מתבטלים כו׳ וכן הוא למעל׳ במיכאל וגבריאל שבעול׳ הבריאה שנק׳ שר של אש ושר של מים ואינן מכבין זא״ז כמ״ש עושה שלום במרומיו כו׳ מפני שמאיר עליהם מבחי׳ מ״ל דבריא׳ (אבל באצי׳ בחי׳ ההתכללות דחו״ג הוא יותר אמיתי דהיינו שמתכללי׳ ממש כמו שידוע דאור החסד מאיר בכלי הגבו׳ ואור הגבורה בכלי החסד כו׳ מפני הארת הקו והחוט כו׳ כמ״ש בת״א) ועד״ז בבחי׳ חו״ג דאצי׳ מתכללי׳ ב׳ הפכי׳ מפני הארת א״ס שבקו כו׳ בהארה נעלה יותר מכפי המדה שנמדד בהמשכת האורות וכלים דע״ס ע״פ מאמר קו המדה עי״ז מתכללים והיו לאחדים ממש וזהו כגוונא דאינון מתייחדין לעילא כו׳ וכידוע (והיינו ע״י אור שם מ״ה דחכמה שהוא בחי׳ הביטול כו׳ כמ״ש בת״א) ונמצא שיש אור העליון דא״ס הנעל׳ מכל ההפכים שע״י הארתו מתכללי׳ כל ההפכים וכמ״כ יש למטה בחי׳ ומדרג׳ במקבל השפע מבחי׳ האורות העליונים שיוכל לסבול ולקבל כל אורות ההפכי׳ דחו״ג והיא בחי׳ המ״ל דכתי׳ בה כל הנחלים הולכים אל הים כו׳ לפי שנעוץ סופן בתחילתן בא״ס שבכתר שהוא למעלה מכל האורו׳ ההפכי׳ כמ״ש אני ראשון ואני אחרון כו׳ וכידוע והיינו ג״כ שרש בחי׳ האתרוג למעל׳ מה שיוכל לקבל כל ההפכי׳ דקור וחו׳ להיות

שרש

שרשו באור העליון שלמעל מבחי' ההתכללו' ומזיגו' במדות שנחלקו לחלקים ואופנים שונים כמו קור וחום יום ולילה למטה כנ"ל ע"כ לא יזיק לו שינויי העתים של השפעות המדות חו"ג כו' (וא"כ אין טעם סבלנות זאת דקור וחום מפני שכלולי' בו יחד חו"ג אלא כמו מים ואש שאין מכבין זא"ז כנ"ל מפני הארת אור העליון משניהם כו' וזה יש גם בחו"ג דאצי' וא"כ מה יתרון מעלה יש במל' שהוא האתרוג שדר באילנו כו') אך הענין הוא שאין סבלנות זאת בקבלת השפע מב' הפכי' כמו סבלנות דב' הפכי' עצמו בבא עליהם האור העליון אעפ"י שנעשו לאחדי' ממש כמו באצי' כנ"ל שאינו רק מחמת כח האור העליון שמאיר עליה' בלבד אבל סבלנות המקבל ב' הפכים הוא מפני שבשרשו הוא למעלה מהם לגמרי דהיינו באו' העליון עצמו שלמעלה מב' ההפכי' וזהו מפני שנעוץ תחלתן ממש בסופן וסופן בתחילתן דהיינו שהכתר הוא המ"ל והמ"ל הוא הכתר כמאמר כתר מלכו' דאיהו כתר עליון והוא משום דבאור חוזר המ"ל נק' כתר כו' משא"כ הארת הכתר בב' הפכי' חו"ג ע"י שם מ"ה הגם שעושה בהם בחי' התכללות אין ההתכללות עצמו' כמו באור הכתר עצמו להיות' למעלה מהם כו' וד"ל · ובכל זה יובן מה שאמרו השבטי' ליעקב כשם שאין בלבך אלא אחד כך אין בלבנו אלא אחד דהנה ידוע שיעקב הי' בחיר האבות ובזה נק' שלימו דאבהן והענין הוא כי שרש בחי' אברהם בחי' החסד שהוא האהבה כמ"ש אברהם אוהבי (ופי' אוהבי זהו פועל יוצא דהיינו ע"ד שארז"ל שיהא ש"ש מתאהב על ידיך דהיינו בחי' המשכת חסד ואהבה עליונה מעצמות המאציל והוא בחי' חסד דא"א שהוא מקור קו הימין חח"ן דאצי' וכמ"כ שרש יצחק בבחי' גבורה דא"א מקור קו השמאל בג"ה דאצי' וכמ"ש אני בינה לי גבורה כו' כידוע בפי' אלקי אברהם ואלקי יצחק כו' שמקורם הוא בבחי' חג"ת דע"י וא"א כו') וכמ"ש אלקי אבי אברהם ופחד יצחק הי' לי פי' אלקי אבי הוא מקור החכמה שנק' אבי והוא בחי' רב חסד עליון שבכתר שנק' אלקי אבי (וכמו ארמי אובד אבי) והוא ה' דהגדול מקור קו הימין חח"ן כו' ופחד יצחק הוא ה' דהגבור מקור בחי' הגבור' שבקו השמאל כו' והנה מקור בחי' חו"ג שנק' אלקי אבי אברהם ופחד יצחק הכל היה נכלל בבחי' יעקב כמ"ש אלקי אבי כו' אבי דייקא ופחד יצחק הי' לי לי דוקא להיות כי שרש בחי' יעקב הוא בקו האמצעי דת"י שכלול מב' הקוין מבחי' אברהם ויצחק ונק' בריח התיכון כנודע ע"כ כל המשכו' ומקור הקוין כולם נמשכי' ונכללי' בקו האמצעי המחברם וכוללם יחד והוא ענין וי"ו דוהנורא מפני שבוי"ו זה הוא בחי' גלוי עצמות הא"ס שבפנימיו' אור הכתר שלמעלה הרבה מבחי' המשכת האור בבחי' חו"ג שבכתר מקור הקוין דאצי' וכאשר מתגלה הארה שלמעלה מב' הפכי' מתבטלים ונכללים כא' כנ"ל בענין עושה השלום בין מיכאל וגבריאל בעולם הבריאה כו' וכמו בבחי' יחודא תתאה דבריא' כך הוא בבחי' יחודא עילאה דנאציל בנאצלים כנ"ל בענין האתרוג וד"ל · וזה שאמרו השבטים שהן בעולם הבריאה (ונק' שבט עד"מ שבטי האילן שעולים מלמטה למעלה בחי' נוק' וז"ש ששם עלו שבטים כו' כמ"ש במ"א) ונק' י"ב גבולי אלכסון כי ששה מדות כפולי' המה כידוע וכמו בחי' הג' קווין דאצי' שמתאחדי' למעל' ביעקב שהוא בריח התיכון מצד הארת א"ס בהאר' נעל' כו' כנ"ל והיינו כשם שאין בלבך אלא א' בחי' אחדות פשוט דא"ס שמאיר בת"ת שלימו דאבהן חו"ג כנ"ל כך אין בלבנו בחי' ת"ת דמ"ל דאצי' בבריאה אלא אחד בחי' יחודא תתאה שדומה לבחי' יח"ע כמ"ש כגוונ' דאינון מתייחדין לעילא אוף הכי ממש איהי אתייחדת לתתא בכורסייא שהוא עולם הבריא' ואע"פ שנק' י"ב גבולי אלכסון בכלל או ע' נפש יוצאי ירך יעקב בפרט ומסתעפים לס' רבוא בפרטות יותר עכ"ז אינו נק' ענפי' מתפרדין ח"ו אלא כולם מתאחדים ומתכללים כא' ממש מצד בחי' הביטול בהארת א"ס שבמ"ל כענין עושה השלום במרומיו הנ"ל וז"ש ע' נפש ל' יחיד הגם שהם ע' אינו רק כמו נפש א' ממש משא"כ בעלמא דפרודא כמו בעשו כתי' נפשות עשו לשון רבים כמ"ש ומשם יפרד ונק' ענפין מתפרדין כידוע וד"ל:

והנה אחר שנתבאר למעלה בשרש בחי' האתרוג למעלה שהוא רק בחי' היחוד וההתכללות הנק' אחדות והוא במה שהאתרוג מקבל מכל שינויי עתים ההפכים דקור וחום כנ"ל ככה יובן ג"כ בענין הלולב ומיניו הדס וערבה שהוא ג"כ רק בחי' היחוד וההתכללות שנק' אחדות דהנה אנו רואים שהאילן שנק' דקל שהוא הנק' תמר וכמ"ש כפת תמרים הוא מובדל מכל שאר האילנות שבעולם בדבר א' והוא בגידול ענפי האילן שבכל האילנות כל ענפיהן יוצאי' מפורדי' זה מזה זה לכאן וזה לכאן כי כך הוא גידולם שזה הענף יוצא גידולו לצד זה וזה יוצא לצד אחר וכל א' מתגדל בריחוק מזולתו בלתי מתחבר בו כלל וא"א בשום אופן לחבר הענפים יחד כי זה נוטה התפשטותו לצד הימין במקורן וזה לצד שמאל ביותר כו' אבל ענפי האילן שנק' דקל ותמר שהוא הנק' לולב הרי אנו רואים שענפיו גדלים באחדות ובאחוה זע"ז דהיינו שכל א' יוצא גידולו בדבוק לחבירו זע"ז ובהתאחדות גדולה עד שכולם מיוחדים כגוף א' (כי כולם גדלין לצד א' בלתי נטיה לימין ושמאל כלל והוא מפני שדרתו של לולב שמגדל העלין כלפי מעלה ומדובקים עליו בלתי מתפרדים ממנו כלל והיינו לולב לו לב כו' כמ"ש במ"א באריכות) וכ"ז מורה בחי' היחוד וההתכללות שנק' אחדות היפך בחי' הפירוד שנק' ענפין מתפרדין כנ"ל וד"ל וכמ"כ במיני הלולב שהוא ההדס שנק' ענף עץ עבות וארז"ל שענפיו

חופין את עליו כו׳ דהיינו דוקא תלתא בחד קינא כו׳ וא׳ עולה ומכסה על שנים שהוא רק בחי׳ היחוד והחיבור להתחבר כולן יחד שלא יהי׳ פירוד בין הדבקים כלל וכלל וכמ״כ הערבה שנק׳ ערבי נחל שגדלים על המים ונק׳ אחוונה מפני שגדלים באחוו׳ (כדפרש״י בשבת ע״פ והאח לפניו מבוערת ואמרו מאי והאח אחוונא והוא הערבה שנק׳ אחוונא לפי שגדלים באחוה והוא ממדרשי רז״ל) וא״כ הרי אנו רואים בגשמיות הד׳ מינים הללו בלולב ומיניו שכולם הוא רק בבחי׳ האחדות והחיבור היפך בחי׳ הפירוד והיינו כדי לעורר בזה למעלה ג״כ בחי׳ האחדות שהוא בחי׳ היחוד העליון בע״ס דאצי׳ בבחי׳ יח״ע ע״י הלולב ומיניו באמצעו׳ הנענועים שמנענע הלולב לששה קצוות מזרח ומערב כו׳ כידוע דהנה ע״י הלולב מתחבר ומתאחד בחי׳ ו״ק העליונים שנק׳ לב וזהו לולב לו לב כידוע וכמ״ש במ״א. וענין הנענועים בלולב ומיניו לו״ק מזרח ומערב כו׳ היינו ענין המשכת בחי׳ אין מהארת א״ס בע״ס דאצי׳ כדי שעי״ז יתחברו כל ההפכים (והוא ע״י שדרתו של לולב שנק׳ בריח התיכון) וכמבואר למעלה בשרש בחי׳ סיבת היחוד וההתכללות מכל ההפכים כמו מזרח ומערב או ימין ושמאל כמו לפון ודרום וכיוצא שהוא ע״י הארת אור עליון מכולם כו׳ שעי״ז נמשך בחי׳ ביטול וכלי ההפכי׳ עד שמתאחדים ומתכללים והיו לאחדים ממש וכנ״ל בענין וי״ו דוהגורא כו׳ היינו בחי׳ המשכ׳ אין שע״י הנענועים דלולב בפרט לכל צד למזרח ולמערב ולצפון ולדרום כו׳ שהוא להמשיך בחי׳ אין שהוא בחי׳ הביטול מצד הארת עצמות הא״ס שבקו האמצעי כו׳ לכל ספי׳ ומדה מבחי׳ ו״ק העליונות וכמ״ש לך ה׳ הגדולה והגבורה כו׳ ועל ידי זה מתחברים ומתאחדים כולם יחד והיו לאחדים ממש על דרך הנ״ל כשם שאין בלבך אלא אחד כו׳ וד״ל · אך כ״ז הוא ענין ובחי׳ ההולכה של הנענועים שבלולב שהוא מוליך מלמטה כלפי מעלה לכל צד כמו למזרח מוליך הלולב בנענוע מגביהו כלפי מעלה לצד מזרח וכמ״כ למעלה ולצפון כו׳ אבל בחי׳ ההובאות הוא בחי׳ ההמשכות מלמעלה למטה דהיינו אל הלב כמו שידוע דלאחר שהוליך בנענוע את הלולב כלפי מעלה לצד מזרח חוזר ומושיכו ומביאו משם אל הלב למטה וכן בכל נענוע בכל צדדי הקצוות והענין הוא כדי להמשיך כללות בחי׳ היחוד הנ״ל אל הלב שהוא מקור הדבור כידוע ששרש הדבור נמשך מהבל הלב שהוא הקול כי מן המוח מתפשט בלב בחי׳ חיות רוחני דרך הקנה כמ״ש קנה חכמה כו׳ ומן הלב יוצא לריאה ומן הריאה דרך הקנה עולה לגרון שהוא מוצא הדבור הכללי כו׳ ונמצא מהבל הלב נמשך שרש הדבור (והוא בחי׳ נקבה נקב ה׳ בחזה דז״א כמ״ש במ״א) ושם נמשכים כל המדות והמוחי׳ שבהם שבבחי׳ ו״ק דז״א הנ״ל וזהו ענין ההובאות שבלולב שהוא בבחי׳ המשכות עליונות מו״ק דז״א שכלול בלולב בבחי׳ האחדות וההתכללות כנ״ל שיתגלו בדבור העליון שמקומו ושרשו בחזה הלב ע״כ כל ההובאות בנענועים מלמעלה למטה לכל צד מצדדי הקצוות מזרח ודרום כו׳ הוא דווקא אל הלב והוא מ״ש בפע״ח בשער הלולב שכל עיקר ענין הנענועים דלולב הוא להמשיך דעת לנוק׳ דז״א שעומדת בחזה כו׳ וכמ״ש במ״א באריכות · והנה כתיב ולקחתם לכם פרי עץ הדר וכפת תמרים כו׳ ושמחתם לפני ה׳ כו׳ דמשמע שזה שנק׳ חג הסכות זמן שמחתנו הוא ע״י נטילת הלולב ומיניו כי הנה ידוע ההפרש בין שבת ליו״ט בכלל הוא שמצות השבת הוא בתענוג דוקא כמ״ש וקראת לשבת עונג כו׳ אז תתענג על הויה כו׳ אבל ביו״ט עיקר המצוה בשמחה ולא בתענוג כמ״ש ושמחת בחגיך כו׳ וההפרש בין תענוג לשמחה ידוע שהתענוג הוא בעצם הנפש ממש מצד עצמותו כמו תענוג השביתה מן המלאכה כאשר שכלו טרוד מתחלה לעיין היטיב ביגיעה רבה באיכות טיב המלאכה ששכלו מושפל ומצומצם בזה בבחי׳ ירידה מעצמותו ע״כ כשפוסק מלעיין הוא בחי׳ התענוג במה שמתעלה שכלו אל עצמותו וזהו עולת שבת כו׳ כמ״ש כי בו שבת כו׳ ומאחר דבראשית נמי מאמר הוא שהיא בחי׳ החכמה המלובש בעשר מאמרות כידוע שהוא עיקר בחי׳ השבת והוא בחי׳ מוחין דאבא שנק׳ קדש כמ״ש ושמרתם את השבת כי קדש היא לכם כי ששת ימים עשה כו׳ וביום השביעי שבת לה׳ וכו׳ וע״כ אין השבת נקרא מקרא קדש אלא קדש עצמו מטעם הנ״ל אבל יו״ט נקרא מקרא של קדש דהיינו מבחי׳ הקריאה וההמשכה בקדש העליון כו׳ והענין הוא כי הרי היו״ט אל בימי החול שהם מקבלים מו׳ יומי׳ עילאין דכתיב ששת ימים עשה ה׳ כו׳ שהוא בחי׳ ו״ק דז״א שנשפלי׳ בבחי׳ ירידה מהחכמה עד״ת הנ״ל בענין עסק המלאכה ששכלו מצומצם בה כך בחי׳ חכמה עילאה מצומצם במדות העליונות שהן שרשי ששת ימי החול אך ביו״ט נמשך הארה א׳ מבחי׳ החכמה בבחי׳ גילוי מן ההעל׳ העצמות דקדש העליון דחכמה ונעשה גם יום חול בחי׳ קדש ונק׳ מקרא קדש שנמשך בו קדוש׳ העצמי׳ ונתלבש בו והוא ענין ובחי׳ שמחה שביו״ט שהוא בחי׳ גילוי העליון וקדש העליון דשבת הוא בחי׳ התענוג מצד עצמות כנ״ל כי התענוג בעצמותו כמו מחמת השביתה הרי הוא בהעלם עצמותו בלתי התגלות כלל אבל השמחה מגלה המצפון וההעלם של אור התענוג שבחכמה שנק׳ קדש עצמו כנ״ל ואז גם יום חול שמצומצם בו מצד מבחי׳ החכמה נק׳ גם הוא קדוש כנ״ל וד״ל · והנה עד״מ עני שנתעשר פתאום שמפני ריחוק ערך העושר ממנו כל ימיו כשנתעשר שמח בשמחה נגלי׳ מאד משא״כ העשיר שהוא תמיד בעושר גם כשנתעשר יותר אינו שמח בהתפעלות שמחה נגלית כלל והטעם השני כי בעשיר התענוג הוא תענוג תמידי ותענוג תמידי אינו תענוג כ״כ משא״כ שמחת העני כשנתעשר שהוא

תענוג

תענוג הבא לעתים רחוקים כמו שישמח באורח אורב ועשיר גדול הבא פתאום כו' ובב' טעמי' אלו יובן ג"כ המשל בענין ההפרש בין שבת ליו"ט הנ"ל דבחי' התענוג שבשבת בבחי' קדש עצמו אינו בא בהתגלות כלל כי בחי' תענוג זה עצמו הוא מלך בחי' עצמותו כנ"ל וכמו עד"מ העשיר בהתענגו בעשרו כנ"ל אבל בחי' הקדושה שנמשך בא' מימי החול ביו"ט מפני ב' טעמים הנ"ל במשל העני שמתעשר שמח בהתגלות כך הוא בחי' השמחה ביו"ט א' מפני העדר האור בחכמה עילאה בבחי' עונג הנעלם מימות החול כאשר בא פתאום אור גדול זה בגילוי הוא ענין השמחה והב' מפני שאינו תמידי אלא לפרקים רחוקים כמו ג' רגלים פסח ושבועות כו' וד"ל. אך צ"ל למטה בחי' כלים להיות ע"י בחי' גילוי המשכת שמח' העליונה מבחי' קדש העליון והוא ההפרש בין כל רגל לרגל כמו בפסח בחי' המשכה זאת שנק' מקרא קדש ובחי' שמחה הנ"ל הוא ע"י מצות אכילת מצה פסח וספור יצ"מ ובשבועות ע"י מ"ת אשר פב"פ דיבר ה' כו' עי"ז נמשך בחי' השמחה בכל שנה באותו יום שהיה מ"ת גם כשהוא חל בא' מימות החול כנ"ל ובחג הסוכות נמשך המשכה זאת שנק' מקראי קדש ובחי' שמחה ע"י נטילת לולב ומיניו וסכך הסוכה וכמ"ש ולקחתם לכם פרי עץ כו' ושמחתם לפני ה' כו' מפני שע"י נטילת לולב ומיניו נמשך בחי' אין דאא"ס שבחכמה בחי' מ"ה לכל ספי' ומדה דו"ק דזו"נ כנ"ל באריכות וע"י הסוכה נמשך בחי' מקיפים שנק' אושפיזין עלאין כידוע ועי"ז דוקא נמשך בחי' מקרא קדש שהוא להיות בחי' גילוי שמחה הנ"ל ונק' זמן שמחתנו כו' וד"ל. ומעתה י"ל שרש ענין שמ"ע דבשמ"ע הוא בחי' קליטה כו' דהנה עד"מ בגשמיות יש חילוקים הרבה במינים הצומחי' מן הארץ שיש הרבה מינים שגדלים וצומחין ונגמרי' במעט זמן מאד כי לתכלית גידולן יספוק זמן מועט ויש הרבה מינים שלא יספיק זמן מועט לתכלית גידולן אלא זמן רב כמו באילנות הרי האזוב אשר בקיר גידולו במעט זמן בלילה אחת והוא תכלית הקטנות בצמח האילן והירקות וזמן גידולם ל' יום וכך יש הרבה מינים שזמן גידול' מתעכב יותר עד שיש אילנות ופירות שמתעכב זמן גידולם זמן רב ביותר כמו אילן התמר שעולה לתכלית גידולו לע' שנה כמארז"ל ע"פ צדיק כתמר יפרח כו' מה תמר עולה לע' שנה כו' וכמ"כ הארז הגדול אשר בלבנון וכיוצא בזה יש הרבה חילוקים בגידול התבואה שזו גידולה במעט זמן וזו גידולה בזמן רב וכמו שהגידול הוא באריכות זמן ומיעוטו כן הזריעה שקוד' הגידול והצמיחה יש שהזריעה נקלטת במעט זמן ואינה מתעכבת הרבה בארץ ובמעט זמן יוגמר כח קליטתה בארץ ויתלבש בה כח הצומח להצמיחה ולהוציאה בגילוי לחוץ ויש שהזריעה מתעכבת הרבה בארץ באריכות הזמן מאד עד שתצמיח הגם שנקלטה מיד

עכ"ז מתעכבת לאחר הקליטה ומונחת בארץ זמן רב עד שיתלבש בה כח הצומח להצמיחה ובזה יש הרבה חילוקים במיני התבואות ואילנות ופירות וכל פרטי מיני הצומח כידוע אך זה הכלל עפ"י הרוב בכל מיני הצומח דכל שהזריעה מתעכבת זמן רב יותר בארץ אזי תעלה יותר צמיחת הזרע למעלה בגידול רב ובאיכות הטוב והבריאות ביותר (אבל סיבת עכוב הזריעה אינו מכריח סיבת עיכוב הגידול ברוב המיני' שהרי יש פירות ותבואות שעיכובן רב בארץ וצמיחתן מהרה ויש להיפך רק האד' עיכובו בבטן ט' חדשים וגידולו בתכלי' לע' שנה כו') וכן הוא בגשמיות גופו של אדם (וגם אור נפשו שמתעכב בבטן אמו בשהיי' ט"ח דוקא אז נק' ולד של קיימא בריא וחזק אבל כל שאינו מתעכב ט"ח רק ששה או ז"ח אינו נק' בר קיימא דהיינו שאינו בריא וחזק כ"כ אלא חלוש בטבעו הרי כל ששהה יותר בעיבור יצמח תולדתו בטוב יותר איכותו ומהותו כו' (ומ"ש כי האדם עץ השדה היינו כמו תמר שעולה לע' שנה כך תכלית גידולו בגדלות המוחי' הוא לע' שנה) ובכל זה יובן הדוגמא למעלה בשרש תולדות הנשמות בבחי' בטן הנוק' שהוא בשמ"ע דוקא שאז זמן בחי' קליטת אור הזרוע לצדיק כו' ביחוד זו"נ ובשביעי של פסח הוא זמן הלידה כידוע הרי העכוב בבחי' עיבור זמן רב כזה עד ז' של פסח כדי שיהיה בחי' הצמיחה שהוא בחי' הלידה של הנשמות במעלה ומדרגה יותר עליונה ואם היה בחי' הלידה מיד אחר הקליטה לא היה בחי' תוקף אור וחיות אלקי בנשמות כלל וכידוע בענין מ"ש אליהו חי ה' אשר עמדתי לפניו פי' עמדתי ענין עיכוב שנתעכב ועמד הרבה כי שרש נשמתו בבטן הנוק' נתעכבה בבחי' עיבור זמן רב יותר מכל הנשמות וכידוע שיש עיבור ז' חדשים ועיבור ט"ח ועיבור יב"ח כמו ההוא דאשתהי כו' וכמ"ש בע"ח וע"כ היתה נשמת אליהו במעלה יותר עליונה במה שגם גופו עלה למרום וכן חנוך שנאמר בו ואיננו כו' לפי שנשרש בו בחי' הארה האלקית ביותר בהיותו בבטן המ"ל בזמן רב כו' (ולהיפך יש נשמות שנקר' נפל כמו אימתי אתי בר נפלי כו' שלא נתעכבו כל זמן העיבור הראוי כו') ואע"פ שנקלטו בבחי' קליטה כראוי אבל צריכי' להתעכב זמן רב אחר הקליטה כנ"ל במשל גידול הפירות והאילנות והתבואות שכל שהזריעה מתעכב' יותר בארץ תגדל יותר באיכות רב טובו כו' וכן בזמן הגידול כל שגידולו מתעכב זמן יותר יגדל יותר למעל' כמו התמר והארז כמ"ש צדיק כתמר יפרח כו' (וכנ"ל במשל בפרטו' יובן ג"כ בפרטו' במיני גידול וצמיחה בבחי' ארץ העליונ' כו') ובזה יובן ג"כ טעם ענין נטילת לולב ואתרוג קודם שמ"ע דוקא כי הלולב הוא התמר שעול' לע' שנה והיינו מ"ש צדיק כתמר יפרח כו' שנתעכב זמן רב ביותר עד שבא לתכלי' גידולו (וטעם ע' שנה הוא

נגד ז׳ מדות שכל א׳ כלולה מעשר וכמ״ש בת״א מענין ראב״ע שאמר הריני כבן ע׳ שנה כו׳ והיינו ג״כ כארז בלבנון שהוא תכלית גידול המדות בבחי׳ המוחין דגדלות במקור החכמה כמ״ש בת״א) והוא ענין בחי׳ נטילת לולב להמשיך בחי׳ יחו״ע דעצמות אא״ס בו״ק כו׳ כנ״ל באריכו׳ (וגם בחי׳ האתרוג שהוא הנק׳ פרי עץ הדר מפני שדר באילנו משנה לשנה דוקא הרי מתעכב באילנו שנה תמימה שרומז לבחי׳ המ״ל שכמו שהנשמות כלולי׳ בה בבחי׳ עיבור יב״ח כו׳ כך האתרוג דר באילנו שנק׳ עץ הדר יב״ח כו׳) ועי״ז בחי׳ הקליטה בשמ״ע ביחוד זו״נ שהן למעלה שרשי המולידי׳ לנשמות יומשך בהם ג״כ אור נאחי המתקיים כי כח המוליד בדומה לו כו׳ (וגם להיות שהנשמות הן בציור אדם אדמה לעליון כידוע ע״כ כל מיני הלולב הן בבחי׳ היחוד וההתכללות כנ״ל) וזהו ולקחתם לכם פרי עץ הדר וכפת תמרים כו׳ לכם דוקא בשבילכ׳ מטעם הנ״ל וד״ל וזהו וביום השמיני עצרת תהיה לכם עצרת לשון קליטה כמו ועוצר רחם כו׳ והקליטה הוא לכם לנשמות ישראל דוקא ששרשם בעצמות אא״ס שלפני ההשתלשלות דע״ס דאבי״ע כמאמר ישראל עלה במחשבה כו׳ כידוע רק שירדו בירידת המדרגה מעצמות המאציל מעילה לעילה עד בחי׳ מ״ל דאבי׳ ששם מתעכבים ומשתהים בבטן הנוק׳ בבחי׳ עיבור והוא משמ״ע עד ז׳ של פסח שאז בחי׳ הלידה מטעם הנ״ל כדי שיהא התולדה בגילוי אור גדול במעלה ביותר כל שההסתר מתעכב יותר וזהו ענין קי״ס שהפך ים ליבשה בז׳ של פסח שהוא בחי׳ הלידה כידוע וענין קי״ס מבואר בת״א שהיה גילוי אור גדול במעלה יותר מכל ההשתלשלות מאחר שהפך ים ליבשה שהוא מעלמא דאתכסיא נעשה בחי׳ גילוי וכאשר ההעלם נעשה גילוי עד רום המעלו׳ מוכרח שהאיר אור גדול מבחי׳ ההעלם והגילוי והוא מעצמו׳ אא״ס דקמיה כחשכה כאורה בחי׳ חשך סתרו נעשה גילוי אור כו׳ וכמ״ש בת״א (וגם הגליות נק׳ עיבור כידוע וגלות זה האחרון שמתעכב זמן רב כ״כ מפני שהאור שיתגלה בזמן המ״ה ועה״ב הוא אור גדול במעלה ביותר וז״ש עד יעבור כו׳ אותיות עיבור ולזה אמרו כל שאינו בהסתר פנים אינו מהם והסתר פנים שבגלות האחרון שמתעכב זמן רב כ״כ עי״ז יהיה בחי׳ הארת פנים לעתיד במעלה עליונה יותר מבזמן בית ראשון ושני וכו׳ וכידוע וד״ל):

להבין ענין הלולב ומיניו ונענועיו הנה מבואר בת״ח בדרך קצרה תוכן כוונות נענועים דלולב שהוא להמשיך דעת לנוק׳ דז״א העומדת בחזה ע״ש ותחילה יש לבאר שרש ענין הדעת מהו ומהו ענין המשכות הדעת לנוק׳ דהנה כתיב ואתה שלמה בני דע את אלקי אביך ועבדהו כו׳ ולכאורה יש להבין שאם פי׳ של דעת כמו שסוברי׳ העולם שהוא הידיעה כפשוטו של פי׳ דעת שהוא ל׳ ידיעה א״כ היה צריך דוד ללמד את שלמה בנו ידיעה תחילה ומתילא הי׳ יודע ולמה אמר ל׳ ציווי לבד דע כו׳ דמשמע שדבר זה תלוי בשלמה לבד ואחר שצריך ללמוד עד שידעו את ה׳ אין זה תלוי בשלמה אלא הי׳ צריך להודיע לו הידיעה הזאת ומה מועיל הציווי מבלי ידיעה בתחילה לשמוע ולהבין לכן צ״ל שפי׳ דעת אינו לשון ידיע׳ לבד אלא כמו והאדם ידע שאינו ענין ידיעה אלא הכרה בהתפעלות והתפשטות השכל וכמו ידע שור קונהו וכמ״ש רק אתכם ידעתי כו׳ שכל אלה ענין הכרה בהתפעלות והתפשטות השכל וכמארז״ל אין התינוק יודע לקרות אבא כו׳ וכיוצא בזה · ולהבין ביאור ענין ההכר׳ שהוא בדעת דוקא דוגמא כזאת מצינו באברהם שאמרז״ל במדרש בן ג׳ שנה הכיר כו׳ כי תרח אביו עבד לשמש ולירח וקודם שהכיר לבורא האמיתי הי׳ עובד גם הוא לשמש ולירח אך הנה עבודתו הי׳ בהתפעלות גדולה אשר בדעת כי הי׳ סבור לדעתו שהשמש הוא הבורא ונתפעל בדעת זה כל היום ולא הי׳ נשכח מאתו כלל ולא הי׳ מחשבתו קשור׳ רק בדבר זה והוא הנק׳ דעת היפך השכחה כי השכח׳ באה דוקא מהיסח הדעת כידוע אבל כל זמן שהדעת מאיר א״א להיות שכחה כלל וע״כ מיד שהבין אברהם שאין השמש בורא אלא נברא ברואתו ששקעה השמש כדברז״ל והכיר וידע לבורא האמיתי הנה בכח דעת זה הראשון עבד לבורא האמיתי שהוא שלא נשכח ממנו כלל כל היום ולא כמו תרח שגם בעבדו לשמש לא נתפעל כל היום ומזה יש הוראה גמורה שהתפעלות שכלי׳ אף שאין ההשכלה רק ענין א׳ אם התפעלות שכלי׳ זאת מתפשטת בתמידות בלי הפסק הוא הנק׳ הכרה והוא הנק׳ דעת ולא ידיעת המושכל בלבד ע״ד דוגמ׳ יובן מידיעת השור את קונהו שמפני שמכירו הוא נמשך אחריו בהתפעלו׳ תמידי׳ וכן הבן שיודע לקרות אבא שנמשך אחריו מצד התפעלות הדעת שהרי קודם שיש לו דעת אין לו התפעלות זאת במוחו ועד״ז ענין והאדם ידע לשון הכרה בבחי׳ התפעלו׳ שבמוח דוקא כידוע וכמו שאין קישוי אלא לדעת שבמוח דוקא · וכיוצא בכל אלה יובן ג״כ שרש פי׳ הדעת באלקות שאינו ענין הידיעה לבד אלא דוקא ענין הכרה והתפעלו׳ השגה עד שנמשך תמיד אח״ז ולזה הפי׳ אין הכרח לומר בפי׳ דע את אלקי כו׳ ענין הידיעה לבד אלא ר״ל ענין הכר׳ בהתפעלות השכל אף שאין השכל רק דבר א׳ והוא שהוא בורא את הכל מאין ליש וכיוצא ובזה כבר מתורץ קושיא הנ״ל למה אמר לשון ציווי הי׳ לו ללמדו ידיעה זו תחילה כי לפי שפי׳ דעת זה הוא בחי׳ הכר׳ בשכל א׳ בהתפעלות תמידי א״כ שייך ע״ז דוק׳ הציווי ולא הלימוד וע״כ הוזהרנו ג״כ השמר פן תשכח שהוא ענין א׳ ממש עם ציווי והזהר׳

זאת

זאת דדע את אלקי כו' כי השכח' אינה באה רק מהיסח הדעת שהוא העדר התפשטות המוח ואחר שמוזהר על הדעת ממילא אין שכחה וכן אם מוזהר על השכחה כו' א"כ הרי הוא אינו מסיח דעת מפני שמקיים ציווי דדע את אלקי כו' אלא שמצות הדעת היא מ"ע כמ"ש וידעת היום וכו' אתה הראת לדעת וכיוצא כתובים רבים והשכחה היא ל"ת דכל השמר פן כו' אבל מ"מ עניינם א' כנ"ל והמופת לזה מתה שאינו בחסר כח הדעת שהתפעלות כח השכל יופסק בו ולא יתקיים אורו בו כמו נשים שדעתן קלות שהוא הפסק כח השכל להתפעו' לדבר המתנגד לשכל וכן קטנים נוחים להתפתות מיד ומפני שאין להם דעת ע"כ אין הקטן בר עונשין לפי שאין לו מחשב' שהוא בחי' דעת הנ"ל וע"כ עיק' מוחין דקטנות הוא בחי' השכחה ועיקר מוחין דגדלות הוא הדעת וכ"ז הוא הוראה על פי' דעת שהוא תוקף כח השכל בהתפעלות והתפשטות יתירה . והנה כל הנ"ל בפי' דעת למטה יובן מזה הנמשל למעלה כמ"ש במ"ח בכוונו' לולב שהוא להמשיך בחי' הדעת לנוק' לפי שנשי' דעתן קלות אך תחיל' יש להבין ענין נוק' דז"א העומדת בחזה דז"א דהנה כתי' בדבר ה' שמים נעשו וידוע שהו' התהוות כל פרטי העולמו' והמלאכי' דבי"ע שהכל נמשכו מבחי' דיבו' העליון וכמ"ש בס"י וקבען בפה שהוא יוד מאמרות בכלל וכמ"ש ויאמר אלקי' יהי אור וכידוע בדרז"ל שגם המלאכי' מיכאל וגבריאל נבראו מבחי' דבור העליון שביו"ד מאמרות וכמ"ש ועוף יעופף עוף זה מיכאל כו' ועד"מ הדבור שבאדם התחתון הרי אנו רואים שכח הדבור שבפה תלוי בהבל הלב שהוא בחזה הלב כי נקב יש בחזה הלב שמשם הבל הלב יוצא לפה ומשם נמשך כח הדבור והמופת לזה נראה בחוש שכאשר לב האדם שמח אז יתפשט כח הדיבור בהתרחבות יותר מפני שלבו מוליא הבל לכן כשהלב שמח שאז הבל החזה בבחי' התפשטות דוקא אז יוצא גם כח הדיבור בהתרחבות משא"כ אם הלב עלב ורגז וכיוצא שהבל הלב נתכווץ ומתקבץ אין הבל הלב בוקע בנקב החזה ונתמעט כח הדבור ואינו מתפשט כ"כ וא"כ יובן שעיקר כח התפשטות הדבור נמשך מהבל הלב שיוצא מנקב שבחזה וכמ"כ יובן בדוגמא למעלה בבחי' מל' דאצי' שנק' דבור העליון כמו היו"ד מאמרות הנה נק' ג"כ בחי' נוקבא דז"א כידוע דבחי' ז"א הוא בחי' מדות דאצי' שנק' לב העליון ובחי' החזה דז"א הוא עד"מ מהבל הלב שבחזה הלב דאדם התחתון וע"כ נק' המ"ל נקבה נקב ה' כמ"ש בע"ח דכתר נוק' דבוק בחזה דז"א והוא כמשל כח הדבור שמתפשט מהחזה דוקא וכח הדבור נק' כתר דנוק' ונק' ג"כ רוח ממללא שהוא בחי' מדבר שלמעלה מבחי' דבור וכמ"ש במ"א וזהו ג"כ מ"ש במ"ח דנוק' דז"א עומדת בחזה דז"א שהוא כדי לקבל אור וכח חיות המוחין להיות דבר ה' מהוה הכל מאין ליש בלי הפסק כו' וד"ל:

ועתה יש להבין ענין המשכת הדעת לנוק' דז"א הנ"ל העומדת בחזה דז"א כנ"ל דהנה פי' בזה"ק ע"פ ולילה ללילה יחוה דעת יחי' מבע"ל שוי"ו זה דיחוה הוא בחי' המשכת הדעת למלאכים וכל הנבראים שבג' עולמות בי"ע כי הנה ידוע שכל הנבראים מקבלים מבחי' המ"ל שהוא בחי' דבור העליון אך זהו רק התהוותן מאין ליש לבד כמ"ש בדבר ה' שמים נעשו כו' כנ"ל אבל בחי' התפעלות שלהם בבחי' ביטול והשתחוויה ממשיכים כמ"ש וצבא השמים כו' לשון הוה שתמיד משתחוים וכמ"ש השמים מספרים שהוא שתמיד מספרים הנה זה נמשך בהם בבחי' המשכה פנימיות מבחי' הנ"ל מקור חוצבם שהוא בחי' הדעת הנמשך בכאו"א לפום שיעורא דילי' וכנ"ל בפי' ענין הדעת שהוא בחי' התפעלות שכליית התמידית דוקא וא"כ אם לא הי' נמשך למלאכים שפע אור בחי' הדעת הזה בתמידות לא הי' התפעלותם בתמידות אלא שמוכרח לומר שנשפע ונמשך להם בחי' הדעת בתמידות וע"כ התפעלות' בביטול תמידי וז"ש ולילה לליל' יחוה דעת שהם ע"ס דמ"ל שמאירי' בעולמות להמשיך להם דעת למשנ"ת בזהר וז"ש ג"כ ובדעת חדרי' ימלאו כל הון יקר ופי' בזהר שהן אדרין עילאין שהם מלאכים עליונים כידוע. והנה עתה יש להבין מהיכן נמלא אור הדעת במ"ל דאצי' עצמה שהוא מקור כל הנבראים להמשיך להם דעת אחר שנק' בשם נוק' ונשים דעתן קלות ואין בהם בחי' הדעת בשלימות כמו בזכרי' דכתיב והאדם ידע וכיוצא והרי כתיב גם בלא דעת נפש לא טוב כו' וד"ל . אך הנה יובן ע"ד הנ"ל בבחי' המשכ' הדע' מבחי' מ"ל בעולמות כך נמשך בחי' הדעת למ"ל מבחי' ז"א וזהו כל עיק' ענין כוונות הנענועים דלולב בחזה דז"א ששם עומדת בחי' נוק' וכו' כדי להמשיך משם דעת לנוק' כמ"ש במ"ח . וביאור הדברים הנה תחלה יש להבין בכללות ענין הנענוע לוי"ו רוחות דוקא מזרח מערב כו' מעלה מטה כי ידוע דבחי' המדות דז"א הן חג"ת נה"י וכאו"א כלול מזולתו כמו החסד כלול מהגבורה ונק' גבור' שבחסד והוא עד"מ מירידות גשמים ששרשן גשמי נדבה של חסד וברכה וכמ"ש גשם נדבות תניף ונק' גשמי ברכה והן יורדין בגבורה פי' בגבורה בבחי' צמצום והוא מה שמתחלקין לטיפין טיפין וזה הצמצום בהתחלקו' הוא שירוה את הארץ ותוליד ותצמיח ואם הי' יורד בשטף הי' מבול על הארץ וכידוע אם כן זה הצמצום נק' גבורה שבחסד להיות עיקרה בבחי' חסד להשפיע רק כדי שיוכל החסד לבא בארץ מוכרח להתצמצם להלקים כמ"ש במ"א או עד"מ הרב שמשפיע שכל לתינו' במיעוט דברי' כדי שיוכל לקבל שזה המיעוט והצמצום הוא לטובתו שיוכל לקבל השכל שאם ירבה לו דברים יתבלבל לגמרי או עד"מ כשנותנים

מאכל לתינוק שמתמעטין ומצמצמין אכילתו שלא יוזק וחסד הוא עושה עמו במה שממעט ומונע ממנו המאכל וכיוצא בזה וכך יובן למעלה בבחי' חסד עליון שיש בחי' גבורה שבחסד למעט ולצמצם אור החסד שאינו לצורך מצד מדה"ד והעונש אלא אדרבה בשביל חסד וברכה ונק' גבורות ממותקות בחסדים כידוע וכמ"כ בהיפך בחי' חסד שבגבור' שהוא מדה"ד והעונש נק' גבורה אך שכלול מבחי' חסד והוא למעט העונש ושיבא בדרךחסד וכמ"ש בסנהדרין והשמיע ה' את הוד קולו שקול זה הי' גילוי חסד עליון אך נשרפו ונענשו מחמתו הגם שבא בדרך חסד או כמו שמשלם לשונאיו אל פניו להאבידו שמשלם לע' שרים רב טוב וחסד כדי להאביד' בזה שנמצא הדין והעונש בא ע"י החסד וכן אם רעב שונאך האכילהו כו' וכיוצא בזה למעלה בחי' אשר שלט האדם באדם כו' וכמ"ש במ"א וד"ל. והנה עד"ז יש בחי' התכללות בכל מדה ומדה שבז"א דאצי' אך כדי שיהי' התכללות בכל מדה צריך שיהיה ע"י בחי' ממוצע הכוללם יחד והוא אור הדעת המתפשט בכל המדות כידוע כמו כאשר צ"ל בחי' התכללות הגבורה במדת החסד הנה הוא בא ע"י מדת הדעת דוקא הכוללם יחד וכן בהתכללות מדת החסד במדת הגבור' הוא ע"י הדעת כי הדעת הוא מתפשט בכל מדה בפרט וע"כ אינו נמנה עם ו' מדות חג"ת נה"י וכמו שכללות התכללותן הוא ג"כ בדעת כידוע שהדעת כולל חו"ג בעצמו כך כל פרטי התכללות שבכל מדה הוא ע"י הדעת והוא שרש ענין המשכת הדעת לו"ו רוחות מזרח ומערב כו' ע"י נענועים שבלולב כי בבחי' החזה דז"א הן בחי' ו"ק דז"א שהן חג"ת נה"י ונק' ג"כ ו"ק מזרח מערב כו' כמ"ש הנה מקום אתי וכמ"ש בפרד"ס דדרום הוא בחי' חסד ולפון הוא בחי' גבור' ומזרח ת"ת ומעלה ומטה הם נו"ה ויסוד במערב שסם שקיעת השמש כמ"ש ובא השמש כו' ולכך השכינה במערב לקבל משקיעות אור השמש וצריך להמשיך בחי' הדעת בכל מדה שהוא לכל רוח שבו"ק הראשון לדרום שהוא אור החסד כדי שיוכל להיות בו בחי' התכללות ע"י הדעת כנ"ל והב' לצפון בחי' הגבורה והג' למזרח בת"ת והד' והה' בנצח והוד שהוא מעלה ומטה והמשכה זו באה ע"י הנענוע דוקא כי שרש בחי' הלולב לו לב פי' שהמ"ל הנק' לב הנה עומדת בחזה דז"א שהם ו' מדות כלולי' כאו"א מו' שעולה מספר ל"ו והמשכת של בחי' דעת דז"א נמשך תחלה לו"ק דז"א שהוא בחג"ת דילי' ע"י ג' נענועים שמנענע בכל צד כי הטעם לג' נענועים דוקא להיות כי בחי' הדעת הוא הממוצע ג"כ בין חו"ב ונכללו בו הארת חו"ב יחד וכמ"ש במ"א ע"פ מאמר הזהר ע"פ יום ליום יביע אמ"ר אש מים רוח שהדעת נק' רוח כלול מאש ומים שהם חסדים דאבא וגבורות דאימא ויום ליום יביע היינו שנמשך אמר זה שהוא בחי' חב"ד בכל יום ויום בו"ק דז"א גם כאן עיקר ג' נענועים שמנענע לכל רוח הוא להמשיך כל מדה מבחי' מוח דעת ומפני שכלול חו"ב דאצי' ע"כ צריך לנענע ג' פעמים ואזי יש בחי' חב"ד בכל מדה אך עיקר המתפשט במדות הוא הדעת וחו"ב ממילא נגררים ונמשכים אחריו כי כלולים בו וע"כ עיקר הוא הנענוע הג' והנה אחר שנמשך בחי' הדעת בכל ו"ק דז"א שבחזה דילי' אז מיד נמשך מבחי' דעת זה ג"כ בנוק' דז"א שעומדת בחזה דילי' כנ"ל . וזהו פי' לולב לו לב פי' לו הן ו"ק דז"א שהן ו' רוחות ראשון לדרום כנ"ל כאו"א כלול מו' שעול' מספר ל"ו ומהם נמשך למ"ל שנק' לב וזהו שכתוב בת"ח דעיקר תוכן כוונת הנענועים דלולב הוא להמשיך דעת לנוק' דז"א ג"כ להיות כי נשים דעתן קלות כי בחי' הדעת שלהם כלול בדעת דדכורא כמ"ש בע"ח פי' חכמות בחוץ תרונ' מוחא תתאה דאתכליל במוחא עילאה וע"י המשכת הדעת ע"י נענועים דלולב בו"ק דז"א ממילא נמשך בחי' דעת לנוק' ג"כ והוא ע"י חיבור האתרוג בלולב כמ"ש בפע"ח שער הלולב וד"ל וזהו יום ליום יביע אמר בו"ק דז"א ואזי לילה ללילה שהם י"ס שבמל' יחוה דעת גם לג' עולמות דבי"ע כנ"ל באריכות וד"ל :

ועתה יש להבין שרש ענין פרטי' ד' המינים שבלולב הדס וערבה ואתרוג למה דוקא ע"י ד' המיני' הללו נמשך בחי' המשכה הנ"ל וכמ"ש ולקחתם לכם פרי עץ הדר וכפת תמרים וענף עץ עבות וערבי נחל הנה ידוע שבחי' המשכות אא"ס אינו אלא במקום בחי' היחוד דוקא היינו במקום שיש אחדות ולא במקום שיש פירוד כי בבחי' האחדות שהוא בחי' התכללות אז יוכל לשרות שם בחי' אור אא"ס למהוי אב"א אבל במקום הפירוד שהוא בחי' התחלקות לא ישכון שמה אור אחדות הפשוטה ומזה הטעם לא נחרב בית שני כ"א מפני שנאת חנם שהוא בחי' הפירוד וההתחלקות שלא ישכון שמה בחי' אא"ס מעצמות אא"ס והנה בחי' המינים הללו יש בכאו"א בחי' היחו' וההתכללות דהלולב כל עליו מתאחדי' יחד באחדו' גמור עם השדרה וכולם דבוקי' ומאוחדי' וב"ז כאלו הם גוף א' וגם ההדס עליו משולשים תלתא בחד קינא כידוע שהוא בחי' היחוד וההתכללות בג' עלין יחד וגם נק' ענף עץ עבות שענפיו חופין את העץ שהוא מורה היחוד שא' מחפה על חברו עד שנרא' כחיפוי א' כאשר כל א' עלה על גבי חבירו כידוע לכך נק' עבות וערבי נחל נק' במס' שבת גבי והאח לפניו מבוערת מאי האח אחוונא ופי' רש"י מפני שגדלי' באחוה שהוא שגדלי' בחיבור ודיבוק א' כרעים האהובים באחוה שזהו בחי' היחוד וההתכללות ג"כ ואתרוג שנק' פרי עץ הדר שדר באילנו משנה לשנ' הוא ג"כ מפני שיש בו היחוד

וההתכללות

והתכללות כי כל פרי שאינו מתקיים משנה לשנה הוא מפני שנוי העתים דקור וחום בקיץ וחורף שמתפעל מהם ואינו יכול לסבול ב' הפכי' כמו קור ואח"כ חום וע"כ יתקלקל וירקב ולא יתקיים אבל פרי האתרוג אינו מתפעל משנויים הללו דהיינו שיכול לסבול כל מיני שינויי העתים הנ"ל בעצמו ויתקיי' מפני שהוא בבחי' היחוד וההתכללו' ע"כ יסבול בעצמו כמה מיני הפכים יחד והנה ע"ד דוגמא בב"א הנה מי שהוא בבחי' יש ודבר לא יסבול רק כפי טבעו אבל מי שהוא בבחי' ביטול היש יסבול גם הפכו או כמה מיני הפכים כאסקופה הנדרסת לסבול לכל אדם והוא שאמרו לעולם יהא אדם רך כקנה ומובן מזה שסיבת הסבלנו' מכמה הפכים באה דוקא מבחי' הביטול שלא נראה ליש ודבר כלל ומזה יבא סיבת האחדות עם הכל כי הוא בחי' אין שמשים עצמו כאלו אינו והוא בחי' מ"ה כמ"ש משה ע"ה ונחנו מה כידוע ע"כ מזה הטעם לא ישכון אור אחדות הפשוט' שנק' בחי' אין האמתי רק בדבר שהוא בבחי' יחוד כנ"ל לפי שסיב' בחי' היחוד בא מבחי' ביטול כאין ובכל דבר שהוא בבחי' ביטול שמה דוקא ישכון הארת אור א"ס שנק' אין האמיתי משא"כ בבחי' יש כידוע ונמצא הכל ענין וטעם א' משום דבבחי' יש נמצא הפירוד ובבחי' ביטול כאין נמצא בחי' היחוד כו' · ע"כ נבחרו ד' מינים הללו דוקא מפני שהן בבחי' היחוד כנ"ל שהוא בבחי' ביטול ואין כנ"ל כדי שישכון ויומשך על ידן בחי' אח"פ שנק' אין האמיתי כו' וד"ל · והנה עדיין יש להבין למה דוקא במצות נטילת לולב צ"ל בדבר שהוא בחי' האחדות והביטול כנ"ל ולא בשאר מצות אך הענין כנ"ל משום דעיקר מצות נטילת לולב הוא להמשיך בחי' הדעת בנוקב' בחזה דז"א שהוא ענין לולב לו לב ומשם לנוק' דז"א שהוא האתרוג שבשיום הלולב וידוע שבחי' הדעת הוא מבחי' קו האמצעי שעולה עד הכתר לפי שהדעת כולל ב' הפכים דזעיר ונוק' וגם ב' הפכים דחו"ב שנק' או"א ע"כ בהכרח שיש בבחי' דעת מבחי' אין יותר מבכל הספי' וע"י דוקא יומשך מבחי' אין האמיתי כו' דאין הארת אין האמיתי דאור א"ס רק בבחי' אין וכמשל כח הצומח שאינו מתלבש רק כשנרקב הגרעין ובא לבחי' אין וכמ"ש בת"א וע"כ דוקא מצוה זו דלולב צ"ל בד' מינים שכולם הם בבחי' אין ואחדות כדי להמשיך מבחי' אור א"ס שורה בדעת והטעם לפרטי ד' מינים הללו דוקא מבואר בפע"ח :

ועתה יובן ג"כ הטעם למה צ"ל נטילת לולב בסוכה דוקא כי שרש ענין מצות הסכך דסוכה ומצות נטילת לולב הם ענין א' רק שע"י הסכך נמשך האור בבחי' או"מ וע"י הלולב נמשך בבחי' או"פ שהוא בחי' הדעת והענין כי כללות ענין ההמשכה הוא רק להמשיך מבחי' אין האמיתי דעצמות אור א"ס כנ"ל רק שבסכך דסוכה נמשך האור זה בהעלם בבחי' אור מקיף ובלולב נמשך בגילוי בבחי' או"פ שהוא הדעת שבו שוכן גילוי אור אין האמיתי בבחי' גילוי דאור פנימי אבל בסכך דסוכה שורה בחי' אין זה בעצמו בבחינת מקיף בהעלם וכמ"ש בזהר דהסכך נק' צילא דמהימנות' שהוא בחי' מקיפים שנק' צל וכמ"ש ה' צלך כו' · וביאור ענין המקיפים דסכך יובן עד"מ מאור השכל הנשפע לזולתו או שמתפשט במדות שבלב להתפעל באהבה מחמת ההתבוננות הנה בודאי כל עיקר השכל כמו שהוא באמיתי בעצמותו אינו נשפע בדבור לזולתו כי גם בהשגת שכל זה כמו שמשיגו במוחו אין כולו נמשך בהשגה רק בחי' החיצונית שבו אבל נקודת עומקו ותמציתו הפנימית שבו לא יושג גם בהשגה אלא נשאר הדבר על ההשגה בבחי' מקיף כדבר המובדל ומרומ' מדרגה לנעלה הימנו אבל מ"מ עומד בסמיך על ראשו כענין ורוח אלהים מרחפ' כו' נוגע ואינו נוגע וכן ענין על גוזליו ירחף נוגע ואינו נוגע והוא הנק' בחי' או"מ ששוכן על המוח בהעל' בלי גילוי והוא הנק' בחי' צל או צלם או מזל כידוע והנה בחי' או"מ הזה הוא הנק' שומר לבחי' או"פ הבא בהתגלות וטעם של הדבר הנה שמירה גשמית הוא כדי להיות לדבר הנשמר קיום נצחי' בלי ישונה טוב טעמו לעולם כמו שהיה בתחילה כקליפת הפרי שהוא שומר את הפרי שיהא לו קיום נצחי ולא יקבל שינויים לשנות טעמו הראשון וכיוצא והנה השומר שומר ג"כ מדברים המפסידים צורתו וטוב טעמו כמו הקור והחום או הגשמים או השרב שמחמתו תתקלקל הפרי ויפסיד צורתה וטעמה הראשון ונמצא השמיר' באה בב' דברי' א' שלא תפסיד ותתקלקל הפרי ותשונה מצד עצמה כשתעמוד זמן רב והב' שלא תתקלקל מדברים זרים המפסידי' ועושין שינוי לגריעותא וכיוצא בב' שמירות הללו יובן ג"כ באור השכל הנמשך בבחי' גילוי או"פ והשגה וטעם שנמשל לגודל הפרי בטוב טעמה וצ"ל בחי' שמירה לאור שכל זה שלא ישונה טוב טעמו לעולם ולא ישתנה לגריעותא בין מצד עצמו שלא יפיג טעמו הראשון ולא ימצא בו חיות וטעם שכלי כמו בעודו בשעה ראשונה כשיוצא לגילוי אור בפנים מסבירות בין מצד דברים זרים שלא יפסידו אורו כמו הקושיות והבלבולים שיבלבלו אותו עד שיכול להיות שיחזור אדם לגמרי מסברתו וטעמו שהוליד בשכל מחמת קושיות ובלבולים או מחמת טרדת ענינים זרים שנטרד בהן עד שמחמתו לא יוכל להאיר להסבירה בפנים מאירות וטוב טעם ואינו מוצא בה טעם כלל עד שחוזר בה ומודה על הפכה לגמרי ונמצא השכל משתנה לגריעותא כאלו לא היה במציאות והשומר לאור שכל זה שיהיה לו קיום נצחי מצד עצמו ולא ישתנה לחזור בו גם שלא יופסד אורו מדברים זרים הנה הוא בחי' או"מ של השכל הזה שהוא בחי' נקודת ותמצית השכל

אשר

אשר אין מאיר בבחי' גילוי גם בהשגה וע"כ לא יוכל להאיצו בדבור להתפעל מחמתו באהבה כנ"ל שכל זמן שבחי' או"מ זה שוכן בהעלם וחופף ומרחף על התגלו' אור השכל והסברא אז יהיה ודאי קיום נצחי לאור שכל וסברא זאת בלי ישונה ולא יפיג טוב טעמו לעולם לא מצד עצמו ולא מצד דברים זרים כמו הקושיות והבלבולים או טרדת עניינים זרים וכיוצא עד שאינו חוזר בו מזאת הסברא לעול' · והנמשל מכ"ז יובן למעלה ג"כ בבחי' או"מ דסכך שהוא בחי' אור השוכן בהעלם בסכך ונק' צלא דמהימנותא כמ"ש ה' צלך כו' דהנה כתיב יומם יצוה ה' חסדו ולהבין כפל היום שאמר יומם הנה בזוהר אמרו דהוא ענגא דאהרן דאזיל עם כולהו ענגין ויומין כו' פי' שהוא בחי' אור החסד המקיף ונק' ענגא דאהרן כי כל או"מ שוכן בהעלם כמו בענן ומסך וכיוצא ואור חסד זה אינו מתעבה לעולם שהוא שלא יחשך אורו לגמרי גם בירידתו למטה מטה מאד מאיר בתקפו למט' כמו למעל' ולא יחשיכו אורו כל מיני מסכים והעלמות והוא מטעם הנ"ל בבחי' או"מ דשכל שנק' שומר לשמור האו"פ שלא ישונה ולא יחשך אורו בכל מיני העלמות בקושיות וטרדות וכיוצא שהוא כמשל הירידה למטה מטה מפני שגם שם יאיר או"מ וישמרנו · וזהו בחי' או"מ דסכך דסוכה שהוא בחי' שומר לשמור כל בחי' או"פ הבא בגילוי אורות וכלים באבי"ע שלא יחשך אורם גם בירידתם למטה מטה ולא כאברהם איש החסד שיצא ממנו ישמעאל מותרות החסד וכן יצחק יצא ממנו קליפת עשו מותרות הגבורות אך מצד או"מ דסכך הרי כתיב ה' צלך על יד ימינך פי' לשמור כל בחי' קו הימין דחסד שלא יומשך לחיצונים כמו לישמעאל ועד"ז כל ז' המקיפים שבז' ימי הסכות והשמירה הוא בב' דברים א' שלא ישתנה האור מצד ירידת השתלשלות ממקור חוצבו מצד עצמו והב' מדברים זרים שלא יחשיכו אורו כנ"ל וזהו הטעם למצות נטילת לולב בסוכה דוקא כי ע"י המקיפי' דסכך הרי נשמר כל בחי' המשכות אור א"ם שנמשך ע"י הלולב בבחי' או"פ בגילוי אור הדעת שלא יחשך אורם גם בירידתם למטה מטה מאד כנ"ל והוא מפני ששרש ענין ההמשכה דסוכה ולולב א' רק שבסוכה נמשך בבחי' מקיף תחילה בשביל שמירה ואח"כ בנטול הלולב בסכך דסוכה נמשך אור זה ע"י הלולב ג"כ בבחי' או"פ שהוא בחי' גילוי הדעת כנ"ל ובכל זה יובן הטעם למצות הסכך דסוכה בפסולת גורן ויקב דוקא וגם צריך שיהיה נדבר שאינו מקבל טומאה דוקא וגידולו נגן הארץ דהנה דבר המקבל טומאה הוא מפני ששרשו מבחי' או"פ הבא בבחי' השתלשלו' ע"כ יוכלו גם החיצונים לקבל יניקה וע"כ מקבל טומא' וכמו האוכל והמשקה או הפרי או החטה וכיוצא וכל דבר שאינו מקבל טומאה כמו דבר שאינו מאכל כמו מוץ ותבן שרשו מבחי' המקיף שלמעלה מבחי' השתלשלות בבחי' או"פ שאין מזה יניקה לחיצונים ע"כ אינו מקבל טומאה ולכך צ"ל הסכך להיותו בבחי' מקיף בדבר שאינו מקבל טומאה ומה שצ"ל מפסולת גורן ויקב כנ"ל שהוא כמו המוץ והתבן הוא מטעם שהמוץ והתבן אינם מגוף החטה והשבולת רק הוא שומר לחטה ונברא לכך מתחיל' הצמיחה שלא תפסיד הפרי צורתה וטוב טעמה משינוי עתים דקור וחום וגשמים ושרב שהוא בחי' המקיף הנק' שומר שלא ישונה הו"פ כנ"ל ובסכך דסוכה צ"ל בחי' או"מ זה הנק' שומר ע"כ צ"ל בפסולת גורן ויקב במוץ ותבן ולא החטה כנ"ל וגם עכ"ז יובן ג"כ הטעם במצות אתרוג דוקא להיותו פרי שמקבל וסובל כל שינויי עתים דקור וחום כנ"ל וע"כ יתקיים משנה לשנה ונק' פרי עץ הדר ולמעל' הוא בחי' המל' שמקבל כל מיני המשכות כמו חו"ג יחד אף שהמה ב' הפכים וכמו עד"מ קור וחום דקיץ וחורף ואעפ"כ לא תשתנה צורתה לעולם וזהו שדר באילנו משנה לשנה שהוא בחי' ז"א שנק' אילנא דחיי וכמ"ש כי האדם עץ השדה וד"ל · וזהו טעם בחי' המשכות המקיפי' שבז' ימי החג שכולן נמשכין לבחי' המל' אע"פ שע"י הלולב נמשך למל' שהוא האתרוג כל המשכות הללו בבחי' או"פ אבל מתקיימין בה בלי שינוי מחמת הארת המקיפי' דסכך בתחילה כנ"ל ולכך הוא דר באילנו משנה לשנה כנ"ל ולכך המצוה באתרוג דוקא לנטילת לולב ולא בפרי אחרת וד"ל:

סדר הושענות

כל ימי הסוכות תיכף אחר הלל קודם קדיש שלם אומרים הושענות · וכן בהושענא רבא · ובכל יום מקיף את התיבה פ"א בלולב ואומרים הושענא אחת ובהו"ר מקיפים ז' פעמים ואומרים ז' הושענות וזהו סדרן ואין לחלק ולשנות סדר זה באיזה יום שחל יו"ט מימות השבוע ובשבת אין אומרים הושענות כלל:

הוֹשַׁעְנָא

לְמַעַנְךָ אֱלֹהֵינוּ הוֹשַׁעְנָא: לְמַעַנְךָ גּוֹאֲלֵנוּ הוֹשַׁעְנָא:
לְמַעַנְךָ בּוֹרְאֵנוּ הוֹשַׁעְנָא: לְמַעַנְךָ דּוֹרְשֵׁנוּ הוֹשַׁעְנָא:

למען

יום א
למען אמתך : למען בריתך : למען גדלך
ותפארתך : למען דתך : למען הודך :
למען ועודך : למען זכרך : למען חסדך : למען
טובך : למען יחודך : למען כבודך : למען
למודך : למען מלכותך : למען נצחך : למען
סודך : למען עזך : למען פארך : למען צדקתך :
למען קדשתך : למען רחמיך הרבים : למען
שכינתך : למען תהלתך : הושענא : אני והו. כהו׳
להו״ר כי אמרתי עולם חסד יבנה :

יום ב
אבן שתיה : בית הבחירה : גורן ארנן : דביר
המוצנע : הר המוריה : והר יראה : זבול
תפארתך : חנה דוד : טוב הלבנון : יפה נוף
משוש כל הארץ : כלילת יופי : לינת הצדק :
מכון לשבתך : נוה שאנן : סכת שלם : עלית
שבטים : פנת יקרת : ציון המצוינת : קדש
הקדשים : רצוף אהבה : שכינת כבודך : תל
תלפיות : הושענא : אני והו. כהו׳

יום ג להו״ר לך זרוע עם גבורה תעז ידך תרום ימינך :
אום אני חומה : ברה כחמה : גולה וסורה : דמתה
לתמר : ההרוגה עליך : ונחשבת כצאן
טבחה : זרויה בין מכעיסיה : חבוקה ודבוקה בך :
טוענת עלך : יחידה ליחדך : כבושה בגולה :
לומדת יראתך : מרטת לחי : נתונה למכים :
סובלת סבלך : עניה סוערה : פדוית טוביה : צאן
קדשים : קהלת יעקב : רשומים בשמך : שואגים
הושענא : תמוכים עליך הושענא : אני והו. כהו
להו״ר תתן אמת ליעקב חסד לאברהם :

יום ד
אדון המושיע : בלתך אין להושיע : גבור
ומושיע : דלותי ולי יהושיע : האל המושיע :
ומציל ומושיע : זועקיך תושיע : חוכיך תושיע :
טלאיך תשביע : יבול להשפיע : כל שיח
תדשא ותושיע : לגיא בל תרשיע : מגדים
תמתיק ותושיע : נשיאים להסיע : שעירים
להניע : עננים מלהמניע : פותח יד ומשביע :
צמאיך תשביע : קוראיך תושיע : רחומיך
תושיע : שוחריך תושיע : תמימך תושיע : הושענא :
אני והו. כהו׳ להו״ר נעמות בימינך נצח :

יום ה
אדם ובהמה : בשר ורוח ונשמה : גיד ועצם
וקומה : דמות וצלם ורקמה : הוד להבל
דמה : ונמשל כבהמות נדמה : זיו ותואר וקומה :
חדוש פני אדמה : טיעת עצי נשמה : יקבים
וקמה : כרמים ושקמה : לתבל המסוימה :
מטרות עוז לסימה : נשיה לקימה : שיחים
להעצימה : עדנים לעצמה : פרחים לקוממה :
צמחים לגשמה : קרים לזרמה : רביבים לשלמה :
שתיה לרוממה : תלויה על בלימה : הושענא :
אני והו. כהו׳ להו״ר יי אדנינו מה אדיר שמך בכל הארץ
אשר תנה הודך על השמים :

יום ו
אדמה מארר : בהמה ממשכלת : גורן מגזם :
דגן מדלקת : הון ממארה : ואכל
ממהומה : זית מנשל : חטה מחגב : טרף
מגובאי : יקב מילק : כרם מתולע : לקש מארבה :
מגד מצלצל : נפש מבהלה : שובע מסלעם :
עדרים מדלות : פירות משדפון : צאן מצמיתות :
קציר מקללה : רוב מרזון : שבולת מצנמון :
תבואה מחסיל : הושענא :
להו״ר צדיק יי בכל דרכיו וחסיד בכל מעשיו :

אני והו כנ״ל ולא כחולם הושיעה נא :
כהושעת אלים בלוד עמך : בצאתך לישע עמך : כן
הושענא : כהו׳ גוי ואלהים דרושים : לישע
אלהים : כ״ה : כהו׳ המון צבאות : ועמם מלאכי צבאות :
כ״ה : כהו׳ זכים מבית עבדים : חנון בידם מעבידים : כ״ה :
כהו׳ טבועים בצול גזרים : יקרך עמם מעבירים : כ״ה : כהו׳
כנה משוררת ויושע : לגוחה מצוינת ויושע : כ״ה : כהו׳
מאמר והוצאתי אתכם : נקוב והוצאתי אתכם : כ״ה : כהו׳
סובבי מזבח : עומסי ערבה להקיף מזבח : כ״ה : כהו׳ פלאי
ארון כהופשע : צער פלשת בחרון אף ונושע : כ״ה : כהו׳
קהלות בבלה שלחת : רחום למענם שולחת : כ״ה :
כהושעת שבות שבטי יעקב : תשוב ותשיב שבות
אהלי יעקב והושיעה נא :
אני והו הושיעה נא :

הושיעה את עמך וברך את נחלתך ורעם ונשאם עד עולם :
ויהיו

ויהיו דברי אלה אשר התחננתי לפני יהוה קרובים אל יהוה אלהינו יומם ולילה לעשות משפט עבדו ומשפט עמו ישראל דבר יום ביומו: למען דעת כל עמי הארץ כי יהוה הוא האלהים אין עוד:

לְהוֹשַׁעְנָא רַבָּא

אומרים ז' הושענות של כל ימי הסכות ומקיפין את התיבה בכל פעם ואח"כ אומרים למען איתן ומקיפין ג"כ:

לְמַעַן אֵיתָן הַנִּזְרַק בְּלַהַב אֵשׁ: לְמַעַן בֵּן הַנֶּעֱקַד עַל עֵצִים וָאֵשׁ: לְמַעַן גִּבּוֹר הַנֶּאֱבַק עִם שַׂר אֵשׁ: לְמַעַן דְּגָלִים נָחִיתָ בְּאוֹר וַעֲנַן אֵשׁ: לְמַעַן הוּעֲלָה לַמָּרוֹם וְנִתְעַלָּה כְּמַלְאֲכֵי אֵשׁ: לְמַעַן וְהוּא לָךְ כְּסְגָן בְּאֶרְאֵלֵּי אֵשׁ: לְמַעַן זֶבֶד דִּבְּרוֹת הַנְּתוּנוֹת מֵאֵשׁ: לְמַעַן חִפּוּי יְרִיעוֹת עֲנַן אֵשׁ: לְמַעַן טֶכֶס הַר יָרַדְתָּ עָלָיו בָּאֵשׁ: לְמַעַן יְדִידוּת בַּיִת אֲשֶׁר אָהַבְתָּ מִשְּׁמֵי אֵשׁ: לְמַעַן כָּמַהּ עַד שָׁקְעָה הָאֵשׁ: לְמַעַן לָקַח מַחְתַּת אֵשׁ וְהֵסִיר חֲרוֹן אֵשׁ: לְמַעַן מְקַנֵּא קִנְאָה גְדוֹלָה בָּאֵשׁ: לְמַעַן נָף יָדוֹ וַיֵּרְדוּ אַבְנֵי אֵשׁ: לְמַעַן שָׂם טְלֵה חָלָב כְּלִיל אֵשׁ: לְמַעַן עָמַד בַּגֹּרֶן וְנִתְרַצָּה בָּאֵשׁ: לְמַעַן פִּלֵּל בָּעֲזָרָה וְיָרְדָה הָאֵשׁ: לְמַעַן צִיר עָלָה וְנִתְעַלָּה בְּרֶכֶב וְסוּסֵי אֵשׁ: לְמַעַן קְדוֹשִׁים מוּשְׁלָכִים בָּאֵשׁ: לְמַעַן רִבּוֹא רִבְבָן חָז וְנַהֲרֵי אֵשׁ: לְמַעַן שׁוֹמְמוֹת עִירְךָ הַשְּׂרוּפָה בָּאֵשׁ: לְמַעַן תּוֹלְדוֹת אַלּוּפֵי יְהוּדָה · תָּשִׂים כְּכִיּוֹר אֵשׁ · הוֹשַׁעְנָא:

לך יהוה הגדולה והגבורה והתפארת והנצח וההוד: כי כל בשמים ובארץ לך יהוה הממלכה והמתנשא לכל לראש: והיה יהוה למלך על כל הארץ ביום ההוא יהיה יהוה אחד ושמו אחד: ובתורתך כתוב לאמר שמע ישראל יהוה אלהינו יהוה אחד: ברוך שם כבוד מלכותו לעולם ועד:

ואומרים אני והו כהושעת עד הושיעה · ואח"כ מתחילין כאן:

אֲנִי וָהוֹ הוֹשִׁיעָה נָּא:

תִּתְּנֵנוּ לְשֵׁם וְלִתְהִלָּה · תְּשִׁיתֵנוּ אַל הַחֵבֶל וְאַל הַנַּחֲלָה: תְּרוֹמְמֵנוּ לְמַעְלָה לְמָעְלָה · תְּקַבְּצֵנוּ לְבֵית הַתְּפִלָּה · תַּצִּיבֵנוּ כְּעֵץ עַל פַּלְגֵי מַיִם שְׁתוּלָה · תִּפְדֵּנוּ מִכָּל נֶגַע וּמַחֲלָה · תְּעַטְּרֵנוּ בְּאַהֲבָה כְּלוּלָה · תְּשַׂמְּחֵנוּ בְּבֵית הַתְּפִלָּה · תְּנַהֲלֵנוּ עַל מֵי מְנוּחוֹת סֶלָה: תְּמַלְּאֵנוּ חָכְמָה וְשִׂכְלָה · תַּלְבִּישֵׁנוּ עֹז וּגְדֻלָּה · תַּכְתִּירֵנוּ בְּכֶתֶר הַמְּעֻלָּה · תְּיַשְּׁרֵנוּ בְּאוֹרַח סְלוּלָה · תִּטָּעֵנוּ בְּיֹשֶׁר מְסִלָּה · תְּחָנֵּנוּ בְּרַחֲמִים וּבְחֶמְלָה: תַּזְכִּירֵנוּ בְּמִי זֹאת עוֹלָה · תּוֹשִׁיעֵנוּ לְקֵץ הַגְּאֻלָּה · תְּהַדְּרֵנוּ בְּזִיו הַמּוּלָה · תַּדְבִּיקֵנוּ כְּאֵזוֹר הַתּוּלָה · תְּגַדְּלֵנוּ בְּיָד הַגְּדוֹלָה · תְּבִיאֵנוּ לְבֵיתְךָ בְּרִנָּה וְצָהֳלָה: תְּאַמְּצֵנוּ בְּרֶוַח וְהַצָּלָה · תְּאַדְּרֵנוּ כְּאֶבֶן תְּלוּלָה · תְּלַבְּבֵנוּ כְּבִנְיַן עִירְךָ כְּבַתְּחִלָּה · תְּעוֹרְרֵנוּ לְצִיּוֹן בִּשְׁכְלוּלָה · תְּזַכֵּנוּ בְּנִבְנְתָה הָעִיר עַל תִּלָּהּ · תַּרְבִּיצֵנוּ בְּשָׂשׂוֹן וְגִילָה · תְּחַזְּקֵנוּ אֱלֹהֵי יַעֲקֹב סֶלָה · הוֹשַׁעְנָא:

אָנָּא הוֹשִׁיעָה נָּא:

אָנָּא אֱזוֹן חִין תְּאֵיבֵי יִשְׁעָךְ · בְּעָרְבֵי נַחַל לְשַׁעְשְׁעָךְ · וְהוֹשִׁיעָה נָּא: אָנָּא גְּאוֹל כַּנַּת נִטְעָךְ · דּוֹמָה בְּטַאטְאָךְ · והושיעה נא: אָנָּא הַבֵּט לִבְרִית טִבְעָךְ · וּמַחֲשַׁכֵּי אֶרֶץ בְּהַטְבִּיעָךְ · והושיעה נא: אָנָּא זְכָר לָנוּ אָב יְדָעָךְ · חַסְדְּךָ לָמוֹ בְּהוֹדִיעָךְ · והושיעה נא: אָנָּא טְהוֹרֵי לֵב בְּהַפְלִיאָךְ · יָדַע כִּי הוּא פִלְאָךְ · והושיעה נא: אָנָּא כַּבִּיר כֹּחַ תֵּן לָנוּ יִשְׁעָךְ · לַאֲבוֹתֵינוּ כְּהִשָּׁבְעָךְ · והושיעה נא: אָנָּא מָלֵא מִשְׁאֲלוֹת עַם מְשַׁוְּעָךְ · נֶעֱקַד בְּהַר מוֹר כְּמוֹ שׁוּעָךְ · והושיעה נא: אָנָּא סַגֵּב אֶשְׁלֵי נִטְעָךְ · עֲרִיצִים בְּהַנִּיעָךְ · והושיעה נא: אָנָּא פְּתַח לָנוּ אוֹצְרוֹת רִבְעָךְ · צִיָּה מֵהֶם בְּהַרְבִּיעָךְ · והושיעה נא: אָנָּא קוֹרְאֶיךָ אֶרֶץ בְּרוֹעָעָךְ · רֵעִים בְּטוּב מִרְעָךְ · והושיעה נא: אָנָּא שְׁעָרֶיךָ תַּעַל מִמַּשּׁוּאָךְ · תֵּל תַּלְפִּיּוֹת בְּהוֹפִיעָךְ · והושיעה נא:

אָנָּא אֵל נָא הוֹשַׁעְנָא וְהוֹשִׁיעָה נָּא:

אֵל נָא תָּעִינוּ כְּשֶׂה אוֹבֵד · שְׁמֵנוּ מִסִּפְרְךָ אַל תְּאַבֵּד · הוֹשַׁעְנָא וְהוֹשִׁיעָה נָּא: אֵל נָא רְעֵה אֶת צֹאן הַהֲרֵגָה · קְצוּפָה וְעָלֶיךָ הֲרוּגָה · הו' וה"נ: אֵל נָא צֹאנְךָ וְצֹאן מַרְעִיתֶךָ · פְּעֻלָּתְךָ וְרַעְיָתֶךָ · הו' וה"נ: אֵל נָא עֲנִיֵּי הַצֹּאן · שִׂיחָם עֲנֵה בְּעֵת רָצוֹן · הו' וה"נ: אֵל נָא נוֹשְׂאֵי לְךָ עַיִן · מִתְקוֹמְמֵיהֶם יִהְיוּ כְּאַיִן · הו' וה"נ: אֵל נָא לִמְנַסְּכֵי לְךָ מַיִם · כְּמַעַיְנֵי

הישועה ישאבון מים · הו׳ והו״נ : אל נא יעלו לציון
מושיעים · טפולים בך ובשמך נושעים · הו׳ והו״נ :
אל נא חמוץ בגדים · זעום לנער כל בוגדים · הו׳
והו״נ : אל נא וזכור תזכור · הנכורי בלתך וכור ·
הו׳ והו״נ : אל נא דורשיך בענפי ערבות · געים שעה
מערבות · הו׳ והו״נ : אל נא ברך בעטור שנה · אמרי
רצה בפלולי ביום הושענא · הו׳ והו״נ :
אנא אל נא הושענא · והושיעה נא · אבינו אתה :
למען תמים בדורותיו · הנמלט ברוב צדקותיו ·
מצל משטף בבא מבול מים · לאום אני
חומה · הושענא והושיעה נא אבינו אתה : למען
שלם בכל מעשים · המנוסה בעשרה נסים · כשר
מלאכים נם יקח נא מעט מים · לברה כחמה
הו׳ והו״נ א״א : למען רך ויחיד נחנט פרי למאה · זעק
איה השה לעולה · בשרוהו עבדיו מצאנו מים ·
לגולה וסורה · הו׳ והו״נ א״א : למען קדם שאת ברכה ·
הנשטם ולשמך חכה · מיחם במקלות בשקתות
מים · לדמתה לתמר · הו׳ והו״נ א״א : למען צדק היות
לך לכהן · כחתן פאר יכהן · מנסה במסה במי
מריבת מים · להדר הטוב · הו׳ והו״נ א״א : למען פואר
היות גביר לאחיו · יהודה אשר גבר באחיו · מספר
רובע מדליו יזל מים · לא לנו כי אם למענך ·
הו׳ והו״נ א״א : למען עניו מכל ונאמן · אשר בצדקו
כלכל המן ומשוך לגאל ומשוי ממים · למי זאת
הנשקפה הו׳ והו״נ א״א · למען שמתו כמלאכי מרומים ·
הלובש אורים ותמים · מצוה לבא במקדש בקדוש
ידים ורגלים ורחיצת מים · לחולת אהבה · הו׳ והו״נ
א״א : למען נביאה מחולת מחנים · לכמהי לב
הושמה עינים · לרגלה רצה עלות וירדת באר
מים : לטובו אהליו · הו׳ והו״נ א״א : למען משרת לא
מש מאהל · ורוח הקדש עליו אהל · בעברו
בירדן נכרתו המים · ליפה וברה · הו׳ והו״נ א״א : למען
למד ראות לטובה אות · זעק איה נפלאות · מצה
טל מגזה מלא הספל מים · לכלת לבנון · הו׳ והו״נ
א״א : למען כלולי עשות מלחמתך · אשר בידם

תתה ישועתך · צרופי מגוי בלקקם בידם מים ·
ללא בגדו בך הו׳ והו״נ א״א : למען יחיד צוררים דש ·
אשר מרחם לנזיר הוקדש · ממכתש לחי הבקעת
לו מים · למען שם קדשך · הו׳ והו״נ א״א : למען טוב
הולך וגדל · מעקשות לב עדה חדל · בשוב עם
מחטא צוה שאוב מים · לנאוה כירושלים · הו׳ והו״נ
א״א : למען חיך מכרכר בשיר · המלמד תורה בכל
כלי שיר · מנסך לפניו כתאב שתות מים ·
לשמו בך סברם · הו׳ והו״נ א״א : למען זך עלה
בסערה · המקנא ומשיב עברה · לפלולו ירדה
אש ולחכה עפר ומים · לעיניה ברכות · הו׳ והו״נ א״א :
למען ושרת באמת לרבו · פי שנים ברוחו נאצל
בו · בקחתו מנגן נתמלאו גבים מים · לפצו מי
כמוכה · הו׳ והו״נ א״א : למען הרהר עשות רצונך ·
המכריז תשובה לצאנך · אץ בבא מחרף סתם
עינות מים · לציון מכלל יופי : הו׳ והו״נ א״א : למען
דרשוך בתוך הגולה · וסודך למו נגלה · בלי
להתגאל דרשו זרעונים ומים · לקוראיך בצר · הו׳
והו״נ א״א : למען גמר חכמה ובינה · סופר מהיר
מפלש אמנה · מהכמנו אמרים המשולים ברחבי
מים · לרבתי עם : הו׳ והו״נ א״א : למען באי לך היום
בכל לב · שופכים לך שיח בלא לב ולב · שואלים
ממך עוז מטרות מים · לשוררוך בים · הו׳ והו״נ א״א :
למען אומרי יגדל שמך · והם נחלתך ועמך ·
צמאים לישעך כארץ עיפה למים · לתרת למו
מנוחה · הושענא והושיעה נא · אבינו אתה :

הושענא אל נא · אנא הושיעה נא :

הושענא · סלח נא · והצליחה נא · והושיענו
אל מעזנו :

תענה אמונים שופכים לך לב כמים · למען בא
באש ובמים · גזר ונם יקח נא מעט מים ·
והצליחה נא והושיענו אל מעזנו : תענה דגלים
גזו גזרי מים · למען הנעקד בשער השמים ·
ושב וחפר בארות מים · והושיענו אל מעזנו : תענה זכים
מתחננים עלי מים · למען חלק מפצל מקלות

בְּשִׁקְתוֹת הַמָּיִם · טָעַן וְגָל אֶבֶן מִבְּאֵר מָיִם · והושיענו אל מעוזנו : תַּעֲנֶה יְדִידִים נוֹחֲלֵי דָת מְשׁוּלֶּשֶׁת מָיִם · לְמַעַן כָּרוּ בְּמִשְׁעֲנוֹתָם מָיִם · לְהָכִין לָמוֹ וּלְצֶאֱצָאֵימוֹ מָיִם · והושיענו אל מעוזנו : תַּעֲנֶה מִתְחַנְּנִים כְּבִישִׁימוֹן עֲלֵי מָיִם · לְמַעַן נֶאֱמַן בַּיִת מַסְפִּיק לָעָם מָיִם · סֶלַע הָךְ וַיָּזוּבוּ מָיִם · והושיענו אל מעוזנו : תַּעֲנֶה עוֹנִים עֲלִי בְאֵר מָיִם · לְמַעַן פָּקַד בְּמֵי מְרִיבַת מָיִם · צְמֵאִים לְהַשְׁקוֹתָם מָיִם · והושיענו אל מעוזנו : תַּעֲנֶה קְדוֹשִׁים מְנַסְּכִים לְךָ מָיִם · לְמַעַן רֹאשׁ מְשׁוֹרְרִים כְּתָאַב שְׁתוֹת מָיִם · חָלִילָה פֶּן וְנָסַךְ לְךָ מָיִם · והושיענו אל מעוזנו : תַּעֲנֶה שׁוֹאֲלִים בְּרִבּוּעַ אֶשְׁלֵי מָיִם · לְמַעַן תֵּל תַּלְפִּיּוֹת מוֹצָא מָיִם · תִּפְתַּח אֶרֶץ וְתַרְעִיף שָׁמַיִם · וְהוֹשִׁיעֵנוּ אֵל מָעֻזֵּנוּ :

רַחֵם נָא קְהַל עֲדַת יְשֻׁרוּן · סְלַח וּמְחַל עֲוֹנָם · וְהוֹשִׁיעֵנוּ אֱלֹהֵי יִשְׁעֵנוּ :

אָז כְּעֵינֵי עֲבָדִים אֶל יַד אֲדוֹנִים · בָּאנוּ לְפָנֶיךָ נְדוֹנִים · גֵּאֶה אֲדוֹנֵי הָאֲדוֹנִים · נִתְגָּרוּ בָנוּ מְדָנִים · דָּשׁוּנוּ וּבְעָלוּנוּ זוּלָתְךָ אֲדוֹנִים · והושיענו אלהי ישענו : הֵן גַּשְׁנוּ הַיּוֹם בְּתַחֲנוּן · עָדֶיךָ רַחוּם וְחַנּוּן · וְסִפַּרְנוּ נִפְלְאוֹתֶיךָ בְּשִׁנּוּן · והושיענו אלהי ישענו : זָבַת חָלָב וּדְבַשׁ · נָא אַל תִּיבַשׁ · חַשְׁרַת מַיִם בְּאִבֶּיהָ תֶּחְבַּשׁ · והושיענו אלהי ישענו : טְעֻנוּ בִּשְׁמֹנָה · בְּיַד שִׁבְעָה וּשְׁמוֹנָה · יָשָׁר צַדִּיק אֵל אֱמוּנָה · והושיענו אלהי ישענו : כָּרַתָּ בְּרִית לָאָרֶץ · עוֹד כָּל יְמֵי הָאָרֶץ · לְבִלְתִּי פְּרָץ בָּהּ פֶּרֶץ · והושיענו אלהי ישענו : מִתְחַנְּנִים עֲלֵי מָיִם · כַּעֲרָבִים עֲלֵי יִבְלֵי מָיִם · נָא זְכוֹר לָנוּ נִסּוּךְ הַמָּיִם · והושיענו אלהי ישענו : שִׂיחִים בְּדֶרֶךְ מַטָּעָתָם · עוֹמְסִים בְּשַׁוְעָתָם · עֲנֵם בְּקוֹל פְּגִיעָתָם · והושיענו אלהי ישענו : פּוֹעֵל יְשׁוּעוֹת : פְּנֵה לִפְלוּלָם שְׁעוֹת · צַדְּקֵם אֵל לְמוֹשָׁעוֹת · והושיענו אלהי ישענו : קוֹל רִגְשָׁם תִּישַׁע · תִּפְתַּח אֶרֶץ וְיִפְרוּ יֶשַׁע · רַב לְהוֹשִׁיעַ וְלֹא חָפֵץ רֶשַׁע · וְהוֹשִׁיעֵנוּ אֱלֹהֵי יִשְׁעֵנוּ : שַׁעֲרֵי שָׁמַיִם פְּתַח · וְאוֹצָרְךָ הַטּוֹב לָנוּ תִפְתַּח · תּוֹשִׁיעֵנוּ וְרִיב אַל תִּמְתַּח · וְהוֹשִׁיעֵנוּ אֱלֹהֵי יִשְׁעֵנוּ :

קוֹל מְבַשֵּׂר · מְבַשֵּׂר וְאוֹמֵר :

אוֹמֶץ יֶשְׁעֲךָ בָּא · קוֹל דּוֹדִי הִנֵּה זֶה בָּא · מְבַשֵּׂר וְאוֹמֵר : קוֹל בָּא בְּרִבְבוֹת כִּתִּים · לַעֲמוֹד עַל הַר הַזֵּיתִים · מ״ו : קוֹל גִּשְׁתּוֹ בַּשּׁוֹפָר לִתְקֹעַ · תַּחְתָּיו הַר יִבָּקֵעַ · מ״ו : קוֹל דָּפַק וְהֵצִיץ וְזָרַח · וּמָשׁ חֲצִי הָהָר מִמִּזְרָח · מ״ו : קוֹל הֵקִים מִלּוּל נְאוּמוֹ · וּבָא הוּא וְכָל קְדוֹשָׁיו עִמּוֹ · מ״ו : קוֹל וּלְכָל בָּאֵי הָעוֹלָם · בַּת קוֹל יִשָּׁמַע בָּעוֹלָם · מ״ו : קוֹל זֶרַע עֲמוּסֵי רַחְמוֹ · נוֹלְדוּ כְּיֶלֶד מִמְּעֵי אִמּוֹ · מ״ו : קוֹל חָלָה וְיָלְדָה מִי זֹאת · מִי שָׁמַע כָּזֹאת · מ״ו : קוֹל טָהוֹר פָּעַל כָּל אֵלֶּה · וּמִי רָאָה כָּאֵלֶּה · מ״ו : קוֹל יֶשַׁע וּזְמַן הוּחָד · הֲיוּחַל אֶרֶץ בְּיוֹם אֶחָד · מ״ו : קוֹל כַּבִּיר רוּם וָתַחַת · אִם יִוָּלֵד גּוֹי פַּעַם אֶחָת · מ״ו : קוֹל לְעֵת יִגְאַל עַמּוֹ נָאוֹר · וְהָיָה לְעֵת עֶרֶב יִהְיֶה אוֹר · מ״ו : קוֹל מוֹשִׁיעִים יַעֲלוּ לְהַר צִיּוֹן · כִּי חָלָה גַּם יָלְדָה צִיּוֹן · מ״ו : קוֹל נִשְׁמַע בְּכָל גְּבוּלֵךְ · הַרְחִיבִי מְקוֹם אָהֳלֵךְ · מ״ו : קוֹל שִׂימִי עַד דַּמֶּשֶׂק מִשְׁכְּנוֹתָיִךְ · קַבְּלִי בָּנַיִךְ וּבְנוֹתָיִךְ · מ״ו : קוֹל עִלְזִי חֲבַצֶּלֶת הַשָּׁרוֹן · כִּי קָמוּ יְשֵׁנֵי חֶבְרוֹן · מ״ו : קוֹל פְּנוּ אֵלַי וְהִוָּשְׁעוּ · הַיּוֹם אִם בְּקוֹלִי תִשְׁמָעוּ · מ״ו : קוֹל צֶמַח אִישׁ צֶמַח שְׁמוֹ · הוּא דָוִד בְּעַצְמוֹ · מ״ו : קוֹל קוּמוּ כְּפוּשֵׁי עָפָר · הָקִיצוּ וְרַנְּנוּ שׁוֹכְנֵי עָפָר · מ״ו : קוֹל רַבָּתִי עָם בְּהַמְלִיכוֹ · מַגְדּוֹל יְשׁוּעוֹת מַלְכּוֹ · מ״ו : קוֹל שֵׁם רְשָׁעִים לְהַאֲבִיד · וְעֹשֶׂה חֶסֶד לִמְשִׁיחוֹ לְדָוִד · מ״ו : קוֹל תְּנָה יְשׁוּעוֹת לְעַם עוֹלָם · לְדָוִד וּלְזַרְעוֹ עַד עוֹלָם · מְבַשֵּׂר וְאוֹמֵר :

ג״פ קוֹל מְבַשֵּׂר · מְבַשֵּׂר וְאוֹמֵר :

הושיעה את עמך גו׳. קדיש שלם

ואח״כ נוטל בידו הערבה וחובט ה׳ חבטות בקרקע כדי למתק ה׳ גבורו׳ ויאמר

יהי רצון מלפניך יהוה אלהינו ואלהי אבותינו הבוחר בנביאים טובים ובמנהגים טובים שתקבל ברחמים וברצון את תפלתנו והקפותנו וזכר לנו°) שבעת תמימיך. ותסר מחיצת הברזל המפסקת בינינו ובינך ותאזין שועתינו ותטיב לנו החתימה תולה ארץ על בלימה. ותחתמנו בספר חיים טובים והיום הזה תתן בשכינת עוזך חמשה גבורות ממותקות על ידי חביטת ערבה מנהג נביאיך הקדושים. ותתעורר האהבה ותנשקנו בנשיקת פיך ממתקת כל הגבורות וכל הדינין. ותאיר

°) זכות

לשכינת עוזך בשם (יו"ד ה"א וא"ו) שהוא טל אורות טלך · ומשם תשפיע שפע לעבדך המתפלל לפניך שתאריך ימי ותמחול לי חטאי ועונותי ופשעי ותפשוט ימינך וידך לקבלני בתשובה שלימה לפניך · ואוצרך הטוב תפתח להשביע מים נפש שוקקה כמו שכתוב יפתח יהוה לך את אוצרו הטוב את השמים לתת מטר ארצך בעתו ולברך את כל מעשה ידיך אמן:

שער הסוכות

ושאבתם מים בששון ממעיני הישועה הנה ניסוך המים בחג הלכה למשה מסיני ואינו מן התורה כידוע דלמדו מקרא דונסכיהם כו' באסמכתא בלבד ויש להבין הטעם למה אינו מפורש בתורה שבכתב כו' הנה תחלה יש להבין ענין השמחה מה היא בחג הסוכות שהיא זמן שמחתנו כמ"ש ושמחתם וכו' בהיות ידוע דבינה אם הבנים היא השמחה כמ"ש אם הבנים שמחה כו' וביאור הדבר ידוע להיות כי אנו רואים שעיקר השמחה ועונג באיזה שכל אינו אלא כשמבינים ומשיגים אותו בכי טוב · אז החדוה תולד בלב משא"כ כשעדיין אינו משיג הדבר בהשגה הטיב רק בכח החכמה בבחי' העלם השכל לא יקבל עונג ושמחה כלל מפני שענין השמחה אינה אלא כשבא ההעלם לידי גילוי דוקא כנראה בחוש שכאשר האדם שמח וטוב לב אין זה אלא שאותו העונג והחדוה שהיה בלבו טמון וצפון מתחלה באה לידי גילוי אור לזולתו לעיני כל כו' ע"כ השמחה לא תבא אלא בהתגלות החכמה כשבאה בהשגה והבנה דוקא שהוא בחי' בינה עלמא דאתגליא מי דקיימא לשאלה כו' כמ"ש בזהר ולהיות כן בחג הסכות ג"כ מפני שנתגלה אז בחי' העלם דאו"א הנקרא מקורא דכולא מקור החיים דחכמה ומקור התענוג כו' והוא בא לידי גילוי אור בכללות כנ"י לכך אז מצות השמחה דוקא כמ"ש ושמחתם לפני ה' כו' וסיבת הגילוי זה למעלה ידוע מפני שביוה"כ נמחלו העונות דבעל תשובה ונתקרב הרחוק וכמשל בן היוצא מבית השביה שהאב שמח בגילוי כו' מש"כ מבחי' העלם דעתיק שביוה"כ נתגלה בחג הסכות להיות בחי' אם הבנים שמחה וד"ל · ומה שבסכות השמחה עליונה בבחי' העלם המקיפים דסכך שנקרא צלא דמהימנותא כמ"ש בזהר ידוע ג"כ עד"מ באדם יש ב' מיני גילוי אורה ושמחה האחד כאשר עדיין יוכל להעלים השמחה שתתישב בלבו לבלתי הגלות נגלית לזולתו והב' כאשר תגבר האור לא יוכל כלי לבבו להכיל האור ותצא חוץ לכלי הלב ותהיה בבחי' מקיף על הלב ועל השכל כו' כמו כן בכנ"י ב' מיני שמחה האחד בשאר ימות השנה שנצטוה ג"כ לעבוד ה' בשמחה אמנם הוא בבחי' או"פ המתיישב בלבו בלבד משא"כ בחג הסכות המצוה לשמוח בבחי' מקיף שלא יכילנו כלי הלב כו' ואין זה אלא מפני ההתבוננות בעצמות אור א"ס להיות שאינו נגבל כלל תוך כלי השכל לכך השמחה תהיה ג"כ בלי גבול וזהו וישמחו בך דוקא וכמ"כ מלמעלה למטה ישמח ה' בכנ"י בבחי' מקיפים דהיינו מבחי' עצמות אור א"ס שאינו נגבל אפי' בחכמה ורצון כו' בא לידי גילוי אור רק שהוא מתלבש בסכך מפני שהוא גדולו מן הארץ ואינו מקבל טומאה כו' וכדוגמת ענין ענני כבוד במדבר וכמ"ש במ"א וזהו אם הבנים שמחה וד"ל · והנה זה היה ענין עבודת הלוים בשיר על הקרבן כמ"ש ועבד הלוי הוא ופי' בזהר דהוא בחי' עלמא דאתכסייא ועבודתם היה להביא ההעלם לידי גילוי אור ובזאת היו מתקנים בחי' הוא כו' וכמ"ש במ"א וביאור הדברים ידוע דכתיב יין המשמח אלהים פי' מפני שנכנס יין יצא סוד הענין הוא דהיין מוציא את ההעלם שהיה גנוז להיות נגלה לכל כו' על כן גם בבחי' יציאת העלם אור א"ס שיבא לידי גילוי היה דוקא ע"י מצות ניסוך היין ע"ג המזבח וע"י השיר של הלוים בהרמת קול דוקא לפי שהיין משמח את האלהים להיות יציאהו מן ההעלם כו' וענין השיר הוא ג"כ ענין הגילוי כמו האופנים שאומרים ברעש גדול כו' מפני בחי' גילוי אור האלקית עליהם שמבחי' גילוי האור דוקא תהיה התפעלות השמחה בשיר ובהרמת קול רעש דוקא כנראה בחוש בהתפעלות השמחה ינגן המנגן בקול נעימות מפני דחיקת האורה ושמחה בהבל הלב שלא יכילנו הכלי יצא הקול וכו' ולכך אין אומרים שירה אלא ע"י היין דוקא לפי שנכנס יין יצא סוד וכנ"ל וד"ל · וזהו שכל המלאכים בעלי השיר יוצאים כו' שיוצאים מבחי' הכלי שלהם והוא רק בבחי' העלאה מלמטה למעלה כידוע שהלוים בבחי' גבורות דאו"א כו' וד"ל · ואמנם מצות ניסוך היין היה בכל השנה אבל בחג הסכות הל"מ בניסוך המים מלבד ניסוך היין וענין ניסוך המים יובן ע"פ הקדמה בתחלה הידוע שיש הפרש בין לוים לכהנים שהכהנים הוא היפך מדרגת הלוים הנ"ל ולמעלה הרבה מהם במדרגה בהיות מבואר שהלוים בשיר הוא בבחי' גבורות דאימא כו' וגם היין המשמח אלקים הוא בבחי' חסדים דאימא כו' אבל הכהנים מדרגתם בבחי' חכמה כ"ח מ"ה שלמעלה הרבה מבחי' בינה אימא עילאה כו' ונקרא בשם אין לגבי הבינה שנק' יש כמ"ש להנחיל אוהבי יש כו' כידוע שחכמה הוא ביטול במציאות ולכך עבודת הכהנים דוקא בחשאי ולא ברעש כלל כי מה פשפשת כו' וכמ"ש במ"א וד"ל · והנה שרש הכהנים בכלל הוא בחי' כהן גדול שהוא בחי' רב חסד או נוצר חסד במזלי' דבדיקנא דכהנא רבה והוא בחי' אל עליון דבי' אחיד אבא ותליא כידוע דאבא יונק ממזל הח' דונוצר כו' והיינו מקור כל החסדים עד שגם החכמה ששרשה בחסדים כמ"ש החכמה תחיה כו' וכמ"ש במ"א אינו אלא בחי' הארה בעלמא ממנו וכמ"ש והחכמה מאין תמצא לפי שהוא מקור החכמה ונקרא אנת

חכים

חכים ולא בחכמה ידיע כלל וזהו כה"ג נוטל חלק בראש פי' בראשית חכמה כו' ובחי' כהן הדיוט הוא רק ענף החסד כשכבר מסתעף מן החכמה בדרך השתלשלות הקו הימין חח"ן כו' אבל בחי' כה"ג הוא מקור כל החסדים והוא נמשל למים דווקא כמו המים שיורדים מגבוה לנמוך עד למטה מטה כמו כן טבע בחי' החסד הגדול שבבחי' עתיק להתפשט מגבוה לנמוך בהשתלשלות בקו הימין כו' והוא היפוך טבע הגבורות דלוים שעולים מלמטה למעלה כו' וד"ל :

וזהו ענין ניסוך המים בחג להמשיך מבחי' רב חסד דע"י שהוא בחי' כה"ג להיות יורד מגבוה לנמוך לכהן הדיוט ומן הכהנים יומשך השפע של החסדים לכללות כ"י והוא בבחי' ביטול דחכמה בחשאי דוקא ולא ברעש השיר הלוים אלא כמים שיורדים בחשאי כו' וד"ל · ולזה הטעם היה במזבח ב' נקבים ונקר' שיתין א' שמנסכים בו היין ואחד שמנסכים בו המים בחג לפי שהמים הוא בחינת המשכות מוחין דאבא והיין הוא בחי' המשכות מוחין דאימא וכולם נמשכים לשיתין שבמזבח שהוא בחינת יסוד דנוק' כידוע וד"ל· וזהו ושאבתם מים בששון ממעייני הישועה פי' ישועה הוא בחי' החסדים כמ"ש דוד ע"ה כוס ישועות אשא פי' הכלי המקבל כל הישועות והחסדים העליונים ונק' כוס ישועות והענין הוא דידוע דאור החסד העליון שבאצילות עצמו הנה הוא יורד ומשתלשל מעילה לעילה בעולם האצילות עד מל' דאצי' סופא דכל דרגין הנק' אימא תתאה לפי שהוא ראש לשועלים כו' ומלכותו בכל משלה גם לע' שרים א"כ הרי ירד אור חסד עליון בריבוי הלבושין והצמצומים כ"כ עד שנעשה חסד גשמי ממש כמו ענין הישועה בעת צרה גשמי' וכענין הישועה דדוד מכף כל אויביו ומכף שאול כו' שהיה תמיד בצרות וצריך היה תמיד לישועות להושיע ולהציל אותו שאינו אלא מפני תגבורות חסד עליון עליו כו' ולהיות כי חסד וישועה הגשמי' כבר נתלבשה בצמצומים וירדה מאור פני חסד העליון בתכלית הריחוק עד שנם רגליה יורדות כו' לכך אמר דוד ע"ה כוס הישועות והחסדים אשא אותם ואגביהם לשרש מקור מוצאם למעלה באציל העליון כו' והמשל בזה כמו כאשר יקרבו את הכלי שנתמלא מן החבית הגדולה אל פי נקב הברזא שבחבית לבלתי תחסר מילואה לעולם כו' כמ"כ בחי' החסדים שיורדים בג' עולמות בי"ע גם בבחי' חיצוניות שלהם הוא עד"מ כלי קטן המלא מים וידוע שבחי' מל' נק' כוס בלבד ועליה אמר כוס ישועות אשא ואקריבם לגבי שרש וראש כל דרגין (ע"ד ארוממך אלקי המלך כו' כמ"ש במ"א וד"ל) שהוא בחי' רב חסד שבע"י לבלתי יופסק לעולם כו' ועוד כדי שלא ינקו החיצונים ממנו שכאשר אשא אותם בבחי' העלאה והתנשאות לגבי מקורם יהיו כטבע הגבורות ולא כטבע החסדים שיורדי' למטה מטה עד אין קץ כו' וד"ל· וזהו ממעייני הישועה פי' מעיין שממנו נובע כל החסדים השרשיים הנק' ישועות לפי שהחסד נק' ישועה שהרי מסיבת החסד יושיע ויעזור כו' ונק' מעייני הישועה והוא בחי' רב חסד המקור גם לחכמה עילאה כנ"ל · ובהיות ידוע שהבינה מקבלת מן החכמה בבחי' יש מאין כנ"ל והן נקראים בשם תרין ריעין דלא מתפרשין כלל כמ"ש במ"א על כן אמר ממעייני הישועה ב' מעיינות מעיין החכמה ומעיין הבינה שהוא בחי' ב' יסודות דאו"א וד"ל · והנה הגם שבכל השנה או"א הן תרין רעין כו' אבל בחג אמר ולזה ענין חדש שישאבו מים בששון כו' הענין של התחדשות זו הוא להיות מבואר למעלה דבחי' בינה היא אם הבנים שמחה הוא בבחי' גילוי דוקא להיות שהוא בבחי' השגה והבנה כו' אבל החכמה שלמעלה מן ההשגה וההבנה לא יתכן כלל להסתעף ממנה השמחה מאחר שאינו מבין הדבר איך יקבל עונג וחדוה כו' כנ"ל אמנם במצות ניסוך המים שהוא המשכות החכמה ממעיין החכמה כנ"ל הי' ענין חדש שישאבו וישמחו בשעת השאיבה ממעיין החכמה היפך טבע החכמה שהיא בחשאי מפני בחי' ביטול דכ"ח מ"ה כו' והיינו ושאבתם מים בששון פי' כי בשעת השאיבה ממעיין הנק' שילוח היוצא מבית ק"ק הגם שנא' בו בישעי' מי השילוח ההולך לאט דוקא ניזה בו שישאבו ממנו בששון ושמחה ואע"פ שעדיין לא הביאוהו ע"ג המזבח לנסך שהרי היו מריעין ותוקעי' בשער המים בשעת הבאתו וגם בשעת שאיבתו מן המעיין כמ"ש ושאבתם מים בששון כו' והטעם הוא לפי שחו"ב תרין רעין דלא מתפרשין כידוע וצריך להיות בשעת התחברות החכמה בבינה מבחי' השמחה שבבינה גם בחכמה אע"פ שזהו נגד טבע החכמה כי בשמח' זו יבא אור החכמה להתפשט ולהתחבר בבינה ולכך הי' שאיבת המים דחכמה בששון דוקא בחג ולא בשאר ימות השנה מפני שאם הבנים שמחה בחג מטעם הנ"ל עד שגם בחי' מוחין דאבא יבאו לה ע"י ששון ושמחה וד"ל · וזה היה ענין שמחת בית השואבה שהיו חסידים ואנשי מעשה מרקדים בריקודים ומחולות וד"ל · אך הנה יש להבין מאחר שמצות ניסוך המים בחג גדולה כ"כ עד שהיא למעלה מבחי' שמחה דז' ימי החג עצמם כנ"ל למה לא נתפרשה מצוה זו בתושב"כ וגם למה לא היו מרקדין רק חסידים ואנשי מעשה ולא כל ישראל הענין יובן ע"פ הקדמה מתחלה להבין ההפרש בין תושב"כ לתושבע"פ דהנה ידוע דהגם דלגבי האציל נק' החכמה תורה שבכתב ובינה תורה שבע"פ אבל לגבי הנאצלים ונבראים כו' נקרא החכמה תורה שבע"פ ובינה תושב"כ כי הנה פי' תושב"כ היינו המלובשת בציור אותיות הכתב וידוע ששרש האותיות הן מבחי' בינה דוקא שבה מפתח פתוחי חותם כו' כמ"ש במ"א וכנראה בחוש שההשגה וההבנה הנה היא באה לכלל אותיות במחשבה אבל בחכמה שלמעלה מן ההשגה לא יבא לעולם לכלל אותיות

כי

כי הרי עדיין אינו מושג במחשבה כלל כו' וזהו שהתורה נק' תושב"כ שהיא כבר בבחי' ציור אותיות וכידוע שכל נגיעה פסולה וכל חסר או יתיר פסול לפי שהאותיות הן בדיקדוק גדול בבינה כו' ולכך נקראת ספר תורה אבל החכמה הוא הנק' סופר כידוע מאמר הס"י בג' דברים בסופר וספר כו' וענין הסופר הוא הטוש' ומצייר את האותיו' כפי שירצה אבל הוא בעצמו למעלה מבחי' אותיות כו' כמו כן החכמה עילאה דאורייתא נפקא מחכה למעלה היא בעצם מבחי' אותיות שבכתב אבל היא הממשיך את האותיות בציור כתב לפי שהחכמה הוא מקור השכל הנק' אין כו' והנה אנו רואים בתורה שבע"פ שאין בה דקדוק כלל בחסירות ויתירות אלא העיקר בה אינו רק הטעם והשכל בלבד ולא איכפת לה אם יהיה האותיות כך או כך שהרי עיקר התלמוד הוא שאומר מאי טעמא דר' פלוני וכו' והן בחי' טעמי ההלכות שהוא בבחי' חכמה ולא יהי' גרעון בה מצד האותיות כלל אם יהי' כתוב בל' זה או בלשון אחר לפי שהוא למעלה מן האותיות משא"כ בתורה שבכתב שפסול בה חסירות כו' לפי שהוא בבינה וד"ל : ולהיות כן הרי שרש תורה שבע"פ בחכמה דאבא יסד ברתא דוקא ולהיות שנק' סופר כנ"ל לכך נק' חכמי הגמרא ג"כ בשם סופרים כידוע שנקראו ההלכות שחידשו ובאו מפי השמועה בשם דברי סופרים וד"ל · וזהו ערבים עלי דברי סופרים יותר מייג' של תורה פי' יינה של תורה הוא בחי' יין המשמח אלקים וכו' והוא בחי' תורה שבכתב שהוא בבחי' בינה כנ"ל והוא בבחי' יש כמ"ש להנחיל אוהבי יש שהן ש"י עולמות כו' להיות' בבחי' גילוי ההעלם כנ"ל ולכך נקרא יינה של תורה כמו היין שמוציא הסוד לגילוי וכמ"ש הנגלות לנו ולבנינו כו' והיינו יין המשמח אלהים ואין אומרים שירה אלא על היין כנ"ל שהוא בחי' ניסוך היין בכל השנה אבל בחי' ההעלם דכ"ח מ"ה דחכמה שרש תושבע"פ כנ"ל היא למעלה הרבה מבחי' יין המשמח כו' ולכך אמר ערבים עלי דברי סופרים שסרשם בבחי' סופר דחכמה יותר מיינה של תורה שבכתב בבינה וכמ"ש כי טובים דודיך מיין מיין המשמח אלהים כו' וד"ל · וזהו הטעם שמצות ניסוך המים דחכמה לא נתפרשה בתושב"כ לפי שהיא למעלה הרבה מתור' שבכתב מטעם הנ"ל כי לא תוכל להתלבש באותיות כלל אלא ע"י הלמ"מ דוקא באה ונתפרשה לכנ"י לפי שנק' סופר כנ"ל שערבי' ד"ס כו' וד"ל · וזהו הטעם ג"כ שחסידים ואנשי מעשה דוקא שמחו בשמחת בה"ש לפי שכל מי ששרש נשמתו דוקא בבחי' חכמה בחי' סופר יוכל לשאוב מים דשילוח בששון ולא זולתו מטעם הנ"ל·ובכל זה יובן ג"כ מה שמצות ניסוך היין נתפרש בתורה שתהי' ע"י הלוים בשיר ולא ע"י זולתם ומצות ניסוך המים תוכל להיות גם ע"י ישראלים רק שיהיו מבחי' נהירו דחכמתא דאורייתא נפקת מיניה כו' כי הנה הבינה היא ברעש ויש כנ"ל שהוא בחי' הלוים דוקא משא"כ בחכמה שהוא בחי' ביטול כנ"ל שהתורה היא בחי' הפקר לכל כידוע לכך כולם היו מרקדים כמ"ש הלל הזקן אם אני כאן הכל כאן כו' וד"ל · ועם כל הנ"ל·יובן טעם מצות ניסוך המים בחג דוקא לפי שביו"כ שעלתה תושבע"פ דוקא שהוא בחי' המל' בעתיק אח"כ היא עטרת בעלה בבחי' מוחין דאבא מטעם דשרשה באבא דוקא כנ"ל וד"ל · וענין ההקפות בשמ"ע בס"ת עצמה כו' הוא בשביל המשכות מקיפי' דאבא שלמעלה משאיבת מים כנ"ל והנה כמו שנזכר למעלה דהמשכות מוחין דאבא אינו אלא ע"י תושבע"פ דוקא כמו"כ כדי להמשיך ממדריגה היותר נעלה דהייט מבחי' מקיפים דאבא אינו גם ע"י תושבע"פ אלא ע"י היותר נמוך ונמכה והוא ענין המנהג נביאים בהקפות שאינו גם מד"ם אלא מנהג הנביאים בלבד וד"ל · והוא מפני הכלל הידוע דנעוץ תחילתן בסופן כו' וענין ההקפה בס"ת היינו להוציא מן ההיכל המקיפה ולהקיף בה כו' כידוע בזוהר דהכל תלוי במזל העליון אפי' ס"ת בהיכל דא"א כו' וד"ל· ושמחת ההקפו' לפי שהוא שמחת דס"ת עצמה גבוה היא הרבה גם מבחי' שמחת בית השואבה וכל ישראל ראוים לה כו' וד"ל :

סדר הקפות בשמחת תורה

מנהג ותיקין הוא לעשות ביום שמיני עצרת גם כן כמו בש"ת ולהקיף בליל ש"ע שבע הקפות עם הספרים סביב התיבה בשמחה גדולה ולרקד בפניהם ולרנן ולשבח עמהם בשמחה רבה וגם כי עשה כן בבה"כ שלו אם הולך לבה"כ אחר שלא גמרו ירנן וישמח ג"כ עמהם וכן בליל ש"ת ויש מהגין ג"כ ביום ש"ת :

אַתָּה הָרְאֵתָ לָדַעַת כִּי יְהוָה הוּא הָאֱלֹהִים אֵין עוֹד
מִלְּבַדּוֹ : לְעֹשֵׂה נִפְלָאוֹת גְּדֹלוֹת לְבַדּוֹ כִּי
לְעוֹלָם חַסְדּוֹ : אֵין כָּמוֹךָ בָאֱלֹהִים אֲדֹנָי וְאֵין
כְּמַעֲשֶׂיךָ : יְהִי כְבוֹד יְהוָה לְעוֹלָם יִשְׂמַח יְהוָה
בְּמַעֲשָׂיו : יְהִי שֵׁם יְהוָה מְבֹרָךְ מֵעַתָּה וְעַד עוֹלָם :
יְהִי יְהוָה אֱלֹהֵינוּ עִמָּנוּ כַּאֲשֶׁר הָיָה עִם אֲבֹתֵינוּ
אַל יַעַזְבֵנוּ וְאַל יִטְּשֵׁנוּ : וְאִמְרוּ הוֹשִׁיעֵנוּ אֱלֹהֵי
יִשְׁעֵנוּ וְקַבְּצֵנוּ וְהַצִּילֵנוּ מִן הַגּוֹיִם לְהֹדוֹת לְשֵׁם
קָדְשֶׁךָ לְהִשְׁתַּבֵּחַ בִּתְהִלָּתֶךָ : יְהוָה מֶלֶךְ יְהוָה
מָלָךְ יְהוָה יִמְלֹךְ לְעוֹלָם וָעֶד : יְהוָה עֹז לְעַמּוֹ
יִתֵּן יְהוָה יְבָרֵךְ אֶת עַמּוֹ בַשָּׁלוֹם : וִיהְיוּ נָא אֲמָרֵינוּ
לְרָצוֹן לִפְנֵי אֲדוֹן כֹּל : וַיְהִי בִּנְסֹעַ הָאָרֹן וַיֹּאמֶר

משה

משה קומה יהוה ויפצו איביך וינסו משנאיך מפניך: קומה יהוה למנוחתך אתה וארון עזך: כהניך ילבשו צדק וחסידיך ירננו: בעבור דוד עבדך אל תשב פני משיחך: ואמר ביום ההוא הנה אלהינו זה קוינו לו ויושיענו זה יהוה קוינו לו נגילה ונשמחה בישועתו: מלכותך מלכות כל עלמים וממשלתך בכל דור ודר: כי מציון תצא תורה ודבר יהוה מירושלם:

אב הרחמים היטיבה ברצונך את ציון תבנה חומות ירושלים: כי בך לבד בטחנו מלך אל רם ונשא ארון עולמים:

אח"כ מוציאין כל הס"ת שבהיכל ומסבבין התבה ז"פ ואומרים אנא ה' כו' ועוד מזמורים כפי המנהג:

אנא יהוה הושיעה נא: אנא יהוה הצליחה נא: אנא יהוה עננו ביום קראנו: אלהי הרוחות הושיעה נא · בוחן לבבות הצליחה נא · גואל חזק עננו ביום קראנו:

תורת יהוה תמימה משיבת נפש: מזמור לדוד הבו ליהוה בני אלים הבו ליהוה כבוד ועז: הבו ליהוה כבוד שמו השתחוו ליהוה בהדרת קדש: קול יהוה על המים אל הכבוד הרעים יהוה על מים רבים: למנצח בנגינת מזמור שיר: אלהים יחננו ויברכנו יאר פניו אתנו סלה:

אנא בכח גדלת ימינך תתיר צרורה:

כי אמרתי עולם חסד יבנה: עד כאן הקפה א'

דובר צדקות הושיעה נא · הדור בלבושו הצליחה נא · ותיק וחסיד עננו ביום קראנו:

עדות יהוה נאמנה מחכימת פתי · קול יהוה בכח · לדעת בארץ דרכך בכל גוים ישועתך:

קבל רנת עמך שגבנו טהרנו נורא:

לך זרוע עם גבורה תעז ידך תרום ימינך: עד כאן הקפה ב'

זך וישר הושיעה נא · חומל דלים הצליחה נא · טוב ומטיב עננו ביום קראנו:

פקודי יהוה ישרים משמחי לב · קול יהוה בהדר · יודוך עמים אלהים יודוך עמים כלם:

נא גבור דורשי יחודך כבבת שמרם:

התן אמת ליעקב חסד לאברהם: עד כאן הקפה ג'

יודע מחשבות הושיעה נא · כביר ונאור הצליחה נא · לובש צדקות עננו ביום קראנו:

מצות יהוה ברה מאירת עינים: קול יהוה שבר ארזים וישבר יהוה את ארזי הלבנון וירקידם כמו עגל לבנון ושריון כמו בן ראמים: ישמחו וירננו לאמים כי תשפט עמים מישר ולאמים בארץ תנחם סלה:

ברכם טהרם רחמי צדקתך תמיד גמלם:

נעימות בימינך נצח: עד כאן הקפה ד'

מלך עולמים הושיעה נא · נאור ואדיר הצליחה נא · סומך נופלים עננו ביום קראנו:

יראת יהוה טהורה עומדת לעד · קול יהוה חצב להבות אש · יודוך עמים אלהים יודוך עמים כלם:

חסין קדוש ברוב טובך נהל עדתך:

יהוה אדונינו מה אדיר שמך בכל הארץ אשר תנה הודך על השמים: עד כאן הקפה ה'

עוזר דלים הושיעה נא · פודה ומציל הצליחה נא · צור העולמים עננו ביום קראנו:

משפטי יהוה אמת צדקו יחדו · קול יהוה יחיל מדבר יחיל יהוה מדבר קדש · ארץ נתנה יבולה יברכנו אלהים אלהינו ·

יחיד גאה לעמך פנה זוכרי קדשתך:

צדיק יהוה בכל דרכיו וחסיד בכל מעשיו: עד כאן הקפה ו'

קדוש ונורא הושיעה נא · רחום וחנון הצליחה נא · שומר הברית עננו ביום קראנו: תומך תמימים הושיעה נא · תקיף לעד הצליחה נא · תמים במעשיו עננו ביום קראנו:

הנחמדים מזהב ומפז רב ומתוקים מדבש ונפת צופים: קול יהוה יחולל אילות ויחשף יערות ובהיכלו כלו אמר כבוד · יהוה למבול ישב וישב יהוה מלך לעולם · יהוה עז לעמו יתן יהוה יברך את עמו בשלום · יברכנו אלהים וייראו אותו כל אפסי ארץ:

שועתנו קבל ושמע צעקתנו יודע תעלמות:

לך יהוה הגדלה והגבורה והתפארת והנצח וההוד כי כל בשמים ובארץ לך יהוה הממלכה והמתנשא לכל לראש: והיה יהוה למלך על כל הארץ ביום ההוא יהיה יהוה אחד ושמו אחד: ובתורתך כתוב לאמר שמע ישראל יהוה אלהינו יהוה אחד: ברוך שם כבוד מלכותו לעולם ועד: עד כאן הקפה ז'

בשחרית אחר קריאת התורה אומרים זה

שישו ושמחו בשמחת תורה · ותנו כבוד לתורה · כי טוב סחרה מכל סחורה · מפז ומפנינים יקרה: נגיל ונשיש בזאת התורה · כי היא חיים לנו עז ואורה: אהלל אלהי ואשמחה בו · ואשימה תקותי בו · אהודנו בסוד עם קרובו · אלהי צורי אחסה בו: נגיל בכל לב ארנן גבורותיך · ואספרה תהלתך · בששון השיבנו לביתך · על חסדך ועל אמתך: נגיל

התקבצו

התקבצו מלאכים זה אל זה. זה לקבל זה. ואמר זה לזה. מי היא זה ואיזה הוא מאחז פני כסא פרשז עליו עננו: מי עלה למרום. מי עלה למרום. מי עלה למרום. והוריד עז מבטחה: התקבצו וכו': משה עלה למרום. משה עלה למרום. משה עלה למרום. והוא הוריד עז מבטחה: התקבצו וכו'

אגיל ואשמח בשמחת תורה. בוא יבא צמח בשמחת תורה. תורה היא עץ חיים. לכלם חיים. כי עמך מקור חיים: אברהם שמח בשמחת תורה: יצחק שמח בשמחת תורה. יעקב שמח בשמחת תורה: משה שמח בשמחת תורה: אהרן שמח בשמחת תורה: אליהו שמח בשמחת תורה: שמואל שמח בשמחת תורה: דוד שמח בשמחת תורה: שלמה שמח בשמחת תורה: אשריכם ישראל. אשריכם ישראל. אשריכם ישראל. אשר בחר בכם אל והנחילכם התורה ממדבר מתנה: אשרי. יהללו וכו':

דיני חנוכה

יברך בכל לילה להדליק נר חנוכה ושעשה נסים ולילה הראשון יברך ג"כ שהחיינו ואין להדליק עד שיגמור כל הברכות. המנהג הנכון לדבק הנרות או לתלות המנורה בטופי המזוזה בחלל הפתח. ויתחיל להדליק בליל ראשון מנר הימין ומליל שני ואילך יברך על הנוסף וילך משמאל לימין:

ברוך אתה יהוה אלהינו מלך העולם אשר קדשנו במצותיו וצונו להדליק נר חנכה:

ברוך אתה יהוה אלהינו מלך העולם שעשה נסים לאבותינו בימים ההם בזמן הזה:

ברוך אתה יהוה אלהינו מלך העולם שהחיינו וקימנו והגיענו לזמן הזה:

ואחר שידליק הנרות יאמר זה

הנרות הללו אנו מדליקין על התשועות ועל הנסים ועל הנפלאות שעשית לאבותינו בימים ההם בזמן הזה על ידי כהניך הקדושים וכל שמונת ימי חנכה הנרות הללו קדש הם ואין לנו רשות להשתמש בהן אלא לראותן בלבד כדי להודות ולהלל לשמך הגדול על נסיך ועל נפלאותיך ועל ישועותיך:

שער החנוכה

להבין פרש ענין מזוזה מימין ונר חנוכה משמאל כו' הנה פרש ההפרש אשר בין תורה למצות הוא בבחי' היחוד העליון מפני שיש בסיבת היחוד העליון ב' דברים הא' שהעליון ירד למטה אל המקבל והב' שהתחתון יעלה למע' אל המשפיע וה"ז עד"מ א' עומד למע' והב' עומד למטה בארץ שכאשר רוצים שיה' להתחבר יחד וא"א שירד העליון למטה והתחתון א"א שיעלה למע' כ"כ הנה יש אמצעי ביניהן והוא שירד העליון בסול' עד החצי ואמצע הסולם והתחתון יעלה בסולם עד אמצע הסולם ונפגשים ומתחברים זה בזה באמצע הסולם וכך הוא בכל בחי' יחוד משפיע ומקבל למע' מעלה עד רום המעלות הנה העליון יורד והתחתון עולה ובאמצעו' ירידת העליון ועליות התחתון מתיחדי' באמצע הילוכם (וכידוע בכוונה דסמיכות גאולה לתפלה שהמל' עולה עד היכל ק"ק ובחי' ז"א יורד מחצי' להיכל ק"ק ושם מתייחדים כו' וכמ"ש במ"א) וכך יובן הענין בשרש ענין התורה והמצות הנה שרש בחי' התורה הוא בחי' המשכות וירידת א"ס מלמע' למטה מטה כמ"ש וירד ה' על הר סיני וידבר אלקי' כו' וע"כ נק' הלכות כמ"ש הליכו' עולם לו הליכות אלי כו' שהוא בחי' ההליכה מלמע' למטה מעלמות א"ס בחכמה שבתורה כו' כידוע ושרש המצות הוא בחי' ההליכה מלמטה למע' כידוע דעיקר המצות בשס"ה ל"ת ורמ"ח מ"ע הוא בחי' העלאת מ"ן לאתכפיא חשוכא לנהורא כו' וז"ש כי נר מצוה ותורה אור שהתורה נק' אור להיותה בחי' אור ושפע האלקי מלמע' למטה והמצוה נק' נר בחי' כלי לאור הזה והוא כמו בחי' יחוד משפיע ומקבל כשמתחברין יחד (והסולם שבו מתחברין באמצע התור' והמצוה הוא התפלה כמ"ש בזהר ור"מ בפי' וסולם מוצב ארצה כו' דא צלותא ומלאכי אלהים עולים

ויורדים בו מן השמשכו' והתעלאות שע"י תורה ומצות כנ"ל וד"ל) והנה להבין זה בתוס' ביאור יש להקדים תחלה ביאור ענין כל אשר חפץ ה' עשה כו' וכתיב בדבר ה' שמים נעשו ולכאו' סתרי אהדדי דכל אשר חפץ משמע שהחפץ והרצון הוא העושה שמים וארץ כו' ומ"ש בדבר ה' כו' משמע שהדבור הוא העושה כו' אך הענין הוא דשניהם אמת לפי שיש בכל נברא ונברא ב' דברים חומר וצורה (וגם במלאכים יש חומר וצורה כמ"ש עושה מלאכיו רוחות שהם בחי' נפש ורוח כמ"ש בע"ח) והנה בחי' החומר נברא בדבר ה' ורוח פיו כמ"ש בדבר ה' כו' ובחי' הצורה נברא מבחי' חפץ ה' ורצונו המלובש בחכ' עליונה כמ"ש מה רבו מעשיך כולם בחכ' עשית הרי כל הנבראים נבראו ונעשו בחכ' ולא בדבור אך הענין הוא דעשיה זו שבחכמה הוא העשי' שבחפץ ה' לפי שבחי' חפץ ורצון העליון מלובש תמיד בחכמה (כמשל הבונה בית שרצונו מלובש תמיד בשכלו וחכמתו איך לצייר ציור ותמונת הבנין בכל פרטי אופניו בהתחלקות חדריו כו' אבל גוף האבנים והחומר והלבנים שמהם נבנה הבנין אינו עולה בשכלו איך יהיו שהרי כבר ישנם במציאות והכינם מכבר רק איך לחקוק ולבנות אותם במדה לפי אופן ציור הבנין הוא אשר מעיין בשכלו ורצונו והעיון הזה הוא בחי' צמצום כח השכל לעיין ולפקח איך לקצר במדה של אבן זו ולחתוך אותה רק כפי ציור הנמדד ע"פ השכל בדקדוקים גדולים מאד כמו המעיין בשכלו על איזה דבר אם יוכשר שמדקדק הרבה במדה"ד עד שיוכשר כו' והוא בחי' כח הדין שבחכ' כמ"ש במ"א וד"ל) וזהו כולם בחכמה עשית וכמ"ש במדרש בעשרה דברים נברא העולם בחכמה ובתבונה ובדעת כו' כמ"ש בחכמה יבנה בית ובתבונה יתכונן ובדעת חדרים כו' אך בחי' החכ' הזאת יש בה כח הדין ונק' בחי' גבורות שבח"ס ובל' הזהר נק' בוצינא דקרדוניתא כידוע והוא הנק' מאמר קו המדה ובל' הזהר משחתא כו' והיינו כמ"ש מי מדד בשעלו מים ושמים בזרת כו' מי אסף רוח כו' · וביאור הדבר היינו להיו' כי בחי' הציור של כל הנבראים ואופן תמונתם לכל פרטיהם כאו"א למינהו הנה זה בא מכח הצמצום שבשכל והוא בחי' העיון שבחכ' איך לצייר בדקדוק גדול (וכמשל הנ"ל בבנין בית שהעיון בשכל איך לציירו הוא בבחי' דין כו') אך הנה גוף החומר של הנבראים נברא בדבר ה' בי' מאמרו' רק אופן ציור תמונתם הוא נמשך מבחי' החכ' במדה ושעור כמ"ש מי מדד וכמ"ש חק נתן ולא יעבור והוא ע"פ מאמר קו המדה הנ"ל אמנם עדיין יש להבין שהרי משמעו' הפשט דכולם בחכמה עשית היינו שנעשה גוף הנברא בחכמ' וראיה לזה ממ"ש תחלה מה רבו מעשיך שהן ברבוי התחלקות פרטים רבים וזה א"א כ"א כאשר נבראו מאין ליש בבחי' הגילוי מן ההעלם כידוע וכן פי' כל אשר חפץ עשה משמע עשה ממש כו' אך הענין יובן עד"מ כאשר ישכיל האדם איזה שכל וחכמה עמוקה שתופס הרבה ענינים מחולקים בסקירה א' בשכלו וכאשר צריך לפרש הדבר חכ' בדבור יצטרך לדבר כל ענינים המחולקי' כאו"א בפ"ע ברבוי פרטי דברים לדבר שעה ושתים ובודאי אין כל חדש בכל דבור ודבור שיצא מפיו שהרי כבר קדם כל דבור בשכל רק שבשכל כלל כל הדבורים ברגע א' ומקיף כולם יחד בסקירה א' רק שבדבור בא לידי גילוי בלבד מן ההעלם שבשכל אבל אין זה חדש מעיקרו רק שיצא מן ההעלם לגילוי ועד"ז יובן גם בבחי' השכל לגבי מקור השכל דהנה לפי הנ"ל בגילוי אותיות הדבור מן השכל הרי לא בבחי' ההתחלקו' והרבוי מתחדש בבא השכל לדבור דוקא אלא כבר היו מחולקי' ברבוי בשכל רק שהשכל כלל כל הרבוי הזה בסקירה א' דאם בחי' ההתחלקות מתחדש' בדבור דוקא ובשכל עדיין אין שם בחי' התחלקות כלל וכלל הרי אין זה בחי' גילוי ההעלם בלבד אלא חידוש גמור להתחלק ברבוי יותר דהיינו מן המועט נעשה הרבה כמו ברכת רבוי הצמיחה מחטה א' חטים הרבה וכיוצא אלא ודאי מוכרח לו' שאין בהתחלקות ג"כ התחדשות כי כבר בשכל מתחלק והטעם הוא כי גם השכל עצמו בא בבחי' גילוי מן ההעלם שהוא מקור השכל הנק' משכיל כנודע וכמו שאנו רואים שבשכל יש בחינת אותיות ג"כ ברבוי התחלקות רק שנכללים כא' בסקירת השכל ואדרבה כל ציור פרטי וכל תמונה פרטית הכל בא בשכל כאו"א מיוחד בפ"ע כמו החושב בשכלו איך לצייר פרטי הבנין שכל ציור פרטי נחקק באותיות השכל בפ"ע רק שכלולים כא' בכח השכל הכוללם יחד ובדבור בא לידי גילוי גמור מן השכל כו' אבל אין כל חדש בהתחלקו' זאת רק שבאה ההתחלקות מן ההעלם לגילוי וככה יובן למעלה בזה מ"ש מה רבו מעשיך שיש בחי' רבוי ההתחלקות של כל הצירופים די' מאמרות גם בשרשם בבחי' החכ' דאצי' שנק' אור אבא רק שכולם נכללים כא' וז"ש כולם בחכמה עשית ואח"כ יוצאין בהתחלקות בגילוי בדבור בי' מאמרות ועד"ז בחי' החכמה לגבי מקור החכ' הנה כל מה שנתחלק בגילוי השכל בהכרח שקדם תחלה בכח המשכיל אלא ששם הוא יותר בהעלם והוא בחי' קו המדה הנ"ל בצ"ק והן בחי' ה"ג דע"י שמלובשים בח"ס שנק' בחי' הדין שבח"ס בהעלם ומשם יוצא לגילוי בחכמה דאצי' ומחכמה דאצי' למדות דאצי' שנק' הויה והוא בחי' ז"א ומז"א למל' דאצי' שנק' דבור העליון כידוע (וז"ש כי הוא צוה הוא צ' נסתר שהוא בחי' גבו' שבח"ס וממילא חק נתן ולא יעבור לכל מדה וציור כל תמונה שנחקק בדבור בחי' צורה של כל נברא גם ציור הבהמות ועופות ודומם) :

אך לפ"ז מ"ש כולם בחכמה עשית אין הכוונה עשיה

גשמיות לחומר הנבראים רק ציור והתמונה כל נברא ברבוי התחלקות אופנים שונים והוא ע"פ חפץ ורצון ה' שבחכ' ע"פ מאמר קו המדה הנ"ל אבל גוף חומר הנבראים נתהוו מבחי' דבור העליון בלבד כנ"ל ויש להבין הטעם למה לא נתהווה גם גוף חומר כל הנבראים מבחי' החכ' אך הענין הוא כי גוף הנבראים הוא בחי' יש נפרד כידוע שבחי' חומר הנברא הוא הווה ונפסד בע"ג ותכלית והוא להיותו בא בבחי' הפירוד מאין ליש ע"י בחי' הצמצום וההסתר דשם אלקים שהוא בחי' מל' כמ"ש דבר מלך כי אין מלך בלא עם כו' וכמ"ש במ"א וא"א שיתהווה בחי' יש נפרד מאלקות רק ע"י בחי' המל' שנק' דבר מלך כו' כי המלוכה הוא בחי' ההתנשאות מרחוק כו' ויכול להיות בחי' הסתר וצמצום עד שיתהווה בחי' יש מאין כמ"ש ה' מלך גאות לבש כהדין קמצא דלבושיה מיני' ובי' כו' אבל מבחי' החכ' דאצי' א"א שיתהווה בחי' יש נפרד ואפילו בחי' המדות דאצי' שבהם מלובש אור החכ' א"א שיתהווה מהם בחי' יש נפרד משום דאא"ס איהו וחיוהי חד כו' הכל בבחי' היחוד בעצמיות עד"מ אדם התחתון ששכלו ומדותיו מתאחדים בעצמותו משא"כ הדבור יוצא נבדל חוץ מעצמותו לזולתו כו' וע"כ גוף החומר של הנבראים נתהווה רק מבחי' דבור העליון שהוא מאין ליש והיינו מ"ש בס"י שהאותיות דמ"ל דאצי' נק' אבנים ה' אבנים בונות ק"ך בתים כו' שהוא כמו חומר האבנים שבונין מהם הבתים אבל בחי' הצורה של הנבראים נמשך מבחי' החכמ' ורצון העליון והוא כמשל המצייר הבנין לחקוק חומר האבנים בציור ותמונה מדוקדק' שהוא רק ע"פ עיון השכל כנ"ל ועז"ה אמר כל אשר חפץ כו' וכידוע דצרופי אותיות שבמ"ל נמשך מבחי' החכמה דאבא יסד ברתא וכנראה לעין שהתחלקות הצרופים שבדבור אינו מן ההשגה שבשכל אלא מנקודת החכ' ההיולית דהיינו מלמעלה מן השכל הנק' משכיל ונק' קדמות השכל או העלם השכל ולמע' היינו בחי' חכ' סתימאה או מח' הקדומה כו' והיינו בחי' ה"ג דח"ס שנק' בל"ק או קו המדה כמ"ש מי מדד כו' וז"ש בס"י בג' דברים בסופר וספר וספור כו' סופר הוא בחי' קו המדה שרש הראשון לציור ההתחלקות וספר הוא בחי' החכ' דאצי' שהוא ראשית הגילוי מן ההעלם הראשון וספור הוא בחי' המ"ל וכמ"ש בס"י קבען בפה כו' וד"ל (וגם בחי' המ"ל באצי' אינו אלא י' מאמרות כללים וכשנעשי' ע"י לבריאה מתחלק לרבוי יותר ק"ך צרופים דשם אלקים ואח"כ מתחלק עוד מבריאה ליצירה ומיצירה לעשי' כידוע וד"ל) ומעתה יש להבין מ"ש כל אשר חפץ ה' עשה כו' מהו הרבותא הזאת דכל אשר חפץ עושה כו' אך הענין הוא דכתיב ואל אישך תשוקתך והוא ימשל בך שהוא בחי' שם מ"ה דדכורא שמושל על שם ב"ן דנוק' והיינו ג"כ ענין שם הוי' שמושל על שם אלקים כידוע דשמש ומגן ה' אלקים הוא בחי' מ"ה וב"ן כו' וזהו כל אשר חפץ הוי' שהוא מ"ה דוקא עשה בשמים כו' להיותו מושל על שם אלקים וזהו עיקר הרבותא בפסוק הזה כו'· ולהבין ביאור זה הנה ידוע בחי' שם אלקים הוא בחי' ההסתר וההעלם להעלים עצמות אור האלקי' כדי שיוכל להיות בחי' יש נפרד והיינו ע"י שם אלקי' המצמצם וצמצום זה הוא כהדין קמצא דלבושיה מיניה וביה כו' כידוע ומבואר במקו' אחר ולפי בחי' צמצום והסתר הזה דשם אלקים הי' הכל בבחי' הפירוד ליש בלתי בחי' בטול כלל וכמו הגוים שהם בבחי' הפירוד ויאמרו לאל סור ממנו הגם דקרו לי' אלהא דאלקי' כו' ואנו רואים שיש בחי' בטול היש גם בעולם השפל הזה היותר אחרון והן כל צבא השמים והשמש וירח שמשתחוים בסבובם כלפי מערב לפי שהשכינה במערב וכמ"ש וצבא השמים לך משתחוים כו' גם בבחי' חומר גופם במה שסובבים בהילוכם מלבד בחי' בטול שבנפש' בחי' הצורה כו' (וכאשר נלאו חכמי התכונה להשיג טעם הסיבוב של הט' גלגלים וגלגל היומי וגם עכו"ם היו מודים בזה רק שאינם משיגים יותר מי' גלגלים הללו ולבחי' הצור' שלהם קורים בשם שכליים נבדלים ובאמת עפ"י הקבלה אינה רק בחי' חיצוניות הכלי דמ"ל שבמ"ל דעשיה כידוע) וידוע שהמזלות שבגלגלים וכל צבא השמים מקבלים משמרי האופנים והאופנים יש להם גם כן חומר וצורה ובודאי הם משתחוים בבחי' בטול היש יותר ועד"ז גבוה מעל כו' כל הקרוב יותר לאור אלקי' יותר יתבטל כי אין שם בחי' הסתר וצמצום כ"כ כי שם אלקים בא בבחי' העלם אחר העלם וצמצום אחר צמצום בהשתלשלות רבות וכל שמתצמצ' ומתעלם יותר יותר יהי' בחי' היש והפירוד עד ע' שרים דעשיה דכתיב בהו מלך אלקי' על גוים בחי' צמצום היותר אחרון הנק' אלקים אחרים בחי' אחוריים וחיצונים ביותר ולכך אעפ"י שיודעים ומשיגים את רבונם יכולים למרוד בו ולומר עזב ה' את הארץ וע"כ נאמר רם על כל גוים כו' שמסתלק מהם לפי שסבורים שכבר נתמעט האור בהעלמות כ"כ ונשאר העולם כך ואע"פ דקרו ליה אלהא דאלקי' יכולים למרוד להיות בבחי' הפירוד כמו שר של מצרים שאמר לי יאורי וכו' ושר של אדום שאמר אעלה על במתי עב אדמה לעליון כו' וע"כ אמר פרעה מי הוי' אשר אשמע בקולו כו' כי לא קבל שרש השפעתו למע' רק מבחי' שם אלקים מבחי' אחוריים ע"כ לא ידע כלל את שם הוי' וכמ"ש מלך אלקים על גוים אלקים דוקא מטעם עולם ההסתר שהפרידן מאחדותו והחליקן כו' אך הנה באמת שגו ברואה כי בחי' צמצום דשם אלקים איננו לצמום הכרחי שהרי אנו רואים שיכול להיות נסים ונפלאות הרבה בהיפך הטבע שהוא גימ' אלקים כקריעת י"ס וכיוצא·

והוא

והוא להיות כי האמצעי אינו אלא כהדין קמצא דלבושי' מיני' וביה כנ"ל וע"כ בחי' שם הויה דאצי' בהגלותו על בחי' אלקי' המצמצם ממילא יבוטל ההסתר והצמצום הזה לגמרי וכמו לעתיד דכתיב ונגלה כבוד הויה וראו כל בשר גם הגוים כו' והוא מה שרמזו רז"ל דלעתיד הקב"ה מוציא חמה מנרתקה דהיינו שיסיר הנרתק דשם אלקי' המסתיר על שם הויה כמ"ש כי שמש ומגן ה' אלהים כו' ומחמת זה הגילוי דשם הוי' על בחי' אלקים יוסר כל מסך מבדיל ממילא כי שם הוי' מושל על שם אלקים כמו משל ממשלת הדכר על הנוק' וכמ"ש והוא ימשל בך ומפני זה ימצא בחי' ביטול היש גם בעולמות היותר תחתונים שבצמצומים היותר אחרונים כמו גם במ"ח לצרופי אחרונים דשם אלקים הנק' אדמת בני חם כו' וראיה לדבר זה ממה שמצינו שהצדיקי' יכולים להפוך הטבע לעשות בחי' בטול היש כמו שאמר רחב"ד מי שאמר לשמן כו' הרי היפך צירופי הטבע משמן לחומץ וכה"ג בכל הנסים שע"י הצדיקים להחיות מתים כאלישע ואליהו והיינו מפני שנא' צדיק מושל ביראת אלקים פי' אלקים הוא בחי' ק"ך צירופים דשם האלקים המצמצ' כנ"ל ויראת אלקי' הוא בחי' בטול היש לאין שנק' יראה תתאה כידוע והוא בחי' המ"ל דאצי' שהוא קבלת מ"ש כידוע וצדיק עליון הוא המשפיע להמ"ל דלית לה מגרמה כלום כידוע דהמ"ל נק' צדקה והמשפיע שהוא בחי' הוי' דז"א נק' צדיק כמ"ש כי צדיק הוי' צדקות אהב וכן צדיק ה' בכל דרכיו אור זרוע לצדיק וכה"ג ולכך אמר דבחי' צדיק שהוא מרכבה לצדיק עליון דאצי' הוא המושל ביראה תתאה דמ"ל שנק' יראת אלקים בחינת שם ב"ן וכמ"ש והוא ימשל בך כנ"ל וע"כ יש בכח הצדיקים להפוך צירופי הטבע שנמשכו מבחי' צמצום דשם אלקים כנ"ל וד"ל (וע"כ אמרו רז"ל דגדולים מעשה הצדיקים ממעשה שמים וארץ דמעשה שמים וארץ מאין ליש מבחי' אלקים כנ"ל ומעשה הצדיקים שעושין בחי' בטול היש לאין זהו מבחי' הויה המושל על שם אלקים כנ"ל וד"ל) ובכ"ז יובן ג"כ מה שאמר יתרו עתה ידעתי כי גדול הוי' מכל האלקי' פי' כל אלקים כולל רבוי הצרופים דשם אלקים שנתגלגלו ברבוי צמצומים והעלמות כנ"ל אך בחי' שם הויה גדול מכל בחינ' אלקים להיותו מושל בכולם מגדול ועד קטן ואשר אמר יתרו זה על יציאת בנ"י ממצרים דוקא הענין הוא לפי שעיקר יניקת פרעה ומצרים הוא רק בבחינ' אלקים כנ"ל דלזה אמר לא ידעתי את הוי' כלל כו' אמנם לזה הי' כל עיקר הי' מכות וגם באלקי מצרים עשה שפטים כו' כדי שידעו מצרים כי אני הויה דוקא וכמ"ש וידעו מצרים כי אני הוי' פי' אני בחי' מ"ל שגם הוא נכלל ובטל לשם הוי' וכמ"ש והוא ימשל בך וכנ"ל ולכך היה הכוונה בי' מכות להשפיל ולהכניע עשר ספי' דקליפת מצרים שמקבלי' מבחי' אחוריים דשם אלקים דקדושה ואז ממילא ידעו ששם הוי' הוא עיקר המושל כו' וד"ל · וזהו לא לנו ה' כי לשמך תן כבוד והוא שם הויה תן כבוד מבחי' בטול היש דשם אלקים כדי להראות חסדך ואמיתך כו' ואז לא יאמרו הגוים איה אלהיהם כי בבחי' ההסתר דשם אלקי' אומרים הגוים איה כו' כי רם על כל גוים כו' כנ"ל אבל בהגלות נגלות שם הוי' גם המה יכירו שאלקינו בשמים כל אשר חפץ עשה וכמ"ש כל אשר חפץ הויה עשה בבחי' הבטול היש מאין גם בכל העולמות שמקבלים משם אלקים כנ"ל וזהו כל עיקר ענין יחוד קב"ה ושכינתיה שהוא בחי' שילוב שם הויה שמשתלב בשם אלקים כידוע וד"ל · והנה ידוע שיש בבחי' שילוב הויה בשם אד' ב' אופנים הא' ששם הוי' משתלב בתוך שם אד' ושם אד' מלביש לשם הויה והיינו שאות האל"ף דשם אד' קודם לי' דשם הוי' כו' והב' הוא בחי' שילוב שם אד' בשם הוי' ושם הוי' מלביש לשם אד' כי שם אד' משתלב בתוך שם הוי' והיינו שאות היו"ד דהוי' קודם לאות א' דאד' כו' וביאור שני דרכים הללו יובן ע"פ הנ"ל בשרש התורה והמצות שהן בחי' יחוד העליון דממלא וסובב והוא יחוד הוי' אלקים שנק' יחוד קוב"ה ושכינתא כידוע ומבואר למעלה שיש ב' דרכים ביחוד זה הא' שהעליון יורד למטה אל התחתון להתייחד וירידתו עד האמצע והב' עליות התחתון אל האמצע ומתחברין כשנפגשים כו' ואמנם יש ב' אופנים מלבד אופן האמצעי הזה ששניהם מתחברין באמצע הילוכם והוא אשר העליון יורד למטה ממש במקום מעמד המקבל והמקבל עומד למטה ממש והב' שיעלה המקבל אל מקום מעמד העליון המשפיע ממש מבלי שיצטרך לירד כלל גם אל האמצע ובב' האופנים הללו הא' לא יזוז כלל ממקומו וממעמדו והב' יזוז לגמרי או שהמשפיע יורד למטה לגמרי והמקבל לא יזוז כלל או להיפך שהמקבל יזוז ועלה לגמרי והמשפיע לא יזז ממקומו כלל אבל אופן האמצעי הנ"ל הוא ששניהם יזוזים ממקומם אך לא לגמרי רק זה עד חצי הילוכו מלמע' למטה וזה עד חצי הילוכו מלמטה למעלה והוא עד"מ ב' ב"א שמתחברים באמצע הסולם זה בעליה וזה בירידה כנ"ל וג' אופנים הללו יובן ג"כ בבחי' יחוד העליון דהוי' ואלקים ע"י התורה והמצות כמ"ש כי נר מצוה ותורה אור כנ"ל והוא ענין שילוב הויה באד' בג' אופנים הללו הא' ששם הוי' משתלב בתוך שם אד' שהאל"ף דאד' קודם ליו"ד דהויה כנ"ל היינו שבחי' המשפיע שהוא אור ז"א דאצי' יורד ומתעלם בהעלם אחר העלם ומתלבש תוך בחי' הצמצום דשם אד' ושם אד' מעלימו ומלבישו ואז הארת אור שם הויה בהעלם תוך כל עלמין עד צמצום היותר אחרון (וע"ד שנאמר וארא אל אברהם כו' באל שדי ושמי הוי' לא נודעתי להם כו' אע"פ

שהוי'

שהוי' מלובש באל שדי אבל הוא בהעלם כו') וזהו עכשיו בזמן הגלות אבל לעתיד כתיב ונגלה כבוד הוי' הרי יתגלה שם הוי' ולא יסתיר עליו שם אלקים כלל והוא בחי' ירידת המשפיע בגלוי למטה אל המקבל בלי לבוש כלל וכמ"ש ולא יכנף עוד מוריך כו' עין בעין כו' (וכ"ז נכלל באופן הא' שהמשפיע יורד אל המקבל ממש רק שיש בזה ג"כ ב' אופנים אם ע"י העלם או בגלוי כו') והאופן הב' בחי' שילוב אד' בתוך שם הוי' שהיו"ד דהוי' קודם לאל"ף דאד' כנ"ל היינו בחי' עליות המקבל אל רום המעלות במקום ומעמד המשפיע שהוא שם הוי' דאצי' ממש והוא אשר בחי' היש נכלל להיות בבחי' אין ממש וזה יותר מעל' מירידת המשפיע אל המקבל בלבושי' והעלמו' שהוא שילוב הוי' בתוך אד' כנ"ל (אבל בחי' ירידת אור המשפיע למטה בגלוי בלי לבוש כמו שהוא למעלה יותר נעלה מעליות המקבל גם שנכלל והי' כמו המשפיע בבחי' אין ממש לפי שהמקבל לא יוכל להתפשט כ"כ מבחי' הגבלתו בהיותו עולה וכמ"ש מי יעלה בהר ה' כו' ועוד מטעם שבחי' ירידת אור המשפיע למטה יכול להיות גדול מגילוי אורו למעלה דהיינו ממקום ומדריגה היותר גבוה עד שלא יחשיך אורו גם עולם ההסתר כו' כידוע דכל הגבוה גבוה דוקא יותר ביכולתו להאיר גם היותר נמוך וכענין ועברתי בארץ מצרים אני ולא מלאך כו' וכמ"ש במ"א) והאופן האמצעי הוא בשם הוי' יורד עד אמצע הילוכו מלמע' למטה ובחי' שם אד' עולה מלמטה למע' עד החצי והוא בחי' היכל ק"ק שמתייחדים שם בתפלה והשילוב הזה הוא אמצעי למהוי' א' בא' ממש מבלי שילבים זא"ז או שיתגלה ויוכלל זה תוך זה כנ"ל ולעתיד כתיב והיה אור הלבנה כאור החמה כו' שיהיו זו"נ שוין בקומתן ולא יצטרך המשפיע לירד ולא המקבל לעלות כי שניהם משתמשים בכתר א' ממש כו' וד"ל · ולהבין ענין נר מצוה ותורה אור הנ"ל בתוס' ביאור יש להקדים תחלה בענין האותיות דהנה ידוע בשרש בחי' האותיות שבה' מוצאות הפה כמו אחה"ע מהגרון וגיכ"ק מהחיך כו' שאין מוצא הגרון מפעיל ומוליד אותיות אחה"ע ומוצא החיך מפעיל ומוליד אותיות גיכ"ק כו' כמו קול הכנור שהכנור ע"י חליליו כשמנגני' בו מולי' ומוליד הקול שהקול לפי מזג כלי הכנור אבל א"א לומר כן בה' מוצאות הפה שהרי א"א לומר שמזג טבע הגרון להוציא ולהוליד אותיות אלו אחה"ע דוקא כי אינו שייך כלל למהות אותיות וראיה לדבר שהבהמה ותינוק בן שנה אעפ"י שיש להם ה' מוצאות אין יכולים לדבר כלל אלא מוכרח לומר שהאותיות הללו אחה"ע כו' המה רוחניי' וקבועים מכבר בנפש השכלית בטבע התולד' ונק' נפש המדברת וכתרגומו לנפש חי' לרוח ממלל' שהרוח הוא בחי' מדבר בטבע תולדתו רק בהתלבשו' אותיות הנפש

בה' מוצאות הן המניעות את הה' מוצאות להוציא אותיות במבטא גשמי' ולא שהה' מוצאות מניעות ומולידות האותיו' (וראיה לזה מאותיות בומ"ף מהשפתיים שהשפתיי' קודמין לקמוץ בטרם יגיע אות הב' לפי שאות הב' או הפ"א עושה את הקמילה בשפתיים בבואם אליו ונמצא הן המניעות למוצא שפתיים וכך הוא בשאר המוצאות וכמ"ש במ"א באריכות) ונמצא הה' מוצאות מתנענעים על ידי האותיות להיותם רוחני' קבועים בנפש כי הנפש מליאה אותיות בתולדת' רק שירידת האותיות בה' מוצאות אינו בא באדם עד היותו בן ב' שנה לפי שקודם שנשלם בחי' השכ' בנפשו עדיין אין האותיות בשלימות ולא נק' רוח ממללא בגילוי הדבור בה' מוצאות הפה וכמ"ש ויהי האדם לנפש חיה ופי' חיה הוא בחינת החכמה דוקא כידוע והיינו משום דאבא יסד ברתא כו' וכך יובן למעלה דבחינת מל' דאצי' נק' פה כמ"ש בס"י וקבען בפה וזהו ואתה מחיה כו' א"ת שבה' מוצאות הפה עליון כמ"ש בדבר ה' כו' ונק' רוח ממללא ושרש בחי' דבור העליון שבי' מאמרות נמשך מבחי' החכ' דאצי' דאבא יסד ברתא ולכך נק' המל' נפש חיה כי המל' מלאה באותיות עד"מ הנפש למטה ואמנם כאשר אין עדיין בחינת גילוי אותיות בה' מוצאות נק' אותיות המח' בבחי' הסתימות וההעלם והוא בחינת עלמא דאתכסיא שהוא בחי' בינה כידוע ועד"ז יש כמה מדריגות בבחי' אותיות שבחי' אותיות שבעליון נק' העלם לגבי אותיו' שבהתחתון ואותיו' שבתחתון נק' העלם לגבי התחתון הימנו ולהיפך בחי' אותיו' שבעליון נקר' בחי' גילוי לגבי העליון ממנו והיינו בחי' מחשבה שבתחתון נק' דבור בעליון ובחי' דבור שבעליון נק' מחשבה לגבי התחתון ובחי' מח' שבעליון נק' דבור לגבי העליון ממנו ועד"ז הולך עד רום המעלות וכך הוא ג"כ במלאכים דבי"ע שנא' בהם וקרא זא"ז כו' ותרגומו ומקבלין דין מן דין פי' שבאין בבחי' השתלשלות עילה ועלול בחי' מחשבה שבעלול נקר' דבור בעילה ובחי' דבור שבעילה הוא בחי' מח' בעלול וכך יורד ומשתלשל מעילה לעילה עד שבחינ' מח' שלנו הוא בערך בחי' דבור כמלאכים דעשיה היותר התחתונים וגבוה מעל גבוה כו' בחי' מחשבה שבמלאכים דעשיה מקבלים מבחי' דבור שבמלאכים עליונים מהם כו' וכך עד רום המעלות (ולפ"ז פי' וקרא זא"ז היינו שהעליון קורא בדבור לתחתון וממנו נעשה בחי' מחשבה סתומה בתחתון כו') ולפי' התרגום ומקבלין דין מן דין הוא להיפך שהתחתון קורא במח' לעליון ומקבל מבחי' דבור שבעליון וכן העליון מעליון הימנו כו' והנה שרש גילוי האותיות בבחי' חכ' כמ"ש ויהי האדם לנפש חיה כנ"ל אך אין זה רק בחי' גילוי ההעלם בלבד אבל גוף מציאת התהוות האותיות נמשך מלמע' מן השכל והוא בחי' הכתר שלמע' מבחי'

מבחי' החכמה כמ"ש והחכמה מאין תמצא מבחינת אין דכתר כידוע רק שבחי' התגלותן של האותיות מתגלה בבחי' החכמה וז"ש לנפש חיה בחי' חכמה ותרגומו לרוח ממללא והו ויהי האדם הוא בחי' מדבר בעצם השרש הראשון הנעלם בבחי' יחידה לנפש חיה שנתגלה שרש העלם הזה בבחי' חכמה שנק' חיה כנ"ל (ואם היה תחלת התהוות האותיות רק מבחי' חכמה בלבד מה זה שאמר ויהי האדם לנפש חיה איך נקרא אדם בחי' מדבר קודם שהיה לנפש חיה בבחי' החכ' אבל אם שרש האותיות כבר נתהוו בעיקר מהותן בבחי' יחידה שנק' אדם ע"כ אמר ויהי האדם הזה לנפש חיה בבחי' הגילוי מן ההעלם שהוא בחי' ירידה להיות נק' רוח ממללא ממש ולפ"ז מ"ש בע"ח דהנפש מלאה אותיו' היינו בחי' יחידה והו בתינוק בתולדתו רק כשבאין לידי גילוי בחכמה שבנפש אז נק' נפש חיה רוח ממללא והוא אחר היותו בן שנה ויותר כנ"ל וכך יובן למעלה בבחי' מל' דאצי' שנק' נפש כנ"ל שבחי' האותיות שבבחי' יחידה באין לידי גילוי בבחי' חכמה שבה כו' וד"ל) (ועשרה מאמרות דמע"ב באים ע"י בחי' החכ' דבראשית אבל בבחי' יחידה שנק' כתר אין שם רק כ"ב אותיות שנק' כתרין עילאין כמש"ת וד"ל) והמופת לענין זה הוא מ"ש בזהר דכ"ב אתוון עילאין נק' כתרין עילאין וכולם נחתו בבחי' עטרה על הראש כו' וכמ"ש בזהר ויקרא בתחלת הפ' דנחתא אות ב' כתרא עילאה על כורסיא דיקרא כו' ע"ש וטעם הדברים יובן מבחי' אותיות בנפש האדם דהנה אנו רואים שמהות האותיות שבשכל אינן ממהות השכל כלל וכלל שהרי יותר יש ערך למדות עם השכל משיש ערך ויחוס לאותיות עם השכל כי הרי המדות מתפעלים מן השכל ובהכרח שיש מהות המדות גם בשכל ונקר' מדות שבשכל כידוע אבל בחי' האותיות אינם מתפעלים ומתהוים מכח השכל כלל שהרי גם בלא שכל יש בחי' אותיות וכמו התינוק הקטן שבלא דעת כלל וכלל ידבר רבוי דברים ובהכרח ששרש האותיות נמצאים בעצם נפשו שלמע' מבחי' השכל אך הנה אנו רואים שהאותיות נעשים לבוש בלבד אל השכל כי א"א להשכיל כל שכל בלתי לבוש האותיות בכל לשון מע' לשון והשכל א' הוא רק שבהכרח להלבישו בלשון ואותיות אם בלשון הקדש או בלשון ארמי או לשון יוונית או שאר לשונות מע' לשון ואין הפרש כלל אם יחשוב השכל באותיות מח' ודבור בלשון זה או בל' אחר ולא ישתנה עצם השכל אם יחליף הלבושים מלשון זה לל' אחר (אבל בהתפעלות המדו' משתנה השכל ממד' למדה אחרת כידוע להיו' שהמדה אינה בחי' לבוש אלא נמשכה ממהות השכל רק אעפ"כ שרש המדות ג"כ שלמעלה מן השכל רק שעוברים דרך השכל כמ"ש במ"א) :

וגם עוד ראיה שאין האותיו' נמשכי' ממהות השכל שהרי ב' בנ"א משכילים שכל א' ממש זה יאמרו באותיות הללו וזה יאמרו באותיות אחרים כי זה הלביש השכל באותיות אלו וזה הלבישו באותיות אחרים אבל ההשכלה אחת היא ממש וכמו מפרשי הגמרא פירש"י ותוספות ור"ן שהשכל א' רק שאין הלשון וההסבר א' וגם אנו רואים שלפעמים יחשוב אדם שכל א' באותיות אלו ולפעמים יחשבנו באותיו' אחרים והשכל א' לפי שהשכל אינו אלא נתפס ומתלבש באותיו' אבל אין האותיות מבחי' מהות השכל כלל כי שרשם האמתי הוא מבחי' הכתר שלמע' מן השכל כנ"ל אך הנה מ"מ א"א להשכיל כל שכל בלתי לבוש אותיות כי אין השכל נתפס כלל בלא אותיות והענין הוא כנ"ל דבחי' גילוי האותיות הוא בשכל כמ"ש לנפש חיה כנ"ל ולזה באים בבחי' הגילוי מבחי' שרשם הנעלם כדי שהשכל יהיה נתפס ומתלבש בהם ואז יהיה בחי' רוח ממללא כנ"ל אבל אין השכל משיג למהות ועצמות האותיות אעפ"י שנעשים לו לבוש לבד שהרי השכל יוכל להשיג מהות התפעלו' כאהבה לפי ששרשו יש בשכל עצמו כנ"ל אבל גוף האות דאב"ג לא נודע ולא מושג כלל גם בשכל מה הן ומהיכן מוצאן ולמה בציור אופן כזה והמופת לזה מדבר הפתאומי שאין השכל מאיר כלל ואינו משיג מכ"ב אותיות הנמצאים בפיו ואעפ"כ ידבר אך א"כ י"ל מה זה שעיקר גילוי האותיות בא בשכל דוקא אחר ששרשם למע' מן השכל ואינן נתפסים ומושגים בשכל כלל ואם בשביל להיות לבוש לשכל כנ"ל הרי משמעות הכתוב לנפש חיה שמתהווים אותיות בבחי' גילוי הדבור דוקא בחכמה ולא בהיותם עדיין למע' מן השכל כו' אך הנה הענין הזה יובן ע"ד דוגמא מבחי' כח התולדה שבנפש האדם דהנה אנו רואי' שהתינוק פחות מבן ט' אינו מוליד ובהיותו בן ט' עד י"ג וט"ו שנה יוכל להוליד ויש להבין מאיזה סיבה חסר לנפשו כח התולדה קודם היותו בן ט' אם עיקר כח התולדה בא מן המוחי' עצמם הרי יש לו מוחין גמורים קודם בן ט' כמו אח"כ ואם הסיבה מחיזוק המוח ע"י המאכלים שהוא אוכל כידוע שהמאכלים ירבו זרע המוח הרי אין הפרש בין מאכלו קודם או אח"כ והטפ' נמשכת ממוחו בחמימות התאווה באין הפרש כלל בהיותו קודם בן ט' לאח"כ אלא שאין מוליד ולד קודם שהוא בן ט' אך הענין ידוע ומבוא' במ"א שכח המוליד נמשך משרש הנפש שהרי מוליד בדומה לנפשו ממש והוא מבחי' יחידה שבנפש אך בחי' גילוי כח התולדה בא בכלי המוחין דוקא להיו' כי טפת הזרע נמשכת מן המוחין כידוע רק אם ראוי להוליד אם לאו זה תלוי בהארת יחידה כו' ונמצא מה שאחר בן ט' מוליד זהו מבחי' הארת גילוי יחידה בחכ' שבמוחו ואם לא הגילוי הזה אע"פ שהיה כנ"ל כח התולדה בבחי' יחידה קודם בן ט' אבל לא נתגלה ונתלבש כח זה בטפה שבמוח עד לאחר בן ט' ואחר שנתגלה ונתלבש כח המוליד בכלי

בכלי המוחין אז נקרא הטפה שבמות בשם כח מוליד כו' וכדוגמא זו יובן ג"כ בבחי' האותיות שעיקר מהות האותיו' קבועין בעלם הנפש שנק' יחידה ובבחי' החכ' הוא שמתהוי' בבחי' גילוי ונק' נפש חיה רוח ממללא כמו כח ההולדה שנעשה בכלי המוח אבל אמיתת שרשם הוא בבחי' הכתר שנק' יחידה רק ע"פ השכל באין לידי גילוי ונעשים לבוש לשכל להיות גילוי השכל על ידן כמו שגילוי כח המוליד הוא ע"י המוחין כנ"ל וד"ל. ובכ"ז יובן מה שארז"ל על מט"ע שיושב וקושר כתרים לקונו והכתרים שקושר הוא מתפלותיה' של ישראל דוקא ויש להבין איך מתפלה בדבור גשמי יעש' מט"ע בחי' כתר עליון לקונו שהוא כדמיון העטרה ע"ג ראש האדם למטה. אך הנה ידוע דאותיות התפלה עולות ע"י המלאכים העליונים בעלוי אחר עלוי מעולם לעולם עד שתעלה לרום המעלות להיות בחי' כתר למ"ל דאצי'. ואמנם איך תעלה כ"כ הלא התפלה גשמי הוא באדם התחתון הנה לזה יש מלאכי' ממונים בכל היכל והיכל מבחי' היכלו' עליונו' לקבל כל תפלה ותפלה ולהעלות' ממדריגה למדריג' עליונ' כנ"ל והוא כמ"ש בזה"ק דהמלאך הממונ' על התפלה גפיף לה ונשיק לה בתחלה ואח"כ מעלה אותה לעולם העליון הימנו ועד"ז כבוא התפלה לעולם והיכל העליון הימנו יש מלאך ממונה שם ג"כ דגפיף ונשיק לה ומעלה אותה לעולם והיכל העליון הימנו ועד"ז תעלה בעלוי אחר עלוי עד רום המעלות. וביאור ענין גפיף לה ונשיק לה היינו שהמלאך מכניס בחי' הבל רוחו הפנימי בה כמשל הנשיקה גשמי באדם התחתון שהוא יציאת הבל ורוח פנימי מפנימית הלב והשכל (ונק' נשיקין אתדבקות רוחא ברוחא כידוע) כך מכניס המלאך מפנימית רוחו ע"י נשיקה זו באותיו' התפלה ועי"ז תתפשט מגשמיות' שהיא בחי' אותיות דבור אדם גשמי ונעשית בבחי' דבור המלאכים שהוא כמו בחי' מח' באדם למטה ויותר דק ממנו כנ"ל בפי' וקרא זא"ז כו' כי באותיות התפלה מלובש וגנוז הכוונה וההשגה שבה ובכלל ברוח המלאך בנשיקה זו ונעשית בערך השגת המלאך ודבורו ופי' וגפיף לה היינו בחי' המשכת או"מ מבחי' המקיף של המלאך כו' (וכמ"ש במ"א בארוכות בפי' חונה מלאך ה' סביב ליראיו שכל נשמה צריכה למלאך שיסבב אותה בבחי' מקיף ואם לאו לא תוכל לעלות) אך יש נשמות גבוהות שא"צ לעזר ע"י מלאך (כמו ר"ח רבה דמגפיה עייל כמ"ש בגמ' בעובדא דההוא מרבנן כו') ועד"ז עולה התפלה בעלוי אחר עלוי מעשיה ליצי' ומיצי' לבריאה ע"י המלאכי' דבי"ע כנ"ל עד שתעלה למלאך היותר עליון וכללי שכולל כולם הוא בחי' מט"ע דבריאה דכתיב ביה הנה אנכי שולח מלאך כו' אל תמר בו כי שמי בקרבו ששמו כשם רבו כו' והוא בחי' ו"ק דבריאה בבחי' היכלים כו' ונק' ג"כ עבדו זקן ביתו המושל בכל אשר לו ונק' בגמ' שרו של עולם בכללות כמ"ש נער הייתי גם זקנתי שרו של עולם אמרו כו' (כמ"ש במ"א ביאור ענינו בארוכות על מ"ש בזהר אגוס כתליך ימיו כו') והוא מ"ש דמט"ע זה יושב וקושר כתרים לקונו פי' שמתפלותן של ישראל אחר שנתעלו עד בחי' ו"ק דבריאה שהוא בחי' מט"ע הנה מתעלים עוד ע"י בחי' מט"ע זה ונעשה אותם בחי' כתר לקונו שהוא בחי' מ"ל דאצי' שנעשה כתר לבריאה ונעשה מתפלת ישראל שנכללו בו (ע"ד הנ"ל בפי' נשיק לה) בחי' כתרים למ"ל כעטרה ע"ג הראש כו' והענין הוא מטעם הנ"ל לפי ששרש עלם האותיות הוא בבחי' הכתר שנק' יחידה שהוא בחי' מקיף על המוחין שבראש וע"כ בחי' מט"ע זה מעלה את האותיות של התפלה עד שרשן ומקורן הראשון בבחי' אותיו' שבמ"ל דאצי' שהן בחי' כתר מ"ל כנ"ל ולכך נעשה מהן עטרה ע"ג הראש כי זה דומה לאבן טוב המבהיק בגיהן ע"ג הראש כן אותיות הללו נתעלו מגשמיות דעשיה רק שנתעלו לעלם שרשן בבחי' מ"ל דאצי' מפני שישראל נק' אדם אדמה לעליון וע"כ דוקא מתפלותיהן של ישראל קושר כתרים לקונו (ולמעלה יותר נעשה בחי' כתר גם לז"א כמ"ש בעטרה שעטרה לו אמו כו' מפני שהתפלה שרשה בבחי' מל') וענין הקשיר' שקושר הכתרי' הוא בחי' היחודים העליוני' שעושה מהם (ורמז בזה אמרו גם על חנוך שהוא מט"ע שהיה תופר מנעלים כו' שהוא ג"כ בחי' יחודים אך הוא גילוי' ועשי' שנק' נעלים כמ"ש מה יפו פעמיך בנעלים בת נדיב כו' וכמ"ש במ"א וד"ל) אך יש לאיזה טעם הוא קושר כתרי' לקונו ומה התועלת מן הכתרי' הללו כו' הענין הוא משום דשרש הכוונה בעליות התפלות מלמטה למע' הוא לעורר בחי' המשכות עליונות מלמע' למטה מרום המעלות דהיינו מבחי' כתר מ"ל שנק' רצון העליון כמו שאנו אומרים יהי רצון מלפניך כו' ומפני ששרש האותיות הוא בבחי' הכתר דוקא כנ"ל ע"כ מעלה מט"ע לאותיות התפלה לעשותם בחי' כתר למ"ל הנ"ל כדי שירד ויומשך אור המשכה חדשה מבחי' רצון העליון וכמשמעות יהי רצון מלפניך שיהיה המשכת רצון חדש ולא רצון הקדום והענין הוא כי יש ב' מיני רצון הא' המתלבש ומאיר בחכ' ובכל דוקא כמו בחכ' שבתורה דאורייתא מח' נפקת וידוע דבחי' החכ' שבתורה שרשה בבחי' דינ' כמ"ש מימינו אש דת כו' להיות כי החכ' תגזור למנוע שפע לכל מי שאינו ראוי לפי מעשיו וכמו שאמרו אין יסורים בלא עון כי ע"פ משפט התורה אין יסורין בלא עון כו' וכל המשכות רצון העליון למטה בעולמות אם לדין או לחסד הכל ע"פ החכ' שבתורה בעיון ודקדוק גדול כו' (וכמ"ש במ"א בפי' וה' הוא ובית דינו שהן ע"כ סנהדרין עליונים שהן ע"ב צירופי' שבמ"ל שיושבין בהיכל הגבורה ודנין את הנשמות ומלאכי' עד עד"ז השפל רק ע"פ משפט התורה

כמו

כמו כי לא שלם עון האמורי עד הנה כו')אך בחי' רצון הב' הוא הנק' רצון הנעלם שאינו מתלבש בחכ' שבתורה והוא בחי' פנימי' כתר עליון שכלו רחמים פשוטים ומשם נמשך י"ג מדה"ר להיות נושא עון ועובר על פשע כו' גם שע"פ בחי' החכ' שבתורה ראוי ליסורין אך שם הוא רחמים פשוטי' ונושא עון כו' וע"ז אנו מבקשים בתפלה יהי רצון מלפניך דוקא שהוא בחי' פנימית הכתר(וכמו ר"י כה"ג שראה בחי' כתר עליון וביקש יה"ר מלפניך שיכבשו רחמיך את כעסך כו' וכמ"ש במ"א) אך איך יומשך בחי' רצון חדש הזה הנה היא נמשך ובא ע"י אותיות התפלה שנעשית בחי' כתר ע"י מט"ט כנ"ל ועי"ז נמשך בחי' אותיות חדשות להיות רצון חדש מבחי' פנימי' כ"ע וז"ש יהי רצון כו' וז"ו שרש יסוד התפלה שנק' סולם ומלאכי אלהי' עולים ויורדים בו עולים להעלות כל התפלות מלמטה למעלה עד שנעשי' בחי' כתר ועטרה ע"י מט"ט כנ"ל ויורדים אח"כ בחי' המשכת הרצון החדש מפנימית רצון העליון מעילם לעולם בירידת המדרגות מלמעלה למטה עד שרוצה ה' בעמו למחול עון ופשע למטה ממש וכו' ועד"ז כל בקשות שבתפלה כי רוח אייתי רוח ואמשיך רוח ולמקום שהתפלה עולה משם ממשכת אור חדש ולזה התועלת מט"ט יושב וקושר כתרים מתפלות ישראל וד"ל:

והנה מכל הנ"ל בבחי' אותיות כך יובן בשרש ענין המצות דכתיב כי נר מצוה כו' דהנה אנו רואים שאור הנר אינו מאיר בהתפשטות רק כאשר יש אויר סביב האור שהרי במקום שאין אויר כמו בחפירה עמוקה שבארץ שם יכבה אור הנר לפי שאין אויר ורוח שיתפשט על ידו כי אין האור מתפשט רק ע"י האויר דוקא (וראיה מכיבוי הנר בבית שיש ריבוי אויר חם ועב כמו מהבל המרחץ או מהבל רוח נשימת בנ"א הרבה)והנה ידוע בסדר מדריגות הד' יסודות ארמ"ע הנה יסוד האש גבוה במע' מיסוד הרוח והאויר וא"כ לכאורה דבר זה שאין האור מאיר רק בסיבת האויר מורה ההיפוך שהאויר והרוח שרשן גבוה מיסוד האש אחר שאין לאש ואור התפשטות ההארה רק ע"י האויר אך הענין הוא דבאמת יסוד האש גבוה מיסוד האויר אבל אין האש הגשמי גבוה במע' מן האויר שהרי האויר דק הרבה מן האש כי האויר אינו נתפס בממשות כמו האש ואינו נראה לעין הראי' כמו האש אלא האש הגשמי למטה במדרגה מן האויר אבל שרש יסוד האש גבוה מן האויר כידוע דשרש האש היסודי הוא רוחני ואינו נראה במציאות אש כלל ולא נתפס כלל גם במשקל כמו האויר הגשמי שנתפס במשקל עכ"פ אלא הוא רק כמו אויר דק בתכלית הדקות וממנו נמצא למטה האש שנק' אור אבל בעצמו ומהותו למע' הוא עצם אויר חשוך ודק בלתי נתפס כלל וע"כ הוא למע' מיסוד הרוח אמנם ממה שאנו רואים שהאש הגשמי עולה לשרשו אש היסודי הרוחני הנ"ל ע"י האויר דוקא מזה מוכרח שגם לאויר יש שרש ואחיזה באש היסודי הרוחני הנ"ל והיינו לפי שיש ב' מיני אויר הא' אויר הנק' רוח הנתפס במשקל והב' בחי' אויר הנעלם ודק בתכלית כנ"ל וע"כ ע"י האויר דוק'כי יש התפשטות לאש הגשמי להיות עולה לשרשו כו' וזהו פי' אויר אור יו"ד(ונק' אויר קדמון כמ"ש במ"א) והדוגמא מכ"ז יובן למע' ג"כ בהיות ידוע שהרוח שרשו בבחי' קו האמצעי דת"י שהוא מדתו של יעקב והוא בחי' ז"א בכלל ושרש אברהם בקו הימין חח"ן ושרש יצחק בקו השמאל בג"ה וקו האמצעי כלול משניהם יחד להיותו בחי' ממוצע מחו"ג כידוע וע"כ נק' בשם רוח כמו שהרוח ממוצע בין אש ומים (וכמ"ש במ"א ש־רוח מעלה את האש כנ"ל ומוריד את המים מגבוה לנמוך וכמ"ש משיב הרוח ומוריד הגשם כו' וכמו הקול שמורכב מאש ומים כו') והנה בחי' קו האמצעי הנ"ל נק' בריח התיכון שמבריח מן הקצה לקצה דהיינו שעולה עד בחי' פנימית הכתר משא"כ ב' הקוין חח"ן בג"ה אינם מקבלים רק מחיצונית הכתר כמ"ש בפרד"ס והוא ענין ו' דונורא דהנה נורא הוא בחי' ת"ת מדת יעקב וע"כ אמר יעקב דוקא מה נורא המקו' כו'כי אברהם שרשו בחח"ן היינו ה"א דהגדול ויצחק שרשו בבחי' בג"ה היינו ה"א דהגבור כמ"ש במ"א אבל שרש יעקב הוא בקו האמצעי שהוא נורא ואע"פ שהיראה והפחד שרשן בפחד יצחק שהוא בחי' גבורה אך להיות כי יעקב בחי' ממוצע בין האבות וכל ממוצע שכלול מב' הפכי' א"א שלא יערה עליהם ממקום שגבוה משניהם יחד ע"כ מתכללי' ב' הפכים יחד כידוע בענין עושה השלום בין מיכאל וגבריאל כו' הוא בחי' הארת פנימית הכתר שלמע' מהתחלקות הקוין וזהו וי"ו דונור' המבריח מן הקצה לקצה כו' ולכך נק' נורא ל' דכר ולא יראה ופחד לשון נוק' להיות שמתגלה בחי' עצמות אא"ס שבכתר ע"כ מתכללים ב' הפכי' ולכך נק' נורא(וכמ"ש במ"א בארוכות) וד"ל ולפ"ז הרי מובן שבחי' קו האמצעי ששרשו בחי' רוח כנ"ל עולה עד פנימות הכתר בכלל שנק' אוי"ר קדמון כי פי' אוי"ר אור יו"ד דהיינו בחי' ההעלם העצמית דא"ס שבפנימי' הכתר דלית מח' תפיס' בי' (אפי' מחשבה דא"ק כו') נקרא אויר קדמון כו' והיו"ד הוא רק בחי' נקודה כנקוד' א' להאיר למטה וזהו אור י' להיות בחי' הגלוי מן ההעל' אך ע"י מה יאיר האור מהעלם האור שנק' אויר הוא על ידי בחי' הרוח מדת יעקב להיותו בחי' בריח התיכון כנ"ל להמשיך ולהוריד העלם האור לידי גילוי מפני שיש שרש לרוח זה באויר קדמון להיותו בריח התיכון כנ"ל והרי זה כמו על דרך משל הרוח והאויר למטה שעל ידו דוקא יאיר האור מהעלם האור שהוא אש היסוד הרוחנית הנ"ל ואם לאו

אינו

אינו מועיל כלל מפני ששרש הרוח והאויר שלמע' הוא באויר הנעלם כנ"ל וד"ל · וענין זה דומה לענין האותיות הנ"ל דשרש האותיות הוא בבחי' העלם הכתר אך מ"מ בהן וע"י נתפס השכל ובא לידי גילוי שהרי א"א להשכיל כל שכל בלא אותיות וא"כ הרי ברש האותיות שבבחי' העלם הכתר הוא בבחי' אויר הנעלם הנ"ל ואשר על ידו יאיר אור השכל ה"ז כמו שע"י האויר שהוא בבחי' העלם יאיר האור ונתפס במציאות להאיר בהתפשטו' וזהו ג"כ פי' אויר אור יו"ד אור הוא בחי' אור החכמה המאיר בגילוי כאור הנר וכמ"ש בזהר בפי' יהי אור חכמה עילאה כו' והיוד הוא בחי' מקור הגילוי אור הזה מבחי' העלם אויר קדמון כו' והוא בחי' האותיות שעל ידן יאיר אור החכ' במציאות התפשטו' כי אין לשכל וחכ' קיום מציאות והתפשטות אפי' רגע בלתי האותיות כנ"ל וכמו שלא יאיר אור הנר בלא אויר כנ"ל וד"ל · וזהו כי נר מצוה ותורה אור פי' ע"י נר מצוה יאיר אור דתורה אבל בלא נר מצוה אין אור דתורה מאיר כלל והענין הוא כי הנה כמו שנתבו' למע' בענין האותיו' שאין לשכל מציאות בלעדם והן עצמם באים מבחי' העלם הכתר וכן ע"י האויר יש לאור מציאות כו' כך ע"י המצות דוקא יש לאור דתורה מציאות והתפשטות ההארה ובלעד' אין לאור דתורה מציאות והתפשטות כלל להיות כי שרש המצות ג"כ בבחי' העלם הכתר כמו שרש האותיות ושרש האויר כנ"ל דהנה ידוע שהמצות שרשן מבחי' תר"ך עמודי אור שבכ"ע ועד"מ העמוד שמחבר הגג עם הקרקע כו' כך שרש המצות בבחי' כתר למע' ונעוץ תחלתן בסופן בבחי' המ"ל שנק' מצות המלך כידוע שהמ"ל עולה עד הכתר בבחי' קו האמצעי מפני שנעוץ תחילתן בסופן וסופן בתחלתן כו' וכאשר המ"ל עולה עד הכתר הוא הנק' נר מצוה שמעורר לבחינת כ"ע להאיר אור דתורה בתוס' אור כי אורייתא מחכ' נפקת וכנ"ל בפי' אויר אור יו"ד שהאור מקבל מבחי' העל' אור שבכתר שנקרא אויר והן שרש המצות שנק' פנימי רצון העליון שמעוררים רצון חדש שהן בחי' אותיות חדשים להאיר אור דחכמה שבתורה ובלעד'לא יומשך מקור העלם אור דתור' להאיר אור התור' כמו שלא יאיר אור בלא אויר כנ"ל (וכמ"ש הקל קול יעקב בחי' קול דתורה שהוא בחי' רוח וכמ"ש ודברי אשר שמתי כו' והדבור שרשה בהבל ורוח שהוא בחי' קו האמצעי דיעקב שעולה עד הכתר וא"כ למה אור דתורה אינו מאיר מעצמו ע"י בחי' הרוח דקול יעקב גם בלא נר מצוה כו' הענין הוא דגם קול דתורה אינו עולה למעלה כ"א ע"י מצות המלך שהוא בחי' כלי כי סוף מעשה דוקא עולה במח' תחלה ועל ידה כולן עולין כמ"ש בזהר בפי' עולת תמיד כד איהו סלקא כולהו סלקין בגינה כו' וד"ל) וז"ש כי נר מצוה ע"י העלאת המצוה בכתר אור דתורה מאיר ונקרא תורה אור כו' מטעם הנ"ל וד"ל :

ולהבין זה בתוס' ביאור הנה ידוע דהתורה נק' משל הקדמוני וכאשר יאמר משל הקדמוני ולהבין למה נק' בשם משל הנה בשלמה כתיב וידבר שלשת אלפי' משל כו' וביאור הדברים הנה יש להקדים תחלה שרש ענין חכמת שלמה דכתיב ותרב חכמת שלמה מכל חכ' בני קדם כו' וידבר אל העצים כו' אם הכוונה על הספרים שחבר כמו משלי שיר השירים וקהלת הלא לא נמצא כלום במשלי וקהלת מעניינים דחכ' במושכלות על העצים והאבנים וגם לא נמצא ג' אלפים משל כו' אך הענין הוא דידוע בע"ח שיש ג' מדריגות נבואה ורוה"ק וחכ' והנה שרש הנבואה בבחי' נו"ה דז"א ושרש רוה"ק בבחי' מ"ל דאצי' עצמה ושרש החכ' בבחי' חכמה שבמ"ל ונק' בזהר חכמה תתאה והוא הנק' חכמת שלמה שדיבר ג' אלפי' משל אבל משלי וקהלת ומכ"ש שיר השירים ברוה"ק נאמרו וההפרש בין החכ' לרוה"ק ונבואה הוא ענין ס' רבוא פירושי' שיש על כל פסוק מדברי הנבואה ורוה"ק כמו נבואו' ישעי' כשאמר פסוק א' יש ע"ז ס' רבוא פירושים וכן משלי וקהלת ושה"ש להיותם למעלה מבחי' השגה שבחכ' תתאה דמ"ל כי שרשם בבחי' האצי' ממש וע"כ אין ס' משלי נחשב בכלל חכמת שלמה כי בחי' רוה"ק למע' מבחי' החכמה שבמ"ל כו' אך מה שנתן ה' חכמה לשלמה כמ"ש החכ' והמדע נתון לך כו' הוא הנק' בחי' חכ' תתאה שבמ"ל דאצי' והוא בחי' החכמה שבמ"ל שמתפשטת בג' עולמות בי"ע וכמ"ש כולם בחכ' עשית ונק' חכ' תתאה להיות שמאירה למטה בעולמות והוא למטה מבחי' רוה"ק ומכ"ש מבחי' הנבואה וע"ז אמר וידבר על העצים כו' שהן המלאכים שנקראים עלי שטים כו' ובכל פרטי מדריגות ג' עולמות דיבר בחכמה כי ידע והשיג שרש כל הנמצאים מבחי' החכ' שבמ"ל כו' ממדריגה התחתונה דעשיה עד מדריגה העליונה דבריאה (ומ"ש ותרב חכמת שלמה מכל חכמת בני קדם היינו לפי ששרש חכמה בסוף היא חכמה ברא"ש דא"ק כי נעוץ סופן בתחלתן ע"כ כלולה חכמת שלמה מכל חכמת בני קדם ותרב עליהם כו' כי כל הנחלים הולכים אל הים החכמה תתאה שנקרא ים של שלמה והים איננו מלא כו' וד"ל) אבל לא נכתב בספר בחינת חכמה זו באותיות קרי וכתיב כמשלי וקהלת מפני שלא נאמרה בבחי' רוה"ק שהוא בחינת מ"ל דאצי' עצמה כו וזהו ג"כ ענין וידבר ג' אלפים משל כי הנה הכוונה שדיבר על כל דבר מד"ת ג' אלפים משל והענין הוא שדיבר על כל דבר מד"ת בחי' רוחניות המלובש בה וכן ג' אלפים משל כי התורה ירדה בבחינת השתלשלות בד' עולמות אבי"ע ויש תורה דאצי' והוא בחינת חכמה דאצי' דשם איהו ותיוהי חד כו' וירדה עוד למטה בבריאה ונק'

תורה

תורה דבריאה והוא בחי' חכ' דבריאה ומבריאה ליצירה ומיצירה לעשיה עד התורה הנגלית לנו בענינים גשמים כמו מצות ציצית מצמר גשמי ואתרוג ולולב גשמים וכיוצא. וידוע בבחי' ההשתלשלות דאבי"ע שכל עולם התחתון לגבי העליון הוא כערך הגשמיות לגבי הרוחניות כמו אין לך עשב שאין לו מזל כו' וכן המזלות נק' גשמיות לגבי האופנים כו' ועד"ז בכלל כל בחינת העשיה נחשב גשמיות לגבי בחי' היצירה ובחי' היצירה הוא בחי' הרוחניות של העשיה וכן הבריאה בחינת רוחניות דיצירה והאצי' בחי' רוחניות דבריאה ועד"ז עד רום המעלות ונמצא כאשר התורה ירדה ונתלבשה בד' עולמות אבי"ע הרי ירדה ונשתלשל' מרוחניות לגשמיות מאצי' לבריאה כו' עד שנתלבש' בלבוש גשמי דעשיה כמו מצות אתרוג בעוה"ז דעשיה הוא אתרוג גשמי ובחי' הרוחניו' שבו הוא בחי' אתרוג דיצי' והיותר רוחני הוא בחי' אתרוג דאצי' וכן כל המצות ולקרב אל השכל יותר הרי זה כמו שמצייר אדם במחשבתו את ציור האתרוג הגשמי שבודאי אין ערך ודמיון אתרוג הגשמי לאתרוג שמצייר במחשבתו הרוחנית וכך אין ערך לאתרוג דיצי' לאתרוג דבריאה שהבריאה בבחי' מחשב' והיצי' בבחי' דיבור וכתיב כי לא מחשבותי כו' שלא כמחשב' האדם בדבר מה שהדבר נבדל מן המחשבה ואין המחשב' פועלת בו כלום משא"כ מחשבותי כו' שהרי בחי' היצי' נמשך מבחי' מח' דבריאה ועד"ז מיצירה לעשיה והוא ענין ג' אלפים משל שהן ג' עולמות בי"ע ובכל עולם יש י"ס וי' כלולתי' הרי ק' וכל א' מהמאה מתחלק לי' הרי אלף ובכללות הן ג' אלפים משל וענין המשל היינו השגת הרוחניו' ע"י המשל שאמר על כל דבר מד"ת כמו על ד"ת שבעשי' אמר אלף משל להשיג בחי' הרוחניות ועל ד"ת דיצירה אמר אלף משל ונמצא על דבר א' מד"ת כמו מצות האתרוג אמר ע"ז ג' אלפים משל עד בחי' התורה דאצי' שלא השיג שם מפני שבאצי' לא השיג בבחי' חכ' אלא ברוה"ק ונבואה משום דבאצי' איהו וחיוהי חד כו' אבל באמת גם התורה דאצי' בחי' גשמיות לגבי שרש התורה שלמע' מן האצי' דהיינו במאציל עצמו כמ"ש ואהיה אצלו אמון שקדמה לעולם שנאצל ג"כ כמ"ש ה' קנני כו' וע"כ נק' התורה משל הקדמוני שכדי להשיג מבחי' רוחניות התורה המלובש בתורה דאצי' צריך ג"כ משל אך זהו נקרא משל הקדמוני שנמשך מבחי' קדמונו של עולם כו' וד"ל. וראיה לזה ממ"ש בזהר דתלת קשרין הן ישראל מתקשראן באורייתא ואורייתא בקוב"ה הרי ע"ד שישראל מתקשרין באוריי' דודאי אין ערך לישראל לגבי אוריי' דמ"מ נפקת אלא דמתקשראן בה בלבד כך אורייתא מתקשרא בקוב"ה שהוא עצמות המאציל כו' וד"ל· ומעתה הרי מובן בתוס' ביאור שרש ענין כי נר מצוה כו' לפי שע"י המצות הגשמיות יש התכללות הגשמיו' ברוחניות עד רום המעלות כמו מצות ציצית מצמר גשמי ומצו' תפלין מקלף גשמי או הקרבנות שנעשין מבהמו' גשמיו' ונכללי' בבחי' הרוחניות מעולם לעולם כנ"ל עד רום המעלות בשרש הרצון שהוא עצמות המאציל כמו ע"י הקרבנו' שנק' אשה ריח ניחוח להוי"ה כו' וע"י ציצית ותפלין נתעלה עד בחי' שרש הרצון בעצמות רצון הפשוט המלובש במצות הללו וכמ"ש אשר קדשנו במצותיו וכידוע הנה ע"י העלאה זאת נמשך מעצמו' המאציל אור דתורה להיו' תורה אור והוא להיו' בחי' גילוי אור דתורה הרוחניו' שבכל מצוה הנק' משל והיינו ע"י מצו' בפועל ממש דוקא כמ"ש הנ"ל וד"ל:

ובכל זה יובן פי' אמן יהא שמיה רבא מברך לעלם כו' דהנה פי' שמיה רבא הוא ענין שמו הגדול בלה"ק ומשמע דיש שם קטן והוא בחי' מל' דאצי' שהוא בחי' נפש דוד וז"ש ויעש דוד שם להיות כי בחי' המל' נקרא סופא דכל דרגין שבאצי' לפי שמדה זו איננה אלא בחי' התפשטו' והתגלות אורות עליוני' להיות מקור ושרש לנבראים בע"ג כו' וע"כ נק' שם כמ"ש יהללו את שם הוי' פי' הויה הוא כללות ע"ס דאצי' יו"ד בחכמה ה"א בבינה כו' וכלל בחי' ז"א ובחי' שם של הויה זה הוא רק בחי' גילוי אותיות דמל' וז"ש ויעש דוד שם ונק' דוד הוא הקטן וכמו באור הלבנה שאמר לה לכי ומעטי א"ע כו' וכך בחי' המל' נעשית ראש לשועלים בבי"ע כנודע אך בחי' שמו הגדול הוא בחי' מ"ל דא"ק או מל' דא"ס עצמו כי כל גדול עניינו בחי' התפשטות בלתי מוגבלת כלל והיינו בחי' גילוי אא"ס עצמו דכמו שבעצמותו נק' א"ס כך בחי' גילוי אורו הנק' שמו הוא ג"כ בבחי' א"ס וכמאמר ז"ל דקודם שנברא או נאצל העולם היה הוא ושמו בלבד כו' וכידוע בפי' אתה א' ושמך א' אתה קדוש ושמך קדוש כו' ובחי' מל' דא"ס שנק' שמו הגדול מאיר בפנימיות הכתר והוא שם אהיה וגם מאיר בבינה כי התגלות הכתר בבינה וז"ש אהי' אשר אהיה כו' והוא ענין הארת והמשכת שמו הגדול בעולם האצי' וז"פ יהא שמו הגדול מבורך לעלם ופי' לעלם חסר ובלשון יחיד ולא עלמי ל' רבים שהוא עולם האצי' דשם אמרו איהו וחיוהי חד דכל הע"ס דאצי' מיוחדים בעצמות המאציל ע"י בחי' הקו והחוט כו' כידוע ונק' רה"י להיותם מיוחדים בתכלית היחוד ע"כ נק' עלם ל' יחיד וע"כ שמו הגדול מבורך מלמע' מן האצי' לעולם האצי' ומן האצי' נמשך הברכה לעלמי עלמיא שהן ג' עולמות בי"ע שנק' עולמות ל' רבים לפי שנק' עולם הנפרד יש מאין מפני שיש מסך מפסיק בין האצי' לבי"ע ושם נפסק הארת הקו וכו' וז"ש ומשם יפרד ונק' רה"ר טורי דפרודא אך מ"מ שמיה רבא הנ"ל מבורך מריש כל דרגין עד סוף העשיה משום דקמיה כחשכה כאורה כו' וענין ברכה זו דאיב"ר מברך כו' נעשה ע"י קיום המצות כמ"ש כי נר מצוה להיותם

בחי'

בחי' העלאות אל בחי' פנימית הכתר כנ"ל וד"ל. וח"ס דבשעה שישראל אומרים איש"ר מברך כו' הקב"ה מנענע בראשו כו' פי' הקב"ה הוא עצמות א"ס ומנענע בראשו הוא בחי' המשכת שמו הגדול הנ"ל שהוא בחי' מקיף על ראשו דא"ק שנמשך מבחי' הקו כו' וכללות הענין הוא שנמשך על בחי' הכתר שנק' קרקפתא או ראשו מבחי' מ"ל דא"ס שנק' שמו הגדול כנ"ל וח"ס איש"ר מברך אחר כל עסק ד"ת ובפרט באיש"ר דאגדתא לפי שרוב סודי חכמת התורה גנוזים בה כמ"ש האר"י ז"ל וצריך להאיר בחי' אור חכ' דתורה ממקור אור הנעלם שהוא בחי' מ"ל דא"ס שבכתר כנ"ל בפי' כי נר מצוה כו' ע"כ אומר איש"ר מברך כו' ודוקא בענין התורה דצבור ורבים לפי שאז הקב"ה שהוא עצמות המאציל מנענע בכל בחי' ראשו שבכללות הכתר לפי שכללות כנ"י עלו במח' הקדומה הכללית או בכתר הכללי משא"כ א' יושב ועוסק בתורה אע"פ שהקב"ה שהוא עצמות המאציל יושב ושונה כנגדו ומתברך אור דחכ' שבתורה ממקור האור הנעלם כו' אבל אין זה האור רק בחלק פרטי שבתורה השייך לשרש נשמת אותו היחיד כי ס"ר נשמות קבועים בס"ר אותיות שבתורה כמ"ש ישראל מתקשראן באורייתא כו' וגם מבחי' שרש האור הנעלם אינו מתברך בכללות רק בפרט ולא בכללות ואין הקב"ה מנענע בכל בחי' ראשו כו' משא"כ עסק התורה דרבים שס"ר אותיות שבתורה כלולים בהם והם כלולים בכללות ראשו ע"כ הקב"ה מנענע בכללות בחי' ראשו כו' וד"ל. ואחר כ"ז הנה מובן בחי' היחוד העליון דתומ"ל כמ"ש כי נר מצוה כו' וכנ"ל בענין ב' אופנים בצירוף הוי' ואד' כו' הא' שע"י המצות עולה עד פנימית הכתר ואח"כ נמשך אור דתורה מלמעלה למטה כענין איש"ר מברך הנ"ל. ומעתה הנה יובן ג"כ שרש ענין מארז"ל דמזוזה מימין ונר חנוכה משמאל כו' דהנה מצות מזוזה כוללת כל המצות (ובתפלין אמרו דהוקשה כל התורה לתפלין כו' אך במזוזה וציצית אמרו דשקולין כנגד כל המצות) כידוע והטעם יובן בהקדים ענין ג' מדריגות בכל לבבך כו' הוא בחי' עבודה שבלב זו תפלה ובכל נפשך הוא התקשרות השכל והמח' והדבור בחכ' ומחשבה ודבור דד"ת וכמ"ש ואשים דברי בפיך כו' וכידוע ובכל מאדך הוא מצות מזוזה בהיות שהוא בחי' העלאה כללית שבכללו' המצות לאתהפכא חשוכ' לנהורא כו' כנ"ל שהרי כל רכושו שבבית מתעלה לאלקות ע"י שמניח המזוז' בסף ביתו כמבו'. והענין הוא כי כללות המצו' עולות בבחי' כ"ע כנ"ל שהם תר"ך עמודי אור כו' ונק' מאד בלי גבול לפי שבבחי' מקיף דא"ס שבכתר מאיר שם וע"כ נמשך בחי' אוי"מ כללי הזה במצו' מזוזה שמניח בפתח ביתו מבחוץ שנקרא שומר לשמור את האדם וכל רכושו מהיזק קטרוג החיצונים שעומדים מבחוץ וכמו שאמרו בטעם הפשוט

במצות מזוזה לא כמדת ב"ו כו' אך מפני שמצות מזוזה כוללת כל המצות ע"כ נק' המזוזה בחי' שומר כללי לשמור כל אבר לאדם אבל כל מצוה בפרט ממשכת בחי' או"מ בפרט כמ"ש שומר מצוה לא ידע דבר רע וגם שלוחי מצוה אינן ניזוקים כו' וכמו שארז"ל מצוה בעידנא דעסיק בה מגינא ומצלא כו' (וכך הוא במצות ציצית שבשקולה כנגד כל המצות נמשך בחי' מקיף כללי בל"ב חוטין להציל מיניקת החיצונים וכמ"ש והחזיקו בכנף איש כו' וכידוע) וזהו ענין שאמרו מזוז' מימין פי' מימין פתח הבית שם מאיר האו' בחי' המקיף הכללי הנ"ל שכולל בכללו' המצות והוא נמשך מבחי' ימין העליון דהיינו בחי' הארת רב חסד העליון שלמע' מהשתלשלות דקו וחוט כו' שמאיר בכ"ע ע"י המצות שעולות שם ולמעלה היינו בחי' או"מ דעצמות המאציל שנמשך להיות בחי' שומר לפתח הבית שהוא בחי' המ"ל דאצי' שלא יקרבו החיצונים לקבל יניקה (כמ"ש גן נעול אחותי כלה נעול מיניקת החיצונים מפני בחי' מקיף הכללי דימינו תחבקני כו' וכמ"ש כי אתה ה' מחסי כו' והיינו ע"י נר מצוה כו' וד"ל) אך הנה בחי' אור המקיף הזה אינו רק לשמור שלא יקבלו החיצוני' או שלא יקטרגו ויזיקו ויפגמו לאורות עליונים דקדושה הכלולים במ"ל דאצי' שנק' פתח האהל כידוע וח"ס וידעת כי שלום אהלך כו' מפני שנא' לפתח חטאת רובץ ותשוקתם לקבל יניקה מפתח האהל וכמ"ש סביב רשעים יתהלכון כו' רק מפני בחי' המקיף הזה אינם יכולים לקרב ונסמית עיניהם כשמסתכלין בו (וכן בתכלת דציצית) אבל בחי' נר חנוכה אשר משמאל פתח הבית הוא להיפך שהרי כל עיקר ענין מצות נ"ח היינו דוקא להדליק על פתח הבית מבחוץ דוקא דהיינו נגד רה"ר שנק' טורי דפרודא שהוא מקור יניקת החיצונים כדי לפרסם הנס כידוע. והענין הוא כי הנה בחי' המ"ל נק' פתח האהל וכמ"ש והוא יושב פתח האהל כו' ועד"מ הפתח שמשמש כניסה ויציאה כך כל בחי' העלאות מלמטה למע' עולין לדרך בחי' פתח האהל הזה ויכולי' הכל ליכנס ולקבל וגם כל ההמשכות מאצי' לבי"ע נמשך דרך פתח הזה ויכול להיות בחי' ירידות ההמשכה מפתח האהל למטה מטה גם בקליפות שהרי נאמר ומלכותו בכל משלה וכמו בזמן בית שני שהיו משועבדים תחת מלכי יון וגלו לאדום שכינה עמהם כידוע הרי היה גלות השכינה במלכות יון כו' וגם היו החיצונים יכולים ליכנס ג"כ בפתח האהל ולקבל יניקה וכמ"ש ואני יוצא ובר בל פרס כו' וזהו ענין חנוכה בהיות שבחי' המ"ל ירדה מאד בסתר המדריגה במלכי יון עד שטמאו כל השמנים שבהיכל שהוא בחי' חכמה שבמ"ל שנקרא שמן משחת קודש כו' מפני שרצו להשכיחם תורתך כו' וזה חשכת אור המ"ל בירידתה בהתלבשות בע' שרים וצריך שיאירו אורה גם במקו' החושך ואפלה

ואפלה הזה דוקא דהיינו גם במקום עולם הפירוד ממש יאיר אור האלקי לאהפכא חשוכא לנהורא כו' משום דגם חשך לא יחשיך כו' הנה לזה הוא מצות הדלקת נר חנוכה פי' חנו כה להאיר תוס' אור ביותר במ"ל שנק' כה כידוע עד שתאיר גם את בחי' חשך של החיצונים וכמ"ש כי אתה תאיר נרי וה' יגיה חשכי וא"כ הרי זה היפך השמירה דמזוזה שלא יקרבו החיצונים ולא יראו אור כו' ובמצות נ"ח נמשך תוס' גילוי אור גם בהם עד שנתבטלו כמ"ש כהמס דונג מפני אש כו' והוא מפני עולם הגילוי אלקות עד דגם חשך לא יחשיך כו' ואין זה כמו השומר שעומד מבחוץ לפתח הסגור אלא אדרבה עומד ופותח הפתח אבל יתרחקו החיצונים מפני היראה ועולם הגילוי והוא שומר יותר מעולה וזהו ענין השמירה דאור דתורה (דכתיב בה בשכבך תשמור עליך אפי' בעידנא דלא עסיק בה כו') שמאיר גם את החשך וא"ל לסגור הפתח כו' וזהו ענין נ"ח משמאל דוקא אחר שהמזוזה מימין כי הנה המזוזה מימין הוא בחי' נר מצוה שעולה עד הכתר כנ"ל אבל הינו נמשך רק בחי' מקיף דחסד עליון שכבר בא בגילוי אור רק שצריך התעוררות וע"כ אין ביכולתו להאיר את החשך אבל בחי' מקיף דאור דתורה בא מבחי' העלם האור דתורה הנק' אויר קדמון והוא מ"ש ישת חשך סתרו וכתיב מגלה עמוקות מני חשך וכאשר מבחי' החשך והעלם עלמות שמאציל יאיר אור דתורה בסיבת העלאת דמצות כנ"ל אזי יאיר אור חדש ונעלה יותר מבחי' אור חסד עליון שכבר האיר ובא ע"כ יש ביכולתו גם למטה להאיר את חשך דקליפו' כי כל הגבורה כו' וז"ש דנ"ח משמאל דוקא שהוא בחי' הגבורות שכדי שיהיה בוקע ומאיר את החשך העליון ל"ל בחי' תגבורות גדולה כמ"ש וה' יגיה חשכי (וכמ"ש במ"א בפי' הפסוק ויבא הענן והחשך ויאר את הלילה כו') אמנם אעפ"כ אם לא ע"י מזוזה שמימין לא היה מועיל נ"ח משמאל כמובן מענין הנ"ל בפי' כי נר מצוה גורם בחי' תוס' אור הנעלם באור דתורה וד"ל:

מזמור שיר חנוכת הבית לדוד ארוממך ה' כי דליתני ולא שמחת אויבי לי. הנה מה שאמר ולא שמחת אויבי לי אותם האויבי' הם המלאכים שקטרגו על בריאת האדם באמרם מה אנוש כי תזכרנו כו' כידוע כי עתיד האדם לחטוא כידוע בדרשת חז"ל וכשחטאו בחטא העגל שמחו המלאכים מפני שקטרגו עליהם בשעת מ"ת ואמרו תנה הודך על השמים כי מה אנוש כו' ונתקיים כדבריהם שחטאו בחטא העגל ואח"כ כשעוסק המשכן הנה הזהב שהתנדבו ישראל על המשכן הי' מכפר על הזהב שעשו העגל כידוע וע"כ כשהכין דוד בנין ביהמ"ק וידוע שהמשכן וביהמ"ק אחד הוא ע"כ אמר בחנוכת הבית ולא שמחת אויבי לי מפני שבטלה אז שמחת האויבים שהן המלאכים שקטרגו ואמרו מה אנוש כו' וד"ל. והנה זהו פשוטו של דרש מקרא זה אך להבין שרש ענין דרש זה ומה היה ענין המחלוקת שקטרגו המלאכים באמרם מה אנוש כו' ומה היתה תשובת הקב"ה להם בבאמת מעלת האדם גבוה ממעלת ומדריגת המלאכים כידוע. הענין יובן בהקדים לזה כל עיקר ענין ההפרש בין נשמות למלאכים שהנשמות הן בחי' פנימית העולמות והמלאכים הן חיצונית העולמות כו' כידוע. דהנה לכאורה יפלא מאד במה שמצינו שהמלאכים אומרים שירה כידוע ולמה לא מצינו בנשמות כן שיאמרו שירה שהרי גם הנשמות הן בחי' נבראים יש מאין כמו המלאכים כידוע. וזה א"א לומר שאין הנשמות אומרים שירה כלל שהרי ענין השירה הוא ידוע שבשיר זה שהוא אומר בו הוא עולה ממדריגה למדריגה גבוה יותר וכמו שמבואר בספר לק"ה הגדול על ענין המשנה כל בעלי השיר יוצאין בשיר ונמשכין בשי"ר פי' יוצאים שהולכי' מחיל אל חיל כמ"ש ילכו מחיל אל חיל כו' דהיינו מג"ע לג"ע היותר עליון כמו מג"ע התחתון לג"ע העליון בכל חדש ושבת וכמ"ש והיה מדי חדש ושבת יבא כל בשר להשתחוות לפני ה' כו' וכידוע שתמיד עולים ויורדים הנשמות מעול' לעולם ואין להם מנוחה ובפרט בשבת וי"ע והעליה שלהם דרך העמוד שיש בג"ע התחתון כו' וכן מג"ע העליון לעולם האצי' וכענין מיכאל מקריב נשמות ע"ג המזבח וכמ"ש בספרי המקובלים. וא"כ מאחר שבהכרח לומר שגם הנשמות אומרים שירה בעלייתם כנ"ל למה לא מצינו מקום שאומרים שירה ומהו השירה שאומרים ובמלאכים נזכר השיר שאומרים כידוע אך הענין הוא דבאמת גם הנשמות אומרים שירה אלא שאין השירה של הנשמות נשמעת כלל אבל השירה של המלאכים נשמעת בקול מורגש וכמ"ש ואשמע אחרי קול רעש גדול כו' שהנביא שמע השיר של המלאכים בקול מורגש מאד וכן כתיב בהם וקול כנפיהם כקול מים רבים כו' ואע"פ שדמיון קול מים רבים יש בזה ענין עמוק ידוע לי"ח מ"מ יהי' איך שיהיה אין מקרא יוצא מידי פשוטו שיש בשיר שלהם הרגשת קול ברעש גדול כו' משא"כ בנשמות שאין בשירה שלהם הרגשת קול כלל. ולהבין הטעם לזה הנה עיקר הענין הוא לפי שהמלאכים יש להם גופים חומרים ע"כ שיר שלהם נשמע בהרגשה משא"כ הנשמות שאין להם גופים חומריים כמו המלאכים ע"כ שיר שלהם אינו נשמע בהרגשה כו' וענין הגופים של המלאכים מבואר בספר הגמול להרמב"ן שהגוף שלהן הוא מורכב מיסוד האש ויסוד הרוח הפשוטים כו' ע"ש וזהו עושה מלאכיו רוחות משרתיו אש לוהט ואין הכוונה על רוח ואש גשמי אלא שרשם של יסוד האש ויסוד הרוח הגשמיים כמו שהמה למע' שמהם נעשה חומר גופני של המלאך ויש לו גם נפש המשכלת והוא בחי' הצורה שלו ע"ד

דוגמת

דוגמת נפש השכלית במלובשת בחומר גופני של האדם וזהו
שאמרו על מדתו של מלאך שהוא מהלך ת"ק שנה ויש
מלאך שאינו אלא בשליש בעת העולם כמבואר בדרשות
רז"ל ואינו אלא קס"ו וב"ש שנה וכיוצא בזה ולפי שגופו
בגדר מקום ע"כ יש לו מדה במדת מקום בשיעור שעת
העולם וידוע שבחינת המקום ובחי' הזמן א' הוא שכמו
שבחינת מקום נברא בהתהוותו להיות בשעת ו"ק כך
בחינת זמן נתהווה בבחינת נברא מחודש וכידוע בענין
עולם שנה נפש כו' ואם כן מאחר שהמלאך יש לו גדר
במקום גשמי בהכרח שגם הוא בגדר זמן כמו ת"ק
שנה כו' וע"כ השיר שלהם גם כן הוא בא בבחינת
ההרגשה הנראית ונגלית בקול מורגש מאד והוא מצד
חומריות גופו שתופס מקום כו' וערך ענין ההרגשה
הוא לפי ערך ההגשמה בחומר גופני שלהם והרי
יכולים לבא גם בחומר לבוש גופני כערך חומר לבוש
גופני הנראה בעוה"ז השפל וכמו הג' מלאכים שנתגלו
לאברהם בצורת אנשים ממש נראים לעיני בשר כו'
וכמ"ש וירא והנה שלשה אנשים נצבים עליו כו' משא"כ
הנשמות אינם מלובשים בחומר גופני מאש ורוח כלל
שהנשמה אינה אלא מהות השגה בכליי' מופשטת מכל גשם
חומר ואינה אלא רק בחינת צורה פשוטה ע"ד הנפש
המשכלת שבאדם למטה כו' וע"כ אין השירה של הנשמות
מורגשת בהרגשה כלל כי הינו אלא בבחי' השגה רוחניות
ואף על פי שבעליית הנשמות מג"ע לג"ע כנ"ל בהכרח
שעולין ע"י שיר דוקא וכנ"ל אבל אין השיר שלהם נשמע
בקול מורגש אלא רק ע"ד דוגמא מבונת קול ניגון אשר
יש במחשבתו של אדם למטה וכיוצא בזה וכמ"ש במ"א
וד"ל. ובזה יובן מה שאחר סדר הקדושה של המלאכים
אנו אומרים וקדושים בכל יום יהללוך סלה כו'. דהנה
קדושה של המלאכים היא באה בבחי' מקום ובחי' זמן
כנ"ל מפני שיש להם גופים ולכך אומרים קדוש וברוך
וימלוך שזה מורה על ענין הקדושה שבבחינת זמן כו'
אבל הקדושה של הנשמות להיותם מופשטין מכל גשם
חומר גוף מצד עצמם ואינם בגדר זמן ומקום ע"כ אנו
אומרים וקדושים בכל יום פירוש וקדושים הן הנשמות
שקדושתם למע' מבחי' זמן ומקום מטעם שאין להם כלי
גוף חומרי לכך בכל יום ובכל זמן יהללוך שאין לומר
בהם ענין זמן כמו ברוך וימלוך כו' שהמלאכים אומרים
אלא בכל יום ובכל עת ושעה יהללוך מפני שהן למעלה
מבחינת זמן וזהו יהללוך סלה וכל מקום שנאמר נצח
סלה ועד אין לו הפסק עולמית כידוע לפי שהן נצחים
מטעם שאין להם כלי כנ"ל וד"ל. וזהו ענין טענת
המלאכים באמרם תנה הודך על השמים כי מה אנוש כי
תזכרנו וכו' פי' ענין טענתם באה בשני אופנים אם רצון
ה' שיהיה דירתו בתחתונים בבחינת כלי דוקא הלא יותר
טוב שיהן הוד"ו עליהם שהם בבחינת כלי חומר גופני
כנ"ל ולמה יבחר באדם הגם שיש לאדם גם כן כלי חומר
גופני אבל חומריות גופו של אדם מגושם הרבה וגופות
שלהם אע"פ שהן בגדר מקום מ"מ הן בהזדככות גדולה
ואם אין רצון ה' בבחינת כלי אין לו לבחור באדם כלל
הלא רק בנשמות שלמעלה מגדר כלי וגוף וא"כ טענתם
חזקה עכ"פ מה אנוש כי תזכרנו כו' כי די בהתלבשות
גופים שלהם או שא"צ כלל לבחינת כלי וגוף כו' וא"כ
מה אנוש כו' וד"ל. וענין התשובה על טענת המלאכים
יובן בהקדים תחלה ענין גילוי שכינה בביהמ"ק מהו.
דהנה כתיב ועשו לי מקדש ושכנתי בתוכם וידוע מאמרם
ז"ל בתוכו לא נאמר אלא בתוכם כו' דהיינו ע"י אמצעות
שני הדברים על ידי ישראל ועל ידי מקום בהמ"ק שעל ידי
הקרבנות וע"י העבודות שנעשו בביהמ"ק שרתה השכינה
בישראל כו' וצריך להיות שניהם דוקא וגם בחינת ההארה
וההמשכה הזאת שהיתה בבית המקדש נמשכה ונתפשטה
גם בגלות ישראל אחר החורבן בכל בתי כנסיות ובתי
מדרשות שמתפללים שם וכמ"ש ואהיה להם למקדש מעט
בארצות אשר באו שמה והיינו בבה"כ ובהמ"ד כידוע
והטעם הוא משום דכשמתאספי' עשרה מישראל ומתפללים
הרי אבל עשרה שכינתא שריא ולתפלה בעי עשרה דוקא
וגם כשיהיה בנין מוכן בקדושה לזאת האסיפה שם יהיה
כמו בחי' משכן ומקדש והיינו מעט מזעיר מאותה ההארה
והגילוי שהיה בבהמ"ק וכמ"ש ואהיה להם למקדש מעט
כו' וד"ל:

והנה י"ל לכאורה איך נתפשטה אותה ההארה אלקית
גם בבה"כ ובהמ"ד שאין שם גילוי שכינה כמו
בהיכל ק"ק כו'. אך הענין בהקדים מה שאנו אומרים
בתפלת מוסף ואין אנו יכולים לעלות ולראות ולהשתחוות
לפניך כו' ולכאורה יפלא מאד דבשלמא לעלות ולראות אין
אנו יכולים עכשיו בזמן הגלות כמו שמפרש הטעם בסמוך
מפני היד שנשתלחה במקדשך כו' אבל להשתחוות למה
אין אנו יכולים גם עכשיו בכל מקום שישראל מתפללים
והלא כתיב מכה"כ והגם שאין עכשיו אותה ההארה
אלקית שהיה בבהמ"ק וכי מפני זה אין אנו יכולים
להשתחוות והרי אנחנו כורעים ומשתחוים בתפלה גם כעת
וכמו שאנו אומרים ואנחנו כורעים ומשתחוים כו'. אך
הנה יש ב' מיני השתחוואות הא' השתחואה חיצונית
והוא בחינת הכנעה חיצונית להשפיל ראשו בלבד והגם
שכוונתו להכנעה ממש והוא שמקבל עליו עול מ"ש לעבוד
עבודתו ושלא לסור ממצותיו מ"מ אין זה אלא בבחינת
חיצונית הנפש בלבד כמו שהעבד מכניע א"ע לפני אדונו
שמכניע גופו בלבד אבל בבחינת פנימיות בנפשו לא

הכניע

הכניע א"ע כלום דהיינו שלא ביטל שום רצון פנימי שבנפשו כלל וכלל ויוכל להיות לו רצון ומחשבה להיות בבחי' יש ודבר בפ"ע נגמרי כו' אבל ההשתחואה פנימית הוא הנק' השתחוואת הנפש דהיינו שמכניע נפשו בבחינת פנימית שבה והוא הרצון הפנימי שיבטל כל רצונותיו מפני רצון ה' וכמאמר רז"ל בטל רצונך מפני רצונו כו' שלא יהא לו רצון וחפץ אחר זולת רצון וחפץ ה' לדבקה בו בלבד שאין זר אתו כו' וכמ"ש מי לי בשמים ועמך לא חפצתי בארץ כו' וזהו ענין ההשתחואה פנימית שהוא ענין ביטול הנפש מכל וכל כו' והוא בחינת ביטול פנימי · והנה ידוע דכל עיקר מצות הראיה בשלש רגלים כמ"ש שלש פעמים בשנה יראה כל זכורך את פני הוי' כו' היינו רק ההשתחואה בלבד שהעולה לרגל יבא למקדש בעזרה ושם ישתחוה לפני ה' וההשתחואה הוא עיקר המצוה והוא מצות הראיה והכל חייבים בראיה דהיינו ההשתחואה ועליה מביא קרבן ראיה כו' וכידוע ועל ראיה זו נאמר ולא יראו פני ריקם כו' ולכאורה אינו מובן טעם ההשתחואה זו ושלש פעמים בשנה דוקא כו' אך הענין הוא שההשתחואה הזאת היתה גם בכאו"א מישראל בבחינת ביטול פנימי הנ"ל דהיינו ביטול זה הרצון מכל וכל כו' שהרי הכל חייבים בראיה דהיינו ההשתחואה זו ואמנם לכאורה איך היתה בחינת ביטול כזה גם בפחות הערך שבישראל אבל הענין הוא כמארז"ל כשם שבא לראות כך בא ליראות כו' דהיינו לפי שהיה ראיה עליונה מלמע' למטה והוא גילוי אור האלקי מבחי' הפנימית ג"כ דכשם שבא לראות כו' וכמ"ש ולא יראו פני כו' פי' פני הוא דוקא בחינת הפנימית שבאלקות והוא בחינת ההעלם שלמעלה מכל השתלשלות דאבי"ע הנק' סוכ"ע כידוע ונתגלה שם בחי' ההעלם גילוי אור והיינו ענין ראית פנים של אלהים והיה זה משום דכשם שבא לראות כו' עד"מ עבד שבא לראות מלכו הנה המלך יוצא מחדרו הפנימי ומתגלה אליו כו' והנה בשעה שעלו לרגל והשתחוה בעזרה האיש הישראלי הרי מיד נגלה אליו אור האלקי מבחינת הפנימיות ואזי בהשתחואה זאת ממילא נמשך בה בחינת הביטול הפנימי הנ"ל גם בכל או"א מישראל יהיה מי שיהיה כו' כי כאו"א מישראל נפשו חלק אלוה ממעל וכמ"ש יעקב חבל נחלתו כו' וכשנגלה מבחי' פנימיות דאור האלקי עליהם אזי ממילא מתבטלים בבחינת ביטול והשתחואה הפנימית שבנפש הנ"ל וה"ז עד"מ כמו ביטול הנר הקטן בפני האבוקה הגדולה שנכלל ונשאב באבוקה ונתאחד עמה מפני שאותו השלהבת נר קטן נמשך אחרי שלהבת הגדולה של האבוקה ממילא ומאליו כו' וד"ל · וזהו עיקר הטעם למצות הראיה ג' פעמים בשנה כדי שיבא כאו"א מישראל ניכלל במקור חוצבו באלהים חיים ומלך עולם ע"י גילוי שכינה שיראה ה' פניו בעלותו

שם להשתחוות לפני ה' דכשם שבא לראות כו' · והטעם לשלש פעמים בשנה דוקא הענין הוא לפי שבהכרח לכל איש מישראל גם שהוא צדיק שיבא לכלל קצת התרחקות מאלהים גם בהיותו עובד ה' במס"נ בתמידות והרי לא יש גילוי שכינה שיקרב את הרחוק ויאחדנו עמו בתכלית כמו בגילוי שכינה בראיית פני ה' בשלש רגלים במקום בהמ"ק דוקא עד אשר מסיבת עולם ההתאחדות אז בהשתחואה כביטול הנר בפני האבוקה כנ"ל היה כל או"א מישראל דבוק ביחוד ה' כל השנה ולא יפרד וג"פ בשנה היו מקבלים הראיה הנ"ל על כל השנה ובאותו השיעור היה די להם לבלתי יתרחקו מטעם שלש רגלים הללו היה מספיק לדביקות כנ"י בהקב"ה גם בשרש הרצון למעלה בבחי' זו"נ דאצי' כידוע בענין מועדי ה' בפרטות עניניהם בכתבי האר"י ז"ל וד"ל · וזהו שאנו אומרים ואין אנו יכולים לעלות ולירא(ו)ת ולהשתחוות וכו' דאף על גב דהשתחוואת הנפש הנ"ל גם עכשיו יכול להיות על ידי מס"נ האמיתית מ"מ הרי אין זה אלא רק הכנת המקבל בלבד אבל לא שנתגלה עליו מבחינת הפנימית דאלהים שמחמתו יתבטל ויוכלל בו כביטול הנר בפני האבוקה כו' שזה לא היה רק בביהמ"ק בשלש רגלים דוקא כנ"ל שהיה שם גילוי שכינה ביותר ואם כן כמו שאין יכולים לעלות ולראות משום שנשתלחה היד כו' כך אין יכולים להשתחוות לפניך דהיינו להיות כביטול הנר בפני האבוקה כו' מפני שאין עכשיו גילוי שכינה כ"כ דדוקא כשם שבא לראות כו' ואחר שאין יכולים לעלות כו'. אך הנה מ"מ אפס קצהו ומעט מזעיר מן אותו האור הנגלה בזמני הראיה בבהמ"ק נשאר גם עכשיו בכל בתי כנסיות ובהמ"ד וכמ"ש ואהי להם למקדש מעט כו' והיינו בהשתחואה שבתפלה בעמידה דאכל עשרה שכינתא שריא כו' ובכל חד וחד נפוש בעו"ד מתגלה עליו אור האלקי בהשתחואה שלו בתפלה בבה"כ ובהמ"ד לפי שנשארה קצת רשימו דאותו השארה כו' עכ"פ בבחינת חיצונית דחיצונית וע"כ יוכל כל או"א מישראל לבא לבחי' ביטול הרצון בבהמ"ד ובה"כ כשמשתחוה מפני שזה דוקא הוא כענין ביטול הנר בפני האבוקה כדוגמא שהיתה בבהמ"ק כו' וד"ל · ובכ"ז מובן ענין התשובה על טענת המלאכים מה אנוש כו' כי הנה הגם שיש לאדם חומר גופני מ"מ מצד שרשו נשמת האדם שהיא חלק אלוה ממעל כנ"ל הרי בה דוקא יוכל להיות ענין ביטול פנימי הנ"ל כמו ביטול הנר בפני האבוקה מפני שהוגנים ונכללים בשרש מקור חוצבם וכמ"ש בני בכורי ישראל כו' וברא כרעא דאבוה הוא משא"כ במלאכים שאינם יכולים להיות נכללים בהשתחואה פנימית הנ"ל ניכלל כנר בפני האבוקה כו' וזהו שבבנין בהמ"ק דוקא אמר דוד ע"ה ולא שמחת אויבי

לי

לי שהן במלאכים כנ"ל לפי שענין ההשתחוואה הכל לא היתה רק בבהמ"ק מטעם הנ"ל וד"ל · (ומה שהיתה הטענה שלהם מצד הגופים שלהם כנ"ל הנה אדרבא מזה הוראה על רוממות מעלת בנ"י שהרי מה שבמלאכים היו נופלים כו' מפני שנתגשמו בגופים ולישראל אין מזיק גוף גשמי ויכול לבא גם בגוף גשמי לבחי' ההשתחוו' פנימית הנ"ל והוא משום דברא כרעא דאבוה הוא כו' וד"ל) :

וזהו מזמור שיר חנוכת הבית לדוד כו' · דהנה ענין השראת השכינה בבהמ"ק הנ"ל הרי מבואר למעלה שזהו בחי' ירידה וצמצום גדול להיות כי עצמות אא"ס מובדל בערך לגמרי מכל ההשתלשלות ושיהא בחי' גילוי השראה וכמ"ש יראו פני (פנים רבים מכל אורות העליונים כו') בחי' הפנימית שהפנימית בא לידי גילוי מבחי' ההעלם של העצמות ה"ז צמצום וירידה כו' וצריך שיהא דבר שבו ימשיכו למעלה בחינת אלקות לבא שם בגילוי מן ההעלם בתמידות וזהו ענין חנוכת הבית לדוד כי כדי שיהא השראת השכינה בתמידות בבהמ"ק שבנה שלמה הכין דוד ברוה"ק ענין חנוכת הבית לזאת ההשרא' · וענין החנוכה יובן עד"מ שמחנכין לתנוק שילמוד בבית הספר וכמ"ש חנוך לנער כו' דהנה הלימוד לתינוק אינו דבר נחשב כלל לגבי תענוגיו הגשמיים כו' וכדי שימשיכו לבו שיתעסק בלימוד וירגיל לילך לבית הספר צריך שהאב יביא לו שם עוד דברי תענוג ודברי חמדה מלבד אותן שרגיל בהן בכדי שעי"ז יתעסק לילך לשם ללמוד. אבל בגופו של לימוד עצמו לא יספיק להמשיך לבו וגם לא בדברי' שרגיל בהן אלא דוקא בדברים של חיבה ותענוג חדש שלא היו לו מעולם כמו בהתקרבות חיבה יתירה מודעת לו במה שאביו יושב עמו שם ומשמחו בדברים או אמו ואחיו באים לשם ונותנים לו מתנות וכיוצא עי"ז ימשוך לבו לילך לבית הספר אח"כ במשך הזמן גם בלתי אותן הדברים שמביאים לו · החשק אלא מעצמו ילך ללמוד כו' כידוע ויותר מחינוך זה לנער אנו רואים בהיות האב משיא את בתו לאיש וצריך להמשיך לב בתו שתדור בבית בעלה ולהיות כי הורגלה להיות בבית אביה מנעוריה לא תחפוץ בחשק מצד עצמה לעזוב אביה ולדור בבית איש זר עד שאביה יתנהג לשם בדברי חיבה ודברי קירוב כמו שמוליכה בעצמו לבית בעלה ויאמר לו את בתי נתתי כו' וידבר על לבה דברי תנחומים וכאשר ירגילנה לשם בפעם ושתים שוב אינה דואגת אחר אביה ומעצמה אל אישה תשוקת' ולא היה צריך אביה ואמה להמשיך לבה רק בהתחלת יציאתה מפתח בית אביה לבית בעלה כו' וד"ל · וכיוצא בכל אלה החינוכים יובן למשכיל למע' בבחי' מ"ל דאצי' שהוא ענין גילוי שכינה בבהמ"ק שנמשלה לבת או לבן קטן וכיוצא וכמ"ש הבן יקיר לי אפרים כו' או בת נדיב וכו' ברתא דמלכא ובדברי רז"ל לא זז מחבבה עד שקראה בת כו' וכתיב את בתי נתתי כו' וצריך לזה חינוך עד"מ הנ"ל כי ירידה וצמצום גדול להיות גילוי השכינה בהיכל ק"ק הבנוי מעצים ואבנים כו' וכן אמר (דוד) ה' אמר לשכון בערפל כו' שהשכינה זו לשכון בבהמ"ק להיותו בחי' ירידה ע"כ כדי שתהא הגילוי שכינה תמידית ותדירית צריך לזה ענין החינוך בתחלה כדי להמשיך הלב עד"מ והוא ענין הקרבנות שהיו בחנוכת המקדש מאה אלף צאן כו' מלבד אותן הקרבנות שני כבשים ליום כו' שרגיל להיות תמיד כי צריך להמשיך בחינת הלב דשכינה הנק' בת וכ"ן שתתקבע דירה עולמית וזה א"א כ"א ע"י בחי' חינוך בחנוכת דברים העליונים החשובים ביותר הרבה מגופו של בחי' גילוי אור זה שבבהמ"ק בקרבנות הרגילים וכמשל חינוך לנער בדברים היקרים יותר מגופו של לימוד והיינו דברי חיבה יתירה כו' וכן היה בחנוכת המקדש במאה אלף צאן כו' שמן גילוי אורות עליונים מאורות עליונים מאד שגבוהים הרבה מכל עיקר ענין ההתגלות שכינה שהיה בבהמ"ק והיינו ענין גילוי אורות דאו"א שלמעלה מיחוד זו"נ כו' וכמשל האב שמוליך את בתו לבית בעלה וכנ"ל וד"ל. וכה"ז יובן חנוכת המשכן בקרבנות הנשיאים והטעם שאומרי' וקוראים בקרבנו' הנשיאים דוקא בחנוכה של מזבח כו' דהנה לכאורה יש להבין הטעם לקרבנות הנשיאים במה שהוסיפו להקריב תוספות קרבנות יותר מכפי שצריך בשאר קרבנות חובה או נדבה ועוד זאת יותר יפלא מה שכל קרבנות הנשיאים מפורשים וכפולים בתורה י"ב פעמים מאחר שקרבנותיהם היה בשוואה א' לכולם הנ"ל וכן עשה נתנאל כו' וכן עשה אליאב כו' · אך הענין הוא מטעם הנ"ל דעיקר ענין החינוך היה להרגיל בחינת גילוי שכינה בבהמ"ק שיהא האור מתגלה מכאן ולהבא גם מעצמו כו' וזה א"א כ"א ע"י חינוך קרבנות מוספים על קרבנות הרגילים להיות ולזה הטעם שהקריבו הנשיאים קרבנות מוספים הרבה כו' והטעם שהנשיאים דוקא הקריבו הוא לפי שי"ב השבטים הן הנה י"ב שרשים העליונים שכוללים כל בחי' כנ"י דלעילא דהיינו בחי' מ"ל דאצי' הנק' שכינה וכמ"ש בספרי הקבלה שזהו ענין ים של שלמה וי"ב בקר תחתיו כו' · והנה מבואר למעלה בענין גילוי שכינה בבהמ"ק שהוא כמשל בהתגלות אבוקה גדולה שהנר הקטן נכלל בה מאליו כו' וא"כ י"ב השבטים שהן י"ב שרשים העליונים בבחי' מ"ל דאצי' הרי המה כמשל י"ב אבוקות שנתחלקו מאבוקה אחת הכוללת אותם יחד כו' וע"כ גם הרי בכאו"א מאיר בנשמתו מבחי' האבוקה של אותו השבט כמו שהוא למעלה א"כ בהכרח שיהיה הנשיא של אותו השבט דוקא להביא בחינת קרבן החינוך שלו כדי להמשיך תמיד מאותו האור חלק האבוקה שבו להאיר לכל נשמות אותו השבט שנק' נרות קטנים עד"מ

כדי

כדי שיהא להם תמיד ענין ביטול הנר בפני האבוקה שלהם בעלותם לרגל להשתחוות כנ"ל וד"ל. וזהו גם כן הטעם שהוכפלו קרבנות הנשיאים ולא אמר וכן עשה פלוני כו' דהנה ידוע דאורייתא מח"ע נפקת והוא בחינת אא"ס שבאצ"א כו' ודבר ה' הוא נצחי ע"כ התורה נצחית וכמו שאנו אומרים ודבריו חיים וקיימים כו' וע"כ גם עכשיו הקורא בתורה ממשיך אותו דבר ה' שדיבר בפי משה ממש וכמ"ש ודברי אשר שמתי כו' דברי ממש כו' וע"כ ארז"ל כל העוסק בתורת עולה כאלו הקריב עולה כו' וא"כ כשקורא בתורה בקרבנות הנשיאים הרי דבר ה' שבפרשת קרבנות הנשיאים כאלו מתקיימת עכשיו על ידי קריאה זו כי בקריאה הזאת נמשך אא"ס בדיבור ובצירופי אותיות שבפ' זו שקורא וכידוע בפי' קורא בתורה שהוא ל' המשכה מן ההעלם לגילוי וכמו שקוראין לאדם שיבא מן המרחק ע"ד קורא לה ושיא באה כו' וכך המשל למעלה בקרבנות הנשיאים דכל נשיא מפורש אופן קרבנו כפי הצריך לו לבחי' שרשו להמשיך בבחי' אבוקה מי"ב האבוקות הנ"ל וע"י הקריאה שקוראין צירופי אותיות של הקרבת קרבנות כך נמשך מלמעלה כו' וא"כ בהכרח שיתפרש כל קרבן של כל נשיא ונשיא בפ"ע ולא די במה שיאמר וכן עשה פלוני כו' כי הרי יש לכאו"א אופן המשכה בפ"ע כפי שרש בחינת האבוקה שלו למעלה והגם שהקרבן אחד מ"מ חלקו למעלה מיוחד בפ"ע כו' וצריך צירופי אותיות מיוחדים בקריאה בפ' בפ"ע וכ"ז מפני שהקורא בתורה ממשיך בצירופי אותיות הקריאה כו' משום דכל העוסק בתורת עולה כו' והיינו שנכתבו פ' קרבן הנשיאים לדורות כאו"א בפ"ע כדי שיהא צירופי אותיות בתורה שהיא נצחית לדורות להמשיך מן בחינת ההעלם לגילוי ע"י הקריאה בכללות נש"י בכל דור ודור כו' וד"ל. וזהו הטעם ג"כ שקוראים פרשת הנשיאים בחנוכה דוקא כי הנה ידוע בעיקר הנס דחנוכה לפי שפרצו מלכי יון י"ג פרצות (במזבח) וכשנגברו בני חשמונאי ונצחום קבעום לנס כו' בהלל והודאה ולפי שגברה תחלה במזבח כחות הטומאה של מלכי יון ע"כ גם כשאח"כ נתגברה כח הקדושה כשנצחום הוצרכו לחינוך הנ"ל והוא הטעם שקוראים לפ' קרבנות הנשיאים בימי החנוכה כו' וד"ל. והנה מ"ש מזמור שיר חנוכת הבית כו' י"ל במה שכפל הענין של השיר בלשון זמר ובלשון שיר והוא במה שהזכיר שניהם מזמור ושיר ובשאר המזמורים על הרוב לא הזכיר אלא א' מהן או שיר או מזמור כמו מזמור לדוד בברחו כו' או שיר המעלות וכיוצא ואם לפעמים אמר שיר מזמור או מזמור שיר זהו לכוונה מיוחדת בזה וגם כאן שאמר מזמור שיר ודאי יש בזה כוונה מיוחדת לחנוכת הבית דוקא כו'. והענין יובן בהקדים תחלה עיקר ההפרש בין מזמור ושיר דהנה ענין הזמר הוא בכלי דוקא וגם בל' הגמרא זמרא במנא דוקא (כמו שאמרו זמרא מנלן דאסור) אבל השיר הוא בפה בלא כלי ויש פלוגתא בגמרא אם עיקר שירה בפה או אם עיקר שירה בכלי כידוע ובכאן בחנוכת הבית אמר מזמור שיר שהיו שניהם כא' כו'. ולהבין זה הנה מבואר למעלה בשיר שהמלאכים אומרים שהוא השיר אשר בפה וכמו שאנו אומרים וכל פה לך יודה כו' והנה הנשמות מצד עצמם קודם בואם לגוף גשמי הרי אין השיר שלהם נשמע בקול מורגש כלל כנ"ל ומצד שהנשמות מלובשים בחומר היותר גופני בעה"ז מבחי' חומר של המלאכים הנה הקול שיר שלהם מורגש ביותר והוא כדמיון קול השיר אשר בכלי זמר שהקול מורגש יותר מהשיר אשר בפה בלבד כידוע ובכאן שהיה חנוכת הבית והיה שם בחי' ההתכללות מכל המדרגות גם מנשמות שבלא גופים כי הרי ידוע שיש בכל נשמה בחינת מזל שלה ויש ממנו שהוא נשאר דבוק למע' ממש וכמאמר אע"ג דאנא אזול הכא והכא דיוקנא אשתאר כך כו' ויש אור שמאיר ממנו למטה על הנשמה שמלובשת בגוף ונקרא צלם וכמ"ש אך בצלם יתהלך איש כו' והוא מה שאמרו ז"ל דאע"ג דאיהו לא חזי מזליה חזיא כו' וממנו גם הגוף מתפעל קצת כמו בענין דניאל עם חבריו שברחו על"פ כו' וכמ"ש במ"א וא"כ היה בכללות נש"י אז הארת מזלייהו כמו שהוא למע' וגם כל המלאכים היו שם כתות כתות הרב' מאד וכמ"ש במדרשי רז"ל דבשע' שירדה שכינה בבנין בית המקדש בימי שלמה ירדו עמה כל המרכבות עליונות וכמ"ש וכבוד ה' מלא כו' והוא בחינת המרכבה הנושאים את הכסא כמ"ש רכב אלקים רבותיים כו' כידוע וד"ל ולפי שהיה אז מכל המדריגות יחד ע"כ אמר מזמור שיר שניהם כאחד בשיר בפה בל' כלי ובכלי זמר דוקא גם כן מטעם שכלול היה שם משני המדריגו' מנשמות בלא גופים וממלאכים ונשמות שבגופים כו' והעיקר מטעם שהיה אז בחינת החינוך והחינוך הי' שיהא השארת אלקו' גם בבנין גשמי מעצים ואבני' דבהמ"ק ע"כ אמר מזמור שיר בכלי ג"כ וכמ"ש ושכנתי בתוכם דהיינו בתוכם נשמות בגופים דוקא שהן מורכבים מב' הבחי' מזמור ושיר וע"ז אמר ולא שמחת אויבי לי כו' וכנ"ל וד"ל:

ארוממך ה' כי דליתני כו'. פי' שהוא מפרש הטעם לכ"ז שעיקר השרא' שכינ' תהא בישראל דוקא ולא במלאכי' עליונים כי דליתני לכך ארוממך אני דוקא כו' דהנה בפי' דליתני יש ג' פרושים וכולם אמת הא' מלשון רוממות והתנשאות כמו דלו עיני למרום כו' וכיוצא בזה והב' מלשון דלות כמו דל ואביון אנכי כו' והג' מלשון שאיבה כמו דלה דלה לנו כו' וכולם אמת. בהיות מבואר למעלה דענין ההשתחוואה פנימית הנ"ל שהוא כביטול הנר בפני האבוקה ממש וזהו א"א להיות כ"א בנשמות דוקא

ולא

ולא במלאכים כו' משום דברא כרעא דאבוה הוא כו' הנה שרש הדברים הוא משום דאבא יסד ברתא דוקא וכמארז"ל ישראל עלה במחשבה ישראל דוקא עלה במ"ח דחכמה לפי שנמשלו לבן דכתיב בני בכורי ישראל ועד"מ טפה שנמשכ' ממוח האב כו' והיינו פי' הא' בפי' דליתני שהוא ל' רוממות והתנשאות והענין הוא לפי שאין התלבשות אור א"ס אלא בחכמה דוקא ולהיותה בחינת ראשית הגילוי וכמ"ש בראשית כו' ותרגומו בחוכמתא ע"כ היא בבחי' הרוממות וההתנשאו' על כל המדריגות שמשתלשלים מאור החכמה אח"כ ולכך נק' אב ר"ה כו' וכמ"ש במ"א ולכך גם ישראל שעלו במ"ח דחכ' הם בבחי' הרוממות וכמ"ש לאברהם כי אב המון כו' וזהו פי' דליתני שרוממתני להיות ראש בבחי' ראשית דחכמה וכמארז"ל בשביל ישראל שנק' ראשית כמ"ש קדש ישראל לה' ראשית תבואתו כו' ודוד ע"ה היה בחי' מרכבה לבחי' מ"ל דאצי' שרש ומקור כללו' כנ"י ע"כ אמר ארוממך ה' בבחי' הרוממות דחכ' לפי שדליתני ג"כ בבחי' זו דנק' ראשית כו' מטעם דברא כרעא דאבוה הוא וע"כ אין ענין ההשתחוואה כבטול הנר בפני האבוקה רק בכנ"י כי נכללין הן במקור חוצבם בחכמה עילאה שנק' אבא משום דהוא יסד ברתא וכנ"ל וד"ל . ופי' הב' בדליתני הוא היפך זה ממש והוא לשון דלות כנ"ל וגם זה אמת והיינו שגם מטעם זה הוא אומר בחנוכת הבית שתהא השראת השכינה בישראל דוקא כנ"ל וענין הדלות ר"ל שנשמות ישראל אין להם התלבשות בחומר גופני כמו המלאכים בחומר שלהם מאש ורוח הפשוטים כנ"ל אבל הנשמות אין להם בחי' כלי חומר הזה כלל אלא הן רק בחינת צורה פשוטה נבדלת (וכמו שכל נבדל בלשון הפילוסופים כו') ולהיות כן בהכרח הוא שאין המלאכים יכולי' לבא לבחי' בטול המציאות מכל וכל כבטול והתכללות הנר בפני האבוקה אלא נשארים בבחי' יש ודבר בפ"ע כי בחי' החומר שיש להם מעכבם מלבא לבחי' בטול לגמרי שהרי יש לכלי חומר שלהם גבול וקצבה וא"א לה ליכלל להיות בבחי' אלקות ממש בבלתי ב"ג כו' והמלאכים אינם יכולים להשתחוות בבחינת הבטול רק עד מקום שהכלי שלהם מגיע אבל כשבאים וחוזרים לבחי' הכלי שלהם אזי נסוגים אחור מבחי' הבטול כי הכלי שלהם מעכבם וכמ"ש והחיות רצוא ושוב כמראה הבזק כו' פי' שהחיו' אע"פ שהן רצים לצאת ולהכלל באור האלקי' מ"מ המה חוזרי' ושבים למטה מפני בחי' חומר הכלי שלהם שמעכבם מהיו' בהם הבטול מכל וכל כו' והיינו כמראה הבזק כו' וד"ל . משא"כ הנשמות שאין להם בחי' כלי חומר גופני אין להם מונע ומעכב כלל לצאת בבחי' בטול המציאות מכל וכל כמו בטול והתכללות הנר בפני האבוקה ממש כו' וזהו פי' דליתני ל' דלות שהן ערומים מבלי כלי ולבוש גופני ע"כ ארוממך להיות נשאב ונכלל במקור חוצבם באור אבא כנ"ל והכל ענין א' דמשום דאבא יסד ברתא ע"כ אין להם דבר מעכב מליכלל בכל מכל כל כו' וב' הפירושים א' הוא וד"ל . והפי' הג' מל' שאיבה כמו דלה דלה כו' הנה זה הפי' הוא עיקר הטעם לב' הפי' הקודמים דהנה ידוע מאמר הזהר דתלת קשרין מתקשראן כחדא אורייתא וקוב"ה וישראל כו' וכמ"ש וזאת לפנים בישראל וכן ותורה שם בישראל שעיקר התורה בישראל דוקא לפי ששרש ח"כ שבתורה הוא ג"כ מאור אבא דבחי' אור אבא הוא בחי' עצמות חכמתו ית' וכ"ד ספרים דאורייתא הוא שנשאבו מים הח"כ דבחי' אור אבא וכמ"ש ותמלא כדה ותעל שזהו כ"ד ספרים דאורייתא שנשאבו לערך כ"ד בית הגדול בלבד כו' וכמ"ש במ"א וד"ל . והנה מאחר דלא יש לבוש מלאך או שאר נברא שרש עצמי בחכ' עילאה דאורייתא נפקת מיניה כ"א לנשמות ישראל מטעם שאין לכל א' מהם שרש בבחי' עצמיות בח"כ עילאה כ"א ישראל לבד מפני שישראל דוקא הוא שעלה במ"ח דח"כ כנ"ל וע"כ תלת קשרין הן כו' א"כ זהו שאמר כי דליתני לשון דלייה ושאיבה מפני שנדלה ונשאב שרש נש"י מים הח"כ עילאה ע"ד שנשאבו כ"ד ספרי' דאורייי' כו' וא"כ הוא עיקר הטעם לב' פי' הקודמים דהנשמות הן ברוממות דח"כ ובבחי' דלות מבלי לבוש כי נשאבו מים בלתי בחי' האמצעי המגביל ומסתיר כו' וד"ל. ולהבין זה בתוס' ביאור הנה מובן ממ"ש במ"א בפי' פסוק זה כי דליתני בענין הדבור שברשו נשאב מכח המשכיל שבח"כ כו' דהנה פי' אבא יסד ברתא היינו מ"ש מצרף לחכמה כו' פי' לפי שהרב כח הדבור נמצא מבחינת החכ' ע"כ הצירוף של האותיות תלוי בח"כ דוקא ואמנם בהיות כח הדבור כלול בכח הח"כ עצמה עדיין הי' כמשל הכד שנשאב בו המי' שקודם שאיבתו הי' המים שבכד כלולי' בנהר וכו' וד"ל וזהו כי דליתני שנדלה ונשאב הכח הדבור מאור אבא כמו שנשאב בכד מן הים . ולזה הטעם ג"כ יובן הטעם שקוראים פ' הנשיאים בחנוכה לפי שחנכ"ה היא באה בצירופי אותיות בכתב ובקריאת הצרופים נמשך הכח מאור אבא דיסד ברתא כנ"ל ועי"ז נמשך ממקור כנ"י במ"ח עילאה בכל פ' של נשיא לכל שבט ושבט בקראו אותו בתורה קרבן נשיא פ' כך וכך כו' וכנ"ל וזה הכח שרשו הוא בחכ' עילאה ותלת קשרין הן א' אורייי' וישראל כו' ואין למלאכים זה השרש כלל כנ"ל וזהו שאמר ארוממך ה' כי דליתני בשרשי שהוא בחי' אור אבא דהוא יסד ברתא כנ"ל וע"כ ממילא ולא שמחת אויבי לי שהן המלאכים שקטרגו על האדם מה אנוש כי במעלה הזאת הובדלה מדריגות הנשמות מן המלאכים ובהכרח הוא שתנתן התורה לישראל דוקא ולא למלאכים וזהו שייך ענין זה דלא שמחת אויבי לי בשעת חנוכת הבית דוקא לפי שאז

הובדל

הובדל מעלת הנשמות מטעם הנ"ל כנ"ל וד"ל :

רני ושמחי בת ציון כי הנני בא ושכנתי בתוכך נאם ה' ·

הנה י"ל מה שכפל ענין א' במלות שונות והוא באמרו ענין רנה ושמחה כי מהו ההפרש ביניהם ועוד מה שייך פ' זו להפטרת חנוכה דהל"ל רק במה ששייך לענין חנוכה והוא מה שבסוף הפ' ראיתי והנה מנרת כו' אך הענין הוא דכתיב עבדו ה' בשמחה בואו לפניו ברננה ואיתא בזהר שמחה בצפרא רננה ברמשא וצריך להבין למה השמחה דוקא בצפרא ורננה ברמשא ומהו ענין צפרא ורמשא. כתיב זכר רב טובך יביעו וצדקתך ירננו · דהנה כל עיקר עבודת המלאכים למע' הוא רק השירה והזמרה שהוא ענין התשוקה והתכללות שלהם בעילה שלהם כי כל עלול בפרט תשוקתו להתכלל בעילה שלו ובכלל הנה ענין זאת התשוקה והכוסף שנכסף וגם כלתה נפשם הוא להתדבק במקור חוצבם באלהים חיים ומלך עולם ותשוקה זאת נצחיי' אצלם מצד הבריאה כי הנה ידוע שהנבראים כולם הם נמלאים מאלהים חיים בבחי' יש מאין והוא ממדת מ"ל ית' וכמ"ש ומלכותו בכל משלה וענין זאת המדה היא בחי' גילוי אור האלקי והתפשטות השפע להחיות העולמות כולם וכמ"ש ואתה מחיה את כולם וכתיב כי עמך מקור חיים כו' וכידוע ובהגלות נגלות עליהם אור אותה המדה האלקית שהוא מדת מל' אז מאליה הם חיים וקיימים בהתחדשות החיות מאין ליש תמיד וכאשר משיגי' אור זה המחיה אותם אזי תשוקתם נפלאה להכלל ולהדבק במקור החיים כדרך כל עילה ועלול בפרט שתשוקת העלול לימשך ולידבק אחר עילתו כו' וזהו ולצבא השמים לך משתחוים דוקא דהיינו כאשר מכירים את בוראם בהארת אור שפע האלקי' הנמשך להם והמה באים בבחי' קירוב לזה אזי המה משתחוים ויוצאים מנרתק חומר כלי הגבלתם הנגבל להם במדה וקצבה מאור מדה זו הנק' בחי' מ"ל כי תכלה נפשם מעולם התשוקה וכו' וזאת ההתכללות לצאת מנרתק בחי' הגבול שלהם הוא הנק' שיר והוא השירה שהמלאכים אומרי' בכל יום כי מפני חידוש בריאותם מאין בכל יום מתכללים במקור החיים וההתכללות היא באה בהם מלמטה למעלה ע"י שיר דוקא וכמאמר המשנה כל בעלי השיר יוצאים בשיר כו' כי כל עלייה והתכללות א"א בלא שירה וזמרה מפני שבשירים בחי' רצוא ושוב יחד כדרך כל ניגון שיש בו ענין חדוה וענין מרירות יחד וזהו הערבות שמגברת על הנפש לצאת מכלי הגוף כו' וכמ"ש במ"א וע"כ כל עיקר עבודת המלאכים למעלה הוא רק בשירה וזמרה וזהו וצדקתך ירננו פי' וצדקתך הוא בחי' מל' דאצי' המחי' כל העולמות שנק' צדק וכמ"ש בזהר דצדק איהו מלכותא קדישא משום דבמדה ומשפט באה אור השפע ממדת מל' בכאו"א לפום שיעו"ד בלבד ע"כ נק' מדת מל' בשם צדק דאיהו דין וכמ"ש בר"מ לאו דאי' צדק דאיהו דין דהיינו בדינ' דמלכו' כו' וכמ"ש ואחר ילדה בת ושמה דינה דינא דמלכו' דינא כו' וד"ל · והנה מפני שמדת מל' נמדד במדה וקצבה בכל העולמו' א"כ בהכרח שיש בחי' דבר מה שמודדין ושוקלי' בו אור השפע והוא הנק' מאזני צדק דהיינו בחי' כלי משקל הנק' מאזני' שבו שוקלין ומודדין כמה יצא אור השפע ממדת מ"ל בנבראים והיינו כמה יהיה בחי' מ"ל שמים מאיר בכל עולם ועולם כי הרי לפי ערך קבלת אור אלקי ממ"ש שמקבלי' לפי ערך זה הוא ענין קבל' שפע אור וחיות הנמשך להם אם בתוס' או בגרעון מאחר שמדה זו של בחי' מ"ל הוא בחי' מקור החיים לכל העולמות וכמ"ש מלכותך מלכות כ"ע כו' וכנ"ל א"כ בהכרח שאין כולם מקבלי' בהשואה א' אלא נמדד במד' ומשקל בכל עול' לפי ערכו בלבד עד שבכל נברא שבכל עולם מאיר בו אור מ"ל בהארה מצומצ' כפום שיעור' דילי' בלבד ואם היה נתוסף בו האור היה בטל במציאות לגמרי כו' וכענין הושיט אצבעו קטנה ביניהן ושרפן וכמ"ש במ"א וזהו ענין מאזני צדק שצדק נמדד במאזנים דוקא מטעם הנ"ל וזהו צדק מלאה ימינך כי הנה מבואר דהשפעת החיים עליונים בזמן ומקום בעולמות כולם הוא נמשך מבחי' מ"ל דוקא וכמ"ש מלכותך מלכות כ"ע וממשלתך בכל דור ודור היינו שבא האור והשפע בדור ודור בבחי' זמן ומקום ג"כ והגם שלפני בחי' אלקות עצמו המחיה אותם לא שייך בחי' זמן כי הוא למעלה מהזמן וכמ"ש אני ה' לא שניתי בין קודם שנברא"ע לאחר שנברא כו' אבל בחי' הזמן נברא גם הוא בבחי' יש מאין כידוע בענין עולם שנה נפש כו' וזהו שנה ממשלתך מלכותך נמשך לבחי' זמן ג"כ ואת בכל דור ודור כו' וד"ל · והנה מבואר ג"כ למע' דאור השפע נמשך ובא בבחי' קצבה וגבול ע"פ בחי' המדה הנק' מאזני צדק הנ"ל וזהו פי' מכלכל חיים בחסד פי' וענין החסד הוא בחי' האור והשפע רב טוב הנמשך מחיי החיי' לכל העולמו' אמנם מפני שמתלבש האור והחיות הזה ומתחלק במדה ומשקל כנ"ל ה"ז כמודד מכלי גדול לכלים קטנים כרבה וכיוצא וזהו מכלכל בכלים מכלים שונים או פי' מכלכל כפשוטו כמו מכלכל דבריו במשפט שהוא ענין מדה וקצבה והכל ענין א' שהחיים העליונים מפני שכאשר נמשך מבחי' אור חסד עליון הוא נמדד במדה כנ"ל ע"כ מכלכל חיים בחסד וד"ל · וזהו גם כן פי' צדק מלאה ימינך פי' צדק הוא מדת מל' שבא במדה וקצבה על פי המדה הנק' מאזני צדק וימינך הוא ענין אור חסד עליון שהיה שופע בבחינת א"ס אבל הצדק ימלא את אור הנמשך מן בחי' ימין העליון להיות נמשך ובא במלואי כלים רבים כנ"ל (או שהפי' הוא בהיפך שימין העליון נתמלאת על ידי מדת צדק דאיהו דין המחלק לכאו"א כפי הראוי כו' והכל ענין א' עם פי' מכלכל חיים בחסד הנ"ל והעיקר הוא

מפני

מפני שזאת ההתחלקות במדה ג"כ חסד הוא כדי שיתקבל
במקבלים ואם לאו לא היו יכולים לקבל והיה דין ולמלום
ולא אור וחסד כלל וכמ"ש במ"א וזהו כענין גבו' גשמים
שמזכירים בברכה זו דאתה גבור דוקא כי הוא בחי' גבו'
שבחסד כו' וד"ל) וזהו ולצדקתך ירננו מפני שבחי' הרינה
והזמרה של המלאכים הרי הוא רק בחינת ההתכללות
והעליה במקור חוצבם הנק' צדק כנ"ל ע"כ אמר
שלבחינת לצדקתך ירננו דוקא מפני שהוא בחי' מלכותא
קדישא והוא בחי' גילוי אור מלכות שמים דלעילא השופע
עליהם כשמשיגים אותו אז ירננו לצאת מנרתק הגבול שלהם
במאזי הצדק מפני עולם התשוקה וההתכללות אבל למע'
מבחי' לצדקתך אין להם השגה ליכלל ולידבק שם ע"י שיר
ורינון כי לא נמשכו מאין ליש רק מבחי' צדק שהוא בחי'
מל' דאצי' כנ"ל וד"ל. וזהו שאמר זכר רב טובך יביעו ולצדקתך
ירננו פי' זכר רב טובך כו' כי הנה איתא בזהר דאית צדיק
וצדק בנוק' וצדיק בדכורא כו' והוא הנק' טוב וכמ"ש
אמרו צדיק כי טוב כו' וביאור הדבר הוא להיות ידוע בכל
השתלשלות עילה ועלול הנה מאחר שכן בבחי' משפיע
ומקבל וכמאמר ומקבלין דין מן דין כו' הרי יש בהם
בהכרח בחי' צדיק עליון וצדיק תחתון הנ"ל והיינו מה
שנגלה כבר אור ההשפעה במקבל ומתקשרת בו תמיד נק'
צדיק תחתון והוא בחי' נוק' להיות בחי' מקבל בהתקשרות
כו' אבל מה שמאיר אור ההשפעה מן המשפיע נק' בחי'
התקשרות המשפיע במקבל והוא בחינת צדיק עליון ונק'
ג"כ בשם טוב כמ"ש אמרו צדיק כי טוב כי כל עיקר טבע
הטוב להטיב ולהשפיע ע"כ נק' ג"כ ידיד'זאת של המשפיע
להתקש'במקבל ולהשפיע לו השפע בשם טוב מפני שממדתו
היא באה עד"מ איש טוב בטבעו לפי שדרכו להטיב ולהשפיע
נק' טוב כו' וכמ"ש במ"א משא"כ היפך טבע הטוב שמונע
כל שפע לזולתו רק לעצמו כו' אינו נק' טוב אלא רע כו'
וכך יובן בבחינת הטוב של הארת המשפיע במקבל שנק'
צדיק עליון מטעם זה להיות בבחינת דכורא כו' וד"ל.
והנה ממשל זה דבחינת עילה ועלול בפרט יובן דוגמתו
למע' מעלה בכללות השתלשלות דאבי"ע דבחי' מל' דאצי'
נק' צדיק תחתון בהיותו בחי' מקבל בלבד והגם היותו בחי'
מקור לכל העולמות אבל נק' בחי' נוק' בכלל דהיינו שהוא
נק' בחי' מקור כל המקבלים בכלל וע"כ נק' בחי' נוק' לגבי
עולם האצי' עצמו שנק' עלמא דדכורא כו' כידוע בספרי
הקבלה ובחי' האור והשפע שנמשך מאצי' עצמו נק' בחי'
צדיק עליון כנ"ל בהיותו כמו בחינת העילה לגבי העלול
בכלל ועל אותו האור והשפע שמאיר מאתו נאמר אמרו
צדיק כי טוב שהיא באה ונמשכת מלמע' למטה וע"ז אמר
כי כל בשמים ובארץ ותרגומו דאחיד בשמיא ובארעא דהיינו
בחינת צדיק עליון ולפי שהוא המקשר ומחבר אור עליון

בתחתון ע"כ הוא אומר דאחיד בשמיא ובארעא כלומר בחי'
המחבר מעלה עם מטה כנ"ל במשל הארת התקשרות
המשפיע במקבל כו' וזהו גם כן פי' המשפילי לראות
בשמים ובארץ כו' וד"ל . וזהו זכר רב טובך יביעו
פי' טובך הוא בחינת צדיק עליון הנק' טוב וכמו
שישנו בהכרח בדרך פרט בכל עילה ועלול בירידות
המדריגות ההשתלשלות מעילה לעילה כנ"ל כך ישנו
בכלל בכללות ההשתלשלות דאבי"ע כנ"ל ואז נקר' רב טובך
מפני שבחי' אצי' האור והשפע בבחי' א"ס ממש כידוע דהם
אמר דאיהו וחיוהי וגרמוהי חד כו' וע"כ אמר שאותו האור
הנק' טובך בבחי' האצי' אין המלאכים יכולים להשיג כלל
וכלל במהותו ואיכותו כי הוא רם ונבדל מהם לגמרי להיותו
למעלה מבחי' מקור ושרש עדיין לנבראים אלא רק בבחינ'
מל' דאצי' שנק' צדק והוא בחי' צדיק התחתון כנ"ל שם ירננו
דוקא כי משם נמשך להם השפע בגילוי אור כפי שיעור
השגתם כנ"ל אבל ברב טובך אין משיגים כלל וכמאמר לית
מח' תפיסא בך כו' ואיך ירננו בבחי' עלי' התכללות לשם
כו' אלא מ"מ ואעפ"כ יוכל להיות בהם בבחי' זכרון שם
בעלמא וזהו זכר רב טובך יביעו זכרון דבר בעלמ' כמו עד"מ
שיזכור אדם שם המלך אע"פ שאינו מכירו אלא ע"פ השם
בלבד ויוכל להזכירו בשמו בלבד כך יוכלו המלאכים בשיר
שלהם להזכיר מבחי' רב טובך בבחי' זכרון שם בעלמא אע"פ
שאין להם השגה בו כלל כנ"ל אבל ולצדקתך ירננו להתכלל
בו כי משם נלקחו וכמ"ש והרוח תשוב אל האלקים כו' וד"ל
וזהו ענין המאמר רננה ברמשא . והוא מ"ש בואו לפניו
ברננה כו'. פי' בואו לפניו היינו כשעולים הנשמות והמלאכי'
מלמטה למעלה להכלל ולהדבק במקור החיים כנ"ל על
ידי השיר והוא בבחינת רצוא בהשתוקקות נפלאה אזי הן
באין לפניו דהיינו לפני ה' ממש והוא בבחי' מל' דאצי' הנק'
צדק וכמ"ש ולצדקתך ירננו שהוא בחי' מקור חוצבם כנ"ל
ובמה הן באין לפני ה' ברננה דוקא כי הרינה שלהם הוא
המעלה אותם כנ"ל וענין העלאה שלהם הוא רק לצאת
מבחי' הגבול שלהם והוא נרתק כלי גופם המחשיך ומסתיר
עליהם הארת אור האלקי וכשיוצאי' מנרתק החומרי שלהם
יוצאים בשיר וזמרה דוקא כנ"ל וזהו בואו לפניו ברננ' דוקא
וד"ל. והנה ידוע גם בדברי רז"ל שיש מדת יום ומדת לילה
כמ"ש במס' ברכות ובכלל הוא מה שאמרו בכמה מקומות
בברייתו של עולם בריאת חשוכא והדר נהורא כמ"ש ויהי
ערב ויהי בקר כו' שהערב היה תחלה ואח"כ הבקר והיינו
מפני שהחשך קד' לאור בבריאה ע"כ כתיב ויקרא לאור יום
ולחושך קרא לילה כו' וכידוע . וביאור הדברים דבחינת
הצמצום הראשון שצמצם אור א"ס בעצמו ובכבודו להיות
אורו נכלל בעצמות העצם נק' חשך לשון מניעת שפע
והתגלות כמו לא חשכת את בנך כו' בכדי שאח"כ יוכל להיו'
בחי'

בחי' גילוי אור ושפע מאתו להחיות רוח שפלים מאין ליש מאצי' לבריאה ועד"ז מהמאציל לאצי' כידוע וזהו שאמרו כבריאתו של עולם ברישא חשוכא והוא הצמצום הנ"ל ואח"כ נהורא מטעם הנ"ל אך אע"פ שהחשך והצמצום קדם לאור כנ"ל מ"מ לאחר שכבר נתגלה האור ע"י החשך הרי יצא מזה שיהיה סיבת השתלשלו' של האור מבחי' גבול וצמצום ממש והוא הנק' חשך גמור מפני שהוא צמצום אמתי בבחי' גבול ותכלית וזהו הנק' מדת לילה והוא מ"ש ולחשך קרא לילה והיינו בחי' הסתרת האור אלקי ממש וד"ל וזהו בכללות ההשתלשלות ויובן מזה גם בדרך פרט שגם בכל נברא יש מאין בפרט יש בחי' הצמצום וההסתר הזה האחרון שהוא מדת לילה דהיינו מה שענין כלי חומר גופני שלו מסתיר ומחשיך עליו אור אלקי שהוא מסיבת הצמצום דמדת לילה בבחי' המל' שמהווה מאין ליש בבחי' גבול ממש אך ששרש זה הצמצו' מבחי' החשך שקדם לאור כנ"ל וד"ל. וזהו נפשי אויתיך בלילה דוקא אויתיך ולכאו' אינו מובן הטעם למה בלילה דוקא אויתיך אך הענין הוא כנ"ל במדת לילה דהנה בחי' מל' דאצי' נק' בשם נפשי להיות כי הוא נפש כל חי ורוח כל בשר כו' בבחי' מקור החיים כנ"ל וע"כ עיקר התשוקה להכלל בחיי החיים אינו אלא בלילה דוקא כי אז התשוקה מתגבר' ביותר לפי שמדת לילה שבבחי' המל' הוא מדת הדין והצמצו' להסתיר האור ולהחשיכו כנ"ל ואז מפני עוצם הריחוק והפירוד תגבר התשוק' ביותר ויובן זה עד"מ מאדם שעומד בהיכל המלך ורוא' בעיניו כל מחמדי אוצרות מכל כלי חמדה ואת כל יקר תפאר' גדולת המלך לא תתגבר התשוקה לזה כ"כ מאח"כ כשהלך לו מן ההיכל של המלך ונזכר עליהם אזי תכלה נפשו בהשתוקקות נפלאה לראותה כי כל תשוקה והשתוקקות אינה אלא מרחוק כשאינו משיגו אבל כשמשיג חמד' לבבו אז אינו בתשוקה נרגשת כ"כ כידוע. והנמשל מובן למע' דבמדת לילה דוקא להיותה בחי' הצמצום והריחוק אזי דוקא תגבר תשוקת המלאכים לצאת בבירה וחמר' מנרתק כלי גופם כנ"ל וזהו נפשי אויתיך בלילה דוקא וד"ל. וזהו ענין הרננה ברמשא דוקא מטעם הנ"ל במדת לילה שאז התשוקה מתגברת וע"כ עיקר הרננה בשיר הוא ברמשא דוקא וכמ"ש בואו לפניו ברננה כו' פי' לבא מלמטה למע' לעלות ולידבק במקור החיים ולצאת מבחי' הגבול הוא ע"י רננה שברמשא כנ"ל וד"ל. וזהו ג"כ ענין בשכמל"ו ופסוק ואהבת כו' בכל לבבך ובכל נפשך כו' דהנה ענין בשכמל"ו ידוע שהוא בחי' מל' דאצי' המחיה כל העולמו' יש מאין וכמשמעו' בפי' שם כבוד מ"ל לע"ו דהיינו שנמשכה בחי' ההארה וההשפע' משם כבוד בחי' מלכותו לעולם ועד למטה מטה עד אין קץ ושיעור כו' ולפיכך ואהבת את ה' אלהיך בכל לבבך כו' וד"ל. אך הנה כ"ז בענין ההעלאה מלמטה למע' והוא מ"ש בואו לפניו ברננה וזהו א"א להיות רק עד בחי' צדק מלכותא קדישא כנ"ל אבל עבדו את ה' בשמחה הוא ענין גבוה יותר והוא בחי' ההמשכה מלמע' למטה שהוא הנק' מדת יום וכמ"ש ויקרא אלהים לאור יום כו' וענין סיבת ההמשכה הזאת מן ההעלם לגילוי אור הוא בא ונמשך ממילא ומאלי' ולא ע"י סיבת הרינה מלמטה דוקא כמו בצדק מלכותא קדישא שהוא מדת לילה הנ"ל לפי שאין בחי' הרינה מגיע לשם כלל וכלל מטעם שהוא למע' מבחי' המקבלים כנ"ל בענין צדיק עליון כו' וד"ל. וזהו ענין המאמר דהשמח' בצפרא והוא בחי' אור הבקר שהוא בחי' מדת יום אזי בחי' השמחה דוקא לפי שע"י השמחה יוצא האור מן ההעלם לגילוי כידוע שהמלך בשמחתו יגלה כל מצפוניו כו' וכמו שע"י הרנה יהיה סיבת התכללו' הנ"ל מלמטה למע' כך ע"י השמחה יהיה בהיפך בחי' הירידה וההמשכה מן ההעלם לגילוי וע"כ המה בב' עתים הפכיי' צפרא ורמשא השמחה בצפרא והרננה ברמשא לפי שמדת יום ומדת לילה המה ב' הפכים כנ"ל וד"ל:

אך הנה עדיין יש להבין דהרי מ"מ בתחלה הוא הרננה דברמשא ואח"כ השמחה שבצפרא כסדר ברייתו של עולם וכמ"ש ויהי ערב כו' וכנ"ל וא"כ יפלא השנוי שבסדר בפסוק זה באמרו תחלה עבדו את ה' בשמחה ואח"כ בואו לפניו ברננה והיה לו להקדים בואו לפניו ברננה לפי סדר ברייתו של עולם דברישא חשוכא מדת לילה כנ"ל. אך הענין יובן ע"פ הקדמה א' דיש עוד מדריגה שלישית למע' ממדת יום ומדת לילה והוא למעלה מבחי' חשך ואור הנ"ל והיינו מ"ש כחשיכה כאורה כו' וגם חשך לא יחשיך ולילה כיום יאיר כו' וכיוצא בזה לפי שבחי' חשך ואור הנ"ל הוא בא רק מפני סיבת תועלת ההשפע' למטה בא"א להיו' כ"א בדרך זה דהיינו שיהיה בחי' העלם בתחלה ואח"כ גילוי אור וזהו כברייתו של עולם כו' אבל מצד עצמו' אור א"ס ב"ה שלמע' עדיין מבחי' ההשפעה וההמשכה בהשתלשלות דאבי"ע הרי שוין לפניו בחי' החשך וההעלם עם בחי' האור והגילוי דקמיה כחשיכה כאורה כו' וכמ"ש המשפילי לראות בשמים ובארץ פי' השמים והארץ הן בחי' משפיע ומקבל שוין שניהם לפניו בהשואה א' מבלתי יש קדימת מעל' לזה על זה וזהו מ"ד דשמים וארץ כא' נבראו כו' מטעם הנ"ל וזהו השוה ומשוה קטון וגדול כמ"ש קטן וגדול שם הוא עד שבחי' הרוחניות עם בחי' הגשמיות הנק' חומר וצורה למטה שוין לפניו בהשואה א' ממש מטעם הנ"ל וד"ל. ואחר הקדמה זו יובן שיש ב' מדריגות בענין גילוי האור למעלה הא' בבחי' גילוי האור שבא בסדר ההשתלשלות ברישא חשוכא והדר נהורא כנ"ל וזה תלוי במעשה התחתונים להעלות מ"נ ברננה שברמשא וכמ"ש בואו לפניו ברננה כו' שלפי ערך זה יהיה המשכת מ"ד מן בחי' ההעלם לגילוי אור אבל כאן שאמר עבדו ה' בשמחה

תהלה

תחלה רצונו לומר בבחי' גילוי אור עצמות הא"ס שלמע' מסדר ההשתלשלות בחשך ואור דקמיה כחשיכה כאורה כו' שהוא מתגלה ע"י השמחה של מעשה המצוה כמשי"ת בסמוך א"כ אינו בהכרח שיקדים בואו לפניו ברננה תחלה שזה אינו תלוי בהעלאת מ"ן כלל כי אין אתדל"ת מגיע לשם כלל וכלל וכמ"ש בסמוך אך מ"ש עבדו ה' ל' עבודה אין הענין בחי' מ"ן אלא ר"ל בחי' תיקון כלי בלבד להשראה והמשכה זאת מן העצמות והכלי לזה הן רמ"ח פיקודין שהמה נק' רמ"ח אברין דמלכא ועד"מ אברי האדם הגם שהשראה פרטי' נמשכה באבר מ"מ יכולים להמשיך כל עצמות האדם על ידי אותו האבר מפני שהוא כלי בית אחיזה להמשיך כולו על ידי האבר שמוסכין בו כו' כך למע' הנה המצות נחלקים לג' קוין תורה ועבודה וגמילות חסדים תורה קו האמצעי וחסד וצדקה דרוע' ימינא קו הימין כו' ועבודת הקרבנות בקו השמאל ותפלה במקום קרבן היא כידוע וע"י ג' קוין כללו נמשך כל עצמות אור הא"ס למטה אע"פ שאינם אלא בחי' אברים בלבד כמו חסד דרועא ימינא כו' וכפי משל הנ"ל וד"ל וזהו שאמר עבדו את הוי' בשמח' פי' ע"י שמחה של מצוה דוקא כי בחי' השמחה דוקא מביאה מן ההעלם לגילוי כנ"ל ואמנם בשמח' של מצוה להיות' בחי' כלי ואבר יכולה היא שתבא כל בחי' העצמות לידי גילוי מטעם הנ"ל וד"ל. וזהו רני ושמחי בת ציון כו' פי' רני הוא בחי' הרננה דברמשא במדת לילה לכסוף בתשוקה ובכלות הנפש כמו המלאכי' שיוצאים בשיר כנ"ל וזהו בפסוקי דזמרה שלפני ק"ש שאנו אומרים שירות ותשבחות להודות ולהלל בגדולת ה' ונק' פסוקי דזמרה מטעם זה שנ"ל מדת לילה תחלה ואח"כ מדת יום ביוצר אור כו' אך הנה בק"ש הרי הוא והיו הדברי' האלה אשר אנכי מצוך כו' דהיינו אנכי מי שאנכי כו' דלא ידע ליה בר איהו כו' משום דלית מח' תפיסא ביה כו' אפי' מחשבה דא"ק כו' והיינו בחי' עצמות הא"ס דקמי' כחשיכה כאורה ע"כ הוא למע' ממדת יום וממדת לילה כו' והוא מה שנמשך דוקא ע"י רמ"ח מצות עשה הנק' רמ"ח אברין דמלכא כנ"ל וזהו אשר אנכי מצוך כו' אנכי מי שאנכי מצוך כו' הוא ענין עבדו ה' בשמחה הנ"ל וזהו רנ"י ושמח"י רני בפסוקי דזמר' ושמחי בק"ש כו' והיינו בשמחה של מצוה דוקא כנ"ל הטעם וד"ל: והנה מה שאמר רני ושמחי בת ציון הנביא הוא שמנחם לכנ"י הנק' בת ציון ותחלה יש להבין מהו זה שנק' כנ"י בשם בת ציון דוקא כו' דהנה כתיב ימלוך ה' לעולם אלקיך ציון כו' וי"ל מהו אלקיך ציון דדוקא לציון הוא אלקים ולא לזולתה כו'. אך הנה פי' ציון הוא מל' רושם לסימן כמו הציבי לך ציונים כו' וע"כ נק' המצויינת ע"ד שאמר אנא סימנא בעלמא כו' להיות ידוע דבחי' מל' דאצי' המחיה כל העולמות הוא הנק' ג"כ בבחי' אדם וכמ"ש נעשה אדם בצלמנו כדמותנו ודמות בנוק' כו' להיות כי בחי' האור והשפע האלקי להחיות הנבראים הנק' מקור החיים כנ"ל אין לו ערך כלל עם אור האלקי העצמי ואינו אלא בחי' אור של תולדה בלבד כמ"ש במ"א וע"כ נאמר בה ל' דמות וכמ"ש מראה כבוד ה' כו' ומפני שאינה אלא בחי' אור של תולדה כמ"ש באורך נראה אור כו' וזהו ג"כ מ"ש נעשה אדם בצלמנו כדמותנו כו' ולהיות כן נק' בחי' המל' ג"כ בשם ציון כי עד"מ הדמות הוא הנרשם בציור לאות ולסי' גופו של דבר ומה שנצטייר ברושם הדמות אינו אלא לסי' בעלמא ע"ד דוגמת רושם החותם מצורת החותם עצמו וכיוצא כך למע' בחי' המל' שמאיר אור ושפע לכל הנמצאים היא רק כמו בחי' רושם שנרשם לאות וסי' לגבי עצמות האור האלקי וזהו לציון המצויינת כי ציון ל' רושם וסי' הוא כידוע וזהו ימלוך ה' לעולם אלהיך ציון לדור ודור כו' פי' מה שנמשך בחי' זמן ומקום שהוא ענין לעולם ולדור דור היינו מאלקיך ציון בלבד והוא בחי' אור המל' שנק' ציון מטעם הנ"ל ומה שאמר אלקיך ציון כי הנה הרי יש המשכת אור א"ס בציון שבמל' וזהו ימלוך ה' לעולם כו' וע"כ אמר אלקיך ציון דלציון שהוא בחי' מל' אלקים הוא וכמ"ש נעש' אדם בצלמנו כו' וד"ל. ואמנם הנה עד"מ הרושם לסי' צריך שיהא דבר מה שבו יהא הרושם לסי' וזכרון ולא רושם בעלמא שאינו ניכר בזה לסי' כלל וכך הנמשל למע' הנה כתיב אם לא בריתי יומם ולילה חוקות שמים וארץ לא שמתי פי' האור והמצות הוא הברית וסי' לחוקות שמים וארץ כו' והענין הוא לפי שהמצות הן ממש כמו סימנים לאורות העליונים שעל ידם יהיה בחי' רושם לסי' דוקא כי הנה כל המצות מעשיות שלנו נתלבשו כולם בעניני' גשמיים כמו ציצית בצמר גשמי ותפלין בקלף גשמי וכיוצא בזה כולם והנה ידוע דכל המצות עיקרן ושרשן הוא למע' ונקראות מצות הוי' וכמ"ש וזכרתם את כל מצות הוי' כו' וכמו שאמר עקב אשר שמע כו' מצותי כו' וכמ"ש אומר אשר קדשנו במצותיו והענין הוא לפי שידוע דרמ"ח מ"ע רמ"ח אברין דמלכא הם כנ"ל והנה ידוע מאחז"ל שהקב"ה מניח תפלין והקב"ה מתעטף בציצית וכיוצא בזה בכל המצות הרי נאמר בהם אלה המצות אשר יעשה אותם האדם וחי כו' והיינו בחי' האדם דלעילא כו' ובודאי אין בחי' תפלין שמניח הקב"ה כמו תפלין גשמיי' שלנו בקלף גשמי אלא בחי' אורות עליונים מקיפים שנתלבשו בד' בתים שבתפלין ש"ר וכמאמרם ז"ל תפלין דמארי עלמא מה כתיב בהו כו' ועד"ז במצות ציצית שמתעטף הקב"ה בטלית כו' הענין הוא כמ"ש עוטה אור כשלמה כו' והאורות היוצאים מאותו האור הנק' שלמה שנתעטף הן ל"ב נ"ח שמאירים במל' דאצי' כמ"ש בספרי הקבלה שהן ענין ל"ב חוטין דציצית

וכמ"ש

וכמ"ש ופרשת כנפיך על אמתך כו' ועד"ז בכל המצות שיעשה אותם האדם דלעילא כו' וד"ל וא"כ המצות הנעשי' למטה שהמה מלובשים בעניני גשמיי' ממש אינם רק כמו בחי' הרושם לזכרון וסי' לאותן המצות עליונות שבאדם העליון וכמו בתפלין דכתיב וראו כל עמי הארץ כי שם ה' כו' שהן רק לאות וסימן בלבד לבחי' תפלין העליונים וכך הוא בכל המצות שכולן הן רק בחי' סימנים וציונים רמוזים לאורות העליונים שבמצות העליונות וכן התורה הגשמיי' בחי' רושם בעלמא לתורה הרוחנית וזהו אם לא בריתי יומם ולילה כו' וע"כ נק' המ"ל בת ציון כי רשום בה רשימות לסימנים וציונים לאורות העליונים אשר עליהם דוקא יהיה האות והזכרון כו' ולא בזולת זהו"ש הנביא רני ושמחי בת ציון פי' בא לנחם לכנ"י משום דע"י מצות מעשיות נק' ציון המצויינת כנ"ל ואזי כל אורות העליונים השלמיים נמשכים בה ע"י האות והסימן כנ"ל ועי"ז בא עיקר ענין התפשטות מדת המ"ל בעולמות דהנה זהו פי' הברכה שלפני כל מצוה וכמ"ד דמצות צריכות כונה וענין הברכה ברוך אתה ה' כו' פי' ענין ברוך ל' מבריך כמו המבריך את הגפן שכופף את ראש הגפן לעפר ומתמת זה צומח גפן אח"כ ע"י המצות שיעשה האדם למטה הנה בכוונת המצוה ממשיך מלמע' אור אלקי במעשה המצות ע"ד כפיפת ראש הגפן למטה כו' ומזה צומח תוספ' אור האלקי למע' במצות שעושה האדם דלעילא כידוע דכל מעשה המצות למעלה הוא להוסיף אור וכו' וזהו ענין הברכה שבה היא כוונת המצוה כידוע והוא באמרו ברוך אתה ה' כו' כלומר הוא מתברך ונמשך מלמעלה למטה דרך כפיפה כנ"ל ומחמת זה צומח להיות תוס' אורה והוא במה שיהיה מלך העולם פי' שלא יהא מסתיר בחי' הצמצום שנק' עולם מל' העלם כידוע על בחי' מלך כי יהיה בחי' מלכות בגילוי אור עד שלא יסתיר המסתיר כלל ויהיה בחי' יחודא תתאה שהעולם והמלך יהיה הכל א' ולא פרוד בבחי' הנפרד כו' וכ"ז הוא נעשה ע"י בחי' צדיק עליון הנ"ל שהוא הנק' מבריך את הגפן עד"מ וכמ"ש כי כל בשמים ובארץ ות"א דאחיד בשמיא וארעא לפי שהוא מחבר את העליון בתחתון והיינו עד"מ כפיפת ראש הגפן למטה כו' וזהו מ"ש ביוסף ויקראו לפניו אברך לפי שיוסף בחי' צדיק עליון הוא כידוע ע"כ קראו לפניו אברך מלשון המבריך את הגפן כו' והוא להיות שעל ידו מתברך השפע מן העולם ועד העולם מעלמא דדכורא לעלמא דנוק' וכמ"ש ברוך ה' מן העולם ועד העולם והוא ג"כ ענין הברכה מה שאנו אומרים ברוך אתה ה' כו' מלך העולם דהיינו שיהא בחי' גילוי אור אלקי מתברך מן העולם כו' וכנ"ל וד"ל :

וזהו ענין הנחמה שנחם הנביא לכנ"י דלעילא רני ושמחי בת ציון כי הנני בא ושכנתי בתוכך נאם ה' כי הנה מה שקורא לה בשם בת ציון היינו משום שארז"ל אשה מזרעת תחלה יולדת בת אשה מזרעת תחלה יולדת זכר כו' והנמשל מזה יובן למעלה דכנ"י נק' אשה וכמ"ש אשה יראת ה' כו' כידוע וענין אשה מזרעת תחלה למע' היינו בחי' העלאת מ"נ במס"נ של כלות כנ"י בדביקה ותשוקה וכמ"ש ואל אישך תשוקתך כו' והוא הנק' אתדל"ת כידוע ומבואר בזהר דאתדל"ע הוא ע"י אתדל"ת דוקא וענין אתדל"ע שבאה ע"י אתדל"ת היינו בענין אשה מזרעת תחלה שיולדת זכר בדוגמת המשפיע וכמ"ש וילדה זכר והוא ענין אתדל"ע שהוא בחי' חסדים דוקא וכמ"ש כי זכר חסדו וכידוע בספרי הקבלה אבל כשאין אתדל"ת מלמטה כלל במס"נ כו' וכמ"ש וירא כי אין איש כו' אזי נמשך אתדל"ע מצד עצמו גם בלי העלאת מ"נ תחלה מלמטה הנה ממילא ומאליו מתעורר רב טוב וחסד העליון כי חפץ חסד הוא מצד עצמו כו' והיינו כענין איש מזריע תחלה שיולדת בת דהיינו בחי' דינים וצמצומים וכמ"ש ואחר ילדה בת ושמה דינה פי' דינא דמלכו' כו' וכמ"ש במ"א וד"ל . וביאור ענין יולדת בת הנ"ל והוא כשאין כח לכנ"י להיות עולין במעלה ומדרגה לדבק' בו ית' ע"י שיר וזמרה במס"נ מפני שילדה בת כלו' מפני בחי' הצמצום ודין שמצמצם מהיות התגלות אור אלקי עד שיוכל ליפרד בחי' הנפרד לגמרי כו' וזהו היפך בחי' הרנה הנ"ל דרנא ברמשא הנז' למעלה הוא ענין עלי' של הנשמות והמלאכים לידבק במקור החיים היפך בחי' הפירוד כנ"ל וע"כ בא הנביא לנחם לכנ"י דאע"פ שאין לה בחי' הרנה הנ"ל מפני שנקרא בת מ"מ רני ושמחי בת ציון כי הנני בא כו' פי' אעפ"כ מצד שנק' בת ציון והוא מפני סימנים וציונים עליונים שיש בה מהארות והמשכות עליונות שע"י המצות מעשיות מצד זה יהיה לך גם רנה ושמחה אע"פ שאין לך מצד עצמך כו' . וביאור הדברים הוא ע"פ הקדמה הנ"ל שע"י המצות נמשך מדריגה השלישי' שלמע' גם ממדת יום ומדת לילה הנק' חשך ואור שהוא כברייתו של עולם כו' הלא השארה באה מבחי' עצמות אור א"ס דקמיה כחשיכה כאורה כו' והוא בחי' אתדל"ע שאין אתדל"ת יכול להגיע ולעורר שם כלל כי זהו בבחי' עצמות אור הא"ס שלמע' לגמרי מכל השתלשלות דחשך ואור כו' וא"כ גם כשאין בכנ"י הרנה שהוא לאשפל' חשוכא לנהורא כו' מכל מקום מצד אתעדל"ע הזאת שהיא לעילא לעילא הרי יוכל לשכון בכנ"י גם בהיותם בבחי' החשך והעדר האור מבלתי רינה כו' משום דקמיה כחשיכה כאור' ולילה כיום יאיר כו' וז"ש רני ושמחי בת ציון כשתקרא בת ציון ממילא יהיה בך הכל גם הרנה והשמחה אע"פ שאין לך אתדל"ת כלל והוא רק מצד מעשה המצות שנק' מפני זה בת ציון כנ"ל וד"ל . וזהו כי הנני בא ושכנתי

בתוכך

בתוכך נאם ה׳ • כי הנה כתיב ולציון יאמר איש ואיש יולד בה והוא יכוננה עליון פי׳ כי כאשר אשה מזרעת תחלה יולדת זכר וכאשר האיש מזריע תחלה יולדת נקבה כנ״ל וזהו כי לציון יולד בה איש זכר ואתדל״ע מצד עצמו הנק׳ איש העליון כו׳ וא״כ יהיה הכל בחי׳ איש א׳ איש מצד כי מזריע האשה תחלה במעש׳ המצות כל בית אלפי שני דהוי עצמה דיולדת זכר בהוסיף האור למע׳ כנ״ל והב׳ ואיש שהוא אתדל״ע מצד עצמו ממש רק שעכשיו נולד מזה בת שהוא דין וצמצום אבל לע״ל לא תקרא בת ציון כמו עכשיו בגלות וזהו ולציון ולא אמר לבת ציון אלא רק עכשיו בגלו׳ נק׳ בת ציון ואעפ״כ הוא מנחם אותה רני ושמחי בת ציון כי הנני בא ושכנתי בתוכך פי׳ כי לע״ל מצד שיהיה בחי׳ אתדל״ע לעילא לעילא וממילא ומאליו הוא בא ושוכן למט׳ וזהו כי הנני בא פי׳ הנני בא בבחי׳ התעוררות עצמות וכל עצמות ישכון בך והיינו כי הנני בא ושכנתי בתוכך נאם ה׳ פי׳ נאם ה׳ הוא בחי׳ הדבור שיקבל מעצמות אור הא״ס בלי אמצעי והוא בחי׳ עליות המל׳ להיות בבחי׳ הכתר וכמ״ש במ״א בענין דרשת רז״ל בדוד שיאמר לע״ל לי נאה לברך כו׳ ומה שנא׳ כוסי רוי״ה רוי״ה בגי׳ רכ״א שהוא מדת ארך אפים כו׳ וזהו והוא יכוננה עליון שבחי׳ עליון השוה ומשוה קטן וגדול וקמיה כחשיכה כאורה כנ״ל הוא דוקא יכוננה עליון לבחי׳ מל׳ שהוא בחי׳ דבור כידוע מפני שלציון יאמר איש ואיש יולד בה כנ״ל ע״כ והוא יכוננה עליון והכל ענין אחד הוא וד״ל :

ובב״ז יובן ג״כ מה ששייך פ׳ זו דרני ושמחי כו׳ להפטרה דחנוכה דהנה מצות נ״ח הוא דוקא על פתח הבית מבחוץ וכמו שאנו אומרים והדליקו נרות בחצרות קדשך כו׳ והענין הוא להיות מבואר למע׳ בענין פסד״ז שלפני ק״ש שהוא בחי׳ הרינה שעי״ז יבא לבחי׳ שמחה מלמע׳ למטה ואם לאו לא היה בא לבחי׳ גילוי האור דע״י השמח׳ והיינו כמו במלאכים העליוני׳ דרנה שלהם ברמשא ואח״כ השמח׳ בצפרא כנ״ל ואמנם לא כל אדם יוכל לבא למדריגת הרנה לצאת מנרתק חומריות גופו הבהמית ע״י השיר והזמרה בפסוד״ז כדוגמת המלאכים למע׳ כו׳ ע״כ תקנו חז״ל מצות נ״ח על פתח הבית מבחוץ שעי״ז יוכל להיות גילוי האור גם כמו שהוא עומד למטה בבחי׳ הפירוד והוא כמו דוגמת העומד פתח הבית מבחוץ שלמע׳ שם הוא ענין הצמצום והסתר אור לגמרי כו׳ דהרי בעליות הנשמות והמלאכים כתיב פתחו לי שערי צדק אבא בם כו׳ והפתיחות שער הוא ע״י ענין הרינה כמ״ש בואו לפניו ברננה כנ״ל אבל ע״י הדלקת נר חנוכה בשמן ואור גם את החשך גמור יאיר וכמ״ש ויאר את הלילה כו׳ והוא מפני דשמן ואור דחנוכה הוא בחי׳ חכמה ואור דתורה היינו האור שמאיר בה וכמ״ש ותורה אור כו׳ והוא דוגמא למה שיהא לעתיד דכתיב כי הנני בא ושכנתי כו׳ נאום ה׳ בדבור דתורה כו׳ וכמ״ש והוא יכוננה עליון ומטעם הנ״ל שיהא הכל בחי׳ אי״ש כו׳ דהם כחשיכה כאורה כו׳ וז״ש בפ׳ זו ונלוו גוים רבים אל ה׳ כו׳ דגם הגוים ילוו אל ה׳ כו׳ והיינו הטעם שאומ׳ פ׳ זו דרני ושמחי כו׳ בהפטרה דחנוכה דוקא כי הכל ענין א׳ הוא מטעם הנ״ל וד״ל :

שער הפורים

חייב איניש לבסומי בפוריא עד דלא ידעי בין ארור המן כו׳ כתיב כי יד על כס י״ה מלחמה לה׳ בעמלק כו׳ ואחז״ל שאין השם שלם ואין הכסא שלם עד שימח׳ כו׳ להבין מהו שאין השם שלם ואין הכסא שלם כו׳ הנה כתיב ראשית גוים עמלק ואחריתו עדי אובד פי׳ הראשי׳ והאחרי׳ בעמלק דקליפה יובן מבחי׳ קדושה דאת זלע״ז עשה אלקים כו׳ והנה בקדושה כתיב אני ראשון ואני אחרון כו׳ פי׳ אני ראשון בחי׳ סוכ״ע שלמע׳ מגדר השפעה והמשכה מאין ליש כו׳ ואני אחרון כמ״ש מתחת זרועות עולם בחי׳ היותר התחתונה שבאלקות המשפילי מאד למטה מטה להתהוו׳ ברואים השפלים ביותר שהם מתחת לארץ שהוא האחרית בהשתלשלו׳ ג״כ אני הוא כו׳ ועד״ז יובן בקליפה דאת זלע״ז כו׳ דז׳ מדות הרעות דנוגה הכנעני והחתי כו׳ יש להם ראשית פי׳ מקור ושרש שמשם נשתלשלו בבחי׳ גילוי מאין ליש והוא בבחי׳ מקיף וסובב עליהם כו׳ וזהו ראשית גוים הראשית של הז׳ עממין והמקום שלהם בבחי׳ סובב כו׳ הוא עמלק ואחריתו היינו בחי׳ התחתונה שבהשתלשלו׳ הז׳ מדות הרעות דהיינו בחי׳ תכלית הרע שיש בכל מדה רעה כי הנה כל מדה רעה כמות שהיא בטבעה אינה רעה כ״כ כאשר עדיין אינה בפעולת התגברות רשע כמו אהבה רעה בתאוה זרה וכדומה שישנה בטבעה עדיין אינו רעה כ״כ כמו כאשר יפעל את האהבה הרע׳ בהתגברות התאוה בלבבו בחמימות רשפי אש עד שלבו בוער בבחי׳ הכעס ואדם כארס הנחש כו׳ כמו ענין הנזכר בבנות ציון שהטילו הרס במנעליהם ועד״ז במדות הכעס והרוגז אע״פ שמדה רעה היא בטבעה באיש האכזרי אינו כ״כ רעה כמו כאשר יפעלנה בהתגברות הכעס עד שהוא דומה כארס הנחש ממש שאע״פ שהנחש כעסני בטבעו אמנ׳ הארס שלו שמוצי׳ ע״י סיבת כעסו קשה הרבה לאדם יותר מגופו של נחש כו׳. ועד״ז יובן ג״כ בשרש הנחש רוחני בחי׳ הנחש הקדמוני

שממנה

שממנה נשתלשלו ז׳ מדות הרעות כידוע שבחי׳ אדם שלו קשה הרבה מגופו כו׳והוא בחי׳האחרית של המדו׳ הרעות לפי שנעוץ סופן בתחלתן בבחי׳ הראשית של הז׳ גוים וזהו תכלית הרע של המדות הרעות והאדם שלהן הוא הנק׳ בגמ׳ רשע ורע לו פי׳ כי הגם שיש רשע בעלם טבעו אמנם כשיהיה גם ברע של המדות בבחי׳ אדם הנחש הקדמוני הנ״ל זהו רשע ורע לו וד״ל · וזהו ואחריתו עדי אובד שהאחרית הנק׳ אדם הוא בחי׳ עמלק דוקא שהוא הראשית כנ״ל ובקדושה דאת זלע״ז כו׳ הנה מהחת זרועות עולם נעוץ גם כן בתחלתן בבחי׳ סוכ״ע כמ״ש אני ראשון ואני אחרון וכתיב לא הביט און ביעקב ולא ראה עמל כו׳ פי׳ עמ״ל הוא בחי׳ עמלק עמ״ל לקה כי הנה מה שנשתלשלו בקליפות ז׳ מדות הרעות הוא מבחי׳ פסולת שנפלו מז׳ מדות דקדושה כידוע ונק׳עמל כמ״ש מה יתרון לאדם העליון דאצי׳ בכל עמלו כו׳ וביעראל לא ראה עמל זה לפי שנעוץ סופן בתחלתן ישראל עלה במח׳ כו׳ ואין שם עמל המסתיר כי אני ראשון ואני אחרון כו׳כחשכ׳כאור׳ כו׳ וד״ל · והנה כתיב כי חלק הוי׳ עמו שיש שם הוי׳ בכל כילון מישראל ופי׳ ו״ה היינו המדות שהם ו״ו כמ״ש לך ה׳ הגדולה והגבו׳ כו׳ומדת הגדולה היינו מדת החסד והאהב׳ דאברה׳אוהבי כו׳והוא האהב׳המוסתר׳ הטבעיו׳ המבורש׳ בלב כהו״א מישראל לדבקה בו ית׳ ברעותא דלבא בכל פעם שמתעורר פתאום כו׳ ומדת הגבו׳ הוא היראה ופחד היפך מדת האהבה שהרי מדת האהבה היא בחינת התקרבות הנפש וההדבקותה בעלוי אחר עלוי כו׳ומדת היראה נהפוך הוא שבהתבוננות שלו בגדולת הבורא איך שנשגב שמו לבדו ורק הודו על ארץ ושמים כו׳ וכדומה תפול עליו אימה ופחד ויהיה בבחי׳ ריחוק וביטול עלמותו וכמ״ש וירא העם וינועו ויעמדו מרחוק ולא בבחי׳ קירוב כו׳ וזהו שהמלאכי׳ אומרים ביראה דוקא לפי שאומרים קדוש כלומר מובדל דלית מחשב׳ תפיס׳ בי׳ כו׳ כידוע והוא מדת הגבו׳ דרועא שמאלא דילחק וכמ״ש פחד ילחק היה לי והיינו ענין שמאל דוחה פי׳ מחמת היראה׳ ופחד מדחה א״ע בשפלות וריחוק גדול מה׳כמ״ש וינועו ויעמדו מרחוק כנ״ל והמד׳ הממולעת ומחברת שניה׳ הוא מדת יעקב במדת הרחמי׳ כידוע והוא כאשר כבר נתרחק מפני היראה כתיב מרחוק נרא׳ואימתך אל תבעתני פי׳ לפי שמתבונן שהוא ית׳ למעלה ולמטה בשוה כחשיכה כאורה כו׳ וירידה זו לצורך עליה היא שהרי מתקרב לה׳ בדביקות כאהבה אחרי הריחוק הקדוש מטעם שאינו רחוק כלל דקמיה כחשיכה כאורה כו׳ וזהו ואימתך אל תבעתני שלא נבעת ולא נתרחק כלל מפני האימ׳ כו׳ והוא ע״י מדה״ר דוקא כשממשיך ומעורר רח״ר על נפשו שירד׳בריחוק ומתבונן דמה״ר העליוני׳ מתפשטי׳ גם למי שהוא למטה מטה לפי שיעקב מבריח מן הקלה לקלה כו׳ וזהו ויעקב אשר פדה את אברהם פי׳ פדה את האהבה להיות חוזר ומתקרב באהבה אחרי הריחוק דירא׳ מטעם המשכות רחמי׳ דיעקב וד״ל · ועד״ז יובן ג׳ מדות הללו כשמתלבשים במעש׳שהן ג׳ קווין דתורה ועבודה וג״ח בחי׳ חג״ת שבמעש׳ הוא עד״מ החסד בלב באד׳כשמתלבש ומתפשט במעשה הלדקה להחיות רוח שפלים בפועל ממש כו׳ כמ״כ אור חסד העליון חסד דרועא ימינא כו׳ נתלבש למטה ע״י מעשה הלדקה כו׳ ועד״ז בדרועא שמאלא ע״י העבודה שהן הקרבנות כו׳ ובכולם לא יומשך האור למטה על ידם כ״א ע״י השמחה דוקא כמו בעבודה דכתיב תחת אשר לא עבדת את ה״א בשמחה כו׳ ובלדקה ובג״ח כתיב ג״כ לא ירע לבבך בתתך כו׳ כי צ״ל השפע והחסד בשמחה וטוב לבב מרלון הנפש כו׳ וכן בקו האמלעי שהוא התורה צ״ל השמחה כמו שאמרו וכן לדבר הלכה כו׳ והטעם לזה ידוע דכל התגלות העלם אינו אלא ע״י השמחה דוקא שמוליאה מן ההעלם לגילוי כו׳ וע״כ לא יתגלו העלם המדות עליונות בג׳ קווין הללו כ״א ע״י השמחה דוקא וד״ל · והנה כתיב מימינו אש דת למו פי׳ מימינו אש דת הן ג׳ קווין הנ״ל תורה ועבודה וגמ״ח מימינו הוא חסד דרוע׳ימינא כו׳אש זהו האש שע״ג המזבח בעבוד׳ הקרבנו׳ ועכשיו בתפלה במקום קרבן ועיקר התפלה היא בחי׳ ריחוק דבחי׳ קו שמאל דוחה כנ״ל שהרי עיקרה הוא ענין קבלת מלכות שמים בעול דוקא שהוא היראה וההכנעה כו׳ והגם שבפ׳ ראשונה דק״ש נא׳ ואהבת כו׳ אבל אהבה זו בחי׳ חסד שבגבו׳ היא דהיינו שעיקר המכוון שלה על ההיפך דמחמת שרולה לדבקה בו ית׳באהבה ברעות׳ דלבא יותר יתפעל ביראה כמ״ש פן יפתה לבבכם וסרתם כו׳ בפ׳ שניה דוהיה אם שמוע וכענין אברהם הוליד את ילחק שמחסד ואהבה נולדה היראה ופחד כו׳ וכל שיעמיק יותר בהתבוננו׳בפ׳ראשונה ויתפעל באהבה תהי׳ הולדת היראה ממנה ביותר בפ׳ שניה דוהיה א״ש כו׳ וא״כ כל עיקר המכוון בפ׳ ראשונה הוא רק בשביל פ׳ שניה כי אברהם הוליד את ילחק דוקא(מבא״כ בחי׳חסד שבחסד שהוא מדת האהב׳ מלד עלמה בלבד בלתי כוונת הולדת היראה ממנה כו׳ וד״ל) ועד״ז היה אש הקרבנות בבחי׳ גבו׳ דקו שמאל דוקא אך שנולד מן החסד שהרי ארי׳ של אש הי׳ אוכל בקרבנות כידוע בזהר ארי׳ עילאה דאכיל כו׳ וכתיב פני ארי׳ להימין כו׳ מבחי׳ החסדים דאברהם אוהבי כו׳ ולזה הטעם הי׳ הארי׳ מן האש דוקא להיות עיקר המכוון שלו בבחי׳ הולדת היראה דוקא וד״ל · ועד״ז היה ג״כ ענין עבודת הלוים בשיר על הקרבן כלול מחסדים וגבו׳ כנ״ל. דהיינו שעיקר ענין השיר היה בבחי׳ כלות הנפש כענין רץ לבך כו׳ בבחי׳ הגבו׳ וההסתלקות כמו האש כו׳ ועכ״ז הי׳ בו מבחי׳ החסדים ג״כ שהרי היה הניגון שלהם בבחי׳ רצו״ש

רצו"ש מולמ"ע כו' כמ"ש בת"א והוא לפי שהיראה נולדה מהחסד כענין אברהם הוליד כו' וד"ל ופי' ד"ת הוא קו אמצעי דתורה כו' בהיות ידוע שהתורה נק' אמת וכמ"ש קרוב ה' כו' באמת כו' ובאותיות אמת הוא בחי' ראש תוך סוף א' בראש האותיות מ' באמצע אותיות ת' בסוף האותיות כידוע וזהו הוראה על שהתורה היא בחי' קו האמצעי המבריח מן הקצה אל הקצה משא"כ בשני הקוין כו' וטעם הדבר ידוע שהרי בתורה נתפרשו כל המצות שהן חסדים ומן הגבו' כמו שזה כשר וזה פסול כו' וא"כ כוללת היא כל ההפכיים דחו"ג יחדיו ישכנו בה והוא בחי' ת"ת שכולל כמה גוונין יחדיו כו' וכמ"ש בת"א ולכך יש ביכולת התורה ג"כ להבריח מן הקצה כו' דהיינו מראש כל דרגין עד סוף כל דרגין כמו מא' ועד ת' לפי דמה שנעוץ תחלתן בסופן כו' אין זה אלא בבריח התיכון דוקא כידוע וד"ל . וזהו מימינו אש דת למו פי' ג'מדריגו' הללו דמימינו אש ודת שהוא תורה ועבודה וגמ"ח כנ"ל הכל נמשך ממנו ית' כדי שיחזרו להתקשר מלמטה למע' בעצמותו וזהו למו אליו ולא למדותיו בחי' חג"ת דאצי' כי שנה מה שירדו להתלבש למטה בג' קוין הללו הוא רק בשביל עליו'שיתעלו אח"כ ע"י בריח התיכון דתורה כמש"ת בסמוך בבחי' עצמותו ית' דוקא כי באמת לאו דאית ליה לדק ידיעה כו' וד"ל. וכ"ז הוא בחי' וי"ו שבשם הוי' דהיינו ו' המדות הגדולה והגבו' ות"ת כו' כשנתלבשו בג' קוין הנ"ל אבל בחי' ה"א שבשם הוי' הוא בחי' דבור הנק' ה"א שכל המדות נמשכים ונתגלים בה כידוע והנה בצורת הה"א יש ג"כ שלשה קוין שני קוין המה מחוברים והקו הג' מופסק והוא רגל הה"א כידוע והענין הוא דכנגד קוין דתורה ועבודה וג"ח שבמדות יש ג' קוין בדבור לקבל אותם כשנמשכים ונתגלים בה כו' וג' הקוין שבדבור הוא מה שיש ג' מדריגות מח' דבור ומעשה כידוע שנקראים בריאה יצי' עשיה כו' והדבור הוא כלול מג' אלה מחשבה דבור ומעשה כמו מחשב' שבדבור כו' ע"כ יש ג' קוין בצורת הה"א ולפי שהמעשה נפסק ומובדל מן הדבור כידוע שלכך נא' אף עשיתיו אף הפסיק הענין כו' מפני שאין המעשה מסתעפת מן הדבור בקירוב וסמיכות כ"כ כמו שמסתעפת הדבור מן המ"ח שהוא בקירוב גדול כו' ע"כ הרגל של הה"א מופסק ומובדל וב' הקוין דמח' ודבור המה מחוברים יחדו כו' וד"ל . והנה יש ה"א במלוי אלף ויש ה' במלוי ה' דהיינו ה"ה כידוע וביאור הדברים הנה ענין המלוי הוא בחי' ההעלם שנעלם וצפון בדבר המתגלה כמו שכר הנעלם בבטן אמו כו' וכמ"כ המ"ח שבדבור דהיינו בשעה שמדבר הרי מחשבת הדבורים המה בבחי' הנעלם בגילוי הדבורים לאוזן השומע כו' ונק' מילוי הה"א של הדבור הנק' ה"א תתאה כי מלוי המחשבה בדבור הוא בהעל' גדול כמו שבאמרו אות הה"א בדבור לא נגל' רק אות ה"א אחת והה"א שני' יש בה בהעלם עד שכשירצה לפ'יגלג' לו' ב' ההי"ן וכמ"ש בת"א ומה שהמלוי הוא בצורת ה"א ממש כראבו'שהוא ה"ה היינו לפי שהמ"ח בעלמ'נק' ה"א עילאה והדבור נק' ה"א תתאה כידוע והטעם הוא שהרי כל מה שידבר בגילוי הי'חושב תחלה הכל באותיו'מחשבתו כצורתן וכהויתן בלתי שנוי כלל וא"כ מה שאח"כ בה' מוצאו' הפה מתגלה המח' בה בהעלם בתחלה היה בהיפך שהמ"ח היה בגילוי והדבור כלול בהעלם שהרי עדיין הוא חושב מה שידבר וכל האותיות של המ"ח והדבור המה בצורה אחת כו' ולכך נק' המ"ח והדבור בשם ה"א אלא שהמ"ח ה"א עילאה לפי שקדמה תחלה והדבור בחמשה מוצאות הפה ה"א תתאה והמלוי דה"א תתאה הוא בה"א עילאה דמ"ח בשעה שמדבר כו' ובשעה שחושב מה שידבר הוא בהיפך כנ"ל אך כללות שניהם אינו אלא ב' ההי"ן והעיקר הוא ה"א עילאה דמ"ח כו' וד"ל. וענין מילוי הה"א באל"ף הוא כשבחי' כתר עליון מאיר בדבור בהענג לפי שנעוץ תחלתן בסופן כו' כידוע ואז המלוי בה באות אל"ף שהוא אותיו'פל"א ע"ש שהכתר הוא מופלא ומובדל מבחי' שכל והשגה שבחכ' כידוע ולכך נק' אלף ג"כ בהיפוך אתוון על היות שנמשך ממנו החכ' כמו אאלפך חכ' כו' כידוע וד"ל וכמש"ת בעז"ה . והנה ו"ה שבשם הוי' ברשם נמשך ומסתעף מי"ה שבראש השם כידוע ופי' י"ה הנה היו"ד הוא רק נקודה א' בלבד שהוא בחי' ביטול גדול כו'וביאור הדברים הנה עד"מ מבשרי אחזה אלוה בהיות שאנו רואים תחלת התהוות המ"ח באדם באה רק מבחי' נקודה א' שעדיין לא היה בה בחי' התפשטות אורך ורוחב כלל כמו שיש במ"ח כו' וכמו ברק המבריק כהרף עין כו' והוא נקוד' חכ' כשישכיל האדם שכל חדש ועדיין אינו משיגו בהשג' שכלו באורך ורוחב כידוע ועד"ז יובן למע' דידוע שבמ"ח א' נאצלו הנאצלים ונבראו הנבראי' בבחי' ממלא ובחי' סובב כו' ומ"ח זו כבר היא בבחי' התפשטות אורך ורוחב רק כשהיה תחלה בדרך כללות נק' סובב וכשהיא נחלקת לפרטית נק' בחי' ממלא כידוע אבל כללו' מ"ח זו היא בחי' ה"א עילאה דשם הוי' בבחי' אורך ורוחב בהתפשטות כצורת הה"א הנ"ל אמנם היו"ד דשם הויה שהוא למע' עדיין מבחי' התפשטות כו' והוא בבחי' נקוד' א' בלבד היינו למע' ממ"ח זו דממלא וסובב כו' וכמ"ש ויצא כברק חצו כו' ונק' ג"כ נקודה בהיכלא דהיינו נקודת ח"ע דיו"ד שמתפשט ממנו הה"א באורך ורוחב כו' אח"כ מאין ליש אבל הנקודה עצמה היא בהעלם גדול בהיכל דבינה הנק' ה"א עילאה כו' וכידוע שזהו פי' בראשית כו' וד"ל ולהיו' כן עד"ז גם בנפש האלקית הכלולה משם הוי' כמ"ש כי חלק הוי' עמו כנ"ל הנה ענין היו"ד שבה היינו

בחי'

בחי' הביטול במציאו' לגמרי מכל וכל מבלתי הרגשת השג' באורך ורוחב כו' בהתבוננות אלא כח מה כלו' מה שפשטת כו' וההתבוננות הינו אלא באיכות הביטול איך שכולה בטילי' ואין תופסי' מקום כלל לגבי עצמותו ית' משא"כ ההשגה בהתבוננות כמו בהשתלשלות השפע מאלקות מאין ליש כו' הרי הוא משיג איזה דבר ויש מה כו' הנה התולדה מזה בהתפעלות הוא ג"כ בבחי' יש ודבר מה שהן התפעלות המדו' בהרגשה גדולה עד שיש מי שאוהב כו' משא"כ מבחי' התבוננו' הביטול לא יולד הרגשת ההתפעלות במדות אלא רק בחי' ביטול במציאות בלבד כו' וד"ל כידוע · והנה באתדל"ת אעדל"ע הנה ע"י בחינת הביטול דכח מ"ה למטה בנפש אלקי מעורר למע' בחי' יו"ד דשם הוי' נקוד' שנעלם בהיכל הבינה כו' שהוא בבחי' הביטול ג"כ מהיות מסתעף ממנו התפעלות המדות כו' והיינו כמ"ש לך ה' הגדולה והגבו' כו' וע"י התפעלות אוי"ר בהרגשה מהתבוננות באלקות בההשגה דוקא יעורר למעלה בחי' תולדות המדות מבינה עילאה כו':

והנה ידוע דהמדות נפלו בשה"כ עד שנסתעפו מהם יניקת ז' מדות הרעות דנוגה כנ"ל ועמלק שהוא ראשית הז' גוים הכנעני כו' דהיינו שהוא מקור ושורש אליהם בבחי' מקיף כנ"ל הענין הוא שהוא כמו מסך מבדיל בין י"ה לו"ה עד שלא יתגלה כלל בחינת נקודה שבהיכל כו' רק יהיו מסתעפים מן השכל המדות בהרגשת יש ודבר מה ואז ממילא יש יניקה לז' מדות הרעות כו' ואמנם אם היה רק בחי' יו"ד בחי' ביטול במציאות כנ"ל לא היה שרש יניקה למדות רעות כלל מאחר שהוא עדיין למע' מבחינת התפשטות אורך ורוחב בהרגשת השגה כו' וד"ל ולזה הטעם עמלק הוא ראשית הז' עממין לפי שהוא הנרתק והתיק להסתיר הארת י"ה בו"ה והוא עיקר הגורם להיות יש ודבר מה במדות דוי"ו ונקרא תקו"ה ת"ק ו"ה כו' וכמ"ש ראית איש חכם בעיניו כו' בהרגשת יש ודבר תקו"ה מלינק כסיל ממנו כו' וכן ולמלשינים אל תהי תקוה יתפרש עד"ז והנרתק הזה הוא בחי' מקיף דעמלק המסתיר ומבדיל וכמ"ש עונותיכם מבדילים כו' וזהו רק מפני רוח שטות דגסות הרוח דעמלק המחשיך בחי' הביטול במציאות עד שאינו רואה את הנולד מאין ליש בבחי' חכ' כ"ח מ"ה דהיינו איך שיהיה בטל לגבי האין כנ"ל וד"ל וזהו שאין השם שלם בהתחברות י"ה עם ו"ה כו' מפני עמלק המבדיל ביניהם כנ"ל וד"ל. וענין שאין הכסא שלם כו' הנה פי' כסא הוא כ"ס אלף וביאור הדברים להיות ידוע דאלף הוא אאלפך חכ' אאלפך בינה פי' אלמד בתרגום הוא אולפנא כידוע וענין המלמדות ידוע דהיינו מקור מולא השכל' להשכיל את התינוק או כמו לימוד החכ' מבעל החכ' שהוא מקור לחכ' זו שלומדים ממנו ועד"ז אאלפך חכמה למעלה הענין הוא דמציאות אצי' הח"ע הוא מבעל החכמה בבחי' לימוד ואולפנא בלבד דהיינו בחינת רצון העליון הפשוט שלמעלה מן החכמה הוא המקור שמוליא את החכ' ונק' מלמד או אולפנא שהחכ' נלמד ממנו בבחי' הארה בעלמא ולכך נקרא אלף והוא אותיות פל"א דבחי' כתר עליון כו' והנה אוריי' מח"ע נפקת כידוע והוא הח"ע הגנוזה בתושב"כ ותושבע"פ ואמנם בחי' הרצון העליון שבכל מצוה ומצוה המפורשת באותיות התורה הנה הוא המקור של החכמה שבתורה ונקר' אלף מטעם הנ"ל וד"ל וכ"ס אלף היינו שית סדרי משנה זרעים מועד כו' שהן כמו כ"ס ונרתק שמתעלם ונכסה בהן אור כתר עליון דרצון העליון מקור התורה כו'· שהרי כל עניני ההלכות הן בעניים גשמים כזריעת תבואה בסדר זרעים פאה וכלאים כו' וכדומה לזה בענין נזיקין ודיני ממונות כו' שכולם הן בחי' לבושים גשמיי' מאד בעולם השפל הזה וגם שרשם שרשן הן בעולם היצי' ועולם הבריאה ג"כ עניים גשמיים הן לגבי עולם האצי' עד שנקראים מטעם זה כ"ס אלף כמו נרתק וכס המכסה כו' וגם נק' כסא עד"מ הכסא שהאדם יושב עליו הנה הוא בשביל השפלת אחוריו של אדם שהרי הוא משפיל אחוריים שלו לישב על הכסא כו' מפני שהמלך בעצמותו כשהוא רם ומתנשא בלתי הגלות נגלות מחכמתו ומדותיו לעבדיו העומדים לפניו לא ישב עדיין על כסאו אך כשהוא רוצה להשפיל עצמו ולהתצמצם באיכות הנהגת עבדיו אז ישב על כסאו וילמד להם ההנהגה שהוא בחכמה הלבבות ולמלומים למדות חכמתו כו' ואין זה אלא בחי' אחוריים וחיצוניי' שנובלות מעלמות חכמתו לכך ישב בבחי' ירידה והשפלה מעצמותו כו' והכסא הוא בחינת מרכבה לאחוריים וחצוניות זו ונקראת כסא מטעם שהוא מכסה לבחינת אחוריים וזהו כסא כס אהוריים וה"ז בחינת חיצוניות דחיצוניות כו' וכ"ז הוא משל להבין הטעם שנק' הלבשת מדות התורה בשם כסא הוי"ה מפני שהמדות עליונות שנתלבשו באיסור והיתר ה"ז כמשל כסא המלך שמדותיו מתפשטי' בחכמה הלבבות שונות וד"ל· וזהו שאין הכסא שלם פי' לפי שעמלק ראשית הז' גוים במדות דקליפות דבי"ע הוא מבדיל ומפריד הארת האלף בחי' כתר ורצון העליון הגנוז בתורה כו' עד שלא נראית רק לכסא בעלמא כמו נרתק ולבוש חיצונית דחיצוניות כנ"ל וזהו שאין הכסא שלם על ידי עמלק ואמנם ישראל עושים את הכסא שלם כשממשיכים ומחברים בתורה מבחי' אלף אלופו של עולם כמו שאמר אאלפך חכמה שהוא בחי' רצון העליון הגנוז בה כנ"ל וזהו ומי כעמך ישראל גוי אחד כו' וד"ל· וזהו כי יד על כס יה כו' פירוש כס יה הוא הנרתק והמבדיל של בחי' עמלק המפריד בין י"ה לו"ה כנ"ל ונק' כס יה

להסתיר

להסתיר ולהעלים הארת י"ה כו' וגם נק' כס בלא הארת אלף כו' ואמנם ע"י ישראל מתחבר י"ה לו"ה מטעם שחלק הוי' עמו כנ"ל לזה הוא אומר כי יד על כס יה כו' ופי' יד הנה יש ג' מדות הא' הנקר' יד הגדולה והב' הנקר' יד החזקה והג' הנקרא יד רמה ויש להבין למה ביד הגדולה ויד החזקה כתיב בהם ה' הידיעה היד הגדולה והיד החזקה כו' ולא ביד רמה. אך הענין הוא כידוע פי' יד הגדולה הוא אהבה רבה דלמעלה מן השכל אלא הוא בבחי' רצון פשוט בלא טעם כו' ואית חסד ואית חסד כו' האהבה שלמטה מן השכל נק' חסד דרועא ימינא כו' ועדיין לא נק' יד הגדולה אך כשהאהבה בלתי גבולית מחמת השכל כו' נקרא יד הגדולה ע"ש שמתפשטת בבלתי גבול ותכלית כו' ולהיות כי הגם שהוא בהעלם גדול בעצמות הנפש פעמים תבא לידי גילוי בלב בהרגשה כנראה בחוש שיוכל להיות באדם בחי' האהבה רבה בהתגלות בלב וזהו היד הגדולה בה"א הידוע ע"ש הגילוי וכן יובן למעלה כמ"ש וירא ישראל את היד הגדולה שלמעלה מן החכמה כנגלית כו' נק' היד בה"א ידוע וכן עד"ז ענין הי"ד החזקה שבדרועא שמאלא בחי' גבורה שמאל דוחה הנ"ל בהיות מבואר למט' ענין שמאל דוחה שמשפיל א"ע מאד בבחי' ריחוק מאלהי' ע"י קבלת עומ"ש דוקא כמ"ש וירא העם וינועו כו' וכל זה עדיין למטה מן השכל שהרי מחמת התבוננות באה היראה כנ"ל אך כשיראה זו היא למע' מן השכל היא בתכלית ההתפשטות בלתי גבול כמו באהבה רבה שלמע' מן השכל כנ"ל עד שנקראת היד החזקה כנ"ל וד"ל:

וזהו שאו' בש"ע אחר ק"ש סלח לנו אבינו כי חטאנו כו' כי כאשר בא למעלה מבחינת השגת השכל באלקות הנה תפול עליו האימה ביתר שאת הרבה עד שלא יחשב בעיניו כלל וכל תנועה קלה כחוט השערה כפשע וחטא יחשב כענין וסביביו נשערה כו' שמים לא זכו בעיניו כו' לכך אמר סלח לנו בש"ע בלבד דוקא וכמ"ש במ"א וד"ל. ומזה נמשך כל היום בלבבו בחי' יראה עילאה זו עד כגם שמה שיושב בטל כפושע ומורד יחשב בעיניו לפי שאין הפשע דוקא ענין מרידה ממש אלא כל פריקת עול כמורד יחשב כו' וזהו מחל לנו מלכנו כי פשענו פי' מפני שאתה מלכנו בבחינת יראה עילאה ע"כ מחל לנו כי גם פריקת עול מ"ש פשע ממש יחשב לפי שהוא מרגיש בפשעה זו מפני הקירוב כו' ולא בשופטני עסקינן שעליהם אמרו פשעים אלו המרדים ממש וד"ל לכך נאמר ה"א הידיעה ביד החזקה זו לפי שיכולה להתגלות מן ההעלם לפעמים כנ"ל אבל ענין יד רמה אין בה ה"א ידיעה לפי שאין סופה להגלות מן ההעלם ולכך נקרא יד רמה שמוגבהת ומתנשאת בבחינת העצמיות של הנפש האלקית וזהו גם כן פי' יואלים ביד רמה בבחינת כלות הנפש והתכללותה באלקים חיים בבחינת תשובה עילאה כמ"ש אליך ה' נפשי אשא מ"ה במ"ה דבור בדבור כו' והוא בחינת תשובה עילאה שקדמה לעולם והיינו ישראל עלו במחשבה פי' אותה המ"ה האחת הנ"ל שנתפשטה מבחינת נקודה אחת באורך ורוחב כו' בבחי' סובב וממלא כנ"ל ישראל עלה למעלה מעלה מבחי' מ"ה זו ע"י מס"נ בתשובה עילאה כשילאו מן הכלי בבחינת יד רמה כנ"ל לכך לא נז' ה"א הידיעה ביד רמה לפי שנכללו כללות נ"י בעצמות אא"ס ב"ה על ידי תשובה עילאה במס"נ שלמעלה מי"ה גם כן דהיינו לבעל הנקודה כו' וד"ל. וזהו כי יד על כס יה פי' יד רמה הנ"ל שהוא למעלה מי"ה כנ"ל שהרי אין אחיזה לעמלק שם כלל כי אין לו יניקה רק מבחינת ה"א כנ"ל וביד רמה זו אין בה ה"א מטעם שהוא למעלה גם מן היוד ה"א ומו"ה כו' ולכך יש ביכולת יד זה להסיר מסך מבדיל דכ"ס י"ה דעמלק ולחבר י"ה בו"ה וד"ל. וזהו חייב איניש לבסומי בפוריא עד דלא ידעי כו' דהנה כתיב זה שמי לעלם שמי עם י"ה שס"ה ל"ת כו' וזה זכרי כו' עם ו"ה רמ"ח מ"ע כו' וידוע הטעם שבשס"ה ל"ת למעלה מרמ"ח מ"ע עד שאחיזת הל"ת בי"ה ואחיזת המ"ע בו"ה לפי שפרש ענין הל"ת המה מבחינת שמירה ממקיפים די"ה שלא יבלעו החילונים ביניקה כמו לא תאכל דם כו' וכמ"ש במ"א בארוכה וזהו ענין ארור המן כדי שלא יומשך תוספת יניקה לי"א ארורים דקליפה וכללותם הוא ארור המן כי עמלק ראשית גוים כו' כנ"ל והוא על ידי שס"ה ל"ת אבל על ידי רמ"ח מ"ע שהוא ענין המשכות אלקות בכמה כלים מכלים שונים כו' הוא ענין ברוך מרדכי כי מענין הברכה שבכל מצוה שהוא ענין המשכות וגילוי אלקות באמרו אשר קדשנו במצותיו כו' וזהו ברוך מרדכי כי ידוע דמרדכי הוא בחינת יסוד אבא ונמשך בו כל הברכות והמשכות כו' וד"ל וזהו ויקח המן את הלבוש ואת הסוס כו' פי' שע"י מצות ל"ת שהן בחינת לבוש וסוס כו' היה להמן אחיזה בהם כשהוא מבדיל כו' אבל כשנתהפך חשוכא לנהורא ולא יש אחיזה להמן להבדיל כו' אזי וילבש המן למרדכי להיות כי יהיה אז תוספות ההארה וההמשכה בו"ה מי"ה כנ"ל וד"ל. והנה מה שנקרא פורים הוא ע"ש הפור הוא הגורל כו' וידוע שענין הפלת הגורל הוא במדריגה גבוה מאד דהיינו מבחינת עצמות הרצון מאחר שע"י הגורל יעלה בו כו' וכמ"ש במ"א שזהו ענין הגורל בשעירים דיו"כ יובדל השעיר החי כו' וקודם הגורל היו שניהם שוים כו' לכך פורים ויו"כ ענין אחד הוא והוא מלשון גורל והנה המן היה מתנשא בעצמו להדמות לקדושת כתר עליון והפיל פור לפניו כו' ואמנם ע"י תשובה עילאה

במס"נ

בתש"כ אז בכללות כ"י הרי עלו ונכללו נשמות ישראל במ"ח עילאה דהיינו למעלה ממ"ח דז"א כנ"ל שהוא לבטל הנקודה כו' כמו שביו"כ ע"י תשובה עילאה נעשה בחינת הגורל לעורר בעצמות רצונו הפשוט כו' ולכן נק' כפורים כמו בפורים ומחמת זה הורד המן מגדולתו והתנשאותו כי נתגלה בחינת התנשאות אמיתי דכתר עליון שהוא גאה גאה כו' וד"ל וזהו עד דלא ידעי בין ארור המן לברוך מרדכי פי' על ידי מס"נ בגלות אח"ש ב"ה הרי הוא למעלה משס"ה ל"ת ורמ"ח מ"ע שבשם הויה עד דלא ידעי בין ארור לברוך לפי שאחיזת המן בשס"ה ל"ת כו' ופורים הוא התגלות הארת העצמיות שלמעלה מי"ה עם ו"ה וזהו עד יעבור עמך הויה כו' וכן ביו"כ נאמר לפני הויה תטהרו וכמ"ש במ"א וד"ל • וענין חייב איניש לבסומי דוקא הוא להיות כי אז בימי אחשורוש היה זה ע"י מס"נ של כנ"י וכן ביו"כ שאין בו אכילה ושתיה הוא ע"י תשובה עילאה כו' אך בפורים בכדי נמשך בהשתלשלות הארה זו לדורות הולבשה ביין המשכר כשהוא מאבד הדעת כו' ולפי שבזמן הגלות נקר' כנ"י שכורת עד מתי תשתכרין כו' לכך ביין המשכר דוקא שיאבד הדעת יבא לידי מדריגה שלמעלה מן הדעת בעצם כו' כי לא אפשר לבוא לידי מדריגה שלמעלה מן הדעת בעצם כמו שהוא בזמן הגלות רק ע"י הלבשה ביין המשכר כו' וזהו חייב איניש לבסומי בפוריא עד דלא ידעי כו':

סדר קריאת המגילה

חייב אדם לקרות את המגילה בלילה ולשנותה ביום וצריך לפשוט המגילה כאגרת ומברכין עליה ג' ברכות הללו אך אין מברכין שהחיינו אלא בלילה ולא ביום.*)

ונוהגין לומר בלילה קדיש שלם אחר תפלת י"ח קודם קריאת המגילה:

בָּרוּךְ אַתָּה יְהֹוָה אֱלֹהֵינוּ מֶלֶךְ הָעוֹלָם אֲשֶׁר קִדְּשָׁנוּ בְּמִצְוֹתָיו וְצִוָּנוּ עַל מִקְרָא מְגִלָּה:

בָּרוּךְ אַתָּה יְהֹוָה אֱלֹהֵינוּ מֶלֶךְ הָעוֹלָם שֶׁעָשָׂה נִסִּים לַאֲבוֹתֵינוּ בַּיָּמִים הָהֵם בִּזְּמַן הַזֶּה:

בָּרוּךְ אַתָּה יְהֹוָה אֱלֹהֵינוּ מֶלֶךְ הָעוֹלָם שֶׁהֶחֱיָנוּ וְקִיְּמָנוּ וְהִגִּיעָנוּ לִזְמַן הַזֶּה:

כשקורין המגילה בצבור מברכין לאחריה ברכה זו אבל לא ביחיד:

בָּרוּךְ אַתָּה יְהֹוָה אֱלֹהֵינוּ מֶלֶךְ הָעוֹלָם הָרָב אֶת רִיבֵנוּ וְהַדָּן אֶת דִּינֵנוּ וְהַנּוֹקֵם אֶת נִקְמָתֵנוּ וְהַנִּפְרָע לָנוּ מִצָּרֵינוּ וְהַמְשַׁלֵּם גְּמוּל לְכָל אוֹיְבֵי נַפְשֵׁנוּ: בָּרוּךְ אַתָּה יְהֹוָה הַנִּפְרָע לְעַמּוֹ יִשְׂרָאֵל מִכָּל צָרֵיהֶם הָאֵל הַמּוֹשִׁיעַ:

שׁוֹשַׁנַּת יַעֲקֹב צָהֲלָה וְשָׂמֵחָה • בִּרְאוֹתָם יַחַד תְּכֵלֶת מָרְדְּכָי • תְּשׁוּעָתָם הָיִיתָ לָנֶצַח • וְתִקְוָתָם בְּכָל דּוֹר וָדוֹר • לְהוֹדִיעַ שֶׁכָּל קֹוֶיךָ לֹא יֵבֹשׁוּ • וְלֹא יִכָּלְמוּ לָנֶצַח כָּל הַחוֹסִים בָּךְ: אָרוּר הָמָן אֲשֶׁר בִּקֵּשׁ לְאַבְּדִי • בָּרוּךְ מָרְדְּכַי הַיְּהוּדִי: אֲרוּרָה זֶרֶשׁ אֵשֶׁת מַפְחִידִי • בְּרוּכָה אֶסְתֵּר בַּעֲדִי: אֲרוּרִים כָּל הָרְשָׁעִים • בְּרוּכִים כָּל יִשְׂרָאֵל • וְגַם חַרְבוֹנָה זָכוּר לַטּוֹב:

ואחר קריאת המגילה בלילה אומרים ואתה קדוש (ואם חל במוצאי שבת אומרים ויהי נועם ואתה קדוש) קדיש בלא תתקבל:

ביום אומרים אחר קריאת המגילה אשרי ובא לציון קדיש שלם. וקודם קריאת התורה והמגילה אחר תפלת י"ח א"א אלא חצי קדיש:

סדר הנהגות של ערב פסח

המנהג להניח פתיתי חמץ קשה זמן מה קודם הבדיקה כדי שימצא הבודק ועפ"י הקבלה יש להניח עשרה פתיתין וקודם שיתחיל לבדוק יברך:

בָּרוּךְ אַתָּה יְהֹוָה אֱלֹהֵינוּ מֶלֶךְ הָעוֹלָם אֲשֶׁר קִדְּשָׁנוּ בְּמִצְוֹתָיו וְצִוָּנוּ עַל בִּיעוּר חָמֵץ:

וצריך לחפש לאור הנר בכל המחבואות גם בסדקים שבקרקע ולא ידבר בין הברכה לתחלת הבדיקה אפי' מעניני הבדיקה ונכון שלא ישיח שלא מענייני הבדיקה כל זמן בדיקתו ויעמיד מב"ב אצלו לשמוע הברכה שיבדקו איש במקומו ולא ישיחו בינתים ויזהרו לבדוק התלה בחדר הסמוך למקום ששמעו הברכה ולא ילכו לבדוק תכף אחר הברכה לחדר אחר. ואחר הבדיקה יזהר בחמץ שמשייר להצניעו למחר לשריפה או לאכילה לשמרו שלא יוליכוהו אנה ואנה שלא יתפרר ויתגרר ממנו ע"י תינוקות או עכברים. וגם צריך לבטל אחר הבדיקה ויאמר:

כָּל חֲמִירָא וַחֲמִיעָא דְּאִכָּא בִּרְשׁוּתִי דְּלָא חֲמִתֵּהּ וּדְלָא בִעַרְתֵּהּ וּדְלָא יָדַעְנָא לֵיהּ לִבָּטֵל וְלֶהֱוֵי הֶפְקֵר כְּעַפְרָא דְאַרְעָא:

ביום י"ד בשעה החמישית יעשה לו מדורה בפ"ע וישרפנו ויבטלנו ובביטול היום יאמר

כָּל חֲמִירָא וַחֲמִיעָא דְּאִכָּא בִרְשׁוּתִי דַּחֲזִיתֵּהּ וּדְלָא חֲזִיתֵּהּ דַּחֲמִיתֵּהּ וּדְלָא חֲמִיתֵּהּ דְּבִעַרְתֵּהּ וּדְלָא בִעַרְתֵּהּ לִבָּטֵיל וְלֶהֱוֵי הֶפְקֵר כְּעַפְרָא דְאַרְעָא:

ויש לשרוף עשרה פתיתין ובשעת שריפת החמץ יאמר זה

יהי רצון מלפניך ה' אלהינו ואלהי אבותינו כשם שאני מבער החמץ מביתי ומרשותי כך תבער את כל החיצונים ואת

*) הוספת המו"ל.

*) אנו מברכים שהחיינו גם ביום.

ואת רוח הטומאה תעביר מן הארץ ואת יצרנו הרע תעבירהו מאתנו ותתן לנו לב בשר לעבדך באמת וכל ס"א וכל הקליפות וכל הרשעה כעשן תכלה ותעביר ממשלת זדון מן הארץ וכל המעיקים לשכינה תבערם ברוח בער וברוח משפט כשם שבערת את מצרים ואת אלהיהם בימים ההם ובזמן הזה א"ס :

סדר קרבן פסח

ונשלמה פרים שפתינו ותפלת מנחה היא במקום תמיד של בין הערבים ובזמן שבה"מ היה קיים היה הפסח נשחט אחר תמיד של בין הערבים כן ראוי לעסוק בסדר קרבן פסח אחר תפלת המנחה ויאמר זה

קרבן פסח מביא מן הכבשים או מן העזים זכר בן שנה ושוחטו בעזרה בכל מקום אחר חצות ארבעה עשר דוקא ואחר שחיטת תמיד של בין הערבים ואחר הטבת נרות של בין הערבים ואין שוחטין את הפסח על החמץ ואם שחטו קודם לתמיד כשר ובלבד שיהא אחר ממרס בדם הפסח כדי שלא יקרש עד שיזרקו דם התמיד ואח"כ יזרקו דם הפסח זריקה אחת כנגד היסוד וכיצד עושין שחט השוחט וקיבל הכהן הא' שבראש השורה ונתן לחבירו וחבירו לחבירו והכהן הקרוב אצל המזבח זורקו זריקה אחת כנגד היסוד והחזיר הכלי ריקן לחבירו וחבירו לחבירו ומקבל כלי המלא תחילה ואח"כ מחזיר הריקן והיו שורות של בזיכי כסף ושורות של בזיכי זהב ולא היו לבזיכין שולים שמא יניחם ויקרש הדם אח"כ תולין את הפסח ומפשיטין אותו כולו וקורעין אותו וממחין את קרביו עד שיצא הפרש ומוציאין את האמורים והם החלב שעל הקרב ויותרת הכבד וב' כליות והחלב שעליהן והאליה לעומת העצה ונותנם בכלי שרת ומולחם ומקטירם הכהן על גבי המזבח כל אחד לבדו והשחיטה והזריקה ומחוי קרביו והקטר חלביו דוחין את השבת ושאר עניניו אינן דוחין את השבת וכן אין מוליכין את הפסח לבית כשחל בשבת אלא כת האחת הם מתעכבים עם פסחיהם בהר הבית והכת השניה יושבת לה בחיל והג' במקומה עומדת חשכה יצאו וצלו פסחיהם · בשלשה כתות הפסח נשחט ואין כת פחותה מל' אנשים נכנסה כת הא' נתמלאה העזרה נועלין אותה ובעוד שהם שוחטין ומקריבין את האימורים קוראין את ההלל אם גמרו אותו קודם שיקריבו כולם שונים אותו ואם שנו ישלשו על כל קריאה תוקעין שלשה תקיעות תקיעה תרועה תקיעה · גמרו להקריב פותחין העזרה יצאה כת ראשונה נכנסה כת שניה נועלין דלתות העזרה גמרו פותחין יצאה כת שניה נכנסה כת שלישי' ומעשה כולן שוין ואחר שיצאו כולן רוחצין העזרה ואפילו בשבת מפני לכלוך הדם שהיה בה וכיצד היתה הרחיצה אמת המים היתה עוברת בעזרה והיה לה מקום לצאת ממנה וכשרוצין להדיח את הרצפה סותמין מקום יציאתה והיא מתמלאת על כל גדותיה מפה ומפה עד שהמים עולים וצפים מכאן ומכאן ומקבץ אליה כל דם וכל לכלוך שהיה בעזרה ואח"כ פותחין מקום יציאתה והכל יוצא עד שנשאר הרצפה מנוקה ומשופה זהו כבוד הבית ואם הפסח נמצא טריפה לא עלה לו עד שמביא אחר :

זהו הענין בקיצור גדול · וצריך האדם שירא וחרד על דבר ה' לקרות אותו בזמנו שתעלה קריאתו במקום הקרבתו וידאג על חורבן הבית ויתחנן לפני ה' בורא עולם שיבנה אותו במהרה בימינו אמן :

שער חג המצות

ששת ימים תאכל מצות וביום השביעי עצרת לה' אלהיך כו' הנה ידוע דברי רז"ל מה שביעי רשות אף ששה רשות ולילה הראשונה חובה כו' ויש להבין למה השביעי רשות וגם להבין ענין מצות אכילת מצה מה היא כו' הנה בזוהר אמרו דמצה נק' מיכלא דמהימנותא וביאור זה היינו מ"ש ורעה אמונה ואין הפי' שהאמונה היא הרועה אלא בהיפך שיש רועה שהוא זן ומפרנס את האמונה כו' והענין הוא דידוע דכנ"י נק' אמונה ע"ש שהמה מאמינים בה' אחד והוטבע אמונה זו בנפשותם בירושה מאבותיהם שהיו מרכבה כו' ושיתוסף באמונה זו חיות ושפע אור הוא ע"י רועה הזן ומפרנס אותם וכמ"ש רועה ישראל כו' וכמ"ש במ"א וע"י אכילת מצה ג"כ תתחזק האמונה בלב כנ"י ונק' מפני זה מיכלא דמהימנותא ולהבין הטעם הנה תחילה יש להבין שרש ענין האמונה מה היא הנה כתיב אנכי ה' אלהיך אשר הוצאתיך מארץ מצרים כו' וידוע קושית המפרשים למה לא אמר יותר פלא מנס דיציאת מצרים והוא אשר ברא את השמים והארץ כו' שהרי בניסים דמצרים היה רק יש מיש כמו מכת הדם שנהפך המים לדם כו' וכיוצא בה ובהתהוות שמים וארץ הרי היה בחי' יש מאין כידוע אך הענין הוא דבאמת התהוות השמים וארץ מאין ליש אין זה נחשב לפלא כלל לגבי עצמות המאציל ית' כי הלא ידוע דכל ההשתלשלות של הנאצלים ונבראים כו' הם רק מבחי' דבור העליון לבד כמ"ש בדבר ה' שמים נעשו כו' וידוע ענין הדבור למטה שאינו אלא בחי' גילוי והתפשטות בלבד ולא עצם מעצמיות ומהות האדם כלל. כמו"כ בחי' דבור העליון של המאציל והבורא כו' היינו רק בחי' גילוי ההעלם העצמות והיינו ענין מדת מלכותו ית' שהוא מקור כל חיי העולמים של הנאצלים ונבראים כו' כידוע ועד"ת הידוע ממדת מלכות

ב"ו שאין על אנשי המדינה רק התפשטות מציאות מלכותו ולא מעצמותו ומהותו כלל כו' אבל לגדולתו העצמי' ית' אין לה חקר וגבול כלל כמו שהוא בעצמות א"ס כו' ואמנם לפי שהוא בעצם א"ס לכך גם בחי' התפשטות וגילוי האור שלו הוא בבחי' א"ס כי לפי ערך מהות כח הפועל כן ערך התפשטות כחו בפעולה והמשכה כו' כידוע וע"כ גם זאת ההארה הגלויה בבחי' דבור בלבד הנה ידוע בכתבי האר"י ז"ל שנתפשטה עד אין קץ ותכלית שהן כ' אלף יובלות כו' דהיינו שיהיה עליות רבות כ"כ כו' והכל במדת מלכות בלבד וד"ל · והנה ידוע דגם חסידי אוה"ע מאמינים ומשיגים בכח הפועל אלקי בנפעלים שהוא מאין ליש כו' וקצת מהם יתפעלו מזה וישמרו מעשות רע כו' וא"כ מה זו האמונה שנתייחדה לכנ"י בלבד כו' אמנם הענין הוא דאם לא תהיה ההתפעלות רק מהתבוננות יש מאין בלבד לא לזאת הושפלה הנפש אלקית שהרי גם חסידי אוה"ע יכירו בזה כו' והרי נאמר אתה הראת לדעת כי ה' הוא האלהים כו' וזאת היא האמונה משא"כ כח הפועל בנפעל לא יתכן לקרות אמונה כי עיני בשר ג"כ ישיגו כו' אך להיות כי הנפש האלקית נתלבשה בלבוש שק דקליפת נוגה שהוא חומר הגופני כו' לזה צריך ההתבוננות יש מאין כו' כדי להסיר העורון דעיני בשר הרואים את הטפל לעיקר כו' ואין משיגים ביטול הטפל היש לגבי האין העיקר כו' שכל דבר נברא יש גשמי בטל לגבי כח הרוחני האלקי' המחיה ומהוה אותו מאין כו' וע"ז הענין נתקן כל סדר התפלה בריבוי שבחים איך שהוא ית' אדון כל המעשים כו' ותוכן הכוונה הוא כדי להסיר מסך מבדיל דחומר הגוף כו' עד שיקבע בנפשו הבהמית ג"כ איך שהטפל בטל לגבי העיקר עיקרא ושרשא דכולהו עלמין וכולא קמיה כו' ומרומז כ"ז בדברי התפלה בפסוקים רבי' כמו כל סדר ברכת יוצר המלך המרומם כו' דברי אלהים חיים ומלך עולם כו' וכן בברוך שאמר ופסוקי דזמר' הכל בדרך זה איך שמדבור א' נתהוו כל הנבראים וזהו ברוך שאמר והיה העולם וכידוע · ואמנם במצות היחוד בק"ש באמרו שמע ישראל כו' הוא מדריגה גבוה הרבה מכל השבחים שבתחלה וכולם לא היה רק הכנה אליה כו' כי הנה ענין ה' אלהינו ה' אחד הוא בחי' השגת מהותו ועצמותו ית' משא"כ השגת כח הפועל בנפעל אינו אלא השגת מציאותו לבד כנ"ל וזהו ואהבת את ה' אלהיך המיוחד לנפש האלקית בלבד כי זאת היא הנק' אמונה שנתייחדה לכנ"י בלבד והוא שיאמינו בבחי' סוכ"ע שלמעלה מעלה מגדר ההשתלשלות וגדר השפעה או התפשטות וגילוי אור כו' אלא מבחי' העצמות והמהות של א"ס ב"ה וכמשל עצמות ומהות האדם שאין גילוי הדיבור ערוך לו כלל וכלל וכידוע ולעצמותו ומהותו ית' אין לאוה"ע חלק כלל רק ישראל לבדו חלק אלוה כו' וזהו אנכי ה' אלהיך פי' אנכי מי שאנכי שלמעלה מעלה מבחי' התפשטות וגילוי אור עד שאינו נתפס בגדר השגה ודעת בנבראים ונאצלים כו' וזהו מי שאנכי שלמעלה מן הדעת וההשגה וכמ"ש ישת חשך סתרו כו' שהוא בחי' העלם העצמיות הוא אלהיך כו' כי בכנ"י בלבד הוא שנשפל וירד להיות משכנו בהם בהלבשה וצמצו' כו' וזהו אתה הראת לדעת כי הויה שהוא סוכ"ע כו' הוא האלהים כח הפועל בנפעל בתכלי' היחוד ולא שהוא אלהים בלבד כאוה"ע דקרו ליה אלהא דאלהיא כו' וד"ל ובכ"ז מתורץ קושית המפרשים הנ"ל שהרי בריאת שמים וארץ אינו אלא מבחי' גילוי אור דבחי' דבור עליון כו' דכלא חשיב לגבי העלם העצמות ואין זה פלא כלל משא"כ אנכי מי שאנכי אשר הוצאתיך מארץ מצרים מעשרה כתרין דנוגה כו' למהמין בעצמות אור א"ס ב"ה כנ"ל וד"ל:

וזהו כוונת הזוהר דמצה נק' מיכלא דמהימנותא פי' ע"י המצה נמשך האמונה הנ"ל בכנ"י בבחי' עצמות הא"ס ב"ה שלמעלה מבחי' התפשטות וגילוי אור כנ"ל והטעם שע"י המצה דוקא הנה יש להקדים בזה מארז"ל דאין התינוק יודע לקרות אבא ואימא עד שיטעום טעם דגן דוקא וזה פלאי למה יהיה סיבת הדע' בתינוק משיטעום טעם דגן דוקא · אך הענין הוא דאינו אומר אלא יודע לקרות אבא כו' פי' הקריאה בלבד שקוראו אבא אבל אינו בידיעה והשגה אמיתית באיכו' הענין איך שהוא אביו דהיינו שהולידו וכיוצא שיכיר וישיג במהות אביו ואיכות רחמנותו ואהבתו אליו במה שזן ומפרנסו כו' שהרי אין התינוק הקטן מכיר כלל בכל זה ועכ"ז הוא קוראו אבא אבא כשהוא בן ג' שנים ופחות כידוע ונמצא שהדבר זה שיודע לקרות אין ידיעה זו מצד עצמות השגתו אלא ידיעה זו נמשכת למעלה מן הדעת כו' ואיננה למעלה מן הדעת לגמרי שהרי יודע עכ"פ לקרו' דהיינו שמכירו בהכרה גמור' ולא יפנה לקרות לזולתו אבא כו' אלא צריך לומר שנמשכת ידיע' זו והכרה זו מלמעלה מן הדעת לתוך דעת והכרה רק שאינה הידיעה כמו שהיא למעלה מן הדעת בהרחב' אלא הולבש' והושפלה בבחי' קטנות המוחין דהיינו בבחי' הכר' בלבד כמו ע"ד הכרת השור והחמו' את בעליו שנא' ידע שור קונהו וחמור אבוס בעליו ישראל לא ידע כו' לפי שגם הקטנות הדעת דשור יכיר בבעליו כשזנו ומפרנסו איזה זמן כו' וזה ק"ו להבין שישראל יוכל לידע ולהכיר את בוראם בבחי' קטנות המוחין עכ"פ וכמשל הנ"ל בתינוק שיודע לקרות אבא כו' וד"ל · והנמשל מזה יובן למעלה למשכיל בבחי' כנ"י בלאתם ממצרים שהיו בבחי' קטנות המוחין מאד ומאוד כמ"ש ואתך מתבוססת בדמיך כו' וכתיב ממצרים קראתי לבני כו' כי נער ישראל ואהבהו כו' נער הוא בחי' קטנו' המוחין דתינוק שאינו יודע רק לקרות אבא כו' והוא שיקראו לעצמות הא"ס ב"ה כי אתה אבינו שהוא

ענין

ענין האמונה הנ"ל שלמעלה מעלה מבחי' השתלשלות כו' וזה היה ע"י מצות אכילת מצה בליל הראשון דהיינו כשטעמו טעם דגן ס' אז נכנס בהם מה שלמעלה מן הדעת שהוא הנא' מהות אור א"ס ב"ה דלית מח' תפיסא בי' כנ"ל לתוך דעת והכר' עכ"פ שידעו לקרות אבא כו' בבחי' ביטול גדול לאנכי מי שאנכי כו' כנ"ל וד"ל:

אך מה שסיבת ההמשכה שלמעלה מן הדעת לתוך דעת והכרה בתינוק ע"י טעימו' דגן דוקא הנה ידוע דהדגן הוא הלחם שהוא בחכמה כ"ח מ"ה כמ"ש בכתבי האריז"ל וכמ"ש במ"א באריכות על ענין ברכת המוציא לחם כו' וע"כ כשיטעום טעם דגן יכנס בו מוחין דאבא שלמעלה מן ההשגה וההבנה כידוע בבחי' גילוי בדעת והכרה עכ"פ שידע לקרות אבא כו' משא"כ בימי יניקתו חלב אמו לא נכנסו בו עדיין בחי' מוחין דאבא אף בקטנות דהכר' כו' וכמבואר כל זה במ"א וד"ל · והנה ידוע ההפרש בין כ"ח מ"ה דחכמה לבינה שבבינה כבר יש השגה בהתפשטות אורך ורוחב והלא דבר הוא משיג כו' משא"כ בנקודת חכמה הוא בבחי' ביטול העדר התפשטות לגמרי רק מוכן נקודת הדבר כמו שהוא בעלם ונתחלת הוייתו כו' והמשל לזה הוא המצה שבהיות' בלתי שאור ומחמצת הנה לא יתוסף בה נפוח והתפשטות עביו' וגסות כלל מקודם אפי' לאחר אפיה אלא כמו שהיתה בעצמה רק קמח ומים מעורב בלישה במהות העצמי תשאר גם לאחר האפי' בלתי תוספת התפשטות בה כלל מכמו שהיתה תחילה כו' משא"כ ע"י שאור ומחמצת הנה יתפשט בעיסה לעשות בה נפוח גדול ונראי' לעם ודבר גדול בבחי' התפשטות ועביות וגסות לכל צד באמת' רב מכמו שהיה כו' וגם יהיה דרך הנפוח בדרך התנשאות והגבהה שתתעלה ותתפח מעט מעט בגובה כו' וכל זה משל להבין איך שבנקודת חכמה שלמעלה מן הדעת וההשגה אין בה התפשטות אורך ורוחב כו' ולא שום הגבה' והתנשאות כו' רק בחי' הביטול בתכלית להיות רק כמו שהוא כו' משא"כ בבינה דינין מתערין מינה להתנשאות ע"י סיבת השאור גבורות הקשות כו' ולהיות יש ודבר מ"ה כו' וכשנצטוו ישראל לאכול מצה דוקא היינו כדי שיבא בנשמתם בחי' מוחין דאבא נקודת חכמה דוקא שלמעלה מן השגה בהתפשטות כו' והוא בחי' אנכי מי שאנכי כנ"ל ולא יתערב בה שאור כלל כדי שיהיה בהם בחי' הביטול בתכלית כו' ואמנם זהו בדרך הלבשה וצמצום במצה ולכך נק' מיכלא דמהימנותא וזהו ורעה אמונה שמפרנס האמונה כלומר לא שמשיגים במהות אור א"ס אנכי מי שאנכי כמו שהוא באמת כו' רק ע"י הלבשה במצה בלבד כו' דהיינו שידע לקרות אבא בלבד וכמשל התינוק הנ"ל ולכך אומר ורעה אמונה עד"מ הזן ומפרנס ע"י מאכל וכמו ע"י טעם דגן שיטעום התינוק כו' שגם שהדגן סיבה לכניסת המוחין בגדלות כי' עכ"ז אין בלחם ממהות הח"כ רק בבחי' הלבשה והעלם גדול כמ"ש במ"א וד"ל · ועתה יובן פי' ורעה אמונה שאין הפי' שהאמונה היא הרועה אלא בהיפוך שיש רועה הזן ומפרנס את האמונה כו' וביאור הדבר שכנ"י נק' אמונה במוחין והשגות אלקות דאור א"ס דוקא כנ"ל אך כדי לפרנס להיות בהם מוס' חיזוק המוחין הוא ע"י רועה שהוא בחי' אבא שורש כל האצי' זן ומפרנס הלבוש המוחין שלו בבחי' קטנו' והוא כמו אכילת מצה בליל הראשון דפסח וכדומה ולכך נק' רועה ישראל וכו' וזהו שנק' מיכלא דמהימנותא דוקא וד"ל ·

והנה יש להבין למה אמר ששת ימים תאכל מצות ולא יותר כו' הענין הוא דידוע שמ"ל דאצי' שנקרא מהימנותא וכן כנ"י כלולים מי"ס כו' ועיקר השבירה מסיבת השאור שבעים' כו' היה במדות בלבד והן שש מדות כידוע חג"ת נה"י לכך נצטוו לאכול ששת ימים דוקא כו' וביאור הדברים הנה עד"מ הנ"ל בתינוק שיודע לקרות אבא עכ"פ הנה יבא בו בחי' ביטול העצמי' עכ"פ מכל וכל שהרי ילך אחרי אביו וקוראו אבא כו' אז כל מדותיו הטבעיי' יוכל להפוך מן הקלה לקצה מפני בחי' הביטול הזה כו' וכמו"כ בחי' המדות שנפל בהם השבירה בהשתטפות מדות רעות כו' כידוע יוכלו להתהפך לקדושה כמו באהוי"ד האלקי' לבד ולא לאהוב ולירא זולתו כלל וכדומה כו' ע"י בחי' הביטול שמתבטל מכל רצונות שלו כשקוראו אבא כו' שהוא אנכי מי שאנכי ע"י האמונה הנ"ל שנמשך באכילת מצה כו' שלמעלה מן הדעת כנ"ל וד"ל · ובאמת מצד עצמות אא"ס ב"ה הרי הוא למעלה מעלה מכל השתלשלות אפי' מי"ס דהא לא אפיק י"ס אלא לאחזאה כו' וכידוע א"כ הי' רועה ומפרנס השגה זו שלמעלה מן הדעת כו' בריבוי המשכות עד אין קץ ותכלית ולא לששת ימים בלבד כו' אך לפי שאין המקבלים יכולים לקבל יותר מו' ימי' כו' נתחלק שפע זו מאא"ס שבאבא לו' ימים בלבד ומטעם הנ"ל שהשבירה היה בהם וכדי לאהפכ' חשוכא לנהור' עי"ז כו' וד"ל · וזהו ג"כ ענין ספירת העומר שאנו אומרים היום יום א' לעומר פי' היום הוא יום הגדול שבלתי מוגבל בחכמה עדיין והיינו שלמעלה מן הדעת בבחי' אנכי מי שאנכי כו' יום א' הוא לעומר פי' הרי הוא נמשך ומאיר ליום הקטן ומלומדם שבמדות מל' להפיך בו תשוקה לנהורא כו' שהעומר הוא מאכל שעורים כו' וכמ"ש במ"א וד"ל · ועיקר הענין הוא שנמשך לכנ"י מיומין עלאין שלמעלה מן הדעת כו' שיהיה נגר"ן שלהם בבחי' גילוי אור ולא בדרך הלבשה והעלם בלבד כמו שע"י אכילת מצה הנ"ל וזהו וספרתם לכם ממחרת השבת פי' שבת היא קדש דבחי' ח"ע כידוע וממחרת השבת היינו מבחי' יומין עילאין שלמעלה מעל' מבחי' חכמה כו' וכמ"ש במ"א וד"ל · והנה מה שימי הספירה הוא מ"ט ימים כי בו' ימי

הפסח

הפסח הם כללות שלהם בדרך הלבש' והעלם דקטנות המוחין דאבא כנ"ל ואח"כ מתחלקת כל מדה לז' בבחי' פרטי' יותר עד שהמה מ"ט ימים כו' ובשבועות שהוא זמן מ"ת מתחלקים לפרטי פרטיות יותר מהן בציור אדם רמ"ח מ"ע ושס"ה ל"ת כו' וכל זה ענין הגדלה מעט מעט כמשל התינוק הנולד ויונק ואח"כ אוכל לחם שמתגדלים איבריו כו' וכמ"ש במ"א וד"ל · ובזה יובן ג"כ מה שנא' בששת ימים מצות תאכלו כו' מצות בוי"ו ולפעמים כתיב מצת בלא וי"ו כו' לפי שמתחילה נמשך מוחין דאבא למדות בדרך כלל בלתי התחלקו' ופירוד כלל כו' לכך נאמר מצת בלא וי"ו כו' וכשמתחלק אח"כ לז' ימים כנ"ל כתיב מצות בוי"ו כו' וד"ל :

ועתה יש להבין ענין מארז"ל מה שביעי רשות אף ששה רשות כו' ותחילה יש להקדים ענין קריעת ים סוף שהי' בז' של פסח כו' כתיב הפך ים ליבשה כו' הנה ארז"ל כל מה שיש ביבשה יש כנגדו בים כו' וידוע הענין שרומז לעלמא דאתכסי' ועלמא דאתגלי' שנקראים ים ויבשה כמו דוגמת ים ויבשה הגשמיים דכתיב יקוו המים כו' ותראה היבשה כו' כמו"כ הי' למעלה מעלה בהשתלשלות שפע האלקי בי' מאמרות יהי אור יהי רקיע כו' שהי' הדבור העליון הזה הנק' ארץ כידוע כלול תחילה בהעלם גדול במחשבה עליונה הנק' ים העליון כמ"ש במ"א באריכ' עד שאמר יקוו המי' כו' ויתגלה הדבור העליון בי' מאמרות כו' ע"ש באריכות וזה נק' עלמא דאתכסי' ועלמא דאתגליא בדרך כלל והוא בחי' סובב וממלא כו' ובדרך פרטי פרטות הנה נשתלשל השפע אלקי' בדרך זה מעילה לעילה להיות המשפיע נק' בשם העלם הים והמקבל העלול ממנו נק' בשם יבשה וארץ כו' עד שבעוה"ז ג"כ ענין זה כמו שידוע שרוחניות וגשמיות שהן חומר וצורה ישנם בכל עולם לפי ערכו ובזה העולם השפל הנה הוא מה שאמרו ז"ל אין לך עשב מלמטה שאין לו מזל מלמעל' כו' ואומ' לו גדל כו' והיינו שיש בחי' רוחניות החיות והמקור השפע לד' יסודות הגשמיים והן כחות המזלות כידוע וגם המזלות שרשם בעליון מהם ע"ד זה כמ"ש גבוה מעל גבוה כו' וכידוע וכל א' העלם נקרא לגבי התחתון המקבל ממנו כו' והנה כאשר הפך ים ליבשה כו' הרי הי' שינוי באיכות סדר ההשתלשלות בהעלם וגילוי שהרי מן הים נעשה יבשה כו' עד רום המעלות של בחי' העלם וגילוי הכללי בים ויבשה העליונים דבחי' סובב וממלא הנ"ל מאחר שהי' שינוי בסדר צירופי המאמרות דים ויבשה הגשמיים שצירוף מאמר התהוות הים נהפך למאמר התהוות היבשה כו' וא"כ הי' שינוי זה למעלה מעלה דהיינו שנתגלה בחי' סובב כ"ע שלמעלה מבחי' הדבור בי' מאמרות עד שיוכ' הצירופים של הדבור העליון כו' והיינו שנתגלה ההעלם של הים העליון כו' וכמ"ש במ"א באריכות וד"ל וזהו שאמרו בזוהר ע"פ ואתם תחרישון לא תתערו מלה כו' כלומר אין מועיל לשעה כזו בחי' העלאת מ"ן שע"י הדבור בצלותא כו' כי הרי צריך להתגלות מה שלמעל' מבחי' הדבור העליון ואין בחי' הדבור מגיע לשם כלל ע"כ אתם תחרישון בשתיקה לגמרי ולא תתערו כלום באתערותא דלתתא ע"י בחי' הדבור כו' אלא ה' ילחם לכם פי' מבחי' סובב כ"ע שלמעל' מהדבור עליון יתגלה לשנות הצירופים דים ויבשה כנ"ל וד"ל · וזהו שנאמר בשירת הים עד יעבור עמך ה' כו' כי הנה פי' הוי' ידוע שהוא עפ"י סדר ההשתלשלו' דוקא י' באצי' ה' בבריאה כו' כמ"ש במ"א שכל המשכת והתהוו' בין בבחי' אצילו' בין בבחי' בריאה אינו אלא ע"י ד' אותיות הללו דשם הויה שהוא צמצום והתפשטות כו' ואמנם בדרך כלל המה ד' עולמות אבי"ע י' באצי' כו' וד"ל והנה בשעת קריעת י"ס שהיה הגילוי אור מלמעלה מסדר ההשתלשלות כמ"ש למעלה בענין ואתם תחרישון כו' וכמ"ש בזהר ע"פ מה תצעק אלי בעתיקא תלי' כו' ע"כ אמרו עד יעבור עמך ה' שעברו למעלה ממדרגות שם הויה דאבי"ע כו' מפני שנתגלה עליהם הארה של בחי' עצמיות אור א"ס ב"ה אנכי מי שאנכי כו' וכמ"ש במ"א וד"ל ובזה יובן מאמרם ז"ל ראתה שפחה על הים מה שלא ראה יחזקאל בן בוזי כו' וזה פלאי אך הענין הוא כנ"ל שסדר ההשתלשלות הוא בדרך העלם וגילוי ים ויבשה כו' עד שהוא בחינ' עילה ועלול חומר וצורה למטה ע"ד שאנו רואין ערך חומר הד' יסודות לגבי רוחניו' הד' יסודות מקורן ושרשן כו' והנה הנבואה היא בחינת גילוי שכינה בנביא ממדת מ"ל דאצי' מקור כל הנבראים כידוע והגם שבחי' חלקו' הוא עכ"ז הוא בחי' התפשטות בלבד מאור א"ס ב"ה ולא ממהותו ממש כידוע ואמנם בשעת קריעת י"ס נתגלה עליהם בחינת עצמיות אור אין סוף ב"ה דקמיה שוין הרוחניות והגשמיות חומר וצורה כו' עד שהרוחניות המשפיע גשמיות הוא בהשואה אחת עם הגשמית העלול ממנו כו' מפני שהוא ית' בעצמותו ומהותו הוא למעלה מבחי' התפשטו' והמשכה כו' וענין רוחניות וגשמיות לא תתכן רק במה שהוא בגדר התפשטות והמשכה כידוע וד"ל וזהו שראתה שפחה על הים ולא בדרך הנבואה ממדת מ"ל בלבד אלא מפני גילוי עצמות אור א"ס ב"ה דקמי' כחשיכה כאורה כו וגם השפחה ראתה כו' מה שלא ראה יחזקאל עפ"י הנבואה מטעם הנ"ל וד"ל · וזהו שא' בשירה להוי' כי גאה גאה כו' ויש לדקדק למה אמרו בני פענים גאה כו' אך הענין הוא דכתיב ה' מלך גאות לבש כו' פירוש מדת מלכותו ית' שמרומם ומתנשא על כל העולמות והנבראים כידוע שהוא בחי' כתר מלכות דאצילות נקרא בשם גאות והוא עדיין רק בחי' **לבוש בעלמא לגבי אמיתית**

הגאות

הגאות שהוא הארת עצמות אור א"ס ב"ה שלמעלה מבחי' סובב וממלא כו' והוא אנכי מי שאנכי כו' וזהו גאה גאה כתרגומו אתגא' על גיוותניא כו' וכמ"ש בת"א וד"ל·וע"ד זה יובן מחלוקת שבגמרא אם שמים קדמו לארץ או ארץ קדמה לשמים והמכריע הומר ששניהם כאחד נבראו שנאמר קורא אני אליהם יעמדו יחדיו כו' בהיות ידוע דשמים וארץ הן בחי' משפיע ומקבל למטה כו' ולמעלה מעלה הן בחינ' סובב וממלא עלמא דאתכסיא ועלמא דאתגליא כו' ומ"ד שמי' קדמו לארץ הוא כפי סדר ההשתלשלו' דאבי"ע דבוודאי בחינת סובב קדמה לבחי' ממלא כו' ומ"ד ארץ קדמה כו' היינו לפי שלע"ל כתיב אשת חיל עטרת בעלה כו' כי נעוץ סופן בתחילתן כידוע וע"כ אמר שגם בראשית ההשתלשלות שרש הארץ קדמה כו' וכמ"ש הודו על ארץ ושמים כו' וכמ"ש בת"א והמכריע שאמר שניהם כא' נבראו כו' הוא מפני ענין הנ"ל שלגבי הארת עצמות המאציל כלא חשיבי כל סדר ההשתלשלות משפיע ומקבל בין באצי' בין בבריאה כו' עד ששניהם שוין ממש וכאחד ממש נבראו מבלתי קדימה כלל לאחד על זולתו כו' מאחר שהוא ית' בעצמותו מובדל ומרומם לגמרי מגדר השפעה והמשכה כו' וכמ"ש בת"א שרש הדברים וזהו קורא אני אליה' כלומר כשקורא לשמים וארץ אני שהוא בחי' כתר עליון אנכי מי שאנכי כו' אז יעמדו יחדיו בהשוואה א' לגמרי כו' וד"ל:

וזהו ג"כ ענין שביעי של פסח דכתיב בו עצרת להויה אלקיך כו' פירוש עצרת לשון עיכוב ומניעה כמו ועצר את השמים כו' וג"כ לשון אסיפה וכניסה כו וכל זה להורו' ענין ההסתלקות ועליות הדיבור העליון להיכלל ולהיבטל באנכי מי שאנכי כו' שלמעלה מעלה מבחינת הדיבור כנ"ל כמ"ש ואתם תאריסון כו' מפני שנגלה עליהם בשעת קריעת י"ס הארת עצמותו ית' כו' וד"ל· וטעם ההפרש שבין ששת ימים לשביעי דבו' ימים כתיב תאכל מצות וביום השביעי דוקא עצרת כו' היינו לפי שכמו שמבואר למעלה ענין אכילת מצה בששת ימים הוא להמשכות מוחין לעק' שלמעלה מן הדעת כו' כמ"כ ביום הז' שכבר עלתה המ"ל כנ"ל צריך לפרנס בהמשכות מוחין לאבא שלמעלה מעלה מבחינת אבא· וביאור הדברים הוא ע"ד מאמרם ז"ל ישראל מפרנסין לאביהם שבשמים וידוע ששמים הוא בחינת סובב כ"ע כו' ואביהם שבשמים הוא הארת אור אבא שרש כל האצי' כו' והפרנסה לחכמה דאצילות הוא כמ"ש והח"כ מאין תמצא דהיינו מבחי' אנכי מי שאנכי בחי' עצמות המאציל כו' וכמ"ש בת"א וד"ל וזהו לכו לחמו בלחמי כו' פירוש לחמי לחם ומזון של עצמותו כו' והוא פרנסת אבא שלמעלה מעלה כו' וד"ל וידוע דהמצו' הן בבחי' השתלשלות וכמו שמצות אכילת מצה ישנו למטה מאצי' לבריאה בחינת הלבשות מוחין דאבא למ"ל כו' כמו"כ ישנו עד רום המעלות דהיינו שתהיה ג"כ במדרגה היותר נעלה דהיינו המאציל שנותן טרף ומזון לנאצלים והוא המצה לחם ומזון ויתלבש בה מוחין לחכמה דאבא כו' וזהו לחמו בלחם שלמטה ועי"ז יהיה ג"כ בחינת מזון ולחם לעצמות האצי' כו' וכמ"ש אכלו רעים ואמרו בזהר שהן אבא ואימא כו' וכמ"ש בת"א וד"ל · וזהו ששת ימים תאכל מצות פי' תאכל לנוכח כי זהו בחינת ורעה אמונה הנ"ל שמתפרנסת כנ"י בהמשכת מוחין דאבא כו' ולכך נאמר תאכל לנוכח ע"ש גילוי השפע בסוף כל דרגין כו' אבל ביום השביעי שכבר עלתה המ"ל מכל המדות שלה כנ"ל אז עצרת להויה דהיינו פרנסה לאביהם שבשמים כנ"ל ולפי שהוא בתכלית היחוד במאציל העליון לא נאמר תאכל לנוכח כו' וד"ל·ובזה יובן מה שבששת ימים נאמר כל מלאכת עבודה לא תעשו כו' וביום הז' לא אמר רק לא תעשה כל מלאכה ולא מלאכת עבודה כו' בהיות שענין מלאכת עבודה הוא שפע המ"ל לנבראים במלאכת עבודה בל"ע מלאכות חורש וזורע כו' שהוא ענין בירורים רפ"ח כו' כידוע וביום טוב שיש לה עליות למעלה כנ"ל לא תעשה כל מלאכת עבודה הנ"ל אבל אשר יאכל לכל נפש כו' הוא כמו בחינת פרנסת המוחין אליה ע"י אכילת מצה הותר אליה המלאכה כו' וכל זה במלכו' דוקא דכתיב בה תאכל לנוכח כו' אבל בפרנסה שמפרנסי' לאביהם שבשמים הנ"ל דכתיב בי' עצרת כו' לא נזכר כלל איסור מלאכת עבודה ולא היתר מלאכת אוכל נפש אלא לא תעשה כל מלאכה בלבד וד"ל:

ואחר כל זה יובן מאמרם ז"ל מה שביעי רשות אף ששה רשות כו' פי' רשות הוא מעלמא דחירות והכוונה על בחי' הארת עצמותו ית' שהוא בחינת עולם החירות כידוע לפי שהוא כל יכול להאציל עד אין קץ כו' ולכך נקר' אנכי מי שאנכי למעלה מאורות וכלים כו' והמצה היא פרנסת מוחין בהלבשה כו' וכנ"ל ואין זה אלא להוציא מן השיעבוד ממצרים בלבד כנ"ל בענין מצה בליל הראשון שהיא חובה מטעם זה להיות אוכל מיכלא דמהימנותא דוקא ולא לחיות כחיי גוים דקרו ליה כו' אבל השביעי רשות מעלמא דחירות שלמעלה מבחינת ההשתלשלות לכך אין חובה לאכול מיכלא דמהימנותא הנ"ל רק רשות בחי' חירות העליון כו' והוקשו כל ששת ימים לאחר שעלו עם המל' כנ"ל לשביעי שהמה ג"כ מקבלים בחינ' החירות העליון כו' מלבד ליל הראשון שהוא חובה מטעם הנ"ל לאחת מאפילה לאור גדול כו' וד"ל ובעבודת ה' גם כן יובן עד"ז בהיות ידוע ענין יציאת מצרים שחייב אדם בכל יום כו' הוא יציאת הנפש אלקית מתחשך חומר הגוף במדות רעות כו' ובכל יום יש לו עבודה מיוחדת בפ"ע דהיינו לפעמים מעוררת הנפש אלקית באהבה ופעמים ביראה כו' ולא כל העיתים שוות והוא מפני שינויי המדות למעלה שפעמים באה האור

והשפע

והשפע אלקי׳ מלמעלה למטה להאיר את הנפש בחסד עליון ולפעמים בבחינת גבורות כידוע וכן שבת ויו״ט אף ע״פ שהן עליות וכו׳ עכ״ז לא נקרא רשות כמו שביעי של פסח שמאיר מעולם החירות דעצמות אור א״ס ב״ה על נשמות ישראל עד שיוכל איש זר להתקרב לה׳ מה שאינו לפי ערכו כלל בעבודתו בקדש בכל ימות השנה כו׳ וכענין ראתה שפחה על הים כו׳ וד״ל:

להבין פי׳ הדברים הנ״ל הנה להבין שרש ענין מלה שהוא נקרא בזה״ק מיכלא דמהימנותא כו׳ ידוע שהוא בחינת מוחין דקטנות דאבא שמאיר לרחל להיות לה למוחין כו׳ וכמ״ש בת״א וביאור הדברים הנה המשל בזה מן התינוק שיודע לקרות אבא כשיטעום טעם דגן דוקא כו׳ והרי אנו רואים שגם כשיקרא אבא אין לו השגה אמיתית במהות אביו ואיך שהוא נולד ממנו כו׳ ועכ״ז הלא בקריאה זו שקורא אבא יש בהעלם כל ענין האמיתי איך שהוא אביו כי הרי קוראו בשכל ובדעת אבא אע״פ שאינו יודע איך שהוא אביו כו׳ וה״ז כמו הלומד הלכה עם התינוק עד שהתינוק משכיל פסק ההלכה כך וכך כו׳ ואע״פ שיש בפסק זה שכל עמוק מאד מאד שאין ביכולת התינוק להשיגו עכ״ז באמרו דברי ההלכה הרי מלובש בהם בהעלם השכל העמוק כו׳ ונמצא מלובש בהעלם בקטנות מוחין של התינוק שכל הגדול שאין הגדול משיגו ואם היה הרב רוצה להשפיע אותו השכל העמוק כמו שהוא בבחי׳ גדלות המוחין לא היה משיגו שום חכם אך כאשר מלבישו ומעלימו בבחי׳ קטנות המוחין בדברים מתתונים המושגים לתינוק ישיגנו גם התינוק אמנם השגה זו אינה במהות השכל העמוק כ״א ע״י מלבוש כמו לקיחה על ידי דבר אחר בכלי היין וכדומה ואיך שיהיה עכ״פ תופס במהות השכל העמוק אלא שהוא ע״י כלי ומלבוש כו׳ משא״כ אם לא היה הרב מעלים ומלביש רק מדבר כמו שהוא לא היה כלי ומלבוש לתופסו ולא היה שום אדם משיג אפילו בהעלם כו׳ ועכ״פ מובן שלא יש ערך כלל בין בחינת קטנה המוחין שמלבים לשכל העמוק עם גדלות השכל של השכל העמוק כמו שהוא בהשגה ממש כו׳ וע״ד כ״ז יובן למעלה בהיות שבחינת גדלות דאבא הוא בחינת פנימיות חכמה דאצילות בחי׳ ג״ר שבו שהוא אור החכמה כמו שהוא בעצם בהרחבה והתפשטות מהותה העצמית כו׳ ובחי׳ הקטנות הוא אשר תרד אור החכמה להתלבש ולהתעלם בעניני׳ תחתונים שהן היו״ד מאמרות דמל׳ דאצי׳ כידוע להיות לה למוחין ושכל שאו הוא כמשל הנ״ל בתינוק היודע לקרות אבא ואינו משיג במהותו ממש כו׳ וכמשל התינוק שמשכיל השכל העמוק בהעלם כו׳ וד״ל·וזהו ורעה אמונה שאבא דאצי׳ מפרנס וזן לאמונה הוא מל׳ דאצילות במוחין חדשים אך הם בהעלם והתלבשות בבחינת קטנות כו׳

והוא ענין המלה שנק׳ מיכלא דמהימנותא כלומר שבטעם דגן בלבד שבה שהוא מבחי׳ מוחין דאבא יודע התינוק שהוא כנ״י כי נער ישראל כו׳ לקרות אבא בהלבשה ובהעלם בחי׳ אור א״ס שבגדלות החכמה הנקרא מהימנותא כו׳ כידוע וד״ל וזהו בימי הפסח דוקא דכתיב ששת ימים תאכל מצות שהן ו׳ מדות דמל׳ שתאכל בהעלם מוחין דאבא כנ״ל משא״כ כל השנה אין בה מוחין דאבא אפי׳ בהעלם והלבשה כו׳ רק מה שמקבלת מבחינת נה״י דז״א כו׳ והגם שהוא בבחי׳ גילוי אור אין לו ערוך לגבי העלם והלבשת מוחין דקטנות דאבא שבמלה כו׳ לפי שהוא ממקום גבוה מאד נעל׳ מאור אבא שאין לאורות דז״א ערוך לו כלל כו׳ וידוע דבחי׳ קטנות דעליון נעשה גדלות לתחתון כו׳ וה״ז כמשל הנ״ל שעכ״פ יש לו תפיסה במהות השכל העמוק ע״י לקיחה בדבר אחר כו׳ משא״כ השכל הקטן ממנו אע״פ שישיגנו ממש אין לו ערך לגבי השכל העמוק גם שמשיגו בהלבשה והעלם כו׳ וד״ל · וכל זה בששת ימים דכתיב בה ורעה אמונה כו׳ אבל ביום השביעי עצרת להויה כו׳ היינו ענין ישראל ומפרנסים לאביהם שבשמים פי׳ אביהם שבשמים ידוע דשמים נקרא ז״א ואביהם שבשמים הוא אבא שרש ומקור כל ההשתלשלות מעולם האצילות שמלובש בז״א כו׳ והפרנסה לאביהם שבשמים הוא מבחינת עתיקא וכמאמר הזה״ק מה תלעק אלי בעתיקא תליא כו׳ וביאור הדברים ידוע דעתיק הוא סוף עולם הא״ס ושרש וראש לכל הנאצלים כו׳ והוא שרש ומקור גם לבחי׳ ג״ר דאבא עד שהוא זן ומפרנס אותו במוחין חדשים כו׳ כי בחינת אור א״ס שבע״י אין לו קץ להאציל מוחין חדשים דאבא כו׳ וכמ״ש במ״א ע״פ כי אתה אבינו כו׳ וד״ל · והנה מה שאמר ביום הז׳ דוקא עצרת כו׳ לפי שבששת ימים דמ״ל ירד אור אבא להתלבש כו׳ וכנ״ל וכאשר נשלם כל פרצופה במזון דאבא תחזיר להתעלות במקור חוצבה באבא וכו׳ ולעלות עם אבא למעלה מעלה ממקום שמפרנסים לאבא כו׳ והוא בחי׳ עתיקא כנ״ל וזהו עצרת כנישו כו׳ וכמ״ש ואתם תחרישון לא תתערו מלה כו׳ · ובאור הדברים הנה כתיב אדני שפתי תפתח ופי יגיד כו׳ כלומר שהדבור הוא בחינת המשכה ושפע היורדת מלמעלה למטה מטה כי לשון יגיד ענין המשכה וירידת השפע הוא כידוע וכמו שאנו רואים באדם התחתון שכשהוא מדבר הוא בבחינת ירידה מעלמותו משכל יורד למח׳ וממחשבה לדיבור שהרי מה שמשכיל וחושב הוא מדבר ואם יופסק השכל והמח׳ יופסק הדבור כו׳ וכאשר יופסק כח השכל ויתעלו למעלה מעלה במקור השכל אז יופסק ג״כ הדיבור מגילא וישתוק כענין שתק רב כו׳ כמ״ש בת״א והטעם הוא כידוע דאבא יסד ברתא ושרש הדבור בג״ר דאבא דוקא כי הלא אנו רואים שהתינוק כל זמן שאין לו גדלות השכל לא יוכל להביא השכלתו בצירופי

אותיות

אותיות הדבור גם שישכיל ויבחין בין טוב לרע כו' כמ"ש בת"א וע"כ בעלות כח השכל הוא גדלות השכל כידוע במקור השכל גם הדבור יתעלה בשרשו מתילא כי מקור א' להם וד"ל. והנמשל יובן שבעלות אבא דאצילות לקבל פרנסה מע"י גם המ"ל תעלה לשם כי ענין אחד הם וזהו עצרת עצר בתילין למעלה מבחי' ירידת השפע בי' מאמרות כו' ולכך ואתם תחרישון כי דוקא בשתיקה יתעלה אבא בעתיקא כו' ולא בהעלאת מ"ן דנלותא בדבור כו' וזהו מה תצעק בהעלאת מ"ן אלי להמשיך מ"ד כו' כי אין אבא מאיר בז"א כי עלה בע"י ואין הדבר תלוי אלא בע"י ע"כ אין טוב אלא השתיקה ולא תתערו מלה בהעלאת מ"ן כי ה' עצמו ילחם לכם כו' וד"ל וזהו עצרת להויה עצור מהמשכות מוחין להוי' דז"א כו' מפני עליות אבא כו' ואמנם פרנסת אבא ביום השביעי אינו דומה לפרנסת המל' בו' ימים דבמל' כתיב תאכל לנוכח כי מקבלת מאבא בהעלם והלבשה כו' ואור החכמה דאצי' שמיוחדת במאציל בתכלית היחוד לא נאמר תאכל לנוכח כו' שהרי החכמה מאין תמצא בבחינת גילוי אור א"ס כו' הוא בבחינת ביטול גדול כו' וד"ל · וגם בזאת יש הפרש ביניהם דהשביעי רשות כלומר לפי שמזון המוחין דעתיקא בהיותו מסוף עולם הא"ס הוא מבחי' עולם החירות חירו דכולא כו' פי' לא כמו ליל ראשון שהוא חובה בהכרח כי כדי להמתיק הגבו' קשות דנוגה שנאחזים במ"ל צריכה לאכול מיכלא דמהימנותא דבחינ' מוחין דאבא כדי להמתיקה בהכרח כו' וערך החוב הוא לפי ערך המתוק וזהו חובה ועד"ז גם למעלה בז"א ואבא ג"כ יש מדידה וקצבה לפרנסתם במוחין חדשים כדי להאיר תוספת הארה באצילות כו' וה"ז ג"כ חובה ולא רשות כי הרי צריכים לקבל כפי אופן סדר ההשתלשלות באורות וכלים כו' משא"כ למעלה מן הנאצלים דהיינו בחינה תחתונה שבעצמות המאציל שבבחי' ע"י נק' עולם החירות שהרי בידו להאציל עד אין קץ ולשנות סדר הראשון מן הקצה אל הקצה כו' כידוע וא"כ גם בחי' הפרנסות דמצה שמפרנס לאבא כו' הוא בבחי' החירות ולא בדרך חובה וזהו מה שביעי דעצרת רשות דוקא ולא חובה כמו כנהשה רשות כי הרי המה מקבלים מו"ק דאבא שעדיין הוא רשות ג"כ לפי שמקבל מיום הז' דע"י כו' מלבד ליל ראשון דפסח שמוחין דאבא נמשך במלכות רק בשביל המתקות הדינין דמצרים כו' שהוא חובה וכמ"ש בזהר שנקר' החיצונים חובה כענין מים אחרונים חובה כו' וד"ל : ושורש ענין ממחרת השבת תספרו כו' הנה ידוע דיש שני מיני גדלות המוחין דאבא הא' גדלות ראשון והוא ענין הפרנסה שמפרנס לאבא כו' כנ"ל והב' גדלות שני דאבא אחר שיבא גדלות ראשון לידי ביטול כו' וזהו ממחרת השבת כי ידוע דשבת הוא בחי' ג"ר דאבא וממחרת הוא בחי' א"א וע"י שלמעלה מעלה מן השבת עד

שהשבת יונק ממנו בדרך ספירה בלבד והוא ענין ספירת העומר היום יום אחד כו' כלומר יום שבע"י וא"א יאיר בספירה לאבא ומאבא לזו"נ כו' וכללותם הוא ז' מדות דע"י וא"א שמתשיכ' מפסח עד זמן מ"ת כדי להכין כלי ומכון בזו"נ ובאבא לקבל התור' כו' שהוא בחי' גדלות ב' דאבא כו' · וביאור הדברים הנה מה שאבא יונק ממזל הח' דא"א כו' לצורך פרנסת של מוחין כו' הוא בחי' גדלות ראשון והוא במצות דפסח כנ"ל אך כדי שיוכל לקבל מוחין דגדלות יותר נעלי' מעצמות המאציל והוא התורה שהיא בחינת עצמות חכמה דאור א"ס כו' נקרא גדלות שני כמ"ש בת"א עד"מ התינוק מיד כשיגדל לאחר שנשלם ימי יניקתו נק' גדלות ראשון ועדיין לא יש בהשכלתו דעת שלימה לקבל חכמה ודעת עד שיגדיל יותר ויהיה כבן ה' שנים כו' ונמצא יניקתו גרם גדלות ראשון ואכילתו מאכלים אח"כ גרם גדלות השני כו' וכמ"ש בת"א וד"ל · ועד"ז יובן קצת למעלה דע"י ספירת העומר מבירורים דרפ"ח כו' דנמשל למאכל חמץ כו' יבא המשכות מדות דע"י בשביל גדלות שני דתורה משא"כ במצה דאינו אלא בחי' יניקה שלאחר הלידה שהיה בליל ראשון כו' וד"ל וזהו ממחרת השבת תספרו כו' ושרש ענין קורא אני אליהם יעמדו יחדיו כו' הנה מ"ד שמים קדמו היינו כפי סדר ההשתלשלות דזו"נ דאצי' דז"א קודם והוא הנקרא שמים כידוע שהוא המשפיע והמל' הוא המקבל כו' ומ"ד ארץ קדמה כו' היינו לפי שנעוץ סופן בתחילתן כו' ותהיה לע"ל עט"ב כידוע ואמנם אעפ"י שזה שני הפכים עכ"ז קורא אני אליהם יעמדו יחדיו כו' למ"ד שמים וארץ כא' נבראו כו' והיינו לפי שכשהי' זו"נ בבחי' עיבור במעי אמו לא היה שום קדימה לא' על זולתו אלא מבחי' ת"ת דאימא נעשה כתר א' לשניהן בשוה כו' והיינו ששמים וארץ כא' נבראו ונוצרו בבטן אמא כו' וזהו קורא אני אליהם הוא כתר א' המקיף לשניהן כו' וד"ל :

ולהבין בתוספת ביאור בשורש הדברים הנ"ל ובפרט בענין ההתבוננות יש מאין כו' שגם חסידי אוה"ע יאמינו בזה וא"כ למה נקרא המצה מיכלא דמהימנותא דמשמע שלהם לבדם מיוחדת אמונה זו כו' אך שורש הדברים הנה יש ג' מדריגות בנבראי' בדרך כלל בבי"ע והוא נשמות ומלאכים וע' שרים וכ"א כלול מכמה מדריגות בעילוי אחר עילוי כו' והנה מדריגה התחתונה שבכולם הן הע' שרים שכללותם המה י' כתרין דנוגה כידוע שמכירים את בוראם שמהוה אותם מאין ממש ואעפ"כ יכול להיות יש ודבר בפ"ע כו' בבחי' נפרד כע"ז דכו"ם והוא לפי שכח האלקי מצומצם בהם מאד מאד בריבוי הסתרות והעלמות דהיינו שמשיגים רק השגות מציאותו ית' ולא מהותו כלל והיינו דקרו ליה אלקא דאלקייא

דאלקייא כלומר שהוא כח הראשון המקור האמיתי לכל כחות מוגבלים הנמצאים ממנו והוא ענין כח הפועל בנפעל לבד ובחי' אור א"ס המלובש בכח זה האלקי מוסתר ונעלם מהם בתכלית ההעלם לכך אע"פ שיודעים ומשיגים את בוראם אין בהם התפעלות הביטול ממציאותם כלל אלא יהיה ליש ודבר נפרד בפ"ע מפני שהיש מסתיר האין ונראה להם היש בלבד אבל האין האלקי אינו בהם אלא בבחינ' השגה מרחוק בלבד כו' וזהו מדריגות הע' שרים דקרו ליה אלקא דאלקייא כו' · ומדריגה הב' הן המלאכים דעשיה שנק' צבא ה' ועליהם נאמר וצבא השמי' לך משתחוים פי' שאצלם הכח האלקי אינו מלובש בהעלם כ"כ אלא בבחינ' גילוי יותר עד שימצא בהם ההשתחואה וביטול במציאות מפני שמשיגי' העדר וביטול היש לגבי האין ביותר כו' ונמצא יש להם קרבת אלקים בהשגה פנימית ביותר בעצמות אלקות כו' והן חסידי אוה"ע שיש בהם הארה קצת מעולם המלאכים דעשיה עד שימצא בהם ג"כ הביטול וההתפעו' מפני השגות אלקות כו' וד"ל · ומדריגה השלישית הוא עולם הנשמות שלמעלה מן המלאכים והן למעלה מהתפעלות וביטול ג"כ לפי שהמה מבחי' עצמיות אלקות ולא מבחינ' כח האלקי המתפשט בלבד כו' וכענין ישראל עלה במח' וכידוע דנמלך בנשמתן של צדיקים דמשמע שהיה הנשמות במציאות קודם שנמשכו בעשרה מאמרות כו' וכמ"ש בת"א וכל זה בחינת נר"ן דעשיה נפש הן הע' שרים ורוח הן המלאכים והנשמות והמה דרך פרט בחינת בי"ע דעשי' כידוע דכל עולם כלול מבי"ע כו' ודרך כלל הנשמות בעולם הבריאה והמלאכים ביצירה כו' רק שהן מתחלקים לריבוי רבבות מדריגות בכל עולם ועולם בעילוי אחר עילוי וכו' בבחינת השתלשלות עילה ועלול עד שנפש דבריאה נשמה ליצי' כו' וכידוע וד"ל :

והנה ידוע שנפש האלקית לא ירדה אלא לברר לבושי נוגה כו' דהיינו גופה החומרי שנלקח מקליפת נוגה דע' שרים כנ"ל וביאור הדברים יובן עפ"י הנ"ל בהיות שהנשמה עצמ' להיות' חלק מבחי' עצמיות אלקות ממש שלמעלה מבחי' התפשטות אלקות בנבראים כנ"ל ה"ז בבחי' השגת מהותו ית' ממש ולא השגת מציאותו בלבד כו' וזהו שאמרו על הצדיקים לע"ל שיראו באצבע ויאמרו הנה אלקינו זה כו' וכמ"ש זה אלי ואנוהו פי' זה הוא הרואה ממש במהות הדבר ולא בדרכי השגת שכל בלבד עד שיורה עליו באצבע לומר זה אלי כלומר זהו מהותו כו' משא"כ בהשגות מציאותו בלבד לא יתכן לומר זה אלי כו' מאחר שאיננו משיג כלל במהותו ממש כו' וד"ל· ואמנם לכך ירדה הנשמה ממקור חוצבה במהות א"ס להתלבש בלבוש דנוגה הגופני הוא כדי להראות גם את הגוף בחי' גילוי א"ס והוא ע"י ההתבוננות דוקא בהתהוות יש מאין כו' ולזה כל עיקר ירידתה לא לצורך עצמה כלל כי מצד עצמה היא דבוקה בעצמות ומהות א"ס ב"ה כענין ישראל עלה כו' וכדי להראות את הנפש הבהמית א"א כ"א ע"י התבוננות יש מאין דוקא בבחי' השגת מציאותו בלבד כי משם מקור חוצב הנפש הבהמית דהיינו רק מבחי' התפשטות כח האלקי בנבראים מאין ליש כנ"ל · וזהו אתה הראת לדעת כו' כלומר שהנשמה נתגלי' בגופה רק לגלות דיעה 'ציני בשר הגופני שתשכיל ג"כ כי ה' הוא האלקים בבחי' א"ס והיינו הראת לדעת להשכיל ולזכך חומר הגופני כו' והשכל' הנפש הבהמית שהוא התבוננות יש מאין דהיינו בבחי' ראיה שכלית דנפש הבהמית כו' ה"ז כמשל שבירת הקליפה דאגוז וכדומה שבלתי שבירתו הרי לא יתגלה הפרי כלל וכלל מפני שהוא מסתיר וע"י שבירתו נתגלה הפרי לחוץ כו' וכמ"כ בהשכלות ראית נפש הבהמית נשבר מסך מבדיל דקליפת נוגה שרש נפש הבהמית וכמ"ש ונגלה כבוד ה' וראו כל בשר כו' ואז יאיר אור הנשמה בהשגת מהותו ית' ביתר שאת לומר זה אלי כו' משא"כ כשקליפ' נוגה קיימת בחומר הגופני לפי שהוא מסתיר אור הנפש האלקית הרי גם כשתשכיל ותכיר הנפש אלקי' במהותו ית' לא יהיה בדרך האמת לאמיתו כמו שהיתה במחשבה תחלה קודם בואה לגופה כו' וכל שתפשיט גשמיות לבוש הנוגה יותר יותר יגל' בה א"ס מהותו ממש כו' וזהו מבשרי אחזה אלוה פי' מבשרי הוא נפש הבהמית כאשר הזדכך בתכלית להכיר את בוראה בהתהוות יש מאין בבחי' ראי' שכליי' כו' שנק' אחזה כי תרגומו של ראייה חזי כמו וחזי כו' וכן מטעם זה נאמר בבלעם שהי' מקליפת נוגה מחזה שדי יחזה כו' כמו המחזה דמראה שמסתכלים בה כו' וכמ"כ מבשרי אחזה בהתבוננת התפשטות כח האלקי שאינו אלא בחי' מחזה ומראה אספקלרי' שאינה מאירה כי אין נוה ערוך עם מהית א"ס ב"ה כידוע אמנם עכ"ז אחזה אלוה ממש כי מפני שנתאמת א"ס גם בנפש הבהמית דוקא ונשבר המסך המבדיל כנ"ל אז יש תוס' ויתרון האור מתוך החשך לחזות ולראות במהות א"ס ממש מצד מהות הנשמה עצמה וכל שהמסך והמחזה בגוף נזדכך יותר יותר יוכל להשיג במהות א"ס כמו לע"ל דכתיב ונגלה כבוד ה' כו' ויאמרו הנה אלקינו זה כו' וכמ"ש זה אלי כו' וד"ל וזהו ג"כ פי' כי עין בעין יראו כו' ב' עינים הללו הא' עין דמחזה הגוף בהתבוננות יש מאין כו' ועין הב' הוא עין השגת הנשמה אלקית במהות א"ס ב"ה לומר זה אלי כו' ולע"ל שיתברר בתכלי' לבושי הנוגה עד דעין נפש הבהמי' ג"כ יראה וישיג בהשגת מציאותו ית' וכמ"ש וראו כל בשר יחדיו דוקא כו' אז גם העין הב' בהשכל

מהות

מהות א"ס יביט כי לנכח ולעומת העין של מטה הגופני יבא יתרון ההבט' של העין שלמעל' כו' וזהו עין בעין יראו כו' וד"ל · ובזה יובן שרש ענין המכוון בסיפורי שבחים של הבורא ית' בכל מזמורי תהלים כמו הללו את ה' מן הארץ תנינים כו' אש וברד שלג כו' ועד"ז בכל המזמורים יכוין לספר בשבחי ריבוי העולמות והברואים כמו במזמור ברכי נפשי כו' הגם שכללותם אינו אלא כמנוס גדול לגבי עצמות א"ס ב"ה וכמ"ש כולם בחכמה עשית שאינו אלא בחי' עשי' כו' ועכ"ז הוא מכוין לספר בשבח העשי' זו כמו שאמר נפלאי' מעשיך כו' וכדומה הענין הוא כנ"ל דבחי' גילוי אלקות בעולמות תחתוני' הוא ע"י התבוננות התהוו' יש מאין דוקא כמ"ש שאו מרום עיניכם וראו מי ברא אלה כו' ודוקא בדברים תחתונים גשמיים כמו שיתבונן בכדור הארץ הלזו הגשמי שנתהווה יש מאין מבחי' מ"ל שבמ"ל דעשי' וכו' וכדומה לה בכל הברואים והאילנו' והחי והמדב' שעלי' כו' כמ"ש אש וברד כו' עץ פרי כו' שמכל זה יתגלה אלקות בבחי' עשיי' ואז יבא יתרון האור מתוך החשך דווקא דהיינו כאשר ניטל המסך המבדיל כו' לפי שעיקר השבירה דז' מלכין קדמאין שלפני האצי' כידוע הוא במסכי' דנוגה דבי"ע כידוע והמתברר גבוה מן המתברר לאחר שנתברר כמ"ש בת"א והוא שרש ענין אנכי ה' אלקיך אשר הוצאתיך מארץ מצרים פי' מצרים המה י' כתרין דמסאבות' והאותות והמופתים בהם לעשות בהם שפטים כו' הוא היציא' ממיצר ומנוס שלהם המסתיר ומעלים אור א"ס כו' והוא כמו ע"י השגת ההתבוננות יש מאין כו' ואמנם גדולה היא מהשגת התהוות יש מאין כמבואר למעלה מפני שאנכי מי שאנכי הוא אשר הוצאתיך פי' אנכי מי שאנכי היינו השגת מהותו ית' כמ"ש זה אלי כו' והוא מה שארז"ל ראתה שפח' על הים מה שלא ראה יחזקאל כו' וראיה זו ראיית המהות היא שלא בבחי' ההשתלשלות ככל מראה הנבואה דכתיב בהם לשון מחזה בלבד כמו חזון ישעיה כו' והיינו מה שלא ראה יחזקאל כו' וד"ל והוא לפי שישראל עלה במח' כנ"ל דהיינו באנכי מי שאנכי כו' וזהו שאנכי הוציא אותם מתדרגות הראיה שכליית לראית המהות לומר זה אלי כו' וד"ל · ובזה יובן יותר ענין אין התינוק יודע לקרות אבא הנ"ל בהיות שהתינוק הרי הוא בקטנות השכל להאר שטעם טעם דגן ג"כ שהרי אינו מכיר בשכל ודעת מהות אביו כו רק שודע לקרות בלבד כנ"ל באריכות והנמשל מובן במצה שנק' מיכלא דמהימנותא עד"מ זה להיות כי מה שנשתלשל כח האלקי העצמי בי' מאמרות הוא ירידה והשפלה גדולה שהרי אינו אלא בחי' מציאותו ולא ממהותו כלל כנ"ל ונק' מוחין דקטנות דאבא פי' מה שאבא יסד ברתא להאיר בדבור והתגלות להיות ראש לשועלים כו' כל השנה הוא בבחי' הסתר והעלם גדול במ"ל דאצי' ובימי הפסח כתיב בה ששת ימי' תאכל מצות כלומר שתאכל מיכלא דמהימנות' דהיינו שיהי' בה הארת אבא ממש רק שהוא בהלבש' בקטנו' כו' · וביאור זה היינו שיהיה בה התגלות אור א"ס בבחי' מהותו רק שלפי ערך קוטן כלי המ"ל לא יכילנו להשיג במהותו ממש לזאת נתלבש המהות בהלבשה דקטנות המוחין והוא עד"מ המצה שטעם דגן שבה גורם לתינוק שיודע לקרות אבא אע"פ שאינו משיגו במהותו ממש והגם שהתינוק בקטנות השכל כמו שהיה עכ"ז יודע לקרות שנמצא מה שבגדלות השכל בא אצלו בקטנות שלו וכנ"ל באריכה והיינו ענין הנ"ל דאנכי מי שאנכי הוצי' אותם ממצרים להיות בהשגת מהותו אך בדרך הלבשה בקטנות שלהם כו' וד"ל · ונמצא ג' מדריגות יש כאן הא' התבוננות יש מאין מה שגם חסידי אוה"ע ישיגו כו' והוא כמו שמ"ל דאצי' מוסתר ונעלם ממש כל השנה והב' בימי הפסח שמאירין בה מוחין דאבא במצה דקטנו' כנ"ל והג' בהשגות המהות ממש דאנכי מי שאנכי והוא ביום הז' עצרת להוי' כו' וכמשי"ת בעזר"ה וד"ל · ועם ענין הנ"ל שנפש אלקי' לא ירדה אלא לברר לבושי נוגה כו' יובן הטעם שאמר ריב"ז איני יודע באיזה דרך מוליכים אותי כו' ולכאורה יפלא הלא ידע בנפשו שלא זז מאהל תורה ויראת ה' כל ימיו כו' אך הענין הוא דגיהנם הוא העיקר בשביל בירורי נפש הבהמית מלבושי' הנוגים שלה כידוע והוא לא ידע אם בירר בכי טוב את נפשו הבהמית הגם שידע בנפשו האלקית שתוכל לידבק למעלה באור א"ס ב"ה מצד ההקשרות שלה בתורה ויראת ה' כל ימיו כו' והטעם הוא כידוע דנפש הבהמית היא נפש החיונית הטבעיות דהיינו הדם שבו הנפש כו' אבל שרשו ברוחניו' המזלות הוא בחי' הממוצע בין הקדוש' האלקית דנשמות שבעולמות בי"ע ובין חיצוני' יניקו' נוגה והמה בחי' הצלם הנז' בע"ח בשער פרקי הצלם שהן הממוצעי' המחברי' וממשיכי' שפע נפש האלקי' לנפש הבהמי' והן שרשי מקורי הנפשות הבהמיות דנוגה והם הצריכי' בירור דוקא לפי שהנה מקורי' לשפע הנוגה מחיצוני' הכלי' די"ס דבי"ע כו' כמבואר בכתבי האריז"ל וד"ל ולזאת לא ידע לאיזה דרך יוליכו אותו כי אולי לא בירר בכי טוב פרקי הצלם דנפשו הבהמית וכו' ובלתי זה לא יהיה לו דרך לבא לבחי' ראיי' המהות לומר זה אלי כו' וכנ"ל מטעם דעין בעין דוקא כתיב וכנ"ל וד"ל · וגם בכל זה יובן מה שצריך המתפלל ליתן עיניו למטה ולבו למעלה כו' בהיות שכאשר לא ירגיל בהתבוננות ראיי' שכליי' הנ"ל בהתהוות יש מאין להיות מבשרי אחזה כנ"ל ולא יכיר את בוראו כ"א מצד שרש נשמתו האלקית להשיג במהותו ית' והרי הנפש הבהמית מסתיר השגה זו א"כ צריך היה שיהיו עיניו למעלה כלומר סגורות

ונעלמות

ונעלמות מלהשיג התבוננות בראי' שכליי' כו' שלא יבלבלנו ויסתעף מזה ג"כ שיהיה לו נפילו' רבות בפתחו עיניו אחר התפלה וישיג את היש לעיקר כו' ועל מה שהיה לו התפעלות בתפלה כשהיו עיניו למעלה בהשגת המהות כא' התעיף עיניך ואיננו כו' מפני עוצם הסתרת הנפש הבהמית כו' אך באמת צריך שירגיל עצמו בראי' שכלי' דוקא להראות לנפש הבהמית כנ"ל כדי להסיר המסך המבדיל כנ"ל והיינו עיניו למטה דוקא וכמ"ש אתה הראת לדעת כו' ויהיו עיניו פתוחות להשיג בעיני בשר דוקא כנ"ל ולבו יהיה למעלה להשיג במהות אור א"ס ב"ה מטעם שיתרון מתוך החשך כנ"ל ואז לא יפול הנופל לעולם כי הרי נתאמת אללו אחדות ה' גם למטה מטה בעיני בשר כו' וד"ל :

והנה להבין שרש ענין מדריגה השלישית בהשגת המהות דאנכי כו' והוא ענין ביום הז' עצרת כו' יש להקדים תחלה ענין הידוע בכתבי האריז"ל דאבא יונק ממזל הח' דא"א ואימא ממזל הי"ג כו' וע"ז נאמר והחכמ' מאין תמצא פי' שאור א"ס עצמו הוא מובדל בערך בהסתעף ממנו אור החכמה אך ע"י נצוצ גדול כמשל ינק' שערה לבד יסתעף ממנו הח"כ והוא בחי' מזל דתיקון ונוצר חסד שבי"ג תקוני דיקנ' דאבא יונק ממנו כו' וכמ"ש ביאור דבר זה בארוכה והנה ידוע דבשעת קריעת י"ס באמרו מה תצעק אלי בו' דבעת קא תליא כו' היינו דבעא לאוקיר לדיקנא וזהו רזא דבספרא דצניעותא תנינן לה כמבואר שם וביאור הדברים הנה הארת הכתר עליון שמאיר בחכמה דרך צינור בלבד בחי' מזל ונוצר הנ"ל הוא בחי' עתיקא שהוא ממוצע בין עצמות המאציל לנאצלים כי הוא בחי' תחתונה שבעולם הא"ס ושרש וראש לכל הנאצלים כידוע וד"ל וזהו שרש ענין אנכי מי שאנכי פי' כי בכתר עליון יש פנימיות וחיצוניות והחיצונית שבי"ג ת"ד מאיר בחכמה ושאר הנאצלים אבל כדי שיהיה שינוי ההארה מאור לאור כו' צריך להמשיך ולעורר מבחי' פנימי' הכתר הנק' אנכי מי שאנכי וד"ל וזהו הפך ים ליבשה כו' נשמחה בו בעצמות הכתר דוקא לפי שידוע דפרסא מפסיק בין עצמו' הכתר דא"ק לבחי' תחתונה שבמאציל הנק' כתר דקטנו' להיות ראש ושרש לנאצלים כו' כמ"ש עד הגל הזה כו' ומבחי' נה"י דע"י ואילך נתגלה העל' העצמו' ומלבים לזרועות דא"א וזרועות דא"א מלבישי' לאו"א כו' ונמצא מה שלמעל' מן הפרסא נק' עלמא דאתכסיא ומבחי' נה"י דע"י ואילך נק' עלמא דאתגליא ע"כ גם בנאצלים המסתעפים מע"י כמו או"א וזו"כ הגם שאו"א נקר' נסתרות וזו"כ נק' נגלות כידוע בתיקונים לגבי עתיקא כולם שוין בבחי' התגלות מפני שנה"י דע"י בבחי' גילוי הם לגבי עצמות המאציל כנ"ל וד"ל וזהו הפך ים ליבשה פי' כשנתגלה בחי' עתיקא מלמעלה מן הפרסא כנ"ל נהפך הסדר של ההשתלשלות ונתגלה ההעלם דהיינו מוחין דא"א המכוסי' נעשו בבחי' גילוי כמו מוחין דזו"נ הנגלות כו' מפני שנה"י דע"י מלבים לכולם בהשואה א' וד"ל. ואמנם כדי שיהיה תוספ' גילוי בעתיק עד שיהפך סדר ההשתלשלו' מוחין דאו"א וזו"נ שמסתעפי' ממנו כו' אין זה כ"א מהתעוררות אנכי מי שאנכי שלמעלה מן הפרסא הנ"ל וזהו וביום הז' עצרת להוי' כו' פי' לשון עצרת הוא ענין מניעה ועיכוב כידוע והיינו לפי שבשבעת ימים היה ענין המלות בבחי' קטנות דאבא לבד כנ"ל בכל פרטי הפרצופי' דזו"נ כו' וביום הז' הוא בחי' העלי' וההתנשאות מלמטה למעלה עד רום המעלות דהיינו ליכלל בהארת אנכי מי שאנכי שלמעלה מבחי' התפשטו' והמשכה בציור קוין חח"ן מימין כו' לכך כתיב ואפס תחרישון בבחי' השתיקה שלמעלה מהדבור כמ"ש למעלה בארוכה וד"ל. וזהו עצרת מניעת השפע וירידת האור להוי' אלקיך ביחוד זו"נ כמו בכל שאר הימים שנמשכים להם מוחין מאו"א כו' מפני שעולים ונכללים בעצמות הכתר שלמעלה מן הפרסא כנ"ל וד"ל וזהו ההפרש בין מצת למצות בוי"ו כו' כי הנה אבא עצמו בבחי' ג"ר שבו הוא כ"ח מ"ה שבחכמה שמאין תמצא עדיין לא יש בו חילוק ג' מיני מוחין מפורדים מחולקים אלא מבחי' נה"י שבאבא יתחלק לג' מיני מוחין בשביל השפעת המוחין לזו"נ וכידוע ולכך נק' מצת לשון יחיד כי בבחי' יחידות עולה ומקבל ממזל הח' דא"א כנ"ל משא"כ כשכבר נשפע ממנו מוחין לתדות ומ"ל נק' מצות בוי"ו ע"ש ו' קצוות דאבא שמתחלקים לכמה מיני מוחין בזו"נ כידוע וד"ל · וזהו מפרנסים לאביהם שבשמים דידוע דז"א נק' שמים ואביהם שבשמים הוא בחי' אבא שרש כל האצי' והוא בחי' ג"ר שבו שממנו מקור מוצא כל מוחין עליונים כו' והפרנסה והשפע לאביהם שבשמים הוא מזל ונוצר כנ"ל ע"י אנכי מי שאנכי כו' וד"ל :

וישרש ענין לא תעשה מלאכה הנז' ביום הז' ולא תעשה מלאכת עבודה הנז' בכל הימים כו' היינו לפי שהמ"ל נק' נפש כידוע ע"פ נשבע ה' בנפשו כו' ומ"ש אשר יאכל לכל נפש הוא לבדו כו' היינו כל המלאכו' הצריכו' לאוכל נפש בלבד ולא חורש וזורע כו' שבמל' דאצי' הוא בחי' פנימי' השפע למל' דאצי' בשביל מזון ומחי' לה לעצמה דהיינו המשכות מוחין עליוני' כו' וכמו מנה מיכלא דמהימנותא הנ"ל אבל לא מלאכת עבודה כו' לחרוש ולזרוע כו' הוא בחי' ברורי רפ"ח כו' שהם בשביל חיצוני' השפע כידוע שנק' עבודה בשדה כו' ואמנם גם מלאכה שבשביל אוכל נפש עשי' ומלאכה תחשב אע"פ שאיננה עבודה כו' והוא בחי' קטנות דאבא שמפרנס את כנ"י מל' דאצי' כנ"ל משא"כ בפרנסה שמפרנס לאביהם שבשמים הנ"ל ביום הז' דעצרת להוי' כו' גם מלאכה ועשי' דאוכל נפש אינה נקראת ולכך נאמר לא תעשה כל מלאכה ואפי' אינה מלאכת עבודה

אלא

אלא מלאכת אוכל נפש כו׳ והטעם מובן לפי שמל׳ דאצי׳ בהיותה העיקר לצורך שפע למקבלים עד שנק׳ נפש כל חי כו׳ מלאכת אוכל נפש נק׳ מלאכה והוא אצלה כו׳ אבל השפע וההמשכ׳ להיות מציאו׳ אצילות החכמה ממזל ונוצר חסד כנ״ל אינה נחשבת בכלל מלאכת אוכל נפש שמאחר שבחי׳ החכמה הגבה למעלה מגדר שפע ואור חיו׳ לנאצלים שהרי ג״ר שבחכמה בבחי׳ תכלית הביטול לגבי א״ס ב״ה ואחוז וקשור בתכלית כידוע דלטעם זה התלבשות א״ס בחכמה דוקא כו׳ וד״ל · ולזה הוא מצוה ואות׳ שגם כל מלאכה ועשי׳ בעלמא לא תעשה ביום הז׳ דעצרת כי הרי מ״ת קצת עשי׳ מלאכה יחשב מה שהחכמה מאין תמצא כמ״ש בסמוך וד״ל:

ששת ימים תאכל מצות וביום השביעי עצרת להוי׳ אלקיך לא תעשה מלאכה הנה יש להבין הטעם שנקרא שביעי של פסח עצרת לה׳ אלקיך ולא עצרת סתם כי הנה יום חג השבועות נקרא עצרת בלשון המשנה בעצרת על פירות האילן ובשמ״ע כתיב עצרת תהי׳ לכם ובפ׳ אמור אמר ביום השמיני עצרת הוא סתם ולמה אמר בסוף פ׳ ראה בשביעי של פסח עצרת לה׳ אלהיך ולא עצרת סתם או עצרת תהיה לכם ועוד יש להבין מה אמ׳ כאן לא תעשה מלאכה סתם דמשמע אפי׳ מלאכת אוכל נפש שאותרה בכל יו״ט והלא בכל המועדים אמ׳ דכל מלאכת עבודה לא תעשו א״כ מלאכת אוכל נפש מות׳ וגם בשביעי של פסח פרי אוכל נפש כמ״ש בפ׳ אמור ובפ׳ פנחס ביום השביעי מקרא קדש כל מלאכת עבודה לא תעשו מלאכת עבודה דייקא אך בכאן מפני שאמר לה׳ אלקיך אמ׳ סתם לא תעשה מלאכה אפי׳ אוכל נפש ויש להבין מה שייך זל״ז וגם יש להבין כל עיקר ענין שביעי של פסח מהו ואם מפני נס דקי״ס למה אמ׳ מטעם עצרת לה׳ כו׳ מה ענין קי״ס לקרותו בשם עצרת כו׳ אך הנה כתיב הפך ים ליבשה כו׳ ולעתיד כתיב והחרים ה׳ את לשון ים מצרים והניף ידו על הנהר בעים רוחו והכהו לשבע נחלי׳ והדריך בנעלים והיתה מסילה לשאר עמו אשר ישאר מאשור כאשר היתה לישראל ביום עלותו מארץ מצרים ואמרת ביום ההוא אודך ה׳ כי אנפת בי כו׳ והנה י״ל למה בעתיד יעבור בנהר ולא בים כמ״ש והניף ידו על הנהר כו׳ וביצ״מ עברו בים ולזה כיון באומרו הפך ים ליבשה ל׳ עבר דקאי ביצ״מ בנהר יעברו ברגל לשון עתיד דקאי לעתיד והיינו נשמחה לשון להבא דהל״ל שמחו כו׳ וגם בפסוק זה י״ל למה קורא לעתי׳ בשם נהר וגם י״ל למה אמר לעתיד והכהו לשבעה נחלים בלבד ובקי״ס א׳ לגוזר י״ס לגזרי׳ כל״ח וידוע די״ב גזרי׳ הם כנגד י״ב השבטים שכאו״א עבר במעבר מיוחד אליו כו׳ והלא גם לעתיד יהי׳ כללות נש״י מחולקים לי״ב שבטים אך הנה כ״ז יובן בהקד׳ תחלה שרש ענין קי״ס עפ״י קבלת האר״י ז״ל דהנה מבואר בפע״ח בשרש ענין קי״ס שהוא בחי׳ זווג דקטנות ע״ש באריכות שזהו ביאור כללי למאמר הזהר הידוע בענין האיילתא דאתא נחש שהוא בחי׳ קטנות דשם שדי כו׳ ומכישה בעריייתה כו׳ ושתת דמה כו׳ וכמבואר שם · ולהבין ביאור ענין זה יש להקדים תחלה שרש ענין יחוד דזו״נ דרך כלל ואח״כ יתבאר מהו בחי׳ זווג דקטנות ובחי׳ זווג דגדלות כו׳ הנה פי׳ יחוד דזו״נ דרך כלל הוא בחי׳ יחוד קוב״ה ושכינתא הנזכר בזהר בכמה דוכתי וביאור הענין ידוע להיו׳ כי בחי׳ מ״ל דאצי׳ נק׳ שכינה כידוע והוא להיות כי מלכותו בכל משלה להחיות כל העולמות מאין ליש כו׳ וכמ״ש מלכותך מלכות כל עולמים כו׳ עד סוף עולם העשי׳ וגם מתחת לארץ כו׳ והנה כללות כל הבריאה מאין ליש נכללת בד׳ מחנות דבריאה מחנה מיכאל מחנה גבריאל מחנה אוריאל כו׳ ונק׳ ד׳ מחנות שכינה כידוע והוא ג״כ ענין המרכבה דכסא הכבוד פני אריה להימין כו׳ וכידוע וכאו״א מקבל אור שפע חיותו מבחי׳ מ״ל דאצילות מחנה מיכאל לעבוד באהבה וכלות הנפש כו׳ ומחנה גבריאל ביראה ופחד כו׳ ומהם מסתעפים פרטי׳ רבים לאין מספר כמ״ש היש מספר לגדודיו כו׳ ונק׳ מחנות הללו י״ב בקר והים עומד עליהם מלמעלה כידוע בזהר והים הוא בחי׳ מ״ל שעומד עליהם להחיותם תמיד מאין ליש כו׳ ונק׳ ג״כ בשם י״ב גבולי אלכסון שבמ״ל כי כאו״א מהד׳ כלול מג׳ והטעם הוא כי יש במ״ל שפה מדות חג״ת נה״י כו׳ כמ״ש לך ה׳ הגדולה והגבורה כו׳ · כמו דכתיב הנה מקום אתי וידוע דהוא בחי׳ ו״ק דמ״ל ולהיותן כפולי׳ המה י״ב כו׳ והד׳ מחנות מקבלים אור שפעם מי״ב גבולי אלכסון שבמ״ל ע״כ הם מספר י״ב ונק׳ י״ב בקר כו׳ וכידוע בפרדס והנה בחי׳ ז״א דאצי׳ הוא בחי׳ ו״ק דאצי׳ שנק׳ מדות כמו חסד דרועא ימינא כו׳ ונק׳ קוב״ה להיות כי בחי׳ המל׳ דווקא היא המדה המתפשט׳ להחיות רוח שפלים בע״ג כנ״ל אבל בחי׳ המדות דאצי׳ עצמם הם מובדלים מערך בחי׳ התפשטות למטה ונק׳ קדוש בחי׳ מובדל כנודע ואמנם אעפ״כ כל הנהגות העולמות דבי״ע הוא רק בבחי׳ ז״א דאצי׳ שמתלבש במ״ל לפעמים דוקא בחסד ולפעמים בגבו׳ כו׳ וכמ״ש כי הוי׳ הוא אלקים והוא יחוד קוב״ה ושכינתה שהוא בחי׳ יחוד הוי׳ ואלקים שנק׳ זו״נ כידוע והענין הוא כי הרי בחי׳ אור א״ס מצד עצמו ומהותו הוא נבדל בערך גם מבחי׳ מדה בהגי׳ כמו חו״ג וגם מבחי׳ חכמה או רצון וכמאמ׳ הידוע אנת הוא חד ולא בחושבן כו׳ עד ולאו מכל אלין מדות כלל אלא לאחזאה בהון לאנהגא עלמין כו׳ כלומר שאור אין סוף יורד ומתצמצם להיות נק׳ חסדן או רחמן וכיוצא בהם במדות כדי לאנהגא עלמין בלבד דהיינו שיתלבש מדותיו בבחינת מ״ל דאצילות ומשם ינהג את העולמות לפעמים בחסד כו׳ אבל מצד עצמותו לאו דאית ביה מכל אילין מדות כלל כו׳ ונמצא שאור אין

סוף

סוף הוא המאציל המדות ומייחד לון ומקשר לון במ"ל דאצי'ורק כדי לאחזאה כו' והיינו ענין היחוד דזו"נ אך הנה לכאורה לפי"ז למה צריך ליחד היחוד הלא ונמילא יאירו המדות במ"ל מצד רצון המאציל לכך כנ"ל אבל הענין הוא דעיקר יחוד דזו"נ הנ"ל הוא להמתיק דינין דנוקבא בחסדים דדכורא דוקא כי הנה בחי' מ"ל מלא' דינין כי הרי עיקר בנין המ"ל הוא מהגבורות והוא להיותה באה למטה בבחי' צמצומים כי כדי שיתהווה בע"ג מבלתי בע"ג הוא בא ע"י בחי' צמצומי' רבים כנודע וכמאמר במ"ל שנק' לדק דאיהו דין והוא דינא דמלכותא דינא כו' אמנם בחי' ז"א דאצי' עיקרו מבחי' החסדים דוקא כמ"ש כי זכר חסדו כטבע הזכר שעיקרו בחי' החסדים וכמ"ש ביאור זה בת"א וכאשר יתיחדו אורות דז"א במ"ל אזי יתמתקו בחי' הגבורות שבמ"ל בחסדים דדכורא כו' ולא יצמצמו אורם כ"כ למטה בנבראים וז"ש מלפני אדון חולי ארץ כו' ואז ההופכי הצור אגם מים והין צור כאלהינו שהוא בחי' מ"ל שמלאה גבורות ונתמתקו לבחינ' חסדים שנקרא אגם מים להשקות כל חיות שדי כו' וד"ל:

והנה זהו ביאור ענין היחוד דזו"נ דרך כלל ויש ביחוד זה ב' מדריגות דרך פרט ונקרא קטנות וגדלות כידוע בע"ח אך הנה המעיין הטיב בע"ח ישכיל שלא נק' קטנות וגדלות בז"א מצד עצמות ז"א בלבד אם הוא בקטנות המוחין או בגדלות כו' אלא מצד בחי' שרש מקור המשכות כל המוחין שנמשך בו אם האור נמשך לו מבחי' או"א בלבד זהו הנק' בחי' הקטנות דרך כלל בכללות ההשתלשלות מן המאציל ואם האור נמשך לו מבחי' ע"י וא"א וכיוצא זהו הנק' בחי' הגדלות בדרך כלל בכללות ההשתלשלות כו' וביאור הדברים הללו הנה ידוע שהמשכות המוחין במדות הבא בדרך הדרגות מעט מעט כנראה בחוש בטבע האדם כשנולד שנתוספים בו מוחין מדי יום ביום עד שיגדל כבן י"ג שנה שנכנס בו בחי' המוחין ביותר דהנה מה שיתפעל בלב מצד הארת השכל יש לו גם כשהוא קטן אך עדיין הוא בבחי' הקטנות לדברים קטנים וכשיגדל אור השכל מבחי' המוחין דחו"ב יותר במדות אזי יתפעל בדברים גדולים וכיוצא וגם יהי' מוחו שליט על הלב והוא הנקרא בחי' מוחין דגדלות במדות כידוע ומבואר בת"א באריכות ולמעלה יובן מזה שהוא בחי' המשכות המוחין דאו"א דאצי' שנק' חכים ומבין כו' במדות דאצי' כו' אך הנה באמת גם כל בחי' המוחין דאו"א לגבי מקור החכמה המאציל אותה הוא בחי' קטנות וכמ"ש והחכמה מאין תמצא וכידוע דאור אבא יונק ממזל הח' דא"א בלבד כו' ושרש מוח הבינה ממזל הי"ג כו' והן הנה בחי' ב' הקווין מח"ן מימין ובג"ה משמאל כו' שהוא כבר בא מציור השתלשלות אבל בחי' ע"י או א"א שנק' כ"ע דרך כלל הנה הוא למעלה מבחי' ההשתלשלות בקווין כו' ובו מאיר מבחי' הארת אא"ס שהוא למעלה מכל מדה וספי' כנ"ל ולכך נק' הכתר בשם ע"י מלשון המעתיק הרים כלומר שהוא נבדל ונעתק מערך השתלשלו'וכמ"ש המלך המרומם לבדו המתנשא מימות עולם וכידוע ומבואר בת"א והנה כשנמשך בחי' המוחין מבחי' ע"י וא"א בז"א הוא הנקרא בחי' הגדלות בכלל כו' להיותם גם בחינת מקור לחו"ב דאצי' כו' וזהו ביאור ענין היחוד דזו"נ בב' מדריגות בבחי' הקטנות ובבחי' הגדלות כנ"ל וד"ל· והנה בשרש ענין קי"ס בכלל הוא שגילה האור שם מבחי' ע"י וא"א כמ"ש מה תצעק אלי ואמרו בזהר שר"ל מה תצעק אלי בעתיקא תלי' כו' ולהיות כי או היו בחי' ישראל שהוא בחי' המ"ל בבחי' הקטנות וכמ"ש ואעבור עליך ואראך מתבוססת בדמיך כו' לכך נגלה להם בקי"ס מעצמות המאציל שלא ע"י התלבשות באו"א כלל כמ"ש בת"א בפי' ועבר הוי' לנגוף כו' ופסח ה' על הפתח כו' ע"ש באריכות והיינו בבחי' הדילוג במדריגה שלא כדרך ההשתלשלות כו' והיינו מה שהי' אז ראוי להיות התגלות אור מאצי' לבי"ע ע"י בחי' זווג זו"נ בבחי' הקטנות כנ"ל נעשה בחי' גלוי זה שלא ע"י ז"א אלא למעלה מעלה דהיינו מבחי' ע"י במ"ל וכמאמר בעתיקא תלי' כמ"ש ויולך ה' ברוח קדים עזה כו' וד"ל ומעתה יש להבין גוף ענין קריעת י"ס למה הי' בים דווקא ולמה נק' בשם קריעה ויש להקדים תחלה שיש ב' פירושים בענין קי"ס הא' פי' הזהר בהיות שים סוף נק' בחי' המלכות להיותה סופה דכל דרגין באצי' כידוע והנה הים הגשמי הוא המכסה על היבשה שתחתיה כך למעלה בחי' מ"ל דאצי' שנק' ימא הרי כתיב בה שם אניות יהלכון כו' ואיתא בזהר דאינון ארבין סלקין ונחתין כו' שהמה בחי' נשמות שבאצי' דוקא שהן עדיין בבחי' ההעלם למעלה מבחי' הגילוי מאין ליש בנשמות דבריאה ויצי' והם בחי' אלקות ממש כי בחי' מ"ל שנק' ים סוף הוא בחי' העלם שכוללת בעצמה כל הנבראי' בבחי' ההעלם והנשנות שבה נק' נוני ימא וכמ"ש בחי' הארבין דסלקין ונחתין עליה כו' וכמו הים שמכסה את היבשה אך כמו בהתאספות המים שבים לצדדיו מתגלה היבשה כך למעל' במ"ל כתיב יקוו המים ותראה היבשה שהוא בחי' גילוי ההעלם ומתנה יצאו לאור תולדות הנבראים נשמות ומלאכים מאין ליש כמ"ש תוצא הארץ נפש חיה הארץ דוק' כו' וא"כ לפ"ז בשעת קי"ס שנהפך למעה ים ליבשה והלכו בנ"י ביבשה הרי בחי' הגילוי דיבשה נכלל אז בבחי' ההעלם דים וכמ"ש ובנ"י הלכו ביבש' בתוך הים והמים להם חומה כו' והענין למעלה ג"כ שנכלל ונתעלו בחי' הנשמות דבי"ע בבחי' ההעלם דים העליון ונתחבר בחי' הבריאה עם בחי' האצי' ע"י העלאה זאת וזהו פי' קי"ס לפ"ד הזוהר כנרא' ומובן בו בכמה דוכתי אבל פי' השני הוא בהיפוך והוא לפ"ד האריז"ל

האריז"ל בפע"ח דקי"ס היינו שבחי' הנשמות דאצי' שהיו כלולים בים העליון שהוא בחי' מ"ל ירדו למטה מן ההעלם לגילוי ונק' לידת הנשמות כדוגמת הולד שנולד שיוצא מן ההעלם לגילוי · והיינו ענין קריעה כמו פתיחת הרחם להוליד ולד שנק' קריעה והוא ענין המאמר דאיילת' הנ"ל דאתא נחש ונשיך בעריתה ומולדת כו' וז"ש קול ה' יחולל אילות כמו עד"מ האילה שרחמה צר מאד ופותחין בה חלל בית קיבול כדי שתוליד כו' כך למעלה המ"ל שנק' ים הוא בבחי' הקטנות כאילה כו' ונפתח בה ע"י קריעה תלמטע' מעל'כנ"ל וכמ"ש ויולך ה' כו' ברוח קדים כו' ויבקעו המים כו' והיינו פי' יחולל אילות שעושין בה חלל כדי שתוליד הנשמות להיות באין מבחי' ההעלם לגילוי ולפי פי' זה יתפרש פשט הכתוב ביותר באמרו הפך ים ליבשה דמשמע פשוטו שנהפך ההעלם דים לגילוי ולפי' פי' הזוהר הנ"ל בהיפך דיבשה נהפך לים כו' וד"ל ואמנם הנה שני הפירושים הנ"ל אעפ"י שהמה ב' הפכים מ"מ לענין תכלית הכוונה שניהם ענין א' ממש הוא דתכלי' המכוון הרי הוא מה שנתחבר בחי' האצי' עם בחי' הבריאה אלא שבאופן התחברו' שני הפירושים הנ"ל מחולקי' דלפ"ד הזהר התחברות זאת מלמטה למעלה היתה ע"י בחי' העלאות שבכללות הנשמות דבריאה באצי' · ולפ"ד האריז"ל היתה התחברות זאת ע"י ירידת הנשמות מאצי' לבריאה אבל יהיה איך שיהיה הרי נתחברו ונכללו כנ"ל לשני הפירושים וד"ל · ואמנם הנה בפי' הפסוקים מחולקים הזהר והאריז"ל וכמו בפי' לגוזר ים סוף לגזרים דהנה מבואר למעלה די"ב גזרים היה נגד י"ב שבטים שנק' י"ב גבולי אלכסון כו' והרי לפי' הזהר היינו שבכלל ד' מחנות שכינה למעלה בבחי' האצי' ע"י י"ב קרעים וגזרים הללו ונעשי' שם בחי' י"ב גבולי אלכסון בבחי' ז"א דאצי' שהם י"ב שבטים דדכורא כידוע בענין הפסוק ששם עלו שבטים שבטי יה שכמו שו"ק דמ"ל כפולים הם ונחלקים לי"ב שבטים בעלמא דנוק' כנ"ל כך בבחי' ו"ק דז"א שכפולי' הם נחלקו לי"ב שבטים והיינו בחי' יוסף שהיה מעלמא דדכורא שאמר הנה קמה אלומתי כו' וכמ"ש בת"א וזהו פי' ששם עלו שבטים שבטי יה שהן י"ב שבטים דדכורא כו' וענין י"ב גבולי אלכסון דנוק' דז"א הרי הענין מבואר בפרדס שהוא כמו ענין חיבור נצח שבחסד עם חסד שבנצח וכן נצח שבהוד עם הוד שבנצח וכמ"כ מקו ימין לשמאל כמו מנצח שבחסד להוד שבנצח וכיוצא כו' וד"ל אבל הנה לפ"ד האריז"ל הוא בהיפוך שי"ב שבטי' דדכורא נתגלו מן ההעלם לגילוי בי"ב שבטים דנוק' שנק' ים ויבשה וזהו פי' לגוזר ים סוף לגזרים ע"ד פשט הכתוב הפך ים ליבשה שההעלם בא לידי גילוי שהוא ענין לידת הנשמות וכמ"ש למעלה בפי' קול ה' יחולל אילות שהוא בחי' גילוי אור א"ס בבריאה כו' ומ"מ לפי שני הפירושים צריך היה שיהיה קריעה דוקא

והקריעה בי"ס דוקא להיות שהוא בחי' ממוצע בין האצי' לבריאה וע"י יעבור האור מאצי' לבריאה וע"י יעלה כל נברא מבריאה לאצי' וכמ"ש זה השער לה' וכנ"ל בענין ופסח ה' על הפתח כו' וד"ל וכ"ז היה בליל ז' דפסח דוקא שהיה או בחי' הדילוג מע"י לת"ל כו' אבל הנה בשבועות שהוא זמן מתן תורתנו היה בהיפך ממש מבחי' ז' דפסח כי הנה בליל ז' דפסח וכן ביום א' היה בחי' הדלוג הזה מצד עצמו בלי אתעדל"ת כלל כנ"ל אבל בשבועות שהוא אח' גמר הספי' היה בחי' התגלות אור הכתר ע"י אתעדל"ת דוקא וממש לפ"ע אתעדל"ת היה ערך אתעדל"ע כו' כי הרי ידוע בענין הספי' שהוא רק מבחי' העלאת מ"ן ונברורי' דנוגה דעומר שעורי' שהוא מאכל בהמה בחי' ב"ן דנוגה ומתחלה מניפים העומר הזה כמ"ש והניף את העומר לפני הויה כו' דהיינו כללות ההעלאה וע"י הספי' ממשיכין המשכות מוחין בכל הנ' שערי' דמ"ל מנ' שערים דבינה כי מ"ט ימי הספי' המה ז' המדות דבינה כאו"א כלול מז' וכאשר אנו אומרים היום יום א' לעומר הכוונה הוא שיומשך בחי' אור החסד דבינה בזו"נ ופי' היום היינו להמשיך בחי' כתר לז"א מבחי' בינה ע"ז כי תיבת היום מספרו מכוון עם מספר אל הוי"ה בצירוף ארבע אותיות דהויה כנ"ל וכל בחי' אל הוא בחי' הארת הכתר כידוע ועד"ז בכל הימים ובכלל הן הז' שבועות שנק' תמימים כדי שער הנ' דבינה שבשבועות יתגלה בשלימות והוא בחי' הארת הכתר דז"א כנ"ל וכמבואר בפע"ח בשער השבועות ונמצא שכל עיקר הארת הכתר בשבועות היה רק מסיבת הספירה ולא יותר כו' מה שאין כן בחינת הפסח שהיה רק באתדל"ע מצד עצמו בלתי סיבת אתעדל"ת כלל מ"מ הא בהא תליא ושיעור א' להן שמיד שהיה בחי' הדילוג בליל א' דפסח אח"כ הוצרכו למנות ימי הספירה לעורר אתדל"ת כו' והמשל בזה כמו שמוצא ממון הרבה שלוקחה מתחלה כולה ביחד ואחר כך מתחיל לספור אותה א' א' עד שיעלה בידו סך רב ואין כל חדש במספר הזה רק שמתחלה היה כל סך הממון בלתי מספר נודע כו' והנמשל יובן מזה למעלה שביום א' דפסח הי' כללות ההארה שהאיר א"ס מלמעלה בכנ"י וביום ב' דפסח מתחיל לספור היום יום א' כו' ובזה יתורץ הקושיא למה אין יום א' דפסח נמנה בימי הספירה אחר שכל ימי הספירה היה כמו ז' נקיים באשה כידוע וכמ"ש ז' שבוע' תספר לך כו' כי ביום הא' הרי היה בו בחי' כללות ההארה וע"כ אין למנות אלא ביום הב' שאחריו מתחילין לספור וזהו ממחרת השבת דוקא תספרו כו' וד"ל · ובכ"ז יובן מארז"ל ראתה שפחה על הים מה שלא ראה יחזקאל כו' וכן אמרו ז"ל אפי' עוברות שבמעי אמן אמרו שירה על הים כו' ולכאורה אין זה הבנה למה דוקא על הים והאיך

יתכן

יתכן שגם שפחה תוכל לראות ולהשיג מה שראה יחזקאל הנביא במרכב' דילי' כו' וכן עוברין שבמעי אמן האיך אמרו שירה כו' וגם יש להבין מה שלא מצינו כדוגמא זאת שיהיו הכל בהשואה א' עד שגם שפחה ראתה כו' והלא בזמן מ"ת שהיה גילוי שכינה ביותר שאז כמ"ש פב"פ דבר ה' כו' וידוע שלא היה הארת גלוי אלקות בכולם בהשואה א' אלא אדרבא היו מחולקי' כאו"א על מקומו ומדרגתו דווקא וגם משה ואהרן ראשי כל ישראל הרי אמרו דמשה הי' לו מחילה בפ"ע ואהרן היה לו בחי' מחילה בפ"ע וכן כאו"א על מקומו ומדרגתו דווקא כו' אך הענין יובן ע"פ הנ"ל משום דבשביעי של פסח היה בחי' הדילוג מעצמו' המאציל בלתי אתדל"ת כלל וע"כ כמו שההאר' היתה למעלה בעצמו' המאציל כך היא באה למטה להיותה באה בלתי התלבשות מעילה לעילה כנ"ל וע"כ מיד שבא האור למטה קיבלו כולם בהשואה א' וגם שפחה או עוברין שבמעי אמן ראו והשיגו מה שלא השיג גם יחזקאל הנביא כי יחזקאל הנביא לא השיג רק במרכב' דז"א דילי' והאור בא ע"י התלבשות שם ברבוי ההשתלשלו' מעצמות המאציל וכללות כ"י קיבלו אז בקי"ס הארת בחי' עתיקא כנ"ל שלא ע"י התלבשות באו"א כו' והמשל בזה כמו התינוק הקטן שאביו מגביהו על ידיו למעלה ולהיות האב גבוה בקומה מאד הנה מעל זרוע האב יוכל התינוק לראות מרחוק מאד משא"כ בהיות התינוק למטה בארץ שלא יוכל להביט אלא סביב לו בלבד וכך הנמשל יובן למעלה בהיות שהיה בחי' הארת ע"י במל' שהיא כללו' כ"י כמארז"ל ישראל בני מלכים כו' והרי נתעלו אז בחי' כללות כ"י למעלה בבחי' עתיקא ובפרט לפ"ד הזהר דלעיל בפי' קי"ס דבחי' הגלוי נכלל בהעלם העצמות ונשמות שלמטה נכללו למעלה כנ"ל וכתיב ובנ"י הלכו ביבשה בתוך הים וקי"ס הי' מבחי' ע"י ע"כ ממילא נכללו נש"י בהאר' ע"י ולכך ראו הכל גם שלא ראה יחזקאל הנביא כי מפני עולם רוממות מעלות בחי' הכתר עליון צופים ומביטים היו בכל ההשתלשלות מריש כל דרגין עד סוף כל דרגין כו' וע"כ לא היה שנוי מדרגות כלל בין איש גדול לקטן וכולם בהשואה א' השיגו וראו ונשתוו בזה העוברין שבמעי אמן עם גדולי העדה כו' משום דבבחי' כתר עליון שנק' ע"י כולל כללות הכל בהשואה א' כמאמר צופה ומביט עד סוף כל וכו' וכתיב קטן וגדול כו' שוין כו' וכמשל העיגול שאין בו מעלה ומטה כו' וד"ל וזהו שנ' ביציאת מצרים אנכי תרגלתי לאפרים קחם על זרועותיו כו' אנכי הוא בחי' כתר עליון כידוע וכנ"י היה אז בבחי' הקטנות כמשל תינוק בן יומו והיה בחי' דילוג מאור הכתר בכנס"י וזהו אנכי תרגלתי לאפרים להשפיל א"ע בבחי' נה"י שלו כמו עד"מ האב שמרכין ראשו וגופו מפני כפיפתו להרים ולהגבי' התינוק שהוא קצר בקומ' מאד ואח"כ מעלהו ומגביהו לתנוק על זרועי ידיו וזהו קחם על זרועותיו ולהיות האב קומתו גבוה מאד יוכל התנוק להביט למרחוק מאד כפי כח השגת והבטת האב ממש כו' והיינו בחי' עליו' המל' שהוא כללות נש"י בכתר עליון כו' וזהו קחם על זרועותיו שהם בחי' זרועות דא"א שמלובשים בנאצלים כידוע וכו' הוגבהו אז למעלה גם מבחי' הזרועות הללו דא"א דהיינו בחי' ז"ת דע"י שמלובשי' בגלגלתא ומוח"ס דא"א חסד דע"י מלובש בגלגלת' וגבו' דע"י במ"ס כו' כידו' וד"ל אבל בשבועות שהוא בחי' ההארה דכתר עליון בז"א ע"י העלאת מ"ן באתדל"ת דווקא בכל ימי הספיר' כנ"ל באריכות שמשם לפי ערך ההעלאה כך הי' ערך ההמשכה כו' לכך לא היתה אותה ההארה מאירה בכללות נש"י בכולם בהשואה א' כמו בקי"ס כנ"ל אלא אדרבא כאו"א רק כפי מדריגתו ועבודתו בלבד עד שגם משה ואהרן היה לכאו"א מחילה בפ"ע מאחר שתלוי ערך והמשכות האור לפי ערך ההעלא' והרי כאו"א לפי שיעור שרשו דווקא הוא מעלה מ"ן בימי הספי' לכך יבא לכאו"א כפי ערכו דווקא ואין לא' בשל חבירו כלום וזהו היפך בחי' גלוי אור א"ס שהיה בקי"ס מפני שלא היה מצד אתדל"ת כלל וד"ל · ויובן כל ענין זה בתוס' ביאור ע"פ משל הזורק אבן שכח זריקתו מלמטה למעלה בגובה תלוי בעצמו אם בכח רב יזרוק יגיע האבן למעלה בגובה יותר ואם בכח מועט לא יגיע האבן למעלה בגובה כ"כ ויש בזה מדה קצובה להגיע האבן בשיעור הגבוה לכאו"א כפי כח זריקתו דווקא אבל האבן הנזרק מלמעלה למטה הנה אינו תלוי בכח הזורק כלל שיעור השפלת האבן לנוטה בארץ אלא בין בכח רב בין בכח מעט יגיע האבן לארץ וכיון שכן אין הפרש כלל בהגיעו לארץ בין שיפול במקום זה או במקום אחר בכולם יפול במדריגה א' כו' וכך יובן ברוחניות כח אור הנמשך מלמעלה מעצמות המאציל למטה בכנ"י כמו בפסח הרי היה האור נשפל לכולם בהשואה א' אחר שבא פתאום מלמעלה למטה כמו משל אבן הנזרק מלמעלה למטה שיפול בכל המקומות בהשואה א' כו' משא"כ בשבועות שהיה כח האור אלקי נגלה ע"פ כח ההעלאה מלמטה למעלה שהוא כמשל אבן הנזרק מלמטה למעלה כנ"ל שיש שיעור קצוב בהגעתו במדרגות הגבוה לפי ערך כח הזריקה דווקא לכאו"א כפי כחו כו' כך היה נגלה אז אור אלקי בשיעור קצוב דווקא לפי ערך וכח העלאת מ"ן של כאו"א שאין כל א' דומה לחבירו כנ"ל ולכך היה לכאו"א מחילה מיוחדת בפ"ע (וכדוגמא זו יהיה לעתיד שאור האלקי יתגלה לכאו"א כפי ערך עבודתו בשרש נשמתו כל ימי הגלות לאו אחר כל א' נכוה מחופתו של חברו כו' ואז דווקא לימות המשיח אבל באלף הז' יהיה דווקא כמדריגת קי"ס כמשי"א בסמוך בעז"ה וד"ל

וד"ל) והנה כתיב כימי צאתך מארץ מצרים אראנו נפלאות ופסוק זה לעתיד נאמר שיהיה או ג"כ כדוגמת קי"ס שהיה ביצ"מ וזהו כימי צאתך כו' והיינו מ"ש בישעי' והחרים ה' לשון ים מצרים והניף ידו על הנהר כו' וכמ"ש בנהר יעברו לשון עתיד כנ"ל והנה לכאורה זה יפלא מאד והלא כתיב בירמי' ולא יאמר עוד חי ה' אשר העלה מארץ מצרים כ"א חי ה' אשר העלה ואשר הביא את בנ"י מארץ צפונה כו' וגם בגמרא איכא פלוגתא ולחד מ"ד אין מזכירין יצ"מ לע"ל וכמו שאמרו וכי מזכירין יצ"מ לע"ל וכדעת ר"א בן עזרי' וגם לחכמים דס"ל כל ימי חייך להביא לימות המשיח היינו דווקא לימות המשיח אבל לא לעתיד כו' אך הענין הוא דאין הכוונה שיהיה או כמו בחי' קי"ס ממש עד שיאמרו אותו ויזכירו אותו כמו גם דיצ"מ דהא אמר שלא יאמר עוד לעתיד חי ה' אשר העלה מארץ מצרים כו' אלא שיהיה או גם יותר נפלא ובאופן אחר ממש אלא שיהיה כדוגמא בלבד לנס דקי"ס דהיינו שיהיה שם מדרגתו ע"ד אותו הנס דקי"ס וזהו כימי צאתך מארץ מצרים בכף הדמיון ולא שיהיו מזכירין בו ענין יצ"מ כי הנס דיצ"מ לא ישתווה אליו בערך כלל ומ"מ נחשב או בחי' טפל לגבי אותו הנס מפני שיהיה באותו הנס דוגמא ממש שהיה בנס דקי"ס אלא שיהיה באופן מדריגה היותר נעלה הרבה מנס דקי"ס והיינו כימי צאתך מארץ מצרים כו' ואעפ"כ לא יצטרכו להזכיר נס דיצ"מ וכמו שאמרו וכי מזכירין כו' רק שיזכירוהו דרך טפל עכ"פ מפני שיהיה בדוגמתו כו' והיינו ענין מ"ש בישעיה והניף ידו על הנהר כו' והכהו לז' נחלים כו' והיתה מסילה לשאר עמו אשר ישאר מאשור כו' ועי"ז אמר אראנו נפלאות כו' · והנה להבין הנס הנפלא שיהי' לעתיד כאותו הדוגמא שהיה בקי"ס יש להקדים תחלה מה שמבואר בנס לעתיד שיהיה בנהר ולא בים וכמ"ש והניף ידו על הנהר כו' וכן בנהר יעברו ברגל כו' וביצ"מ היה הנס בים דווקא בהיות ידוע שיש ב' ההי"ן בשם הויה ה' ראשונה וה"א אחרונה וידוע שבחי' ה"א ראשונה הוא בחי' בינה שנק' אימא עלאה ובחי' ה"א אחרונה הוא בחי' מל' דאצי' שנק' אימא תתאה ומטרוניתא כו' וכתיב כאמה בתה פי' המל' נק' ברתא דמלכא וכמאמר רז"ל בת היתה לאברהם כו' ונק' בת נדיב כו' והיא מפני שמדה זאת היא בחי' התגלות מאין ליש כמשל הדבור וכידוע וגם בחי' הבינה אע"פ שהיא מקור המדות ונק' אם הבנים כנודע הנה מ"מ לגבי בחי' האורות שלמעלה הימנו הוא בחי' יש בהתגלות כי בחי' הבינה הוא בחי' ההשגה וההבנה של השכל דווקא משא"כ החכ' הוא כח מ"ה בחי' אין וכמ"ש והחכמה מאין תמצא וזהו כאמה בתה וה"ז כמו ב' ההי"ן דשם הויה שהרי הה"א הוא בחי' התפשטות לאורך ורוחב כמו בהשגה והבנה שמתפשט כח אור השכל הנק' אין כו' והרי בצורת הה"א אין שנוי כלל בין ה"א ראשונה דבינה לה"א אחרונה דמ"ל והיינו כאמה בתה אלא שה"א ראשונה נק' עלמא דאתכסייא וכמ"ש ושם הגדולה לאה כו' וכן שם האחת שפרה כו' כי בחי' בינה מעלמת אור החכמה בתוכה כי ההשגה בבינ' מעלמת אמיתות אא"ס כמו שהוא אחר שבא בהשגה והבנה כי באמת לית מחשבה והשגה תפיסא בי' ולכך בחכמה דווקא שורה אור א"ס ולא בבינה מטעם שבחכמ' הוא בחי' כח מ"ה אי"ן ואין אא"ס שורה בבחי' יש אלא בבחי' אין כו' וכמ"ש במ"א וגם יש עוד טעם והכל ענין א' לפי שהבינה מינה דינין מתערין כו' וידוע הטעם לפי שהבינה באה בהשגה ואז נתעלם עצמות האור ולא יוכל לסבול בחי' המתנגד כו' עד שמסיבה זאת תבא הקפידה והרוגז במחשבה שבמחשבה מן הבינה כמ"ש במ"א והכל הוא בחי' החסד והצנוע להעלים אור א"ס שבחכ' כו' וה"ז כדמיון בחי' הפרסא שמעלמת האור שלמעלה אך העלמה הזאת סיבה להתגלות האור במקבלים במה שיוכלו לקבל ע"י בקיעת המסך והפרס' וכמו עד"מ אגר הכבד המבדיל בין אברי הנשימה לאברי המזון כו' וכידוע כך הענין בבחי' מ"ל דאצי' שמבדלת בין האצי' לבריאה ומעלמת בתוכה כל האורות דאצי' ואח"כ בבקיעות המסך נעשה ראש לשועלים להחיות מאין ליש כו' וכמ"כ באצי' עלמה הוא בחי' בינה אם הבנים בחי' מקור המדות דז"א דכתיב בהו מבטן מי יצא הקרח כו' פי' כי בחי' ת"ת דאימא עילאה שנעשה כתר לז"א הוא הנק' בטן מי דבינה הוא כמו בחי' פרסא הנק' קרח וכמ"ש ועל ראשי החיות כעין הקרח והוא קרומא דפסיק במעוהי כו' והיינו שמתעלם אור א"ס שבחכ' ע"י בחי' בינה דאצי' שנק' אימא עילאה ואח"כ מתגלה האור בז"א כמו במ"ל דאצי' והיינו מ"ש כאמה בתה וכנ"ל וד"ל · ועם זה יובן הטעם מה שהנס דלעתיד נק' נהר דווקא ונס דיצ"מ היה בים כי הנה בחי' ים הוא בחי' מ"ל דאצי' שנק' סופא דכל דרגין כנ"ל וכמו שמבואר למעלה באריכות בפי' קי"ס ב' פירושים מלמעלה למטה ומלמטה למעלה שהוא פי' הזהר ופי' האריז"ל כך יש ב' אופנים הללו בבחי' קריעת הנהר דבינה כי הרי הבינה נק' נהר וכמ"ש ונהר יוצא מעדן ועד"מ הנהר שיוצא מן בחי' ההעלם דמעיין שנובע מתחת לארץ כו' והיינו כמו ההשגה וההבנה כו' והנה כמו שבבחי' מ"ל דאצי' הי' בחי' קריעת המסך שיתגלה מאצי' לבריאה או שיעלה מבריאה לאצי' כך בבחי' בינה יהיה לעתיד בחי' קריעה ובקיעת המסך להיות מתגלה עי"ז מן ההעלם דחכמה וכתר בבחי' ז"א או שיהיה עלייה לבחי' ז"א בכתר וחכמה שבהם שורה א"ס כנ"ל וזהו שלעתיד יהיה הנס נפלא הרבה מנס דקי"ס כי יהיה בבחי' בינה שהוא ה"א ראשונה ונס דקי"ס במ"ל הנק' אימא תתאה אך משום דכתיב כאמה בתה כנ"ל ע"כ עכ"פ יהיה בדוגמא לנס

דקריעת י"ס ממש מטעם הנ"ל והיינו שאמרו ז"ל וכי מזכירין יצ"מ לעתיד כו' וכמ"ש לא יאמר עוד חי ה' אשר כו' ואעפ"כ כתיב כימי צאתך מארץ מצרים כו' מפני שיהי' ממש בדוגמא א' וגם דקי"ס יזכרוהו אז בבחי' טפל לגבי עיקר כנ"ל מפני שבכלל מאתים מנה וכמו הבת שכלולה באמה כו' וד"ל · ובזה יובן מאה"ל ע"פ ונהר הרביעי הוא פרת הוא דמעיקרא כו' כי הנה נהר פרת הנק' נהר הרביעי הוא בחי' מ"ל שמימיו פרים ורבין כו' להחיות עולמות עד אין קץ ושיעור וכמ"ש מלכותך מלכות כ"ע כו' אך להיות כי שרש המ"ל הוא בבחי' בינה הנק' אימא עילאה וכמ"ש כאמה בתה וכנ"ל משום דנעוץ סופן בתחילתן כו' לכך אמר הוא דמעיקרא ר"ל דנהר פרת היינו נהר הראשון ממש דכתיב ביה ונהר יוצא מעדן שהוא בחי' בינה דאצילות שנק' נהר הראשון כנ"ל וכמ"ש בזהר ע"פ בעבר הנהר ישבו אבותיכם כו' פי' מעבר הנהר העליון דבינה דהיינו בחכמה וכתר לפי שישראל עלו במחשבה בבחי' חכמה כמשל הטפה במוח האב כו' ואקח את אביכם מעבר הנהר כו' שהוא בא ע"י התלבשות האורות דבינה בז"א כו' וד"ל :

ומעתה יש להבין מ"ש כימי צאתך מארץ מצרים אראנו נפלאות מה הן בחי' הנפלאות הללו ומהו פי' אראנו למי יראה אותן הנפלאות כו' והנה מתחילה יש להבין בנם דלעתיד דכתיב והניפידו על הנהר בעים רוחו והכהו לז' נחלים כו' למה דוקא לז' נחלים ולמה לא לי"ב גזרי' כמו שהיה בקי"ס אך הענין הוא בהיות ידוע בע"ח בכמה דוכתי דבחי' ז"ת דע"י מתלבשים בא"א בחי' חסד דע"י מתלבש בבחי' גלגלתא דא"א ובחי' גבורו' דע"י מתלבש במו"ם כו' להיות כי בחי' הכתר בכלל הרי הוא בחי' ממוצע בין המאציל לנאצלי' כידוע ויש בבחי' ממוצע זה מבחי' האחרונה שבמאצי' וגם הוא שרש וראש לנאצלים כו' ולפ"ז בחי' ג"ר דע"י הוא נחשב מבחי' אחרונה שבמאציל ובחי' ז"ת שבו שמתלבשים בא"א נחשב בבחי' שרש וראש לנאצלים כו' והנה על בחי' ז"ת דע"י שמלובשים בא"א כנ"ל אמר המתנשא מימות עולם שמובדל ומרומם מהם להיות כי בחי' ג"ר דע"י מובדל בערך גם מהיות בחי' מקור לאצי' כי בחי' מל' דא"ס שורה בו כו' ואמנם הנה לעתיד כתיב והיה אור הלבנה כאור החמה ואור החמה יהיה שבעתים כאור ז' הימים וידוע שבחי' שמשא וסיהרא הוא בחי' זו"נ דאצי' ואמר דלעתיד יהיה בחי' זו"נ שוין בקומתן ואמנם יתעל' בחי' אור החמה שהוא בחי' ז"א דאצי' עד שיהיה שבעתים כאור ז' הימים וידוע דבחי' בינה נק' אם הבנים בכל מקום וא"כ בחי' בינה דא"א נק' ג"כ אם הבנים דהיינו בחי' מקור למדות דא"א שהן בחי' ז"ת דא"א חסד דא"א שמלובש בחכמה דאצי' וגבורה מתלבש בבינה כמ"ש אני בינה לי גבור' כו' ונק' ז' ימים והאור של כללות הז' מדות דא"א הוא בחי' בינה דא"א והן מ"ט שערי בינה והנה כאשר מתעלה בחי' ז"א דאצי' בבחי' ז"ת דע"י שמלובש בג"ר דא"א חסד דע"י בגלגלת'כו' ובחי' ת"ת דע"י בבינה דא"א הרי אז בחי' ז"א למעלה גם מבחי' ז"ת דא"א כי נתעל' בבחינ' בינה מקור המדות דא"א לכך הרי יהיה שבעתי' במספר ז' הימים שנמשכו מבינה דהיינו מ"ט והוא מ"ט שערי בינה כו' וזהו עלייה א' ואמנם עליה שנית יותר למעלה היינו שיתעלה גם למעלה מבחי' ז"ת דע"י הנק' אור ז' הימים ג"כ בדרך כלל יותר וא"כ אור החמה יהיה שבעתי' כאור ז' הימים היינו בבחי' בינה דע"י שגם למעלה גם מבחי' ז"ת והייט מבחי' ג"ר דע"י שהוא נחשב מבחי' א"ס כנ"ל · ועם דרך זה יתפרש הכתוב כך והיה אור הלבנה במקו' מדרגות אור החמה שהן בחי' ז"ת דא"א שהוא שרש לבחי' ז"א ואור החמה יתעלה בבחי' בינה דע"י שהוא שבעתים כאור ז"ת דע"י כו' וד"ל · ובכל זה יובן מ"ש בנס דלעתיד והניף ידו על הנהר בעים רוחו והכהו לז' נחלים כו' פי' נהר זה הוא בחי' בינה דא"א כמ"ש בזהר ע"פ בעבר הנהר ישבו אבותיכם שהענין הוא מדבר בשרש בחי' המדות דאצי' חג"ת כו' שהן היו תחילה בעבר הנהר שהוא בינה שנק' אם הבנים בין באצי' בין לפני האצי' כמו בחי' בינה דא"א כנ"ל ובעבר הנהר היינו בבחי' כתר וחכמה קודם שנמשך בבחי' בינה להיות מקור למדות בגילוי תולדה ממש כו' והענין הוא כי בחי' ז"א דאצילות שהוא כללות האבות חג"ת מתעלה לעתיד בבחי' ז"ת דע"י שמלובשים בג"ר דא"א שלמעלה גם מבחי' ז"ת דא"א שנמשכי' מבינה דא"ה כנ"ל וזהו והניף ידו על הנהר והכהו לז' נחלים שהן בחי' ז' מדות הכלולים בז"א ואמנם מפני שיהיה עליי' אז לבחי' ז' מדות דז"א למעלה גם מבחי' בינה דא"א מקודם לכך אמר והניף ידו על הנהר והכהו כו' וכשם שמבואר למעלה בענין קי"ס בבחי' מ"ל דאצי' הנק' אימא תתאה שיש ב' אופנים בזה הא' בחי' העלאה מלמטה למעלה והב' בחי' ירידה והמשכה מלמעלה למטה כו' הנה כך יתפרשו ב' האופנים הללו גם בבחי' בינה דא"א אם שיהיה עליי' לז"א מבינה למעלה ע"י הכאה זאת או שירד האור מבחי' ז"ת דע"י בבחי' בקיעת האור בבינה דא"א מלמעלה למטה כו' ועל ב' האופנים שייך לומר והניף ידו על הנהר והכהו לז' נחלים כו' וד"ל · וזהו מה שאמר כימי צאתך מארץ מצרים בבחי' בקיעת האור בבחי' מ"ל דאצי' כנ"ל כך אראנו נפלאות כו' דהנה בחי' אראנו קאי לבחי' ישרא' שהזכיר קודם הוא בחי' ישראל סבא כי ז"א דאצי' נק' ישראל סתם ובחי' ז"ת דא"א נק' ישרא' סבא והוא מפני שבחי' המדות שבכתר המה למעל' מבחי' החכמה דאצי' כי חסד דא"א מקור לחכמה וכידוע שהם כמו משל המדות שברצון כו' ונק' ימי קדם עורי חשוכא כו' וזהו אשר נשבעת לאבותינו מימי קדם כו' · והנה בשעת קי"ס כתיב וירא ישראל את היד הגדולה אשר עשה ה' במצרים כו' ופי' ישראל זה היינו בחי' ישראל סבא כמ"ש בזהר ומה

ראה את היד הגדולה אשר עשה הויה פי' יד הגדולה הוא בחי' חסד שמלובש בגולגלתא דא"א כו' שכולל ז' המדות ונק' גם הוא אור ז' הימים כמ"ש יומם יצוה ה' חסדו יומא דאזל עם כולהו יומין כו' ואמנם לא שהיה עלייה לבחי' מ"ל או בבחי' חסד דע"י שנק' יד הגדולה אלא שבחי' יד זה נמשך מלמעלה למטה כמו אשר עשה הויה שהוא דרך התלבשות אלא שהיה בבחי' הדילוג כנ"ל בפי' ופסח הויה על הפתח כו' אבל לעתיד הרי יתעלה בחי' זו"נ למעלה בעצמות פנימית הכתר כמו שהוא במקומו למעלה ולא כמו שהוא יורד למטה כי ביצ"מ היו ישראל בבחי' הקטנות ולא יכלו לקבל האור הזה דכתר כ"א בבחי' דילוג וירידה וזהו מה שכתוב ההרים תרקדו כאילים גבעות כבני צאן פי' ההרים וגבעות הם ז"ת דע"י שירדו למטה מטה וגבעות רקדו בדילוג זה כבני צאן וההרים רקדו בבחי' אילים והכל בבחי' הקטנות כו' וכנ"ל אבל לעתיד ישראל שהוא בחי' ז"א יעלה ויבא לבחי' ז"ת דא"א כמו שהן למעלה ונק' ישראל סבא ממש ועל ישראל זה אמר אראנו נפלאות פי' אראנו לישראל סבא שהן בחי' ז"ת דא"א בחי' נפלאות דהיינו בחי' ז"ת דע"י שמלובשים בגולגלתא ומוחא כו' וכמו שהן למעלה קודם שיתלבשו בג"ר דא"א כו' שאז נקראו נפלאות כלומר סתומים ונעלמים גם מבחי' ג"ר כו' והנה זהו רק בחי' עליה הא' הראשונה לבחי' ז"א וכנ"ל בפי' ואור החמה יהיה כאור ז' הימים דהיינו בחי' בינה דא"א שמלובש שם בחי' ת"ת דע"י שהוא ז"פ כאור ז' הימים כנ"ל וזהו ג"כ מה שאמר לעתיד הנה ישכיל עבדי ירום ונשא וגבה מאד ואמר בזהר ירום מסט' דאברהם שהוא בחי' חסד דע"י וגבה מסט' דיצחק שהוא בחי' גבורה דע"י שמלובש בחסד כו' מאד מסט' דיעקב שהוא בחי' ת"ת דע"י כו' וע"ז אמר או דוקא ישראל אשר בך אתפאר כו' וד"ל אבל הנה עליה השנית הוא למעלה גם מבחי' ז"ת דע"י וכנ"ל בפי' השני כאור ז' הימים שהן בחי' ז"ת ושבעתים כמוהו היינו בבחי' בינה דע"י כו' ולזה אמר אראנו ליש"ס נפלאות תרי בב' עליות הנ"ל וז"ש אשר עשה(ה') עמכם להפליא כו' הפלא ופלא מן הפלא כי הכתר נק' פלא והוא ג"ר דא"א ופלא דפלא היינו בחי' ג"ר דע"י וזהו ואבדה חכמת חכמיו ובינת נבוניו תסתתר כו' פי' כמ"ש חכמת אדם תאיר פניו והוא בחי' ח"ס דא"א שמאיר בו מבחי' גבורה דע"י וכאשר יתעלה למעלה הרי יוכלל בבחי' בינה דע"י שמשם נחצב מקורו שהוא בחי' גבורות דע"י כו' והיינו ואבדה חכמת חכמיו ועד"ז הרי יתפרש בינת נבוניו תסתתר בהי' בינה דע"י שיוכלל בבחי' הכתר דעתיקא הנק' עתיקא דעתיקין סדכ"ס כו' וד"ל ובכ"ז הרי מובן שכמו ביצ"מ קריעת י"ס היה מלמעלה למטה בגילוי ע"י למטה כך לעתיד יהיה ממש בחי' גילוי זה למעלה ואין ההפרש אלא במקום ההתגלות ולכך אמר כימי צאתך מארץ מצרים באותה דוגמא ממש אראנו נפלאות ליש"ס הנ"ל אלא שביצ"מ כתיב וירא ישראל זה את בחי' היד הגדול' אשר עשה ה' למטה כנ"ל ולעתיד אראנו בחי' נפלאות הללו כמו שהן למעלה כנ"ל וזהו כימי צאתך מארץ מצרים ממש אראנו נפלאות וד"ל (וגם לפי כל הנ"ל יובן מה שאמר בקי"ס לגוזר י"ס לגזרים שהן י"ב להיות כי ירד בחי' ע"י למטה במ"ל שהן כלולים מי"ב שבטים אבל לעתיד מאחר שיתעלו בבחי' ז"ת דע"י לכך לא יהיה הקריעה אז רק לז' נחלים כו' וד"ל) וזהו ששת ימים תאכל מצות וביום הז' עצרת לה' אלהיך כו' דהנה פי' עצרת הוא לשון קליטה כמו עצור עצר ה' כו' ועצר את השמים כו' ובהיות כי מבואר למעלה בפי' קי"ס לפי פי' הזהר הרי כללות נש"י נתעלו ונכללו בשעה זאת למעלה בבחי' מל' דאצי' שנק' ים העליון והיינו שנקלטו תחלה הנשמות ברחם הנוק' בחי' מ"ן בבחי' קליטה שנק' עצרת ומשם עלו לבחי' האצי' ממש וגם לפ"ד האר"י ז"ל שנתגלה מבחי' ההעל' לגילוי ונק' לידת הנשמו' הרי בשעת הלידה מתעכב הולד תחלה ומתעצר ברחם הנוק' והיינו ענין בחי' ירידת הנשמות מאצי' לבריאה שצ"ל תחלה שיתעכבו ויקלטו ברחם הנוק' ואח"כ יוכלו לירד בבי"ע כו' וד"ל:

והנה בשביעי של פסח הי' זמן בחי' קליטה זאת במ"ל דאצילות וכדוגמא זאת הנה יהיה לעתיד ג"כ בבחי' בינה דאצי' דכתי' בנהר יעברו ברגל שם נשמחה להבא וכמ"ש והניף ידו על הנהר והכהו לז' נחלים כו' וכנ"ל באריכות ומבואר למעל' תוכן הענין שיהיה קליטה לבחי' זו"נ שנק' בחי' ז"ת דהיינו מדות ודבור עד רום המעלות דהיינו בבחי' ז"ת דע"י ועוד למעלה מזה כנ"ל וענין הזה מתפרש ג"כ בב' אופנים הנ"ל בפי' קריעת י"ס ועכ"פ נק' גם שם בחי' קליטה שהוא לשון עצרת אלא שהקליטה הוא בבחי' ז"ת דבינה עד רום המעלות כו' וזהו מ"ש ששת ימים תאכל מצות ולא ז' ימים משום דקאי לעתיד דוקא שנ' כימי צאתך מארץ מצרים אראנו נפלאות דהיינו שיהי' בחי' קליטה ועצרת לבחי' ז"ת שנק' הוי' אלקיך כי פי' הוי' הוא בחי' ז"א ואלקיך הוא בחי' מלכות כידוע ושניהם יהיו אז במדריגה א' וכמ"ש והי' אור הלבנה כאור החמה וכנ"ל וזהו וביום השביעי עצר' להוי' אלקיך פי' ביום הז' שהו' שביעי של פסח דווקא שעכשיו הקליטה בו במ"ל דאצי' סופא דכל דרגין ולעתיד יהי' בו בבחי' הקליטה לבחי' זו"נ שנק' הוי' אלקיך למעל' בבחי' פנימי' הכתר כמו שהוא למעלה כנ"ל וכמ"ש אראנו נפלאו' והיינו עצרת להוי' אלקיך שאין בחי' העצרת אז רק לה' אלקיך שהן בחי' זו"נ כמ"ש והכהו לז' נחלים כו' אבל עכשיו בחי' קריעת י"ס הוא שהוא רק בחי' עצרת לכללות נש"י לפי ב' הפירושי' ואין זה עצרת לה' אלא לישראל למטה וכענין שמיני עצרת דכתי' בו עצרת תהי' לכם לכם דוקא שהרי מבואר במ"א

ענין

ענין שמחת תור' שאחר שמ"ע שהוא מפני בחי' הקליעה של נשמות ישראל בשמ"ע מתגלה אח"כ אור התורה למטה ונקרא ש"ת והיינו עצרת תהיה לכם בשבילכם וכן בחג השבועות שנקרא עצרת בלשון חכמים הרי ידוע שמתן תורה היה בשביל ישראל משא"כ בז' של פסח שאין בחי' העצרת בו לעתיד רק להוי' אלקיך בלבד וד"ל · ועם כ"ז יובן ג"כ מ"ש לא תעשה מלאכה שהם דווקא בכאן ולא בשאר יו"ט זולתו וגם בז' של פסח שמזכיר בפ' אמור ובפ' פנחס אמר מלאכת עבודה דוקא רק כאן בפ' ראה אמר לא תעשה מלאכה סתם דמשמע אפי' אוכל נפש כו' משום דקאי כאן לעתיד דוקא כנ"ל · אך הנה יש להבין מאיזה טעם ישתנה דין אוכל נפש בז' של פסח דלעתיד אבל יש להקדים לזה שרש טעם ההפרש בין שבת ליו"ט באוכל נפש כו' דהנה ידוע דשבת הוא בבחי' מוחין דאבא ויו"ט הוא בבחי' מוחין דאימא לכך נק' שבת קדש ויו"ט נקרא מקרא קדש כי הקדש הוא בבחי' חכמ' ומקרא קדש היינו בבחי' בינה שמקבלת מחכמה וכמ"ש במ"א באריכות וע"כ אוכל נפש אסור בשבת לפי שהחכמה הוא למעלה מבחי' הבירורים ואוכל נפש הוא ענין תיקון המאכל באפי' ובישול שהוא ענין בחי' הבירורים למעלה בל"ט מלאכות כידוע שהרי הבורר אסור בשבת וכמ"ש במ"א אבל ביו"ט להיותה בבחי' בינה שהיא מקור המדות והשביר' היתה במדות ע"כ אוכל נפש מותר כדי לברר בחי' ברורי' הצריכי' לאוכל נפש עכ"פ ולכך נא' ביו"ט כל מלאכת עבוד' דוקא לא תעשו אבל מלאכת אוכל נפש מותר כמ"ש במ"א באריכות ואמנם בכאן אמר בז' דפסח לא תעשו מלאכה סתם דמשמע אפי' אוכל נפש לפי שמדבר לעתיד כנ"ל ואז יהיה בחי' עליי' מבינה לכתר וחכמה כנ"ל בענין הנס דלעתיד דכתיב בנהר יעברו ברגל כו' ובכתר ובחכמ' כל בחי' ברורים אסור לפי שהוא למעלה מבחי' הבירורים כנ"ל וד"ל·ואמנם עדיין יש להבין מה שאמר ששת ימים תאכל מצות ולא אמר ז' ימים דהא בז' דפסח חייבים במצה כמ"ש ז' ימים תאכל מצות כו' אך הענין הוא ג"כ משום דקאי לעתיד שיום ז' דפסח הרי יהיה בו בחי' עלי' לזו"נ שנק' הוי' אלקיך וזהו וביום השביעי עצרת להוי' אלקיך וכנ"ל ולא לכם כלל והיינו בחי' העוה"ב שאין בו לא אכילה ולא שתיה ולא יאכלו אז מצות שנק' לחם עוני אלא יהיה מאכלם בחי' לחם פנג כו' והוא מ"ש מאשר שמנה לחמו ונק' מעדני מלך והיינו בחי' אכילה שהיא בבחי' התענוג הרוחני בלבד כמו ויחזו את האלקי' ויאכלו וישתו כו' והטעם הוא כי בחי' עונג העליון דעתיקא יתגלה אז וכמ"ש אראנו נפלאות וכנ"ל באריכו' וע"כ יהי' בחי' האכילה שלהם מבחי' העונג והוא הנק' לחם פנג וכמ"ש שמנה לחמו ולא לחם עוני דקטנות כו' וד"ל·ולפ"ז יובן שיהיה מדרגת ז' דפסח לעתיד גבוה גם ממדרגת שבת דעכשיו דהנה הגם שבשבת אסור גם מלאכת אוכל נפש מטעם הנ"ל הנה מ"מ צריך אדם לאכול ולשתות בשבת אכיל' גשמי' שהיא בבחי' העונג והטעם הגשמי אך שבחי' העונג העליון דעתיקא בא בהתלבשות בתענוג הגשמי דשבת כמ"ש בשבת אז תתענג על הוי' כו' וכמ"ש בזהר יתרו בענין ג' סעודות דשבת וכמו שאומרי' בסעוד' ג' דא היא סעודתא דעתיקא קדישא וכו' וכמ"ש במ"א באריכות ועכ"פ הרי בא בחי' עונג העליון בהתלבשות במזון סעודה גשמי אבל לעתיד לא יתלבש בחי' אור עונג העליון דעתיקא בלחם מזון גשמי כלל דלכך לא אמר רק ששת ימים תאכל מצות בלבד כנ"ל אלא יקבלו אור העונג הזה כמו שהוא למעלה וכמ"ש אראנו נפלאות כנ"ל אף שיתענגו בו ע"ד בחי' אכילה כמו בלחם הנק' לחם פנג אבל יהיה בבחי' אכילה רוחנית בלתי התלבשו' במזון גשמי וכמו יו"הכ דעכשיו שאין בו אכילה ושתיה כלל ולכך נק' שבת שבתון ונק' קדוש ה' מכובד כידוע לפי שהמל' עולה עד בחי' עתיקא כידוע וכמ"כ לעתיד הרי יתעלה בחי' זו"נ בבחי' פנימי' דע"י כידוע ע"כ ישבעו ויתענגו מעונג העליון כמו שהוא למעלה שהוא למעלה מבחי' התלבשות למטה שההתלבשות דעונג העליון במאכל או בהתענוג של נפש האדם הוא בא רק מבחי' חיצוני' דע"י כידוע וא"כ הרי זהו מעלת ומדרגת ז' דפסח לעתיד במה שלא יתלבש להיות נק' סעודתא דע"י כו' להיותו מבחי' פנימי' דע"י וכמו שהוא ממש כו' וזהו שאלף הז' נק' שבת שבתון בדרך כלל כי שיתא אלפי שני דהוי עלמא הן רק בחי' ו' ימים למעלה כמ"ש כי אלף שנים כו' כיום אתמול כו' וביום הז' שהו' אלף הז' אמר עצרת לה' אלקיך ונק' יום שכולו שבת כו' וכמ"ש במ"א וד"ל· ובכל הנ"ל יובן הטיב מ"ש עד יעבור עמך הוי' עד יעבור עם זו קנית דהנה יעבור לשון עתיד הוא וב' העברות אמר כאן עד יעבור עמך הוי' עד יעבור והכל לשון עתיד דהנה בנס דלעתיד כתיב והניף ידו על הנהר כו' והכהו לז' נחלים שהן בחי' ז' רועים והן ג' אבות וד' אמהות והיינו ז' מדות בכלל וכמ"ש ההרי' תרקדו כאילים גבעות כבני צאן כו' וכנ"ל (וכתיב אז והדריך בנעלים לפי שיושלם אז כל בחי' הבירורים דרפ"ח ויכול להיות עלייה גם לבחי' נעל של עור שהוא בחי' מט"ע דבריאה נעל דשכינה כידוע בפי' מה יפו פעמיך בנעלי' בת נדיב כו' אך עכשיו ביו"כ נעילת סנדל אסור מטעם שא"א למלכות לעלות בעתיקא אם לא שתחלוץ הנעל וכמ"ש במ"א משא"כ לעתיד דכתיב אראנו נפלאות וכתיב והדריך בנעלים וז"ש מה יפו פעמיך בנעלים כו' וד"ל) וכתיב והיתה מסילה לשאר עמו אשר ישאר מאשור כו' כי ביל"מ הגם שהי' בחי' ברורים דרפ"ח ניצוצי' כמ"ש וינצלו את מצרים וזהו שרש ענין ביזת הים שגדולה היתה ביזת הים וכו' שהוא ענין

העלאת

העלאת הניצוצין אך לעתיד הרי יהיה בחי' בירור אחר בירור וזהו שאמר והיתה מסיל' לשאר עמו אשר ישאר כו' להיות כי העליה לעתיד יהיה במקום מדרגה גבוה מאד נעלה ככ"ל ולהיות כן יהיה העליה ג"כ בב' מדרגות מתחלה תתעלה כנ"י בכתר וזהו עד יעבור עמך ה' שיעברו בחי' שם הויה דבינה וכמ"ש והכהו לז' נחלים כו' ויגיעו לבחי' הכתר והוא לבחי' ז"ת דע"י וכנ"ל בפי' ישכיל עבדי כו' ונשא וגבה מאד כו' וזהו פי' אראנו נפלאות בבחי' ראי' שהוא בבחי' פנימית אבא למעלה מבחי' שמיעה דבינה שהוא בהשגה והתבוננו' שנק' שמיעה מרחוק כידוע ועלי' השנית לבחי' ג"ר דע"י שנקרא סתימא דכל סתימין והיינו העברה השנית שנאמר עד יעבור עם זו קנית ולכך אמר בואת עד יעבור סתם ולא אמר עד יעבור הויה כי בבחי' עתיקא הוא למעלה משם הויה כי שם אהיה בכתר וכמ"ש ביו"כ לפני הויה תטהרו למעל' משם הויה כידוע וז"ש אהיה אשר אהיה היינו בחי' ב' עליות הללו שנקראו נפלאות ולכך אמר סתם עד יעבור בעליה שנית לפי שהוא בבחי' סתימא דכל סתימין כו' וד"ל. וזהו עם זו קנית דהנה ענין הקניה הרי היא בבחי' עצמיות ולהיות ידוע בפי' עושך ויוצרך ובוראך וקונך שהקני' באצי' והיינו כמ"ש קונה שמים וקונה הכל כו' וכדמיון העבד דכהן שקנה בקנין כסף שאוכל בתרומה מפני שנחשב בחי' עצמות הכהן כו' והרי ד' מדריגות יש בכלל בחי' ז"א דאצי' נק' אדם דעשי' וא"א דיצירה וא"ק דבריאה כו' ובדרך פרט יותר הנה ע"י נק' אדם דאצי' כו' וז"א אדם דיצירה ומלכות דעשי' כו' וגם בכאן בעליה שנית הנ"ל בג"ר דע"י הרי בכלל ז"א דיצירה באדם דאצי' שהוא בחי' ג"ר דע"י כנ"ל ולכך נק' קני' שהוא בבחי' האצי' והוא כדמיון הקני' שנחשב מבחי' עצמות כך נחשבו כנ"י בעלותם בע"י בבחי' עצמות המאציל יהו עם זו קנית וד"ל (והנה אותיו' יעבור אותיות עיבור כי העלייה נמשכת כמו בחי' עיבור שהולד מתעלם בבטן כו' לכך כנ"י מתעלמים למעלה בכתר ושם מתעלמי' עוד למעלה כנ"ל והיינו ב' בחי' עיבור שהן. ב' העברות וכמ"ש אראנו נפלאות שנית כנ"ל וד"ל) וזהו שאמר בישעי' אחר הנס דלעתיד כשיהי' מסילה לשאר עמו כו' אודך ה' כי אנפת בי ישוב אפך ותנחמני פי' כי הרי סיבת עלי' הגדלות הנ"ל שיהיה לעתיד באלף הו' הנה הוא בא רק ע"י שסבלו בנ"י בגלות זמן רב וכמאמר' ז"ל כל שאינו בהסתר פנים אינו מהם כו' כי בחי' הגלות נק' הסתר פני' ולמעלה נק' בחי' שינה או בחי' עיבור כו' וכידוע וכל שסבלו גלות זמן רב יותר יהי' בחי' התגלות פנימית האור בעליית בחי' הנפלאות הנ"ל וזהו אודך ה' כי אנפת בי בשיעבוד יסורי הגלות ע"כ כאשר ישוב אפך ותנחמני יהיה בתכלית העילוי כנ"ל וד"ל :

סדר הגדה

יסדר על שולחנו קערה בג' מצות מונחים זה על זה · הישראל ועליו הלוי ועליו הכהן ועליו לימין הזרוע וכנגדו לשמאל הביצה תחתיהם באמצע המרור ותחת הזרוע החרוסת וכנגדו תחת הביצה הכרפס ותחת המרור החזרת שעושין כורך :

סימן סדר של פסח

קדש · ורחץ · כרפס · יחץ · מגיד · רחצה ·

מוציא · מצה · מרור · כורך · שלחן עורך ·

צפון · ברך · הלל · נרצה :

קידוש לשלש רגלים

אתקינו סעודתא דמלכא עילאה דא היא סעודתא דקודשא בריך הוא ושכינתיה :

קדש. כשחל יו"ם בשבת אומרים תחלה יום הששי

בחול מתחילין כאן :

סברי מרנן ברוך אתה יהוה אלהינו מלך העולם בורא פרי הגפן :

ברוך אתה יהוה אלהינו מלך העולם אשר בחר בנו מכל עם ורוממנו מכל לשון וקדשנו במצותיו : ותתן לנו יהוה אלהינו באהבה (לשנה שבתות למנוחה ו) מועדים לשמחה : חגים וזמנים לששון את יום (לשנה השבת הזה ואת יום)

לפסח	לשבועות	לסוכות	לש"ע וש"ה
חג המצות הזה	חג השבועות הזה	חג הסכות הזה	שמיני עצרת החג הזה

ואת יום טוב מקרא קדש הזה

זמן חרותנו	זמן מתן תורתנו	זמן שמחתנו	זמן שמחתנו

(באהבה) מקרא קדש זכר ליציאת מצרים כי בנו בחרת ואותנו קדשת מכל העמים (ושבת) ומועדי קדשך (באהבה וברצון) בשמחה ובששון הנחלתנו : ברוך אתה יהוה מקדש (השבת ו) ישראל והזמנים :

בליל ב' של סוכות אומרים זמן תחלה שהחיינו ואח"כ לישב בסוכה

לסוכות ברוך אתה יהוה אלהינו מלך העולם אשר קדשנו במצותיו וצונו לישב בסכה :

ברוך אתה יהוה אלהינו מלך העולם שהחינו וקימנו

וקימנו והגיענו לזמן הזה :

במוצאי שבת מקדשין יקנה"ז ר"ת יין קדוש נר הבדלה זמן :

ברוך אתה יהוה אלהינו מלך העולם בורא מאורי האש :

ברוך אתה יהוה אלהינו מלך העולם המבדיל בין קדש לחול בין אור לחשך בין ישראל לעמים בין יום השביעי לששת ימי המעשה : בין קדשת שבת לקדשת יום טוב הבדלת · ואת יום השביעי מששת ימי המעשה קדשת · הבדלת וקדשת את עמך ישראל בקדשתך : ברוך אתה יהוה המבדיל בין קדש לקדש : ומברך שהחיינו

בפסח שותה הכוס בישיבה בהסיבת שמאל דרך חירות :

ורחץ ונוטל ידיו ואינו מברך :

כרפס נוטל פחות מכזית כרפס ויטבול במי מלח או חומץ ויברך ·

ברוך אתה יהוה אלהינו מלך העולם בורא פרי האדמה : ויכוין לפטור גם המרור בברכה זו :

יחץ ויקח מצה האמצעית ופורסה לשנים א' גדול מחבירו וחלק הגדול יניח לאפיקומן והקטן מניח בין הב' מצות :

מגיד ומגביה הקערה שיש בה המצות ויאמר :

הא לחמא עניא די אכלו אבהתנא בארעא דמצרים · כל דכפין ייתי ויכול · כל דצריך ייתי ויפסח · השתא הכא · לשנה הבאה בארעא דישראל · השתא עבדין · לשנה הבאה בני חורין :

מסלקין הקערה עם המצות לצד א' ומוזגין כוס ב' וכאן הבן שואל מה נשתנה :

מה נשתנה הלילה הזה מכל הלילות · שבכל הלילות אין אנו מטבילין אפילו פעם אחת · הלילה הזה שתי פעמים : שבכל הלילות אנו אוכלין חמץ או מצה · הלילה הזה כלו מצה : שבכל הלילות אנו אוכלין שאר ירקות · הלילה הזה מרור : שבכל הלילות אנו אוכלין בין יושבין ובין מסבין הלילה הזה כלנו מסבין :

ומחזירין הקערה ומגלין מקצת הפת ואומרים עבדים וכו' :

עבדים היינו לפרעה במצרים · ויוציאנו יהוה אלהינו משם ביד חזקה ובזרוע נטויה :

ואלו

עבדים היינו לפרעה במצרים ויוציאנו ה' אלהינו משם ביד חזקה ובזרוע נטויה כו' הנה מבואר בפע"ח ובמ"ח שרש ענין יצ"מ שבחי' ז"א היה בבחי' עיבור באימא שנק' מצר ים כי ים הוא בחי' נקודת יוד דחכמה כשהוא בהעלם בבינה שנק' מ"ס סתימאה כי פרע' שיונק מבחי' עורף דא"א מונע מלהיות בחי' לידה כו' וזהו מ"ש עבדים היינו אנו בכ"י דלעיל' שהוא בחי' ז"א עבדים היינו לפרעה בחי' עורף דא"א להיות במצר ים כו' ויוציאנו ה' אלהינו בחי' א"א ביד חזקה ובזרוע נטויה ע"י בחי' ב' זרועו' דא"א כו' ע"ש באריכות והנה להבין כ"ז יש להקדים תחלה להבין ביאור ענין שם הויה ד' אותיות י"ה כו' וקוצו של יו"ד שהוא בחי' הכתר כידוע וידוע דיו"ד הוא בחי' חכמה והקוץ שע"ג היו"ד שהוא בחי' הכתר היינו בחי' רצון העליון שלמעלה מן השכל והטעם כמ"ש והחכמה מאין תמצא והוא ג"כ הנק' א"א כידוע והנה בבחי' א"א יש בחי' פנימית וחיצוני' שנק' פנים ועורף כידוע והענין הוא כי יש בבחי' רצון ב' מדריגות פנימית וחיצונית ובחי' פנימית שברצון נק' חפץ והחיצונית נק' רצון סתם כי ענין החפץ הוא בחי' פנימית התשוקה מפנימית הנפש כמו כי חפץ בבת יעקב כו' וכן כי תהיה כו' ארץ חפץ כו' חפצי בה כו' משא"כ בחי' חיצונית הרצון שאינו נמשך מעלמות פנימיות הנפש כלל רק בחי' אחוריים וחיצונית בלבד (עד"מ באיזה רצון בעסק מו"מ שהריוח בו בחי' פנימית חפצו וההשתדלות לטרוח בו אין זה חפצו הפניתי' רק בחי' חיצונית כדי שיוכל לבא להפניתי' הרצון שהוא הריוח עד"מ רצון האדם לעשות משתה ושמחה לאוהביו שהוא עיקר חפצו ואע"פ שא"א שלא יקרא גם לזרים וירצה בהם ג"כ כי במשתה ושמחה רוצה שהכל יאכלו וישמחו מ"מ אין בהם עיקר חפצו הפנימית רק בחי' חיצונית וטפל בבחי' אחוריי' דרצון כו') והיינו בחי' פנים ואחור שברצון וזהו הכלל דבבחי' פנים של רצון שם נמשך ונשפע האור והחיות בבחי' פנימי' מאחר שחפץ באותו הדבר בבחי' פנימי' אבל במה שאינו חפץ בבחי' פנימי' רק בבחינת אחוריי' וחיצונית אינו מגיע לשם ההשפעה והחיות רק בדרך אגב כמאן דשדי בתר כתפי' כו' ויובן זה עד"מ כאשר המלך עושה סעודה ומשתה לכל שריו ועבדיו ומוציא ממון רב מאוצרותיו על המשתה הואת

שבוודאי

שבודאי אין כוונתו ורצונו הפנימית בפיזור זה הגדול רק בשביל השרי' הגדולי' ועבדים החשובים שיאכלו וישתו וישכרו ויתענגו מכל מאכל שלחן המלך מכל' מיני מעדני מלכים כו' והנה ודאי ימצאו למשתה המלך גם פחותי ערך כמו עבדים ושפחות הקטנים שאחרי הרחיים שיאכלו מן השירי' שישתיירו מסעודת חשובי השרים או כמו העצמו' שמשליכים למטה שאוכלי' הכלבים וכה"ג הרי א"א לומר שהיתה כוונת הפיזור הגדול הזה בשביל שיריים הללו שיאכלו פחותי העבדים והשפחות שאחר הרחיי' והכלבים וכה"ג הלא בוודאי לא כיון המלך להוציא בשבילם אפי' פ"א רק כאשר כבר פיזר מזון רב ברצון וחפץ פנימי' בשביל סעודות השרי' החשובים אזי נשפע ג"כ בחי' חיצוניות שהם השיריי' גם לעבדים הקטנים וה"ז נקרא השפעה שבאה בבחי' חצוניות בדרך אגב בלבד כמאן דשדי בתר כתפי' כו' והנמשל מכ"ז יובן למשכיל למעלה בהיות שבחי' פנימית שברצון העליון שבעצמות אור א"ס הוא המאיר לישראל דוקא כמ"ש יאר הויה פניו אליך דוקא ונקר' בחי' פנים דא"א (שכולל מצחא ותרין תפוחין כו) והיינו ע"י בחי' המשכות בחינת רצון העליון המאיר בתומ"צ דוקא דהנה כל עיקר חכמת התורה נמשכה מבחי' פנימית רצון העליון שהרי כל ענין החכמה שבתורה היא בחי' התחכמו' איך שיהיה בחינת המשכות עצמות אור א"ס ב"ה בחינת סובב הכללי מן ההעלם לגילוי בעולמות דהיינו באיזה אופן תתעורר המשכות אא"ס והיינו מה שגזרה חכמתו יתברך בחכמה שבתורה כענין רמ"ח מ"ע שבהם דווקא יהיה גילוי אא"ס למטה כידוע שרמ"ח מ"ע הן רמ"ח המשכות מאור א"ס להאיר אורות בכלים מכלים שונים כמו על ידי התפילין יהיה נמשך אור א"ס בד' מוחין חו"ב וחו"ג בד' פרשיות ובמצו' ציצית יהיה גילוי אא"ס בבחי' ל"ב נתיבות חכמה דמקיף הטלית ובמצות הצדקה יאיר אור א"ס בחסד וכה"ג בשאר מצות כמו ע"י הסוכה במקיפים דאימא ובאתרוג בבחי' מ"ל וכיוצא וכ"ז הוא רק עפ"י חכמה שבתורה שגזרה לעשות הסוכה והתפילין והאתרוג באותו אופן שעי"ז יהיה דוקא המשכות גילוי אור א"ס ולא על ידי אופן אחר זולתו וכמ"כ גזרה חכמה שבתורה אופנים פרטיים בשס"ה ל"ת שהן כמה וכמה דברים פרטים שמונעים ומסתירים להיות גילוי אור א"ס וצריך להעביר את המונע מכל צד והוא אופנים פרטיים שבמצות לא תעשה כמו לא תלבש

שעטנז שבזה יהיה הסתלקות גילוי אא"ס וכה"ג או שלא יומשך אור אלקי במקום שנאוי שנקרא תועבת ה' כי לא יגורך רע כתיב ובאדם הוא ג"כ ע"י הבדלתו מדברים אסורים וקשורים בידי החיצונים שאין להם עלייה למעלה כי לא ישכון בהם האור אלקי וכמ"ש וכבודי לאחר לא אתן כו' וא"כ הרי מובן עכ"פ שעיקר ענין חכמה שבתורה הוא רק להתחכם איך שיהיה בחי' גילוי אור א"ס למטה ע"י המצות שנקראו רמ"ח איברים דמלכא ולהסיר כל מונע שהן שס"ה לא תעשה שזהו ענין בחי' פנימיות רצון המאציל בכלל שיהיה לו דירה בתחתונים בקיום המצות ובפרט יש בכל מצוה ומצוה הארה פרטיית מרצון הכללי הזה והנה כללות רצון הפנימי הזה הוא בחינת פנימיות רצון העליון בכלל הנק' פנים דא"א כו' שע"ז אמר יאר הויה פניו אליך לישראל דווקא שמקיימין המצות שזהו בחינ' פנימיות רצון העליון להיות גילוי אור א"ס למטה כו' אך כאשר כבר נמשך בחי' הפנימי' רצון לישראל ע"י התומ"צ ככ"ל נמשך ג"כ בחי' אחוריים וחיצונית הרצון העליון שנק' בחי' עורף ולא פנים לאוה"ע ששרשם מע' שרים העליונים דבי"ע שמקבלים השפע בבחינ' חיצונית ואחוריים וע"כ נקרא אלהים אחרים כו' וענין קבלתן שוא רק בבחינ' דרך אגב בלבד דהיינו עד"מ הנ"ל במשתה השרים דלאחר שכבר נמשך השפע למי שראוי שבו פנימית הרצון אז יקבלו גם מי שאינו ראוי מבחי' השיריים בדרך אגב גם שלא היה הכוונה אליהם כלל כך מקבלים גם החיצונים יניקה וחיות מאור האלקי בבחי' השיריים והחיצונית שברצון העליון שנקרא עורף דפנים עליונים לאחר שכבר נמשך האור והשפע הפנימיות מפנימיות רצון העליון לסט' דקדושה בהמשכות אורות וכלים ע"י המצות כמ"ש יאר הויה פניו אליך ונמצא שהשפעה לחיצונים מבחי' אחוריים שבכתר ה"ז ממש כמאן דשדי בתר כתפיה בדרך אגב וטפל בשעה שמשפיע לבחי' פנימיות בבחי' פנים ואין בהשפעה לחיצוני' מבחינ' עורף שום הארה פנימיות מפנימיות רצון העליון כלל וכלל וע"כ אינם מקבלים רק מבחינת התמצית והשמרים הנופלים כידוע ודווקא לאחר שנתעורר השפע מבחי' הפנים לסט' דקדושה אזי גם הם מקבלים בחינ' התמצית אבל כשאין נמשך ונבחי' פנים לסט' דקדושה בבחינת גילוי אזי אין להם יניקה כלל (כמו ביחוד פנימית דאו"א וזו"נ בעמידה דש"ע או מעבודת כה"ג בהיכל ק"ק ביום הכפורי' וכמ"כ בכל עליות העולמות כמו בכל שבת ויום הכפורי' בנעילה וכה"ג) וזהו שיוניה

וְאִלּוּ לֹא הוֹצִיא הַקָּדוֹשׁ בָּרוּךְ הוּא אֶת אֲבוֹתֵינוּ מִמִּצְרַיִם הֲרֵי אָנוּ וּבָנֵינוּ וּבְנֵי בָנֵינוּ מְשֻׁעְבָּדִים הָיִינוּ לְפַרְעֹה בְּמִצְרָיִם · וַאֲפִילוּ כֻּלָּנוּ חֲכָמִים כֻּלָּנוּ נְבוֹנִים כֻּלָּנוּ יוֹדְעִים אֶת הַתּוֹרָה מִצְוָה עָלֵינוּ לְסַפֵּר בִּיצִיאַת מִצְרָיִם · וְכָל הַמַּרְבֶּה לְסַפֵּר בִּיצִיאַת מִצְרַיִם הֲרֵי זֶה מְשֻׁבָּח:

בידים תתפש והיא בהיכלי מלך פירוש השממית לעולם פחיתות ערכה מאד אינה תופסת מקום כלל בהיכלי מלך וגם שהיא בידים תתפש בהיכלי מלך היא הולכת על שולחנו ולא ירגיש בה כלל כאלו אינה במציאו' כו' כך כל יניקת הע' שרים מתמצי' ופסולת בחינ' עונג העליון הנופל למטה בבחינת עורף והאחוריים עד"ת הנ"ל הוא רק בערך השממית בהיכל מלך שאינה תופסת מקום כלל ולא ירגיש בהם כלל וע"כ אמרו רז"ל הן הן גבורותיו גוים מרקדים בהיכלו והוא שותק כו' (וגם זהו שאמרז"ל שר"ע שחק ואמר אם לעוברי רצונו שמקבלים מבחינת התמצית והאחוריים דרצון נמשך כ"כ ריבוי תענוגים לעושי רצונו שמאיר אליהם מבחי' פנימיות רצון על אכו"כ כי אין ערך כלל חיצונית הרצון הבא בדרך אגב לפנימיות הרצון כמובן מתוך משלים הנ"ל וד"ל):

ובכ"ז יובן שרש ענין פרעה מלך מצרים שלכך נקרא פרעה ע"ש בחי' עורף מפני ששרש יניקתו למעלה מסט' דקדושה היא מבחינת עורף שהוא בחינת אחוריים דכ"ע ולזה אמר מי הויה אשר אשמע בקולו כי שם הוי' עצמו הוא בבחי' התלבשות רצון עליון בחו"ב ומדות ודבור שזהו ענין ארבע אותיות הויה יוד במצום דנקודת חכמה ה' בינה ואו נ"ו מדות ה' אחרונה בחי' דיבור כידוע וכ"ז היינו כאשר אור השפע נמשך מבחינת פנימיות הרצון בח"כ כנ"ל בח"כ שבתורה באריכות אך הנה שרש יניקת פרעה מבחינת עורף דא"א שהוא למעלה מבחי' התלבשות הרצון בח"כ שבמוחין אע"פ שהוא רק בחי' אחוריים ועורף דכתר כנ"ל ע"כ אמר מי הויה אשר אשמע וכו' שהויה הוא בחכמה שלמטה ולא בכתר שלמעלה מן החכמה כו' ע"כ לא היה יודע משם הוי' כלל וזהו ג"כ הטעם שהיה עיקר בחינת קליפות דפרעה למטה ענין החוצפה וההתנשאות כמ"ש לי יאורי ואני עשיתני כנ"ל ששרשו בבחינת הרוממות באחוריים דכתר כנ"ל ונמשך לו השפע בבחי' אחוריים בדרך אגב כמאן דשדי בתר כתפיה כנ"ל מפני שאינו תופס מקום אף ע"פ שהיה בבחי' החוצפה וההתנשאות כנ"ל בענין שממית בידים תתפש כנ"ל וזהו פרעה אותיות עורף עד"ת עורף הראש באדם למטה דהנה עיקר פנימיות החיות נמשך מן המוחין שבראש אל הלב וע"כ עיקר הארת החיות ניכרת בפנים דוקא לפי ששם עיקר החיות רק אל העורף נמשכו ג"כ ורידים וגידים עבים להיות כי נמשך להם בחינ' חיצוניות החיות בדרך אגב כמו מכל שפע שנמשך חיצוניות אגב הפנימיות וזהו ענין בחינת פנים ואחור בכלל בכל השפעות דבר מה ובזה יובן בפרטיות כל פרצופים דאצי' כמו וראית את אחורי ופני לא יראו (מלבד בחי' פנימיות הכתר שאין שם בחי' אחוריים כלל אלא כולו פנים כידוע)

וזהו עבדים היינו לפרעה במצרים פי' אנו בנ"י דלעילא בחי' המדות דאצילות היינו עבדים לפרעה בשרשו בחינת עורף דא"א שמשם שורש יניקת פרעה הגשמי למטה כנ"ל והענין הוא דכתיב וימת יוסף וכל הדור ההוא כו' ויקם מלך חדש על מצרי' אשר לא ידע את יוסף כו' ולכאורה אין זה רק טעם פשוט עפ"י דרכי הטבע דבעוד יוסף מושל ומלך על מצרים לא היה פרעה גוזר גזירות קשות אך מפני שמת יוסף ויקם מלך חדש כו' וזהו הסיבה לשעבוד בני ישראל בעבודה קשה אבל הנה באמת גם עפ"י סוד ודרך הנסתר עולה טעם זה כמו שהיה בבחי' הנגלה ע"ד הפשוט דהנה ידוע דהאבות הן המרכבה דהיינו שהן בחי' מרכבה לבחי' המדות דז"א דאצילות כו' אברהם לבחי' החסד יצחק לבחי' הגבורה כו' ובחי' המדות דאצילות מקבלים אור ושפע הפנימיות מבחינת חו"ב דאצילות והחכמה מאין תמצא מבחי' פנימיות הכתר שנקרא פנימיות הרצון והחפץ כנ"ל וע"כ ודאי היה מאיר על האבות מבחינת פנים דא"א כנ"ל בענין יאר הויה פניו אליך וכמ"ש באברהם התהלך לפני דוקא וגם יעקב אמר אלהי אברהם כו' כידוע שג' קווין חח"נ בג"ה דת"י אחוזים ומיוחדים בעצמיות ופנימיות הכתר ומהן מקבלין האבות שהן המרכבה כנודע וגם אחרי מות האבות האיר ה' פניו מבחי' פנימיות הרצון וחפץ ה' אל השבטים ג"כ לפי שהשבטים אף עפ"י ששרשם רק מבחי' מ"ל דאצילות שהן י"ב גבולי אלכסון דנוקבא ונקרא י"ב בקר שתחת ים"ש וכמ"ש והים עומד עליהם מלמעלה כמ"ש בזוהר מ"מ הרי שורש הי"ב שבטים ג"כ בעלמא דדכורא שהוא בבחי' ו"ק דז"א וז"ש ששם עלו שבטים שבטי י"ה פי' עלו שבטים דנוקבא לבחי' שבטים דז"א שנק' שבטי יה מהארת או"א שבז"א ואז המה מקבלין ג"כ מבחי' פנימיות הרצון והחפץ שבחו"ב המלובש במדות עליונות מאחר שנקר' שבטי יה ועד"מ השבט של אילן המתאחד עם האילן כי הוא ענף ונמשך בהמשכה מגוף האילן ואף שאינו אלא חלק קטן נבדל מגופו של אילן מ"מ מן גופו של אילן נחשב ומתאחד עמו רק שנמשך להלאה מעיקר האילן וכידוע דשדי נופיה בתר עיקרו בכ"מ (רק שבשבטים יש שני אופנים הא' שהשבט עולה מלמטה למעלה בבחי' או"ת והיינו בחי' שבטים דנוקבא כמ"ש ששם עלו שבטים והשני שהשבט נמשך מלמעלה למטה בבחי' או"י כמו כוכבא דשביט והיינו בחי' שבטים דדכורא שנק' שבטי יה כמ"ש שבטך ומשענתך המה ינחמוני וכמ"ש במ"א) אך לאחר שמתו השבטים וכל הדור ההוא אז נפסק הארות פנימיות הרצון וחפץ המאציל מבנ"י שנולדו אחר השבטים (והעיקר הוא מפני נשמת יוסף שהוא בחי' יסוד ז"א שהוא מעלה לשבטים דנוקבא למעלה כמ"ש במ"א בענין קמה אלומתי וגם נצבה וענין שכם אחד על אחיך כו') וזהו וימת

יוסף

יוסף וכל אחיו וכל הדור ההוא ויקם מלך חדש אשר לא ידע את יוסף בחי' לדיק ח"י עלמין ונפסק שם הארת הקו"ח שנמשך בכל האצילות ואז לא נמשך מבחי' הארת פנים דא"א בישראל כמו יאר ה' פניו אליך אלא הם המקבלין יניקה ושפע ע"י בחינת אחוריים דעורף דא"א שמשם שורש יניקת פרעה למעלה וע"כ הוא בגלות לקבל יניקה מפרעה הגשמי למטה ולא עוד אלא שהיו עבדים לפרעה כנ"ל וד"ל ומעתה יש להבין מהו ענין גלות מצרים מצר ים וע"כ היו עבדים לפרעה וכמ"ש בפע"ח שהיו ישראל בבחינת קטנות דעיבור ז"א באימא כו' וזהו מצר ים דחכמה דהנה עד"מ הגשמי הוא כמו בחי' עיבור מגשמיות שהולד ראשו בין ברכיו מקופל ואוכל כל מה שאמו אוכלת כו' פי' מקופל שמוחין שלו חב"ד נעלמים בחג"ת ונה"י שהם הירכיים בבחי' קטנות כידוע וכך הוא בחינת קטנות המדות כאשר מצומצמים ונעלמים בשכל בבחינת עיבור וזהו אוכל מה שאמו אוכלת שהוא בחי' קטנות מוחין דאמא עד"מ התפעלות המדות אהוי"ר שמחמת ההתבוננות כאשר המה כלולים עדיין בהתבוננות ואינן נולדין בגילוי גמור בלב וגם אינם מורגשים בשכל כלל רק ששכלו מחייב שראוי לאהוב מפני ההתבוננות שלו בגדלות ה' אך אף ע"פ כן אין לו אהוי"ר מזה גם בשכל בהרגש התפעלות אהוי"ר שכליים רק שהשכל נותן ומחייב לכך בלבד וא"כ ה"ז בחינת אהוי"ר שנעלמים בשכל וכלולים בו ואז נקרא השכל והשגה בשם מ"ס סתומה כמו שהמ"ם סתומה נסתם מכל צד כך בחי' הארת אור החכמה שממנו עיקר כח תולדות המדות אהוי"ר (כמו טיפת דכר המוליד ובמעי הנוק' מתפשטין אבריו) והנה כ"ז העיבור שאוכל הוולד כל מה שאמו אוכלת כו' סתום אור וכח תולדות המדות שמבחינת אור החכמה בבינה ובחי' המדות שכבר יצאו מכח המוליד דחכמה סתומים המה ונעלמים בבינה (כמ"ש במ"א ע"פ כי מראש צורים אראנו כו') וזהו הנקרא בחינת עיבור ז"א באימא וע"כ נקרא הבינה אז מ"ס סתומה ובחי' התגלות התפעלות המדות כשיוצאין ומתגלין במהות בפ"ע כאלו אין להם מקור המוליד כמו בחי' התפעלות המדות שבלב כנ"ל נקרא בחי' לידה עד"מ הוולד הנולד ויוצא מבטן אמו שהוא מהות בפ"ע (ונמצא פי' מקופל שראשו בין ברכיו הוא העלם השכל במדות בבחי' קטנות מאוד ופי' עיבור המדות בשכל דאימא דהיינו ע"ד העלם אהוי"ר שבשכל והתבוננות המה ב' ענינים הפכים שבכאן השכל בהעלם וכלול במדות שהמדות עיקר והשכל טפל ובכאן המדות כלולים בשכל והשכל עיקר והמדות טפלים ונכללים בהעלם בבחינת הקטנות מאד וזה נקרא בחי' קטנות רק כשהשכל כלול במדות נק' קטנות המוחין וכשהמדות כלולים בשכל נקרא קטנות המדות עד"מ קטנות הולד בהעלמו בבטן אמו כו') ובבחינת לידה כשהמדות נולדים ויוצאין לחוץ במהות נבדל בפ"ע יש גם כן בחי' קטנות וגדלות בין במוחין בין במדות ואמנם בחי' הקטנות במוחין ובמדות בא כאחד בבחינת הגדלות (משא"כ בבחי' עיבור דאף ע"פ כשהמדות בקטנות בהעלם בשכל אז השכל מקופל וכלול בבחי' הקטנות ג"כ כו' ונק' תלת גו תלת כידוע והרי שניהם בבחי' הקטנות מכל מקום בחינת הקטנות דמדות הוא בהיות' כלולים במוחין דאימא כמו אוכל מה שאמו אוכלת כו' ובחינת קטנות השכל במדות הוא שכל של הולד עצמו ובלידה הרי השכל שלו מתגלה במדות ונגדלין במוחין והמדות כאחד ממש) וכנראה לעין שהתינוק מתגדלין מדותיו עם כח שכלו כאחד ממש כמ"ש לפי שכלו יהולל איש ואמנם בתחלת ימי היניקה בחי' המוחין בקטנות ובהעלם גדול עדיין ובהמצצות החלב מתגדלין המוחין והמדות כא' והנה כאשר כח שכלו מושל על המדות והשכל עיקר לאחר שהמדות מתגדלין לפי ערך גידול השכל וטפלים ונגררים אחר השכל ולא ניכר רק ההתפעלות השכל והתפעלות המדה נכללת בו וזהו הנקרא בחי' גדלות שני דאור אבא ומה שהמדות נגדלין לפי גידול השכל הוא בחינת גדלות הראשון דאימא כמ"ש במ"א ע"פ כי מראש צורים אראנו (וזהו ההפרש בין מ"ס סתומה שהמדות בלתי מורגשים עדיין כלל רק שהשכל נותן שיאהב כנ"ל ומ"ם פתוחה שהמדות נולדו מן השכל ולחוץ והשכל מגדלן אבל השכל מצומצם רק כפי קיום המדה אך שמגדל המדה מעט מעט לאחר הגידול שלהם גובר ומאיר אור השכל בגלוי רב והמדות טפלים אליו שהוא בחי' מוחין דאבא שבמדות כו' ונמצא יש כאן ה' מדריגות הא' עיבור והתכללות המדות בשכל כאלו אינם במציאות עדיין כוולד בבטן והב' בחי' יניקה שהשכל מגדל המדות והג' לאחר הגידול שלהם בכל מציאות שלימותו שמאיר אור אבא והד' בחי' המדות שבאור אינא עצמו כמו שכל המטה כלפי חסד מצד השגה וטעם ונקרא ז"ת דאימא · והה' בחי' המדות שבאור אבא ונקרא ו"ק דאבא והוא שכל המטה כלפי חסד בלא טעם והשגה רק שמהות שכלו כך להטות לחסד ונקרא חסד שבחכמה כמ"ש במ"א וד"ל) ולפ"ז תכלית הקטנות של המדות כשהם בעיבור במעי אמו ותכלית הגדלות שלהם כשהם באור אבא והיינו אותיות ים דחכמה שכלולים בו המדות כו' ואותיות מי כשיוצאין ללידה (וכמ"ש במ"א בענין מ"י דקיימא לשאלה כו') וזהו ענין עבדים היינו לפרעה במצרים במצר ים דחכמה בבינה שהמדות בבחי' עיבור באימא כנ"ל כידוע דשרש בני ישראל בבחי' ז"א דאצילות וכאשר בחי' המדות דאצילות המה כלולים באור אבא דאצילות כוולד בבטן כו' אז נקרא מצר ים ואז בחי' פרעה שהוא בחינת עורף מושל על ישראל והטעם דהנה כאשר ישראל הם בבחי' מוחין דגדלות אזי מקבלים

בבחי'

בבחי' פב"פ מבחי' פנימיות הרצון כמ"ש יאר הוי' פניו אליך כנ"ל באריכות אבל כאשר ישראל המה בבחי' קטנות כנ"ל אינם מקבלים מבחי' פנים דא"א רק בבחי' אחוריים דהיינו מבחי' עורף (וכמ"ש בת"ח דפרעה אוחז ומונע בחי' הלידה וזהו עבדים היינו אנו בנ"י ז"א כו' וד"ל) :

וענין ההמשכה מבחי' אחוריים הוא בחי' עורף דא"א מבואר למעלה שהוא כאשר השפע נמשך דרך אגב כו' ויובן זה בתוס' ביאור ע"ד הידוע שיש בחי' רת"ס ונק' סתר והם בחי' ג' כלים פנימים וחיצונים ואמצעים וגם באורות יש ג' מדריגות הללו פנימי ואמצעי וחיצון דהיינו עד"מ שאנו רואים שיש המשכה פנימיות מפנימיות הנפש כמו המשכת אותיות המחשבה ויש המשכה חיצונית מחיצוניות הנפש יותר שהוא כמו אותיות הדבור ויש חיצוניות דחיצונית והוא כמו כח המעשה בהתנועה וכיוצא וכל הכוחות הללו כלולים בנפש ונקרא אור וחיות הנמשך מן הנפש עצמו רק שזה בא מכח היותר פנימי שבה וזה מבחי' האמצעי וזה בא מבחי' החיצונית שבנפש ונק' רת"ס וכך יש בחי' פנימי ואמצעי וחיצון בכל פרטי הספי' ובכל פרט מבחי' פרצוף ופרצוף ולפ"ז יובן דגם בבחי' א"א יש בחי' פנים ואחור ואמצעי כו' וכמ"כ בבחי' ז"א שנמשך בצלמו יש ג"כ בחי' פנים ואחור כמ"ש אחור וקדם צרתני וע"כ כשהמדות דז"א בבחי' קטנות מוכרח שבשרשם בא"א הם מקבלים רק מבחי' אחוריים והוא הנק' בחי' עורף וכמשל בב' בני אדם כשעומדים אב"א וזהו כי פנו אלי עורף ואמר' מ"ש ואנכי תרגלתי לאפרים קחם על זרועותיו זרועותיו דא"א שהוא כנגד ע"ג הענק שרואה למרחוק כו' הוא בחי' עליות ז"א בזרועות דא"א כו' וד"ל · וזהו ויוציאנו ה' אלהינו משם ביד חזקה ובזרוע נטויה כו' פי' ויוציאנו כמ"ש בצאת ישראל ממצרים ממיצר מ"י דבינה שהוא בחי' מ"ס סתומה כנ"ל והוא בהיות המדות דאצי' שרש ישראל דלתתא בבחי' עיבור והעלם בחינ' עילאה עד"מ הנ"ל בהעלם אהוי"ר בהתבוננות וכיוצא וצריך שיבואו לבחי' גילוי מן ההעלם הזה הנק' בחי' לידה וזהו הנק' יציאת מצרים בכלל והוא מ"ש בצאת ישראל דלעילא בבחי' לידה מן ההעלם לגילוי מבחי' בינה שנק' מצרים דחכמה כנ"ל והיינו ג"כ ויוציאנו ה' אלהינו כו' אך באיזה כח היה סיבה לבחי' לידה זו מן המיצר הסתו' הזה הנה לזה אמר ויוציאנו אנחנו בנ"י ז"א כו' ה' אלהינו בחי' אבא ואמא ביד חזקה וזרוע נטויה שהם בחי' ב' זרועות דא"א כנ"ל · וביאור זה הנה יש להקדים תחילה לתרץ קושיא א' מה שלכאורה נראה כסתירה גדולה בענין אבא ואמא דלפעמים אמר דאבא יונק ממזל הח' ונוצר הנק' מזל העליון ואמא ממזל הי"ג ונקה הנק' מזל התחתון ומיחוד ב' מזלות הללו דא"א נמשך תוספו' מוחין באו"א וכמאמר הכל תלוי במזל אפי' ס"ת שבהיכל שהוא בחי' יחוד או"א בתוס' מוחין ע"י המזלות הנ"ל ולפעמים אמר דאו"א מלבישים זרועו' דא"א וענין הלבשה משמע שזרועות דא"א נתפסים בתוך אורות דאו"א בבחי' קרוב גמור משא"כ בחי' יניקה מהמזל שהוא בחי' ריחוק כו' · אך הנה ידוע ומבואר במ"א דשניהם אמת דמבחי' מו"ס דא"א אין ההארה רק מבחי' מזל בלבד הארה חיצונית מאד אבל בחי' זרועות דא"א מתלבשים ממש באו"א כו' ויובן ענין יניקת המזלות עד"מ הולד היונק מחלב אמו שאין החיות הנמשך בו מחמת החלב בחי' פנימיות ועיקר חיותו שהרי הוא נפש שלימה בבחי' אור וחיות במהות בפ"ע רק שמקבל חיות וגדל מחלב אמו כו' והיה יכול למצוא טרף ומזון אחר להחיי נפשו מבלעדי החלב וכיוצא בזה בבחי' יניקת המזל שהוא יניקת השערות שהוא ג"כ בחי' חיות וגדל שהרי לא ירגיש כאב בחיתוך השער א"כ מזה הוראה שחיות היניקה הזאת שבתוך חלל השערה נבדלת מעיקר החיות שבמוחין משא"כ הרגשת כאב הרגל במוח שבראש שתפסי יניקת הרגל ע"י גידי המוח אין זה חיות נבדל אלא אדרב' חיותו מתאחד במוח והם לאחדים ע"כ מרגיש הכאב ואע"פ שבשערות יש ג"כ חיות מחיות המוחין בהכרח שהרי ירגיש כאב עכ"פ בהמשך אותו זה רק חיות מצומצם מאד מבחי' מותרי מוחין כידוע ומבואר במ"א ולהבין בדוגמת משלים ודמיונות הללו מיניק' החלב ויניקת השערות למעלה צריך להקדים תחילה בבחי' השתלשלות מעיל' ועלול שיש הפרש בהשתלשלות זאת בין השתלשלות שכל ומדות ומחדו"מ להשתלשלות שכל מלמעל' מן השכל הנק' בשם ח"ס או מו"ס ונק' ג"כ שכל הנעלם כידוע דהנה בחי' השתלשלות דמח' ודיבור הרי אנו רואי' בחוש שאותיות הדיבור טרם המשכותן לגילוי היו כלולים תחלה בהעלם במחשבה ונק' דבור שבמחשבה כו' רק שיוצאין מן ההעלם לגילוי לבד כמו החושב מה שמדבר וכיוצא וכמ"ש במ"א (וכן בחי' כח המעשה שנמשך ע"י הדבור הנה כלול תחילה בציוי הדבור לעשות המעשה או כמו עקימת שפתיו שבדבור שנחשב לבחי' עשיה שבדבור כמ"ש במ"א) וכמ"כ בחי' אותיות שבמחשבה היו כלולים תחילה בהעלם במדות שבלב ואח"כ יוצאים לידי גילוי במחשבה כמו שאנו רואים שהרהור המח' נמשך מן התפעלו' וגילוי האהבה בדבר האהוב שמיד יהרהר בו הרי אחר גלוי האהבה בלב נמשך בדבר הנאהב ההרהור במחשבה ומוכרח לומר שגם קודם התמשך זה ההרהור במוח הי' כלול תחילה בהעלם בתוך גילוי האהבה שבלב ואין גילוי ההרהור במוח רק בחי' התפשטות מן ההעלם שלו במדה שבלב וככה ג"כ בבחי' המדות שנמשכין מן השכל והשגה היו כלולים תחילה בהעלם בהשגת השכל

והתבוננות

וההתבוננות וכמו התפעלות האהבה שבשכל הגם שהוא התפעלות שכליות מ"מ הוא בחי' מדה רק שכלולה בשכל וכמ"ש במ"א רק שנולדה אח"כ בלב מן ההעלם לגילוי בלבד כנ"ל במחשבה ודבור · והנה מובן מזה עכ"פ שכל עלול הנמשך מן העילה שלו היה כלול מהותו ממש בעילתו בבחי' העלם תחילה ואח"כ יצא לידי גילוי והוא הנק' השתלשלות עילה ועלול בכ"מ אך כ"ז דוקא בבחי' השתלשלות שמבחי' החכמה ולמט' במדו' ומחשבה וכו' אבל לא בבחי' השתלשלות החכמה מלמעלה מן החכמה כי הגם שבודאי מוכרח לומר שנמצא כח ומציאות החכמה בלמעלה מן החכמה כמו שנמצא מציאות המד' בשכל ומציא' המח' במדו' כנ"ל דאל"כ מהיכן נמצא גילוי זה מאור החכמה אמנם זה ההפרש ביניה' ממה שנמצא מציאות המדות בשכל או המחשבה במדות היינו שנמצא מציאותן ומהותן כמו שהן ממש במקומן למטה בגילוי כדנמצאו למעלה במקורן רק שהיו כלולים שם בבחי' העלם בלבד שהרי אותה המחשב' ממש שחושב בהרהור גילוי המוח היא אותה המחשבה שהיה כלולה תחילה במדה שבלב ונקרא הרהור הלב רק שהיא בהעלם שהרי כפי ההרהור שבלב כך הוא הרהור המוח ממש (וראיי' מן החלומות שבדמיון שהם ג"כ מעין הרהורא דלבא) וכמ"כ אותיות הדיבור שבגילוי הן הן האותיות שחושב לדבר כו' (ונקרא עקבי לאה שנכנסין בראש רחל וכמ"ש במ"א) אבל בחי' התכללות גילוי החכמה והשכל בלמעלה מן השכל אי אפשר לומר שגילוי אור השכל וסברא זו נמצא מהותו ממש בלמעלה מן השכל שהרי למעלה מן השכל אין שם בחי' סוג וגדר שכל וסברא כלל וגם בבחי' ההעלם א"א לומר שימצא משם בחי' שכל מאחר שמושלל לגמרי מתציאות השכלה וכמו שא"א לומר שיש מציאות ומהות אהבה או מחשבה במציאות הנפש שהוא בחי' אור פשוט גם לא בבחי' העלם אך עכ"ז הנה בהתלבשות הנפש בגוף נמצאו כחות שלה במציאות גמור אבל אין זה מן ההעלם לגילוי כמו בהשתלשלו' שכל ומדות אלא בחי' המשכה זו הוא בא מבחי' דילוג וריחוק שלא בבחי' עילה ועלול שהעלול כלול תחלה בעילתו כנ"ל שנק' יש מיש כנ"ל כמ"ש במ"א אלא דוקא נמשך מאין ליש שלא בדרך עילה ועלול והיינו שנאמר בחכמה דוקא והחכמה מאין תמצא עד"מ המציאה שלא נודע מאין בא כך לא נודע מאין בא מציאת החכמה כי לא היתה כלולה תחיל' גם בהעלם בלמעלה מן השכל רק שמבחי' אין תמצא ליש ומציאות דבר מה והוא מבחי' הארה חיצונית נבדלת כמו עד"מ יניקת השערה מן המוחין או כמו יניקת הולד מן החלב אמו שהוא בחי' חיות נבדל כנ"ל · וזהו מ"ש בע"ח דאור אבא שהוא בחי' גילוי אור החכמה יונק ממזל הח' ונוצר אותיות ניצור שהוא בחי' מזל דא"א שנמשך ממותרי מו"ס דא"א (ובחי' מו"ס דא"א היינו בחי' השכל שלמעל' מן השכל אמנם אין שם בחי' שכל גם בהעלם רק שהוא נמשך בבחי' נומח בשערות בלבד ואז בגילוי מתהווה ממנה שכל וחכמ' בגילוי ובחי' נומח זה נק' נומח שבחי' כי החכמה הכלולה בכתר שנק' ח"ס הוא בבחי' חי שבמדבר ומה שנק' חכמה סתימאה או בשם שכל הנעלם כו' אינו בחי' מהות שכל בהעלם אלא רק בחי' שכל הכלול בלמעלה והרי ממנו נמשך בחי' נומח דמזל להיות גילוי אור אבא ע"כ נק' בשם שכל הנעלם כו' ומפני שנמשך ע"י בחי' דילוג דמזל נאמר והחכמה מאין כו' ולפי המשל הנ"ל משמע דגם גופו של ח"ס הכלול אינו כערך הכתר עצמו ולא כמו התכללות אהבה בשכל שיש לה ערך כו' וא"כ אין זה מטעם יניקתו של שערו' אך האמ' דפי' והחכמה מאין תמצא כו' קאי על בחי' ח"ס ומטעם זה וד"ל · אך הנה מ"ש לפעמים דאו"א מלבישים בבחי' קירוב וערך לזרועות דא"א ענין הלבשה זו היינו ע"ד בחי' השתלשלות עילה ועלול שהוא בבחי' קירוב גמור כנ"ל בהשתלשלות שכל ומדות ומחשבה כך בחי' חו"ב דאצי' מלבישים לזרועות דא"א שהן בחי' המדות שבכתר שנקרא טורא חשוכא כידוע ומפני שבחי' המדות למטה מן בחי' ח"ס ע"כ יכולים להלביש להיות בבחי' השתלשלות עילה ועלול בגילוי גמור כנ"ל מיש ליש ולא מאין ליש בבחי' דילוג כו' וד"ל· ובכ"ז יובן ענין ויוציאנו ה' אלהינו שהן או"א שמלבישין לזרועות דא"א שנק' יד החזקה וזרוע הנטויה וז"ש ביד חזקה כו' כי הנה מפני שישראל היו בשרשם למעל' בבחי' עיבור דקטנות באימא כנ"ל אם היה בחי' גילוי אור לאו"א רק מבחי' מזלות דא"א בבחי' דילוג הערך כנ"ל לא היה באפשרי להיות בחי' לידה כנ"ל שהוא יציאו' המדות דאצי' מן המצר דבינה כמ"ש למעלה בפי' בצאת ישראל ממצרים כו' אך ע"י בחי' הלבשה דאו"א לזרועו' דא"א שבחי' זרועות דא"א הם נמשכים בבחי' גילוי וקירוב גמור באור רב ועצו' לבחי' או"א אז היה בכח להיות בחי' לידה דז"א מן המיצר דבינה כו' לפי שע"י בחי' תוס' גילוי אור רב הזה דיד החזקה כו' נמצא כח לליד' לצאת מבחי' הקטנות דהדבור כו' וז"ש ויוציאנו ה' כו' ביד חזקה ובזרוע נטויה שהן בחי' חו"ג דא"א דהיינו בחי' ימין מקרב' ושמאל דוחה שבשס"ה ל"ת ורמ"ח מ"ע שבזה כלול כל התורה כי שרש בחי' ה"ח שבחסד דא"א הוא שרש החסדים דרמ"ח מ"ע ושרש ה"ג דא"א שנק' זרוע הנטויה היא שרש לשס"ה ל"ת (והוא שיש הגדלות ז"א ברמ"ח אברין ושס"ה גידין כמ"ש במ"א בענין כאילו עשאוני כו') וע"כ אפי' כלנו חכמים ויודעים את התורה מצוה עלינו לספר ביצ"מ כי בחי' היציאה הנ"ל ע"י זרועו' דא"א יד החזקה כו' הוא שרש בחי' הגדלות דז"א בתורה ומצות כנ"ל ומ"ש יד החזקה הוא בחי' גבורה שבחסד כמ"ש מימינו אש דת למו וכמ"ש ולכל היד החזקה אשר עשה משה כו' (והיינו דוקא יד ימין שבו כלול כח יד שמאל שנכלל שמאלא בימינא כו') וזהו ימינך ה' נאדרי כו' וד"ל :

מַעֲשֶׂה בְּרַבִּי אֱלִיעֶזֶר וְרַבִּי יְהוֹשֻׁעַ וְרַבִּי אֶלְעָזָר בֶּן עֲזַרְיָה וְרַבִּי עֲקִיבָא וְרַבִּי טַרְפוֹן שֶׁהָיוּ מְסֻבִּין בִּבְנֵי בְרַק · וְהָיוּ מְסַפְּרִים בִּיצִיאַת מִצְרַיִם כָּל אוֹתוֹ הַלַּיְלָה · עַד שֶׁבָּאוּ תַלְמִידֵיהֶם וְאָמְרוּ לָהֶם רַבּוֹתֵינוּ הִגִּיעַ זְמַן קְרִיאַת שְׁמַע שֶׁל שַׁחֲרִית :

אָמַר רַבִּי אֶלְעָזָר בֶּן עֲזַרְיָה · הֲרֵי אֲנִי כְּבֶן שִׁבְעִים שָׁנָה · וְלֹא זָכִיתִי שֶׁתֵּאָמֵר יְצִיאַת מִצְרַיִם בַּלֵּילוֹת עַד שֶׁדְּרָשָׁהּ בֶּן זוֹמָא שֶׁנֶּאֱמַר לְמַעַן תִּזְכֹּר אֶת יוֹם צֵאתְךָ מֵאֶרֶץ מִצְרַיִם כֹּל יְמֵי חַיֶּיךָ · יְמֵי חַיֶּיךָ · הַיָּמִים · כֹּל יְמֵי חַיֶּיךָ · לְהָבִיא הַלֵּילוֹת · וַחֲכָמִים אוֹמְרִים יְמֵי חַיֶּיךָ הָעוֹלָם הַזֶּה · כֹּל יְמֵי חַיֶּיךָ לְהָבִיא לִימוֹת הַמָּשִׁיחַ :

בָּרוּךְ הַמָּקוֹם · בָּרוּךְ הוּא · בָּרוּךְ שֶׁנָּתַן תּוֹרָה לְעַמּוֹ יִשְׂרָאֵל · בָּרוּךְ הוּא · כְּנֶגֶד אַרְבָּעָה בָנִים דִּבְּרָה תוֹרָה · אֶחָד חָכָם · וְאֶחָד רָשָׁע · וְאֶחָד תָּם · וְאֶחָד שֶׁאֵינוֹ יוֹדֵעַ לִשְׁאוֹל :

חָכָם מַה הוּא אוֹמֵר · מָה הָעֵדֹת וְהַחֻקִּים וְהַמִּשְׁפָּטִים אֲשֶׁר צִוָּה יְהֹוָה אֱלֹהֵינוּ אֶתְכֶם · וְאַף אַתָּה אֱמָר לוֹ כְּהִלְכוֹת הַפֶּסַח אֵין מַפְטִירִין אַחַר הַפֶּסַח אֲפִיקוֹמָן :

רָשָׁע מַה הוּא אוֹמֵר מָה הָעֲבֹדָה הַזֹּאת לָכֶם · לָכֶם וְלֹא לוֹ : וּלְפִי שֶׁהוֹצִיא אֶת עַצְמוֹ מִן הַכְּלָל כָּפַר בְּעִקָּר · וְאַף אַתָּה הַקְהֵה אֶת שִׁנָּיו וֶאֱמוֹר לוֹ · בַּעֲבוּר זֶה עָשָׂה יְהֹוָה לִי בְּצֵאתִי מִמִּצְרָיִם · לִי וְלֹא לוֹ · אִלּוּ הָיָה שָׁם · לֹא הָיָה נִגְאָל :

תָּם מַה הוּא אוֹמֵר · מַה זֹּאת · וְאָמַרְתָּ אֵלָיו בְּחֹזֶק יָד הוֹצִיאָנוּ יְהֹוָה מִמִּצְרַיִם מִבֵּית עֲבָדִים :

וְשֶׁאֵינוֹ יוֹדֵעַ לִשְׁאוֹל אַתְּ פְּתַח לוֹ · שֶׁנֶּאֱמַר וְהִגַּדְתָּ לְבִנְךָ בַּיּוֹם הַהוּא לֵאמֹר בַּעֲבוּר זֶה עָשָׂה יְהֹוָה לִי בְּצֵאתִי מִמִּצְרָיִם :

יכול

והגדת לבנך ביום ההוא לאמר בעבור זה עשה ה' לי בצאתי ממצרים וכו' הנה יש להבין סדר דברי הפרשה הזאת באמרו והיה כי יביאך ה' אל ארץ הכנעני וכו' ועבדת את העבודה הזאת וכו' שבעת ימים תאכל מצות כו' מצות יאכל את שבעת הימי' וכו' והגדת לבנך כו' מה ענין וסמיכות מצות אכילת מצה ז' ימים בביאת הארץ דוקא וגם י"ל מה שאמר בעבור זה שהוא בעבור מצה ומרור כדאי' בגמרא והלא אנו אומרים בהגדה מצה זו שאנו אוכלין על שום מה ע"ש שלא הספיק בצקת של אבותינו להחמיץ כו' כמ"ש כי גורשו ממצרים כו' ואיך תלה טעם דיצ"מ בזה שנעשה אח"כ כאשר גורשו ממצרים כו' ועיקר המצוה הוא על המאמר הזה עצמו שאמר ע"ש שלא הספיק כו' והלא כבר נצטוו מקודם לכן על המצה בעשור לחודש דכתיב בקרבן פסח על מצות ומרורים יאכלוהו ומדרשה זו משמע דאם לא גורשו והספיק כו' היו אוכלין חמץ וזה אינו שכבר הוזהרו ע"ז וכו' אך הענין הוא דבאמת קראי עובי מוכחי דפסח מצרים לא היה נוהג איסור חמץ אלא יום אחד בלבד ומצות ז' במצה אינו אלא לדורות בלבד וכמ"ש כאן והיה כי יביאך אל ארץ הכנעני כו' ז' ימים תאכל מצות דוקא כי יבואו אל הארץ ולא עכשיו בזמן יצ"מ שלא היה מצווין לאכול מצה רק יום אחד בלבד ובשאר הימים היו אוכלים חמץ והוא מצות הפסוק דעל קרבן הפסח על מצות ומרורים יאכלוהו וכדאיתא במשנה וגמרא אך לדורות נצטוו לאכול ז' הימים והוא מטעם שאמר בהגדה ע"ש שלא הספיק בצק' כו' ור"ל מצה זו שאנו אוכלין כל ז' הימים דוקא הוא לפי שלא הספיק כו' אבל מצה ביום הא' כבר נצטוו בעשור לחודש מטעם קרבן פסח ולא מטע' זה וד"ל. אך הנה יש להבין הטעם לזה למה נצטוו לדורות ז' ימים ובפסח מצרים לא היו מצווין רק על יום א' בלבד הענין יובן ע"פ הקדמה בתחלה להבין ההפרש בין שבת לי"ט דהנה ידוע דביו"ט אנו אומרים מועדי' לשמחה וכתי' ושמחת בחגך כו' שהשמחה ביו"ט הוא מצות עשה ובשבת אין השמחה מצוה כלל ולכאורה יפלא למה הלא מעלת ומדריג' שבת גבוה ממעל' ומדריג' יו"ט כידוע דבחי' גילוי מוחין דאבא הוא בשבת ובחי' גלוי מוחין דאימא הוא בי"ט ומעלת ומדריגת מוחין דאבא יותר עליונים ממוחין דאימא כידוע אך הענין הוא דהיא הנותנת דמפני שביו"ט הוא בחי' גלוי דאימא ע"כ המצוה בשמחה ולא בשבת ויש להבין תחילה ביאור ענין בחי' מוחין דאימא מהו בהיות ידוע בדרך כלל שיש ב' מדריגות הא' בבחי' השתלשלות והב' מדריגה שלמעלה מההשתלשלו' ומה שהוא בבחי' השתלשלות הוא בבחי' מוחין דאימא שהוא בחי' בינה עילאה דאצי' הנק' אם הבנים כידוע ומה שהוא למעלה מן ההשתלשלות הוא בבחי' מוחין דאבא שהוא בחי' חכמה עלאה כו' וביאור הדברים הנה פי' ענין ההשתלשלות ידוע שהוא הנק' דרך עילה ועלול שהעלול הוא המשתלשל ומסתעף מן העילה מבחי' התחתונה שבעילה בלבד ויצא להיות למטה דבר ויש מובדל בפ"ע מן העילה

בריחוק

בריחוק מקום ומעלה כמו עד"מ שאט רואים באדם בחי' זו של ההשתלשלות עילה ועלול מן השכל למחשבה ומתחשבה כו' או השתעפות המדות מן השכל שנעשו המדות מהות דבר בפ"ע בהולדם מן השכל הגם שהיו תחלה כלולים בשכל לגמרי אך אח"כ יצאו למטה בבחי' פירוד מן השכל ונתרחקו מן השכל במקום ובמעלה והוא בבחי' יש כמ"ש במ"א ועד"ז יובן למעלה בכל ההשתלשלות של העולמות שהן בבחי' עילה ועלול שבחי' העלול היה כלול תחילה בעילתו בתכלית ההתכללות ואח"כ נשתלשל וירד למטה בריחוק מקום ומעלה במהות דבר אחר לגמרי ועד"ז עד רוש המעלות שהרי כל עילה יקרא עלול לגבי העליון הימנו כידוע שבדרך כלל הנה כל העולמו' הנבראי' נקראו עלולין לגבי העילה הראשונה הוא בחי' מ"ל דאצי' שמחיה כל העולמות הנבראי' מאין ליש כידוע וד"ל · והנה מאחר שהעלול נשתלשל למטה מטה בריחוק מקום מן העילה א"כ כאשר העלול חוזר ועולה מלמטה למעלה ומתקרב לגבי העילה שלו עד שנכלל בעילתו הנה אז יש גודל הגילוי של השמחה והתענוג בעלול מפני היות שנתרחק העלול מאד למטה מטה ואור השגתו בעילתו גבוה מאד נעלה הרבה במדריגה ממדריגות השגות עצמות העלול כמו שהוא כבר יצא בבחי' פירוד למטה כו' עכ"ז נכספה וגם כלתה נפשו בקרבתו להשיג השגה גדולה מכפי ערכו והוא בהתקרבות לגבי העילה שלו וכידוע דתשוקת העלול לגבי העילה נפלאה מאד מאד מטעם זה וכמשל הבן שהי' בשביה ובא לפני אביו שהשמחה תגדל ביותר שהוא מפני הקירוב שבא אחר הריחוק דוקא כמ"ש במ"א וד"ל : ועד"ז יובן גם בכללות ההשתלשלות שתשוקת העלולים הן כל הנבראים מלאכים ונשמות דבי"ע לגבי העילה הראשונה הוא בחי' מ"ל דאצי' המקור לכולם והיינו מה שנהנין מזיו השכינה מידי שבת וחודש בעלותם מלמטה מעולם הפירוד כידוע וכמ"כ בחי' מ"ל דאצי' עצמה כשעולה מלמטה למעלה בעולם האצי' היא ג"כ בתשוקה הנפלאה ובשמחה גדולה מאד מטעם הנ"ל להיות ידוע דבחי' מל' דאצי' הרי הוא בכל יומין דחול בגלגלוס והסת' גדול מאד בכל העולמות דבי"ע וכמ"ש אתה אל מסתתר כו' וכמ"ש יונתי בחגוי הסלע בסתר המדריגה כו' וזהו מושיבי עקרת הבית אם הבנים שמחה פי' עקרת הבית הוא כפשוטו מלשון עיקר וגם מלשון עקרה והוא כמאמר כחולדה זו הדרה בעיקרי בתים פי' עד"מ החולדה שנקראת בשם חולדה ע"ש ההסתר כי לשון חולדה הוא ענין הטמנה והסתר כידוע בגמר' בפי' החלדה והוא מפני שמסתתר' בעקרי הבתי' דהיינו במצפוני החורים הנעלמי' בבית כו' כמ"כ הנמשל יובן למעלה במ"ש יונתי בחגוי הסלע כו' שבחי' מל' דאצי' הגם שנקראת עקרת הבית אבל היא למטה מטה מאד בבחי' נעלמים והתלבשות והעלמו' רבות כשהיא בעולמות

הנפרדין בבי"ע כמשל החולדה כו' ובעלותה מלמטה למעלה להיות בבחי' האצי' ממש אז נאמ' עלי' מושיבי עקרת הבית שתשוב ותחזור למקומה העצמי בבלתי הסתר והעלם ולא כחולדה זו כו' וד"ל · ולהיו' שמבואר למעלה דהעלול כאשר מתקרב בעילתו יהיה בו בחי' גילוי השמחה במאד מפני הקירוב שאחר הריחוק והוא להיות כי כבר הי' תחילה העלול כלול בעילתו לגמרי רק שנשתלשל ונתרחק אח"כ ע"כ בשובו אל מקורו הראשון מלמט' למעלה יבוא מזה השמחה ביותר כמשל הבן כנ"ל א"כ גם בבחי' מ"ל דאצי' בעלותה למעלה בבחי' האצי' אז כתיב בה אם הבנים שמחה שתשמח ותגיל מפני הקירוב הגדול הזה שיצא מעקרי הבתים שבבי"ע וכמ"ש מושיבי עקרת כו' וכנ"ל וד"ל · ובדרך פרט הנה כל ענין הנ"ל בפרט בכל נשמה בעלותה לפני ה' בג"ע התחתון או העליון שמתענגת ונהנית מזיו השכינה כידוע דהיינו כמ"ש שובי נפשי למנוחיכי כו' שהוא ענין התדבקו' העלול בעילתו כנ"ל אמנם הנה כ"ז העילוי שעלה העלול אינו אלא בבחי' גילוי השגה במה שיוכל להיות מושג מאור א"ס באצי' בלבד ולא עלה כלל במה שאינו מושג מאור א"ס כי הלא גם בחי' עילה שלו כבר הוא בבחי' ההשתלשלות מה שנשתלשל וירד מאור א"ס בבחי' גילוי מן ההעלם בלבד והוא ענין השגת מציאותו ולא מהותו כמ"ש במ"א וד"ל והיינו ענין הנ"ל דבבחי' מוחין דאימא מתחיל ענין ההשתלשלות עו"ע כי להיות ידוע דבג"ע נאמר לנשמות דשם להנחיל אוהבי יש כו' פי' כי גם מה שמשיגין הנשמות בעילה שלהם הוא נק' ג"כ בשם יש כי כבר הוא בא בבחי' ההשתלשלות מאא"ס וידוע שהוא בחי' בינה שבמל' דאצי' שנק' אם הבנים והוא בהאיר השפע מאור א"ס לפי השגת הנבראים בלבד כדי שיוכלו להשיג ולהנות מזיו כו' ומזה בא התענוג והשמחה בנבראים וע"כ כתיב אם הבנים שמחה פי' דוקא באם להיותה בבחי' יש בהשגה נגלית ע"כ יהי' נולד השמחה בהדבק העלול בהשגת העילה כנ"ל כי כל גילוי שמחה אינו אלא מבחי' הגילוי דוקא ולא ממה שאינו מושג כידוע והוא ענין בחי' מוחין דאימא גם למעלה מעלה שהוא בבחי' בינה עילאה דאצי' שנק' יש והוא ענין בחי' העילה הראשונה כו' ולכך בבינה דוקא הוא מדריגות ענין הנק' השתלשלות שהוא דרך עו"ע מפני שכבר בא בה האור והשפע בבחי' גילוי מאא"ס כו' ובה דוקא יתכן ענין השמחה בהדבק העלול בעילתו הנ"ל אבל בחי' מוחין דאבא הוא למעלה מן ההשתלשלות לגמרי וע"כ לא יתכן במוחין דאבא ענין השמחה כלל · וביאור הדברים הנה תחילה יש להבין ענין בחי' מוחין דאבא מהו כי הנה כתיב והחכמה מאין תמצא פי' מאין הוא מה שאינו מושג כלל והענין הוא דבחי' בינה הנ"ל הוא הנק' בשם עילה שהוא בחי' מציאת יש ודבר מה שנתפס בהשגה והוא ענין ההארה והשפע מאור

א״ס שבא בבחי׳ גילוי השגה אבל החכמה הוא האור והשפע מאור א״ס שאינו נתפס בגילוי השגה כלל ונק׳ כ״ח מ״ה כלומר מה פשפשת כו׳ כמ״ש במ״א וע״כ נק׳ ג״כ בשם אין על היות שאינו נתפס במציאות השגה שהוא ביש והוא מושלל מכל השגה עד שכל השגה לא ישיגנו וכמאמר לית מחשבה תפיסא בך וידוע דקאי על בחי׳ אור א״ס שמאיר בחכמה דוקא לפי שבחכמה הוא ביטול כל השגה ותפיסה כידוע וד״ל א״כ מאחר שאור א״ס שבאבא הוא מושלל מכל השגה הרי בהכרח לומר ג״כ שהוא למעלה מעלה מגדר וסוג ענין השתלשלות הנ״ל שהרי ענין ההשתלשלות הנ״ל אינו אלא באופן שיש בו ענין השגה ותפיסה דוקא באור א״ס וכנ״ל שהוא הנק׳ עילה ועלול וכל עילה בהכרח לומר שהוא רק במציאות יש ודבר מה כנ״ל ולא בבחי׳ אין כמ״ש למעלה שהוא בבחי׳ יש מיש כו׳ משא״כ החכמה מאין תמצא הרי הוא בבחי׳ יש מאין ממש דהיינו שיש בה מבחי׳ הארת אור א״ס שמבחי׳ מהותו ולא מבחי׳ מציאותו בלבד ובמהותו לא יש שום השגה ותפיסה כנ״ל וד״ל וא״כ לא יתכן כלל לומר בחכמה ענין עילה ועלול הנק׳ השתלשלות כי העיל׳ והעלול אינם שייכים אלא במה שבא לכלל גילוי אור במציאות יש כנ״ל ולא עוד אלא שהעילה אין לה מעל׳ יתירה על העלול ושניהם שוין לגבי אור הא״ס שבאבא כי אין העילה נקרא משפיע והעלול נקרא מקבל רק כשבא אור א״ס לכלל בחי׳ ההשתלשלות כנ״ל אבל בחכמה שתמצא מאין דאור א״ס שלמעלה מהשתלשלות לגמרי אין בה הפרש בין המשפיע למקבל כלל ושניהם כאחד שוין בהשואה א׳ כי למה יקרא העילה בשם משפיע מאחר דגם הוא מתבטל ממציאותו לגמרי לגבי בחי׳ מהותו של אור א״ס כביטול זיו השמש בשמש וכיוצא וא״כ הגם שלגבי העלול ממנו יקרא בשם משפיע אבל לגבי המקור האמיתי כלא חשיב ממש ואינו נתפס כלל במציאות כו׳ אך א״כ לפי״ז אין ביטול העלול עם ביטול העילה שוין כי העילה להיות׳ קרובה יותר במעלה עפ״י הסדר של ההשתלשלות ביטולה באור א״ס אבל העלול ביטולה בעילה והוא בהכרח לפי שמקבל מעילתו וא״כ הרי גם בחכמה יש הפרש בין העילה לעלול במדריגה ואיך אנו אומרים ששניהם שוין לגמרי כו׳ אך הענין הוא דבאמת אין שם הפרש כלל ביניהם ואין לא׳ קדימה כלל על זולתו לגבי החכמה והוא מטעם הנ״ל מאחר שאין שם עילה ועלול נמצא במציאות כלל בחכמה רק בבינה כנ״ל וא״כ גם בבחי׳ הביטול של העילה ועלול במקורא דכולא אין לא׳ קדימה במעלה ואינו בהכרח כלל שיבטל העלול בעילתו אלא גם העלול יבטל באור א״ס באותו מדריגה שיבטל העילה בהשוא׳ א׳ ממש כי העלול לא נק׳ שם בשם עלול ולא העילה בשם עילה ושניהם כא׳ שוין ממש מטעם הנ״ל וד״ל · ובזה יובן הפסוק גם חשך לא יחשיך ממך וכחשיכה כאורה ולכאורה יש להפליא למה נכתבו ב׳ כפי״ן בחשך ואור כחשיכה כאורה והל״ל חשיכה כאורה מאחר שלא בא לרמז רק שגם חשך נחשב כאור וכמ״ש גם חשך לא יחשיך ממך כו׳ אך הענין הוא כנ״ל דאם היה או׳ חשיכה כאורה אינו מרמז רק שהארת א״ס שבחכמ׳ להיות למעלה מן ההשתלשלו׳ גם החשך הוא העלול ידמה לאור שהוא העילה אבל לא הי׳ ידוע שגם האור שוה בערך לחשך והיינו ששניה׳ שוין לגמרי עד שגם בבחי׳ הביטול שלהם אין לא׳ קדימה על זולתו והוא טעם שלא נמצא שם מציאות שם עילה ועלול כלל כנ״ל ע״כ אמר כחשיכ׳ כאורה בשני כפי״ן להורות שגם האור שוה לחשך וכמאמר כתר עליון אע״ג דאיהו אור צח כו׳ אוכם איהו לגבי עילת העילות כו׳ משום דהאור נחשב שם כחשך וגם החשך נחשב שם כאור והוא מ״ש ישת חשך סתרו דע״ז אמר גם חשך לא יחשיך כו׳ וד״ל · וזהו עיקר ענין ההפרש בין שבת ליו״ט דבשבת שהוא בחי׳ מוחין דאבא אין מצוה כלל בשמחה משא״כ ביו״ט כנ״ל דלפי שהשמחה הנה היא באה מבחי׳ גילוי ההעלם כנ״ל והיינו דוקא בהשגה נגלית העלול בעילתו שהוא בבחי׳ יש ודבר כנ״ל ועיקר דשמחה הוא מהתדבקות העילה בעלול אחר הריחוק שהיה לו מקודם כנ״ל אבל באין שבחכמה שלמעלה מן גדר וסוג ההשתלשלות לגמרי ולא נמצא שם מציאות עילה ועלול כלל אין שם ריחוק וקירוב כלל ומאין ימצא מציאת שמחה שם מאחר שאין עליון ותחתון כלל שימצא ביניהם הדיבוק או הריחוק כו׳ אלא עיקר המצוה בשבת הוא התענוג בלבד כמ״ש וקראת לשבת עונג כו׳ אבל לא השמחה שהיא בחי׳ גלוי אור שאינו אלא בבחי׳ ההשתלשלות דוקא כנ״ל וד״ל :

וזהו ושמרתם את השבת כי קודש הוא לכם פי׳ קודש הוא בחי׳ מוחין דאבא בבחי׳ ג״ר שבו כידוע ולהיותו נעלה הרבה ממדריגת ההשתלשלות שבבינה נק׳ קודש ע״ש ההבדלה בערך וכמ״ש במ״א וע״כ אמרו בירושלמי (הביאו ר׳ יונה בס׳ היראה) בקושי התירו לדבר ד״ת בשבת דכתיב ממצוא חפצך אפי׳ חפצי שמים כו׳ והגם דאורייתא מחכמה עילאה נפקת היינו שיצאת לחוץ להיות בבחי׳ טבלות של חכמה עילאה דהיינו בהתלבשות צירופי אותיות דתושב״כ כו׳ אבל עצמיות ח״ע גנוזה בה בהעלם וע״כ בקושי התירו לדבר גם בד״ת מפני שהן רק נובלות ח״ע ובשבת מאיר הארת ג״ר שבחכמה הנק׳ מוחין דאבא כמ״ש במ״א וד״ל וזהו ושמרתם את השבת כי קודש הוא כו׳ משא״כ יו״ט לא נקרא קודש אלא נק׳ מקראי קודש כמ״ש אלה מועדי ה׳ מקראי קודש כו׳ · וביאור ענין מקרא קודש הגם שביו״ט אינו אלא בחי׳ מוחין דאימא בלבד כנ״ל הענין יובן עפ״י הקדמה בענין הידוע בבחי׳ יחוד דאו״א שנקראין בזהר בשם תרדל״ת לעלמין כו׳ כי הנה מבואר למעלה דבחי׳ בינה נק׳ יש כמ״ש להנחיל אוהבי יש כו׳ והחכמה מאין תמצא כו׳ הרי

חכמה

חכמה נק' אין לגבי הבינה שנקרא יש ונראה בחוש באדם התחתון שהשכל שהוא מושכל בהשגה בהכרח שיבוא שפעו מכח היולי המשכיל את ההשכלה שהוא מבחי' כח החכמה הנק' אין עד שא"א להמצא כלל במציאות שיהי' השכל מושכל בהשגה ולא יהיה לו מקור שממנו נובע כמו שא"א למעיין הנובע בלא מקור שממנו נובע כידוע והנמשל יובן מזה למעלה ג"כ דא"א להיות יציאת אורות ומוחין דאימא בלתי שיאיר תחילה עליהם מאורות ומוחין דאבא הנק' אין לגבי בחי' היש שבאימא כי לא יכול להיות היש דבינה דבר נפרד ממקורו אור אבא אפי' רגע מטעם הנ"ל ולכך המה נקראין תרדל"מ לעלמין וזיווגייהו תדיר כמ"ש בזוהר בכמה דוכתי · אמנם הנה אין אור השפע מאין דחכמה רק מבחי' תחתונה שבו בלבד דהיינו מבחי' נה"י שבו כדרך כל יחוד משפיע ומקבל שאין השפע רק מבחי' התחתונה של המשפיע והוא מבחי' חיצוניות ואחוריים שבו בלבד וזהו הנק' מקרא קודש פי' מקרא לשון קריאה כמו שקורא לאדם בשמו ונפנה לו ע"י שאין קריאה זו גורמת אלא המשכה והטיה חיצוניות שלו אליו וגם בקריאה זו אינו תופס במהותו רק בבחי' השם שלו שהוא בבחי' אותיות בלבד שנקרא בשם כלים החיצוני' כידוע כמ"כ קריאת המשכת אור אבא בבינה ביו"ט מפני שאינו אלא מבחי' כלים דנה"י שבו בלבד נק' היו"ט מקרא קודש פי' שקודש העליון דאור אבא הוא נק' באימא בבחי' קריאה בשמות ואותיות וכלים החיצונים שבו בלבד והוא מטעם שא"א לבינה בלא שפע אור אבא כי הן תרין רעין כו' אבל הנה מובן למשכיל שאפשר לאור אבא בלא אור אימא והוא בבחי' ג"ר שבאבא שלמעלה מעלה עדיין מגדר הירידה שלו להשפיע בבינה מטעם שאפשר לאין בלא יש וא"א ליש בלא אין וכמ"ש במ"א וד"ל · וא"כ יובן בכל זה הטעם שהשבת נקרא קודש להיותו בבחי' קודש העצמי בבחי' ג"ר שבו והוא הנק' מוחין דאבא ויו"ט נק' מקרא קודש מבחי' נה"י שבו בלבד וע"כ הוא הטעם שאין שמחה בשבת אלא ביו"ט דווקא משום דהיא הנותנת דלפי שהיא גבוה במעלה ממדריגת יו"ט ע"כ היא למעלה ג"כ מבחי' השמחה ומטעם הנ"ל וד"ל · והנה ההארה והמשכה זאת מקודש העליון דאור אבא במוחין דאימא בכל יו"ט הוא ע"י תפילות של יו"ט וע"י קריאת ההלל כמבואר בפע"ח בכל יו"ט לפי מדריגתו אך הנה כ"ז אינו בא בכל יו"ט רק ע"י המצות שהן מדרבנן בלבד שהרי התפלה וההלל הן מדרבנן ולא מדאורייתא' כידוע אבל ביו"ט דפסח בא המשכת אור באימא ע"י מצות אכילת מצה שהיא מדאורייתא (והפרש ביניהם ידוע דאורייתא' מחכמה דאור אבא נפקת ומזה כנ"ל תשא"כ במצות דרבנן וכמ"ש במ"א) והענין הוא דבמצה מתלבש ממהות מוחין דאבא ממש רק שהוא מתלבש בבחי' הקטנות מאד מאד כי הלא ידוע דהלחם הוא בג"ר דחכמה שהרי אין התינוק יודע לקרות אבא כו' אך הלא ידיעה זו היא אלו למעלה מהדעת כמ"ש במ"א וא"כ הדעת הזה שמיתוסף בתינוק ע"י הלחם הוא מלובש בבחי' קטנות דאבא והוא בבחי' מ"ל דאבא וזהו שרש ענין המצה שנקראת בשם מיכלא דמהימנותא להיותה מבחי' מ"ל דאבא · וביאור ענין מ"ל דאבא ידוע שהוא רק בחי' שמות ואותיות דאבא בלבד כמו ענין בשכמל"ו כו' ולכך אין במצה טעם כלל כי הטעם בבחי' ג"ר דאבא ואצל התינוק גם הטעם דלחם הוא בבחי' קטנות וכמ"כ המצה בלא טעם גם באיש גדול במצות אכילתה בפסח וזהו שהוא ממשיך ע"ז בחי' מ"ל דאבא באימא שביו"ט דפסח אך זהו מעלת ומדריגות יו"ט דפסח על שאר יו"ט הגם שיש גם בהם מאור אבא כנ"ל אמנם אין ההשתלשלות מאור אבא גם מבחי' הג"ר שבו רק מבחי' נה"י שבו כנ"ל · אבל ביו"ט דפסח ע"י המצה ההתלבשות הוא ג"ר דאבא שיורד ומתצמצם באכילה דמצה כמ"ש במ"א וד"ל · והטעם לזה הוא לפי שבפסח הוא הדילוג מאור אבא ממש וכמ"ש במ"א להיות כן הוא מההכרח שיתלבש בדבר הנמוך ביותר כי כל היותר גבוה יותר מתלבש בלבוש היותר נמוך כידוע ומבואר במ"א ע"כ ההתלבשות ע"י המצה שהוא בבחי' עשיה בלבד כי אין בה לא טעם ולא הגבהה והתנשאות שבבחי' המדות רק כמו בחי' דומם בעלמא כו' תשא"כ בשאר יו"ט שההתלבשות הוא בתפילה והלל בקריאה בדבור וברעותא דלבא שהן יותר גבוהים במדריגה והוא לפי שבחי' ההתלבשות דאבא ביו"ט הוא רק מבחי' נה"י שבו וכמ"ש למעלה בענין מקרא קדש כו' וד"ל · וזהו והיה כי יביאך ה' אל ארץ הכנעני כו' מצות יאכל את שבעת הימים כו' כי הנה בלילה הראשונה היה בחי' המשכות אור אבא בכלל כנ"ל ואח"כ נמשך האור וירד עוד להאיר גם בז' הימים דאבא דהיינו בז' המדות שבחכמה כולן בפרט חסד שבחכמה גבורה שבחכמה כו' והוא ענין ספירת השבוע הראשונה שהן ז' המדות שיש באבא שבהם נכנס מוחין דאבא בתחלה ואחר כך יושפע מהם לז' הימים שבבינה בשארי השבועות וע"כ מפני שהימים הראשוני' הן בחי' המדו' דאבא יום ראשון חסד דאבא כו' לכך אומרים היום יום א' לשון זכר כו' וזהו מצות יאכל את שבעת הימים פי' יאכל לשון פועל יוצא דהיינו שמאכיל את הז' ימים מצות לפי שצריך להאכיל אותם מאור שפע אבא והוא ענין הנ"ל שמוחין דאבא נכנסין בשבוע א' בז' המדות שבו תחלה והן מוזנין תחלה ממוח אבא ואח"כ יורד השפע מהם בכל ז' המדות דאימא בפרטי הימים שבימי הספירה וד"ל ולהיות כן אח"כ לא היה המשכת אור אבא ביום הראשון דפסח רק במדת החסד שבו בלבד שהוא האור הראשון לקבל שפע מוח אבא כידוע וזהו הטעם שבפסח מצרים לא היה נוהג מצה רק יום אחד בלבד לפי שע"י המצה הוא המשכת אור אבא כנ"ל

כנ"ל ביום הא' שבו שהוא מדת החסד שבחכמה כנ"ל הנה בזה הוא כולל כל שאר הימים שאחריו גבור' ות"ת ונה"י כו' ואין מהצורך עוד להמשיך בהם בפרט כי נכללו בהאור של החסד דאבא שביום הראשון וכמ"ש יומם יצוה ה' חסדו וידוע דזהו חסד דאבא שכולל שאר המדות שאחריו כו' אך אמנם הנה אין אור זה של החסד כולל את כולם רק כשהוא בבחי' אור מקיף ולא כשהוא בבחי' או"פ בלבד וכמ"ש בע"ח בכמה דוכתי וזהו שאמר יומם יצוה כו' ולא אמר יום אלא במ"ם סתומה הנוספת על היותו בבחי' אור החסד דאבא שהוא בבחי' מקיף ונק' בזהר בשם עננא דאהרן וכמ"ש לא ימיש עמוד הענן יומם שהיה בזכות אהרן כידוע והוא אזל עם כולהו יומין כו' ע"ש והיינו מפני שבחי' מקיפים דאבא כוללין דוקא כל הימים ואזל עם כולהו יומין כו' ולא הא"פ כו' וד"ל והנה ידוע דמשה ואהרן היו שרש נשמותיהם מבחי' אבא דוקא וע"כ מחמת זה היה ביכולתם בענני כבוד שהמשיכו שיהיה אורות מקיפים דאבא שורין בהם וזהו ענין מאחז"ל שהיה הענן הורג נחשים ועקרבים שבמדבר כו' לפי שאור המקיף מסמא עיני החיצונים ולא יתן להם מקום ליכנס ולהתקרב לקבל יניקה כלל מהקדושה ואין זה ביכולת רק בבחי' אור המקיף לפי שהוא מסבב ועומד מבחוץ לחיצוניות הכלים ומזכך אותם כו' כמ"ש במ"א וכמ"ש ביאור הדברים במ"א באריכות וד"ל· ולזה הטעם לא היה פסח מצרים רק יום אחד נוהג באיסור חמץ ובשאר הימים היו מותרים לאכול חמץ לולא כי גורשו ממצרים כו' כנ"ל לפי שטעם איסור החמץ הנה ידוע מפני שיש בו מקום ושרש ליניקת החיצונים מפסולת ·הגבורות שבחמץ שנפלו מז' המדות דקדושה כו' כמ"ש במ"א וע"כ האוכל חמץ נכרת נפשו מיום הראשון העליון עד יום השביעי כו' אבל בפסח מצרים מאחר שהי' בחי' מקיפים דאבא ע"י משה ואהרן ע"י ענני הכבוד מסמא עיני החיצונים כנ"ל הרי לא היה מקור ושרש כלל ליניקת החיצונים גם בחמץ וא"כ היו מותרין לאכול חמץ בשאר הימים לולא כי גורשו כו' רק ביום הראשון בלבד היו צריכין להמשכ' אור אבא בכלל ולהיות שהיה ההמשכ' בבחי' אור המקיף היה די להם בלילה הראשונה בלבד כמ"ש בערב תאכלו מצות חובה וממילא היה המשכת אור אבא בכל שאר הימים כי הרי עננא דאהרן אזל עם כולהו יומין כנ"ל וד"ל אבל לפסח שבדורות כתיב מצות יאכל ז' הימים דווקא לפי שאין להם ענני כבוד מבחי' מקיפין דאבא להאיר עליהם ע"כ יכולים גם החיצונים לקבל יניקה כשיאכלו חמץ בשאר הימים ולכך הגם שאין המצוה מרובה במצה בשאר הימים מלבד יום הראשון אבל עכ"פ איסור חמץ נוהג בודאי בשאר הימים לדורות מטעם זה וזהו עיקר הטעם שבפסח מצרים לא היה נוהג רק יום אחד באיסור חמץ ולדורות צריך שבעת ימים ואע"פ שמצות הספירה נוהגת גם עכשיו ויש כבר בשבוע הא' מהמשכת אורות אבא בפרט כנ"ל עכ"ז נ"ל זה ג"כ ביו"ט דפסח בכל ז' הימים דווקא וד"ל וזהו והיה כי יביאך ה' אל ארץ הכנעני כו' אז דווקא מצות יאכל את ז' הימים ולא עכשיו בפסח דמצרים מטעם הנ"ל וד"ל·

ובכל זה יתורצו כל הקושיות הנ"ל בענין המאמר בהגדה מצה זו שאנו אוכלין על שום שלא הספיק כו' כי הנה מבואר למעלה שיש ב' מדריגות במצה הא' בלילה הראשונה שהוא המשכת אור אבא העיקרי והכללי כנ"ל ולכך היא חובה ועל המדריגה הזאת כבר נצטוו בעשור לחודש על מצות ומרורי' יאכלוהו הקרבן פסח בערב תאכלו מצות כו' ומדריג' השנית במצה דשאר הימים שאינה אלא לדורות מטעם השמירה מפני יניקת החיצונים ע"ז הוא אומר מצה זו שאנו אוכלים ר"ל בשאר הימים כמ"ש למעלה ע"ש מה ע"ש שלא הספיק כו' פי' שם מ"ה הוא מ"ה שבחכמה ושואל למה מהצורך להמשיך ממ"ה דחכמה בפרט וכנ"ל והשיב שבאמת לאבותינו במצרים לא היו צריכין לזה כלל מטעם הנ"ל בענין ענני כבוד כו' אך מפני שלא הספיק בצקת שלהם להחמיץ וממילא נגלה עליהם מלך מלכי המלכים כו' פי' דמה שלא הספיק בצקת שלהם להחמיץ היה מפני גודל האור והשפע שנגלה ונמשך עליהם ביום הא' מאור אבא בבחי' הגלוי הגדול כו' עד שלא הספיק להיות החמץ כלל במציאות כי ממילא מתבטל ממציאות מפני עוצם גילוי אור המקיף וכענין הנ"ל בענני' דאהרן שהוא מסמא עיני החיצונים וכו' וא"כ באמת לא היו צריכים אז השמירה בחמץ להיות שאין לחמץ אלא שרש יניקה כלל אך אעפ"י שלאבותינו היה זה ממילא ומאליו מה שלא הספיק. כו' עכ"פ אצלנו לדורות נעשה זה לחיוב ואזהרה שלא לאכול חמץ כל ז' הימים כי מה שאצלם היה מצד הגלוי אור דאבא צריך לנו אזהרה ושמירה שהרי אין לנו ענני כבוד ויוכל להיות מקום ושרש מזה ליניקת חיצונים כנ"ל וד"ל ופי' ענין המאמר שנגלה עליהם מלך מלכי המלכים כו' הנה ידוע בספרי הקבלה דפי' מלכים בכ"מ הוא בחי' נצח והוד כמו ענין כל ישראל בני מלכים הם כו' ופי' מלכי הוא בחי' חג"ת שהם מלכים על המלכים שבנה"י כו' ופי' מלך הוא בחי' חב"ד שהוא בחי' מלך על המלכים שבחג"ת כו' ובדרך כלל הנה הם ג' מדרגות חב"ד חג"ת נה"י שהן בחי' בריאה יצירה עשיה כידוע והקב"ה הוא בחי' האצי' כידוע דד' המדרגות אבי"ע ישנם בכל העולמות בדרך כלל ובדרך פרט היינו שגם באצי' עצמו כלול מאבי"ע ויש שם ג"כ בחי' עשיה שבאצי' ויצי' שבאצי' כו' עד אצי' שבאצי' ובדרך כלל הנה כל האצי' הוא בבחי' אבא והבריאה בבחי' אימא דאימא מקננא כו' ואבא באצי' כידוע ויצי' ועשיה הן זו"נ וכו' נמצא כשאמר נגלה עליהם מלך מלכי המלכים הקב"ה הענין הוא שנגלה עליהם בחי' אור א"ס שבאבא שמקנן באצי' והוא בחי' אצי' שבאצי' בפרט ובחי' כל האצי' בכלל וד"ל:

וזהו

וזהו פי׳ הקב״ה פי׳ קדש הוא באבא כידוע ומלך פירושו בבחי׳ חב״ד שהוא בבחי׳ בריאה והוא מלך על חג״ת שנק׳ מלכי ככ״ל עד בחי׳ המלכים שבנה״י שבבחי׳ עשיה גם שם נגלה אור א״ס שבאבא כי הנה ענין ההתגלות הזאת היתה בדרך ירידת המדרגות מעילה לעילה עד העולמות היותר תחתונים מכולם שהוא בחי׳ העשיה עד שירד האור גם בכנס״י שהיו אז בשפלות המדרגה בעולם העשיה דהיינו בגלות מצרים במ״ט שערי טומאה כידוע וד״ל ובזה יובן המאמר לא ע״י מלאך ולא ע״י שרף ולא ע״י שליח אלא הקב״ה בכבודו ובעצמו כו׳ שהוא ג״כ ענין ד׳ מדרגות הנ״ל דאבי׳ בי״ע שהוא או״א זו״כ בכלל ככ״ל ופי׳ מלאך הוא בחי׳ העשיה ופי׳ שרף הוא ביצי׳ ופי׳ שליח הוא בבריאה והקב״ה בעצמו הוא בבחי׳ האצי׳ · ובדרך פרטיות הנה בחי׳ מל׳ דאצי׳ שהוא בחי׳ נוק׳ דז״א נק׳ בשם מלאך כידוע והוא בחי׳ עשיה שבאצילות וז״א עצמו הוא בבחי׳ יצירה שבאצילות ונק׳ בערך שרף לגבי בחי׳ מלאך שבמ״ל ובחי׳ שליח הוא בחינת אימא והקב״ה בעצמו הוא בחי׳ האור דאבא שבו מלובש דווקא מהארת עצמיות אור א״ס ככ״ל וזהו אני הויה פי׳ הויה דאבא אני הוא שם מבחי׳ עצמיות אור א״ס ולא אחר זולת אור אבא מפני שאין התלבשות אור א״ס אלא בחכמה דווקא כידוע ומבואר במ״א ולהיות כי במ״ט שערי טומאת מצרים שהן בתחתית כל המדרגות כידוע לא היה ביכולת שם להתעלות אלא מבחי׳ אור אבא דווקא לפי שע״י מלאך או שרף ושליח לא היה ביטול יניקת החיצונים דמ״ט שערי טומאה כ״א מפני גילוי אור אבא לפי שבחי׳ מקיפי׳ דאבא היה שם ואור מקיף הוא מסמא עיני חיצונים ככ״ל בענין עננא דאהרן כו׳ ועיקר הטעם לזה יתבאר בסמוך בע״ה ע״פ עשה ה׳ לי כו׳ וד״ל · וזהו והגדת לבנך בעבור זה עשה ה׳ לי בצאתי ממצרים כו׳ פי׳ בעבור זה בעבור המשכת אור אבא דווקא שהוא נק׳ זה עשה ה׳ לי לי דווקא כו׳ · וביאור הדברים הנה מבואר למעלה באריכות בענין ההפרש שבין בחי׳ מוחין דאבא לבחי׳ מוחין דאימא כו׳ שבחי׳ מוחין דאבא היא מבחי׳ האין שאינו מושג וכו׳ והוא מ״ש ואחרי הרעש אש ואחרי האש קול דממה דקה פי׳ קול דממה דקה הוא בחי׳ הארת אור א״ס שבחכמ׳ מפני שהוא בלא גלוי ליש ודבר מה אלא בבחי׳ האין ולכך תמן קאתי מלכה לפי שהוא בבחי׳ הביטול בתכלית משא״כ קודם לזה הוא הרעש שע״י הבינה מוחין דאימא שהוא בבחי׳ התפעלות נרגש ליש ודבר מה כידוע וע״כ לא אתי מלכא תמן כו׳ לכן בענין המאמר בהגדה משעבוד לגאולה ומאפילה לאור גדול כו׳ שזהו בבחי׳ הבינה כשמשיג אלקות בבחי׳ ההשתלשלות ויתפעל מזה איך שהוא ית׳ נקרא עיקרא ושרשא דכל עלמין וכולא קמיה כלא כו׳ הרי הוא יוצא בזה מחשכות חומריות גופו להכלל ולהדבק באור האלקי וא״כ ה״ז כמו שיוצא מאפילה וחושך לאור גדול ממש ואמנם אין זה יתכן רק בבחי׳ השגה האלקית שנק׳ אור גדול אבל למעלה מן ההשגה והוא כמו בחי׳ האין הנק׳ קול דממה דקה ככ״ל ששם החשך והאור שוין בהשוואה א׳ ממש ככ״ל ע״פ כחשכה כאורה כו׳ איך יתכן שם לומר שיצא מאפילה לאור גדול מאחר שגם האור כחשך נחשב וגם חשך לא יחשיך כלל כו׳ וד״ל וא״כ מאחר שבבחי׳ האין דחכמה גם חשך לא יחשיך כו׳ הרי יוכל להיות שיתפשט ויתמשך הארת אור א״ס שבחכמה גם למטה מטה גם בעולם הפירוד לגמרי הנק׳ חשך ואפילה ממש וכמו בחומר הגופני של אדם שנלקח מד׳ יסודות דנוגה דעשיה שיהיה גם הוא מכיר את בוראו מפני שיהיה בו ג״כ בחי׳ הארת אור א״ס כו׳ מטעם שהארה זו היא בבחי׳ האין שלמעלה לגמרי מן ההשתלשלות וכחשיכה כאורה ממש שוין ככ״ל וד״ל · וזהו בעבור זה פי׳ בעבור זה שנמשך מהארת אור אבא שנק׳ זה כמ״ש זה אלי ואנוהו כידוע עשה ה׳ לי פי׳ גם לי בחי׳ החושך שבחומר הגופני עשה ה׳ להיות בבחי׳ גילוי אור א״ס בהוי׳ דאור דאבא כו׳ ואמנם היא גופא קשיא למה עשה כ״כ להמשיך מאור אבא שלמעלה מעלה מהשתלשלות לזה אמר בצאתי ממצרים פי׳ מפני שבשעת יצ״מ היה בחי׳ הדילוג הגדול כשפסח ה׳ על הפתח כו׳ ולכך צוה לאכול מצה בלילה הראשונה שהוא בשביל המשכת אור אבא שהי׳ ככ״ל וזהו שארז״ל בעבור זה למצה ומרור הוא דאתא פי׳ מפני שיש מצה שהיא מבחי׳ אור אבא דוקא ככ״ל לפי שבחי׳ אור אימא לא הי׳ יכול להשתלשל כ״כ למטה עד שגם חשך לא יחשיך מטעם הנ״ל וד״ל · והנה ידוע מדרש ההגדה ע״פ זה בעבור זה עשה ה׳ לי כו׳ אף אתה הקהה שניו ואמור לו בעבור זה עשה ה׳ לי ולא לו אלו היה שם לא היה נגאל · ולהבין זה המאמר יש להקדים תחלה ענין א׳ במ״ש במשה וימהר ויקוד ארצה וישתחו ואז״ל ארך אפים ראה וכשם שמאריך אף לצדיקים מאריך אף לרשעים לכך ויקוד וישתחו לבקש שלא להאריך אף לרשעים כ״א לצדיקים וכמו שבקש ונפלינו אני ועמך כו׳ גם שלא תשרה שכינה באוה״ע כידוע :

והנה ביאור הדברים ידוע שי״ג מדה״ר דאל רחום וחנון אנו מזכירין באלול עד יה״כ כדי להמשיך המשכות עליונות מבחי׳ כתר עליון להיות מקום לסלוח לבעלי תשובה על עונותיהם כי הנה מאחר שחטאו בעבירו׳ הרבה הגם שיעשו תשובה האיך יתוקן הפגם שנעשה ע״י החטאים והעונות שלהם שעברו אך להיות שאנו ממשיכין הארה מי״ג מדה״ר שנק׳ י״ג תיקוני דיקנא מבחי׳ א״א שהוא בחי׳ כתר עליון שלמעלה מכל ההשתלשלות דאבי״ע כידוע ושם קטן וגדול שוין כחשיכה כאורה ככ״ל דהיינו בבחי׳ האין שבחכמה הנ״ל עד שיכול משם לירד השפע גם בירידת המדריגות מאוד גם למטה מטה בחשך ואפילה

של היכלות החיצוני' שרש ומקור הרעה של הרשעים מפני שגם חשך לא יחשיך לפניו וכחשיכה כאורה כו' וע"כ משם יוכל להיות סליחות לתיקון העונות והחטאים כי כמו שיוכל להיות החשך לאור כן יהיו הזדונות כזכיות מפני שאין הפרש בין זה לזה כלל והוא מפני עוצם בחי' הרוממות של כתר עליון שהוא מובדל בערך לגמרי מכל בחינ' ההשתלשלות ואור וחשך כו' ולכך גם החטאים כזכות יחשבו וכמאמר איוב אם צדקת מה תתן לו ואם רבו פשעיך מה תעשה לו כי אין כל ההשתלשלות תופס מקום כלל וכמ"ש בת"א וד"ל · ולכך כשחטאו ישראל בעגל התפלל משה ואמר יגדל נא כח ה' כו' להמשיך י"ג מדה"ר דבחי' הכתר להיות נושא עון ועובר על פשע כו' וכמ"ש בת"א וד"ל · אמנם מדה זו דא"א היא הגורמת שמאריך אף גם לרשעים כמו לצדיקים מאחר שהטעם הוא לפי שאין כל ההשתלשלו' תופס מקום לגמרי וכחשיכה כאורה כנ"ל א"כ גם החיצוני' יכולים לקבל יניקה מפני העדר תפיסת מקום ליניקה שלהם וכמו שהיה בדור אנוש שכולם היו עובדים ע"ז והיו סונין ברוב טוב ובאריכות ימים רק מפני אור חסד עליון שלמעלה מן ההשתלשלות כמ"ש בת"א וכמ"כ אנו מוצאין שהיה הנבואה גם באו"הע כמו בלעם שהיה יודע דעת עליון ונתגלה אליו ה' ממש וכמ"ש ויאמר אלהים אל בלעם כו' הגם שהיה בלעם מזוהם בטומאה בתכלית הזוהמא כידוע אך הענין הוא מטעם משום דקמיה ממש כחשיכה כאורה וגם חשך לא יחשיך כו' וכמאמר אם אסק שמים שם אתה ואציעה שאול הנך כו' ולכך גם עם בלעם היה מדבר וכמו שדבר ה' עם הנחש הקדמוני דכתיב ויאמר ה' אל הנחש כו' וד"ל · וזהו שבקש משה ונפלינו אני ועמך מכל העם אשר ע"פ האדמה כו' שלא תשרה שכינה באו"הע רק בישראל לבדם ולכאורה אינו מובן למה הוצרך לבקש זאת מאחר שאין השכינה שורה בשום דבר רע כמ"ש טהור עינים מראות ברע כו' אך מטעם הנ"ל הוצרך לבקש ואילו לא בקש זאת היתה השכינה באו"הע כמו בישראל באין הפרש כלל מפני דקמי' כחשיכה כאורה שוין ממש כנ"ל ועל בקשה זאת הבטיח לו הקב"ה באמרו גם את הדבר הזה אשר דברת אעשה כו' וד"ל · ועד"ז הי' מבקש שלא יאריך אף לרשעים כ"א לצדיקים כי לפי מדה זו דא"א שהוא למעלה מכל ההשתלשלות יכול להאריך אף לרשעים בהשוואה א' כמו לצדיקים כנ"ל ע"כ בקש שלא ילך אור השפע מאור מדה זו כ"א לצדיקים ולא לרשעים כלל והענין הוא לפי שגם במדה זו דא"א יש בה בחי' חיצוניות ופנימיות כמ"ש בת"א והוא עד"מ המצח באדם שכנגדו מול העורף שהוא בחי' אחוריים להארת המצח שבפנים כו' ובקשת משה היתה שיבדיל הפנימיות שבמצחא דא"א מן החיצוני' ולא יאריך אף רק לצדיקים ולא לרשעים העומדים בשרשם בבחי' אחוריים דא"א וד"ל · ועתה יובן גם המאמר בהגדה אף אתה הקהה את שיניו ואמור לו בעבור זה עשה ה' לי ולא לו

כו' כי הנה שרש יניקת פרעה מלך מצרים הי' בבחי' אחוריים דא"א ולכך נקרא פרעה שהוא מאותיות עורף כמ"ש בת"א ושם מקום מדריגה גבוה מאד דמעלה ומטה שוין כחשיכה כאורה כנ"ל · וע"כ הי' גם מצרים יכול לינק שפע הרבה מהקדושה וזהו מתחלה עבדים היינו לפרעה אך אח"כ הוציאנו ה' ממצרים מפני שהובדלה השפע ממדת א"א בחי' כתר עליון להיות רק הולך ואור בבחי' הפנימית ולא בבחי' החיצוניות האחוריים כו' ולכך גם בקי"ס טבעו פרעה וחילו בי"ס וישראל עברו בתוך הים כו' וכפי אופן בקשת משה הנ"ל וד"ל · וזהו בעבור זה עשה ה' לי ולא לו פי' בחי' המשכת אור אבא הנ"ל שע"י המצה כנ"ל עשה ה' רק לי לישראל לבדם ולא לו לחיצונים ואילו הי' שם לא הי' נגאל כלל לפי שכבר הובדל הפנימיו' מן האחוריים ואין לבחי' אחוריים שרש יניקה כלל בגאולה זו דגילוי אור א"ס שבהבא בגאתי ממצרים כו' וזהו לי לבחי' פנים ולא לו לבחי' אחוריים וכן עד"ז ענין המאמר אני ה' ולא אחר פי' בבחי' פנים שבבחי' מצחא ולא בבחי' אחוריים דמול עורף ששם יש יניקה לאחר כו' וד"ל · ומה שאמר בהגדה זו אף אתה אמור לו דהיינו לרשע שאומר מה העבודה הזאת לכם כו' הנה פי' ענין הד' בנים הללו חכם ותם ורשע כו' ידוע בספרי הקבלה שהוא ד' פעמים שם ב"ן דהיינו מבחי' הקטנות שבכל עולם אבי' בי"ע וכולם יוכללו בבחי' אור אבא כנ"ל וד"ל · וחכם מהו אומר מה העדות כו' כלומר מפני שאינו משיג מאין הי' הדילוג הגדול בג' מוחין דעדות וחוקים ומשפטים מה' אלקינו אתכם בבי"ע מפני שהוא מבחי' הקטנות כו' ותם שבעולם הבריאה ע"כ שואל מה זאת כו' ושאינו יודע לשאול את פתח לו כו' מפני שגם בבחי' העשי' האחרונה במדריגה מכולם יכולים לפתוח אותו שיוכל להאיר בו מהארת אור אבא שנאמר והגדת לבנך בעבור זה עשה ה' לי כו' וכנ"ל וד"ל · ואמנם לרשע שהוא שרש יניקת הרע שמתחיל בעולם היצי' שחציו טוב וחציו רע כידוע ולכך מוציא א"ע מן היחוד דקדושה האלקית ואומר מה העבודה הזאת לכם ולא לו כו' לפי שלא יוכל לקבל אותו ההארה מאור אבא מטעם הנ"ל שכבר הובדלה אור השפע מבחי' האחוריים לגמרי כו' ע"כ משיבין אנחנו לו בעבור זה עשה ה' לי ולא לו כו' וכנ"ל וזהו פי' הקהה את שניו כמ"ש שני רשעים שברת כו' כי הבירור בין הפנימיות והאחוריים הוא בחכמה דוקא בחכמה אתבררו וזהו בדבור זה דאור אבא עשה ה' לי ולא לו כו' ומילא נשבר שיני רשעים שלא יוכלו לקבל יניקה עוד כנ"ל וגם ידוע שכשמקהה השין שבאותיות רשע ישארו אותיות רע יאבדו לגמרי וזהו הבירור שלו כו' מפני שבשין יש גם עדיין מחלק הטוב בתערובות דעה"ד טו"ר אבל ברע אין טוב כלל כו' וכשמקהה הש', ברשע ממילא ימות וכמ"ש ממותת רשע רעה כו' וד"ל :

יָכוֹל מֵרֹאשׁ חֹדֶשׁ · תַּלְמוּד לוֹמַר בַּיּוֹם הַהוּא ·
אִי בַּיּוֹם הַהוּא יָכוֹל מִבְּעוֹד יוֹם · תַּלְמוּד לוֹמַר
בַּעֲבוּר זֶה · בַּעֲבוּר זֶה לֹא אָמַרְתִּי אֶלָּא בְּשָׁעָה
שֶׁיֵּשׁ מַצָּה וּמָרוֹר מֻנָּחִים לְפָנֶיךָ :

מִתְּחִלָּה עוֹבְדֵי עֲבוֹדָה זָרָה הָיוּ אֲבוֹתֵינוּ וְעַכְשָׁו
קֵרְבָנוּ הַמָּקוֹם לַעֲבוֹדָתוֹ · שֶׁנֶּאֱמַר וַיֹּאמֶר
יְהוֹשֻׁעַ אֶל כָּל הָעָם כֹּה אָמַר יְהוָֹה אֱלֹהֵי יִשְׂרָאֵל
בְּעֵבֶר הַנָּהָר יָשְׁבוּ אֲבוֹתֵיכֶם מֵעוֹלָם · תֶּרַח אֲבִי
אַבְרָהָם וַאֲבִי נָחוֹר · וַיַּעַבְדוּ אֱלֹהִים אֲחֵרִים : וָאֶקַּח
אֶת אֲבִיכֶם אֶת אַבְרָהָם מֵעֵבֶר הַנָּהָר · וָאוֹלֵךְ
אוֹתוֹ בְּכָל אֶרֶץ כְּנָעַן וָאַרְבֶּה אֶת זַרְעוֹ וָאֶתֶּן לוֹ
אֶת יִצְחָק וָאֶתֵּן לְיִצְחָק אֶת יַעֲקֹב וְאֶת עֵשָׂו · וָאֶתֵּן
לְעֵשָׂו אֶת הַר שֵׂעִיר לָרֶשֶׁת אוֹתוֹ · וְיַעֲקֹב וּבָנָיו
יָרְדוּ מִצְרָיִם :

בָּרוּךְ שׁוֹמֵר הַבְטָחָתוֹ לְיִשְׂרָאֵל · בָּרוּךְ הוּא ·
שֶׁהַקָּדוֹשׁ בָּרוּךְ הוּא · חִשַּׁב אֶת הַקֵּץ
לַעֲשׂוֹת כְּמָה שֶׁאָמַר לְאַבְרָהָם אָבִינוּ בִּבְרִית בֵּין
הַבְּתָרִים · שֶׁנֶּאֱמַר וַיֹּאמֶר לְאַבְרָם יָדֹעַ תֵּדַע כִּי
גֵר יִהְיֶה זַרְעֲךָ בְּאֶרֶץ לֹא לָהֶם וַעֲבָדוּם וְעִנּוּ אֹתָם
אַרְבַּע מֵאוֹת שָׁנָה · וְגַם אֶת הַגּוֹי אֲשֶׁר יַעֲבֹדוּ
דָּן אָנֹכִי וְאַחֲרֵי כֵן יֵצְאוּ בִּרְכֻשׁ גָּדוֹל :

צריך להגביה הכוס ולכסות הפת כך כתב האר"י ז"ל :

וְהִיא שֶׁעָמְדָה לַאֲבוֹתֵינוּ וְלָנוּ · שֶׁלֹּא אֶחָד בִּלְבָד
עָמַד עָלֵינוּ לְכַלּוֹתֵנוּ · אֶלָּא שֶׁבְּכָל דּוֹר וָדוֹר
עוֹמְדִים עָלֵינוּ לְכַלּוֹתֵנוּ · וְהַקָּדוֹשׁ בָּרוּךְ הוּא
מַצִּילֵנוּ מִיָּדָם :

יעמיד הכוס ויגלה הפת

צֵא וּלְמַד מַה בִּקֵּשׁ לָבָן הָאֲרַמִּי לַעֲשׂוֹת לְיַעֲקֹב
אָבִינוּ · שֶׁפַּרְעֹה לֹא גָזַר אֶלָּא עַל הַזְּכָרִים ·
וְלָבָן בִּקֵּשׁ לַעֲקוֹר אֶת הַכֹּל · שֶׁנֶּאֱמַר אֲרַמִּי אֹבֵד
אָבִי וַיֵּרֶד מִצְרַיְמָה וַיָּגָר שָׁם בִּמְתֵי מְעָט וַיְהִי שָׁם
לְגוֹי גָּדוֹל עָצוּם וָרָב :

וַיֵּרֶד מִצְרַיְמָה · אָנוּס עַל פִּי הַדִּבּוּר : וַיָּגָר שָׁם ·
מְלַמֵּד שֶׁלֹּא יָרַד יַעֲקֹב אָבִינוּ לְהִשְׁתַּקֵּעַ
בְּמִצְרַיִם אֶלָּא לָגוּר שָׁם: שֶׁנֶּאֱמַר וַיֹּאמְרוּ אֶל פַּרְעֹה
לָגוּר בָּאָרֶץ בָּאנוּ כִּי אֵין מִרְעֶה לַצֹּאן אֲשֶׁר
לַעֲבָדֶיךָ כִּי כָבֵד הָרָעָב בְּאֶרֶץ כְּנָעַן וְעַתָּה יֵשְׁבוּ
נָא עֲבָדֶיךָ בְּאֶרֶץ גֹּשֶׁן :

בִּמְתֵי מְעָט · כְּמָה שֶׁנֶּאֱמַר בְּשִׁבְעִים נֶפֶשׁ יָרְדוּ
אֲבֹתֶיךָ מִצְרָיְמָה וְעַתָּה שָׂמְךָ יְהוָֹה אֱלֹהֶיךָ
כְּכוֹכְבֵי הַשָּׁמַיִם לָרֹב : וַיְהִי שָׁם לְגוֹי · מְלַמֵּד שֶׁהָיוּ
יִשְׂרָאֵל מְצֻיָּנִים שָׁם · גָּדוֹל עָצוּם כְּמָה שֶׁנֶּאֱמַר
וּבְנֵי יִשְׂרָאֵל פָּרוּ וַיִּשְׁרְצוּ וַיִּרְבּוּ וַיַּעַצְמוּ בִּמְאֹד מְאֹד
וַתִּמָּלֵא הָאָרֶץ אֹתָם : וָרָב · כְּמָה שֶׁנֶּאֱמַר וָאֶעֱבֹר
עָלַיִךְ וָאֶרְאֵךְ מִתְבּוֹסֶסֶת בְּדָמָיִךְ וָאֹמַר לָךְ בְּדָמַיִךְ
חֲיִי · וָאֹמַר לָךְ בְּדָמַיִךְ חֲיִי · רְבָבָה כְּצֶמַח הַשָּׂדֶה
נְתַתִּיךְ וַתִּרְבִּי וַתִּגְדְּלִי וַתָּבֹאִי בַּעֲדִי עֲדָיִים שָׁדַיִם
נָכֹנוּ וּשְׂעָרֵךְ צִמֵּחַ וְאַתְּ עֵרֹם וְעֶרְיָה :

וַיָּרֵעוּ אֹתָנוּ הַמִּצְרִים וַיְעַנּוּנוּ וַיִּתְּנוּ עָלֵינוּ עֲבֹדָה
קָשָׁה · וַיָּרֵעוּ אֹתָנוּ הַמִּצְרִים כְּמָה שֶׁנֶּאֱמַר
הָבָה נִתְחַכְּמָה לוֹ פֶּן יִרְבֶּה וְהָיָה כִּי תִקְרֶאנָה
מִלְחָמָה וְנוֹסַף גַּם הוּא עַל שֹׂנְאֵינוּ וְנִלְחַם בָּנוּ
וְעָלָה מִן הָאָרֶץ : וַיְעַנּוּנוּ · כְּמָה שֶׁנֶּאֱמַר וַיָּשִׂימוּ
עָלָיו שָׂרֵי מִסִּים לְמַעַן עַנֹּתוֹ בְּסִבְלֹתָם וַיִּבֶן עָרֵי
מִסְכְּנוֹת לְפַרְעֹה אֶת פִּתֹם וְאֶת רַעַמְסֵס : וַיִּתְּנוּ
עָלֵינוּ עֲבֹדָה קָשָׁה · כְּמָה שֶׁנֶּאֱמַר וַיַּעֲבִדוּ מִצְרַיִם
אֶת בְּנֵי יִשְׂרָאֵל בְּפָרֶךְ : וַיְמָרְרוּ אֶת חַיֵּיהֶם
בַּעֲבֹדָה קָשָׁה בְּחֹמֶר וּבִלְבֵנִים וּבְכָל עֲבֹדָה
בַּשָּׂדֶה אֶת כָּל עֲבֹדָתָם אֲשֶׁר עָבְדוּ בָהֶם בְּפָרֶךְ :

וַנִּצְעַק אֶל יְהוָֹה אֱלֹהֵי אֲבֹתֵינוּ וַיִּשְׁמַע יְהוָֹה אֶת
קֹלֵנוּ וַיַּרְא אֶת עָנְיֵנוּ וְאֶת עֲמָלֵנוּ וְאֶת
לַחֲצֵנוּ · וַנִּצְעַק אֶל יְהוָֹה אֱלֹהֵי אֲבֹתֵינוּ · כְּמָה
שֶׁנֶּאֱמַר וַיְהִי בַיָּמִים הָרַבִּים הָהֵם וַיָּמָת מֶלֶךְ מִצְרַיִם
וַיֵּאָנְחוּ בְנֵי יִשְׂרָאֵל מִן הָעֲבֹדָה וַיִּזְעָקוּ וַתַּעַל
שַׁוְעָתָם אֶל הָאֱלֹהִים מִן הָעֲבֹדָה: וַיִּשְׁמַע יְהוָֹה אֶת
קֹלֵנוּ · כְּמָה שֶׁנֶּאֱמַר וַיִּשְׁמַע אֱלֹהִים אֶת נַאֲקָתָם
וַיִּזְכֹּר אֱלֹהִים אֶת בְּרִיתוֹ אֶת אַבְרָהָם אֶת יִצְחָק
וְאֶת יַעֲקֹב · וַיַּרְא אֶת עָנְיֵנוּ · זוֹ פְּרִישׁוּת דֶּרֶךְ אֶרֶץ ·
כְּמָה שֶׁנֶּאֱמַר וַיַּרְא אֱלֹהִים אֶת בְּנֵי יִשְׂרָאֵל וַיֵּדַע
אֱלֹהִים

אֱלֹהִים: וְאֶת עֲמָלֵנוּ · אֵלּוּ הַבָּנִים · כְּמָה שֶׁנֶּאֱמַר כָּל הַבֵּן הַיִּלּוֹד הַיְאֹרָה תַּשְׁלִיכֻהוּ וְכָל הַבַּת תְּחַיּוּן: וְאֶת לַחֲצֵנוּ · זֶה הַדְּחַק · כְּמָה שֶׁנֶּאֱמַר וְגַם רָאִיתִי אֶת הַלַּחַץ אֲשֶׁר מִצְרַיִם לֹחֲצִים אֹתָם:

וַיּוֹצִאֵנוּ יְהֹוָה מִמִּצְרַיִם בְּיָד חֲזָקָה וּבִזְרֹעַ נְטוּיָה וּבְמֹרָא גָּדֹל וּבְאֹתוֹת וּבְמֹפְתִים:

וַיּוֹצִאֵנוּ יְהֹוָה מִמִּצְרַיִם · לֹא עַל יְדֵי מַלְאָךְ · וְלֹא עַל יְדֵי שָׂרָף · וְלֹא עַל יְדֵי שָׁלִיחַ · אֶלָּא הַקָּדוֹשׁ בָּרוּךְ הוּא בִּכְבוֹדוֹ וּבְעַצְמוֹ · שֶׁנֶּאֱמַר וְעָבַרְתִּי בְאֶרֶץ מִצְרַיִם בַּלַּיְלָה הַזֶּה וְהִכֵּיתִי כָל בְּכוֹר בְּאֶרֶץ מִצְרַיִם מֵאָדָם וְעַד בְּהֵמָה וּבְכָל אֱלֹהֵי מִצְרַיִם אֶעֱשֶׂה שְׁפָטִים אֲנִי יְהֹוָה:

וְעָבַרְתִּי בְאֶרֶץ מִצְרַיִם · אֲנִי וְלֹא מַלְאָךְ · וְהִכֵּיתִי כָל בְּכוֹר בְּאֶרֶץ מִצְרַיִם · אֲנִי וְלֹא שָׂרָף · וּבְכָל אֱלֹהֵי מִצְרַיִם אֶעֱשֶׂה שְׁפָטִים · אֲנִי וְלֹא הַשָּׁלִיחַ · אֲנִי יְהֹוָה · אֲנִי הוּא וְלֹא אַחֵר:

בְּיָד חֲזָקָה · זֶה הַדֶּבֶר · כְּמָה שֶׁנֶּאֱמַר הִנֵּה יַד יְהֹוָה הוֹיָה בְּמִקְנְךָ אֲשֶׁר בַּשָּׂדֶה בַּסּוּסִים בַּחֲמֹרִים בַּגְּמַלִּים בַּבָּקָר וּבַצֹּאן דֶּבֶר כָּבֵד מְאֹד · וּבִזְרֹעַ נְטוּיָה · זוֹ הַחֶרֶב · כְּמָה שֶׁנֶּאֱמַר וְחַרְבּוֹ שְׁלוּפָה בְּיָדוֹ נְטוּיָה עַל יְרוּשָׁלָיִם: וּבְמוֹרָא גָּדוֹל · זֶה גִּלּוּי שְׁכִינָה · כְּמָה שֶׁנֶּאֱמַר אוֹ הֲנִסָּה אֱלֹהִים לָבוֹא לָקַחַת לוֹ גוֹי מִקֶּרֶב גּוֹי בְּמַסֹּת בְּאֹתֹת וּבְמוֹפְתִים וּבְמִלְחָמָה וּבְיָד חֲזָקָה וּבִזְרוֹעַ נְטוּיָה וּבְמוֹרָאִים גְּדֹלִים כְּכֹל אֲשֶׁר עָשָׂה לָכֶם יְהֹוָה אֱלֹהֵיכֶם בְּמִצְרַיִם לְעֵינֶיךָ: וּבְאֹתוֹת · זֶה הַמַּטֶּה · כְּמָה שֶׁנֶּאֱמַר וְאֶת הַמַּטֶּה הַזֶּה תִּקַּח בְּיָדֶךָ אֲשֶׁר תַּעֲשֶׂה בּוֹ אֶת הָאֹתוֹת: וּבְמוֹפְתִים זֶה הַדָּם · כְּמָה שֶׁנֶּאֱמַר וְנָתַתִּי מוֹפְתִים בַּשָּׁמַיִם וּבָאָרֶץ:

באמירת דם ואש ותמרות עשן ישפוך ג׳ שפיכות ואין ליטול באצבע לשפוך כ״א בכוס עצמו וישפוך לתוך כלי שבור (ויכוין שהכוס הוא סוד המלכות ושופך מהיין שבתוכו סוד האף והזעם שבה ע״י כח הבינה לתוך כלי שבור סוד הקליפה שנקראת ארור):

דָּם · וָאֵשׁ · וְתִמְרוֹת עָשָׁן:

דָּבָר אַחֵר · בְּיָד חֲזָקָה שְׁתַּיִם · וּבִזְרוֹעַ נְטוּיָה שְׁתַּיִם · וּבְמֹרָא גָּדֹל שְׁתַּיִם · וּבְאֹתוֹת שְׁתַּיִם וּבְמוֹפְתִים שְׁתַּיִם: אֵלּוּ עֶשֶׂר מַכּוֹת שֶׁהֵבִיא הַקָּדוֹשׁ בָּרוּךְ הוּא עַל הַמִּצְרִים בְּמִצְרַיִם וְאֵלּוּ הֵן:

באמירה עשר מכות ישפוך עשר שפיכות מהכוס עצמו כנ״ל (ויכוין בשפיכה ג״כ כנ״ל) ומה שנשאר בכוס (נעשה סוד יין המשמח לכך) לא ישפוך אלא יוסיף יין:

דָּם · צְפַרְדֵּעַ · כִּנִּים · עָרוֹב · דֶּבֶר · שְׁחִין · בָּרָד · אַרְבֶּה · חֹשֶׁךְ · מַכַּת בְּכוֹרוֹת:

רַבִּי יְהוּדָה הָיָה נוֹתֵן בָּהֶם סִמָּנִים · דְּצַ״ךְ · עֲדַ״שׁ · בְּאַחַ״ב:

רַבִּי יוֹסֵי הַגְּלִילִי אוֹמֵר · מִנַּיִן אַתָּה אוֹמֵר שֶׁלָּקוּ הַמִּצְרִים בְּמִצְרַיִם עֶשֶׂר מַכּוֹת וְעַל הַיָּם לָקוּ חֲמִשִּׁים מַכּוֹת: בְּמִצְרַיִם מַה הוּא אוֹמֵר · וַיֹּאמְרוּ הַחַרְטֻמִּים אֶל פַּרְעֹה אֶצְבַּע אֱלֹהִים הִוא · וְעַל הַיָּם מַה הוּא אוֹמֵר · וַיַּרְא יִשְׂרָאֵל אֶת הַיָּד הַגְּדֹלָה אֲשֶׁר עָשָׂה יְהֹוָה בְּמִצְרַיִם וַיִּירְאוּ הָעָם אֶת יְהֹוָה וַיַּאֲמִינוּ בַּיהֹוָה וּבְמֹשֶׁה עַבְדּוֹ: כַּמָּה לָקוּ בְאֶצְבַּע · עֶשֶׂר מַכּוֹת אֱמוֹר מֵעַתָּה בְּמִצְרַיִם לָקוּ עֶשֶׂר מַכּוֹת · וְעַל הַיָּם לָקוּ חֲמִשִּׁים מַכּוֹת:

רַבִּי אֱלִיעֶזֶר אוֹמֵר · מִנַּיִן שֶׁכָּל מַכָּה וּמַכָּה שֶׁהֵבִיא הַקָּדוֹשׁ בָּרוּךְ הוּא עַל הַמִּצְרִים בְּמִצְרַיִם הָיְתָה שֶׁל אַרְבַּע מַכּוֹת · שֶׁנֶּאֱמַר יְשַׁלַּח בָּם חֲרוֹן אַפּוֹ עֶבְרָה וָזַעַם וְצָרָה מִשְׁלַחַת מַלְאֲכֵי רָעִים: עֶבְרָה אַחַת · וָזַעַם שְׁתַּיִם · וְצָרָה שָׁלֹשׁ · מִשְׁלַחַת מַלְאֲכֵי רָעִים אַרְבַּע · אֱמוֹר מֵעַתָּה בְּמִצְרַיִם לָקוּ אַרְבָּעִים מַכּוֹת וְעַל הַיָּם לָקוּ מָאתַיִם מַכּוֹת:

רַבִּי עֲקִיבָא אוֹמֵר מִנַּיִן שֶׁכָּל מַכָּה וּמַכָּה שֶׁהֵבִיא הַקָּדוֹשׁ בָּרוּךְ הוּא עַל הַמִּצְרִים בְּמִצְרַיִם הָיְתָה שֶׁל חָמֵשׁ מַכּוֹת · שֶׁנֶּאֱמַר יְשַׁלַּח בָּם חֲרוֹן אַפּוֹ עֶבְרָה וָזַעַם וְצָרָה מִשְׁלַחַת מַלְאֲכֵי רָעִים: חֲרוֹן אַפּוֹ אַחַת · עֶבְרָה שְׁתַּיִם · וָזַעַם שָׁלֹשׁ · וְצָרָה אַרְבַּע · מִשְׁלַחַת מַלְאֲכֵי רָעִים חָמֵשׁ · אֱמוֹר מֵעַתָּה בְּמִצְרַיִם לָקוּ חֲמִשִּׁים מַכּוֹת · וְעַל הַיָּם לָקוּ חֲמִשִּׁים וּמָאתַיִם מַכּוֹת:

כַּמָּה מַעֲלוֹת טוֹבוֹת לַמָּקוֹם עָלֵינוּ · אִלּוּ הוֹצִיאָנוּ מִמִּצְרַיִם · וְלֹא עָשָׂה בָהֶם שְׁפָטִים דַּיֵּנוּ: אִלּוּ עָשָׂה בָהֶם שְׁפָטִים · וְלֹא עָשָׂה בֵאלֹהֵיהֶם דַּיֵּנוּ:

אלו

אִלּוּ עָשָׂה בֵאלֹהֵיהֶם · וְלֹא הָרַג אֶת בְּכוֹרֵיהֶם דַּיֵּנוּ : אִלּוּ הָרַג אֶת בְּכוֹרֵיהֶם · וְלֹא נָתַן לָנוּ אֶת מָמוֹנָם דַּיֵּנוּ : אִלּוּ נָתַן לָנוּ אֶת מָמוֹנָם · וְלֹא קָרַע לָנוּ אֶת הַיָּם דַּיֵּנוּ : אִלּוּ קָרַע לָנוּ אֶת הַיָּם · וְלֹא הֶעֱבִירָנוּ בְתוֹכוֹ בֶּחָרָבָה דַּיֵּנוּ : אִלּוּ הֶעֱבִירָנוּ בְתוֹכוֹ בֶּחָרָבָה · וְלֹא שִׁקַּע צָרֵינוּ בְּתוֹכוֹ דַּיֵּנוּ : אִלּוּ שִׁקַּע צָרֵינוּ בְּתוֹכוֹ · וְלֹא סִפֵּק צָרְכֵּנוּ בַּמִּדְבָּר אַרְבָּעִים שָׁנָה דַּיֵּנוּ : אִלּוּ סִפֵּק צָרְכֵּנוּ בַּמִּדְבָּר אַרְבָּעִים שָׁנָה · וְלֹא הֶאֱכִילָנוּ אֶת הַמָּן דַּיֵּנוּ : אִלּוּ הֶאֱכִילָנוּ אֶת הַמָּן · וְלֹא נָתַן לָנוּ אֶת הַשַּׁבָּת דַּיֵּנוּ : אִלּוּ נָתַן לָנוּ אֶת הַשַּׁבָּת · וְלֹא קֵרְבָנוּ לִפְנֵי הַר סִינַי דַּיֵּנוּ : אִלּוּ קֵרְבָנוּ לִפְנֵי הַר סִינַי · וְלֹא נָתַן לָנוּ אֶת הַתּוֹרָה דַּיֵּנוּ : אִלּוּ נָתַן לָנוּ אֶת הַתּוֹרָה · וְלֹא הִכְנִיסָנוּ לְאֶרֶץ יִשְׂרָאֵל דַּיֵּנוּ : אִלּוּ הִכְנִיסָנוּ לְאֶרֶץ יִשְׂרָאֵל · וְלֹא בָנָה לָנוּ אֶת בֵּית הַבְּחִירָה דַּיֵּנוּ :

עַל אַחַת כַּמָּה וְכַמָּה טוֹבָה כְפוּלָה וּמְכֻפֶּלֶת לַמָּקוֹם עָלֵינוּ · שֶׁהוֹצִיאָנוּ מִמִּצְרַיִם · וְעָשָׂה בָהֶם שְׁפָטִים · וְעָשָׂה בֵאלֹהֵיהֶם · וְהָרַג אֶת בְּכוֹרֵיהֶם · וְנָתַן לָנוּ אֶת מָמוֹנָם · וְקָרַע לָנוּ אֶת הַיָּם : וְהֶעֱבִירָנוּ בְתוֹכוֹ בֶּחָרָבָה · וְשִׁקַּע צָרֵינוּ בְּתוֹכוֹ · וְסִפֵּק צָרְכֵּנוּ בַּמִּדְבָּר אַרְבָּעִים שָׁנָה · וְהֶאֱכִילָנוּ אֶת הַמָּן · וְנָתַן לָנוּ אֶת הַשַּׁבָּת · וְקֵרְבָנוּ לִפְנֵי הַר סִינַי · וְנָתַן לָנוּ אֶת הַתּוֹרָה · וְהִכְנִיסָנוּ לְאֶרֶץ יִשְׂרָאֵל · וּבָנָה לָנוּ אֶת בֵּית הַבְּחִירָה לְכַפֵּר עַל כָּל עֲוֹנוֹתֵינוּ :

רַבָּן גַּמְלִיאֵל הָיָה אוֹמֵר · כָּל שֶׁלֹּא אָמַר שְׁלֹשָׁה דְבָרִים אֵלּוּ בַּפֶּסַח לֹא יָצָא יְדֵי חוֹבָתוֹ · וְאֵלּוּ הֵן · פֶּסַח · מַצָּה · וּמָרוֹר :

פֶּסַח שֶׁהָיוּ אֲבוֹתֵינוּ אוֹכְלִים בִּזְמַן שֶׁבֵּית הַמִּקְדָּשׁ קַיָּם · עַל שׁוּם מָה · עַל שׁוּם שֶׁפָּסַח הַמָּקוֹם עַל בָּתֵּי אֲבוֹתֵינוּ בְּמִצְרַיִם · שֶׁנֶּאֱמַר וַאֲמַרְתֶּם זֶבַח פֶּסַח הוּא לַיהֹוָה אֲשֶׁר פָּסַח עַל בָּתֵּי בְנֵי יִשְׂרָאֵל בְּמִצְרַיִם בְּנָגְפּוֹ אֶת מִצְרַיִם וְאֶת בָּתֵּינוּ הִצִּיל וַיִּקֹּד הָעָם וַיִּשְׁתַּחֲווּ :

נוטל הפרוסה בידו ואומר

מַצָּה זוֹ שֶׁאָנוּ אוֹכְלִים עַל שׁוּם מָה · עַל שׁוּם שֶׁלֹּא הִסְפִּיק בְּצֵקָת שֶׁל אֲבוֹתֵינוּ לְהַחֲמִיץ עַד שֶׁנִּגְלָה עֲלֵיהֶם מֶלֶךְ מַלְכֵי הַמְּלָכִים הַקָּדוֹשׁ בָּרוּךְ הוּא וּגְאָלָם · שֶׁנֶּאֱמַר וַיֹּאפוּ אֶת הַבָּצֵק אֲשֶׁר הוֹצִיאוּ מִמִּצְרַיִם עֻגֹת מַצּוֹת כִּי לֹא חָמֵץ כִּי גֹרְשׁוּ

מצה זו שאנו אוכלים על שום מה על שום שלא הספיק בצקת של אבותינו להחמיץ עד שנגלה עליהם כו' ידוע הקושיא שהרי נצטוו בעשור לחדש משכו וקחו כו' על מצות ומרורים יאכלוהו והוכרחו לעשות עוגות מצות כו' ועוד ידוע קושיא שניה דכתיב ויאפו את הבצק וכו' וזה היה בסכות ונתעכבו לסבות כמה מילין איך לא נתחמץ בזמן רב כזה והלא שיעור חימוץ בשעה קטנה כשיעור מיל כידוע · אך הענין הוא דכתיב במורא גדול וארז"ל זו גלוי שכינה וביאור הדבר הוא שנגלה עליהם הקדוש ברוך הוא בכבודו ובעצמו שלמעלה מעלה מכל ההשתלשלות דאבי"ע כידוע בכתבי האר"י ז"ל וכשנתגלה בחינת עצמות אלהות נתבטלו ממציאותם בבחי' ביטול דשם מ"ה מה פשפשת כו' כידוע עד"מ הקרוב קרוב אל המלך יתבטל יותר מהרגשת עצמותו עד שלא יהיה תופס מקום כלל וכלל בעיניו כו' וזהו ענין גלוי שכינה ע"י הגלוי דוקא הגיע בהם מדרגה של הביטול במציאות דשם מ"ה כו'

וזהו מצה זו שאנו אוכלים על שום מה כלומר על שם המשכת שם מ"ה בכנ"י שיהיה להם בחי' ביטול במציאות שלמעלה מהדעת כנ' ע"פ ורעה אמונה שנק' מיכלא דהימנותא כו' ואמר מהיכן יהי' בהם המשכת שם מ"ה כו' ומפרש ואמר על שום שלא הספיק בצקת של אבותינו להחמיץ כו' כלומר זהו הטעם שלא הספיק בצקת שלהם להחמיץ לפי שנגלה עליהם כו' כי ע"י גלוי שכינה נתבטלו ממציאותם עד שלא הספיק כלל הבצקת שלהם להחמיץ כו' · וידוע דענין החמץ הוא הגסות וההתנשאות כטבע השאור שמתפח את העיסה כו' כמ"ש במ"א והוא בחי' גבורות קשות דנוגה חולפה כו' וגם בשרש שרשן בקדושה הוא ההתלהבות שמגביה הלב בהתפעלות נרגשת עד שנראה ליש ודבר ויסתעפו ממנה גובה הלב להתגאות לומר הלא דבר הוא כו' וכ"ז אינו אלא כשמרחוק ה' נראה לו אבל כשנתגלה כבוד ה' בבחי' קירוב גדול לא יתכן אז ההתפעלות בהרגשה כי יתבטל לגמרי מהרגשת עצמותו

כידוע

גֹּרְשׁוּ מִמִּצְרַיִם וְלֹא יָכְלוּ לְהִתְמַהְמֵהַּ וְגַם צֵדָה לֹא עָשׂוּ לָהֶם :

כידוע שזהו בחי' הביטול דחכמה כח מ"ה בש"ע באמרו אדני שפתי כו' וזהו שלא הספיק בחי' השאור שבעיסה דהיינו הסתעפות ההתנשאות שמצד ההתלהבות להחמיץ עד שנגלה עליהם כו' כלומר לפי שנגלה עליהם בשם מ"ה בחי' הביטול כו' וד"ל ·
ועתה יתורצו הקושיות הנ"ל דאע"פ שנצטוו בעשור לחדש על המצות אילו לא נגלה עליהן במורא גדול זו גילוי שכינה עד שיבואו לתכלית הביטול היה השאור שבעיסה מעכב אותם מלעשות עוגות מצות כי היה להם שהות להחמיץ כו' וד"ל · וגם בזה מתורץ הקושיא השניה מה שלא נתחמץ עיסתם בזמן רב כמהלך מרעמסס סכותה לפי שהיו בתכלית מדריגות הביטול במציאות משם מ"ה שהאיר עליהם עד שהיו בלתי הרגשת עצמותם כלל ויכלו לשאת עיסתם ולא היה השאור מתנשא כלל מפני עוצם הביטול גם זמן רב כזה שלפי ערך המורא גדול דגילוי השכינה כן היה ערך העדר ההתנשאות דשאור על דרך משל לפני מלך גדול יתבטל גם מי שהוא גס הרוח במאד משא"כ לפני מלך קטן כו' וד"ל :

נוטל המרור בידו ויאמר

מָרוֹר זֶה שֶׁאָנוּ אוֹכְלִים עַל שׁוּם מָה · עַל שׁוּם שֶׁמֵּרְרוּ הַמִּצְרִים אֶת חַיֵּי אֲבוֹתֵינוּ בְּמִצְרַיִם שֶׁנֶּאֱמַר וַיְמָרְרוּ אֶת חַיֵּיהֶם בַּעֲבֹדָה קָשָׁה בְּחֹמֶר וּבִלְבֵנִים וּבְכָל עֲבֹדָה בַּשָּׂדֶה אֵת כָּל עֲבֹדָתָם אֲשֶׁר עָבְדוּ בָהֶם בְּפָרֶךְ :

בְּכָל דּוֹר וָדוֹר חַיָּב אָדָם לִרְאוֹת אֶת עַצְמוֹ כְּאִלּוּ הוּא יָצָא מִמִּצְרָיִם · שֶׁנֶּאֱמַר וְהִגַּדְתָּ לְבִנְךָ בַּיּוֹם הַהוּא לֵאמֹר בַּעֲבוּר זֶה עָשָׂה יְהוָֹה לִי בְּצֵאתִי מִמִּצְרָיִם : לֹא אֶת אֲבוֹתֵינוּ בִּלְבָד גָּאַל הַקָּדוֹשׁ בָּרוּךְ הוּא מִמִּצְרַיִם אֶלָּא אַף אוֹתָנוּ גָּאַל עִמָּהֶם · שֶׁנֶּאֱמַר וְאוֹתָנוּ הוֹצִיא מִשָּׁם לְמַעַן הָבִיא אֹתָנוּ לָתֶת לָנוּ אֶת הָאָרֶץ אֲשֶׁר נִשְׁבַּע לַאֲבֹתֵינוּ :

יכסה את הפת ויגביה את הכוס ואוחז בידו עד סיום ברכת אשר גאלנו :

לְפִיכָךְ אֲנַחְנוּ חַיָּבִים לְהוֹדוֹת לְהַלֵּל לְשַׁבֵּחַ לְפָאֵר לְרוֹמֵם לְהַדֵּר לְבָרֵךְ לְעַלֵּה וּלְקַלֵּס · לְמִי שֶׁעָשָׂה לַאֲבוֹתֵינוּ וְלָנוּ אֶת כָּל הַנִּסִּים הָאֵלּוּ · הוֹצִיאָנוּ מֵעַבְדוּת לְחֵרוּת · מִיָּגוֹן לְשִׂמְחָה · וּמֵאֵבֶל לְיוֹם טוֹב · וּמֵאֲפֵלָה לְאוֹר גָּדוֹל · וּמִשִּׁעְבּוּד לִגְאֻלָּה · וְנֹאמַר לְפָנָיו הַלְלוּיָהּ :

הַלְלוּיָהּ הַלְלוּ עַבְדֵי יְהוָֹה הַלְלוּ אֶת שֵׁם יְהוָֹה : יְהִי שֵׁם יְהוָֹה מְבֹרָךְ מֵעַתָּה וְעַד עוֹלָם : מִמִּזְרַח שֶׁמֶשׁ עַד מְבוֹאוֹ מְהֻלָּל שֵׁם יְהוָֹה : רָם עַל כָּל גּוֹיִם יְהוָֹה עַל הַשָּׁמַיִם כְּבוֹדוֹ : מִי כַּיהוָֹה אֱלֹהֵינוּ הַמַּגְבִּיהִי לָשָׁבֶת : הַמַּשְׁפִּילִי לִרְאוֹת בַּשָּׁמַיִם וּבָאָרֶץ : מְקִימִי מֵעָפָר דָּל מֵאַשְׁפֹּת יָרִים אֶבְיוֹן : לְהוֹשִׁיבִי עִם נְדִיבִים עִם נְדִיבֵי עַמּוֹ : מוֹשִׁיבִי עֲקֶרֶת הַבַּיִת אֵם הַבָּנִים שְׂמֵחָה הַלְלוּיָהּ :

בְּצֵאת יִשְׂרָאֵל מִמִּצְרָיִם בֵּית יַעֲקֹב מֵעַם לֹעֵז . הָיְתָה יְהוּדָה לְקָדְשׁוֹ יִשְׂרָאֵל מַמְשְׁלוֹתָיו : הַיָּם רָאָה וַיָּנֹס הַיַּרְדֵּן יִסֹּב לְאָחוֹר : הֶהָרִים רָקְדוּ כְאֵילִים גְּבָעוֹת כִּבְנֵי צֹאן : מַה לְּךָ הַיָּם כִּי תָנוּס הַיַּרְדֵּן תִּסֹּב לְאָחוֹר : הֶהָרִים תִּרְקְדוּ כְאֵילִים גְּבָעוֹת כִּבְנֵי צֹאן : מִלִּפְנֵי אָדוֹן חוּלִי אָרֶץ מִלִּפְנֵי אֱלוֹהַּ יַעֲקֹב : הַהֹפְכִי הַצּוּר אֲגַם מָיִם חַלָּמִישׁ לְמַעְיְנוֹ מָיִם :

בָּרוּךְ אַתָּה יְהוָֹה אֱלֹהֵינוּ מֶלֶךְ הָעוֹלָם אֲשֶׁר גְּאָלָנוּ וְגָאַל אֶת אֲבוֹתֵינוּ מִמִּצְרַיִם · וְהִגִּיעָנוּ הַלַּיְלָה הַזֶּה לֶאֱכָל בּוֹ מַצָּה וּמָרוֹר : כֵּן יְהוָֹה אֱלֹהֵינוּ וֵאלֹהֵי אֲבוֹתֵינוּ יַגִּיעֵנוּ לְמוֹעֲדִים וְלִרְגָלִים אֲחֵרִים הַבָּאִים לִקְרָאתֵנוּ לְשָׁלוֹם שְׂמֵחִים בְּבִנְיַן עִירֶךָ וְשָׂשִׂים בַּעֲבוֹדָתֶךָ · וְנֹאכַל שָׁם מִן הַזְּבָחִים וּמִן הַפְּסָחִים (במוצאי שבת: מן הפסחים ומן הזבחים) אֲשֶׁר יַגִּיעַ דָּמָם עַל קִיר מִזְבַּחֲךָ לְרָצוֹן · וְנוֹדֶה לְךָ שִׁיר חָדָשׁ עַל גְּאֻלָּתֵנוּ וְעַל פְּדוּת נַפְשֵׁנוּ · בָּרוּךְ אַתָּה יְהוָֹה גָּאַל יִשְׂרָאֵל :

נוטל הכוס בידו ומברך ושותה בהסיבה

בָּרוּךְ אַתָּה יְהוָֹה אֱלֹהֵינוּ מֶלֶךְ הָעוֹלָם בּוֹרֵא פְּרִי הַגָּפֶן :

רחצה · ואח"כ נוטל ידיו ומברך על נטילת ידים :

מוציא · ויקח המצות כסדר שהניחם הפרוסה בין שתי השלימות ויאחזם בידו ויברך

בָּרוּךְ אַתָּה יְהוָֹה אֱלֹהֵינוּ מֶלֶךְ הָעוֹלָם הַמּוֹצִיא לֶחֶם מִן הָאָרֶץ :

מצה

מצה . ולא יבלע מהן אלא יניח כמלא פלגיסית להשמט מידו ויברך על הפרוסה עם העליונה טרם יפרס ברכה זו . ויכוין לפטור ג"כ אכילת הכריכה שממצה הג' וגם אכילת האפיקומן יפטור בברכה זו :

בָּרוּךְ אַתָּה יְהֹוָה אֱלֹהֵינוּ מֶלֶךְ הָעוֹלָם אֲשֶׁר קִדְּשָׁנוּ בְּמִצְוֹתָיו וְצִוָּנוּ עַל אֲכִילַת מַצָּה :

ואח"כ יבלע כזית מכל אחד משתיהן ויאכלם ביחד ובהסיבה :

מרור . ואח"כ יקח כזית מרור ויטבל בחרוסת וינער החרוסת מעליו כדי שלא יתבטל טעם המרירות ויברך ברכה זו

בָּרוּךְ אַתָּה יְהֹוָה אֱלֹהֵינוּ מֶלֶךְ הָעוֹלָם אֲשֶׁר קִדְּשָׁנוּ בְּמִצְוֹתָיו וְצִוָּנוּ עַל אֲכִילַת מָרוֹר :

ויאכלנו בלי הסיבה :

כורך . ואח"כ יקח מצה הג' וחזרת עמה כשיעור כזית ויטבול בחרוסת ויכרכם ביחד ויאמר זה :

כֵּן עָשָׂה הִלֵּל בִּזְמַן שֶׁבֵּית הַמִּקְדָּשׁ הָיָה קַיָּם הָיָה כּוֹרֵךְ פֶּסַח מַצָּה וּמָרוֹר וְאוֹכֵל בְּיַחַד . כְּמוֹ שֶׁנֶּאֱמַר עַל מַצּוֹת וּמְרֹרִים יֹאכְלֻהוּ : ואוכלם ביחד[1]

שלחן עורך . ואח"כ אוכל ושותה כדי צרכו ויכול לשתות יין בין כוס ב' לג' :

צפון . ואח"כ יקח האפיקומן ויחלקו לכל בני ביתו לכל אחד כזית . ויזהר שלא ישהה אחר אפיקומן ויאכל בהסיבה וצריך לאכלו קודם חצות :

ברך . ואח"כ מוזגין כוס שלישי ואומר עליו ברכת המזון ואחר בהמ"ז

קודם שתיית כוס שלישי יברך

בָּרוּךְ אַתָּה יְהֹוָה אֱלֹהֵינוּ מֶלֶךְ הָעוֹלָם בּוֹרֵא פְּרִי הַגָּפֶן : ושותה בהסיבה

ומוזגין כוס ד' ופותחין הדלת ואומר שפוך הנלקח מפסוקי תהלים עט. סט. איכה ג.

שְׁפֹךְ חֲמָתְךָ אֶל הַגּוֹיִם אֲשֶׁר לֹא יְדָעוּךָ וְעַל מַמְלָכוֹת אֲשֶׁר בְּשִׁמְךָ לֹא קָרָאוּ : כִּי אָכַל אֶת יַעֲקֹב וְאֶת נָוֵהוּ הֵשַׁמּוּ : שְׁפָךְ עֲלֵיהֶם זַעְמֶךָ וַחֲרוֹן אַפְּךָ יַשִּׂיגֵם : תִּרְדֹּף בְּאַף וְתַשְׁמִידֵם מִתַּחַת שְׁמֵי יְהֹוָה :

הלל . נרצה . לא לנו כו' עד אחה אל . הודו לה' כי טוב וכו' נשמת עד חי העולמים . תמצא בשחרית של שבת :

כנוהגים לומר פזמונים אין להפסיק בהם בין ברכה זו ובין ברכת הכוס אלא מיד אח"כ יברך על כוס ד' :

בָּרוּךְ אַתָּה יְהֹוָה אֱלֹהֵינוּ מֶלֶךְ הָעוֹלָם בּוֹרֵא פְּרִי הַגָּפֶן : ושותה בהסיבה

ברכה אחרונה על הגפן וברכת בנ"ר על שאר משקין תמצא לעיל אחר בהמ"ז ואח"כ יאמר

לְשָׁנָה הַבָּאָה בִּירוּשָׁלָיִם :

סדר ספירת העומר

בליל שני של פסח מתחילין לספור ספירת העומר תיכף אחר תפלת ערבית אך יש מי שאומר שהכא בסוד ה' יש לספור אחר שגמר כל הסדר בח"ל ושמקדים לברך ולספור מיד אחר התפלה מוקדם לברכה ואם שכח ולא ספר בלילה סיפר ביום בלא ברכה כנודע . וזמן התחלת עמוד השחר מח"י אייר ואילך במדינות הלו הצפוניות הוא בחצות לילה לכך אין לספור אחר חצות אלא בלא ברכה . וזמן זה של עמוד השחר נמשך כך עד י"ז בתמוז ועד בכלל ולכן משהגיע חצות ליל י"ז בתמוז אסור לאכול :

בָּרוּךְ אַתָּה יְהֹוָה אֱלֹהֵינוּ מֶלֶךְ הָעוֹלָם אֲשֶׁר קִדְּשָׁנוּ בְּמִצְוֹתָיו וְצִוָּנוּ עַל סְפִירַת הָעוֹמֶר :

יכוין לספירה של אותו הלילה ולתיבה אחת של אנא בכח ותיבה אחת של מזמור אלהים יחננו ואות א' מן פסוק ישמחו

הַיּוֹם יוֹם אֶחָד לָעֹמֶר : חסד שבחסד אנא אלהים י

הָרַחֲמָן הוּא יַחֲזִיר לָנוּ עֲבוֹדַת בֵּית הַמִּקְדָּשׁ לִמְקוֹמָהּ בִּמְהֵרָה בְיָמֵינוּ אָמֵן סֶלָה :

לַמְנַצֵּחַ בִּנְגִינֹת מִזְמוֹר שִׁיר : אֱלֹהִים יְחָנֵּנוּ וִיבָרְכֵנוּ יָאֵר פָּנָיו אִתָּנוּ סֶלָה : לָדַעַת בָּאָרֶץ דַּרְכֶּךָ בְּכָל גּוֹיִם יְשׁוּעָתֶךָ : יוֹדוּךָ עַמִּים אֱלֹהִים יוֹדוּךָ עַמִּים כֻּלָּם : יִשְׂמְחוּ וִירַנְּנוּ לְאֻמִּים כִּי תִשְׁפֹּט עַמִּים מִישֹׁר וּלְאֻמִּים בָּאָרֶץ תַּנְחֵם סֶלָה : יוֹדוּךָ עַמִּים אֱלֹהִים יוֹדוּךָ עַמִּים כֻּלָּם : אֶרֶץ נָתְנָה יְבוּלָהּ יְבָרְכֵנוּ אֱלֹהִים אֱלֹהֵינוּ : יְבָרְכֵנוּ אֱלֹהִים וְיִירְאוּ אוֹתוֹ כָּל אַפְסֵי אָרֶץ :

אָנָּא בְּכֹחַ . גְּדֻלַּת יְמִינְךָ . תַּתִּיר צְרוּרָה : אב"ג ית"ץ
קַבֵּל רִנַּת עַמְּךָ שַׂגְּבֵנוּ . טַהֲרֵנוּ נוֹרָא : קר"ע שט"ן
נָא גִבּוֹר . דּוֹרְשֵׁי יִחוּדְךָ . כְּבָבַת שָׁמְרֵם : נג"ד יכ"ש
בָּרְכֵם טַהֲרֵם . רַחֲמֵי צִדְקָתְךָ . תָּמִיד גָּמְלֵם : בט"ר צת"ג
חֲסִין קָדוֹשׁ . בְּרוֹב טוּבְךָ . נַהֵל עֲדָתֶךָ : חק"ב טנ"ע
יָחִיד גֵּאֶה . לְעַמְּךָ פְּנֵה . זוֹכְרֵי קְדֻשָּׁתֶךָ : יג"ל פז"ק
שַׁוְעָתֵנוּ קַבֵּל . וּשְׁמַע צַעֲקָתֵנוּ . יוֹדֵעַ תַּעֲלוּמוֹת : שק"ו צי"ת
בָּרוּךְ שֵׁם כְּבוֹד מַלְכוּתוֹ לְעוֹלָם וָעֶד :

רִבּוֹנוֹ שֶׁל עוֹלָם אַתָּה צִוִּיתָנוּ עַל יְדֵי מֹשֶׁה עַבְדֶּךָ לִסְפּוֹר סְפִירַת הָעוֹמֶר כְּדֵי לְטַהֲרֵנוּ מִקְּלִפּוֹתֵינוּ וּמִטּוּמְאוֹתֵינוּ כְּמוֹ שֶׁכָּתַבְתָּ בְּתוֹרָתֶךָ וּסְפַרְתֶּם לָכֶם מִמָּחֳרַת הַשַּׁבָּת מִיּוֹם הֲבִיאֲכֶם אֶת עֹמֶר הַתְּנוּפָה

שבע

[1] [ובהסיבה . פוס"ע סימן תע"ה . הגהה מסדור אדמו"ר בעל נ"צ ז"ל] :

שֶׁבַע שַׁבָּתוֹת תְּמִימוֹת תִּהְיֶינָה : עַד מִמָּחֳרַת הַשַּׁבָּת הַשְּׁבִיעִית תִּסְפְּרוּ חֲמִשִּׁים יוֹם כְּדֵי שֶׁיִּטָּהֲרוּ נַפְשׁוֹת עַמְּךָ יִשְׂרָאֵל מִזּוּהֲמָתָם וּבְכֵן יְהִי רָצוֹן מִלְּפָנֶיךָ יְהֹוָה אֱלֹהֵינוּ וֵאלֹהֵי אֲבוֹתֵינוּ שֶׁבִּזְכוּת סְפִירַת הָעוֹמֶר שֶׁסָּפַרְתִּי יְתֻקַּן מַה שֶּׁפָּגַמְתִּי בִּסְפִירָה (פלונית השייך לאותו הלילה) . וְאֶטָּהֵר וְאֶתְקַדֵּשׁ בִּקְדֻשָּׁה שֶׁל מַעְלָה וְעַל יְדֵי זֶה יֻשְׁפַּע שֶׁפַע רַב בְּכָל הָעוֹלָמוֹת וּלְתַקֵּן אֶת נַפְשׁוֹתֵינוּ וְרוּחוֹתֵינוּ וְנִשְׁמוֹתֵינוּ מִכָּל סִיג וּפְגַם וּלְטַהֲרֵנוּ וּלְקַדְּשֵׁנוּ בִּקְדֻשָּׁתְךָ הָעֶלְיוֹנָה אָמֵן סֶלָה :

הַיּוֹם שְׁנֵי יָמִים לָעוֹמֶר : הרחמן ש

בכח יתכנו — גבורה שבחסד
הַיּוֹם שְׁלֹשָׁה יָמִים לָעוֹמֶר : הרחמן מ

גדולת ויברכנו — תפארת שבחסד
הַיּוֹם אַרְבָּעָה יָמִים לָעוֹמֶר : הרחמן ח

ימינך יאר — נצח שבחסד
הַיּוֹם חֲמִשָּׁה יָמִים לָעוֹמֶר : הרחמן ו

תתיר פניו — הוד שבחסד
הַיּוֹם שִׁשָּׁה יָמִים לָעוֹמֶר : הרחמן ו

צרורה אתנו — יסוד שבחסד
הַיּוֹם שִׁבְעָה יָמִים שֶׁהֵם שָׁבוּעַ אֶחָד לָעוֹמֶר : הרחמן י

אכ"ג ית"ץ סלה — מלכות שבחסד
הַיּוֹם שְׁמוֹנָה יָמִים שֶׁהֵם שָׁבוּעַ אֶחָד וְיוֹם אֶחָד לָעוֹמֶר : הרחמן ר

קבל לדעת — חסד שבגבורה
הַיּוֹם תִּשְׁעָה יָמִים שֶׁהֵם שָׁבוּעַ אֶחָד וּשְׁנֵי יָמִים לָעוֹמֶר : הרחמן נ

רנת בארץ — גבורה שבגבורה
הַיּוֹם עֲשָׂרָה יָמִים שֶׁהֵם שָׁבוּעַ אֶחָד וּשְׁלֹשָׁה יָמִים לָעוֹמֶר : הרחמן נ

עמך דרכך — תפארת שבגבורה
הַיּוֹם אַחַד עָשָׂר יוֹם שֶׁהֵם שָׁבוּעַ אֶחָד וְאַרְבָּעָה יָמִים לָעוֹמֶר : הרחמן ו

שגבנו בכל — נצח שבגבורה
הַיּוֹם שְׁנֵים עָשָׂר יוֹם שֶׁהֵם שָׁבוּעַ אֶחָד וַחֲמִשָּׁה יָמִים לָעוֹמֶר : הרחמן ל

טהרנו גוים — הוד שבגבורה
הַיּוֹם שְׁלֹשָׁה עָשָׂר יוֹם שֶׁהֵם שָׁבוּעַ אֶחָד וְשִׁשָּׁה יָמִים לָעוֹמֶר : הרחמן א

נורא ישועתך — יסוד שבגבורה
הַיּוֹם אַרְבָּעָה עָשָׂר יוֹם שֶׁהֵם שְׁנֵי שָׁבוּעוֹת לָעוֹמֶר : הרחמן מ

קר"ע שט"ן יודוך — מלכות שבגבורה
הַיּוֹם חֲמִשָּׁה עָשָׂר יוֹם שֶׁהֵם שְׁנֵי שָׁבוּעוֹת וְיוֹם אֶחָד לָעוֹמֶר : הרחמן

נא עמים — חסד שבתפארת
הַיּוֹם שִׁשָּׁה עָשָׂר יוֹם שֶׁהֵם שְׁנֵי שָׁבוּעוֹת וּשְׁנֵי יָמִים לָעוֹמֶר : הרחמן מ

גבור אלהים — גבורה שבתפארת
הַיּוֹם שִׁבְעָה עָשָׂר יוֹם שֶׁהֵם שְׁנֵי שָׁבוּעוֹת וּשְׁלֹשָׁה יָמִים לָעוֹמֶר : הרחמן כ

דורשי יודוך — תפארת שבתפארת
הַיּוֹם שְׁמוֹנָה עָשָׂר יוֹם שֶׁהֵם שְׁנֵי שָׁבוּעוֹת וְאַרְבָּעָה יָמִים לָעוֹמֶר : הרחמן י

יחודך עמים — נצח שבתפארת
הַיּוֹם תִּשְׁעָה עָשָׂר יוֹם שֶׁהֵם שְׁנֵי שָׁבוּעוֹת וַחֲמִשָּׁה יָמִים לָעוֹמֶר : הרחמן ת

כבבת כולם — הוד שבתפארת
הַיּוֹם עֶשְׂרִים יוֹם שֶׁהֵם שְׁנֵי שָׁבוּעוֹת וְשִׁשָּׁה יָמִים לָעוֹמֶר : הרחמן ש

שמרם ישמחו — יסוד שבתפארת
הַיּוֹם אֶחָד וְעֶשְׂרִים יוֹם שֶׁהֵם שְׁלֹשָׁה שָׁבוּעוֹת לָעוֹמֶר : הרחמן פ

נג"ד יכ"ש וירננו — מלכות שבתפארת
הַיּוֹם שְׁנַיִם וְעֶשְׂרִים יוֹם שֶׁהֵם שְׁלֹשָׁה שָׁבוּעוֹת וְיוֹם אֶחָד לָעוֹמֶר : הרחמן ו

ברכם לאומים — חסד שבנצח
הַיּוֹם שְׁלֹשָׁה וְעֶשְׂרִים יוֹם שֶׁהֵם שְׁלֹשָׁה שָׁבוּעוֹת וּשְׁנֵי יָמִים לָעוֹמֶר : הרחמן ט

טהרם כי — גבורה שבנצח
הַיּוֹם אַרְבָּעָה וְעֶשְׂרִים יוֹם שֶׁהֵם שְׁלֹשָׁה שָׁבוּעוֹת וּשְׁלֹשָׁה יָמִים לָעוֹמֶר : הרחמן ע

רחמי תשפוט — תפארת שבנצח
הַיּוֹם חֲמִשָּׁה וְעֶשְׂרִים יוֹם שֶׁהֵם שְׁלֹשָׁה שָׁבוּעוֹת וְאַרְבָּעָה יָמִים לָעוֹמֶר : הרחמן מ

צדקתך עמים — נצח שבנצח
הַיּוֹם שִׁשָּׁה וְעֶשְׂרִים יוֹם שֶׁהֵם שְׁלֹשָׁה שָׁבוּעוֹת וַחֲמִשָּׁה יָמִים לָעוֹמֶר : הרחמן י

תמיד מישור — הוד שבנצח
הַיּוֹם שִׁבְעָה וְעֶשְׂרִים יוֹם שֶׁהֵם שְׁלֹשָׁה שָׁבוּעוֹת וְשִׁשָּׁה יָמִים לָעוֹמֶר : הרחמן ם

גמלם ולאומים — יסוד שבנצח
הַיּוֹם שְׁמוֹנָה וְעֶשְׂרִים יוֹם שֶׁהֵם אַרְבָּעָה שָׁבוּעוֹת לָעוֹמֶר : הרחמן ם

בט"ר צת"ג בארץ — מלכות שבנצח
הַיּוֹם תִּשְׁעָה וְעֶשְׂרִים יוֹם שֶׁהֵם אַרְבָּעָה שָׁבוּעוֹת וְיוֹם אֶחָד לָעוֹמֶר : הרחמן י

חסין הנחס — חסד שבהוד

הַיוֹם שְׁלֹשִׁים יוֹם שֶׁהֵם אַרְבָּעָה שָׁבוּעוֹת וּשְׁנֵי יָמִים לָעוֹמֶר : הרחמן ש

קדוש סלה גבורה שבהוד

הַיוֹם אֶחָד וּשְׁלֹשִׁים יוֹם שֶׁהֵם אַרְבָּעָה שָׁבוּעוֹת וּשְׁלֹשָׁה יָמִים לָעוֹמֶר : הרחמן ו

ברוך יודוך ת"ת שבהוד

הַיוֹם שְׁנַיִם וּשְׁלֹשִׁים יוֹם שֶׁהֵם אַרְבָּעָה שָׁבוּעוֹת וְאַרְבָּעָה יָמִים לָעוֹמֶר : הרחמן ר

טונך עתים נצח שבהוד

שער הל"ג בעומר

אתה הצבת כל גבולות ארץ קיץ וחורף אתה יצרתם זכר זאת אויב חרף ה' ועם נבל נאצו שמך הנה פסוק זה מדבר בתשובה ניצחת לאוה"ע שמחרפים אלקות והם אויבי ה' ונק' עם נבל אשר נאצו את שמו באמרם עזב ה' את הארץ והעולם מתנהג ע"פ דרכי הטבע כידוע אף ע"פ שהשרים העליונים של אומות העולם המה יודעים את רבונם וקרו ליה אלקא דאלקייא כידוע מ"מ אע"פ שמודים הם שברא את כל העולמות והמלאכי' וכו' והוא נק' אלקא דאלקייא אבל לאחר שברא אין כל דבר חדש נעשה מאתו בארץ אלא הכל מתנהג מעצמו ע"פ דרך הטבע וכו' והנה לנגד חרופים הללו שמחרפים אוה"ע אמר בפסוק זה לראי' ומופת חזק ועצום מאד והוא במה שאמר אתה הצבת כו' קיץ וחורף אתה יצרתם שמענין הקיץ והחורף יש ראי' גדולה לחידוש ההשפעה מאין ליש מלמעל' מן הטבע דהנה נלאו כל חכמי הטבע להבין ולהשכיל סיבת החמימו' בקיץ והקרירו' בחורף משום דעפ"י חכמת התכונ' אין מרחק השמש מן הארץ לצד מן הצדדי' או לגובה כו' לא מעלה ולא מוריד כלל כי לפי ערך קטנות כדור הארץ לגבי כדור השמים שהוא כערך גרגיר חרדל בתוך היקף בית והיכל גדול עד"מ מה יועיל חום השמש בנטית' לצד מן הצדדי' בעיגול כדור השמים לענין חימום לחמם אויר הארץ בקיץ או למעט החום בחורף כשהולכת בשיפולי כדור השמי' וכיוצא אלא זה הענין מורה חידוש ההשפע' מאין ליש למעלה מדרכי הטבע והוא בהיות שנאמר אני אענה את השמים והם יענו את הארץ כו' וידוע שכל פי' עניה הוא ענין השפעה והמשכה כו' כי השמים מקבלים בחי' השפעה הרוחניות מבחי' י"ס דעשי' מבחי' כלים החיצוני' שמשם שרש הט' גלגלים כמ"ש בע"ח בסופו וזהו אני אענה את השמים להשפיע שפע עליון הרוחני מאין ליש בשמים והשמים יענו את הארץ כלומר מן השמי' יושפע עוד למטה מהם כי כל השתלשלות הוא מעילה לעילה כו' כידוע עד שהשמים ישפיעו גם הקור והחום בקיץ וחורף כי שרש הקור בחורף בשמים הוא וע"כ יתחלקו המקומו' בארץ בשינוי אופני הקור בזמן החורף לפי אופן מקום מעמד' נגד שרשם בשמים המשפיעים לנוכח ראשם כו' וכן בזמן הקיץ משתנה במקומות ענין החמימות לפי אופן מקום מעמד' נגד המשפיע להם בשמים ואע"פ שהארץ כגרגיר חרדל כו' אין בחי' כח הרוחניות שמשפיע הקרירו' בשמים לנגד אותו המקום בארץ צריך לבוא בבחי' מקום בשמים עד שצריך לשער לפי ערך מקום הארץ לגבי שטח מקום שבכדור השמים אלא רק שהוא בא בכח רוחני' להשפיע שם קרירות וממילא נמשך הקרירות לנוכח ראשי אנשי אותה המדינה שמכוונים לנגד אותו השטח הגדול אשר בשמים אע"פ שאין ערך ביניהם בשטח מקום כי בהשפעה רוחניות שטח המקום לא מעלה ולא מוריד אחר שאין כח הרוחני מגדר וסוג שטח מקום כדמיון המח' שתופסת שטח גדול בסקירה א' וכיוצא אך שיהא המקבל מכוון לנגדו כו' וד"ל וזהו השמים יענו את הארץ פי' יענו להשפיע סביבות כל כדור הארץ מכל צד והמקומות משתני' ממילא לפי אופן מעמדם כנ"ל ואופן זריחת השמש ונטייתה אם בחמימות אם לאו ממילא הוא בא עפ"י אופן השפעה הרוחניות אשר בשמים מעל לגלגל השמש כו' וזהו קיץ וחורף אתה יצרתם אתה דוקא כי סיבת הקיץ וחורף בחמימות השמש לחמם אויר הארץ או לקרר הכל תלוי בהשפעה אלקית שמשפיע בשמים וכמ"ש אני אענה את השמים כו' וסדר הפסוק כך הוא אתה הצבת כל גבולות ארץ פי' הצבת לארץ וכל גבולי' נגד מול כדור השמים באופן שיהיו כל גבולות ארץ כל א' על מקומו יבא לקבל אור השפע הרוחניות מן השמים לנגדו וכנ"ל ואחר שאתה הצבת באופן פרטי כל הגבולות ארץ ממילא קיץ וחורף אתה יצרתם להם בשינוי אופני המקו' ות לפי מעמדם אשר הצבת אותם בארץ וד"ל · והנה זה המופת והראי' מקיץ וחורף א"צ אלא לאוה"ע שנק' עם נבל והם אשר נאצו שמך לאמר עזב ה' את הארץ תחת מקרי הטבע להיות כי שרש נפשות אוה"ע נמשך מתחת הזמן וכח אלקי המהווה הטבע מוסתר ונעלם בע' שרי' בסוד גלות השכינה כידוע אבל ישראל עלה במחשבה פי' שרש נשמתם ומקור מוצבם מבחי' מחשבה עליונה שלמעלה מן הזמן ועד"מ המחשבה באדם התחתון שנובעת בתמידו' בלי הפסק לעולם כך בחי' אותיות מח' עליונה האלקי' כתיב בה ונהר יוצא מעדן שהן בחי' חו"ב שנק' תרין רעין דלא מתפרשין פי' שמתחדש השפע תמיד מאין ליש בבלתי הפסק כו'

כו' והוא למעלה מן הזמן כמ"ש ביאור דבר זה במ"א ולהיות כי ישראל עלה במחשבה זו א"ל כלל לראי' למופת לחידוש ההשפעה מאין ליש כמו בקין וחורף כנ"ל כי מושגת להם בנפשם מצד שרש נפשות בנ"י בבחי' מא' עילאה וכו' וד"ל וזהו שאנו אומרי' מודים אנחנו לך שאתה ה' אלקינו פי' מחנות שאתה ה' אלקינו בבחי' מא' שעלה שם כנ"י בשרשם מקור חוצבם כנ"ל ע"כ תמילא אנחנו מודים בהודאה זו בלי שום מופת וראיה כלל וד"ל. אך הנה זאת ההודאה אינה בנפש האלקו' אלא מצד שרשה למעלה במחשבה אבל בהיותה מלובשת בחומר הגופני המחשיך עליה לא תוכל לבא לבחי' הודאה זאת שאתה ה' אלקינו מחדש מאין ליש בתמידות כו' מפני שחומריות הגוף מחשיך על הודאה זו הנה לזאת תקנו רז"ל מודים דרבנן וענין נודים דרבנן הוא ענין הודא' להודא' זו כלומר מודים אנחנו לך על שאנו מודים לך כו' פי' אנו מודים שכניאתה להודות לך כו'. וביאור הדברים כי הנה יש ב' מדרגות בהודאה הא' ההודא' אשר באה מצד ההשגה והדעת כמו אדם שמשיג ומכיר בעולם גדולות ורוממות המלך וכיוצ' יודה בהודאה שכן הוא מצד שמכיר ומבין כו' וכן בחכם שיודה בהפלאת חכמתו מצד שיכיר וישיג אותו והמנם יש בחי' הודאה למטה מזו והוא ההודא' שלמטה מן הדעת והיינו כאשר אין ביכולת השגתו להשיג ולהכיר כלל בעולם הגדולה והחכמה כמו שהוא רק שיודע ומכיר שהוא מופלא בחכמה וצריך להודות לו בהודאה ושבח גדול וכמו שיודה גם העני בגדלות המלך אע"פ שאינו מכיר במהות הגדולה כמו שהיא אלא שמודה שצריך להודות ולשבח לגדולה זו הגם שאינה משיגה וזה בא מצד ריחוק מעלה של המודה שכל שהוא יותר מרוחק בערך יותר לא יוכל להודות בהודא' שמצד ההשגה אלא רק בבחי' הודאה להודאה ע"ד הנ"ל וז"ש רז"ל רוב ההודאו' אל ההודאות דמשמע שיש רבבות מדריגות בהודאו' דכל שבא להתבונן בגדולת הא"ס שנעלה מן ההשגה אינו יודע להודות בה מצד הדעת וההשגה רק בבחי' הודאה דהודאה ועד"ז יוכל להיות עד רום המעלות ריבוי הודאות בהודא' להודאה לפי ערך ריחוק ההשגה שם כו' וד"ל. וכללות ענין זה הוא שתיקנו מודים דרבנן להיות בכללות בחי' הודאה דהודאה בדרך כלל אך הנה הטעם מה שחכמי' ז"ל תיקנו הודאה דהודאה ונק' מודים דרבנן דוקא יובן בהקדם תחלה ענין הידוע בס"י דנעוץ תחילתן בסופן וסופן בתחילתן ולכאורה אין טעם לכלל זה למה דוקא נעוץ תחילתן בסופן ולא באמצע כו' אך הענין הוא משום דזהו כלל גדול בכ"מ דכל אור היות עליון לא יוכל לבא בגילוי למטה כ"א במדריגה היותר תחתונה דוקא ובמדריגה שאינו בשפלות המדריגה כ"כ לא יוכל לבא אותו אור העליון בהתגלות וערך שפלות אותה המדריגה התחתונה הוא לפי ערך רוממות אותו אור העליון משום דכל שהוא יותר עליון צריך הוא לבא בגילוי במדריגה היותר שפלה וכו' כי ערך עומק תחת הוא לפי ערך עומק רום כמ"ש בס"י וד"ל. וביאור דבר זה מובן מתוך ענין הנ"ל בהודאה דהודאה כו' שהרי מובן מתוך ענין הנ"ל שכל שהאור יותר עליון מן ההשגה לא יוכל לבא כ"א בהודאה דהודאה ולא בהודאה שמצד הדעת כו' א"כ אנו רואים שהאור היותר עליון אינו בא בגילוי כ"א בסוף המדריגה השפלה והוא רק בבחי' הודאה דהודאה ולפי ערך רוממותו כך צריך לבוא בבחי' הודאה להודאה כו' כנ"ל וד"ל והיינו הטעם לכלל דנעוץ תחילתן בסופן כו' משום דדוקא בסופא דכל דרגין הוא שיכול לבוא בגילוי האור היותר עליון הנק' תחילתן ולא באמצען מטעם הנ"ל וד"ל. וזהו הטעם ג"כ שחז"ל תקנו מודים דרבנן כו' כי הנה בחי' הודאה דהודאה הנ"ל היא מדריגה היותר תחתונה בקדוש' האלקית שהרי אין עוד אחריה מדריגה בקדושה האלקית כידוע המאמר במאן דלא כרע במודים כו' לאחר זמן נעשה שדרתו נחש כו' והוא שרש התחלת הקליפות שנק' נחש הקדמוני ולהיות כי נעוץ תחילתן בסופן דוקא הרי במדריגה זו בהודאה דהודאה היותר אחרון נעוץ בחי' אור היותר עליון הנק' תחילתן כנ"ל וא"כ לא היה בתקנת המדריג' הזאת היותר אחרונה אלא חכמי ישראל דוקא שנק' עיני העדה בבחי' החכמ' שבמ"ל דאצי' שנקרא תחילתן כמ"ש במ"א בענין הטעם שהיו סנהדרין מקדשי' עפ"י הראי' מקראי קדש העליון ואפי' היו מוטעים וכמ"ש אשר תקראו אתם כו' ולכך נק' מודים דרבנן משום דנעוץ תחילתן בסופן דווקא וכנ"ל וד"ל. וזהו כללות ענין ל"ג בעומר דהנה כללות ענין ספירת העומר ידוע שהוא לברר וללבן ז' מדות הרעות הבהמית דנפש דנוגה שיניקתה מעומר שעורים כו' וזהו פי' ספירת העומר פי' לעשות העומר שעורים בבירור וליבון ולכך הי' תנופה בי"ג נפה כידוע נק' ספירה מלשון בהירות כמו לבנת הספיר אך כיצד היו מספרים אותו הנה זהו כללות ענין מצות ספירת העומר מ"ט ימים כמו באמרו היום יום א' לעומר כו' והנה תחילה יש להבין מה ענין עומר שעורי' דהנה השעורי' הוא מאכל הבהמה דווקא והוא בחי' חיצוניות דשם ב"ן בגימ' בהמה למעלה שקליפת נוגה מקבלת משם ומשם נמשכו המדות הרעות בנפש הבהמית כידוע והנה כתיב והניף את העומר לרצונכם פי' לרצונכם כי ע"י בחי' ביטול הרצון מנפש הבהמית בכל ז' מדות הרעות בז' שבתות הספי' אתהפכא חשוכא לנהורא בביטול רצון זה כענין בטל רצונך מפני רצונו כו' ואזי יוכלו לקבל בחי' רצון העליון בשעת קבלת התורה להיות להם לרצון כענין סוף המאמר כדי שיעשה רצונו כו' וזהו והניף את העומר בכל ימי הספירה. להפוך הרצון מנפש הבהמיות ומקבל מעומר שעורים כדי שיהיה אח"כ לרצונכם שיוכלו להגיע למדריגות קבלת רצון העליון בשעת מ"ת ותנופה זו דעומר לפני ה' היתה להפוך חשוכא לנהורא כו':

אך

אך היה צריך להיות התנופה בבחי' ביטול הרצון דוקא מטעם הנ"ל וד"ל וז"ש והניף את העומר כו' היה רק בהתחלת זמן הספי' אבל אע"פ שהניפו את העומר לפני ה' לרצונם מ"מ צריכים לספור ימי הספי' אח"כ כי צריך לבטל הרע דז' מדות הרעות בב' אופנים הא' מלבד ביטול הרצון כנ"ל והב' מחמת שימשיכו ויביאו אור ואז ממילא נדחה החשך כידוע דמעט אור דוחה הרבה מן החשך כו' וענין הבאת האור הוא בספי' הימים דוקא כמו באמרו היום יום א' לעומר פי' היום מאיר אור חסד שבחסד דקדושה האלקי' בעומר שעורים דבהמה וממילא מאותו האור נדחה הרבה מן בחי' החשך שנאחז בעומר שעורים כו' ועד"ז בכל ימי הספי' וד"ל · והנה בל"ג בעומר הכוונה הוא בספי' הוד שבהוד כידוע והענין הוא דמיום הא' דחסד שבחסד כו' היה ההתחלה ובספי' זו דל"ג בעומר בהוד שבהוד הוא סוף ותשלום הספי' בעיקר המדות שנק' גופא כי מבחי' הוד שבהוד ולמטה מסתיים בחי' גופא עיקר המדות ומתחילים בחי' ההשפעה דלבר מגופא כמו בחי' יסוד שהוא בחי' המשפיע לזולתו כמו להוליד בנים וכיוצא וכידוע שזהו הטעם דבינה עד הוד אתפשטת ולא יותר וגם הנה ידוע דה' החסדים המה מתפשטים עד הוד בלבד דהיינו בחסד וגבורה ות"ת ונצח והוד ולא ביסוד ומל' כו' וד"ל והטעם הוא לפי שעיקר בחי' אדם הנק' ז"א הוא עד בחי' הירכיים שמהם ולמטה אינו נחשב בבחי' עצמות האדם כי לא נק' רק תמכין דגופא וע"כ נאמר ביעקב ויגע בכף ירכו כו' ועד"מ שפע הנשפע מרב לתלמיד שהשפעה זו איננו צריך כלל לעצמו רק בשביל דבר נבדל ממנו והוא המקבל ואיך תחשב השפעה זאת מבחי' עצמותו ולכן נקרא בחי' השפעה זאת בשם יסוד והוא הנק' בחי' צדיק ע"ש הצדקה והוא ההשפעה לזולתו אע"פ שהוא א"צ לזה כו' משא"כ בחי' ההוד עדיין נחשב מבחי' עצמיות המדות וכידוע דנצח והוד בכליות הם שהם מבחי' הגוף נחשבים משא"כ הירכיים שהן נקראים בחי' חיצוניות הכלים דנו"ה כו' וזה הטעם שה"ח הנתנין בז"א אינן מתפשטים רק עד בחי' ההוד ולא יותר לפי שמשם ואילך מסתיים בחינת עצמותו כנ"ל וכן מבחי' בינה המאיר ומשפיע מוחין בז"א אינו מתפשט רק עד בחי' ההוד ולא יותר כנ"ל וד"ל· ואמנם הנה ידוע שגם כל מדה כלולה מן יסוד ומל' מלבד החמשה שנחשבים עיקר והן חו"ג ת"ת ונו"ה כידוע והנה בענין כוונת ספי' העומר שמתחיל מבחי' חסד שבחסד וביום הב' גבורה שבחסד עד מל' שבחסד וכן בספי' דגבורה בשבוע השני' עד שבל"ג בעומר כבר כל מדה כלולה מז' מלבד ספי' ההוד שהיא בשבוע החמישית היא כלולה רק מן החמשה שנחשבים עיקר כנ"ל והן חו"ג ת"ת ונ"ה והוא בחי' ספי' הוד שבהוד שביום ל"ג בעומר ואז זמן תשלום וסוף לעיקר המדות כי מבחי' הוד שבהוד ואילך לא נחשב מבחי' עיקר המדות כי בחי' יסוד ומל' אחר שהמה בעצמם נבדלים מבחי' עצמות המדות כנ"ל גם בחי' התכללותם כשנכללים בהוד אינם נחשבים לעיקר וע"כ בבחי' הוד שבהוד מסתיים בה דוקא כל בחי' עיקר המדות ונחשבת הוד שבהוד מדריגה היותר תחתונה שבבחי' עיקר המדות וד"ל · ולפי הכלל הנ"ל בענין נעוץ תחילתן בסופן דהיינו לפי שכל אור היותר עליון אינה מתגלה רק בסוף ולא באמצע כו' א"כ גם בספי' הוד שבהוד ביום ל"ג בעומר בהכרח הוא שמאיר בה דוקא מבחי' האור היותר עליון הנק' תחילתן כו' אחר שהוא בחי' סופן בעיקר המדות כנ"ל והכלל בכ"ז דנעוץ תחילתן בסופן דוקא כנ"ל הטעם והוא ענין ובחי' מודים דרבנן הנ"ל שהוא ענין הודאה להודאה כנ"ל וזהו הנק' ספי' הוד שבהוד כלומר הודאה דהודאה כמבואר ענינו למעלה ומה שאמרו בינה עד הוד אתפשטת זהו כלל גדול בכ"מ לפי ערכו משום שההתבוננות וההשגה שבאותו מדריגה לא יגיע רק עד בחי' ההוד והוא עד בחי' הוד שבהוד הנק' מודים דרבנן דהיינו שמשיג שצריך להודות עכ"פ וזו היא מדה היותר אחרונה אבל יותר למטה לא תתפשט הבינה לפי שהשכל שיכיל גם אור היותר אחרון ממנה הוא רק בחי' הוד שבהוד דהרי כשאין לאדם גם בחי' הודאה דהודאה כו' שדרתו נעשה נחש כו' וכנ"ל והוא ענין מ"ש ויגע בכף ירך יעקב כו' וד"ל ואמנם הנה מובן דמה שאין עוד אחריה בירידת המדריגות לקבל אדרבה היא הנותנת לומר שיאיר בה דוקא מבחי' היותר עליון עד שבהכרח לומר שיאיר בה יותר אור עליון משיאיר בבחי' ההוד עצמו שהרי מבואר למעלה דבחי' הודאה דהודאה בהכרח הוא שיהיה בדבר שהוא עומק המושג ביותר מדבר המושג בהודאה שמצד הדעת כי ערך עומק תחת הוא לפי עומק רום וכל שעומקו רום ביותר יותר לא יוכל לבא בגילוי כ"א בעומק תחת ביותר כנ"ל וד"ל שהסוף יותר אחרון התחילה נעוץ בו מהיותר תחלה כו' והכל מטעם א' משום דנעוץ תחילתן בסופן דוקא וד"ל · והנה אחר שיום ל"ג בעומר שהוא בחי' הוד שבהוד כנ"ל הוא היותר אחרון במדריגה ונעוץ בו מבחי' היותר עליון משום דנעוץ תחילתן בסופן דוקא כנ"ל ע"כ בכל זה מובן הטעם לבחי' הלולי' דרשב"י ע"ה שהיה בל"ג בעומר דוקא כידוע דהנה ידוע ששרש נשמת רשב"י היה מניצוץ נשמ' משה ע"ה ולכך היה התגלות סודות התורה ופנימיות' ע"י דוקא ולא ע"י תנא אחר כמבואר בזהר כמו שהיה התגלות התורה הנגלית ע"י משה רבינו ע"ה והנה כל ימיו היה עוסק בסודות התורה וכשהגיע עת הסתלקותו בודאי הגיע בשעה ההיא לתחילת וראש כל המדריגות שלו בבחי' השגות ברזין דאורייתא וזה היה ענין ליחודו עם החבירי' בשעה ההיא דוקא כמבואר באד"ז בפ' האזינו ולכך נק' אז הילול' דרשב"י ולפי שגם כל מה שעוסק כל ימיו ברזין דאורייתא

עלו

עלו עם שרש נשמתו בעלותו בשעה ההיא לכך היה אז דוקא גילוי הארת עיקר שרש שרשו ברום המעלות במדריג' היותר עליונה למעלה מעלה וכמו שאמר על עצמו בחד קטירא אתקטרנא כו' וכמ"ש בת"א ולהיות כי הכלל הוא דאין תחילתן מאיר אלא בסופן דוקא כנ"ל משום שאור היותר עליון לא יוכל לבא בגילוי כ"א ביותר תחתון ע"כ היה זמן הסתלקות שלו הנק' הילולא כנ"ל בל"ג בעומר דוקא להיות שבל"ג בעומר הוא מדריגה היותר תחתונה והוא בחי' הוד שבהוד הנק' מודים דרבנן ובו דוקא נעוץ בחי' היותר תחילה גם מהאור שמאיר בבחי' ההוד עצמו כנ"ל וע"ד הנ"ל בענין הטעם מה שחז"ל דוקא תיקנו מודים דרבנן לפי שהמה מבחי' עיני העדה הנק' תחילתן שאינו מאיר אלא בסופן והוא בהודאה דהודאה הנק' מודים דרבנן כו' וד"ל · והנה מלבד ענין הנ"ל שהוד שבהוד אינו נק' סוף רק בעיקר המדות עדיין לא היה מתיישב הטעם להילולא דרשב"י בל"ג בעומר אבל מפני שבעיקר המדות הוא סוף וידוע דהתורה עצמה נק' גופא כו' ותמכין דאורייתא המה בחי' הירכיים דלבר מגופא ונק' ברייתא ותנאי המשנה נק' גופא כו' וע"כ היה הסתלקותו לבחי' היותר הפנימי בהוד שבהוד דוקא וד"ל :

עד הגל הזה כו' הנה בפסוק זה יש רמז לל"ג בעומר בתורה בתיבת גל שבפסוק זה כו' (ומ"ש בפ' תזריע שלשים יום ושלשת ימים תשב בדמי טהרה לזכר לא מתיישב ע"פ הקבלה בזמן בחי' לידה למעלה שהוא בו' של פסח כו') דהנה לפי פשט הענין בגל הזה שעשה לבן מאבנים להפסיק בין א"י לח"ל שלא יעברו מזה לזה כו' גם למעלה היה בזה הגל הפסק רוחני בגל אבנים רוחני בין א"י העליונה לח"ל כו' ויובן זה עפ"י הנ"ל בענין אל ההודאות שיש הודאה למטה מן הדעת ויש הודאה למעלה מן הדעת כו' דהנה יש ב' מדריגות בלבן א' הנק' לבן העליון הוא למעלה מבחי' יעקב הנק' בעל עולם האצי' כידוע והוא בחי' לובן עליון כמ"ש ונוזלים מן לבנון וכן ארזי לבנון וכיוצא ויש בחי' לבן שלמטה מבחי' יעקב בעל עולם האצי' והוא נק' לבן הארמי כמ"ש ארמי אובד אבי והוא הערמה שמנגד לחכמה דיעקב דקדושה הנק' אבי כו' וכמ"ש אני חכמה שכנתי ערמה שערמ' שכן בקרוב לקבל מן הקדושה והוא שרש קליפת נוגה דבי"ע כו' וזה יובן מה שמצינו בנגעים שמראה הלבן יש בה שכולה טהורה וכמ"ש כולו הפך לבן טהור הוא כו' ויש מרא' לבן שכולה טמא והיא הנק' לבנה אדמדמת או בהרת או לבנה כו' וכמבואר במשניות דמס' נגעים וכללות ההפרש ביניהם הוא ע"ד הנ"ל דבחי' לובן העליון שלמעלה מבחי' האצי' דיעקב כו' כולה טהור ואין לחיצוני' שרש יניק' שם כלל וכלל ובחי' לבן התחתון שנפל בשבירה משם שהוא למט' מבחי' האצי' כנ"ל הוא נגע בהרת לבנה וכיוצא שכולה טמא כו' וד"ל וזהו ענין של הגל אבנים שעשה לבן להפסיק בב' מדריגות הוא הא' בהפסק שבין בחי' לובן העליון ליעקב בעל האצי' ונק' גל עד כי עד הוא בינינו כו' אשר אתה לא תעבור אלי ואני לא אעבור אליך כו' כי גבוה הוא בחי' לבן העליון הזה מבחי' יעקב הנ"ל והב' בהפסק שבין יעקב דקדוש' לבחי' לבן התחתון שרש דקליפת נוגה דבי"ע כנ"ל והוא ג"כ עד ביניהם אשר אתה לא תעבור אלי דהיינו שלא יאיר ויומשך תוספ' יניקה מן בחי' הקדושה דיעקב ללבן ובניו שבבחי' נוגה וכן אני לא אעבור אליך שלא אבא לקבל תוס' יניק' בקדוש' דיעקב בעל האצי' כו' וע"ז היה גל אבנים להפסק והוא בחי' הפרסא שמפסיק בין האצי' כבריאה שנעשית מצירופי אותיות הרבה כידוע והאותיות נק' אבנים כמ"ש בס"י וד"ל · וכמ"כ יש בחי' פרסא כדוגמא זו בין עולם התוהו דלובן העליון לבחי' התיקון דיעקב במקלות אשר עשה ולפי שעשה מחשף הלבן על המקלות והמשיך גם מבחי' הלבן אשר בבחי' התוהו לתיקון על כן עשה עמו גל אבני' לעד והפסק שלא ימשיך עוד כו' וד"ל · אך הנה בלעם שינה בזה ההפסק שעשה יעקב ולבן בגל עד כי הרי רצה בלעם להמשיך ולקרב בחי' קליפת נוגה ששרשו בבחי' התוהו לישראל שיקבלו יניקה מהם שהן בבחי' התיקון וכמ"ש בלעם מן ארם ינחני בלק מהררי קדם וידוע דהררי קדם אינון מלכין קדמאין דתוהו שנק' בני קדם שנפלו בשה"כ ונעשי' בחי' קליפות והוא נוגה דבי"ע כו' וד"ל · והנה עיקר סיום וגבול ומקום ההפסק לפני גל האבנים הזה הוא בבחי' הוד שבהוד כי בחי' זו הוד שבהוד הוא סוף הגבול דקדושה למעלה ומשם והלאה יכולים החיצונים לקבל יניקה וכמ"ש ביעקב ויגע בכף ירך יעקב לפי שבירך זה כבר כלה כח בחי' עיקר המדות והוא בחי' הוד שבהוד דוקא והגם שיש פלוגתא בגמרא בין ר' יהודה לרבנן והלכ' כר"י שבירך הימין דוקא הוא שנאסר גיד הנשה שנאמר הירך המיומנת כו' ובחי' ההוד לעולם בירך השמאל כידוע לק"ת לפי שמבואר בפרד"ס בשער ירך יעקב שיש בזה שינוי אופנים דלפעמים הנצח בשמאל וההוד בימין ולפעמים בהיפך וזה תלוי בין ירידת השפע מלמעלה למטה או בעליות השפע מלמטה למעלה ע"ש שמתרץ בזה ב' מאמרי הזהר דסתרי אהדדי בזה הכלל שבכ"ה וא"כ מה שנאמר והוא צולע על ירכו הגם שהוא ירך הימין לפי דעת ר"י וכן האמת עכ"ז היה בבחי' ההוד כי ההוד לפעמי' בימין כו' וד"ל והגל הזה המפסיק הוא אחר שכלה כח עיקר בחי' גופא דיעקב בבחי' הוד שבהוד מפני שאז דוקא צריך להפסיק בגל אבנים בפני החיצונים

החיצונים כי יכולים מיד לקבל יניקה אחרי כלות בחי' הוד שבהוד כמבואר למעלה בענין המאמר במאן דלא כרע במודים שדרתו נעשה נחש כו' גם אינו קם בתח"ה כמ"ש בת"א וד"ל והנה כ"ז ההפסק הוא בין בחי' הקדושה להיכלות החצוני' כנ"ל אבל בחי' הפרס' המפסיק מגל אבנים שהוא מצירופים דאותיות כו' ג"כ בין בחי' התהו תקודים לבחי' התיקון כו' הוא בבחי' ההוד שלמעלה מן הדעת ויובן ענינו באריכות בסמוך בעז"ה והוא ענין אל ההודאות הא"ל כו' וד"ל · ובכ"ז מובן שיש רמז גדול לל"ג בעומר בתורה שבכתב בתיבת גל שבפסוק זה עד הגל הזה כו' והוא מטע' שביום ל"ג בעומר מאיר מבחי' הוד שבהוד כנ"ל וכבר כלה שם כח הקדוש' ע"כ צריך להפסק הנק' גל כנ"ל ובזה יובן ג"כ הטעם שבל"ג בעומר פסקו תלמידי ר"ע מלמות כו' כי נפסק מחילה זו בפני המקטרג עליהם כו' וד"ל :

להבין שרשי הדברים הנ"ל הנה איתא באד"ז ע"פ מארבע רוחות בואי הרוח כו' דא הוא רוח דמלכא משיחא דכתיב ונחה עליו רוח ה' רוח חכמה ובינה רוח עצה וגבור' רוח דעת ויראת ה' הרי ארבע רוחות וז"ש מארבע רוחות בואי הרוח שהוא בחי' ההוד דע"י כמ"ש במשה ונתת מהודך עליו כו' (והם בפרטות שבעה כו') ואח"כ כתי' והריחו ביראת ה' כו' דמורח ודאין כו' והוא בחינ' חוטמא כו' וכן מבואר בת"ח בענין אבינו מלכנו גלה כבוד מלכותך עלינו כו' אבינו ע"ב מלכנו ס"ג גלה בחי' ג' רישין כבוד מלכותך בחי' מל' דא"ס שהוא מאיר בבחי' הוד דע"י כו' ע"ש והנה תחלה יש להבין שרשי הדברים הנ"ל בענין קיץ וחורף אתה יצרתם שזה נאמר לאוה"ע שצריכים מופת משום דאע"פ דקרו לי' אלקא דאלקייא אומרי' עזב ה' את הארץ כו' משא"כ ישראל עלו במחשבה כו' הנה שרש הדברי' הוא שאוה"ע שרשם מבחי' חיצוניות הדיבור העליון דיוד מאמרות ולכך אומרים שהעולם עומד עפ"י הטבע הקדומ' ואינם מאמיני' בחידוש ההשפע' מאין לאיש בתמידו' כנ"ל ושרש ישראל עלו במחשבה שלמעלה מן הדבור העליון ע"כ מאמיני' בחדוש ההשפע' מאין ליש בתמידות כנ"ל · ויובן דבר זה בהקדים תחילה מהו ענין חיצוניות הדבור ופנימיות הדבור ומהו ענין יחוד קול ודבור שהוא ענין יחוד זו"נ למעלה כידוע דהנה אנו רואים באדם התחתון שהדבור מובדל הוא מן האדם ואיננו מתאחד עמו כ"כ כמו שמתאחדת עמו המח' שהרי הדבור ביד האדם הוא אם לדבר או שלא לדבר עד שאינו מדבר אלא לפי הרצון ויכול להיות שלא ידבר רק לעתי' ולפרקים רחוקים לפי שהדבור במהותו נבדל ממהות האדם משא"כ המחשבה אינה פוסקת לעולם ובהכרח לאדם לחשוב בתמידות ובלתי פוסקת לעולם כי מהות המחשבה מתאחדת בתכלית עם האדם ועיקר הטע' הוא לפי שנביעת המחשב' הוא מכח השכל ע"כ אינ' פוסק' כי כמו הנהר עד"מ שאינו פוסק מהלכו מפני המעיין אשר נובע בתמידו' כידוע כך המחשב' אינה פוסקת מפני שנביעתה והלוכה מנביעת כח השכלי שנמשל למעיין ואין כח השכלי פוסק לעולם ואין הנהר פוסק אלא דוקא כשהמעיין נפסק מתחילה וכמ"ש ונהר יחרב ויבש כו' אבל כל זמן שהמעיין נובע אין הנהר פוסק וכך אינה המחשבה פוסקת מלהיות שוטטת בתמידות כל זמן שכח השכלי הנק' חכמה נובע ולכך נאמר בחכמה ובינה דוקא ונהר יוצא מעדן העדן הוא מעיין החכמה והמח' הוא הנק' נהר שיוצא מעדן בתמידות מאין ליש והן הנק' תרין רעין דלא מתפרשין לעלמין כי הרי תדיר שופע הנביעה מכח החכמה לשוטט במחשבה דבינה ונביעה זאת מן ההעלם לגילוי היא וזהו הנק' מאין ליש כידוע וע"כ אמרו בזוהר דבחי' יחו"ע דאו"א למעלה זווגייהו תדיר לצורך קיום העולמות דהיינו דלא מתפרשין לעלמין משום דזהו בחי' דאשית גילוי ההעלם מאין ליש אשר זהו בהכרח להיות בתמידות שאל"כ לא היה כלל התחלת שרש להשתלשלות דאבי"ע וכידוע דאור אבא שרש כל האצי' והיינו ענין ישראל עלה במחשבה דהיינו מבחי' מחשבה דאור אבא והוא בחי' יחוד חו"ב הנק' תרין רעין דלא מתפרשין ולכך א"צ מופת לחידוש ההשפעה מאין ליש כנ"ל כי זהו כמו טבע הבריאה בנפשם מצד שרשן בחו"ב שההשפעה שם מאין ליש בתמידות כנ"ל והיינו שאומרים מודים אנחנו לך שאתה ה' אלקינו אלקינו דוקא דהיינו בחי' יחוד דאו"א שנק' ה' אלקינו וכידוע בפי' הנסתרות לה' אלקינו זהו יחוד או"א כו' שהוא י"ה שבשם הוי"ה בכלל והנגלות לנו ולבנינו הוא בחי' יחוד דזו"נ שהם ו"ה והוא בחי' יחוד דקול ודבור וכמו שיחוד האדם לנוטה אינו אלא לפרקים כו' כך יחוד דזו"נ אינו אלא לפרקים ואין זווגייהו תדיר כיחוד או"א כמ"ש בע"ח דליחוד או"א א"צ אתדל"ת כי בהכרח הוא להיות בתמידות לצורך קיום העולמות וכנ"ל הטעם אבל יחוד דזו"נ תלוי במעשה התחתונים באתדל"ת דוקא כו' · וביאור הדברים הנה אנו רואי' בחוש שאין דבור בלא מחשבה בתחילה שחושב מה שידבר ואם לא יחשוב אין לדבור חיות כלל ואמנם אין זה אלא בשעה שהמחשבה מלובשת בדבור דהיינו בשעה שמדבר הדיבור אבל לאחר שפסק מלדבר כבר הדבור נפסק מן המחשבה ואין המחשבה מאירה בו כלל ואז הדבור נק' נבדל שהוא נבדל מן האדם כנ"ל שהמחשבה מתאחדת עם האדם והדבור נבדל אך אינו נק' נבדל אלא כשפוסק מלדבר אבל בשעה שהדיבור מקבל מקול הבל הלב ומאיר בהן מן המחשבה או הדבור מיוחד בבחי' התאחדות באדם ואינו נק' נבדל וזהו הנקרא בחי' פנימיות הדבור דהיינו כשהוא מיוחד בקול הבל הלב שיוצא מן המח' שבמות כו' ואז גם

הדבור

הדבור נק' ים וכמ"ש כל הנחלים הולכים אל הים והרי כתיב בו והים איננו מלא שאינו נפסק כי מאירים הנחלים בו בלי הפסק משא"כ הדבור שנפסק ולא יאיר בו המחשבה והבל הלב עוד שבוודאי לא יתוסף בו דבור חדש אלא נשאר כמו שהוא בלי תוס' ובלי גרעון אבל בחי' פנימיות הדבור שמיוחד בקול ומחשבה יתוסף בו גם נביעה חדש' בתמידות מפני שלא יופסק מסיבת המשפיעים בו כו' והנה יחוד זה דקול ודבור תלוי במחשבה שמשפעת בהם הכח להתיחד וגם משפעת שפע שעי"ז יהי' ביכולתם להתקיים בתוספ' אור חדש בתמידות כו' והוא ענין הנז' בע"ח שיחוד דזו"נ שהוא בחי' יחוד קול ודבור העליון די' מאמרות בבחי' הפנימי' תלוי' בהמשכת מוחין להם מאו"א והוא מן אותיות דאימא שהוא בחי' המחשבה כו' שכאשר נמשך מן המח' לקול ומקול לדבור נובע הדבור בתוס' אור כו' וכאשר לא יאיר אור המחשבה בקול והקול לא יאיר בדבור יתמעט אור הדבור כו' ועכ"פ יהי' איך שיהי' כ"ז אם במעט או בהתרחבות הכל הוא בחי' פנימיות הדבור שמיוחד בקול דהיינו בבחי' ו"ק דז"א שנק' קול כידוע ויוכל לבא לידי תוס' ואינו נפסק כי אינו נק' נבדל כנ"ל אבל בחי' חיצוניות הדבור דהיינו הדבור שכבר הי' שנק' נבדל כנ"ל הנה הוא לא יתוסף ולא יגרע אלא נשאר כמו שהוא לפי שהוא בריחוק מקום ונפרד הרבה מעלם האדם כו' והנמשל מכל אלה יובן למשכיל למעלה הטעם שאוה"ע אומרי' שהעולם עומד עפ"י דרכי הטבע הקדומ' ואין כל חדש כו' לפי ששרשם למעלה רק מבחי' חיצוניות הדבור די' מאמרות וע"ד דוגמא מאמר יהי רקיע או מאמר תדשא הארץ עם כל פרטיה' השייך להם אחר שכבר נאמרו נקראו המאמרות נבדלים מבחי' פנימיות הדבור העליון שהוא בחי' מל' דאצי' כמ"ש בס"י וקבען בפה כו' וכידוע ולכך נדמה להם שאין כל חדש בחידוש ההשפעה מאין ליש בפרטי הנבראים שנתהוו מהמאמרות הללו אחר שהמה בחי' נבדלי' הרי לא יתוספו ולא יגרעו כו' כי הרי אנו אומרים ודבריו חיים וקיימים שהמאמרות נאחיים ואחר שכבר אמרן פעם אחד סוברים שאין בזה חידוש כי שרשם נמשך מהבל החיצוני' די' מאמרות כמ"ש בע"ח אבל שרש כללות ישראל שעלו במחשבה דאו"א שנק' תרין רעין שמשם נעשה יחוד דקול ודבור להיות בבחי' פנימיות הדבור שנתוסף האור בי' מאמרות בלי הפסק בהתחדשות מאין ליש באור חדש בתמידות כנ"ל ולכך אנו אומרים ברוך אומר ועושה פי' אומר במחשבה מאמר חדש ועושה בדבור בריאה חדשה מאין ליש בתמידות לפי שגם המאמרות מתחדשים בשרשם בהיות' מתחדשים בקול והקול במחשבה כנ"ל אך שזה היחוד תלוי במעש' התחתונים באתדל"ת דוקא כמ"ש בע"ח ואינו אלא לפרקים כמו בכל עמידה דש"ע בשחר ובכל שבת וחדש ורגלים וכיוצא לפי שקיום העיקר דכל ההשתלשלות אינו תלוי ביחוד זה אלא רק להוסיף אור ולחדש הישנות משא"כ ביחוד עליון דאו"א שבלעדו לא היה קיום כלל להיות ראשית ההשתלשלות דאבי"ע כנ"ל וד"ל :

וזהו שנאמר בישראל דוקא את ה' האמרת היום פי' האמרת לשון מפעיל שגרם לו שיאמר מאמר חדש כו' והוא ע"י הדבור בד"ת שיושב הקב"ה ושונה כנגדו כידוע והרי כששונה הקב"ה כנגדו ואומר בדבורו דבר ה' זו ההלכה הרי עי"ז נעשה יחוד דקול ודבור למעלה בבחי' פנימית להיות אומר ועושה כנ"ל וזהו את ה' האמרת היום שכנ"י תלד שרשם במחשבה כנ"ל האמרת להקב"ה עד שיהיה אומר ועושה ג"כ כו' ולכך אין העולם מתקיים אלא בהבל ד"ת כו' והתנאי' נקראים בונים שעוסקים בבנינו של עולם וכמ"ש במ"א וד"ל · והנה ענין חידוש ההשפעה מאין ליש בתמידות שהוא שרשו בבחי' יחוד דתו"ב כנ"ל א"א להשיג כ"א בבחי' הודאה בלבד כנ"ל שזהו פי' מודים אנחנו לך שאתה ה' אלהינו בהודאה בלבד כו' ותחילה יש להבין מהו ההפרש בין ברכה להודאה ואח"כ יובן מהו בחי' ההודאה דהודאה הנ"ל דהנה ידוע דהברכה ענינו בחי' המשכה עד"מ הבריכה שנמשכת והולכת כו' וא"א לבחי' המשכה שלא תהא בבחי' גילוי דבר מה באיזו מציאות ומהות אבל כשהדבור בהעלם עדיין לא שייך לומר בו בחי' המשכה וז"ש בר"ת ובתקוני' דאיהו ברוך ואיהי ברכה כלומר ביחוד דזו"נ נק' יסוד ז"א ברוך כלומר המקור שממנו מתברך השפע והולך והמ"ל נק' ברכה כמ"ש כי שם צוה ה' את הברכה לפי שמקבלת שפע הברכה שמתברך ונמשך מבחי' המשפיע כידוע ועד"ז עוד למעלה דהיינו בבחי' או"א שרש כל האצי' איהו ברוך היינו בחי' יסוד אבא ואיהי ברכה היינו יסוד אימא לפי שבינה מקבלת שפע הנמשך מבחי' אור אבא מאין ליש בתמידות כנ"ל בפי' ונהר יוצא מעדן דלכך נקראין תרין רעין דלא מתפרשין כו' והנה ידוע דהחכמה הוא בחי' ראיה וכמ"ש וירא ראשית לו שהראשית הוא בחי' חכמה כמ"ש ראשית חכמה שהוא בחי' ראשית הגילוי בהשתלשלות כידוע הרי היא בבחי' ראיה והבינה בבחי' שמיעה וכידוע בענין המאמר דאינו דומה שמיעה לראי' כו' כי איזהו חכם הרואה את הנולד כו' וכמ"ש במ"א והרי בחי' הראיה לא שייך כ"א בדבר שבא לכלל ראי' והוא הדבר הנראה לרואה דהיינו בחי' אור מהמאציל שבא לבחי' ראשית הגילוי עכ"פ שנראה הוא לראיה דחכמה ואע"פ שאינו מושג עדיין בהתגלות רב ממש כמו בבינה מ"מ אפס קצהו בא בגילוי כו' וכענין הידוע בפי' מה פשפשת מה ידעת דהיינו מה דחכמה שעכ"פ קצת גילוי יש בה אחר שיש בו כדי לומר מה פשפשת כו' אבל בדבר שהוא בהעלם ואינו מושג ונראה כלל וכלל לא שייך לומר בו גם מה פשפשת כו' וד"ל. והנה מן החכמה נמשך

היראה

היראה כמ"ש רז"ל אם אין חכמה אין יראה ויש ב' מיני יראה יראה בשת היא יראה עילאה שהיא בא מצד הראיה דחכמה שהוא מפני שעומד מקרוב דוקא ועוד מסתעפת יראה זו לבא למטה עד שיבוא לבחי' יראה ופחד כענין וירא העם וינועו ויעמדו מרחוק שיראה זאת היה בהם מצד שראו כו' כי יראה וראיה אותיות א' הם כי ענין א' הם וגם מדת הת"ת שנק' נורא המשפיע היראה הוא נמשך מבחי' החכמה שהוא אור אבא ראשית הגילוי כי איך שייך שיהיה נק' נורא בלתי אם כבר גלוי הוא לעין הרואה שהמלך כשהוא בהיכלו גנוז אינו נק' נורא אחר שהוא בהעלם כו' וא"כ נמצא שכל פרטי ההשתלשלות באצי' הכל בבחי' ההשגה הנראית הן באין מצד שרשם שמתחיל מאור אבא שהוא נק' ראשית הגילוי כנ"ל ועליו נאמר ברוך דאיהו ברוך בבחי' המשכה מן ההעלם להיו' בחי' ראשית הגלוי ואיהי ברכה אבל למעלה מבחי' אור אבא דהיינו בבחי' עתיקא לא יגיע שם רק בבחי' ההודאה ולא בבחי' הברכה כו'. ותחלה יש להבין שרש ענין בחי' עתיקא דהנה ידוע שבין אצי' לבריאה יש בחי' פרסא המפסיק והוא נעשה להעלי' האור דאצי' מפני שא"א לבחי' בע"ג להתהוות מבלתי בע"ג בלתי התעלמות האור בתחילה כו' והנה עכ"ז יש קצת ערך לאצי' עם הבריאה כי ידוע דאבי"ע הם עד"מ ד' מדריגות שבנפש חו"ב מדות ודבור החכמה אבא שהוא יו"ד באצי' והבינה ה"א אימא בבריאה והמדות ביציר' כו' ואנו רואים שיש ערך לחו"ב עם המדות אחר שיש השתפעות מזה לזה כי מן השכל נולדו המדות וכן המדות עם הדיבור כו' עד שגם לדיבור עם השכל יש ערך והשתוות במקצת ואע"פ שעצם השכל מובדל מן המדות כו' מ"מ מצד בחי' ההשתלשלות שמשתלשל השכל יש לו ערך עם הנולד ממנו כו' וא"כ הרי יובן שיש ערך קצת גם לעשיה שהיא בבחי' הדיבור בכלל גם עם בחי' האצי' שהיא בבחי' החכמה בכלל ואע"פ שיש בחי' פרסא המפסיק בין אצי' לבריא' היינו רק הגשמת האור והעלמו בלבד אבל מ"מ משתלשל מאצי' לבריאה בדרך השתלשלות כו' משא"כ מן המאציל לנאצלים אין ערך כלל וכלל ביניהם כידוע כי בעצמות המאציל הרי אמרו עליו דאנת חכים ולא בחכמה ידיעה כלל דהיינו שאין שם ערך ומהות גם בחי' חכמה דאצי' שנק' ראשית הגילוי כנ"ל ומובדל הוא לגמרי מכל עיקר בחי' חכמה עד שלא שייך לומר עליו שם מ"ה שבחכמה כלומר מה פשפשת כנ"ל אחר שהוא נעלם בתכלית ההעלם ואינו מושג כלל ונק' סתימא דכל סתימין כי אא"ס אור פשוט הוא בתכלית כו' וכדי שיהיה נאצל מאתו י"ס הנאצלים הוצרך להיות ב' דברים בתחילה בחי' ומקום פנוי שהוא החלל וא"כ בחי' הפרסא הא והא דוקא כי ע"י בחינת הפרסא בלבד עדיין לא היה בערך להיות השתפעות האצי' ממנו אלא ע"י צמצום מקום הפנוי בתחילה שידוע ענינו שהוא בחי' הסתר עצמותו מכל וכל ולא ענין הגשמת האור בלבד כענין הפרסא כמ"ש ביאור דבר זה במ"א באריכות וא"כ גם בחי' הפרסא אזי יוכל להיות מציאת האצי' להסתעף מאתו ואף גם זאת הוצרך לבא האור והשפע מאתו ע"י בחי' ממוצע והוא הנק' בחי' עתיקא שהוא בחי' ממוצע בין עצמות אא"ס לנאצלים וידוע שבכל בחי' ממוצע בהכרח שיש בו מן העליון וגם מן התחתון והוא מן המשפיע ומן המקבלים ובלעדי זה לא היה נק' בשם ממוצע כי הממוצע נק' המחבר ומביא המשפיע אל המקבל כידוע ואחר שיש בכחו לחברם בהכרח שיש בו משניהם יחד כו' וכמ"ש במ"א וזהו בחי' הכתר עליון הנק' בשם עתיקא בכלל שהוא כלול מן עצמות אא"ס ויש בו גם מבחי' כל המקבלים שבאצי' שמשתפעים אח"כ והיינו בבחי' פנימיות שבו שיש בו מבחי' אחרונה שבא"ס הנק' מל' דא"ס כו' והוא בחי' פרצוף עתיק מלשון המעתיק הרים כידוע לפי שהוא נק' התנשאה מימות עולם דהיינו מובדל בערך מהם מטעם שיש בו בחי' אחרונה שבא"ס שהוא מובדל בערך להיותו אע"פ בתכלית כנ"ל ובחי' חיצוניות שבו הוא הנק' פרצוף אריך שהוא שרש וראש לכל הנאצלים גם לחכמה שנק' ראשית הגילוי כנ"ל הוא מקור וכמ"ש והחכמה מאין תמצא כידוע וכללות שניהם יחד נק' בחי' ממוצע להביא ולחבר מאא"ס באצי' וכידוע וד"ל ואחר שנתבאר שלמעלה מבחי' אור אבא האור נעלם בתכלית כי גם בבחי' הכתר בבחי' פנימיות שבו הנק' עתיקא שיש בו מבחי' עצמות אא"ס נבדל ומרומם הוא בערך מכל הנאצלים א"כ לא שייך בו בחי' הברכה שהוא בחי' ההמשכה שאינה אלא בדבר הנראה קצת אלא רק בבחי' ההודאה יוכלו להשיגו וענין ההודאה הוא בחי' הביטול מצד עוצם הפלאת הדבר ממנו כמבואר למעלה ובכתר בבחי' הפנימיות הרי נק' פלא כידוע שהוא מופלא ונעלם כנ"ל לכך אינו מגיע שם רק בבחי' ההודאה בלבד ולא בבחי' ברכה כו' ואף גם זאת לא בהודאה עצמה אלא רק בבחי' ההודאה שבהודאה בלבד כי ב' הודאות יש א' מצד הדעת מפני שיודע עוצם הפלאתו כו' ונק' חכמה שבהוד כי ספי' ההוד כלול מי"ס ובחי' חב"ד שבהוד הוא אשר מצד הכרתו יודה ובחי' הוד שבהוד היינו שגם אין לו הכרה בדעת להודות אלא רק מודה שצריך להודות כענין הנ"ל בפי' מודים דרבנן והוא לעוצם הפלאת הדבר ממנו ביותר עד שגם בהודאה שבדעת לא יגיענו אלא בהוד שבהוד בלבד כנ"ל באריכות מטעם דערך עומק רום עם עומק תחת א' הוא כו' וגם כאן בבחי' פנימיות עתיקא לא ישיגו כלל וגם בבחי' הדעת שבהוד לא יגיעו אליו אלא רק בבחי' הוד שבהודאה הנק' הוד שבהוד מפני שמאיר בו מבחי' אחרונה שבעצמות אא"ס שמובדל ומרומם בתכלית הרוממות עד שלא ישיגוהו רק בבחי' ההוד שבהוד בלבד ומזה יש לו התחברות בלבד בנאצלים כו' וד"ל וזהו

שרש ענין הטעם למאמר דנעוץ תחילתן בסופן דווקא כי פי' תחלתן בכאן היינו בחי' הארת עצמות אור הא"ס שמאיר בבחי' פנימיות דעתיקא כנ"ל והרי אינו בא לידי גילוי להתחבר בנאצלי' כ"א ע"י בחי' אחרונה שבו והוא בחי' ההוד שבהוד לעולם הרוממות שלו ולא באמצע כמו גם בבחי' ההוד שמצד הדעת וההכרה כו' וד"ל· וזהו כלל גדול בכ"מ שאין ערך מזה לזה כלל כמו בכאן ממאציל לנאצלים שא"א להתחבר למטה מערכו כ"א ע"י סופא דכל דרגין מפני שבו נעוץ דוקא התחלה כו' כמו אור האצי' בעשי' שרחוקים מאד בערך א"א שיאיר אור האצי' בעשיה כ"א בבחי' הוד שבהוד לפי שבו נעוץ התחלה מצד שהוא בחי' האחרונה ע"כ על ידו דוקא יתחבר גם בדבר שאינו מערכו ומהותו כלל כו' וד"ל :

וזהו ענין ל"ג בעומר דהנה כתיב אדם ובהמה תושיע ה' בחי' בהמה זו היינו בחי' שם ב"ן בגימ' בהמה וכמ"ש ורוח הבהמה היורדת למטה כו' והיינו ענין המאמר בזהר בבהמה רבה דרביעא על אלף טורין כו' שהוא בחי' שם ב"ן שיורד לברר בירורין דרפ"ח נצוצין שנפלו בנוגה כו' והנה עומר שעורים שהוא מאכל לבהמה זו הנק' בהמה רבה למעלה הוא ענין הבירורים מיניקת החיצוני' שנאחזים ויונקים בעומר שעורים זה ולכך היה צריך בירור בי"ג כפה כו' ואחר שנתברר מז' מדות הרעות כנ"ל כתיב והניף את העומר לרצונכם כדי שיוכל להיות בחי' גילוי הכתר לז"א דאצי' בחג השבועות בשעת מתן תורה שהוא הנק' רצונכם כידוע והוא ע"י ספירת העומר בתחלה והענין של הספירה שהוא להמשיך אור בחשך כנ"ל היינו להמשיך מאור אבא לז"א בכל המדות דז"א כי תיב' יום בגי' ב' שמות דא"ל הוי' ע"ה ואל נהירו דחכמת' הוא בחי' אור אבא והוי' הוא בחי' ז"א ובכל יום מאיר אור מאבא לז"א באמרו היום יום כו' ומז"א נמשך לז' מדות דמ"ל ומשם למטה עד שמאיר גם בחי' החשך דנוגה שנאחזים במדות העומר שעורים וזהו ענין ספירת העומר בדרך כלל· אך הנה ידוע דבינה עד הוד אתפשטת היינו עד בחי' הוד שבז"א ולא יותר כי ה' החסדים דאימא המגדלים בחי' הכלים מסתיימים בהוד שבז"א והוא לפי שמבחי' הוד ואילך מסתיים בחי' גופא דז"א כו' ובחי' יסוד שהוא להוליד אינו אלא לאחר שיש בו בחי' מוחין דגדלות כמו בהיותו בן ט' שנים וכיוצא כו' וע"כ בל"ג בעומר שהוא בחי' הוד שבהוד מסתיים עיקר בנין גופא דז"א בהארת אורות דאו"א כי מחסד שבחסד עד הוד שבהוד הרי נבנה כל עיקר פרצופו בבחי' הארת אור אבא כו' וע"כ בל"ג בעומר דוקא הוא הזמן שנעוץ תחילתן בסופן פי' תחילתן היינו גם שלמעלה מבחי' אור אבא והוא בחי' פנימיות עתיקא שמאיר בבחי' פנימיות אור אבא כידוע דבחי' פנימיות אבא ופנימיות ועתיקא הכל א' כמ"ש בע"ח ואותו בחי' התחלה הרי שרשו מבחי' מל' דא"ס כנ"ל ואינו מאיר רק בסופא דכל דרגין שהוא בבחי' הוד שבהוד דז"א לפי הכלל דנעוץ תחילתן בסופן דוקא ולא באמצען כנ"ל וד"ל והנה אית' בר"ת נתן ההוד למשה כו' וכן כתי' במשה ונתת מהודך עליו כו' ולכאורה אינו מובן למה דוקא ניתן לו בחי' ההוד ולא מדה אחרת זולתה וכן לגבי יהושע למה אמר ונתת מהודך דוקא ולא מבחי' ומדריגה אחרת אך הנה מבואר למעלה איך שהתחברות העליון בתחתון כשאין ערך ביניהם כלל וכלל א"א כ"א בב' דברי' הכרחיים הא' שיתלבש העליון בבחי' היותר אחרונה במדריגה שבו וזהו מצד המשפיע והב' מצד המקבל שלא יקבל כ"א בבחי' היותר אחרונה שיש במקבל כי לעולם רוממות ההשפעה לא יוכל לקבל כ"א היותר תחתון שבו כי שם יוכל העליון להתלבש ולא בפנימיות המדריגות שבמקבל כמו בבחי' ההודאה שבהודאה יוכל אור העליון להתקבל במקבל ולא גם בבחי' הודאה עצמה שמצד השכל כו' ומכ"ש בהשגת השכל עצמו כו' וא"כ הרי יש כאן ב' תנאים הא' שיהיה בחי' אחרונה שבמשפיע בלבד והב' שיהי' בחי' האחרונה שבמקבל בלבד ואם יחסר א' מב' התנאים הללו לא יוכל העליון להתחבר בתחתון כו' והנה זהו יתרון המעלה בב' התנאים הללו שיוכל השפע לבא גם מבחי' ומדריגה היותר עליון שיש במשפיע מטעם הכלל דנעוץ תחילתן בסופן תחילתן דוקא ובסופן דוקא כנ"ל משא"כ אם חסר א' מב' התנאים הללו שאין השפע בא מבחי' סוף דהמשפיע ולא מתקבל בסוף דמקבל הרי לא יתכן לומר נעוץ תחילתן בסופן כו' וע"כ בזה יתרון מעלו' זה האופן מאחר סדרי ההשתלשלו' אעפ"י שגם שם יבא אור השפע מבחי' האחרונ' שבעליון בלבד כידוע הכלל בכל ההשתלשלות דבחי' מ"ל שבעליון נעשה כתר לתחתון כו' אבל מפני שחסר התנאי השני שיקבל המקבל בבחי' האחרונה שבו ע"כ לא היה נגלה במקבל מבחי' תחילתן לפי שאין תחילתן נעוץ אלא בסופן דוקא מכל צד בין מצד המשפיע בין מצד המקבל כו' וד"ל· (והיינו ענין תכלית השלימות שיהיה לעתיד דכתיב ועמדו רגליו ביום ההוא על הר הזיתים כו' שהוא כד מטי רגלין ברגלין כו' רגלי המשפיע ברגלי המקבל וכמ"ש בזהר דמאן דידע שיעורא דמשחתא דירכין עד הרגל ידע זמן הגאולה כו' וגם הנה בזה יתוקן בחי' החסרון הראשון כשהי' דו פרצופין בבחי' אב"א כו' וזהו מ"ש זכרתי לך חסד נעוריך דוקא לכתך אחרי דוקא וכן בכלב נאמר יען כי מלא אחרי כו' וכמ"ש. במ"א וד"ל) וגם בכאן זהו שאמר בר"ת נתן ההוד למשה כי הנה בחי' משה שרשו מבחי' אור אבא כידוע ומבואר למעלה דבחי' פנימיות אבא הוא בחי' פנימיות עתיק שבו יאיר מבחי' מל' דא"ס כו' והיינו רק מבחי' אחרונה שבו והוא רק בחי' ההוד והיינו עד בחי' ההוד שבהוד שבמשפיע ומשה שקבל האור הזה לא קבל רק בבחי' האחרונה שבו לעולם הרוממות כנ"ל והוא בבחי' ההוד שבהוד שבמשה

כו'

כו' וכן במלכה משיחא נאמר ונחה עליו רוח הויה כו' ומארבע רוחות באי הרוח כו' הוא בחי' הוד דעתיקא שהיה מאיר עליו והוא בבחי' המוטמא שהיה מורח ודאין וכמ"ש והריחו ביראת ה' כו' לפי שנעוץ תחלתן בסופן לכך יש בהוד זה מעלה יתירה מכל הד' רוחות כמו רוח חכמה ובינה רוח עצה וגבורה כו' דלכך לא קבל האור הגדול הזה רק בבחי' היותר אחרונה והוא הודאה דהודאה כו' ומשה ומשיח ענין א' הם כידוע שמשה נקרא גואל ראשון ומשיח גואל אחרון כו' וא"כ מובן דהגם שבמשה ומשיח הי' רק בחי' הוד שבהוד אבל שרשו מבחי' הוד דעתיקא ששם נעוץ דוקא תחילתן והוא בחי' אור היותר עליון שבהארת א"ס שמאיר בבחי' הממוצע הנק' עתיקא כנ"ל וזהו שאמר נתן ההוד דוקא למשה דהיינו בב' צדדים א' מצד בחי' הוד דע"י והב' מצד קבלתו בבחי' הוד שבהוד כו' וזהו המסוה דמשה שעשה כי קרן עור פניו כו' וד"ל וזהו ענין הנזכר במ"ח בפי' אבינו מלכנו גלה כבוד מלכותך כו' דלפי הפשט אין לזה הבנה מה זאת שמבקשים גלה כבוד מלכותך כו' דהלא כבר היה הרבה גלוי' במדריגו' גבוהות מאד כמו גילוי א"ס בשעת מ"ת דכתיב קול השופר הולך וחזק מאד כו' וכן בזמן בהמ"ק בהיכל ק"ק בימי שלמ' וכן בימי הנביאים השלמים היתה גלוי רוה"ק הרבה בישראל כו' וא"כ מהו ענין הבקשה דגלה כבוד מלכותך דמשמע שהוא ענין גילוי אור חדש שלא היה עדיין והלא הכל כבר היה לעולמים כו' אך הענין הוא משום דגם בשעת מ"ת וגם בזמן בהמ"ק לא היתה עדיין הגילוי מבחי' הנ"ל דעתיקא שנעוץ בו מבחי' תחילת כל התחלות דהיינו מבחי' עצמיות אור א"ס והגם שקרן אור פני משה גם בלוחות השניות כמבואר בפ' פסל לך בפ' כי תשא אבל הוצרך למסוה כי לא היה האור שלם בתכלית השלימות מפני חטא העגל וכמבואר בספרי הקבלה ההפרש שבמדריגה שהיה בין לוחות הראשונות ללוחות האחרונות כו' אך במלכא דמשיחא יהיה אור השלם כמו שהיה במשה בלוחות הראשונות שקודם חטא העגל וכידוע שעל משיח כוון משה באמרו שלח נא ביד תשלח כו' וע"כ אמר למשה ונתת מהודך עליו דהיינו מבחי' ההוד שנשאר בלוחות האחרונות כי גם יהושע שהוא בחי' ז"א ונק' איש אשר רוח בו כו' לא יוכל לקבל רק מבחי' האחרונה שהוא בבחי' ההוד כו' כנ"ל וד"ל והיינו שאנו מבקשים גלה כבוד מלכותך דוקא פי' בחי' מל' דא"ס שמאיר בבחי' הוד דע"י שנעוץ שם מבחי' תחילתן והוא למעלה גם מבחי' ג' רישין כו' מטעם הנ"ל וד"ל וזהו ענין הילולא דרשב"י בל"ג בעומר דוקא דהנה כנודע רשב"י ע"ה היה מבחי' מדריגות דמשה שקיבל בלוחות האחרונות כמבואר בכתבי האריז"ל ובפי' התחלת האדר"ז שאמר עד מתי ניתיב בקיומיה דחד סמכ' עיין פירושו בס' הקבלה ומובן מזה שהיה שרש נשמתו מבחי' משה ולכך הזכיר פעמים רבות בלשונו שלא יהא כדורו עד דרא דמלכא משיחא דוקא ולכאורה יפלא למה האריך הזמן שלא יהא כדורו עד דורו של משיח דוקא אלא לפי שהיה שרשו מבחי' משה ומבחי' משיח ולפי שהיה בזמן החורבן שלא היה בימיו שום גילוי אור מלמעלה גם לא בשום אות ומופת כמ"ש אותותינו לא ראינו כו' והיה מגלה בזה העולם רזי דרזין שהוא מבחי' פנימיות אור אבא מדריגות משה ומשיח ע"כ בזמנו היה נעוץ דוקא מבחי' תחילתן ביותר גם מבזמן משה שהרי בימי משה היה כמה מדריגות גילוי אורות עליונים כמו ירידת המן וענני כבוד וכיוצא משא"כ בזמן רשב"י שהיה מיד אחר החורבן בית שני ואחר שגילה בחי' פנימיות חכמה דאצי' בירידת המדריגה כזאת בהכרח שהיה מאיר בו מבחי' אור היותר שלם והוא מבחי' תורת אורו של משיח דכתיב ונחה עליו רוח ה' כו' דהוא בחי' דהוד דע"י ושרשו למעלה מכולם כו' כי בפרט הרי הן ששה חו"ב עצה וגבורה דעת ויראת ה' ורוח ה' שהזכיר קודם עולה על כולם והוא נעוץ בסופן דהיינו בבחי' ההוד כנ"ל ולכך זמן הסתלקות של רשב"י הי' בל"ג בעומר שהוא בבחי' הוד שבהוד בזמן הספירה למדת דזו"נ שהוא היותר אחרון כנ"ל שנעוץ שם מבחי' תחילתן ביותר והוא ענין מ"ש גלה כבוד מלכותך כנ"ל ובזמן הסתלקותו בהכרח שהי' מאיר בו מבחי' תכלית שלימות רוחו למעלה מעלה ברום המעלות ע"כ לא מצא מקום להתלבש כ"א במדריגה היותר אחרון והוא בחי' הוד שבהוד בל"ג בעומר דווקא וד"ל :

הַיּוֹם שְׁלֹשָׁה וּשְׁלֹשִׁים יוֹם שֶׁהֵם אַרְבָּעָה שָׁבוּעוֹת
וַחֲמִשָּׁה יָמִים לָעוֹמֶר : הרחמן ו

נהל אלהים — הוד שבהוד
הַיּוֹם אַרְבָּעָה וּשְׁלֹשִׁים יוֹם שֶׁהֵם אַרְבָּעָה שָׁבוּעוֹת
וְשִׁשָּׁה יָמִים לָעוֹמֶר : הרחמן ל

עדתך יודוך — יסוד שבהוד
הַיּוֹם חֲמִשָּׁה וּשְׁלֹשִׁים יוֹם שֶׁהֵם חֲמִשָּׁה שָׁבוּעוֹת
לָעוֹמֶר : הרחמן א

חק"ב טנ"ע עמים — מלכות שבהוד
הַיּוֹם שִׁשָּׁה וּשְׁלֹשִׁים יוֹם שֶׁהֵם חֲמִשָּׁה שָׁבוּעוֹת
וְיוֹם אֶחָד לָעוֹמֶר : הרחמן מ

יחיד כולם — חסד שביסוד
הַיּוֹם שִׁבְעָה וּשְׁלֹשִׁים יוֹם שֶׁהֵם חֲמִשָּׁה שָׁבוּעוֹת
וּשְׁנֵי יָמִים לָעוֹמֶר : הרחמן י

נאה ארץ — גבורה שביסוד
הַיּוֹם שְׁמוֹנָה וּשְׁלֹשִׁים יוֹם שֶׁהֵם חֲמִשָּׁה שָׁבוּעוֹת
וּשְׁלֹשָׁה יָמִים לָעוֹמֶר : הרחמן ם

לעמך נתנה — תפארת שביסוד
הַיּוֹם תִּשְׁעָה וּשְׁלֹשִׁים יוֹם שֶׁהֵם חֲמִשָּׁה שָׁבוּעוֹת
וְאַרְבָּעָה יָמִים לָעוֹמֶר : הרחמן ב

פנה יגולה — נצח שבהוד

הַיּוֹם אַרְבָּעִים יוֹם שֶׁהֵם חֲמִשָּׁה שָׁבוּעוֹת וַחֲמִשָּׁה יָמִים לָעוֹמֶר: הרחמן
א

זוכרי יברכנו — הוד שביסוד
הַיּוֹם אֶחָד וְאַרְבָּעִים יוֹם שֶׁהֵם חֲמִשָּׁה שָׁבוּעוֹת וְשִׁשָּׁה יָמִים לָעוֹמֶר: הרחמן
ר

קדושתך אלהים — יסוד שביסוד
הַיּוֹם שְׁנַיִם וְאַרְבָּעִים יוֹם שֶׁהֵם שִׁשָּׁה שָׁבוּעוֹת לָעוֹמֶר: הרחמן
ץ

ינ״ל פז״ק אלהינו — מלכות שביסוד
הַיּוֹם שְׁלֹשָׁה וְאַרְבָּעִים יוֹם שֶׁהֵם שִׁשָּׁה שָׁבוּעוֹת וְיוֹם אֶחָד לָעוֹמֶר: הרחמן
ת

שועתנו יברכנו — חסד שבמלכות
הַיּוֹם אַרְבָּעָה וְאַרְבָּעִים יוֹם שֶׁהֵם שִׁשָּׁה שָׁבוּעוֹת וּשְׁנֵי יָמִים לָעוֹמֶר: הרחמן
נ

קבל אלהים — גבורה שבמלכות
הַיּוֹם חֲמִשָּׁה וְאַרְבָּעִים יוֹם שֶׁהֵם שִׁשָּׁה שָׁבוּעוֹת וּשְׁלֹשָׁה יָמִים לָעוֹמֶר: הרחמן
ח

וסמע וייראו — ת״ת שבמלכות
הַיּוֹם שִׁשָּׁה וְאַרְבָּעִים יוֹם שֶׁהֵם שִׁשָּׁה שָׁבוּעוֹת וְאַרְבָּעָה יָמִים לָעוֹמֶר: הרחמן
ס

צעקתנו אותו — נצח שבמלכות
הַיּוֹם שִׁבְעָה וְאַרְבָּעִים יוֹם שֶׁהֵם שִׁשָּׁה שָׁבוּעוֹת וַחֲמִשָּׁה יָמִים לָעוֹמֶר: הרחמן
ס

יודע כל — הוד שבמלכות
הַיּוֹם שְׁמוֹנָה וְאַרְבָּעִים יוֹם שֶׁהֵם שִׁשָּׁה שָׁבוּעוֹת וְשִׁשָּׁה יָמִים לָעוֹמֶר: הרחמן
ל

תעלומות אפסי — יסוד שבמלכות
הַיּוֹם תִּשְׁעָה וְאַרְבָּעִים יוֹם שֶׁהֵם שִׁבְעָה שָׁבוּעוֹת לָעוֹמֶר: הרחמן
ה

שק״ו לי״ת ארץ — מלכות שבמלכות

שער חג השבועות

וספרתם לכם ממחרת השבת כו׳ תספרו חמשים יום וי״ל דהלא אינן אלא מ״ט ימי הספירה גם להבין לשון הספירה היום יום א׳ שני ימים שלשה ימים כו׳ וכן שבוע א׳ שני שבועות כו׳ והל״ל יום ראשון יום שני יום שלישי כו׳ וכן שבוע ראשון שבוע שני כו׳ הנה העומר היו מקריבין מן השעורים ממחרת הפסח ושתי הלחם מחטים בשבועות לפי שראשית הקציר בפסח הן השעורים ובשבועות החטים נגמרים והספירה הוא מקציר שעורים עד קציר חטים דוקא וי״ל כל זה · הענין הוא דכתיב אנכי ה״א אשר הוצאתיך כו׳ וידוע הקושי׳ דלמה לא אמר יותר דבר פלא מיציאת מצרים והוא אשר עשיתי שמים וארץ דהוא הבריאה מאין ליש ובהתפשטות החיות כזה עד אין קץ כמ״ש שמים לרום וארץ לעומק כו׳ אך הענין יובן ע״פ הקדמה להבין במ״ש במרכבת יחזקאל ופניהם וכנפיהם פרודות מלמעלה כו׳ פי׳ כנפיהם כמו שמעופפים העופות בכנפיהם כלפי מעלה ברוממות כו׳ כמ״כ עד״מ המלאכים שנקראים עופות השמים המה פורחים באור אהבת תשוקתם או ביראתם ורוצים להיות נכללים במקור מחצבם וכמשל הפריחה גשמית בעוף שפורח אל מקום מחוז חפצו ותשוקתו דוקא כו׳ וכמ״ש במ״א וד״ל · והעיקר הוא בחי׳ הסתלקות שלהם כלפי מעלה בעילוי אחר עילוי כו׳ ע״י רשפי אש התשוקה כמו השלהבת העולה למעלה מעלה כו׳ וזהו שנאמר עליהם בוערות כמראה הלפידים כו׳ ופי׳ פרודות מחולקות זו מזו זה עובד באהבה וזה ביראה כמו פני אריה להימין ופני שור מהשמאל כו׳ וכמ״ש אחרי ה׳ ילכו כאריה ישאג פי׳ כארי׳ שבמרכבה הנקרא פני ארי׳ שואג קדוש בבחי׳ התכללות וביטול במציאות בתמידות לא ינוח אפי׳ רגע וכן ענין שור גועה כו׳ הוא פני שור שבמרכבה שגועה תמיד כו׳ ופני נשר הוא מדה הממוצעת בין הוי״ר שהוא מדה״ר כמ״ש כנשר יעיר קנו כו׳ וזהו ואשא אתכם על כנפי נשרים דוקא לפי ששיעבודם בחומר ובלבנים לגבי עמידתם בהר סיני בבחינת פב״פ היא מתכלית השפלות לתכלית העלוי לא היה באפשרי כ״א ע״י מדה״ר הגדולים דבחי׳ נשר דוקא שעי״ז ואביא אתכם אלי בבחי׳ פב״פ כו׳ וד״ל · והנה לשון הכתוב ופניהם וכנפיהם כו׳ לא שגם פניהם פרודות אלא כנפיהם בלבד פרודות ולא פניהם כו׳ ולכך טעם ופניהם בזקף גדול בהפסק מאמר לומר שפניהם אינם פרודות כמו כנפיהם כו׳ · ולהבין ביאור הדברים יש להקדים ענין אחד והוא אשר ידוע בס׳ הקבלה דמנחת שעורים הוא מאכל לבהמה בחינת שם ב״ן וכו׳ כי נק׳ המ״ל שעורה בזמן שנותנת טרף לביתה כו׳ במדה וקצבה לכל אחד לפי ערך קבלתו לפני אריה מבחינת החסדים בשיעור וקצבה ולפני שור מבחי׳ הגבורות בשיעור וקצבה כו׳ והיינו שעורה שעור ה׳ פי׳ שיעור ומדה הנמשך מבחינת ה״א עילאה כמ״ש בהבראם בה׳ בראם והוא ה׳ דה׳ מוצאות הפה דרוח פיו ית׳ המהוה כל הנבראים וכו׳ וכל שפעם בשיעורים וגבולים מה״א זה שהוא בחי׳ מלכותו ית׳ ואות ה״א הוא אתא קלילא דלית בי׳ ממשא כידוע דלית לה מגרמה כלום כו׳ וד״ל ולכך כנפיהם פרודות מלמעלה פי׳ מפני קבלתם מלמעלה בחי׳ כח האלקי השופע עליהם **בבחי׳**

בבחי׳ התחלקות שיעור ומדה וכו׳ ועד״מ ה׳ מוצאות הפה באדם התחתון הנה הם מתחלקים בהבל הדבור אחה״ע מהגרון כו׳ וכמו כן ד׳ מחנות שלמעלה פני ארי׳ פני שור כו׳ מקבלים כולם מבחי׳ ד׳ מוצאות פה העליון דרוח פיו כו׳ וד״ל והנה מוצא החמישי והוא גיכ״ק מהחיך אינה מכלל הד׳ מוצאות הנמשכות לנבראים אלא הוא מקור הכוללם יחד כי הוא המקור שלהם שממנו יתחלקו בשיעור ומדה הגם שממנו יוצאו אותיות גיכ״ק כו׳ מפני שנאמר וחכו ממתקים שבחיך יטעם אוכל היינו שיש בכח החיך להרגיש כח התענוג והמתיקות שבחכמה שאין כן בשאר המוצאות ע״כ הוא המקור לכולם לחלק ולשער אותם כו׳ לפי שבחכמה אתברירו וד״ל. וזהו ג״כ ענין והיא מתהלכת בין החיות הוא הה״א דרוח פיו ית׳ שבמוצא החיך שמתהלך בכולם וכוללם יחד כו׳ והוא העושה שלום במרומיו כו׳ כמו מיכאל שר של מים וגבריאל שר של אש ואין מכבין זה את זה כו׳ מפני בחינת ביטול מציאותם במקור מובלם במוצא החמישי דה״א שמתהלכת בין החיות כנ״ל וד״ל·וזהו הטעם דעל פניהם לא נא׳ פרודות כי טעמו בזקף גדול כנ״ל לפי שבבחינת פנימיותם הוא החיך דחכו ממתקים וכמ״ש נפשינו חכתה כו׳ ושם אינם פרודות עדיין כמו כנפיהם וד״ל· ובכל זה יובן ענין מנחת עומר השעורים בפסח כו׳ להיות כי הטעם שמראיהם כגחלי אש בוערות בגלוי כמראה הלפידים כו׳ הוא לפי שרוח אלקי אשר מתהלך בהם הוא ג״כ מבחי׳ עלמא דאתגליא שהוא רוח פיו ית׳ ולכך גם התפעלות אהוי״ר שלהם מורגשות ונגלות בהתלהבות רשפי אש כו׳ וכמ״ש שרפים עומדים ממעל לו בבחי׳ גילוי והיינו לפי שהשגתם באלקות הוא בבחי׳ ממכ״ע שנמשך בבחי׳ גילוי כו׳ ועו״ד דוגמא זו היה ענין שירות הפרות כשנשאו את הארון דכתיב וישרנה הפרות בדרך כו׳ הלוך וגעו כו׳ כלומר שלא היה נעקתם מצד עצמם שא״כ הי׳ נפסק אלא היה מפני כח האלקי שהי׳ שופע בארון בבחי׳ גלוי מתילא נשפע עליהם בחי׳ ביטול במציאות בתמידות להתכלל וליבטל באור ושפע האלקי שהיה נשפע עליהם מן הארון ולכך הלוך וגעו בלתי הפסק כלל כו׳ וד״ל· ואמנם לפי אופן בחי׳ הגלוי אור ושפע האלקי שנשפע על המלאכים כן תהיה התפעלותם בתמידות בלתי שינוי לא גרעון ולא תוספת ולכך נקראים עומדים כמ״ש במ״א וכ״ז רק מפני שיעור ומדה של שפע האלקי אשר עליהם לכ״א לפי מדריגתו ושעורו הנשפע בו לכך נק׳ בדרך כלל ענין השפע אלקי בנבראים בשם שעורה שעור ה״א (וגם מה ששעורה הרי היא בשי״ן שמאלית מורה עוד ענין אחד והוא מבחי׳ הגבורה והיראה ופחד כמו שער בנפשו כו׳ לפי שכללות בנין המ״ל הוא מהגבורה דוקא וכמ״ש במ״א וזהו וגבורתך ידברו ולכך נחלקת לשיעורים כו׳ ומטעם זה המלאכים ג״כ זעים מחיל כסא כו׳ וד״ל) :

וזהו הענין הקרבת עומר השעורים בפסח שהוא הנפת ועליית השפעת המלאכים שמבחינת שעורה הנ״ל שהכהן בחי׳ חסד עליון מקטירה ע״ג המזבח ונכללת באש שלמעלה כו׳ כי אחרי הנפה זו דע״י כהן איש החסד יוכל אח״כ לחזור ולירד השפע לכאו״א לפום שעורא דילי׳ למחנה מיכאל בחי׳ החסדים ולמחנה גבריאל בחי׳ הגבורה כו׳ וד״ל· והנה המלאכים נקראים שלוחים ועד״מ השליח שאינו משנה דבר מכפי שהושם בו הדבורים אות באות והוא אינו תופס מקום כלל וכלל רק שמדבר דברי משלחו ואינו אלא בחי׳ כלי בעלמא אליו כמו שליח המלך שמדבר דברי המלך ופקודתו גם שיהיה קטן הערך יקבלו באימה ויראה דבריו ויקייתוהו כאלו המלך בעצמו מדבר כו׳ ועד״ז הם המלאכים שהם רק בחי׳ כלים מכלים שונים לבחינת רוח פיו ית׳ ולהמשכות אורות ומדות עליונות וא״כ ה״ז כאלו אא״ס בעצמו מדבר בם מפני שהם בתכלית הביטול וכו׳ וזהו שיכול המלאך לומר דבר כאלו הוא עצמו המצוה כמו שוב אשוב אליך כו׳ ראה נשאתי פניך כו׳ שאע״פ שאינו אלא שליח כו׳ דהיא הנותנת דלפי שהוא שליח ה״ז דברי ה׳ שמדבר בו ואינו דברי עצמו כלל ואין זה פירוד אדרבה מפני גודל הביטול במציאות הוא וכו׳ וז״ש בהגר ותקרא שם ה׳ הדובר אליה כו׳ וד״ל · ולהיות כן הרי אא״ס ב״ה בכבודו ובעצמו נמצא בשלוחי השפעה הגם שהמלאכים הן בחי׳ חיצוניות העולמות כידוע ע״כ במנחת העומר שהיה נמשך שפע השעורה הנ״ל ע״י הכהן אחרי הנפתו כנ״ל הרי זה בשליחותו של מקום ב״ה והוא לפי שכתיב ישראל ראשית תבואתו פי׳ כי קדש ישראל להויה בבחינת חכמה וזהו ראשית תבואתו כו׳ דהיינו בבחינת ראשית המח׳ כי ישראל עלו במח׳ כידוע לכך ביכולתם שיהיה דרך שפע השעורה והגבולים דשעורה שעור ה״א עילאה ע״י דוקא כשלקחו מתרומת הלשכה עומר שעורים והקריבו ע״י הכהן כו׳ וד״ל · והנה בזמן בהמ״ק ירד אש שלמעלה בדמות אריה והוא הנזכר בזהר אריה דאכיל קרבנין כו׳ והגם שאריה הוא בחי׳ חסד הי׳ יורד לאכול ולכלות הקרבן בבחי׳ הגבורה דאש כו׳ הענין הוא דידוע דעיקר המכוון בהעלאות הברורים דרפ״ח ניצוצין כו׳ הייט כדי לאכללא שמאלא בימינא דוקא לפי שעיקר השבירה הי׳ בקו השמאל דבינה כו׳ ורפ״ח ניצוצין שנפלו העיקר הוא מבחי׳ פני שור שמהשמאל כו׳ ע״כ מצות הקרבנות דוקא מן הבקר ששרשו מבחי׳ פני שור העליון כדי שיהיה נכלל ועולה הגבורה דפני שור בחסדים דארי׳ עילאה שהוא ימין וזהו כל עיקר ירידת הארי׳ שהוא חסד עליון כדי לאכללא שמאלא בימינא כו׳ ובדרך כלל כל בחי׳ השעורים והגבולים דשעורה שהוא מלשון שער בנפשו כו׳ הוא בבחי׳ גבו׳ ונכללים בימינא וד״ל· והנה לע״ל כתיב ואריה כבקר יאכל תבן פי׳ ענין תבן דהיות דפני אריה ופני שור שבמרכב׳ הנה הם מקבלים השפע מבחי׳ שעורה שעור ה׳ הנ״ל רק שבחי׳ פסולת שפע השעורה הנ״ל נק׳ תבן שהיא כמו

הקליפה

הקליפה הסובבת את השעורה הגשמית כו׳ והנה משה ע״ה לא רצה במלאך ושליח שהרי אמר אם אין פניך הולכים כו׳ ולכך לא היה ארי׳ עילאה יורד לאכול הקרבנות במשכן של משה אלא היה האש שלמעלה מבחי׳ הארת עצמות אורות האצי׳ ולא מבחי׳ כלים והיכלות כו׳ ולע״ל הנה כתיב ישכיל עבדי כו׳ וגבה מאד גם ממדריגת משה וא״כ מלבד שלא יהי׳ אז עליית הקרבנות ע״י אריה הנ״ל אלא שיושפל עוד במדריג׳ ממכמו שהיה בזמן משה עד שיהיה שור לבקר דהיינו כמו בקר דפני שור שבמרכבה שעכשיו שאינם מקבלים רק מבחי׳ תבן פסולת שעורה הנ״ל וד״ל :

ומה שאמר כבקר דפני שור ולא אמר כפני ארי׳ דעכשיו בא לרמז בענין מאכל התבן דשעורה הנ״ל להיות שהם מקבלים מבחי׳ פסולת שפע שעורה הנ״ל כו׳ ועד״ז אומר שלא יאכל עוד ארי׳ הקרבנות אלא ישתוה למרכבה דפני שור כו׳ כי מפני עולם עליות העולמות שיהיה אז עד דמה שעכשיו יורד בבחי׳ ארי׳ דאצי׳ יחשב אז לבחי׳ נברא מקבל משיעורים וגבולים כבקר דפני שור כו׳ וד״ל ובזה יובן מאמרם ז״ל עתידים הצדיקים שיאמרו המלאכים לפניהם קדוש כו׳ לפי שמעלת ישראל תהיה גבוה מן המלאכים כ״כ עד שישאלו המלאכים מישראל מה פעל אל כמ״ש כעת יאמר ליעקב כו׳ והוא ע״פ הנ״ל דבמשיח כתיב וגבה מאד גם מבחי׳ משה עד שיקראו קדוש בקדושה האלקית ממש והמלאכים יהיו להם לבחי׳ מרכבה לומר לפניהם קדוש כו׳ ואמר שהעלי׳ תהיה אז כ״כ עד שבחי׳ ארי׳ עילאה דאצי׳ יהיה במדרגת בקר כו׳ משא״כ עכשיו נהפוך הוא שהמלאכים גבוהים מישראל כו׳ שהרי כמו שהארי׳ היה יורד ואוכל קרבנות כמו כן תפלה שבמקום קרבן הנה המלאכים הם המקבלים התפלות וכמ״ש בזוהר שיש כמה מלאכים ממונים לקבל התפלות וא״א לשום תפלה שתעלה לה׳ לריח ניחח כו׳ בלתי שתוכלל תחלה במלאך הממונה כו׳ והוא יעלה אותה כו׳ והטעם הוא לפי שא״א לתפלה של אדם שנשמתו מלובשת בחומר גופני וקולו ודבורו מד׳ יסודות הגשמים שתוכל ליכלל ולהתעלות באור א״ס ב״ה להיות לריח ניחח כו׳ שלא נערוך אליו קדושתו כו׳ בלתי שתופשט התפלה מגשמיות׳ בעילוי אחר עילוי ע״י ממוצעים רבים ותם המלאכים שנק׳ שלוחים כנ״ל שיורדים ומקבלים הקול והדבור של אותה התפלה ונכללת בהם כדוגמת הקרבן שנכלל באריה הנ״ל והם יעלו לעליונים מהם כי גבוה מעל גבוה כו׳ עד שתוכלל באור א״ס ב״ה וד״ל. ועתה יש להבין ענין קציר חטים שמצוה להביא מנחה חדשה שתי הלחם כו׳ בשבועות וזמן מתן תורה דוקא דהנה עיקר ההפרש בין מלאכים לנש״י שהמלאכים מקבלים מבחי׳ שעורה שעור ה״א כנ״ל ושורש שפע הנשמות נמשך בבחי׳ חטה דוקא וענין החטה יובן עפ״י הקדמה להבין מארז״ל אילן שאכל אדה״ר חטה היתה שאין התינוק יודע לקרות אבא ואימא עד שיטעום טעם דגן פי׳ ידיעת התינוק להכיר את אביו עד שיקראהו אבא אינו אלא ע״י טעימת טעם חטה וזה פלאי למה יהיה סיבת ידיעתו בטעם חטה דוקא אך הענין הוא דהנה אנו רואים הדעת הזה שבתינוק שיודע לקרות אבא אינו דעת שכלי והשגה כלל שהרי אינו יודע איך שהוא אביו ושצריך לאהוב אותו ואעפ״כ קוראו אבא בהתקשרות נפלא בגעגועים ובכיות כו׳ כאילו מכירו באמת אין זה אלא בחי׳ גלוי ההעלם דמה שלמעלה מן הדעת הוא שנתגלה בתינוק ועי״ז צועק אבי בהתגלות אע״פ שאינו משיג בשכלו כמ״ש במ״א וסיבת ידיעה זו שבאה מן ההעלם לגילוי הוא ע״י שטעם טעם חטה דוקא היינו לפי שבחטה יש בה טעם חיות בהעלם להחיות נפש אדם מצד שרשה למעלה בבחי׳ חכ׳ סתימ׳ כו׳ מגילוי ההעלם הוא טעם החטה ע״כ מוליאה בנפש התינוק גילוי ההעלם שבו שלמעלה מן הדעת כו׳ וכ״ז יובן למעלה בהתקשרות כנ״י שנקראים בן כמ״ש בני בכורי כו׳ כשצועקים אבא אבינו שבשמים כו׳ וקדומה היינו שבאה בהם האהבה שלמעלה מן הדעת וההשגה באא״ס בממלא וסובב כו׳ בבחי׳ גילוי הוא כמו בחי׳ גילוי ההעלם שבתינוק שיודע לקרות אבא כו׳ בהתקשרותם זאת לומר אבא מצד עצמות אא״ס שלמעלה מעלה מההשתלשלות סובב וממלא כו׳ הוא מצד עצמות שרש נשמתם בעצמות אא״ס ליכלל וליבטל באא״ס למעלה מןהטעם ודעת כו׳ וזהו היפך המלאכים שהתכללותם וביטולם אינו אלא מבחינת השגה והתבוננות בהשתלשלות בהוד וזיו שעליהם כח הפועל בנפעל כו׳ והיינו ההפרש שבין שעורה לחטה שהמלאכים מקבלים מבחי׳ שעור ה׳ דהשתלשלות כו׳ ונש״י מקבלים מבחי׳ חטה שהוא בחי׳ גילוי העלם עצמות אור א״ס ב״ה וד״ל · וזהו אנכי ה״א אשר הוצאתיך מארץ מצרים פי׳ מצרים מצר ים העליון דהיינו בחי׳ שיעור ה״א דמשער בגבול ומדה את ים החכמה כדי להיות התהוות הנבראים בשיעור וגבול ממש וכנ״ל במלאכים דכנפיהם פרודות מלמעלה כו׳ אמנם שרש נשמות ישראל הוא בבחי׳ עצמות אור א״ס ב״ה הנקרא אנכי פי׳ מי שאנכי דלית מ״ח תפיסא בי׳ כו׳ ואינו בגדר השתלשלות ממל׳ וסובב כו׳ הוא אשר הוציאם מגדר גבול ושיעור דמצר ים העליון כו׳ וד״ל · וזה היה בכנ״י בשעת מ״ת דוקא דעל כל דבור ודבור פרחה נשמתן כו׳ לכך נתגלה בהם ההעלם דאנכי מי שאנכי כו׳ וכן בבעלי תשובה במס״נ ממש נתגלה בהם עד״ז ולכך היו רואים את הנשמע ושומעים את הנראה פי׳ בחי׳ שמיעה מרחוק היא בבחי׳ העלם משא״כ הראיה מקרוב הוא בבחי׳ גלוי ולהיות כי היה אז בחי׳ גלוי ההעלם דאנכי כו׳ לכך ראו את הנשמע שבהעלם כו׳ ושומעים את הנראה פירוש ומה שהיה בבחי׳ גלוי בבחי׳ ראיה דחכ׳ שמעו בחי׳ העלם כו׳ כי היה אז עליות המדריגות ובחי׳ הראיה עלה ונכלל בהעלם השמיעה כו׳ וזהו ע״ד המבואר במקום אחר ע״פ אם בחקותי תלכו בחי׳ אותיות החקיקה שבהעלם העצמות כו׳ וד״ל · והנה מה שנמשך לכנ״י אז מדריגה זו

של

של גלוי העלם העצמות הוא ע"י מצות מעשיות דוקא לפי שגם המצות הן בחי' גלוי העלם דאנכי מי שאנכי כו' הנקרא בזהר סתימו דכל סתימין שהרי המצות הן רמ"ח אברים דמלכא ועד"מ הידוע שכחות הרוחניות שבמוח ראיה ושמיעה וכדומה מתפשטים הן באברים עין ואזן כו' ואם לא האברים היו מסתלקים הכחות הללו בעצמות הנפש כידוע כמו כן אור עצמות א"ס ב"ה הנק' סתימא דכל סתימין שנסתעפו אורו' הנאצלים מאתו בכלים ואברים כידוע היו מסתלקים ונכללים בהעלם העצמות אם לא שיש כלים שיומשכו להאיר בהם כו' והן רמ"ח פקודים למעלה שנקראים אורחות הויה כו' כמ"ש במ"א אלא שנתלבשו בענינים גשמיים כו' וד"ל · ואחר כל הנ"ל יובן מ"ש תספרו חמשים יום אע"פ שאינן אלא מ"ט ימים כו' וגם לשון הספירה היום יום שני כו'· דהנה בכל אחד ואחד מישראל יש נפש הבהמית מסט' דבעירן דכיין הם האופנים והחיות כו' כידוע שבחי' טוב שבנוגה מקבל מהם כו' וא"כ צריך שיהיה אדם ג"כ בבחי' בהמה כמ"ש וזרעתי את ב"י זרע אדם וזרע בהמה כו' מצד נפשו הבהמית בשרשה ומבואר למעלה שאין התפעלות האופנים והחיות רק מבחי' התבוננות ממלא וסובב כו' דוקא וכענין הפרות שנשאו הארון הלוך וגעו כו' וכמו כן בפסד"ז צריך האדם להתפעל בהתפעלות בחי' בהמה בנפש הבהמית דהיינו שתתפעל מחמת השגה ודעת בהתבוננות כו' עד להיות הלוך וגעו כו' ואמנם כדי שתגיע הנפש הבהמית ג"כ למדריגת נפש האלקית דהיינו שתכלל באור אין סוף בעצמו שלמעלה מן הדעת וההשגה כמו שנ"ל ע"ז אמר תספרו חמשים יום כו':

להבין שרשי הדברים הנ"ל · הנה שרש ענין שעורה שעור ה' כו' יובן ע"פ הקדמה בתחלה להבין הטעם שנקראים המלאכים עומדים כו' הנה פי' מלאך הוא ענין שליחות כידוע וכמו"כ המלאכים עליונים המה שלוחים מהאלקים חיים ועד"מ השליח אין בו דבר מצד עצמותו כ"א מה שהושם בפיו וכאלו משלחו בעצמו דובר בו או עושה על ידו כו' כמ"כ המלאכים עליונים מאחר שהם בחי' שלוחי השפע האור האלקי הרי הם בתכלית הביטול מצד עצמם רק דבר ה' שבהם מתגלה כו' וע"כ ביכולתם לומר בלשון האלקים המשלחם כו' כמו ותקרא שם ה' הדובר אליה כו' אע"פ שהיה מלאך בלבד וכן כשאמר המלאך שוב אשוב אליך כו' כאלו הוא העיקר בדבר וכן המלאך שאמר נשאתי פניך כו' והיינו לפי שאור אלקי הוא הדובר בו ואין בו מצד עצמו כלום אין זה בחי' פירוד כלל כו' וכמ"ש במ"א וכמשל האברים העין והאזן כו' ולזה הטעם ג"כ נקראים עומדים דהיינו שאין בהם שינוי לעולם אלא התפעלותם והשגתם בהשואה א' תמיד והוא לפי שהארה האלקית שממנה נאצלו לא נשתנית בהם מכמו שנתנים להם מלמעלה מבחי' אצי' אלא כמות שנתנה להם ונבחי' האצי' כן הוא ממש בהארתה בהם בבלתי שנוי כלל לפי שהמה בחי' שלוחים ועד"מ שלא נשתנה הדבר בשליח מרצון המשלח כלל כו' משא"כ הנשמה שנק' מהלך שנתוסף בה ההארה מכמו שנתנה לה או שתגרע אורה כו' וד"ל · ונמצא מובן שאא"ס כמו שהוא בעצמו הוא יורד ומשתלשל במלאכים עליונים דאבי"ע בכל א' לפי ערכו ומדרגתו כו' וכתיב היש מספר לגדודיו פי' לפי שאין קץ ושיעור להארת אא"ס שבי"ס דאצי' כמו שידוע דחסד דאצי' נחלק לי' וי' לי' וכו' והיינו כמו חסד שבחסד ות"ת דחסד וכדומה לזה בכל הספירו' מתחלקים לפרטי פרטיות עד אין קץ ושיעור כו' וכשמשתלשל כל ההתחלקות במלאכים דבריאה מקבל מזה גדוד רב של מלאכים של בחי' חסד והוא כמו מיכאל דבריאה שמקבל מספי' חסד ותחתיו גדודי' עד אין מספר ממלאכי חסד כידוע ויש מיכאל דיצי' עד"ז בגדודי' רבים מטעם הנ"ל עד מיכאל שר של חסד דעשיה התחתון כו' והיינו היש מספר לגדודיו וד"ל· וידוע דכל מדה כלולה מחברתה כמו החסד כלול מגבורה וגבורה מחסד אך ההפרש ביניהם הוא בענין ההעלם והגלוי שבמדות החסד הגלוי הוא החסד וההעלם הוא הגבורה ובגבורה הוא להיפך שהגבורה בגלוי והחסד בהעלם כו' וכמ"ש במאמר וא"כ הגם שכל מחנה מיכאל כלולים גם מבחי' הגבורה דפחד מחנה גבריאל כו' עכ"ז נקראים בשם מלאכי חסד מפני שהוא בהם בתגבורת בבחי' גלוי כו' והנה ע"ד התחלקות מחנה חסד כמ"כ התחלקות מדות פחד דאצי' שמאיר במחנה גבריאל עד שאין מספר כו' וידוע המשל בזה ע"ד הכעס של אדם המתפלל בכוונה ובהתלהבות על הרשעים וכדומה שנסתעפ' מסיבת התלהבות דווקא ואעפ"כ ירידת מדריגה היא מהתלהבות שהיה לו כי כעס גמור הרי הוא בבחי' הרע רק שיש בו מהארת הטוב דהיינו מסיבת התלהבות שלהם עד שלא יוכל לסבול היפוכו כו' וכמ"כ למעלה מבחי' פחד והתלהבות דמחנה גבריאל נמשך מזיעתן נהר דינור שעל ראש רשעים יחול כידוע והענין הוא עד"מ הזיעה באדם מתהווה מסיבת החמימו' דווקא וידוע שהיא מבחי' פסולת החמימות כי האש כאשר דוחה את פסולת שלו לחוץ הוא יוצא ע"י הזיעה כידוע בספרי הרפואה כמו"כ למעלה מבחי' פסולת גבורות עליונות דפחד דמחנה גבריאל שיוצא בבחי' זיעה ונק' זיעתן של חיות כמו המתפחד שיוצא זיעה על בשרו כידוע ממנו נעשה נהר דינור דהיינו להיות מקו' לגיהנם והוא בחינת הכעס האלקי לענוש הרשעים וכמ"ש על ראש רשעים יחול כו' אבל בחי פנימיות חמימות והתלהבות פחד דמחנה גבריאל אין רע יורד מלמעלה כלל אלא עומדים בבחי' בטול במציאות בגודל היראה ורתת כו' כי רק מזיעתן נעשה נהר דינור כו' וכמ"ש במ"א וד"ל ועד"ז בכל הג' מחנות כמו מחנה דפני נשר שהמה מקבלים ממדות הרחמים דאצי' בכל פרטי פרטי גדודים שלהם כו' וענין מדת הרחמים למעלה באצי' אין לה דמיון וערך עם נהה"ר אשר אנו רואים למטה באדם שמעורר רחמים ונופל במ"ש על ריאקו מה' כו' שאין יתכן

יתכן זה בבחי' האצי' אלא הענין הוא על אשר מים תחתונים דבי"ע הם בתכלית הריחוק והשפלות מאור המאציל נתעורר בו מדת הרחמים עליהם כו' כאשר יעלו מ"ן כו' וכמ"ש בת"א והיא כלולה מחו"ג דהיינו לעורר התבוננות השפלות בגלגולים שירדו מבחי' הגבו' יתעורר בחסד ורחמים כו' וכמ"ש דרך הנשר בשמים שהוא ת"ת כידוע ומזה מקבלים כל מחנה דפני נשר דבי"ע ע"ד הנ"ל במחנה מיכאל כו' וד"ל. ובזה יובן ג"כ פי' ואשא אתכם על כנפי נשרים כו' כי היו ישראל אז בתכלית השפלות בעבודה ובחומר ולבנים כו' וכדי לרוממם ולזכותם להביאם לת"ת בבחי' פב"פ כמ"ש פנים בפנים דבר ה' כו' הוא על ידי מדת הרחמים הנקרא כנפי נשרים למעלה הגביהם ברום המעלות וכמ"ש ואביא אתכם אלי כו' וד"ל :

וזהו שרש ענין שעורה שעור ה' כו' כי הנה ד' מחנות שכינה הנ"ל הנושאים את בחינת כסא ה' הם נמשכי' מארבע מוצאות הפה העליון הנק' ה' תתאה והוא ה"א דבהבראם כידוע ואמנם הגה יש ה"א מוצאות בפה העליון ולא נמשכו רק ארבע מחנות כו' הטעם הוא לפי ששיעור ומדה הקצובה מארבע מוצאות אחע"ה מהגרון כו' נמשך ונשתלשל בד' מחנות והמוצא החמישי שהוא גיכ"ק שבחיך הוא המקור העקרי שממנו נשתערו ונמדדו כו' להיות כי חכו ממתקים כתיב פי' עד"מ החיך הגשמי יש בו ענין מעלה מיוחדת שאין בשאר המוצאות והוא אשר מלבד אותיות גיכ"ק שיצא ממנו הנה הוא ירגיש במתיקות הגשמי והוא בחי' הטעמים והתענוגים כו' וכמ"כ החיך הרוחני יטעם אוכל החכמה דהיינו שירגיש בבחי' מתיקות ותענוג שיש בח"כ שזה לא ירגיש שום אבר זולתו כו' והיינו בחכ' אתברירו שהוא כמו החיך הגשמי שיטעום מר ומתוק ויבדיל ביניהם כן החיך הרוחני יבדיל ע"י כח התענוג דחכ' בין טו"ר שבחכמה כו' ולהיות כן זה המוצא דחיך הוא הכלל לכל הארבע מוצאות וממנו ישוער ויומדד כו' והוא הה' הכולל כל הד' מוצאות יחד ויכול לעשות שלום בין שני מחנות ההפכים דמיכאל וגבריאל כמ"ש עושה שלום כו' להיות שבו בחי' גלוי המתיקות והתענוג העליון שנהנין מזיו השכינה כמ"ש חכו ממתקים כו' כידוע דטעמים דכתר הוא בחכ' דוקא דהיינו בבחינת חכמה של כל עולם לפ"ע ובכאן ג"כ הוא בבחי' חכמה שבדבור הנקרא חכמה שבמ"ל דאצי' שעורה בחיך דוקא וכמ"ש נפשנו חכתה כו' וכידוע דזווג חו"ב בחיך וגרון הוא כו' אשר לפני העונג העליון דבחכמה כל ההפכים משתווה מפני בחי' ביטול במציאו' במקורם כו' וכמ"ש בת"א וד"ל. וזהו הטעם שנקרא שעורה שעור ה"א דהיינו מה שה' עלאה משער ומודד בקצבה והיא עד"מ השעורה הגשמי שהיא מאכל בהמה וכמ"כ מבחינת ב"ן בגי' בהמה נמדד השיעור לכל הד' מחנות וד"ל. וביאור ענין הטעם שנמשל לה' מוצאות הפה דוקא יובן עד"מ ה' מוצאות הגשמיים אחע"ה מהגרון וכו' דידוע הטעם שנקראים אותיות שהוא כמ"ש אתא בקר לשון ביאה והמשכה מההעלם לגילוי כמו"כ אות א' יוצא מהעלם הנפש על ידי כלי הגרון כו' והנה כתיב ויפח באפיו נשמת חיים כו' הרי אנו רואים שנתהווה בריאה שכלית דאדם מבחי' הבל דנפח כו' ואיך יתכן שמבחינת הבל יתגלה מציאות שכל אדם אך הענין הוא עד"מ באדם התחתון הנה כל בחי' התפשטות החיות יקרא בשם הבל כמו התפשטות התנועה ביד ורגל למלאכה וכיוצא נקרא בחינת הבל דעשיה שהוא התפשטות אור בלבד מן הגוף וכבר הוא כח נבדל ממנו לגמרי ככתיבת האצבע וכדומה ועכ"ז כשישן לא יוכל לכתוב ולעשות מאומה הרי מוכרח שיש בזה קצת אור התפשטות חיות הנפש אלא שהוא מבחינ' חיצוניות הנפש בלבד כו' וכמ"כ יש בחי' התפשטות אור היותר פנימי והוא הבל הדבור שכח הנפש יש בה אך היא רק בחינת התפשטות אור שלה בלבד ועכ"ז יותר פנימית הנפש הוא מהתפשטות אורה במעשה התנועה כו' ויש עוד יותר התפשטות אור מפנימית הנפש והוא התפשטות כח המח' ועוד למעלה כח התפשטות המדות ונק' הבלים דמדות ולמעלה מהם התפשטות כח השכל והרצון ונקרא הבלים דכתר וחכ' כו' והכל הוא רק בחינת התפשטות אור בלבד ונקרא הבל אלא שזה עליון מזה בבחי' פנימית הנפש כו' ועד"ז יש פרטי פרטים הרבה רק שבאדם התחתון אין אנו רואים רק ה' בחינ' הבלים הנ"ל דעשיה ודבור ומדות ושכל ורצון אבל מבואר בכהאריז"ל פרטיות הרבה בזה למעלה בי"ס דאבי"ע רק שלא נתגלו כל פרטיהם באדם התחתון כי רק בצלם אלקים בדוגמא בעלמא נעשה האדם כו' וכמ"ש בת"א ונמצא מובן הדוגמא מה' בחינ' הבלים הנ"ל למעלה החיצוני היותר מכולם הוא בחי' הבל דעשיה והוא מ"ש אשר עשה שמים וארץ בבחי' עשיה כמו כח הפועל בנפעל ביד ורגל כנ"ל וההבל הפנימי ממנו הן הי' מאמרות ויאמר אלקים יהי אור כו' שהוא בבחי' הבל הדבור ורוח פיו ית' היותר פנימי מבחינ' הבל דעשיה וכו' והפנימי ממנו המה ז' הבלים דמדות עליונות דאצילות ועד רום המעלות גם בבחינ' התפשטות כח הרצון כד סליק ברעותא הוא בבחינ' הבל והתפשטות אור בלבד כו'. ועתה יובן הטעם דנשמה האלקית נתהווה מבחינ' הבל ונפיחה כמ"ש ויפח באפיו נשמת חיים ומשא"כ המלאכים שהן מבחינ' הבל חיצוני יותר דהיינו בבחי' עשיה כו' ועד"מ הבל הפעולה דעשיה נעשה דבור באדם התחתון כמו"כ נתהווה דבר מאין ליש שמים וארץ ע"י בחי' הבל דעשיה ועד"ז מבחינ' הבל הדבור נעשה ונתהווה מאין ליש נשמת אדם כו' וד"ל. ועד"ז בכל הד' מוצאות המה בחי' הבלים בלבד להתהוות מציאות הד' מחנות והם בחי' ה' מוצאות פה העליון וד"ל. והנה כתיב והניף את העומר כו' דעומר מנחת שעורה שעור ה"א הנ"ל הניפו בכ"י ע"י הכהן וכמ"ש בזהר שנק' עומר התנופה דהיינו מנו פ"ה מנו כבוד כו' הענין הוא דבחי' מ"ל דאצי'

הנקרא

הנקרא פ"ה עם ה' מוצאות כנ"ל שנמדד ממנה שיעורים
במחנות דבריאה ויצי' וכו' צריכה עליה והגבהה למעלה
מעלה והיינו עליית הנוק' למע' בשרשה ומקורה במאציל
העליון ומשם תחזור ותרד להשפיע ברכה בשעורים בבי"ע
כו' והיינו תנו פה להעלות המ"ן הנק' פה וכבוד כו' והוא
על ידי הנפת מנחת העומר שעורים דוקא שהניפו בנ"י
ובזאת נתעלה נפש המלאכים וחזרה להם בברכה יתירה
וזהו בזמן קציר הראשון שהוא חדש האביב בשעורה כו'
אבל בזמן קציר חטים בשבועות אז הוא מצות שתי הלחם
החטי' דוקא כו'· ולהבין שרש ענין ההפרש בין שעורה לחטה
יש להקדים ענין אין התנוק יודע לקרות אבא כו' דמבואר
במ"א דמה דלמע' מן הדעת בא לו בבחי' דעת שהרי אינו
מבין בשכלו את אביו והרי הוא בבחי' העלם אצלו ובא לידי
גלוי שקורא בדעת והתקשרות אבא אבא כו' ונמצא ע"י
טעם דגן החטה בא ההעלם לידי גלוי בדעת ולהבין הטעם
לזה יש להקדים ענין הידוע ע"פ כי לא על הלחם כו' כ"א
על כל מוצא פי הוי' שבמאכל וידוע הקושיא דגם נפש האדם
יש בה מוצא פי ה' דמאמר נעשה אדם כו' ולמה יפה כח
מאמר דתדשא הארץ שבצומח ממאמר נעשה אדם עד
שהצומח יחיה את האדם כו' והענין הוא דהצומח והחי נפלו
משבה"כ ששרשן למע' בבחי' ז' מלכין קדמאין דבחי' התוהו
שקדם לבחי' התקון דזו"נ וידוע שנפש האדם מבחי' התקון
דיחוד זו"נ ונפש הבהמי' וצומח וכו' מחיצוניות דתהו שירדו
בי' כלים בעולם הבריאה ולהיות כי החטה ושרשה מבחי'
הדעת דז' מלכין שהוא בלע בן בעור כו' שהוא בחי' הדעת
עליון שלמע' מן הכל' והיינו בבחי' העלם דכתרים דתהו
כו' שירד ונפל למטה מבחי' מותרות וחיצוניות של התהו
ע"כ ביכולתם להחיות נפש האדם שנלקחה מבחינת
התקון שלמטה מן התהו כידוע דחיצוניות העליון ג"כ גבוה
מפנימיות התחתון כו' והגם שנפל החיצוניות דתהו עד
בחינת נוגה דעשיה במזל המכה ומגדל החטה הגשמי'
עכ"ז מצד שרשה קודם שנפלה היא גבוה מנפש האדם
עד שתוכל להחיותו כו' כמ"ש במ"א וד"ל :

ולזה הטעם יומשך כח ההעלם שלמע' מן הדעת בתנוק
לידי גלוי בדעת והכרה לומר אבא ע"י טעימת דגן
החטה דוקא וד"ל ובזה הוא ההפרש בין שעורה לחטה
דהיינו במה שהחטה תחיה נפש האדם מטעם הנ"ל והשעורה
איננה אלא מאכל לבהמה ולא לאדם כו' וכמו שיש יכולת
בחטה להוציא ההעלם לגלוי כמו בתנוק שיודע לקרות כו'
כמ"כ למע' בחי' ההעלם דכ"ע דאנכי מי שאנכי נתגלה
בזמן מ"ת דשבועות ולכך נצטוו אז דוקא בשתי הלחם דחטה
כו' וכדי להבין כ"ז בתוס' ביאור י"ל תחלה פי' הפסוק
אנכי אשר הוצאתיך מארץ מצרים כו' הנה פי' מצרים
ידוע שהוא מצר ים דהיינו מצר הגרון שהוא בבינה ושם
מתחלקים נ' שערים דבינה כו' ויובן עד"מ באדם הנה אנו
רואים שהגרון מפסיק בין המוח ללב דהיינו כאשר תעבור
השפע מן המוח ללב ילך דרך המצר של הגרון ושם יתצמצם
בהכרח ויתקצר ואח"כ יצא מן הדוחק ומתפשט ללב כו'
ומזה הוא סיבת השתנות השפע כ"כ מן הקצה לקצה דהיינו
במה שממהות שכל הרוחני שבמוח יתהוה ממנו מהות
המדה שבלב היא התפעלות האהבה הגשמי כו' ומסיבה
זה ג"כ אנו רואים שהקול מעורר הכונה וזה פלאי שהקול
גשמי מעורר כונ' רוחני אך מפני שנתקצר ונתצמצם השפע
בדוחק ומיצר הגרון ואח"כ יצא מן הדוחק בהתגברות והוא
קול הגרון שהוא בחי' או"ח לעורר את הכונה שבמוח מאחר
שהגרון ממוצע בין המוח ללב כו' וכמ"ש במ"א בענין פרעה
וג' שריו קנה ושט ורידיו כו' וד"ל ולהיות כי כבר נתצמצמה
שפע המוח שבכלי שבגרון אז יתחלקו לנ' שערים להוליד כמה
מיני התפעלו' לפי אופן התחלקות המדות כו' משא"כ קודם
צאת השפע בגרון אלא היתה כלולה בעצמות השכ' לא היה
התחלקות כלל לנ' שערים עדיין כו' וד"ל· והנמשל מכ"ז
למעלה שהיית שבזמן מ"ת בחג השבועות היה בחי' גלוי
ההעלם של עצמות הכתר והוא אנכי מי שאנכי כו' וע"כ
לא היה אז בחי' התחלקות הנ' שערים דבינה עלאה עדיין
שבחי' ענפים מתפרדין אלא כבר היה נקרא ז' שבתות
תמימות שבחי' השתלשלות באחדות כו' שבחי' א"א כתר
עליון כו' וזהו אשר הוצאתיך מארץ מצרים ממיצר הגרון
דבינה שבא"א כו' וד"ל וכ"ז לפי שהיה אז בחי' הארת
פנים דא"א כמ"ש יאר ה' פניו כו' שהוא הארת הכתר
בשכ' כמו חכמת אדם תאיר פניו דהיינו שמאיר בשכ'
מהארת הכתר דוקא כמ"ש במ"א והגם דאורייתא מחכמה
נפקא אבל מקורה הוא בכתר תר"ך עמודי אור כו'
שהוא תרי"ג ארחין דגלגלתא בחינת הלבנוני' דגלגלתא
דא"א בחי' כתר שבכתר ולכך אומרים כ"ד ספרים בליל
שבועות להמשיך אור הכתר דגלגלתא דוקא וד"ל וזהו
הטעם שהיו מקריבין שתי הלחם בשבועות דוקא כי כמו
שהחטה מוציאה ההעלם לידי גלוי כמשל התינוק הנ"ל
שיש לו גלוי דעת חזקה שלמע' מן השכל כו' והוא בחי'
גלוי ההעלם העצמות כמ"כ החטה דבכורים מנחה חדשה
להוציא העלם הכתר להאיר פניו בשכ' בשתי הלחם שבחי'
לאה ונוק' שבה שנקרא לחמו בלחמי דהיינו כללות הארת
ש"ע נהורין דא"א ותקון אחד לאחד שנתחלק לב' חלקים
ר"ך וק"ל להאיר בשכ' והוא ענין שתי הלחם כי עד מל'
דאצי' נמשכת השפעות מוחין דזו"נ דאבא כו' לפי שהארת
פנים דא"א נמשך גם במל' דאצילות כידוע דע"י בחינת
הסתכלות עינים דא"ק כו' נמשך כח ועוז בזו"נ להוליד
נשמות ביחודם כו' והיינו לפי שעינים הן נו"ה דאבא שמקור'
בנו"ה דא"ק כו' לכך יכולתם לחזק המוחין דזו"נ שהן בחי'
קול ודבור שיוכלו להוליד מאין ליש כו' וכמ"ש במ"א שהוא
כמשל אדם הגדול מאד שיחזק לקטן הערך גם בהסתכלות
עיניו בלבד כו' ועד"ז הוא ענין הארת פנים דא"א גם במ"ל
סופא דכל דרגין להאיר לה המוחין ביתר שאת כו' וזהו

לעומר

לעומר שם ב"ן דנו"ק כמש"ת בעז"ה וד"ל. והנה בשתי הלחם כתיב חמץ תאפינה כו' משא"כ בפסח דכל שאור ומחמצת פסול במנחה כו' הענין הוא דשתי הלחם שרשם בבחי' העלם העלמות דבחי' כתר דא"א כנ"ל ששם עדיין אין התחלקות נו"ן שערים כלל וגם הגבורה נכללו באחדות הא"ס עד שלא ימצא מהם מציאות גבו' קשות כלל להתאחז שם וכמאמר"ז"ל בואו ונחזיק טוב' לאבותינו כו'כי היו חירות גם ממ"ה כו'לפי שהז'שבתות תמימות היו בבחי' אור הכתר והן ז' מדות דיובלא עילאה כו' לכך נצטוו לאפות חמץ דוקא כדי שיתעל'ויוכלל גם הוא באור הכתר משא"כ בפסח שכבר האור של הכתר נתלבש במדו'דשערי בינה כידוע שהוא מקור ושרש להתחלקו'המדו'ממש כו' ואז יש מקור ושרש למציאות הגבו' קשות דנוגה במדות הגבו' דאצי' וכדומה לכך נאסר לאפות חמץ כו' וד"ל. ועכ"ז יובן תירוץ הקושיא ראשונה במה שמונין היום שני ימים שלשה ימים לא יום שלישי כו' לפי שאם היו הימים מבחי' התחלקות המדות עליונות לאחר שנתחלקו הנ' שערים היה כל יום מיוחד במנין בפ"ע כו' אבל מאחר שהז' שבתות תמימות הם בבחי' התכללות ואחדות בכ"ע כנ"ל א"כ אין כל יום מיוחד בפ"ע אלא כלול עם הקודם לו ולא שיום זה המשכה אחרת מיום אחר כו' ומכיון שממשיכים ממילא יבאו שני ימים כא' וכן שלשה וארבעה כו' אך צריך להמשיך מלמטה למעלה מעט מעט ולא כולם בבת א' אבל באותו המעט יבאו בבחינת התכללות מעטם הנ"ל וד"ל. ובזה יובן ג"כ מ"ש תספרו חמשים יום הגם שאין סופרין אלא מ"ט כו' כי כמו שבערב שבועות המה מ"ט בלבד כן גם בחג השבועות הן מ"ט כי מה שבאו לכלל חמשים לא מפני שנתוסף עוד יום א' עליהם במספר אלא מפני שבאו במקורם בבחי' התכללו' להיות לאחדים ממש באור הכתר שמאיר בשבועו' כמו קודם שנחלקו למ"ט כו' ממילא נעשו חמשים והוא שער הנ'שאינו נמנה במספר עמהם אלא כוללם יחד ועכ"ז כשנעשה מקו'להתחלקות שלהם נק'כל כמ"ש כי כל בשמים ובארץ כמ"ש במ"א ולכך נאמר תספרו חמשים יום כו' אבל באמת אין סופרים רק מ"ט כו' וד"ל ולהיות כי שער זה הנ' הוא בחי' ממוצע בין המאציל העלמי למציאות הנאצלים מאתו בבחי' התחלקות ע"כ בו יאיר אור הכתר הארת פניו שהוא עד"מ הממוצע המחבר את עליון עם תחתון כו'.ובאור ענין הארת הפנים היינו כשהאור מתגבר להאיר גם חוץ לכלי המסתירו כמו ההסתר שמסתיר הכלי הגשמי של הפנים בלתי הגלות נגלות בו אור פנימית הנפש כ"א במדה ולמנוס כו' וכאשר ישמח ויגיל האדם ילהבו פניו ויאירו בבחי'גלוי פנימית הנפש הנראית ומתגלה בפנים יותר מבראשונה כו' א"כ הרי בקע האור ויצא דרך הכלי המסתירו לבלתי יפסיק כו' ויש בזה כמה מדרגות שונות כמו גלוי הפנימית שע"י שמחה או ע"י חכ' חדשה שתאיר פניו כו' וגלוי הפנימית שבמולא הפה ודבור שבו מתגלה מהות הרצון והשכל יותר כו'משא"כ בהארת הפנים שאין בו אלא גלוי בעלמא ולא ממהות הנפש שהרי הפנים מפסיק כו' והפרש ביניהם יובן עד"מ אור המאיר דרך המסך בין לכשיאיר דרך נקב וסדק כו' וכמ"ש במ"א שלא ראי זה כראי זה כו' וד"ל. והנה כתיב יאר (ה') פניו אתנו פי' מה שמאיר פניו למע' בנאצלים הוא מאתנו שאנחנו גורמים זה במעשה המצות בשמחה וטוב לב שמעורר למע' שמחה עליונה במאציל עד שנגלה בנאצלים מבחי'הפנימית של הכתר כמשל הארת פנים באדם התחתון כו' וד"ל.וזהו היום יום א' לעומר לעומר שעורים בחי' שער ה"א אחר בחי' עלית הנוק' ע"י הנפת העומר להמשיך בה הארת הפנים דס"ע נהורין כנ"ל (והנה הגם שיש כמה מדרגות בבחי' המ"ל דלפעמים נקרא שעורה ולפעמים בשמות אחרים (כמו עכשיו שתפלה של יד הוא בבחי' מ"ל כו') ואמנם בזמן בהמ"ק נק' השפעה לחיצונית העולמות בשם שעור ה'והיה צריכ' להעלותה במזבח עילאה ולהכלל אותה באא שלמע' כו' וד"ל).והנה במשכן דמשה לא היה אריה אכיל קרבן כו' ובבקשתו שבקש שלא ילך מלאך כ"א כו'אבל בזמן בהמ"ק היה ארי' יורד כו' לפי שירדה המ"ל בירידת המדרגות ולע"ל דתתעלה כנ"י להיות בבחינת כתר כמ"ש ישכיל עבדי כו' וגבה מאד תהיה עליית מנחתה לא ע"י אריה הנ"ל ולא ע"י מדרגות האלקות שהיה במשכן דמשה אלא הוא ית' בכבודו ובעצמו מאחר שיתעלו כ"כ ע"ד שידוע מאמרם ז"ל עתידים לדיקים שיאמרו מלאכים לפניהם קדוש כו' וא"כ בחי' האריה דאכיל קרבנין כבקר ממש דפני אריה שבמרכבה כו' יאכל תבן כלומר שיקבל שפעו כמו בחי' השור דעכשיו שמקבל רק מבחי' תבן הפסולת דשעורה הנ"ל וד"ל. וזהו שהמלאכים מנשאים את התפלה של הנשמות ומגפפים ומעטרים ומנשקים לה כמ"ש בזהר לפי שעכשיו כנ"י בחומר גופני בעה"ז והכל בדבור הגשמי וכדי שיוכלל בבחי' האצי' בבחינת העלאות מ"ן א"א כ"א ע"י ממוצעין שהן המלאכים עליונים דממשיכים לה בחי' מקיפי' פנימי'והיינו מעטר ומנשק כו'ועד"מ בנפש האדם שמחי' את הגוף לא היה להם התחברות כלל מפני ערכם הנבדל זה מזה אם לא ע"י ממוצעים כמו האידים שיש בדם שהוא הרכבה רוחניות לשכון בהדם הנפש הרוחניות כו' וד"ל אבל לע"ל לא יצטרכו כנ"י לממוצעים כלל להמשכת אורות עליונים בתפלתם כי מלאה הארץ דעה כו' ויהיה כל עיקר הגלוי של העלם העלמות דעוה"ז השפל וממילא יומשכו להם כל המקיפים ופנימים שלא ע"י ממוצע כלל כו' וכיוצא בזה יובן ענין הקרבנות שיהיו לע"ל שלא ע"י אריה כו' וד"ל :

ת ו ש ל ב ע

הערות ומפתחות

לסידור

עם דא"ח

מפתח:

ב [שיב]

זה השער לה' צדיקים יבאו בו

סדר
תפילות מכל השנה

עפ"י נוסח האריז"ל

חלק ראשון

כפי אשר נדפס מקודם בתוספת הגהה מדויקת בדקדוק היטב ובתוספות מראבה דבר חדש
אשר לא היה מעולם פירוש המלות על פסוקי דזמרה משוכלל ומיוסד עפ"י כוונת האריז"ל
מכבוד קדוש אדונינו מורינו ורבינו הגדול הגאון האלהי אור עולם מופת הדור נזר ישראל
ותפארתו קדוש ה' מרנא ורבנא **שניאור זלמן** נבג"מ וכוונת ק"ש בכללה ועניני התפלה
בכלל וענין ציצית ותפילין ובהמ"ז ומילה וחתונה הכל כיד ה' הטובה
עליו השכיל לזכות את הרבים לעשות נח"ר ליוצרם בעבודה שבלב עפ"י כוונת
אמיתיות יסודתם בהררי קדש ותמלא הארץ דעה את ה' ויהיו תפילתם
מקובלת לרצון כמארז"ל ע"פ אשגבהו כי ידע שמי ואז יקראני
ואענהו : ובזכות זה יעלו לציון ברינה כיר"א :

בדפוס של הרבני הנגיד המופלג מוהר"ר **ישראל** במהור"ר **יצחק יפה** ז"ל ובמלות והוצאות הרבני המופלג הנגיד מוה' מרדכי במהו' שמואל סג"ל הורוויץ

גידרוקט אין האהליוור גובערנא מיט איין בעוויליגונג פאר אור דעטטליכטן קייזרליכן צענזור אין ווילנר אוניווערסיטעט דורך הערן מעדל ראטטענבערג

תחת ממשלת אדונינו הקיסר האדיר אוסיא פריסוינטליוסי דיערזאווייטא וליקי האסודאר יעמסטראסר אלכסנדר פאולאויץ סאמא דיערזיטט אויסיא ראבים ית האסודאר אוסיא מילאסטוויסט יר"ה

נדפס

בקאפוסט

לפרט עלכן באורים כבדו את ה' לפ"ק

קרוב ה' לכל קוראיו לכל אשר יקראוהו באמת

פאקסימיליא משער הראשון דהוצאה הראשונה.

זה השער לה' צדיקים יבאו בו

סדר

תפילות מכל השנה

עפ"י נוסח האריז"ל

חלק שני

כפי אשר נדפס מקודם בתוספת הגהה מדויקת בדקדוק היטב ובהוספות מרובה דבר הדש
אשר לא היה מעולם פירוש המלות מהפסו' מכפרים עד גמר הכולל ומיוסד עפ"י הזה"ק
מכבוד קדוש אדונינו מורינו ורבינו הגדול הגאון האלהי אור עולם מופת הדור נזר ישראל
ותפארתו קדוש ה' מרנא ורבנא **שניאור זלמן** נבג"מ וכוונת המקו' ועניני שבת בכללו וכו'
על פתח אליהו ועל כגוונא ועניני ר"ח בכללו · ועניני המועדים בכללם וגם
לפסח וספירה וכ"ג בעומר ורגל השבועות ולר"ה וליה"כ וכוונת השופר בכללו וכוונת הככות
ונטילת לולב ושמ"ע בכללם : גם להנוכה ופורים ככל כיד ה' הטובה עליו הבכיל
נזכית את הרבים לעשות נה"ר ליוצרם בעבודה שבלב עפ"י כוונת
אמיתיות יבודתם בהררי קדש ותמלא הארץ דעה את ה' ויהיו תפילת'
מקובלת לרצון כמהרז"ל ע"פ אשגבהו כי ידע שמי ולא יקראני
ואענהו : ובזכות זה יעלו לציון ברנה בי"ר א :

בדפוס של הרבני
הנגיד המופלג
מוהר"ר **ישראל**
כמהור"ר **יצחק**
יפה ז"ל
ובמלוה והלוואת הרבני
המופלג הנגיד מוה' מרדכי
כמהו' המופלג סג"ל הורוויץ

יהודיש לין דאלעזאר
גובערנא מיט ליין
בעזיגינג כאר לור
דעטליכטן קייזרליך
לעמזור ילין ווילר
אוניווערסיטעט דורך
הערן מענדל ראטענבערג

תחת ממשלת אדונינו הקיסר האדיר הוכיה פרוועונלוי דיכראוונויה וויליקי הלסודאר יפרכנורר
אלכסנדר פאלאוויץ סאמא דירזיטע הוסיה רלמבקיה והכודאר הוכיא הילאבנוויבע יר"ה

נדפס **בקאפוסט**

בפרט עלם באורים כבדו את ה' לפ"ק

נודע בשערים בעלה בשבתו עם זקני ארץ

כי ביתי בית תפלה יקרא לכל העמים

קרוב ה' לכל קראיו לכל אשר יקראהו באמת

פאקסימיליא משער השני דהוצאה הראשונה.

מי שברך לעולה לתורה

מִי שברך אבותינו אברהם יצחק ויעקב הוא יברך את (פב"פ), **בעבור שעלה לכבוד המקום לכבוד התורה ולכבוד השבת** (ליו"ט: **ולכבוד הרגל**) (לר"ה ויו"כ: **ולכבוד יום הדין**), **ובשכר זה הקב"ה ישמרהו ויצילהו מכל צרה וצוקה ומכל נגע ומחלה, וישלח ברכה והצלחה בכל מעשה ידיו** (ליו"ט: **ויזכה לעלות לרגל**) (לר"ה וליו"כ: **ויכתבהו ויחתמהו לחיים טובים ביום הדין הזה**) **עם כל ישראל אחיו, ונאמר אמן.**

מי שברך ליולדת ולחולה

מ י ש ב ר ך ל י ו ל ד ת: **מִי שברך אבותינו אברהם יצחק ויעקב משה ואהרן דוד ושלמה, הוא יברך את האשה היולדת** (פלונית בת פלונית) **עם**

(לזכר) **בנה הנולד לה במזל טוב, בעבור שבעלה ואבין נדר לצדקה בעדם, בשכר זה יזכו להכניסו בבריתו של אברהם אבינו, ויגדלהו לתורה ולחופה ולמעשים טובים ונאמר אמן.**

(לנקבה) **בתה הנולדה לה במזל טוב, ויקרא שמה בישראל** (פלונית בת פלוני) **בעבור שבעלה ואביה נדר לצדקה בעדן, בשכר זה יגדלה *) לתורה ולחופה ולמעשים טובים ונאמר אמן.**

מ י ש ב ר ך ל ח ו ל ה: **מִי שברך אבותינו אברהם יצחק ויעקב משה ואהרן דוד ושלמה הוא ירפא את**

(לזכר) **החולה** (פב"פ), **בעבור** (שפב"פ) **נדר צדקה בעבורו, בשכר זה הקב"ה ימלא רחמים עליו להחלימו ולרפאותו ולהחזיקו ולהחיותו, וישלח לו מהרה רפואה שלמה מן השמים לרמ"ח אבריו ושס"ה גידיו בתוך שאר חולי ישראל, רפואת הנפש ורפואת הגוף** (בשבת: **שבת היא מלזעוק ורפואה קרובה לבא**) (ביו"ט: **יו"ט הוא מלזעוק ורפואה קרובה לבא**), **השתא בעגלא ובזמן קריב, ונאמר אמן.**

(לנקבה) **החולנית** (פב"פ), **בעבור** (שפב"פ) **נדר צדקה בעבורה, בשכר זה הקב"ה ימלא רחמים עליה להחלימה ולרפאותה ולהחזיקה ולהחיותה, וישלח לה מהרה רפואה שלמה מן השמים לכל אבריה ולכל גידיה בתוך שאר חולי ישראל, רפואת הנפש ורפואת הגוף** (בשבת: **שבת היא מלזעוק ורפואה קרובה לבא**) (ביו"ט: **יו"ט הוא מלזעוק ורפואה קרובה לבא**), **השתא בעגלא ובזמן קריב, ונאמר אמן.**

*) מנהגנו לומר לתורה גם בלידת בת, והוא עפ"י מרז"ל בברכות (יז, א): נשים במאי זכיין וכו' (ממכתב כ"ק אדמו"ר (מהורש"ב) נ"ע).

הרחמן לברית מילה

הָרַחֲמָן הוּא יְבָרֵךְ אֲבִי הַיֶּלֶד וְאִמּוֹ · וְיִזְכּוּ לְגַדְּלוֹ לְחַנְּכוֹ וּלְחַכְּמוֹ · מִיּוֹם הַשְּׁמִינִי וָהָלְאָה יֵרָצֶה דָמוֹ · וִיהִי יְהֹוָה אֱלֹהָיו עִמּוֹ:

הָרַחֲמָן הוּא יְבָרֵךְ בַּעַל בְּרִית הַמִּילָה · אֲשֶׁר שָׂשׂ לַעֲשׂוֹת צֶדֶק בְּגִילָה · וִישַׁלֵּם פָּעֳלוֹ וּמַשְׂכֻּרְתּוֹ כְּפוּלָה · וְיִתְּנֵהוּ לְמַעְלָה לְמָעְלָה:

הָרַחֲמָן הוּא יְבָרֵךְ רַךְ הַנִּמּוֹל לִשְׁמוֹנָה · וְיִהְיוּ יָדָיו וְלִבּוֹ לָאֵל אֱמוּנָה · וְיִזְכֶּה לִרְאוֹת פְּנֵי הַשְּׁכִינָה · שָׁלֹשׁ פְּעָמִים בַּשָּׁנָה:

הָרַחֲמָן הוּא יְבָרֵךְ הַמָּל בְּשַׂר הָעָרְלָה ׳ וּפָרַע וּמָצַץ דְּמֵי הַמִּילָה ׳ אִישׁ הַיָּרֵא וְרַךְ הַלֵּבָב עֲבוֹדָתוֹ פְּסוּלָה ׳ אִם שְׁלָשׁ אֵלֶּה לֹא יַעֲשֶׂה לָהּ :

הָרַחֲמָן הוּא יִשְׁלַח לָנוּ מְשִׁיחוֹ הוֹלֵךְ תָּמִים ׳ בִּזְכוּת חֲתַן לַמּוּלוֹת דָּמִים ׳ לְבַשֵּׂר בְּשׂוֹרוֹת טוֹבוֹת וְנִחוּמִים ׳ לְעַם אֶחָד מְפֻזָּר וּמְפוֹרָד בֵּין הָעַמִּים :

הָרַחֲמָן הוּא יִשְׁלַח לָנוּ כֹּהֵן צֶדֶק אֲשֶׁר לֻקַּח לְעֵילוֹם ׳ עַד הוּכַן כִּסְאוֹ כַּשֶּׁמֶשׁ וְיָהֲלוֹם ׳ וַיָּלֶט פָּנָיו בְּאַדַּרְתּוֹ וַיִּגְלוֹם ׳ בְּרִיתִי הָיְתָה אִתּוֹ הַחַיִּים וְהַשָּׁלוֹם :

בִּרְכוֹת הַדְלָקַת הַנֵּרוֹת

ערב שבת בָּרוּךְ אַתָּה יְהֹוָה אֱלֹהֵינוּ מֶלֶךְ הָעוֹלָם אֲשֶׁר קִדְּשָׁנוּ בְּמִצְוֹתָיו וְצִוָּנוּ לְהַדְלִיק נֵר שֶׁל שַׁבָּת קֹדֶשׁ :

ערב יום טוב בָּרוּךְ אַתָּה יְהֹוָה אֱלֹהֵינוּ מֶלֶךְ הָעוֹלָם אֲשֶׁר קִדְּשָׁנוּ בְּמִצְוֹתָיו וְצִוָּנוּ לְהַדְלִיק נֵר שֶׁל יוֹם טוֹב : שהחיינו

ערב שבת ויו״ט בָּרוּךְ אַתָּה יְהֹוָה אֱלֹהֵינוּ מֶלֶךְ הָעוֹלָם אֲשֶׁר קִדְּשָׁנוּ בְּמִצְוֹתָיו וְצִוָּנוּ לְהַדְלִיק נֵר שֶׁל שַׁבָּת וְשֶׁל יוֹם טוֹב : שהחיינו

ערב ר״ה בָּרוּךְ אַתָּה יְהֹוָה אֱלֹהֵינוּ מֶלֶךְ הָעוֹלָם אֲשֶׁר קִדְּשָׁנוּ בְּמִצְוֹתָיו וְצִוָּנוּ לְהַדְלִיק נֵר שֶׁל יוֹם הַזִּכָּרוֹן : שהחיינו

ערב ר״ה שחל בשבת בָּרוּךְ אַתָּה יְהֹוָה אֱלֹהֵינוּ מֶלֶךְ הָעוֹלָם אֲשֶׁר קִדְּשָׁנוּ בְּמִצְוֹתָיו וְצִוָּנוּ לְהַדְלִיק נֵר שֶׁל שַׁבָּת וְשֶׁל יוֹם הַזִּכָּרוֹן : שהחיינו

ערב יום כפור בָּרוּךְ אַתָּה יְהֹוָה אֱלֹהֵינוּ מֶלֶךְ הָעוֹלָם אֲשֶׁר קִדְּשָׁנוּ בְּמִצְוֹתָיו וְצִוָּנוּ לְהַדְלִיק נֵר שֶׁל יוֹם הַכִּפּוּרִים: שהחיינו

ערב יום כפור שחל בשבת בָּרוּךְ אַתָּה יְהֹוָה אֱלֹהֵינוּ מֶלֶךְ הָעוֹלָם אֲשֶׁר קִדְּשָׁנוּ בְּמִצְוֹתָיו וְצִוָּנוּ לְהַדְלִיק נֵר שֶׁל שַׁבָּת וְשֶׁל יוֹם הַכִּפּוּרִים : שהחיינו

בָּרוּךְ אַתָּה יְהֹוָה אֱלֹהֵינוּ מֶלֶךְ הָעוֹלָם שֶׁהֶחֱיָנוּ וְקִיְּמָנוּ וְהִגִּיעָנוּ לַזְּמַן הַזֶּה :

כוונת המקוה מהבעש"ט ז"ל[1]

(הועתק מספר פרי הארץ)

כשבא אל המקוה יכוין שהמקוה הוא שם קנ"א דהיינו **אהי"ה** במלוי **ההי"ן** כזה **אל"ף ה"ה יו"ד ה"ה** גמטריא קנ"א כמנין מקו"ה ועיקר יכוין שהמקוה התחתונה שאנו טובלים בו הוא בעצמו שם קנ"א ע"י השתלשלו' ויטבול פעם א' ויכוין שם קנ"א כנ"ל בשעת שהוא תחת המים ואח"כ יכוין שם אגל"א שהוא שם הגבורות היוצא מר"ת הפסוק אתה גבור לעולם אדנ-י ויטבול פעם ב' ויכוין שם הנ"ל ואח"כ יכוין שם אל"ד ויכוין שמשם אגל"א נעשה מא"ג ד' ונעשה שם אל"ד ויטבול פעם ג' ויכוין שם הנ"ל ואח"כ יטבול פעם ד' בשעה שיהא ראשו תחת המים ישלוב השני שמות אהי"ה ואל"ד כזה אלף א ה ה ל יוד ה ת ד ויכוין את הדבר שמתפללי' עבורו שהוא בתוך השם הזה הוא נמתק שיעלה אותו כנז"ל ויטבול פעם ה' וישלב את השם אהי"ה פשוט עם השם אל"ד פשוט כזה א א ה ל י ד ה ויכוין להעלות הדבר שמתפלל אל מדרי' עליונה של הבינה ואז נעשה הכל חסד ורחמים גמורי'[2]).

1) בקשר עם דרוש דא"ח ד"ה להבין כו' בכוונת המקוה כו' הבעש"ט ז"ל (נדפס לעיל דף קנו, א), מועתקת בזה כוונת המקוה כפי שנדפסה בס' פרי הארץ להרה"צ וכו' רמ"מ ז"ל מוויטעבסק (בהתאם להערת אדמו"ר הצ"צ לד"ה הנ"ל: איתא בשם הבעש"ט ז"ל הובא בס' פרי הארץ ס"פ לך לך). נדפסה כאן עפ"י הוצאה הראשונה של ס' הנ"ל (קאפוסט, תקע"ד). ראה ג"כ סי' ר"ש מרשקוב בסדר הטבת חלום בסופו, ובהתחלה שם: (כתב מהור"ש זלה"ה וז"ל קבלה ממורי נר"ו לבטל חלום רע . . המקוה . . וגם לכוין אל"ד גי' אגל"א כלול במקורו אהי"ה אאהליד"ה וכו'.

2) בס' לקוטים יקרים (נדפס בלעמבערג בשנת תקנ"ב) וכן בכמה דפוסים של הס' כתר שם טוב, לקוטי אמרים להה"מ ממעזריטש — נדפסה עוד כוונת המקוה מהבעש"ט ז"ל. ולשלימות הענין, מועתקה בזה גם כוונת המקוה הזאת (נדפס כאן עפ"י הנדפס בס' לקוטים יקרים הנ"ל):

ואעתיק לך כוונת המקוה מבעש"ט ז"ל מה שהעתקתי מסדור הוותיק מוהר"ר משה ני', וז"ל שם: כוונת המקוה מבעש"ט זלה"ה קודם יכוין סוד הנז' בגמ' ו' מעלות במקוה ועפ"י סוד כזה (יהו חסד), (יוה נצח), (הוי גבורה), (היו הוד), (ויה ת"ת), (והי יסוד), (והם השמות הכתובים בכוונת הלולב כמ"ש האריז"ל טעמם ונימוקם שם בכוונת הלולב ע"ש). והמים שבמקוה הם ט' יודין דע"ב ס"ג מ"ה ב"ן גימ' מים. וכולם נמשכים משם ע"ב שהוא הראשון שהוא חסד גימ' ע"ב והוא בחי' מים לכן הם מ' סאה נגד ד' יודין דע"ב, גם מקוה גימ' קנ"א כמנין אהי"ה במילוי ההין שהוא בסוד הבינה שהוא בית קיבול לקס"א קמ"ג. והנה בנין הגוף הוא ע"י שם קנ"א כמבואר בכתבי האריז"ל בכוונת ליל הוש"ר. והגוף הניגוף*) הוא כלי חרס ואין לו טהרה במקוה כי כלי חרס שבירתן זהו טהרתן. וענין הוא שקודם כניסתו למקוה צריך לשבור לבו בקרבו ומקבל עליו עול מלכות שמים לעזוב פשעיו, ומעתה מוכן לעבוד באהבה חסד ויראה גבורה בכדי שיוכל הש"י להתפאר תפארת בו כמש"ה ישראל אשר בך אתפאר, וימסור א"ע על קדושתו ועי"ז ינוצה נצח החטא בבטחונו בש"י שישוב את נדחו וצריך להודות הוד לו שנצול ממצולת ים ואז הוא נכלל בכלל צדיק יסוד עולם ואז ע"י יתגדל ויוכר כבוד מלכותו מלכות י"ש וית' לעולם ועד. ועוד יכוין בהיותו במקוה כי שם אדנ"י מלכות הוא סוד הדיבור ושם הויה הוא ז"א סוד הקול ושם אהי"ה סוד המחשבה. ובמקוה הגג של המקוה נגד שם אהיה והד' רוחות של המקוה נגד ד' אותיות הוי"ה וקרקע המקוה נגד שם אדנ"י, והג' שמות הנ"ל הם גימ' יב"ק,

*) בדפוס הנ"ל מטושטשת תיבה זו.

הוא סוד יחוד ברכה קדושה ויכוין שנכנס לבקש מהשי״ת טהרה וקדושה למחשבתו ולקולו ולדבורו ואז ע״י כוונת הנ״ל אף שבע יפול צדיק וקם, אף אם ירד שבע מעלות אחורנית ירפאהו הש״י ויכרות ברית חדש אשר לא תופר ואז יאיר על נשמתו קומה הרוחניות אותיות מקוה. סאה גימ׳ אדנ״י ס״ה וא׳ שבסאה הוא סוד חכמה שהוא י׳ ראשונה דשם הוי״ה וי׳ במילוי כזה יוד מרומז הו׳ לו׳ קבין שבסאה ר״ל לשש מעלות שבמקוה כנ״ל ששורש מילויי׳ דע״ב ס״ג מ״ה ב״ן גימ׳ ק״ב וו׳ פעמים ק״ב גימ׳ ברית לתקן הפגם של הברית קודש. ובד׳ של מילוי יו״ד רומז לד׳ לוגין כי יה״ו במלוי אלפין גימ׳ לוג ועי״ז יזכה לעבודת הש״י. ויאמר פסוק זה עם הכוונה מקוה ישראל ה׳ מושיע בעת צרה ויכווין ר״ת מקוה ישראל הוא מי יהו״ה מושיע הוא ר״ת י״ם שה״ס השכינה שממנ׳ מתגלים הדינים בעוה״ז ומיתוק הדינים הוא ע״י המעלה אותם לשרשם שהוא יסוד הבינה שממנ׳ מתערין הדינים שבה שם אלף ה״ה יוד ה״ה כנ״ל שהוא גימ׳ מקוה ושם נמתקים בסוד הלידה ע״י המים שבמקוה דהיינו ט׳ יודין דע״ב ס״ג מ״ה ב״ן שעולים גימ׳ צ׳ כמנין מים וע״י ד׳ יודין דע״ב שהם מ׳ סאה כי גילוי הגבורות ה״ס שם אגל״א ר״ל שמתגלים הה׳ גבורות שהם שורש כל הגבורות ומתגלים בשכינה תתאה סוד אדנ״י, אמנם כשמתעלים הגבורות לשרשם שהם סוד מ״י שנק׳ בינה ונמתקים שם בסוד הלידה חדשה נרמז שם הנ״ל שמספרו אל״ד, לכן יכווין כששוחה ראשו לתוך המים לטבול בשם אהי״ה אל״ד משולב כזה א״א ה״ל יד״ה ועוד יכווין ויצייר אלו הד׳ שמות בהיותו בתוך המקוה כזה אל״ד אדנ״י הוי״ה אהי״ה ויכווין הא׳ משם אל״ד רומז לכ״ע שהוא אלף אותיות פל״א ול׳ רומז לג׳ קוין קו ימין חח״נ קו שמאל בג״ה קו האמצעי ד״ת יו״ד **) רומזת למלכות סוד אדנ״י. ע״כ העתקתי אות באות מדברי אלקי׳ הבעש״ט זלה״ה.

**) כ״ה בדפוסים. וכנראה צ״ל: דת״י וד׳.

כוונת התקיעות מהבעש"ט ז"ל

בספר *) שמועה טובה (ווארשא, תרח"צ, ע' עו-עח) נדפסו „כוונת התקיעות[1] מבעש"ט זללה"ה", ובהקדמה שם כותב שנעתק מ„כת"י ישן נושן" שחלק א' ממנו הי' „טמון וגנוז בבית הרב הגה"ק מקאזניץ זצוקללה"ה" וחלק „בגנזי הרב הגה"ק מגור בעהמ"ס שפת אמת".

וכנראה הם הכוונות שבסי' האריז"ל — (הר"ש מרשקוב). ולכאורה אין להביאור דאדה"ז **) שייכות אליהם. ועכצ"ל שישנן עוד כוונות להבעש"ט שונות מכוונות האריז"ל (וכמו בכוונות המקוה).

בכ"ז, לשלימות הענין וכיוון שלע"ע לא מצאתי בשום מקום כוונות התקיעות מיוחסות להבעש"ט נעתקו כאן[2].

---

*) מכאן עד התיבות „נעתקו כאן". וכן ההערות 1-2; 1-3 — נעתק מרשימת כ"ק אדמו"ר שליט"א.

1) בסופן שם גם כוונות הפסוקים דמלכיות זכרונות שופרות דמוסף — ולקמן נעתקו גם הן.

**) הנדפס לעיל בשער התקיעות ד"ה להבין ענין תקיעת שופר.

2) כמה יש להעיר בהשוואה להכוונות שבסי' האריז"ל, ואכ"מ.

כוונת התקיעות מבעש"ט זללה"ה.

תקיעות דמיושב.

תקיעה אברהם עולה ומושך המוחין ונעשה כסא :

שברים יצחק עולה ומתפשט עד סיום כל הוד :

תרועה עלה אלקים יעקב דוד :

תקיעה יעקב ומכניס נלח בחכמה הוד בבינה יסוד בדעת כ"ו בפ"א דספירה :

תשר"ת ב' להמשיך המוחין בפ"ב

תקיעה אברהם ולהוציא מלאה פ"ב ממוח בינה ולעשות כסא :

שברים להמשיך חלק ב' מוח בינה ועיטרא דגבורה תוך לבוש הוד ולהכניסם :

תרועה ימשוך מתחת לעילא עיטרא דגבורה :

תקיעה יכנים נלח ומוח בחכמה הוד ומוח בבינה יסוד ומוח בדעת חלק ב' למוחין בפ"ב דחב"ד ז"א ·

תשר"ת ג' להמשיך המוחין לפ"ג דחב"ד דז"א.

תקיעה להוציא חלק ג' ממוח בינה ועיטרא דגבורה לעשות כסא :

שברים מכנים בינה וגבורה תוך לבוש הוד :

תרועה מושך חלק ג' ממוחין תוך לבוש [ ] : 1)

תקיעה מכנים חלק ג' מפרקין קדמאין תוך פ"ג דחב"ד דז"א

תש"ת.

תקיעה מכנים חלק א' מפ"ב דחכמה בחסד ז"א :

שברים חלק א' ממוח בינה בגבורה דז"א :

תקיעה חלק א' ממוח דעת בת"ת דז"א :

תקיעה מכנים חלק ב' מפ"ב מוח חכמה בחסד ז"א :

שברים חלק ב' מפ"ב מוח בינה בגבורת ז"א :

תקיעה חלק ב' מפ"ב מוח דעת בת"ת ז"א :

תקיעה חלק ג' מפ"ב מוח חכמה בחסד ז"א :

שברים חלק ג' מפ"ב מוח בינה בגבורת ז"א :

תקיעה חלק ג' מפ"ב דדעת בת"ת ז"א :

תר"ת.

תקיעה מכנים חלק א' מפ"ג דחכמה בנלח ז"א :

תרועה חלק א' מפ"ג דמוח בינה בהוד ז"א :

תקיעה חלק א' מפ"ג דמוח דעת ביסוד ז"א :

תקיעה מכנים חלק ב' מוח חכמה בנלח ז"א :

תרועה חלק ב' מפ"ג מוח בינה בהוד ז"א :

תקיעה חלק ב' מפ"ג מוח דעת ביסוד ז"א :

תקיעה

---

1) כן הוא בס' שמועה טובה.

תקיעה חלק ג׳ מס״ג מוח חכמה בנצח ז״א:
תרועה חלק ג׳ מס״ג מוח בינה בהוד ז״א:
תקיעה חלק ג׳ מס״ג מוח דעת ביסוד ז״א:

תקיעות דמעומד.

מלכיות

תקיעה מתפשט בו פ״א מפת דנצח אמא:
שברים פ״א מפת דהוד אמא:
תרועה פ״א מפת דיסוד אמא:
תקיעה פ״ב מפת דנצח אמא:

תקיעה פ״ב מפת דהוד אמא:
שברים פ״ב מפת דיסוד אמא
תקיעה פ״ג מפת דנצח אמא:

תקיעה פ״ג מפת דהוד אמא:
תרועה פ״ג מפת דיסוד אמא:
תקיעה מתפשט בו מלכות דאמא:

זכרונות.

תקיעה פ״א דחסד דנצח אמא בחסד נוק׳ דז״א:
שברים פ״א דגבורה דהוד אמא בגבורה דנוק׳:
תרועה פ״א דת״ת דיסוד אמא בת״ת דנוק׳:
תקיעה פ״ב דחסד דנצח אמא בחסד דנוק׳:

תקיעה פ״ב דגבורה דהוד אמא בגבורה דנוק׳:
שברים פ״ב דת״ת דיסוד אמא בת״ת דנוק׳:
תקיעה פ״ג דחסד דנצח אמא בחסד דנוק׳:

תקיעה פ״ג דגבורה דהוד אמא בגבורה דנוק׳:
תרועה פ״ג דת״ת דיסוד אמא בת״ת דנוק׳:
תקיעה מלכות דאמא מתפשט:

שופרות.

תקיעה פ״א דחכמה דנוק׳:
שברים פ״א דבינה דנוק׳:
תרועה פ״א דדעת דנוק׳:
תקיעה פ״ב דחכמה דנוק׳

תקיעה פ״ב דבינה דנוק׳:
שברים פ״ב דדעת דנוק׳:
תקיעה פ״ג דחכמה דנוק׳:

תקיעה פ״ג דבינה דנוק׳:
תרועה פ״ג דדעת דנוק׳:
תקיעה מלכות דאמא מתפשט:

מלכיות[2]

פ״א דנצח דנוק׳ שהוא חכמה דנצח דנוק׳ בפ״א דחסד ז״א תורה מלך ז״א:
פ״א דהוד נוק׳ שהוא בינה דהוד נוק׳ בפ״א דגבורה ז״א תורה מלכו:
פ״א דיסוד נוק׳ שהוא דעת דיסוד נוק׳ בפ״א ת״ת דז״א תורה מלכו:

---

2) כוונות הפסוקים דמוסף.

פ"ב נלח נוק' שהוא חסד דנלח דנוק' בפ"ב דחסד ז"א כתובים מלך נוק':

פ"ג דנלח נוק' נלח דנלחה בפ"ג דחסד ז"א:

פ"ב דהוד נוק' שהוא גבורה דהוד דנוק' בפ"ב גבורה ז"א כתובים מלכה:

פ"ג דהוד נוק' דהוד דהודה בפ"ג דגבורה ז"א:

פ"ב יסוד נוק' שהוא ת"ת דיסוד נוק' בפ"ב ת"ת ז"א:

פ"ג. דיסוד נוק' דיסוד דיסודה בפ"ג דת"ת ז"א.

לכן אומרים בפסוק זה יהי' ה' אחד שיהי' הזווג עמה תמיד ביסודה ויהיה יה יה פב"פ ובתוך **פסוק** אחרון עטרת יסודה שהוא מלכות וזה ה' אלקינו לכוללה בתורה שבכתב ה' אחד מחב"ד חג"ת נה"י עטרת ת"ת ישראל נכלל תורה שבע"פ עם תורה שבכתב:

זכרונות.

פ"א דחסד נוק' בחכמה דז"א:

פ"ב דחסד נוק' בחסד החכמה דז"א כתובים דלאה:

פ"א דגבורה נוק' בבינה דז"א:

פ"ב דגבורה נוק' בגבורה דבינה דז"א:

פ"א דת"ת נוק' בדעת הדעת דז"א:

פ"ב דת"ת נוק' בת"ת דדעת ז"א:

פ"ג שהוא נלח דחסד נוק' בנלח דחכמה ז"א נביאים מלך נה"י דאמא המתפשטים שם:

פ"ג שהוא הוד גבורה נוק' בהוד בינה ז"א:

פ"ג שהוא יסוד ת"ת נוק' ביסוד דעת ז"א.

פסוק[3] לכלול מלכות דיסוד דת"ת דנוק' בעטרת יסוד שבדעת דז"א

שופרות.

לכלול חב"ד דנוק' בנה"י דאמא שהם למעלה מחב"ד ז"א ולפי שיסוד דאמא סוד שופר שמשם יוצא הקולות נק' שופרות:

פ"א חכמה נוק' בפ"א דנלח אמא שהוא חכמה דנלח אמא:

פ"ב דחכמה דנוק' בפ"ב דנלח אמא שהוא חסד דנלחה:

פ"א בינה דנוק' בפ"א הוד אמא שהוא בינה דהוד אמא:

פ"ב דבינה דנוק' בפ"ב דהוד אמא שהוא גבורה דהודה:

פ"א דעת נוק' בפ"א דיסוד אמא שהוא דעת דיסודה:

פ"ב דדעת דנוק' בפ"ב דיסוד אמא שהוא ת"ת דיסודה:

פ"ג חכמה דנוק' בפ"ג דנלח דאמא שהוא נלח דנלחה:

פ"ג בינה דנוק' בפ"ג דהוד דאמא שהוא הוד דהודה:

פ"ג דעת דנוק' בפ"ג דיסוד דאמא שהוא יסוד דיסודה:

פסוק אחרון מלכות שביסוד דדעת דנוקבי' במלכות שביסוד דאמא:

---

3) כן הוא בס' הנ"ל. וכנראה השמיט המדפיס תיבת אחרון.

הגהות לסדור הישן

העתק מן ההגהות הכתובות על גליון הסדור שהתפלל בו אדמו״ר הגדול הגאון האמיתי חסידא קדישא אור עולם נ״י כו׳ מרנא ורבנא **מנחם מענדיל** נבג״מ זי״ע מליובאוויטש בעל צ״צ ז״ל:

(א) **בפטום** הקטרת· מנה· נ״ב מָנֶה: (ב) כפת הירדן כל שהוא· נ״ב· שהיא ביו״ד: (ג) זכר רחמיך· נ״ב זכר זכֹר בחולם: (ד) בברוך שאמר· נוזר ומקיים· נ״ב· ומקים בחד יו״ד בציר״י: (ה) בברוך שאמר· בין תיבת מלך לתיבת משבח· נקודה להפסק מאמר· שתיבת מלך נמשך למעלה: (ו) בקדיש (בעשי״ת ולעילא מכל) נ״ב· מיותר (ויאמרו לעילא מן כל· כבכל השנה): (ז) בקדיש· נ״ב לעָלַם יתבָרַך וישתבַח ויתפָאַר ויתרוֹמַם ויתנַשֵׂא ויתהַדַר ויתעַלֶה ויתהַלַל כצ״ל: (ח) בוידוי ולא שוה· נ״ב· ולא שָׁוָה: (ט) בהפותח יד· את זכר· נ״ב את זֶכֶר: (י) שם תפלת עבדך· נ״ב· עַבְדְךָ: (יא) שם· לשמך מקוה· נ״ב מִקְוֶה: (יב) ובא לציון· ונטלתני· נ״ב (נ״א ונטַלְתְנִי): (יג) בקדיש צלותהון וּבָעוּתְהוֹן: (יד) בתפלה לדוד· שמח נפש עבדך כי אליך אדני נפשי אשא· נ״ב (גם כ״א הוי״ה): (טו) ותתנגו לחן· נ״ב· ותתנני בלשון יחיד· כ״כ הסמ״ג ורבינו הגדול בשו״ע שלו (סימן קי״ ב:ס פסק סכנה מפני הכבוד): (טז) בסדר המילה· ושבועתו ליצחק· נ״ב לישחק בשי״ן כצ״ל פסוק הוא בתהלים ק״ה: (יז) בפדיון הבן· נ״ב דִמַחַיַבְתָּא וְהֵילָךְ דִמַחַיַבְנָא: (יח) בפתח אליהו· נ״ב עָלְמִין חָד בְּחוּשְׁבָּן בְּהוֹן מַאן דְאִתְקְרִיאוּ: (יט) דאיהי חיים· נ״ב (ס״א דאיהו חיים): (כ) וּבְרָאַת דְאָמְצָעִיתָא: (כא) מהר אהוב· נ״ב צָהוּב:

(כב) כגונא וכו׳ לקביל· נ״ב· לְקָבֵל· וְאִתְעַטְרַת חֲדָתִּין: (כג) מוריד הַטָל· נ״ב· הַטַל: (כד) בקדושת שחרית שבת· נ״ב· תיבת תשכון נמשך למטה: (כה) בבהמ״ז לא חסר· נ״ב חָסַר: (כו) אחר ברכת הכוס בבהמ״ז· מצויין· הרחמן לברית מילה: (כז) בברכה מעין שלש· רחם נא· נ״ב· כצ״ל: (כח) בברכת נשואין· חתנים· נ״ב חתָנים: (כט) בברכת המפיל· פן אישן· נ״ב· אישַׁן: (ל) קודם הלל· התיבות (וביחיד ליט מבין לא נמחלה ולא נכין כך במצפי מפיו סק׳) לא נמצא שם כלל: (לא) יהללוך על כל מעשיך· נ״ב· תיבת על מוסגר בחצאי עיגול: (לב) בהזכרת נשמות ,בעבור שאני נדרתי צדקה׳ נמחק· ונ״ב· בעבור שבלי נדר אתן צדקה בעדו· בעדה: (לג) נעילה· באתה הבדלת· ותתן לנו ה׳ אלהינו באהבה· נ״ב· השו״ע שאומר הוידוי בתוך התפלה צריך להזכיר של שבת באתה הבדלת כדרך שמזכיר של יום הכפורים (שו״ע סימן תרכ״ג): (לד) הגדה של פסח· קודם לפיכך· יכסה את הפת ויגביה את הכוס· נ״ב· ויאחזנו בידו עד שיחתום גאל ישראל· והטעם מבואר בטור בשם המדרש: (לה) ואוכלם ביחד· נ״ב· ובהסיבה (טור ש״ע סימן תע״ה): (לו) קודם ספירת העומר· מוקדם לברכה· נ״ב· דלפי הדין אסור לאכול עד שיספור ומה גם דבכל אורך הסדר קרוב הדבר שישכח מלספור או שיספור אחר הצות:

הגהות

הוד כ״ק אדמו״ר הגאון האלקי, חסידא ופרישא, כקש״ת מרנא ורבנא

שלום דובער

זצוקללה״ה נבג״מ זי״ע

אשר הואיל לרשום בעצם כתב יד קדשו על גליונות סדור תורה אור ושער הכולל דפוס ווילנא תרמ״ז ותרמ״ט.

ברכות השחר:

כ׳ בס׳ נהר שלום (בע״ח דפוס ירושלים, בסופו) די״ט ע״א הח״י לתקן כלים ואורות דז״א דעשי׳ שבאצי׳ ודעשי׳ ולהמשיך להם מוחין ונרנח״י דמ״ה וב״ן דאו״י ואו״ח. ברכת הנותן לשכוי ופוקח עורים באו״י ואו״ח דמ״ה וב״ן דעתיק דכור׳ הנק׳ חכ׳ כו׳. יעו״ש בפרטי׳ מבואר הכוונה כהסדר שנסדרו מרבינו ז״ל.

הלכות ציצית:

האריז״ל הי׳ נוהג ללבוש הט״ק בביתו על חלוקו בלי הפסק שום מלבוש. סידור קול יעקב ממהרי״ק ז״ל יעו״ש הטעם ע״פ סוד.

הלכות תפילין:

ובענין הכריכות של התש״י למדני כ״ק אאמו״ר[1] זצוקללה״ה לכרוך ז׳ כריכות עם הב׳ חצאין, והיינו חצי הכריכה העליונה וב׳ כריכות שלמות בקירוב זה אל זה, ואח״כ להניח מקום פנוי מעט ולעשות עוד ד׳ כריכות שלמות וחצי כריכה באלכסון ולכרוך פעם א׳ על פס היד (ונעשה כמין ד׳ הפוכה) ואח״כ לכרוך הג׳ כריכות על האצבע (ובענין כריכות אלו איך לעשות אינני זוכר בבירור. אך כמדומה לי ברור שראיתי שכרך תחלה כריכה אחת על הפרק התחתון הסמוך לכף היד, ואח״כ כריכה א׳ על הפרק הב׳, ואח״כ עוד כריכה א׳ על הפרק התחתון[2]) ומותר הרצועה לכרוך על פס היד כנ״ל (ולא כאותן שעושין שין על היד).

סדר שחרית:

בפקודת ישועה ורחמים. הד׳ דבפקודת דגושה, כ״כ בפע״ח שער עולם העשי׳ פ״ב, וס׳ הכוונות, וס׳ נגיד ומצוה, וע׳ במ״ח מס׳ תפלת העשי׳ פ״ב מ״א.

ע׳ בסש״ב פרק ל״ב, וע״ש בפרקים הקודמים. ונראה שכ״ז[3] צ״ל קודם התפלה והתפלה צ״ל בשמחה היינו שמחת הנפש בה׳ עושה ואז בנקל לו לבא למצות ואהבת לרעך כמוך, כי הנו״ר מי יודע גדולתן ושרשן, ובשגם שכולן מתאימות ואב אחד לכולנה כו׳ יעו״ש מן פרק כ״ה עד פרק ל״ו, וע׳ במ״ח מס׳ תפלת עשי׳ פ״א מ״א.

ובד״ה והחרים (רל״א) כ׳ דענין התפלה הוא הקרבת נה״ב שמבחי׳ התהו וכמו הקרבן צריכים להקדישו תחלה וגם לסמוך עליו וכ״ז ליתן כח שתתעלה כו׳ כמ״ש במ״א, כמו״כ עכשו בעבודה שתפלה כנגן תמידין כו׳ זהו״ע קבלת מצות ואהבת לרעך כמוך רעך הם בחי׳ תהו ותקון (הלא אח עשו ליעקב כו׳ אלא שזה בחיצוני׳ וזה בפנימי׳), וענין ואהבת לרע״ך כמו״ך לברר בחי׳ התהו שתתעלה כמו התקון כו׳ (וביאור הענין י״ל שיובן ע״פ מ״ש במ״א בדרוש לרוקע הארץ[4] כו׳ וכמבואר אצלינו בד״ה[5] וידבר כו׳ אחרי מות שני בני אהרן בקרבתם כו׳ והמ״י).

קדיש:

כתב בשמונה שערים שער הכוונות סוף כוונת הקדיש שא״צ לקום מעומד בעניית אמן יש״ר של הקדיש. אמנם בקדיש שאחר העמידה שחרית ומנחה וערבית, וכן בקדיש תתקבל של אחר החזרת הס״ת

---

1) כ״ק אדמו״ר מהר״ש.

2) [ולא כמו שכתוב בסידור הל׳ תפלין ד״ה אחר שהניח].

*) הבא מוקף בחצאי ריבוע — מהמלקט.

3) בסש״ב מדבר שם בענין המרירות.

4) [ראה ד״ה זה דשנת תקס״ב (נדפס במאמרי אדה״ז, תקס״ב ; סוף ספר המצות להצ״צ)].

5) נאמר בשנת תרמ״ט. [נדפס בקונטרס בפ״ע (ברוקלין, תשכ״ב)].

להיכל הי׳ (האריז״ל) נשאר מעומד (כ״כ הלשון בשמ״ש, ובפע״ח כ׳ הל׳ ובשל תתקבל ושל החזרת הס״ת להיכל הי׳ עונה מעומד, והנראה לומר שגם בשמ״ש צ״ל ושל אחר כו׳ והוא טעות דמוכח, ובסידור האריז״ל של הרר״ש מראשקוב בתפלת חול בענין קרה״ת כ׳ מנהג הרב ז״ל לישב בשעת קה״ת [6] ולעמוד בעת הקדיש וחוזר ויושב עכ״ל, וכ״כ בפע״ח שער קה״ת פ״א, ובשמ״ש דרוש הס״ת ד״א, וע״ע לקמן שער כ״ב). וגומר עניית הקדיש ואח״כ הי׳ יושב (וע׳ בשו״ע או״ח סי׳ נ״ו) וכ״כ בפע״ח שער הקדישים ספ״ד (ושם יש שינוי קצת אך ידוע דהשמ״ש מוסמך יותר ועליו סומכין) ושם הגהת הרר״צ שכמו״כ הקדיש שאחר קבלת שבת צריך לענות מעומד ואח״כ ישב, יעו״ש.

ה׳ מלך ה׳ מלך:

פסוקים אלו היינו ה׳ מלך כו׳ והי׳ ה׳ למלך כו׳ צ״ל מעומד, ואם עומד בתפלה באיזה זמר אחר והצבור אומרים פסוקים אלו צריך ג״כ לעמוד, אך לא יפסיק לומר עמהם הפסוקים (נראה שם שאפילו הוא עומד במקום שמותר להפסיק) אלא יאמר אותו הזמר שהוא עומד בו. שמ״ש שער הכוונות בכוונת ה׳ מלך. פע״ח שער הזמירות פ״ג. סידור קול יעקב במקומו, וסי׳ הרש״ב ובמ״ח מסכת תפלת העשי׳ פי״א מ״א. בעה״מ ש״ו פע״ב כל דבר שהוא מעולם האצי׳ צריכים לומר מעומד ובפרט זה הוא אצי׳ שבאצי׳ עאכו״כ שצ״ל מעומד.

ברכת ישתבח:

בשבחים דישתבח נקודה קודם תי׳ שיר, ונקודה אחר תי׳ ומלכות, להורות שלא להפסיק בי״ג שבחים אלו, וכמ״ש בזח״ב דקל״ב ע״א. ובס׳ אוה״י למהרמ״פ כ׳ לאומרם בנשימה אחת (ואפשר מפני שלהפסיק בדבור בלא״ה אסור ע״פ הדין כמ״ש בשו״ע, ולכן מפרש מ״ש בזה היינו שלא להפסיק בנשימה) ובעמוד העבודה פ״ז כ׳ עד מעתה ועד עולם. אך בהנוסח כ׳ עד ומלכות (ומש״ש הט״ו שבחים נראה שהוא ט״ס וצ״ל הי״ג כו׳) ובכתבים אי׳ ענין הט״ו שבחים היינו (עד והודאות) נגד ט״ו תיבין דאת ה׳ האמרת והיינו להיות ע״ד ביום ההוא יהי׳ הוי׳ אחד ב״פ י״ה שגם ו״ה יהי׳ במדרי׳ י״ה. והענין דבהבראם היינו בחי׳ ה׳ זעירא ומזה נמשך כרחל לפני גוזזי׳, והיינו מחמת ריבוי הצמצומים, אבל ה׳ עילאה יובל עלמא דחירו, וע״י הט״ו שבחים ממשיכים בחי׳ י״ה בו״ה, והוא שבחי׳ ה׳ זעירא גם במדרי׳ התחתונות והיינו גם בהתלבשותה בעוה״ז הגשמי יאיר בו בחי׳ ה׳ עילאה בחי׳ החירו׳ כו׳ והיינו ע״י שיקבל מבחי׳ היו״ד עצמו.

והאופנים וחיות הקדש:

ע׳ במק״מ בראשית ד״ב ע״ב בענין טבא אנת יאות אנת כו׳ ובשבת אומרים [7] שרפים וחיות ואופנים, י״ל מפני שבשבת עליות העולמות שעולם התחתון עולה בעולם העליון כו׳ וכמ״ש במ״א ההפרש בין התכללות להתלבשות כו׳ וד״ל.

למלך א־ל חי וקים:

וכן [8] בהסידור של כ״ק אאמו״ר נ״ע זצוקללה״ה זיע״א הי׳ נדפס למלך בפתח ונתקן למלך בקמץ.

ובא לציון:

וקרא כו׳ ומקבלין כו׳ בתו״א פ׳ כי תשא בד״ה שמאלו כ׳ שהמלאכים הם רק שלוחים שע״י נמשך ההשפעה למטה, והמשכה והשפעה זו היא דרך השתל׳ כמ״ש וקרא זה אל זה ואמר קדוש ומתרגמינן ומקבלין דין מן דין אלא שבלשון המקרא נא׳ על המשפיעים שקורא וממשיך שפע זל״ז ובל׳ התרגום נא׳ על המקבל בחי׳ נוק׳ ע״כ.

קבלת שבת:

כ׳ במ״ח מס׳ ליל יו״ט פ״א מ״ב ואם הוא שבת ויו״ט יאמר בפזמון לכה דודי גם בשמחה במקום אמרו גם ברנה עכ״ל, ונמצא דאצ״ל שניהם רק גם בשמחה לבד.

בכתבי כ״ק אדמו״ר האמצעי זצוקללה״ה בד״ה לכה דודי כ׳ וז״ל נוסח קבלת שבת (שייסדו הר״ש אלקבץ ע״פ קבלת הרמ״ק ז״ל ואין הפרש בינו לקבלת האריז״ל אלא שזהו בסוד נקודות לבד דהיינו רק י״ס ולא שתחלק הנקודה לי״ס כמו כתר שבחכמה

6) [ראה גם להלן ד״ה קריאת התורה].

7) [בפזמון „א־ל אדון״].

8) [קאי על מ״ש בשער הכולל פ״ז ס״ט, ושם באריכות. וראה ג״כ מאמר נוסח התפלה (להרה״צ וכו׳ ממונקאטש) סימן יד].

וחסד שבחכמה כו׳ שאז נקרא׳ ספי׳ וכשכלול׳ מבי״ע נק׳ פרצוף כו׳ שזהו עיקר קבלת האריז״ל אבל בכלל מאתים מנה דמםילא יש בו כוונת האריז״ל וד״ל) הוא ע״פ סדר פסוקי שה״ש כו׳ עכ״ל.

תפלת ערבית:

בחכמה פותח שערים, ידוע דבבחי׳ בינה יש נ׳ שערים כמארז״ל חמשים שע״ב נבראו בעולם (ר״ה כ״א ב) והטעם שנק׳ שערים ידוע דכמו השער רחב שמשמש כניסה ויציאה, כמו״כ בחי׳ בינה השגה באו״ר וע״י השערים נמשך במדות וכן על ידם העלאות המדות וכידוע בענין נודע בשערים בעלה, ובענין לך ה׳ הגדולה כו׳. והנה ידוע דההשגה דבינה נמשך מבחי׳ החכמה שהוא נקודה חדא, וזהו דחו״ב נק׳ או״א שהבינה מקבלת טפת החכמה ומצטיירת באו״ר כו׳. אמנם באמת יש לבינה מקור בפ״ע וכידוע דבינה יונק ממזל ונקה, דכשם שיש לחכ׳ מקור בא״ס כמו״כ יש לבינה מקור בא״ס (וכמ״ש בע״ח בתחלתו בענין או״א כחדא נפקין) אלא שההמשכה בהתגלות בבינה הוא ע״י החכ׳ (עמ״ש בפרד״ס שער ח׳ פי״ז) וזהו בחכמה פותח שערים, דפתיחת שע״ב הם בכח הא״ס דוקא, וזהו שאמר פותח סתם ולא אמר מי הוא הפותח דקאי על בחי׳ א״ס הנעלם (עמ״ש בזח״א בתחילתו ובמק״מ בענין ברא סתם) אלא שנמשך ע״י החכ׳. וזהו בחכמה ע״י החכ׳ פותח הא״ס ב״ה שערים דבינה כו׳.

ופרוש:

בגוף[9] כ״י הק׳ בעצמו וע׳ כו׳ (כ״ה בכי״ק אאמו״ר זצוקללה״ה ולפה״נ ודאי הכוונה על רבינו אדמו״ר זצוקללה״ה).

קידוש לשבת:

שם[10] רק מ״א תיבות כי לא גרס תי׳ וברצון הא׳.

כי בנו בחרת וגו׳ נמצא בכתבי כ״ק אאזמו״ר[11] זצוקללה״ה וז״ל מפה״ש[12] בענין כי בנו בחרת לפי שאנו אומרים זכר ליציאת מצרים (ואומרים אפילו בראש השנה ויום הכפורים שבזה אין שייך לכאו׳ יציאת מצרים) והענין כי שבת ומועדים הכל יש למעלה אלא שהשם יתברך נתנם לנו, ומפני מה זכינו לזה היינו ע״י גלות מצרים, וזהו זכר ליצי״מ שאז בנו בחר ע״כ צ״ל כי בנו בחרת אחר זכר ליצי״מ, כך שמעתי מפי א׳ ששמע איך שהשיב רבינו ז״ל למחו׳ הגאון דבארדיצוב ז״ל ששאלו על ענין כי בנו בחרת כו׳. עכ״ל.

הטעם מה שאין אומרים בנוסח ברכת קידוש היום דשבת וצונו כמו בכל הברכות, י״ל ע״פ מה דאי׳ בכתבים בפי׳ נוסח הברכה אקב״ו, אשר קדשנו הוא בחי׳ או״ס שמובדל מן העולם והיינו בחי׳ עצמות או״ס כמו שהי׳ קודם שנבה״ע, והו״ע אני ראשון ואני אחרון ומבלעדי אין אלקים כו׳ וזה ממשיכים ע״י המצות (וי״ל דזהו אשר או׳ ראש) וסדר ההמשכה תחלה נמשך במצותיו הקב״ה מניח תפילין הקב״ה מתעטף בציצית כו׳ והיינו בחי׳ ספי׳ העליונות. ואח״כ נמשך למטה, אך בכדי להמשיך במצותיו זהו ע״י וצונו דהיינו המצות שאנו עושין למטה על ידם אנו גורמים המצות העליונות עד שיומשך האור למטה ג״כ כו׳, ועפ״ז י״ל דמצות שבת ה״ה מיקדשי וקיימא דבו שבת כו׳ (ולכן חותמין מקדש השבת ולא מקדש ישראל והשבת כמו ביו״ט כידוע) ולא ע״י שצונו, ולכן א״א וצונו. וביו״ט י״ל דמ״ש אשר בחר בנו היינו שנקיים תומ״צ כמו ובנו בחרת (דברכת ק״ש דקאי על מ״ת[13]) ואומרים זה קודם וקדשנו במצותיו דהיינו שע״י הבחירה בנו עי״ז קדשנו במצותיו כו׳ כנ״ל. ועפי״ז י״ל הטעם מה שלא נתקן בקידוש יו״ט הנוסח אשר קדשנו במצותיו (כמו בכל מצות דרבנן ע׳ במצות השם במ״ע דרבנן) כ״א אשר בחר בנו תחלה[14] ואח״כ וקדשנו במצותיו כו׳ וצ״ע.

מה רבו מעשיך:

בנוסח אשכנז ליתא זה בברכת יוצר דשבת וכן בסי׳ רב עמרם ליתא. והטעם דמ״ש מה רבו מעשי״ך היינו שהעולמות נתהוו מהדבור של הקב״ה כמ״ש בדבר הוי׳ שמים נעשו ודבורו של הקב״ה חשיב מעשה כו׳ והמחדש בטובו בכל יום תמיד מע״ב

---

9) קאי אמ״ש בשער הכולל שנמצא כתוב בכתי״ק של אדמו״ר מהר״ש ז״ל בזה״ל צ״ל (ופרוש) שי״ן שמאלית כן ראיתי שתקן להיות שי״ן בגוף כי״ק של אדמו״ר הזקן וע׳ כו׳ וכ״ק אדמו״ר מהרש״ב הקיף תיבות „כי״ק של אדמו״ר הזקן" והגיה כנ״ל.

10) בסידור ר׳ עמרם גאון.

11) כ״ק אדמו״ר בעל הצ״צ.

12) מפי השמועה.

13) [ראה שו״ע אדה״ז או״ח סי׳ ס׳ ס״ד. וש״נ].

14) [ראה אבודרהם קידוש ליל שבת].

שבכל עת בחי' דבר הוי' מחי' ומהווה העולמות מאין ליש. והנה ידוע דבשבת אין העולמות מקבלים מבחי' הדבור דכתיב כי בו שבת כו' ששבת מדבור ועשי' שהדבור נתעלה למעלה והעולמות מקבלים בשבת מבחי' החכ' ולכן נק' שבת בראשית, דחכ' הוא בחי' ראשית כמ"ש ראשית חכמה ולכן השמיטו ענין מה רבו מעשיך ושינו מהנוסח דחול כו'. ורבינו [15] לא שינה את הנוסח כי אם גם בשבת לומר מה רבו מעשיך והיא הנוסחא האמיתית (וכ"ה בסדור האריז"ל) והוא מפני שבאמת גם בחי' חכ' היא כעשי' גופנית לגבי' דלגבי עצמות אוא"ס שלמע' מסדר השתל' הרי החכ' והדבור שוין. וז"ש ברוך עושה בראשית שהוא עושה בחי' ראשית חכ'. וזהו כלם בחכמה עשית שהחכ' היא בחי' עשי'. ולזאת גם בשבת שהעולמות מקבלים מבחי' חכ' שייך לומר מה רבו מעשיך כו' (כתבים) [16].

קריאת התורה:

ע' בדה"ח סי' ע"ו סעי' א' אם צריכים לעמוד בשעת קה"ת ובשמ"ש שער הכוונות דרושי הס"ת ד"א כ' שהאריז"ל הי' מנשק הס"ת ומלווה עד התיבה שקורין שם ואח"כ חוזר למקומו הראשון ויושב מיושב עד סיום קריאת הפרשה לא כאותן הנוהגים לעמוד עכ"ל וכ"כ בפע"ח שער קרה"ת פ"א וכ"כ בסדור האריז"ל הרש"ב ז"ל אך שם הוסיף וז"ל וזהו כשיש אלממרא (נר' בימה) בבהכ"נ דהוי רשות בפ"ע אבל כשקורין על השלחן בלא אלממרא צריכים לעמוד, ולישב בין גברא לגברא עכ"ל (ומ"ש באשל אברהם בסי' קמ"ט סק"א נ"ל שזהו שלא בשעת הקריאה יעו"ש) ובס' שלחן הקריאה סי' ט' במסגרת השלחן סק"ה הביא בשם ש"א שאם הוא חלש וא"א לו לכוון היטב כשהוא עומד יש לו לישב אך לא ישב נגד השלחן שקורין עליו כו' ע"כ. ולפ"ז י"ל דאף מי שאינו נזהר לשמוע קרה"ת ומתפלל בשעת קרה"ת והוא חלש וע"י העמידה א"א לו לכוון בתפלתו מותר לו לישב כו'.

מ"ש בשלה"ק שם שלא ישב נוכח השלחן נוכח פני העולה נ"ל פשוט דזהו כשאין מפסיקין אנשים בינו לבין העולה ואז אפי' רחוק מהשלחן אסור לישב נוכח פני העולה, אבל אם עומדין אנשים אצל השלחן נוכח העולה נ"ל שמותר ומ"מ נכון לצדד קצת שלא ישב נוכח פני העולה ממש.

הפטרה:

וכ"ק אאמו"ר זצוקללה"ה הי' אומר רוב ההפטרות כמנהג ספרדים, וארשום אותן הרשומות בזכרוני [17]. פ' נח עד מרחמך ה'. פ' וירא (כמדומה לי) עד ותשא את בנה ותצא. פ' ויצא ועמי תלואים עד על תלמי שדי ואח"כ ויברח יעקב עד ובנביא נשמר (היינו ב' פסוקים הראשונים). וישלח חזון עובדי'. שמות הבאים ישרש. יתרו עד זרע קדש מצבתה. תשא מן וישלח אחאב. ויקהל (כמדומה לי ברור) וישלח המלך שלמה. פקודי' אינני זוכר. צו עד ונכרתה מפיהם ואח"כ כה אמר הוי' אל יתהלל (וזה אינו שייך להנוסחאות הנ"ל). אחרי מות הלא כבני כושיים. כשחל ר"ח ביום ש"ק וביום א' הי' אומר אחר הפטרת שבת ר"ח פסוק ראשון ואחרון מהפטרת מחר חדש.

ברכות הפטרה:

שמעתי בשם כ"ק אאזמו"ר זצוקללה"ה וכ"ק אאמו"ר זצוקללה"ה שהיו חותמין בשחוהמ"ס מקדש השבת וישראל והזמנים ובהברכה לא היו מזכירים של יו"ט כ"א בהחתימה. כנ"ל.

מוסף לשבת:

רצה ומודים וכו' תמצא בשחרית. בהסידור עם ההגהות [18] נדפס שם כל הנוסח רצה ומודים כו' עד גמירא (כמו בהסידור הזה) והגי' שם רצה ומודים כו' תמצא בשחרית. ונראה שדקדק שלא יהי' שום שינוי מהסידור של רבינו הגדול ז"ל אף בדבר כזה שאינו נוגע לשום דבר בעצם הנוסחא (וכן הגהתי כאן כמ"ש בהסידור הנ"ל) ולפ"ז לא טוב עשה המו"ל הזה מה ששינה בענינים האלו בהסידור הזה בכמה מקומות כמו אשרי קודם ובלצ"ג וב"ש ופסוד"ז בשחרית דשבת, וכן אשרי קודם מוסף וקוה ועלינו כו' וכדומה, דהגם שאינו נוגע בעצם הנוסח מ"מ אין לשנות ועי"ד חייב אדם לומר בלשון רבו וגם שאפשר שיש בזה איזה כוונה כי גבהו דרכיו כו'

15) כ"ק אדמו"ר הזקן.

16) [ראה ג"כ לקו"ת דברים (סו, ג). ד"ה אני לדודי, תרכ"ט (נדפס בספר המאמרים תרכ"ט ע' שג)].

17) [רשימה מפורטת ע"פ מנהג חב"ד — נסדרה ע"י כ"ק אדמו"ר שליט"א — נדפסה להלן].

18) של כ"ק אדמו"ר בעל הצ"צ.

וכאשר מקובל איש מפי איש שההגהות בהסידור הנ״ל הועתקו מההגהות של רבינו הגדול ז״ל שהגי׳ בעצמו. בוודאי יש בזה כוונה מיוחדת.

זמירות לשבת:

ומכ״ק אאמו״ר זצוקללה״ה (בשם כ״ק אאזמו״ר זצוקללה״ה) שמעתי שאמר רבינו הגדול זצוקללה״ה שמה שלא העמיד בהסדור זמירות הוא שחשב שישירו בתוך הסעודה ושיר למעלה מזמרה ופ״א שמה שלא כו׳ הוא שחשב שידברו חסידות בתוך הסעודה [19] ע״כ (ואינני יודע אם הכוונה על הפזמונים אזמר בשבחין, אסדר, בני, הרי כתובים בהסדור, אך זה ידוע שהם לא אמרו הפזמונים הנ״ל, וכמה פעמים הייתי בעת הסעודה ולא ראיתיו שיאמר הפזמונים הנ״ל, ופעם אחד (בהזמן שאכלנו אתו על השלחן) צוה לנו שנאמר הפזמונים הנ״ל אך זה נמשך זמן קצר רק איזה שבתים ולא אמר לנו עוד שנאמר כו׳).

קידוש לבנה:

וכן ראינו מכ״ק אאמו״ר זצוקללה״ה [20], אך לא קודם ג׳ ימים (מה שאומרים העולם בשם כ״ק אאזמו״ר זצוקללה״ה שאינו יודע אי׳ נמצא הקבלה מז׳ ימים אלו כו׳ אינני יודע אם אמר כן, שהרי בההוספות לתו״א פ׳ יתרו בהביאור לד״ה בחדש השלישי כתיב טעם ע״ז ע״ד הקבלה והחסידות ובמ״ח מס׳ מו״ש פ״א מ״ב כ׳ ג״כ טעם ע״ז באו״א ע״ש. וע׳ בפע״ח שער ר״ח פ״ג בענין ברכת לבנה כ׳ ואנו מברכין ברכה זו בר״ח מפני שאז היא מתחדשת כו׳ וצ״ע. ובההגהות כ״ק אאזמו״ר זצוקללה״ה לדרוש הנ״ל העיר מרע״מ כי תשא פקודא בתר דא לקדש החדש כו׳ ולבתר דיאותה לאורה מברך כו׳ והרמ״ז שם פי׳ דהיינו לאחר ז׳ ימים, וכן בבה״ז כ׳ דהיינו לאחר ז׳ ימים. והאריך בזה, ובדרוש בחדש השלישי [21] (מכ״ק אדמו״ר האמצעי זצוקללה״ה) כ׳ בשם פע״ח דקידוש לבנה צ״ל אחר ז׳ ימים דווקא, וכ׳ מה שמ״ת הי׳ בששי בחדש ולכאו׳ הי׳ צ״ל בז׳ מפני שז׳ שבועות של ספירת העומר הם במקום הז׳ ימים כו׳ יעו״ש, ומ״מ למעשה ראינו כנ״ל, והיינו מפני שאצלינו ע״פ הרוב השמים מכוסים מעננים ואם נראית א״א לדקדק בהזמן כ״כ. ובאור החמה כ׳ על רע״מ הנ״ל בשם הרמ״ק דהיינו לאחר ג׳ ד׳ ימים כו׳.

ברכת המזון:

כי א־ל מלך חנון כו׳ הגהתי כן ע״פ מה שהעיד לי ר׳ שמואל הורוויץ שי׳ שעמד אצל כ״ק אאזמו״ר זצוקללה״ה בעת הסדר בליל פסח ואמר בברכת המזון כי א־ל מלך כו׳ וכ״ה בשו״ע אדמו״ר זצוקללה״ה סי׳ קפ״ח ס״ג דצ״ל מלך חנון. ולפי״ד בודאי בהסי׳ הראשון מרבינו הגדול ז״ל לא הי׳ נוסח יעו״י בפי׳ כ״א ביו״ט אומר יעו״י, ואף דבהסי׳ הנדפס כמו סי׳ הר״ל ז״ל נדפס ג״כ נוסח יעו״י בפי׳ כמו כאן, אך בדברים כאלו נמצא שינוים גם בסי׳ הנ״ל, וע׳ מ״ש לעיל שער כ״ז סי׳ ד׳ [22] וע״ש בהסידור הנ״ל. ואף שהרב המו״ל את הסידור הזה בכמה מקומות אף שפרט הדברים מ״מ נשמר שלא לשנות ל׳ רבינו ז״ל וכמו באשרי ובל״צ קודם מנחה דשבת וכדומה יעו״ש, מ״מ לבד מה שבכ״מ לא נשמר מזה וכמ״ש בשער הנ״ל הרי לא ראה את הסדור הראשון, ואפשר בהדפוסים שאח״כ נעשה השינוי ונאמן עלי עדותו של ר״ש הנ״ל ומעשה רב.

---

19) [ובהקדמה לס׳ פוקח עורים (קה״ת, ברוקלין) ע׳ 7, איתא ע״ז: בסעודת ליל ש״ק ההיא [שבת סליחות, תרל״ז] סיפר כ״ק אאמו״ר [מהר״ש] אשר אצל כ״ק אבותינו רבותינו היו זמנים שהיו אומרים זמירות בסעודות שבת, ויאמר בלשון הזה:

דער עלטער זיידע [רבנו הזקן] האָט געהאַלטען אַז זמירות דאַרפן זיך זאָגן, און דאָס וואָס דאַרף זיך זאָגן איז אַז עס זאָגט זיך איז דאָס געזאָגט אָבער אַז דאָס איז מער ניט ווי געזאָגט איז דאָס ניט געזאָגט.

— כמובן הנה הדרך הזה הוא רק לצדיקים בעלי מדריגה אבל אנחנו צריכים לעשות הכל בעתו ובזמנו בדרך קבלת עול (שם), --

וכשסיים את דבריו אלה התחיל לנגן את הזמירות והמסובים ענו אחריון.

20) שלא הי׳ מקפיד להמתין עד אחר ז׳ ימים. [ראה בשער הכולל פל״ג ס״ב, ושם בארוכה].

21) [נדפס בתורת חיים ע״ס שמות (קה״ת, תש״ז) — עיי״ש דף שעג, א.

— דא״ג, בהתחלת מאמר הנ״ל (דף שסו, ב) נדפס ביום השלישי, וצ״ל: בחדש השלישי (וכן יש לתקן במפתח המאמרים שם)].

22) היא ההערה בתפלת מוסף הנ״ל.

ברכה מעין שלש:

צ"ע [23]. וצ"ל דנגד ברכה שני' הוא מ"ש ועל ארץ חמדה כו' והנחלת כו' ורחם ובנה ירושלים הוא נגד ברכה שלישית, וכ"ז טופס הברכה דמעין ג'.

הלל:

בסידור (אור המאיר ד'ווילנא) שהתפלל כ"ק אאמו"ר נ"ע זצוקללה"ה זי"ע קודם הסתלקותו נרשם על זה בכי"ק וז"ל שמעתי מכ"ק אאמו"ר נ"ע זצלה"ה זיע"א שכמדומה לו שכוונת המדפיס על דודינו מהרי"ל נ"ע מיאנאוויטש ומתחת הגליון בסי' הנ"ל נרשם בכי"ק נדפס פ"ר בווארשא כמדומה ע"י ר"ז בר"י זעלווער ע"ה עכ"ל. ואני שאלתי מכ"ק אאמו"ר זצוקללה"ה אם לברך תחלה וסוף ביחיד וא"ל ששאל זאת מכ"ק אאזמו"ר זצוקללה"ה והשיב לו שיכולים לעשות כמו שרוצים.

אמילם בפתח הלמ"ד כ"ה ע"פ מסורה, וע' במכלול יופי במקומו, ובעט סופר לרד"ק בכינוי אפקדם ובס' השרשים לרד"ק ובקונק' כ' אמילם בקמץ הלמ"ד והאבן עזרא כ' הלמ"ד קמוצה, אך כמ"ש במסורה הוא העיקר.

קראתי י"ה וכן יסרני י"ה ע"פ המסורה היודי"ן דגושים וצ"ע שכאן הן רפוים.

23) קאי אמ"ש בשער הכולל דטופס ברכת מעין ג' (הוא מעין ג' דברהמ"ז) על המחי' כו' רחם נא כו' ובנה ירושלים כו'.

תשליך:

כתוב בפע"ח שער השופר פ"ה וינער שולי הבגדים כשאומרים ותשליך במצולות ים כו' ובסדור האריז"ל מהר' שבתי ז"ל כ' דדוקא בגד ציצית כי היא בגד השכינה וכן בסי' שער השמים מהשל"ה כ' דדוקא בגד ציצית וכן מנהגינו, לנער את הט"ק אך אחר שגומרים את סדר התשליך וכ"נ מסדור השל"ה ז"ל.

קידוש לשלש רגלים:

בסוכות כו' לכאו' מדלא מחלק בין ליל א' לליל ב' יש ללמוד שגם בליל ב' מברך לישב בסוכה תחלה ואח"כ שהחיינו. אך שמעתי דבר ברור דכ"ק אאמו"ר זצוקללה"ה הי' מברך שהחיינו תחלה ליל ב'. וכן שמעתי בשם כ"ק אאזמו"ר זצוקללה"ה, וכן משמע מלשון השו"ע אדמו"ר סי' תרמ"ג ס"א שהוסיף תי' בליל א' מה שלא נמצא בשו"ע של הב"י. והלבוש כ' הל' כמו בשו"ע ול' שו"ע אדמו"ר הוא כל' הלבוש והוסיף תי' הנ"ל.

הגדה של פסח:

וכ"ק אאמו"ר זצוקללה"ה הי' מגביה בידו את הכוס מן השלחן ואמר לפיכך והי' אוחזו בידו עד ונאמר לפניו הללוי' ומעמידו, ולברכת בפה"ג הי' נוטלו על ידו ובירך כו'.

מודעה רבה [1]

על אודות שמיעת קריאת התורה כדינה
כי"ק הוד כ"ק אאמו"ר הרה"ק זצוקללה"ה נבג"מ זי"ע

יאיר נתיב

מאמר הזה כתבו הוד כ"ק אאמו"ר הרה"ק יום ה' ב' לחדש סיון תרנ"ו, ביום א' ערב חג השבועות העתיקו רש"ך [2] והדביקו את המודעה רבה הלזו בכותלי בית המדרש.

המודעה עשתה רושם גדול, ובערב חג השבועות, ביום הראשון לפרסומה, נעשו כמה עשיריות העתקות בשביל האורחים שבאו על יו"ט לליובאַוויטש.

ביום השני דחה"ש בסעודה אמר החסיד רג"ד [3] נ"ע להוד כ"ק אאמו"ר הרה"ק: החסידים מחזיקים טובה לכ"ק אדמו"ר עבור ההתעוררות בשמיעת קריאת התורה כדינה.

1) נדפסה במימיאַגראַף בקובץ מכתבים א' של כ"ק אדמו"ר (מהורש"ב) נ"ע (קה"ת, תש"ב). — מכאן ועד סיום היאיר נתיב, היא רשימת כ"ק אדמו"ר (מהוריי"צ) נ"ע ונעתקה מגוף כתי"ק.

2) ר' שמואל כותב — ראש המעתיקים בליובאַוויטש במשך שנים רבות. צילום מכתב־ידו — נדפס בשורת הספרים לקוטי תורה — תורת שמואל.

3) ר' גרשון דוב מפאָהאַר. ראה אודותו: לקו"ד ע' 182, 210, קכו, 252, 418, רי, 420. ספר המאמרים תש"ט ע' 175. ספה"מ תשי"א ע' 66, 279.

הוד כ"ק אאמו"ר הרה"ק הואיל לאמר:

החזקת טובה, בעניני התעוררות על פועל טוב, הוא הפועל ממש. ברור הדבר, אשר השומע קריאת התורה כהלכתה הנה מלבד זאת אשר מקיים מצות השם, הנה עצם ענין הכבוד שמכבד את התורה, על ידי זה התורה מעוררת רחמים עליו ועל אנשי ביתו ברוחניות ובגשמיות.

יזהרו על נפשם שלא לדבר ולשוח בעת קריאת התורה וכמ"ש בשו"ע הל' קרה"ת סי' קמ"ו סעי' ב' וז"ל כיון שהתחיל הקורא לקרות בס"ת אסור לספר אפי' בד"ת אפי' בין גברא לגברא ואפי' אם השלים הוא את הפרשה, ויש מתירים לגרוס בלחש, וי"א שאם יש יו"ד דצייתי לס"ת מותר לספר בד"ת, ויש מתירים למי שתורתו אומנתו, ויש מתירים למי שקודם שנפתח ס"ת מחזיר פניו ומראה עצמו שאינו רוצה לשמוע ס"ת אלא לקרות ומתחיל לקרות עכ"ל.

ועם היות שהמחבר לא הכריע הלכה כמי, הנה לפמ"ש היד מלאכי בכללי שו"ע אות י"ג שכשכותב בשו"ע י"א וי"א נקטינן כסברא שני' (עמ"ש בפמ"ג או"ח בהקדמה בכללי שו"ע אות כ"א וביו"ד בכללי הוראת או"ה אות ד').

וא"כ בנ"ד נראה דעת המחבר דוקא למי שקודם שנפתח הס"ת מחזיר פניו ומתחיל לקרות קודם שנפתח ס"ת לזה מותר, אבל לאחר שנפתח הס"ת אסור אפי' למי שתורתו אומנתו, כמ"ש תר"י בפ"ק דברכות שהם דעת הי"א הנ"ל, וג"ז למי שחשקה נפשו בתורה לחזור על לימודו ויש עשרה זולתו שאזניהם קשובות לקול קריאת התורה, עמ"ש בשלה"ק סי' ט' במסקה"ש ס"ק ג' בשם הש"א.

ויען דבעוה"ר בזה"ז מיעוטא דמיעוטא הוא מי שחשקה נפשו בתורה כ"כ, אפשר משום זה סתם המחבר תחלה דאסור לספר אפי' בד"ת, וידוע דבכ"מ שהביא סברא אחת בסתם והב' בי"א דעתו לפסוק כאותה סברא שכתב בסתם, כמ"ש ביד מלאכי שם אות י"ז (ועמ"ש בש"ך יו"ד סס"י רמ"ב בקיצור הנהגת או"ה אות ה'), ובפרט בנ"ד שהיא סתמא דתלמודא בסוטה דל"ט ע"א, ומה גם עפמ"ש בברכ"י אות א' מספר סלת בלולה בשם מהרי"צ אשכנזי שהחזיק בידי הרה"ג שהביא הכנה"ג שפי' דהא דרב ששת מהדר אפי' היינו בעת שהיו מתרגמין את הפסוק, אבל בעת הקריאה גם רב ששת לא הוי גרס והי' שומע את הקריאה מהקורא, ומשו"ה לא מייתי הך דרב ששת בסוטה, וי"ל דגם דעת המחבר בשו"ע כן, דלכאורה אינו מובן מ"ש אח"כ בל' ויש מתירים, והלא לכל המפרשים כל אחד לפי פירושו רב ששת לא פליג אהא דרבה בר רב הונא שאומר שאסור לספר אפי' בד"ת, וא"כ הו"ל להמחבר לומר כך והנ"מ בקול אבל בלחש מותר, ולפי הנ"ל י"ל דלהמחבר לא הי' קשה כ"כ קושיית המפרשים כנ"ל, ולכן הביא דעת המפרשים בל' ויש מתירים וי"א, ומימרא דרבה בר"ה הביא בל' סתם, ולפ"ז גם מי שחשקה נפשו בתורה ומהדר אפי' קודם שנפתח הס"ת ג"כ אסור.

וכ"ז לדבר בד"ת, אבל לדבר בעת קרה"ת במילי דעלמא זה ודאי איסור גמור לכל.

וז"ל הזהר ויקהל דר"ו ע"א הובא בב"י סי' קמ"א כד סליק ס"ת לתמן (ר"ל על התיבה) כדין בעאן כל עמא לסדרא גרמייהו לתתא באימתא בדחילו ברתת בזיע לכוונא לבייהו כמה דהשתא קיימין על טורא דסיני לקבלא אורייתא ויהון צייתי וירכון אודנייהו, ולית רשות לעמא למפתח פומייהון אפי' במילי דאורייתא וכ"ש במילי אחרא אלא כולהו באימתא כמאן דלית לי' פומא והא אוקמוה דכתי' (נחמי' ח') וכפתחו עמדו כל העם, (שם) ואזני כל העם אל ספר התורה, עכ"ל.

וז"ל השל"ה דקל"ב ע"א כשהחזן מתחיל לקרות בתורה יהיו אזני כל העם אל ס"ת והמצוה מן המובחר שיהי' ביד כל אחד חומש ויבינו בו מלה במלה לכל דבר שהחזן קורא ובזה לא יפנה מחשבתו לשום דבר אחר בעולם, כי הוא עון פלילי לדבר בעוד שהחזן קורא בספר תורת הא-ל ית', ואפי' בד"ת אחרים אין ראוי כ"א לשמוע את הדברים היוצאין מפי הקורא ולכוין בהם כפי יכולתו, והמשנה בזה עובר משום כי דבר ה' בזה ח"ו ועתיד ליתן את הדין ה' יצילנו, וגם צריך שלא יסיחו דעתם מהקריאה כדי שיענו אמן אחר המברכים על קריאתה ואחר ברכו עונין ברוך ה' המבורך ועולה להם כאילו הם ברכו את הברכה עצמה ולהשלים את החשבון המאה ברכות כו', ואין ראוי' להקל בדבר כלל ואפי' מי שקרא הפרשה ועבר עלי' כמה פעמים ואפי' הוא ת"ח ואפי' שהוא עוסק בד"ת ראוי לו לבטל בעוד שהחזן קורא בס"ת שהוא כתוב כהלכתו וכל התורה כולה שמותיו של הקב"ה כו'. וכל בעל נפש ראוי לו להשגיח בזה ולכבדה בכל

האפשרות כו׳, ומה לנו כ״א לעשות רצון אבינו שבשמים ית׳ ויתע׳, הרי ידענו שחפצו ורצונו הוא שיהיו אזנים אל הס״ת וצא ולמד מפרשת הקהל כו׳, וכן צריך להשתדל להזהיר את העם אשר עומדים אצלו וקרובים אליו וסרים אל משמעתו שלא ידברו ולא יעסקו בשום ענין ודבר כ״א לשמוע את דבר ה׳ והעושה כן אשריו ואשרי חלקו, זכה וזכה את הרבים זכות הרבים תלוי בו ועליו נא׳ כל המכבד את התורה גופו מכובד על הבריות, עכ״ל, יעו״ש שהאריך בזה.

וגם אותן השומעים קרה״ת מפי הקורא לא יאבדו ח״ו חלקם הטוב בזה שקוראים ג״כ עם הקורא ומסייעים לו בקול שזה איסור גדול, והלא גם העולה לתורה (לפי מנהגינו שהש״ץ קורא) שצריך לקרוא עם הש״ץ אסור לו לקרוא בקול רם (ר״ל קול הנשמע לאחר, כמובן בשו״ע) אלא בלחש, כמ״ש בשו״ע סי׳ קמ״א ס״ב, וכ״ש אחר שאינו עולה.

וז״ל הזהר שם דר״ו ע״א בס״ת בעי לשתמע חד קלא ודיבור כו׳ ואסור למקרי בספרא בר חד בלחודוהי וכלא צייתין ושתקין בגין דישמעון מילין מפומי׳ כאילו קבילו לה ההיא שעתא מטורא דסיני, ומאן דקרי באורייתא להוי חד קאים עליו ושתיק דלא ישתמע בר דבור חד בלחודוי לא תרין דבורין לשון קדש חד וחד הוא ולא תרין דיבורין ואי תרין משתכחין בס״ת גריעותא דרזא דמהימנותא איהו וגריעותא דיקרא דאורייתא כו׳ עכ״ל, ובדף ר״ב ע״א כ׳ וז״ל מאן דקרי בספרא דאורייתא חד קרי וחד לשתוק ואי תרין קראין באורייתא גרעי מהימנותא דלעילא בגין דחד קלא ודבור כלא חד, כד תרין קלין ותרין דבורין איהו גריעותא דמהימנותא אלא דיהא קלא ודבור חד כמה דאצטריך כו׳ עכ״ל.

ובב״י הביא ב׳ לשונות הזהר הנ״ל וכ׳ שלפ״ז העולה לא יקרא כלל כ״א ישמע מפי הש״ץ, ומ״מ הכריע בב״י ובשו״ע שצריך לקרות עם הש״ץ כדי שלא תהא ברכתו לבטלה (צ״ל דהיינו אולי לא יכוין להוציא את הש״ץ בהברכה או שהש״ץ לא יכוין לצאת וכמו״כ בהקריאה ואז תהי׳ ברכה לבטלה ח״ו) וע׳ בב״י אלא שצריך לקרות בנחת שלא ישמיע לאזניו.

והרמ״א כ׳ ואפי׳ משמיע לאזניו ליכא למיחש דלא עדיף מתפלה, והכי מסתברא שהרי הזהר מדמה זה לתפלה כמש״ש בדר״ב ע״א יעו״ש ובתפלה כ׳ שם בזהר שלא ישמע לאחר, א״כ גם בס״ת שלא ישמע לאחר (ומ״ש בזהר וחד לשתוק היינו לפי מנהגם שהי׳ העולה עצמו קורא בתורה, וצריכים שיעמוד אחר אצלו שכשם שנתנה התורה ע״י סרסור כך אנו צריכים לנהוג בה ע״י סרסור כמ״ש בשו״ע שם ס״ד והוא מירושלמי מגילה פרק הקורא עומד הא׳ וז״ש במאמר הזהר דר״ו הנ״ל ולהוי חד קאים עלי׳ ושתיק, ועז״א ג״כ במא׳ דדר״ב וחד לשתוק, אבל לפי מנהגינו שהש״ץ קורא צריך העולה ג״כ לקרות אבל בלחש היינו רק להשמיע לאזנו כמו בתפלה בלחש, אבל לא ישמע לאחר), וכמ״ש בד״ס.

וז״ל היעב״ץ בסידור שלו על מאמר הזהר הנ״ל מבואר מזה גודל עונש הקורא עם הש״ץ חוטא נפשו ומונע הרבים לשמוע הקריאה מפי הש״ץ ומכחיש דוגמא העליונה, ע״כ ראוי להשגיח ע״ז ולענוש אותן קלי ראש העושין ד״ת זמירות (כמנהג אותן שמזמרים ומנגנים בעת קרה״ת התיבות ופסוקים שיש בהם טעמים יפים וערבים לחיכם, ומשתדלים להראות ידיעתם וקול נגינתם ומונעים את הרבים מלשמוע את הקריאה) חשבום כשירי עגבים בבתי משתאות, לזאת יחרד לבי ותסמרנה שערות ראשי כו׳ עכ״ל, יעו״ש מ״ש עוד בזה.

וז״ל המט״מ סי׳ ר״ן בשם צרור המור וז״ל הדין הוא שיש להם לשמוע לדברי החזן שהוא קורא בספר ולכוון לדבריו לראות הדברים שאומר אם קיימו אותם אם בטלו אותם לשוב בתשובה ויש להם לכוון לדבריו כיום מ״ת שהי׳ יושב בהר שהוא כמו תיבה ואומר אנכי ה׳, לא יהי׳ לך, כמו שקורא בספר וכל העם תחת ההר שומעין ומכוונים, והם אין עושין כן אלא כולם מספרים אלו עם אלו בדברי מהתלות ותעתועים ובדברי המלאכות חדשים גם ישנים, ואותן שאין עושים כן קוראים בחומשים בקולי קולות והרי אמרו תרי קולי לא משתמע ועז״א ולא שמעו בקולי ולא הלכו בה כו׳ אבל השותקים ומקשיבים לקול הש״ץ עליהם נא׳ לו הקשבת למצותי והי׳ כנהר שלומך כו׳ עכ״ל.

היוצא מכל הנ״ל שצריך כל אחד לשמוע קרה״ת מפי הש״ץ ואסור אפי׳ ללמוד בעת קריה״ת וכ״ש לשוח בשיחה בטלה ח״ו, וטוב שישמע מתוך החומש, וח״ו לא יסייע להש״ץ ולא יקרא עמו בקול כ״א ישתוק וישמע את הקריאה ועז״נ לו הקשבת למצותי והי׳ כנהר שלומך כו׳.

סדר ההפטרות שיש בהם חלוקי מנהגים[1]

— נסדרה ע״י כ״ק אדמו״ר שליט״א —

בראשית: כה אמר גו׳ — יגדיל תורה ויאדיר.

נח: רני עקרה גו׳ — אמר מרחמך ה׳.

וירא: ואשה אחת גו׳ — ותשא את בנה ותצא.

ויצא: ועמי תלואים גו׳ — על תלמי שדי. ויברח יעקב גו׳ ובאשה שמר. ובנביא העלה גו׳ ובנביא נשמר.

וישלח: חזון עובדי׳ גו׳.

שמות: הבאים ישרש גו׳.

בשלח: ודבורה אשה נביאה גו׳.

יתרו: בשנת מות גו׳ — זרע קדש מצבתה.

כי תשא: וישלח אחאב גו׳.

ויקהל: וישלח המלך שלמה גו׳.

פקודי: ותשלם כל המלאכה גו׳.

צו: כי אמר ה׳ גו׳ — אבדה האמונה ונכרתה מפיהם. כה אמר ה׳ אל יתהלל גו׳ (ומדלגין הפסוקים שבינתים).

שמיני: ויוסף עוד דוד גו׳ — וילך כל העם איש לביתו.

אח״מ: הלא כבני כושיים גו׳.

קדושים: ויהי דבר ה׳ גו׳ — הלדרוש אותי אתם באים גו׳.

בהר: ויאמר ירמי׳ גו׳ — ארץ זבת חלב ודבש.

מסעי: שמעו דבר ה׳ גו׳ — אלקיך יהודה, אם תשוב — ובו יתהללו.

ראה: עני׳ סוערה גו׳. — אם הוא שבת ר״ח אומרים הפטרת שר״ח ואז מוסיפין בהפטורת ש״פ כי תצא עני׳ סוערה גו׳. אם הוא שבת ער״ח מפטירין עני׳ סוערה ומוסיפין פסוק ראשון ואחרון של הפטרת מחר חודש.

כי תצא: עיין לעיל פ׳ ראה.

האזינו: וידבר דוד גו׳ ונדחית מפני הפטרת ש״ת.

ש״ת: שובה ישראל גו׳ — ופושעים יכשלו בם. מי א־ל כמוך גו׳.

מנחת יוה״כ: ויהי דבר ה׳ אל יונה גו׳ — ובהמה רבה. מי א־ל כמוך גו׳.

שמע״צ: ויהי ככלות שלמה להתפלל גו׳ — לדוד עבדו ולישראל עמו.

שר״ח ומחר חדש: אחר הפטרת שר״ח אומרים פסוק ראשון ואחרון של הפטרת מחר חדש.

פ׳ שקלים: ויכרות יהוידע גו׳.

פ׳ זכור: כה אמר ה׳ צבאות פקדתי גו׳.

פ׳ פרה: ויהי דבר ה׳ גו׳ — אני ה׳ דברתי ועשיתי.

פ׳ החדש: כה אמר גו׳ בראשון באחד לחדש גו׳ — עולת תמיד.

אם הוא ר״ח או ער״ח אומרים אחר הפטרת החדש פסוק ראשון ואחרון של הפטרת שר״ח או מ״ח.

שבת הגדול: מפטירין וערבה רק בשבת הגדול שחל בע״פ.

שבת ר״ח מנחם־אב: שמעו[2].

---

1) ראה גם לעיל בהגהות כ״ק אדמו״ר (מהורש״ב) נ״ע ד״ה הפטרה. — סדר זה נדפס בסידור תורה אור (ברוקלין, תש״א).

2) רשימות על מגילת איכה ע׳ 61. — מועתקה בזה הערת כ״ק אדמו״ר שליט״א שם: הדעות בזה ראה שו״ע אור״ח סתכ״ה ובנ״כ. שערי אפרים ש״ט סכ״ב. וברשימותי משנת תר״צ, שגם אז חל ר״ח מנ״א בשבת וז״ל:

מוצש״ק ט׳ מנ״א ר״ץ יהפך לשמחה, ברלין.

הייתי אצל כ״ק מו״ח אדמו״ר שליט״א. שכב על הספה. סיפר ע״ד מנהג אמירת ההפטרה בשבת ר״ח מנ״א: אאמו״ר אמר פעם השמים כסאי. כעבור שנים אחדות וחל עוד הפעם ר״ח מנ״א בשבת אמר שמעו דבר ה׳. ואמר אז שמתחרט על אשר אמר לפני איזה שנים השמים כסאי.

הסכמות

הסכמת כ"ק הרה"ק החסיד המפורסם כו' כו' כש"ת מו"ה **יהודא ליב** [1] זצ"ל מק"ק **יאנאָוויטש**, בעהמ"ח ספר **שארית יהודה**, אחי כ"ק **רבנו הזקן**, על סדור הישן [2]).

יען כי ראיתי שדבר שנצטער בו אותו צדיק מר רב אחאי הגאון החסיד איש אלקי נ"ע בהדפסת הסדור שלו, כי מלבד שבירר וליבן הנוסח עפ"י כוונה הרצויה להאר"י ז"ל, עוד זאת דרש במשפט המלות להעמיד עפ"י דקדוק אמת, כי אף שאינו שוה לכל נפש ולמי שלא הורגל מנעוריו מבלבל כוונתו בתפלה, ובדיעבד יצא אפילו לא דקדק באותיות ק"ש כידוע, מ"מ לכתחלה ודאי טוב להרגיל מנעוריו או שלא בשעת התפלה, כי מצוה גדולה היא גם בנגלה ומכ"ש בנסתר כידוע, שהאותיות והנקודות שאדם מוציא מפיו עושין פרי למעלה, ובפרט ליודעים סודות השמות היוצאים מהאותיות ומהנקודות כידוע לי"ח, ולכן גם החסיד בעל השל"ה ז"ל צוה להדפיס סדור שער השמים שלו עפ"י דקדוק של המדקדק הגדול מהרש"ש מפּרעמסלא, חוץ ממלך מלך וימלוך שצוה להדפיס מלך חציו קמץ וחציו פתח כדי לכוין מספר הנקודות כמספר השם, אבל רבינו נ"ע אמר שצ"ל כולו קמץ ואמר שכן הוא כוונת האריז"ל דמ"ש כולו פת"ח ר"ל קמץ שנקרא פתח בלשון ספרד, דלא כיש שמשבשין הקריאה ואומרים מלה זרה שאין לה פי' כלל ותולין בוקי סריקי בהאריז"ל, ואמר שחשבון הנקודות גם לפי כוונת האריז"ל יעלו למספר השם (כי השו"א נח שבמ"ם שבמלת ימלוך אינו עולה בחשבון כיון שהוא נח). גם רבינו אדמו"ר נ"ע נטה אחריו ברוב המקומות ולא פנה אל רהבים המדקדקים אחרונים שתקעו עצמן יותר מדאי בדקדוק המלות לקלקל הקריאה וכמעט שממשיך לבטל הכונה, ובפירוש שמיע ליה מיניה דמר ששמע בשם כו' שהלעיג על המדקדקים האחרונים האומרים לפיכך בכ"ף רפויה ומחמת זה גורמים להשכיח ענין עיקר התפלה שצריכה להיות בכוונה (לכן הקפיד להרגיל הנערים להתפלל בסדור שנדפס עפ"י כללי הדקדוק ויהי' רגיל מנעוריו לאמר לפיכך בכ"ף רפויה, וכדומה בכל התיבות), ולא כן דרכי רבינו שגבהו דרכיו מדרכיהם, כי תורת אמת היתה בפיהו ודקדוקי המלות עולות בקנה אחד עם הכוונה הרצויה, והן עכשיו רבו המדפיסים שקלקלו השורה, לא זאת שלא עיינו בדבר לשמור ולעשות שלא ישנו, אלא אף גם זאת שמלאו שבושים ודילוגים מפה לפה, וכל הרואה יתלו בוקי סריקי באשלי רברבא ח"ו ולא יצא עתק מפי צדיק. ואף גם מי שלא יתלה החסרון כו' מכל מקום הנערים שמרגילין א"ע בסדורים כאלה שבשתא כיון דעל על ומהפכים כוונת רבינו נ"ע להרגיל דוקא לנערים משא"כ לגדולים כנ"ל, ועתה וכו' [3]) ולהדפיס הסדור מחדש, כי אתו החכמה והמדע והוא שמע בעצמו מכבוד רבינו נ"ע כמה דברים וגם יש בידו חבילות חבילות הגהות מכתיבת יד קודש אשר כתב אליו כו'.

דברי המדבר באמת וצדק יום א' כ"ד אדר שנת **לישועה ולנחמה טובה**.

נאום **יהודא ליב** במוהר"ר **ברוך** זללה"ה

---

1) ראשי פרקים מתולדותיו — ראה בהערות וציונים לספרו שארית יהודה הוצאת קה"ת (ברוקלין, תשי"ז) ובמקומות המסומנים שם.

2) קאָפּוסט, תקפ"ב.

3) לע"ע אין תח"י נוסח המכתב השלם כפי שנדפס בהוצאת קאָפּוסט הנ"ל — הועתק כאן מסידור תורה אור — וכנראה הכוונה כאן לר' ישראל יפה מדפיס דקאָפּוסט — וכמובא עד"ז בבית רבי ח"א פכ"ז (פד, ב): „בשנת תקפ"ב הדפיס הר"ר ישראל יפה מדפיס דקאפוסט את הסידור בלא ד"ח והוסיף הרבה דברים ששמע מרבינו וגם ממה ששלח לו רבינו בכי"ק, והרר"ל מייאנאוויטש נתן הסכמתו ע"ז ויספר בשבח הסידור ויקרת ערכו למאד".

הסכמות

מבן הרב המחבר נ"ע

אחרי ראותי אשר נתעורר לבב בני הרבני המופ' מוה' **שניאור** נ"י וכ"ד הרבני המופ' מוה' רפאל מרדכי נ"י. להביא לבית"ד מחדש את סידור התפלה עם פי' המלות אשר יצאו מפום ממלל רבינו אא"ז מו"ר הגאון האמיתי מוהר"ר שניאור זלמן נ"ע, וניתנו לכתוב ע"י כ"ק אאמו"ר נ"ע. בדפוס מדינתנו ובסידורים היותר נעלים, אמינא יישר חילם. ופועל אדם ישלם וזכות הרבים בידם יצליח לעשות פרי ברו"ג. והנני לעמוד בפרץ ולגדור גדר בפני כל עושי עולה שחלילה להם לגשת להדפיס את הסידורים כאלו הן בתוס' והן בגרעון. והן במדינה זו והן במדינה אחרת. בלתי רשות השותפים הנ"ל משך עשרים שנה מיום דלמטה. והנני מטיל חד"א על כל הדפוסים כאשר יעברו להדפיסם בלתי רשות השותפי' הנ"ל. והאיסור חל הן על המוכר והן על הקונה. וכאשר ידוע שיש כח ביד כל אדם לאסור הנאת ספר וכו' ואנכי זכיתי בו מאאמו"ר נ"ע. וכל כח וזכות שיש לי בו נתתי להשותפים הנ"ל. ולשומע יונעם ותבא עליו ברכת טוב:

היום יום ט"ו לחודש אייר שנת ברכ"ת לפ"ק

נאום מנחם נחום באאמו"ר מרנא ורבנא
דוב בער נ"ע

מהרב הגאון וכו' דק"ק ווארשא

הנה הרבנים המופלגים מוהר"ר שניאור ומהור"ר רפאל מרדכי נ"י נכדי הרב הגאון החסיד קדוש ה' מכובד מוהר"ר שניאור זלמן זצוק"ל נדבה לבם איתם לחזור ולהדפיס את סדור התפלה עם פירוש זקנם הה"ק הנ"ל בבית הדפוס דפה קהלתינו יע"א, לזכות לרבים וכן שלמים המתאוים ומצפים בכליון עינים לשתות בצמא דברי פירושיו של הה"ג הנ"ל המיוסדים על אדני פז אשר הגדיל לעשות בכחו הגדול בתורתא דאורייתא דבריו רשפי אש שלהבת אש לבנה, והנה גוף פירושא דא א"צ להסכמה ורק למגדר מילתא בפני מסיגי גבול הנני מסכים לאיסורא שאסרו רבני וויטעפסק יצ"ו שלא ירום שום איש את ידו לחזור ולהדפיס סדור תפלה עם פי' הנ"ל בלתי רשות המו"ה"ד נכדי הגה"ח משך הנ"ל.

ולראיה בעה"ח לכבודה ש"ת ט"ז סיון
שנת הרכ"ז לפ"ק

דובעריש מייזלש חופ"ק ווארשא יע"א.

מהרבנים המפורסמים דק"ק וויטעפסק

טובים השנים. גזעם ממקור החיים. המה נכדי רבינו הקדוש הגאון רשכב"ה מוה' שניאור זלמן נבג"מ זי"ע. המה המופלגים הוותיקים כ' מוה' שניאור בהר"ן נ"י וכ' מ' רפאל מרדכי נ"י בה"ר ברוך שמואל ז"ל אשר עלה על דעתם הרמה לאדפוסי אדרא סידור תפלה עם ביאורי רבינו הקדוש נ"ע. כמו שנדפס מכבר. ואגב חביבותן ויד הכל ממשמשין ובאין בהם. ספו ותמו. ורבים משתוקקים לרוות נפשם ממתיקות ועריבות הביאורים כמפורסם. ע"כ ראוי להם להחזיק טובה להמופלגים הנ"ל. וה' יהיה בעזרם לבלע מעשיהם לזכות רבים וכן שלימים. ולמען החזיק ידם הרמה שלא ישיגו את גבולם ח"ו. הננו מסכימים לגזור אומר לאסור כל הדפוסים לדפוס ח"ו את הסידור הנ"ל משך עשרים שנה. ולהשומע תע"ב. ולראי' באנו עה"ח יום ג' ב' דר"ח סבת שנת רב להושיע פ"ק וויטעפסק יע"א:

נאום יצחק איזיק בהר"ר אב"ד ומ"צ דק"ק
וויטעפסק ודק"ק אוסטראווגע

ונאום ישעי' בהרב ר' נתן נטע ז"ל לעווין
מו"צ דק' הנ"ל

ונאום יקותיאל זלמן בהרב מוה' יעקב
אברהם זלה"ה. לנרא.

מודעה

הן מכבר זבינו שנקבע בדפוס סידור התפלה עם פי' הגלות מאמרים טהורים מזוקקים שבעתיים אשר יצא מפי ממלל רברבן הגאון האמיתי כ"ק אאזמו"ר נ"ע זי"ע · אמנם אחרי שראינו שהראשונים ספו נם תמו · לזאת קמנו אנחנו ושנסנו מתנינו להעלותם מחדש על כבבש הדפוס אשר הוקם לשם ולתפארת בזיטאמיר ע"י נכדי הרב מסלאוויטא · על נייר יפה וחזק ובאותיות גדולות · וברג"ה מהויקת ביד ה' הטובה עלינו יצליח · עתה הנה למראה עיניהם כרך הראשון אשר יצא כליל בהדרו ת"ל · כן תקוותינו לה' שיעזרינו להחל ולגמור גם הדפסת כרך השני בכי טוב · אמנם כאשר הוצאות הדפוס רבה · לזאת מהכרח לנו לשלוח למכור כרך הראשון טרם התחלת הדפסת כרך השני · למען אשר יקובץ תחילה איזה סך לעזור על רבות ההוצאות · ואזי נחל אי"ה הדפסת כרך השני תומ"י בעז"ה · לזאת נבקש מאת אנ"ש אשר מכבר פרשה ידי חסדם עלינו לחזק ידינו ולהיות מכלל מזכי הרבים · אליהם בקשתינו לאשר נא ולקיים את דברי הברית הנכונה בינינו מכבר ויקבלו נא לרצון את כרך הראשון וישלמו עוד א' רו"כ כאו"א · כפי המדובר בינינו · ומכבוד אנ"ש אשר עדיין לא נגה עלינו אור חסדם ליתן ד"ק מקודם · אליהם בקשתינו שמעתה יתעורר נא התקשרותם לדברי קודש אבותינו הק' נ"ע · ויקבלו נא את הכרך הראשון במחיר כסף מלא א' רו"כ וששים וחמשה ק"כ · וכאשר יעזרינו ה' לגמור גם הדפסת כרך השני · אזי עלינו להגיע ליד כאו"א · ועליהם לשלם גם בעד הכרך השני כנ"ל · כרם כגון דא צדיך לאודעי אשר מי שירצה לקבל סידורים הנדפסים על נייר ראגאל · יוסיף על מקח הקצוב עוד חצי רו"כ על כל כרך · ויהיה נא לבם נכון בטוח שאי"ה נגמור גם הדפסת כרך השני כליל בהדרו אי"ה בלי המשבה ובלי שום שינוי כלל · ונגיע ליד כאו"א בכי טוב אי"ה · חכות הרבים תלות אבותינו הק' יעמוד נא לכל אשר ימלא ידו להחזיק ידינו · אלה דברי המודיעים נאמנה:

שניאור נאנ"ז ר' מנחם נחום נ"י שניאור סאן

רפאל מרדכי נאנ"ז ר' ברוך שמואל ז"ל שניאור סאן

עיניהם יביטו כל האמור למעלה · ובאתי להבטיחם בטח יהיו שיתקיימו כל הדברים אי"ה בלי שינוי כלל · גם באתי לעוררם בדבר מצוה רבה זו · שיראו כל מי שביכולתו לקנות הסידורים הנ"ל יקנה אותם · ואפי' אותם שיש להם סידורים הראשונים · הא' מצד שהסידורים הראשונים נתיישנו מאד · והסידורים יהיו מעולים ביופי · ועוד והוא העיקר בכדי שיהיו בעוזרי המצוה רבה זאת לזכות את הרבים בו וזכות מצוה זאת תרומם קרן הצלחתם בכל פרטי ענייניהם בבני חיי ומזוני ברו"ג בתוך קרן כעב"י כנפשם ונפש אוהב נאמן לכולם המקווה לזה:

הלל נמוה' מאיר ז"ל הלוי מ"ץ דק"ק באברויסק יע"א

נדפסה בהוצאת זיטאמיר תרכ"ג-תרכ"ד

מפתחות

להלכות נטילת ידים וברכת הנהנין מאדמו״ר

סודרו ע״י הרה״ג והרה״ח וכו׳ מוה״ר אברהם דוד ז״ל לאוואוט

ברכת הנהנין

---

*) כ״ה בנדפס, אבל כנראה שצ״ל: פרטי דיני נגיעת היד נטולה בשאינה נטולה.

••) הוספת המלקט.

מפתח ענינים*

(נערך ע״י הרב התמים אליהו חיים שי׳ קרלבאך)

האותיות הראשונות מציינות את הדף; האות האחרונה — את העמוד.

ה״א — ע״ס הא״ב. ה״ב — ע״ס תנ״ך, ש״ס וכו׳.

*) המפתח נערך עפ״י דפי הסידור דהוצאה הנוכחית (אשר בה באו ציוני הדפים והעמודים בהמשך אחד).

בהשוואה להוצאת זיטאָמיר, תרכ״ג־כ״ד; ווארשא, תרכ״ז:

בחלק ראשון — מדף א׳ עד דף קנד — ציוני הדפים הם כהוצאה הנוכחית;

בחלק שני — מדף ב׳ עד דף סב (מוסף לר״ח) — יש להוסיף קנה (דפים); מדף א׳ (שער המועדים) עד סוף הסידור — יש להוסיף רטז.

אבות: כאד (בונים שבנו המל') קחב (אשר לא ידעון אבותיך להיותם מז"א מדות מוגבלים בכלי לא הי' להם השגה במן מח"ס בלא כלי) רנזג (מה"ח דבינה) רצדד (הי' מאיר להם מפנים דא"א).

אבנים: כאב (שרשם בבחי' אחרונה שבמאציל) עדד (א. מפולמות).

אברהם: יבא (נה"י דאבא. אבר מ"ה. מרכבה לחסד דאצי'. א. אוהבי המשיך מחסדים דאבא) טוא (לא כא. שקראו הר — חותם בולט) לזא (שחרית) קמג (לא הוצרך למילה שאור האצי' שלו הי' מלובש וכו' ואין הקליפות מזיקים אורו אך בן צ"ט כשנגלה בנפשו א"ק שאינו בא בלבושים הוצרך למול) קמגג (הבדיל ערלה דעכו"ם. גייר גרים הרבה. אב המון גוים) קמוב (מהמילה נק' א. אב המון גוים. קיבץ ניצוצי קדושה שמפוזרים עד אז באומה"ע) קמזא (גם אחר שנימול נשאר הריש הרוממות שנתגלה מאז) רנזג (א. קרי עלי' אז תתענג על ה'. חסד שבחסד) רסבא (א. אוהבי פועל יוצא — המשכת החסד מעצמות המאציל חסד דא"א) רסגד (עבודתו בהתפעלות גדולה בדעת שלא נשכח ממנו כלל. גם בעבודתו לשמש וכו').

אברהם, שיצא ממנו ישמעאל: לאד (מצד הגברת החסד) מבד (להיותו בקו אחד) נוג (יש יני' לחיצונים גם ממדות דאצי') סחג (יניקתם מיושר) עד (מחיצוניות דבינה) פגג (לכן שמאלו תחת לראשי) קאא (מכלי השלישי דחסד דא. נמשך ממנו שרו של ארץ ישמעאל) קגא (א. לא רוצה לברך לעתיד מאחר שהי' קו שלו פ"א במצב ליניקת החיצונים) קמב (החיצונים יש להם שרש באצי') קמחא (מן מותרי המדות. מותרי החסדים מצפרנים) קסזד (השבירה הי' רק במדות) רב (בהגשמת המדות יוצא מהם פסולת) רנא (ממותרי החסדים — פסולת) רנטג (חסד דא. על השפל להחיותו וחסד דישמעאל רק כדי להתיהר).

אברים: צאג (כל א. פרטי כלול מכל הא. בהעלם ובמוח ובלב וכבד בגילוי קצת).

אדם: קזא (מתיקון) קטוב (כל עיקר א. -- שם מה. ע"י מל' דכר ונוק').

אדם קדמון: קלטד (יסוד דא"ק. א"ק — רצון כללי. מושלל מהתלבשות רק נה"י. נצח דא"ק) קמאג (גבי חיצוני' א"ק כל אבי"ע ישבת וחיל וכו' שוין) קצגב (מן העולם ועד העולם אתה א־ל) ריגד (בשבתו. בחדשו. לעתיד לחדש נשמות חדשות) רכטג (שנים קדמוניות — שנים דא"ק. ימים הראשונים — ימים שבא"ק).

אדמה: נזא (ה"ג דמל' הבלתי נמתקות — ה' דמים).

אד': עיין שמות. רלזג (מל' — דינא והאלף — מקיר החסדים הממתיקם) רעאד (ב' אופנים בשילוב הוי' ואד').

אהבה: עיין ק"ש א. דבכל לבבך וגו'. קיאג (אה"ר וא. זוטא — העלאת מ"ן והמשכת מ"ד) קיבא (חלב — שמגדל אור האהבה. ודבש — במתיקות ותענוגים) קנבא (אוי"ר מלמע') קסאא (ל' רצון — אבה) קפחא (לית פולחנא כפ. דרחימותא. שרש מ"ע. מדת דכורא) רכאג (העונג בא.) רכבב (ז"א רלאג (כר"ב בא.) רנזב (יש א. שלא יכיל המוח ולא ירגישנה אלא בהעלם) רפאג. רפאד (הולדת היראה ע"י הא.) רפגא (א. שלמע' משכל כשבאה בהתגלות — יד הגדולה).

אהבת ישראל: כבב (קודם התפלה התכללות).

אהי' (שם): קנזג (בכתר. חילוק דשם הוי' ואהי') רעדד (שמו הגדול שמאיר בפנימי' הכתר) עיין שמות א. אשר א.

איר: עיין ארמ"ע.

אומות העולם: סטג (ואכלת את כל העמים. שע"י בירורים נתחזקו נש"י. לעשות בהם משפט כתוב) קזב (מתוהו. אחוריים דאלקים. מלך אלקים על גוים. אינם אדם) קלגא (העדר אמונתם בה' שאין להם המצות) קמבג (קרו לי' אלקא דאלקיא. ע"ז שלהם) קמגג (בשרשם ערלה) קמדג (מונין לחמה שכל השפעתם מסבת השירה של השמש) קמוא (הבדלה בין הטמא לטהור) קמוב (ניצוצי קדושה הי' נמשן גם לאוה"ע קודם אברהם אך אחר המילה הוא רק בישראל והניצוצות מכבר הם נשמות הגרים) רלזב (רם על כל גוים ה' משא"כ ישראל — המשפילי) רעאב (קרו לי' אלקא דאלקיא וכו') רפדג (אמונתם רק בכח הפועל בנפעל) רפזג (חסידי אומה"ע יש בהם הארה קצת מהמלאכים) שגא (לנגד חרופיהם הנה מופת חזק דקיץ וחורף לחידוש ההשפעה נמשכים מתחת הזמן) שהא (שרשם מחיצוניות דיבור העליון —

ולכך נדמה להם שאין כל חדש בחידוש ההשפעה).

אור: מטד (טוב).

אור: אואסב״ה: מטג (גילוי ההעלם) נוג (חיי החיים) קסדג (התגלות העצמות).

אור וחושך: עוב.

או״י ואו״ח: טד (ב׳ נקבין שבחוטם) יזב (באהבה).

אור ושפע: מחב.

אור זרוע לצדיק: סגא (מהפסולת — יני׳ הקליפות מגוף האור — התהוות המלאכים, ומהמובחר — הנשמות) קצגא (אור זה בפנימי׳ הטפה אבל החיצוני׳ מתפשט ממעי הנוק׳ וכו׳).

אור מים רקיע: ריטג (במשל ההולדה, בגשמיות המים, בכח השכל, באצי׳ וביצירה).

אורות וכלים: מג (ע״י ממוצע) נוג (א. — חיים נמ־שכו מגילוי אוא״ס וכ. מגבילים — אלקי׳, ה׳ בחיי ואלקי בעודי) עגג (באצי׳, כ. המגבילים הא. ומהם יכול להיות נר״ן בבי״ע) קסהד (נשמה וגוף, וכד אנת מסתלק אשתארו כגופא בלא נשמתא, שרש התהוות דכ. מרשימו, ומקו — הא.) קסחא (מצד האורות התכללות ומצד הכלים התחלקות) רנטג (כלי שמקבלת טומאה שגם הקלי׳ יוכל לקבל, מחיצוני׳ הכ. יומשך ג״כ התהוות הקליפות).

אותיות: יזד (גילוי, ממוצע) כגב (דומם, א. שבתפלה) כחב (מלאים גבורות) נבד (א. התחלקות דז״א — דיבור וא. דמל׳ — אמירה) סג (פרסה) סדה (הנ״ל) עדד (כדמיון אבנים מפולמות) עזב (א. גדולות בבינה ובינונים בז״א וקטנים במל׳) קיגד (א. זכרים, יודע הי׳ בצלאל לצרף א., רברבין וזעירין, זעירין למע׳ מרברבין) קנזג (כל הא. הם מורכבים ושרש התחלתן קול פשוט והוא אות אלף וכן בא. המחשבה) קנטב (מילוי דא.) קפאא (עיקר בנינם מהגבורות והחסדים הם המחיים אותם והוא הקול) קפחב (א. שבמדות נק׳ מל׳, כשמאיר השכל נכללים בשכל או במדות וכו׳) רמהא (א. שבמחשבה וא. שבשכל) רעבב (א. הקבועים בנפש, נ. מלאה א., התגלותן בחכ׳ שרשם בכתר, יחידה) שחא (ה׳ מוצאות הפה, מוצא ההא גיכק מהחיך — מקור הכוללם) שטד (אתא בוקר).

אותיות, אלף: קנזג (שרשו בנפש קול פשוט ואינו מורכב, שרש ומקור לכל הא.) רמדג (ממוצע בין קול ודיבור).

גימל: סג (גומל דלים, ב׳ הדלתין דלאה ורחל).

דלת ועין רבתי: עזב.

הא (מילוי ההא נק׳ כפילא): רבג.

הא וחית: מהא (חית והא) רפבא (ג׳ קוין מדו״מ, מעשה נפסק).

אלף — אאלפך חכ׳ ובינה: רפבג (כס אלף).

הא במילוי אלף ובמילוי הא: רפבא.

הא: פא (בה״א בראם — בחיצוני׳, אשה).

יוד: פב (חכ׳, איש) רבג (מילוי היוד נק׳ קלישא).

מם סתומה: עזד (בינה) רצהא (מם פתוחה ומם סתומה).

מנצפ״ך: קד (שמפרידים) רלוד (מצמצמים ומחל־קים הקול).

אחדות: קמבג (ריבוי מן הא. הפשוטה, אלקים עם הוי׳ ביחוד אמתי) רסהא (במצות ד׳ מינין).

אירוסין ונשואין: קלחג (חיצוני׳ ופנימי׳).

אכילה: עיין מאכל. קאא (מלחמה, תגבורת הרע כשאוכל לתאוה ותגבורת הטוב כשאוכל לש״ש) קמדב (ע״ה אסור לאכול בשר משא״כ ת״ח) רבג (א. דחול — בירורים דכבד לב ומוח וכן למע׳, המאכל מעולם התוהו, בטן רשעים תחסר, וא. בשבת — צדיק אוכל לשובע נפשו) רכזד (בירור דא.) קלאג.

אלד (השם): קנוג (דעתידה להוליד) קנזג (בשילוב שם אהי׳) קנחב (אשרי משכיל אל דל).

אלול: רכהג (אני לדודי וגו׳ ר״ת א., אתדל״ע לתשו״ע אח״כ, כל השנה אנו מתפרנסין ע״י עשב — המלאכים שלוחי השפע ובא. ע״י שושנים — י״ג מדה״ו דמיכה שהוא בשביל חיי הנשמות, ששונים בתורה דהיינו התגלות, ועלי תשוקתו — במקיף) רכטד (המשכת או״ח מעצמות אוא״ס, בימים שבא״ק — ימים הראשונים זהו שרש המשכות י״ג מדה״ר שהמשיך משה בז״א) **רלאא** (ששונים בתורה — זהו ש״ת) רלגא (בקשו פני — פנימי׳ ע״י שאינו מלובש בא״א).

אלעזר בן דורדיא: לגא. רכוג. רלגא. רלהד. רנב.

א־ל: מבא (ל״א קיצי דשערי) מבג (קל נהירו דחוכמתא) נזב (קל יעקב — פנימי׳ אבא).

אלקים: כחב (מסתיר המוחין) מדג (שמש ומגן ה״א) קיגג (הנ״ל, נוק׳ לשם הוי׳ ודכר לגבי עולמות) קמבג (ל׳ רבים, ריבוי כוחות המשפיעים, הודו לאלקי האלקים) קמגב (א. מלך על גוים,

בעל ואשירה — שמש וירח — דכר ונוק׳, וטעותם שלא ראו הביטול דשמש בגוף השמש: קמבא.

קודם מילה דאברהם הי׳ ניצוצות הקדושה גם באומה״ע ומאז הוא רק בישראל: קמוב.

החכ׳ היתה מצוי׳ במצרים: קמדא.

במצרים עוד לא האיר פנימי׳ א״ק: קמד.

בימי משה שהי׳ תוקף גילוי אור פנימי׳ המוחין א״א שיזיקו הקליפות לכן לא הוצרכו לפריעה. בימי יהושע ששרשם במדות דקדושה ולכן כבשו ז׳ אומות הוצרכו לפריעה: קמדב.

בזמן בית המקדש:

לא היו צריכים לברך רק בבית שני שנפלו ממדרגתם תקנו הברכות: קלגב.

הי׳ סיבת פרנסתם רק ע״י המצות ובהיפוך ע״י עוונות: קלדד.

הי׳ עיקר השמחה באלקות ולא שמחה גשמיית: קלזג.

בית הראשון כנגד ה׳ עילאה — עולם החירות והי׳ הנבואה וגם שהרבו להכעיס לא הי׳ תופס מקום, וגם בינה — מקור הרחמים והסבלנות ולא הי׳ קטרוג ולא גזירות ותקנות. אך בימי ב״ש כנגד ה׳ תתאה — מל׳ שמלאה דינין גם שהיו צדיקים נחרב בעון שנאת חנם וגזרו גזירות. אך בהמקדש גופא עוד האיר בהעלם ומשחרב הבית השני נפסק אז גם הארת המל׳: רמגד.

בימי התנאים והאמוראים:

עיקר גילוי אלקות בתורת הנגלה ואח״כ עיקר גילוי א. בתפלה ועתה בצדקה: כגא.

לא האריכו בתפלה שהי׳ שרשם מאצי׳ ונקראו אחים ורעים וגם גופם זך מאד ומיד שעלה במחשבתם הי׳ נתפס בלבם ביחידה בהתקשרות נפלאה: קסגא.

נסים שלהם ביכולתם להפוך שרש הצירופים: רכב.

מהיחוד דהמוחין או״א נולדו נשמות גבוהות כמו נשמות התנאים: רכאב.

דורות: מזב (דור הולך וגו׳ דוד לדור ישבח וגו׳ מחילוף הד. יתחדש אור שפע האלקי).

דיבור: עיין מחשבה וקול.

מטג, נבד (כפי התחלקות הקול, אותיות התחלקות דז״א) נזב (מכתר וראי׳ מתינוק שרק לאחר ימי היניקה בא לו הד.) סג (ענו, דלית, רחל, מעודד ענוים שמחזק אותיות הד. שיוכל שאת אור) סגא (עד מהרה ירוץ דברו) סהא (רוח מקור הד.) סטא (רחל, דינא רפיא, ענוים, המתקת הגבורות בד. שמענה לו רך וגם קשה, יפאר ענוים בישועה שלעתיד רחל ולאה יקבלו בשוה) פגב (אשה) פזד (ממוצע) קד (הה׳ מוצאות הפה המחלקים) קמוג (התגלות החכ׳ בד., לעתיד יתגלה הד. כי פי ה׳ דיבר) קפהב (ד. בלא דעת, ד. בטלים וד. דעת, ד. העליון בימי החול ובשבת) ריאד (מקבל מן המדות ומן השכל) רלוג (קול וד. מל׳ ות״ת, קול פשוט למע׳ מהתחלקות) רמדג (אלף ממוצע בין קול וד.) רסא (החזה — הלב מתלבש ממש במהות הד. אבל השכל המח׳ והרצון המה מאירים במקיף על הד.) רסדא (כאשר שמח יתפשט כח הד.) רעד (גילוי השכל) רעחב (נדלה ונשאב כח הד. מאור אבא) רפבב (ה״א ראשונה — מח׳ והאחרונה — ד.) שהא (יחוד קול וד. פנימי׳ וחיצוני׳ הד., מח׳ תמידית וד. נבדל).

דל: קנוג (כל ההשתל׳ נק׳ ד. מל׳ נק׳ ד.) קנחב (אשרי משכיל אל ד., שם אלד) קנחד (כנ״י נק׳ דל מרוב יני׳ החיצונים).

דם: נז (ה׳ דמים שבאשה — אדמה).

דעת: ז (ע״י קוצי דשערי, עומק המושכל נתחלק לחו״ג, הרגשת הד. בכל האברים) מדא (ד״ע וד״ת) קכחב (נשים דעתן קלות, ד. דנוק׳ רק מגבורות, ד. חזק מחו״ג) קכטא (ד״ע וד״ת) קעטא (סיפור, המזווג חכ׳ לבינה, ד״ע וד״ת, המתפשט במדות, שמא כליל — ד״ע ושמא שלים — ד״ת) קפאב (מדות שבשכל) רפגד (דע את אלקי אביך — הכרה ולא נשכח ממנו כללו בהתפעלות והתפשטות השכל, ד. והעדר השכחה א׳ הוא) רסדב (ע״י הד. שנמשך בנבראים עי״ז הוא הביטול שלהם) רסדג (ע״י הד. התכללות המדות) רסהא (שיש בד. מבחי׳ אין יותר מבכל הספירות) רפדד (ד. — הכרה, יודע לקרות אבא).

דרך: נהד (בכל דרכיו, מכתר עד עולם העשי׳ מעביר ממקומו העצמי למקום רחוק) קפבג (ד. בדכר ואורח בנוק׳, הנותן בים ד., לרוץ אורח, ד. — כבושה, אורח — לפרקים, ד. — ה׳ ספי׳ הראשונות שבמל׳, אורח — ה׳ אחרונות שלפע־מים רק מאירים).

יעי"ז יוכל לקבל) קלחא (כשיעמיק באיזה שכל דק לא יוכל לפרשו בדבור שנמשך עמ' לביש להעו"מ) קמוז (משל) קמחד (בשעה שהרב מדבר התלמיד שותק) קפדג (יסוד דדכורא — שיוכל להסביר גם לתינוק ייסוד דנוק' — שיכול לקלוט הרבה שפע ולא יצא עליו דבר לבטלה) קצאג (הדיבורים של המשפיע כוללים כל פרטי השכל והמקבל יעמיד עליו אחר מ' שנין) רבג (כש־משפיע הוא בחדוה אזי נגלה ההעלם שבו וירבה דברים) רלבב (פרה רוצה להניק מפני התפעלות המשפיע ברחמנות מהעדר יני' התלמיד) רמג (המשפיע מקיף התלמיד מכל צדדיו כמ' עו"ע והמקבל עוד מריחק וביטול והתכללות) רנחד (המשפיע צריך לו כלי השפעה הנק' יסוד שבחב' שיוכל המקבל לקבל) רפיג (הלומד הלכה עם תינוק מלביש בהעלם השכל העמיק).

השתחואה: קמבב (דשמש בביטול גדול גורמת השפעה למטה, ע"י ז. דשמי"ע נמשך השפע) רכטד (ע"י ה. דמשה אצל המרגלים המשיך י"ג מדה"ר בבי"ע) ריבב (ביטול במציאות לגמרי, יבא כל בשר להשתחוות) רעיב (ה. חיצוני' להכניע וכו' ה. פנימי' — ה. שבנפש — ביטול פנימי. ה. בביהמ"ק, עכשיו אין אנו יכולין, ה. דשמי"ע מעין זה).

השתלשלות: צזג (ענין נתב"ס) קמא (בכל ה. דאבי"ע כאו"א מלבוש לעליון הימנו) קמבא (ה. מרוחניות לגשמיות) קמהג (ע"י פרסא) קנוג (נק' דל לגבי עצמיתו) קנזב (עיקר המכוון שירידת רפ"ח יהיו מרים ויהי' המתקת הדינין) קסאד (כמו שלשלת ארוכה) רכטב (מפנימי' העליון נעשה מקיף לתחתון) רמאב (עו"ע) רעבב (אותיות שבעליון העלם לגבי הא' שבתחתון וכו') רפהג (ים ויבשה, עלמא דאתכסיא ודאתגליא, סובב וממלא) רצוהד (עו"ע ויש מאין) רציד (מבינה ראשית ה. ומוחין דאבא למע' מה., עו"ע, שמחת העלול כאשר מתקרב בעילתו, אין עו"ע בחכ').

התבוננות: קסגא (התנאים והאמוראים לא הא־ריכו בתפלה ובה, אך אנו צריכים להאריך בה.) טב (בפסוק שמע ישראל) נזד (לאחר ה. ואינם מתפעלים כלל — נופלים, וכשמתפעלים רק מקושרים בעוה"ז — אסורים, וכשאין משיג כלל — כפופים, וכשאין מתענג — רעבים, וכשאין יהם השגה ממש — ערים) סזב (ה. בהללו את ה' מן השמים, רצו"ש) רפחא (ה. ביש מאין בעשי' במזמירי תהלים).

התחלקות: קיזא (מב' ענין בחכ', ובדצון עלמע' מחכ' אין בו ה.) קסדד (בהתגלות שייך להיות שרש לה.).

התכללות: יבג (בגבורה) כבב (ה. בדעת) מבג (ה. דת"ת) מגד (ה. דיסוד) מזג (ע"י קו האמצעי) פבג (ה. דנשמות ומלאכים) קזא (ה. דתיקון דתוהו, ה. דמשה ואהרן) קסחא (ה. דמדות קודם שיצאו לידי גילוי הלב) ריזג (ה. דאצי' בפנימי' ז"א דתיקון, בגוף — בפנימי' האברים) רלאא (בגוף וקימת ישראל) רמג (ה. דעו"ע) רסאד (ה. דע"ס מפני הארת אי"ס) רסדג (ע"י הדעת ה. דמדות דז"א).

התפעלות: קנזד (מן ההיפך אל ההיפך מהטית השכל) קסבג (ה. רבות בנפש האדם אך לא יגיע ללבבו, במו"מ וגם מבני ביתו, אך ה. השייך לעצמיתו כמו הנידון להריגה אין שם נטי' כלל, מיחידה) רלבב (כל ה. מסיבת ההשתוות) רסגד (ה. שכלית מתפשטת בתמידות — הכרה).

זיו: עטב (יסוד, גילוי הז. שפנימיותו נשאר).

זימון: קבא (דוקא ג' שאכלו, הברכה ממקיף מכתר).

זיעה: שטב (פסולת החמימות).

זכרון: מגג (על ענין מרחוק) נג (לסימן לא במהותו) רלבא (כדי שיעלה זכרוניכם לפני לטובה, על ענין מרחוק, בלשון העלאה, יעלה ויבא ויזכר) ריחד (הנ"ל) רעטב (זכר רב טובך יביע).

זכות ומזל: כאג.

זמן: עהב (מבחי' מל') עזא (נברא, ומקויו רצו"ש ומטילמ"ט).

זמן הבית: כיג (מאיר הפנימי') עיין דורות.

זעיר אנפין, ז"א: עיין אצילות. זג (קוב"ה, ע"י הנחת תפילין — תוס' אירות) טג (חיטמא דז"א) יאא (קוב"ה, מוחין דיני' ומוחין דגדלות ואו"מ בז"א) יאג (ישראל זוטא שרש האמתי דז"א, נה"י דאבא — ישראל סבא) יגא (עלית הז"א) יחא (בעתיקא אחיד ותליא) כדג (איש דרכו לכביש ולא מל') נבד (ה"ג, פנימי' ז"א) נדא (נק' נופל כשירד בחיל בבי"ע) סהב (שמים) סוא (מקינן ביצי', שמש) סטב (יפאר ענוים בישועה — שז"א ומל' לעתיד יקבלו בשוה) עזא (סוף

מחשבה) עחא (נק׳ אח) פגב (איש) פגג (גבורות שבה מתחילין תחלה) קהד (נק׳ אימא חמותי) קכח (לב) קלא (יחוד זו״נ, ז״א מחסדים סוכ״ע סוף עו״ם הא״ס) קמחג (יחוד ז״א הקב״ה במל׳) קסהד (חייב אדם — ז״א לברך ק׳ ברכות) קסחא (יחוד מדות דז״א שנק׳ לב) קפא (נק׳ מלכא) קפאא (מהחסדים גם בנין גופו) קסוג (הושיעה לו ימינו וזרוע קדשו — חו״ג דז״א כשעולה המל׳ בשבת) קפזג (מבררת עם מל׳ בחול ובשבת שמאירין בה המוחין נק׳ כולו שבת) ריזג (לאחר התיקון וההתכללות נק׳ כל ז״א הוי׳, אבל רק פנימי׳ ז״א והחיצוני׳ מחולקים, שמות של הספי׳ והוי׳ בת״ת) רכבב (אהבה) רמהד (ששת ימי בראשית) רסדב (התכללות המדות ע״י הדעת) רצאד (לעתיד יהי׳ ז״א למע׳ מבינה דא״א).

ז״א, שמותי׳: (מדף קפא) קפאא (רתיכא עילאה) קפבד (שמשא) קפזג (יום) קפחג (אור דיממא) רפוד (שמים).

זקן: עיין שערות.

זריקה: רצד (משל הז. מלמעלמ״ט — כמו פסח בהשואה ומלמטלמ״ע כמו שבועות לכ״א במד־ריגתו).

חג: קלזג (ר״ת חו״ג, שתענוג שמחתו בחג מעורבת בחו״ג) רכאג (לשון חגים ינקפו — התלהבות אש).

חוטם: טב (ב׳ נקבים, היין וחיין דחיין, דנשימה ודריח) טג (חוטמא דז״א דאצי׳) כחג (הח. למע׳ מהחיך).

חול, ימות החול, ששת ימי בראשית: כדג (מאיר ז״א) כוד (רק מו״ק דאצי׳) נדא (ז״א יורד בח. לבי״ע) קיג (מאה ברכות להמשיך תוס׳ אור באצי׳ בח.) קכחג (חיצוני׳ הדעת) קלטא (עבודת הבירורים דניצוצות מתוהו לעלות לאצי׳ לתיקון) קמהד (ח. גמור וחולין שנעשו על טה״ק, עבודת הח. שנעשה נפרד קצת ועי״ז העלי׳ בשבת, הארה דשבת מאירה בכל ימי הח. ונק׳ חולו של מועד — חולין שנעשו על טה״ק) קסהג (איהי בהוד) קעד (הארת החכ׳ בצמצום גדול, התלבשות מוחין דקטנות) קעחג (מוחין דיני׳, תורה — נובלות חכ׳ שלמע׳) קפהב (דיבור העליון בח. בלא אור המוחין ומשם מקבלים החיצונים) קפזג (ז״א ומל׳ מבררין בח.) קפחד (אע״פ שגם בח. נמשך מוחין כמו ביחו״ע דק״ש מ״מ זהו בבחי׳ קטנות, מתפלת שחרית דח. נעשה רק תפלת ערבית דשבת) קצאד (לא ניתוספו במל׳ מוחין רק בהעלאת מ״ן דנשמות שלמטה) ריאא (ששת ימי המעשה, ששת ימי בראשית, מלך זוטא, ביטול דבן כפר, הבירורים מלמטלמ״ע) ריאג (תפלה בח. במרירות על הריחוק, חולת אהבה, אך הארה משבת מן ויברך דוד עד שמו״ע) ריזד (חיצוני׳ ו״ק דז״א שמחולקים יורדים בבי״ע בח.) ריטג (אמאי איקרי ח. מטעם דשלוחיהו שנשתנו מאצי׳, זהו תירוץ ר״י, ור״ח אומר — רכב — לאו מצד השינוי רק שירד ירידה גדולה לעבוד עבודה פחותה) רכאב (זווג יעקב ולאה) רמהד (ששת ימי בראשית).

חולים: פחג (יני׳ החיצונים בעולם היצי׳ נק׳ ח.) ריאד (אקצירי ומריעי).

חולת אהבה: פחג (כשיש קצת אהבה בלבו אך אינו משיגו) ריאד (בימות החול, ובשבת נתרפאה).

חומר וצורה: קלגג (ח. — ההיולי והצ. רק גילוי, אדם וחוה, תושבע״פ) רעג (ח. נברא בדיבור וצ. בחפץ).

חופה: קכטב (באהבה שהל״ב אינה מכילה ונשאר או״מ, מחבר חו״כ, ב׳ מדרי׳ מלמעלמ״ט ומלמט׳ למע׳).

חורף: עיין קיץ.

חותם: טוא (בולט ושוקע, בתפלה, בתו״מ, תש״י ותש״ר) טזד (רו״ש בעבודה) יזב (ע״ד הקבלה — עלית העולמות) יזג (יסוד דדכורא ודנוק׳) כבג (שפלות קודם התפלה — ח. שוקע גורמת גילוי — ח. בולט) נגא (פיתוחי ח. — ה״ג דאמא שמתחלקים לכ״ב אתוון) נזג (אמת ח. לאצי׳) סבג (ציון, ה״ג כח המעציר שלא לפלוט לחוץ, חומת חמות תחום, ח. דיוהכ״פ הו״ר ואסרו חג שלא להיות יני׳ החיצונים ועשית ה׳ בריחים) קלבד (ח. דתורה, חתום תורה בלימודי בתו׳ שבע״פ ואין צריך ח. בתושב״כ) קלגא (ח. דנעילה) קלהא (ח. דמצות מבעל השעשועים) רנד (ח. דנעילה).

חטה: סגא (מוץ ותבן פסולת, גופה של הח. וה־מובחר — חלב חטים) שזד (ח., ושעורים — מאכל בהמה, שיעור ה׳, יודע לקרות אבא משיט־עום טעם דגן, נשמות — ח. מלאכים — ש.).

חיות: מאב (חכ׳ חי בעצם) רנחג (בד״ש).

חיים: טד (מחי׳ החיים) רכטד (חיי הנשמות — חיי אלקי חי העולמות).

חיך: שחא (גיכק מהח. — מקור הכולל ה׳ מוצאות הפה, בכח הח. להרגיש כח התענוג והמתיקות).

חיצונים: עיין קליפות, אברהם שיצא ממנו ישמעאל. נוג (יניקה לח. פסוד״ז להלל להוציא ממוחין שבמדות שלא להיות יני׳ לח. יש יני׳ גם ממדות דאצי׳ כמו ישמעאל מא״א) סבב (נותן מדה הקצובה ליני׳ הח. — לבני עורב אשר יקראו) סבג (חותם דה״ג, ודיהכ״פ ודהו״ר לבלתי יהי׳ יני׳ לח. ודאסרו חג) סהב (היות שהתורה בקו האמצעי לכן אין משם יני׳ לעכו״ם, לא עשה כן לכל גוי) סחג (יני׳ מיושר והם מפסיקים בין עיגולים ויושר) פחג (בעולם הברי׳ — נופלים, ביצי׳ — חולים ובעשי׳ — אסורים) קג (יניקתם מצפרנים, ח״י גזירות שלא יקבלו תוס׳ יני׳) קהד (גילוי עריות שמהיחוד יונקים הח.) קלבד (צריכים חותם בתורה שלא ינקו הח.) קלהב (בר״ה נדיבי עם נאספו לכן צריכים חותם — יבחר לנו) קמא (י. בבי״ע, ויש להם שרש באצי׳) קמזד (מן מותרי המדות, חשמל — שמירה) קמחא (הבדלה בין קודש לחול ובין העכו״ם) קנחג (מן היסורין) קנחד (כנס״י נק׳ דל מרוב יני׳ הח.) קפהב (ממוחין דקטנות דימי החול אבל בשבת ויגרשהו וילך) קפחא (קרובה ביותר לבחי׳ מל׳ ע״כ צריכה שמירה יתירה בל״ת) קצגד (כשמתגבר יני׳ הח. אזי נעשה מל׳ אלם) רג (ממותרות ופסולת של המדות העליונות, ביו״ט יש יני׳ להם והקריבו קרבנות ליתן להם יני׳ אבל בשבת לא) רגא (חיל בלע ויקיאנו מת״ס יני׳, שבולעים חיות מן השיריים שנפל מקדושה ויקיאנו לעי״ל) רנזג (או״מ דוחה הח.) רנזד (מתחיל מעה״ח טו״ר בברי׳ ושרש יני׳ ממל׳) רנטג (כלי שמקבלת טומאה שגם הקלי׳ יוכלו לקבל, מחיצוני׳ הכלים יומשך ג״כ התהוות הקלי׳) רעהב (מצות בכלל, מזוזה וציצית שמירה מיני׳ הח.) רפגב (ארור המן שלא יהי׳ תוס׳ יני׳) רצדב (מקבלים מעורף מחיצוני׳ הרצון וכשאין נמשך לקדושה בגילוי אז אין להם יני׳ כלל כמו בעמידה, עבודת כה״ג ביוהכ״פ וכו׳ שממית בידים תתפש והיא בהיכלי המלך, גוים מרקדין בהיכלו והוא שותק) רצחג (איסור חמץ מפני יני׳ הח. ובימי משה לא הי׳ להם יני׳) דשה (הוד שבהוד — סוף גבול דקדושה ומשם יכולין הח. לינק).

חיריק: סגד (ביטול דח.).

חכמה: אור אבא יונק ממזל הח׳: נזב (חכ׳ — א־ל יעקב — פנימי׳ אור א. ואלקיו ומקורו — כתר מזל הח.) סדב, קצגג, רפזב, רפחג (באריכות) רצהג (באריכות).

חכמה סתימאה: זב (נמשך בדעת) חא (רק כאשר נמשך בח״ת נק׳ ח״ס) חב (כל בכור) יב (מקור כל הגבורות, קו המדה, נמשך בבינה) מב (מקור הבירורים) קזד (חכ׳ דאוא״ס למע׳ מתוהו ותיקון, למע׳ מכלים) קלד (רצה״ע עם טעם כמוס) רצוא.

חכמה: חב (כח המוליד, קודש, בכור) חד (ל״ב נת״ח רק לנשמות הגבוהות, ים, כשנמשך חכ׳ בבינה היא במיצר) טב (מקור כל החסדים, החכ׳ תחי׳, למע׳ מהתבוננות, יוכל לסבול מנגדו) יג (בח. אתברירו, חסד דע״י נמשך בח., כל הסתעפות דח. — חסדים) יאג (מנה״י דאבא — כח הולדה, שרש ז״א) טוג (כל ח. — ביטול וזהו ח. התורה) כזא (סלח לנו אבינו, אבינו אב הרחמן — מצד גילוי מהות ח. — יסלח) מב (ע״י ח. התורה — המדידה) מאב (מקור לחיים) מדד (בח. איתברירו, גם לטהר הטמא) מדג (יש האמיתי — ד״ע, וע״י הודאה יוכלו להגיע אלי׳) נהב (מתפעלת ממקבלים, אך מקבל מכתר בבחי׳ שערות) סאא (ביטול דח. א״א לקבל רק בעני׳) סגג (צמצום וביטול שבו, מנובלות חכ׳ שלמע׳ נמשך כמה מיני ח. ע״י צמצום) סטא (יכול לסבול תערובות טו״ר) עא (אור — כתר, מים — ח. רקיע — ב.) עג (מקור כל החסדים, יוכל לסבול מנגדו) פג (יוד) פגא (ביטול במציאות, אין, עדן לגן) פוב (ראשית כל עולם בבחי׳ אין) פזג (ממוצע) פטב (עושה פלא שגם הח. כעשי׳ נ.השבת) קדא (מעין) קדד (עיקר התענוג בח.) קזד (ח. דאצי׳ וח״ס שזה בכלי וזה אינו) קחא (בח. אתברירו — בח. דאצי׳) קיבב (ח. בחוץ תרונה — חכ״ע באצי׳ וח״ת במל׳, יחו״ע ויחו״ת, ברכה והודאה) קטזא (אלקנה — קנה דח. — קל) קלבד (ביטול וישות דח.) קלטג (קודש) קמוג (התגלות הח. בדיבור) קנוא (הארת

התענוג, מים שבמוח, פנימי׳ אבא פנימי׳ עתיק, חיצוני׳ אבא שרש כל האצי׳ אך בפנימי׳ יסוד מים העליונים מלובש העונג העליון) קפהב (אבא מקנן באצי׳ — ביטול בתכלית, ראשית הגילוי בח.) קעגג (א. מדרי׳ ח. שאין בה הארה מעונג העליון — יוד, ב. עדן שמאיר התענוג העליון — ע״ק — קוצי של יוד) קעחד (נצצין, סופר) רד (לא הי׳ שבירה בח.) רדג (פנימי׳ א. פנימי׳ עתיק התגלותו במנחה דשבת) ריטג (הבדלה בין ו״ק דח. וו״ק דאימא).

חו״ב: יאג (ישר — ח., א״ל — ב.) כזא (עלמא דאתכסיא) סאג (זמרו לאלקינו בכנור שעלית המל׳ בחיצוני׳ רק בבינה אבל בח. רק בפנימי׳ ענו לה׳ בתודה) קכטד (יחוד או״א כבוד עליון וכ. תחתון) קסהא (ראי׳ ושמיעה, בינה רק הודאה, ב. עד הוד אתפשטית וח. עד היסוד) קפדא (ח. — העלם מתחלק רק לל״ב נתי׳ אבל ב. — התגלות מתחלקת לנ׳ שערים והם מתגלים במל׳) קפזג (או״א הן למע׳ מבירורים והם כולו שבת להיות שהחכ׳ בתכלית הביטול לא יכול להתלבש בלבוש המתברר שהוא בהגשמה) קפזד (יסוד א. ארוך מיסוד אימא) קפחד (ח. — עין, ב. — בת עין, ח. דאצי׳ מקור כל ההודאות) רהא (ל״ב נת״ח ונש״ב, נתיב ושער) ריזא (עונג ושמחה, העלם וגילוי) רנטב (תענוג בח. והתגלותו בב.) רסד (ח. — יוד וב. — הא, מעיין ובאר) רסחב (כהנים ולוים) רסחד (ממעייני הישועה — ב׳ מעיינות חו״ב) רפהא (חו״ב חמץ ומצה) רצזא (ח. למע׳ מהשל׳, לא יתכן בו שמחה, ב. ראשית ההשל׳, שבת ויו״ט, אין עו״ע בח. יש מאין) שהד (ראי׳ ושמיעה).

חמץ ומצה: עיין מצה. מהא (חית והא) שאב (הגסות, גבורות קשות דנוגה ובקדושה התפעלות נרגשת).

חינוך: רעזא (לתינוק בחדר, בביהמ״ק, חנוכת הבית).

חנוכה: רעהב (נ״ח משמאל, מל׳ ירדה מאד בימי מלכות יון וצריך שיאירו אורה, חנו־כה — מל׳, מפני עוצם הגילוי אלקות גם חושך לא יחשיך, שמאל — תגבורת גדולה וכ״ז ע״י מזוזה מימין) רעזג (מה שקוראין בח. פרשת הנשיאים שהוצרכו לחינוך עיין פרשת נשא) רפאב (שייכות חנוכה להפטרת רני ושמחי, שנ״ח על פתח הבית בחוץ — גילוי א״ר גם כשהוא עומד למטה, יאיר גם החושך ע״י שמן וחכ׳ דוגמת לע״ל כי הנני בא וגו׳).

חנוכת הבית: כאא (המשתה והשמחה) עיין מזמור שיר חנוכת בסידור.

חסד: עיין ישועות. טא (ה״ח דנש״ב) טב (מה״ח דבינה כח הנשימה בחוטם) יד (ח. דע״י נמשך בחכמה, סטרא דחכ׳ כולם חסדים) יבא (ח. דאצי׳, ח. יקירא דכתר בחכ׳) יגד (חסדים נאמנים) כהב (ע״י ה״ח הגדלת האברים) לדג (גבורה שבחסד, יסורין) מזא (גדולה, התפשטות הח. ומדת גדלות העצמיות) נא (טוב) נדג (המתקת הגבורות, ה״ה דדכורא) עד (באצי׳ נק׳ גדול וביצי׳ כרוב גודלו שמתחלק שם) קלדג (ח. דאצי׳ שרש לח. דבי״ע, בדקות) קמד (ח. שבחכ׳, ח. מטבעו, נצח — ח. מצד ניצוח) קפב (ח. — כח היולי שבאצי׳ וצריך לשפוט בכ״י אם יבא בגשמיות, נותן לחם בח.) רבב (התגלות ה״ח עד היסוד כלול מי׳, ר״ן) רדג (הנ״ל) רלזג (אור הח. אינו מתעבה לעולם, יומם יצוה חסדו) רסהג (הנ״ל, ח. דאהרן).

חסיד: נבג (וחסידיך יברכוכה — שממשיכים לסט׳ דקדושה).

חצות לילה: כוג (שעשועים דהקב״ה, עסק התורה, מל׳) עיין תיקון ח.

חצר הכבד: סגד.

חשיקה: יגד.

חשמל: קמוד. קמזד (מחיצוני׳ אימא, שמירה לחיצוני׳, עתים חשים ועתים ממללות, חש — שתיקה מצד שרשו למע׳ ממוחין ומדות ומצד לבושו — מל׳ — דיבור, כולל ב׳ הפכים, מלאכים מח. קודם החטא — בלבוש חשמל — לבוש דק).

חתונה: רכאא (הילולא דח.).

חתן וכלה: קכטא (ח. — ירידת אור אלקי מיש האמיתי — כבוד נאצל, כלה — כבוד תחתון — ד״ת, ב׳ הפכים וחופה המחברם, חופה דח. או״י וחופה דכ. — או״ח) קלבב (קול ח. וכ., שלע״ל לא תהי׳ צלותא בחשאי רק בקול וקול כ. יהי׳ העיקר) קלדב (בשרש הכ. למע׳ מהח.) קלזא (ריקוד לפני הכ. שהח. ירד מלמע׳ והריקוד

שהוא כנגדו) קלחב (בעבודה, כל — נש״ב ושבאה לכלות הנפש — כלה והשמחה שיורדת מן העלם המוח — ח.) קלחג (עתה השמחה בח. ולע״ל בהכ.) קלטא (הכ. שותקת וקולה לא ישמע שהמל׳ בטלה לגמרי אבל לא לעתיד) קפבב (והוא כח. יוצא מחופתו — המקיף כללי דאבא להאיר לכ. ג״כ מאותן האורות).

טבילה: עיין מקוה.

טוב: מזא (מדת היסוד, רב טוב בא״א) מטד (טבע הט. — לא יופסק) נבב (טוב הוי׳ לכל) נהב (ומשביע לכל חי מצד הטוב) רעטא (רב טובך, אמרו צדיק כי טוב).

טל: קעטג (לא נרגש ולא נראה, מצמיח יותר מן הגשם, טלא דבדולחא — ירידת השפע הגנוזה בהעלם עצמות המאציל) רכבג (ט. דבדולחא) רסאב (אהי׳ כטל לישראל, בתכ׳ית הדקות, מקיר מוצא המים, בטבעו ליתן בארץ תוס׳ כח, אין חובת העולם וזכותם נוגעים, פנימי׳ העונג, טלא דבדולחא, מפסולת הטל תחה״מ).

טעם: כחג (טנת״א, בחכ׳, ע״י לעיסה, כליון) קלוג (ג׳ מדרי׳ בניגון, הטעמים של האותיות מע׳ מטה ואמצעי) קפהא (בשנותו את טעמו — מ׳ח׳ין, טוב טעם ודעת).

יד: כגד (ד׳ ידות ב׳ ימין וב׳ שמאל) קאג (י. החזקה — שפע החסד בתגבורת, י. הגדולה — התפשטות עצמית החסד) קהב (י. הגדולה — חסד שבכתר, י. החזקה — גבורה שבכתר) קעטד (ומעשי ידיו מגיד הרקיע, חו״ג דא״א, י. הגדולה וי. החזקה) רפגא (י. הגדולה — אה״ר למע׳ משכל בהתגלות — בה״א הידועה, י. החזקה — יראה למע׳ משכל בהתגלות — בה״א הידועה, י. רמה בלא ה״א שאין סופה להגלות, תשו״ע במס״נ וכו׳, כנגד עמלק — כי יד על כס קה) עיין שמאל.

הוי׳: זד (מקבל מבחי׳ יחידה שבכתר הכולל לכל כאחת) טזד (ד׳ אותיות דשם הוי׳) כבב (תוכן לבית הוי׳) מאד (ז״א דברי׳) מדא (בניקוד סגל — כללות ז״א) נבא (כדי שיאיר בבי״ע בהתרחבות מאיר בו מדות דכתר) פאא (כי הוי׳ הוא אלקים — שאלקים שהוא המקבל נעשה משפיע) פהג (בנקודת הפתח או בנ. הקמץ) קמבג (הוי׳ ואלקים ריבוי מאחדות הפשוטה, כי שמש ומגן ה״א) קנאג (יוד — יראה בושת וה״א אחרונה — יראה חיצ׳ני׳) קנחא (הוי׳ ושם אהי׳) קעגב (קוצו של יוד — כתר, י׳ — חכ׳ וכו׳) רדב (לעתיד לא יהי׳ בהוי׳ אות ואו) ריזב (שם הוי׳ בת״ת) ריטב (מי כמוכה ששם הוי׳ משובח משאר שמות) רעאג (גילוי שם הוי׳ באלקים, ב׳ אופנים בשילוב הוי׳ ואד׳) רפאג (שם הוי׳ שבכ״א מישראל, ו׳ המדות ה״א הדיבור, י׳ — הביטול, ה״א ראשונה — מח׳) רפהד (עד יעבור עמך ה׳ למע׳ מהוי׳) רצאא (ב׳ ההין בינה ומל׳) רצדג (הוי׳ בהתלבשות חו״ב ומדות — מי הוי׳ דפרעה).

יום: מחא (שמחה בצפרא) רכטג (ימות עולם, ימי קדם, ימים הראשונים — ימים שבא״ק) רעטג (מדת יום — שמחה, ש. בצפרא).

יום הכפורים: סבג (בנעילה — החותם בפנימי׳ המל׳) קלגא (הנ״ל) קלהב (הנ״ל) רלהב (לפני הוי׳ תטהרו — עדיין לא נתגלה הוי׳ דכתר למטה רק בסוכות, ומנעילה מתחיל לבא) רמטג (מל׳ מקבל מבינה כמו עוה״ב — בינה, מופשט מכל עונג גשמי, לפני הוי׳ דז״א תטהרו, ובנעילה המל׳ עולה עד מל׳ דא״ס, ז״א הוי׳ הוא אלקים והוא ע״י תשובה דעשי״ת, חותם דנעילה) רנד (ה׳ תפלות ה״ח דע״י לפני הוי׳ חכ׳ דאצי׳ למע׳ מהמצות ע״י אהבה העצמיות מעורר ה״ח דע״י, אנכי אנכי הוא וכו׳ — ע״י לא נפל בשבירה למע׳ מבירורים, פנימי׳ אבא וכו׳) רנחד (מל׳ עשירי שנתעלית בכ״ע) רסב (עלית הנשמה ונפשטת מעצמותה ועד״ז במל׳ נשמה כללית, חתימה דנעילה ירידת השפע כ״א לפ״ע, לנשמה להנות למלאכים יראה ולחיצוני׳ העלם וכו׳ עד עשי׳ הגשמיות) רפגב (גורל, פ. ויוהכ״פ שוין, לפני הוי׳ למע׳ משם הוי׳) רצבד (איסור נעילת סנדל שא״א למל׳ לעלות בעתיקא אם לא שתחלוץ הנעל).

יום טוב: לגד (התחברות סובב בממלא, מועד מקרא קודש) לזא (הנ״ל, מאירים הכתרים) מהג (שבת ויו״ט עונג ושמחה) נדד (אכלם בעתו, לא כל יו״ט שוין) רב (שבת ויו״ט — מוחין דאבא ואימא, ולהיות שהמדות יש יני׳ לחיצוני׳ ולכך אוכל נפש מותר אך אין בירורין מרע גמור, הקריבו קרבנות ליתן יני׳ לע״ש, גיהנום אינו שובת) ראא (מהשמחה — המתקת הדינים על העני) רגג

לוים: רסחב (עבודת הל. בשיר בגלוי) רפאד (כלול מחו"ג).

לויתן: קדד (מקבל ההתקשרות והחיבור, סעודת ל. לע"ל, ל. זה יצרת וגו').

לולב וד' מינים: רמג (בשבת אפי' במדינה, להמשיך דעת ז"א לנוק', לו — ו"ק ללב, אתרוג — מל') רסאג (אתרוג הדר משנה לשנה סובל ב' הפכים דקור וחום ולא הזיקו שינוי העתים שרשו ממדרי' שסובלת ב' הפכים דחו"ג ממל' שמקבלת מחו"ג, עץ — ז"א והדר — יסוד והמל' נכללת עמו) רסבב (יחוד והתכללות: דקל — ענפיו גדלים באחדות, הדס — תלתא בחד קינא, ערבה — אחוונא) רסבג (הנענועים — המשכת אין מהארת אוא"ס — ההולכה, ההובאה אל הלב שיתגלה בדיבור העליון) רסגב (תמר עולה לע' שנין) רסדג (המשכה בדעת, ג' נענועים לכל צד מפני הדעת שכלול מחו"ב, עיקר הנענוע השלישית — דעת עצמו, לו-לב) רסהא (סכך או"מ שומר על הלולב או"פ).

לחם: קאג (בגי' מזל, תליא במזל) קוד (מן השמים ול. מן הארץ) קזב (מתוהו, לכן יחי' את האדם) קזג (מן השמים — תושב"כ, ול. מן הארץ — תושבע"פ) קזד (ל. דשבת, ל. הפנים שאין בה אחוריים, בגי' מזלא, ל. מהשמים — מח"ס, ל. מהארץ — מחכ') קחא (ע"י הל. יתחזק המוח, עד שיטעום טעם דגן) קחד (הנ"ל) קיג. עיין סעודות שבת.

לידה: יגג (מבן ט', מנה"י דבינה) מטג (גילוי ההעלם) עא (טפה רוחניות, גשמיותה במוח ושדרה ואח"כ התפשטותה לצייר אברי הולד) קלדב (אשה מזרעת תחלה — זכר, בשרש הנוק' למע' מהדכר) קנוא (המשכת הטפה הרוחניות מכח התענוג ויתגשם במים שבמוח להיות טפה גשמיית) קצאב (בטפה יש בכח כללות כל האברים) קצבג (ח"י חוליות שכלולים ביסוד כשמוציא אורו להוליד) רמהב (מכח המשכיל ההיולי ואח"כ מתגשמת בחוט השדרה) רסגב (כל שישהה יותר בעיבור יצמח תולדתו בטיב יותר) רעבד (כח המוליד מיחידה, פחות מבן ט' אינו מוליד שאז נתגלה כח המוליד — בכלי המוחין).

לילה: מחא (רננא ברמשא) קמזב (ותקם בעוד לילה, השפעת המל' לבי"ע רק בחיצוני') רעטב (מדר לילה, רננא ברמשא, נפשי אויתיך בלילה).

לעתיד לבא: טד (הגילוי מנקב הב', חיין דחיין) טזב (הגילוי בולט בלי לבוש המעלים) יזא (הנ"ל) יחד (הקב"ה מוציא חמה מנרתיקה בלי לבוש) כחד (ישחק) נגד (הקימה לנופלים בתכלית) נחז (מל' וז"א שוין) סזג (שלא יהי' בירורים, שיר ל' זכר) סחא (יהיו נשמות חדשות, ישמח ישראל בעושיו — היחוד דאו"א להוליד נשמות חדשות) סחד (יתחברו עיגולים ויושר, שיתבטלו החיצונים ויהי' התכללות חו"ג) פבא (ירד קדושת עצמות בבחי' ראי') קכב ולהלן (הסעודה לע"ל שיעשה הקב"ה מיין המשומר בענביו משי"ב, עלית העולמות עד שהכתר דעכשו יהי' מל', ומה שעכשו עונג בלתי מורגש יהי' נחשב לעתיד מורגש). (עיין פסחים בסעודה דלע"ל) קדג (סעודת לויתן — שלא יהי' בירורי עה"ד טו"ר) קיג (יחו"ע ויחו"ת יהיו שוין) קלאא (שיתגלו טעמי תורה, נישואין) קלבב (ב' עליות במל': א. שיהי' שוה לז"א, ב. שיהי' משפיע לז"א, קול כלה העיקר, התפלה בקול רם, קול גדול ולא יסף) קלגא (כל ברכות הנשואין כמו שיהי' לע"ל) קלחג (תהי' השמחה בהכלה לשמח החתן, גילוי פנימי' התורה, נישואין, עתידין צדיקים שיאמרו לפניהם קדוש ששרשם מל' שנתעלה בכתר) קמאב (עליות העולמות גם בחיצוניות) קמגב (מוציא חמה מרתיקה, יוסר שם אלקים המעלימו) קמגג (יתגלה פנימי' אבא — פנימי' עתיק) קמדד (בימי משיח זו"נ שוין בקומתן ובאלף הז' אחע"ב) קמוג (יתגלה החכ' בדיבור ויראו כי ה' דיבר) קמחג (וגר זאב עם כבש מפני בחי' הביטול) קסחב (יתגלה אור המצות שהי' כמו מתן בסתר הוספת אור מהעלם העצמי) קפטב (יהי' א"י מי' אומות) רדב (לא יהי' בשם הוי' אות ואו) ריגד (לחדש נשמות חדשות מא"ק) רכבג (יחוד שלם, טלא דבדולחא) רכחא (ב"ן למע' ממ"ה) רלחג (הזדככות העולם) רעאג (יתגלה שם הוי' ולא אלקים) רפוא (ארץ קדמה) רצד (אור אלקי יתגלה לכ"א כפי ערך עבודתו בגלות, אבל באלף הז' כולם בהשוואה) רצאא (כימי צאתך מארמ"צ אראנו נפלאות, והניף ידו על הנהר — בינה וכב' פירושי' בקי"ס,

(חנוך תופר מנעלים, יחודים ביצי׳ ועשי׳) רצבד (לעתיד יהי׳ עלי׳ גם לנעל, והדריך בנעלים).

מילה: קיאא (בזה תלוי ארץ כנען הרוחניות) קיבא (כח אה״ר בכל נפש מישראל באתדל״ת להיות אתדל״ע פריעה — גילוי החסדים מרב חסד) קיגב (אשה כשרה למול דכמאן דמהילא דמיא, ועל בריתך שחתמת בבשרנו, צריך להזכיר ברית בברכת הארץ) קיזג (י״ג בריתות להקדים ברית לתורה) קלטא (על המילה שניתנה בשמיני, למנצח על השמינית, למע׳ משבת, באותו מקום — יסוד א״ק, בשמיני — שיעבור עליו שבת א׳, מלך השמיני הדר שממנו התיקון) קמג (בא״ק שלא בא בהתלבשות, צריכים להסיר הערלה שלא יזיקו הקלי׳, א״א מל בן צ״ט, פריעה מיהושע ואילך שאז האיר פנימי׳ א״ק) קמאד (כל מלאכות שבת מותרים במ., אתדל״ע שבאה מעצמות התענוג הפשוט) קמגב (ערלה ברוחניות מל י־ה, התגלות העטרה חסדים הפנימי׳, ע״י פריעה מתגלה יותר, גדולה מ. שנכרתו עלי׳ י״ג בריתות, פריעה רק בימי יהושע, ב׳ פעמים בדמיך חיי — מילה ופריעה) קמוג (מל־קה התגלות החכ׳ בדיבור, ע״י המ. נגלות לנו ולבנינו) קמזא (פריעה) קמטד (מל־קה, י״ג בריתות).

מילוי: קטוב (התגלות לחוץ מתוך ההעלם) קנטב (כדי לפרש הדבר לזולתו, מ. ומילוי דמ.) קצבב (שיצא לגילוי מההעלם כדי לפרש לזולתו, ויש שהמ. הוא העצמות) רפבא.

מים: קנוא (מצמיחים כל מיני תענוגים גשמיים מכח התענוג הרוחני אין להם גוון וכלי וצמצום, מי מדד בשעלו מ., יורדים ממקום גבוה מכח התענוג, דוחים כל מיני מיאוס, המתקת הדינין, מקוה) קעטג (מים וטל, מ. נראים ונרגשים בהגשמה גדולה לכן נק׳ גשמים אך הטל שאינו נראה מצמיח יותר).

מלאכים: טוג (מל. שרפים אופנים וגלגלים) כזג (יערי עם דבשי — כנ״י מקבלים מהמ. ומעלים אותם) מאא (מצינו שגם השירה שלהם לפעמים לא יעלה לרצון) מבד (עבדיו מפני עוצם הביטול) נגב (מדיבור) סבב (חציר — הן המ. שנבראו בכל יום, מצמיח הרים חציר) סגא (מגוף אור הזרוע) סהד (בתכלית הביטול למשלחו, מל׳ דאצי׳ באצי׳ נק׳ מ., הללוהו כל מלאכיו ביצי׳ ששם בתכלית הביטול אך לא בעשי׳) עגד (היות ששרשן מכלים דאצי׳ לכן יש בהם ב׳ הפכיים, ביטול במציאות ולפעמים בבחי׳ פירוד עד שנמצא בהן החטא, חילוק בין מ. דברי׳ למ. דיצי׳ בבחי׳ ביטול שבהן, יש בהן אוי״ר מוגבלת ולפעמים בל״ג, מתיקון) עדב (בשתים יכסה, שש כנפים — שם מ״ב — העלאתם) פב (רשפי אש — אש מהא) פבג (לכן יש בהם הנצחיות יותר מן הנשמות שיש בהן בחי׳ היראה יותר) פדא (נבדלים בהשגתם) פוב (ממ. דיצי׳ נעשו נשמות דעשי׳) פטג (נק׳ קדושים ע״ש צעקתם קדוש וע״ש התקרבותם לקדושת ה׳) פטד (שנבראו בשי״ב ואלה שמתחדשים בכ״י משם ב״ן) קטד (אין מ. אומרים קדוש עד שישראל אומרים) קטוא (מ. העליונים הן לאחר הבירור והתיקון, מתוהו שבאו לידי תיקון) קלגב (שעולם תופס מקום אצלם משא״כ נשמות) קלזד (שמחה אלקית באה ע״י פנימי׳ המ. ושמחה ביין ע״י חיצוני׳ המלאכים) קלחב (מט״ט וסנדל — נערים שמתחדשים תמיד בכל שבוע, המ. דיצי׳ ודעשי׳ נק׳ עבדים) קמחד (עתים חשות ועתים ממללות, כאשר יש אור אלקי יותר מכפי המדה מתבטלים ממציאותם, המ. שהן מחשמל שרשם ממוצע מב׳ הפכים) קסחג (התכללותם מצד תוס׳ הארה עליהם מלמע׳) קצגא (רוח הפנימי׳ והאש החיצוני׳ והנשמות עיקרם נשמה ורוח) קצדב (גלי הים) רכזא (ממוצעי ההשפעה שלמע׳ ונתתי עשב — המ. נק׳ עשב להיות שפע גם לבהמתך — נה״ב, כל השנה אנו מתפרנסין ע״י המ. ובאלול ע״י י״ג מדה״ר שלא ע״י המ.) רלאד (יני׳ מאחוריים והתפעלותם מזיו ולא מעצמותו) רלוג (ריבוי היותר בנבראים, כל היורד יתמעט) רמהג (תולדות המ. מזווג נשיקין דאו״א) רסחב (כל מ. בעלי שיר יוצאים בשיר) רעבב (ומקבלין דין מן דין שבאים בהשתל׳ עו״ע) רעגא (גפיף לה ונשיק לה לתפלה להעלותה, כל נשמה צריכה למ.) רעהג (אויבי — מ. שקטרגו, מ. ונשמות חיצוני׳ ופנימי׳ העולם, שירם בקול מורגש וגופות דמ. מיסוד אש ורוח הפשוטים (לא גשמיים) גדר במקום גשמי וזמן, מצד גופם אין יכולין לבא לביטול פנימי) רעחג (כל עבודתם השירה, התכללות שלהם בעילתם)

מצד : א. בירורים דה׳ דמים טמאים שנתבררו וב. עוצם קטנות מדרגתה הארת פנים מלמע׳) קעד (נשמה יתי׳ דמ.) קפאא (עיקר בנינה מהגבו׳ ולילה ללילה — מ.) קפבג (הנותן בים דרך שז״א נותן דרך למ. שתאיר בבי״ע, ה׳ ספי׳ שבמ. מאירים מאורות דז״א — דרך, וה׳ ספי׳ האחרונות פעמים מאירים — אורח, לרוץ אורח) קפדא (כל נש״ב מאירין בשלימות במ.) קפדד (במעלי שבתא שפושטת לבושי׳ דחול, לדוד בשנותו) קפהד (בנינה מאותיות דז״א — כ״ב אותיות דלדוד בשנותו) קפזג (מזמרת לז״א מזמור שיר ליוה״ש) קפחא (עיקר ענינה — יראה, שמור לנוק׳, שיני׳ החיצוני׳ קרובה ביותר למע׳ ולכן צריכה שמירה ביותר) קפחב (לא סליק בשמא כמו האותיות שנכללים בשכל כשמאיר השכל) קפטא (ואמונתך בלילות שנמשך מוחין חדשים ז״א למל׳) קצאא (מתברך מיסוד במוחין חדשים בשבת) קצבא (אין בה השגת המהות רק המציאות) קצגד (אלם כשמתגבר יני׳ החיצוני׳) ריאב (גדול בעיר אלקינו, באצי׳ מלך רב איקרי, וכשיורד לבי״ע מלך זוטא איקרי) ריאד (מקבל מן המוחין בר״ח) רלהד (צמצום וצריכה להמתיקה בחסדים) רלוג (שמו״ע — בנין הנוק׳, ר״ה — בנין הנוק׳, מל׳ — דינא והאלף ממתיקם, מ. ות״ת — קול ודיבור) רלחב (התורה מקור האמיתי למל׳) רמאב (בהת־נשאות והברי׳ רק ע״י המ. שמובדל בערך העול־מות משא״כ ע״י ז״א, כתר מל׳ הרצון למלוכה, עיקר בנינה ע״י השופר) רמדב (להמשיך דעת דז״א למל׳ ע״י לולב, נקבה נקב הא) רמוד (מגבו׳ בחי׳ או״ח לקדמותו — נסירה) רמטד (מקבלת ביוהכ״פ מבינה) רנזא (נקודה א׳ כתר שבמ. והשאר בתוס׳ — בנין הנוק׳) רנזד (שרש ליני׳ החיצו׳) רנחד (מל. עשירי ביוהכ״פ שנתעלית בכתר) רנטד (ה׳ ספירות כח״ב חו״ג המה מקיפים על המ. ולא מתלבשים עדיין) רסב (עד יוהכ״פ מגבו׳ ובסוכות מחסדים, ביוהכ״פ עלית הנשמה כללית — מל.) רסאד (מקבלת מב׳ הפכים חו״ג) רסדב (המשכת הדעת ע״י המל. בנבראין) רעג (חומר נברא בדיבור — מל.) רעדד (שם הקטן) רעהב (פתח — כל העלאות והמשכות ע״י המ.) רעחד (מודדין כמה יהי׳ מל׳ שמים בכל עולם, מאזני צדק) רפטב (יחוד זו״נ בקטנות ובגדלות) רפוב (מל׳ עולה עד ע״י בשש״פ) **רצזא** (**שמחת** המל׳ כשעולה למע׳, מושיבי עקרת **הבית שמחה**) שיא (תנופה — תנו פה למ.).

מלכות, שמותי׳ : מדף נט. נטב : **ירושלים.** נטג : יראה שלם. סג : ענוה. סאב : שדה. **אבן, את־**רוג — החיצוניות והפנימיות — **בית, משכן.** סבב : כשיורדת — בהמה ואדם כשעולה. סבג : חיצוני׳ — ירושלים ופנימי׳ — ציון. סהג : **מרום.** סהד : מלאך. סוא : בעש״י ירח. עאג : **דינא רפיא** וצלצלי תרועה. עאד : **ירושלים ומקבלת מציון.** עהב : שעה. עזג : **שם. עחא** : **אחות. פאג** : אלקיכם. פבב : **אשא תכלא.** פגב : **אשה. פזב** : מאנא דאשתמש בה בעלה. קהד : **בת אחות.** קוב : ענבי חמרא ומל׳ דנוגה — **ענבי רוש.** קיגד : אמונה. קידא : **עצם מעצמי, חותם.** קידג : מזבח ה׳, שולחן, עולה על שולחן מלכים. קטוב : אם כל חי, חיה. קכחב : כלה. קכחג : **אמונה. קלא** : אשה. קלגג : חוה. קמחג : שכינה. קנב : **כבוד.** קנוג : דל. קעה : **אשה יראת ה׳.** קעג : כה. **קעדד** : כח הפועל בנפעל. קעטב : כבוד א־ל. קפא : **חקל** תפוחין קדישין. קפבד : סיהרא. קפחא : **יראה.** קפחג : נר. קפחד : מזמור, שם קטן. קפטא : **אמונה.** קצאא : כח הפועל בנפעל. קצבא : **מראה דמות** כבוד ה׳. קצבד : שמך. רכבב : יראה. **רלא** : שדה. רלוג : דינא, דיבור. **רלחג** : **שם. רפדא** : דיבור העליון, נוק׳ דז״א. **רעאא** : **דבר המלך.** רעאג : צדקה. רעדב : פה נפש חי׳. **רעהב** : פתח האוהל. רעהג : כה. רעזב : שכינה. **רעחג** : צדק, צדיק, דין. **רעטא** : **צ״ת. רעטג** : **נפשי.** רפא : ציון, בצלמנו כדמותנו. **רפג** : **בת ציון.** רפהב : מהימנותא. רפחד : נפש. **רפטב** : **שכינה.** רפטד : ים סוף. רצזא : עקרת הבית. **רצטא** : מלאך. שהד : ברכה. שיא : פה. שיד : **שערה.**

מלכות דא״ס : מדף קצד. קצדב (לך לבדך שזהו מצד הארת מל׳ דא״ס בכתר) רכטב (**גלה כבוד** מלכותך — מל׳ דא״ס) רלג (**אין אנו רשאים** לדבר בו, אין בו גדר השתל׳) **רלגא** (יש בו בחי׳ ממוצעת בין עצומ״ה וכו׳) רלד (נמשך בר״ה ע״י השופר) רמאד (מח׳ דאנא אמלוך) רנב (בנעילה עד מל׳ דא״ס, קדוש ונורא שמך) **רעדד** (**שמו** הגדול).

מלמדות : רפבג (מקור מוצא ההשכלה).

במצרים, פרעה — עורף, ואת זקניו יחכם, משה זלעו״ז) רצהא (מצר ים דחכ׳).

מקוה: קנוד (מהארת עתיקא דעתיקין, המתקת הדינין, המשכה חדשה מעצמותו שם אד׳ אג׳ ואלד) קנזא (כוונת האר״י שילוב שם אהי׳ בלתי מילוי ובשם הבעש״ט עם המילוי) קנטג (מ׳ סאה, מכונסים מימיו — בבינה ששם גילוי העונג, מי מעיין בכ״ש זהו בחכ׳, מה מעיין בידי שמים — כתר ששם יוכל לשנות אבל לא בידי אדם — כלים, טבילה בעלמא דאתכסיא ויבוא למקור חוצבו ומשם יוכל להשתנות ובביטול ולא די בלתי כוונה, במס״נ, אותיות ביטול — טבילה) רסאא (אין מעיין צריך מ׳ סאה).

מקיף ופנימי: להא (סובב וממלא) רכחג (מ. החוזר ומ. הישר, מ. הפרטי ומ. הכללי, מ. דחי׳ ומ. דיחי׳) רכטב (בהשתל׳ פנימי שבעליון נעשה מ. לתחתון וכו׳) רנזא (צלא דהימנותא — הארה אלקית החופפת על האדם במ. בלתי מרגיש בה) רנזג (או״מ דוחה החיצונים) רסא (או״מ ואו״פ) רסהב (או״מ שומר לאו״פ).

מרום: סהב (מל׳ דאצי׳ כשמסתתרת בברי׳, מה שנראה מן השמים לעין הרואה).

מרכבה: דא (ד׳ חיות המ. מ. תתאה: ארי׳ — אהבה, שור — שמאל דוחה, נשר — רחמנות, אדם — אדמה לעליון במדו״מ, ומ. עילאה מלמע׳ למטה: ארי׳ — אהבה שלו א״ס, שור — פחד ה׳ פתאומית, נשר — התפשטות אוא״ס עד קצה התחתון, אדם — המצות בציור אדם) סדא (חיון עילאין וח. תתאין).

משה: כאא (שמט מהנשיאות שהוא ממצות שלא ברצונו ש״א) לוד (התורה היתה אצלו ירידה) מבד (מיחוד דא״א) סגד (שהי׳ כבד פה מפני ביטולו בתכלית ולא הי׳ יכול להתפשט למטה) קוב (לא ירצה לברך לע״ל שלמע׳ ממל׳) קזב (הוא משה ואהרן והוא אהרן ומ. — בהתכללות) קחג (בזכותו המן, כבד פה ולשון מב׳ התורות) קיב (מה שמו — משה, ענו מכל מפני ביטול בעצמות מצד החכ׳, לא הי׳ יכול להמשיך התורה שא״א לו להפרד מביטולו) קיגד (בזכותו המן, כבד פה כנ״ל, מן המים משיתיהו מים דחכ׳) קיזב (לחם לא אכלתי — אפילו לחמה של תורה) קיג (לא נכנס לארץ שהוא מבחי׳ העלם שלמע׳ מגילוי) קלבג (שכינה מדברת מתוך גרונו ולא הוצרך לביטול בתחלה) קמגג (שרשו מח״ע עכ״ז לא נגלה לו פנימי׳ ח״ע ופני לא יראו, הראה לו קשר דתפילין) קמדא (כחב״ד דקדושה היפוך פרעה כחב״ד דקלי׳ ולכן נצחו) קסאג (אצי׳ הרוח מרוחו של מ. לע׳ זקנים שהשפע של בשר שלא מערכו) קסאד (נבואתו בא בבחי׳ דיבור וישמע את קול מדבר) קסהא (וירא ראשית לו — שהי׳ ראי׳ ביטול דחכ׳) קפדא (חסר לו שער הנון שהוא יסוד אבא אבל כשנבקע יסוד דאימא מתגלים כל נש״ב) קצדא (כבד פה שהי׳ מל׳ בגלות מצרים) רדג (הסתלקותו עיין דברים ולא ידע איש) רמבב (קולו של מ.) רמגד (מנצח דאבא) שוד (ונתת מהודך — הוד שבהוד של מ., מ. ומשיח ורשב״י ענין א׳) שחג (לא רצה בשליח לכן במשכן לא הי׳ ארי׳ דאכיל קורבנין) רצגג (בימי מ. לא הוצרכו לאיסור חמץ שלא הי׳ להם יני׳ עבורו).

משיח: עיין לע״ל. טד (והריחו, מבחי׳ חוטמא דעתיק) יטד (יוכלו לקבל הארה גדולה) כבג (בתפלה הארת מ.) נבב (כוסי רוי׳ — הארת הכתר במל׳) קצדא (בר נפלי לפי שעה) שזא (הוד שבהוד של מ., אז יהי׳ אור שלם כמו במשה קודם חטא העגל) שחג (שקראו קדוש בקדושה האלקית ממש).

משל: מבא (כמו שערות) קמזד (מכח היולי שבשכל ורק חכמים גדולים כמו שלמה ור״מ בדורו).

משכן: כגג (מ. משה ומ. שילה) שחג (לא הי׳ במ. ארי׳ דאכיל קורבנין שמשה לא רצה במלאך אלא הי׳ אש מהארת עצמות אורות האצי׳ ולא מבחי׳ כלים).

משנה: לגד (שמור זו מ.) להד (הנ״ל) עהב (ביצי׳ ו״ק ששה סדרים דמ.) רבב (יש במ. הכל בהעלם מה שיש בגמרא).

משפיע: עיין השפעה. פאא (למע׳ נעשה המקבל בבחי׳ המשפיע) צזג (מה שהוקצב בסדר ההשתל׳ שיצטרך המ. לקבל מן המקבל).

מ״ת: קלאג (ביום חתונתו רק אירוסין ולע״ל נישואין) קלוד (פרחה נשמתן וחזרו, ע״י עלי׳ וירידה, ביום חתונתו — חות דרגא וירד ה׳) קלחג (אירוסין בחיצוני׳ הגם שגם פנימי׳ אור נמשך ובא למטה אך בהעלם ולעתיד יתגלה) רכטד (לוחות הראשונות — י״ג מדה״ר של מיכה

(נשמות חדשות לעתיד דוקא) עאג (כל הנשמה, דנ. יש בה כל ההתכללות) פב (רשפי אש, נרות אש מה״א) פבג (התכללותם) פוג (ממלאכים דיצי׳ נעשו נשמות דעשי׳) קהא (נ. שנק׳ נוני ימא כמו רב המנונא סבא וכו׳ רשב״י ור״ע) קלגב (אין עולם תופס מקום אצלם משא״כ מלאכים שיש בהם ביטול יותר) קנזב (הגלגולים דנ. כדי שיצרפו ויהי׳ המתקת הרע) קסגא (נ. דתנאים ואמוראים מאצי׳ וכו׳, נ. נמוכות שלנו דעקבות משיחא צריכים לאריכות התפלה) קפאג (לא הי׳ ביכולת הנ. להשיג באצי׳, אך מצד הארת שבת יכולין להשיג גם בפרצופי העליונים בהשגת המציאות) קצגא (הנ. באורות והרוח בכלים ונשמת כל חי הן שנמשכין מיסוד) קצבא (ורוח כל בשר — הנ. שלמטה שמקבלים ממל׳) ריגד (נ. חדשות מא״ק לעתיד) רכאב (מיחוד דהמוחין דאו״א נולדו נ. גבוהות כמו נ. התנאים ות״ח שבכל דור) רכחא (גם בנפש דעשי׳ יש מהארת אצי׳) רכטד (חיי הנשמות — חיי אלקי ממש) רלאג (נ. דקדושה בביטול, ונ. דקלי׳ — בלתי יצטרך לשלימות מחבירו) רמהג (תולדות הנ. מזווג גופני דזו״נ. ר״ה בשביל תולדות הנ.) רסגא (בשמ״ע זמן קליטה ושש״פ הלידה) רעגא (כל נ. צריכה למלאך אך נ. גבוהות אין צריכים) רעהד (נ. ומלאכים — פנימי׳ וחיצוני׳ העולמות, שיר דנ. אינו נשמע בהרגשה, צורה פשוטה, וקדושים בכ״י יהללוך סלה למע׳ מהזמן, השתחוואה פנימי׳ רק בנ.) רפזג (ג׳ נבראים: ע״ש, מלאכים ונ., מעצמיית אלקית השגת מהותו, זה אלקינו׳) שחג (מלאכים ונ. שעורים וחטים) שטד (מהבל פנימי).

נשמה יתירה: קעד (מתעטרין בנ. חדתין — יחי־דה) קפגד (הארת מוחין דאו״א עצמן בז״א — שאז תורת ה׳ תמימה ושלימה ומשיבת נפש — נ. י.) קצאא (מבחי׳ יסוד ז״א שכולל בעצמו כל האורות גם מפנימי׳ ע״י ונק׳ נשמת כ״ח ובכחה לברך למל׳ בהתחדשות אורות) קצבד (שמדת היסוד שממנו הנ״י למע׳ ממדה וגביל שלכן נק׳ יתירה מכפי המדה והצמצום).

סבא: יאג (עצמות חו״ב).

סוכות — ד׳ ימים בין יוהכ״פ לסוכות: רנזא (נמשכו חסדים לצורך בנינה) רנחד.

ערב סוכות: רנזד (לפזר מעות לעניים).

סוכות: עיין ד׳ מינין בלולב וזוהר אמור ק״ג. לדא (מעריב, תושבע״פ) ריחד (מת״ת, ענני הכבוד שהיו לת״ת והחידוש של ס. שבלא״ה מת״ת שכולל ב׳ הפכים הנה ע״פ קבלת האר״י דזהו רק בפנימי׳ ז״א ולא בחיצוני׳) רלהב (זמן שמחתנו התגלית רצה״ע מעי״ת, ניסוך המים, למלאות כל החסרונות) רלוא (הנ״ל, השמחה מבינה) רנד (מקיפים דס. אחר חותם דנעילה, הפנימי׳ לישראל והחיצוני׳ בע׳ שרים) רנזא (כשרה רק כשצילתה מרובה שהוא או״מ על אדם שאינו מרגיש בה — צילא דמהימנותא) רנטא (מימינו תחבקני — במעשי המצות, תענוג העליון מחמת העברת הרע אף שלא תרד המחילה בעשי׳ שעדיין אינן ראוין לכך אך בשרש נש״י נטהרו, החסדים ממקיפים דאימא מאיר אה״ר בתענוגים גם העכו״ם יקבלו יני׳ כמו בעת השמחה שגם לשונאו יבקש לאכול, אך הוא זמן שמחתנו שאנחנו גרמנו) רנטג (סכך מדה״ר שאינו מקבל טומאה) רסב (מס. בנין המל׳ מהחסדים, אמנם ס. גבוה מיוהכ״פ מאחר שהחס־דים יכולים להתלבש בסכך, צילא דהימניתא — התגשמות המקיפים די״ס כמו דוגמא דצל, תיבו אושפיזין עילאין) רסד (שמחת בית השואבה וניסוך המים: מן הבינה דינין מתערין לכן — מים — ביטול ממתיקם) רסג (הכלים דס. נטילת ד׳ מינין וסכך) רסהא (סכך — או״מ שומר על לולב — או״פ) רסהד (מדבר שאינו מקבל טומאה, בפסולת גורן ויקב — שומר לחטה) רסחא (השמ־חה דס. ניסוך המים להמשיך בחי׳ כה״ג על כהן הדיוט ומן הכהנים לכללות נש״י, ב׳ נקבים שבמזבח התחברות חו״ב, בשמחה נגד טבע החכ׳ מרקדין רק חסידים שרש נשמתם בחכ׳, ניסוך המים גם ע״י ישראלים רק שיהיו מנהירו דחיכ־מתא, לא נתפרשה בתושב״כ — בינה רק בתי׳ שבע״פ — חכ׳ שלמע׳ מזה).

סנהדרין: רכא (בי״ט אפי׳ מיטעין מטעם ששרשם באור אבא עצמו וגבוה ממי שנשלח אליו) רעגב (עב — עב צירופי׳ שבמל׳ שיושבין בהיכל הגבורה ודנין הנשמות והמלאכים ע״פ משפטי התורה) שגד (מודים דרבנן, נתב״ס).

סעודה: עיין מאכל, אכילה, שבת (לויתן בלע״ל: קדג) קאב (ס. דנצחון כמו יתרו, ינאי, ס. שבת, ס. של מצוה שת״ח בתוכה שהיא אחר נצחון מלחמה)

ממלאכים דיצי׳ ודעשי׳ נק׳ עבדים) קצדא (נופלים לפי שעה).

עולם העשי׳: מגג (כתר דע.) נגד (מבינה דמל׳ — מאיר בג״ע, מיסוד דמל׳ — בביהמ״ק, ממל׳ דמל׳ — בירושלים) סהד (הללוהו כל צבאיו, מהות בפ״ע, מלמעלמ״ט ואח״כ להיפוך הללוהו שמש וגו׳ בעליתה ליצירה) סוד (תנינים מלמעלמ״ט, ד׳ מדרי׳ בע. עד שגם נוגה — רוח סערה עושה דברו, ואח״כ מלמטלמ״ע ההרים וגו׳ הודו — אור של תולדה בע.) פחג (יני׳ החיצו׳ אסורים) קמא (גילוי אצי׳ בע. אחר שני העלמות דברי׳ ודיצי׳) קמהג (הפרסא בין אב״י לעשי׳ העלמת האור לגמרי, הבדלה בין קודש לחול — ע״ש) קמטב (הנ״ל) קצדא (אסורים ממש בידי החיצוני׳).

עורים: נחא (כשאין משיגים ממש, ה׳ פוקח ע.).

עונג: עיין תענוג. קגא (בלתי הרגשה משא״כ שמחה) ריזא (ע. ושמחה העלם וגילוי, חו״ב, שבת ויו״ט).

עיבור יניקה ומוחין: יד. כטא. קעחג (מוחין די. ומוחין דג. חול ושבת) רצהא (עיבור דגדלות ודקטנות).

עיגולים ויושר: סחב (כאשר העילה מקיף להעלול שהוא למע׳ מהתחלקות זה ע. וכשבא הדבר לחל־קים זהו י. מעמד החיצונים בין ע. לי. ולעתיד יתחברו) צחא (בע. אינו נמצא ראש וסוף וגם בי. נתב״ס אבל בהתלבשות פנימי׳ וחיצוני׳) קעטב (בע. זת״ז — תוהו, וי. בחיבור — תיקון) פקד (יומא — י. ועזקא — ע.) רמג (עו״ע בע.).

עילה ועלול: עיין השתל׳. רמג (א. שהעילה מקיפו והעלול בביטול והתכללות. ב. השתל׳ שהעלול יוצא מהעלמו) רצהד (השתל׳ דעו״ע).

עינים: יגד (נו״ה דחכ׳, טוב ע. ע. רעה) מטא (כח הראי׳ שבע. משל להעלם וגילוי) קכחג (בקי־דוש — נותן עיניו בה, שישפיע לה מעינים העליונים, הסתכלות ע. דא״ק — מתחזקים מוחין דנוק׳).

עליות הנשמות: צבג (העמוד וההתבטלות) קעגג (בליל שבת) רמבד (בשבח).

עליות העולמות: יזב (והמ רולט) יטב (עד שתרד תחלה הארה מלמע׳) סוא (עשי׳ ביצי׳ וכן למע׳, הללוהו שמש וגו׳) סזג (ע״י שיר ובל׳ נקבה שהכל בבחי׳ מל׳ שמקבלת מז״א ועוד שמל׳ דתוהו

מבררם) פדב (מזה שנתעלה התחתון וכו׳) קבד (לע״ל יהי׳ מל׳ — כתר) קמאב (בפנימי׳ ולא בחיצוני׳ כמו בשבת, יום ב׳ דר״ה בחיצוני׳).

עלית תחתון לעליון: רלחד (ב׳ אופנים) רעא (ג׳ אופנים) שוד (בב׳ הכרחיים: שיתלבש העליון במדרי׳ היותר תחתונה ושלא יקבל המקבל כ״א בבחי׳ היותר אחרונה שבמקבל).

עלמא דאתכסיא ודאתגליא: כוד.

עם הארץ: קמדב (אסור לאכול בשר) ריאד. ריבד (אסור בבשר בחול) רידב (הנ״ל).

עמלק: רפאא (ראשית, סובב של ז׳ מדות הרעות והאחרית — תמצית הרע שיש בכל מדה רעה) רפאג (לא ראה עמל — עמלק — בישראל) רפבג (מפריד י״ה מו״ה, אין הכסא שלם, מפריד הארת האלף — כ״ע הגנוז בתורה).

ענוים: סג (מח׳ ודיבור דלית להון מגרמין כלום, מעודד ענוים) סטא (הנ״ל, יפאר ענוים בישועה).

עני: קאד (חסר לחם קרוב למלכא יתיר, לפרצוף אדם דאצי׳) ראא (שרש יניקתו מהדין שבמל׳ והמתקתו בשר״ש המל׳ — בינה) ריאד (בשבת שמש צדקה לעניים — לחולי אהבה).

עצבות: לאא (הוציאוהו מחוץ למחנה).

עצם והתפשטות: מחא.

עצמות: סוד (חק נתן, קמי ע. אין עליות וירידות דשבת וחול וגלות וכו׳ הכל חק א׳) קלהד (חו״ג שבע. הרי חושך) רלבא (מרחוק ה׳ ע. נראה לי ע״י השופר, ה״א אש אכלה, הללו א־ל בקדשו) רעטד (למע׳ ממדת יום ולילה, בואו לפניו, כי הנני בא).

עקודים: צחד. קצבג (נקודים נק׳ לעילא וע. לעילא ולעילא).

ערך: קסבא (אבי״ע וגם רוחני׳ לגשמי׳ יש להם ע. זל״ז אך אין ערוך מהמאציל להשתל׳ אבי״ע).

עשוקים: נזד (ג׳ מדרי׳ מצד השבירה, מצד חעה״ד, ומצד עבירות עושה משפט לע. שמתקנם).

עשיר: קאד (מקבל המזון ממזלא דא״א שלמע׳ מבחי׳ אדם).

עשרת ימי תשובה: רכוד (זמן התשובה לתקן ולמלאות כל פגם וחסרון, י׳ עמקים) רכטב (ממע־מקים, שם ה׳ חדש של כל ספירה, עומק א״ס, ע״ס הגנוזות וכו׳) רלבא (צעקה פנימי׳ — ממעמקים) רלזג (דרשו ה׳ בהמצאו — ברצה״ע

במקום גדולתו — ענותנותו — צ. הראשון) קלדג (ע״י צ. שייך התפעלות ושמחה באלקות) קמבד (צ. דשם אלקים משל מחביות ע״י צנורות לכלים קטנים) קנוג (דל וחסרון לגבי התענוג) רלדג (גם חושך לא יחשיך ממך) רלוד (צ. בקול וכמו״כ במל׳) רעאב (דשם אלקים) רעטב (ברישא חשוכא).

צעקה : רלאד (פנימי׳ וחיצוני׳)

צפרנים : קג (יני׳ החיצוני׳, נט״י).

קבלת עול : דב (ע״י ראי׳ דתכלת).

קדש : קלדג (שבת כי קודש היא לכם, פנימי׳ אור אבא — עתיק, ישראל נק׳ עם קודש, ולעתיד ואנשי קודש תהיון לי).

קדושה : פאב (המשכה ע״י שערות, הבדלה, ג״פ קדוש) פטב (ישראל מקדשי שמך שממשיכים קדושת עצמותו) צבב (סימן הק. שמשפעת תמיד אחרי שהוא שלימותא דכולא) קלבד (העיקר שיושפע ממנה) קמטב (כל מה שבסטרא דק. בבחי׳ ביטול) רלאב (תיקון בהתכללות, בביטול, נשמות דק.).

קו : כדב (ק. וחוט) מד (ק. המדה) מזג (ק. האמצעי — נורא) רלד (ק. וחוט) רעג (ק. המדה).

קול : עיין דיבור. יטא (הקול קול יעקב) קלבב (עתה הק. מבלבל בתפלה, המשמיע קולו וכו׳ ולעתיד תהי׳ התפלה בק. רם, ק. חו״כ, ק. גדול ולא יסף) קלזב (הנ״ל) קלזג (ואינו משמחו עובר בז׳ קולות) קפאא (ק. ואותיות — חו״ג) קפאב (ק. דלא אשתמע — מדות שבשכל ודאשתמע — מדות שבלב) רמבב (ק. הדיבור מחיצוני׳ הלב ק. ניגון מפנימי׳ חכ׳, קול של קול פשוט מרצון ותענוג) רמדג (אלף ממוצע בין ק. ודיבור) רמטג (ק. הגשמי מחיצוני׳ הלב וק. הרוחני מפנימי׳ הלב) שיב (מעורר כוונה רוחני).

קטן ותינוק : נזג (לאחר ימי היני׳ בא לו הדיבור) קמאא (כח ההילוך בא אחרון ביותר שמגיע בעצמות הנפש) קסדד (שכלו ומדותיו מצומצמים, שכליו מתרחבים, יש בתינוק בהעלם בנפשו כל מה שעתיד לבא ממנו בהתגלות, בוצין בוצין) רעבא (מדבר מב׳ שנים שאז נשלם החכ׳ בנפשו ואז האותיות בשלימות) רעבד (פחות מבן ט׳ אינו מוליד שאינו נתגלה כח המוליד בכלי המוחין שלו) יאג (הנ״ל, מנה״י דאבא) רפדד (משיטעום טעם דגן יידע לקרות אבא).

קיבוץ גלויות : סחא (אחר הבירור שא״צ לפזור בין אומה״ע, ודוקא קודם ביאת המשיח).

קיץ : שגא (ק. וחורף אתה יצרתם וגו׳ שמהם ראי׳ לחידוש ההשפעה, כי השמים מקבלים השפעה רוחניות מי״ס דעשי׳ שמשם שרש ט׳ הגלגלים והם יענו את הארץ, ימשיכו, ויתחלקו המקומות בשינוי אופני הקור בחורף לפי אופן מעמדם נגד השמים וכו׳ ואופן זריחת השמש ממילא הוא בא ע״פ אופן ההשפעה דשמים שממעל לשמש, וכן בקיץ).

קליפות רשעים וסט״א : עיין חיצונים. נוד (בג׳ ק. פעולת השפע נמשך בחנם ומיד ומשתדל לפתות וכו׳ משא״כ בק. נוגה אינו משתדל וכו׳, נק׳ נדיב, אל תבטחו בנדיבים שאין לו תשועה — חסדים ולאחר הבירור תצא רוחו) נחד (אין בהם יחוד ודרך רשעים יעות, צינן את הזכר שא״כ היו מחריבים העולמות) סד (שאין בק. פרסאות שא״כ כנ״ל, ולכן יש גרים נשמות גבוהות מגופים חומריים ביותר) סבב (נותן מדה הקצובה לק. מה שצועקים למזון — לבני עורב אשר יקראו) סגא (מפסולת החטה, מוץ ותבן ולכן פטו־רים ממעשר) סוד (גם נוגה — רוח סערה עושה דברו) צבב (רק לקבל שפע סימן הרע מרע דנוגה) קלבד (שעיקרם רק לקבל) קמב (אין מזיקים להסתיר אור הא. המלובש בתוך לבושים) קמגד (ע״ס דק. מצרים רישא) קנחג (נק׳ עלוקות, יש להם יני׳ מיסורין) קסגד (א״א להביא להם המשכה בלתי שיעוררו מתחלה כמו בלעם בכשפיו במס״נ) רלאג (נשמות דק. בלתי יצטרך לשלימות מחברו, יש בפ״ע) רפאא (אני ראשון ואחרון בק., ראשית גוים עמלק, עיין עמלק).

קמץ (נקודת הק.) : פהד.

קנין : קיאב (לפעמים מ״ד קודם מ״ן כסף קודם משיכה ולפעמים מ״ן קודם וכו׳) רצגא (עם זו קנית, עצמות, ק. באצי׳).

קרבנות : טד (וירח ה׳, ריח ניחוח לה׳, נמשך חיין דחיין) לגא (כללות הק. נח״ר לפני) מהא (כל הק. באות מצה חוץ מק. תודה ושתי הלחם, דת. כמו בחכ׳ דמברר גם החמץ).

ארי׳ דאכיל קורבנין : רפאד (מהחסדים דאהבה בהולדת היראה) שחב (ק. בשור שיהי׳ עולה גבו׳ בארי׳ — חסד, לא הי׳ במשכן ולא יהי׳ לעתיד).

קרח: סגב (בגשמיות וק. העליון, פרסא, כקרח הנורא).

קרי וכתיב: סוג (רצו״ש וכלולים יחד בכתיב).

קרשעה״מ: יטג, עדא (אומרים אז אנא בכח כדי להעלות נשמתו).

קי״ס: עיין בשלח ושש״פ. נבג (הכל שוין) רסגג (שהאיר אור גדול מעצמות אוא״ס, זמן הלידה) רפהג (נתגלה ההעלם של הים העליון, סוכ״ע) רפטד (פי׳ הזוהר שנכללו ונתעלו הנשמות דבי״ע בים העליון ופי׳ האריז״ל שנשמות דאצי׳ ירדו למטה לגילוי לגוזר י״ס לגזרים לב׳ הפירושים).

קרן: סזא (נקודה שהיא אין, מחבר ב׳ הפכים) צבג (ביטול בלי שטח, בא לו לקרן, חיבור העליון בתחתון ע״י אמצעית הביטול).

ראש השנה: עיין שופר ומסכת ר״ה אמרו לפני מלכיות. עדא (אומרים אנא בכח קודם תק״ש מפני עלית המל׳) קפב (אע״ג שנקצב מר״ה נידון בכ״י וכו׳ שהחסד הוא כח היולי שבאצי׳ יצריך לשפוט בכ״י אם יבוא גם בגשמיות או ישאר בהשגה להנשמות או בערך רוחניות דיצי׳ או יהי׳ בהשגת התורה או שיהי׳ לו קרבת אלקים בתפלה באוי״ר) רלאב (נצבים קודם התכללות דנש״י, עיקרה תשובה חזרה לשרשה למל׳) רלדא (נק׳ חודש סתם, תקעו בחודש שופר — כלליות ההתחדשות, ראש ולא תחלת השנה שנמשך בחי׳ גלגלתא דרצה״ע) רלוג (בנין הנוק׳) רלחא (ביום ו׳ לברי׳ כי אז אדה״ר קיבל מלכותו ברצון) רלחב (מלכיות זכרונות ושופרות, הי׳ פסוקים מהתנ״ך) רמאג (הנ״ל, מח׳ דאנא אמלוך — מל׳ דא״ס) רמבג (נסירה) רמהג (בשביל השפעה לעולם דבי״ע ובשביל תולדות הנשמות מוחין חדשים לז״א בנין העולמות) רמוג (בחיצוני׳ אין שינוי, נסירה) רנז (נסירה).

ראש חודש: עיין לבנה. ריבא (מל׳ מקבל מן המוחין ואז מתבטלת ממציאותה לגמרי, מחר ח. ביום ה. יפתח, מדי ח. בחדשו, ונסכו, אינו נק׳ יום המעשה, ומותר בעשיית מלאכה, בחדשו — א״ק).

רוח: קלדא (מן ההרים) עיין ארמ״ע.

רוח הקודש: רמדא (בת קול — רוה״ק, שבמל׳ שבברי׳, רוה״ק דדוד — מל׳ דאצי׳).

רחמים: רכזג (על השפל יותר, על הנה״ב יותר) רפאג (ממוצע בין אוי״ר, ואימתך אל תעתני ע״י ר.) שטב (מדה״ר באצי׳ אין לה ערך ע. ר. שלמטה).

ריח: טג (או״ח, מפני׳ המוחין, קרבנות, גילוי המשיח) כזב (ריח בוגדיו, מורי — כפית ל״ת, בשמי — יותר מרגילותו במ״ע) כחג (לעד, בלא הכנה, מכתר) לגג (ריח ניחוחי).

ריקוד: קכחג (מסלק הדעת, מרקד אתלת לפני הכלה כמו בשבת שהאיר בה הדעת) קלזא (דוגמת הניגון, לסוף כוונת הניגון).

רננא: מחא (התפעלות מורגשת בלילה) נאד (ביטול היש, באבוד רשעים רנה) רעקג (ר. ברמשא, רני ושמחי, בואו לפניו ברננה, וצדקתך ירננו, התכללות).

רעבים: נחא (כשאין מתענג מהשגה, להחיותם ברעב, נותן לחם לרעבים).

רצוא ושוב: טזד (חותם בולט וחותם שוקע) לדא (שחרית — ר. מנחה — ש. מעריב — רו״ש) סאב (עלית חיצוני׳ ופנימי׳ המל׳ רק ע״י רו״ש) סוב (התבוננות בהללו את ה׳ מן השמים בב׳ אופנים ברו״ש) עיא (שרש דזמן, מטולמ״ט) קכחג (בשיר ג׳ קוין רו״ש וממוצע) קלוג (הנ״ל) רנחג (החיות והנשימה ברו״ש).

רצון: להג (מצח) קיזא (למע׳ מהתחלקות) קלג (ר. ע״פ שכל ולמע׳ משכל ובזה ב׳ מדרי׳: א. כמוס ונעלם וב. נגלה ע״פ טעם כמוס) קלדב (עושים לו ר. ע״י צמצום, יהי ר.) קלטד (פשוט ומורכב) קסאא (ר. שלמטה משכל ור. שלמע׳ מטו״ד מצד יחידה, עקשות מחיצוניות) רלדד (רצה״ת ורצה״ע) רמאג (כל המדות ע״י הר.) רעגב (יהי ר. חדש, ר. המתלבש בחכ׳ התורה ור. מפנימי׳ כ״ע) רצגג (חיצוני׳ — ר. ופנימי׳ — חפץ).

רת״ס: רצהג (סתר, ג׳ כלים: פנימיים וחיצוניים ואמצעיים).

שבועות: עיין מ״ת. טב (מ״ט שערים עדיין יש שבירה — ימי ספירה משא״כ בנ׳) לדא (מנחה, פנימי׳ התורה) לזב (מעין ל׳ע״ל) מהג (קרבן דשתי הלחם דאז נתעלו לחכ׳ עילאה ושם יתברר גם החמץ) ריחד (ע״י אתדל״ת ע״י שאמרו נעשה ונשמע במס״נ נמשך להם התורה מבחי׳ גבו׳) רסגא (הכלים דש. ע״י מ״ת) רצב (התגלות הכתר

הנשמות לדבר ולהשיג בהשגת המציאות גם בפרצופי העליונים) קפגד (מאירים מוחין דאו״א בז״א) קפהב (שמאירים המוחין אז אין יניקה לחיצוני׳ ויגרשהו וילך) קפחא (זכור לדכורא אומרים זכור ביום השׁ.) קפחד (ש. בת שין — חב״ד, בת — מוחין דאימא) קפטב (מעין לע״ל של כנור של דוד מי׳ נימין) קצאא (אז מתברך מל׳ מיסוד במוחין חדשים) קצבא (ביומא דש. יורדין נשמות מחי העולמים ומתחברים יחד במל׳) קצטג (ביומא דש. התגלות עצמיות התענוג וסעודה דעתיקא, וסעודה הג׳ כנ״ל בהמשכה) רדג (זמן מנחת שבת — התגלות פנימי׳ ע״י — פנימי׳ אבא ושם עלה משה במיתתו, זכור את יה״ש לקדשו בקדושת עצמות אוא״ס, השומר שבת פנימי׳ כתר מתקן כל עוונותיו שמ״ע ול״ת שרשם בחכ׳) רבב (התגלות ר״ן עולמות) ריאא (עליות הבירורים, מלמעל״ט, מל׳ — מלך רב איקרי ביטול דבן כרך) ריא (שמש בשׁ. צדקה שנתרפאה החולת אהבה שהשיג מה שחשקה נפשו שמאיר שמש — סוכ״ע) ריטג (ושמרו, צריך שמירה לנוק׳ מצד עצם הרוממות באור אבא שהוא בהבדלה בערך) רכד (וקראת לשׁ. עונג, הילולא לברי׳ יחידי׳, זווג יעקב ורחל בשׁ.).

שבת ור״ח: ריבא (יתרון שׁ. על ר״ח, מדי שׁ. בשבתו עולת שׁ. בשבתו, וביום השׁ. יפתח, שׁ. שבתון עלי׳ מצ״ע, ונסכה, עולה עד א״ק בשבתו).

שבת ויו״ט: מוחין דאבא ודאימא מהג (עונג ושמחה) רב (בשׁ. אין יני׳ לחיצוני׳ כלל, הארת החכ׳ שאין בה שבירה, אש גיהנום שובת, עונג ולא שמחה, וא״צ המתקת הדינין לעני, אך מ״מ יש עונש קצת מצד חלק הבינה שמתאחדת בחכ׳) רגג (הנ״ל) ריזא (נק׳ ברא, עונג ושמחה כלול בה, קודש, גילוי התענוג העליון ממלאכתו בלא הזמנה, בלא אתדל״ת) רסבד (תענוג ושמחה) רצבג (אוכל נפש אסור בשׁ.) רצוד (בחכ׳ לא יתכן בו שמחה, קודש הבדלה).

בקושי התירו לדבר ד״ת בשבת: רד (שמאיר אור הכתר בחכ׳ שלמע׳ מאותיות) רבא (דתושב״כ ודבע״פ — חו״ב ובשבת גילוי כתר שבכתר ששם הדיבור ליש נחשב) רמבד (גילוי התענוג, למע׳ מעונג שבחכ׳ הבאה בדיבור בד״ת, עלית חכ׳ בתענוג אין תוקעין בשבת) רצוד (שהיא רק נובלות ח״ע ובשבת מאיר ג״ר דחכ׳).

שולחן: קידג (שׁ. ש״א מכפר, שׁ. המלך, שׁ. אשר לפני ה׳).

שופר: עאא (רק קול המחריד, מגבו׳ דאצי׳, הללוהו בתקע שׁ.) רלאד (צעקה פנימי׳ תקיעה ע״ש שתקועה בלב בתכלית הפשיטות) רלבא (מרחוק ה׳ — עצמות נראה לי ע״י השׁ.) רלבב (הללוהו בתקע שׁ. שכל סדר ההשתל׳ הנה השׁ. מעורר מלמטלמ״ע) רלהא (תקעו בחודש — קול צעקה פשוטה מנקודת פנימי׳ הלב, מל׳ שפרו ושפרה, תענוג שבכ׳, עלה אלקים צמצום בתרועה — רצה״ע ואז ירד הארת העצמות — הוי׳ בקול שׁ., ע״י השׁ. נחקק בו מחקיקות וגליפות הכתר — חק לישראל כאשר אתהפכא וכו׳ וכאשר רק אתכפיא — יעקב אז משפט — רחמים) רלהד (לא של קרן דפרה להיותם מגבו׳ רק מכבשים שהם מת״ת רחמים) רמג (בשבת היו תוקעין רק במקדש) רמבא (שרשו מבהמה — תוהו, עיקר בנין המל׳ ע״י שׁ. עלה אלקים בט׳ חלקים דמל׳, אבל הוי׳ עצמו בקול פשוט, צדו רחבה, תקיעה הא׳ להמשיך עונג הנעלם, שברים תרועה — ל׳עורר ר״ר, תקיעה הב׳ העלאה מלמטלמ״ע, התגלות עתיק בבינה — פנימי׳ ע״י) רמדג (הכוונות) רמהד (המשכת פנימי׳ מוחין דאבא בשביל תולדות אדה״ר, בהתעוררות קול פשוט מעוררים כח התענוג ממקורו) רמוד (המתקת הגבו׳ דיצחק).

שינה: קמזב (פעולת כחות החיצוני׳ בשׁ., המניח ידו בשעת השׁ. על לבו וכו׳) קצגג (הסתלקות המוחין והמדות, אך בכתר אין שם שׁ. וה׳ לא ינום) רמוג (החיצוני׳ וכו׳ בלי שינוי).

שיר: מגא (מלכות) סאב (כשהפנימי׳ מל׳ עולה הוא ע״י שׁ. בפה והחיצוני׳ ע״י שׁ. בכלי) סזב (כל העלאה בשׁ., כל בעלי שׁ. יוצאין מעולם התחתון לעולם העליון, אך בל׳ נקבה שכל עלייתם במל׳ המקבלת מז״א ועוד שהבירורים ממל׳ דתוהו ולע״ל שיר בל׳ זכר) קכחג (ג׳ קוין בשׁ. רו״ש ואמצע) קלוג (על היין והנ״ל) קלזא (שירו עמי, שיר השירים) קמבג (של השמש) קפוא (של הפרות) קפטב (שׁ. של כלי מצד א׳ גבוה מש. בפה שיש כלי ממש לעלי׳ וכו׳ כנור של

התחתון, מעלה בתחתון, אין להקב"ה אלא ד"א של הלכה) קבב (חיוב ד"ת על שולחן של ג', קו האמצעי ובחכ' אתברירו) קוא (כשמגלה רזין דאורייתא כמו גילוי עריות בעולם הפירוד) קוב (המגלה פנים בת. שלא כהלכה שזה הגילוי מגיע גם לרבו) קזג (לחם מן השמים — תושב"כ ול. מן הארץ — תושבע"פ) קיזג (יש גם עתה המשכת המן לעוסקים בת. אך בא ברוחניות, טל ת. מחייהו) קכחא (בתחלת הלימוד אדעתא דנפשי' שלא לשמה ואז הת. החתן ואנו המקבלים ואח"כ לשמה לשם הת. ואז הת. הכלה ואנו משפיעים בה) קכחב (יינה של ת. — הדעת הפנימית) קלאא (רק הרצון נתגלה ולא פנימי' הטעם ויתגלה לעתיד וכל הטעמים שנתגלו ע"ע אי"ז אמיתית הטעם הגנוז במצות) קלבג (חו"כ — תושב"כ ותושבע"פ, סם המות מצד ישות שבחכ' צריכה שמירה וחותם בתורה, חתום ת. בלימודי, כל האומר אין לי אלא ת. וכו', בתושב"כ — א"צ חותם) קלגג (תושבע"פ, צורה, חוה) קלדב (העיקר רצון נמשך בתושבע"פ שבשורש להפוך הנוק' למע' מהדכר, ב' התורות מוחין פנימי' לי' מאמרות — שיחה) קמגג (מפנימי' ח"ע תלת קשרין וכו' הכל פנימי' ח"ע) קסדא (מקרא, מצות קריאה שמותיו של הקב"ה בתושב"כ ומצות עיון בתושבע"פ והיו הדברים לתושבע"פ, ודברת בם — בתושב"כ, שמור בע"פ וזכור בכתב בדיבור א' נאמרו שמתייחדים בתכ־לית) קעחד (מוחין דיני' — בימי החול, ת. נובלות חכ' שלמע') רבב (בקושי התירו לדבר ד"ת בשבת, עיין שבת, משנה וגמרא עיין משנה) רכבא (כל הנהגות העולם ע"פ שכל דת. ג' שעות הראשונות יושב ועוסק בת., יינה של ת.) רכזד (ע"י הת. באין י"ג מדה"ר לגילוי) רלאא (ע"י ששונים בת. ששר־שה בח"ס — קו המדה ומגיע עד קו"ח) רלחב (הת. מקור האמיתי למל') רסחד (לגבי המאציל חכ' — שבכ' ובינה — שבע"פ ולגבי הנאצלים חכ' — שבע"פ ובינה — שבכ', נק' סופרים — חכ', יינה של ת. — בינה) רעגב (חכ' התורה שרשה בדין, בעיון ובדקדוק גדול) רעדב (משל הקדמוני תורה דאבי"ע) רעהא (צריך להאיר בת. ממל' דא"ס ודוקא ת. דרבים שמירה דת.) רעזג (הקורא בת. ממשיך אותו דבר ה') רפבא (אמת, מחבר ב' הפכים) רפזב (גדלות שני) שהד (האמרת שגור־מים שיאמר מאמר חדש ע"י ד"ת).

תו"מ: טוג (חותם שוקע) טזב (הנ"ל) כג (מזון ולבוש, איזה מהם למע' במדרי') כהג (ת. — אברים פנימיים — מזון ומ. חיצוני' — לבושים) קזא (התכללות) רכוב (מלא כה"כ — ת., מזון ולבושים, סוכ"ע וממכ"ע — ח"ע וכ"ע, תלמוד גדול או מעשה גדול, מ. מחיצוני' כתר ות. מפנימי' מוחין ופנימי' גבוה מחיצוני', או"מ דמצות — מקיף החוזר ומקיף הישר — בשמחה של מצוה, או"פ בתורה) רצדא (מפנימי' רצה"ע) רעב (ת. מלמעלמ"ט ומ. מלמטלמ"ע — נר מ. ות. אור) רעדא (ע"י נר מ. יאיר אור הת.).

תחה"מ: נטג (שיקבץ כל ניצוצי תוהו ויעמדו בתחי') רלזב (מצד תגבורת חסד העליון דע"י שירד כ"כ בהגשמה להחיות המת) רסאב (מפסולת טלא דבדולחא).

תחתון: צזג (מעלה בת. נתב"ס, בביהמ"ק בתורה בזבולון ברגל).

תיקון חצות: צחד (על שנסתר האור אלקי בלבו־שים והעלמות) קנבב (להתאבל על מניעת יראה ממנו שנק' חורבן ירושלים ואבילות בפועל, ת"ח בציבור ואפי' ביחידות, בחצות האמיתי (דלא כמ"א) לכתחלה תחלת זמנה ב' שעות לפני חצות עד אור היום) קנחד (כנס"י נק' דל מרוב יני' החיצונים וזהו ת"ח).

תלמיד חכם: ריאד (שמקבלים מחכ', אקצירי ומריעי) ריבד (אוכלים בשר בחול שמהתלהבותם באין לידי השתחוואה בשבת).

תענוג: עיין עונג. קנוא (יוכל לסבול שונאו, ב' הפכים להתפס בו, הארתו בחכ', המים שבמוח, בכח הת. אין יסורין וצער, במים יש מהארת כח התענוג, עיקר גילוי הת. בבינה, המתקת הדינין) קסטא (בכלות שפעו אז מרגיש עונג) קעגג (התלבשות הת. בחכ' התגלותו בבינה, בשבת גילוי הת. אז תתענג על ה' כח היולי שבת.) קצטג (הנ"ל, העלאה והמשכה) רמבג (ת. בבינה) רמגד (כמה מדרי' בת. כמו בד' חושים וכו', ת. שבשכל אין לו ערך לעונג הנעלם דא"א) רמוא (התעורות הת. ממקורו) רנטב (ת. בחכ' יותר אך התגלותו בבינה) רסבד (שבת ויו"ט ת. ושמחה).

תערובות טו"ר: לאא (מהתגברות ז"מ קדמאין

ובשמו״ע בתשובה שלימה לפניך) רלאג (החזרת דבר מה שגזל מחו״ב שהיתה שכלו וחכמתו מובלעת בעומק הרע וכו׳) רלגא (ושקל בפלס הרים) רלדד (התעוררות רצה״ע) רנב (משכין לי׳ בחילא יתיר) שחד (בבע״ת במס״נ נתגלה בהם העלם דאנכי).

תשרי: רלהג (ישרת).

חלק שני

ב ר א ש י ת

ל״ב פעמים ויאמר אלקים: קמגא (צמצום והתחלקות דשם אלקים).

ה׳ פעמים אור במעשה בראשית: קסדא (כנגד ה״ח).

יהי רקיע בתוך המים: קנב (בינה הוא המבדיל).

יקוו המים: קעדג (שיתחלק אור המאציל לג׳ קוין).

והנה טוב מאד ויכולו: קסטא (בכלות המעשה התבונן ואז קיבל תענוג, וטוב מאד — יסוד ע״י) קעדג (מאד — בל״ג, עצמות התענוג הפשוט — א״ס).

ויכל אלקים ביום השביעי: קלטב (לאחר גמר העבודה וקבלת התענוג — כלתה נפשי, ג׳ פעמים ביום השביעי כנגד ג׳ סעודות) קסטג (עלית המל׳ בליל שבת שנכלל ביום שבת) קעגד (כליון הנפש, הארת התענוג) רמבד.

וישבת ביום השביעי: ריבב (שבת מן השביתה שקדמה, שבת שבתון).

אשר ברא אלקים לעשות לתקן: קמהא (הניח בבריאה דבר שלא נשלם).

ויטע ה״א גן בעדן: מאב (מכתר נמשך בעדן — ולא ראתה, ונהנין עכשו בגן).

והנהר הרביעי הוא פרת דמעיקרא: רצאג (שרש המל׳ בבינה).

ויהי האדם לנפש חי׳: רעבג (גילוי מן ההעלם דאותיות כבר נתהוו ביחידה).

לזאת יקרא אשה, ואל אישך תשוקתך: לגא.

לזאת יקרא אשה כי מאיש: פא (אש ה״א שמקבל מאש יו״ד).

על כן יעזב איש: קלזב (יעזב שכלו בשעה שמדבר, קול שמבלבל דעתו).

קודם החטא הי׳ לבושם מחשמל, לבוש דק ואחרי החטא כתנות עור — מנעל: קמחד (התעלמות לגמרי).

חטא אדם הראשון: קכג (שמהיין בא לכלל הרגשה).

עץ החיים ועץ הדעת: קבב (עה״ד — שמסתעף ממנו מדית רעות, בא לכלל הרגשה בדקות, ועה״ח — למע׳ מהסתעפות שים דבר רע, למע׳ מהרגשה).

אדם הראשון בשבת שעלה באצי׳ וכו׳ אמר מזמור שיר ליום השבת: קפזג.

חוה: קטוב (בגי׳ יט, אם כל חי), קלגג (חוה בואו, אם כל חי, יחוה דעת, תושבע״פ, מל׳, צורה).

חנוך: רסגב (נשרש בו הארת אלקים ביותר בהיותו בבטן המל׳ בזמן רב, עיין מט״ט בהענינים).

שם חם ויפת: צבא (שם — קו ימין יצאו ממנו נשמות גבוהות).

א־ל עליון קונה שו״א: רלגב (עצמות — עליון ומה שיש סדר השתל׳ רק ע״י זכרון).

כה יהי׳ זרעך: סזא (כה — מל׳ שהיא אין ושרשן בכתר).

והקימותי את בריתי: קיא ואילך (כריתות ברית להיות אה״ר העליונה ע״י אתדל״ת שלהם גם בארץ אויביהם, ארץ כנען הרוחניות), קמגג (ביני ממש).

אני (בזקף גדול) **הנה בריתי אתך**: קמטד (עלית המל׳ בכתר).

כי אב המון גוים נתתיך: קמוג (משעה שנימול).

ויאמר אבימלך ופיכול שר צבאו: קפהג (אבימלך — אבא דז״א ופיכול — יסוד **אבא** שעל ידו יצאו הנשמות בתולדה מאין ליש שלא ישכח אברהם על מוחין דאבא, בעלית המל׳ בשבת, לפני אבימלך).

הקני הקניזי והקדמוני: קפטב (לעתיד יאירו ע״י בירור דז׳ מדות — אומות דעתה).

והאיש משתאה לה, עובדא דאליעזר ורבקה ואמרו רז״ל יפה שיחתן של עבדי אבות: צאג (ענין כללי בתושבע״פ, יחוד מ״ה וב״ן בגילוי ולכן שם הי׳ גילוי אלקות הרבה ולכן נזכר בה כמה השתחוואות, על ידי פרשה זו שקוראין עובדא דאליעזר מעוררת כללות היחוד, מטוב אדוניו — כל טוב הגנוז באצי׳ הלבישם בגמלים — קליפת נוגה דאצי׳ ובחנה אם היא משפעת שהוא סימן דקדושה, משתאה — השממון, העלי׳ הממוצע).

בתואל בן מלכה: צבא (בחיריק, מל׳ בקליפת נוגה).

לא תקח אשה מבנות הכנעני: צבא (דחם מבחי׳ גבורות ומשתלשל ברע גמור).

הקול קול יעקב: יח.

וירח ריח בגדיו, מטל השמים: כזד.

מטל השמים ומשמני הארץ תושב״כ ותושבע״פ: קזג (לחם מן השמים ולחם מן הארץ).

ברכות יצחק: רמזב (עיקר ומהות הברכות המשיך יצחק, רצה לברך עשו שא״א שיתברר עתה אם לא ע״י ברכותיו (לפי דעת יצחק) כי ציד — נשמות הגרים וכו׳).

אך יצא יצא יעקב: רנחא (ב״פ יצא מיסוד אבא ומיסוד אימא).

ויקח אבן וירימה מצבה: כאד.

אולי אבנה ממנה: כאד.

ד׳ אמהות: צבא (רחל — דיבור העליון, עיין דיבור, לאה — מח׳ עילאה, עיין מחשבה, רבקה — בינה שבמל׳ ושרה — כתר מל׳), רפאב (רחל מטרוניתא), קגג (התחברות לאה ורחל).

ותעמוד מלדת: קטזב (ביטול דחכ׳ דשמו״ע).

נפתולי אלקים נפתלתי: קגד (התחברות לאה ורחל).

שבטים: רצדד (האיר מפנימי׳ הרצון לש., ב׳ אופנים: או״ח ש. דנוק׳ ואו״י ש. דדכורא).

יוסף: מגד (יסוד, יחיד לאמו), רצדד (מעלה לשבטים).

לבן: דשג (ל. העליון למע׳ מיעקב ול. הארמי).

עד הגל הזה: דשג (בב׳ אופנים בהפסק מלובן העליון ובהפסק מלבן הארמי, גל הפסק בצירופי אותיות).

וימלוך תחתיו: קזא (שלא יוכלו להתחבר).

ויט עד איש עדולמי: צבד (סוד נפ״א לברר נוגה — חירה).

ויקראו לפניו אברך: רפג (צ״ע שעל ידו מתברך השפע מעולם עד עולם).

אשר התהלכו אבותי: צבב (מרכבה לה׳).

וידגו לרוב בקרב הארץ: קפא (שיתגלו בארץ נשמות דנוני ימא).

אשר לקחתי מיד האמורי וגו׳ בצלותי ובבעותי: רגב.

בנימן לערב יחלק שלל: קטוג (מבחי׳ בירורים).

שמות

אשר לא ידע את יוסף: רצדד (שאז נפסק הארת פנימי׳ הרצון וקיבלו יני׳ מעורף).

מן המים משיתיהו: קיגא (מים דחכ׳).

ענין הסנה שבוער באש: פבג.

ארץ זבת חלב ודבש: קיבא (להגדיל אור האהבה כמו חלב שמגדל ואהבה במתיקות ותענוגים).

אהי׳ אשר אהי׳: קיג (א. דבינה וא. דכתר הכללי דא״א), רצגא (ב׳ עליות בכתר לעתיד).

זה שמי עם י״ה — שס״ה ל״ת וכו׳: רפגב (ארור המן וברוך מרדכי).

מי אנכי וגו׳ כי כבד פה ובר״מ בתושבע״פ וכבד לשון בתושב״כ: קיא (משה מבחי׳ חכ׳ מה בעצם למע׳ מתורה ולא רצה להפרד מביטולו וה׳ א״ל מי שם פה ואנכי אהי׳ וגו׳ שיצא מההעלם לגילוי בדיבור) קכד (הנ״ל, אנכי).

שלח נא ביד תשלח: כאא (הטעם ששמט א״ע).

פרעה: רצדג (מי הוי׳ אשר אשמע, מעורף דא״א שלמע׳ מהחכ׳, שרשו ברוממות באחוריים דכתר).

אהרן: רנזא (חסד שביסוד אבא, ענגא דאהרן), רסהג.

וארא, ושמי הוי׳ לא נודעתי: קחב (מ״ה דא״ק שלמע׳ מבירורים).

הוא משה ואהרן והוא אהרן ומשה: קזב (בהתכללות).

אשר יאכל לכל נפש: רפחד (פנימי׳ השפע למל׳ דאצי׳), רצחב לשון פועל יוצא שמאכיל הז׳ ימים משפע דאבא).

הדם על המזוזות ועל המשקוף: כבבד (כמין סגל, כמו י׳ ספירות).

קדש לי כל בכור: חב (חכ׳, ח״ס).

קדש והי׳ כי יביאך: עיין תפילין.

יצ״מ: עיין יצ״מ.

יוצאים ביד רמה: רפגב (בכלות הנפש והתכללות באלקות בתשו״ע למע׳ מק״ה, יש ביכולת יד זו להסיר הבדלת עמלק).

ואתם תחרישון, לא תתערו מלה: רפהד (אין הדיבור מגיע לשם, מסוכ״ע).

כי גאה גאה: רפהד (כתר מל׳ נק׳ גאות וזהו רק לבוש לגבי אמיתית הגאות — הארת עצמות אוא״ס).

מי כמוכה: ריטב (ששם הוי׳ משובח משאר שמות).

עושה פלא: פטב (שגם החכ׳ כעשי׳).

עד יעבור עמך ה׳: רפהד (למע׳ מהוי׳), רצבב (ב׳ עליות לעתיד, קנית — עצמות המאציל, אותי׳ עיבור).

ימינך ה׳ וגו׳: כגד (ב׳ ימין).

למען אנסנו הילך בתורתי: קטא (שאכלו המן י״א יום קודם מ״ת).

מן, מותעל שכבת הטל: קזג (מטל, מאורות דא״ק).

צנצנת המן לדורות: קיזג (גם עתה יש מן ברוחני׳ לעוסקים בתורה).

כי יד על כס י־ה, אין הכסא שלם: רפאא (עיין יד רמה בבשלח).

יתרו, כי גדול הוי׳ מכל אלקים: רעאג (אלקים — כולל ריבוי הציריפים והוי׳ מושל בכולם, ואמר זה ביצ״מ שהעיקר שידעו כי אני הוי׳).

ויבא יתרו לאכל לחם: קאג (סעודה שהי׳ בנצחון המלחמה).

ואביא אתכם אלי: הד (אלי דוקא).

על כנפי נשרים: שזד (מתכלית השפלות לתכלית העילוי א״א כ״א ע״י מדה״ר הגדולים).

אשר הוצאתיך מאמ״צ (ולמה לא אשר בראתי שו״א): רפדא (בריאת שו״א — גילוי אור, מה שאין כן יצ״מ להאמין בעצמות אוא״ס ב״ה) שזג (ממצר ים העליון, שיעור ה׳ עבור ההעלם דאנכי).

זכור את יום השבת לקדשו: רכאד (זכרהו על היין — להמשיכו באור אימא), רהב (לקדשו — בקדושת עצמות אוא״ס).

ואנשי קודש תהיון לי: קלטג (לעתיד במדרי׳ קודש).

ואל משה אמר עלה: קפחב (ולא אמר מי אמר שהמל׳ לא סליק בשמא).

ועשית ה׳ בריחים: סבד (חותם דה״ג).

והבדילה הפרוכת בין הקודש: קמהא (הפרסא בין אבי״ע).

ושמרתם את השבת כי קודש: קלטג (פנימי׳ איר אבא קידש).

כי עם קשה עורף: קמאא (שהעקשות מגיע ברצון פשוט).

ונפלינו, ביקש שלא תשרה שכינה בעכו״ם: רצטג (דקמי׳ כחשיכה כאורה).

הנה אנכי כורת ברית: רלאד (נפלאות — י״ג מדה״ר גילוי המקיפים).

ויקרא

א׳ זעירא: קיגד (למע׳ מא׳ רברבא דדה״י), קפחב (ולא אמר מי קרא שהמל׳ לא סליק בשמא).

אדם כי יקריב מכם: סיג (מ״ה דתורה שמברר ב״ן דתפלה).

אשה מזרעת תחלה יולדת זכר: קלדב, רפד אתדל״ת אתדל״ע).

איסור ב׳ אחיות: קגב (שהתורה אסרה גילוי יתר מכפי המדה).

איסור גילוי עריות: קהד (אסור לעשות היחוד כמו באצי׳ בעלמא דפרודא, גילוי׳ שמגלה גם לחיצוני׳ ערוה — פירוד).

קדושים תהיו יכול כמוני תלמוד לומר וכו׳: פאד (קדושתכם — אתדל״ע בערך התעוררות שלכם אבל קדושתי — אתדל״ע מצ״ע וכו׳), פהא (כנ״ל).

והדרת פני זקן: סטד (שע״י הבירור מזה נעשה שערות דדיקנא).

אלה מועדי הוי׳: לגד.

וספרתם: עיין ספה״ע.

ולקחתם ד׳ מינין: עיין לולב.

ממחרת השבת: רפהב (שבת — ח״ע וממחרת השבת — שלמע׳ מהשבת).

במדבר

בדיקת מי סוטה: פדד (מהחלפת טוב ברע).

יאר ה׳ פניו: הב (ד׳ פנים העליונים לז״א), קלזא (שבפני הוי׳ שם עיקר המקום לגילוי ההעלם).

מה שנכפל קרבנות הנשיאים: רעזב (חינוך המשכן, בכאי״א מאיר בנשמתו מהאביקה של אותו השבט להאיר לכל נשמות השבט וכפי הקריאה כך נמשך מלמעלה, מה שקוראין זה בחנוכה).

וישמע את הקול: קסאד (שהנבואה באה בבחי׳ דיבור).

זכרנו את הדגה חנם: ניד (שבקליפה מגיע להם השפע בחנם וכו׳).

בוכה למשפחותיו שכן עריות נאסרו להן: קהד (שניטל מהן היחודים העליונים).

ויאצל מן הרוח: קסאג (שיופרש ממנו הארה לבד מעצמותו).

ארץ אוכלת יושבי׳: פאד (שהמל׳ מכלה וישצי אבל אינו אמת שהנשמות אינן בכליון אלא בהתכללות).

ארך אפים אף לרשעים: רצטב (מטעם כחשיכה כאורה).

ועתה יגדל נא: רכזא (י״ג מדה״ר שהמשיך משה), רכטד (בהשתחוואה המשיך י״ג מדה״ר לבי״ע).

בלעם: קסגד (בכשפיו במס״נ שבלתו זה א״א להקליפות להמשיך), רצטג (נביאתו), דשד (שינה בההפסק דגל דלבן).

מחזה שדי יחזה: רפזד (אספקלריא שאינה מאירה).

ולא ראה עמל בישראל: רפאג (עמלק המסתיר).

ראשית גוים עמלק: רפאא (ראשית ואחרון דקלי׳).

ונתת מהודך: שוד (מבחי׳ הייתר אחרון, היד שבהוד).

ואמרת להם ב׳ פעמים: לאג.

את קרבני: לגג.

ריח ניחוחי, נח״ר לפני וכו׳: לגג (תשמרו — משנה, במועדו — ג׳ רגלים).

ונסכה דשבת ונסכו דר״ח: ריבד.

ועשו להם ציצית וזכרתם ולא תתורו למען תזכרו: גג (ע״י ראי׳ דתכלת לא תתורו וזכרתם מצות ה׳ אורות בכלים, ע״י חוטין הלבנים שאין שם רע תזכרו מצותי — כתר).

אני ה׳ אלקיכם: הד (אני כתר נקראתי הוי׳ ע״י מצוותיכם).

דברים

ואתם הדבקים בה״א: פבג (שעל ידי דביקותם והתכללותם יותר יש להם חיים וחיות).

כי ה״א אש אוכלה: פבג (שיש להם התכללות באש שלמע׳), רלבא (הסתלקות והתכללות במקורו).

אתה הראת לדעת: רפדד (סוכ״ע, כי ה׳ הוא אלקי׳ כח הפועל בנפעל), רפזד (לגלות דעה לראי׳ שכלית דנה״ב).

קול גדול ולא יסף: קלבב (שלע״ל, ולא יצטרך לקבל מן המדות, בלתי מוגבל, תפלה בקול רם).

היום לעשותם ולא למחר: לבא.

ויענך וירעיבך וגו׳ אשר לא ידעון: קיד, קחב (אבותיך — להיותם מז״א מוגבלים בכלי ולא ידעת — כנס״י מל׳ דאצי׳, וירעיבך — ביטול כדי לקבל מ״ה העליון, כי לא על הלחם — מן הארץ מתוהו, האדם — אפי׳ האדם העליון מבחי׳ התיקון, כי על כל מוצא — מן שלמע׳ מתוהו יתיקון ובזה יש ייתר קיום נצחי, כל — ריבוי שם מ״ה הכללי), קטזג (מוצא פי ה׳ — תפלה), שיא.

כימים הראשונים אף אלי ברצון: רכזג (מכתר עצמיות, י״ג מדות הרחמים דמיכה), רכטג (ימים הראשונים — ימים שבא״ק).

רק באבותיך חשק ה׳: יגא.

אל המנוחה ואל הנחלה, משכן שלה ובית עו־למים: כאב (ביהמ״ק מאבנים).

אשר נשבע לאבותיך: רלגג (מדות דכ״ע).

ולדבקה בו הדבק במדותיו: פהב (בעמי״ע, ובק״ש אליו ולא למדותיו).

אחרי ה״א תלכו: כגד (ע״י שפלות והתבוננות באחרי ה׳ — פ׳ ראשונה דק״ש, ואותו תיראו — פ״ש על המצות, מצותי תשמרו — אחרי ההליכה ברו״ש, ובקולו תשמעו — יחיד דת״ת, ואותו תעבודו — שמ״ע, ובו תדבקון — מס״נ דנפ״א).

בנים אתם לה״א: קסגב (בנים דייקא).

ששת ימים תאכל מצות: עיין שש״פ, רפהב (שהשבירה במדת שש, קודם ההתחלקות מצת בלא ואו, וכשמתחלק לו׳ ימים מצות בואו), רפיב (תאכל לשון ניכח שמתפרנסת כנ״י מאבא אבל ביום השביעי שכבר עלתה עלו׳ וכו׳ בתכלית

היחוד במאציל לא נאמר לנוכח ולכן לא תעשה כל מלאכה) רפזא (עצרת לה"א — עציר מהמשכת מוחין להוי' — ז"א).

כי האדם עץ השדה: רסגב (כמי תמר — תכלית גידולי בגדלית המוחין בע' שנה).

מאזני צדק: רעחד (מל' במדידה).

את ה' האמרת היום: שהד (ד' מפעל, שגירמים שיאמר מאמר חדש ע"י ד"ת).

וראו כל עמי הארץ כי שם הוי' וגו': יאב (עליך דוקא).

אתם נצבים: רלאב (קודם ר"ה, התכללית דנש"י לעברך בברית — כר"ב).

הנסתרות לה"א והנגלות: גד (פנימי' התורה — א"ס והחיצוניות בצמצומים לנו' לעשות, שישראל עושים את התורה), קמוד (ע"י המילה נעשו נגלות), שהב (יחיד א"א ייחוד ז"ן).

והטיבך והרבך מאבותיך: סחא (לפי שלוו אליהם ניצוצות הרבה מאומה"ע).

ישאהו על אברתו: דא (על דייקא), הד (הנ"ל).

אש דת למו: סיג (חו"ג קרי וכתיב), רפאד (ג' קוין ת"ע יגמ"ח, למו — אליו ולא למדיתי).

ויהי בישורון מלך: ר"אב, רלגד, רלהג.

שמח זבולון ויששכר: צחג (מעלה בתחתון ברגל לכן קדמה ברכת זבולון).

ולא ידע איש את קבורתו עליונים נדמה להם יכו': רדג (במנחת שבת הגילוי דפנימי' אבא פנימי' עתיק שם עלתה נשמת משה שיש עילאין ותתאין שוין).

יהושע

יהושע: קחג (תיקן ברכת הארץ כשנכנס לארץ לברר בירורים), שוד (ונתת מהידך אל יהושע, בחי' ז"א קיבל רק מבחי' האחרונה — היד).

וישוב מול שנית, כי מילים וגו': קמבא (פריעה, דורו של יהושע — שרשם במדית דקדישה — איש אשר רוח בו לעומת קלי' דמדות והוא כבש ז' אומות).

שמש בגבעון דום, יקום גוי אויביו: קמבב (שהש־פעת העכו"ם ע"י שירת השמש ולכן ציוה לדום להעביר שרש יניקת עכו"ם, מעין לעתיד מעלת הנוק' והוא התלמיד גוזר על השמש — הוי' שידום, כיום תמים).

שופטים

אז לחם שערים: קאא (באכילה יכיל להיות תגבו־רת הטוב אי הרע).

חידה דשמשון: יבד.

שמואל

שמואל: רמג (מנצח דז"א).

חנה ואלקנה: קטוא (ח. — בגי' ס"ג דבינה. ואלקנה — קנה דחכ' לא שתיתי — למע' מבי־רורים דבינה, על לבה — למע' מבינה — ליבא בהתפעלות דחכ' בלי הרגשה).

הלא אנכי טוב לך מעשרה בנים: קצגב (ע"י רוח בעלה ורימם איתך יותר מהעלאת מ"ן דו' בנים).

ועלה האיש ההוא מעירו: רנחג (מהתקשרותי והשפעת ירידתו בכלים, מימים ימימה — שהם מיעדי ה').

א־ל דעות ה' (ד"ע יד"ת): מגא, קכטא.

אנכי הרואה: מגא.

והוא אדמוני עם יפה עינים וטוב ראי: יגד.

שירה דברית: קפיא (שהי' מאיר עליהם מרכבה העליונה ארון הברית — מל' דאצי' והלוחות שבה — יסוד דאבא), שחא (מגילוי דלמע' הי' שיפע עליהם ביטול במציאות בתמידות והליך ועגי' בלתי הפסק).

דואג ואחיתופל: קלהג (לא כיוונו להלכה שהיו מאחורי הפרגוד והמעקה והחותם).

והקימותי לך בית נאמן: כאב (מל' נק' בית).

שמואל ודוד ישבו והכינו יסדרו סדר הבנין כדוגמא העליונה: קמזא.

דוד לא רצה להמית לשמעי: קנחד (מפני עצם הרוממות שבנפשו לא ידקדק בדין).

צדיק מושל ביראת אלקים: רעאג (צ"ע מושל על מל' — יר"ת, ביטול היש).

מלכים

מחר חודש: ריבא (נסתר כל פרצופה, נקודה א' תחת השמש).

שלמה: רעדב (חכ' ש. — חכ' שבמל', ותרב חכ' ש. וידבר ג' אלפים משל וה' נתן חכ' לש. וידבר על העצים — מלאכים, אבל לא כתבם אבל משלי

ברוך כבוד ה׳ ממקומו : קכטא (ממקומו העצמי), קלא.

שער החצר הפנימי הפונה קדים וגו׳ : ריבא (מל׳ כשמקבלת מהמוחין ביום החודש יפתח להוציא מוחין חדשים וביום השבת יפתח לקבל מעונג העליון).

תרי עשר

אחרי ה״א תלכו כארי׳ ישאג : רלדא (בחיצוני׳, בצעקה).

וזרעתי את ב״י זרע אדם וזרע בהמה : רלא (נה״א ונה״ב).

ביום ההוא תקראי לי אישי : פא (אש הא שמקבל מאש יוד).

אני אענה את השמים והם יענו את הארץ : שגא (עיין קיץ).

אנכי תרגלתי לאפרים קחם על זרועותי : רצג (עלית המל׳ בכ״ע, זרועות דא״א וכו׳).

כי הנה יוצר הרים ובורא רוח : קלגד.

סוכת דוד הנופלת : כגא.

הרחמנות על נניה העיר הגדולה : נבג (הכל שוין).

כימי צאתך מאמ״צ אראנו נפלאות : רצאא (הגילוים דלעתיד באריכות).

י״ג מדה״ר דמיכה : רכזא (בשביל חיי הנשמות).

לי הכסף ולי הזהב : רנא (שרשם למע׳ בבחי׳ חיצוניות הנובלות מז״א).

רני ושמחי בת ציון : רפא (רננא ברמשא ושמחה בצפרא ומנחמה הנביא אם אין לה הנ״ל מחמת צמצום — בת כי הנני בא מצד מציתי — ציונים, עצמות אוא״ס).

ועמדו רגליו ביום ההוא : כגא (ע״י הצדקה) קלזא (מעלת השמן) שוד (רגלי המשפיע ור. המקבל).

ביום ההוא חצים אל הים הקדמוני : קלבב (שמל׳ ישפיע לע״ל).

כי אני הוי׳ לא שניתי : מטד (שאין בו התחדשות) קסבג (מאחר שאין ערוך בלי שום שינוי).

תהלים

תהלים : מגב (מל׳ דיצי׳ מרנן בבחי׳ דיבור), רסחא (כל מזמורי תהלים התגלות אלקות בעש״ע ע״י התבוננות כמו מזמור ברכי נפשי).

תנה הודך על השמים מה אנוש : רעיא (טענת המלאכים).

למנצח על השמינית : עיין מנחות מ״ג.

אני בצדק אחזה פניך : כבד.

ואתה הוי׳ אל תרחק : קצבג (ואתה — זו״נ אל תרחק לעוצם העליות ויחזור כמו איל מטעם מס״נ דנש״י דסוף מעשה וכו׳).

כוסי רוי׳ (כסא מלכא משיחא) : נבב (מל׳ כשמקבלת מא״א), קגד (בגי׳ רכ״ו לוגין מיין המשימר מדת א״א), קלבב, רפאא.

בקשו פני : עיין אלול.

קול ה׳ יחולל אילות : רצא (שעושין בה חלל שתלד נשמות).

להחיותם ברעב : פבד (שע״י התכללותם בצמאין יותר יש להם חיות).

יהי חסדך ה׳ עלינו כאשר יחלנו לך : קכטג (מקיף הישר בא בערך מקיף דאו״ח).

סור מרע ועשה טוב : פאא (להסיר אש הזרה מאתו ואז יאיר חלק הטוב).

ורעה אמונה : רפאד (רועה ומפרנס את האמונה).

כי עמך מקור חיים באורך : קיאב (במל׳ דא״ס נראה אור — קו״ח אחר הצמצום).

אשרי משכיל אל דל : קנחב (ממשכיל שבכתר, דל — מל׳, שם אלד, א״ל דל, עיין דל).

ברוך ה׳ אלקי ישראל מן העולם : קגג (פנימי׳ דיעקב מבריח התיכון מעלמא דאתכסיא לאה וכו׳).

יומם יצוה ה׳ חסדו : רלזג (אור תמידי ולא ישתנה), רסהג (הנ״ל, אור החסד אינו נתעבה לעולם) רצחג.

ובלילה שירה עמי : קלזא (שירו דייקא מלמע׳ למטה).

פועל ישועות בקרב הארץ : קצגב (פועל החסדים ביסוד דנוק׳).

עלה אלקים בתרועה : עיין שופר.

בעיר אלקינו, אימתי הוא גדול כשהוא בעיר אלקינו : ריאב (במל׳ דאצי׳ ולא כשהוא יורד לבי״ע שאז מלך זוטא אקרי).

צדק מלאה ימינך : רעחד (מל׳ — צדק ימלא בכלים רבים אור החסד).

כי טוב חסדך מחיים : נא (מבינה שנק׳ חיים). נאג (כשהמלכות משפיע למקבלים).

הפך ים ליבשה: רפחג (באריכות).
יאר פניו אתנו: קלזב (ע״י אתני), שיד (שאנחנו גורמים).
צור לבבי: פבא (מה שיש ביכולת האדם וכו׳ ומשם שיהי׳ לחלוטין יעשה ה׳ בעצמו — חלקי אלקים לעולם).
אתה פוררת בעזך ים: סאד (ששפע עליונה צריך לבוא ע״י התחלקות).
אתה הצבת קיץ וחורף זכר זאת: שגא. עיין קיץ.
כי שמש ומגן ה״א: קמגב. עיין אלקים.
ולציון יאמר איש וגו׳: רפא (לעתיד כי בגלות — בת ציון, אתדל״ע מצ״ע ועליון — עצמית יכוננה המל׳).
מאד עמקו מחשבותיך: כ״ד (עלמא דאתכסיא).
עוטה אור כשלמה: גג (הלביש את האיר יאח״כ בוקע — איר של תולדה), הב (אחרי הפרסא של המאציל נוטה שמים — ז״א).
לויתן זה יצרת לשחק בו: קדד (התגלו׳ התענוג).
הרים הגבוהים ליעלים: רלגא (מדות שברצון ותענוג).
כולם בחכמה עשית: יטא (תושב״כ ישבע״פ קנה חכ׳), רעג.
ואני תפלה: כבג.
רם על כל גוים ה׳ המשפילי: רלזב (אמונת אומה״ע וישראל).
ההרים רקדו כאלים גבעות: רצבא (בבחי׳ קטנות אבל לעתיד וכו׳).
מלפני אדון חולי ארץ: רפטג (ואז ההופכי מי׳ שמלאה מגבו׳ ונתמתקו לחסדים שנק׳ אגם מים).
לא לנו כי לשמך: רעאד (שמך, הוי׳ בהתגלות אז לא יאמרו הגוים, שיאמרו כ״א בהסתר אלקי׳).
כוס ישועות אשא: קוג (ממקור הראשון אקרא). עיין ישועות.
הללו את ה׳ כל גוים: רסד (בחותם דנעילה).
אבן מאסו הבונים: כאג.
טוב טעם ודעת למדני: קלאב (ביקש שישיג הטוב הגנוז שבמצות).
ששם עלו שבטים: רצדד (שבטים דנוק׳, שבטי י־ה — שבטים דדכורא).
למען אחי ורעי: עוד (ע״י התורה נעשו אחים למקום).
כי עמך הסליחה למען תורא: עיין עשי״ת (ממעמקים).
כל אשר חפץ ה׳ עשה: רעג (הצירה נבראת בחפץ).
הודו לאלקי האלקים: קמבג (צמצום דאלקים, כ״י כל״ח צמצום אירות דשם הוי׳).
למכה מלכים גדולים: פטא (שע״י שבירת התוהו יכיל להיות תיקון).
על נהרות בבל: קנבב (המשכת החיצונים, על ראש שמחתי שמחת הנפש בה׳ שנולדה מזה אהבה אזי צריך לעורר יר״ע — ירושלים).
גם חושך לא יחשיך: רלדג (הצמצום).
כחשיכה כאורה: רצזד (שניהן בכ״ף שגם האיר שיה לחושך).

משלי

חכמות בחוץ תרונה: קיבב (חכ״ע וחכ״ת).
כי נר מצוה ותורה אור: עיין תו״מ.
אני חכמה שכנתי ערמה: דשג (שערמה שכן בקרוב לקבל מהקדושה, שרש קלי׳ נגה).
כן צדקה לחיים: טזא (כן — בסיס), יטב (הנ״ל).
אשת חיל עטרת בעלה: קיג (בעלה — יעקב).
צדיק אוכל לשובע נפשו ובטן רשעים תחסר: רגא (אכילה דשבת ידחול).
באור פני מלך חיים: נבב (א״א מאירים בז״א).
יראת ה׳ לחיים: פבג (שהיראה תוסף ימים).
ברכות לראש צדיק: קצאד (ב׳ ברכות מלמטלמ״ע מצ״ע ומצ״ת).
חלק לבב אתה יאשמו: כבא (ע״י מדה״ד גורם פירוד).
טהור עינים מראות: יא.
אני בינה לי גבורה: יד, קהב (שגבו׳ דא״א מלביש בבינה).
כל דרך איש ישר בעיניו וגו׳: כבב.
יושב מצרף מנחה בצדקה: כגא.
וכור לזהב איש לפי מהללו: לד.
מה פשפשת מה ידעת: שהד (דבחכ׳ קצת גילוי — פשפשת וכו׳).
מסיר אזנו משמוע תורה גם תפלתו תועבה: יטד.
מה שמו ומה שם בנו: קיא (בר״מ זה משה — מה בעצם, שם בנו — ז״א), קצבא (שמו — ז״א בנו — מל׳ הנשמות שנילדים ממנו במל׳).

אשת חיל מי ימצא: קטוא (מל׳ דאצי׳ כשמבדרת וכו׳ מתרווחת הרבה מאירות דתוהו, בעלה — ז״א, שלל — גילוי אלקות בתוס׳ אור רב, ח״י אורות דע״י א״א וכל ימי׳ — תוס׳ אור, גמלתהו — מטוב העליון בל״ג שאין בו מבחי׳ רע, דרשה צו״פ — פנימי׳ ומקיפים, ותעש בחפץ — מבחי׳ חפץ חסד).

ותקם בעוד לילה: קמזב (השפעת מל׳ לבי״ע רק בחיצוני׳).

פי׳ פתחה בחכמה: מהב.

שקר החן: קעד (לאחר הבירורים שהעלה המל׳ בכתר).

איוב

ואימתך אל תבעתני: רפאג (שלא נבעת מפני האימה ע״י מדה״ר).

וירא און ולא התבונן: יא.

מבשרי אחזה אלו׳: רפזד (מבשרי — נה״ב).

אמרתי ימים ידברו אכן רוח היא באנוש: קסדד (אמרתי שהסיבה להוספת השכל מצד הימים אכן האמת שתלוי בהתרחבות כליו והגילוי מצד הנפש).

אם ישים אליו לבו: קסגד (אהבה ביחי׳ שבנפשו אז רוחו ונשמתו אליו יאסוף במצות קריאה).

מבטן מי יצא הקרח: סדא (מת״ת דבינה נמשך הכתר לז״א ע״י קרח — פרסא), רצאב (הנ״ל).

שיר השירים

ישקני, טעמי המצות שיתגלו לעתיד: קלאא, רלהג (עדן שבחכ׳).

משכני אחריך נרוצה: ריאג (בקבלת שבת לכה דודי).

שמאלו תחת לראשי: טוא, יחא, כגד (שמאל דוחה), לג, לגב.

וימינו תחבקני: טוד, יחג, עיין סוכות.

על הרי בתר: נאג (ביטול היש דמל׳).

במלך שלמה, במלך שהשלום שלו: קפזד (יסוד אבא מלובש בז״א).

בעטרה שעטרה לו אמו ביום חתונתו: קלאב (כתר המצות, מ״ת רק אירוסין ולע״ל — נשואין), קלוד (חתונתו — נחות דרגא), קלחד (אירוסין עכשיו וביום שמחת לבו — נשואין לע״ל).

באתי לגני: כוג (ג״ע התחתון).

אריתי מורי עם בשמי: כוב (כח הריח, מל״ת ימ״ע).

אכלתי יערי עם דבשי: כוג (מקבלים מן המלאכי׳ ימעלים איתם), רכזב, רלא.

שתיתי ייני עם חלבי: כוד (גילוי ההעלם, גידיל).

אכלו רעים: כוד (תורה ותפלה), קוד (אכילה בלחם מן הארץ בבירורים).

אני לדודי וגו׳: עיין אלול.

מה יפו פעמיך **בנעלים בת נדיב,** בת׳ של א״א: קמחד.

עיניך ברכות בחשבון: סא (שיש חשבון ימדה לכל, בבחי׳ מל׳ דאצי׳).

שימני כחותם על לבך: טיא.

על הרי בשמים: נאג (ביטול האין דמל׳).

רות

בחצי הלילה גו׳ וילפת: כחב.

ויהי ביתך כבית פרץ: כאג.

איכה

השליך משמים ארץ: קידב (מה שהמל׳ משפיע בבי״ע יש שינויים).

בני ציון היקרים: סחב (הנשמות החדשות סגור מעינא).

השיבנו ה׳ אליך: רכטג (אליך ממש).

קהלת

דור הולך ודור בא והארץ וגו׳: מזב (מל׳ דאצי׳ אין סוף להתפשטותה ואין בה שינוי מהתחלפות הדורות).

אסתר

מרדכי: רפגב (יסוד אבא ונמשך בו כל הברכות והמשכות).

ויקח המן את הלבוש: רפגב (מל״ת — לבוש שיש להמן אחיזה וכשנהפך ולא יש אחיזה אז ילבש למרדכי).

דניאל

לבושי׳ כתלג חור ושער ראשה כעמר נקא: סגב (ובאד״ר דלבושי׳ — י״ג תיקוני דיקנא).

שערות דדיקנא מגבי' ממותקות לכן עזה כשלג מש"כ שערות דרישא שה"א חסד אין צריך לזה), פאב (מבחי' שערי דראשי' בלבד נמשכו כל ההמשכות, קדושה דשערות, עיין שערות).

דברי הימים

דע את אלקי אביך: רסגג (תכיר).

ברכות

איש"ר הקב"ה מנענע בראשו: עיין איש"ר.
כנור הי' תלוי למעלה ממטתו של דוד: סאב (עלית חיצוני' המל' ע"י שיר בפה), עאב.
גאולה אריכתא: בהשכיבנו ואד' שפתי: צטב (נתארך האצי' יחוד יסוד מל' בהיכל ק"ק).
יסורין של אהבה: לדג (מגבי' שבחסד שעיה"ז — ממדת החסד).
ואינו משמחו עובר בה' קולות: קלזג (שע"י השמחה קול אינו מבלבל דעתו).
מנין שהקב"ה מניח תפילין, ומי כעמך ישראל: זג, יאא, טזג.
וראו כל עמי הארץ, אלו תפילין שבראש: יחד.
רשע ורע לו: רפאג (תמצית הרע של המדות הרעות, רשע בעצם טבעו).
הקב"ה מצלי יהי רצון שיכבשו: קלוג.
שהראה לו קשר של תפילין: קמגד (שרק חיצוני' חכ"ע נתגלה לו).
צר צורה בתוך צורה: קגד (שצייר מצורה שנצ־טיירה מעצם התואר), קלגג.
אסור לאכול קודם שיתפלל: קטזג (שבירור האכילה לא יגיע לשם).
כל שלא אמר אמת ואמונה לא יצא ידי חובתו: קיבב (אמת — יחו"ע ואמונה — יח"ת).
כורע בברוך וזוקף בשם: רלחב (כריעה — המשכה וזקיפה במל' — שם).
כיון דאמליכתי' למעלה ולמטה ולד' רוחות: פוא (בלשון הגמרא מוסתר הענין והכוונה ג"כ לו"ק הרוחניים).
כל המאריך באחד: קסדד (בא"א שנק' אחד, מאריכין לו ימיו — אריכת האהבה שנק' יום).
חדלו לכם מן האדם אשר נשמה באפו: קטזג (שמאיר אור נשמתו בתפלה באפו).

השמע לאזנך מה שאתה מוציא מפיך: כהא.
המשמיע קולו בתפלתו הרי זה מקטני אמנה: קכחג (שמבלבל הדעת מקטני הדעת).
איני יודע באיזה דרך מוליכין: רפחב (אילי לא בירר בכי טוב נה"ב שלו ילא יזכה לראית המהית).
והלואי שיתפלל אדם כל היום כולו: טזב (ביטול הרצון כל היום).
אין עומדין להתפלל אלא מתוך כובד הראש, שמחה: טג, כדא.
חציף עלי מאן דמצלי בבקתא: כגג (כמו איסור הבמית).
רב כהנא נקיט תרתי ובצע אהדא: קיג (יחו"ע ויחו"ת שוין כאחד).
אסור לאדם לאכול עד שיתן מאכל לבהמתו: רכזב (נה"ב).
אין התינוק יודע לקרוא אבא עד שיטעם דגן: רפדד, שחד.
שלשה שאכלו — חיוב הזימון: קבא.
בוצין בוצין: קסדד (שיש בתינוק בהעלם בנפשו כל מה שעתיד לבא ממנו בהתגלית).
ת"ר מנין לברכת המזון מן התורה וכו' חותמין בשתים וכו' שמפקא מזון וכו': עיין ברכת המזון.
משה תיקן להם לישראל ברכת הזן, והקשה הרשב"א כו' ותירץ דהכל מן התורה אך הנוסח לפי הזמן: קיד (עיין ברכת המזון).
וצריך שיזכיר בה ברית ותורה: קיא (שכל נתינת הארץ בזכות התורה).
יודע הי' בצלאל לצרף אותיות: קיגד (הן אותי' זכרים).

פאה

בחסיד א' ששכח עומר ושמח במצוה זו ביותר (תוספתא): כד (שהמצות שהם שלא ברצונו ש"א הם למע' מכל המצות).

שבת

הלכה רווחת דרה"י עולה עד לרקיע ורה"ר תופס עד י': קכחב (רה"י — אצי' ועולה עד שרש כל המקיפים, רה"ר — בי"ע עד י' כתרין תתאין דנוגה).

הה״י דברים שגזרו ובתוכם הנט״י : קג (נזכר הזמן שראו אז לתקן שלא יקבלו הקלי׳ תיס׳ יני׳).

מניחין חיי עולם ועוסקין בחיי שעה : עהא בתורה ממשיך א״א בז״א שנק׳ עולם ובתפלה ממשיך ז״א למל׳ שנק׳ שעה).

מי שתורתו אומנתו פטור מן התפלה אך מפסיק לק״ש : עהג (כמו כלי אומנות. יחיד ק״ש יותר עליון מתורה שממשיך ממקור הראשון).

נר חנוכה משמאל ומזוזה מימין : רעהב (מזוזה שומר מיני׳ החיצוני׳ נמשך מימין העליון ונ״ח משמאל בגבו׳ שיבקע החישך).

רציעות שחורות הלל״מ : יחב.

נשים דעתן קלות : פד (שלא יכילה לקבל ענין הפכי רק רצון לדבר אחד). קכחב (דעת ניק׳).

כל בעלי שיר יוצאין בשיר : סזב (כל העלאה ע״י שיר ויוצאין מעולם התחתון לעולם העליון). רסחב (הנ״ל). רעהד. רעחג.

תמה זכות אבות : פאד (מצד העלאת מ״ן תמה אך מצד שרשם בבחי׳ א״ס לא תמה).

ברישא חשוכא והדר נהורא : רעטב (צמצום קודם בבריאה וכן בעבודה).

אין העולם מתקיים אלא בהבל תשב״ר : פזג (קיום מציאותו יהי׳ של כל דבר ע״י התורה).

אין מזל לישראל : סזא (האין הוא המזל).

פסחים

למה צדיקים דומים כנר בפני האבוקה : רכזב (שנכלל במקורו).

עם הארץ אסור לאכול בשר : קמדב. ריבג (שיגבה לבו מזה).

לעולם יעסוק אדם בתורה שלא לשמה : קכחא (אדעתי׳ דנפשי׳).

כשם שאין בלבך אלא אחד כך בלבנו : רסבא (בלבך — אחדות פשוט שמאיר בת״ת דאצי׳ — יחו״ע. בלבנו — ת״ת דמל׳ דאצי׳ בבריאה — יחו״ת מצד הביטול דהארת אוא״ס שבמל׳).

בת מלך שהריחה ציקי קדירה : קיאג (מל׳ דא״ס — בת מלך. הריחה רפ״ח בירורין. בחשאי — בצלותא דלחש).

מעיקרא אדעתי׳ דנפשי׳ : קכחא (בתחלת הלימוד לתקן נפשו).

חדאי נפשי לך קראי : קכחג (הקריאה לא בלבל עיוני וזה ע״י שמחה).

לא כאברהם שקראו הר : טזא (חותם בילט).

יותר משהעגל רוצה לינק פרה רוצה להניק : רלבב (מפני התפעלות המשפיע ברחמנות על העדר יני׳ המקבל).

קשין מזונותיו של אדם : קאג (מתגבירות החסדים שהם חזקים).

עתיד הקב״ה לעשות סעודה לצדיקים : קבב (כוס מיין המשומר בענביו משו״ב. העלי׳ דלעתיד. אברהם מאחר שפ״א הניקו ממנו החיצוני׳ יפחד לברך וכן יצחק ויעקב שנשא ב׳ אחיות והתירה אסרה הגילוי ביותר מכפי המדה (אסרן עלי דייקא) אך דוד מל׳ שנתב״ס ואין שום פגם מכל צד לו נאה לברך בכוס ישועית). קזב (ומשה לא רצה שהי׳ למע׳ ממל׳).

יומא

כה״ג נוטל חלק בראש : רסחג (בראשית חכ׳).

אדם מקדש א״ע מעט : כאד (שאתדל״ת בגבול יאתדל״ע אח״כ — א״ס).

גוים מרקדין בהיכלו ושותק : רצדג.

ראש השנה

כורש החמיין : כאג (שרצה לבנות בית המקדש מעצים).

אדם נידון בכל יום אי בכל שעה : קפב (אע״ג שנקצב מר״ה אך זהו כח הילי בחסד דאצי׳ יצריך לשפוט אם יבא גם בגשמיות).

אמרו לפני מלכיות כדי שתמליכוני וכו׳ : רלאד (זכרונות על דבר שנתרחק. זכרון בל׳ העלאה). רלחב (לפני עצמות המאציל).

דוד מלך ישראל חי וקים : כדד.

כל השופרות כשרים חוץ משל פרה : רלהד (להיותו מבחי׳ גבו׳).

יו״ט של ר״ה שחל להיות בשבת רק במקדש תוקעין ובלולב אפי׳ במדינה : רמג (שופר — תענוג בבינה ושבת התגלות תענוג בחכ׳ אך מדאורייתא תיקעין ששרשו הראשון פנימי׳ ע״י אבל מדרבנן — גילוי ת״ת במל׳ גזרו. ובבית הראשון שהאיר עתיקא בבינה לא גזרו אך בבית

שני שהאירה רק המל׳ גזרו במדינה אבל בבית המקדש עוד האיר בהעלם, אבל לולב — דעת דז״א במל׳ גם בבית שני, רק משחרב שנפסק גם הארת המל׳).

י׳ פסוקים מהתנ״ך: רלחב (מן תנ״ך — חכ׳ עבור מל׳ — דיבור).

תענית

מזכירין גבורות גשמים שיורדין בגבורה: סאד (ע״י התחלקות).

כי כארבע רוחות השמים, כשם שא״א: סזד (א״א לע״ש בלא ישראל המבררין וממתיקין אותן).

אהי׳ כטל, טל לא מיעצר: רסאב (עיין טל).

יעקב לא מת: כבב (שרש האחדות), קדג (יסוד אבא למע׳ משבירה).

א־ל ההודאות ורוב ההודאות: שגג (שיש רבבות מדרי׳ בהודאות).

מים מניחין מקום גבוה: קנוג (מכח התענוג).

שמש בשבת צדקה לעניים: ראד (לחולי אהבה של ימות החול בהארת סוכ״ע בשבת).

מחייה החיים: טג.

כאשה שהלך בעלה למדינת הים: נחב (בגלות הלך ז״א לים החכ׳).

יאמר לחומץ וידליק: רכב (שיכולתם להפך הצי־רופים, מי שאמר — בבינה), רעאג (שיש ביטול היש בטבע).

לבעל החוטם: טד, קטזג.

אין אשה אלא ליופי: מוד (שמקבלים מאור הכתר).

לעתיד יעשה הקב״ה מחול — קוינו לו: סחד (שעשינו קוין דיושר ומחול — עיגולים), רפזג (אלקינו זה — השגת המהות).

סוכה

שמואל מרקד אתלת לפני שבור מלכא וכו׳: קכחד (שלימות דעתו).

סוגיא דשמחת בית השואבה: עיין סוכות.

מגילה

חייב אינש לבסומי בפוריא: רפגב. עיין פורים.

במקום שאתה מוצא גדולתו כו׳ ענותנותו: קיאג (צמצום הראשון).

מועד קטן

בני חייא ומזונא תליא במזלא: כאג.

חגיגה

שוטה המאבד מה שנותנין לו: לגד (שם מה הסובב).

כל שאינו בהסתר פנים אינו מהם: רסגג, רצגב.

עד שאמר לעולמו די: כגג, כדד.

אם שמים קדמו או ארץ קדמה, קורא אני: רפוא (מ״ד שמים קדמו — בדרך השתל׳, מ״ד ארץ קדמה — לע״ל, והמכריע דלגבי עצמות — כשאני קורא הם בהשוואה).

רגלי החיות כנגד כולן קרסולי וכו׳: רמאא (מה שיותר עליון יותר כולל לכללים הרבה הכלולים בתוכו, קרני — כתר).

חשמל, עתים חשות ועתים ממללות: קמוד, קמחב (עיין חשמל. בשעה שהדיבור יוצא מפי הקב״ה — חשות, יחוד ז״א במל׳, המלאכים בבריאה הם חשות וממללות).

עכשו שלחנו של אדם מכפר: קידג (עלית הבירורים).

יבמות

נער הייתי שרו של עולם: קלחב, קעא, ריטג, רעגב.

עולה על שולחן מלכים: קידד (עלית הבירורים למל׳).

איש דרכו לכבוש: כדג (ז״א).

כל האומר אין לי אלא תורה וכו׳: קלבד (לי — לגרמי, שלוקח התורה מצד ישות החכ׳ וכו׳), רכוג (שגדול תלמוד שמביא לידי מעשה).

כתובות

גדולים מעשה צדיקים ממעשי שו״א: רעאג (שו״א מבחי׳ אלקים מאין ליש ומעשה הצדיקים מיש לאין מבחי׳ הוי׳).

כיצד מרקדין לפני הכלה: קלזא (ולא לפני החתן, החתן יורד מלמע׳ והריקוד הוא כנגדו).

רב שמואל בר יצחק מרקד אתלת: קכחג (ג' קוים דמל', כמו בשבת להאיר בה הדעת והגם שמרקד לא אבד דעתו).

י"ג פרוכת היו במקדש, ופי' רש"י לצניעותא: קמזא (שיהי' מסך לאור).

כל העוסק בתורה טל תורה מחייהו: קיזג (כמו המן אך ברוחניות).

נדרים

לע"ל הקב"ה מוציא חמה מנרתיקה: יחד (הגילוים בלתי לבוש) רעאג (מהסתר דש' אלקי').

גדולה מילה שנכרתו עלי' י"ג בריתות: קיזג.

אקצירי ומריעי: ריאד (חולי האהבה שבימי החול).

סוטה

יוחנן כה"ג ביטל המעוררים: קצגד (שהי' מאיר וממשיך מעינא פקיחא — א"א דלא ינום).

קידושין

אלמלא הקב"ה עוזרו: רלוב (דוקא בעבודה דישראל — אתהפכא אבל עבודת יעקב — אתכפיא רק מצד רחמנות).

הוקשה כל התורה לתפילין: קסדב (היקש מורה לתכלית הכוונה).

מעשה גדול או תלמוד גדול: רכוא (מצות מכ"ע ותורה מחכ"ע אך התורה ממשיך וכו', לעתיד יהי' מצות גדול, התורה עכשו מברר).

סעודה דינאי המלך: קאב (כשהמלחמה נגמרה).

בבא קמא

מבעה — שן, אדם: כגד.

מאן דלא כרע במודים נעשה שדרתו נחש: להג, שגד (מודים — מדרי' היותר אחרונה בקדו', נחש — התחלת הקלי').

דבר הכתוב (דברו חכמים?) **בהוה**: פזד (בסיבת הוי' של כל מציאות דבר שהתורה היא הממוצע).

בבא מציעא

לא חרבה כו' שהעמידו דבריהם על ד"ת: כאד (א. שמדת האמת אין לה קיום שאינה אהובה, ב. שנותן מקום לרע גמור, ג. שגורם פירוד).

להניח ברכה, שאין נותנין פרנסה אלא בשביל אשתו: יגג, קלדב (שבשרש להיפוך שהנוק' למע' מהדכר), כאד (שיומשך בגשמיות ע"י הנוק'), קטוב.

אם בהרת קדמה לשער לבן: עהד.

בבא בתרא

ר"א יהיב פרוטה לעני וכו' שנא' אני בצדק: יטג, כבד, נוא (דתפלה עם צדקה שוה בהשפעה וכו' בחיצוני').

אבא בנימין, תפלתי שתהא סמוכה למטתי, שלא ילמד קודם שיתפלל: נוב (שתפלה צ"ל קודם).

צינן את הזכר (לויתן): נחד (שלא יהי' יחוד בקלי' שלא יחריבו עולמות).

עתידין צדיקים שיאמרו לפניהן קדוש: קלחד (שרשם ממל' שתתעלה בכתר) שחג (משיח קדוש בקדושה האלקית, ישראל גבוהים ממלאכים והם יהיו מרכבה להם).

סנהדרין

אין אשה כורתת ברית אלא למי שעושאה כלי: קידא.

אין א' דומה לחברו וכו': רסאג (מפני ריבוי ההתכללות דע"ס).

אגברו חמרא אדרדקי: מב.

הושיט הקב"ה אצבעו הקטנה: קבא (הקטנה — מדת מל').

בר נפלי: קצדא (שנופל לפי שעה).

המגלה פנים שלא כהלכה: קוב (שזה הגילוי מגיע גם לרבו).

לבא לפומי' לא גליא: סגא (גם כשנגמר בלב לא יכול לבא בדיבור).

מכות

אם לעוברי רצונו כך לעושי רצונו עאכו"כ: קטוא (אם לעוברי רצונו שנפלו בבי"ע בפסולת כך לעושי רצונו כשיבוררו כל הניצוצו' עאכו"כ), רמגב, רצדג.

שבועות

זכור ושמור בדיבור אחד נאמרו: קסדב, (תורה

שבכתב ותורה שבע״פ מיוחדים בתכלית), קפחב (יחיד דזו״נ).

עבודה זרה

ג״ש הראשונות יושב ועוסק בתורה: רכבא (שע״פ תורה יפסוק להנהגת העולם).

וישט בח״י אלף עולמות: עיד (דרך העברה אבל קביעותו בתורה).

אשה דכמאן דמהולא דמיא: קיגב.

אבות

הוזהרו בדבריכם שמא כו׳ ישתו: קיב.

עשה תורתך קבע (ומלאכתך עראי): פאא (שיהי׳ עסקו במו״מ בקרירות).

שלשה שאכלו כו׳ ואמרו ד״ת ואם לאו זבחי מתים: קבב (שיורי ז׳ מלכים דתוהו שלא נתבררו בתורה וחכ׳ איתברירו), קדג (שבג׳ ביכולתם להמשיך ממקור הראשון).

סיג לחכמה שתיקה: קמחא (ביטול).

אם אין חכמה אין יראה: הא (מל׳ וחכמה).

יפה שעה אחת בתשובה ומע״ט: פטד (שחיי עוה״ב מן יוד וע״י מע״ט ממשיכים קדושת עצמותו), כד (מצות מכתר), לבד (דעוה״ב ממלא ועוה״ז מסובב), רכוד (הנ״ל).

והלא במאמר אחד יכול להבראות: פא (אות ה״א).

אילו של יצחק נברא בע״ש בין השמשות: נאד (שניהן התכללות חו״ג).

בת קול יוצאת מהר חורב: פהא (היא אתדל״ע וכו׳ עד שממשיכים הרהורי תשובה גם בבנ״א למטה וכו׳).

מנחות

כל המנחות באות מצה חוץ מתודה ושה״ל: מהא.

חייב אדם לברך מאה ברכות בכל יום: קיג (להמשיך תס׳ אור בע״ס דאצי׳ וכל ספי׳ כלולה מי׳), קסהד (הארת מוחין דשבת אדם — ז״א).

בשעה שנכנס דוד וכו׳ שניתנה בשמיני: קלטג (שרש המילה מיסוד דא״ק מלך השמיני שלמע׳ מהשבירה ותיקון ולכן אמר שירה).

שתוק כך עלה במחשבה: קלג (רצה״ע למע׳ משכל), קסאב (הנ״ל).

חולין

תכלת דומה לים: פאד (ביטול דתכלת).

נדה

אשה מזרעת תחלה יולדת זכר: יזג. עיין פ׳ תזריע.

כלים

כל מה שיש ביבשה יש בים: קניג (מה שבמל׳ יש בבינה).

מקואות

מה מעין בידי שמים: קנטד (כתר ששם יוכל להשתנות אבל לא בכלים דאצי׳ — בידי אדם).

נגעים

יש מראה לבן שבולו טהור ויש שבולו טמא: דשג (דיש ב׳ מיני לבן, לבן העליון ולבן הארמי).

מדרש רבה

במי נמלך בנשמותיהן של ישראל: עוב (ישראל קדם תחלת המחשבה).

אל ישיב בה רוחות וגשמים, אף עירוב וכו׳: קמאב (שבחיצוני׳ העולם אין הפרש בין חול לשבת).

קרן בן שמן: סזא (ששרש נש״י מאין שהוא קרן).

למה נברא האדם ערל, תורמוסין צריכין תיקון: קמהא (שיבדיל מהן העביות).

ע׳ אומות א׳ מע׳ בבהמות וכן חיות מע׳ בעופות וכו׳ מלאכים: רלוג (ריבוי היותר גדול בעולם היא במלאכים כי כל היורד מתמעט).

מט״ט יושב וקושר כתרים לקונו כו׳ ישראל: רעגא. עיין מט״ט.

הרבה גופי תורה ניתנו ברמיזה: צבא (בקיצור גדול שירה בה היחוד העליון).

מכילתא

ראתה שפחה על הים מה שלא ראה יחזקאל: רפהד (שנביאה ממדת מל׳ יקו״ס מעצמות אור א״ס), רפחא (נביאה — מחזה וכאן ראתה — המהות).

וכלא סתים כהאי דאקרי אימא עילאה: טא (ז״א קוראת לה״ג אימא), ומהאי נפק רוחא לחד נוקבא: טב (ביאור ב׳ נקבים דחוטם, דנשימה ודריח), תא חזי מסטרא דאבא (דחסד דע״י נמשך בחכ׳ וקו המדה דח״ס נמשך בבינה) וכלא אחיד קוב״ה ומתעטרא בהו אות ואו: יאא (כאשר או״א נמשכים לז״א בדרך מקיף).

ביתא תליתאה שמע ישראל ישראל סבא: יאג (שרש האמתי דז״א — נה״י דאבא — ישראל סבא), ואהבת את ה״א איהו יצחק: יבא (בנה״י דחכ׳ ובנה״י דבינה, אברהם אוהבי המשיך מחסד דכתר).

ביתא רביעאה והא״ש טב וביש: (פרשת והא״ש מבינה התכללות חסד וגבורה) רק באבותיך תלתא ורתיכא ארבעה (שלא למעט המל׳) ואשלמי׳ בה (דוד שלימות דכולא, ביאור ענין טוב עין, חסדים הנאמנים וכו׳). ר׳ יצחק אמר ש׳ דרשימא וכו׳ דתקונא עילאה: ידב (ביאור שין דלת דד׳ קשרי) וביאור ענין רצועית של תש״ר, עד סוף המאמר.

דאורייתא הוא היכלא עילאה דקוב״ה: עיד.

שכור שרא לי׳ לברכא בהמ״ז אך לא יצלי כו׳: קידג.

לית שמאלא בהאי עתיקא: קיזא (א. למע׳ מהתחלקות וב. שכולו רחמים והכל מטעם אחד).

מאן דבעי למיכל נהמא אפום הרבא: קאב (הי׳ גבר בגוברין להגביר הטוב לנצח השר).

כחותם על לבך אע״ג דאזיל להכא והכא דיוקנא אשתאר בך: טזד.

רישא דעשו בעטפוהי דיצחק: כבא.

קול דממה דקה — תמן דקאתי מלכא: כגג.

מאן דלא כרע במודים לא יקום בתחה״מ: להג.

עשית — בבינה: מד (אבל מקור האמתי בחכ׳).

רננא ברמשא ושמחה בצפרא: מחא (רננא במל׳ ושמחה באצי׳), נאד (הנ״ל).

רוח מסאבא וכו׳ ואזדבן בלי אגרא ורוח קודשא — באגרא שלים: נוד.

א ד ר א

דמוחא סתימאה דא״א שקיט ושכיך באתרי׳: יב.

דז״א בע״י אחיד ותליא: יחב.

מארבע רוחות בואי הרוח וכו׳ הוא רוח דמלכא משיחא: שהא.

מפני מה ישראל כו׳ שאינן כו׳ בשם: פהד (השם של הספי׳ המיוחדת לכך והאור של הספי׳).

ס י ד ו ר

ברכה: קיג (יחו״ע בכלל, מאה ברכות להמשיך תוס׳ אור באצי׳ כל ספי׳ כלולה מי׳), רפג (ברכת המצות — כוונת המצות שיהי׳ מל׳ בגילוי אור ולא יהי׳ עולם הסתר), קלגב (לא היתה בזמן בית ראשון רק בבית שני שנפלו ממדריגתם תקנו, אלקינו בתכלית הקירוב יותר ממלאכים וזה ממ״ת).

ברוך אתה: קדב (אתה — חסד, הוי׳ — ת״ת, אלקים — גבו׳, וכולם נמשכים למל׳ — מלך, יברוך מכח״ב).

נוסח הברכה: יטג.

שלא עשני גוי: פחג (עלי׳ הראשונה דמל׳ מי״ס דעשי׳).

ברכת התורה (בכל יום): יטא.

קודם התפלה — ואהבת לרעך כמוך: רבב (התכ׳לות עם כנ״י).

סדר התפלה: רפדג (עד ק״ש שיקבע בנה״ב איך שהטפל בטל להעיקר וק״ש — השגת מהותו המיוחד לנה״א).

אנא בכח: עדא (שם ז״ב דהעלאה לכן אומרים איתו בתק״ש, בקששה״מ וקודם לכה דודי).

פסוקי דזמרה: ניב (הילול דפסוד״ז).

אמן יהא שמי׳ רבא מברך: רעדד (שמו הגדול — מל׳ דא״ס שיומשך עד אבי״ע ע״י קיום המצות, בפרט אחר אגדתא שריב סודות התורה בה צריך להאיר בתירה ממל׳ דא״ס, ודוקא בתורה דרבים).

מזמור שיר חנוכת הבית: ראא (המשיך שמחה בחנוכת ביהמ״ק), רעהג (איבי — מלאכים שקטרגו), רעזג (שהי׳ שם התכללות מכל נשמות ומלאכים, שיר מורגש ושאינו מורגש וכו׳).

כי דליתני: רעזד (א. התנשאות בראשית חכמה, ב. דלות ערומים מבלי לבוש גופני ע״כ ארוממך להיות נכלל במקיר, ג. דלה נשאב מים החכ׳).

למען יזמרך: סאב (כשפנימי׳ המל׳ עולה בשיר בפה).

לשם יחוד קוב״ה ושכינתי׳ : רלדד, רעאד (שילוב שם הוי׳ בשם אלקים).

ברוך שאמר : מאד (המשכת מ״ד להיות בכח למטה להעלות מ״ן בפסוד״ז), לטד (רדל״א, והי׳ העולם — א״א). ברוך אומר ועושה : יטא, מב (ח״ס — חכ׳ ע״י המדידות והבירור), שהג (אומר במחשבה ועושה בדיבור). עושה בראשית : מד (עושה בבינה ע״י בראשית חכ׳), ריאא (שגם החכ׳ — ראשית באתה לידי עשי׳). מרחם על הארץ : מאא (צריכים למתק המל׳ — ארץ בחסדים), כדא (מסיבת רחמנות), מרחם על הבריות (י״ג מדות מאירים במל׳), משלם שכר טוב (הזיו דגן עדן), כדא (הנשמות הנהנין מזיו השכינה, חי לעד וקים (חכ׳ דבריאה — חי בעצם), כדא (חיות שבעצמות), פודה ומציל (בינה דברי׳) כדא (המשכות חדשות מהמאציל לפדות וכל זה רק שמו). שמו : מאד (ז״א דברי׳), אב הרחמן (ל״א קוצי דשערי, מפני הרחמנות דאבא יאיר לנשמות). חסידיו ועבדיו (נשמות הגבוהות). דוד עבדך (מל׳). נהללך (אנחנו בעשי׳ לעתיד). ונזכיר שמך (שלא יהי׳ שכחה). יחיד (יסוד). עדי עד (לנצח).

מזמור לתודה : מדא. דעו כי הוי׳ הוא אלקים (שהטבע בטל להוי׳ והידיעה בבחי׳ הודאה). הריעו לה׳ כל הארץ ר״ת הלכה : מדד (שייכות לקרבן תודה). עבדו ה׳ בשמחה (שמחה בבינה ושם שייך עבודה) רעחג. בואו שעריו (נש״ב בהודאה דהוד). חצרותיו בתהלה (מל׳ דבינה).

אשרי יושבי ביתך : מוא (ב׳ מיני הארות דענג דכתר שמאירין בחו״ב). ארוממך אלקי : כדד, מוא (תחלת הכתר מאיר במל׳ שבכתר). ואברכה שמך (ברכה בשם — מל׳ מאור הכתר). בכל יום אברכך (ריבוי הבהקת אורות חסדים במל׳). גדול הוי׳ (כמו שחכ׳ בחסד בהתפשטות אבל ולגדולתו העצמית אין חקר כלל). דור לדור (מחילוף הדו־רות יתחדש אור השפע וישבח). הדר כבוד (ריבוי ההתחלקות מריבוי אורות דכתר שמאירים במל׳, הפלא הזה רק אשיחה — המל׳ — בעצמי). ועזוז : מזג (ת״ת נוק׳ נורא שמקבל מכתר הכולל ב׳ הפכים אבל פנימי׳ הכתר — וגדולתך אין מי שישיגו רק המל׳ בעצמה אספרנה). זכר (יסוד דא״א — רב טובך מתפשט עד למטה והכל יביעו, ואין להם השגה רק זכרון אפס קצהו), רעחג (שתכלל נפשם בשיר במל׳ ולאשר אין להם השגה למע׳ ממל׳ רק בזכרון יביעו). וצדקתך : נאב (במל׳ בגילוי כשנתקבלה במקבלים). חנון ורחום ה׳ (מדות דכתר מאירים בהוי׳ ובי״ג מדה״ר — רחום וחנון). ארך אפים (דכתר עד למטה). טוב ה׳ (שוה לכל). יודוך (הכל מודים וחסידיך ממשיכים לסט׳ דקדושה). כבוד מל׳ (ריבוי התחלקות האותיות במל׳ יאמרו וגבורתך — אותיות דה״ג דז״א — ידברו). להודיע : לדב (ע״י הגבורות). נגא (לבני האדם — הנשמות שנמשכו ממח׳ עילאה — גבורותיו). מלכותך : נגג (מל׳ בחב״ד וחג״ת וממשלה בנה״י), רעחד (שהמל׳ נמשך בזמן — לכל דור ודור), רמאד (לכתחלה מלוכה ברצון ואח״כ ממשלה — בע״כ, עד דור האחרון). סומך ה׳ : נגד (מל׳ בלא ה״ח דדכורא נק׳ כל ומשבר לה״ח — כלה). אכלם בעתו (היחוד בזמנו). פותח את ידיך (השפעת הכתר בבחי׳ שערות). לכל חי רצון (לכל היסו־דות) קלדב, רלדג. צדיק ה׳ : נהג (יסוד משפיע בחיצוני׳ השפע עד דרך היותר אחרון — עולם העשי׳ בכל מעשיו). קרוב ה׳ (אחר שאצי׳ ועשי׳ כולן שוין כאחד בקריאה חיצוני׳ — תפלה ובקריאה פנימי׳ — אמת — תורה).

הללוי׳ : נוב (ההילול לי־ה להמוחין דאו״א להוציא המדות דאצי׳ בגילוי בבי״ע שלא להיות יני׳ לחיצוני׳). הללי נפשי : נוג (דוד מל׳ דאצי׳ ע״י שתקבל מהוי׳ — ז״א). אהללה הוי׳ (אורות בחיי וכלים בעודי הטפל). אל תבטחו בנדיבים (קלי׳ נוגה שמשפעת בחנם אך אין לו תשועה — חסדים רק גבו׳, ולאחר הבירור תצא רוחו). אשרי שא־ל יעקב (בסט׳ דקדושה פנימי׳ אור אבא בעזרו, ומקורו מזל הח׳ שהוא אלקיו). עושה שמים (הנ״ל מתקן שו״א ומל׳ כשהוא בהעלם — ים). השומר אמת (אמת חותם לעולם האצי׳). עושה משפט : נוד (שמתקן העשוקים והם מצד השבירה וחטא עה״ד ומעבירות). נותן לחם וגו׳ (כל מדרי׳ כשאין ההשגה וההתבוננות וההתפ־עלות והתענוג כדבעי וע״י יחוד דצדיק פודה כל הנ״ל). שומר את גרים (נצוצות דנוגה שנדבקו בקדושה צריכים שמירה). יתום (בגלות יסוד — יתום ומל׳ — אלמנה ויתייחדו בבחי׳ ספיחי׳).

ודרך רשעים: נחד (שלא יהי' יחוד בקלי'). ימלוך ה' (ר"ת אצלו שהמל' וז"א יהיו לעתיד שוין). רפא (ציון — מל').

הללוי' כי טוב: נטא (שע"י הזמרה פועלין שיתגלה הכתר בבינה — אלקינו מפני כי נעים הארת א"ס ממש). בונה ירושלים (בונה המל' דאצי' שנק' יראה שלם). נדחי (ניצוצות דתוהו יכנס ויעמדו בתחי'). הרופא (שבג"ר לא הי' שבירה רק במדות וגם להגידים שיש בהם אור המוחין אבל נק' כלים). מונה מספר (בלילה מקבלים מאור השמש ולמע' מן אור אבא כשאינם כלולים יש להם מספר ובמל' יש להם גם שם וכלי). גדול אדוננו (במל' אבל באור אבא שם אין מספר). מעודד ענוים (אותיות המח' והדיבור וצריכים חיזוק שיוכלו שאת האור). משפיל רשעים (שאין בקלי' פרסאות וממילא עדי ארץ). ענו לה' בתודה (לאור אבא בהודאה בביטול כעני', זמרו לבינה בכלי — עלית חיצוני' המל' ע"י שיר בפה). המכסה שמים: סאד (לתועלת המקבלים מתחלק הגשמים ע"י העבים). המצמיח (מלאכים שנולדו בכ"י — חציר ומל' נק' בהמה. נותן המדה הקצובה לקלי' — לבני עורב שיקראו לזה). לא בגבורת הסוס (אין תלוי בעבודת הבירורים רק רוצה ה'). שבחי ה' (דחיצוני' המל' ע"י אור אבא וציון החותם לאלקינו — בינה ועי"ז ברך בניך בקרבך). השם גבולך (שהנשמות מחלב חטים). השולח אמרתו (שאמירה — מל' דאבא ונמשך עד מל' דאצי' — דיבור ומשם ירוץ). הנותן שלג כצמר: סדב (שהשלג — י"ג מדות הרחמים תיקוני דיקנא יהיו במדרי' צמר שגבוה הרבה שהוא חסד דע"י). כפור (כפור אינו קשה כמו צמצום הקרח והשי"ת מפזר צמצום הכפור). משליך קרחו: סדג (שגם צמצום הקרח מחלקו כפתים). ולפני קרתו (שבינה ממתיק כל הדינין). ישלח דברו (החסד לאחר הפירור שיהי' למים וגם יזלו למטה ע"י רוח מקור הדיבור והוא בהגלות הארה יתי' ממל' דא"ק או דאצי'). מגיד דבריו (ומי החסדים למטה נעשה חיצוני' התורה ליעקב ופנימי' התורה לישראל). לא עשה כן (היות התורה בקו האמצעי אין שם יני' לחיצוני').

הללו את ה' מן השמים (שיתוס' אור בז"א דאצי' — שמים וגם במרום — בריאה ומלאכיו — יצי', צבאיו — עשי' מלמעלמ"ט). שמש וירח (ממטלמ"ע שמש ז"א ביצי' וירח — מל' בעשי' בעליתם). כוכבי אור: סוא (עלית הברי' באצי' שיאיר כוכבי בריאה על הארת האצי'). שמי השמים והמים (עלית ז"א דאצי' בכ"ע וגם עליתו היא וגם קרומא דאוירא שלמע' הימנו). הללו את ה' (שב' אופנים רצו"ש הנ"ל תכלית המכוון שיהללו את שם הוי' ואופן הבריאה בדרך דילוג). ויעמידם לעד חק נתן (שקמי' עצמותו אין עליות וירידות שבת ויום טוב רק חוק אחד). תנינים (מלמעלמ"ט ד' מדרי' בעשי' עד שגם נוגה — רוח סערה עושה דברו ואח"כ שוב מלמטלמ"ע בעשי' ההרים וכו' כי נשגב — פרסא דיצי'. הודו — אור של תולדה בעשי'). קרן: סזא (וכל השפעה תהי' רק לישראל עמו ששרשם מבחי' קרן — אין). כי הוא צוה ונבראו: רעד הוא — גבו' שבח"ס, חק נתן — לכל מדה וציור וכו').

שירו לה' שיר חדש (שעתה שירה ל' נקבה ולעתיד יהי' ל' זכר של עליות מצ"ע). תהלתו בקהל חסידים (כשיתקבצו כל בחי' חסדים אל מקורם הראשון לאחר הבירור). ישמח ישראל (היחוד דאו"א לעתיד להוליד נשמות חדשות וזהו שמחה שנתגלה ההעלם שהיו גנוזים בעצמות המאציל). בני ציון (הנשמות החדשות יגילו במקורם). יהללו שמו במחול (דלעתיד שיתבטלו החיצונים יתחברו עיגולים ויושר). יפאר ענוים בישועה (בהארת הת"ת דאימא לעתיד יקבלו רחל ולאה — ענוים ביחד). יעלזו חסידים שהחסדים שנתבררו יעלזו במקורם — חכ' למע' ממשכבותם — בירור ב"ן). רוממות (וכל הנ"ל שהחיצונים יתבטלו). משפט כתוב: סטג (כתוב — ואכלת את כל העמים שע"י בירורים נתקנו וזהו הדר מצד המתברר לחסידיו לישראל).

הללו א-ל בקדשו: עא (אור מים רקיע — כח"ב באצי' וביצי'). כרוב גודלו (שחסד ביצי' נק' רוב גודלו שמתחלק בכלים), קסאד (הריבוי של הגדולה), קסגב (הנ"ל מסיבת גבורותיו). רלבב (כל סדר ההשתל' רקיע — צמצומים כרוב גודלו ולא כגודל גודלו מלמעלמ"ט וקול שופר הוא המעורר כ"ז מלמטלמ"ע, בקדשו — עצמות אור א"ס, ברקיע — קרומא דאוירא, כרוב גודלו —

ריבוי רבבות עלמין דעל כל קוצא דע״י וכו׳).
בנבל וכנור: עאא (ממוזג מקולות — ת״ת דיצי׳).
בתוף: (הזכיר י׳ מיני כלי זמר נגד י״ס הגנוזות שיתגלו באבי״ע, וכאן היא התכללות נו״ה דיצי׳).
צלצלי שמע כו׳ תרועה (יסוד ומל׳ דיצי׳). כל הנשמה (כל הנ״ל בחיצוני׳ במלאכים אבל גם הנשמה בהתכללות).
ברוך ה׳ לעולם: עאג (חכ׳ מכתר עד המל׳). עושה נפלאות (זה שיוכל לירד כ״כ למטה מצד שגבוה יותר).
מן יברך דוד עד שמו״ע — הארת שבת: ריאג.
אדון הנפלאות: פטא (שהפלא בעש׳ גשמיות).
תתברך לנצח — קיל אלקים חיים: רליג (בורא קדושים — הריבוי היותר גדול במלאכים — מפני צמצום ה״ג מאלקים חיים).
אור חדש על ציון תאיר: סחב (חדש לגמרי).
יחד לבבנו: רלהג (יחידה).
הבוחר בעמו ישראל באהבה, ואהבת, אמת ויציב: יזב.

קריאת שמע

ק״ש: כיא (מס״נ בכח), לגב (ק״ש — מצוה להביא מן ההדיוט, שמו״ע ירידת אש מלמע׳, אתכפיא ואתהפכא), עדד (יחוד או״א, ממשיך ממקור הראשון מעצמות אור א״ס ולכן קודם לתורה ולתפלה), פהד (אליו ולא למדותיו, בבחי׳ עלי׳ והסתלקות להוספת אור חדש).
תמליכהו בשמים ובארץ וד״ר העולם: פיא (בל׳ הטור ז׳ רקיעים וארץ, יחוד ק״ש למע׳ ועיקר היחוד למטה בו״ק הגשמיים ובדרך המשכה והשתוקקות שיהי׳ גילוי אוא״ס למטה ממש).
פרשה ראשונה: עדא (אור החסד בכלי גבו׳ דשם מ״ב ממיזג בבחי׳ תיקון העלאת הנפש בכל מאדך מצד הכלי, ומצד האור — חסד), עדב (לקבל עליו עול מל׳ שמים — מל׳ דא״ס למע׳ מהגבלת כלים ולכן בכל מאדך).
שמע ישראל: יאד (שם ע׳), טוב (התבוננות בשמע ישראל), עוב (ישראל קודם אפי׳ לתחלת המח׳).
דלית רבתי: סג (אותיות המחשבה), עזב (ע׳ רבתי — אותיות עד), עזג (א״ח דאחד). עיין תפילין ובזוהר ואתחנן.
בשכמל״ו: עטב (שלא כתוב בתורה), פזב (ההמשכה בכלי, במצית ת״ת שהוא ממוצע, ואח״כ מזכיר תפילין ומזוזה מדו״מ בכתב), רעטג (מדת מל׳ לכך ואהבת).
ואהבת: יבב (אברהם איהבי, רק באבותיך חשק ה׳), יזב (ב׳ אור — או״י ואו״ח), עוד (והיו הדברים — ע״י התורה שאין קביעות דירתו אלא בחכ׳ דאורייתא, בם בתוכם), קכטב (אהבה דבכל נפשך, ואהבה דבכל מאדך — הלב אינו מכילו ונשאר אור מקיף — חופה), קלוד (שתכנס האהבה בהוי׳ שתעורר חסד העליון), קסבג (בהת־פעלות עצמיות שנוגע לנקודת הלב מיחי׳, המאריך באחד מאריכין לו ימיו — אהבה, אריכות האהבה מבחי׳ אריכות דאחד, א״א שרש ז״א שנק׳ אחד סתם), קסגב (אלקיך — ע״י אה״ר מיחי׳ יהי׳ שלך), קסגג (מדו״מ, אהבה קריאה ומצות, הוקשה כה״ת לתפילין תכלית הכוונה), קסיב (אנכי מלפני הקו ודברת להוסיף אור בכלי, תפילין שהאיר גנוז בהן ביותר), רעהא (בכל לבבך — תפלה, נפשך — תורה, מאדך — מזוזה).
פרשה שני׳: עדא (אור הגבו׳ בכלי החסד דשם ע״ב), עדב (לקבל עליו עול המצות להמשיך אורות בכלים וזהו עבודה — ולעבדו, משא״כ בכל מאדך — הסתלקות מלמטלמ״ע, אור הגבו׳ ולכן יש בה דין ועונש), רפאד (הולדת היראה — פ״ש ע״י האהבה בפרשה ראשונה).
והי׳ אם שמוע: יבג (מבינה דינין מתערין, וחרה אף, אבל מפנימי׳ בינה מקור כל השפעות ונתתי), כהא (פ׳ ראשונה — אהבה, פ״ש — יראה). ונתתי עשב: רכזב (מלאכים, בהמתך — נה״ב, מלאכים ממוצעי השפע). וחרה אף ה׳: קלדד (ע״י העוונות יעוררו בהיפך מקור הדין בזמן הבית), קסחב (כשבאין המדות לבי״ע אז הם בבחי׳ פירוד בבחי׳ חרון וכעס), רג (כעשו שיצא מן יצחק).
פרשת ציצית, תכלית שבציצית: פאד (ביטול היש, יראה עילאה וביטול במציאות ובזמן הגלות אין לנו וכו׳). ולא תתורו: פד (להוציא מלבו אש זר ולא יהי׳ לו רק רצון אחד), למען תזכרו (שנעשו בבחי׳ משפיעים). והייתם קדושים (המ־שכת קדושת השערות). אני ה״א: פדא (אני ה׳ הראשון — אתדל״ע מצ״ע שגבוה הרבה והשני אתדל״ע אחר אתדל״ת), פדב (המשך הפסיקים).

גאל ישראל. גואל ישראל : כבג (הארת משיח).
סמיכות גאולה לתפלה : רלזד (מקרב האדם ניצוץ אלקי שלו שתכלל נפשו במל׳, אד׳), רעא (מל׳ עולה עד ק״ק וז״א יורד מאצי׳).

שמונה עשרה

שמו״ע : טוב (כל הסדר דפסוד״ז הביטול דמלאכים. ק״ש — חותם בולט. ואח״כ שמו״ע חותם שוקע). טזב (ביטול עצמי), יחג (מייצר איר עד שמו״ע — שמאלו תחת לראשי ושמו״ע — וימינו תחבקני), כאד (סדר יבנין התפלה — איתית דק״ש ומוחין דשמו״ע), כגג (קול דממה דקה. ק״ש — חרב. שמו״ע — קשת), כהד (ואיתו תעבידו), עה (יחיד דזו״נ. חיי שעה. בכל ברכות רק הצלה מהחיצונים), פהג (לכוון הכוונות הראיות בכוונת פרט הספי׳ ודיקא דאיר הספי׳ ילכוון הניקוד דשם הוי׳ בכל ברכה הראוי׳ וכו׳. הדבק במדותיו בהמשכת יחיד דק״ש), קסהד (הארת שבת).
השתחויאות דשמו״ע : טזב (הביטול), קמבב (גורם המשכת השפע מלמע׳), רעיד (מעין בבית המקדש).
אד׳ שפתי וגו׳ : רליג (שמו״ע — בנין הנוק׳, ביטול הדיבור, מיתוק דאלף), רפיד (יגיד לשון המשכה וירידת השפע), שאג (ביטול דחכ׳).
כורע בברוך וזוקף בשם : רלחב (כריעה — המשכה, זקיפה — העלאה בשם — מל׳).
הגדול הגבור והנורא : רסבא (אברהם יצחק ויעקב), רעגד (הנ״ל), והנורא : נטג (גילוי איר א״ס וממילא בא הפחד), רעגד (ת״ת). גומל חסדים טובים : רנחד (מונע האירות דאצי׳ שצריך לעשות כלי השפע וכו׳). קונה הכל : קיאד (קנין מלמע׳ שמושך המאציל לנציצות להעלותם), קצבד. א־ל עליון כו׳ קונה הכל : יאד. וזוכר חסדי אבות כו׳ באהבה : יזא.
אתה גבור : רלזב (כדי שיהי׳ בנין הניק׳, לעילם אד׳, ומכאן מתחיל בנין הניק׳, תגבורות חסד העליון דע״י להיות בהגשמה כ״כ להחיית מתים).
מכלכל חיים בחסד : רעחד (נמדד בכלי׳ אי מכלכל דבריו במשפט). סומך נופלים : כחג (עלית המל׳ מבי״ע). מלך ממית ומחי׳ (ע״י שבירת הכלים יכול להיות תיקון). בעל גב׳׳ (מקיר הצמצומים והתכלית שיהי׳ מצמיח ישועה). ומי דומה לך (וכ״ז אין ערוך לעצמיתו שכל הנ״ל מבחינה התחתונה שבמאציל).
קדושה, ואתה קדוש וכו׳ : רעוא (ק. דמלאכים באה בזמן אבל ק. דנשמית — בלי הפסק — וקדישים בכ״י יהללוך סלה), פטב (שאתה אדין הנפלאית קדוש וגם שמך מובדל. וקדישים — הם המלאכים שנבראו בכ״י).
י״ב האמצעים חילוק בין שבת וחול : רלזד.
והחזירנו בתשובה שלמה לפניך : רכיא (לפניך דיקא לבחי׳ עצומ״ה), רכטג (לפני הצמצום הראשון).
סלח לנו אבינו : כזא (חכ׳). לאא (אחר התעוררית ק״ש), רלהא (טעם כי חטאנו לכן א״א למלאית החסרון רק בסליחה התקבלות רצה״ע), רפגא (יראה למע׳ מהשכל וכו׳ עד שלא יזכה בעיניו כלל יזה רק בשמו״ע). כי פשענו : רפגא (מלכני — יר״ע, פשיעה — פר״ע).
ולמלשינים אל תהי תקוה : רפבג (תק — י״ה להפריד שם הוי׳).
ולתפלתם שעה : נבב (הארת פנים).
יעלה ויבא כו׳ ויזכר : רלבא (זכרון בל׳ העלאה). רלחד (הנ״ל, זכרון אבותינו — חג״ת, משיח — מל׳, ירושלים — חיצוני מל׳, שיזכיר הי״ס וכו׳ ויביא בהמשכה אח״כ).
מודים אנחנו לך שאתה הוא ה״א : שגג (מחמת שאתה ה״א, בלי שום מופת).
מודים דרבנן : שגג (הודאה להודאה, על שאנו מודים לך, זהו מדרי׳ הייתר אחרונה ונתב״ס ע״י חכמי העדה), עיין ב״ק ט״ז.
שים שלום : רנחב (הזיווג).
בכל יום י״ג מדות הרחמים : רכזא (הנמשכים למטה ע״י המלאכים), רנחב (שביקעין ויוצאין שלא יכילם המיח).
נפילת אפים : כיא (מס״נ דנפ״א בפיעל, בך ה׳ בטחתי וגו׳), צבד (שתיקה ממש, לאחר שמו״ע, ביטול שני, ויט עד איש עדולמי — סיד נפ״א).
ואנחנו כורעים : סגב (ביטול היש).
סעודה : עיין בהענינים.
המוציא לחם מן הארץ : קאד (הה״א בפתח שבחכ׳ דאריך).

נברך שאכלנו משלו: קדב (לעשות חפירה בבינה לקבל משלו — כתר).

ברכת המזון: קטוד (שיכיר מותר לברך, שלחן לפני ה' דמיני' נפקא מזונא לעלמא), קדב (הזן — חסד, ברכת הארץ — גבו' הודאה ועל המזון — מצפון דוקא, בונה ירושלים — רחמים, וכ"ז לאחר ברכן הזימון שהכינו למקיר כח"ב ממשיכים אח"כ למדית בבהמ"ז). נותן לחם בחן ובחסד: קפב (שמחסד דאצי' יסתעף חסד גשמי), קחג (משה תיקן ברכת הזן, בל' נסתר, ביטיל בעצם — יחו"ע, ברכה, יהושע תיקן ברכת הארץ, בל' נוכח, ביטול היש — יחו"ת, הודאה). קטא (ארץ דמפקא מזון — שכל הארץ לברר), קטג (ברכת הזן מפני שחפץ חסד, טיבו הגדול לא יחסר לני — שלימותא דכולא אך עיקר החפץ שיהי' לו דירה בתחתונים). ארץ חמדה טובה ורחבה (בבחי' א"ס, ומברכים אותך — ברכה וכאן מזכירין הפסוק ואכלת שזהו התכלית), קיגב (ברכה בהתחלה שישראל ממשיכים זה, בל' נסתר ונודה לך בל' נוכח). בריתך: קידא (אור השפע שנמשך מז"א למל', אשר חתמת בבשרנו — ברית דניק' שנעשה דכר לעילמות). תורתך שלמדתנו: קיב (מה דחכ' בעצם שבא בגילוי בדיבור בפה במל'). על המזון: קפא (מלמע' ממשיכים גילויי אלקות בברכה זו שיוכלל המזון), קיד (כולן מדאורייתא רק הנוסח לפי הזמן).

ברכת אירוסין ונשואין

כל ברכות נשואין באצי', כמו שיהי' לע"ל: קלגא.

מקדש עמו ישראל ע"י חו"ק: קלאג (ע"ע רק אירוסין, ונשואין לע"ל).

ברוך יוצר האדם — כנגד אדה"ר: קלגא (אינו חותם בברכה שבתושב"כ אין צריכים חותם). אשר יצר את האדם: קלגא (כנגד חוה — תורה שבעב"פ צריכים חותם, ממני — ביטול דחכ', עדי עד — שלא יפרד לעולם).

שמח תשמח: קלדא (רעים — חו"ב מקדם לחכ' ששם השמחה בהעלם העצמית, שמח בחכ' ותשמח בבינה).

שוש תשיש: קלזב (להוציא השמחה), משמח חתן וכלה, עם הכלה: קלחג (עכשו השמחה בהחתן ולעתיד בהכלה).

אשר ברא: קלזד (בריאה בשמחה שבאה מאין מעונג ע"י חו"כ). קול מצהלות (שהשמחה יוצאת מן המסתיר ברעש). חתנים (ל' רבים — נר"ן ח"י, ונערים — מט"ט וסנדל בשירה חדשה). קול חתן וקול כלה: קלבב (שלכתחילה לע"ל יהיו שוין ואח"כ שתתעלה עוד מל' תהי' המשפיע תהי' קול כלה עיקר, משמח חתן עם הכלה).

ברכת המילה

יצאצאיו חתם: קידא (חותם ברית העליון, ברית דדכורא).

תפלת ערבית

אמת ואמונה: קיבא (לא יצא בלא הזכרתם — יחו"ע ויחו"ת).

ואמונה כל זאת וקיים עלינו: קיגג (נוק' קודם דכר).

ופרוש עלינו סוכת שלומך: רנזב (או"מ).

תפלת המנחה בערב שבת

פתח אלי', אנת הוא חד: קסבג (אין ערוך המאציל לאבי"ע). כד אנת תסתלק אשתארו כגופא בלא נשמתא: קסדב (או"כ כמו גוף ונשמה, שרש הכלים מרשימו ושרש האורות מהקו), קסהא (מל' דא"ס אור פשוט למע' מהתחלקות אלא אחר הצמצום אז נק' חכים).

קבלת שבת

לכה דודי: ריאג (המשכת כח מסוכ"ע שתוכל לעלות, דוד — פנימי' ו"ק מלמעלמ"ט לקבל פני שבת יחד עד עונג העליון).

סוף מעשה במחשבה תחלה: עוא (תחלה וסוף דמח'). עיין נתב"ס.

כגוונא דאינון מתייחדין: קסחא (יחוד במדות דאצי' מצד המוחין והאורות כאחד בגילוי). אתייחדת לתתא (בו"ק דמל' אבל ברזא בהעלם בביטול היש). לעילא לא יתיב: קסחד (לא יתיב בהיכל ק"ק דברי' עד שיתכללו הו"ק דברי' ואח"כ עולים זו"נ למע' באצי'). **למשרי עלה רזא דאחד** (ע"כ מדבר במעלי שבתא עליות כל העולמות באו"ח וכאן מדבר ביומא שבתא או"י המשכה מלמע'). **צלותא דמעלי שבתא** (פנימי'

העלי׳ של מל׳ בתפלת ליל שבת). **כד עייל שבתא** (הכנה לשבת בלבושין ובתפלת מנחה — הכנה פנימי׳ ואז מסיר ממנו כל רע וכולם נכנסים עם השר הגדול מט״ט הכולל כל העולמות). **ואיהי אשתארת:** קעא (בביטול במציאות דחכ׳ דאצי׳). ואתעטרת (שהמל׳ מתהדרת בקישוטין לעורר ז״א תוס׳ הארה, והעטרה מרפ״ח בירורין ואז ממילא אין יני׳ החיצוני׳ וערקין מינה). **ואנפהא נהירין** (הארת פנים במל׳ מלמע׳ והעטרה נעשה ע״י נש״י). **בנשמתין חדתין** (יחידה). **כדין שירותא** (קודם היחוד צריך להמשיך או״מ).

ישבעו ויתענגו, ישמחו במלכותך: ריאג (אומרים זה רק בשבת שתפלת שבת שמחה ועונג).

תפלת שחרית דשבת

כחתן יוצא מחופתו: קלג (מכתר דאימא שזהו החופה שמחבר זו״נ).

יחוה דעת: קלגג (מגלה ההעלם, חוה), קלחא (יוצא מן הלבוש המסתיר). עיין זוהר תרומה.

רננו צדיקים: קפדד (לבתר מוחין דז״א בהשמים מספרים תקנו אנשי כנה״ג רננו צדיקים — יסוד דז״א דדכורא ודנוק׳).

לדוד בשנותו: קעדד (בכלות ימי החול שמפשטת המל׳ בגדי חול), קפדד (הנ״ל), קפהא (מוחין דגדלות דשבת לפני אור אבא — אבימלך ואז יגרש החיצונים), קפהד (מקבלת המל׳ כ״ב אתוון כללים שכל בנינה מאותיות דז״א ובמזמור זה הפרשתה מהחיצונים והקבלת מוחין דשבת).

תפלה למשה: עיין זוהר.

מזמור שירו לה׳ שיר חדש: סזד (שבכל שבת יש מעין לע״ל שאז יהי׳ שיר חדש העלאה מצ״ע, לכן אומרים מזמור זה בשבת), קפוא (שיר חדש ע״ש התחדשות אור דז״א שלא האיר עדיין במל׳, זהו השיר דפרות שעלו הארון). **הושיעה לו ימינו וזרוע קדשו:** קפוג (חו״ג דז״א כשמעלה המל׳ בשבת).

מזמור שיר ליום השבת: מהד (חכ׳ דאצי׳, נזכר רק הודאה), קסטב (כל המזמור מעלית המל׳ מבי״ע עד הכתר ואז צדיק כתמר וגו׳ יסוד ז״א כארז ישגה ע״י שהעונג עולה), קפזג (מזמור זה מזמרת מל׳ — עלמא תתאה לשבת שהוא ז״א כשמאירים בה או״א שנק׳ כולו שבת, ואדה״ר בשבת כשעלה באצי׳ אמר מזמור זה). עיין זוהר. קפחד (אומרים אותו במקום מזמור לתודה — הודאה דיצי׳ ומזמור וגו׳ הודאה דאצי׳ ואומרים אותו גם בליל ש״ק נגד עלית המל׳ וכיום — נגד עלית ז״א). **ולזמר לשמך עליון** (כתר, עלית חכ׳ בכתר). **להגיד בבוקר** (יסוד דז״א בוקר דיוסף ששם גילוי כל החסדים **ואמונתך בלילות** — שמוחין חדשים נמשכו לנוק׳ — מל׳). **עלי עשור** (מעין לעתיד דכנור של דוד לע״ל יהי׳ מי׳ נימין כנגד י׳ אומות של א״י). **כי הנה אויבך יאבדו:** קבג (ששם אין יני׳ לחיצונים).

נשמת כל חי: עיין זוהר. קצגא (ורוח כל בשר וכו׳ זכרך יסוד ממשיך כל הע״ס במל׳ ותרומם ע״י רוח בעלה, מן העולם — א״ק, ומבלעדיך — מל׳ דא״ס עד מל׳ דעשי׳, ומושיע — יסוד, אלקי הראשונים — התחלת הקו וחוט, והאחרו־נים — מל׳ דעשי׳ בהשואה אחת, אלוקה כל הבריות — א״ק אדם דברי׳, אדון כל תולדות — הוספות האור באבי״ע ביחודים דאו״א, וה׳ לא ינום — בכתר אין שם דורמיטא והוא עוד מעורר ישינים, ומשיח אלמים — מל׳ כשנתגבר יני׳ החיצונים ומתיר אסורים וכו׳, לך לבדך — הכל מהארת מל׳ דא״ס בכתר). **שירה כים כו׳ כהמון גליו:** קצדב (מל׳ — גלי הים, מלאכים, אין אנו מספיקין — שכל הג׳ התפלות מז״א — מקור הזמן אבל למע׳ מהזמן — כתר אין הזמן מספיק להכיל הודאה).

כליל תפארת בראשו: רא (התגלות כח״ב).

הבוחר בתורה ובישראל: קמגד (פנימי׳ ח״ע).

קדושת כתר דשבת: רכאא (מקבל מבחי׳ כתרים דאו״א בעצמו).

יגלי לן טעמי׳: רגד (שי״ב לחמים בשבת מפנימי׳ הכתר אינם מורגשים לנפש האדם ולכן אנו אומרים יגלי לן טעמי׳ הללו. כפילא — מילוי ההין וקלישא מילוי היוד וכו׳).

תפלת מנחה דשבת

אברהם יגל כו׳: ראד (אבל יעקב ובניו שאין לדינין יני׳ כלל מקו האמצעי לכן הוא מנוחה שלמה ושלוה והשקט ובטח).

מנוחה שלמה: רב (שלימות ז״א מהארת כח״ב).

הבדלה: המבדיל בין קודש לחול: קמהב.

קידוש לבנה: פועל אמת שפעולתו אמת: קיגד (חכ"ע בז"א — פועל אמת, ובמל' — פעולתו אמת). מחדש חדשים: ריבא (חידוש הדיבור בהמשכת מוחין חדשים). קונך בוראך וכו': רצגא (קנין באצי'). כשם שאני רוקד: קכחג (מל' דאצי').

תפלת יום טוב

ואין אנו יכולין להשתחוות: רעוב (הגם שיכולין גם עכשיו להשתחוות אבל לא יתגלה אליו מפני' דאלקים שמחמתו יתבטל ויתכלל וכו').
גלה כבוד מלכותך: קסהא (שיהי' גילוי עצמותו), רכטב (מל' דא"ס), שהא (אבינו ע"ב, מלכנו ס"ג, גלה ג' רשין, מלכותך — מל' דא"ס), שזא (גילוי כזה לא יהי' עד משיח, מל' דא"ס שיאיר בהוד).
וישמחו בך: קבג (למע' מהרגשה), רסחא (ההת־בוננות בעצמות אוא"ס השמחה בל"ג).

תפלת ראש השנה

קדוש אתה ונורא שמך: רנב (מל' דא"ס, צדקה — מל' דאצי' שהיא תוכלל במאור). עיין עשי"ת.
יבחר לנו את נחלתנו: קלהב (אחר התגלות הארת שעשועים העצמיים, נדיבי עמים נאספו לינק, לכן החותם — יבחר לנו).
וידע כל פעול: רלחג (אפי' בהמות, ביטול כמו קודם החטא).

הגדה של פסח

עבדים היינו לפרעה: רצדד (בעורף דא"א ויוצי־אנו ביד חזקה וכו' ובזרועות דא"א, שרש דגדלות דז"א בתו"מ ולכן מצוה עלינו).
הרי אני כבן שבעים שנה: רסגג (כמו תמר בגדלות המוחין של ע' שנה).
ארבעה בנים: רצטד (חכם אינו מאין הוא הדילוג בג' מוחין, תם בברי' ושאינו יודע לשאול — בעשי', רשע ביצי' ובחכ' אתברירו, הקהה שלא יוכל לקבל וישארו אותיות רע).
בעבור זה: רצטא (בעבור המשכת אבא עשה לי דוקא ולא לו שכבר הובדל הפנימי' וכו').
וארבה את זרעו (בגי' יצחק): רמזא, רנזד.
לא על ידי מלאך כו': רצטא (אבי"ע).
דיינו: נא (ט"ו דיינו שנק' טובה כפולה).

שלא הספיק כו' להחמיץ: רצוג (שפסח מצרים רק על יום אחד *), מפני עוצם הגילוי התבטל במציאות), שאג (מהלך עד סוכות זמן רב לא נתחמץ מפני עוצם הביטול דמורא גדול).

ספירת העומר

היום יום: רפהב (יום הגדול שבלתי מוגבל בבחי' אנכי נמשך ומאיר ליום הקטן וכו' להפוך בו מחשוכא לנהורא), רפזב (יום שבע"י וא"א יאיר בספי' לאבא ומאבא לזו"נ), רצב (במספר א־ל הוי' — הארת הכתר), רצחב (לשון זכר ממדות דאבא), דשא (היום מאיר אור חסד שבחסד דקדושה האלקית ומאותו האור נדחה הרבה חושך), שיג (מונין בהתכללות שני ימים וכו').

רמב"ם מנה לא תטע לך אשרה — שלא תבנה ביהמ"ק מעצים: כאב. שכלים נבדלים שנבדלים בהשגתם: פדא.
שער הגמול דרמב"ן: גופים דמלאכים: רעהד.
ר"ח ופרדס אידות שרש עוה"ב מדין, עולם הזה מחסד: לדב.
קבלת הרמ"ק: קצבג, ריזג (לפי שיטתו רק ת"ת נק' הוי' ולא כל ז"א).
סידור האר"י: לטג (הכוונות דברוך שאמר יבכ"מ אח"ז).
האר"י, תורותיו ופתגמיו (כתבי האר"י): אפי' בע־לית העולמות צריך שתרד תחלה הארה מלמע': יטב. מל' דא"ס — גלגלתא דא"ק אין אני רשאין לדבר רק מנה"י דא"ק וכו': כדב. ב' מיני בירורים באותו עולם ומה שיצא לחוץ: לאא. שרש עוה"ב ממדת הדין והעוה"ז מחסד: לדב. בשרש ענין מילה ופריעה: קמגג. חידושו בענין תיקון והתכללות. קבלת הרמ"ק: ריזג (לפי שיטתו כל ז"א נק' הוי' מצד ההתכללות), ריחד (ע"פ הנ"ל יתורץ ענין סוכות שבלאו הכי היא ת"ת אך בלא יו"ט בחיצוני' ז"א וכו').
עץ חיים בתחילתו: תכלית הבריאה שיהי' לו ית' דירה בתחתונים: קטב (תחלת ההתעוררות מפני שחפץ חסד). שיש בכל עולם אורות וכלים ולבושים והיכלות: כא. מעמד ומצב החיצונים

---

*) ראה הערת הצ"צ בהערות וציוונים לדף רצו, ג.

בין עיגולים ויושר: סחג (שיניקתם מיושר ולזה לא יכלו להתחבר עיגולים ויושר). מי׳ כלים דז״א נעשה נר״ן בבי״ע: עגג (דרק מבחי׳ כלים יכול להיות עולמות מוגבלים ולא מבחי׳ אורות). לבוש החשמל מחיצוני׳ אימא וכו׳ מנעל וכו׳ פרסא: קמזב. שהי׳ ספי׳ הראשונות במל׳ תמיד מאירים וה׳ אחרונות רק לפעמים: קפבד. ע״ש מקבלים מאופנים: רל. שאין אנו רשאים לדבר בבחי׳ מל׳ דא״ס: רלג. אבא מלביש חסד דא״א ובינה לגבו׳ דא״א: רמגב. יחוד דאו״א נמשך טפת אבא: רמהב. טעם שמו של יעקב — אך יצוא יצא: רנזד. קי״ס — זווג דקטנות: רפטב. יצ״מ — דז״א הי׳ בעיבור דאימא: רצגג.

שערי ציון, שערי הפדיונות הג׳ שמות הראשונים נמתקים: רלחא.

הבעש״ט: כוונת המקוה: קנזא. כוונת התקיעות: רמדג. ה [שטו]. ו [שטז].

המגיד ממעזריטש: זמן הוא נברא מחודש: עהד. לכן יש במלאכים יותר נצחיות מבהנשמות שיש בהן בחי׳ יראה יותר: פבג. כוסי רוי׳ בגי׳ רכ״א לוגין מיין המשומר, מדת א״א: קגד. ביראה פנימי׳ בושת ויראה חיצוני׳: קנאג.

ספר לקוטי אמרים הגדול, בענין כל בעלי שיר וכו׳: רעהד.

תניא פמ״ג, ביאור יר״ע ויר״ת: קנאג. פנ״ב־נג, היכל ק״ק דברי׳ שחב״ד שבו היינו התלמוד: צזג (ענין נתב״ס, המעלה בתחתון בהיכל ק״ק ובתורה).

לקו״ת, על כל מוצא פי ה׳ יחי׳ האדם — מתוהו: קזג (אינו מתיישב כיון שעל חיות האלקי קאמר וא״כ מה על כל מוצא).

ספר נעים ונחמד אודות הילוך השמש והלבנה: קפבד.

הפילוסופים לא ידעו סוד רפ״ח ניצוצין ע״כ להם השינוי: קנזב.

ספרי רפואה, אודות שינה: קמזב. כאשר יתקלקל כלי מוחא יתקלקל אותו כח השכל דוקא המיוחד לאותו המוח: קסבב. אודות זיעה: שטב.

ספרי הטבע, בטפה בכח כללות כל האברים וגם בגרעין: קצאג. נלאו כל חכמי הטבע להבין סיבת החמימות והקרירות: שגא.

חכמי התכונה נלאו להשיג טעם הסיבוב של הט׳ גלגלים ואין משיגים יותר מי׳ גלגלים ולבחי׳ צורה שלהם קורין שכלים נבדלים וע״פ קבלה אינה רק חיצוני׳ הכלי דמל׳ דמל׳ שבעשי׳: רעאב.

לוח התקון

א, א, שורה המתחלת יגביה — נדפס: ויכרכוה, צ״ל ויכרכם.
עג, א, לפני שורה אהבת עולם — צ״ל: גם בשבת ויו״ט אומרים אהבת עולם ולא אהבה רבה.
צט, ג, ש״ה המצות — נדפס: שלא, צ״ל: ולא.
קיח, א, ש״ה המברך — נדפס: מרנן ורבנן ורבותי, צ״ל: מרנן ורבותי.
קיט, ג, ש״ה במ״מ — נדפס: כשאכלו, צ״ל: כשאוכלו.
שם, שם, ש״ה שיתמעכו — נדפס: אם שלם, צ״ל: אם הוא שלם.
קכ, א, ש״ה סעודה אבל — נדפס: סעודה אבל, צ״ל: סעודה עליו. אבל.
שם, ב, ש״ה אבל אם — נדפס: ותנור, צ״ל: והתנור.
שם, ד, ש״ה מכזית שנשרו — נדפס: והניחן, צ״ל: ונמוחו.
שם, שם, ש״ה ידי זה — נדפס: נמחו, צ״ל: נמוחו.
קכא, א, ש״ה שבלילתה — נדפס: ונאפת, צ״ל: ונאפית.
שם, ב, ש״ה ומתכוין — נדפס: להנות, צ״ל: ליהנות.
קכב, א, ש״ה לתענוג — נדפס: בלבד לגרר, צ״ל: בלבד ולא לגרר.
שם, שם, ש״ה של אדם — נדפס: ולגרר, צ״ל: ולהגרר.
קכג, ב, ש״ה (שקורין — נדפס: לאכול, צ״ל: להאכל.
קכה, ב, ש״ה כגון — נדפס: שקורין פאווידלא, צ״ל: (שקורין פאווידלא).
שם, ג, ש״ה ברכתם — נדפס: הי׳, צ״ל: היא.
שם, שם, ש״ה סוף — נדפס: האדם אין, צ״ל: אדם מצטרפין זע״ז יותר מכן אין.
שם, שם, ש״ה בשתייתו — נדפס: רביעית בכדא״פ, צ״ל: רביעית הוא בכדא״פ.
שם, שם, ש״ה כמו צירוף — נדפס: אכילות, צ״ל: אכילה.
קכה, ב, ש״ה אפילו לא הניח — נדפס: חברים. והוא, צ״ל: חברים בבית זה. והוא.
שם, שם, ש״ה שמין דגן — נדפס: חשיבות, צ״ל: חשיבותו.
שם, ג, ש״ה והוצרך — נדפס: בבית ראשון, צ״ל: בב״ת הראשון.
שם, שם, ש״ה במקומו — נדפס: שגומר, צ״ל: שגמר.
שם, שם, ש״ה באמצע — נדפס: אחוריו, צ״ל: מאחוריו.
קכו, א, ש״ה וברכת מין ז׳ — נדפס: שנתבאר. (אפילו, צ״ל: שנתבאר: (יב) אפילו.
שם, שם, ש״ה לברכת בפה״ע — נדפס: ז׳ ולכן, צ״ל: ז׳ (ולכן.
שם, שם, ש״ה הענין — נדפס: כל, צ״ל: וכל.
שם, ב, ש״ה ממנו המור — נדפס: ליתנו, צ״ל: וליתנו.
שם, שם, ש״ה נקרא ג״כ — נדפס: בשאר השנה, צ״ל: בשאר ימות השנה.
קכז, א, ש״ה ומלכות — נדפס: שירשו, צ״ל: שיורשו.
שם, שם, ש״ה השגת ידו — נדפס: כמ״ש בה׳ צדקה, צ״ל: (כמ״ש בה׳ צדקה).
שם, ב, ש״ה האחד להוציא — נדפס: חבירו, צ״ל: חבריו.
שם, ד, ש״ה לילה — נדפס: וניצול כולם, צ״ל: וניצל על כולם.
קנג, ד, אחרי שורה ד׳ כ״ג — צ״ל: דס״ז ע״א ר׳ חייא פתח.
קס, א, ש״ה הוא — נדפס: בקרוב, צ״ל: בקירוב.
רכד, ד, ש״ה ברוך — צ״ל: סברי מרנן ברוך.

הערות וציונים

(נערכו על ידי הרב התמים ר׳ יהודה ליב שי׳ גראָנער)

ההערות הבאות לקמן — בנוגע לנוסח ומנהגי תפלה — עיקר מטרתן לקבץ מנהגינו כפי שבאו בכו״כ מקומות, ונסדרו כאן על פי סדר התפלה, שבת ויו״ט וכו׳.

ההערות לדרושי הדא״ח — עיקר מטרתן לציין אלו הדרושים שנדפסו גם בשאר ספרי רבותינו ונשיאינו הק׳ או שנמצאים, לע״ע, בביכלאך כתבי־יד בתוספת הערות וציונים.

כן צויין כאן לכמה דרושי דא״ח המבארים לשונות ועניני תפלה ולא נכנסו בסידור זה (נוסף על המובא ומצויין בסידור עם לקוטי תורה, (פיעטרקוב, תרס״ז; ווילנא, תער״ב) באשר שם הובא וצויין רק בהנוגע לתורה אור ולקוטי תורה).

בהעניינים המובאים בדרושי הדא״ח בסידור — באשר אין המקום מספיק לציין בכל ענין וענין — יכול הלומד להסתייע בהבנתם מהמבואר במ״א — עפ״י המצויין במפתח ענינים שנדפס בסו״ס תניא, תורה אור, לקוטי תורה, סידור ועוד.

דף / שער	שורה / סדר	
		סדר תפלות . . עפ״י נוסח האריז״ל: ראה לעיל בפתח דבר ע״ד נוסח אדה״ז. — אם מותר לשנות מנוסח אשכנז או ספרד לנוסח אריז״ל, עיין שו״ת מהרשד״ם חאו״ח. חת״ס חאו״ח סט״ו. מנחת אלעזר ח״א סי״א (וש״נ לכמה ספרים הדנים בזה) ומסקנתו דמותר לשנות מאשכנז לספרד ואר״י, אבל לא להיפך, עיי״ש. ומעשה רב — ביכות אדה״ז שרובא דרובא מאלו שנקטו בנוסח האריז״ל מדוייק עפ״י רבנו הזקן הי׳ עליהם לשנות ממנהגם הקודם, כמובן, וביניהם כו״כ גדולי ההוראה (ממכתבי כ״ק אדמו״ר שליט״א).
		המתפלל נוסח אר״י מותר להתפלל נוסח זה גם כשמתפלל עם צבור שמתפללין נוסח אחר ואין בזה משום לא תתגודדו. ראה פס״ד להצ״צ חאו״ח (ח, ד ואילך). ובאם מותר לו לירד לפני התיבה ולהתפלל בנוסח שלו ולא של הצבור — מעשה רב, אשר מהר״ן אדלער (ובעל ההפלאה) עבר לפני התיבה בנוסח ספרד ובני המנין שלו התפללו נוסח אשכנז (שו״ת חת״ס חאו״ח סט״ז). ואכמ״ל.
א	בשבתו	בכל שבת . . יחידי סגולה עמנו: ראה ג״כ מכתב אדמו״ר האמצעי הנדפס בתחילת ביאורי הזהר ובמקומות המסומנים לעיל ב„פתח דבר״ הערה 9.
״	ולבבם	לא אמנע . . להביא בדפוס . . בפי׳ מאמרי הזהר: הכוונה להנדפס בספר ביאורי הזהר, וכמש״כ שם באגרת־ההקדמה: כבר יעדתי בהקדמה לסידור הנדפס נידון הדפסת ביאורי מאמרי הזוהר.
א, א	השכמת	השכמת הבקר: ע״ד פסקי רבנו הזקן בסידורו — ראה לעיל בפתח דבר.
		מראי מקומות ומקורות לרובם של דינים אלה (השכמת הבקר, נט״י) — ראה שו״ע אדה״ז הלכות השכמת הבקר, נטילת ידים — מהדורא תנינא. לדינים ומנהגים המובאים בסידור — ראה שער הכולל (להרה״ג וכו׳ ראה״ד ז״ל לאוואוט), קצות השלחן, קונטרס הסידור ופסקי הסידור (להרה״ג וכו׳ רא״ח ז״ל נאה).
״	מודעת	מעלת קימה בחצות לילה: ראה ג״כ שו״ע אדה״ז חאו״ח מהדו״ת סי׳ א׳ סעיפי ב־ג. הערה לתקון חצות (נדפסה להלן דף קנא, ב). וראה ג״כ ביאורי הזהר בראשית (ב, ג ואילך).
״	עוברת	ליטול כל פרק . . לקנה הזרוע: מועתק בזה קטע ממכתב כ״ק אדמו״ר שליט״א (מיום כ״ג תמוז, תש״ט[1]): בשיעור נט״י שחרית בט״ב ויוהכ״פ:

1) נדפס בקובץ ליובאַוויטש חו׳ 14 ע׳ 209.

אף שפסק אדה״ז בשו״ע שלו סתריי״ג ס״ב שנוטל ביוהכ״פ עד קשרי אצבעותיו, כנראה מסתפק כת״ר בהלכה למעשה, כיון שהחמיר רבנו בסידורו דנט״י שחרית צ״ל עד מקום חבור היד „לקנה הזרוע כי עד שם הטומאה מתפשטת״, וא״כ לכאורה גם בט״ב ויוהכ״פ צ״ל עד קנה הזרוע.

והנה על הראי׳ מדין דט״ב ויוהכ״פ לשיעור נט״י שחרית — כבר רמז במג״א ס״ד סוסק״ז (עיין במ״מ לשו״ע אדה״ז מהד״ק ס״ד ס״ז). ולכן חלקו, בנט״י שחרית כל השנה, בין לכתחילה ושעת הדחק (שו״ע אדה״ז שם. שע״ת בשם שלמי צבור. קש״ע ב, ג. משנה ברורה ד, ט. ועייג״כ בפרמ״ג).

אבל בכתבים — הובא במג״א ובבה״ט — כתבו סתם שצ״ל עד פרק הזרוע. וכ״מ קצת גם בסידור רבנו.

אף שבת״ב ויוהכ״פ לד״ה נוטל רק עד קשרי אצבעותיו. כן הורה ג״כ כ״ק מו״ח אדמו״ר שליט״א.

וראיתי הטעם (איני זוכר עתה באיזה ספר) [הגהה לאחר זמן: שוב מצאתיו במקדש מלך לזהר ח״ב קעג, א (וכ״ה גם בס׳ עולת תמיד שער התפלה קרוב לסופו)] כי ביוהכ״פ אין כ״כ שליטה לרוח הטומאה, ולכן כשיעור אינה שורה אלא עד קשרי אצבעותיו.

ועד״ז י״ל, אשר בת״ב מפני החלישות שבקדושה אינה מתאווה כ״כ לשרות. וע״ד מש״כ בשו״ע רבנו מהד״ב בסופה, ומתפשטת רק עד קשרי אצבעותיו. וטעמא דמסתבר הוא.

ועד״ז צ״ל גם בנעילת הסנדל דאסור הן ביום הכפורים הן בת״ב.

בהנוגע ליוהכ״פ — ראה לקו״ת שה״ש ד״ה מה יפו סס״ג. ובפע״ח שיוהכ״פ פ״ד (הועתק בנגיד ומצוה ובסי׳ מהרי״ק — באו״א קצת.

הגהה לאחרי זמן: שוב מצאתי ברשימות הצ״צ על איכה וז״ל: ט״ב ויוהכ״פ שניהם אסורים בנעילת הסנדל, אלא שזה מצד מעלה יתרה בעליות המל׳ למע׳ מבחי׳ נעל וזה להיפך. ע״כ ממכתב הנ״ל.

• • •

באשל אברהם (להרה״צ וכו׳ מבוטשאטש) מהדו״ת סי׳ ד סעי׳ כב מעיר על דברי רבנו הזקן הנ״ל: נראה דלא כתב כן [שצ״ל עד פרק הזרוע] רק למדת הסידות, שהרי ביו״כ וט״ב נוטלים רק עד הכף והיינו האצבעות לבד. — ועפ״י הנ״ל סרה תמי׳ זו.

״ הטומאה — וככהן שמקדש . . ולכן מברכים: צ״ע אם כהן המקדש ידיו ורגליו הי׳ מברך. ואכמ״ל.

״ מאחר — צריך ליזהר . . מים הכשרים לנט״י לסעודה: ראה שו״ת צ״צ — שער המילואים חאו״ח סי׳ א[2]).

״ וגם — שלא ליגע בידו . . שאינה נטולה: נראה שכוונתו רק מים שנגעו אל ידיו בשעת הנטילה ממש כו׳. מה שאין כן נגיעה שלא בעת נטילה אין ממנה חשש כמפורש גבי נט״י לסעודה בשם התה״ד ז״ל (אשל אברהם (הנ״ל) שם ד״ה ומ״ש שם).

א, ב לתפלה — אם ישן . . נט״י לד״ה: והיינו לצאת לדעת הרא״ש דטעם הנטילה הוא מפני שהידים נוגעות מן הסתם כשישן במקומות המכוסים בגופו וזה לא חיישינן בשינת ארעי, כמ״ש הרא״ש בתשובה הובא בב״י, ע״כ צריך למשמש קודם הנטילה בגופו ויתחייב בברכה (קצות השלחן סי׳ ב׳ סעי׳ ז׳ ס״ק כא).

באשל אברהם (הנ״ל) שם מעיר על דברי אדה״ז הנ״ל: כי משמע שבזה שייך ממה נפשך, שאם נט״י שחרית משום נקיות חייב ולי״א גם בלא שינה משום סדר היום כמו בקידוש ידים ורגלים בביהמ״ק, והרי שייך גם בלא שינת ארעי כלל ממה נפשך כנ״ל. ע״כ.

ואולי י״ל אשר דעת אדה״ז שבנט״י שחרית ישנם ג׳ טעמים: א) העברת רוח הטומאה (זוהר). ב) ידים נקיות (רא״ש). ג) להתקדש ע״ד כהן[3]) (רשב״א). ודעת אדה״ז שמברכין ברכת ענט״י רק כשישנם כל ג׳ הטעמים ביחד, אבל כשחסר טעם א׳ אין מברכין משום ספק ברכות להקל[4]). ולזה אם ניעור כל הלילה שאז „לא שרתה עליו רוח הטומאה״[5]) כלל „לא יברך ענט״י״, אבל ב„אם ישן יותר משתים נשימות אפילו ישן שינת ארעי . . משמש במקומות המכוסים״ אז ישנם כל ג׳ הטעמים ביחד: לדעת הזהר: „בשתין נשמי אתדבק סט״א בידים״, לדעת הרשב״א: צריך להתקדש ככהן, לדעת הרא״ש: נגע במקומות המכוסים. ולזה דוקא בשינת ארעי עכ״פ ו„משמש במקומות המכוסים״ — יכול לברך ענט״י לד״ה.

א, ג ולא — בל תשקצו מד״ס: גם בשו״ע (מהדו״ק סי׳ צב סוס״ב ובמהדו״ת ס״ג סי״א) פוסק כן.

״ נוסח — נוסח הברכות וכו׳: כ״ק אדמו״ר (מהורש״ב) נ״ע אמר: קודם רחיצת הפה שחרית, אין לברך — מלבד בימי התעניות — ברכות השחר[6]).

---

2) הועתק ג״כ בהוספות לשו״ע אדה״ז או״ח ח״א (קה״ת, תש״כ).

3) להעיר אשר בסידור כאן הביא אדה״ז לטעם עקרי דנט״י שחרית להרשב״א משום להתקדש ככהן, והטעם דנעשה ברי׳ חדשה — שבזה מתחיל הרשב״א בתשובתו (ח״א סקצ״ח) — מביא בסוף הענין. ובמהדו״ת (ס״ד ס״א) לא הביא כלל הטעם דנעשה ברי׳ חדשה, ובמהדו״ק (ס״ד ס״א) מתחיל בזה דנעשה ברי׳ חדשה ומביא גם סיום הענין להתקדש וכו׳ -- ואולי לדעת אדה״ז שני טעמים הם. ואכמ״ל.

4) ראה שו״ע אדה״ז מהדו״ת ס״ד ס״א: לחזור אחר מים לתפלת מנחה . . אבל לא לברך שספק ברכות להקל. עיי״ש ובכ״מ.

5) כן כתב הרח״ו — הובא בברכ״י או״ח ס״ד סק״ה. וראה ג״כ כף החיים שם ס״ק מז.

6) היום יום ע׳ פא. וראה שו״ע או״ח ס״ד. שו״ע אדה״ז שם. אבודרהם. כל בו. לבוש שם. מטה משה.

הערות וציונים

דף	שורה	
		פי׳ המלות מברכות השחר[7]) — נדפס בסידור מאה שערים (מה, א ואילך).
״	ברוך	ברוך אתה ה׳ : **ראה ד״ה להבין ענין הברכות בתו״א בראשית, ובלקו״ת ג״פ לשם. בס׳ מאמרי אדה״ז — אתהלך לאזניא. ד״ה ברוך אתה ה׳ (שם).**
״	ברוך	ברוך כו׳ על נטילת ידים : **מנהג[8]) כ״ק אדמו״ר (מהורש״ב) נ״ע עפ״י סיפור כ״ק אדמו״ר (מהוריי״צ) נ״ע : בשעת דער טאַטע זאָגט על נטילת ידים [שחרית] הייבט ער אויף די הענט ביזן קאָפּ, ניט העכער פאַר דעם אָרט פון פיאות הראש, אַנדערש ווי בשעת ער פלעגט זאָגן ברכת ענט״י לסעודה. דער שינוי איז אין דריי זאַכן : א) בשעת׳ן זאָגן ענט״י פון ברכות השחר — זיינען שוין די הענט טרוקן אָפּגעווישט[9]). ב) די הגבהה איז עד הראש[10]) ביז דעם אָרט פון פיאות הראש. ג) די הענט זיינען פאַנאַנדערגעשפרייט[10]). בברכת נט״י לסעודה : א) ער זאָגט ענט״י בשעת השפשוף, אחר הנטילה קודם הניגוב[11]). ב) די הגבהה איז נאָר כנגד הלב, ניט העכער. ג)ביידע הענט שלובות, ניט פאַנאַנדערגעשפרייט.**
״	ונתחייב	ובלבד שיהא מחצות לילה ואילך : **באשל אברהם שם מעיר : וכעת לא ראיתי מפורש שיהי׳ ברכות השחר אחר חצות דוקא וצל״ע כעת. ע״כ.**
		והנה בשער הכוונות ענין ברכת השחר כותב : ועל כן אנו מברכין ברכה זו [הנותן לשכוי וכו׳] אחר חצות לילה ואילך. וראה ג״כ פע״ח שער הברכות פ״ז. משנת חסידים מסכת חצות פ״ג מ״ג. סי׳ האריז״ל ברכת שחרית. וראה כף החיים סמ״ו ס״ק מט וש״נ.
א, ד	בתשעה	בשתעה באב . . ברכה זו : **ואין מברכים ברכה זו עד למחר[12]).**
ב, א	ברוך	ברוך . . שלא עשני גוי . . אשה : **לכאורה הברכות הללו אינם ראוים לברך רק בתחלת התולדה כי איך ישתנה מהותו מיום ליום כו׳. אך באמת מבואר בכהאריז״ל שגוי ועבד ואשה הם בק״נ והוא כנ״ל[13]) ששינה א׳ משישים במיתה ויכולין להדבק בו קליפות ע״כ מקודם מברכין על גילוי אלקות בקרבו לבלי יטמא ח״ו מגקה״ט לגמרי, ואח״כ מברכין על השמרו מלהטמא בק״נ כו׳ (מאה שערים מו, ב). וראה ג״כ כף החיים חאו״ח סי׳ מו ס״ק לב שהאריך בביאור הנ״ל.**
ב, ב	עד	מברך בקומו מחצות הלילה ואילך : **אף שלעיל קודם ברכת הנותן לשכוי כבר כתב : כל הברכות הללו מברך . . ובלבד שיהי׳ מחצות לילה ואילך — אולי כפל זה עוה״פ כאן להוציא מהאומרים שאעפ״י אשר שאר ברכות השחר אין לברך קודם חצות לילה, אף אם ישן שינת קבע בלילה וקם לפני חצות, אבל ברכת התורה יוכל לברך גם קודם חצות. — הדעות בזה הובאו בכף החיים סי׳ מז ס״ק כט. עיי״ש.**
ב, א	דיני	דיני ציצית : **בבונה ירושלים סי׳ קלה (ע׳ קמט ואילך) מבאר — ע״פ דא״ח ובקיצור — סדר התפלה החל מלבישת טלית, תפילין וכו׳. עיי״ש.**
		בדפוסי קאכוסט וברדיטשוב הכותרת : שער הציצית בטור ימין — דיני ציצית והכותרת כי נר מצוה, ובטור שמאל — ד״ה ועשו להם ציצית והכותרת ותורה אור. להעיר אשר כאן הנוסח דיני **ציצית, ובסי׳ תורה אור :** הלכות **ציצית, וכן הוא בהנוגע לתפלין וק״ש.**
ב, ג	הכנף	קשר אגודל . . רוחב הטלית . . אורך הטלית : **ראה פס״ד להצ״צ חאו״ח (ב, ג[2]).**
ג, ב	בשעת	בשעת בדיקת הציצית יאמר זה (ברכי נפשי) : **ראה פס״ד להצ״צ ח״ב לקוטים (סט, ב[2]).**
״	בהתעטפו	בהתעטפו יכוין : **ראה שם[2]).**
״	העטיפה	העטיפה צ״ל מעומד : **ראה שם[2]).**
״	וקודם	וקודם שיתחיל להתעטף יברך : **ראה שו״ת שארית יהודה — חלק שו״ת או״ח ס״א. הוספות שם — ס״א. דברי נחמיה האו״ח ס״ט[2]). היום יום ע׳ פה.**
״	מלפניו	וא״צ לכסות . . ומנהגנו לכסות . . גם העינים : **מועתק בזה קטע ממכתב כ״ק אדמו״ר שליט״א בענין זה : . . במענה על מכתבו . . בו כותב מענין עטיפת הטלית גדול כעטיפת הישמעאלים אם צריך לכסות ראשו עד פיו או לא, ומעיר על השינוי שבין שו״ע רבנו הזקן ומה שפסק בסידורו, ואשר לכאורה יש להעיר לזה מיו״ד סי׳ שפו ומקומות המובאים שם.**

קצור של״ה. מטה אהרן כלל ה. קצשו״ע ס״ב ס״ג. סידור מהר״י קאפיל בסדר נט״י שחרית. — מס׳ עמק הברכה מובא שידיח ב׳ או ג׳ פעמים. וראה ג״כ שו״ע אורח חיים סתקס״ז ס״ג (הערת כ״ק אדמו״ר שליט״א בספר המאמרים תשי״א ע׳ 272).

7) כנראה אשר זהו מהצ״צ — והוא השלמה לס׳ פירוש המלות שלו (פאלטאווא, תער״ב).

8) נדפס בלקו״ד כרך ג׳ תמח, ב. — ועפ״י מכתב כ״ק אדמו״ר שליט״א — זוהי הוראה לרבים.

9) ראה מחזיק ברכה — להחיד״א — לשו״ע או״ח ס״ד אות א׳. הדעות בזה הובאו בכף החיים שם.

10) כ״כ בסידור האריז״ל, משנת חסידים, ובכ״מ. — ועפ״י המבואר שם צ״ע להשינוי בנוגע לנט״י לסעודה.

11) שו״ע אדה״ז חאו״ח סי׳ קנח סט״ז.

12) הוראת הצמח צדק בשם רבנו הזקן. — ודלא כייש נוהגים לברך בלילה כשנועל הסנדל (הערת כ״ק אדמו״ר שליט״א). וראה מחזור השלם ע׳ ריח.

13) הכוונה להמבואר בפירוש המלות שם.

דף שורה

וכבר העיר על הנ״ל בס׳ קצות השולחן להרה״ג אברהם חיים נאה בחלק א וחלק ב בסופו ובהערות שם, וכן בספרו פסקי הסידור העוסק בהשינויים שבין סידור רבנו והשו״ע שלו.

ובמה שיש מקשים שאיך אפשר שעטיפת הישמעאלים תהיה באופן שהעינים מכוסות דא״א להליכה באופן כזה, כמדומה שאפילו בימינו כמה מהישמעאלים הולכים כזה בכמה מדינות בשביל להגן על עיניהם מהחול שבאויר הבא מרוחות בלתי מצויות ואפילו מרוח מצויה, ורואים הנעשים מתחת וגם במרחק איזה אמות כיון שהטלית תלוי באופן חפשי ולא חבוש על העינים, והוא ע״ד ההנהגה שלא להביט מחוץ לד׳ אמות.

מנהגנו ע״פ הוראת כ״ק מו״ח אדמו״ר בעת העטיפה לכסות בחלקו העליון של הט״ג גם העינים אבל אין מכסים עד הפה.

〃 וכן — וכן בטליתות קטנים . . כדי לברך להתעטף : מנהגנו : בלבישת טלית קטן בבוקר בידים נקיות ובמקום שמותר לברך, מברכים „על מצות[14]" ציצית" — כיון שאין בט״ק שלנו שיעור עיטוף. אם אסור לברך אזי קודם התפילה — אם אינו לובש ט״ג — ימשמש בד׳ ציציותיו ויברך או[15]) (היום יום ע׳ סב). ובאם לובש ט״ג — אז עושה כנכתב כאן בסידור.

〃 אור — והמדקדקים נוהגין לישן בט״ק . . ע״פ הסוד יש מצוה בלבישת טלית קטן גם בלילה : ראה מג״א סי׳ כא סק״ב. פס״ד להצ״צ חאו״ח (ג, ב).

ג, ג (ד״ה) ועשו — ועשו להם ציצית : ראה אמרי בינה שער הציצית ושם בהרחב הביאור. בבוך באברויסק נומ. 44; 63. בבוך להבין ענין — גרונם (קיד, א). בבוך הגהות — רח״ל — הגהות מהצ״צ. ראה ג״כ ד״ה זה במאמרי אדה״ז — אתהלך לאזניא (ע׳ קפז).

〃 ממח׳ — עוטה אור כשלמה וכו׳ : הענין שנתבאר כאן — הובא ברשימות הצ״צ לתהלים על פסוק זה, עיי״ש.

ה, ג אדון — אני מי שאני דלא אשתמודע וכו׳ : בד״ה אנכי, תקס״ב ובכ״מ בדא״ח מבאר זה בנוגע לאנכי מי שאנכי. וראה זח״ג יא, א. לקו״ת פנחס (פ, ב).

אני . . אין דכתר עליון : ראה ד״ה אנכי תקס״ב הנ״ל. לקו״ת שלח (מז, ד). ובכ״מ.

〃 דיני — דיני תפלין : בדפוס קאפוסט הסדר : שער התפלין ד״ה תנא ברזא עד סיום המאמר, אח״כ מתחיל — בטור הימני — ד״ה שימני כחותם והכותרת „תורה אור", ובצדו, בטור השמאלי — דיני תפלין והכותרת „נר מצוה".

הוראה לרבים: מתחילין להניח תפילין שני חדשים קודם הבר מצוה, בתחלה בלא ברכה וכעבור איזה שבועות[16]) בברכה (היום יום ע׳ עה)[17]).

〃 אחר — אחר שלבש הט״ג יניח תפילין : אף שהלכות ציצית ותפילין מסודרות בסידור אדה״ז קודם מה טובו, אבל מנהגנו „להניח [טלית ו]תפילין של רש״י קודם אמירת פרק איזהו מקומן ומתפללים בהם עד אחרי אך צדיקים גו׳" (היום יום ע׳ פ). ראה שם הסדר לאלו המניחים ד׳ זוגי תפילין. וראה ג״כ לקוטי שיחות כרך ב ע׳ 507 ואילך.

ה, ד אני — אני . . שהוא הידוע : להעיר מד״ה אנכי אנכי, תקס״ב, ושם מבאר זה על תיבת אנכי.

ו, ב אחר — יכרוך ג׳ כריכות וכו׳ : מנהגנו בזה — ראה לעיל בהגהות כ״ק אדמו״ר מהורש״ב נ״ע.

〃 כל — כל אשר נגע . . יניח תפילין דר״ת : משמע שאינו חיוב כמו תפילין דרש״י, גם לפס״ד אדה״ז בסידורו (וראה שער הכולל פי״א ס״ק לח). ובכל אופן צע״ג טעם המנהג, וגם בין אנ״ש, להתחיל בהנחת תפילין דר״ת משך זמן רב אחרי הבר מצוה, ועל פי רוב רק אחרי הנישואין (הערת כ״ק אדמו״ר שליט״א בלקו״ש שם).

ו, ג תנא — תנא ברזא : נדפס בתור הוספה בביאורי הזהר הוצאת קה״ת (ברוקלין, תשט״ז).

〃 שער — שער התפילין : ראה ג״כ ד״ה להבין ענין תפילין — בס׳ מאמרי אדה״ז — אתהלך לאזניא (ע׳ רנו).

טו, א שימני — שימני כחותם : המאמר וביאורו (בשינוי לשון ובאופן מקוצר) נמצא בהיכל „וארא—אלטהויז"[18]) (כב, א). ורשום עליו : תקסזיי״ן פ׳ וארא. נדפס (בשינויים) בלקו״ת שה״ש (מה, א) בתוספת הערות וכו׳. ראה אמרי בינה שער התפילין ושם בהרחב הביאור. סהמ״צ להצ״צ מצות תפלין. נמצא (בשינויים ובתוס׳

14) רמ״א ס״ח סעי׳ ו׳. שו״ע אדה״ז שם סוס״ז.

15) שו״ע שם סעי׳ י׳. שו״ע אדה״ז שם סעי׳ כ׳. — להעיר אשר בהל׳ ציצית שבסידור לא נזכר ע״ד האפשריות לברך „על מצות ציצית". כן לא נזכר מתי מתחילים ללבוש ט״ג — אף שמנהגנו להתחיל לאחרי הנישואין. המנהגים בזה — הובאו בס׳ מהרי״ל הל׳ נישואין. המנהיג שם. וראה מג״א לשו״ע או״ח ס״ח סק״ד. שד״ח אסיפת דינים מע׳ חו״ב סי׳ יא. ובכ״מ.

16) י״ל דהיינו כשמתרגל ויודע כבר אופן הנחתן ומקומן הראוי (מרשימת כ״ק אדמו״ר שליט״א).

17) להעיר משו״ע אדה״ז אורח חיים סי׳ לז סוס״ג : ועכשיו נוהגים לחנכו ב׳ וג׳ חדשים קודם הזמן. וראה בנ״כ שו״ע שם. לקו״ש כרך ב׳ ע׳ 507.

18) ההיכל כולו כולל מאמרי רבנו הזקן. ומזה שעל כמה מאמרים רשום „אדמו״ר שי״נ" — נראה שנכתבו עוד בחיי רבנו הזקן.

דף — שורה

הגהות מהצ״צ) בבוך באברויסק נומ. 57. המאמר שם הוא כת״י מעתיק, ובמקומות אחדים הגהות בגוף כתי״ק הצ״צ.

טז, ב — העלם׳ — לעתיד . . שלא יסתתר . . וזהו . . דתש״ר : **ראה הגהת הצ״צ ע״ז (בסהמ״צ שם, כב, ב).**

טז, ג — כמו — כמו לעתיד . . ומה שאמרו : **עפי״ז יש למלאות התיבות החסרות בסהמ״צ שם (סוף סעי׳ ג׳, כ, ב).**

יח, ג — הקל — הקל קול יעקב : **ע״ד מאמר זה כותב הצ״צ באוה״ת בראשית (תלא, א) : בד״ה הקל קול יעקב שבסידור שהוא כי״ק אאזמו״ר ו״ע בעצמו.**

נמצא בבוך אני ה׳ אלקיך (נג, ב) בלי ההגהות וכו׳. בבוך באברויסק נומ. 14 (קפה, א) ושם בהרחב הביאור. נדפס בדפוסים אחדים של התניא (פעם הראשונה: שקלאוו, תקס״ו) בסופו. בכמה סידורים נוסח רבנו הזקן. במחזור השלם לר״ה ויוהכ״פ הוצ׳ קה״ת (ברוקלין תשכ״ג) נדפס בתור הקדמה — עפ״י הנדפס בסידור תורה אור ובהשוואה עם כת״י (מעתיק) של המאמר (בביכל „ויאמר גו׳ לך לך — שמערלינג״) עם תוספת הערות מאת כ״ק אדמו״ר שליט״א, המועתקות בזה.

להעיר מהמבואר עה״פ : תו״א ר״פ וישב. לקו״ת שה״ש יג, סע״א. וראה ג״כ אוה״ת להצ״צ ד״ה זה וד״ה בן פורת יוסף (הא׳ והב׳).

״ — מחדש — מחדש . . ורגע : **ראה שער היחוד והאמונה פ״א־ב.**

״ — בכל — ברוך . . אומר : **ל׳ הווה.**

״ — כו׳ — ודברה . . ב״א : **ראה שער היחוד והאמונה פ״י־יא.**

אור וחיות וכח : **אור מקיף, או״פ, כלי (המשך תער״ב, בכ״מ).**

״ — אלו — כמה שכתוב : **הקדמת ת״ז בסופה.**

יח, ד — כו׳ — וכדכתיב ולכבודי : **ראה לקו״ת ר״פ אחרי.**

״ — דכלא — ומילין . . דמלכא : **ראה זח״ג קמט, ב. לקו״ת שם.**

יט, א — על — אך מי הגורם : **במחזור שם : אך מי הוא הגורם. ראה תו״א ר״פ תצוה.**

״ — ה׳ — קול ודבור . . העליון : **כ״כ גם בלקו״ת שלח לט, ג. וכ״ה בהרח״ו (הובא באוה״ח) לזח״ב רי, ב. וצ״ע מאגה״ק סכ״ט. וראה ג״כ אוה״ת להצ״צ שמות ד״ה הבאים ישרש ס״ב.**

״ — הקורא — את ה׳ האמרת : **ראה ג״כ לקו״ת ר״פ תבוא.**

״ — אומר — וכמ״ש בזהר : **ח״ג קיג, א.**

״ — קנינך — קנה חכ׳ קנה בינה : **ראה הוספות לתו״א בתחלתן.**

״ — כו׳) — ושאר . . ביאור הק״ש : **בלקו״ת בלק ד״ה לא הביט רס״ד, שכל התפלה** הכנה **לשמו״ע. וי״ל. ואכ״מ.**

״ — כי — כי רוח : **ראה הוספות לתו״א ד״ה אם ישים. אוה״ת להצ״צ לחנוכה (רפו, א).**

״ — ונשמתו — בזוה״ק : **ח״ב קסב, ב.**

יט, ב — קול — וי״ו מורה : **ראה לקו״ת ראה כט, ג.**

״ — למטה — וכנודע ג״כ : **ראה תניא פ״ג.**

״ — שתרד — אך בהיות : **ראה בכ״ז תניא פל״ו.**

״ — בשר — שכל א׳ . . לו : **בסוף תענית שזהו בג״ע, אבל עיין זח״א (קטו, א. קלה, א).**

״ — הן — בפל״ו ול״ז : **בתניא. ואולי נשמט זה בטעות המעתיק (שהרי לעיל וגם לקמן פורש „לק״א״).**

״ — סתם — לפי שענינה : **ראה בכ״ז באגה״ק סי׳ יז, ובכ״מ (כמצויין במפתח ענינים).**

״ — ובזה — מ״ש במשלי : **יא, יט. וראה לעיל ד״ה שימני כחותם ספ״א. אמרי בינה שער התפלין פ׳ כז.**

״ — בסיס — כדפירש״י במלכים : **א ז, כט.**

״ — עה״ז — הנק׳ בשם זריעה : **ראה אגה״ק ס״ח [19]). [ד״ה להבין מ״ש באג׳ סי׳ ח — נדפס בבונה ירושלים סי׳ קלא].**

״ — אזר — אזר : **צ״ל : אור.**

יעקב . . בשם עקב : **ראה תו״א ר״פ ויצא.**

יט, ג — בגמרא — ר״א יהיב : **ראה אגה״ק ס״ח [*19]).**

---

19) ראה גם כן לקוטי תורה תבא (מג, ב). להלן ד״ה אני בצדק אחזה. ד״ה שופטים ושוטרים, תרל״ג אשר לכ״ק אדמו״ר מהורש״ש (קה״ת, תשט״ז) ע׳ 4 ואילך. היום יום ע׳ קט.

*19) בענין נתינת צדקה קודם התפלה — ראה שו״ע האריז״ל הל׳ צדקה. שלחן ערוך אדה״ז סו״ס צב. שו״ע הל׳ צדקה סרמ״ט סי״ד. וראה גם כן תורה אור ס״פ ויצא. אלא שבכ״מ מהמסומנים לבסוף הוא לצורך התפלה — ולא שאז דוקא זמן הצדקה, משא״כ בשו״ע האריז״ל וכו׳ ע״ש. ואכ״מ (הערת כ״ק אדמו״ר שליט״א בספר המאמרים תש״ב ע׳ 144).

עפ״י המבואר כאן בטעם נתינת צדקה קודם התפלה כדי שתהי׳ המשכה גם בנשמיות, הרי גם בתפלת ערבית צ״ל כן, ובנגיד ומצוה (תפלת שחרית) אשר „בלילה אינו זמן ראוי לצדקה״. ואולי אפ״ל דשאני תפלת ערבית שכל ההמשכות התלויות בנו כבר נעשו בשחרית ומנחה, וכידוע בענין ת״ע רשות. או אפ״ל דדוקא בשחרית ומנחה שאז המל׳ עולה אליו צריך השתדלות מיוחדת להמשיך גם בנשמיות, משא״כ בערבית שאז מל׳ בבי״ע, ובפרט שבלילה הוא הזמן שותתן טרף לביתה (ממכתב כ״ק אדמו״ר שליט״א).

דף	שורה

״ שנא׳ — אחזה דייקא: **ראה לקו״ת ואתחנן (ד, א). תו״א משפטים (עח, ג).**

״ הוי׳ — ובנפש: **בתניא: ובנפשו.**

״ המדות — זהו לשון אלקינו: **תניא פמ״ו־ז.**

״ לחולים — (וכמ״ש בזוהר: **ח״ב פז, ב.**

״ שהוא — בזוה״ק: **ראה זח״א רי, א. ג, ב.**

״ וזהו — אין עומדין: **ראה לקו״ת בהעלתך לה, א.**

יט, ד יכון — יעקב . . אמת . . רחמים: **ראה אגה״ק ס״ו ובכ״מ.**

״ מזמור — מזמור שיר . . למה עושין משתה: **המאמר (בשינוי לשון ובאופן מקוצר) נמצא בביכל „וארא—אלטהויז״**[18] **(צא, ב). ובביכל „תניא—ברוק״**[20]**. נדפס (בשינויים) במאמרי אדה״ז — הנחות הר״פ ז״ל (ע׳ עט), בד״ה הטעם שעושים משתה כו׳, ונרשם עליו: למז״ט חנוכת בית חומה, כ׳ טבת, ס״ז. נדפס ג״כ בלקו״ת ברכה (צח, ד) עם שינוים ותוספת הערות וכו׳ בד״ה מזמור שיר כו׳. נמצא ג״כ בס׳ עבודת הלוי ח״ב, ונרשם עליו: כי״ק בעת ששמע מרבו בעת חנוכת הבית.**

והנה, ברשימת כ״ק אדמו״ר (מהוריי״צ) נ״ע מכ׳ מ״ח תרנ״ו (נדפסה בס׳ המאמרים ה׳תש״ט ע׳ 91) איתא: בבוא כ״ק אאזמו״ר הזקן מפעטערבורג [בשנת תקנ״ט] אמר כי סיבת המאסר הוא קטרוג על אשר אינו מבאר את תורת החסידות בלבושי השגה אשר הכל יוכלו להבין זאת, ולאו דוקא יחידי סגולה, ואשר ספרו לקוטי אמרים [תניא] אם כי הכל מבינים אותו אבל הוא עמוק ביותר ותופסים רק את השטחיות בלבד.

ובכן החליט לעשות קביעות לאמר תורה רק בפני חמשה ששה שומעים[21]**), והם שלשה בניו הק׳, כ״ק אאזמו״ר האמצעי, דודי הרח״א [ר׳ חיים אברהם] — ואחיהם דודי הר׳ משה, ושנים או שלשה מקשישי תלמידיו היושבים, בסגנון מושכלי עם ביאורים משלים ודוגמאות, בכדי אשר כל ענין וענין יובן ויושג בטוב לכל אשר לו מוח בקדקדו.**

ההתחלה הי׳ ביום השלישי לסדר וארא כ״ד טבת והמאמר הראשון אמר דיבור המתחיל מזמור שיר חנוכת הבית, הנדפס בשער התפלה שבסידור.

המאמר מזמור שיר אמרו כ״ק אאזמו״ר הזקן בשלש פעמים, פעם הראשונה מההתחלה עד שביאר הג׳ ענינים מזון לבוש ובית, פעם שני׳ ביאר הג׳ ענינים מזון לבוש ובית בתומ״צ, מצות שקיומן תלוי ברצון, ומצות שקיומן תלוי בשכחה, שלמעלה מן הרצון, ופעם השלישית ביאר ענין והקימותי לך בית נאמן שנא׳ בדוד עד גמירא. ע״כ בהנוגע לעניננו. ואולי נאמר עוה״פ גם בשנת תקס״ז.

כ, ג שלא — הרי אמרו . . שתורתו אומנתו דאינו מפסיק אפילו לק״ש: **ירושלמי ברכות פ״א מ״ה. שבת פ״א מ״ה. ולהעיר מטושו״ע או״ח סי׳ קו. שו״ע אדה״ז שם ס״ק ד. הלכות ת״ת לרבנו הזקן פ״ד ס״ה, ובמקומות המסומנים שם.**

כא, א הרבה — בנשיאי׳ יהודה ב״ט כו׳ יהושע בן פרחי׳: **במאמרי אדה״ז שם ובלקו״ת שם: ר״ש בן שטח. ראה הערת כ״ק אדמו״ר שליט״א בזה — נדפסה במפתחות והערות ללקו״ת לד״ה הנ״ל.**

כא, ד כאשר — ישי . . שפחתו: **הובא גם בס׳ גלגולי נשמות. וראה לקו״ת ס״פ ברכה.**

כב, ג ענין — כי בכל שעה . . יש בחי׳ גאולה . . ואם הוי כל ישראל . . הי׳ בא משיח: **ראה אגה״ת סי״א (ק, א) ושם: ואילו לא היינו חוזרים וחוטאים היינו נגאלין מיד, כמו שאנו מברכין בא״י גואל ישראל.**

כג, א מגיחין — ובדורות . . עיקר גילוי אלקות בתפלה: **ראה ד״ה להבין כו׳ עיקר הבירור ע״י התפלה בקונטרס אחרון (קנה, א). ד״ה זה בס׳ מאמרי אדה״ז — אתהלך לאזניא (ע׳ קסג).**

כג, ב אשר — אשר לקחתי מיד וגו׳: **ראה תו״א ואוה״ת ד״ה ואני נתתי. לקו״ת ד״ה כי תצא (הראשון). ד״ה כי תצא דשנת תקס״ב. ראה ג״כ ד״ה פדה בשלום לאדמו״ר האמצעי — נדפס בשער התפלה ח״א שלו.**

״ בנפש — הקשת והן האותיות שבתפלה: **ראה ג״כ אוה״ת בראשית (תיד, ב) ד״ה באו״ת מהמגיד.**

כג, ד אחרי — אחרי ה׳ אלקיכם תלכו: **נמצא בבוך ואיש כי ימרט — באברויסק (רפד, א) ורשום עליו: פ׳ ראה התקס״ד. ראה ד״ה זה בשער התפלה לאדמו״ר האמצעי ושם בהרחב הביאור. רשימות הצמח צדק לשה״ש ד״ה שמאלו תחת לראשי, סעי׳ ט, יד, טו. בבוך „כל המשמח — לאגער״ (קב, א) נמצא — בגוף כתי״ק הצ״צ — הגהות וקיצורים למאמר זה.**

כו, א ענין — ענין ההפרש שבין מס״נ דק״ש . . דנפ״א: **ראה שער הכוונות דרוש נפ״א דרוש ה׳.**

״ דנפ״א — בפ״מ . . יכוין וכו׳: **להעיר מהמובא במחזור בסיום תפלת נעילה (קודם אמירת פסוק שמע ישראל) בשם השל״ה: יכוין . . למסור נפשו . . ונחשב . . כאלו עשה וכו׳.**

---

20) הביכל כולל מאמרי אדה״ז וכן ח״א של תניא — ומזה שברובם של המאמרים ועל התניא רשום אדמו״ר שי׳, שליט״א — נראה שנכתבו עוד בחיי אדה״ז.

21) ראה גם כן ספר המאמרים ה׳תש״ח ע׳ 232 ואילך, ובמקומות המצוינים שם.

דף	שורה	
כו, ג	באתי	באתי לגני: ראה ד״ה זה בלקו״ת שה״ש (לא, ד). תורה אור (לעמבערג, תרי״א) (ל, א). רשימות הצ״צ על שה״ש ד״ה זה ושם עם תוס׳ הגהות וכו׳.
כו, ד	הצדיקים	למה בחצות דוקא: ראה ג״כ ביאוה״ז בראשית (ב, ד ואילך).
כז ב	לריח	וירח את ריח בגדיו . . וע״כ ויברכהו: ראה אוה״ת בראשית ד״ה ויגש וישק לו (קמז, א ואילך). וש״נ.
כט, ג	נכון	נכון לומר . . לרעך כמוך: שער הכוונות בתחלתו. סי׳ האריז״ל. וראה ס׳ השיחות קיץ ה׳ש״ת (ע׳ 157). ס׳ המאמרים תש״ט ע׳ 99. בדפוסים הראשונים של הסי׳, לא נמצא זה.
ל, ד	אתה	אתה הוא עד שלא נברא: בלקו״ת שה״ש ד״ה קול דודי (יד, ג): „אתה הוא כו׳ שלא נברא . . והנה בנוסחא הישנה הי׳ כתוב אתה הוא עד שלא בראת ועתה הוא הנוסחא עד שלא נברא כו׳, והעיקר הוא כנוסחא זו . . וכמ״ש השל״ה בהקדמה דף ג׳ ע״ב״. עיי״ש.
לא, ג	(ד״ה) וידבר	וידבר גו׳ את קרבני: בדפוס קאפוסט לא נמצא מאמר זה. המאמר (בשינוי לשון ובלי ההגהות) נמצא בביכל „וארא — אלטהויז״ (יט, א), ורשום עליו: פ׳ פנחס. ראה ד״ה זה בלקו״ת ר״פ פנחס. סהמ״צ להצ״צ מצות וידוי ותשובה (מ, א) — ועפ״י הכתוב שם מאמר זה הוא משנת תקס״ה.
לז, ד	אנא	אנא בכח: באמירת אנא בכח צריך לראות — או לצייר במחשבה — השמות, שהם הר״ת, אבל לא לאמרם (היום יום ע׳ לט). — וכמובן, אשר כן הוא גם באמירת אנא בכח בקרשעהמ״ט, בקבלת שבת, בספירת העומר.
לח, ג	קדיש	קדיש דרבנן: מצוה וחובה להקים את דבר אמירת הקדיש דרבנן קודם התפלה כנהוג בכל ישראל (ממכתב כ״ק אדמו״ר (מהוריי״צ) נ״ע)[22]).

יתגדל ויתקדש: שני הדלתי״ן בפת״ח (ספר המאמרים תש״ח ע׳ 146). כן הוא גם נוסחת היעב״ץ בסידורו.

הרכנות הראש בקדיש: בעת אמירת התיבות שמי׳ רבא, ויקרב משיחי׳, ואמרו אמן (וזוקף, וחוזר ומרכין ראשו ואומר) יהא שמי׳ . . יתברך (וזוקף, וחוזר ומרכין ראשו קצת ואומר) וישתבח . . ויתהלל (וזוקף, וחוזר ומרכין ראשו ואומר) שמי׳ דקודשא . . ואמרו אמן. בשעת אמירת ואמרו אמן של תתקבל — הרכנה במקצת (סה״מ תש״ח ע׳ 147) — הדעות בזה בנ״כ השו״ע או״ח סוף סנ״ו.

הטיית והרכנת הראש בעת אמירת עושה שלום — של קדיש: עושה שלום במרומיו — לימין המתפלל, הוא — באמצע, יעשה ש״ע — לשמאל, ועל . . אמן — באמצע (סה״מ שם. וראה ב״י או״ח סנ״ו ושו״ע ר״ס קכ״ג ונ״כ. וצ״ע).

גם בר״ה ועשי״ת ויוהכ״פ אומרים לעילא מן כל ברכתא.

הודו לד׳: בר״ח, ובכל יום שיש בו מוסף, אין האבל יורד לפני התיבה, ואפילו לא בתפלת ערבית ומנחה (מנהגים בקונטרס ברוך שעשה נסים. ראה פרמ״ג לאו״ח סתרע״א מש״ז סק״ח. — הערת כ״ק אדמו״ר שליט״א שם).

בחנוכה יורד האבל לפני התיבה, לבד לאמירת הלל (שם. הדעות בזה — ראה אחרונים או״ח סקל״א, ר״ס, תקפ״א, תקפ״ב, תרע״א. יו״ד סוף סשע״ו ועוד. — הערת כ״ק אדמו״ר שליט״א שם).

בשעת התפלה — שהאבל או בעל היארצייט מתפללין — מדליקין חמשה נרות (ספר המאמרים תש״ח ע׳ 146 — והוא כנגד נפש רוח נשמה חי׳ יחידה. — משיחת כ״ק אדמו״ר (מהוריי״צ) נ״ע).

דף	שורה	
״	הודו	הודו לד׳ וגו׳: פי׳ המלות ע״פ דא״ח לפסוק זה וכל הפסוקים עד הנשא שופט הארץ — ראה ד״ה הודו לד׳ במאמרי אדה״ז — אתהלך לאזניא (ע׳ קלו ואילך). ד״ה הודו להוי׳ — בבונה ירושלים סי׳ קנא. ד״ה הודו לד׳, תרכ״ז (בס׳ המאמרים תרכ״ז, ע׳ מז).
לח, ד	יעלץ	אז ירננו כל עצי יער: ראה ד״ה אז ירננו בס׳ מאמרי אדה״ז — אתהלך לאזניא (ע׳ לח).
לט, ב	שאול	חייתני: התי״ו קמוצה ולא בפת״ח (היום יום ע׳ נג).
לט, ג	לשם	יחוד קובה״ה ושכינתי׳: ראה תניא (נז, ב). לקו״ת ר״ה (סא, ב). ד״ה ענין יחוד קוב״ה ושכינתי׳ בס׳ מאמרי אדה״ז — אתהלך לאזניא. ד״ה זה בתו״א שמות.
״	ברוך	ברוך שאמר וכו׳: ראה ד״ה להבין ענין פסוד״ז קודם ק״ש שהם הכנה לק״ש (מאה שערים, ל, ב). תו״ח בראשית ד״ה ותלד עדה פי״א ואילך.
״	(ד״ה) ברוך	ברוך שאמר עד גמירא: המאמר (בשינוי לשון ובלי ההגהות) נמצא בביכל „וארא—אלטהויז״ (צו, א). בביכל „תניא — ברוק״. ראה ד״ה זה במאמרי אדה״ז — אתהלך לאזניא (ע׳ קנ ואילך). פירוש המלות — מהדורא בתרא אשר לכ״ק אדמו״ר האמצעי פרק צד ואילך — ושם בהרחב הביאור. ראה ג״כ דרך חיים פל״ט ואילך.
לט, ד	כו׳,	משא״כ בחי׳: צ״ל: ומעתה יובן פי׳ וענין בחי׳ רדל״א (הגהת כ״ק אדמו״ר מהורש״ב[23])).

---

22) נדפס בספר המאמרים תש״ט ע׳ 98 ואילך.

23) היום יום ע׳ קיא. ועפי״ז, יש לתקן הנדפס שם: ד״ה ברוך עושה בראשית (צט, א), וצ״ל: ד״ה ברוך שאמר והי׳ העולם (לט, ד).

דף שורה

מד, א (ד״ה) מזמור — מזמור לתודה: ראה בפיה״מ מהדו״ב פרק קלח ואילך. רשימות הצ״צ לתהלים על פסוק זה (סעיף ד״ה). — המאמר (בשינוי לשון ובלי ההגהות) נמצא בבוך „תניא — ברוק״. בבוך „הגהות — רח״ל״ (קסז, ב); „להבין ענין — גרונם״ (קה, ב) הגהות הצ״צ לד״ה זה.

מו, א יהי — יהי כבוד: בדפוסי קאפוסט, ברדיטשוב אחרי המזמור והמאמר ד״ה מזמור לתודה, נדפסו המזמורים מזמור שיר ליום השבת, ה׳ מלך ומאמר ד״ה מזמור שליוה״ש (בהוצאה זו — וכן הוא בהוצאת זיטאמיר, ווארשא — בא כ״ז בתפלת שבת).

כירוש המלות ורשימות ע״פ דא״ח לפסוקי יהי כבוד ועד סוף מזמורי הללוי׳ — נדפסו בס׳ פיה״מ להצ״צ (רט, א ואילך). בסו״ס רשימות הצ״צ לתהלים.

״ אשרי — אשרי וגו׳: במזמור זה — וכן בתפלת שמו״ע — בהוצאת זיטאמיר, ווארשא, הדפיסו את האזכרות עם הכוונות — וראה עד״ז לעיל ב„פתח דבר״ ובהערה שם. ומפני סיבות טכניות נדפסו כן גם בהוצאה זו.

״ (ד״ה) אשרי — אשרי יושבי וכו׳: הביאורי דא״ח למזמור זה [לבד ההוספה לד״ה זכר רב] נמצאים — בשינוי לשון ובאופן מקוצר — בביכל „ווארא — אלטהויז״ (קיז, א ואילך). ראה ג״כ רשימות הצ״צ לתהלים ובהוספות שם על מזמור זה ושאר המזמורים דפסוקי דזמרה.

אשרי יושבי . . דור לדור: נתבאר בארוכה בפירוש המלות מהדו״ב לאדמו״ר האמצעי, פרק קנט ואילך.

מז, ד זכר — זכר: זיי״ן בסגול ולא בצירי (הי״י ע׳ נג).

״ (ד״ה) זכר — זכר רב: תוכן סעיף ראשון — נדפס במאמרי אדה״ז — הנחות הר״פ ז״ל.

מח, א ועוד — ועוד יש לפרש: מכאן עד גמירא ובאופן מקוצר — נדפס במאמרי אדה״ז — אתהלך לאזניא. במאמרי אדה״ז, תקס״ב. ע״ד מאמר זה נמצא ברשימת כ״ק אדמו״ר (מהוריי״צ) נ״ע מכ׳ מ״ח תרנ״ו (נדפס בס׳ המאמרים ה׳תש״ט ע׳ 91) בשם כ״ק אדמו״ר מוהר״ש נ״ע:

דודי הרח״א [ר׳ חיים אברהם, בנו השני של כ״ק אדמו״ר הזקן] סיפר, אשר המאמר זכר רב טובך אשר בסידור, אמרו כ״ק אאזמו״ר הזקן כמה פעמים, והוא — דודי הרח״א — שמעו — כפי שאמר לי זה הי׳ בפעם החמישית — בשנת תקנ״ח בסגנון הנכתב והנדפס מתחלת המאמר עד סופו שמדבר ענין רננא ברמשא [היינו סוף סעיף א].

ההוספה דיבור המתחיל ועוד יש לפרש זכר רב טובך יביעו [התחלת סעי׳ ב] הוא מאמר בפני עצמו שאמרו בשנת תקנ״ט — אחר בואו מפעטערבורג — בפורים קטן, וביאר פי׳ אור א״ס בהקדמת ענין ההפרש בין עצם והתפשטות, ובין ענין העלם וגילוי, וביאור הענין דהעלם וגילוי בה׳ משלים, חיות הנפש בגוף, כח הראי׳ בעין, גילוי אור השכל, ניצוץ היוצא מן הצור, גילוי המחשבה, ויסיים דברי קדשו בפירוש דאור א״ס שבא בגילוי מהעלם עצמותו.

כ״ק אדמו״ר הזקן ציוה להם[24]) כי כל אחד ואחד מהם יעיין במאמר זה בעיון ובהעמקה ויבאר ההפרש בין עצם והתפשטות, וחילוקי הענינים היוצאים מהה׳ משלים שאמר בקצרה בענין העלם וגילוי, ויכתבו על הגליון ויביאו אליו.

אחרי אשר השומעים פלפלו ביניהם בביאור המאמר, כתב כל אחד מהם ביאורו בהבדל המשלים, ובענין עצם והתפשטות וימסרו כתביהם לכ״ק אאזמו״ר הזקן.

אחרי אשר כ״ק אאזמו״ר הזקן קרא את כתביהם, הואיל לאמר את המאמר דיבור המתחיל ולהבין כ״ז בתוספת ביאור, עד ומעתה יש להבין במ״ש זכר רב טובך יביעו, שאמר במאמר בפני עצמו בשתי פעמים [ע״כ בהנוגע לעניננו].

בהיום יום (ע׳ פג): אדמו״ר האמצעי[25]) הי׳ אומר בתחלה מאמרים קצרים. ולדוגמא: ד״ה זכר רב טובך — וביאורו — שבסידור, נאמרו בששה המשכים — באריכות יותר קצת מהנדפס.

נו, ב (ד״ד) הללוי׳ — הללוי׳ הללי נפשי: מועתק בזה קטע משיחת כ״ק אדמו״ר (מהוריי״צ) נ״ע (י״ב תמוז, תש״ט)[26]) ע״ד מאמר זה: אין לימוד החסידות וואָס הודכ״ק אאמו״ר הרה״ק איז קובע צו לערנען מיט מיר איז איינער פון די ערשטע מאמרים געווען דער מאמר הללי נפשי את הוי׳ אין סידור, זאָגענדיג אַז זייענדיג אויף יחידות אין די ערשטן יאָרן בּאַ הוד כ״ק אביו הרה״ק[27]) האָט ער אים געזאָגט, אַז דעם מאמר האָט אביו כ״ק הרה״ק צמח צדק געהערט פון רבינו הזקן ווען ער איז געקומען פון פעטערבורג. אין דעם שווערס כתבים — הוד כ״ק אדמו״ר האמצעי — איז דער מאמר באריכות. מיט דעם מאמר הללי נפשי את הוי׳ האָט דער רבי[28]) איבערגעגעבן דעם אור עצמי וואָס ער האָט מקבל געווען בּאַ דעם מגיד אין מעזריטש. ע״כ.

---

24) הכוונה להיחידים ששמעו מאמר זה — ראה לעיל בהמצויין לד״ה מזמור שיר.
25) אולי צ״ל: הזקן.
26) נדפס בס׳ המאמרים תש״ט (ע׳ 204).
27) כ״ק אדמו״ר מוהר״ש.
28) כ״ק אדמו״ר הזקן.

דף שורה

נדפס (עם שינויים) במאמרי אדה"ז — הנחות הר"פ ז"ל, ורשום עליו "פ' כי תשא, ס"ז [29]", לאדי". וראה ג"כ סהמ"צ להצ"צ מצות הלל. רשימות הצ"צ לתהלים עה"פ ובהוספות שם.

סא, ב באה בבחי' חיצוניות . . בשם שדה : ראה ד"ה ואם בשדה מצאה, תקס"ב. ביאורי הזהר (קכט, ב ואילך).

סד, ג כפור קרחו : החי"ת בפת"ח ולא בקמ"ץ (הי"י ע' נג).

סה, א מגיד מגיד דבריו . . דוקא יעקב וישראל : ראה ד"ה מצה זו, תר"ס, פכ"ה ואילך.

עב, א מצרים וירא ישראל : ביאור ע"פ דא"ח — ראה תו"א ותו"ח ד"ה זה.

" אז אז ישיר : ראה שם ד"ה זה. ד"ה והחרים, תרל"א (ע' כה ואילך).

עב, ג ישתבח ישתבח כו' שיר ושבחה וכו' : פי' המלות ע"פ דא"ח לפסקא זו — נדפס בסידור מאה שערים (מז, א ואילך).

" בשירי מלך יחיד חי העולמים : דיוק נוסח זה נתבאר בכ"מ בדא"ח ומהם : תו"א מקץ (מ, ג). אוה"ת חנוכה (שכא, א ואילך). ספר המאמרים ה'תש"ח (ע' 242 ואילך). ועפי"ז מתורצת הערת הרה"צ וכו' ממונקאטש בספרו מאמר נוסח התפלה סי' יג.

עב, ד ברוך ברוך הוי' המבורך : ראה ד"ה זה בבונה ירושלים סי' פו.

" ברוך אתה יוצר אור ובורא חשך : ראה ד"ה יוצר אור ובורא חושך בס' מאמרי אדה"ז — אתהלך לאזניא (ע' לד. שם ע' עה). ד"ה זה בתו"ח שמות.

" המאיר המאיר לארץ וכו' : פי' המלות ע"פ דא"ח לברכת יוצר — נדפס בפיה"מ להצ"צ (רמב, א ואילך). סידור מאה שערים (מח, א ואילך). ראה ג"כ תניא פמ"ט.

א"ל ברוך כו' : ראה ד"ה זה במאמרי אדה"ז — אתהלך לאזניא.

עג, א אהבת אהבת עולם : ביאור ע"ז ראה : מאה שערים (מט, א). ספר המאמרים תש"א ד"ה ויחד לבבנו, אלקי עולם, ולא נבוש, א"מ בעבור. ובכ"מ.

אהבת עולם : בסידור דפוס ברדיטשוב קודם לזה נדפס : גם בשבת ויו"ט אומרים אהבת עולם ולא אהבה רבה. וכ"כ גם בתפלת שחרית לשבת. בדפוס זה נמצא כ"ז רק בתפלת שבת.

עג, ב מהרה והביאנו לשלום : לאמירת והביאנו כו' מחברים תחלה ב' הציציות דלפניו, אח"כ מצרפים ציצית כנף השמאלי דלאחוריו, אח"ז ציצית דכנף ימין ואוחזים אותם בין קמיצה לזרת [29*] דיד שמאל (היום יום ע' סד).

" ישועות ובנו בחרת וכו' : ראה שו"ע אדה"ז סי' ס' ס"ד מה שיש לכוין בעת אמירת תיבות אלו. וכ"ה בשער הכוונות ענין כונת יוצר בסופו. סי' האריז"ל במקומו.

" ולאהבה ברוך כו' באהבה : מסיים הש"ץ בלחש (סה"מ תש"ח ע' 147. וראה שו"ע סנ"ט ס"ד ובנ"כ).

עג, ג להבין להבין ההפרש בין ק"ש לתפלה : בבוך באברויסק נומ. 57 (קנז, א ואילך) הגהות וקיצורים מהצ"צ למאמר זה. נדפסו באוה"ת דברים.

להבין ההפרש . . חיי שעה . . חיי עולם : ראה ג"כ ד"ה להבין ענין ההפרש בס' מאמרי אדה"ז — אתהלך לאזניא (ע' פז). ד"ה זה לאדמו"ר האמצעי — נדפס בשערי תשובה ח"ב (כו, א). ד"ה זה בס' תרכ"ז (ע' שסג).

" עולם הק"ש . . יחוד דאו"א . . בשמ"ע . . היחוד דזו"נ : ראה שרש מצות התפלה להצ"צ (נדפס בסוף סהמ"צ שלו) פ"א ואילך.

עד, א אומרים לפני תקיעת שופר שאומרים אנא בכח : פירושו, בדרך כלל הם הכוונות מהפסוקים שר"ת שלהם שם שני משם מ"ב. אמנם יש שמכוונים התיבות אנא בכח כו' במחשבה, אבל אין אומרים האותיות והתיבות. והעוסק בכוונות צריך ללמוד הענינים ברור בכתהאריז"ל, ואז כוונתו רצוי' (היום יום, ע' צה).

עה, ד להבין להבין פ' ראשונה דק"ש : ראה אמרי בינה שער הק"ש פל"ז ואילך.

עז, ב פתח פתח ר"ש כו' שמע ישראל : בבוך הגהות — רח"ל ביאור על ד"ה זה מהצ"צ. הגהות נוספות — בבוך באברויסק נומ. 17.

עט, א דיני דיני ק"ש : בדפוס קאפוסט נדפסו דינים אלו לעיל בשער התפלין.

עט, ב כמפסיק כשמפסיק למודים וכו' : מועתק בזה קטע ממכתב כ"ק אדמו"ר שליט"א (מכ"ג תמוז תש"ט) בענין דיני הפסק בפסו"ד (נדפס בקובץ ליובאוויטש חו' יד ע' 209) :

זה לשון אדמו"ר בסידורו : כשמפסיק למודים כו' וכשמפסיק לקדיש כו' ובקדושה יאמר רק כו' אבל נוסח שמוסיפין בשבת אינו מנוסח הקדושה וא"א אותו במקום שאסור להפסיק. עכ"ל.

מזה דייקתי שתים : (א) דאדה"ז משוה הסיום דמודים וההוספה דקדושה. (ב) דבמקום דאסור להפסיק א"א אותם. וא"כ גם בפסוד"ז הדין כן.

(29) אולי נאמר אז עוה"פ.

*(29) מגן אברהם בסי' כד סק"א. אדה"ז שם סעי' ד. ובברכ"י בשיורי ברכה בשם האריז"ל. וראה כף החיים שם סק"ט שלא מצא זה — להחזיק בין קמיצה לזרת — בכתהאריז"ל.

דף שורה

וחזק אצלי הדיוק מסיום הלשון שם: בק"ש וברכותי' כו' אבל בפסוקד"ז מב"ש ועד ישתבח מותר לענות אמן — משמע דרק בזה מחולק דין הפסק בפסוד"ז מברכות ק"ש.

(והטעם י"ל מפני שאמן הוא ג"כ כעין זמרה. עיין שו"ע רבנו סנ"א ס"ה).

ואף שמשו"ע רבנו אולי אפשר לדייק אחרת, וכדלקמן — הרי הסידור הוא בתראי, וכידוע והובא ג"כ במשניות להצ"צ דף מו ע"ד.

ובכ"ז הי' לבי מהסס קצת, כי כמדומני, ממעט אדה"ז ביותר להביא דינים מחודשים מה שלא נמצא בפוסקים שקדמוהו, אף שלמדם מדיוקי הלשונות (וע"ד מנהג הרי"ף והרמב"ם, כידוע בכלליהם). ויל"ע בזה בהקדמת השו"ע.

דלכן אפ"ל שגם בסידורו לא העתיק אלא הדינים — בהפסק בפסוד"ז — המפורשים ולא מה שדייק שיש להפסיק.

וראיתי נוהגין להוסיף הפסק לאמירת כל נוסח מודים. ודיוקם ממש"כ רבנו בשו"ע סס"ו ס"ה: כשמפסיק למודים כו' שבזה די כו' וכשמפסיק לברכו כו' ולא נוסח יתברך וישתבח כו' שאינו אלא מנהג ואפילו בפסוד"ז אין מפסיקין לאמרו עכ"ל. ומדלא כתב כן בענין מודים מדייקין דלמודים מפסיקין בפסוד"ז. — וכמדומה שכ"כ בקצות השלחן להר"ח נאה ומציין לאלי' רבה.

עוד ראיתי נוהגין (אומרים שזה הי' מנהג תו"ת בפולין) לומר כל מודים וכל הקדושה. וכ"מ דעת החיי אדם כלל כ' ובדרה"ח ס"ל.

למעשה — שאלתי את פי כ"ק מו"ח אדמו"ר שליט"א וא"ל אשר
בפסוד"ז יאמרו כל נוסח קדושה ומודים אבל לא אמן שמתתקבל ואילך.

• • •

אם להפסיק בפסוד"ז לאמירת בריך שמי' או לוזאת התורה — הספרים כנסת ישראל ושו"ת פרי השדה שמזכיר לא ראיתי —.

פשיטא, כיון דאדה"ז לא הביאו בשום מקום דאין לנו חסידי חב"ד לעשות כן.

אחד מהתמימים א"ל ששמע כן בשם כ"ק אדו"ע — דמפסיקין לבריך שמי' — שאלתי את כ"ק מו"ח אד"ש וא"ל שאינו ושאין להפסיק.

דרך אגב: מקור אמירת בריך שמי' הוא בזח"ב רו, א. אבל בשו"ע לא הביאו. ופליאה שגם אדה"ז בשו"ע שלו סרפ"ב אינו מביאו, אף שבכ"מ מביא את המג"א והמג"א מביא אמירת ב"ש בסרפ"ב. ואולי כתבו אדה"ז בסקל"ה שלא הגיע אלינו.

והנה ידוע שכמה דעות באמירת ב"ש: עיקרה במנחת שבת (רמז הובא בשע"ת סתפ"ח); בשבת שחרית (מג"א שם בשם האר"י. וכ"כ בפע"ח פי"ט משבת ובש' הכוונות. ובנגיד ומצוה מסיים: ומ"מ אין אסור לאומרו גם בחול), וה"ה במנחת שבת (ניצוצי אורות בזהר שב); נוהגין לאומרו גם בקרה"ת יו"ט וחול (פרמ"ג סרפ"ב. באה"ט בשם האר"י שם. שע"ת הנ"ל). ועפ"ז יש לחלק, לדעת המפסיקין הנ"ל בפסוד"ז, בין בריך שמי' דשבת או יו"ט וחול, כמובן.

עט, ד של ולכן אין להמתין . . גאל ישראל: מנהגנו אשר הש"ץ מסיים ברכת גאל ישראל בקול רם [30]).

" לכן שהש"ץ חוזר ואומר ה' אלקיכם אמת וכו': ראה שער הכולל פ"ב ס"ח-ט. בס' דרכי חיים ושלום סי' קמג בהערה שם. לקוטי מהרי"ח (סיגעט, תר"ס) סדר הק"ש.

מי שעומד באמצע ק"ש כשהש"ץ מסיים יא"א — יפסיק וישמע ועולה לו לחשבון רמ"ח — ראה כף החיים סי' סא ס"ק טז.

יחיד המתפלל . . ה' אלקיכם: בק"ש שיש אומרים בבוקר [*30]) — קודם התפלה כדי לצאת חובת ק"ש בזמנה, ג"כ כופלים ג' התיבות, ומסיימים בתיבת „אמת" (היום יום ע' נד).

עט, ד זמן זמן קריאת שמע . . נץ החמה: ראה צ"צ חי' על הש"ס ברכות (ג, ג).

פ, א אליהם ציצית, ציצית, לציצית: נושקים הציציות שש פעמים היינו באמירת תיבות: ציצית, ציצית, לציצית, אמת, קימת, לעד (היום יום ע' 30 [31]).

" זונים למען תזכרו: ראה ד"ה למען תזכרו בבונה ירושלים סי' לב.

(ד"ה) והי' והי' לכם לציצית: בדפוס קאפוסט לא נדפס מאמר זה. ראה ד"ה זה בלקו"ת שלח (מד, ג). אמרי בינה

30) ספר המאמרים תש"ח ע' 147. וראה שו"ע סי' סו ס"ז ור"ס קיא ובנ"כ.

*30) אם גם ק"ש זו צריכים לומר בתפילין — ראה בארוכה בס' אות חיים ושלום (להרה"צ וכו' ממונקאטש) סי' כה סק"ו. וש"נ. הובא ונתבאר בארוכה בשיחת כ"ק אדמו"ר שליט"א (ש"פ שלח, תשי"ב).

31) אף שבשו"ע סי' כד ושו"ע אדה"ז שם וכן בכתהאריז"ל לא נזכר עד"ז. וראה כף החיים שם. ס"ק יח.

דף שורה

שער הציצית פי"ט ואילך. — שייכות פ' ציצית לק"ש — ראה ד"ה ועשו להם ציצית בס' מאמרי אדה"ז — אתהלך לאזניא (ע' קפז).

פב, א להבין — להבין שרשי הדברי׳ : ראה לקו"ת שלח (מה, ב) ד"ה ענין התכלת.

פה, ב איתא — איתא בספרי מי כה"א וכו' : מועתק בזה קטע ממכתב כ"ק אדמו"ר (מהוריי"צ) נ"ע [32] בענין זה : במוצאי יוה"כ תרנ"ד סיפר הוד כ"ק אאמו"ר הרה"ק זצוקללה"ה נבג"מ זי"ע כי בשנת תקנ"ו במוצאי יוהכ"פ בליאזנא, אמר רבנו הגדול נ"ע תורה ברבים (כנהוג אז בדרושים קצרים) ע"פ מי כהוי' אלקינו וגו' אליו, אליו ולא למדותיו, דער פרדס [של"ב פ"ב בשם הספרי] זאָגט אַז אליו איז אורות המתלבשים בכלים דע"ס דאצילות. דער רבי דער בעש"ט זאָגט אַז אליו איז דער אלקות וואָס אין כלים דע"ס דאצי', דער פירוש הפשוט איז אליו דער עצמות א"ס וואָס עס איז דאָ באַ יעדער פשוט'ן אידן בידיעה עצמית דורך אמונה פשוטה, און דאָס איז קרובים אליו, און בכל קראינו אליו, די ביידע אליו'ס איז עצמות א"ס און עצמות הנשמה. די תפלה באמונה פשוטה איז מחבר עצמות הנשמה מיט עצמות א"ס, אַז עצמות א"ס זאָל זיין דער רופא חולים און מברך השנים. ע"כ.

לכללות מאמר זה ראה אמרי בינה פתח השער פס"ז ואילך. שרש מצות התפלה להצ"צ (נדפס בסהמ"צ שלו) פ"ז ואילך. ושם פ"א ואילך. בבוך ועבדתם את ה"א (קפו, א) בהרחב הביאור ובשינויים.

איתא בספרי . . אליו ולא למדותיו : כן מובא כמה פעמים בדא"ח. ובלקו"ת הוספות לויקרא (נא, ג) : ארז"ל ע"פ בכל קראינו אליו, אליו ולא למדותיו כהובא בפרדס בסופו. (אבל לע"ע לא מצאנו זה בספרי).

פז, ג הוא — ומלכותו (נ"א ואמונתו) : מנהגנו לומר שניהם (היום יום ע' נג).

פה, ב גאל — גאל ישראל : הש"ץ מסיים ברכה זו בקול רגיל [30]). — ענין סמיכות גאולה לתפלה עפ"י דא"ח — ראה אוה"ת בראשית ד"ה המלאך הגואל פ"ד ואילך. וש"נ.

פח, א אדנ"י — אדנ"י שפתי תפתח : ביאור ע"פ דא"ח למה תקנו לומר זה קודם התפלה — ראה ד"ה אדנ"י שפתי תפתח, תרכ"ו (נדפס בס' תרכ"ו ע' שיט) ; ד"ה זה דשנת תרכ"ז (נדפס בס' תרכ"ז ע' תלו).

״ ברוך — ברוך אתה הוי' וכו' : בסהמ"צ להצ"צ מצות ק"ש ותפלה מצוין לדרושי הדא"ח בהם מתבארות הי"ט ברכות.

ברוך כו' הוי' : ע"ד ניקוד האזכרות — ראה לעיל בפתח דבר, בהערות וציונים לאשרי.

פח, ב הוי' — מגן אברהם : ראה ד"ה אנכי מגן לך בתו"א לך ובלקו"ת לג"פ שם.

״ מכלכל — מכלכל חיים בחסד : ראה בונה ירושלים סי' נו.

פט, א אתה — אתה קדוש : לכללות מאמר זה — ראה תו"א ויחי ד"ה אסרי לגפן. תו"ח שם פ"ב ואילך. ראה ג"כ דרך חיים פצ"ד ואילך.

צ, א סלח — חטאנו, פשענו : אין מכים על החזה — באמירת סלח לנו — בכל תפלה שאין אומרים תחנון אחרי', היינו גם לא בערבית דכל השנה (ספר המאמרים תשי"א ע' 59).

״ וסלח — ברוך כו' חנון . . גואל ישראל : וכמו שאנו מברכין בכל תפלת י"ח תיכף כשמבקשים סלח לנו כו' ברוך אתה ה' חנון המרבה לסלוח והרי ספק ברכות להקל משום חשש ברכה לבטלה, אלא אין כאן שום ספק כלל מאחר שבקשנו סלח לנו מחל לנו. ואילו לא היינו חוזרים וחוטאים היינו נגאלין מיד כמו שאנו מברכין בא"י גואל ישראל (אגה"ת לרבנו הזקן פי"א).

״ בתענית — בתענית צבור אומר הש"ץ כאן עננו : אמירת עננו בברכה בפני עצמה — בד' צומות — אם יש בביהכנ"ס אף רק ג' מתענים [32*]). ועכ"פ כשיש עוד שבעה שאכלו פחות מכשיעור [32**]).

צ, ב ברך — ברך עלינו : איתא שכל השנה באמרו בש"ע ואת כל תבואתה לטובה, צריך לכוון לחסים למצה ואתרוג. — במקום אחד נזכר מלבד הנ"ל גם יין לקדוש — ואז במילא תהי' כל התבואה לטובה (היום יום ע' צז).

״ תקע — תקע בשופר גדול : טעם בקשה זו — נתבאר בעטרת ראש שער יוהכ"פ סוף פרק א'. עיי"ש.

״ ולמלשינים — ולמלשינים כו' ותמגר ותכניע : מפסיקים קצת בין „ותמגר" לתיבת „ותכניע", מתאים להכוונה, אשר „ותעקר ותשבר ותמגר" הם נגד ג' קליפות שצריכות העברה לגמרי, „ותכניע" — לנגד קליפת נוגה שצריכה הכנעה ויש בה בירור (היום יום ע' טו. וראה שער הכולל פ"ט ס"ק כג).

צא, א ועל — ועל הנסים : אין לדלג לכתחילה ועל הנסים כדי שיוכל לענות קדושה ומודים (שו"ת צ"צ שער המילואים סי' יא).

״ ״ — ועל התשועות: [כאן שייך הערה הנדפס לקמן ע' 742].

______

32) נדפס בכפר המאמרים תש"ט ע' 100.

32*) מנהגים המובאים ברשימות על מגילת איכה ע' 61. — עפ"י פס"ד להצ"צ או"ח סתקס"ו (הערת כ"ק אדמו"ר שליט"א שם).

32**) שו"ת צ"צ שער המילואים ח"א ס"ח.

דף	שורה	
צא, ב	הגדול	הא־ל . . הטוב : בדפוסים הראשונים נמצאות תיבות אלו בין חצאי עיגול. ועיין בשעה״כ פ״ז ס״ק לא. אבל מנהגנו לומר גם תיבות אלו.
״	ובניו	יברכך וגו׳ : הטיית והרכנת הראש — של הש״ץ — בעת אמירתו ברכת כהנים : יברכך (ימין שלו) ה׳ (בזקיפה, לימין) וישמרך (הרכנה ובאמצע). יאר (הרכנה ולשמאל) ה׳ (בזקיפה, שמאל) פניו אליך (הרכנה, שמאל) ויחנך (הרכנה, אמצע). ישא (הרכנה, אמצע) ה׳ (זקיפה אמצע) פניו אליך (הרכנה, אמצע) וישם (הרכנה, ימין) לך (הרכנה, שמאל) שלום (הרכנה, אמצע). (סה״מ תש״ח ע׳ 147. וראה מג״א סקכ״ז סק״ג ובאחרונים שם).
		וישמרך, אמן וכו׳ : ראה שעה״כ פ״ט סל״ו. משמרת שלום (להרה״צ וכו׳ מקיידינוב) סי׳ כח. ובמהדו״ב שם. דרכי חיים ושלום סי׳ קעט ובהערה שם.
צא, ד	עשה	יהיו לרצון : קודם יהיו לרצון נוהגין לומר הפסוק של שמו — הובא בכ״מ בשם השל״ה, והוא בקצור של״ה בסופו.
		מועתק בזה קטע משיחת כ״ק אדמו״ר (מהורש״ב) נ״ע משמח״ת תרנ״ב (או תרנ״ד) כפי שנעתק במכתב כ״ק אדמו״ר (מהוריי״צ) נ״ע (מערב חה״פ תש״ב) ע״ד גודל ענין אמירת פסוקים הנ״ל : די אותיות פון די פסוקי השמות וואס מען זאגט אין שמו״ע זיינען די אותיות שבתורה וועלכע זייגען מטהר די הארת הנשמה שבגוף פון דער לכלוך חומריות הגוף, און ווען מען לייענט קשעהמ״ט ווי עס בעדארף צו זיין, יעדערער לפי כחו, און מען זאגט בידך אפקיד רוחי פון קירות הלב, איז דורך די אותיות פון די פסוקי השמות איז מען זוכה אז מען לאזט שטיין לעבן די אפענע טירען צו קוקן וואס עס קומט פאר אין די היכלות שלמעלה.
״	לבי	עושה שלום וכו׳ : הטיית והרכנת הראש בעת אמירת עושה שלום של תפילת לחש. בעת אמירת עושה שלום במרומיו — הטי׳ והרכנה לשמאל המתפלל, הוא — באמצע, יעשה שלום עלינו — לימין המתפלל, ועל . . אמן — באמצע (ספר המאמרים תש״ח ע׳ 147).
צא, ג	והאיש	והאיש משתאה : ראה ד״ה זה בתו״ח בראשית (קלז, ד) ושם בהרחב הביאור. שם ד״ה והנערה טובת מראה פכ״ט ואילך. שער התפלה — לאדמו״ר האמצעי — ח״א פל״ד ואילך. אוה״ת בראשית ד״ה יפה שיחתן. פלח רמון בראשית ד״ה והאיש משתאה וד״ה אר״א יפה שיחתן.
צג, א	שועתנו	מאמר : מ״ם שני׳ — קמוצה (היום יום ע׳ נג).
״	הוי׳	נאמר : המ״ם פתוחה (שם).
צד, א	יצרנו	זכור : במלאופ״ם (שם).
צד, ג	ותגלה	ותגלה ותראה כו׳ : בסידורים : יעבץ (וע״פ הוצאה הראשונה שהיא של המחבר עצמו יש לברר אם אין זה הוספה מהמו״ל שלאחריו), חמדת ישראל, תפלת ישראל עם פי׳ אור הישר, אוצר התפלות, כלבו, סי׳ של״ה ועוד — דבחול ובשבת במנחה אומרים ותגלה, ובשבת ויו״ט בשחרית — ויעזור. ובכהנ״ל — ותגלה (בוא״ו), ודלא כסי׳ עבודת ישראל (ע״פ מס׳ סופרים פי״ד הי״ב) — תגלה (מחזור השלם לר״ה ויוהכ״פ ע׳ 440).
״	ברכת	ברכת התורה : בעלי׳ לתורה : אחיזה ב„עץ חיים״ על ידי הטלית [33], פותח הספר, נוגע בטליתו בתחילת [34]) מקום הקריאה ובסופו, נושק הטלית במקום שנגע בס״ת, גולל [35]) הס״ת, מפנה פניו, קצת, לימין ומברך. פותח הס״ת, אומר בלחש [36]), חוץ ממקומות מיוחדים, אחר הקורא. בגמר הקריאה נוגע בטליתו בסוף מקום הקריאה ואח״כ בתחילתו. נושק הטלית במקום שנגע בס״ת. גולל, פונה לימין ומברך (ספר המאמרים תש״ח ע׳ 146).
		בקרה״ת בב׳ וה׳ (וכן במנחת שבת) : א) בסדר לך, קוראין ללוי עד והכנעני אז בארץ, ולישראל — מן וירא ה׳ גו׳ עד נפשי בגללך (היום יום ע׳ ק).
		ב) בסדר נשא, מסיימים לשלישי : זאת עבודת . . בני . . אהרן הכהן (בסידור תהלת ה׳ (פורמט כיס)).
		ג) בסדר מסעי — כאשר מטות ומסעי נפרדות — קוראין ללוי עד סוף כל המסעות, ולשלישי מן וידבר ה׳ . . בערבות מואב גו׳ עד לרשת אותה. (היום יום ע׳ עג. וראה מג״א לסי׳ תכח סק״ח). — ע״ד עוד מנהגי קרה״ת — ראה לקו״ד כרך ב׳ ע׳ 456 ואילך. עיי״ש.

---

33) ראה הדעות בנ״כ השו״ע או״ח ר״ס קמז. — הערה זו ועד 36 — הן של כ״ק אדמו״ר שליט״א.

34) דלא כיש נזהרים (הובאו דבריהם בס׳ שערי רחמים ובס׳ שערי חיים על השערי אפרים שער ד סק״ג וס״ק יז) לנגוע רק בגליון היריעה.

35) ראה שו״ע או״ח סי׳ קלט ובנ״כ.

36) ראה שו״ע או״ח סי׳ קמא ובנ״כ. שו״ת צמח צדק סי׳ לה. שערי אפרים שער ד׳ ס״ח. [מכתב כ״ק אדמו״ר (מהורש״ב) נ״ע — נדפס לעיל דף ט [שיט].

דף | שורה

" לחיבים — שגמלני טוב: **עונין „אמן" ורק אח"ז: מי שגמלך כו'** (הוראת אדמו"ר שליט"א). — **ביאור ברכה זו ע"פ דא"ח — ראה ד"ה ברוך הגומל, תרפ"ז** (ראשון ושני) (נדפסו בספר המאמרים — קונטרסים כרך א' (קפג ואילך)).

" ברוך — ברוך שפטרני: **מברכים בלא שם ומלכות, ומברכים אותה גם ביום ב' וה', בר"ח, ולאו דוקא בשבת** (היום יום ע' קיב. ראה רמ"א בסי' רכה. שער הכולל פכ"ד).

נוסח מי שברך ליולדת — לבן ולבת — נדפס להלן דף ד[שיד]. ויש להעיר אשר מנהגנו בלידת בת — לעשות מי שברך ולקרוא שם, בקריאה היותר סמוכה **להלידה, ולאו דוקא בשבת. — הוראת כ"ק אדמו"ר** (מהוריי"צ) **נ"ע** [37]).

" כשמגביהין — כשמגביהין הס"ת: **מנהגנו: מגבי' הס"ת — לאחרי שמראה אותה לקהל — חוזר ומניחה על הבימה וגוללה בעצמו** [38]) **ואז יושב על הספסל ואחר כורך המפה.**

צד, ד ול"ג — ומר"ח סיון עד י"ב בו . . תשלומין כל שבעה: **ודלא כי"א דגם בי"ג משום ספיקא דיומא** (הובא בשע"ת או"ח סקל"א סקי"ט). **וי"ל טעמי' דאדה"ז, מפני דכל ענין תשלומין אלו הוא בענין הקרבנות, ולית תמן ספיקא דיומא** (הערת כ"ק אדמו"ר שליט"א, בלקו"ש כרך ד' ע' 1312. עיי"ש בארוכה).

צה, א ונטלתני — ונטלתני: **טי"ת פתוחה, למ"ד בשוא, תי"ו דגושה פתוחה** (היום יום ע' נג. וראה לעיל הגהות הצ"צ).

צה, ג אדנ־י — אדנ־י נפשי אשא: **ראה לעיל בהגהות הצ"צ: נ"ב** (בס"א: הוי') — **ראה שעה"כ פי"א סכ"ז וז"ל: כן הובא בזהר בלק קצה, ב. ועיי"ש במקדש מלך שהם ד' אותיות הוי'. אבל לולא דמיסתפינא הוי אמינא: הגהות הצ"צ נעתקו מגליון הסידור שלו. וכנראה מל' שער הכולל, ל' הצ"צ הם רק שתי התיבות „ס"א הוי'", וטעה המעתיק בציון ההגהה, כי מקומה בפסוק** ח: **אין כמוך באלקים** אדנ־י, **שבס"א בא כאן השם** הוי', **וכמ"ש במנחת שי.**

ואם הדבר כן הוא, א) יובן בפשיטות המקור להגהת הצ"צ, כי בזהר ובמק"מ שם אין הכרח כ"כ שבפסוק **גופא נכתב הוי'. ב) יתורץ מפני מה לא הגי' הצ"צ בפסוק ת, שיש בו ב' גרסאות: אדנ־י או הוי', ובפרט אשר בסי' האריז"ל** (להר"ש מראשקוב) **שהי' מספרי הצ"צ** (נמצא באוצר הספרים של כ"ק מו"ח אדמו"ר שליט"א) **נדפס: שמח גו' אליך** אדנ־י **גו' — כמו שהוא** בכל **הספרים** (ובכ"ז העיר הצ"צ שיש נ"א). **אין כמוך באלקים הוי' גו' — בשנוי ממסקנת המנחת שי וממה שכתוב בכ"מ** אדנ־י **— וע"ז לא העיר** (מכתב כ"ק אדמו"ר שליט"א — נדפס בקובץ ליובאוויטש חו' ה' ע' 78).

צה, ד הושיענו — הושיענו וגו': **הושיענו אחר שיר של יום אומרים הן בחול הן בשבת, יו"ט, ר"ה ויוהכ"פ** (היום יום ע' לא).

" אמן — ק"י: **גם כשאין חיוב בביהכנ"ס — יש לומר כל הקדישים שמנהגנו לאומרם, היינו גם הקדיש לאחר שיר של יום, קוה, עלינו, ואפילו הקדיש שלאחר שיעור התהלים** שנקבע [39]) **לאומרו לאחר תפלת שחרית** [40]) (ממכתב כ"ק אדמו"ר שליט"א — נדפס בסו"ס תהלים אהל יוסף יצחק (הקצר), הוצאה חמישית ואילך).

צו, א לכו — לכו נרננה: **משיחות כ"ק אדמו"ר מהור"ש — אלול תרל"ה: ג' ימים קודם השבת הוא הכנה לשבת. אויף שבת זאָגט ער אין זהר מיני' מתברכין כולהו יומין. כולהו יומין איז כל ששת ימי השבוע. וואָס אויף דעם האָט דער אויבערשטער געגעבען אַ ברכה כללית וברכך ה"א בכל אשר תעשה, איז די ברכת השבת מלפניו ומלאחריו. די הכנה צו שבת איז מיום ד', און דער אָנזאָג איז דער קליינער לכו נרננה, וואָס איז ג' פסוקים.**

ביאור הג' פסוקים — לכו נרננה — ע"פ מדה ממוצעת מדת כל אדם: מיטוואָך, אַז מען הויבט אָן טראַכטען וואו וועט מען נעמען אויף שבת, הן בפשטות און הן מיט וואָס וועט מען שבת'ן — יעדער איד איז דאָך שבת גאָר אַנאַנדערער — ווערט מרה שחורה'דיג, איז די עצה, לכו נרננה, בטחון. ווען עס קומט דאָנערשטאָג, עס ווערט נעהנטער צו שבת, און עס איז נאָך אַלץ ניטאָ, איז יעמאָלט נרננה'ט זיך ניט, מען פאַרשטעהט אַז מ'דאַרף עפעס טאָן. איז אַז מ'זיצט דאָנערשטאָג'דיגע נאַכט און מ'לערנט חסידות, יעמאָלט איז פרייטאָג דערהערט מען כי א־ל גדול גו' ומלך גדול גו', און מיט דעם שבת'ט אַ איד (היום יום ע' ה־ו).

צו, ג מן — מן ר"ח אלול . . לדוד אורי: **מתחילין ביום אדר"ח אלול** (היום יום ע' פג).

צז, א עלינו — עלינו לשבח: **נוהגין בנוסח עלינו לומר: שהם משתחוים להבל ולריק — וגם בתפלת מוסף דר"ה אומרים כן — ומדייקים שלא לומר ומתפללים כו'. הרקיקה היא אחר האמירה. טעם הרקיקה, כי מדבור מתהווה רוק, ואין רוצים ליהנות מרוק זה** [41]) (היום יום ע' י).

---

37) כי אישה כמאן דמהילא דמיא (ע"ז כז, א). — וראה לקו"ש כרך ב' ע' 472.
38) ראה שו"ע או"ח סקמ"ז ובנ"כ שם.
39) ראה להלן הערה לדף צז, ב ובמצוין שם.
40) וכמ"ש הלבוש סי' קלב, אשר לעולם צריכים לומר קדיש לאחרי שאמרו פסוקים (ממכתב הנ"ל).
41) ראה ט"ז יו"ד סי' קעט.

דף שורה

צז, ב אך — אך צדיקים: ידועה תקנת כ״ק אדמו״ר (מהוריי״צ) נ״ע לומר בכל יום — גם שבת, יו״ט, ר״ה ויוהכ״פ בכלל — אחרי התפלה שיעור תהלים כפי שנחלק לימי החודש [42].

תקנה נוספת התחל מיום א׳ ב׳ ניסן, תש״ד [43]): בימים שאין אומרים בהם תחנון ובמילא א״א למנצח גו׳ יענך, אומרים אחר התפלה, לפני אמירת תהלים, את המזמור למנצח יענך, אבל לא בתור סדר התפלה כי אם בסדר תחנונים.

• • •

החל מיום שני דר״ח אלול עד יוה״כ אומרים נוסף על הנ״ל, שלשה קאפ׳ תהלים (ב׳ דר״ח אלול — קאפ׳ א־ג, ב׳ אלול קאפ׳ ד־ו וכו׳), וביום הכפורים שלשים וששה קאפ׳: ט׳ קודם כל נדרי (קטו־קכג), ט׳ קודם השינה (קכד־קלב), ט׳ אחר מוסף (קלג־קמא), ט׳ אחר נעילה (קמב־קנ) [44]).

לימוד המשניות — דאבל או בעל יאצ״ט — הוא אחר אמירת שיעור התהלים שאחר התפלה [דשחרית או מוסף].

פרק כד דכלים ופרק ז׳ דמקואות לומדים אחר סיום תפלת ערבית, סיום תפלת היום וסיום תפלת מנחה — הן במשך כל האחד עשר חודש הן ביום היארצייט.

במשך ימי האבילות, ר״ל, לומדים בגלוי רק משנה אחת.

הדיוק הוא לסיים הפרקים אחרי התפלה (ספר המאמרים תש״ט ע׳ 74).

משתדלים אשר אבל (וכן בעל יארצייט) יאמר בכל יום — לבד ש״ק ויו״ט — ט״ז קדישים *[44]).

״ מנהג — מנהג להניח תפלין דר״ת . . והי׳ כי יביאך: לעיל בדיני תפלין כותב: „כל אשר נגע יראת אלקים בלבו יניח תפלין דר״ת״, וצ״ע להכפלת הענין וכן הטעם לשינוי הלשון. ראה שעה״כ פי״א ס״ק לח. בק״ש דתפלין דר״ת ושמ״ר **[44]) אין כופלים ג׳ התיבות „ה׳ אלקיכם אמת״, אבל אומרים „אמת״ (היום יום ע׳ נד).

ויש נוהגין ג״כ לומר פ׳ קדש׳ והי׳ כי יביאך: עיין שעה״כ שם ס״ק מא. וראה ג״כ מג״א סכ״ה סק״ו.

צז, ג שש — שש זכירות: שש זכירות אומרים אותם בכל יום גם בשבת, יו״ט, ר״ה ויוהכ״פ (היום יום ע׳ עז).

צז, ד למען — למען תזכור . . חייך: חצי פסוק (דברים טו, ג) וכן יום אשר . . בחרב — חצי פסוק (דברים ד, י) (וכן — יום הששי) — ואף אשר דכל פסוקא דלא פסקי׳ משה לא פסקינן.

״ שער — שער הת״ת: שער הת״ת לאחר התפלה — להעיר מברכות סד, א. וראה שו״ע או״ח סקנ״ה. שו״ע אדה״ז שם. — ע״ד גודל נחיצות לימוד פנימיות התורה קודם התפלה — ראה לקו״ת תבא (מג, ג). קונטרס התפלה. קונטרס עץ החיים פכ״ה. מכתב כ״ק אדמו״ר (מהורש״ב) נ״ע — נדפס בתחלת קובץ מכתבים ח״א (ברוקלין, תש״ב), ועוד. ולהעיר משו״ע או״ח סצ״ח ברמ״א שם. שו״ע אדה״ז שם.

כ״ק אדמו״ר מהר״ש נ״ע כותב באחד ממאמריו (סד״ה על חומותיך, תרל״ח): צריכים ללמוד בכל יום תושב״כ עם פירש״י *[45]) שזהו תרומות מרדשי חז״ל . . ולכל הפחות צריך כל אחד ללמוד מסכת גמרא בשנה (היום יום ע׳ לח).

ידועה תקנת כ״ק אדמו״ר (מהוריי״צ) נ״ע ללמוד בכל יום פרשה חומש עם פירש״י (ביום א— עד שני; ביום ב׳ — עד שלישי וכו׳). — ראה הקדמה לחו׳ היום יום. שם ע׳ יג. ספר השיחות תש״ב ע׳ 27 ואילך.

צט, א תפלת — תפלת הדרך: מהנהגות כ״ק אדמו״ר (מהורש״ב) נ״ע: כשנסע מביתו, אף שנשאר במקום אחד כמה חדשים, הי׳ אומר בכל יום, אחר התפלה, תפלת הדרך — בלא שם ומלכות. — ביאור ע״פ דא״ח, ראה ד״ה ענין תפלת הדרך בס׳ מאמרי אדה״ז — אתהלך לאזניא; מאה שערים (לב, ב).

״ ידינו — ותתננו: כן צ״ל בל׳ יחיד. ראה לעיל בהגהות הצ״צ. נתבאר בארוכה בשיחת כ״ק אדמו״ר שליט״א, י״ב תמוז תשכ״ד.

״ נר — דיני נט״י לסעודה: בסידור תורה אור הכותרת: סדר נט״י לסעודה וקצת הלכותי׳ בקצרה [45]). ציונים

---

42) בארוכה עד״ז — ראה קובץ מכתבים — תהלים.

43) ראה קובץ ליובאוויטש חו׳ ב׳ ע׳ 19.

44) ראה קובץ מכתבים הנ״ל (ע׳ 206 — בתהלים אהל יוסף יצחק הקצר) — ושם איך תקנה זו היא מהבעש״ט בשם מורו הידוע.

*44) ראה חנוך לנער (הוצאה שני׳) ע׳ 52. להעיר מזח״א סב, ב: בזמנא דישראל אתירו בקול רם איש״ר מברך . . רווחין לי׳ שעתא ופלגות שעתא (הערת כ״ק אדמו״ר שליט״א שם).

**44) ע״ד סדר הנחת ד׳ זוגי תפילין — ראה היום יום ע׳ פ. לקו״ש כרך ב׳ ע׳ 507.

*45) דער אלטער רבי האט אמאל געזאגט: פירש״י אויף חומש איז יינה של תורה, פותח את הלב ומגלה אהבה ויראה עצמיות. פירש״י אויף גמרא איז פותח ומגלה שכל עצמי (היום יום ע׳ כד).

45) סדר נט״י לסעודה וסדר ברכות הנהנין — נדפסו לראשונה בקונטרס בפ״ע (ראה קונ׳ תורת החסידות ע׳ 26).

במכתב כ״ק אדמו״ר (מהוריי״צ) נ״ע (נדפס בבטאון חב״ד חו׳ יח ע׳ 9) כותב בשם אביו כ״ק אדמו״ר (מהורש״ב) נ״ע שנדפס לראשונה בשנת תקנ״ה (גוף כתי״ק מכתב הנ״ל אינו תח״י לברר האם לא טעה המעתיק).

דף שורה

לסדר נט״י ובר״ה — ראה שו״ע אדה״ז סקנ״ח ואילך. הערות — בס׳ קצות השלחן ח״ב; פסקי הסידור — להרה״ג וכו׳ רא״ח ז״ל נאה.

צט, ג לשפוך ב״פ לעולם : כ״ק אדמו״ר (מהורש״ב) נ״ע כותב באחד ממכתביו : על פי הגהות אשר״י [46]) נטילת ידים לסעודה ג׳ פעמים [47]) רצופות, כן הי׳ עושה אאמו״ר — (כ״ק אדמו״ר מהר״ש נ״ע) — ומניח משפיכה הג׳ מעט מים בכף היד השמאלית ובזה משפשף שתי ידיו [48]) (היום יום ע׳ כא).

• • •

נוהגין להטביל פרוסת המוציא שלש פעמים במלח [49]), ולא לזרוק המלח על הפרוסה (היום יום ע׳ נב. וראה לקו״ת ביאור לא תשבית ס״ח).

ק, ג להבין להבין ענין נט״י : ראה ד״ה זה במאמרי אדה״ז, תקס״ב (וכנראה שזהו יסוד מאמר זה הנדפס כאן). ראה ג״כ דרך חיים שער התפלה פנ״ז. סהמ״צ להצ״צ מצות נט״י. אוה״ת ויקרא ד״ה קדושים (ע׳ קיד ואילך). ד״ה ענין נט״י (ע׳ קכד ואילך). ד״ה והתקדשתם, תרכ״ו. ד״ה וישא אהרן את ידיו, ד״ה שאו ידיכם קדש — תרצ״ד (נדפסו בספר המאמרים — קונטרסים ע׳ 596 ואילך). מכתב כ״ק אדמו״ר (מהוריי״צ) נ״ע — נדפס ב„התמים״ חוב׳ א׳ ע׳ כט — ושם מבאר הטעם דנט״י גם בשבת. עיי״ש בארוכה.

קא, ג להבין הטעם לענין מלח : ראה ד״ה ולא תשבית וביאורו בלקו״ת ויקרא. מאה שערים (לג, א).

קב, א ענין ענין ברכת הזימון : ד״ה זה בתוס׳ הגהות מהצ״צ — נדפס באוה״ת דברים. ראה ג״כ אוה״ת בראשית ד״ה כוס ישועות, וש״נ.

קב, ב שכוס יין המשומר בענביו : ראה ד״ה להבין כו׳ ובגפן ג׳ שריגים, תקס״ב. ובכ״מ.

קג, ב יעקב יעקב . . שתי אחיות : ראה ביאור הזהר תרומה (נ, ד ואילך). סהמ״צ להצ״צ מצות עריות (כט, ב ואילך).

קד, א להבין להבין בתוס׳ ביאור כו׳ בכוס של ברכה : ד״ה זה בתוס׳ הגהות מהצ״צ — נדפס באוה״ת דברים. ראה ד״ה ענין גביע הכסף לאדמו״ר האמצעי — נדפס בס׳ מאמרים יקרים (חמ״ד, תרכ״ד). אוה״ת בראשית (שמא, א ואילך).

קד, ג לצדיקים שהסעודה . . מן לויתן וכו׳ : ראה לקו״ת שמיני ד״ה לויתן זה. תו״א בראשית ד״ה ויתן לך פ״י ואילך. ס׳ שני המאורות (לבוב, תרמ״ב) ד״ה לעת״ל הקב״ה עושה קניגיא. שיחת ש״פ שמיני, תשכ״ה.

קד, ד שלמע׳ גילוי עונג . . כשמשיג וכו׳ : הובא ונתבאר ברשימות הצ״צ לתהלים קאפ׳ קג, כו, ד״ה ועיקר.

קה, ג וברכת דהכוס צריך להגבי׳: טושו״ע או״ח סי׳ קפג ס״ד. שו״ע אדה״ז שם ס״ח. כאן לא נאמר כמה צריכים להגבי׳. בטושו״ע שם דמגביהו טפח. — ומנהגנו — הובא בלקוטי מנהגים שבהגדה (קה״ת ברוקלין, נ.י.) — שיהי׳ גבוה מן השולחן ג׳ טפחים. ואולי הוא לכתחילה ולהידור. ועפ״ז מתיישב בפשיטות, מש״כ בזח״ב (קפט, ב) שצ״ל גבוה זרת (שפי׳ גם כאן ג׳ טפחים — וכמש״כ בספר אור החמה, ודלא כמש״כ בעיטור סופרים), אם שבכ״מ, וגם בזהר גופא, (ח״ג רמה, א. רעג, ב), איתא שמסלקו טפח. — ומה שמיישב באוה״ח דוחק, כמובן. — ובפרט שהכוס דרז״ל גבוה לערך ג׳ אצבעות (פסחים קט, א) ולא טפח. ואכ״מ.

קה, ד הנה טעם איסור גלוי עריות וכו׳ : ראה בהמצויין לדף קג, ב. רשימות הצ״צ לתהלים קלו, ו (אות ה).

קו, ג (ברכות ת״ר מנין לברכת המזון : ראה לקו״ת עקב ד״ה ואכלת ושבעת. תו״א בשלח ד״ה להבין ענין לחם משנה. תו״ח ויאמר גו׳ הנני ממטיר. בבוך דברים — רח״ל ד״ה ואכלת ושבעת — נדפס באוה״ת דברים.

קו, ד להבין שהלחם מתהוה מן השמים : כדכתיב הנני ממטיר לכם לחם מן השמים. ומטעם זה יש דיעות בראשונים*[49]) שעל אכילת המן ברכו המוציא לחם מן השמים (לקו״ש כרך ד ע׳ 1035).

קט, ב וכמו טבע הטוב להטיב : לע״ע לא מצאתי בע״ח — ואולי הדיוק „בענין״ ולא הל׳ ממש. אבל ג״ז צ״ע ממש״כ בהמשך תרס״ו (בתחלתו ובד״ה אם בחוקותי). נמצא בעמה״מ ש׳ שעשועי המלך רפ״א. ש׳ היחוד והאמונה פ״ד. שומר אמונים ויכוח ב׳ ס׳ יד. ולהעיר משו״ת ח״צ סי״ח (הערת כ״ק אדמו״ר שליט״א בד״ה אתה אחד מאדמו״ר האמצעי — ברוקלין, תשכ״ה ע׳ 4. עיי״ש).

קיא, א והקימותי והקימותי את בריתי : ראה לקו״ת עקב ד״ה ולהבין כו׳ ברית ותורה לברהמ״ז.

---

46) לחולין קיג, א. וראה ג״כ ב״י ליו״ד ר״ס סט.

47) ראה גם כן ספר השיחות קיץ ה׳ש״ת ע׳ 82. לקוטי דבורים כרך ב׳ דף רעד, א. ועפ״י שיחת כ״ק אדמו״ר שליט״א ש״פ וישלח י״ד כסלו תשי״ד — זוהי הוראה לרבים.

48) ראה גם כן ספר המאמרים — קונטרסים כרך ב׳ ע׳ 596.

49) ראה סי׳ האריז״ל סדר סעודת ת״ח. שו״ע אדה״ז או״ח סקס״ז סק״ח.

*49) רמ״ע מפאנו בס׳ מאמר שבתות ה׳ (ח״ב בתחלתו בהמשך דבריו ע״ד הסעודה דלעת״ל) שכן יברכו אז על המן (השמור בצנצנת). ובס׳ חסידים (הוצאת מק״נ) סי׳ תתתת״א : על המן היו מברכין הנותן לחם מן השמים. — ובכ״מ מבואר שהיו מברכים עוד לפני דהמע״ה (שתיקן ק׳ ברכות, במדב״ר פי״ח, כא. הובא בשו״ע אדה״ז רסמ״ו). וראה לקו״ת לג״פ רד״ה להבין ענין הברכות (הערת כ״ק אדמו״ר שליט״א בלקוטי שיחות שם).

דף	שורה	
קיא, ב	להקדים	ארץ כנען בבחי׳ הרוחניות . . שני פירושים : **ראה תו״א וישב ד״ה וישב יעקב. תו״ח שם. אוה״ת בראשית שם.**
קיא, ד	כנען	ארץ זבת חלב ודבש : **ראה ג״כ תו״א קו, ג. לקו״ת שלח (לח, א). תבא (מא, ג). שני המאורות (לבוב, תרמ״ב, ה, א ואילך).**
קיד, ג	להבין	ואלה מדות המזבח . . מזבח מכפר וכו׳ : **ראה סהמ״צ להצ״צ מצות אכילת ק״ק לכהנים ס״ב. ד״ה והוא עומד עליהם, תרס״ג (ברוקלין, תשי״ג). ועוד.**
קיח, א	קודם	מים אחרונים : **למים אחרונים נוטלים קצה האצבעות, ואחר כך מעבירים אותם, כשהם לחים עדיין, על השפתים (היום יום ע׳ קט). לבד מז׳ ימים הראשונים דחה״פ.**
״	עמים	כל מעיני : **בברהמ״ז כל — בחולם — הכ״ף קמוצה) (היום יום ע׳ לז).**
		מברכים ברכת המזון בכוס של ברכה, אף שאין עשרה (היום יום ע׳ קיב. וראה סי׳ האריז״ל סדר סעודת ת״ח. שו״ע אדה״ז סקפ״ב ס״א).
		אוחזין הכוס על כף היד, ד׳ האצבעות זקופות והגודל מושכב מן הצד, והכוס מוגבה למעלה משלשה טפחים מעל גבי השלחן[50]). אוחז הכוס מאמירת „רבותי מיר וועלען בענטשען״ עד סוף בונה ברחמיו ירושלים אמן. מעמידו אח״כ, וחוזר ונוטל לברכת בפה״ג (היום יום ע׳ קיב. הגש״פ עם לקוטי טעמים ומנהגים).
קיח, ג	כי	בעל הישועות : **בי״ת דגושה (היום יום ע׳ מב).**
״	קדש	זכרנו וכו׳ : **המברך מגבי׳ מעט קולו באמירת זכרנו כו׳ בו (בי״ת דגושה) לטובה כו׳ בו (בי״ת רפוי׳) לברכה כו׳ לחיים טובים. וכל המסובין עונין אמן אחרי : לטובה, לברכה, טובים (הגש״פ הנ״ל).**
״	אליך	חנון : **אומרים מלך חנון (שם).**
קיח, ד	לעולם	יחסרנו : **אין עונין אמן אחר יחסרנו (שם).**
״	יברך	אבי מורי בעל הבית כו׳ אמי מורתי בעלת הבית : **כ״ז אומר גם אורח או מי שאין לו או״א[51]) (שם).**
קיט, א	נוסח	נוסח : **הרחמן דברית מילה — אומרים (היום יום ע׳ מא).**
״	נוסח	נוסח ברכה . . מעין שלש : **אם שתה יין ואכל פירות מז המינים, חותם ועל פרי הגפן ועל הפירות. בא״י : על פרי הגפן והפירות (ולא „ועל״ הפירות) (היום יום ע׳ כט — עפ״י הל׳ ברה״נ פ״א סי״ג).**
קיט, ב	וחסרונן	על כל : **הכ״ף בחולם ולא בקמץ (היום יום ע׳ לה).**
קיט, א	סדר	סדר ברכת הנהנין : **ראה ג״כ שו״ע אדה״ז סי׳ רב ואילך. ובמ״מ שם.**
״	ואלה	מוסיף על הראשונים : **ראה בהמצויין לעיל לסדר נט״י.**
קכב, ג	פרק	פרק ו . . (הלכה א־ב) : **ראה צ״צ חי׳ על הש״ס יא, ג.**
״	באילן	(ו) : **ראה שם י, ג.**
קכב, ד	ואצ״ל	אם מתחלה . . בישלם : **ראה שם ט, ד.**
קכג, ג	שנ״ב)	חוץ מזיתי׳ וענבים וכו׳ : **ראה שם ז, ב־ד.**
קכד, ג	גורמים	(ו) : **ראה שארית יהודה חאו״ח סי׳ טו.**
קכו, ג	בשנה	מברך שהחיינו : **נוהגים שאין מברכים שהחיינו בימי ספה״ע (היום יום ע׳ מח). כן אין מברכים שהחיינו בין המצרים ואפילו בשבת[52]) (שם ע׳ עב).**
קכז, ד	(יד)	היוצא בימי ניסן . . ואינו מברך אלא בפעם ראשונה : **והנה לכמה אחרונים או״ח (סרנ״ו) ניסן לאו דוקא, אבל י״א דדוקא הוא (שד״ח אסיפת דינים מע׳ ברכות רס״ב. וש״נ). והנה אדמו״ר הזקן בלוח ברכות הנהנין (הראשון) כ׳ דלאחר ל׳ יברך בלא שב ומלכות (מוכח דניסן לאו דוקא), אבל בסדר ברה״נ שבסידורו [כאן] השמיט זה. ואף שי״ל בדוחק דטעמו מפני דס״ל דאין לברך כלל אלא פעם אחת (ועדיין יקשה למה לא ביאר דברי השו״ע „בימי ניסן״ דהיינו לאו דוקא — כמו שהוסיף ביאור בכמה דינים שבברה״נ), י״ל — דהשמיט מפני דבמשנה האחרונה ס״ל ד„בימי ניסן״ כפשוטו — בדוקא. וא״כ א״א „לאחר ל׳״. ואכמ״ל (ממכתב כ״ק אדמו״ר שליט״א).**
		הגהות נוספות מהצ״צ לברה״נ — ראה צ״צ שער המילואים — חידושים : ה, ד, ו, א, ו, ד, ז, ג.

---

50) ראה בהמצויין לעיל לדף קה, ג.

51) ראה מכתב כ״ק אדמו״ר (מהוריי״צ) נ״ע — נדפס בספר פסקי הסידור להרה״ג הרה״ח וכו׳ רא״ח ז״ל נאה. ראה גם כן קונטרס צט ע׳ קז.

52) הדעות בזה — ראה שו״ע או״ח סתקנ״א סי״ז ונ״כ. ובס׳ שהובאו בשדי חמד אסיפת דינים מע׳ בין המצרים בתחלתה.

מנהג י״ז תמוז שחל להיות בשבת ונדחה — לא שמעתי. והדעות בזה ראה בשד״ח ובפאת השדה שם (הערת כ״ק אדמו״ר שליט״א ברשימות על איכה ע׳ 61).

דף	שורה	
"	אל.ג	(טו) על הזיקין וכו׳ : **מנהגנו — שמברכים ברכת הקשת ולא כיש מפקפקים בזה** (היום יום ע׳ ק). **אדה״ז השמיט דין ברכת הקשת — ואולי מטעם באשר אין רגיל „במדינתנו״** (ממכתב כ״ק אדמו״ר שליט״א).
קכח, א	ענין	ענין רב ושמואל וכו׳ : **ראה ד״ה ענין ברכת חתנים — לאדמו״ר האמצעי** (נדפס בס׳ מאמרים יקרים) **פכ״א** (באמצע) **ואילך.**
קכח, ד	כי	כי על כל כבוד חופה וביאורו : **ראה ד״ה זה וביאורו בלקו״ת שה״ש** (מז, ב). **בס׳ מאמרי אדה״ז — הנחות הר״פ ז״ל** (ע׳ מט).
קל, ב	בחי׳	ת״ת דאימא . . בכתר א׳ : **נתבאר בארוכה באוה״ת בראשית ד״ה להבין כו׳ הביאו עלי כפרה סעי׳ ה׳ ואילך. וש״נ.**
קלב, ב	החמה	שיהיו שוין בקומתן : **נתבאר בארוכה באוה״ת בראשית ד״ה לבאר המאמר פ׳ א״ט** (מ, ב). **וש״נ.**
קלב, ג	להבין	להבין בברכת חתנים וכו׳ : **ראה תו״א בראשית** (ו, ג). **לקו״ת לג״פ** (לז, ג). **ענין ברכת חתנים הנ״ל בתחילתו. ראה ג״כ ד״ה חייב אדם לברך, תרל״ח פל״ה ואילך.**
קלג, ד	כי	כי הנה יוצר הרים : **ראה ברכת חתנים הנ״ל פ״י ואילך. ראה ד״ה חייב אדם לברך, תרל״ח פל״ח ואילך.**
קלד, ג	להבין	להבין שרש הדברים הנ״ל : **ראה ברכת חתנים הנ״ל פ״ו ואילך.**
קנו, ג	שוש	שוש תשיש : **ראה שם פי״ט ואילך. ד״ה זה בבוך באברויסק נומ. 57** (קנו, א).
קלז, ב	שמח	שמח תשמח : **ראה ברכת חתנים הנ״ל פי״ב ואילך.**
"	אשר	אשר ברא : **ראה שם ספ״כ ופכ״א.**
קלז, ד	וע״כ	אשר ברא . . מאין ליש : **ובלקו״ת ואתחנן** (ב, ב) **דגילוי ההעלם זהו סדר השתל׳ — הובא ונתבאר בהגהות הצ״צ לד״ה אשר ברא** (בוך באברויסק נומ. 57 (קמא, ב)).
קלח, ב	מהרה	מהרה ישמע : **לכללות מאמר זה ראה לקו״ת ברכה ד״ה תורה צוה.**
קלט, א	למנצח	למנצח על השמינית : **ראה ד״ה זה בלקו״ת תזריע** (כ׳ ג). **תו״א ס״פ לך לך. סהמ״צ להצ״צ מצות מילה. לקו״ת לג״פ ס״פ לך לך. מצה זו תר״ס פנ״ז־ח.**
קלט, ב	עתיקא	וכמ״ש במ״א בשרש ענין הג׳ סעודות דשבת : **ראה להלן עניני סעודת שבת.**
קמא, ב	זה	שארז״ל במדרש . . למה הקב״ה מוריד גשמים : **ראה לקו״ת ויקרא כא, ג. ד״ה מצה זו, תר״ם, פנ״ז ואילך.**
קמא, ד	בעת	בעת ההיא גו׳ חרבות צורים: **דרוש זה** (מתחיל עשה לך חרבות — בשינויים ובקיצור לשון) **נמצא בבוך באברויסק נומ. 14** (קסח, א) **עם תוס׳ הגהות וכו׳ מהצ״צ.**
קמג, ג	זה	שאו מרום עיניכם : **בהבא להלן — ראה ג״כ ד״ה סמכוני באשישות — נדפס בס׳ החקירה להצ״צ** (פד, ב).
קמה, א	ולא	ולא יקרא עוד : **ראה ד״ה זה וד״ה והבדילה הפרוכת בתו״א לך. ד״ה ולא יקרא עוד וביאורו בלקו״ת לג״פ.**
קנ, א	והעומדים	כשם שנכנס . . לתורה : **נוהגים אצלינו, אַז מען גיט דמי קדימה אַז דער אינגעל זאָל לערנען** (היום יום ע׳ מא).
קנ, ג	סדר	סדר פדיון הבן : **לפי שכהנים שרשם מקו הימין חח״נ וחכמה נק׳ ראשית ובכור ע״כ צריך לפדות כל בכור מהכהן** (אוה״ת בראשית שמג, ב). **וראה ג״כ אוה״ת ס״פ בא ע׳ שמא. בביכלאך כתבי־יד נמצא דרוש ד״ה מצות פדיון הבן** (לא נכנס בסהמ״צ להצ״צ).
קנ, ד	אמת	אמת ואמונה : **ראה לעיל שער בהמ״ז** (קיב, ב).
"	יש	יש שנהגו לעשות סעודה : **לשון הרמ״א בשו״ע יו״ד סי׳ שה סעי׳ י׳.** ואם יש שאר משקים : **ט״ז שם ס״ק י׳.**
"	עושה	וסעודה זו היא סעודת מצוה : **שו״ע או״ח סרמ״ט ובשו״ע רבנו שם**[53].
"	תפלת	תפלת ערבית : **בדפוס קאָפּוסט לא נמצא תפלת ערבית לחול, וכן בסידור תו״א** (אלא נכלל בתפלת ערבית לשבת).
קנ, ג	והוא	והוא רחום : **ראה שעה״כ פי״ז סי״א.**
קנ, ד	ברוך	אוהב עמו ישראל : **הש״ץ מסיים בלחש** (מחזור השלם לר״ה ויוהכ״פ).
קנא, ב	שיסמוכו	הנוהגין שלא לומר : **ראה פס״ד להצ״צ חאו״ח הל׳ תפלת ערבית** (ח, ד).
"	סדר	סדר ק״ש על המטה : **רבוש״ע הריני מוחל וכן למנצח גו׳ בבוא — א״א בשויו״ט**[54]**, אבל צ״ל בשאר ימים שא״א בהם תחנון. בסיום הג׳ פרשיות אומרים תיבת „אמת״. יעלזו חסידים — פעם אחת. הנה מטתו — ג״פ. יברכך — ג״פ** (היום יום ע׳ לב).
קנא, ג	הערה	הערה לתקון חצות : **ראה חנה אריאל ד״ה אלה הדברים ושם נתבארו כמה ענינים שבמאמר זה. ראה ג״כ קונטרס העבודה פ״ב.**

---

53) ראה ספר השיחות תש״ג (ע׳ 144 ואילך). וראה בפתחי תשובה ליורה דעה סי׳ ריז, ס״ק טז, שהביא בשם שו״ת חוות יאיר איזו סעודות הן סעודת מצוה ולא הזכיר — בפ״ת — סעודת פדיון הבן.

54) ודלא כמ״ש בשער הכולל פל״ו סק״ב. עיי״ש שהאריך בזה.

דף | שורה

קנב, ב | כסדר — שהזמן המובחר הוא בחצות האמיתי דוקא (דלא כמ״א) : **ראה מג״א לשו״ע או״ח ס״א סק״ד. שו״ע אדה״ז מהדו״ת ס״א סק״ח.**

קנד, א | קריאה — קריאה לתענית צבור : **קריאת ויחל — בד׳ צומות — אם יש בביהכנ״ס אף רק ג׳ מתענים**[55]**.**

קנו, א | כוונת — כוונת המקוה, כוונת המקוה להבעש״ט ז״ל : **הגהות וכו׳ מהצ״צ על דרושים אלו — בביכלאך באברויסק. נומ. 14 (קפ, א) : נומ. 47 (מו, א).**

בכוונת המקוה שנדפס בשם הבעש״ט : **הצ״צ שם כותב : הובא בספר פרי הארץ פ׳ לך לך. נדפסו לעיל דף ה[שטו, א]. ראה בס׳ סיפורים נוראים (להרה״ח וכו׳ ר׳ יעקב קאדאנער) בתחלתו.**

קנס, א | פשוט

קס, א | ערב — ערב שבת : **ברכת הדלקת הנרות לערב ראש השנה וראש השנה : של יום הזכרון (מנהג בית הרב מדור לדור. הוראה מפורשת של כ״ק אדמו״ר (מהורש״ב) נ״ע. מחזור השלם ע׳ 436).**

״ | סדר — סדר הכנסת שבת : **הערות לסדר הכנסת שבת נדפסו בשעה״כ פט״ז. בס׳ קצות השלחן ח״ג (להרה״ג והרה״ח וכו׳ ראה״ח ז״ל נאה). ובסוף שו״ע אדה״ז ח״ב (קה״ת, תשכ״ג).**

״ | סדר — סדר מנחת ערב שבת : **אין הש״ץ מתעטף בטלית**[56]**) למנחה או למעריב, לא בשויו״ט ולא בר״ה (היום יום ע׳ ד).**

קסא, א | אומרים — אומרים הודו . . קודם מנחה : **הודו**[57]**), פתח אלי׳, ידיד נפש — לפני מנחה בערב שבת (כן הוא גם בסי׳ הר״ש מרשקוב**[58]**), קול יעקב). הבעש״ט זלה״ה נבג״מ יסד לומר בכל ער״ש מזמור קז (מאור עינים ס״פ בשלח). קודם תפלת מנחה (תלמידי הבעש״ט בשם הבעש״ט — כ״כ עטרת צבי על זח״ב קסח, ב). הוא כעין ברכת הודאה על אשר מעובדין דחול לא ניזוקו בגו״ג ברו״ג. וקודם תפלת מנחה — אחר גמר עובדין דחול (שער הכולל פי״ז ס״ב). וראה סד״ה ברוך הגומל (השני) תרפ״ז. ומהדרין לאומרו בצבור — (שעה״כ שם. ולא ראיתי מקפידין בזה).**

בערב שבת אין אומרים : **אבל אומרים פתח אליהו [ידיד נפש] (היום יום ע׳ מו).**

אם חל יו״ט או יו״כ בשבת וערב יו״כ או ערב יו״ט ושבת הוא יום ששי שהוא חול אומרים הודו במנחה (שעה״כ פי״ז סק״ב).

קסא, ב | להבין — אנת הוא חד : **בדפוס הראשון — לא נמצא מאמר זה. ראה תו״א וירא ד״ה פתח אלי׳. תו״ח בראשית ד״ה ויהי כל הארץ פי״א ואילך — ושם בהרחב הביאור. ד״ה פתח אלי׳, תרנ״ב לכ״ק אדמו״ר (מהורש״ב) נ״ע. — וראה ד״ה להבין כו׳ אנת הוא דאפיקת במאמרי אדה״ז — אתהלך לאזניא (ע׳ רטז).**

לית מחשבה תפיסא : **ראה ד״ה להבין כו׳ אות כו׳ לית מחשבה — נדפס בבונה ירושלים סי׳ פט. נמצא בבוך אלה מסעי — רח״ל.**

קסב, ג | שמהן — אנת חכים, מבין וכו׳ : **ביאור ע״ז ראה תו״ח שמות (קצא, ב ואילך).**

קסד, ב | להבין — להבין כו׳ כד אנת תסתלק : **מאמר זה (בשינויים) בתוס׳ הגהות מהצ״צ נמצא בבוך באברויסק נומ. 57 (קי, א). ובבוך „זוהר — לברטוב" (לט, א) — מאמר הצ״צ הנ״ל עם הוספות נוספות וקיצור. שם (מח, א) ד״ה להבין בתוס׳ ביאור מאמר הנ״ל.**

קסו, א | רחמי — ברוך ה׳ לעולם אמן ואמן : **בתקו״ז לא נמצא סיום זה. וכן לא בסי׳ הבעש״ט (בו התפלל, והוא סי׳ האריז״ל). סי׳ קול יעקב. סידור ר׳ שבתי מרשקוב דפוס הראשון. אבל בסי׳ זה בהוצאות שבימי אדהאמ״צ נמצא הוא (עפ״י מכתב כ״ק אדמו״ר שליט״א).**

״ | קבלת — קבלת שבת : **שבעל היאצ״ט ירד לפני התיבה בש״ק שלפני היאצ״ט — אין מנהגנו כן (ספר המאמרים תש״ט ע׳ 26).**

קסו, ג | לכו — לכו נרננה : **בסידור תורה אור**[59]**) קודם לכו נרננה נדפס : יו״ט וחוה״מ שחל בשבת אין אומרים לכו נרננה רק מתחילין מזמור לדוד. [ואומרים כסדר : אנא בכח, וכל חרוזי לכה דודי**[60]**), מזמור שיר ליום השבת, ה׳ מלך, כגוונא, רזא דשבת**[59]**)]; וכן נוהגין בכל שבת מוצאי יום טוב או ר״ה**[61]**).**

---

55) מנהגים המובאים ברשימות על מגילת איכה ע׳ 61. שו״ת הצמח צדק שער המילואים ח״א ס״ח. וראה שו״ת צ״צ אורח חיים סקנ״ז. שו״ת מהר״ם שיק סרפ״ט. שדי חמד פאת השדה אסיפת דינים מע׳ ביהמ״ד ס״ב סק״ג (הערת כ״ק אדמו״ר שליט״א שם).

56) י״א שישנה סכנה בדבר — הדעות הובאו בשערי תשובה או״ח סי״ח. וראה גם כן פרמ״ג שם. שו״ת שם משמעון (סאטמאר, תרצ״ב) מהדו״ק או״ח סי׳ א־ב (ממכתב כ״ק אדמו״ר שליט״א).

57) ראה רשימות הצמח צדק לתהלים לקאפ׳ זה.

58) כ״ה בהוצאת למברג. אבל בהוצאה הראשונה של סידור ר׳ שבתי (קארעץ, תקנ״ד) לא נמצא זה. ואולי הוא הוספת המו״ל דלמברג.

59) ראה שער הכולל פי״ז סק״ו.

60) החילוקי מנהגים בזה בשויו״ט — ראה מטה אפרים סי׳ תריט סעי׳ ינ. סי׳ תרכה סעי׳ מא.

61) היום יום ע׳ צב. ודלא כמש״כ בשעה״כ שם בסוף הסעיף, ועיי״ש בקצות השלחן ח״ג סי׳ עז ס״ק ינ.

דף	שורה	
קסז, ג	אנא	אנא בכח : **בקבלת שבת — אומרים בלחש (היום יום ע׳ נח).**
״	לכה	לכה דודי : **ביאור ע״ז ע״פ דא״ח — ראה בונה ירושלים סי׳ יד.**
קסז, ד	בואי	בואי בשלום . . בואי כלה : **כשהופכים הפנים לפני מערב**[62]) **מתחיל בשמאלו**[63]) **וגומר הסיבוב אחרי אמירת בואי כלה השני.**
״	(ביו״ט)	(ביו״ט) בשמחה : **ראה לעיל הגהות כ״ק אדמו״ר (מהורש״ב) נ״ע ד״ה קבלת שבת. אבל בשבת אומרים רק ברנה**[*63]). **בר״ה ויוהכ״פ שחל להיות בשבת אומרים ברנה ובצהלה**[**63]) **מחזור השלם ע׳ 436).**
״	אמוני	בואי כלה בואי כלה : **מנהגנו לשוח**[63]) **באמירת בואי כלה : הא׳ לימין, הב׳ לשמאל, הג׳ לאמצע כשפניו למזרח**[64]).
״	כלה	יאמרו בלחש : **מנהגנו לומר בלחש עד אחרי תיבת מלכתא**[65]).
״	מלכתא	מזמור שיר ליום השבת : **כשחל יאצ״ט ביום וא״ו אומר בעל היאצ״ט גם הקדיש אשר לאחר מזמור שיר ליום השבת**[66]). **גם זהו ליל ש״ק שלפני היאצ״ט — בשבוע הבא — אין מנהגנו שבעל היאצ״ט יאמר קדיש זה**[67])
קסח, א	כגוונא	כגוונא : **בשער הכוונות, משנת חסידים, סי׳ האריז״ל (ר׳ שבתי מרשקוב) — לא נמצא ע״ד אמירת כגוונא. (בסי׳ קול יעקב הדפיסו זה, אבל כנראה זוהי הוספת המו״ל, כי לא נזכר שם ע״ד אמירתו ואין שם כוונות לזה). המנהג לאומרו הוזכר במטה אפרים סתקפ״ב ס״ב. סיום המאמר שבסידור — הוא בדילוג כמה ענינים שבזהר. כמדומה ברור שבאמירת מאמר זהר זה אומרים השם כתיקונו, ומובן שיש לחלק בין קריאת אזכרות המובאים בענין הנלמד — לבין המתלמד מטבע הברכות שאסר רבנו הזקן בשו״ע שלו (או״ח סי׳ רטו ס״ב). וראה ברכי יוסף שם. ואכ״מ.**
״	(ד״ה) כגוונא	כגוונא, רזא דשבת : **נמצא (בשינוים קל״ם) בבוך אני ישנה — אה״ק**[68]) **(לט, א), ורשום עליו : בעז״ה שבת שלפני חג הפסח. כן נמצא (בתוס׳ הגהות מהצ״צ) בבוך באברויסק נומ. 53. בבוך רח״ל. ראה ג״כ ד״ה זה בבונה ירושלים סי׳ כא. בס׳ שני המאורות (טו, א).**
״	או	לערב דבר : **בהכת״י : לערב בתוכו דבר.**
קסח, ב	בהתחלקות	בחי׳ הללו : **שם : בחי׳ מדות הללו.**
קסח, ג	מתבטלין	וה״ז בחי׳ : **שם : וה״ז רק בחי׳.**
״	למהוי	היחוד שבו״ק : **שם : היחוד רק בו״ק.**
קסח, ד	חכמה	ובאופן אחר : **כ״ה גם בבוך אני ישנה. ובבוך באברויסק ובבוך רח״ל הנ״ל : (נ׳ שצ״ל וביאור הדברים כי הכל אופן אחד).**
״	הכבוד	שנקרא קה״ק : **שם : שנקרא קדש של הקדשים.**
״	כחב״ד	כחב״ד : **כ״ה בבוך אני ישנה. ובבוך רח״ל : כתר.**
		כחב״ד . . הי׳ שורה בהיכל הזה . . ק״ק דבריאה : **ובתניא פנ״ב (עג, א) : בהיכל ק״ק דבריאה שהיא חב״ד דבריאה. בקונטרס ומעין (סוף מאמר ה׳ ע׳ 74) : והיכל קדה״ק הוא הלב של כל העולם . . וכן בהיכל קדה״ק דבריאה יצירה ועשי׳ כמ״ש בסש״ב פנ״ב. והעיר ע״ז כ״ק אדמו״ר שליט״א (בהערות לקונ׳ ומעין לע׳ זה) : לכאורה צ״ע דבסש״ב פנ״ב, שמציין שם, כתב דהיכל קדה״ק הוא חב״ד. וכן הוא בע״ח שער כסה״כ. ובכ״מ. ויש לבאר עפמש״כ בד״ה וירד העיט תרנ״ח וז״ל (בקיצור קצת) : קה״ק הוא בחי׳**

---

62) פרמ״ג א״א סי׳ רסב. שער הכולל (פי״ז סק״ז) בשם שער הכוונות.

63) סי׳ יעב״ץ. וראה שער הכולל שם.

*63) כן הוא בסי׳ האריז״ל (ר׳ שבתי מרשקוב), וכן משמע מל׳ מ״ח המובא בהגהות הנ״ל : במקום אמרו גם ברנה.

וי״ל מכיון ד„שבת אינו זמן שמחה" (ספר המאמרים תש״ט ע׳ 130). וראה לקו״ש כרך ד׳ ע׳ 1090.

**63) כי ימים אלו לא ניתנו לשמחה (ראה שו״ע רבנו הזקן סתקפ״ב ס״י). ומשמע שכן המנהג ממש״כ בסי׳ יעב״ץ (והוא מהמו״ל ולא ליעב״ץ עצמו). מטה אפרים סתקפ״ב, ב (הערת כ״ק אדמו״ר שליט״א שם).

64) כך נהג כ״ק אדמו״ר (מהורש״ב) וכ״ק אדמו״ר (מהוריי״צ) — נ״ע.

65) מחזור השלם ע׳ 436. וכ״כ בסי׳ האריז״ל (הר״ש מרשקוב). סי׳ יעב״ץ. וכן משמע בסי׳ הר״ש שרעבי. וצ״ע שבמנהגי המקובלים דק״ק בית אל (נדפסו בס׳ דברי שלום — לראש מזרחי — בתחלתו) כתב : ואומרים בקו״ר שבת מלכתא מזמור שיר כו׳ (הערת כ״ק אדמו״ר שליט״א שם). [וגם בשער הכוונות ענין מזמור הבו כתב : אבל באי כלה שבת מלכתא צריך לאמרה בלחש ולא בקול רם].

66) ספר המאמרים תש״ח ע׳ 147. להעיר ממ״ש במג״א ושו״ע רבנו ס״ס רסא דגם אחר אמירת מזמור שיר ליוה״ש עושים כל המלאכות (הערת כ״ק אדמו״ר שליט״א שם). כמובן, מי שיש לו יאצ״ט בש״ק אומר קדיש זה.

67) ספר המאמרים תש״ט ע׳ 26.

68) ע״ד בוך כת״י זה — ראה בתחלת הוספות להערות וציונים ללקו״ת (קה״ת, תשכ״ה) סט, א.

דף | שורה

פנימיות הכתר כו׳ ונמשך מפנימיות הכתר לחו״ב כו׳ למל׳ ובבחי׳ זו נק׳ המל׳ קה״ק כו׳ הכוונה על אור בחי׳ פני׳ הכתר שבמל׳. — ובהגהות הרח״ו בזהר שם (ח״ג קסא, א) פי׳ קה״ק ותמן הוא לבא — היכל הז׳ דבריאה (שהוא כנ״ל בסש״ב) ותמן לבא — מלכות. ולהעיר ע״ז מלקו״ת סד״ה שבת שבתון וביאורו.

קסט, א | וישבות | אך הנה מתחילה: בבוך אני ישנה בא זה בהמשך אחד להקודם לו. ובבוך רח״ל — קודם לתיבות אלו: (הג״ה ממו״ח *[68]) ז״ל. אך הנה מתחלה.

קסט, ב | או״ח | או״ח כנ״ל: בבוך רח״ל: או״ח כנ״ל. עכ״ה ממו״ח ז״ל וצ״ע).

״ | העונג | לאחר שעלה בו הקבלת עונג כנ״ל. וזהו: כ״ה בבוך אני ישנה, ובבוך רח״ל: לאחר ששבת ונח מהמעשה. וזהו.

״ | אומרים | בחינת.. ואמנם: כ״ה בבוך אני ישנה, ובבוך רח״ל: בחי׳ ההעלאה מבחי׳ עתיקא בבחי׳ כנ״ל. ואמנם.

קסט, ג | כד | כד עייל: ע״כ נמצא בבוך רח״ל ובבוך באברויסק.

קעא, א | חצי | חצי קדיש: אומרים כאן קדיש, כיון דכגוונא כו׳ — היא אגדה שהיא דרשת הפסוק (אדה״ז בשו״ע שלו סו״ס נד).

קעב, א | מלפניך | ופרוש: כן צ״ל בשי״ן ולא בסמ״ך — ראה לעיל בהגהות כ״ק אדמו״ר (מהורש״ב) נ״ע. (וראה שעה״כ פי״ז ס״ק כא, עיי״ש שהאריך בזה).

ופרוש עלינו — בקבלת שבת — בעמידה (היום יום ע׳ נח).

קעב, ג | ערב | והמרחם: בכל תפלה שאין אומרים י״ח אומרים והמרחם בוא״ו (הוראת כ״ק אדמו״ר (מהוריי״צ) נ״ע).

קעב, ד | מזמור | מזמור לדוד גו׳ חצי קדיש, ברכו: קדיש ברכו אחר התפלה [69]) בשבת — לא לאמר (האבל) [70]) (מצוואת כ״ק אדמו״ר (מהורש״ב) נ״ע, נדפסה בחנוך לנער — הוצאה שני׳).

״ | שלום | שלום עליכם: יו״ט שחל להיות בשבת אומרים שלום עליכם. אשת חיל, מזמור לדוד ה׳ רועי, דא היא סעודתא — בלחישה (מחזור השלם ע׳ 434).

ביאור שלום עליכם כו׳ עפ״י דא״ח — ראה ד״ה ענין שלום עליכם באוה״ת בראשית (קצט, ב).

דא היא.. קדישין: בסידור הר״ש מרשקוב, סידורי נוסח ספרד שראיתי ועוד — לא ראיתי לתיבות אלו, אבל נמצאות הן בכל הסידורים דנוסח חב״ד שראיתי, ואינו מובן הכפל, שהרי אומרים זה תיכף עוד הפעם בנוסח אתקינו לסעודתא, ובסעודה ג׳ אין כפל זה. ושאני סעודה שני׳ — שמפני אריכות הדברים נכפל הענין. ואפשר גם — כהמשך וביאור להכתוב אז תתענג גו׳ שלפני זה, וכדאיתא בזהר ונתבאר בסידור ד״ה ביומא דשבתא (הערת כ״ק אדמו״ר שליט״א, במחזור השלם ע׳ 440).

״ | יום | יום הששי: מנהג בית הרב: לוקח הכוס בימינו, מוסרו לשמאלו, מעמידו, דרך הורדה מלמעלה למטה, על כף ידו הימנית, כשהיא כפופה קצת כעין בית קבול, ד׳ אצבעותיו מוגבהות והגודל מושכב מן הצד, ומקדש מעומד, והכוס מוגבה למעלה משלשה טפחים [71]). מעל גבי השלחן (הערת כ״ק אדמו״ר שליט״א בהגש״פ עם לקוטי טעמים ומנהגים).

קעג, ב | סברי | סברי מרנן: כצ״ל ולא יותר (סי׳ יעב״ץ), כי תיבות אלו משלימין מספר התיבות שבקידוש. הטעם לאמירת סברי מרנן — ראה שו״ע אדה״ז סו״ס קעד [72]).

בתקוני זוהר תכ״ד: וצריך למימר סברי מרנן. ועד״ז הוא בתנחומא ר״פ פקודי, בלקוטי שו״ת הגאונים שבסו״ס כלבו. ובטור סקע״ד בשם אביו. וראה בפע״ח שי״ח פט״ז ביאור לשון זה דוקא — ע״ד הסוד (הגש״פ עם לקוטי מנהגים וטעמים). ראה בשל״ה מס׳ שבת (קלט, א) שהביא שכן דעת בעל הספר לקט שכחה ופאה, אבל הוא בעצמו סובר שלמספר ע״ב יש לצרף השתי תיבות יום הששי ולא סברי מרנן. גם בקידוש על הפת אומרים סברי מרנן (היום יום ע׳ כח, ודלא כמש״כ בשעה״כ פי״ח סק״ד בסופו).

״ | למקראי | כי בנו בחרת וכו׳: ראה לעיל בהגהות כ״ק אדמו״ר (מהורש״ב) נ״ע ד״ה קידוש לשבת. שעה״כ פי״ח סק״ד בארוכה. ראה ג״כ משמרת שלום (להרה״צ וכו׳ מקאדינוב) מהדו״ב לסי׳ כז ד״ה הוספה. גם בסי׳ רס״ג הנוסחא כי בנו בחרת כו׳ מכל העמים. ואף אשר בשער הכוונות ענין הקידוש כותב שלא לומר תיבות אלו — הנה „בכללות בענינים כאלו שנוהגים בכל יום ויום או משבוע לשבוע קשה לומר דישתנה לפתע פתאום, וכיון שכותב כן רבנו הזקן בסידורו ונהגו כן נשיאי חב״ד וזקני אנ״ש וכו׳ דור אחר דור בלי הפסק בינתיים, בודאי שמעשה רב״ (ממכתב כ״ק אדמו״ר שליט״א).

---

*68) הכוונה לכ״ק אדמו״ר האמצעי.

69) הכוונה לערבית ליל ש״ק.

70) ראה ספר המאמרים — קונטרסים כרך ב׳ (תד, א) ושם אשר בש״ק ט׳ כסלו תרנ״ז אמר זה הקדיש. ואולי היתה הוראת שעה.

71) ראה בהמצוין לעיל לדף קה, ג.

72) הגם שמלשון אדה״ז בשו״ע שם משמע שאומרים זה רק כשבברכתו מוציא גם אחרים, אבל מנהגנו לאמור זה גם ביחיד. וראה של״ה מס׳ שבת (קלט, א). סי׳ יעב״ץ ובספרו מור וקציעה או״ח סו״ס קעד.

דף	שורה	
״	רבי	רבי שמעון כו׳ אתקינו סעודתא : נדפס (בשינויים ובקיצור לשון) במאמרי אדה״ז — הנחות הר״פ ז״ל (ע׳ יט) ורשום עליו : זהר פ׳ הנ״ל [יתרו] דפ״ח ע״ב. שבת הנ״ל [יתרו].
קעד, א	עניני	עניני שבת : ראה ג״כ תו״א שמות ד״ה הנני ממטיר (שיא, א ואילך).
קעה, א	השמים	השמים מספרים : לדרושי פסוק זה וכל הפסוקים עד אחרי מזמור שירו לד׳ — ראה פירוש המלות מהדו״ב לכ״ק אדמו״ר האמצעי, ושם בהרחב הביאור. ראה ג״כ רשימות הצ״צ לתהלים למזמורים אלו.
קפ, ב	וברכך	וברכך . . קצובין לו מר״ה : ראה לקו״ת קרח (נג, ג), ובהוספות להערות וציונים שם. וש״נ.
קפו, א	יושב	יושב בסתר וגו׳ : בזוהר תרומה (קלו, ב) — שם מדובר ע״ד אמירת מזמורים אלו — הסדר : השמים מספרים, רננו צדיקים, לדוד בשנותו, תפלה למשה, מזמור שירו לד׳, אבל לא נזכר שם ע״ד אמירת יושב בסתר. ונזכר בפע״ח שער השבת פי״ט. משנת חסידים. סידורי האריז״ל.
״	ידע	ארך ימים וגו׳ : בשחרית אין כופלין פסוק זה (היום יום ע׳ יב).
קפו, ד	הודו	כי לעולם חסדו : צריך להתיז כל״ח (ירושלמי ברכות פ״ב ה״ד) דלא לישתמע כלעולם, וגם ס׳ של חסדו (רש״י ורי״ף שב) (הערת כ״ק אדמו״ר שליט״א בהגש״פ).
קפז, ג	מזמור	מזמור שיר ליום השבת : ראה פיה״מ מהדו״ב פט״ו ואילך. רשימות הצ״צ למזמור זה ובהוספות שם; בקונ׳ המילואים לרשימות על תהלים — על מזמור זה.
קפח, ג	מזמור	מזמור שיר ליום השבת : בדפוסים הראשונים — נדפס מאמר זה בתפלת חול. ראה פיה״מ מהדו״ב פ׳ קכב ואילך. ראה ג״כ ד״ה מזמור שיר בבונה ירושלים סי׳ קיג. ד״ה זה — באידיש — לכ״ק אדמו״ר האמצעי.
קצא, א	נשמת	נשמת כל חי : נמצא (בשינוים) בבוך תניא — ברוק (ס, ב). ראה פיה״מ מהדו״ב פע״ד ואילך.
קצב, ג	נשמת	נשמת כל חי : (נזכר בפסחים קיז, ב). י״א ששמעון בן שטח יסד אותו ורמז שמו למפרע : שוכן עד, מי ידמה, עד הנה, ואילו פינו, נשמת (פי׳ סדור כלבו) — וראה זהר ח״ב (קלח, א) ואבודרהם (הערת כ״ק אדמו״ר שליט״א בהגש״פ).
קצה, א	משגבנו	אין ערוך לך וכו׳ : ביאור ע״פ דא״ח — ראה בונה ירושלים סי׳ קכו.
קצז, ב	ברכת	ברכת התורה : שבת שלפני היאָרצייט, או ביום היאָרצייט אם חל בשבת, עולה בעל היאָרצייט לתורה למפטיר (ספר המאמרים תש״ח ע׳ 146).
		בקריאת התורה בשבת — אין להוסיף על מספר ז׳ הקרואים (הוראת כ״ק אדמו״ר (מהוריי״צ) נ״ע [73]) בשם אביו).
		בעת קריאת השירה בס״ת בשבת שירה — עומדים (היום יום ע׳ כ, מז).
		בשעת קריאת עשה״ד, בפ׳ יתרו וכן בחה״ש ובפ׳ ואתחנן — עומדים ופניהם אל הס״ת (היום יום ע׳ כב, נט).
		גם העולה לתורה אומר חזק חזק ונתחזק בסיום ספר בקרה״ת (היום יום ע׳ צח).
		בקריאת פ׳ זכור (ופ׳ תצא), וכן בקריאת פורים (ופ׳ בשלח), נכון לקרות זכר עמלק בצירי ובסגול, ובפ׳ זכור (ופ׳ תצא) להקדים זכר בצירי ואח״כ זכר בסגול. ובקריאת פורים (ופ׳ בשלח) להקדים זכר בסגול ואח״כ בצירי (הוראת כ״ק אדמו״ר שליט״א בספר המאמרים תש״ח ע׳ 126 [74]).
		כאשר נצבים וילך נפרדות — מתחילין למפטיר, וכן לשביעי — ש״פ נצבים — ראה נתתי לפניך גו׳ (היום יום ע׳ צ).
״	ברכת	ברכת הגומל : המברך ברכת הגומל לאחרי הקריאה הסמוכה לאמירת קדיש ימתין בברכתו עד אחרי אמירת הח״ק ואז יברך [75] (הוראת כ״ק אדמו״ר שליט״א).
קצז, ג	ברכת	ברכת ההפטרה : אין המפטיר מתחיל בהפטרה עד שיגמור הגולל לגלול הס״ת כדי שגם הגולל יוכל להבין ולשמוע (הוראת כ״ק אדמו״ר שליט״א בשם כ״ק אדמו״ר (מהוריי״צ) נ״ע. וראה שו״ע אדה״ז או״ח סרפ״ד סי״א).
״	כי	מלך נאמן ורחמן אתה : כן אומרים תמיד (היום יום ע׳ לד. ודלא כמש״כ בשעה״כ פכ״ה סק״ג).
״	תושיע	תושיע ותשמח : כן אומרים תמיד (שם, שם).
קצח, ד	אומרים	שמע ישראל . . אחד : הש״ץ מתחיל [76]) אמירת שמע ישראל ביחד עם הצבור ויאריך באמירתו עד שהצבור מסיימים להיות לכם לאלקים, ואח״כ יסיים הש״ץ את הפסוק בקול רם (הוראת כ״ק אדמו״ר שליט״א).

73) ספר המאמרים תש״י (ע׳ 6). ראה שו״ע אדה״ז או״ח סרפ״ב סוס״ג. שו״ת צמח צדק חלק אורח חיים סי׳ לה.

74) ראה הערת כ״ק אדמו״ר שליט״א שם.

75) כדי להסמיך אמירת קדיש להקריאה ככל האפשר (ראה שער אפרים שער יו״ד ס״ט).

76) שלא יראה כאילו אינו רוצה לקבל עליו מלכות שמים (שו״ע אדה״ז או״ח סי׳ סה סק״ב).

קצט, ב ולקחת — ולקחת סולת: **אמירת שש זכירות בשבת — אחרי ולקחת סולת** (סידור תהלת ה' השלם — עפ"י הוראת כ"ק אדמו"ר שליט"א).

" סדר — סדר הקידוש ליום השבת: **כשחל יו"ט בשבת אומרים מזמור לדוד, אתקינו, ושמרו, אם תשיב, דא, זכור, על כן (ביו"ט: אלה מועדי. בר"ה: תקעו) — בלחש** (מחזור השלם ע' 434).

רב, ג יגלה — יגלה לן טעמי: **בבוך "נומ. ג"" — סלונים (קכא, א) נמצא דרוש זה — בשינוים ובלשון מקוצר. ראה תו"א חיי שרה ד"ה זה. שם ד"ה ויאמר משה אכלוהו. ד"ה ויאמר משה במאמרי אדה"ז — הנחות הר"פ ז"ל. לעיל שער נט"י ושער ברהמ"ז. סהמ"צ להצ"צ (צ, א־ב ואילך).**

רד, א ואחר — חצי קדיש קודם שמונה עשרה: **מנהגינו להתחיל לומר הח"ק קרוב לסוף הגלילה ולמהר בהגלילה ואמירת יהללו והכניסה לארון, ולהאריך במתינות אמירת ח"ק באופן שיסיימו הח"ק אחר הכניסה, ועכ"פ להסמיכו להתפלה ככל האפשר** (ממכתב כ"ק אדמו"ר שליט"א, ע"פ הוראת כ"ק אדמו"ר (מהוריי"צ) נ"ע. **וראה שעה"כ פכ"ט סק"ד). אחרי קרה"ת אין אומרים הללוי' אודה לד' וגו', ולא שאר מזמורים ופסוקים, רק הש"ץ אומר יהללו וגו' — כן משמע גם בשו"ע אדה"ז סי' רצב סעי' ד, עיי"ש. ובפע"ח, סי' האריז"ל דפוס זלקאווא, משנת חסידים — לא נמצא כ"ז** (בסי' ר' שבתי מרשקוב איתא: **"ויאמר הללוי' אודה", וצ"ע אם אינו הוספת המו"ל, כי אין שם כוונות ע"ז). וראה בשערי אפרים שער י' סי' מד.**

" אתה — אתה אחד ושמך אחד: **ביאור ע"פ דא"ח — ראה ד"ה זה לכ"ק אדמו"ר האמצעי (קה"ת, תשכ"ה). ד"ה זה לכ"ק אדמו"ר (מהוריי"צ) נ"ע — בספר המאמרים — קונטרסים כרך א' (קס, א). בסה"מ תש"ב (ע' 71). ועוד.**

רד, ב צדקתך — צדקתך צדק: **ראה שעה"כ פכ"ט סק"ז. ואף דאבילות דפרהסיא אסורה בשבת, י"ל דהם אמרו והם אמרו** (ממכתב כ"ק אדמו"ר שליט"א).

רה, א סדר — סדר סעודה שלישית: **ראה ד"ה בענין הסעודה שלישית, במאה שערים (מד, א).**
כ"ק אדמו"ר (מהורש"ב) נ"ע כותב באחד ממאמריו: הא דסעודה שלישית היום לא גו', היינו שא"צ פת[77]**, אבל צריך לטעום איזה דבר, וא"ר יוסי יהא חלקי מאוכלי ג' סעודות** (היום יום ע' ל. עייג"כ בפסי"ד להצ"צ ח"ב חי' על רי"ו (יט, ב)).
שבעל יאצ"ט יברך בסעודה שלישית בש"ק שלפני היאצ"ט — אין מנהגנו כן (ספה"מ תש"ט ע' 26).

רה, ג פרקי — פרקי אבות: **ראה שעה"כ פ"ל. ויש להוסיף אשר בסידור רס"ג כותב: תפלת מנחה בשבת כו' משה רבנו נפטר באותו זמן, ולכן ציוו חז"ל שנלמד בו אבות, והמתנדב (ללמוד) מוסיף** קנין תורה ויראת חטא. **עכ"ל.**
ביאורים ופירושים ע"פ דא"ח למס' אבות בכ"מ, ומהם: ספר המאמרים — אידיש, תש"ב. לקוטי שיחות. ועוד.

רה, ד החכמים — טוב משתיקה: **ע"פ הגירסא — שבכת"י, בדפוס נאפולי, מחזור וויטרי, מדרש שמואל ועוד. משא"כ לגירסת הרמב"ם** (דעות ב, ד), **רש"י, הרע"ב וד"ח "טוב אלא משתיקה"** (הערת כ"ק אדמו"ר שליט"א, **בלקו"ש כרך ד' ע' 1187).**

רט, ג סדר — סדר הבדלה: **בסידור אדה"ז לא נזכר סדר ערבית מוצאי שבת, אבל מנהגנו הוא כמו בערבית בימי החול (והוא רחום, שיר המעלות, ה' צבאות, ח"ק וכו').**
שבעל יאצ"ט ירד לפני התיבה במוצש"ק שלפני היאצ"ט — אין מנהגנו כן — לבד אם חל היאצ"ט ביום א' (ספה"מ תש"ט ע' 26).
בשמו"ע: אחר אתה חונן[78]**) — אתה חוננתנו, וחננו** (בתוספת וא"ו) (מחזור השלם ע' 402).
באמירת ויהי נועם[79]**) — במוצש"ק — כופלין הפסוק אורך ימים** (היום יום ע' יב).
אין שותים מים קודם הבדלה (היום יום ע' נ'. כ"ה בסי' האריז"ל).

רי, א בברכת — יביט בד' צפרניו . . ולא יראה האגודל: **כ"ה בכתהאריז"ל. ומדברי רבנו הזקן כאן משמע דלא כיש נוהגים המובא בשולחנו סרצ"ח ס"ו.**

רז, ג למוצאי — למוצאי שבת: **לומר במוצש"ק אל תירא עבדי יעקב — אין מנהגנו כן** (הערת כ"ק אדמו"ר שליט"א ללקו"ת

---

77) להעיר אשר במאמר הנ"ל במאה שערים — והוא מהצמח צדק — איתא: ותדע דשבת שבתון אין בו אכילה ושתי' כלל כו' לכן גם במנחה דשבת אף שאינו בחי' ז"ו ממש מ"מ אין האכילה לחם שהוא השגה כו'. — ראה ג"כ שו"ע אדה"ז סרצ"א סק"ז.

78) ראה שעה"כ פ"ט ס"ק יג.

79) לדעת הזהר ח"א (יד, ב) הטעם שאומרים זה — מפני שאז הזמן לאמר שיר של פנעים, כן הובא במטה משה. ולטעם זה צ"ע מאי שנא מקשעהמ"ט (שאז עפ"י כתבי האריז"ל אומרים עד (מחסי) מעונך). אף שבמוצאי שבת קודש עוד טעמים לאמירת מזמור זה, וכבר ידוע מ"ש בטור הביאו מג"א סי' רצה ובמחה"ש שם [וכן הובא בשו"ע אדה"ז שם סעי' א] שהמזמור כולו שהוא ק"ל תיבות מסוגל לברכה ומטעם זה גם כופלים הפסוק אורך ימים, אלא שאז צ"ל גם כתוב ויהי נועם כמבואר שם (ממכתב כ"ק אדמו"ר שליט"א).

דף	שורה	
		(קה״ת, תשכ״ה, יח, א)).
ריא, א	שער	שער ר״ח: ראה ג״כ ביאוה״ז תשא ד״ה פקודא כו׳ לקדש את החדש. סהמ״צ להצ״צ מצות קדוש החדש.
״	והי׳	והי׳ מדי חדש בחדשו: נדפס (בשינויים) בלקו״ת ברכה (צו, ד). קיצורים, ביאור והערות לדרוש זה, נדפסו באוה״ת בראשית (כה, א ואילך). וראה בהוספות להערות וציונים ללקו״ת שם.
ריב, א	ימי	בראש חודש עולה: ראה באוה״ת שם ד״ה להבין מ״ש רבנו.
ריב, ד	להבין	להבין שרשי הדברים הנ״ל: ראה אוה״ת שם.
ריד, א	לימין	ומן הדין . . בעודו בסוכה יברך: סי׳ האריז״ל (בשינוי לשון קצת).
״	הרואים	ויקח הלולב . . ויברך אח״כ יקח האתרוג: ביום א׳, מתחילין ברכת שהחינו — כשהלולב בידו אחת והאתרוג בידו השנית, בסיום הברכה — מחברין אותם (ספה״מ תש״ד ע׳ 59).
״	יבמקום	ובמקום סיום הלולב . . יחבר האתרוג: הלולב מחברו לשליש העליון של האתרוג, אשר אוחזו באלכסון קצת (שם).
״	הובאות	ובכל הובאה יגיע . . לחזה שלו ממש: כן הוא בכתבי האריז״ל, הובא ג״כ במג״א לסי׳ תרנא סק״ג. ובתורת שלום (ע׳ 143): צריך להגיע עד החזה במקום שצריך להכות באשמנו. עיי״ש הביאור בזה. וראה בספה״מ שם.
ריד, ב	ראש	סדר הנענועים: מנהגנו: דרום וצפון — לקרן דרומית מזרחית, קרן צפונית מזרחית; למזרח — לאמצע המזרח. למעלה — בהובאה מורידים תחילה מעט „המשכה בעולם״ ואח״כ מביאים אל החזה. למטה — בהובאה מעלים תחילה מעט „העלאת העולם״, ואח״כ מביאים אל החזה. מערב — שתי פעמים הראשונות לקרן מערבית דרומית. בפעם השלישית — לאמצע מערב[80]).
		„כל זה (י״ז נענועים), בכלים, בנענוע האחרון — אור, יחוד שכינה במערב״[80]).
		בשעת אמירת הלל — בהה״ס — אוחזין הלולב בידו, ולהנענועים מצרפים אליו גם האתרוג[80]).
		במשך כל הנענועים האתרוג — מכוסה בידו — לבד בנענוע האחרון שמגלהו קצת[80]).
״	למטה	ולא שיהפך ח״ו ראש הלולב למטה: סי׳ האריז״ל. וראה שו״ע או״ח סתרנ״א.
״	הושיעה	ואחד בהודו לבסוף: לכאורה צ״ע אם מנענעים בכופלו או בעיקרו. וספק זה הוא ג״כ באנא ה׳ הושיעה כשאין מנענעים בו אלא פעם אחת[81]). אבל בסי׳ עם כוונות הרש״ש — בהודו הראשון (ספה״מ שם).
ריד, ד	וקימנו	לזמן: הלמ״ד בחיריק, וכ״ה בסי׳ של״ה. רש״ל. מט״מ. מג״א ר״ס תרע״ו (הערת כ״ק אדמו״ר שליט״א בהגש״פ).
ריד, ג	סדר	סדר הלל: ראה שערי אורה ד״ה בכ״ה בכסלו פמ״ג ואילך. סהמ״צ להצ״צ ד״ה להבין ענין הלל (קמח, א). רשימות הצ״צ לתהלים למזמורים אלו. שם לקאפ׳ קמו, א. וראה ג״כ בונה ירושלים סי׳ קב.
״	אלו	ובימים שאין גומרים . . ויצאו בברכתו: מנהגנו אשר היחיד מברך — בהלל — תחילה וסוף גם בימים שאין גומרים בהם את ההלל (היום יום ע׳ ז. וראה שעה״כ פל״ז סק״ה שהאריך בכ״ז).
ריד, ד	בר״ח	ובחה״מ פסח דולג: הביאור ע״פ דא״ח — ראה לקו״ת צו (יד, ד).
רטו, א	הודו	הודו לד׳: הש״ץ מקריא הודו גו׳ וכל הקהל עונין אחריו הודו גו׳ יאמר גו׳. וחוזר הש״ץ ומקריא: יאמר גו׳ ועונין אחריו: הודו גו׳ יאמרו גו׳. אחרי אמירת פסוק יאמרו ע״י המקריא אומרים: הודו גו׳ כל״ח (הערת כ״ק אדמו״ר שליט״א בהגש״פ).
		וכן נוהגים — לכפול הודו לד׳ — כשמתפללים ביחיד (היום יום ע׳ ק).
		כי לעולם חסדו: ראה לעיל בהמצוין לדף קפז, ד.
רטו, ד	יהללוך	ה׳ אלקינו כל מעשיך: בהשמטת תיבת „על״ (וכהגהת אדמו״ר הצ״צ על הסידור — נדפסו לעיל). וכ״ה בסי׳ רע״ג, רס״ג, רמב״ם הל׳ מגילה וחנוכה פ״ג ה״י, אבודרהם, סי׳ יעב״ץ ועוד. והוא ע״פ הכתוב (תהלים קמה, י) יודוך ד׳ כל מעשיך (אבודרהם) (הערת כ״ק אדמו״ר שליט״א בהגש״פ).
״	יש	יש נוהגין לומר . . כל חי אמן: ראה שעה״כ פל״ז ס״ק ט״י. וכ״ה גם במשנת חסידים מס׳ ר״ח פ״ב מ״ו. ואברהם זקן גו׳ זבדי׳ ישמרני גו׳ — ג״פ (היום יום ע׳ ק).
רטו, ג	בר״ח	בר״ח . . אומרים כאן שיר של יום: בסי׳ יעב״ץ (צ״ע אם זהו מהיעב״ץ עצמו או הוספת המו״ל): „שכן הנהיג הרמ״ע ז״ל״. אין אומרים בית יעקב, שיר המעלות (שער הכולל פי״א ס״ק כג, עיי״ש שהאריך בזה).
״	שיר	שיר של יום ק״י: ובר״ח אלול אומרים אחר שש״י וברכי נפשי לדוד אורי ואח״ז הק״י (עיין שעה״כ שם ס״ק כט).
״	ואח״כ	ומסירין התפילין בר״ח קודם הקדיש: כן הוא באלי׳ רבה סכ״ה סקכ״ה (עיי״ש הדעות בזה). ובכתבי האריז״ל (שער הכוונות דרוש ר״ח, פע״ח שם, משנת חסידים, סי׳ האריז״ל) שיש לחלוץ אחר הקדיש.

80) ספר המאמרים תש״ד ע׳ 59.

81) כשבירך על הלולב אחר התפלה בביהכ״נ (סידור רבנו כאן, ע״פ התיקונים תכ״א נו, ב). (הערת כ״ק אדמו״ר שליט״א בספר המאמרים שם).

דף שורה

כל [82]) התפילין מניחים קודם מוסף [83]), אבל השיעורים [84]) לומדים אחר סיום כל התפלה (היום יום ע׳ ז).

רכב, ג סדר — סדר עירוב תבשילין: **בהוצאות הראשונות — נדפס זה לאחרי תפלת מוסף לשלש רגלים.**

רכד, ג ברכת — ברכת כהנים: **בדפוסים הראשונים, נדפסה ברכת כהנים אחרי מוסף דר״ה. בסידור תורה אור — נדפסה אחרי תפלת שחרית דחול, ובשעה״כ (פ״י סק״א) מבאר הטעם שאדה״ז העמיד ברכת כהנים אחרי תפלת שחרית דחול. עיי״ש.**

ביאור ע״פ דא״ח — ראה לקו״ת קרח (נה, ג). סהמ״צ להצ״צ מצות ברכת כהנים (קיב, א).

ונושאים כפים במוסף: **ובשמחת תורה — נשיאות כפים בשחרית (היום יום ע׳ צח).**

״ אחר — אחר שענו מודים: **מג״א סי׳ קכח ס״ק יא. שו״ע אדה״ז שם ס״ק יד.**

״ ויאריכו — ויאריכו . . על שתיהן: **שו״ע שם סעי׳ ט. אדה״ז שם.**

יאמר המקריא או״א: **וכן כתב בשו״ע שלו (שם ס״ק טז): נוהגין שהש״ץ אומר או״א וכו׳ — ולא הקהל. והוא ע״פ מג״א שם ס״ק יד. אלי׳ רבה שם ס״ק כא עיי״ש שהאריכו בזה).**

והוא קריאה לכהנים: **כן הוא לשונו בשלחנו שם, ומסיים שם: ומפני זה אין קריאה זו חשובה הפסק כיון שאומרה בלשון ברכה ותפלה.**

ומקריא להם כל מלה ומלה . . יברכך: **רמ״א שם סעי׳ יג.**

אין רשאין . . מפי כל הצבור: **שו״ע שם סעי׳ יט. שו״ע אדה״ז שם ס״ק כח.**

ואין הכהנים . . מפי הכהנים: **שו״ע שם. אדה״ז שם.**

עם שאחורי . . מפסקת: **שו״ע שם סעי׳ כד.**

בין ישראל לאביהם שבשמים: **שו״ע אדה״ז שם סעי׳ לז.**

רק שיחזירו . . כנגד פנים: **שו״ע שם סעי׳ כג. אדה״ז שם סעי׳ לו.**

וצריך לשמוע ולכוון לברכתם: **כשאומרים תיבת יברכך — המתברך ראשו באמצע.** ה׳ **— מיסב ראשו לימינו שהיא שמאל המברך.** וישמרך **— באמצע.** יאר **— לשמאלו, שהיא ימין המברך וכו׳.** שלום **— ראשו באמצע.**

ואין לומר הפסוקים: **כנראה כוונתו לאלה המובאים בסי׳ של״ה.**

בשעה שהכהנים מנגנים תיבת וישם לך שלום יאמר זה (רבש״ע): **מנהגינו: אמירת רבש״ע — בשעה שהכהנים מנגנים [85]) דוקא, אבל כשאומרים התיבות צריך לשמוע [86]). כשמנגנים הכהנים ל„וישם״ אומרים הקהל: רבש״ע . . הצדיק. כשמנגנים לתיבת „לך״ — ואם . . אלישע. ל„שלום״ — וכשם . . לטובה. כשאומרים „שלום״ — אומרים „ותשמרני ותחנני ותרצני״. אדיר במרום אומרים אחר ענית אמן כשעדיין הטלית על פניו. אין הקהל אומרים ברוך הוא וב״ש [87]) כשמזכירין השם, ולא „כן ויהי רצון״ ולא בזכות [88]) „אברהם אבינו, יצחק אבינו, יעקב אבינו״ (ספר המאמרים תש״ד ע׳ 59).**

ואומרים (רבש״ע) רק פעם אחת.

רכד, ג מוסף — מוסף ליום ראשון, טל, גשם: **בדפוס קאפוסט לא נמצא כ״ז.**

רכה, ג אני — אני לדודי וביאורו: **נדפסו (בשינויים) בלקו״ת ראה (לג, א). וראה בהערות וציונים שם.**

רכו, א שנשאלו — תלמוד גדול או מעשה גדול: **ראה לקו״ת (ע״פ המפתח׳ ענינים ערך תלמוד). אוה״ת ואתחנן. הדרושים ורשימות מהצ״צ על פ׳ ראשונה דק״ש ושם נתבאר בארוכה.**

רכו, ב המצות — המצות . . בחי׳ סוכ״ע: **ראה ג״כ תו״ח שמות ד״ה להבין שרש המצות (עט, ב ואילך).**

רלא, ב אתם — אתם נצבים: **ראה ד״ה זה בלקו״ת נצבים (מד, א). וראה בהוספות להערות וציונים שם.**

רלג, ג סדר — סדר התרת נדרים: **מנהגינו: שמעו נא רבותי וכו׳, הכל יהיו מותרים לך, הרי אני מוסר מודעה כו׳, כולם יהיו מותרים לך כו׳. ואין אומרים סדר הנזיפה [89]) מחזור השלם ע׳ ריז).**

״ בערב — וטוב שיהי׳ עדה שלמה: **ראה לקו״ש כרך ד ע׳ 1332.**

״ בשם — בשם . . ולדראון: **בדפוסים הראשונים לא נמצא קטע זה, רק השורה בערב . . שלמה. „ובכמה סידורי נוסח חב״ד היא בנוסח שונה לגמרי, וקרוב לודאי שכל פסקא זו אינה מרבנו הזקן (הערת כ״ק אדמו״ר שליט״א, מחזור השלם ע׳ 440).**

---

82) כנראה הכוונה — הן לאלו שמניחים גם תפילין דר״ת והן אלו שמניחין נוסף על רש״י ור״ת, תפילין דשמושא רבא וראב״ד — ראה עד״ז היום יום ע׳ פ. לקו״ש כרך ב׳ ע׳ 507.

83) עפ״י המובא בסי׳ ר׳ שבתי מרשקוב שכן נהג הרח״ו ז״ל שלא הניח תפילין דר״ת אחר קדושת כתר עד שחרית של יום ב׳ כי הלילה מפסיק. וראה שם שהביא דעת הרמ״ע שחולק ע״ז. הדעות בכ״ז נקבצו בס׳ כף החיים או״ח סכ״ה סקכ״ה.

84) ראה היום יום שם.

85) ע״ד ניגון המיוחד בליובאוויטש לברכת כהנים — ראה ספר השיחות תש״נ ע׳ 96 ואילך. ספר הניגונים.

86) רבנו הזקן בסידורו כאן. בשלחנו או״ח סי׳ קכח סנ״ח.

87) הדעות בזה הובאו בכף החיים או״ח סי׳ קכד ס״ק כז.

88) המנהג לאומרו — ראה ליקוטי מהרי״ח במקומו.

89) הוראת כ״ק אדמו״ר (מהוריי״צ) נ״ע. וראה מט״א סתקפ״א סמ״ט. עבודת הקודש (הערת כ״ק אדמו״ר שליט״א שם).

דף שורה

רלד, א תקעו — תקעו בחדש שופר: ראה ד״ה זה בלקו״ת נצבים (נג, ד). עשרת ראש (מט, ב). הגהות הצ״צ — בגוכתי״ק — בבוך כל המשמח — לאגער (קכד, ב). וראה שם דף ח, א. וראה ג״כ בהוספות להערות וציונים ללקו״ת שם.

רלו, א קידוש — קידוש לראש השנה: ר״ה שחל להיות בשבת אומרים שלום עליכם, כי מלאכיו, ה׳ ישמר, אשת חיל, מזמור לדוד, דא היא. אתקינו סעודתא — בלחש (מחזור השלם ע׳ 434).

רלו, ב בליל — בליל שני . . פרי חדש: ואוכלין אותו קודם נט״י לסעודה (מחזור השלם ע׳ 434).

״ בר״ה — בר״ה בלילה הראשונה . . וצריך לברך בתחלה . . ואח״כ יאמר: אמירת יה״ר שעל התפוח — אחר הברכה וקודם האכילה (מחזור השלם ע׳ 434).

מועתק [90]) בזה קטע ממכתב כ״ק אדמו״ר שליט״א המבאר הנהגה זו:

. . ובמה שהעיר והקשה על מנהגנו המובא ב„היום יום״ א׳ תשרי תש״ד: יהי רצון שעל התפוח — אחר הברכה וקודם האכילה.

הנה בכל ר״ה ראיתי את כ״ק מו״ח אדמו״ר שליט״א נוהג כן. שאלתיו אם זהו ממנהגי הנשיאים דוקא, או מנהגי כל בית רבי, או הוראה לרבים ג״כ, וענני שהו שייך לכל ושאוכל לפרסם הדבר — ולכן הכנסתי ההוראה ב„היום יום״.

טעם על השינוי ממש״כ בשו״ע אדה״ז, לא אמר לי, אבל סיפר שכך הי׳ עושה כ״ק אדמו״ר נ״ע.

— (והוא הדין לחידוש, ויותר גדול הוא בעיני, המועתק ב„היום יום״ שם, שבהדה״נ מסיימין: של יום הזכרון. ושקו״ט בזה — עפ״י סיפורו של כ״ק מו״ח אד״ש — הרב רפאלאוויטש מקרעמענטשוג עם כ״ק אדמו״ר נ״ע. וכ״ק אדנ״ע א״ל שזהו מעשה רב דבית רבי).

• • •

ומה שנלפענ״ד בזה, ובהקדים אשר גם להמג״א רק לכתחילה יאכל ואח״כ יאמר, אבל בדיעבד לא חשיב הפסק, — הנה במג״א על אתר (סתקפ״ג סק״ב) הביא, אשר במ״צ כתב שאומר תחילה ואח״כ אוכל. כן הובא בשד״ח (אס״ד ר״ה ב׳ ד׳) שכ״כ בחמדת ימים. ואין הספרים מ״צ וחמ״י תח״י לעיין בהם.

ואף שאדה״ז בשו״ע שלו פסק כדעת המג״א החולק על המ״צ, הרי בכ״מ חזר בו ממש״פ בשו״ע, וכמו שנראה בסידורו, ובנדו״ד מוכח כן ממנהג בית רבי.

וראה בשו״ת דברי נחמי׳ חאו״ח רסכ״א שכתב על אדה״ז שידוע „שבשו״ע נדחק הרבה שלא לדחות כל דברי האחרונים ז״ל (ובפרט המ״א) משא״כ בסוף ימיו שהוסיף חכמה העמיד ע״ד לחלוק עליהם אפילו להקל בכל מה שלנ״ל לי׳ (וכידוע שבפי׳ שמעו ממנו ז״ל שחוזר בו במה שנתן נאמנות להמ״א יותר מדי) בפרט בדבר שהמציאו מד״ע כו׳״. ועייג״כ שו״ת צ״צ חאו״ח סי״ח ס״ו עד״ז.

ועמ״ש בשער הכולל בתחילתו, דבאין הלכה פסוקה, הנה אף שהכריע בשו״ע בנטי׳ להפוסקים, הכריע בסידורו, שזהו משנה אחרונה שלו, בנטי׳ להמקובלים — גם בנדו״ד אפ״ל כן ועפ״מ שהביא בשד״ח טעם ע״פ רוחניות הענינים להקדים היה״ר לאכילה. ובפרט, שכנ״ל, גם לדעת המג״א, רק לכתחילה צריך להקדים האכילה (ול׳ אדה״ז בשו״ע תקפ״ג ס״ג צע״ק), וכדאי הטעם הנ״ל לעשות הלכתחילה כדיעבד.

• • •

ומה שנלפענ״ד טעם המובחר ופשוט, ע״פ נגלה, להקדים היהי רצון להאכילה, הוא כדי שיהי׳ היה״ר סמוך לברכת הפרי, ותהי׳ הפתיחה דברכת פה״ע שייכת גם אליו *) (שמטעם זו ברכה הסמוכה לחברתה אינה פותחת בברוך — פסחים קה, ב).

ואם ביה״ר דתפלת הדרך שברכה היא, בכ״ז אמרו שטוב להסמיכה לאיזה ברכה כדי שגם בתחילתה תפתח בברכה (שו״ע רבנו או״ח סק״י ס״ו. ועייג״כ ס״ו ס״ז),

עאכו״כ דיה״ר זה טוב לסמכו לברכה, ובפרט לברכת התפוח מתוק המשמש סימן לבקשת היה״ר גופא, ויתוסף כחו ותקפו.

דכיון שאין בידינו להוסיף ברכות שלא נזכרו בש״ס וגאונים, עכ״פ הסמיכו היה״ר להברכה, שיהי׳ לו מעין תוקף ברכה. וכיון דא״א בע״א, הוי כדיעבד.

עוד סניף י״ל להקדים אמירת היה״ר ככל האפשרי — כי הרי כל אכילת התפוח הוא לסימן טוב, ובמילא צריך זהירות יתרה דלא ליתרעי מזלי׳. והוו כמרז״ל בברכות (נו, ב) הרואה כו׳ ישכים ויאמר כו׳ קודם שיקדמנו כו׳.

---

90) נדפס בקובץ ליובאוויטש חוברת י״ג עמוד 99.

*) לאחר זמן: וי״ל דמטעם זה אמרו (ברכות יז, ב) היה״ר כד מסיים צלותי׳ דוקא. דאי משום שלא תהי׳ תפלתו קבע, כמ״ש בשם הצל״ח, צע״ג דהרי אחרי שאמרוה איזה פעמים שוב גם ההוספה נעשית קבע — גם הו״ל לומר בשמע קולנו ולא לאחר התפלה.

דף שורה

— ואין להקדים היה״ר גם לברכת הפרי, כמו שאין מקדימין ברכת הסוכה לברכת המוציא (שו״ע סו״ס תרמ״ג). —

ובנדו״ד כל שכן שאין להקדים מפני טעם נוסף — שלא יקדים בקשת צרכיו לשבחו של מקום.

ויש לחזק טעמים אלו ע״פ הידוע (שו״ע אדה״ז סתקפ״ב ס״ז) דבימים האלו שהם ימי דין צריך לדקדק כו׳ אף שבשאר ימות השנה אין אנו חוששין.

• • •

ומה שהקשה כת״ר דאף את״ל שמאיזה טעם צ״ל היה״ר קודם האכילה, הרי אפשר שיאכל תיכף לברכה ויאמר היה״ר ויאכל עוה״פ.

— בשד״ח הביא פשרה זו משו״ת אורח חיים סו״ס ג׳ ומס׳ מאמר מרדכי. ואינם תח״י. —

ובשד״ח הביא מספרים עוד עצה, לברך ולטעום מפרי אחר ואח״כ לומר היה״ר ולאכול התפוח. ועפמ״ש לעיל לא יועילנו זה, כי הדיוק הוא להסמיך היה״ר להברכה. —

ומובן מנהג בית רבנו ואנ״ש.

וע״פ מנהג זה מדויק ג״כ לשון רבנו בסידורו בענין אכילת התפוח, שכתב:

וצריך לברך בתחלה ברוך כו׳ בפה״ע ואח״כ יאמר כו׳. — דלכאורה „בתחלה" „ואח״כ" מיותר.

ועפהנ״ל י״ל הכוונה שמחדש בזה: בתחלה דוקא, דיש סברא שיאמר היה״ר ואח״כ הברכה. גם מרמז שזהו התחילה דכל הענין גם דהיה״ר. ואח״כ — תיכף אחרי שיברך.

• • •

וצע״ק, דפשרת כת״ר והס׳ הנ״ל, דיטעום ויאמר היה״ר ויאכל, יש לה מקום בסו״ס תרמ״ג בברכת לישב בסוכה, עכ״פ למצוה מן המובחר. ובפרט דלברכת הסוכה צ״ל אכילה כביצה דוקא (משא״כ ביה״ר דתפוח דאין לה שיעור) ומפני מה אין עושין כן... (ע״כ ניתן להעתיק).

נ. ב. את המחזור עם פי׳ מעגלי צדק שכנראה זהו ר״ת מ״צ שבמג״א לא מצאתי אבל ראיתי מחזור עם פי׳ הדרת קודש, שלתוכו נכנסו רוב המנהגים ממ״צ הנ״ל וז״ל: וראוי לברך על התפוח בפה״ע ואח״כ אומר תחדש עלינו שנ״ט ומתוקה ואוכל התפוח בדבש.

מעג״צ נדפס בפעם הא׳ בויניציא שנת שכח ובו „מנהג פולין פיהם ומעהרין רייסין וליטא". וא״כ הרי שמנהגנו הוא מנהג ישן נושן.

זה עתה באה לידי רשימת מנהגי בבל (בספר מסע בבל מאת דוד סלימאן ששון, ע׳ רכ״ב) ונוהגים כמנהגנו לאמר היה״ר בין הברכה והאכילה.

ומדי דברי: טעם לקיחת תפוח דוקא כתב מהרי״ל — הובא בד״מ — לרמז על חקל תפוחין קדישין.

ולכאורה הול״ל דמרמז לזח״ג (קלג, ב) דכתב דמיני׳ — תפוחין דלעילא — חיי. ומזח״ג עד, א.

ובשני המקומות מדבר בתפוחים ולא באתרוגים (תוד״ה פריו שבת פח סע״א) כי משבחו בטעם מתוק ובג׳ גוונין.

ואולי עדיפא למהרי״ל רמז הנ״ל כי בר״ה הוא בנין המל׳ שהיא חקל ת״ק, משא״כ תפוח שהוא מחולק משאר פירות דשייך לז״א דוקא ולא למל׳ (זח״ב טו, ב).

תפוח מתוק בדבש: ראה בס׳ פלח הרמון פ׳ וירא (סא, ד) טעם ע״פ דא״ח — בשם ה„צמח צדק" — להמנהג לאכול בר״ה בלילה הא׳ תפוח מתוק בדבש (הערת כ״ק אדמו״ר שליט״א, מחזור השלם ע׳ 434).

רלו, ג תפלת — תפלת ראש השנה: העובר לפני התיבה במעריב ומנחה ואפילו בר״ה — אינו מתעטף בטלית[91] (מחזור השלם ע׳ 434).

״ אדנ״י — אדנ״י שפתי תפתח: ד״ה זה (בשינויים ובקיצור לשון, בתוס׳ הגהות מהצ״צ עם קיצורים) נמצא בבוך באברויסק נומ. 14 (רמו, א). וראה רשימות הצ״צ לתהלים על פסוק זה.

רלז, א זכרנו — זכרנו לחיים, לדור ודור, ובכן יתקדש, ובכן תן פחדך, כבוד לעמך: ביאור ע״פ דא״ח — בפירוש המלות להצ״צ (נדפס בשם ס׳ דרך מצותיך ח״ב. רנו, א ואילך).

רלט, א העולם — האדם.. וקיבל מ״ש עליו באומרו ה׳ מלך: בפדר״א פי״א: אמרו אדם ביום שנברא כשהמליך אותו וכל הבריות אחריו (הערת כ״ק אדמו״ר שליט״א — בספר השיחות תש״ב ע׳ VII. עיי״ש).

רמ, א בליל — קודם קדיש בתרא.. לדוד מזמור: קודם קדיש תתקבל (מחזור השלם ע׳ 434).

״ לשנה — תכתב ותחתם: בלשון יחיד דוקא (שם).

רמ, ג בראש — בראש השנה.. י״ג מדות: אומרים גם כשחל בשבת, וכן ביוהכ״פ (שם).

---

91) ראה לעיל להמצוין למנחת ערב שבת. — מנהגי תפלות ר״ה ויוהכ״פ — ראה מחזור השלם לר״ה ויוהכ״פ (הוצאת קה״ת) ובמנהגים והוספה למנהגים שם.

הערות וציונים

דף שורה

” להבין — להבין כו' יו"ט של ר"ה: ראה ד"ה זה בלקו"ת לר"ה (נו, א).

” משום — משום גזירה דרבה: ראה שיחת ליל ב' דחה"פ תשכ"ה.

רמד, ג להבין — להבין ענין תקיעת שופר[92]): ד"ה זה (בשינויים ובקיצור לשון) נמצא בבוך להבין שרש ענין הפרסא (מח, ב). „שמח תשמח — סלונים", נדפס במאמרי אדה"ז — אתהלך לאזניא (ע' קכד).
הקטע שבסוף הדרוש שם — אינו בסידור.
עפ"י כוונת הבעש"ט ז"ל: נדפסו לעיל בשער ההוספות דף ו[שטז]. עיי"ש.

רמז, ב תקיעה — תקיעה וכו': מקריא התקיעות — מורה באצבעו בסידור, אבל אינו מקריא בדיבור (מחזור השלם ע' 434):

רמז, ד אשרי — אשרי העם וגו': האומר הפסוקים קודם התקיעות, מנגן ג"כ לאחריהם שלשת הפסוקים אשרי העם, בשמך יגילון, כי תפארת, ואח"כ אומרים כל הקהל יחדיו אשרי יושבי ביתך (מחזור השלם ע' 434).

רמח, א בישראל — ותרועת מלך: לפסוק זה ועוד כמה פסוקים שאומרים בתפלת מוסף לר"ה — ראה ביאורים ע"פ דא"ח בפיה"מ להצ"צ (רנז, א ואילך).

רמט, ב תשר"ת — תשר"ת וכו': אחרי התפלה ואמירת תהלים — תוקעין ל' קולות (מחזור השלם שם).

רמט, ג בני — בני אדם: אמירת „בני אדם — ולשלום" שלש פעמים, ובכל פעם מסבב ג"פ, סך הכל מסבב ט' פעמים (מחזור השלם שם).

רנ, ד להבין — להבין ענין איסור אכילה ביו"כ: הגהות מהצ"צ — בגוכתי"ק — בבוך כל המשמח — לאגער (מא, א).

” להבין — להבין שרשי יוה"כ: הגהות מהצ"צ לדרוש זה — בבוך כל המשמח — לאגער (מא, א, בגוף כתי"ק). עוד הגהות נדפסו באוה"ת ויקרא (ע' צב). ראה ג"כ עטרת ראש שער יוה"כ.

רנא, א אור — אור זרוע: מתחילים הוי' מלך תגל גו'. פסוק אור זרוע — פעם אחת ובקול רם (מחזור השלם ע' ריח).

רנה, ג תפלת — תפלת נעילה: פתיחת הארון לאשרי, ונשאר פתוח עד אחרי כל התפילה. בקדיש „לעילא ולעילא מכל ברכתא"[93]) (מחזור השלם שם).

רנו, ב הוי' — שבת . . בו: נראה לי שבנעילה, שהיא לאחר מנחה, צ"ל כמו במנחה: שבתות . . בם[94]) (כ"ק אדמו"ר שליט"א במחזור השלם שם).

רנז, א רבי — רבי אלעזר כו' זכרתי לך: ביאור ע"ז מהצ"צ — בבוך ביאורי הזהר שלו (תלה, ב). בבוך באברויסק נומ. 24 — ובשניהם רשום עליו: תקס"ז.

רנח, ג להבין — להבין כו' הני ט"ו יום: נדפס (בשינויים) במאמרי אדה"ז, תקס"ב. ובכמה ביכלאך נמצא בתוס' הערות וכו' מהצ"צ.

רנט, ג להבין — להבין שרש ענין הסוכות: הגהות מהצ"צ לדרוש זה — בבוך באברויסק נומ. 61. דברים ח"ב. דברים — חן — נדפסו באוה"ת דברים.

רסג, ג להבין — להבין ענין הלולב: נמצא (בשינויים) בבוך אני ישנה — אה"ק (קכ, א) ורשום עליו: בעז"ה ליל' ב' דסוכ'.
ראה ג"כ ד"ה להבין ענין נטילת לולב, תקס"ב. ד"ה וככה — תרל"ז (ע' קלז ואילך).
בענין ד' מינים שנת' בסידור שער הלולב שהם מבחי' אין, יש להעיר מענין אלפי שנאן דארז"ל א"ת שנאן אלא שאינן, ופי' בעה"ק ח"ב פי"ב שהן נמשכין מהספי' הראשונה שהוא בחי' אין, ועד"ז ד' מינים הנ"ל שהם בבחי' אין שרשם משם. וע' זהר שלח דקנ"ח בפי' היש בה עץ אם אין, דר"ל עץ היינו כי האדם עץ השדה שהוא ז"א, אם אין היינו שנמשך מבחי' כתר יעו"ש בפי' הרמ"ז. ועד"ז הד' מינים ששרשם מבחי' אין שרשם למעלה מבחי' כי האדם עץ השדה ע"כ בהם ועל ידם נמשך הדעת לבחי' אדם כו'. ועמ"ש בתלים סי' ס"ח ע"פ רכב אלקים רבותים אלפי שנאן (הגהת הצ"צ, בבוך רח"ל, באב, נומ. 41 (רפח, ב)).

רסה, ג סדר — סדר הושענות: להושענות — מדייקים לעשות היקף שלם. מסיימים אותו באמירת אות „ת"[95]).
מנהגנו שהש"ץ אמירתו בקול רם מתחיל מאות „ס" או „ע"[95]).
באותן האותיות שאומרן הש"ץ בקול רם אומרים תיבת „הושענא" הן בראש והן בסוף. בהשאר — רק פעם אחת[95]).

---

92) כ"ק אדמו"ר (מהוריי"צ) נ"ע הי' מצוה להתוקע ללמוד בימי ר"ה בבקור המאמר הזה — הטעם י"ל בפשיטות, מפני שבדרוש הזה מבוארות כוונות התקיעות. — מובן מעצמו שזהו נוסף על חיוב ידיעת הלכות תקיעת שופר כמבואר בפוסקים (הערת כ"ק אדמו"ר שליט"א, מחזור השלם ע' 434).

93) וכיון שסילוק שכינה הוא בהתקיעה — נראה לי שעד התקיעה חלות שתי הוראות אלו (הערת כ"ק אדמו"ר שליט"א, מחזור השלם שם).

94) ולע"ע לא מצאתי זה בפירוש. הטעם לאמירת שבתות . . בם — ראה מ"ח מס' שארית יום השבת פ"ג מי"ב. סי' האריז"ל. — בסי' תו"א וכן במחזור נוסח אר"י (ווילנא, תרל"ה), ובסי' חמדת ישראל (מונקאטש, תרס"א) נדפסה תפלת נעילה בפ"ע, והנוסחא: שבת . . בו! אף שבכל הנ"ל במנחת שבת הנוסחא: שבתות . . בם (הערת כ"ק אדמו"ר שליט"א שם).

95) ספר המאמרים תש"ד ע' 60.

דף שורה

הפסוקים כי אמרתי גו׳, לך זרוע גו׳ — אומרים רק בהושענא רבה[95].
בשבת אין מקיפים וגם אין אומרים הושענות[95].
ביום הראשון שלאחריו אומרים גם ה„הושענא" דיום השבת[96], אבל אין מקיפים אלא פעם אחת (באמירת ההושענא דיום זה[95]).

רסח, א ושאבתם — ושאבתם מים בששון: נמצא (בשינויים) בבוך תניא — ברוק. ראה בלקו״ת דרושים לסוכות ד״ה זה השני (עט, ד). ראה ג״כ ד״ה להבין ענין ניסוך המים בס׳ מאמרי אדה״ז — אתהלך לאזניא. וככה, תרל״ז (ע׳ קנה ואילך).

רסט, א סדר — סדר הקפות: מנהגינו: בליל שמיני עצרת ובליל שמחת תורה — שבע פעמים. ביום שמח״ת — שלש פעמים וחצי[97]. אבל גם אז אומרים כל סדר הקפות[95].

ער, א קדשנו — להדליק נר חנוכה: כ״כ הרוקח. שו״ע ר״ס תרע״ו. האריז״ל בשעה״כ ופע״ח. סי׳ האריז״ל. סי׳ יעב״ץ. ברכי יוסף. של״ה בחלק תו״א דחנוכה (רנט, א) — ודלא כמש״כ שם בחלק נר מצוה בשם אביו לומר שלחנוכה (בתיבה אחת). וראה ג״כ שד״ח אס״ד חנוכה סק״כ (הערת כ״ק אדמו״ר שליט״א במאמר ברוך שעשה נסים (קה״ת, תשי״א).

צא, א ועל (הערה זו שייכת לעיל ע׳ שסג, א) — ועל התשועות: מועתק בזה קטע ממכתב כ״ק אדמו״ר שליט״א אודות נוסח זה:
. . ובמש״כ מהו הנימוק לנוסח אדה״ז ועל הנפלאות במקום ועל המלחמות שבכמה סידורים.
והנה ידוע הסיפור בשם הצ״צ (הובא בבית רבי פכ״ז) אשר אדה״ז בעת קבעו נוסח הסידור היו לפניו ששים סידורים. והרי בכמה נוסחאות נמצא ועל הנפלאות (אבודרהם. סי׳ יעבץ. סי׳ א״י סוריא תוגרמא מצרים — עפמש״כ בס׳ כתר ש״ט להרב גאנין. ועוד). — ומה שבחר אדה״ז נוסחא זו — גם ע״פ פשוט יש להסביר: א) ועל המלחמות — אינו מובן כלל, דהעיקר חסר. וצ״ל הנצחון המלחמות וכיו״ב. ב) גירסת הרז״ה ופי׳ (הובא בסי׳ יעבץ) ועל התשועות (שנעשו) על המלחמות — ג״כ אינו מובן, דא״כ הי׳ צ״ל: ועל הפורקן (שנעשה) על הצרות וכיו״ב. ג) החילוף שבסי׳ הספרדים הנחמות במקום המלחמות — ג״כ אינו עולה יפה, כי מה ענין נחמה לכאן. וידוע כמה נתלבטו בפי׳ ונחמתא אשר בנוסח הקדיש. ועיין טואו״ח סנ״ו. ד) ולפענ״ד זוהי הוכחה מחלטת נוסח אדה״ז — ב„הנרות הללו" מזכירים נפלאות פעמים. וב„ועל הנסים" — אף פ״א לא? ! „ויגיד עליו רעו" בהנרות הללו נסים וישועות — שנפלאות מקומו יחד עמם גם בועל הנסים.

ער, א להבין — להבין כו׳ מזוזה מימין ונ״ח משמאל: לכללות מאמר זה — ראה תו״א ד״ה נר חנוכה (מא, ד). אוה״ת בראשית ד״ה מזוזה מימין (שכח, א ואילך). ראה ג״כ דרושי חנוכה בתו״א. שערי אורה. סהמ״צ להצ״צ מצות נר חנוכה. ועוד.

ערה, ג מזמור — מזמור שיר: מאמר זה וד״ה רני ושמחי שלאחריו —, לא נדפסו בדפוס קאפוסט. ראה ד״ה זה בלקו״ת ברכה (צז, ד). נמצא (בשינוים) בבוך וקבל היהודים — בנימינסון (לב, ב) ורשום עליו: תקע״ו. לכללות התחלו מאמר זה — ראה ביאורי הזהר בראשית בתחלתו (א, ד ואילך).

רעז, ב והטעם — והטעם . . הנשיאים דוקא בחנוכה: ראה ג״כ ד״ה זאת חנוכת המזבח, תר״ם.

רעח, ג רני — רני ושמחי: ראה ד״ה זה (השני) בתו״א מקץ (לו, ד). שערי אורה (כה, ב).

״ ענין — ענין רנה ושמחה: ראה „דרוש מרבינו ז״ל פורים תקס״ג . . להבין ההפרש בין שמחה לרנה" — נדפס ברשימות הצ״צ לתהלים קאפ׳ ק, ב, סעי׳ ד.

רפא, א חייב — חייב אינש לבסומי: נמצא (בלי ההגהות ובקיצור לשון) בבוך רני ושמחי — אה״ק (סו, א). ראה תו״א ד״ה זכור (פד, א). ד״ה ביאור אין השם שלם (פה, א). ד״ה חייב אינש לבסומי (צה, א). סהמ״צ להצ״צ מצות זכירת עמלק. ועוד.

רפג, ג חייב — אין מברכין שהחיינו . . ולא ביום: מנהגינו שמברכין ברכת שהחיינו גם ביום (ספר המאמרים תש״ח ע׳ 127. וראה פסקי דינים להצ״צ בסופו ובשער הכולל פמ״ז).
ביום גם שמיעת וקריאת מגילה בתפילין דרש״י (ספה״מ שם).

״ המנהג — המנהג להניח: מנהגי חב״ד, הערות לפסקי ונוסח אדה״ז בהנוגע לערב פסח והגדה של פסח — ראה הגדה של פסח עם לקוטי טעמים ומנהגים אשר לכ״ק אדמו״ר שליט״א.

רפד, א ששת — ששת ימים וביאורו: ד״ה זה וביאורו (בשינוים ובקיצור לשון) — בבוך באברויסק נומ. 14 (קיא, א ואילך). כן נמצאו שם תוס׳ הגהות מהצ״צ. עוד הגהות מהצ״צ בבוך באברויסק נומ. 19. לכללות דרוש זה —

---

96) ראה פסקי דינים להצ״צ סוף חאו״ח (הערת כ״ק אדמו״ר שליט״א שם).

97) ראה נמוקי או״ח סתרס״ט אשר מנהג בהכ״נ הישנה בקראקא — שנודע יושנה בערך תשע מאות שנה — ומנהג ביהכ״נ רמ״א לעשות ג׳ הקפות וחצי (הן בלילה הן ביום) (הערת כ״ק אדמו״ר שליט״א שם).

דף	שורה	
		ראה דרושי חה״פ בלקו״ת פ׳ צו. שער האמונה לאדמו״ר האמצעי. תו״ח שמות ד״ה והי׳ כי יביאך. מצות חמץ ומצה להצ״צ בסהמ״צ שלו.
		דמצה נק׳ מיכלא דמהימנותא: מצה שמורה ווערט גערופען בשני שמות עצמיים ופנימיים: מיכלא דמהימנותא און מיכלא דאסוותא. עס גיט אַ חיזוק אין דעת.
		דאָס איז דער פנימי נקודי עצמי וואָרט וואָס מורנו הרב המגיד ממעזריטש האָט מקבל געווען ממורו הקדוש מורנו הבעש״ט בשם מורו הבעל ח״י [98], ומסרו להוד כ״ק תלמידו המקבל פנימי רבנו הזקן ובא ביחוד ובירור מרבי לרבי.
		כל אחד ואחד מהוד כ״ק אבותינו רבותינו הק׳ זי״ע בדורו חזר מסר וביאר את ה„נקודה וואָרט״ האמור (משיחת כ״ק אדמו״ר (מהוריי״צ) נ״ע, מיום א׳ י״א ניסן, תש״ט — נדפסה בספר המאמרים תש״ט ע׳ 142. עיי״ש בארוכה).
		דגם חסידי אוה״ע מאמינים ומשיגים . . האמונה שנתייחדה לכנ״י . . כי ה׳ הוא האלקים: ראה בכ״ז מצות האמנת האלקות, מצות אחדות ה׳ — בסהמ״צ להצ״צ. מי כמוך, תרכ״ט (בס׳ תרכ״ט ע׳ קמג).
רפו, ג	להבין	להבין שרשי הדברים: בבוך באברויסק נומ. 19 — הגהות מהצ״צ.
רפט, א	ששת	ששת ימים תאכל מצות: ד״ה זה (בשינויים ובקיצור לשון) נמצא בבוך ויתן לך — סלונים (מא, א). הגהות וכו׳ מהצ״צ בבוך באברויסק נומ. 19; נומ. 39; בוך רח״ל — נדפסו באוה״ת דברים. ראה בלקו״ת שם. שער האמונה שם. ד״ה והחרים, תרל״א.
רצג, ג	עבדים	עבדים היינו: נדפס ג״כ בס׳ סוד קדושים, והוא הגדה של פסח (חמ״ד, תרכ״ז).
רצו, ג	והגדת	והגדת לבנך: נדפס שם. בבוך באברויסק נומ. 53 ד״ה זה להצ״צ בתוספת הגהות וקיצורים.
		במאמר הנ״ל — להצ״צ — שהכתוב כאן בסידור דאי אכילת חמץ הי׳ רק יום א׳ — טעות סופר.
שא, א	מצה	מצה זו: ראה ד״ה להבין כו׳ מצה זו בלקו״ת צו (יא, ג).
שג, א	אתה	אתה הצבת: נמצא (בשינויים) בבוך ושמתי כדכד — אה״ק (קמא, ב). בבוך באברויסק נומ. 19 בשינויים ובתוס׳ הגהות וכו׳ מהצ״צ. ראה ג״כ מאמרי אדה״ז — אתהלך לאזניא (ע׳ א). תורת חיים שמות ד״ה להבין ענין ל״ג בעומר. ד״ה חייב אדם לברך, תרל״ח (ע׳ מא ואילך).
״	מדבר	ניצחת . . עזב ה׳: בבוך באב. שם: נצחית לעכומ״ז האומרים עזב ה׳.
שג, ב	שהארץ	חרדל כו׳ . . יענו את הארץ: כ״ז לא נמצא שם, ובמקומו: חרדל לגבי השמים. אך הנה כמו שהארץ נחלקה לשס״ה מַעֲלות כמו״כ השמים ושמי השמים כל מעלה היא שטח רב ועצום ולא ט״ו פרסאות לבד כמו שיעור המַעֲלה שבארץ (וכמ״ש באגה״ת בסופו פ׳ י״ב שהילוך והעתקת הצל בארץ טפח לפי הילוך גלגל השמש ברקיע אלפים מילין) וכיון שכן יתכן שע״י ריחוק השמש ברקיע בחורף כ״ב מעלות וחצי ההם שברקיע לצד דרום יהי׳ שם קור ברקיע לצד צפון מאחר שריחוק מעלות הנ״ל הוא שטח רב ועצום במאד מאד עד שנתרחק השמש ממש ריחוק אמיתי, והנה זה גורם ג״כ הקור בארץ בחורף בצפון אף שבאמת לגבי צד הצפון שבארץ אין נחשב זה כלל ריחוק אמיתי מהשמש כיון שכ״ב מעלות שבה הם שטח קטן מאד, אך מאחר שנאמר אני אענה את השמים והם יענו את הארץ, א״כ כל מעלה בארץ מקבלת ההשפעה מן המעלה השייך לה בשמים ולכן צד הצפון שבארץ מקבל ממעלות השייך להם בשמים אשר בחורף שם השמש ריחוק מהם ריחוק אמיתי, וזהו והם יענו את הארץ.
״	נגד	מול: שם: סוף.
שג, ג	בלי	כלל וד״ל. אך: שם: כלל, ולכן נק׳ כל ישראל בשם יהודים ע״ש הודאה וביטול זה וכמ״ש במ״א בענין מרדכי שנק׳ איש יהודי. אך.
שג, ד	שבמלי׳	כמ״ש במ״א . . סנהדרין מקדשי׳: ראה ביאוה״ז תשא ד״ה פקודא כו׳ לקדש את החודש. ד״ה זה בפיה״מ להצ״צ (רסא, ב). מצות קדוש החודש בסהמ״צ להצ״צ.
״	וזהו	כללו תענין ל״ג בעומר: ראה בזה דרושי ספה״ע בלקו״ת אמור ובמדבר. מצות ספירת העומר בסהמ״צ להצ״צ. ועוד.
שז, ג	וספרתם	וספרתם לכם: ראה ד״ה זה בלקו״ת במדבר (י, א). מצות ספירת העומר להצ״צ בסהמ״צ שלו.

98) ר״ת חי׳ יחידה. הוא אחי׳ השילוני. ראה שיחת ש״פ פנחס ה׳ש״ת (ספר השיחות ע׳ 159). וראה ג״כ לקוטי שיחות כרך ב׳ ע׳ 512.

הוספה להערות וציונים

(נערכה ע״י הרב התמים ר׳ יהודה ליב שי׳ גראָנער)

דף	שורה	
מח [שנח]	ולבבם	אחרי תיבת ביאורי הזהר, להוסיף: [לאדמו״ר האמצעי. וראה גם ביאורי הזהר לאדמו״ר ה„צמח צדק״ (קה״ת, תשכ״ח) ובהקדמת המו״ל שם].
	א, ד	נדפס בשתעה וצ״ל: בתשעה.
מט [שנט]	ברוך (הא׳)	לאחרי התיבות ובלקו״ת לג״פ שם, להוסיף: נוסחא אחרינא — ראה אוה״ת בראשית (כרך ג׳, ע׳ תקנא ואילך).
98 [718]	ג, ג	בההערה לאחרי התיבות הגהות מהצ״צ, להוסיף: נדפסו באוה״ת שלח ע׳ תקעו ואילך.
	ה, ד	לפני שורה זו להוסיף הערה: ה, ג שו״ה בשעת, ויכוין . . לכתוב ד׳ פרשיות: הוספת אדה״ז לגבי הטושו״ע. וכ״ה בשו״ע שלו סכ״ה סי״א. ולהעיר מפרש״י פ׳ בא עה״פ (יג, ט) על ידך: ר״ל שתכתוב פרשיות הללו ותקשרם בראש ובזרוע (משיחות כ״ק אדמו״ר שליט״א).
	ו, ג	בסוף הערה ד״ה תנא להוסיף: המאמר — בנוסח מקוצר — נמצא בבוך „אדה״ז — יובל אבי יושב״ ד״ה בזוהר כו׳ תלת חללין (קסב, א), וכנראה הוא היסוד להנדפס כאן.
נ [שס]	יח, ג	בהערה שו״ה בהרחב, אחרי התיבות בהרחב הביאור, להוסיף: נדפס באוה״ת בראשית (כרך ד׳, ע׳ תתכב, א). הגהות לד״ה זה שבסידור נדפסו שם (ע׳ תתכח, ב).
100 [720]	המסומנים	בסוף השורה: להוסיף: וראה להלן עה, א ואילך (ביאור שיטת הבבלי שבת יא, א) שלק״ש כן היו מפסיקים, ובהמסומן שם.
	כג, ב	לפני שורה זו להוסיף הערה: כג, א שו״ה שאמר, סכת דוד הנופלת . . מעשה הצדקה: ראה ג״כ אגה״ק ס״ט. שיחת כ״ק אדמו״ר שליט״א ש״פ ראה, אדר״ח אלול, תשל״א. ועוד.
	כג, ד	בסוף ההערה להוסיף: נדפסו באוה״ת עקב (ע׳ תרפו ואילך). — פאקסימיליא מעמוד א׳ מגוכתי״ק הצ״צ מהגהות אלו — נדפסה באוה״ת נצבים — ברכה בסופו.
	כו, א	בההערה ד״ה בפ״מ — בסופה, להוסיף: וראה אוה״ת ראה ע׳ תרצו: בלקו״ת בביאור כי תצא השני פי׳ דנפ״א הוא ענין א׳ עם נעילה דיוהכ״פ. — להעיר גם מלקו״ת ראה ד״ה ושמתי כדכד (הא׳) (כה, א): באמרו אחד . . שצריך למסור נפשו באחד ואין הכוונה על ציור קדה״ש בפ״מ בלבד כו׳.
נא [שסא]	ל, ד	לפני שורה זו להוסיף הערה: ל, ג שו״ה להבין, להבין ענין תרומת הדשן: ראה ג״כ אוה״ת בשלח (ע׳ תנג ואילך) ושם בארוכה.
	לא, ג	בסוף ההערה להוסיף: הערות וביאורים מהצ״צ לד״ה זה — נדפסו באוה״ת פנחס (ע׳ א׳סח ואילך).
	לט, ג	בסוף ההערה ד״ה יחוד, להוסיף: אוה״ת בראשית ע, ב.
		בסוף ההערה ד״ה ברוך שאמר עד גמירא, להוסיף: ראה ג״כ ד״ה ברוך שאמר וד״ה ברוך אומר ועושה בבוך להבין מאמר ואנת—גרינברג. אוה״ת דברים — הוספות ע׳ א׳תתקכו ואילך.
102 [722]	(ד״ה) אשרי	אחרי תיבות „וארא . . ואילך), להוסיף: נדפס בקונטרס בפ״ע (עם הוספות) (קה״ת, תשל״א).
נב [שסב]	עב, א	בסוף שתי ההערות להוסיף: ראה ג״כ אוה״ת בשלח ד״ה זה.
	עב, ד	לפני ההערה ד״ה ברוך הוי׳, להוסיף הערה: שו״ה הוא, בריך הוא, אמן: כן מנהגנו. וראה שו״ע אדה״ז סנ״ו סעיף ו׳. ולהעיר מס׳ מגיד מישרים (להב״י) פ׳ תולדות ד״ה והשתא.
	עג, א	בסוף הערה ד״ה אהבת עולם (הב׳), להוסיף: וראה בזה רשימות הצ״צ לתהלים מזמור קו, מח סעיף ה׳ (סוף ע׳ תיח).
	עה, ד	לפני שורה זו להוסיף הערה: עה, ג שו״ה כך, הנמשל . . בכלל מאתים מנה: הובא ונתבאר באוה״ת ואתחנן (ע׳ שפג) וראה ג״כ אוה״ת ראה (ע׳ תשז).
	עז, ב	בסוף ההערה להוסיף: ראה גם לקוטי לוי יצחק — הערות לס׳ הזהר פנחס (ע׳ תמד).
104 [724]	כתבו	נדפס בסקל״ח וצ״ל: בסקל״ה.
	בפסוד״ז	נדפס בפסוד״ז וצ״ל: להנ״ל בפסוד״ז.
נג [שסג]	לכללות	נדפס פס״ז וצ״ל: פט״ז.
	שלו)	להוסיף בסופה: נדפסו באוה״ת ואתחנן (ע׳ שעו ואילך).
	פז, ג	לפני שורה זו להוסיף הערה: פה, ב שו״ה המאמר, וכי אפשר . . הדבק במדותיו: ראה סוטה יד, א. כתובות קיא, ב. סהמ״צ להרמב״ם מ״ע ו, מ״ע ח. שו״ע אדה״ז חאו״ח סקנ״ו ס״ד. ושם ס״ג. וצ״ע גירסא זו.

דף	שורה	
	פט, א	לפני שורה זו להוסיף הערה: פח, ב שו"ה קדושה, קדושה: מכוונים הרגלים (באמירת קדושה) עד לאחרי שהש"ץ מסיים הא־ל הקדוש. ראה שו"ע אדה"ז חאו"ח סקכ"ה ס"ב. ספר המנהגים — מנהגי חב"ד ע' 12.
[726] 106	פלח	להוסיף בסופה: ראה ג"כ לעיל ד"ה אחרי ה' אלקיכם תלכו.
נד [שסד]	צו, ג	להוסיף בסופה: טעם אמירת מזמור זה — ע"פ דא"ח — ראה ד"ה שיר המעלות באוה"ת דברים — הוספות (ע' א'תתקלס). ועוד.
נה [שסה]	ק, ג	בסוף ההערה להוסיף: ראה ג"כ ד"ה להבין ענין נט"י באוה"ת וישב (כרך ה' ע' תתקו ואילך).
נו [שסו]	קמא, ד	לפני שורה זו להוסיף הערה: קמא, ב שו"ה וב', והנה הגם . . וא"א וכו': ראה לקו"ת לג"פ (ח, ב). נדפס גם באוה"ת בראשית.
	קמא, ד	בסוף ההערה להוסיף: וראה ג"כ ד"ה תורת ה' תמימה באוה"ת לשבועות (ע' קט) — ושם עם הגהות וקיצורים מהצ"צ.
	קמה, א	בסוף ההערה להוסיף: ד"ה ולא יקרא עוד באוה"ת לך (כרך ד' ע' תשטו; תשי"ז).
	קנא, ג	לפני שורה זו להוסיף הערה. קנא, ב שו"ה רבונו, רבונו של עולם וכו': ביאור ע"ז וטעם אמירתו — ראה רשימות הצ"צ לתהלים מזמור ה, ה סעיף ב' קרוב לסופו.
[732] 112	קסד, ב	בסוף ההערה להוסיף: נדפסו באוה"ת וירא (כרך ד', ע' תשמב ואילך).
[738] 118	רכה, ג	אחרי שורה זו להוסיף הערה: רכו, א שו"ה מדה"ר, וכמו שאומרים בכל עשי"ת י"ג מדה"ר . . ומאחר שאומרים ויעבור דוקא בעשי"ת: צע"ק מש"כ „דוקא" בעשי"ת. ובלקו"ת ד"ה זה (לג, א): בשלמא בעשי"ת יתכן שהם ימי סליחה ומחילה ולכך אומרים בעשי"ת ויעבור הוי' כו'. ובאוה"ת ראה ע' תתז: שהרי גם בכל השנה אומרים י"ג מדות ויעבור . . בכל השנה . . הם רחמים על חיי הגוף . . באלול הם רחמים . . על חיי הנשמה. וראה ג"כ לקו"ת ראה ד"ה אני לדודי (השני) (לג, ג). לקו"ת תבא ד"ה ויקרא משה (מג, סע"ד).
ס [שע]	רלו, א	בסוף ההערה להוסיף: טעם שנדפס קידוש קודם לשמו"ע — ראה ס' השיחות ה'תש"ד בתחלתו. עיי"ש.
[740] 120	רלו, ג	בהערה ד"ה אדנ־י, להוסיף בסופה: נדפס באוה"ת דברים — הוספות (ע' א'תתקלד).
סא [שעא]	רנא, א	בסוף ההערה להוסיף: טעם אמירת כל נדרי ביוהכ"פ — ע"פ דא"ח — נתבאר באוה"ת מטות (ע' א'קפח־ט).
	רסג, ג	בסוף ההערה להוסיף: בדרושים לחה"ס (ע' א'תשנ ואילך).
[742] 122	ער, א	בהערה ד"ה להדליק נדפס ססשעה וצ"ל: שעשה.
		שם, בסוף ההערה ד"ה להבין, להוסיף: ראה ג"כ ד"ה נר חנוכה באוה"ת חנוכה (כרך ה' של בראשית, ע' 1888 ואילך).
	רפה, א	בהערה ד"ה ששת, לפני התיבה לכללות, להוסיף: נדפסו באוה"ת ראה (ע' תשכח ואילך); שם ויקרא (כרך ב', ע' תלז ואילך).
סב [שעב]	שז, ג	בסוף ההערה להוסיף: ראה אוה"ת דרושים לשבועות (ע' רי ואילך).
סד [שעד]		בסוף העמוד להוסיף: ט. כנ"ל אות ח — סדר תפלות . . [מהקדמת המו"ל].

בהזדמנות זו ניתוספו עוד הערות וציונים ובאים בסוף הסידור [מהקדמת המו"ל להוצאה השני']. ה'תשל"א. 17½ x 14 סנטימטר. ח"א: (5), א־קנד דף. ח"ב: קנה־שי. א [שיא]־סה [שעה] דף.

דפוסי הסידור עם דא״ח[1]

(רשימה קצרה)

א. סדר תפלות מכל השנה, עפ״י נוסח האריז״ל, חלק ראשון, כפי אשר נדפס מקודם *) בתוספת הגהה מדויקת כדקדוק היטב ובתוספות מרובה דבר חדש אשר לא הי׳ מעולם פירוש המלות על פסוקי דזמרה . . עפ״י כוונת האריז״ל מכבוד . . מרנא ורבנא **שניאור זלמן** נבג״מ וכוונת ק״ש . . וחתונה הכל . . לזכות את הרבים . . ויהיו תפלתם מקובלת . . ובזכות זה יעלו לציון ברנה כיר״א.

בדפוס של הרבני . . מוהר״ר **ישראל** במהור״ר **יצחק יפה** ז״ל, ובמצות והוצאות הרבני . . מוה׳ מרדכי במהו׳ שמואל סג״ל הורוויץ. גידרוקט . . מיט איין בעווליגונג . . קייזרליכן צענזור . . תחת ממשלת . . יר״ה.

נדפס בקאפוסט לפרט **על** כן **באורים כבדו את** ה׳ לפ״ק [תקע״ו].

השער מוקף מכל צדדיו עם פסוקים. למעלה: זה השער . . יבאו בו. בצד שמאל: כי ביתי . . לכל העמים. למטה: קרוב ה׳ . . יקראוהו באמת. בצד ימין: נודע בשערים . . זקני ארץ. באמצע השער: חותם המדפיס ששמו בתוכו: ישראל יפה[2].

מעבר לשער — הקדמת והסכמת . . כש״ק מ׳ דוב בער . .

בע׳ IV — שער לוח הר״ת הנמצאים בסידור.

נוסח התפלה — באותיות מרובעות מנוקדות. לבד במקומות אחדים שנדפסו בלי נקודות. הדינים ודרושי הדא״ח — באותיות רש״י. לבד — סיום דיני ציצית וכל דיני תפילין וק״ש — באותיות מרובעות.

שער הציצית — הדינים בטור א׳ עם כותרת: כי נר מצוה, ובטור ב׳ דרוש הדא״ח עם כותרת: ותורה אור. שער התפלין — מתחיל בדרוש ד״ה תנא ברזא, אח״כ דיני תפלין (בטור א׳ והכותרת: נר מצוה); ד״ה שימני כחותם (בטור ב׳ והכותרת: תורה אור).

ח״א — כולל עד אחרי תקון חצות, ואח״ז הפטרה לתענית צבור [כן הוא גם ברוב הדפוסים שלאח״ז].

בעמוד האחרון של ח״א: לוח השמטות. ע״י הפועל . . [הפועל השביעי] ע״י הפועל העוסק במלאכת הקודש באמונה המסדר אותיות נאום . . [נפרטו שמות של ח׳ אנשים].

ח״ב: שער מיוחד — סדר תפילות . . האריז״ל, חלק שני, כפי אשר . . פירוש המלות מהשמים מספרים . . עפ״י הזה״ק מכבוד . . נבג״מ וכוונת המקוה . . לחנוכה ופורים הכל . . כיר״א.

בדפוס . . ישראל יפה. מסכת אבות כולה בלי נקודות (לבד הפסקא „כל ישראל . . להתפאר״ שמנוקדת). עד אמצע פרק רביעי — באותיות מרובעות, משם ואילך — באותיות רש״י.

עמוד האחרון: ת ו ש ל ב ע. וגם אלה לחכמים (ע״ד הביטוי עכומו״ז).

חותם של המדפיס ששמו בתוכו (חותם שונה מכמו בהשערים): ישראל יפה.

$16\frac{1}{2} \times 20\frac{1}{2}$ סנטימטר. ח״א: (2), קד, נד דף. ח״ב: סח, צט דף.

בהוצאת קאפוסט לא נדפסו הדרושים: וידבר גו׳ את קרבני. והי׳ לכם לציצית. להבין כו׳ אנת הוא חד. מזמור שיר חנוכת (בשער חנוכה). רני ושמחי.

א(ב). סדר תפילות . . (כמו בהוצאה א).

בעמוד אחרון של ח״א: לוח השמטות . . ע״י הפועל . . [הפועל השביעי]: ע״י הפועל העוסק במלאכת הקודש המסדר אתיות נאום . . [בדפוס זה: נשמטה תיבת „באמונה״; בתיבת אותיות

---

1) רשימה זו כוללת: א) הוצאות הסידור עם דא״ח (ולא הוצאות שאר הסידורים עם נוסח רבנו הזקן. כמו״כ לא נכנסו ברשימה זו: הסידור עם לקו״ת (פיעטרקוב, תרס״ז; ווילנא, תער״ב). הסידור עם פי׳ מהרי״ד (ברדיטשוב, תרע״ג). ב) רק דפוסים אלו שראינום.

*) הכוונה לסדר תפלות ע״פ נוסח זה — שנדפסו בלא פירוש המלות עם דא״ח.

2) צילומים משער זה וכן משער דחלק שני — נדפסו בהוצאה זו לעיל דף ב [שיב], ג [שיג].

— נשמטה אות „וא״ו" אחרי האלף. נפרטו רק ז׳ אנשים].

בעמוד האחרון של ח״ב: קו קישוט במקום חותם המדפיס ששמו בתוכו. שינוים בסידור האותיות, בהנקודות וכו׳.

שאר הדפים — הם דף על דף כמו בהוצאה א׳.

$16^1/_2 \times 20^1/_2$ סנטימטר. ח״א: (2), קד, נד דף. ח״ב: סח, צט דף.

ב. **סדר תפלות** . . נוסח האר״י ז״ל . . כיר״א. ובתוספות מרובה עשרה בוגין מדברי קודש . . שלא נדפסו בסדורי הקודמין ([הכוונה לדרושים אלו שנשמטו בדפוס קאפוסט ונפרטו בסוף א]. דרושים הנוספים נסמנו בתחלתם בסימן זה:)(.

הובא לבית הדפוס ע״י הני תרי גיסי . . מוה׳ **יקותיאל זלמן** חתן אדמו״ר . . **דוב בער** נ״י וגיסו . . מו׳ **מנחם נחום** בן אדמו״ר הנ״ל (שורות אלו נדפסו מימין ומשמאל חותם המד־פיס שבאמצע השער, ומתחת לחותם ברוחב העמוד):

בבית ובדפוס . . מוהר״ר **שמואל** במוהר״ר ישכר בער סג״ל מדפיס דפ״ק **ברדיטשוב**, לפרט **כי מלאה הארץ דעה את** ה׳ כמים **לים** מכסים לפ״ק [תקע״ח]. השער מוקף . . זקני ארץ.

מעבר לשער: מודעה רבה, גם אלה לחכמים (ע״ד הביטוי עכומו״ז). תחת ממשלת . . יר״ה. רשיון מהצענזור (מפולנית).

הקדמת . . לוח הר״ת.

ג׳ דפים הראשונים (השער, ההקדמה, תחלת דיני השכמת הבוקר) אינם מסומנים, הדפים שלאח״ז מסומנים ומתחיל ממספר ו׳.

הדינים ודרושי הדא״ח — באותיות רש״י, לבד התחלת דיני תפילין — באותיות מרובעות.

שער הציצית ושער התפלין — כמו בהוצאה א׳, רק בשער התפלין במקום הכותרת תורה אור נדפס כאן: אור תורה.

בעמוד האחרון — אין לוח ההשמטות (הוכנסו בפנים). תם ונשלם שבח לא־ל בורא עולם.

ח״ב: שער **סדר תפלות** . . חלק שני . . מהשמים מספרים . . כיר״א.

הובא לבית הדפוס . . זקני ארץ (השורות ובתוספות . . הקודמין — נשמטו משער זה).

מסכת אבות כולה באותיות רש״י בלא נקודות (לבד הפסקא „כל ישראל . . להתפאר" באותיות מרובעות מנוקדות).

בעמוד האחרון — **ת ו ש ל ב ע.**

$16^1/_2 \times 21$ סנטימטר. ח״א: (3) ו־ק, קה־קסט דף. ח״ב: א־קסב דף.

ג. **סדר תפלות** . . בסדורי הקודמין (כמו בהוצאה ב׳, וניתוסף אח״ז): והוגה הטיב מהטעות שנמצא בדפוס הקודם.

חותם המדפיס (לא זה שבהוצאה ב׳, מימין החותם): תחת ממשלת . . יר״ה. (משמאלו): בבית ובדפוס . . דפ״ק ברדיטשוב (בהוצאה זו תיבה זו בצבע אדום). לפרט . . זקני ארץ (הכל כמו בהוצאה ב׳).

נשמטו כאן שמות המביאים לדפוס.

מעבר לשער — רשיון מהצענזור, בטראַנס־קריפציא עברית מפולנית (באותיות רש״י). מודעה רבה, גם אלה לחכמים (ע״ד הביטוי עכומו״ז).

דף האחרון של חלק ראשון — שונה בסידורו מכמו בהוצאה ב׳. (חלק שני מהוצאה זו בטופס שתח״י חסר השער וכן הדף האחרון). שאר הדפים בשני החלקים הם דף על דף כמו בהוצאה ב׳.

$16^1/_2 \times 21$ סנטימטר. ח״א: (3) ו־ק, קה־קסט דף. ח״ב: א־קסב דף.

ד. **סדר תפלות** . . כיר״א. ועל ההוספות הנ״ל . . בסדורים הקודמים, ועמלנו להגיהו . . עפ״י אותו שנדפס **בברדיטשוב**.

בשנת ועבדתם **את ה׳ בכל לבבכם** [תקצ״א]. (חמ״ד [י״א שנדפס בקניגסבורג]).

השער מוקף עם פסוקים: זה השער . . זקני ארץ.

ב, א: הקדמת . . מ׳ דוב בער. ב, ב: שער לוח הר״ת.

הדינים ודרושי הדא״ח באותיות רש״י — לבד התחלת הל׳ תפלין.

בתפלת חול — אחרי מזמור לתודה, בא מזמור שיר ליום השבת, ה׳ מלך, ודרוש דא״ח אחד על מזמור שיר ליום השבת.

וידבר גו׳ קדש, שיר המעלות בשוב, לבני קרח, אברכה — באותיות מרובעות בלי נקודות.

קודם הל׳ ברכות הנהנין הכותרת: שער ברכת הנהנין.

בסוף ח״א: הפטורה לתענית צבור, ומסיים: תם ונשלם . . בורא עולם.

ח״ב: **תפלות** [בהשמטת תיבת סדר] **מכל השנה** . . חלק שני . . כיר״א.

ועל ההוספות . . לפ״ק.

השער מוקף . . זקני ארץ.

בהודו הגדול — נשמטו כוונות שם הוי׳ — מתאים למספר הפסוקים.

אחרי ברוך שאמר — מזמור שיר ליום השבת, ודרוש דא״ח השני.

בסוף ח״ב (קעט, ב): שלא להוציא הנייר חלק ראינו להוסיף הנדפס בזה. מוסף . . ליום ראשון של פסח . . לשמיני עצרת.

(בשני הטופסים שראינו חסר הסיום של תפלת גשם.)

$16\frac{1}{2} \times 22\frac{1}{2}$ סנטימטר. ח״א: קפו דף. ח״ב: קעט דף.

ה. סדר התפלה ע״פ נוסח האר״י ז״ל, חלק ראשון, נדפס בזיטאָמיר, בשנת **ברכתא** לפ״ק (שער ראשון הנדפס על דף מכוחל).

שער שני: **סדר התפלה** [תיבה זו בצבע אדום] עפ״י נוסח האר״י ז״ל, חלק ראשון, כפי אשר נדפס מכבר עם פי׳ המלות פסוקי דזמרה . . וחתונה ומילה משוכלל ומיוסד עפ״י כוונת האר״י ז״ל, מכבוד . . מרנא ורבנא **שניאור זלמן** נבג״מ זי״ע. הכל כיד ה׳ הטובה עליו השכיל.

הובא לביה״ד ע״י נכדיו . . מוה׳ **שניאור** נ״י . . מוה׳ **רפאל מרדכי** נ״י . . בדפוס השותפים נכדי הרב מסלאוויטא . . בזיטאָמיר [תיבה זו בצבע אדום] בשנת תרכג לפ״ק. בשולי השער שורות אחדות ברוסית.

מעבר לשער — שורה אחת ברוסית (רשות הצענזור . . 1862).

הקדמת והסכמת . . כש״ק מ׳ דוב בער . . (מעבר לעמוד זה) הסכמות מבן הרב המחבר [3] נ״ע . . היום יום ט״ו לחודש אייר ברכ״ת לפ״ק. נאום **מנחם נחום** באאמו״ר מרנא ורבנא דוב בער נ״ע. מהרבנים . . דק״ק וויטעבסק . . ולראי׳ באנו עה״ח יום ג׳ ב׳ דר״ח טבת שנת **רב להושיע** [תרכ״ג] פ״ק וויטעפסק יע״א. נאום יצחק אייזיק בהר״ד . . ונאום ישעי׳ . . לעווין ונאום יקותיאל זלמן . . לנדא.

בהוצאה זו נדפסו מקודם כל הל׳ ציצית (עם כותרת נר מצוה), ואח״ז דרוש הדא״ח (עם כותרת שער הציצית תורה אור). וכן בהנוגע לתפילין [4]).

דיני ק״ש — נדפסו קודם שמע ישראל (שונה מהוצאות הקודמות שנדפסו ביחד עם הלכות תפילין).

האזכרות של „אשרי״ (בפסוד״ז) וכן של שמו״ע (שחרית לחול) — מנוקדות עפ״י כוונות.

הדינים ודרושי הדא״ח — באותיות רש״י (לבד דיני נט״י לסעודה וברה״נ — באותיות מרו־בעות).

בסיום חלק ראשון הוסיפו כאן גם הקריאה לתענית צבור. אח״ז עוד דף מכוחל [5]). עמוד הראשון שלו — חלק, עמוד השני — מודעה מהמביאים לדפוס, ואח״כ: עיניהם יביטו . . באתי לעוררם . . לקנות הסידורים . . **הלל** במוה׳ **מאיר** ז״ל הלוי.

ח״ב: **סדר התפלה** [תיבה זו בצבע אדום] . . חלק שני. כפי . . מכבר, עם כוונת המקוה . . גם לחנוכה ופורים מכבוד . . השכיל.

הובא . . בזיטאָמיר [תיבה זו בצבע אדום] בשנת תרכד לפ״ק. בשולי השער שורות אחדות ברו־סית. מעבר לשער — רשות מהצענזור (ברוסית) 1862.

מסכת אבות באותיות מרובעות ומנוקדות.

$18\frac{1}{2} \times 24$ סנטימטר. ח״א: (3), קנד, (1) דף. ח״ב: סב, צד דף.

ו. סדר התפלה . . עליו השכיל . . הובא לביה״ד . . נ״י . .

---

3) „הרב המחבר״ הכוונה — לכ״ק אדמו״ר האמצעי.

4) בדף ל ע״ג מתחיל שער התפלין ד״ה תנא ברזא. ובדף טו ע״א מתחיל ד״ה שימני כחותם, ושוב בכותרת „שער התפלין״ (אף שבא תיכף אחרי דרוש הנ״ל, ובהוצאות הקודמות אין כאן כותרת זו).

5) צילום מעמוד זה — נדפס לעיל בשער ההוספות.

ווארשא. בדפוס הרבני מוה׳ נתן שריפטגיססער נ״י. שנת תרכ״ז לפ״ק. בשולי השער שורות אחדות ברוסית. מעבר לשער — רשות הצענ־זור (בפולנית, התאריך): 20/8 מערץ 1866. אזהרה, גם אלה לחכמים (ע״ד הביטוי עכומו״ז). הקדמת . . מ׳ דוב בער . . מעבר לעמוד זה — הסכמות מבן הרב המחבר (כנ״ל בהוצאה ה׳ ובתאריך הנ״ל). (וכאן הוספה) מהרב הגאון וכו׳ דק״ק ווארשא . . ולראי׳ בעה״ח לכבודה ש״ת ט״ז סיון שנת תרכ״ז לפ״ק, דובעריש מייזליש חופ״ק ווארשא יע״א. רבני וויטעבסק (כנ״ל בהוצאה ה׳ ובתאריך הנ״ל).

נדפס דף על דף כהוצאת זיטאָמיר.

25 x 18½ סנטימטר. ח״א: (2), קנד דף. ח״ב: סב, צד דף.

ז. סדר התפלה . . עליו השכיל (כהוצאת זיטאָמיר).

ולמעלה בקודש הוספנו . . שלשה מכתבים קדו־שים . . [א׳] מכ״ק אדמו״ר הזקן [ב׳] והאמצעי נבג״מ זי״ע.

הובא לביה״ד על ידי שמרי׳ בהרבני ר׳ לוי יצחק שניאורסאהן נ״י. בהוצאת בית מס׳ . . סובאלסקי נ״י . .

ווארשא, בדפוס הרבני מו״ה ר׳ נתן שריפט־גיססער נ״י. שנת תרמ״ו לפ״ק. בשולי השער שורות אחדות ברוסית. מעבר לשער — רשיון הצענזור. אזהרה, גם אלה לחכמים (ע״ד הביטוי עכומו״ז).

בהוצאה זו בא נוסח התפלה בתחלת העמוד ודרושי הדא״ח למטה (ברוב הדפוסים הקודמים — בא נוסח התפלה באמצע העמוד ודרושי הדא״ח באו מסביב לו).

הדינים ודרושי הדא״ח — באותיות רש״י. לבד הל׳ נט״י לסעודה וברה״נ — באותיות מרוב־עות.

האזכרות ל„אשרי״ ולשמו״ע — כנ״ל בהוצאת זיטאָמיר.

קריאה והפטרה לתענית צבור — בסוף חלק שני.

24 x 18 סנטימטר. ח״א: (4), רלז דף. ח״ב: רלז, (1) דף.

ח. סדר תפילות . . נוסח האריז״ל. עם פירוש המלות עפ״י דא״ח, מאת קדוש עליון . . מוהר״ר **שניאור זלמן** נבג״מ . .

הוצאה חדשה ומתוקנת עם הוספות. ספרי׳ — אוצר החסידים — ליובאַוויטש, קובץ שלשלת האור, היכל שלישי, שער ששי, יוצא לאור על ידי מערכת „אוצר החסידים״ (שער הכללי). הוצאת „קה״ת״.

שער לחלק ראשון: **סדר התפילות** . . כן יהי רצון אמֵן. בתוספות . . בדפוס הקודם. (עפ״י נוסח השער דהוצאות א, ג).

. . הוצאה זו פוטוגרפיא — ברובה — מהוצאת זיטאָמיר, תרכ״ג . . ווארשא, תרכ״ז לתועלת . . א) תוקנו בפנים . . כמה מטעויות הדפוס. ב) תוקנו . . נוסחאות התפלות . . ג) ציוני העמודים . . המשך אחד . . הוספנו . . א) מפתח פרטי מכל התפלות, הדינים ודרושי הדא״ח . . ב) מי שברך לעולה לתורה, ליולדת, לחולה. ג) הרחמן לברית מילה. ד) ברכות הדלקת הנרות. ה) כוונת המקוה מהבעש״ט ז״ל. ו) כוונת התקיעות מהבעש״ט ז״ל. ז) הגהות כ״ק אדמו״ר הצמח צדק . . ח) הגהות כ״ק אדמו״ר מהורש״ב נ״ע . . ט) מכתבו ע״ד קריאת התורה . . י) הסכמות הרבנים . . יא) מודעה (שבהוצאת זיטאָמיר) . . יב) מפתחות להל׳ נט״י וברה״נ . . יג) מפתח ענינים . . יד) הערות וציונים . . טו) לוח התקון. טז) דפוסי הסידור עם דא״ח (רשימה קצרה). יז) פאקסימיליות משערים דהוצאה הראשונה [מהקדמת המו״ל].

ה׳תשכ״ה. 14 x 17½ סנטימטר. ח״א: (5), א־קנד דף. ח״ב: קנה־שי. א[שיא]־סד [שעד] דף.

ט. כנ״ל ח. בהזדמנות זו נתוספו עוד הערות וציונים בסוף הסידור.

ה׳תשל״א. ברוקלין, נ.י. . . סה [שעה] דף.

יו״ד. כנ״ל ט. בהוצאה זו הוספנו שינויי נוסחאות בדא״ח . . מגוכתי״ק . . אדמוהאמ״צ. כן תוקנו כמה טעויות בה„הערות וציונים״.

ה׳תשמ״א ברוקלין, נ.י. . . סה [שעה]. (1) א[שעז]־לד[תט] דף.

יא. כנ״ל יו״ד. וניתוספו כמה תיקונים בה„הערות וציונים״. ה׳תשמ״ו ברוקלין, נ.י. . . סה[שעה]. (1) א[שעז] — לד[תט] דף.

שינויי נוסחאות

– הנמצאים בכתבי יד –

יוצא לאור על ידי מערכת

„אוצר החסידים"

770 איסטערן פּאַרקוויי ברוקלין, נ.י.

שנת חמשת אלפים שבע מאות שבעים ושתים לבריאה

שנת המאתיים להסתלקות (הילולא) של רבנו הזקן

שינויי נוסחאות
— הנמצאים בכתבי יד —

שו"ה	נדפס	שינויי כת"י

ד"ה ועשו להם ציצית הוגה מבוך 1146 כת"י מעתיק, עם תיקונים בגוכתי"ק כ"ק אדמו"ר הצ"צ.

ג,ג		
ועשו	בגדיהם כו'	בגדיהם לדורתם כו',
	כו' וראיתם	והיה לכם לציצית וראיתם
אותו	כו'	ועשיתם[1] אותם
לבבכם	ועשיתם	ליתא
כו', וגם	וגם	והגם[2]
עצמה	רק	אלא
ג,ד		
אם	הי	הי'
וישת	סתרו	סתרו כו'[2]
ד,א		
עלו	במ"א	למעלה[2]
ואביא	כ"י	כנ"י[2]
דפני	דיפה רעיתי	דיפה את רעיתי
ד,ב		
הכנף	למקבל	למקבלים[2]
שערות	שערות	השערות[2]
וד"ל:	התכלת	תכלת[2]
	כמו	בחי'[2]
ד,ג		
כו',		משא"כ ... לנהורא
	כו' וד"ל	ליתא
ד,ד		
כלים	תזכרו את	תזכרו ועשיתם את
ראיה	שם שמחה	שם גילוי שמחה
ה,א		
ופחד	לאח"כ	אח"כ[2]

ד"ה להבין שרשי הדברים הנ"ל, הוגה מבוך 1146 כת"י מעתיק עם תיקונים בגוכתי"ק כ"ק אדמו"ר הצ"צ.

החוטין	במ"א	למעלה[2]
ה,ב		
ציצית	כו'	לדורתם
ה,ג		
שאין	משכנם בכלי	משכנם כלל בכלי[2]
ביצירה	הנקודים	העקודים[2]
הוא	כלי לאור	אור המלובש בכלי
ענין	הידוע כאדם	הידוע מי הוא[2] כאדם
	אומר	שאומר[2]
סדר	וראיתם את	וראיתם אותו את
ה,ד		
לעבוד	את	ליתא[2]
בבחי'	האצילו'	אצי'[2]
המעלו'.	וע"י .. שבמרכבה	ליתא[2]
במדידות	אבא	אבא עדיין[2]

ד"ה תנא ברזא הוגה מבוך אני ישנה תקס"ח (נמצא שם קטע קטן)

י,א		
להם	להם	עליהם
י,ב		
לפי	אך	(אך

ד"ה מזמור הוגה מבוך 1196 גוכתי"ק כ"ק אדמו"ר האמצעי.

כ,ג		
יותר נצרך	יחי' האדם	יכול לאכול פת חריבה ומעט מאד ויחי'
בירושלמי	פ"ק דשבת)	ליתא
הנה המלוכה	כמ"ש	כמ"ש למעלה
בענין	בן טבאי	בן שטח
ה"ג הנ"ל	שהוא	שהיא
קורא	בית	ליתא
המתקיים	למקיף כו'	למקיף הנ"ל
יובן	(זבחים קיט)	ליתא
משכן	שילה ובית עולמים	שילה וביהמ"ק רק בדפנות שהדופן במשכן הי' (חסר תיבה) הקרשים ובבהמ"ק הי' הדופן מאבנים ועפר ולכאורה הקרשים שהי' מצופים זהב הי' הרבה יותר חשובים מן האבנים וג... שע"ג הבית לא ח"ו הפרש כלל כי לא היה תקרה בביהמ"ק כידוע, אך הנה הענין הוא מטעם הנ"ל

---

1) נתקן בגוכתי"ק כ"ק אדמו"ר הצ"צ.
2) כ"ה בכת"י מעתיק.

שו"ה	נדפס	שינויי כת"י
הענין הוא	מקיף	מקיף למקיף כו'
בחי'	דייקא	דוקא
כא,ג		
שהוא	עובר בלאו	עובר בלאו זה
כו' וד"ל	כדאיתא בגמרא	כמבואר ברמב"ם
ועיקר	המקיף	המקיף למקיף
עונג	בהם	בהן

ד"ה אני בצדק אחזה פניך, הוגה מבוך 1196 גוכתי"ק כ"ק אדמו"ר האמצעי.

שו"ה	נדפס	שינויי כת"י
כא,ד		
ד"ת.	ד"ת.	ד"ת כו'.
	אינו מובן דמשום	אין זה מובן וכי משום
כב,א		
דיני	דיני תורה	התורה
אמת	אמת	מדת אמת
וחסד	לפי	ליתא
	כדכתיב	כי הנה כתיב
מדה"ד	אהובה	אהוב
לפי	קיום.	קיום בבריאה
אלא	ואע"פ	אע"פ
הדברים	איתא	אמרו
	דרישא	ליתא
כמו	נולד	נולדה
החמימו'	כמ"ש	וכמ"ש
מגבורות	מזה רע	מזה נעשה רע
דיצחק	מגבו'	מן גבורות
דקדושה	שבו	שלו
רע	למטה כו'	למטה מטה כו'
שהעמידו	שמה"ד	שבמדת
מדקדק	ה'.	ה' וכו'.
אדם	האדם	אדם
כי	וז"ש	וזהו שאמר
עתה	לבם	לבבם
גורם	בחי'	ליתא
כב,ב		
מפני	החיצונים	חיצונים
יעקב	יעקב מה	יעקב הנה מה
בלבד	נקרא	שנק'
דהנה	ה' פי'	ה' ולפעמים אמר ותוכן רוחות ה' כו' פי'
בענין	בענין חכם	בענין ברוך חכם
	מה .. מכל	שהוא איש אשר רוח בו כולל מכל
בו	דעות	דיעות
	ב"א. המה	ב"א. כי רוחות בנ"א המה

שו"ה	נדפס	שינויי כת"י
הדעות	הדעות	הדיעות
ואינם	ואינם נמצאים שנים	ולא יש ב' שיה'
	ששוין בהשגתם	השגות שלהם שוות
משיג	אף	גם
בענין	א' ששנים שומעים	א' ששומעים שנים יחד
אחר	שגוף	שבגוף
שכל	שכל	של
	המה	ליתא
כל	כך	ליתא
דיליה	דיליה דמשער	דיליה מה דמשער
בעיניו	ותוכן רוחות	ותוכן כל רוחות
להיות	כללים	כללית
	כל הנמצאים	כולם נמצאו
בלי	בלי	בלתי
תכן	כך	וכך
הלבבות	הלבבות וכל	הלבות ע"כ כל
אל	הרזים כו'.	הרזים למטה כו'
הגורמת	פירוד והתחלקות	הפירוד וההתחלקות
כב,ג		
עם	הפוכו	היפכו
לפי	התפלה	תפלה
ענין	שייך	ליתא
ואין	מילוי אלא	מילוי החסרון אלא
כו'.	שהיא	שהוא
בכל	כללות	לכללות
נש"י	שהיא	שהוא
אבל	יש בכל תפילה	בכל תפילה יש
ישראל	נש"י שעי"ז יומשך	נש"י מפני שעי"ז נמשך
וד"ל	וד"ל והנה	והנה קטע חדש
כב,ד		
מדריגות	בדבור	ובדבור
המחשב'	שיוכל המחשבה	שיוכל כח המחשבה
לעצור	כח	וכח
מאותיו'	כח	ליתא
בחי'	מהם	מהן
בג'	עולמות	דעולמות
דבי"ע.	ונה"י בעשי'	ליתא
כו'	אלו ג'	ג' אלה
ותפלה	תפילה	ותפלה
וזהו	וזהו	קטע חדש
כג,א		
כו'	ובזה יובן מ"ש	וזהו
כבחון	וכתיב וישב מצרף כו'	ואח"כ כתיב
מגישי	סמיכה	סמיכות
מניחין	היה	ליתא
בתפלה	כו'	ולא בתורה

שינויי נוסחאות

שו"ה	נדפס	שינויי כת"י
בחי'	כו'.	ולא בתורה
בלבד	וגם בתפילה אינו	וגם לא בתפילה לא שעיקר
שהוא	שהוא	דהוא
	שבזמן	שהן
אופנים	הנקי ועכ"פ	הנקי או הפסולת ועכ"פ
ברגל	מאמר דמטו	מאמר הנ"ל עד דמטו

ד"ה אשר לקחתי מיד האמורי,
הוגה מבוך 1196 גוכתי"ק כ"ק אדמו"ר האמצעי

שו"ה	נדפס	שינויי כת"י
כג,ב		
שנקרא	שנקרא דינא	שנקרא צד"ק דינא
לכנות	גם	וגם
	צלותא	צלותי
ובעותא	ובעותא	לבעותי
	וזה לקשת	וזה נמשל לקשת
דנוגה	דחויא	דחייא
ה"ז	ה"ז	הוא וה"ז
שהורג	שהורג לשונאו	שהורג בו לשונאו
	מקרוב ולא	מקרוב דוקא ולא
במלחמה	הזאת	זאת
לשילה	ונאסרו	ואסרו
בבית	גופו	גופה
ובחי'	הרצון	ברצון
כג,ג		
הדומם	ההתחלה	התחלה
שנברא	אדם	האדם
שורה	שורה מקיף	שורה בחי' מקיף
בזה	בזה שהוא	בזה במצות הצדקה שהוא
נשיאות	ויהודה בן טבאי	ור"ש בן שטח
שמי	שמי	שכן שמי
מטעם	שוכן בחי'	שוכן ממילא בחי'

ד"ה אחרי ה' תלכו וביאורו, הוגה מבוך 1146 כת"י מעתיק.

שו"ה	נדפס	שינויי כת"י
כד,א		
הוא	הוא ההתדבקות	הי' בהתדבקות
שמהוה	מבחינת	בבחי'
אא"ס	מלך כו'	מלך לעולם כו'
כד,ב		
בלבד	גילוי	ליתא
דא"ק	עצמות	העצמות
כד,ד		
העליון	והתחדשות הראשונה	מהתחדשות הראשונות
יום.	הנהנין	שנהנין
הג"ע	דעכשיו כו'	דעכשיו בא"י כו'
הברכה	פד"ז	סד"ז

שו"ה	נדפס	שינויי כת"י
אלהי	שהוא אלהי	שהוא אלקים
כה,א		
אלהיו	ואחר	ואחרי
מא'	וכן אתה	וכן ענין אתה
כה,ב		
המלכות	האמת	האמיתי
בספרי	לפי שז"א	לפי שבחי' ז"א
כה,ג		
למוחין	למוחין	ממוחים
כמ"ש	בלבוש	הלבוש
כה,ד		
אלא	רמ"ח ידוע	רמ"ח אברים ידוע
שלשים	מן	בכלל
כו,א		
שקולה	כי כללות	כי היא כללות
	הוא	ליתא
יניקה	עיקר	ליתא
כו,ב		
וההתכללות	ממש כו'	ממש מפני שנתמלא בחי' הנקבות בזכרות כו'
נאחזו	הגם	והגם
נאחזו	ע"כ .. הבושה	ע"כ כתיב ויתבוששו
חתן	מחדר	מחדרם
והיו	שלא	בלתי
ומוצץ	ומוצץ	ומוציא
כו,ג		
דבשעת	הניצוצו'	החיצוניות

ד"ה באתי לגני, הוגה מבוך 1146 כת"י מעתיק.

שו"ה	נדפס	שינויי כת"י
שעולם	שעולם	ליתא
כז,א		
עלמא	כו' הנסתרות	כו' וזהו הנסתרות
כז,ב		
כמו	ריחו החזק	הריחות חזקות
החזק	זה	אלה
א"ס	להתעסק בחכמה כדוגמת	לאשתעשע בחכמה שהיא כדוגמת
כז,ג		
כל	יער	היער
בעמקות	בעמקות	בעומק
כח,א		
בהנהגת	העולמות בחסדים	העולמות אם בחסדים
כח,ב		
המסתיר	וד"ל. והנה	וד"ל. דשם כתיב ויכל אלקים כו' לפי שבשבת הוא בחי' גילוי המוחין דוא"א

שו"ה	נדפס	שינויי כת"י
אורך	כו' משא"כ	כו' בחי' נהרא מכיפיה מבריך משא"כ י
נפוח	לאחר	ולאחר
וההשגה	ולא	בלא
והתנשאות	שהוא	שהי'
בהתפשטות	בחי'	בבחי'
רפה,ב		
הלביש	הלביש	להלבוש
חג"ת	לכך	ולכך
הנה	ילך	הולך
אחרי	אז	ואז
שבאבא	בלבד ומטעם	בלבד ועד"ז י הבריאה בששת ימים ומטעם
הוא	עדיין והיינו	עדיין ע"ד י היום אם בקולי תשמעו והיינו
רפה,ג		
לפרטי	מהן	והן
מצות	ולפעמים כתיב	ובפ' י בא כתיב בערב תאכלו
אח"כ	כו' וכשמחלק	כו' וקבלי היהודים גם ההתחלקות מדעת ה"ח ה"ג ויקהל משה וכשמתחלק
ששה	ששה	ששת ימים
כו'	הי'	הוא
רפה,ד		
והיינו	הים	היו"ד ספירות
לכם	עליון	העליון
שכינה	בנביא	נמחק ע"י כ"ק אדמו"ר הצ"צ
רפו,א		
כתרגומו	וע"ד	ועם
לשמים	לשמים	ליתא
כא'	פא'	יחד כא'
בשעת	כו' וד"ל	כנ"ל
ענין	לנוק'	לנוק' כנס"י י
רפו,ב		
השביעי	אז	ואז
ששה	ששה רשות	ששת ימים
השיעבוד	בלבד כנ"ל	בלבד בחי' י מצרים וגבולים כנ"ל
ולא	גוים	העוכומ"ז י
מעלמא	לכך	לכן
רפו,ג		
עם	כך וכך...	
	דברי הלכה	ליתא בכת"י, וכנראה השמטה בתי' הדומות
רפו,ד		
דגן	שהוא	הוא י
דבחי'	גדלות	גדול
אור	להתלבש כו'	להתלבש במ' י כו'
ענין	ענין	הוא לשון
רפז,א		
במ"א	וע"כ בעלות	וע"כ גם בעלות
להם	פרנסה	פרנסתו
אל	הפרנסות	הפרנסה
רפז,ב		
דאור	עד"מ	ועד"מ
התינוק	גדלות ראשון	גדלות מוחין י דיניקה
ולהבין	ולהבין	להבין
רפז,ג		
מוסתר	ונעלם	והעלם
כלול	כלל הנשמות	כלל כל הנשמות
והנה	והנה	ב)
רפז,ד		
יותר	יותר	ליתא
רפח,א		
והמדב'	עץ פרי... המבדיל כו'	ליתא
זה	ובזה	ג)
להאיר	כל השנה הוא בבחי'	הנה הי' בחי'
רפח,ב		
לידבק	למעלה	למעלה למעלה
רפח,ג		
והנה	והנה	ד)
צריך	אנכי מי שאנכי... בין עצמו'	ליתא
דא"א	ונמצא... גם בנאצלים	ליתא
רפח,ד		
הוא	למעלה עד	למעלה מעלה עד
ושרש	תעשה מלאכה	תעשה כל מלאכה
כידוע	גם מלאכה	גם עבודה מלאכה
רפט,א		
ואחוז	בתכלית כידוע	בתכלית היחוד כידוע
בסמוך	בסמוך	במ"א

ד"ה והגדת,

הוגה מבוך 1196 גוכתי"ק כ"ק אדמו"ר האמצעי.

שו"ה	נדפס	שינויי כת"י
רצו,ג		
הימי'	מה	ומה
שהוא	כדאי'	כד"א
כמ"ש	ואיך	והאיך

שו״ה	נדפס	שינויי כת״י
	בזה	במה
היה	ז׳ במצה	ז׳ הימים במצה
וגמרא	הימים	ימים
הכנעני	הכנעני	ליתא
רצו,ד		
בהגדה	בהגדה ע״ש	בהגדה זו ע״ש
הענין	הקדמה	קטע חדש
ומדריג׳	שבת	השבת
גלוי	דאימא	מוחין דאימא
	המצוה בשמחה	המצוה ביו״ט בשמחה
שיש	השתלשלות	ההשתלשלות
רצו,א		
כו׳	שנעשו	שנעשה
לגמרי	אח״כ יצאו	יצאו אח״כ
עילה	שבדרך	עד שבדרך
הנה	נקראו עלולין	נקראי׳ עלולי׳
בעלול	מאד	מאד מאד
השגות	השגות	השגת
כו׳	עכ״ז	ע״כ
מכפי	בהתקרבות	בהתקרבו
שתשוקת	שתשוקת	שכמו שתשוקת
הנבראים	הנבראים	נבראים
כידוע	וכמ״כ	כמ״כ
למעלה	הנפלאה	נפלאה
הרי	הוא	היא
ההסתר	חולדה	חלדה
רצו,ב		
הקירוב	תחילה	בתחלה
בעלותה	בעלותה	בעלייתה
שמחה	שיצא	שיצאה
מושג	באצי׳	שבאצי׳
ענין	להיות	היות
שנק׳	א״ס לפי	א״ס רק לפי
הנבראים	ולהנות	וליהנות
פי׳	באם להיותה	באם הבנים להיותה
בבחי׳	בבחי׳	בחי׳
השתלשלות	האור	אור
והשפע	והשפע	השפע
בהדבק	הנ״ל	כנ״ל
רצו,ג		
וד״ל	א״כ	וא״כ
השתלשלות	השתלשלות	ההשתלשלות
הוא	הוא	היא
שלמעלה	מהשתלשלות	מההשתלשלות
ביטולה	ביטולה	ביטולו
ועלול	וא״כ	א״כ

שו״ה	נדפס	שינויי כת״י
וד״ל	וכחשיכה	וכחשכה
רצו,ד		
כאורה	להפליא	להפלא
כחשיכה	כחשיכה	באמרו כחשכה
מרמז	להיות	להיותו
בבחי׳	טעם	מטעם
וכמאמר	איהו	הוא
משא״כ	דלפי	לפי
שהוא	דשמחה	השמחה
דוקא	כנ״ל	וכנ״ל
וזהו	הוא	היא
ההבדלה	וכמ״ש	כמ״ש
נקרא	מקראי	מקרא
חכמה	חכמה	החכמה
חצר,א		
חכמה	חכמה	החכמה
הנק׳	אין עד	אין כמ״ש עד
אמנם	תחתונה	התחתונה
פי׳	קריאה כמו שקורא	קריאת שם כמו שקורא׳
ע״י	ע״י	עי״ז
בלבד	בלבד וע״כ	בלבד וד״ל וע״כ
משום	שהיא	שהוא
יו״ט	יו״ט	היו״ט
וד״ל	והמשכה	וההמשכה
אבל	המשכות אור אימא	המשכת אור אבא
מצה	(והפרש	(וההפרש
דאור	דרבנן וכמ״ש	דרבנן כו׳ וכמ״ש
חצר,ב		
הוא	והוא	והיינו
המצה	בלא	שבלא
ומתצמצם	באכילה דמצה	באכילת דמצה
במ״א	להיות	ולהיות
ה׳	כו׳	וכו׳
	כו׳	וכו׳
שבחכמה	כו׳	וכו׳
בשארי	הן בחי׳	הם בבחי׳
לשון	לפי	מפני
דאבא	א׳	הא׳
תחלה	ז׳ המדות	הז׳ מדות
יום	לפי שע״י	לפי שמה שע״י
חצר,ג		
בהאור	שביום	יום
אמר	אמר	תי׳
החסד	החסד	חסד
כידוע	אזל	דאזיל
מקיפים	ואזל	ואזיל

שו"ה	נדפס	שינויי כת"י
וכשיורדת	דבריאה	הבריאה
שמאירים	ונקרא .. הגזית	ליתא
ולפי	ולפי ששם משפט	לפי ששם נשפט גם
	כל מלכי הארץ	כל הארץ
	על האדמה	על מלכי האדמה
נשמו'	העליונים	עליונים
	כמבואר	וכמבואר
שעונש	משפט'	משפטה
הגיהנם	וכמ"ש שכנה	וכמ"ש כמעט שכנה
	בצירופי	בצירופים
וכל	נמצא	נמשך
אבל	מדות	המדות
דאימ'	שנעשו	שנעשי'
עדיין	היא	ליתא
יוכל	מחיוב	מחוב
לזכות	גם שכבר יצא לחיוב	גם למי שכבר יצא לחייב
	וכיוצא. וכדוגמ'	וכיוצא בדוגמא
למעל'	בבחי'	דבחי'
יוכל	אל הקצה	לקצה
כו'	כו'	וכו'
מא,ד		
והצילו	לזכות את החייב הוא	לזכות החייב היא
להנשמות	להנשמות שכבר נגזר	לנשמות שכבר נגמר
פודה	דייקא	דוקא
מינה	ולכן	אך
דייקא	דייקא	דוקא
כו'	מנעוריו	ליתא
פי'	המקבלים מדות	המקבלים אורות מדות
שהוא	להיות	להיותו
העצמות	בחי'	בבחי'
אור	והיינו ברוך שמו	דהיינו בחי' התפשטו' החיות
		ממש להחיות רוח שפלים
		מאין ליש נק' הוי' אלקינו
		כו' אבל בחי' ז"א דבריאה
		נק' שמו
המשכת	המשכת	המשכות
	להנשמות	לנשמות
לשבח	כו' בהללויה דייקא	בהללויה דוקא כו'
כמו	כו'	כנ"ל
ועוז	להנשמות	לנשמות
בא"י	כו' כדי	כו' האל אב הרחמן כו' כדי
	לעורר	לעוררם
מב,א		
החיות	יש בה	הולך יניקת
השערות	שבחלל	שבחללן
שהיא	איזה משל	איזה ענין משל

שו"ה	נדפס	שינויי כת"י
אותו	הושג	השיג
הבטלים	כמ"כ	וכמ"כ
שבתוכה	שבתוכה הוא האור	שבתוכם הוא בחי' האור
מפני	ושפע	שפע
כנ"ל	מובן	יובן
השערות	והוא	והוי"ו
הולך	כמ"ש	וכמ"ש
חלק	אלהות	אלוה
מב,ב		
שהוא	בבלתי	בלתי
דבר	כידוע	כי ידוע
הנפש	באיברים	ליתא
חיבור	וקשר	וקישור
הנפש	וגם לא	ולא
בלתי	הוא	היא
מציאו'	ודבר יש	בדבר ויש
אלא	ולפ"ז	דלפ"ז
הרי	נבדל	נבדלת
דממך	כנ"ל	כו'
דכאשר	דכאשר	וכאשר
חוצבם	הארת אלקי'	הארת אור השגה האלקי'
שהמשל	לאור השכל כו'	אור השכל כנ"ל
של	השגה	ההשגה
האלקית	הזאת	הנ"ל
בלבוש	אלקות	באלקות
הרי	הם	הוא
	דוקא שהוא	דוקא מפני שהוא
שרש	העליון והיינו	העליון כידוע והיינו
בחי'	בחי' בינה	בבחי' בינה
פי'	כשאדם	כשהאדם
בעצמו.	בעצמו. כך וכך מריבוי	בעצמו כך מריבוי
בחי' מותרי	ועניין	כי ענין
צריך	לירד	שירד
מב,ג		
שזהו	חכמה העצמית	חכמתו העצמיות
אלא	כפי	וכפי
משל	וע"כ	ע"כ
דחכמתא	יש	ויש
ממנו	ממנו	ממנה
	כמ"ש חסד	כמ"ש כי חסד
ואימא	יונק	יונק'
להאיר	ובפרטיות	ובפרטות
עד"מ	על בנו	לבנו
	יותר	יתר
	הראוי	הראוי'
לו	להם	ליתא

שו"ה	נדפס	שינויי כת"י
קוצי	ע"י	ע"ז
מהולל	כ"א	כי אם
לזאת	מבחי' קוצי	מבחי' ל"א קוצי
הנ"ל	המוחין	מוחין
בחי'	מעורב	שיש בו עירוב
מב,ד		
בפי'	אמר	אמרו
לעושי'	וכו'	דוקא
הרי	שיצא	יצא
	בלבד	ליתא
התפארת	נקרא	הנק'
מאיר	מאיר מבחי'	המאיר מבחי'
	התפארת הזה	תפארת זה
ביופי	ביופי והדר וזה ע"ד	ביופיו והדרו זה עד"מ
	המאמר	וכמאמר
	אז	אזי
נקרא	נקרא בשם	נקרא בחי' ז"א בשם
עדיין	יתפשט	נתפשט
באומרו	הגבוהים	הגבוהו'
אמר	דייקא	דוקא
אלוה	של משה	למשה
בחי' ז"א	וריעי	ליתא
דיצירה	שנולדו	שנולדי'
דמלכא	ועבדיו	כו'
וד"ל.	עבדיו	עבדים
מג,א		
הביטול	ביותר	יותר
שם	אלהים	אלקו'
בחי' אור	כמ"ש	כמש"נ
באלו	באלו	באלה
ממש	אני	ליתא[3]
הנשמות	מדריגות	מדריגת
לנשמות	עליונ'	העליונה
אינם	בבחינת	כבחי'
	ביטול	בחי' הביטול
ישראל	דייקא	דוקא
בבחי'	ומאמר	ובמאמר
המאמר	בבחי'	בחי'
כו'	כי	ור"ל
מג,ב		
וערך	הימנו	ממנו
משכנם	אע"פ	ואע"פ
נבדל	מהות	במהות
ויתאחד	כנ"ל	כו'
בחינת	יום וכמ"ש	וכמו שפירש
בזהר	כי	ליתא

שו"ה	נדפס	שינויי כת"י
המוחין	שנקרא עילאה	שנקרא נהורא עילאה
כידוע.	זה	זהו
בא	בחי'	מבחי'
ליתן	כו'	כנ"ל
עולם	נעשה עתיק	נעשה בחי' עתיק
מג,ג		
יש	יש בכאן	בכאן יש
ומשבחים	כמ"ש	וכמ"ש
ובשירי	להיותו	להיותם
עומדים	כידוע. וע"כ	כידוע ע"כ
עד	ההילול	ההלל
העשיה	השבח וההילול	ההלל והשבח
אנחנו	ה'	ליתא
למטה	ה"ג העלאה	ה"ג בחי' העלאה
למעלה	אמצעית	אמצעו'
	שבעשי'	שביצי'
נגדלך	דעשיה	דיצי'
יורד	בג"ה משמאל דת"י	ובג"ה לשמאל ודת"י
על	על	ועל
	בבחינתו	בבחינת
הגדולה	בחי' הימין שהיא	בחי' קו הימין שהוא
מקור	החסד	והחסד
כנזכר	כנזכר לעיל	כו'
	עד ונמליכך	ונמליכך עד
	שהוא	שהיא
כנזכר	ונמליכך ... כו':	מ"ונמליכך" עד "כו'" נמצא בגוכתי"ק בחצע"ג. **ואולי** זהו סימן להשמטה כבשאר מקומות בגוכתי"ק
כל	מהאל	מאל
כו'	הדרגין כו'	המדרגו' כנ"ל
מג,ד		
בעניני	בעניני	המלך בעניני
שיארו	שיארו	שיאיר
	יפסקו	יופסקו
שכחה	ערך	ערוך
שמך	בבחינת	בחינת
להאיר	דאבי"ע	דבי"ע
מרחוק	מלמעל'	למעל'
	למעל'	מלמעלה
על	מלכנו לעוררו	מלכנו כו' לעוררו
זו	ג"כ	ליתא
להיותו	להיותו	להיו'
הרי	הוא	בגוכתי"ק: היו
האמצעי	היותר	היחוד
נצח	הוד	ליתא

שו"ה	נדפס	שינויי כת"י
הפך	טמא	טמאה
לבנה	או	ליתא
לובן	כולה	כולו
דש, ד		
גל	אלי	אלינו
אני	אני לא אעבור	ואנו לא נעבור
הזה	הנ"ל	כנ"ל
ג"כ	אלי	אלינו
ובניו	אני לא אעבור	אנו לא נעבור
	אבא	יבאו
דיעקב	עשה ולפי	עשה כו' ולפי
	מחשף	כו'
לתיקון	לתיקון על	לתיקון כו' ועל
שעשה	שעשה	שעשו
ולקרב	ששרשו	ששרשה
עיקר	האבנים	אבנים
הוא	הוד	דהוד
הגבול	והלאה	ולהלאה
לרבנן	לרבנן	ורבנן
	והלכ' כר"י שבירך	כ"ה בגוכתי"ק והעביר ע"ז הקולמוס ורשם במקומו: אם בירך
יעקב	שינוי	שינויי
בימין	השפע	ההשפעה
שמתרץ	הזהר	זהר
שבנ"וה	שהוא	שהיה
ירך	וכן האמת	כ"ה בגוכתי"ק והעביר ע"ז הקולמוס
שה, א		
שבהוד	כמבואר	וכמבואר
במודים	גם	וגם
דנקודים	דנקודים	דעקודים
מארבע	רוחות	הרוחות
	רוח	רוחא
רוחות	רוחות	הרוחות
יצרתם	יצרתם שזה	יצרתם כו' שזה
	נאמר לאוה"ע	לאוה"ע נאמר
משא"כ	עלו	שעלה
כנ"ל	עלו	עלה
לפי	ולפרקים	ופרקים
שה, ב		
מתחילה	מתחילה	בתחילה
נובע	אינה	אין
מתפרשין	בחי' ראשית	ראשית בחי'
כל	מבחי'	בבחי'
יחוד	האדם למטה	האדם ואשתו למטה

שו"ה	נדפס	שינויי כת"י
תדיר	או"א	דאו"א
מיוחד	המח'	מח'
שה, ג		
הפנימי'	בהמשכת	בהמשכות
לקול	לקול ומקול	ומן הקול
מתחדשים	מתחדשים בקול	מתייחדים בקול
כנ"ל	באתדל"ת	באתעדל"ת
שה, ד		
כו'	שיושב הקב"ה	שהקב"ה יושב
שם	שם	משם
בבחי'	שרש	שרשי
אבא	יסוד	בחי'
והנה	הוא בחי'	היא בבחי'
שהראשית	חכמה שהוא	חכמה מפני שהוא
לכלל	אור	האור
גילוי	בה	בו
שו, א		
יראה	בא	באה
דחכמה	מפני	שמפני
מכחו	יובן	מובן
בעצמות	אמרו	אמר
ידיעה	ערך	מערך
שו, ב		
מאא"ס	מאא"ס	מאור הא"ס
מופלא	ההודאה	הודאה
שמאיר	אא"ס	אור הא"ס
שו, ג		
בנאצלי'	אחרונה	האחרונה
בהמה	מיניקת	מיניקו'
במדות	במדות	במדת
הזמן	גם שלמעלה	גם מה שלמעלה
ופנימיות	עתיקא	עתיק'
שו, ד		
דוקא	התנאים	תנאים
כו'	מעלו'	מעלת
המקבל	היה	יהי'
כו'	כשהי'	כשהיו
ומבואר	דבחי'	דבבחי'
שבו	אחרונה	האחרונה
שז, א		
ומארבע	רוחות	הרוח
והריחו	לפי	שלפי
אא"ס	קול	וקול
לא	הנ"ל	הוד
הקבלה	שבמדריגה	במדריגה
וכידוע	כוון	כיון

שינויי נוסחאות

שו"ה	נדפס	שינויי כת"י
שז,ב		
האחרונה	בבחי'	בחי'
	כנ"ל	וכנ"ל
מתי	בקומיה	בקיימא
משה	מדריגות גילוי	מדריגות בבחי' גילוי
של	דכתיב ונחה	דכתיב בי' ונחה
	דהוא בחי' דהוד	שהוא בחי' ההוד
הוד	למדת	למדות
כבוד	כנ"ל	הנ"ל

ד"ה וספרתם לכם,
השוואות עם בוך 1166 כת"י מעתיק.

שו"ה	נדפס	שינויי כת"י
שז,ג		
אריה	להימין	אל הימין
	מהשמאל	אל השמאל
שז,ד		
קדוש	לא	ולא
אפי'	פני	מפני
שעורים	לבהמה	להבהמה
	בחינת	בגי'
ה"א	דה'	בהכת"י ליתא
מוצאות	וכו'	בהכת"י ליתא
לה	לה	לי'
פי'	האלקי	אלקי
שח,א		
מפני	החמישי	החמישית
לא	נא' פרודות	נתפרדו
ענין	עומר	העומר
שלהם	מורגשות	מורגשת
שלהם	ונגלות	ונגלית
דוגמא	שירות	שירת
האלקי	האלקי	האלקי'
בתמידות	תוספת	תוספות
לכך	לכך	ולכך
עוד	הגבורה	הגבורות
וזהו	הקרבת עומר שעורים	הקרבנות השעורה בעומר
שח,ב		
מיכאל	הגבורה	הגבורות
אליך	שאע"פ	אעפ"י
נמצא	ההשפעה	השפע
השעורה	הכהן	כהן
של	שכתיב ישראל	שישראל ראשית
	ראשית תבואתו	תבואתו כתיב
כו'	עלו	עלה
לכך	ביכולתם	ביכולתו
לכך	השעורה	השעורים

שו"ה	נדפס	שינויי כת"י
שעורים	והקריבו	והקריבוהו
ולכלות	הגבורה	הגבורות
דעיקר	דרפ"ח	מרפ"ח
בקו	השמאל	שמאל
מבחי'	פני	בהכת"י ליתא
ועולה	הגבורה	הגבורות
תבן	דהיות	בהיות
שבחי'	שבחי'	מבחי'
שבחי'	נק'	שנק'
שח,ג		
של	אורות האצי'	אור אצי'
עבדי	ממדריגת	ממדריגות
עד	יחשב	יגשם
נברא	משיעורים	משעורים
ובזה	הצדיקים	צדיקים
האלקית	האלקית	אלקית
לפניהם	ואמר	מאחר
קרבן	קרבן	הקרבן
שיש	לקבל	על לקבל
ב"ה	להיות	להיות לו
ה"א	בבחי'	מבחי'
שח,ד		
עד	שיקראהו	שיקראו
עד	טעם	הטעם
הוא	הדעת	את הדעת
באא"ס	הוא	והוא
ההעלם	בהתקשרותם	והתקשרותם
אא"ס	מן הטעם ודעת	מהטעם והדעת
השגה	בהוד	בהודו
ומדה	ים	י"ס
הוא	הוציאם	מוציאם
דאנכי	דאנכי	אנוכי
הנראה	ומה	מה
העצמות	העצמות	העצמיות
שט,א		
לא	האברים	ה' האברים
היו	העצמות	עצמות
נפש	דבעירן	דבעירין
נפש	והחיות	וחיות
כמו	כו'	בהכת"י נוסף וז"ל: וביאור הדברים הנה ידוע דיש נר"ן שערי בינה. עד כאן מצאתי וניכר שחסר. עכ"ל.
עצמותו	מה	ממה
שהם	האור	מאור

שינויי נוסחאות

שו"ה	נדפס	שינויי כת"י
שבכתר	שבכתר	בכתר
	המלך כי	המלך ולהיות כי
מלכות	וע"כ	ע"כ
בה	בחינת	מבחי'
מטעם	דנעוץ	נעוץ
כתר	במ"ל דווקא	במ"ל דכתר דווקא
והענין	שהוא נעלם	שנעלם
ואינו	להיות	היות
נמוך	עוד	ועוד
שמפני	הוא	היא
מז, ד		
כי	המ"ל עד	המ"ל למטה עד
	כמ"ש	וכמ"ש
משלה	וכו' יכול להיות	
	התערבו'	כו' יוכל להיות נפילת
החושך	כידוע	וכידוע
ז"א	חיזוק להאיר לה פנים	לחיזוק להאיר פנים לה
היותר	בחי'	מבחי'
בי"ג	שבכתר	דכתר
נק'	נק'	שנק'
וגם	כחה	שכחה
כמאמר	כמ"ש	וכמ"ש
עליונה	עליונה	העליונה
ההם	ההם	הם
הרי	גם	ג"כ
כו'	כנ"ל	וכנ"ל
שמך	לעולם ועד	ליתא
	משם	במל' ומשם
בכל	פי' קאי	פי' בכל יום קאי
בפרט	בז"א	במל'
מז, א		
קיום	קשות	הקשות
ע"י	התלבשותו	התלבשותן
בחי' החשך	יחשך	יחשיך
דווקא	שמבהיק	שמבהיקי'
ב"ן	יום והבהקת	יום כו' והבהקת
החכמה	גילוי האור	הגילוי אור
וידוע	וכאשר	והיינו כאשר
וכמ"ש	הזה בא	הזה כאשר בא
כמ"ש	ואזי	אזי
בריבוי	ז"ל	רז"ל
עצמות	שנתפשט	שמתפשט
כנ"ל	כנ"ל	כלל
החכמה	אע"פ	ואע"פ
המקבלים	גדלות העצמיות	גדולתו העצמית

שו"ה	נדפס	שינויי כת"י
א"ס	כן מדת גדולתו בחי'	כך מדת גדולתו היא בבחי'
	ולגדולתו העצמית	ולגדולתו גדולתו העצמית
מז, ב		
והגם	והגם כשדור בא או	ועכ"פ גם כשדור אחד
דור	מחדש	חדש
וכו'	וכו' כידוע	כו' וכידוע
דהיינו	שמהוה	שמתהווי'
בשרש	כמו	וכמו
היינו	היינו	והיינו
שנק'	מלכותו	דכתר מלכות
המלכות	שהוא	דהיינו
ונקרא	ונפלאים העלם	ומופלאים בהעלם
העצמי	העצמי	העצמו'
מז, ג		
הללו	אדסמוך	אדסמיך
ונקרא	שהיא	שהוא
בחינת	העילת	העלו'
כו' ע"כ	ע"כ	וע"כ
קו	קו	הקו
הרי	הכתר שהוא מאיר	הכתר כנ"ל שהוא מקור
זה	העוז	העזוז
פ'	בהיכל	בהיכלות
העליונים	שמשם מאיר	שמאיר משם
והתכללותם	מכירים הם	מכירים גם הם
בחי'	דאצילות גם	דאצילות כך גם
	דגדולתך	דלגדולתך
אספרנה	לזולתם	לזולתה
בי"ס	ראש	לראש
והקישור	שנמשך	שמסתעף
	קו	בקו
מז, ד		
האמצעי	והבריח התיכון כו'	
	מבריח	ובריח התיכון המבריח
	אל הקצה	לקצה
כו'.	והמדריגה	ומדרגה
לסוף	שמפני	מפני
גילוי	גילוי רצון העליון	
	שהוא	שגילוי רצון העליון הוא
כנ"י	עליהם האור בסופו	אליהם האור בסוף
שלמטה	בין	ליתא
פרסא	פרסא	בפרסא
מראשו	יותר תרד	יותר יותר תרד
דנהנין	השכינה כו'	השכינה שמקבלי' מבחי'
		מל' דאצי' עצמו שם עדיין
		אור האצי' לא נפסק וידוע

שינויי נוסחאות

שו״ה	נדפס	שינויי כת״י
		דהאצי׳ שם אמר איהו
		וחיוהי וגרמוהי חד כו׳ וע״כ
עדיין.	עצמו במהותו	בעצמו ומהותו
מח,א		
בבחי׳	והארה	דהארה
קדישא	כתוב בזהר	ליתא
ברמשא	בצפרא והענין	בצפרא כמ״ש בזהר והענין
לילה	פירודי	פירוד
יש	הרננה דהיינו שירננו	הרינה דהיינו שירונו
וההתפעלות	הוא	היא
עליהם	בחי׳	בבחי׳
שייך	התפעלות	ההתפעלות
ועוד	ועוד...	ליתא — עד פסוק חנון.
נא,ד		
השפעת	השפעת האור מבחי׳	האור הולך מבחי׳
להיות	ההשתלשלות	השתלשלות
נב,א		
בשביל	להתהוות שם	להאיר בשם
אלא	שבא״א הם	שבא״א וכתר הם
שיעור	רב	ורב
התלבשות	דז״א	ז״א
ומדה	הארה	ההארה
בז״א	והי״ג	ובי״ג
כמו	נתחלף	מתחלף
צריך	שבכתר	דכתר
למטה	וגדל	ליתא
חסד	חסד	ליתא
גדול	מפני עוצם רוממות גדולתו	שמפני עוצם רוממותו וגדולתו
רב	כו׳	ליתא
שלפי	כלל	ליתא
עד	אין האור אלא	אינו אלא אור
מפני	נחשב	חשיב
למטה	גילוי אור	אור גלוי
להשתלשלות	לגביה	לגביו
נב,ב		
כי	קנ״ה	ק״ן
שע״ה	שע״ה	ש״ע
וידוע	ולתפלתם	ובתפלתם
דאריך	מטעם	מטעם משל
מצמצם	מצמצם אורו ע״י הפסקת	מתצמצם אורו ע״י הבדלת
הארת	משע״ה	מש״ע
בחי׳ ז״א	בחי׳	ובחי׳
גילוי	המשכה	המסכים

שו״ה	נדפס	שינויי כת״י
מלך	מאיר	מאירה
באור	באור	מאור
שמקבלים	חיים	חיות
מ״ל	דז״א	מז״א
אספקלריא	בכ״מ	בכל מקום
בחי׳ מ״ל	ישועות הרבים	ישועות חסדים הרבים
מאור	רויה בגי׳	בגי׳ דרויה
רויה	כן	הכי
שהוא	משיחא	משיח
ארך	בירידת הארתו	בהארת ירידתו
עומק	כמ״ש במ״א	כמ״ש בס״י וכמ״ש במ״א
טוב	(יסוד דז״א דעשיה)	ליתא
וזהו	להקטן	לקטן
בא	עצם	עוצם
מעשיו	כזאת מתפשט מעשיו גם על	הזאת מתפשטת מעשיו גם
נב,ג		
היותר	אחרונה	אחרונים
כו׳	שעל	על
הוי״ה	כנ״ל	כו׳
שסיים	טוב	דטוב
פרק	פרק שירה	פרקי השיר
שהוא	שהוא	שזהו
ע״פ	שיהיו	שיהי׳
לטובים	כנ״ל	וכנ״ל
לצדיקים	כחשיכה	וכחשיכה
שאין	ובין סטרא	לסטרא
אני	בעכו״ם	באוה״ע
הי׳	אור מאיר גם בעכו״ם	האור מאיר גם באוה״ע
בלבד	וזהו אינו	וזה א״א
באורו׳	להמשיכה	ליתא
	חסיד	חסד
המתחסד	האורות דאין סוף מתייחדים	האור דאין סוף מתייחד
אליו	כו׳ וד״ל.	ראה „הוספה״

הוספה (מגוכתי״ק כ״ק אדמו״ר האמצעי)

אליך דוקא: **וכמ״ש ישראל אשר בך אתפאר בך דוקא וד״ל וזהו יברכוכה, פי׳ כה הוא בחי׳ מל׳ והברכה היא להאיר גם במל׳ מי״ג מדה״ר דא״א להיות מיוחד ונבדל האור לסטרא דקדושי׳ בלבד כמ״ש יאר הוי׳ פניו אליך אליך דוקא כנ״ל בפי׳ אליך לז״א כך יתפרש עוד מהארת פנים דז״א במל׳ וענין ברכה זאת א״א כ״א ע״י בחי׳ חסידים שהם הכהנים ששרשם מבחי׳ החסד דעתיקא**

ב״ה.

הקדמה

כ״ק אדמו״ר האמצעי כותב בהקדמתו לסידור, אשר המאמרים שבסידור זה הם דרושי כ״ק אדמו״ר הזקן אשר הי׳ דורש מדי שבת בשבתו הן לרבים והן לבניו ביחידות ולקצת יחידי סגולה —

„ולא הי׳ דבר וחצי דבר שלא חזרנו עליו כמה פעמים, בעיון ועומק היותר אפשרי, ובפרט להביאו בכתב ולשון מדברת, שיהי׳ מובן לגדולים וקטנים ובפנים מסבירות ומאירות״.

ובכדי להביאם בדפוס „לקטתי מכמה קונטרסים מהעתקות שיש בידי, שהעתיקו רבים מכת״י, וגם הרבה קונטרסים מגוף כתיבת ידי ממש...״. עכ״ל בהקדמה לסידור.

ומאז הדפסת הסידור בפעם הראשונה (בקאפוסט שנת תקע״ו), עד עתה, כבר באו בדפוס גם „הנחות״ אחרות של מאמרי הסידור, כגון: הנחות מהרי״ל (אחיו של כ״ק אדה״ז) שנדפסו בהספרים „תורה אור״ ו„לקוטי תורה״, הנחות הרה״צ ר׳ משה (בנו של כ״ק אדה״ז) שנדפסו בסדרת ספרי „מאמרי אדמו״ר הזקן״ ועוד.

כן נדפסו מאמרים אלו באריכות והרחבת הביאור בספרי כ״ק אדמו״ר האמצעי. וגם ניתוספו ביאורים והגהות על הדרושים בספרי כ״ק אדמו״ר ה„צמח צדק״ וספרי שאר רבותינו נשיאינו.

ולזה באים המראי מקומות בקונטרס זה, הכוללים:

א) ציוני המקומות שבהם נדפסו הנחות אחרות של מאמרי הסידור. ב) ציוני המקומות בספרי אדמו״ר האמצעי, שבהם נתבארו מאמרים אלו באריכות ובהרחבה יותר. ג) ציונים לספרי אדמו״ר ה„צמח צדק״ ורבותינו נשיאינו שלאחריו שבהם נמצאים ביאורים והגהות על המאמרים שבסידור. ד) רשימת תאריכי אמירת המאמרים ע״י כ״ק אדמו״ר הזקן, וכן רשימת מקורות המאמרים בהכתבי־יד.

כ״ז נערך ע״י הרה״ת ר׳ אלי׳ שי׳ מטוסוב והרה״ת ר׳ גבריאל שי׳ שפירא.

מערכת „אוצר החסידים״

מוצש״ק פ׳ ויצא, ט׳ אור ליו״ד כסלו, ה׳תשמ״ב
שנת המאה להולדת כ״ק אדמו״ר זי״ע
ברוקלין, נ.י.

מראי מקומות, ומקורות הכתבי יד
של דרושי דא״ח שבסידור

שער הציצית

ג

ועשו להם ציצית:

מאמר זה נמצא בשינויים בכת״י מספר 1064 (שם כנראה שם הנחת מהרי״ל אחיו של כ״ק אדה״ז). וכן נמצא המאמר (והביאור שלאחריו) באריכות מאת כ״ק אדמו״ר האמצעי, בס׳ אמרי בינה, שער הציצית פרקים א־ט (דף פג, א ואילך).

הגהות וביאורים למאמר זה, נדפסו באוה״ת שלח ע׳ תקעו־תרג וע׳ תרכא, ושם ע׳ 102־107. [דפים אלו הם במהדורת שנת תשנ״ז. ובמהדורא הקודמת הוא בכרך ה׳ ע׳ א׳תרו־תרי וכרך ו׳ ע׳ א׳תתכב]. ואוה״ת על סידור ע׳ ה־ו. ולכמה עניני המאמר, ראה גם בהמובא בספר הערכים חב״ד כרך ב׳ ערך „אור ביחס לשלמה״ (ע׳ תריח ואילך).

מאמר זה, הוא מיום ש״ק פ׳ שלח שנת תקס״ד, בעיר לעפלי׳ (ראה סוף סה״מ תקס״ד ע׳ שנ). וראה לעיל במדור „שינויי נוסחאות״.

שער התפילין

ג

תנא ברזא עילאה:

לעניני המאמר ראה בס׳ מאמרי אדה״ז על מארז״ל ע׳ רצד ואילך, רצו ואילך, ש ואילך. וכן נמצא המאמר באריכות מכ״ק אדמו״ר האמצעי בס׳ אמרי בינה, ח״ג שער התפילין (קט, א ואילך). הגהות אחדות על המאמר נדפסו באוה״ת על סידור ע׳ ו.

מאמר זה הוא מפ׳ ואתחנן שנת תקס״ו. ונמצא בגוכי״ק של מאמרי תקס״ו [מספר 1025].

ט, ד

תא חזי מסטרא דאבא:

לכמה ענינים שבהמאמר, ראה גם בד״ה „זוהר ואתחנן״ בס׳ מאמרי אדה״ז על מארז״ל ע׳ שז וע׳ שיב. ובאריכות מכ״ק אדמו״ר האמצעי בס׳ אמרי בינה, ח״ג שער התפילין (קכז, א ואילך).

מאמר זה הוא מש״פ ראה תקס״ח (ראה סוף סה״מ תקס״ח ח״ב ע׳ תתקלט). וראה לעיל במדור „שינויי נוסחאות״.

טו, א

שימני כחותם:

נוסח ב׳ ממאמר זה (הנחת מהרי״ל אחיו של כ״ק אדה״ז) — נדפס בלקו״ת שה״ש מה, א. נוסח ג׳ — נמצא בכי״ק הר״מ בן אדה״ז (ולא נדפס עדיין). נוסח ד׳ — נדפס בסה״מ „הנחות הר״פ״ ע׳ פב (שם נמצא הנחה רק של הביאור).

המאמר נמצא באריכות מכ״ק אדמו״ר האמצעי בס׳ אמרי בינה, שער התפילין פרקים כד־מא (צז, ג) ואילך. ובשינויים והגהות: בסהמ״צ להצ״צ מצות תפילין (דרמ״צ טז, ב ואילך). אוה״ת שה״ש (כרך ב) ע׳ תשכט ואילך.

שו״ה	נדפס	שינויי כת״י
לא	להם	בהם
שבראש	שמהם	שמשם
ת״ד	פתיחת היודין הנ״ל	פתיחות היודין ווי״ן הנ״ל
המאציל	שמכתר	שבכתר
נה,ב		
הללו	ממש	ליתא
וחסד	שבגבו׳ עד	שבגבו׳ כו׳ עד
כנישו	יחדיו	יחד
שבו	דבאמת	דאמת
הסידור	הסידור	הסדר
הוא	דיודי״ן	היורדים
חי	לכלל	לכלול
לכל	בבחי׳	לבחי׳
ובכלל	וכל	שכל
	היודין	דיודי״ן
הזה	למקבל	למקבלי׳
דהיינו	כלום	שום טובה
יובן	בחינת	בבחי׳
מקור	מקור	ומקור
לעיל	יובן דפתיחת	מובן שפתיחת
ווין	ווין גורם	ווין הנ״ל גורם
להשביע	מבחינת	בבחי׳
	רצון	הרצון
נה,ג		
בפי׳	צדיק	ליתא
למקבל	לעילה שזה	לעלול שזהו
ההשפע׳	יסוד בחיצוניו׳	חיצוניו׳
המשפיע	אבל בחי׳	אבל מ״מ בחי׳
משום	שהרי סיבת	שהרי מה שגורם סיבת
יסוד	שהטבע זאת	
	בפנימיות הוא	שהטבה זאת בפנימיות היא
הטבע	הטבע הגשמי הוא	הטבה הגשמיו׳ הוא
יסוד	להלביש	להתלבש
נה,ד		
עיר	מלכותו	ממלכתו
הוא	מלכותו	ממלכתו
וכן	וכן הדרך	וכן ענין הדרך
	אשר	כאשר
כמין	כמין	בחי׳
שנקרא	לכנישת	לכניסת
כו׳.	כתוב	כתיב
יובן	עוד בחי׳ ירידה	בחי׳ ירידות עוד
זה	הולכת	חולפת
רצון	עליון	העליון
פתיחות	היודין	דיודין
חסד	היודין	היוד

שו״ה	נדפס	שינויי כת״י
נו,א		
גם	וכנזכר	כנזכר
העשיה	א״ס	הא״ס
אין	כו׳ הוא בהשוואה א׳	
	כיון	הוא בהשוואה אחר
א׳	באמת	כו׳
שיש	שיומשך	שימשיך
השפעות	בשאלות	בשאילת
דצלותא	דצלותא. וזהו	דצלותא בחיצוניו׳. וזהו
דשרש	ההשפעה	השפעה
עלינו	עלינו	עלינו כו׳
בפנימיות	דהאומר אין לו	דאומר אין לי
	אפילו תורה	ליתא
נו,ב		
למטתי	כנ״ל כו׳	ליתא

ד״ה הללויה הללי נפשי,

הוגה מבוך 1025 גוכתי״ק כ״ק אדמו״ר האמצעי.

שו״ה	נדפס	שינויי כת״י
הללויה	הללו	הללוי״ה
שנזכרות	שנזכרות	שנזכרת
בהילו	יהיל	יהל
השבח	השבח היה	השבח הרי
	רחמן וחסדן	היה חסדן
בתחלה	בתחלה	מתחלה
הטעם	אורו	אור
אא״ס	הפשיטות	באחדות הפשוטה
בחי׳	התחלקות	ההתחלקות
כנ״ל	מן לשון	מלשון
נו,ג		
שיש	שיש יניקה	שיש שרש יניקה
כענין	בעטפיה	בעטפוהי
מן	מן הקדושה	מהקדושה
הנ״ל	בבחי׳	לבחי׳
אהללה	אהללה הוי״ה	אהללה את הוי״ה
בעודי	אורות	האורות
ובחי׳	כמ״ש	וכמ״ש
אלהים	אלהים	ואלקים
	אור והאלהים	האור ואלהים
משם	משם ... משם	בשם ... בשם
נו,ד		
אהללה	אהללה הוי״ה	אהללה את הוי״ה
	ושם	משם
דז״א	מהללים	מתהללים
הכלים	שהוא טפל	שהוא ענין טפל
בלא	ומפתי לון לדיירא	ומפתה לון

שו"ה	נדפס	שינויי כת"י
עמהון	עמהון	ליתא
	באגרא	באגר
דמשכניה	ולואי	והלואי
כו' ע"ש	אינו	לא
בנקל	בגילוי אור	אור בגילוי
ובמס"נ	בהתפשטות הגשמי	בהפשטת הגשמיו'
בחי'	והתפעלות	והשפעות
הדגה	כי	ליתא
כלל	כמ"ש	וכמ"ש
ואזדבן	אגרא וכך	אגרא כו' וכך
	מצרים הי'	מצרים הרי הי'
	השפע	השפעה
בדכיותא	השפעה	שפע
כו' וד"ל	יש	ליתא
המשכות	המשכות	המשכת
	כענין	בענין
נאכל	כו'	כנ"ל
נז,א		
הנדיב	בטבע	בטבעו
ע"ס	נוגה. עליהם	נוגה. וגם עליהם
בנדיבים	בנדיבים כלו'	
	אל תבטחו	גם בנדיבים כלו' אל יבטחו
והוא	לקליפות	לקליפ'
כי	החסדים	ה' חסדים
נק'	הגבורות	הגבורה
משא"כ	יניקת	יניקו'
	בלתי	הבלתי
החסדים	בנדיבים	בנדיבות
לקבל	לקבל חסדים טובים	
	בזה	חסדם וטובם במה
שיתבררו	כמ"ש	וכמ"ש
דקדושה	יצא	יוציאו
נז,ב		
דהיינו	לעתיד כמו	כמו לעתיד
ואת	אבדו	יאבדו
כנ"ל.	ואח"כ	אח"כ
ולסמוך	שבה	שבא
	שע"ס	שהע"ס
שנקרא	הוא	והוא
שברו	זהו	אלקיו זה
הנה	דחכמה	לחכמה
דנוצר	דנוצר	דונוצר
דא"א	בזוהר הכל	בזוהר בענין הכל
	שבהיכל	בהיכל
דאל	להיותם בבחינת	כו'. והענין הוא כי שמים וארץ הן בחי' זו"נ דאצי'

שו"ה	נדפס	שינויי כת"י
		כידוע דשמים הוא בחי' ז"א וארץ הוא בחי' מל' דאצי' כי כל האורות דא"ס בז"א הוא והארץ הוא רק בחי' המקבל שמקבל
המקבל	המקבל שיקבלו	ליתא
עשי'	הזאת הוא בחי'	זאת בחי'
	התיקון וכמ"ש	התיקון הוא כמ"ש
ותרגומו	התיקון	תיקון
נז,ג		
שהן	עצמו	עצמה
וז"ש	ואת כל	וכל
אל	שמ"ל	שהמל'
הנחתמים	שהם ראש תוך וסוף	לפי שהן ראש תוך סוף
כלל	כידוע	וכידוע
בחכמה	רק	אלא
התהוות	בז"א הנה	בז"א כו' הנה
הנקרא	הנקרא	דנק'
נז,ד		
אבל	מצויר	מצייר
דבר	בפיך	ליתא
אמת	כו'	ליתא
למטה	טו"ר ובכל	טו"ר כו' ובכל
היינו	הניצוצות	ניצוצות
הנ"ל	לפי	ולפי
ועליהם	נאמר	אמר
נח,א		
כאסור	כאסור	כמו האסור
כבהמה	כפוף	צופה
ולא	רק גשמיות	רק עניני גשמיות
הולד	שהמוחים	שהמוחין
לה'	ואין אור	ולא שאור
לאלקים	לאלקים	לאלקו'
במוח	עור	העור
שמשיגים	כמאמר	כמאמר המשנה
יש	כח	כלי
אמר	כפיפה	כפופים
כאן	בניצוצות רעבים	בניצוצות בכלל רעבים
נח,ב		
וכפופים	מתחברים בנוגה	מתבררי' מנוגה
דבריאה	דבריאה	דבי"ע
דבמזלא	מילתא	ליתא
העולמות	הכל העורי'	הכל גם העורי'
המה	ונכנסו	ונכנסי'
כנפי	תשובה	תשובה שהגם שעשה תשובה

נוסח הנחת הר״מ). שם ע׳ שעט (עד פיסקא: ברוך אומר ועושה).

המאמר הוא מליל ש״פ מטו״מ שנת תקס״ו. ונמצא בגוכי״ק אדמו״ר האמצעי [מספר 1025]. וראה לעיל במדור „שינויי נוסחאות״.

עוד דרושים על „ברוך שאמר״, נדפסו: בס׳ מאמרי אדה״ז על מארז״ל ע׳ תלא [ולפי כת״י אחד הוא ביאור על המאמר הנדפס שם ע׳ תכט]. מאמרי אדה״ז „אתהלך לאזניא״ ע׳ קנ. אוה״ת ר״ה (הוספות, כרך ד) ע׳ א׳תתקכו־א׳תתקכח.

מד, א

מזמור לתודה:

נמצא בשינויים בס׳ מאמרי אדה״ז על מארז״ל ע׳ שנו ואילך (הנחת הר״מ בן אדה״ז). ובשינויים (הנחה ג׳) נמצא בכתבי־יד (750 נט, ב. ועוד).

המאמר נמצא באריכות מכ״ק אדמו״ר האמצעי בס׳ פירוש המלות פ׳ קלח־קנא (דף קיד, א ואילך). ובשינויים והגהות באוה״ת על נ״ך (כרך ב) ע׳ תתקעו־תתקצא. וראה ג״כ שם ע׳ תתקעב וע׳ תתקעג. והגהות נוספות באוה״ת על סידור ע׳ סא־סב וע׳ שפג. וביהל אור ע׳ שסח־שעח. וראה גם ד״ה מזמור לתודה — תרל״ט (נמצא בדפוס). ד״ה מזמור לתודה תשי״ז (סה״מ תשי״ז ע׳ 63 ואילך), ובהמ״מ שם. ד״ה דעו כי ה׳ הוא האלקים — תשל״ט (סה״מ תשל״ט ע׳ רד ואילך).

המאמר הוא מחורף שנת תקס״ז. ונמצא בגוכי״ק אדמו״ר האמצעי [מספר 1025]. וראה לעיל במדור „שינויי נוסחאות״.

מו, א

אשרי יושבי (עד סיום המזמור):

הנחות נוספות, נדפסו: בס׳ מאמרי אדה״ז על מארז״ל ע׳ שסב ואילך (הנחת הר״מ בן אדה״ז). סה״מ תק״ע ע׳ קלא ואילך. סה״מ הנחות הר״פ ע׳ יא ואילך (על הפיסקאות „זכר רב טובך״ ו״חנון ורחום״).

ונמצא באריכות מכ״ק אדמו״ר האמצעי בס׳ פירוש המלות, פרקים קנט (קז, ב) ואילך. והגהות וביאורים באוה״ת על סידור ע׳ קה ואילך (מפיסקא „חנון ורחום״ עד הסיום). שם ע׳ שפג ואילך (מפיסקא „אשרי״, עד „בכל יום״). יהל אור ע׳ תקלז־תקנד (מפיסקא „אשרי״, עד׳ „זכר רב טובך״. הגהות אלו ביהל אור רובם הם על נוסח הנחת הר״מ בן אדה״ז). שם ע׳ תרעז־תרפד (מפיסקא „חנון ורחום״ עד „מלכותך״).

הביאורים על מזמור זה, נאמרו מכ״ק אדה״ז בשלשה המשכים (אשרי, זכר רב טובך, כבוד מלכותך) באלול שנת תקס״ז. ונמצא בגוכי״ק אדמו״ר האמצעי [מספר 1025]. וראה לעיל במדור „שינויי נוסחאות״.

[כמצויין למעלה, המאמר נמצא גם בסה״מ תק״ע, ונדפס שם ע״פ כתב־יד 983 (לב, ב) שבו מופיע המאמר בכותרת: „תורת אדמו״ר שיחי׳ שאמר לבניו ביחידות שנת תק״ע״. אולם בהכת״י שם ניכר בעוד מקומות שהכותב לא דייק היטב בהעתקת התאריכים. וע״כ יש לייחס מאמר זה לתקס״ז בלבד, כאשר הוא נמצא בגוכי״ק אדמו״ר האמצעי בכת״י המאמרים של שנת תקס״ז].

מח, א

ועוד יש לפרש זכר רב טובך:

נדפס ג״כ בס׳ מאמרי אדמו״ר האמצעי על נ״ך ע׳ קנח-קעו (וע״ש המשך נוסף להמאמר). והוא מיוסד על ד״ה זכר רב טובך, בסה״מ תקס״ב ח״א ע׳ פ [ונדפס ג״כ בסה״מ „אתהלך לאזניא״ ע׳ רנב). ונמצא גם בקיצור יותר, בס׳ מאמרי אדה״ז על מארז״ל ע׳ שסז-ח (בהנחת הר״מ בן אדה״ז, וגם שם הוא בתוך ד״ה אשרי). והגהות ע״ז באוה״ת על ענינים ע׳ קס. וראה בהנסמן עוד על מאמר זה בהמ״מ בס׳ מאמרי אדמו״ר האמצעי נ״ך שם.

נו, ב

הללוי׳ הללי נפשי:

נוסח ב׳ מהמאמר — נדפס בס׳ מאמרי אדה״ז על מארז״ל ע׳ שפג (הנחת הר״מ בן אדה״ז). נוסח ג׳ — נדפס בסה״מ „הנחות הר״פ ז״ל״ ע׳ ל. נוסח ד׳ — נדפס בס׳ מאמרי אדה״ז על כתובים ח״א ע׳ קסז.

הגהות למאמר זה, ראה בס׳ יהל אור להצ״צ ע׳ תקנז-תקסט, וע׳ תרצג-תרחצ. ובאוה״ת על סידור ע׳ קח.

המאמר הוא מש״פ כי תשא שנת תקס״ז, ונמצא בגוכי״ק אדמו״ר האמצעי [מספר 1025]. וראה לעיל במדור „שינויי נוסחאות״.

נח, ד

הללוי׳ כי טוב:

נוסח אחר של המאמר נדפס בס׳ מאמרי אדה״ז על מארז״ל ע׳ שפט ואילך (הנחת הר״מ בן אדה״ז). והגהות נדפסו ביהל אור ע׳ תקע (על פיסקא: מונה מספר לכוכבים) וע׳ תקעה-ח (על פיסקאות: שבחי ירושלים, והשם גבולך).

מאמר זה נמצא בגוכי״ק אדמו״ר האמצעי מספר 1025 (שנת תקס״ז). וראה לעיל במדור „שינויי נוסחאות״.

סג, ב

הנותן שלג כצמר:

נוסח אחר של המאמר נדפס בסה״מ תקס״ז ע׳ קכח [נמצא בכת״י 953 בכותרת: „דרוש גדול בחודש אייר דשנת תקס״ז דק״ק ליאדי]. וראה שם ע׳ קמא. ונוסח אחר בס׳ מאמרי אדה״ז על מארז״ל ע׳ תב (הנחת הר״מ בן אדה״ז).

סה, ב

הללוי׳ הללו את ה׳ מן השמים:

נוסח אחר ממאמר זה נדפס בס׳ מאמרי אדה״ז על מארז״ל ע׳ תח (הנחת הר״מ בן אדה״ז). וראה יהל אור על מזמור זה ע׳ תקפא-ד. מאמר זה הוא מפ׳ שלח (בערך) תקס״ז.

סז, ב

הללוי׳ שירו לה׳ שיר חדש:

נוסח אחר ממאמר זה נדפס בס׳ מאמרי אדה״ז על מארז״ל ע׳ תיד (הנחת הר״מ בן אדה״ז). וראה יהל אור על מזמור זה ע׳ תרצט-תשז. תקפד-תקפח). מאמר זה הוא מפ׳ שלח (בערך) תקס״ז.

סט, ד

הללוי׳ הללו א־ל בקדשו:

נוסח אחר ממאמר זה נדפס בס׳ מאמרי אדה״ז על מארז״ל ע׳ תכ (הנחת הר״מ בן אדה״ז). וראה יהל אור על מזמור זה ע׳ תקפא-ד. לשון המאמר כאן הובא גם בסה״מ תרל״ה ח״ב ע׳ תנד

שו"ה	נדפס	שינויי כת"י
בבחי'	עצמיות	עצמו'
ישראל	כנ"ל	וכנ"ל
ושרש	עלה	עולה
עליון	הנ"ל	כנ"ל
נאמר	ענין	וענין
עו,ד		
שלמעלה	שלמעלה	שהוא למעלה
בנשמתן	רוח כו'	רוח ואמשיך רוח כו'
דקאי	על'	יעלה סוף מעשה

ד"ה והיו הדברים,

הוגה מבוך 1025 גוכתי"ק אדמו"ר האמצעי

שו"ה	נדפס	שינויי כת"י
והיו	היום	ליתא
למען	נא	ליתא
זה	במלך	מלך
	שיש לו בטרקלין	יש לו לטרקלין
לדירתו	פנימיות	פנימי'
עם	ואנשי	או אנשי
אבל	שיושב בקביעות	שיושב בה בקביעות
רק	יוצא מהיכל	יצא מהיכלו
דהנה	בלילה מה	בליליא מאי
ידוע	שעשועי	ששעשועי
ולפרקי'	ולפרקי' ועתים	
	מזומנים	לפרקי' ועתים
מקבל	לעתים	לפרקי'
רחוקי'	עליות	עליית
כרוב	במ"א באריכות	באריכות במ"א
עז,א		
בחי'	בתמידות	בתמידית
הן	חדרל"מ	תרדל"מ
התלבשות	בקביעו'	בקבע
	בחכמה רק	בחכמה אלא רק
לפרקים	להיכלות	להיכלו
לפנימיות	ובין בחי' מקיפים	בין בחי' מקיף
	לבחינת פנימית	ובין בחי' פנימי
לא	למו	ליתא
בחו"ב	בחו"ב	בחו"ג
מכל צד	מלמעלה למטה	ומלמעלה ומלמטה
כנגדו	מב'	ב'
צד	כו'	ליתא
דקב"ה	צד	צד כו'
הרי	מוקף בה מכל צד	ומוקף בה מכל צד כו'
כשהוא	כשהוא	שהוא
הם	ריעים	וריעים
	שיושבים	שיושבים יחד

שו"ה	נדפס	שינויי כת"י
אשר	קביעות	קביעת
דירתו	להגיע לבחי' אנכי	שאנכי
עד	ואזי נקרא אחים	ואז נקרא אח
עז,ב		
וריעים	וריעים	וריע
	שיהיו	שיהי'
עליך	אחר	אחרי
שקיים	לו	לי

ד"ה פתח ר"ש כו' שמע ישראל,

הוגה מבוך 1025 גוכתי"ק כ"ק אדמו"ר האמצעי.

שו"ה	נדפס	שינויי כת"י
רבתי	רבתי	רברבא
	בכם	בכם ע"כ
במ"ל	שאמר	שאומר
בחי'	אימא גבורה	דבינה וגבורה
להיותו	להיותו	ולהיותו
וכמו	ולבוש	מלביש
האדם	האדם כשרוצה	כשאדם רוצה
	לזולתו	ליתא
שבלבו.	אופן הדבור	אופן גילוי הדבור
יבאו	בדבור. הנצח	לדיבור. והנצח
מהות	אור	אחר
בעלמא	מובן	יובן
ההשפעה	בא	באה
	המלבישים	שמלבישי'
את	כמו	כדרך
עז,ג		
כנ"ל.	הבינה	אור השכל
	מופשט מבחי'	מופשט ומושלל מבחי'
אור השכל	הוא נקרא	היא ונק'
בשכלו	יתכשר	יהי' מתכשר
אם	עלה	יעלה
אימא	במציאות	בצרופי אותיות
שמלביש	הוא באותיות גדולים	היא באותיות גדולות
אור השכל	שמאיר בה והאותיו'	וכאשר אין אור השכל
		מאיר בה האותיות
הנסתר	בדבר שהוא הבוחן	בדבר לפי שהוא בוחן
ונעלם	כנ"ל	ליתא
אשתארון	אשתארון	אשתארו
בגין	סתימא	סתומה
מלכא	תתאה:	תתאה: ע"כ
ונכללים	כידוע	וכידוע
עז,ד		
ותקם	לביתה	וכו'
בבי"ע	הוא בבחי'	הוא בא בבחי'

שינויי נוסחאות

שו״ה	נדפס	שינויי כת״י
למעלה	דלי״ת	הדלי״ת
	אשתארו	דאשתארו
סתימאה	בזה	במה
דק״ש	מתייחדת	מתייחד
להיות	מ״ם	המ״ם
	פתיחות	פתיחת
כמ״ש	כמ״ש	וכמ״ש
	כפתח	לפתח
שתחת	הנון	הכ״ף
כו׳	שאין	שלא יש
כנ״ל	סתומה ותירץ משום	סתימא מ׳ ותירץ בגין
עילאה	כנ״ל	כו׳
	עדין	עדיין
בחי׳	היינו	והיינו
מתורץ	פתוחה ולא	אינה
	דגם	דהגם
אינה	בבי״ע	לבי״ע
צד	כאן בס״ת	בס״ת כאן
קדישא	דחנוך:	דחנוך ע״כ:
והנה	להבין תחלת ענין	להבין חיבור תחלת
עח,א		
הסתר	ענין המאמר	ליתא
המכוון	בזה	במאמר זה
	כל	דכל
שהוא	בנין	בבנין
שלימות	ואשה	ואשתו
בבחי׳	ואחות	ואחותו
ענין	אלו	סדר
	שבכ״מ	שבכל מקום
בדבור	בחי׳ הקול הזה	קול זה
וכו׳	וזה נק׳	וזהו הנק׳
תחתונים	באריכות ע״ד	באריכות שהוא ע״ד
שמלביש	במדות	מדות
	אלו	אלה
שלהם	אמנם	ואמנם
ש״מ	האלו	האלה
מן	ומתחתון	ומן התחתון
כו׳.	ט״ס כנ״ל והיחוד	ט״ס דז״א כנ״ל היחוד
דבינה	שם	שמ׳
ע׳	א״כ	וא״כ
	אלו	הללו
וביאור	היפך	היפוך
	האלו	האלה
עד״מ	עד״מ	ע״ד
עח,ב		
אנו	שיכול	שיוכל

שו״ה	נדפס	שינויי כת״י
דבר	ואינו יכול	ולא יוכל
שם	הוא שם	שם הוא
לזכות	לזכות ידבר	לזכות אז ידבר
ע׳	שם	ש״מ
יחד	היפך	היפוך
מ״ל	שם	יש״ס כו׳
פי׳	כי ז״א	כי בחי׳ ז״א
בה	שעולה	שעלה
	עם מ״ל	במל׳
וז״ש	הסתר דבר	ליתא
	מ״ל	המ״ל
ממצוא	כידוע	וכידוע
ז״ש	ז״ש	זה שאמר
אשתארו	המאמר	המאמר שאמר
להם	כו׳	כנ״ל
סבא	היחודים	יחודים
	ש״מ	דש״מ
והוא	היחוד	היחודים
בלבד	סטר	סטרא
שהיא	שהיא	שהוא
וז״א	גבוה הרבה	גבוה הוא הרבה
הוא	סטר	סטרא
יחד	אלין חדוה	אלין כו׳ חדוה
בעצמות	להיות	להיותו
מענין	נפלא	ונפלא
	והעונג	שהעונג
והסוף	וכנ״ל	ור״ל
עח,ג		
בצירוף	מפרע	למפרע
שהוא	בהיפך	בהיפוך
שמימין	ובהיפך האותיות	ובהיפוך אותיות
הוא	היפך	היפוך
	מן השמאל אל הימין	ליתא
אשמח	בהיפך	בהיפוך
להיפך	להיפך	בהיפוך
נעשה	כו׳	כנ״ל
שהוא	בהיפך	בהיפוך
	בסדר	כסדר
דאשמח	ומצרף	ובמצרף
במישור	במישור	במישר
	בס״ת והיינו	בס״ת כנ״ל והיינו
	כנ״ל	וכנ״ל
ודא	שפיר	ושפיר
דא״ח	בז״א	דז״א
	דמ״ל	המ״ל
בתוך	יחוד	יחודא

(מש״פ וישלח). חלק מהמאמר נמצא בשינויים והגהות באוה״ת וישב (כרך ה) תתקי, א. שה״ש כרך ב׳ ע׳ תלח ואילך. וראה גם אוה״ת קדושים ע׳ קכג ואילך. סה״מ תרל״ב ע׳ קמה (ובהמ״מ שם).

שער בהמ״ז

קא, ג

להבין ענין המוציא לחם:

מאמר זה נמצא בשינויים בסה״מ תקס״ג ע׳ לט (הנחת הר״מ בן אדה״ז). וראה איזה הגהות על מאמר זה באוה״ת ויקרא ע׳ רכח.

מאמר זה הוא מן יום ג׳ פ׳ תולדות, בעיר לובאוויץ, שנת תקס״ג (ראה סוף סה״מ תקס״ג ח״ב ע׳ תתסד).

קב, א

ענין ברכת הזימון:

מאמר זה נמצא בשינויים בס׳ מאמרי אדה״ז על מארז״ל ע׳ פא (שם ההתחלה: בגמרא כו׳ דרש ר׳ עוירא כו׳ עתיד הקב״ה כו׳ כוס של ברכה). ובשינויים והגהות באוה״ת עקב ע׳ תקלח. ואוה״ת על סידור ע׳ קצה. וראה גם עניני המאמר בס׳ מאמרי אדה״ז הקצרים: ד״ה הנותן שלג (ע׳ רמז). ד״ה ענין יין המשומר (ע׳ שיא). ד״ה יעקב נשא שתי אחיות (ע׳ שלה).

המאמר הוא מפ׳ משפטים־תצוה שנת תקס״ו, והביאור הנדפס להלן (קד, א) הוא מיום שבת פ׳ ויקרא תקס״ו. ונמצאים בגוכי״ק אדמו״ר האמצעי [מספר 1025]. וראה לעיל במדור „שינויי נוסחאות״.

קו, ג

ת״ר מנין לברכת המזון:

מאמר זה נמצא בשינויים והגהות בלקו״ת עקב יד, א (שם ההתחלה: ואכלת ושבעת). עניני המאמר נמצאים בשינויים בכ״מ: תו״א בשלח סה, ד (ד״ה לה״ע לחם משנה). ונוסח נוסף נמצא בכת״י 349 (שם הד״ה: לה״ע בהמ״ז דאורייתא. מאמר זה לא נדפס. וראה ס׳ מאמרי אדה״ז הקצרים ע׳ מ). ונוסח נוסף וקצר נמצא בכת״י 750 (שם הד״ה „מנין לבהמ״ז מן התורה״. ולא נדפס).

הגהות למאמרים אלו נדפסו באוה״ת עקב ע׳ תקלג. שם (כרך ו) ע׳ ב׳שח. ב׳שיא. וראה עוד בהמ״מ בסו״ס לקו״ת שם.

המאמר הוא מחורף שנת תק״ע (ראה מ״מ ורשימת הכת״י בסו״ס לקו״ת שם). וראה לקמן ד״ה והקימותי שהוא ביאור לד״ה זה.

קיא, א

והקימותי את בריתי:

נמצא בשינויים והגהות בלקו״ת עקב טז, ג. והוא ביאור על מאמר הקודם (ד״ה ת״ר מנין לברכת המזון). וראה בהמקומות שנסמנו לעיל.

דרושים לחתונה

קכח, א

ענין רב שמואל:

נמצא באריכות בס׳ מאמרי אדמו״ר האמצעי דרושי חתונה ח״א ע׳ רסו. ובשינויים והגהות באוה״ת על סידור קצח. נוסח אחר מהמאמר נמצא בכתב־יד 127 קפא, א (ולא נדפס).

המאמר הוא מפ׳ ויצא (בערך תקס״ד, ונאמר מכ״ק אדה״ז על חתונת נכדו כ״ק אדמו״ר הצ״צ (ראה סוף סה״מ תקס״ד ע׳ שמג). וראה לעיל במדור „שינויי נוסחאות״.

קכח, ד

כי על כל כבוד חופה:

נוסח שני של המאמר – נמצא בלקו״ת שה״ש מז, ב (הנחת מהרי״ל אחיו של אדה״ז). נוסח שלישי – בכתי״ק הר״מ בן אדה״ז (מספר 1066. ולא נדפס עדיין). נוסח נוסף – במאמרי אדה״ז „הנחות הר״פ״ ע׳ מט. וראה עוד במאמרי אדה״ז על נביאים ע׳ לד.

מאמר זה נמצא באריכות בס׳ מאמרי אדמו״ר האמצעי דרושי חתונה ח״א ע׳ א ואילך. ח״ב ע׳ תרמז ואילך. וקיצורים באוה״ת נ״ך (כרך ג) ע׳ א׳רד. [בכתבי־יד נמצא ג״כ תוכן המאמר עם הגהות מהרה״ק ר׳ הלל מפאריטש].

מאמר זה נאמר מאדה״ז בפ׳ נשא תקס״ז, בעיר זלאבין, בחתונת הרבנית ביילא בת אדמו״ר האמצעי עם הרה״ח רבי יקותיאל זלמן נכד הרה״ק רלוי״צ מבארדיטשוב. ונמצא בגוכי״ק אדמו״ר האמצעי [מספר 1196]. וראה לעיל במדור „שינויי נוסחאות״.

קלב, ג

להבין בברכת חתנים:

נמצא בשינויים בתו״א בראשית ו, ג ואילך (שם הוא בשינוי סדר, והתחלתו: להבין ענין הברכות). ובאריכות בס׳ מאמרי אדמו״ר האמצעי דרושי חתונה ח״א ע׳ קסח ואילך. ובשינויים והגהות (למאמר התו״א) באוה״ת בראשית (כרך ג) תקסו, א ואילך. וראה המשך חייב אדם לברך תרל״ח פל״ה ואילך. וראה ד״ה גדול העונה אמן, י״א ניסן תשכ״ב.

המאמר הוא מחורף תקס״ד (ראה סוף סה״מ תקס״ג ח״ב ע׳ תתפ). ובאוה״ת על סידור ע׳ רנו נזכר: „חתונת מוהרא״ס ב׳ ברכות יוצר האדם״, וקאי על מאמר זה. [הר״ת „מוהרא״ס״ הוא כנראה מוה״ר אברהם סענדר. ולא נתברר הפרטים עדיין].

קלג, ד

כי הנה יוצר הרים:

נמצא בשינויים בס׳ מאמרי אדה״ז על מארז״ל ע׳ תפט (שם ההתחלה: שמח תשמח). ובאריכות בס׳ מאמרי אדמו״ר האמצעי דרושי חתונה ח״א ע׳ רט ואילך (ד״ה שמח תשמח). שם ע׳ דש ואילך. ובתוס׳ הגהות באוה״ת על סידור ע׳ ריב (ד״ה שמח תשמח).

תוכן הביאור דלקמן קלד, ג – נמצא באריכות בס׳ מאמרי אדמו״ר האמצעי דרושי חתונה ע׳ קצב ואילך. ובשינויים והגהות באוה״ת על סידור רה ואילך (שם מתחיל: להבין שרש ענין הברכה דיוצר האדם).

המאמר הוא מחורף תקס״ד (ראה סוף סה״מ תקס״ג ח״ב ע׳ תתפ).

קלו, ג

שוש תשיש:

מאמר זה נמצא באריכות בס׳ מאמרי אדמו״ר האמצעי דרושי חתונה ח״א ע׳ רנא ואילך, וע׳ של ואילך.

המאמר נאמר מאדה״ז בחורף שנת תקס״ד, על חתונת נכדו כ״ק אדמו״ר הצ״צ (ראה סוף סה״מ תקס״ד ע׳ שדמ).

שו"ה	נדפס	שינויי כת"י
	כחות	כמו
חיצונים	חיצונים	חיצוני'
האצי'	וכידוע	כידוע
ובדרך	ההמשכה	ההמשכות
פד, א		
אינם	שיבדלו	שיבדילו
באלהות	יבדלו	שיבדילו
כידוע	נגד	כנגד
בדעת	שהמשכת	שהמשכות
הקוצא	דשערי	דשערה
הרצון	בתחלה	תחלה
פד, ב		
לטעם	סמך	סמוך
כו'	קלה	קלו'
וד"ל.	ועתה	קטע חדש
דכר	לכך גם הרי	וגם הרי לכך
ור"מ	והמצוה	והמצות
כמשל	את	ליתא
מתעלים	עליות	עליית
מכולם	זהו	זה
פד, ג		
והנר	למעלה	שלמעלה
עד	וכשלהב	וכשהלהב
במעשה	המצוה	המצות
כו'	שהיא	שהוא
המעלות	שיורד	שירד
שישאר	רע	הרע
פד, ד		
ממים	וכאפר	ומאפר
(כמ"ש	המאמר דתרין אחתן	המאמר דר"מ ברזא דתרין אחתין
מזרעת	והייתם	קטע חדש
הוי"ה	הוא בבחי' זכר	בבחי' זכר הוא
מצותי	שהוא	והוא
למעלה	מדריגות	ומדריגת
כשנקראת	כשנקראת	הנק'
פה, א		
להגיע	שתעורר	שתתעורר
הוא	בחי'	ליתא
קדוש	כו	כו'
הא"ס	ממותר	ממותרי
הרבה	הרבה	הרבים
תחלה	והן	והוא
יום	כו'	ליתא
ואני	לכם	ליתא
העלאת	והיינו שיתגלה	היינו שמתגלה

שו"ה	נדפס	שינויי כת"י
פה, ב		
הגורמים	העצמית	העצמיות
כו' וכך	העצמות	העצמיי'

ד"ה איתא בספרי כו' אליו,

הוגה מבוך 1025 גוכתי"ק כ"ק אדמו"ר האמצעי.

שו"ה	נדפס	שינויי כת"י
ולכך	כולם	כולן
כו'.	יפלא ממה	יפלא בזה ממה
הדבק במדותיו	כו'	וכו'
הדבק..דוקא	כו'	וכו'
שאמרו	אפשר	א"א
הדביקות	א"ס	אור א"ס
פה, ג		
מ"מ	הא	היא
דחכמה	שהפתח	שהפת"ח
ענין	הפתח	הפת"ח
פה, ד		
כידוע	הפתח	הפת"ח
בברכת	שהוא	שהיא
הרחמים	להשפעות	להשפעת
לי"ח	וד"ל	ליתא
תחלה	כמ"ש	מ"ש
כוונת	הוא	היא
בשוליו	במאציל	במאצילן
פו, א		
במאציל	במאציל	במאצילן
הנ"ל	סתרו	יסתרו
ענין	בכונות	בכונת
העולם	כיון דאמליכתיה	כד אמליכתיה
הרוחניות	הרוחניות... הגשמיות ...הרוחניות	הרוחניי'... הגשמיי' ...הרוחניי'
פו, ב		
לפי	והתבוננות	וההתבוננות
לזה	והתבוננ'	מהתבוננות
מהחיזק	כו'	וכו'
גמורה	תמיד	תלוי'
דמל'	מקשר	מקור
נתהוו	שכלים	שכליי'
נר"ן.	ורוח	ורוחין
פו, ג		
לעולם	להם	להן
הנפשות	הבהמית	הבהמיו'
מכ"ז	הוא	היא
המודד	במדרגה	בהדרגה

שו"ה	נדפס	שינויי כת"י
פו, ד		
עליון	התדיר.	התדירי
ההשתלשלות	עצמותו	עצמו
עיקר	וזהו	קטע חדש
שאמר	כיון דאמליכתיה	כד אמליכתיה
בק"ש	יאיר	מאיר
הישינים	הישינים	הישיני'
	שאמר	שאמרו
כיון	כיון דאמליכתיה	כד אמליכתיה
פז, א		
בו"ק	הגשמיות	הגשמיי'
לבחי'	דגשמיות...הרוחניות	הגשמיי'... הרוחניי'
שרשי'	דו"ק	לו"ק
אמיתית	הגשמיות	הגשמיי'
הו"ק	גשמיות...הרוחניות	הגשמיי' ... הרוחניי'
אמיתי	הגשמיות	הגשמי'
הכתוב	גשמיות	גשמיי'
ביטול	אז	אזי
הרוחניות	הרוחניות לגשמיות	הרוחניי' לגשמיי'
הגשמיות	הגשמיות	הגשמיי'
וכידוע.	הגשמיות	הגשמיי'
אלף	וארץ	והארץ
פז, ב		
הגמ'	ועתה	קטע חדש
המאמר	המאמר אין	המאמר כי אין
דירה	האצי'	האציל
מטעם	המעשה	מעשה
מח'	כלל	כו'
התשוקה	המשכת	המשכות
בהסתלקות	הגבורות	הגבורה
פז, ג		
הכונה	בחינת	רבוי
רבן	ר"פ לאביי בגין	אביי לרבא כגון
בחינת	הוא	הן
שמחמת	לבחינה	לבחי' יש
באיסור	הוא הוא	היא היא
פז, ד		
החכמה	שעי"ז	שעל ידה

ד"ה מי כמוך, הוגה מבוך 1146 כת"י מעתיק, עם תיקונים בגוכתי"ק כ"ק אדמו"ר הצ"צ.

שו"ה	נדפס	שינויי כת"י
פח, ג		
כו', וגם	מלבש'	היא[1]
הנשב'	הנשב'	שנשבה[2]
כו' שהוא	בענין	כענין
פח, ד		
מאומה	בעל	בר
פט, א		
מקבלים	מקבלים כו'	מוגבלים וכו'
והצמצומים	בצמצום	הצמצום
אך	ברכה	מרובה

1) כן תיקן כ"ק אדמו"ר הצ"צ בגוכתי"ק, ותי' מלבש' מחק.

2) כן תיקן כ"ק אדמו"ר הצ"צ בגוכתי"ק.

ד"ה ביאור למ"ש בלק"א כו', הוגה מבוך 1146 כת"י מעתיק.

שו"ה	נדפס	שינויי כת"י
צז, ג		
והוא	בהשתלשלות שיהי'	בהשתלשלות הי' שיהי'
מפני	המצא	המצאו
ואע"פ	שאינו	שהמאכל אינו
	בחי'	מבחי'
צז, ד		
בפירות	ומתוקים יובן	ומתוקים ומתוכם יובן
צח, א		
בראש	והנה	ב) והנה[1]
היושר	הלבשה	התלבשות
שהרי	אפע"כ לראיית	וראיית העין אפע"כ הרי השכל שבראש
	העינים הראש הוא	ליתא
עליון	והנה	ג)[2] והנה
צח, ב		
דצח"מ	וממאציל לנאצל	ומא"א לנאצלים
כנ"ל	דהוצב	דהוקצב
צח, ג		
יעלו	יעלו בהעליון	מתלבש העליון
נאצל	והנה	ד)[3] והנה
צח, ד		
הלוחות	והנה	ה)[4] והנה

ד"ה ענין ברכת הזימון, הוגה מבוך 1025 גוכתי"ק כ"ק אדמו"ר האמצעי, עם הוספות בגוכתי"ק כ"ק אדמו"ר הצ"צ.

שו"ה	נדפס	שינויי כת"י
קב, א		
לזימון	ושנים	והשנים

1) ב) = סעי' ב.

2) ג) = סעי' ג.

3) ד) = סעי' ד.

4) ה) = סעי' ה.

ובכת״י נוסף [מספר 2218] נרשם עליו מאדמו״ר מוהר״ד שי׳ שדרש ברבים בשקלאוו.

קסח, א

כגוונא דאינון מתייחדין:

נדפס גם בסה״מ תקס״ח ח״א ע׳ קמט. מאמר זה בשינויים והגהות נמצא בביאוה״ז להצ״צ (כרך ב) ע׳ תתד ואילך.

מאמר זה הוא משבת שלפני פסח (שבת הגדול) שנת תקס״ח (ראה הוספות בסוף סה״מ תקס״ח ח״ב ע׳ תתקלד). וראה לעיל במדור „שינויי נוסחאות״.

קעג, א

זוהר יתרו פ״ח ע״ב ר״ש כו׳ אתקינו:

מאמר זה (וההמשכים שלו – להלן בסידור קצט, ג. רד, ג) נמצא בנו״א בכי״ק הר״מ בן אדה״ז (מס׳ 1066. ולא נדפס עדיין). ונו״א בסה״מ „הנחות הר״פ״ ע׳ יט. ובשינויים והגהות בביאוה״ז להצ״צ ח״ב ע׳ תשפח ואילך.

המאמר הוא מיום ש״פ יתרו תקס״ז, בעיר מאהליב. ונמצא בגוכי״ק אדמו״ר האמצעי [מספר 1196].

קעה, א

השמים מספרים:

ביאור מזמור זה, נמצא עוד: נוסח שני – בס׳ מאמרי אדה״ז „הנחות הר״פ״ ע׳ ג [שם נוסח קצר ומתחיל מפסוק „ללילה יחוה דעת״ עד סיום המזמור]. נוסח שלישי – בכי״ק הר״מ בן אדה״ז [מס׳ 1066. שם הדרוש הוא מפ׳ ויגש תקס״ז, ומתחיל: „בזוהר פ׳ יתרו ע״פ השמים מספרים״, ומפסוק „ולילה ללילה יחוה דעת״ נמצא שם בתור דרוש נוסף מפ׳ ויחי תקס״ז]. נוסח רביעי – נמצא בכת״י מספר 2043 [שם כנראה הנחת מהרי״ל אחיו של אדה״ז, ומתחיל: זוהר תרומה דף קל״ו ע״ב כד נהיר יממא כו׳ השמים מספרים. ואחרי זה בא שם בד״ה נוסף: זוהר פ׳ תרומה יום ליום יביע אומר].

ובאריכות הביאור מכ״ק אדמו״ר האמצעי בס׳ פירוש המלות פ״א ואילך. ומאדמו״ר הצ״צ: ביאוה״ז (כרך ב) ע׳ תתיד [שם הוא המאמר בנוסח הר״פ עם תוס׳ הגהות וביאורים]. יהל אור ע׳ נח ואילך [בכמה סעיפים שם הוא מביא את פירוש הסידור ומגיה עליו]. ועוד כמה הגהות באוה״ת על סידור ע׳ שדמ. וראה עוד על מזמור זה באוה״ת נ״ך (כרך ב) ע׳ תתקכז ואילך [שם מבאר ג״כ מתחילת המזמור עד פסוק תורת ה׳ תמימה ע״פ פירוש הזוהר פ׳ תרומה ועוד].

המאמר כאן הוא מליל ש״פ ויגש וליל ש״פ ויחי שנת תקס״ז. ונמצא בגוכי״ק אדמו״ר האמצעי [מספר 1025]. וראה לעיל במדור „שינויי נוסחאות״.

קפז, ג

מזמור שיר ליום השבת:

נמצא בשינויים בכי״ק הר״מ בן אדה״ז [מס׳ 1066. ולא נדפס עדיין]. ובאריכות מכ״ק אדמו״ר האמצעי בס׳ פירוש המלות פס״ו-ע״ג (מא, ג ואילך).

על מזמור זה נלקטו ביאורי דא״ח בפרטיות ובאריכות, בקובץ „י״א ניסן – שנת הצ״ב״, שהוא כולו ליקוט מדא״ח על מזמור זה.

המאמר הוא מליל ש"פ יתרו שנת תקס"ז. ונמצא בגוכי"ק אדמו"ר האמצעי [מספר 1025]. וראה לעיל במדור „שינויי נוסחאות".

קפח, ג

מזמור שיר ליום השבת:

נמצא בשינויים בס' מאמרי אדה"ז על מארז"ל ע' שסא (הנחת הר"מ בן אדה"ז). ובאריכות מכ"ק אדמו"ר האמצעי בס' פירוש המלות פ' קכ"ב־קכ"ז (עט, א ואילך). ובשינויים והגהות מאדמו"ר הצ"צ: באוה"ת נ"ך ע' תתקעא־ב. אוה"ת על סידור ע' שמה. יהל אור ע' שכח־שלז, תרכז־תרמ, תשכ־תשכו.

המאמר הוא מחורף שנת תקס"ז. ונמצא בגוכי"ק אדמו"ר האמצעי [מספר 1025]. וראה לעיל במדור „שינויי נוסחאות".

קצא, א

נשמת כל חי:

ראה באריכות מכ"ק אדמו"ר האמצעי בס' פירוש המלות פע"ד־פ"ג (מא, ג ואילך).

המאמר הוא מפ' מטות (בערך) שנת תקס"ז. ונמצא בגוכי"ק אדמו"ר האמצעי [מספר 1025]. וראה לעיל במדור „שינויי נוסחאות".

קצב, ג

נשמת כל חי:

נמצא בשינויים בכי"ק הר"מ בן אדה"ז [מס' 1066. ולא נדפס עדיין]. וראה באריכות בס' פירוש המלות לכ"ק אדמו"ר האמצעי פפ"ד (מא, ג) ואילך.

המאמר הוא מש"פ ואתחנן שנת תקס"ז. ונמצא בגוכי"ק אדמו"ר האמצעי [מספר 1025]. וראה לעיל במדור „שינויי נוסחאות".

קצט, ג

ביומא דשבתא בסעודתא תניינא:

זהו המשך למאמר „זוהר יתרו" שנדפס לעיל קעג, א. וראה הערתינו שם.

רב, ג

יגלה לן טעמי:

נמצא בשינויים בתו"א טו, ג. והנחה נוספת בכי"ק הר"מ בן אדה"ז [מס' 1066. לא נדפס עדיין].

המאמר הוא מיום ש"פ תצוה שנת תקס"ז. ונמצא בגוכי"ק אדמו"ר האמצעי [מס' 1196]. וראה לעיל במדור „שינויי נוסחאות".

רד, ג

ת"ח בכל שיתא יומין:

זהו המשך למאמר „זוהר יתרו" שנדפס לעיל דף קעג, א ודף קצט, ג. וראה הערתינו שם.

שער הר"ח

ריא, א

והי' מדי חודש:

מאמר זה נמצא בשינויים והגהות בלקו"ת ברכה צו, ד (הנחת מהרי"ל אחיו של אדה"ז). ובשינויים בס' מאמרי אדה"ז נביאים ע' קצז (שם הוא קיצור המאמר, מרשימת כ"ק אדמו"ר הצ"צ). הגהות וקיצורים נדפסו באוה"ת בראשית כה, א ואילך. כח, א ואילך. ברכה ע' א'תתצט ואילך. א'תתקד ואילך. שם כרך ו' ע' ב'תקנט ואילך. ב'תקסז

שו"ה	נדפס	שינויי כת"י
קה,ב		
למעלה	המזון ג'	המזון דעכשיו במאכלי'
		דעה"ד כו' ששרשם
		מהמדות שהי' בהם
		השבירה כו' דברכת הזימון
		הוא בבחי' ג"ר שלמעלה
		מן השבירה כו' והוא הנק'
		מקור ומעיין וחפירה
		שלמעלה מז' הנחלים דמדו'
		וברכת המזון ג'
שתהא	שתהא	שיהא
היותר	היותר עליונה	יותר עליונים
וברכת	ג"כ למעלה ומדריגה	למעלה במדרגה
והנה	הוא	היינו כתר שבכתר והוא
נגלית	למעלה הימנו	ולמעלה ממנו
הראשון	הנק'	ונק'
ג"ר	הז"ת	הז' נחלים
חיצוניות	במ"א	המאמר
תליא	תליא ואחיד אבא	אחיד אבא ותליא
שלמטה	שלמטה	למטה
קה,ג		
בג"ר	דא"א	שבא"א
מעיין	המקור	מקור
שאין	כו'	כנ"ל
בחי'	אזי	ליתא
ומדות	כו'	כנ"ל
	דעכשיו	עכשיו
מבחינת	כו'	כנ"ל
מארז"ל	בסעודה	בסעודה זו
לברך	לברך ואינו	שיברך או' איני
	לפי	מפני
	ישמעאל יצחק	ישמעאל כו' יצחק
דעכשיו	במאכל	במאכלי'
בסעודת	יהיה	ליתא
	ש"ב בחי'	ש"ב שעליה תהא בחי'
ההעלם	כו'	וכנ"ל
הכוס	של	שלו
לגמרי	וממילי' יהא	ומ"מ לא יהא
גם	בבחינת	לבחי'
	עכ"ז מפני	ומפני
קה,ד		
אותם	אותם ולברר אותם	אותה ולברך אותה
הנה	טעם איסור	טעם ענין איסור
עיקר	כולם הם	כולם הרי הם
וכמ"ש	אבל לא	אבי ולא
ואחות	ואמו	או אמו

שו"ה	נדפס	שינויי כת"י
	יאסרו	נאסרו
העליונים	באצי' איהו	באצי' דשם איהו
וגרמוהי	בתכלית	בתכליתה
מבחי'	שם יחוד	שם בחי' יחוד
בתכלי'	בתכלי' שלימות	בשלימות
ואדרבא	לעשות כדוגמת	לעשות שם כדוגמת
בחי'	ערוה	הערוה
עיקר	גלוי	ליתא
הוא	דעריות	העריו'
שנק'	שם	ושם
וזהו	ולא	אבל לא
קו,א		
כמו	קודם	לפני
	כמ"ש	דכתיב
ערוה	יניקה לחיצונים	יניקו' החיצונים
הגלוי	לפי	דלפי
אסור	לגלות	לגלותן
לא	ערוה אלא	ערוה כלל אלא
שנשא	פי' הגם	פי' כי הגם
קודם	יברך	בירך
שהוא	כו'	וכנ"ל באריכות
	שהוא בחי'	שהי' מבחי'
בריח	והוא	והי'
א"כ	היחוד	שהיחוד
קו,ב		
שם	הקטנה כו'	הקטנה רחל כו'
אמיתית	קדושה העליונה	הקדושה עליונה
כידוע	אעפ"כ	ואעפ"כ
כלל	אותו	אותן
בבחי'	שאסרן	שאסרה
במה	במה שאמרה	באמרו
כשתנתן	הזמן	זמן
כענין	הבאים	מים הרעים
וכיוצא	ומ"ש	ומה
לו	היחוד בעולם	היחוד למטה בעולם
משי"ב	וכוונת	כונת
ו"ק	עם ו"ק	בו"ק
דאימא	נשמרו	נשמר
דאבא	ואימא	דאימא
מסתמא	נהפך	נהפכו
קו,ג		
בעטר'	הוא	היא
כו'	ומשה כו'	ומשה ואהרן כו'
משום	למשה אהיה	למשה שיאמר לכנ"י אהיה
אהיה	אהיה פי'	אהיה שלחני אליכם פי'

שו"ה	נדפס	שינויי כת"י

ד"ה ענין רב שמואל בר רבי יצחק,
הוגה מבוך 1146 כת"י מעתיק עם תיקונים בגוכתי"ק כ"ק אדמו"ר הצ"צ.

קכח,א		
ששת	קראי כו׳	קראי לך תנאי כו׳[1]
עצמה	ידוע	שידוע
בה אדעתא	כו׳	כנ"ל
	כשהוא משפיע	כשמשפיע
בה אור	אור	האור
לעולם	אלא	על שלא לשמה ממש דהרי אמרו מוטב שנהפך שליתו כו׳ אלא הכוונה
שלא	רק	אלא
	דזהו	זהו
קכח,ב		
דאורייתא	דאורייתא סתים	דאורייתא הוא סתים
הקצה	מפרגוד	בפרגוד
ונקרא	פנימית דוקא	פנימי דנוקבא[1]
כו׳ כי	קלות	קלה
קכח,ג		
שכתוב	בלבם	בליבה
שרצונו	וקמיה מטה	ולקמיה למטה[1]
במ"א	שבז"א	שבקולי[1]
דנאמר	בכל ימי	בכל ששת ימי
ענין	כו׳	כנ"ל
קכח,ד		
עכ"ז	עכ"ז אמר	אדרבה
	ואעפ"כ	ואעפ"י
הנפש	ולהמשיך	להמשיך
	וקמיה	ולקמיה
להגיע	כו׳	כנ"ל

ד"ה כל על כל כבוד חופה,
הוגה מבוך 1025 גוכתי"ק כ"ק אדמו"ר האמצעי.

שאין	כ"א	רק
מקום	כבודו וה"ז	כבודו כו׳ וה"ז
	אך הוא	אך הענין הוא
	מיני	ליתא
בבחי׳	יש גבול מחודש	גבול ונק׳ מחודש
דבחינת	האלקית	אלקי
קכט,א		
זיו	אלקית	האלקי

שו"ה	נדפס	שינויי כת"י
התפשטות	אור	אורו
למעלה	דעה שמלמעלה	דעה העליונה שמלמעלה
והרי	כאין	וכאן
בחי׳	אלקית	האלקי
בחינ׳	הטעם	מטעם
כמו	הארה	ההארה
אור	א׳	הא׳
מגבוה	עליון	העליון
קכט,ב		
חוזר	הדעת	דיעה
שבחינת	גבוד	הכבוד
שנתבאר	י"ל	ליתא
הנה	בחתן	דחתן
חופה	זאת בכנ"י	זו בכנ"י
שבנפשו	שבנפשו	שבנפש
וזהו	מאודך	מאדך
יכיל	ההתפעלות...	התפעלות...
	ההתפעלות	התפעלות
קכט,ג		
שבא	שבא	כשבא
רבה	החתן	כחתן
	גם כן אהבה	אהבה גם כן
ערכו	מאהבה	באהבה
כי	כבוד דעליון	כבוד חופה פי׳ כי על כל כבוד דעליון
למעלה	כו׳	כנ"ל
קכט,ד		
וכבוד	חופה	החופה
כמו	שההבנה	שהבנת השכל
כידוע	שהוא ז"א	שהוא הנק׳ ז"א
והיינו	זה	מה
ז"א	נק׳	שנק׳
הנקרא	החכמה	חכמה
הוי׳	הוי׳	דהוי׳
קל,א		
השפע	השפע	השפעת
א"א	להיות	היה
קל,ב		
יסוד	ז"א סיומא	סיומא ז"א
הגבורות	מטעם הנ"ל	מטעם כל הנ"ל
קטרוג	קטרוג	הקטרוג
שלום	שלום	השלום
מכבין	בחי׳ אור	בחי׳ גילוי אור
במוח תחלה	בא	בוא
	במוח בתמידות בשעות	לשעות
תפסוק	במוחו	שבמוח

1) וכ"ה בבוך 1092.

נאמר ליל ב׳ דסוכות שנת תקס״ד (ראה סוף סה״מ תקס״ג ח״ב ע׳ תתעט).

שער הלולב

רסא, ג

להבין שרש ענין הלולב:

נמצא בשינויים בגוכי״ק הצ״צ של שנת תקע״ב מס׳ 1116. שם הוא מופיע בתור ביאור על ד״ה „ביום השמע״צ״, והתחלתו: להבין שרשי הדברים]. וראה מאמרי אדמו״ר האמצעי דברים ח״ד ע׳ א׳שט. [ד״ה ביום השמע״צ הוא הנדפס באוה״ת שמע״צ ע׳ א׳תשעט].

מאמר זה הוא מימי הסוכות שנת תקע״ב.

רסג, ג

להבין ענין הלולב ומיניו:

נדפס גם בסה״מ תקס״ח ע׳ תמב. וראה על מאמר זה באוה״ת דרושים לסוכות ע׳ א׳תשלח, א׳תשלט.

נאמר בליל ב׳ דסוכות שנת תקס״ט (ראה סוף סה״מ תקס״ח ע׳ תתקמ). וראה לעיל במדור „שינויי נוסחאות״.

שער הסוכות

רסח, א

ושאבתם מים בששון:

נמצא בשינויים והגהות בלקו״ת דרושים לסוכות עט, ד. ובשינויים בס׳ מאמרי אדה״ז נביאים ע׳ עט. ובשינויים והגהות באוה״ת דרושים לסוכות (כרך ה) ע׳ ב׳קמז-ח. סה״מ תרל״ג ח״ב ע׳ תקלט (ובהמ״מ שם).

מאמר זה הוא מליל מוצ״ש חוה״מ סוכות שנת תקס״ה (ראה סוף סה״מ תקס״ד ע׳ שנד). וראה לעיל במדור „שינויי נוסחאות״.

שער החנוכה

ער, א

להבין שרש ענין מזוזה מימין:

נמצא בשינויים בתו״א מב, ד (ביאור על ד״ה נ״ח מצוה להניחה כו׳ מזוזה מימין ונ״ח משמאל).

מאמר זה הוא מחנוכה שנת תק״ע (ראה סוף סה״מ תק״ע ע׳ רפה).

ערה, ג

מזמור שיר חנוכת הבית:

נמצא בשינויים בלקו״ת ברכה צז, ד (הנחת מהרי״ל אחיו של אדה״ז). ובשינויים בסה״מ תקס״ו ע׳ ק (הנחת הר״מ בן אדה״ז). והובא ג״כ בתוס׳ הגהות ושינויים בסה״מ תרל״ג ח״א ע׳ רסח ואילך.

מאמר זה הוא מליל א׳ דחנוכה שנת תקס״ו, בחנוכת הבית המדרש בלאדי (ראה אוה״ת פינחס ע׳ א׳ריב(3) [מהדורת תש״ס]: „בתורת חנוכת בהמ״ד דלאדי״). וראה עוד אודות זמן אמירת מאמר זה בסה״מ תש״ט ע׳ 91.

רעח, ג

רני ושמחי:

נמצא בשינויים בתו״א לו, ד ואילך. ובאריכות מכ״ק אדמו״ר האמצעי בס׳ שערי אורה, שער החנוכה כד, ב ואילך.

מאמר זה הוא משבת חנוכה שנת תקס״ו (ראה רשימת המאמרים בסה״מ תקס״ו בתחילתו).

שער הפורים

רפא, א

חייב איניש:

נמצא בשינויים בתו"א מג"א צה, א. ונו"א בשינויים בכתב־יד מס' 387.

מאמר זה הוא מפורים שנת תקס"ד (ראה סוף סה"מ תקס"ד ע' שמו). וראה לעיל במדור „שינויי נוסחאות".

שער חג המצות

רפד, א

ששת ימים:

נוסח אחר מהמאמר נמצא בסה"מ תקס"ד ע' פח ואילך. ובשינויים והגהות מאדמו"ר הצ"צ: סהמ"צ מצות חמץ ומצה (דרמ"צ כב, ב ואילך). אוה"ת פ' ראה ע' תשכח ואילך. תשדמ ואילך. אוה"ת ויקרא (כרך ב) ע' תלז ואילך [נדפס גם שם כרך ג ע' תשעה]. תמא ואילך. תמז ואילך. ס"ע תמח. וראה גם סה"מ תרכ"ז ע' רלג ואילך (הוצאת שנת תש"ס, וע"ש בהמ"מ). תרל"ה ח"א ע' רלה ואילך.

המאמר הוא מיום שביעי של פסח, והביאור השני הוא מליל אסרו חג, שנת תקס"ד (ראה סוף סה"מ תקס"ד ע' שמז). וראה לעיל במדור „שינויי נוסחאות".

רפט, א

ששת ימים:

נדפס גם בסה"מ תקס"ז ע' קיח ואילך. ונוסח שני (בשינויים והגהות) בלקו"ת צו טו, ד ואילך. ונוסח שלישי נדפס בסה"מ תקס"ז שם ע' קיז ואילך (הנחת הר"מ בן אדה"ז). וראה מאמר „להבין מפני מה שבשש"פ נאמר עצרת להה"א" בסוף סה"מ תקס"ז ע' שפה ואילך. מאמר זה באריכות הביאור נדפס במאמרי אדמו"ר האמצעי ויקרא ח"א ע' ריח ואילך.

המאמר הוא מימים האחרונים של פסח שנת תקס"ז. ונמצא בגוכי"ק אדמו"ר האמצעי [מספר 1196].

רצג, ג

עבדים היינו:

נמצא בשינויים בס' מאמרי אדה"ז עה"ת ח"ב ע' תקיג ואילך. והגהות באוה"ת על סידור ע' שעד וע' שעה. וראה אוה"ת ויקרא כרך א' ע' כט. כרך ג' ע' תשנט וע' תתנ.

נאמר בחגה"פ שנת תק"ע, בעיר ברדיטשוב (ראה סוף סה"מ תק"ע ע' רפח).

רצו, ג

והגדת לבנך:

נמצא בשינויים בלקו"ת צו יא, ג ואילך (הנחת מהרי"ל אחיו של אדה"ז, ומתחיל: להבין מ"ש בהגדה מצה זו). ובשינויים בסה"מ תקס"ה ח"ב ע' תלה ואילך (הנחת הר"מ בן אדה"ז). ובשינויים והגהות: באוה"ת ויקרא (כרך ג) ע' תשלא ואילך (מס"ד שם, ההגהות הם על לשון הסידור כאן) שם ע' תשלח ואילך. אוה"ת על סידור ע' שעו ואילך.

מאמר זה הוא מיום ב' דפסח שנת תקס"ה (ראה סוף סה"מ תקס"ה ח"ב ע' א'קטו). ונמצא בגוכי"ק אדמו"ר האמצעי [מספר 1194]. וראה לעיל במדור „שינויי נוסחאות".

שינויי נוסחאות

שו״ה	נדפס	שינויי כת״י
בבחי׳	כנ״ל	כלל
אדם	דעשיי׳	דעשי׳
באיזה	שהבריאה	שהבריאה ערך
יש	ערך	ליתא
קמ,ג		
דקליפה	כו׳	כנ״ל
ע״כ	הערלה	ערלה
שהוא	שהוא	שהיא
כנ״ל	ובזה	קטע חדש
לא	זה	מה
כלל	הנה יובן	הנה הענין יובן
בהסתר	ע״כ	וע״כ
וכמ״כ	ע״ד	עד״ז
	היא	הוא
ואמנם	דא״ק	א״ק
הפריעה	הוא	היא
הדקה	הגלוי	הגילוי
קמ,ד		
כ״כ	האיר מבחי׳	האיר בהם מבחי׳
זה	בלבד	בלבד וד״ל.
וזהו	וזהו	קטע חדש
בחינת	מלך	המלך
ואין	חסד	החסד
הנקר׳	דקו	בקו
בלבד	גם	ליתא
ומתלבשים	בחי׳	מבחי׳
וכיוצא	שלו	שבו
קמא,א		
החסד	כו׳	ליתא
עד״מ	אלא	רק
יעמוד	מצד כחו	מצד שבא כחו
קשה	הוא	ליתא
הוא	לבד	בלבד
ההילוך	ההילוך	להילוך
שרשו	החכמה	חכמה
דא״ק	תמן מ״ל תמן נצח כי	תמן נצח תמן מ״ל
כנ״ל	שהוא	שהיא
וזהו	וזהו	קטע חדש
דוקא.	דהנצח	דבנצח
קמא,ב		
שהוא	הארה	ההארה
בשבת	עשבים ותבואות	תבואות
הבירורים	בו׳ ימות	כו׳ בימות
כמו	בריאה	מבריא׳
כלל	כלל עליי׳	עליי׳ כלל
וב׳	המה	ליתא

שו״ה	נדפס	שינויי כת״י
קמא,ג		
עקבו	כנ״ל	כו׳
הוא	התוהו ותיקון	התיקון ותהו
ואין	שינוים	שינוי
וכו׳	נמוכים	תחתונים
שבתוכו	וכן כחות	וכן בכל כחות
קמא,ד		
אחת	ובין	ובין עור
שעל	שעל	של
	מכ״ז	ליתא
העולמות	הפרש בין	הפרש כלל בין
העולם	כולו	ליתא
	כנ״ל	כו׳
המה	כנ״ל	כו׳
	ענין	לענין
הברורים	החיצוניות	חיצוניות
כנ״ל	כנ״ל ומה שמחול	כו׳ משא״כ מחול
	לשבת יש	לשבת שיש
מבחי׳	דא״ק	א״ק

ד״ה ולא יקרא עוד את שמך,
הוגה מבוך 1001 כת״י מעתיק.

שו״ה	נדפס	שינויי כת״י
קמה,א		
חסר	שיתקן שיושלם	שיתוקן ויושלם
דבריאה	ויציר׳	ודיצירה
קמה,ב		
היות	היות	להיות
ליצירה	שנתהוו	שנתהווה
הנה	מתעלם	יתעלם
וההתעלמות	הנה בהכרח	הנה הוא בהכרח
המסך	העצם	העצמי
מעיקר	היציאה	המציאות
של	מאיר	מאד
קמה,ג		
מפני שבא	האלקית	האלקי
מפני בחינת	אלקי	האלקי
קדש	פי׳ בחי׳	פי׳ בין בחי׳
בבחי׳	פירוד	נפרד
בחי׳	משלשה	בג׳
קמה,ד		
מע׳	היא	הוא
וענין	לאחריהם	שאחריהם
שמע.	שיצוה	שמצוה
ענין	ההשתחוואה	ההשתחוואות
בתכלית	כו׳	ליתא

שו"ה	נדפס	שינויי כת"י
השני	הגבורה	גבורה
להחיות	העולם	העולמות
קמו,א		
מאיר	מאיר	מאירין
שבת	שבת	השבת
פי'	שנעשות	שנעשו
קמו,ב		
כו'.	אלהי	האלקי
שבת	אחר	אחרי
למעלה	שבין	בין
הי'	אלקית	האלקי
בזרעו	כריתת הברית	הכריתת ברית
קמו,ג		
כידוע	כידוע	ליתא
זרע	האלקי' כנ"ל	האלקי' כו' כנ"ל
השכל	שנתפס	שיתפס
והוא	היינו	והיינו
נאמר	העמי'	עמי'
קמו,ד		
וד"ל.	וזהו	קטע חדש
בחי'	בא	הבא
שיש	ויוציא	ויוציאו
וכו'.	וכו'.	כו'.
במו"מ	להם	להן
השניה	הטמא	טמא
קמז,א		
מורה	כו'	ליתא
האמיתי	המסך	ליתא

ד"ה להבין שרשי הדברים הנ"ל

שו"ה	נדפס	שינויי כת"י
עור	והיא	והוא
וסידרו	פרטות	פרטיות
קמז,ב		
שידוע	שיש	דיש
	פנימית ... חיצונית	פנימיות ... חיצוניות
וכח	פנימית	פנימיות
וגם	ואברי	אברי
	חיצונית	חיצוניות
מקבץ	להיו'	ולהיות
כו' והוא	והוא	והיא
קמז,ג		
כח	פנימים	הפנימי'
אז	וכמבואר בספרי	כמבואר כ"ז בספרי
כולן	פעולתם	פעולתן
כמו	בהמ"ק	בבהמ"ק
של	של מטה	שלמטה
חסד	שמבחי'	שבבחי'
קמז,ד		
מטעם	שיהא	שיהי'
כמבואר	ועתה	קטע חדש
שנעשה	בזו"נ	דזו"נ
מהו	חיצונית	חיצוניו'
בפני	פנימית	פנימיו'
ולא	החיצונית	החיצוניו'
בחי'	החיצונית	החיצוניו'
שמעתתי	שמעתתי	שמעתתא
קמח,א		
התגשמו	התגשמו	התגשמו'
מענין	מענין	בענין
החיצוני'	שיצא	יצא

ועשתה את צפרניה ע"כ נמצא בבוך 1001 מה, ב

ד"ה ענין המקוה,
הוגה מבוך 1195 גוכתי"ק כ"ק אדמו"ר האמצעי.

שו"ה	נדפס	שינויי כת"י
קנו,א		
עד	שונאו	ליתא
יוכל	לסובלו במוחו	לסבול שונאו במוחו
כו'	ומה שיש תענוג	וכשיהי' התענוג
	בהשכל'	בההשכלה
למעלה	וכאשר נשפע	וכשכבר נשפע'
תענוג	הטיפות הרוחניות	הטפה הרוחניי'
להיות	השפלות	השפלת
אלא	השכלות שכל	השכלת השכל
מראה	ע"י	ע"ש
קנו,ב		
הלבשה	יש	יהיו
שמעל	הארות	הארת
כו'	חיצוניות	טפ"ת
וכלא	והשנאה	ושנאה
עצמן	שהמים	המים

ע"כ נמצא בגוכתי"ק

ד"ה כוונת המקוה מהבעש"ט
הוגה מבוך 1084 כת"י מעתיק.

שו"ה	נדפס	שינויי כת"י
קנז,א		
הבעש"ט	שם	שילוב דשם
	עם המילוי	מן המילוי
קנז,ג		
א'	אלף	אות הא'
מיוחד	בפ"ע כו'	בפ"ע והוא נק' אות הב' במחשבה ועד"ז כל האותיות אבל האלף שייציר

תקע״א

להבין המשנה יו״ט
של ר״ה (רמ, ג) ר״ה

תקע״ב

להבין שרש ענין
הלולב (רסא, ג)

אחרי שנת תקע״ג

ועוד יש לפרש זכר רב טובך (מח, א)

המאמרים שלא נתברר לע״ע זמן אמירתם

בעת ההיא גו׳ חרבות צורים (קמא, ד)

תוס׳ ביאור למ״ש בלק״א פמ״ג (קנא, ג)

להבין כללות כוונת המקוה (קנז, א)

קדוש אתה ונורא שמך (רנ, ב)

שינויי נוסחאות

שו"ה	נדפס	שינויי כת"י
בהן	תחילתן	בהן תחילתן
ע"ז	ע"ז	ועי"ז
שבמדות	דמתדבקי	דמתדבקין
העגולים	בתוך	תוך
	שאומר	שאמר
דמתדבקן	כו'	ליתא
קעט,ג		
הללו	זהו	וזהו
העליון	כו'	כנ"ל
נהירין	נהירין	נהירו
	ונצצי	ונציץ
עצמו	הגם	ליתא
תעשה	ואין הבירור אלא	תעשה מלאכתך ומלאכה
	בבחינת מוחין	זו היא בחי' הברורי' הרי
		ידוע שאין הבירור רק בבחי'
		מוחין דיניקה ומלאכה
זו	שהן	שאין הבירור רק
		בבחינת מוחין
יומא	וסלקין	ליתא
טוב	יאיר	מאיר
מכל	פירוש	ע"כ, פירוש
במשוש	במשוש היד	ביד המישוש
בלתי	לארץ	על הארץ
בהעלם	ומורגש	ונרגש
קעט,ד		
יבנה	כידוע	וכידוע
המשכה	ההמשכה	המשכה
	להיות	להוות
מאין	כמו חו"ב	כמו חו"ב מאין ליש
	השפעה	השפע
בהעלם	בהעלם	כהעלם
בא"א	כך	כו' והוא
דא"א	נק'	הוא הנק'
והיד	והיד	ויד
כו'	כו' וכל	בכל
	טלא	הטלא
הא'	מתקן	המתקן
פי'	לידים	לידיו
כו'	תיקולי	תיקון
הטל	מעשה	המעשה
כפי	שבא	שבאה
לז	עד"מ	ועד"מ
	מלחלח	המלחלח
הארץ	לפי'	לפי פי'
הידים	הטל	הטלא
חח"ן	מתעורר	ע"ז מתעורר

שו"ה	נדפס	שינויי כת"י
השלימות	כמו	ע"י בחי' ההתכללות הזאת
		אז שורה ע"ז בחי' שלימות
		העליונה וכידוע גם זה
		בכל מקום שיש בחי'
		שלימות למטה
קפ,א		
אמת	והגם	דהגם
	דהטל	דהטלא
	דידים	דידים הנ"ל
כל	ההכלל	ההכללו'
למטה	הטל	טל
הזה	הזה	זה
שראשי	טל	ליתא
	משיך	דמשיך
סטרו'	סטרו'	סטרוה'
לפי	מ"י	ליתא
מים	ונביעת	שנביעת
	שמתכנסת	שמתכנסי'
קפ,ב		
נהר	שעדן	שהעדן
ליה	במשיכו דרחימו	
	ותיאוב	במשיכו ותיאובתא
נגיד	שלים באתוו	ושלים באתווהי
המרגליות	ממנו	ממנה
כו' כך	אתוו'	אתוון
בבי"ע	בבי"ע	דבי"ע
בארח	כו'	ליתא
	כבוד	כבודן
והאיך	והאיך ... עלאה	והאיך האי קריע
		נגיד האי טלא כו'
ואמר	אמר	ליתא
דמנצצי	דמנצצי מנהרי	דמנהרי ומנצצי שמים
		להאי כבוד,
	אתעביד	יתעביד
וגו'	וגו'	ליתא
	דא מן דא.	דא בדא ע"כ.
כללות	מהירות	מהירות כמ"ש
כו'	כו'	כו'.
וברחמים	לזה	לפשוט
קפ,ג		
דמאי	בחסד	ובחסד
מבריאה	הרי יסתעף	מסתעף
כמו	לחם	הלחם
הוא	בחי'	ליתא
כו'	באה	בא
למעלה	הקצוב	הקצוב לו

שינויי נוסחאות

שו"ה	נדפס	שינויי כת"י
דאור	מסטרא	ומסטרא
ברעותא	ידוע	כידוע
בחסדים	בחסדים	חסדים
יסוד	עליה	עליו
קפב,ג		
וגבורות	המה	הנה הם
וענין	יורה	הזרע יורה
הים	שרשפי אש	שהשפע
לאשקא'	לאשקא'	ולאשקא'
דלפי	דיסוד ז"א	יסוד דז"א
זה	בים	ים
שאין	בחינת	על בחינת
הים	מהיכן	מהיכן יש
דרך	לזה	דלזה
נמי	היינו	ליתא
קפב,ד		
בנוק'	שבין ארח לדרך	יש בין דרך לארח
ארח	והב'	ובב'
ספירות	הראשונים	הראשונות
ה'	האחרונים	אחרונות
שאור	ומה	(ומה שלפעמים תחשך הוא מחמת צל הארץ כו')
השמש	כלל	ליתא
רק	ושם	ליתא
קפג,א		
השמש	השמש	השמש מגיע בו כלל
וחלק	הראשונים	הראשונות
ההארה	ע"כ	וע"כ
ואין	שיקבל משם שהוא	שמקבל משם הוי' שהוא
הראשונים	הראשונים	הראשונות
כמ"ש	ואמר בזהר דאלקים	וא' בזהר דאלקים
שמאיר	שמאיר	שמאירה
	האחרונים	האחרונות
והעלם	ג"כ	ליתא
קפג,ב		
כמ"ש	עצמך	את עצמך
ההפרש	ההפרש	בהפרש
סיהרא	זהו ארח והוא	זהו הנק' ארח והוא
	לנוקבא	דוקא לנוקבא
כי	ההשפעה	ענין ההשפעה
בכל	ואזי	ואזי בזה
דלתתא	כו'	כנ"ל
קפג,ג		
נפיק	כו'	ליתא
(מלכא	(מלכא ד) שלמא	מלכא דשלמא
נהורין	ביה.	ביה ע"כ.

שו"ה	נדפס	שינויי כת"י
עד"מ	בעומק	בעומקו
ז"א	המגלה	הנגלה
בדיבור	לחשוב	חשב
כשלא	יבקע	נבקע
סתום	בכל	בכלי
קדישין	קדישין לאתנהרא	קדישין לאנהרא
	לנצצא	ולנצצא
קפג,ד		
שאמר	לאתנהרא	לאנהרא
	ולאתשקאה	ולאשקאה
ולנצצא	מיניה.	ליתא
המדריגות	המדריגות	היינו ענין ג' מדריגות
מתהווים	מתהווים	מתהווה
	מיני	ג' מיני
לי	ראש	ראש כו'
והמוחין	נתהווים	נתהווה
לאתנהרא	לאתנהרא	לאנהרא
דהא	יחד	ליתא
נפש	שע"י	שעי"ז
שבא	שבא בשבת	שבאה בשבת דוקא
דאימא	דאינון כו' דחמשין	דאינון חמשין
בחמש	בחמש תיבין כו'	חמש תיבין
	הא חמש	ה' תיבין
עדות	הא חמש	ה' תיבין
הא חמש	הא חמש	ה' תיבין
	הא חמש יראת	ה' תיבין יראת
חמש	הא חמש כו' הויה	ה' תיבין כו' והוי"ה
לקבל	עילאה	עילאה. ע"כ.
קפד,א		
ובחי'	ובחי'	ובבחי'
כדין	מתעטרין	מתעטרא
אימא	יסוד	בחי' יסוד
דוקא	ביסוד	בחי' יסוד
קפד,ב		
כו' וע"ד	ביומא דא	ליתא
ממקור'	ואינון	ושמים
מנהרי	כו' לכבוד כו'	להאי כבוד
כדקאמרן	כדקאמרן	ליתא
שאר	יומין.	יומין. ע"כ.
כנ"ל	מקבל	וז"א שנק' שמים מקבל
שאמרו	שאמרו שמים	שאמר ושמים
דא	ושלימו	ליתא
דקא	דקא נהיר	דנהיר
והוא	המאיר	היורד ומאיר
קפד,ג		
מענין	מענין	מאינון

שו"ה	נדפס	שינויי כת"י
שנקצב	בכח בחי'	בחי' כח
בהתלבשות	חסד	לחם
גבוהים	והתלבשות	התלבשות
החסד	שפע	ישפיע
קפ,ד		
יגזור	ויוכל	יוכל
במה	אחר	אחר שגם
מונע	דין	דנין
ושיהוי	כלל	כלל וכלל
	בדא	מדא
בחי'	בעליון	מעליון
ותחתון	ותחתון	לתחתון
אמר	הוא	הוא אור
שהן	והר'	והר' ברא בוכרא
נמשכין	עד	ועיין
נשמות	נשמות	הנשמות
קפא,א		
דילה	וכולהו	כולהו
אף	כליותי	ליתא
	אתקרי	אקרון
גופם	גופם	גופא
וד"ל.	ימים	ליתא
שבמ"ל	להיותם	ולהיותם
ע"ד	הזהר	בזהר
יחיה	ויו	דהא ויו
וזהו	וזהו חוה יחיה גם	וזהו חי' וחו"ה וגם
הכי	כו'	שית סטרין כו'
ולא	אמירו אהדר	אמירן אזהיר
ואין	רזא	ברזא
איהו	איהו	ליתא
	ולא אשתמעו	ליתא
אבל	דכתיב	ליתא
קפא,ב		
הא'	ישראל	הנק' ישראל
שמושך	גם	ג"כ
כמו	האהבה	אהבה
פירוש	דלא	לא
	ומזה הסיבה לא	ומזה הוא הסיבה
	משתמע	דלא משתמע
יוצא	ומים	מים
מורכב	ומים ורוח	מים רוח
אמר	רוח	ורוח
המוחין	אהדר	אזהיר
המורגש	ורוח	רוח
והוא	בחי'	ליתא
דיעקב	דיעקב	יעקב

שו"ה	נדפס	שינויי כת"י
קפא,ג		
ודבור	כנ"ל	וד"ל
משתמע	כלל	שם כלל
כמ"ש	דאהדר קרא עליו	דאזהיר קרא עלי'
משיכו	בני עלמא	ב"נ
קפא,ד		
הארת	הלב	ליתא
קום	במדות	ממדות
בבחינת	שלהם	הע"ס דאצי' שיש
		מציאות שלהם
משתעו	מ"מ	ליתא
דחול	כנ"ל	כו'
ובקצה	מליהם	מליהם,
ענין	יפרש	מפרש
האצי'	הבי"ע	הבריאה
מריש'	עד	ועד
קפב,א		
אשתמודען	בגין דלשמש	דלשמש
מהימנותא	בכל עלמא מאן	בעלמא ומאן
דנטיל	כמאן דנטיל	כאילו נטיל
לכולהו	לכולהו דרגין בגין	כולהו דרגין
	דשמש' איהו	בגין דאיהו
ע"כ.	השגת	שיהי' השגת
שפע	השפע	השפעה
כמו	כמו	וכמו
טוב	כמ"ש	וכמ"ש
	את	ליתא
	להיות	להיותו
האורות	האורות	אורות
ואיהו	אורם	אותם
לידי	לזולתו	לזולתם
	כמ"ש	וכמ"ש
בסמוך	בז"א	כד"א
המשכה	עצמית	עצמיות
ממש	דאתכליל	מפני שיסוד אתכליל
והוא	מחופתו.	מחופתו ישיש כגבור
		לרוץ אורח
	בזהר	בזהר שם
בכל	לתתא	דלתתא
קפב,ב		
איית	אית	אית לי'
	מאן	ומאי
דא	ועדן דא איהו	דהוא
הכלה	הכלה בחי' מקיפים	כלה בחי' מקיפים
	כנ"ל	הנ"ל
ישיש	לרוץ אורח	ליתא

שו"ה	נדפס	שינויי כת"י
	מרזא	ברזא
נטל	דנפיק	דנגיד ונפק
ודא	כו'	איהו
	כלא	כולא
כו' ואח"כ	ואח"כ אומרי'	אומרי'
גשמי	גשמי	גשמי שהוא בולט כו'
	השפע של השכל	השפע שכל
שמסביר	דבריו	דברי
בבחינ'	דוקא	דוקא כידוע
השכל	לפ"ע	לפי
קפד,ד		
והוא	חלל	חלל שקוע
שניהם	שניהם	ששניהם
סתם	וד"ל	כו' וד"ל
לאנהרא	לאנהרא	לאתנהרא
שזהו	בסדר	כסדר
בתחלת	בתחלת	בתחלה
לזה	מעתה	ועתה
קפה,א		
מתלבשת	היינו	דהיינו
שהטעמים	שהטעמים	דהטעמים
קפה,ב		
שנקרא	אבימלך	שאבימלך
ואין	ואין לה ערך	ענין קטן הערך
קפה,ד		
ולבתר	דאתפרשת	דאתפרש
מקבלת	כללי'	כללים
החיצונים	והוא	וכמו
עבדיו	בזה מקבלת	מקבלת בזה
איהו	לפרשא	לאפרשא
ימינא	יחודא	בחבורא
פירוש	שעלתה	שעלתה המל'
אזי	עם ז"א	בז"א
בעלה	איש	ליתא
בעלה	שמל'	שהמל'
דז"א	לפרשא	לאפרשא
עולה	למדות	במדות
ומתאחדים	ומתאחדים	ומתאחד
קפו,א		
מזעיר	בחינת	בבחי'
מקיף	סליק	סליק בעטרוהי'
תושבחתא	הא	ליתא
אוקימנא	אוקימנא אבל	ליתא
ביה	אתערו דחברייא דקא	חברייא
אתערו	אתערו שפיר איהו	
	דהנהו	אתערו בי' שפיר דדא

שו"ה	נדפס	שינויי כת"י
אתערו	אתערו בהאי תושבחתא	ליתא
וישרנה	ומה	ליתא
שירה	שירה הוו	דהוו
להוי"ה	כי נפלאות	ליתא
עשה	עשה רזא דא איהו	רזא דא כגוונא
דלעילא	דאינון חיות	דחיות
אינון	אינון	ליתא
	ואי תימא אמאי	ליתא
	כתיב הכא חדש	ואמאי חדש
דא	ודאי	ליתא
	איהו וחדש לא	
	אקרי אלא	ליתא
דסיהרא	כד אתנהירת	ליתא
שמשא	שמשא כדין איהו	
	חדש דא	שמשא ודא
איהו	חדש	חדש ע"כ.
יסוד	שמלובשה	שמלובש
ארון	וכידוע	כידוע
למטה	יחוד	יחוד כידוע
קפו,ב		
ומנושאות	נושאו	נושאיו
בחדתות'	הוא	הוא בא
קפו,ג		
לקבל'	וכו'	ליתא
במה	שפירש	שפשט
להעלות	להעלות	לעלות
לפרשת	לפרשת	לאפרשא
	כנ"ל ועד"מ	וכנ"ל עד"מ
מעלין	הדבור	הדבור בלי יתרשל
קפו,ד		
לסלקא	עליות	עליית
קפז,ג		
ואתא	ואקמוה חבריא	ליתא
תתאה	לגבי עלמא	לעלמא
	ביה איהו	איהו ביה
כולו	כולו	ליתא
	ולא	ליום השבת יומא עילאה
		שבת עילאה. ע"כ.
כתיב	כתיב מאן קאמר ליה	
	כמה דאוקימנא.	ליתא
דאצילות	שהוא	שהיא
ואדה"ר	ואדה"ר	(ואדה"ר
מזמור	וה'.	וה' כו' וד"ל)
		יום השבת יומא
	איהו כולו שבת	ליתא
חול	כולו'	ליתא

שו"ה	נדפס	שינויי כת"י
אינו	אינו נקרא שבת מצד	לא מצד
יומין	דמ"ל כתב ביה ותקם	דבמל' כתיב ותקם
וידוע	וכמ"ש	כו' וכמ"ש
כי	יורדין	יורדין לעולם
הם	כולו	יומא דכולא
קפז,ד		
הדברים	אין	אין או"א
שהוא	רק	רק בחי'
מאחוריים	מאחוריים	אחוריים
מ"מ	מתכוון	מתכוונין
כולו	כולו	ליתא
שמלובש	שלום	ליתא
דז"א	הוא	ליתא
קפח,א		
בחזה	וכמאמר	וכמאמר הר"מ
	דבלבאי איתחזי	דבלבא אנת חזי
אימא	אימא	אבא.
השבת	הא	דא
	דדכורא	דדכורא ע"כ
וכיוצא	עיקר	עיקר ענין
שהיראה	להיות	להיותה בבחי' מל'
הל"ת	היינו	הוא
קפח,ב		
טפל	הוא	הא
תתאה	וכגון האי כו'	כגון האי
וכגון	ואל	ויקרא אל משה
		וכגון ואל
	ולא	אלא
סליק	סליק ביה וכולה	ליתא
בנהורא	דשמשא	דשמשא ע"כ.
שאמר	שאמר	שאומר
נתקצר	המחשבה	במחשבה
אך	כשנתקצרה	כשנתקררה
קפח,ג		
כו'	חסד	כי חסד
כל	כל	וכל
קפח,ד		
אינון	אינון	אילין
	קודם	מקודם
פנימיות	דאו"א פנימיות	ופנימיות
מבחינת	וזה	וזהו

ד"ה מזמור שיר ליום השבת,
הוגה מבוך 1025 גוכתי"ק כ"ק אדמו"ר האמצעי

שו"ה	נדפס	שינויי כת"י
קפח,ג		
עליון.	הוא	ליתא
מתלבשים	מתלבשים	מתלבשים ויורדים
בבחי'	אבא	או"א
עליות כל	עליות	העליי'
הודאה	שהוא	שהיא
שנקרא	חסד	כי חסד
קפח,ד		
אומר	אומר	אומרו
	נגד	ליתא
קפט,א		
ושמך	מל'	כלי
ז"א	זולתי	זולת
בכל	ענן	עננא
יומין	אלא	ליתא
יסוד	שנקרא	לפי שהוא נק'
דהיא	דהיא	דהיינו
שולחו	ואמונתך	וזהו ואמונתך
קפט,ב		
הג'	כי	כי ג' אלה
מי'	כו'	עלי
נימין	וכו'	וכנ"ל

ד"ה נשמת כל חי,
הוגה מבוך 1025 גוכתי"ק כ"ק אדמו"ר האמצעי.

שו"ה	נדפס	שינויי כת"י
קצא,א		
דשריין	אשקי	ואשקיל
אית	פי'	וע"ד פרחא נשמתין
		מההוא חי העולמים
מבחי'	כל	של כל
היא	היא	היא בחי'
קצא,ב		
והוא	נקרא	הנק'
מכללות	כולו	כולם
הנה	כדמיון	כדמיון אדם
המוליד	של המשפיע	ליתא
כל	האברים	האברים של המשפיע
קצא,ג		
אלא	בחי' גילוי	בגילוי
בגידול	מכל זה	מזה
טיפת	יסוד	יסוד ז"א
	בטפה	בטפה זו
בחי'	כללית	כללות
המוחין	א"א וע"י	ע"י וא"א
כל	כו'	ליתא
שכל	בדרך קצרה	בקצרה
נפקין	פרטי	הפרטי
מאו"א	וא"א וע"י	וע"י וא"א

שו"ה	נדפס	שינויי כת"י
א'	הוא	ליתא
	בחושבן כו'	בחושבן י"ס
קצא,ד		
בקו	בקו	בצמצום בקו
וזהו	מההוא חי	מחי
דאיהו	והוא אשקי	ואשקי
לתתא	כו'	ליתא
זה	מתורץ	מתרץ
	לברך	לברך ולהשקות
הכח	הכח	יש הכח
מההוא	ממש	ליתא
מברכין	דנפקי'	דנפקין
מיניה	מברך	מברכי'
ומעילא	מכל	מתרין
השבת	כולם נכללים	נכללים כולם
הללו.	התחתון. ולפי'	תחתון. ולפי
צדיק	גם	ליתא
	יתברך	מתברך
קצב,א		
והן	הנקרא	הנק'
	כל	כי כל
	המ"ל	מ"ל
בחי'	הגופים	גופים
	זו"נ	דזו"נ
ולבושים	ותרומם	ותרומם למל'
אתברכת	אלא	רק
בחי'	מברך	מברכי
ביומא	משאר נשמתין	מנשמתין
כחושבן	כמה דאוקמינא	כדקא אוקימנא
דז"א	דז"א	כי ז"א
נקרא	נקרא	נקראת
שמו	ומה	מה
והמתברך	כמה דאוקימנא	כדקא אוקמינא
מ"ל	ומן	ועל דא מן
	שירה כים עד	שירה עד רבבו'
	מלפנים	פעמים
תמן	רזא מ"י	עד רזא דמ"י
קצב,ב		
חמשין	דהגם	שהגם
דאצי'	בבחי' צמצום	ליתא
	ליש	מאין ליש
מספר	אע"ג	ואע"ג
סליק	סליק חושבנא רזא	סלקא חושבנא עד
	מ"י	רזא דמ"י וד"ל
	ולהלאה	ליתא
דשרי	דשרי	שריא

שו"ה	נדפס	שינויי כת"י
	עלאה וכל שבחא דא	דאיהי דכולא
חזי	חזי	חזי ע"כ
לך	חושבן	לחושבן
	ועיין בסידור האריז"ל	(ועיין בסידור האריז"ל)
עד"מ	בבטנה	בה בבטנה
ואח"כ	גילוי	ליתא
	המילוי	המילויים
שממנו	שממנו נשמע	שנשמע ממנו
שכאשר	בו	ליתא
מטעם	לפרשו ולבארו	לבארו ולפרשו
המילוי	המילוים	המילוי
וממנו	מזה יובן	יובן מזה
וממנו	למעלה	ליתא
קצב,ג		
שעולה	בפרטיות	פרטיות
בחי'	בפרט היותר פרטית	בפרט את היותר כללי
פי'	המילוי	מילוי
ומסדר	ומסדר תושבחתא	סדורא דתושבחתא
	דמלכ' בגין	ליתא
	כיון כו'	כדין
אמר	חדא	כחדא
דזו"נ	חדא	כחדא
	לאתעטרא	לאתחברא
קצב,ד		
כו'	אל	ואל
בגופי'	בגו	ליתא
סדור'	סדור'	בסדור'
	ישראל	כנ"י
לתתא	לתתא אחידו	אחידין
	לאתרחקא	לאסתלקא
עצה	ולא יחזרו להאיר	ולא יחזרו ח"ו למטה להאיר
להם	כנ"ל	כו'
דאיהו	אילותי מה	אילותי לעזרתי חושה מה
איל	לההוא אתר	לאתרא
דשבקי'	דשבקי'	דשבקו
	לעילא לעילא	לעילא
אהדר	מעשה במחשבה	מעשה עלה במחשבה
וע"ד	וע"ד כד סמיך	ודא הוא סמיכת
	בעי	ליתא
מלמטה	פי'	ופי'

ד"ה נשמת כל חי,

הוגה מבוך 1025 גוכתי"ק כ"ק אדמו"ר האמצעי

שו"ה	נדפס	שינויי כת"י
קצב,ג		
נשמת	נשמת כל חי כו'	נשמת כל חי תברך את שמך כו'

שינויי נוסחאות

שו"ה	נדפס	שינויי כת"י
	שהוא	דהוא
קומת	חב"ד	מחב"ד
קצג,א		
שרש	מניצוץ שבישראל	מניצוץ האלקי שבישראל
וע"כ	נשמ' זאת	נשמ' יתירה זאת
הפנימית	חיצוני	חיצוניות
בשר	הגשמת	התגשמי'
קצג,ב		
ת"ת	בי"ס	ביסוד
תרומם	שע"י זה	שעי"ז
והב'	כו'	ליתא
להתלבש	וא"א	ואו"א
	העולם מעלמין	העולם ועד העולם מעלמין
ומבלעדיך	ומבלעדיך	פודה ומציל כו' ומבלעדיך
	פודה ומציל כו'	ליתא
המ"ל	כשמקבל	כשמקבלת
קצג,ג		
לנברא	לנברא	לבריאה
תולדות	תולדות	ע"ד תולדות
עד	להמשיך	להמשך
ויהוה	הנה	ליתא
בזהר	כתיב	דכתיב
תישן	והענין	הענין
והעולמות	בבחי'	רק מבחי'
בחי'	הנפש	נפש
שהוא	בכלל אין שם	בכלל שם לא יש
קצג,ד		
עינא	הנה	ליתא
כמאמר	הוא	ליתא
ע"ס	בח"ס	בבחי' ח"ס
גם	שאמר	שאומר
	הנה	ליתא
הסתלקות	דאו"א יש	דאו"א מז"א יש
נרדמי'	ויפל ה' כו'	ליתא
	תרדמה על	תרדמה נפלה על
העליון	יניקת	יניקות
יותר	מדאי מכפי	מדאי יותר מכפי
האחרונים	אלה	אלם
	מהם	ליתא
כמ"ש	מאלה	מאלם
קצד,א		
מלך	ה"ז	ה"ז נק'
דלא	ישנים	לישנים
לשון	האלקים	האלקי
שהוא	שהוא הדבור	שהוא בחי' הדבור
ומתיר	הזכיר	זכר

שו"ה	נדפס	שינויי כת"י
בהן	בעשיה	ובעשי'
אור	דנוגה	בנוגה
	עד"מ הנופל	ליתא
כמ"ש	שמשיח	כמ"ש בר"מ שמשיח
ירידת	אלקי	האלקי
קצד,ב		
מתעלם	מתעלם	מתעלמים
לכפופי'	דבריא'	דבריאה והיינו דוקא אחר שמשיח לבחי' אלמים שבמל' המקור לכללו' בי"ע כנ"ל ולכך זכר תחלה משיח אלמים
בכלל	גם מתיר	מתיר גם
חוזר	שנזכר	שזכר
תחלה	ישנים	לישנים
דוקא	המ"ל	מ"ל
אל	כו'	וא'
דשחרית	נגד	לנגד
שחרית	ומנחה	ליתא
	וערבית.	וערבית וכו'.
מבחי'	ויהיה	ליתא
ההודאה	שלמעלה	שהוא למעלה
להודות	לך כו'	ליתא
	אלפים	ליתא

ד"ה יגלה לן טעמי,

הוגה מבוך 1196 גוכתי"ק כ"ק אדמו"ר האמצעי.

שו"ה	נדפס	שינויי כת"י
רב,ג		
להבין	מה	מהו
ומילוי	כפילא	כפילא וכו'.
	יש להבין	הנה תחלה יש להבין
הכבד	מקבל מן הדם	מקבל הדם
בקיבה	המובחר	והמובחר
רב,ד		
אורה	שהנפש	נפש
לפני	מלך מלך	מלוך מלך
דאצילות	באני	בני
וידוע	כמאמר יתוש	דאפילו יתוש
רג,א		
אדם	אדם	האדם
כענין עד	וכמ"ש	וכמבואר כל זה
עולה	הנה ידוע שהוא	אבל בשבת הנה ידוע דאינו זמן הבירורים לברר רפ"ח כו' כי כבר נבראו כולם בימות החול ע"י ל"ט

שו"ה	נדפס	שינויי כת"י
		מלאכות כמו ששנינו
		במשנה בסידורא דפת כו'
		וע"כ מלאכת בורר אסור
		בשבת והטעם הוא כי
		בשבת הוא זמן
העולמות	להוי"ה	להיות
במעלה	נמצא	ונמצא
אכילות	מבוארים	המה מבוארים
רג,ב		
נפשו	כי מ"ל	כי בחי' מל'
נפשו	ה' בנפשו	ה' בנפשו כו'
אז	אז	אזי
ובטן	כי כל	כי הנה כל
ויקיאנו	שמקבלים	אשר מקבלים
מכפי	מכפי שנמדד	מכפי קו המדה
		הנמדד
בלע	בלע	ליתא
	הרבה	הרבה בלע
שנפל	מעה"ד	דעה"ד טו"ר
בכל פרטי	ז' מדות	הז' מדות
באורות	מחזק	מחזק הוא
אכילה	אכילה	האכילה
בתאוות	ר"ל	ליתא
בתאוו'	וכיוצא בו	וכיוצא כי
דקדושה	מפני	מחמת
נפש	נפש	הנפש
	ואם אינו	ואם לא
ועוז	ר"ל	ליתא
רג,ג		
ובכל זה	פ' יתרו	פ' יתרו (דפ"ז ע"ב)
כתיב	כתיב	קא'
	לא קאמר	לא קאמר ע"כ
		תוכן המאמר
ע"ד	הבירורים	הבירור
בלבד	מותר ביו"ט	מותר ביו"ט כי ביו"ט
ביו"ט	וזריתי על פניכם	וזריתי עליכם
בחוש	אין לפניו	לא יעלה לפניו
לכל המורדים	יאהב גם את שונאיו	גם שונאיו יאהוב
כו' והעני	והעני שורה	והעני הוא שורה
רג,ד		
עליו	נמתקים כל הדינים	נמתקין כל הדינין
בחגך	לפני ה' וכו'	לפני' כו'
	אתה	וכתיב בשמחה זאת אתה
	והגר והיתום	והגר והעני[1]

1) נתקן בגוכתי"ק כ"ק אדמו"ר הצ"צ.

שו"ה	נדפס	שינויי כת"י
לפ'	נמתקים	נמתקין
הדינים	הדינים	הדינין
כתיב	וזריתי פרש	וזריתי עליכם פרש
במאכל	ע"הד	עה"ד
אחר ויש	מכח	מבחי'
הבירורים	דע"הד	דעה"ד
מאחר	מע"ד	מעה"ד
דבתריסר	נהמי	נהמא
נהמי	נהמי	נהמא
	אדם	האדם
והנה יש	מיני מלויין ביודין	מלויין א' במילוי יודין
	בההין	וא' במילוי דההין
רד,א		
מן ההעלם	כשצריך	כאשר צריך
דבורים	כמו שיצטרך	וכמו כאשר יצטרך
	צ"ל	לומר
שכולו בא	כו' רק	כו' אלא רק
מל'	ה'	דה"א
רד,ב		
דבתריסר	נהמי	נהמא
מן בחי'	מן בחי'	בחי' מן
יראו	יראו כו'	נראה אתה כו'
יראו	עצמות	העצמות
גילוי	לבד	בלבד

ד"ה והיה מידי חדש, הוגה מכתי"ק מעתיק.

שו"ה	נדפס	שינויי כת"י
ריא,א		
עליונות	שנמשכים	שנמשכו
נמשכין	נמשכין	שנמשכים
ריא,ג		
כו'	ברפ"ח כו'	ברמ"ח מ"ע
ריג,א		
בבחי' יחוד	ואמנם ענין	ב)[2]
ריג,ב		
ועתה יש להבין	ועתה יש להבין	ג)[3]
ריג,ג		
ושבת בשבתו	והנה שורש	ד)[4]
ריג,ד		
וזהו והיה	וזהו	ה)[5]

2) = סעי' ב.
3) = סעי' ג.
4) = סעי' ד.
5) = סעי' ה.

שינויי נוסחאות

שו"ה	נדפס	שינויי כת"י
ריד,א		
ושרש ענין		
שמש	ושרש	ו)[6]

ד"ה ת"ח בשעתא דישראל לתתא משבחים
הוגה מבוך 1025 גוכתי"ק כ"ק אדמו"ר האמצעי

שו"ה	נדפס	שינויי כת"י
ריז,א		
זהר	זהר אמור	להבין מאמר הזוהר (דף צד ע"א) ת"ח
נמשל	אחר כך	כו' ואח"כ
	יתבאר	יתבארו
ענין	הנה	דהנה
שבת	שבת	השבת
	כמ"ש	וכמ"ש
עונג	כו' אין	כו' ובעדון העונג הזה אין
הוא	שמחה	השמחה
	כמ"ש	וכמ"ש
וכלל	ולא	ליתא
דבר	ואין בו	ואינו
לעין	ובתנועת	ובתנועות
והעונג	והשמחה שרשה בבינה	ליתא
נקרא	כידוע הפסוק	כידוע בפי' הפסוק
השכליות	מהשגה	מן השגה
עדיין	יוכל	יוכלו
הוא	הוא	ליתא
בהעלם	שהוא	שהיא
ריז,ב		
בלב	למקור והוא הנק'	למקור זה והוא נק'
אלא	החכמה	דחכמה
בבחי'	ונכלל	נכלל
והתענוג	והתענוג	והעונג
	ואין התגלות רק	ואין ההתגלות רק
	בשמחה	שמחה
אלא	נקרא	הוא הנקרא
למלכא	כנ"ל ויובן	כו' יובן
במדה	זולתה במדת	זולתה כי במדת
יגזור	לענוש	לעונש
להיות	להיות	להיותו
כתר	כתר	הכתר
במדות	הוא	ליתא
וכמ"ש	האור	אור
ריז,ג		
אלהים	לבד	בלבד

6) = סעי' ו.

שו"ה	נדפס	שינויי כת"י
	והנה	הנה
המדות	לאחר	אחר
הויה	הנה	כי הנה
לי'	בבחי'	בחי'
	ובבחי'	בבחי'
האריז"ל	נמצאו	מצאו
במדות	במדות	במדת
פרצוף	פרטי ופרטי	פרט מפרטי
גבורה	במדות	במדת
הגבורה	בין	מבין
שניהם	שונים	ושונים
כו'	כו'	כנ"ל
האריז"ל	ז"א דהיינו	ז"א דוקא דהיינו
נק'	בכלל	ליתא
תליא	נקרא	שנק'
ריז,ד		
פרט	פרט	ובפרט
לפעול	לפעול	ולפעול
מכל	בלי	מבלי
דוקא	דוקא יחד	יחד דוקא
כ"ז	שהוא	שרש
ולא	וא"כ מה	וא"כ לפ"ז מה
ז"א	שם	בשם
מובדלים	כו'	וכנ"ל
זולתו	הנקודים	העקודים
כו'	זמ"ז	זה תחת זה
ו'	ששרשם מבחי' ששת	ששרשם א ששת
פנימיות	פנימיות	הפנימיות
נעשה	דבי"ע	בבי"ע
בבחי'	בע"ח	בעשרה מאמרות
רקיע	דמאמר	שמאמר
המים	תחתונים	התחתונים
וצמצום	ההתגלות	הסתלקות
וחבור	ב'	הב'
	האור	מאיר
ריח,א		
עשה	לא שייכות קשר	ואין שייכות וקשר
ג"כ	והוא	הוא
	הנ"ל	ליתא
הללו	דבכל	שבכל
בהם	הא' מאיר	הא' בשבוע מאיר
זמ"ז	זמ"ז	זה תחת זה
ובכ"ז	יובן	ליתא
שבין	שבת	דשבת
רגלי	עד"מ	ע"ד דוגמא
	דכל	בכל

שינויי נוסחאות

שו"ה	נדפס	שינויי כת"י
	האור ושפע כלי החסד	דאור ושפע כלי חסד
דאצי'	ויורד	וירד
דעשי'	הגשמיות	הגשמיים
הרי	גשמיות	גשמי
גשמי	הפירוד	פירוד
התכללו'	וכאשר אינו	וכאשר אין בו
	בחי'	מבחי'
באותו	דחול	החול
	שושבינא דמלכא	שושבינא דעאל למלכא
כך	יום	מיום
דז"א	שהוא בבחי' התכללות	שיש בו בחי' ההתכללות
	הוא	והוא
דבבחי'	התכללות	ההתכללות
ב'	שמאיר	שיאיר
	עצמעות	עצמיות
כו'	שישראל	דישראל
ההתכללות	דווקא וע"פ	דווקא (וע"פ
	רמ"ק	הרמ"ק
ריח,ב		
בחי'	האמצעי	האמצעי)
עליות	כללות	וכללות
	מבחי'	בבחי'
אלא	א"צ	שא"צ
לא	דילי' והוא	דילי' הוא כו' והוא
קדוש	מקדש	אקרי כו'
	במ"א וד"ל	במאמר זה
בחי'	הנ"ל	ליתא
ענין	ענין כללות	כללות ענין
פנימיו'	להוי' כו'	להוי' דוקא כו'
ולהבין	זה הדבר	דבר זה
ולהיות	כו' וכאשר	כו' ואח"כ כשגמר המלאכה ושובת ונח מכל כחות נפשו שנתפשטו תחלה הנה אזי יתבונן בשכלו ותבונתו בכל המעשה אשר עשה אם טובה היא ומהודרת לפי אופן הנאות לו כו'
הוכשר	הוכשר	הוכשרה
והנה	מכל	מכלל
בעצמות	בעצמות	הוא בעצמות
מכחות	נפשו	הנפש כלל
	אך מ"מ	אך הנה מ"מ
	יש בחי'	יש לו בחי'
מלאכתו	ממנו	ממנה
להתעורר	להתעורר	ויתעורר
ועצמות	כנ"ל	וד"ל

שו"ה	נדפס	שינויי כת"י
ריח,ג		
וקראת	כו'	וכנ"ל
	בסיבת	מסיבת
וראה	אזי	ואזי
ועצמות	בבחי'	בחי'
כו'	כו'	כנ"ל
אף	להמשכות	להמשכת
הפרטי	ענינם	ענינו
המלאכה	שהוא	שזהו
אלא	התכללותה	בכללותה
עשה	וכ"ז	ובכל זה
כו'	כו'	ליתא
	יומין	יום
	כו'	כנ"ל
היומין	אבא דוקא	אבא ואז דוקא
ואז	ואז דוקא	ליתא
חול	גם	וגם
הזמנה	הזמנה כמו	הזמנה הוא כמו
פסח	סכות	וסוכות
	בחי'	בבחי'
ריח,ד		
הפסח	שהוא החסד	שהוא בבחי' החסד
	הוא	הי'
אתעדל"ת	אתעדל"ת והוא	אתעדל"ת דוקא והוא
	עבודה	העבודה
חייהם	ובזה	בזה
אמנם	אמנם	ואמנם
בא	דקדישא וקיימא	ליתא
אבל	אבל ביו"ט	ויו"ט
ישראל	והזמנים.	והזמנים כו'.
כו'	באה	בא
סיבה	בבחי'	בחי'
שו'	אלא שביו"ט	אך ביו"ט
בקבלת	הזמנים	זמינין
סוכתה	כידוע	וכידוע
יו"ט	והלא	הלא
הת"ת	ב'	מב'
	כו'	כנ"ל
לענין	פנימיות	הפנימיות
ת"ח	כו' מסדרין פתורא כו'	ומסדרי פתורא
במאני	במאני יקר	ומאני יקר כו'
קוב"ה	אמר אושפיזא	אמר לון אושפיזא
שעושין	בשביל כבודו	בשבילו
ריט,א		
ובלבושים	ובלבושים	ולבושים
כו'	ואור אימא בז"א כו'	ואימא

שינויי נוסחאות

שו"ה	נדפס	שינויי כת"י
ביום	דביום החול	שביום חול
מקדש	לכך	ולכך
מאור	מאור	אור
דקדש	וכו'	ובג"כ
ודאי	ודאי	ליתא
הנשמות	הנשמות	נשמות
שהם	שהם	שהמה
ידוע	דמחשבה	במחשבה
וז"ש	לכך	ולכך
אחים	דלהון הוא	הוא דלהון
כו'	דשבת לאו	דלאו
הוא		ליתא
	ירותא דיליה הוא	דיליה הוא ירותא
	ירותא דקדש הוא ירית	דקדש הוא כו'
לז"א	לז"א	בז"א
כו'	כו'	כנ"ל
	הוא כח	ליתא
	בעצמותו	בעצמו
ע"י	כנ"ל	כו'
	עליות	עליית
אביו	המשל הזה	משל לזה
דילי'	היינו	והיינו
	מ"ש בתרי	מ"ש לאו בתרי
	ועוד	ואמר עוד
אמר	אמר	ליתא
הוא	לון	ליתא
ריט,ב		
מקדש	בחינת	ענין
	המה הג'	המה בחי' הג'
	שרשם	בשרשם
דז"א	חביבי דנפשי ויחידאי	חביבא דנפשי' ויחידאה
כי	העולמים מטעם	העולמים כולם מטעם
מי	הוי"ה רצונו	הוי"ה כו' רצונו
	עד"ז	ע"ז
האופן	לפ'	לפסוק
אלהים	אלהים	ליתא
	וכה"ג וא"כ מ"ש	וכה"ג א"כ מהו
	בלשון	שאומר לשון
אלים	בחי'	דבחי'
	אחדות	האחדות
שבחסד	ספי'	מספי'
נמחקין	שם	ושם
	כמ"ש חסד	כמ"ש כי חסד
מיוחד'	באה	בא
לשם	נבדלת	מובדלת
רבים	כו'	כנ"ל

שו"ה	נדפס	שינויי כת"י
	דשם	ששם
	ההתכללות שהוא	ההתכללות כנ"ל שהוא
נקרא	נקרא	הנקרא
	לעליון ע"כ	לעליון כנ"ל ע"כ
דקודש	אתתקף	דאתתקף
באותו	עלו	עלה
שקדם	אותה	אותו
ששת	אמאי	מ"ט
אשתכח	מקדש:	מקדש, ע"כ,
פי'	אמאי יומין דחול	מ"ט יומין חול
ריט,ג		
וא"כ	שמתלבשים בבי"ע	שמתלבשים דז"א
		שמלבשים בבי"ע
דחול	דמלאכה	מלאכה
	הם	המה
שליח	שליח והוא מט"ט	השליח והוא בחי' מט"ט
מט"ט	בחי'	הנק'
הייתי	ופסוק זה שרו	זה אמר שרו
במ"א	יומין דחול	יומי חול
והנהגות	הנה אנכי	הנני
שולח	מלאך	מלאכי
אור	אור	ענין אור
	העליונים	עליונים
מקבלים	ולכך חסד ח"ס	ולכך נק' חסד כלומר ח"ס
לעוצם	כמ"ש	כו' וכמ"ש
במ"א	וזהו קדש	וזהו שאמר קדש
וז"ש	באור	האור
אשתכח	נטירו ר"ל	נטירו כו' ר"ל
ריט,ד		
שהתחיל	שהתחיל	כמו שהתחיל
	תלתא	דתלתא
תלתא	תלתא	להבין בתוס' ביאור בענין
		המאמר הנ"ל המתחיל תלתא
	זמינין	דזמינין
	והנה	דהנה
נקראים	זמינין	בזימון
נמשך	מקראי	מקרא
והוא	עד"מ	ע"ד
אליהם	מרז"ל	מדברי רז"ל
ידוע	מדרשו דר"ע	מדרש ר"ע
תקראו	אותם אפי'	אותם אתם אפי'
	אפי' אנוסים כו'	ליתא
הקריאה	ישראל וצריכים	ישראל היא וצריכים
	היא	ליתא
למי	עד"מ	ועד"מ
אך	בפי'	דפי'

שו"ה	נדפס	שינויי כת"י
	שהן	שהמה
אל	הנקראים	שנקראים
	המזמין	המזמינם
ומ"ש	לקדש הענין	לקדש כו' הענין
שבחי'	תחלה	בתחלה
והבאה	היא	זוהי
ע"פ	למלך דזמין למשרתיו	במלך שמזמין לשריו
	הנה	דהנה
ודאי	ודאי	בודאי
ומרומם	לגמרי בערך	בערך לגמרי
המה	הוא	היא
מעלות	מעלות	מעלת
במקומם	פנימי ונקראו	פנימה ונקראי'
המלך	המלך עליה	המלך כו' עליה
	הוא	היא
כו'	כו'	כנ"ל
	הם שרים למטה	שרים
		עליונים למטה
עכ"ז	עכ"ז	כו' עכ"ז
מביר'	בכל	דכל
רכ,א		
מלכי	מלכי	מלך מלכי
עד"מ	עד"מ כמו	כמו עד"מ
קדש	שנמשל לברא כו'	שהמשיל למלכא
		דה"ל ברא כו'
וד"ל	וד"ל	ליתא
	ממלכ' דמשכנו	ומלכא משכנו
בחכמה	בחכמה כמ"ש	בחכמה דוקא וכמ"ש
דקדש	שלח	שולח
	שלוחי'	השלוחי'
בסנהדרין	דוקא	ליתא
ויקדשו	חג	לחג
אך	הוא דסנהדרין	הוא משום דסנהדרין
אם	עדת	העדה
הכלל	בכ"מ	בכל מקום
	ג"כ בחי'	גם מבחי'
ישראל	שזה	שזהו
כמו	כמשלחו	כמשלח
לכל	לכל הדינין לכך	בכל הדינים ולכך
	בכ"מ	בכל מקום
של	וא"כ מי	וא"כ לכאורה מי
	ישוה	ישתווה
העליון	לדבר	בדבר
	שאחר	אחר
המשלח	ודאי	בודאי
	השליח	השליח בחי'

שו"ה	נדפס	שינויי כת"י
רכ,ב		
יש	כו'	הנ"ל
וגבוהים	ששלוח	שנשלח
הצריכה	כל	וכל
שנבראו	שרשם מבחי'	שרשם הוא מבחי'
גם	מהיפך להיפך	מהיפוך להיפוך
וידליק	שצרופי אותיות	
	המאמר	שהצרופי אותיות המאמר'
כולם	כו'	כנ"ל
דהיינו	דהיינו	והוא
	המאמר	המאמרות
שהחומץ	ידליק ועד"ז	ידליק וכו' ועד"ז
	נהרא חלוק כו'	חלוק לי' נהרא כו'
ולכך	סדר	סדרי
בדבר	כו'	כנ"ל
	ליום	יום
	לזמן	בזמן
	אחר ואין	אחר וכיוצא ואין
שהוקבע	שראוי	שהי' ראוי
להיות	כמותו וכאלו	כמותו ממש וכאלו
קדש	מזמן	מזמין
על	מקדש לחול ומחול	מחול לקדש ומקדש
	לקודש	לחול
ע"ד	הנ"ל מי	הנ"ל בענין מי
	וידליק	ליתא
אמתי	אמתי	האמתי
וכמ"ש	קדשוהו	קדשינהו
אשר	אתם דוקא מטעם	אתם דוקא ומטעם
ר"ח	ר"ח אמר	להבין בתוס' ביאור
		במאמר הנ"ל (בפ'
		אמור ד' צ"ד ע"ב
		מ"ט אקרון יומי מלאכה
		כו'; ר' חייא אמר
עלמא	ולפ"ז	דלפ"ז
	הם	המה
אלא	שם	גם
בחי'	האצי'	אצי'
ימי	חול	ח"ו
רכ,ג		
לא	מ"ט	מ"מ
עבידתא	עבידתא שאינם	עבודה שאינה
שהיו	אומר	אומרי'
דחכמה	ויובן ע"ד	ויובן זה ע"ד
לו	רחמנות	לרחמנות
נמשכי'	נמשכי'	נמשכו
מבחי'	מבחי' כלי	מכל בחי'

שו"ה	נדפס	שינויי כת"י
	השכלי	שכלי
והוא	להיות	להיותו
רכ,ד		
פי'	ע"ד	עד
דז"א	דז"א	ז"א
וכמ"ש	באורך	ביאורו
ירידת	למטה בו'	למטה בכל בו'
אבא	ובכ"ז	ומכל זה
מפורדין	כנ"ל בשבת	בשבת כנ"ל
דשם	אורות לו' יומין	או"מ ליומין
יומין	ניתרץ	תירץ
	דהבדלה	דההבדלה
בין	ביומי	ביומין
ביניהם	כו'	ליתא
אמר	אמר	[שם] אמר
שבמדות	קדושה	קדושת
רכא,א		
שיש	לעלות	לעלותו
מעטר	שאז	שלו
יש	היכלא	ליתא
פנימיות	שאור השמחה	שאור זאת השמחה
גילוי	גם ביכולת	ביכולת גם
דזווג	בימות	ביום
רכא,ב		
השבת	בין יעקב	בין בחי' יעקב
	וישראל	לישראל
תתאין	(הנקרא יש"ס ותבונה)	ובזווג ישראל ורחל
	ובזווג ישראל ורחל	(הנקרא יש"ס ותבונה)
מבחי'	במ"א	ליתא
ובע"ח	ובע"ח	בע"ח
הוא	הוא	שהיא
ישראל	ישראל והנה	ישראל ישר א"ל והנה
	סוף העולמות	מסוף עולמו'
דווקא	ות"ח	והת"ח
לבד	לבד	בלבד
חדוותא	פנימי עד"מ	פנימי כמו עד"מ
למטה	גילוי פנימיותו	גילוי בחי' פנימיותו
	אורות	זה דאורו'
כו'	לעילא	ליתא
קדש	אורות	אור
רכא,ג		
הוא	ולהיות	ולהיותו
מוחין	בהעלם	בבחי' העלם
דענינם	דענינם	שענינם
ענין	הוא	ליתא
מאיר	בגבורה	בתורה

שו"ה	נדפס	שינויי כת"י
אמנם	אמנם	ואמנם
האהבה	נתעורר העונג	נתעורר כח העונג
רכא,ד		
לקוב"ה	כו'	כנ"ל
אמר	אמר	[שם] אמר
השבת	בחינת	בבחי'
על	על גבורות	על בחי' גבורות
הגבורות	גבורה	גבורו'
לבד	לבד	בלבד
דוקא	והיין	והאי יין
השכל	שיתנהג	שיתנהגו
ולכך	מלכא שהוא	מלכא טפי שהוא
הוא	הוא בא	היא באה
המ"ן	המ"ן	מ"ן
רכב,א		
זכאי	שכל וטעם	השכל והטעם
ולזכות	ולזכות	או לזכות
שלמעלה	הוא	והוא
בחי'	שבתורה	אשר בתורה
והוא	להיות העלאת	להיות פעמי' העלאת
והמשכות	מ"ד לפעמים	מ"ד כך לפעמים
בין	לא	לא כו'
כאן	כנ"ל	כו'
לשכל	להנהיגו	להנהוג
רכב,ב		
ולמ"ד	דצלם בופרוס	דצלם (בברכו השני) ופרוס
	עלינו	עלינו כו'
דודיך	הסוד	סוד
בחדש	בחדש	ובחדש
הנה	הוא	שהיא
פתח	אצי' האהבה	אצי' והוא האהבה
והדביקות	וכנודע	ליתא
לאעלא	לאעלא לכנס	לאעלא לי לכנס
לפרש	פנימי	פנימי'
הוא	בזוהר	בהיפוך
לר"ח	לר"ח	במאמר דר' חייא
	בתיב'	בפי'
	טעם הדברים	טעם ושרש הדברים
והסגר	שכולא	דכולא
מפני	דקו	ליתא
סגירת	וא"כ סגירת	וא"כ אין סגירת
	אינה	ליתא
וצמצום	להיות	שהרי מי
רכב,ג		
הנפרדים	הם	ליתא
לאזדווגא	לעלמא	לעלמין

שו"ה	נדפס	שינויי כת"י
לעלמין	והיינו ויהיה	והיינו משום דלע"ל כתיב
		ואת רוח הטומא' אעביר כו'
		ובלע המות לנצח כו' ויהיה
טלא	שמאיר	שהוא מאיר
ענינם	חטאת כו'	חטאת דפרה כו'
רכב,ד		
פי'	שזהו	שזה היה
פסח	בנ"י	כללו' נ"י
שנק'	שרש	שורות
נעשה	נעשה	נעשו
	שרש ההשתלשלות	שרש התחלת ההשתלשלות
ג"ר	בין	סגול העליון והוא כמו
		המשקוף ושתי המזוזו'
		הכתר למעלה וחו"ב תחתיו
		כו' וכן בז"א הת"ת עיקר
		למעלה ונצח והוד תרין
		ירכין כו' ונק' סגול התחתון
		כמ"ש בפרד"ס וגם בכללו'
		בחי' התיקון הרי הוא
		בבחי' ב' הקוין

ד"ה אני לדודי,

הוגה מבוך 1196 גוכתי"ק כ"ק אדמו"ר האמצעי.

שו"ה	נדפס	שינויי כת"י
רכה,ג		
אני	הוא	ליתא
	הנה י"ג	הנה בחי' י"ג
שנק'	בזהר	ליתא
רכה,ד		
בזהר	כו'	לשושנה
כו'	המתחילות	המתגלות
בששנים	הן ארבעים	הנה הארבעים
רכו,א		
בהר	משה בהר	להר
לוחות	שעמד היו	שעמד בהר היו
למעל'	כמ"ש	וכמו שאמר
יום	בהר	ליתא
הראשונים	ברצון ופי'	אף אלו ברצון ופי'
	ברצון מפני	ברצון היינו מפני
י"ג	שאינן	שאינם
מדה"ר	בר"ח	מר"ח
התגלות	התגלות	התגלותן
שיהיה	התגלות י"ג מדה"ר	התגלותן
בר"ח	בר"ח	מר"ח
	שאין	דאין
שנשאלו	שנשאלו תלמוד	שנשאלו אם תלמוד
	גדול וגמרו	גדול ונמנו וגמרו

שו"ה	נדפס	שינויי כת"י
דתלמוד	דתלמוד	תלמוד
	סותר	כסותר
דכתיב	הלא	ליתא
	דמשמע	דמשמעו
היינו	בחי'	מבחי'
א'	א'	אחר
	יקריה בלבד	יקריה זיו בלבד
בטובו	יצוייר מניעת	היה מונע
והתלבשות	את	הזאת
וגם	יש דצח"ם	יש ד' מדריגות דצח"ם
הצומח	גבוה	גבוה כו'
מלא	הוא	ליתא
אבל	שסובבו	סובב
ומקיפו	ומקיפו	ומקיף
	מלמעלה אלא	מלמעלה ולא למטה אלא
רכו,ב		
ממש	ממש	ליתא
	מעלה מהשתלשלות	מעלה מבחי' ההשתלשלות
ועלול	ממכ"ע	ממלא
מעצמותו	מעצמותו כמ"ש	מעצמותו בלבד כמ"ש
וכמ"ש	שנאמר	שאמר
	מכה"ע	מכה"כ הנה
כבודו	כבודו	כבוד
ל"ב	החכמה	חכמה
בחוכמתא	בחוכמתא וזהו	בחוכמתא כו' וזהו
דכל	התורה	התורה נתלבשה
חיים	עליונים	העליונים
שמתי	לעמלא	עמל
נשפע	לנפשו כמו	השגה זו בנפש המשגת
		בבחי' אור וחיות פנימי
		בפנימית הנפש כו' וגם מי
		שאינו מבין הרי צירופי
		אותיות שבתורה הם
		לנפשו כמו
או"מ	לבוש	ליתא
וע"כ	וע"כ אנו	וע"כ הרי אנו
הוא	שעה והלבושים	שעה יהי' והלבושים
מבחי'	מקיפים	המקיפים
	הנה מבחי' כ"ע	הנה המה מבחי' כתר
	שהוא בחינת	עליון שהוא בחי'
המצות	עצמן	עצמה
	כ"ע	כתר עליון
בחי'	אינו	שאינו
	או"פ כנ"ל	או"פ כלל כנ"ל
רכו,ג		
התורה	שהוא	שהיא

שו״ה	נדפס	שינויי כת״י
הוא	מעשה הגשמי	מעשה הגשמיות
	להיות ע״י	להיות על ידה
זה	ע״י אא״ס בחי׳	על ידה אא״ס מבחי׳
לידי	העיקר באמת כמ״ש	עיקר באמת כמו שאמרו
המדרש	הוא העיקר	עיקר
	ואעפ״כ	(ואעפ״כ
צריך	בלבד	ליתא
אפי׳	כי הוא שמביא	שהתלמוד הוא המביא
הזה	ולכן	ואעפ״כ
וד״ל	וד״ל	וד״ל)
	והנה	קטע חדש
ועטרותיהם	ועטרותיהם בראשיהם	ליתא
	מזיו השכינה	ליתא
בבחי׳	העלם והסתר	הסתר והעלם
שהוא	העלם	ההעלם
בחי׳	המצות אשר	המצות כמ״ש אשר
היום	וזהו הטעם	וזהו ענין הטעם
להיות	אל הקצה	לקצה
אחרי	בתחלה	תחלה
	ואח״כ	ואחר
שנפשו	מטומאתה	מטומאה
לטהרה	כנ״ל	כו׳
	שבו האור	שבו ישכון אור
הסתר	היום	ליתא
רכו,ד		
בחי׳	עוה״ב וזהו	עוה״ב כו׳ וזהו
	מ״ש	מ״ש ג״כ
תחת	את	ליתא
כל	עוה״ב	העוה״ב
וד״ל	שירידה	דירידה
רק	לנפש	לנפשו
כמ״ש	כמ״ש	וכמ״ש
	באינון לבושין	ליתא
האדם	דחושבנא לחשוב	דחושבנא כו׳ לחשוב
שיתקן	לנפשו והיינו	לנפשו כו׳ והיינו
התלוים	וד״ל:	ודו״מ:
אך	אך	אינו קטע חדש
	אך	ואמנם
או	איזה	ליתא
עבר	כו׳	ליתא
ממלאין	מלואו לתשלו	מילוי ותשלום
החזירנו	לפניך	ולפניך
קראתיך	קראתיך כו׳	קראתיך הוי׳ כו׳
בחי׳	אא״ס	אור הא״ס
	דוקא	כו׳
התענוגים	האורות	אור חדש

שו״ה	נדפס	שינויי כת״י
מעוררים	כו׳ וע״ז	כו׳ וד״ל וע״ז
הוסד	הוסד עשי״ת	הוסדו כל עשרת ימי תשובה
אם	פגם ועבר	עבר ופגם
כו׳	אך	קטע חדש
	עצמו שיש	עצמו מה שיש
ניצוץ	מעומקא	ממקורא
	דכולא	ליתא
רכז,א		
ושלימותא	כו׳	כנ״ל
קדשו	כח	רוח
	התעוררות מלמעלה	התעוררות זו הי׳ למעלה
	כמ״ש	וכמ״ש
עד	האתעדל״ע	אתעדל״ע
אני	אני	דאני
	כו׳	כנ״ל
ב׳	הוא	ליתא
והב׳	והב׳ י״ג	והבן הן י״ג
בזוהר	עוה״ז	העוה״ז
אבל	מיכה	משה
וההפרש	עוה״ז	העוה״ז
שהיה	שאמר	כשאמר
ועתה	שהמשיך מדה״ר	שהמשיך י״ג מדה״ר
	חיי גופני	חיים גופניים
עולם	עולם הזה	העוה״ז
והרי	והרי	ממש והרי
	חיי אלקות	חיים אלקיים
	ש״ג	שבחי׳ י״ג
מדה״ר	הן	הם
י״ג	התיקונין דדיקנא	תיקוני דיקנא
מטה	ז״א	מל׳
ממש	כו׳	כנ״ל
	סדר	סדרי
ממוצעים	נמשכים	נמשכין
כו׳	כו׳	כנ״ל
	שבא	שבא
ממש	בע״ס	בע׳ שרים
כו׳	ואאר	ומאחר
שצריך	לירד	להתלבש
	כמו	כנ״ל במשה
שביקש	חיות	חיים
	לנשמות שבגופי׳	לנשמות ישראל שבגופי׳
התלבשות	שמשם	שמהם
כל	כל	של
ישראל	ונק׳ הטוב	ונק׳ בחי׳ הטוב
נמשך	מבחי׳ המרכבה	מבחי׳ פנימי׳ של המרכבה

שינויי נוסחאות

שו"ה	נדפס	שינויי כת"י
הנמשכות	כבקשת	וכבקשת
רכז,ב		
דמגדלין	והיינו	(והיינו
כמ"ש	במ"א	במ"א)
שגדל	וכו' ונכללים	כל יום ונכלל
	בפי בהמה	בפי בחי' בהמה
	הביטול	ביטול
כו'	עליונה	העליונה
המלאכים	ואופנים כמו	ואופנים אומרים כמו
וצריך	אה"ויר גם	אה"ויר כו' גם
הבהמית	שתשכיל	שתסכים
האלקית	והתפעלות	או התפעלות
שלמעלה	נפש האדם	הנפש אדם
נמשכה	ממעל	ליתא
חבל	כו'	כי
	לכך	ולכך
האבוקה	ובטל	ליתא
	מאליה ומעצמה	מאליו ומעצמו
לנפש	לבהמתך כדי	לבהמתך כלומר כדי
הנפש	עליונה	העליונה
ונתתי	כו'	כנ"ל
מהמלאכים	כי	כו' אלא
	אינה	לא
וארז"ל	ירננו עצי	ירננו כל עצי
ודבשי	שבין	בין
יערי	ובין ק"ש	לק"ש
לבהמתך	כו'	כנ"ל
	דוקא	ליתא
מר"ח	ועד	עד
רועה	וזנן ומפרנסן	וזונם ומפרנסם
שהן	כו'	כנ"ל
	בשדה. וביאור	בשדה כו'. וביאור
הנה	כו' דמשמע	כו' השיבינו הו' כו'
		דמשמע
רכז,ג		
למטה	וזהו	זהו
	בר"ח	מר"ח
ימות	שי"ג	כי י"ג
מדה"ר	הם	הן
שהן	לחיי	חיי
ושרשם	כמו	ליתא
שהן	בהלוחות	על הלוחות
הראשונים	להיות	להיותם
עצמיות	עצמיות	עצמו
וכך	וכך	ולכך
הרועה	לה	ליתא

שו"ה	נדפס	שינויי כת"י
התליסר	לשושנה	ליתא
בחי'	להיות	להיותם
	לה	ליתא
בבחי'	כנ"ל. ומשם	וד"ל. ומהם
המשכת	הרחמים	רחמים
	כי הנה	כו' דהנה
באמת	יותר	ביותר
ששפל	שפלות	בשפלות
האלקית	כי נפש	כי על נפש
	היא ירדה	שירדה
האלקית	אל מקור	למקור
כו'	מאליה אלא	מאליה כו' אלא
	שמתעוררת	שהתעוררתה
ר"ת	בקשת	התשובה ובקשת
	הרחמים	רחמים
שושנים	כמ"ש	כמ"ד
השנה	הוא	ליתא
בהעלם	נתגלה	מתגלה
רכז,ד		
לש"ת	בהם	בהן
	שושנים	שושנים שהן י"ג מדה"ר
		כמו שהן למעלה בהעלם
בהר	בהר	להר
	ע"י	עת
הראשונים	האור	אור
מאי	שהוא	שהמה
הבירורים	כידוע	שידוע
חלק	בכוונה	לכונה
מלך	שבמאכל	שבמלאכים
רכח,א		
מברר	מברר	מתברר
אלא	אמרו דעקימת	אמרו דגם עקימת
מבי"ע	מבי"ע	בש"ע
היינו	היא	בכלל הוא
אצי'	דל'	דלמ"ד
	בבי"ע כלים	בבי"ע י' כלים
הפנימי'	בבריאה	שבבריאה
ששרשה	ששרשה	ששרשו
יקריב	דעכשיו	שעכשיו
אשת	כנ"ל	הנ"ל
רכח,ב		
כ"ע	כ"ע	כתר עליון
וע"כ	רק כמו	רק להיו כמו
שבה	ומעלה	מעלה
פנימית	אע"פ	ואע"פ שגם
מה	כהר	והכתר

שינויי נוסחאות

שו"ה	נדפס	שינויי כת"י
רכח,ג		
המבארת	מעשי'	העשי'
בחכמה	תורה דאורייתא	תורה כנ"ל דאורייתא
כל	העול'	עולם
לפי	מבחי'	בבחי'
בתורה	בתורה מלא שמים	שמים וארץ אני
	וארץ כו'	מלא בתורה
מיני	הנק' מקיף	הנק' בחי' מקיף
אר"מ	תכיל	יוכל
אורו	ויבא	ויצא
זה	זה	כזה
ומאיר	ומאיר	ואור
מקיף	מקיף להיותו	מקיף היינו להיותו
מקיף	הכללי	כללי
רכח,ד		
מותרי	המוחין	מוחין
כי	מצוה	המצוה
השמחה	הוא אור	הוא בחי' אור
יובן	שהי'	שתהא
	הפרטית	פרטית
כא'	בחי' מקיף	בחי' אור מקיף
בחי'	ש"ת שאז הוא זמן	שמחת תורה שאז זמן
רכט,א		
התשובה	כמאמר	כמאמרם
התיקון	ביכולתם	ביכולתה
הרי	כל	ב'
רכט,ב		
ומעתה	חילוק שבין	חילוק המדרגות שבין
הצימצום	הצימצום	צמצום
	מק"פ	מקום פנוי
ע"ח	ע"ח	ס' הע"ח
	א"ס	הא"ס
	החלל ואח"כ	החלל כו' ואח"כ
וחוזר	וחוזר ומתעגל	וחוזר ונמשך בבחי' א"פ
		ואח"כ חוזר ומתעגל
השגות	המקבל	מקבל
הם	וכשפוגם	וכשנפגם
למלאות	בהם	בהן
הפגם	הפגם דכלים	פגם הכלים
רכט,ג		
בקו"ח	כו'	ליתא
דבע"ת	משכין ליה	משכילי'
	יתיר שהוא	יתיר עד שהוא
כל	כו'	כנ"ל
	והנה	דהנה
הראשונים.	הראשונים.	הראשונים כו'.

שו"ה	נדפס	שינויי כת"י
רכט,ד		
חסד	עולם וחסד	עולם כו' וחסד
שנמשכו	מר"ח	בר"ח
ואלי	כו'	תשוקתו
מר"ח	מר"ח	בר"ח
כו'	וזהו	קטע חדש
י"ג	והב' י"ג	והב' מדרגות י"ג
עמו	לחיות האלקי	לחיי האלקיים
מדה"ר	בז"א וממנו	מז"א
י"ג	שיומשך הארת	שיומשך תחלה הארת
רל,א		
דשושנה	מר"ח	בר"ח
משא"כ	והנה	דהנה
כידוע	אור	שרש
כולם	שאנו אומרים	ליתא
	כו'	ליתא
ויראה	גם בנפה"ב	אחר גם לנפש הבהמיות
תיקון	כו'	כנ"ל
כי	אופן בעשיה	אופן מקנן בעשיה
שבבריאה	שבבריאה	דבריא'
	כרך	כפר
	כפר	כרך
היינו	אור	אורם
נפשות	עכו"ם	אוה"ע
מבחי'	וכולן	וכולם
לכלליות	אמנם	ואמנם
רל,ב		
פני	וזהו מ"ש	וכמ"ש
מאכל	וכו'	כו'
שמעלין	שמעלין	המעלו'
	שנזרעו	שנזרעה
ונתתי	לבהמתך והדר	לבהמתך תחלה והדר
ניצוץ	האלקית	האלקי
וד"ל	וזהו	קטע חדש
מר"ח	מר"ח	בר"ח
שרועה	עצמה	א"ע
היינו	עלין דסחרין	עלין דשושנים דסחרין
והב'	כנ"ל	כו'
רל,ג		
בבחינת	בבחינת מקיף	בבחינת אור מקיף
כמ"ש	כנ"ל	כו'
בהר	לוחות	הלוחות
ענין	בחי'	ובחי'
פנימית	שתלמוד	דתלמוד
דהיינו	התשובה	תשובה
דמעצמות	שום המשכות	שום בחי' המשכות

שו"ה	נדפס	שינויי כת"י
מגדר	בחי'	ובחי'
הצמצום	כו'	בו
מק"פ	כנ"ל	כו'
רל,ד		
העצמיות	טעמים	הטעמים
	ההעלם של מק"פ	ההפסק של מקום הפני'
עצמית	אור הא"ס	אור מבחי' עצמות אור
היה	אח'	א'
הרי	בבחינ'	בחי'
שיהיה	בחינת	מבחי'
	בחי'	מבחי'
מתעלם	מתעלם האור ונמשך	יתעלם הוא וימשך
ואח"כ	הבחי'	בבחי'
כו'	הנה	ליתא
כללות	כללות	כללי
	אח'	א'
שנתעלם	הנ"ל כאלו הוא	הנ"ל הרי כאלו
רלא,א		
בהמשכת	מר"ח	בר"ח
מתורץ	מר"ח	בר"ח
יוה"כ	זמן מקיפים	זמן המשכת מקיפים
כל	ה"ה	הרי
בפרט	כו'	ליתא
והיינו	המקיף המקיף	המקיף הישר שמקיף
הוא	כל התורה	כל שמחת התורה
העלם	העלם	ההעלם
בבחינת	ע"י	ליתא
הנ"ל	הנ"ל	הכללי הנ"ל
שלפ"ע	כנ"ל	כו'
	וד"ל	ליתא
לעורר	האא"ס	אור הא"ס
רלא,ב		
כנ"ל	כנ"ל	כו'
כבר	כנ"ל	כו'
לפי	מקיף	ליתא

ד"ה תקעו בחדש, הוגה מבוך 1146 כת"י מעתיק.

שו"ה	נדפס	שינויי כת"י
רלד,ד		
כו'	דמל'	שבעצמות
אעביר	על	ע"י
רלה,א		
שפרה	כו'	כו' וכן על שופר ארז"ל למה תוקעים בשופר שפרו מעשיכם והוא
רלה,ב		
למעלה	כפור כו'	כפור שאומרים ונסלח כו'

שו"ה	נדפס	שינויי כת"י
רלו,א		
חגנו	שהעונע	שהעונג
אבל	בינ'	חו"ב
העונג	שאין	שלא בא

ד"ה אדני שפתי תפתח,
הוגה מבוך 1025 גוכתי"ק כ"ק אדמו"ר האמצעי.

שו"ה	נדפס	שינויי כת"י
רלו,ג		
אדני	תפתח. הנה	תפתח כו'. הנה
הנוק'	בפרע"ח והוא	בפרע"ח דר"ה והוא
שמקבלים	כלים דבריאה	כלים די"ס דבריאה
להם	וכמ"ש	וכמבואר
וזהו	צורנו	ליתא
עד	מספר	שיעור כו'
דמשמע	והרבוי ביותר הוא	והריבוי הוא ביותר
הוא	הוא	ליתא
	רוחני'	הרוחניו'
למטה	כנ"ל	כו'
הם	כנ"ל	כו'
אמר	חיים ומלך עולם דהנה	חיים כו' דהנה
רוח	ומים	מים
הלב	קול	הקול
	ג"כ כח	ג"ם בעצם כח
כידוע	אינו מוגבל	אינו כו' מוגבל
הדבור	הדבור וגם	בדבור והגם
רלו,ד		
הקול	הקול	קול
הוא	שיחלושו	שיוחלש
דאצילו'	שבא	שבאה
ונפסק	מובדלים	מוגבלים
לב'	לב'	לאות הב'
ישתנה	א'	ליתא
מפני	אור	ליתא
ממנו	בהם מציאות	בה' מוצאות
קול	ואמנם גם	ואמנם הנה גם
קול	קול להברת	קול שני להברת
	כנ"ל	כו'
במ"ל	עצמות	עצמותה
מוגבל	בהגבלה	בהגבלת
	ומחודש	מחודש
רלז,א		
לא	בבחי' הגרון	בגרון
באותיות	ושיעור וזהו	ושיעור כנ"ל וזהו
בחי'	המצמצם	המצמצמי'
	עצמן	עצמה

שינויי נוסחאות

שו"ה	נדפס	שינויי כת"י
האחרונים	הקול לחלקים	הקול לחלקו לחלקים
	והרי	שהרי
מפני	הדיבור שהוא	הדיבור עם שהוא
כמו	ק"פ אלף כי	קפ"א אלף כו' כי
החסד	רבים	הרבה
מתחלק	מתחלק	שבגבורה שבחסד שמתחלק
היינו	בחי'	ליתא
כו'	הדיבור הרבה	הרבה בדיבור
שיעור	בדבור	ליתא
	הוא	ליתא
אלקים	מבחי'	ליתא
לחלקו	לחלקו לחלקים	לחלקו באמת לחלקים
כביטול	בשמש וא"כ	בשמש וכיוצא וא"כ
ודבר	חיים שמהם	חיים לפי שמהם
בה"ג	המחלקים	המחלקו'
חיים	חיים מטעם	חיים ג"כ מטעם
בחי'	הצמצום	הדין והצמצום
רלז,ב		
בכלל	בכלל	ליתא
	והוא	וע"כ הוא
בחי'	דאל"ף זהו בחי'	לפי שאל"ף זה
		הוא בחי'
אתה	אתה	דאתה
אור	בבחי' צמצום לגבי	לבחי' צמצום בגבורו'
לפי	כנ"ל מטעם הנזכר	מטעם הנ"ל
מחיה	הגבורות	גבורה
הנה	הנה	ליתא
	דמתצמצ'	דיתצמצ'
גדולה	להיות	ליתא
מורה	ששייך	שסמך
הגבוה	ביותר	יותר
שיגיע	מדריגה	המדריגה
רם	גוים פי'	גוים ה' פי'
רלז,ג		
קטן	ומשוה כי	ומשוה כו' כי
מסוגלים	והארץ	מהארץ
ולפ"ז	גדול מאותו	גדול הרבה מאותו
לא	לא	מבלי שנאמר
	שהוא למטה	שהוא נמצא למטה
	הלא	והלא
ביאור	טעם	וטעם
וכמ"ש	שהוא שוה	שהוא א"א שוה
כו'	מגיע	להגיע
מבואר	במ"א	בע"ח
הזה	מבשאר	משאר
החסד	בכ"מ	בכל מקום

שו"ה	נדפס	שינויי כת"י
ומתלבשי'	החסד	חסד
	חסד	וחסד
בהוד	עצמו שאור	עצמו לפי שאור
החסד	אינו	איננו
אורו	לכך	ולכך
לשון	כפול	כפל
	תמידי	שתמיד הוא אור
שנקרא	שנקרא	הנקרא
הגבורה	הגבורה	הגבורו' כו' גם
הוא	בחדשו	ליתא
לגמרי	הצמצום דה"ג	הצמצום הוא כי מחמת
		הצמצום דה"ג
רלז,ד		
מחמת	הצמצו' שיהא מסתתר	שהי' מסתיר
	נמצא	נמצאו
שהביטול	הזה הוא בא מבחי'	הזה בא בו מבחי'
בכל	בכל	בכלי
לפי	לכך	ולכך
מקרב	מקרב	מקריב
אך	א'	האלף
כו'	דאד'	אד'
בחשאי	לדיבורו	בדיבורו
כך	אומר אדני	אומר ה' אדני
זה	כמ"ש בחנה שפתיה	וכמ"ש בחנה ושפתיה
בחי'	ושירות	בשירות
לד"ז	ההפרש	הפרש
אמצעי'	שווין	כלליים
רלח,א		
הפרש	לימות החול	מיומין דחול
	כל	ליתא
דתפלת	דתפלת	דתפלות
הוא	כרחה	כרחו
	הבהמות	בהמות
נבראים	כי המלאכים הן	גם ממלאכים
כי	כי המלאכים	כי גם המלאכים
עול	נתעורר	ונתעורר
	לבחי' המלוכה	למלוכה
מלך	על נפרד	על עם נפרד
	תפתח להיות	תפתח כו' להיות
שמצוה	ויקם	ויקום
שמהם	כנ"ל (ודוגמא	כנ"ל וד"ל (ודוגמא
כל	הגבורה	הגבורות
	כו'	ליתא
ציון	בשער	במעשה
רלח,ב		
דר"ה	בתחלה	בתפלה

שינויי נוסחאות

שו"ה	נדפס	שינויי כת"י
והאמירה	עצמיות	עצמות
הנזכר	הנזכר	הנזכרים
הנביאים	הפסוקים	פסוקים
שהיא	שהיא	שהוא
	אותיות	האותיות
ומופת	אמת	האמת
שאומרים	שיהא	שיהי'
תנ"ך	תנ"ך שכך	תנ"ך במאמרינו שכך
למלוכה	ואבא יסד	ואבא הוא דיסד
עיקר	שאומר	שאומרי'
מהו	שאומר	שאומרי'
	ומתחיל	מתחיל
רלח,ג		
אמרו	הוא	היא
המשכו'	המשכו'	המשכה
למעלה	עליית	עליות
היינו	ממקור	מקור
פועל	האלקי	אלקי
מן	כו'	כנ"ל
זאת	ובדרך כלל	וכנ"ל בדרך כלל
כו'	כתיב פב"פ	כתיב ג"כ פב"פ
יורד	יורד ממש	וכמ"ש וירד ה' על הר סיני ירד ממש
בלי	אע"פ כן	שאעפ"כ
אנכי	אינו	אין
השפל	דעה כו'	דעה את ה' כו'
אותו	אותו	אותי
כו'	פעול כי אתה פעלתו	פעול כו'
בחינת	באלקות	לאלקות
	שנשאר	שנשארה
מאותן	שבהררי	בהררי
	אריה	ואריה
כבקר	עליית	עליות
רלח,ד		
של	השגת	הכנת
העלאות	העלאות	ההעלא'
שני	או שיורד	להתייחדם הא' שירד
	לעומק	לעמק
למקום	בעומק	בעמק
למטה	בעומק	בעמק
בעומק	בעומק	בעמק
למעלה	אור	אורה
חשך	ההפרש	הנמשל בהפרש
למעלה	לזה	מזה
גשמית	גשמית	גשמי
רב	עלה בדעתו	עלה אותו בדעתו

שו"ה	נדפס	שינויי כת"י
המלכיות	בחינת המשכה	ליתא
כו'	ולהיו'	אבל בחי' הזכרונו' הוא בחי' עלי' מלמטה למעלה כנ"ל והיינו להיות
כי	אינם	הימנו
דעשי'	יתפרשו	יתפרש
רלט,א		
הם	בן דוד כו'	ליתא
אינו	אינו	איננו
העליות	כו'	ליתא
רלט,ב		
עד"מ	משיב	משיבין
הוא	הגבורה	הגבורו'
לאכללא	בימינא ונק'	בימינא כו' ונק'
הגבורות	לחן	ולחן
הטוב	מבקשים שיהיה	מבקשים בתחלה שיהיה
כשיהיה	שאומרים	שאמר

ד"ה להבין ענין תקיעת שופר,
הוגה מבוך 1092 כת"י מעתיק.

שו"ה	נדפס	שינויי כת"י
רמד,ג		
להבין (עפ"י כוונת	הבעש"ט ז"ל)	(אינו כפי כוונת דשופר המבואר בפע"ח כידוע)
ונק'	או הבל	ההבל
פשוט	כי	אבל
כמו	אָ	אְ
רמד,ד		
הוא	ומתלבש	ומתלבשת
	ועל	שעל
רמה,א		
כנ"ל	ערך	ערוך
השכל	כח	בר
אותיות	התגלותו	התגלותם
רמה,ב		
העליון	הוא	והוא
מקור	גם	וגם
רמו,ג		
הלחלוחי'	שבמקור	שממקור
אתה	שרש ענין	ההפרש בין
רמו,ד		
שרשו	פנימיות ע"י	פנימיות יותר ע"י
יאהוב	רק	ליתא
שנמשכים	והוא	והן
רמז,א		
הגבורה	הגבורה	הגבורות

שו"ה	נדפס	שינויי כת"י
שרשם	מבינה	בבינה

ד"ה להבין שרשי יוה"כ,
הוגה מבוך 1025 גוכתי"ק כ"ק אדמו"ר האמצעי

שו"ה	נדפס	שינויי כת"י
רמט,ג		
להבין	שרשי	שרש ענין
עולה	מקבל	מקבלת
והדבור	עד"מ	ע"ד זה
היוצא	מה'	בה'
	רוח גשמיים	רוח מים גשמיים
בחי'	ורחמנות וכדומה	ורחמנות ונצחון וכדומה
הרוחני	פנימיות	הפנימיות
רמט,ד		
המל'	הבאה	הבא
לו	לו מבחי'	לה מן בחי'
(כמ"ש	(כמ"ש במ"א)	(וכמ"ש במ"א)
שרש	נק' קדוש	נק' יו"כ קדוש
ושתיה	גם העה"ב בבחי'	העה"ב ג"כ בבחי'
כידוע	הבינה אין בו	בינה אין שם
	אכילה ושתיה	אכילה כו'
גשמי'	גשמי'	הגשמי'
מובן	הנ"ל	הללו
רנ,א		
ליצירה	לבי"ע	בבי"ע
גשמי'	חו"ב	חו"ג
	דמל' דעשי'	דמל' דמל' דעשיה
דשרש	הרי	הוא
עשו	ממותרי החסדים	ממותרי בחי' החסדים
ישמעאל	הגבו'	הגבו' שבו
בבחי'	וחיצוניות הכלי	מחיצוניות הכלים
הכסף	שלהם	להם
למעל'	למעל' בבחי'	למעל' יש תמיד בבחי'
ענינם	ענינם	עניני
חיצוניו'	הזאת	כזאת
מז"א	וכמ"ש	וכמו שאומרים
שבת	דחת"ק	דחקל תפוחין כו'
מתענוגים	מתענוגים	עם תענוגים
מופשט	ובדרך	ודרך
כמ"ש	עליונה	העליונה
וה'	כנ"ל	ליתא
ומכ"ז	ומכ"ז	ובכל זה
אהיה	השם	משם
נק'	אכילה כנ"ל	אכילה כו' כנ"ל
מבחי'	לבחי' פנימות עתיק	בבחי' פנימות עתיקא
עצמו	דז"פ הויה	דז"פ כי הויה
	אלקים	האלקים

שו"ה	נדפס	שינויי כת"י
בנעילה	הממוצע	ממוצע
עצמות	שבא"ס וגם	שבא"ס שהוא בחי' מל' דא"ס וגם
רנ,ב		
והנה	והנה	דהנה
	ה' ה'	ה'
ומדרגה	הצדיקים גם	הצדיקים כלל גם
בצדיקים	יותר	ליתא
גמורים	ליה בחילא	ליה לקדב"ה בחילא
לקוב"ה	לקוב"ה	כו'
דמשכין	דמשכין	דמשכי
או	בדילוג	בכח
מרחק	מרחק	מרחב
	לדלג	לדלוג
שמוסרין	מעומקא	בעומקא
כלל	לעלות	להעלות
	שאין	שלא יש
ביכולת	לעלות	להעלות
במדרגה	במדרגה	בהדרגה
כידוע	שם	ליתא
אינם	לעמוד וכך	לעמוד כו' וכך
	עליונה תשוב	העליונה דתשוב
הוא	תשובה	התשובה
והן	עמקי'	עומקי'
קדוש	קדוש	וזהו קדוש
היינו	אור	אורו
נורא	כי	כמו
כו'	מן בחינת	מבחי'
הנפש	בגוף	בגופה
באוזן	ובודאי	דבודאי
שבא	שבאה	שבאה
	בגופו אמנם	בגופה ואמנם
שגלוי	אלא כח	אלא רק כח
רנ,ג		
בכמה	בכמה	ומאירה בכמה
	רבים	הרבים
ולא	אלא כמו	אלא רק כמו
בשמש	והרי א"כ	וא"כ
א"ס	וז"ש	וזהו שאמרו
הגוף	לבחינת י"ס	לי"ס
עצמה	עצמה	עצמו
	ביכולת	ביכולתה
ספי'	בפרטי	פרטי
להשתלשלות	אבי"ע	דאבי"ע
נק'	כמאמר	וכמאמר
ושמו	כו'	ליתא

שו"ה	נדפס	שינויי כת"י
וצמצום	הא"ס	א"ס
אבל	אין שנוי כלל כנ"ל	אין זה שנוי כלל
		כידוע וד"ל
כי	עד מ"ל	עד בחי' מ"ל
פנימיות	דעתיק כו'	דעתיקא כנ"ל
רנ,ד		
ששרש'	בבחי'	מבחי'
בחי'	המ"ל שנקרא	המלכיות הנק'
דא"ס	להעלות גם	לעלות עוד גם
שיהיה	א"ס	הא"ס
העצמות	העצמות	שעצמות
עצמיות	עצמיות	עצמות
נקדש	במ"ל	בחי' מ"ל
נכלל	נכלל	ליתא
שאומרים	שיכלל	שיוכלל
במאור	העלא' בהכרח	העלא' בעצמות בהכרח
שיהיה	המשכות או"ח	אח"כ המשכת אור חדש
כגדול	(כמ"ש	וכמ"ש
ע"פ	כו')	כו'
עד"מ	עד"מ כמו	וכמו עד"מ
וזהו	שמנעלת	שננעלת מיניקות
ה"ג	והחיות	וחיות
מיוחד	מבחי'	בבחי'
	יניקת	יניקות
מבחי'	שא'	שאומרים
דוקא	כמ"ש	וכמ"ש
אלקים	עליותה	עלייתה
המ"ל	המ"ל	מ"ל
בבחי'	בע'	לע'

ד"ה להבין ענין איסור אכילה ביו"כ,
הוגה מבוך 1146 כת"י מעתיק עם תיקונים בגוכתי"ק כ"ק אדמו"ר הצמח צדק.

רנא,א		
לבריאה	דעשיה	דיצירה[1]
רנא,ב		
רעים	למע' דהיינו	למע' מהם דהיינו
הענין	דבחי' פנימיות ע"י	משום שהוא התגלות
	מתגלה ביו"כ	עתיק מה

ד"ה רבי אלעזר פתח כו' זכרתי לך,
הוגה מבוך 1025 גוכתי"ק כ"ק אדמו"ר האמצעי

רנז,א		
וכו'	וכו'	כו'
ואעטרו	לך	לאנא

1) נתקן בגוכתי"ק כ"ק אדמו"ר הצ"צ.

שו"ה	נדפס	שינויי כת"י
בגין	זרועה ע"כ	זרועה. ע"כ.
יסוד	מבחי'	ומבחי'
הנ"ל	כו'	ליתא
דאשתכללו	אצילות	אצילותה
תכשיטי	בש"ע	בשמיני עצרת
וכשם	וכשם שנמשכו	וכשם שנמשך
בשביל	נמשכו	נמשך
בפרצוף	בפרצוף	בבחי' פרצוף
	זהו	וזה הי'
ענין	החסדים	חסדים
שכלול	התרגום	תרגום
שהוא	החסדים משום	החסדים כנ"ל משום
גדפהא	אחרינין	ליתא
הוא	מכסה	מחשיך
	סכות	סכותי
דהיינו	אלהים	האלקי
רנז,ב		
שיש	אהוי"ר	האוי"ר
נולדים	נולדים	נולדו
ומכ"ש	הוא	היא
דכתר	התלבשות	ההתלבשות
האור	כדוגמא זו יובן ממש	וכדוגמת זה ממש יובן
ענין	האה"ר דימינו	אה"ר דוימינו
דאצי'	הם אזי	הם כו' אזי
בצל	בצל	בצלא
	או"מ	אורות מקיפי'
בכנפיים	את	ליתא
	וכו'	כו'
תתאה	והבינה אימא	והבינה נק' אימא
	שכינתא	ושכינתא
ואמר	כו'	ליתא
לאושפיזא	כו' ואמר נזמין	הוה אמר נזמן
כו'	כו' תנינא	ותנינא
כו'	כו' ובעי	דבעי
דמסכני	כו'	ליתא
חגיכם	כו'.	ע"כ.
פתאום	רק	כ"א
כשבא	לו האורח	לו אותו האורח
מן	כנ"ל	הנ"ל
	בהגלותו	בגלותו
למטה	תסתעף	מסתעפת
שהשמחה	שהשמחה שנקר'	שהבינה הנק'
	אורה למטה	אורה הנעלם למטה
הנעלם	הנעלם למט	ליתא
הנכבד	כשבא	כשיבא
נקראין	לקבלם	ולקבלם

שינויי נוסחאות

שו״ה	נדפס	שינויי כת״י
רנז,ג		
ולהיות	חס	ח״ס
להו	בסעודה דסוכות	בסעודו׳ בסוכות
	שיהיה	שיהא
העליון	כנ״ל	כו׳
וד״ל	בחג דוקא	בחג הוא דוקא
מתפשט	טבע של מדות	טבעה של מדת
בחגיך	שאינה	שאינו
בלתי	גלוי	גילוי
	לכך	ולכך
	כו׳	ליתא
על	ה׳ ויצחק	ה׳ כו׳ ויצחק
אלה	ה׳	ליתא
בתענוגים	כו׳	כידוע
כו׳	ענין	וענין
המקיף	כו׳ כמו	כידוע וכמו
ג״כ	אחרי	אחר
כלי	כמ״ש	וכמ״ש
שבגבורה	כו׳	ליתא
אר״ש	א״ל	אמר
דמלכא	קאמר	אמר
רנז,ד		
מלמעלה	רע	ליתא
וכלל	ששרש	דשרש
העומדים	כו׳	וכו׳
דפסוק	יוצר כו׳	יוצר עליך כו׳
	בבחינת	מבחי׳
לדחות	את	ליתא
לפי׳	הוא בחינת	שהוא
טו״ר	טו״ר	ליתא
	שבמל׳ ולא	שבמ״ל דבינה ולא
שבגבורה	שהוא חסד	שהוא בחי׳ חסד
וע״כ	השפעה	ההשפעה
בין	הגבורה	הגבורות
במדת	במדת	מדת
להיותו	שמחלק	שמתחלק
המקבל	כידוע	וכידוע
והולידה	זאת מצד	זאת באה מצד
שבגבורה	אומר	אמר
בביתו	כו׳	וכו׳
כשחר	אורך	ליתא
	יתלה הבקיעה	יתלה ענין הבקיעה
ביעקב	להקדים ענין	להקדים לזה ענין
בטעם	יעקב ע״ש	יעקב כו׳ ע״ש
רנח,א		
דיסוד	הוא מפני	הוא כי מפני

שו״ה	נדפס	שינויי כת״י
ולא	החסד דיסוד	היסוד
אותיות	מיסוד	ביסוד
	ואחד מיסוד	והב׳ ביסוד
אימא	אימא והבקיעה	אימא כו׳ והבקיעה
וביאור	הדברים יובן	הדברים הללו יובן
יסוד	ונקלטת	ונקלט
שהוא	אותו השכלה	ההשכלה
בית	שנקר׳	הנק׳
שיצא	שכל חוץ	שכל זה חוץ
וסדקים	שם	הסדק
	בוודאי הנה	הנה בוודאי
בבקיעה	גדול	ליתא
בעובי	א״כ	וא״כ
היציאה	היציאה	ביציא׳
יסוד	הכלי	הכל
בכח	באותו	באותה
בבחינת	האדם	אדם
השכל	משכיל אותו	משכילה
השכל	אותו	ליתא
במ״א	במ״א	ומבואר במ״א
רנח,ב		
ובכ״ז	יובן ענין	יובן עוד ענין
	מ״ש	מה שאומרים
כמבואר	כמבואר	וכמבואר
שבוקעין	שבוקעין	דבוקעין
	הנ״ל	ליתא
ההשפעה	ההשפעה שלא יכילה	השפע שלא יכילנו
בחינת	במשל	מ״מ
שרשו	במוחין	ממוחין
אמר	אמר	אומר
בקיעת	אור	האור
שאר	שאר	ושאר
ענן	ובעמוד ענן	בעמוד הענן
לפניהם	יומא	יומם
	כו׳	דאקרי יומם
עננא	עננא	ועננא
בסכת	בסכת	בסוכת
למה	בסכת	בסוכת
	בסכות	בסוכות
ונכללים	בסכת	בסוכת
המקיף	שנקרא	דנק׳
	דאהרן הוא	דאהרן כי אהרן הוא
רנח,ג		
יומם	בע״ח וד״ל	בע״ח [1]

1) בגוכתי״ק נשאר ריק יותר מחצי עמוד.

שו"ה	נדפס	שינויי כת"י

ד"ה להבין כו' הני ט"ו יום,
הוגה מסה"מ — תקסב ע' כ

שו"ה	נדפס	שינויי כת"י
להשקט	להשקט	והשקט
שבאדם	טבע	שטבעת
כמ"כ	רוח	הרוח
ומסתלק	ונח	ונח כו'
	הנאצלים	הנאצל
שתמיד	בכלי	בכלים
ומסתלקים	ומסתלקים	ומסתלקים וכו'
נטלא	כו'	פי'
להדבק	בלי	בלא
עד"מ	עד"מ	וכמו
	לנסוע	לנסיעתו
ראשון	ב' הוא גבורה	ב' גבורה
רנח,ד		
מן	מלמטה למעלה	מלמטה
ודרך	שתהיה	תהיה
מלמעלה	ולכך	לכך
נק'	עלה מלכא	עלה
מלכא	דמקור	דוקא
חכם	העצמי'	העצמי
תלמיד	ההשפע'	השפע
כו'	שהיסוד	שיסוד
ע"י	המשפיע	השפע
השפע	כו'	כי
נשמה	נכנס	תכנס
רנט,א		
בשביל	המקבלים	המקבל
	כמו	כמו משל
כו'	פושעי ישראל	רשעים
אחוריים	בחי'	שמבחי'
אביו	אזי נכנס	אזי האהבה נכנסת
והכרה	שחסר	שחסר ב'
לך	אחרי	אחרי דוקא
שכל	אז	אזי
רנט,ב		
כשהוא	נגלה	יגלה
במחילת	במחילת	ממחילת
וכמשל	שנתרחק	שנתרחק בשבי'
והוא	כו'	כו' שהיין
רנט,ג		
העליון	על בנ"י	על כנס"י בפסח רק ממדות עליונות לבד שהוא כח הפועל
חשק	וכח	מכח

שו"ה	נדפס	שינויי כת"י
כו'	נמשך	יומשך
כשהמה	נשפעי' בכלי	נשפעי'

ד"ה להבין ענין הלולב ומיניו
הוגה לסה"מ תקסח ע' תמב.

שו"ה	נדפס	שינויי כת"י
רסג,ג		
להבין	ונענועיו	וענין הנענועי'
רסג,ד		
ל'	ללמד את שלמה	ללמוד ידיעה
	בו ידיעה	זאת לשלמה
תחילה	לבד	בלבד
לשמוע	לכן צ"ל שפי'	כו'. וצ"ל דאין
	דעת אינו	פי' דעת זה
	לבד	בלבד
בהתפעלות	בהתפעלות	בבחי'
	והתפשטות השכל	התפעלות השכל
דוקא	באברהם	באברהם אבינו ע"ה
עבד	האמיתי שהוא	אמיתי דהיינו שלא
	שלא נשכח	נישכח מאתו כל היום
	ממנו כלל	איך שהוא בורא הכל
	כל היום	והתפעלות שכליים זאת
		היתה בו כל היום
ולא	ולא...כל היום	(ולא...כל היום כו')
הנ"ל	ציורי	ציורי דעת את
		אלקי כו': הי'
כי	כי לפי	כי מאחר
תמידי	ולא הלמיד וע"כ	ולא לימוד ידיעה וע"ז
רסד,א		
והמופת	והמופת...	(והמופת...
	והתפשטות יתירה)	והתפשטות יתירה כו')
	שהתפעלות	דהיינו שהתפעלות
הוראה	פי'	פי
מוציא	הבל לכן...	הבל מנקב החזה
	משא"כ	והיינו כאשר החזה בבחי'
		התפשטות דוקא: משא"כ
שיוצא	בדוגמא למעלה	בדוגמא ומשל למשכיל
ה'	כמ"ש בע"ח דכתר	כמ"ש בע"ח דהיינו
		מפני שהדבור הוא המקבל
		מהבל הלב שנק' ה'
		והוא נקב שבחזה שהוא
		מאיר בה' מוצאות ואזי
		נק' נקיב"ה כו' וכמ"ש
		בע"ח: דכתר
רסד,ב		
ועתה	ועתה	ומעתה
	הדעת	בחי' הדעת

שו״ה	נדפס	שינויי כת״י
התפעלות	ממשיכים	תמידיות
להבין	אור הדעת	בחי׳ הדעת
נפש	לא טוב כו׳	לא טוב שבלתי המשכת הדעת במל׳ שאז נק׳ נפש לא טוב: כו׳
דלולב	נוק׳ כו׳	נוק׳ דז״א כנ״ל
משם	וביאור	ולהבין ביאור
יש	הנענוע	הנענועים
מערב	הן	הן וא״ו
רסד,ג		
מאכל	שלא יוזק וחסד	שלא יוזק התינוק ברבוי האכילה שאין מניעת הנותן בשביל רעתו לענשו בזה אלא אדרבה לטובתו שלא יוזק: וחסד
ונענשו	הגם שבא בדרך	והיינו מדת הדין הבא: בדרך
אל	להאבידו	להאבידם
בחג״ת	בחג״ת	בחזה
רסד,ד		
פעמים	יש בחי׳ חב״ד בכל מדה	יש בכל מדה בחי׳ חב״ד כו׳.
בפע״ח	וזהו...וד״ל	(וזהו...וד״ל).
דז״א	י״ס	ו״ק
אח״פ	המינים	בד׳ מינים
בחי׳	מתאחדי׳ יחד	מתכללים ומתאחדי׳ ועולין יחד
נחל	נק׳	נק׳ בגמ׳
	במס׳...באחוה	(במס׳... באחוה כו׳)
	...בחיבור	אחוינה שגדלי׳ באחוה דהיינו שגדלי׳: בחיבור
רסה,א		
מבחי׳	ביטול שמה	ביטול כאין שם ישכון דוקא
עד	דזעיר ונוק׳	דחו״ג וגם
	וגם ב׳	כולל ב׳
אין	וכמשל...במ״א	(וכמשל...במ״א וד״ל)
נטילת	הסכך	הסוכה
רסה,ב		
גילוי	שורה בחי׳ אין	שורה אור אין
באמיתי	אינו נשפע	נשפע
רסה,ג		
כפל	כפל היום	כפל המ״ם
כמו	ומסך	וסכך

שו״ה	נדפס	שינויי כת״י
מטה	ישמעאל	קליפת ישמעאל
רסה,ד		
והשבולת	שומר לחטה	שמור
	ונברא לכך	לחטה בלבד

ד״ה ושאבתם, הוגה לכת״י מעתיק

שו״ה	נדפס	שינויי כת״י
רסח,א		
משא״כ	משיג הדבר	משיג אותו הדבר
בשמחה	בלבו	בלב
רסח,ב		
וענין	הגילוי כמו	הגילוי ברעש גדול כמו
בכל	הל״מ	הלכה למשה מסיני
רסח,ג		
והוא	לנמוך	לנמוך י
יורדות	לכך	ולכן
רסח,ד		
בששון	שחו״ב תרין	שחו״ב הן תרין
רסט,א		
מבחי׳	אמר	אמרו

ד״ה חייב אינש לבסומי בפוריא,
הוגה לכת״י בוך 1146 כת״י מעתיק

שו״ה	נדפס	שינויי כת״י
רפא,א		
כו׳	מתחת	ומתחת
כו׳	בחי׳	פי׳
רפא,ב		
הראשית	והמקום	והמקור
בלבבו	הכעס	כעס
רפא,ג		
שממנה	שממנה	שממנו
עמל	עמ״ל לקה	עמ״ל ק׳
כו׳	והנה	ב) והנה•
דאברהם	הטבעיות	הטבעית
כאשר	כתיב מרחוק	כמ״ש מרחוק ה׳ נראה
	נרא׳ ואימתך	לי כתיב ואימתך
רפא,ד		
לקצה	ויעקב	ליעקב
האהבה	דיראה	שירדה
ועכשיו	בתפלה	התפלה
קבלת	מלכות שמים	עומ״ש
כו׳	כו׳ וד״ל)	כו׳) וד״ל
ארי׳	להימין	אל הימין
רפב,א		
המצות	שהן	שמן

•) חילוק המאמר לאותיות — הוא בגוכתי״ק אדמו״ר הצ״צ.

שו"ה	נדפס	שינויי כת"י
		עצמם של מעלה מעלה
		הרבה מבחי' צמצום המוחין
		דאו"א בז"א ע"י שם אלקים
		כו' ולכך נאמר אז ביום עשות
		הוי' אלקים כו' וד"ל. והנה
כח,ג		
בבחינת	בבחינת התיקון	כבר בבחינת התיקון
כח,ד		
הגבורות	שפע מן	שפע יותר מן
כט,ב		
מבחי'	בהשוואה	בהשוואה אחת מז"א דאצי' לז"א דבריאה וז"א דיצירה עד אדם דעשי' שהוא כגוף לכולם בהשוואה.

ד"ה ברוך שאמר, הוגה מבוך 1025 גוכתי"ק כ"ק אדמו"ר האמצעי.

שו"ה	נדפס	שינויי כת"י
לט,ג		
ברוך שאמר	וכו'.	וכו' עד ברוך שמו בא"י כו'.
	מבואר	עיין
ז"ל	הכוונות בפרטיות,	בפרטי הכוונות
	ברוך שאמר	דברוך שאמר היינו בחי'
ברוך הוא	הוא גלגלתא	הוא בחי' גלגלתא
	ועושה מוחא סתימאה	ועושה בחי' מוחא פנימא'
דא"א	ומקיים אבא	ומקיים בחי' אבא
שע"ז	אמר	אומר
אמירת	אמירת אתה מורה	אתה אומרים
לנוכח	ואמירת הוא מורה	והוא אומרים
הוא	הנקרא	שנקרא
והיינו	אותיו'	האותיות
	שהיא	שהם
על	על	אתה זה על
יומם	יומא	ליתא
ע"י	וכמ"ש זכר	וכמ"ש כי זכר
חסדים	חסדים	מבחינת חסדים
כהן	בחי'	בבחינת
אבא	באצילות	ליתא
קאי	העלם	ההעלם
משכיל	ההשכלות	השכלות
לט,ד		
השכל	כח	הכח
הוא בבחי'	העלם	ההעלם
ענין	העלם	ההעלם
העלם	העלם	ההעלם
אור	אור השכל זה	בא אור השכלה זו
	בא	באה

שו"ה	נדפס	שינויי כת"י
ובוודאי	מציאות	מציאת
הוא	אדם	איש
מ"מ	מציאות	מציאת
הידיעה	מציאו'	מציאת
שאינו	מרגיש	מרגישו
וידוע	המציאות	המציאות עכ"פ
	יודע	ידיעת
כו'	בחי'	בבחינת
ידיעת	תחתונה	התחתונה
המאציל	ערוך	ערך
עד	שנצרך	שצריך
מובדל	גם	וגם
בחי'	דא"א עד	דא"א גם כן מובדל הוא בערך עד
	שהכתר בא	שהכתר עכ"פ בא
מ,א		
הוא	הוא	ליתא
דלא	ידע ולא אתיידע	אתיידע כו'.
מפני	בחי'	בבחינת
וניכר	כי הוא בבחי'	
	אין המוחלט	ליתא
בבחינת	בבחינת עצמות	ויש גם בעצמות
לפעמים	באידרא	באד"ר
ואמה	מסתעפים מכ"ד	שכ"ד מאה
דמלכות	מדריגות אמירה	מדריגות א' אמירה
ואמירה	ואמירה	והב' אמירה
בינה	שמתלבשים בי"ס	מתלבש בהם י"ס
העולם	דז"א	ז"א
גלגלתא	ראש ושרש	שרש וראש
וראש	ממשל הנ"ל מפני	מתוך משל הנ"ל ומפני
הסמיכו	הסמיכו	סמך
כו'	בבחינה כמו	בבחינה הבדלה כמו
אבל	נודע מציאותו	בידיעת המציאות
מדריגות	מדריגות הנ"ל	מדריגות הללו הנ"ל
הוא	מדריגות	המדריגות
	בתחילה	ליתא
כא'	כא'	ליתא
	עצמיות	העצמות
מקור	אלה בלה"ק	אלה נק' בלה"ק
נק'	נק'	ליתא
וגם	להלביש מאמרות	ויתלבש באמרות
דא"ק	כו'	כנ"ל
	שיומשך מהעלם	שיומשך בתחלה מהעלם
	עצמיות	עצמות
לזאת	אל	ליתא
הגילוי	הגילוי	לגילוי

שינויי נוסחאות

שו"ה	נדפס	שינויי כת"י
צדק	וכ"ז	ג) וכ"ז
המה	יחדו	יחדיו
רפב,ב		
ה"א	יש בה	שבה
מתגלה	המח'	והמחשבה
היה	בהעלם	בה בהעלם
שכל	אלף ג"כ	ג"כ אלף
כידוע	והנה	ד) והנה
ממנא	ממנא	ממלא
ממנא	ובחי'	ובבחי'
בהתפשטות	הנ"ל	כנ"ל
רפב,ג		
ואין	משא"כ... שאוהב כו'	בהכת"י ליתא
מההתבוננות	בההשגה	בהשגה
אליהם	אליהם	עליהם
כו'	וד"ל	כנ"ל
שהוא	הארת י"ה	האורות יו"ד
ודבר	מלינק	לינק
עמלק	ועניין	ה) ועניין
בתרגום	אולפנא	אוליפנא
רפב,ד		
בעולם	וגם	בהכת"י ליתא
בעולם	הן	בהכת"י ליתא
וגם	כסא	מכסא
הגנוז	כו'	כנ"ל
נרתק	וזהו	זהו
רפג,א		
ופי'	ופי'	ו) ופי'
שמתפטרת	בבלתי	בלתי
שנקראת	כנ"ל	כו'
ולכך	ומתנשא	ומתנשאת
רפג,ב		
אותה	אחת	הא'
חייב	ידעי	ידע
זה	זכרי כו'	זכרי
ל"ת	שהו"ע	שהמה
רפג,ג		
הגורל	בעצמות	בעצמו
ופורים	ופורים	ובפורים
רפג,ד		
בפוריא	ידעי	ידע

ד"ה ששת ימים, הוגה מבוך 1146 כת"י מעתיק
עם הוספות בגוכתי"ק כ"ק אדמו"ר הצ"צ

שו"ה	נדפס	שינויי כת"י
רפד,א		
כו'	כו' הנה	כו'
לא תעשה'	בפ' ראה י"ו ח'	וצ"ל מ"ש דמשמע א אוכל נפש שהותרה כ נפש נאמר עבודה לא אמור כ"ג
ששה	ששה	שישי
	השביעי	השבעה
מ"ש	מ"ש ורעה	מ"ש שכן
והוטבע	אמונה	האמונה
	בירושה	ירושה
מרכבה	ושיתוסף	ונותסף
	רועה	הרועה
	אותם	אותה
רפד,ב		
המאציל	ההעלם העצמות	הארה כו'
רפד,ג		
ההתפעלות	לא לזאת	בשביל
כי	אלקית	אלקי
לגבי	האלקי'	האלקי
שהטפל	עיקרא ושרשא דכולהו	עיקר וש
בדרך	שמדבור	שמהדבו
שאמר	העולם וכידוע	העולם כ
הנה	השגת	השגתו
מציאותו	לבד	בלבד
ומהות	וכלל וכידוע	וכלל כו'
לבדו	אלוה כו'	הוי' עמ
		קרן לע
רפד,ד		
דגן	וזה	וזהו
זו	הדעת כו'	הדעת ד
ומאוד	וכתיב ממצרים קראתי לבני כו' כי נער ישראל ואהבהו כו'	ביחזקא כי נער וממצר בהושע
רפה,א		
לאנכי	וד"ל	ליתא
אך	שלמעלה	מלמע
הוא	בחכמה	חכמה
וכמ"ש	באריכות	בסידו
שידע	אמו	מאימ

1) נוסף בגוכתי"ק כ"ק אדמו"ר הצ"צ.

שו"ה	נדפס	שינויי כת"י
	אמר והיה העולם	שאמר והיה העולם כנ"ל
מ,ב		
הכתר	הכתר	כתר
ועד	כידוע	וכידוע
לענין	בסדר	בסדרי
בחי'	אור	האור
בהא	יומשך .. כנ"ל	למעלה כבר נמשך בחי'
		ברוך דהיינו ממקור הברכה
		שהוא בחי' כתר כנ"ל
ברוך	תתגל' ותתפשט השפע	ליתא
בנפש	האלקית מן	האלקית בא אור זה מן
מה	והיותר	והמותר
מ,ג		
שמשכיל	איך לעשותו	איך שיתכשר לעשותו
דינין	דינין	ודינים
	בשכלו	בשכל
לא	מעש'	המעשה
וע"כ	לפרקים	לפעמים
חכמה	שהיא באה	שהוא בא
ועיקר	המשכות אורות	התלבשות האורות
דהיינו	דהיינו	דהנה
כי	להיות	להיותו
שבקו	שההאא"ס	שהארת אא"ס
	הוא	היא
היה	ובא	ליתא
האיר	החסד אך	החסד לא היה הפסק כלל
		להתפשטותו וא"כ לא הי'
		נמצא מציאות אור הגבורו'
		כלל למטה והי' הכל בבחי'
		החסד
ולהיות	היפוך	היפך
הכלים	האור	האורות
שהוא	שהוא	והוא
לחכמה	המודדת	המודד
דא"א	ומקור	מקור
כפי	כפי	ע"י
	להיות התלבשות	להיות אופן התלבשו'
והוא	למעלה	ליתא
	כו'.	כו' למעלה.
רצון	הוא	הוא מודד
מ,ד		
עוד	עוד	ועוד
נקודים	וברודים	ברודים
אם	שממנו	שממנה
דזכר	ובטן	בטן
שבחי'	באימא.	באימא כו'.

שו"ה	נדפס	שינויי כת"י
את	ואיתא	איתא
כל	בבינה	בבינה וזהו
נקרא	שרש העשיה	שרש זאת העשיה
גילוי	בפי'	בפ"מ
וזהו	ואמ'	מאמר
הוא	פי'	הכל
	נתבררו	נבררו
דנקודין	כו'. ולפי שנפלו ואין	כו' שנפלו ולפי שאין
ע"י	הבינה	שהבינה
לז'	מלכין	המלכי'
מא,א		
בסידור	ארץ	הארץ
היא	מלכות כידוע	מלכות דאצי' כידוע
להיותה	הבחי'	בחי'
והנה	גלוי	ענין בחי' מל'
הגבורה	הגבורה	הגבורות
תהלה	מפני צמצום	מפני בחי' צמצום
חסדים	ממתיק	דז"א ממתיקין
וידוע	הם	המה
הכתר	להיות	ולהיות
בתכלית	בתכלית	ותכלית
מרחם	פי'	ליתא
המקבלים	המקבלים	מקבלים
לקבל	מפני עוצם	לעוצם
מא,ב		
כמ"ש	חודש כו' ושבת כו'	חודש ושבת וכו'
טוב	טוב	וטוב
עתיק	עתיק דבריא'	עתיק וא"א דבריא'
שכר	שנתקבל	שמתקבל
להאיר	בזיו ג"ע	בזיוו לג"ע
	הנ"ל	הזה
ברוך חי	כו' הנה	כו' כי הנה
מבואר	מבואר	ליתא
החכמה	החכמה	והחכמה
	להבינה הנק'	והבינה נק'
ולא	וזהו	וזהו פי'
דבריאה	היא	הוא
	שנמשכו	שנמשכי'
להחיותו	שם	ליתא
למעלה	למעלה חי	למעלה שם חי
שיתפשט	כו'	כנ"ל
כי	לעד	עד
כו'	קצב	קצוב
מא,ג		
לזמן	כידוע	וכידוע
חיים	להתפשט	להתפשטו'

שינויי נוסחאות

שו״ה	נדפס	שינויי כת״י
ועומד	כמ״ש במ״א	כמ״ש בע״ח
וכמ״ש	הדברים	הדבר
הימים	לולא	לולי
מקור	מקור	מקום
לאכול	לולא	לולי
בכל	אזל	אזיל
בשאר	מרובה	וחובה
ויש	מהמשכת אורות	מהמשכת אור
חצר,ד		
צ״ל	ג״כ	גם
את	את	ליתא
שהוא	העיקרי	העיקרית
ועל	נצטוו בעשור	נצטוו גם בעשור
ומרורי׳	פסח בערב	פסח וגם בערב
מהצורך	דחכמה בפרט	דחכמה גם בפרט
לאבותינו	במצרים	שבמצרים
בבחי׳	הגלוי	הדילוג
במציאות	מתבטל ממציאות	נתבטל ממציאותו
המקיף	שהוא	שהי׳
החיצונים	וא״כ	וע״כ
עכ״פ	לאכול	נאכל
צריך	כבוד ויוכל	כבוד הנ״ל ויוכל
להיות	ליניקת	ליניקו׳
	ופי׳	קטע חדש
המאמר	המאמר	לשון
עשיה	שבאצי׳ ובדרך	שבאצי׳ כו׳ ובדרך
כשאמר	נגלה	שנגלה
רצט,א		
וזהו	וזהו	אינו קטע חדש
שנק׳	עשיה	העשי׳
היתה	ירידת	ירידו׳
בבריאה	פרטיות	פרט יותר
דאבא	עצמיות	עצמו׳
במ״ט	טומאת מצרים	טומא׳ דמצרים
כידוע	להתעלות	להתגלות
החיצונים	כ״א מפני	כ״כ כמו
יתבאר	ע״פ עשה	ע״פ בעבור זה עשה
	וזהו	קטע חדש
זה	עשה ה׳	עשה לי ה׳
לי	לי	ליתא
דאימא	היא	הוא
וכו׳	ואחרי	אחרי
התפעלות	נרגש	נרגשת
תמן	לכן	וכן
	משעבוד	משיעבוד
בבחי׳	נקרא	ליתא

שו״ה	נדפס	שינויי כת״י
ושרשא	דכל	דכולהו
מחשכות	מחשכות	מחשכת
רצט,ב		
זה	השגה האלקית	ההשגה בא׳
למעלה	בחי׳	בבחי׳
כחשכה	כחשכה	כחשיכה
זה	זה שנמשך מהארת	שנמשך הארת
כו׳	גופא	גופה
אבא	מהשתלשלות	מההשתלשלות
שהוא	שהי׳ כנ״ל	שהי׳ אז כנ״ל
זה	שהיא	שהוא
אור	שבחי׳	שמבחי׳
ה׳	לי ולא	לי לי ולא
שלא	להאריך	יאריך
וחנון	וחנון אנו	וחנון כו׳ אנו
המשכות	לסלוח	ליתא
הארה	הארה	ההארה
גם	בירידת	בירידו׳
	מאד	מאד מאד
רצט,ג		
של	הרעה	הרע(ה)
סליחות	לתיקון	ותיקון
	ושיוכל	ליתא
דבחי׳	עון ועובר	עון העגל ויעבור
במ״א	אמנם מדה	אמנם הנה מדה
כידוע	מטעם משום	מטעם הנ״ל משום
רק	למה הוצרך	למה הי׳ צריך
ואילו	השכינה באוה״ע	השכינה שורה באוה״ע
ועל	בקשה	בקשתו
אף	כי לפי	כי הגם שלפי
במ״א	וזהו	שהוא
דא״א	בהגדה אף	בהגדה הנ״ל אף
הקהה	את	ליתא
לי	לי ולא	לי לי ולא
רצט,ד		
כו׳	הי׳	היתה
ושם	מדריגה	ומדריגה
מהקדושה	לפרעה אף	לפרעה כו׳ פי׳ שקבלנו
		השפע מאחוריים דא״א
		שרש יניק׳ פרעה ע״כ
		היינו משועבדים לקבל
		רק התמצית ממנו
		כו׳ אך
בבחי׳	האחוריים כו׳	והאחוריים כלל
משה	לי ולא	לי לי ולא
הזאת	ענין	וענין

שו"ה	נדפס	שינויי כת"י
בבחי'	מהו	מה הם
מפני	ע"כ	ג"כ
האלקית	לכם ולא	לכם לכם ולא
שלא	אותו	אותה
שכבר	ע"כ	וע"כ
משיבין	לי ולא	לי לי ולא
וזהו	את	ליתא
הבירור	דוקא בחכמה	דוקא כי בחכמה
אתברירו	בדבור	בעבור
יש	גם	ליתא

ד"ה מצה זו
הוגה מבוך כת"י 1146 כת"י מעתיק.

שא,א		
וקחו	על	ועל
מצות	ידוע	יש
שניה	הבצק וכו'	הבצק אשר הוציאו וכו'
שא,ב		
שלמעלה	כנז'	כנ"ל
כטבע	שמתפח	שמטפח
עד	להתגאות	בהכת"י ליתא
לו	כשנתגלה	כשנגלה
שא,ג		
מצות	להם שהות	שהות להם
שא,ד		
הביטול	במציאות	בהכת"י ליתא
השכינה	ערך	בהכת"י ליתא
קטן	קטן	קטן הימנו

ד"ה אתה הצבת,
הוגה מבוך 1025 גוכתי"ק כ"ק אדמו"ר האמצעי.

שג,א		
ה'	את	ליתא
הארץ	אף ע"פ	ואע"פ
בארץ	דרך	ליתא
בחורף	כדור	הכדור
והחום	וחורף	ובחורף
שג,ב		
נגד	ארץ	הארץ
מתפרשין	שמתחדש	שמחדש
שג,ג		
כו'	כמ"ש	וכמ"ש
כי	למופת	ומופת
מחמת	שעלה שם כנ"י	שעלו שם בנ"י
בנפש	האלקו'	האלקי'
הגדולה	והחכמה	או החכמה

שו"ה	נדפס	שינויי כת"י
	שהוא	שהיא
ולשבח	לגדולה	בגדולה
להודאה	וז"ש רז"ל	וזהו שארז"ל
מודים	בהקדם	בהקדים
הענין	כלל	הכלל
יוכל	אור	האור
המדריגה	אור	האור
שג,ד		
אין	כידוע	כי ידוע
כו'	הקליפות	הקליפ'
	הקדמוני ולהיות	הקדמוני כו' ולהיות
דהודאה	אור	האור
העומר	מדות	המדות
העומר	פי'	כי
ספיר	ספיר אך	ספיר כידוע אך
כו'	מה	מהו
ומשם	הבהמית	הבהמיות
ביטול	הבהמית	הבהמיות
בכל	ומקבל	שמקבל
מעומר	שעורים כדי	שעורים כנ"ל כדי
למדריגת	למדריגת	למדריגות
דש,א		
הרצון	הרצון	רצון
נדחה	כידוע	כי ידוע
ואמנם	כלולה מן	כלולה היא מן
דגבורה	דגבורה	הגבורה
דש,ב		
כמבואר	כמבואר	וכמבואר
שהסוף	שהסוף	דכל
משום	ע"כ	א"כ
הטעם	הלולי'	הלולא
ברזין	החבירי'	החברייא
ההיא	לכך	ולכך
	הילול'	הלולא
דרשב"י	שעוסק	שעסק
דש,ג		
היותר	תחתון ע"כ	תחתון כנ"ל ע"כ

ד"ה עד הגל הזה,
הוגה מבוך 1025 גוכתי"ק אדמו"ר האמצעי

שלשים	שלשים יום	ושלשים
הוא	הוא	והוא
והוא	עליון כמ"ש	העליון וכמ"ש
האצי'	כמ"ש	וכמ"ש
אני	שערמ	שהערמה
והוא	וזה	ובזה

שינויי נוסחאות

שו"ה	נדפס	שינויי כת"י
	דנצח	בנצח
ולעומתו	ולעומתו. ואע"פ	ולעומתו הוא בחי' ההוד.
		ואע"פ
זאת	מהוד מ"מ הם	מהוד וההוד כלול מנצח
		מ"מ
מחולקים	מחולקים זה	מחולקים הם זה
	כשצריך	כשצריכים
	ההשפעה	לידי השפעה
שנעשים	יובן	מובן
מד,א		
וא"כ	דבבחי'	דבחי'
בהכרח	נתכללו'	מתכללי'
	והם מתיחדים	נו"ה ומתייחדים
במקבלי'	לולי	אם לא
בלתי	שנאמר	שאמר
בנבראים	בנבראים על זה הסדר	ע"ד בנבראים סדר
	שאמר האל	שאמר מאל
כו'.	שיהא	שהוא
שיהיה	שיהיה	שיהא
	הפרטים	הפרטיו'
וזהו	שהוזכר	שהזכיר
בחי' יסוד	מיד מלך	מיד בא"י מלך
מהולל	מהולל כו':	מהולל בתשבחות וד"ל:

ד"ה מזמור לתודה,

הוגה מבוך 1025 גוכתי"ק כ"ק אדמו"ר האמצעי.

שו"ה	נדפס	שינויי כת"י
והנה	מה	מהו
מד,ב		
הוי"ה	הדעה	הא' דעה
שהוא	כולא	ליתא
כלא	אמיתי	האמיתי
יש	כי כח	כו' וכח
בבחינת אלקו'	אלקו' איך	אלקו' כ"א איך
עליהם	עליהם	והעלם
בבחינת		
ההודאה	ההודאה למעלה	ההודאה היא למעלה
וכך	מופלא	המופלא
מן	ולכן גם	וגם
אליו	אליו	אלי'
הטבע	פרטיה	פרטיו
שם	גימט'	בגי'
הטבע	לפעול	בפועל
ים	יובן	מובן
דווקא	אע"פ	ואע"פ
בהנהגת	מ"מ	אבל
	הנהגת	הנהגה

שו"ה	נדפס	שינויי כת"י
הפרטיות.	העלם	ההעלם
מתבטלת	האור	אור
האלהים	הוי"ה	והוי'
מד,ג		
בכל	הנהגו'	הנהגת
להלביש	כמו	וכמו
גם	הנהגות	הנהגת
	אלהים אינו מתנהג	אינו מתנהג אלהים
מושג	בלבושים	בלבושו
בנבראים	הוא	היא
בבחי' . .		
שלמעלה	יוכל להגיע אליו	יוכלו להגיע אלי'
ולמטה	האין	אין
דוקא	כמש"י	כמשי"ת בסמוך
מד,ד.		
כלל	רק	בגוכתי"ק ליתא
טמא	ולהבין	להבין
הדינין	הוא	היא
הרי	החכמה	חכמה
הרע	ויוכלו	ויוכל
הגמור	כנ"ל	וכנ"ל
בעה"ד	דטו"ר	טו"ר
פירוש	שבתורה כל שיוכל	שבתורה גם כל מה שיוכל
מהלכות	מהלכות	מהיכלות
מה,א		
דרך	עלייתן	עלייתו
מתעלה	מתעלה	נתעלה
	ולשון	מלשון
הוי'	דבחכמה	דחכמה
לברר	לברר כו'	ליברר כנ"ל
שרש	דפרשת פנחס	בגוכתי"ק ליתא
ההפרש	דחמץ	דבחמץ
אות	אות החי"ת	האות דחי"ת
	אות הה"א	האות דה"א
תיבה.	החי"ת לאות הה"א	חי"ת לאות ה"א
אלא	השמאל .. באות	השמאלי שבחי"ת מודבק
		הוא בגגו ובאות
יש	חלול	חלל
הנה	לכלל	לכלול
הרי	מציור	בציור
דלי"ת	הולך	ההולך
מטה	בעליונה	בעליונו
בחי"ת	ג'	ד'
קוין	מג' צדדין הוא	מד' צדדין והוא
רגליה	כמ"ש	וכמ"ש

שו״ה	נדפס	שינויי כת״י
מה, ב		
צדדי	האותיות	האות
	ימצא	יצא
לחיצונים אך	ה״א	הה״א הנה
מורה	כדוגמ׳	בדוגמא
לחיצונים.	זה גם	זה הנה גם
בקרבן	וקרבן	ובקרבן
ההפרש	הנה יש	הנה תחלה יש
תחילה	תחילה	ליתא
	חמץ	מחמץ
אלא	התנשאות	ההתנשאות
עד	וכל דבר חמץ	וכן כל דבר חמוץ
ויגבה	ויגבה	ויגביה
הגג	השמאל	השמאלי
מצה	מצה בהיפוך	מצה היא בהיפוך
כלל	והוא	והיא
הגג	השמאל	השמאלי
הטעם	שכל המנחות אינו	שבכל המנחות אינן
שהמנחה	יניקת	יניקות
חמץ	חמץ	בחמץ
	מצה	מצה דוקא
שהמצה	אלקית	האלקית
	יניקת	יניקות
חלות	בתודה	בגוכתי״ק ליתא
הוא	הן	שהן
דבי״ע.	רגל	מרגל
	הוא	והוא
מה, ג		
ולמטה	ושם	ששם
כו׳	כנ״ל	וכנ״ל
הטעם	להפריש בין מנחות	להפרש בין מנחת
דווקא	במזמור	מזמור
הארץ	דקרבן	דבקרבן
לפי	גם החמץ כנ״ל	כנ״ל גם החמץ
בה	וכל כו׳	וכל מחמצת כו׳
ידוע	עלה	עלו
הכל	אמר	נאמר
מן	השגה כנ״ל ועתה	ההשגה כנ״ל עתה
שיש	שיש	אשר יש
	שבין	אשר בין
מה, ד		
התפעלות	וכידוע. ע״כ	כידוע. וע״כ
מסתעף	מסתעף	מסתעפת
שם	שם	בסמוך
אומרים	וד״ל:	וד״ל: בגוכתי״ק כאן:
		„(בואו לפניו ברננה וכו׳):״

שו״ה	נדפס	שינויי כת״י
שבאין	לשעריו	לשערים
בתחילה	כו׳ לפי שבהודאה	כנ״ל לפי שהודאה
הוד	שערי בינה	שערים דבינה
קודם	עד שערי	עד שי׳ שערי
שעריו	הוזכר	הזכיר
	את	בגוכתי״ק ליתא
וזהו	אמנם	ואמנם
ולמטה	אזי מצד	אזי יודה מצד
	מודה	ששכלו יודה
מו, א		
ההודאה	הוא	היא
למעלה	בבחי׳	דבחי׳
ההיכל	שהוא	שנק׳
על	על	אל
מו, ב		
כענין	בין שבח	בין השערים דבינה לחצרות ה׳ שלפני השערים כי בשערי דבינה כבר אור האלקי מובדל ונעלם קצת מהשגה ממש כמו שהוא ע״כ נא׳ שם בואו שעריו בתודה פי׳ בבחי׳ הודאה כללית ולא בשבח
פרטית	להודאה כללית	ליתא בגוכתי״ק
	ולכן	משא״כ
האלקי	פרטיות	פרטית
ואית	ואית תרעין	ותרעין
החיצונה	כנ״ל	בגוכתי״ק ליתא

ד״ה אשרי יושבי,
הוגה מבוך 1025 גוכתי״ק כ״ק אדמו״ר האמצעי.

שו״ה	נדפס	שינויי כת״י
מו, א		
המלך	כו׳	בגוכתי״ק ליתא
	אשר	אשרי
הוא	בנות	ליתא
בדוד	בדוד	דדוד
מו, ב		
ארוממך	בתיבת	בפי׳
עצמות	אא״ס	אור הא״ס
מו, ג		
ידוע	שהוא בא	שהוא בהכרח בא
פנימיו׳	בכ״מ	בכל מקום
אלא	והוא בחינת	והוא להיות כי בחינת
	שהוא	הוא
אחרונה	אחרונה	האחרונה
	המלך שהוא	המלך כי מה שהוא

שינויי נוסחאות

שו״ה	נדפס	שינויי כת״י
המלאך	העיקר	עיקר
המלאך	נשאתי	הנה נשאתי
כו'	וכמ״ש	כמ״ש
כו'	וכמשל	כמשל
שהארה	שהארה האלקית	שהארות אלקות
	שממנה	שממנו
שהארה	שנתנים	שניתנית
להם	כמות	כמו
להם	שנתנה	שניתנית
שט, ב		
מכמו	שתגרע	שתוגרע
החסד	הגלוי	הגילוי
מפני	בהתגברות	בתגבורת
בזה	של אדם	האדם
הרשעים	שנסתעפ' מסיבת	שנסתעפו מסיבות
ירידת	ירידת מדריגה	ירידות המדריגות
מסיבת	יכול	יוכל
מזיעתן	מזיעתן	מזיעות
הוא	הזריעה	הזיעה
הוא	מתהווה מסיבת	שמתהווה מסיבות
הרפואה	עליונות	עליונים
דינור	מקו'	מקור
שט, ג		
נשרים	הגביהם	שהגביהם
וזהו	שרש	ליתא
שכינה	כסא	הכסא
שכינה	ה'	ליתא
מארבע	ה״א	ליתא
מלבד	שיצא	שימצא
הוא	הכלל	הכולל
הוא	ויומדד	למדוד
בין	מחנות	המחנות
שלום	שלום	השלום
לפ״ע	לפ״ע	לפי ערכו
כו'	משתווה	ישתוו
מפני	במציאו'	במציאותם
משער	והיא	והוא
משער	הגשמי	הגשמיות

שו״ה	נדפס	שינויי כת״י
שט, ד		
ולמעלה	ונקרא	ונקרא כתר
פרטים	שבאדם	באדם
ביד	ביד	דיד
ביד	כנ״ל	הנ״ל
ביד	וההבל	והבל
המעלות	ברעותא	ברעותי'
חיצוני	ועד״מ	עד״מ
שי, א		
במחנות	ויצי'	יצירה
החטי'	החטי'	דחיטם
גלוי	בקוראו	בקורא
גלוי	בדעת	ודעת
טעם	טעם	הטעם
על	כל	ליתא
משבה״כ	מלכין	מלכים
בי'	ושרשה	בשרשה
עליון	עליון	העליון
ע״כ	ביכולתם	ביכולתה
החטה	החטה	חיטה
אינה	לבהמה	בהמה
אינה	יכולת	ביכולת
בזמן	דשבועות	בשבועות
כו'	כ״ז	בזה
שי, ב		
גשמי	מעורר	יעורר
כמשל	בהסתכלות עיניו	בהסתכלותו עליו
שי, ג		
אין	הגבורה נכללו	הגבורות נכללים
כשנעשה	מקו'	ממנו מקור
שי, ד		
אלא	ע״ד	עד
כו'	כו'	ליתא
בחי'	השור	הארי'
שעכשיו	והכל בדבור הגשמי	והבל ודבור
	וכדי שיוכלל	הגשמי' שיוכלל
מפנימי'	מפנימי'	ופנימי'
עיקר	דעוה״ז	בעוה״ז

מראי מקומות

ומקורות הכתבי יד

יוצא לאור על ידי מערכת

„אוצר החסידים"

770 איסטערן פארקוויי ברוקלין, נ.י.

שנת חמשת אלפים שבע מאות שבעים ושתים לבריאה

שנת המאתיים להסתלקות (הילולא) של רבנו הזקן

שו"ה	נדפס	שינויי כת"י
אבנים	כו' וכידוע	וכו' וכידוע
נתיבות	פרטים	פרטיים
נג,א		
מהגבורות	בה"ג	מה"ג
הנה	וגבורותיך	וגבורתך
אמר	אמר	אומר
בחי'	מדות בשכל	מדות גם בשכל
ועניינים	ותבונתו יתפעל לבו	ותבונת לבו יתפעל•
מתרחבים	כו'	כנ"ל
שיאיר	יתחייב	יחייב
להיות	להיות בצרופי	להיות נבדלי' בצרופי
ממש.	בשכל הנה	בשכל וטעם הנה
ויהרהר	ויהרהר	ומהרהר
מיסוד	אימא והן	אימא כו' והן
אימא	ומ"ש	ומה שאמר
נג,ב		
בחי'	כללי	כללא
שבשכל	עלו	עלה
בה	כנ"ל	וכנ"ל
שלמטה	דרשת	דרשו'
ב'	ה'	הה'
אורות	אורות	שרש
כנ"ל	גבורותיו	גבורות
דז"א	שאז	שע"ז
מלכותו	הנקרא	שנק'
אדם	עתיק הנק'	התיקון דנק'
בהן	בהן	בהם
בלא	כו'	כנ"ל
וד"ל.	כבוד	וכבוד
עלו	עלו	עלה
עלאה	לא יתכן	לא הי' יתכן
העליונה	עלו	עלה
הדבור	ונפרד	נפרד
כמו	נשמת	נשמתו
מבחי'	חכמה	בינה
נג,ג		
משיתהו	וכל	בכל
ההתגלות	מלכותך	דמלכותך
לאה	בחי'	ועל בחי'
הוא כמלכותך	כמלכותך	דמלכותך
כלולה	וחג"ת	חג"ת
	כלולה מבחי'	כלולה גם מבחי'
כחב"ד	הוא מבחי'	היא בבחי'
המקבל	מקבל	קבל

•) כנלע"ד הקריאה בגוכתי"ק.

שו"ה	נדפס	שינויי כת"י

שנק' ורב חסד ומאירי' משם בחכמה דאצי' ונמשך עוד בקו הימין חח"נ עד שמגיע אור השפע בבחי' מל' שנק' אתה וכמ"ש ואתה מחי' את כולם כידוע שזהו פי' ברוך אתה פי' ברוך הוא בחי' יסוד אבא והוא נק' ראשית הגילוי באצי' ונמשך משירותא לסיומא עד בחי' המל' שנק' אתה להיותה בחי' ההתגלות ממש לנוכח כידוע וזהו איזהו חסיד המתחסד עם קונו דוקא שממשיך מקור החסדים ממקורא דכולא בזו"נ שנק' קונו ולא כאשר הוא ממשיך בשביל עצמו להיו' לו לחיות ואור בנפשו אלא רק בשביל קונו להמשיך תוס' גילוי הארת פנים בזו"נ שנק' קדב"ה ושכינתי' שאין הכונה רק להיות בחי' גילוי אלקו' למטה ולא ע"מ לקבל פרס גם להתענג על ה' וכו' זהו הנק' חסיד לפי שמדת החסידות גם בגשמיות אינו אלא כשמתחסד רק לזולתו כמו הענין של גמילות חסדים בגשמיות אבל לא כשיש לו ג"כ תועלת מזה שאין זה מדת החסידות בשלימו' וכמ"כ למעלה לא נק' חסיד אלא דוקא כשמתחסד עם קונו בלבד ולא לעצמו כלל וזהו וחסידיך יברכוכך• יברכו אותך דוקא כנ"ל וחסידיך דוקא מטעם הנ"ל משא"כ בחי' ההודא' על עצם מדת אור ארך אפים יכולי' הכל להודות כי כולן שוין בה מטעם הנ"ל ומפני שבהודאה זו לא נבדל האור לבא מיוחד לישראל לבדם ע"כ אמר יודוך ה' כל מעשיך אבל לענין הברכה שהוא בחי' יחוד גילוי אור למטה דוקא ע"ז אמר וחסידיך יברכוך חסידיך דוקא מטעם שהחסידי' מתחסדי' עם קונם בלבד וכנ"ל וד"ל.

שו"ה	נדפס	שינויי כת"י
נב,ד		
וזהו	וזהו ענין וגבורתך	ומהו ענין גבורתך
ה"ג	מנצפ"ך	דמצנפך
הנה	הנה	כי הנה
	רוחנים	רוחניים
מגלה	המדה	המדות
והמדות	מפנימיותו	בפנימיותו
מתחלקים	בהתחלקו'	בהתחלק
לגלו'	שבכללותן	שבכללותם
הקול	המה	ליתא
עכ"פ.	גם	שגם
הפנימיות	ונצח וההתפארות	וניצוח והתפארות
אותיות	בהם	בהן

•) כ"ה בגוכתי"ק.

שו"ה	נדפס	שינויי כת"י
התלבשות	א"כ היראה שנופל	וא"כ היראה שנופלת
מהארת	כו'	וכו'
אבל	שליטה הוא	שליטה הנה הוא
יראת	טעם	דעת
נג,ד		
ודעת	ודעת	וטעם
שיוכלו	שיוכלו אף פחותי	שיוכל אף פחות
בבחי'	שבעולמות	דבעולמות
הממשלה	שלא	שבלתי
מתפשט	מתפשט	מתפשטת
שבמ"ל	בחי'	מבחי'
כך	הגבוהות	הגבוהי'
בירידת	בירידת	בירידות
ההעלאה	כמ"ש	וכמ"ש
הלבנה	וכתיב	ועוד כתיב
	בעלה נקבה	בעלה וכן נקבה
תסובב	גבר	ליתא
לעולם	כנ"ל	כו'
נד,א		
הבריאה	יורד אור הגבורה	אור הגבורה יורד
דז"א	ירד מאצי'	יורד מאצי'
כמו	ההתלבשות	התלבשותו
הרי	ממדריגו'	ממדריגת
כמ"ש	כמ"ש	וכמ"ש
יורדת	שאמרו	שאמר
דרך	לכלול	לכללו'
וזוקף	שהכפיפה	הכפיפה
ולהוריד	ולהוריד	ולהורידה
ממש	שמשפיל	שמשפיל הוא
השפל	בגובהו	מגובהו
ברוחניות	שכל	ליתא
הראשון	בבלתי	בלתי
כלל	תנועות	תנועת
נד,ב		
הראש	שהן נה"י	שהן בחי' נה"י
השכל	זז	ניזז
חב"ד	זז	ניזז
הכל	יורד	נופל ויורד
למקו'	כנ"ל	כו'
לברר	דווקא אתברירו	אתברירו דווקא
ה"ז	הרוחני באור השכל	
	כנ"ל	הרוחניו' באור השכל הנ"ל
לתינוק	לתינוק כו'.	לתינוק קטן כו'.
מתוך	משל	משלים
	ולפעמים בחי'	ולפעמים גם בחי'
יוכל	מכפיפתו	מכפיפותו

שו"ה	נדפס	שינויי כת"י
וגם	וגם	גם
דרפ"ח	עליי'	עלוי'
יומין	ללקוט	ללקט
	שנשארו	שנשאר
דזו"נ	וזוקף (ה')	זוקף ה'
וסיוע	כידוע	וכידוע
נד,ג		
בחי' ה"ג	הנק'	שנק'
במחשבה	את העולם	ליתא
אך	כמאמר	וכמאמר
ובגבורות	ובגבורות	והגבורות
עיני	הגבורה	הגבורו'
נד,ד		
החסד	בכ"מ כמו ואתה	בכל מקום כמו אתה
ממשיך	מקו	ליתא
את	בעתו	ליתא
במיזוג	במיזוג ועתו הראויה	בזמנו ועתו הראוי
כך ולפעמים	שיהיה	שיהא
חסד	ובכללות	וכללות
	שנקרא	שנקראו
כך וביו"ט	שוין	שוות
הראוי	כו'	כנ"ל
חוזר	בבחי'	לבחי'
ההפרש	בחי' החכמה לבחי'	
	הכתר	בחי' הכתר לבחי' החכמה
הרגל	וקשור הרגל	וקשור חיות הרגל
	ויחס	ויחוס
כו'.	וראש	וראשית
כל	הבינה	בינה
ערך	ויחס	ויחוס
נה,א		
דא"ס	דא"ס אשר בו	שבעצמות המאציל ושרש
		וראש הוא לי"ס דאצי' כידוע
		והנה מצד בחי' האחרונה
		שבא"ס אשר יש בו
מובדל	מובדל	נבדל
וד"ל	וד"ל	ליתא
שבא	כו' ובין	וכו' בין
מכתר	ויחס כלל	ויחוס
האצילות	האחרונה	אחרונה
שיש	ויחס לחכמה בנאצלים	ויחוס לחכמה בנאצלים
	כו'	כנ"ל
לאדם	בגזיזתן	בקציצתן
אור	הוא מובדל	שנבדל
ואז	ואז	ואזי
יתפעל	ויחס	ויחוס

מאמר זה הוא מליל ש״פ ויחי תקס״ז, בעיר שקלאב. ונמצא בגוכי״ק אדמו״ר האמצעי [מספר 1196].

שער התפלה

יח, ג

הקל קול יעקב:

נדפס בשינויים והגהות, באוה״ת תולדות (כרך ד) תתכב, א. תתכח, ב. תתכט, א. וכמה הגהות באוה״ת סידור ע׳ ז. וראה גם ד״ה הקול קול יעקב בס׳ מאמרי אדה״ז על מארז״ל ע׳ קס. ס׳ פלח הרמון להר״ה מפאריטש בראשית קלה, א ואילך. וראה לעיל ב„הערות וציונים״.

מאמר זה רשום עליו באוה״ת באיזה מקומות, שהוא „כי״ק אאזמו״ר נ״ע בעצמו״ (ראה לעיל ב„הערות וציונים״). ובכתב־יד אחד הוא מופיע בכותרת: „תורת אדמו״ר שיחי׳ תקסבי״ת״ (ראה סוף סה״מ תקס״ב ח״ב ע׳ תרעח).

יט, ד

מזמור שיר חנוכת:

נוסח שני מהמאמר — נדפס בלקו״ת פ׳ ברכה צח, ד (הנחת מהרי״ל אחיו של אדה״ז). נוסח ג׳ — נמצא בכי״ק הר״מ בנו של כ״ק אדה״ז (ולא נדפס עדיין). נוסח ד׳ — נדפס בסה״מ „הנחות הר״פ״ ע׳ עט. וראה גם סה״מ תקס״ז ע׳ שצח ואילך (שם כמה מעניני המאמר בשינויים).

עוד דרוש דא״ח על פסוק זה, ראה להלן ערה, ג. וגם בסה״מ תקס״ה ח״א ע׳ נו וע׳ קלב. ס׳ מאמרי אדה״ז על כתובים ח״א ע׳ טו ואילך. ועוד.

מאמר זה הוא מיום ג׳ פ׳ שמות, כ׳ טבת תקס״ז, בחנוכת בית חומה אצל מהר״פ דשקלאב. ונמצא בגוכי״ק אדמו״ר האמצעי [מספר 1196]. וראה לעיל במדור „שינויי נוסחאות״.

כא, ד

אני בצדק:

מאמר זה הוא מפ׳ שמות (בערך), שנת תקס״ז. ונמצא בגוכי״ק אדמו״ר האמצעי [מספר 1196]. וראה לעיל במדור „שינויי נוסחאות״.

כג, ב

אשר לקחתי מיד האמורי:

ראה גם ד״ה לא יצא האיש, בסה״מ תרל״ב ח״א ע׳ נב ואילך. מאמר זה הוא מפ׳ שמות (בערך), שנת תקס״ז. ונמצא בגוכי״ק אדמו״ר האמצעי [מספר 1196]. וראה לעיל במדור „שינויי נוסחאות״.

כג, ד

אחרי ה׳ תלכו:

נוסח אחר של המאמר, נמצא בכתב־יד [מספר 93 רפד, א], ולא נדפס. מאמר זה נמצא ג״כ באריכות מכ״ק אדמו״ר האמצעי, בשערי תשובה ח״א כב, ג. ובשינויים והגהות באוה״ת ראה ע׳ תרו־תשיא. שם כרך ו׳ ע׳ ב׳שיח. וראה באוה״ת דברים (הוספות) ע׳ א׳תתקעז (שם נמצא קיצור „הצעת הדרוש״ על מאמר זה).

המאמר הוא מש״פ ראה תקס״ד (ראה סוף סה״מ תקס״ד ע׳ שנב). וראה לעיל במדור „שינויי נוסחאות״.

כו, ג

באתי לגני:

מאמר זה נמצא בשינויים (הנחות

אחרות): בלקו"ת שה"ש לא, ד (שם בתוס' הגהות מהצ"צ). „תורה אור" (שנדפס בלעמבערג תרי"א) ל, א. ובכתב־יד מספר 355. והגהות באוה"ת שה"ש (כרך ב) על פסוק זה.

מאמר זה הוא מש"פ תבוא שנת תקס"ד, בעיר שקלאב (ראה סוף סה"מ תקס"ד ע' שנג). וראה לעיל במדור „שינויי נוסחאות".

ל, ג

להבין ענין תרומת הדשן:

מאמר זה נמצא בתוס' הגהות באוה"ת בשלח ע' תלב ואילך. וראה עוד על מאמר זה באוה"ת צו (כרך ג) ע' תתא. חוקת ע' 27 (במהדורת שנת תשנ"ח. ובהוצאה הקודמת הוא באוה"ת במדבר כרך ו ע' א'תתעה). שה"ש (כרך ב) ע' תשכז.

[באוה"ת בשלח שם ההתחלה היא „וירא ישראל". המאמר מופיע שם בשינוי הסדר, וע"כ נציין כאן המקומות באוה"ת לפי סדר המאמר בסידור:

סידור מתחילת המאמר עד לא, א שו"ה החיצונים – אוה"ת שם ע' תלה (ס"ב) עד ע' תלז (סוף הקיצור).

סידור משם עד לא, ד ש"ה מ"ן – אוה"ת שם ע' תנג (שו"ה מפני) עד ס"ע תנה.

סידור משם עד סיום המאמר – אוה"ת שם ע' תנב (שו"ה ענין שמאל) עד ע' תנג (שו"ה מפני)].

מאמר זה כולל חלקים מלוקטים מתוך ד"ה וירא ישראל (וביאורו) של ש"פ בשלח תקס"ד. (ראה אוה"ת דברים ע' תרפו: „ועי' מזה בסידור בד"ה לה"ע תרומת הדשן והוא מהדרוש וירא ישראל את היד הגדולה בפ' בשלח תקס"ד". ועד"ז באוה"ת שה"ש (כרך ב) ע' תשכד. וראה סוף סה"מ תקס"ד ע' שמו).

לא, ג

וידבר גו' צו את בנ"י:

מאמר זה בשינויים ותוס' הגהות, נדפס בלקו"ת פינחס עה, א. ובשינויים בס' מאמרי אדהאמ"צ הנחות תקע"ז ע' ריא ואילך. ריח ואילך. ובאריכות במאמרי אדמו"ר האמצעי במדבר ח"ה ע' א'תריט. ובשינויים והגהות ב„שרש מצות התפילה" להצ"צ פמ"ד ואילך (דרמ"צ קמב, א). אוה"ת פינחס ע' א'עט־א'פה. שם ע' 10 (במהדורת שנת תש"ס. ובאוה"ת הוצאה הקודמת הוא בכרך ה' ע' א'תרעד). וראה גם סה"מ תרנ"ד ע' רלב ואילך. סה"מ תרנ"ח ע' רטו ואילך. סה"מ תרפ"ד ע' קיז ואילך. ד"ה צו גו' את קרבני דש"פ פינחס תשי"א.

המאמר הוא מפ' פינחס שנת תקס"ה (ראה סוף סה"מ תקס"ה ח"ב ע' א'קיז).

לט, ג

ברוך שאמר:

עוד הנחות מביאורים אלו, נדפסו בס' מאמרי אדה"ז על מארז"ל ע' שמב ואילך (הנחת הר"מ בן אדה"ז). שם ע' תכט ואילך. ובאריכות מכ"ק אדמו"ר האמצעי בס' פירוש המלות פ' צב־קכא (דף נט, ד ואילך). והמאמר בשינויים והגהות באוה"ת על סידור ע' מב ואילך (שם עד פיסקא: ברוך משלם. קטעים אחדים באוה"ת סידור שם הם הגהות על

שו״ה	נדפס	שינויי כת״י
אע״פ	שנכללו ונדבקו	שנכללי׳ ונדבקי׳
הוא	הוא	הי׳
הגלות	שבחי׳	דבחי׳
וגו׳	וגו׳	כו׳
בעלה	וכידוע	כידוע
תישן	בי״ס	בים
וכידוע	וכידוע	כידוע
	נסתלקו ונכללו	מסתלקי׳ ונכללי׳
ז״א	הוא	והוא
אסתלק	דקוב״ה הוא בחי׳ ז״א	קוב״ה הוא בחי׳ ז״א
	אסתלק	ואסתלק
לעילא	הים דחכמה	ים החכמה
ואמו	לו	בו
ממילא	וכו׳	כו׳

נח, ג

שו״ה	נדפס	שינויי כת״י
שהוא	שהוא מ״ל	שהוא בחי׳ מ״ל
שהרי	נמשלו	נמשלה
למקום	למקום	למקומות
המקבל	בירידת	בירידות
העילוי	בתכלית	ליתא
	הירידה	הירידה כו׳
אדלעיל	כמ״ש	במ״ש
כאלמנה	אך	ליתא
הבאה	זריעה וכמ״ש	זריעה כו׳ וכמ״ש

נח, ד

שו״ה	נדפס	שינויי כת״י
בהם	דרך	ודרך
עכ״פ	ביחודא	ביחודם
אורות	בקליפה	בקליפות
ביאור	זה באריכות	זה במ״א באריכות
הללויה	הללויה	ליתא
וכל	ויהיו	יהיו

ד״ה הללויה כי טוב,

הוגה מבוך 1025 גוכתי״ק כ״ק אדמו״ר האמצעי.

נט, א

שו״ה	נדפס	שינויי כת״י
אלהינו	והנה	אך הנה
התענוגים	התענוגים	התענוג
הנק׳	עתיק	עתיק דבריאה
בבחי׳	כידוע	וכידוע
במ״א	תקיעות	תקיעת
הוא	החדוה	חדוה

נט, ב

שו״ה	נדפס	שינויי כת״י
היינו	בו פי׳	ביופי
אשר	תהלה	התהלה
זמרה	כלו׳	כלומר
הוא	כמ״ש בהר	כמ״ש בה בהר
הגילוי	יתראה	יראה
וכאשר	מתמעט	יתמעט

נט, ג

שו״ה	נדפס	שינויי כת״י
אור.	שמתפחדים	שמפחדי׳
כו׳.	וכמאמ׳ מזיעתן	וכמארז״ל זיעתן
מקבל	מקבל	מקבלי׳
עמך	גם מ״ל	גם בחי׳ מ״ל
יובן	דאצי׳	דא״ס
אבנים	וידוע	וכידוע
אבנים	נבנה מהם וכדמיון	שנבנית מהם הוא כדמיון
כו׳	פרטיהם	פרטיו׳
נבנה	שכולו	שכלול
כידוע	מדות	המדו׳
במ״א	בין האומות	לבין אוה״ע
כל	הגלות	הגליות
גליות	נדחך בקצה	נדחך גם בקצה

נט, ד

שו״ה	נדפס	שינויי כת״י
שרים	שרים	השרים
בבינה כו׳	כו׳	כנ״ל
לשבורי	לב הנה	הלב הנה
מל״ב	וד״ל	וכו׳
לב	התלבשות	בהתלבשות
שבהיות	ותתרחב	ויתרחב
המדות	המדות	המדה
השכל	שמיד	שהרי מיד
לא	לזאת	זאת
קשר	ע״י האהבה	על ידה באהבה
דאו״א.	א״כ	וא״כ
נפלו	דאחוריים	ואחוריים
שמלובשים	שמלובשים	שמלובש
הגידים	רק לחלוחי׳	ליתא
בלבד	בלבד	ליתא
	הגם שבהם יש	גם בהם יש
המלובש	אבל הם נק׳ כלים	אלא שהם נק׳ בחי׳ כלים
	לכן	ליתא
גם	גם	וגם
שעי״ז	שנפלו	שנפל

ס, א

שו״ה	נדפס	שינויי כת״י
לא	נראה	נראו
ונכללי׳	האורות	הארות
פרטים	פרטים	פרטיו׳
דרך	נצח אך	נצח כו׳ אך
חוזר	חוזר כמשל הנ״ל	חוזר בלבד כמשל הנ״ל
	וכוכבי	בכוכבי
בהיות	וניצוצים	וניצוצי

שו"ה	נדפס	שינויי כת"י
הסתלקות	כו'	כנ"ל
וניצוצות	וניצוצות	וניצוצי
אין	אין אחד	אין כל אחד
ושפע	שמות	בשמות
וקאי	הרופא	דרופא
אמר	בס"ה	בס' יצירה
ישוער	בריכות	ברכות
ומדה	ומדה	מדה
ס,ב		
שאמ'	בריכות	ברכות
מתפשט	בעולמות גבול	בעולמות בבחי' גבול
ומדה	רב	ורב
כו' וכמ"ש	בס"ה	בס"י
ולתבונתו	מספר הגם	מספר פי' הגם
והרי	תבונת ז"א	מל' דאצי' בבחי' חשבון
		ומדה שלכולם בשמות יקרא
		כנ"ל מ"מ אין זה מצד
		עצמות תבונתו אלא רק
		מבחי' תבונה שבז"א
ישראל	שמים	השמים
באור	אין	לא יש
חשבון	להארת	להארות
בשרשו	במשל הכוכבי'	במשל של הכוכבי'
וזהו	ולתבונתו	לתבונתו
דאצי'	דאצי':	דאצי' כנ"ל וד"ל:
		ע"כ נמצא

ד"ה להבין פ' ראשונה דק"ש,
הוגה מבוך 1025 גוכתי"ק כ"ק אדמו"ר האמצעי.

שו"ה	נדפס	שינויי כת"י
עה,ד		
כו'.	ע"ח	הע"ח
למה	קודם ותירץ	קודם כו' ותירץ
השתלשלות	השתלשלות	ההשתלשלות
	רב כו'	זה דוקא כו'
עו,א		
כשאר	בבחי'	בחי'
מאין	מהזמן	מן הזמן
בחי'	דהנה בחי' זמן	דהנה ענין הזמן
ולמעלה	מהזמן	מן הזמן
אין	בריאה	הבריאה
לזה	הוא	הי'
הנק'	במאציל	במאציל הוא
נק'	נק'	הנק'
במחשבה	הנקרא	הנק'
שנק'	שנק'	הנק'
דמחשבה	דמחשבה	דמחשבה כו'
	וביאור הדברים	וביאור הדבר

שו"ה	נדפס	שינויי כת"י
כשעלה	כשעלה	כשעולה
במחשבתו	וסופה	וסופא
	כשכבר	אחר שכבר
נגמר	נגמר	גמר
מעשה	שעלה	שעולה
הוא	מעשה	המעשה
כשעלה	ברצונו	ברצון
המחשבה	וכשנגמר	וכשגמר
ונקרא	-כי בחי'	כי הוא בחי'
דאצילות	כתיב הנה	כתיב כי הנה
עו,ב		
תחלת	שעלה ברצונו	שעלה תחלה ברצונו
המשכות	וכיוצא נק'	וכיוצא אזי נק'
אדם	שבמדות	במדות
או	שלמטה	של
חשך	העצמית	העצמו'
אוכם	איהו לגבי עילת כל	
	העילות	הוא לגבי עילת העילות
ההתפשטות	חסד	החסד
בהתגלות	הוא	היא
ועד	ועד	עד
	אומר	נאמר כי
ה'	שהדפיקו	שהדפיקו'
במ"א	וזהו שמע	וזהו פי' שמע
תחילה	הדברים	הדבר
וסוף	בתחלה	בהתחלה
כו'	שבסופה	שבסופא
בתחלה	בתחלה	בהתחלה
עו,ג		
שהוא	א"כ	וא"כ
ברצונו	הרי	עדיין
במחשבה	סופה ... סופה	סופא ... סופא
אינו	בהתחלת	בתחלת
הוא	הוא הענין שבתכלית	הענין הוא תכלית
בחוש.	דוקא ישראל	דוקא בחי' ישראל
שנק'	כו'	כנ"ל
כו' ע"כ נק'	כו'	כנ"ל
כו' ע"כ	ביחוד	לייחד
עצמיו'	עצמיו'	עצמו'
	כו'	כנ"ל
וכמ"ש	וכמ"ש	כמ"ש כי
	כו'	כנ"ל
רז"ל	כדי שתמליכהו	תמליכהו
ובת	מדות	המדות
הפנימיה	של מדות	למדו'
	הכל	והכל

ואילך. וע״ש בהמ״מ. מאמר זה הוא מפ׳ שלח (בערך) תקס״ז.

עא, ג

ברוך ה׳ לעולם:

נוסח אחר ממאמר זה נדפס בס׳ מאמרי אדה״ז על מארז״ל ע׳ תכו (הנחת הר״מ בן אדה״ז). מאמר זה הוא מפ׳ שלח (בערך) תקס״ז.

שער הק״ש

עג, ג

להבין ההפרש בין ק״ש לתפלה:

נוסח נוסף ממאמר זה נמצא בכתב־יד קודש הר״מ בן אדה״ז (מספר **1066**. ולא נדפס עדיין). ועוד נוסח באוה״ת ואתחנן (כרך ו) ע׳ ב׳רלא [שם מתחיל: להבין מ״ש האריז״ל דק״ש הוא יחוד או״א]. הגהות וקיצורים באוה״ת ואתחנן ע׳ שצה ואילך. וראה אוה״ת דרושים לש״ש ע׳ א׳תקמז (סי״ד). סה״מ תרכ״ט ע׳ רמד ואילך.

המאמר הוא מליל ב׳ פ׳ וישלח שנת תקס״ז. ונמצא בגוכי״ק אדמו״ר האמצעי [מספר **1025**].

עה, ד

להבין פ׳ ראשונה דק״ש:

נמצא באריכות מכ״ק אדמו״ר האמצעי בס׳ אמרי בינה, שער הק״ש פל״ז (מ, ג) ואילך. ובשינויים ואריכות בס׳ מאמרי אדמו״ר האמצעי ואתחנן ע׳ רו ואילך.

המאמר הוא מליל ש״פ תצוה שנת תקס״ו. ונמצא בגוכי״ק אדמו״ר האמצעי [מספר **1025**]. וראה לעיל במדור „שינויי נוסחאות״.

עו, ד

והיו הדברים:

מאמר זה הוא מפ׳ תצוה תקס״ו. ונמצא בגוכי״ק אדמו״ר האמצעי [מספר **1025**]. וראה לעיל במדור „שינויי נוסחאות״.

עז, ב

זוהר פ׳ פנחס פתח ר״ש ואמר שמע ישראל:

נמצא באריכות מכ״ק אדמו״ר האמצעי בס׳ אמרי בינה, שער הק״ש פע״ו (סו, ג) ואילך. המאמר עם הגהות נדפס באוה״ת על סידור ע׳ קסד. ביאוה״ז להצ״צ ח״א ע׳ תקסו. ח״ב ע׳ תתרו. וראה סהמ״צ להצ״צ מצות עריות (דרמ״צ ל, ב).

המאמר הוא מקיץ שנת תקס״ו. ונמצא בגוכי״ק אדמו״ר האמצעי [מספר **1025**]. וראה לעיל במדור „שינויי נוסחאות״.

פ, א

והי׳ לכם לציצית:

נמצא בשינויים בלקו״ת שלח מד, ג. וביאור נוסף על המאמר בס׳ מאמרי אדה״ז עה״ת ח״ב ע׳ תרמד. מאמר זה נמצא ג״כ באריכות בס׳ מאמרי אדמו״ר האמצעי במדבר ח״ג ע׳ א׳רס. והגהות וביאורים באוה״ת שלח ע׳ תרט.

המאמר הוא מש״פ שלח שנת תקס״ה. וראה לעיל במדור „שינויי נוסחאות״.

שער התפלה

פה, ב

איתא בספרי מי כה׳ אלקינו:

נמצא בשינויים בסה״מ תקס״ו ע׳ כו (הנחת הר״מ בן אדה״ז). ובאריכות מכ״ק אדמו״ר האמצעי בס׳ אמרי בינה, פתח

השער פט״ז (ז, ג) ואילך. מאמר זה בשינויים והגהות נמצא באוה״ת ואתחנן ע׳ שעו ואילך וע׳ שצ ואילך. וראה „שרש מצות התפילה״ להצ״צ פ״ז ואילך (דרמ״צ קיז, א).

ראה ד״ה פתח אליהו ואמר אנת הוא חד, בס׳ מאמרי אדה״ז עה״ת ח״א ע׳ צז, וסה״מ תקס״ו ע׳ כט שקשורים ג״כ למאמר זה.

המאמר הוא מפ׳ לך-וירא תקס״ו. ונמצא בגוכי״ק אדמו״ר האמצעי [מספר 1194 עח, ב]. וראה לעיל במדור „שינויי נוסחאות״.

פח, ג

מי כמוך:

מאמר זה הוא מליל ש״פ ויקהל תקס״ד (ראה סוף סה״מ תקס״ד ע׳ שמז). וראה לעיל במדור „שינויי נוסחאות״.

פט, א

אתה קדוש:

מאמר זה כולל שתי פיסקאות, מתוך ד״ה אוסרי לגפן – שנדפס בתו״ח צה, א ואילך. [פיסקאות אלו הם בתו״ח דף צה [רלו], ג שו״ה שאנו – עד צו, רע״א. ודף צז [רלח], ב שו״ה אך הענין ידוע – עד שו״ה כו׳ וד״ל]. וראה בהמ״מ בסוף התו״ח שם (ע׳ 626).

מאמר „אוסרי לגפן״ הנדפס בתו״ח, הוא מש״פ ויחי תקס״ד (ראה סוף סה״מ תקס״ד ע׳ שמה).

שער נפ״א

צא, ג

והאיש משתאה:

מאמר זה נמצא בשינויים בסה״מ תקס״ג ע׳ לו-לט (שם הוא הנחת הר״מ בן אדה״ז, ומתחיל „להבין מארז״ל יפה שיחתן״, והמשך שני של המאמר שם מתחיל בפסוק „ותמהר ותער כדה גו׳ והאיש משתאה״).

המאמר באריכות מכ״ק אדמו״ר האמצעי נמצא בתו״ח חיי״ש קלז, ד ואילך. ובשינויים והגהות באוה״ת חיי״ש קלא, ב-קלה, ב. וראה שע״ת לאדמו״ר האמצעי ח״א פל״ד ואילך. פלח הרמון חיי״ש סו, ג ואילך (ד״ה והאיש משתאה). עב, א ואילך (ד״ה יפה שיחתן)

המאמר הוא מיום ש״פ חיי״ש תקס״ג (ראה סה״מ תקס״ג ח״ב ע׳ תתסד).

שער הת״ת

צז, ג

ביאור למ״ש בלק״א פנ״ב:

המאמר נדפס ג״כ בליקוט פירושים ומ״מ לתניא (חיטריק) ס״פ נ״ג (ע׳ א׳קכב), ושם בתוס׳ מ״מ בשוה״ג. המאמר נמצא בשינויים בס׳ מאמרי אדהאמ״צ הנחות תקע״ז ע׳ רצו ואילך. חלק מהמאמר הובא בתוס׳ הגהות באוה״ת על מארז״ל ועניינים ע׳ רלה ואילך (ונדפס גם באוה״ת חנוכה כרך ה תתקכט, ב ואילך).

המאמר הוא מש״פ עקב תקס״ד (ראה סוף סה״מ תקס״ד ע׳ שנב). וראה לעיל במדור „שינויי נוסחאות״.

שער נט״י

ק, ג

להבין ענין נט״י:

נדפס ג״כ בסה״מ תקס״ב ע׳ קד

שו"ה	נדפס	שינויי כת"י
יחוד	כנ"ל	ממש
דאחיד	דאחיד לון א"ח	אחיד לון דהאי
דא	כו'	כו' ע"כ
פי'	איתא	אית בי'
	היחוד הזה	ביחוד זה
אותיות	ונכללת	ונכלל
דז"ת	דחג"ת	כי חג"ת
ע"י	וחו"ג	חו"ג
אימא.	דאילין בתי	דאילין ד' בתי
דז"א	כנ"ל	כו'

עח,ד

שו"ה	נדפס	שינויי כת"י
תפילין	דאיהי	דהיא
	פירוש בד'	פירוש בהו ד'
ממש	מאותיות	מאורות הבינה
	מאיר בה	יש בה מאור
החכמה	דבינה	הבינה
אותם	שכתובה	הכתובה
גשמית	אינה בחי'	אינה גם בחי'
שהדלית	הוא למעלה ג"כ	ג"כ הוא למעלה
עלמא	שממנו	שממנה
כי	הוא בלא	הוא בא בלא
המחשבה הללו	הרי הן כרצועה ממש	ה"ז ממש הרצועה
הקשר	שאחוז	האוחז
המחשבה הם	כמו	בחי'
	הדומם	דומם
	ואין ערך	ואין להם ערך
והם	והם	והן
	ואין	שאין
אור	הבית	בית
או	ככלי שמשימין	הכלי שישימו
פרשיות	פרשיות	בתי
	כי	כמו
הפרשיות	אורות	שהאורות
	וכלים	וכלי
בחי' לאה	המחשבה	מחשבה
להם	בדרך	כדרך
שעושין	דווקא	דהיא
שהוא	שהוא בבחינת	בחינת
	כנ"ל	וד"ל
שהם	לאדם להוליכו	להוליך את האדם

עט,א

שו"ה	נדפס	שינויי כת"י
אינם	השפע	ההשפעה
לזולתו	או	שאזי
	כנ"ל	כו'
מובן	מובן דתרין	מובן דר"ל דתרין
שבשכל	שבשכל	שבאימא
ועצה	כנ"ל	כו'
נמשך	דלי"ת	ודלי"ת
אתאחידת	שיוצאים	שיוצאות
הנביאים	אלקי	האלקי
אינו	אינו בא מבחי'	אינה באה רק מבחי'
	גילוי	ליתא
הנ"ל	דהשפעת	בהשפעת
	האיך	איך
לצרף	כנ"ל.	כו'.
	השפעת	השפעות
	בלב	מלב
	כנ"ל	כו'
כי	לזה	לזאת
ההשפעה	כנ"ל	בלבד כו'
דבריאה	ויחזקאל	ונשמת יחזקאל
רצועין	לרמוז	לרמז

עט,ב

שו"ה	נדפס	שינויי כת"י
ואח"כ	ואח"כ בהיפוך כידוע	ליתא
אמתי	כנ"ל	כו'
כיון	אתייחדת	אתאחדת
לאתאחדא	אחידין	אחידא
אבל	והיינו	והיינו ענין
רשימא	רשימא	רשימו
עולה	בשית	דשית
דפר'	דפר' ראשונה דכללותן	דפסוק ראשון שכללותו
נהנין	כנ"ל	כו'
הלא	בחי'	מבחי'
רק	בלבד	בלבד כו'
שלא	עליונה	העליונה
אז	כאותו אופן	באותו האופן
מעצמותו	אבל פנימיותו	אבל עיקרו ופנימיותו
כנ"ל.	כנ"ל.	וכו'.
דהיינו	הארת	הארו'
	בבחינת	בחינת
למעלה	דרשימא	ורשימו
כי	וגופי	וגופה
של	עלה	עליה

ד"ה והיה לכם לציצית, הוגה מבוך 1001 כת"י מעתיק.

פ,א

שו"ה	נדפס	שינויי כת"י
תזכרו	כו'	וכו'
ע"י	המצות	המצוה
אני	יכול כמוני ת"ל	
	כי קדוש אני	ליתא
ביום	לי	ליתא

שינויי נוסחאות

שו"ה	נדפס	שינויי כת"י
דבה"א	האחרונה	אחרונה
קלילא	הוא	והוא
פ,ב		
הנ"ל	למטה	ליתא
גופני	אלקות	אלוק
ממש	ממש	ממעל
כתיב	רו"ש	רצוא
זאת	מאי"ש	מאיש
פ,ג		
נקודה	ונקראת	נקראת
החסד	מצות	ליתא
פ,ד		
כנ"ל.	אש ה"א	אשה
התשוקה	והנה ידוע	קטע חדש
שכמה	הפכי	הפכיי'
באשה	כו'	כנ"ל
א'	ואחר	מאחר
ותשוקה	כו'	כנ"ל
צ"ל	התקשרו	התקשרות
במקום	שהוא	שהיא
פא,א		
ממילא	אלהי	האלקי
שאין	שאין	דאין
וזכרתם	וכו'	כו'
פא,ב		
למען	והייתם	קטע חדש
והייתם	ג"כ	ליתא
נעשים	כמ"כ	וכמו"כ
מה	ממותרי	ממותרות
מעצמות	למעלה מגדר	למעלה מעלה מגדר
בבחינת	קד"ש	קד"ש העליון
פא,ג		
שרשו	בבחינת רצה"ע	מבחי' הרצון העליון
		בהכת"י חסרות כמה שורות
מתהוה	א"ס מושלל	א"ס הוא מושלל
כמ"ש	כמ"ש	במ"ש
פא,ד		
ג"כ	שהוא	הוא
אני	אני	קטע חדש
(והיינו	אם תמה	אי תמו
לא	ושניהם	שניהם
נשמות	תמה	תמו
תמה	תמה	תמו
פב,א		
יהיה	יהיה	היה
והוא	לה	לה'

שו"ה	נדפס	שינויי כת"י
כו'	באני	דאני
אבל	העצמות	עצמות
פב,ב		
הדבר	הנשרף. מעט	הנשרף ימעט
מראה	כו'	ליתא
זר	שבחי'	שבבחי'
ולהיות	שמראה	שהוא מראה
פב,ג		
נקראת בשם	שזהו	שהוא
נקראת אשא	מבחי'	בבחי'
כשהוא	כשהוא	כשהיא
	בבי"ע. וכמ"ש	בבי"ע (וכמ"ש
אש	(והוא	והוא
מרגלים	דהנה	דהגם
הדלוקה	הדלוקה	הדולקת
מחיי	מחיי	מחי'
פב,ד		
בה	כענין	(כענין
נכנס	שיש.	מי שיש
דלפי	דלפי	לפי
דגם	חקוקים	חקוקין
דוקא	דוקא	ליתא
הוא	זו הוא	זו היא
פג,א		
האור	א"ס	הא"ס
פג,ב		
עד"מ	ואינו	אינו
המגדילם	המגדילם...המגדילם	המגדילי' ... המגדילי'
שנים	ר"ן. והענין	הענין
פג,ג		
שלא	להוות	להיות
מפני	שהוא	שהי'
להוות	להוות	להיות
שמאלו	לראשו	לראשי
המציאות	הצמצום	הצמצומי'
פג,ד		
למטה	נמשכים	נמשכין
מן	האידים שיוצאים	האידים הדקים שיוצאים
להם	והשתוות	להשתוות
ראשו	קדוש כו'	קדוש כנ"ל
	יונקים ממנה	יונקין ממנו
בו	ונברא כו'	ונברא לאחר שנאצל ונברא כו'
ההארה	ההארה	הארה
(דא"ק)	הגלגלת	הגלגלתא
מבחי'	בבחי' מותר	מבחי' מותרי

וראה לעיל במדור „שינויי נוסחאות”.

קלז, ב

שמח תשמח:

מאמר זה נדפס גם בס׳ מאמרי אדה״ז הקצרים ע׳ ז. ונמצא באריכות בס׳ מאמרי אדמו״ר האמצעי דרושי חתונה ח״א ע׳ רלד ואילך. ח״ב ע׳ תסב ואילך.

המאמר נאמר מאדה״ז בחורף שנת תקס״ד, על חתונת נכדו כ״ק אדמו״ר הצ״צ (ראה סוף סה״מ תקס״ד ע׳ שדמ).

קלז, ג

אשר ברא

מאמר זה נמצא באריכות בס׳ מאמרי אדמו״ר האמצעי דרושי חתונה ח״ב ע׳ תקפג ואילך.

המאמר נאמר מאדה״ז בחודש אלול שנת תקס״ד (ראה סוף סה״מ תקס״ד ע׳ שנג). וראה לעיל במדור „שינויי נוסחאות”.

קלח, ב

מהרה ישמע:

תוכן המאמר נמצא בתו״א ויגש מד, ד – ד״ה „ולתוספת ביאור כו׳ מהרה ישמע”. ובאריכות בס׳ מאמרי אדמו״ר האמצעי דרושי חתונה ח״ב ע׳ תרב ואילך. שם ע׳ תרכה ואילך. והגהות על הסידור באוה״ת סידור ע׳ רכב ואילך. וראה ד״ה מהרה ישמע בסה״מ תרל״ב ע׳ ריז ואילך.

מאמר זה נאמר מאדה״ז בליל ש״פ נשא שנת תקס״ז, בעיר זלאבין, בחתונת הרבנית ביילא בת אדמו״ר האמצעי עם הרה״ח רבי יקותיאל זלמן נכד הרה״ק רלוי״צ מבארדיטשוב. ונמצא בגוכי״ק אדמו״ר האמצעי של שנת תקס״ז [מספר **1196**]. וראה לעיל במדור „שינויי נוסחאות”.

שער המילה

קלט, א

למנצח על השמינית:

מאמר זה נמצא בשינויים: לקו״ת תזריע כ, ג (הנחת מהרי״ל אחיו של אדה״ז). ובשינויים בכי״ק הר״מ בן אדה״ז (מספר **1066**). ובשינויים והגהות מהצ״צ: בסהמ״צ להצ״צ מצות מילה (חלק השני. דרמ״צ ט, ב ואילך). אוה״ת תזריע (כרך ב) ע׳ תקב. שם (כרך ד) ע׳ א׳מז.

מאמר זה (והביאור) נאמר מכ״ק אדה״ז, בסוף חורף תקס״ז, על ברי״מ (ופדיון הבן) אצל נכדו ר׳ ברוך (ראה רשימת הכת״י בסו״ס לקו״ת לפ׳ תזריע כ, ג). ונמצא בגוכי״ק אדמו״ר האמצעי [מספר **1196**]. וראה לעיל במדור „שינויי נוסחאות”.

קמא, ד

בעת ההיא גו׳ חרבות צורים:

מאמר זה עם שינויים והגהות מהצ״צ, נמצא: בסהמ״צ להצ״צ מצות מילה (חלק ראשון. דרמ״צ ט, ב ואילך). אוה״ת שבועות ע׳ קט ואילך. אוה״ת נ״ך (כרך ב) ע׳ תשלח ואילך. אוה״ת סידור ע׳ שיב ואילך.

קמה, א

ולא יקרא:

מאמר זה נמצא בשינויים: תו״א יב, א (הנחת מהרי״ל אחיו של אדה״ז. הביאור שם מתחיל בפסוק: והבדילה

הפרוכת לכם). ובשינויים בסה״מ תקס״ו ע׳ נה ואילך (הנחת הר״מ בן אדה״ז. ומתחיל: אני הנה בריתי).

מאמר זה נמצא בשינויים בס׳ מאמרי אדהאמ״צ הנחות תקע״ז ע׳ עדר ואילך. ובשינויים והגהות מהצ״צ: בסהמ״צ להצ״צ מצות מילה (דרמ״צ ו, ב ואילך). אוה״ת בראשית (כרך ד) תשטו, א ואילך. תשיז, א ואילך. וראה ד״ה אני הנה בריתי אתך בס׳ פלח הרמון להר״ה מפאריטש לח, ג ואילך.

המאמר נאמר מאדה״ז ביום ה׳ פ׳ תולדות תקס״ו, בסעודת ברי״מ (והביאור נאמר ביום השלישי למילה). וראה לעיל במדור „שינויי נוסחאות״.

הערה לתיקון חצות

קנא, ג

תוס׳ ביאור למ״ש בלק״א פמ״ג:

נדפס, בתוספת השוואות לכתבי־יד מעתיקים, בליקוט פירושים ומ״מ לתניא (חיטריק) לפמ״ג (ע׳ תתקטו ואילך).

כוונת המקוה

קנו, א

ענין המקוה:

המאמר הוא מעש״ק פ׳ דברים שנת תקס״א. ונמצא בגוכי״ק אדמו״ר האמצעי 1195 [ומעבר לדף של מאמר זה, רשום בגוכי״ק מאמר ד״ה „ענין ג׳ עליות המלכות״ משנת תקס״א. וראה הוספות בסו״ס מאמרי אדה״ז על ענינים ע׳ תקפו]. וראה לעיל במדור „שינויי נוסחאות״.

קנז, א

להבין כללות כוונת המקוה:

מאמר זה נמצא בשינויים והגהות באוה״ת על ענינים ע׳ קצו ואילך. וראה גם אוה״ת דרושים ליוהכ״פ ס״ע א׳תקצב ואילך. וראה לעיל במדור „שינויי נוסחאות״.

שער השבת

קסא, א

להבין מאמר הידוע אנת הוא חד:

נמצא בשינויים והגהות בלקו״ת ואתחנן יא, ד (שם הנחת מהרי״ל אחיו של אדה״ז. ומתחיל: ענין ק״ש אחד ואהבת. נוסח התו״א נמצא גם ב„תורה אור״ שנדפס בלעמבערג שנת תרי״א דף כ, ב). ובשינויים בסה״מ תקס״ה ח״ב ע׳ תרחצ (הנחת הר״מ בן אדה״ז). ובשינויים וקיצורים באוה״ת ואתחנן (כרך ה) ע׳ ב׳ב.

מאמר זה הוא מן יום א׳ פ׳ מסעי תקס״ה (ראה סוף סה״מ תקס״ה ח״ב ע׳ א׳קיז. ובאוה״ת ענינים ע׳ ק מציין למאמר זה בשם: „שמע הנאמר קיץ תקס״ה לראב״ד דצאסניק״).

קסד, ב

להבין המאמר כד אנת תסתלק:

מאמר זה בשינויים והגהות, באוה״ת וירא (כרך ד) תשמב, א ואילך (והוספה באוה״ת וירא כרך ז תתשצג, א). ועוד קיצורים והגהות באוה״ת על סידור ע׳ שלד. חלק ממאמר הסידור כאן, הובא ונת׳ בס׳ פני משה ע׳ קי ואילך.

נאמר בתחילת שנת תקס״ח (ראה סוף סה״מ תקס״ח ח״ב ע׳ תתקכו).

שו"ה	נדפס	שינויי כת"י
לכך	לכך	כו', לכך
אלקו'	שיוכלל	שיכלל
רפ"ח	שבמרכבה	דבמרכבה
הן	נה"י ובכ"מ	נה"י כו' ובכ"מ
אבל	כידוע	כו'
ואזי	מקוים	יקום
קב,ב		
ההמשכה	אמצעי'	אמצעי
היא	היא	הוא
חלקים	בברהמ"ז להיות	בברהמ"ז כי להיות
כדי	בהארה	מהארה
הדולקים	הדולקים	ליתא
המאיר	בצירופיה' יכולה	בצירופם יכולים
וע"כ	אכלו	אוכל
שבעה	הנקרא	שנק'
ובהיפוך	אכלו	אכל
המזבח	כו'	כנ"ל
הוא	הוא הממוצע	הוא קו הממוצע
לשלשתן	כו'. והנה	כו' וד"ל. והנה
כמבואר	בדבר הנ"ל)	בדברי רז"ל).
ממנו	או' שנשא	או' לא אברך שנשא
המאמר	פלא	פלאי
ועל	היין	יין
עשו	כו'	וכו'
משי"ב	ועה"ח	ובחי' עץ החיים
המעורב	והוא שמסתעף	והוא ע"ד שמסתעף
	בעולם	ובעולמו'
קב,ג		
רע	כמ"ש	וכמ"ש
והיינו	גשמי'	הגשמי'
כששמחתו	כששמחתו	כששמח
	שמחה	השמחה
הנרגשת	אף	ואף
מבחי'	ויהיה	יהי'
	בהתענוג	בתענוג
בעושיו	מצד ההרגשה	מצד בחי' ההרגשה
	בחי'	ליתא
אשכול	של	ליתא
רק	כמ"ש	וכמ"ש
יין	בחי'	מבחי'
	כו' וזהו	כנ"ל והוא
לבחי'	ודבר כלל	ודבר בפ"ע כלל
	ממנו	ליתא
מהחזה	ועה"ח למעלה	ועה"ח הוא למעלה
	כו'	כי
וזה	וזה	וזהו

שו"ה	נדפס	שינויי כת"י
דענבים	ככלים	ככלי
המורגשת	שעדיין	כשעדיין
קב,ג		
ניכר	שאין	דאין
הסתעפות	מאמר	שאמר
וגרמוהי	הן	המה
עם	דאיהו וחיוהי	דחיוהי
המשומר	שענבים	שהענבים
היין	שהכלים	דהכלים
שלפני	שלפני	דלפני
	דמשם	שמשם
הבריכה	דאע"פ	שאע"פ
כלי	כדוגמת	בדוגמת
והנה	שלע"ל	דלע"ל
	עלייה	עליו'
מדריגות	היינו	והיינו
קג,א		
אלא	בהרגשה כנ"ל	ההרגשה הנ"ל
מאין	מאין תמצא	מאין זה תמצא כו'
ויש	ויש	יש
המשומר	מורגש והיין	מורגש עדיין והיין
ביין	ביין	מיין
ממנו	נתברר	יתברר
שממנו	יין	היין
דאיהו	ממנו ישמעאל	ישמעאל ממנו
בקו	שאברהם	דאברהם
קג,ב		
הגם	הגם	גם במה
	מזה	ליתא
כוס	כוס יין	כוס של יין
	שבכוס זה דיין	דבכוס זה של יין
צריך	שכוס	שאעפ"כ
זה	זה	ליתא
	הוא אף	הוא כוס זה אף
הנה	הנה	אבל הרי
	לכן הואיל	והואיל
ביין	הנה גם	מ"מ גם
	המשומר אחר	המשומר דעתיד אחר
שלו	שלו בג"ה וממנו	שלו שהוא בג"ה שממנו
ואמנם	שנשאתי	שנשא
וכלל	מימין	ימין ושמאל
ישמעאל	ישמעאל כו'.	ליתא
למותרות	כו' כמה	כו' כי הנה אויב"ך יאבד"ו כו' כמה
והוא	לאסור עליו	לאוסרן עלי
דאתכסיא	הנק'	נקרא

שו"ה	נדפס	שינויי כת"י
התיכון	מקצה	מן הקצה
קג, ג		
כמו	וכו'	כו'
	המבריח	שמבריח
ידוע	שבחי'	דבחי'
השתלשלות	השתלשלות	ההשתלשלות
	השתלשלות	ההשתלשלות
רק	ההעלם	העלם
	בחינה	מבחי'
אחרונה	אחרונה	האחרונה
שמשכיל	וכאמרם	וכמאמרם
לחבר	כו'	כנ"ל
בסדר	בסדר	מסדר
	ההעלם	בהעלם
לפי	נתנה	ניתנה בבחי'
יתגלה	כו'	וכו'
קג, ד		
וגם	מלברך	לברך
ישועות	המל'	מל'
הכתר	לכל	דכל
	כמו	מפני
אינו	כפי	לפי
מתגלה	שום	שם
לקבל	שאיננו	שאינו
כנ"ל	מורי	ליתא
קד, א		
בא	וחפי'.	ופי'
הוא	הוא	והיא
ענינם	אלו	ג' אלה
ג'	ג'	ליתא
	המדריגה	מדרגה
ידוע	ידוע	וידוע
עד"מ	מעיין	המעיין
ויובן	ממה	במה
האמתי	האמתי	אמיתי
נמצאות	נמצאות	נמצאו
	השכלות גם	השכלות חכמה גם
הנובעים	שהוא	שהן
קד, ב		
הארץ	בפי'	בפרט
שהן	בחי'	מבחי'
הוא	בחי' הגבורות	מבחי' הגבורה
הודאה	שמאל	השמאל כו'
הוא	בחי'	בבחי'
לכוין	במ"ש	במה שאו'
הטעם	מג'	ליתא

שו"ה	נדפס	שינויי כת"י
כמשי"ת	כמשי"ת	וכמ"ש
מטעם	לפי	כפי
כו' וגם	היחיד	ביחיד
למקבל	למקבל	לקבל
	לא	ולא
קד, ג		
מקור	יובן מ"ש	יובן ג"כ מ"ש
והוא	בחי'	נק'
הראשון	כו'	כנ"ל
בינה	נמשך	נתמלאה
הזימון	דיהיה	שיהיה
הקב"ה	לויתן	הלויתן
	כו'	כידוע
נאמר	בו	בו כו'
שיעשה	שיעשה דוקא	שיעשה סעודה דוקא
גשמיות	תהא	ליתא
מדג	מדג אחר	דג אחר
	ענין	וענין
הזה	הוא	ליתא
דרך	כו'	כידוע
והיינו	בז"ת	בבחי' ז"ת
דחכמה	דבינה	בבינה
קד, ד		
כו'	פנימיות	פנימי
ז"ת	והרי	הרי
לעה"ד	א"כ	וא"כ
דרפ"ח	שהוא	שהיא
דנוגה	ושם	ומשם
עיקר	עיקר	ליתא
הטומאה	מן הארץ	ליתא
	לא	ולא
התחברותו	הוא הנק'	היה נק'
דעיקר	ועצם הוא	ועצם העונג הוא
בחי'	שמרגיש	שנרגש
היינו	זה	בזה
קה, א		
הנ"ל	ענין	בחי'
והוא	והוא	הוא
	או"א	דאו"א
כו'	ונק' נשמות האלו	שנק' נשמות כאלו
הארץ	ההם	ליתא
י"ה	יתגלה בו	יתגלו כו'
בגילוי	עד	ע"ד
מתעלי'	כו'	כנ"ל
	דרפ"ח	דרפ"ח כו'
הסעודה	גבוה הרבה ולמקום	למקום

ואילך. סה״מ תרל״ב ח״א ע׳ נט ואילך (ובהמ״מ שם)ץ

המאמר הוא מש״פ וארא ר״ח שבט שנת תקס״ד. וראה לעיל במדור „שינויי נוסחאות״.

שער המועדים

ריז, א

זוהר אמור צ״ד

ת״ח בשעתא דישראל:

המאמר הוא מליל ש״פ אמור שנת תקס״ו. ונמצא בגוכי״ק אדמו״ר האמצעי [מספר **1025**]. וראה לעיל במדור „שינויי נוסחאות״.

שער האלול

רכה, ג

אני לדודי:

נוסח שני – בשינויים והגהות בלקו״ת ראה לג, א (הנחת מהרי״ל אחיו של אדה״ז). נוסח שלישי – בכי״ק הר״מ בן אדה״ז [מס׳ **1066**]. נוסח רביעי – בסה״מ „הנחות הר״פ״ ע׳ כה. נוסח נוסף נמצא בכת״י **931** (קכב, א). וראה אוה״ת פ׳ ראה ע׳ תתט. שה״ש (כרך ב) ע׳ תקנז.

מאמר זה הוא מש״פ תצא (והביאור מיום א׳ פ׳ תבוא) שנת תקס״ז. ונמצא בגוכי״ק אדמו״ר האמצעי [מס׳ **1196**]. וראה לעיל במדור „שינויי נוסחאות״.

רלא, א

אתם נצבים:

נמצא בשינויים והגהות בלקו״ת נצבים מד, א (הנחת מהרי״ל אחיו של אדה״ז). ובשינויים בסה״מ תקס״ב ח״ב ע׳ תקכה (הנחת הר״מ בן אדה״ז). ובאריכות הביאור בס׳ מאמרי אדמו״ר האמצעי דברים ח״ג ע׳ תשלט ואילך.

הגהות וקיצורים נדפסו באוה״ת נצבים ע׳ א׳רי. א׳ריא ואילך (וסיומו נדפס שם בכרך ו׳ ע׳ ב׳תג). וראה גם סה״מ תרנ״א ע׳ מד ואילך. תרנ״ג ע׳ קמד ואילך.

המאמר הוא מש״פ נצבים שנת תקס״ב (קודם ר״ה של שנת תקס״ג). ראה סוף סה״מ תקס״ב ח״ב ע׳ תרעז.

שער ר״ה

רלד, א

תקעו בחודש:

נמצא בשינויים והגהות בלקו״ת דרושים לר״ה נג, ד. ובאריכות מכ״ק אדמו״ר האמצעי בס׳ עטרת ראש מט, ב. ובשינויים ואריכות בס׳ מאמרי אדמו״ר האמצעי דברים ח״ג ע׳ תתקעט. ובשינויים והגהות באוה״ת דרושים לר״ה ע׳ א׳שנט. א׳שסא. א׳שסט. א׳שפ. שם (כרך ו) ע׳ ב׳תמח. סה״מ תרכ״ט ע׳ שמא (ובהמ״מ שם).

מאמר זה נאמר בשבת שלפני ר״ה, סוף שנת תקס״ד (ראה סוף סה״מ תקס״ד ע׳ שנג). וראה לעיל במדור „שינויי נוסחאות״.

רלו, ג

אד׳ שפתי תפתח:

נמצא באריכות הביאור בס׳ מאמרי אדמו״ר האמצעי דברים ח״ג ע׳ א׳ט ואילך (שם ההתחלה: להבין ענין ר״ה). ובשינויים והגהות באוה״ת דברים (הוספות) ע׳ א׳תתקלד. וראה גם יהל אור ע׳ קצז. אוה״ת סידור ע׳ קעט.

מאמר זה נאמר בר״ה שנת תקס״ז. ונמצא בגוכי״ק אדמו״ר האמצעי [מספר 1025]. וראה לעיל במדור „שינויי נוסחאות״.

שער התקיעות

רמ, ג

להבין המשנה יו״ט של ר״ה:

נמצא בשינויים והגהות בלקו״ת ר״ה נו, א. וראה אוה״ת דרושים לר״ה כרך ה׳ ע׳ ב׳קו. כרך ו׳ ע׳ ב׳תעו. סה״מ מלוקט ח״א ע׳ תכא ואילך. ח״ג ע׳ רצג ואילך.

נאמר בר״ה שנת תקע״א (ראה סוף סה״מ תק״ע ע׳ רצ). ונמצא בגוכי״ק אדמו״ר האמצעי [מס׳ 1196].

רמד, ג

להבין ענין תקיעת שופר:

נדפס ג״כ בשינויים בס׳ מאמרי אדה״ז „אתהלך לאזניא״ ע׳ קכד.

נאמר בליל ב׳ של ר״ה שנת תק״ס (וראה ברשימת המאמרים שבסו״ס מאמרי אדה״ז הקצרים ע׳ תרכג). וראה לעיל במדור „שינויי נוסחאות״.

שער יוהכ״פ

רמט, ג

להבין שרשי יוהכ״פ:

הגהות למאמר זה נדפסו באוה״ת אחרי ע׳ צב ואילך. וראה שם ע׳ פז.

נאמר ביוהכ״פ שנת תקס״ז. ונמצא בגוכי״ק אדמו״ר האמצעי [מספר 1025]. וראה לעיל במדור „שינויי נוסחאות״.

רנ, ב

קדוש אתה:

ראה גם ד״ה קדוש אתה, בסה״מ תרס״ו ע׳ שנו.

רנ, ד

להבין ענין איסור אכילה ביוהכ״פ:

הגהות למאמר זה נדפסו באוה״ת אחרי ע׳ צ ואילך.

המאמר הוא מיוהכ״פ שנת תקס״ה (ראה סוף סה״מ תקס״ד ע׳ שנד).

שער הסוכות

רנז, א

זוהר אמור ר״א פתח כו׳ זכרתי לך:

מאמר זה בשינויים והגהות באוה״ת דרושים לסוכות ע׳ א׳תשמב. ובביאוה״ז להצ״צ ח״א ע׳ תלא.

נאמר בליל ב׳ דחה״ס שנת תקס״ז. ונמצא בגוכי״ק אדמו״ר האמצעי [מספר 1025]. וראה לעיל במדור „שינויי נוסחאות״.

רנח, ג

להבין מאמר הזוהר כו׳ הני ט״ו יום:

נדפס ג״כ בסה״מ תקס״ב ח״א ע׳ כ.

מאמר זה הוא מליל א׳ דסוכות שנת תקס״ב (ראה סוף סה״מ תקס״ב ח״ב ע׳ תרסד). וראה לעיל במדור „שינויי נוסחאות״.

רנט, ד

להבין שרש ענין הסוכות:

מאמר זה נמצא בשינויים בסה״מ תקס״ג ח״ב ע׳ תשעב (הנחת הר״מ בן אדה״ז). ובשינויים והגהות באוה״ת דרושים לסוכות ע׳ א׳תשן וע׳ א׳תשנג.

שו"ה	נדפס	שינויי כת"י
	כנ"ל	כו'
דאימא כמו	כו'	כמו
להיותו	כנ"ל	כו'
קל,ג		
מחופתו	והנה	קטע חדש
גם	המה	הם
בפי'	המופת	והמופת
בינה	בינה	דבינה
קל,ד		
הכוונה	אפשר	אפשרי
להתלבש	מ"מ יש	מ"מ ודאי יש
לזולתו	רק	רק בחי'
שיש	למעלה למשכיל	למשכיל למעלה
הנ"ל	המדריגות	מדרגות
קלא,א		
צדדיו	דבר	הדבר
באד"ר	כו'	ליתא
והוא	בחי' הנקרא	בחי' ח"ס הנקרא
ועונג	ובכ"ז	קטע חדש
דזו"נ	עלאה ולכך	עלאה דאו"א ולכך
אבל	העליון ב'	העליון עצמו ב'
הלכות	שהם	ונדה
אלא	המלך	מלך
קלא,ב		
לנו	פנימית	ופנימיות
שמקיף	ומכסה ומחפה	ומחפה ומכסה
דא"א	והנה	קטע חדש
העונג	אבל העונג	אבל בחי' העונג
בחי'	מ"ס	מ"ס כנ"ל
קלא,ג		
מ"מ	הזה עטרה	הזה נק' עטרה
גשמיות	כבשים	בהמה
לבחי'	כנ"ל	כו'
כי	עושיך	עושייך
בועליך	עושיך	עושייך
הרי	שימשיך	שממשיך
שלא	נתגלה	נתגלו
יהיה	וכו'	וכנ"ל
במ"א	בחי' העונג	בחי' גילוי העונג
שמחת	וזהו	קטע חדש
קלא,ד		
לא	כלל	כל
אופנים	ברור	בירור
כמו	של תפילין	דתפילין
לטהור	אבל הבירור בב'	אבל אופני הבירור ב'
הקדוש'	והאופן	ואופן

שו"ה	נדפס	שינויי כת"י
שלא	המציאות גם מהטוב	גם המציאות הטוב
דרע	הטוב	הרע
קלב,א		
כלה	כמות	כמו
בעה"ד	שהיה	שהיתה
תערובת	תערובת	בחי' תערובת
התיקון	כנ"ל.	כנ"ל וד"ל.
ולא	בחי'	ברורי
למטה	כמ"ש	וגם מפני
בחי'	ובכל	קטע חדש
קלב,ב		
דז"א	שיהיה מבחינ'	שיהיה בא מבחינ'
בעלה	בעלה והיינו	בעלה כו' והיינו
ויעש	ויעש	ויברא*
המאור	כמ"ש חסד	כמ"ש כי חסד
דהלבנה	שישתמשו ב' מלכים	שיהיו ב' מלכים משתמשים
חיים	המ"ל	שהמל'
ירושלים	המשפיע	משפיע
מדרגות	בראשונה	הראשונה
וטפלה	ז"ל עולה	ז"ל במשנה עולה
קלב,ג		
יסף	המ"ל	מל'

ד"ה שוש תשיש,
הוגה מבוך 1146 ומבוך 1092, כת"י מעתיקים.

שו"ה	נדפס	שינויי כת"י
קלו,ג		
מאי	מאי	בכת"י 1146: מה
		בכת"י 1092: מהו
וכמאמר	ידיע ... ידיע	ידיעא ... ידיעא
וזהו	אמר ... אמר	אמ"ר ... אמ"ר
קלו,ד		
ומה	שיר	שירה
קלז,א		
גילוי	להם	הם
הירידה	והנה עיקר ... והריקוד	
	הוא כנגדו וד"ל	ליתא בכת"י 1092
המקום	וזהו כיצד ... והריקוד	
	הוא כנגדו וד"ל	ליתא בכת"י 1146
קלז,ב		
פי'	להוציא	להוציאה

ד"ה אשר ברא ששון ושמחה,
הוגה מבוך 1146 כת"י מעתיק.

שו"ה	נדפס	שינויי כת"י
קלג,ז		
פי'	התלהבות בהוי"ה	התלהבות השמחה בהוי"ה

---

*) כ"ה בהכ"י אבל בפסוק כתוב (כבפנים).

שו״ה	נדפס	שינויי כת״י
קלז,ד		
אלקית	בלבוש	בלבושים
בכלי	והוא	[והוא
הנפש	כו׳	כו׳]
קלח,ב		
השפע	יתן	ניתן

ד״ה מהרה ה׳ אלקינו ישמע בערי יהודה,
הוגה מבוך 1025 גוכתי״ק כ״ק אדמו״ר האמצעי

שו״ה	נדפס	שינויי כת״י
יש	ברכת שמח תשמח	הברכה הזאת
ברכה	ששם אמר	שבכאן אומר
קלח,ג		
משמח	משמח חתן עם	ששמח עם
עיקר	עיקר	בא עיקר
בכלה	בכלה	כלה
וכשירד	אנכי מי שאנכי זה	אנכי הוי׳ אלקיך והיינו אנכי מי שאנכי
קלח,ד		
הוא	הוא	שהוא
דאצילות	נחות	חות
תהיה	שהוא ז״א	שהוא בחי׳ ז״א
קלט,א		
לו	לע״ל	לעתיד

ד״ה למנצח על השמינית,
הוגה מבוך 1025 גוכתי״ק כ״ק אדמו״ר האמצעי

שו״ה	נדפס	שינויי כת״י
קלט,א		
כי	כלה	לכלה

ד״ה למנצח על השמינית,
הוגה מבוך 1025 גוכתי״ק כ״ק אדמו״ר האמצעי.

שו״ה	נדפס	שינויי כת״י
קלט,א		
למנצח	על המילה	על מצות מילה
המאמר	בשביעי	בשביעית
מה	הוא	היא
	שהוא	היא
בשביעי	בשביעי	בשביעית
ע״ד	חטים	החיטים
קלט,ב		
ולומד	תורה	ליתא
מלאכות	מלאכות	המלאכות
שיתעלה	הבירור	הבורר
נפשו	הוא	היא

שו״ה	נדפס	שינויי כת״י
הג׳	העונג	תענוג
בחי׳	דוקא	ליתא
קלט,ג		
אשר	היינו	והיינו
ושמרתם	קודש ... קודש	קדש ... קדש
באין	באין	בהכ״י ר״ת בא״י
	בבחי׳	לבחי׳
ביום	ביום השבת	בשבת
	כו׳	ליתא
	וזהו מי	וזהו שאמרו מי
שבא	הוא	היא
וכלל	כנ״ל וד״ל	וכלל כו׳
שהרי	מזה הטעם	לזה טעם
גם	אחרים	שלאחריו
קלט,ד		
כ״ז	שהוא	שהיא
וחושם	שהוא מלך	המלך
בסמוך.	דא״ק	דאדם
תחלה	תחלה	מתחלה
	א״ק שרש	א״ק מהו שרש
ידוע	שנגל׳	כשנגלה
שכולל	כא׳	כאחד
הוא	להיות	להיותו
זה	נקרא	שנק׳
בע״ס	הרי הוא	הרי הרצון הוא
יש	ד׳	הד׳
גם	העולם	עולם
הן	קריאה היינו	קריאה זאת היינו
קמ,א		
מהעלמו	מביתו	בביתו
דרגין	העשיה	העלי׳
כל	כו׳	ליתא
והוא	וכוללם	הכוללם
כריתת	בתחלה ולא	בתחלה כו׳ ולא
הימנ׳	שעשיה	שהעשי׳
כמו	בלמ״ד כלים	בבחי׳ למ״ד כלים דז״א
ויצירה	שאינם בבחי׳	שאינם שם בבחי׳
קמ,ב		
כו׳	דקליפה	דאצילות דרך כלל
	שמעמדם	שמעמדו
ערלה	להסתיר	להחשיך
ולכאורה	העכו״ם	אוה״ע
היצירה	בחול	בח״ל
התלבשות	הפרש	ההפרש
שהאצילו׳	כנ״ל	כו׳
להשתלשלות	הוא	והוא

שא, א
מצה זו:
מאמר זה הוא מליל אסרו חג הפסח משנת תקס״ד (ראה סוף סה״מ תקס״ד ע׳ שמח). וראה לעיל במדור „שינויי נוסחאות״.

שער הל״ג בעומר

שג, א
אתה הצבת:
מאמר זה נמצא בשינויים והגהות באוה״ת ויקרא (מהדורת תשנ״ב) כרך א׳ ע׳ קפז ואילך. אוה״ת נ״ך כרך ב׳ תתקמו ואילך.
מאמר זה הוא מל״ג בעומר שנת תקס״ו. ונמצא בגוכי״ק אדמו״ר האמצעי [מספר 1025]. וראה לעיל במדור „שינויי נוסחאות״.
דש, ג
עד הגל:
מאמר זה הוא מל״ג בעומר שנת תקס״ו. ונמצא בגוכי״ק אדמו״ר האמצעי [מספר 1025]. וראה לעיל במדור „שינויי נוסחאות״.

שער חג השבועות

שז, ג
וספרתם לכם:
נמצא בשינויים בלקו״ת במדבר י, א ואילך. ובאריכות בס׳ מאמרי אדמו״ר האמצעי במדבר ח״ב ע׳ שצו ואילך (וע״ש בהמ״מ). שם ע׳ תתלד ואילך. ובשינויים והגהות בסהמ״צ להצ״צ מצות העומר וספירה (דרמ״צ כה, ב ואילך). אוה״ת במדבר ע׳ רי. שם (כרך ו) ע׳ א׳תשכ. אוה״ת אמור (כרך ג) ע׳ תתעב.
מאמר זה הוא מחגה״ש שנת תקס״ד (ראה סוף סה״מ תקס״ד ע׳ שמט). וראה לעיל במדור „שינויי נוסחאות״.

רשימת מאמרי הסידור
— ע״פ סדר השנים —

שו״ה	נדפס	שינויי כת״י
		במחשבה הגם שיצוייר ג״כ בכח מיוחד כו׳
ולכך	בזהר בדרך כלל	
	כמה	בזהר במ״ש
ועד״ז	ועד״ז עד	ועד״ז אות האלף דמחשבה נמצא מבחי׳ התחתונה דאותיות השכל כו׳ ועד״ז עד
קנח,א		
יהיה	ולפעמים כך	ולפעמים כך כנ״ל על כן נקרא אהי״ה בלשון עתיד אנא זמין לאולדא כו׳ ולפעמים יולד כך ולפעמים כך
מורה	כמו ... ודבר כו׳	ליתא
קנח,ב		
בהשגה	וא״כ	וע״כ
כי	באיזה נפש	בנפש
ע״י	כי	אך כי
קנח,ג		
כתר	שבמל׳	שבד״ל
וימצוץ	עלוקות	עלוקה
קנח,ד		
ואמנם	שנתגבר	היינו שנתגבר
וחסד	מקטון	למקטון
קנט,ב		
נפרדים	לאויר כו׳ וכמשל ...הפועל כו׳	לאויר כו׳ אלא הוא מוכן להוליד מן הכח אל הפועל וכמשל העושה דבר שבכח הפועל נמצא בעשי׳ זו כו׳
קנט,ג		
שמכונסים	וקוו	יקוו
קנט,ד		
וזהו	ואותיות	האותיות

ד״ה ליזהר, הוגה מבוך 239 כת״י מעתיק.

שו״ה	נדפס	שינויי כת״י
קס,ג		
שאין	לד״ה	לכ״ע
תולדת	תולדת הדש	תולדה דדש
	ואעפ״י...בשומשמין	ליתא
קס,ד		
פסולת	הקליפה	הקליפה מהרי
משם	מתוך אוכל	מאוכל
על	יש בו	יש בו משום

ד״ה כגוונא דאינן

הוגה לסה״מ תקסח ע׳ קמט.

שו״ה	נדפס	שינויי כת״י
כגוונא	כגוונא	(זוהר פ׳ תרומה ד׳ קל״ה ע״א)
	באחד	באחד, אוף הכי אתייחדת לתתא ברזא דאחד, למהוי לעילא חד לקבל חד, קוב״ה אחד לעילא לא יתיב על כורסייה דיקירה עד דאיהי אתעבידת ברזא דאחד כגוונא דילי׳ למהוי אחד באחד כו׳
כנ״ל	כנ״ל	כו׳
	המדות	מידו׳
כמו	יצוה	מצוה
או	לערב	לערב בתוכו
העונש	עפ״י	עכ״ז
יובן	יש	עדיין יש
האורות	בבחי׳	לבחי׳
קסח,ב		
בחי׳	בחי׳ הללו	בחי׳ מידו׳ הללו
הללו	כמו	כו׳ וכמו
הפירוד	בהפשט	בהפשטה
בלתי	כלל	כלל וכלל
בטבעו	לבבו	לבבו יותר
התשוקה	בו	בה
שזהו	מבחי׳ המוחין	מבחי׳ קטנו׳ המוחי׳
קסח,ג		
דוקא	שמפני	שמפני בחי׳
וגבריאל	בעולם	ליתא
עושה	עליהם	ליתא
עליונה	שמתבטלים	שנתבטלו
מה	מחולקים ומפורדים	מפורדי׳ ומחולקין
עכ״פ	בדמיון	ליתא
וגרמוהי	שאורות וכלים	שהאורות והכלים
מתבטלין	ממציאותם	ממציאו׳ שלהם
	היש ולא ביטול	היש בלבד ולא בחי׳ ביטול
כמו	שהוא	ליתא
אמר	שמתייחדים	דמתייחדין
קסח,ד		
שבו״ק	שבו״ק דבריאה	רק בו״ק שבבריאה
כורסייא	הוא	היינו
ק״ק	השביעי	היכל השביעי

שו"ה	נדפס	שינויי כת"י
	זולתו	זולתם
וכולן	ק"ק	היכל ק"ק
הוא	דיקירה היינו	דיקריה פי' כורסייא
		דיקריה היינו
קסט,א		
או"ח	או"י	בחי' אור ישר
חוץ	נתפשט	מתפשטת
מאד	יתבונן	שיתבונן
קסט,ב		
הוא	הוא	הוה
וז"ש	בחודש הז'	בכת"י נמחקו תי' אלו
דאם	לא אין	לאו אינן
דאתאחדת	דאתאחדת	דאתאחדת ממש
לאחר	כל מעשה	כל אשר עשה
קסט,ג		
אלקים	שלילה	שליל שבת
היינו	בלבד	שבה בלבד
זהו	ג'	ליתא
קסט,ד		
אפרש	בחי' תוספת שבת	ליתא
יובן	אל היכל המלך	אל המלך
קע,א		
בבואו	מפני	לפי
קע,ב		
אור	אותה	אורה
קע,ג		
מאבנים	יובן	יובן (ג"כ)
	שהעטרה	שהעטרה העליונה
בחינת	שנתבררו	שמתבררי'
גבוה	כידוע בענין הטעם	כידוע הטעם הצומח
	שהצומח מחי'	והחי בענין שמחי'
בעטרין	שהן ע"י	שהן נעשין ע"י
מחשבת	טעם	בענין
קע,ד		
מבחי'	שמבחי' א"א	שמבחי' מל'
	זאת ההארה	הארת פנים זאת
היותר	אך	אך הנה
כו'	אך לאחר	אך לעתיד לאחר
אתעטרת	ט"ס	בבחי' ט"ס
קעא,א		
היא	מ"ש	וז"ש
קעא,ב		
או"א	בהשפעת מ"ן ומ"ד	בהשפעה טפה מ"ד ומ"ן
תחלה	תחלה	ומתחלה
פנימית	פנימית	פנימית וכמשל החיבוק
		והנישוק שבהן התגלות

שו"ה	נדפס	שינויי כת"י
		תאובתא דדכורא ונוק'
		ביותר ואעפי"כ אינן
		אלא ואמנם הכנה זאת
		גורמת עיקר הזיווג כו' וכך
כו'	שבתפלה	שבתפלה בא"פ

ד"ה השמים מספרים,
הוגה מבוך 1025 גוכתי"ק כ"ק אדמו"ר האמצעי

שו"ה	נדפס	שינויי כת"י
קעח,ב		
מספרים	כו'.	וכו'.
קעח,ג		
חסד	שמתפשטים	שמתפשט
בזה	ישנוא	ישנוא כו'
וכלל	השכל	השכלי
דאצילות	בחי'	נעשה בחי'
קעח,ד		
מו"ק	דזרעים	זרעים
שלמעלה	ופי'	ומטה ופי'
ספרים	בעצמו	העצמי
זה	זה	ליתא
מבחי'	ביומין	המוחין ביומין
בז"א	הנהגת העולם	הנהגו' העולמות
היינו	בראי'	במראה
ונוצצי'	קלל	קליל
שהוא	מעדן	ליתא
של	הוא	כו' הוא
קעט,א		
העליון	הרי	הוא
במרומיו	כמ"ש	וכמ"ש
לכלול	נהירו מנהירו דשלימו	מנהירו' דשלמות
שנקרא	סליק	סלקין
ונהרין	דעת	הדעת
במוחין	במוחין	בבחי'
שהרחמנות	מאיר	תאיר
הוא	בחי'	ליתא
המתפשט	במדות	ג"כ במדות
גם	שנכנסות	שנכנסי'
להיותם	חיות	בחי' אור חיות
קעט,ב		
דאינהו	כו'	ליתא
נהרי	ונצצי ונהרי	ונהרי ונצצי
וכבוד	כו'	ליתא
אבל	לאכזריות	ואכזריות
א'	באות	נאות
במדת	במדת	מדת
	כמ"ש	וכמ"ש

הוצאת ספרים
קרני הוד תורה
קה"ת
ליובאוויטש

ISBN: 978-0-8266-5574-5
9 780826 655745